Ingo Koller

Transportrecht

Transportrecht

Kommentar
zu Spedition und Straßentransport

von

Dr. Ingo Koller

o. Professor an der Universität Regensburg
Richter am Oberlandesgericht München

2., völlig neubearbeitete Auflage

C. H. Beck'sche Verlagsbuchhandlung
München 1993

Die Deutsche Bibliothek – CIP-Einheitsaufnahme

Koller, Ingo:
Transportrecht : Kommentar zu Spedition und Straßentransport /
von Ingo Koller. – 2., völlig neubearb. Aufl. – München :
Beck, 1993
ISBN 3-406-36921-9

ISBN 3 406 36921 9

Satz und Druck: Wagner GmbH, Nördlingen
Gedruckt auf alterungsbeständigem (säurefreiem) Papier
gemäß der ANSI-Norm für Bibliotheken

Vorwort

Gesetzesnovellen, neue Versicherungsbedingungen, die lebhaften Aktivitäten der Rechtsprechung und zahlreiche Literatur haben das Speditions- und Straßentransportrecht seit der 1. Auflage in weiten Bereichen verändert. Die Neuauflage nimmt diese Veränderungen auf und bringt damit den Kommentar auf den Stand vom Frühjahr 1992. So wurden unter anderem die Bedingungen des Speditionsversicherungs- und Rollfuhrversicherungsscheins (SVS/RVS) gänzlich neu kommentiert. Die Novellierung der KVO und des GüKG sowie die Freigabe der Frachten im grenzüberschreitenden Straßengüterverkehr veranlaßten auch eine Überarbeitung der CMR-Erläuterungen. In dem Kommentar werden jetzt auch die Bedingungen der Speditionspolice und die Bedingungen für Schwertransporte und Kranarbeiten abgedruckt und bearbeitet.

Für die zahlreichen Anregungen aus der Praxis bedanke ich mich in besonderer Weise. Ich werde auch in Zukunft solche Hilfe gerne annehmen.

Bei der Vorbereitung und Drucklegung haben mich meine wissenschaftlichen und studentischen Mitarbeiter Frau Nernst, die Herren Ertl, Faust, Haferbeck, Herrmann, Scheel, Senftleben, Wittig sowie meine Sekretärinnen Frau Lubowsky und Frau Zahn unterstützt. Ihnen sei auch an dieser Stelle sehr herzlich gedankt.

Regensburg
im Juli 1992

Ingo Koller

Aus dem Vorwort zur 1. Auflage

Das Transportrecht gehört wegen seiner Zersplitterung zu den besonders schwierigen Rechtsgebieten des Handelsrechts. Selbst der Spezialist auf dem Gebiet des Transportrechts tut sich nicht einfach, einen Überblick zu behalten. Erst recht ist es für denjenigen, der nur ab und zu transportrechtliche Fragen zu bearbeiten hat, schwer, diese Materie zu handhaben, ja nur den richtigen Einstieg in die anzuwendenden Gesetze, Verordnungen und Allgemeinen Geschäftsbedingungen zu finden. Ziel dieses Kommentars ist ein doppeltes. Er will einmal dem Praktiker ein zuverlässiges Erläuterungswerk an die Hand geben, das umfassend das einschlägige Material verarbeitet. Zum anderen versucht der Kommentar offene transportrechtliche Fragen mit neuen Antworten zu lösen und so einen Beitrag zur Anpassung des Transportrechts an das sich wandelnde Rechtsverständnis zu leisten.

Der Kommentar behandelt vertieft nur das Speditions- und das Straßentransportrecht. Auf längere Sicht ist daran gedacht, das Werk um eine Kommentierung des Luftfrachtrechts zu erweitern. Später sollen noch die übrigen Transportrechte folgen.

Inhaltsübersicht

Inhaltsverzeichnis IX
Abkürzungsverzeichnis XXI

Einleitung 1

Teil A: Speditionsgeschäft (§§ 407–415 HGB) 17

Teil B: ADSp, Speditionsversicherung 83
1. Abschnitt: ADSp 83
2. Abschnitt: SVS/RVS 212
Anhang zum SVS/RVS über internationale Güterbeförderung 248
3. Abschnitt: Speditions-Police 253

Teil C: Frachtgeschäft (§§ 425–452 HGB) 271

Teil D: GüKG 353

Teil E: Spezialvorschriften für den innerstaatlichen Güternahverkehr 403
1. Abschnitt: GNT 403
2. Abschnitt: AGNB 416

Teil F: Spezialvorschriften für den innerstaatlichen Güterfernverkehr (KVO) 445

Teil G: Sondervorschriften für bestimmte Beförderungsmodalitäten 624
1. Abschnitt: Spezialvorschriften für den Transport von Umzugs-, Heirats-, Erbgut sowie von Handelsmöbeln (GüKUMT) 624
2. Abschnitt: Allgemeine Geschäftsbedingungen der Bundesfachgruppe Schwertransport und Kranarbeiten (BSK) . . 662

Teil H: Grenzüberschreitender Verkehr (CMR) 669

Teil I: Multimodaler Verkehr 875

Sachregister 885

Inhaltsverzeichnis

Abkürzungsverzeichnis XXI
Einleitung 1

Teil A. Speditionsgeschäft

§ 407 HGB Begriff des Spediteurs; anzuwendende Vorschriften . . 17
§ 408 HGB Einzelne Pflichten des Spediteurs 48
§ 409 HGB Fälligkeit der Provision 55
§ 410 HGB Gesetzliches Pfandrecht 57
§ 411 HGB Zwischenspediteur 59
§ 412 HGB Selbsteintritt des Spediteurs 60
§ 413 HGB Spedition zu festen Spesen; Sammelladung 70
§ 414 HGB Verjährung 79
§ 415 HGB Gelegenheitsspediteur 81

Teil B. Allgemeine Deutsche Spediteurbedingungen, Speditionsversicherung

1. Abschnitt. Allgemeine Deutsche Spediteurbedingungen (ADSp)

Vor § 1 ADSp 83
§ 1 ADSp Sorgfalts- und Interessenwahrungspflicht 89
§ 2 ADSp Geltungsbereich der ADSp 89
§ 3 ADSp Anspruchsübergang 97
§ 4 ADSp Angebote des Spediteurs 98
§ 5 ADSp Gefährliche und schnell verderbliche Güter 98
§ 6 ADSp Beweislast, Mißverständnisse und Übermittlungsfehler . 101
§ 7 ADSp Notwendige Angaben, Verwiegung, Empfangsbescheinigung 104
§ 8 ADSp Maßgebende Inhaltsangabe 110
§ 9 ADSp Adresse des Auftraggebers 111
§ 10 ADSp Versendung von Schriftstücken, Prüfung auf Echtheit und Legitimation 112
§ 11 ADSp Weisung, Widerruf 114
§ 12 ADSp Für Rechnung eines Dritten 116
§ 13 ADSp Ermessen des Spediteurs 116
§ 14 ADSp Sammelladung 117
§ 15 ADSp Übernahme mit Frachtpapier 117
§ 16 ADSp Untersuchung und Schutz des Gutes 118
§ 17 ADSp Keine Gewähr für Fristen 120
§ 18 ADSp Unverschuldete Ereignisse 121
§ 19 ADSp Prüfung von Hindernissen 124
§ 20 ADSp Preis- und Leistungsvereinbarungen 124

§ 21 ADSp Entziehung des Auftrags 127
§ 22 ADSp Rollgeld bei Annahmeverweigerung 128
§ 23 ADSp Provision bei Nachnahme 129
§ 24 ADSp Fester Prozentsatz des Fakturenwertes 129
§ 25 ADSp Verzollung 130
§ 26 ADSp Empfangsermächtigung 132
§ 27 ADSp Wahl der Währung 132
§ 28 ADSp Auslagen in Fremdwährung 133
§ 29 ADSp Fälligkeit, Verzug, Verzugszinsen 133
§ 30 ADSp Freistellungs- und Hinweispflichten des Auftraggebers . 135
§ 31 ADSp Öffentlichrechtliche Akte 137
§ 32 ADSp Aufrechnung, Zurückbehaltung 139
§ 33 ADSp Ablieferung von Rollgut 142
§ 34 ADSp Zahlungspflicht des Empfängers 143
§ 35 ADSp Transport- und Lagerversicherungsauftrag, Entgegennahme der Police 146
§ 36 ADSp Versicherung zu üblichen Bedingungen 149
§ 37 ADSp Haftung im Rahmen der Versicherung 149
§ 38 ADSp Besondere Vergütung 151
§ 39 ADSp Wahl des Speditionsversicherers, Mindestdeckung, versichertes Interesse 152
§ 40 ADSp Unterwerfung unter SVS/RVS, Schadensmeldung . . . 156
§ 41 ADSp Haftungsbefreiung des Spediteurs, Berufung auf ADSp 157
§ 42 ADSp (gestrichen) 163
§ 43 ADSp Eigen- oder Fremdlagerung, Besichtigungsrecht des Einlagerers 163
§ 44 ADSp Betreten des Lagers 164
§ 45 ADSp Handlungen des Einlagerers 164
§ 46 ADSp Haftung des Einlagerers 164
§ 47 ADSp Kündigung des Lagervertrags 165
§ 48 ADSp Lager-Empfangsschein, Namenslagerschein, Inhaberlagerschein, Orderlagerschein 165
§ 49 ADSp Vorübergehende Aufbewahrung 166
§ 50 ADSp Reichweite des Pfandrechts, Frist, Provision 166
§ 51 ADSp Beweislast, Haftung, Begrenzung, Haftungsvereinbarung 171
§ 52 ADSp Abtretung der Ansprüche gegen Dritte, Eigenhaftung bei Auswahlverschulden 178
§ 53 ADSp Ende der Haftung, Abtragung, Bereitstellung 182
§ 54 ADSp Höchstgrenzen der Haftung, Schadensfall, niedrigerer Wert, höherer Wert 186
§ 55 ADSp Sachteile, zusammengehörige Sachen 192
§ 56 ADSp Hochwertige Güter 193
§ 57 ADSp Schadensentstehung aus besonderen Gefahren, Binnenschiffahrtsspedition 196
§ 58 ADSp (gestrichen) 202
§ 59 ADSp (gestrichen) 202
§ 60 ADSp Unverzügliche, schriftliche Schadensanzeige 202
§ 61 ADSp Vorteilsausgleichung 204

§ 62 ADSp Weiter Schadensbegriff 205
§ 63 ADSp Unerlaubte Handlung 205
§ 64 ADSp Verjährungsfrist, Verjährungsbeginn 207
§ 65 ADSp Erfüllungsort, Gerichtsstand, Geltung des deutschen Rechts 210

2. Abschnitt. Speditions- und Rollfuhrversicherungsschein (SVS/RVS)

Nr. 1 SVS/RVS Gegenstand des Versicherungsvertrages 212
Nr. 2 SVS/RVS Versicherung für fremde Rechnung 216
Nr. 3 SVS/RVS Umfang des Versicherungsschutzes 217
Nr. 4 SVS/RVS Aufwendungsersatz 224
Nr. 5 SVS/RVS Ausschlüsse 225
Nr. 6 SVS/RVS Versicherungswert/Versicherungssumme/Versicherungsinteresse 230
Nr. 7 SVS/RVS Umfang der Versicherungsleistung je Schadenfall 234
Nr. 8 SVS/RVS Grenzen der Versicherungsleistung je Schadenereignis 236
Nr. 9 SVS/RVS Versicherungsverbote 237
Nr. 10 SVS/RVS Versicherungsanmeldung/Fälligkeit der Prämien/Bucheinsicht 238
Nr. 11 SVS/RVS Obliegenheiten/Zahlung der Versicherungsleistung über den Spediteur/Ausschlußfrist 239
Nr. 12 SVS/RVS Abtretung der Versicherungsansprüche/Übergang von Rechten auf andere Versicherer 242
Nr. 13 SVS/RVS Rückgriffsverzicht und -recht der Versicherer . . 243
Nr. 14 SVS/RVS Prämien 243
Nr. 15 SVS/RVS Schadenbeteiligung des Spediteurs 245
Nr. 16 SVS/RVS Rückgriffsansprüche der Versicherer gegen den Spediteur 246
Nr. 17 SVS/RVS Kündigung 246
Nr. 18 SVS/RVS Vertragsänderungen 246
Nr. 19 SVS/RVS Geschäftsverkehr/Gerichtsstand 247
Nr. 20 SVS/RVS Bundesdatenschutzgesetz (BDSG) 247
Nr. 21 SVS/RVS Beteiligungsliste und Führungsklausel 248
Anhang zum Speditions- und Rollfuhrversicherungsschein (SVS/RVS) über internationale europäische Güterbeförderungen . . 248

3. Abschnitt. Speditions-Police (SpP)

Nr. 1 SpP Gegenstand der Police 253
Nr. 2 SpP Speditionsversicherung 253
Nr. 3 SpP Persönliche Haftung des Spediteurs 256
Nr. 4 SpP Mehraufwand des Spediteurs/Rettungs- und Feststellungskosten 257
Nr. 5 SpP Verkehrsverträge 258
Nr. 6 SpP Zwischenspediteure 259
Nr. 7 SpP Ausschlüsse 259
Nr. 8 SpP Grenzen der Haftung 260
Nr. 9 SpP Umfang der Versicherungsleistung 261
Nr. 10 SpP Haftungsmaxima 262

Nr. 11 SpP Deklaration 262
Nr. 12 SpP Prämie 263
Nr. 13 SpP Versehensklausel 264
Nr. 14 SpP Schadenbehandlung 264
Nr. 15 SpP Obliegenheiten 264
Nr. 16 SpP Schadenanteil des Spediteurs 266
Nr. 17 SpP Gerichtliche Geltendmachung 266
Nr. 18 SpP Anspruchsübergang 267
Nr. 19 SpP Rückgriff 267
Nr. 20 SpP Geschäftsführung 267
Nr. 21 SpP Allgemeine Bestimmungen 268
Nr. 22 SpP Bundesdatenschutzgesetz (BDSG) 268
Nr. 23 SpP Kündigung 268
Nr. 24 SpP Güterschaden-Europa-Deckung 268

Teil C. Frachtgeschäft

§ 425 HGB Begriff des Frachtführers 271
§ 426 HGB Frachtbrief 291
§ 427 HGB Begleitpapiere 294
§ 428 HGB Lieferfrist; Verhinderung der Beförderung 295
§ 429 HGB Haftung des Frachtführers 298
§ 430 HGB Umfang des Ersatzes 310
§ 431 HGB Haftung für Gehilfen 314
§ 432 HGB Mehrere Frachtführer 315
§ 433 HGB Verfügungsrecht des Absenders 319
§ 434 HGB Rechte des Empfängers vor der Ankunft des Gutes . . 321
§ 435 HGB Rechte des Empfängers nach der Ankunft der Güter . . 322
§ 436 HGB Zahlungspflicht des Empfängers 325
§ 437 HGB Ablieferungshindernisse 329
§ 438 HGB Erlöschen der Ansprüche gegen den Frachtführer . . . 332
§ 439 HGB Verjährung 337
§ 440 HGB Gesetzliches Pfandrecht 337
§ 441 HGB Rechte und Pflichten des letzten Frachtführers 339
§ 442 HGB Haftung des abliefernden Frachtführers 341
§ 443 HGB Rang mehrerer Pfandrechte 342
§ 444 HGB Ladeschein 343
§ 445 HGB Inhalt des Ladescheins 344
§ 446 HGB Ladeschein und Frachtvertrag 345
§ 447 HGB Legitimation durch Ladeschein 347
§ 448 HGB Rückgabe des Ladescheins 348
§ 449 HGB Nachfolgender Frachtführer 349
§ 450 HGB Wirkungen der Übergabe 349
§ 451 HGB Gelegenheitsfrachtführer 352
§ 452 HGB Güterbeförderung durch Post 352

Inhalt

Teil D. Güterkraftverkehrsgesetz (GüKG)

Vorbemerkung . . . 353
§ 1 GüKG Anwendungsbereich . . . 353
§ 2 GüKG Güternahverkehr . . . 355
§ 3 GüKG Güterfernverkehr . . . 358
§ 4 GüKG Keine Anwendung dieses Gesetzes; Ermächtigung . . . 359
§ 5 GüKG Scheintatbestände . . . 360
§ 6 GüKG Standortbestimmung . . . 362
§ 6a GüKG Angenommener Standort . . . 363
§ 6b GüKG Standort im grenzüberschreitenden Güterverkehr . . . 363
§ 7 GüKG Verkehrstarife . . . 364
§ 8 GüKG Genehmigungspflicht . . . 364
§ 9 GüKG Höchstzahlen . . . 365
§ 10 GüKG (nicht abgedruckt) . . . 365
§ 11 GüKG (nicht abgedruckt) . . . 365
§ 12 GüKG Inhalt der Genehmigung . . . 365
§ 12a–15 (nicht abgedruckt) . . . 366
§ 16 GüKG (gestrichen) . . . 366
§ 17–19b GüKG (nicht abgedruckt) . . . 367
§ 20 GüKG Tarifpflicht . . . 367
§ 20a GüKG Frachtsätze . . . 368
§ 21–21b GüKG (nicht abgedruckt) . . . 369
§ 22 GüKG Beförderungsentgelte . . . 369
§ 22a GüKG Sonderabmachungen . . . 376
§ 23 GüKG Unter- oder übertarifliche Beförderungsentgelte . . . 377
§ 24 GüKG (gestrichen) . . . 382
§ 25 GüKG (gestrichen) . . . 382
§ 26 GüKG Verbot des Haftungsausschlusses . . . 382
§ 27 GüKG Versicherungspflicht . . . 383
§ 28 GüKG Beförderungs- und Begleitpapiere; Fahrtenbuch . . . 384
§ 29 GüKG (nicht abgedruckt) . . . 385
§ 30 GüKG Richtigkeit und Vollständigkeit der Beförderungspapiere 385
§ 31 GüKG (gestrichen) . . . 385
§ 32 GüKG Vermittlung von Beförderungsgeschäften . . . 385
§ 33 GüKG Abfertigungsspediteur . . . 387
§ 34 GüKG Bestellung des Abfertigungsspediteurs . . . 388
§ 35 GüKG Entgelt des Abfertigungsspediteurs . . . 389
§ 36 GüKG Aufgaben, Rechte und Pflichten des Abfertigungsspediteurs . . . 389
§ 37 GüKG Erlaubnispflicht des Umzugsverkehrs . . . 390
§ 38–39 GüKG (nicht abgedruckt) . . . 391
§ 40 GüKG Tarife; Tarifkommission für den Umzugsverkehr . . . 391
§ 41 GüKG Verbot des Haftungsausschlusses; Versicherungspflicht . 392
§§ 42–44 GüKG (nicht abgedruckt) . . . 392
§ 45 GüKG (nicht abgedruckt) . . . 392
§ 46 GüKG Nichtanwendbarkeit von Vorschriften . . . 392
§ 47 GüKG Beschäftigung von Güterfernverkehrsunternehmen . . . 392

Inhalt

§ 48 GüKG Werkverkehr 393
§ 48a GüKG Zur Wiederveräußerung erworbene Güter 394
§ 49 GüKG Beförderung von Gütern durch Handelsvertreter und Kommissionäre 395
§§ 50a-50f GüKG (gestrichen) 395
§§ 50-52 GüKG (nicht abgedruckt) 395
§§ 53-76 GüKG (nicht abgedruckt) 395
§§ 67, 77-79 GüKG (gestrichen) 395
§ 80 GüKG Erlaubnispflicht 395
§§ 81-83 GüKG (nicht abgedruckt) 396
§ 83a GüKG (gestrichen) 396
§ 84 GüKG Beförderungsentgelte; Tarifkommissionen 396
§§ 84a-84e GüKG (nicht abgedruckt) 397
§ 84f GüKG Genehmigung der Beschlüsse 397
§ 84g GüKG (nicht abgedruckt) 398
§ 84h GüKG Entgelt des Abfertigungsspediteurs 398
§ 85 GüKG Verbot des Haftungsausschlusses; Versicherungspflicht . 398
§§ 86-87 GüKG (nicht abgedruckt) 399
§§ 87a-88 GüKG (gestrichen) 399
§§ 89a-89c GüKG (nicht abgedruckt) 399
§§ 90-97 GüKG (gestrichen) 399
§§ 97a-97d GüKG (nicht abgedruckt) 399
§ 97e GüKG Ermächtigung 399
§§ 98-102b GüKG (nicht abgedruckt) 400
§§ 98a, 99b (gestrichen) 400
§§ 103-105 GüKG (nicht abgedruckt) 400
§ 106 GüKG Überleitungsvorschriften 400
§ 107 GüKG (nicht abgedruckt) 401

Teil E. Spezialvorschriften für den innerstaatlichen Güternahverkehr

1. Abschnitt. Tarif für den Güternahverkehr mit Kraftfahrzeugen (GNT)

§ 1 GNT Geltungsbereich 403
§ 1a GNT Umsatzsteuer 404
§ 2 GNT Richtsätze 405
§ 2a GNT Richtsätze bei Einsatz außerhalb öffentlicher Wege oder Plätze 406
§ 3 GNT Dauervertragsverhältnisse 406
§ 4 GNT Berechnungsart 407
§ 5 GNT Tages- und Kilometersätze 407
§ 6 GNT Stundensätze 408
§ 7 GNT Leistungssätze 408
§ 7a GNT Fracht für schüttbare Güter 409
§ 7b GNT Hin- und Rückladungen 409
§ 8 GNT Geländezuschläge 410
§ 9 GNT An- und Abfahrten 410
§ 10 GNT Wartezeiten 410

§ 11 GNT Abwesenheitsgelder, Zuschläge für Nacht-, Sonn- und Feiertagsarbeit 411
§ 12 GNT Zusätzliches Personal, Nebenleistungen 411
§ 13 GNT Sonderfahrzeuge 412
§ 14 GNT Abrechnung 413
§ 15 GNT Landes-Sondertarife und Verfügungen der Landesbehörden 414
§§ 16-20 GNT (nicht abgedruckt) 415
§§ 21-25 GNT (nicht abgedruckt) 415

2. Abschnitt. Allgemeine Beförderungsbedingungen für den gewerblichen Güternahverkehr mit Kraftfahrzeugen (AGNB)

Vorbemerkung 416
§ 1 AGNB Geltungsbereich 416
§ 2 AGNB Vertragsgegenstand 419
§ 3 AGNB Beförderungsvertrag 419
§ 4 AGNB Beförderungsart 421
§ 5 AGNB Übergabe des Guts 421
§ 6 AGNB Beladen, Entladen, Ladearbeiten auf dem Fahrzeug . . 423
§ 7 AGNB Angaben über das Gut, Überlastung 425
§ 8 AGNB Wartezeit 427
§ 9 AGNB Papiere 428
§ 10 AGNB Zeitliche Abwicklung der Aufträge 429
§ 11 AGNB Nachnahme 429
§ 12 AGNB Beförderungshindernisse 430
§ 13 AGNB Ablieferungshindernisse 431
§ 14 AGNB Ersatzpflicht des Unternehmers 431
§ 15 AGNB Ausschlüsse von der Ersatzpflicht 432
§ 16 AGNB Ersatz für andere als Güterschäden 434
§ 17 AGNB Haftungsbeschränkungen 436
§ 18 AGNB Ersatzpflichtiger Wert 439
§ 19 AGNB Haftung für Dritte 440
§ 20 AGNB Aufwendungen bei Schadensfällen 440
§ 21 AGNB Versicherung 440
§ 22 AGNB Erlöschen der Ansprüche aus dem Beförderungsvertrag 441
§ 23 AGNB Pfandrecht des Unternehmers 442
§ 24 AGNB Erfüllungsort und Gerichtsstand 442
§ 25 AGNB Lohnfuhrvertrag 442
§ 26 AGNB Verjährung 443

Teil F. Spezialvorschriften für den innerstaatlichen Güterfernverkehr

Kraftverkehrsordnung (KVO) für den Güterfernverkehr mit Kraftfahrzeugen (Beförderungsbedingungen)

§ 1 KVO Geltungsbereich 445
§ 2 KVO (weggefallen) 453
§ 3 KVO Berechtigte und Verpflichtete aus dem Beförderungsvertrag 453
§ 4 KVO Abfertigungsarten 456
§ 5 KVO Abholung und Zustellung der Güter 460

Inhalt

§ 6 KVO Haftung für Dritte 464
§ 7 KVO Übernahme von Beförderungsaufträgen 469
§ 8 KVO Transport gefährlicher Güter 469
§ 9 KVO Beförderungspreise; Nebengebühren 470
§ 10 KVO Form des Frachtbriefs 470
§ 11 KVO Inhalt des Frachtbriefs 472
§ 12 KVO Zoll-, Steuer-, Polizei- und sonstige verwaltungsbehördliche Vorschriften 478
§ 13 KVO Haftung für Angaben im Frachtbrief 483
§ 14 KVO Bestellung von Fahrzeugen, Wagenstellungsvertrag . . . 486
§ 15 KVO Abschluß des Beförderungsvertrages 497
§ 16 KVO Prüfung des Inhalts der Sendung; Feststellung von Anzahl und Gewicht 501
§ 17 KVO Beladung von Wagen, Überlastung 508
§ 18 KVO Verpackung, Zustand und Bezeichnung des Gutes . . . 523
§ 19 KVO Annahme 530
§ 20 KVO Frachtberechnung 531
§ 21 KVO Zahlung der Fracht 532
§ 22 KVO (weggefallen) 534
§ 23 KVO Frachtnachzahlung und Frachterstattung 534
§ 24 KVO Nachnahme 537
§ 25 KVO Einlösung des Frachtbriefs und Abnahme des Gutes . . 538
§ 26 KVO Lieferfrist 541
§ 27 KVO Nachträgliche Verfügungen des Absenders und Anweisungen des Empfängers 545
§ 28 KVO Beförderungs- und Ablieferungshindernisse 551
§ 29 KVO Ersatzpflicht des Unternehmers 559
§ 30 KVO Ersatzpflicht für Güterschäden aus besonderen Gefahren 565
§ 31 KVO Ersatz für andere als Güterschäden 571
§ 32 KVO Aufwendungen bei Schadensfällen 577
§ 33 KVO Ersatzpflicht für Schäden aus Hilfsverrichtungen 579
§ 34 KVO Ausschluß von der Ersatzpflicht 584
§ 35 KVO Ersatzpflichtiger Wert 598
§ 36 KVO Begrenzung der Ersatzpflicht 603
§ 37 KVO Verfahren in Schadensfällen 604
§ 38 KVO Versicherung 607
§ 39 KVO Erlöschen der Ansprüche aus dem Beförderungsvertrag . 609
§ 40 KVO Verjährung der Ansprüche aus dem Beförderungsvertrag 614

Teil G. Sondervorschriften für bestimmte Beförderungsmodalitäten

1. Abschnitt. Verordnung TSU Nr. 3/83 über den Güterkraftverkehrstarif für den Umzugsverkehr und für die Beförderung von Handelsmöbeln in besonders für die Möbelbeförderung eingerichteten Fahrzeugen im Güterfernverkehr und Güternahverkehr (GüKUMT)

Vorbemerkung 624
§ 1 GüKUMT Vertrag 627

§ 2 GüKUMT Beladen und Entladen 628
§ 3 GüKUMT Nachträgliche Weisungen des Auftraggebers und des Empfängers 628
§ 4 GüKUMT Beförderungs- und Ablieferungshindernisse 630
§ 5 GüKUMT Empfangsbescheinigung 632
§ 6 GüKUMT Zoll- und sonstige Verwaltungsvorschriften 633
§ 7 GüKUMT Aufrechnung 634
§ 8 GüKUMT Haftung 634
§ 9 GüKUMT Haftungsausschlüsse 637
§ 10 GüKUMT Haftungsbeschränkungen 641
§ 11 GüKUMT Haftung für Dritte 643
§ 12 GüKUMT Abtretung 644
§ 13 GüKUMT Erlöschen der Ansprüche 644
§ 14 GüKUMT Verjährung der Ansprüche 647
§ 15 GüKUMT Außervertragliche Ansprüche, Haftungsausschlüsse und -beschränkungen 648
§ 16 GüKUMT Umzugsvertrag, Rechnung 649
§ 17 GüKUMT Fälligkeit 651
§ 18 GüKUMT Haftungsausschlüsse 651
§ 19 GüKUMT Frachtbrief 652
§ 20 GüKUMT Beladen und Entladen 653
§ 21 GüKUMT Pfandrecht 654
§ 22 GüKUMT Allgemeine Vorschriften für Beförderungen im Fernbereich und Güterfernverkehr 654
§ 23 GüKUMT Vorschriften für Beförderungen im Umzugsverkehr auf Tarifentfernungen über 125 Kilometer (Fernbereich) 655
§ 24 GüKUMT Vorschriften für Beförderungen von Handelsmöbeln in besonders für die Möbelbeförderung eingerichteten Fahrzeugen im Güterfernverkehr 656
§ 25 GüKUMT Beförderungen im Nahbereich und Güternahverkehr 658
§ 26 GüKUMT Nebenleistungen 660
§ 27 GüKUMT Umsatzsteuer 661
§ 28 GüKUMT (nicht abgedruckt) 661

2. Abschnitt. Allgemeine Geschäftsbedingungen der Bundesfachgruppe Schwertransporte und Kranarbeiten (BSK) 662

Teil H. Übereinkommen über den Beförderungsvertrag im internationalen Straßengüterverkehr (CMR)

Vorbemerkung vor Art. 1 CMR 669
Art. 1 CMR Geltungsbereich; völkerrechtliche Verbindlichkeit . . 682
Art. 1a CMR Örtliche Zuständigkeit 688
Art. 2 CMR Geltung für kombinierte Transporte 689
Art. 3 CMR Haftung für Gehilfen 695
Art. 4 CMR CMR-Frachtbrief 698
Art. 5 CMR Ausfertigungen; Form des Frachtbriefs 700
Art. 6 CMR Angaben im Frachtbrief 701

Art. 7 CMR Haftung für unrichtige und fehlende Angaben 706
Art. 8 CMR Überprüfungspflichten 708
Art. 9 CMR Beweiskraft des Frachtbriefs 714
Art. 10 CMR Haftung für mangelhafte Verpackung 716
Art. 11 CMR Begleitpapiere 718
Art. 12 CMR Verfügungsrecht über das Gut 721
Art. 13 CMR Rechte des Empfängers nach Ankunft; Zahlungspflicht 729
Art. 14 CMR Unbehebbare, behebbare Beförderungshindernisse . . 735
Art. 15 CMR Ablieferungshindernisse 740
Art. 16 CMR Kostenerstattung; Ausladung und Verwahrung; Notverkauf 742
Vorbemerkung vor Art. 17 CMR 747
Art. 17 CMR Haftung des Frachtführers; Haftungsausschlüsse . . . 749
Art. 18 CMR Beweislast; Vermutungen 783
Art. 19 CMR Überschreitung der Lieferfrist 789
Art. 20 CMR Verlustvermutung 792
Art. 21 CMR Ablieferung ohne Einziehung der Nachnahme 794
Art. 22 CMR Gefährliche Güter 797
Art. 23 CMR Haftungsumfang; Höchstbeträge 799
Art. 24 CMR Einvernehmliche Erhöhung der Höchstbeträge 809
Art. 25 CMR Obergrenze bei Beschädigung 812
Art. 26 CMR Besonderes Lieferungsinteresse 816
Art. 27 CMR Zinsen; Währungsumrechnung 818
Art. 28 CMR Außervertragliche Ansprüche 820
Art. 29 CMR Vorsatz; gleichgestellte Fahrlässigkeit; Gehilfenhaftung 822
Art. 30 CMR Notwendige Vorbehalte 827
Art. 31 CMR Internationale Zuständigkeit; Rechtshängigkeit; Rechtskraft; Vollstreckbarkeit; Sicherheitsleistung 835
Art. 32 CMR Verjährung 841
Art. 33 CMR Schiedsgerichtklausel 855
Vor Art. 34 CMR 855
Art. 34 CMR Mehrere aufeinanderfolgende Straßenfrachtführer . . 857
Art. 35 CMR Überprüfungspflichten; Beweiskraft des Frachtbriefs . 860
Art. 36 CMR Passivlegitimation 861
Art. 37 CMR Rückgriff 863
Art. 38 CMR Ausgleichspflicht bei Zahlungsunfähigkeit 865
Art. 39 CMR Rückgriffsverfahren 866
Art. 40 CMR Abweichende Vereinbarungen 868
Art. 41 CMR Zwingendes Recht 868
Art. 42 CMR Unterzeichnung, Beitritt 870
Art. 43 CMR Inkrafttreten 870
Art. 44 CMR Kündigung des Abkommens 871
Art. 45 CMR Außerkrafttreten 871
Art. 46 CMR Beschränkung, Ausdehnung des Geltungsbereiches . 871
Art. 47 CMR Verhandlungs- und Schiedsabrede 871
Art. 48 CMR Abbedingung der Verhandlungs- und Schiedsabrede . 872
Art. 49 CMR Revisionskonferenz 872
Art. 50 CMR Notifikation 872

Art. 51 CMR Verbindliche Gesetzessprachen 873

Teil I. Multimodaler Verkehr

A. Begriffsbildung 875
B. Wirtschaftliche Bedeutung 876
C. Einschlägiges Recht 876

Sachregister 885

Abkürzungsverzeichnis

a. A.	anderer Ansicht
a. E.	am Ende
a. F.	alte Fassung
aaO	am angegebenen Ort
ABB. Luft	Allgemeine Beförderungs-Bedingungen Luft
abgedr.	abgedruckt
abgek.	abgekürzt
abw.	abweichend
abw. M.	abweichende Meinung
ADSp	Allgemeine Deutsche Spediteur-Bedingungen (siehe Abschnitt ADSp)
AGB	Allgemeine Geschäftsbedingungen
AGBG	Gesetz zur Regelung des Rechts der Allgemeinen Geschäftsbedingungen v. 9.12.1976 (BGBl. I S. 3317)
AGNB	Allgemeine Beförderungsbedingungen für den gewerblichen Güternahverkehr mit Kraftfahrzeugen (siehe Abschnitt AGNB)
allg.	allgemein
allg. M.	allgemeine Meinung
Alt.	Alternative
Anh.	Anhang
arg. e	Argument aus
Aufl.	Auflage
BAnz	Bundesanzeiger
Baumbach/Duden/Hopt	Kommentar zum HGB (28. Aufl. 1989)
Baumbach/Hefermehl	Wechselgesetz und Scheckgesetz (16. Aufl.)
Baumgärtel/Bearbeiter, Beweislast	Handbuch der Beweislast, Bd. IV (1988)
BB	Der Betriebs-Berater, Zeitschrift (Jahr, Seite)
BetrVG	Betriebsverfassungsgesetz vom 15.1.1972
BGB	Bürgerliches Gesetzbuch vom 18.8.1896 mit Änderungen
BGBl.	Bundesgesetzblatt
BGH	Bundesgerichtshof
BGHZ	Entscheidungen des Bundesgerichtshofs in Zivilsachen (Band, Seite)
Bischof, GüKUMT	Kommentar GüKUMT (1. Aufl. 1986)
Bl.	Blatt
BSchiffG	Gesetz betreffend der privatrechtlichen Verhältnisse der Binnenschiffahrt v. 15.6.1898 mit Änderungen
BSK	Allgemeine Geschäftsbedingungen der Bundesfachgruppe Schwertransporte und Kranarbeiten (Teil G des Kommentars)
BT	Deutscher Bundestag
BT-Drucksache	Bundestags-Drucksache
BullT	Bulletin des Transports et de la Logistique, Zeitschrift (Jahr, Seite)

Abkürzungen

c.i.c.	culpa in contrahendo
CIM	Internationales Übereinkommen über den Eisenbahnfrachtverkehr (COTIF/ER CIM)
CIM a. F.	Internationales Übereinkommen über den Eisenbahnfrachtverkehr vom 7.2.1970
CMR	Übereinkommen vom 19.5.1956 über den Beförderungsvertrag im internationalen Straßengüterverkehr (siehe Abschnitt CMR)
COTIF/ER CIM	Übereinkommen über den internationalen Eisenbahnverkehr vom 9.5.1980/einheitliche Rechtsvorschriften für den Vertrag über die internationale Eisenbahnbeförderung von Gütern (CIM) BGBl. 1985 II S. 130
Cour Cass.	Cour de Cassation, Frankreich
DB	Der Betrieb, Zeitschrift (Jahr, Seite)
Debling	Das nationale Sammelladungsgeschäft des Spediteurs im Güterkraftverkehr (1978)
dgl.	dergleichen
DGV	Der Güterverkehr, Zeitschrift (Jahr, Seite)
diff.	differenzierend
DVZ	Deutsche Verkehrs-Zeitung, (Jahr, Heft, Seite)
EE	Eisenbahnrechtliche und verkehrsrechtliche Entscheidungen und Abhandlungen, hrsg. v. Eger, Zeitschrift
EGBGB	Einführungsgesetz zum Bürgerlichen Gesetzbuch vom 18.8.1896 mit Änderungen
Einl.	Einleitung
engl.	englische
ER/CIM	siehe COTIF
Erl.	Erläuterungen
Esser/Schmidt, Schuldrecht	Schuldrecht, Band I, Allgemeiner Teil (6. Aufl.)
etc.	und so weiter
ETR	EUROPEAN TRANSPORT LAW = Europäisches Transportrecht, Zeitschrift (Jahr, Seite)
EuGÜb	siehe EuGVÜ
EuGVÜ	Europäisches Übereinkommen vom 27.9.1968 über die gerichtliche Zuständigkeit und die Vollstreckung gerichtlicher Entscheidungen in Zivil- und Handelssachen (BGBl. 1972 II S. 773)
EVO	Eisenbahn-Verkehrsordnung v. 8.9.1938 (RGBl. II S. 663) mit Änderungen
EWiR	Entscheidungen zum Wirtschaftsrecht, Zeitschrift (Jahr, Seite)
FBL	FIATA Bill of Lading
f, ff	folgende
FIATA	Fédération Internationale des Associations de Transporteurs et Assimilés
Finger, EVO	Eisenbahnverkehrsordnung, Kommentar (Loseblatt, Stand August 1988)
franz.	französisch
GFG	Gesetz über den Güterfernverkehr
GFT	Güterfernverkehrstarif (VO TSF 3/89; BAnz. Nr. 72 v. 15.4.1989)

GG . . . . Geschäftsgrundlage
GG . . . . Grundgesetz
Glöckner, CMR . . . . Leitfaden zur CMR (7. Aufl. 1991)
GNT . . . . Güternahverkehrstarif (siehe Abschnitt GNT)
GroßkommHGB-Bearbeiter . . . . Großkommentar HGB-Bearbeiter (3. Aufl.; die 4. Aufl. wird mit *Staub*/Bearbeiter zitiert)
GrünhZ . . . . Zeitschrift für das Privat- und öffentliche Recht der Gegenwart, begr. v. *Grünhut* (1.1874–42.1916)
GüKG . . . . Güterkraftverkehrsgesetz (siehe Abschnitt GüKG des Kommentars)
GüKGrenzVO . . . . Verordnung über den grenzüberschreitenden Güterkraftverkehr v. 19.12.1968, zuletzt geändert am 21.3.1990, BGBl. I S. 591; abgedr. *Hein/Eichhoff/Pukall/Krien*, Güterkraftverkehrsrecht, C 485
GüKKabotageVO . . . Verordnung über den Güterkraftverkehr mit Kabotage-Genehmigungen v. 29.3.1991, BGBl. I S. 860
GüKUMT . . . . . . Güterkraftverkehrstarif für den Umzugsverkehr und für die Beförderung von Handelsmöbeln in besonders für die Möbelbeförderung eingerichteten Fahrzeugen im Güterfernverkehr und Güternahverkehr (BAnz. Nr. 92/1983); siehe Abschnitt GüKUMT des Kommentars

h. M. . . . . herrschende Meinung
Hald/Widmann . . . . . Allgemeine Deutsche Spediteurbedingungen (3. Aufl.)
Hansa . . . . Hansa, Zeitschrift (Jahr, Seite)
Hein/Eichhoff/ Pukall/Krien . . . . . . *Kommentar zum Güterkraftverkehrsgesetz (Loseblatt)*
Heymann/Bearbeiter . . Handelsgesetzbuch (Kommentar 1990)
HGB . . . . Handelsgesetzbuch vom 10.5.1897 mit Änderungen
Hill/Messent . . . . . . CMR: Contracts for the international carriage of goods by road (London 1984)
hrsg. . . . . herausgegeben
HS . . . . Halbsatz

I . . . . Abs. 1 bzw. Band 1 oder Serie 1
ICC . . . . International Chamber of Commerce, Paris
i. E. . . . . im Ergebnis
IPR . . . . Internationales Privatrecht
IPRax . . . . Praxis des internationalen Privat- und Verfahrensrechts, Zeitschrift (Jahr, Seite)
Isaac . . . . *Isaac*, Das Recht des Spediteurs (1928)
iSd . . . . im Sinn des
iVm . . . . in Verbindung mit

jew. . . . . jeweils
JW . . . . Juristische Wochenschrift (Jahr, Seite)
JZ . . . . Juristenzeitung (Jahr, Seite)

Kfz . . . . Kraftfahrzeug
KG . . . . Kammergericht
Kg . . . . Kilogramm
Koller, Risikozurechnung . . . . . . Die Risikozurechnung bei Vertragsstörungen in Austauschverträgen (1979)
Krien/Glöckner . . . . Speditions- und Lagerrecht (Loseblatt)

Abkürzungen

Krien/Valder	Fortführung von *Krien/Glöckner* (Stand 1992)
KSchG	Kündigungsschutzgesetz
KVO	Kraftverkehrsordnung (=Reichskraftwagentarif, Teil 1) (siehe Abschnitt KVO des Kommentars)
Larenz, Schuldrecht II/1	Schuldrecht, Besonderer Teil, 1. Halbband (13. Aufl.)
Larenz, Schuldrecht I	Lehrbuch des Schuldrechts Band I, Allgemeiner Teil (14. Aufl.)
LG	Landgericht
lit.	Buchstabe
Lloyd's	Maritime and Commercial Law, Zeitschrift (Jahr, Seite)
LM	Nachschlagewerk des Bundesgerichtshofs, hrsg. v. *Lindenmaier, Möhring* u. a. (Loseblatt)
Löwe/Graf von Westphalen/Trinkner	Großkommentar zum AGB-Gesetz (2. Aufl.)
LuftVG	Luftverkehrsgesetz v. 14.1.1981 (BGBl. I S. 61) mit Änderungen
LZ	Leipziger Zeitschrift für Deutsches Recht (bis 7.1913: f. Handels-, Konkurs- und Versicherungsrecht) (1.1907–27.1933)
m.	mit
MDR	Monatszeitschrift für Deutsches Recht (Jahr, Seite)
MT	Multimodaler Transport
Muth/Andresen/Pollnow	KVO, in *Hein/Eichhoff/Pukall/ Krien* (siehe dort)
MüKo-Bearbeiter	Münchener Kommentar zum BGB (2. Aufl.)
MV	Multimodaler Verkehr
m. w. Nachw.	mit weiteren Nachweisen
Nachw.	Nachweise
NJW	Neue Juristische Wochenschrift (Jahr, Seite)
NJW-RR	NJW-Rechtsprechungs-Report Zivilrecht (Jahr, Seite)
Nr.	Nummer
o.	ohne
OGH	Oberster Gerichtshof (Österreich)
OLG	Oberlandesgericht
OLGZ	Entscheidungen der Oberlandesgerichte in Zivilsachen
OLSchVO	VO über Orderlagerscheine v. 16.12.1931 (RGBl. I S. 763)
o. Verf.	ohne Verfasser
Palandt/Bearbeiter	Bürgerliches Gesetzbuch, Kommentar (51. Aufl.)
Papp	*Papp*, Haftungsrechtliche Fragen im Zusammenhang mit den §§ 412, 413 HGB (1973)
pFV	Positive Forderungsverletzung
Piper	Höchstrichterliche Rechtsprechung zum Speditions- und Frachtrecht (6. Aufl.)
Putzeys	Le Contrat de Transport routier de Marchandises (Brüssel 1981)
RabelsZ	Zeitschrift für ausländisches und internationales Privatrecht (Jahr, Seite)
RG	Reichsgericht
RGBl. I	Reichsgesetzblatt (Jahr, Seite)
RGRK z. BGB	Reichsgerichtsräte-Kommentar zum BGB (12. Aufl.)

RGZ	Entscheidungen des Reichsgerichts in Zivilsachen
RIW	Recht der Internationalen Wirtschaft; früher Außenwirtschaftsdienst des Betriebs-Beraters (Zeitschrift, Jahr, Seite)
RKB	Reichskraftwagenbetriebsverband (siehe Abschnitt KVO des Kommentars)
RKT	Reichskraftwagentarif, jetzt GFT
ROHG	Entscheidungen des Reichsoberhandelsgerichts
RSchOG	Reichsschiffahrtsobergericht
Rspr.	Rechtsprechung
Rz.	Randzeichen
S.	Seite
s.	siehe
Schlegelberger/Bearbeiter	Kommentar zum HGB (5. Aufl.)
SchlHAnz	Schleswig-Holsteinische Anzeigen, Zeitschrift, (Jahr, Seite)
Soergel/Bearbeiter . . .	*Soergel*/Bearbeiter, Bürgerliches Gesetzbuch, Kommentar (11. Aufl. bzw. 12. Aufl.)
sog.	sogenannt
SpP	Speditions-Police (Teil B des Kommentars)
Staub/Bearbeiter . . .	Großkommentar zum HGB (4. Aufl.)
Staudinger/Bearbeiter .	Kommentar zum Bürgerlichen Gesetzbuch mit Einführungsgesetz und Nebengesetzen (12. Aufl.)
str.	strittig
SVS/RVS	Speditionsversicherungsschein/Rollfuhrversicherungsschein (siehe Abschnitt SVS/RVS des Kommentars)
Theunis/Bearbeiter . .	International Carriage of Goods by Road (CMR) London/New York/Hamburg/Hongkong 1987
TranspR	Transportrecht, Zeitschrift (Jahr, Seite)
u. U.	unter Umständen
ULC	Uniform Law Cases, Zeitschrift (Jahr, Seite)
Ulmer/Brandner/Hensen	AGB-Gesetz, Kommentar (6. Aufl.)
ULR	Uniform Law Review, Zeitschrift (Jahr, Seite)
unzutr.	unzutreffend
v.	von, vom, versus
v.c.f.p.	venire contra factum proprium, Selbstwiderspruch
Verf.	Verfasser
VersPraxis	Versicherungspraxis, Zeitschrift (Jahr, Seite)
VersR	Versicherungsrecht, Zeitschrift (Jahr, Seite)
VersW	Zeitschrift für die gesamte Versicherungswissenschaft (Jahr, Seite)
VersWirtsch	Versicherungswirtschaft, Zeitschrift (Jahr, Seite)
vgl.	vergleiche
VO	Verordnung
Voraufl.	Vorauflage
VO TSU	Verordnungen nach § 20 a GüKG
VP	Versicherungspraxis, Zeitschrift (Jahr, Seite)
VRS	Verkehrsrecht-Sammlung, Zeitschrift (Jahr, Seite)
VVG	Gesetz über den Versicherungsvertrag v. 30.5.1908 (RGBl. S. 263) mit Änderungen

Abkürzungen

WA . . . . Warschauer Abkommen zur Vereinheitlichung von Regeln über die Beförderung im internationalen Luftverkehr in der Fassung v. 12.10.1929, RGBl. II 1933 S. 1039 bzw. v. 28.9.1955, BGBl. II 1958 S. 291

Willenberg, KVO . . . Kraftverkehrsordnung für den Güterfernverkehr mit Kraftfahrzeugen (Beförderungsbedingungen) (4. Aufl. 1991), begründet von H. Guelde

WM . . . . Wertpapier-Mitteilungen, Zeitschrift (Jahr, Seite)

Wolf, ADSp . . . . . . ADSp, Textausgabe mit kurzen Erläuterungen (15. Aufl. 1992)

Wolf/Horn/Lindacher . . AGBG, Kommentar (2. Aufl.)

WRP . . . . Wettbewerb in Recht und Praxis, Zeitschrift (Jahr, Seite)

z. B. . . . . zum Beispiel

ZBinnSch . . . . Zeitschrift für Binnenschiffahrt und Wasserstraßen (Jahr, Seite)

ZfVerkWiss . . . . . . Zeitschrift für Verkehrswissenschaften (Jahr, Seite)

ZfVersWesen . . . . . Zeitschrift für Versicherungswesen (Jahr, Seite)

ZIntEisenb . . . . . . Zeitschrift für den internationalen Eisenbahntransport (Jahr, Seite)

ZIP . . . . Zeitschrift für Wirtschaftsrecht (früher Insolvenzrecht – Zeitschrift für die gesamte Insolvenzpraxis; Zeitschrift für Wirtschaftsrecht und Insolvenzpraxis) (Jahr, Seite)

zit. . . . . zitiert

ZLW . . . . Zeitschrift für Luft- u. Weltraumrecht (Jahr, Seite)

zutr. . . . . zutreffend

zw. . . . . zweifelnd

Einleitung

Übersicht

	Rz.
A. Zersplitterung der Rechtsquellen	1
B. Die maßgeblichen Rechtsquellen	
I. Testfragen	2
II. Testfrage 1: Ist der Auftragnehmer Frachtführer oder Spediteur?	3
III. Testfrage 2: Das Transportunternehmen ist Frachtführer. Mit welchem Transportmittel sollte der Transport erfolgen bzw. ist er erfolgt?	
1. Der Transport soll ausschließlich mit dem Kfz erfolgen	4
2. Das Gut soll ausschließlich mit der Bahn befördert werden	5
3. Das Gut soll ausschließlich mit dem Luftfahrzeug befördert werden	6
4. Das Gut soll ausschließlich mit Binnenschiffen befördert werden	7
5. Das Gut soll ausschließlich mit Seeschiffen befördert werden	8
6. Es wird keine Vereinbarung über das Transportmittel getroffen	9
7. Das Gut soll oder darf mit verschiedenen Transportmitteln befördert werden	10
8. Der Transportunternehmer hat die Beförderung mit einem bestimmten Transportmittel versprochen, aber ein anderes eingesetzt	11
IV. Testfrage 3: Über welche Strecke sollte das Gut transportiert werden?	
1. Straßentransport mit Kfz	
a) Innerdeutscher Verkehr	12
b) Grenzüberschreitender Verkehr	13
c) Transporte im Ausland	14
2. Transport mit Eisenbahnen	
a) Innerdeutscher Verkehr	15
b) Grenzüberschreitender Verkehr	16
3. Lufttransport	
a) Innerdeutscher Verkehr	17
b) Grenzüberschreitender Verkehr	18
4. Schiffstransport	19
V. Testfrage 4: Welche Art von Gut ist zu transportieren?	
1. Straßenverkehr	20
2. Eisenbahn-, Luftfrachtverkehr	21
VI. Testfrage 5: Der Auftragnehmer ist Spediteur im Sinn des HGB. Welche Art von Spedition liegt vor?	22
1. Geschäftsbesorgungsspedition	23
2. Fixkostenspedition	24
3. Sammelladungsspedition	25
4. Selbsteintritt	26
C. Schemata der wesentlichen Anspruchsgrundlagen	
I. Geschäftsbesorgungsspedition (§ 407 HGB), ohne ADSp	27
II. Geschäftsbesorgungsspedition (§ 407 HGB), die ADSp sind anwendbar	31
III. Selbsteintrittsspedition (§ 412 HGB)	34
IV. Fixkostenspedition (§ 413 I HGB)	37
V. Sammelladungsspedition (§ 413 II HGB)	40
VI. HGB-Frachtrecht	42
VII. Straßengüterfernverkehr (KVO)	46
VIII. Grenzüberschreitender Straßengüterverkehr (CMR)	58

A. Zersplitterung der Rechtsquellen

1 Das moderne Transportrecht ist in extremem Maß zersplittert. Jeder Verkehrsträger, wie Kfz, Bahn, Schiff, Flugzeug, besitzt heute sein eigenes Transportrecht. Damit nicht genug. Das anwendbare oder zwingend anzuwendende Recht differiert ferner nach der Art der Strecke, über die das Gut befördert werden soll. Im Bereich des Straßengüterverkehrs kommt es z. B. darauf an, ob das Gut grenzüberschreitend oder nur im Inland befördert werden soll und ob es im Inland im Radius von 75 km um den Standort des Kfz oder darüber hinaus im Güterfernverkehr befördert werden soll bzw. welches Kfz eingesetzt wird. Das einschlägige Recht kann ferner durch die Art des zu transportierenden Guts beeinflußt werden. Für Umzüge etwa

gelten andere Regeln als für den Transport von Konserven. Dort, wo Spediteure den Transport übernommen haben, kann weiterhin entscheidend sein, ob und auf welchen Strecken die Spediteure den Transport mit eigenen Fahrzeugen erledigt haben. Schließlich ist jeweils zu prüfen, um welche Art von Pflichten es sich handelt. Die frachtrechtlichen Spezialgesetze weisen nämlich durchwegs in mehr oder minder großem Umfang Lücken auf, die durch Rückgriff auf allgemeinere Normen oder unvereinheitlichtes nationales Recht geschlossen werden müssen.

Diese Zersplitterung des Speditions- und Frachtrechts ist weniger die Antwort auf eine je nach Transportart, Transportweg oder Transportgut unterschiedliche Beförderungstechnik und die daraus resultierenden Besonderheiten und auf divergierende Risiken. Vielmehr wird die Zersplitterung des Transportrechts aus vielen anderen Quellen genährt. Zu nennen sind insbesondere die Aufgabe der Kodifikationsidee, wirtschaftspolitische oder sozialpolitische Rücksichten auf die Stellung des Verkehrsträgers, seiner Konkurrenten auf dem Markt und anderer Personen, der Förderung bestimmter Technologien, die in der Vergangenheit und gegenwärtig praktizierte Form der Rechtsvereinheitlichung sowie historische Zufälligkeiten.

De lege lata muß man sich heute mit der Zersplitterung des Transportrechts abfinden. Bei der Lösung konkreter Rechtsfragen ist es daher von entscheidender Bedeutung, die einschlägigen Rechtsquellen ausfindig zu machen. Hierbei hilft die Beantwortung einiger Testfragen:

B. Die maßgeblichen Rechtsquellen

I. Testfragen

2 1. Ist der Auftragnehmer Frachtführer (§ 425 HGB) oder Spediteur (§ 407 HGB)?
2. Mit welchem Transportmittel soll der Transport durchgeführt werden?
3. Über welche Strecke soll das Transportmittel eingesetzt werden; international oder national, im Nahverkehrs- oder Güterfernverkehrsbereich?
4. Ergeben sich Besonderheiten wegen der Art des zu transportierenden Gutes?
5. Wenn der Auftragnehmer Spediteur ist, welche Art von Spedition (§§ 407, 412, 413 HGB) liegt vor?

II. Testfrage 1: Ist der Auftragnehmer Frachtführer oder Spediteur?

3 Transportunternehmen im weitesten Sinn können in zwei Rollen auftreten: in der des Frachtführers, der die Beförderung bewerkstelligt, oder in der des Spediteurs im Sinn des HGB, der es übernimmt, Güterversendungen für andere zu besorgen, d. h. im wesentlichen zu organisieren. So einfach theoretisch die Grenze zwischen dem Typus des Frachtführers und des HGB-Spediteurs zu ziehen ist, so schwierig ist häufig die Grenzziehung in der Praxis. Dies resultiert wesentlich daraus, daß der in den §§ 407, 412, 413

HGB verwandte Begriff der Spedition und die Bedeutung des Begriffs „Spedition" in der Umgangssprache sowie Berufspraxis auseinandergedriftet sind. Dies zeigt deutlich die Beschreibung der Spediteurfunktionen in § 2a ADSp. Bevor aber auf die ADSp als Allgemeine Geschäftsbedingungen zurückgegriffen werden kann, ist wegen des denkbaren Vorranges zwingenden Rechts zuerst festzustellen, ob der Transportunternehmer als Spediteur oder als Frachtführer bzw. im grenzüberschreitenden Transport als Transporteur tätig werden sollte. Vgl. dazu die Erläuterungen zum Typus des Spediteurs in § 407 HGB Rz. 2 ff, zum Typus des Frachtführers in § 425 HGB Rz. 2 ff, zum Typus des Transporteurs Art. 1 CMR Rz. 2, zur Abgrenzung Spedition – Frachtgeschäft im besonderen § 407 HGB Rz. 17 ff.

III. Testfrage 2: Das Transportunternehmen ist Frachtführer. Mit welchem Transportmittel sollte der Transport erfolgen bzw. ist er erfolgt?

1. Der Transport soll ausschließlich mit dem Kfz erfolgen

Sollte das Gut auf der Straße mit Kraftfahrzeugen befördert werden, so können einschlägig sein: die KVO (Erläuterungen: Teil F) sowie sonstige Bestimmungen des GFT und/oder die §§ 425 ff HGB (Erläuterungen: Teil C), ferner die §§ 631 ff BGB sowie der GNT (Erläuterungen: Teil E) und/oder das Übereinkommen über den Beförderungsvertrag im internationalen Straßengüterverkehr (kurz CMR; dazu Erläuterungen: Teil H) oder die VO TSU Nr. 3/38 über den Güterkraftverkehrstarif für den Umzugsverkehr und für die Beförderung von Handelsmöbeln in für die Möbelbeförderung besonders eingerichteten Fahrzeugen (GüKUMT; Erläuterungen dazu: Teil G). Diese Vorschriften können u. U. durch Allgemeine Geschäftsbedingungen z. B. AGNB (Erläuterungen: Teil E) oder ADSp (Erläuterungen: Teil B) derogiert worden sein. Welche der gesetzlichen Vorschriften im konkreten Fall eingreift, ist anhand der weiter genannten Testfragen zu beantworten. Außerdem ist zu berücksichtigen, daß der Frachtführer nach Deliktsrecht haften kann und daß diese Haftung unter Umständen nicht abbedungen werden kann (§§ 26, 41 GüKG; dazu Erläuterungen: Teil D). 4

2. Das Gut soll ausschließlich mit der Bahn befördert werden

Haben die Parteien den Transport mit der Bahn vereinbart, so können die §§ 453 ff HGB, die Vorschriften der Eisenbahnverkehrsordnung von 1938 mit zahlreichen Änderungen (EVO) sowie das Internationale Übereinkommen über den Eisenbahnfrachtverkehr vom 9. 5. 1980, BGBl. 1985 II S. 130; abgek. CIM) zum Tragen kommen. Ergänzend können besondere vertragliche Abreden sowie die allgemeinen schuldrechtlichen Vorschriften Bedeutung erlangen. 5

3. Das Gut soll ausschließlich mit dem Luftfahrzeug befördert werden

6 Immer häufiger wird die Beförderung von Gütern auf dem Luftweg als Leistung versprochen. Derjenige, der die Leistung verspricht, ist der Luftfrachtführer. Dies kann nach deutscher Rechtsauffassung auch ein Spediteur sein, der wie ein Luftfrachtführer behandelt wird. Bei Anwendbarkeit deutschen nationalen Rechts kommen die werkvertragsrechtlichen Regelungen der §§ 631 ff BGB sowie die im Rahmen des § 49 LuftVG zwingenden Haftungsbestimmungen der §§ 44 ff LuftVG zum Tragen. Ergänzend gelten bei der Frachtgutbeförderung die analog anzuwendenden Vorschriften des HGB-Frachtrechts (§§ 425 ff HGB), ferner Allgemeine Geschäftsbedingungen und Individualabreden, soweit sie zum Inhalt des Beförderungsvertrages erhoben worden sind und nicht gegen zwingendes Recht verstoßen. Bei der Frachtgutbeförderung kommen hier insbesondere die Allgemeinen Beförderungsbedingungen für Fracht (ABB-Fracht) in Betracht. Möglicherweise gilt aber das Abkommen zur Vereinheitlichung von Regeln über die Beförderung im internationalen Luftverkehr, das allgemein Warschauer Abkommen (WA) genannt wird. Das WA existiert in verschiedenen Ratifikationsfassungen (Fassung vom 12. 10. 1929, RGBl. 1933 II, S. 1039; v. 28. 9. 1955, BGBl. 1958 II, S. 291). Welche Fassung anzuwenden ist, hängt davon ab, zwischen welchen Staaten die Flüge abgewickelt werden. Es ist auch daran zu denken, daß das Abkommen von Guadalajara (BGBl. 1963 II S. 1159) heranzuziehen ist. Das ist der Fall, wenn für den in Betracht stehenden Luftbeförderungsvertrag das Warschauer Abkommen in der Fassung von 1929 oder von 1955 anzuwenden ist und der vertraglich vereinbarte Abgangs- oder Bestimmungsort in einem Staat liegt, der ebenso wie die Bundesrepublik Deutschland zusätzlich das Guadalajara-Abkommen ratifiziert hat. Ergänzend gelten das nach IPR anzuwendende nationale Recht des Luftbeförderungsvertrages sowie AGB und besondere vertragliche Abreden.

4. Das Gut soll ausschließlich mit Binnenschiffen befördert werden

7 Die Frachtverträge für den Gütertransport auf Flüssen und Kanälen, den sog. Binnenwasserstraßen, finden ihre Normierung im Werkvertragsrecht des BGB sowie im Frachtrecht des HGB (§§ 425 ff HGB) und außerdem bis zur Übernahme des Straßburger Übereinkommens (TranspR **1986**, 36) im Binnenschiffahrtsgesetz von 1896 (RGBl. 1895, S. 301), das mehrfach geändert worden ist. In der Tradition gemeinsamer Regelungen der früher enger ineinandergreifenden Land- und Wassertransporte erklärt § 26 BSchiffG viele Bestimmungen des HGB-Frachtrechts für anwendbar. Wegen der Besonderheiten des Transportes mit Schiffen bringen die §§ 27–77 BSchiffG noch spezielle Vorschriften. Diese sind jedoch, auch bezüglich der Frachtführerhaftung im BSchiffG, nicht für unabdingbar erklärt. Es herrscht also Vertragsfreiheit. Dies hat dazu geführt, daß in den einzelnen Fahrtgebieten sog. Konnossementsbedingungen verbreitet sind. Die gesetzlichen Regelungen haben nur noch als Orientierungsmarken für die AGB-Kontrolle Bedeutung. Bei grenzüberschreitenden Transporten ist zu berücksichtigen, daß nach IPR ausländisches Recht zum Tragen kommen kann.

5. Das Gut soll ausschließlich mit Seeschiffen befördert werden

Transport mit Seeschiffen oder Küstenschiffen:
Das mit Seehandel überschriebene 4. Buch des HGB (§§ 474 ff HGB) enthält eingehende Regeln über das Frachtgeschäft zur Beförderung von Gütern. Der Gesetzestext beruht hier auf der Einarbeitung von internationalem Einheitsrecht in Gestalt des internationalen Abkommens zur Vereinheitlichung von Regeln über Konnossemente, den sog. Haager Regeln. Eine Reihe von Staaten haben die 1968 zur Ergänzung der Haager Regeln vereinbarten Visby Rules ratifiziert. Die Bundesrepublik ist dem nicht gefolgt, weil sie für die 1978 vereinbarten sog. Hamburger Regeln optiert hat, die als umfassende Reform der Haager Regeln gedacht sind. Inzwischen hat Deutschland aber durch das 2. Seerechtsänderungsgesetz von 1986 wichtige Normen des Seefrachtrechts, insbesondere des Haftungsrechts, der Rechtslage nach den Visby Rules angeglichen (BGBl. 1986 I, S. 1120; beachte Art. 6 EGHGB). Ergänzend kommen die Vorschriften des Werkvertragsrechts zum Tragen; soweit das Seefrachtrecht nicht zwingender Natur ist, sind die Rechte und Pflichten der Parteien in der Regel detailliert im Rahmen von sog. Konnossementsbedingungen geregelt. Auch hier kann – und wird in der Regel häufig – das ausländische Recht eine Rolle spielen. Ferner ist denkbar, daß das Internationale Abkommen über die Beschränkung der Haftung für Seeforderungen (BGBl. 1986 II, S. 786) sowie die seerechtliche Verteilungsordnung (BGBl. 1986 I, S. 1130 zuletzt geändert BGBl. 1990 I, S. 2847) heranzuziehen sind. 8

6. Es wird keine Vereinbarung über das Transportmittel getroffen

Haben die Parteien keine Vereinbarung über das einzusetzende Transportmittel getroffen, so ist, falls es sich nicht lediglich um einen Speditionsvertrag handelt, davon auszugehen, daß der Transportunternehmer nach billigem Ermessen (§ 315 BGB) berechtigt ist, ein geeignetes Transportmittel zu wählen. Hat er die Wahl getroffen, so kommt es darauf an, welche Art von Transportmittel er ausgesucht hat. Es gilt dann das Recht dieses Transportmittels. Vgl. Erläuterungen Teil C § 425 HGB Rz. 14. 9

7. Das Gut soll oder darf mit verschiedenen Transportmitteln befördert werden

Ein kombinierter bzw. gemischter oder multimodaler Transport liegt vor, wenn eine Beförderung mit mindestens zwei verschiedenen Transportmitteln aufgrund eines einheitlichen Frachtvertrages durchgeführt wird. Dabei kann die Kombination in der Form erfolgen, daß gleichzeitig zwei Transportmittel benutzt werden (z. B. der Huckepack-Verkehr) oder daß das Gut hintereinander mit verschiedenen Transportmitteln transportiert wird. Dagegen stellt der Containerverkehr keinen kombinierten Transport dar. Man muß sich den Container als eine große, genormte Kiste vorstellen. Allerdings ist der Container besonders dazu geeignet, das Gut im Rahmen eines kombinierten Transportes zu befördern, weil das Umladen mit geringen Kosten erfolgen kann. 10

Verträge des multimodalen Transportes kommen im allgemeinen in drei Varianten vor: Beim einfachen kombinierten Transport verpflichtet sich der Erst- bzw. Hauptbeförderer, das Gut zum Bestimmungsort zu verbringen; er schaltet abschnitts- bzw. transportmittelweise andere Beförderer als Unterfrachtführer, d. h. als seine Erfüllungsgehilfen ein. Beim unechten Durchfrachtvertrag befördert der Erstbeförderer als Kontrahent des Absenders das Gut nur auf seiner Teilstrecke; er ist aber verpflichtet, wie ein Spediteur für Weitertransport und Umladung zu sorgen. Hier haben wir es mit einer Kombination von Frachtvertrag und Speditionsvertrag, also mit einem gebrochenen Verkehr, zu tun. Beim gemeinschaftlichen Durchfrachtvertrag verpflichten sich mehrere Transportunternehmen von vornherein gemeinschaftlich, den Transport abzuwickeln, allerdings mit der Maßgabe, daß jeder nur für seine Wegstrecke verantwortlich zeichnet. Von einem echten multimodalen Transport, für den die besonderen Regeln dieser Transportart gelten, kann daher nur beim erstgenannten Typus, also beim einfachen kombinierten Transport, gesprochen werden.

Praktisch verfügt keines der multimodale Transporte anbietenden Unternehmen selbst über alle Arten der im Einzelfall zu kombinierenden Transportmittel. Deshalb ist es zur Ausführung des Vertrages zwischen Absender und Unternehmer immer notwendig, daß der Unternehmer Frachtverträge mit ausführenden Beförderern abschließt und diesen das Gut für die jeweilige Teilstrecke übergibt. Der Vertrag zwischen dem Absender und dem Unternehmer ist in der Regel ein Frachtvertrag. Dieser Frachtvertrag ist zunächst nicht transportmittelspezifisch eingefärbt. Da das Frachtrecht im wesentlichen nur transportspezifische Normen kennt, sind im allgemeinen diese Vorschriften nach den Regeln der Behandlung von typengemischten Verträgen anzuwenden. Dies wird im Abschnitt I „multimodaler bzw. kombinierter Verkehr" näher erläutert.

8. Der Transportunternehmer hat die Beförderung mit einem bestimmten Transportmittel versprochen, aber ein anderes eingesetzt

11 Die Frage, nach welchem Recht bei Benutzung vertragswidriger Transportmittel gehaftet wird, ist umstritten. Einzelheiten Teil C § 425 HGB Rz. 2.

IV. Testfrage 3: Über welche Strecke soll das Gut transportiert werden?

1. Straßentransport mit Kfz

12 **a) Innerdeutscher Verkehr.** Beim innerdeutschen Transport ist danach zu differenzieren, ob es sich um einen Transport im Güternahverkehr (§ 2 GüKG) oder einen Transport im Güterfernverkehr (§ 3 GüKG) handelt (Ausnahme § 4 GüKG). Dabei fallen alle Transporte in die Kategorie des Güterfernverkehrs, die nicht zum Güternahverkehr oder zum Umzugsverkehr (§ 37 GüKG) zählen. Wird der Transport in einem Gebiet innerhalb eines

Umkreises von 75 km gerechnet vom Standort des Kraftfahrzeugs abgewikkelt, so spricht man vom Nahverkehr (§ 2 GüKG).

Für Nahverkehrstransporte gilt, sofern – wie in der Regel – deutsches Recht anzuwenden ist, unter dem Aspekt der Haftung das dispositive Recht der §§ 425 ff HGB und ergänzend das des BGB-Werkvertragsrechts. In der Praxis werden meist AGB vereinbart, insbesondere die AGNB, die die Haftung in Anlehnung an die KVO regeln. Auf dem Gebiet der Vergütung existieren vielfach hoheitlich verbindlich festgesetzte Tarife (GNT; vgl. dazu Teil E der Kommentierung). Geht der Transport über die Nahzone hinaus, bewegt er sich jedoch noch im Bundesgebiet, so werden die Rechtsbeziehungen zwischen Absender bzw. Empfänger und Frachtführer grundsätzlich, d. h. mit Ausnahmen durch die KVO (erläutert in Teil F) sowie die übrigen Vorschriften des Güterfernverkehrstarifs (GFT; abgedr. *Hein/Eichhoff/Pukall/Krien*, Güterkraftverkehrsrecht, C 521–540) geregelt. Ergänzend kommt das BGB in Betracht, auch die Regeln der culpa in contrahendo. Konkurrierend und wegen § 26 GüKG unabdingbar haftet der Unternehmer immer nach Deliktsrecht.

b) Grenzüberschreitender Verkehr. Wird das Gut von der Bundesrepublik ins Ausland oder vom Ausland in die Bundesrepublik oder in einen anderen Vertragsstaat der CMR transportiert, so gelten grundsätzlich die Regeln der CMR (Erläuterungen dazu in Teil H der Kommentierung). Die CMR stellt allerdings keine Kodifikation dar, sondern ist außerordentlich lückenhaft. Es muß daher unter Umständen auf das nationale Recht zurückgegriffen werden. Wie das zu erfolgen hat, ist streitig (näher dazu vor Art. 1 CMR Rz. 5 f.). **13**

c) Transporte im Ausland. Es kommt das nach IPR (Art. 27 ff EGBGB) maßgebliche Recht zum Tragen. **14**

2. Transport mit Eisenbahnen

a) Innerdeutscher Verkehr. Im innerdeutschen Eisenbahnverkehr ergibt sich die Haftung der Bahn aus § 454 HGB, insbesondere aus den §§ 82 ff EVO. Ergänzend sind die allgemeinen schuldrechtlichen Normen heranzuziehen. **15**

b) Grenzüberschreitender Verkehr. Für den Bereich der grenzüberschreitenden Beförderung gelten die EVO und das HGB in der Regel allenfalls ergänzend. Gemäß Art. 1 CIM findet die CIM auf den Transport aller Güter Anwendung, die mit durchgehendem Frachtbrief auf einem Wege aufgegeben werden, der die Gebiete von mindestens 2 Mitgliedstaaten umfaßt und ausschließlich Linien umfaßt, die in einer bestimmten Liste eingetragen sind. Mitgliedsstaaten sind nahezu alle europäischen Staaten, darüber hinaus Mittelmeeranrainer in Asien und Afrika, nicht aber z. B. Rußland. In Art. 2 CIM sind Ausnahmetatbestände aufgezählt, z. B. für den Transitverkehr, wenn Versand- und Bestimmungsbahnhof im gleichen Mitgliedstaat liegen. Bei Transporten von Deutschland nach Rußland wird zwar das Gebiet mehrerer Mitgliedsstaaten berührt; es werden jedoch nicht ausschließlich in die Liste eingetragene Linien benutzt. **16**

3. Lufttransport

17 **a) Innerdeutscher Verkehr.** Im Fall der innerdeutschen Luftbeförderung kommen die §§ 631 ff BGB sowie die Bestimmungen des LuftVG, im Bereich des dispositiven Rechts die jeweiligen AGB des Luftfrachtführers zum Tragen.

18 **b) Grenzüberschreitender Verkehr.** Bei Flügen von oder nach der Bundesrepublik gelten gemäß § 51 LuftVG das WA in der Fassung von 1929 und das Haager Protokoll von 1955 zur Änderung des Warschauer Abkommens und das Zusatzabkommen von Guadalajara von 1961, soweit diese Abkommen nach ihrem Geltungsbereich auf die Luftbeförderung anzuwenden sind (s. oben Rz. 6). Es ist also jeweils zu prüfen, wie die Anwendungsvoraussetzungen dieser Abkommen lauten und wie der Ratifikationsstand im Abflugs- bzw. Ankunftsland ist. Für Flüge von und nach den USA ist nur das WA von 1929 einschlägig. Soweit das WA keine zwingenden Regeln enthält, ist subsidiär das nach IPR einschlägige nationale Recht heranzuziehen, das aber, soweit es dispositiver Natur ist, in der Regel durch AGB verdrängt wird. Gleiches gilt in den Fällen, in denen das WA nicht eingreift, weil die Beförderung nicht von oder nach einem Vertragsstaat des Abkommens erfolgt.

4. Schiffstransport

19 Siehe hierzu die Erläuterungen in den Spezialkommentaren.

V. Testfrage 4: Welche Art von Gut ist zu transportieren?

1. Straßenverkehr

20 Im nationalen Güternahverkehr (§ 2 GüKG) wird nach der Art des Gutes im wesentlichen nur dort differenziert, wo es sich um die Beförderung von Umzugsgut (§ 37 GüKG) und um die Beförderung von Handelsmöbeln in besonders für die Möbelbeförderung eingerichteten Fahrzeugen handelt. In diesen Fällen statuiert die GüKUMT (Erläuterungen Teil G des Kommentars) zwingendes Haftungsrecht. Beachte § 4 GüKG in Hinblick auf den GNT.

Der nationale Güterfernverkehr (§ 3 GüKG) steht grundsätzlich unter dem Haftungsregime der KVO. Eine Ausnahme gilt zunächst für den erwähnten Umzugsverkehr und den Transport mit Handelsmöbeln. Darüber hinaus enthält § 4 GüKG Ausnahmetatbestände, z. B. für die Beförderung lebender Tiere. Von besonderer Bedeutung ist die FreistellungsVO zum GüKG (abgedr. in *Hein/Eichhoff/Pukall/Krien*, Güterkraftverkehrsrecht, C 104). In dieser VO werden in 28 Nummern Güter aufgezählt, die nicht dem GüKG und damit der KVO unterworfen sind. Die Liste reicht von der Beförderung von Kunstwerken über die Beförderung von Blutkonserven bis zur Beförderung von Gütern mit Lkw mit einer Nutzlast bis zu 750 kg. Es ist dann auf die §§ 425 ff HGB sowie §§ 631 ff BGB zurückzugreifen, die wohl in der Regel durch AGB verdrängt werden.

Bei internationalen Transporten schränkt die CMR (Erläuterungen Teil H des Kommentars) ihren Anwendungsbereich beim Transport von Leichen und von Umzugsgut ein. Ob beim grenzüberschreitenden Transport von

Umzugsgut die GüKUMT anzuwenden ist, wenn nach IPR deutsches Recht einschlägig ist, ist unklar. Verbreitet wird davon ausgegangen, daß die GüKUMT nur bei nationalen Transporten gelte. Dies wird mit einem mißverstandenen Territorialitätsprinzip begründet (vgl. vor § 1 GüKUMT Rz. 4).

2. Eisenbahn-, Luftfrachtverkehr

Im Eisenbahn- und Luftfrachtrecht spielt die Art der zu transportierenden Güter keine Rolle. Die EVO differenziert nur zwischen Reisegepäck, Expressgut und der Beförderung sonstiger Güter und schließt bestimmte Güter von der Beförderung aus. Ähnliches gilt für die CIM. Das LuftVG und das WA behandeln dagegen das Reisegepäck und das Frachtgut einheitlich. 21

VI. Testfrage 5: Der Auftragnehmer ist Spediteur im Sinne des HGB. Welche Art von Spedition liegt vor?

Ist man zu dem Ergebnis gelangt, daß der Auftragnehmer Spediteur ist (oben Rz. 3), so stellt sich die weitere Frage, um welche Art von Spediteur es sich dabei handelt. Denkbar sind die reine Geschäftsbesorgungsspedition (§ 407 HGB), die Erledigung des Speditionsauftrages durch Selbsteintritt (§ 412 HGB), die Fixkostenspedition (§ 413 I HGB) und die Sammelladungsspedition (§ 413 II HGB). Der Spediteur kann in zeitlicher Reihenfolge auch im Rahmen eines Auftrages in mehreren Rollen auftreten, so z. B., wenn er das Gut als Spedition auf sein Lager legt und erst dann bei Beginn der Beförderung den Selbsteintritt erklärt. Es ist daher vielfach wichtig festzustellen, in welcher Phase der Speditionstätigkeit der Schaden entstanden ist. 22

1. Geschäftsbesorgungsspedition

Im Rahmen der reinen Geschäftsbesorgungsspedition iSd § 407 HGB, zu der auch das Verpacken und Lagern des Gutes sowie andere Hilfstätigkeiten gehören können, kommen die §§ 407 II–411, 414 HGB sowie ergänzend die §§ 675, 611 ff bzw. §§ 631 ff BGB zum Tragen. In der Regel wird das dispositive Recht des HGB sowie BGB jedoch durch die ADSp überlagert (siehe dazu die Erläuterungen Teil B des Kommentars). 23

2. Fixkostenspedition

Gemäß § 413 I HGB ist der Fixkostenspediteur (zum Begriff Teil A der Kommentierung, § 413 HGB Rz. 3) so zu behandeln, als ob er anstatt eines Speditionsvertrages einen Frachtvertrag abgeschlossen hätte (siehe oben Rz. 4 ff). Ist das Frachtrecht, das danach anzuwenden wäre, dispositiv, so werden allerdings normalerweise die frachtrechtlichen Normen durch die ADSp (dazu Teil B des Kommentars) verdrängt. 24

3. Sammelladungsspedition

Der Sammelladungsspediteur übernimmt die Organisation des Transportes. Er führt ihn dadurch aus, daß er das Gut auf eigene Rechnung zusammen 25 mit anderen Gütern durch dritte Frachtführer transportieren läßt (§ 413 II HGB; näher dazu Teil A des Kommentars). Sobald das Gut an den Frachtführer zur Beförderung übergeben ist, muß sich der Spediteur selbst wie ein Frachtführer behandeln lassen. Es gilt das oben bei Rz. 24 Gesagte.

4. Selbsteintritt

26 Selbsteintritt heißt, daß der Spediteur den Vertrag mit Hilfe einer Gestaltungserklärung dahin umformt, daß er zusätzlich zur Spediteurrolle die Rolle eines Frachtführers übernimmt, sich also verpflichtet, das Gut zu befördern. Diese Gestaltungserklärung kann auch erst bei Beginn des Transportes abgegeben werden. Nach dem Selbsteintritt kommen in Hinblick auf die Beförderungs- und Obhutspflichten vorrangig die frachtrechtlichen Vorschriften zum Tragen (s. näher dazu die Erläuterungen zu § 412 HGB in Teil A des Kommentars).

C. Schemata der wesentlichen Anspruchsgrundlagen

I. Geschäftsbesorgungsspedition (§ 407 HGB), ohne ADSp

1. Ansprüche gegen den Spediteur

27 **a) Ansprüche vor Vertragsschluß.** C.i.c. (§ 407 HGB Rz. 42), §§ 823, 989 ff BGB.

28 **b) Ansprüche auf Besorgung des Transportes sowie von Nebenleistungen nach Vertragsschluß.** Anspruchsgrundlage: Vertrag, §§ 407 II, 408, 384 ff HGB (§ 407 HGB Rz. 42 ff). Leistungsstörungen: § 408 HGB Rz. 10 ff. Beendigung des Speditionsvertrages: § 407 HGB Rz. 74.

30 **c) Schadensersatzansprüche.** Anspruchsgrundlagen: §§ 407 II, 390, 385 I, 393 HGB, 280, 286 f, 325 f, 823 ff BGB.
Aktivlegitimation: § 408 HGB Rz. 5.
Verjährung: § 414 HGB, 196 BGB.

II. Geschäftsbesorgungsspedition (§ 407 HGB), die ADSp sind anwendbar

1. Anwendbarkeit der ADSp S. vor § 1 ADSp Rz. 2–16; § 2 ADSp

2. Ansprüche des Versenders gegen den Spediteur

31 **a) Ansprüche aus Vertrag auf Besorgung des Transportes sowie von Nebenleistungen.** Anspruchsgrundlage: wie oben Rz. 29, soweit nicht die §§ 1, 4–17, 33–37 ADSp Abweichendes anordnen.
Leistungsstörungen: Vgl. Rz. 29 sowie §§ 18 f, 20 ADSp.
Beendigung des Speditionsvertrages: Vgl. Rz. 29 sowie §§ 18, 20 ADSp.

32 **b) Schadensersatzansprüche. aa)** Anspruchsgrundlage: siehe Rz. 30.
bb) Haftungsausschlüsse und -beschränkungen
(1) Eine Speditionsversicherung wurde gezeichnet; der Schaden ist durch

sie gedeckt: Erl. zu § 41 a ADSp. Es bestehen nur Ansprüche gegen die Speditionsversicherung (§ 39 ADSp).

(2) Eine Speditionsversicherung wurde gezeichnet; der Schaden ist nicht oder nicht voll gedeckt: § 41 a, b bzw. §§ 37, 51 ff ADSp, 823 ff BGB (§ 41 ADSp Rz. 7, 89).

(3) Es wurde die Deckung einer Speditionsversicherung verboten: §§ 37, 51 ff ADSp, 823 ff BGB.

(4) Speditionsversicherung nicht verboten und nicht gedeckt: § 41 c ADSp.

(5) Verjährung: § 64 ADSp.

3. Ansprüche des Spediteurs

Anspruchsgrundlagen: §§ 408 II, 409 HGB, 20–30, 34, 38, 39 ADSp. **33**

III. Selbsteintrittsspedition (§ 412 HGB)

1. Ansprüche gegen den Spediteur

a) Ansprüche auf Beförderung sowie Nebenleistungen. Anspruchsgrundlage: Je nach Art der Beförderung das für die Beförderung maßgebliche Frachtrecht (oben Rz. 26) sowie §§ 408 I, 407 II, 391 HGB; vgl. ferner § 412 HGB Rz. 9 sowie die ADSp (oben Rz. 31). **34**

b) Schadensersatzansprüche. aa) Anspruchsgrundlage: Es kommt darauf an, ob die verletzte Pflicht frachtrechtlicher oder speditionsrechtlicher Natur ist (§ 412 HGB Rz. 8 ff). Soweit nach dem Selbsteintritt zwingendes Frachtrecht zum Tragen kommt, ist unter Umständen § 1 V KVO zu beachten, der auf das HGB-Frachtrecht verweist. **35**

bb) Haftungsausschlüsse und -beschränkungen, Verjährung: Soweit zwingendes Frachtrecht anzuwenden ist, sind die dort geregelten Haftungsanschlüsse sowie Verjährungsregeln maßgeblich. Im Bereich des dispositiven Rechts beachte in der Regel oben Rz. 32.

2. Ansprüche des Spediteurs

Anspruchsgrundlage: § 412 II HGB sowie je nach Art des anwendbaren Frachtrechts die zwingenden Tarife (z. B. GNT, GFT); im Bereich des dispositiven Rechts die ADSp (Rz. 33). **36**

IV. Fixkostenspedition (§ 413 I HGB)

1. Ansprüche gegen den Spediteur

a) Ansprüche auf Beförderung sowie Nebenleistungen. Anspruchsgrundlage: Je nach Art der Beförderung das für die Beförderung maßgebliche Frachtrecht (§ 413 HGB Rz. 4 f); zur Erfüllung spezifisch speditioneller Pflichten siehe § 413 HGB Rz. 6. **37**

b) Schadensersatzansprüche. aa) Anspruchsgrundlage: Gemäß § 413 I HGB das für die Beförderung maßgebliche Frachtrecht (§ 413 HGB Rz. 4 f); Ausnahme: § 1 V KVO, der auf das abdingbare HGB-Frachtrecht verweist. **38**

bb) Haftungsausschlüsse, -beschränkungen sowie Verjährung: Soweit zwingendes Frachtrecht anzuwenden ist, kommen die dort einschlägigen Regeln zum Tragen; im Bereich des dispositiven Frachtrechts beachte oben Rz. 32 bzw. sonstige einschlägige AGB.

2. Ansprüche des Spediteurs

39 Anspruchsgrundlage: Je nach Art des anzuwendenden Frachtrechts die zwingenden oder dispositiven Regeln des Sonderfrachtrechts; im Fall des dispositiven Rechts beachte die §§ 20–30, 34, 38, 39 ADSp.

V. Sammelladungsspedition (§ 413 II HGB)

1. Ansprüche gegen den Spediteur

40 Es gelten die bei Rz. 27–33 entwickelten Regeln; vom „Bewirken der Versendung" (§ 413 HGB Rz. 10) an gelten die bei Rz. 37, 38 entwickelten Regeln.

2. Ansprüche des Spediteurs

41 Anspruchsgrundlage: § 413 II 2 HGB.

VI. HGB-Frachtrecht

1. Ansprüche gegen den Frachtführer

42 **a) Anspruch auf Beförderung sowie Nebenleistungen.** Anspruchsgrundlage: §§ 425, 432, 433 ff, 437 HGB; je nach Einzelfall werden diese Vorschriften durch die AGNB bzw. ADSp oder andere AGB ergänzt bzw. verdrängt.

Leistungsstörungen: § 425 Rz. 23 ff, §§ 428, 437 HGB sowie je nach Einzelfall §§ 18 ff ADSp.

Beendigung des Vertrages, Erlöschen von Ansprüchen: § 438, § 425 HGB Rz. 46.

43 **b) Anspruch auf Schadensersatz wegen Verlust, Beschädigung des Guts oder Versäumung der Lieferzeit.** Anspruchsgrundlage: § 429 HGB bzw. je nach Einzelfall § 14 AGNB oder §§ 51 ff ADSp.

Haftungsausschlüsse, -beschränkungen, Verjährung: §§ 429 II, 430, 438, 439 HGB. Kommen die ADSp zum Tragen, vgl. oben Rz. 32; im Fall der AGNB beachte insbesondere die §§ 15, 17 f, 20, 21, 22, 26 AGNB.

44 **c) Anspruch auf Schadensersatz wegen sonstiger Formen der Schlechterfüllung.** Anspruchsgrundlage: pFV bzw. im Einzelfall § 16 AGNB.

Haftungsausschlüsse, -beschränkungen, Verjährung: Soweit die ADSp einschlägig sind, vgl. Rz. 32; im Fall der AGNB s. §§ 17 Nr. 2, 20, 21, 22, 26 AGNB; im übrigen § 196 BGB.

2. Ansprüche des Frachtführers

45 Anspruchsgrundlage: §§ 425, 426, 427, 428 II, 436 HGB und unter Umständen der GNT. Soweit die ADSp einschlägig sind, beachte die §§ 20–30, 34, 38, 39 ADSp; im Fall der AGNB die §§ 5, 6, 8, 9, 12 f AGNB.

VII. Straßengüterfernverkehr (KVO)

1. Ansprüche gegen den Frachtführer

a) Ansprüche auf Ersatz wegen Verlust oder Beschädigung von Gütern. Anspruchsgrundlage: §§ 12 IX, 29, 30, 33, 37 KVO, 823, 831 BGB, 26 GüKG, (vor § 29 KVO Rz. 4). **46**

Aktivlegitimation: § 29 KVO Rz. 7; § 31 KVO Rz. 1. Passivlegitimation: In Hinblick auf vertragliche Ansprüche: der Vertragspartner; zur Versicherung § 38 KVO.

Haftungsausschlüsse: §§ 30 b, c, e, f, 34 KVO.

Umfang der Haftung: §§ 32, 35 ff KVO.

Verjährung: § 40 KVO.

Beweislast: § 29 KVO Rz. 9.

b) Ansprüche wegen verspäteter Ablieferung. Anspruchsgrundlage: §§ 31 I a KVO, 823 BGB. **47**

Aktiv-, Passivlegitimation: siehe oben Rz. 46.

Haftungsausschlüsse: § 34 KVO.

Haftungsumfang: §§ 31 II, 32, 36 KVO.

Verjährung: § 40 KVO.

Beweislast: Allgemeine Regeln.

c) Ansprüche wegen Falschauslieferung. Anspruchsgrundlage: §§ 31 I b KVO, 823, 831 BGB (vor § 29 KVO Rz. 4). **48**

Aktiv-, Passivlegitimation: siehe oben Rz. 46.

Haftungsausschlüsse: §§ 34, 39 KVO.

Haftungsumfang: §§ 31 II, 32, 36 KVO.

Verjährung: § 40 KVO.

Beweislast: Allgemeine Regeln.

d) Ansprüche wegen schuldhaft nicht ordnungsgemäßer Ausführung des Beförderungsvertrages (Art. 31 I c KVO). Anspruchsgrundlage: § 31 I c KVO (Abgrenzung zur pFV: § 31 KVO Rz. 5). **49**

Aktiv-, Passivlegitimation: siehe oben Rz. 46.

Haftungsausschlüsse: § 254 BGB, § 39 KVO Rz. 4.

Haftungsumfang: §§ 31 II, 32, 36 KVO.

Verjährung: § 40 KVO.

Beweislast: § 31 KVO Rz. 8.

e) Ansprüche aus positiver Förderungsverletzung. Anspruchsgrundlage: § 31 KVO Rz. 2 ff. **50**

Aktiv-, Passivlegitimation: siehe oben Rz. 46.

f) Ansprüche aus culpa in contrahendo. Anspruchsgrundlage: vor § 29 KVO Rz. 5. **51**

Aktiv-, Passivlegitimation: siehe oben Rz. 46.

Verjährung: Allgemeine Regeln.

g) Ansprüche wegen Nichterfüllung. Anspruchsgrundlage: § 14 KVO Rz. 8 ff. **52**

Aktiv-, Passivlegitimation: siehe oben Rz. 46.

Umfang der Haftung: § 14 KVO Rz. 8 ff.

53 **h) Ansprüche wegen fehlerhafter Behandlung von Nachnahmen.** Anspruchsgrundlage: § 31 I KVO.
Aktiv-, Passivlegitimation: siehe oben Rz. 46.
Umfang der Haftung: § 31 I d KVO.
Verjährung: § 40 KVO.

54 **i) Ansprüche wegen Verlust von Begleitpapieren, deren fehlerhafter Verwendung sowie fehlerhafter Verzollung.** Anspruchsgrundlage: § 12 VII, IX KVO.

2. Ansprüche des Frachtführers

55 **a) Ansprüche auf Frachtzahlung.** Anspruchsgrundlage: GFT, § 9 KVO Rz. 1, §§ 20 ff GüKG, Vertrag, §§ 22 ff KVO.
Fälligkeit: § 21 KVO.
Aktiv-, Passivlegitimation: vgl. § 3 KVO Rz. 1; §§ 21, 23, 25 KVO.
Verjährung: § 40 I KVO.
Gerichtsstand: § 3 KVO Rz. 13.

56 **b) Ansprüche auf Ersatz von Schäden.** Anspruchsgrundlage: §§ 12 I, 13, 14 VI, 18 III, 22 III KVO.
Aktiv-, Passivlegitimation: § 3 KVO Rz. 1, § 25 KVO, § 29 KVO Rz. 7, § 432 HGB.
Verjährung: § 40 KVO.

57 **c) Ansprüche auf Aufwendungsersatz.** Anspruchsgrundlagen: § 3 Rz. 9, 14 VI, VII, 16 I, IV, V, 17 I, III, 18 II, 19 III, 25 V, 27 II, VI, VII, 28 III KVO.

VIII. Grenzüberschreitender Straßengüterverkehr (CMR)

1. Ansprüche gegen den Frachtführer

58 **a) Schadensersatz wegen Verlust, Beschädigung von Gütern oder Verspätung.** Anspruchsgrundlage: Art. 17, I, III, V, 19, 20 CMR, §§ 823 ff BGB, Art. 28 f CMR.
Aktivlegitimation: Art. 13 CMR Rz. 1, 4 ff.
Haftungsausschlüsse, -beschränkungen: Art. 17 II, IV, 22, 27–30 CMR.
Umfang der Haftung: Art. 23–26 CMR.
Verjährung: Art. 32 CMR.
Beweislast: Art. 18 CMR.

59 **b) Schadensersatzanspruch wegen sonstiger Schlechterfüllung.** Anspruchsgrundlage: Das nach IPR ergänzend anwendbare Recht (vor Art. 1 CMR Rz. 5 ff, 30).

60 **c) Schadensersatzanspruch wegen Nichterfüllung.** Anspruchsgrundlage: Das nach IPR ergänzend anwendbare Recht (vor Art. 1 CMR Rz. 22 ff).

61 **d) Schadensersatzansprüche wegen Nachnahmen.** Anspruchsgrundlage: Art. 21 CMR.

62 **e) Schadensersatzanspruch wegen Verlust oder fehlerhafter Verwendung von Begleitpapieren.** Anspruchsgrundlage: Art. 11 III CMR.

63 **f) Anspruch auf Beförderung sowie Nebenleistungen.** Anspruchsgrundlage: Vgl. vor Art. 1 CMR Rz. 7 ff.

g) Schadensersatz wegen Mißachtung von Weisungen bzw. wegen Befolgung von Weisungen ohne Vorlage des Frachtbriefs. Anspruchsgrundlage: Art. 12 VII CMR. **64**

2. Ansprüche des Frachtführers

a) Anspruch auf Vergütung. Anspruchsgrundlage: vor Art. 1 CMR Rz. 11. Passivlegitimation: Art. 13 CMR. **65**

b) Anspruch auf Aufwendungsersatz, Standgeld. Anspruchsgrundlage: Art. 8 III, 12 Va, 16, 20 III, 22 II CMR, vor Art. 1 CMR Rz. 14, 27. **66**

c) Ansprüche auf Schadensersatz. Anspruchsgrundlage: Art. 7, 10, 11 II, 12 Va, 22 CMR. **67**

Teil A
Speditionsgeschäft

§ 407 HGB [Begriff des Spediteurs; anzuwendende Vorschriften]

(1) **Spediteur ist, wer es gewerbsmäßig übernimmt, Güterversendungen durch Frachtführer oder durch Verfrachter von Seeschiffen für Rechnung eines anderen (des Versenders) in eigenem Namen zu besorgen.**

(2) **Auf die Rechte und Pflichten des Spediteurs finden, soweit dieser Abschnitt keine Vorschriften enthält, die für den Kommissionär geltenden Vorschriften, insbesondere die Vorschriften der §§ 388 bis 390 über die Empfangnahme, die Aufbewahrung und die Versicherung des Gutes, Anwendung.**

Übersicht

	Rz.
A. Vorbemerkung	1
B. Das Speditionsgeschäft im Sinn des HGB	2
I. Allgemeines	
1. Handeln auf Rechnung des Versenders	3
2. Handeln im eigenen Namen	4
3. Ausführungsgeschäft	5
4. Übernahme	6
5. Entgeltlichkeit	7
6. Gewerbsmäßigkeit	8
II. Einzelfälle, Abgrenzungen	
1. Abfertigungsspediteur	9
2. Adreßspediteur	10
3. Bahnspediteur	11
4. Distribution	12
5. Empfangsspediteur	13
6. Fahrzeugmiete	14
7. Fakturierung, Rechnungsstellung	15
8. Fixkostenspediteur	16
9. Frachtvertrag	
a) Allgemeines	17
b) Für den Frachtvertrag sprechende Indizien	20
c) Für den Speditionsvertrag iSd HGB sprechende Indizien	21
d) Indizien ohne eigenständige Aussagekraft	22
10. Grenzspediteure	23
11. Hausspediteure	24
12. Kommissionsvertrag	25
13. Lagerung	26
14. Montage	27
15. Lohnfuhrvertrag	28
16. Möbelspediteur	29
16a. Paketbeförderung	29a
17. Sammelladungsspediteur	30
17a. Unterspediteur	31
18. Verpackung	32
19. Versicherung	33
20. Vollmachtsspediteur	34
21. Zeitungsspediteur	35
22. Zwischenspediteur	36
C. Abschluß des Speditionsvertrages	37
D. Die Pflichten des Spediteurs nach BGB, HGB	
I. Überblick	38
II. Pflichten vor Vertragsschluß	42
III. Pflichten nach Vertragsschluß	
1. Abschluß von Fracht- Speditions- Lagerverträgen	43
2. Entgegennahme des Guts, Abholung, Lagerung	44
3. Untersuchung des Gutes, Quittung, Beweissicherung	45
4. Einschaltung von Zwischen- und Unterspediteuren	47
5. Verpackung und sonstige Schutzmaßnahmen	48
6. Verwiegen, Deklaration der Güter, Begleitpapiere	49
7. Container, Paletten	50
8. Versicherung	51
9. Be- und Entladung	52
10. Nachnahme	53
11. Rechnungslegung, Herausgabepflicht	54
12. Verzollung	55
13. Befolgung von Weisungen	56

	Rz.
14. Benachrichtigung, Rückfragen	57
15. Sonstige Behandlung des Gutes	
IV. Pflichten nach ADSp	58
E. Rechte des Spediteurs nach BGB, HGB	
I. Entgelt	
II. Aufwendungsersatz	
1. Allgemeines	59
2. Voraussetzungen der Erstattung	60
a) Kein Speditionsvertrag	60
b) Freiwillige Aufwendungen im Rahmen von Speditionsverträgen	61
c) Unfreiwillige Aufwendungen (Schäden)	62
d) Fixkostenspedition, Selbsteintritt	
3. Leistungsstörungen, Aufwendungen nach Kündigung des Speditionsvertrages	63
4. Verjährung	64
III. Vorschuß	65
IV. Selbsthilfeverkauf	66
V. Pfandrecht, Zurückbehaltungsrecht	67
VI. Schadensersatzansprüche des Spediteurs	68
F. Verhältnis von Spediteur und Versender zu Dritten	
1. Allgemeines	69
2. Haftung des Dritten für Schäden des Versenders, Endempfängers	70
G. Ende des Speditionsvertrages	74
H. Verträge mit Auslandsbezug	75

Literatur: *Alff*, Fracht-, Lager- und Speditionsrecht (2. Aufl. 1991); *Basedow*, Der Transportvertrag (1987); *Baumbach/Duden/Hopt*, HGB (28. Aufl.); *Capelle/Canaris*, Handelsrecht; *Debling*, Das nationale Sammelladungsgeschäft des Spediteurs im Güterkraftverkehr (1978); *Diehl*, Die Pflichten des Spediteurs in Fällen der §§ 412, 413 HGB (Diss. Tübingen 1987); *Dubischar*, Grundriß des gesamten Gütertransportrechts (1987); Der Spediteur als Frachtführer, hrsg. v. *Herber*, Schriftenreihe der Deutschen verkehrswissenschaftlichen Gesellschaft (1979); *Heymann*/Bearbeiter, Handelsgesetzbuch (Kommentar 1990); *Krien/Glöckner*, Speditions- und Lagerrecht (Loseblatt); *Krien/Valder*, Fortführung von *Krien/Glöckner* (Stand 1992); *Lenz*, Straßengütertransportrecht (1988); *Oeynhausen*, Speditionsversicherung und ADSp (1989); *Papp*, Haftungsrechtliche Fragen in Zusammenhang mit §§ 412, 413 HGB (1973); *Piper*, Höchstrichterliche Rechtsprechung zum Speditions- und Frachtrecht (6. Aufl.); *Prüßmann/Rabe*, Seehandelsrecht (3. Aufl.); *Schlegelberger*/Bearbeiter, Kommentar zum HGB (5. Aufl.); *K. Schmidt*, Handelsrecht (2. Aufl.); *Staub/Helm*, Großkommentar HGB (4. Aufl.); *Straube*/Bearbeiter, Kommentar zum (österreichischen) HGB (Wien 1987); *Thesing*, Das Recht des nationalen und internationalen Straßengüterverkehrs (1991); *Willenberg*, Kraftverkehrsordnung (KVO)-Kommentar (4. Aufl. 1991).

A. Vorbemerkung

1 Die gesetzliche Definition des Spediteurs (§ 407 I HGB) steht im **Widerspruch** zum **allgemeinen Sprachgebrauch.** § 2 a ADSp (§ 2 ADSp Rz. 2) gibt eher das wieder, was im Verkehr unter einem Spediteur verstanden wird (ebenso *Straube/Schütz*, öHGB, § 407 Rz. 2). Im Rahmen des HGB hat die Figur des Spediteurs primär die Funktion, den gewerbsmäßig mit **Spediteurgeschäften iSd HGB** befaßten Personen die Muß-Kaufmannseigenschaft zu verschaffen (§ 1 II 6 HGB). Die Anwendung der auf das Speditionsgeschäft zugeschnittenen Normen der §§ 407 II – 414 HGB hängt dagegen nicht davon ab, daß ein Spediteur iSd § 407 I HGB tätig geworden ist; denn gemäß § 415 HGB gelten diese Vorschriften für alle Speditionsgeschäfte, falls sie von einem Kaufmann (§§ 1 ff HGB) getätigt worden sind.

B. Das Speditionsgeschäft im Sinn des HGB

I. Allgemeines

Das reine Speditionsgeschäft (zu Mischformen s. §§ 412, 413 HGB) ist das Geschäft, das der Spediteur iSd § 407 I HGB gewerbsmäßig und andere Kaufleute gelegentlich betreiben (§ 415 HGB). Es ist durch die Elemente der Güterversendung im eigenen Namen auf Rechnung des Vertragspartners (Versenders) gekennzeichnet. Entgegen dem allgemeinen Sprachgebrauch (vgl. Rz. 1) umfaßt es z. B. nicht das Geschäft des Frachtführers (§ 425 HGB, § 1 KVO, Art. 1 CMR, Art. 1 WA; zu den Mischformen des Speditionsgeschäfts s. §§ 412, 413 HGB), des Verfrachters (§ 556 HGB) oder des Lagerhalters (§ 416 HGB), sondern nur **entgeltliche fremdnützige Organisationsleistungen** auf dem Transportmarkt. Es müssen folgende Voraussetzungen erfüllt sein: 2

1. Handeln auf Rechnung des Versenders

Das Speditionsgeschäft ist auf einen Markt bezogen, auf dem ein Ausführungsgeschäft (Rz. 5) mit einem Frachtführer (§ 425 HGB, § 1 KVO, Art. 1 CMR, Art. 1 WA) oder Verfrachter (§ 556 HGB) oder mit der Eisenbahn geschlossen werden soll. Vorteile und Lasten dieses Ausführungsgeschäfts sollen im vollen Umfang dem Auftraggeber, d. h. dem Versender zugute kommen bzw. ihn treffen. Der Versender erwirbt daher einen Anspruch auf Abtretung der Ansprüche aus dem Ausführungsgeschäft (näher Rz. 54); andererseits hat er dem Spediteur die mit dessen Bemühungen zusammenhängenden Aufwendungen zu ersetzen und Risiken abzunehmen (Rz. 59 ff). Das Speditionsgeschäft ist in der Regel **kein Vertrag zugunsten Dritter** (Rz. 4). Der Versender muß nicht notwendig ein eigenes Interesse am Transport besitzen. **Versender** kann auch ein anderer Spediteur sein; der Versender kann zugleich der Empfänger des Guts sein. In der Regel wird Versender derjenige sein, bei dem sich das Gut befindet (z. B. Verkäufer) oder derjenige, der von einem Dritten die Lieferung des Guts verlangen kann (z. B. Käufer). 3

2. Handeln im eigenen Namen

Der Spediteur soll das Ausführungsgeschäft (Rz. 5) dem Speditionsvertrag zufolge im eigenen Namen abschließen. Ob sich der Spediteur an diese Abrede hält, ist unerheblich. Zur „agent"-Klausel OLG Köln v. 15.8.1985, TranspR **1986**, 74, 76; OLG Hamburg v. 9.10.1987, VersR **1988**, 177; OLG Düsseldorf v. 6.4.1989, TranspR **1989**, 329. Wird das Ausführungsgeschäft für den Dritten erkennbar von einem Spediteur geschlossen, so darf der Dritte aus dem Umstand, daß der Spediteur den Namen des Versenders offenlegt oder ihn gar als Absender bezeichnet, nicht auf ein Handeln des Spediteurs im Namen des Versenders schließen; denn es muß Kaufleuten bekannt sein, daß Spediteure im eigenen Namen agieren (§ 157 BGB; OLG Köln v. 15.8.1985, TranspR **1986**, 195; OLG München v. 3.11.1988, NJW-RR **1989**, 803, 804; **a. A.** OLG München v. 29.3.1981, VersR **1982**, 264, 265; zum Schiffsmakler vgl. OLG Hamburg v. 8.10.1981, VersR **1983**, 79). Im Zweifel 4 handelt der Spediteur, der als Vertreter auftritt, als falsus procurator. Mit dem Speditionsauftrag ist nämlich typischerweise keine Vollmacht verbunden, so daß der Dritte keinen Direktanspruch gegen den Versender erwirbt (OLG Düsseldorf v. 22.11.1990, TranspR **1991,** 34). Ausnahmsweise kann das Ausführungsgeschäft als Vertrag zugunsten des Versenders geschlossen worden sein (OLG München v. 27.3.1981, VersR **1982**, 264, 265). War der „Spediteur" nach seinem Vertrag mit dem Versender verpflichtet, in dessen Namen zu handeln, so kann er als Handelsvertreter (§ 84 HGB) oder sonstiger Geschäftsbesorger (§ 675 BGB) aufgetreten sein.

3. Ausführungsgeschäft

5 Das Speditionsgeschäft ist nicht unmittelbar auf die Beförderung des Gutes von einem Ort zum anderen, sondern auf die **Organisation** der Beförderung durch den **Abschluß bestimmter Verträge mit Dritten** (§ 407 HGB Rz. 17) gerichtet. Die **Dritten** sind **keine Erfüllungsgehilfen** des Spediteurs (BGH v. 4.6.1987, VersR **1987**, 1130; v. 24.6.1987, NJW **1988**, 640). Es ist nicht notwendig, daß sich der Spediteur auch verpflichtet, das Gut an die Transportperson zu übergeben (so aber *Staub/Helm*, HGB, §§ 407–409 Rz. 68); denn der Provisionsanspruch entsteht auch bei Übergabe des Guts durch den Versender (§ 409 Rz. 2). Das vom Spediteur abzuschließende Ausführungsgeschäft muß sich auf **Güter** beziehen, d. h. auf Waren (§ 1 II 1 HGB) und alle sonstigen beweglichen Sachen, auch wenn sie nach der Verkehrsauffassung nicht Gegenstand gewerbsmäßigen oder auch nur entgeltlichen Umsatzes sind. Güter sind auch Packmittel, Schutzdecken, Paletten sowie Befestigungsmittel (s. auch § 1 GüKG Rz. 1). Zur Frage, inwieweit Transportmittel „Güter" sind, vgl. § 1 GüKG Rz. 1 und § 429 HGB Rz. 3. Keine Güter sind Personen, Nachrichten und sonstige Dienstleistungen. Die Verträge mit Dritten müssen sich ferner auf **bestimmte Leistungen** beziehen. Das HGB nennt in § 407 I die Frachtführer- und Verfrachtertätigkeit (§§ 425 ff, 556 ff HGB). In den §§ 407 II, 390 II HGB ist der Vertrag mit Versicherungsunternehmen und in § 408 I HGB darüber hinaus der Vertrag mit dem Zwischenspediteur (§ 407 Rz. 36) genannt. Diese Aufzählung ist nicht erschöpfend, sondern nur beispielhaft (OLG Hamburg v. 20.11.1986, VersR **1988**, 288, 289). Zum Speditionsgeschäft gehört mithin auch der Abschluß anderer auf die Beförderung oder Organisation der Beförderung gerichteter Verträge, wie z. B. Verträge mit Eisenbahnen, Luftfrachtunternehmen (*Schlegelberger/Schröder,* HGB, § 407 Rz. 6; *Staub/Helm,* HGB, §§ 407–409 Rz. 70; *Straube/Schütz*, öHGB, § 407 Rz. 8) oder Lagerverträge, die Transportphasen überbrücken sollen. Die Geschäfte müssen auf Rechnung des Versenders getätigt werden (OLG Hamburg v. 20.11.1986, VersR **1988**, 289).

4. Übernahme

6 Mit dem Begriff „übernimmt" (§ 407 I HGB) wird der **Vertragsschluß** zwischen den Partnern des Speditionsvertrages bezeichnet. Der Spediteur muß die Organisation der Beförderung als **Hauptpflicht** übernehmen. Unerheblich ist es, daß den Pflichten aus dem Speditionsgeschäft andersartige Pflichten zeitlich vorangehen oder folgen (z. B. Pflichten als Frachtführer, als

Lagerhalter). Die Vertragspartner können somit etwa vereinbaren, daß jemand zuerst als Frachtführer und dann nach Abschluß der Frachtführertätigkeit als Spediteur fungieren soll. Die Pflicht, im eigenen Namen auf fremde Rechnung Transportverträge mit Dritten zu schließen, darf jedoch nicht bloße **Nebenpflicht** eines anderen Vertrages (z. B. Transport beim Versendungskauf) sein. Der Vertrag kann durch Schweigen zustandekommen (§ 362 HGB; vgl. BGH v. 3.3.1988, VersR **1988**, 624).

5. Entgeltlichkeit

Das Speditionsgeschäft setzt Entgeltlichkeit voraus (§ 409 HGB). Unent- 7
geltliche Verträge: §§ 662 ff BGB.

6. Gewerbsmäßigkeit

Zur Gewerbsmäßigkeit vgl. §§ 1, 5 HGB. Die gewerbsmäßige speditio- 8
nelle Tätigkeit ist **kein notwendiges Merkmal** des Speditionsgeschäfts, da jeder Kaufmann Speditionsverträge abschließen kann (§ 415 HGB). Unter Umständen kommen die Regeln des Scheinkaufmanns zum Tragen, wenn der Rechtsschein der Gewerbsmäßigkeit entstanden ist.

II. Einzelfälle, Abgrenzungen

1. Abfertigungsspediteur

Der Abfertigungsspediteur ist Spediteur iSd § 407 HGB. Näher § 33 9
GüKG.

2. Adreßspediteur

Siehe Empfangsspediteur § 407 HGB Rz. 13. 10

3. Bahnspediteur

Der Bahnspediteur transportiert die mit der Bahn beförderten Güter von 11
dem Zielbahnhof zum Empfänger; er ist Frachtführer (§ 425 HGB) und Erfüllungsgehilfe der Eisenbahn (§ 456 HGB).

4. Distribution

Warenumschlag und -verteilung sind typische Tätigkeiten des Spediteurs 12
iSd § 2 a ADSp. Im Rechtssinne handelt es sich um werkvertragliche Tätigkeit mit Geschäftsbesorgungseinschlag. Um spezifisch speditionelle Tätigkeit iSd § 407 HGB geht es nur soweit, als der Spediteur im Rahmen der Distribution den Transport zu organisieren hat. Es ist eine Frage des Einzelfalls, ob die Organisation des Transports Hauptpflicht ist (§ 407 HGB Rz. 6).

5. Empfangsspediteur

Empfangsspediteur ist der Speditionsunternehmer, der nach dem Fracht- 13
vertrag oder dem Vertrag iSd §§ 412, 413 HGB zwischen Absender (Versen-

der) und Transportunternehmen (Spediteur iSd §§ 412, 413 HGB) das Gut in Empfang nehmen soll (nomineller Empfänger). Zwischen dem Absender des Frachtvertrages bzw. Versender im Fall der §§ 412, 413 HGB und dem Empfangsspediteur besteht nur dann ein Speditionsverhältnis iSd §§ 407, 413 HGB, wenn der Absender bzw. Versender den Empfangsspediteur beauftragt hat, die Weiterversendung des Guts, gegebenenfalls in Form der Zufuhr bzw. sonstigen Ablieferung, zu organisieren (BGH, NJW **1962**, 1814, 1815). Ist der Absender (§ 425 HGB Rz. 12) bzw. Versender seinerseits Spediteur (§§ 407, 412, 413 HGB) und hat er dem Empfangsspediteur den Auftrag gegeben, das Gut weiterzuversenden, umzuschlagen oder abzuliefern, so kann der Empfangsspediteur zugleich Zwischenspediteur (§ 407 HGB Rz. 36) oder Unterspediteur (§ 407 HGB Rz. 34) sein. Im Zweifel ist er Zwischenspediteur (in der Tendenz: BGH, NJW **1962**, 1814). Dies ist nicht der Fall, wenn der Empfangsspediteur das Gut zunächst auf sein Lager nehmen und warten soll, bis sich der Endempfänger meldet (BGH, NJW **1962**, 1814, 1815). Soweit der Empfangsspediteur das Gut ausschließlich auf Weisung des Endempfängers diesem zuführt, handelt es sich im Verhältnis zum Endempfänger um einen Fracht- oder um einen Speditionsvertrag (Rz. 17 ff). Ohne derartige Weisungen, die Vertragsangebote darstellen, bestehen zum Endempfänger aber regelmäßig keine vertraglichen Verbindungen. Wenn der **Endempfänger** den Spediteur **eingeschaltet** hat, indem er ihn beauftragt hat, für ihn ankommendes Gut entgegenzunehmen (so im Fall BGH v. 3.3.1988, VersR **1988**, 624, 625), so spricht man auch von **Vollmachtsspediteur** (näher § 407 HGB Rz. 34).

6. Fahrzeugmiete

14 Siehe § 425 HGB Rz. 7.

7. Fakturierung, Rechnungsstellung

15 Es gilt das für die Distribution Gesagte (§ 407 HGB Rz. 12).

8. Fixkostenspediteur

16 Vgl. § 413 HGB.

9. Frachtvertrag

17 **a) Allgemeines**. Der Frachtvertrag ist dadurch gekennzeichnet, daß der Transportunternehmer nicht die bloße Organisation des Transportablaufs, sondern ein Werk, d. h. das **Transportergebnis** in Form der Beförderung von einem Ort zum anderen, verspricht. In der Praxis stößt die Abgrenzung von Speditions- und Frachtverträgen auf erhebliche Schwierigkeiten, weil sich die Parteien in der Regel nicht der juristisch exakten Begriffe bedienen und weil dort, wo sie sich der Begriffe bedienen, diese **Begriffe** nach der Verkehrsauffassung **mehrdeutig** sind (OLG München v. 12.4.1990, TranspR **1991,** 280, 283). So umfaßt die Spedition nach der Verkehrsauffassung auch den reinen Transport (§ 407 HGB Rz. 1; *Koller*, NJW **1988**, 1756, 1757; *Merz*, VersR **1982**, 213, 214; *Diehl*, Pflichten des Spediteurs, aaO, S. 7; vgl. aber BGH v.

16.2.1984, TranspR **1984**, 121, 122); die häufig verwendeten Begriffe „beauftragen", „übernehmen" bzw. „sorgen" kann gleichermaßen den Transport organisieren oder durchführen bedeuten (OLG Hamburg, TranspR **1981**, 94; *Koller*, NJW **1988**, 1756, 1758; *Lenz,* Straßengütertransportrecht, Rz. 177). Dies wird von der h. M. zu wenig berücksichtigt. Vielmehr tendiert sie dahin, Indizien für entscheidungserheblich zu erklären, die vom Horizont eines Versenders her, der über keine Branchenkenntnisse verfügt, keine klare Bedeutung besitzen müssen. Zu diesen vielfach wenig aussagekräftigen Indizien gehören die Verwendung eines Bordero (OLG Stuttgart v. 2.4.1981, VersR **1982**, 90; *Staub/Helm,* HGB, §§ 412, 413 Rz. 66 m. Nachw.), die Bezeichnung der Firma des Auftragnehmers als Spedition (OLG Düsseldorf v. 14.7.1986, VersR **1987**, 458; *Staub/Helm,* HGB, §§ 412, 413 Rz. 67 m. Nachw.), die Vergabe eines „Speditionsauftrages" (BGH v. 17.5.1984, VersR **1984**, 844, 845; OLG Frankfurt v. 16.11.1982, VersR **1983**, 1055; anders im Fall OLG München v. 13.4.1983, TranspR **1984**, 174, 175); die Verwendung der Formulierung „Transport" (BGHZ **38**, 150; *Papp*, S. 174). Verbreitet wird auch argumentiert, daß dort, wo sich keine eindeutigen Anhaltspunkte für den Willen der Parteien gewinnen lassen, der Auftrag, den Transport von einem zum anderen Ort durchzuführen, als Speditionsauftrag iSd § 407 HGB einzuordnen sei (RG, JW **1901**, 396; OLG München v. 4.4.1979, VersR **1979**, 713; OLG Karlsruhe v. 11.11.1983, TranspR **1983**, 146, 147; OLG Düsseldorf v. 14.7.1986, VersR **1987**, 458; OLG Hamburg v. 3.11.1983, TranspR **1984**, 291; v. 14.5.1987, VersR **1987**, 981; *Willenberg*, KVO, § 1 Rz. 64 m. w. Nachw.; *Sieg*, VersR **1965**, 297, 305; *Merz*, VersR **1982**, 213, 214; **a. A.** *Heuer* in: Der Spediteur als Frachtführer (1979) S. 35, 37; kritisch *Piper*, Höchstrichterliche Rechtsprechung, aaO, Rz. 3; *Lenz,* aaO, Rz. 185).

Diese Ansichten sind mit den allgemeinen **Auslegungsgrundsätzen** der §§ 133, 157 BGB **nicht zu vereinbaren**. Vielmehr ist darauf abzustellen, wie der Auftragnehmer die Erklärungen des Auftraggebers nach Treu und Glauben unter Berücksichtigung der Verkehrssitte verstehen durfte. Dabei kann die praktische Vertragsabwicklung Rückschlüsse auf den Willen der Parteien erlauben (BGH v. 6.12.1990, TranspR **1991,** 115. 116). Soweit ersichtlich wurden bislang Verkehrssitten in Hinblick auf die Bedeutung von Transportaufträgen noch nicht ermittelt. Man ist daher in der Regel gezwungen, auf eine objektive Auslegung nach Treu und Glauben zurückzugreifen. Dabei hat man zwischen solchen Auftraggebern, die als im Transportgewerbe tätige Unternehmen oder als Unternehmen, die eigene Versandabteilungen unterhalten (Großverlader), und solchen Auftraggebern zu differenzieren, bei denen eine derartige Kenntnis nicht zu erwarten ist. Nur erstere müssen wissen, daß Spediteure im Zweifel Speditionsverträge iSd §§ 407, 413 I HGB abschließen wollen (*Koller*, NJW **1988**, 1756, 1759). **Beweislast.** Den Abschluß eines Speditionsvertrages hat derjenige zu beweisen, der hieraus Rechte bzw. Einwendungen ableitet. 18

Auftraggeber, die **im Transportgewerbe** oder als **Großverlader** tätig sind und die Unternehmen beauftragen, die sich ersichtlich als Spediteure iSd § 2 a ADSp verstehen, müssen grundsätzlich davon ausgehen, daß diese „Spediteure" im Zweifel die ihnen erteilten Aufträge als Speditionsaufträge iSd 19

§§ 407 ff HGB verstehen und ihrerseits Speditionsangebote machen (OLG München v. 12.4.1990, TranspR **1990,** 280, 283). Wollen diese Auftraggeber Frachtverträge abschließen, so obliegt es ihnen, die Auftragnehmer hierüber nicht im unklaren zu lassen.
Die Situation bei den **sonstigen Verladern** ist umgekehrt. Ihnen muß die typische Erwartungshaltung der „Spediteure" nicht bekannt sein. Im Gegenteil müssen die Spediteure wissen, daß in weiten Kreisen der Verladerschaft Unklarheit über die Rolle herrscht, die sie einnehmen (*Diehl,* Pflichten des Spediteurs, aaO, S. 20). Es ist daher nach Treu und Glauben Sache der „Spediteure", die Auftraggeber über die Vertragsalternativen zu informieren. Geschieht dies nicht, so muß der Spediteur davon ausgehen, daß der Kunde im Zweifel die ihm günstigste Vertragsvariante will (*Koller,* NJW **1988,** 1756, 1760). Dies hat zur Konsequenz, daß im Zweifel ein Transportvertrag gewollt ist. Eine Ausnahme gilt in Fällen, in denen der Abschluß eines Speditionsvertrages iSd §§ 407 ff HGB für den Kunden typischerweise mit erheblich günstigeren Preisen verbunden ist (Sammelladung) oder dort, wo der Kunde hinreichend deutlich macht, daß der Auftragnehmer lediglich eine Verpflichtung zur Organisation des Transportes übernehmen soll oder wo der Auftragnehmer dies für den Kunden klarstellt.

20 **b) Für den Frachtvertrag sprechende Indizien**. Der Auftragnehmer nimmt bei Vertragsschluß einen **Frachtbrief** entgegen, in dem sich der Auftraggeber als Absender und den Auftragnehmer als Frachtführer bezeichnet oder der Name des Frachtführers offengelassen ist (BGH v. 28.5.1971, VersR **1971**, 755; BGHZ **84**, 101, 104; v. 25.4.1991, VersR **1991**, 1037, 1038; *Papp*, S. 186; **a. A.** *Sieg*, VersR **1965**, 297, 305); die Parteien haben sich (konkludent) darauf geeinigt, daß der Auftragnehmer den Transport mit **eigenem Laderaum** ausführt (OLG Düsseldorf v. 7.12.1989, TranspR **1990,** 188); das Unternehmen tritt **nach außen** nur als **Frachtführer** (OLG Düsseldorf v. 27.2.1987, TranspR **1987**, 223, 226) auf oder bietet **Linienverkehr** auf der gewünschten Strecke an (*Willenberg,* KVO, § 1 Rz. 63; *Papp,* S. 180; ähnlich zum Kraftwagensammelverkehr OLG Karlsruhe v. 16.12.1964, VersR **1965**, 329, 330); der Auftragnehmer wird mit dem **„Abfahren"** beauftragt (OLG Hamburg v. 25.10.1979, VersR **1981**, 526, 527) oder der Auftragnehmer verpflichtet sich, das Gut zu übernehmen und zum **Zielort zu bringen** (BGH v. 25.10.1962, BGHZ **38**, 150, 153) oder es wird die Beförderung vereinbart (OLG Hamburg v. 25.5.1988, TranspR **1989,** 55). Je exakter die Konditionen und der **technische Ablauf** des Transports vereinbart werden, desto eher liegt ein Frachtvertrag vor (BGH v. 23.6.1978, VersR **1978**, 946; OLG Karlsruhe v. 11.11.1983, TranspR **1983**, 146, 147; OLG Düsseldorf v. 27.2.1987, TranspR **1987**, 226; *Papp,* S. 181). Für einen Frachtvertrag spricht auch die Ausstellung eines **Through Bill of Lading**, demzufolge die Güter shipped, carried und delivered werden sollen (OLG Hamburg v. 20.11.1986, VersR **1987**, 504) oder daß Kaufleute des Transportgewerbes das Wort „Frachtpreis" verwenden (OLG München v. 5.7.1989, NJW-RR **1989,** 1434).

21 **c) Für den Speditionsvertrag iSd HGB sprechende Indizien**. Der **Frachtbrief** weist nicht den Auftraggeber, sondern den Auftragnehmer als Absender aus (KG v. 28.9.1982, VersR **1983**, 334), oder es fehlt eine Eintragung in der Spalte des Frachtführers (*Staub/Helm,* HGB, §§ 412, 413 Rz. 65). Hinge-

gen sprechen die Ausfüllung eines **Bordero** (Bordereau) oder eines **Spediteurübergabescheines** oder die Vergabe eines „**Speditionsauftrags**" nur dort für einen Speditionsvertrag, wo man vom Kunden die Kenntnis des Unterschieds zwischen der Spedition iSd HGB und der ADSp erwarten darf (OLG Hamburg v. 26.11.1987, VersR **1988**, 489; *Lenz,* Straßengütertransportrecht, Rz. 242 ff; **a. A.** *Staub/Helm,* aaO, Rz. 64 f m. Nachw.; *Diehl,* Pflichten des Spediteurs, aaO, S. 18; *Willenberg,* KVO, § 1 Rz. 56; ohne Differenzierung OLG Hamburg v. 18.5.1989, TranspR **1990,** 188, 189; **a. A.** wohl auch BGH v. 16.2.1984, VersR **1984**, 378, 379; v. 15.11.1984, VersR **1985**, 157, 158). Jedenfalls ist es problematisch, auf derartige Dokumente abzustellen, wenn der Auftrag schon früher erteilt worden ist und die Dokumente erst bei Übergabe des Gutes verwendet worden sind. Auf den Speditionsvertrag weist bei branchenkundigen Auftraggebern der Auftrag zur **Sammelversendung** hin (weitergehend BGHZ **87**, 4, 5; BGH v. 10.2.1983, VersR **1983**, 551; OLG Koblenz v. 14.1.1983, VersR **1983**, 1073; OLG Hamburg v. 23.6.1983, VersR **1984**, 57; v. 14.5.1987, VersR **1987**, 981, 982; *Sieg,* VersR **1965**, 297, 304); in der Regel ferner allgemein geringes Gewicht bzw. geringer Umfang des Guts (BGH v. 10.2.1983, VersR **1983**, 551; v. 11.7.1985, VersR **1985**, 1138; v. 6.12.1990, TranspR **1991**, 114, 117; OLG Düsseldorf v. 13.3.1986, TranspR **1986**, 165; OLG Hamburg, TranspR **1982**, 75; v. 30.6.1983, TranspR **1984**, 153; KG v. 28.9.1982, TranspR **1983**, 22), die eine Sammelversendung als wirtschaftlich angebracht erscheinen lassen. Gleiches kann bei Gut mit **unterschiedlichen Adressaten** gelten (OLG Hamburg v. 23.4.1970, VersR **1970**, 741). Der Umstand, daß der Kunde **keinen Frachtbrief** ausstellt, ist nur bei branchenkundigen Auftraggebern ein Indiz für einen Speditionsvertrag (*Züchner,* VersR **1965**, 330, 331; **a. A.** *Willenberg,* KVO, § 1 Rz. 57; *Diehl,* Pflichten des Spediteurs, aaO, S. 13; OLG Hamburg v. 14.5.1987, VersR **1987**, 981, 982). Nur unter diesen Voraussetzungen kann man auch den Umstand, daß der Auftragnehmer das Gut zu **verpacken**, auf Umschlaglager **umzuschlagen** oder sonstige speditionelle Leistungen zu erbringen hat, als Indiz für einen Speditionsvertrag heranziehen; diese Leistungen können nämlich auch als Nebenleistungen im Rahmen des Frachtvertrages vereinbart werden (**a. A.** BGH v. 6.12.1990, TranspR **1991,** 114, 117; OLG Düsseldorf v. 14.7.1986, VersR **1987**, 458; *Sieg,* VersR **1965**, 297, 304; *Diehl,* Pflichten des Spediteurs, aaO, S. 11). Daß diese Leistungen gemäß § 11 II i KVO im Frachtbrief beantragt werden müssen, kann nicht zu Lasten von branchenunkundigen Auftraggebern gehen (**a. A.** *Willenberg,* KVO, § 1 Rz. 48).

d) Indizien ohne eigenständige Aussagekraft. Der Umstand, daß der 22
Auftragnehmer für den Kunden in der **Vergangenheit** überwiegend speditionell tätig war (*Koller,* NJW **1988**, 1756, 1759; **a. A.** OLG Stuttgart v. 25.5.1970, VersR **1972**, 532; OLG Düsseldorf v. 13.3.1986, TranspR **1986**, 165; *Piper,* Höchstrichterliche Rechtsprechung, aaO, Rz. 3); anders ist es nur, wenn der Auftragnehmer immer oder typischerweise als Spediteur tätig wurde und er aufgrund der Umstände annehmen durfte, es solle wie üblich verfahren werden. Ohne Aussagekraft ist es auch, daß die **Firma** des Auftragnehmers auf eine Spedition hinwies, da der Verkehr die Spediteurbezeichnung mehrdeutig verwendet (vgl. §§ 1, 2a ADSp; BGH v. 8.6.1979, VersR **1981**, 526; OLG München v. 12.4.1990, TranspR **1991**, 280, 283; *Koller,* NJW

1988, 1756, 1759; *Lenz,* Straßengütertransportrecht, Rz. 182; **a. A.** OLG Düsseldorf v. 8.6.1989, TranspR **1990,** 30, 31; v. 11.10.1990, TranspR **1990,** 440, 442; OLG Stuttgart v. 25.5.1970, VersR **1972**, 532; TranspR **1978**, 70; OLG München v. 4.4.1979, VersR **1979**, 713, 714; OLG Hamburg v. 23.6.1983, VersR **1984**, 57; v. 23.6.1983, TranspR **1984**, 178, 179; v. 30.6.1983, TranspR **1984**, 153; *Piper,* Höchstrichterliche Rechtsprechung, aaO, Rz. 3; *Staub/Helm,* aaO, Rz. 67 m. w. Nachw.). Deshalb kann auch der Tatsache, daß bei Vertragsschluß auf die **ADSp Bezug** genommen wird, kein Gewicht beigelegt werden (*Koller,* NJW **1988**, 1756, 1758; **a. A.** OLG Stuttgart, TranspR **1978**, 70; *Piper,* Höchstrichterliche Rechtsprechung, aaO, Rz. 3). Keine eigenständige Bedeutung hat auch die Tatsache, daß der Auftragnehmer **überwiegend „speditionell"** (*Willenberg,* KVO, § 1 Rz. 62; **a. A.** *Diehl,* Pflichten des Spediteurs, aaO, S. 11) oder auch speditionell tätig wird, da gemischte Verträge (*Palandt/Heinrichs,* BGB, vor § 305 Rz. 16 ff) denkbar sind (**a. A.** OLG Düsseldorf v. 11.10.1990, TranspR **1990,** 440, 442) oder die Haftung zwischen Übernahme und Ablieferung des Gutes übernimmt, weil diese Haftung mit den §§ 412f HGB vereinbar ist (**a. A.** OLG Düsseldorf v. 7.5.1986, VersR **1987**, 70). Hat der Auftragnehmer aufgrund ausdrücklicher Weisung eine **Speditionsversicherung** gedeckt oder der Auftraggeber sich als Verbotskunde zu erkennen gegeben, so spricht dies ebenfalls nicht für Spedition, weil die Speditionsversicherung auch Schäden aus Frachtverträgen decken kann (vgl. Nr. 3.3, 3.4.2 SVS/RVS; *Staub/Helm,* aaO, Rz. 70; **a. A.** OLG Düsseldorf v. 8.6.1989, TranspR **1990,** 30, 31; OLG Frankfurt v. 16.11.1982, VersR **1983,** 1055). Ohne Aussagekraft ist ferner der mangelnde Besitz **eigenen Laderaums** (BGH v. 26.10.1981, VersR **1982**, 235, 236; **a. A.** OLG Düsseldorf v. 14.7.1986, VersR **1987**, 458; OLG Hamburg v. 23.6.1983, VersR **1984**, 57; *Piper,* Höchstrichterliche Rechtsprechung, aaO, Rz. 3) oder die Tatsache, daß der Auftragnehmer den Transport **nicht selbst ausführt** (BGH v. 10.2.1983, VersR **1983**, 551, 552; OLG Düsseldorf v. 13.3.1986, TranspR **1986**, 165); ebenso, daß nicht ausdrücklich der Einsatz eigenen **Laderaums** des Auftragnehmers vereinbart worden ist (*Koller,* NJW **1988**, 1756, 1758; **a. A.** OLG Karlsruhe v. 11.11.1983, TranspR **1983**, 146, 147; OLG München v. 13.4.1983, TranspR **1984**, 174, 175; OLG Saarbrücken, TranspR **1978**, 13; *Staub/Helm,* aaO, Rz. 71 m. Nachw.), da jederzeit Unterfrachtführer eingeschaltet werden können; die Vergabe eines **„Ladeauftrags"** (**a. A.** OLG Düsseldorf v. 27.2.1987, TranspR **1987**, 223, 226) oder „**Versandauftrags**" (OLG München v. 12.4.1990, TranspR **1990,** 280, 283; **a. A.** OLG Hamburg v. 18.5.1989, TranspR **1990,** 188, 189), da die Formulierung „Auftrag" mehrdeutig ist (*Koller,* NJW **1988,** 1756, 1758); ferner die spätere Abrechnung nach Sammelguttarif. Relevant sind nämlich nur Indizien, die bei Vertragsschluß erkennbar waren.

10. Grenzspediteure

23 Sie sind, soweit sie hauptsächlich die mit Import-Export zusammenhängenden behördlichen Formalitäten erledigen, Geschäftsbesorger iSd § 675 BGB und keine Spediteure iSd HGB. Die §§ 407 ff HGB lassen sich auch nicht analog anwenden (OLG München v. 8.11.1991, TranspR **1992**, 60, 62;

a. A. im Ansatz *Braun,* VersR **1988**, 878, 882). Ihre Tätigkeit als solche fällt allerdings unter die ADSp und den SVS/RVS. Zum Aufwendungsersatz Rz. 59. Zur Übernahme der Haftung für die Einhaltung von Zollvorschriften vgl. OLG München v. 8.11.1991, TranspR **1992**, 60; OLG Düsseldorf v. 3.12.1987, VersR **1988**, 1294.

11. Hausspediteure

Siehe Vollmachtsspediteur (Rz. 34). **24**

12. Kommissionsvertrag

Der Kommissionsvertrag ist die Grundfigur des Speditionsvertrages. Alle **25** von einem Kaufmann übernommenen Geschäftsbesorgungen im eigenen Namen auf fremde Rechnung, die nichts mit dem Transport zu tun haben, stellen Kommissionsverträge dar (§ 406 HGB).

13. Lagerung

Liegt der Schwerpunkt der Verpflichtung bei der Lagerung des Guts, so **26** greifen die §§ 416 ff HGB ein. Das Speditionsgeschäft umfaßt jedoch auch transportbedingte Zwischenlagerungen.

14. Montage

Die Montage wird zwar verschiedentlich von Spediteuren iSd § 2 a ADSp **27** übernommen; die §§ 407 ff HGB sind auf diese Verpflichtung nicht anwendbar.

15. Lohnfuhrvertrag

Siehe § 425 Rz. 7. **28**

16. Möbelspediteur

In der Regel ist der Möbelspediteur Frachtführer (§ 425 HGB; §§ 1 ff Gü- **29** KUMT).

16a. Paketbeförderung

Das Verhältnis zwischen den Parteien kann speditions- oder frachtvertrag- **29a** lich ausgeformt sein (Rz. 17 ff).

17. Sammelladungsspediteur

Mischform des Speditionsgeschäfts (§ 413 II HGB). **30**

17a. Unterspediteur

Unterspediteur ist der Spediteur, den der Hauptspediteur im eigenen Na- **31** men auf eigene Rechnung (Rz. 36, 47) eingeschaltet hat. Zur Zulässigkeit der Beauftragung eines Unterspediteurs und zu dessen Erfüllungsgehilfeneigenschaft § 407 Rz. 47; § 52 ADSp.

18. Verpackung

32 Die Verpackung gehört zu den typischen Arbeiten des Spediteurs iSd § 2 a ADSp. Sie kann Nebenpflicht des Speditionsvertrages (Rz. 48) aber auch anderer Verträge sein.

19. Versicherung

33 § 407 Rz. 51.

20. Vollmachtsspediteur

34 Der Vollmachtsspediteur ist Geschäftsbesorger des wirtschaftlichen Endempfängers. Das Gut wird an den Vollmachtsspediteur als Empfänger adressiert, der mit dem Gut im Auftrag des Endempfängers nach dessen Weisungen verfährt. Der Vollmachtsspediteur ist regelmäßig kein Spediteur iSd § 407 HGB; es sei denn, daß er die Weiterversendung des Guts zu besorgen hat (Abgrenzung zum Frachtvertrag, Rz. 17). Die Weiterversendung kann auch nur darin bestehen, daß das Gut dem Endempfänger zuzuführen ist. Auch wenn der Vollmachtsspediteur kein Spediteur iSd § 407 HGB ist, weil die Zufuhr des Guts im Rahmen eines mit ihm abgeschlossenen Frachtvertrages erfolgen soll, hat der Vollmachtsspediteur analog § 388 HGB dafür zu sorgen, daß die Ersatzansprüche gegen Dritte gewahrt bleiben (Rz. 44). Der Endempfänger und sein Transportversicherer sind als vom Vollmachtsspediteur stillschweigend **ermächtigt** anzusehen, die Empfängerrechte geltend zu machen, z. B. zu reklamieren (BGH, NJW **1981**, 2640). Zum Absender bestehen grundsätzlich nur Rechtsbeziehungen, soweit sie aus der Empfängerrolle hergeleitet werden können (vgl. §§ 435 f HGB). Ausnahmsweise kann der Absender mit dem Vollmachtsspediteur darüber hinausgehende Vereinbarungen treffen (zur Nachnahme BGH v. 3.3.1988, VersR **1988**, 624, 625).

21. Zeitungsspediteur

35 Der Zeitungsspediteur ist Frachtführer, da er lediglich den Transport durchführt.

22. Zwischenspediteur

36 Zwischenspediteur (§ 411 HGB) ist ein vom Hauptspediteur (nicht Versender, Empfänger) im eigenen Namen auf Rechnung des Versenders eingeschalteter Spediteur iSd §§ 407, 413 HGB (RGZ **94**, 97, 101; **109**, 85, 86 f; **109**, 288, 291 f; BGH, NJW **1962**, 1814, 1815). Der Zwischenspediteur wird vor allem bei unterbrochenen Transportvorgängen (z. B. Grenze, Umladung) beauftragt, den weiteren Transport und/oder den Umschlag oder die Ablieferung zu organisieren (Einzelheiten § 407 HGB Rz. 47). Die bloße Aufbewahrung genügt nicht (BGH, NJW **1962**, 1814, 1815). Zur Abgrenzung zum Empfangsspediteur, § 407 HGB Rz. 13. Die Eigenschaft als Zwischenspediteur wird nicht dadurch in Frage gestellt, daß sich der Zwischenspediteur auch dem Auftraggeber des Hauptspediteurs gegenüber verpflichtet oder dessen Weisungen zu befolgen hat (BGH, NJW **1962**, 1814, 1815). In der Regel ist der Vertrag mit dem Zwischenspediteur aus der Sicht des Haupt-

spediteurs Ausführungsgeschäft (§ 407 HGB Rz. 5; § 408 I HGB). Der Zwischenspediteur kann aber auch Substitut (zum Begriff Rz. 47) sein, der mit wirklicher (§ 664 I 1 BGB) oder mutmaßlicher (§ 665 BGB) Einwilligung des Versenders auf dessen Rechnung eingeschaltet worden ist (§ 407 HGB Rz. 47). Der Hauptspediteur haftet für den Zwischenspediteur nur bei Auswahlverschulden (§ 407 HGB Rz. 5). Der Zwischenspediteur hat die Rechte und Pflichten eines normalen Spediteurs. Der Unterspediteur (Rz. 31) wird hingegen auf Rechnung des Hauptspediteurs als dessen Erfüllungsgehilfe tätig (**a. A.** *Staub/Helm,* HGB, §§ 407–409 Rz. 32, der auf das Fehlen der Einwilligung abhebt, aber übersieht, daß bei fehlender Einwilligung der Hauptspediteur wegen positiver Forderungsverletzung haftet [§ 664 I 1 BGB]). Zum Zwischenspediteur iSd SVS/RVS s. Nr. 3 SVS/RVS Rz. 13.

C. Abschluß des Speditionsvertrages

Der Speditionsvertrag bedarf keiner **Form**. Es gelten die allgemeinen Regeln des Vertragsschlusses (§§ 145 ff BGB). Nur unter den Voraussetzungen des § 362 HGB gilt **Schweigen** als Annahme. Daran ändert auch der Umstand nichts, daß dem Spediteur bereits das Gut übersandt worden war (*Staub/Helm,* HGB, §§ 407–409 Rz. 78; **a. A.** *Schlegelberger/Schröder,* HGB, § 407 Rz. 12). Die in Formularen enthaltenen **vorgedruckten Anweisungen** stellen auch dann AGB dar, wenn sie ohne weiteres gestrichen werden können (BGH v. 5.5.1986, ZIP **1986**, 1042, 1043). Verwenden beide Teile Formulare mit einander widersprechenden Anordnungen, so gilt an deren Stelle das dispositive Recht, sofern die Parteien den Vertrag einverständlich durchführen (BGHZ **61**, 282; BGH, NJW **1985**, 1838, 1839). Soweit hingegen in den Formularen auf den Einzelfall bezogen unterschiedliche Anordnungen getroffen sind (z. B. einerseits Speditionsauftrag, andererseits Transportauftrag), kommt es darauf an, ob die Formulare Angebot und Annahme dokumentieren sollten oder als Bestätigungsschreiben fungierten. Im ersten Fall gilt § 150 II BGB sowie die Möglichkeit, der Gegenofferte gemäß § 151 BGB stillschweigend zuzustimmen. In der zweiten Variante können die Regeln über die sich kreuzenden Bestätigungsschreiben zum Tragen kommen. Beachte §§ 4, 6 ff ADSp. 37

D. Die Pflichten des Spediteurs nach BGB, HGB

I. Überblick

Der Speditionsvertrag ist, wie § 408 I 2.HS HGB zeigt, eine Variante des **Geschäftsbesorgungsvertrages** und, wie sich aus § 407 II HGB ergibt, eine Variante des **Kommissionsgeschäftes** (§§ 383, 406 HGB). Demgemäß finden auf den Speditionsvertrag die kommissionsrechtlichen Vorschriften der §§ 385–392, 393 I, III, 394, 396 II, 398 HGB Anwendung. § 384 Abs. 2 HGB ist nicht heranzuziehen; statt dessen ist auf die allgemeinen geschäftsbesor- 38 gungsrechtlichen Normen (§§ 666 f BGB) zurückzugreifen (allg. M. *Staub/Helm,* HGB, §§ 407–409 Rz. 53). Der Speditionsvertrag ist im Zweifel **Werkvertrag**, da das Entgelt erfolgsabhängig ausgestaltet ist (§ 409 HGB) und der Spediteur im Regelfall über ausreichende Marktkenntnisse verfügt, um beurteilen zu können, ob er die Versendung organisieren kann (RGZ **112**, 149, 151; *Capelle/Canaris,* Handelsrecht, S. 200; *K. Schmidt,* Handelsrecht, S. 724; vgl. auch *Staub/Koller,* HGB, § 383 Rz. 59; **a. A.** RGZ **109**, 85, 87; *Schlegelberger/Schröder,* HGB, § 407 Rz. 10 (Dienstvertrag); *Staub/Helm,* HGB, § 407 Rz. 7 (Vertrag sui generis)). Ein Dienstvertrag liegt aber dort vor, wo zwischen Spediteur und Versender ein **Dauerschuldverhältnis** besteht (*Baumbach/Duden/Hopt,* HGB, § 407 Anm. 2). Demgemäß werden die §§ 675, 664 (*Koller,* ZIP **1985**, 1243), §§ 665–670, §§ 672–674 BGB je nach Sachlage durch werk- oder dienstvertragliche Vorschriften ergänzt. Dies ist insbesondere für die Kündigung und Verjährung von Bedeutung.

Das Speditionsgeschäft ist als Variante des Geschäftsbesorgungsvertrages ein **Vertrauensgeschäft** (*Schlegelberger/Schröder,* HGB, § 408 Rz. 16). Der Spediteur hat die erkennbaren, hilfsweise die mutmaßlichen **Interessen des Versenders wahrzunehmen**. Er hat das Gut **optimal**, d. h. in einer bestmöglichen Relation von Preisgünstigkeit, Zuverlässigkeit und Geschwindigkeit zu versenden (vgl. § 408 HGB Rz. 2; *Staub/Koller,* HGB, § 384 Rz. 3 zur Kommission). Er hat nach Möglichkeit die Interessen des Versenders durch Rückfrage in Erfahrung zu bringen (OLG Hamburg v. 29.9.1983, TranspR **1985**, 20, 25; vgl. auch § 13 ADSp). An dessen Weisungen ist er grundsätzlich gebunden (§ 408 HGB Rz. 3). Vor allem hat der Spediteur am Transportmarkt Ausführungsgeschäfte mit Frachtführern, Verfrachtern und/oder Eisenbahnen, gegebenenfalls auch mit Zwischenspediteuren (Rz. 36) zu schließen (Rz. 5, 43). Ferner kann es zu seinen Aufgaben gehören, Versicherungen zu zeichnen (Rz. 51). Außerdem hat er durch sonstige Maßnahmen dafür zu sorgen, daß das Gut den Interessen des Versenders gemäß befördert wird (Einzelheiten Rz. 43 ff).

39 Der Spediteur hat den Versender (auch im Rahmen seiner vorvertraglichen Schutzpflichten) richtig und vollständig zu **beraten**. Die Ratschläge müssen klar erteilt werden; es darf kein täuschendes Gesamtbild entstehen. Notfalls hat der Spediteur über ihn selbst berührende Interessenkonflikte aufzuklären. Er muß den Versender darüber hinaus über alle Umstände aufklären, die für den Versender aus der Sicht des Spediteurs erkennbar von Bedeutung sind. Der Spediteur darf sich nicht ohne weiteres auf den Standpunkt stellen, der Versender, der nicht nachfrägt, wisse Bescheid. Vielmehr hat er den Versender schon dann zu informieren, wenn vernünftige Zweifel daran bestehen, daß der Versender die für seine Entschließung wesentlichen Tatsachen, Risiken und Erfahrungssätze kennt (OLG Hamburg v. 23.9.1982, VersR **1983**, 827; vgl. ferner aus dem Kommissionsrecht BGH v. 16.2.1981, WM **1981**, 374, 375; *Staub/Koller*, HGB, § 384 Rz. 9 ff; *Krien/Valder*, § 1 ADSp Rz. 5, 8 ff). Der Spediteur hat sich dazu mit verkehrserforderlicher Sorgfalt ausreichend zu informieren (BGH v. 12.1.1966, VersR **1966**, 461, 464). Die Aufklärung darf sich im zumutbaren Rahmen halten. Kommt der Spediteur seiner Beratungs- und Aufklärungspflicht nicht nach, so haftet er nach den Regeln der c.i.c., gegebenenfalls wegen Verletzung eines Auskunftsvertrages (vgl. dazu BGH v. 23.1.1985, WM **1985**, 450, 451; v. 17.9.1985, ZIP **1985**, 1506; ferner Nachw. bei *Staub/Koller*, HGB, § 383 Rz. 4). Beachte §§ 19, 30 b ADSp.

Kollidieren Interessen des Versenders mit denen des Spediteurs, so hat der Spediteur kraft seiner Treuepflicht den Interessen des Versenders den Vorrang einzuräumen (vgl. BGH, NJW **1982**, 1752; v. 19.6.1985, ZIP **1985**, 1001, 1002; *Koller*, BB **1978**, 1736; *Schlegelberger/Schröder*, HGB, § 408 Rz. 16; *Krien/Valder*, § 1 ADSp Rz. 13). Falls die Interessen mehrerer Versender kollidieren, hat der Spediteur grundsätzlich den Auftrag desjenigen Versenders bevorzugt zu erledigen, der ihn zuerst erteilt hatte. Gegebenenfalls hat er spätere Versender darauf hinzuweisen (*Koller*, BB **1978**, 1735). Der Spediteur übernimmt für seine Beratung keine Garantie (OLG Düsseldorf v. 29.4.1976, DB **1976**, 1374); er haftet nur bei Verschulden. 40

Aus der Stellung des Spediteurs als Geschäftsbesorger, der seine Handlungsweise voll an den Interessen des Versenders zu orientieren hat, ergibt sich die Pflicht des Spediteurs, die **Weisungen** des Versenders zu befolgen (§ 408 HGB Rz. 3), ferner die Pflicht, die erforderlichen **Nachrichten und Auskünfte** zu geben (§ 666 BGB) und **Rechenschaft** zu legen (§§ 666 f BGB). **Einzelheiten** § 407 HGB Rz. 54. Den in HGB und BGB getroffenen Regelungen gehen die individualvertraglichen Abreden (§ 4 AGBG) und sekundär die wirksam in den Vertrag einbezogenen Allgemeinen Geschäftsbedingungen, in der Regel die ADSp, vor. 41

II. Pflichten vor Vertragsschluß

Dem Spediteur obliegen vor Abschluß des Vertrages die im Rahmen der c.i.c. entwickelten Schutzpflichten. Er hat deshalb dort, wo ihm vor Abschluß des Vertrages Güter zugesandt werden, für eine **sichere Aufbewahrung** der Güter Sorge zu tragen. Die gleiche Pflicht ergibt sich aus § 823 I BGB (BGH, NJW **1953**, 1180, 1182) sowie aus den §§ 989 ff BGB. Der Spediteur ist außerdem gehalten, den Versender richtig sowie vollständig zu **beraten** und angemessen aufzuklären (§ 407 HGB Rz. 39). Insbesondere hat er den Versender darauf hinzuweisen, daß der gewünschte Transport möglicherweise nicht durchführbar ist (BGH v. 12.1.1966, VersR **1966**, 461, 464) oder sonst Weisungen nicht zweckmäßig sind (Rz. 39). Beachte § 6 ADSp. 42

III. Pflichten nach Vertragsschluß

1. Abschluß von Fracht-, Speditions-, Lagerverträgen

Hat der Versender weder Transportmittel noch Transportweg oder Frachtführer bestimmt, so hat der Spediteur den Frachtführer sowie die Art des Transportmittels und den Transportweg so auszuwählen, wie dies bei pflichtgemäßer Sorgfalt den **Interessen** (§ 407 HGB Rz. 38) **des Versenders** entspricht (§ 408 Rz. 2). Der Spediteur darf ohne Rückfrage oder anderweitige Weisungen nur **zuverlässige** Frachtführer und Zwischenspediteure einschalten (§ 407 HGB Rz. 3, 5). Dazu gehört deren ausreichende Solvenz, die durch 43

Haftpflichtversicherungen gewährleistet sein kann. Der Spediteur darf nicht ohne Anhaltspunkte die Zuverlässigkeit unterstellen; andererseits braucht er keine Ermittlungen anzustellen, wenn er mit Frachtführer bereits gute Erfahrungen gemacht hat oder dieser einen guten Ruf in der Branche genießt (OGH Wien, TranspR **1991,** 37, 41). Im Güterfernverkehr muß der Spediteur auch feststellen, ob der Frachtführer im Besitz der GüKG-Genehmigung ist (BGH v. 4.6.1987, VersR **1987**, 1130, 1131). Unter mehreren gleichwertigen Transportmöglichkeiten hat er die **kostengünstigste** zu wählen. Ist die **risikoärmere** Transportart teurer, so ist auf ein angemessenes Verhältnis zwischen dem niedrigeren Preis und dem erhöhten Risiko zu achten. Zu **Weisungen** des Versenders § 408 HGB Rz. 3; zur Ausführung durch **Selbsteintritt** § 412 HGB; zur **Fixkostenspedition** und **Sammelladungsspedition** § 413 HGB. Zu den Rechtsbeziehungen zwischen Versender und den **Frachtführern, Zwischenspediteuren, Lagerhaltern** Rz. 69 ff, **Haftung** § 408 Rz. 5.

2. Entgegennahme des Guts, Abholung, Lagerung

44 Ist nichts Besonderes vereinbart, so ist der Spediteur verpflichtet, das Gut selbst abzuholen und es dem Frachtführer zu übergeben oder mit dem Frachtführer einen Vertrag zu schließen, demzufolge der Frachtführer das Gut beim Versender übernimmt. Holt der Spediteur das Gut selbst ab, so hat in Parallele zum HGB-Frachtrecht (§ 425 HGB Rz. 14) der Versender zu beladen (ebenso *Oeynhausen,* TranspR **1981**, 139, 141), es sei denn, daß der Versender (z. B. als Privatmann) von vornherein erkennbar nicht selbst über die notwendigen Ladekenntnisse und Ladehilfsmittel verfügt. Soll der vom Spediteur eingeschaltete Frachtführer das Gut beim Versender übernehmen, so strahlt die im Verhältnis Spediteur als Absender – Frachtführer geltende Regelung (z. B. § 17 KVO) nur dann auf den Versender aus, wenn die vom Spediteur mit dem Frachtführer getroffene Vereinbarung interessengerecht ist oder der Versender den interessewidrigen Vertrag nicht zurückgewiesen hat (§ 408 HGB Rz. 8). Im Verhältnis zum Frachtführer trifft den Versender außer allgemeinen Schutzpflichten zugunsten des Frachtführers nie eine echte Ladepflicht. Hat im Verhältnis Spediteur-Versender der Spediteur zu beladen und belädt aber der Versender selbst, so erfüllt der Versender die Ladeobliegenheit des Spediteurs. In Hinblick auf Schutzpflichten des Spediteurs gegenüber dem Frachtführer ist der Versender dessen Erfüllungsgehilfe (*Oeynhausen,* TranspR **1981**, 139, 141). Ist die Ware bei einem Dritten abzuholen, so ändert dies nichts an der Stellung des Versenders; denn der Dritte erfüllt dessen Obliegenheiten bzw. Schutzpflichten. Ob der Dritte seinerseits dazu verpflichtet ist, ergibt sich aus seinem Verhältnis zum Versender (vgl. dazu *Oeynhausen,* TranspR **1981**, 139, 141, der jedoch nicht berücksichtigt, daß auch die Verladung durch den Frachtführer vereinbart werden kann). **Lagert** der Spediteur transportbedingt das Gut, so erfüllt er seine Pflichten aus dem Speditionsvertrag (BGH v. 10.3.1971, VersR **1971**, 619, 620; OLG Frankfurt v. 14.12.1982, TranspR **1985**, 174, 176). Zum Lagerhalter (§ 416 HGB) wird der Spediteur erst dann, wenn er das Gut nicht nur bis zur bereits in die Wege geleiteten Beförderung, sondern bis zur weiteren Disposition des Versenders oder Empfängers lagert. Der Spediteur ist im Zweifel verpflichtet, das Gut

am Ort seiner Niederlassung selbst zu lagern, wie sich mittelbar aus § 407 II iVm §§ 390, 396 II HGB ergibt. **Weisung** § 408 HGB Rz. 3. **Haftung** § 408 HGB Rz. 5. Beachte §§ 5, 6 ADSp.

3. Untersuchung des Gutes, Quittung, Beweissicherung

Gemäß §§ 407 II, 388 I HGB hat der Spediteur das Gut auf äußerlich erkennbare Schäden und Verluste hin zu überprüfen und solche anzuzeigen, wenn ihm das Gut von einer anderen Person als dem Versender übergeben wird. Er hat insbesondere gegenüber den Frachtführern und Schiffern äußerlich erkennbare Schäden so zu **rügen**, daß die frachtrechtlichen und sonstigen Schadensersatzansprüche nicht verlorengehen bzw. Beweisnachteile eintreten (vgl. § 438 HGB, § 39 KVO, Art. 30 CMR). Er hat darüber hinaus die Beweise gegenüber Dritten zu sichern und den Versender unverzüglich zu informieren (§ 388 I HGB). Weisungen des Versenders, Rz. 56. Die Schadensersatzansprüche braucht er aber nicht durchzusetzen. Haftung § 408 HGB Rz. 5. Nach den allgemeinen für positive Forderungsverletzungen entwickelten Beweislastregeln hat der Spediteur zu **beweisen**, daß das Gut bei Übergabe äußerlich schadensfrei war (*Baumgärtel/Reinicke,* Beweislast, § 388 HGB Rz. 1). Beachte §§ 16 a, 51 ADSp. **Liefert der Spediteur** das Gut z. B. an Frachtführer oder Lagerhalter ab, so braucht er grundsätzlich keine Beweise für die unbeschädigte und vollzählige Ablieferung an den Frachtführer zu sichern (**a. A.** OLG Frankfurt v. 19.1.1984, TranspR **1985**, 420). Der Spediteur wird jedoch im eigenen Interesse für den Nachweis der vollständigen und schadensfreien Ablieferung sorgen, weil er sonst mangels Entlastungsbeweis gemäß den §§ 407 II, 390 HGB haftet (§ 408 Rz. 7). Dies gilt allerdings dann nicht, wenn der Spediteur bemerken mußte, daß der Versender den Beweis vollzähliger, schadensfreier Übergabe des Guts an ihn nicht führen kann und daher ein gesteigertes Interesse an ausreichenden Beweisen der ordnungsgemäßen Ablieferung gegenüber Empfängern des Guts (z. B. Frachtführern, Käufern) besitzt (vgl. OLG Frankfurt v. 19.1.1984, TranspR **1985**, 420, 421; *Kirchhof,* VersR **1983**, 608, 613). Gleiches gilt, falls der Empfänger des Guts verschärft haftet (§§ 29 ff KVO, Art. 17 CMR). Dann muß der Spediteur dafür sorgen, daß die erforderlichen Nachweise erbracht werden können. Der Spediteur ist ferner dem Versender gegenüber analog § 368 BGB verpflichtet, auf Verlangen den Empfang des Guts zu **quittieren**, sofern dies mit zumutbarem Aufwand möglich ist (zur Beweiswirkung § 407 HGB Rz. 46; § 425 HGB Rz. 21; § 429 HGB Rz. 8; § 16 KVO Rz. 5). Der Spediteur kann bei außergewöhnlichem Aufwand eine gesonderte Vergütung verlangen (§ 354 HGB). Erteilt der Spediteur fahrlässig keine Empfangsquittung, so führt dies zur Beweislastumkehr (vgl. BGH, ZIP **1988**, 1129, 1133; offengelassen BGH v. 2.2.1973, VersR **1973**, 342, 343); jedenfalls ist dies im Rahmen des § 286 ZPO zu Lasten des Spediteurs zu berücksichtigen. Der Spediteur hat erkennbar unerfahrene Versender über Beweisrisiken aufzuklären (*Koller,* EWiR **1986**, 1119, 1120; *Schlegelberger/Schröder,* HGB, § 408 Rz. 4; zurückhaltend *Staub/Helm,* HGB, §§ 407–409 Rz. 134; **a. A.** wohl BGH v. 19.6.1986, NJW-RR **1986**, 1361, 1362; BGH v. 26.9.1991, WM **1991**, 2036 m. Anm. *Koller*, WuB IV D. § 417 HGB 1.92). *Beachte § 7 c, d ADSp.* Der Spediteur ist 45 nicht verpflichtet, beim Frachtführer einen Beleg über die Ablieferung des Guts beim Endempfänger anzufordern oder einen Anspruch auf Erstellung und Herausgabe eines solchen Belegs zu begründen. Abweichende Vereinbarungen sind zulässig. Fehlen derartige Vereinbarungen, so muß der Versender im Verhältnis zum Endempfänger mangels Ablieferungsnachweises dem Spediteur und/oder Frachtführer den Streit verkünden, um diese in Anspruch nehmen zu können, falls sich die Ablieferung nicht beweisen läßt. Aufgrund besonderer Vereinbarung hat er dem Versender auch ein für das Akkreditiv verwendbares Dokument auszustellen (z. B. Forwarders Certificate of Receipt; Forwarders Bill of Lading).

46 Der internationale Spediteurverband FIATA hat eine Reihe von Dokumenten entwickelt, die unterschiedlichen Zwecken dienen (abgedr. bei *Krien/Glöckner,* Speditions- und Lagerrecht Nr. 6530 ff). Das **Forwarders Certificate of Receipt (FCR**; Muster abgedr. bei *Krien/Glöckner,* Speditions- und Lagerrecht, Nr. 6530) ist zum einen wie eine normale Empfangsbescheinigung (§ 407 HGB Rz. 45) ein reines *Beweispapier* (BGHZ **68**, 18, 22; GroßkommHGB-*Canaris,* § 363 Rz. 66 a). Es erfüllt weder die Funktionen eines Frachtbriefs (OLG Hamburg v. 19.8.1982, VersR **1983**, 453, 454) noch die eines Legitimations- oder Wertpapiers (BGHZ **68**, 18, 22). Die Beweiswirkung ergibt sich aus § 416 ZPO; die Wahrheit der Erklärung unterliegt freier Beweiswürdigung (näher § 425 HGB Rz. 21; § 429 HGB Rz. 8; § 16 KVO Rz. 5; vgl. ferner die Kommentierungen zu § 416 ZPO). Zu Quittungen mit Stempel oder faksimilierter Unterschrift vgl. BGH v. 28.9.1987, WM **1988**, 524, 525. Bei vorsätzlich *falscher Bescheinigung* hat der Spediteur gemäß § 826 BGB sowie wegen bewußter Schaffung eines Rechtsscheins analog §§ 172, 405 BGB (GroßkommHGB-*Canaris,* § 363 Rz. 56, 61) zu haften (vgl. OLG München v. 20.10.1982, TranspR **1983**, 19; OLG Hamburg v. 6.9.1984, VersR **1986**, 385; *Koller,* EWiR **1986**, 1219). Es kommt auch eine Haftung aus Verletzung einer Schutzpflicht (c.i.c.) mit Schutzwirkung zugunsten Dritter in Betracht, die auch bei Fahrlässigkeit eingreift (vgl. BGH, NJW **1987**, 588; GroßkommHGB-Canaris, § 363 Rz. 57). Die Übergabe des FCR an den Empfänger enthält grundsätzlich *keine Abtretung der Herausgabeansprüche* gemäß § 931 BGB (BGHZ **68**, 18, 23), es sei denn, daß die Übergabe gegen Zahlung erfolgte (*Canaris,* aaO). Hat der Versender dem Spediteur die unwiderrufliche Weisung gegeben, das Gut zur Verfügung des Empfängers zu halten bzw. das Gut an den Empfänger zu versenden, so kann er diese Weisung nur gegen Rückgabe der Original-Bescheinigung und nur bis zur Verfügung des Empfängers bzw. nur, solange der Spediteur Verfügungsgewalt besitzt, abändern (vgl. § 328 II BGB). Die unwiderrufliche Weisung begründet daher einen unwiderruflichen *Vertrag zugunsten des Empfängers* mit dem Inhalt, daß der Spediteur in der vorgeschriebenen Weise verfährt, gegebenenfalls auch das empfangene (nicht das quittierte) Gut nach Maßgabe des Vertrages an den Empfänger ausliefert (ähnlich OLG Zweibrücken v. 17.11.1986, VersR **1987**, 376; OLG Stuttgart v. 7.11.1991, TranspR **1992**, 67, 68; zweifelnd *Staub/Helm,* HGB, Anh. IV § 415 Rz. 6). Nur diese Deutung sichert die legitime Erwartung des Empfängers, der das FCR in Händen hält (*Lenz,* Straßengütertransportrecht, Rz. 250; vgl. Art. 12 CMR). Versender und Spediteur können vereinbaren, daß das Gut nur dem Empfänger, der das

FCR besitzt, abgeliefert werden darf. Die Ansprüche des Empfängers sind abtretbar. Für die Haftung des Spediteurs gelten die allgemeinen Regeln. Sind die ADSp in den Speditionsvertrag einbezogen worden, so gelten sie auch zugunsten und zu Lasten der begünstigten Dritten (OLG Stuttgart v. 7.11.1991, TranspR **1992**, 67, 68).

Im **Forwarders Certificate of Transport (FCT**; abgedr. bei *Krien/Glöckner,* Speditions- und Lagerrecht, Nr. 6540) verspricht der Spediteur, dafür zu sorgen, daß das Gut, dessen Übernahme er wie beim FCR bescheinigt, dem Inhaber des Dokuments durch einen vom Spediteur ausgewählten Empfangsspediteur ausgeliefert wird. Da das FCT als Order-Papier ausgestellt wird, liegt ihm ein unwiderruflicher Vertrag zugunsten des Empfängers, dem das FCT begeben worden ist, bzw. der Indossatare zugrunde (§ 328 BGB).

Das **Negotiable FIATA Combined Transport Bill of Lading (FBL**; abgedr. bei *Krien/Glöckner,* Speditions- und Lagerrecht, Nr. 6550) *verbrieft den Anspruch* des berechtigten Papierinhabers auf Transport und Auslieferung des übernommenen Guts nach Maßgabe der aufgedruckten Bedingungen. Das FBL ist *kein Konnossement* (*Koller,* VersR **1982**, 1, 5) und kein durchgehender Frachtbrief (**a. A.** OLG Köln v. 22.10.1973, VersR **1974**, 1076). Es kann jedoch zur seerechtlichen Haftung führen (OLG Hamburg v. 1.3.1979, VersR **1979**, 814; *Koller,* VersR **1982**, 1, 5 ff; **a. A.** *Staub/Helm,* HGB, Anh. IV § 415 Rz. 14). Die *wertpapierrechtlichen Regeln* können auf das FBL analog angewandt werden (OLG Hamburg v. 13.1.1977, VersR **1977**, 814; GroßkommHGB-*Canaris,* § 363 Rz. 3, 65 f; *Prüßmann/Rabe,* Seehandelsrecht, Anh. § 656 HGB Anm. C 2; **a. A.** *Staub/Helm,* HGB, Anh. IV § 415 Rz. 14 m. Nachw.). Der Spediteur, der ein FBL ausstellt, obwohl er die Güter nicht übernommen hat, haftet nach Maßgabe des Auslieferungsversprechens unbeschränkt auf Schadensersatz (vgl. BGH v. 25.9.1986, NJW **1987**, 588; EWiR § 656 HGB 1/**86**, 1219 mit Kurzkommentar-*Koller* sowie oben zum FCR). Siehe auch Teil I der Kommentierung „Multimodaler Verkehr“.

4. Einschaltung von Zwischen- und Unterspediteuren

Soweit es die optimale Realisierung des Transportablaufs erfordert und **47**
keine Weisungen des Versenders vorliegen, hat der Spediteur vertraglich dritte Spediteure zur Besorgung der Versendung und sonstiger speditioneller Tätigkeiten einzuschalten. Diese Spediteure sind **Zwischenspediteure** (§ 407 HGB Rz. 36). Es ist deshalb von Fall zu Fall zu prüfen, ob und zu welchen Leistungen sich der Spediteur verpflichtet hat. Der Umfang der Verpflichtungen beschränkt sich nicht notwendig auf solche Leistungen, die der Spediteur eigenverantwortlich erbringen kann oder von denen der Versender annehmen kann, daß der Spediteur dazu in der Lage ist (**a. A.** in der Tendenz OLG Hamburg v. 13.12.1990, VersR **1991**, 1313), wie die Parallelbeispiele Reiseunternehmen, Frachtführer ohne eigenen Fuhrpark zeigen. Entscheidend ist vielmehr, ob eine Beschränkung auf bestimmte Leistungen, wozu die Einschaltung eines Zwischenspediteurs gehören kann, mit Treu und Glauben unter Berücksichtigung der Verkehrssitte im Einklang steht (§ 157 BGB). Für eine Beschränkung sprechen der Inhalt der Vereinbarung, die Verkehrsanschauung, unzumutbare Risikobelastung (z. B. Notwendigkeit

der Einschaltung von Personen im Ausland). Nach der Verkehrsanschauung ist im Zweifel anzunehmen, daß der Spediteur iSd § 407 HGB nur soweit Verpflichtungen übernimmt, als er sie mit eigenen Leuten auszuführen vermag. Diese stehen nur zum Hauptspediteur in vertraglichen Beziehungen.

Hat sich der Spediteur dagegen verpflichtet, bestimmte speditionelle Leistungen **selbst zu erbringen**, so kann er nicht ohne weiteres **Subunternehmen** einschalten. Vielmehr bedarf er dazu analog § 664 I 1 BGB wegen der besonderen Natur des Speditionsvertrages als Geschäftsbesorgungsvertrag und als Vertrauensgeschäft der *Zustimmung des Versenders* (*Staub/Helm,* HGB, §§ 407–409 Rz. 32; *Koller,* ZIP **1985**, 1243, 1248). Der Spediteur ist daher, wenn er sich nicht schadensersatzpflichtig machen und seine Aufwendungen ersetzt erhalten (§§ 407 II, 385 I HGB) will, grundsätzlich gehalten, dem Versender die geplante Einschaltung Dritter anzuzeigen und seine Zustimmung einzuholen. Die Zustimmung kann gemäß § 157 BGB stillschweigend erteilt werden. Liegen die Voraussetzungen des § 665 BGB vor, so kann der Spediteur auf die Einholung einer Weisung verzichten und nach Maßgabe des mutmaßlichen Interesses des Versenders Dritte beauftragen (§ 408 HGB Rz. 3). Diese Dritten sind dann *nicht notwendig Erfüllungsgehilfen* des Spediteurs (**a. A.** wohl *Staub/Helm,* HGB, §§ 407–409 Rz. 32). Vielmehr ist zu differenzieren: Keine Erfüllungsgehilfen, sondern Substitute, sind Spediteure, die der Hauptspediteur mit wirklicher (§ 664 I 1 BGB) oder mutmaßlicher Einwilligung (§ 665 BGB) des Versenders auf Rechnung des Versenders einsetzt und die einen gewissen Ermessensspielraum besitzen (*Koller,* ZIP **1985**, 1243, 1247 f m. Nachw. zum Streitstand). Substitute sind dort nicht denkbar, wo der Spediteur eine Globalvergütung vereinbart hat (§ 413 I HGB), da der Spediteur dann auf eigene Rechnung handelt. Hat der Hauptspediteur den dritten Spediteur auf eigene Rechnung eingesetzt, so ist dieser immer Erfüllungsgehilfe (Unterspediteur; BGH v. 4.6.1987, VersR **1987**, 1130; *Schlegelberger/Schröder,* HGB, § 408 Rz. 12; *Koller,* ZIP **1985**, 1243, 1247 m. Nachw. zum Streitstand). Gleiches gilt, wenn der Unterspediteur auf einem Gebiet tätig wurde, wo dem Hauptspediteur kein Ermessensspielraum offenstand (*Koller,* ZIP **1985**, 1243, 1248).

5. Verpackung und sonstige Schutzmaßnahmen

48 Der Spediteur ist – soweit keine abweichende Verkehrssitte besteht – *nur* im Fall *besonderer Vereinbarung* oder *Weisung* (§ 408 Rz. 3) zur Verpackung verpflichtet (vgl. auch § 16 a ADSp). Er hat jedoch den Versender, sofern nicht zu erwarten oder zu erkennen ist, daß dieser über ausreichende Kenntnisse verfügt, auf die Notwendigkeit und je nach Art des von ihm gewählten Transportmittels (*Sommereder,* TranspR **1979**, 106) auf die erforderliche Qualität der Verpackung (s. § 18 KVO Rz. 1) *hinzuweisen* (KG v. 5.11.1965, VersR **1967**, 446, 448; OLG Saarbrücken v. 8.11.1991, TranspR **1992**, 33, 34 f; *Schlegelberger/Schröder,* HGB, § 408 Rz. 4; *Heymann/Honsell,* HGB, § 408 Rz. 7; vgl. ferner oben § 407 HGB Rz. 39). Die konkrete Verpackungsqualität braucht der Spediteur nicht zu überprüfen, wenn der Versender das Gut vertragsgemäß unmittelbar dem vom Spediteur eingeschalteten Frachtführer aushändigt (vgl. OLG Düsseldorf v. 23.2.1989, VersR **1990,** 502; § 16

ADSp). Der Frachtführer ist auch in Hinblick auf die Untersuchung der Verpackung nicht Erfüllungsgehilfe des Spediteurs (vgl. § 16 ADSp Rz. 2). Gleiches gilt für die Prüfung der Versandfähigkeit des Gutes. Die Pflichten des Spediteurs gegenüber dem Frachtführer und umgekehrt bleiben davon unberührt. *Erkennbar unzulänglich verpackte Güter* darf der Spediteur nicht absenden. Wird unverpacktes Gut angeliefert, so muß er, falls die Verpakkung durch ihn nicht vereinbart ist, vor einer Verpackung durch ihn beim Versender rückfragen, es sei denn, daß ein Fall des § 665 BGB vorliegt (§ 407 HGB Rz. 38). Zur Verpackung *gefährlicher Güter: Willinger,* TranspR **1981**, 81. **Haftung** § 408 HGB Rz. 5. Das für die Verpackung Gesagte gilt auch für **sonstige Schutzmaßnahmen**. Sind bei Vertragsschluß erkennbar Schutzmaßnahmen erforderlich sowie zumutbar und müssen diese Schutzvorkehrungen im Organisationsbereich des Spediteurs getroffen werden (z. B. Kühlung), so ist der Spediteur dazu verpflichtet. Jedenfalls muß der Spediteur beraten und zurückfragen (§ 407 HGB Rz. 38, 39).

6. Verwiegen, Deklaration der Güter, Begleitpapiere

Das **Verwiegen** ist vielfach für die Berechnung der Vergütung von erheblicher Bedeutung. Außerdem ist es häufig Voraussetzung für den Nachweis der Höhe eines Güterverlustes. Schließlich kann das Verwiegen notwendig sein, um eine gefahrlose Beförderung bzw. Lagerung zu gewährleisten. In allen diesen Fällen ist der Spediteur iSd § 407 HGB, dem Gut ohne Gewichtsangaben angeliefert wird, verpflichtet, es zu verwiegen (so wohl auch *Staub/Helm,* HGB, §§ 407–409 Rz. 109; *Schlegelberger/Schröder,* HGB, § 408 Rz. 4). *Ausnahme:* Entgegenstehende Verkehrssitte. Jedenfalls hat der Spediteur den Versender über die Notwendigkeit oder auch nur Zweckmäßigkeit des Verwiegens aufzuklären (§ 407 HGB Rz. 39). Zur Weisung § 408 Rz. 3. Zur Einschränkung der Pflicht zur Verwiegung § 7 b ADSp. *Haftung* § 408 Rz. 5. **49**

Für die gefahrlose Beförderung und Lagerung bedarf der vom Spediteur eingesetzte Frachtführer und Lagerhalter ausreichender **Informationen** über die **Art** und die besonderen **Eigenschaften des Gutes**, soweit sie für einen Nicht-Warenfachmann nicht ohne weiteres erkennbar sind. Der Spediteur hat diese Informationen in seiner Funktion als Absender bzw. Einlagerer zu geben. Notfalls muß er beim Versender rückfragen (§ 407 HGB Rz. 38), wenn die auf Verpackung und Begleitpapieren gegebenen Informationen unzureichend zu sein scheinen (abweichend § 7 a, § 8 ADSp). Gleiches gilt grundsätzlich für die **Wertdeklaration**, die für die Haftung des Beförderungsunternehmens bzw. Lagerhalters und der Versicherung von erheblicher Bedeutung sein kann. Der Spediteur hat von Fall zu Fall zu prüfen, ob angesichts des im Einzelfall bestehenden Versicherungsschutzes eine Wertdeklaration gegenüber dem Transportunternehmen im Interesse des Versenders liegt (Ausnahme § 7 a ADSp). Der Spediteur hat als Absender des Guts dem Frachtführer und anderen von ihm eingeschalteten Personen die erforderlichen **Begleitpapiere** auszuhändigen (BGH v. 31.1.1957, VersR **1957**, 193). Ist er dazu nicht in der Lage, so hat er sie im Verhältnis zum Versender detailliert anzufordern und deren Vollständigkeit zu überprüfen (abw. § 7 a ADSp); denn der

Spediteur als Transportfachmann weiß typischerweise besser als der Versender, welche Papiere nötig sind. Ohne besondere Vereinbarung braucht er die Begleitpapiere nicht selbst zu besorgen, mit Ausnahme derjenigen Papiere, die er selbst sorgfältig auszustellen hat. Er muß auch sicherstellen, daß das Gut nicht durch fehlende Begleitpapiere für andere Güter gefährdet wird (vgl. BGH v. 1.12.1955, BB **1956**, 20). Zur Ausstellung von Konnossementen Hamburger Schiedsspruch, TranspR **1987**, 120, 124. **Haftung** § 408 HGB Rz. 5.

7. Container, Paletten

50 Der Spediteur hat Container und Verpackungshilfsmittel nur aufgrund besonderer Abrede zu stellen. Vom Versender gestellte Paletten hat er zurückzugeben. Im Zweifel ist er berechtigt, Paletten gleicher Art und Güte zu leisten. Zur Frage der Rückführung von Paletten und des Palettentausches KG v. 23.5.1985, TranspR **1985**, 299; § 425 HGB Rz. 14.

8. Versicherung

51 § 407 II HGB verweist auf § 390 II HGB, demzufolge der Spediteur nur im Fall besonderer Weisung (§ 408 Rz. 3) zur Versicherung verpflichtet ist (vgl. §§ 35 ff, 39 ADSp). Die Wertangabe allein stellt noch keine derartige Weisung dar. Aus § 390 II HGB folgt, daß der Spediteur den Versender grundsätzlich nicht über die Zweckmäßigkeit einer Versicherung aufzuklären hat. § 390 II HGB geht jedoch davon aus, daß der Spediteur und die Frachtführer bei einfach fahrlässiger Schädigung zumindest auf Ersatz des gemeinen Werts haften. Sind die Haftungsstandards durch AGB abgesenkt oder ist vorauszusehen, daß Haftungsfreizeichnungen vereinbart werden, die dazu führen, daß selbst bei verschuldeten Schäden kein oder erkennbar nur ein unzureichender Ersatz zu leisten ist, so obliegt dem Spediteur die Pflicht, über das dadurch erhöhte Risiko und die Möglichkeit der Risikominderung **aufzuklären** (§ 407 HGB Rz. 39; ähnlich *Schlegelberger/Schröder,* HGB, § 407 Rz. 23 a, c; *Heymann/Honsell,* HGB, § 408 Rz. 9; zurückhaltender OLG Schleswig v. 25.9.1984, TranspR **1985**, 137, 138; OLG Düsseldorf v. 23.2.1989, TranspR **1989,** 232; *Staub/Helm,* HGB, §§ 407–409 Rz. 117). Die Aufklärungspflicht entfällt, wenn der Spediteur annehmen konnte, daß der Versender über das konkrete Transportrisiko und die Versicherungsmöglichkeiten ausreichend Bescheid weiß. Die Weisung zur Versicherung kann im Rahmen des Vertragsschlusses (zum Bestätigungsschreiben BGH v. 18.1.1974, VersR **1974**, 327, 328) oder auch einseitig später erfolgen (OLG Düsseldorf v. 27.7.1983, VersR **1985**, 256). Der Spediteur hat die Versicherung nach pflichtgemäßem Ermessen bei einem anerkannten, leistungsfähigen Versicherer zu zeichnen. Zu versichern ist im Zweifel das Risiko während der vom Spediteur zu organisierenden Versendung (OLG Hamburg v. 22.5.1969, VersR **1970**, 76, 77). Der Spediteur hat im Zweifel die Versicherung selbst zu zeichnen (§ 664 I BGB; OLG Frankfurt v. 10.7.1979, WM **1979**, 1303). Bei unklaren (LG Bremen, TranspR **1990,** 166, 167), unvollständigen oder unausführbaren Weisungen hat der Spediteur, soweit tunlich, zurückzufragen (OLG Düsseldorf v. 27.7.1983, VersR **1985**, 256; abw. OLG Frankfurt v. 9.7.1985, TranspR **1985**,

401; vgl. auch § 407 HGB Rz. 38; § 6 II 3 ADSp). Den Versender trifft nur ausnahmsweise ein Mitverschulden an unklaren Weisungen; denn es ist ja gerade Aufgabe des Spediteurs, als Geschäftsbesorger, für die Klarstellung mißverständlicher oder unvollständiger Weisungen zu sorgen (**a. A.** OLG Düsseldorf v. 27.7.1983, VersR **1985**, 256, 257). Zur Haftung wegen Verlusts des Versicherungsschutzes OLG Hamburg v. 19.12.1985, TranspR **1986**, 442, 447; § 408 HGB Rz. 8. *Beachte §§ 35, 39 ADSp*. Zur Speditionsversicherung s. SVS/RVS.

9. Be- und Entladung

Die Be- und Entladepflicht des Spediteurs richtet sich, wenn er als Absen- **52**
der tätig wird, nach dem maßgeblichen Frachtrecht (vgl. § 425 HGB Rz. 14). Soweit er als Geschäftsbesorgungsspediteur das Gut beim Versender abholt, s. oben Rz. 44. Für die Entladung, auch als Vollmachtsspediteur, gelten die allgemeinen im Rahmen des § 17 KVO (Rz. 18 ff) entwickelten Regeln. *Vgl. § 53 ADSp*. Im Fall der §§ 412, 413 HGB sind die frachtrechtlichen Normen zu beachten.

10. Nachnahme

Zur Einziehung einer Nachnahme ist der Spediteur nur aufgrund beson- **53**
derer Vereinbarung verpflichtet (BGH v. 3.3.1988, NJW-RR **1988,** 925, 926). Der Vermerk „unfrei ab Lager" begründet keine Nachnahmevereinbarung (LG Bonn, VersR **1987**, 982, 983). Die Vereinbarung kann auch dadurch zustandekommen, daß der Spediteur weisungsgemäß Geldbeträge entgegennimmt. Erteilt der Versender dem Spediteur einseitig Weisung (§ 408 HGB Rz. 3), das Gut nur gegen Entgegennahme von Geldbeträgen auszuliefern und will der Spediteur die Nachnahme nicht einziehen, so hat er das Gut zurückzugeben (zur Annahme des Auftrags gemäß § 362 HGB, BGH v. 3.3.1988, NJW-RR **1988,** 925, 926). Im Zweifel darf der Spediteur keine nicht von einer Bank garantierten Schecks entgegennehmen (BGHZ **83**, 96, 101). Bei Weisungen, die im Rahmen einer Nachnahmevereinbarung nicht ausführbar oder unklar sind, muß er rückfragen; das Gut darf er zuvor unter keinen Umständen ausliefern (OLG Hamm v. 16.8.1984, TranspR **1985**, 97, 98). Der Spediteur, der das Gut nicht selbst ausliefert, muß dafür Sorge tragen, daß die ausliefernden Personen zur sorgfältigen Einziehung der Nachnahme verpflichtet werden (OLG Hamburg v. 25.7.1962, VersR **1963**, 36). Die Beträge werden vom Spediteur auf Rechnung des Versenders eingezogen; er hat sie nach den allgemeinen Regeln der §§ 675, 667 BGB herauszugeben (Rz. 54). *Haftung:* § 408 HGB Rz. 5 und Rz. 9. Siehe ferner § 24 KVO; Art. 21 CMR.

11. Rechnungslegung, Herausgabepflicht

Der Spediteur hat gemäß den §§ 407 II, 384 II 2. HS HGB, § 666 BGB **54**
Rechnung zu legen. Dies gilt für die gesamte Tätigkeit des auf fremde Rechnung handelnden Spediteurs. Die Rechnungslegung hat nach Maßgabe des § 259 BGB zu erfolgen. Darüber hinaus hat der Spediteur alle Umstände

offenzulegen, aus denen sich ergibt, wie er das Geschäft behandelt hat (OLG Celle v. 11.6.1974, WM **1974**, 736; *Staub/Koller,* HGB, § 384 Rz. 50). Der Spediteur hat alles, was er im Rahmen seiner Geschäftsführung erlangt hat (z. B. Nachnahmeerlöse), nur an den Versender, d. h. seinen unmittelbaren Auftraggeber (OLG München v. 3.11.1989, VersR **1990,** 182, 183) oder nach dessen Weisung an Dritte herauszugeben und gegebenenfalls das Eigentum zu verschaffen (§§ 675, 667 BGB). Dies gilt auch für Frachtprämien. Seine Herausgabepflicht wird nicht dadurch eingeschränkt, daß er mit einem Dritten ohne Zustimmung des Versenders vereinbart, das Gut nur unter besonderen Bedingungen herauszugeben. Allenfalls ist denkbar, daß der Spediteur die Zustimmung des Versenders nachträglich gemäß § 683 BGB fordern kann. Zur Verjährung des Abtretungsanspruchs s. BGH v. 14.7.1988, TranspR **1988**, 391, 393; *Koller,* EWiR **1988**, 1043.

§ 392 HGB ist zu beachten (§ 407 II HGB; OLG München v. 3.11.1989, VersR **1990,** 182, 183; OLG Hamburg v. 20.11.1986, VersR **1988**, 288). Der Spediteur kann gegen die Herausgabeansprüche mit Forderungen aufrechnen, mit denen ein innerer natürlicher und wirtschaftlicher Zusammenhang besteht (Wertung des § 410 HGB; *Palandt/Thomas*, BGB, § 667 Rz. 9); wegen der § 50 ADSp zu entnehmenden Wertung anders bei Geltung der ADSp. Dort, wo der vom Spediteur eingeschaltete Dritte seinerseits als Geschäftsbesorger Gegenstände entgegennimmt (z. B. Frachtführer, der Nachnahme einzieht), darf der Dritte gegenüber der gegen ihn gerichteten Forderung auf Herausgabe des Erlangten nur insoweit aufrechnen, als die Gegenforderung in engem rechtlichen und wirtschaftlichen Zusammenhang mit dem Herausgabeanspruch steht (*Jauernig/Stürner,* BGB, § 387 Anm. 4 c aa). Ohne besondere Anhaltspunkte ist nicht anzunehmen, daß ein Spediteur seinen Herausgabeanspruch gegen den von ihm eingeschalteten Dritten antizipiert an den Versender abtritt (OLG München v. 3.11.1989, VersR **1990,** 182, 183). Der Spediteur hat vor der Abtretung dafür zu sorgen, daß die Ansprüche nicht verfallen. Zur Verzinsung § 668 BGB, § 352 HGB. Zur Herausgabe des Gutes an Dritte (z. B. Eigentümer) und zur Prüfung deren Legitimation BGH v. 7.6.1984, VersR **1984**, 846; v. 13.4.1988, VersR **1988**, 624; v. 14.4.1988, VersR **1988**, 823; *Koller,* TranspR **1985**, 1 ff; *Staub/Koller*, HGB, § 416 Rz. 47. **Beweislast:** Der Versender hat zu beweisen, daß der Spediteur etwas erlangt hat (*Baumgärtel/Reinicke,* Beweislast, § 384 HGB Rz. 3).

12. Verzollung

55 Sie gehört bei grenzüberschreitenden Versendungen zu den Pflichten des Spediteurs. Vgl. auch § 25 ADSp; zum Aufwendungsersatz Rz. 59; zum Schuldbeitritt des Spediteurs BGH, v. 31.10.1984, TranspR **1985**, 88; OLG Hamburg v. 20.11.1986, VersR **1988**, 288, 289; *Koller,* TranspR **1985**, 81.

13. Befolgung von Weisungen

56 § 408 HGB Rz. 3.

14. Benachrichtigung, Rückfragen

§ 407 HGB Rz. 38; § 408 HGB Rz. 3. 57

15. Sonstige Behandlung des Gutes

Zu den Aufgaben des Spediteurs können aufgrund besonderen Auftrages auch die Bemusterung, Qualitätskontrollen, Umsignieren, Reinigung, Trocknung, Begasung etc. gehören (*Oelfke-Landbeck,* Güterverkehr und Spedition, S. 28).

IV. Pflichten nach ADSp

Vgl. Erläuterungen der ADSp. 58

E. Rechte des Spediteurs nach BGB, HGB

I. Entgelt

Siehe bei § 409 HGB.

II. Aufwendungsersatz

1. Allgemeines

Der Anspruch auf Aufwendungsersatz ergibt sich aus den §§ 407 II, 396 II 59 HGB, 675, 670 BGB (Rz. 61 ff). **Erstattungspflichtig** ist der **Versender** als Vertragspartner (zu mehreren Versendern OLG Düsseldorf v. 19.4.1984, TranspR **1984**, 203, 204). Der Anspruch ist durch das Spediteurpfandrecht gesichert (§ 410 HGB).

Der **Empfänger** des Guts kann grundsätzlich nur aufgrund besonderer vertraglicher Vereinbarung (*Walz,* ZIP **1991,** 1405, 1406) oder unter den Voraussetzungen der Geschäftsführung ohne Auftrag ersatzpflichtig werden. Dabei ist zu differenzieren, ob ein Fall der berechtigten oder unberechtigten Geschäftsführung vorliegt (§§ 683 f BGB). Dort, wo z. B. ein *Grenzspediteur* im Auftrag des Versenders oder Frachtführers Zölle und Einfuhrumsatzsteuern verauslagt, ist es denkbar, daß der Grenzspediteur subjektiv auch im Interesse des Empfängers tätig werden will (BGH v. 25.4.1991, VersR **1991,** 1037, 1038; differenzierend Walz, ZIP **1991,** 1405, 1408 f; **a. A.** OLG Düsseldorf, NJW **1981**, 1910). Art. 13 II CMR steht dem nicht entgegen (OLG Hamm, TranspR **1982**, 159; *Runge,* TranspR **1982**, 17). Die Geschäftsführung liegt aber nicht im Interesse des Empfängers, falls er die Lieferung bereits verzollter Ware erwarten durfte. Hat der Empfänger im Innenverhältnis den Zoll zu zahlen, entspricht die Geschäftsführung durch den Grenzspediteur ebenfalls nicht seinem Interesse (**a. A.** *Walz,* ZIP **1991,** 1405, 1409, falls Grenzspediteur ohne Auftrag des Absenders oder Frachtführers verzollt; aber Empfänger kann Verzollung durch Frachtführer erwarten). Der Empfänger ist vielmehr daran interessiert, die Zollschuld nur gegen Aushändigung des Guts bezahlen zu müssen (BGH v. 25.4.1991, VersR **1991,** 1037, 1039, da der Empfänger ohne die Ware die Vorsteuer nicht geltend machen dürfe). Die Geschäftsführung des Grenzspediteurs wird im Zweifel durch Annahme der Ware und des Zollbelegs genehmigt (§ 684 S. 2 BGB), sofern der Empfänger im Verhältnis zu seinem Lieferanten die Zollschuld zu tragen hatte oder den Zoll steuerlich geltend macht (BGH v. 25.4.1991, VersR **1991,** 1037, 1040: in aller Regel; zw. *Walz,* ZIP **1991,** 1405, 1406). Ein Zugang der Genehmigung ist nicht erforderlich (§ 151 BGB analog). Fehlt es an einer Genehmigung, so kann ein Rückgriffsanspruch gemäß den §§ 684, 812 ff BGB entstehen (*Walz,* ZIP **1991,** 1405, 1409). Denkbar sind auch Ansprüche aufgrund Vertrauenshaftung (v.c.f.p.), wenn der Empfänger wiederholt die verauslagte Steuer bezahlt hatte (vgl. *Canaris,* Vertrauenshaftung (1971), 352 ff; BGH v. 25.4.1991, VersR **1991,** 1037, 1040).

Der Aufwendungsersatzanspruch des Spediteurs ist kein Schadensersatzanspruch. Er geht dahin, den Spediteur von der Verbindlichkeit zu befreien (§ 257 BGB) oder bei Geldaufwendungen den Geldbetrag zurückzuerstatten. Bei anderen Aufwendungen ist Wertersatz zu leisten (arg.e § 256 BGB). Im Fall des § 257 BGB darf der Versender auch an den Spediteur zahlen (Ausnahme: BGH, NJW **1965**, 249). *Beachte* §§ 20, 21, 25, 26, 30 ADSp.

2. Voraussetzungen der Erstattung

60 **a) Kein Speditionsvertrag**. Ist der Speditionsvertrag nicht oder nicht wirksam zustande gekommen, so kann der Spediteur Ansprüche nur nach den Regeln der Geschäftsführung ohne Auftrag (§§ 677 ff BGB) bzw. den §§ 812 ff BGB erheben (OLG München v. 20.10.1982, TranspR **1983**, 19, 21).

61 **b) Freiwillige Aufwendungen im Rahmen von Speditionsverträgen**. Aufwendungen sind gewollte Vermögensopfer, gleich in welcher Form. Gewollte Vermögensopfer liegen auch dann vor, wenn ein Dritter, mit dem der Spediteur einen Vertrag schließt, gegen den Spediteur Ersatzansprüche erlangt, die nicht vorhergesehen wurden (OLG München v. 30.7.1986, VersR **1988**, 289). Es kommt nicht darauf an, daß die Aufwendungen ex post objektiv notwendig waren oder erfolgreich waren. Entscheidend ist, daß sie der Spediteur nach pflichtgemäßem Ermessen (§ 408 HGB Rz. 2, 38) für erforderlich halten durfte und mit verkehrserforderlicher Sorgfalt nicht vermeiden konnte (OLG Düsseldorf v. 23.2.1984, TranspR **1984**, 222, 224). Dazu können auch Leistungen gehören (vgl. BGHZ **95**, 375; OLG Hamm v. 15.9.1989, TranspR **1989**, 55, 57). Beweislast: Spediteur. Hatte der Spediteur *Weisungen* einzuholen, bevor er die Aufwendungen tätigte, so durfte er nur weisungsgemäße Aufwendungen für erforderlich halten (§ 408 HGB Rz. 8); besondere Aufwendungen sind daher allenfalls im Rahmen der §§ 677 ff BGB ersatzfähig. Führte der Spediteur vertragsgemäß den Auftrag durch *Einschaltung Dritter* aus (z. B. eines Zwischenspediteurs), so hat der Versender die Kosten zu ersetzen, die der Dritte berechtigt in Rechnung stellt. Besteht Verdacht, daß der Dritte zu hohe Kosten berechnet, so trägt der Versender als Teil seiner Aufwendungen das Risiko einer Auseinandersetzung mit dem Dritten. Der Spediteur, der einen Substituten (§ 664 I 1 BGB; § 407 HGB

Rz. 47) bestellt hat, kann dessen Vergütung nur ersetzt verlangen, falls er den Substituten auf Rechnung des Versenders beauftragte und dies im Interesse des Versenders lag. Macht der Substitut Aufwendungen, dann darf der Spediteur nur Ersatz verlangen, soweit er selbst hätte Ersatz verlangen können, wenn er selbst die Aufwendungen getätigt hätte; denn durch den Einsatz eines Substituten kann die Befugnis, auf fremde Rechnung Aufwendungen zu machen, nicht erweitert werden. Das gilt auch bei Substituten im Ausland.

Die Aufwendungen sind bezogen auf den gewünschten Erfolg *möglichst gering* zu halten (§ 408 II HGB; OLG Hamburg v. 29.9.1983, VersR **1984**, 773, 774). Grundsätzlich darf der Spediteur Aufwendungen für *sittenwidrige Zwecke* nicht für erforderlich halten (BGH, NJW **1965**, 293, 294; v. 8.5.1985, IPRax **1987**, 110), es sei denn, daß derartiges Verhalten im Ausland geschäftsüblich ist und im Interesse des Versenders liegt (vgl. *Fikentscher/Waibl*, IPRax **1987**, 86). Zu gesetzeswidrigen Frachtnachlässen s. §§ 20 ff GüKG. Ersatz für den Einsatz seiner Arbeitskraft, Kenntnisse und Fähigkeiten kann der Spediteur nur im Rahmen der Provision (§ 409 HGB) verlangen. Gleiches gilt für allgemeine *Geschäftsunkosten* (vgl. *Staub/Koller*, HGB, § 396 Rz. 29). Eine Ausnahme statuiert § 396 II iVm § 407 II HGB für Lagerräume und Beförderungsmittel des Spediteurs (**a. A.** *Schlegelberger/Schröder*, HGB, § 407 Rz. 30). Allerdings wird deren Gestellung normalerweise als übliche Spediteuraufgabe bereits durch die Provision vergütet. Ob dies der Fall ist, ist im Einzelfall Sachfrage. Der Spediteur hat Höhe und Erforderlichkeit der Aufwendungen zu *beweisen*. Die Parteien können Höchstgrenzen vereinbaren (OLG Hamburg v. 3.11.1983, VersR **1984**, 263 f).

c) Unfreiwillige Aufwendungen (Schäden). Der Spediteur kann auch 62
den Ersatz von Schäden verlangen, die er im Zusammenhang mit der Geschäftsbesorgung erlitten hat, falls ihn an dem Schaden kein Verschulden trifft und der Auftrag das Risiko eines derartigen Schadens klar erhöht hat (*Staub/Koller*, HGB, § 396 Rz. 33).

d) Fixkostenspedition, Selbsteintritt. S. Erl. zu §§ 412, 413 HGB.

3. Leistungsstörungen, Aufwendungen nach Kündigung des Speditionsvertrages

a) Anfängliche Unmöglichkeit, s. § 408 Rz. 10. Der Anspruch auf Auf- 63
wendungsersatz und/oder Provision kann in Hinblick auf **geschäftsbesorgungsvertragliche** Leistungen (insbesondere Abschluß von Verträgen mit Dritten) untergehen, wenn der Versender das Geschäft wegen Weisungsverstoßes des Spediteurs gemäß § 385 HGB **zurückweist** (§ 408 HGB Rz. 8). § 323 BGB ist auf den Aufwendungsersatzanspruch nicht anwendbar (**str.**, *Koller*, BB **1979**, 1727). Ist der Spediteur schuldhaft nicht in der Lage, Ausführungsgeschäfte zur Versendung des Gutes zu schließen oder wird ihm die Abwicklung des Ausführungsgeschäftes nachträglich unmöglich, so kann der **Versender Schadensersatz** verlangen (§ 325 BGB) und gegen den Aufwendungsersatzanspruch aufrechnen (s. auch § 408 Rz. 11). Er kann auch **zurücktreten** (§ 325 BGB). In diesem Fall hat der Versender die Aufwendungen zu erstatten, die nicht deshalb zwecklos geworden sind, weil sich der Spediteur schuldhaft verhalten hatte (*Staub/Koller*, HGB, § 384 Rz. 60, 62

m.Nachw. zum Streitstand). Der Versender, der den Auftrag **widerrufen hat** (Rz. 74), hat die bis zum Zugang des Widerrufs entstandenen Aufwendungen zu erstatten. Entgegen der h. M., die mit dem Ende des Speditionsvertrages das Recht, Aufwendungen zu tätigen, enden läßt, erlischt die Erstattungspflicht analog § 674 BGB erst, wenn der Spediteur den Widerruf kennen muß (*Koller*, BB **1979**, 1727 m. Nachw. zum Streitstand). *Beachte* § 21, 41 ff, 51 ff ADSp.

b) Soweit der Spediteur sog. speditionelle Leistungen in Form der **Beförderung** erbringt, gelten in Hinblick auf die Vergütung für diese Leistung bei allen Arten der Leistungsstörungen die Regeln des Frachtrechts (§ 425 HGB Rz. 23 ff). Dort, wo sich die Leistungsstörung auf dem **Lager** des Spediteurs ereignet, sind die lagerrechtlichen Regeln heranzuziehen (vgl. *Staub/Koller*, HGB, § 420 Rz. 7). Bei Lagerschäden kann daher der Versender ohne Rücksicht auf ein Verschulden das Lagerentgelt ganz oder teilweise verweigern (§ 323 I HS 1 bzw. HS 2 BGB). Für verschuldete Schäden haftet der Spediteur darüber hinaus gemäß §§ 407 II, 390 HGB (§ 408 HGB Rz. 6) bzw. §§ 407 II, 385 I HGB, (§ 408 Rz. 8). *Beachte §§ 21, 41, 51 ff ADSp.*

4. Verjährung

64 Der Anspruch verjährt gemäß § 196 I 1, II BGB (BGH, NJW **1981**, 918, 919).

III. Vorschuß

65 Gemäß §§ 665, 669 BGB hat der Spediteur Anspruch auf Vorschuß. Der Anspruch ist stillschweigend ausgeschlossen, wenn der Spediteur mit den Gütern ausreichende Sicherheit erwirbt (RGRK z.HGB-*Ratz*, § 409 Anm. 11; *Schlegelberger/Schröder*, HGB, § 407 Rz. 12; *Heymann/Honsell*, HGB, § 409 Rz. 21; offen *Staub/Helm*, §§ 407–409 Rz. 240). *Vgl. § 26 ADSp.*

IV. Selbsthilfeverkauf

66 Nimmt der Versender oder der von ihm eingesetzte Empfangsermächtigte das Gut nicht entgegen, so ist der Spediteur nach Maßgabe der §§ 407 II, 389 HGB zum Selbsthilfeverkauf berechtigt.

V. Pfandrecht, Zurückbehaltungsrecht

67 Vgl. § 410 HGB; § 50 ADSp.

VI. Schadensersatzansprüche des Spediteurs

Zum Schadensersatz im Rahmen des Aufwendungsersatzes Rz. 62. Daneben gelten die allgemeinen Leistungsstörungsregeln der c.i.c., der §§ 280, 286, 325, 326 BGB, der positiven Forderungsverletzung. **Gegen Dritte**, z. B. den Eigentümer des Gutes, kann der Spediteur grundsätzlich nur im Rahmen der §§ 823 ff BGB Schadensersatzansprüche geltend machen. Darüber hinaus kann der Vertrag zwischen Eigentümer und Versender als Vertrag mit Schutzwirkung zugunsten des Spediteurs interpretiert werden, sofern er auf Einschaltung des Spediteurs gerichtet war oder die Einschaltung des Spediteurs für den Eigentümer zumindest vorhersehbar war und wenn typische Schäden entstanden sind (vgl. BGH v. 2.11.1983, WM **1984**, 34; v. 23.1.1985, **1985**, 450; v. 2.5.1985, **1985**, 1118, 1119; v. 5.6.1985, **1985**, 1274; NJW **1983**, 1053, 1054; **1985**, 489; MüKo-*Gottwald*, BGB, § 328 Rz. 67). Im übrigen *beachte* §§ 5 b, 7a, 30 b, 31 S. 1 ADSp. 68

F. Verhältnis von Spediteur und Versender zu Dritten

1. Allgemeines

Der Spediteur schließt mit den Dritten im eigenen Namen die erforderlichen Ausführungsgeschäfte. Er wird hieraus allein berechtigt und verpflichtet (§§ 407 II, 392 I HGB; OLG München v. 3.11.1988, NJW-RR **1989,** 803, 804; OLG Düsseldorf v. 22.11.1990, TranspR **1991,** 34). Zu Ansprüchen gegen den Empfänger § 407 HGB Rz. 59. Herausgabeansprüche aus § 985 BGB, s. Rz. 54. **Der Versender** erwirbt eigene Rechte gegen Dritte erst, nachdem ihm der Spediteur die Rechte pflichtgemäß (Rz. 54) abgetreten hat (§ 392 I HGB). Dies gilt im Zweifel auch dann, wenn im Frachtbrief der Auftraggeber des Spediteurs und nicht der Spediteur selbst als Absender genannt ist (vgl. oben Rz. 4; **a. A.** OLG München v. 27.3.1981, VersR **1982**, 264). Gläubigern des Spediteurs gegenüber ist allerdings § 392 II HGB zu beachten (OLG Hamburg v. 20.11.1986, VersR **1988**, 288). *Willensmängel* beim Abschluß des Ausführungsgeschäftes sind nur soweit relevant, als sie in der Person des Spediteurs vorliegen (*Schilken*, Wissenszurechnung im Zivilrecht (1983), S.153; **a. A.** *Hager*, AcP 180 **(1980)**, 239, 242). Zur Zurechnung von „Wissen" und „WissenMüssen" vgl. *Staub/Koller*, HGB, § 383 Rz. 70. Der Versender ist nicht notwendig immer *Erfüllungsgehilfe* des Spediteurs (*Hager*, AcP 180 **(1980)**, S. 239, 247; *Staub/Koller*, HGB, § 383 Rz. 72; vgl. aber § 407 HGB Rz. 44). Der Versender kann aber nach den Regeln des Vertrages mit Schutzwirkung für Dritte für Schäden eines Dritten haften (OGH Wien v. 18.12.1984, TranspR **1986**, 372, 374; **a. A.** OLG Hamburg v. 3.11.1983, TranspR **1984**, 191), ohne vertragliche Vereinbarung aber nicht Frachtschuldner werden. Das gilt auch, wenn der Name des Versenders auf dessen Verlangen in den Frachtbrief aufgenommen wird (OLG München v. 3.11.1988, NJW-RR **1989,** 803). 69

2. Haftung des Dritten für Schäden des Versenders, Endempfängers

70 **a)** Das „Ob“ der Haftung des Dritten aus dem Ausführungsgeschäft bzw. aus unerlaubter Handlung richtet sich nach den jeweiligen Anspruchsgrundlagen. Die **Existenz** und **Höhe des Schadens** wird von der ganz h. M. im Rahmen der Drittschadensliquidation ermittelt (BGH, NJW **1979**, 2472, 2473; **1985**, 2411, 2412; *Piper*, VersR **1988**, 200, 201). Dabei wird von dem Grundsatz ausgegangen, daß der Spediteur als mittelbarer Stellvertreter berechtigt ist, als eigenen Schaden auch den Schaden des mittelbar Vertretenen (Versenders) nach Drittschadensliquidationsregeln geltend zu machen, wobei als Schaden des mittelbar Vertretenen gegebenenfalls nach den Regeln der Drittschadensliquidation der Schaden eines Vierten (z. B. Abnehmer des Versenders) in Rechnung zu stellen ist (*Larenz*, Schuldrecht I (13. Aufl.), § 27 IV b 3; *Hadding*, Festschrift Werner (1984), S.165, 178 ff m. Nachw.; einschränkend MüKo-*Grunsky*, vor § 249 BGB Rz. 120 m. Nachw.). Dabei darf der Spediteur auf Leistung an sich oder an den Geschädigten klagen (BGH v. 20.4.1989, VersR **1989,** 1168). Soweit der Spediteur auf eigene Rechnung tätig wird (§§ 412, 413 HGB), wird die Drittschadensliquidation auf den Gesichtspunkt der Obhut des Schädigers gestützt (*Sieg*, DB **1979**, 1213, 1214). Die Drittschadensliquidation soll selbst dann erlaubt sein, wenn der materiell Geschädigte, z. B. der Versender, durchaus selbständig in der Lage ist, seinen Schaden zu liquidieren (BGH, NJW **1985**, 2411, 2412; **1979**, 2472, 2473; *Piper*, VersR **1988**, 200, 203; *Helm*, TranspR **1983**, 29, 33; **1984**, 287; **a. A.** BGH v. 9.7.1979, VersR **1979**, 906, 907; *Koller*, VersR **1982**, 415, 416 m.Nachw.). Der BGH (v. 20.4.1989, VersR **1989,** 1168) nimmt daher an, daß der Spediteur gegenüber dem von ihm beauftragten Frachtführer legitimiert ist, sowohl Schäden des Absenders (Versenders) als auch des Empfängers zu liquidieren (§ 429 Rz. 12).

71 **b)** Ob die Liquidation des Schadens des Versenders bzw. dessen Vertragspartners im Weg der Drittschadensliquidation angesichts des stürmischen Vordringens der Figur „Vertrag mit Schutzwirkung für Dritte“ (vgl. BGHZ **69**, 82; BGH, NJW **1985**, 489; WM **1985**, 1274; NJW **1983**, 1053, 1054; WM **1984**, 34; **1985**, 1118, 1119; **1985**, 1245; ZIP **1987**, 376, 379; zurückhaltend BGH, NJW **1985**, 2411) auch heute noch sachgerecht ist, ist zweifelhaft. Die Drittschadensliquidation sieht sich als Rechtsinstitut verbreitet starker Kritik ausgesetzt (*Hagen*, Die Drittschadensliquidation im Wandel der Rechtsdogmatik (1971); *Peters*, AcP 180 (**1980**), 329; *Junker*, Vertretung im Vertrauen im Schadenrecht [1991], S. 4 ff; *Larenz*, Schuldrecht I, § 27 IV b 1; MüKo-*Grunsky*, BGB, vor § 249 Rz. 120 m. w. Nachw.), vornehmlich deshalb, weil der Spediteur gänzlich atypische und unvorhersehbare Schäden des Versenders liquidieren kann, und weil der Versender unter Umständen erst nach mehrfachen Zessionen aktivlegitimiert ist. Vor allem ist zu berücksichtigen, daß sowohl der Spediteur in der Rolle des Absenders als auch Dritte (als Empfänger des Gutes) im Rahmen des Frachtvertrages aktivlegitimiert sein können (vgl. § 429 HGB Rz. 12). Nach ganz h. M. soll dem Spediteur die Drittschadensliquidation im Speditions- und Frachtrecht auch dort gestattet sein, wo der wahre Geschädigte (z. B. der Empfänger des Guts) durchaus in der Lage ist, seinen Schaden aus eigenem Recht ersetzt zu verlangen (s. oben

Rz. 70; vgl. auch *Fikentscher,* AcP 190 (**1990**), S. 34, 69). Nach den allgemeinen Grundsätzen müßte hier an sich mangels Schadensverlagerung eine Drittschadensliquidation ausscheiden (*Koller,* VersR **1982**, 414, 415 f). Würde man im Fall der Doppellegitimation von Absender und Empfänger nur erlauben, den eigenen materiellen Schaden zu liquidieren, so wäre die Gefahr von Doppelprozessen aber auch die Gefahr beseitigt, daß ein insolventer, nur formell Geschädigter im Weg der Drittschadensliquidation Schadensersatzleistungen erhält und diese nach Konkurseröffnung nicht mehr an den materiell Geschädigten abführen kann.

Gleichwohl sollte man derzeit im Transportrecht weiterhin mit dem Instrument der Drittschadensliquidation arbeiten, solange sich die Figur des Vertrages mit Schutzwirkung für Dritte nicht fester etabliert hat. Die Figur der Drittschadensliquidation erlaubt es, die durch eine Vielzahl berührter Personen und komplexe Schadensstrukturen gekennzeichneten Probleme frachtrechtlicher Haftung auf möglichst wenige Prozesse hin zu kanalisieren, weil die Frage der materiellen Schädigung (z. B. im Verhältnis Versender-Empfänger) aus dem Prozeß gegen den Frachtführer herausgehalten werden kann (*Helm,* TranspR **1983**, 29, 33). Das Risiko eines Konkurses des frachtrechtlich formell Legitimierten (vgl. § 429 HGB Rz. 12) läßt sich jedenfalls in Hinblick auf den Geschäftsbesorgungsspediteur weitgehend mit Hilfe der §§ 407 II, 392 II HGB entschärfen (*Staub/Koller,* HGB, § 392 Rz. 2 ff). Außerdem tendiert der BGH (v. 10.5.1984, TranspR **1984**, 283, 285; ebenso *Piper,* VersR **1988**, 200, 202 f) dahin, die Aktivlegitimation eines formell Geschädigten entfallen zu lassen, wenn der materiell Geschädigte aus irgendeinem Grund auf die Inanspruchnahme des Schädigers verzichtet. Schließlich ist zu berücksichtigen, daß sich auch bei einer Zurückdrängung der Drittschadensliquidation Doppelprozesse nicht gänzlich vermeiden lassen (näher *Koller,* RIW **1988**, 254, 258). All dies rechtfertigt es, mit der h. M. im Speditions- und Frachtrecht die *Drittschadensliquidation* über den engen Bereich zufälliger Schadensverlagerungen hinaus *großzügig zuzulassen.*

c) Im Rahmen der Drittschadensliquidation ist der **Versender** als Auftraggeber des Spediteurs bei Ansprüchen aus dem Ausführungsgeschäft (z. B. Vertrag mit Frachtführer) erst *aktivlegitimiert,* nachdem ihm der Spediteur seine Ansprüche gegen den Dritten abgetreten hat (§§ 407 II, 392 I HGB). Denkbar ist auch, daß der Spediteur den Versender und den von diesem eingeschalteten Transportversicherer stillschweigend **ermächtigt** hat, gegen den Partner des Ausführungsgeschäfts vorzugehen (dazu BGH, NJW **1981**, 2640; vgl. ferner *Helm,* TranspR **1983**, 29, 34 sowie die Erläuterungen zu § 429 HGB Rz. 12 a. E.). 72

d) Unabhängig von der Drittschadensliquidation ist der Spediteur in Hinblick auf **Ansprüche aus den §§ 823 ff BGB** stillschweigend ermächtigt, die Ansprüche des Versenders, der zugleich Eigentümer ist (OLG Düsseldorf v. 12.1.1984, TranspR **1984**, 106, 109), einzuklagen (*Staub/Helm,* HGB, §§ 407–409 HGB Rz. 40; *Schlegelberger/Schröder,* HGB, § 408 Rz. 13 b). Der Eigentümer des Guts kann nach den für Drittschadensliquidation geltenden Regeln als eigenen Schaden den Schaden Dritter (z. B. des Käufers des Guts) geltend machen, wenn ein Fall einer zufälligen Schadensverlagerung vorliegt (ablehnend zum Institut der Drittschadensliquidation OLG Düsseldorf v. 73

12.1.1984, TranspR **1984**, 106, 109; Müko-*Grunsky*, BGB, vor § 249 Rz. 120 m.Nachw.). Zur Freizeichnung *s. § 63 ADSp.*

G. Ende des Speditionsvertrages

74 Das Ende des Speditionsvertrages richtet sich nach den allgemeinen Regeln. Es kann durch *Zeitablauf* bzw. *Bedingungseintritt* eintreten. Der *Tod* des Spediteurs führt entgegen den §§ 675, 673 BGB nur dort zur Beendigung, wo der Spediteur nicht Träger eines größeren Unternehmens ist (weitergehend *Heymann/Honsell*, HGB, § 407 Rz. 22). Auch der Tod des Versenders berührt grundsätzlich nicht den Vertrag (§§ 675, 672 BGB). Die *Unmöglichkeit* der Ausführung (Rz. 5) beendet die Leistungspflicht. Der Speditionsvertrag ist seitens des Versenders, soweit er Werkvertrag ist (Rz. 38), gemäß § 649 BGB und, soweit er Dienstvertrag ist (Rz. 38), gemäß §§ 621 Nr. 5, 627 I BGB jederzeit *widerruflich*. Zum Anspruch auf Entgelt § 409 HGB. Der Widerruf ist uneingeschränkt nur bis zum Abschluß des Ausführungsgeschäfts möglich (vgl. *Staub/Koller*, HGB, § 383 Rz. 82). Der Spediteur kann den Vertrag je nach konkreter Ausgestaltung (Rz. 38) gar nicht oder gemäß §§ 621 Nr. 5, 627 BGB kündigen. *Beachte §§ 18, 21 ADSp.*

H. Verträge mit Auslandsbezug

75 Das von deutschen Gerichten auf den internationalen Speditionsvertrag anzuwendende Sachrecht ergibt sich aus den Art. 27 ff EGBGB. Art. 28 IV EGBGB greift nicht ein, da der Spediteur nicht zum Transport verpflichtet ist (*Lenz*, Straßengütertransportrecht Rz. 46); anders im Fall des Selbsteintritts sowie des § 413 I HGB, da hier der Speditionsvertrag in wesentlichen Zügen frachtrechtlichen Charakter (§ 412 HGB Rz. 4, 10, § 413 HGB Rz. 5) trägt (*Palandt/Heldrich*, BGB, § 28 EGBGB Rz. 6). Beim reinen Speditionsvertrag gilt grundsätzlich das Recht der Niederlassung des Spediteurs, jedenfalls wenn der Auftrag an diese Niederlassung erteilt worden ist (OLG Hamburg v. 9.10.1987, VersR **1988**, 177; *Schwenzer*, IPRax **1988**, 86, 87). Zu den **Gerichtsständen im** grenzüberschreitenden Speditionsverkehr *Fremuth*, TranspR **1983**, 35. Beachte § 65 ADSp.

§ 408 HGB [Einzelne Pflichten des Spediteurs]

(1) **Der Spediteur hat die Versendung, insbesondere die Wahl der Frachtführer, Verfrachter und Zwischenspediteure, mit der Sorgfalt eines ordentlichen Kaufmanns auszuführen; er hat hierbei das Interesse des Versenders wahrzunehmen und dessen Weisungen zu befolgen.**

(2) **Der Spediteur ist nicht berechtigt, dem Versender eine höhere als die mit dem Frachtführer oder dem Verfrachter bedungene Fracht zu berechnen.**

Übersicht

	Rz.
I. Vorbemerkung	1
II. Interessenwahrung	2
III. Weisung	3
IV. Benachrichtigung	4
V. Haftung des Spediteurs	
1. Aktivlegitimation	5
2. Beschädigung, Verlust des Gutes	6
3. Verstoß gegen Weisungen, vertragswidriges Verhalten	8
4. Unbefugte Kreditgewährung, Nichteinzug der Nachnahme	9
5. Leistungsstörungen	
a) Anfängliche Leistungshindernisse	10
b) Nachträgliche Unmöglichkeit	11
c) Verzug des Spediteurs	12
d) Positive Forderungsverletzung	13
e) Verschulden bei Vertragsschluß	14
f) Haftung aus unerlaubter Handlung	15

Literatur: siehe bei § 407 HGB.

I. Vorbemerkung

§ 408 HGB überschneidet sich mit § 407 II HGB, der auf die § 408 HGB vergleichbaren Vorschriften der §§ 384 I, 387 HGB verweist. § 408 HGB betont, daß der Spediteur iSd § 407 HGB Geschäftsbesorger und damit Treuhänder des Versenders ist. Dementsprechend steht die Pflicht zur optimalen Wahrung der Interessen des Versenders im Mittelpunkt der Vorschrift. 1

II. Versendung, Interessenwahrung

§ 408 I 1. HS HGB statuiert die Pflicht, die notwendigen Ausführungsgeschäfte mit der Sorgfalt eines ordentlichen Kaufmanns zu tätigen (§ 347 HGB). Dabei hat der Spediteur so zu agieren, wie dies den erkennbaren oder mutmaßlichen Interessen des Versenders am besten entspricht (näher dazu § 407 Rz. 38). Er hat den Versender sachgerecht zu *beraten* (§ 407 Rz. 39), das Gut zu versenden (§ 407 HGB Rz. 3 ff, 43 ff), dabei die *Weisungen* des Versenders zu befolgen (Rz. 3), notfalls zu warnen oder *zurückzufragen*, wenn die Weisung oder sonstige vertragliche Abreden den mutmaßlichen Interessen des Versenders zuwiderlaufen (OLG Hamburg v. 29.9.1983, TranspR **1985**, 20, 25; Rz. 3) und ihn zu *benachrichtigen* (Rz. 4). 2

III. Weisung

Der Begriff der Weisung wird in § 408I HGB und § 407 II iVm § 385 HGB unterschiedlich gebraucht. Im Rahmen des § 408 I HGB ist Weisung als „nachträgliche Anordnung“ zu qualifizieren (*Staub/Koller*, HGB, § 384 Rz. 22 m. Nachw. zum Streitstand). Zur *Form der Weisung* beachte § 6 ADSp. Die **Berechtigung, Weisungen zu erteilen,** fehlt dort, wo die Weisung zu unangemessener Erschwerung der Spediteurtätigkeit führt oder den Spediteur mit erheblichen zusätzlichen Risiken beschwert oder Rechte des Spediteurs aushöhlt (OLG Düsseldorf v. 23.2.1984, TranspR **1984**, 222, 226). Anders ist die Situation, wo bestimmte Weisungen geschäftsüblich oder vorher- 3 sehbar sind (*Knütel*, ZHR 137 (**1973**), 294). Der Spediteur ist an berechtigte Weisungen gebunden, auch wenn sie frühere Weisungen abändern. Der Spediteur hat aber, wenn Weisungen erkennbar unzweckmäßig sind und nicht anzunehmen ist, daß der Versender dies erkannt hat, als Interessenwahrer des Versenders bei diesem zurückzufragen (Rz. 2). Die Weisung stellt die Ausübung eines konkretisierenden **Gestaltungsrechts** dar. Der Spediteur darf von der Weisung nicht **abweichen**, weil er sie für unzweckmäßig hält (BGH v. 15.12.1975, WM **1976**, 630, 632). Zu Preisgrenzen §§ 407 II, 386 HGB. Der Spediteur hat in einem solchen Fall beim Versender rückzufragen und auf die Unzweckmäßigkeit hinzuweisen (BGH v. 15.12.1975, WM **1976**, 630, 632; v. 20.3.1984, VersR **1984**, 658; *Krien/Valder,* § 1 ADSp Rz. 14 mit Hinweis auf § 1 ADSp; abweichend § 11 ADSp). Ausnahmsweise darf der Spediteur ohne vorher rückzufragen von der Weisung abgehen, falls er als ordentlicher Kaufmann annehmen durfte, daß der Versender die Abweichung billigen würde und die rechtzeitige Einholung neuer Weisung undienlich war (§ 665 BGB; BGH v. 7.10.1976, VersR **1977**, 421). Sind neue Weisungen nicht rechtzeitig einholbar, so ist der Spediteur im Rahmen des pflichtgemäßen Ermessens auch verpflichtet, von Weisungen abzuweichen (abw. § 11 ADSp); zur unzulänglichen oder unausführbaren Weisung *vgl. § 13 ADSp*. Zur **Haftung** für weisungswidriges Verhalten bzw. zur Nichteinholung von Weisungen Rz. 8. Der *Beweis* für die ordnungsgemäße Befolgung der Weisungen obliegt dem Spediteur.

IV. Benachrichtigung

4 Der Spediteur hat als Interessenwahrer (Rz. 2) den Versender z. B. zu benachrichtigen, wenn das Gut dem Verderb ausgesetzt ist oder Substanzveränderungen eintreten, die dessen Entwertung befürchten lassen (§§ 407 II, 388 HGB). Darüber hinaus muß der Spediteur den Versender über alle Umstände informieren, die erkennbar neue Weisungen erwarten lassen, z. B. die Erklärung des Verkäufers, bei dem der Spediteur das Gut im Auftrag des Käufers abholen soll, das Gut nur gegen Bezahlung herauszugeben. Ferner hat der Spediteur den Versender über Güterschäden und sonstige Schäden zu informieren, gleichgültig, ob sie sich in seiner eigenen Obhut oder in der einer von ihm eingeschalteten Person ereignet haben. Das Ausführungsgeschäft braucht entgegen § 384 II HGB nicht mitgeteilt zu werden. Die *Beweislast* für die Benachrichtigung trifft den Spediteur.

V. Haftung des Spediteurs

1. Aktivlegitimation

5 Soweit der **Anspruch aus Speditionsvertrag** oder vertragsähnlichem **Schutzpflichtverhältnis**, insbesondere aus den §§ 407 II, 390, 385 I HGB (Rz. 8), hergeleitet wird, ist der *Versender* aktivlegitimiert. *Dritte* (z. B. der Empfänger) werden ersatzberechtigt, nachdem ihnen der Versender seine Ansprüche abgetreten hat (zur Drittschadensliquidation § 407 HGB

Rz. 70 ff). Es ist auch denkbar, den Speditionsvertrag als Vertrag mit Schutzwirkung für einen Dritten zu qualifizieren (z. B. Versender ist seinerseits Spediteur). Geschützter Dritter kann auch der Empfänger sein. Vgl. dazu § 407 HGB Rz 71. Die Aktivlegitimation kann ferner auf eine stillschweigende Einzugsermächtigung zugunsten Dritter gestützt werden (BGH, NJW **1981**, 2640; vgl. auch § 429 HGB Rz. 12). In Fällen, in denen der Anspruch auf **Delikt** (§§ 823 ff BGB) oder das **Eigentümer-Besitzerverhältnis** (§§ 989 ff BGB) gestützt wird, ist der Versender nicht notwendig Anspruchsinhaber. Ist er aus diesen Vorschriften aktivlegitimiert, so kann er nach h. M. seinen Schaden häufig nach den Regeln der Drittschadensliquidation berechnen, auch wenn er keinen eigenen materiellen Schaden erlitten hat (*Palandt/Heinrichs*, BGB, vor § 249 Anm. 6b).

2. Beschädigung, Verlust des Guts

Der Spediteur haftet für die Beschädigung, die vollständige Zerstörung 6
oder den unabsehbaren Entzug des Guts, wenn er nicht den vollen *Nachweis* führen kann, daß der Schaden trotz Wahrung verkehrserforderlicher Sorgfalt eines ordentlichen Spediteurs (§ 347 HGB; vgl. auch § 407 Rz. 43 ff) eingetreten wäre (§§ 407 II, 390 HGB; näher Rz. 7). Zu den Erfordernissen sorgfältiger Aufbewahrung *Staub/Koller*, HGB, § 416 Rz. 23 ff Er hat den vollen Schaden zu ersetzen (§§ 249 ff BGB; h. M.; **a. A.** *Oeynhausen*, in: Speditionsversicherung und ADSp, S. 33, der beim Umschlag § 430 HGB anwenden will). Für Dritte haftet der Spediteur im Rahmen der §§ 278, 664 BGB (vgl. § 407 Rz. 47). Im Fall des Diebstahls sind seine Arbeitnehmer *Erfüllungsgehilfen* (BGH v. 17.3.1981, VersR **1981**, 732). Keine Erfüllungsgehilfen sind diejenigen Unternehmen, mit denen der Spediteur auf Rechnung des Versenders Ausführungsgeschäfte (§ 407 HGB Rz. 5) geschlossen hat. Kann der Spediteur die Sache *nur vorübergehend* nicht ausliefern, so sind die §§ 284 ff BGB anzuwenden. Nach den Grundsätzen der Vorteilsausgleichung darf sich der Spediteur nicht darauf berufen, daß der Kunde des Geschädigten gemäß § 377 HGB das Gut als schadensfrei behandeln muß (*Palandt/Heinrichs*, BGB, vor § 249 Rz. 127; **a. A.** OLG Hamburg v. 9.8.1990, TranspR **1991**, 155). Gleiches gilt, wenn die Voraussetzungen der §§ 823 ff BGB erfüllt sind (BGH, NJW **1953**, 1180; v. 7.6.1984, VersR **1984**, 846). Der Versender muß sich eigenes *Mitverschulden*, nicht aber das des Empfängers, der bei der Geschäftsbesorgungsspedition nicht sein Erfüllungsgehilfe ist, entgegenhalten lassen (**a. A.** LG Köln, TranspR **1986**, 197). **Verjährung:** § 414 HGB. Eine **weitergehende Haftung** kann sich aus den §§ 385, 407 II HGB ergeben (Rz. 8).

Haftungsausschluß: Die Haftung kann gemäß § 41a ADSp oder gemäß den §§ 33, 37, 51 ff ADSp ganz ausgeschlossen oder weitgehend eingeschränkt sein. Dagegen kann man eine Haftungsausschlußvereinbarung nicht allein schon deshalb bejahen, weil der Versender die Gefahren kannte (vgl. *Palandt/Heinrichs*, BGB, § 254 Rz. 70 ff; OLG Hamburg v. 14.1.1988, TranspR **1989**, 188, 195).

Beweislast: Im Rahmen der vertraglichen Haftung hat der Versender zu 7
beweisen, daß ein Speditionsvertrag zustandegekommen ist, ferner, daß er dem Spediteur das Gut vollzählig und unbeschädigt übergeben hat (BGH v.

24.6.1987, VersR **1987**, 1212, 1214). Dies gilt auch dort, wo dem Spediteur verpackte Ware übergeben wurde (BGH v. 19.6.1986, NJW-RR **1986**, 1361). Der Spediteur ist nur auf Verlangen und nur im zumutbaren Rahmen verpflichtet, eine Empfangsbestätigung auszustellen (dazu § 407 HGB Rz. 45f). Der Spediteur hat seinerseits zu beweisen, daß er das Gut vollzählig und äußerlich unbeschädigt an den von ihm beauftragten Dritten (z. B. Frachtführer) übergeben hat (BGH v. 24.6.1987, VersR **1987**, 1212, 1214). Der Beweis kann mit den Mitteln des Anscheinsbeweises geführt werden. Der Spediteur hat ferner nachzuweisen, daß ihn an dem Schaden, der sich ereignet hat, während sich das Gut in seiner Obhut befand, kein Verschulden trifft (BGH v. 14.7.1988, TranspR **1988**, 391). Läßt sich die genaue Schadensursache nicht ermitteln, so muß der Spediteur ein Verschulden in Hinblick auf alle denkbaren Schadensursachen ausschließen (OLG Hamburg v. 14.1.1988, TranspR **1989**, 188, 194; § 429 HGB Rz. 7). Wenn der Spediteur das Gut dem Versender zurückgegeben hat oder das Gut an den Empfänger ausgeliefert worden ist, kommen § 363 BGB bzw. die werkvertraglichen Regeln über die Verteilung der Beweislast nach Abnahme zum Tragen. Dann hat der Versender, falls das Gut unbeanstandet entgegengenommen wurde, zu beweisen, daß das Gut beschädigt oder unvollständig aus der Obhut des Spediteurs ausgeliefert worden ist (BGH v. 19.6.1986, NJW-RR **1986**, 1361). *Staub/Helm* (HGB, §§ 407–409 Rz. 152) sowie *Baumgärtel/Reinicke* (Beweislast, § 390 HGB Rz. 2) wollen dagegen generell dem Versender die Beweislast für die Schadensverursachung während der Obhut des Spediteurs auferlegen, wenn der Spediteur das Gut, sei es auch an einen Frachtführer, ausgeliefert hat. Damit würde man aber dem Versender einen Beweis aufbürden, den er unmöglich erbringen kann, da der Frachtführer, der das Gut übernimmt, dieses nicht zur Sicherung von Schadensersatzansprüchen des Versenders auf Vollzähligkeit und Schadensfreiheit hin überprüfen muß und überprüft. Der Spediteur wird durch die hier vertretene Lösung jedenfalls im Bereich äußerlich erkennbarer Schäden nicht unzumutbar belastet.

3. Verstoß gegen Weisungen, vertragswidriges Verhalten

8 Gemäß §§ 385 I, 407 II HGB kann der Versender vom Spediteur, der sich nicht an seine Weisungen gehalten hat, Schadensersatz verlangen. Außerdem braucht er das Geschäft nicht für seine Rechnung gelten lassen (RGZ **112**, 151). Der Begriff „Weisung" iSd § 385 I HGB umfaßt sowohl nachträgliche Anordnungen als auch sämtliche anderen Vertragspflichten sowie die Pflicht, Weisungen einzuholen (*Staub/Helm*, HGB, §§ 407–409 Rz. 89; *Staub/Koller*, HGB, § 384 Rz. 22 m.Nachw. zum Streitstand; ohne Begründung enger BGH v. 9.3.1989, NJW-RR **1989,** 992; OLG Düsseldorf v. 23.2.1989, VersR **1990,** 502). Dies gilt auch für die Phase nach Abschluß des Ausführungsgeschäftes (§ 407 Rz. 5) mit Dritten (*Koller*, BB **1979**, 1725, 1731; str.), es sei denn, es wurden lediglich Nebenpflichten verletzt. Jedenfalls greifen die Regeln der pFV ein. Zum Fall, daß es nicht zum Abschluß eines Ausführungsgeschäftes kommt, *Staub/Koller*, HGB, § 385 Rz. 8. Zum Umfang der Pflichten § 407 Rz. 43 ff Der Spediteur handelt somit auch „Weisungen" zuwider, wenn er das Gut beschädigt. Der Versender kann nach h. M. selbst dort, wo

den Spediteur kein Verschulden trifft, das konkrete, weisungswidrig ausgeführte Geschäft mit der Folge zurückweisen, daß er keinen Aufwendungsersatz und keine Provision zu zahlen braucht (*Knütel*, ZHR 173 (**1973**), 285, 297f; ähnlich BGH v. 8.10.1991, ZIP **1991**, 1413, 1414 zum Bankrecht; **a. A.** *Koller*, BB **1979**, 1725, 1730: nur bei Verschulden). Dieses Recht wird durch die ADSp nicht berührt. Das Zurückweisungsrecht entfällt, wenn der Versender das weisungswidrige Geschäft genehmigt. Es darf nicht mißbräuchlich ausgeübt werden (*Staub/Koller*, HGB, § 385 Rz. 5 m. Nachw.). Außerdem ist die Wertung des § 386 HGB zu beachten. Der Spediteur hat zu *beweisen*, daß das Zurückweisungsrecht entfallen ist (*Baumgärtel/Reinicke*, Beweislast, § 385 HGB Rz. 2). Zur **Schadensersatzzahlung** ist er nach ganz h. M. nur im Falle schuldhaften Verhaltens verpflichtet. Der Spediteur hat nach den für die positive Forderungsverletzung entwickelten Regeln zu *beweisen*, daß ihn oder seine Erfüllungsgehilfen kein Verschulden traf (OLG Düsseldorf v. 23.2.1989, VersR **1990,** 502; *Baumgärtel/Reinicke*, Beweislast, § 385 HGB Rz. 1; § 388 HGB Rz. 1). **Verjährung** im Falle des Verlusts, der Minderung, Beschädigung oder Verspätung der Ablieferung: § 414 HGB; im übrigen § 195 BGB. Zum *Mitverschulden* § 408 Rz. 6. Zur *Erfüllungsgehilfeneigenschaft* der Partner des Ausführungsgeschäftes § 407 HGB Rz. 5. Der Schadensersatzanspruch kann insbesondere durch die §§ 33, 37, 41, 51 ff ADSp *ausgeschlossen* sein.

4. Unbefugte Kreditgewährung, Nichteinzug der Nachnahme

Gemäß §§ 407 II, 393 I HGB gewährt der Spediteur Dritten Vorschuß oder 9
Kredit auf eigene Gefahr. Im Rahmen der Spedition spielt diese Vorschrift praktisch nur bei der Nachnahme eine Rolle. Darüber hinaus kann sie im Fall von Vorschüssen eingreifen. Liefert der Spediteur aus, ohne die Nachnahme einzuziehen, haftet er im Fall schuldhaften Verhaltens gemäß § 385 I HGB (Rz. 5, 8; OLG Düsseldorf v. 3.6.1982, VersR **1982**, 1076; OLG Frankfurt v. 16.1.1979, RIW **1979**, 278f; v. 28.4.1981, RIW **1982**, 56f). Er hat den Versender so zu stellen, als ob er die Ware ohne Nachnahme nicht ausgeliefert hätte. Daraus folgt, daß der Versender Zahlung des vollen Nachnahmebetrages nur fordern darf, wenn er beweist, daß der Empfänger bei Anforderung der Nachnahme bezahlt hätte oder wenn der Wert der Ware den Nachnahmebetrag erreichte (BGH v. 10.10.1991, TranspR **1992,** 100, 102). Ist bewiesen, daß der Empfänger gezahlt hätte, so hat der Spediteur zu beweisen, daß dem Empfänger Gewährleistungsrechte zustanden (*Koller,* Anm. LM Nr. 50 zu Art. 21 CMR) und als Schaden ein unter dem Nachnahmebetrag liegender Wert anzusetzen ist. Jedenfalls kann der Versender Ersatz wie beim Verlust des Gutes fordern (Rz. 6). Außerdem hat der Spediteur gemäß §§ 393 I, 407 II HGB das Risiko zu tragen, daß der Empfänger zahlungsunfähig wird (OLG Frankfurt v. 16.1.1979, RIW **1979**, 278f; v. 28.4.1981, RIW **1982**, 56f; *Staub/Helm*, HGB, §§ 407–409 Rz. 131; **a. A.** *Krien/Glöckner*, Speditions- und Lagerrecht, § 23 ADSp Anm. 10b) oder keinen Vorschuß gewährt hätte. Entgegen h. M. greift § 393 I HGB nur ein, wenn der Spediteur schuldhaft gehandelt hat (*Staub/Koller*, HGB, § 393 Rz. 7 m. Nachw. zum Streitstand). Dies gilt auch, wenn der Spediteur mit dem Empfänger keine Stundungsab-

rede getroffen hatte (*Staub/Koller*, HGB, § 393 Rz. 3; **a. A.** OLG Frankfurt v. 19.1.1984, TranspR **1985**, 420, 421; *Sieg*, BB **1992**, 299, 303). Allerdings wird der Spediteur in der Regel schuldhaft handeln, da er das Gebot, ohne Zustimmung keinen Kredit zu gewähren, strikt einzuhalten hat. Schuldhaft handelt auch derjenige Spediteur, der die Ware nicht wieder auflädt, nachdem der Empfänger die Zahlung verweigert hat. Das Nichtwiederaufladen ist allerdings für den Schaden unter Umständen nicht kausal (vgl. OLG Frankfurt v. 19.1.1984, TranspR **1985**, 420, 421). Zur Frage, inwieweit der *Schaden Dritter* zu liquidieren ist, § 407 HGB Rz. 70. Die Haftung aus den §§ 407 II, 393 I HGB wird von den *Freizeichnungsklauseln* der ADSp erfaßt (**a. A.** OLG Hamburg v. 24.2.1965, MDR **1965**, 580, 581; *Staub/Helm*, HGB, §§ 407–409 Rz. 131; differenzierend OLG Frankfurt v. 16.1.1979, RIW **1979**, 278; v. 28.4.1981, **1982**, 56, 57); denn § 393 I HGB statuiert eine echte Haftungsnorm für weisungswidriges Verhalten (*Staub/Koller*, HGB, § 393 Rz. 1). *Beweislast:* Der Spediteur hat zu beweisen, daß die Kreditgewährung üblich oder im Einzelfall genehmigt war. *Regreß:* Der Spediteur kann vom Empfänger, der das Gut in Kenntnis der Nachnahmebelastung angenommen hat, Zahlung der Nachnahme verlangen, falls er es ihm erkennbar unter der Bedingung ausgeliefert hat, daß der Empfänger den Nachnahmebetrag leistet (BGH v. 29.6.1959, BB **1959,** 826, 827). Denkbar sind auch Ansprüche aus § 826 BGB. Jedenfalls braucht der Spediteur nur gegen Abtretung der Ansprüche des Versenders gegen den Empfänger (§ 255 BGB analog) Schadensersatz zu leisten.

5. Leistungsstörungen

10 **a) Anfängliche Leistungshindernisse**. Ist die Versendung objektiv unmöglich, so ist der Vertrag nichtig (§ 306 BGB). Der Spediteur haftet, wenn er die Unmöglichkeit kennen mußte (§ 307 BGB, BGH v. 12.1.1966, VersR **1966**, 461, 464). Ist nur der Spediteur nicht in der Lage, die von ihm übernommene Versendung auszuführen, so haftet er nach den Regeln der Haftung für anfängliches Unvermögen verschuldensunabhängig (h. M.). *Haftungsausschlüsse:* §§ 18 f, 41, 51 ff ADSp.

11 **b) Nachträgliche Unmöglichkeit**. Der Speditionsvertrag ist wie der Kommissionsvertrag ein gegenseitiger Vertrag (vgl. *Koller*, BB **1979**, 1725, 1728). Dabei stehen die Pflicht zum Abschluß der Ausführungsgeschäfte (BGH, NJW **1981**, 918, 919) und, entgegen der h. M., auch zur Herausgabe des Erlangten im Synallagma (*Koller*, BB **1979**, 1725, 1727 m. Nachw. zum Streitstand). Wird dem Spediteur die Erfüllung dieser Pflichten schuldhaft unmöglich, so haftet er gemäß § 325 BGB; im Fall von Nebenpflichten gemäß § 280 BGB. Außerdem haftet der Spediteur gemäß § 385 I HGB (Rz. 8). Zur Unmöglichkeit von Beförderungs- bzw. Lagerleistungen s. auch § 407 HGB Rz. 63. Beachte *Freizeichnungen* nach §§ 18f, 41, 51 ff ADSp.

12 **c) Verzug des Spediteurs**. Es gelten die §§ 284 ff BGB und im Fall des Verzugs mit der Erfüllung von Hauptleistungspflichten (§ 407 HGB Rz. 38 ff, § 408 HGB Rz. 11) auch § 326 BGB. Außerdem kommt § 385 I HGB (Rz. 8) zum Tragen. Verjährung bei verspäteter Ablieferung § 414 HGB. Vgl. § 17 ADSp; beachte Freizeichnungen nach ADSp.

d) Positive Forderungsverletzung. Der Spediteur haftet für jede schuldhafte Schlechterfüllung seiner Pflichten, insbesondere der Nebenpflichten gemäß § 407 II HGB in Verbindung mit § 385 I HGB (§ 408 HGB Rz. 8). Die allgemeinen Regeln der positiven Forderungsverletzung kommen nicht zum Tragen, da § 385 I HGB lex specialis ist und keine Schutzlücke besteht, die mit Hilfe der pFV-Figur zu schließen wäre. Soweit es um das Integritätsinteresse (negatives Interesse) des Versenders und in die Schutzwirkung des Vertrages bzw. Vertrauensverhältnisses einbezogener Dritter geht, haftet der Spediteur auch dann, wenn der Vertrag nichtig ist (*Palandt/Heinrichs*, BGB, § 276 Rz. 106). Zur Aktivlegitimation Rz. 5. Beachte *Haftungseinschränkungen* nach ADSp. 13

e) Zurückweisung des Geschäfts wegen Weisungsverstoßes, schlechter Abwicklung beim Abschluß von Verträgen mit Dritten.

Einzelheiten s. § 407 HGB Rz. 63.

f) Schlechte Abwicklung von Beförderungs- und Lagerleistungen.

Einzelheiten § 407 HGB Rz. 63.

g) Verschulden bei Vertragsschluß (c.i.c.). Zu den Pflichten vor Vertragsschluß § 407 HGB Rz. 39. Im übrigen gelten die allgemeinen Regeln zur c.i.c. 14

h) Haftung aus unerlaubter Handlung. Der Spediteur kann gemäß den §§ 823, 826, 831 BGB insbesondere dem Eigentümer oder Anwartschaftsberechtigten des Gutes haften. Kraft seines Gewerbes ist er verpflichtet, fremdes Eigentum, das im Rahmen seines Gewerbes in seine Obhut gelangt ist, sorgsam zu behandeln (BGH, NJW **1953**, 1180, 1182). Die deliktische Haftung steht nach ständiger Rechtsprechung selbständig neben der vertraglichen Haftung (BGH, NJW **1985**, 2411, 2412; BGHZ **32**, 194, 203; BGHZ **46**, 140, 146; BGH v. 22.4.1977, VersR **1977**, 662, 663; abweichend zum Seerecht BGHZ **86**, 234; kritisch *Helm*, Haftung für Schäden an Frachtgütern (1966), S. 222 ff). Die §§ 823 ff BGB können durch die §§ 989 ff BGB verdrängt sein, wenn der Spediteur dem Eigentümer gegenüber nicht zum Besitz berechtigt war. Zur Haftung der *Arbeitnehmer* des Spediteurs BGH v. 16.6.1987, ZIP **1987**, 1260; *Brüggemeier*, AcP 191 (**1991**), 33 ff; *Schmidt*, TranspR **1986**, 49; *Blaurock*, ZHR 146 (**1982**), 238 ff Zur *Freizeichnung*, auch zugunsten von Arbeitnehmern, nach ADSp s. Erl. zu § 63 ADSp. Es ist auch denkbar, daß der Speditionsvertrag als Vertrag mit *Schutzwirkung für den Eigentümer* abgeschlossen worden war (§ 407 HGB Rz. 71). 15

§ 409 HGB [Fälligkeit der Provision]

Der Spediteur hat die Provision zu fordern, wenn das Gut dem Frachtführer oder dem Verfrachter zur Beförderung übergeben ist.

Literatur: siehe § 407 HGB.

I. Allgemeines

§ 409 HGB regelt Entstehen und Fälligkeit des Provisionsanspruches. Außerdem läßt sich aus der Vorschrift ableiten, daß die Geschäftsbesorgungs- 1 spedition wie die Kommission (§§ 383 ff HGB) als partiarisches Verhältnis konzipiert ist. § 396 I HGB ist nicht heranzuziehen, da § 407 II HGB die Anwendung von Vorschriften des Kommissionsrechts nur insoweit erlaubt, als der 4. Abschnitt keine Vorschriften enthält. Die Frage der Fälligkeit ist aber in § 409 HGB geregelt (**a. A.** *Staub/Helm*, HGB, §§ 407–409 Rz. 53; *Schlegelberger/Schröder*, HGB, § 409 Rz. 9). § 354 HGB ist ergänzend anzuwenden. Die Vergütung durch Provision ist heute allerdings die seltene Ausnahme (*Bischoff*, VersR **1979**, 691; *Runge*, TranspR **1982**, 34, 35).

II. Voraussetzungen des Anspruchs

2 **Gültiger Speditionsvertrag**, der im Moment des Abschlusses des Ausführungsgeschäftes (§ 407 HGB Rz. 5) noch besteht, insbesondere nicht widerrufen ist (vgl. die Parallelvorschriften des § 396 I1 HGB; dazu *Staub/Koller*, HGB, § 396 Rz. 4). **Abschluß des Ausführungsgeschäftes** (§ 407 Rz. 5) mit dem Frachtführer sowie der sonstigen erforderlichen Ausführungsgeschäfte. Ohne Einfluß bleibt dabei, daß die Ausführung durch aus der Sphäre des Versenders stammende Umstände schuldlos behindert wird (vgl. *Staub/Koller*, HGB, § 396 Rz. 5). Außerdem muß das Gut dem Frachtführer **übergeben worden sein** (§ 429 HGB Rz. 4). Diese ,,Übergabe" ist in Parallele zur ,,Ausführung" in § 396 I HGB zu setzen. Es ist daher der Provisionsanspruch auch dann entstanden und fällig, wenn der Frachtführer den Transport nicht oder schlecht durchführt. Der Spediteur haftet allenfalls wegen unsorgfältiger Auswahl des Frachtführers auf Schadensersatz bzw. der Versender kann die Ausführung zurückweisen (§ 408 Rz. 8). Hat der Spediteur das Ausführungsgeschäft getätigt, ist aber die Übergabe des Guts **unmöglich** geworden, so ist § 396 I S. 2 2.HS HGB analog anzuwenden; denn § 396I S. 2 2.HS HGB enthält einen allgemein gültigen Rechtsgedanken, der durch § 409 HGB nicht verdrängt wird. Es ist nicht einsichtig, daß die Spediteur-Provision gänzlich von der effektiven Übergabe abhängen sollte. Der Spediteur erwirbt mithin einen Provisionsanspruch auch dann, wenn der Versender die Unmöglichkeit der Übergabe nicht verschuldet hatte (näher dazu *Staub/Koller*, HGB, § 396 Rz. 11). Andererseits kommt der Provisionsanspruch endgültig nicht zum Entstehen, falls die Übergabe aus Gründen, die nicht in der Person des Versenders liegen, scheitert (**a. A.** zum Teil *Staub/Helm*, §§ 407–409 Rz. 207 ff, der die §§ 323 ff BGB heranzieht, und *Schlegelberger/Schröder*, HGB, § 409 Rz. 14, der sich auf die §§ 627f, 615 BGB stützt). Verzögert der Versender die Übergabe, so hat er Entschädigung zu zahlen (§ 642 BGB). Der Spediteur kann gemäß § 643 BGB eine Frist setzen. Tritt der Versender wegen Verzugs des Spediteurs gemäß § 326 BGB vom Vertrag zurück oder fordert er Schadensersatz, so kommt der Provisionsanspruch endgültig nicht zum Entstehen. *Beachte* §§ 18, 21 ADSp.

III. Höhe der Provision, Fälligkeit

3 Primär ist die Parteiabrede, hilfsweise § 354 HGB maßgeblich. *Beachte die §§ 20, 22, 23, 25b, 27, 29, 32, 38, 50h ADSp.* Die Provision wird als partiarische

Vergütung im Moment des Entstehens der Forderung (Rz. 2) fällig. Zur Vereinbarung einer festen Vergütung für die Beförderungskosten s. § 413.

IV. Verjährung

§ 196 BGB. 4

V. Erfüllungsort

Im Zweifel der Wohnsitz des Versenders (BGH v. 16.1.1981, WM **1981**, 789, 790). 5

§ 410 HGB [Gesetzliches Pfandrecht]

Der Spediteur hat wegen der Fracht, der Provision, der Auslagen und Verwendungen sowie wegen der auf das Gut gegebenen Vorschüsse ein Pfandrecht an dem Gute, sofern er es noch im Besitze hat, insbesondere mittels Konnossements, Ladescheins oder Lagerscheins darüber verfügen kann.

Literatur: siehe § 407 HGB.

I. Vorbemerkung

§ 410 HGB gewährt dem Spediteur in Parallele zu den §§ 397, 421, 440 HGB ein gesetzliches Pfandrecht. Daneben kann sich der Spediteur in aller Regel auf vertragliche Pfandrechte berufen (vgl. § 50 ADSp). Außerdem kommen Zurückbehaltungsrechte gemäß den §§ 273 BGB, 369 ff HGB in Betracht. 1

II. Voraussetzungen des Pfandrechts

Zwischen Versender und Spediteur muß ein Speditionsvertrag iSd §§ 407, 412f HGB zustandegekommen sein. Ist der **Vertrag** unwirksam oder liegt lediglich ein normaler Geschäftsbesorgungsvertrag (§ 675 BGB) vor, so kann sich der Auftragnehmer nach dispositivem Recht nur auf die §§ 273, 994 ff bzw. auf § 647 BGB stützen (*Staub/Helm*, HGB, § 410 Rz. 1; **a. A.** *Schlegelberger/Schröder*, HGB, § 410 Rz. 1 c). Der Spediteur muß den Besitz (§§ 854, 855, 868 BGB) an dem Gut (§ 407 HGB Rz. 5) erlangt haben und noch innehaben. Den **Besitz** muß er mit Willen des Versenders erworben haben. Der Versender muß nicht notwendig Eigentümer oder Anwartschaftsberechtigter sein. Das Pfandrecht iSd § 410 HGB kann auch **gutgläubig** erworben werden (arg. e. § 366 III HGB). Es genügt mithin, daß der Spediteur ohne grobe Fahrlässigkeit an das Eigentum des Versenders oder an dessen rechtsgeschäftliche Berechtigung, Rechte an dem Gut zu begründen oder an dessen Befugnis, das Gut zu versenden, geglaubt hatte (§ 366 III HGB; GroßkommHGB- 2

Canaris, § 366 Rz. 18, 70; OLG Stuttgart v. 5.5.1978, WM **1978**, 1330, 1332; *Staub/Helm*, HGB, § 410 Rz. 7; *Heymann/Honsell*, HGB, § 410 Rz. 4) und kein Fall des § 935 BGB vorliegt. Der gute Glaube entfällt nicht schon dann, wenn der Spediteur das Gut von einem Dritten erhält, sofern dies auf Weisung des Versenders geschieht (abw. OLG Düsseldorf v. 7.2.1974, VersR **1974**, 661, 662). Bestehen keine besonderen Verdachtsmomente, so kann der Spediteur davon ausgehen, daß der Versender verfügungs- bzw. versendungsberechtigt ist oder geworden ist (vgl. OLG Frankfurt v. 10.2.1989, TranspR **1989**, 233, 236).

III. Umfang des Pfandrechts

3 Das **Pfandrecht erfaßt** das gesamte Gut, das sich im Besitz des Spediteurs befindet (§ 1230 BGB), nicht jedoch Forderungen. Im Fall evidenter und langfristiger Übersicherung ist der Spediteur nach Treu und Glauben verpflichtet, sich nur soweit auf das Pfandrecht zu berufen, als dies angemessenen Sicherungsbedürfnissen entspricht (*Staub/Helm*, HGB, § 410 Rz. 10). Das **Pfandrecht sichert** gegenwärtige und zukünftige, bedingte und noch nicht fällige Ansprüche gegen den Versender auf Erstattung der Fracht, auf Provision (§ 409 HGB), auf Ersatz der Auslagen, Verwendungen und der Vorschüsse, die der Versender erhalten hat. Frachtforderungen aus den vom Spediteur getätigten Ausführungsgeschäften sind eine Variante der Auslagen und Verwendungen, d. h. Aufwendungen iSd § 670 BGB (§ 407 HGB Rz. 59). Andere Forderungen, z. B. Schadensersatzansprüche aus pFV, werden nicht gesichert. Insbesondere werden nicht Ansprüche des Spediteurs gegen Dritte gesichert, da diese Ansprüche nicht dem Speditionsverhältnis entspringen und daher für den Versender nicht übersehbar sind (**a. A.** RGZ **99**, 56, 60; *Staub/Helm*, HGB, § 410 Rz. 19). Die gesicherten Forderungen müssen **konnex** sein (OLG Stuttgart v. 5.5.1978, WM **1978**, 1330, 1333), d. h. sie müssen gerade mit der Versendung des dem jeweiligen Pfandrecht unterfallenden Guts zusammenhängen (BGHZ **17**, 1, 3; OLG Stuttgart v. 5.5.1978, WM **1978**, 1330, 1333). Die Forderungen müssen somit in Hinblick auf die Versendung des dem Pfandrecht unterworfenen Guts entstanden sein. Es genügt nicht, daß ein einheitlicher Vertrag vorliegt (*Staub/Helm*, HGB, § 410 Rz. 23; **a. A.** *Krien/Glöckner*, Speditions- und Lagerrecht, § 50 ADSp Anm. 2a; wohl auch *Piper*, Höchstrichterliche Rechtsprechung, aaO, Rz. 43). § 397 HGB kann nicht analog herangezogen werden. *Weitergehend* § 50 ADSp.

IV. Rechtsfolgen

4 Der Rang des Pfandrechts ergibt sich aus den §§ 443, 366 HGB, 1257, 1208 f BGB. Das Pfandrecht kann lastenfrei erworben werden (§§ 1208 BGB, 366 III HGB). Im übrigen gelten gemäß § 1257 BGB die §§ 1204 ff BGB, 368 HGB. Zum Ablöserecht des Spediteurs (§ 268 III BGB), bei Steuerschulden *Walz*, ZIP **1991**, 1405, 1410 ff

V. Erlöschen des Pfandrechts

Verlust des unmittelbaren und mittelbaren Besitzes (OLG Düsseldorf v. 6.10.1988, TranspR **1989**, 20, 22), z. B. dadurch, daß ein Besitzmittler nicht mehr für den Spediteur besitzen will (OLG Hamburg v. 26.7.1990, VersR **1990**, 363). *Ausnahmen:* §§ 411, 441 HGB. Zum unfreiwilligen Besitzverlust vgl. einerseits *Staub/Koller*, HGB, § 397 Rz. 16, andererseits *Staub/Helm*, HGB, § 410 Rz. 31. Weitere Fälle des Erlöschens: §§ 1252, 1255, 936 BGB. 5

§ 411 HGB [Zwischenspediteur]

(1) **Bedient sich der Spediteur eines Zwischenspediteurs, so hat dieser zugleich die seinem Vormanne zustehenden Rechte, insbesondere dessen Pfandrecht, auszuüben.**

(2) **Soweit der Vormann wegen seiner Forderung von dem Nachmanne befriedigt wird, geht die Forderung und das Pfandrecht des Vormanns auf den Nachmann über. Dasselbe gilt von der Forderung und dem Pfandrechte des Frachtführers, soweit der Zwischenspediteur ihn befriedigt.**

Literatur: siehe § 407 HGB.

I. Allgemeines

Zum Begriff des Zwischenspediteurs § 407 HGB Rz. 36, 47. § 411 I HGB konkretisiert die Interessenwahrungspflicht des Zwischenspediteurs und stattet ihn mit den notwendigen Befugnissen aus. Das Pfandrecht des Spediteurs geht mit Übergabe des Guts an den Frachtführer (§ 441 HGB) oder an den von ihm beauftragten Zwischenspediteur nicht unter, da der Spediteur mittelbarer Besitzer bleibt. § 411 HGB soll gewährleisten, daß das Pfandrecht und sonstige Rechte des Spediteurs durch Auslieferung des Guts an Dritte erst erlischt, wenn die Forderungen des Spediteurs realisiert sind. Gleiches gilt für Rechte des Frachtführers. Auf den **Unterspediteur** ist § 411 HGB analog anzuwenden (*Staub/Helm*, HGB, § 411 Rz. 5; **a. A.** RGZ **118**, 250, 254). § 411 II HGB soll die Einziehung von Auslagen erleichtern. Der Spediteur kann auch sonstige Dritte, die für ihn das Gut besitzen (§§ 854, 858 BGB) ermächtigen, über das Pfandrecht zu verfügen und die gesicherte Forderung im eigenen Namen auf seine Rechnung einzuziehen. 1

II. Pflichten des Zwischenspediteurs (§ 411 I HGB)

Der Zwischenspediteur hat ohne besondere Weisung die Rechte der vorangehenden Frachtführer oder Spediteure wahrzunehmen, soweit sie ihm bekannt sind oder bekannt sein müssen (**a. A.** *Heymann/Honsell*, HGB, § 411, Rz. 5: bekannt). Zu diesen Rechten gehören die Ansprüche auf Provision, Fracht, Aufwendungsersatz und Schadensersatz. Der Zwischenspediteur muß diese Ansprüche grundsätzlich nicht einklagen; er darf sie aber einkla- 2 gen, wenn dies im Interesse seines Auftraggebers liegt. Primär muß er die Auslieferung des Guts von der Bezahlung abhängig machen bzw. den Frachtführer anweisen, die Forderungen per Nachnahme einzuziehen. Das Pfandrecht gemäß § 410 HGB, gegebenenfalls auch ein vertragliches Pfandrecht (z. B. § 50 ADSp), berechtigt den Zwischenspediteur, das Gut bis zur Bezahlung zurückzuhalten. Notfalls hat er das Pfandrecht seiner Vormänner zu realisieren (§ 410 HGB). Dabei wird der Zwischenspediteur nicht als Rechtsnachfolger seiner Vormänner, sondern aufgrund einer gesetzlichen Einzugsermächtigung tätig. Im Prozeß ist er Prozeßstandschafter.

Der Zwischenspediteur, der seiner Pflicht aus § 411 I HGB schuldhaft (§ 347 HGB) nicht nachkommt, haftet gemäß den §§ 385 I, 407 II HGB (§ 408 HGB Rz. 8).

III. Forderungsübergang (§ 411 II HGB)

3 Vormänner können Spediteure oder Frachtführer sein, die Vorgänger im unmittelbaren oder mittelbaren Besitz waren. Nachmann ist der Zwischenspediteur (zum Frachtführer vgl. § 441 HGB). Befriedigt der Zwischenspediteur den Hauptspediteur, so gehen dessen Forderungen und Sicherungsrechte auf ihn über (§ 411 II 1 HGB, §§ 412, 401 BGB). Die Art der Erfüllung ist gleichgültig. Gleiches gilt, wenn der Zwischenspediteur den Frachtführer befriedigt (§ 411 II 2 HGB). § 411 II 2 HGB ist auf den **Verfrachter, Lagerhalter, Luftfrachtführer** analog anzuwenden (*Schlegelberger/Schröder*, HGB, § 411 Rz. 6).

§ 412 HGB [Selbsteintritt des Spediteurs]

(1) **Der Spediteur ist, wenn nicht ein anderes bestimmt ist, befugt, die Beförderung des Gutes selbst auszuführen.**

(2) **Macht er von dieser Befugnis Gebrauch, so hat er zugleich die Rechte und Pflichten eines Frachtführers oder Verfrachters; er kann die Provision, die bei Speditionsgeschäften sonst regelmäßig vorkommenden Kosten sowie die gewöhnliche Fracht verlangen.**

Übersicht

	Rz.
A. Allgemeines	1
B. Voraussetzungen des Selbsteintritts	
1. Speditionsvertrag	2
2. Interessenwahrung, unechter Selbsteintritt	3
3. Beförderung	4
4. Existenz einer gewöhnlichen Fracht	5
5. Widerruf, vorherige Ausführung	6
C. Der Selbsteintritt	7
D. Rechtsfolgen des Selbsteintritts	
I. Allgemeines	8
II. Pflichten des selbsteintretenden Spediteurs	
1. Speditionelle Pflichten	9
2. Frachtrechtliche Pflichten	
a) Zwingende Verweisung	10
b) Maßgebliches Frachtrecht	
aa) Vereinbarte Transportart und -wege	11
bb) Teilweiser Selbsteintritt und Kombination von Trans-	

	Rz.		Rz.
portformen (multimodaler Verkehr)	12	III. Rechte des Spediteurs	
cc) Transportart und -weg im Ermessen des Spediteurs	14	1. Provision und regelmäßige Kosten (§ 412 II HGB)	15
		2. Fracht	16

Literatur: *Alff,* Fracht-, Lager-, Speditionsrecht (2. Aufl. 1991); *Capelle/Canaris,* Handelsrecht (20. Auflage); *Debling,* Das nationale Sammelladungsgeschäft des Spediteurs im Güterkraftverkehr (1978); *Schlegelberger/Schröder,* Kommentar HGB (5. Aufl.); *K. Schmidt,* Handelsrecht (2. Aufl.); *Staub/Helm,* Großkommentar HGB (4. Aufl.); vgl. ferner Literaturangaben bei § 407 HGB.

A. Allgemeines

1 Der Selbsteintritt ist eine besondere Form der Ausführung (§ 407 HGB Rz. 5) des Speditionsgeschäfts iSd § 407 HGB. Der Spediteur, der selbst eintritt, schlüpft aus der Rolle des reinen Geschäftsbesorgers in die Rolle des Frachtführers. § 412 II HGB ist somit nur ein gesetzlich geregelter Fall der für Typenkombinationsverträge geltenden Grundsätze (*Koller,* VersR **1987**, 1058, 1060). Der Selbsteintritt führt nicht zur gänzlichen Verdrängung der spezifisch speditionellen Pflichten, insbesondere der Pflicht zur Interessenwahrung. Neben dem Frachtrecht ist somit – grundsätzlich anders als im Rahmen des § 413 HGB – weitgehend auch noch das Speditionsrecht anzuwenden. § 412 HGB ersetzt die kommissionsrechtlichen Vorschriften über den Selbsteintritt (§§ 400 ff HGB). Der Spediteur ist zum Selbsteintritt berechtigt, aber nicht verpflichtet. Der **Selbsteintritt** ist **nur in Hinblick auf die Beförderung**, nicht aber in Hinblick auf andere Ausführungsgeschäfte (z.B. Versicherung) möglich. Das Recht zum Selbsteintritt kann abbedungen werden.

B. Voraussetzungen des Selbsteintritts

1. Speditionsvertrag

2 Zwischen Auftraggeber und Auftragnehmer muß ein Speditionsvertrag iSd § 407 HGB bestehen. Zur Abgrenzung gegenüber Frachtverträgen § 407 HGB Rz. 17. Liegt ein Fall des § 413 I HGB vor, so ist für die gleiche Strecke ein Selbsteintritt nicht mehr möglich (*Schlegelberger/Schröder,* HGB, § 412 Rz. 2), da § 413 I HGB den Vertrag anders als im Fall des § 412 HGB aus Praktikabilitätserwägungen (vgl. *Koller,* VersR **1987**, 1058, 1061) ganz dem Frachtrecht unterstellt hat, das keinen Selbsteintritt kennt. Gleiches gilt im Fall des § 413 II HGB (**a. A.** *Staub/Helm,* HGB, §§ 412, 413 Rz. 87 ff, 108 ff). Die Rechtsprechung wendet allerdings regelmäßig **§ 412 neben § 413 HGB an.** Richtig ist daran, daß häufig dahingestellt bleiben kann, ob ein Fall des § 412 HGB oder einer der Fälle des § 413 HGB vorliegt.

2. Interessenwahrung, unechter Selbsteintritt

3 Die Berechtigung zum Selbsteintritt bedeutet nicht, daß der Versender immer die gewöhnliche Fracht zahlen müßte, wenn sich der Spediteur nach

eigenem Ermessen zum Selbsteintritt entschließt. Auch der selbsteintretende Spediteur ist als Geschäftsbesorger verpflichtet, dem Versender die optimalen, nicht lediglich die gewöhnlichen Chancen am Transportmarkt zu verschaffen. Er hat deshalb unter Verzicht auf den Selbsteintritt einen Transportunternehmer zu beauftragen, wenn dieser zu ungewöhnlich günstigen Konditionen zu transportieren bereit ist oder das Gut zuverlässiger oder im Interesse des Versenders schneller als der Spediteur zu befördern vermag (*Staub/Helm,* HGB, §§ 412, 413 Rz. 92; *Schlegelberger/Schröder,* HGB, § 412 Rz. 2, 11d; vgl. auch *Staub/Koller,* HGB, § 400 Rz. 42). Es ist also nicht so, daß der Spediteur Frachtführerpflichten, wie er sie von Anfang an im Rahmen eines Frachtvertrages (§ 451 HGB) übernehmen kann, auch nachträglich nach freiem Ermessen übernehmen darf (so aber *K. Schmidt,* Handelsrecht, § 32 IV2b). Auch im Speditionsrecht ist der dem § 401 HGB zugrundeliegenden Wertung Rechnung zu tragen. Zwar läßt sich § 401 HGB auch nicht analog anwenden, da § 412 II HGB klar anordnet, daß die gewöhnliche Fracht zu zahlen ist. Es ist jedoch nicht Sinn des § 412 II HGB, daß sich der Spediteur nach freiem Ermessen die Rosinen unter den Aufträgen herauspiken und die Erwartung des Kunden, daß seine Interessen am Transportmarkt optimal wahrgenommen werden, nach Belieben übergehen darf. § 412 HGB soll dem Spediteur die Übernahme des Transports nur dann ermöglichen, wenn er dazu im Licht der ihm erkennbaren oder mutmaßlichen Interessen des Versenders genauso gut wie dritte Transportunternehmen in der Lage ist. Das ist in Hinblick auf die Fracht dort der Fall, wo von den in Betracht kommenden Transportunternehmen allgemein die gewöhnliche oder höhere Fracht gefordert wird. Daraus ergibt sich für den sog. **unechten Selbsteintritt**, daß der Spediteur nach dispositivem Recht grundsätzlich berechtigt ist, selbst einzutreten und dann auf eigene Rechnung Dritte mit der Abwicklung des Transports zu beauftragen. Er darf dies nach ganz h. M. sogar dann, wenn er schon im Moment des Selbsteintritts den Willen hat, den Transport von einem Dritten ausführen zu lassen (**a. A.** *Heymann/Honsell*, HGB, § 412 Rz. 9). Er darf aber nicht mit der Absicht den Selbsteintritt erklären, ein Transportunternehmen zu beauftragen, das die gewöhnliche Fracht unterbietet, um die Differenz zur gewöhnlichen Fracht in die eigene Tasche stecken zu können (*Staub/Helm,* HGB, §§ 412, 413 Rz. 81; *Debling,* aaO, S. 79; vgl. auch *Temme,* VersR **1984**, 813). Er handelt auch dann pflichtwidrig, wenn er zwar im Moment des Selbsteintritts nicht diesen Willen besaß, ihm aber als ordentlichem Spediteur, der die Interessen des Versenders optimal wahrzunehmen trachtet (§ 408 HGB Rz. 2), Transportunternehmen hätten bekannt sein müssen, deren Einsatz, zumal unter dem Gesichtspunkt der Höhe der Fracht, eher im Interesse des Versenders gelegen hätte. Hat der Spediteur derart pflichtwidrig den Selbsteintritt erklärt, so kann der Versender den Selbsteintritt zurückweisen (§§ 385, 407 II HGB; § 408 HGB Rz. 8) und/oder Schadensersatz verlangen (§§ 385, 407 II HGB; § 408 HGB Rz. 8; *Heymann/Honsell,* HGB, § 412 Rz. 23; **a. A.** *Staub/Helm,* HGB, §§ 412, 413 Rz. 85). Der Versender hat zu *beweisen,* daß der Spediteur pflichtwidrig gehandelt hat (*Baumgärtel/Reinicke,* Beweislast, § 412 HGB Rz. 1).

3. Beförderung

Aus § 412 II HGB ergibt sich, daß der Selbsteintritt im Bereich des Transports zu Lande, mit Binnenschiffen oder zur See uneingeschränkt möglich ist. 4

Darüber hinaus ist analog § 412 II HGB der Selbsteintritt auch dort zulässig, wo das Gut **per Flugzeug** (vgl. BGH v. 10.10.1985, TranspR **1986**, 70; OLG Frankfurt v. 24.11.1987, RIW **1989**, 226, 227) transportiert werden soll. Nach h. M. gilt dies aber nicht für den **Eisenbahntransport** (BGH v. 27.5.1957, VersR **1957**, 503, 504; OLG Hamburg, TranspR **1981**, 94; offengelassen BGH v. 17.10.1985, VersR **1986,** 84, 85; **a. A.** *Schmidt,* VersR **1975**, 984). Diese Ausnahme hat jedoch keine innere Berechtigung mehr (LG Hamburg, TranspR **1990,** 33, 36; *Staub/Helm,* HGB, §§ 412, 413 Rz. 13). Sie mag im Licht der ratio des § 412 HGB (oben Rz. 1) in einer Zeit akzeptabel gewesen sein, als den Spediteuren faktisch der Transport durch die Eisenbahn vorgegeben war (Denkschrift zum Entwurf eines HGB (1896), S. 276) und die Bahnen den Spediteuren Preise und Konditionen diktierten. Unter diesen Voraussetzungen konnten die Spediteure dadurch, daß sie selbst eintraten, ihren Handlungsspielraum nicht wesentlich erweitern. Die Versender mußten daher nicht besorgen, daß auf eigene Rechnung handelnde Spediteure die Interessen der Versender vernachlässigen würden. Beim Transport mit Eisenbahnen, die als kapitalstark galten (Denkschrift zum Entwurf eines HGB (1896), S. 276), bestand auch nicht die Gefahr, daß die Spediteure auf eigene Rechnung billige, aber wenig solvente Bahnen einschalteten und dem Versender nur dubiose Ansprüche gegen diese Bahnen abtraten. All dies sprach dafür, die Spediteure im Fall des Bahntransportes trotz des Selbsteintritts nicht in die Rolle von Bahnen zu versetzen. Heute besteht aber kein Beförderungsmonopol der Eisenbahn mehr. Der Spediteur, der die Transportart auswählen soll, kann daher, wenn er auf eigene Rechnung handelt, durchaus geneigt sein, gegen die Interessen des Versenders zu handeln, z. B. mit der Bahn statt dem Lkw zu befördern, um der eigenen Haftung zu entgehen oder einen Tarif mit niedriger Haftung gegen niedrige Vergütung zu wählen. Es ist daher heute angebracht, jeden Spediteur, der auf eigene Rechnung handelt, den Frachtführerregeln zu unterwerfen (vgl. auch *Koller,* VersR **1987**, 1058, 1061 Fn. 37). Nimmt man diesen Standpunkt ein, so besteht kein Anlaß, anstatt des Eisenbahnfrachtrechts die §§ 425 ff HGB analog anzuwenden. Bedenkt man, daß es um eine analoge Anwendung des Eisenbahnfrachtrechts geht, so spielen die Formalitäten des Eisenbahntransports keine entscheidende Rolle, da diese ausschließlich auf Eisenbahnunternehmen zugeschnitten sind. Wenn ein Selbsteintritt für die gesamte Strecke festgestellt wird, so beginnt die Eisenbahnhaftung bei bekanntem Schadensort gleichwohl erst mit der Übergabe des Guts an die Bahn (BGH v. 17.10.1985, VersR **1986,** 84, 85). Zum unbekannten Schadensort s. Rz. 12f

Der Selbsteintritt kann sich, muß sich aber nicht auf die gesamte **Beförderungsstrecke** beziehen (BGH, NJW **1972**, 866; Rz. 13).

4. Existenz einer gewöhnlichen Fracht

In Abweichung von § 400 HGB setzt § 412 HGB nicht ausdrücklich voraus, daß ein gewöhnlicher Marktpreis ermittelbar ist. Erlaubt man dem Spe- 5 diteur auch dort den Selbsteintritt, wo keine ,,gewöhnliche Fracht" existiert, so muß die vom Versender geschuldete Fracht nach ,,billigem Ermessen" (§ 315 BGB) festgesetzt werden (*Staub/Helm,* HGB, §§ 412, 413 Rz. 101; *Schlegelberger/Schröder,* HGB, § 412 Rz. 2, 11c). Die Orientierung der vom Versender geschuldeten Fracht an den Marktpreisen ist aber grundsätzlich unverzichtbar (**a. A.** wohl *Staub/Helm,* HGB, §§ 412, 413 Rz. 90 m. Nachw.), da allein dieses Kriterium sicherstellt, daß der Versender die Frachthöhe schnell und sicher kontrollieren kann und nicht befürchten muß, allzu sehr ein Opfer der Eigeninteressen des Spediteurs geworden zu sein. Die gerichtliche Kontrolle der Billigkeit (§ 315 BGB) ist demgegenüber erheblich schwerfälliger und dem Versender solange nicht zumutbar, als der Spediteur ein Ausführungsgeschäft abschließen oder im Weg der Einzelabrede einen Frachtvertrag aushandeln kann. Zum unberechtigten Selbsteintritt § 412 HGB Rz. 3.

5. Widerruf, vorherige Ausführung

6 Das Recht zum Selbsteintritt erlischt mit Beendigung der Beförderung, nicht aber ohne weiteres durch einseitige Weisung (**a. A.** *Staub/Helm,* HGB, §§ 412, 413 Rz. 91); denn der Versender kann nicht einseitig die Rechte des Spediteurs verkürzen (§ 408 HGB Rz. 3). Eine Ausnahme gilt dort, wo der Versender die Weisung gibt, mit einem bestimmten Frachtführer zu befördern und der Versender daran ein besonderes Interesse besitzt. Der Spediteur darf auch dann noch selbsteintreten, wenn er bereits ein Ausführungsgeschäft mit einem Dritten geschlossen hatte. Allerdings kann er dann nicht mehr den Ersatz der Aufwendungen für den Dritten verlangen.

C. Der Selbsteintritt

7 Der Selbsteintritt ist im Speditionsrecht ebenso wie im Kommissionsrecht (§ 400 HGB) eine rechtsgestaltende *Willenserklärung* (OLG München v.27.7.1990, TranspR **1991,** 23, 24); denn im Rahmen von Sonderverbindungen können Rechte und Pflichten in aller Regel nur durch Rechtsgeschäfte begründet werden. Eine Ausnahme gilt nur für Schadensersatzpflichten. Von diesen Grundsätzen beim Selbsteintritt abzugehen, besteht kein Anlaß; denn der Spediteur muß davor geschützt werden, daß er im Zustand der Geschäftsunfähigkeit bindend im Weg des Selbsteintritts die weiterreichenden Aufgaben eines Frachtführers übernimmt (§§ 104 ff BGB; **a. A.** *Staub/Helm,* HGB, §§ 412, 413 Rz. 76; *Heymann/Herrmann*, HGB, § 412 Rz. 4; Thume, TranspR **1990**, 401, 402). Die Willenserklärung ist der Verkehrssitte zufolge nicht zugangsbedürftig (§ 151 BGB; *Schlegelberger/Schröder,* HGB, § 412 Rz. 5, 6; **a. A.** *Baumbach/Duden/Hopt,* HGB, § 412 Anm. 1). Sie muß jedoch manifest geworden sein; dies ist spätestens mit der Beförderung mit eigenen Transportmitteln der Fall (OLG Hamburg v. 23.6.1983, TranspR **1984**, 178, 179; OLG München v. 27.7.1990, TranspR **1991,** 23, 24); im Zweifel aber nicht bei bloßer Beförderung im Bereich des speditionellen Vorlaufs oder Nachlaufs oder sonstigen typisch speditionellen Verrichtungen wie die Bela-

dung (OLG Stuttgart v. 12.11.1974, TranspR **1978**, 70; OLG Nürnberg v. 1.12.1988, VersR **1990,** 69; vgl. auch § 412 HGB Rz. 12, § 1 KVO Rz. 9). Will der Spediteur im Rahmen des Selbsteintritts einen Frachtführer einschalten, so muß er *dokumentieren,* daß dies auf eigene Rechnung geschieht, wenn er nicht schon vorher dem Versender gegenüber den Selbsteintritt erklärt hatte. Der Spediteur hat dem Versender die Art der Ausführung des Speditionsauftrags *mitzuteilen.* Der Versender hat den Selbsteintritt zu *beweisen* (OLG Saarbrücken, TranspR **1978**, 13; OLG Hamburg v. 23.6.1983, VersR **1984**, 57), wenn er sich auf ihn beruft. Der Umstand, daß der Spediteur einen Betrag fordert, der ohne Aufschlüsselung die Summe aus ortsüblicher Provision, gewöhnlicher Fracht und Kosten ausmacht oder sogar darüber liegt, spricht für Selbsteintritt. Dies gilt vor allem dann, wenn mit dem vom Spediteur beauftragten Unternehmer eine Vergütung vereinbart worden ist, die unter den gewöhnlichen Kosten liegt (OLG München v. 12.4.1990, TranspR **1990**, 280, 284). Auch das mangelnde Provisionsverlangen spricht für Selbsteintritt (OLG München v. 12.4.1990, TranspR **1990**, 280, 284).

D. Rechtsfolgen des Selbsteintritts

I. Allgemeines

Ähnlich wie bei der Kommission führt der Selbsteintritt beim Speditions- **8**
vertrag zu einem Nebeneinander von Speditionsrecht und Frachtrecht. Der Spediteur ist auch nach dem Selbsteintritt Geschäftsbesorger (§ 408 HGB Rz. 2). Er hat den Versender so zu behandeln, als ob dieser nach Abtretung der Ansprüche des Spediteurs gegen den Frachtführer (§ 407 HGB Rz. 5, 54) unmittelbar gegen den Frachtführer vorgehen könnte. Frachtrecht verdrängt somit Speditionsrecht nur, soweit dies nötig ist, um den Versender wirtschaftlich in die gleiche Position zu versetzen, in der er im Fall eines Ausführungsgeschäftes mit einem Dritten (§ 407 HGB Rz. 5) stünde.

II. Pflichten des selbsteintretenden Spediteurs

1. Speditionelle Pflichten

Der Spediteur hat die Interessen des Versenders zu wahren (§ 408 I HGB), **9**
insbesondere das Gut zu untersuchen (§ 407 HGB Rz. 45), Beweise zu sichern (§ 407 HGB Rz. 45), den Empfang zu quittieren (§ 407 HGB Rz. 45), Zwischenspediteure einzuschalten (§ 407 HGB Rz. 47), das Gut zu schützen, zu deklarieren, für die notwendigen Begleitpapiere zu sorgen (§ 407 HGB Rz. 49) und zu verzollen (§ 407 HGB Rz. 55). Er haftet bei Pflichtverstößen nach den allgemeinen speditionsrechtlichen Regeln (§ 408 HGB Rz. 5 ff).

2. Frachtrechtliche Pflichten

a) Zwingende Verweisung. Die Transportpflichten, die Pflichten zur **10**
Zwischenlagerung, insbesondere aber die Pflicht zur Schadensersatzleistung

divergieren stark, je nachdem, für welche Strecke welches Frachtrecht anzuwenden ist (Einl. Rz. 1 ff; § 412 HGB Rz. 4). Soweit § 412 II HGB auf *zwingendes Frachtrecht* verweist (beachte § 1V KVO), ist auch § 412 HGB nach h. M. unabdingbar (vgl. BGH, NJW **1982**, 1946; **1982**, 1944; v. 10.10.1985, TranspR **1986**, 70; OGH Wien, TranspR **1982**, 80; *Staub/Helm*, HGB, §§ 412, 413 Rz. 5 m.Nachw. zum Streitstand); denn der Spediteur, der selbst befördert, kann nicht besser gestellt werden als ein normaler Frachtführer (BGHZ **38**, 150, 154). Dem ist im Ergebnis, nicht jedoch ganz in der Begründung, zu folgen. § 412 II HGB ist nach der hier vertretenen Auffassung deshalb unabdingbar, weil § 412 II HGB letztlich nur die zwingenden Grundsätze über die Behandlung von Typenkombinationsverträgen wiedergibt (eingehend dazu *Koller*, VersR **1987**, 1058, 1062). Dort, wo § 412 II HGB *auf dispositives Frachtrecht* verweist (z. B. §§ 425 ff HGB (beachte § 1V KVO; dazu auch § 413 HGB Rz. 5), ferner zum Teil §§ 474 ff HGB (OLG Hamburg v. 12.1.1984, VersR **1984**, 1090; OLG Köln v. 15.8.1985, TranspR **1986**, 74; *Bayer*, VersR **1985**, 1110) sowie §§ 1 ff BinSchG, §§ 1 ff LuftVG) wird allerdings das Frachtrecht, soweit es abdingbar ist, in der Regel durch AGB, insbesondere die ADSp und AGNB, verdrängt (für Verdrängung der Verweisungsnorm OLG Köln v. 15.8.1985, TranspR **1986**, 74).

11 **b) Maßgebliches Frachtrecht. aa) Vereinbarte Transportart und -wege.** Haben die Parteien die Transportart und/oder -wege vereinbart oder hat der Versender bindende Weisungen erteilt (§ 408 HGB Rz. 3), so darf der Spediteur im Falle des Selbsteintritts hiervon nicht abweichen. Tut er es dennoch, so kann der Versender die Ausführung zurückweisen (§ 408 HGB Rz. 8) und/oder Schadensersatz verlangen (§ 408 HGB Rz. 8). Der Spediteur hat dann den Versender so zu stellen, als ob das Gut vereinbarungs- bzw. weisungsgemäß befördert worden wäre. Kann er nicht beweisen, daß der Schaden bei vereinbarungsgemäßem Transport ebenfalls eingetreten wäre, so haftet er nach dispositivem Recht uneingeschränkt (§ 408 HGB Rz. 8); in aller Regel kommen allerdings *Freizeichnungsklauseln*, insbesondere der ADSp, zum Tragen. Im Bereich zwingenden Transportrechts (KVO, CMR, WA, zum Teil LuftVG, §§ 474 ff HGB) kann der Spediteur auch zwingend nach dem für die ausgeführte Beförderung maßgeblichen Recht (vgl. § 425 HGB Rz. 2) haften. Voraussetzung ist freilich, daß der Versender nicht von seinem Zurückweisungsrecht Gebrauch gemacht hat. Steht dem Versender die Möglichkeit offen, die Ausführung zurückzuweisen oder Schadensersatz nach Frachtrecht zu verlangen, so ist davon auszugehen, daß er die ihm günstigste Variante wählt. Greift die Haftungsbeschränkung der ADSp ein und verlangt der Versender nicht vom Speditionsversicherer sondern vom Spediteur selbst Ersatz, so ist zu unterstellen, daß der Versender die Ausführung nicht zurückgewiesen, aber auch nicht genehmigt hat, sondern nur Ersatz nach Frachtrecht fordert. Der Versender kann daher noch nachträglich von seinem Zurückweisungsrecht Gebrauch machen (ebenso in der Tendenz BGH v. 13.10.1983, VersR **1984**, 680, 681; OLG Düsseldorf v. 30.6.1983, TranspR **1984**, 130, 131). Transportiert der Spediteur im Einklang mit der Weisung des Versenders, so gilt nach der hier vertretenen Ansicht das Recht des benutzten Transportweges bzw. der eingeschlagenen Transportart (Rz. 4, 12 f), das unter Umständen abbedungen ist (Rz. 10).

bb) Teilweiser Selbsteintritt und Kombination von Transportformen (multimodaler Verkehr). Die Rechtsprechung hat das Problem des teilweisen Selbsteintritts und des multimodalen Verkehrs (siehe Abschnitt I „Multimodaler Transport“) im Rahmen des § 412 HGB aber auch des § 413 HGB mehrfach mit Hilfe der sog. **Gesamtbetrachtung** gelöst. An sich liegt es nahe, im Fall des teilweisen Selbsteintritts § 412 HGB ausschließlich auf die Selbsteintrittsstrecke abzustellen und im Fall des multimodalen Verkehrs die für die jeweiligen eingesetzten Transportmittel vorgesehenen Frachtrechte in der Reihenfolge ihrer vertragsgemäßen Benutzung anzuwenden (vgl. BGH v. 24.6.1987, VersR **1987**, 1212, 1213; v. 17.10.1985, TranspR **1986**, 115, 116 m. Anm. *Herber*). Die ältere Rechtsprechung des BGH und die überwiegende Zahl der Instanzgerichte postulierten dagegen, daß für die gesamte Strecke nur ein einheitliches Frachtrecht maßgeblich sein dürfe, das im Wege der Gesamtbetrachtung zu ermitteln sei. Das Wesen der Gesamtbetrachtung ist nicht ganz klar. Zum Teil steht die auf den Vertrag gestützte Erwartung des Versenders im Vordergrund, daß eine bestimmte Art der Haftung existiert (BGH v. 13.10.1983, VersR **1984**, 680; wohl OLG Köln v. 15.11.1982, VersR **1983**, 486, 487; OLG Nürnberg v. 1.12.1988, VersR **1990**, 69; unklar BGH, NJW **1972**, 866), zum Teil wird die Testfrage gestellt, welches Frachtrecht anzuwenden gewesen wäre, wenn der Transport vom Versender bis zum Endempfänger von einem einzigen Frachtführer übernommen worden wäre (BGH, NJW **1972**, 866; v. 23.6.1978, VersR **1978**, 946; NJW **1982**, 1944; OLG Köln v. 15.11.1982, VersR **1983**, 486, 487; OLG Köln v. 15.11.1982, TranspR **1984**, 35, 37; OLG Nürnberg v. 10.12.1981, TranspR **1984**, 177, 178). Zum Teil wird auf den Schwerpunkt des Transports im Sinne der längsten Strecke abgehoben und das für den Schwerpunkt maßgebliche Frachtrecht auf alle Teilstrecken, unabhängig davon, mit welchen Transportmitteln befördert worden war, angewandt (BGH, NJW **1982**, 1943; OLG Düsseldorf v. 13.7.1978, VersR **1978**, 1016; LG/OLG Bremen, VersR **1986**, 1120; wohl auch BGH v. 4.5.1979, VersR **1979**, 811). So wurde bei teilweisem Selbsteintritt die KVO herangezogen, weil sich der Transport bei Gesamtbetrachtung als KVO-Transport darstelle (BGH, NJW **1963**, 106), ebenso dort, wo das Gut als Sammelladung und auf dem größten Teil der Strecke mit eigenem Lkw des Spediteurs befördert (BGH, NJW **1972**, 866) oder die Gesamtstrecke in Etappen aufgeteilt worden war (OLG Köln v. 15.11.1982, TranspR **1984**, 35, 37) oder der Spediteur einen Teil der Strecke im Wege des Selbsteintritts und die Reststrecke im Weg der Sammelladung durch Fremdunternehmen bewältigt hatte (BGH v. 23.6.1978, VersR **1978**, 946). Auf diese Weise wurden auch der speditionelle *Vorlauf* (BGH v. 23.6.1978, VersR **1978**, 946; NJW **1982**, 1944; OLG Düsseldorf v. 13.7.1978, VersR **1978**, 1016; abw. BGH v. 9.5.1985, TranspR **1986**, 13; v. 17.10.1985, TranspR **1986**, 115, 116) und *Nachlauf* (BGH v. 4.5.1979, VersR **1979**, 811; OLG Köln v. 15.11.1982, VersR **1983**, 486, 487; OLG Nürnberg v. 10.12.1981, TranspR **1984**, 177, 178; abw. BGH v. 17.10.1985, TranspR **1986**, 115, 116) oder Teilstrecken, die auf Rechnung des Spediteurs tätige Fremdunternehmen übernommen hatten, dem schwerpunktmäßig geltenden Frachtrecht unterstellt (OLG Düsseldorf v. 13.11.1980, VersR **1982**, 89; OLG Hamburg v. 8.10.1981, VersR **1982**, 342). Diese Rechtsprechung hat inzwischen durch § 1 V KVO (dazu § 1 12

KVO Rz. 5) stark *an Bedeutung verloren;* denn das aufgrund der Gesamtbetrachtungs- und Schwerpunktlehre maßgebliche Frachtrecht wird dort, wo es dispositiv ist, regelmäßig weitgehend durch AGB, insbesondere die ADSp, verdrängt. Die Schwerpunkt- und Gesamtbetrachtung spielte somit nur dort eine wesentliche Rolle, wo das Frachtrecht zwingender Natur ist (z. B. KVO, soweit Transport mit eigenen Fahrzeugen (näher § 1 V KVO Rz. 5)). In neueren Entscheidungen (BGH v. 24.6.1987, VersR **1987**, 1212, 1213; v. 17.10.1985, TranspR **1986**, 115, 117) ist der **BGH von der Gesamtbetrachtung abgerückt** mit dem Ergebnis, daß grundsätzlich nur das Recht der Teilstrecke anzuwenden ist, auf der der Schaden entstanden ist (*Herber,* TranspR **1986**, 118, 119; **1987**, 452).

Die Rechtsprechung zur Gesamtbetrachtung wurde heftig *kritisiert.* Man wandte ein, daß die Ziele der Rechtsprechung nicht klar ersichtlich seien und daß keine exakten Abgrenzungskriterien genannt werden (*Staub/Helm,* HGB, §§ 412, 413 Rz. 55). Außerdem wurde vorgebracht, daß die Gesamtbetrachtungslehre unwirtschaftliche Doppelversicherungen begünstige, da der Versender angesichts der Unsicherheit der Haftungsverhältnisse regelmäßig eine Transportversicherung zeichnen werde und der Regreß der Transportversicherung beim Spediteur, der sich selbst haftpflichtversichern müsse, häufig nur unzulängliche Schadensverhütungsanreize entfalten werde (vgl. *Temme,* VersR **1984**, 813, 815 sowie die Beiträge in: *Herber,* Haftung im kombinierten Verkehr (1986)). Schließlich drohe eine Verkürzung der Rechte des Versenders, wenn der Spediteur nach den Regeln der Gesamtbetrachtung nach dem milderen Recht hafte, obwohl der Schaden auf einer Strecke aufgetreten sei, für die eine schärfere Haftung gelte (*Staub/Helm,* HGB, §§ 412, 413 Rz. 57).

13 **Stellungnahme:** Der Kritik an der Gesamtbetrachtung ist einzuräumen, daß die ältere Rechtsprechung sowohl im dogmatischen Ansatz als auch im praktischen Ergebnis nicht voll zu überzeugen vermag. Das heißt freilich nicht, daß sie gänzlich verfehlt wäre. Man darf nur nicht das Ziel verfolgen, dem Versender Gewißheit darüber verschaffen zu wollen, welche Haftungsordnung zum Tragen kommen wird. Wenn der Versender sicher sein will, daß ein bestimmtes und nur ein einziges Haftungsregime eine Rolle spielt, so muß er dem Spediteur die entsprechenden Weisungen erteilen. Derartige Weisungen können stillschweigend gegeben werden, so z. B. dadurch, daß der *Versender* deutlich macht, daß er mit einer *bestimmten Haftung rechne* (vgl. OLG Köln v. 15.11.1982, VersR **1983**, 486, 487; *Alff,* Fracht-, Lager- und Speditionsrecht, § 413 HGB Rz. 13; vgl. auch BGH v. 13.6.1985, VersR **1985**, 1035, 1036, wonach der Versender im Zweifel nicht auf die durchgängige KVO-Haftung vertrauen darf). Geschäftsungewandte Versender hat der Spediteur über die zu erwartenden Haftungsverhältnisse *aufzuklären* (§ 412 HGB Rz. 9, § 407 HGB Rz. 38 ff).

Soweit der Versender mit dem Einsatz verschiedener Transportmittel oder mit einem partiellen Selbsteintritt rechnen muß, ist sowohl beim teilweisen Selbsteintritt als auch beim Einsatz verschiedener Transportmittel davon auszugehen, daß ein *typengemischter Vertrag* zustandekommt. Beim teilweisen Selbsteintritt setzt sich der Vertrag dann aus Elementen des Speditionsvertrages und des jeweils einschlägigen Frachtvertrages zusammen. Tritt der Spediteur selbst ein, um das Gut mit mehreren verschiedenen Transportmitteln zu befördern, so wandelt sich der Speditionsvertrag teilweise in einen Frachtvertrag um, der entsprechend den eingesetzten Transportmitteln Elemente der Sonderfrachtverträge kombiniert. Es liegt dann in Hinblick auf die frachtrechtliche Problematik ein im Abschnitt „Multimodaler Verkehr" erläuterter multimodaler Beförderungsvertrag vor.

Nach den Regeln des gemischten Vertrages (vgl. *Palandt/Heinrichs,* BGB, vor § 305 Anm. 5c) ist es keineswegs so, daß gemischte Verträge immer nur den Regeln eines Vertragstyps unterworfen sind. Vielmehr sind grundsätzlich für jede Leistung die Vorschriften des entsprechenden Vertragstyps heranzuziehen. Der BGH hat daher in seiner Entscheidung vom 24.6.1987 (NJW **1988**, 640) zutreffend angenommen, daß sich die Haftung bei bekanntem Schadensort nach der unter Umständen zwingenden Haftungsordnung der Teilstrecke richtet, auf der der Schaden eingetreten ist. In den Fällen, in denen der Schadensort unbekannt ist, ist im Wege der Rechtsanalogie aus den verschiedenen in Betracht kommenden Haftungsnormen eine Haftung für vermutetes Verschulden abzuleiten (BGH, NJW **1988**, 640, 642f) bzw. eine verschuldensunabhängige Haftung, wenn nach allen in Betracht kommenden Teilstreckenrechten ohne Verschulden gehaftet wird. Es ist dann Sache des Spediteurs, darzutun und zu beweisen, welche spezialgesetzlichen Haftungsbegrenzungsnormen eingreifen (näher dazu Abschnitt „Multimodaler Verkehr" Rz. 7). Die Gesamtbetrachtung wird dadurch nicht obsolet. Sie kann dort eine Rolle spielen, wo es übergreifende Fragen zu lösen gilt (näher dazu Abschnitt „Multimodaler Verkehr" Rz. 8).

cc) Transportart und -weg im Ermessen des Spediteurs. Soweit der Spe- 14
diteur sein Ermessen pflichtgemäß (oben Rz. 3) ausgeübt hat, ist demnach grundsätzlich das Frachtrecht des jeweils ausgeführten Transportabschnitts anzuwenden (BGH v. 17.10.1985, TranspR **1986**, 115, 117 m. Anm. *Herber*; NJW **1988**, 640; *Konow,* DB **1987**, 1877, 1879, dazu Rz. 4). Es gelten die oben (Rz. 13) entwickelten Grundsätze. Es ist Sache des Spediteurs, darzulegen und zu beweisen, mit welchen Transportmitteln auf welcher Strecke das Gut befördert worden ist.

III. Rechte des Spediteurs

1. Provision und regelmäßige Kosten (§ 412 II HGB)

Der Spediteur behält auch im Fall des Selbsteintritts seinen Provisionsan- 15
spruch (§ 409 HGB). Darüber hinaus kann er als Kosten diejenigen *Aufwendungen* (§ 407 HGB Rz. 59) geltend machen, die im Fall der Ausführung durch einen Frachtvertrag mit Dritten (§ 407 HGB Rz. 5) typischerweise anfallen. Außergewöhnliche Kosten für auf eigene Rechnung geschlossene Geschäfte darf er nicht auf den Versender abwälzen (vgl. *Staub/Koller,* HGB, § 403 Rz. 6; str.). Soweit der Spediteur auf Rechnung des Versenders tätig geworden ist (§ 407 HGB Rz. 9), gelten die allgemeinen Regeln der Geschäftsbesorgungsspedition (§ 407 HGB Rz. 59ff).

2. Fracht

16 Der Spediteur, der selbst eintritt, wendet entweder, weil er selbst transportiert, gar keine Fracht oder bei Einschaltung Dritter Fracht auf eigene Rechnung auf. Unabhängig von der Höhe der Selbstkosten darf der Spediteur (nur) die gewöhnliche Fracht, d. h. die Fracht berechnen, die im Moment des Selbsteintritts am Markt üblicherweise gezahlt wird. Zu den Fällen, in denen eine gewöhnliche Fracht nicht feststellbar ist oder das Deckungsgeschäft zu einer niedrigeren als der gewöhnlichen Fracht abgeschlossen wurde, oben Rz. 3.

§ 413 HGB [Spedition zu festen Spesen; Sammelladung]

(1) **Hat sich der Spediteur mit dem Versender über einen bestimmten Satz der Beförderungskosten geeinigt, so hat er ausschließlich die Rechte und Pflichten eines Frachtführers. Er kann in einem solchen Falle Provision nur verlangen, wenn es besonders vereinbart ist.**

(2) **Bewirkt der Spediteur die Versendung des Gutes zusammen mit den Gütern anderer Versender auf Grund eines für seine Rechnung über eine Sammelladung geschlossenen Frachtvertrages, so finden die Vorschriften des Absatzes 1 Anwendung, auch wenn eine Einigung über einen bestimmten Satz der Beförderungskosten nicht stattgefunden hat. Der Spediteur kann in diesem Falle eine den Umständen nach angemessene Fracht, höchstens aber die für die Beförderung des einzelnen Gutes gewöhnliche Fracht verlangen.**

Übersicht

	Rz.
A. Allgemeines	1
B. Fixkostenspedition (§ 413 I HGB)	2
I. Voraussetzungen	
1. Speditionsvertrag	2
2. Bestimmter Satz der Beförderungskosten	3
II. Rechtsfolgen	
1. Pflichten des Spediteurs	
a) Pflichten nach Frachtrecht	4
b) Speditionelle Pflichten	6
2. Rechte des Spediteurs	7
C. Sammelladungsspedition	
I. Voraussetzungen	
1. Speditionsvertrag	8
2. Berechtigung und Pflicht zur Sammelversendung	9
3. Bewirkung der Versendung	10
4. Zusammen mit Gütern anderer Versender	11
5. Frachtvertrag mit einem Dritten	12
6. Ende der Sammelversendung	12a
II. Rechtsfolgen	
1. Pflichten des Spediteurs	13
2. Rechte des Spediteurs	14

Literatur: siehe bei § 412 HGB.

A. Allgemeines

1 § 413 HGB umfaßt zwei in ihren Wesen verschiedene Tatbestände: Die **Fixkostenspedition** (§ 413 I HGB) hat das Gesetz voll dem Frachtrecht unterstellt, um Interessenkonflikte zu Lasten des Versenders auszuschließen

(*Lutz,* Protokolle der Kommission zur Berathung eines ADHGB (1858), S. 777, 1223; *Koller,* VersR **1987**, 1058, 1060 ff; *Heuer* in: Der Spediteur als Frachtführer, Schriftenreihe der DVWG, S. 38f; BGH, NJW **1976**, 1029, 1030; kritisch *Runge,* TranspR **1982**, 34, 35; vgl. auch *Herber,* VersR **1981**, 983, 994 f); denn es ist zu befürchten, daß ein Spediteur, der wie ein normaler Geschäftsbesorgungsspediteur nur für Auswahlverschulden haftet, im Interesse eines möglichst hohen eigenen Gewinns zwar preisgünstige, aber wenig zuverlässige und solvente Frachtführer einsetzt. Außerdem wollte der HGB-Gesetzgeber die Fixkostenspedition als Mischform des Speditions- und Frachtvertrages zur Vereinfachung der Rechtslage einheitlich dem Frachtvertrag als demjenigen Vertragstyp unterstellen, der der Fixkostenspedition am nächsten steht. Auf diese Weise sollte eine scharfe Abgrenzung zwischen Fixkostenspedition und Frachtvertrag überflüssig werden (Denkschrift zum Entwurf eines HGB (1896), S. 262; *Koller,* VersR **1987**, 1058, 1061).

Die sog. **Sammelladungsspedition** (§ 413 II HGB) ist eine Mischform der Selbsteintritts- (§ 412 HGB) und der Fixkostenspedition (BGH, NJW **1972**, 866; *Schlegelberger/Schröder,* HGB, § 413 Rz. 7: Sonderform des Selbsteintritts; *Koller,* VersR **1987**, 1058, 1060: Mischform; **a. A.** *Staub/Helm,* HGB, §§ 412, 413 Rz. 127; *Becker,* VersR **1972**, 814, 815). Im Unterschied zum normalen Selbsteintritt (§ 412 HGB) schreibt § 413 I HGB vor, daß ausschließlich Frachtrecht anzuwenden ist. Im Fall der Sammelladungsspedition gilt dies nach h. M. vom Zeitpunkt des Bewirkens der Versendung an. Speditionelle Pflichten sind als Nebenpflichten des Frachtvertrages denkbar (Rz. 6).

B. Fixkostenspedition (§ 413 I HGB)

I. Voraussetzungen

1. Speditionsvertrag

S. Erl. zu § 407 HGB Rz. 3 ff. 2

2. Bestimmter Satz der Beförderungskosten

Die Parteien müssen sich in Abweichung von § 407 HGB aufwandsunab- 3
hängig über die Höhe der Vergütung des Spediteurs für die Organisation und Durchführung des Transports geeinigt haben. Entscheidend ist, daß sich aus der Art der Vergütungsabrede ergibt, daß der Spediteur das Geschäft im wesentlichen auf *eigene Rechnung* und nicht auf Rechnung des Versenders führen soll (*Koller,* VersR **1988**, 556, 557). Es genügt daher, daß die Vergütung pro beförderter Einheit (BGHZ **65**, 340; BGH, NJW **1972**, 1003; v. 30.6.1978, VersR **1978**, 935; OLG Hamburg v. 31.1.1985, TranspR **1985**, 172, 173) oder pro Transportabschnitt (BGH v. 14.6.1982, VersR **1982**, 845) vereinbart wird oder der Versender weiß, daß der Spediteur seinen Verdienst ausschließlich aus einer mit dem Frachtführer vereinbarten Provision zieht. Die Fixkostenvereinbarung kann *stillschweigend* zustandekommen, z. B., falls der Versender nach den Umständen z. B. aufgrund der Geschäftsverbindung eine pauschalierte Rechnung erwarten darf. Die Höhe der Fixkosten ergibt

sich dann aus § 354 HGB bzw. § 315 BGB. Die Vereinbarung „üblicher Sätze" ist eine Fixkostenvereinbarung, wenn feste Sätze üblich sind (**a. A.** OLG Düsseldorf v. 8.6.1989, TranspR **1990,** 30, 31). Eine Verpflichtung, das Gut zu transportieren, darf jedoch nicht gewollt sein, da dann ein Frachtvertrag geschlossen wird (§ 407 HGB Rz. 17 ff). Die Fixkostenvereinbarung muß sich nicht auf die ganze Transportstrecke beziehen (OLG Düsseldorf v. 13.7.1978, VersR **1978**, 1016); sie muß auch nicht von zwingenden Tarifen abweichen (BGH v. 21.11.1975, VersR **1976**, 433, 435; **a. A.** OLG Frankfurt, TranspR **1979**, 18) und sie kann auch für Nebentätigkeiten des Spediteurs Aufwendungsersatz und Provision vorsehen, sofern dadurch das Handeln des Spediteurs auf eigene Rechnung nicht im Kern in Frage gestellt wird (BGH v. 21.11.1975, VersR **1976**, 433, 435; OLG Hamburg v. 3.11.1983, VersR **1984**, 263f; OLG Düsseldorf v. 13.7.1978, VersR **1978**, 1016; OLG Frankfurt v. 27.11.1987, RIW **1989**, 226, 227; abw. *Schlegelberger/Schröder,* HGB, § 413 Rz. 3). Preisvorbehalte und Preisgleitklauseln sprechen ebenfalls nicht gegen eine Fixkostenabrede (BGH v. 14.6.1982, VersR **1982**, 845, 846). Zur Tarifbindung § 22 GüKG Rz. 3 ff, 14. *Keine Fixkosten* werden vereinbart, wenn Eisenbahntarife zuzüglich eines Zuschlags verabredet werden (OLG Hamburg v. 29.9.1983, VersR **1984**, 773, 774) oder wenn lediglich die Frachtkosten, die als Aufwendungen (§ 407 HGB Rz. 59) in Rechnung gestellt werden dürfen, nach oben begrenzt werden (§§ 407 II, 387 HGB; OLG Hamburg v. 3.11.1983, TranspR **1984**, 291) oder wenn nur die an den zu beauftragenden Frachtführer zu bezahlende Fracht in dieser Höhe fest vereinbart und daneben eine besondere Spediteurvergütung vereinbart wird (LG Hamburg v. 10.12.1986, TranspR **1987**, 399, 400; anders, wenn Spediteur in Hinblick auf die Fracht auf eigene Rechnung handeln darf). Die Fixkostenabrede muß grundsätzlich bei Abschluß des Speditionsvertrages getroffen werden. Eine *spätere Fixkostenvereinbarung* stellt eine Vertragsänderung dar, die rückwirkend zur Anwendung des § 413 I HGB führt, selbst wenn der Transport bereits abgewickelt worden ist (*Koller,* VersR **1988**, 556, 557; **a. A.** OLG Düsseldorf v. 11.10.1990, TranspR **1990,** 440, 441; *Schlegelberger/Schröder,* HGB, § 413 Rz. 2c; *Andresen/Pollnow,* in *Hein/Eichhoff/Pukall/Krien,* Güterkraftverkehrsrecht Nr. P 110, § 1 KVO Anm. 6: nur bis zur Übergabe des Gutes; **a. A.** *Staub/Helm,* HGB, §§ 412, 413 Rz. 116). Wird nach Abwicklung des Transports der Speditionsvertrag durch eine Fixkostenabrede modifiziert, so besteht auf den ersten Blick zwar nicht mehr die Gefahr, daß der Versender durch Einschaltung billiger, aber weniger zuverlässiger Frachtführer benachteiligt wird (oben Rz. 1). Der Spediteur kann aber in Hinblick auf eine nachträgliche Fixkostenabrede schon faktisch auf eigene Rechnung gehandelt haben. Um das daraus resultierende Risiko einzufangen, ist es sachgerecht, § 413 I HGB wörtlich auszulegen. Die Gefahr einer Manipulation durch den Spediteur besteht nicht, da nach den Grundsätzen der Vertragsfreiheit weder Versender noch Spediteur zustimmen müssen und Interessen Dritter nicht tangiert sind. Die bloße nachträgliche Ausstellung einer *Rechnung über einen Pauschalbetrag* führt nicht zur Anwendbarkeit des § 413 I HGB (OLG Düsseldorf v. 11.10.1990, TranspR **1990,** 440, 442), auch wenn man in der Hinnahme der Rechnung oder Bezahlung eine Zustimmung sehen wollte (einschränkend *Staub/Helm,* HGB, §§ 412, 413, Rz. 103, 117), da die pauschalierte Rechnung auch lediglich vertragswidrig sein kann oder ein Angebot auf Verzicht auf Rechnungslegung enthalten kann (*Koller,* VersR **1988**, 556, 557; die pauschalierte Rechnung oder eine Rechnung mit dem Vermerk „Fracht laut Vereinbarung“ und das Fehlen einer Provision ist allerdings ein starkes Indiz für eine von Anfang an getroffene Fixkostenvereinbarung; BGH v. 21.11.1975, VersR **1976,** 433, 435; OLG Düsseldorf v. 23.11.1989, TranspR **1990,** 63, 64). Außerdem darf nicht ohne konkrete Anhaltspunkte angenommen werden, daß der Spediteur, der die Aufwendungen nicht detailliert auflistet, sich später einer verschärften Haftung unterwerfen will. Die **Beweislast** für die Vereinbarung eines festen Satzes trägt derjenige, der hieraus Rechte oder Einwendungen ableitet (OLG Düsseldorf v. 8.6.1989, TranspR **1990,** 30, 31).

II. Rechtsfolgen

1. Pflichten des Spediteurs

a) Pflichten nach Frachtrecht. Der Spediteur hat gemäß § 413 I HGB ausschließlich die Pflichten eines Frachtführers auf der Beförderungsstrecke, auf die sich die Fixkostenabrede bezieht (OLG Hamburg v. 18.5.1989, TranspR **1990**, 188, 189). § 413 I HGB verweist auf das Frachtrecht, insbesondere auf die Haftungsnormen der **vereinbarten** Transportart (vgl. Einleitung, Rz. 4 ff; zum vertragswidrigen Transport s. § 425 HGB Rz. 2) oder, falls nichts vereinbart worden war, auf das jeweilige Frachtrecht der konkret **ausgeführten Transportart** (es gelten die zu § 412 HGB Rz. 14 entwickelten Grundsätze; OGH Wien v. 25.4.1984, TranspR **1985**, 265; **a. A.** *Bischof,* VersR **1981**, 708, 710). Demnach verweist § 413 HGB z. B. im Fall des **Güternahverkehrs** (§ 2 GüKG) auf die §§ 425 ff HGB, im Fall des **Güterferntransports** mit Lkw (§§ 3, 4 GüKG) auf die KVO, im Fall des **grenzüberschreitenden Lkw-Transports** auf die CMR (BGH, NJW **1972**, 1003; zuletzt BGH v. 29.11.1984, VersR **1985**, 258f; s. auch Art. 1 CMR Rz. 2f), im Fall des **Seetransports** auf die §§ 474 ff HGB (BGHZ **84**, 257, 259; BGH v. 14.12.1988, VersR **1989**, 309; *Schmidt,* TranspR **1987**, 165 m. Nachw.; **a. A.** *Bischof,* VersR **1988**, 225; *Schneider,* TranspR **1987**, 329 [zur Frage, ob die zwingende Haftung nach Seefrachtrecht die Ausstellung eines Konnossements durch den Spediteur voraussetzt *Schneider,* TranspR **1987**, 329, 330; *Schmidt,* TranspR **1988**, 105]), im Fall der **Binnenschiffahrtsbeförderung** auf das BinSchG (BGH v. 12.12.1960, VersR **1961**, 170f), im Fall des **Lufttransports** grundsätzlich auf das LuftVG bzw. das WA (BGH v. 10.10.1985, VersR **1986**, 285; OLG Hamburg v. 27.3.1980, VersR **1980**, 827). Vgl. auch § 412 HGB Rz. 4. Eine **Ausnahme** gilt nach h. M. für den **Eisenbahntransport**, auf den die §§ 425 ff HGB anwendbar sein sollen (BGH v. 27.5.1957, VersR **1957**, 503, 504; OLG Hamburg v. 26.11.1979, VersR **1980**, 277; OLG Karlsruhe v. 11.11.1983, TranspR **1983**, 146, 147; *Bischof,* VersR **1976**, 305, 307; *Konow,* DB **1987**, 1877; **a. A.** *Staub/Helm,* HGB, §§ 412, 413 Rz. 13; *Baumhöfener,* VersR **1974**, 589; *Herber,* TranspR **1986**, 118, 119). Diese Ausnahme entbehrt heute, nachdem das faktische Monopol der Bahn untergegangen ist, der inneren Berechtigung (vgl. § 412 HGB Rz. 4). 4

Die Rechtsprechung hat in einer Reihe von Fällen Transportvorgänge, die in mehreren Abschnitten vorgenommen wurden, sei es mit verschiedenen Transportmitteln, sei es aufgrund einer Begrenzung der Fixkostenabrede (Fixkostenvereinbarung bezieht sich nur auf Teilstrecke; oben Rz. 3), einem einheitlichen Frachtrecht unterworfen (**Gesamtbetrachtungs- bzw. Schwerpunktlehre**; dazu eingehend § 412 HGB Rz. 12f). Zur Kritik dieses Ansatzes und zur sachgerechten Lösung der durch eine Zerstückelung des Transportes bzw. durch die Kombination von Transportmitteln aufgeworfenen Probleme s. § 412 HGB Rz. 13.

5 Die Verweisung auf das Frachtrecht ist nach h. M. **zwingend**, wenn die frachtrechtlichen Normen zwingender Natur sind (BGHZ **38**, 150; BGH v. 10.10.1985, VersR **1986**, 285; v. 29.11.1984, VersR **1985**, 258; NJW **1982**, 1946; NJW **1979**, 2470; NJW **1976**, 1029, 1030; NJW **1972**, 866; **1972**, 1003; *Schmidt,* TranspR **1987**, 165, 166 m. Nachw.; vgl. auch § 412 HGB Rz. 10). Man begründet dies damit, daß der Fixkostenspediteur sein eigentliches Tätigkeitsgebiet, die Tätigkeit auf fremde Rechnung, verlassen habe und auf eigene Rechnung tätig werde und wegen dieser andersartigen Stellung wie ein Frachtführer zu behandeln sei. Dies wird verbreitet als dogmatisch unhaltbar qualifiziert (*Bischof,* VersR **1976**, 305; VersR **1981**, 539, 708; **1988**, 225, 228; *Schneider,* TranspR **1987**, 329; *Lengtat,* VersR **1985**, 210, 211; *de la Motte* in: Der Spediteur als Frachtführer (1979), S. 51; w. Nachw. zum Streitstand *Staub/Helm,* HGB, §§ 412, 413 Rz. 5).

Stellungnahme: Der Rechtsprechung ist im Ergebnis weitgehend zu folgen. § 413 I HGB knüpft an die Tatsache an, daß die Fixkostenabrede den Speditionsvertrag als fremdnützigen Geschäftsbesorgungsvertrag mit wesentlichen Elementen des Frachtvertrages verbindet, da der Frachtführer ebenso wie der Fixkostenspediteur auf eigene Rechnung handelt (vgl. oben Rz. 1; eingehend *Koller,* VersR **1987**, 1058, 1060 ff). Der Praktikabilität wegen erklärt § 413 I HGB auf die Fixkostenspedition als typengemischten Vertrag ausschließlich Frachtrecht für anwendbar, also auch in Hinblick auf solche Fragen, die beim konkreten Vertrag überwiegend speditionsrechtlich geprägt sind. Diese generalisierende Regelung des § 413 I HGB ist dispositiver Natur. Wird § 413 I HGB abbedungen, so herrscht allerdings nicht volle Vertragsfreiheit. Vielmehr treten an seine Stelle die zwingenden Grundsätze der Behandlung typengemischter Verträge (*Koller,* VersR **1987**, 1058, 1059, 1062). Ihnen zufolge muß sich der Fixkostenspediteur insoweit als Frachtführer behandeln lassen, als der Fixkostenspeditionsvertrag wegen des dem Fixkostenspediteur gestatteten Handelns auf eigene Rechnung schwerpunktmäßig Züge der Frachtführertätigkeit trägt. Dies ist insbesondere in Hinblick auf die Haftung, das Weisungsrecht und die Rechte des Empfängers der Fall (*Koller,* VersR **1987**, 1058, 1065). Sind die frachtrechtlichen Normen *zwingender Natur,* so finden diese Vorschriften den Grundsätzen über die Behandlung typengemischter Verträge zufolge auch zwingend auf den Fixkostenspeditionsvertrag Anwendung, falls nach dem Schutzzweck der zwingenden Frachtnormen auch der Versender im Rahmen von Fixkostenspeditionsverträgen geschützt werden soll (*Koller,* VersR **1987**, 1058, 1063) oder sonstige Gründe (z. B. wirtschaftspolitischer Natur) die Ausdehnung der zwingenden Geltung der Frachtrechtsnormen auf gemischte Verträge gebieten. Dies ist z. B.

bei der *CMR* (*Koller,* VersR **1987**, 1058, 1063), aber auch bei der *GüKUMT* und der *KVO* (vgl. § 20 II GüKG) zu bejahen (ebenso i. E. *Diehl,* Pflichten des Spediteurs, aaO, S. 27). Verweist § 413 I HGB auf dispositives Frachtrecht (insbes. §§ 425 ff HGB, BinSchiffG), so kommen dagegen regelmäßig die ADSp zum Tragen. Der Spediteur darf nicht schlechter als ein Frachtführer gestellt werden, der Verträge auf der Grundlage seiner AGB abschließt (ebenso i. E. OLG Köln v. 15.8.1985, TranspR **1986**, 194, 196). Besonders zu beachten ist, daß *§ 1V KVO* unter den dort geregelten Voraussetzungen die Haftungsvorschriften der KVO durch das dispositive Recht der §§ 429 ff HGB ersetzt. § 1V KVO ist im grenzüberschreitenden Verkehr, in dem die CMR eingreift, auf § 413 HGB weder unmittelbar noch entsprechend anzuwenden. Der Versender kann nämlich mangels Pflichtversicherung des CMR-Frachtführers nicht sichergehen, von einem solventen Frachtführer Schadensersatzleistung zu erhalten (*Koller,* VersR **1988**, 556, 557; ebenso i. E. *Herber,* TranspR **1986**, 118, 119; *Staub/Helm,* HGB, §§ 412, 413 Rz. 24 m. umf. Nachw.; **a. A.** *Sieg,* DB **1979**, 1213).

Gemäß § 413 I HGB gilt das maßgebliche Frachtrecht (oben Rz. 4) vom **Zeitpunkt** der Fixkostenabrede an, gegebenenfalls rückwirkend vom Zeitpunkt der später abgeänderten Vereinbarung an, bis zum Ende des Beförderungsverhältnisses im Sinne des jeweils maßgeblichen Frachtrechts. Vgl. dazu RGZ **48**, 108 ff.

b) Speditionelle Pflichten. Obwohl der Vertrag ein Speditionsvertrag ist, 6
treffen den Spediteur gemäß § 413 I HGB nur frachtrechtliche Pflichten. Im Rahmen der Vertragsauslegung darf grundsätzlich auch nicht berücksichtigt werden, daß sich der Versender an einen Spediteur gewandt hat, der normalerweise Geschäftsbesorger ist; denn die Verweisung auf das Frachtrecht dient nicht nur dem Zweck, Interessenkonflikte zu vermeiden (oben Rz. 1), sondern hat auch die Funktion, aus Vereinfachungszwecken das Speditionsrecht ganz zu verdrängen (Rz. 1). § 413 I HGB kann aber ganz oder auch nur teilweise abbedungen werden (vgl. oben Rz. 5). Deshalb hat der Spediteur, der im Vertrag speditionelle Pflichten übernommen hat, diese wie ein Spediteur zu erfüllen. Sind die Anwendungsvoraussetzungen der ADSp erfüllt, so greift auch § 1 ADSp ein, demzufolge der Spediteur die Interessen des Versenders wahrzunehmen hat. Der Spediteur hat dann den Versender im Rahmen der ihm nach Treu und Glauben obliegenden Schutz- und Nebenpflichten zu beraten und aufzuklären, nicht aber über die Preisgestaltung zu informieren (OLG Hamburg v. 31.1.1985, TranspR **1985**, 172). Unter Umständen hat er auch für die ordnungsgemäße *Bezeichnung der Güter* (§ 407 HGB Rz. 49), für ordentliche *Begleitpapiere* (§ 407 HGB Rz. 49; **a. A.** OLG Hamburg v. 16.9.1982, VersR **1983**, 484), für *Verzollung* (§ 407 HGB Rz. 55; OLG Koblenz v. 21.5.1982, TranspR **1985**, 127; OLG Frankfurt v. 14.7.1980, RIW **1981**, 852, 853), für *Versicherung* (§ 407 HGB Rz. 51; BGH, NJW **1975**, 1597) zu sorgen (ebenso i. E. *Staub/Helm,* HGB, §§ 412, 413 Rz. 123 ff), nicht aber Rechenschaft über seine Preisgestaltung zu geben (OLG Düsseldorf v. 24.5.1984, TranspR **1984**, 219). Erlangt der Spediteur aus seinen Verträgen mit Subunternehmern (Frachtführern) Schadensersatzansprüche, die die eigenen Schadensersatzverpflichtungen gegenüber dem Absender übersteigen, so hat er die überschießenden Schadensersatzansprüche gegen die von ihm

eingeschalteten Unternehmen an den Versender *herauszugeben* (§ 667 BGB; *de la Motte,* VersR **1988**, 317, 319). Die Begrenzung der Haftung dient dem Schutz des Fixkostenspediteurs/Frachtführers, soll aber nicht zu dessen Bereicherung führen.

2. Rechte des Spediteurs

7 Der Spediteur hat die einem Frachtführer bzw. Verfrachter iSd anzuwendenden Frachtrechts (Rz. 4) zustehenden Ansprüche. Insbesondere kann er die vereinbarte Vergütung, den „bestimmten Satz" (Rz. 3) verlangen, auch wenn ihm nur geringere Kosten entstanden sind. Eine *Provision* steht ihm nicht zu. Die Vergütung kann tarifgebunden sein (vgl. §§ 20 ff GüKG (§ 22 GüKG Rz. 11)). Sie verjährt gemäß § 196 I 3 BGB (OLG Frankfurt v. 25.3.1980, VersR **1980**, 777). Ein Anspruch auf *Aufwendungsersatz* (§ 407 HGB Rz. 59 ff) ist dort zu bejahen, wo der Spediteur im Rahmen spezifisch speditioneller Nebenpflichten (§ 407 HGB Rz. 41 ff) tätig wird, die unmittelbar mit der Beförderung nichts zu tun haben (z. B. Zollauslagen). Eine besondere Vergütung ist mangels abweichender Verkehrssitte für diese Tätigkeiten nur zu entrichten, falls diese bei Vertragsschluß nicht vorhersehbar waren und daher nicht in den Festpreis einkalkuliert werden konnten. Soweit ein Frachtführer nach Frachtrecht Weisungen ohne besondere Vergütung und Erstattung befolgen muß, kann auch der Fixkostenspediteur ohne besondere Vereinbarung keinen Aufwendungsersatz verlangen. *Beachte* §§ 20 ff ADSp.

C. Sammelladungsspedition

I. Voraussetzungen

1. Speditionsvertrag

8 S. Erl. zu § 407 HGB Rz. 3 ff. Faßt ein Frachtführer die ihm von mehreren Kunden übergebenen Sendungen zusammen, so liegt kein Fall des § 413 II HGB vor (*Willenberg,* KVO, § 4 Rz. 13). Der Frachtführer kann allerdings als Gelegenheitsspediteur (§ 415 HGB) Speditionsverträge geschlossen haben, wenn er erkennbar nur die Organisation der Beförderung der Einzelsendungen übernommen hatte.

2. Berechtigung und Pflicht zur Sammelversendung

9 Der Spediteur ist zur Sammelversendung berechtigt, wenn sie im Interesse des Versenders (§ 407 HGB Rz. 38) liegt. Vgl. § 14 a ADSp. Die Rechtsfolgen des § 413 II HGB greifen auch dann ein, wenn der Spediteur nicht zur tatsächlich durchgeführten Sammelversendung *berechtigt* war (OLG Düsseldorf v. 3.6.1982, VersR **1982**, 1076, 1077; OLG München v. 27.6.1984, TranspR **1987**, 77, 79), weil er auch dann auf eigene Rechnung gehandelt hat und die Gefahr einer Benachteiligung des Versenders entstanden ist, die § 413 HGB durch Anwendung des Frachtrechts verhüten will (*Sieg,* DB **1979**, 1213). Der Spediteur macht sich jedoch schadensersatzpflichtig (§ 408 HGB Rz. 6 ff),

falls die Sammelversendung den erkennbaren oder mutmaßlichen Interessen des Versenders widersprach und daraus ein Schaden entstand (BGH, NJW **1955**, 828; *Debling,* S. 75f; ferner § 412 HGB Rz. 3; § 407 HGB Rz. 48). Ohne besondere Abreden besteht grundsätzlich *keine Verpflichtung* zur Sammelversendung, da die Sammelversendung für den Spediteur mit einer Haftung als Frachtführer verbunden ist (**a. A.** h. M.; OLG Düsseldorf v. 3.6.1982, VersR **1982**, 1076, 1077; *Staub/Helm,* HGB, §§ 412, 413 Rz. 135; *Baumbach/Duden/Hopt,* HGB, § 413 Anm. 2A). Die Verpflichtung zur Sammelversendung wird sich aber gemäß § 157 BGB bei bestimmten Gütern vielfach aus der Verkehrssitte ergeben (§ 407 HGB Rz. 21). Außerdem wird man in Fällen, in denen die Frachtführerhaftung abbedungen oder stark eingeschränkt ist (z. B. § 1V KVO, ADSp), den Speditionsvertrag gemäß § 157 BGB regelmäßig dahin auszulegen haben, daß der Spediteur keine unwirtschaftlichen Aufwendungen machen darf und geeignete Güter im Wege der Sammelversendung zu versenden hat. Notfalls hat der Spediteur zur Sammelversendung bereite Zwischenspediteure einzuschalten. In diesem Sinn ist, sofern nicht ohnehin ein Frachtvertrag vorliegt (§ 407 HGB Rz. 17), auch die Vereinbarung zwischen den Parteien auszulegen, daß das Gut im Weg der Sammelversendung transportiert werden soll.

3. Bewirkung der Versendung

Die Rechtsfolgen der Sammelversendung treten nach ganz h. M. erst mit **10**
der **Übergabe des Guts an den Sammelbeförderer** ein (BGH, NJW **1978**, 1160; v. 9.3.1989, NJW-RR **1989,** 992), der mit dem Spediteur nicht identisch sein darf. Der Vorlauf, in dem das Gut beim Spediteur gesammelt wird, sowie die Lagerung beim Spediteur fallen daher nicht unter § 413 II HGB. Bleibt Gut beim Spediteur zurück, so gilt in Hinblick auf dieses Gut normales Speditionsrecht (BGH v. 27.11.1981, VersR **1982**, 339). Die isolierte Vereinbarung der Sammelversendung führt deshalb nicht sofort zur Anwendbarkeit des Frachtrechts, weil damit nur eine besondere Art der Ausführung des Speditionsgeschäfts (§ 407 HGB Rz. 5) vereinbart wird (BGH v. 9.3.1989, NJW-RR **1989,** 992; *Koller,* EWiR **1989,** 793, 794). Der Versender, der frachtrechtliche Ansprüche geltend macht, hat daher zu beweisen, daß der Spediteur die Sammelversendung bewirkt hat (OLG Hamburg v. 22.6.1983, VersR **1984**, 57). Die Mißachtung der Vereinbarung einer Sammelversendung kann zu Schadensersatzansprüchen führen (§ 408 HGB Rz. 8).

4. Zusammen mit Gütern anderer Versender

§ 413 II HGB ist nur auf denjenigen Spediteur anwendbar, der die Güter **11**
planmäßig zur Beförderung zusammenstellt, auch wenn er sie bereits teilweise einem Dritten zugeleitet hat (RGZ **106**, 419, 420). Derjenige, der lediglich Güter einzelner Versender ohne planmäßige Sammlung einem anderen Spediteur zur Sammelversendung übergibt oder nur Güter eines bestimmten Versenders sammelt, ist selbst kein Sammelspediteur (RGZ **106**, 419; OLG Düsseldorf v. 23.11.1989, TranspR **1990,** 63, 64; *Heymann/Honsell*, HGB, § 413 Rz. 13). Dies gilt auch für den Beilader (**a. A**. *Willenberg*, KVO, § 4 Rz. 12). Der Beilader schaltet vielmehr den sog. Verkehrsführer als Zwi-

schenspediteur ein (anders § 1 II der Bedingungen und Entgelte für den Spediteur-Sammelgutverkehr, empfohlen vom Bundesverband Spedition und Lagerei e. V.).

5. Frachtvertrag mit einem Dritten

12 § 413 II HGB greift nur ein, wenn der Spediteur mit einem Dritten einen Frachtvertrag (Rz. 4) zur Beförderung der zusammengestellten Güter geschlossen hat, nicht aber, wenn er mit eigenen Kräften befördert (dann gilt § 412 HGB). Der Frachtvertrag muß auf eigene Rechnung, er kann auch von einem Unterspediteur (§ 407 HGB Rz. 34) geschlossen worden sein. Die Einschaltung eines Unterspediteurs ist bei Sammelversendung üblich und daher zu vermuten. Der Spediteur kann sich im Frachtvertrag als Empfänger einsetzen. Dies ist sogar im Zweifel anzunehmen (OLG Hamburg v. 25.6.1981, VersR 1982, 375).

6. Ende der Sammelversendung

12a Die Sammelversendung kann auf eine bestimmte Teilstrecke, z. B. bis zur Ablieferung an einen vom Spediteur als Empfänger benannten Empfangsspediteur beschränkt werden.

II. Rechtsfolgen

1. Pflichten des Spediteurs

13 § 413 II S.1 HGB verweist auf § 413 I HGB. Für die Pflichten des Spediteurs gilt daher vom Zeitpunkt des Bewirkens der Sammelversendung an (Rz. 10) das zu § 413 I HGB Gesagte (Rz. 4, 5); vgl. ferner dazu *Koller*, VersR **1987**, 1058, 1060, 1062, 1064 für den Fall, daß im Einklang mit der hier vertretenen Ansicht § 413 II HGB abbedungen wird. Vor diesem Zeitpunkt hat der Spediteur die Pflichten iSd §§ 407, 408 HGB [s. Erl. zu den §§ 407, 408 HGB]. Im Falle eines Schadens hat der Spediteur den Schadenszeitpunkt zu beweisen. Andernfalls kann sich der Versender auf die für ihn günstigere Regelung berufen (vgl. BGH, NJW **1988**, 640, 642 f). Die frachtrechtlichen Pflichten des Spediteurs enden mit der Ablieferung des Gutes durch das eingeschaltete Transportunternehmen an den vom Spediteur genannten Empfänger (z. B. Empfangsspediteur; BGH v. 17.10.1985, TranspR **1986**, 115, 117).

2. Rechte des Spediteurs

14 Der Spediteur kann eine angemessene Fracht (§ 413 II2 HGB; § 14b ADSp), aber weder Ersatz der Aufwendungen für die Beförderung noch Provision verlangen. Die Fracht ist nur dann angemessen, wenn sie den Versender ausreichend an den Vorteilen der Sammelversendung beteiligt. Der Spediteur kann eine Fracht fordern, die seine Kosten und einen angemessenen Gewinnzuschlag deckt. Die gewöhnliche Einzelfracht darf die Fracht nicht übersteigen (§ 413 II 2 HGB). Neben der angemessenen Fracht kann Aufwen-

dungsersatz und Provision nach den für die Fixkostenspedition geltenden Regeln geschuldet sein (Rz. 7). Zur Relevanz zwingender Frachttarife s. § 22 GüKG Rz. 15. Die Parteien können die Geltung der Bedingungen und Entgelte für den Spediteur-Sammelgutverkehr vereinbart haben (Konditionenempfehlung des Bundesverbandes Spedition und Lagerei e. V.).

§ 414 HGB [Verjährung]

(1) **Die Ansprüche gegen den Spediteur wegen Verlustes, Minderung, Beschädigung oder verspäteter Ablieferung des Gutes verjähren in einem Jahre. Die Verjährungsfrist kann durch Vertrag verlängert werden.**

(2) **Die Verjährung beginnt im Falle der Beschädigung oder Minderung mit dem Ablaufe des Tages, an welchem die Ablieferung stattgefunden hat, im Falle des Verlustes oder der verspäteten Ablieferung mit dem Ablaufe des Tages, an welchem die Ablieferung hätte bewirkt sein müssen.**

(3) **Die in Absatz 1 bezeichneten Ansprüche können nach der Vollendung der Verjährung nur aufgerechnet werden, wenn vorher der Verlust, die Minderung, die Beschädigung oder die verspätete Ablieferung dem Spediteur angezeigt oder die Anzeige an ihn abgesendet worden ist. Der Anzeige an den Spediteur steht es gleich, wenn gerichtliche Beweisaufnahme zur Sicherung des Beweises beantragt oder in einem zwischen dem Versender und dem Empfänger oder einem späteren Erwerber des Gutes wegen des Verlustes, der Minderung, der Beschädigung oder der verspäteten Ablieferung anhängigen Rechtsstreite dem Spediteur der Streit verkündet wird.**

(4) **Diese Vorschriften finden keine Anwendung, wenn der Spediteur den Verlust, die Minderung, die Beschädigung oder die verspätete Ablieferung des Gutes vorsätzlich herbeigeführt hat.**

Literatur: siehe bei § 407 HGB.

I. Vorbemerkung

§ 414 HGB gilt für bestimmte vertragliche Ansprüche des Versenders gegen den Spediteur. Deliktische Ansprüche werden nicht erfaßt (h. M.; vgl. BGH, NJW **1985**, 2411, 2412; v. 12.12.1991, BB **1992,** 390, 391; *Lenz,* TranspR **1989,** 396, 399 m. Nachw. zum Streitstand), ebenso nicht Ansprüche aus anderen Vertragsverhältnissen, z. B. reinen Geschäftsbesorgungsverträgen (**a. A.** *Staub/Helm,* HGB, § 414 Rz. 3), wohl aber aus c.i.c.. § 414 HGB gilt mittelbar auch im Rahmen des Lager- und Frachtvertrages (§§ 423, 439 HGB), soweit nicht Sonderfrachtrechte eingreifen (z. B. § 40 KVO, Art. 32 CMR). § 414 HGB wird meist durch AGB, insbesondere durch die §§ 64 ADSp, 26 AGNB verdrängt. Ansprüche des Spediteurs verjähren gemäß § 196 BGB bzw. u. U. gemäß §26 AGNB. 1

II. Verlust, Minderung, Beschädigung, verspätete Ablieferung

2 § 414 HGB erfaßt *nur* Ansprüche im Zusammenhang mit diesen Schadensformen. Mit Ausnahme des Falls der verspäteten Ablieferung muß sich das Gut bei der Schadensverursachung in der Obhut des Spediteurs oder seiner Erfüllungsgehilfen befunden haben. Ein Verlust ist eingetreten, wenn dem Versender oder Empfänger auf absehbare Zeit der Besitz nicht mehr verschafft werden kann (§ 429 HGB Rz. 3). Minderung ist teilweiser Verlust. Beschädigungen sind Substanz- nicht bloße Wertveränderungen (§ 429 HGB Rz. 3). Für sie haftet der Spediteur gemäß §§ 407 II, 385, 390 HGB (§ 408 HGB Rz. 6 ff). Die verspätete Ablieferung stellt einen Fall des Verzugs (§ 284 BGB) oder der positiven Forderungsverletzung dar (§ 408 Rz. 12).

III. Beginn und Ablauf der Verjährungsfrist

3 Der Verjährungsbeginn richtet sich nach der Art der schädigenden Ursache (dazu oben Rz. 2; § 414 II HGB). Die Verjährung beginnt in dem Moment, in dem der Endempfänger die Möglichkeit zur Schadensfeststellung gehabt hat. Ablieferung iSd § 414 II HGB ist daher die Übergabe des Guts an den Endempfänger. Im Fall gestreckter Übergabe ist der letzte Tag maßgeblich (BGHZ **18**, 98, 104; OLG Hamburg v. 3.2.1971, VersR **1971**, 729; *Piper*, Höchstrichterliche Rechtsprechung, aaO, Rz. 45). Ist eine Ablieferung an den Endempfänger z. B. wegen Annahmeverweigerung nicht möglich, so kommt es auf den Zeitpunkt der faktischen bzw. hypothetischen Rückablieferung beim Versender an (*Schlegelberger/Schröder*, HGB, § 414 Rz. 11; *Baumbach/Duden/Hopt*, HGB, § 414 Anm. 2; **a. A.** *Staub/Helm*, HGB, § 414 Rz. 11), weil erst dann eine am Transport interessierte Person Kenntnis vom Schaden bzw. der Möglichkeit eines Schadens erlangt (vgl. Art. 32 CMR Rz. 4). Zum Fall des Teilverlustes BGHZ **18**, 98, 101. Die Verjährungsfrist beträgt ein Jahr (§§ 187 f BGB), es sei denn, daß der Spediteur oder seine Erfüllungsgehilfen zumindest bedingt vorsätzlich schädigend gehandelt haben (§ 414 IV HGB; Beweislast § 430 HGB Rz. 4). Die Frist kann gemäß § 202 BGB **gehemmt** sein, so z. B. wenn sich die Parteien, auch stillschweigend, geeinigt haben, ein bestimmtes Ereignis abzuwarten, etwa den Ausgang eines Prozesses gegen den Speditionsversicherer. Normale Verhandlungen über Schadensersatzleistungen hemmen nicht; § 852 II BGB ist nicht anwendbar, da er eine Ausnahmevorschrift auf dem Gebiet der deliktischen Haftung darstellt (OLG Hamburg v. 12.2.1981, VersR **1982**, 1204). Der Spediteur, der sich auf Verjährung beruft, kann unter Umständen **arglistig** handeln (näher § 64 ADSp Rz. 3). Die Parteien können nach Eintritt der Verjährung auch ganz oder zeitweise auf die Einrede der Verjährung verzichten (*Palandt/Heinrichs*, BGB, § 225 Rz. 2). Ein vor Eintritt der Verjährung erklärter **Verzicht** auf die Verjährungseinrede ist, sofern er zeitlich begrenzt ist, beachtlich, da die Verjährungsfrist verlängert werden kann (§ 414 I 2 HGB). Im Zweifel ist gemäß § 157 HGB (*Palandt/Heinrichs,* BGB, § 133 Rz. 24) anzunehmen, daß mit einem generellen Verzicht die Regelverjährung des § 195 BGB vereinbart wird. Ist der Verzicht gemäß § 225 BGB unwirksam,

so ist die Berufung auf die Verjährung gleichwohl bis zum Scheitern der Verhandlungen zuzüglich kurzer Überlegungsfrist unzulässig (*Palandt/Heinrichs,* BGB, § 225 Rz. 2 m. Nachw.). **Unterbrechung** der Verjährung: §§ 208 ff BGB. Der Antrag auf Eröffnung eines Beweissicherungsverfahrens unterbricht die Verjährung nicht analog §§ 639 I, 477 II BGB, weil § 414 III HGB dem Gläubiger im Fall des Beweissicherungsverfahrens nur die Möglichkeit der Aufrechnung erhält (LG Bonn, TranspR **1987**, 200, 201; **a. A.** OLG München v. 31.12.1982, TranspR **1983**, 75, 76; *Helm*, TranspR **1983**, 77, 78 zum Frachtrecht). *Beweislast:* Der Spediteur hat die normalen Voraussetzungen der Verjährung zu beweisen, der Versender die Hemmung, Unterbrechung etc.

IV. Aufrechnung

§ 414 III HGB modifiziert in Parallele zu den §§ 479, 639 BGB den § 390 S.2 BGB dahin, daß die Aufrechnungsmöglichkeit entfällt, wenn vor Ablauf der Verjährungsfrist keine Mitteilung über den Schaden abgesandt worden ist oder wenn vor Ablauf der Verjährungsfrist keine Beweissicherungsmaßnahmen beantragt worden sind (§ 485 ZPO) oder wenn vor diesem Zeitpunkt nicht der Streit verkündet worden ist (§ 72 ZPO). Die Anzeige braucht keine Schadensersatzforderung zu enthalten. Es genügt die Information über den Schaden. Ist die Aufrechnung noch zulässig, so ist sie mit verjährten Ansprüchen nur gegen Ansprüche aus demselben Vertrag möglich (vgl. BGH, NJW **1981**, 1156; *Baumbach/Duden/Hopt*, HGB, § 414 Anm. 3; **a. A.** *Staub/Helm*, HGB, § 414 Rz. 13; *Schlegelberger/Schröder*, HGB, § 414 Rz. 4a). Die Aufrechnungslage muß vor Eintritt der Verjährung bestanden haben (§ 390 S. 2 BGB; BGH, NJW **1974**, 1138). Der Versender kann, nachdem die Aufrechnungsmöglichkeit gemäß § 414 III HGB entfallen ist, nicht mehr die Einrede des nicht erfüllten Vertrages erheben, es sei denn, daß wegen des Schadens Ansprüche des Spediteurs (z. B. der Provisionsanspruch) überhaupt nicht entstanden sind. Für das **Zurückbehaltungsrecht** (gemäß § 273 BGB) gilt § 414 III HGB analog (vgl. BGHZ **48**, 116; **a. A.** *Staub/Helm*, HGB, § 414 Rz. 15), nicht aber für Ansprüche aus §§ 823 ff BGB (BGHZ **9**, 301, 307). Widerklagen sind zulässig, können aber an der Verjährungseinrede scheitern. **4**

§ 415 HGB [Gelegenheitsspediteur]

Die Vorschriften dieses Abschnittes kommen auch zur Anwendung, wenn ein Kaufmann, der nicht Spediteur ist, im Betriebe seines Handelsgewerbes eine Güterversendung durch Frachtführer oder Verfrachter für Rechnung eines anderen in eigenem Namen zu besorgen übernimmt.

Siehe Erl. zu § 407 HGB Rz. 1.

Teil B
Allgemeine Deutsche Spediteurbedingungen, Speditionsversicherung

1. Abschnitt
Allgemeine Deutsche Spediteurbedingungen (ADSp)

Vor § 1 ADSp

Übersicht

	Rz.
I. Rechtsnatur	1
II. Anwendungsbereich	
1. Sachlicher Anwendungsbereich	2
2. Persönlicher Anwendungsbereich	
a) Auftragnehmer, Begriff des Spediteurs	3
b) Auftraggeber (Versender, Absender, Einlagerer etc.)	
c) Dritte	4
3. Zeitlicher Anwendungsbereich	5
4. Vorrang der Individualvereinbarung	6
III. Voraussetzung der Geltung	7
1. Handelsbrauch	8
2. Rechtsgeschäftliche Einbeziehung in den Vertrag	
a) Stillschweigende Einbeziehung in den Vertrag kraft Wissen-Müssens des Auftraggebers	9
b) Hinweise	11
c) Bestätigungsschreiben	12
d) Laufende Geschäftsverbindungen	13
3. Kollidierende AGB von Auftraggeber und Spediteur	14
4. Kumulation von AGB	15
5. Individueller Ausschluß der ADSp	16

Literatur: *Alff,* Fracht-, Lager- und Speditionsrecht (2. Aufl. 1991); *Diehl,* Die Pflichten des Spediteurs in den Fällen der §§ 412, 413 HGB (Diss. Tübingen 1987); *Hald/Widmann,* ADSp (3. Aufl. 1979); *Isaac,* Das Recht des Spediteurs (1928); *Heymann/Honsell,* HGB (1990); *Knoll,* Die Unzulässigkeit von Haftungsersatz durch Versicherung nach § 41 a ADSp, Diss. Augsburg 1988; *Krien/Glöckner,* Speditions- und Lagerrecht (Loseblatt 1982); *Krien/Hay,* Die Allgemeinen Deutschen Spediteurbedingungen, Kommentar (1959); *Krien/Valder,* Fortführung von *Krien/Glöckner* (1992); *Lenz,* Straßengütertransportrecht (1988); *Ruhwedel,* Der Luftbeförderungsvertrag (2. Aufl. 1987); *Schlegelberger/Schröder,* Kommentar zum HGB §§ 407 ff HGB (5. Aufl.); *Staub/Helm,* Großkommentar HGB (4. Aufl. 1986), Anh. I § 415 (zit. *Staub/Helm*); *Teske,* Schriftformklauseln in Allgemeinen Geschäftsbedingungen (1990); *Thesing,* Das Recht des nationalen und internationalen Straßengüterverkehrs (1991); *Ulmer/Brandner/Hensen,* AGBG (6. Aufl. 1991); *Wolf,* ADSp, Textausgabe mit kurzen Erläuterungen (15. Aufl.); *Wolf/Horn/Lindacher,* AGB-Gesetz (2. Aufl.).

I. Rechtsnatur

Die ADSp sind **Allgemeine Geschäftsbedingungen** im Sinn des AGBG **1**
(BGHZ **6**, 145, 147; BGH v. 9.10.1981, VersR **1982**, 486, 488). Dies kann nicht unter Hinweis auf § 51 c ADSp in Frage gestellt werden, denn in Hinblick auf den Umstand, daß der genaue Inhalt von AGB den Kunden in der

Regel nicht bekannt ist, muß die Verhandlungsbereitschaft außerhalb der AGB signalisiert werden, damit von Individualvereinbarungen gesprochen werden kann (BGH v. 3.7.1985, WM **1985**, 1208, 1209; v. 8.1.1986, WM **1986**, 388, 389; v. 9.4.1987, WM **1987**, 646). Außerdem muß gewährleistet sein, daß der Kunde, der Verhandlungen wünscht, nicht bloß mit anderen vorformulierten Bedingungen konfrontiert wird (BGH v. 3.7.1985, WM **1985**, 1208, 1209; v. 8.1.1986, WM **1986**, 388, 389; vgl. auch *Palandt/Heinrichs*, § 1 AGBG Rz. 18). Die ADSp geben nicht bloß **Handelsbräuche** wieder. In der Literatur wird zwar vielfach das Gegenteil behauptet (*Schlegelberger/Schröder*, § 407 Rz. 11 e). Gegen diese These spricht jedoch, daß die ADSp 1978 aus Verbandsverhandlungen hervorgingen, also nicht bloße Aufzeichnungen vorgefundener Übungen enthalten (*Staub/Helm*, Anh. I § 415 HGB, vor § 1 ADSp Rz. 22), und daß die ADSp im Wege der Verbandsempfehlung durchgesetzt wurden. Es fehlt daher die für Handelsbräuche notwendige freiwillige Anerkennung durch die beteiligten Verkehrskreise (*Koller*, TranspR **1986**, 129, 131; offengelassen OLG Düsseldorf v. 9.5.1985, VersR **1986**, 1119). Es mag aber sein, daß einzelne ADSp-Klauseln zu Handelsbrauch geworden sind; dies muß im Einzelfall ermittelt werden.

II. Anwendungsbereich

1. Sachlicher Anwendungsbereich

2 Die ADSp umschreiben ihren sachlichen Anwendungsbereich in § 2. Grundsätzlich kommen die ADSp bei Speditionsverträgen iSd § 407 HGB, Fracht-, Lager-, Kommissionsverträgen und sonstigen typischerweise von Spediteuren iSd § 2 a ADSp getätigten Geschäften wie Warenkontrolle, Warenumschlag, Warendistribution (näher § 2 ADSp Rz. 2) zur Anwendung.

2. Persönlicher Anwendungsbereich

3 **a) Auftragnehmer, Begriff des Spediteurs**. Die ADSp gelten nur für solche Geschäfte, bei denen ein Spediteur die Sach- oder Dienstleistung zu erbringen hat (*Heil/Bayer*, TranspR **1987**, 1, 2 m. Nachw.). Dabei ist im Unterschied zu § 407 HGB von einem sehr weitgefaßten Begriff des Spediteurs auszugehen: „Spediteur" ist, wer gewerblich Speditions-, Fracht-, Kommissions-, Lagergeschäfte und/oder sonstige mit dem Speditionsgewerbe zusammenhängende Geschäfte betreibt (näher § 2 ADSp Rz. 2). Darunter fällt nicht der Gelegenheitsspediteur und -frachtführer (§§ 415, 451 HGB).

b) Auftraggeber (Versender, Absender, Einlagerer etc.). Die ADSp erfassen nur Verträge mit Kaufleuten (näher § 2 ADSp Rz. 3), juristischen Personen des öffentlichen Rechts und öffentlich-rechtlichen Sondervermögen (§ 2 a ADSp).

4 **c) Dritte**. Die ADSp können auch zugunsten oder zu Lasten Dritter gelten, ungeachtet der Tatsache, daß sich die Dritten nicht durch Vertrag den ADSp unterworfen haben oder die Geltung der ADSp ausdrücklich zugunsten Dritter vereinbart worden ist. So muß sich nach ständiger Rechtsprechung der kaufmännische **Eigentümer** von Gütern, die der Auftraggeber in

die Obhut eines Spediteurs gegeben hat, gemäß § 242 BGB die Freizeichnungsklauseln der ADSp entgegenhalten lassen, wenn er wußte oder den Umständen nach damit rechnen mußte, daß sein Gut einem Spediteur übergeben wird (RGZ **70**, 174, 177; zuletzt BGH v. 10.5.1984, WM **1984**, 1233, 1235 m. Anm. *Helm*, TranspR **1984**, 287; *Heil/Bayer*, TranspR **1987**, 1, 5; näher § 63 ADSp Rz. 4) und im Verhältnis Spediteur-Auftraggeber die ADSp gelten (OLG Düsseldorf v. 22.1.1987, TranspR **1987**, 146, 148). Ist der Eigentümer Ausländer, so wird man die deliktische Haftung dann nicht restringieren dürfen, wenn der Ausländer nicht mit der Geltung der ADSp rechnen mußte (zutr. OLG Düsseldorf v. 22.1.1987, TranspR **1987**, 146, 149; vgl. vor § 1 ADSp Rz. 10). Andererseits gelten die ADSp zugunsten von **Arbeitnehmern des Spediteurs** (OLG Celle v. 23.12.1982, VersR **1983**, 683; LG Darmstadt, TranspR **1991**, 380, 383; LG Stuttgart, TranspR **1991**, 316, 317; *Schmid*, TranspR **1986**, 49; *Otto*, Gutachten des 56. Deutschen Juristentages, S. E 20), soweit nach den Grundsätzen der gefahrengeneigten Arbeit der arbeitsrechtliche Freistellungsanspruch der Arbeitnehmer reichen würde. Die ADSp erzeugen insoweit im Weg der ergänzenden Vertragsauslegung einen Vertrag zugunsten Dritter (abw. im dogmatischen Ansatz *Heil/Bayer*, TranspR **1987**, 1, 6; *Baumann*, BB **1990**, 1833; weitergehend BGH, NJW **1987**, 2150, 2151; *Brüggemeier*, AcP 191 (1991), 33, 61 f). Einem **Subunternehmer** kommen die Freizeichnungsklauseln der ADSp nur ausnahmsweise zugute (MüKo-*Gottwald*, BGB, § 328 Rz. 95). Dies ergibt sich aus § 52 ADSp, wonach der Spediteur dem Auftraggeber Ansprüche gegen Dritte verschaffen will (*Heil/Bayer*, TranspR **1987**, 1, 6; **a. A.** BGH v. 28.4.1977, WM **1977**, 785, 786; v. 17.11.1980, VersR **1981**, 229, 230 in Hinblick auf die Fristen bei Binnenschiffahrt; *Schmid*, TranspR **1986**, 49; *Blaurock*, ZHR 146 (**1982**), 238, 257; vgl. aber *Kronke*, TranspR **1988**, 89, 100 zum Seerecht). Der **Empfänger** von Ware unterwirft sich nicht allein durch die Annahme des Guts den ADSp (BGH, NJW **1959**, 1679; OLG Düsseldorf v. 20.6.1985, TranspR **1985**, 254; *Heil/Bayer*, TranspR **1987**, 1, 4; *Piper*, Höchstrichterliche Rechtsprechung, aaO, Rz. 57; näher § 34 ADSp Rz. 2). Die ADSp können daher den Empfänger nur insoweit treffen, als dieser seine Rechte aus der Position des Absenders herleitet.

3. Zeitlicher Anwendungsbereich

Maßgeblich sind die ADSp in der bei Vertragsschluß zuletzt bekanntgemachten Fassung. Änderungen der ADSp nach Vertragsschluß berühren grundsätzlich nicht den Vertragsinhalt. Dies gilt auch, wenn auf die neueste Fassung der ADSp hingewiesen wird (*Palandt/Heinrichs*, BGB, § 2 AGBG Rz. 19 f; **a. A.** *Staub/Helm*, Anh. I § 415 HGB, vor § 1 ADSp Rz. 7). Werden die ADSp durch stillschweigende Unterwerfung Vertragsbestandteil (vor § 1 ADSp Rz. 9), so gilt ebenfalls die bei Vertragsschluß neueste Fassung; denn der Verkehr muß mit den ADSp in der neuesten Fassung rechnen. 5

4. Vorrang der Individualvereinbarung

Gemäß § 4 AGBG haben individuelle Vertragsabreden, auch wenn sie nicht ausdrücklich getroffen worden sind (BGH v. 6.3.1986, WM **1986**, 577; 6

a. A. OLG Köln v. 4.4.1986, TranspR **1986**, 432, 433), immer den Vorrang vor den ADSp. Die Individualabrede verdrängt die ADSp freilich nur, soweit sie reicht (BGH v. 18.12.1980, VersR **1981**, 328). Die Sondervereinbarung darf, um Individualabrede zu sein, nicht vorformuliert sein (*Wolf/Horn/Lindacher*, AGBG, § 4 Rz. 5 (str.)), sie braucht aber die durch sie verdrängte Klausel nicht zu erwähnen. Die ADSp dürfen den im Wege der Auslegung zu ermittelnden Individualvereinbarungen nicht ihren Sinn nehmen (h. M.). Zur Vereinbarung der Nachnahme BGH v. 4.3.1977, VersR **1977**, 515, 516; zur Erklärung über die Unbedenklichkeit des Transportes OLG Düsseldorf v. 29.4.1976, DB **1976**, 1374; zur Transportversicherung BGH v. 18.1.1974, VersR **1974**, 327; zur Sonderabrede über die Verjährung BGH v. 18.12.1980, VersR **1981**, 328.

7 **III. Voraussetzungen der Geltung**

1. Handelsbrauch

8 Verschiedentlich wird behauptet, daß die ADSp kraft Handelsbrauch in die dem Vertrag zugrunde liegenden Erklärungen einbezogen werden (*Schlegelberger/Schröder*, § 407 Rz. 11 e; einschr. *Krien/Valder*, vor § 1 ADSp Rz. 39, 41). Bislang ist jedoch in Hinblick auf die ADSp 1978 eine einverständliche Übung der maßgeblichen Verkehrskreise, die nicht auf bloßer Unterwerfung, sondern auf freiwilliger Anerkennung beruht, noch nicht nachgewiesen worden (zurückhaltend *Staub/Helm*, Anh. I § 415 HGB, vor § 1 ADSp Rz. 24; *Piper*, Höchstrichterliche Rechtsprechung, aaO, Rz. 60).

2. Rechtsgeschäftliche Einbeziehung in den Vertrag

9 **a) Stillschweigende Einbeziehung in den Vertrag kraft Wissen-Müssens des Auftraggebers**

aa) Der BGH und die Instanzgerichte nehmen in ständiger Rechtsprechung an, daß die ADSp auch ohne Kenntnis ihres Inhalts und auch ohne besonderen Hinweis auf ihre Einbeziehung im Einzelfall kraft **stillschweigender Unterwerfung** Bestandteil des Vertrages werden, wenn der Vertragspartner des Spediteurs wußte oder wissen mußte, daß der Spediteur ausschließlich nach den ADSp arbeitet (BGHZ **9**, 1 ff; zuletzt BGH, NJW **1985**, 2411, 2412; BGH v. 13.6.1985, VersR **1985**, 1036). Dieser Rechtsprechung ist im Ansatz zuzustimmen (**a. A.** *Staub/Helm*, Anh. I § 415 HGB, vor § 1 ADSp Rz. 17), da Erklärungen des Auftraggebers so auszulegen sind, wie sie der Spediteur verstehen durfte (§ 157 BGB). Ein Kaufmann mit Sitz in der Bundesrepublik muß, wenn er einen Vertrag schließt, der mit dem Speditеurgewerbe typisch sachbezogen zusammenhängt (vgl. § 2 a ADSp), wissen, daß deutsche Spediteure normalerweise ausschließlich nach den ADSp arbeiten (BGH v. 7.7.1976, WM **1976**, 1311; BGH, NJW **1985**, 2411, 2412; NJW **1986**, 1434, 1435; *Heil/Bayer*, TranspR **1987**, 1, 2; krit. *Heymann/Honsell,* HGB, § 407 Rz. 17). Zur Individualvereinbarung oben Rz. 6.

bb) Dies gilt nicht, wenn der Kaufmann nach der Art seines Gewerbes nur äußerst selten mit dem Speditions-, Transport- oder Lagergewerbe in Kontakt kommt und die ADSp sowie ihre Gebräuchlichkeit nicht kennt (LG Duisburg, TranspR **1991**, 345, 347; **a. A.** wohl BGH, aaO). Die Wissen-Müssen-Formel, die an die Sorgfaltsstandards eines ordentlichen Kaufmanns seiner Branche anknüpft, darf nicht zur Fiktion werden. Dies widerspräche auch dem Geist des § 24 AGBG. Deshalb gelten die ADSp auch nicht in Fällen **atypischer Geschäfte** des Spediteurs (Fakturierung; BGH, NJW **1980**, 1275) oder in sonstigen **atypischen Situationen** (in allen Einzelheiten ausgehandelte Verträge; BGH, NJW **1980**, 1275; v. 16.1.1981, WM **1981**, 789), wohl aber bei Lagerverträgen (BGH v. 1.6.1979, VersR **1979**, 901, 902; BGH, NJW **1985**, 2411, 2412), bei der Warendistribution im Rahmen von Speditionsverträgen (OLG Hamburg v. 19.5.1983, VersR **1984**, 156), Verzollung (OLG Köln v. 9.3.1984, TranspR **1985**, 26, 27).

cc) Sofern auf den Vertragsschluß gemäß den §§ 27 ff EGBGB deutsches 10
Recht anzuwenden ist (zum alten Recht: BGH v. 7.7.1976, WM **1976**, 1311, 1312; zum neuen Recht: *Lindacher* in: *Wolf/Horn/Lindacher*, AGBG, Anh. § 2 Rz. 11 ff, 44 ff), kommt die Wissen-Müssen-Formel (vor § 1 ADSp Rz. 9) grundsätzlich auch bei **Ausländern** zum Tragen (zu den verschiedenen Lösungsansätzen *Heil/Bayer*, TranspR **1987**, 1, 3; *Lenz*, Straßengütertransportrecht, Rz. 48 m. Nachw.). Der bisherigen Rechtsprechung zufolge greifen die ADSp jedenfalls dort ein, wo der ausländische Kunde positiv wußte, daß deutsche Spediteure regelmäßig nach den ADSp arbeiten (BGH, VersR **1971**, 123, 124; v. 10.3.1971, VersR **1971**, 619; v.13.7.1973, WM **1973**, 1238, 1239; v.5.6.1981, VersR **1981**, 975). Der Kunde muß dann auch damit rechnen, daß der konkrete Vertrag den ADSp unterstellt werden soll. Man kann auch generell davon ausgehen, daß ein ausländischer Spediteur als Kunde wissen muß, daß sein deutscher Geschäftspartner nahezu immer die ADSp vereinbart (BGH, NJW **1973**, 2154; v. 5.6.1981, VersR **1981**, 975; OLG Frankfurt v. 23.4.1980, VersR **1981**, 27, 29; v. 16.12.1986, VersR **1988**, 33; OLG Hamburg v. 31.10.1985, VersR **1986**, 808; OLG Schleswig v. 25.5.1987, NJW-RR **1988**, 283; vgl. *Schwenzer*, IPRax **1988**, 86, 87 auch zur Einbeziehung englischer Spediteur-AGB). Kontrahiert ein deutscher Spediteur mit einem ausländischen Nicht-Spediteur, dem die ADSp-Praxis nicht bekannt war, so bedarf es regelmäßig eines besonderen Hinweises (BGH v. 7.7.1976, WM **1976**, 1311, 1312), weil bei diesem Personenkreis nicht generell-typisch ausreichende Kenntnisse über die Praxis deutscher Spediteure erwartet werden können (**a. A.** *Krien/Valder*, Speditions- und Lagerrecht, vor § 1 ADSp Rz. 13).

dd) Der Auftraggeber kann sich auf die **ADSp berufen**, auch wenn der Spediteur im Einzelfall bei Vertragsschluß nicht nach den ADSp gearbeitet hat (**a. A.** OLG Düsseldorf v. 9.5.1985, VersR **1986**, 1119). Voraussetzung ist, daß der Auftraggeber aufgrund der Praxis der Spediteure davon ausgehen durfte, daß die ADSp zum Tragen kommen sollen, und der Spediteur zu den ADSp abschließen wollte (§ 157 BGB; Verkehrssitte).

b) Hinweise. Greifen die ADSp nicht schon kraft stillschweigender Un- 11
terwerfung (vor § 1 ADSp Rz. 9 ff) ein, so gelten sie, soweit ihr Geltungsbereich reicht (§ 2 ADSp), wenn sie **ausdrücklich vereinbart** werden. Dafür genügt es, daß der Spediteur in einer der vertragsbildenden Erklärungen (Angebot/Annahme) darauf hinweist, daß die ADSp Vertragsinhalt werden sollen. Der Hinweis muß dem Kunden bei verkehrserforderlicher Sorgfalt ins

Auge fallen. Quergedruckte, schlecht erkennbare (BGH v. 16.1.1981, WM **1981**, 789, 791) oder nur mit der Lupe lesbare (BGH, NJW **1983**, 2772) Vermerke genügen nicht (zu Hinweisen in deutscher Sprache, wenn der Vertragstext in einer Fremdsprache abgefaßt ist, OLG Frankfurt, EWiR **1987**, 631). Hingegen reichen Hinweise in vorbereitenden Angeboten, Werbung und Schriftwechsel aus, sofern davon auszugehen ist, daß das Schriftmaterial den tragenden Erklärungen zugrunde gelegt wird oder sich ein ordentlicher Kaufmann noch an die Hinweise erinnert. Der Text der ADSp muß nicht beigelegt und auch nicht später zur Verfügung gestellt werden, da sich der Kunde unschwer selbst informieren kann. Hinweise, die erst **nach Vertragsschluß** erfolgen, sind für bereits abgeschlossene Verträge irrelevant (zu den AGNB OLG Düsseldorf v. 25.11.1982, VersR **1983**, 552). Das gilt auch für Empfangsscheine oder Rechnungen, da Speditions-, Transport- und Lagerverträge Konsensualverträge sind, die nicht einseitig abgeändert werden können (h. M.; *Ulmer* in: *Ulmer/Brandner/Hensen*, AGBG, § 2 Rz. 27; *Staub/Helm*, Anh. I § 415 HGB, vor § 1 ADSp Rz. 12). Derartige Hinweise können aber bei späteren Verträgen dazu führen, daß die ADSp eingreifen (BGH v. 6.12.1990, TranspR **1991**, 114, 116). Soweit die Hinweise in selbständigen Verpflichtungserklärungen enthalten sind, erfassen die ADSp nur die aus diesen Papieren entspringenden Rechte. Zur Rechtslage bei Verträgen mit *Ausländern*, OLG Frankfurt v. 16.12.1986, VersR **1988**, 33. **Ausnahme:** Bestätigungsschreiben (Rz. 13).

12 **c) Bestätigungsschreiben**. Die ADSp können auch nach den Regeln über kaufmännische Bestätigungsschreiben Vertragsinhalt werden.

13 **d) Laufende Geschäftsverbindungen**. Ist im Rahmen einer längeren, laufenden und nicht nur sporadischen Geschäftsverbindung bislang stets oder meist auf die ADSp hingewiesen worden oder sind die ADSp bereits früher ausdrücklich vereinbart worden, so gelten sie bei unveränderten Umständen als stillschweigend vereinbart, falls der Auftraggeber nicht deutlich widersprochen hat (BGHZ **20**, 164; BGH v. 12.7.1974, WM **1974**, 1118; *Ulmer/Brandner/Hensen*, AGBG, § 2 Rz. 86; *Wolf/Horn/Lindacher*, AGBG, § 2 Rz. 62; enger BGH v. 12.2.1992, ZIP **1992**, 404, 405 f). Keinen ausreichenden Hinweis enthält die bloße Inrechnungstellung der Speditionsversicherungsprämie. Hingegen genügt die Einbeziehung der ADSp in einem Vertrag dafür, daß die ADSp auch auf den alsbald folgenden Auftrag anzuwenden sind (BGH, MDR **1956**, 664, 665; kritisch *Ulmer/Brandner/Hensen*, AGBG, § 2 Rz. 86; **a. A.** BGH v. 12.2.1992, ZIP **1992**, 404, 406).

3. Kollidierende AGB von Auftraggeber und Spediteur

14 Siehe dazu die Literatur zu § 2 AGBG. Zu den AGNB OLG Düsseldorf v. 6.9.1973, VersR **1975**, 235f.

4. Kumulation von AGB

15 Verweist der Spediteur auf mehrere, sich widersprechende AGB, ohne daß durch Auslegung klargestellt werden kann, welche der Klauseln gelten sollen, so gilt gemäß § 5 AGBG keine der Klauseln (BGHZ **18**, 98, 100; BGH v. 21.10. 1971, WM **1972**, 54, 55; *Staub/Helm*, Anh. I § 415 HGB, vor § 1 ADSp Rz. 10).

5. Individueller Ausschluß der ADSp

Schließen die Parteien die ADSp ausdrücklich aus, so hat dies nur die Funktion, klarzustellen, daß der Vertrag nicht die ADSp umfaßt. Wird in engem zeitlichen und sachlichen Zusammenhang ein Folgevertrag geschlossen, so ist in Parallele zu den für laufende Geschäftsverbindungen entwickelten Regeln (Rz. 14) davon auszugehen, daß die ADSp auch beim Folgevertrag ausgeschlossen sein sollen (OLG Frankfurt v. 21.2.1984, VersR **1984**, 670, 671). Individualvereinbarungen, die teilweise zu den ADSp in Widerspruch stehen (Rz. 6), lassen die ADSp im übrigen unberührt (BGH v. 18.12.1980, VersR **1981**, 328). Eine Ausnahme gilt dort, wo die Verträge aufgrund von Ausschreibungen geschlossen werden, die die Vertragsbedingungen in allen Einzelheiten festlegen. Werden in einem Individualvertrag Teile der ADSp vereinbart, so ist im Zweifel anzunehmen, daß der Rest der ADSp nicht gelten soll (OLG Düsseldorf v. 6.10.1988, TranspR **1989**, 20, 21). **16**

I. Allgemeines

§ 1 ADSp [Sorgfalts- und Interessenwahrungspflicht]

Der Spediteur hat seine Verrichtungen mit der Sorgfalt eines ordentlichen Kaufmannes auszuführen und hierbei das Interesse des Auftraggebers wahrzunehmen.

Literatur: siehe vor § 1 ADSp.

Spediteur im Sinn des § 1 ADSp ist nicht nur der HGB-Spediteur, sondern insbesondere auch der Frachtführer und Lagerhalter (näher § 2 ADSp Rz. 2). § 1 ADSp wiederholt in Hinblick auf den Sorgfaltsstandard den § 347 I HGB. Selbständige Bedeutung erlangt § 1 ADSp dadurch, daß er den Spediteur auch dort, wo er nach dispositivem Recht keine Geschäftsbesorgerrolle übernommen hat, verpflichtet, sich an den Interessen des Kunden zu orientieren. Als Lagerhalter hat er daher z. B. auch bei der Lagerung in vollem Umfang die Interessen des Einlagerers zu wahren; gleiches gilt für die Warendistribution. Außerdem sind sämtliche Bestimmungen der ADSp im Licht des § 1 ADSp auszulegen (allg. M.). **1**

§ 2 ADSp [Geltungsbereich der ADSp]

a) Die ADSp gelten im Verkehr mit Kaufleuten, juristischen Personen des öffentlichen Rechts und öffentlich-rechtlichen Sondervermögen, für alle Verrichtungen des Spediteurs, gleichgültig, ob sie Speditions-, Fracht-, Lager-, Kommissions- oder sonstige mit dem Speditionsgewerbe zusammenhängende Geschäfte betreffen.

b) Die ADSp finden keine Anwendung insoweit, als der Spediteur lediglich als Erfüllungsgehilfe einer Beförderungsunternehmung aufgrund der besonderen Bedingungen (z. B. EVO, KVO) oder nach dem Bahnspeditionsvertrag als bahnamtlicher Rollfuhrunternehmer tätig ist. Die

ADSp gelten ferner nicht für die Betätigung des Spediteurs im Möbeltransport mit geschlossenen Möbelwagen, es sei denn, daß es sich um den Verkehr von und nach dem Ausland handelt; auch insoweit finden die ADSp nur Anwendung, als es sich um eine nach verkehrsüblicher Beurteilung reine Speditionstätigkeit handelt. Die ADSp sind nicht auf eine Möbellagerung aufgrund der Allgemeinen Lagerbedingungen des deutschen Möbeltransports anzuwenden. Die ADSp gelten ferner nicht für Geschäfte, die ausschließlich Verpackungs-, Kran- oder Montagearbeiten oder Schwer- oder Großraumtransporte zum Gegenstand haben; unberührt davon bleibt der Binnenumschlagverkehr des Spediteurs.

c) Weichen besondere örtliche oder bezirkliche Handelsbräuche oder gesetzliche Bestimmungen von den ADSp ab, so gehen die ADSp vor, es sei denn, daß die gesetzlichen Bestimmungen zwingender Natur sind. Die ADSp sind nicht anzuwenden, soweit der Spediteur die Beförderung des Gutes kraft Selbsteintritts oder Frachtvertrages mit eigenem Kraftfahrzeug im Güterfernverkehr oder im internationalen Straßengüterverkehr gemäß CMR ausführt. Bei Betätigung des Spediteurs in See- oder Binnenschiffahrtstransporten können abweichende Vereinbarungen nach den dafür etwa aufgestellten besonderen Beförderungsbedingungen des Spediteurs getroffen werden.

d) Der Spediteur ist zur Vereinbarung der üblichen Geschäftsbedingungen Dritter befugt. Im Verhältnis zwischen Haupt- und Zwischenspediteur gelten die ADSp als Allgemeine Geschäftsbedingungen des Zwischenspediteurs.

Literatur: siehe vor § 1 ADSp.

Übersicht

	Rz.
A. Vorbemerkung	1
B. Der Anwendungsbereich der ADSp – Grundsatz	
I. Spediteur und mit dem Speditionsgewerbe zusammenhängende Geschäfte	2
II. Kaufleute	3
III. Juristische Personen und Sondervermögen des öffentlichen Rechts	4
C. Zusätzliche Schranken (§ 2 b ADSp)	
I. Der Spediteur als Erfüllungsgehilfe eines Beförderungsunternehmers (§ 2b S. 1 ADSp)	5
II. Möbeltransport (§ 2 b S. 2 ADSp)	6
III. Möbellagerung (§ 2 b S. 3 ADSp)	7
IV. Verpackungs-, Kran-, Montagearbeiten, Schwer- und Großraumtransporte (§ 2 b S. 4 ADSp)	8
D. Konflikt der ADSp mit dispositivem Recht, Handelsbrauch, vertraglichen Abreden sowie KVO und CMR	
I. Vorrang der ADSp vor Handelsbrauch und dispositivem Recht (§ 2 c S. 1 ADSp)	9
II. Abweichende Vereinbarungen (§ 2 c S. 3 ADSp)	10
III. Frachtvertrag oder Selbsteintritt im Güterfernverkehr und internationalen Straßengüterverkehr (§ 2 c S. 2 ADSp)	11
E. Geschäftsbedingungen Dritter (§ 2 d ADSp)	
I. Übliche Geschäftsbedingungen Dritter	12
II. Zwischenspediteur	13

A. Vorbemerkung

1 § 2 a ADSp stellt zunächst den Grundsatz auf, daß die ADSp innerhalb eines sehr weit gespannten Rahmens zum Tragen kommen sollen. Von diesem Grundsatz werden in § 2 b und § 2 c S. 2 ADSp eine Vielzahl bedeutsamer Ausnahmen gemacht. § 2 d ADSp betrifft die Art und Weise, in der der Spediteur die Interessen des Auftraggebers wahrzunehmen hat, gehört also systematisch zu § 1 ADSp.

B. Der Anwendungsbereich der ADSp – Grundsatz

§ 2 a ADSp geht eindeutig davon aus, daß sich die Spediteure auf der Seite der Auftragnehmer (Verrichtungen) und die Kaufleute etc. auf der Seite der Auftraggeber (Kunden) befinden *(Heil/Bayer*, TranspR **1987**, 1, 2).

I. Spediteur und mit dem Speditionsgewerbe zusammenhängende Geschäfte

2 § 2 a ADSp enthält für die Anwendbarkeit der ADSp eine **doppelte Schranke.**

Zum einen muß es sich um ein Geschäft mit einem **Spediteur iSd ADSp** handeln. Die ADSp knüpft nicht an § 407 HGB an, sondern orientiert sich am Berufsstand der Spediteure iSd Verkehrsanschauung (*Krien/Valder,* Speditions- und Lagerrecht, vor § 1 ADSp Rz. 27). Der Begriff des Spediteurs ergibt sich mithin aus den in § 2 a ADSp aufgezählten Vertragstypen (§§ 407 ff, 425 ff, 416 ff, 383 ff HGB). Somit ist Spediteur iSd ADSp derjenige, der *gewerbsmäßig*, also nicht nur gelegentlich, für andere im eigenen Namen Güter einschließlich Umzugsgut (arg. e § 2 b 2, 3 ADSp; **a. A.** LG Duisburg, TranspR **1991,** 345, 346) befördert oder lagert oder die hierzu notwendigen Maßnahmen ganz oder zum Teil vorbereitet, organisiert oder besorgt. Nicht erforderlich und genügend ist es, daß der Spediteur iSd ADSp die Geschäftsbezeichnung „Spedition" führt oder dem Spediteurverband beigetreten ist. Diese Umstände können allerdings zum Beweis der Spediteureigenschaft herangezogen werden (*Krien/Glöckner*, § 2 ADSp Anm. 12). Wird von einem Auftragnehmer, der nicht zum Kreis der Spediteure iSd § 2 a ADSp zählt, auf die ADSp verwiesen, so kommen diese nach ihrem eigenen Geltungsanspruch nicht zum Tragen (§ 5 AGBG; **a. A.** *Staub/Helm*, Anh. I § 415 HGB, § 2 ADSp Rz. 3), es sei denn, daß aus der Vereinbarung der Parteien abgeleitet werden kann, daß der Auftragnehmer wie ein Spediteur behandelt werden soll.

Der Spediteur muß **außerdem** mit dem Auftraggeber ein **mit dem Spediteurgewerbe zusammenhängendes Geschäft** geschlossen haben. Dazu gehören die in § 2 a ADSp ausdrücklich genannten Vertragstypen sowie selbständige und unselbständige Modifikationen oder Erweiterungen dieser Geschäfte, ohne daß es insoweit auf deren Üblichkeit ankommt (**a. A.** OLG Hamburg v. 3.2.1971, VersR **1971**, 729, 732). Unter § 2 a ADSp fallen somit auch die Besorgung und Durchführung von Luftfrachtgeschäften, der Warenumschlag, die Warenkontrolle und -distribution (OLG Hamburg v. 19.5.1983, VersR **1984**, 156), die Verzollung (OLG Köln v. 9.3.1984, TranspR **1985**, 26, 27), Exportabfertigung (OLG Frankfurt v. 1.11.1991, TranspR **1992**, 114), die Einholung von Auskünften über Steuern, Zölle, Abgaben (LG Flensburg, VersR **1988**, 715), Entgegennahme von Gütern, Vereinbarung von Gestellungsterminen bei Containertransporten im Nahverkehr (OLG Hamburg v. 12.10.1989, TranspR **1990,** 31, 33), die Abfertigung von Transporten durch Frachtführer (vgl. § 33 GüKG), Absprachen über Palettenrückgabe (KG v. 23.5.1985, TranspR **1985**, 299, 300), die Beförderung von Kraftfahrzeugen auf eigener Achse, da Frachtgeschäft (**a. A.** *Krien/Glöckner*, § 2 ADSp Anm. 27), die Vermietung von Lagerräumen, Lohnfuhrverträge (unklar *Krien/Glöckner*, § 2 ADSp Anm. 27), die Verpackung von Gütern (beachte § 2 b 4 ADSp), Neutralisieren der Herstellerbezeichnung, Umpacken (LG Hamburg, TranspR **1992**, 143), der Palettenverkehr (*Willenberg*, TranspR **1985**, 161, 168), die Ausstellung und Beschaffung von Transportdokumenten, die Besorgung von Versicherungen, die Abwicklung von Schadensreklamationen, die Organisation der Warenverteilungs- und -beschaffungssysteme, die Bestückung von Gütern mit Schriftwerk (OLG Hamburg v. 8.6.1989, VersR **1990,** 545). Dabei ist es gleichgültig, ob diese Geschäfte isoliert (OLG Hamburg v. 8.6.1989, VersR **1990,** 545) oder als Bestandteil eines in § 2 a ADSp ausdrücklich genannten Vertrages verabredet worden sind und ob sie im Inland oder Ausland auszuführen sind (zur Einbeziehung der ADSp bei Vertrag mit Ausländern vor § 1 ADSp Rz. 10). Voraussetzung ist nur, daß die genannten Geschäfte mit einem Spediteur iSd § 2 a ADSp vereinbart werden. Besonderheiten gelten für die Frage, ob bei isolierter Vereinbarung von Verrichtungen, die mit dem Speditionsgewerbe zusammenhängen, die ADSp bereits aufgrund stillschweigender Unterwerfung anzuwenden sind (vor § 1 ADSp Rz. 9). **Keine** mit dem Speditionsgewerbe **zusammenhängenden Geschäfte** sind die Montage und Demontage von Maschinen, falls der Transport nur eine untergeordnete Rolle spielt (OLG Hamburg v. 3.2.1971, VersR **1971**, 729, 732), die Stellung eines Autodrehkrans (BGH v. 21.11.1975, VersR **1976**, 286, 287), die Reinigung und Reparatur von Kfz (*Krien/Glöckner*, § 2 ADSp Anm. 9), das isolierte Kommissionsgeschäft (*Krien/Glöckner*, § 2 ADSp Anm. 9), ferner die Aufbereitung von Waren für den Verkauf (z. B. Fashionservice) oder Verhandlungen mit dem Verkäufer des Gutes bei dessen Abholung. Werden für derartige Geschäfte die ADSp ausdrücklich vereinbart, so entfällt gemäß § 4 AGBG das Erfordernis der Typizität (*Heil/Bayer*, TranspR **1987**, 1, 8). *Beachte §§ 2, 5 Nr. 2 SVS/RVS a. F.*

Weitere Ausnahmen von der Geltung der ADSp: § 2 b, 2 c ADSp.

II. Kaufleute

3 § 2 a ADSp knüpft, wie die Aufzählung der Adressaten („im Verkehr mit...") zeigt, ersichtlich an § 24 AGBG an. Die Klausel ist daher auch im Sinn dieser Vorschrift anzuwenden. Kaufleute sind somit alle Mußkaufleute

(§ 1 HGB), unabhängig davon, ob sie Voll- oder Minderkaufleute (§ 4 HGB) sind, ferner die im Handelsregister eingetragenen Gewerbe (§§ 2, 5 HGB) sowie die eingetragenen Land- und Forstwirte, außerdem die Scheinkaufleute (*Wolf/Horn/Lindacher*, AGBG, § 24 Rz. 6), Personenhandelsgesellschaften und Formkaufleute (§ 6 HGB). Ist Auftraggeber ein Ausländer, so kommt es darauf an, ob der *Ausländer* nach HGB Kaufmann wäre (*Ulmer/Brandner/Hensen*, AGBG, § 24 Rz. 14). Soweit nach deutschem Recht eine besondere Rechtsform oder die Eintragung in das Register zur Kaufmanns-Eigenschaft führt (§ 6 HGB), können somit die ADSp auf Ausländer nicht ohne weiteres angewandt werden (*Hübner*, NJW **1980**, 2607; **a. A.** MüKo-*Kötz*, BGB, § 24 AGBG Rz. 3). Im Falle ausländischer juristischer Personen muß daher dargetan werden, daß diese ein Handelsgewerbe (§ 1 HGB) betreiben. In § 2 a ADSp ist nicht ausdrücklich gesagt, daß der Vertrag auch zum *Betrieb des Handelsgewerbes* (§§ 343, 344 HGB) gehören muß. Diese Schranke muß in den § 2 a ADSp hineingelesen werden (*Staub/Helm*, Anh. I § 415 HGB, § 2 ADSp Rz. 5). Wird gegenüber Personen, die nicht unter § 24 AGBG fallen, mittels vorgedrucktem Vermerk auf die ADSp verwiesen, so liegt im Zweifel keine Individualabrede vor, die den Anwendungsbereich der ADSp erweitert, weil **Nichtkaufleute** den Inhalt der ADSp nicht kennen müssen (LG Bremen v. 23.11.1989, TranspR **1990,** 166, 167). Im Verhältnis zu Nichtkaufleuten sind außerdem die meisten Klauseln der ADSp überraschend (§ 3 AGBG) und wegen Verstoßes gegen die §§ 10, 11 AGBG unwirksam. Außerdem ist § 2 AGBG zu beachten.

III. Juristische Personen und Sondervermögen des öffentlichen Rechts

Vgl. dazu die Kommentierungen zu § 24 AGBG. 4

C. Zusätzliche Schranken (§ 2 b ADSp)

I. Der Spediteur als Erfüllungsgehilfe eines Beförderungsunternehmers (§ 2 b S. 1 ADSp)

§ 2 b S. 1 ADSp enthält eine Selbstverständlichkeit. Wenn der Spediteur als Erfüllungsgehilfe eines Dritten tätig wird, steht er zum Auftraggeber des Beförderungsunternehmers in keinen Vertragsbeziehungen, so daß die ADSp nicht Vertragsbestandteil werden können. Dies gilt auch dann, wenn man die ADSp als Handelsbrauch qualifiziert (vor § 1 ADSp Rz. 8). Die ADSp können aber zugunsten des Spediteurs mittelbar dadurch Bedeutung erlangen, daß der Spediteur mit außervertraglichen Ansprüchen konfrontiert wird (vor § 1 ADSp Rz. 4). Zur Geltung der ADSp gegenüber dem Empfänger vor § 1 ADSp Rz. 4. 5

II. Möbeltransport (§ 2 b S. 2 ADSp)

6 Zum Möbeltransport vgl. § 37 GüKG Rz. 1 sowie die Erläuterungen zur GüKUMT.

III. Möbellagerung (§ 2 b S. 3 ADSp)

7 Voraussetzung für die Verdrängung der grundsätzlich anwendbaren ADSp ist, daß die Lagerbedingungen des deutschen Möbeltransportes (dazu *de la Motte*, TranspR **1987**, 327) Vertragsinhalt geworden sind. Werden weder die ADSp noch die Lagerbedingungen ausdrücklich vereinbart, so sind bei einem kaufmännisch tätigen Kunden kraft stillschweigender Unterwerfung die ADSp anzuwenden.

IV. Verpackungs-, Kran-, Montagearbeiten, Schwer- und Großraumtransporte (§ 2 b S. 4 ADSp)

8 Die in § 2 b S. 4 ADSp genannten Geschäfte sind zum Teil schon aufgrund des § 2 a ADSp aus dem Geltungsbereich der ADSp ausgeschlossen (§ 2 ADSp Rz. 2). Die Verpackungs-, Kran- und Montagearbeiten dürfen nicht Teil anderer speditioneller Verrichtungen iSd § 2 a ADSp sein (OLG Hamburg v. 8.6.1989, VersR **1990**, 545). Schwer- und Großraumtransporte sind gegeben, wenn für den Transport straßenverkehrsrechtliche Ausnahmegenehmigungen erforderlich sind. Die Ausnahme gemäß § 2 b S. 4 ADSp gilt für Transporte ebenso wie für die Besorgung von Transporten (§ 5 AGBG). Die ADSp erfassen jedoch den Binnenumschlagsverkehr, d. h. den Warenumschlag im Binnenland vom und auf das Binnenschiff (*Krien/Glöckner*, § 2 ADSp Anm. 35 b VI). Auch hier gilt jedoch, daß isolierte Kran-, Montage- und Verpackungsarbeiten keine typischen Verrichtungen eines Spediteurs darstellen (§ 2 a ADSp Rz. 2). Zu den BSK s. Teil G 2. Abschnitt des Kommentars.

D. Konflikt der ADSp mit dispositivem Recht, Handelsbrauch, vertraglichen Abreden sowie KVO und CMR

I. Vorrang der ADSp vor Handelsbrauch und dispositivem Recht (§ 2 c S. 1 ADSp)

9 § 2 c S. 1 ADSp enthält eine Regelung, die sich ohnehin aus den allgemeinen Regeln über das Verhältnis der Rechtsquellen zueinander ergibt. Deshalb gehen die ADSp auch überbezirklichen Handelsbräuchen vor.

II. Abweichende Vereinbarungen (§ 2 c S. 3 ADSp)

10 § 2 c S. 3 ADSp besagt insoweit Selbstverständliches, als auf die Privatautonomie der Parteien verwiesen wird (§ 4 AGBG). Die Klausel kann nicht so ausgelegt werden, daß außerhalb des Bereichs des See- und Binnenschiffahrtstransports keine abweichenden Vereinbarungen getroffen werden können. Aus § 2 c S. 3 ADSp kann nicht hergeleitet werden, daß bei einer Kollision zwischen ADSp und den besonderen Bedingungen immer die besonderen Beförderungsbedingungen den Vorrang haben sollen (*Staub/Helm*, Anh. I § 415 HGB, § 2 ADSp Rz. 28). Vgl. im übrigen vor § 1 ADSp Rz. 15. Abweichende Individualvereinbarungen verdrängen die ADSp nur, soweit die Kollision reicht (vor § 1 ADSp Rz. 6). Im übrigen gelten die ADSp (BGH v. 18.12.1980, MDR **1981**, 569). Wird ein KVO-Frachtbrief ausgestellt, so werden damit im Zweifel nicht die ADSp vereinbart (BGH v. 30.6.1978, VersR **1978**, 935, 936).

III. Frachtvertrag oder Selbsteintritt im Güterfernverkehr und internationalen Straßengüterverkehr (§ 2 c S. 2 ADSp)

11 § 2 c S. 2 ADSp **verdrängt** im Unterschied zu § 2 c S. 1 ADSp die ADSp nicht nur, soweit die ADSp mit zwingendem Recht kollidieren (OLG Hamburg v. 25.6.1987, TranspR **1987**, 351), sondern **total** (**a. A.** wohl BGH v. 24.6.1987, VersR **1987**, 1212, 1215). Die Klausel soll wohl die ADSp dem § 1 V KVO anpassen; dies kann jedoch bei der Interpretation der Klausel nicht berücksichtigt werden, weil dies in der Klausel für den durchschnittlichen Kunden nicht deutlich zum Ausdruck kommt (§ 5 AGBG; *Ulmer/Brandner/Hensen*, § 5 Rz. 22; **a. A.** OLG Hamburg v. 30.6.1988, TranspR **1989,** 95, 96) und die Entstehungsgeschichte des § 2 c S. 2 ADSp bei der Auslegung der Klausel nicht berücksichtigt werden darf (*Heil/Bayer*, TranspR **1987**, 1, 10 m. Nachw.; *Koller*, VersR **1988**, 556, 558; anders aber *Braun*, VersR **1988**, 648, 652). Der redliche Kunde weiß nicht, welche Motive bei der Formulierung einer ADSp-Klausel eine Rolle spielten; er kann dies auch nicht mit zumutbaren Anstrengungen in Erfahrung bringen.

Die ADSp greifen demnach jedenfalls dann nicht ein, wenn und soweit ein Spediteur iSd § 2 a ADSp (Rz. 2) einen KVO-Frachtvertrag (§ 1 KVO Rz. 4; OLG Hamburg v. 30.6.1988, TranspR **1989,** 95, 96) abgeschlossen hat (*Wolf*, ADSp, § 2 Rz. 28; **a. A.** *Staub/Helm*, Anh. I § 415 HGB, § 2 ADSp Rz. 26) oder ein Fall des § 413 HGB (§ 413 HGB Rz. 2, 8) vorliegt (BGH, NJW **1985**, 2091; OLG Saarbrücken v. 29.10.1982, TranspR **1984**, 148, 150; *Heil/Bayer*, TranspR **1987**, 1, 9 f) oder wenn der Spediteur iSd § 407 HGB selbst eingetreten ist (§ 412 HGB) und darüber hinaus der Transport mit eigenen Kraftfahrzeugen des Spediteurs ausgeführt worden ist (*Heil/Bayer*, TranspR **1987**, 1, 10; Einzelheiten § 1 KVO Rz. 6 ff). Dabei ist es gleichgültig, ob der Spediteur Eigentümer der Fahrzeuge war oder nicht. Entscheidend ist allein, daß der Spediteur unmittelbarer Besitzer des Gutes geworden ist. Auch im Fall des CMR-Transportes ist die Anwendung des § 2 c S. 2 ADSp nach Ansicht des BGH (NJW **1985**, 2091) davon abhängig, daß mit eigenen Fahrzeugen transportiert wird (ebenso OLG Hamburg v. 7.5.1987, VersR **1987**, 1111; v. 25.6.1987, TranspR **1987**, 458; OLG Saarbrücken v. 29.10.1982, TranspR **1984**, 148, 159; OLG Düsseldorf v. 15.2.1990, TranspR **1990**, 240, 241; LG Regensburg, TranspR **1990**, 194). Allerdings ist insoweit der Wortlaut des § 2 c S. 2 ADSp aus der Sicht eines verständigen Transportkunden **vieldeutig** (eingehend *Koller*, VersR **1988**, 556, 558; **a. A.** OLG Hamburg v. 7.5.1987, VersR **1987**, 1111; v. 25.6.1987, TranspR **1987**, 458 jeweils ohne Begründung), und da andere für diesen Personenkreis erkennbare Anhaltspunkte fehlen, führt § 5 AGBG zu einem totalen Ausschluß der ADSp im Bereich des gesamten CMR-Transports (OLG Köln v. 23.10.1980, RIW **1981**, 628; *Staub/Helm*, § 2 ADSp Rz. 27; *Diehl*, Pflichten des Spediteurs, aaO, S. 141), also auch dann, wenn der Transport von einem Subunternehmer ausgeführt wird (**a. A.** OLG Hamburg v. 25.6.1987, TranspR **1987**, 458). Der Ausschluß der ADSp gilt nur, ,,soweit" der Spediteur die Beförderung des Guts im Güterfernverkehr (§ 1 KVO) oder im internationalen Straßengüterverkehr (§ 1 CMR) ausführt. Es ist unklar, ob der Begriff ,,soweit" im Sinn von ,,falls" oder ,,wenn" oder im Sinn von ,,so weit" (vgl. § 1 V KVO) auszulegen ist. Aus der Sicht eines verständigen Transportkunden sind insbesondere in Hinblick auf die CMR beide Interpretationen sinnvoll. Es ist daher gemäß § 5 AGBG die dem Spediteur nachteilige Auslegungsvariante zu wählen, so daß die ADSp auch nicht die dem eigentlichen Transport vor- oder nachgelagerten, spezifisch speditionellen Tätigkeiten (vgl. § 1 KVO Rz. 8 ff) erfassen. Es ist allerdings zu beachten, daß der Selbsteintritt auf den eigentlichen Transportvorgang beschränkt werden kann.

Der totale Ausschluß der ADSp durch § 2 c S. 2 ADSp kann im Rahmen des dispositiven Rechts (soweit die KVO, CMR oder GüKUMT Lücken aufweisen) durch Individualvereinbarungen verhindert werden, z. B. wenn die Parteien ausdrücklich die Geltung der ADSp wollten (vgl. OLG München, IPRax **1987**, 307; *Heil/Bayer*, TranspR **1987**, 1, 10 f; *Koller*, VersR **1988**, 556, 558). Bloße formularmäßige Hinweise genügen allerdings nicht.

Liegen die Voraussetzungen des § 2 c S. 2 ADSp nicht vor, so greifen die ADSp ein, soweit sie nicht mit **zwingendem Recht** kollidieren (§ 2 c S. 1 ADSp; OLG Hamburg v. 30.4.1981, TranspR **1984**, 132, 133; AG Köln v. 6.2.1985, RIW 1986, 384; **a. A.** OLG Köln v. 23.10.1980, VersR **1981**, 168, 169). Deshalb können die ADSp in beschränktem Umfang zum Tragen kommen. Zur Anwendbarkeit der ADSp im Bereich der CMR, wenn man § 2 c S. 2 ADSp eng interpretiert, vgl. *Koller*, VersR **1988**, 556, 559f.

E. Geschäftsbedingungen Dritter (§ 2 d ADSp)

I. Übliche Geschäftsbedingungen Dritter

12 § 2 d ADSp konkretisiert die Interessenwahrungspflicht (§ 408 HGB Rz. 2; § 1 ADSp) dahin, daß der Spediteur befugt ist, mit dritten Unternehmen deren übliche Geschäftsbedingungen zu vereinbaren. ,,Üblich" bedeutet nicht notwendig, daß die AGB die einzigen in der Branche üblichen sein müssen (**a. A.** *Schlegelberger/Schröder*, § 407 Rz. 26 g). Das heißt nicht, daß die Vereinbarung unüblicher Geschäftsbedingungen notwendig eine Verletzung der Interessenwahrungspflicht darstellen muß. Andererseits kann der Spediteur trotz der Vereinbarung üblicher Geschäftsbedingungen pflichtwidrig handeln, falls er nicht mit Dritten, die günstigere AGB verwenden, kontrahiert hat (*Krien/Glöckner*, § 2 ADSp Anm. 40). Bei besonders belastenden AGB muß er nach Möglichkeit zurückfragen (§ 1 ADSp).

II. Zwischenspediteur

13 § 2 d S. 2 ADSp enthält erstens eine Fiktion, soweit die AGB des Zwischenspediteurs (§ 407 HGB Rz. 36) einschneidender als die ADSp sind, und zweitens eine Abrede zugunsten des Zwischenspediteurs, soweit die ADSp für diesen vorteilhafter sind. Entgegen *Staub/Helm* (Anh. I § 415 HGB, § 2 ADSp Rz. 34) gilt diese Regel nach dem eindeutigen Wortlaut auch im Verhältnis zu ausländischen Zwischenspediteuren. Die Klausel bewirkt, daß der Hauptspediteur den Auftraggeber so stellen muß, als ob er mit dem Zwischenspediteur auf der Basis der ADSp kontrahiert hätte, und daß der Auftraggeber im Rahmen der §§ 52 ADSp, 398 ff BGB nur Ansprüche nach Maßgabe der ADSp erheben kann (**a. A.** *Krien/Glöckner*, § 2 ADSp Anm. 43 b, der aber übersieht, daß § 2 d S. 2 ADSp nach seiner systematischen Stellung eine Konkretisierung des § 2 d S. 1 ADSp darstellt). Die Angemessenheit (§ 9 AGBG) des § 2 d S. 2 ADSp ist sehr zweifelhaft, da die Klausel dem Kunden des Hauptspediteurs die günstigeren Bedingungen eines Zwischenspediteurs abschneidet.

§ 3 ADSp [Anspruchsübergang]

Eine Abtretung der Rechte des Auftraggebers an einen Dritten sowie die Geltendmachung von Ansprüchen gegen den Spediteur namens oder für Rechnung eines Dritten (vgl. § 67 VVG) kann nur insoweit erfolgen, als Rechte gegen den Spediteur aufgrund dieser Bedingungen bestehen.

Literatur: siehe vor § 1 ADSp.

1 § 3 ADSp enthält in Hinblick auf Forderungen, die nicht den ADSp entspringen („aufgrund dieser Bedingungen“) oder über die ADSp hinausgehen, ein klares Abtretungsverbot und das Verbot, diese Rechte im Weg der Einzugsermächtigung geltend zu machen (*Staub/Helm*, Anh. I § 415 HGB, § 3 ADSp Rz. 2; **a. A.** *Krien/Glöckner*, § 3 ADSp Anm. 1). Die Klausel verstößt gegen § 9 AGBG, weil kein Grund ersichtlich ist, z. B. Ansprüche aus zwingendem Recht oder Ansprüche aus Delikt unabtretbar zu gestalten (*Staub/Helm*, Anh. I § 415 HGB, § 3 ADSp Rz. 3, 6; *Ulmer/Brandner/Hensen*, AGBG, Anh. §§ 9–11 Rz. 18).

§ 4 ADSp [Angebote des Spediteurs]

Alle Angebote des Spediteurs gelten nur bei unverzüglicher Annahme zur sofortigen Ausführung des betreffenden Auftrages, sofern sich nichts Gegenteiliges aus dem Angebot ergibt, und nur, wenn bei Erteilung des Auftrages auf das Angebot Bezug genommen wird.

Literatur: siehe vor § 1 ADSp.

1 § 4 ADSp hebt die Selbstverständlichkeit (§§ 145 ff BGB) hervor, daß eine Annahmeerklärung nur dann zum Vertragsschluß führt, wenn erkennbar ist, welches Angebot angenommen werden soll. Auf das Angebot muß nicht ausdrücklich Bezug genommen werden; es genügt, daß sich dieser Bezug nach allgemeinen Auslegungsgrundsätzen herstellen läßt (allg. M.). Die Frist zur Ausführung ergibt sich primär aus dem Angebot selbst (§ 4 AGBG). Nur wenn in dem Angebot nichts Besonderes gesagt ist, muß das Angebot ohne schuldhaftes Zögern (§ 121 BGB) und zur sofortigen Ausführung (§ 271 BGB) angenommen werden. Die §§ 147, 149 BGB gelten nicht. Für die Unverzüglichkeit der Annahme ist deren Zugang maßgeblich. Die Beweislast für die Auslegung des Angebots und für die Unverzüglichkeit der Annahme trägt derjenige, der hieraus Rechtsvorteile ableitet. Wird das Angebot verspätet oder zur späteren Ausführung angenommen, so greift § 150 BGB ein.

II. Von der Annahme ausgeschlossene Güter

§ 5 ADSp [Gefährliche und schnell verderbliche Güter]

a) Güter, welche Nachteile für andere Güter oder sonstige Gegenstände, Tiere oder Personen zur Folge haben können oder welche schnellem Verderben oder Fäulnis ausgesetzt sind, sind mangels schriftlicher Vereinbarung von der Annahme ausgeschlossen.

b) Werden derartige Güter dem Spediteur ohne besonderen Hinweis übergeben, so haftet der Auftraggeber auch ohne Verschulden für jeden daraus entstehenden Schaden.

c) Der Spediteur kann, sofern die Sachlage es rechtfertigt, derartige Güter im Wege der Selbsthilfe nach seiner Wahl öffentlich oder freihändig, möglichst jedoch unter Benachrichtigung des Auftraggebers, verkaufen lassen oder zur Abwendung von Gefahren ohne vorherige Benachrichtigung des Auftraggebers vernichten.

Literatur: siehe vor § 1 ADSp.

1. § 5 a ADSp

1 **a) Voraussetzungen**. Die Gefahr eines Schadens muß im Vergleich zu normalen Gütern wesentlich erhöht sein, wenn der Spediteur mit dem Gut vereinbarungsgemäß oder verkehrsüblich verfährt. Es genügt, daß ein leichtes Versehen einen atypisch hohen Schaden hervorrufen kann. Die gefahrdro-

hende Beschaffenheit kann mithin z. B. auf der Feuergefährlichkeit oder auf ätzenden Eigenschaften beruhen. Der *besonders hohe Wert* des Gutes führt nicht zur Anwendbarkeit des § 5 a ADSp, da dieser Faktor nicht die Integrität anderer Güter oder Personen verletzen kann (**a. A.** *Krien/Glöckner*, § 5 ADSp Anm. 10, 14). Das Gut ist dem schnellen *Verderben* oder der schnellen Fäulnis ausgesetzt, wenn die Gefahr besteht, daß das Gut im Laufe der programmgemäßen Vertragsabwicklung oder bei geringfügigen Verzögerungen infolge seiner chemisch/physikalischen Beschaffenheit in seiner objektiven Brauchbarkeit wesentlich beeinträchtigt wird. § 5 a ADSp greift nicht ein, wenn der schriftliche Speditions-, Fracht-, Lagervertrag etc. einen ausreichenden **Hinweis** auf die Gefährlichkeit bzw. Gefährdung des Gutes enthält (BGH v. 26.10.1977, VersR **1978**, 133, 134). Es genügt, daß der Spediteur im Rahmen der Vertragsverhandlungen schriftlich auf die besondere Art der Güter aufmerksam gemacht worden ist und diese Information in die Auslegung des Vertrages eingegangen ist. Die **Schriftform** ist nach dem Zweck des § 5 ADSp eingehalten, falls die Gefährlichkeit des Gutes etc. dem Spediteur per Telex oder in sonst verkörperter Form (§ 6 ADSp Rz. 5) mitgeteilt worden ist. Die §§ 126, 127 BGB sind nicht anzuwenden. Kommt der Vertrag durch Schweigen des Spediteurs zustande (§ 362 HGB), so liegt eine ,,schriftliche Vereinbarung" auch dann vor, wenn das Angebot des Auftraggebers mit dem Hinweis auf die besondere Qualität des Guts schriftlich abgegeben worden ist. Die ,,schriftliche Vereinbarung" ist nach dem Zweck der Klausel dort nicht erforderlich, wo der Spediteur die besonderen Eigenschaften des Gutes bereits kennt oder ohne weiteres erkennen kann (BGH v. 26.10.1977, VersR **1978**, 133).

b) Rechtsfolge. Da § 5 a ADSp davon ausgeht, daß der ,,Annahme" iSd § 5 a ADSp eine ,,schriftliche" Vereinbarung vorangegangen ist, ist der Begriff ,,Annahme" – anders als bei § 4 ADSp – nicht als Teil des vertraglichen Konsenses (**a. A.** *Hald/Widmann*, S. 30; *Krien/Glöckner*, § 5 ADSp Anm. 18 c), sondern im Sinn des Besitzerwerbes zu interpretieren. § 5 a ADSp eröffnet mithin dem Spediteur ein Leistungsverweigerungsrecht (BGH v. 26.10.1977, VersR **1978**, 133, 134). Übt er es aus, so entfällt dadurch nicht automatisch die Vergütungspflicht des Auftraggebers. Vielmehr gelten dann § 18 ADSp und die allgemeinen Regeln über die Zweckstörung (MüKo-*Emmerich*, BGB, vor § 275 Rz. 21 ff; *Picker*, JZ **1986**, 693 jeweils m. Nachw.). Trotz Ausübung des Leistungsverweigerungsrechts hat der Spediteur für das Gut, das in seinen Besitz gelangt ist, in zumutbarem Umfang zu sorgen. 2

c) AGBG-Konformität. § 5 a ADSp ist angemessen, weil es sich nicht eigentlich um eine Schriftformklausel handelt und weil die schriftliche ,,Vereinbarung" nach dem Zweck der Klausel dort nicht erforderlich ist, wo der Spediteur die Eigenschaften des Gutes kannte oder wo sie auf der Hand lagen. 3

2. § 5 b ADSp

a) Voraussetzungen. Besitzverschaffung an einem in § 5 a ADSp genannten Gut (Rz. 1). Im Zeitpunkt der Besitzverschaffung darf kein (formloser; *Wolf/Horn/Lindacher*, AGBG, § 9 Rz. 55 (str.)) *Hinweis* vorgelegen haben, der einen ordentlichen Spediteur die Gefährlichkeit bzw. Verderblichkeit des Gu- 4 tes erkennen ließ (BGH v. 26.10.1977, VersR **1978**, 133, 134). Ein ausreichender Hinweis kann bei Vertragsschluß dem Spediteur oder später derjenigen Person gegeben werden, die das Gut in Empfang nimmt (BGH v. 26.10.1977, VersR **1978**, 133, 134f); denn es genügt, daß derjenige, der das Gut entgegennimmt, in diesem Moment gewarnt wird. Bekommt der Spediteur den Auftrag, das Gut bei Dritten abzuholen, so sind die Dritten Erfüllungsgehilfen des Auftraggebers. Der Hinweis ist überflüssig, wenn die das Gut in Empfang nehmende Person die Gefährlichkeit des Gutes *kannte* (z. T. ebenso BGH v. 26.10.1977, VersR **1978**, 133, 134; *Krien/Glöckner*, § 5 ADSp Anm. 20 d; *Staub/Helm*, Anh. I § 415 HGB, § 5 ADSp Rz. 8), wegen der Warnfunktion des § 5 b ADSp nicht aber schon dann, wenn die besondere Eigenschaft des Gutes lediglich bekannt sein mußte (*Krien/Glöckner*, § 5 ADSp Anm. 20 d; **a. A.** OLG Karlsruhe v. 14.11.1972, VersR **1974**, 129; *Löwe/Graf von Westphalen/Trinkner*, AGBG, Bd. III S. 31.1 Rz. 2; *Wolf*, ADSp, § 5 Rz. 4).

5 **b) Rechtsfolge**. Haftung des Auftraggebers für die Schäden iSd §§ 249 ff BGB. Ein Schaden des Spediteurs kann auch daraus resultieren, daß er dem Auftraggeber in Hinblick auf das übernommene Gut schadensersatzpflichtig geworden ist (*Krien/Glöckner*, § 5 ADSp Anm. 21 a). Im Rahmen der Drittschadensliquidation können die Schäden Dritter geltend gemacht werden. § 254 BGB findet Anwendung. Deshalb muß sich der Spediteur *mitwirkendes Verschulden* vorwerfen lassen, wenn diejenige Person, die das Gut entgegennahm, die Gefährlichkeit bzw. Verderblichkeit auch ohne besonderen Hinweis hätte erkennen müssen (*Krien/Glöckner*, § 5 ADSp Anm. 20 d). Trifft den Auftraggeber kein Verschulden, so läßt ein grobes Mitverschulden des Spediteurs den Schadensersatzanspruch entfallen.

6 **c) AGBG-Konformität**. Die h. M. nimmt zu Recht an, daß § 5 b ADSp nicht gegen § 9 AGBG verstößt (*Wolf/Horn/Lindacher*, AGBG, § 9 Rz. A 55; *Staub/Helm*, Anh. I § 415 HGB, § 5 ADSp Rz. 7 m. w. Nachw.; **a. A.** *Löwe/Graf von Westphalen/Trinkner*, AGBG, Bd. III S. 31.1 Rz. 2; kritisch auch *Piper*, Höchstrichterliche Rechtsprechung, aaO, Rz. 81; vgl. ferner BGH, BB **1991**, 1146 f), da § 5 b ADSp einer im Frachtrecht verbreiteten Regelung entspricht (Art. 22 II 2 CMR, § 60 I EVO, § 564 b HGB), der kaufmännische Auftraggeber sich versichern kann und Härten weitgehend durch § 254 BGB vermieden werden können.

7 **d) Beweislast**. Der Auftraggeber hat einen ausreichenden Hinweis zu beweisen (§ 6 ADSp), ebenso die anderweitige Kenntnis und das Mitverschulden des Spediteurs; im übrigen trägt der Spediteur die Beweislast.

3. § 5 c ADSp

8 **a) Verkauf. aa) Voraussetzungen:** Güter iSd § 5 a ADSp (Rz. 1). Die Selbsthilfe ist nach „Sachlage" gerechtfertigt, wenn der Spediteur mit einem Einsatz bis zur Grenze des § 18 ADSp außerstande ist, mit zumutbaren Mitteln die Gefahr zu beherrschen oder den alsbaldigen Verderb zu verhindern. Dabei ist es unerheblich, ob die Übernahme der Güter schriftlich vereinbart worden ist (Fall des § 5 a ADSp) oder bei Übergabe auf die besonderen Eigenschaften der Güter hingewiesen worden ist (§ 5 b ADSp) (*Krien/Glöckner*, § 5 ADSp Rz. 24; **a. A.** *Staub/Helm* Anh. I § 415 HGB, § 5 ADSp Rz. 10).

Der Umstand, daß der Spediteur über die Art des Gutes informiert war, schmälert nicht sein Selbsthilferecht, sondern ist nur für die Vergütung von Bedeutung (§ 20 ADSp). Der Auftraggeber muß benachrichtigt werden, es sei denn, daß dies unmöglich gewesen ist oder nicht im Interesse des Auftraggebers gelegen hätte, weil konkrete Gefahr im Verzug war (§ 1 ADSp).

bb) Rechtsfolge: Der Spediteur ist nach seiner Wahl, die er gemäß § 1 9
ADSp an den erkennbaren Interessen des Auftraggebers zu orientieren hat, berechtigt, das Gut öffentlich oder freihändig verkaufen zu lassen. Zum öffentlichen Verkauf s. § 373 II-V HGB. Beim freihändigen Verkauf hat sich der Spediteur wie ein Kommissionär zu verhalten (§§ 383 ff HGB). War der Spediteur nicht zum Verkauf berechtigt, so haftet er im Falle des Verschuldens wegen Verlust des Gutes.

b) Vernichtung. aa) Voraussetzungen: Im Unterschied zum Verkauf des 10
Gutes (Rz. 8) ist hier eine Benachrichtigung des Auftraggebers nicht erforderlich. Das hat zur Konsequenz, daß eine Vernichtung „nach Sachlage erst gerechtfertigt" ist, wenn die Vernichtung ultima ratio ist, wenn sie also mit anderen zumutbaren Mitteln nicht mehr zu umgehen ist.

bb) Rechtsfolge: Der Spediteur haftet nicht für den Untergang des Guts. Er haftet jedoch wegen positiver Forderungsverletzung, wenn eine rechtzeitige Information des Auftraggebers die Vernichtung nicht hätte notwendig werden lassen (*Krien/Glöckner*, § 5 ADSp Anm. 27). Das Vergütungsrisiko hängt davon ab, ob dem Spediteur die Eigenschaften des Guts bei Vertragsschluß bzw. bei Übergabe erkennbar waren (§ 20 ADSp).

c) AGBG-Konformität: § 5 c ADSp stößt auf keine Bedenken. Die Vor- 11
schrift ist zum Teil Ausfluß allgemeiner Regeln der Geschäftsbesorgung, zum Teil beruht sie auf den Rechtsgedanken des § 904 BGB.

III. Auftrag, Mitteilungen, Weisungen, Ermessen des Spediteurs

§ 6 ADSp [Beweislast, Mißverständnisse und Übermittlungsfehler]

Auftraggeber und Spediteur haben die Beweislast für Aufträge, Weisungen, Erklärungen und Mitteilungen je an den anderen oder an zur Annahme bestellte Leute oder Bevollmächtigte (Expedienten, Handlungsbevollmächtigte, Prokuristen).

Keine Partei ist verantwortlich für Schäden, die nur infolge mündlicher Aufträge, Weisungen, Erklärungen oder Mitteilungen eingetreten sind, es sei denn, daß sie von einer Seite schriftlich bestätigt worden sind. Entsprechendes gilt für die Übermittlung von Aufträgen, Weisungen, Erklärungen oder Mitteilungen oder für die Übergabe von Schriftstücken und Gütern an dazu nicht bestellte oder bevollmächtigte Leute, es sei denn, daß dies vereinbart ist oder daß die Partei bei Anwendung der Sorgfalt eines ordentlichen Kaufmanns die Leute der anderen Partei für dazu bestellt oder bevollmächtigt gehalten hat und aufgrund des Verhaltens der anderen Partei halten durfte. Jede Partei ist jedoch zur Rückfrage bei der anderen Partei verpflichtet, wenn sie bei Anwendung der Sorgfalt eines or-

dentlichen Kaufmanns die Möglichkeit von Übermittlungsfehlern oder Mißverständnissen hätte erkennen müssen.

Literatur: siehe vor § 1 ADSp.

I. § 6 I ADSp

1. Tragweite

1 **a) Voraussetzungen**. § 6 I ADSp erfaßt mit den Begriffen ,,Aufträge, Weisungen, Erklärungen und Mitteilungen" sämtliche Formen der Kommunikation unabhängig davon, ob sie als Willenserklärungen oder rechtsgeschäftsähnliche Handlungen oder als Realakte anzusehen, ob sie vertragsbegründender oder vertragsgestaltender oder lediglich informativer Natur sind. Die Kommunikationsakte müssen an den jeweiligen Vertragspartner, dessen Organe, rechtsgeschäftliche Vertreter, Wissensvertreter oder im Rahmen der Annahme von Gegenständen an dessen Besitzdiener (**a. A.** *Hald/Widmann*, S. 35, der wohl auch insoweit vom Vertreter ausgeht) gerichtet gewesen sein. § 6 I ADSp gilt auch im Fall des Anscheinsbevollmächtigten sowie im Fall des ehemaligen oder falsch eingetragenen Prokuristen (§ 15 HGB).

2 **b) Rechtsfolge**. Der Erklärende hat zu beweisen, daß und in welcher Form seine Kommunikationsakte den in § 6 I 1 ADSp genannten Personen zugegangen sind. Der Erklärende braucht jedoch nicht zu beweisen, daß er bestimmte Erklärungen entgegen den Behauptungen seines Vertragsgegners überhaupt nicht oder nicht so wie behauptet abgegeben hat.

2. AGBG-Konformität

3 § 6 I ADSp ist mit dem AGBG vereinbar (*Staub/Helm*, Anh. I § 415 HGB, § 6 ADSp Rz. 2).

II. § 6 II ADSp

1. Allgemeines

4 § 6 II ADSp stellt zum Teil eine Variante einer Schriftformklausel (§ 127 BGB) dar. Im Unterschied zur Schriftformklausel macht § 6 II ADSp jedoch die Wirksamkeit rechtsgeschäftlicher Akte nicht von deren Schriftlichkeit abhängig, sondern senkt lediglich bei mündlicher Kommunikation den Haftungsmaßstab. In gleicher Weise trägt die Klausel dem erhöhten Schadensrisiko bei mündlichen Informationen etc. Rechnung.

2. § 6 II 1 ADSp

5 **a) Voraussetzungen**. Zum Begriff der Aufträge, Weisungen, Erklärungen, Mitteilungen s. § 6 ADSp Rz. 1. Diese Kommunikationsakte müssen mündlich erfolgt sein, dürfen also nicht verkörpert gewesen sein. Entgegen §§ 126, 127 BGB sind verkörperte Erklärungen nicht deshalb mündlicher Natur, weil die Unterschrift fehlt (z. B. Erklärungen auf Anrufbeantworter). Glei-

ches gilt für schriftliche Bestätigungen von Erklärungen des anderen Teils, insbesondere von Bestätigungsschreiben. Die schriftlichen Bestätigungen müssen allerdings inhaltlich auf die mündlichen Erklärungen bezogen sein und erkennen lassen, wie der Bestätigende die mündliche Erklärung verstanden hat, damit § 6 II 1 ADSp unanwendbar wird. Der Geschädigte braucht sich die Mündlichkeit seiner Erklärungen nur entgegenhalten zu lassen, wenn der Schaden des Erklärenden nicht eingetreten wäre, falls die Erklärung etc. verkörpert, insbesondere schriftlich abgefaßt gewesen wäre. Die Mündlichkeit muß die *alleinige Schadensursache* gewesen sein (*Staub/Helm*, Anh. I § 415 HGB, § 6 ADSp Rz. 5). Hat für den Erklärungsempfänger der Verdacht eines Übermittlungsfehlers bzw. Mißverständnisses nahegelegen, so kommt § 6 II 1 ADSp nicht zum Tragen (*Piper*, Höchstrichterliche Rechtsprechung, aaO, Rz. 82); denn § 6 II 3 ADSp schränkt § 6 II 1 ADSp ein und enthält nicht bloß eine dem § 254 BGB verwandte Regelung.

b) Rechtsfolge. Der Erklärungsempfänger ist weder schadensersatzpflichtig noch muß er sich ein Mitverschulden zurechnen lassen, auch wenn den mündlich Erklärenden keinerlei Mitverschulden trifft. Eine Ausnahme gilt im Fall des § 51 b S. 2 ADSp, ferner gemäß § 242 BGB dann, wenn der Spediteur die Weisung richtig entgegengenommen und ausgeführt hat (OLG Düsseldorf v. 27.2.1987, TranspR **1987**, 238). 6

c) AGBG-Konformität. § 6 II 1 ADSp ist wegen des totalen Ausschlusses der Haftung für grobe Fahrlässigkeit der Erfüllungsgehilfen unwirksam (§ 9 AGBG; h. M.; BGH, ZIP **1991,** 1362; *Wolf/Horn/Lindacher*, AGBG, § 9 Rz. A 26; *Staub/Helm*, Anh. I § 415 HGB, § 6 ADSp Rz. 3; *Ulmer/Brandner/Hensen*, AGBG, Anh. §§ 9-11 Rz. 19 jeweils m. w. Nachw.; **a. A.** *Krien/Glöckner*, § 6 ADSp Anm. 2 c II; *Hald/Widmann*, S. 35 f); außerdem, weil das System der Transportabwicklung gleichwertig auf schriftlicher und mündlicher Kommunikation beruht (*Kirchherr*, EWiR **1985**, 925; ebenso *Krien/Valder*, § 1 ADSp Rz. 16) und Bestätigungsvorbehalte unwirksam sind (*Teske*, Schriftformklauseln (1990), S. 418; *Palandt/Heinrichs*, BGB, § 4 AGBG Rz. 5).

3. § 6 II 2 ADSp

§ 6 II 2 ADSp ergänzt § 6 II 1 ADSp dadurch, daß er die in S. 1 vorgesehene Rechtsfolge auf den Fall der mündlichen oder schriftlichen, aber an den unrichtigen oder unbefugten Erklärungsempfänger gelangten Erklärung erstreckt. Gleiches gilt für die Übermittlung von Gütern. Im einzelnen: 7

a) Voraussetzungen. Aufträge etc. (§ 6 ADSp Rz. 1). Schriftstücke müssen nicht unterzeichnet gewesen sein. Bei mündlichen Erklärungen kommt es auf das Vernehmen, bei schriftlichen auf die Erlangung des Gewahrsams am Schriftstück mit Willen des Erklärenden an. Wird ein Schriftstück zugesandt (z. B. durch die Post), so liegt keine Übergabe und damit kein Fall des § 6 II 2 ADSp vor. Der Erklärende oder der die Güter übergebende Teil muß gezielt mit Personen in Kontakt getreten sein, die der Adressat nicht mit der Entgegennahme mündlicher Erklärungen bzw. Begründung des Gewahrsams an Schriftstücken oder Gütern *betraut* hatte. Maßgeblich ist die innerorganisatorische Beauftragung durch den Empfänger der Erklärungen bzw. Güter. Die Erklärung wird jedoch dann an eine legitimierte Person übermittelt bzw. das 8

Gut einer legitimierten Person ausgehändigt, wenn diese zur Empfangnahme der Erklärung bzw. des Guts zwar beauftragt, aber nicht bevollmächtigt war. Unter die *Leute* iSd § 6 II 2 ADSp fallen auch in die Organisation des Empfängers einbezogene selbständige Dritte. Ist der tatsächliche Empfänger vom Adressaten der Erklärung bzw. des Guts nicht beauftragt gewesen, so genügt es, daß der dem Empfänger zurechenbare *Anschein* eines Auftrags entstanden war. Der Anschein kann nach den Regeln des § 15 HGB oder sonst nach den Regeln der Anscheinsvollmacht bzw. -botenmacht hervorgerufen worden sein. Der Adressat muß den Anschein nicht durch positives Tun begründet haben; es genügt zurechenbares Unterlassen. Dabei ist zu unterstellen, daß der durchschnittliche Auftraggeber regelmäßig davon ausgehen kann, daß das Personal des Adressaten im üblichen Umfang (MüKo-*Thiele*, BGB, § 167 Rz. 47) als Empfangsbote und Besitzdiener beauftragt ist (**a. A.** *Hald/Widmann*, S. 38). Es ist Sache des Adressaten der Erklärung bzw. des Gutes, diese Vermutung durch konkrete Maßnahmen zu zerstören (so i. E. auch *Staub/Helm*, Anh. I § 415 HGB, § 6 ADSp Rz. 8 f).

9 **b) Rechtsfolge**. Der Adressat wird weder schadensersatzpflichtig, noch hat er sich ein Mitverschulden zurechnen zu lassen. Ausnahme: § 51 b 2 ADSp. Der Schaden ist dann zu ersetzen, wenn er nicht gerade durch die Erklärung gegenüber der unzuständigen und auch durch Rechtsschein nicht legitimierten Person bzw. durch die Übergabe des Guts an diese Person entstanden ist oder wenn sich eine Rückfrage des Spediteurs bzw. seines Wissensvertreters aufgedrängt hat (§ 6 II 3 ADSp).

c) AGBG-Konformität. Die h. M. hält § 6 II ADSp ebenfalls gemäß § 9 AGBG für unwirksam (§ 6 ADSp Rz. 6). Dem ist zu folgen, obwohl § 6 II 2 ADSp nur dort eingreift, wo der Erklärende bzw. der das Gut Übergebende keinen Anlaß hatte, auf die Empfangslegitimation des tatsächlichen Empfängers zu vertrauen; denn den Gehilfen des Spediteurs kann grobes Mitverschulden treffen. Unter diesen Umständen ist trotz der Einschränkung des § 6 II 3 ADSp die Klausel, die die Haftung total ausschließt, iSd § 9 AGBG unangemessen (vgl. BGH, ZIP **1991,** 1362).

4. § 6 II 3 ADSp

10 § 6 II 3 ADSp läßt den Haftungsausschluß bzw. Ausschluß des Mitverschuldens entfallen, wenn der Adressat nicht nach den Standards des § 347 HGB zurückgefragt hat. Eine Rückfrage ist am Platz, wenn ein Kommunikationsfehler oder ein Formulierungsfehler naheliegt, bei höheren Schäden sogar, wenn entfernter Verdacht besteht (OLG Düsseldorf v. 27.7.1983, TranspR **1985**, 176, 178).

§ 7 ADSp [Notwendige Angaben, Verwiegung, Empfangsbescheinigung]

a) Der dem Spediteur erteilte Auftrag hat Zeichen, Nummern, Anzahl, Art, Inhalt der Stücke und alle sonstigen, für die ordnungsgemäße Ausführung des Auftrags erheblichen Angaben zu enthalten. Die etwaigen

Folgen unrichtiger oder unvollständiger Angaben fallen dem Auftraggeber zur Last, auch wenn ihn kein Verschulden trifft, es sei denn, die offenbare Unrichtigkeit oder Unvollständigkeit der Angaben war dem Spediteur bekannt. Der Spediteur ist ohne Auftrag nicht verpflichtet, die Angaben nachzuprüfen oder zu ergänzen, es sei denn, daß dies geschäftsüblich ist.

Der Auftraggeber haftet ferner für alle Schäden, die dem Spediteur oder Dritten dadurch entstehen, daß auf Frachtgütern von mindestens 1000 kg Rohgewicht die durch das Gesetz über die Gewichtsbezeichnung an schweren, auf Schiffen beförderten Frachtstücken vom 28. Juni 1933 (RGBl. I S. 412) vorgeschriebene Gewichtsbezeichnung nicht angebracht ist.

b) Zur Verwiegung des Gutes ist der Spediteur nur auf besonderen schriftlichen Auftrag verpflichtet.

c) Im Zweifel enthält eine vom Spediteur erteilte Empfangsbescheinigung keine Gewähr für Art, Inhalt, Wert, Gewicht oder Verpackung.

d) Bei Gütern, deren Menge im Speditionsgewerbe üblicherweise nicht nachgeprüft wird, namentlich bei Massengütern, Wagenladungen und dergleichen, enthält die Empfangsbescheinigung im Zweifel auch keine Bestätigung der Menge.

Literatur: siehe vor § 1 ADSp.

Übersicht

	Rz.
I. § 7 a ADSp	
1. Zeichen, Nummern usw.	1
2. Haftung für fehlende Zeichen und Angaben (§ 7 a S. 2 ADSp)	
a) Voraussetzungen	2
b) Rechtsfolgen	3
3. AGBG-Konformität der Haftungsregel	4
4. Nachprüfung und Ergänzung (§ 7 a S. 3 ADSp)	5
AGBG-Konformität	6
5. Gewichtsbezeichnung	7
II. Verwiegung (§ 7 b ADSp)	8
III. Empfangsbescheinigung (§ 7 c, d ADSp)	
1. Rechtsnatur der Empfangsbescheinigung	9
2. Ausschluß der Gewähr (§ 7 c ADSp)	10
Rechtsfolge	11
3. AGBG-Konformität	12

I. § 7 a ADSp

1. Zeichen, Nummern usw.

Unter **Zeichen** sind Merkzeichen zu verstehen, die auf der Ware bzw. 1
deren Verpackung sichtbar angebracht sind und im Auftrag wiederholt werden müssen (vgl. § 426 I 5 HGB, § 18 V KVO). Der Auftraggeber hat ferner Angaben über die übliche gattungsmäßige Bezeichnung der Güter zu machen („**Art**", „**Inhalt**"). Angaben zur Anzahl, Art, Inhalt, die Angabe von Zeichen und Nummern sind, da § 7 a ADSp mehrdeutig ist, nur insoweit geschuldet (**a. A.** *Krien/Glöckner*, § 7 ADSp Anm. 6 e I), als dies zur ordnungsgemäßen Erledigung des Auftrags von Bedeutung ist (§ 5 AGBG). Es genügt, daß die ordnungsgemäße Erledigung durch das Fehlen der Angaben nicht unerheblich erschwert oder gefährdet wird, obwohl der Spediteur den Auftrag mit verkehrserforderlicher Sorgfalt abwickelt.

Sonstige Angaben sind Informationen, die aus der Sphäre des Auftraggebers stammen und eine Gefährdung oder Erschwerung der ordnungsgemäßen Erledigung des Auftrags verhindern bzw. mindern helfen können (z. B. Hinweise auf Gefährlichkeit des Gutes, für die Verzollung bedeutsame Angaben, Maße). Die Angaben müssen im Rahmen der Offerte oder der Vertragsverhandlungen erfolgen. Erst recht schuldet der Auftraggeber Angaben, die der Spediteur benötigt, um eine Selbstschädigung zu vermeiden oder einer strafbaren Handlung aus dem Weg zu gehen (OLG Düsseldorf v. 13.5.1982, VersR **1983**, 89). Die Zeichen und sonstigen Angaben können in jeder Form gemacht werden. Adressat ist der Spediteur. Die Angaben müssen zugehen (§ 130 BGB). Werden sie nicht schriftlich oder an nicht legitimierte Personen gemacht, so greift § 6 II ADSp ein (zu dessen Gültigkeit Rz. 9). Da Auftraggeber mit den Bedürfnissen des Transport- und Lagergeschäftes nicht immer voll vertraut sind, hat der Spediteur den Auftraggeber auf die Notwendigkeit bestimmter Angaben *hinzuweisen* (*Krien/Glöckner*, § 7 ADSp Anm. 2 d, e I). § 7 a S. 3 ADSp steht dem nicht entgegen, weil dort nur die Pflicht zur Überprüfung von Angaben auf ihren Wahrheitsgehalt sowie die Pflicht, fehlende Angaben aus eigenem Wissen zu ergänzen, geregelt sind.

Individualvereinbarungen haben den Vorrang (vor § 1 ADSp Rz. 6). Die Parteien können auch konkludent vereinbaren, daß Angaben der in § 7 a S. 1 ADSp genannten Art nicht notwendig sind, so z. B., wenn der Spediteur im Rahmen einer laufenden Geschäftsverbindung ständig Güter mit evident unvollständigen Angaben entgegengenommen und die Angaben ohne Protest selbst ergänzt hat (ebenso i. E. *Hald/Widmann*, S. 42).

2. Haftung für fehlende Zeichen und Angaben (§ 7 a S. 2 ADSp)

2 **a) Voraussetzungen**. Der Auftraggeber hat – schuldhaft oder schuldlos – nicht die nach § 7 a S. 1 ADSp erforderlichen Zeichen oder sonstigen Angaben gemacht oder hat falsche Angaben gemacht. Die bloße Verspätung der Angaben schadet nicht, sofern sie so rechtzeitig erfolgten, daß bei ihrer sorgfältigen Beachtung der Schaden noch hätte verhindert werden können (Ausnahme: § 56 a ADSp). § 7 a S. 2 ADSp greift nur ein, wenn dem Spediteur die Unvollständigkeit oder Unrichtigkeit der Angaben unbekannt und für ihn nicht evident war. Dabei muß sich der Spediteur die Kenntnis oder Informationsmöglichkeit von Personen zurechnen lassen, die in seiner Organisation mit der Entgegennahme von Informationen betraut waren oder die innerhalb eines eigenen Wirkungskreises vollkommen selbständig für den Spediteur zu handeln befugt waren (BGHZ **32**, 53, 56 ff; *Richardi*, AcP 169 (**1969**), 383; *Palandt/Heinrichs*, BGB, § 166 Rz. 3 m. w. Nachw.). Dem Wortlaut des § 7 a S. 2 ADSp zufolge haftet der Auftraggeber nur dann nicht, wenn der Spediteur oder sein Wissensvertreter die Unrichtigkeit bzw. Unvollständigkeit der Angaben *positiv kannte* und *außerdem* die Unrichtigkeit bzw. Unvollständigkeit evident war. War der Spediteur zur *Prüfung* der Angaben kraft Geschäftsüblichkeit (§ 157 BGB) oder Individualvereinbarung verpflichtet, so ist nicht schon all das „offenbar", was bei sorgfältiger Prüfung erkennbar war (§ 7 a S. 3 ADSp; *Krien/Glöckner*, § 7 ADSp Anm. 2 b). Gleiches gilt, falls eine

Prüfungspflicht nach Treu und Glauben bestand, d. h. wenn sich sofort ein dringender Verdacht der Unrichtigkeit bzw. Unvollständigkeit aufdrängte (weitergehend wohl OLG Düsseldorf v. 13.6.1985, TranspR **1985**, 252, 253). Der Auftraggeber erwirbt dann nur einen Schadensersatzanspruch als Gegenanspruch nach Maßgabe der ADSp.

b) Rechtsfolgen. Der Spediteur haftet, ohne daß es auf Verschulden des Auftraggebers ankommt, nicht für Schäden des Auftraggebers, die sich bei richtigen oder vollständigen Angaben nicht ereignet hätten (KG v. 9.2.1955, VersR **1955**, 519 ff). Er haftet daher grundsätzlich auch nicht für die Schäden infolge mangelnder Aufklärung über die Notwendigkeit bestimmter Angaben (§ 57 c ADSp; *Krien/Glöckner*, § 7 ADSp Anm. 2 d, 4 b II). § 51 b S. 2 ADSp ist nicht anzuwenden (s. unten zum Mitverschulden). Andererseits hat der Auftraggeber dem Spediteur jeden Personen-, Sach- oder Vermögensschaden zu ersetzen, der bei Vollständigkeit und Richtigkeit der Angaben nicht eingetreten wäre. Dies gilt auch für Schäden, die infolge der Unmöglichkeit der Ausführung des Auftrags entstehen (unklar *Krien/Glöckner*, § 7 ADSp Anm. 6 b VI, 6 d III D). Ein **Mitverschulden** des Spediteurs ist irrelevant, soweit es unterhalb der Stufe der „Kenntnis" und der Evidenz (Rz. 2) liegt. Nur bei dieser Auslegung erlangt die Einschränkung „es sei denn" einen eigenständigen Sinn (*Graf v. Westphalen*, ZIP **1981**, 119, 120; **a. A.** *Krien/Glöckner*, § 7 ADSp Anm. 3 k I E; *Staudinger/Schlosser*, § 9 AGBG Rz. 164; *Staub/Helm*, Anh. I § 415 HGB, § 7 ADSp Rz. 3, 4). Dem Auftraggeber steht allerdings unter Umständen seinerseits ein *Schadensersatzanspruch gegen den Spediteur* zu (Rz. 2). Erleidet ein vom Spediteur eingesetzter Frachtführer oder ein Unterfrachtführer einen Schaden, so steht diesem kein Anspruch nach den Grundsätzen der Drittschadensliquidation aus § 7 a S. 2 ADSp zu, da kein Fall einer typischen Schadensverlagerung vorliegt (**a. A.** OLG Düsseldorf v. 13.5.1982, VersR **1983**, 89; v. 13.6.1985, TranspR **1985**, 252; *Staub/Helm*, Anh. I § 415 HGB, § 7 ADSp Rz. 2). Die *Beweislast* für die Kenntnis des Spediteurs sowie die Evidenz der Unrichtigkeit bzw. Unvollständigkeit der Angaben liegt beim Auftraggeber (*Krien/Glöckner*, § 7 ADSp Anm. 3 k B ii). 3

3. AGBG-Konformität der Haftungsregel

§ 7 a S. 1 ADSp ist angemessen; die Klausel entspricht weitgehend §§ 426, 645 HGB, 11 KVO. § 7 a S. 2 ADSp verstößt gegen § 9 AGBG, weil die Klausel den Spediteur auch bei eigenem grob fahrlässigem Verhalten schützt (*Graf v. Westphalen*, ZIP **1981**, 119, 120; *Wolf/Horn/ Lindacher*, AGBG, § 9 Rz. A 27; vgl. BGH, BB **1991**, 1522; NJW-RR **1989**, 953, 955; **a. A.** *Staub/Helm*, Anh. I § 415 HGB, § 7 ADSp Rz. 3). 4

4. Nachprüfung und Ergänzung (§ 7 a S. 3 ADSp)

§ 7 a S. 3 ADSp entlastet den Spediteur von der dem dispositiven Recht entspringenden Pflicht, durch Nachprüfung *positiver* Angaben und Ergänzung fehlender Angaben zur Schadensverhinderung beizutragen. Dies gilt auch, wie sich aus § 7 a S. 2 („offenbare Unrichtigkeit" und „positive Kenntnis") ergibt, wenn die Unrichtigkeit evident war bzw. sich der Verdacht der Unrichtigkeit aufdrängte (Rz. 2). 5

Unberührt bleibt die **Pflicht** des Spediteurs, **nachzuprüfen**, ob Angaben *gänzlich* fehlen und dem Auftraggeber die Unvollständigkeit der Angaben mitzuteilen. § 7 a S. 3 ADSp ist insoweit nicht deutlich formuliert und ist daher zuungunsten des Spediteurs auszulegen (§ 5 AGBG). Eine Pflicht zur Prüfung bzw. Ergänzung besteht ferner dort, wo eine dahingehende Individualvereinbarung getroffen worden ist (§ 4 AGBG) oder die Prüfung und/oder Ergänzung geschäftsüblich ist. Ein besonderer Auftrag existiert schon dann, wenn der Auftraggeber nach den Gepflogenheiten zwischen den Parteien mit einer Prüfung/Ergänzung rechnen durfte (§ 157 BGB). Die Vereinbarung der Prüfung/Ergänzung kann formlos erfolgen (§ 6 ADSp), mit Ausnahme der Verwiegung (§ 7 b ADSp). Insbesondere bei erstmaligen Aufträgen kommt es auf die in der Organisation des Spediteurs erkennbar gepflogene Übung an (§ 5 AGBG; **a. A.** *Krien/Glöckner*, § 7 ADSp Anm. 4 b I A; *Staub/Helm*, Anh. I § 415 HGB, § 7 ADSp Rz. 7). In der Regel ist die Nachprüfung der Merkzeichen an den Gütern und im Auftrag sowie die Zählung der Kolli üblich (*Krien/Glöckner*, § 7 ADSp Anm. 2 e I). Für die Nachprüfung kann der Spediteur gemäß § 354 HGB kein besonderes Entgelt verlangen; denn im Zweifel ist es im vereinbarten Entgelt enthalten (**a. A.** wohl *Krien/Glöckner*, § 7 ADSp Anm. 2 e II A).

Rechtsfolge: Der Auftraggeber kann sich seiner Haftung nach § 7 a S. 2 ADSp nicht dadurch entziehen, daß er auf eine aus der allgemeinen Geschäftsbesorgungspflicht (§ 408 HGB Rz. 2) abgeleitete Prüfungs- und Ergänzungspflicht hinweist.

6 **AGBG-Konformität:** Die isolierte Einschränkung der Prüfungs- und Ergänzungspflicht erscheint als mit § 9 AGBG vereinbar, da der übliche Pflichtenkanon nicht beschränkt wird und der Vorrang der Individualvereinbarung gewahrt bleibt. § 7 a S. 3 ADSp entlastet deshalb den Spediteur in Hinblick auf falsche Angaben nur geringfügig. In Hinblick auf fehlende Angaben wird der Spediteur nur von der Pflicht zur Ergänzung, nicht aber von der Pflicht befreit, den Auftraggeber auf unvollständige Angaben hinzuweisen.

5. Gewichtsbezeichnung

7 § 7 a II ADSp enthält eine eigenständige Haftungsvorschrift (§ 5 AGBG; **a. A.** wohl *Staub/Helm*, Anh. I § 415 HGB, § 7 ADSp Rz. 6). Im Unterschied zu § 7 a I ADSp beziehen sich die Gewichtsangaben nicht auf die Angaben im Auftrag, sondern am Gut selbst. Da § 7 a II ADSp den Zurechnungsmaßstab nicht regelt, haftet der Auftraggeber nur bei Verschulden (*Krien/Glöckner*, § 7 ADSp Anm. 5 d III B iii). § 254 BGB ist unbeschränkt anwendbar. Außerdem kommt eine Haftung des Auftraggebers gemäß § 823 BGB in Betracht.

II. Verwiegung (§ 7 b ADSp)

8 Eine Verwiegung kann zur Überprüfung oder Ergänzung der Angaben des Auftraggebers oder zur Feststellung von Schäden erforderlich sein. Die Pflicht zur Verwiegung kann Individualvereinbarungen, Weisungen, durch die der Auftraggeber die allgemeine Interessenwahrungspflicht des Spediteurs konkretisiert (§ 408 HGB Rz. 3), oder unmittelbar der allgemeinen In-

teressenwahrungspflicht (z. B. §§ 407 II, 388 I HGB) entspringen. *Krien/Glöckner* (§ 7 ADSp Anm. 4 d III B ii) und *Schlegelberger/Schröder* (§ 408 Rz. 4) zufolge läßt § 7 b ADSp die allgemeine, ohne besondere Weisung entstehende Pflicht, im Interesse des Auftraggebers zu verwiegen, unberührt (ebenso *Isaac*, aaO, S. 133). Dieser Ansicht kann nicht gefolgt werden. § 7 b ADSp bezieht sich seinem Wortlaut zufolge eindeutig auf den „Auftrag", mit dem, wie § 7 a I 1 ADSp zeigt, auch der Speditionsvertrag gemeint ist. Erst recht gilt § 7 b ADSp für vertragskonkretisierende Weisungen. Soweit eine Pflicht zur Verwiegung begründet werden soll, muß deshalb die Erklärung des Auftraggebers schriftlich erfolgen. Es genügt ein Fernschreiben; Unterschrift ist nicht erforderlich (§ 127 BGB). Mündliche Erklärungen können keine Pflicht zum Verwiegen begründen. Eine Pflicht zum Verwiegen kann aber gewerberechtlichen Vorschriften entspringen (OLG Düsseldorf v. 13.6.1985, TranspR **1985**, 252, 253). Vgl. auch § 16 KVO.

AGBG-Konformität: § 7 b ADSp muß vor Individualvereinbarungen, die auch konkludent erfolgen können, zurücktreten (§ 4 AGBG; vgl. BGH v. 10.10.1985, TranspR **1986**, 70, 72; *Teske*, Schriftformklauseln (1990), S. 314). Erklärt sich der Spediteur z. B. auf Anruf des Auftraggebers zur Verwiegung bereit, so greift § 4 AGBG ein. Der Auftraggeber hat jedoch nachzuweisen, daß eine rechtsverbindliche Vereinbarung gewollt war. § 4 AGBG läßt das Schriftformerfordernis einseitiger Weisungen unberührt. § 7 b ADSp verstößt insoweit nicht gegen § 9 AGBG. Der Spediteur hat aber den Auftraggeber auf die Unverbindlichkeit der Weisung aufmerksam zu machen (§ 1 ADSp).

III. Empfangsbescheinigung (§ 7 c, d ADSp)

1. Rechtsnatur der Empfangsbescheinigung

Die Empfangsbescheinigung ist eine Variante der Quittung (§ 368 BGB). 9
In ihr gibt der Spediteur keine Willenserklärungen ab, insbesondere kein Schuldanerkenntnis oder Garantieversprechen (*Krien/Glöckner*, § 7 ADSp Anm. 5 a, 5 b I). Die Empfangsbescheinigung erzeugt lediglich den formellen Beweis (§ 416 ZPO), daß der Spediteur das Empfangsbekenntnis abgegeben hat. Gleichzeitig wird im Zweifel der Beweis erbracht, daß der Spediteur das in der Urkunde angegebene Gut erhalten hat. Der Spediteur kann die Beweiswirkung entkräften, wenn er die Überzeugung des Gerichts vom Empfang der Leistung erschüttert (vgl. § 407 HGB Rz. 45 m. w. Hinweisen). Der Auftraggeber hat dann mit anderen Beweismitteln den vollen Beweis zu führen.

2. Ausschluß der Gewähr (§ 7 c ADSp)

Die Art der Güter, der Inhalt der Packungen und der Wert des Guts sind in 10
der Regel unüberprüfte Angaben, weil die Überprüfung typischerweise nur mittels Öffnung und Untersuchung der Packstücke gemacht werden könnte. Die Überprüfung dieser Angaben liegt daher außerhalb des Aufgabenbereiches des Spediteurs. Eine Verwiegung durch den Spediteur erfolgt normaler-

weise ebenfalls nicht (§ 7 b ADSp). Mit Verpackung ist nach der ratio des § 7 c ADSp die innere Verpackung der Kolli gemeint. § 7 c ADSp ist nicht analogiefähig, da bestimmte Angaben *abschließend* aufgezählt werden. Mengenangaben (§ 7 d ADSp) fallen dann unter den Ausschluß der Gewähr, wenn die Angaben im Gewerbe üblicherweise nicht nachgeprüft werden. Auf die Gepflogenheiten des individuellen Spediteurs kommt es nur dann an, wenn dieser üblicherweise nachzuprüfen pflegt und dies dem Auftraggeber bekannt ist.

11 **Rechtsfolge:** § 7 c, d ADSp nimmt dem Auftraggeber **im Zweifel** das Recht, sich auf die Beweiskraft der Empfangsbescheinigung (§ 7 ADSp Rz. 9) zu stützen. Er darf sich aber dort auf die Empfangsbescheinigung berufen, wo der Spediteur die Angaben des Auftraggebers nachgeprüft hat (*Staub/Helm*, Anh. I § 415 HGB, § 7 ADSp Rz. 9) oder sich zur Nachprüfung verpflichtet hat oder der Auftraggeber sich bei Vertragsschluß erkennbar auf die Richtigkeit der Angaben verlassen hat (*Schlegelberger/Schröder*, § 408 Rz. 4; vgl. auch § 16 KVO Rz. 5 ff). Eine Haftung wegen schuldhaft falscher Ausstellung einer Empfangsbescheinigung aus c.i.c. und positiver Forderungsverletzung wird durch § 7 c, d ADSp nicht berührt (vgl. BGH v. 25.9.1986, NJW **1987**, 588). Dritten gegenüber kann sich der Spediteur nicht ohne weiteres auf § 7 c, d ADSp berufen. Eine Ausnahme gilt dort, wo der Dritte Zessionar ist (§ 404 BGB) oder aus der Urkunde oder den Umständen die Tragweite des Rechtsscheins erkennen kann. Der Rechtsschein zuverlässiger Angaben wird daher durch einen im Empfangsschein enthaltenen Hinweis auf § 7 c, d ADSp zerstört. Zur Rechtsposition des Eigentümers s. vor § 1 ADSp Rz. 4.

3. AGBG-Konformität

12 § 7 c, d ADSp steht mit dem AGBG im Einklang, da der Verkehr damit rechnen muß, daß der Spediteur die Angaben nicht überprüft hat.

§ 8 ADSp [Maßgebende Inhaltsangabe]

Übergibt ein Hersteller oder Händler bestimmter Erzeugnisse dem Spediteur eine Sendung ohne Inhaltsangabe zum Versand, so ist im Zweifel anzunehmen, daß die Sendung die Erzeugnisse des Versenders enthält. Die Bestimmungen des § 7 werden hierdurch nicht berührt.

Literatur: siehe vor § 1 ADSp.

1 Die Klausel trägt der Tatsache Rechnung, daß der Spediteur kein Warenfachmann ist, die Packung nicht ohne Weisung öffnen darf, und daß in der Regel Erzeugnisse des Versenders transportiert werden.

a) Voraussetzungen: Keine oder eine unklare Inhaltsangabe, nicht eine falsche Angabe (insoweit § 7 a ADSp). Die Versendung erfolgt vom Hersteller oder Händler aus.

2 **b) Rechtsfolge:** Der Spediteur darf seine Handlungsweise daran orientieren, daß die Güter vom Hersteller produziert worden sind bzw. zu den Er-

zeugnissen gehören, mit denen der Händler üblicherweise Handel treibt. Diese Rechtsfolge tritt nicht ein, wenn der Spediteur aufgrund der ihm bekannten Umstände davon ausgehen muß, daß die Güter mit überwiegender Wahrscheinlichkeit (enger *Hald/Widmann*, S. 45) nicht zu dieser Kategorie gehören. Die Vermutung erstreckt sich nur auf die Art des Inhalts, nicht auf die Eigentumslage. Soweit die Vermutung reicht, braucht der Spediteur z. B. im Rahmen der §§ 407 HGB, 1 ADSp keine Rückfragen vorzunehmen.

c) AGBG-Konformität: § 8 ADSp ist grundsätzlich mit § 9 AGBG ver- **3**
einbar. Eine geltungserhaltende Reduktion ist jedoch dort am Platz, wo dem Auftraggeber ersichtlich aus dem Verzicht auf Rückfragen ganz unverhältnismäßig große Schäden drohen.

§ 9 ADSp [Adresse des Auftraggebers]

Der Auftraggeber hat seine Adresse und etwaige Adressenänderung dem Spediteur unverzüglich anzuzeigen, andernfalls ist die letzte dem Spediteur bekanntgegebene Adresse maßgebend.

Literatur: siehe vor § 1 ADSp.

1. Voraussetzungen

Die jeweilig maßgebliche Adresse ist dem Spediteur oder einem seiner **1**
Wissensvertreter nicht oder schuldhaft verzögert (§ 121 BGB) mitgeteilt worden. Für die Mitteilung ist der Zugang beim Spediteur oder einem seiner Vertreter bzw. Empfangsboten maßgeblich. Diesen Personen sind Anscheinsboten und -vertreter gleichzustellen. Ist die Adressenänderung mündlich mitgeteilt worden, so kommt § 6 II ADSp zum Tragen. Der unverzüglichen Mitteilung ist von der ratio der Klausel her die rechtzeitige, positive Kenntnis aus anderen Quellen gleichzustellen (geltungserhaltende Reduktion; ebenso i. E. *Staub/Helm*, Anh. I § 415 HGB, § 9 ADSp Rz. 1). Das Kennen-Müssen genügt nicht, da die Information formalisiert erfolgen muß. Der Spediteur ist daher auch nicht zur Nachforschung verpflichtet (*Krien/Glöckner*, § 9 ADSp Anm. 3; *Hald/Widmann*, S. 46).

2. Rechtsfolge

Die letzte dem Spediteur gemäß § 6 II ADSp bekanntgegebene oder ihm **2**
positiv bekannte Adresse ist maßgebend. Nach h. M. verbirgt sich hinter § 9 ADSp keine Zugangsfiktion. *Staub/Helm* (Anh. I § 415 HGB, § 9 ADSp Rz. 1) zufolge wird der Spediteur durch § 9 ADSp nur von der Schadensersatzpflicht für die Falschadressierung befreit (ebenso *Krien/Glöckner*, § 9 ADSp Anm. 2), soweit nicht § 51 b S. 2 ADSp eingreift. Auf der Basis dieses schadensersatzrechtlichen Ansatzes *Helms* muß man aber auch annehmen, daß der Spediteur Schadensersatzansprüche gegen den Auftraggeber geltend machen kann, wenn er infolge der Unkenntnis über die wahre Adresse einen Schaden erleidet. Der Spediteur, der wegen Fehladressierung schadensersatzpflichtig wird, kann sich nach den Grundsätzen der Naturalrestitution darauf

berufen, daß er so zu stellen ist, als ob die Erklärung an der neuen Adresse zugegangen wäre. Somit ändert die schadensersatzrechtliche Deutung des § 9 ADSp durch *Helm* nichts daran, daß die Klausel in der Sache auch eine Zugangsfiktion enthält. Allerdings kommt die Klausel vom schadensersatzrechtlichen Ansatz *Helms* her nicht zur Anwendung, wenn die Voraussetzungen des § 51 b S. 2 ADSp vorliegen.

3. AGBG-Konformität

3 Sieht man in § 9 ADSp ausschließlich eine Zugangsfiktion, so verstößt die Klausel gegen § 9 AGBG, weil die letzte Adresse auch dann maßgeblich ist, wenn sich dem Spediteur selbst oder seinen leitenden Angestellten die Unrichtigkeit der Adresse aufdrängen mußte und die neue Adresse unschwer in Erfahrung zu bringen war. Außerdem ist die Zugangsfiktion des § 9 ADSp iSd § 9 AGBG unangemessen, weil sie sich auch auf Erklärungen von besonderer Bedeutung erstreckt (ganz h. M.; *Wolf/Horn/Lindacher*, AGBG, § 10 Nr. 6 Rz. 18).

§ 10 ADSp [Versendung von Schriftstücken, Prüfung auf Echtheit und Legitimation]

a) Der Spediteur braucht ohne besonderen schriftlichen Auftrag Benachrichtigungen nicht eingeschrieben und Urkunden aller Art nicht versichert zu versenden.

b) Der Spediteur ist nicht verpflichtet, die Echtheit der Unterschriften auf irgendwelchen das Gut betreffenden Mitteilungen oder sonstigen Schriftstücken oder die Befugnis der Unterzeichner zu prüfen, es sei denn, daß mit dem Auftraggeber schriftlich etwas anderes vereinbart oder der Mangel der Echtheit oder der Befugnis offensichtlich erkennbar ist.

c) Der Spediteur ist berechtigt, aber nicht verpflichtet, eine von ihm versandte Benachrichtigung (Avis) als hinreichenden Ausweis zu betrachten; er ist berechtigt, aber nicht verpflichtet, die Berechtigung des Vorzeigers zu prüfen.

Literatur: siehe vor § 1 ADSp.

I. § 10 a ADSp

1. Voraussetzungen

1 Kein besonderer schriftlicher Auftrag liegt vor, wenn die Parteien keine schriftliche Abrede über die Art der Benachrichtigung und Versicherung getroffen haben oder der Auftraggeber keine entsprechende Weisung (§ 408 HGB Rz. 3) erteilt hat. Für die Einhaltung der Schriftform ist nach dem Zweck der Klausel (Warnung) keine Unterschrift erforderlich.

2. Rechtsfolge

§ 10 a ADSp konkretisiert die Pflicht zur Interessenwahrung dahin, daß die Versendung von Nachrichten bzw. Urkunden unter Verzicht auf Einschreiben bzw. auf Versicherung interessenkonform (§ 407 HGB Rz. 38; § 1 ADSp) ist. Der Spediteur haftet daher nicht für den Verlust auf der Post. Der Spediteur hat jedoch, soweit dies für ihn von Bedeutung ist, den Zugang zu beweisen (*Staub/Helm*, Anh. I § 415 HGB, § 10 ADSp Rz. 1; *Krien/Glöckner*, § 10 ADSp Anm. 3 e; **a. A.** *Hald/Widmann*, S. 48). 2

3. AGBG-Konformität

§ 10 a ADSp ist geltungserhaltend dort zu restringieren, wo Urkunden von hohem Wert oder Wichtigkeit versandt werden und für den Spediteur ohne weiteres erkennbar ist, daß dem Auftraggeber an einer möglichst sicheren Versendung gelegen ist (weitergehend *Krien/Glöckner*, § 10 ADSp Anm. 4 b m. Nachw.). Zum Vorrang der Individualvereinbarung, § 7 ADSp Rz. 8. 3

II. § 10 b ADSp

§ 10 b ADSp schränkt die Prüfungspflichten des Spediteurs ein und enthält somit in der Sache eine Haftungsausschlußklausel. 4

a) Voraussetzungen: Dem Spediteur werden unterzeichnete Erklärungen des Auftraggebers oder Dritter irgendwelcher Art vorgelegt. Die Unterschrift stammt nicht von der Person, die angeblich unterzeichnet hat, oder der Unterzeichnende ist nicht zu der Erklärung bevollmächtigt bzw. im Fall von Wissenserklärungen sonst legitimiert gewesen. Die Erklärungen betreffen das Gut und nicht sonstige Fragen der Vertragsabwicklung, wie die Geltendmachung von Schadensersatzansprüchen; die Parteien haben keine weitergehende Prüfungspflicht vereinbart.

b) Rechtsfolge: Der Spediteur braucht die Echtheit der Unterschrift und die Legitimation des Unterschreibenden nur zu prüfen, wenn sich ihm Mängel aufdrängen. „Offensichtlich" meint nicht nur den Fall, daß der Spediteur vorsätzlich die Unechtheit der Unterschrift und die fehlende Legitimation ignoriert. Vielmehr ist der Begriff „offensichtlich" in Anlehnung an die moderne wertpapierrechtliche Entwicklung zur Unterschriftsprüfung im Sinn des Fehlens grober Fahrlässigkeit zu interpretieren (*Baumbach/Hefermehl*, WPR, Rz. 43; unklar *Krien/Glöckner*, § 10 ADSp Anm. 5 c, d). Die Auslegung verhindert auch, daß die Klausel mit dem Grundsatz in Konflikt gerät, daß sich der Spediteur für eigene grobe Fahrlässigkeit und die seiner leitenden Angestellten nicht freizeichnen kann (§ 51 b S. 2 ADSp). Der Spediteur hat mithin Unterschrift und Legitimation zu prüfen, wenn sich einem ordentlichen Spediteur bei einfachsten Überlegungen starke Zweifel an der Echtheit oder Legitimation aufdrängen und die Zweifel mit geringer Mühe geklärt werden können (MüKo-*Hanau*, BGB, § 277 Rz. 5; enger *Hald/Widmann*, S. 49). Ist dem Spediteur keine vorsätzliche oder grob fahrlässige Mißachtung der Prüfungspflicht vorzuwerfen, so haftet er nicht für Schäden, die aus der Beachtung der Urkunden entstanden sind. 5

§ 10 b ADSp hat jedoch nicht zur Folge, daß der Spediteur in vollem Umfang berechtigt ist, den Auftraggeber an dem Inhalt der Erklärungen festzuhalten, insbesondere ihm Willenserklärungen des Fälschers oder falsus procurators zuzurechnen. Insoweit gelten die allgemeinen Regeln der Vertrauenshaftung. Der Spediteur hat zu beweisen, daß die Unechtheit der Unterschrift bzw. das Fehlen der Legitimation nicht offensichtlich war (§ 51 a S. 2 ADSp).

6 **c) AGBG-Konformität:** Die Angemessenheit (§ 9 AGBG) des § 10 b ADSp ist zweifelhaft, weil § 10 ADSp nachhaltig die Haftung auch im Bereich von Kardinalpflichten, wie der Pflicht zur Herausgabe des Gutes und zum Aufbau einer geeigneten Organisation (vor § 51 ADSp), die die Gefahr von Fälschungen mindert, beschränkt (**a. A.** *Krien/Glöckner*, § 10 ADSp Anm. 5 e; vgl. zum Scheckfälschungsrisiko BGH v. 20.1.1969, WM **1969**, 240; v. 25.1.1971, WM **1971**, 474; *Baumbach/Hefermehl*, § 3 SchG Rz. 11 m. w. Nachw.).

III. § 10 c ADSp

7 § 10 c ADSp macht die vom Spediteur versandten Benachrichtigungen des Empfängers, daß das Gut am Bestimmungsort angekommen ist und weitere Weisungen erwartet werden (Avis), zum Legitimationspapier iSd § 808 BGB. Das gilt auch, wenn das Avis wie üblich als Postkarte versandt wird. Das Avis muß nur an den richtigen Empfänger adressiert gewesen sein. Liefert der Spediteur das Gut an eine vom Empfänger nicht legitimierte Person aus, so wird der Spediteur von seiner Verpflichtung zur Auslieferung (§ 407 HGB Rz. 54; § 425 HGB Rz. 15) frei, auch wenn er oder sein Gehilfe nach dem klaren Wortlaut des § 10 c ADSp vorsätzlich oder grob fahrlässig gehandelt haben (unklar *Krien/Glöckner*, § 10 ADSp Anm. 6 c). Eine Ausnahme gilt allenfalls unter den Voraussetzungen des § 51 b S. 2 ADSp. Eine Quittung mit der angeblichen Unterschrift des Empfängers ist nicht erforderlich (**a. A.** wohl *Krien/Glöckner*, § 10 ADSp Anm. 6 c). Eine Ausnahme gilt nur dort, wo eine abweichende Individualvereinbarung getroffen wurde (§ 4 AGBG).

8 **AGBG-Konformität:** Die Klausel verstößt gegen § 9 AGBG (*Staub/Helm*, Anh. I § 415 HGB, § 10 ADSp Rz. 5). Selbst im Bereich der besonders umlauffreundlichen Inhaberpapiere ist heute anerkannt, daß ein Mindestmaß von Prüfung erforderlich ist und der Schuldner daher nicht befreiend leistet, wenn er vorsätzlich oder grob fahrlässig Zweifeln an der Legitimation des Empfängers nicht nachgegangen ist. Gleiches gilt nach ganz h. M. für Legitimationspapiere (*Baumbach/Hefermehl*, WPR, Rz. 43, 81 m. w. Nachw.). Auf diese Mindestprüfung kann im Rahmen von AGB nicht verzichtet werden.

§ 11 ADSp [Weisung, Widerruf]

a) Eine über das Gut erteilte Weisung bleibt für den Spediteur bis zu einem Widerruf des Auftraggebers maßgebend.

b) Ein Auftrag, das Gut zur Verfügung eines Dritten zu halten, kann nicht mehr widerrufen werden, sobald die Verfügung des Dritten beim Spediteur eingegangen ist.

Literatur: siehe vor § 1 ADSp.

I. § 11 a ADSp

a) Voraussetzungen: Weisungen iSd § 11a ADSp sind alle Erklärungen des Auftraggebers, durch die der Auftraggeber die Pflichten des Spediteurs näher bestimmt (§ 408 HGB Rz. 3; §§ 433 ff HGB). Gleichgültig ist es, ob die Weisung bei oder nach Vertragsschluß erteilt wurde. Der Auftraggeber kann frühere Weisungen im Rahmen der Pflicht des Spediteurs, die Interessen seines Vertragspartners zu wahren, abändern oder ganz widerrufen. 1

b) Rechtsfolge: Vom Zugang des Widerrufs an hat der Spediteur die neuen Weisungen zu beachten (§ 408 I 2. HS HGB; §§ 433 ff HGB) bzw. bei vollem Widerruf nach pflichtgemäßem Ermessen die Interessen des Auftraggebers wahrzunehmen. Bis zum Widerruf hat der Spediteur nach Maßgabe der Weisung zu verfahren (§ 408 I 2. HS HGB), und zwar auch dann, wenn die Weisung dahin geht, das Gut zur Disposition eines Dritten zu halten. Dies gilt gemäß § 11 a ADSp entgegen §§ 675, 665 BGB (*Staub/Koller*, § 385 Rz. 14) auch dann, wenn eine Abweichung von der Weisung erkennbar im dringenden Interesse des Auftraggebers liegt. Der Spediteur darf sich also blind an der Weisung orientieren. Diese Interpretation des § 11 a ADSp mag durch die Entstehungsgeschichte nicht gerechtfertigt sein (*Krien/Glöckner*, § 11 ADSp Anm. 1 a), diese ist aber bei Auslegung von AGB nach zutreffender h. M. irrelevant, weil die Entstehungsgeschichte den Vertragspartnern in der Regel nicht bekannt ist. 2

Gemäß § 4 AGBG haben Individualabreden den Vorrang, z. B. zeitlich limitierte oder bedingte Weisungen. Ebenso liegt eine Individualvereinbarung vor, wenn der Auftraggeber den Spediteur unwiderruflich zugunsten eines Dritten angewiesen hat und der Spediteur dies – konkludent – angenommen hat (§ 328 II BGB).

§ 11 a ADSp erfaßt nur Weisungen des Auftraggebers, nicht solche des Empfängers (z. B. gemäß §§ 433 ff HGB).

c) AGBG-Konformität: § 11 a ADSp ist unangemessen (§ 9 AGBG), weil die Klausel die Kardinalpflicht, die Pflicht zur Interessenwahrung in unvorhergesehenen Situationen beseitigt (*Graf von Westphalen*, WM **1983**, 974, 978; **a. A.** *Krien/Glöckner*, § 11 ADSp Anm. 1 c; wohl auch OLG Düsseldorf v. 21.6.1990, TranspR **1990**, 435, 437), obwohl etwaige Haftungsrisiken ohnehin nur beschränkt zum Tragen kommen (§§ 41, 51 ff ADSp). Jedenfalls ist die Klausel restriktiv auszulegen. 3

II. § 11 b ADSp

Verfügungen des Dritten können in der Form des Herausgabeverlangens, des Angebots zum Abschluß eines Transport- oder Lagervertrages erfolgen 4

(OLG Düsseldorf v. 21.6.1990, TranspR **1990,** 435, 438; *Krien/Glöckner,* § 11 ADSp Anm. 14). Diese Verfügungen muß sich der Auftraggeber entgegenhalten lassen, wenn sie den Spediteur vor dem Zugang der Weisung, das Gut nicht mehr zur Verfügung des Dritten zu halten, erreicht haben und der Dritte in diesem Moment noch das Verfügungsrecht besitzt (OLG Düsseldorf, aaO). § 6 ADSp ist zu beachten. Der Dritte kann aus § 11 b ADSp keine Rechte ableiten (OLG Hamburg, v. 17.5.1990, TranspR **1990,** 445, 447). § 11 b ADSp steht im Einklang mit § 9 AGBG.

§ 12 ADSp [Für Rechnung eines Dritten]

Die Mitteilung des Auftraggebers, der Auftrag sei für Rechnung eines Dritten auszuführen, berührt die Verpflichtung des Auftraggebers gegenüber dem Spediteur nicht.

Literatur: siehe vor § 1 ADSp.

1 § 12 ADSp stellt klar, daß die Abrede, den Auftrag für Rechnung eines Dritten auszuführen, kein pactum de non petendo enthält und daß der Vertrag auch nicht im Namen des Dritten abgeschlossen wird. Da der Dritte durch den Vertrag nicht unmittelbar verpflichtet wird und seine Leistungsbereitschaft ungewiß ist, hält sich die Klausel des § 12 ADSp im Rahmen der vernünftigen Auslegung derartiger Abreden (OLG Hamburg, VersR **1984**, 845). Es ist aber zu beachten, daß § 12 ADSp gemäß § 4 AGBG dort nicht zum Tragen kommt, wo nach allgemeinen Auslegungsregeln (§ 157 BGB) abweichende Individualvereinbarungen getroffen worden sind (vgl. § 436 HGB Rz. 5).

§ 13 ADSp [Ermessen des Spediteurs]

Mangels ausreichender oder ausführbarer Weisung darf der Spediteur, unter Wahrung der Interessen des Auftraggebers, nach seinem Ermessen handeln, insbesondere Art, Weg oder Mittel der Beförderung wählen.

Literatur: siehe vor § 1 ADSp.

1 § 13 ADSp ist im Licht des § 1 ADSp zu interpretieren. Der Spediteur darf somit nicht nach freiem, sondern nur nach pflichtgemäßem Ermessen vorgehen. Dazu gehört es, daß er nach Möglichkeit beim Auftraggeber Weisungen einholt (BGH, VersR **1955**, 306; *Schlegelberger/Schröder,* § 408 Rz. 17 d). Beachte §§ 14, 25, 26, 35 a, 39 a ADSp. Weisungen (§ 408 I HGB) sind zu beachten, soweit sie die Handlungsweise determinieren und objektiv ausführbar sind. Sie sind nur dort unzureichend, wo sie unvorhergesehenen Situationen nicht Rechnung tragen (Fall des § 665 BGB; *Krien/Glöckner,* § 13 ADSp Anm. 4), nicht aber dort, wo sie bloß den Handlungsrahmen des Spediteurs (z. B. die Einschaltung Dritter) nicht begrenzen (§ 5 AGBG). Soweit der Spediteur vorhersehbare Probleme zu bewältigen hat, gelten die

allgemeinen Regeln des § 407 HGB Rz. 38. Unzweckmäßige oder lästige Weisungen sind, gegebenenfalls nach Rückfrage, zu respektieren. Der Spediteur hat den Auftraggeber über die Abweichung von den Weisungen unverzüglich zu informieren.

§ 14 ADSp [Sammelladung]

a) Der Spediteur darf die Versendung des Gutes zusammen mit Gütern anderer Versender in Sammelladung (bzw. auf Sammelkonnossement) bewirken, falls ihm nicht das Gegenteil ausdrücklich schriftlich vorgeschrieben ist. Die Übergabe eines Stückgutfrachtbriefes ist kein gegenteiliger Auftrag.

b) Bei Versendung in Sammelladung gilt, wenn nichts anderes vereinbart wird, § 413 Abs. 2 Satz 2 HGB.

Literatur: siehe vor § 1 ADSp.

1 § 14 a S. 1 ADSp konkretisiert die Pflicht zur Interessenwahrung (§ 408 I HGB). Gemäß § 14 a ADSp ist dem Spediteur eine Versendung in Sammelladung (§ 413 II HGB) nur dann verboten, wenn ihm diese Art der Versendung mit klaren Worten schriftlich untersagt worden war. Telegramm oder Fernschreiben genügt, nicht aber ein Stückgutfrachtbrief. Wenn bei Vertragsschluß der Transport per Sammelladung schon mündlich abbedungen war, ist dies verbindlich (§ 4 AGBG; vgl. § 7 ADSp Rz. 8). Unerheblich ist nach dem klaren Wortlaut des § 14 a S. 1 ADSp der Umstand, daß die Beförderung im Weg der Sammelladung offensichtlich nicht im Interesse des Auftraggebers liegt (**a. A.** *Krien/Glöckner*, § 14 ADSp Anm. 5). § 14 a ADSp bietet allerdings keine Rechtfertigung für vertragswidrige Verzögerung der Beförderung (§ 413 HGB Rz. 9). Ebenso bleibt die Pflicht, eine Schädigung des Gutes zu verhüten, unberührt (OLG Saarbrücken v. 8.11.1991, TranspR **1992**, 33, 34: Gut ist erkennbar unzureichend verpackt). Eine *Verpflichtung* zum Transport per Sammelladung wird nicht begründet. Insoweit gelten allein die §§ 408 I HGB, 1 ADSp (§ 413 HGB Rz. 9).

2 **AGBG-Konformität:** Die Sammelladungsspedition ist eine Variante des Selbsteintritts. Der Spediteur hat daher das Interesse des Auftraggebers zu wahren (§ 413 HGB Rz. 9). § 14 a S. 1 ADSp schränkt diese Pflicht geringfügig ein. Der Auftraggeber muß mit Sammelbeförderung rechnen. Ihm kann zugemutet werden, bei Vertragsschluß oder später klare Verhältnisse zu schaffen.

§ 15 ADSp [Übernahme mit Frachtpapier]

Übernimmt der Spediteur Gut mit einem ihm vom Auftraggeber übergebenen Frachtbrief oder sonstigen Frachtpapier, so darf er das Gut mit einem neuen, seine Firmenbezeichnung tragenden Frachtpapier unter Nennung des Namens des Auftraggebers befördern, falls dieser nicht etwas anderes bestimmt hat.

Literatur: siehe vor § 1 ADSp.

1 § 15 ADSp enthält eine Auslegungsregel (*Krien/Glöckner*, § 15 ADSp Anm. 1 d). Ihr zufolge liegt in der Übergabe eines den Auftraggeber als Absender ausweisenden *Frachtbriefs* im Zweifel weder der Auftrag, das Gut im Namen des Auftraggebers zu versenden, noch eine Vollmacht. Der Spediteur darf somit insbesondere den Frachtvertrag im eigenen Namen abschließen. Die Tragweite des § 15 ADSp ist beschränkt, da die vertragsbegründenden Abreden selbständig auszulegen sind und den Vorrang genießen (§ 4 AGBG, MüKo-*Kötz*, BGB, § 4 AGBG Rz. 3, 6; **a. A.** *Wolf/Horn/Lindacher*, AGBG, § 4 Rz. 10). Bei der Auslegung dieser Abreden spielt die Übergabe des Frachtbriefs eine wesentliche Rolle (§ 407 HGB Rz. 20). Der Spediteur ist gemäß § 15 ADSp auch nicht verpflichtet, den Frachtbrief als durchgehenden Frachtbrief zu verwenden (§ 432 HGB, Art. 34 CMR). Der Spediteur ist ferner nicht verpflichtet, in den Frachtpapieren den *Namen des Auftraggebers* anzugeben. Unberührt bleibt die allgemeine Pflicht zur Interessenwahrung (§ 1 ADSp; *Krien/Glöckner*, § 15 ADSp Anm. 4).

IV. Untersuchung, Erhaltung und Verpackung des Gutes

§ 16 ADSp [Untersuchung und Schutz des Gutes]

a) Der Spediteur ist zur Untersuchung, Erhaltung oder Besserung des Gutes und seiner Verpackung mangels schriftlicher Vereinbarung nur im Rahmen des Geschäftsüblichen verpflichtet. § 388 Abs. 1 HGB wird hierdurch nicht berührt.

b) Der Spediteur ist mangels gegenteiliger Weisung ermächtigt, alle auf das Fehlen oder die Mängel der Verpackung bezüglichen, von der Eisenbahn verlangten Erklärungen abzugeben.

Literatur: siehe vor § 1 ADSp.

I. Untersuchung, Erhaltung, Besserung

1 § 16 a S. 1 konkretisiert die allgemeine Interessenwahrungspflicht des § 408 I HGB (**a. A.** *Krien/Glöckner*, § 16 ADSp Anm. 1, 9), gilt aber auch für Lager-, Frachtverträge und sonstige Spediteurverrichtungen (§ 2 a ADSp). Die Vorschrift greift bei Übernahme des Gutes sowohl von einem Dritten als auch von dem Auftraggeber selbst ein. *Untersuchung* bedeutet die äußere Überprüfung des Zustands des Guts; *Erhaltung* die Sicherung des Zustands; *Besserung* die Behebung von Mängeln. Vorbehaltlich der dem § 388 I HGB iVm §§ 407 II, 417 HGB entspringenden Pflichten obliegen dem Spediteur diese Maßnahmen nur im Rahmen des Geschäftsüblichen (unklar *Krien/Glöckner*, § 16 ADSp Anm. 9). Aus § 16 a ADSp ergibt sich nicht klar, ob das in der Branche Geschäftsübliche oder die Übung des jeweiligen Spediteurs gemeint ist. Die Klausel ist daher gemäß § 5 AGBG im Sinn der Angemessenheit und Branchenüblichkeit zu interpretieren (OLG Düsseldorf v. 23.2.1989, TranspR

1989, 232, 233; *Krien/Glöckner*, § 16 ADSp Anm. 9; *Wolf/Horn/Lindacher*, AGBG, § 9 Rz. A 58; *Staub/Helm*, Anh. I § 415 HGB, § 16 ADSp Rz. 1; **a. A.** *Graf von Westphalen*, AGBG, Bd. III S. 31.1 Rz. 5), es sei denn, daß beim beauftragten Spediteur weitergehende Maßnahmen üblich sind. Die Geschäftsüblichkeit hängt nur dann vom geschäftsüblichen Verhalten Dritter ab, wenn die Einschaltung dieser Personen geschäftsüblich ist und diese Personen Erfüllungsgehilfen des Spediteurs sind (unklar OLG Düsseldorf v. 23.2.1989, VersR **1990,** 502). Individualabreden, auch mündlicher Art, genießen Vorrang (§ 4 AGBG; vgl. § 7 ADSp Rz. 8). Diese *Individualabreden* können durch die Gepflogenheiten zwischen den Parteien geprägt sein. § 16 a ADSp läßt die Pflicht des Spediteurs zur Warnung (§ 407 HGB Rz. 48, § 408 HGB Rz. 2, 4) unberührt (weitergehend *Staub/Helm*, Anh. I § 415 HGB, § 16 ADSp Rz. 3); ebenso die Obhutspflicht oder die Pflicht zur Beurteilung der Versandfähigkeit (§ 407 HGB Rz. 48).

AGBG-Konformität: Ein Verstoß gegen § 9 AGBG liegt nicht vor, weil **2** § 16 a S. 1 ADSp die Interessenwahrungs- und Sorgfaltspflichten nur auf das in der Branche bzw. individuell Übliche begrenzt und die Beweissicherungspflichten gemäß § 388 I HGB unberührt bleiben.

II. § 388 I HGB (§ 16 a S. 2 ADSp)

Der Spediteur ist zur Untersuchung etc. des Guts verpflichtet, wenn er das **3** Gut von einem Dritten (nicht dem Auftraggeber) erhält (§ 407 HGB Rz. 45). Unerheblich ist es, ob der Spediteur frachtbriefmäßiger Empfänger ist. Der Spediteur hat das Gut im Zuge der Ablieferung gegebenenfalls unter der Verpackung mit verkehrserforderlicher Sorgfalt daraufhin zu überprüfen, ob es unversehrt und vollständig ist (§ 407 Rz. 45).

III. § 16 b ADSp

§ 16 b ADSp gilt für Versandgeschäfte des Spediteurs mit der *Eisenbahn*, **4** also nicht für den Empfangsspediteur. Die Klausel konkretisiert die Interessenwahrungspflicht dahin, daß der Spediteur nicht rückzufragen braucht, bevor er das Anerkenntnis einer – angeblich – mangelhaften Verpackung abgibt. Das Anerkenntnis darf nur erfolgen, wenn es bei verkehrserforderlicher Sorgfalt der Realität entspricht. Ist der Spediteur überzeugt, daß die Verpackung ordnungsgemäß ist, so gelten die allgemeinen Regeln der Interessenwahrung. Zur gegenteiligen Weisung § 6 ADSp. Die Weisung braucht weder ausdrücklich zu erfolgen noch eindeutig zu sein (§ 5 AGBG; **a. A.** *Krien/Glöckner*, § 16 ADSp Anm. 10). § 5 AGBG verbietet auch eine Anwendung auf *andere Beförderungsmittel*, z. B. den Lkw (vgl. § 18 II KVO; **a. A.** *Krien/Glöckner*, aaO).

V. Fristen

§ 17 ADSp [Keine Gewähr für Fristen]

Mangels Vereinbarung werden Verlade- und Lieferfristen nicht gewährleistet, ebensowenig eine bestimmte Reihenfolge in der Abfertigung von Gütern gleicher Beförderungsart. Die Bezeichnung als Messe- oder Marktgut bedingt keine bevorzugte Abfertigung. Unberührt bleibt die Haftung des Spediteurs für schuldhafte Verzögerungen.

Literatur: siehe vor § 1 ADSp.

I. Gewährleistung von Lade- und Lieferfristen (§ 17 S. 1 ADSp)

1 Der Spediteur schuldet nach dispositivem Recht nicht die Einhaltung bestimmter, kalendermäßig festgelegter Fristen, innerhalb derer die Verladung bzw. Lieferung erfolgen muß. Die Parteien können aber derartige Fristen im Rahmen des dispositiven Rechts vereinbaren. Für die Auslegung dieser Vereinbarungen gelten die allgemeinen Regeln (**a. A.** *Krien/Glöckner*, § 17 ADSp Anm. 3 a). Der Spediteur haftet für die Einhaltung dieser vereinbarten Fristen nach dispositivem Recht nur bei Verschulden. Die gleiche Rechtsfolge sieht § 17 S. 3 ADSp vor. Sie kommt freilich im Fall zwingenden Rechts, z. B. Art. 17, 19 CMR, nicht zum Tragen (§ 2 c S. 1 ADSp; beachte § 2 c S. 2 ADSp). Eine weitere Ausnahme gilt dort, wo Fristen garantiert werden. Die Abreden sind nach Maßgabe der §§ 133, 157 BGB auszulegen. Wurde eine Garantieabrede getroffen, so ist § 17 S. 1 ADSp gemäß § 4 AGBG unbeachtlich. Garantien lassen sich allerdings der Weisung des Auftraggebers oder der Vereinbarung, das Gut „sehr eilig", „prompt" zu befördern, nicht entnehmen. Denkbar ist allenfalls, daß die Parteien ein Fix-Geschäft (§ 376 HGB) getätigt haben. Kann der Auftraggeber keine Garantieabrede nachweisen, so gelten im Bereich des dispositiven Rechts die allgemeinen Regeln über die Verzugshaftung und Haftung für verschuldete Unmöglichkeit bzw. § 429 HGB (§ 425 HGB Rz. 37; Art. 19 CMR Rz. 2). Der Spediteur kann den Vorwurf des Verschuldens nicht ohne weiteres damit von sich abwehren, daß er sich auf den bei ihm üblichen Geschäftsgang und die durchschnittlichen Interessen des Auftraggebers beruft (BGH v. 26.1.1983, WM **1983**, 308). Maßgeblich ist auch hier der Grundsatz, daß der Spediteur mit der Sorgfalt eines ordentlichen Spediteurs die ihm im Einzelfall erkennbaren Interessen des Auftraggebers (§ 1 ADSp) mit zumutbaren Mitteln wahrzunehmen hat (**a. A.** *Krien/Glöckner*, § 17 ADSp Anm. 4, 5). Deshalb hat der Spediteur verderbliches Gut oder Gut, von dem er weiß, daß es bis zu einem bestimmten Tag ankommen soll, beschleunigt zu behandeln (*Schlegelberger/Schröder*, § 408 Rz. 8).

2 **AGBG-Konformität**: § 17 S. 1 ADSp steht nach allgemeiner Meinung mit dem AGBG in Einklang.

II. Reihenfolge der Abfertigung (§ 17 S. 1 2. HS ADSp)

Nach dispositivem Recht haben der Spediteur im engeren Sinn (§ 408 I HGB) und gemäß § 1 ADSp auch die Spediteure im weiteren Sinn die Interessen des Auftraggebers wahrzunehmen. Dies bedingt, daß widersprechende Interessen verschiedener Auftraggeber nach der Priorität des Auftrags zu berücksichtigen sind. Der Spediteur ist also nicht frei, wessen Auftrag er zuerst erledigt (*Staub/Koller*, § 384 Rz. 20). Der Spediteur hat gegebenenfalls den Auftraggeber über vorrangig zu erledigende Aufträge aufzuklären, wenn der Auftraggeber mit den daraus resultierenden Verzögerungen nicht rechnen muß. § 17 S. 1 ADSp ändert nichts an dieser Regel; denn es wird lediglich die verschuldensunabhängige Haftung ausgeschlossen. 3

III. Messe-, Marktgut (§ 17 S. 2 ADSp)

§ 17 S. 2 ADSp stellt klar, daß allein die Bezeichnung als Messe- oder Marktgut keinen Auftrag zur beschleunigten Versendung enthält. Ein derartiger Auftrag kann jedoch weiter hinzutretenden Umständen zu entnehmen sein. Bei Zweifeln hat der Spediteur zurückzufragen (*Krien/Glöckner*, § 17 ADSp Anm. 7). 4

VI. Hindernisse

§ 18 ADSp [Unverschuldete Ereignisse]

Von dem Spediteur nicht verschuldete Ereignisse, die ihm die Erfüllung seiner Pflichten ganz oder teilweise unmöglich machen, ferner Streiks und Aussperrungen befreien ihn für die Zeit ihrer Dauer von seinen Verpflichtungen aus den von diesen Ereignissen berührten Aufträgen. Auch ist der Spediteur in solchen Fällen, selbst wenn eine feste Übernahme vereinbart ist, berechtigt, aber nicht verpflichtet, vom Vertrag zurückzutreten, auch wenn der Auftrag schon teilweise ausgeführt worden ist. Unberührt bleibt die Verpflichtung des Spediteurs zur Wahrung des Interesses des Auftraggebers. Dem Auftraggeber steht in diesen Fällen das gleiche Recht zu, wenn ihm die Fortsetzung des Vertrages billigerweise nicht zugemutet werden kann. Tritt der Spediteur oder der Auftraggeber gem. vorstehender Bestimmungen zurück, so sind dem Spediteur die entstandenen Kosten zu erstatten.

Literatur: siehe vor § 1 ADSp.

I. Unmöglichkeit, Streik, Aussperrung

a) Voraussetzungen: § 28 KVO, Art. 14 f CMR sind nicht anwendbar. 1
Unmöglichkeit bedeutet naturgesetzliche, rechtliche oder sittliche Unmöglichkeit der Erfüllung (vgl. *Soergel/Wiedemann*, § 275 Rz. 19 ff). Dem steht der Fall gleich, daß die Pflicht nur mit absurdem Aufwand zu erfüllen ist. Die

bloße, durch eine Äquivalenzstörung gekennzeichnete Unmöglichkeit (vgl. *Soergel/Wiedemann*, § 275 Rz. 38 ff; *Palandt/Heinrichs*, § 242 Rz. 135 f) führt angesichts des § 20 ADSp nicht zur Leistungsbefreiung nach Maßgabe des § 18 ADSp (RSchOG Köln v. 11.11.1977, VersR **1978**, 370; **a. A.** *Krien/Glöckner*, § 18 ADSp Anm. 1 g I). Es ist gleichgültig, ob die Erfüllung anfänglich oder nachträglich, objektiv oder subjektiv, endgültig oder vorübergehend, ganz oder teilweise unmöglich geworden ist. Die Unmöglichkeit darf nicht durch schuldhaftes Tun oder Unterlassen herbeigeführt worden sein. In Fällen anfänglicher Unmöglichkeit darf der Spediteur nicht die rechtzeitige Information vor Vertragsschluß versäumt haben. Das Verschulden von Erfüllungsgehilfen, z. B. Unterfrachtführern, genügt (§ 278 BGB). § 52 ADSp kommt nicht zum Tragen (OLG Düsseldorf v. 14.7.1986, VersR **1987**, 458). Hingegen kommt es nach dem klaren Wortlaut der Klausel auf das Verschulden nicht an, wenn die Erfüllung durch *Streiks* und *Aussperrung* gestört wird. Dabei ist es unerheblich, ob die Streiks bzw. Aussperrungen rechtmäßig waren (vgl. *Staub/Koller*, vor § 373 Rz. 184; str.). Eine Ausnahme gilt gemäß § 51 b S. 2 ADSp bei vom Spediteur oder seinen leitenden Angestellten grob fahrlässig verschuldeten Arbeitskämpfen (**a. A.** *Krien/Glöckner*, § 18 ADSp Anm. 1 e, 4 e III B, die Streik und Aussperrung als Variante der unverschuldeten Unmöglichkeit zu interpretieren scheinen). Für *Zahlungsunfähigkeit* hat der Spediteur immer einzustehen. Der Spediteur kann die Möglichkeit der Leistung *garantiert* haben (§ 4 AGBG).

2 **b) Rechtsfolge:** Der Spediteur wird von den unmöglich gewordenen Pflichten frei. Soweit die Pflichten erfüllbar bleiben, darunter regelmäßig die Pflicht zur Interessenwahrung, bleibt der Spediteur gebunden. Die Befreiung erfolgt endgültig, wenn die Unmöglichkeit auf Dauer eingetreten ist, sonst nur auf Zeit bis zum (Wieder-) Möglichwerden. **Ausnahme:** Rücktritt gemäß § 18 S. 2 bzw. S. 4 ADSp. Da § 18 S. 1 ADSp die Pflichten des Spediteurs entfallen läßt, braucht der Spediteur auch nicht wegen Nichterfüllung oder Verzugs zu haften. Unberührt bleibt eine Haftung aus c.i.c. (*Krien/Glöckner*, § 18 ADSp Anm. 2 b); § 19 ADSp ist zu beachten. **Gegenansprüche** des Spediteurs: § 18 S. 5 ADSp.

3 **c) AGBG-Konformität:** Die Klausel entspricht weitgehend dem dispositiven Recht (§ 275 BGB). Die Haftungsentlastung im Fall des anfänglichen Unvermögens erscheint angemessen. Die Klausel verstößt im Fall von Streik und Aussperrung gegen § 9 AGBG, weil sie ihrem Wortlaut zufolge in jedem Fall des Arbeitskampfes eingreift, auch wenn die Beeinträchtigung der Erfüllungsmöglichkeit nur geringfügig ist (*Staub/Koller*, vor § 373 Rz. 185 m. Nachw.). Jedenfalls ist eine geltungserhaltende Reduktion am Platz.

II. Rücktritt (§ 18 S. 2 ADSp)

4 § 18 S. 2 ADSp eröffnet **dem Spediteur** in den in Satz 1 genannten Fällen ein vertragliches Rücktrittsrecht. Das Recht kann auch ausgeübt werden, wenn die Erfüllung einer im Synallagma stehenden Hauptverpflichtung dauernd unmöglich geworden ist (§§ 275, 323 BGB). In einem solchen Fall hat der Rücktritt nur in Hinblick auf die Gegenleistungspflichten konstitutive,

d. h. das dispositive Recht modifizierende Wirkung (§ 18 S. 5 ADSp). In den Fällen der zeitweisen Unmöglichkeit (*Soergel/Wiedemann*, § 275 Rz. 42 ff) führt der Rücktritt zum endgültigen Erlöschen aller Pflichten des Spediteurs, mit Ausnahme der allgemeinen Pflicht zur Interessenwahrung (§ 18 S. 3 ADSp). Ihr zufolge hat der Spediteur dafür zu sorgen, daß ein Dritter die Interessen des Auftraggebers wahrnimmt, oder er hat in sonstiger Weise die vorübergehende Betreuung des Guts und anderer Interessen des Auftraggebers zu übernehmen. Für die Rücktrittserklärung gilt § 6 ADSp (**a. A.** *Krien/Glöckner*, § 18 ADSp Anm. 7 b). Zur Kündigung des Lagervertrages § 47 ADSp. Das Rücktrittsrecht ist unverzüglich auszuüben, sonst ist es verwirkt. Im Fall des Rücktritts haftet der Spediteur nach ADSp, nicht nach den §§ 347 ff BGB. Zum Anspruch des Spediteurs § 18 ADSp Rz. 6. Wird das Rücktrittsrecht nicht ausgeübt, so kommen die allgemeinen Leistungsstörungsregeln zum Tragen, soweit sie mit § 18 S. 1 ADSp vereinbar sind. Der **Auftraggeber** kann gemäß § 18 S. 4 ADSp nur zurücktreten, wenn ihm die Fortsetzung des Vertrages billigerweise nicht zugemutet werden kann, d. h. wenn nach h. M. die Geschäftsgrundlage des Auftrags weggefallen ist. Der Auftraggeber ist somit stärker als der Spediteur an den Vertrag gebunden.

AGBG-Konformität: Die Klausel ist unangemessen (§ 9 AGBG; **a. A.** 5
Staub/Helm, § 18 ADSp), weil die Klausel den Rücktritt auch schon dann eröffnet, wenn der Zeitraum der Unmöglichkeit geringfügig ist, und der Spediteur sich daher auf unangemessene Weise von lästigen Verträgen befreien kann (vgl. BGH v. 26.1.1983, WM **1983**, 308, 309 f; so zu den vergleichbaren ,,Höhere Gewalt"-Klauseln *Staudinger/Schlosser*, § 10 Nr. 3 AGBG Rz. 20; *Wolf/Horn/Lindacher*, AGBG, § 10 Nr. 3 Rz. 52; *Staub/Koller*, vor § 373 Rz. 243). Eine geltungserhaltende Auslegung ist nicht möglich, weil nicht nur seltene Ausnahmeerscheinungen auszuklammern sind. Außerdem zeigt ein Umkehrschluß aus § 18 S. 4 ADSp, daß dem Spediteur ein Rücktrittsrecht zustehen soll, obwohl ihm das Festhalten am Vertrag billigerweise zugemutet werden kann.

III. Gegenleistung (§ 18 S. 5 ADSp)

§ 18 S. 5 ADSp eröffnet dem Spediteur vorbehaltlich des § 28 KVO einen 6
Anspruch auf Erstattung der Kosten. Es ist unklar, ob damit auch die Vergütung des Spediteurs oder lediglich die Aufwendungen iSd §§ 407 II, 396 II, 420 I HGB gemeint sind. Gemäß § 5 AGBG gilt letzteres (LG München, TranspR **1987**, 193, 194). Aufwendungen in diesem Sinn sind auch im Fall des § 413 HGB zu ersetzen. Die Regelung des § 18 S. 5 ADSp ist abschließend. Sie verdrängt zu Lasten des Spediteurs Erstattungsansprüche des dispositiven Rechts, weil die ADSp den umfassenden Interessenausgleich zum Ziel haben (vgl. *Staub/Koller*, vor § 373 Rz. 244). Der Spediteur, der den Auftrag teilweise erledigt hat, kann daher nicht gemäß § 346 S. 2 BGB Vergütung der geleisteten Dienste verlangen (**a. A.** *Krien/Glöckner*, § 18 ADSp Anm. 10 a). Er kann im Fall des § 324 BGB auch nicht Zahlung der vollen Vergütung verlangen (*Krien/Glöckner*, § 18 ADSp Anm. 7 f). Die Pflicht zur Rückzahlung der Vergütung (§ 346 S. 1 BGB) bleibt unberührt.

7 **AGBG-Konformität:** Die Klausel ist angemessen. Auch das dispositive Recht läßt im Fall der Unmöglichkeit die Aufwendungsersatzansprüche unberührt (*Staub/Koller*, § 396 Rz. 37; anders für reine Vergütungsansprüche BGH v. 9.10.1985, ZIP **1985**, 1398, 1400). Im Fall des Rücktritts ist zu bedenken, daß der Auftraggeber infolge der Aufwendungen regelmäßig bereichert sein wird. Die Tatsache, daß die Störungsursache aus der Sphäre des Spediteurs stammt, ist irrelevant (*Staub/Helm*, Anh. I § 415 HGB, § 18 ADSp Rz. 3; **a. A.** *Staudinger/Schlosser*, § 9 AGBG Rz. 167; *Lenz*, Straßengütertransportrecht, Rz. 421). Zur Konkurrenz mit § 31 ADSp vgl. dort.

§ 19 ADSp [Prüfung von Hindernissen]

Der Spediteur hat nur im Rahmen seiner Sorgfaltspflicht zu prüfen und den Auftraggeber darauf hinzuweisen, ob gesetzliche oder behördliche Hindernisse für die Versendung (z. B. Ein- und Ausfuhrbeschränkungen) vorliegen. Soweit der Spediteur jedoch durch öffentliche Bekanntmachungen oder in den Vertragsverhandlungen den Eindruck erweckt hat, über besondere Kenntnisse für bestimmte Arten von Geschäften zu verfügen, hat er vorstehende Prüfungs- und Hinweispflichten entsprechend zu erfüllen.

Literatur: siehe vor § 1 ADSp.

1 § 19 ADSp deckt sich mit den allgemeinen Regeln über vorvertragliche und vertragliche Aufklärungspflichten des Geschäftsbesorgers (vgl. § 1 ADSp; **a. A.** *Krien/Glöckner*, § 19 ADSp Anm. 2 a). Dabei ist es selbstverständlich, daß der Spediteur Erwartungen, die er zurechenbar hervorgerufen hat, nicht schuldhaft enttäuschen darf (§ 19 S. 2 ADSp). Der Spediteur hat aufzuklären, wenn vernünftige Zweifel daran bestehen, daß der Auftraggeber ausreichend informiert ist (BGH v. 12.7.1982, WM **1982**, 862, 863). Die nötigen Informationen hat sich der Spediteur mit zumutbaren Mitteln zu besorgen. Die Hinweise haben klar und vollständig zu sein; sie müssen mit der gebotenen Sorgfalt ermittelt und übermittelt werden. Die Hinweise sind unverzüglich zu berichtigen. Die Aufklärungspflicht ist nicht auf gesetzliche und behördliche Hindernisse der Versendung beschränkt. Einem Umkehrschluß steht § 5 AGBG entgegen. Der Spediteur schuldet daher weitere Informationen aus c.i.c. (§ 407 HGB Rz. 42) sowie dem Geschäftsbesorgungsverhältnis (§ 1 ADSp; § 407 HGB Rz. 39 ff). Der Spediteur hat nach den für positive Forderungsverletzungen geltenden Regeln den *Beweis* für sorgfältiges Verhalten zu führen. **AGBG-Konformität**: Keine Bedenken.

VII. Leistungen, Entgelt und Auslagen des Spediteurs

§ 20 ADSp [Preis- und Leistungsvereinbarungen]

Angebote des Spediteurs und Vereinbarungen mit ihm über Preise und Leistungen beziehen sich stets nur auf die namentlich aufgeführten eige-

nen Leistungen und/oder Leistungen Dritter und, wenn nichts anderes vereinbart ist, nur auf Güter normalen Umfangs, normalen Gewichts und normaler Beschaffenheit; sie setzen normale unveränderte Beförderungsverhältnisse, ungehinderte Verbindungswege, Möglichkeit unmittelbarer sofortiger Weiterversendung sowie Weitergeltung der bisherigen Frachten, Valutaverhältnisse und Tarife, welche der Vereinbarung zugrunde lagen, voraus, es sei denn, die Veränderungen sind unter Berücksichtigung der Umstände vorhersehbar gewesen. Die üblichen Sondergebühren und Sonderauslagen gelangen außerdem zur Erhebung, vorausgesetzt, daß der Spediteur den Auftraggeber darauf hingewiesen hat; dabei genügt ein genereller Hinweis, wie etwa „zuzüglich der üblichen Nebenspesen".

Literatur: siehe vor § 1 ADSp.

I. § 20 S. 1 ADSp

1 § 20 S. 1 ADSp enthält eine Auslegungsregel und eine Regelung zum Wegfall der Geschäftsgrundlage. Die **Vereinbarung** über Preise und Leistungen kommt formlos nach den allgemeinen Regeln zustande, soweit keine bindenden Tarife vorgeschrieben sind (z. B. §§ 20ff, 84 GüKG). Der Inhalt der Vereinbarung ist somit unter Beachtung der *§§ 133, 157 BGB* zu ermitteln. Deshalb ist es gleichgültig, ob die Leistungen namentlich aufgeführt sind oder ob die Leistungen an Gütern normalen Umfangs und Gewichts und normaler Beschaffenheit zu erbringen sind; denn die Vereinbarung genießt als Individualvereinbarung auch dann den Vorrang (§ 4 AGBG), wenn ihr Inhalt erst im Weg der Auslegung zu ermitteln ist (*Ulmer/Brandner/Hensen*, AGBG, § 4 Rz. 12; § 8 Rz. 17; MüKo-*Kötz*, BGB, § 4 AGBG Rz. 3; einschränkend *Staudinger/Schlosser*, § 4 AGBG Rz. 10; *Wolf/Horn/Lindacher*, AGBG, § 4 Rz. 10). § 20 S. 1 ADSp hat daher als Auslegungsregel nur die Bedeutung, daß der *Auftraggeber zu beweisen* hat, daß sich die Vereinbarung auch auf nicht namentlich genannte und auf außergewöhnliche Leistungen bezogen hat (*Kötz*, aaO, Rz. 5; *Ulmer*, aaO, Rz. 49).

2 Gemäß § 20 S. 1 ADSp verspricht der Spediteur mangels besonderer Abreden nur Leistungen an Gütern normalen Umfangs und Gewichts und normaler Beschaffenheit. Über die **Normalität** entscheidet die Verkehrsanschauung. Nicht erforderlich ist, daß der Durchschnitt eingehalten wird. Es geht darum, daß mit dem Transport bzw. der Lagerung derartiger Güter häufiger gerechnet werden muß. Außerdem müssen die Beförderungsverhältnisse den in Spediteurkreisen zu erwartenden Kenntnissen entsprechen, die Verbindungswege müssen grundsätzlich offen und die bei Vertragsschluß geltenden Frachten, die Währungsverhältnisse und Tarife grundsätzlich konstant bleiben. Da Spediteure immer auf der Basis der aktuellen Verhältnisse kalkulieren, werden diese Daten auch immer der Vereinbarung zugrundeliegen. Dies muß für den Auftraggeber nicht erkennbar geworden sein. Der Spediteur darf sich jedoch auf Anormalität des Leistungsumfangs oder auf die Verschiebung der Leistungsverhältnisse nicht berufen, wenn der wahre Leistungsumfang und die Veränderungen der wirtschaftlichen Daten *vorhersehbar* waren. Dem ist der Fall gleichzusetzen, daß der Spediteur von falschen Annahmen

über die Verhältnisse bei Vertragsschluß ausging, die Unrichtigkeit dieser Annahmen aber erkennbar war. § 20 S. 1 ADSp sagt nicht, welcher Maßstab an den Begriff der Vorhersehbarkeit anzulegen ist. *Krien/Glöckner* (§ 20 ADSp Anm. 6) plädieren für den Maßstab der verkehrserforderlichen Sorgfalt (ebenso wohl BGH v. 29.10.1969, VersR **1970**, 31, 32; *Piper*, Höchstrichterliche Rechtsprechung, aaO, Rz. 84; *Staub/Helm*, Anh. I § 415 HGB, § 20 ADSp Rz. 1). § 20 S. 1 ADSp regelt jedoch einen Fall des Wegfalls bzw. des Fehlens der Geschäftsgrundlage. Unter Beachtung des § 5 AGBG sind daher die im Rahmen der Geschäftsgrundlage-Figur geltenden schärferen Vorhersehbarkeitskriterien zu verwenden. Danach ist eine Veränderung der Leistungsverhältnisse nach Art oder Ausmaß unvorhersehbar, wenn sie außerhalb aller Wahrscheinlichkeit lag und daher die Möglichkeit ihres Eintritts in weitesten Kreisen der Branche nicht berücksichtigt wurde (OLG Hamburg v. 3.11.1983, VersR **1984**, 263 f; *Koller*, Die Risikozurechnung bei Vertragsstörungen (1979), S. 217 ff). Die Störung muß jedoch nicht erheblich gewesen sein.

3 § 20 S. 1 ADSp sagt nichts über die **Rechtsfolge** einer nach dieser Klausel relevanten Störung. Der Wortlaut spricht dafür, daß die in der Klausel genannten „Voraussetzungen" auflösende bzw. aufschiebende Bedingungen im Rechtssinn sind. Diese Auslegung führt jedoch zur Unangemessenheit (§ 9 AGBG) der Klausel, weil der Vertrag schon bei jeder geringfügigen Verschiebung aufgelöst werden würde. Es ist daher davon auszugehen, daß § 20 S. 1 ADSp auf die allgemeinen Regeln der Geschäftsgrundlage-Figur, d. h. Anpassung und im Extremfall Rücktritt, verweist (ebenso wohl *Krien/Glöckner*, § 20 ADSp Anm. 8 c, 8 g). Daraus folgt, daß der Spediteur nicht zwangsläufig Kostenerhöhungen in voller Höhe abwälzen kann. Die Beweislast trägt der Spediteur (**a. A.** *Krien/Glöckner*, § 20 ADSp Anm. 8 g). § 20 S. 1 ADSp wirkt ausschließlich *zugunsten des Spediteurs*. Verbessern sich die Verhältnisse der Leistungserbringung auf unvorhersehbare Weise, so kann sich der Auftraggeber nur auf die allgemeinen Regeln über den Wegfall der Geschäftsgrundlage berufen.

4 **AGBG-Konformität:** § 20 S. 1 ADSp ist nach allgemeiner Meinung mit § 9 AGBG vereinbar.

II. § 20 S. 2 ADSp

5 Die Klausel läßt den Vorrang der Individualvereinbarung (§ 4 AGBG) unberührt, soweit die Vereinbarung gemäß § 157 BGB zugunsten des Auftraggebers auszulegen ist; z. B. Vereinbarung maximaler oder fester Kosten (OLG Hamburg v. 3.11.1983, VersR **1984**, 263, 264). Ergibt die Interpretation der Preisvereinbarung nicht eindeutig, ob der Preis mit oder ohne die üblichen Sondergebühren sowie -auslagen ausgehandelt worden war, so kommt es nicht auf die Üblichkeit (§§ 612, 632 BGB) an, sondern darauf, ob der Spediteur im Rahmen des Vertragsschlusses ausreichend darauf hingewiesen hatte, daß Nebenspesen anfallen werden. Der Kreis und die Höhe der Nebenspesen ergibt sich aus der Verkehrssitte am Sitz des Spediteurs (*Krien/Glöckner*, § 20 ADSp Anm. 6). Unübliche Nebenspesen dürfen nicht

berechnet werden. Sind Spesen in schwankender Höhe üblich, so sind sie in billiger Höhe festzusetzen (§ 315 BGB).

§ 21 ADSp [Entziehung des Auftrags]

Wird ein Auftrag wieder entzogen, so steht dem Spediteur nach seiner Wahl entweder der Anspruch auf die vereinbarte Vergütung, unter Anrechnung der ersparten Aufwendungen, oder eine angemessene Provision zu. Weist der Auftraggeber nach, daß der Auftrag aus berechtigten, vom Spediteur zu vertretenden Gründen entzogen wird, hat der Spediteur lediglich Anspruch auf Ersatz seiner Aufwendungen und verdienten Nebenprovisionen.

Literatur: siehe vor § 1 ADSp.

I. Entzug des Auftrags

Der Auftrag wird entzogen, wenn das Vertragsverhältnis mit Wirkung für 1
die Zukunft beendet und nicht völlig in ein Rückgewährschuldverhältnis umgewandelt wird. § 21 ADSp gilt daher nicht bei Nichtigkeit von Verträgen sowie in den Fällen des Rücktritts wegen Unmöglichkeit sowie Verzugs oder positiver Forderungsverletzung (§§ 286 II, 323 ff BGB; LG München, TranspR **1987**, 193, 194; *Staub/Helm*, Anh. I § 415 HGB, § 21 ADSp Rz. 2; *Krien/Glöckner*, vor § 21 ADSp Anm. 6 c). Somit erfaßt § 21 ADSp Kündigungen gemäß §§ 621 Nr. 5, 627, 649 BGB, Widerrufe gemäß §§ 675, 671 BGB, Rücknahmeverlangen gemäß §§ 695, 699 II BGB sowie den Rücktritt gemäß § 428 II HGB.

II. Entzug ohne berechtigten Grund

Zum berechtigten Grund Rz. 4. Der Spediteur kann nach seiner Wahl (vgl. 2
§ 262 BGB) zum einen die vereinbarte Vergütung unter Anrechnung ersparter Aufwendungen verlangen. Ersparte Aufwendungen iSd § 21 ADSp sind variable Selbstkosten des Spediteurs, nicht nur die Aufwendungen iSd § 670 BGB. Der Spediteur kann auch eine angemessene Provision fordern (§ 315 BGB). Diese Provision ist unangemessen, wenn sie offensichtlich die vereinbarte Vergütung abzüglich Selbstkosten übersteigt, da sie lediglich eine vereinfachte Berechnung des nach der ersten Variante geschuldeten Betrags ermöglichen soll (**a. A.** *Krien/Glöckner*, vor § 21 ADSp Anm. 5 d).

AGBG-Konformität: Die Klausel ist mit § 9 AGBG vereinbar. Sie orien- 3
tiert sich an § 649 BGB, auch soweit eine angemessene Provision gefordert werden kann (BGH, NJW **1985**, 631, 633).

III. Entzug aus berechtigtem Grund

4 **a) Voraussetzungen:** Aus § 21 S. 2 ADSp läßt sich nicht entnehmen, ob jeder Grund „berechtigt" ist, den der Spediteur zu vertreten hat, oder ob der Begriff „berechtigt" einen eigenständigen Sinn besitzt. Gemäß § 5 AGBG ist zu Lasten des AGB-Verwenders davon auszugehen, daß jeder vom Spediteur zu vertretende Grund berechtigt ist (OLG Düsseldorf v. 14.7.1986, VersR **1987**, 458; *Krien/Glöckner*, vor § 21 ADSp Anm. 6 c), mag er auch noch so geringfügig sein. Zu vertreten hat der Spediteur Vorsatz und Fahrlässigkeit, darüber hinaus mangelnde finanzielle Leistungsfähigkeit und sonstige aus der Sphäre des Spediteurs stammende Gründe (Parallele zu den §§ 537, 633, 637 BGB). Diese Gründe müssen die vereinbarte programmgemäße Leistungserbringung stören oder gefährden (weitergehend *Krien/Glöckner*, vor § 21 ADSp Anm. 6 c, d). Geringfügige Störungen oder Gefährdungen reichen aus (§ 5 AGBG).

5 **b) Rechtsfolge:** Ersatz der Aufwendungen iSd § 670 BGB, nicht der Selbstkosten des Spediteurs (§ 5 AGBG; *Hald/Widmann*, S. 75); außerdem der Nebenprovisionen, soweit darauf bereits ein Anspruch entstanden war. § 21 S. 2 ADSp schneidet Schadensersatzansprüche des Auftraggebers nicht ab (§ 5 AGBG; *Staub/Helm*, Anh. I § 415 HGB, § 21 ADSp Rz. 2; **a. A.** *Graf von Westphalen*, ZIP **1981**, 119, 120; OLG Düsseldorf v. 14.7.1986, VersR **1987**, 458). Ebenso läßt § 21 S. 2 ADSp den *Rücktritt vom Vertrag* (§ 407 HGB Rz. 74; § 425 HGB Rz. 46) unberührt. Im Zweifel ist der Entzug des Auftrags primär als Rücktritt und hilfsweise als Entzug des Auftrags iSd § 21 S. 2 ADSp auszulegen.

6 **c) AGBG-Konformität:** Bei der hier vertretenen Auslegung ist § 21 S. 2 ADSp unbedenklich (*Wolf/Horn/Lindacher*, AGBG, § 9 Rz. A 59; *Staub/Helm*, Anh. I § 415 HGB, § 21 ADSp Rz. 3; *Ulmer/Brandner/Hensen*, AGBG, Anh. §§ 9-11 Rz. 20; **a. A.** *Graf von Westphalen*, ZIP **1981**, 119, 120). Dem steht auch nicht die Beweislastverteilung entgegen; denn auch nach dispositivem Recht muß der Auftraggeber, der die Vergütung nicht zahlen will, ein Vertreten-Müssen des Spediteurs beweisen (vgl. § 649 BGB; Ausnahme § 282 BGB). Das OLG Düsseldorf (v. 14.7.1986, VersR **1987**, 458, 459) steht dagegen auf dem Standpunkt, daß § 21 S. 2 ADSp unbillig sei, weil der Spediteur seine Haftung nicht schlechthin ausschließen könne und dem Auftraggeber nicht der Verschuldensnachweis zuzumuten sei.

§ 22 ADSp [Rollgeld bei Annahmeverweigerung]

Lehnt der Empfänger die Annahme einer ihm zugerollten Sendung ab, so steht dem Spediteur für die Rückbeförderung Rollgeld in gleicher Höhe wie für die Hinbeförderung zu.

Literatur: siehe vor § 1 ADSp.

1 § 22 ADSp enthält lediglich eine Regelung über die Höhe des Entgelts im Fall des Rücktransports zum (Zwischen-) Lager des Spediteurs (*Krien/Glöck-*

ner, § 22 ADSp Anm. 1 b). Ein Zahlungsanspruch entsteht nicht schon mit der Annahmeverweigerung durch den Empfänger und dem Rücktransport. Vielmehr muß der Absender eine Weisung zum Rücktransport gegeben haben (vgl. § 437 I HGB). Falls Weisungen nicht eingeholt werden konnten, muß der Rücktransport aus der Sicht des Spediteurs im Interesse des Absenders gelegen haben (§§ 1, 13 ADSp). Ein Rücktrittsrecht wird durch das Ablieferungshindernis nicht eröffnet (vgl. § 437 HGB). § 22 ADSp ist im Rahmen des § 28 KVO, Art. 15 CMR nicht anwendbar, da es sich dort nicht um speditionelle Rollung handelt und § 28 KVO, Art. 15 f CMR abschließende Regelungen enthalten. § 22 ADSp läßt sich auch in anderen Fällen von Ablieferungshindernissen nicht analog heranziehen (§ 5 AGBG; **a. A.** *Krien/Glöckner*, § 22 ADSp Anm. 2).

AGBG-Konformität: Die Klausel ist unbedenklich. 2

§ 23 ADSp [Provision bei Nachnahme]

Die Provision wird auch dann erhoben, wenn ein Nachnahme- oder sonstiger Einziehungsauftrag nachträglich zurückgezogen wird oder der Betrag nicht eingeht.

Literatur: siehe vor § 1 ADSp.

§ 23 ADSp gilt, soweit nicht § 24 KVO eingreift. § 23 ADSp verdrängt in 1
seinem Anwendungsbereich § 18 ADSp (**a. A.** *Krien/Glöckner*, § 18 ADSp Anm. 10 p). Die Provision für die Einziehung der Fracht-, Waren- oder Wertnachnahme oder für sonstige Einziehungsaufträge fällt erfolgsunabhängig an. Dabei ist es nach dem Wortlaut der Vorschrift gleichgültig, warum der Betrag nicht eingeht. Allerdings wird ein Gegenanspruch aus positiver Forderungsverletzung und aus § 393 HGB nicht abgeschnitten. § 385 HGB bleibt unberührt (*Krien/Glöckner*, § 23 ADSp Anm. 10 p). Die volle Provision wird ohne jeden Abzug auch dann geschuldet, wenn der Auftrag nachträglich durch Gegenweisung zurückgezogen wird (*Hald/Widmann*, S. 76; *Krien/Glöckner*, § 23 ADSp Anm. 9; einschränkend *Wolf*, § 23 ADSp Rz. 2: nur, wenn mit Ausführung der Weisung bereits begonnen worden war). Diese Klausel ist weder im Licht der §§ 649 BGB, 396 HGB (vgl. BGH v. 4.10.1984, NJW **1985**, 631, 633) noch – was angesichts der erfolgsunabhängigen Ausformung der Provision näherliegt – der §§ 627, 628 S. 1 BGB, angemessen (§ 9 AGBG; **a. A.** *Staub/Helm*, Anh. I § 415 HGB, § 23 ADSp Rz. 1).

§ 24 ADSp [Fester Prozentsatz des Fakturenwertes]

Hat der Spediteur die Versendung von Gütern nach dem Auslande bis ins Haus des außerdeutschen Empfängers zu einem festen Prozentsatz des Fakturenwertes einschließlich des Zolles übernommen, so ist der Auftraggeber verpflichtet, den vollen Fakturenwert, ohne Rücksicht auf einen etwa eingeräumten Kassenskonto, einschließlich Zoll, Fracht und Verpakkung anzugeben.

Literatur: siehe vor § 1 ADSp.

1 § 24 ADSp gilt dem klaren Wortlaut zufolge nur für Ausfuhrgeschäfte (§ 5 AGBG; **a. A.** *Krien/Glöckner*, § 24 ADSp Anm. 3). § 24 ADSp stellt klar, daß, wenn die Parteien nichts Abweichendes vereinbaren (§ 4 AGBG), unter Fakturenwert der Rechnungsbetrag vor Abzug eines möglichen Skontos zuzüglich der Kosten von Fracht, Verpackung und Zoll zu verstehen ist. Die Pflicht, diese Beträge anzugeben, stellt eine selbstverständliche Nebenpflicht dar.

§ 25 ADSp [Verzollung]

a) Der Auftrag zur Versendung nach einem Bestimmungsort im Auslande schließt den Auftrag zur Verzollung ein, wenn ohne sie die Beförderung bis zum Bestimmungsort nicht ausführbar ist.

b) Für die Verzollung kann der Spediteur neben den tatsächlich auflaufenden Kosten eine besondere Provision erheben.

c) Der Auftrag, unter Zollverschluß eingehende Sendungen zuzuführen oder frei Haus zu liefern, schließt die Ermächtigung für den Spediteur ein, unter Wahrung des Interesses des Auftraggebers über die Erledigung der erforderlichen Zollförmlichkeiten und die Auslegung der zollamtlich festgesetzten Abgaben zu entscheiden.

d) Erteilt der Auftraggeber dem Spediteur Anweisungen für die zollamtliche Abfertigung, so sind diese genau zu beachten. Falls die zollamtliche Abfertigung nach den erteilten Weisungen nicht möglich ist, hat der Spediteur den Auftraggeber unverzüglich zu unterrichten.

Literatur: siehe vor § 1 ADSp.

I. § 25 a ADSp

1 § 25 a ADSp greift nur in Fällen der *Ausfuhr* oder der *Durchfuhr* ins Ausland ein. Im Fall der *Einfuhr* gilt § 25 c ADSp. Voraussetzung für die Anwendbarkeit des § 25 a ADSp ist ferner, daß die Beförderung ohne Verzollung, d. h. die Festsetzung und/oder Entrichtung von Abgaben im Zusammenhang mit dem Grenzübertritt, nicht durchführbar ist. Andere Grenzformalitäten können gemäß § 5 AGBG nicht gleichgestellt werden (**a. A.** *Wolf*, § 25 ADSp Rz. 1; *Krien/Glöckner*, § 25 ADSp Anm. 6). Liegen die Voraussetzungen des § 25 a ADSp vor, so ist der Spediteur auch dann zur Verzollung berechtigt und verpflichtet, wenn nicht klar ist, ob die Verzollung dem Interesse des Auftraggebers entspricht. Deuten starke Indizien darauf hin, daß der Auftraggeber nicht an der Verzollung interessiert ist, so hat der Spediteur allerdings mit zumutbarem Aufwand zurückzufragen (§ 1 ADSp; § 407 HGB Rz. 38). § 25 a ADSp gilt nur dort, wo zumutbare Rückfragen nicht möglich sind. Zur Abwicklung der Verzollung s. auch § 407 HGB Rz. 55.

II. § 25 b ADSp

Im Falle der Verzollung kann der Spediteur Ersatz seiner Aufwendungen iSd § 670 BGB, insbesondere der ausgelegten Zollbeträge, und eine besondere Verzollungsprovision fordern. Voraussetzung ist, daß die Parteien sich nicht auf einen *festen Satz* geeinigt haben, der die Verzollungsprovision umfaßt (Ausnahme: § 20 S. 2 ADSp). Ferner muß die Verzollung mit verkehrserforderlicher *Sorgfalt* durchgeführt worden sein. Die pflichtwidrige Abwicklung der Verzollung läßt den Anspruch auf Auslagenersatz entfallen (§§ 385 I, 407 II HGB; vgl. *Koller*, BB **1979**, 1725, 1730 f). § 25 b ADSp steht dem nicht entgegen, da die Klausel nur die ungestörte Leistungserbringung betrifft (§ 5 AGBG). Die Höhe der Provision ergibt sich aus der Vereinbarung, aus § 20 S. 2 ADSp oder § 354 HGB. 2

III. § 25 c ADSp

§ 25 c ADSp gilt für das Einfuhrgeschäft. Die Verzollung muß erforderlich sein. § 25 c ADSp setzt voraus, daß die Sendung dem Auftraggeber zugeführt oder Dritten frei Haus geliefert werden soll. § 25 c ADSp ist in anderen Fällen, in denen Einfuhrgut zu verzollen ist, nicht analog anzuwenden. Bei AGB ist anders als bei Gesetzen eine analoge Anwendung undenkbar. Vielmehr greift § 5 AGBG ein (**a. A.** *Krien/Glöckner*, § 25 ADSp Anm. 17). Die Vorschrift erlangt wie § 25 a ADSp dort eigenständige, über die §§ 407 ff HGB, 1 ADSp hinausreichende Bedeutung, wo der Spediteur weder erkennen kann, ob der Auftraggeber eine Verzollung wünscht bzw. ob sie in dessen Interesse liegt, noch vom Gegenteil überzeugt sein kann (§§ 1, 13 ADSp). Der Spediteur ist dann zur Verzollung berechtigt, aber nicht verpflichtet, wenn eine vorherige Rückfrage unmöglich oder unzumutbar ist. § 25 c ADSp gibt dem Spediteur keine Vollmacht, den Auftraggeber zu vertreten (§ 5 AGBG; *Staub/Helm*, Anh. I § 415 HGB, § 25 ADSp Rz. 2), da eine Vollmacht für den Auftraggeber größere Risiken mit sich bringt und im Transportgewerbe üblicherweise im eigenen Namen gehandelt wird. 3

IV. § 25 d ADSp

§ 25 d ADSp verdrängt die §§ 13 ADSp, 665 BGB. Ohne eine neue Weisung ist der Spediteur an die alte Weisung gebunden. Die Pflicht zur Rückfrage entsteht nicht nur dann, wenn die Ausführung unmöglich ist (§ 25 d S. 2 ADSp), sondern auch dann, wenn sie als interessenwidrig erscheint oder an ihrer Zweckmäßigkeit erhebliche Zweifel auftauchen und die Rückfrage zumutbar ist (§ 407 HGB Rz. 38, § 1 ADSp, § 13 ADSp Rz. 1). Weicht der Spediteur unberechtigt von der Weisung ab, so gilt § 385 HGB (§ 408 HGB Rz. 8; § 425 HGB Rz. 38). 4

§ 26 ADSp [Empfangsermächtigung]

Der Auftrag, ankommende Güter in Empfang zu nehmen, ermächtigt den Spediteur, verpflichtet ihn aber nicht, auf dem Gut ruhende Frachten, Wertnachnahmen, Zölle und Spesen auszulegen.

Literatur: siehe vor § 1 ADSp.

1 § 26 ADSp gilt für jede Art von Geschäft, aufgrund dessen der Spediteur sich verpflichtet hat, Güter in Empfang zu nehmen. ,,In Empfang nehmen" bedeutet dabei, daß der Spediteur Empfänger im Sinn des Frachtrechts, insbesondere Empfangsspediteur ist. Danach regelt § 26 ADSp nicht die Fälle, in denen der Spediteur Güter abholen soll (z. B. beim Lagerhalter (§ 5 AGBG)). In Hinblick auf *Aufwendungen* bei der Abholung erwirbt der Spediteur Ansprüche gemäß §§ 670 BGB, 407 II, 396 II HGB bzw. § 425 HGB iVm §§ 407 II, 396 HGB (§ 425 HGB Rz. 42) bzw. gemäß § 420 HGB unter den dort normierten Voraussetzungen. Liegen die Voraussetzungen für einen vertraglichen Anspruch nicht vor, so bestehen nur Ansprüche nach den §§ 677 ff BGB. Dem Wortlaut des § 26 ADSp zufolge ist der Spediteur zur Auslage von Frachten, Wertnachnahmen, Zöllen und Spesen auch dann berechtigt, wenn er diese nach den Umständen nicht für erforderlich halten durfte (*Staub/Helm*, §§ 407–409 HGB Rz. 221). Voraussetzung soll allerdings sein, daß die Auslagen in üblicher Höhe anfallen (*Krien/Glöckner*, § 26 ADSp Anm. 5; *Wolf*, § 26 ADSp Rz. 3). Diese Einschränkung läßt sich § 26 ADSp nicht entnehmen. § 26 ADSp läßt sich nur als Konkretisierung des § 1 ADSp interpretieren. Die Vorschrift ist daher dahin auszulegen, daß der Spediteur zur Auslage der genannten Beträge berechtigt ist, wenn und soweit dies aus der Sicht eines ordentlichen Spediteurs nicht offensichtlich den erkennbaren oder mutmaßlichen Interessen des Auftraggebers widerspricht. Im Zweifel hat der Spediteur mit zumutbaren Anstrengungen zurückzufragen (§ 407 HGB Rz. 38; § 408 HGB Rz. 3). Konkrete Weisungen genießen den Vorrang (§ 4 AGBG). § 26 ADSp schränkt die Pflicht zur Interessenwahrung dadurch ein, daß er die Pflicht, Frachten etc. auszulegen, beseitigt (*Krien/Glöckner*, § 26 ADSp Anm. 6). Die Klausel greift nicht ein, wenn die Verauslagung vereinbart war (§ 4 AGBG). Durch einseitige Weisung kann der Auftraggeber keine derartige Pflicht begründen.

2 **AGBG-Konformität:** Die Berechtigung, Aufwendungen entgegen erkennbaren, aber nicht evidenten Interessen des Auftraggebers zu tätigen, ist mit § 9 AGBG kaum vereinbar, weil dadurch in den Kern der Pflicht zur Interessenwahrung (Kardinalpflicht) eingegriffen wird.

§ 27 ADSp [Wahl der Währung]

Der Spediteur ist berechtigt, von ausländischen Auftraggebern oder Empfängern nach seiner Wahl Zahlung in ihrer Landeswährung oder in deutscher Währung zu verlangen.

Literatur: siehe vor § 1 ADSp.

Ausländische Auftraggeber bzw. Empfänger sind solche Personen, die ihren Sitz außerhalb der Bundesrepublik Deutschland haben. Der Spediteur hat vorbehaltlich zwingender Devisenvorschriften (§ 2 c S. 1 ADSp) die freie Wahl bei jeder Form von Zahlungsansprüchen mit Ausnahme von Ansprüchen auf Erstattung von Auslagen in fremder Währung (§ 28 ADSp). Die Umrechnung erfolgt analog § 244 S. 2 BGB. § 28 S. 2 ADSp kann wegen § 5 AGBG nicht herangezogen werden (**a. A.** *Krien/Glöckner*, § 27 ADSp Anm. 5 a). § 27 ADSp steht in Widerspruch zu § 4 AGBG, falls der Preis erkennbar in einer bestimmten Währung ausgehandelt worden oder ortsüblich ist (§ 354 HGB) oder die Tarife auf „DM" lauten (**a. A.** *Krien/Glöckner*, § 27 ADSp Anm. 1b für § 20a GüKG). Anders als gemäß § 244 BGB muß die Währung nicht ausdrücklich vereinbart worden sein. 1

§ 28 ADSp [Auslagen in Fremdwährung]

Wird der Spediteur fremde Währung schuldig, oder hat er fremde Währung ausgelegt, so ist er (soweit nicht öffentlich-rechtliche Bestimmungen entgegenstehen) berechtigt, nach seiner Wahl entweder Zahlung in der fremden oder in deutscher Währung zu verlangen. Verlangt er deutsche Währung, so erfolgt die Umrechnung zu dem am Tage der Zahlung an der Devisenbörse in Frankfurt a. M. amtlich festgesetzten Kurs, es sei denn, daß nachweisbar ein anderer Kurs zu zahlen oder gezahlt worden ist.

Literatur: siehe vor § 1 ADSp.

§ 28 S. 1 ADSp greift nur ein, wenn die Parteien die Art des Aufwendungsersatzes nicht individuell geregelt haben (§ 4 AGBG). Die Tatsache allein, daß die Preise in einer bestimmten Währung ausgedrückt sind, besagt freilich nicht, daß auch die Aufwendungen in dieser Währung zu ersetzen sind. § 28 S. 2 ADSp bezieht sich ebenfalls nur auf den Aufwendungsersatz. Gemäß § 28 S. 2 ADSp ist der Tag maßgeblich, an dem der Auftraggeber oder Empfänger gezahlt hat. Es kommt auf den Tag an, an dem die Erfüllungswirkung der Zahlung eintritt (§§ 362, 364 BGB). Der Auftraggeber hat nachzuweisen, daß eine abweichende Kursvereinbarung getroffen worden ist (§ 4 AGBG). Der Zahlende oder der Spediteur kann gemäß § 28 S. 2 ADSp nachweisen, daß die Bank des Spediteurs einen schlechteren oder besseren Kurs als den amtlichen Kurs berechnet hat (OLG Düsseldorf v. 23.2.1984, TranspR **1984**, 222, 227). Der Spediteur hat die Abrechnung seiner Bank mitzuteilen. 1

§ 29 ADSp [Fälligkeit, Verzug, Verzugszinsen]

Rechnungen des Spediteurs sind sofort zu begleichen. Zahlungsverzug tritt, ohne daß es einer Mahnung oder sonstiger Voraussetzungen bedarf, spätestens 10 Tage nach Zugang der Rechnung ein, sofern er nicht nach dem Gesetz schon vorher eingetreten ist. Der Spediteur darf im Falle des Verzuges Zinsen in Höhe von 2% über dem zum Zeitpunkt des Eintritts

des Verzuges geltenden Diskontsatz der Deutschen Bundesbank und die ortsüblichen Spesen berechnen.

Literatur: siehe vor § 1 ADSp.

I. Fälligkeit

1 Der Auftraggeber hat Rechnungen sofort, d. h. so schnell wie möglich, gegebenenfalls außerhalb des normalen Geschäftsganges – nicht aber außerhalb der Geschäftszeit – zu begleichen. Ob der Auftraggeber dazu in der Lage ist, ist unerheblich. § 29 S. 1 ADSp betrifft nur die Fälligkeit infolge Rechnungsstellung. Wird die Forderung nach dispositivem Recht schon vorher fällig, so gilt das dispositive Recht (allg. M.). Die Fälligkeit nach dispositivem Recht kann nach dem klaren Wortlaut des § 29 ADSp mittels Rechnung vorverlegt werden (**a. A.** *Staub/Helm*, Anh. I § 415 HGB, § 29 ADSp Rz. 1), weil Rechnungen immer sofort zu begleichen sind und spätestens nach 10 Tagen Verzug eintreten soll. § 29 S. 1 ADSp ist nur anwendbar, wenn keine abweichenden Vereinbarungen über die Fälligkeit getroffen wurden (§ 4 AGBG; **a. A.** *Krien/Glöckner*, § 29 ADSp Anm. 3). Für Ansprüche auf Befreiung von Verbindlichkeiten gilt § 30 ADSp.

2 **AGBG-Konformität:** Die Möglichkeit, die Fälligkeit mittels Rechnung vorzuverlegen, ist unangemessen, weil sie eine von der Willkür des Spediteurs abhängige Vorleistungspflicht begründet. Jedenfalls ist § 29 ADSp restriktiv geltungserhaltend so auszulegen, daß eine Vorverlegung der Fälligkeit nicht möglich ist.

II. Verzug

3 § 29 S. 2 ADSp ergänzt die §§ 284 ff BGB. Danach treten die Verzugsfolgen (§ 286f BGB, § 29 S. 3 ADSp) spätestens 10 Tage nach dem Zugang der Rechnung ein. Der Spediteur hat den Zugang (§ 130 BGB) zu *beweisen.* Auf ein „Vertreten-Müssen" des Schuldners (§ 285 BGB) kommt es nach dem Wortlaut der Klausel nicht an (*Krien/Glöckner*, § 29 ADSp Anm. 5). Diese Regelung ist unangemessen (§ 9 AGBG). Da der Schuldner Liquiditätsschwierigkeiten ohnehin ohne Rücksicht auf Verschulden zu vertreten hat, ist § 29 S. 2 ADSp geltungserhaltend dahin auszulegen, daß bei Störungen des Zahlungsablaufs, z. B. infolge Krankheit, Verschulden erforderlich ist (unklar *Krien/Glöckner*, vor § 29 ADSp Anm. 2). Der Verzug endet mit der Absendung des Schecks bzw. im Fall der Überweisung mit der Abbuchung (**a. A.** MüKo-*Keller*, BGB, § 270 Rz. 19).

4 **AGBG-Konformität:** Die Klausel ist in der hier vertretenen Auslegung unbedenklich (BGH v. 7.3.1991, VersR **1991,** 1080, 1081; **a. A.** *Graf von Westphalen*, ZIP **1981**, 119, 120).

III. Zinsen, sonstiger Verzugsschaden

§ 29 S. 3 ADSp verdrängt die §§ 288 I 1 BGB, 352 HGB, da aus der Klausel nicht zu entnehmen ist, ob dem Spediteur auch dem Grunde nach ein zusätzlicher Anspruch eröffnet werden soll oder lediglich die Höhe der Verzugszinsen realitätsnäher geregelt werden soll (§ 5 AGBG; **a. A.** *Krien/Glöckner*, vor § 29 ADSp Anm. 3 a). Allerdings bleibt § 353 HGB unberührt. Der Spediteur kann seinen Verzugsschaden auch konkret berechnen (§ 286 BGB). Umgekehrt darf der Kunde nachweisen, daß ein geringerer Verzugsschaden entstanden ist (BGH v. 7.3.1991, WM **1991,** 1468, 1471). Ortsübliche Spesen sind Kosten der Realisierung der Forderung. 5

AGBG-Konformität: Die Klausel ist unbedenklich (BGH v. 7.3.1991, VersR **1991,** 1080, 1081). 6

§ 30 ADSp [Freistellungs- und Hinweispflichten des Auftraggebers]

a) Von Forderungen oder Nachforderungen für Frachten, Havarieeinschüsse oder -beiträge, Zölle, Steuern und sonstige Abgaben, die an den Spediteur, insbesondere als Verfügungsberechtigten oder als Besitzer fremden Gutes, gestellt werden, hat der Auftraggeber den Spediteur auf Anforderung sofort zu befreien, wenn sie der Spediteur nicht zu vertreten hat. Er ist berechtigt, die zu seiner Sicherung oder Befreiung ihm geeignet erscheinenden Maßnahmen zu treffen, nötigenfalls, sofern die Sachlage es rechtfertigt, auch durch Vernichtung des Gutes.

b) Der Auftraggeber hat den Spediteur in geschäftsüblicher Weise rechtzeitig auf alle öffentlich-rechtlichen, z. B. zollrechtlichen, Verpflichtungen aufmerksam zu machen, die mit dem Besitz des Gutes verbunden sind, soweit nicht aufgrund der Angebote des Spediteurs davon auszugehen ist, daß diese Verpflichtungen ihm bekannt sind. Für alle Folgen der Unterlassung haftet der Auftraggeber dem Spediteur.

Literatur: siehe vor § 1 ADSp.

I. Befreiungsanspruch

§ 30 a S. 1 ADSp regelt die Fälligkeit und die Art der Erfüllung von Aufwendungsersatzansprüchen des Spediteurs iSd ADSp (§ 2 ADSp Rz. 2) aus Geschäftsbesorgungstätigkeit. § 12 f KVO, Art. 11 CMR gehen vor, soweit sie die Frage des Aufwendungsersatzes regeln (beachte § 2 c S. 2 ADSp). 1

a) Voraussetzungen: Die Forderungen bzw. Nachforderungen iSd § 30 a S. 1 ADSp müssen Verträgen des Spediteurs mit Dritten entspringen. Zu Havarieeinschüssen §§ 700 ff HGB, 78 ff BSchG. Sonstige Abgaben sind nicht nur Geldbußen und Geldstrafen, sondern auch gegen den Spediteur gerichtete Schadensersatzansprüche Dritter. Die Schäden und sonstigen Aufwendungen müssen geschäftsbesorgungsadäquat sein. Die Verbindlichkeiten müssen also im Interesse des Auftraggebers eingegangen worden sein und dürfen nicht lediglich die allgemeinen Geschäftsunkosten betreffen. Die Schäden dürfen nicht zum Kreis der allgemeinen Lebensrisiken (vgl. *Staub/Koller*, § 396 Rz. 33) gehören. Der Schaden muß somit im Zusammenhang mit einer geschäftsbesorgungsspezifischen Tätigkeit entstanden sein. Deshalb erfaßt § 30 a S. 1 ADSp nicht die Schadensersatzverpflichtung des Frachtführers aus einem Kfz-Unfall oder die Haftung des Lagerhalters, der ein Tanklager unterhält, nach WHG. Gleiches gilt für Herausgabeansprüche Dritter (§§ 985, 1007 BGB; **a. A.** *Krien/Glöckner*, § 30 ADSp Anm. 5). Sowohl der isolierte Transport als auch die bloße Obhut über das Gut stellen mangels Ermessensspielraums keine Geschäftsbesorgungsakte dar. Die gegen den Spediteur gerichteten Forderungen müssen nicht rechtswirksam bestehen bzw. der Spediteur muß nicht rechtskräftig verurteilt worden sein (*Wolf*, § 30 ADSp Rz. 1; *Krien/Glöckner*, § 30 ADSp Anm. 3); denn zur Pflicht, Aufwendungen zu ersetzen, gehört auch die Pflicht, das Risiko einer Auseinandersetzung mit dem angeblichen Gläubiger (Dritten) zu tragen. Zur Frage, inwieweit Aufwendungen überhaupt ersatzfähig sind, vgl. je nach Art des Auftrags, den der Spediteur iSd ADSp erledigt, § 407 HGB Rz. 59 ff, § 425 HGB Rz. 16, 42, § 420 HGB sowie die §§ 25, 26, 35 ADSp. § 30 a S. 1 ADSp läßt § 63 b ADSp unberührt.

2 **b) Rechtsfolge:** Der Auftraggeber hat den Spediteur ,,zu befreien", indem er zahlt oder die Schuld übernimmt (§ 414 BGB) oder mit dem Dritten einen Erlaßvertrag schließt. Ist die Forderung des Dritten noch nicht fällig, so ist zumindest Sicherheit zu leisten (§§ 257 S. 2, 232 ff BGB). Der Anspruch auf Freistellung wird erst nach Zugang der Aufforderung fällig. Zum Begriff ,,sofort" s. § 29 ADSp. Der Spediteur kann auch den Dritten selbst befriedigen und Ersatz seiner Auslagen verlangen (§ 670 BGB). Voraussetzung ist, daß er den Anspruch für begründet halten durfte und in zumutbarem Umfang Weisungen eingeholt hat.

3 **c) AGBG-Konformität:** Die Klausel ist in der hier vertretenen Interpretation unbedenklich. Bedenklich wäre das Recht, sämtliche Schäden abzuwälzen.

II. Sicherungs- und Befreiungsmaßnahmen (§ 30 a S. 2 ADSp)

4 Maßnahme der Befreiung ist Erfüllung der Forderung durch Zahlung oder Herausgabe; Maßnahmen der Sicherung des Spediteurs können Anerkenntnis des Anspruchs, Vergleich, Rücksendung des Guts, freihändiger Verkauf, öffentliche Versteigerung oder Vernichtung sein, wenn sich der Spediteur dadurch vor neuen Forderungen schützen und die alten Forderungen tilgen kann. § 30 a S. 2 ADSp läßt dem Spediteur seinem Wortlaut zufolge die freie Wahl der Maßnahmen; nur die Vernichtung hängt von der Sachlage ab. § 30 a S. 2 ADSp darf nicht im Licht des § 1 ADSp ausgelegt werden, da die Klausel offensichtlich gerade dazu dient, eine möglichst weitgehende Sicherung der Interessen des Spediteurs zu ermöglichen. Diese Klausel ist allerdings nach Maßgabe der Prinzipien der *Verhältnismäßigkeit und Erforderlichkeit* einschränkend zu interpretieren (ebenso i. E. *Staub/Helm*, Anh. I § 415 HGB, § 30 ADSp Rz. 4). Der Spediteur hat daher, bevor er den Interessen des Auftrag-

gebers zuwiderhandelt, Weisungen einzuholen. Er darf nur dann ohne oder gar gegen Weisungen handeln, wenn dies für den Auftraggeber nicht mit unverhältnismäßigen Schäden oder Gefahren verbunden ist oder wenn der Auftraggeber mit seiner Pflicht, ihn von den Verbindlichkeiten zu befreien, nachhaltig in Verzug geraten ist und milder wirkende Maßnahmen nicht zur Verfügung stehen. § 30 a S. 2 ADSp greift daher nicht schon dann ein, wenn der Anspruch auf Freistellung von den Forderungen Dritter nicht mehr durch das Pfandrecht des Spediteurs abgedeckt zu sein scheint (ebenso in der Tendenz *Staub/Helm*, aaO).

AGBG-Konformität: Nur bei dieser restriktiven Auslegung ist die Klausel angemessen (ebenso *Staub/Helm*, Anh. I § 415 HGB, § 30 ADSp Rz. 3; *Ulmer/Brandner/Hensen*, AGBG, Anh. §§ 9–11 Rz. 20). 5

III. Pflicht zur Information des Spediteurs (§ 30 b ADSp)

6 Die Pflichten dürfen nicht privatrechtlicher Natur sein; d. h. sie müssen gegenüber einem Träger hoheitlicher Gewalt gerade in dieser Eigenschaft bestehen. Die Pflichten müssen nicht bereits entstanden sein; es genügt, daß sie mit gewisser Wahrscheinlichkeit entstehen können. Der Spediteur darf im Laufe der Vertragsanbahnung einschließlich seiner Werbung aus der Sicht eines verständigen Auftraggebers nicht den Eindruck erweckt haben, als seien ihm diese Verpflichtungen bekannt. Es genügt, daß der Spediteur nicht klargestellt hat, daß er nicht über die branchenüblichen Kenntnisse verfügt. Besitzt der Spediteur atypische Kenntnisse, die er im Laufe der Vertragsanbahnung nicht offengelegt hatte, so läßt dies die Informationspflicht des Auftraggebers unberührt. Der Spediteur muß sich dann allerdings ein Mitverschulden entgegenhalten lassen (§ 254 BGB). Die Information hat in geschäftsüblicher Form und so rechtzeitig zu erfolgen, daß sich der Spediteur noch darauf einstellen kann. Es genügt nicht ohne weiteres die bloße Mitteilung von Tatsachen ohne Hinweis auf deren Bedeutung (**a. A.** *Schlegelberger/Schröder*, § 408 Rz. 3). Für die Rechtzeitigkeit ist der Zugang maßgebend. § 6 ADSp ist zu beachten. Der Auftraggeber *haftet* dem Spediteur nur bei *Verschulden* (§ 5 AGBG; *Staub/Helm*, Anh. I §415 HGB, §30 ADSp Rz. 8). § 254 BGB findet Anwendung. Der Ersatzanspruch kann unter Umständen verschuldensunabhängig auch auf § 30 a ADSp gestützt werden. Auch § 31 S. 1 ADSp kann eingreifen.

§ 31 ADSp [Öffentlich-rechtliche Akte]

Durch vom Spediteur nicht zu vertretende öffentlich-rechtliche Akte werden die Rechte des Spediteurs gegenüber dem Auftraggeber nicht berührt; der Auftraggeber bleibt Vertragsgegner des Spediteurs und haftet, auch wenn ihn kein Verschulden trifft, dem Spediteur für alle aus solchen Ereignissen entstehenden Folgen.

Etwaige Ansprüche des Spediteurs gegenüber dem Staat oder einem sonstigen Dritten werden hierdurch nicht berührt.

Literatur: siehe vor § 1 ADSp.

I. Anwendungsbereich

1 § 31 ADSp gilt für alle Formen der Transport- und Lagertätigkeit des Spediteurs, mit Ausnahme der durch zwingende Vorschriften geregelten Fragen (z. B. §§ 12, 13, 34 S. 1 b KVO; Art. 6, 7 I c, 17 I CMR; beachte § 2 c S. 2 ADSp).

II. Erhaltung der Rechte des Spediteurs

2 Öffentlich-rechtliche Akte sind Verwaltungsakte (z. B. Beschlagnahme, Verfügungsverbote, Pfändung; Ausfuhrverbote) und Normen, die ein Träger hoheitlicher Gewalt in dieser Eigenschaft setzt. Die Akte können sich auch als Beförderungshindernisse auswirken. Für einen Vorrang der §§ 18, 19 ADSp enthält der Wortlaut und der Sinn der Klausel keinerlei Anhaltspunkte, da es in § 31 ADSp um vom Spediteur nicht zu vertretende Ereignisse geht und § 31 ADSp über § 18 ADSp hinaus Rechte des Spediteurs erhalten soll (*Wolf*, § 31 ADSp Rz. 1; **a. A.** OLG Düsseldorf v. 14.7.1986, VersR **1987**, 458; *Staub/Helm*, Anh. I § 415 HGB, § 31 ADSp Rz. 2; *Krien/Glöckner*, § 31 ADSp Anm. 1). Der Spediteur hat pflichtwidrige, schuldhafte Handlungen iSd § 31 S. 1 1.HS ADSp zu vertreten, wenn sie zu diesen Akten hoheitlicher Gewalt geführt haben. Er hat ferner solche Akte zu vertreten, die durch sonstige Umstände ausgelöst worden sind, die der Sphäre des Spediteurs zuzurechnen sind (§ 5 AGBG) sowie Umstände, auf die er entgegen § 19 ADSp nicht ausreichend hingewiesen hat; denn der Begriff „vertreten" erfaßt nicht nur verschuldete Handlungen bzw. Unterlassungen (vgl. § 279 BGB). § 31 S. 1 ADSp bezieht sich nur auf solche Akte hoheitlicher Gewalt, die nach dispositivem Recht die Rechte des Spediteurs berühren, z. B. infolge Unmöglichkeit der Leistung zum Wegfall des Entgelt- und/oder Aufwendungsersatzanspruchs führen.

3 **Rechtsfolge:** Der Spediteur kann, soweit nicht zwingendes Recht entgegensteht, diejenigen Rechte geltend machen, die bereits entstanden waren, bevor die hoheitlichen Akte wirksam wurden, z. B. Pfandrechte, verdiente Provisionen (§ 5 AGBG; *Krien/Glöckner*, § 31 ADSp Anm. 4; **a. A.** *Wolf*, § 31 ADSp Rz. 5: volles Entgelt; *Staub/Helm*, Anh. I § 415 HGB, § 31 ADSp Rz. 6: Entgelt unter Abzug ersparter Aufwendungen). Die Ansprüche aus § 18 ADSp bleiben unberührt. Weitergehende Ansprüche können auf § 31 S. 1 2. HS ADSp gestützt werden.

4 **AGBG-Konformität:** Die Klausel ist unbedenklich. Anders, wenn Spediteur so gestellt wird, als hätte er reibungslos geleistet (vgl. BGH v. 9.10.1985, ZIP **1985**, 1398; NJW **1985**, 631, 633; *Ulmer/Brandner/Hensen*, AGBG, Anh. §§ 9–11 Rz. 20).

III. Schadensersatzpflicht (§ 31 S. 1 2. HS ADSp)

Der Auftraggeber haftet verschuldensunabhängig und sogar ohne Rücksicht auf die Verursachung des Aktes im Sinn der Adäquanztheorie. Ein Verschulden des Spediteurs oder die Tatsache, daß der hoheitliche Akt durch Umstände aus seiner Sphäre ausgelöst worden ist (Rz. 2), läßt aber den Anspruch ganz entfallen. Die Haftung erfaßt alle Schäden, auch Schäden aus entgangenem Gewinn. Die Haftung des Auftraggebers greift nicht ein, wenn der Spediteur pflichtwidrig die Speditionsversicherung nicht gedeckt hat. § 41 c ADSp scheint zwar nach seinem Sinn und Zweck lediglich die Haftung des Spediteurs zu betreffen (**a. A.** *Staub/Helm*, Anh. I § 415 HGB, § 31 ADSp Rz. 7), die mangels Versicherung nicht durch die ADSp eingeschränkt sein soll. Der Wortlaut der Klausel spricht jedoch dafür, daß im Fall des § 41 c ADSp auch die Rechte des Spediteurs entfallen sollen. Da man dies als Sanktion für den Verstoß gegen die Versicherungspflicht gemäß § 39 ADSp betrachten kann, ist gemäß § 5 AGBG die dem Auftraggeber günstigste Auslegungsvariante maßgeblich. 5

AGBG-Konformität: Die Angemessenheit der Klausel ist fragwürdig, weil sie dem Auftraggeber ein kaum übersehbares Schadensrisiko auferlegt (Beispiele: vorhersehbare, rechtswidrige Enteignung von Gut und Fahrzeug durch ausländische Hoheitsträger; rechtswidrige Zufügung von Körperschäden). Zwar könnte man sich zu Lasten des Auftraggebers auf das Veranlassungsprinzip berufen (*Koller*, Risikozurechnung (1979), S. 95). Dieses Zurechnungselement ist aber äußerst schwach und wird regelmäßig durch den Gedanken verdrängt, daß vorhersehbare Risiken vom Auftragnehmer einkalkuliert werden können. Die Klausel trägt nicht dem Umstand Rechnung, daß der Spediteur das Risiko vielfach besser übersehen kann (**a. A.** *Staub/Helm*, Anh. I § 415 HGB, § 31 ADSp Rz. 7; *Krien/Glöckner*, § 31 ADSp Anm. 7 b). 6

§ 32 ADSp [Aufrechnung, Zurückbehaltung]

Gegenüber Ansprüchen aus dem Speditionsvertrag (§ 2 Buchstabe a) und damit zusammenhängenden Ansprüchen aus unerlaubter Handlung und ungerechtfertigter Bereicherung ist eine Aufrechnung oder Zurückbehaltung nur mit fälligen Gegenansprüchen, denen ein Einwand nicht entgegensteht, zulässig.

Literatur: siehe vor § 1 ADSp.

I. Anwendungsbereich

§ 32 ADSp enthält ein vertragliches Aufrechnungsverbot und ein vertragliches Zurückbehaltungsverbot sowohl *zugunsten* des *Spediteurs als auch des Auftraggebers*. Diese Verbote greifen überall dort ein, wo der Spediteur bzw. der Auftraggeber Ansprüche aus Verkehrsverträgen iSd § 2 a ADSp (BGH v. 4.2.1982, VRS **63**, 186; zweifelnd *Staub/Helm*, § 32 ADSp Rz. 3) oder im inneren Zusammenhang mit der Ausführung der Verträge entstandene An- 1 sprüche aus unerlaubter Handlung (§§ 823 ff BGB) und/oder aus ungerechtfertigter Bereicherung geltend macht und gegen diese Ansprüche aufgerechnet werden soll. § 32 ADSp erfaßt auch vertragliche Ansprüche des Empfängers (§ 435 HGB; § 334 BGB), Ansprüche des Eigentümers, soweit er sich die ADSp entgegenhalten lassen muß (vor § 1 ADSp Rz. 4), nicht aber Ansprüche aus c.i.c. und Gefährdungshaftung (§ 5 AGBG) sowie Ansprüche, die der Spediteur erst durch Abtretung erworben hat. § 32 ADSp gilt nicht, wenn der Spediteur entgegen § 39 ADSp keine Speditionsversicherung gedeckt hatte (vgl. § 41 ADSp Rz. 9). Im Insolvenzfall ist die Aufrechnung ebenfalls zulässig (BGH, NJW **1978**, 2244). Zur Geltung des § 32 ADSp im Rahmen der *Ansprüche aus KVO* vgl. § 40 KVO Rz. 18. Die Frage ist wegen § 2 c S. 2 ADSp aber nur von eingeschränkter Bedeutung. Soweit kein Fall des § 2 c S. 2 ADSp vorliegt, kann das Aufrechnungs- und Zurückbehaltungsverbot Ansprüchen *aus CMR* entgegengesetzt werden (BGH, NJW **1985**, 2091 f; v. 14.12.1988, VersR **1989**, 309, 310; OGH Wien v. 18.5.1982, TranspR **1983**, 48, 50; **a. A.** OLG Düsseldorf v. 30.6.1983, TranspR **1984**, 130, 132). Näher dazu Art. 32 CMR Rz. 22. Gleiches gilt für das *Luftrecht* (*Staub/Helm*, Anh. I § 415 HGB, § 32 ADSp Rz. 14; **a. A.** OLG Frankfurt, NJW **1980**, 2649, 2650). § 32 ADSp betrifft nicht Fälle, in denen **mit Ansprüchen aus dem Speditionsvertrag** aufgerechnet wird, sofern die Aufrechnung nicht gegenüber Ansprüchen aus dem Speditionsverhältnis erfolgt. Werden Forderung und Gegenforderung von einer Kontokorrentabrede erfaßt, so wird § 32 ADSp gemäß § 4 AGBG in dem Umfang verdrängt, in dem § 32 ADSp der kontokorrentrechtlichen Behandlung der Forderungen im Wege steht (z. B. Saldierung; **a. A.** wohl BGH v. 7.3.1991, VersR **1991,** 1080, 1081: § 32 ADSp wird nie tangiert; jedenfalls, wenn die ADSp nach der Kontokorrentabrede in den Speditionsvertrag einbezogen werden).

II. Aufrechnungsverbot

1. Voraussetzungen

2 Zu den Ansprüchen aus Speditionsvertrag, unerlaubter Handlung, ungerechtfertigter Bereicherung s. oben Rz. 1. Auf welchem Rechtsgrund die *Gegenansprüche* beruhen, ist irrelevant. Sie können auch erst durch Abtretung erworben worden sein. Den Gegenansprüchen darf kein „*Einwand entgegenstehen*". Kein Einwand steht entgegen, wenn mit der Entscheidung über die Klageforderung ohne zusätzliche Prüfung des Streitstoffs zugleich feststeht, daß die Gegenforderung nach Grund und Höhe existiert oder nicht existiert (BGH v. 17.2.1986, ZIP **1986**, 494). Ohne Einwand sind auch solche Gegenforderungen, die vom Spediteur bzw. Auftraggeber nur abwegig oder unsubstantiiert bekämpft werden (vgl. BGHZ **12**, 136, 142; BGH v. 20.12.1956, VersR **1957**, 192, 193; *Wolf/Horn/Lindacher*, AGBG, § 11 Nr. 3 Rz. 5; *Staub/Helm*, Anh. I § 415 HGB, § 32 ADSp Rz. 8); z. B. Einrede der Verjährung, obwohl die Voraussetzungen der §§ 439, 414 III HGB vorliegen. In geltungserhaltender Auslegung des § 32 ADSp wird man auch ein Fehlen des Einwands dort bejahen müssen, wo die Gegenforderung im Termin der letzten mündlichen Verhandlung ohne weitere Beweiserhebung entschei-

dungsreif ist (so zu § 32 ADSp BGH v. 7.3.1991, NJW-RR **1991,** 995, 996; OLG Düsseldorf v. 26.7.1984, TranspR **1985**, 128; OLG Hamburg v. 12.10.1989, TranspR **1990**, 31, 33; OLG Köln v. 15.8.1985, TranspR **1986**, 74, 77; OLG München v. 5.7.1989, NJW-RR **1990**, 1434, 1435; *Staub/Helm*, Anh. I § 415 HGB, § 32 ADSp Rz. 8; ebenso allgemein zu Aufrechnungsverboten die h. M.; MüKo-*Kötz*, BGB, § 11 Nr. 3 AGBG Rz. 23; *Wolf/Horn/Lindacher*, AGBG, § 11 Nr. 3 Rz. 7 m. Nachw.; **a. A.** BGH v. 17.2.1986, ZIP **1986**, 494). Gleiches gilt, wenn im Rahmen der Beweiserhebung über die Begründetheit der Klageforderung auch ohne jede Verzögerung die Beweise über das Bestehen der Gegenforderung erhoben werden können (*Krien/Glöckner*, § 32 ADSp Anm. 7 a. E.), da dann eine Prozeßverschleppung nicht zu befürchten ist. Das Aufrechnungsverbot entfällt ferner dann, wenn der Spediteur zahlungsunfähig ist (BGH v. 26.2.1987, NJW-RR **1987**, 883; allg. M.; *Palandt/Heinrichs*, § 11 AGBG Rz. 16). Dies gilt auch im Verhältnis zum Zessionar (§ 406 BGB; OLG Hamburg v. 12.10.1989, TranspR **1990**, 31, 33). Schließlich greift das Aufrechnungsverbot nicht ein, wenn der Gegenanspruch auf einem groben Vertragsverstoß des Spediteurs beruht; denn die Aufrechnung kann nicht weiter eingeschänkt werden als das Zurückbehaltungsrecht (Rz. 5; MüKo-*Kötz*, BGB, § 11 Nr. 3 AGBG Rz. 26; *Ulmer/Brandner/Hensen*, AGBG, § 11 Nr. 3 Rz. 7). Das Aufrechnungsverbot spielt keine Rolle, falls werkvertragliche Ansprüche wegen *Schlechterfüllung gemindert* werden (§ 425 HGB Rz. 23 ff; BGH v. 14.12.1988, VersR **1989**, 309 f; OLG Düsseldorf v. 30.6.1983, TranspR **1984**, 130 zur CMR; *Bayer*, TranspR **1985**, 417, 418).

2. Rechtsfolgen

Liegen die Voraussetzungen des Aufrechnungsverbotes vor, so ist die Aufrechnungserklärung, nicht aber die Berufung auf ein Verbot unzulässiger Rechtsausübung, unwirksam. Die Aufrechnung ist als unzulässig zurückzuweisen (BGH, NJW **1986**, 1757). Die Gegenforderung besteht fort; über sie wird im Rechtsstreit nicht entschieden. Das Aufrechnungsverbot ist von Amts wegen zu beachten (BGH, NJW **1984**, 357, 358; **a. A.** BGH, NJW **1986**, 1757). Auf das Aufrechnungsverbot kann nur mit Einwilligung des anderen Teils verzichtet werden (**a. A.** BGH v. 17.2.1986, NJW **1986**, 1757). Die Widerklage bleibt zulässig (§ 5 AGBG). Das Aufrechnungsverbot darf auch nicht allgemein mit Hilfe des § 242 BGB ausgehebelt werden (**a. A.** OLG Düsseldorf v. 26.7.1984, TranspR **1985**, 128, 131), doch ist in Einzelfällen der Einwand des Rechtsmißbrauchs zulässig. 3

3. AGBG-Konformität

Bei der hier vertretenen geltungserhaltenden Auslegung der Klausel bestehen keine Bedenken (BGH v. 26.2.1987, NJW-RR **1987**, 883; v. 14.12.1988, VersR **1989**, 309, 310). 4

4. Individualabreden

Individualabreden gehen vor (§ 4 AGBG). Eine bloße Kontokorrentabrede genügt, da sie eine Verrechnungsabrede enthält (**a. A.** BGH v. 7.3.1991, NJW-RR **1991,** 995, 996), nicht aber, wenn z. B. wegen Beendigung des Kontokorrentverhältnisses der sog. kausale Saldo eingeklagt wird.

III. Zurückbehaltungsrecht

1. Voraussetzungen

5 Es gelten die gleichen Voraussetzungen wie für das Aufrechnungsverbot (Rz. 2). § 32 ADSp erfaßt auch das Zurückbehaltungsrecht gemäß § 369 HGB (**a. A.** *Ulmer/Brandner/Hensen*, AGBG, § 11 Nr. 2 Rz. 15). § 32 ADSp ist geltungserhaltend dahin auszulegen, daß die Klausel nicht eingreift, falls sich der Spediteur einen groben Vertragsverstoß vorwerfen lassen muß und trotzdem auf der Leistung seines Vertragspartners besteht (BGH v. 15.3.1972, DB **1972**, 868; *Wolf/Horn/Lindacher*, AGBG, § 11 Nr. 2 Rz. 29; *Baumbach/Duden/Hopt*, § 11 AGBG Anm. 2; *Palandt/Heinrichs*, § 11 AGBG Rz. 14).

2. Rechtsfolge

6 Das Zurückbehaltungsverbot ist von Amts wegen zu berücksichtigen. Greift es ein, so sind die Einreden aus §§ 273, 320 BGB nicht zu beachten; die Rechte aus § 369 HGB kommen nicht zum Tragen.

3. AGBG-Konformität

7 § 32 ADSp ist auch in Hinblick auf das Zurückbehaltungsverbot in der hier vertretenen Auslegung angemessen (*Wolf/Horn/Lindacher*, AGBG, § 9 Rz. A 61; *Ulmer/Brandner/Hensen*, AGBG, Anh. §§ 9-11 Rz. 20; *Staub/Helm*, Anh. I § 415 HGB, § 32 ADSp Rz. 10; **a. A.** *Graf von Westphalen*, ZIP **1981**, 119, 120; *Staudinger/Schlosser*, § 11 Nr. 2 AGBG Rz. 8).

VIII. Ablieferung

§ 33 ADSp [Ablieferung von Rollgut]

Die Ablieferung von Rollgut darf mit befreiender Wirkung an jede zum Geschäft oder Haushalt gehörige, in den Räumen des Empfängers anwesende erwachsene Person erfolgen.

Literatur: siehe vor § 1 ADSp.

1 § 33 ADSp konkretisiert die Empfangszuständigkeit iSd § 362 II BGB. Die Klausel gilt nur zugunsten des Spediteurs als Auftragnehmer und zu Lasten des Auftraggebers, auch zu Lasten des Empfängers, der Ansprüche aus § 435 HGB geltend macht (§ 334 BGB), wohl auch zu Lasten des Empfängers, der

Ansprüche aus § 25 KVO, Art. 13 CMR herleitet, weil § 33 ADSp den Begriff des Empfängers konkretisiert.

2 **Voraussetzungen:** Rollgut ist jedes Gut, das vom Spediteur abgeliefert wird, auch nach dem Güterfernverkehr. Die Empfangsperson muß erwachsen sein. Es genügt nicht, daß sie das Hauptschulalter überschritten hat (so aber *Krien/Glöckner*, § 33 ADSp Anm. 7 e) oder offensichtlich kein Kind mehr ist (*Hald/Widmann*, S. 99). Erforderlich ist vielmehr Volljährigkeit (§ 5 AGBG; *Staub/Helm*, Anh. I § 415 HGB, § 33 ADSp Rz. 4). Die Person gehört nur dann zum Geschäft des Empfängers (§ 425 HGB Rz. 3), wenn sie dessen Arbeitnehmer oder dessen Familienangehöriger ist, der im Geschäft tätig wird. Die Person muß also in das Geschäft faktisch eingegliedert sein. Ein soziales Abhängigkeitsverhältnis wird allerdings nicht vorausgesetzt. § 33 ADSp findet auf alle im Haushalt lebenden Familienangehörigen und dort ständig beschäftigten Arbeitnehmer Anwendung, nicht aber auf Gäste, Nachbarn, Untermieter oder Reinigungspersonal. § 33 ADSp ist in Hinblick auf nur zeitweise im Haushalt anwesende Personen geltungserhaltend einzuschränken. Das Gut darf nicht übergeben werden, wenn dem Spediteur gravierende Bedenken kommen müssen, ob die Person, an die abgeliefert wird, das Gut ordentlich auf Schadensfreiheit überprüft und mit dem Gut sachgerecht nach dessen erkennbarer Bedeutung verfährt (z. B. Ablieferung an Betrunkene, an Reinigungspersonal im Geschäft; ebenso *Krien/Glöckner*, § 33 ADSp Anm. 7 e). Die Übergabe muß vor (§ 53 ADSp) oder auf dem Grundstück des Empfängers geschehen.

3 **Rechtsfolge**: Mit Ablieferung (zum Begriff der Ablieferung § 429 HGB Rz. 6) an eine dieser Personen hat der Spediteur seine Beförderungspflicht erfüllt (§ 362 BGB). Die Obhutspflicht ist erloschen. Die gemäß § 33 ADSp befreiende Ablieferung bewirkt nicht notwendig eine Annahme iSd § 436 HGB (vgl. § 34 ADSp; *Staub/Helm*, Anh. I § 415 HGB, § 33 ADSp Rz. 3). **AGBG-Konformität:** Die Klausel ist unbedenklich, weil sie weitgehend den Prinzipien der Vertrauenshaftung entspricht.

§ 34 ADSp [Zahlungspflicht des Empfängers]

Hat der Spediteur einen Frachtvertrag geschlossen oder liegt ein Fall der §§ 412 oder 413 HGB vor oder ist der Empfänger aus einem anderen Grund den ADSp unterworfen, so verpflichtet die Empfangnahme des Gutes den Empfänger zur sofortigen Zahlung der auf dem Gute ruhenden schriftlich aufgegliederten Kosten einschl. von Nachnahmen. Erfolgt die Zahlung nicht, so ist der Spediteur berechtigt, das Gut wieder an sich zu nehmen. Unterbleibt bei der Ablieferung aus Versehen oder aus sonstigen Gründen die Bezahlung der Kosten einschl. von Nachnahmen, so ist der Empfänger, wenn er trotz Aufforderung den schriftlich aufgegliederten Betrag nicht zahlt, zur sofortigen bedingungslosen Rückgabe des Gutes an den Spediteur oder im Unvermögensfalle zum Schadensersatz an den Spediteur verpflichtet.

Literatur: siehe vor § 1 ADSp.

I. Anwendungsbereich

1. Frachtvertrag, Selbsteintritt (§ 412 HGB), Fixkostenspedition (§ 413 I HGB), Sammelladung (§ 413 II HGB)

1 Der Geltungsbereich des § 34 ADSp wird durch § 2 c S. 2 ADSp stark eingeschränkt. Auch soweit die Schranke des § 2 c S. 2 ADSp nicht wirksam wird, genügt es nicht, daß ein Frachtvertrag geschlossen wurde oder ein Fall der §§ 412, 413 HGB vorliegt; denn der Versender, der sich als Auftraggeber des Spediteurs dessen ADSp unterwirft (vor § 1 ADSp Rz. 4), kann keine Verträge zu Lasten Dritter, d. h. des Empfängers schließen (OLG Frankfurt, TranspR **1982**, 109, 110). § 34 ADSp erlangt daher zu Lasten des Empfängers nur dann Geltung, wenn sich dieser ausdrücklich oder stillschweigend vertraglich (Rz. 2) den ADSp unterwirft (vgl. BGH v. 29.6.1959, VersR **1959**, 659, 661; OLG Düsseldorf v. 27.11.1980, VersR **1981**, 556; v. 20.6.1985, TranspR **1985**, 254, 255; *Staub/Helm*, Anh. I § 415 HGB, § 34 ADSp Rz. 2; *Schlegelberger/Schröder*, § 407 Rz. 9 c; **a. A.** *Hald/Widmann*, S. 103; *Krien/Glöckner*, § 34 ADSp Anm. 2 c).

2. Unterwerfung des Empfängers unter die ADSp

2 Die ADSp müssen zwischen Spediteur und Empfänger vereinbart worden sein. Notwendig ist eine gesonderte Vereinbarung im Einzelfall oder per Rahmenvertrag (BGH v. 29.6.1959, VersR **1959**, 659, 661; OLG Frankfurt, TranspR **1982**, 109, 110). Sie liegt nicht in der bloßen Annahme des Guts (BGH v. 29.6.1959, VersR **1959**, 659, 661; OLG Düsseldorf v. 27.11.1980, VersR **1981**, 556; v. 20.6.1985, TranspR **1985**, 254; LG Köln, TranspR **1992**, 35; *Lenz*, Straßengütertransportrecht, Rz. 989); denn die gesetzlich typisierte Schuldübernahme gemäß § 436 HGB erstreckt sich lediglich auf das ,,ob“ der Zahlungsverpflichtung und die sich aus dem Frachtbrief ergebende Höhe (**a. A.** wohl *Piper*, Höchstrichterliche Rechtsprechung, aaO, Rz. 91; jedenfalls muß sich dann die Geltung der ADSp aus dem Frachtbrief ergeben). Regelmäßig liegt eine Unterwerfung unter die ADSp auch nicht in der Unterzeichnung einer *Empfangsbescheinigung* durch den Empfänger, in der auf die ADSp hingewiesen wird, weil der Empfänger bei Entgegennahme des Guts nicht damit rechnen muß, zum Spediteur in nähere vertragliche Beziehungen zu treten (LG Köln, TranspR **1992**, 35; *Staub/Helm*, Anh. I § 415 HGB, § 34 ADSp Rz. 5). Erst recht unterwirft sich der Empfänger nicht den ADSp durch die stillschweigende Entgegennahme einer *Mitteilung*, in der es heißt, daß der Spediteur nur aufgrund der ADSp arbeite (OLG Frankfurt, TranspR **1982**, 109, 110). Es genügt auch nicht, daß Spediteur und Empfänger in ständigen Geschäftsverbindungen standen (BGH v. 29.6.1959, VersR **1959**, 659, 661; **a. A.** *Krien/Glöckner*, § 34 ADSp Anm. 4 c). § 34 ADSp verkörpert auch keinen *Handelsbrauch* (*Staub/Helm*, Anh. I § 415 HGB, § 34 ADSp Rz. 6). § 34 ADSp kommt daher im Zweifel nur dann zum Tragen, wenn der Spediteur dem Empfänger oder seinem Vertreter vor Annahme des Gutes hinreichend deutlich gemacht hat, daß er ihm Fracht und Auslagen bzw. Nachnahmen kreditiert und in diesem Zusammenhang ausdrücklich auf die ADSp verweist (*Heil/Bayer*, TranspR **1987**, 1, 5; vgl. auch *Ruhwedel*, Luftbe-

förderungsvertrag, S. 65; kritisch *Basedow*, ZHR 151 (**1987**), 258, 265, der das Verbot von Verträgen zu Lasten Dritter übersieht; **a. A.** *Krien/Glöckner*, § 34 ADSp Anm. 4 b). Der ausdrückliche Hinweis kann bei ständigen Geschäftsverbindungen auf der Basis der ADSp entfallen.

II. Verpflichtung zur Zahlung (§ 34 S. 1 ADSp)

§ 34 S. 1 ADSp begründet eine über § 436 HGB hinausgehende Zahlungs- 3
pflicht des Empfängers. **a) Voraussetzung** ist die Übergabe eines Schriftstücks, in dem die zu zahlenden Beträge so aufgegliedert sind, daß sie nachgeprüft werden können (z. B. Bordero, Lieferschein, Rollkarte, Faktura, Verzollungspapier, nicht notwendig ein Frachtbrief). Es genügt daher, daß in den Papieren auf Tarife verwiesen wird und die maßgeblichen Berechnungsdaten angegeben sind (BGH, NJW **1970**, 604). Aus diesen Papieren muß sich anläßlich der bei Übergabe üblichen oberflächlichen Durchsicht der Papiere hinreichend deutlich ergeben, daß vom Empfänger Zahlung erwartet wird. Die Schriftstücke müssen dem Empfänger so rechtzeitig vor Entgegennahme des Guts ausgehändigt werden, daß er die Beträge prüfen kann (*Krien/Glöckner*, vor § 34 ADSp Anm. 3 c). **b) Rechtsfolge:** Der Empfänger ist zur sofortigen Zahlung (§ 271 BGB) verpflichtet, soweit Ansprüche gegenüber dem Absender bestehen oder der Spediteur verpflichtet ist, Beträge einzuziehen (**a. A.** *Graf von Westphalen*, ZIP **1981**, 119, 120 m. Nachw.; *Hald/Widmann*, S. 104). **c) AGBG-Konformität:** § 34 S. 1 ADSp ist angemessen, da die Empfänger durch die erhöhten Anforderungen an die Einbeziehung der ADSp (§ 34 ADSp Rz. 2) und die Notwendigkeit einer rechtzeitigen Information über die Höhe der Kosten ausreichend geschützt sind (*Wolf/Horn/Lindacher*, AGBG, § 9 Rz. A 62; zweifelnd *Staub/Helm*, Anh. I § 415 HGB, § 34 ADSp Rz. 8 f; *Lenz*, Straßengütertransportrecht, Rz. 999; vgl. auch OLG München v. 8.11.1988, NJW-RR **1989**, 803, 806).

III. Rücknahmerecht (§ 34 S. 2 ADSp)

a) Voraussetzungen: Das Gut ist in den Besitz des Empfängers gelangt. 4
Die Zahlung erfolgt nicht sofort, d. h. nicht so schnell, wie dies innerhalb der Geschäftszeit möglich ist. Eine abweichende Vereinbarung (§ 4 AGBG) liegt vor, wenn der Empfänger z. B. deutlich gemacht hat, daß er erst nach einem Probelauf zahlen werde. **b) Rechtsfolge:** Der Spediteur bzw. sein Besitzdiener sind über die §§ 229, 859 f BGB hinaus zur Selbsthilfe befugt. Sie sind berechtigt, das Gut dem Empfänger notfalls auch mit Gewalt wegzunehmen. Die Wegnahme darf freilich nur unmittelbar im Anschluß an die Feststellung, daß nicht sofort bezahlt worden ist, erfolgen (**a. A.** *Staub/Helm*, Anh. I § 415 HGB, § 34 ADSp Rz. 10). **c) AGBG-Konformität:** Die Klausel verstößt gegen § 9 AGBG, da sie ohne Not ein Faustrecht einführt (*Staub/Helm*, Anh. I § 415 HGB, § 34 ADSp Rz. 11; **a. A.** *Krien/Glöckner*, vor § 34 ADSp Anm. 4 a II B). Der Spediteur mag, wenn er der Kreditwürdigkeit des Empfängers mißtraut, das Gut nur Zug um Zug gegen Zahlung ausliefern (**a. A.** *Krien/Glöckner*, vor § 34 ADSp Anm. 5 a).

IV. Rückgabepflicht (§ 34 S. 3 1. Alt. ADSp)

5 **a) Voraussetzungen:** Die Zahlung der Kosten und Nachnahmen ist nicht sofort erfolgt; die Ursache ist gleichgültig, es sei denn, daß der Betrag wirksam gestundet worden war. Die Beträge waren iSd § 34 S. 1 ADSp rechtzeitig und richtig aufgegliedert. Der Empfänger wurde – auch formlos – zur Zahlung aufgefordert. **b) Rechtsfolge:** Der Empfänger ist verpflichtet, dem Spediteur so schnell wie möglich wieder den Besitz zu verschaffen. Er darf die Erfüllung der Pflicht nicht an Bedingungen knüpfen. Dagegen ist er nicht verpflichtet, vor Zahlungsaufforderung das Gut nicht weiter zu veräußern oder sonst darüber zu verfügen. **c) AGBG-Konformität:** § 34 S. 3 ADSp ist unangemessen (ganz h. M.; *Staub/Helm*, Anh. I § 415 HGB, § 34 ADSp Rz. 12 m. Nachw.). Zur Geltung der ADSp gegenüber dem Empfänger s. oben Rz. 2.

V. Schadensersatzpflicht (§ 34 S. 3 2. Alt. ADSp)

6 Dem Empfänger ist die sofortige Rückgabe objektiv oder subjektiv, dauernd oder zeitweise unmöglich. Verschulden des Empfängers ist unerheblich. Es ist das positive Interesse zu ersetzen. **AGBG-Konformität:** Die Klausel ist unangemessen (*Wolf/Horn/Lindacher*, AGBG, § 9 Rz. A 62 m. Nachw.). Die allgemeine Schadensersatzpflicht wegen Verzugs (§§ 284 ff BGB) bleibt unberührt.

IX. Versicherung des Gutes

§ 35 ADSp [Transport- und Lagerversicherungsauftrag, Entgegennahme der Police]

a) Zur Versicherung des Gutes ist der Spediteur nur verpflichtet, soweit ein ausdrücklicher schriftlicher Auftrag dazu unter Angabe des Versicherungswertes und der zu deckenden Gefahren vorliegt. Bei ungenauen oder unausführbaren Versicherungsaufträgen gilt Art und Umfang der Versicherung dem Ermessen des Spediteurs anheimgestellt, wobei er mit der Sorgfalt eines ordentlichen Spediteurs die Interessen seines Auftraggebers zu wahren hat. Der Spediteur hat die Weisung zur Versicherung im ordnungsgemäßen Geschäftsgang auszuführen.

b) Der Spediteur ist nicht berechtigt, die bloße Wertangabe als Auftrag zur Versicherung anzusehen.

c) Durch Entgegennahme eines Versicherungsscheines (Police) übernimmt der Spediteur nicht die Pflichten, die dem Versicherungsnehmer obliegen; jedoch hat der Spediteur alle üblichen Maßnahmen zur Erhaltung des Versicherungsanspruchs zu treffen.

Literatur: siehe vor § 1 ADSp.

I. Allgemeines

1 § 35 ADSp konkretisiert im wesentlichen § 390 II HGB. Die Klausel betrifft Transport-, Feuer-, Einbruchsdiebstahls-, Leitungswasserversicherungen und andere Sachversicherungen, gleichgültig, ob die Versicherung auf der Basis einer Generalpolice des Spediteurs erfolgt oder nicht. Nicht erfaßt werden die Haftpflicht- und die Speditionsversicherung (§ 39 ADSp).

II. Auftrag zur Versicherung (§ 35 a, b ADSp)

1. Form des Auftrags

2 Der Spediteur ist zur Versicherung iSd § 35 ADSp nicht schon dann verpflichtet, wenn er den ihm erkennbaren Umständen entnehmen muß, daß der Auftraggeber an einer Versicherung interessiert ist (**a. A.** *Lenz*, Straßengütertransportrecht, Rz. 829; vgl. auch § 35 ADSp Rz. 5). Vielmehr bedarf es einer ausdrücklichen, d. h. klar erkennbaren einseitigen Weisung. Die bloße Wertangabe, sei es auch des Versicherungswertes, genügt nicht (§ 35 b ADSp; **a. A.** OLG Schleswig v. 25.9.1984, TranspR **1985**, 137, 139); ebenso nicht in der Regel die Formulierung „alle Versicherungskosten gehen zu unseren Lasten", da nicht klar ist, ob sich die Formulierung nur auf die Speditionsversicherung (§ 39 ADSp) und/oder auf zukünftige Weisungen bezieht (**a. A.** OLG Düsseldorf v. 27.7.1983, TranspR **1985**, 176). Die Weisung muß außerdem in verkörperter Form (schriftlich, Telegramm, Telex, Telefax (OLG Düsseldorf v. 27.7.1983, TranspR **1985**, 176, 178)) erteilt werden. Sie muß sich auf einen konkreten Versendungsauftrag beziehen; sie kann aber auch allgemein erteilt werden. Ist die *Form nicht eingehalten*, so kann im Rahmen des § 4 AGBG eine Verpflichtung zur Versicherung entstehen, wenn der Spediteur den formlosen Versicherungsauftrag nachweislich angenommen hat oder ihn schriftlich bestätigt hat (BGH v. 18.1.1974, VersR **1974**, 327, 328; v. 10.10.1985, VersR **1986**, 285, 286; weitergehend *Krien/Glöckner*, § 35 ADSp Anm. 5 d; OLG Hamburg v. 18.9.1986, TranspR **1987**, 239, 243). Die Weisung muß auf Versicherung durch ein Versicherungsunternehmen, nicht auf Selbstversicherung (Deckung) durch den Spediteur gehen. Angesichts des § 35 a S. 2 ADSp müssen sich aus der Weisung nicht notwendig der Versicherungswert und die Versicherungsart ergeben; die Weisung muß auch nicht vollständig und ausführbar sein (OLG Düsseldorf v. 27.7.1983, TranspR **1985**, 176, 178).

2. Ungenaue, unausführbare Versicherungsaufträge (§ 35 a S. 2 ADSp)

3 Sie liegen vor, wenn sich aus der einseitigen Weisung nicht hinreichend klar entnehmen läßt, welcher Versicherungswert zugrundezulegen ist und/oder welche Gefahren zu decken sind. Ungenau ist z. B. die Angabe des Lieferwerts bzw. Fakturenwerts (§ 35 KVO); unausführbar z. B. die Weisung „Versicherung gegen Schäden jeder Art", weil nicht alle Risiken versicherbar sind. Andererseits genügt die Weisung „Versicherung gegen Verlust und Be-

schädigung". Der Spediteur hat dann Versicherung zu den üblichen Bedingungen zu nehmen. Der Spediteur hat den Rahmen, der durch die Weisung des Auftraggebers gezogen ist, so auszufüllen, wie dies aus seiner Sicht den erkennbaren oder mutmaßlichen Interessen des Auftraggebers entspricht (vgl. §§ 1, 13 ADSp). Er hat, soweit dies ohne erhebliche Verzögerungen möglich ist, zuvor mit zumutbaren Mitteln zu versuchen, konkrete Weisungen einzuholen (BGH v. 17.4.1951, BB **1951**, 457; v. 18.1.1974, VersR **1974**, 327, 328; OLG Düsseldorf v. 27.7.1983, VersR **1985**, 256). Ist dies nicht möglich, so hat der Spediteur im Zweifel zu den üblichen Versicherungsbedingungen (immer: § 36 ADSp) und zum gemeinen Handelswert am Absendeort zu versichern. Der Spediteur kann dazu den Versicherungswert schätzen. Unklare Weisungen begründen angesichts des Ermessensspielraums des Spediteurs kein Mitverschulden des Auftraggebers (**a. A.** OLG Düsseldorf v. 27.7.1983, VersR **1985**, 256).

3. Auswahl des Versicherers, Zeitpunkt

4 Der Versicherer ist sorgfältig auszuwählen; er muß anerkannt sein, seine Zahlungsfähigkeit muß außer Zweifel stehen. Der Versicherungsmakler ist nicht Erfüllungsgehilfe des Spediteurs; ebenso nicht der Agent des Versicherers. Selbstversicherung ist unzulässig. Die Versicherung hat mit verkehrserforderlicher Eile zu erfolgen. § 35 a S. 3 ADSp berechtigt den Spediteur nicht, sich darauf zu berufen, daß bei ihm ein Auftrag nach dem anderen erledigt werde oder daß langsam gearbeitet werde (so auch *Staub/Helm*, Anh. I § 415 HGB, § 35 ADSp Rz. 4).

4. Pflicht und Recht zur Versicherung

5 Der Spediteur, der eine formgerechte Weisung erhalten hat, ist nach dem Inhalt der Weisung und, soweit diese unvollständig oder unausführbar ist, nach den erkennbaren oder mutmaßlichen Interessen des Auftraggebers (§§ 1, 13 ADSp) zur Deckung der Versicherung im eigenen oder fremden Namen verpflichtet. Zur schuldhaften Verletzung der Pflicht §§ 41, 51 ADSp. Der Spediteur kann jedoch auch ohne formgerechte Weisung gemäß §§ 407, 417 HGB, 675 BGB zur Versicherung befugt sein (§ 407 HGB Rz. 51), obwohl der Sinn des § 35 a ADSp gerade auch darin liegt, Streitigkeiten über die Sachgerechtigkeit einer Versicherung zu vermeiden. § 35 ADSp spricht nämlich, von § 35 b ADSp abgesehen, nur von der Verpflichtung des Spediteurs (*Staub/Helm*, Anh. I § 415 HGB, § 35 ADSp Rz. 6; *Krien/Glöckner*, § 35 ADSp Anm. 3 c, § 38 ADSp Anm. 1 a). Ebensowenig wie aus § 390 II HGB auf die Berechtigung zur Versicherung geschlossen werden darf (*Staub/Koller*, § 390 Rz. 10), darf aus § 35 a ADSp ein Verbot der Versicherung abgeleitet werden (§ 5 AGBG). Unberührt bleibt die Pflicht, den Auftraggeber gegebenenfalls auf die Zweckmäßigkeit einer Versicherung hinzuweisen (§ 407 HGB Rz. 39, 51, 57; § 425 HGB Rz. 1 b; *Schlegelberger/Schröder*, § 407 Rz. 23 a, c; **a. A.** *Krien/Glöckner*, § 35 ADSp Anm. 3 b).

5. AGBG-Konformität

§ 35 a, b ADSp ist angesichts des § 4 AGBG unbedenklich. 6

III. Entgegennahme der Police (§ 35 c ADSp)

§ 35 c ADSp stellt klar, daß in der Entgegennahme einer Police im Zweifel keine Erfüllungsübernahme bzw. Schuldbeitritt liegt. Dabei wird vorausgesetzt, daß der Spediteur die Versicherung im Namen des Auftraggebers gezeichnet hat (§ 5 AGBG). § 4 AGBG bleibt unberührt. Auf den Fall des § 77 VVG ist § 35 c ADSp nicht anzuwenden, da dort den Spediteur dieselben Obliegenheiten selbst treffen. Der Spediteur hat jedenfalls mit verkehrserforderlicher Sorgfalt die in der Branche üblichen Maßnahmen zur Erhaltung des Anspruchs zu treffen: z. B. Antrag auf Tatbestandsaufnahme, Anzeige des Schadens (BGH v. 10.10.1985, VersR **1986**, 285). Außerdem hat er unverzüglich den Auftraggeber zu benachrichtigen. 7

AGBG-Konformität: Sollten die in der Branche üblichen Maßnahmen evident unter den Sorgfaltsstandards iSd § 347 HGB liegen, so verstößt die Klausel gegen § 9 AGBG. Jedenfalls ist die Klausel dahin auszulegen, daß die in der Branche als angemessen angesehenen Standards geschuldet sind. 8

§ 36 ADSp [Versicherung zu üblichen Bedingungen]

Mangels abweichender schriftlicher Vereinbarung versichert der Spediteur zu den an seinem Erfüllungsort üblichen Versicherungsbedingungen.

Literatur: siehe vor § 1 ADSp.

§ 36 ADSp konkretisiert § 35 a S. 2 ADSp in Hinblick auf die Versicherungsbedingungen. Erfüllungsort § 65 a ADSp. Der Vorrang von mündlichen oder konkludenten Individualvereinbarungen bleibt unberührt (§ 4 AGBG). **AGBG-Konformität**: § 36 ADSp verstößt gegen die Kardinalpflicht des Geschäftsbesorgers zur Interessenwahrung; denn § 36 ADSp erlaubt es dem Spediteur, unübliche, aber klar auf der Hand liegende Interessen des Auftraggebers zu ignorieren. 1

§ 37 ADSp [Haftung im Rahmen der Versicherung]

a) Im Falle der Versicherung steht dem Auftraggeber als Ersatz nur zu, was der Spediteur von dem Versicherer nach Maßgabe der Versicherungsbedingungen erhalten hat.

b) Der Spediteur genügt seinen Verpflichtungen, indem er dem Auftraggeber auf Wunsch die Ansprüche gegen den Versicherer abtritt; zur Verfolgung der Ansprüche ist er nur aufgrund besonderer schriftlicher Abmachung und nur für Rechnung und Gefahr des Auftraggebers verpflichtet.

c) Soweit der Schaden durch eine vom Spediteur im Auftrage des Auf-

traggebers abgeschlossene Versicherung gedeckt ist, haftet der Spediteur nicht.

Literatur: siehe vor § 1 ADSp.

I. Anwendungsbereich

1 § 37 ADSp gilt für Sachversicherungen, insbesondere die Transport- und Lagerversicherung, nicht aber für die Speditions- und Haftpflichtversicherung (*Helm*, Karlsruher Forum, VersR **1983**, Beiheft S. 116, 122). Die Versicherung muß vom Spediteur im Namen des Auftraggebers (§ 37 c ADSp) oder im eigenen Namen auf dessen Rechnung (§ 37 a ADSp) abgeschlossen worden sein (OLG Frankfurt, TranspR **1980**, 128). Hat der Auftraggeber selbst die Versicherung gezeichnet, so findet § 37 ADSp keine Anwendung. Falls der Spediteur keine oder eine falsche Versicherung gedeckt hat, gelten die allgemeinen Haftungsbestimmungen (§§ 41, 51 ff ADSp; OLG Frankfurt v. 10.7.1979, WM **1979**, 1303). Der in § 37 ADSp enthaltene Haftungsausschluß erfaßt auch Ansprüche aus §§ 823 ff BGB, 987 ff BGB.

II. Pflicht zur Abführung (§ 37 b ADSp)

2 § 37 a ADSp in Verbindung mit § 37 b ADSp verpflichtet den Spediteur im Einklang mit den §§ 675, 667 BGB, die empfangene Versicherungsleistung herauszugeben bzw. den Anspruch auf die Versicherungsleistung abzutreten. Im Fall der Versicherung auf Rechnung des Auftraggebers hat der Spediteur dem Auftraggeber den Versicherungsschein auszuhändigen oder die nach § 75 VVG notwendige Zustimmung zu erteilen. Die Herausgabepflicht erstreckt sich nur ausnahmsweise auf die Rechtsverfolgung (§ 37 b ADSp), wobei der Vorrang von Individualvereinbarungen (§ 4 AGBG) zu beachten ist. Die Pflichten des Spediteurs zur Schadensanmeldung und Wahrung sonstiger Obliegenheiten (§ 35 ADSp Rz. 7) sowie die Haftung für damit zusammenhängende Pflichtverletzungen bleiben von § 37 ADSp unberührt.

III. Haftungsausschluß (§ 37 a, c ADSp)

1. Voraussetzungen und Reichweite

3 Die Freizeichnung greift nur zugunsten desjenigen Spediteurs ein, der selbst eine Güterversicherung (z. B. Transport-, Lagerversicherung) gezeichnet hat (OLG Frankfurt v. 10.7.1979, DB **1979**, 2487). Der Spediteur und seine leitenden Angestellten dürfen weder vorsätzlich schädigend noch grob fahrlässig gehandelt haben (§ 51 b S. 2 ADSp). Der Umfang der Freizeichnung gemäß § 37 ADSp ist unklar. § 37 a ADSp spricht dafür, daß sämtliche Schadensersatzansprüche des Auftraggebers ausgeschlossen sind, auch wenn die Versicherung bei Schadenseintritt, z. B. wegen Unterversicherung, partiell nicht leistungspflichtig war oder später wegen Fristversäumung und ähnlichen Obliegenheitsverletzungen leistungsfrei geworden ist

(*Krien/Glöckner*, § 37 ADSp Anm. 1 c; unklar vor § 37 ADSp Anm. 5 f). § 37 c ADSp deutet darauf hin, daß sich die Freizeichnung lediglich auf solche Schäden erstreckt, die dem Versicherungsvertrag zufolge bei Schadenseintritt gedeckt sind, also auszugleichen sind (*Staub/Helm*, Anh. I § 415 HGB, § 37 ADSp Rz. 7; *Hald/Widmann*, S. 116). Gemäß § 5 AGBG ist deshalb davon auszugehen, daß sich die Freizeichnung nur auf die von der Versicherung gedeckten Schäden erstreckt (*Lenz*, Straßengütertransportrecht, Rz. 832). Demnach ist der Spediteur von einer Haftung in dem Umfang frei, in dem die Versicherung zahlt oder die Leistungspflicht der Versicherung nach Schadenseintritt wegen Fristversäumnis bzw. sonstiger Obliegenheitsverletzung erlischt oder die Versicherung zahlungsunfähig wird. Da § 37 c ADSp die Haftung des Spediteurs ausschließt, entfällt auch ein Regreßanspruch des Versicherers, weil kein Schadensersatzanspruch gemäß § 67 VVG übergehen kann (*Staub/Helm*, Anh. I § 415 HGB, § 37 ADSp Rz. 6; ebenso *de la Motte*, TranspR **1978**, 57, 60, der nur Ausnahmen bei der zwingenden KVO und CMR macht; *Krien/Glöckner*, vor § 37 ADSp Anm. 3; **a. A.** *Wolf*, § 37 ADSp Rz. 2; unklar *Hald/Widmann*, S. 116). Unberührt bleibt die Haftung des Spediteurs wegen Verletzung von Pflichten bei Zeichnung der Versicherung und Wahrung der Ansprüche gegen die Versicherung.

2. AGBG-Konformität

Die Freizeichnungsklausel ist mit § 9 AGBG nicht vereinbar, weil die Prä- 4
mienbelastung des Auftraggebers steigt und die Schadensverhütungsinteressen des Auftraggebers auch bei restriktiver Auslegung der Klausel unangemessen zurückgedrängt werden (LG Hamburg, TranspR **1989,** 155; *Koller*, TranspR **1986**, 357, 366; **a. A.** *Staub/Helm*, Anh. I § 415 HGB, § 37 ADSp Rz. 9; *Krien/Glöckner*, § 37 ADSp Anm. 4). Erst recht ist die Klausel unangemessen, wenn man annimmt, daß § 37 ADSp die Haftung ohne Rücksicht auf den Umfang der Deckung ausschließt (*Löwe/Graf von Westphalen/Trinkner*, AGBG, Bd. III, S. 31.1–4 Rz. 12; *Staub/Helm*, Anh. I § 415 HGB, § 37 ADSp Rz. 8).

§ 38 ADSp [Besondere Vergütung]

Für die Versicherungsbesorgung, Einziehung des Schadensbetrages und sonstige Bemühungen bei Abwicklung von Versicherungsfällen und Havarien steht dem Spediteur eine besondere Vergütung zu.

Literatur: siehe vor § 1 ADSp.

Die Klausel stellt klar, daß sich die vereinbarte Vergütung im Zweifel nicht 1
auf die in § 38 ADSp genannten Tätigkeiten erstreckt. Ergibt sich aus dem Auftrag, daß der Spediteur unter anderem eine Versicherung zu nehmen, Versicherungsfälle abzuwickeln hat, und wurde für die Leistung des Spediteurs ein bestimmtes Entgelt verabredet, so kommt § 38 ADSp nicht zur Anwendung (§ 4 AGBG). Beachte § 20 S. 2 ADSp. Zur Höhe der Provision § 354 HGB. Aufwendungen (§ 670 BGB) sind gesondert zu erstatten. Zu Fälligkeit und Leistungsstörungen s. §§ 20 ff ADSp.

X. Speditionsversicherungsschein (SVS), Rollfuhrversicherungsschein (RVS)

§ 39 ADSp [Wahl des Speditionsversicherers, Mindestdeckung, versichertes Interesse]

a) Der Spediteur ist, wenn der Auftraggeber es nicht ausdrücklich schriftlich untersagt, verpflichtet, die Schäden, die dem Auftraggeber durch den Spediteur bei der Ausführung des Auftrages erwachsen können, bei Versicherern seiner Wahl auf Kosten des Auftraggebers zu versichern. Die Police für die Versicherung muß, insbesondere in ihrem Deckungsumfang, mindestens dem mit den Spitzenorganisationen der Wirtschaft und des Speditionsgewerbes abgestimmten Speditions- und Rollfuhrversicherungsschein (SVS/RVS) entsprechen. Die Prämien hat der Spediteur für jeden einzelnen Verkehrsvertrag auftragsbezogen zu erheben und sie als Aufwendungen des Auftraggebers ausschließlich für die Speditionsversicherung in voller Höhe an die jeweiligen Versicherer abzuführen. Der Spediteur hat dem Auftraggeber anzuzeigen, bei wem er die Speditionsversicherung gezeichnet hat.

b) Mit der Versicherung nach § 39 Buchstabe a sind auch Schäden zu versichern, die denjenigen Personen erwachsen können, denen das versicherte Interesse z. Zt. des den Schaden verursachenden Ereignisses zugestanden hat.

c) (gestrichen)

Literatur: siehe vor § 1 ADSp.

Übersicht

	Rz.
I. Vorbemerkung	1
II. Pflicht zur Versicherung	
1. Art der Versicherung	
a) Versicherungstyp	2
b) Deckungsumfang	3
c) Gleichwertigkeit	4
2. Zeichnung der Versicherung	5
3. Untersagung der Versicherung	6
4. Verletzung der Pflicht zur Versicherungsnahme	7
5. Prämie	8
III. Auswahl einer insolventen Versicherung	9
IV. Information über den Versicherer (§ 39 a S. 4 ADSp)	10
V. AGBG-Konformität	11

I. Vorbemerkung

1 § 39 ADSp steht in engem Zusammenhang mit § 41 a ADSp. Beide Klauseln führen zur Haftungsersetzung durch Versicherung, d. h. der Spediteur wird durch die Deckung der Versicherung weitgehend von seiner Haftung frei und der Auftraggeber bzw. der sonst Geschädigte erwirbt statt dessen einen Anspruch gegen das Versicherungsunternehmen, dessen Umfang im wesentlichen dem dispositiven Recht entspricht. Der Spediteur hat ein großes Interesse an der Zeichnung der Versicherung, die ihm eine nahezu umfassende Haftungsbeschränkung eröffnet.

II. Pflicht zur Versicherung

1. Art der Versicherung

a) Versicherungstyp. Die Versicherung iSd § 39 ADSp stellt eine spezifische Speditionsversicherung dar. Sie ist wirtschaftlich gesehen eine Mischform von Sachversicherung und Haftpflichtversicherung. Der Versicherungsumfang orientiert sich nämlich einerseits im wesentlichen an den dispositiven Haftungsnormen von BGB und HGB (Nr. 3 SVS/RVS) und andererseits hat die Versicherung gerade dann zu leisten, wenn gegen den Spediteur selbst kein Schadensersatzanspruch besteht (§ 41 a ADSp; Haftungsersetzung). Die Speditionsversicherung ist mithin im Schwerpunkt Sachversicherung (*Steinfeld*, Formen der Speditionsversicherung (1965), S. 7 f; *Helm*, Karlsruher Forum, Beiheft zu VersR **1983**, S. 116, 117 m. Nachw.). Der Spediteur ist Versicherungsnehmer; Versicherter ist der Auftraggeber oder derjenige, dem das versicherte Interesse zur Zeit der Schadenszufügung zugestanden hat (Nr. 2 SVS/RVS). Die Speditionsversicherung ist also *Versicherung auf fremde Rechnung* (§§ 80, 75 ff VVG). 2

b) Deckungsumfang. § 39 a S. 2 ADSp bestimmt den geschuldeten Dekkungsumfang durch eine Verweisung auf das Modell des SVS/RVS. Entgegen dem Wortlaut des § 39 a S. 1 ADSp sind also nicht sämtliche Schadensrisiken zu versichern, sondern lediglich diejenigen Risiken, die nach SVS/RVS versichert sind (s. Erläuterungen zum SVS/RVS sowie SpP Teil B, 2., 3. Abschnitt des Kommentars). 3

c) Gleichwertigkeit. Zeichnet der Spediteur eine Speditionsversicherung nach SVS/RVS einschließlich dem Anhang, so genügt er seiner Pflicht aus § 39 ADSp, es sei denn, daß die Zahlungsfähigkeit des Versicherers erkennbar dubios geworden war (unten Rz. 9). Auf dem Markt werden eine Reihe anderer Speditionsversicherungen angeboten. Hervorzuheben ist die Speditionspolice (Teil B, 3. Abschnitt). Diese Versicherungen entsprechen dem SVS/RVS, wenn ihre Versicherungskonditionen nicht schlechter als die des SVS/RVS in der jeweils neuesten Fassung sind (**a. A.** OLG Düsseldorf v. 5.12.1985, VersR **1986**, 435, 436). Dabei scheidet ein Gesamtvergleich der Konditionen aus, weil der dafür nötige Maßstab fehlt; es kann nur die Behandlung bestimmter Sachfragen (z. B. Reichweite bestimmter Risikoausschlüsse) miteinander verglichen werden. Die vom Spediteur gewählte Speditionsversicherung muß daher zumindest in der Höhe des SVS/RVS den Schaden decken; die Obliegenheiten des Auftraggebers sowie die Risikoausschlüsse dürfen nicht über die in dem SVS/RVS statuierten Obliegenheiten und Ausschlüsse hinausgehen. Insbesondere darf die Speditionsversicherung keine Ausschlüsse enthalten, die der SVS/RVS nicht kennt, auch wenn der Auftraggeber an anderer Stelle besser gestellt wurde. Die *Solvenz* des Versicherers ist unter dem Aspekt der Gleichwertigkeit unerheblich, es sei denn, daß die Solvenz für den Spediteur erkennbar dubios geworden ist (Rz. 9). 4

2. Zeichnung der Versicherung

Es bleibt dem freien Ermessen des Spediteurs überlassen, welche der dem SVS/RVS entsprechenden Versicherungen (Rz. 4) er zeichnet und auf welche 5

Weise er sie zeichnet. In der Regel ist die Speditionsversicherung eine laufende Versicherung. Der Spediteur versichert auf der Grundlage einer *Generalpolice* sämtliche zwischen dem Spediteur und Auftraggebern geschlossenen Verträge, soweit der Auftraggeber nicht die Versicherung schriftlich untersagt (Rz. 6) hat. Der Spediteur hat dem Versicherer gegenüber Anmeldepflichten zu erfüllen (Nr. 10 SVS/RVS); Versäumnisse gehen bis zu DM 1 Million nicht zu Lasten des Auftraggebers oder sonst Geschädigten (Nr. 6.4 SVS/RVS).

3. Untersagung der Versicherung

6 Die Pflicht und das Recht zur Zeichnung der Speditionsversicherung entfällt, wenn der Auftraggeber die Speditionsversicherung untersagt (sog. *Verbotskunde*; Nr. 9.1 SVS/RVS). Das Verbot der Versicherung kann auch nur für Güterschäden im ausschließlich innerdeutschen Verkehr oder im grenzüberschreitenden Verkehr ausgesprochen werden (*Teilverbot*; partielles Verbot; Nr. 9.2 SVS/RVS; Anhang zum SVS/RVS Nr. 4). Dieses Teilverbot ist dort von besonderem Interesse, wo der Auftraggeber das Risiko von Güterschäden durch eine Transportversicherung abgedeckt hat. Das Verbot hat *ausdrücklich* zu erfolgen, d. h. mit klaren Worten oder klaren Zeichen, deren Auslegung keinen Zweifel offenlassen darf. So genügt es, daß sich das Verbot eindeutig aus dem Briefwechsel entnehmen läßt (OLG Düsseldorf v. 27.11.1980, VersR **1982**, 158; vgl. Nr. 9 SVS/RVS Rz. 1). Das Verbot muß *schriftlich*, nicht notwendig handschriftlich unterschrieben, erklärt werden. Wurde das Verbot schon bei Vertragsschluß mündlich ausgesprochen, so ist die Nichtbeachtung der Schriftform unerheblich (§ 4 AGBG). Es ist Sache des Spediteurs, der eine Generalpolice gezeichnet hat (Rz. 5), dem Versicherer das Verbot mitzuteilen (Nr. 9.3 SVS/RVS). Der Versicherungsschutz entfällt auch dann, wenn das Verbot nicht mitgeteilt wird, da das Verbot gegenüber dem Spediteur zu erfolgen hat. Der Auftraggeber kann sein Verbot bis zum Eintritt des Schadensfalls widerrufen (näher Nr. 9.2 SVS/RVS).

4. Verletzung der Pflicht zur Versicherungsnahme

7 Zeichnet der Spediteur keine Speditionsversicherung, obwohl der Auftraggeber dies nicht ausdrücklich schriftlich verboten hatte (Rz. 6), oder zeichnet er eine Versicherung, die nicht dem SVS/RVS entspricht, so darf er sich gemäß § 41 c ADSp nicht auf die ADSp, insbesondere nicht auf die Haftungsbeschränkungen der ADSp berufen (näher dazu § 41 ADSp Rz. 10). Nach h. M. haftet der Spediteur bei Verschulden darüber hinaus wegen positiver Forderungsverletzung auch dafür, daß der Auftraggeber keinen Versicherungsschutz erhält (*Staub/Helm*, Anh. I § 415 HGB, §§ 407–409 HGB Rz. 121; *Schneider*, TranspR **1984**, 267, 269). Unerheblich ist, daß der Spediteur den Auftrag nicht angemeldet oder die Prämien nicht bezahlt hat (Nr. 6.4 SVS/RVS).

5. Prämie

Versicherungsnehmer ist der Spediteur, der die Prämie an den Versicherer zu zahlen hat. Da die Versicherung auf Kosten des Auftraggebers erfolgt (unklar *Lenz*, Straßengütertransportrecht, Rz. 920), hat der Auftraggeber gemäß § 670 BGB die Prämie zu erstatten. Der Spediteur darf mit dem Versicherer keine pauschalierten Prämien vereinbaren (§ 39 a S. 3 ADSp). Er hat die beim Auftraggeber erhobenen Prämien voll an die Versicherung abzuführen. Sondervereinbarungen sind zwischen Spediteur und Auftraggeber ohne Verstoß gegen das UWG möglich (§ 4 AGBG; **a. A.** *Wolf*, § 39 ADSp Rz. 6). Hat der Auftraggeber ein Verbot (Rz. 6) ausgesprochen, so kann der Spediteur die Erstattung der Prämie auch dann nicht verlangen, wenn er dem Versicherer das Verbot nicht mitgeteilt hatte, da das Verbot mit Zugang beim Spediteur wirksam wird (Nr. 9 SVS/RVS). 8

III. Auswahl einer insolventen Versicherung

Zeichnet der Spediteur eine Versicherung bei einem Versicherer, der sich später als insolvent erweist, so haftet der Spediteur in geltungserhaltender Auslegung des § 41 ADSp nach Maßgabe der Versicherungsbedingungen, wenn die Zahlungsfähigkeit des Versicherers bei Vertragsschluß erkennbar zweifelhaft war und ein ordentlicher Spediteur daher eine andere Versicherung ausgewählt oder den Auftraggeber zumindest informiert hätte (*Koller*, TranspR **1986**, 129, 137 f; *Schmidt*, VersR **1986**, 123; TranspR **1987**, 52; *Lenz*, Straßengütertransportrecht, Rz. 951; abweichend im dogmatischen Ansatz *Staub/Helm*, Anh. I § 415 HGB, § 39 ADSp Rz. 22: Verpflichtung, den Auftraggeber so zu stellen, als ob die Versicherung pflichtgemäß geleistet hätte; **a. A.** OLG Düsseldorf v. 5.12.1985, VersR **1986**, 435; *Schneider*, TranspR **1984**, 267 ff; *Hinz*, TranspR **1986**, 367; *Wolf/Horn/Lindacher*, AGBG, § 9 Rz. A 64: Anwendung des § 41 c ADSp ohne Rücksicht auf mangelndes Verschulden des Spediteurs). Das Erfordernis einer Gleichwertigkeit hinsichtlich der Bonität kann nach allgemeinen AGB-Auslegungsgrundsätzen nicht auf die Entstehungsgeschichte der Klausel gestützt werden (zutr. *Schmidt*, TranspR **1987**, 52, 53). 9

IV. Information über den Versicherer (§ 39 a S. 4 ADSp)

§ 39 a S. 4 ADSp soll dem Auftraggeber und anderen versicherten Geschädigten (§ 39 b ADSp, Nr. 2 SVS/RVS) erlauben, ihre Ansprüche unmittelbar gegenüber dem Versicherer geltend zu machen (Nr. 11.1., 11.4 SVS/RVS), insbesondere den Versicherer zu verklagen (Nr. 11.5 SVS/RVS). Der Spediteur hat unaufgefordert den Versicherer zu benennen und die Police exakt zu bezeichnen. Kommt der Spediteur dieser Pflicht trotz Mahnung schuldhaft nicht nach und kann der Auftraggeber bzw. der Versicherte (Nr. 2 SVS/RVS Rz. 3) daher seine Rechte nicht geltend machen, so ist der Spediteur so zu stellen, als habe er keine Speditionsversicherung gezeichnet (ergänzende Auslegung der ADSp auf der Basis der § 41 c ADSp zugrundeliegenden Wertung; 10

ebenso i. E. *Staub/Helm*, Anh. I § 415 HGB, § 39 ADSp Rz. 23: Rechtsmißbrauch; enger OLG Frankfurt v. 27.1.1989, TranspR **1990**, 68, 69: Rechtsmißbrauch, wenn Benennung erst im Berufungsverfahren; weiter wohl OLG Hamburg v. 3.5.1990, VersR **1991**, 483, 484). Aus der Sicht des Kunden steht der unterlassene Abschluß einer Versicherung der Unkenntnis über den Namen des Versicherers weitgehend gleich. Dem Kunden ist nicht zuzumuten, eine Auskunftsklage zu erheben und gleichzeitig das Risiko der Verschlechterung der Beweislage und des Ablaufs der Frist des Nr. 11.5 SVS/RVS einzugehen.

V. AGBG-Konformität

11 Die Klausel ist nach allg. M. angemessen.

§ 40 ADSp [Unterwerfung unter SVS/RVS, Schadensmeldung]

Der Auftraggeber unterwirft sich sowie alle Personen, in deren Interesse oder für deren Rechnung er handelt, allen Bedingungen des SVS/RVS bzw. der nach § 39 Buchstabe a abgeschlossenen Versicherung. Insbesondere hat er für rechtzeitige Schadensanmeldung zu sorgen (§ 10 SVS/RVS). Erfolgt die Schadensmeldung beim Spediteur, so ist dieser zur unverzüglichen Weiterleitung an die/den Versicherer verpflichtet.

Literatur: siehe vor § 1 ADSp.

1 § 40 S. 1 ADSp ist teilweise unwirksam, weil sich der Auftraggeber im Vertrag mit dem Spediteur nur für seine Person zugunsten des Versicherers dessen Versicherungsbedingungen unterwerfen kann. Verträge zu Lasten Dritter sind unwirksam. Dies ist jedoch ohne praktische Bedeutung, da die SVS/RVS dem Auftraggeber und sonstigen Versicherten (Nr. 2 SVS/RVS) keine echten Pflichten, sondern nur Obliegenheiten auferlegen, deren Nichtbeachtung die Leistungspflicht der Versicherung begrenzen oder entfallen läßt. Obliegenheitsverletzungen wirken auch ohne den § 40 S. 1 ADSp zu Lasten der Auftraggeber und sonstiger Versicherter. Der Speditionsversicherungsvertrag ist nämlich ein Vertrag zugunsten Dritter, so daß Auftraggeber und sonstige Versicherte (Nr. 2 SVS/RVS) Rechte nur in dem Umfang erwerben können, der im Versicherungsvertrag festgelegt ist (§ 334 BGB; § 79 VVG). Zur Schadensmeldung Nr. 11.1 SVS/RVS. Der Spediteur hat den Versicherten (Nr. 2 SVS/RVS) auf die Obliegenheiten hinzuweisen, wenn erkennbar ist, daß sie dem Versicherten mit großer Wahrscheinlichkeit nicht geläufig sind. Verletzt der Spediteur die Informationspflicht, so entsteht ein neuer Schaden, für den die Versicherung einzutreten hat.

Der Spediteur hat die Schadensmeldung weiterzuleiten. Eine Verletzung dieser Pflicht läßt die Rechtsstellung des Versicherten unberührt, da er seiner Obliegenheit mit der Anmeldung beim Spediteur genügt hat (Nr. 11.1 SVS/RVS; *Wolf*, Nr. 11 SVS/RVS Rz. 7; unklar *Staub/Helm*, Anh. I § 415 HGB, § 10 SVS/RVS Rz. 5 f, der einerseits vom Fortbestand des Versicherungsanspruchs, andererseits von einer Haftung des Spediteurs ausgeht). Ein selbständiger Schaden kann allerdings dadurch entstehen, daß der Versicherte infolge Nichtweiterleitung der Schadensmeldung die Klagefrist (Nr. 11.5 SVS/RVS) versäumt. Dafür hat die Speditionsversicherung einzustehen, wenn der Spediteur schuldhaft gehandelt hat.

§ 41 ADSp [Haftungsbefreiung des Spediteurs, Berufung auf ADSp]

a) Hat der Spediteur infolge ausdrücklichen oder vermuteten Auftrages eine Speditionsversicherung abgeschlossen (§ 39), so ist er von der Haftung für jeden durch diese Versicherung gedeckten Schaden frei.

b) Dies gilt insbesondere auch für den Fall, daß infolge fehlender oder ungenügender Wertangabe des Auftraggebers die Versicherungssumme hinter dem wirklichen Wert oder Schadensbetrag zurückbleibt.

c) Hat der Spediteur keine Speditionsversicherung nach § 39 abgeschlossen, so darf er sich dem Auftraggeber gegenüber nicht auf die ADSp berufen.

d) (gestrichen)

Literatur: siehe vor § 1 ADSp.

Übersicht

	Rz.
I. Allgemeines	1
II. Totaler Haftungsausschluß (§ 41 a ADSp)	
1. Zeichnung der Speditionsversicherung	2
2. Deckung	3
3. Zwingendes Recht	4
4. Abweichende Individualvereinbarung	5
5. Rechtsmißbrauch	6
III. Unterversicherung infolge unzureichender Wertangabe (§ 41 b ADSp)	7
IV. Teilverbot	8
V. Durch Versicherung nicht gedeckte Schäden	9
VI. Unterlassen der Speditionsversicherung ohne Verbot (§ 41 c ADSp)	10
VII. AGBG-Konformität	11

I. Allgemeines

1 § 41 ADSp steht im Mittelpunkt der Haftungsersetzung durch Versicherung: Der Spediteur versichert den Auftraggeber für von ihm verschuldete Schäden (§ 39 ADSp), so daß der Geschädigte von der Versicherung Schadensersatz erhält. Ein Schadensersatzanspruch gegen den Spediteur selbst, auch wegen unerlaubter Handlung, wird ausgeschlossen (§ 41 a ADSp) und der Auftraggeber auf die Versicherung verwiesen. Klagen gegen den Spediteur sind daher abzuweisen; spätere Klagen gegen die Versicherung, die passivlegitimiert war, waren nicht selten verspätet (Nr. 11.5 SVS/RVS). Deckt der Spediteur entgegen seiner in § 39 ADSp statuierten Pflicht *keine Speditionsversicherung*, so darf sich der Spediteur nicht auf die ihn begünstigenden Vorschriften der ADSp berufen. Insbesondere entfällt die Anwendbarkeit

sämtlicher Freizeichnungsklauseln der ADSp (§ 41 c ADSp; s. Rz. 10). Dem Auftraggeber, der den Abschluß der Speditionsversicherung ganz oder teilweise untersagt hat (§ 39 ADSp) und damit auf den Versicherungsschutz verzichtet hat (Verbotskunde), stehen zwar Schadensersatzansprüche gegen den Spediteur zu, er wird aber mit einer Vielzahl einschneidender Haftungsausschlüsse und -beschränkungen konfrontiert (z. B. §§ 37, 51 ff ADSp). Dies gilt nicht, wenn § 51 b S. 2 ADSp eingreift.

§ 41 ADSp kommt in der Regel zu Lasten von Eigentümern, die in keinen vertraglichen Beziehungen zum Spediteur stehen, zum Tragen (vor § 1 ADSp Rz. 4). Die in § 41 a ADSp statuierte Freizeichnung wirkt andererseits zugunsten der Arbeitnehmer des Spediteurs (OLG Celle v. 23.12.1982, VersR **1983**, 683, 684; vor § 1 ADSp Rz. 4). Diese Wirkung tritt nicht zugunsten selbständiger Subunternehmer ein, es sei denn, daß sich diese ihrerseits im Verhältnis zum Spediteur auf eine Freizeichnungsklausel berufen können (unklar OLG Celle v. 23.12.1982, VersR **1983**, 683; vor § 1 ADSp Rz. 4). Zur **Zweckmäßigkeit** der Haftungsersetzung durch Versicherung im Speditionsrecht *Koller*, TranspR **1986**, 136; *Schmidt*, TranspR **1987**, 52, 54.

II. Totaler Haftungsausschluß (§ 41 a ADSp)

1. Zeichnung der Speditionsversicherung

2 Der Spediteur muß die Speditionsversicherung im ausdrücklichen oder vermuteten Auftrag (§ 39 ADSp) des Kunden abgeschlossen haben (§ 39 ADSp Rz. 2 ff). Hat der Kunde die Speditionsversicherung untersagt (Verbotskunde) und nimmt der Spediteur gleichwohl auf eigene Kosten eine Versicherung, so greift § 41 a ADSp nicht ein. Die Versicherung muß von demjenigen Spediteur gezeichnet worden sein, der sich auf den Haftungsausschluß beruft. Der schädigende Hauptspediteur wird somit nicht durch die vom Zwischenspediteur genommene Versicherung frei. Gleiches gilt in Hinblick auf Ansprüche gegen den Zwischenspediteur auch umgekehrt, wenn ein Zwischenspediteur unsorgfältig handelt und der Hauptspediteur die Versicherung gezeichnet hat (**a. A.** OLG Hamburg v. 25.6.1984, TranspR **1985**, 94; *Heil/Bayer*, TranspR **1985**, 1, 7; so wohl auch OLG Düsseldorf v. 21.6.1990, TranspR **1990**, 435, 437). Der Wortlaut des § 41 a ADSp ist eindeutig. Für eine Haftung spricht auch Nr. 13.1 SVS/RVS (*Staub/Helm*, Anh. I § 415 HGB, § 41 ADSp Rz. 8 a; **a. A.** *Krien/Glöckner*, § 41 ADSp Rz. 3 g). Zwar erhält der Auftraggeber von der Speditionsversicherung des Hauptspediteurs u. U. Ersatz (Nr. 3.3.1 ff, 5.4.1 SVS/RVS), der Anspruch des Hauptspediteurs gegen den Zwischenspediteur auf Schadensersatz geht jedoch auf die Versicherung über (§ 67 VVG). Diese verzichtet nur unter der Voraussetzung auf Regreß, daß auch der Zwischenspediteur die Speditionsversicherung gezeichnet hat (Nr. 13 SVS/RVS).

2. Deckung

3 Der Haftungsausschluß besteht grundsätzlich nur im Rahmen der Dekkung (BGH v. 14.4.1978, WM **1978**, 884, 885); im Rahmen der Deckung

aber selbst bei grob fahrlässigem, vorsätzlich schädigenden Verhalten des Spediteurs (BGH v. 10.10.1985, VersR **1986**, 285, 286; v. 4.6.1987, VersR **1987**, 1130, 1131; OLG Karlsruhe v. 7.11.1991, TranspR **1992**, 67, 69; *Koller*, TranspR **1986**, 129, 131). § 51 b S. 2 ADSp ist, soweit die Versicherung den Schaden deckt, wörtlich anzuwenden (Ausnahme § 41 b ADSp). Deckung bedeutet dabei nach h. M., daß im Moment des Schadenseintritts ein Anspruch gegen die Versicherung auf Zahlung eines Betrags entsteht, der der Schadenssumme entspricht. Ob die Versicherung ihrer Verpflichtung freiwillig nachkommt, ist unerheblich (BGH, NJW **1970**, 1505, 1506; OLG Düsseldorf, NJW **1961**, 224). In Zweifelsfällen muß der Auftraggeber die Versicherung (Nr. 2 SVS/RVS) und den Spediteur verklagen oder den Streit verkünden (vgl. *Zöller/Vollkommer*, ZPO, § 73 Rz. 9 m. Nachw.), um die Fristen zu wahren. Um § 41 a ADSp in den Fällen vorsätzlicher und grob fahrlässiger Schädigung durch den Spediteur nicht in die Zone der Unangemessenheit geraten zu lassen, erscheint es jedoch angebracht, die Deckung auf den Zeitpunkt der Klageerhebung gegen den Spediteur zu beziehen (*Koller*, TranspR **1986**, 129, 131 f; **a. A.** BGH v. 14.4.1988, VersR **1988**, 823, 825; OLG Hamburg v. 22.10.1987, VersR **1988**, 51, 52; OLG Karlsruhe v. 7.11.1991, TranspR **1992**, 67, 69; *Knoll*, Unzulässigkeit von Haftungsersatz durch Versicherung nach § 41 ADSp (1988), S. 21). Es kommt demnach darauf an, ob im Moment der Klageerhebung ein ausreichender Anspruch gegen die Versicherung existiert.

Keine Deckung besteht nach allgemeiner Meinung jedenfalls dort, wo der Auftraggeber von vornherein nicht mit Versicherungsleistungen rechnen kann, weil die Versicherung nicht gezeichnet worden war (§ 41 c ADSp) oder weil die Versicherungsdeckung verboten war (§ 39 ADSp Rz. 6; zum Teilverbot Rz. 8), oder weil Versicherungsausschlüsse zum Tragen kommen (z. B. Nr. 5 SVS/RVS); anders nach h. M., wenn die Versicherungsansprüche später z. B. wegen Obliegenheitsverletzungen wegfallen [Nr. 11.1 SVS/RVS; vgl. OLG Hamburg v. 22.10.1987, VersR **1987**, 51, 52; **a. A.** *Koller*, TranspR **1986**, 129, 131 f]). Für den nicht gedeckten Teil des Schadens haftet der Spediteur grundsätzlich gemäß den §§ 51 ff ADSp (Rz. 9). Die den wahren Schaden nicht erreichende Versicherungsleistung führt jedoch grundsätzlich auch dann gemäß § 41 b ADSp zum vollen Haftungsausschluß, wenn die Versicherungsleistung nur wegen *Unterversicherung* hinter dem wahren Schaden zurückbleibt (§ 56 VVG; näher Rz. 7). Die *Insolvenz* des Versicherers berührt die Deckung iSd § 41 a ADSp nicht. Der Spediteur haftet nur bei schuldhafter Auswahl eines dubiosen Versicherers (§ 39 ADSp Rz. 9).

3. Zwingendes Recht

Die Speditionsversicherung führt nur dort zum vollen Haftungsausschluß, wo dieser mit dem zwingenden Recht vereinbar ist. Dies ist z. B. bei der KVO- und CMR-Haftung nicht der Fall. In der Regel kommt § 41 a ADSp dann gemäß § 2 c S. 2 ADSp ohnehin nicht zur Anwendung. Außerdem besteht dann normalerweise auch keine Deckung durch die Speditionsversicherung (Nr. 5.2 SVS/RVS). **4**

4. Abweichende Individualvereinbarung

5 Gemäß § 4 AGBG besitzen Individualvereinbarungen den Vorrang, z. B. dort, wo der Spediteur garantiert, daß der Schaden erstattet wird (LG Saarbrücken, TranspR **1981**, 23 ff; zweifelnd *Staub/Helm*, Anh. I § 415 HGB, § 41 ADSp Rz. 7), oder wo die Zusage abgegeben wird, für jedes Verschulden haften zu wollen (BGH v. 4.3.1977, VersR **1977**, 515, 516), nicht aber, wenn sich der Spediteur in den Vorjahren nicht auf § 41 a ADSp berufen hatte (OLG Hamburg v. 19.5.1983, VersR **1984**, 156 f).

5. Rechtsmißbrauch

6 Die Berufung des Spediteurs auf § 41 a ADSp ist rechtsmißbräuchlich, wenn der Spediteur durch *unklare Auskünfte* den Eindruck erweckt hat, daß der Schaden voll gedeckt sei (BGH v. 31.3.1957, VersR **1957**, 193, 194; v. 18.6.1976, VersR **1976**, 1129, 1130; *Helm*, TranspR **1985**, 422, 423), oder wenn der Spediteur einen *dubiosen Speditionsversicherer* ausgewählt hat (richtiger geltungserhaltende Restriktion des § 41 a ADSp; oben § 39 ADSp Rz. 9). Verschulden des Spediteurs bei der *Realisierung der Versicherungsansprüche* kann eine Verweisung auf § 41 a ADSp ebenfalls als rechtsmißbräuchlich erscheinen lassen (OLG Karlsruhe v. 7.11.1991, Transp **1992**, 67, 69; OGH Wien v. 16.6.1982, TranspR **1984**, 207 f; Handelsgericht Wien, TranspR **1991**, 35, 37). Gleiches gilt i. E., wenn Spediteur trotz Mahnung nicht den Speditionsversicherer benennt (§ 39 ADSp Rz. 10; weitergehend wohl OLG Hamburg v. 3.5.1990, VersR **1991,** 438, 484). *Nicht genügt* es in der Regel, daß der Spediteur den Auftraggeber nicht auf die Haftungsersetzung durch Versicherung oder die Notwendigkeit von Wertangaben hingewiesen hat (OLG Düsseldorf v. 23.2.1984, TranspR **1984**, 222, 227; OLG Karlsruhe v. 7.3.1984, TranspR **1984**, 235, 236; OLG Hamburg v. 10.12.1981, VersR **1982**, 361; v. 19.5.1983, TranspR **1984**, 156; OLG Hamm v. 1. 6. 1987, VersR **1989**, 412, 413; Ausnahme: der Spediteur konnte erkennen, daß der Auftraggeber unzureichend informiert war; *Staub/Helm*, HGB, Anh. II § 415, § 6 SVS/RVS Rz. 4). Im Fall des Rechtsmißbrauchs darf sich der Spediteur nicht auf die §§ 52 ff ADSp berufen, da diese davon ausgehen, daß der Auftraggeber angemessen zur Versicherung in der Lage war.

III. Unterversicherung infolge unzureichender Wertangabe (§ 41 b ADSp)

7 Gemäß Nr. 6.2 SVS/RVS beträgt die Versicherungssumme DM 5.000,–, wenn der Auftraggeber dem Spediteur nicht vor der Abfertigung schriftlich unter genauer Bezeichnung des Vertrages eine höhere Versicherungssumme mitgeteilt hatte oder der Spediteur eine höhere Versicherungssumme geschätzt und die Schätzung der Versicherung mitgeteilt hatte. Liegt der Versicherungswert (potentieller Schaden) über der Mindestversicherungssumme, so wird die Mindestversicherungssumme grundsätzlich nach den Regeln der Unterversicherung gekürzt ausgezahlt (§ 56 VVG; Ausnahme Nr. 6.6, 7.4 SVS/RVS). Gleiches gilt, wenn die angemeldete Versicherungssumme unter-

halb des wahren Versicherungswertes liegt. Ein mehr oder minder großer Teil des Schadens wird mithin von der Versicherung nicht ersetzt. Gleichwohl kann sich der Spediteur gegenüber dem Auftraggeber auf den vollen Haftungsausschluß berufen (§ 41 b ADSp; BGH, NJW **1978**, 1918; OLG Hamm v. 1.6.1987; VersR **1989**, 412). **Ausnahmen:** Der Haftungsausschluß des § 41 b ADSp greift nicht ein, wenn der Schaden auch dann nicht gedeckt (Rz. 3) gewesen wäre, wenn die Versicherungssumme dem wahren Versicherungswert entsprochen hätte; ferner, wenn der Spediteur oder einer seiner leitenden Angestellten vorsätzlich oder grob fahrlässig geschädigt haben. Die in § 51 b S. 2 ADSp auf § 41 a, b ADSp bezogene Unterausnahme ist dann im Licht des § 9 AGBG geltungserhaltend nicht anzuwenden, so daß der Spediteur in Höhe des Schadens, der wegen Unterversicherung nicht gedeckt ist, voll haftet und im übrigen die Haftung nach Maßgabe des § 41 a ADSp ausgeschlossen ist (BGH v. 5.6.1981, VersR **1981**, 975, 977; v. 10.10.1985, VersR **1986**, 285; v. 14.4.1988, VersR **1988**, 823, 824; OLG Hamm v. 1.6.1987, TranspR **1989**, 412, 413; OLG München v. 9.12.1988, VersR **1989**, 1108, 1109; *Staub/Helm*, § 41 ADSp Rz. 24; *Koller*, TranspR **1986**, 129, 133). § 41 b ADSp greift ferner nicht ein (Rz. 8), wenn der Spediteur die Unterversicherung durch falsche Auskünfte verschuldet hatte (*Helm*, TranspR **1985**, 423; **a. A.** OLG Hamm v. 1.6.1987, VersR **1989**, 412, 413); dafür genügt nicht, daß der Spediteur den Auftraggeber nicht über die Notwendigkeit einer richtigen Wertangabe informiert hatte (§ 41 ADSp Rz. 6). Eine volle Haftung kann ferner in den Fällen zwingenden Rechts (Rz. 4), der Individualvereinbarung (Rz. 5) und des Rechtsmißbrauchs (Rz. 6) zum Tragen kommen.

IV. Teilverbot

§ 41 a ADSp trägt in seiner Formulierung der gemäß Nr. 9.2 SVS/RVS bestehenden Möglichkeit, den Versicherungsschutz für Güterschäden im ausschließlich innerdeutschen Verkehr zu untersagen, nicht ausdrücklich Rechnung. Da bei einem Teilverbot iSd Nr. 9.2 SVS/RVS (§ 39 ADSp Rz. 6) für Güterschäden Versicherungsdeckung fehlt, greift insoweit der Haftungsausschluß nicht ein. Der Spediteur haftet in Hinblick auf diese Güterschäden nach Maßgabe der §§ 51 ff ADSp. **8**

V. Durch Versicherung nicht gedeckte Schäden

Soweit bei Schadenseintritt (oder später; str.; Rz. 3) kein Anspruch gegen die Speditionsversicherung auf Ersatzleistung entsteht, haftet der Spediteur nur nach Maßgabe der ADSp, insbesondere der §§ 37, 51 ff ADSp. **Ausnahmen:** § 41 b ADSp (Rz. 7), § 41 c ADSp (§ 39 ADSp Rz. 7; § 41 ADSp Rz. 3, 10). Fällt der Anspruch gegen die Versicherung weg, weil der Kunde den Schaden zu spät meldet oder zu spät Klage erhebt (Nr. 11.1, 11.5 SVS/RVS), so haftet der Spediteur jedenfalls dort uneingeschränkt, wo er bzw. sein leitender Angestellter vorsätzlich oder grob fahrlässig geschädigt haben (*Koller*, TranspR **1986**, 129, 131; **a. A.** die h. M.; Rz. 3). **9**

VI. Unterlassen der Speditionsversicherung ohne Verbot (§ 41 c ADSp)

10 Der Spediteur, auch der Unterspediteur (OLG Hamburg v. 3.5.1990, VersR **1991**, 483, 484; OLG Düsseldorf v. 21.6.1990, VersR **1992**, 123) und der Zwischenspediteur (Rz. 2), die trotz Fehlens eines ihnen gegenüber erteilten (OLG Düsseldorf v. 21.6.1990, TranspR **1990**, 435, 437) ausdrücklichen schriftlichen Verbots (§ 39 a ADSp; Nr. 9 SVS/RVS; BGH v. 1.6.1979, WM **1979**, 1117) nicht so versichern, daß der Auftraggeber oder ein versicherter Dritter einen dem SVS/RVS entsprechenden Versicherungsschutz erlangt (§ 39 ADSp Rz. 7; Nr. 6.4 SVS/RVS), haften ohne Rücksicht auf ihr Verschulden uneingeschränkt nach BGB, HGB (OLG Düsseldorf v. 5.12.1985, VersR **1986**, 435, 436). Die §§ 51 ff ADSp sind unbeachtlich. Auch sonst kann sich der Spediteur nicht auf die ADSp berufen (z. B. nicht auf § 32 ADSp), selbst wenn der Kunde weiß, daß der Spediteur die Speditionsversicherung nicht eindeckt (OLG München v. 13.1.1989, VersR **1990**, 681; OLG Hamburg v. 28.9.1989, TranspR **1990**, 117, 119). Dies gilt nicht, wenn der Spediteur zwar die Speditionsversicherung, aber weisungswidrig andere Versicherungen nicht zeichnet (BGHZ **2**, 1, 3) oder die Prämie nicht bezahlt (OLG Frankfurt v. 6.10.1981, TranspR **1982**, 39). Hat der Auftraggeber die Speditionsversicherung nur mündlich oder zweideutig verboten, so ist ihm trotzdem eine Berufung auf § 41 c ADSp nicht verwehrt; denn der Spediteur, der die Vorteile der Formalisierung (§ 39 ADSp Rz. 6) für sich in Anspruch nimmt, muß auch die Nachteile tragen. Eine Ausnahme gilt dort, wo die Parteien mündlich vereinbart haben, daß die Speditionsversicherung unterbleiben soll (§ 4 AGBG). § 41 c ADSp greift bei insolventen Speditionsversicherern nicht ein (§ 39 ADSp Rz. 9; str.). Hat der Hauptspediteur versäumt, die Speditionsversicherung zu zeichnen, entsteht aber der Schaden beim sorgfältig ausgewählten Zwischenspediteur, der die Versicherung gedeckt hat, so haftet der Hauptspediteur mangels Verschulden nicht, soweit es um echte Spediteuraufgaben geht (OLG Schleswig v. 25.9.1984, TranspR **1985**, 137, 138). Der Hauptspediteur hat auch keinen Schadensersatzanspruch gegen den nach ADSp arbeitenden Zwischenspediteur, der eine Speditionsversicherung gezeichnet hat (§ 41 a ADSp). Vielmehr kann der Auftraggeber als Versicherter (Nr. 2 SVS/RVS) nur gegen den Versicherer vorgehen (unklar *Krien/Glöckner*, § 41 ADSp Anm. 3 g). Da § 41 c ADSp als Ausnahmetatbestand konzipiert ist, hat der Geschädigte zu behaupten, daß die Speditionsversicherung nicht abgeschlossen worden war. Der Spediteur hat dann die Deckung gemäß § 39 a ADSp darzulegen und zu beweisen; denn dieser Umstand liegt ausschließlich in seiner Sphäre.

VII. AGBG-Konformität

11 § 41 ADSp steht nach nahezu allgemeiner Meinung derzeit selbst in Fällen des § 9 II 2 AGBG (Kardinalpflichten) im Einklang mit dem AGBG (BGH v. 10.10.1985, VersR **1986**, 285; v. 14.4.1988, VersR **1988**, 823, 824; v. 6.12.1990, TranspR **1991**, 114, 117; *Koller*, TranspR **1986**, 129; abw. *Schmidt*, TranspR **1986**, 410; *Lenz*, Straßengütertransportrecht, Rz. 904 ff; *Knoll*, Un-

zulässigkeit von Haftungsersatz durch Versicherung nach § 41 a ADSp (1988), S. 123). Seit der Neufassung des § 39 a S. 3 ADSp ist es indessen zweifelhaft geworden, ob das System der Haftungsersetzung durch Versicherung noch hinreichende Schadensverhütungswirkung erzeugt (vgl. *Koller*, TranspR **1986**, 129, 134; *Schmidt*, TranspR **1987**, 52, 54; *Montanus*, VP **1975**, 183; *Lenz*, Straßengütertransportrecht, Rz. 906 f; Simon, DVZ Nr. 90/**1991**). Eine Reduktion des Haftungsausschlusses wird von *Piper* (Höchstrichterliche Rechtsprechung, aaO, Rz. 100) dort befürwortet, wo die Freizeichnung Pflichten eines Vertrages in einer Weise einschränkt, daß dadurch der Vertragszweck von vornherein gefährdet wird (Kardinalpflicht), beispielsweise bei Freizeichnung für anfängliche Fahruntüchtigkeit oder Unbrauchbarkeit des Lagerraumes (vgl. BGHZ **49**, 356, 363; **65**, 364, 367; BGH v. 1.6.1979, VersR **1979**, 901).

§ 42 ADSp

(gestrichen)

XI. Lagerung

§ 43 ADSp [Eigen- oder Fremdlagerung, Besichtigungsrecht des Einlagerers]

a) Die Lagerung erfolgt nach Wahl des Lagerhalters in dessen eigenen oder fremden (privaten oder öffentlichen) Lagerräumen. Lagert der Lagerhalter in einem fremden Lager ein, so hat er den Lagerort und den Namen des fremden Lagerhalters dem Einlagerer schriftlich bekanntzugeben oder, falls ein Lagerschein ausgestellt ist, auf diesem zu vermerken. Diese Bestimmung gilt nicht, wenn es sich um eine Lagerung im Ausland oder um eine mit dem Transport zusammenhängende Lagerung handelt.

b) Hat der Lagerhalter das Gut in einem fremden Lager eingelagert, so sind für das Verhältnis zwischen ihm und seinem Auftraggeber gemäß § 2 Buchstabe d die gleichen Bedingungen maßgebend, die im Verhältnis zwischen dem Lagerhalter und dem fremden Lagerhalter gelten. Der Lagerhalter hat auf Wunsch diese Bedingungen dem Auftraggeber zu übersenden. Die Bedingungen des fremden Lagerhalters sind insoweit für das Verhältnis zwischen dem Auftraggeber und dem Lagerhalter nicht maßgebend, als sie ein Pfandrecht enthalten, das über das in § 50 dieser Bedingungen festgelegte Pfandrecht hinausgeht.

c) Eine Verpflichtung des Lagerhalters zur Sicherung oder Bewachung von Lagerräumen besteht nur insoweit, als es sich um eigene oder von ihm gemietete Lagerräume handelt und die Sicherung und Bewachung unter Berücksichtigung aller Umstände geboten und ortsüblich ist. Der Lagerhalter genügt seiner Bewachungspflicht, wenn er bei der Anstellung oder Annahme von Bewachung die nötige Sorgfalt angewandt hat.

d) Dem Einlagerer steht es frei, die Lagerräume zu besichtigen oder

besichtigen zu lassen. Einwände oder Beanstandungen gegen die Unterbringung des Gutes oder gegen die Wahl des Lagerraumes muß er unverzüglich vorbringen. Macht er von dem Besichtigungsrecht keinen Gebrauch, so begibt er sich aller Einwände gegen die Art und Weise der Unterbringung, soweit die Wahl des Lagerraumes und die Unterbringung unter Wahrung der Sorgfalt eines ordentlichen Lagerhalters erfolgt ist.

Literatur: *Staub/Koller*, Großkommentar HGB, Anh. III zu § 424.

§ 44 ADSp [Betreten des Lagers]

a) Das Betreten des Lagers ist dem Einlagerer nur in Begleitung des Lagerhalters oder eines vom Lagerhalter beauftragten Angestellten erlaubt.

b) Das Betreten darf nur in bei dem Lagerhalter eingeführten Geschäftsstunden verlangt werden, und auch nur dann, wenn ein Arbeiten bei Tageslicht möglich ist.

Literatur: *Staub/Koller*, Großkommentar HGB, Anh. III zu § 424.

§ 45 ADSp [Handlungen des Einlagerers]

a) Nimmt der Einlagerer irgendwelche Handlungen mit dem Gut vor (z. B. Probeentnahme), so hat er danach dem Lagerhalter das Gut aufs neue in einer den Umständen und der Verkehrssitte entsprechenden Weise zu übergeben und erforderlichenfalls Anzahl, Gewicht und Beschaffenheit des Gutes gemeinsam mit ihm festzustellen. Andernfalls ist jede Haftung des Lagerhalters für später festgestellte Schäden ausgeschlossen.

b) Der Lagerhalter behält sich das Recht vor, die Handlungen, die der Einlagerer mit dem Lagergut vorzunehmen wünscht, durch seine Angestellten ausführen zu lassen.

Literatur: *Staub/Koller*, Großkommentar HGB, Anh. III zu § 424.

§ 46 ADSp [Haftung des Einlagerers]

a) Der Einlagerer haftet für alle Schäden, die er, seine Angestellten oder Beauftragten beim Betreten des Lagers oder beim Betreten oder Befahren des Lagergrundstückes dem Lagerhalter, anderen Einlagerern oder dem Hauswirt zufügen, es sei denn, daß den Einlagerer, seine Angestellten oder Beauftragten kein Verschulden trifft. Als Beauftragte des Einlagerers gelten auch Dritte, die auf seine Veranlassung das Lager oder das Lagergrundstück aufsuchen.

b) Der Lagerhalter darf die ihm gemäß Absatz a zustehenden Ansprüche, soweit sie über die gesetzlichen Ansprüche hinausgehen, an Dritte nicht abtreten.

Literatur: *Staub/Koller*, Großkommentar HGB, Anh. III zu § 424.

§ 47 ADSp [Kündigung des Lagervertrags]

a) Der Lagerhalter darf, wenn nicht schriftlich etwas anderes vereinbart ist, den Lagervertrag jederzeit mit einmonatiger Frist durch eingeschriebenen Brief an die letzte ihm bekanntgegebene Adresse kündigen.

b) Eine Kündigung ohne Kündigungsfrist ist hinsichtlich solcher Güter zulässig, die andere Güter gefährden; im übrigen bleibt § 422 Abs. 2 HGB unberührt.

c) Entstehen dem Lagerhalter Zweifel, ob seine Ansprüche durch den Wert des Gutes sichergestellt sind, so ist er berechtigt, dem Einlagerer eine angemessene Frist zu setzen, in der dieser entweder für Sicherstellung der Ansprüche des Lagerhalters oder für anderweitige Unterbringung des Lagergutes Sorge tragen kann. Kommt der Einlagerer diesem Verlangen nicht nach, so ist der Lagerhalter zur Kündigung ohne Kündigungsfrist berechtigt.

Literatur: *Staub/Koller*, Großkommentar HGB, Anh. III zu § 424.

§ 48 ADSp [Lager-Empfangsschein, Namenslagerschein, Inhaberlagerschein, Orderlagerschein]

A. Sobald das Gut ordnungsgemäß eingelagert ist, wird auf Verlangen hierüber entweder ein „Lager-Empfangsschein" ausgehändigt oder ein „Namenslagerschein", ein „Inhaberlagerschein" oder, soweit der Lagerhalter dazu die staatliche Ermächtigung erhalten hat, ein „an Order" lautender, durch Indossament übertragbarer Lagerschein (§ 363 Abs. 2 HGB) ausgestellt. Im Zweifel gilt die vom Lagerhalter erteilte Bescheinigung nur als „Lager-Empfangsschein".

B. a) Der „Lager-Empfangsschein" ist lediglich eine Bescheinigung des Lagerhalters über den Empfang des Gutes. Für den Fall seiner Ausstellung gilt die Vorschrift des § 808 BGB. Der Lagerhalter ist nicht verpflichtet, das Gut nur dem Vorzeiger des Scheines herauszugeben.

b) Der Lagerhalter ist berechtigt, aber nicht verpflichtet, die Legitimation des Vorzeigers des Empfangsscheins zu prüfen; er ist ohne weiteres berechtigt, gegen Aushändigung des Scheines das Gut an den Vorzeiger herauszugeben.

c) Eine Abtretung oder Verpfändung der Rechte des Einlagerers aus dem Lagervertrag ist gegenüber dem Lagerhalter erst wirksam, wenn sie ihm schriftlich vom Einlagerer mitgeteilt worden ist. In solchen Fällen ist dem Lagerhalter gegenüber nur derjenige, dem die Rechte abgetreten oder verpfändet worden sind, zur Verfügung über das Lagergut berechtigt.

C. a) Ist ein „Namenslagerschein" ausgestellt, so ist der Lagerhalter verpflichtet, das eingelagerte Gut nur gegen Aushändigung des Namenslagerscheins, insbesondere nicht lediglich gegen einen Lieferschein, Auslieferungsschein oder dgl., und im Falle der Abtretung nur an denjenigen Inhaber des Lagerscheins herauszugeben, der durch eine zusammenhän-

gende Kette von auf dem Lagerschein stehenden Abtretungserklärungen legitimiert ist.

b) Der Lagerhalter ist zur Prüfung

1. der Echtheit der Unterschriften der Abtretungserklärungen,

2. der Echtheit der Unterschriften auf Lieferscheinen und dgl.,

3. der Befugnis der Unterzeichner zu 1 und 2

nicht verpflichtet, es sei denn, daß mit dem Auftraggeber etwas anderes vereinbart worden oder der Mangel der Echtheit oder Befugnis offensichtlich erkennbar ist.

c) Die Abtretung oder Verpfändung der Rechte des Einlagerers aus dem Lagervertrage ist dem Lagerhalter gegenüber nur dann wirksam, wenn sie auf dem Lagerschein schriftlich erklärt und im Falle der Verpfändung außerdem dem Lagerhalter mitgeteilt ist.

d) Der Lagerhalter kann dem nach vorstehenden Bestimmungen legitimierten Rechtsnachfolger des Einlagerers nur solche Einwendungen entgegensetzen, welche die Gültigkeit der Ausstellung des Scheines betreffen oder sich aus dem Schein ergeben oder dem Lagerhalter unmittelbar gegen den Rechtsnachfolger zustehen. Das gesetzliche Pfand- oder Zurückbehaltungsrecht des Lagerhalters wird durch diese Bestimmung nicht berührt.

D. a) Den „Inhaberlagerschein", in welchem der Lagerhalter dem Inhaber der Urkunde die Herausgabe des Lagergutes verspricht, hat der Lagerhalter zu unterschreiben. Im übrigen finden die gesetzlichen Vorschriften, insbesondere die §§ 793 ff BGB Anwendung.

b) Der Lagerhalter gibt das Gut nur gegen Aushändigung des Lagerscheins heraus. Er ist dazu ohne besondere Prüfung der Legitimation des Inhabers berechtigt.

E. Ist ein „an Order" lautender, durch Indossament übertragbarer Lagerschein von einem dazu ermächtigten Lagerhalter ausgestellt, so gelten die Vorschriften der §§ 364, 365, 424 HGB.

Literatur: *Staub/Koller*, Großkommentar HGB, Anh. III zu § 424.

§ 49 ADSp [Vorübergehende Aufbewahrung]

Die Bestimmungen dieses Abschnittes gelten auch bei nur vorübergehender Aufbewahrung von Gütern, z. B. zwecks Versendung, soweit nicht § 43 etwas anderes bestimmt.

Literatur: *Staub/Koller*, Großkommentar HGB, Anh. III zu § 424.

XII. Pfandrecht

§ 50 ADSp [Reichweite des Pfandrechts, Frist, Provision]

a) Der Spediteur hat wegen aller fälligen und nicht fälligen Ansprüche, die ihm aus den in § 2 Buchstabe a genannten Verrichtungen an den Auftraggeber zustehen, ein Pfandrecht und ein Zurückbehaltungsrecht an den in seiner Verfügungsgewalt befindlichen Gütern oder sonstigen Wer-

ten. Soweit das Pfand- oder Zurückbehaltungsrecht aus Satz 1 über das gesetzliche Pfand- oder Zurückbehaltungsrecht hinausgehen würde, ergreift es nur solche Güter und Werte, die dem Auftraggeber gehören.

b) Soweit das Pfand- oder Zurückbehaltungsrecht aus Absatz a über das gesetzliche Pfand- oder Zurückbehaltungsrecht hinausgehen würde, ergreift es bei Aufträgen des Spediteurs an einen anderen Spediteur nur solche Güter und sonstige Werte, die dem auftraggebenden Spediteur gehören oder die der beauftragte Spediteur für Eigentum des auftraggebenden Spediteurs hält und halten darf (z. B. Möbelwagen, Decken und dgl.).

c) Der Spediteur darf ein Pfand- oder Zurückbehaltungsrecht wegen solcher Forderungen, die mit dem Gut nicht in Zusammenhang stehen, nur ausüben, soweit sie nicht strittig sind oder wenn die Vermögenslage des Schuldners die Forderung des Spediteurs gefährdet.

d) Der Spediteur darf bei einem Auftrag, das Gut zur Verfügung eines Dritten zu halten oder einem Dritten herauszugeben, ein Pfand- oder Zurückbehaltungsrecht wegen Forderungen gegen den Dritten, die mit dem Gut nicht in Zusammenhang stehen, nicht ausüben, soweit und solange die Ausübung der Weisung und den berechtigten Interessen des ursprünglichen Auftraggebers zuwiderlaufen würde.

e) Etwa weitergehende gesetzliche Pfand- und Zurückbehaltungsrechte des Spediteurs werden durch die vorstehenden Bestimmungen nicht berührt.

f) (gestrichen)

g) An die Stelle der in § 1234 BGB bestimmten Frist von einem Monat tritt in allen Fällen eine solche von einer Woche.

h) Für den Pfand- oder Selbsthilfeverkauf kann der Spediteur in allen Fällen eine Verkaufsprovision vom Bruttoerlös in Höhe der ortsüblichen Sätze berechnen.

Literatur: siehe vor § 1 ADSp.

Übersicht

	Rz.
A. Pfandrecht	
I. Allgemeines	1
II. Pfandrecht an Gütern und Werten, die dem Auftraggeber gehören	
1. Voraussetzungen der Pfandrechtsentstehung	2
2. Umfang des Pfandrechts	3
3. Entgelt	4
III. Pfandrecht an dem Auftraggeber nicht gehörenden Gütern und Rechten	
1. Der Auftraggeber ist kein Spediteur	5
2. Der Auftraggeber ist Spediteur (§ 50 b ADSp)	6
B. Zurückbehaltungsrecht	
I. Allgemeines	7
II. Zurückbehaltungsrechte an Gütern und Werten, die dem Auftraggeber gehören	8
III. Zurückbehaltungsrechte an Gütern und Werten, die dem Spediteur gehören	9
IV. Zurückbehaltungsrechte an weder dem Auftraggeber noch dem Spediteur gehörenden Gütern und Rechten	10

A. Pfandrecht

I. Allgemeines

1 § 50 ADSp begründet ein weit über die gesetzlichen Pfandrechte des Spediteurs (§ 410 HGB), Frachtführers (§ 440 HGB) und Lagerhalters (§ 421 HGB) hinausreichendes vertragliches Pfandrecht iSd §§ 1204 ff BGB (BGHZ **17**, 1, 6). Da in der KVO und CMR zwingende Vorschriften über Pfandrechte fehlen, kommt § 50 ADSp auch dort zum Tragen (*Staub/Helm*, § 410 Rz. 36), sofern die ADSp anwendbar sind (beachte § 2 c S. 2 ADSp). § 50 ADSp gilt auch für selbständige Nebengeschäfte (OLG Köln v. 9.3.1984, TranspR **1985**, 26, 27). Das ADSp-Pfandrecht kann durch kollidierende Individualabreden ausgeschlossen sein (§ 4 AGBG; vgl. BGH v. 3.11.1965, WM **1966**, 115, 117).

II. Pfandrecht an Gütern und Werten, die dem Auftraggeber gehören

1. Voraussetzungen der Pfandrechtsentstehung

2 **a) Einigung:** Die Parteien müssen einen wirksamen Vertrag geschlossen haben; in diesen Vertrag müssen die ADSp einbezogen worden sein (vor § 1 ADSp Rz. 8 ff). In der Einbeziehung der ADSp liegt die Einigung iSd §§ 1205, 1274 BGB.

b) Güter und Werte sind Eigentum, Miteigentum, Anwartschaftsrechte, Forderungen und sonstige übertragbare Rechte. **Rechtsträger** oder Verfügungsberechtigter dieser Sachen und Rechte muß der **Auftraggeber** sein (zu fremden Sachen und Rechten Rz. 5 f). Es genügt, daß der Auftraggeber in dem Zeitraum, in dem der Spediteur Verfügungsgewalt besitzt, Träger des Rechtes (z. B. Eigentümer) wird oder zur Verfügung ermächtigt wird (§ 185 BGB; *Krien/Glöckner*, vor § 50 ADSp Anm. 3 b I; *Staub/Helm*, § 410 Rz. 37).

c) Verfügungsgewalt des Spediteurs besteht bei Sachen im Fall des Alleinbesitzes, des qualifizierten Mitbesitzes (§ 1206 BGB), des mittelbaren Besitzes (u. U. Anzeige erforderlich; § 1205 II BGB). Bei Rechten ist erforderlich, daß der Spediteur allein in der Lage ist, das Recht geltend zu machen (Wertpapiere). Erst recht besitzt der Spediteur Verfügungsgewalt, wenn er Inhaber einer Forderung ist, die er an den Auftraggeber abzutreten hat. An dieser Forderung kann jedoch gemäß §§ 1279 ff BGB kein Pfandrecht des Spediteurs entstehen (**a. A.** *Staub/Helm*, § 410 Rz. 39). Der Spediteur muß sich auf sein Zurückbehaltungsrecht (Rz. 7) berufen.

d) Gesichert werden **alle Ansprüche** des Spediteurs gegen den Auftraggeber und im Rahmen des § 50 d ADSp auch gegen Dritte. Gesichert werden insbesondere auch Forderungen, die nicht in innerem wirtschaftlichen Zusammenhang mit dem Auftrag stehen und keinem einheitlichen Lebensverhältnis entspringen (**inkonnexe Forderungen** [*Staub/Helm*, § 410 Rz. 48]; zum Pendant, der konnexen Forderung, vgl. § 410 HGB Rz. 3) sowie bedingte Forderungen. Die Forderungen müssen im normalen Geschäftsverkehr erworben worden sein (§ 2 a ADSp; BGHZ **20**, 231, 233).

2. Umfang des Pfandrechts

a) Der Umfang und die **Verwertung des Pfandrechts** richten sich im wesentlichen nach den §§ 1204 ff BGB mit Ausnahme des § 1234 BGB (BGH v. 3.11. 1965, WM **1966**, 115). Gemäß § 50 g ADSp genügt die eine Woche zuvor ergangene Verkaufsandrohung. Diese Fristverkürzung ist gültig (*Staub/Helm*, § 410 Rz. 59; *Wolf/Horn/Lindacher*, AGBG, § 9 Rz. P 7; **a. A.** *Graf von Westphalen*, ZIP **1981**, 119, 121). Außerdem kann sich der Spediteur auf die Rechte aus den §§ 410, 421, 440 HGB berufen (§ 50 e ADSp). 3

b) Ausnahmen: Sichert das Pfandrecht eine **inkonnexe Forderung** (Rz. 2), so darf es nur geltend gemacht werden, wenn die Forderung *unstrittig* ist, d. h., wenn gegen die Forderung keine oder nur abwegige bzw. unsubstantiierte Einwendungen erhoben werden (§ 50 c ADSp; Parallele zu § 32 ADSp [*Piper*, Höchstrichterliche Rechtsprechung, aaO, Rz. 107; *Büchner/Ketterl*, TranspR **1991**, 125, 126; **a. A.** OLG Köln v. 9.3.1984, TranspR **1985**, 26, 28]). Die Geltendmachung des Pfandrechts ist demnach ausgeschlossen, wenn die Forderung erst im Prozeß über die Herausgabe des Guts oder im Schadensersatzprozeß entscheidungsreif wird, weil der Auftraggeber abschätzen können muß, in welchem Umfang er sich auf die Auslieferung des Gutes verlassen kann (**a. A.** *Staub/Helm*, § 410 Rz. 43). Die Beweislast für die Unstrittigkeit der Forderung trägt der Spediteur (OLG Köln v. 9.3.1984, TranspR **1985**, 26, 28; **a. A.** *Krien/Glöckner*, § 50 ADSp Anm. 7). Strittige Forderungen stehen jedoch einer Verwertung des Pfandrechts nicht entgegen, wenn objektiv (§ 5 AGBG) die *Realisierung der Forderung* konkret *gefährdet* ist (§ 50 c ADSp), d. h. keine Übersicherung besteht und die Vermögensverhältnisse des Auftraggebers eine Überschuldung oder Zahlungsunfähigkeit wahrscheinlich erscheinen lassen (Parallele zu § 321 BGB; Beweislast: Spediteur). Andererseits kann das Pfandrecht selbst bei konnexen Forderungen dann nicht geltend gemacht werden, wenn sich die **Forderung gegen einen Dritten** richtet, falls die Geltendmachung des Pfandrechts den *Weisungen oder den Interessen des Auftraggebers zuwiderlaufen* würde (§ 50 d ADSp; vgl. BGH v. 3.11.1965, WM **1966**, 115, 117). Geschützt sind sämtliche Interessen des Auftraggebers, insbesondere das Interesse, vom Dritten die von diesem versprochene Gegenleistung zu erhalten und mit dem Dritten in ungestörten Geschäftsverbindungen zu verbleiben.

3. Entgelt

§ 50 h ADSp erweitert § 354 HGB. Fehlen ortsübliche Sätze, so ist angemessenes Entgelt zu zahlen (*Wolf*, § 50 ADSp Rz. 21). 4

III. Pfandrecht an dem Auftraggeber nicht gehörenden Gütern und Rechten

1. Der Auftraggeber ist kein Spediteur

Nach dispositivem Recht kann der Spediteur (§ 410 HGB), Frachtführer (§ 440 HGB) oder Lagerhalter (§ 421 HGB) ein Pfandrecht an beweglichen Gütern, die dem Auftraggeber nicht gehören, erwerben, wenn er den Auf- 5 traggeber ohne grobe Fahrlässigkeit für den Eigentümer oder Verfügungsberechtigten oder Versendungsberechtigten hielt (§§ 1257, 1207 BGB, § 366 III HGB; s. § 410 HGB Rz. 2). Ein gutgläubiger Erwerb von Pfandrechten an Rechten ist nur bei Wertpapieren und Anwartschaftsrechten möglich. Das gutgläubig erworbene gesetzliche Pfandrecht sichert nur konnexe Forderungen (§ 410 HGB Rz. 3). Gemäß § 50 a S. 2 ADSp ist daher kraft ADSp ein **gutgläubiger Erwerb** eines vertraglichen Pfandrechts (§ 1207 BGB, § 366 I HGB) zur Sicherung **inkonnexer Forderungen** (Rz. 2) gegen den Auftraggeber oder gegen Dritte **ausgeschlossen**, weil der gutgläubige Erwerb eines Pfandrechts zur Sicherung inkonnexer Forderungen über das gesetzliche Pfandrecht hinausgeht (OLG Köln v. 18.9.1984, WM **1985**, 119; *Staub/Helm*, § 410 Rz. 48 f). Dies gilt auch für das Sicherungseigentum (OLG Köln v. 18.9.1984, WM **1985**, 119, 120). Der Spediteur erlangt somit in Hinblick auf Gegenstände, die Dritten gehören, grundsätzlich Pfandrechte iSd § 50 ADSp nur im Rahmen der gesetzlichen Pfandrechte (§§ 410, 440 HGB). Für die ADSp-Pfandrechte gilt in Hinblick auf ihre Durchsetzung § 50 g und h ADSp (Rz. 3). Unberührt bleibt die Begründung eines Pfandrechts an Gütern Dritter zur Sicherung inkonnexer Forderungen durch Individualvertrag, falls der Spediteur gutgläubig war (§ 366 I HGB).

2. Der Auftraggeber ist Spediteur (§ 50 b ADSp)

6 Hier soll gemäß § 50 b ADSp ein gutgläubiger Erwerb von Pfandrechten für inkonnexe Forderungen (Rz. 2) auch dann möglich sein, wenn der Auftraggeber nicht Eigentümer ist und der Spediteur ohne Fahrlässigkeit an das Eigentum des Auftraggebers geglaubt hat. Die Klausel verstößt gegen § 9 AGBG (BGHZ **17**, 1; *Staub/Helm*, § 410 Rz. 51; *Ulmer/Brandner/Hensen*, AGBG, Anh. §§ 9-11 Rz. 23).

B. Zurückbehaltungsrecht

I. Allgemeines

7 Ein Zurückbehaltungsrecht ist dort von besonderer Bedeutung, wo Pfandrechte nicht entstehen können, weil der Spediteur Eigentümer des Guts oder Inhaber der Forderung gegen Dritte ist und der Spediteur diese Gegenstände herauszugeben hat. Das Zurückbehaltungsrecht in § 50 ADSp kann neben dem Pfandrecht geltend gemacht werden.

II. Zurückbehaltungsrecht an Gütern und Werten, die dem Auftraggeber gehören

8 Der Spediteur kann nur die Erfüllung seiner Verpflichtungen verweigern. Ein Recht zur Verwertung steht ihm kraft ADSp nicht zu (§ 5 AGBG; **a. A.** wohl *Staub/Helm*, § 410 Rz. 59). Zu den Schranken des Zurückbehaltungsrechts aus § 50 c und d ADSp s. Rz. 3. Die Zurückbehaltungsrechte aus §§ 273 BGB, 369 ff HGB bleiben unberührt (§ 50 e ADSp).

III. Zurückbehaltungsrechte an Gütern und Werten, die dem Spediteur gehören

Es geht hier um Güter und Werte, die der Spediteur im eigenen Namen auf Rechnung des Auftraggebers erworben hat. § 50 a ADSp sagt nicht klar, ob hier das ADSp-Zurückbehaltungsrecht über die gesetzlichen Zurückbehaltungsrechte hinausgehen soll, insbesondere, ob es auch dort einsetzbar sein soll, wo noch nicht fällige, inkonnexe Forderungen (Rz. 2) des Spediteurs gegen den Auftraggeber gesichert werden sollen und wo das Zurückbehaltungsrecht gegenüber einem Anspruch des Auftraggebers auf Herausgabe einer Forderung ausgeübt wird. § 50 a S. 2 ADSp spricht ganz allgemein von „hinausgehen". Gemäß § 5 AGBG hat das zur Konsequenz, daß der Spediteur ein Zurückbehaltungsrecht nach ADSp an ihm gehörenden Gegenständen nur dann erwerben kann, wenn die Voraussetzungen des § 273 BGB oder der §§ 369 ff HGB für das Entstehen eines gesetzlichen Zurückbehaltungsrechts erfüllt sind (§ 50 a S. 2 ADSp). **Umfang des Zurückbehaltungsrechts** (Rz. 3). 9

IV. Zurückbehaltungsrechte an weder dem Auftraggeber noch dem Spediteur gehörenden Gütern und Rechten

Gesetzliche Zurückbehaltungsrechte können mit Wirkung gegen die Eigentümer und Inhaber sonstiger Rechte nicht entstehen oder hängen in ihrer Tragweite vom Rechtsverhältnis zwischen Auftraggeber und Dritten ab (§ 986 BGB). Dies hat zur Konsequenz, daß gemäß § 50 a S. 2 ADSp iVm § 5 AGBG auch keine ADSp-Zurückbehaltungsrechte begründet werden, weil es um Güter geht, die dem Auftraggeber nicht gehören (ebenso i. E. OLG Stuttgart v. 5.5.1978, WM **1978**, 1330, 1332; *Staub/Helm*, § 410 Rz. 59). Ein gutgläubiger Erwerb und Verträge zu Lasten Dritter sind in Hinblick auf Zurückbehaltungsrechte unmöglich. 10

XIII. Haftung des Spediteurs

§ 51 ADSp [Beweislast, Haftung, Begrenzung, Haftungsvereinbarung]

a) Der Spediteur haftet bei allen seinen Verrichtungen (siehe § 2 Buchstabe a) grundsätzlich nur, soweit ihn ein Verschulden trifft. Die Entlastungspflicht trifft den Spediteur; ist jedoch ein Schaden am Gut äußerlich nicht erkennbar gewesen oder kann dem Spediteur die Aufklärung der Schadensursache nach Lage der Umstände billigerweise nicht zugemutet werden, so hat der Auftraggeber nachzuweisen, daß der Spediteur den Schaden verschuldet hat. Im Schadensfall hat der Auftraggeber nachzuweisen, daß ein Gut bestimmter Menge und Beschaffenheit dem Spediteur übergeben worden ist. Der Spediteur hat zu beweisen, daß er das Gut, wie er es erhalten hat, abgeliefert hat; das gilt auch für den Zwischenspediteur. Der Spediteur ist verpflichtet, durch Einholung von Auskünften und Beweismitteln für die Feststellung zu sorgen, wo der geltend gemachte Schaden entstanden ist.

b) Im übrigen ist die Haftung des Spediteurs nach Maßgabe der vorangegangenen und folgenden Bestimmungen beschränkt bzw. aufgehoben. Dies gilt vorbehaltlich des § 41 Buchstabe a nicht, wenn der Schaden durch Vorsatz oder grobe Fahrlässigkeit des Spediteurs oder seiner leitenden Angestellten verursacht worden ist.

c) Dem Auftraggeber steht – abgesehen von der Versicherungsmöglichkeit (siehe §§ 35 ff, 39 ff) – frei, mit dem Spediteur eine über diese Bedingungen hinausgehende Haftung gegen besondere Vergütung zu vereinbaren.

Literatur: siehe vor § 1 ADSp.

Übersicht

	Rz.
A. Allgemeines	1
B. Verschuldenshaftung	
I. Haftung	2
II. Beweislast	3
1. Schadensort	
2. Verursachung und Verschulden	4
a) Äußerlich erkennbare Schäden	
b) Äußerlich nicht erkennbare Schäden	
c) AGBG-Konformität	
3. Schadensumfang	
III. Aufklärung und Sicherung von Beweismitteln	5
IV. Uneingeschränkte Haftung	6
1. Voraussetzungen	
2. Rechtsfolge	
3. Beweislast	7
V. Eingeschränkte Haftung	8
C. Haftungsvereinbarungen	9

A. Allgemeines

1 § 51 ADSp regelt ein Konglomerat von Fragen. In § 51a S. 1 ADSp wird eine umfassende vertragliche Verschuldenshaftung statuiert, die aber in § 51 b S. 1 ADSp wieder nahezu gänzlich ausgeschlossen wird. Gleiches gilt für die Deliktshaftung (§ 63 ADSp). Hervorzuheben sind die Haftungsausschlüsse gemäß den §§ 37, 41 a, 52 ff ADSp, deren Tragweite insbesondere davon abhängt, in welcher Form der Spediteur den Auftraggeber versichert hat und inwieweit die Haftungsausschlüsse mit § 9 AGBG vereinbar sind. Die Haftungsausschlüsse werden jedenfalls ihrerseits durch § 51 b S. 2 ADSp eingeschränkt; entgegen dem Wortlaut des § 51 b S. 2 ADSp unter Umständen auch § 41 a ADSp (§ 41 ADSp Rz. 7; § 51 ADSp Rz. 6). § 51 a S. 2–5 ADSp enthält Beweislastregeln und statuiert eine Pflicht zur Beweissicherung. § 51 c ADSp besagt angesichts des AGB-Charakters der ADSp (vor § 1 ADSp Rz. 1) Selbstverständliches. Abweichende Individualvereinbarungen gehen auch ohne Vergütungsabrede vor (näher vor § 1 ADSp Rz. 6).

B. Verschuldenshaftung

I. Haftung

§ 51 a S. 1 ADSp besagt negativ, daß der Spediteur nicht verschuldensunabhängig, und positiv, daß er bei Verschulden haftet. Diese Regel entspricht dem dispositiven Speditions-, Lagerhalter- und Frachtrecht (§§ 407 II, 417 I iVm §§ 390, 429 HGB). Soweit im Bereich der Verkehrsverträge (§ 2 a ADSp) eine verschuldensunabhängige Haftung existiert, ist diese Haftung zwingend (z. B. §§ 29 ff KVO, Art. 17 CMR). Die ADSp kommen dort nicht zur Anwendung (§ 2 c S. 1, 2 ADSp). Die Verschuldenshaftung gemäß § 51 a S. 1 ADSp kann ganz entfallen (Rz. 8), in aller Regel ist sie stark eingeschränkt (Rz. 8). Ausnahme: § 51 b S.2 ADSp (Rz. 6). 2

II. Beweislast

1. Schadensort

Die Vermutung spricht für einen Schaden in der Obhut des Spediteurs, wenn der Auftraggeber beweisen kann, daß er das Gut dem Spediteur vollzählig und schadensfrei übergeben hat. Der Beweis kann in jeder Form erbracht und entkräftet werden (vgl. § 407 HGB Rz. 45, 46; § 425 HGB Rz. 21; § 429 HGB Rz. 8). Der Anscheinsbeweis ist zulässig. Die Vermutung des § 51 a S. 2 ADSp kann dadurch widerlegt werden, daß der Spediteur beweist, daß das Gut dem legitimierten Empfänger vollzählig und schadensfrei derart angeboten worden ist, daß der unmittelbaren Sachherrschaft des Empfängers keine Hindernisse mehr entgegengestanden sind und daß der Empfänger willens und in der Lage gewesen ist, das Gut ohne Vorbehalt in seinen Besitz zu nehmen (vgl. § 408 HGB Rz. 7; § 429 HGB Rz. 6; § 53 ADSp). Beweist der Spediteur, daß er das Gut an den Frachtführer, Lagerhalter oder Empfänger in dieser Form abgeliefert hat, so entfällt eine Haftung. Hat der Spediteur das Gut an den Auftraggeber zurückgegeben, so hat der Auftraggeber, der bei der Übergabe keinen Vorbehalt angemeldet hat, zu beweisen, daß das Gut nicht vollzählig oder beschädigt war (vgl. § 363 BGB). Der Spediteur hat die vorbehaltlose Annahme des Guts zu beweisen (vgl. § 363 HGB; BGH v. 2.2.1973, VersR **1973**, 342, 343). Liefert der Spediteur das Gut an einen Unterspediteur (§ 407 HGB Rz. 34) aus, so muß auch der Unterspediteur die vollständige und schadensfreie Ablieferung nachweisen (*Hald/Widmann*, S. 187). Der Beweis kann mit den Mitteln des Anscheinsbeweises geführt werden (*Krien/Glöckner*, vor § 51 ADSp Anm. 2 b III). 3

2. Verursachung und Verschulden

a) Äußerlich erkennbare Schäden: Der Spediteur hat grundsätzlich den Entlastungsbeweis zu führen, falls der Schaden oder Verlust nachweislich nach Übergabe an ihn erfolgt ist und der Schaden bei Ablieferung (Rz. 3) mit handelsüblichen Untersuchungsmethoden äußerlich erkennbar war (§ 51 a S. 2 HS 1 ADSp; BGH v. 14.7.1988, TranspR **1988**, 391, 392). Eine Aus- 4 nahme soll dort gelten, wo eine Aufklärung der Schadensursache unter Berücksichtigung aller Umstände unbillig ist. Dies ist nicht schon dann der Fall, wenn die Schadensursache nicht aufgeklärt werden kann (*Schlegelberger/Schröder*, § 417 Rz. 6; *Krien/Glöckner*, § 51 ADSp Anm. 5). Geht man davon aus, daß es dem Spediteur obliegt, alle denkbaren Schadensursachen, die aus seinem Verantwortungsbereich stammen (§ 11 Nr. 15 a ADSp), mit zumutbarem Aufwand auszuschließen, und daß dies angemessen ist, weil der Auftraggeber dem Schadenseintritt noch ferner steht, so ist kaum ein Fall denkbar, in dem die Entlastungspflicht unbillig ist; denn mit dem Ausschluß aller im Verantwortungsbereich des Spediteurs denkbaren Schadensursachen ist der Entlastungsbeweis geführt (BGH v. 14.7.1988, TranspR **1988**, 391, 392).

b) Äußerlich nicht erkennbare Schäden: Die Verursachung und das Verschulden bei Schäden, die bei der Ablieferung (Rz. 3) mit handelsüblichen Untersuchungsmethoden nicht erkannt werden können, hat der Auftraggeber auch dann nachzuweisen, wenn die Schadensquelle im Verantwortungsbereich des Spediteurs liegen kann; Anscheinsbeweis genügt.

c) AGBG-Konformität: Die Klausel verstößt gegen § 9 AGBG (*Ulmer/Brandner/Hensen*, AGBG, Anh. §§ 9–11 Rz. 23; BGH v. 24.6.1987, VersR **1987**, 1212, 1215 für den Bereich zwingender Haftung; vgl. ferner *Löwe/Graf von Westphalen/Trinkner*, AGBG, Bd. III, S. 31.1–5 Rz. 15; BGH v. 28.3.1973, NJW **1973**, 1192; v. 23.2.1984, BB **1984**, 939, 940; kritisch *Staub/Helm*, § 51 ADSp Rz. 6, anders Rz. 3; **a. A.** *Wolf/Horn/Lindacher*, AGBG, § 9 Rz. A 71; *Krien/Glöckner*, vor § 51 ADSp Anm. 2 b IV; *Hald/Widmann*, S. 185). Die Klausel verstößt auch dann gegen § 9 AGBG, wenn der Auftraggeber transportversichert war (**a. A.** MüKo-*Kötz*, § 11 Nr. 15 AGBG Rz. 163), weil der Auftraggeber bzw. sein Versicherer bei der in § 51 a S. 2 ADSp vorgesehenen Beweislastverteilung wegen Beweisnot sogar grob fahrlässig verursachte Schäden ohne jeden Ersatz hinnehmen müßte.

3. Schadensumfang

Insoweit gelten die allgemeinen Regeln.

III. Aufklärung und Sicherung von Beweismitteln

5 Der Spediteur ist mit zumutbarem Aufwand verpflichtet, den Schadensort zu ermitteln und dafür Beweise zu sichern. Er muß schriftliche oder mündliche Auskünfte potentieller Drittschädiger und Zeugen einholen. Zu weitergehenden Maßnahmen ist er nur in Hinblick auf die Sicherung von Beweismitteln verpflichtet. Die Verpflichtung bezieht sich nur auf den Schadensort. Sie besteht auch dann, wenn der Schaden im unmittelbaren Gewahrsam des Spediteurs entstanden ist (§ 5 AGBG; **a. A.** *Krien/Glöckner*, vor § 51 ADSp Anm. 4). Verletzt der Spediteur diese Pflicht, so haftet er für kausal verursachte Schäden (OLG Frankfurt v. 16.11.1982, VersR **1983**, 1055, 1056), gegebenenfalls beschränkt (Rz. 8). Aus § 51 a S. 5 ADSp läßt sich nicht entnehmen, daß der Spediteur hinsichtlich solcher Schäden haftet und beweisbelastet ist, die erst nach Übergabe des Gutes an den Frachtführer eingetreten sind

(BGH v. 24.6.1987, VersR **1987**, 1212, 1214). Aus § 51 a S. 5 ADSp kann auch nicht unmittelbar die Pflicht abgeleitet werden, schon vor der Schadensentstehung Beweise zu sichern (**a. A.** OLG Frankfurt v. 16.11.1982, VersR **1983**, 1055, 1056; v. 19.1.1984, TranspR **1985**, 420, 421). Die Pflicht, die Güter Dritten iSd § 52 a ADSp nur auf der Grundlage einer detaillierten Quittung zu übergeben oder sonst durch geeignete organisatorische Maßnahmen sicherzustellen, daß der Verlust beim Dritten bewiesen werden kann, kann vielmehr unmittelbar auf § 407 HGB gestützt werden (§ 407 HGB Rz. 45). Grobes Organisationsverschulden (vgl. BGH v. 13.4.1989, TranspR **1989,** 327, 328) führt daher zur unbeschränkten Haftung (OLG Frankfurt v. 16.11.1982, VersR **1983**, 1055, 1056). Unberührt bleibt die Haftung des Spediteurs unter dem Gesichtspunkt, daß er die schadensfreie Ablieferung an den Dritten nicht beweisen kann.

IV. Uneingeschränkte Haftung

1. Voraussetzungen

Vorsatz oder grobe Fahrlässigkeit iSd §§ 276, 277 BGB, 347 HGB. Grob **6** fahrlässig wird insbesondere gehandelt, wenn naheliegende organisatorische Schutzmaßnahmen unterbleiben (BGH v. 13.4.1989, TranspR **1989,** 327, 328; v. 4.7.1980, VersR **1981,** 30; OLG Frankfurt v. 16.11.1982, VersR **1983**, 1055, 1056; OLG Nürnberg v. 19.12.1986, TranspR **1987**, 149, 150; OLG Düsseldorf v. 22.11.1990, TranspR **1991**, 59; OLG München v. 9.12.1988, TranspR **1989,** 442), wenn die Geschäftsleitung nicht dafür sorgt, daß bei Schwierigkeiten sofort leitende Mitarbeiter unterrichtet werden (OLG Hamburg v. 23.9.1982, VersR **1983**, 827, 828), ebenso bei unüblichen Aufträgen (BGH v. 13.7.1973, WM **1973**, 1238, 1241) oder wenn der Betrieb sonst so mangelhaft strukturiert ist, daß dies für jeden Leiter eines Speditionsunternehmens offenkundig sein muß (BGH v. 9.10.1981, VersR **1982**, 486, 488; OLG München, TranspR **1986**, 349; OLG Nürnberg v. 19.12.1986, TranspR **1987**, 149, 150 zum Schutz gegen Personaldiebstähle; AG Lampertsheim, TranspR **1988**, 442; LG Saarbrücken, TranspR **1991,** 157: Lagerung von Videorekordern auf nicht abgeschlossenen und nicht sichtgeschützten Regalen; AG Düsseldorf, VersR **1989**, 414: unzureichende Schulung der Arbeitnehmer; BGH v. 13.4.1989, TranspR **1989,** 327, 328: keine Organisation einer Ein- und Ausgangskontrolle; LG Duisburg, TranspR **1989,** 111: technischer Zustand der Rohrleitungen; OLG Hamburg v. 23.11.1989, TranspR **1990,** 443; OLG München v. 9.12.1988, VersR **1989**, 1108, 1109: unzureichende Sicherung gegen Einbruch; AG Hamburg, TranspR **1990**, 202, 203: Abstellen von beladenen Wechselpritschen auf unbewachtem Gelände; weitere Einzelfälle *Thume,* TranspR **1991,** 209, 212), ferner wenn ein außergewöhnliches Risiko geschaffen wird, ohne daß ausreichende Sicherungen geschaffen werden oder der Versender informiert wird (OLG Hamm, BB **1964**, 1322). Gleiches gilt für grobe Mängel der Überwachungstätigkeit und Personalauswahl. Für den Vorwurf grober Fahrlässigkeit ist es unerheblich, daß das Verhalten üblich ist (BGH v. 4.7.1980, TranspR **1981**, 123). Der Vorwurf kann *leitenden Angestellten* iSd § 51 b S. 2 ADSp gemacht werden, wenn sie einen Bereich des Speditionsunternehmens an Stelle des Spediteurs aufgrund eines Vertretungs- oder ähnlichen Verhältnisses weitgehend selbständig leiten (*Hald/Widmann*, S. 191), also als Repräsentanten bzw. verfassungsmäßig berufene Vertreter an die Stelle des Spediteurs getreten sind (vgl. zum Begriff des Repräsentanten *Prölss/Martin*, VVG [24. Aufl.], § 6 Anm. 6 B; ferner die Rechtsprechung zu den §§ 30, 31 BGB; *Palandt/Heinrichs*, BGB, § 31 Rz. 6, 8 m. Nachw.). Die Voraussetzungen der §§ 5 BetrVG, 14 KSchG müssen nicht erfüllt sein (**a. A.** *Wolf*, § 51 ADSp Rz. 22); der ,,Angestellte" muß auch nicht Arbeitnehmer sein. Er kann auch gesetzlicher Vertreter sein.

2. Rechtsfolge

Der Spediteur haftet in vollem Umfang. Sämtliche unmittelbaren oder mittelbaren Haftungsausschlüsse, insbesondere der §§ 52–63 ADSp, entfallen. **Ausnahme:** § 41 a ADSp in dem Umfang, in dem die Versicherung im Zeitpunkt der Klageerhebung (so § 41 ADSp Rz. 3; *Koller*, TranspR **1986**, 129, 132) bzw. im Zeitpunkt der Schadensentstehung (so h. M.; *Staub/Helm*, Anh. I § 415 HGB, § 41 ADSp Rz. 9) zahlungspflichtig ist (OLG Düsseldorf v. 23.2.1984, TranspR **1984**, 222, 226). Siehe Erl. § 41 ADSp Rz. 3, 7.

3. Beweislast

7 Der Spediteur hat zu beweisen, daß schädigende Mitarbeiter keine leitenden Angestellten sind (vgl. BGH v. 6.3.1972, WM **1972,** 583, 585): Im übrigen hat der Geschädigte die grobe Fahrlässigkeit zu beweisen (BGH v. 9.10,1981, VersR **1982,** 486, 488 f). Da § 51 b 2 ADSp eine Ausnahme von § 51 a 2 ADSp darstellt, trifft die Beweislast für grobes Verschulden des Spediteurs den Geschädigten (OLG Celle v. 29.5.1991, TranspR **1991,** 315; LG Hamburg, TranspR **1992**, 143, 144; **a. A.** OLG München v. 24.4.1991, TranspR **1991,** 248, 249). Wenn man die §§ 52 ff ADSp mit der h. M. für AGBG-konform hält, so verstößt auch diese aus § 51 b 2 ADSp abgeleitete Beweislastverteilung nicht gegen § 9 AGBG (BGH v. 9.10.1981, VersR **1982,** 486, 488 f; LG Hamburg, TranspR **1992**, 143). Der Spediteur hat jedoch, soweit dem Geschädigten die an sich von ihm vorzutragenden Tatsachen nicht bekannt sein können, weil der Geschädigte gänzlich außerhalb des maßgeblichen Geschehensablaufes stand und die maßgeblichen Informationen von ihm auch nicht beschafft werden können, substantiiert unter Nennung der Namen der beteiligten Personen den Geschehensablauf darzulegen, soweit er sich zumutbar informieren kann (vgl. BHG, NJW **1961,** 826, 828; **1962,** 2149, 2150; **1978,** 1681, 1682). Der Spediteur muß daher substantiiert vortragen, welche Sorgfaltsvorkehrungen er getroffen hat (BGH v. 9.10.1981, VersR **1982,** 486, 489; v. 19.6.1986, TranspR **1986,** 459, 461; OLG Hamburg v. 19.1.1989, VersR **1989**, 1169; v. 3.5.1990, TranspR **1990,** 444, 445; OLG Karlsruhe v. 7.11.1991, TranspR **1992**, 67, 70; LG Hamburg, TranspR **1992**, 143, 145; *Thume,* TranspR **1991,** 209, 214 f; *Herber/Schmuck,* VersR **1991,** 1209, 1212). Streitig ist, wie weit die Obliegenheit zum substantiierten Vortrag reicht. *Herber/Schmuck,* aaO, wollen Aufklärungsobliegenheiten nur dann bejahen, wenn über die grob fahrlässige Verursachung konkret bekannter Schadensursachen gestritten werde (ebenso LG Karlsruhe,

TranspR **1992**, 147). Es ist jedoch dem Spediteur auch dort, wo die konkrete Schadensursache unbekannt ist, anzusinnen, in Hinblick auf alle denkbaren Fehlerquellen die von ihm im Einzelfall oder generell getroffenen Schutzvorkehrungen in zumutbarem Umfang darzulegen. Er hat demnach z. B darzustellen, wann, von wem, wo und wie Eingangs- und Ausgangskontrollen vorgenommen werden, welche Vorkehrungen zur Verhütung den Fehlverladungen und zum Schutz vor Diebstählen, insbesondere bei besonders gefährdeter Ware getroffen worden sind (Auswahl und Kontrolle des Personals, elektronische Sicherung, Videokameras), welche Vorkehrungen zum Wiederauffinden von Waren existieren. Subunternehmer braucht er nur zu befragen, soweit er für sie einzustehen hat (*Koller,* VersR **1990,** 553, 557 ff). Kommt der Spediteur seiner Darlegungsobliegenheit nicht nach, so kann daraus auf ein grobes Verschulden geschlossen werden (OLG Hamburg v. 3.5.1990, TranspR **1990,** 444, 445). Denkbar ist auch, in solchen Fällen den Umfang der Darlegungslast des Geschädigten zu reduzieren und Beweisanträge schon dann für zulässig zu erklären, wenn ihnen plausible Annahmen zugrunde liegen (vgl. BGH, DB **1974,** 1763; *Arens,* ZZP **96** (1983), 1, 4; *Huber,* MDR **1981,** 95, 97). Erfüllt der Spediteur seine Darlegungsobliegenheit, so ist es Sache des Geschädigten, konkrete Tatsachen zu behaupten und unter Beweis zu stellen, aus denen sich die grobe Fahrlässigkeit ergibt (BGH v. 9.10. 1981, VersR **1982,** 486, 489). Ist nach Beweislage von einem grob fahrlässigen Verhalten des Spediteurs auszugehen, so obliegt es dem Spediteur, die gegen die Ursächlichkeit des Fehlverhaltens sprechenden Umstände darzulegen und zu beweisen (BGH v. 13.4.1989, TranspR **1989,** 327, 328). Mit den Mitteln des Anscheinsbeweises kann grundsätzlich grob fahrlässiges Verhalten nicht nachgewiesen werden (*Palandt/Heinrichs,* § 277 Rz. 3, *Zöller/Stephan,* ZPO, § 287 Rz. 17 m. Nachw.), wohl aber bestimmte Ereignisse als Schadensursache (OLG Köln v. 8.11.1989, VersR **1990,** 390; *Zöller/Stephan,* ZPO, § 286 Rz. 16 m. Nachw.; *Herber/Schmuck,* VersR **1991,** 1209, 1213; weitergehend OLG München v. 24.4.1991, TranspR **1991,** 248, 249). Vgl. auch Beweislastverteilung im Rahmen des Art. 29 CMR.

V. Eingeschränkte Haftung

Hat der Spediteur oder sein leitender Angestellter nur leicht fahrlässig oder **8**
haben sonstige Erfüllungsgehilfen schuldhaft gehandelt, so haftet der Spediteur entweder gar nicht (§ 41 a ADSp, § 37 ADSp, §§ 33, 52, 56, 57 ADSp) oder nur unter starken Einschränkungen (§§ 54 ff ADSp). Ausnahme: § 41 c ADSp. Die AGBG-Konformität dieser Haftungsausschlüsse und -einschränkungen ist fragwürdig (siehe bei den einzelnen Klauseln).

C. Haftungsvereinbarungen

§ 51 c ADSp besitzt angesichts des § 4 AGBG keinen selbständigen Rege- **9**
lungsgehalt. Eine erhöhte Haftung kann daher auch konkludent ohne besondere Vergütung vereinbart werden. Im Zweifel ist jedoch der Spediteur dazu

nicht bereit (OLG Düsseldorf v. 29.4.1976, DB **1976**, 1374). Aus § 51 c ADSp kann man auch nicht ableiten, daß es sich bei den ADSp um keine AGB handle (vor § 1 ADSp Rz. 1).

§ 52 ADSp [Abtretung der Ansprüche gegen Dritte, Eigenhaftung bei Auswahlverschulden]

a) Ist ein Schaden bei einem Dritten, namentlich einem Frachtführer, Lagerhalter, Schiffer, Zwischen- oder Unterspediteur, Versicherer, einer Eisenbahn oder Gütersammelstelle, bei Banken oder sonstigen an der Ausführung des Auftrags beteiligten Unternehmern entstanden, so tritt der Spediteur seinen etwaigen Anspruch gegen den Dritten dem Auftraggeber auf dessen Verlangen ab, es sei denn, daß der Spediteur aufgrund besonderer Abmachungen die Verfolgung des Anspruchs für Rechnung und Gefahr des Auftraggebers übernimmt. Die vorstehend erwähnten Dritten gelten nicht als Erfüllungsgehilfen des Spediteurs.

b) Eine weitergehende Verpflichtung oder eine Haftung besteht für den Spediteur nur, wenn ihm eine schuldhafte Verletzung der Pflichten aus § 408 Abs. 1 HGB zur Last fällt.

c) Der Spediteur haftet auch in den Fällen der §§ 412, 413 HGB nur nach Maßgabe dieser Bedingungen; § 2 Buchstabe c bleibt unberührt.

Literatur: siehe vor § 1 ADSp.

Übersicht

	Rz.
I. Allgemeines	1
II. Keine Haftung des Spediteurs	
1. Dritte	2
2. Kein Auswahlverschulden (§ 52 b ADSp)	3
3. AGBG-Konformität	4
III. Abtretung der Forderung	6
IV. Selbsteintritt, Fixkostenspediteur, Sammelversendung (§§ 412, 413 HGB)	7

I. Allgemeines

1 Erfüllt der Spediteur iSd § 2 a ADSp ausschließlich Pflichten iSd § 407 HGB, so entspricht § 52 a, b ADSp weitgehend dem dispositiven Recht (§ 408 HGB Rz. 6; § 407 HGB Rz. 54). Selbständige Bedeutung erlangt § 52 ADSp dort, wo der Spediteur nicht lediglich auf fremde Rechnung Verträge abzuschließen hat, sondern weitergehende Leistungen auf eigene Rechnung zu erbringen hat, zu deren Erfüllung er selbständige Unternehmen einsetzt. § 52 ADSp gilt somit für sämtliche Tätigkeiten des Spediteurs iSd § 2 a ADSp.

II. Keine Haftung des Spediteurs

1. Dritte

Dritte sind selbständige Unternehmen und deren Arbeitnehmer, nicht Arbeitnehmer des Spediteurs oder selbständige Dritte, die er wie Arbeitnehmer behandelt (BGHZ **9**, 63, 64; **a. A.** *Wolf/Horn/Lindacher*, AGBG, § 9 Rz. A 73). Der Spediteur hat sie vertragsgemäß oder vertragswidrig auf Rechnung des Auftraggebers beauftragt oder auf eigene Rechnung zur Erfüllung eigener Pflichten eingesetzt. Der Spediteur muß den Dritten gezielt auf den konkreten Auftrag hin eingeschaltet haben. Diese Voraussetzung ist nicht erfüllt, wenn der Dritte die Voraussetzungen für eine ordnungsgemäße Betriebsorganisation des Spediteurs schaffen soll, z. B. das Reinigungsunternehmen, das das Lager säubert (vgl. aber OLG Hamburg v. 28.1.1988, TranspR **1988**, 210). Dafür spricht auch, daß es in § 52 a S. 1 ADSp „bei einem Dritten" heißt und damit eine Auslegung nahegelegt wird, derzufolge der Schadensort nicht im Organisationsbereich des Spediteurs liegen darf. Der Spediteur trägt nicht die *Beweislast* für Schäden, die erst nach Übergabe des Gutes an einen ausführenden Frachtführer oder sonstigen Dritten eingetreten sind (BGH v. 24.6.1987, VersR **1987**, 1212, 1215). Zum unbekannten Schadensort § 51 ADSp Rz. 4. 2

2. Kein Auswahlverschulden (§ 52 b ADSp)

Für Dritte (Rz. 2) haftet der Spediteur gemäß § 52 a ADSp grundsätzlich auch dann nicht, wenn diese Dritten in die Kategorie der Erfüllungsgehilfen gemäß §§ 278 BGB, 431 HGB fallen. Der Spediteur haftet jedoch, falls er selbst die Dritten sorglos ausgewählt, instruiert, ungenügend gewarnt oder kontrolliert sowie fahrlässig die Beweise unzureichend gesichert hat (OLG Düsseldorf v. 29.4.1976, DB **1976**, 1374). Beauftragt der Spediteur unbekannte Unternehmen, so muß er in der Regel Erkundigungen einziehen (**a. A.** *Krien/Glöckner*, § 52 ADSp Anm. 4 b). Solange er den Auftrag ebensogut mit eigenen Kräften erledigen kann, darf er den Auftraggeber nicht mit den § 52 a ADSp entspringenden Insolvenzrisiken belasten (§ 1 ADSp; **a. A.** *Krien/Glöckner*, § 52 ADSp Anm. 2 b). *Beweislast:* § 51 a ADSp. Die Haftung kann gemäß §§ 37 a, 41 a ADSp *ausgeschlossen* sein. 3

3. AGBG-Konformität

§ 52 a S. 2, b ADSp, der die Haftung des Spediteurs für selbständige Dritte weitgehend ausschließt, ist entgegen der h. M. (vgl. OLG Hamburg v. 7.5.1987, VersR **1987**, 1111) **mit § 9 AGBG unvereinbar** (*Staub/Helm*, Anh. I § 415 HGB, § 52 ADSp Rz. 11; LG Duisburg, TranspR **1991**, 71, 73 f; einschränkend Rz. 13; *Graf von Westphalen*, ZIP **1981**, 121; zur geltungserhaltenden Restriktion im Fall anfänglicher Verletzung von Kardinalpflichten BGH v. 1.6.1979, VersR **1979**, 901; v. 15.10.1979, VersR **1980**, 65). Der Spediteur wird durch die Klausel unangemessen begünstigt, weil er wesentliche, auch kardinale Pflichten faktisch auf Dritte abwälzen kann, obwohl der Auftraggeber typischerweise auf die Zuverlässigkeit und Solvenz des auf eigene 4

Rechnung agierenden Spediteurs iSd ADSp vertraut (vgl. BGH v. 29.2.1984, BB **1984**, 1508, 1509). So ist es denn h. M., daß auch unter Kaufleuten die völlige Freistellung des AGB-Verwenders durch Einräumung von Gewährleistungsansprüchen gegen Dritte unwirksam ist (vgl. BGH, NJW **1984**, 2573, 2574; *Wolf/Horn/Lindacher*, AGBG, § 11 Nr. 7 Rz. 48 ff; *Staudinger/Schlosser*, § 11 AGBG Nr. 10 Rz. 39; *Palandt/Heinrichs*, § 11 AGBG Rz. 55; *Baumbach/Duden/Hopt*, § 11 AGBG Anm. 10 a jeweils m. w. Nachw.). Gleiches muß für Schadensersatzansprüche gelten (vgl. OLG Köln, ZIP **1986**, 579).

Es ist nicht zu verkennen, daß die Abbedingung des § 278 BGB den positiven Effekt hervorruft, daß der Schaden nach Abtretung der Forderung an den Auftraggeber unmittelbar beim Schädiger liquidiert wird und der eigentliche Schädiger nicht erst im Regreß vom Spediteur in Anspruch genommen werden muß. Wenn man bedenkt, daß der Spediteur bei Geltung des § 278 BGB auch nur dann haftet, wenn der Dritte schuldhaft gehandelt hat, so hat die Klausel des § 52 a, b ADSp letztlich nur zur Folge, daß dem Auftraggeber, der sich auf unmittelbare Ansprüche gegen den Dritten verwiesen sieht, das Risiko einer Insolvenz des Dritten und unter Umständen die Kosten einer erschwerten Rechtsdurchsetzung im Ausland aufgebürdet werden. Zwar schlagen sowohl das Insolvenzrisiko als auch das Rechtsdurchsetzungsrisiko nicht in vollem Umfang auf den Auftraggeber durch; denn der Spediteur haftet nach § 52 b ADSp persönlich wegen Auswahlverschuldens, falls er einen erkennbar insolvenzverdächtigen Dritten eingeschaltet oder ohne Not einen Ausländer beauftragt hat (Rz. 3). Trotz der Haftung des Spediteurs für Auswahlverschulden wird der Auftraggeber jedoch durch die Abbedingung des § 278 BGB mit einem gravierenden Insolvenzrisiko konfrontiert. Wenn der Spediteur auf eigene Rechnung Dritte beauftragen kann, so besteht für ihn ein beträchtlicher, ex post nicht zu beweisender Anreiz, seinen Gewinn dadurch zu erhöhen, daß er einen möglichst billigen Dritten einschaltet, auch wenn dessen Solvenz in Hinblick auf spätere Kredite nicht voll gesichert ist. Dieser naheliegende Anreiz motivierte den HGB-Gesetzgeber, den Fixkosten-Spediteur einer Haftung für seine Erfüllungsgehilfen zu unterwerfen (vgl. § 413 I HGB; Protokolle der Kommission zur Berathung eines ADHGB, S. 5054).

5 Die gleiche Funktion wie § 413 I HGB erfüllt § 278 BGB; denn nach Gemeinem Recht haftete der Schuldner für selbständige Erfüllungsgehilfen nur bei culpa in eligendo. BGB- und HGB-Gesetzgeber sahen ganz richtig, daß mit wachsender arbeitsteiliger Differenzierung und steigendem wirtschaftlichem Austausch die Haftung für Auswahlverschulden problematisch wird, wenn sie die Gewähr bieten soll, daß der Schuldner den Dritten sachgerecht auswählt (vgl. Kronke, TranspR **1988**, 89, 96). Man kann zwar die Haftung für Auswahlverschulden (Rz. 3) so hochschrauben, daß der Schuldner schon dann haftet, wenn er sich an andere als „erste Adressen“, d. h. allgemein als offensichtlich kreditwürdig anerkannte Unternehmen wendet. Diese Verschärfung der Sorgfaltsstandards würde jedoch zu einer gewissen Versteinerung des Marktes führen, weil z. B. die Beauftragung jüngerer Unternehmen als Sorglosigkeit angesehen werden müßte. Senkt man aber die Sorgfaltsstandards der Auswahl bis zu dem Punkt, daß der Auftragnehmer erst dann schuldhaft handelt, wenn er einen erkennbar dubiosen Dritten einschaltet, so benachteiligt man den Auftraggeber, der seinerseits mit dem Auftragnehmer ein renommiertes Unternehmen beauftragt hatte und sich nun mit der Haftung eines unbekannten Unternehmens zufrieden geben muß. Hinzu kommt, daß für den Auftraggeber eine Haftung seines Vertragspartners für Auswahlverschulden nur schwer realisierbar wird, weil der Schuldner nach Eintritt des Schadens kaum jemals die Umstände offenbaren wird, die gegen den Dritten sprachen, sondern nur die Umstände hervorheben wird, die den Dritten solvent und zuverlässig erscheinen ließen. § 278 BGB löst das Dilemma dadurch, daß er dem Auftragnehmer die Möglichkeit gibt, nach eigenen Maßstäben das Insolvenzrisiko bei Einschaltung eines bestimmten Dritten zu ermitteln und dann zwischen dem Insolvenzrisiko und den in seinen Gewinn eingehenden Vorteilen einer niedrigeren Vergütung eigenverantwortlich abzuwägen (ähnlich *Haas,* Haftungsfreizeichnungsklauseln in AGB (1991), S. 197 ff, 241).

Diese für das BGB und HGB grundlegende Problemlösung darf nicht durch § 52 a S. 2 ADSp eliminiert werden. Soweit § 52 a ADSp dem Ziel dient, daß primär der unmittelbare Schädiger in Anspruch genommen wird, kann dieses Ziel dadurch erreicht werden, daß der Spediteur nur subsidiär haftet. Der Spediteur wird durch eine subsidiäre Haftung auch nicht mit einem unüberschaubaren Haftungsrisiko konfrontiert; denn die §§ 53 ff ADSp beschränken die Haftung auf ein gut kalkulierbares Maß.

Die Angemessenheit der in § 52 a ADSp getroffenen Risikoverteilung läßt sich allerdings dort nicht bestreiten, wo für den Auftraggeber evident ist, daß auch der auf eigene Rechnung handelnde Spediteur selbständige Unternehmen beauftragen muß und daß der Dritte in einer gänzlich anderen Branche tätig ist oder daß notwendig ein im Ausland tätiger Dritter eingeschaltet werden muß (**a. A.** *Staub/Helm,* Anh. I § 415 HGB, § 52 ADSp Rz. 11). In solchen Situationen ist einerseits die Kalkulierbarkeit des Insolvenzrisikos extrem schlecht und andererseits kann der Auftraggeber eher damit rechnen, daß auch der auf eigene Rechnung handelnde Spediteur seine Aufgabe schwergewichtig als Organisator und nicht Realisator von Speditionsgeschäften versteht (ähnlich *Haas,* aaO, S. 198 ff). Da sich § 52 a S. 2, b ADSp jedoch nicht geltungserhaltend auslegen läßt, ist die Klausel gänzlich unwirksam (§ 6 AGBG).

III. Abtretung der Forderung

§ 52 a S. 1 ADSp modifiziert beim Geschäftsbesorgungs-Spediteur (§ 407 HGB) den § 667 BGB; denn die Pflicht zur Abtretung wird nicht im Moment des Schadenseintritts, sondern erst nach Aufforderung durch den Auftraggeber fällig (*Wolf,* § 52 ADSp Rz. Rz. 9; **a. A.** BGH v. 14.7.1988, TranspR **1988,** 391, 393, der nicht berücksichtigt, daß bei verhaltenen Ansprüchen Fälligkeit und Beginn der Verjährung nicht zusammenfallen müssen). Die Aufforderung ist eine rechtsgeschäftsähnliche Handlung. Gleiches gilt für Schadensersatzansprüche gegen Dritte, die der Spediteur auf eigene Rechnung eingeschaltet hat. Die Abtretung erfolgt dann, da § 52 a S. 2, b ADSp nach der hier 6 vertretenen Auffassung unwirksam ist (Rz. 4), erfüllungshalber (§ 364 II BGB). Der Spediteur hat gegebenenfalls den Auftraggeber auf den Abtretungsanspruch hinzuweisen. Der Dritte kann nach Abtretung alle Einwendungen gegen seinen Vertragspartner vorbringen (§ 404 BGB), insbesondere sich auf seine AGB berufen, wenn sie Vertragsbestandteil geworden sind (§ 2 d ADSp). Der Dritte kann keine Haftungsausschlüsse aus den zwischen Auftraggeber und Spediteur geltenden ADSp herleiten (vor § 1 ADSp Rz. 4). Zur Frage der Verjährung des Abtretungsanspruchs BGH v. 14.7.1988, TranspR **1988**, 391, 393; *Koller*, EWiR **1988**, 1043, 1044.

IV. Selbsteintritt, Fixkostenspediteur, Sammelversendung (§§ 412, 413 HGB)

7 § 52 c ADSp stellt klar, daß § 52 a, b ADSp auch dort anzuwenden ist, wo der Spediteur aus seiner Rolle als bloßer Geschäftsbesorger (§ 407 HGB) heraustritt. § 52 c ADSp muß jedoch zwingendem Frachtrecht weichen (§ 2 c ADSp). § 52 c ADSp verstößt, soweit er den Auftraggeber auf Ansprüche gegen Dritte verweist, nach h. M. nicht gegen § 9 AGBG (OLG Köln v. 15.11.1982, VersR **1983**, 486; *Staub/Helm*, Anh. I § 415 HGB, § 52 ADSp Rz. 13). Auch in den Fällen der §§ 412, 413 HGB besteht jedoch der Anreiz, im Zweifel den billigeren, aber weniger solventen Dritten einzuschalten oder die Solvenzprüfung zu vernachlässigen (Rz. 4). Es gilt daher das oben zu § 52 a ADSp Gesagte (Rz. 5). Eine Ausnahme ist dort zu machen, wo der Spediteur im Bereich des KVO-Transports tätig wird, denn der Gesetzgeber hat mit den §§ 26 GüKG n. F., 1 V KVO die Haftungsentlastung begünstigt, nicht zuletzt deshalb, weil der Dritte, der den Ferntransport besorgt, der Versicherungspflicht unterliegt (§§ 27 GüKG, 38 KVO). Anders ist die Situation bei Nahverkehrs- und CMR-Transporten. § 52 c ADSp ist daher geltungserhaltend dahin auszulegen, daß er nur den Bereich des KVO-Transports erfaßt.

§ 53 ADSp [Ende der Haftung, Abtragung, Bereitstellung]

a) Die Haftung des Spediteurs für von ihm angerollte Güter ist beendet, sobald sie dem Empfänger vor seinem Grundstück zur Abnahme bereitgestellt und abgenommen sind.

b) Auf Verlangen des Empfängers und auf seine Gefahr sind solche Güter im Gewicht bis zu 50 kg das Stück, sofern ihr Umfang nicht die Beförderung durch einen Mann ausschließt, in Höfe, Keller und höhere Stockwerke abzutragen. Andere Güter sind dem Empfänger zu ebener Erde oder, soweit dies der Umfang, das Gewicht oder die Notwendigkeit einer besonderen Behandlung (wie bei Weinfässern, Maschinen, Ballons) verbieten, auf dem Rollwagen vor seinem Grundstück zur Verfügung zu stellen.

Literatur: siehe vor § 1 ADSp.

Übersicht

	Rz.
I. Allgemeines	1
II. Abnahme vor dem Grundstück (§ 53 a ADSp)	
1. Voraussetzungen	2
2. Rechtsfolge	3
3. AGBG-Konformität	4
III. Verpflichtung zur Beförderung auf das Grundstück	
1. Güter bis zu 50 kg	5
2. Güter über 50 kg	6
IV. Haftungsausschluß	
1. Güter, die auf das Grundstück des Empfängers transportiert worden sind	7
2. Güter, die vor dem Grundstück zur Verfügung gestellt wurden	8
3. AGBG-Konformität	9

I. Allgemeines

§ 53 a und b ADSp statuieren einen Haftungsausschluß; § 53 b ADSp regelt 1 darüber hinaus die Reichweite der Beförderungspflicht. § 53 a und b ADSp sind als Einheit zu verstehen: grundsätzlich hat der Spediteur nur bis zur Grundstücksgrenze zu befördern. Wenn er ausnahmsweise darüber hinaus befördert oder befördern muß, trifft ihn keine Haftung; ebenso nicht nach Abnahme vor der Grundstücksgrenze.

II. Abnahme vor dem Grundstück (§ 53 a ADSp)

1. Voraussetzungen

Das Gut wurde vom Spediteur oder einem Dritten im Orts- oder Nahver- 2 kehr zum Empfänger gebracht und nicht abgeholt (**a. A.** *Wolf*, § 53 ADSp Rz. 1). Das Gut ist vor dem Zugang zum Grundstück in unmittelbarer Nähe der Grundstücksgrenze derart bereitgestellt worden, daß der Spediteur mit ausdrücklicher oder stillschweigender Einwilligung des Empfängers oder eines legitimierten Vertreters (§ 33 ADSp) den Besitz an dem Gut aufgibt oder es jedenfalls so bereitstellt, daß der Empfänger ohne weiteres die Sachherrschaft ausüben kann (§ 429 HGB Rz. 6). Dies gilt auch dann, wenn der Spediteur verpflichtet war, das Gut auf das Grundstück des Empfängers zu transportieren. § 53 a ADSp greift hingegen nicht ein, wenn sich der Empfänger weigert, das Gut entgegenzunehmen, oder wenn in sonstiger Weise das Einverständnis des Empfängers fehlt (vgl. § 429 HGB Rz. 6). Die Anwendbarkeit des § 53 a ADSp scheidet ferner dort aus, wo der Spediteur aus irgendeinem Grund nicht vor das Grundstück des Empfängers fahren kann und der Empfänger das Gut weiter entfernt vom Grundstück abnimmt (**a. A.** *Hald/Widmann*, S. 203; *Krien/Glöckner*, § 53 ADSp Anm. 3 a). § 53 a ADSp läßt sich nicht erweiternd auslegen (§ 5 AGBG). Es gelten dann vielmehr die allgemeinen Regeln über das Ende des Obhutszeitraums (§§ 429 HGB, 29 KVO, Art. 17 CMR), wonach die Obhutshaftung mit der einverständlichen Ablieferung (§§ 429 HGB Rz. 6) erlischt.

2. Rechtsfolge

3 Die Haftung des Spediteurs ist ausgeschlossen, selbst wenn er verpflichtet war, das Gut auf das Grundstück zu befördern (Ausnahme: § 51 b S. 2 ADSp). Die Haftung besteht fort, falls der Empfänger die Annahme verweigert oder sich nur zur Abnahme auf dem Betriebsgelände bereiterklärt. Es kommen dann allenfalls die Regeln über den Annahmeverzug (§ 437 HGB) zum Tragen. § 53 a ADSp ist auch nicht in der Phase anzuwenden, in der der Spediteur das Gut auf das Grundstück des Empfängers befördert (ebenso i. E. *Staub/Helm*, Anh. I § 415 HGB, § 53 ADSp Rz. 2; siehe auch unten Rz. 7) oder Schäden an anderen Gegenständen als dem Gut entstehen.

3. AGBG-Konformität

4 § 53 ADSp ist mit § 9 AGBG vereinbar, da das Ende der Haftung mit dem Ende der Obhut gekoppelt ist. Zur Frage, ob der Empfänger das Gut vor dem Grundstück entgegennehmen muß, s. § 429 HGB Rz. 6.

III. Verpflichtung zur Beförderung auf das Grundstück

1. Güter bis zu 50 kg

5 Der Spediteur ist verpflichtet, die Güter, wenn sie verkehrsüblich von einem typischen, im Speditionsgewerbe tätigen Arbeiter befördert werden können, nach Weisung des Empfängers in Höfe, Keller oder höhere Stockwerke zu befördern. Gibt der Empfänger keine Weisung, so genügt der Spediteur seiner Transportpflicht mit der Ablieferung (§ 429 HGB Rz. 6) vor dem Grundstück; auf Verlangen hat er das Gut auf das Grundstück zu transportieren (§ 429 HGB Rz. 6). Der Spediteur, der die Weisung des Empfängers zum Abtragen befolgt, gestattet nicht lediglich seinen Leuten das Abtragen (so aber *Krien/Glöckner*, § 53 ADSp Anm. 5 e I; *Wolf*, § 53 ADSp Rz. 49; *Hald/Widmann*, S. 205 f unter Berufung auf nicht dokumentierte Handelsbräuche). Vielmehr erfüllt er dem Wortlaut des § 53 b S. 1 ADSp zufolge eine eigene Pflicht (§ 5 AGBG). Die Worte „auf seine Gefahr" stellen nicht die Pflicht, sondern ausschließlich die Haftung in Frage. Der Spediteur kann sich daher dem Abtragen nicht entziehen, auch wenn es ungewöhnlich zeitraubend ist (**a. A.** *Krien/Glöckner*, § 53 ADSp Anm. 5 e I, III), wohl aber dann, wenn es mit unzumutbarem Aufwand verbunden ist. Erklärt sich der Empfänger vertragskonform nur bereit, das Gut an einer bestimmten Stelle seines Grundstücks entgegenzunehmen, und kommt der Spediteur dem nicht nach, so gerät der Empfänger nicht in Annahmeverzug.

2. Güter über 50 kg

6 Der Umfang, das Gewicht oder die Notwendigkeit einer besonderen Behandlung verbieten nur dann das Absetzen des Gutes auf den Boden, wenn dies mit Hilfe der üblichen bordeigenen Umschlaghilfsmittel (z. B. Kran, Hubladewand) nicht ohne wesentliche Gefährdung des Guts möglich ist. Dabei ist davon auszugehen, daß beim Absetzen des Gutes der Fahrer und,

wenn üblicherweise ein Beifahrer vorhanden ist, der Beifahrer mitwirkt (**a. A.** *Hald/Widmann*, S. 204; unklar *Krien/Glöckner*, § 53 ADSp Anm. 4 b). Ist das Absetzen des Guts in diesem Sinne nicht möglich, so hat der Spediteur das Gut dem Empfänger in unmittelbarer Nähe des Zugangs zum Grundstück (Rz. 2) derart auf dem Fahrzeug bereitzustellen, daß dieser es ohne weiteres in Besitz nehmen kann (z. B. der Spediteur es an den Rand des Fahrzeugs rückt). Ist das Absetzen des Guts möglich, so genügt der Spediteur seiner Transportpflicht, wenn er es in unmittelbarer Nähe des Grundstückszugangs auf den Boden stellt und dem legitimierten Empfänger die Übergabe des Besitzes anbietet. **Individualvereinbarungen** genießen auch dann den Vorrang, wenn sie konkludent getroffen sind. Dies ist z. B. dort der Fall, wo es im Rahmen der Geschäftsverbindung üblich oder in der Branche üblich ist, daß über 50 kg schwere Güter auf das Grundstück des Empfängers gebracht werden oder daß das Fahrzeug auf den Ladehof des Empfängers fährt.

IV. Haftungsausschluß

1. Güter, die auf das Grundstück des Empfängers transportiert worden sind

Die Formulierung „auf seine Gefahr" bedeutet nicht, daß der Spediteur 7
lediglich von Zufallsschäden entlastet wird (so aber *Staub/Helm*, Anh. I § 415 HGB, § 53 ADSp Rz. 4, 5); denn sonst liefe § 53 b ADSp weitgehend leer. § 53 b S. 1 ADSp ist daher dahin auszulegen, daß sich der Spediteur von jeder Haftung, insbesondere von der Haftung für unselbständige Erfüllungsgehilfen freizeichnet (so i. E. *Krien/Glöckner*, § 53 ADSp Anm. 5; *Wolf*, § 53 ADSp Rz. 5). *Ausnahme*: § 51 b S. 2 ADSp. Gemäß § 5 AGBG ist diese Klausel nur dort anzuwenden, wo der Spediteur ausschließlich gemäß § 53 b S. 1 ADSp zum Abtragen verpflichtet war. Wurde individualvertraglich eine darüber hinausgehende Transportpflicht begründet, so greift die Freizeichnung gemäß § 53 b S. 1 ADSp nicht ein. Wenn der Spediteur gefälligkeitshalber abgetragen hat, so ist im Zweifel keine Transportpflicht begründet worden. Er haftet dann nur im Rahmen der §§ 823 ff BGB und der c.i.c. bzw. der Regeln über nachträgliche Pflichtverletzung (vgl. § 17 KVO Rz. 6) nach Maßgabe des § 63 ADSp. *Ausnahmen*: §§ 37 a, 41 a, 51 b S. 2 ADSp. Haben beim Transport mit Wissen und Wollen des zum Transport verpflichteten Spediteurs Leute des Empfängers nach dessen Weisungen geholfen, so sind sie Verrichtungs- bzw. Erfüllungsgehilfen des Spediteurs.

2. Güter, die vor dem Grundstück zur Verfügung gestellt wurden

Der Spediteur haftet, wenn ihm im Rahmen der geschuldeten Transport- 8
tätigkeit (Absetzen oder Zurechtrücken) ein Fehler unterläuft. *Ausnahmen*: §§ 37 a, 41 a ADSp. Nach dem vertragsgemäßen Absetzen bzw. Zurechtrükken haftet er für einfache Fahrlässigkeit bis zu dem Zeitpunkt, in dem der Empfänger sein Einverständnis mit sofortiger Übernahme der Sachherrschaft erklärt hat (§ 429 HGB Rz. 6). War der Spediteur zum Transport auf das Grundstück verpflichtet, so endet die Haftung erst mit der Abnahme

(oben Rz. 2). Hat er mehr als geschuldet getan, so kommt es darauf an, ob die geschuldete Transportleistung konkludent erweitert worden war (so *Staub/Helm*, Anh. I § 425 HGB, § 53 ADSp Rz. 2) oder ob dies gefälligkeitshalber erfolgte. Im Zweifel ist letzteres anzunehmen. Der Spediteur haftet dann nach Maßgabe der §§ 823 ff BGB, c.i.c.-Regeln bzw. den Regeln über nachvertragliche Pflichtverletzung (vgl. § 17 KVO Rz. 6) iVm § 63 ADSp. Zur Schadensverursachung durch Leute des Empfängers vgl. § 17 KVO Rz. 22. Der Empfänger, der nach vertragsgemäßem Absetzen oder Zurechtrücken des Gutes nicht das Einverständnis zur Übernahme des Besitzes erklärt, gerät in Annahmeverzug (§§ 293 ff BGB, 373 HGB). Der Spediteur, der das Gut wieder mitzunehmen hat, haftet nur noch für grobes Verschulden (§ 300 BGB). Liegt ein Frachtvertrag (§§ 412, 413, 425 HGB) vor, so findet auch § 437 HGB Anwendung (**a. A.** *Krien/Glöckner*, § 53 ADSp Anm. 5 e II).

3. AGBG-Konformität

9 § 53 b S. 1 ADSp verstößt gegen § 9 AGBG, weil die Haftung in einem Bereich weitgehend ausgeschlossen wird, der zur Transportpflicht des Spediteurs gehört (vgl. § 429 HGB Rz. 6; ebenso i. E. *Staub/Helm*, Anh. I § 415 HGB, § 53 ADSp Rz. 7). Der Transport auf dem Grundstück des Empfängers ist jedenfalls heute nicht mehr ohne weiteres als besonders gefahrenträchtig anzusehen (**a. A.** *Krien/Glöckner*, § 53 ADSp Anm. 1 i), zumal den besonderen Gefahren dieser Transportphase bei der Ausformung der Sorgfaltspflichten Rechnung getragen werden kann. Die Beschränkung der Transportpflicht in § 53 b S. 2 ADSp erscheint tragbar, weil Empfänger typischerweise Kaufleute sind, die über Entladepersonal verfügen. Dort, wo das Gut erkennbar bei einer Privatadresse abzuliefern ist und gemäß § 53 b S. 2 ADSp nicht auf das Grundstück transportiert zu werden braucht, hat der Spediteur den Absender, der erkennbar von einem Transport auf das Grundstück ausgeht, zu informieren und dem Empfänger das Gut unter Hinweis auf die Grenzen seiner Pflicht zu annoncieren.

§ 54 ADSp [Höchstgrenzen der Haftung, Schadensfall, niedrigerer Wert, höherer Wert]

a) Soweit der Spediteur haftet, gelten die folgenden Höchstgrenzen für seine Haftung:

1. DM 4,45 je kg brutto jedes beschädigten oder in Verlust geratenen Kollos, höchstens jedoch DM 4 450,– je Schadensfall.

2. Für alle sonstigen Schäden mit Ausnahme der Ziffer 3 höchstens DM 4 450,– je Schadensfall.

3. DM 59 000,– je Schadensfall für Schäden, die auf Unterschlagung oder Veruntreuung durch einen Arbeitnehmer des Spediteurs beruhen. Hierzu gehören nicht gesetzliche Vertreter und Prokuristen, für deren Handlung keine Haftungsbegrenzung besteht.

Ein Schadensfall im Sinne der Vorschrift der Ziffer 3 ist jeder Schaden, der von ein und demselben Arbeitnehmer des Spediteurs durch Veruntreuung oder Unterschlagung verursacht wird, gleichviel ob außer ihm

noch andere Arbeitnehmer des Spediteurs an der schädigenden Handlung beteiligt sind und ob der Schaden einen Auftraggeber oder mehrere voneinander unabhängige Auftraggeber des Spediteurs trifft. Der Spediteur ist verpflichtet, seinem Auftraggeber auf Verlangen anzugeben, ob und bei welcher Versicherungsgesellschaft er dieses Haftungsrisiko abgedeckt hat.

b) Ist der angegebene Wert des Gutes niedriger als die Beträge zu 1 bis 3, so wird der angegebene Wert zugrunde gelegt.

c) Ist der nach Buchstabe b in Betracht kommende Wert höher als der gemeine Handelswert bzw. in dessen Ermangelung der gemeine Wert, den Gut derselben Art und Beschaffenheit zur Zeit und am Ort der Übergabe an den Spediteur gehabt hat, so tritt dieser gemeine Handelswert bzw. gemeine Wert an die Stelle des angegebenen Wertes.

d) Bei etwaigen Unterschieden in den Wertangaben gilt stets der niedrigere Wert.

Literatur: siehe vor § 1 ADSp.

Übersicht

	Rz.
I. Allgemeines	1
AGBG-Konformität	2
II. Verlust oder Beschädigung des Guts mit Ausnahme von Unterschlagung und Veruntreuung	3
III. Sonstige Schäden (§ 54 a Nr. 2 ADSp)	5
IV. Unterschlagung, Veruntreuung (§ 54 a Nr. 3 ADSp)	6
V. Angabe der Haftpflichtversicherung	7
VI. Schadensberechnung	
1. Handelswert, gemeiner Wert (§ 54 c ADSp)	8
2. Angegebener Wert (§ 54 b ADSp)	9

I. Allgemeines

1 § 54 ADSp statuiert eine Beschränkung der Haftung der Höhe nach. Er erfaßt vertragliche und deliktische Ansprüche (§ 63 ADSp; zur Rechtsstellung von Eigentümern, die nicht Vertragspartner des Spediteurs sind, vor § 1 ADSp Rz. 4). § 54 ADSp ist dort **nicht anwendbar**, wo die Haftung bereits gänzlich ausgeschlossen ist (z. B. §§ 37 a, 41 a, 52 f, 56 ff ADSp, soweit diese Klauseln AGBG-konform sind), ferner dort, wo zwingendes Frachtrecht eingreift (§ 2 c ADSp) oder wo zwischen den Parteien Individualabreden getroffen wurden (§ 4 AGBG). Der Spediteur sagt jedoch nicht schon dann eine uneingeschränkte Haftung zu, wenn er erklärt, daß der Transport in Ordnung gehe oder unproblematisch sei (OLG Düsseldorf v. 29.4.1976, DB **1976**, 1374). Außerdem greift § 54 ADSp nicht im Fall des § 51 b S. 2 ADSp (vorsätzliche oder grob fahrlässige Schädigung durch den Spediteur oder seine leitenden Angestellten) sowie im Fall der Verletzung von Kardinalpflichten (BGH v. 1.6.1979, WM **1979**, 1117) ein. Schließlich begrenzt § 54 ADSp nicht die Ersatzansprüche wegen Verzugs (§ 286 ff BGB) bei Ersatz der nach ADSp ersatzpflichtigen Schäden.

2 **AGBG-Konformität:** Die h. M. ist der Ansicht, daß § 54 ADSp im Einklang mit § 9 AGBG stehe (BGH, NJW **1982**, 1820; v. 10.12.1982, VersR

1983, 482; v. 6.10.1983, VersR **1984**, 34, 35; v. 15.5.1985, VersR **1985**, 829; v. 6.12.1990, TranspR **1991**, 114, 117; *Krien/Glöckner*, vor § 54 ADSp Anm. 2 b III; *Staudinger/Schlosser*, § 9 AGBG Rz. 55; *Wolf/Horn/Lindacher*, AGBG, § 9 Rz. A 74; vgl. auch OLG Bremen v. 4.6.1987, VersR **1987**, 772; kritisch *Staub/Helm*, Anh. I § 415 HGB, § 54 ADSp Rz. 4; *Löwe/Graf von Westphalen/Trinkner*, AGBG, Bd. III, S. 31.1–6 Rz. 17; *Ulmer/Brandner/Hensen*, AGBG, Anh. §§ 9-11 Rz. 22; *Lenz*, Straßengütertransportrecht, Rz. 692 ff, 942 ff). Dem ist nicht zu folgen, da § 54 ADSp tendenziell die Sorglosigkeit der Vertragserfüllung begünstigt (näher dazu *Koller*, TranspR **1986**, 357 ff; ebenso i. E. *Haas*, Haftungsfreizeichnungsklauseln in AGB (1991), S. 262 f; *Soergel/Stein*, BGB, § 9 AGBG Rz. 52; vgl. ferner *Simon*, DVZ Nr. 124/**1991**, S. 28; Nr. 90/**1991**; Notiz, DVZ v. 15.8.1991, S. 3; DVZ Nr. 18/**1991**, S. 9; *Thonfeld*, DVZ Nr. 120/**1991**, S. 36; Notiz DVZ Nr. 88/**1991**, S. 9; *Kleyboldt*, VersWirtschaft **1991**, 903, 904). Die §§ 52 ff kommen jedenfalls dort nicht zum Tragen, wo der Spediteur Kardinalpflichten (§ 9 II 2 AGBG) verletzt (*Thume*, TranspR **1991**, 209, 210). Zum Begriff der Kardinalpflicht *Wolf/Horn/Lindacher*, AGBG, § 9 Rz. 82 ff. Die §§ 52 ff ADSp werden im Fall der Verletzung von Kardinalpflichten geltungserhaltend restringiert (BGH, VersR **1979**, 901; **1980**, 65). Als Kardinalpflichtverletzung wurden qualifiziert die falsche Einlagerung von Fleisch (LG Bremen, TranspR **1991**, 445, 448), der Einsatz von Anfang an untauglicher Betriebsmittel (BGH v. 1.1.1979, VersR **1979**, 901), die Falschauslieferung (BGH v. 14.4.1988, TranspR **1988**, 345), die Auswahl eines ungeeigneten Lagerplatzes (LG Karlsruhe, VersR **1989**, 1068, 1069). Eine Kardinalpflicht wurde verneint bei Zwischenlagerung (OLG Hamburg v. 17.5.1984, VersR **1985**, 57 f).

II. Verlust oder Beschädigung des Guts mit Ausnahme von Unterschlagung und Veruntreuung

3 **a)** Zu den Begriffen **„Verlust“**, **„Beschädigung“** vgl. § 429 HGB Rz. 3. Dem § 54 a ADSp läßt sich nicht klar entnehmen, ob die Vorschrift nur auf Güter bezogen ist, die dem Spediteur übergeben worden sind, oder ob sie auch mittelbar durch Güterschäden verursachte Schäden (z. B. §§ 407 II, 388 I HGB) erfaßt. Gemäß § 5 AGBG ist anzunehmen, daß in § 54 a Nr. 1 ADSp nur die vom Spediteur übernommenen Güter gemeint sind. Dafür spricht auch § 54 b ADSp; denn die Einschränkung des § 54 a Nr. 2 ADSp wäre überflüssig, wenn alle Sachschäden unter § 54 a Nr. 1 ADSp fallen würden. Ist das Gut infolge Unterschlagung oder Veruntreuung verlorengegangen, so greift nicht § 54 a Nr. 1 ADSp, sondern § 54 Nr. 3 ADSp ein (Rz. 6). Zum Diebstahl Rz. 6.

b) Der Verlust bzw. die Beschädigung muß ein zu **einem Kollo verpacktes Gut** getroffen haben. Die Haftung wird daher durch § 54 a Nr. 1 ADSp nicht beschränkt, wenn das Gut unverpackt war (z. B. Tankladung; *Staub/Helm*, Anh. I § 415 HGB, § 54 ADSp Rz. 16 f; **a. A.** *Krien/Glöckner*, § 54 ADSp Anm. 2 b II). In einem solchen Fall ist § 54 a Nr. 2 ADSp heranzuziehen. Kollo ist in Parallele zu § 660 HGB das einzelne als selbständige Einheit zu behandelnde Ladungsstück (z. B. einzeln verladene Baumstämme,

OLG Hamburg v. 10.4.1986, TranspR **1986**, 389, 390), insbesondere die vom Absender hergestellte, tatsächliche Zusammenfassung des Guts (BGH v. 26.10.1978, VersR **1979**, 29 f). Diese Zusammenfassung kann Ergebnis der Verpackung sein, die die Ware schützt (Karton, Kiste, Sack), sie kann aber auch nur zur Erleichterung des Transports dienen: Container (BGHZ **78**, 121); Palette, wenn das Gut auf der Palette befestigt ist (LG Berlin v. 2.12.1987, VersR **1989**, 170; **a. A.** LG Hechingen v. 24.4.1986, TranspR **1986**, 299, 300). Hat der Spediteur erst später das Gut zur Transporterleichterung auf einer Palette oder in einem Container zusammengefaßt, so stellt dies kein Kollo iSd § 54 a Nr. 1 ADSp dar (**a. A.** *Staub/Helm*, Anh. I § 415 HGB, § 54 ADSp Rz. 19). Das Risiko kann nur dann bei Vertragsschluß einkalkuliert werden, wenn die Haftungsbeschränkung an den Verhältnissen bei Vertragsschluß ausgerichtet wird. Auch Wertangaben (§ 54 b ADSp) können nur auf die vom Auftraggeber gebildeten Kolli bezogen sein.

c) Das Gewicht des Kollos wird **brutto**, also einschließlich Verpackung und sonstiger Mittel der Zusammenfassung des Guts, ermittelt.

d) Die Haftungshöchstgrenze bezieht sich auf **je einen Schadensfall**. Bei 4
mehreren Schadensfällen vervielfacht sie sich. Ein Schadensfall liegt vor, wenn ein bestimmtes schadensverursachendes Ereignis einen bestimmten Auftraggeber schädigt (KG v. 5.11.1965, VersR **1967**, 446, 449). Demnach stellt die Schädigung mehrerer Auftraggeber durch dasselbe Schadensereignis (§ 5 AGBG; OLG Hamburg v. 23.9.1982, VersR **1983**, 827, 828; *Wolf*, § 54 ADSp Rz. 8; **a. A.** *Krien/Glöckner*, § 54 ADSp Anm. 2 b I) oder die Schädigung desselben Auftraggebers durch mehrere selbständige schadensträchtige Handlungen bzw. Unterlassungen mehrere Schadensfälle dar (*Wolf*, § 54 ADSp Rz. 8; *Hald/Widmann*, S. 213; *Krien/Glöckner*, § 54 ADSp Anm. 2 c). Der Spediteur soll im Interesse der Schadensprävention für jede selbständige Schadensquelle bis zur Höchstgrenze haften. Der Umstand, daß schädigende Handlungen aufgrund eines strafrechtlichen Gesamtvorsatzes erfolgen, erlaubt es nicht, von einem Schadensfall zu sprechen (**a. A.** *Wolf*, § 54 ADSp Rz. 13; *Krien/Glöckner*, § 54 ADSp Anm. 2 c IV A; LG Hamburg v. 18.10.1984, TranspR **1985**, 306, 307), weil bei jeder selbständigen Handlung die Möglichkeit der Ausschaltung der Schadensursache besteht. Die für das StGB maßgebliche Wertung der Strafmilderung läßt sich nicht auf das Schadensersatzrecht übertragen.

e) Die **Höhe des Schadens** ist primär nach Maßgabe der §§ 54 b-d ADSp (Rz. 8 ff), 55 ADSp zu bestimmen. Folgeschäden, insbesondere entgangener Gewinn, sind nicht zu ersetzen. Mangelfolgeschäden (zum Begriff *Palandt/Thomas*, BGB, vor § 633 Anm. 4 e) fallen unter § 54 a Nr. 2 ADSp. Bei mehreren Schadensfällen muß der Schaden für jeden Schadensfall gesondert berechnet werden.

Übersteigt der so ermittelte Schaden das mathematische Produkt von DM 4,45 und des Bruttogewichts des Kollos, so wird er nur in Höhe des mathematischen Produkts ersetzt. Die gewichtsunabhängige **absolute Obergrenze** beträgt je Schadensfall DM 4450,–.

f) Beweislast: Der Spediteur hat die Voraussetzungen der Haftungsbeschränkung zu beweisen.

III. Sonstige Schäden (§ 54 a Nr. 2 ADSp)

5 Sonstige Schäden sind alle materiellen Schäden (§ 62 ADSp), die nicht durch Verlust oder Beschädigung des dem Spediteur übergebenen Guts (Rz. 3) entstanden sind, also insbesondere primäre Vermögensschäden, aber auch Personenschäden (Fahrer verletzt beim Beladen den Versender) oder Schäden an Sachen, die nicht in die Obhut des Spediteurs gelangen sollen (Fahrer beschädigt Haus des Absenders). Die Ursache des Schadens kann auch Leistungsverzögerung sein. Nach Ansicht des BGH (v. 3.11.1965, WM **1966**, 115, 118) soll § 54 a Nr. 2 ADSp nur solche Schäden erfassen, die unmittelbar oder mittelbar typischen Gefahren des Transports entspringen. Diese Formel ist zu unbestimmt und führt letztlich dazu, daß der Spediteur bei besonders schwer kalkulierbaren Risiken, bei denen eine Haftungsbeschränkung am ehesten angemessen ist, besonders intensiv haftet. Daher ist § 54 a Nr. 2 ADSp grundsätzlich auch auf außergewöhnliche Risiken anzuwenden (**a. A.** OLG Hamm v. 14.1.1963, BB **1964**, 1322). Allerdings sind die Schadensobergrenzen des § 54 a Nr. 2 ADSp unangemessen (§ 9 AGBG) niedrig, wenn man z. B. an im Einzelfall durchaus vorhersehbare Personenschäden oder Schäden an Sachen denkt, die dem Spediteur nicht übergeben worden sind. Die Unangemessenheit der Klausel resultiert auch daraus, daß sich der Auftraggeber gerade in Hinblick auf sonstige Schäden nur schwer Versicherungsschutz verschaffen kann (*Staub/Helm*, Anh. I § 415 HGB, § 54 ADSp Rz. 21; *Koller*, TranspR **1986**, 357, 361 ff). Zum Begriff des Schadensfalls Rz. 4. Die absolute Obergrenze beträgt DM 4450,–. Die Beweislast trägt der Spediteur.

IV. Unterschlagung, Veruntreuung (§ 54 a Nr. 3 ADSp)

6 § 54 a Nr. 3 ADSp verdrängt in seinem Anwendungsbereich den § 54 a Nr. 1 ADSp. Der Begriff „Unterschlagung" ist iSd § 246 StGB, der Begriff der „Veruntreuung" iSd § 266 StGB zu verstehen. Wenn Leute des Spediteurs Güter „unterschlagen", so werden sie in der Regel einen Diebstahl begehen, da sie jedenfalls nicht alleinige Inhaber des Gewahrsams waren. Gemäß § 5 AGBG bedeutet gleichwohl „Unterschlagung" nicht Diebstahl (*Hootz*, NJW **1956**, 411; GroßkommHGB-*Helm* (3. Aufl.) Anh. I § 415, § 54 ADSp Rz. 5; *Krien/Glöckner*, § 54 ADSp Anm. 3 d; **a. A.** *Holtfort*, NJW **1955**, 1912). Die Unterschlagung oder die Veruntreuung muß von Beschäftigten im Sinn des arbeitsrechtlichen Arbeitnehmerbegriffs begangen worden sein (Ausnahme: leitende Angestellte: § 51 b S. 2 ADSp). Die Veruntreuung oder Unterschlagung muß „einen" Schadensfall darstellen. Der Begriff des „einen" Schadensfalls in § 54 a Nr. 1, 2 ADSp (Rz. 4) wird in § 54 a Nr. 3 ADSp modifiziert (§ 5 AGBG; *Wolf*, § 54 ADSp Rz. 8; **a. A.** *Krien/Glöckner*, § 54 ADSp Anm. 2 b I). Danach liegt auch dann nur ein Schadensfall vor, wenn an der Schädigung andere Arbeitnehmer des Spediteurs als Mittäter, Gehilfen oder Anstifter beteiligt waren oder wenn durch eine schädigende Handlung bzw. Unterlassung mehrere Auftraggeber geschädigt wurden. In dem Fall, daß mehrere Auftraggeber geschädigt wurden und die Haftungshöchstsumme

den Schaden nicht deckt, besteht zwischen den geschädigten Auftraggebern eine Gefahrengemeinschaft. Sie können daher nur anteiligen Schadensersatz verlangen. Der Anteil bemißt sich nach der Höhe des eigenen Schadens im Verhältnis zu den Schäden anderer Auftraggeber (*Krien/Glöckner*, § 54 ADSp Anm. 2 d; **a. A.** wohl *Schlegelberger/Schröder*, § 408 Rz. 28). Der Spediteur wird demnach nicht durch Zahlung der vollen Höchstsumme an einzelne Geschädigte frei. Ist Person oder Anteil des Schadens nicht zu ermitteln, so kann der Spediteur hinterlegen (§ 372 BGB). **Volle Haftung:** Der Spediteur haftet uneingeschränkt für Schäden, die er oder seine leitenden Angestellten vorsätzlich oder grob fahrlässig verursachen (§ 51 b S. 2 ADSp). § 54 a Nr. 3 ADSp ist daher nur insoweit von Bedeutung, als klargestellt ist, daß hier Prokuristen, auch Gesamtprokuristen (§ 5 AGBG), immer als leitende Angestellte zu behandeln sind.

V. Angabe der Haftpflichtversicherung

§ 54 a Nr. 3 Abs. 2 S. 2 ADSp begründet keine Pflicht zur Haftpflichtversicherung, nur einen Auskunftsanspruch. Der Auskunftsanspruch erstreckt sich auf die Versicherungsbedingungen, wenn davon der Versicherungsanspruch abhängt. Schäden infolge Verletzung des Auskunftsanspruchs sind nur in der Form denkbar, daß der Geschädigte den Versicherungsanspruch nicht rechtzeitig vor dem Vermögensverfall des Spediteurs pfänden kann. 7

VI. Schadensberechnung

1. Handelswert, gemeiner Wert (§ 54 c ADSp)

Der Schaden infolge Verlusts oder Beschädigung des Guts ist in erster Linie anhand des Handelswerts bzw. des gemeinen Werts zu errechnen (*Krien/Glöckner*, § 54 ADSp Anm. 4 b). Handelswert ist der Börsen- oder Marktpreis; gemeiner Wert ist der Preis, den ein objektiver Käufer zu zahlen bereit wäre (näher § 430 HGB Rz. 2). Anders als nach § 430 HGB kommt es auf den Wert am Übergabeort zur Übergabezeit an (vgl. Art. 23, 25 CMR). Nicht zu berücksichtigen sind Schäden iSd § 55 ADSp. Der Spediteur hat zu beweisen, daß der Wert iSd § 54 c ADSp unter dem angegebenen Wert (§ 54 b, d ADSp) liegt (*Hald/Widmann*, S. 217). Der Schadensersatzanspruch iSd § 54 c ADSp wird sowohl durch den angegebenen Wert (§ 54 b ADSp (Rz. 9)) als auch durch den Höchstbetrag des § 54 a Nr. 1 ADSp (Rz. 4) begrenzt. 8

2. Angegebener Wert (§ 54 b ADSp)

Der Auftraggeber ist nicht zur Wertdeklaration verpflichtet. Gibt er den Wert an, so ist dies eine nicht formbedürftige, rechtsgeschäftsähnliche Handlung, für die die allgemeinen Regeln über Zugang, Irrtum und Vertretung gelten (**a. A.** *Krien/Glöckner*, § 54 ADSp Anm. 5 c I A). Hat der Auftraggeber in verschiedenen Erklärungen oder in demselben Schriftstück verschiedene Wertangaben gemacht, so gilt die niedrigere Wertangabe (§ 54 d ADSp). Die höhere Wertangabe kommt jedoch zum Tragen, wenn sie ersichtlich der Kor- 9 rektur früherer Angaben diente (*Krien/Glöckner*, § 54 ADSp Anm. 6 b) oder evident die richtige Angabe darstellt. Eine wörtliche Auslegung des § 54 d ADSp führt zu einem Verstoß gegen § 9 AGBG. Maßgeblich sind nur die das Gut selbst betreffenden Wertangaben. Im Fall des § 54 a Nr. 3 ADSp (Veruntreuung, Unterschlagung) spielt der angegebene Wert keine Rolle, wenn nicht das Gut selbst unterschlagen wurde. Ohne Relevanz ist entgegen dem Wortlaut des § 54 b ADSp der angegebene Wert auch für Schäden iSd § 54 a Nr. 2 ADSp, weil sich die Wertangabe nur auf das zur Beförderung übergebene Gut beziehen kann. Der angegebene Wert führt zu einer **Senkung der Haftungshöchstgrenzen** iSd § 54 a Nr. 1, 2 ADSp, wenn er pro kg des Kollos niedriger ist als die in § 54 a Nr. 1, 3 ADSp statuierten Beträge und niedriger ist als der gemeine Wert; denn der Spediteur hat den anhand der Einbuße an Handelswert bzw. gemeinem Wert errechneten wahren unmittelbaren Schaden (Rz. 8) nur nach Maßgabe des angegebenen Werts (nicht notwendig bis zur Höhe des angegebenen Werts) zu ersetzen. Ist der angegebene Wert **höher** als der Handelswert bzw. gemeine Wert des Guts, so ist der nach Handelswert- bzw. gemeinem Wertverlust errechnete Schaden (Rz. 8) bis zur Grenze der in § 54 a Nr. 1, 3 ADSp statuierten Beträge zu ersetzen. Das Auseinanderklaffen von gemeinem Wert und angegebenenem Wert pro kg spielt dort keine Rolle, wo beide Faktoren die in § 54 a Nr. 1, 3 ADSp festgesetzten Beträge übersteigen.

§ 55 ADSp [Sachteile, zusammengehörige Sachen]

Bei Schäden an einem Sachteil, der einen selbständigen Wert hat (z. B. Maschinenteil), oder bei Schäden an einer von mehreren zusammengehörigen Sachen (z. B. Wohnungseinrichtung), bleibt die etwaige Wertminderung des Restes der Sache oder der übrigen Sachteile oder Sachen außer Betracht.

Literatur: siehe vor § 1 ADSp.

1 § 55 ADSp enthält eine Haftungsausschlußklausel, falls ein Teil einer nach der Verkehrsanschauung einheitlichen Sache (Zahnrad einer Maschine) oder eine Sache einer Sachgesamtheit (ein Stuhl aus einer Gruppe antiker Stühle) beschädigt wird. Hat das Sachteil oder die Sache einen selbständigen Wert, wird sie oder würde sie also am Übergabeort isoliert gehandelt werden, so ist dieser Wert maßgeblich. Das hat zur Konsequenz, daß der Auftraggeber weder Ersatz für die Einfügung des Sachteils in die Sache (Einbau des Zahnrads in die Maschine) noch die Kosten der Suche nach einer für die Sachgesamtheit passenden Sache ersetzt verlangen kann. Soweit die Gesamtheit von Sachen wertvoller, weil seltener ist als die Summe der einzelnen Teile hat man jedoch zu berücksichtigen, daß eine einzelne Sache, gerade weil sie zur Bildung einer Sachgesamtheit besonders gesucht wird, also besonders knapp ist, auch überproportional teuer sein kann. Bei der Bestimmung des gemeinen Werts ist somit zu berücksichtigen, daß der einzelne Gegenstand besonders gesucht und teuer bezahlt worden wäre.

AGBG-Konformität: Die Klausel verstößt angesichts der ohnehin extrem niedrigen Haftungshöchstgrenzen des § 54 a ADSp gegen § 9 AGBG (*Wolf/Horn/Lindacher*, § 9 AGBG Rz. A 75; *Ulmer/Brandner/Hensen*, Anh. §§ 9-11 AGBG Rz. 22; **a. A.** *Staub/Helm*, Anh. I § 415 HGB, § 55 ADSp Rz. 1, der zu wenig berücksichtigt, daß § 35 KVO den Schadensersatzanspruch bedeutend weniger beschneidet). 2

§ 56 ADSp [Hochwertige Güter]

a) Bei allen Gütern, deren Wert mehr als DM 59,– für das kg brutto beträgt, sowie bei Geld, Urkunden und Wertzeichen haftet der Spediteur für jeden wie auch immer gearteten Schaden nur, wenn ihm eine schriftliche Wertangabe vom Auftraggeber so rechtzeitig zugegangen ist, daß er seinerseits in der Lage war, sich über Annahme oder Ablehnung des Auftrages und über die für Empfangnahme, Verwahrung oder Versendung zu treffenden Vorsichtsmaßregeln schlüssig zu werden.

b) Die Übergabe einer Wertangabe an Kutscher oder sonstige gewerbliche Angestellte ist ohne rechtliche Wirkung, solange sie nicht in den Besitz des Spediteurs oder seiner zur Empfangnahme ermächtigten kaufmännischen Angestellten gelangt ist, es sei denn, daß eine andere Vereinbarung getroffen ist.

c) Unzulässig ist der Einwand, der Spediteur hätte von dem Wert des Gutes auf andere Weise Kenntnis haben müssen. Sind die Güter jedoch für den Spediteur als wertvoll erkennbar, ist er verpflichtet, den Auftraggeber auf die Notwendigkeit der Wertangabe und die Folgen ihrer Unterlassung hinzuweisen.

d) Beweist der Auftraggeber, daß der Schaden auf andere Umstände als auf die Unterlassung der Wertangabe zurückzuführen ist oder auch bei erfolgter Wertangabe entstanden wäre, so findet Absatz a keine Anwendung.

e) Die Bestimmungen der übrigen Paragraphen, soweit sie über die Bestimmungen dieses Paragraphen hinaus die Haftung beschränken oder aufheben, bleiben unberührt.

Literatur: siehe vor § 1 ADSp.

I. Allgemeines

§ 56 ADSp enthält in Parallele zu § 429 II HGB einen totalen Haftungsausschluß, der der besonderen Diebstahls- und Unterschlagungsgefährdung wertvoller Güter Rechnung trägt. Der Haftungsausschluß erfaßt auch deliktische Ansprüche (§ 63 ADSp). Die Klausel kommt im Fall des § 51 b S. 2 ADSp nicht zum Tragen. In den Fällen des § 41 a ADSp ist sie ohne Bedeutung. 1

II. Voraussetzungen des Haftungsausschlusses

1. Geld, Wertzeichen, Urkunden

2 Münzen und Noten aller Währungen, Wertpapiere und Urkunden, die zur Bezahlung dienen (Briefmarken), Schriftstücke aller Art, Computerdisketten und sonstige elektromagnetische Aufzeichnungen eines Gedankeninhalts.

2. Güter

Güter, unabhängig davon, ob sie als Kostbarkeiten oder Kunstwerke anzusehen sind. Erforderlich ist nur, daß der gemeine Wert oder Handelswert (§ 54 c ADSp) bei Vertragsschluß DM 59,– pro kg einschließlich Verpackung übersteigt.

3. Keine rechtzeitige Wertangabe

3 Der Auftraggeber hat die Wertangabe nicht persönlich zu machen. Es genügt, daß sie ein Dritter bezogen auf den Auftrag macht. Das Handeln des Dritten kann noch nachträglich genehmigt werden. Die Wertangabe muß schriftlich vor oder bei Vertragsschluß erfolgt sein; denn nur dann hat der Spediteur die Möglichkeit, den Auftrag abzulehnen. Darauf, ob er sich später noch über die Vorsichtsmaßnahmen schlüssig werden konnte, kommt es nicht an, da der Spediteur notfalls den Auftrag ablehnen können muß (beachte Rz. 7). Hat der Spediteur den besonderen Wert erkannt (vgl. auch Rz. 4) und den Auftraggeber auf die Notwendigkeit einer Wertangabe hingewiesen (§ 56 c S. 2 ADSp), so muß er angemessene Zeit bis zur Annahme des Auftrags verstreichen lassen (Rz. 5). Die Wertangabe muß zugehen (§ 130 BGB). Dabei genügt es nicht, daß der Auftraggeber das Schriftstück mit der Wertangabe dem Fahrer des Lkw oder einem sonstigen gewerblichen Angestellten ausgehändigt hat (§ 56 b ADSp). In diesem Fall wird die Tragweite des § 130 BGB eingeschränkt. Das Schriftstück geht erst dann zu, wenn es in den persönlichen Gewahrsam des Spediteurs oder eines Empfangsbevollmächtigten gelangt. Anscheins- oder Duldungsvollmacht spielen dort eine Rolle, wo der Spediteur den Anschein erweckt hat, daß Fahrer oder gewerbliche Angestellte selbständig Aufträge und Wertangaben entgegennehmen können (vgl. § 6 II 2 ADSp). Die Wertangabe muß nicht mit dem wahren Wert übereinstimmen. Es genügt, daß dem Spediteur mitgeteilt wird, daß er es mit besonders wertvollem Gut mit einem Wert über dem in § 56 a ADSp statuierten Betrag zu tun hat. Die **Beweislast** für den rechtzeitigen Zugang der Wertangabe trifft den Auftraggeber (*Krien/Glöckner*, vor § 56 ADSp Anm. 3 a III).

4. Keine rechtzeitige anderweitige Kenntnis

4 Hat der Spediteur oder sein das Geschäft abschließender Vertreter rechtzeitig anderweitig Kenntnis vom Wert des Gutes erlangt, so ist die Berufung auf § 56 ADSp rechtsmißbräuchlich (*Krien/Glöckner*, § 56 ADSp Anm. 4 a).

5. Keine Verletzung der Hinweispflicht (§ 56 c S. 2 ADSp)

Die Tragweite des § 56 c ADSp ist unklar. Einerseits sagt § 56 c S. 1 ADSp, daß dem Spediteur nicht entgegengehalten werden kann, er hätte bei verkehrserforderlicher Sorgfalt vom besonderen Wert des Guts Kenntnis erlangen können. Auf der anderen Seite ist in Satz 2 des § 56 c ADSp die Hinweispflicht mit der ,,Erkennbarkeit" und nicht mit der Kenntnis verbunden. *Krien/Glöckner* (vor § 56 ADSp Anm. 4 c III) suchen den Widerspruch dadurch aufzulösen, daß sie Erkennbarkeit im Sinn positiver Kenntnis und offensichtlicher Erkennbarkeit auslegen. Für diese Lösung bietet § 56 c ADSp keine Anhaltspunkte. Deshalb ist der Begriff Erkennbarkeit gemäß § 5 AGBG im Sinn des bei verkehrserforderlicher Sorgfalt ,,Kennen-Müssens" auszulegen. Der Spediteur braucht zwar keine Wertermittlungen anzustellen, insbesondere nicht die Verpackung zu öffnen. Er muß aber mit der erforderlichen Sorgfalt eines Spediteurs aus den ihm ohne weiteres zugänglichen Tatsachen auf die Höhe des Wertes schließen und im Fall begründeter Zweifel eher davon ausgehen, daß das Gut wertvoll ist (*Krien/Glöckner*, vor § 56 ADSp Anm. 4 c III). Der besondere Wert des Gutes muß spätestens bei Vertragsschluß erkennbar geworden sein, da sonst die Wertangabe nicht mehr rechtzeitig erfolgen kann. Der Spediteur hat den Auftraggeber aufzuklären und eine angemessene Frist für die Wertangabe einzuräumen. Er handelt nur dann pflichtgemäß, wenn er den Auftrag erst nach erfolglosem Verstreichen der Frist annimmt (Rz. 3). § 56 c S. 2 ADSp regelt nicht ausdrücklich die Folgen des Pflichtverstoßes. Gemäß §§ 51 a, 54 a Nr. 2 ADSp müßte der Spediteur für den Schaden des Auftraggebers infolge des Haftungsausschlusses (§ 56 a ADSp) bis zum Betrag von DM 4 450,– haften. Richtiger erscheint es, § 56 c S. 2 ADSp dahin zu interpretieren, daß der Spediteur, der seine Hinweispflicht verletzt, sich nicht auf den Haftungsausschluß berufen darf. 5

6. Der Schaden resultiert aus dem Fehlen der Wertangabe (§ 56 d ADSp)

Das Fehlen der Wertangabe muß für den Schaden kausal geworden sein. Dies ist es schon dann, wenn der Spediteur den Auftrag nicht angenommen hätte, falls er den besonderen Wert des Guts gekannt hätte. Der Auftraggeber hat daher zu beweisen, daß der Spediteur in Kenntnis des Werts ebenfalls kontrahiert und keine besonderen Vorsichtsmaßnahmen getroffen hätte, die den Schaden verhindert hätten. Deshalb beseitigt die Wertangabe nach Vertragsschluß nicht ohne weiteres den Haftungsausschluß (näher Rz. 7). 6

III. Verspätete Wertangaben

Der Haftungsausschluß gemäß § 56 a ADSp kommt nur dann nicht zum Tragen, wenn die Wertangabe rechtzeitig vor Vertragsschluß erfolgt ist. Die nachträgliche Wertangabe genügt dort, wo sich der Spediteur mit ihr einverstanden erklärt hat (*Krien/Glöckner*, § 56 ADSp Anm. 3 b III). Das Einverständnis ist zu vermuten, wenn der Spediteur die Verspätung nicht rügt (**a. A.** 7

Krien/Glöckner, aaO). Rügt der Spediteur die Verspätung, so darf er gleichwohl die Wertangabe nicht unbeachtet lassen. Vielmehr hat er sein Verhalten auf den besonders hohen Wert einzustellen. Tut er das nicht, so kann er gemäß § 51 b S. 2 ADSp unbeschränkt haften.

IV. AGBG-Konformität

8 Bedenken sind dann angebracht, wenn Güter, deren Wert über DM 59,– pro kg brutto liegt, im Verkehr typischerweise nicht als Kostbarkeiten, die besondere Sorgfalt erfordern, angesehen werden (vgl. *Staub/Helm*, Anh. I § 415 HGB, § 56 ADSp Rz. 3).

§ 57 ADSp [Schadensentstehung aus besonderen Gefahren, Binnenschiffahrtspedition]

a) Konnte ein Schaden den Umständen nach aus einer im folgenden bezeichneten Gefahr entstehen, so wird vermutet, daß er aus dieser Gefahr entstanden sei:

1. Aus nicht oder mangelhaft erfolgter Verpackung der Güter.

2. Aus der Aufbewahrung im Freien, wenn solche Aufbewahrung vereinbart oder eine andere Aufbewahrung nach der Art der Ware oder nach den Umständen untunlich war.

3. Aus besonders schwerem Diebstahl im Sinne der §§ 243 und 244 oder aus Raub im Sinne des § 249 StGB.

4. Aus höherer Gewalt, Witterungseinflüssen, Schadhaftwerden irgendwelcher Geräte oder Leitungen, Einwirkung anderer Güter, Beschädigung durch Tiere, natürlicher Veränderung des Gutes.

Der Spediteur haftet in diesen Fällen nur insoweit, als nachgewiesen wird, daß er den Schaden schuldhaft verursacht hat.

b) Die Haftung des Spediteurs ist ausgeschlossen für Verluste und Schäden in der Binnenschiffahrtsspedition (einschl. der damit zusammenhängenden Vor- und Anschlußtransporte mit Landtransportmitteln sowie der Vor-, Zwischen- und Anschlußlagerungen), die durch Transport- bzw. Lagerversicherung gedeckt sind oder durch eine Transport- bzw. Lagerversicherung allgemein üblicher Art hätten gedeckt werden können oder nach den herrschenden Gepflogenheiten sorgfältiger Kaufleute über den Rahmen einer Transport- bzw. Lagerversicherung allgemein üblicher Art hinaus gedeckt werden, es sei denn, daß eine ordnungsgemäß geschlossene Versicherung durch fehlerhafte Maßnahmen des Spediteurs unwirksam wird.

c) Sonstige Bestimmungen, die über die vorstehenden Absätze hinaus die Haftung des Spediteurs beschränken oder aufheben, bleiben unberührt.

Literatur: siehe vor § 1 ADSp.

Übersicht

	Rz.
A. Allgemeines	1
B. Beweislastumkehr	
I. Voraussetzungen	2
1. Verpackungsmängel (§ 57 a Nr. 1 ADSp)	3
2. Aufbewahrung im Freien (§ 57 a Nr. 2 ADSp)	4
3. Diebstahl, Raub (§ 57 a Nr. 3 ADSp)	5
4. Höhere Gewalt (§ 57 a Nr. 4 ADSp)	6
5. Witterungseinflüsse	6
6. Schadhaftwerden irgendwelcher Geräte oder Leitungen	7
7. Einwirkung anderer Güter	8
8. Beschädigung durch Tiere	9
9. Natürliche Veränderung des Guts	10
II. Rechtsfolge	11
III. AGBG-Konformität	12
1. Verpackung	13
2. Aufbewahrung im Freien	14
3. Diebstahl, Raub	15
4. Höhere Gewalt	16
5. Witterungseinflüsse	17
6. Schadhafte Geräte, Leitungen	18
7. Einwirkungen anderer Güter, Tiere	19
8. Natürliche Veränderung	20
C. Binnenschiffahrt (§ 57 b ADSp)	
1. Voraussetzungen	21
2. Rechtsfolge	22
3. AGBG-Konformität	23

A. Allgemeines

1 § 57 a ADSp modifiziert § 51 a S. 2 1. HS ADSp, indem er die Beweislast für Kausalität und Verschulden vom Spediteur auf den Auftraggeber verlagert. Die Klausel ist im Fall des § 51 b S. 2 ADSp unanwendbar; sie verstößt in weitem Umfang gegen § 9 AGBG. § 57 b ADSp enthält hingegen eine echte Haftungsausschlußklausel. Ausnahme: § 51 b S. 2 ADSp.

B. Beweislastumkehr

I. Voraussetzungen

2 Der Schaden ist möglicherweise infolge eines der in den Nr. 1–4 aufgezählten schadensbegünstigenden Faktoren verursacht oder begünstigt worden. Der Spediteur hat lediglich darzutun und zu beweisen, es bestehe eine geringe, nicht außerhalb aller Wahrscheinlichkeit liegende Möglichkeit dafür, daß der Schaden durch einen der in § 57 a Nr. 1–4 ADSp genannten Faktoren verursacht worden ist. Folgende Faktoren kommen in Betracht:

1. Verpackungsmängel (§ 57 a Nr. 1 ADSp)

3 Sie liegen vor, wenn die Verpackung ganz fehlt, obwohl sie notwendig ist, um das Gut gegen die gewöhnlichen Einflüsse und Gefahren des Transports zu schützen, die der Spediteur typischerweise nicht auszuschalten hat (vgl. § 18 KVO Rz. 1). Die Verpackung ist mangelhaft, wenn sie unzureichenden Schutz bietet und der Spediteur nicht verpflichtet war, für ausreichende Verpackung zu sorgen (§ 407 HGB Rz. 48). § 57 a Nr. 1 ADSp greift nicht ein, falls der Auftraggeber – gegebenenfalls mittels Anscheinsbeweis – nachweist, daß die Verpackung als Schadensquelle ausscheidet (KG, VersR **1967**, 446, 447).

2. Aufbewahrung im Freien (§ 57 a Nr. 2 ADSp)

4 Die Aufbewahrung im Freien muß ausdrücklich oder konkludent vereinbart worden sein. Der Spediteur hat auf die Beweislastumkehr hinzuweisen (*Hald/Widmann*, S. 234). Die Vereinbarung, die der Spediteur zu beweisen hat, kann sich auch aus der Art der Ware ergeben. § 57 a Nr. 2 ADSp erlaubt es dem Spediteur auch ohne besondere Abrede, das Gut im Freien zu belassen, wenn die Aufbewahrung in Räumen untunlich war. Dabei bedeutet untunlich, daß eine Verwahrung in geschlossenen Räumen erhebliche Schwierigkeiten oder Kosten bereitet hätte (*Wolf*, § 57 ADSp Rz. 11; *Hald/Widmann*, S. 234; **a. A.** *Staub/Helm*, Anh. I § 415 HGB, § 57 ADSp Rz. 8; *Krien/Glöckner*, vor § 57 ADSp Anm. 8 b: nicht geschäftsüblich).

3. Diebstahl, Raub (§ 57 a Nr. 3 ADSp)

5 §§ 243, 244, 249 StGB. Der Diebstahl kann auch von Leuten des Spediteurs begangen worden sein. Die Vermutung entfällt, wenn der Auftraggeber nachweist (Anscheinsbeweis genügt), daß der Schaden nicht entstanden wäre, wenn das Gut mit verkehrserforderlicher Sorgfalt gesichert gewesen wäre (**a. A.** wohl OLG Hamburg v. 23.2.1984, VersR **1984**, 1035, 1036). Ob es gesichert war, braucht er nicht darzutun.

4. Höhere Gewalt (§ 57 a Nr. 4 ADSp)

Außergewöhnliche, von außen her einwirkende Störung, die keine typische Betriebsgefahr darstellt und mit verkehrserforderlicher Sorgfalt unabwendbar ist (§ 34 KVO Rz. 2 ff).

5. Witterungseinflüsse

6 Regen, Schnee, Hagel, Kälte, Hitze, Sonnenlicht, Sturm.

6. Schadhaftwerden irgendwelcher Geräte oder Leitungen

7 Es ist gleichgültig, in wessen Organisationsbereich sich die Geräte oder Leitungen befunden haben. Die Geräte müssen Schadensquelle, nicht Schadensobjekt sein.

7. Einwirkung anderer Güter

8 Güter anderer Kunden des Spediteurs oder andere Güter des Auftraggebers.

8. Beschädigung durch Tiere

9 Die Tiere sind nicht Schadensobjekt, sondern Schadensursache (z. B. Mäuse). Die Tiere sind nicht Speditionsgut (siehe Güter anderer Auftraggeber; Rz. 8).

9. Natürliche Veränderungen des Guts

10 Das Gut hat sich infolge der dem Gut eigentümlichen, aktiven Eigenschaften (BGH, NJW **1965**, 1593, 1595) verändert, auch wenn die Veränderung

durch äußere Umstände begünstigt oder erst in Gang gesetzt wurde (vgl. § 34 KVO Rz. 21; Art. 17 CMR Rz. 49). Hat der Auftraggeber besondere Weisungen erteilt, so hat der Spediteur zu beweisen, daß er sie befolgt hat (*Hald/Widmann*, S. 239).

II. Rechtsfolge

Der Auftraggeber hat zu beweisen, daß der Spediteur in der Lage gewesen wäre, den Schaden durch verkehrserforderliche, zumutbare Sorgfaltsmaßnahmen bei Vertragsschluß oder im Laufe der Vertragserfüllung abzuwenden oder zu mindern. Hierbei kommen ihm die Regeln des Anscheinsbeweises zugute. Gelingt der Beweis, so haftet der Spediteur nach Maßgabe der §§ 51 ff ADSp (§ 57 c ADSp). **11**

III. AGBG-Konformität

§ 57 a ADSp lehnt sich an ähnliche Regelungen des Transportrechts an (Art. 17 IV, 18 CMR, §§ 18 KVO, 83 EVO), geht aber über diese Vorschriften zum Teil weit hinaus. Aus den genannten Vorschriften kann mithin nur in beschränktem Umfang auf die Angemessenheit des § 57 a ADSp geschlossen werden, zumal die Eisenbahn und den Frachtführer im Fernverkehr eine verschuldensunabhängige Haftung trifft und eine Einschränkung der Haftung daher eher am Platz ist. Hat der Spediteur den Beweis für mangelndes Verschulden zu führen, so entsteht dadurch allerdings leicht eine Haftungssituation, die einer verschuldensunabhängigen Haftung ähnelt (vgl. §§ 608 HGB, 59 BinSchG). Deshalb erscheint es gerechtfertigt, das Haftungsrisiko des Spediteurs dadurch zu mindern, daß der Spediteur von Beweislastproblemen befreit wird, die mit risikoerhöhenden, aus der Sphäre des Auftraggebers kommenden Faktoren zusammenhängen. Soweit dies nicht der Fall ist, muß es bei dem Grundsatz bleiben, daß der Spediteur die Umstände zu beweisen hat, die in seinem Verantwortungsbereich liegen (vgl. BGH, NJW **1958**, 1629; v. 23.2.1984, BB **1984**, 939, 940; NJW **1973**, 1192, 1193; v. 24.6.1987, VersR **1987**, 1212, 1215; *Graf von Westphalen*, ZIP **1981**, 119, 122; *Wolf/Horn/Lindacher*, AGBG, § 9 Rz. A 77). Dies bedeutet im einzelnen: **12**

1. Verpackung

Die Klausel ist unbedenklich, da der risikoerhöhende Faktor aus der Sphäre des Auftraggebers stammt (*Staub/Helm*, Anh. I § 415 HGB, § 57 ADSp Rz. 6 f; **a. A.** *Graf von Westphalen*, ZIP **1981**, 119, 122). **13**

2. Aufbewahrung im Freien

Die Klausel verstößt gegen § 9 AGBG; denn die Aufbewahrung im Freien ist anders als die Beförderung in offenen Wagen (§ 83 EVO) oder offenen Fahrzeugen (Art. 17 IV CMR) nicht regelmäßig eine atypische Art der Behandlung des Guts, die der Auftraggeber trotz erhöhter Risiken wegen der üblicherweise verbundenen Preisvorteile in Kauf nimmt. Die Beweislastum- **14** kehr soll nämlich auch dort eingreifen, wo die Lagerung in geschlossenen Räumen aus Gründen, die aus der Sphäre des Spediteurs stammen, untunlich war oder wo eine Lagerung in geschlossenen Räumen unmöglich war. Bei Unmöglichkeit der Lagerung in geschlossenen Räumen ist es jedenfalls unangemessen, daß der Spediteur nicht die sorgfältige Bewachung des Guts zu beweisen hat (Wertung des Art. 18 III CMR). Angemessen ist daher § 57 a Nr. 2 ADSp nur dann, wenn Ware, die üblicherweise in geschlossenen Räumen aufbewahrt wird, kraft besonderer Vereinbarung im Freien lagert und nur in Hinblick auf die daraus resultierenden spezifischen Gefahren (*Graf von Westphalen*, ZIP **1981**, 119, 122; **a. A.** *Wolf/Horn/Lindacher*, AGBG, § 9 Rz. A 76; **a. A.** *Krien/Glöckner*, vor § 47 ADSp Anm. 1 b).

3. Diebstahl, Raub

15 Nach den Grundsätzen des Anscheinsbeweises trifft den Spediteur allenfalls in Fällen des Raubes kein Verschulden. In den Fällen des schweren Diebstahls kann hingegen ein Verschulden des Spediteurs mitspielen. Allerdings kann es auch so sein, daß der Dieb alle zumutbaren Schutzmaßnahmen ausgeschaltet hätte. Dies wird der Geschädigte nur äußerst schwer widerlegen können. Es ist gerade Aufgabe des Spediteurs, die Gefahr des Diebstahls zu senken. Ob er dies in ausreichendem Maß getan hat, liegt in seinem Verantwortungsbereich und ist für den Auftraggeber weder erkennbar noch nachweisbar. Da unterlassene Schutzmaßnahmen prima facie für eine Verantwortlichkeit des Spediteurs sprechen, darf der Auftraggeber nicht mit dem Beweis belastet werden, daß verkehrserforderliche Sicherungsvorkehrungen den Diebstahl verhindert hätten. Die Klausel ist daher unangemessen (*Graf von Westphalen*, ZIP **1981**, 119, 122; *Staub/Helm*, Anh. I § 415 HGB, § 57 ADSp Rz. 6; *Wolf/Horn/Lindacher*, AGBG, § 9 Rz. A 76; **a. A.** *Krien/Glöckner*, vor § 57 ADSp Anm. 1 b; ebenso i. E. OLG Hamm v. 6.6.1988, VersR **1989**; 413, 414).

4. Höhere Gewalt

16 Die Klausel ist unbedenklich, da mit dem Nachweis höherer Gewalt auch mangelndes Verschulden nachgewiesen ist.

5. Witterungseinflüsse

17 Die Klausel verstößt gegen § 9 AGBG, da es zu den Aufgaben des Spediteurs gehört, das Gut vor Witterungseinflüssen zu schützen (*Graf von Westphalen*, ZIP **1981**, 119, 122; *Staub/Helm*, Anh. I § 415 HGB, § 57 ADSp Rz. 12; *Wolf/Horn/Lindacher*, AGBG, § 9 Rz. A 76; **a. A.** *Krien/Glöckner*, vor § 57 ADSp Anm. 1 b). Sind diese Schutzmaßnahmen unzulänglich, so stammt die Schadensursache aus dem Verantwortungsbereich des Spediteurs (siehe auch zur vergleichbaren Situation beim Diebstahl). Auch das Frachtrecht kennt nicht eine so weitreichende Beweislastumkehr. § 34 I KVO schließt die Haftung für Frost und Hitze auch nur dann aus, wenn der Frachtführer keine Kühleinrichtung zu stellen hatte (BGH, NJW **1965**, 1593, 1594; vgl. auch Art. 18 IV CMR).

6. Schadhafte Geräte, Leitungen

Geräte und Leitungen liegen in der Regel voll im Verantwortungsbereich des Spediteurs. Der Auftraggeber ist daher außerstande, die Ursache für das Versagen der Geräte oder Leitungen zu beweisen. Die Klausel ist daher unangemessen (§ 9 AGBG; *Staub/Helm*, Anh. I § 415 HGB, § 57 ADSp Rz. 13; *Graf von Westphalen*, ZIP **1981**, 119, 122; *Wolf/Horn/Lindacher*, § 9 AGBG Rz. A 76; **a. A.** *Krien/Glöckner*, vor § 57 ADSp Anm. 1 b). **18**

7. Einwirkungen anderer Güter, Tiere

Die Güter sind in den Verantwortungsbereich des Spediteurs gelangt und haben sich erst dort schädigend ausgewirkt. Gleiches kann für Tiere gelten. Die Beweislastumkehr ist daher unwirksam (§ 9 AGBG; *Graf von Westphalen*, ZIP **1981**, 119, 122; *Staub/Helm*, Anh. I § 415 HGB, § 57 ADSp Rz. 14 f; *Wolf/Horn/Lindacher*, AGBG, § 9 Rz. A 76; **a. A.** *Krien/Glöckner*, vor § 57 ADSp Anm. 1 b). **19**

8. Natürliche Veränderung

Die Klausel ist unangemessen (§ 9 AGBG, *Graf von Westphalen*, ZIP **1981**, 119, 122; *Wolf/Horn/Lindacher*, AGBG, § 9 Rz. A 76; **a. A.** *Staub/Helm*, Anh. I § 415 HGB, § 57 ADSp Rz. 16; *Krien/Glöckner*, vor § 57 ADSp Anm. 1 b). Zwar findet sich eine ähnliche Klausel in vielen älteren Transportrechten (§ 608 I 7 HGB, § 59 Nr. 4 BinSchG). Die CMR trägt indessen der Tatsache Rechnung, daß heute der innere Verderb nicht mehr ein weitgehend unbeeinflußbares Risiko darstellt, sondern daß es vielfach gerade Aufgabe des Spediteurs und Lagerhalters ist, gezielt vor innerem Verderb zu schützen (vgl. Art. 17 V, Art. 18 IV CMR). Die Klausel wäre nur dann angemessen, wenn der Spediteur den in Art. 18 IV CMR genannten Beweis führen müßte. **20**

C. Binnenschiffahrt (§ 57 b ADSp)

1. Voraussetzungen

Binnenschiffahrtsspedition ist die Organisation des Transports und der Transport durch Binnenschiffe einschließlich der Vor- und Anschlußtransporte sowie der Vor-, Zwischen- und Anschlußlagerung und des Umschlags vom Seeschiff in das Binnenschiff (BGH v. 16.11.1961, VersR **1962**, 22, 23). Der Auftraggeber muß gezielt die Beförderung mit dem Binnenschiff gewünscht haben. Dort, wo das Binnenschiff nicht dem Transport, sondern im wesentlichen nur der Lagerung dient, greift § 57 b ADSp nicht ein (BGH v. 1.6.1979, VersR **1979**, 901, 902). Ferner ist Voraussetzung, daß das Risiko seitens des Auftraggebers versichert ist oder daß eine Transport- bzw. Lagerversicherung gezeichnet werden kann und üblicherweise gezeichnet wird. **21**

2. Rechtsfolge

22 Ausschluß der Haftung in dem Umfang, in dem eine übliche Versicherung den Schaden im Moment des Schadenseintritts ausgleichen würde. Ausnahmen: Obliegenheitsverletzungen des Spediteurs, Risikoerhöhungen oder sonstige Handlungen oder Unterlassungen seitens des Spediteurs, die zur Einschränkung oder zum Wegfall des Versicherungsschutzes führen. Der Spediteur muß nicht notwendig schuldhaft gehandelt haben. Ferner volle Haftung im Fall des § 51 b S. 2 ADSp.

3. AGBG-Konformität

23 Die Klausel ist mit § 9 AGBG vereinbar (BGH v. 16.11.1961, VersR **1962**, 22). Zwar mindert der Ausschluß der Haftung bedenklich deren Präventionseffekt (*Koller*, TranspR **1986**, 357, 361). Im Bereich der Binnenschiffahrt scheinen sich aber in ausreichendem Maß Ersatzpräventionsmechanismen herausgebildet zu haben, so daß die Klausel als wirksam anzusehen ist (§ 24 II AGBG). Unter Umständen hat allerdings der Spediteur den Auftraggeber über die Zweckmäßigkeit des Versicherungsschutzes aufzuklären.

§ 58 ADSp

(gestrichen)

§ 59 ADSp

(gestrichen)

§ 60 ADSp [Unverzügliche, schriftliche Schadensanzeige]

a) Alle Schäden, auch soweit sie äußerlich nicht erkennbar sind, müssen dem Spediteur unverzüglich schriftlich mitgeteilt werden. Ist die Ablieferung des Gutes durch einen Spediteur erfolgt, so muß der abliefernde Spediteur spätestens am 6. Tag nach der Ablieferung im Besitze der Schadensmitteilung sein.

b) Bei Nichteinhaltung vorstehender Bestimmungen gelten die Schäden als erst nach der Ablieferung entstanden.

c) Geht dem Spediteur eine Schadensmitteilung in einem Zeitpunkt zu, in dem ihm die Wahrung der Rechte gegen Dritte nicht mehr möglich ist, so ist der Spediteur für die Folgen nicht verantwortlich.

Literatur: siehe vor § 1 ADSp.

I. Allgemeines

1 § 60 a, b ADSp statuiert eine Rügeobliegenheit, deren Verletzung zum Verlust des Schadensersatzanspruches führt. § 60 c ADSp ist auf § 52 ADSp bezogen und enthält im Licht des § 51 a ADSp eine Selbstverständlichkeit.

II. Rügeobliegenheit

1. Voraussetzungen

Schäden sind Verlust oder Substanzverletzungen des Gutes (§ 62 ADSp; § 429 HGB Rz. 3). Personenschäden und allgemeine Vermögensschäden fallen nicht darunter, da die Obliegenheiten des § 60 a ADSp auf den Obhutszeitraum (Ablieferung; § 60 b ADSp) bezogen sind und andere als Sachschäden infolge Pflichtverletzungen des Spediteurs häufig erst nach Ablieferung entstehen, während Sachschäden, jedenfalls im Keim, in aller Regel vor der Ablieferung entstanden sind, auch wenn sie häufig erst lange danach erkannt werden (*Wolf*, § 60 ADSp Rz. 1; *Hald/Widmann*, S. 241; **a. A.** *Krien/Glöckner*, § 60 ADSp Anm. 2 b m. Einschränkungen). Der Empfänger ist nach § 60 a ADSp nicht zur Untersuchung verpflichtet (**a. A.** *Schlegelberger/Schröder*, § 407 Rz. 25; *Wolf*, § 60 ADSp Rz. 2; *Hald/Widmann*, S. 242). Der Empfänger kann nur Obliegenheitsgehilfe des Absenders sein. Der Begriff „unverzüglich" bezieht sich ausschließlich auf die Mitteilung (§ 5 AGBG). Es ist gleichgültig, ob der Schaden bei Ablieferung erkennbar war oder nicht. *Adressat* der Rüge ist der schädigende Spediteur, der vom Geschädigten in Anspruch genommen werden soll (Ausnahme: § 60 a S. 2 ADSp (§ 5 AGBG)). Wurde der Schaden bei der Ablieferung festgestellt, so genügt ein Vermerk auf dem Frachtbrief oder auf einem anderen Dokument, das dem Fahrer ausgehändigt wird, nur, wenn es sich um einen Fahrer desjenigen Spediteurs handelt, gegen den der Geschädigte Ansprüche erhebt (*Hald/Widmann*, S. 243). § 6 II 2 ADSp ist unanwendbar; § 6 II 2 ADSp ist auch nicht analog anwendbar (§ 5 AGBG; **a. A.** *Krien/Glöckner*, § 60 ADSp Anm. 7 b). Die mündliche Rüge gegenüber dem Fahrer ist unzureichend. Der Auftraggeber trägt auch die Gefahr, daß der Frachtführer oder Zwischenspediteur die Anzeige nicht unverzüglich an den ersatzpflichtigen Hauptspediteur weiterleitet (*Krien/Glöckner*, § 60 ADSp Anm. 5 b IV; anders wohl Anm. 5 b III; LG Offenburg, TranspR **1986**, 151 für den Fall der Namensgleichheit). Die Rüge über Art und Umfang des Schadens, nicht aber sonstige Angaben zum Auftrag (**a. A.** *Wolf* § 60 ADSp Rz. 5), muß *unverzüglich*, d. h. ohne schuldhaftes Zögern nach Entdecken des Schadens im normalen Geschäftsgang mitgeteilt werden. Die Rüge muß *schriftlich* oder in sonstiger Weise dokumentiert werden. Sie kann vom Absender, vom Empfänger oder einem Dritten *abgesandt* werden. Kommt die Rüge von einem Dritten, so muß dieser dazu ermächtigt sein und es muß klargestellt sein, auf welchen Auftrag sich die Rüge bezieht. Nachträgliche Genehmigung der Rüge ist zulässig (*Krien/Glöckner*, § 60 ADSp Anm. 4 d). Hat der Empfänger nicht unverzüglich dem Spediteur gegenüber gerügt, so muß sich dies der Auftraggeber zurechnen lassen (*Hald/Widmann*, S. 241 f). 2

2. Rechtsfolge

Der Anspruch auf Ersatz von Sachschäden erlischt. **Ausnahmen:** Der Spediteur oder ein zuständiger Angestellter hat den Schaden rechtzeitig erfahren (*Krien/Glöckner*, § 60 ADSp Anm. 7 a; weitergehend *Schlegelberger/Schröder*, § 407 Rz. 25); ferner § 51 b S. 2 ADSp. 3

III. Ablauf der 6-Tage-Frist (§ 60 a S. 2 ADSp)

4 Zum Begriff der Ablieferung § 53 ADSp, § 51 ADSp Rz. 3 f. Die Ablieferung muß durch einen Spediteur iSd § 2 a ADSp, nicht durch die Bahn erfolgt sein. Die Frist beginnt am Tage nach der Ablieferung zu laufen (§ 187 I BGB). Die Schadensanzeige (Rz. 2) muß fristgerecht demjenigen Spediteur zugehen (§ 130 BGB), der das Gut übergeben hat. Es genügt nicht, daß die Anzeige fristgerecht dem Hauptspediteur zugegangen ist, wenn ein Zwischenspediteur abgeliefert hat. Es ist gleichgültig, wer den abliefernden Spediteur benachrichtigt. Die Beweislast für den rechtzeitigen Zugang der Anzeige trägt der Schadensersatzberechtigte. Nach Ablauf der Frist erlöschen Schadensersatzansprüche ohne Rücksicht auf Verschulden des Auftraggebers oder Empfängers. *Ausnahmen*: Oben Rz. 3. Die Ansprüche können bereits vorher wegen Verstoß gegen § 60 a S. 1 ADSp untergegangen sein.

IV. AGBG-Konformität

5 Die Klausel ist nach allgemeiner Ansicht angemessen (OLG Köln v. 4.4.1986, TranspR **1986**, 432, 433). Dem ist nur mit der Einschränkung zuzustimmen, daß der Empfänger Name und Adresse des abliefernden Spediteurs ohne Schwierigkeiten in Erfahrung bringen konnte. Die ordnungsgemäße rechtzeitige Rüge wird nämlich heute angesichts der unübersichtlichen Transportketten zu einem kaum mehr zumutbaren Risiko.

§ 61 ADSp [Vorteilsausgleichung]

In allen Fällen, in denen der vom Spediteur zu zahlende oder freiwillig angebotene Schadensbetrag den vollen Wert des Gutes erreicht, ist der Spediteur zur Zahlung nur verpflichtet Zug um Zug gegen Übereignung des Gutes und gegen Abtretung der Ansprüche, die hinsichtlich des Gutes dem Auftraggeber oder dem Zahlungsempfänger gegen Dritte zustehen.

Literatur: siehe vor § 1 ADSp.

1 § 61 ADSp enthält eine Regelung der Vorteilsausgleichung in Parallele zu § 255 BGB. Die Klausel ist äußerst fragwürdig (§ 9 AGBG), wenn man bedenkt, daß der Spediteur mit einer ,,freiwillig angebotenen" Schadensersatzleistung einen Gegenstand gegen den Willen des Kunden bzw. Eigentümers an sich ziehen kann, falls er nur den gemeinen Wert in Geld bietet (so *Wolf*, § 61 ADSp Rz. 2; *Krien/Glöckner*, § 61 ADSp Anm. 3 b). § 61 ADSp ist daher restriktiv zu interpretieren. Der ,,Schadensbetrag" in Höhe des vollen Werts (§ 54 c ADSp) des Guts muß vom Auftraggeber bzw. Eigentümer (§ 63 ADSp) gefordert werden. Ist dies nicht der Fall, so hat der Vorteilsausgleich in Geld zu erfolgen. Auch dann stößt § 61 ADSp noch auf Bedenken, weil der Auftraggeber an dem Gut weitergehende Interessen haben kann, die er im Rahmen der ADSp nicht ersetzt verlangen kann (§ 54 ADSp). Beispiel: Das Gut kann auch bei völligem Verlust des gemeinen Werts vom Auftraggeber

aufgrund seiner Verbindungen noch gewinnbringend weiterveräußert werden oder es existieren immaterielle Interessen des Auftraggebers.

§ 62 ADSp [Weiter Schadensbegriff]

Der in diesen Bedingungen gebrauchte Ausdruck „Schaden" oder „Schäden" ist, soweit nicht frühere Paragraphen eine Beschränkung vorsehen, im weitesten Sinne (§§ 249 ff BGB) zu verstehen, umfaßt also insbesondere auch gänzlichen oder teilweisen Verlust, Minderung, Wertminderung, Bruch, Diebstahlsschaden und Beschädigungen aller Art.

Literatur: siehe vor § 1 ADSp.

§ 62 ADSp definiert den Begriff des Schadens, indem er auf den Schadens- **1**
begriff der §§ 249 ff BGB verweist.

§ 63 ADSp [Unerlaubte Handlung]

a) Beruft sich der Spediteur auf eine in diesen Bedingungen vorgesehene Haftungsbeschränkung oder -ausschließung, so ist der Einwand, es liege unerlaubte Handlung vor, unzulässig.

b) Erhebt ein Dritter, der an dem Gegenstand oder der Ausführung des dem Spediteur erteilten Auftrages unmittelbar oder mittelbar interessiert ist, gegen den Spediteur Ansprüche wegen einer angeblich begangenen unerlaubten Handlung, die dem Spediteur nach Absatz a nicht entgegengehalten werden kann, so hat der Auftraggeber den Spediteur von diesen Ansprüchen unverzüglich zu befreien.

Literatur: siehe vor § 1 ADSp.

I. Allgemeines

Vertragliche Ansprüche gegen den Spediteur können mit Ansprüchen aus **1**
den §§ 823 ff BGB konkurrieren (BGH, NJW **1985**, 2411; § 408 HGB Rz. 15). § 63 a ADSp soll sicherstellen, daß der Spediteur dort, wo er auf der Grundlage der §§ 823 ff BGB in Anspruch genommen wird, nicht stärker als nach Vertragsrecht haftet. § 63 b ADSp soll den Spediteur im Verhältnis zu Dritten schützen, die sich die ADSp nicht entgegenhalten lassen müssen (s. vor § 1 ADSp Rz. 4). Zum Anspruch gegen Arbeitnehmer und Subunternehmer des Spediteurs s. vor § 1 ADSp Rz. 4.

II. Ansprüche des Auftraggebers und vom Auftraggeber abgeleitete Ansprüche

1. Voraussetzungen

2 Der Spediteur haftet gemäß §§ 823 ff BGB einer Person, die sich kraft Unterwerfung die ADSp entgegenhalten lassen muß (vor § 1 ADSp Rz. 9). Gleiches gilt, wenn der Spediteur einer Person haftet, zu deren Gunsten der Auftraggeber eine Verpflichtung des Spediteurs begründet hat (z. B. § 435 HGB; § 334 BGB; vor § 1 ADSp Rz. 4). In allen Fällen muß die unerlaubte Handlung im Rahmen des Spediteurgeschäfts und nicht nur bei dessen Gelegenheit begangen worden sein. § 63 a ADSp greift nicht ein, wenn der Anspruch auf c.i.c. gestützt wird (§ 5 AGBG; *Graf von Westphalen*, BB **1983**, 974, 975). Gleiches gilt für Ansprüche aus den §§ 989 ff BGB (**a. A.** *Krien/Glöckner*, § 63 ADSp Anm. 1 c I A; *Wolf* § 63 ADSp Rz. 3).

2. Rechtsfolge

3 Der Anspruch aus unerlaubter Handlung ist wie ein vertraglicher Anspruch ausgeschlossen oder der Höhe nach begrenzt. Die Begriffe ,,Haftungsbeschränkung oder -ausschließung" sind trotz des § 5 AGBG weit auszulegen, weil die Klausel ersichtlich einen Gleichlauf der vertraglichen und deliktischen Ansprüche erreichen will. Es fallen darunter somit auch Beweisregeln, Verjährungsvorschriften sowie sonstige Vorschriften, die die Reichweite des vertraglichen Anspruchs begrenzen (z. B. §§ 53, 60 ADSp). Ausnahme: § 51 b S. 2 ADSp.

3. AGBG-Konformität

4 § 63 a ADSp ist unbedenklich.

III. Ansprüche Dritter (§ 63 b ADSp)

5 Personen, die nicht Auftraggeber sind oder ihr Recht von ihm herleiten (Rz. 2), können gleichwohl faktisch den ADSp unterworfen sein (vor § 1 ADSp Rz. 4). In einem solchen Fall greift § 63 a ADSp und nicht § 63 b ADSp ein. § 63 b ADSp ist mithin nur dort anzuwenden, wo der Dritte nach den Umständen des Falles nicht damit rechnen mußte, daß sein Eigentum von einem Spediteur transportiert oder gelagert wird oder sonst Gegenstand von Spediteurgeschäften wird (vor § 1 ADSp Rz. 4). In diesen Fällen genügt es, daß der Dritte am Speditionsgut oder an der Ausführung des Auftrags auch nur mittelbar interessiert ist. Das ist z. B. beim Empfänger des Guts anzunehmen. Ein allgemeines Interesse am Florieren des Unternehmens genügt nicht. Der Anspruch des Dritten braucht nicht zu bestehen; er muß bloß ernstlich erhoben und auf die §§ 823 ff BGB gestützt worden sein.

1. Rechtsfolge

Der Auftraggeber ist verpflichtet, die Forderungen des Dritten ohne schuldhaftes Zögern zu bezahlen (§ 257 S. 1 BGB) oder die Schuld voll zu übernehmen, soweit der Spediteur dem Dritten nicht haften würde, wenn die ADSp anwendbar wären. Daran ändert der Umstand nichts, daß der Dritte gemäß § 2 SVS/RVS versichert ist. Ausnahme: § 51 b S. 2 ADSp. 6

2. AGBG-Konformität

§ 63 b ADSp ist unangemessen (§ 9 AGBG), weil er den Auftraggeber zwingt, an den Dritten zu zahlen, auch wenn der Anspruch aus unerlaubter Handlung nicht besteht, der Dritte sich aber gegenüber dem Spediteur des Anspruchs berühmt. Zwar kann der Auftraggeber unter Vorbehalt zahlen und sich vom Spediteur den Anspruch aus § 812 BGB abtreten lassen. Der Auftraggeber trägt dann aber nicht nur das Risiko eines Konkurses des Spediteurs und des Dritten, sondern auch die volle Beweislast dafür, daß der Spediteur keine unerlaubte Handlung begangen hat. Angemessen ist daher bei bestrittenen Forderungen nur ein Anspruch auf Sicherheitsleistung in Höhe des potentiellen Schadens und der Prozeßkosten. Wird Sicherheit geleistet, so muß der Spediteur sich auf Weisung des Auftraggebers verklagen lassen. Der Auftraggeber kann als Streithelfer dem Prozeß beitreten. 7

XIV. Verjährung

§ 64 ADSp [Verjährungsfrist, Verjährungsbeginn]

Alle Ansprüche gegen den Spediteur, gleichviel aus welchem Rechtsgrunde, verjähren in 8 Monaten. Die Verjährung beginnt mit der Kenntnis des Berechtigten von dem Anspruch, spätestens jedoch mit der Ablieferung des Gutes.

Literatur: siehe vor § 1 ADSp.

I. Allgemeines

§ 64 ADSp kommt – vorbehaltlich von Sondervereinbarungen (BGH v. 18.12.1980, VersR **1981**, 328) – nur im Rahmen des § 2 c ADSp zum Tragen. Er erfaßt, wie sich aus dem Wortlaut des § 64 ADSp (gegen) und dem Sinn der §§ 1 ff ADSp klar ergibt, ausschließlich Ansprüche, bei denen der Spediteur *als Auftragnehmer* die Rolle des Schuldners einnimmt (OLG Frankfurt, NJW **1980**, 2649; OLG Stuttgart v. 9.10.1991, TranspR **1992**, 20). Ist der beauftragte Spediteur Schuldner und sind die ADSp anwendbar (vor § 1 ADSp Rz. 8 ff), so ist die rechtliche Begründung der Ansprüche unerheblich. § 64 ADSp greift daher nicht nur bei Ansprüchen aus Speditionsvertrag iSd § 2 a ADSp, sondern auch bei sämtlichen gesetzlichen Ansprüchen ein, die mit einem Speditionsvertrag im Zusammenhang stehen: Ansprüche aus Delikt (BGH, NJW **1985**, 2411, 2412); Ansprüche auf Palettenrückgabe (KG v. 1

23.5.1985, TranspR **1985**, 299; OLG Frankfurt v. 5.10.1982, TranspR **1984**, 245); Ansprüche aus dem Kontokorrentsaldo (Ansprüche, die kontokorrentgebunden sind, sind nur gehemmt); Auskehrung der Nachnahme (OLG Frankfurt v. 16.1.1979, VersR **1979**, 825). § 64 ADSp wird dort, wo der *Spediteur oder sein leitender Angestellter vorsätzlich* bzw. *grob fahrlässig* geschädigt hat, durch § 51 b S. 2 ADSp ausgeschlossen; denn § 64 ADSp beschränkt im Vergleich zum dispositiven Recht die Haftung und würde sonst gegen § 9 AGBG verstoßen (vgl. BGH v. 2.12.1982, VersR **1983**, 339; BGH v. 4.6.1987, VersR **1987**, 1130, 1131; v. 9.3.1989, NJW-RR **1989**, 992, 993; OLG Hamburg v. 19.1.1989, VersR **1989**, 1169; **a. A.** OLG Frankfurt v. 4.12.1984, TranspR **1985**, 114; OLG Düsseldorf v. 8.11.1979, VersR **1980**, 275). Unbeachtlich ist, daß § 51 b S. 2 ADSp im XIII. Abschnitt und § 64 ADSp im XIV. Abschnitt steht; denn anerkanntermaßen gilt § 51 b S. 2 ADSp auch für Klauseln, die nicht im XIII. Abschnitt angesiedelt sind. Beweislast, § 51 ADSp Rz. 7.

II. Beginn der Verjährung

2 Die Verjährungsfrist beginnt, die Fälligkeit des Anspruchs vorausgesetzt (BGH v. 14.7.1988, DB **1989**, 106), mit der Kenntnis des Anspruchsinhabers von denjenigen Tatsachen zu laufen, auf die der Anspruch gestützt werden kann, falls dem Anspruchsinhaber eine auf diese Tatsachen gestützte Klage objektiv zuzumuten ist. Die bloße Vermutung von Tatsachen genügt nicht (KG v. 2.12.1949, VRS **2**, 228, 231; unklar OLG Düsseldorf v. 23.2.1984, TranspR **1984**, 222, 227). Auf die richtige rechtliche Würdigung kommt es nicht an (unklar OLG Düsseldorf v. 20.12.1984, VersR **1985**, 388). Der Anspruchsinhaber muß auch nicht die exakte Höhe des Schadens kennen, da eine Feststellungsklage möglich ist (OLG Düsseldorf v. 23.2.1984, TranspR **1984**, 222, 227), wohl aber die Tatsache eines Schadens und die Person des Schädigers (OLG Düsseldorf, TranspR **1985**, 257, 259). Keine Kenntnis liegt vor, wenn der Anspruchsinhaber ohne hinreichende Tatsachen glaubte, daß der Spediteur haftet (§ 5 AGBG; **a. A.** OLG Düsseldorf v. 20.12.1984, TranspR **1985**, 257, 258). Es geht nicht an, daß der Anspruch einer Person, die sich im Rechtsirrtum befindet, schneller verjährt als die Ansprüche eines rechtskundigen Anspruchsinhabers. Im Fall der Drittschadensliquidation kommt es auf den Vertragspartner an (BGH, NJW **1967**, 930, 931). Die Frist beginnt **spätestens** mit der Ablieferung des Guts an den richtigen Empfänger, nicht an vom Spediteur unmittelbar oder mittelbar eingesetzte Transportpersonen (*Staub/Helm*, § 414 Rz. 26; *Wolf*, § 64 ADSp Rz. 8; *Hald/Widmann*, S. 252). Dies gilt nicht, wenn der Anspruch erst nach der Ablieferung entsteht (OLG Hamburg v. 18.9.1986, TranpR **1987**, 239, 244). Insoweit ist § 64 ADSp geltungserhaltend zu restringieren (ebenso i. E. BGH v. 14.7.1988, DB **1989**, 106). Die Lücke ist durch das dispositive Recht zu schließen (**a. A.** OLG Hamburg v. 18.9.1986, TranspR **1987**, 239, 244). Im Fall der Annahmeverweigerung ist die Ablieferung bei einem neuen Empfänger oder beim Auftraggeber maßgeblich (*Hald/Widmann*, S. 252). Abweichende Sondervereinbarungen sind möglich (§ 4 AGBG). Zum Anspruch aus § 52 ADSp s. § 52 ADSp Rz. 6.

III. Lauf der Verjährungsfrist

3 Für die Hemmung und Unterbrechung der Verjährung gelten die allgemeinen Regeln der §§ 202 ff, 852 II BGB. Es kann auch vertraglich für bestimmte Zeit auf die Verjährungseinrede verzichtet werden (OLG Hamm v. 10.11.1983, VersR **1984**, 259). Zur Auslegung genereller Verzichtserklärungen, § 414 HGB Rz. 3. Zur Tragweite des § 225 BGB bei Verzichtserklärungen vgl. *Palandt/Heinrichs*, § 225 Rz. 2. Dabei ist zu beachten, daß gemäß den §§ 414 I 2, 439 HGB die Verjährungsfrist entgegen § 225 BGB verlängert werden kann (näher § 414 HGB Rz. 3). Der Spediteur muß sich das Handeln der von ihm eingeschalteten Versicherung zurechnen lassen (OLG Düsseldorf v. 27.10.1983, TranspR **1984**, 109, 111). § 852 II BGB ist nicht analog anwendbar, ebenso nicht § 40 III KVO oder Art. 32 II CMR (OLG Hamburg v. 12.2.1981, VersR **1982**, 1204; OLG Düsseldorf v. 20.12.1984, TranspR **1985**, 257, 260; vgl. aber BGH, NJW **1987**, 2072). Allerdings handelt der Spediteur, der sich auf Verjährung beruft, *arglistig*, wenn er – auch unbeabsichtigt – dem Anspruchsinhaber nach verständigem Ermessen ausreichend Anlaß gegeben hat, von einer Klage abzusehen, weil er bei diesem die Erwartung hervorgerufen hatte, die Ansprüche würden befriedigt oder nur mit sachlichen Einwänden bekämpft werden. Wird diese Erwartung zerstört bzw. der Anspruch abgelehnt, so muß innerhalb angemessener Frist geklagt werden (BGH, NJW **1985**, 2411; OLG Düsseldorf v. 27.2.1986, TranspR **1986**, 226; OLG Hamburg v. 18.5.1989, TranspR **1990**, 188, 190; OLG München v. 17.7.1990, TranspR **1991**, 427, 429). Der Schädiger muß sich das Verhalten seines Haftpflichtversicherers zurechnen lassen (OLG München v. 17.7.1990, TranspR **1991**, 427, 429). Arglistig handelt auch derjenige Spediteur, der den Geschädigten nicht über die Schadensursache aufklärt, so daß dieser den Umständen nach von einer längeren Verjährungsfrist ausgeht und ausgehen darf (vgl. BGH v. 13.4.1989, NJW-RR **1989**, 1270, 1271). Normale Schadensersatzverhandlungen begründen keinen Arglisteinwand (OLG Hamburg v. 12.2.1981, VersR **1982**, 1204; OLG Hamm v. 10.11.1983, VersR **1984**, 259). Zum Fall der Unterbrechung durch Prozeßstandschafter OLG Hamburg v. 4.2.1982, VersR **1982**, 872.

IV. AGBG-Konformität

4 Nach h. M. steht § 64 ADSp im Einklang mit § 9 AGBG (BGH v. 14.7.1988, TranspR **1988**, 391, 394; OLG Düsseldorf v. 8.11.1979, VersR **1980**, 275; v. 14.7.1986, VersR **1987**, 458; OLG Frankfurt v. 4.12.1984, TranspR **1985**, 114; OLG Hamburg v. 12.1.1984, VersR **1984**, 1090; v. 5.2.1987, TranspR **1987**, 395, 397; MüKo-*Kötz*, BGB, § 9 AGBG Rz. 56; *Wolf/Horn/Lindacher*, AGBG, § 9 Rz. A 78; *Ulmer/Brandner/Hensen*, AGBG, Anh. §§ 9-11 Rz. 23; **a. A.** *Staub/Helm*, § 414 Rz. 24).

XV. Erfüllungsort, Gerichtsstand, anzuwendendes Recht

§ 65 ADSp [Erfüllungsort, Gerichtsstand, Geltung des deutschen Rechts]

a) Der Erfüllungsort ist für alle Beteiligten der Ort derjenigen Handelsniederlassung des Spediteurs, an die der Auftrag gerichtet ist.

b) Der Gerichtsstand für alle Rechtsstreitigkeiten, die aus dem Auftragsverhältnis oder im Zusammenhang damit entstehen, ist für alle Beteiligten, soweit sie Vollkaufleute sind, der Ort derjenigen Handelsniederlassung des Spediteurs, an die der Auftrag gerichtet ist; für Ansprüche gegen den Spediteur ist dieser Gerichtsstand ausschließlich.

c) Für die Rechtsbeziehungen des Spediteurs zum Auftraggeber oder zu seinen Rechtsnachfolgern gilt deutsches Recht.

Literatur: siehe vor § 1 ADSp.

I. Erfüllungsort

1 § 65 a ADSp konkretisiert § 269 BGB, nicht § 270 BGB (§ 5 AGBG; *Staub/Helm*, Anh. I § 415 HGB, § 65 ADSp Rz. 1). Maßgeblich ist der Ort der Haupt- oder Zweigniederlassung (§ 13 HGB), an den der Auftraggeber mündlich oder schriftlich den Auftrag adressiert hat. Wurde der Auftrag an den Spediteur außerhalb seiner Niederlassung gerichtet, so kommt es auf die Niederlassung an, bei der der Empfänger der Erklärung tätig ist. Der Erfüllungsort ist für Ansprüche des Spediteurs, des Auftraggebers und Dritter maßgeblich, soweit diese den ADSp unterworfen sind (vor § 1 ADSp Rz. 4 ff). § 65 a ADSp begründet den Gerichtsstand gemäß Art. 5 Nr. 1 EuGVÜ, auch wenn die Form des Art. 17 I EuGVÜ nicht eingehalten wurde (BGH v. 17.10.1984, VersR **1985**, 56; *Fremuth*, TranspR **1983**, 35, 43).

II. Gerichtsstand

1. Grundsatz

2 Zum Begriff der Beteiligten Rz. 1. Die Streitigkeit steht mit dem Auftrag im Zusammenhang, wenn die Erteilung oder Durchführung eines wirksamen Auftrags Ursache des Rechtsstreits ist (z. B. Ansprüche aus §§ 823, 985 ff BGB, in der Regel nicht aus §§ 812, 677 BGB). Das Gericht des Orts der Niederlassung, an die der Auftrag gerichtet ist (Rz. 1), ist international und örtlich (§§ 12 ff ZPO) zuständig. Andere Gerichte sind für Klagen gegen den Spediteur unzuständig, nicht aber für Klagen des Spediteurs. Benennt der Spediteur in seinen Geschäftspapieren einen anderen Ort als Gerichtsstand, so soll dadurch § 65 b ADSp modifiziert werden (§ 4 AGBG; **a. A.** OLG Saarbrücken v. 10.6.1983, TranspR **1984**, 75). Außerdem kommt § 65 b ADSp zu Lasten des Spediteurs nicht im Fall des § 41 c ADSp zum Tragen (OLG Hamburg v. 28.9.1989, TranspR **1990**, 117, 119).

2. Geltungsbereich des EuGVÜ

Vgl. EuGH, NJW **1985**, 2892; WM **1986**, 402; **1986**, 752; BGH, NJW **1986**, 2196; OLG Hamburg v. 28.9.1989, TranspR **1990**, 117, 119; *Zöller/Geimer*, ZPO (1991) Anh. zu EGGVG, Art. 17 GVÜ Rz. 8 ff; *Baumbach/Lauterbach/Albers*, ZPO (50. Aufl.); Art. 17 AnerkVollstrAbk (EuG-Übk); *Wolf/Horn/Lindacher*, AGBG, Anh. § 2 Rz. 71, § 9 Rz. A 80 m. Nachw.. Sind die Voraussetzungen des Art. 17 I EuGVÜ nicht erfüllt, so kann das Gericht der Niederlassung des Spediteurs gemäß Art. 5 I Nr. 1 EuGVÜ iVm § 65 a ADSp örtlich und international zuständig sein (EuGH, NJW **1977**, 491; WM **1980**, 720; BGH v. 17.10.1984, VersR **1985**, 56). 3

3. Geltungsbereich der CMR

Das EuGVÜ wird in Hinblick auf die internationale Zuständigkeit durch Art. 31 CMR, nicht aber durch die §§ 412, 413 HGB iVm Art. 31 CMR verdrängt (Art. 41 CMR; *Fremuth*, TranspR **1983**, 35, 37 f; beachte Art. 1 CMR Rz. 2). Die örtliche Zuständigkeit ist in der CMR nicht geregelt. Der in § 65 b ADSp statuierte ausschließliche örtliche Gerichtsstand ist jedoch nur dann von Bedeutung, wenn § 2 c S. 2 ADSp nicht eingreift, Art. 17 EuGVÜ nicht im Wege steht (oben Rz. 3) und gemäß Art. 31, 39 CMR die internationale Zuständigkeit des örtlichen Gerichts besteht (BGH, NJW **1982**, 1946, 1947; AG Köln v. 6.2.1985, RIW **1986**, 384; *Fremuth*, TranspR **1983**, 35, 38 m. Nachw.; dies übersieht OLG Schleswig v. 25.5.1987, NJW-RR **1988**, 283, 284; vgl. auch Art. 31 CMR Rz. 5). 4

III. Internationales Privatrecht

§ 65 c ADSp enthält eine vertragliche Bestimmung des Schuldstatuts. Ihr zufolge ist das Recht der Bundesrepublik Deutschland einschließlich der CMR (OLG Düsseldorf v. 18.11.1971, ETR 1973, 510) anzuwenden, wenn die ADSp Vertragsbestandteil geworden sind (vor § 1 ADSp Rz. 4 ff). Die Klausel ist im Licht des AGBG gültig (BGH v. 17.10.1984, VersR **1985**, 56). Nach Ansicht des OLG Hamburg wird unabhängig von § 41 c ADSp die Geltung deutschen Rechts vereinbart, wenn die Parteien die ADSp in den Vertrag einbeziehen (OLG Hamburg v. 28.9.1989, TranspR **1990**, 117). Zur Frage, ob die Rechtswahlklausel anhand ausländischem Recht zu überprüfen ist, BGH v. 15.12.1986, TranspR **1987**, 98. 5

2. Abschnitt
Speditions- und Rollfuhrversicherungsschein (SVS/RVS)

Fassung vom 1.2 1992

Literatur: *Hald/Widmann,* SVS/RVS-Speditionsversicherung (1987); *Krummeich,* Haftungs- und Schadenrecht im gewerblichen Güterkraftverkehr (1991); *Oeynhausen,* Speditionsversicherung und ADSp (1989); *Piper,* Höchstrichterliche Rechtsprechung zum Speditions- und Frachtrecht (6. Aufl.); *Wolf,* ADSp, Allgemeine Deutsche Spediteur-Bedingungen, SVS/RVS, Speditions- und Rollfuhrversicherungsschein (15. Aufl. 1989)

Vorbemerkung

Die SVS/RVS-Versicherung ist als Speditionsversicherung eine Schadensversicherung eigener Art, die Züge der Transport- und Haftpflichtversicherung miteinander verbindet (*Helm,* Karlsruher Forum, Beiheft zu VersR **1983,** 116, 117; *Piper,* Höchstrichterliche Rechtsprechung, Rz. 130; *Schneider,* in: Gütertransport und Versicherungen (1990), S. 71 f). Gemäß § 39 a ADSp hat der Spediteur iSd § 2 a ADSp, dem die Deckung einer Speditionsversicherung nicht ausdrücklich schriftlich untersagt worden ist, eine Speditionsversicherung abzuschließen, die mindestens dem SVS/RVS entspricht. Der SVS/RVS wird von den in Nr. 21 aufgeführten Versicherern als Mitversicherer angeboten. Aus dem Kreis anderer Anbieter von Speditionsversicherungen ist insbesondere die unter der Führung des Gerling-Konzerns stehende Gruppe zu nennen, die die dem SVS/RVS nach verwandte Speditionspolice verwendet (abgedr. Teil B, 3. Abschnitt). Weitere Versicherungen sind im RKW-Handbuch Transport, Stichwort ,,Speditionsversicherung" aufgezählt.

Der SVS/RVS ist 1989 völlig neu gefaßt und danach noch mehrfach geändert worden. Die Änderungen sind zum Teil klarstellender Natur, andere haben den Deckungsschutz auch in der Sache modifiziert, im wesentlichen erweitert. Der SVS/RVS in der Fassung von 1989 hat mit dem SVS/RVS a. F. jedoch nicht radikal gebrochen, so daß die Rechtsprechung und Literatur zum SVS/RVS a. F. (s. hierzu Vorauflage, Teil B, 2. Abschnitt) mit Vorsicht zur Auslegung des SVS/RVS neuer Fassung herangezogen werden kann.

Die Überarbeitung des SVS/RVS hat das verwirrende Durcheinander von Grundsatzregelungen, Erweiterungen, Klarstellungen und Risikoausschlüssen beibehalten.

Nr. 1 SVS/RVS [Gegenstand des Versicherungsvertrages]

1.1 Gegenstand dieses Versicherungsvertrages sind Verkehrsverträge. Das sind Speditions-, Fracht- und Lagerverträge unter Einschluß der im Speditionsgewerbe üblichen Vereinbarungen – auch als selbständige Verträge – z. B. über die Erhebung von Nachnahmen, Zollbehandlung, Be-

sorgung der für die Güterabfertigung notwendigen Dokumente, Verwiegung, andere Mengenfeststellung, Verpackung, Musterziehung sowie Verladen und Entladen von Gütern.

1.2 Dazu zählt auch das im Zusammenhang mit einem Verkehrsvertrag stehende Besorgen von Versicherungsdeckungen, beschränkt auf Gütertransport- und Sachversicherungen.

1. Gegenstand der Versicherung

Die Formulierung in Nr. 1.1 Satz 1 SVS/RVS, daß Gegenstand des SVS/RVS ,,Verkehrsverträge sind", ist ungenau. Richtig ist nur, daß der SVS/RVS auf Verkehrsverträge bezogen ist. Das Risiko, das der SVS/RVS decken soll, ergibt sich aus Nr. 3 SVS/RVS. Die Funktion der Nr. 1 SVS/RVS erschöpft sich mithin in einer Definition des Verkehrsvertrages. 1

2. Verkehrsvertrag

Die Nr. 1.1 Satz 2 und 1.2 SVS/RVS konkretisieren den Begriff ,,Verkehrsvertrag". Die Begriffsbestimmung deckt sich weitgehend mit § 2 Nr. 2 SVS/RVS a. F. 2

a) Speditions-, Fracht-, Lagerverträge. Verkehrsverträge sind *Speditions-* und *Frachtverträge* iSd §§ 407, 425 HGB (BGH v. 27.11.1981, VersR **1982,** 339; v. 13.4.1988, VersR **1988,** 624) einschließlich der Verträge iSd §§ 412, 413 HGB (*Schmidt,* VersR **1987,** 548, 549, TranspR **1987,** 77, 79) und der Verträge nach KVO, CMR, GüKUMT, BSchiffG, WA sowie Seefrachtverträge (*Schmidt,* TranspR **1987,** 165, 167; **a. A.** OLG Hamburg, TranspR **1986,** 442, 447; *Wolf,* ADSp, Nr. 1 SVS/RVS Anm. 5), wohl auch Eisenbahn- und Luftfrachtverträge, da in Nr. 1.1 SVS/RVS nicht vom Frachtführer, sondern schlechthin von Frachtverträgen die Rede ist (§ 5 AGBG; vgl. § 61 EVO). Der Umstand, daß bei den zuletzt genannten Verträgen in weitem Umfang Risikoausschlüsse zu berücksichtigen sind (Nr. 5 SVS/RVS), ändert nichts daran, daß es sich um Verkehrsverträge handelt. Gedeckt sind Schäden auch dort, wo der Spediteur im eigenen Interesse handelt, z. B. bei der Pfandverwertung (OLG Düsseldorf v. 23.2.1984, TranspR **1984,** 222, 226 f). Allein der Umstand, daß die ADSp zwischen Spediteur und Auftraggeber bzw. Eigentümer des Guts nicht zum Tragen kommen (z. B. wegen Vorrangs zwingenden Rechts), berührt den Versicherungsschutz des Versicherten (Nr. 2 SVS/RVS) nicht, da die Speditionsversicherung gerade ein von den ADSp abstrahiertes Risiko (Nr. 3.5 SVS/RVS) erfaßt und hierfür Prämien gezahlt werden (BGH v. 14.7.1954, MDR **1954,** 670, 671; LG Bremen, TranspR **1990**, 166; *Koller,* VersR **1988,** 556, 560; h. M.; w. Nachw. Vorauflage § 2 SVS/RVS a. F., Rz. 2; beachte Nr. 5 SVS/RVS; **a. A.** LG Duisburg, TranspR **1992**, 150, 151; *Wolf,* ADSp, Nr. 1 SVS/RVS Anm. 3). Sind die Speditions- und Frachtverträge noch nicht zustandegekommen, so genügt es nicht, daß dem Spediteur bereits Güter angedient worden sind (**a. A.** *Wolf,* Nr. 1 SVS/RVS Anm. 3); denn in Nr. 3.1 SVS/RVS ist klar von abgeschlossenen Verkehrsverträgen die Rede. Außerdem kommen vor Abschluß eines Vertrages die ADSp mangels Einbeziehung in den Vertrag nicht zum Tragen, so daß auch keine Pflicht zur Deckung einer Speditionsversicherung (§ 39 3

ADSp) entsteht. Anders ist die Situation dort, wo zwar die Güter vor Abschluß des Verkehrsvertrages beschädigt worden sind, dann aber in Hinblick auf diese Güter ein Verkehrsvertrag zustandekam. Sofern die Güter dem Spediteur, Frachtführer unmittelbar im Zusammenhang mit dem Abschluß des Verkehrsvertrages angedient worden sind, ist eine Versicherungsdeckung im Rahmen der Nr. 3.2.2 SVS/RVS zu bejahen. Zur c.i.c. Nr. 3 SVS/RVS Rz. 8.

4 *Lagerverträge* sind Verträge iSd §§ 416 ff HGB, auch wenn ein Orderlagerschein ausgestellt worden ist und die ADSp daher nicht zum Tragen kommen (**a. A.** *Wolf,* Nr. 1 SVS/RVS Anm. 3). Die Anwendbarkeit des SVS/RVS hängt nicht davon ab, daß die ADSp eingreifen (Rz. 3). Der Lagervertrag muß im Moment des Versicherungsfalles bereits abgeschlossen gewesen sein (dazu BGHZ **46**, 34 ff; *Staub/Koller,* HGB, § 416 Rz. 18) oder die Güter müssen dem Lagerhalter in Hinblick auf den abzuschließenden Lagervertrag angedient worden sein (näher Rz. 3). Kein Lagervertrag: Miete von Lagerräumen (BGH v. 30.1.1956, VersR **1956,** 154). Der Ort der Lagerung ist grundsätzlich unerheblich (vgl. aber Nr. 5.4.2 SVS/RVS). Die verkehrsbedingte Vor-, Zwischen- oder Nachlagerung erfolgt nicht im Rahmen eines Lagervertrages, sondern im Rahmen eines Speditions- bzw. Beförderungsvertrages (BGH v. 19.12 1969, VRS **38**, 254).

5 **b) Im Speditionsgewerbe übliche Vereinbarungen**. Die Formulierung soll im Interesse der Flexibilität sicherstellen, daß die im Speditionsgewerbe üblichen Risiken versichert sind, auch solche, die bei der Neuformulierung des SVS/RVS noch nicht absehbar waren (*Schneider,* in: Gütertransport und Versicherungen (1990), S. 78). Die Aufzählung in Nr. 1.1 Satz 2 SVS/RVS ist nicht erschöpfend. Sie hat nur die Funktion klarzustellen, welche Arten von Vereinbarungen unzweifelhaft üblich sind. Unerheblich ist, ob die Vereinbarung im Rahmen eines Speditions-, Fracht- oder Lagervertrages oder unabhängig davon getroffen wird.

Der Begriff ,,*Speditionsgewerbe*" ist im Sinn des § 2 a ADSp zu verstehen, also im Sinn der Branche, die üblicherweise Speditions-, Fracht-, Lager-, Kommissionsgeschäfte, etc. tätigt. Die Branche ist dadurch gekennzeichnet, daß sie in aller Regel auf der Grundlage der ADSp arbeitet (Schneider, aaO, S. 78) und nicht nur Transportleistungen erbringt, sondern auch organisatorische Aufgaben übernimmt (*Koller,* TranspR **1992**, 201, 203).

6 Der Abschluß von Vereinbarungen ist im Speditionsgewerbe ,,üblich", wenn sich diese Art von Vereinbarungen bei der überwiegenden Zahl der Branchenangehörigen eingebürgert hat. Üblich iSd Nr. 1.1 SVS/RVS sind auch die mit üblichen Geschäften verwandten Tätigkeiten, deren Risiko nicht über dem der typischen Speditionsgeschäfte liegt (BGH v. 5.6.1981, VersR **1981,** 975, 977). Dagegen kann es nicht allein darauf ankommen, ob Abreden eine gesteigerte Gefahr der Inanspruchnahme in sich bergen (so OLG Düsseldorf v. 26.5.1983, TranspR **1985,** 142, 143); denn erhöhte Gefahren können üblich geworden sein. Entscheidend ist, daß die Vereinbarungen dem Schwierigkeitsgrad ihrer Erfüllung zufolge üblich sind. Der Wortlaut der Nr. 1.1 SVS/RVS gestattet es, die Üblichkeit auf die Risikoträchtigkeit der Vereinbarung zu beziehen. Dies erscheint auch sachlich gerechtfertigt, da die Formulierung ,,üblich" sicherstellen soll, daß die Versicherer nicht mit außergewöhnlichen Risiken konfrontiert werden, die zu kalkulieren sie mangels Üblichkeit keinen Anlaß hatten (vgl. BGH v. 14.4.1978, VersR **1978,** 659). Allerdings ist die Üblichkeit des Schwierigkeitsgrades auf den Zeitpunkt der Vereinbarung zu beziehen, weil der Spediteur und der Versicherte etc. berechtigterweise auf den Versicherungsschutz vertrauen können müssen.

Üblich: Normale Nachnahme (BGH v. 14.4.1978, VersR **1978**, 659; OLG 7
Frankfurt v. 28.4.1981, RIW **1982**, 56, 57), Verstoß gegen Verbot der Kreditgewährung (weil es dem dispositiven Recht des Speditionsvertrages entspringt; § 407 HGB Rz. 38; OLG Frankfurt v. 28.4.1981, RIW **1982**, 56, 57; **a. A.** *Wolf*, § 23 ADSp Anm. 6), Auslieferung nur bei nachgewiesener Bezahlung in Form von Scheckeinlösung (BGH v. 7.7.1976, VersR **1976**, 1056, 1058), nur gegen Original-Spediteurübernahmebescheinigung (BGH v. 5.6.1981, VersR **1981**, 975, 977; OLG Stuttgart v. 7.11.1991, TranspR **1992**, 67, 69), Beschaffung akkreditivgerechter Dokumente (OLG Düsseldorf v. 26.5.1983, TranspR **1985**, 142, 143), Auftrag, den Versand mitzuteilen (OLG Frankfurt v. 23.6.1981, VersR **1982**, 569); Auftrag zur Nachnahmeerhöhung (BGH v. 5.6.1981, VersR **1981**, 975, 977); Gestellungstermine bei Containertransporten im Nahverkehr (OLG Hamburg v. 12.10.1989, TranspR **1990**, 31, 33).

Unüblich: In Nr. 5.5 SVS/RVS sind als Beispiele für unübliche Abreden 8
Haftungsvereinbarungen, die über die gesetzliche Haftung hinausgehen, Vertragsstrafeversprechen des Spediteurs und Garantien von Lieferfristen aufgeführt. Die bloße Verabredung von Lieferfristen ist dagegen nicht unüblich (vgl. OLG Hamburg v. 12.10.1989, TranspR **1990**, 31, 33). Nach der Regel, daß Ausschlußtatbestände eng auszulegen sind (BGH, VersR **1991**, 175) und gemäß § 5 AGBG ist anzunehmen, daß die in Nr. 5.5 SVS/RVS genannten Beispiele lediglich eine widerlegliche Vermutung für die Unüblichkeit derartiger Abreden statuieren. Bei den folgenden genannten Fällen unüblicher Geschäfte ist zu beachten, daß sie inzwischen üblich geworden sein können: Verpflichtung des Spediteurs zur Auslieferung von Gütern, die bei einem anderen lagern (BGHZ **46**, 43, 53), Verpflichtung zum Verstoß gegen die OLSchVO (BGHZ **49**, 160, 166), Weisung, vor Auslieferung die Unterschrift eines Dritten einzuholen (BGH v. 13.7.1973, WM **1973**, 1238), Auslieferung gegen Bankakzept und Bankaval (OLG Düsseldorf v. 19.6.1986, VersR **1988**, 77, 78), Auslieferung gegen Bankscheck (BGH v. 14.4.1978, VersR **1978**, 659), Garantiezusagen des Spediteurs (OGH Wien v. 21.11.1973, TranspR **1982**, 162; LG Saarbrücken, TranspR **1981**, 23, 25), Kreditgewährung (OLG Frankfurt v. 16.1.1979, RIW **1979**, 278; v. 28.4.1981, RIW **1982**, 56 f); Lieferfristgarantien im Seefrachtverkehr (*Schmidt*, TranspR **1987**, 165, 169).

3. Besorgung von Versicherungsdeckungen (Nr. 1.2 SVS/RVS)

Der Auftrag zur Besorgung von Versicherungsdeckung stellt unabhängig 9
von der Üblichkeit im Einzelfall und unabhängig davon, ob der Auftrag isoliert oder als Teil eines anderen Verkehrsvertrages zustandegekommen ist, seinerseits einen Verkehrsvertrag dar. Voraussetzung ist nur, daß Gütertransportversicherungen (vgl. §§ 129 ff VVG, §§ 778 ff HGB) oder Sachversicherungen (vgl. auch Nr. 5.1 SVS/RVS), bei denen das Interesse an Sachen

versichert wird, im Namen des Auftraggebers oder im Namen des Spediteurs etc. auf Rechnung des Auftraggebers (§§ 74 ff VVG) gezeichnet werden sollen. Unerheblich ist, ob es sich bei diesen Versicherungen um Schadens- oder Summenversicherungen handelt.

Nr. 2 SVS/RVS [Versicherung für fremde Rechnung]

Die Versicherung wird für fremde Rechnung genommen. Versichert ist der Wareninteressent, d. h. der Auftraggeber oder derjenige, dem das versicherte Interesse im Zeitpunkt des Schadensereignisses zugestanden hat; insbesondere ist derjenige versichert, der die Transportgefahr trägt. Der Versicherte kann über den Versicherungsanspruch verfügen.

1. Versicherung auf fremde Rechnung

1 Die Speditionsversicherung ist eine Versicherung für fremde Rechnung iSd § 74 ff VVG. Der Spediteur (Nr. 3 SVS/RVS Rz. 1) ist der Versicherungsnehmer (s. auch § 39 ADSp). Nr. 2 Satz 3 SVS/RVS bedingt § 75 II VVG ab, so daß der Versicherte auch ohne Zustimmung des Spediteurs und ohne Aushändigung der Police seine Ansprüche abtreten, erlassen oder sonstige Verfügungen treffen kann. Nr. 12.1 SVS/RVS macht aber die Abtretung von der Zustimmung der Versicherer abhängig, es sei denn, daß der Anspruch an den Spediteur abgetreten wird. Die Pfändbarkeit wird dadurch nicht berührt (§ 851 II ZPO). Zur Erfüllung s. Nr. 11.5 SVS/RVS. Anders als § 75 II VVG erwähnt Nr. 3 Satz 3 SVS/RVS nur die Verfügung, nicht aber die gerichtliche Geltendmachung. Es ist gleichwohl nicht anzunehmen, daß für die gerichtliche Geltendmachung weiterhin die Voraussetzungen des § 75 II VVG erfüllt sein müssen; denn gemäß Nr. 11.5 S. 3 SVS/RVS können Versicherte unmittelbar Zahlung an sich verlangen. Gleiches muß für die Klage gelten (*Schneider*, in: Gütertransport, aaO, S. 73).

2. Versicherter

2 Versichert ist derjenige, der zu dem Gut, das Gegenstand eines Verkehrsvertrages (Nr. 1 SVS/RVS) ist, derart in rechtlichen Beziehungen steht, daß er im Versicherungsfall aufgrund dieser rechtlichen Beziehung einen Nachteil erleidet (*Prölss/Martin*, VVG, vor § 51 Anm. 1). Es ist dies also nicht notwendig diejenige Person, die nach dispositivem Recht im Moment des Schadenseintritts einen Anspruch gegen den Spediteur erworben hätte (so vielfach die Ansicht zum Vorläufer der Nr. 2 Satz 2 SVS/RVS; siehe Vorauflage, § 1 SVS/RVS Rz. 1). Die 1989 in die SVS/RVS eingefügte Formulierung, daß insbesondere derjenige versichert sein soll, der die Transportgefahr trägt, zieht eine Parallele zur Behandlung dieser Frage im Seetransportrecht. Dort kommt es auf die effektive tatsächliche Gefahrtragung an (zum Streitstand *Bruck/Möller*, VVG, (8. Aufl.) § 49 Rz. 92 m. Nachw.). Das heißt, daß der Verkäufer als Auftraggeber Träger des versicherten Interesses ist, solange er die Transportgefahr trägt. Ist die Transportgefahr vor Schadensentstehung auf den Endempfänger übergegangen, dann bleibt der Verkäufer gleichwohl

grundsätzlich Träger des Versicherungsinteresses. Erst wenn der Käufer bezahlt, trägt dieser effektiv die Transportgefahr und wird rückwirkend zum Zeitpunkt des Transportübergangs zum Versicherten (undiff. OLG Hamburg v. 22.12.1988, TranspR **1991**, 319). Versicherter kann auch eine Bank als Sicherungseigentümerin sein. In Hinblick auf reine Vermögensschäden und Güterfolgeschäden (Nr. 3.1.2, 3.1.3 SVS/RVS) ist derjenige Versicherter, dessen Schaden der Auftraggeber des Spediteurs im Rahmen einer Drittschadensliquidation (§ 407 HGB Rz. 70, § 429 HGB Rz. 12) geltend machen könnte. Es ist angesichts der verschiedenen Schadensarten durchaus denkbar, daß mehrere Personen versichert sind. Hat der Auftraggeber im Verhältnis zum Empfänger oder umgekehrt zu erkennen gegeben, daß er vom anderen Teil eine Geltendmachung des Ersatzanspruchs erwartet, so liegt hierin eine Ermächtigung zur Geltendmachung des Versicherungsanspruchs. Der Versicherte muß nicht notwendig einen (durch ADSp ausgeschlossenen) Schadensersatzanspruch gegen den Spediteur besitzen (so aber *Helm*, Karlsruher Forum, Beiheft zu VersR Nr. 33 (A), **1983**, S. 117; *Schmidt*, VersR **1986**, 629, 630; LG Duisburg, TranspR **1992**, 150, 151); denn Nr. 2 SVS/RVS orientiert nur Existenz und Höhe der Leistung der Versicherer an den transportrechtlichen Haftungsnormen, nicht aber die Aktivlegitimation des Versicherten (Nr. 1 SVS/RVS Rz. 3). Es ist selbstverständlich, daß der Versicherte Ersatzleistungen nur im Rahmen seines Interesses erhält. Weitergehende Ansprüche kann er u. U. aufgrund gewillkürter Prozeßstandschaft geltend machen.

Nr. 3 SVS/RVS [Umfang des Versicherungsschutzes]

3.1 Die Versicherer ersetzen nach Maßgabe der deutschen gesetzlichen Vorschriften über vom Spediteur als Auftragnehmer abgeschlossene Verkehrsverträge

3.1.1 Güterschäden: Verlust und Beschädigung des Gutes, das Gegenstand des Verkehrsvertrages ist;

3.1.2 Güterfolgeschäden: Aus einem Güterschaden herrührende Vermögensschäden;

3.1.3 reine Vermögensschäden: Vermögensschäden, die nicht mit einem Güterschaden am Speditionsgut oder einem sonstigen Sachschaden zusammenhängen.

3.2 Die Versicherungsleistung umfaßt den Ersatz von Schäden nach den deutschen gesetzlichen Vorschriften

3.2.1 über die vertragliche Haftung eines Spediteurs insbesondere nach den Vorschriften des Handelsgesetzbuches oder des Bürgerlichen Gesetzbuches;

3.2.2 aus unerlaubter Handlung, Eigentum oder ungerechtfertigter Bereicherung, sofern diese Ansprüche mit einem Verkehrsvertrag unmittelbar zusammenhängen.

3.3 Die Versicherer ersetzen nach Ziff. 3.1 auch Schäden,

3.3.1 entstanden im gewerblichen Güternahverkehr oder bei Beförderungen auf der Straße in der Bundesrepublik Deutschland, die nicht den Vorschriften des Güterkraftverkehrsgesetzes (GüKG) unterliegen, auch wenn sie vom Zwischenspediteur oder einem fremden Unternehmer ausgeführt werden;

3.3.2 verursacht durch deutsche oder ausländische Zwischenspediteure;

3.3.3 entstanden aus verkehrsbedingten Vor-, Zwischen- und Nachlagerungen beim Spediteur oder Zwischenspediteur;

3.3.4 aus vom Spediteur oder Zwischenspediteur unterlassener Wahrung des Regresses;

3.3.5 verursacht durch eine vorsätzliche Handlung oder Unterlassung des Spediteurs oder Zwischenspediteurs oder deren gesetzliche Vertreter, Mitarbeiter oder Erfüllungsgehilfen;

3.3.6 die dadurch entstehen, daß eine wirksam abgeschlossene Schadenversicherung durch eine fehlerhafte Maßnahme des Spediteurs oder Zwischenspediteurs unwirksam wird.

3.4 Die Versicherer ersetzen ferner Schäden

3.4.1 nach der Eisenbahnverkehrsordnung (EVO) an Gütern, die im organisierten Bahnsammelgutverkehr befördert werden. Die Versicherungsleistung erstreckt sich auf Schäden, die zwischen der Annahme der Sendungen durch den Spediteur bis zur Ablieferung beim Endempfänger entstehen. Eine Berufung der Versicherer auf § 83 (1) c EVO ist ausgeschlossen;

3.4.2 nach der Kraftverkehrsordnung (KVO), die vor Beginn oder im Anschluß an eine Güterfernverkehrsbeförderung im gewerblichen Güternahverkehr, während des Umschlages oder während der Zwischenlagerung verursacht werden.

3.5 Die Versicherer verzichten auf alle Einwendungen, welche der Spediteur aus den in den ADSp und sonstigen Abmachungen oder Handels- und Verkehrsgebräuchen enthaltenen Bestimmungen über Ausschluß und Minderung der gesetzlichen Haftung erheben könnte.

1. Allgemeines

1 Nr. 3.1 SVS/RVS umreißt programmatisch den Umfang der Versicherung. Die Speditionsversicherung dient primär der Ersetzung der Haftung des Spediteurs etc. (Nr. 1 SVS/RVS) im Rahmen der §§ 39 ff ADSp (Rz. 7). Deshalb orientiert sich der Umfang der Versicherung an der (wegen § 41 a ADSp regelmäßig nur hypothetischen) Haftpflicht des Spediteurs, soweit die Haftung Verkehrsverträgen (Nr. 1 SVS/RVS) entspringt oder damit unmittelbar in Zusammenhang steht (Nr. 3.2.2 SVS/RVS). Die Wirksamkeit des SVS/RVS hängt nicht davon ab, daß die ADSp in den Verkehrsvertrag einbezogen worden sind (Nr. 1 SVS/RVS Rz. 3). Der Begriff des Spediteurs wird berufständisch iSd § 2 a ADSp (Nr. 1 SVS/RVS Rz. 5) und nicht iSd §§ 407, 415 HGB verwandt (*Koller*, TranspR **1992**, 201, 203). Dies ergibt sich zum einen aus der Funktion des SVS/RVS, die ADSp zu ergänzen (§ 39 ADSp), zum anderen aus § 5 AGBG. Der in Nr. 3.1, 3.2 SVS/RVS normierte Grundsatz wird in den Nr. 3 ff SVS/RVS konkretisiert, zum Teil eingeengt, zum Teil erweitert. Zum Begriff der Versicherer Nr. 21 SVS/RVS, des Versicherten Nr. 2 SVS/RVS. Der Umfang des zu ersetzenden Schadens hängt neben der Tragweite der hypothetischen Haftung des Auftragnehmers des Verkehrsvertrages von der Art des Schadens ab (vgl. Nr. 5.4, 7.1–7.3 SVS/RVS). Daneben kennt der SVS/RVS eine Interessenversicherung (vgl. Nr. 6 SVS/RVS Rz. 7).

2. Arten des Schadens

Der SVS/RVS differenziert zwischen Güterschäden, Güterfolgeschäden und reinen Vermögensschäden. 2

a) Güterschaden (Nr. 3.1.1 SVS/RVS). Güter sind Sachen (vgl. § 407 HGB Rz. 5), auf die der Verkehrsvertrag bezogen ist. Die Güter müssen noch nicht in die Obhut des Auftragnehmers des Verkehrsvertrages gelangt sein oder sich noch in ihr befinden. Güterschäden sind unmittelbare am Gut eingetretene Sachschäden, die zu einer Minderung des Verkehrswertes geführt haben. Bei Verlusten ohne Schädigung der Sachsubstanz (§ 429 HGB Rz. 3) besteht der Güterschaden darin, daß das Gut nicht verfügbar ist und dem Versicherten damit der im Gut verkörperte Verkehrswert entzogen ist. Nicht zum Güterschaden zählen alle durch diesen ausgelösten Folgeschäden, die an anderen Gütern oder bei Personen entstehen oder die auf der Möglichkeit besonderer im Rahmen des Verkehrswertes nicht berücksichtigter Dispositionen (§ 252 BGB) beruhen. 3

b) Güterfolgeschäden (Nr. 3.1.2 SVS/RVS), Begriff des Guts (Rz. 3). Vermögensschäden (§ 251 BGB), die Folgeschäden (Rz. 3) von Güterschäden darstellen. Dazu zählen insbesondere der entgangene Gewinn, Schäden infolge Stillstand des Betriebes, aber grundsätzlich auch Personenschäden; siehe aber Nr. 5.8 SVS/RVS. 4

c) Reine Vermögensschäden (Nr. 3.1.3 SVS/RVS). Sowohl Nr. 3.1.1 als auch Nr. 3.1.2 SVS/RVS haben Vermögensschäden im Auge. Bei Nr. 3.1.3 SVS/RVS geht es um Vermögensschäden (§ 251 BGB), die nicht durch einen vorher entstandenen Güterschaden (Rz. 3) verursacht worden sind. Dazu sind insbesondere Verspätungsschäden oder Schäden infolge fehlerhaften Einzugs der Nachnahme zu rechnen. Unklar ist, ob auch Fälle hierher gehören, in denen das Gut verspätet abgeliefert wird und die Verspätung zu Güterschäden geführt hat (vgl. § 429 HGB Rz. 13). Seinem Wortlaut zufolge erfaßt Nr. 3.1.3 SVS/RVS auch diesen Fall mit der Konsequenz, daß Verspätungsschäden nicht zusätzlich zu den Güterschäden zu ersetzen sind. 5

d) Schäden an nicht zu den Gütern zählenden Sachen. Zum Begriff der Güter, Rz. 3. Schäden an sonstigen Sachen sind grundsätzlich nicht versichert, da sie nicht unter Nr. 3.1.3 SVS/RVS fallen (zusammenhängen). Eine Ausnahme gilt dort, wo diese Sachschäden durch Güterschäden verursacht worden sind (Rz. 4). 6

3. Ersatz im Umfang fiktiver vertraglicher Haftung des Spediteurs (Nr. 3.2 SVS/RVS)

Der Umfang der Ersatzpflicht ergibt sich im Grundsatz aus Nr. 3.2 SVS/RVS. Dieser Grundsatz wird mehrfach *erweitert*, modifiziert (Nr. 3.3–3.4, Nr. 4 SVS/RVS) und *eingeschränkt* (Nr. 5, 7, 8 SVS/RVS, § 56 VVG). Nr. 3.2 SVS/RVS folgt dem Prinzip der akzessorischen Haftungsersetzung durch Versicherung (dazu §§ 39, 41 ADSp). Demzufolge können Versicherte (Nr. 2 SVS/RVS) grundsätzlich nach Grund und Höhe in dem Umfang Ersatz verlangen, in dem der Spediteur (Rz. 1) als Auftragnehmer eines Verkehrsvertrages (Nr. 1 SVS/RVS) seinem Auftraggeber gegenüber nach CMR, KVO, LuftVG, WA, HGB, etc. haftet (s. aber Nr. 5 SVS/RVS) 7 oder nach BGB, HGB, BSchiffG, etc. haften würde, wenn die Haftung nicht durch AGB (insbes. ADSp), vertragliche Individualvereinbarung oder Handelsbrauch ausgeschlossen bzw. beschränkt wäre (Nr. 3.5 SVS/RVS). Es ist demnach in der Regel zunächst zu prüfen, in welchem Ausmaß der Spediteur (Rz. 1) nach zwingendem Recht tatsächlich haftet oder nach dispositivem Recht haften würde, wenn er bloß den Verkehrsvertrag, gegebenenfalls mit AGB aber ohne Abreden über die Modalitäten der Haftung, geschlossen hätte.

8 Diese Regelung wird durch Nr. 3.3.1 SVS/RVS, wonach die Versicherer „auch" Schäden ersetzen, die im *gewerblichen Güternahverkehr* (§ 2 GüKG) oder bei *inländischen Straßenbeförderungen*, die *nicht dem GüKG* unterliegen (§ 4 GüKG; z. B. Transporte durch Radfahrer, Pkw) entstanden sind, bestätigt. Nr. 3.3.1 SVS/RVS soll, entgegen dem Wortlaut der Nr. 3.3 SVS/RVS, die Ersatzpflicht nicht erweitern, sondern sie in Verbindung mit Nr. 5.3 SVS/RVS nur vor dem auf Frachtführer bezogenen Risikoausschluß absichern. Beachte die Modifikation in Nr. 3.4 SVS/RVS. Obwohl in Nr. 3.3.1 SVS/RVS von „entstanden" die Rede ist, ist nicht anzunehmen, daß die bloße Kausalität genügt. Vielmehr gilt das Prinzip der akzessorischen Haftungsersetzung auch im Rahmen der Nr. 3.3.1 SVS/RVS. Zum Zwischenspediteur Rz. 13. Seinem Wortlaut zufolge erstreckt sich Nr. 3.3.1 SVS/RVS auch auf grenzüberschreitende Straßengütertransporte, sofern der inländische Streckenanteil im Nahverkehr absolviert wird (beachte aber Nr. 5.2 SVS/RVS).

9 Weitgehend klarstellende Wirkung hat auch die Ausdehnung des Versicherungsschutzes auf Schäden infolge der vom Spediteur (Rz. 1; zum Zwischenspediteur, Rz. 13) unterlassenen Wahrung des *Regresses* (Nr. 3.3.4 SVS/RVS) oder auf Schäden infolge des Unwirksamwerdens von Schadensversicherungen. Das Unterlassen der Wahrung des Regresses (Nr. 3.3.4 SVS/RVS) führt nur dann zur Ersatzpflicht der Versicherung, wenn der Spediteur (Rz. 1) zur Wahrung des Regresses verpflichtet war (§§ 407 II, 417 I, 388 HGB, § 16 ADSp; § 407 HGB Rz. 45, 54). Zur Regreßwahrung gehört auch die Schadensmeldung gegenüber der Versicherung (*Wolf*, SVS/RVS, Nr. 3 Anm. 23). In Nr. 3.3.4 SVS/RVS ist anders als in Nr. 3.2.1 SVS/RVS ebenfalls nicht von Haftung sondern nur von Schäden infolge mangelnder Regreßwahrung die Rede. Es gilt das zu Rz. 8 Gesagte.

10 Soweit der Spediteur (Rz. 1; zum Zwischenspediteur, Rz. 13) im Rahmen des Verkehrsvertrages zur Zeichnung einer *Versicherung* verpflichtet war (vgl. § 407 HGB Rz. 51) und diese unwirksam oder mit unzureichender Deckung abschließt, liegt ein Fall der Nr. 3.2.1 SVS/RVS vor. Nr. 3.3.6 SVS/RVS hat die Fälle im Auge, in denen eine wirksame Versicherung, gleichgültig ob sie vom Versender, Absender, Spediteur (Rz. 1) oder Empfänger abgeschlossen worden ist, durch schuldhaft (vgl. Rz. 8) dem Verkehrsvertrag zuwiderlaufende Handlungen unwirksam wird. Der Unwirksamkeit steht die Leistungsfreiheit, z. B. wegen Gefahrerhöhung (§ 25 VVG) oder wegen Obliegenheitsverletzungen (vgl. § 6 VVG; **a. A.** *Wolf*, Nr. 3 SVS/RVS Anm. 31 in Widerspruch zu Anm. 30) gleich, weil damit die Versicherung bei wirtschaftlicher Betrachtungsweise unwirksam wird (§ 5 AGBG). Nr. 3.3.6 SVS/RVS spricht schlechthin von Schadensversicherung (vgl. Zweiter Abschnitt, Erster Titel des VVG) und geht damit über Nr. 1.2 SVS/RVS hinaus, so daß

Nr. 3.3.6 SVS/RVS gemäß § 5 AGBG z. B. auch in Hinblick auf Haftpflichtversicherungen zum Tragen kommt. Beachte Nr. 3.4 SVS/RVS.

Soweit die *Lagerung* beim Spediteur (Rz. 1) erfolgt, dient Nr. 3.3.3 SVS/RVS ausschließlich der Klarstellung, da zum einen Lagerverträge als Verkehrsverträge (Nr. 1.2 SVS/RVS) schon von Nr. 3.2 SVS/RVS erfaßt werden und zum anderen verkehrsbedingte *Vor-, Zwischen- und Nachlagerungen* lediglich Geschäfte im Rahmen von Speditions- oder Frachtverträgen darstellen (Nr. 1 SVS/RVS Rz. 4; **a. A.** OLG Düsseldorf v. 21.6.1990, TranspR **1990**, 435, 437, das wohl von einer Erweiterung ausgeht). Die Lagerungen sind verkehrsbedingt, wenn die Lagerung vernünftigerweise zur Ausführung des Transportauftrages erfolgt (BGH, VRS **38**, 254, 256). Zum Zwischenspediteur, Rz. 13; beachte Nr. 3.4 SVS/RVS.

Die Erstreckung des Versicherungsschutzes auf *vorsätzliches Verhalten* beseitigt den Versicherungsausschluß gemäß § 61 VVG (s. aber Nr. 13.2 SVS/RVS). Das gilt erst recht bei grober Fahrlässigkeit.

Zur Modifikation des Versicherungsschutzes beim organisierten Bahnsammelgutverkehr s. Rz. 10, beim Güternahverkehr, Umschlag, Zwischenlagerung vor Beginn oder im Anschluß an eine Güterfernverkehrsbeförderung s. Rz. 14 f. **11**

4. Ersatz im Umfang außervertraglicher Ansprüche (Nr. 3.2.2 SVS/RVS)

Der Umfang der Ersatzpflicht der Versicherer ergibt sich auch aus den §§ 812 ff, 823 ff, 989 ff BGB, falls der Spediteur (Rz. 1) nach Maßgabe dieser Vorschriften haftet oder haften würde, wenn die Haftung nicht durch AGB, Individualvereinbarung oder Handelsbrauch abbedungen worden wäre (Nr. 3.5 SVS/RVS). Sofern ein Spediteur (Rz. 1) einen Frachtvertrag abgeschlossen hat (Nr. 1.2 SVS/RVS) und auch gemäß § 823 BGB haftet bzw. haften würde (§ 429 HGB Rz. 1), so wird der Umfang der Ersatzpflicht der Versicherer grundsätzlich nicht durch § 430 I, II HGB begrenzt (beachte aber Nr. 7 SVS/RVS). Die außervertragliche (fiktive) Haftung ist jedenfalls dann von Bedeutung, wenn der Sachverhalt, der die gesetzlichen Ansprüche begründet, zugleich die Grundlage für den Verkehrsvertrag bildet (BGH v. 2.2.1984, VersR **1984**, 681, 684). Der unmittelbare Zusammenhang existiert somit dort, wo die unerlaubte Handlung etc. zugleich eine Verletzung vertraglicher Pflichten darstellt bzw. bei Gültigkeit des Verkehrsvertrages darstellen würde und nicht nur bei Gelegenheit der Vertragserfüllung begangen wird. Man wird aber einen unmittelbaren Zusammenhang auch noch bejahen müssen, falls die Haftung in engem Zusammenhang mit dem Abschluß eines Verkehrsvertrages entsteht bzw. entstehen würde (Nr. 1 SVS/RVS Rz. 3). Dagegen ist die (fiktive) Haftung des Auftragnehmers aus c.i.c. für den Umfang des Versicherungsschutzes irrelevant. Die in den Nr. 3.3.1–3.3.6 SVS/RVS geregelten Klarstellungen bzw. Erweiterungen des Versicherungsschutzes (Rz. 7) gelten auch in Hinblick auf (fiktive) Ansprüche aus den §§ 812 ff, 823 ff, 951, 989 ff BGB. **12**

5. Zwischenspediteure, fremde Unternehmer

13 Gemäß Nr. 3.3.2 SVS/RVS ersetzen die Versicherer auch Schäden, die deutsche oder ausländische Zwischenspediteure verursacht haben. Gleiches gilt für Zwischenspediteure in den Fällen der Nr. 3.3.1, 3.3.3–3.3.6 SVS/RVS. Die Deckung der durch Zwischenspediteure verursachten Schäden dehnt den Versicherungsschutz über Nr. 3.1, 3.2 SVS/RVS hinaus aus; denn der Spediteur (Rz. 1) haftet weder nach zwingenden noch nach dispositiven Gesetzen für Zwischenspediteure (*Schneider*, VersWirtsch **1989**, 359). Zwischenspediteure sind nämlich Spediteure (Rz. 1), die vom beauftragten Spediteur nicht als Erfüllungsgehilfen (Unterspediteure, Unterfrachtführer; § 407 HGB Rz. 31; OLG Düsseldorf v. 4.7.1991, TranspR **1991,** 356), sondern auf Rechnung des Auftraggebers eingeschaltet worden sind (BGHZ **37**, 294, 296; näher § 407 HGB Rz. 36, 47). Der Begriff des Zwischenspediteurs ist im Rahmen des SVS/RVS wie der des Spediteurs nicht iSd §§ 407 ff HGB, sondern iSd Verkehrsanschauung zu verstehen (Rz. 1; **a. A.** BGH, NJW **1962**, 1814, 1815), so daß auch jemand, der auf Rechnung des Versenders mit der Lagerung beauftragt wird, Zwischenspediteur sein kann (**a. A.** OLG Düsseldorf v. 21.6.1990, VersR **1992**, 123). Nr. 3.3.3 SVS/RVS steht dem nicht entgegen, da die Klausel auch bei enger Auslegung der Nr. 3.3.2 SVS/RVS keine eigenständige Bedeutung besitzt; denn verkehrsbedingte Lagerungen sind immer Teil der Beförderung. Zwischenspediteure sind auch die von einem anderen Zwischenspediteur auf Rechnung ihres Auftraggebers bestellten Spediteure (Rz. 1), so daß die Nr. 3.3.1–3.3.5 SVS/RVS nicht nur auf den ersten Zwischenspediteur bezogen sind. Kein Zwischenspediteur ist der unmittelbar vom Auftraggeber oder Empfänger bestellte Empfangsspediteur (§ 407 HGB Rz. 13). Dieser ist seinerseits Hauptspediteur (Rz. 1). Grundsätzlich unerheblich ist, ob der Zwischenspediteur seine Niederlassung im In- oder Ausland besitzt und von dieser Niederlassung aus tätig geworden ist (s. aber Nr. 5.4.1 SVS/RVS). Unerheblich ist auch, ob der Zwischenspediteur eine Speditionsversicherung gezeichnet hat, sofern dies durch den Hauptspediteur erfolgt ist. Die Speditionsversicherung tritt ein, wenn der Schaden vom Zwischenspediteur verursacht worden ist. Dem Wortlaut der Nr. 3.3.1–3.3.5 SVS/RVS zufolge ist es nicht erforderlich, daß der Zwischenspediteur den Schaden zu vertreten hatte. Eine Auslegung der Klausel im Licht der Nr. 3.1 SVS/RVS führt jedoch dazu, daß die Speditionsversicherung einzutreten hat, wenn der Hauptspediteur haften müßte, falls der Zwischenspediteur als Erfüllungsgehilfe des Hauptspediteurs tätig geworden wäre (vgl. BGH, NJW **1970**, 993; *Schmidt*, VersR **1986**, 629, 630 f) oder wenn der Zwischenspediteur nach Deliktsrecht haftet oder haften würde. Der Versicherungsschutz besteht nur in dem Umfang, in dem der Hauptspediteur haften müßte, falls er den Auftrag in vollem Umfang selbst erledigt hätte (vgl. BGH v. 19.12.1969, VRS **38**, 254, 256). Zum Rückgriff gegen den Zwischenspediteur Nr. 13.1 SVS/RVS.

Der *fremde Unternehmer* iSd Nr. 3.3.1 SVS/RVS ist dem Zwischenspediteur gleichgestellt. Diese Formulierung soll offensichtlich Abgrenzungsschwierigkeiten in Hinblick auf die Figur des Zwischenspediteurs beseitigen, so daß es im Rahmen der Nr. 3.3.1 SVS/RVS letztlich nicht darauf ankommt, ob der am Transport beteiligte Unternehmer nach berufsständischen Maßstäben Spediteur ist.

6. Bahngutsammelverkehr (Nr. 3.4.1 SVS/RVS)

Die Versicherer ersetzen ferner Schäden an Gütern nach Maßgabe der 14
EVO, die im organisierten Bahngutsammeltransport befördert wurden. Nr. 3.4.1 SVS/RVS dient vor allem der Vermeidung von Abgrenzungsschwierigkeiten. Ist unklar, ob der Güterschaden während oder nach dem Bewirken des Bahnsammelguttransportes entstanden ist, so tragen die Versicherer die Beweislast dafür, daß der Schaden von der Bahn verursacht wurde, wenn der Versicherte beweist, daß er das Gut dem Spediteur vollständig und unbeschädigt übergeben hat. Die Versicherten können sich auf die für sie günstigere Haftungsordnung berufen (vgl. § 413 HGB Rz. 13). Die Klausel erfaßt nur Güterschäden (Nr. 3.1.1 SVS/RVS) und setzt einen Bahnsammelgutverkehr gemäß den Bahnsammelgutbestimmungen voraus, so daß die Klausel z. B. bei Versendung eines Containers durch die Transfracht-GmbH oder den Huckepackverkehr nicht einschließt. Um innerdeutschen Bahnsammelgutverkehr handelt es sich, solange der Transport unter dem Regime der EVO steht. Die Stationen der Deutschen Bundesbahn etc. müssen nicht im Inland liegen (vgl. *Wolf*, SVS/RVS, Nr. 3 Anm. 34). Der Spediteur (Rz. 1) muß als Spediteur iSd § 413 II HGB oder als Empfangsspediteur tätig gewesen sein, und der Schaden muß nach der Annahme der Sendung (vgl. § 429 HGB Rz. 4) durch den Spediteur iSd § 413 II HGB und vor der Ablieferung (vgl. § 429 HGB Rz. 6) im Gewahrsam des Spediteurs verursacht bzw. entstanden sein. Die Versicherung leistet Ersatz, falls der Spediteur (Rz. 1) haften müßte, wenn auf ihn die EVO anzuwenden wäre. Die Versicherung trägt auch das Risiko der Be- und Entladung nach Maßgabe der §§ 82, 83 I a, b, d, e, 83 II, III, 84, 87 EVO (Nr. 3.4.1 Satz 3 SVS/RVS). Der Versicherungsschutz wird insbesondere der Höhe nach durch § 85 EVO beschränkt. Daneben kommen die allgemeinen Schranken der Nr. 6 ff SVS/RVS zum Tragen, nicht aber Nr. 5.3 SVS/RVS (Nr. 5.3 SVS/RVS letzter HS). Obwohl in Nr. 3.4 SVS/RVS von „ferner" die Rede ist, kann sich der Versicherte nicht darauf berufen, daß ihm auf der Basis der Nr. 3.2 SVS/RVS in Verbindung mit den §§ 407 ff, 429 f HGB ein höherer Anspruch zustehe. (*Koller*, TranspR **1992**, 201, 204).

7. Güternahverkehr im Anschluß an inländischen Straßengüterferntransport (Nr. 3.4.2 SVS/RVS)

Im Güternahverkehr (§ 2 GüKG) wird nach dispositivem Recht gemäß 15
§ 429 HGB gehaftet. Nr. 3.4.2 SVS/RVS modifiziert das in Nr. 3.2.1 und 3.3.1 SVS/RVS niedergelegte Prinzip dahin, daß Ersatz nach den Regeln der §§ 29 ff KVO zu leisten ist, wenn der Güternahtransport gewerblich vor Beginn oder im Anschluß an eine Güterfernverkehrsbeförderung erfolgt ist. Unter Güterfernverkehrsbeförderung ist dabei der Transport im Güterfernverkehr (§ 3 GüKG) unter Ausklammerung der in § 4 GüKG sowie in § 33 lit. a KVO genannten Tätigkeiten zu verstehen. Beachte auch § 1 KVO Rz. 7 ff; wonach in aller Regel auf Abholung und Zufuhr im Güternahverkehr die

KVO nicht anzuwenden ist. Auf Zwischenlagerung und Umschlag ist Nr. 3.4.2 SVS/RVS nur dort anzuwenden, wo der Umschlag bzw. die Zwischenlagerung vor oder im Anschluß an eine Güterfernbeförderung erfolgt. Dies kann auch zwischen zwei Güterfernverkehrstransporten der Fall sein (vgl. auch § 1 KVO Rz. 9, 11). Auch hier wird die Anwendbarkeit der Nr. 3.4.2 SVS/RVS nicht dadurch berührt, daß der § 33 lit. b, d, e KVO heranzuziehen ist; denn auch hier ist mit Güterfernverkehrsbeförderung die Beförderung auf der Fernverkehrsstrecke gemeint. Soweit sich der Versicherte (Nr. 2 SVS/RVS) auf eine (fiktive) Haftung des Spediteurs gemäß § 823 BGB stützt, kommt Nr. 3.4.2 SVS/RVS nicht zum Tragen, weil die Klausel lediglich Abgrenzungsschwierigkeiten zwischen HGB- und KVO-Haftung beseitigen soll (*Wolf*, ADSp, Nr. 3 SVS/RVS Rz. 42) und die Formulierung „ferner" die Nr. 3.2.2 SVS/RVS nicht einschränkt.

Nr. 4 SVS/RVS [Aufwendungsersatz]

Die Versicherer ersetzen zusätzlich

4.1 die Aufwendungen zur Abwendung und Minderung eines ersatzpflichtigen Schadens, soweit sie den Umständen nach geboten waren, § 63 Versicherungsvertragsgesetz (VVG);

4.2 vom Spediteur oder Zwischenspediteur aus Anlaß der Fehlleitung aufgewendete Beförderungsmehrkosten einschließlich notwendiger anderer Kosten, sofern sie zur Verhütung eines weiteren ersatzpflichtigen Schadens erforderlich waren.

1. Abwendung, Minderung (Nr. 4.1 SVS/RVS)

1 Nr. 4.1 SVS/RVS wiederholt § 63 VVG iVm § 79 VVG (*Prölss/Martin*, VVG § 63 Anm. 2 g) und ist das Korrelat zu § 62 VVG. Es kommt daher nicht darauf an, ob der Auftraggeber oder der sonst Versicherte dem Spediteur gegenüber gemäß § 254 BGB zur Schadensminderung verpflichtet waren. Die Aufwendungen müssen die adaequate Folge von Maßnahmen sein, die der Spediteur (Nr. 3 SVS/RVS Rz. 1) oder Versicherte (Nr. 2 SVS/RVS) ex ante ohne Fahrlässigkeit (Abweichung von § 62 VVG) für erforderlich halten durften, um den unmittelbar bevorstehenden Versicherungsfall (Nr. 3 SVS/RVS) abzuwenden oder die Folgen des bereits eingetretenen Versicherungsfalls klein zu halten. Der Aufwendungsersatzanspruch wird nicht durch Nr. 7 SVS/RVS, wohl aber durch die Versicherungssumme (*Prölss/Martin*, aaO, § 63 Anm. 4 a) und § 56 VVG im Fall der Unterversicherung begrenzt. Aktivlegitimiert sind im Umfang ihrer Aufwendungen nicht nur Versicherte (Nr. 2 SVS/RVS), sondern auch der Spediteur (*Wolf*, ADSp Nr. 4 SVS/RVS Anm. 1; unklar Anm. 2). Beachte Nr. 5 SVS/RVS.

2. Fehlleitung

2 Eine Fehlleitung ist im Licht der Nr. 3.2 SVS/RVS die vom Spediteur (Nr. 3 SVS/RVS Rz. 1) zu vertretende Versendung und/oder Auslieferung an eine Person, die der Auftraggeber nicht als Empfänger benannt hat. Keine

Fehlleitungen liegen dort vor, wo das Gut versehentlich ohne Nachnahmeerhebung dem richtigen Empfänger ausgehändigt wird, wo vorzeitig zugestellt wird oder wo ein vertragswidriges Verkehrsmittel benutzt wird. Die Aufwendungen müssen erforderlich gewesen sein, um den Eintritt eines vom Spediteur oder Zwischenspediteur (Nr. 3 SVS/RVS Rz. 13) nach dispositiven oder zwingenden Gesetzen zu ersetzenden Schadens zu verhüten. Die Erforderlichkeit ist so wie im Rahmen des § 670 BGB danach zu bestimmen, was ein sorgfältiger Spediteur oder Zwischenspediteur für erforderlich halten durfte. Nr. 4.2 SVS/RVS erwähnt ausdrücklich die Beförderungsmehrkosten (nicht die durch die Fehlleitung nutzlos aufgewandten Kosten) und andere notwendige Kosten. Die Notwendigkeit ist wie die Erforderlichkeit vom ex ante Standpunkt eines sorgfältigen Spediteurs zu ermitteln. Zu den Grenzen des Ersatzanspruchs s. Rz. 1.

Nr. 5 SVS/RVS [Ausschlüsse]

Ausgeschlossen vom Versicherungsschutz sind

5.1 die durch eine Gütertransport-, Wareneinheits- oder Ausstellungsversicherung gedeckten Gefahren;

5.2 alle Schäden, die dem Grunde nach von einem Unternehmer im Güterfernverkehr zu vertreten sind, sowie Ansprüche nach dem „Übereinkommen über den Beförderungsvertrag im internationalen Straßengüterverkehr“ (CMR) einschließlich aller damit zusammenhängenden außervertraglichen Ansprüche.

Schäden, die ein Güterfernverkehrsunternehmer nach Kraftverkehrsordnung (KVO) zu verantworten hat, können den SVS/RVS-Versicherern gemeldet werden, die verpflichtet sind, sie mit den KVO-Versicherern zu regeln;

5.3 Schäden, die dem Grunde nach von einem Frachtführer oder dessen Agenten (Binnenschiffahrt, Eisenbahn, Luftfahrt, Seefahrt), einem Verfrachter, einer Hafen- oder Flughafenbetriebsgesellschaft oder vom Spediteur oder Zwischenspediteur in einer dieser Funktionen zu vertreten sind; Ziff. 3.3.1 und 3.4 bleiben unberührt.

5.4 Güterschäden,

5.4.1 verursacht durch ausländische Zwischenspediteure oder in Erfüllung von Verkehrsverträgen tätige andere ausländische Unternehmen;

5.4.2 verursacht während einer vom Wareninteressenten verfügten Lagerung im Ausland;

5.4.3 verursacht während einer vom Wareninteressenten verfügten Lagerung, soweit sie durch eine Feuer-, Einbruchdiebstahl-, Leitungswasser- oder Sturmversicherung gedeckt sind oder hätten gedeckt werden können;

5.5. Schäden, deren Ersatz nur aufgrund vertraglicher, im Speditionsgewerbe allgemein nicht üblicher Vereinbarungen verlangt werden kann, wie Vertragsstrafen, Lieferfristgarantien usw. sowie Schäden aufgrund von Ansprüchen aus Haftungsvereinbarungen, soweit sie über die gesetzliche Haftung hinausgehen;

5.6 Schäden und Ansprüche, die durch eine andere Versicherung, z. B.

Betriebs-, Haftpflicht-, Kraftfahrzeug-Haftpflicht-, Feuer-, Einbruchdiebstahl- oder Leitungswasser-Versicherung gedeckt sind;

5.7 Schäden, verursacht durch Krieg, Aufruhr oder Kernenergie;

5.8 Personenschäden;

5.9 Schäden, die unmittelbar dadurch entstehen, daß Vorschüsse, Erstattungsbeträge o. ä. nicht zweckentsprechend verwendet, weitergeleitet oder zurückgezahlt werden. Ein dadurch verursachter weitergehender Schaden bleibt unberührt.

1. Allgemeines

1 Nr. 5 SVS/RVS regelt Versicherungsausschlüsse. Bei der Auslegung der Klausel gilt der Grundsatz, daß die Ausschlüsse im Zweifel eng auszulegen sind (BGH, VersR **1991**, 175). In dieselbe Richtung weist § 5 AGBG (*Koller,* TranspR **1992,** Heft 6). Nr. 5 SVS/RVS enthält Ausschlüsse, die zum Teil auf alle Aktivitäten des Spediteurs (Nr. 3 SVS/RVS Rz. 1) oder Zwischenspediteurs (Nr. 3 SVS/RVS Rz. 13) bezogen sind (Nr. 5.1, 5.5 – 5.9 SVS/RVS), zum Teil aber auch nur besondere Aktivitäten des Spediteurs (Umschlag, verkehrsbedingte Lagerung, Durchführung des Transports, Lagerung, Tätigkeit von Zwischenspediteuren; *Koller,* TranpR **1992,** 201, 205 f) erfassen. Die Versicherer haben zu beweisen, daß die Voraussetzungen der Ausschlußklauseln erfüllt sind. Beachte ferner Nr. 7–9, 11.4, 11.5, 12.2 SVS/RVS.

2. Gütertransport-, Wareneinheits-, Ausstellungsversicherung

2 Die Transportversicherung ist eine Versicherung von Gütern (näher *Prölss/Martin,* VVG, § 129 Anm. 1 ff); die Wareneinheitsversicherung bündelt die Transport- und sonstige Sachversicherung (*Wolf,* ADSp, Nr. 5 SVS/RVS, Anm. 4); die Ausstellungsversicherung ist eine Sachversicherung gegen die Gefahren des Transports und der Ausstellung. Maßgeblich ist die Deckung im Einzelfall (*Wolf,* ADSp, Nr. 5 SVS/RVS Anm. 6). Soweit die Transportversicherung etc. z. B. wegen Obliegenheitsverletzung leistungsfrei ist, ist die Gefahr zwar abstrakt, aber nicht konkret gedeckt. Dem Grundsatz der engen Auslegung von Risikoausschlüssen folgend ist daher auf die konkrete Deckung abzustellen (*Koller,* TranspR **1992,** 201, 204), zumal einem durchschnittlichen Spediteur der feine Unterschied zwischen Deckung von Gefahren und Deckung von Schäden verborgen bleiben wird. Fehler des Spediteurs bei der Eindeckung der Transportversicherung oder Wahrung von Obliegenheiten sind ebenfalls nicht ausgeschlossen (Nr. 3.3.2, 3.3.6 SVS/RVS).

3. Inländischer Güterfernverkehr (Nr. 5.2 SVS/RVS)

3 Der Ausschluß nach Nr. 5.2 SVS/RVS greift ein, wenn die Unternehmen, die den Schaden zu vertreten haben, als Unternehmer iSd § 1 KVO anzusehen sind. Dabei ist es gleichgültig, wie hoch die Haftung ist und auf welche Rechtsgrundlage sie gestützt werden kann oder nach dispositivem Recht gestützt werden könnte. Es genügt, daß der KVO-Unternehmer den Schaden dem Grunde nach zu vertreten hat. Der Risikoausschluß kommt demzufolge auch in Hinblick auf Spediteure zum Tragen, die gemäß § 1 V KVO ausschließlich nach HGB haften; denn auch diese Personen sind KVO-Unter-

nehmer (§ 1 KVO Rz. 12). Bei Transporten über die Nahzone hinaus ist Nr. 5.2 SVS/RVS nicht anzuwenden, wenn es sich um einen GüKG-freien Transport handelt (Nr. 3.3.1 SVS/RVS; *Koller,* TranspR **1992,** 201, 205).

4. Grenzüberschreitender Verkehr (Nr. 5.2 SVS/RVS)

Bei grenzüberschreitenden Transporten knüpft der Ausschlußtatbestand an die rechtliche Qualifikation der (fiktiven) Ansprüche des Auftraggebers etc. gegen den Schädiger an. Die Ausschlußklausel greift ein, soweit CMR-Ansprüche bestehen (OLG Düsseldorf, v. 4.7.1991, TranspR **1991,** 356, 358). Eine Ausnahme von dieser Regel sieht der Anhang zum SVS/RVS über internationale Güterbeförderung vor (Einzelheiten s. dort). Der Ausschluß erfaßt ferner mit den CMR-Ansprüchen konkurrierende außervertragliche Ansprüche, nicht aber (fiktive) Ansprüche aus pFV, § 823 BGB etc., soweit die CMR lückenhaft ist (vor Art. 1 CMR Rz. 5 ff, 30). **4**

5. Frachtführer (Nr. 5.3 SVS/RVS)

Aus der Tatsache, daß in Nr. 5.3 außer dem Frachtführer der Verfrachter (§ 559 HGB) genannt ist, ist abzuleiten, daß der Begriff des Frachtführers iSd Rechtsterminologie, d. h. iSd § 425 HGB (Landtransporte, Binnenschiff) zu verstehen ist (*Koller,* TranspR **1992,** 201, 206; **a. A.** *Baumbach/Duden/Hopt,* HGB, S. 1513); denn die Begriffe des Frachtführers und Verfrachters sind eindeutig der Terminologie des HGB entnommen. Dem Frachtführer sind die in dieser Funktion tätigen Spediteure und Zwischenspediteure gleichgestellt (Nr. 5.3 SVS/RVS). Da nicht anzunehmen ist, daß die Ausschlußklausel der Nr. 5.3 SVS/RVS die differenzierte Regelung in Nr. 5.2 SVS/RVS in Hinblick auf den grenzüberschreitenden Transport zunichte machen soll, ist Nr. 5.3 SVS/RVS im Fall der Nr. 5.2 SVS/RVS nicht anzuwenden. Außerdem sind die in Nr. 5.3 letzter Halbsatz erwähnten Ausnahmen der Nr. 3.3.1 und 3.4 SVS/RVS zu berücksichtigen. Nicht vom Ausschluß der Nr. 5.3 SVS/RVS wird der Lufttransport erfaßt (§ 5 AGBG), wenn er von einem Spediteur oder Zwischenspediteur im Rahmen der §§ 412, 413 HGB durchgeführt wird (*Koller,* TranspR **1992,** 201, 207). Der Lufttransport fällt nämlich nicht in den unmittelbaren Geltungsbereich der §§ 425 ff HGB. Die Tatsache, daß die §§ 425 ff HGB im Luftfrachtrecht ergänzend anwendbar sind und daß vielfach vom Luftfrachtführer gesprochen wird, ist unerheblich. Dem Text der Nr. 5.3 SVS/RVS – nur dieser ist Auslegungsstoff – ist nämlich nicht zu entnehmen, warum die dort aufgezählten Risiken ausgeschlossen sind. Die Enumerierungen deuten darauf hin, daß nur die dort ausdrücklich genannten Risiken gemeint sind. Da eine zweifelsfreie Auslegung der Nr. 5.3 SVS/RVS nicht möglich ist, geht dies zu Lasten der Versicherer (§ 5 AGBG). Gleiches gilt nach dem Grundsatz der engen Auslegung von Ausschlußklauseln (Rz. 1). Dem reinen Luftfrachtführer fehlt schon die Eigenschaft eines „Spediteurs" iSd Nr. 3.1, 3.2 SVS/RVS. Der Ausschluß gilt auch nicht für den Eisenbahntransport, sofern man der hier vertretenen Auffassung folgt, daß der Spediteur iSd § 412 , 413 HGB, der mit der Eisenbahn transportiert, nach Eisenbahnrecht haftet (beachte jedenfalls Nr. 3.4.1 SVS/RVS). Beachte den Anhang SVS/RVS (abgedr. nach Nr. 21 SVS/RVS). **5**

6. Agent (Nr. 5.3 SVS/RVS)

6 Darunter sind Unternehmen zu verstehen, die in den Kreisen der Spediteure als Agenten angesehen werden. Es ist zu beachten, daß auch Spediteure iSd ADSp zum Teil die Geschäftsbezeichnung ,,Agentur" führen. Die Agenten müssen in der Binnenschiffahrts-, Eisenbahn-, Luftfahrt- oder Seefahrt-Branche für den Frachtführer (nicht Verfrachter etc.) tätig sein (*Koller*, TranspR **1992**, 201, 206).

7. Verfrachter (Nr. 5.3 SVS/RVS)

7 Zum Begriff des Verfrachters s. §§ 559 ff HGB. Er ist das Pendant zum Frachtführer im Bereich der Seeschiffahrt. Beachte den Anhang SVS/RVS (abgedr. nach Nr. 21 SVS/RVS).

8. Hafen-, Flughafenbetriebsgesellschaft (Nr. 5.3 SVS/RVS)

8 Der Begriff Gesellschaft ist mit Unternehmen gleichzusetzen. Im übrigen hat die Qualifikation als Hafen- bzw. Flughafenbetriebsgesellschaft nach Maßgabe der Verkehrsanschauung zu erfolgen. Nach dem Grundsatz, daß Ausschlußtatbestände eng auszulegen sind (Rz. 1), ist zu fordern, daß das Unternehmen nicht bloß einzelne Sektoren des Hafen- bzw. Flughafenbetriebs auf dem Gebiet der Gütertransporte betreibt. Deshalb sind z. B. auf die Verstauung von Gütern spezialisierte Unternehmen nicht hierher zu zählen. Beachte den Anhang SVS/RVS (abgedr. nach Nr. 21 SVS/RVS).

9. Spediteure, Zwischenspediteure in diesen Funktionen (Nr. 5.3 SVS/RVS)

9 Die Begriffe ,,Spediteur", ,,Zwischenspediteur" sind nicht berufsständisch, sondern iSd §§ 412, 413 HGB zu interpretieren, weil sie nur dann zugleich Spediteur und in der Funktion eines Frachtführers etc. tätig sein können (*Koller,* TranspR **1992,** 201, 207). Ausnahmen: Nr. 3.3.1, 3.4 SVS/RVS. Beachte den Anhang SVS/RVS (abgedr. nach Nr. 21 SVS/RVS).

10. Ausländische Zwischenspediteure, Unternehmen (Nr. 5.4.1 SVS/RVS)

10 Zum Begriff des Zwischenspediteurs, Nr. 3 SVS/RVS Rz. 13. Zu den anderen ausländischen Unternehmen gehören nur solche Unternehmen, die ähnlich den Zwischenspediteuren nicht als Erfüllungsgehilfen des Spediteurs oder inländischen Zwischenspediteurs tätig wurden (OLG Düsseldorf v. 4.7.1991, TranspR **1991,** 356, 358). Die Zwischenspediteure und Unternehmen sind als ,,ausländisch" zu qualifizieren, wenn der effektive Sitz der Hauptverwaltung dieser Unternehmen im Ausland liegt (*Koller*, TranspR **1992**, Heft 6). Im Unterschied zu Nr. 5.4.2 SVS/RVS ist es unerheblich, ob sich der Schadensort im Ausland befindet. Nr. 5.4.1 SVS/RVS schließt lediglich die Deckung von Güterschäden (Nr. 3.1.1 SVS/RVS) aus. Beachte den Anhang SVS/RVS (abgedr. nach Nr. 21 SVS/RVS).

11. Lagerung (Nr. 5.4.2–5.4.3 SVS/RVS)

Die Nr. 5.4.2–5.4.3 SVS/RVS betreffen nur Güterschäden (Nr. 3.1.1 SVS/RVS). Der Begriff Lagerung ist im Sinn der in Nr. 1.1 SVS/RVS erwähnten Lagerverträge (§ 416 HGB) zu verstehen. Die Lagerung muß vom Wareninteressenten (Nr. 2 Satz 2 SVS/RVS) verfügt worden sein; d. h. der Wareninteressent muß dem Spediteur Weisung gegeben haben, den Transportvorgang zu unterbrechen und das Gut einzulagern. Es ist jedoch zu beachten, daß Wareninteressenten iSd Nr. 2 SVS/RVS nicht notwendig transportrechtlich verfügungsberechtigt sind (vgl. §§ 433 ff HGB, § 407 II iVm § 385 HGB). Verfährt der Spediteur nach einer Weisung des Wareninteressenten, der nicht verfügungsberechtigt ist, so schließt Nr. 5.4.2 SVS/RVS die Deckung von Schäden infolge dieses Fehlverhaltens nicht schlechthin aus, sofern der Spediteur nach Transportrecht einem anderen als dem weisungsgebenden Wareninteressenten haften würde und es nicht auf den Schaden des Wareninteressenten ankommt. Der Schaden muß im Ausland verursacht worden sein, wenn auch nicht notwendig entstanden sein. Das ist z. B. nicht der Fall, wenn ein Spediteur bzw. Zwischenspediteur im Inland falsche Auswahlentscheidungen getroffen oder falsche Weisungen gegeben hat. Die Schadensursache muß ferner nach Beginn aber vor Ende der Lagerung im Ausland gesetzt worden sein. Ausgeschlossen sind auch Risiken eines Güterschadens, die durch eine Lagerversicherung iSd Nr. 5.4.3 SVS/RVS gedeckt sind oder im Rahmen einer üblichen Lagerversicherung zu zumutbaren Konditionen hätten gedeckt werden können. Nr. 5.4.3 SVS/RVS bezieht sich nicht auf das in Nr. 3.3.6 SVS/RVS genannte Risiko. Hatte der Spediteur den Auftraggeber nicht über die Zweckmäßigkeit einer Lagerversicherung aufgeklärt, obwohl er dazu verpflichtet war (§ 407 HGB Rz. 51), so schließt Nr. 5.4.3 SVS/RVS die Deckung des Schadens nicht aus, der durch dieses Fehlverhalten entstanden ist. **11**

12. Unübliche Abreden (Nr. 5.5 SVS/RVS)

Nr. 5.5 SVS/RVS entspricht weitgehend § 5 Nr. 2 SVS/RVS a. F., so daß die Judikatur zu dieser Vorschrift weiter von Bedeutung ist. Nicht allgemein übliche Abreden sind solche Vereinbarungen, die eine gesteigerte Gefahr der Inanspruchnahme der Versicherung in sich bergen, die durch Prämiensätze nicht abgedeckt ist (BGH, NJW **1954,** 1930, 1931; BGHZ **49,** 160, 166; BGH v. 13.7.1973, WM **1973,** 1238). Die Gefahrensteigerung muß daraus resultieren, daß das Geschäft seiner Art nach in Speditionskreisen ungewöhnlich ist oder in einer dem Speditionsgewerbe fremden Art abgewickelt werden soll (BGH v. 13.7.1973, WM **1973,** 1238). Es genügt nicht, daß das Geschäft zwar seiner Art nach häufiger vorgenommen wird, jedoch aufgrund der Umstände des Einzelfalls atypisch risikoreich ist. Einzelfälle: Nr. 1 SVS/RVS Rz. 8. **12**

13. Andere Versicherungen (Nr. 5.6 SVS/RVS)

Trotz einer abweichenden Formulierung handelt es sich bei Nr. 5.6 SVS/RVS um eine der Nr. 5.1 SVS/RVS verwandte Subsidiaritätsregel (*Koller,* TranspR **1992,** 201, 204). Demnach sind Ansprüche und Schäden nur **13** insoweit anderweitig gedeckt, als die anderen Versicherungen im Einzelfall leistungspflichtig sind. Enthalten auch die in Nr. 5.6 SVS/RVS genannten Versicherungen Subsidiaritätsbestimmungen, so heben sich die Subsidiaritätsklauseln auf (h. M.; *Winter,* VersR **1991,** 527, 530 f m. Nachw.).

14. Krieg, Aufruhr, Kernenergie (Nr. 5.7 SVS/RVS)

14 Adäquate Schäden infolge spezifischer Gefahrerhöhung durch den Kriegszustand (*Prölss/Martin,* VVG, § 1 AFB Anm. 5; *Fricke,* VersR **1991,** 1098). Aufruhr ist die Zusammenrottung eines nicht unerheblichen Anteils der Bevölkerung, um einen mit Gewalt verbundenen Kampf gegen die Staatsgewalt zu führen (*Knappmann* in: *Prölss/Martin,* VVG, § 2 AKB Anm. IV). Kernenergie (*Prölss/Martin,* VVG, § 1 AFB Anm. 7), soweit es um spezifische Gefahren der Kernenergie geht.

15. Personenschäden (Nr. 5.8 SVS/RVS)

15 Es ist unerheblich, ob die Personenschäden unmittelbar verursacht werden oder Güterfolgeschäden darstellen.

16. Nichterfüllung von Zahlungsverpflichtungen (Nr. 5.9 SVS/RVS)

16 Ausgeschlossen sind Schäden, die daraus resultieren, daß der Anspruch auf sachgerechte Verwendung von Vorschüssen, Herausgabe von Geldbeträgen etc. nicht realisiert werden kann. Der Begriff der Unmittelbarkeit ist im Licht des § 5 AGBG eng auszulegen. Schäden, die daraus resultieren, daß den Adressaten des Geldes das Geld nicht rechtzeitig zur Verfügung steht (z. B. Verzugsschäden), sind dagegen ersatzpflichtig (*Koller,* TranspR **1992,** 201, 209; *Baumbach/Duden/Hopt,* HGB, Nr. 5 SVS/RVS Anm. 9).

Nr. 6 SVS/RVS [Versicherungswert/Versicherungssumme/ Versicherungsinteresse]

6.1 Als Versicherungswert ist der Verkaufspreis anzumelden, in Ermangelung dessen der gemeine Handelswert oder gemeine Wert, den das Gut am Ort und im Zeitpunkt der Übernahme hat, unter Einschluß aller Speditionsentgelte und Transportkosten sowie der Eingangsabgaben im Empfangsland. Die Versicherungssumme ist auf DM 1,0 Mio. je Verkehrsvertrag begrenzt.

6.2 Die Regelversicherungssumme beträgt DM 5 000,– je Verkehrsvertrag. Für Kleinsendungen ist eine Versicherungssumme von DM 1 000,– zulässig. Will der Auftraggeber einen höheren Betrag als DM 5 000,– versichern, hat er die gewünschte Versicherungssumme spätestens mit Abschluß des Verkehrsvertrages dem Spediteur schriftlich mitzuteilen.

6.3 Erhält der Spediteur keine Mitteilung über die Versicherungssumme, ist er berechtigt, den Versicherungswert aufgrund von Erfahrungswerten oder beigefügten Unterlagen von DM 5 000,– bis DM 1,0 Mio. zu schätzen.

6.4 Bis zu DM 1,0 Mio. Versicherungssumme hat der Versicherte keinen Nachteil, wenn dem Spediteur bei der Versicherungsanmeldung ein Versehen unterläuft, die Anmeldung der gewünschten Versicherungssumme unterbleibt, der Spediteur geschuldete Prämien nicht oder nicht rechtzeitig bezahlt, sofern nur der Auftraggeber die gewünschte höhere Versicherungssumme dem Spediteur rechtzeitig schriftlich mitgeteilt hatte. Schätzfehler (Ziff. 6.3) unterliegen nicht dieser Bestimmung.

6.5 Der Auftraggeber kann die Deckung eines höheren Wertes als DM 1,0 Mio. bis höchstens DM 10,0 Mio. vor, spätestens mit Abschluß des Verkehrsvertrages bei den Versicherern beantragen, die unverzüglich über die Annahme des Antrages und den Zeitpunkt des Inkrafttretens der höheren Versicherungssumme zu entscheiden haben. Die Entscheidung wird mit Zugang beim Auftraggeber wirksam.

Die Versehensklausel (Ziff. 6.4) findet insoweit keine Anwendung.

6.6 Der Einwand der Unterversicherung ist ausgeschlossen, wenn der Versicherungswert die Versicherungssumme von DM 1,0 Mio. oder die vereinbarte höhere Deckungssumme übersteigt.

6.7 Der Auftraggeber kann spätestens mit Abschluß des Verkehrsvertrages gegenüber dem Spediteur den Betrag eines Interesses an der Erfüllung des Verkehrsvertrages zu Gunsten des Versicherten deklarieren. Die Deklaration muß schriftlich erfolgen. Sie ist mit dem fünffachen Versicherungswert der Sendung, höchstens mit DM 100 000,– begrenzt. Die Versicherungssumme erhöht sich entsprechend.
Die Versehensklausel (Ziff. 6.4) findet entsprechende Anwendung.

6.8 Ein darüber hinausgehendes Interesse bis höchstens DM 1,0 Mio. kann mit ausdrücklicher Einwilligung der Versicherer vereinbart werden.

Der Auftraggeber hat den Betrag des Interesses und alle ihm bekannten gefahrerheblichen Umstände den Versicherern vor, spätestens mit Abschluß des Verkehrsvertrages schriftlich mitzuteilen, die ihm unverzüglich ein Angebot unterbreiten, ob, ab wann, zu welchen Bedingungen und gegen welche Prämie sie das Interesse zu versichern bereit sind. Nimmt der Auftraggeber das Angebot an, wird die Versicherung des höheren Interesses wirksam.

Die Versehensklausel (Ziff. 6.4) findet insoweit keine Anwendung.

6.9 In den Fällen der Ziff. 6.5 und 6.8 haben die Versicherer bei Annahme eines Antrages auf die Beschränkungen der Ziff. 8 ausdrücklich hinzuweisen.

1. Versicherungswert (Nr. 6.1 SVS/RVS)

Der Versicherungswert iSd Nr. 6.1 SVS/RVS ist wie in § 52 VVG die „Sollversicherungssumme", anhand derer die Existenz einer Unterversicherung (§ 56 VVG) festzustellen ist und die für die Begrenzung der Ersatzleistung von Bedeutung ist (Nr. 7.2, 7.3 SVS/RVS). Der Versicherungswert ist primär anhand des Verkaufspreises (vgl. § 35 KVO Rz. 3), hilfsweise anhand des gemeinen Handelswerts bzw. gemeinen Werts (vgl. § 430 HGB Rz. 2) zu bestimmen. Im Unterschied zu § 430 HGB kommt es auf den Ort und Zeitpunkt der Übernahme des Guts durch den Spediteur an (vgl. Art. 23 CMR Rz. 4). 1

2. Versicherungssumme (Nr. 6.2, 6.3 SVS/RVS)

2 Die Versicherungssumme steht anders als der Versicherungswert (Rz. 1) nicht objektiv fest, sondern ist von den Parteien zu vereinbaren. Die Versicherungssumme begrenzt neben dem Versicherungswert (Rz. 1) die Entschädigung (Nr. 7 SVS/RVS; vgl. §§ 50, 56 VVG). Es ist zwischen der Regelversicherungssumme, der aufgrund der einseitigen Anmeldung des Auftraggebers, der vom Spediteur geschätzten und einer gesondert vereinbarten Versicherungssumme zu unterscheiden.

3 **a) Regelversicherungssumme.** Die Regelversicherungssumme beträgt DM 5 000,–. Sie ist kraft der Nr. 6.2 SVS/RVS vereinbart, wenn keine höhere oder niedrigere Summe angemeldet oder geschätzt wurde oder gesondert vereinbart und auch kein Versicherungsverbot ausgesprochen wurde (Nr. 9 SVS/RVS). Beachte § 56 VVG, Nr. 7, 8 SVS/RVS.

4 **b) Angemeldete Versicherungssume.** Nr. 6.2 Satz 3 SVS/RVS eröffnet dem Auftraggeber ein Gestaltungsrecht, aufgrund dessen er durch einseitige empfangsbedürftige Willenserklärung die Versicherungssumme bis zu DM 1 Mio. festlegen kann. Die Erklärung hat schriftlich zu erfolgen. Eine Unterschrift ist, wie im Transportrecht üblich, nicht erforderlich; Telex, Telefax sind daher zulässig. Da die Nicht-Weitergabe der Erklärung an den führenden Versicherer (Nr. 19.1 SVS/RVS) irrelevant ist (Nr. 6.4 SVS/RVS), ist davon auszugehen, daß die Erklärung mit dem Zugang (§ 130 BGB) beim Spediteur wirksam wird. Die Ursache dafür, daß die Erklärung nicht weitergegeben wurde, ist unerheblich; auf ein Verschulden des Spediteurs kommt es nicht an. Die Angabe des Wertes des Guts in Rechnungen, Verzollungsdokumenten etc. gilt nicht als Anmeldung; u. U. aber die Angabe im Zusammenhang mit anderen Versicherungen (**a. A.** *Wolf*, ADSp, Nr. 6 SVS/RVS Anm. 18). Zur Schätzung durch den Spediteur, Rz. 5.

Aus der Formulierung „zulässig" ergibt sich, daß die Regelversicherungssumme bis DM 1 000,– unterschritten werden kann. Nr. 14.3 SVS/RVS zeigt, daß nur die Versicherungssumme von DM 1 000,– nicht aber Werte zwischen DM 1 000,– und DM 5 000,– zur Verfügung stehen. Der Wert von DM 1 000,– bedarf der Anmeldung. Schätzung durch den Spediteur ist unzulässig.

5 **c) Schätzung (Nr. 6.3 SVS/RVS).** Mangels Anmeldung (Rz. 4) darf der Spediteur eine Versicherungssumme zwischen DM 5 000,– und DM 1 Mio. schätzen. Für die Versicherungssumme ist der geschätzte Wert maßgeblich, soweit die Schätzung nach Erfahrungssätzen oder aufgrund von Unterlagen (Rechnungen, Verzollungsdokumenten) erfolgte, der Schätzwert den Versicherungswert (Rz. 1) nicht übersteigt und der Schätzwert den Versicherern (Nr. 19.1 SVS/RVS) mitgeteilt worden ist (Nr. 6.4 S. 2 SVS/RVS sowie Umkehrschluß aus Nr. 6.4 S. 1 SVS/RVS). Die Mitteilung muß nicht bereits vor Abschluß des Verkehrsvertrages erfolgen. Nr. 6.4 SVS/RVS spricht von Versicherungsanmeldung und bezieht sich damit augenscheinlich auf Nr. 10 SVS/RVS. Im Zweifel kann davon ausgegangen werden, daß der Spediteur, der eine höhere Prämie berechnet, eine höhere Versicherungssumme weitergegeben hat (OLG Düsseldorf v. 23.2.1984, TranspR **1984**, 222, 226). Macht der Spediteur vom Schätzungsrecht keinen Gebrauch, so kann ihm dies nicht

vorgeworfen werden (OLG München v. 1.8.1990, VersR **1991**, 659, 660). Die Pflicht, über die Konsequenzen einer fehlenden Wertangabe zu informieren, bleibt unberührt (§ 41 ADSp Rz. 7).

d) Erhöhte Versicherungssumme (Nr. 6.5 SVS/RVS). Nr. 6.5 SVS/RVS eröffnet die Möglichkeit, auch noch nach Abschluß des Verkehrsvertrages (Nr. 1 SVS/RVS) eine Versicherungssumme zu vereinbaren, die DM 1 Mio. übersteigt. Der Antrag des Auftraggebers ist die Offerte. Sie muß spätestens mit Abschluß des Verkehrsvertrages den Versicherern (vertreten durch die Firma Schunck KG [Nr. 19.1 SVS/RVS]) zugehen. Der Spediteur ist Bote des Auftraggebers, der sich ein Fehlverhalten des Spediteurs zurechnen lassen muß. Der Auftraggeber bleibt an seine Offerte gebunden, bis sich die Versicherer bei ordnungsgemäßer Sorgfalt über die Annahme klar werden und die Annahmeerklärung zuleiten können. § 147 BGB gilt nicht. Verspätete Offerten können von den Versicherern angenommen werden, da insoweit Vertragsfreiheit herrscht (§ 50 VVG). Die Verspätung hat deshalb nur zur Folge, daß sich die Versicherer nicht unverzüglich (§ 121 BGB) zu entscheiden brauchen. Auf Seiten der Versicherer besteht kein Zwang zur Annahme der Offerte; eine Verzögerung der Entscheidung führt allerdings zur Haftung aus pFV. Die Annahme wird mit Zugang wirksam (§ 130 BGB). Die Nichtannahme begrenzt die Versicherungssumme endgültig auf DM 1 Mio. 6

3. Interesse (Nr. 6.7, 6.8 SVS/RVS)

Die Interesseversicherung ist keine Summenversicherung (vgl. *Prölss/Martin*, VVG, § 1 Anm. 2 A), sondern eine Schadensversicherung (Nr. 7.4 SVS/RVS). Anders als die normale SVS/RVS-Schadensversicherung wird die Entschädigung nicht durch den Versicherungswert beschränkt (Nr. 7.1–7.3 SVS/RVS), sondern findet ihre Obergrenze allein in dem angemeldeten oder vereinbarten Interesse (Nr. 6.7, 6.8 SVS/RVS). 7

Die Interesseversicherung deckt nach h. M. nur vom Spediteur bzw. Zwischenspediteur verschuldete Schäden (*Wolf*, ADSp, Nr. 6 SVS/RVS Anm. 37; *Krummeich*, Haftungs- und Schadenrecht, S. 141). *Oeynhausen* (Speditionsversicherung, aaO, S. 41) scheint anzunehmen, daß alle Voraussetzungen eines (fiktiven) Schadensersatzanspruches gegeben sein müssen, so daß im Güternahverkehr das Interesse, durch Verlust des Gutes keinen Güterfolgeschaden zu erleiden, wegen § 430 HGB nicht gedeckt ist. Dem ist grundsätzlich zuzustimmen. Nr. 3.2 SVS/RVS knüpft die Deckung an eine (fiktive) Ersatzpflicht des Spediteurs bzw. Zwischenspediteurs. Die Ersatzpflicht wird unter anderem (insbesondere Nr. 5 SVS/RVS) durch Nr. 7 SVS/RVS begrenzt, der die Höhe der Versicherungsleistung danach staffelt, ob der Schaden in die Kategorie des Güter-, Güterfolge- oder reinen Vermögensschadens fällt. Da es kein Interesse an der Erfüllung eines Verkehrsvertrages gibt, das im Fall der Nichterfüllung und eines daraus resultierenden Schadens nicht in die Kategorie der Güter-, Güterfolge- oder reinen Vermögensschäden fiele, kann die Interessedeklaration nur zur Folge haben, daß lediglich die Schranken der Nr. 7.1–7.3 SVS/RVS nicht zum Tragen kommen. Dagegen setzt die Deckung eines Schadens trotz Interessedeklaration voraus, daß der Auftraggeber bzw. Versicherte einen Anspruch auf Ersatz dieses Schadens hat oder nach dispositivem Recht gehabt hätte. Hierfür ist nicht notwendig ein Verschulden des Spediteurs erforderlich (vgl. Nr. 3.4 SVS/RVS). Ferner darf kein Risikoausschlußtatbestand eingreifen. Die Interessedeklaration ist mithin dort von Bedeutung, wo nach dispositivem Recht Güterfolge- und reine Vermögensschäden zu ersetzen sind, deren Höhe den einfachen bzw. doppelten Versicherungswert (Nr. 7.2, 7.3 SVS/RVS) übersteigen.

Der Auftraggeber kann in Parallele zu Nr. 6.2 SVS/RVS (Rz. 4) sein Interesse bis zum 5fachen Versicherungswert (Rz. 1), maximal DM 100 000,– anmelden. Eine Erhöhung ist gemäß Nr. 6.8 SVS/RVS möglich. In Abweichung zu Nr. 6.5 SVS/RVS fordert der Auftraggeber zunächst die Versicherer (Nr. 19.1 SVS/RVS) zur Abgabe eines Angebots auf. Eine Verspätung des Auftraggebers ist nur insoweit relevant, als die Versicherer nicht aus pFV haften, wenn sie ihm nicht unverzüglich (§ 121 BGB) ein Angebot unterbreiten. Aus der Sicht der Versicherer besteht eine echte Pflicht, ein Angebot zu machen; der Auftraggeber braucht es nicht anzunehmen.

4. Informationspflicht

8 Ein Verstoß begründet eine Schadensersatzpflicht wegen pFV. Der Schaden kann daraus resultieren, daß keine andere Versicherung eingedeckt wurde oder daraus, daß eine Vereinbarung iSd Nr. 6.5, 6.8 SVS/RVS getroffen wurde.

Nr. 7 SVS/RVS [Umfang der Versicherungsleistung je Schadenfall]

Die Leistung der Versicherer ist je Schadenfall begrenzt,

7.1 für Güterschäden,

7.1.1 falls das Gut bei Schadeneintritt verkauft war, mit dem Verkaufspreis unter Berücksichtigung entstandener und ersparter Kosten, wie z. B. Frachtentgelte, Eingangsabgaben;

7.1.2 sonst mit dem gemeinen Handelswert oder dem gemeinen Wert, den das Gut am Ort und in dem Zeitpunkt hatte, in welchem die Ablieferung zu bewirken war, unter Berücksichtigung entstandener und ersparter Kosten;

7.1.3 auf jeden Fall mit der Versicherungssumme (Ziff. 6);

7.2 für Güterfolgeschäden neben dem Güterschaden mit dem Versicherungswert, höchstens mit der Versicherungssumme;

7.3 für reine Vermögensschäden mit dem doppelten Versicherungswert, höchstens mit der doppelten Versicherungssumme;

7.4 für die Interesseversicherung (Ziff. 6.7, 6.8) mit dem vom Versicherten nachzuweisenden Schaden, höchstens mit der Versicherungssumme (Versicherung auf Erstes Risiko).

1. Allgemeines

1 Die Schadensdeckung ist in ihrer Höhe erster Linie durch das fiktiv anwendbare Transportrecht (z. B. §§ 430 HGB, 35 KVO) begrenzt (Nr. 3.2, 3.4 SVS/RVS; *Oeynhausen*, Speditionsversicherung, S. 37). Sekundär ergeben

sich die Schranken aus Nr. 7 SVS/RVS. Darüber hinaus kann die Versicherungsdeckung wegen Unterversicherung abgesenkt sein. Sie liegt vor, wenn zur Zeit des Eintritts des Versicherungsfalls die Versicherungssumme (Nr. 6 SVS/RVS Rz. 2 ff) niedriger als der Versicherungswert (Nr. 6 SVS/RVS Rz. 1) ist. In einem solchen Fall ist der nach Maßgabe der Nr. 7 SVS/RVS ersetzbare Schaden entsprechend dem Verhältnis der Versicherungssumme zum Versicherungswert, den der Kläger im Prozeß vorzutragen aber nicht zu beweisen hat, zu mindern (§ 56 VVG; OLG München v. 1.8.1990, VersR **1991**, 659, 660). Eine Ausnahme gilt dort, wo die Versicherungssumme DM 1 Mio. und mehr beträgt (Nr. 6.6 SVS/RVS; beachte Nr. 6.7 Satz 4 SVS/RVS). Schließlich ergeben sich Schranken der Deckung der Höhe nach aus Nr. 8 SVS/RVS.

Nr. 7 SVS/RVS ist nicht auf den Verkehrsvertrag (Nr. 1 SVS/RVS), sondern auf den **Schadensfall** bezogen. Ein Schadensfall liegt vor, wenn ein bestimmtes schadensverursachendes Ereignis im Rahmen des Verkehrsvertrages bei einer bestimmten Person einen Schaden verursacht hat. Es gilt § 49 VVG, nicht aber § 55 VVG, da insoweit die Grundsätze der Begrenzung durch den (fiktiven) transportrechtlichen Schadensersatzanspruch eingreifen.

2. Güterschaden

S. Erl. zu Nr. 3 SVS/RVS Rz. 3. Primär ist die Obergrenze in Abweichung **2**
vom Versicherungswert (Nr. 6 SVS/RVS Rz. 1) anhand des Rechnungswerts (vgl. § 35 KVO Rz. 3) zuzüglich bzw. abzüglich der Kosten (vgl. § 35 KVO Rz. 4; zu den Rettungskosten OLG Hamburg v. 17.11.1983, TranspR **1984**, 188, 189), hilfsweise anhand des Werts iSd § 430 HGB (vgl. § 430 HGB Rz. 2) zu berechnen. Keinesfalls darf die Entschädigung die Versicherungssumme (Nr. 6 SVS/RVS Rz. 2 ff) übersteigen. Beachte ferner § 56 VVG (Rz. 1) und Nr. 8 SVS/RVS sowie den Grundsatz des fiktiven Schadensersatzanspruchs (Rz. 1).

3. Güterfolgeschaden

S. Erl. zu Nr. 3 SVS/RVS Rz. 4. Die Obergrenze des Ersatzes ergibt sich, **3**
sofern Güterfolgeschäden überhaupt ersatzfähig sind (Rz. 1), aus dem Versicherungswert (Nr. 6 SVS/RVS Rz. 1; **a. A.** *Wolf*, ADSp, Nr. 7 SVS/RVS Anm. 17: § 52 VVG). Keinesfalls übersteigt der Ersatz die Versicherungssumme (Nr. 6 SVS/RVS Rz. 2 ff). Diese Grenzen gelten auch dann, wenn zusätzlich Güterschäden auszugleichen sind (*Wolf*, ADSp, Nr. 7 SVS/RVS Anm. 16). Beachte Rz. 1 sowie Nr. 8 SVS/RVS. § 56 VVG ist außer im Fall der Nr. 6.6 SVS/RVS anwendbar (Umkehrschluß aus Nr. 7.4 SVS/RVS).

4. Reine Vermögensschäden

S. Erl. zu Nr. 3 SVS/RVS Rz. 5. Die Entschädigung ist, sofern reine Ver- **4**
mögensschäden nach Transportrecht überhaupt ersatzfähig sind (Rz. 1), durch den doppelten Versicherungswert (Nr. 6 SVS/RVS Rz. 1; **a. A.** *Wolf*, ADSp, Nr. 7 SVS/RVS Anm. 17: § 52 VVG) begrenzt. Keinesfalls wird mehr als die doppelte Versicherungssumme (Nr. 6 SVS/RVS Rz. 2 ff) ge-

zahlt. Beachte Rz. 1 sowie Nr. 8 SVS/RVS. § 56 VVG ist außer im Fall der Nr. 6.6 SVS/RVS anwendbar (vgl. Rz. 3).

5. Interesseversicherung

5 S. Erl. zu Nr. 6 SVS/RVS Rz. 7. Die Entschädigung darf, soweit ein transportrechtlich ersatzfähiger Schaden existiert, die Versicherungssumme des Interesses (Nr. 6.7, 6.8 SVS/RVS) nicht übersteigen. § 56 VVG greift nicht ein, da es sich um eine Versicherung auf Erstes Risiko handelt. Beachte Nr. 8 SVS/RVS.

Nr. 8 SVS/RVS [Grenzen der Versicherungsleistung je Schadenereignis]

8.1 Die Leistung der Versicherer ist je Schadenereignis begrenzt

8.1.1 mit DM 11,0 Mio., auch wenn mehrere Versicherte Ansprüche aus dem vom Spediteur abgeschlossenen Versicherungsvertrag geltend machen;

8.1.2 für Feuerschäden bei verkehrsbedingten Vor-, Zwischen- und Nachlagerungen mit DM 2,0 Mio., auch wenn mehrere Versicherte über Versicherungsverträge verschiedener Spediteure anspruchsberechtigt sind.

8.2 Die durch ein Schadenereignis mehreren Versicherten entstandenen Schäden werden anteilmäßig im Verhältnis der Versicherungsansprüche ersetzt, wenn sie die in Betracht kommende Grenze der Versicherungsleistung (Ziff. 8.1) übersteigen.

1. Allgemeines

1 Nr. 8 SVS/RVS statuiert neben Nr. 7 SVS/RVS, § 56 VVG eine weitere Beschränkung der Ersatzleistung der Höhe nach, wobei die niedrigste Schranke zum Tragen kommt. Im Unterschied zu Nr. 7 SVS/RVS ist Nr. 8 SVS/RVS auf das Schadensereignis bezogen. Darunter ist der Vorgang zu verstehen, durch den der Schaden unmittelbar herbeigeführt wird (vgl. *Prölss/Martin*, VVG, § 149 Anm. 2 A a), auch wenn mehrere Personen geschädigt worden sind. Denkbar ist auch, daß mehrere Schadensereignisse einen Schaden verursachen. Sind durch ein Schadensereignis mehrere Personen geschädigt worden, so ist bei Überschreiten der Höchstgrenze anteilig zu entschädigen (Nr. 8.2 SVS/RVS). Beweislast: Versicherer.

2. Alle Versicherten leiten ihre Ansprüche aus demselben Versicherungsvertrag ab (Nr. 8.1.1 SVS/RVS)

2 Der Spediteur zeichnet die Speditionsversicherung im Rahmen einer Generalpolice (vgl. Nr. 10 SVS/RVS) zugunsten der Versicherten (Nr. 2 SVS/RVS). Im Rahmen der Nr. 8.1.1 SVS/RVS geht es um Fälle, in denen alle Versicherten ihre Ansprüche aus derselben Generalpolice herleiten. Ausnahme: Feuerschäden.

3. Feuerschäden (Nr. 8.1.2 SVS/RVS)

Feuerschaden ist der Schaden, der durch Brand iSd § 82 VVG entstanden 3
ist, nicht Explosion, Blitzschlag (§ 5 AGBG). Nr. 8.1.2 SVS/RVS ist bei verfügten Lagerungen iSd § 416 HGB nicht anzuwenden (s. Nr. 5 SVS/RVS Rz. 11). Es sind nur Schäden zu addieren, die bei Spediteuren entstanden sind, die den SVS/RVS gezeichnet haben.

Nr. 9 SVS/RVS [Versicherungsverbote]

Der Auftraggeber ist berechtigt, durch eine an den Spediteur gerichtete schriftliche Erkärung

9.1 die Versicherung zu untersagen (§ 39 a ADSp; generelles Verbot);

9.2 die Versicherung von Güterschäden im ausschließlich innerdeutschen Verkehr zu untersagen (partielles Verbot).

9.3 Der Spediteur ist verpflichtet, die Erklärung unverzüglich den Versicherern zu übermitteln. Sie kann nur durch eine schriftliche Mitteilung des Auftraggebers an den Spediteur geändert werden, der dann zur unverzüglichen Weitergabe an die Versicherer verpflichtet ist.

1. Allgemeines

Nr. 9 SVS/RVS ist auf § 39 ADSp bezogen. Der Spediteur zeichnet übli- 1
cherweise eine Generalpolice, derzufolge jeder Verkehrsvertrag (Nr. 1 SVS/RVS) versichert ist, sofern die Versicherung nicht nach Maßgabe der Nr. 9 SVS/RVS verboten wird. Das Verbot ist vom Auftraggeber (nicht Empfänger) des Verkehrsvertrages auszusprechen. Es hat schriftlich (auch Telex, Telefax) zu erfolgen und ist an den Spediteur zu richten. Es muß dem Spediteur (Nr. 3 SVS/RVS Rz. 1) zugehen (§ 130 BGB). Ein Verbot, das schon bei Abschluß des Verkehrsvertrages mündlich erteilt wurde, ist im Verhältnis Spediteur-Auftraggeber wirksam (§ 39 ADSp Rz. 6). Das Verbot muß ausdrücklich erfolgen, weil Spediteure als Versicherungsnehmer die Nr. 9 SVS/RVS im Licht des § 39 a S. 1 ADSp auslegen werden. Das Verbot ist bis zum Eintritt des Schadensfalls widerruflich (Nr. 9.2 SVS/RVS).

2. Generelles Verbot

Das generelle Verbot hat zur Folge, daß keinerlei Versicherungsschutz, 2
aber auch keinerlei Pflicht zur Erstattung von Versicherungsprämien durch den Spediteur entsteht (§ 39 ADSp; § 407 HGB Rz. 61). Fraglich ist, ob das Verbot bereits mit dem Zugang beim Spediteur oder erst mit dem Zugang bei den Versicherern (Nr. 19.1 SVS/RVS) wirksam wird. Aus Nr. 9.2 Satz 2 SVS/RVS ergibt sich, daß die Änderung mit Zugang beim Spediteur wirksam werden soll. Gleiches muß für das Verbot gelten. Das Verbot wird somit nicht deshalb unwirksam, weil es entgegen der Nr. 9.2 SVS/RVS nicht den Versicherern übermittelt wird (*Wolf*, ADSp, Nr. 9 SVS/RVS Anm. 12). Umgekehrt berührt die Weitergabe eines angeblichen Verbots nicht den Versicherungsschutz. Die Versicherer haben das Verbot zu beweisen; die Beweislast trifft den Auftraggeber, wenn er sich weigert, die Prämien zu erstatten (§ 39 ADSp).

3. Partielles Verbot (Nr. 9.1.2 SVS/RVS)

3 Es sind sowohl ein Teilverbot für den ausschließlich innerdeutschen Verkehr (vgl. auch Nr. 14.7 SVS/RVS) als auch für den grenzüberschreitenden Verkehr (Nr. 4 Anhang SVS/RVS) möglich. Vgl. im übrigen Rz. 1, 2.

4. Übermittlung an die Versicherer (Nr. 9.2 SVS/RVS)

4 Die fehlende Übermittlung des Verbots an die Versicherer ändert nichts an der Wirksamkeit des Verbots (Rz. 2). Der Spediteur kann sich jedoch gegenüber den Versicherern schadensersatzpflichtig machen. Gleiches gilt für die Nichtweitergabe des Widerrufs des Verbots (Rz. 1).

Nr. 10 SVS/RVS [Versicherungsanmeldung/Fälligkeit der Prämien/Bucheinsicht]

10.1 Der Spediteur ist verpflichtet, alle

10.1.1 im Kalendermonat abgeschlossenen, versicherten Verkehrsverträge am Ende des Monats den Versicherern anzumelden;

10.1.2 Verkehrsverträge mit Versicherungssummen von mehr als DM 10 000,– einzeln unter Bezeichnung des Auftrages in das dafür vorgesehene Formular einzutragen und dieses den Versicherern zu übermitteln.

10.2 Die Anmeldungen sind den Versicherern bis spätestens zum 20. des Folgemonats zuzusenden. Zu diesem Zeitpunkt sind die Prämien zur Zahlung fällig.

10.3 Die Versicherer sind berechtigt, die Anmeldungen durch Einsichtnahme in die entsprechenden Geschäftsunterlagen zu überprüfen. Sie sind verpflichtet, über die erlangten Kenntnisse Stillschweigen gegenüber Dritten zu bewahren.

1. Versicherungsanmeldungen (Nr. 10.1 SVS/RVS)

1 Aufgrund der Generalpolice entsteht der Versicherungsschutz mangels Verbots (Nr. 9 SVS/RVS) mit Abschluß des Verkehrsvertrages. Die Pflicht zur Anmeldung der Verkehrsverträge dient somit dazu, den Versicherern die Feststellung ihrer Prämienansprüche zu ermöglichen. Zur Klage auf Anmeldung OLG München v. 18.5.1990, TranspR **1990**, 449, 450 f. Unterbleibt die Anmeldung, so werden die Ansprüche der Versicherten dadurch nicht berührt (Nr. 6.4, 6.7 SVS/RVS). In Nr. 6.4 SVS/RVS ist allerdings nur von „Versehen" die Rede, das nach allgemeinem Sprachgebrauch nicht-vorsätzliches Handeln des Spediteurs umfaßt. Aus Nr. 11.3 SVS/RVS ist jedoch abzuleiten, daß auch vorsätzliches Handeln des Spediteurs den Versicherern nur den Rückgriff gegen den Spediteur eröffnet.

2. Prämien

2 Die Nichtbezahlung der Prämien ändert nichts am Versicherungsschutz (Nr. 6.4 SVS/RVS).

3. Bucheinsicht, eidesstattliche Versicherung

Vgl. OLG München v. 18.5.1990, TranspR **1990**, 449. 3

Nr. 11 SVS/RVS [Obliegenheiten/Zahlung der Versicherungsleistung über den Spediteur/Ausschlußfrist]

11.1 Dem Versicherten obliegt es, jeden Schaden den Versicherern oder dem Spediteur schriftlich zu melden, spätestens innerhalb eines Monats, nachdem er vom Schaden Kenntnis erlangt hat.

Die Versicherer sind nach Vorlage aller erforderlichen Unterlagen gemäß § 11 VVG zur Leistung verpflichtet.

11.2 Dem Spediteur und dem Versicherten obliegt es, für die Abwendung und Minderung eines Schadens zu sorgen, die Möglichkeit eines Rückgriffes gegen Dritte zu wahren, den Versicherern jede notwendige Auskunft zu geben und Weisungen der Versicherer zu befolgen.

11.3 Die Versicherer sind berechtigt, bei Fabrik- und Konsignationslägern vom Spediteur und Versicherten zu verlangen, neben mindestens einer jährlichen Inventur zusätzliche nach Abstimmung vorzunehmen.

11.4 Verletzt der Versicherte eine in diesem Vertrag vereinbarte Obliegenheit vorsätzlich oder grob fahrlässig, so sind die Versicherer unter den Voraussetzungen des § 6 VVG von der Verpflichtung zur Leistung frei.

Verletzt der Spediteur, ein gesetzlicher Vertreter, Prokurist oder Leiter einer Niederlassung vorsätzlich oder grob fahrlässig eine Obliegenheit, sind die Versicherer berechtigt, den Spediteur in Rückgriff zu nehmen. § 6 Abs. 3 Satz 2 VVG findet entsprechende Anwendung.

11.5 Die Versicherer sind berechtigt, Versicherungsleistungen über den Spediteur zu zahlen. Der Anspruch des Versicherten wird dadurch nicht berührt. Sie sind verpflichtet, an den Versicherten zu leisten, wenn dieser vor Zahlung an den Spediteur schriftlich einen Schadensausgleich an sich verlangt hat.

11.6 Alle Ansprüche des Versicherten oder des Spediteurs aus diesem Vertrag erlöschen, wenn nicht innerhalb von zwei Jahren, gerechnet vom Datum der Schadenanmeldung, Klage gegen den führenden Versicherer erhoben wird. Die Frist kann durch Vereinbarung verlängert werden.

1. Obliegenheiten

Die Nr. 11.1 – 11.3 SVS/RVS statuieren eine Reihe von Obliegenheiten zu 1
Lasten des Spediteurs als Versicherungsnehmer und der Versicherten (Nr. 2 SVS/RVS). Die an Obliegenheitsverletzungen geknüpften Rechtsfolgen hängen davon ab, ob ein Versicherter oder ein Spediteur die Obliegenheiten mißachtet hat. Ist der Vorwurf der Obliegenheitsverletzung einem Versicherten zu machen, so entfällt dann dessen Entschädigungsanspruch, wenn er vorsätzlich oder grob fahrlässig gehandelt hat (Beweislast: Versicherter) und die Obliegenheitsverletzung für die Feststellung des Entschädigungsanspruchs nicht folgenlos geblieben ist (§ 6 III VVG; Einzelheiten *Prölss/Martin*, VVG, § 6 Anm. 9 C b; Beweislast: Versicherter). Bei vorsätzlichen Obliegenheitsverletzungen darf sich der Versicherte grundsätzlich nicht auf deren

Folgenlosigkeit berufen (zur restriktiven Handhabung des § 6 VVG s. *Prölss/Martin*, VVG, § 6 Anm. 9 C a). Obliegenheitsverletzungen des Spediteurs müssen sich die Versicherten (Nr. 2 SVS/RVS) nicht zurechnen lassen. Der Versicherungsschutz bleibt bestehen. Die Versicherer erwerben nur bei vorsätzlichem oder grob fahrlässigem Handeln (vgl. BGH v. 30.3.1989, NJW-RR **1989**, 991) der in Nr. 11.4 SVS/RVS genannten Personen einen Regreßanspruch gegen den Spediteur, falls die Obliegenheitsverletzung Folgen hatte (Verweisung auf § 6 Abs. 3 VVG).

2. Schadensanmeldung (Nr. 11.1 SVS/RVS)

2 Die Schadensanmeldefrist beginnt mit der positiven **Kenntnis** vom Schaden. Der Schaden ist erst eingetreten, wenn gewiß ist, daß ersatzpflichtige Vermögensverluste eingetreten sind (BGH v. 14.10.1981, VersR **1982**, 87). Dagegen ist nicht erforderlich, daß der Versicherte die Höhe des Schadens abschätzen konnte (**a. A.** *Staub/Helm*, § 10 SVS/RVS Rz. 4 zum SVS/RVS a. F.). Hingegen muß der Versicherte (Nr. 2 SVS/RVS) derart Kenntnis von den Schadensursachen erlangt haben, daß eine Einstandspflicht der Speditionsversicherung nahe lag.

Die **Frist** beträgt einen Monat (§ 188 II BGB). Sie ist gewahrt, wenn die Schadensanzeige innerhalb der Frist schriftlich (auch Telex, Telefax) an die Versicherer (Nr. 19.1 SVS/RVS) oder den Spediteur abgesandt wird. Ein Zugang ist nicht erforderlich; denn in Nr. 11.1 SVS/RVS ist nur von der Tätigkeit des ,,Meldens" die Rede (§ 5 AGBG). Die Schadensmeldung muß Angaben über das Schadensereignis sowie Art des Schadens enthalten (§ 33 VVG; OLG Hamburg v. 14.7.1983, TranspR **1984**, 95; *Heuer*, TranspR **1984**, 96 f). Wird der Schaden beim Spediteur mündlich angemeldet und weist dieser den Versicherten nicht auf Nr. 11.1 SVS/RVS hin, so kann dies erneut einen Schadensfall (Nr. 3.2 SVS/RVS) auslösen.

Die **Versäumung** der Frist führt nur dann zur Leistungsfreiheit der Versicherer, wenn der Versicherte zumindest grob fahrlässig gehandelt hat (Nr. 11.4 SVS/RVS). Die Existenz der Obliegenheit muß somit aus der Sicht eines Versicherten auf der Hand gelegen haben. Dies ist nicht der Fall, wenn es für den Versicherten nicht evident war, daß der Schaden speditionsversichert ist oder wenn er sich ohne grobe Fahrlässigkeit nach seinen Obliegenheiten oder der Person der Versicherer bzw. des Spediteurs erkundigt hatte und keine richtige Antwort erhalten hat (weitergehend *Staub/Helm*, Anh. II § 415 HGB, § 10 SVS/RVS Rz. 4 zur a. F.). Dem Versicherten ist auch nicht der Vorwurf groben Verschuldens zu machen, wenn er den Schaden mündlich den Versicherern gemeldet hat und diese ihn nicht auf das Erfordernis der Schriftlichkeit hingewiesen haben. Zur Notwendigkeit der Kausalität der Obliegenheitsverletzung, Rz. 1.

3. Schadensminderungs-, Regreßwahrungs- und Auskunftspflicht (Nr. 11.2 SVS/RVS)

3 Die Obliegenheit trifft den Spediteur und die Versicherten (Nr. 2 SVS/RVS) je für sich. Zur Schadensabwendungs- und Minderungspflicht sowie Pflicht, Weisungen zu befolgen vgl. *Prölss/Martin*, VVG, § 62 VVG

Anm. 2, 3). Entgegen § 62 I VVG brauchen Spediteur und Versicherte keine Weisungen einzuholen. Die Kosten der Schadensabwendung und -minderung sind nach Maßgabe der Nr. 4.1 SVS/RVS zu ersetzen. Die Sanktionen eines Verstoßes gegen Nr. 11.2 SVS/RVS ergeben sich aus Nr. 11.4 SVS/RVS (s. Rz. 1).

4. Fabrik-, Konsignationsläger (Nr. 11.3 SVS/RVS)

Bei Fabriklägern handelt es sich um Läger, in denen systematisch ein wesentlicher Teil der nicht unmittelbar zur laufenden Produktion benötigten Güter und/oder der noch nicht weiterverkauften Ware gelagert wird. Mit dem Begriff Konsignation bezeichnet man im weiteren Sinn die Verkaufskommission (*Staub/Koller,* § 383 HGB Rz. 44). Im Zusammenhang mit der Lagerhaltung ist dieser Begriff in dem Sinn zu verstehen, daß der Lagerhalter verpflichtet ist, nach Weisungen des Einlagerers Warenparteien zusammenzustellen, gegebenenfalls auch zu verpacken oder zu beschriften, die an Abnehmer des Einlagers ausgeliefert werden sollen. Demgegenüber versteht *Wolf* (ADSp, Nr. 11 SVS/RVS Anm. 20) unter Fabrik- und Konsignationslägern Läger, bei denen einheitlich abgepackte Güter eingelagert und in kleineren Mengen an Abnehmer verteilt bzw. von diesen abgeholt werden und das Lager vom Einlagerer ständig nachbeschickt wird. Maßgeblich ist letztlich die bislang noch nicht empirisch festgestellte Verkehrsanschauung. Gemäß § 5 AGBG ist die Klausel eng auszulegen (ebenso *Wolf,* a. a. O.). Sanktion von Verstößen, s. Rz. 1. 4

5. Auszahlung der Versicherungsleistungen (Nr. 11.5 SVS/RVS)

Inhaber des Entschädigungsanspruches sind die Versicherten (näher Nr. 2 SVS/RVS Rz. 1). Der Spediteur wird durch Nr. 11.5 SVS/RVS nicht empfangsermächtigt (§ 362 II BGB), sondern ist nur Zahlstelle der Versicherer. Die Versicherer leisten daher auch dort, wo eine Weisung iSd Nr. 11.5 S. 3 SVS/RVS fehlt, an den Spediteur nicht befreiend (*Schneider,* VersWirtsch **1989**, 359; so auch *de la Motte,* TranspR **1979,** 85, 87; *Staub/Helm,* Anh. II § 415 HGB § 10 SVS/RVS Rz. 12 zum SVS/RVS a. F.). Die Versicherer können nur mit Prämienrückständen (§ 35 b VVG; *Wolf,* ADSp, Nr. 11 SVS/RVS Rz. 32) aufrechnen, die auf den konkreten Verkehrsvertrag, in dessen Rahmen der Schaden entstanden ist, bezogen sind (Gedanke der Treuhand). Nr. 6.4 SVS/RVS steht dem nicht entgegen, weil die Klausel nur die Versicherungssumme betrifft. Im Fall der Aufrechnung hat der Spediteur den Betrag, in dessen Höhe er infolge der Aufrechnung frei geworden ist, als Wertersatz zu leisten (vgl. § 818 II BGB). Das Aufrechnungsrecht aus § 35 b VVG besteht auch im Fall der Nr. 11.5 Satz 3 SVS/RVS nur insoweit, als es um Prämien geht, die den Auftraggeber des mangelhaft erfüllten Verkehrsvertrages betreffen. Mit dem Selbstbehalt des Spediteurs (Nr. 15 SVS/RVS) können die Versicherer nicht aufrechnen, da dies dem Gedanken der Haftungsersetzung durch Versicherung zuwiderliefe. § 76 I VVG ist durch Nr. 11.5 S. 3 SVS/RVS abbedungen. 5

6. Klagefrist (Nr. 11.6 SVS/RVS)

6 Die Klagefrist ist eine Ausschluß-, keine Verjährungsfrist. Der Anspruch erlischt abweichend von § 12 III VVG durch Ablauf der Klagefrist ohne Rücksicht auf einen Ablehnungsbescheid oder Belehrung. Darin liegt kein Verstoß gegen §§ 3, 9 AGBG (OLG Hamm v. 4.10 1985, VersR **1986,** 55 f; LG Stuttgart, VersR **1989,** 1191). Beachte § 41 ADSp Rz. 6. Die Frist beträgt 2 Jahre. Sie beginnt mit der Anmeldung des Schadens bei den Versicherern oder beim Spediteur (Rz. 2) ohne Rücksicht darauf, ob der Spediteur die Schadensmeldung weitergibt. Der Versicherte muß allerdings bei Schadensmeldung damit rechnen, daß eine Speditionsversicherung existiert (vgl. OLG Hamburg v. 14.7.1983, TranspR **1984,** 95, 96). Leitet der Spediteur die Schadensmeldung nicht weiter und entsteht daraus ein Schaden, so stellt dies einen neuen Schadensfall dar, weil der Spediteur aus dem Verkehrsvertrag zur Interessenwahrung verpflichtet ist (vgl. auch § 41 ADSp Rz. 6). Mitversicherte brauchen sich die Schadensanzeige eines anderen Versicherten nur entgegenhalten zu lassen, wenn dieser mit Vollmacht auch im Namen der Mitversicherten gehandelt hat (§§ 429 III, 425 II BGB). Der Auftraggeber braucht sich auch nicht zurechnen zu lassen, daß der Spediteur von sich aus den Schaden den Versicherern bereits früher gemeldet hatte (vgl. *Prölss/Martin,* VVG, § 12 Anm. 5 C; **a. A.** *Wolf,* ADSp, Nr. 11 SVS/RVS Anm. 36).

Die Klageerhebung iSd Nr. 11.6 SVS/RVS, zu der der Versicherte die Zustimmung des Spediteurs braucht (Nr. 2 SVS/RVS Rz. 1), erfolgt durch Antrag auf Mahnbescheid, Erhebung einer Klage, auch durch Antrag auf Prozeßkostenhilfe, nicht aber durch Streitverkündung (*Prölss/Martin,* VVG, § 12 Anm. 9). Die Versicherer dürfen sich auf den Ablauf der Klagefrist nicht berufen, wenn sie die Regulierungsverhandlungen erst kurz vor Ablauf der Frist scheitern ließen und der Versicherte binnen angemessener Frist Klage erhoben hatte (OLG Hamburg v. 19.5.1983, VersR **1984,** 156, 157) oder wenn die Frist (konkludent) verlängert worden ist. Letzteres ist anzunehmen, falls der Versicherte aufgrund des Verhaltens der Versicherer glauben durfte, daß der Schaden noch reguliert werde. Der Versicherte hat dann binnen kurzer Überlegungsfrist nach Ablehnung zu klagen (*Prölss/Martin,* VVG, § 12 Anm. 8 a). Gleiches gilt, wenn den Versicherten am Ablauf der Frist kein Verschulden trifft (vgl. *Prölss/Martin,* VVG, § 12 Anm. 8 b; **a. A.** *Wolf,* ADSp, Nr. 11 SVS/RVS Anm. 38). Der Ersatzanspruch verjährt gemäß § 12 I, II VVG unabhängig vom Lauf der Ausschlußfrist der Nr. 11.6 SVS/RVS. Die Verjährung beginnt mit dem Schluß des Jahres, in dem der Anspruch ohne Verschulden des Versicherten fällig war (Nr. 11.1 SVS/RVS) oder fällig gewesen wäre (*Prölss/Martin,* VVG, § 12 Anm. 3).

Nr. 12 SVS/RVS [Abtretung der Versicherungsansprüche / Übergang von Rechten auf andere Versicherer]

12.1 Die Abtretung der Versicherungsansprüche des Versicherten aus diesem Vertrag an andere Personen als an den Spediteur ist nur mit Zustimmung der Versicherer zulässig.

12.2 Ansprüche anderer Versicherer aufgrund eines gesetzlichen Forderungsübergangs oder aus abgetretenem Recht sind ausgeschlossen.

12.3 Die Abtretung von Ansprüchen des Spediteurs aus diesem Versicherungsvertrag ist nur mit Zustimmung der Versicherer zulässig.

Zur Abtretung von Ansprüchen der Versicherten, Nr. 2 SVS/RVS Rz. 1. 1
Die Bedeutung der Nr. 12.2 SVS/RVS ist angesichts der Nr. 5.1, 5.6 SVS/RVS gering.

Nr. 13 SVS/RVS [Rückgriffsverzicht und -recht der Versicherer]

13.1 Die Versicherer verzichten auf einen Rückgriff gegen den Spediteur, seine Arbeitnehmer sowie gegen jeden Zwischenspediteur, der den SVS/RVS gezeichnet hat, und gegen dessen Arbeitnehmer.

13.2 Die Versicherer sind jedoch berechtigt, jeden in Regreß zu nehmen, der den Schaden vorsätzlich herbeigeführt hat.

Der Regreßverzicht ist ein antizipierter Erlaßvertrag. Er dient in erster 1
Linie der Absicherung des § 41 a ADSp. Da aber der Versicherungsschutz des SVS/RVS auch eingreift, wenn der Spediteur das Risiko auf eigene Rechnung versichert hat, ist Nr. 13.1 SVS/RVS auch in diesen Fällen anzuwenden. Zum Zwischenspediteur, Nr. 3 SVS/RVS Rz. 13. Voraussetzung des Regreßverzichts ist beim Zwischenspediteur, daß dieser eine SVS/RVS-Police gezeichnet hat und vom Hauptspediteur kein Verbot ausgesprochen wurde (Nr. 9 SVS/RVS). *Ausnahmen* vom Regreßverzicht: Nr. 11.3, 13.2, 15, 16 SVS/RVS.

Nr. 14 SVS/RVS [Prämien]

14.1 Prämienpflichtig ist jeder zwischen Spediteur und Auftraggeber geschlossene Verkehrsvertrag (Ziff. 1).

14.2 Schließt ein Verkehrsvertrag Dispositionen an mehrere Empfänger ein, so gilt jede Disposition als prämienpflichtiger Verkehrsvertrag.

Im Falle von abgeschlossenen Rahmen- oder GeneralVerträgen ist jede einzelne vom Spediteur übernommene Tätigkeit und/oder Behandlung des Gutes (Versendungen, Abladungen, Einlagerungen, Auslagerung mit Rollung usw.) als Verkehrsvertrag prämienpflichtig.

14.3 Die Prämie einschließlich 10% Versicherungsteuer beträgt für alle Verkehrsverträge

14.3.1 bei einer Versicherungssumme bis zu DM 1 000, DM 2,50;

14.3.2 bei einer Versicherungssumme über DM 1 000,– bis zu DM 5 000,– DM 5,– ;

14.3.3 bei einer Versicherungssumme über DM 5 000,– für jede weiteren angefangenen DM 5 000,– DM 5,– ;

14.3.4 bei einer Versicherungssumme über DM 25 000,– für jede weiteren angefangenen DM 5 000,– DM 4,– .

14.4 Für Lagerverträge sind die Prämien je Lagermonat zu entrichten; angefangene Monate sind voll zu berechnen.

Die Prämie einschließlich 10% Versicherungssteuer ist durchzurechnen und beträgt DM 5,– je DM 5 000,– des vollen Wertes des eingelagerten Gutes.

14.5 Für Fabrik- oder Konsignationsläger beträgt die Prämie einschließlich 10% Versicherungssteuer DM 10,– je DM 5 000,– des Warenwertes im Zeitpunkt der Annahme am Lager.

Die Prämie für zusätzliche Leistungen, wie das Zusammenstellen oder das Verpacken von einzelnen Sendungen, ist damit abgegolten.

Für die Besorgung der Güterversendung oder Auslagerung mit Rollung von Gütern beträgt die Prämie einschließlich 10% Versicherungssteuer DM 5,– je DM 5 000,– des Warenwertes.

14.6 Sofern das Gewicht je Verkehrsvertrag über Massengut 15 Tonnen übersteigt, betragen die Prämien einschließlich 10% Versicherungssteuer für Verkehrsverträge, die ausschließlich den Binnenumschlag von Gütern (Beladen und Löschen von Schiffen im Binnenhafen) zum Gegenstand haben,

14.6.1 bei einer Versicherungssumme bis zu DM 5 000,– DM 1,– ;

14.6.2 bei einer Versicherungssumme über DM 5 000,– bis DM 10 000,– DM 2,– ;

14.6.3 bei einer Versicherungssume über DM 10 000,– bis DM 15 000,– DM 3,– ;

14.6.4 bei einer Versicherungssumme über DM 15 000,– für jede weiteren angefangenen DM 15 000,– DM 3,– .

14.7 Hat der Auftraggeber die Deckung von Güterschäden im ausschließlich innerdeutschen Verkehr untersagt (partielles Verbot), beträgt die Prämie einschließlich 10% Versicherungssteuer

14.7.1 bei einer Versicherungssumme bis zu DM 5 000,– DM 1,– ;

14.7.2 bei einer Versicherungssumme über DM 5 000,– für jede weiteren angefangenen DM 5 000,– DM 1,– .

14.8 Die Prämie für die Deklaration eines Interesses (Ziff. 6.7) beträgt einschließlich 10% Versicherungssteuer für jede angefangenen DM 5 000,– DM 4,– .

1. Dispositionen

1 Dispositionen ist im Sinn der Auslieferung zu verstehen. Stehen die Empfänger in einer Gemeinschaft (§§ 705, 741 BGB), so sind sie als „ein Empfänger" zu betrachten. Die bloße Vereinbarung mehrerer Auslieferungsorte im Rahmen eines Verkehrsvertrages führt nicht zur Anwendung der Nr. 14.2 S. 1 SVS/RVS.

2. Rahmen-, General-Vertrag

2 Der Spediteur muß zur Tätigkeit bzw. Behandlung in Konkretisierung des Rahmenvertrages gesondert angewiesen worden sein. Wird der Spediteur z. B. zur Versendung eines Guts angewiesen, so stellen die damit verbundenen Ladetätigkeiten keine prämienpflichtigen Vorgänge dar, da sie im Rahmen eines normalen Versendungauftrags auch nicht besonders prämienpflichtig wären. Sinn der Nr. 14.2 S. 2 SVS/RVS ist die Gleichbehandlung von Rahmenverträgen mit normalen Verkehrsverträgen.

3. Lager

Lagerverträge, § 416 HGB. Fabrik-, Konsignationslager, s. Nr. 11 SVS/RVS Rz. 4. In Nr. 14.5 SVS/RVS ist in Abweichung von Nr. 6.1 SVS/RVS nur von Warenwert die Rede. Gemäß § 5 AGBG ist der Wertansatz zu wählen, der zur niedrigsten Prämie führt; das ist bei Fabriklägern der Wiederbeschaffungswert. 3

4. Massengut

S. § 30 KVO Rz. 4. 4

5. Partielles Verbot

S. Nr. 9.1.2 SVS/RVS 5

Nr. 15 SVS/RVS [Schadenbeteiligung des Spediteurs]

15.1 Die Schadenbeteiligung des Spediteurs beträgt 15% des Betrages der Versicherungsleistung je Schadenfall, mindestens DM 150,–, höchstens jedoch DM 5 000,– .

Sie entfällt im organisierten innerdeutschen Bahnsammelgutverkehr, wenn die Bahn den Schaden zu vertreten hat.

15.2 Die Schadenbeteiligung erhöht sich von 15% auf 25%, höchstens DM 25 000,–, wenn der Schaden von einem gesetzlichen Vertreter, Prokuristen oder Leiter einer Niederlassung durch eine vorsätzlich begangene Straftat verursacht worden ist und der Spediteur die Überwachungspflicht eines ordentlichen Spediteurs verletzt hat. Der Rückgriff der Versicherer bleibt in einem solchen Fall vorbehalten (Ziff. 13.2).

15.3 Der Zwischenspediteur, der einen von den Versicherern ersetzten Schaden verursacht hat, ist als Zeichner des SVS/RVS verpflichtet, die Schadenbeteiligung dem Erstspediteur zu erstatten. Diese Verpflichtung aus dem Versicherungsvertrag schließt eine Berufung des zur Zahlung Verpflichteten auf die Bestimmungen der ADSp oder sonstiger Haftungsausschlüsse und -beschränkungen aus.

Die Schadensbeteiligung schmälert nicht den Anspruch der Versicherten (Nr. 2 SVS/RVS). Zur Auszahlung über den Spediteur Nr. 11 SVS/RVS Rz. 5. Die Schadensbeteiligung ist mithin kein Selbstbehalt, sondern ein eigenständiger Regreßanspruch der Versicherer. Begriff des Zwischenspediteurs, Nr. 3 SVS/RVS Rz. 13. Die Zeichnung des SVS/RVS durch den Zwischenspediteur stellt im Rahmen der Nr. 15.3 SVS/RVS einen Vertrag zugunsten des Spediteurs dar, wobei der Erstspediteur auch ein Zwischenspediteur sein kann, der seinerseits einen Zwischenspediteur eingesetzt hat. Hat der Zwischenspediteur nicht den SVS/RVS gezeichnet, so greift Nr. 13.1 SVS/RVS nicht ein; der Zwischenspediteur ist dem Regreß der Versicherer ausgesetzt (§ 67 VVG). 1

Nr. 16 SVS/RVS [Rückgriffsansprüche der Versicherer gegen den Spediteur]

Der Spediteur hat den Versicherern erbrachte Versicherungsleistungen zu erstatten,

16.1 wenn er vorsätzlich die Verpflichtung zur Prämienanmeldung verletzt;

16.2 wenn ein Schaden durch einen erheblichen Mangel im Betrieb des Spediteurs entstanden ist, dessen Beseitigung die Versicherer wegen eines Vorschadens innerhalb einer angemessenen Frist unter Hinweis auf die Rechtsfolgen verlangt hatten.

1 Beachte auch Nr. 11.3, 13.2 SVS/RVS.

Nr. 17 SVS/RVS [Kündigung]

17.1 Der Bundesverband Spedition und Lagerei e. V. (BSL), Bonn, und die Versicherer haben das Recht, das Vertragswerk des SVS/RVS in seiner Gesamtheit, unter Einhaltung einer Frist von einem Jahr zu kündigen. Die Kündigung ist dann für jeden abgeschlossenen SVS/RVS wirksam.

17.2 Der Spediteur und die Versicherer sind darüber hinaus berechtigt, den einzelnen Versicherungsvertrag durch Einschreiben zum Ende des Versicherungsjahres zu kündigen. Die Kündigung muß drei Monate vor Ablauf des Vertrages zugegangen sein. Eine Kündigung durch die Versicherer ist nur mit Einwilligung des BSL wirksam.

17.3 Der Versicherungsschutz bleibt für alle vor Beendigung des Versicherungsvertrages abgeschlossenen Verkehrsverträge bis zur Erfüllung aller sich daraus ergebenden Verpflichtungen bestehen. Für Lagerverträge endet die Versicherungsdeckung spätestens drei Monate nach Beendigung des Versicherungsvertrages.

17.4 Übersteigen die in einem Kalenderjahr erbrachten Versicherungsleistungen 80% der für denselben Zeitraum vom Spediteur geschuldeten Brutto-Prämien abzüglich 10% Versicherungssteuer, so können die Versicherer für das Folgejahr individuelle Sanierungsmaßnahmen verlangen. Kommt hierüber innerhalb einer angemessenen Frist keine Einigung zustande, sind die Versicherer berechtigt, den Vertrag mit einer weiteren Frist von 4 Wochen zu kündigen. Ziff. 17.2 und 17.3 finden im Falle einer solchen Kündigung Anwendung.

1 Die Mehraufwendungen des Spediteurs dürfen nicht auf die Auftraggeber abgewälzt werden.

Nr. 18 SVS/RVS [Vertragsänderungen]

Sollten Änderungen von den an diesem Versicherungsvertrag beteiligten Versicherern unter Genehmigung des Bundesverbandes Spedition und Lagerei e. V. (BSL), Bonn, und des Deutschen Industrie- und Handelstages (DIHT), Bonn, unter Mitwirkung des Bundesverbandes der Deut-

schen Industrie e. V. (BDI), Köln, des Bundesverbandes des Deutschen Groß- und Außenhandels e. V. (BGA), Bonn, des Deutschen Versicherungs-Schutzverbandes e. V. (DVS), Bonn, und der Hauptgemeinschaft des Deutschen Einzelhandels e. V. (HDE), Köln, mit der OSKAR SCHUNCK KG, München, vereinbart werden, so treten diese an die Stelle der bisherigen Bestimmungen.

Maßgeblich sind die vereinbarten Änderungen, nicht der den Spediteuren mitgeteilte Text. Weicht der mitgeteilte Text von den Vereinbarungen ab, so können hieraus Ansprüche aus pFV bzw. c.i.c. mit Schutzwirkung für die Versicherten entspringen. 1

Nr. 19 SVS/RVS [Geschäftsverkehr/Gerichtsstand]

19.1 Alle vom Spediteur und Versicherten abzugebenden Erklärungen, Versicherungs- und Schadensanmeldungen sind an die zuständige Niederlassung der OSKAR SCHUNCK KG zu richten. Sobald sie zugegangen sind, gelten sie als vertragsgemäß an die Versicherer bewirkt. Auch Prämien sind an die OSKAR SCHUNCK KG zu überweisen.

19.2 Der führende Versicherer ist von den Mitversicherern ermächtigt, alle Rechtsstreitigkeiten auch für ihre Anteile als Kläger oder Beklagter zu führen. Ein gegen den oder von dem führenden Versicherer erstrittenes Urteil wird deshalb von den Mitversicherern als auch für sie verbindlich anerkannt. Zustellungsbevollmächtigt ist die zuständige Niederlassung der OSKAR SCHUNCK KG.

19.3 Die OSKAR SCHUNCK KG ist befugt, die Rechte der Versicherer aus diesem Vertrag im eigenen Namen geltend zu machen.

19.4 Für Klagen gegen den führenden Versicherer ist das Gericht am Ort der zuständigen Niederlassung der OSKAR SCHUNCK KG (§ 48 VVG) zuständig.

19.5 Für Klagen der Versicherer gegen den Spediteur auf Zahlung der Prämien oder der Schadenbeteiligung ist das Gericht der Niederlassung des Spediteurs zuständig.

Klagen auf Versicherungsleistungen sind nicht gegen die Firma Schunck KG, sondern gegen den führenden Versicherer (Nr. 21 SVS/RVS) zu richten. Die Firma Schunck ist zustellungsbevollmächtigt, so daß die Klage an deren Adresse gerichtet werden kann. 1

Nr. 20 SVS/RVS [Bundesdatenschutzgesetz (BDSG)]

Unter Beachtung der Vorschriften des BDSG werden die Daten des Versicherungsvertrages gespeichert, an die in Betracht kommenden Versicherer, ggf. die Rückversicherer, sowie zu statistischen Zwecken dem Deutschen Transport-Versicherungs-Verband e. V. (DTV) übermittelt, soweit dies erforderlich ist. Die Anschrift der jeweiligen Datenempfänger wird auf Wunsch mitgeteilt.

Nr. 21 SVS/RVS [Beteiligungsliste und Führungsklausel]

An diesem Versicherungsvertrag sind die nachfolgend genannten Versicherer mit ihren Anteilen als Einzelschuldner beteiligt. Die Geschäftsführung liegt bei dem erstgenannten Versicherer (führender Versicherer). Dieser ist ermächtigt, für alle Versicherer zu handeln.

Beteiligungsliste

1. VICTORIA Feuer-Versicherungs-AG, Victoriaplatz 1, 4000 Düsseldorf 14%
2. COLONIA Versicherung AG, Köln $9^{1}/_{4}\%$
3. ALLIANZ Versicherungs-AG, München $8^{3}/_{4}\%$
4. WÜRTTEMBERGISCHE UND BADISCHE Versicherungs-AG, Heilbronn $8^{1}/_{4}\%$
5. NORDSTERN Allgemeine Versicherungs-AG, Köln 8%
6. ALBINGIA Versicherungs-AG, Hamburg $7^{1}/_{2}\%$
7. ALTE LEIPZIGER Versicherung AG, Oberursel/Ts. $4^{3}/_{4}\%$
8. AGRIPPINA Versicherung AG, Köln $4^{1}/_{2}\%$
9. MAGDEBURGER Versicherungs-AG, Hannover $3^{1}/_{2}\%$
10. NORD-DEUTSCHE Versicherungs-AG, Hamburg $3^{1}/_{2}\%$
11. WÜRTTEMBERGISCHE Versicherung AG, Stuttgart $3^{1}/_{4}\%$
12. MANNHEIMER Versicherung AG, Mannheim 3%
13. AACHENER und MÜNCHENER Versicherung AG, Aachen $2^{1}/_{2}\%$
14. GOTHAER Versicherungsbank VVaG, Köln $2^{1}/_{2}\%$
15. ZÜRICH Versicherungs-Gesellschaft, Frankfurt $2^{1}/_{2}\%$
16. DEUTSCHER LLOYD Versicherungs-AG, München 2%
17. HELVETIA Schweizerische Versicherungs-Gesellschaft, Frankfurt 2%
18. KRAVAG-SACH Versicherung der Deutschen Kraftverkehrs V. a. G., Hamburg 2%
19. THURINGIA Versicherungs-AG, München 2%
20. FRANKFURTER Versicherungs-AG, Frankfurt $1^{3}/_{4}\%$
21. SPARKASSEN Versicherung AG, Stuttgart $1^{1}/_{2}\%$
22. FEUERSOZIETÄT BERLIN, Berlin 1%
23. NEU ROTTERDAM Versicherungs-Gesellschaft, Köln 1%
24. NÜRNBERGER Allgemeine Versicherungs AG, Nürnberg 1%

Anhang zum Speditions- und Rollfuhrversicherungsschein (SVS/RVS) über internationale europäische Güterbeförderungen

Nr. 1 [Gegenstand der Versicherung]

1.1 Gegenstand dieses Anhangs zum Speditions- und Rollfuhrversicherungsschein (SVS/RVS) sind Verkehrsverträge über Güterbeförderungen im internationalen Verkehr mit Abgangs- und Bestimmungsort innerhalb Europas.

1.2 Die Versicherer erstatten dem Versicherten (Ziff. 2 SVS/RVS)

1.2.1 alle Güterschäden, sofern sie zwischen dem Zeitpunkt der Übernahme des Gutes und der Ablieferung eingetreten und vom Spediteur, Zwischenspediteur oder einem anderen Verkehrsunternehmen zu vertreten sind;
1.2.2 andere als Güterschäden, soweit sie ein Frachtführer/Verfrachter zu vertreten hat.

Nr. 2 [Ausschlüsse]

Ausgeschlossen vom Versicherungsschutz sind
2.1 die durch eine Gütertransport-, Wareneinheits- oder Ausstellungsversicherung gedeckten Gefahren;
2.2 Schäden, verursacht durch Verschulden des Auftraggebers, Versenders oder Empfängers, inneren Verderb oder durch die natürliche Beschaffenheit des Gutes, Fehlen oder Mängel der Verpackung.

Nr. 3 [Umfang und Grenzen der Versicherungsleistung]

Die Leistung der Versicherer ist je Schadenfall begrenzt, und zwar
3.1 Güterschäden mit dem Verkaufspreis, wenn das Gut bei Schadeneintritt verkauft war, unter Berücksichtigung entstandener und ersparter Kosten, wie z. B. Frachtentgelte , Eingangsabgaben, sonst mit den in § 430 Abs. 1 und 2 HGB genannten Werten;
3.2 andere als Güterschäden (Ziff. 1.2.2) nach den §§ 249 ff BGB;
3.3 höchstens mit DM 5 000,– auf „Erstes Risiko".

Nr. 4 [Versicherungsverbot]

Der Auftraggeber ist berechtigt, durch eine an den Spediteur gerichtete schriftliche Erklärung die Versicherung dieses Anhanges zu untersagen.

Nr. 5 [Prämie]

Die Prämie einschließlich 10% Versicherungssteuer beträgt je Verkehrsvertrag DM 5,–.

Nr. 6 [Anderweitige Bestimmungen]

Im übrigen gelten die Bestimmungen des Speditions- und Rollfuhrversicherungsscheines (SVS/RVS).

1. Art der Verkehrsverträge

Die Verkehrsverträge (Nr. 1 SVS/RVS) müssen grenzüberschreitende 1
Transporte mit Abgangs- und Bestimmungsort in Europa betreffen. Dabei ist es gleichgültig, ob es sich um reine Speditions-, Fracht- oder sonstige Verkehrsverträge (Nr. 1 SVS/RVS) über Güterbeförderungen handelt. Unerheblich ist auch, mit welchem Transportmittel befördert werden soll (*Wolf*, ADSp, Nr. 1 Anh. SVS/RVS Anm. 4) oder ob die ADSp zugrundeliegen (**a. A.** *Wolf,* ADSp, Nr. 1 Anh. SVS/RVS Anm. 3). Der Versicherungsschutz wird, wenn der Spediteur eine Generalpolice gezeichnet hat, ohne Zutun des Auftraggebers wirksam. Der Auftraggeber kann allerdings die Deckung verbieten (Nr. 4 Anh. SVS/RVS). Ein generelles Verbot umfaßt auch das Verbot des Anhangs SVS/RVS.

2. Güterschäden (Nr. 1.2.1 Anh. SVS/RVS)

Die Güterschäden (Nr. 3 SVS/RVS Rz. 3) müssen von einem Spediteur 2
(Nr. 3 SVS/RVS Rz. 7), Zwischenspediteur (Nr. 3 SVS/RVS Rz. 13) oder einem anderen Verkehrsunternehmen zu vertreten sein. Andere Verkehrsun-

ternehmen sind Unternehmen, die mit der Ausführung von Verkehrsverträgen (Nr. 1 SVS/RVS) befaßt sind und keine Spediteure oder Zwischenspediteure darstellen.

Nr. 1.2.1 des Anh. SVS/RVS sagt nicht ausdrücklich, anhand welchen Maßstabs zu ermitteln ist, ob ein Spediteur den Güterschaden **zu vertreten** hat. Es liegt nahe, über Nr. 6 Anh. SVS/RVS auf Nr. 3.2 SVS/RVS zurückzugreifen, so daß z. B. bei grenzüberschreitenden Straßentransporten die Art. 17 ff CMR, bei grenzüberschreitenden Bahntransporten die CIM und bei grenzüberschreitenden Lufttransporten das WA maßgeblich wären, wenn der Schaden von einem Frachtführer oder Spediteur iSd §§ 412, 413 HGB verursacht wurde. Demgegenüber plädiert *Starosta* (TranspR **1991,** 373 ff) dafür, die Frage des ,,Vertreten-Müssens" immer ausschließlich anhand der §§ 407 II, 390, 429 f HGB zu beurteilen. Es sei mithin unabhängig von der Art des Transportes zu fragen, ob und in welchem Umfang der Spediteur etc. gehaftet hätte, wenn sich die Haftung der Beförderungsunternehmen einschließlich der Fälle der §§ 412, 413 HGB allein aus den §§ 429 f HGB, die Haftung der Spediteure iSd § 407 HGB und sonstigen Verkehrsunternehmen aus den §§ 407 II, 390 HGB ergeben würde. *Starosta* ist zuzugeben, daß Nr. 6 Anh. SVS/RVS mit Nr. 1.2.1 Anh. SVS/RVS schlecht abgestimmt ist; denn an sich müßte man über Nr. 6 Anh. SVS/RVS auch die Nr. 5 SVS/RVS, insbesondere die Nr. 5.2, 5.3, 5.4.1 anwenden (so i. E. *Krummeich,* Haftungs- und Schadenrecht, S. 136). Dies hätte zur Konsequenz, daß der SVS/RVS-Anh. keinerlei über den SVS/RVS hinausgehenden Schutz böte. Der Konflikt ist jedoch dadurch aufzulösen, daß man sich auf den Standpunkt stellt, daß Nr. 2 Anh. SVS/RVS die Nr. 5 SVS/RVS verdrängt, weil Nr. 2 Anh. SVS/RVS im Rahmen der Güterschaden-Europa-Deckung im Verhältnis zum SVS/RVS eine Sonderregelung darstellt. Diese Interpretation kann sich nicht nur darauf stützen, daß sowohl Nr. 2 Anh. SVS/RVS als auch Nr. 5 SVS/RVS mit ,,Ausschlüsse" überschrieben sind, sondern vor allem darauf, daß die Regelung in Nr. 2.1 Anh. SVS/RVS überflüssig wäre, wenn über Nr. 6 Anh. SVS/RVS die Nr. 5 SVS/RVS und damit auch Nr. 5.1 SVS/RVS zum Tragen kommen sollte. Schließlich spricht für dieses Ergebnis § 5 AGBG (so jedenfalls in Hinblick auf Schäden beim grenzüberschreitenden Transport i. E. auch OLG München v. 31.1.1992, TranspR **1992,** 195; *Starosta,* aaO; *Oeynhausen,* Speditionsversicherung, S. 25). Gemäß Nr. 6 Anh. SVS/RVS ist somit auch im Anh. SVS/RVS das ,,ob" des Versicherungsschutzes anhand der in Nr. 3.2 SVS/RVS niedergelegten Regeln zu ermitteln. Demnach ist darauf abzustellen, nach welchen Regeln der Spediteur, Zwischenspediteur oder andere Verkehrsunternehmer haftet oder nach dispositivem Recht haften würde (wohl auch *Wolf,* ADSp, Nr. 1 Anh. SVS/RVS Anm. 21). Dabei ist deutsches Recht zugrundezulegen (Nr. 3.2 SVS/RVS). Das bedeutet nicht, daß auch die **Haftungshöchstschranken** dem einschlägigen Transportrecht zu entnehmen sind. In Nr. 1.2.1 Anh. SVS/RVS ist nur von ,,sofern" die Rede, während es in Nr. 1.2.2 Anh. SVS/RVS ,,soweit" heißt. Anders als Nr. 3.2 SVS/RVS wird nicht generell auf die Haftungsnormen Bezug genommen. Daraus ist im Licht des § 5 AGBG abzuleiten, daß es im Rahmen der Nr. 1.2.1 Anh. SVS/RVS nur auf das ,,ob" der Haftung ankommt, die Haftungshöchstschranken der Transportrechte aber für die reinen Güterschäden keine Rolle spielen (vgl. auch Nr. 3.1 Anh. SVS/RVS). Diese Auslegung ist angesichts der DM 5 000,– Schranke angemessen (ebenso i. E. *Starosta,* TranspR **1991,** 373, 374; *Wolf,* ADSp, Nr. 1 Anh. SVS/RVS Anm. 21).

3. Güterfolge-, reine Vermögenschäden (Nr. 1.2.2 Anh. SVS/RVS)

Güterfolgeschäden (Nr. 3 SVS/RVS Rz. 4) und reine Vermögensschäden (Nr. 3 SVS/RVS Rz. 5) muß ein Frachtführer, Verfrachter zu vertreten haben. Auch hier gilt der Grundsatz, daß die Frage des ,,Vertreten-Müssens" anhand der Normen zu klären ist, denen zufolge der Frachtführer bzw. Verfrachter haftet oder haften würde (vgl. Rz. 2). Anders als im Rahmen der Nr. 1.2.1 Anh. SVS/RVS deutet die Formulierung ,,soweit" darauf hin, daß diese Haftungsnormen auch die Entschädigung nach oben begrenzen (vgl. Nr. 7 SVS/RVS Rz. 1; **a. A.** *Wolf,* ADSp, Nr. 1 Anh. SVS/RVS Anm. 21; *Starosta,* TranspR **1991,** 373 ff). Der Begriff Frachtführer ist wie im Rahmen der Nr. 5.3 SVS/RVS (Nr. 5 SVS/RVS Rz. 5) im Sinn des § 425 HGB unter Ausschluß der Eisenbahn und Luftfrachtführer zu verstehen. Verfrachter, s. §§ 559 ff HGB (Nr. 5 SVS/RVS Rz. 7). Da Nr. 1.2.2 Anh. SVS/RVS die Schranke der Nr. 5.3 SVS/RVS überwinden soll, greift die Klausel auch in Fällen ein, in denen Spediteure über die §§ 412, 413 HGB als Frachtführer bzw. Verfrachter zu behandeln sind (so auch § 5 AGBG). Die Deckung wird nicht durch Nr. 5 SVS/RVS (*Wolf,* ADSp, Nr. 1 Anh. SVS/RVS Anm. 21), sondern nur durch Nr. 2.3 Anh. SVS/RVS begrenzt. Hat ein Spediteur iSd § 407 HGB, ein Zwischenspediteur (Rz. 2) oder ein sonstiges Verkehrsunternehmen (Rz. 2), das nicht in den Kreis der Frachtführer oder Verfrachter fällt, einen Schaden verursacht, so ergibt sich die Deckung ausschließlich aus dem SVS/RVS (*Schneider,* VersWirtsch **1989,** 359, 362). 3

4. Ausschlüsse (Nr. 2 Anh. SVS/RVS)

Die Ausschlüsse ergeben sich allein aus Nr. 2 Anh. SVS/RVS, der gegenüber Nr. 5 SVS/RVS eine Spezialregelung darstellt (Rz. 2). Zur Subsidiarität bei anderen Versicherungen Nr. 5 SVS/RVS Rz. 2. Die in Nr. 2.2 Anh. SVS/RVS genannten Fälle führen in aller Regel schon dazu, daß der Verkehrsunternehmer nicht haftet. Auch bloßes Mitverschulden läßt nach dem klaren Wortlaut der Nr. 2.2 Anh. SVS/RVS den Versicherungsschutz entfallen (**a. A.** *Wolf,* ADSp, Nr. 2 Anh. SVS/RVS Anm. 8). Diese Regel braucht nicht restriktiv ausgelegt werden, da den Versicherten in aller Regel bei Verschulden des Frachtführers etc. Ansprüche nach zwingendem Transportrecht zustehen. Zum inneren Verderb s. § 34 KVO Rz. 21; natürliche Beschaffenheit s. Art. 17 CMR Rz. 49; Verpackung s. § 18 KVO Rz. 1 ff, Art. 17 CMR Rz. 37; Verschulden s. § 276 BGB. *Beweislast:* Versicherer. 4

5. Umfang und Grenzen der Versicherungsleistung

Schadensfall, s. Nr. 7 SVS/RVS Rz. 1. Nr. 3.1 Anh. SVS/RVS entspricht Nr. 7.1.1, 7.1.2 SVS/RVS. Bei Güterfolge- und reinen Vermögensschäden soll sich die Grenze aus den §§ 249 ff BGB ergeben. Sowohl beim Güterscha- 5 den als auch bei den sonstigen Schäden sind höchstens DM 5000,– für den Gesamtschaden zu leisten. Die Versicherer dürfen sich nicht auf Unterversicherung berufen (vgl. Nr. 7 SVS/RVS Rz. 5).

6. Anderweitige Bestimmungen

6 Nr. 6 Anh. SVS/RVS verweist pauschal auf den SVS/RVS. Die Klauseln des SVS/RVS gelten jedoch nur „im übrigen", also soweit der Anh. SVS/RVS Lücken enthält (vgl. Rz. 2), z. B. Versicherungsanmeldung, Rücknahme eines Verbots, Prämienabführung, Regreß.

3. Abschnitt
Speditions-Police (SpP)

Fassung: 1.1 1992

Literatur: *Oeynhausen*, Speditionsversicherung und ADSp (1989)

Nr. 1 SpP [Gegenstand der Police]

1.1 Diese Police gewährt Versicherungsschutz

1.1.1 für die Speditionsversicherung (Versicherung nach § 39 der Allgemeinen Deutschen Spediteurbedingungen – ADSp –);

1.1.2 für die persönliche Haftung des Spediteurs nach §§ 51 ff ADSp.

1.2 Die Versicherung läuft für Rechnung, wen es angeht.

Nr. 1 SpP kombiniert eine Speditionsversicherung (vor Nr. 1 SVS/RVS) und eine Haftpflichtversicherung (Nr. 1.1.2 SpP). Sie ist eine Versicherung auf fremde Rechnung (Nr. 1.2 SpP; Nr. 2 SVS/RVS Rz. 1). Für die Haftpflichtversicherung gelten die Sonderregeln der Nr. 3.3 SpP. Zur Person des Versicherten Nr. 2.1 SpP. 1

Nr. 2 SpP [Speditionsversicherung]

2.1 Versichert ist der Auftraggeber des Versicherungsnehmers oder derjenige, dem zur Zeit des den Schaden verursachenden Ereignisses das versicherte Interesse zugestanden hat, insbesondere derjenige, der die Transportgefahr trägt (Wareninteressent).

2.2 Die Versicherer haften den Versicherten nach den deutschen gesetzlichen Bestimmungen für alle Schäden, wegen welcher diese Versicherten den Spediteur oder Zwischenspediteur aus einem Verkehrsvertrag in Anspruch nehmen können.

2.3 Die Versicherer ersetzen die Schäden nach Maßgabe der gesetzlichen Bestimmungen, mindestens im Rahmen der Bedingungen des SVS/RVS, nebst deren Nachträgen, Ergänzungen und Haftungserweiterungen.

2.4 Für Transportleistungen beschränkt sich der Versicherungsschutz auf Beförderungen mit Kraftfahrzeugen innerhalb der Bundesrepublik Deutschland, die im gewerblichen Güternahverkehr (§ 2 GüKG) durchgeführt werden oder die nicht den Bestimmungen des Güterkraftverkehrsgesetzes unterliegen (§ 4 Abs. 1 und 2 GüKG, Freistellungsverordnung-GüKG).

2.5 Diese Transportleistungen sowie die damit zusammenhängenden Umladungen und Zwischenlagerungen sind unabhängig davon versichert, ob sie Haupt- oder Nebenleistungen im Rahmen eines Verkehrsvertrages sind und ob sie vom Spediteur mit Kraftfahrzeugen des eigenen Betriebes oder beauftragter Unternehmer durchgeführt werden.

2.6 Der Auftraggeber kann den Spediteur schriftlich anweisen, die Speditions- und Rollfuhrversicherung nicht einzudecken

2.6.1 für alle Schäden (Verbotskunde),

2.6.2 für Güterschäden bei Transporten innerhalb der Bundesrepublik Deutschland (Teilverbotskunde).

2.6.3 Eine Erklärung, mit der die Untersagung der Versicherung zurückgenommen wird, ist ebenfalls schriftlich gegenüber dem Spediteur abzugeben.

2.6.4 Erklärungen, mit denen die Versicherung untersagt wird oder mit denen die Untersagung zurückgenommen wird, hat der Spediteur unverzüglich an die Versicherer weiterzugeben.

2.7 Unter den Versicherungsschutz fallen

2.7.1 Güterschäden (Verlust und Beschädigung des Gutes, das Gegenstand des Verkehrsvertrages ist);

2.7.2 Güterfolgeschäden (aus einem Güterschaden herrührende Vermögensschäden);

2.7.3 reine Vermögensschäden (Vermögensschäden, die nicht mit einem Schaden am Gut oder einem sonstigen Sachschaden zusammenhängen).

2.8 Die Versicherer haften insbesondere auch,

2.8.1 für vom Spediteur oder Zwischenspediteur verursachte Schäden, die bei verkehrsbedingten Umschlagsleistungen, sowie Vor-, Zwischen- und Nachlagerungen entstehen;

2.8.2 für Schäden, die durch eine vorsätzliche Handlung oder Unterlassung des Spediteurs oder Zwischenspediteurs oder deren gesetzliche Vertreter, Mitarbeiter oder Erfüllungsgehilfen verursacht werden;

2.8.3 wenn eine wirksam abgeschlossene Schadenversicherung durch eine fehlerhafte Maßnahme des Spediteurs oder Zwischenspediteurs unwirksam wird;

2.8.4 bei Ansprüchen aus Eigentum, unerlaubter Handlung oder ungerechtfertigter Bereicherung, wenn sie mit einem Verkehrsvertrag, den der Spediteur mit dem Auftraggeber geschlossen hat, unmittelbar zusammenhängen.

2.9 Güterschäden, die vor oder nach einer Güterfernverkehrsbeförderung im gewerblichen Güternahverkehr oder während des Umschlages oder während der Zwischenlagerung entstehen, sind nach den Haftungsvorschriften der KVO gedeckt.

2.10 Güterschäden, die im organisierten Bahnsammelgutverkehr zwischen Bahnstationen innerhalb der Bundesrepublik Deutschland entstehen, sind durch diese Police im Umfange der EVO und von der Annahme des Gutes durch den Spediteur bis zur Ablieferung beim Endempfänger eingedeckt.

2.10.1 Die Versicherer verzichten auf die Einrede der Selbstverladung (§ 83 Abs. 1 c EVO).

2.10.2 Der Regreß gegenüber der Bahn bleibt vorbehalten.

2.10.3 Bei einem transportversicherten Verkehrsauftrag haften die Versicherer im Rahmen der ADSp.

2.11 Die Versicherer verzichten auf Einwendungen, welche der Spediteur aus den in den ADSp und sonstigen Abmachungen oder Handels- und Verkehrsgebräuchen enthaltenen Bestimmungen über Ausschluß und Minderung der gesetzlichen Haftung erheben könnte.

1. Versicherter (Nr. 2.1 SpP)

Vgl. Nr. 2 SVS/RVS Rz. 2. 1

2. Grundprinzip (Nr. 2.2 SpP)

Vgl. Nr. 3 SVS/RVS Rz. 1. Nr. 2.3 SpP stellt klar, daß die Ersatzleistung 2 nicht hinter der aus dem SVS/RVS zurückbleibt, um damit die Anforderungen des SVS/RVS zu erfüllen. Verkehrsvertrag, Nr. 5 SpP.

3. Arten des Schadens

Auch die SpP unterscheidet wie der SVS/RVS (Nr. 3 SVS/RVS Rz. 3 ff) 3 zwischen Güter-, Güterfolge- und reinen Vermögensschäden.

4. Ersatz im Umfang fiktiver vertraglicher Haftung des Spediteurs (Nr. 2.2 SpP)

Dem Wortlaut der Nr. 2.2 SpP zufolge haben die Versicherer nur einzustehen, soweit den Versicherten (Nr. 2.1 SVS/RVS) ein Anspruch gegen den Spediteur tatsächlich zusteht. Dies wird aber nur selten der Fall sein, falls die ADSp in den Speditionsvertrag einbezogen sind. Wegen Nr. 2.3 SpP gelten jedoch die zu Nr. 3.2 SVS/RVS entwickelten Grundsätze (Nr. 3 SVS/RVS Rz. 7). Dies ergibt sich auch aus Nr. 2.11 SpP. 4

Die *Transportleistungen* betreffende Nr. 2.4 SpP entspricht Nr. 3.3.1 5 SVS/RVS (Nr. 3 SVS/RVS Rz. 8). Nr. 2.5 SpP stellt klar, daß auch Transporte mit eigenen Fahrzeugen gedeckt sind. Unklar ist, was mit „beauftragten Unternehmen" gemeint ist. Gemäß § 5 AGBG sind darunter sowohl Erfüllungsgehilfen als auch auf Rechnung des Auftraggebers eingesetzte Unternehmen zu verstehen. Beachte Nr. 2.9, 2.10 SpP (Rz. 11 f) sowie Nr. 7.3 SpP.

Umschlagsleistungen sind gemäß Nr. 2.5 SpP versichert. Sie stellt nur eine 6 Klarstellung im Licht der Nr. 2.2, 2.3 SpP dar. Sie wird nochmals erweitert in Nr. 2.8.1 SpP wiederholt, die teilweise der Nr. 3.3.3 SVS/RVS entspricht (Nr. 3 SVS/RVS Rz. 10). Beachte Nr. 2.9 SpP.

Vorsätzliches Handeln (Nr. 2.8.2 SpP), vgl. Nr. 3 SVS/RVS Rz. 11. 7

Unwirksamkeit der *Schadensversicherung* (Nr. 2.8.3 SpP), vgl. Nr. 3 8 SVS/RVS Rz. 10.

5. Ersatz im Umfang außervertraglicher Ansprüche (Nr. 2.8.4 SpP)

S. Nr. 3 SVS/RVS Rz. 4. 9

6. Zwischenspediteure

Nr. 2.2 SpP ist so formuliert, als ob der Versicherte den Zwischenspediteur 10 unmittelbar in Anspruch nehmen können müßte. Legt man die in Nr. 6.1 SpP enthaltene Definition zugrunde, so ist dies so gut wie nie der Fall, gleichgültig, ob es sich bei den Zwischenspediteuren um Erfüllungsgehilfen des Spediteurs oder um auf Rechnung des Auftraggebers eingeschaltete Substituten handelt. Sind Zwischenspediteure iSd Nr. 6.1 SpP Erfüllungsgehilfen des Spediteurs, so ist die Erwähnung der Zwischenspediteure bedeutungslos, da insoweit die Spediteure haften bzw. nach dispositivem Recht haften würden. Eigenständige Bedeutung hat die Deckung der durch Zwischenspediteure verursachten Schäden daher nur in den Fällen, in denen der Spediteur den Zwischenspediteur auf Rechnung des Auftraggebers beauftragt hat und der Spediteur daher nur wegen Auswahlverschulden haftet. Jedenfalls aus Nr. 2.3 SpP ergibt sich aber, daß auch die von derartigen Zwischenspediteuren zu vertretenden Schäden versichert sind (s. Nr. 3 SVS/RVS Rz. 13).

7. Güternahtransport im Anschluß an inländischen Straßengüterferntransport (Nr. 2.9 SpP)

11 Vgl. Nr. 3 SVS/RVS Rz. 15.

8. Bahnsammelgutverkehr (Nr. 2.10 SpP)

12 Vgl. Nr. 3 SVS/RVS Rz. 14. Auch Nr. 2.10 SpP schließt eine zusätzliche Deckung nach Nr. 2.4 SpP nicht aus. Andererseits ergibt sich aus Nr. 2.4 SpP nicht, daß die Versicherer Schäden, die sich im Gewahrsam der Bahn ereignen, nicht entschädigen wollen. Nr. 2.10 SpP erweitert Nr. 2.3 SpP. Außerdem ist Nr. 2.3 SpP zu beachten.

9. Versicherungsverbot (Nr. 2.6 SpP)

13 Vgl. Nr. 9 SVS/RVS.

Nr. 3 SpP [Persönliche Haftung des Spediteurs]

3.1 Dem Versicherungsnehmer als Hauptspediteur und dem von ihm hinzugezogenen Zwischenspediteur, der die Sp-Police gezeichnet hat, haften die Versicherer für Schäden, wegen welcher diese Versicherten im unmittelbaren Zusammenhang mit einem Verkehrsvertrag persönlich in Anspruch genommen werden können.

3.2 Die Versicherer haften in diesen Fällen nur gemäß §§ 51 ff ADSp.

3.3 Soweit der Versicherungsnehmer Ansprüche gegen die Versicherer im Rahmen der §§ 51 ff ADSp hat, sind sich die Parteien des Versicherungsvertrages darüber einig, daß diese Ansprüche mit ihrer Entstehung auf den Auftraggeber oder denjenigen, dem das versicherte Interesse zugestanden hat, übergehen und ihm unwiderruflich unmittelbar zustehen sollen, es sei denn, daß der Auftraggeber oder derjenige, dem das versicherte Interesse zugestanden hat, bereits durch den Versicherungsnehmer wegen des Schadens befriedigt worden ist.

3.4 Wenn das Gericht die Berufung des Versicherungsnehmers auf die ADSp nicht anerkennt, leisten die Versicherer Ersatz im Rahmen der Police nach den gesetzlichen Bestimmungen über die Haftung des Versicherungsnehmers aus den in Nr. 5.1 bezeichneten Verkehrsverträgen. Ausgeschlossen von dieser Deckung sind die in Nr. 7.5 der Police bezeichneten Ansprüche und Schäden. Die Versicherer haften nicht, wenn und soweit der Spediteur und Auftraggeber von den ADSp in grundsätzlicher Hinsicht abweichende Geschäftsbedingungen, insbesondere eine über die

ADSp hinausgehende Haftung, vereinbaren. Das Haftungsmaximum dieser ergänzenden Deckung beträgt DM 2 000 000,– je Schadenereignis auch, wenn mehrere Auftraggeber davon betroffen sind.

Nr. 3 SpP normiert die in Nr. 1.1.2 SpP erwähnte Haftpflichtversicherung 1 (Nr. 1 SpP Rz. 1). Versicherungsnehmer ist der Hauptspediteur. Die Haftpflichtversicherung ist ausnahmsweise als Versicherung auf fremde Rechnung ausgeformt (Nr. 1 SpP Rz. 1). Dies wird in Nr. 3.3 SpP abweichend von den §§ 75 ff VVG konkretisiert. Zwischenspediteure sind anders als im Rahmen der Speditionsversicherung (Nr. 2 SpP Rz. 10) nur haftpflichtversichert, wenn sie selbst die SpP gezeichnet haben. Grundsätzlich deckt die Haftpflichtversicherung nur Ansprüche gegen den Spediteur im Umfang der Haftung nach den §§ 51 ff ADSp. Gemäß Nr. 3.4 SpP haben die Versicherer aber auch das Risiko zu tragen, daß die Gerichte die Berufung auf die ADSp für rechtsmißbräuchlich halten (§ 41 ADSp Rz. 6) oder Klauseln der ADSp wegen Verstoßes gegen § 9 AGBG für unwirksam erklären. Verkehrsvertrag, s. Nr. 5 SpP. Zu den Ausschlüssen s. Nr. 7 SpP.

Nr. 4 SpP [Mehraufwand des Spediteurs/Rettungs- und Feststellungskosten]

4.1 Die Versicherer erstatten dem Spediteur als Hauptspediteur sowie dem Zwischenspediteur, der die Sp-Police gezeichnet hat,

4.1.1 die durch eine Fehlverladung oder Fehldisposition entstandenen Mehrkosten bis zu einem Betrag von DM 5 000,– je Verkehrsvertrag,

4.1.2 die durch Fehlverladung verursachten Mehrkosten, die vom Spediteur zur Verhütung eines weiteren Schadens, für den er aufgrund gesetzlicher Bestimmungen hätte in Anspruch genommen werden können, aufgewendet werden mußten, begrenzt mit dem Wert des Gutes,

4.1.3 die notwendigen Mehrkosten, die dadurch entstehen, daß im Zuge der vom Spediteur übernommenen Versendung von einem beauftragten Verkehrsunternehmen die Beförderung der Güter oder eine sonstige damit zusammenhängende Leistung verzögert oder verweigert wird, sofern der Spediteur die Leistungen, die ihm seinerseits gegenüber dem beauftragten Unternehmen aus dem betreffenden Verkehrsvertrag oder anderen Geschäften obliegen, erbracht hat, begrenzt mit dem Wert des Gutes, höchstens mit der Versicherungssumme,

4.1.4 Aufräumungskosten, sowie die Kosten der Beseitigung und/oder Vernichtung beschädigter Güter, die im Zusammenhang mit einem Verkehrsvertrag des Spediteur entstehen, bis zum einem Gesamtbetrag von DM 10 000,– unter Ausschluß des Einwandes der Unterversicherung; ausgenommen sind Schäden, die durch eine Betriebs-Haftpflicht-, oder Kraftfahrzeug-Haftpflichtversicherung gedeckt sind.

1. Fehldisposition (Nr. 4.1.1 SpP)

Der Anspruch steht nicht den Versicherten (Nr. 2.1 SpP), sondern dem 1 Spediteur bzw. Zwischenspediteur zu. Der Begriff der Fehldisposition ist im Licht der in Spediteurkreisen herrschenden Verkehrsanschauung auszulegen.

Die Mehrkosten müssen nicht der Schadensverhütung gedient haben (Umkehrschluß aus Nr. 4.1.2 SpP).

2. Fehlverladung (Nr. 4.1.2 SpP)

2 Vgl. Nr. 4 SVS/RVS sowie Nr. 4.1.1 SpP

3. Fehlverhalten von Verkehrsunternehmen (Nr. 4.1.3 SpP)

3 Die Verkehrsunternehmen müssen vom Spediteur auf eigene Rechnung eingeschaltet worden sein, da sonst dem Spediteur keine eigenen Mehrkosten entstehen können. Der Verkehrsunternehmer muß auch berechtigt gewesen sein, die Kosten zu fordern (z. B. § 427 II HGB).

4. Aufräumungskosten, Beseitigung von Gütern (Nr. 4.1.4 SpP)

4 Es ist unerheblich, ob der Spediteur dem Auftraggeber gegenüber zur Aufräumung verpflichtet war. Der Höchstbetrag von DM 10000,– kann einem Versicherten (Nr. 2.1 SpP), der die Versicherer wegen der von ihm aufgewandten Aufräumungskosten etc. in Anspruch nimmt, nicht entgegengehalten werden, da Nr. 4.1.4 SpP ersichtlich auf Schäden des Spediteurs bezogen ist und nicht auf Schäden iSd Nr. 2.7 SpP der Versicherten (*Oeynhausen,* Speditionsversicherung, S. 46 f).

5. Ausschlüsse

5 S. Nr. 7 SpP.

Nr. 5 SpP [Verkehrsverträge]

5.1 Unter Verkehrsverträgen sind zu verstehen: Speditions-, Fracht- und Lagerverträge innerhalb der Bundesrepublik Deutschland.

5.2 Bestandteil eines Verkehrsvertrages sind die üblichen Nebenaufträge, wie z. B. Nachnahme, Verwiegen, Zählen, Verpacken, Musterziehen, Verladen, Ausladen, Verzollung, Besorgung der für die Güterabfertigung notwendigen Dokumente, Vermittlung von Transport-, Lager-, Feuer-, Einbruch-Diebstahl-, Leitungswasser- und Sturmversicherungen, Wahrung von Regressen.

1 Vgl Erl. zu Nr. 1 SVS/RVS. Nr. 5.1 SpP enthält in Abweichung von Nr. 1 SVS/RVS die einschränkende Formulierung „innerhalb der Bundesrepublik Deutschland". Sie zieht damit in Verbindung mit Nr. 2.2 SpP die Grenzen der Speditionsversicherung enger als sie es dem SVS/RVS zufolge sind; denn der Umstand, daß die Verträge im Ausland geschlossen worden sind, spielt nach SVS/RVS keinerlei Rolle. Die Tatsache, daß sich der Schaden im Ausland ereignet, ist nach dem SVS/RVS ebenfalls nur von begrenzter Bedeutung (Nr. 3.3.1, 3.4.1, 5.2, 5.4.2). Gemäß Nr. 2.3 SVS/RVS ist daher die „Inlands"-Schranke der Nr. 5.1 SpP irrelevant, soweit wegen ihr die Tragweite der Speditionsversicherung hinter dem SVS/RVS zurückbleibt. Dagegen ist Nr. 5.1 SpP voll im Rahmen der Nr. 3 SpP anwendbar.

Nebenverträge, s. Nr. 1 SVS/RVS Rz. 5 ff. 2

Nr. 6 SpP [Zwischenspediteure]

6.1 Zwischenspediteure im Sinne dieser Bedingungen sind deutsche und ausländische Spediteure, die aufgrund eines von dem Spediteur abgeschlossenen Verkehrsvertrages tätig werden.

6.2 Sie sind mitversichert, auch wenn sie keine Speditionsversicherung gezeichnet haben.

1 Vgl. Nr. 3 SVS/RVS Rz. 13. Zwischenspediteure iSd Nr. 6.1 SpP sind auch der vom ersten Zwischenspediteur beauftragte Zweitzwischenspediteur, da der Verkehrsvertrag (Nr. 5 SpP) für die Tätigkeit des Zweitzwischenspediteurs kausal ist.

Nr. 7 SpP [Ausschlüsse]

Ausgeschlossen von der Versicherung sind:

7.1 die durch eine Gütertransport-, Wareneinheits- oder Ausstellungsversicherung gedeckten Gefahren;

7.2 alle Schäden, die dem Grunde nach von einem Unternehmer im Güterfernverkehr zu vertreten sind, sowie Ansprüche nach dem „Übereinkommen über den Beförderungsvertrag im internationalen Straßengüterverkehr" (CMR) einschließlich aller damit zusammenhängenden außervertraglichen Ansprüche;

7.3 Schäden, die dem Grunde nach von einem Frachtführer oder dessen Agenten (Binnenschiffahrt, Eisenbahn, Luftfahrt, Seefahrt), einem Verfrachter, einer Hafen- oder Flughafenbetriebsgesellschaft oder vom Spediteur oder Zwischenspediteur in einer dieser Funktionen zu vertreten sind, soweit es sich nicht um einen der in Nr. 2.10 (Bahnsammelgutverkehr) oder Nr. 2.4 (Güternahverkehr, freigestellte Beförderungen) bezeichneten Fälle handelt;

7.4 Güterschäden,

7.4.1 die durch ausländische Zwischenspediteure oder durch andere in Erfüllung von Verkehrsverträgen tätige ausländische Unternehmen verursacht werden;

7.4.2 die während einer vom Wareninteressenten verfügten Lagerung im Ausland entstehen;

7.4.3 die während einer vom Wareninteressenten verfügten Lagerung entstehen, soweit sie durch eine Feuer-, Einbruch-Diebstahl-, Leitungswasser- oder Sturmversicherung gedeckt sind oder hätten gedeckt werden können;

7.4.4 wenn der Auftraggeber ein Teilverbot (Nr. 2.6.2) ausgesprochen hat;

7.5 Schäden, deren Ersatz nur aufgrund vertraglicher im Speditionsgewerbe allgemein nicht üblicher Vereinbarungen verlangt werden kann, wie Vertragsstrafen, Lieferfristgarantien usw. sowie Schäden aufgrund von Ansprüchen aus Haftungsvereinbarungen, soweit sie über die gesetzliche Haftung hinausgehen;

7.6 Schäden und Ansprüche, die durch eine andere Versicherung, z. B. Betriebs-Haftpflicht-, Kraftfahrzeug-Haftpflicht-, Feuer-, Einbruch-Diebstahl- oder Leitungswasser-Versicherung gedeckt sind;

7.7 Schäden, verursacht durch Krieg, Aufruhr oder Kernenergie;

7.8 Personenschäden;

7.9 Schäden, die unmittelbar dadurch entstehen, daß Vorschüsse, Erstattungsbeträge o. ä. nicht zweckentsprechend verwendet, weitergeleitet oder zurückgezahlt werden. Ein dadurch verursachter weitergehender Schaden bleibt davon unberührt.

1 Vgl. Erl. zu Nr. 5 SVS/RVS. Zum grenzüberschreitenden Verkehr s. Nr. 24 SpP. Beachte Nr. 2.10.3 SpP, die zu Nr. 7.1 SpP in Widerspruch steht. Dies ist damit zu erklären, daß bei einem Ausschluß der Speditionsversicherung gemäß Nr. 7.1 SpP die Spediteure zumindest gemäß §§ 51 ff ADSp haften (§ 41 ADSp Rz. 9). Die Haftpflicht ist gemäß Nr. 2.10.3 SpP, die systematisch besser unter Nr. 3 SpP aufzuführen gewesen wäre, versichert. Insoweit hat die Ausschlußklausel der Nr. 7.1 SpP zurückzutreten (§ 5 AGBG).

Nr. 8 SpP [Grenzen der Haftung]

8.1 Die Ersatzpflicht der Versicherer je Verkehrsvertrag ist begrenzt mit dem Wert des Gutes (Versicherungswert) höchstens der Versicherungssumme, jedoch DM 2 000 000,– nicht übersteigend.

8.1.1 Der Wert ist der Verkaufspreis, in Ermangelung dessen der gemeine Handelswert oder gemeine Wert, den das Gut am Ort und im Zeitpunkt der Übernahme hat, unter Einschluß aller Speditionsentgelte und Transportkosten sowie der Eingangsabgaben im Empfangsland.

8.1.2 Die entstandenen oder ersparten Kosten (Frachten, Zölle und dergleichen) werden berücksichtigt.

8.2 Die Versicherungssumme beträgt DM 5 000,–, wenn nicht eine andere Versicherungssumme vom Auftraggeber bekanntgegeben oder vom Spediteur geschätzt worden ist.

8.2.1 Wenn eine höhere Versicherungssumme als DM 5 000,– je Verkehrsauftrag eingedeckt werden soll, muß der Auftraggeber dies dem Spediteur spätestens mit der Erteilung des Verkehrsauftrages bekanntgeben.

8.2.2 Für Sendungen mit einem geringen Wert kann eine Versicherungssumme von DM 1 000,– aufgegeben werden.

8.3 Wird dem Spediteur die Versicherungssumme nicht bezeichnet, ist er berechtigt, den Versicherungswert aufgrund von Erfahrungswerten oder beigefügten Unterlagen von DM 5 000,– bis DM 2 000 000,– zu schätzen.

8.4 Der Auftraggeber kann die Deckung eines höheren Wertes als DM 2 000 000,– bis höchstens DM 10 000 000,– vor oder spätestens mit Abschluß des Verkehrsvertrages bei den Versicherern beantragen, die unverzüglich über die Annahme des Antrages und den Zeitpunkt des Inkrafttretens der höheren Versicherungssumme zu entscheiden haben. Die Entscheidung wird mit Zugang beim Auftraggeber wirksam. Die Versehensklausel (Nr. 13) findet keine Anwendung.

8.5 Der Einwand der Unterversicherung ist ausgeschlossen, wenn der Versicherungswert die Versicherungssumme von DM 2 000 000,– oder die vereinbarte höhere Deckungssumme übersteigt.

8.6 Der Auftraggeber kann vor oder spätestens mit Abschluß des Verkehrsvertrages gegenüber dem Spediteur den Betrag eines Interesses an der Erfüllung des Verkehrsvertrages zugunsten des Versicherten deklarieren. Die Deklaration muß schriftlich erfolgen. Sie ist mit dem fünffachen Versicherungswert der Sendung, höchstens mit DM 100 000,– begrenzt. Die Versicherungssumme erhöht sich entsprechend. Die Versehensklausel (Nr. 13) findet entsprechende Anwendung.

8.6.1 Ein darüber hinausgehendes Interesse bis höchstens DM 1 000 000,– kann mit ausdrücklicher Einwilligung der Versicherer vereinbart werden.

8.6.2 Der Auftraggeber hat den Betrag des Interesses und alle ihm bekannten gefahrerheblichen Umstände den Versicherern vor oder spätestens mit Abschluß des Verkehrsvertrages schriftlich mitzuteilen, die ihm unverzüglich ein Angebot unterbreiten, ob, ab wann, zu welchen Bedingungen und gegen welche Prämie sie das Interesse zu versichern bereit sind. Nimmt der Auftraggeber das Angebot an, wird die Versicherung des höheren Interesses wirksam. Die Versehensklausel (Nr. 13) findet insoweit keine Anwendung.

8.6.3 In den Fällen der Nrn. 8.4 und 8.6.2 haben die Versicherer bei Annahme eines Antrages auf die Beschränkungen der Nr. 10 ausdrücklich hinzuweisen.

Vgl. Erl. zu Nr. 6 SVS/RVS. Nr. 8.1 SpP erlaubt im Unterschied zum SVS/RVS eine Versicherungssumme ohne Zustimmung der Versicherer bis zu DM 2 Mio. anzumelden. Der Nr. 6.4 SVS/RVS entspricht Nr. 13 SpP. 1

Nr. 9 SpP [Umfang der Versicherungsleistung]

Die Leistung der Versicherer ist je Schadenfall begrenzt:

9.1 für Güterschäden,

9.1.1 falls das Gut bei Schadeneintritt verkauft war, mit dem Verkaufspreis unter Berücksichtigung entstandener und ersparter Kosten, wie z. B. Frachtentgelte, Eingangsabgaben;

9.1.2 sonst mit dem gemeinen Handelswert oder dem gemeinen Wert, den das Gut am Ort und in dem Zeitpunkt hatte, in welchem die Ablieferung zu bewirken war, unter Berücksichtigung entstandener und ersparter Kosten;

9.1.3 auf jeden Fall mit der Versicherungssumme (Nr. 8);

9.2 für Güterfolgeschäden neben dem Güterschaden mit dem Versicherungswert, höchstens mit der Versicherungssumme;

9.3 für reine Vermögensschäden je Verkehrsvertrag bis zum vierfachen Wert des Gutes, maximal aber bis zur vierfachen Versicherungssumme und begrenzt mit DM 2 000 000,–;

9.4 bei der Deklaration oder Vereinbarung eines Interesses (Nrn. 8.6 und 8.6.1) mit dem vom Versicherten nachzuweisenden Schaden, höchstens mit der Versicherungssumme (Versicherung auf „Erstes Risiko").

1 Vgl. Erl. zu Nr. 7 SVS/RVS. Die in Nr. 9.3 SpP genannten Beträge weichen von Nr. 7.3 SVS/RVS ab.

Nr. 10 SpP [Haftungsmaxima]

10.1 Die Leistung der Versicherer ist je Schadenereignis begrenzt:

10.1.1 mit DM 11 000 000,–, auch wenn mehrere Versicherte Ansprüche aus einem vom Spediteur abgeschlossenen Versicherungsvertrag geltend machen;

10.1.2 für Feuerschäden bei verkehrsbedingten Umschlagsleistungen sowie Vor-, Zwischen- und Nachlagerungen mit DM 2 000 000,–, auch wenn mehrere Versicherte über Versicherungsverträge verschiedener Spediteure anspruchsberechtigt sind.

10.2 Die durch ein Schadenereignis mehreren Versicherten entstandenen Schäden werden anteilmäßig im Verhältnis der Versicherungsansprüche ersetzt, wenn sie die in Betracht kommende Grenze der Versicherungsleistung (Nr. 10.1) übersteigen.

1 Vgl. Erl. zu Nr. 8 SVS/RVS. Im Unterschied zu Nr. 8.1.2 SVS/RVS nennt Nr. 10.1.2 SpP auch die Umschlagsleistungen. Im Rahmen der Speditionsversicherung kommt diese Einschränkung gemäß Nr. 2.3 SpP nicht zum Tragen.

Nr. 11 SpP [Deklaration]

11.1 Der Spediteur hat, soweit er als Hauptspediteur tätig ist, den Versicherern monatlich aufzugeben, spätestens bis zum 20. des nächsten Monats:

11.1.1 die Anzahl aller Verkehrsverträge gemäß Deklaration, getrennt nach den einzelnen Versicherungssummen entsprechend der Prämientabelle;

11.1.2 die Anzahl aller Verkehrsverträge, für welche die Speditionsversicherung untersagt ist, getrennt nach Verbotskunden (Nr. 2.6.1) und Teilverbotskunden (Nr. 2.6.2);

11.1.3 die Anzahl der Verkehrsverträge im Binnenumschlagverkehr, die je Auftrag mehr als 15 t betreffen, getrennt nach den einzelnen Versicherungssummen entsprechend der Prämientabelle.

11.2 Die Versicherer können die Anmeldungen des Spediteurs durch Einsicht in die Geschäftsbücher oder sonstige die Versicherung betreffende Unterlagen nachprüfen. Über die bei einer Nachprüfung erlangten Kenntnisse wahren die Versicherer Stillschweigen.

1 Vgl. Erl. zu Nr. 10 SVS/RVS.

Nr. 12 SpP [Prämie]

12.1 Die Prämien werden nach Maßgabe der beigefügten Prämientabelle berechnet und abgerechnet.

12.2 Die Prämien sind monatlich, spätestens bis zum 20. des nächsten Monats, zu zahlen.

12.3 Prämie ist für jeden Verkehrsvertrag zwischen dem Spediteur und dem Auftraggeber zu zahlen.

12.4 Umfaßt ein Verkehrsvertrag Dispositionen für mehrere Empfänger, ist für jede einzelne Disposition Prämie abzuführen.

12.5 Erbringt der Spediteur Leistungen in Erfüllung von Rahmenverträgen (Generalverträgen), so ist prämienpflichtig jede Tätigkeit und/oder Behandlung durch den Spediteur (Versendung, Abladung, Einlagerung, Auslagerung mit Rollung, usw.), die ohne den Rahmenvertrag üblicherweise Gegenstand eines besonderen Verkehrsvertrages wäre.

12.6 Bei Lagerverträgen (Partie oder Dauerläger) wird Prämie durchgehend für jeden angefangenen Monat der Lagerung berechnet.

12.7 Für Fabrik- oder Konsignationsläger (Kennzeichen ist der regelmäßige Warenzu- und abgang) ist die Prämie im Zeitpunkt der Annahme am Lager zu entrichten.

Die Prämie für zusätzliche Leistungen, wie das Zusammenstellen oder das Verpacken von einzelnen Sendungen ist damit abgegolten.

12.8 Die Besorgung der Güterversendung oder Auslagerung mit Rollung von Gütern ist ein neuer gesondert prämienpflichtiger Verkehrsvertrag.

12.9 Wenn die aufgrund dieses Vertrages innerhalb eines Kalenderjahres bezahlten Schadenbeträge 80% der für dieses Jahr vom Spediteur geschuldeten Bruttoprämien abzüglich Versicherungssteuer übersteigen, können die Versicherer für das Folgejahr Sanierungsmaßnahmen fordern. Die Versicherer können den Vertrag mit einer Frist von vier Wochen kündigen, wenn nicht innerhalb einer angemessenen Frist eine Einigung über die Sanierungsmaßnahmen erzielt wird.

12.10 Im Fall einer Haftungserweiterung durch Bedingungsänderungen steht den Versicherern vom Zeitpunkt des Inkrafttretens an eine angemessen erhöhte Prämie zu.

12.11 Sollte sich das Gesamtprämienaufkommen der Sp-Police als unzureichend erweisen, so sind die Versicherer berechtigt, angemessene Sanierungsmaßnahmen, wie z. B. Prämienerhöhungen oder Veränderungen des Schadenanteils des Spediteurs für alle Verträge dieser Sp-Police, unabhängig von der Laufzeit des Vertrages, zu fordern.

Vgl. Erl. zu Nr. 14 sowie Nr. 17.4 SVS/RVS. Nr. 12.7 SpP nennt im Unterschied zum SVS das für den Begriff der Fabrik- bzw. Konsignationslager maßgebliche Kriterium, das auch dann entscheidend ist, wenn es nicht der Verkehrsanschauung entspricht **1**

Nr. 13 SpP [Versehensklausel]

13.1 Fehler oder Unterlassungen des Versicherungsnehmers bei der Deklaration und Zahlung der Prämie beeinträchtigen die Ersatzpflicht nicht.

13.2 Schätzungsfehler fallen nicht unter die Versehensklausel.

1 Vgl. Erl. zu Nr. 6.4 SVS/RVS. Versicherungsnehmer ist der Spediteur.

Nr. 14 SpP [Schadenbehandlung]

14.1 Der Versicherte hat jeden Schaden unverzüglich, spätestens innerhalb eines Monats nach Kenntnis den Versicherern direkt oder über den Spediteur schriftlich anzumelden.

14.2 Im Fall der schuldhaften Versäumnis der Frist können die Versicherer die Leistung ablehnen.

14.3 Die Versicherer sind nach Vorlage aller erforderlichen Unterlagen gemäß § 11 VVG zur Leistung verpflichtet.

1 Vgl. Erl. zu Nr. 11.1 SVS/RVS. Im Unterschied zur Nr. 11.1 SVS/RVS spricht Nr. 14.1 SpP von Anmeldung „über" den Spediteur. So formulierte auch § 10.1 S. 1 SVS/RVS a. F.. Wie zu § 10.1 SVS/RVS a. F. anerkannt, kommt es nicht darauf an, ob der Spediteur die Anzeige weiterleitet (OLG Hamburg v. 19.5.1983, VersR **1984**, 156, 157). Die Speditionsversicherung muß in der Anmeldung nicht erwähnt werden (§ 5 AGBG; *Staub/Helm*, Anh. II zu § 415 HGB, § 10 SVS/RVS Rz. 5). Der Spediteur muß nicht aufgefordert werden, die Schadensanmeldung weiterzuleiten (OLG Hamburg v. 19.12.1985, TranspR **1986**, 442, 446). Versäumt der Versicherte die Frist schuldhaft (§ 276 BGB), so werden die Versicherer von der Leistungspflicht frei. Dies gilt nicht, wenn der Versicherte den Nachweis führt, daß die Verspätung folgenlos geblieben ist (*Staub/Helm*, aaO, Rz. 1 f). Soweit es um Versicherungsleistungen iSd Nr. 2 SpP geht, führen sogar gemäß Nr. 2.3 SpP nur Verstöße iSd Nr. 11.3 SVS/RVS zur Leistungsfreiheit.

Nr. 15 SpP [Obliegenheiten]

15.1 Der Versicherungsnehmer hat die Versicherer unverzüglich davon in Kenntnis zu setzen, wenn er wegen eines Schadens zivilgerichtlich in Anspruch genommen wird.

15.1.1 Unterläßt er diese Mitteilung, so können die Versicherer die Übernahme der Prozeßkosten ablehnen.

15.2 Die Versicherten haben den Schaden abzuwenden oder zu mindern, den Versicherern jede notwendige Auskunft zu erteilen, die angeforderten Unterlagen zu liefern, die Möglichkeiten eines Rückgriffs gegen Dritte zu wahren und Weisungen der Versicherer zu befolgen.

15.3 Die Versicherer sind berechtigt, bei Fabrik- oder Konsignationslägern vom Spediteur und dem Versicherten zu verlangen, neben mindestens einer jährlichen Inventur, zusätzliche nach Abstimmung vorzunehmen.

15.4 Ist der Auftraggeber oder derjenige, dem das versicherte Interesse zugestanden hat, Versicherter, so ist auch der Spediteur verpflichtet diese Obliegenheit zu erfüllen.

15.5 Wird diese Verpflichtung vorsätzlich oder grobfahrlässig verletzt, so sind die Versicherer dem Verletzer gegenüber leistungsfrei.

15.6 Verletzt der Spediteur vorsätzlich oder grobfahrlässig diese Verpflichtungen, so ist er den Versicherern gegenüber schadensersatzpflichtig.

15.7 Der Versicherungsnehmer hat den Versicherern die Schadensumme voll zurückzuvergüten, wenn er vorsätzlich die Verpflichtung zur Prämiendeklaration verletzt hat oder wenn der Schaden durch erhebliche Mängel in seinem Betrieb entstanden ist, deren Beseitigung die Versicherer wegen eines Vorschadens vergeblich verlangt hatten, oder wenn er mit der fälligen Prämienzahlung länger als zwei Wochen nach empfangener Mahnung in Verzug bleibt.

15.7.1 Die Mahnung erfolgt durch eingeschriebenen Brief unter Angabe der Rechtsfolgen, die mit dem Ablauf der Frist verbunden sind.

15.7.2 Hat der Versicherungsnehmer den geschädigten Auftraggeber oder denjenigen, dem das versicherte Interesse zugestanden hat, bereits wegen des Schadens ganz oder zum Teil oder vergleichsweise befriedigt, so sind die Versicherer dem Versicherungsnehmer gegenüber von der Verpflichtung zur Leistung frei.

15.8 Hat der Auftraggeber oder derjenige, dem das versicherte Interesse zugestanden hat, den Schaden vorsätzlich oder grobfahrlässig herbeigeführt, so können die Versicherer auch gegen ihn Rückgriff nehmen.

15.8.1 Ebenso können die Versicherer gemäß § 67 VVG gegen den Zwischenspediteur Regreß nehmen, der nicht die Sp-Police gezeichnet hat.

15.8.2 Der Spediteur ist den Versicherern im Rahmen der ADSp ersatzpflichtig, wenn er bei der Ausführung eines Versicherungsvertrages, ausgenommen Speditionsversicherung, seine Sorgfaltspflicht grobfahrlässig verletzt hat.

15.8.3 Die Versicherer können auf Arbeitnehmer des Versicherungsnehmers/Versicherten zurückgreifen, sofern diese den Schaden vorsätzlich herbeigeführt haben.

15.9 Der Versicherungsnehmer ist nicht berechtigt, ohne vorherige Zustimmung der Versicherer einen Haftpflichtanspruch ganz oder zum Teil oder vergleichsweise anzuerkennen oder zu befriedigen. Bei Zuwiderhandlungen sind die Versicherer von der Leistungspflicht frei.

15.10 Die Schadensumme wird über den Spediteur ausgezahlt.

15.10.1 Der Anspruch des Versicherten wird dadurch nicht berührt.

15.10.2 Der Versicherte kann vor der Auszahlung der Schadensumme schriftlich von den Versicherern fordern, daß die Zahlung an ihn direkt erfolgt.

1. Obliegenheitsverletzungen

Vgl. Erl. zu Nr. 11.2, 11.3 SVS/RVS. Nr. 15.5 SpP verweist anders als Nr. 11.3 SVS/RVS nicht auf § 6 VVG. § 6 VVG ist gleichwohl wegen Nr. 2.3 SpP im Rahmen der Speditionsversicherung zugunsten der Versicherten heranzuziehen. Nr. 15.9 SpP betrifft die in Nr. 3 SpP geregelte Haftpflichtversicherung. 1

2. Regreß (Nr. 15.6 – 15.8.3 SpP)

2 Vgl. Erl. zu Nr. 11.3, Nr. 13 sowie Nr. 16 SVS/RVS sowie Nr. 19 SpP. Die Nr. 15.8 SpP ist als Regreßklausel fragwürdig, da zwischen Versicherern und Auftraggeber bzw. Versicherten keine vertraglichen Beziehungen bestehen, denen Ansprüche der Versicherer entspringen könnten. Nr. 15.8 SpP kann daher nur als Ausschlußklausel verstanden werden, der im Rahmen der Speditionsversicherung Nr. 2.3 SVS/RVS teilweise (Nr. 11.4 SVS/RVS) entgegensteht. Somit läßt sich Nr. 15.8 SpP nur als Klarstellung interpretieren, daß unter den in Nr. 15.8 SpP aufgeführten Voraussetzungen nicht auf Regreß verzichtet werde (relevant in Fällen der Nr. 4 SpP). Die in Nr. 15.8.2 SpP enthaltene Regreßklausel wird durch Nr. 2.3 SpP nicht eingeschränkt, weil sie den Versicherungsschutz des Auftraggebers und der anderen Versicherten (Nr. 2.1 SpP) unberührt läßt.

3. Zahlung der Entschädigung (Nr. 15.10 SpP)

3 Vgl. Erl. zu Nr. 11.4 SVS/RVS.

Nr. 16 SpP [Schadenanteil des Spediteurs]

16.1 Der Schadenanteil des Spediteurs beträgt in jedem Fall 15% des zu vergütenden Betrages, mindestens DM 150,–, höchstens jedoch DM 5 000,–. Ausgenommen von dieser Regelung sind Schäden im organisierten innerdeutschen Bahnsammelgutverkehr, die von der Bahn zu vertreten sind.

16.2 Der Schadenanteil erhöht sich von 15% auf 25%, begrenzt mit DM 25 000,–, wenn ein gesetzlicher Vertreter, das Organ einer juristischen Person, ein Prokurist oder selbständiger Leiter einer Zweigniederlassung den Schaden durch eine vorsätzlich begangene Straftat verursacht und der Spediteur oder Rollfuhrunternehmer die Überwachungspflicht eines sorgfältigen Kaufmanns verletzt hat.

16.3 Ist für einen Schaden, für den die Versicherer Ersatz geleistet haben, ein Zwischenspediteur verantwortlich, so hat dieser dem Hauptspediteur als Versicherungsnehmer dieses Vertrages den Schadenanteil zu erstatten.

16.3.1 Diese Verpflichtung aus dem Versicherungsvertrag schließt eine Berufung des zur Zahlung Verpflichteten auf die Bestimmungen der ADSp oder sonstige Haftungsausschlüsse und -beschränkungen aus.

1 Vgl. Erl. zu Nr. 15 SVS/RVS.

Nr. 17 SpP [Gerichtliche Geltendmachung]

17.1 Nicht gerichtlich innerhalb von zwei Jahren seit Schadenanmeldung geltend gemachte Ansprüche erlöschen. Eine Verlängerung dieser Frist kann ausdrücklich vereinbart werden.

17.2 Für Klagen der Versicherer gegen den Spediteur wegen Prämien-

zahlung, Zahlung der Schadenbeteiligung oder Regreßansprüchen sind örtlich nur die Gerichte Hamburg und Köln zuständig.

17.3 Klagen gegen die Versicherer sind gegen den führenden Versicherer zu richten, der den Prozeß zugleich im Namen der Mitversicherer durchführt und zu Vergleichen und Anerkenntnissen berechtigt ist.

Vgl. Erl. zu Nr. 11.5 SVS/RVS. 1

Nr. 18 SpP [Anspruchsübergang]

18.1 Die Abtretung der Versicherungsansprüche des Versicherten aus diesem Vertrag an andere Personen als an den Spediteur ist nur mit Zustimmung der Versicherer zulässig.

18.2 Von der Speditionsversicherung sind Ansprüche anderer Versicherer aufgrund eines gesetzlichen Forderungsübergangs oder aus abgetretenem Recht ausgeschlossen.

18.3 Die Abtretung von Ansprüchen des Spediteurs aus diesem Versicherungsvertrag ist nur mit Zustimmung der Versicherer zulässig.

Vgl. Nr. 2 SVS/RVS Rz. 1 sowie Erl. zu Nr. 12 SVS/RVS. 1

Nr. 19 SpP [Rückgriff]

19.1 Die Versicherer verzichten auf einen Rückgriff gegen den Spediteur, seine Arbeitnehmer sowie gegen jeden Zwischenspediteur, der diese Sp-Police gezeichnet hat und gegen dessen Arbeitnehmer.

19.2 Die Versicherer sind jedoch berechtigt, jeden in Regreß zu nehmen, der den Schaden vorsätzlich herbeigeführt hat.

Vgl. Erl. zu Nr. 13 SVS/RVS. Nr. 19 SpP läßt den Regreß gemäß 1
Nr. 15.6–15.8.3 SpP unberührt.

Nr. 20 SpP [Geschäftsführung]

20.1 Die an diesem Versicherungsvertrag beteiligten Versicherungsgesellschaften haften als Einzelschuldner in Höhe ihres jeweiligen Anteils.

20.2 Die unterzeichnende Gesellschaft ist der führende Versicherer.

20.3 Diese ist durch Vollmacht der Mitversicherer auch legitimiert, Prämienansprüche, Ansprüche auf Schadenbeteiligung und Regreßansprüche zugunsten sämtlicher Mitversicherer gerichtlich zu verfolgen.

20.4 Alle Anzeigen, Erklärungen und Zahlungen, die von dem Versicherungsnehmer/Versicherten zu bewirken sind, gelten den Versicherern als zugegangen, sobald sie bei der Firma Hans Rudolf Schmidt & Co eingegangen sind.

Vgl. Nr. 19.1, Nr. 20 SVS/RVS. 1

Nr. 21 SpP [Allgemeine Bestimmungen]

21.1 Für das Verhältnis des Versicherungsnehmers und Versicherten zu den Versicherern und der Firma Hans Rudolf Schmidt & Co sind ausschließlich die in der unterzeichneten Police aufgeführten Bedingungen und Klauseln maßgeblich.

21.2 Nicht erkennbar als inhaltlicher Bestandteil der Police gewollte briefliche oder mündliche Äußerungen oder Auskünfte sind gegenüber dem Policetext unverbindlich, gleichgültig, ob sie vor oder nach der Unterzeichnung der Police erfolgt sind, und begründen weder eine Haftung der Versicherer noch der Firma Hans Rudolf Schmidt & Co.

1 Nr. 21.2 SpP ist mit dem AGBG nicht voll vereinbar (§ 4 AGBG).

Nr. 22 SpP [Bundesdatenschutzgesetz (BDSG)]

Unter Beachtung der Vorschriften des BDSG werden die Daten des Versicherungsvertrages gespeichert, an die in Betracht kommenden Versicherer, ggf. die Rückversicherer sowie zu statistischen Zwecken dem Deutschen Transport-Versicherungs-Verband e. V. (DTV) übermittelt, soweit dies erforderlich ist. Die Anschrift der jeweiligen Datenempfänger wird auf Wunsch mitgeteilt.

Nr. 23 SpP [Kündigung]

23.1 Die Versicherer und der Versicherungsnehmer haben das Recht, den Versicherungsvertrag unter Einhaltung einer Frist von drei Monaten jeweils zum Ende des Versicherungsjahres zu kündigen.

23.2 Für Verkehrsverträge, die im Zeitpunkt des Wirksamwerdens der Kündigung noch nicht abgewickelt sind, bleibt die Versicherung bis zur endgültigen Abwicklung des Verkehrsvertrages in Kraft.

23.3 Für Lagerverträge, mit Ausnahme von verkehrsbedingten und nicht besonders in Auftrag gegebenen Vor-, Zwischen- und Nachlagerungen, besteht der Versicherungsschutz fort, jedoch höchstens noch für drei Monate nach Wirksamwerden der Kündigung.

Nr. 24 SpP [Güterschaden-Europa-Deckung]

24.1 Dem Auftraggeber oder demjenigen, dem das versicherte Interesse zugestanden hat, haften die Versicherer nach den deutschen gesetzlichen Bestimmungen

24.1.1 für Schäden, die bei Versendungen im grenzüberschreitenden Verkehr innerhalb Europas durch Verlust oder Beschädigung des beförderten Gutes in der Zeit von der Übernahme zur Beförderung bis zur Ablieferung entstehen sowie

24.1.2 für andere als Güterschäden, die von einem an der Versendung beteiligten Verkehrsunternehmen zu vertreten sind.

24.2 Ausgenommen von der Haftung sind alle Gefahren, für die Deckung durch eine Transportversicherung besteht.

24.3 Versicherungsschutz besteht je Verkehrsvertrag bis zum Betrag von DM 5000,– unter Ausschluß des Einwandes der Unterversicherung.

24.4 Der Auftraggeber kann den Spediteur schriftlich anweisen, die unter Nr. 24 bezeichnete Versicherung nicht einzudecken (Verbot der Europa-Deckung).

24.5 Für die Prämienberechnung findet Nr. 12.1 dieser Versicherungsbedingungen Anwendung.

Vgl. Erl. zum Anhang SVS/RVS. Die Nr. 24.1 SpP betont im Unterschied **1**
zum Anh. SVS/RVS, daß die deutschen gesetzlichen Bestimmungen maßgebend sind. Dies entspricht i. E. dem Anh. SVS/RVS. Auch im Rahmen der Nr. 24 SpP gelten die Ausschlüsse gemäß Nr. 7 SpP nicht. Im übrigen sind die Bestimmungen der SpP ergänzend anzuwenden.

Beteiligungsliste:

35,0% GERLING KONZERN Allgemeine Versicherungs-AG
12,0% Haftpflichtverband der Deutschen Industrie V.a.G.
9,0% Allgemeine Feuer- und Unfallversicherungs-Gesellschaft
5,0% Lloyd's London
5,0% UAP International Allgemeine Versicherungs-AG
4,5% Provinzial Feuerversicherungsanstalt der Rheinprovinz
4,5% Pohjola Versicherungs-AG
4,0% Iduna Allgemeine Versicherungs-AG
3,0% HAMBURGER PHÖNIX Gaedesche Versicherungs-AG
3,0% Royal International Insurance Holdings Ltd.
3,0% Westfälische Provinzial-Feuersozietät
2,0% CIGNA Insurance Company of Europe S.A.-N.V.
2,0% DEUTSCHER RING SachversicherungsAG
2,0% Deutsche Elementar Versicherungs-AG
1,5% DARAG Deutsche Versicherungs- und Rückversicherungs-AG
1,5% Eagle Star Insurance Company Ltd., London
1,0% Dowa Fire & Marine Insurance Co. Ltd.
1,0% Schwarzmeer und Ostsee Versicherungs-AG SOVAG
1,0% NATIONAL UNION Feuerversicherungsgesellschaft

Teil C
Frachtgeschäft

§ 425 HGB [Begriff des Frachtführers]

Frachtführer ist, wer es gewerbsmäßig übernimmt, die Beförderung von Gütern zu Lande oder auf Flüssen oder sonstigen Binnengewässern auszuführen.

Übersicht

	Rz.
A. Vorbemerkung	1
B. Anwendungsbereich der §§ 425 ff HGB	2
I. Frachtgeschäft	3
II. Abgrenzungen	3
1. Seetransport (§§ 556 ff HGB)	3
2. Eisenbahntransport	4
3. Lufttransport	5
4. Spedition	6
5. Miete, Dienstverschaffung, Lohnfuhr	7
6. Schleppvertrag	8
7. Abfallbeseitigung	9
8. Beweislast	9a
III. Verdrängung der §§ 425 ff HGB durch Sonderfrachtrecht	10
IV. Dispositives Recht, Allgemeine Geschäftsbedingungen	11
C. Vertragsschluß	12
D. Pflichten des Frachtführers	13
I. Pflichten vor Vertragsschluß	13
II. Beförderung	14
III. Ablieferung, Obhut	15
IV. Pflichten als Geschäftsbesorger	16
V. Allgemeine Verkehrssicherungspflichten	22
VI. Leistungsstörungen	23
1. Allgemeines	23
2. Volle Unmöglichkeit	24
a) Anfängliche Störung	25
b) Nachträgliche Störung	26
3. Teilweise Unmöglichkeit	30
a) Anfängliche Störungen	30
b) Nachträgliche Störungen	31
4. Zeitweilige Störungen	35
a) Reise- und Ablieferungshindernisse	35
b) Vertragswidriger Transport	36
c) Verspätung, Erfüllungsverweigerung	37
5. Schlechterfüllung	38
VII. Deliktische Haftung	39
E. Pflichten des Absenders	
I. Vergütung	40
II. Standgeld, Übergabe des Gutes	41
III. Aufwendungsersatz	42
IV. Pflicht zur Wahrung des Integritätsinteresses	43
V. Sicherungsrechte des Frachtführers	44
F. Rechte und Pflichten des Empfängers	45
G. Beendigung des Frachtvertrages	46
H. Nichtigkeit des Vertrages	47
I. Erfüllungsort, Gerichtsstand	48
J. Internationales Privatrecht	49

Literatur: *Alff*, Fracht-, Lager- und Speditionsrecht (1991); *Andresen/Pollnow*, KVO, in *Hein/Eichhoff/Pukall/Krien*, Güterkraftverkehrsrecht (Loseblatt, Nr. P 110); *Baumbach/Duden/Hopt*, HGB (28. Aufl.); *Bischof*, Güterkraftverkehrstarif für den Umzugsverkehr und für die Beförderung von Handelsmöbeln (GüKUMT) (1986); *Cantrup*, Allgemeine Geschäftsbedingungen für den Güternahverkehr (AGNB) (4. Aufl.); *Dubischar*, Grundriß des gesamten Gütertransportrechts (1987); Glöckner, Leitfaden zur CMR (7. Aufl.); Großkommentar z. HGB-*Helm* (3. Aufl.), §§ 425 ff m. Anhängen (zitiert GroßkommHGB-*Helm*); *Heymann/Honsell*, HGB, (1990); *Koller*, Die Risikozurechnung bei Leistungsstörungen in Austauschverträgen (1979); *Lenz*, Straßengütertransportrecht (1988); *Muth/Lehmann*, Kraftverkehrsordnung (4. Aufl.); *Prüßmann/Rabe*, Seehandelsrecht (3. Aufl.); *Ruhwedel*, Der Luftbeförderungsvertrag (2. Aufl. 1987); *Schlegelberger/Geßler*, Kommentar HGB (5. Aufl.); *Willenberg*, Kraftverkehrsordnung-Kommentar (4. Aufl.).

A. Vorbemerkung

1 Die §§ 425 ff HGB regeln nach ihrem historischen Geltungsanspruch die gesamte Güterbeförderung zu Lande mit Ausnahme des Eisenbahntransports (§§ 453 ff HGB, EVO, COTIF-ER/CIM), der Seeschiffahrt (§§ 556 ff HGB) und des Postverkehrs (§ 452 HGB). Die §§ 425 ff HGB geben jedoch nicht mehr den heutigen Rechtszustand wieder. Sie werden in weitem Umfang durch *Spezialgesetze* (z. B. GüKG, KVO, CMR, BinSchG, BSchVG, KVORb, GüKUMT) überlagert und im Bereich des Luftverkehrs durch das LuftVG sowie WA ergänzt. Soweit die §§ 425 ff HGB zum Tragen kommen können, werden sie regelmäßig weitgehend durch *AGB*, insbesondere die ADSp sowie AGNB, abbedungen.

B. Anwendungsbereich der §§ 425 ff HGB

I. Frachtgeschäft

2 § 425 HGB spricht nur vom Frachtführer. § 451 HGB *erweitert* jedoch den Geltungsbereich der §§ 425 ff HGB auf **alle Frachtgeschäfte,** die irgendein Kaufmann (§§ 1 ff HGB) tätigt. Das Frachtgeschäft ist durch fünf Elemente gekennzeichnet: Ortsveränderung als vertragliche Hauptpflicht, Güter, Obhut (**a. A.** *Basedow*, Der Transportvertrag (1987), S.38), Beförderung zu Lande oder auf Binnengewässern, Entgeltlichkeit. Die Ortsveränderung kann von minimaler Distanz sein. Zum Begriff des Guts § 407 HGB Rz. 5. Die Beförderung darf nicht per Luftfahrzeug geschuldet sein (dazu LuftVG, WA), auch nicht durch die Eisenbahn (§§ 453 ff HGB; COTIF-ER/CIM). Die Entgeltlichkeit gehört nicht zum Vertragstypus (*Basedow*, Der Transportvertrag (1987), S. 36f; **a. A.** GroßkommHGB-*Helm*, § 425 Rz. 48). Der Schutz der §§ 426 ff HGB soll auch den unentgeltlich tätigen Kaufleuten zugute kommen.

Der Rechtsprechung zufolge ist primär die **vertraglich vereinbarte** Form der Beförderung (Rz. 14), nicht die ausgeführte **Form der Beförderung** (vgl. BGH v. 28.5.1971, VersR **1971**, 755; v. 13.10.1983, VersR **1984**, 680, 681; OLG Bremen v. 10.7.1986, VersR **1986**, 1120; OLG Hamburg v. 31.12.1986, TranspR **1987**, 142, 145; *Piper*, Höchstrichterliche Rechtsprechung, aaO, Rz. 7; **a. A.** *Willenberg/Lucas,* TranspR **1989,** 201, 202) maßgeblich. Wenn der Frachtführer schuldhaft vertragswidrig transportiert habe, so soll er zumindest nach dem Recht des tatsächlich eingesetzten Transportmittels haften müssen, da er nicht besser stehen soll, als wenn er vertragsgemäß gehandelt habe. Er müsse daher zumindest das mit dem gewählten Verkehrsmittel verbundene spezifische Transportrisiko tragen. Die Haftung sei unabdingbar, wenn nach dem vertragsgemäßen Transportmittel zwingend gehaftet werde. Das Verhalten von Erfüllungsgehilfen wird zugerechnet (BGH v. 17.5.1989, VersR **1990**, 331, 332).

Helm (GroßkommHGB, § 425 Rz. 3) vertritt die Ansicht, daß der Frachtführer primär nach dem zwingenden Recht des tatsächlich eingesetzten Transportmittels zu haften habe. Daneben hafte der Frachtführer nach dem Recht des vertragsgemäßen Transportmittels und wegen positiver Forderungsverletzung (ebenso OLG Hamm, NJW **1960**, 203; OLG Hamburg vom 30.8.1984, VersR **1985**, 832; v. 7.5.1987, VersR **1987**, 1111; *Piper*, Höchstrichterliche Rechtsprechung, aaO, Rz. 33). *Blaschczok* (TranspR **1987**, 401; kritisch *Koller*, VersR **1988**, 432, 433) will grundsätzlich den Frachtführer für Schäden verschuldensunabhängig ohne jede Haftungsbeschränkung eintreten lassen (ähnlich *Schmid*, Air Law **1991**, 31, 32; *Ruhwedel*, Luftbeförderungsvertrag, S. 136). Eine Ausnahme solle nur in dem Ausmaß gelten, in dem sowohl das Recht des vertragsgemäßen als auch das Recht des vertragswidrig eingesetzten Transportmittels die Haftung zugunsten des Frachtführers beschränkten. Der Frachtführer solle zusätzlich nach dem Recht des tatsächlich verwandten Transportmittels haften müssen. Schließlich kämen auch Ansprüche wegen positiver Forderungsverletzung in Betracht, falls das Frachtrecht wegen vorsätzlicher oder grob fahrlässiger Schädigung den Rückgriff auf allgemeine Haftungsnormen erlaube.

Stellungnahme: Mit der bisherigen Rechtsprechung ist daran festzuhalten, daß der Frachtführer beim Transport mit vertragswidrigen Transportmitteln Güter- und Verspätungsschäden primär nach dem Recht des vertragsgemäßen Transportmittels zu ersetzen hat (*Koller*, ZLW **1989**, 359 ff zum vertragswidrigen Trucking). Im Ergebnis ist dem BGH (v. 17.5.1989, VersR **1990**, 331) auch darin zu folgen, daß der Frachtführer, der schuldhaft ein vertragswidriges Transportmittel einsetzt, jedenfalls (zusätzlich) nach dem Recht des tatsächlich benutzten Transportmittels haftet. Die Begründung des BGH, derzufolge der Frachtführer die Haftungsordnung gegen sich gelten lassen müsse, in die er sich mit der Wahl des Transportmittels hineingestellt habe, läßt sich als Ausformung des venire-contra-factum-proprium-Verbots begreifen. M. E. hätte man zwar dem Sinn der Haftungsbeschränkungen besser Rechnung getragen, wenn man differenziert danach gefragt hätte, welche Haftungsbeschränkungen des Rechts des vereinbarten Transportmittels auch beim Einsatz vertragswidriger Transportmittel respektiert werden müssen, weil sie auf die Art der Unternehmen und nicht auf die Risiken der Transportmittel bezogen sind (*Koller*, VersR **1988**, 432, 437 ff). Die generalisierende Lösung des BGH hat jedoch den Vorzug der erhöhten Rechtssicherheit für sich. Eine zusätzliche Haftung wegen positiver Forderungsverletzung scheidet aus, soweit Schadensersatz wegen Güter- oder Verspätungsschäden verlangt wird, da die §§ 429 HGB, 29 ff KVO, Art. 17 CMR leges speciales sind (vgl. aber § 2 GüKG Rz. 2, § 22 GüKG Rz. 3). Der vorsätzliche oder grob fahrlässige Einsatz eines vertragswidrigen Transportmittels läßt in der Regel sämtliche Haftungsschranken entfallen (z. B. § 430 III HGB, Art. 29 CMR), wenn sich der Frachtführer bewußt war oder es auf der Hand lag, daß durch sein Verhalten die Schadensrisiken steigen würden und sich ein derartiges Risiko verwirklicht hat (*Koller*, VersR **1988**, 432, 438). Zur Anwendbarkeit der allgemeinen Leistungsstörungsregeln s. Rz. 2.

Im Rahmen des § 425 HGB ist es grundsätzlich nicht erforderlich, daß ein vom Gut zu unterscheidendes **Transportmittel** eingesetzt wird. Es genügt das Treiben von Vieh (ROHG v. 24.3.1874, ROHG 13, 133 ff) oder der Transport von Fahrzeugen auf eigener Achse (OLG Düsseldorf v. 26.4.1990, TranspR **1991,** 233, 235; **a. A.** *Glöckner*, CMR, S. 95). Der Frachtführer muß Besitz und **Obhut** über das zu befördernde Gut zu übernehmen haben (arg. e § 429 HGB). Der Transportvertrag muß sich primär auf den **Beförderungserfolg**, also darauf richten, daß das Gut unbeschädigt und vollständig beim Empfänger am Zielort ankommt. Die Beförderungspflicht darf also nicht bloße Nebenpflicht des Vertrages sein. Dies kann dort der Fall sein, wo von Miete des Fahrzeugs die Rede ist und die Vergütung am Aufwand orientiert ist (BGH v. 16.9.1985, VersR **1986**, 31; näher Rz. 7) oder der Lagerhalter das einzulagernde Gut abholt (*Lenz*, Straßengütertransportrecht, Rz. 148).

II. Abgrenzungen

1. Seetransport (§§ 556 ff HGB)

3 Vertrag zum Transport über eine Seestrecke (näher *Prüßmann/Rabe*, Seehandelsrecht, Einf. I C).

2. Eisenbahntransport

4 Transport durch Eisenbahnen, u. U. auch Transport auf der Straße, falls der Transportvertrag mit einem Eisenbahnunternehmen geschlossen worden ist (§ 3 IV EVO) sowie der Fährverkehr (Art. 2 CIM). Näher Einleitung Rz. 5, 15, 21.

3. Lufttransport

5 Vertrag über die Beförderung auf dem Luftweg einschließlich des Vorlaufs und Nachlaufs (vgl. Art. 18 Nr. 3 WA). Näher Einleitung Rz. 6, 17, 21.

4. Spedition

6 S. § 407 HGB Rz. 2 ff, 17 ff

5. Miete, Dienstverschaffung, Lohnfuhr

7 Der Vermieter von Transportmitteln verspricht weder den Transporterfolg, noch übernimmt er selbst oder durch seine Erfüllungsgehilfen in eigener Verantwortung die Obhut über das Gut (OGH Wien v. 30.5.1985, TranspR **1986**, 225). Er ist daher kein Frachtführer. Überläßt der Vermieter zusätzlich die Dienste seines Personals, die die Transportmittel bedienen sollen, so tritt zum Mietvertrag lediglich ein Dienstverschaffungsvertrag hinzu, falls das Personal ausschließlich den Weisungen des Mieters der Transportmittel unterstehen soll (vgl. BGH v. 14.7.1970, VersR **1970**, 934, 935; v. 15.2.1978, WM **1978**, 620, 621; v. 16.9.1985, VersR **1986**, 31; KG, NJW **1965**,

976, 977; OLG München v. 1.4.1987, TranspR **1987**, 445, 446; OGH Wien v. 8.9.1983, TranspR **1984**, 281) oder ganz in den Betrieb des Mieters eingegliedert werden soll (BGH v. 16.9.1985, VersR **1986**, 31; BAG v. 10.2.1977, DB **1977**, 1273). Vgl. auch § 5 GüKG Rz. 2. Ist ein bemanntes Kraftfahrzeug nach Weisung des Auftraggebers derart zu stellen, daß der Auftragnehmer Besitzer des Fahrzeugs bleibt oder erfolgt die Berechnung der Vergütung nach Beförderungsleistungen (KG v. 21.6.1990, VRS **79** [1990], 387, 388), so besteht eine große Nähe zum Frachtvertrag (Lohnfuhrvertrag). Obwohl der Lohnfuhrvertrag eine Kombination von Mietvertrag und Dienstverschaffungsvertrag ist (BGH v. 3.6.1964, VRS **27**, 177, 178; *Lenz,* Straßengütertransportrecht, Rz. 126), trägt dann der Auftragnehmer deshalb die Verantwortung für die Einhaltung des GüKG sowie des GNT (BGH, NJW **1975**, 780, 781; OLG Düsseldorf v. 26.7.1984, VersR **1984**, 935); d. h. der Auftragnehmer ist derjenige, der die Güterbeförderung iSd §§ 1 ff GüKG betreibt (KG v. 21.6.1990, VRS **79** [1990], 387, 388). Dort, wo die Parteien die AGNB (§ 25 AGNB Rz. 1) vereinbart haben, kommen frachtrechtliche Elemente (Obhut) hinzu (BGH v. 3.6.1964, VRS **27**, 177, 178; GroßkommHGB-*Helm,* § 425 Rz. 45; abw. BGH v. 12.6.1964, VersR **1964**, 970, 972).

6. Schleppvertrag

Die Beförderung eines Fahrzeuges durch ein anderes unterliegt nur dann dem Frachtvertragsrecht, wenn das geschleppte Fahrzeug in die Obhut des Schleppers genommen wird, insbesondere, wenn das geschleppte Fahrzeug unbemannt ist (RG, JW **1927**, 2411; RGZ **82**, 427; BGHZ **27**, 236; BGH v. 16.3.1956, VersR **1956**, 367; v. 14.3.1957, VersR **1957**, 286). 8

7. Abfallbeseitigung

Der Vertrag gehört zum Kreis der Frachtverträge, wenn der Auftraggeber dem Auftragnehmer – wenn auch unter Umständen nach abstrakten Kriterien (z. B. zulässiger Abladeplatz) – vorgeschrieben hat, wohin er das Gut zu bringen hat und wenn der Transporteur dafür zu sorgen hat, daß von dem Gut unterwegs nichts verloren geht (*Heymann/Honsell,* HGB, § 425 Rz. 6). 9

8. Beweislast

Den Abschluß eines Frachtvertrages hat derjenige zu beweisen, der aus der Existenz eines Frachtvertrages Rechte oder Einwendungen herleitet. 9a

III. Verdrängung der §§ 425 ff HGB durch Sonderfrachtrecht

Werden Güter mit Kraftfahrzeugen befördert, so können je nach Art des vereinbarten (Rz. 2) Beförderungsmittels, je nach der Entfernung, dem Träger der Beförderung sowie der Beförderungsstrecke verschiedene Sonderfrachtrechte gelten (z. B. KVO; CMR; GüKUMT; KVORb). Die §§ 425 ff HGB werden verdrängt, soweit Sonderfrachtrechte anzuwenden sind. Die KVO ist im Teil F, die GüKUMT im Teil G, die CMR im Teil H kommentiert. Bei Beförderung auf Binnengewässern ist das BinSchG anzuwenden. 10

IV. Dispositives Recht, Allgemeine Geschäftsbedingungen

11 Die §§ 425 ff HGB fallen in die Kategorie des dispositiven Rechts. Abweichende Vereinbarungen sind daher im Rahmen der §§ 134, 138 BGB, §§ 1 ff AGBG uneingeschränkt möglich. In der Ausstellung eines KVO-Frachtbriefs liegt im Zweifel aber keine Vereinbarung der KVO (BGH v. 30.6.1978, VersR **1978**, 935, 936). Die §§ 425 ff HGB werden vielfach durch AGB, insbesondere die ADSp (kommentiert Teil B), AGNB (kommentiert Teil E, 2. Abschnitt) sowie Transport- und Konnossementsbedingungen der Binnenschiffahrt verdrängt.

C. Vertragsschluß

12 Der Frachtvertrag kommt durch einen Vertragsschluß zwischen dem Auftraggeber des Frachtführers (Legaldefinition: Absender) und dem Frachtführer zustande. Es gelten die allgemeinen Abschluß- und Auslegungsregeln (§§ 133, 145 ff, 157 BGB). Der Absender kann das Gut an sich selbst adressieren. Er ist dann auch Empfänger (§ 426 HGB Rz. 2). Frachtführer und Absender können sich vertreten lassen (§ 164 BGB, vgl. § 407 Rz. 4). Strittig ist, inwieweit davon auszugehen ist, daß angestellte **Fahrer** zum Abschluß von Frachtverträgen oder sonstigen Geschäften **bevollmächtigt** sind. So wird zum Teil angenommen, daß insbesondere Fernfahrer nicht nur bevollmächtigt sind, die normalen, mit dem Transport zusammenhängenden Geschäfte zu erledigen (vgl. LG Augsburg, TranspR **1991**, 183, 184), sondern auch berechtigt sind, im Namen des Frachtführers zur Auslastung des Fahrzeugs Frachtverträge abzuschließen (*Andresen/Pollnow,* § 3 KVO Anm. 2). Demgegenüber nimmt *Willenberg* (§ 3 KVO Rz. 11) an, daß den Fahrern im Zweifel keine Vollmacht erteilt wird. Sofern ein Wille des Frachtführers zur Vollmachtserteilung nicht erkennbar ist, kommt es gemäß § 157 BGB vielfach wesentlich auf die Verkehrssitte an. Verläßliche Erhebungen zur Bevollmächtigung von Fahrern sind aus neuerer Zeit nicht ersichtlich und müßten im Streitfall von den Gerichten durchgeführt werden. Anhand dieser Feststellungen ließe sich auch beurteilen, ob es sich um Artvollmachten iSd § 54 HGB handelt und wie der Rahmen der Geschäfte üblicherweise gezogen wird. Hat der Fahrer wiederholt Frachtverträge mit Duldung des Frachtführers abgeschlossen, so gelten die Regeln der Duldungsvollmacht bzw. Anscheinsvollmacht (*Palandt/Heinrichs*, BGB, § 173 Rz. 10 ff). Ihre Anwendbarkeit hängt nicht davon ab, daß sich der Absender ausdrücklich eine schriftliche Vollmacht zeigen läßt oder zurückfragt (**a. A.** *Willenberg,* KVO, § 3 Rz. 11). Der Frachtführer kann für den vollmachtslosen Fahrer aus c.i.c. iVm § 278 BGB haften *(Palandt/Heinrichs*, BGB, § 276 Rz. 92). Hat ein Unternehmer im Namen Dritter mit dem Frachtführer einen Frachtvertrag abgeschlossen, so kann er dem BGH (v. 1.12.1965, MDR **1966**, 213) zufolge zugleich auch im eigenen Namen abgeschlossen haben, wenn er an dem ordnungsgemäßen Transport selbst interessiert gewesen ist und die Abrechnung einheitlich mit ihm vorgenommen werden sollte. Dieses Urteil vermag

nur unter dem Aspekt der Umgehung des GNT zu überzeugen. Die Tatsache, daß einzelne Sonderfrachtrechte eine **Formal- und Realvertragskonstruktion** nahelegen (vgl. § 14 KVO Rz. 1, § 15 KVO Rz. 2), ist für § 425 HGB ohne Bedeutung. Der Vertrag iSd § 425 HGB wird daher auch ohne Übernahme des Guts und/oder des Frachtbriefs wirksam (BGHZ **55**, 217). Der Frachtvertrag enthält Elemente des **Geschäftsbesorgungsvertrages**, so daß das Schweigen des Frachtführers als Annahme des Vertragsangebots gelten kann (§ 362 HGB). Zur Form des Vertrages vgl. *§§ 5a, 6, 7 ADSp*. Nach BGB, HGB bedarf er keiner Form. Es besteht grundsätzlich Abschlußfreiheit (Ausnahme: §§ 13 a II, 90 I 3 GüKG).

D. Pflichten des Frachtführers

I. Pflichten vor Vertragsschluß

Im Rahmen der vorvertraglichen Schutzpflichten (*Palandt/Heinrichs*, § 276 **13**
Rz. 65 ff) hat der Frachtführer mit zumutbarem Aufwand dafür zu sorgen, daß das Interesse von Personen, die zu ihm in rechtsgeschäftlichen Kontakt getreten sind, an der Unversehrtheit ihrer Rechtsgüter gewahrt bleibt. Insbesondere hat er dafür zu sorgen, daß Güter, die ihm zusammen mit einem Vertragsangebot zugeleitet werden, sorgsam aufbewahrt werden. Auf Beförderungshindernisse hat er den Kunden hinzuweisen, wenn sie einem ordentlichen Frachtführer bekannt sein mußten und dem Kunden erkennbar unbekannt waren (vgl. § 19 ADSp). Er darf auch beim Absender keine falschen Vorstellungen über den Transportablauf erwecken (BGH v. 13.4.1989, NJW-RR **1989**, 1270, 1271). Bei Pflichtverletzung haftet er nach den Regeln der c.i.c.. Die Pflichten können auch Schutzwirkung zugunsten Dritter entfalten (s. § 407 HGB Rz. 71). Zur deliktischen Haftung (BGH v. 14.6.1982, VersR **1982**, 902 sowie § 407 HGB Rz. 15).

II. Beförderung

Geschuldet ist ein Erfolg, nämlich die Verbringung des Guts in vollstän- **14**
digem und unbeschädigtem Zustand an den Zielort. Außerdem hat der Frachtführer dem Empfänger nach Maßgabe der vertraglichen Bedingungen Besitz zu verschaffen (§ 429 HGB Rz. 3, 6). Der Frachtvertrag ist daher eine **Variante des Werkvertrages** (§ 631 BGB). Die §§ 631 ff BGB kommen lückenfüllend zum Tragen. Der Frachtführer hat das Gut mit dem vereinbarten Beförderungsmittel auf dem vereinbarten Weg in der vereinbarten Art (Rz. 2) zu transportieren (OLG Hamm, NJW **1960**, 203). Das **Beförderungsmittel** ergibt sich in der Regel aus der Rolle des Frachtführers und aus der vereinbarten Geschwindigkeit des Transports. Im Zweifel ist in der üblichen Weise zu transportieren (BGH v. 28.5.1971, VersR **1971**, 755). Wurde die Art des einzusetzenden Transportmittels nicht vertraglich festgelegt, so ist der Frachtführer berechtigt, das Transportmittel nach **billigem Ermessen** auszuwählen (§ 315 BGB; vgl. § 13 ADSp) und dadurch den Vertrag in Richtung

auf einen bestimmten Vertragstyp (Rz. 10) hin auszugestalten. Er muß aber dafür sorgen, daß beim Absender keine falschen Erwartungen in Hinblick auf die Wahl entstehen (BGH v. 13.4.1989, NJW-RR **1989,** 1270, 1271). Da die Beförderung eine werkvertragstypische Verpflichtung ist, kann der Frachtführer jederzeit nach eigenem Ermessen **Unterfrachtführer** einschalten, soweit sich dies mit der Sorgfalt eines ordentlichen Frachtführers vereinbaren läßt (vgl. auch Rz. 16). Zu den Folgen des Transports mit vertragswidrigen Transportmitteln s. oben Rz. 2. Im Zweifel hat der Frachtführer das Gut **binnen angemessener Frist** (§ 428 HGB Rz. 1) und mit der **Sorgfalt** eines ordentlichen Kaufmanns (§ 347 HGB) zu befördern. Die Beförderungspflicht kann durch vertragliche Abreden konkreter bestimmt und durch nachträgliche **Weisungen** einseitig modifiziert werden (§§ 433, 434, 437, 447 HGB). Vgl. §§ 6, 11 ADSp.

Der Frachtführer ist ohne besondere Vereinbarung nicht zum beförderungssicheren **Be- oder Entladen** verpflichtet (BGH v. 30.4.1975, MDR **1975**, 732; v. 13.6.1985, VersR **1985**, 1035). Eine abweichende Vereinbarung kann sich aus den Umständen ergeben, z. B. daraus, daß das Fahrzeug vertragsgemäß mit Ladegeräten ausgerüstet sein muß (BGH v. 13.6.1985, VersR **1985**, 1035, 1036), oder daß der Absender erkennbar nur über unzureichende Ladehilfsmittel oder Ladeerfahrung verfügt (vgl. § 17 KVO Rz. 11) oder eine Partei zur Be- oder Entladung besser geeignet ist (OGH Wien, TranspR **1985,** 103, 104; *Lenz*, Straßengütertransportrecht Rz. 441, 504). Vgl. auch allgemein zu diesem Fragenkreis die Erläuterungen zu § 17 KVO. Der Frachtführer hat dagegen für betriebssichere Verladung zu sorgen (OLG Düsseldorf v. 14.7.1987, VersR **1987**, 1132; näher zum Begriff der „betriebssicheren Verladung" § 17 KVO Rz. 15; weitergehend *Lenz*, aaO, in methodologisch unhaltbarer Analogie zu den AGNB). Der Frachtführer braucht nicht für ordnungsgemäße Verpackung zu sorgen (vgl. § 18 KVO Rz. 1 f). Er muß aber auf bekannte oder evidente Verpackungsmängel hinweisen (§ 18 KVO Rz. 3). Weitergehende Pflichten können sich aus dem gemäß § 157 BGB auszulegenden Vertrag ergeben (zur Tarifkonformität § 22 GüKG Rz. 6).

Der Unternehmer ist mangels besonderer Abrede nicht verpflichtet, **Verpackungsmaterial** zurückzubefördern. Er ist auch ohne besondere Abrede und mangels entsprechenden Handelsbrauchs, der im Einzelfall festzustellen ist (vgl. OLG Hamburg, TranspR **1984,** 249; *Willenberg,* KVO, § 1 Rz. 134 einerseits, OLG Düsseldorf v. 4.3.1982, VersR **1983,** 583 andererseits), nicht gehalten, dem Absender, der ihm Gut auf Paletten übergeben hat, **Paletten** gleicher Zahl und Beschaffenheit zurückzugeben (BGH, NJW **1987,** 1641, 1642; OLG Düsseldorf v. 4.3.1982, VersR **1983**, 583). Aus der bloßen Tatsache des Rücktransportes von Paletten kann nicht auf eine Pflicht geschlossen werden, für die Rückgabe von Leerpaletten zu sorgen oder gar Leerpaletten auf eigenes Risiko zurückzugeben (OLG Frankfurt v. 17.9.1981, TranspR **1984**, 248, 249; *Thume*, TranspR **1989**, 47, 48); denn dies kann auch nur gefälligkeitshalber geschehen. Wenn es aber Verkehrssitte ist, daß Frachtführer Leerpaletten gleicher Art und Güter zurückgeben und sich eine entsprechende Verkehrserwartung gebildet hat, so spricht dies im Zweifel zumindest für die Pflicht, sich um die Rückgabe von Leerpaletten beim Empfänger zu bemühen (*Willenberg*, TranspR **1985**, 161, 166; weitergehend OLG Frankfurt,

TranspR **1986**, 354, 356: immer volle Pflicht zur Rückgabe; einschränkend OLG Düsseldorf v. 11.1.1973, TranspR **1984**, 250, 251; *Thume*, TranspR **1989**, 47, 48; *Knorre*, TranspR **1990**, 99). Eine AGB-Kontrolle findet in Hinblick auf die Hauptleistungspflicht „Rückgabe" nicht statt (§ 8 AGBG), wohl aber in Hinblick auf Vertragsstrafenabreden und Schadenspauschalierungen (*Willenberg*, KVO, § 1 Rz. 152). Der Absender, der dem Fahrer einen Palettenschein gibt und ihn unterzeichnen läßt, macht ein Angebot zum Abschluß einer Rückgabevereinbarung (OLG Karlsruhe v. 29.12.1983, TranspR **1985**, 301, 302). Ob der Fahrer zur Annahme durch Unterzeichnung bevollmächtigt ist, ist Tatfrage (bejahend *Willenberg*, KVO, § 1 Rz. 140; ablehnend OLG Frankfurt v. 17.9.1981, TranspR **1984**, 248, 250; zurückhaltend *Thume*, TranspR **1989**, 47, 48; beachte § 54 HGB). Maßgeblich ist insbesondere die Verkehrssitte (§ 157 BGB). Weiß der Frachtführer, daß sein Fahrer laufend Palettenscheine abzeichnet, die eine Rückgabepflicht dokumentieren oder kann er dies erkennen, so greifen zumindest die Regeln der Anscheinsvollmacht ein (*Willenberg*, TranspR **1985**, 161, 167), wenn der Anschein für eine Vollmacht bestand. Die Vereinbarung der Rückgabe von Paletten verstößt für sich gesehen nicht gegen den Tarif (BGH v. 15.1.1987, TranspR **1987**, 178, 180).

Rechtsprechung und Literatur neigen dazu, **Paletten-Rückgabeverträge** in die Kategorie der Darlehensverträge einzuordnen (OLG Frankfurt v. 5.10.1982, TranspR **1984**, 245; KG v. 23.5.1985, TranspR **1985**, 299; *Knorre*, TranspR **1990**, 99). Soweit kein Handelsbrauch (vgl. OLG Frankfurt v. 17.9.1981, TranspR **1984**, 248, 249; OLG Düsseldorf v. 30.12.1982, TranspR **1984**, 17; LG Mannheim, TranspR **1984**, 256) einschlägig ist, kommt es jedoch primär auf die Absprachen der Parteien an. Die Zuordnung zu den gesetzlichen Vertragstypen kann erst erfolgen, nachdem in einer Auslegung nach Treu und Glauben unter Berücksichtigung der Verkehrssitte (§ 157 BGB) festgestellt worden ist, welche Pflichten und Risiken die Parteien übernehmen wollten. Außerdem ist zu berücksichtigen, daß Palettenverträge in der Regel nicht isoliert, sondern als Teil von Beförderungsverträgen abgeschlossen werden und damit zu Elementen eines gemischten Vertrages werden (OLG Köln v. 19.6.1985, TranspR **1985,** 429). Im Zweifel ist davon auszugehen, daß der Schuldner möglichst wenig zusätzliche Pflichten und Risiken tragen wollte. Die Absprachen erfolgen grundsätzlich nicht unentgeltlich (§ 354 HGB). Im Geltungsbereich von Tarifen müssen die Leistungen des Frachtführers im Zusammenhang mit der Rückgabe von Paletten angemessen vergütet werden (§ 22 GüKG Rz. 6), soweit der GFT oder GNT keine Ausnahmen vorsieht. Dort wo keine Tarife existieren, werden die Zusatzleistungen allerdings nach der Verkehrssitte vielfach durch den Frachtlohn abgegolten (**a. A.** *Willenberg,* KVO, § 1 Rz. 145).

Liegt das Interesse, die **Güter palettiert** zu transportieren, wie in aller Regel, **primär beim Absender** (*Willenberg,* KVO, § 1 Rz. 145) und ist der Endempfänger, wie der Frachtführer weiß, verpflichtet, sofort bei Ablieferung des Guts gleichartige Paletten zurückzugeben, so spricht die Interessenlage eher für ein nachnahmeähnliches Verhältnis, kraft dessen der Frachtführer das Gut nur gegen Rückgabe von Leerpaletten an den Empfänger auszuliefern hat (**a. A.** *Knorre*, TranspR **1990**, 99, 100). Ist die sofortige Rückgabe von Leerpaletten durch den Empfänger nicht üblich oder im Einzelfall ersichtlich nicht zu erwarten, dann dürfte der Frachtführer lediglich die Verpflichtung zum Einzug der Rückgabeforderung des Absenders gegen den Empfänger samt Rücktransport übernommen haben (vgl. OLG Köln v. 11.1.1973, TranspR **1984,** 251, 252; **a. A.** *Knorre*, TranspR **1990**, 99, 100). Die Rückgabe kann durch Dritte organisiert werden. Derjenige Frachtführer, der sich verpflichtet hat, seinerseits unabhängig von der Rückgabe der Paletten durch den Empfänger innerhalb einer bestimmten Frist Leerpaletten zur Verfügung zu stellen, gibt im Zweifel seinerseits dem Absender ein Palettendarlehen. In Erfüllung des Anspruchs des Frachtführers gegen den Absender aus § 607 I BGB tritt der Absender seinen Rückgewähranspruch gegen den Empfänger erfüllungshalber (§ 364 II BGB) an den Frachtführer ab (*Knorre*, TranspR **1990**, 99, 100), weil der Frachtführer im Zweifel nicht das Risiko übernimmt, vom Empfänger keine Austauschpaletten zu erhalten. Anders ist die Rechtslage, wenn die Vertragspraxis zeigt, daß der Absender nicht das Risiko zu tragen braucht, daß der Empfänger keine Paletten zurückgibt. In diesem Fall spricht vieles dafür, daß der Vertrag Tauschelemente enthält, bei dem der Frachtführer eine Palette zu liefern hat und im Austausch den Anspruch des Absenders gegen den Empfänger auf Rückgabe und gegebenenfalls (s. o.) zusätzlich eine Vergütung erhält.

Besitzt dagegen auch der **Frachtführer ein Interesse** daran, daß ihm die Güter auf Paletten zur Verfügung gestellt werden und verspricht er in dieser Situation dem Absender den ,,Tausch" bzw. die Rückgabe von Leerpaletten, so ist eher anzunehmen, daß der Frachtführer voll das Risiko tragen soll, rechtzeitig Leerpaletten zurückgeben zu können. Das gilt jedenfalls im Verhältnis unter Transportunternehmen. Derartige Vereinbarungen sind im Zweifel als Darlehensverträge unter Abtretung des Rückgabeanspruchs des Absenders gegen den Empfänger an den Frachtführer zu qualifizieren. Dabei ist der Absender der Darlehensgeber und der Frachtführer der Darlehensnehmer. In diesem Zusammenhang ist freilich zu berücksichtigen, daß die Tarife vorgeben können, daß die Stellung von Paletten nicht Sache des Frachtführers sondern die des Absenders ist (so BGH v. 15.1.1987, TranspR **1987**, 178, 179 f zum Güterfernverkehr). Diese Wertung ist bei der Auslegung der Palettenverträge zu beachten. Es ist auch denkbar, daß der Frachtführer mit dem Empfänger zusätzlich einen Darlehensvertrag über die Rückgabe von Paletten schließt, indem er sich von diesem Palettenscheine abzeichnen läßt.

Weist der Palettenvertrag eine Darlehens- oder Tauschstruktur auf und gibt der Frachtführer nicht rechtzeitig Paletten gleicher Art und Güte zurück, so kann der Absender Schadensersatz nach Maßgabe der §§ 286, 326 BGB fordern (OLG Celle v. 16.4.1982, TranspR **1984**, 253; OLG Frankfurt v. 14.2.1985, TranspR **1986**, 354, 356; *Thume*, TranspR **1989**, 47, 48). Vertragsstrafevereinbarungen und Schadenspauschalierungsabreden sind zulässig; im Rahmen von AGB nur in den Schranken des § 9 AGBG (LG Bonn, TranspR **1989,** 74). Ein Zurückbehaltungsrecht ist nur ausgeschlossen, wenn der Ausschluß nachweislich Handelsbrauch ist oder der Verkehrssitte entspricht. Es besteht kein Anlaß, Paletten im Warenumschlag anders als sonstige Güter zu behandeln (**a. A.** OLG Frankfurt v. 14.2.1985, TranspR **1986**, 354, 356).

III. Ablieferung, Obhut

Das Gut ist am Zielort oder, soweit zulässig, nach Weisung des Absenders (§§ 428 II, 433, 437, 447 f HGB) bzw. des Empfängers (§§ 433 II, 434, 435, 447 f HGB) oder bei sonstiger Beendigung des Transportes (Rz. 46) abzuliefern. Der Frachtführer schuldet die Ablieferung in Form eines Erfolges (§ 631 BGB). Zur Rechtsnatur und zum Begriff der Ablieferung § 429 HGB Rz. 6; vgl. auch §§ 33, 53 ADSp. Da das Gut vollständig und unbeschädigt auszuliefern ist, trifft den Frachtführer eine Obhutspflicht, deren Tragweite sich mittelbar aus § 429 HGB ergibt. Im Rahmen der Obhutspflicht hat der Frachtführer das Gut, soweit dies transportbedingt notwendig ist, zu lagern. Zur Entladung s. oben Rz. 14. 15

IV. Pflichten als Geschäftsbesorger

1. Der Absender ist der Herr des Transports. Der Frachtführer hat sich daher im Rahmen der zumutbaren Sorgfalt an dessen erkennbaren **Interessen** zu orientieren. In Fällen, in denen die Interessen des Absenders nicht klar erkennbar sind, hat der Frachtführer den Absender zu **benachrichtigen** und **Anweisungen einzuholen** (vgl. § 437 I HGB). Soweit **Unterfrachtführer** die Ausführung von Geschäftsbesorgungsaufgaben übernehmen, kommt eine Anwendung des § 664 BGB in Betracht, so daß es grundsätzlich einer Erlaubnis der Einschaltung des Unterfrachtführers bedürfte. Da aber die werkvertragliche Pflicht der Beförderung ganz im Vordergrund steht und insoweit keine Erlaubnis nötig ist (Rz. 14), kommt § 664 BGB nur dort zum Tragen, wo Dritten ausschließlich Geschäftsbesorger-Aufgaben übertragen werden. Dort ist zu beachten, daß die Erlaubnis konkludent erteilt werden kann (*Palandt/Thomas*, § 664 Rz. 3). 16

2. Unter Umständen treffen den Frachtführer spezifisch speditionelle Nebenpflichten (vgl. § 407 HGB Rz. 43 ff) wie die Pflicht, für die **Weiterversendung** oder **Einlagerung** bei Dritten zu sorgen. Beachte §§ 1, 8 ADSp. Der vom Frachtführer im eigenen Namen auf Rechnung des Absenders mit einem anderen Frachtführer geschlossene Vertrag heißt „*Zwischenfrachtvertrag*"; er heißt „*Teilfrachtvertrag*", wenn der Frachtführer im Namen des Absenders gehandelt hat. 17

3. Der Frachtführer hat das Gut, soweit dies im Laufe des Transports erforderlich wird, zu **verzollen** (§ 407 HGB Rz. 55; *Lenz*, Straßengütertransportrecht, Rz. 259, 446; **a. A.** *Schlegelberger/Geßler*, § 427 Rz. 4; zu den Begleitpapieren §§ 426, 427 HGB; zum Aufwendungsersatz Rz. 42). Grenzspediteure (§ 407 HGB Rz. 23) sind seine Erfüllungsgehilfen. Zur Verpflichtung gegenüber dem Grenzspediteur, das Gut dem Zoll zu stellen, OLG Düsseldorf v. 3.12.1987, TranspR **1988**, 115. 18

4. Der Frachtführer kann sich verpflichten, **Nachnahmen** einzuziehen (vgl. § 407 HGB Rz. 53; vgl. auch § 426 II 8 HGB, § 24 KVO) oder das Gut zu **versichern** (vgl. § 407 HGB Rz. 51). Diese Verpflichtungen bedürfen besonderer Vereinbarung (vgl. § 35 ADSp). Im Einzelfall kann es fraglich sein, ob diese Verpflichtung als Frachtführer oder im Rahmen eines mit dem 19

Frachtvertrag verbundenen (*Palandt,* BGB, vor § 305 Rz. 21) Speditionsvertrages übernommen worden ist. Im letzteren Fall wird im Zweifel nur die Organisation der Nachnahmeerhebung geschuldet (§ 407 HGB Rz. 47). Für eine Kombination von Fracht- und Speditionsvertrag spricht, daß sich der Frachtführer für den Absender erkennbar zur Einziehung der Nachnahme dritter Personen bedienen muß und dies mit unwägbaren Risiken verbunden ist (Einzug im Ausland; vgl. OLG Hamburg v. 13.12.1990, VersR **1991,** 1313). Dagegen stellt die Weisung, das Gut nur gegen **Vorlage bestimmter Dokumente** auszuliefern, lediglich eine Konkretisierung der Beförderungspflicht dar (§ 433 HGB Rz. 2).

20 **5**. Zur **Rüge** beschädigten oder unvollständigen Guts ist der Frachtführer im Zweifel nicht verpflichtet (Umkehrschluß aus §§ 407 II, 388 HGB, die eine Rügepflicht nur zu Lasten des Spediteurs statuieren). Dies gilt auch dann, wenn der Frachtführer das Gut von einem anderen Frachtführer übernimmt, da der Absender einen Spediteur hätte einschalten können (*Heymann/Honsell,* HGB, § 425 Rz. 20; **a. A.** OLG Düsseldorf v. 14.12.1972, DB **1973**, 1943, 1944; GroßkommHGB-*Helm*, § 425 Rz. 79; vgl. auch BGH, NJW-RR **1987**, 742, 743). Anders ist die Situation im Fall eines besonderen, auch konkludenten Auftrags. Beachte § 16 ADSp. Der Frachtführer wird regelmäßig aber im eigenen Interesse rügen, weil er sonst in die Situation kommen kann, daß der Dritte, der ihm das Gut übergeben hat, behauptet, das Gut sei mangelfrei gewesen und dies möglicherweise beweisen kann.

21 **6**. Der Frachtführer hat auf Verlangen eine **Empfangsquittung** auszustellen, soweit er das empfangene Gut als Nicht-Warenfachmann mit zumutbarem Aufwand (OLG Düsseldorf v. 12.1 1984, TranspR **1984**, 106, 107) zählen, wiegen und klassifizieren kann (vgl. § 407 HGB Rz. 45 f; § 429 HGB Rz. 8; § 16 KVO; **a. A.** *Schlegelberger/Geßler*, HGB, § 426 Rz. 24). Jedenfalls hat der Frachtführer den erkennbar unerfahrenen Absender auf die Beweisnachteile infolge einer pauschalen Empfangsquittung oder das Fehlen einer Empfangsquittung hinzuweisen (*Koller*, EWiR **1986**, 1119, 1120; vgl. aber § 407 HGB Rz. 45). Zur Beweiskraft der Empfangsquittung § 429 HGB Rz. 8; § 407 HGB Rz. 45 f; § 16 KVO Rz. 5. Vgl. § 7 c, d ADSp. Vom Empfänger ausgestellte Empfangsbescheinigungen verbleiben mangels besonderer Abreden beim Frachtführer, da dieser sie als Beweis (§ 368 BGB) benötigt. Ist zwischen Absender und Empfänger die Ablieferung streitig, so muß der Absender den Frachtführer als Zeugen benennen und/oder ihm den Streit verkünden.

V. Allgemeine Verkehrssicherungspflichten

22 Siehe Erläuterung Rz.39.

VI. Leistungsstörungen

1. Allgemeines

23 Aus den §§ 425 ff HGB ergibt sich nicht klar, was der Frachtführer als Hauptpflicht schuldet: ob er nur die Beförderung als Hauptverpflichtung oder darüber hinaus auch die Beförderung des Guts zum Ablieferungsort in unbeschädigtem und vollzähligem Zustand auf vertragsgerechte Art (z. B. mit Lkw) schuldet. Eine Antwort gibt der Umstand, daß es sich beim Frachtvertrag um eine Variante des Werkvertrages handelt und daß bei Werkverträgen der Unternehmer die Erstellung des Werks schuldet, soweit die Erstellung des Werks typischerweise in seiner Macht liegt (vgl. *Koller*, Risikozurechnung, S. 169). Dies ist beim Frachtvertrag sowohl in Hinblick auf die reine Beförderung als auch in Hinblick auf die Art der Beförderung und das Ergebnis der Beförderung (Schadensfreiheit des Gutes) gegeben. Der Unternehmer mag zwar dort, wo er beschädigtes Gut abliefert, ein „Werk" erstellt haben, doch ist dieses „Werk" eben nur mangelhaft iSd §§ 633 ff BGB. Da die §§ 633 ff BGB nach heute ganz h. M. nur modifizierte Erfüllungsansprüche normieren (*Soergel/Mühl*, BGB, § 633 Rz. 1 m. Nachw.), ist die Ablieferung beschädigten Guts oder der Transport des Guts auf vertragswidrige Weise eine Form der (teilweisen) Nichterfüllung. Auf die Nichterfüllung des geschuldeten Erfolgs finden grundsätzlich die allgemeinen Leistungsstörungsregeln und nach Ablieferung und Annahme des Guts die §§ 633 ff BGB Anwendung. Diese werkvertraglichen Regeln werden allerdings in großem Umfang durch die §§ 428, 429, 430, 437, 438, 439 HGB *modifiziert*. Daraus entstehen Wertungswidersprüche, die bei der Ausformung der konkreten Leistungsstörungsregeln zu beachten sind.

2. Volle Unmöglichkeit

24 Die Unmöglichkeit (§§ 275, 306 BGB) der Leistung (vgl. Rz. 23) kann darauf beruhen, daß von vornherein ein nicht bloß zeitweiliges, d. h. innerhalb des Erfüllungszeitraumes (§ 428 HGB Rz. 1) behebbares Reisehindernis oder Ablieferungshindernis (§§ 428, 437 HGB) besteht oder daß ein solches Hindernis später entsteht. Die Unmöglichkeit der Leistung kann auch dadurch verursacht worden sein, daß der Absender dem Frachtführer das Gut nicht übergeben kann oder das Gut später verloren geht. Ferner tritt Unmöglichkeit ein, wenn das Gut infolge Verstreichens des Erfüllungszeitraums (§ 428 HGB Rz. 1) endgültig nicht mehr auf vertragsgerechte Weise zum Empfänger befördert werden kann.

25 **a) Anfängliche Störung**. Hier kommen insbesondere Reise- und Ablieferungshindernisse in Betracht, die nicht behoben werden können. Ist *objektive Unmöglichkeit* gegeben, so greifen grundsätzlich die §§ 306 ff BGB ein, es sei denn, daß die Störungsursache dem Absender zuzurechnen ist (vgl. *Koller*, Risikozurechnung, S. 294 m. Nachw. zum Streitstand). Es ist jedoch zusätzlich § 437 HGB zu beachten. Da ausführbare Weisungen die Unmöglichkeit der Erfüllung beseitigen können, führt § 437 HGB dazu, daß anfängliche Reisehindernisse unter Umständen wie Fälle mangelnder Genehmigung Dritter (*Palandt/Heinrichs*, BGB, § 306 Rz. 3) als nachträgliche Störungen zu

behandeln sind (Rz. 26 ff). Liegt lediglich ein Fall anfänglichen *Unvermögens* vor, so trifft den Frachtführer nach h. M. immer eine Garantiehaftung (*Soergel/Wiedemann*, BGB, § 306 Rz. 26; vgl. auch BGH v. 9.2.1979, VersR **1979**, 445, 446).

26 **b) Nachträgliche Störung**. Im Fall von **Reise- und Ablieferungshindernissen** kommt vorrangig § 437 HGB zum Tragen. Die Unmöglichkeit (Rz. 23 ff) kann somit durch ausführbare Absenderweisungen (§ 433 HGB) entfallen. Erteilt der Absender keine (ausführbare, zumutbare) Weisungen, so ergeben sich die Rechte der Parteien primär aus § 437 II, III HGB. Soweit § 437 HGB keine Regelung trifft (z. B. in Hinblick auf Vergütung für erbrachte und für unmöglich gewordene Transportleistungen), ist danach zu differenzieren, in wessen Verantwortungsbereich das Hindernis fällt. Hat weder der Frachtführer noch der Absender das Hindernis zu vertreten, so ist in Hinblick auf die Vergütung für die bisher erbrachten und unmöglich gewordenen Transportleistungen § 323 BGB anzuwenden (vgl. § 21 ADSp). Hat der Absender die Störung zu vertreten (er kann z. B. das zu liefernde Gut nicht innerhalb des Erfüllungszeitraums anliefern), so greifen die §§ 324, 645 BGB unmittelbar oder analog ein, je nachdem, wie weit man den Geltungsbereich dieser Normen faßt (vgl. zum Streitstand *Soergel/Wiedemann*, BGB, vor § 323 Rz. 3 ff, 27 ff). Trifft den Frachtführer an dem Hindernis ein Verschulden, so haftet er gemäß § 325 BGB. Daran ändert auch der Umstand nichts, daß der Absender gemäß § 437 HGB die Möglichkeit besaß, ausführbare, zumutbare Weisungen zu erteilen; denn grundsätzlich ist der Absender nicht verpflichtet, dafür zu sorgen, daß der Vertrag ausführbar bleibt. Mangelnde Weisungen können nur in Hinblick auf die Obliegenheit zur Schadensminderung ein Mitverschulden des Absenders begründen. § 429 HGB greift nicht ein, da ein Fall der Unmöglichkeit und kein Fall bloßer Verspätung gegeben ist, wenn das Gut nicht innerhalb des Erfüllungszeitraums beim Empfänger ankommen kann. Vgl. § 21 ADSp. Zur Vergütung § 425 HGB Rz. 35.

27 Gleiches gilt grundsätzlich dort, wo die geschuldete Leistung deshalb nicht erbracht werden kann, weil das Gut **verlorengegangen** ist. Hat der Frachtführer den Verlust nicht zu vertreten, so entfällt lediglich sein Vergütungsanspruch (§ 323 BGB; Ausnahme: der Absender hat den Verlust zu vertreten). Besonderheiten gelten dort, wo den Frachtführer ein Verschulden trifft. Es greifen dann als leges speciales die §§ 429, 430, 439 HGB ein, die das Risiko des Frachtführers auf den Ersatz des gemeinen Werts am Ablieferungsort limitieren (vgl. auch OLG Düsseldorf v. 9.10.1986, TranspR **1986**, 429). Da in der Regel Güter nur versandt werden, wenn der Transport den Wert der Güter um mehr als die Fracht erhöht (nur dann ist der Transport rentabel), könnte man davon ausgehen, daß der Geschädigte um den Wert des Transports, der sich regelmäßig im gemeinen Wert am Ablieferungsort niedergeschlagen hat (§ 430 HGB Rz. 2), „bereichert" ist und daß es daher angemessen ist, daß der Absender zur Zahlung der Fracht verpflichtet bleibt. Der Geschädigte könnte daher gegen den Vergütungsanspruch nur mit Schadensersatzansprüchen aufrechnen. Diese Regelung führt jedoch zu Wertungswidersprüchen, wenn Gut verlorengegangen ist, das lediglich Liebhaberwert aber keinerlei gemeinen Wert besaß. In einem solchen Fall bekäme der Ge-

schädigte keinen Ersatz, müßte aber gleichwohl die Fracht bezahlen. Er wäre dann bei Verschulden des Frachtführers schlechter gestellt, als wenn diesen kein Vorwurf getroffen hätte, da dann § 323 I BGB gegolten und der Geschädigte zumindest keine Fracht zu zahlen gehabt hätte. Um diesen Wertungswiderspruch auszuschalten, ist daher die Fracht als Mindestschaden (vgl. BGH, NJW **1982**, 1279, 1280) anzusehen. Der Geschädigte kann daher unabhängig vom Wert des Guts immer einen Schaden in Höhe der für den Transport geschuldeten Vergütung geltend machen. Man kann sogar einen Schritt weitergehen und sagen, daß im Fall des vom Frachtführer verschuldeten Verlustes der Frachtanspruch gemäß §§ 325 I 3, 323 BGB erlischt (vgl. BGH v. 14.12.1988, VersR **1989**, 309, 310 zur CMR; ferner *Lenz*, Straßengütertransportrecht, Rz. 343). Der Geschädigte hat sich das Erlöschen des Vergütungsanspruchs bei Berechnung des Schadens anrechnen zu lassen (§ 430 I 2. HS HGB).

Hat der Frachtführer das Gut zwar vollzählig und unbeschädigt aber **nicht auf vertragsgerechte Art** zum Zielort transportiert, so hat er seine vertragliche Verpflichtung nicht erfüllt. Der Absender bzw. Empfänger kann grundsätzlich die Annahme dieser Leistung ablehnen. In der Regel wird die Weigerung, das Gut anzunehmen, allerdings gegen die Wertung des § 633 II3 BGB verstoßen (*Larenz*, Schuldrecht II/1 § 53 II a). Der Absender ist dann auf eine Wandlung bzw. Minderung der Fracht beschränkt (§ 634 I BGB) bzw. kann gemäß § 635 BGB Schadensersatz verlangen (Ausnahme bei Güter- und Verspätungsschäden, für die das Frachtrecht besondere Regeln vorsieht). Diese Rechtsbehelfe werden dort eine Rolle spielen, wo der Absender für einen Spezialtransport eine besonders hohe Fracht versprochen hatte, dann aber erkennen muß, daß das Gut auf gewöhnliche Art transportiert wurde, ohne daß daraus Verluste, Beschädigungen oder Verspätungen entstanden sind. Zum Transport mit vertragswidrigen Beförderungsmitteln vgl. auch Rz. 2. 28

Ist das Gut auf dem Transport **beschädigt** oder **verspätet abgeliefert** worden, so ist die vertragsgemäße Erfüllung, wie beim Teilverlust, lediglich teilweise unmöglich geworden. Siehe dazu Rz. 30 ff 29

3. Teilweise Unmöglichkeit

a) Anfängliche Störungen. Hierunter fallen z. B. Reisehindernisse, die nur einen Teil des Guts betreffen. In einem solchen Fall gilt, falls § 306 BGB anzuwenden ist (Rz. 25), § 139 BGB. 30

b) Nachträgliche Störungen. Bei **Reise- und Ablieferungshindernissen** gilt das zu Rz. 26 Gesagte. Der Frachtführer kann nach Maßgabe des § 323 I 2.HS BGB Vergütung verlangen; der Absender kann bei Verschulden des Frachtführers gemäß § 325 I 2 BGB Schadensersatz fordern bzw. zurücktreten. 31

Liegt ein Fall des **Teilverlusts** vor, so kann ebenfalls auf das zu Rz. 27 Ausgeführte verwiesen werden, mit der Modifikation, daß die §§ 438, 439 HGB sowie § 323 I 2.HS BGB bzw. § 634 BGB zu beachten sind. Der Betrag, um den die Fracht gemindert werden kann, stellt den Mindestschaden iSd §§ 429, 430 HGB dar bzw. um diesen Betrag ist die Fracht zu mindern (§ 323 I 2.HS BGB; vgl. Rz. 27). 32

33 Wurde das Gut **beschädigt** abgeliefert, so ist der versprochene Erfolg zwar nicht vertragsgemäß erbracht worden, dem Absender sind jedoch Teile des Transporterfolges zugute gekommen, so daß ein Fall der teilweisen Unmöglichkeit vorliegt. Es kann daher auf die Regeln zum Teilverlust (Rz. 32) verwiesen werden. Zu bedenken ist allenfalls, daß in Fällen der vom Frachtführer nicht zu vertretenden Beschädigung nach Annahme des Guts anstatt des § 323 I 2.HS BGB der § 634 BGB anzuwenden ist. Im Fall einer vom Frachtführer verschuldeten Beschädigung des Guts greifen die §§ 429, 430 HGB ein. Die anteilige Fracht ist der Mindestschaden bzw. um diesen Betrag ist die Fracht zu mindern (vgl. Rz. 27).

34 Zum teilweise **vertragswidrigen Transport**. S. Erläuterungen Rz. 28.

4. Zeitweilige Störungen

35 **a) Reise- und Ablieferungshindernisse**. Es greift vorrangig § 428 II HGB ein (näher dazu Erläuterungen bei § 428 HGB). § 437 HGB kommt aber dort zum Tragen, wo das Gut zeitweilig beim Empfänger nicht abgeliefert werden kann (§ 437 HGB Rz. 2; str.), nicht bei ,,sonstigen Ablieferungshindernissen", zu denen nur dauernde Beförderungshindernisse zählen (§ 437 HGB Rz. 3). Der Frachtführer hat *Leistungserschwerungen* bis zur Opfergrenze bzw. Unzumutbarkeit (*Soergel/Wiedemann*, BGB, § 275 Rz. 16 ff) hinzunehmen. Vgl. §§ 18, 20 ADSp. Bei zeitweiligen Reisehindernissen, deren Ursachen in der Sphäre des Absenders liegt und vom Frachtführer nicht zu vertreten sind, sind die §§ 642, 643 BGB heranzuziehen. Vgl. zum Standgeld Rz. 41; zur Verzögerung der Beladung, vor Art. 1 CMR Rz. 27 vgl. auch OLG Frankfurt v. 24.11.1987, RIW **1989**, 226. Kann der Transport voraussichtlich nicht innerhalb der vereinbarten Frist durchgeführt werden, so kann der Absender die Weisung geben, den Transport zu beenden (§ 428 II bzw. § 433 HGB). Dies gilt auch dann, wenn die Abwicklung des Transportes nicht unmöglich (Rz. 26) geworden ist. Der Absender, der das Hindernis nicht zu vertreten hat und der Weisung zur Beendigung des Transportes gegeben hat, schuldet Vergütung nach Maßgabe des § 428 II S. 1, 3. HS HGB. § 428 II HGB ist gegenüber § 636 BGB lex specialis.

36 **b) Vertragswidriger Transport.** S. Rz. 2, 28.

37 **c) Verspätung, Erfüllungsverweigerung.** Hat der Frachtführer die Verspätung *zu vertreten*, so haftet er gemäß § 429 HGB. Die §§ 284 ff, 636 BGB werden verdrängt. Außerdem kann der Absender unter den Voraussetzungen des § 428 II HGB vom Vertrag zurücktreten (vgl. §§ 18, 21 ADSp) bzw. unter den Voraussetzungen des § 433 HGB Weisung geben, den Transport zu beenden. Er kann die Rechte aus § 326 BGB geltend machen, wenn der Frachtführer in Verzug (§ 284 I 1 BGB) geraten ist und eine Nachfrist fruchtlos abgelaufen ist. Im Fall der ernsthaften und endgültigen Erfüllungsverweigerung erübrigt sich die Setzung einer Nachfrist (vgl. BGH v. 9.2.1979, VersR **1979**, 445, 446). Verzögert der Frachtführer willentlich den Transport derart, daß die Einhaltung der Lieferfrist konkret gefährdet ist, so ist § 428 II HGB analog heranzuziehen. Damit erübrigt sich vielfach ein Rückgriff auf § 361 BGB (§ 428 HGB Rz. 1). Zu denken ist auch an einen Rücktritt bzw. an einen Schadensersatzanspruch nach den Regeln der Erfüllungsverweigerung (BGH

v. 9.2.1979, VersR **1979**, 445, 446). Lag die Verspätungsursache in der *Sphäre des Absenders bzw. des Empfängers,* so greift § 642 BGB ein (LG Hamburg, VersR **1987**, 1034; vgl. ferner vor Art. 1 CMR Rz. 27).

Die Rechtzeitigkeit ist, wie sich aus den §§ 326, 361 BGB ergibt, grundsätzlich nicht Teil des geschuldeten Erfolgs. § 636 BGB rückt die Rechtzeitigkeit zwar in die Nähe des geschuldeten Erfolgs, eröffnet aber gerade kein Recht zur Minderung. Dem Absender steht daher im Fall der vom Frachtführer nicht zu vertretenden oder zu vertretenden Verspätung kein Recht zur Minderung der Fracht zu (so i. E. auch OLG Düsseldorf v. 9.10.1986, TranspR **1986**, 429, 431). Im Fall einer *vom Frachtführer nicht zu vertretenden* Verspätung kann der Absender daher nur die Rechte aus § 428 II HGB geltend machen.

5. Schlechterfüllung

Verletzt der Frachtführer schuldhaft Nebenpflichten des Frachtvertrages, **38**
so haftet er nach den allgemeinen Regeln der positiven Forderungsverletzung. Zum Verlust und Beschädigung des Guts s. Rz. 27, 33.

VII. Deliktische Haftung

Die Ansprüche aus den §§ 823 ff BGB konkurrieren nach ständiger Recht- **39**
sprechung in vollem Umfang mit der Haftung aus dem Frachtvertrag (BGHZ **46**, 140; BGH v. 19.10.1965, VersR **1966**, 40 ff; v. 22.10.1984, VersR **1985**, 36; *Lenz,* TranspR **1989,** 396; **a. A.** GroßkommHGB-*Helm*, § 429 Rz. 89 ff m. Nachw.). Der Rechtsprechung ist trotz der heftigen Kritik des Schrifttums zu folgen, weil es häufig nur auf diese Weise möglich ist, auf sachgerechte Art ein Organisationsverschulden der Transportträger zu erfassen (BGHZ **24**, 188, 190). Der Frachtführer hat somit gemäß § 823 I BGB für eine sichere Beförderung und Verwahrung des Guts zu sorgen. Das gilt auch für die Zeit vor Vertragsschluß (BGH v. 14.6.1982, VersR **1982**, 902; näher § 429 HGB Rz. 11). Gleiches kann sich aus den §§ 989 ff BGB ergeben. Die deliktische Haftung von Arbeitnehmern ist dagegen gemäß § 430 HGB beschränkt, soweit der Arbeitnehmer einen arbeitsrechtlichen Freistellungsanspruch besitzt (vgl. § 29 KVO Rz. 10).

E. Pflichten des Absenders

I. Vergütung

Die Legaldefinition der Vergütung ist ,,Fracht" (§ 426 II 7 HGB). Ihre **40**
Höhe ergibt sich, soweit keine zwingenden gesetzlichen Tarife bestehen (§§ 20 ff, 40, 84 GüKG), primär aus dem Vertrag. Haben die Parteien nichts besonderes vereinbart, so sind die üblichen Entgelte (§ 632 BGB, § 354 HGB), hilfsweise angemessene Entgelte (§ 315 BGB) geschuldet. Vgl. § 20 ADSp. Der Anspruch wird dem BGH (v. 27.10.1988, NJW-RR **1989**, 160, 162) zufolge gemäß den §§ 641, 646 BGB mit der Vollendung des Werks d. h.

mit der vollständigen Ausführung der Beförderung fällig. Eine Abnahme durch den Empfänger ist unerheblich (krit. *Koller*, EWiR **1988**, 1188). Es genügt daher in der Regel die Ablieferung (§ 429 HGB Rz. 6; der BGH, aaO spricht unklar von Übergabe). Kommt es infolge einer Annahmeverweigerung (§ 437 HGB Rz. 2) nicht zur Ablieferung, so wird die Vergütung im Moment des Eintritts des Annahmeverzugs fällig (BGH, aaO; *Koller*, aaO, m. w. Nachw.). Der BGH (v. 27.10.1988, NJW-RR **1989,** 160, 162) läßt die Vergütung mit vollständiger Ausführung der Beförderungsleistung sogar vor Ablieferung fällig werden. Das leuchtet nur im Fall des Annahmeverzugs ein (*Koller,* EWiR **1988,** 1188; *Heymann/Honsell,* HGB, § 425 Rz. 22). Die Klausel „prepaid" soll im Luftfrachtrecht nach der Verkehrssitte nur bedeuten, daß der Empfänger keine Fracht zu bezahlen hat (OLG Düsseldorf v. 31.7.1986, TranspR **1986**, 341, 342; anders wohl BGH v. 15.6.1987, WM **1987**, 1198). Der Frachtführer hat zu beweisen, daß abgeliefert worden ist (BGH v. 12.12.1985, NJW-RR **1986**, 515). Vgl. § 29 ADSp. Passivlegitimiert ist der Absender als Vertragspartner. Unter der Voraussetzung der §§ 436, 446 HGB oder eines Schuldbeitritts (§ 436 HGB Rz. 3) kann der Empfänger zum Gesamtschuldner der Fracht werden, ohne vertraglichen Schuldbeitritt aber nicht sonstige Dritte, wie der Versender oder Ablader (vgl. OLG München v. 3.11.1988, NJW-RR **1989**, 803). Ein solcher Schuldbeitritt kann nicht schon darauf gestützt werden, daß sich der Verkäufer, bei dem der Frachtführer im Auftrag des Absenders das Gut abholte, eine Übergabequittung oder ein FCR etc. (§ 407 HGB Rz. 46) hatte geben lassen. AGB, die einen Schuldbeitritt vorsehen, verstoßen in der Regel gegen die §§ 3, 9 AGBG (**a. A.** *Trappe,* VersR **1991,** 163). Zum Einfluß von *Weisungen* auf den Vergütungsanspruch s. § 433 HGB Rz. 4; zum Einfluß von *Leistungsstörungen* s. Rz. 23 ff Hat der Frachtführer *Mehrfracht* transportiert, so stehen ihm unter der Voraussetzung des § 814 BGB Ansprüche gemäß §§ 812, 818 II BGB zu. Daneben kommen Ansprüche aus den §§ 426, 427 HGB in Betracht.

II. Standgeld, Übergabe des Gutes

41 Der Absender schuldet, wenn der Frachtführer das Gut nicht übernehmen kann, ein Beförderungshindernis entsteht oder das Gut nicht ausgeliefert werden kann und wenn deshalb der Transportvorgang ins Stocken gerät, nach Maßgabe des § 642 BGB eine angemessene Vergütung. Die Höhe ergibt sich aus § 642 II BGB und kann gemäß § 287 ZPO geschätzt werden (LG Stuttgart, TranspR **1991,** 142, 143). Voraussetzung ist immer, daß der Absender bzw. seine Gehilfen (z. B. der Empfänger) iSd §§ 293 ff BGB in Mitwirkungsverzug geraten ist. Dies ist bei Beförderungshindernissen, die nicht der Sphäre des Absenders entspringen, nie der Fall. Der Frachtführer kann nicht gemäß den §§ 284 ff BGB Ersatz von Verzugsschäden verlangen; denn nach den allgemeinen Regeln des Werkvertragsrechts besteht nur eine Mitwirkungsobliegenheit (**a. A.** *Lenz*, Straßengütertransportrecht, Rz. 324).

Häufig kommt es vor, daß die Parteien eine Standgeldvereinbarung treffen, ohne die Voraussetzungen des Standgelds klar zu regeln. Soweit sich aus der Vereinbarung keine Anhaltspunkte bezüglich des Parteiwillens entnehmen lassen, ist die Lücke im Rahmen der ergänzenden Auslegung nach Treu und Glauben zu schließen (OLG Karlsruhe v. 14.7.1978, TranspR **1978**, 42; *Koller*, TranspR **1988**, 129, 137 f). Dabei ist den Wertungen des § 642 BGB Rechnung zu tragen und die Vereinbarung als Konkretisierung der „angemessenen Entschädigung" zu deuten. In diesem Zusammenhang könnte man berücksichtigen, daß das Seerecht eine erweiterte „Standgeld"-Verpflichtung kennt. Gemäß §§ 574, 598 HGB ist Liegegeld nur dann nicht zu zahlen, wenn der Grund für die Verzögerung der Beladung oder Entladung aus der Sphäre des Verfrachters (Frachtführers) stammt (vgl. OLG Hamburg v. 14.7.1988, VersR **1990**, 289 zum Boykott). Dagegen spricht aber, daß bei Straßentransportverträgen auf das BGB zurückzugreifen ist, nicht auf die Spezialvorschriften des Seerechts. Zum Warten auf Quittung OLG Karlsruhe v. 14.7.1978, TranspR **1978**, 42. Zum Nachweis der Standzeiten OLG Hamburg v. 3.5.1984, TranspR **1985**, 37. *Anders* ist die Situation dort, wo die Standgeldvereinbarung nicht der Vergütung von Betriebsstörungen dient, sondern lediglich die Art der Berechnung der Vergütung (Vergütung nach Zeitaufwand) regelt. Betrifft die Standgeldvereinbarung die Berechnung der Vergütung, so ist in Parallele zu den §§ 611 ff BGB Standgeld für alle Standzeiten geschuldet. Der Absender kann dann nur mit Ansprüchen aus positiver Forderungsverletzung aufrechnen. Im Zweifel ist die Standgeldvereinbarung aber keine reine Vergütungsvereinbarung.

III. Aufwendungsersatz

Soweit der Frachtführer spezifisch geschäftsbesorgungsrechtliche Nebenpflichten erfüllt (Rz. 16 ff), kann er wie ein Spediteur Ersatz seiner Aufwendungen verlangen (§ 407 HGB Rz. 59 ff). Dies gilt auch in Hinblick auf den Anspruch auf Vorschuß (vgl. § 407 HGB Rz. 65). Die Pflicht zur Beförderung und zur Obhut fällt hingegen nicht in den Kreis der geschäftsbesorgungsrechtlichen Pflichten (GroßkommHGB-*Helm*, § 425 Rz. 83; vgl. auch *Koller*, BB **1979**, 1725, 1726). Es gelten hier die allgemeinen werkvertraglichen Regeln (*Koller*, BB **1979**, 1725, 1726). 42

IV. Pflicht zur Wahrung des Integritätsinteresses des Frachtführers und Dritter

Der Absender ist ebenso wie der Frachtführer (vgl. auch Rz. 39) vor Vertragsschluß und im Laufe der Vertragsabwicklung zumindest verpflichtet, mit verkehrserforderlicher Sorgfalt auf die Gefährlichkeit von Gütern hinzuweisen (*Lenz*, Straßengütertransportrecht, Rz. 124) und in sonstiger Weise zumutbar dazu beizutragen, daß Güter, die dem Frachtführer gehören, nicht beschädigt werden. Vgl. auch § 8 KVO Rz. 1. Zum Teil haftet der Absender auch verschuldensunabhängig (§§ 426 III, 427 HGB); insbesondere für mangelnde Begleitpapiere und ungenügende Kennzeichnung des Guts. Vgl. ferner §§ 5 b, 7 a, 31 ADSp. 43

V. Sicherungsrechte des Frachtführers

44 S. Erl. zu den §§ 435, 440 ff HGB. Vgl. § 50 ADSp.

F. Rechte und Pflichten des Empfängers

45 S. Erl. zu den §§ 433, 435, 436 HGB. Vgl. § 35 ADSp.

G. Beendigung des Frachtvertrages

46 Der Frachtvertrag ist eine Variante des Werkvertrages. Der Absender kann daher gemäß § 649 BGB kündigen. Vgl. § 21 ADSp. Zur Vertragsbeendigung im Zusammenhang mit Leistungsstörungen Rz. 23 ff Die §§ 675, 672 ff BGB sind auf den Frachtvertrag nicht anwendbar (*Lenz,* Straßengütertransportrecht, Rz. 205).

H. Nichtigkeit des Vertrages

47 Die beiderseitigen Leistungen sind gemäß den §§ 812 ff BGB zurückzugewähren. Der Frachtführer hat das Gut an den Absender bzw. Eigentümer herauszugeben (§§ 985, 812 BGB). Er haftet gemäß den §§ 989 ff und gegebenenfalls den §§ 823 ff BGB (str.) sowie nach den Regeln der positiven Forderungsverletzung bzw. der c.i.c.

I. Erfüllungsort, Gerichtsstand

48 In Hinblick auf die Transportpflicht ist nach dispositivem Recht Erfüllungsort (§ 269 BGB) der Bestimmungsort des Guts. In Hinblick auf Fracht und Kosten kommt es auf den Wohnsitz bzw. die Niederlassung des Absenders als Schuldner an (§§ 269, 270 IV BGB; OLG Hamburg v. 28.9.1989, TranspR **1990**, 117, 118, unabhängig von der Währung, in der die Fracht vereinbart wurde). Der Wohnsitz, die Niederlassung des Empfängers wird nach Erfüllung der Voraussetzungen des § 436 HGB in Hinblick auf die Pflichten des Empfängers zum eigenständigen Erfüllungsort (§§ 269, 270 IV BGB). Erfüllungsort der den Frachtführer treffenden Herausgabe- und Schadensersatzpflicht ist dessen Wohnsitz bzw. Niederlassung. Der Gerichtsstand ergibt sich aus den §§ 12ff ZPO sowie §§ 15 ff EuGVÜ. Kommen die ADSp oder die AGNB zum Tragen, so ergeben sich Erfüllungsort und Gerichtsstand aus den §§ 65 ADSp, 24 AGNB.

J. Internationales Privatrecht

Vorrangig ist die Anwendbarkeit der CMR zu prüfen (vor Art. 1 CMR Rz. 3 ff). Soweit die CMR nicht anwendbar oder lückenhaft ist, greift das nach IPR maßgebliche nationale Recht ein. Nach deutschem IPR ist in erster Linie auf das von den Parteien gewählte Recht (z. B. § 65 ADSp) abzustellen (Art. 27 EGBGB). Fehlt es an einer Rechtswahl, so ergibt sich das maßgebliche nationale Recht primär aus Art. 28 IV EGBGB, der auch in den Fällen der §§ 412 f HGB eingreift (OLG Hamburg v. 30.3.1989, TranspR **1989,** 321, 322). Hilfsweise ist Art. 28 I EGBGB anzuwenden. Nach Art. 28 I EGBGB bestehen im Zweifel die engsten Verbindungen zum Niederlassungsort des Frachtführers (BGH v. 28.4.1988, TranspR **1988**, 338, 340; MüKo-*Martiny*, Art. 28 EGBGB Rz. 166). 49

§ 426 HGB [Frachtbrief]

(1) **Der Frachtführer kann die Ausstellung eines Frachtbriefs verlangen.**

(2) **Der Frachtbrief soll enthalten:**

1. den Ort und den Tag der Ausstellung;

2. den Namen und den Wohnort des Frachtführers;

3. den Namen dessen, an welchen das Gut abgeliefert werden soll (des Empfängers);

4. den Ort der Ablieferung;

5. die Bezeichnung des Gutes nach Beschaffenheit, Menge und Merkzeichen;

6. die Bezeichnung der für eine zoll- oder steueramtliche Behandlung oder polizeiliche Prüfung nötigen Begleitpapiere;

7. die Bestimmung über die Fracht sowie im Falle ihrer Vorausbezahlung einen Vermerk über die Vorausbezahlung;

8. die besonderen Vereinbarungen, welche die Beteiligten über andere Punkte, namentlich über die Zeit, innerhalb welcher die Beförderung bewirkt werden soll, über die Entschädigung wegen verspäteter Ablieferung und über die auf dem Gute haftenden Nachnahmen, getroffen haben;

9. die Unterschrift des Absenders; eine im Wege der mechanischen Vervielfältigung hergestellte Unterschrift ist genügend.

(3) **Der Absender haftet dem Frachtführer für die Richtigkeit und die Vollständigkeit der in den Frachtbrief aufgenommenen Angaben.**

Literatur: siehe bei § 425 HGB.

I. Allgemeines

Der Frachtbrief ist eine widerlegbare Beweisurkunde, die der Absender auszustellen hat (vgl. BGH, NJW **1976**, 1746). Er ist weder Wertpapier noch Legitimationspapier noch Anweisung iSd §§ 783 ff BGB. Er beeinflußt nicht die Wirksamkeit des Frachtvertrages. Der Frachtführer hat einen Anspruch auf Ausstellung des Frachtbriefs (§ 426 I HGB) mit den in § 426 II HGB genannten Angaben (zu den Rechtsfolgen, Rz. 2). § 426 HGB ist dispositiv. 1

Beachte § 15 ADSp. Zur vom Frachtführer auszustellenden Empfangsbestätigung § 425 HGB Rz. 21.

II. Inhalt des Frachtbriefs (§ 426 II HGB)

2 § 426 II HGB enthält nur eine ,,Sollvorschrift". Zu den Mindesterfordernissen RGZ **80**, 60. Der Frachtführer kann jedoch im Rahmen des § 242 BGB einen Frachtbrief, der nicht die in § 426 II HGB genannten Angaben enthält, samt dem Gut zurückweisen (vgl. §§ 642 ff BGB; **a. A.** *Alff*, Frachtrecht, § 426 Rz. 4). Gleiches gilt, wenn er überhaupt keinen Frachtbrief erhält. Der Absender, der den Frachtbrief nicht, wie gesollt, ausfüllt, kann sich außerdem schadensersatzpflichtig machen (Rz. 3). Hingegen besteht kein einklagbarer Anspruch auf Ausstellung des Frachtbriefs, da auch kein Anspruch auf Übergabe des Guts existiert (§ 425 HGB Rz. 41; h. M.; **a. A.** *Heymann/Honsell*, HGB, § 426 Rz. 8). Das ,,Recht" auf Ausstellung des Frachtbriefs kann durch Handelsbrauch eingeschränkt sein, weil der Handelsbrauch den Frachtvertrag ausformt und § 426 HGB abdingbar ist (*Baumbach/Duden/Hopt,* § 426 HGB Anm. 1 B; **a. A.** *Schlegelberger/Geßler,* HGB, § 426 Rz. 11). *Inhalt des Frachtbriefs im einzelnen:* Tag und Ort der Ausstellung (§ 426 II 1 HGB); auf den Zeitpunkt des Vertragsabschlusses kommt es nicht an; Name des Empfängers (§ 426 II 3 HGB; der Empfänger muß nicht der sog. Endempfänger sein), nicht der Inhaber der Absenderausfertigung (der Zoll wird nicht schon deshalb zum Empfänger, weil das Gut nach Ankunft dem Empfänger zwecks Verzollung schnellstens zu avisieren ist (OLG Hamburg v. 30.1.1986, VersR **1987,** 813)); Ablieferungsort (§ 426 II 4 HGB; vgl. § 11 KVO Rz. 4), der mit dem Wohnort des Empfängers nicht identisch sein muß (der Ablieferungsort kann nachgeschoben werden); die Bezeichnung des Guts, soweit dies zur ordnungsgemäßen Durchführung des Transports erforderlich ist (§ 426 II 5 HGB; vgl. § 11 KVO Rz. 5a); Begleitpapiere (§ 427, § 426 II 6 HGB). Fracht (§ 426 II 7 HGB; wichtig für § 436 HGB); besondere Vereinbarungen (§ 426 II 8 HGB); Unterschrift (§ 126 BGB) des Absenders oder Faksimile oder gedruckte Unterschrift (§ 426 II 9 HGB; der Firmenstempel genügt nur dann, wenn dies stillschweigend vereinbart wird, z. B. durch Annahme des Frachtbriefs [vgl. *Schlegelberger/Geßler,* HGB, § 426 Rz. 20; *Heymann/Honsell*, HGB, § 426 Rz. 15; h. M.]). Der Frachtführer kann seinerseits Vermerke auf den Frachtbrief setzen (dazu Rz. 3).

III. Rechtsfolgen

1. Zu Lasten des Absenders

3 Der Frachtbrief beweist, wenn er eigenhändig unterschrieben ist, den Inhalt des Vertrages und der vom Absender gemachten Angaben im Rahmen der §§ 416, 440 ZPO (Richtigkeit und Vollständigkeit des in der Urkunde Erklärten; BGH, NJW **1980**, 1680); im übrigen entfaltet er Beweiskraft im Rahmen des § 286 ZPO. Insbesondere beweist der Frachtbrief zu Lasten des Absenders, daß der Absender dem Frachtführer bestimmte Güter in be-

stimmter Menge mit bestimmten Angaben übergeben hat. Dies gilt auch dann, wenn der Frachtbrief auf Wunsch des Absenders vom Frachtführer oder dessen Leuten ausgefüllt worden ist. Die Beweiswirkung wird zugunsten des Absenders abgeschwächt, falls der Frachtführer Vermerke des Absenders abgeändert hat. Sonstige Vermerke des Frachtführers auf dem Frachtbrief besitzen nur den Stellenwert einer Notiz des Frachtführers. Hat der Absender unrichtige oder unvollständige Angaben gemacht, so haftet er dem Frachtführer verschuldensunabhängig auf Ersatz des vollen Schadens (§§ 426 III HGB, 249ff BGB), z. B. an Transportfahrzeugen (RGZ **96**, 277, 279; BGHZ **72**, 181). Schäden anderer Absender kann der Frachtführer im Rahmen der Drittschadensliquidation geltend machen (vgl. § 13 KVO Rz. 2; so wohl auch GroßkommHGB-*Helm*, § 426 Rz. 23). § 426 III HGB entfaltet keine Schutzwirkung zugunsten anderer Ladungsbeteiligter, da der Schadensumfang aus der Sicht des Absenders unvorhersehbar ist. Der Frachtführer muß sich analog § 427 S. 2 HGB ein Mitverschulden mit der Folge entgegenhalten lassen, daß der Anspruch gänzlich entfällt. Die h. M. will hingegen § 254 BGB anwenden (RGZ **96**, 279; OLG Düsseldorf v. 14.3 1991, TranspR **1991**, 235, 241; *Schlegelberger/Geßler,* § 426 HGB Rz. 22; GroßkommHGB-*Helm*, § 426 Rz. 24). Geht man von § 254 BGB aus, so muß sich der Frachtführer allerdings auch schuldlose Mitverursachung zurechnen lassen (BGH, NJW **1969**, 1380). Jedenfalls muß sich der Frachtführer entgegenhalten lassen, daß er erkennbar zweifelhafte Angaben nicht gerügt hat oder selbst den Frachtbrief falsch ausgestellt hat. Dort, wo Personal des Frachtführers tätig wurde, hat der Frachtführer jedenfalls dann für sein Personal einzustehen, wenn es nicht nur gelegentlich bei der Ausfüllung von Frachtbriefen behilflich war und dadurch aus der Sicht des Absenders der Anschein erweckt wurde, es werde ihm ein besonderer Service des Frachtführers zuteil. Der Frachtführer hat dafür zu sorgen, daß dieser Eindruck nicht entsteht. Ist der Eindruck gewollt, so ist die richtige Ausfüllung eine Nebenpflicht des Frachtführers (weitergehend wohl GroßkommHGB-*Helm*, § 426 Rz. 25). Vgl. im übrigen § 13 KVO Rz. 4 ff. Die Haftung ist ausgeschlossen, wenn der Frachtführer das Gut ohne Frachtbrief übernimmt, da er dann konkludent auf dessen Ausstellung verzichtet hat (vgl. auch *Schlegelberger/Geßler,* HGB, § 426 Rz. 10; vgl. ferner § 13 KVO Rz. 1). Die Haftung aus den §§ 823 ff BGB steht selbständig neben der Haftung aus § 426 III HGB.

2. Zu Lasten des Frachtführers

Das HGB kennt kein Frachtbriefdoppel. Nach Treu und Glauben ist der 4
Frachtführer nur verpflichtet, eine Empfangsbestätigung zu unterzeichnen (§ 425 HGB Rz. 21). Vielfach erhält der Absender eine vom Frachtführer mit einem Annahmevermerk unterzeichnete Ausfertigung des Frachtbriefs. Sie enthält eine Empfangsbescheinigung iSd § 368 BGB (dazu § 16 KVO Rz. 5). Die bloße Entgegennahme des Frachtbriefs ohne Ausstellung einer Quittung stellt nur ein Indiz dafür dar, daß der Frachtführer eine Sendung entgegengenommen hat (*Heymann/Honsell*, HGB, § 425 Rz. 4; weitergehend *Baumgärtel/Reinicke,* Beweislast, § 426 HGB Rz. 2; *Baumbach/Duden/Hopt*, HGB, § 426 Anm. 1 A). Art, Menge und Beschaffenheit der Sendung sind damit

jedoch nur dann bewiesen, wenn der Frachtführer zur Prüfung dieser Angaben verpflichtet war (vgl. § 16 KVO Rz. 5). Dies ist im Zweifel nicht der Fall. Eine Prüfungspflicht besteht lediglich dort, wo sie der Verkehrssitte entspricht oder wo sie unter den Parteien üblich und daher stillschweigend vereinbart war, nicht aber immer dort, wo der Absender nur erkennbar eine Prüfung der Angaben wünschte; denn das Schweigen des Frachtführers kann nicht ohne weiteres als Zustimmung zur Begründung einer Prüfungspflicht begriffen werden. In Zweifelsfällen hat der Frachtführer aufzuklären. Vgl. § 7c, d ADSp.

§ 427 HGB [Begleitpapiere]

Der Absender ist verpflichtet, dem Frachtführer die Begleitpapiere zu übergeben, welche zur Erfüllung der Zoll-, Steuer- oder Polizeivorschriften vor der Ablieferung an den Empfänger erforderlich sind. Er haftet dem Frachtführer, sofern nicht diesem ein Verschulden zur Last fällt, für alle Folgen, die aus dem Mangel der Unzulänglichkeit oder der Unrichtigkeit der Papiere entstehen.

Literatur: siehe bei § 425 HGB.

I. Begleitpapiere

1 § 427 S. 1 HGB nennt nur die Papiere, die objektiv zur Erfüllung der Zoll-, Steuer- oder Polizeivorschriften erforderlich sind. § 427 S. 1 HGB ist jedoch analog auf sämtliche sonstige Papiere anzuwenden, die der Frachtführer kraft öffentlichen Rechts vorzuweisen hat und die sich unmittelbar auf das Gut beziehen. Der Absender hat diejenigen Papiere auszuhändigen, die dem Beförderungsweg und -mittel entsprechen. Steht der Beförderungsweg oder das Transportmittel noch im Ermessen des Frachtführers, so entsteht die Verpflichtung erst in dem Zeitpunkt, in dem der Frachtführer dem Absender seine Wahl mitteilt.

Die Erfüllung der Verpflichtung ist nicht einklagbar (*Heymann/Honsell*, HGB, § 427 Rz. 1); denn es besteht auch keine Pflicht, dem Frachtführer das Gut zu übergeben. Der Frachtführer ist im Fall der Nichtaushändigung der Begleitpapiere hinreichend durch die §§ 642 ff BGB und § 427 S. 2 HGB geschützt. Der Absender hat die Übergabe der Papiere zu beweisen, der Frachtführer deren Unzulänglichkeit (§ 363 BGB). *Beachte* § 7 ADSp.

II. Haftung des Absenders

2 Der Absender haftet dem Frachtführer verschuldensunabhängig (allg. M.) für die Ordnungswidrigkeit der Papiere auf Ersatz des vollen Schadens (§§ 249 ff BGB). Die Haftung entfällt, wenn den Frachtführer oder dessen Leute (§ 431 HGB) ein Verschulden trifft. Dies ist z. B. zu bejahen, falls er die Unrichtigkeit bzw. Unvollständigkeit der Papiere gekannt hatte, aber auch

dann, wenn ein ordentlicher Frachtführer sie hätte erkennen können (*Schlegelberger/Schröder,* HGB, § 427 Rz. 8; *Heymann/Honsell*, HGB, § 427 Rz. 7; **a. A.** GroßkommHGB-*Helm*, § 427 Rz. 5). Allerdings wird man in der Regel von einem ordentlichen Frachtführer nicht erwarten können, daß er die Ordnungsmäßigkeit der Papiere ausreichend beurteilen kann (vgl. § 12 I KVO; Art. 11 II CMR). Eine Prüfungspflicht trifft ihn daher normalerweise nur in Hinblick auf evidente Mängel. Anders ist die Situation, falls der Frachtführer die Besorgung und Ausfüllung der Papiere übernommen hatte. Hier ist dem Frachtführer jeder fahrlässig verursachte Fehler als Verschulden zuzurechnen (vgl. § 13 KVO Rz. 4). Das Mitverschulden kann auch darauf beruhen, daß der Frachtführer, nachdem die Mangelhaftigkeit der Papiere entdeckt worden ist, keine zumutbaren Schadensverhütungsmaßnahmen vornimmt, z. B. Anweisungen einholt. Trifft sowohl den Frachtführer als auch den Absender ein Verschulden, so ist § 254 BGB analog anzuwenden (allg. M. vgl. BGHZ **12**, 136, 140). Dem Frachtführer ist nachzuweisen, daß ihn ein Verschulden trifft (*Baumgärtel/Reinicke,* Beweislast, § 427 HGB Rz. 1).

§ 428 HGB [Lieferfrist; Verhinderung der Beförderung]

(1) **Ist über die Zeit, binnen welcher der Frachtführer die Beförderung bewirken soll, nichts bedungen, so bestimmt sich die Frist, innerhalb deren er die Reise anzutreten und zu vollenden hat, nach dem Ortsgebrauche. Besteht ein Ortsgebrauch nicht, so ist die Beförderung binnen einer den Umständen nach angemessenen Frist zu bewirken.**

(2) **Wird der Antritt oder die Fortsetzung der Reise ohne Verschulden des Absenders zeitweilig verhindert, so kann der Absender von dem Vertrage zurücktreten; er hat jedoch den Frachtführer, wenn diesem kein Verschulden zur Last fällt, für die Vorbereitung der Reise, die Wiederausladung und den zurückgelegten Teil der Reise zu entschädigen. Über die Höhe der Entschädigung entscheidet der Ortsgebrauch; besteht ein Ortsgebrauch nicht, so ist eine den Umständen nach angemessene Entschädigung zu gewähren.**

Literatur: siehe bei § 425 HGB.

I. Lieferfrist

Die Parteien können die Lieferfrist ausdrücklich oder konkludent vereinbaren. Es kann ein bestimmter Endtermin vereinbart werden. Wird lediglich ein bestimmter Zeitraum vereinbart, so beginnt die Lieferfrist in dem Moment, in dem das Gut nach dem Vertrag oder nach dem Ortsgebrauch übernommen werden sollte (**a. A.** *Heymann/Honsell*, HGB, § 428 Rz. 1: tatsächliche Übergabe). Wurde die Lieferfrist im Frachtbrief dokumentiert (§ 426 II Nr. 8 HGB), so steht dies der zusätzlichen Vereinbarung eines Übergabezeitpunkts nicht entgegen (**a. A.** *Voigt*, VersR **1973**, 501, 503). § 426 II Nr. 8 HGB erwähnt anders als § 428 I HGB nicht den Übernahmezeitpunkt, da der Frachtbrief regelmäßig erst bei Übernahme des Guts übergeben wird, die **1**

Dokumentation des vereinbarten Übergabezeitpunkts für den Frachtbrief also ohne Bedeutung ist. Fehlt es an der Vereinbarung eines Übernahmezeitpunkts und einer Lieferfrist, so kommt es auf den Ortsgebrauch des Ortes an, an dem die Beförderung begonnen wird. In letzter Linie hat der Richter den Übernahmezeitpunkt und die Lieferfrist vom ex-ante-Standpunkt aus (vgl. Art. 19 CMR Rz. 5) nach billigem Ermessen festzulegen (§ 428 I2 HGB; § 315 BGB). Die Lieferfrist kann auch so vereinbart werden, daß sie mit dem Erfüllungszeitraum zusammenfällt (absolutes Fixgeschäft). Die Leistung des Frachtführers wird dann mit dem Verstreichen der Lieferfrist unmöglich (§§ 275, 323 ff BGB; vgl. § 425 HGB Rz. 23 ff). Im Zweifel wird kein absolutes Fixgeschäft und auch kein Fixgeschäft iSd § 361 BGB vereinbart, da der Transport regelmäßig nicht mit der Einhaltung der Frist stehen oder fallen soll (vgl. OLG Düsseldorf v. 28.5. 1986, TranspR **1986**, 347, 348; vgl. aber OLG Frankfurt v. 27.11. 1987, RIW **1989**, 226, 227 zur Buchung eines bestimmten Flugs; *Heymann/Honsell*, HGB, § 428 Rz. 5). Je nach Art des Guts und der Erkennbarkeit der Transportbedürfnisse für den Frachtführer besteht jedoch bei jedem Gut ein mehr oder minder langer Erfüllungszeitraum, nach dessen Ablauf die Leistung des Frachtführers unmöglich wird. Der Erfüllungszeitraum endet, wenn eine spätere Erfüllung den Leistungsinhalt gänzlich verändern würde (z.B. das Gut wäre verdorben; MüKo-*Emmerich*, BGB, § 275 Rz. 26; *Soergel/Wiedemann*, BGB, § 275 Rz. 42). Gleiches gilt, wenn der Zeitpunkt der Erfüllung so unabsehbar geworden ist, daß weiteres Zuwarten unzumutbar geworden ist.

Hält der Frachtführer schuldhaft die Lieferfrist nicht ein, so kann der Absender gemäß § 429 HGB Ersatz des Verzögerungsschadens verlangen. Unter der Voraussetzung des § 326 BGB kann er die weitere Erfüllung des Vertrages ablehnen und Schadensersatz wegen Nichterfüllung fordern (§ 425 HGB Rz. 37). Gemäß § 428 II HGB darf er ohne Rücksicht auf ein Verschulden des Frachtführers vom Vertrag zurücktreten. Ist die Beförderung dauernd unmöglich geworden, so greifen je nachdem, wer die Unmöglichkeit zu vertreten hat, die §§ 275, 323 BGB oder die §§ 325 bzw. 324 BGB ein (§ 425 HGB Rz. 23 ff).

II. Beförderungshindernisse

2 Beförderungshindernisse können **zeitweilig** (unten Rz. 3) oder **dauernd** iSd §§ 275, 306 BGB bestehen. Der Frachtführer hat den Absender über Beförderungshindernisse zu unterrichten und um Weisungen zu bitten (§ 437 HGB Rz. 3). Gibt der Absender nicht in angemessener Zeit ausführbare Weisungen, so kommt es darauf an, ob ein Fall eines dauernden oder ein Fall eines zeitweiligen Beförderungshindernisses vorliegt (näher § 425 HGB Rz. 26, 35; § 437 HGB Rz. 3). Zum Rücktrittsrecht Rz. 3.

III. Rücktrittsrecht des Absenders (§ 428 II HGB)

1. Voraussetzungen

Der Antritt oder die Fortsetzung der Reise darf nicht durch vom Willen des Frachtführers unabhängige Faktoren auf unabsehbare Zeit oder über den Erfüllungszeitraum (Rz. 1) hinaus blockiert sein, da andernfalls kein nur zeitweiliges Beförderungshindernis, sondern ein Hindernis iSd § 437 HGB vorliegt (§ 425 HGB Rz. 26, 35; *Heymann/Honsell*, HGB, § 428 Rz. 6). Die Reise muß durch Umstände aus der Sphäre des Frachtführers oder von außen kommende Umstände so verzögert werden, daß mit einer Verspätung zu rechnen ist. Der Absender darf diese Verzögerung nicht iSd § 276 BGB verschuldet haben. Dem Verschulden des Absenders iSd § 276 BGB steht es gleich, wenn die Reise dadurch verzögert wird, daß der Absender schuldlos nicht vertragsgemäß mitgewirkt hat (Fall des § 642 BGB). § 428 II HGB ist, wie der Wortlaut zeigt, auch nicht mehr anwendbar, wenn das Gut bereits, obgleich verspätet abgeliefert worden ist, da § 428 II HGB die Ungewißheit über den Transportablauf beseitigen soll. Dagegen ist § 428 II HGB analog heranzuziehen, wenn sich der Reise keine Hindernisse entgegenstellen, der Frachtführer aber die Reise schuldhaft oder schuldlos verzögert. 3

2. Rechtsfolgen

a) Der Frachtführer hat den Absender bei Auftreten eines Hindernisses unverzüglich zu informieren (§ 242 BGB) und um Anweisungen zu ersuchen (§ 437 HGB analog). Der Absender kann **zurücktreten** (§ 428 II HGB) oder **Weisungen** erteilen (§§ 433, 437 HGB). Traf den Frachtführer an der Verzögerung **kein Verschulden** iSd § 347 HGB, so entfällt mit dem Rücktritt der Anspruch auf die vereinbarte Vergütung. Der Absender hat jedoch den Frachtführer für die bereits erbrachten Leistungen zu entschädigen (Distanzfracht). Im Zweifel hat die Entschädigung in Relation zur vereinbarten Vergütung zu stehen. Die §§ 327, 346 S. 2, 636 BGB sind neben § 428 II HGB nicht anzuwenden (§ 425 HGB Rz. 23). 4

b) Hat der Frachtführer die Reise **schuldhaft verzögert,** so darf der Absender ebenfalls Weisungen erteilen oder zurücktreten (Rz. 4). Der Anspruch auf Distanzfracht entfällt. Nach Ausübung des Rücktrittsrechts kann der Absender nicht mehr den vollen Ersatz seines Interesses an der vertragsgemäßen Ausführung der Leistung, wohl aber Ersatz von Integritätsschäden (Güterschäden und Ersatz sonstigen Vertrauensschadens) verlangen (BGH v. 24.6.1983, WM **1983**, 1054; MüKo-*Emmerich*, BGB, § 325 Rz. 28). Tritt der Absender nicht zurück, so hat der Frachtführer den Verzugsschaden zu ersetzen (§ 286 BGB sowie § 429 HGB). Der Absender kann ferner unter den in § 326 BGB genannten Voraussetzungen Schadensersatz verlangen (§ 425 HGB Rz. 35). 5

IV. Rücktrittsrecht des Frachtführers

6 Der Frachtführer kann unter den Voraussetzungen der §§ 323 ff, 642 BGB vom Vertrag zurücktreten. Ein Rücktrittsrecht kann auch nach den Grundsätzen über den Wegfall der Geschäftsgrundlage in Betracht kommen.

§ 429 HGB [Haftung des Frachtführers]

(1) **Der Frachtführer haftet für den Schaden, der durch Verlust oder Beschädigung des Gutes in der Zeit von der Annahme bis zur Ablieferung oder durch Versäumung der Lieferzeit entsteht, es sei denn, daß der Verlust, die Beschädigung oder die Verspätung auf Umständen beruht, die durch die Sorgfalt eines ordentlichen Frachtführers nicht abgewendet werden konnten.**

(2) **Für den Verlust oder die Beschädigung von Kostbarkeiten, Kunstgegenständen, Geld und Wertpapieren haftet der Frachtführer nur, wenn ihm diese Beschaffenheit oder der Wert des Gutes bei der Übergabe zur Beförderung angegeben worden ist.**

Literatur: siehe bei § 425 HGB.

Übersicht

	Rz.
A. Allgemeines	1
B. Haftung für Verlust oder Beschädigung	
I. Haftungsvoraussetzungen	
1. Frachtvertrag	2
2. Verlust, Beschädigung des Guts	3
3. Annahme	4
4. Ablieferung	6
5. Verschulden	7
6. Obhutszeitraum, Beweislast	8
7. Kostbarkeiten etc. (§ 429 II HGB)	9
8. Haftungspräklusion	10
II. Haftungsumfang	11
III. Aktivlegitimation, Drittschadensliquidation, Prozeßstandschaft, Fälligkeit	12
IV. Passivlegitimation, Streitverkündung	
C. Verspätungsschäden	13

A. Allgemeines

1 § 429 HGB regelt als lex specialis bestimmte Fälle der Schlechterfüllung. § 429 HGB wird in der Regel durch Sonderfrachtrecht (näher Einl. Rz. 4 ff) sowie AGB (z. B. ADSp oder AGNB) verdrängt. § 429 HGB hat jedoch nach wie vor als Bemessungsgrundlage für die Speditionsversicherung erhebliche Bedeutung. Der Abschluß einer Transportversicherung läßt die gesetzliche Haftung unberührt (OLG München v. 23.11.1983, VersR **1985**, 1137). Die Abtretbarkeit der Schadensersatzansprüche an die Transportversicherung darf nicht im Rahmen von AGB ausgeschlossen oder eingeschränkt werden (BGH v. 9.11.1981, VRS **1982**, 428, 435).

§ 429 HGB regelt im Zusammenspiel mit den §§ 431 ff HGB die Haftung dem Grunde nach, § 430 HGB die Haftung der Höhe nach. § 429 HGB erfaßt sämtliche Sorgfaltsverletzungen, die zwischen Annahme und Ablieferung des Gutes zu Verlust, Beschädigung oder Verspätung führen bzw. Verluste etc. verursachen. Wird der **Schaden vor der Annahme** oder **nach der Ablieferung** des Gutes verursacht, so kommt nur eine Haftung aus positiver Forderungsverletzung bzw. c.i.c. in Betracht. Diese Haftung wird durch § 430 HGB nicht begrenzt, weil sie nicht den spezifischen Transportrisiken entspringt (ebenso für die EVO *Konow*, TranspR **1987**, 170, 172). Zu Schäden, die nicht in die Kategorie des Verlustes, der Beschädigung oder Verspätung fallen, s. § 425 HGB Rz. 23 ff Die **deliktische Haftung** (§§ 823 ff BGB) des Frachtführers kommt neben der Haftung aus § 429 HGB uneingeschränkt zum Tragen (§ 425 HGB Rz. 39). Zu den Grenzen der Haftung des Arbeitnehmers aus § 823 BGB, s. § 425 Rz. 39.

B. Haftung für Verlust oder Beschädigung

I. Haftungsvoraussetzungen

1. Frachtvertrag

Zwischen dem Geschädigten und Schädiger muß ein wirksamer Frachtvertrag iSd § 425 HGB bestehen (§ 425 HGB Rz. 2). Zu Schädigungen vor Vertragsschluß s. oben Rz. 1 sowie § 425 HGB Rz. 13, 39; zur außervertraglichen Haftung § 425 HGB Rz. 39. Zur Haftung gegenüber Dritten vgl. OLG Hamm, NJW-RR **1987**, 1109. 2

2. Verlust, Beschädigung des Guts

Zum **Begriff des Guts** § 407 HGB Rz. 5, § 1 GüKG Rz. 1. Güter sind auch Verpackungsmittel, auch verladene Transportmittel, in der Regel selbst Container und Wechselbrücken, die der Beförderung dienen, da auch diese in die Obhut des Frachtführers übergehen (OLG Hamburg v. 29.6.1970, MDR **1970**, 1016; *Scheer,* BB **1969**, 117; s. auch § 1 GüKG Rz. 1). **Verlust** liegt vor, wenn Gut untergegangen, d. h. völlig zerstört worden ist oder iSd § 251 II BGB nicht mehr sinnvoll reparaturfähig ist (ähnlich GroßkommHGB-*Helm*, § 429 Rz. 4; *de la Motte,* VersR **1988**, 318; *Heymann/Honsell*, HGB, § 429 Rz. 5; OGH Wien v. 28.6.1989, TranspR **1989**, 222, 225 [zur CMR]; **a. A.** *Willenberg,* KVO, § 29 Rz. 35; *Bischof,* GüKUMT, § 8 Rz. 41; **a. A.** *Lenz,* Straßengütertransportrecht, Rz. 527 f). Der Geschädigte braucht im Prozeß bloß vorzutragen, daß das Gut wertlos ist (vgl. BGH v. 9.10.1991, ZIP **1992**, 477, 481; **a. A.** OLG München v. 24.4.1992, Az. 23 U 6509/91). Gut ist ferner dann verlorengegangen, wenn der Frachtführer im Moment der letzten mündlichen Verhandlung (vgl. BGH v. 27.4.1967, VersR **1967**, 897, 898; **a. A.** GroßkommHGB-*Helm*, § 430 Rz. 15) das Gut auf unabsehbare Zeit nicht weisungsgemäß dem Absender bzw. Empfänger zur Verfügung stellen kann (Unmöglichkeit der Leistung iSd § 275 BGB; BGH, NJW **1979**, 2473); z. B. weil es falsch (RGZ **103**, 147; BGHZ **36**, 329, 332; BGH, NJW **1979**, 2473; OLG Frankfurt v. 27.9.1977, VersR **1978**, 169) oder an den Empfänger ohne Beachtung der Weisungen ausgeliefert worden ist (BGH, NJW **1982**, 3

1944, 1945; OLG Hamburg v. 18.5.1989, TranspR **1990**, 188, 190), selbst dann, wenn das Gut anstatt dem Empfangsspediteur dem Käufer übergeben wurde (BGH v. 13.7.1979, VersR **1979**, 1154; OLG Frankfurt v. 27.9.1977, VersR **1978**, 169), ferner bei Verstapelung, wenn die Suche mit unzumutbaren Kosten verbunden ist, bei Diebstahl, Beschlagnahme, Wegnahme, es sei denn, der Frachtführer hat das Gut vor Ende der mündlichen Verhandlung wiedererlangt. Bei Falschauslieferung steht grundsätzlich dem Frachtführer ein Anspruch aus § 812 BGB zu (Besitzkondiktion; Ausnahme: der Frachtführer hat weisungswidrig an den ursprünglichen Empfänger abgeliefert; dann ist grundsätzlich der Absender aktivlegitimiert). Wird das Gut später wieder aufgefunden, so hat der Geschädigte die Schadensersatzleistungen herauszugeben, soweit sich dadurch sein Schaden mindert (§ 812 I2 1. Fall BGB). Der bloße totale Wertverlust ohne Substanzeingriff stellt keinen Verlust iSd § 429 HGB dar. Ein *Teilverlust* liegt vor, wenn die Ablieferung eines Teils der Sendung (§ 20 KVO Rz. 2) unmöglich geworden ist (vgl. BGH, NJW **1955,** 1513 f). **Beschädigung** ist die Veränderung der Substanz des Gutes, die zu Wertminderungen führt, z.B. Bruch; Kratzer; Verbiegungen; Nässeschäden; Auftauen; Annahme von Gerüchen; Verschmutzung (OLG Köln v. 26.9.1985, TranspR **1986**, 285); Aromaverlust (BGH, NJW **1983**, 1674); Verweigerung der Einfuhrerlaubnis wegen zu hoher Temperatur (BGH, NJW **1974**, 1616), weil nicht ausräumbarer Verdacht genügt (anders bei nach kurzer Zeit ausgeräumten Verdacht; OLG Hamburg v. 13.9.1990, VersR **1991**, 1271, 1272; Qualitätsminderung infolge zu hoher Temperatur bzw. Antauens (OLG Celle v. 13.1.1975, WM **1975,** 189; OLG Hamburg v. 30.3.1989, TranspR **1989**, 321, 323); Verkürzung der Vermarktungsdauer wegen fortgeschrittener Reife (AG Düsseldorf, VersR **1986,** 500). Diese Veränderungen müssen nicht irreversibel sein (vgl. OLG Celle v. 13.1.1975, WM **1975,** 189, 190; OLG Köln v. 26.9.1985, TranspR **1986,** 285). Zur notwendigen Substantiierung im Prozeß genügt die Behauptung der Beschädigung (s. oben Rz. 3). Im Fall der wirtschaftlich nicht sinnvollen Reparatur und einer dadurch verursachten Wertlosigkeit des Guts liegt ein Verlust vor (str.; s. oben Rz. 3).

3. Annahme

4 Das Gut muß beschädigt oder verlorengegangen sein, nachdem der Frachtführer das Gut in seine Obhut übernommen, also „angenommen“ hatte. Annahme bedeutet den Erwerb des unmittelbaren oder mittelbaren Besitzes zum Zweck der alsbaldigen Beförderung. Hatte der Frachtführer einen gemischten Vertrag geschlossen, der neben Elementen des Frachtvertrages z. B. auch Elemente eines Werkvertrages (Umpacken vor Beförderungsbeginn) oder eines Lagervertrages enthält, so erfaßt § 429 HGB auch die Zeiträume, in denen der Unternehmer das Gut zur Lagerung oder zu anderen Leistungen annimmt. Voraussetzung ist allerdings, daß die dem Frachtvertrag fremden Elemente im Vergleich zum Frachtvertrag nicht besonders ins Gewicht fallen (näher Rz. 5; vgl. ferner *Heuer,* VersR **1988**, 312, 313; vgl. auch *Palandt/Heinrichs,* BGB, vor § 305 Rz. 24 f). Auf diese Weise werden Schwierigkeiten des Beweises, in welcher Vertragsphase sich der Schaden ereignet

hat, verringert. Der Frachtführer, der das Gut bei Vertragsschluß oder im Moment des Selbsteintritts (§ 412 HGB) bereits in seinem Besitz hatte, nimmt es iSd § 429 I HGB in dem Augenblick an, in dem sich die Parteien über die alsbaldige Beförderung einigen (§ 854 II BGB analog; **a. A.** GroßkommHGB-*Helm*, § 429 Rz. 11). Der Besitzerwerb muß von einem natürlichen Besitzbegründungswillen des Besitzers (nicht Besitzdieners [BGH, NJW **1953**, 419]) und dem Willen, dabei in alsbaldiger Erfüllung der Beförderungspflicht zu handeln (§ 425 HGB Rz. 14; § 429 Rz. 5) getragen sein. Hat der Unternehmer zu verladen (§ 425 HGB Rz. 14; § 17 KVO Rz. 9 ff), so erfolgt demnach die Annahme in der Regel in dem Moment, in dem das Gut zur Verladung bereitgestellt ist und der Frachtführer zu erkennen gibt, daß er die Herrschaftsgewalt über das Gut übernimmt; z. B. Beginn der Beladung (OGH Wien, 3.7.1985, TranspR **1987**, 374, 376; *Runge*, TranspR **1978**, 1). Zur Mitwirkung des Absenders oder seiner Leute bei der Beladung § 17 KVO Rz. 5 ff. Hat der Absender zu verladen (dazu § 425 HGB Rz. 14; zur Verladung nach KVO, § 17 KVO), so erwirbt der Frachtführer in dem Augenblick Besitz, in dem die Ladearbeiten beendet sind und das Fahrzeug vom Fahrer geschlossen wird (OLG Celle, NJW **1974**, 1095; *Willenberg*, KVO § 15 Rz. 19; **a. A.** *Piper*, TranspR **1990**, 357, 360: im allgemeinen mit dem Absetzen des Guts auf der Ladefläche) oder der Fahrer sonst erkennen läßt, daß er die Herrschaftsgewalt über das Gut übernehme. Erklärt der Frachtführer oder sein Beauftragter, die Verladung sei nicht ordnungsgemäß erfolgt, so steht dies der Annahme nicht entgegen, wenn der Frachtführer gleichwohl das Fahrzeug schließt. Werden Fahrzeuge nacheinander mit Teilen einer Sendung beladen, so kann die Annahme nach Abschluß der Beladearbeiten der einzelnen Fahrzeuge erfolgen; sie muß nicht einheitlich für die ganze Sendung geschehen. Zur Mitwirkung des Personals des Frachtführers bei der Beladung, wenn den Absender die Beladepflicht trifft, § 17 KVO Rz. 12.

Die Annahme ist kein zweiseitiges **Rechtsgeschäft** (so aber h. M. vgl. **5**
Schlegelberger/Schröder, HGB, § 429 Rz. 7; GroßkommHGB-*Helm*, § 429 Rz. 11), denn der Frachtführer erfüllt mit der Annahme des Guts nur seine Pflicht aus dem Frachtvertrag. Die Annahme ist daher, außer im Fall des § 854 II BGB, in Parallele zur herrschenden Theorie der realen Leistungsbewirkung als Realakt zu qualifizieren. Zugleich enthält die Annahme die einseitige rechtsgeschäftliche Tilgungsbestimmung (*Palandt/Heinrichs*, BGB, § 362 Rz. 7) dahin, daß der Besitzerwerb in Erfüllung des Frachtvertrags erfolgt. Die allgemeine Vertragstheorie ist im Rahmen des Erfüllungsgeschäfts, um das es auch hier geht, überholt (*Palandt/Heinrichs*, BGB, § 362 Rz. 5). Aus dem Umstand, daß die Annahme der Erfüllung des Frachtvertrages dienen muß, ergibt sich, daß das Gut grundsätzlich willentlich vom Frachtführer zur alsbaldigen Beförderung übernommen werden muß. Dies ist nicht der Fall, wenn der eigentlichen Beförderung eine längere Lagerung vorangehen soll (Rz. 4; *Willenberg*, KVO, § 15 Rz. 15). Andererseits steht eine erkennbar beabsichtigte, kurzfristige transportbedingte Vorlagerung nicht der Annahme iSd § 429 HGB entgegen, weil die Vorlagerung dann Nebenpflicht des Beförderungsvertrages ist (§ 425 HGB Rz. 4; s. § 33 KVO Rz. 5). Erst recht hat der Frachtführer das Gut angenommen, wenn er dem Absender die Absicht, das Gut einzulagern, nicht erkennbar gemacht hat, so daß dieser

von einer alsbaldigen Beförderung ausgeht. Nimmt nicht der Frachtführer selbst das Gut entgegen, so muß er die das Gut annehmende Person dazu konkret oder generell eingeschaltet oder bevollmächtigt haben, da er nur dann den nötigen Besitzerwerbswillen hat und eine wirksame Tilgungsbestimmung erfolgt. Hat er das nicht getan, so kann er u. U. für die weisungswidrig annehmende Person aus positiver Forderungsverletzung iVm §§ 431 HGB, 278 BGB haften.

4. Ablieferung

6 Die Schadensursache muß vor Beendigung der Obhut, d. h. vor der Ablieferung gesetzt worden sein. Der BGH versteht unter Ablieferung im Anschluß an das ROHG und RG den Vorgang, durch den der Frachtführer den Gewahrsam an dem Gut mit ausdrücklicher oder stillschweigender Einwilligung des Empfängers oder einer sonst berechtigten Person wieder aufgibt und diese in den Stand setzt, die tatsächliche Gewalt über das Gut auszuüben (ROHG **2**, 247; RGZ **114**, 308, 314; BGH v. 20.6.1963, VersR **1963**, 775; v. 19.1.1973, VersR **1973**, 350; NJW **1982**, 1284; OGH Wien v. 6.7.1989, VersR **1990**, 1180). Dabei ist es gleichgültig, ob die Ablieferung am vertragsgemäßen Ort erfolgt oder nicht, sofern der Empfänger mit der Ablieferung einverstanden ist (OLG Frankfurt v. 7.4.1987, NJW-RR **1987**, 1055 f). Die Ablieferung erfordert in der Regel die Verschaffung des unmittelbaren Besitzes. Dies ist bei flüssigen Gütern in dem Moment erfolgt, in dem das Gut in die Leitungen des Empfängers fließt (BGH v. 19.4.1982, LM § 606 HGB Nr. 7; OLG Hamburg v. 21.5.1981, VersR **1982**, 62; **a. A.** OLG Hamburg v. 7.12.1978, VersR **1979**, 347). Der Empfänger muß zwar das Gut nicht notwendig körperlich ergriffen haben; es muß jedoch mit seinem Einverständnis unter Aufgabe des Besitzes des Frachtführers (OLG Hamburg v. 4.6.1981, VersR **1983**, 42; Paris, BullT **1984**, 545 zur CMR) so für ihn bereitgestellt worden sein, daß er ohne weitere Hindernisse die Sachherrschaft erwerben kann (§ 854 II BGB; OLG Düsseldorf, NJW **1965**, 204; *Willenberg,* KVO, § 29 Rz. 13; abw. zur EVO *Konow,* TranspR **1987**, 170, 171; str. im franz. Recht, *Lamy*, Transport I, Nr. 853, 257 m. Nachw.; *Tilche,* BullT **1992,** 145: nach h. M. voller Gewahrsam des Empfängers). Dies ist nicht der Fall, wenn die Güter zollrechtlich beschlagnahmt worden sind (OLG Hamburg v. 30.1.1986, VersR **1987**, 813, oder das Fahrzeug noch versperrt ist (OLG Nürnberg v. 21.12.1989, TranspR **1991**, 99, 100). Die bloße Übergabe der Ladepapiere genügt nicht (OLG Nürnberg v. 21.12.1989, TranspR **1991**, 99, 100). Zur Ablieferung hat der Frachtführer grundsätzlich das Fahrzeug auf das Grundstück des Empfängers an die dort angewiesene Stelle zu fahren (näher § 17 KVO Rz. 21). Die bloße Aufforderung zur Abholung genügt nicht. Zur Ablieferung gehört ferner, daß der Empfänger das Gut ohne eigenes Risiko entgegennehmen kann. Der Frachtführer hat daher das Fahrzeug gegen Abrollen zu sichern (vgl. BGH, NJW **1973**, 511) und das Fahrzeug, nicht aber Containertüren, wenn der Container Transportgut ist (§ 1 GüKG Rz. 1; OLG Hamburg v. 13.12.1979, VersR **1981**, 1072), zu öffnen, um dem Empfänger Zutritt zum Gut zu gewähren. Weiteres hat der Frachtführer nicht zu veranlassen, wenn der Empfänger zu entladen hat (dazu § 17

KVO Rz. 18 ff). Insbesondere muß der Empfänger nicht vor der Auslieferung die Ladepapiere überprüfen und Anstalten zum Entladen treffen (*Thume*, TranspR **1990**, 401, 403 f), sofern der Empfänger den Willen zum Besitzerwerb gebildet hat (s. unten; **a. A.** OLG Oldenburg v. 6.2.1989, VersR **1989**, 445, 446). Hat der Frachtführer zu entladen, so erfolgt die Ablieferung frühestens mit der Beendigung der vertragsgemäßen Entladung (BGH, NJW **1980**, 833). Zur Nachlagerung und Zuführung § 33 KVO Rz. 2, 6. Zur Mithilfe von Leuten des Frachtführers bzw. Empfängers vgl. das zur Annahme Gesagte (Rz. 4; § 17 KVO Rz. 21). Wurde nicht dem Empfänger, sondern einem Dritten Besitz iSd § 854 BGB verschafft, so muß der Dritte zur Empfangnahme berechtigt gewesen sein, z. B. aufgrund einer Ermächtigung des Empfängers oder als Vertreter des Empfängers (GroßkommHGB-*Helm*, § 429 Rz. 12). Hat der Empfänger oder ein sonst Berechtigter willentlich oder fahrlässig den Anschein erzeugt, daß ein Dritter zur Empfangnahme zuständig sei, so muß er sich dieses Verhalten in Parallele zu den Regeln der Anscheins- und Duldungsvollmacht entgegenhalten lassen (vgl. OLG Düsseldorf v. 20.6.1985, TranspR **1985**, 254; weitergehend *Canaris,* Die Vertrauenshaftung im deutschen Privatrecht (1971) S. 229). Zur Annahmeverweigerung s. Art. 17 CMR Rz. 7; § 437 HGB Rz. 2.

Trotz *mangelnder Besitzaufgabe* endet der Haftungszeitraum iSd § 429 HGB in Fällen gemischter Verträge, in denen der Frachtführer das Gut nach Beendigung des Transports vertragsgemäß lagert oder bearbeitet (vgl. OLG Hamburg v. 25.10.1984, TranspR **1985**, 357) mit der Beendigung des Transportes. Kurze Nachlagerungen fallen noch in die Transportphase (vgl. Rz. 5). Ist dagegen die Transportphase beendet, so greifen die für die späteren Leistungen maßgeblichen Vorschriften (z. B. §§ 407, 417, 390 HGB) ein. Der Frachtführer hat wie im Fall des § 1 V KVO zu beweisen, wo der Schaden eingetreten ist, wenn er hierauf Haftungsbeschränkungen stützt (BGH, NJW **1988**, 640, 641 f).

Die Ablieferung ist Erfüllung des Frachtvertrages. Im Licht der neueren erfüllungsrechtlichen Dogmatik ist die Ablieferung daher grundsätzlich kein zweiseitiges **Rechtsgeschäft** (s. zur Annahme Rz. 5; **a. A.** *Schlegelberger/Geßler,* HGB, § 429 Rz. 7; *Willenberg,* KVO, § 29 Rz. 14 m. Nachw.). Allerdings ist die Ablieferung ein zweiseitiger Akt (BGHZ **44**, 304, 306; **a. A.** *Roesch,* VersR **1952**, 339, 340). Auf der Seite des Frachtführers ist eine rechtsgeschäftliche Erklärung dahin erforderlich, daß das Gut in Erfüllung des Frachtvertrages übergeben werde (**a. A.** GroßkommHGB-*Helm*, § 429 Rz. 12). Auf der Seite des empfangszuständigen (*Palandt/Heinrichs*, BGB, § 362 Rz. 3) Empfängers bzw. der zum Empfang berechtigten Person genügt der erkennbare, natürliche Wille zum Besitzerwerb (*Lenz,* Straßengütertransportrecht, Rz. 401; **a. A.** BGH, NJW **1982**, 1284; GroßkommHGB-*Helm*, § 429 Rz. 12: rechtsgeschäftlicher Wille). Dieser kann sich in der Form äußern, daß der Empfänger den Empfang des Guts quittiert, nicht, wenn er lediglich dem Frachtführer einen Entladeplatz zuweist (**a. A.** OLG Düsseldorf, NJW **1955**, 1322). Der Besitzerwerbswille bezieht sich dann noch nicht notwendig auf das Gut selbst; denn das Gut muß ja vom Unternehmer noch transportiert werden (**a. A.** *Willenberg*, KVO, § 29 Rz. 15). Ganz allgemein kann gesagt werden, daß im Zweifel kein Wille zum Besitzerwerb gebildet wird, bevor das Gut besichtigt werden konnte (arg. e. § 438 HGB, § 39 KVO, Art. 30 CMR; **a. A.** *Willenberg*, KVO, § 29 Rz. 15). Der Wille zum Besitzerwerb fehlt in der Regel (Ausnahme: OLG Frankfurt v. 7.4.1987, VersR **1987**, 1033) auch dann, wenn das Gut nicht zur vereinbarten Zeit (BGH, NJW **1982**, 1284) am genau bestimmten Platz (BGH, NJW **1980**, 833) abgeliefert wird. Andererseits ist im Zweifel zu unterstellen, daß der Empfänger das will, was vertraglich vereinbart ist (BGH, NJW **1980**, 833). Denkbar ist, daß der Wille zum Besitzerwerb vor der Ankunft der Sendung geäußert wird (**a. A.** OLG München v. 1.12.1977, VersR **1978**, 319), ja, daß ganz allgemein die Bereitschaft zum Besitzerwerb von Sendungen, selbst bei Abwesenheit des Empfängers, erklärt wird (*Willenberg*, TranspR **1983**, 57, 61; **a. A.** OLG Frankfurt v. 30.5.1984, TranspR **1984**, 272). Das bloße Schweigen auf frühere vorzeitige Anlieferungen erzeugt nach den allgemeinen Regeln über das Schweigen im Rechtsverkehr (*Palandt/Heinrichs*, BGB, vor § 116 Rz. 6 ff; GroßkommHGB-*Canaris*, Anh. § 362) den Anschein des Willens zum Besitzerwerb, den sich der Empfänger zurechnen lassen muß. Hat ein Besitzdiener das Gut entgegengenommen, so kommt es ausschließlich auf den Willen des Berechtigten an (BGH, NJW **1953**, 419; **1982**, 1284), also nicht ohne weiteres auf den Willen des Hausmeisters oder Pförtners. An einem Besitzerwerbswillen fehlt es auch, wenn der Empfänger zwar mit der Anlieferung des Guts grundsätzlich einverstanden ist, aber meint, daß der Frachtführer noch abladen müsse (**a. A.** Cour Cass., BullT **1992,** 146 zur CMR).

Gegen diese Qualifikation der Ablieferung kann nicht die Verpflichtungswirkung der Ablieferung gemäß § 436 HGB ins Feld geführt werden, da im Rahmen des § 436 HGB allein die Annahme des Frachtbriefs rechtsgeschäftlicher Natur ist. Die Präklusionswirkung des § 438 HGB zwingt ebensowenig wie § 377 HGB dazu, die Ablieferung immer als zweiseitiges Rechtsgeschäft zu qualifizieren. Die Ablieferung ist allerdings dann ein zweiseitiges Rechtsgeschäft, wenn sie in der Form des § 854 II BGB erfolgt.

5. Verschulden, Beweislast

7 Der Frachtführer haftet für eigenes vermutetes Verschulden, auch das seiner Leute und Erfüllungsgehilfen (§§ 431, 432 HGB). Er hat also darzutun und zu beweisen, daß der nachweislich innerhalb des Obhutszeitraumes (Rz. 8) verursachte Schaden entstanden ist, obwohl er sich fortwährend pflichtgemäß (§ 347 HGB) verhalten hat. Er hat sich also in Hinblick auf sämtliche (nicht nur die regelmäßigen; OLG Hamburg v. 18.10.1990, TranspR **1991**, 70, 71 zur CMR) denkbaren und vorwerfbaren Schadensursachen zu entlasten (*Baumgärtel/Reinicke,* Beweislast, § 429 HGB Rz. 3; OLG Hamburg v. 14.1.1988, TranspR **1989**, 188, 194 zu §§ 417, 390 HGB). So hat er das Fahrzeug sorgfältig zu verschließen und zu sichern (eine Besetzung des Fahrzeugs mit zwei Personen ist nicht unbedingt erforderlich; OLG Frankfurt v. 13.7.1984, MDR **1984**, 1029) und sich vor Annahme des Guts über die Geeignetheit des Fahrzeugs zu vergewissern (vgl. OLG Hamburg v. 19.12.1985, VersR **1986**, 261; § 14 KVO Rz. 7, 9). Mit der Reinigung beauftragte Unternehmen sind Erfüllungsgehilfen des Frachtführers (anders zum Seerecht OLG Hamburg v. 2.3.1989, TranspR **1989**, 331, 334). Ein Verschul-

den kann auch darin liegen, daß der Frachtführer den Absender nicht über einen auch für den Nicht-Warenfachmann evidenten Verpackungsmangel aufklärt. Den Absender kann ein Mitverschulden treffen (vgl. OLG Hamburg v. 19.12.1985, VersR **1986**, 261), insbesondere dann, wenn er das Gut nicht so verpackt hat, daß es die üblichen, zu erwartenden Einflüsse des Transports unbeschädigt übersteht (§ 18 KVO Rz. 2). Dagegen liegt in der bloßen Kenntnis von Beförderungsrisiken kein Mitverschulden (vgl. OLG Hamburg v. 14.1.1988, TranspR **1989**, 188, 195). Der Absender hat auch für ein Mitverschulden des Empfängers (§ 278 BGB; *Palandt/Heinrichs,* BGB, § 328 Anm. 1 c; *Schlegelberger/Geßler,* HGB, § 429 Rz. 20) einzustehen. Ein konkludenter Haftungsausschluß in Hinblick auf dem Absender bekannte Gefahren läßt sich nur ganz ausnahmsweise bejahen (*Palandt/Heinrichs*, BGB, § 254 Rz. 70 ff; OLG Hamburg v. 14.1.1988, TranspR **1989**, 188, 195).

6. Obhutszeitraum, Beweislast

Der Zeitraum, in dem sich das Gut in der Obhut des Frachtführers befindet, erstreckt sich von der Annahme (Rz. 4) bis zur Ablieferung (Rz. 6). Der Ersatzberechtigte hat darzutun und zu beweisen, daß der Frachtführer das Gut vollzählig und unbeschädigt angenommen hat (vgl. BGH, NJW **1964**, 1123; BGH v. 19.6.1986, NJW-RR **1986**, 1361; OLG Celle, NJW **1974**, 1095; OLG Frankfurt v. 13.7.1984, TranspR **1985**, 92). Er kann sich dazu auf Empfangsquittungen (§ 425 HGB Rz. 21; § 407 HGB Rz. 46) und mit Einschränkung auf den Frachtbrief stützen (§ 426 HGB Rz. 4). Die Empfangsbestätigung führt wie die Quittung (§ 368 BGB) nicht zur Umkehr der Beweislast (BGH v. 7.11.1985, VersR **1986,** 287, 289; OLG Hamburg v. 21.1.1982, VersR **1982**, 1009; **a. A.** OLG Düsseldorf v. 12.1.1984, TranspR **1984**, 106, 107; OLG Frankfurt v. 13.7.1984, TranspR **1985**, 92), sondern gibt dem Geschädigten lediglich ein Beweismittel iSd § 416 ZPO an die Hand, das im Rahmen des § 286 ZPO dadurch entkräftet werden kann, daß die Überzeugung des Gerichts in die Richtigkeit der Empfangsbestätigung erschüttert wird (*Piper*; TranspR **1990**, 357, 361; näher § 16 KVO Rz. 5). Behauptet der Frachtführer, daß er die Empfangsbestätigung blind unterschrieben hat und weist er dies nach, so wird die Beweiswirkung der Bescheinigung entkräftet (näher § 16 KVO Rz. 5). Die Empfangsbescheinigung hat keine Beweiswirkungen in Hinblick auf den Inhalt von verschlossenen Behältnissen und auf einzelne Gegenstände von Sachgesamtheiten (BGH v. 19.6.1986, NJW-RR **1986**, 1361). Der Ersatzberechtigte, der vor Ablieferung Ersatz fordert, muß im Fall der Beschädigung beweisen, daß sich das Gut noch in beschädigtem Zustand beim Frachtführer befindet (vgl. BGH, NJW **1964**, 1123; BGH v. 19.6.1986, NJW-RR **1986**, 1361; OLG Düsseldorf v. 9.4.1981, VersR **1982**, 47). Äußert sich der Frachtführer nicht über den Verbleib des Guts, so ist von einem Verlust auszugehen. Hat der Frachtführer bewiesen oder ist unstreitig, daß er die Sendung dem Empfänger ausgeliefert hat, so muß der Ersatzberechtigte dem OLG München v. 24.4.1992, Az. 23 U 6509/91, zufolge konkret den Schaden, insbesondere die Art der Substanzverletzung darlegen. Diese Anforderungen an die Substantiierung sind zweifelhaft, weil ja der Frachtführer informiert ist über den Zustand, in dem er das Gut ausgeliefert 8 hat. Eine Parallele zu den Vorbehalten ist unzulässig, weil diese Beweisfunktionen haben (Art. 30 CMR Rz. 4). Jedenfalls muß der Ersatzberechtigte gemäß § 363 BGB bzw. den allgemeinen nach Abnahme geltenden werkvertraglichen Regeln beweisen, daß der Empfänger das Gut beschädigt oder unvollständig erhalten hat (BGH v. 24.6.1964, VersR **1964**, 1014, 1015; BGH v. 19.6.1986, NJW-RR **1986**, 1361; v. 8.6.1988, VersR **1988**, 952; unklar GroßkommHGB-*Helm*, § 429 Rz. 19). Das gilt auch in Hinblick auf den Inhalt verschlossen übergebener Behältnisse und Sachgesamtheiten (BGH v. 19.6.1986, NJW-RR **1986**, 1361). Anders ist die Situation, wenn der Empfänger bei Ablieferung einen Schaden konkret in der Form des § 438 HGB gerügt hatte. Waren sich die Parteien einig, daß eine bestimmte Menge des Guts ausgeliefert worden sei, so muß der Frachtführer beweisen, daß die tatsächlich ausgelieferte Menge größer gewesen ist (BGH v. 2.2.1973, VersR **1973**, 342, 343). Vgl. auch § 408 HGB Rz. 7. Hat der Frachtführer das Gut nicht nur in der Rolle als HGB-Frachtführer, sondern auch in anderen Rollen (z. B. als Lagerhalter) in seiner Obhut gehabt, so sind die für den multimodalen Verkehr entwickelten Beweisregeln anzuwenden (Teil I Rz. 4).

7. Kostbarkeiten etc. (§ 429 II HGB)

9 Die Haftung ist eingeschränkt, wenn dem Frachtführer die in § 429 II HGB genannten Güter ohne ausreichende Hinweise übergeben worden sind und der Absender mit einem Transport iSd § 425 HGB rechnen mußte (BGH v. 13.4.1989, NJW-RR **1989**, 1270, 1271). Kostbarkeiten sind Güter, deren Wert erheblich das Maß dessen übersteigt, was nach Gewicht und Umfang des Frachtstücks als Wert zu vermuten ist, und die nach allgemeiner Lebensanschauung als hochwertig angesehen werden (RGZ **105,** 204; **116,** 113, 115; **120,** 313, 315). Kunstgegenstände sind Erzeugnisse der Kunst, die als besonders wertvoll erscheinen. Geld: alle gültigen Zahlungsmittel. Wertpapiere: alle Inhaber-, Order-, Legitimations- und Beweisurkunden. Sind diese Sachen mit anderen gemischt, so ist jeder Gegenstand gesondert zu beurteilen (BGHZ **9,** 4). Der formlose Hinweis kann sich auf die besondere Beschaffenheit oder den Wert beziehen. Erfolgt er erst nach Übergabe, so erhöht der Hinweis die Verkehrspflichten im Rahmen der §§ 823, 826, 831 BGB (§ 425 HGB Rz. 39; unklar GroßkommHGB-*Helm*, § 429 Rz. 28). Ein Hinweis vor Übergabe genügt, da sich der Frachtführer dann auf die erhöhte Gefahr einrichten kann (einschränkend *Schlegelberger/Geßler,* HGB, § 429 Rz. 30). Deshalb ist auch im Fall der Kenntnis des Frachtführers ein Hinweis überflüssig (Restriktion; RGZ **97,** 110; *Baumbach/Duden/Hopt,* HGB, § 429 Anm. 3 C; **a. A.** *Schlegelberger/Geßler,* HGB, § 429 Rz. 31 m. Nachw.).

8. Haftungspräklusion

10 Siehe dazu § 438 HGB.

II. Haftungsumfang

11 Der Frachtführer haftet grundsätzlich gemäß §§ 430, 438 IV HGB beschränkt (s. Erl. zu § 430 HGB). Unbeschränkt haftet der Frachtführer immer dann, wenn der Verlust bzw. die Beschädigung des Guts eine unerlaubte Handlung iSd §§ 823, 831, 826 BGB darstellt (BGHZ **46,** 140; vgl. zuletzt BGH v. 14.6.1982, VersR **1982,** 902; vgl. ferner § 425 HGB Rz. 39). Die Verkehrspflichten des Frachtführers orientieren sich an dem Verhalten eines ordentlichen Frachtführers (§ 347 HGB).

III. Aktivlegitimation, Drittschadensliquidation, Prozeßstandschaft, Fälligkeit

12 **Aktivlegitimiert** ist in erster Linie der **Absender** als Vertragspartner des Frachtführers. Er kann seinen eigenen Schaden liquidieren. Ist der Absender als Spediteur oder als sonstiger mittelbarer Stellvertreter für einen Dritten (Versender) aufgetreten, so darf er nach ganz h. M. auch den Schaden des Dritten als eigenen Schaden geltend machen (Drittschadensliquidation; eingehend dazu § 407 HGB Rz. 70 ff). Nach ganz h. M. soll die Drittschadensliquidation durch den Absender ferner großzügig (*Helm,* TranspR **1983,** 29, 33) in den Fällen möglich sein, in denen der Absender wegen Schadensverlagerung keinen Schaden erleidet (z.B., weil der Schaden den Empfänger trifft [§ 447 BGB; BGH, NJW **1984,** 2033, 2034; v. 20.4.1989, VersR **1989,** 1168]), oder dort, wo der Absender (z. B. als Spediteur auf eigene Rechnung [§ 413 HGB]) dem Frachtführer eine fremde Sache in Obhut gegeben hat (BGH, NJW **1963**, 2071, 2074; NJW **1985**, 2411; OLG Hamburg v. 4.2.1986, VersR **1987**, 558; *Helm,* Karlsruher Forum, Beil. VersR **1983**, S. 116, 120; *Palandt/Heinrichs,* BGB, vor § 249 Rz. 112 ff; GroßkommHGB-*Helm,* § 429 Rz. 36). Der Absender kann deshalb auch den Schaden des Empfängers oder sonst tatsächlich Geschädigten als eigenen geltend machen, wobei u. U. nach den Regeln der Drittschadensliquidation als Schaden des Empfängers der Schaden dessen Abnehmers (z. B. Fall des § 447 BGB) behandelt werden kann. Die Drittschadensliquidation scheitert nicht daran, daß der wahre Geschädigte seinen Schaden im Rahmen der §§ 823 ff BGB liquidieren kann (BGH, NJW **1985**, 2411), nach h. M. selbst dann nicht, wenn der wahre Geschädigte (z. B. der Empfänger) einen eigenen vertraglichen Anspruch gegen den Frachtführer besitzt (BGH, NJW **1979**, 2472, 2473; v. 1.10.1975, VersR **1976**, 168, 169; *Helm,* TranspR **1983**, 29, 33; *Piper,* VersR **1988**, 200, 203; **a. A.** BGH v. 9.7.1979, VersR **1979**, 906, 907; *Koller,* VersR **1982**, 415, 416). Es wurde im Rahmen der Erläuterungen zu § 407 HGB (Rz. 71) dargelegt, daß dieser Rechtsansicht zu folgen ist.

Kein Fall der Drittschadensliquidation liegt vor, wenn sich der geschädigte Vertragspartner des Hauptfrachtführers, der einen Schadensersatzanspruch gegen den Hauptfrachtführer aus den §§ 429, 431 HGB erworben hat, dessen **Regreßanspruch** gegen den schädigenden Unterfrachtführer abtreten läßt (BGH v. 20.3.1978, WM **1978**, 980, 981; vgl. aber BGH v. 14.11.1991, TranspR **1992,** 135, 138). Der Hauptfrachtführer ist hier nämlich selbst materiell geschädigt (§ 251 BGB), weil er schadensersatzpflichtig geworden ist. Er kann gemäß § 251 BGB vom schädigenden Unterfrachtführer auch dann Zahlung an sich fordern, wenn er selbst den Schaden seines Auftraggebers noch nicht beglichen hat (OLG Hamburg v. 3.6.1982, TranspR **1985**, 266, 268; so auch, wenn Ersatz verweigert wurde [OLG München v. 5.7.1989, TranspR **1990**, 16, 17]). Freistellung von seiner Schadensersatzpflicht kann er nicht verlangen, da im Rahmen des § 430 HGB die Naturalrestitution ausgeschlossen ist (§ 430 HGB Rz. 2). Der Hauptfrachtführer, der gegen den Unterfrachtführer vorgeht, kann seinem Auftraggeber den Streit verkünden (§ 72 ZPO) und sich so dagegen absichern, daß er später vom Auftraggeber in höherem Umfang in Anspruch genommen wird als er gegen den Unterfrachtführer obsiegt (BGH v. 14.11.1991, TranspR **1992**, 135, 137). Wird der Schadensersatzanspruch auf die §§ 823, 831 BGB gestützt, so kann nur der **Eigentümer** im Weg der Drittschadensliquidation vorgehen und als eigenen Schaden einen Drittschaden geltend machen (i.E. richtig OLG Düsseldorf v. 12.1.1984, TranspR **1984**, 106, 109; kritisch zum Institut der Drittschadensliquidation MüKo-*Grunsky*, BGB, vor § 249 Rz. 120).

Aktivlegitimiert ist unter den Voraussetzungen des § 435 HGB (dort Rz. 3) auch der **Empfänger**.

Die Rechtsprechung hat vielfach auch Klagen im Weg der **Prozeßstandschaft** zugelassen, falls jemand, der nicht selbst aktivlegitimiert ist, aber vom Aktivlegitimierten ausdrücklich oder konkludent (BGH, NJW **1981**, 2640) zur Einziehung der Forderung ermächtigt worden ist (BGHZ **25**, 250, 259f), selbst ein schutzwürdiges Interesse an der Rechtsverfolgung besitzt (*Piper*, VersR **1988**, 200, 203). Der Geschädigte besitzt immer ein eigenes rechtliches Interesse. Ist der Absender Spediteur, so kann er als ermächtigt angesehen werden, die deliktischen Ansprüche des Versenders im Weg der Prozeßstandschaft einzuklagen (§ 407 HGB Rz. 72ff). Auch sonst hat die Rechtsprechung die Prozeßstandschaft Dritter großzügig anerkannt: so in Hinblick auf Empfängerrechte durch den Absender (BGH v. 10.4.1974, VersR **1974**, 796, 798; einschränkend NJW **1981**, 2750); von Absenderrechten durch den Empfänger (*Helm*, TranspR **1983**, 34); von Rechten des Spediteurs durch den Auftraggeber (BGH, NJW **1970**, 995); von Rechten des Empfangsspediteurs durch den Endempfänger (BGH, NJW **1981**, 2640); durch den Transportversicherer (BGH, NJW **1981**, 2640; vgl. auch **1981**, 2750; v. 20.2.1970, VersR **1970**, 416; v. 14.3.1985, VersR **1985**, 753). Abgelehnt wurde dagegen eine Ermächtigung des Absenders zur Prozeßführung durch den Transportversicherer des Empfängers (BGH v. 9.7.1979, VersR **1979**, 906, 907), ferner des Transportversicherers des Versenders durch den Empfänger (BGH, NJW **1981**, 2750). Zum Assekuradeur vgl. LG Hamburg, TranspR **1990**, 33, 34; **a. A.** LG Karlsruhe v. 11.3.1992, DVZ Nr. 63/64 von **1992**, S. 9: Keine Prozeßstandschaft bei Inlandstransport).

Der Frachtführer kann in Allgemeinen Geschäftsbedingungen nicht bestimmen, daß Ersatzansprüche nur mit seinem Einverständnis auf Transportversicherer übertragen werden können (BGH v. 9.11. 1981, VRS **62**, 428). Der Ersatzanspruch wird gemäß § 271 BGB sofort **fällig**.

IV. Passivlegitimation, Streitverkündung

Ersatzpflichtig ist der Vertragspartner des aktivlegitimierten Absenders. Zur Passivlegitimation in Fällen, in denen der Empfänger Ansprüche geltend macht, § 435 HGB Rz. 3. Zur Passivlegitimation von Unterfrachtführern und zur Streitverkündung s. Art. 13 CMR Rz. 9; § 429 HGB Rz. 12.

C. Verspätungsschäden

Zur Lieferzeit § 428 HGB Rz. 1. Die Lieferzeit ist versäumt, wenn das Gut erst nach Verstreichen der Lieferfrist abgeliefert wird. Beruht das Verstreichen der Lieferfrist auf einem Verlust des Guts, so gelten nur die Regeln über den Verlust (Rz. 3). „Versäumung" setzt begrifflich voraus, daß das Gut beim Empfänger ankommt. Reine, immer voll zu ersetzende Verspätungsschäden liegen überall dort vor, wo die Schadensursache lediglich zur Verspätung geführt hat. Derartige Schäden bleiben als Verspätungsschäden ersatzpflichtig, auch wenn vorher oder später das Gut aufgrund anderer Schadensursachen beschädigt worden ist (*Schlegelberger/Geßler,* HGB, § 429 Rz. 12). 13

Führt die Verspätung zu einem **Substanzschaden**, so greifen auch die Regeln über die Beschädigung ein (Rz. 3). Es kann somit grundsätzlich ein zusätzlicher Verspätungsschaden liquidiert werden, weil z. B. der Empfänger, um einen Stillstand der Produktion zu verhindern, sich zu erhöhten Kosten eindecken mußte (*Schlegelberger/Geßler,* HGB, § 429 Rz. 12; *Lenz,* Straßengütertransportrecht, Rz. 545; **a. A.** GroßkommHGB-*Helm,* § 430 Rz. 4; *Heymann/Honsell,* HGB, § 430 Rz. 4; OLG Bremen v. 12.2.1952, VRS **4**, 301). Zwar will § 430 HGB das spezifische Frachtführerrisiko in Fällen des Verlusts und der Beschädigung weitgehend kalkulierbar machen. Der Gesetzgeber hat dies jedoch nur unvollkommen getan, indem er lediglich die Schadensersatzpflicht bei Verlust und Beschädigung, also bei bestimmten Schadensformen, limitiert hat. Er hat nicht berücksichtigt, daß verschiedene Schadensformen zusammentreffen können. Eine Analogie zu § 88V EVO ist nicht möglich, da nach HGB reine Verspätungsschäden unbegrenzt ersetzt werden (vgl. auch Art. 23 CMR Rz. 17; § 31 KVO Rz. 6; **a. A.** GroßkommHGB-*Helm,* § 430 Rz. 4).

Die Ursache für die Versäumung der Lieferzeit kann in der verspäteten Annahme des Guts zum Transport liegen. Das **Verschulden** des Frachtführers oder der Personen, für die er einzustehen hat (§§ 431, 432 HGB), wird vermutet (Rz. 7). Der Frachtführer **haftet uneingeschränkt** (BGHZ **46**, 140, 143; *Schlegelberger/Geßler,* HGB, § 429 Rz. 12; *Baumbach/Duden/Hopt,* HGB, § 430 Anm. 1 A; einschränkend GroßkommHGB-*Helm,* § 430 Rz. 4). Zur Drittschadensliquidation Rz. 12. Neben der Haftung aus § 429 HGB kommt eine Ersatzpflicht aus Deliktsrecht im allgemeinen nur im Fall des § 826 BGB in Betracht (bei Substanzschäden als Folge von Verspätungen auch § 823 BGB).

§ 430 HGB [Umfang des Ersatzes]

(1) **Muß auf Grund des Frachtvertrages von dem Frachtführer für gänzlichen oder teilweisen Verlust des Gutes Ersatz geleistet werden, so ist der gemeine Handelswert und in dessen Ermangelung der gemeine Wert zu ersetzen, welchen Gut derselben Art und Beschaffenheit am Orte der Ablieferung in dem Zeitpunkt hatte, in welchem die Ablieferung zu bewirken war; hiervon kommt in Abzug, was infolge des Verlustes an Zöllen und sonstigen Kosten sowie an Fracht erspart ist.**

(2) **Im Falle der Beschädigung ist der Unterschied zwischen dem Verkaufswerte des Gutes im beschädigten Zustand und dem gemeinen Handelswert oder dem gemeinen Werte zu ersetzen, welchen das Gut ohne die Beschädigung am Orte und zur Zeit der Ablieferung gehabt haben würde; hiervon kommt in Abzug, was infolge der Beschädigung an Zöllen und sonstigen Kosten erspart ist.**

(3) **Ist der Schaden durch Vorsatz oder grobe Fahrlässigkeit des Frachtführers herbeigeführt, so kann Ersatz des vollen Schadens gefordert werden.**

Literatur: siehe bei § 425 HGB.

Übersicht

	Rz.		Rz.
I. Allgemeines	1	IV. Haftung bei Vorsatz oder grober Fahrlässigkeit	4
II. Verlust (§ 430 I HGB)	2		
III. Beschädigung	3		

I. Allgemeines

1 § 430 HGB gilt nur bei **Verlust-** und **Substanzschäden** und deren **Folgeschäden.** Sinn der Vorschrift ist es, das spezifische Transportrisiko dadurch besser kalkulierbar zu machen, daß die schwer schätzbaren Folgeschäden von Verlusten und Beschädigungen für ersatzunfähig erklärt werden (*Heymann/Honsell,* HGB, § 430 Rz. 2). § 430 HGB greift jedoch dann nicht ein, wenn der Ersatzanspruch nicht unmittel- oder mittelbar auf den Verlust bzw. die Beschädigung des Gutes (§ 429 HGB), sondern auf **sonstige positive Forderungsverletzungen** gestützt wird (*Schlegelberger/Geßler,* HGB, § 430 Rz. 1; **a. A.** GroßkommHGB-*Helm,* § 430 Rz. 4). Bei **primären Vermögensschäden,** bei denen der gemeine Wert des Guts kein sinnvolles Haftungsbegrenzungskriterium darstellt, haftet der Frachtführer ebenfalls uneingeschränkt. Dies ist insbesondere bei reinen *Verspätungsschäden* von Bedeutung, die sich nicht in einem Substanzschaden oder im Verlust des Guts auswirken. Zum Zusammentreffen von Substanz- und Verspätungsschäden § 429 HGB Rz. 13. Eine Ausnahme gilt dort, wo der Geschädigte wegen eines Fehlverhaltens des Frachtführers Aufwendungen zur Verhütung von Verlusten oder Beschädigungen macht. In diesen Fällen ist § 430 HGB analog heranzuzie-

hen. Maßstab ist dann der verhütete Verlust bzw. die vermiedene Beschädigung (*Bartels*, VersR **1990**, 335, 336). Schadensminderungskosten im Zusammenhang mit eingetretenen Verlusten und Beschädigungen sind bis zu der Höhe der vermiedenen objektiven Wertverluste zu ersetzen. Auf **Schäden vor Annahme** oder **nach Ablieferung** (§ 429 HGB Rz. 1) ist § 430 HGB dagegen nicht analog anzuwenden, da § 430 HGB nur transportspezifische Schäden erfaßt (h. M.). Der Anspruch aus §§ 429, 430 HGB wird durch den Anspruch aus § 438 IV HGB (Schadensfeststellung) ergänzt. Die konkurrierende **deliktische Haftung** (§ 425 HGB Rz. 39) wird durch § 430 HGB nicht beschränkt (BGHZ **46,** 140; § 425 HGB Rz. 39 m. Nachw. zum Streitstand). Beachte §§ 41,54 ff ADSp. Zur Aktivlegitimation § 429 HGB Rz. 12; zur Drittschadensliquidation und zum Vertrag mit Schutzwirkung zugunsten Dritter § 407 HGB Rz. 70 ff; § 429 HGB Rz. 12.

II. Verlust (§ 430 I HGB)

Zum Begriff des **Verlustes** § 429 HGB Rz. 3. Der Ersatzberechtigte, der 2
oder dessen Rechtsvorgänger geschädigt worden ist (§ 429 HGB Rz. 12) kann gemäß § 430 HGB nur Ersatz seines Vermögensschadens in Geld (§ 251 BGB) verlangen. Der Ersatzberechtigte muß nicht selbst unmittelbar durch den Verlust des Guts geschädigt worden sein. Es genügt eine mittelbare Schädigung. Deshalb kann auch der Hauptfrachtführer im Verhältnis zum Unterfrachtführer Ersatzansprüche gemäß §§ 429, 430 HGB erwerben. Der Anspruch ist der Höhe nach rechnerisch primär durch den **Börsen- oder Marktpreis**, d. h. den Durchschnittspreis, der bei regelmäßigem Umsatz dieser Güter im Handelsverkehr erzielt wird, (RGZ **98,** 151) begrenzt. Maßgeblich ist die Absatzstufe des Geschädigten (h. M.; *Jesser,* Frachtführerhaftung, S. 125 m. Nachw.). In zweiter Linie wird der Ersatz durch den Preis begrenzt, den ein Gut gleicher Art und Güte ohne Berücksichtigung der besonderen Verhältnisse der Parteien bei einem Verkauf erzielt hätte (gemeiner Wert; RGZ **117,** 131, 133). Hat das Gut *keinen Markt,* so ist der Wert und die Wertminderung zu schätzen. Die Herstellungskosten geben hierfür einen Anhalt (*de la Motte,* VersR **1988,** 317, 318; ähnlich Butzer, VersR **1991,** 854, 860; *Lamy*, Transport I, Nr. 939 zur CMR; vgl. auch BGHZ **92,** 85). Richtig ist es in Fällen, in denen das Gut in der Person des Geschädigten keinen Wert hat, sich am Marktpreis der vorhergehenden Produktions- oder Handelsstufe zu orientieren (vgl. RGZ **98,** 150; **a. A.** *Putzeys,* CMR, Nr. 867). Der Wert des Gutes ist der *abstrakte Mindestschaden,* auch wenn der konkrete Schaden niedriger ist (RGZ **100,** 103, 104; **117,** 131, 133 (h. M.)). Gewinnchancen, die nur dem Geschädigten offenstehen, und sonstige mit dem Verlust des Guts zusammenhängende *Folgeschäden* (BGH, NJW **1986,** 2307) bleiben unberücksichtigt. In Hinblick auf Aufwendungen, die der potentiell Geschädigte gemacht hat, um den Eintritt eines Verlusts bzw. einer Beschädigung zu verhüten, ist § 430 HGB analog anzuwenden; denn es geht nicht an, daß bei einer Schadensverhütung der Frachtführer mit einem höheren Schaden belastet wird als wenn das Gut verloren gegangen wäre (*Bartels,* VersR **1990,** 335, 336; offen OLG Hamburg v. 14.7.1988, TranspR **1989,** 177, 181). Der ersatzfähige

Schaden des Aktivlegitimierten (z. B. Hauptfrachtführer als Absender) kann daraus resultieren, daß er Dritten in Höhe des objektiven Wertes des Gutes für den Dritten oder einen Drittschadensberechtigten schadensersatzpflichtig geworden ist oder dem Dritten Ersatz gezahlt hat (§ 429 HGB Rz. 12). Es kommt auf den Verkaufswert in der *Handelsstufe des* iSd Drittschadensliquidation (§ 429 HGB Rz. 12) *materiell Geschädigten* (des Aktivlegitimierten: GroßkommHGB-*Helm*, § 430 Rz. 11), nicht auf den Wiederbeschaffungswert an (BGH v. 4.11.1955, VersR **1955,** 756; vgl. auch v. 28.2.1975 VersR **1975,** 658, 659; **a. A.** *Goltermann/Konow,* EVO, § 85 Anm. 2acc für die EVO; *Bischof,* GüKUMT, § 10 Rz. 12). Ist der Geschädigte Privatmann, so hat man ihn so zu stellen, als ob er Kaufmann auf der Einzelhandelsstufe wäre (RGZ **98,** 150, 152). Ist der Absender ein Spediteur, so kommt es auf dessen geschädigten Auftraggeber an (*Decker,* TranspR **1985,** 311, 312). In der Regel ist die Höhe des (gemeinen) Mindestwertes mit dem zwischen Versender und Endempfänger vereinbarten Kaufpreis bewiesen (OLG Frankfurt v. 13.7.1984, TranspR **1985,** 92, 93; vgl. auch OLG Nürnberg, ETR **1971,** 247, 262). Setzt sich das Gut aus **mehreren Sachen zusammen** und gehen nur einzelne Sachen verloren, so hat der Frachtführer den Wert dieser Sachen, und wenn der Teilverlust eine überproportionale Entwertung des Gesamtguts zur Folge hat, auch diesen Wertverlust zu ersetzen, da der Teilverlust zugleich eine Art Beschädigung des Restguts ist (RGZ **15,** 133, 134; *de la Motte,* VersR **1988,** 317, 318; **a. A.** GroßkommHGB-*Helm,* § 430 Rz. 17 m. Nachw.). Maßgebend ist der Wert an dem **Ort** und an dem **Tag** (str.), an dem das Gut dem Frachtvertrag zufolge **abgeliefert** werden sollte. Die vereinbarte **Fracht** stellt dort, wo das Gut keinen Wert besitzt, den Mindestschaden dar bzw. ist, wenn sie gemäß §§ 325 I3, 323 BGB entfällt, gemäß § 430 I 2. HS HGB anzurechnen (§ 425 HGB Rz. 27, 32). Bei Teilverlusten gilt dies für die anteilige Fracht. Anfallende **Transportkosten** werden nicht gesondert erstattet, weil die durch den Transport verursachte Wertsteigerung (Wert am Ablieferungsort) zu ersetzen ist. Da der Wert am Ablieferungsort im allgemeinen die normalen Transportkosten widerspiegelt, sind ersparte Transportkosten abzuziehen. Abzusetzen sind nur solche eingesparten Kosten, die effektiv angefallen wären, wenn das Gut, wie es bei vertragsgemäßem Transport geplant worden ist, genutzt oder verwertet worden wäre (BGH v. 4.11.1955, VersR **1955,** 756, 757), nicht bloße kalkulatorische Posten. Wurde keine Transportversicherung gedeckt, so ist ebenso wie in den Fällen, in denen sie gedeckt worden ist, nichts erspart worden (ebenso *Bischof,* GüKUMT, § 10 Rz. 25 mit der unzutreffenden Begründung, daß diese Kosten nicht Versandkosten seien). Im Rahmen der **Vorteilsausgleichung** oder des § 812 I2 1. Alt. BGB (RGZ **108,** 110, 112) ist zu berücksichtigen, daß der Absender bzw. Empfänger das Gut auf eigene Faust wiedererlangt hat (BGH, NJW **1979,** 2473). Der Geschädigte kann im Rahmen der Vorteilsausgleichung und des § 812 BGB verlangen, daß seine Verzögerungsschäden berücksichtigt werden. Ist das Gut vor Zahlung der Entschädigung nicht mehr in den Besitz des Empfängers bzw. Absenders gelangt, so kann der Frachtführer nicht analog § 255 BGB Übereignung und Abtretung der Ansprüche des Ersatzberechtigten gegen Dritte verlangen (*Baumbach/Duden/Hopt,* HGB, § 430 Anm. 2A; *Schlegelberger/Geßler,* HGB, § 430 Rz. 18; **a. A.** GroßkommHGB-*Helm,* § 430

Rz. 15; *Heymann/Honsell,* HGB, § 430 Rz. 14). Etwas anderes gilt, falls der Frachtführer den vollen Schaden ersetzt hat und der Geschädigte an dem Gegenstand kein Affektionsinteresse besitzt. Der Ersatzberechtigte hat den Verlust sowie die Höhe des Handelswerts bzw. gemeinen Werts zu **beweisen**, der Frachtführer die Höhe der Ersparnisse. Die Leistungen einer Transportversicherung bleiben außer Ansatz (§ 67 VVG; *Palandt/Heinrichs,* BGB, vor § 249 Rz. 132; **a. A.** OLG Frankfurt v. 13.7.1984, TranspR **1985,** 92, 93).

III. Beschädigung

Zum Begriff der Beschädigung § 429 HGB Rz. 3. Der Absender und Empfänger haben kein Recht, das beschädigte Gut zurückzuweisen. Naturalrestitution kann nicht verlangt werden (BGH, NJW **1980,** 2021), da immer und nur Vermögensschäden (§ 251 BGB) zu ersetzen sind. Zum Handelswert bzw. gemeinen Wert, Rz. 2. Es kommt auf die Minderung des Wertes des gesamten Guts an (s. Rz. 2 zum Teilverlust). § 430 I HGB steht auch dem Ersatz von Bergungskosten und ganz allgemein von Schadensminderungskosten im Wege; denn der Wert des beschädigten Guts ist im Licht der notwendigen und zumutbaren Schadensminderungsaufwendungen zu ermitteln (vgl. Art. 25 CMR Rz. 3; **a. A.** OLG Hamburg v. 14.7.1988, TranspR **1989,** 177, 181); denn je höher der Schadensminderungsaufwand ist, desto niedriger ist der Restwert des Gutes im Moment des Schadens. Schadensminderungsaufwendungen sind daher wie Reparaturkosten zu behandeln. Es geht nicht an, daß der Frachtführer nur deshalb stärker haftet, weil der Schaden minderungsfähig ist oder mit hohen Kosten gemindert worden ist. Zu Aufwendungen des potentiell Geschädigten, die dazu dienen, die Beschädigung des Gutes zu verhüten, s. Rz. 2. Zur Beschädigung einzelner Stücke von Sachgesamtheiten Rz. 2; *Bischof,* GüKUMT, § 10 Rz. 38 ff. Zum Mindestschaden § 425 HGB Rz. 33. Maßgeblich ist der Ort der realen Ablieferung. Der Verkaufswert ist aus der Position des materiell Geschädigten am Ort und am Tag der vertragsgemäßen Ablieferung zu bestimmen (Rz. 2). **3**

IV. Haftung bei Vorsatz oder grober Fahrlässigkeit (§ 430 III HGB)

Es genügt bedingter Vorsatz oder grobe Fahrlässigkeit von Personen, deren Handeln der Frachtführer zu vertreten hat (§ 278 BGB, §§ 431, 432 HGB). Grobe Fahrlässigkeit liegt vor, wenn schon die für einen ordentlichen Frachtführer einfachsten, ganz naheliegenden Überlegungen nicht angestellt werden und das nicht beachtet wird, was im gegebenen Fall jedem ordentlichen Frachtführer einleuchten mußte (vgl. RGZ **163,** 106; BGH, NJW **1980,** 887, 888; vgl. auch Art. 29 CMR Rz. 4). Subjektive Entlastungsmomente sind zu berücksichtigen (MüKo-*Hanau,* BGB, § 277 Rz. 10f m. N.). Kenntnis der Gefahr ist nicht erforderlich (BGH v. 7.12 1961, VersR **1962,** 79, 80; Müko-*Hanau,* BGB, § 277 Rz. 6 [str.]). Der Ersatzberechtigte hat die grobe Fahrlässigkeit bzw. den Vorsatz zu **beweisen** (vgl. *Piper,* VersR **1988,** 200, 208; *Herber/Schmuck*, VersR **1991**, 1209, 1211; OLG Düsseldorf v. 14.7.1987, VersR **1987,** 932). Es besteht jedoch eine Einlassungspflicht des Frachtführers, **4** wenn der Anspruchsteller einen Sachverhalt behauptet, der den Umständen nach ein grob fahrlässiges Verhalten vermuten läßt und wenn allein der Frachtführer zur Aufklärung der Schadensentstehung beitragen kann (vgl. *Koller,* VersR **1990**, 553). Ist grob fahrlässiges Verhalten als bewiesen anzusehen, das seiner Art nach als Schadensursache ernsthaft in Betracht kommt, dann hat der Frachtführer die mangelnde Kausalität zu beweisen (BGH v. 13.4.1989, NJW-RR **1989,** 1270, 1271). Erfüllt der Frachtführer diese Obliegenheit nicht, so kann daraus unter Umständen auf grobe Fahrlässigkeit oder gar Vorsatz geschlossen werden (vgl. BGH v. 19.6.1986, VersR **1986,** 1019, 1021; *Piper,* VersR **1988,** 200, 208; Art. 29 CMR Rz. 7; § 51 ADSp Rz. 7). Der Anscheinsbeweis ist grundsätzlich unzulässig (*Palandt/Heinrichs,* BGB, § 277 Rz. 3; **a. A.** *Baumgärtel/Reinicke,* Beweislast, § 430 HGB Rz. 5). Hat der Frachtführer oder eine ihm zuzurechnende Person (§ 278 BGB, §§ 431, 432 HGB) vorsätzlich oder grob fahrlässig geschädigt, so ergibt sich der **Umfang der Haftung** aus den §§ 249 ff BGB.

§ 431 HGB [Haftung für Gehilfen]

Der Frachtführer hat ein Verschulden seiner Leute und ein Verschulden anderer Personen, deren er sich bei der Ausführung der Beförderung bedient, in gleichem Umfange zu vertreten wie eigenes Verschulden.

Literatur: siehe bei § 425 HGB.

I. Allgemeines

1 § 431 HGB erweitert im vertraglichen und quasivertraglichen Bereich (c.i.c.; **a. A.** *Schlegelberger/Geßler,* HGB, § 431 Rz. 6; differenzierend GroßkommHGB-*Helm,* § 431 Rz. 2) § 278 BGB dahin, daß der Frachtführer schlechthin das Verschulden seiner Leute zu vertreten hat. Die §§ 31, 278 BGB bleiben neben § 431 HGB anwendbar. Beachte § 52 ADSp. Der Hauptfrachtführer kann nach den Regeln der Drittschadensliquidation (§ 429 HGB Rz. 12) oder wegen eines eigenen Schadens (§ 429 HGB Rz. 12) vom Unterfrachtführer **Regreß** fordern.

II. Leute

2 Leute sind die Arbeitnehmer, auch faktische Arbeitnehmer und Aushilfskräfte des Frachtführers sowie dessen Familienangehörige, die im Betrieb mitarbeiten (§§ 1356 II, 1617 BGB). Für Organe des Frachtführers gilt § 31 BGB; für gesetzliche Vertreter § 278 BGB. Es ist nicht nötig, daß die Leute vom Frachtführer gerade zur Beförderung des Guts eingeschaltet worden sind (allg. M.). Es genügt ein äußerer Zusammenhang zwischen der dienstlichen Tätigkeit und dem Schaden, so wenn der Betrieb des Frachtführers die Möglichkeit zur schädigenden Handlung bzw. zum pflichtwidrigen Unterlassen eröffnet oder begünstigt hat. Der äußere Zusammenhang fehlt, wenn

die Leute dem Geschädigten wie beliebige Außenstehende gegenübertreten. Zum Diebstahl BGH v. 17.3.1981, VersR **1981,** 732; zur Beschlagnahme infolge Schmuggels OGH Wien v. 12.12.1984, TranspR **1986,** 426, 427. Zur Mitwirkung des Fahrers beim Be- und Entladen vgl. Erläuterungen zu § 17 KVO.

III. Andere Personen

Andere Personen sind selbständige Unternehmer und deren Erfüllungsgehilfen, nicht aber beim Frachtführer abhängig beschäftigte und eingegliederte Gelegenheitsarbeiter und Aushilfskräfte. Es besteht kein Grund, diesen Personenkreis entgegen dem Wortlaut des § 431 HGB anders als ständig beschäftigte Arbeitnehmer zu behandeln, zumal wenn eine Arbeitsverpflichtung für eine nicht unerhebliche Zeit begründet wurde (**a. A.** GroßkommHGB-*Helm,* § 431 Rz. 4; *Schlegelberger/Geßler,* HGB, § 431 Rz. 5). Leiharbeitnehmer gehören dagegen zum Kreis der „anderen Personen". Soweit der Frachtführer „andere Personen" eingeschaltet hat, gelten die zu § 278 BGB entwickelten Regeln (*Palandt/Heinrichs,* BGB, § 278 Rz. 7 ff). Maßgeblich ist der Kreis der dem Frachtführer nach Treu und Glauben obliegenden Pflichten (vgl. *Koller,* RdA **1982,** 46, 48 m.Nachw.). Zu diesen Pflichten gehört es, einen Diebstahl zu unterlassen (BGH v. 17.3.1981, VersR **1981,** 732), geeignete Fahrzeuge (vgl. § 14 KVO Rz. 7; *Kronke,* TranspR **1988,** 89, 94) zu benutzen (**a. A.** zur Reinigung des Fahrzeuges durch Spezialunternehmen OLG Hamburg v. 2.3.1989, VersR **1989,** 1284; BGH v. 9.11.1981, VersR **1982,** 287 [ausdrücklich nur zu § 823 BGB]). Im Bereich der dem Frachtführer obliegenden Schutzpflichten haftet der Unternehmer nach richtiger Ansicht für alle Personen, denen er gesteigerte Einwirkungsmöglichkeiten auf die Güter des Gläubigers eröffnet hat (näher § 6 KVO Rz. 6). Es ist denkbar, daß die Einschaltung Dritter zur Begrenzung der Pflichten führt (vgl. OLG Hamburg v. 28.2.1974, MDR **1974,** 674; v. 28.1. 1988, TranspR **1988,** 210; kritisch GroßkommHGB-*Helm,* § 431 Rz. 4). 3

§ 432 HGB [Mehrere Frachtführer]

(1) **Übergibt der Frachtführer zur Ausführung der von ihm übernommenen Beförderung das Gut einem anderen Frachtführer, so haftet er für die Ausführung der Beförderung bis zur Ablieferung des Gutes an den Empfänger.**

(2) **Der nachfolgende Frachtführer tritt dadurch, daß er das Gut mit dem ursprünglichen Frachtbrief annimmt, diesem gemäß in den Frachtvertrag ein und übernimmt die selbständige Verpflichtung, die Beförderung nach dem Inhalte des Frachtbriefs auszuführen.**

(3) **Hat auf Grund dieser Vorschriften einer der beteiligten Frachtführer Schadensersatz geleistet, so steht ihm der Rückgriff gegen denjenigen zu, welcher den Schaden verschuldet hat. Kann dieser nicht ermittelt werden, so haben die beteiligten Frachtführer den Schaden nach dem Verhältnis ihrer Anteile an der Fracht gemeinsam zu tragen, soweit nicht festgestellt wird, daß der Schaden nicht auf ihrer Beförderungsstrecke entstanden ist.**

Literatur: siehe bei § 425 HGB.

I. Allgemeines

1 § 432 HGB regelt nur den Fall, daß der Frachtführer (§§ 425, 412, 413 HGB; vgl. OLG Hamburg v. 25.6.1981, VersR **1982,** 375; OGH Wien v. 16.1.1985, TranspR **1986,** 20, 21) zur Ausführung der **von ihm selbst geschuldeten Beförderung** im eigenen Namen auf eigene Rechnung einen anderen Frachtführer (§§ 425, 412, 413 HGB) als Subunternehmer einschaltet (Unterfrachtführer). Unterfrachtführer kann auch die Eisenbahn (RGZ **106,** 419, 421; **a. A.** GroßkommHGB-*Helm,* § 432 Rz. 9), nicht aber ein Verfrachter (§ 559 HGB) oder ein Luftfrachtführer sein. Maßgeblich ist grundsätzlich die vereinbarte Beförderungsform (vgl. OLG Hamburg v. 25.6.1981, VersR **1982,** 375; § 425 HGB Rz. 2). Im Verhältnis zwischen Haupt- und Unterfrachtführer ist es gleichgültig, ob beide den gleichen Haftungsregeln unterliegen. § 432 HGB gilt für alle Arten vertraglicher und vertragsähnlicher Pflichten. *Beachte § 52 ADSp.*

§ 432 HGB greift weder dort ein, wo der Frachtführer im Namen des Absenders einen Dritten beauftragt, das Gut auf einer Strecke zu transportieren, die er nicht selbst übernommen hatte *(Teilfrachtführer;* § 425 HGB Rz. 17), noch dort, wo er den von ihm nicht geschuldeten Transport im eigenen Namen einem anderen Frachtführer überträgt *(Zwischenfrachtführer* [§ 425 HGB Rz. 17]).

II. Haftung (§ 432 I HGB)

2 Zum Geltungsbereich oben Rz. 1. § 432 I HGB stellt weitgehend eine Konkretisierung der §§ 431 HGB, 278 BGB dar. Der Hauptfrachtführer haftet auch für Leute des Unterfrachtführers nach Maßgabe des § 431 HGB. Die Haftung erstreckt sich auf die sorgfältige Erfüllung aller Aufgaben, die auf den Unterfrachtführer übertragen sind. Die Haftung endet nicht notwendig mit der Ablieferung. Beachte § 52 ADSp. Zwischen Absender bzw. Empfänger einerseits und *Unterfrachtführer* andererseits bestehen keine *unmittelbaren vertraglichen Hauptleistungsansprüche.* Allerdings liegt es auf der Linie der neueren schadensersatzrechtlichen Rechtsprechung und Dogmatik, den Unterfrachtvertrag als *Vertrag mit Schutzwirkung* für Absender des Hauptfrachtvertrages und Empfänger zu qualifizieren (BGH v. 18.6.1985, WM **1985,** 1245f; näher § 429 HGB Rz. 12). Gegen diese Deutung des Frachtvertrages spricht nicht ein Umkehrschluß aus § 432 II HGB, da diese Vorschrift auch die primären Leistungspflichten erfassen soll. Der BGH v. 24.10.1991, VersR **1992,** 640 f geht allerdings im Rahmen der CMR in ständiger Rechtsprechung davon aus, daß der Empfänger selbst bei Entgegennahme des Guts nicht berechtigt sei, Schadensersatzansprüche gegen den Unterfrachtführer durchzusetzen (näher Art. 13 CMR Rz. 5). Der Unterfrachtführer kann dem Absender bzw. Empfänger außerdem gemäß den §§ 823 ff, 989 BGB haften (§ 425 HGB Rz. 39). Zur Berufung auf AGB des Hauptfrachtführers vor § 1 ADSp Rz. 4. Zum Regreßanspruch des Hauptfrachtführers unten Rz. 5.

III. Eintritt des Unterfrachtführers in den Hauptfrachtvertrag (§ 432 II HGB)

1. Voraussetzungen

Unterfrachtverhältnis (oben Rz. 1), auch unter KVO-Frachtführern. Der Unterfrachtführer muß das Gut mit dem vom Absender des Hauptfrachtvertrages dem Hauptfrachtführer ausgehändigten Frachtbrief (§ 426 HGB; BGH v. 23.1.1970, WM **1970,** 692) oder auf den Hauptfrachtführer ausgestellten Frachtbrief übernommen haben. Es genügt nicht, daß der Unterfrachtführer den auf ihn ausgestellten Frachtbrief unmittelbar vom Absender des Hauptfrachtvertrages annimmt (OGH Wien v. 16.1.1985, TranspR **1986,** 20, 21). Der Frachtbrief muß *durchgehend auf die gesamte,* also auch auf die vom Unterfrachtführer zu bewältigende *Strecke* ausgestellt sein (BGH v. 25.10.1984, VersR **1985,** 134). Der Frachtbrief kann auch vom Hauptfrachtführer in Vertretung des Absenders ausgestellt worden sein (BGH v. 23.1.1970, WM **1970,** 692). Der vom Fixkostenspediteur ausgestellte Speditionsübergabeschein ist kein Frachtbrief (OLG Hamburg v. 19.8.1982, VersR **1983,** 453). Zur Annahme des Guts s. § 429 HGB Rz. 4; Art. 34 CMR Rz. 3f. Die Annahme des durchgehenden Frachtbriefs ist eine konkludente Willenserklärung. Der Frachtführer, der Gut und Frachtbrief annimmt, erklärt damit nach der durch § 432 II HGB typisierten Verkehrssitte seinen Vertragsbeitritt. Er erwirbt rückwirkend sowohl die Pflichten als auch die Rechte (BGH v. 23.1.1970, WM **1970,** 692) des Hauptfrachtführers. Der Unterfrachtführer darf sich wie im Fall des § 362 HGB nicht darauf berufen, daß er die Verkehrsbedeutung der Frachtbriefübernahme nicht gekannt habe; denn er hat jedenfalls zurechenbar den Schein des Vertragsbeitritts geschaffen. Die Übernahme des Frachtbriefs ist nicht auslegungsfähig, da sich Absender und Empfänger auf eine typisierte Bedeutung der Frachtbriefannahme verlassen können müssen (*Schlegelberger/Geßler,* HGB, § 432 Rz. 14; **a. A.** OLG Hamburg v. 25.6.1981, VersR **1982,** 375; GroßkommHGB-*Helm,* § 432 Rz. 21; vgl. auch *Koller,* VersR **1988,** 556, 562). Abreden zwischen Haupt- und Unterfrachtführer sind infolgedessen im Verhältnis zum Absender bzw. Empfänger unerheblich, solange der Absender nicht zugestimmt hat (*Willenberg,* TranspR **1985,** 309). Gleiches gilt für Vermerke im Frachtbrief (ROHG **11,** 209, 211). 3

2. Rechtsfolgen

Der Unterfrachtführer wird rückwirkend Gesamtschuldner (§§ 421 ff BGB) neben dem Hauptfrachtführer (BGH v. 17.5.1989, TranspR **1990,** 19, 21) zu den Bedingungen, die sich aus dem Frachtbrief (§ 426 HGB) ergeben (im Fall der KVO-Haftung trifft den Unterfrachtführer eine verschuldensunabhängige Einstandspflicht; dazu *Willenberg,* TranspR **1985,** 308; zum CMR-Transport s. Art. 34 ff CMR). Auf diese Weise ist sichergestellt, daß der Unterfrachtführer nur ein überschaubares, begrenztes Risiko eingeht (BGH v. 25.10.1984, VersR **1985,** 134). Nicht im Frachtbrief enthaltene Abreden zwischen dem Absender und dem Hauptfrachtführer kommen dem Unterfrachtführer zugute (GroßkommHGB-*Helm,* § 432 Rz. 22), weil Absender und Empfänger nicht mehr Rechte gegen den Unterfrachtführer er- 4 langen sollen, als sie gegen den Hauptfrachtführer erworben haben. Abreden zwischen Hauptfrachtführer und Unterfrachtführer, die nicht im Frachtbrief dokumentiert sind, bleiben dagegen irrelevant (Rz. 3). Der Unterfrachtführer erwirbt die Rechte des Hauptfrachtführers (BGH v. 23.1.1970, WM **1970,** 692). Bestellt der Unterfrachtführer seinerseits einen Unterfrachtführer, der Gut und Frachtbrief annimmt, so tritt auch dieser in den Vertrag ein. Zum Rückgriff unter den Frachtführern Rz. 5.

IV. Rückgriff, Ausgleich (§ 432 III HGB)

5 § 432 III HGB bezieht sich nur auf den in § 432 II HGB geregelten Fall; denn nur dort, wo der Unterfrachtführer durch seinen Beitritt willentlich eine kalkulierbare Gesamtschuld begründet hat, ist es ihm zuzumuten, bei unbekanntem Schadensort anteilig einen Teil des Schadens zu tragen (*Schlegelberger/Geßler,* HGB, § 432 Rz. 24; offen BGH, NJW **1985,** 555, 556; **a. A.** OHG Wien, TranspR **1991,** 135, 137; *Heymann/Kötter,* HGB, § 432; GroßkommHGB-*Helm,* § 432 Rz. 24; unklar *Baumbach/Duden/Hopt,* HGB, § 432 Anm. 3; *Heymann/Honsell,* HGB, § 432 Rz. 14, die gesamtschuldnerische Haftung voraussetzen, aber § 432 III auch auf § 432 I anwenden wollen). Eine andere Form des Rückgriffs ist nicht zulässig (vgl. Art. 37 CMR). *Der Rückgriff gemäß § 432 III 1 HGB* setzt voraus, daß ein Frachtführer Schadensersatz gezahlt hat und der andere Frachtführer den Schaden iSd § 347 HGB verschuldet hat. Ist der Schaden nachweislich eingetreten, als sich das Gut in der Obhut eines anderen Frachtführers befand (§ 429 HGB Rz. 8), so hat sich dieser zu entlasten (Analogie zu § 429 HGB; *Baumbach/Duden/Hopt,* HGB, § 432 Anm. 3; **a. A.** GroßkommHGB-*Helm,* § 429 Rz. 26; *Schlegelberger/Geßler,* HGB, § 432 Rz. 25). Im Fall beiderseitigen Verschuldens gilt § 254 BGB. Haftet der Hauptfrachtführer verschuldensunabhängig (z. B. § 29 KVO), so gilt dies auch für den Unterfrachtführer (*Willenberg,* KVO, § 6 Rz. 23; str.). Der den Regreß ausübende Frachtführer, der noch nicht gezahlt hat, kann analog § 432 III1 HGB Schuldbefreiung verlangen. Ist die Person des Schädigers *unbekannt,* so darf der Schadensersatz leistende Frachtführer auf diejenigen anderen Frachtführer zurückgreifen, die nicht beweisen können, daß der Schaden während ihrer Obhut (§ 429 HGB Rz. 8) nicht entstanden ist oder nicht entstanden sein kann. Diese und der Regreß nehmende Frachtführer teilen sich den Schaden nach dem Verhältnis der Fracht. Gleiches gilt analog Art. 38 CMR im Fall der Insolvenz des Schädigers oder eines sonst ausgleichspflichtigen Frachtführers (**a. A.** *Heymann/Honsell,* HGB, § 432 Rz. 19). Das Beförderungsmittel ist grundsätzlich irrelevant; es darf sich nur nicht um ein Seeschiff oder Luftfahrzeug handeln. Unerheblich ist auch, welchem Transportrecht der Unterfrachtführer unterliegt (*Willenberg,* KVO, § 6 Rz. 22); er haftet wie der Hauptfrachtführer. Verjährung: § 439 S. 2 HGB.

§ 433 HGB [Verfügungsrecht des Absenders]

(1) **Der Absender kann den Frachtführer anweisen, das Gut anzuhalten, zurückzugeben oder an einen anderen als den im Frachtbriefe bezeichneten Empfänger auszuliefern. Die Mehrkosten, die durch eine solche Verfügung entstehen, sind dem Frachtführer zu erstatten.**

(2) **Das Verfügungsrecht des Absenders erlischt, wenn nach der Ankunft des Gutes am Orte der Ablieferung der Frachtbrief dem Empfänger übergeben oder von dem Empfänger Klage gemäß § 435 gegen den Frachtführer erhoben wird. Der Frachtführer hat in einem solchen Falle nur die Anweisungen des Empfängers zu beachten; verletzt er diese Verpflichtung, so ist er dem Empfänger für das Gut verhaftet.**

Literatur: siehe bei § 425 HGB.

I. Allgemeines

Der Frachtvertrag ist als **Vertrag zugunsten des Empfängers** (§ 435 HGB Rz. 1; § 426 II 3 HGB) ausgeformt (§§ 434, 435 HGB). Das Gesetz regelt daher, sofern kein Ladeschein ausgestellt ist (§ 447 HGB), in den §§ 433–435 HGB das Zusammenspiel zwischen Empfänger- und Absenderrechten nach folgenden Grundsätzen: **Vor Ankunft des Guts** stehen die Verfügungsrechte (unten Rz. 2) allein dem Absender zu (Ausnahme: § 434 HGB). **Nach Ankunft des Guts** am Ablieferungsort, aber vor der Übergabe des Frachtbriefs oder vor Klageerhebung konkurrieren Absender- und Empfängerverfügungsrechte (§§ 433, 435 HGB); Verfügungen des Absenders besitzen Vorrang (§ 435 S. 3 HGB). Nach Ankunft des Guts am Ablieferungsort und Übergabe des Frachtbriefs an den Empfänger bzw. Klageerhebung oder Ablieferung des Guts an den Empfänger erlöschen die Verfügungsrechte des Absenders (§ 433 II HGB). – § 433 HGB begründet im übrigen werkvertragsspezifische Weisungsrechte. § 433 HGB ist dispositiver Natur (BGH v. 15.10.1959, DB **1959,** 1316). 1

II. Weisungen des Absenders vor Übergabe des Frachtbriefs bzw. Klage

1. Umfang des Weisungsrechts (§ 433 I HGB)

§ 433 I 1 HGB nennt als mögliche Weisungen „anhalten", d. h. das Gut kurze Zeit im Fahrzeug stehen zu lassen; „zurückgeben", d. h. das Gut, an dem Ort, an dem es sich befindet oder an einem später auf der Beförderungsstrecke liegenden Ort an den Absender abliefern, nicht aber Rücktransport (ROHG **11,** 290, 293; *Heymann/Honsell,* HGB, § 433 Rz. 7; h. M.; **a. A.** GroßkommHGB-*Helm,* § 433 Rz. 12); „an einen anderen Empfänger ausliefern", der sich am vereinbarten Ablieferungsort oder in der Nähe der Beförderungsstrecke befinden muß (GroßkommHGB-*Helm,* § 433 Rz. 13; **a. A.** *Schlegelberger/Geßler,* HGB, § 433 Rz. 9). Darüber hinaus kann der Absender einseitig andere Arten von vertragsgestaltenden Weisungen, wie Nachnahme oder Auslieferung nur gegen Vorlage bestimmter Dokumente, erteilen (BGHZ **9,** 2

221, 225), sofern dadurch der Frachtvertrag nicht völlig umgestaltet wird *(Schlegelberger/Geßler,* HGB, § 433 Rz. 9), d. h. der Frachtführer mit erheblichen zusätzlichen Lasten und Risiken beschwert wird. So kann sich der Frachtführer darauf berufen, daß sein Pfandrecht (§ 440 HGB) nicht mehr den Ersatz der Mehrkosten (§ 433 I 2 HGB) decke. Unzulässige Weisungen können als Angebote zur Vertragsänderung interpretiert werden, die der Frachtführer auch durch Schweigen annehmen kann (§ 362 HGB).

2. Erlöschen des Weisungsrechts (§ 433 II HGB)

3 Vgl. dazu Erl. unten Rz. 5. Das Weisungsrecht des Absenders erlischt außerdem mit Erfüllung des Frachtvertrages, also mit vollzähliger und unbeschädigter Ablieferung des Guts (§ 429 HGB Rz. 6) beim Empfänger. Es genügt grundsätzlich nicht, daß der Frachtführer dem Empfänger mittelbaren Besitz verschafft hat.

3. Rechtsfolgen

4 Gültige Weisungen (oben Rz. 2) gestalten den Vertrag um. Die Weisung zur vorzeitigen Rückgabe enthält eine Kündigung des Frachtvertrages (§ 425 HGB Rz. 46). Befolgt der Frachtführer die Weisungen nicht, so gelten die allgemeinen Regeln über Leistungsstörungen (§§ 425 HGB Rz. 23 ff; 429 HGB). Der Frachtführer, der die Weisungen beachtet, kann seinerseits Ersatz der Mehrkosten fordern (§ 433 I 2 HGB), es sei denn, daß er durch sein Verschulden die Weisung veranlaßt hatte (Analogie zu § 72 IX EVO bzw. Gegenanspruch aus pFV). Zu den Mehrkosten zählen nicht nur Aufwendungen (§ 670 BGB), die infolge der Weisung getätigt worden sind, sondern auch die Mehrarbeit des Frachtführers selbst, die nach Maßgabe des § 354 HGB zu vergüten ist *(Bischof,* GüKUMT, § 3 Rz. 47; *Heymann/Honsell,* HGB, § 433 Rz. 10; **a. A.** *Schlegelberger/Geßler,* HGB, § 433 Rz. 10; vgl. auch Art. 12 CMR Rz. 3). Vermindert die Weisung den Aufwand des Frachtführers, so gilt § 649 BGB analog. Zur Auswirkung der Weisung auf die Vergütung § 425 HGB Rz. 23 ff, 46.

III. Weisungen nach Übergabe des Frachtbriefs bzw. Klage

5 § 433 II HGB regelt zwei Fälle, in denen außer dem Fall der Ablieferung (Rz. 3) das **Weisungsrecht** (Verfügungsrecht) des **Absenders erlischt:**

1. Ankunft des Guts und Übergabe des Frachtbriefs

Der Ort der Ablieferung iSd § 433 II 1 HGB ist nicht mit dem Ablieferungsort iSd § 426 HGB identisch (*Heymann/Honsell,* HGB, § 435 Rz. 8; *Schlegelberger/Geßler,* HGB, § 435 Rz. 5, § 433 Rz. 13), sondern der Ort, in dem die Ablieferungsstelle liegt (§ 435 Rz. 2). Sowohl die Voraussetzung der Ankunft des Gutes als auch die der Übergabe des Frachtbriefes müssen erfüllt sein, damit das Weisungsrecht des Absenders erlischt; die Reihenfolge ist gleichgültig; es genügt die Verschaffung des mittelbaren Besitzes am Brief. Eine Übergabe zu treuen Händen genügt nicht. Ist das Gut nur zum Teil angekommen, so erlischt das Weisungsrecht des Absenders nur in Hinblick auf diesen Teil des Guts (GroßkommHGB-*Helm*, § 433 Rz. 22; *Heymann/Honsell*, HGB, § 433 Rz. 13; **a. A.** *Schlegelberger/Geßler*, HGB, § 433 Rz. 13).

2. Klage

Das Weisungsrecht des Absenders erlischt ferner, wenn das Gut am Ablieferungsort angekommen ist und der Empfänger Klage auf Auslieferung (§ 435 HGB) oder auf Entschädigung erhebt. **6**

3. Verfügungsrecht des Empfängers

Mit dem Erlöschen des Weisungsrechts des Absenders (oben Rz. 3, 5) erwirbt der Empfänger unentziehbar die Rechte aus § 435 HGB und die Aktivlegitimation. Negiert der Frachtführer schuldhaft (**a. A.** *Heymann/Honsell*, HGB, § 433 Rz. 20) die Rechte des Empfängers, so macht er sich ihm nach den allgemeinen Regeln (§ 425 HGB Rz. 23 ff, § 429 HGB) schadensersatzpflichtig (unklar *Heymann/Honsell*, HGB, § 433 Rz. 21). Der Empfänger, der seine Rechte zurückweist, indem er z. B. endgültig die Annahme des Guts verweigert, trotz Aufforderung nicht im erforderlichen Umfang mitwirkt oder sonst zu erkennen gibt, daß er Ansprüche aus dem Frachtvertrag nicht geltend machen will (z. B. Zurückweisung des Guts; Zurückbelastung des Kaufpreises), verliert analog § 333 BGB seine Rechte aus § 435 HGB (BGH, NJW **1974,** 1614, 1616; BGH v. 1.10.1975, VersR **1976,** 168, 169; GroßkommHGB-*Helm*, § 429 Rz. 35). Das Weisungsrecht fällt auf den Absender zurück. **7**

§ 434 HGB [Rechte des Empfängers vor der Ankunft des Gutes]

Der Empfänger ist vor der Ankunft des Gutes am Orte der Ablieferung dem Frachtführer gegenüber berechtigt, alle zur Sicherstellung des Gutes erforderlichen Maßregeln zu ergreifen und dem Frachtführer die zu diesem Zwecke notwendigen Anweisungen zu erteilen. Die Auslieferung des Gutes kann er vor dessen Ankunft am Orte der Ablieferung nur fordern, wenn der Absender den Frachtführer dazu ermächtigt hat.

Literatur: siehe bei § 425 HGB.

I. Allgemeines

§ 434 S. 1 HGB eröffnet dem Empfänger über die Rechte aus § 435 HGB hinaus das Recht, in Notfällen sachdienliche Weisungen zu geben. Gehen auf den Notfall bezogene Weisungen des Absenders und des Empfängers auseinander, so gelten ausschließlich die Weisungen des Absenders. Der Frachtführer kann sich dann nicht damit entlasten, daß ihm keine widerspruchsfreien Weisungen erteilt worden seien. § 434 S. 2 HGB ist das Spiegelbild des § 435 HGB. **1**

II. Das Sicherstellungsrecht

2 Voraussetzungen: Das Gut ist noch nicht am Ablieferungsort angekommen. Unerheblich ist es, ob bereits der Frachtbrief übergeben worden ist. Der Empfänger darf nur solche Weisungen erteilen, die die Gefahr für das Gut oder für die Weiterbeförderung beseitigen, nicht aber solche, die auf Ablieferung (§ 429 HGB Rz. 6) zielen. Ausnahme: Der Absender hat dem Frachtführer, nicht dem Empfänger, eine entsprechende Ermächtigung erteilt.

§ 435 HGB [Rechte des Empfängers nach der Ankunft der Güter]

Nach der Ankunft des Gutes am Orte der Ablieferung ist der Empfänger berechtigt, die durch den Frachtvertrag begründeten Rechte gegen Erfüllung der sich daraus ergebenden Verpflichtungen in eigenem Namen gegen den Frachtführer geltend zu machen, ohne Unterschied, ob er hierbei in eigenem oder in fremdem Interesse handelt. Er ist insbesondere berechtigt, von dem Frachtführer die Übergabe des Frachtbriefs und die Auslieferung des Gutes zu verlangen. Dieses Recht erlischt, wenn der Absender dem Frachtführer eine nach § 433 noch zulässige entgegenstehende Anweisung erteilt.

Literatur: siehe bei § 425 HGB.

I. Allgemeines

1 Der Frachtvertrag ist, wie sich insbesondere auch aus § 435 HGB ergibt, ein Vertrag zugunsten des Empfängers (Rz. 3; § 328 BGB). Die Rechtsposition des Empfängers (§ 426 HGB Rz. 2) hängt, sofern kein Ladeschein ausgestellt worden ist (§ 447 HGB), davon ab, wo sich das Gut und wo sich der Frachtbrief befindet und welche Aktivitäten der Empfänger entfaltet hat (§ 433 HGB Rz. 3, 5, 6). Zu Ansprüchen des Empfängers nach den Regeln des Vertrages mit Schutzwirkung für Dritte § 429 HGB Rz. 12. Zu den Pflichten des Empfängers § 436 HGB. Zu den Ansprüchen des Empfängers aus Verträgen des Hauptfrachtführers mit dem Unterfrachtführer s. Rz. 3.

II. Voraussetzungen der Rechte des Empfängers

2 Das Gut muß körperlich am Ort (nicht Ablieferungsstelle [*Heymann/Honsell,* HGB, § 435 Rz. 8]; vgl. § 30 HGB; die Grenzen des Ortes ergeben sich aus der Verkehrsauffassung; bei innerörtlichem Transport ist die Ablieferungsstelle maßgeblich; *Rundnagel*, S. 147) der Ablieferung (§ 429 HGB Rz. 6) angekommen sein (Ausnahme für bestimmte Rechte § 434 HGB), ohne daß Gut und/oder Frachtbrief dem Empfänger übergeben worden sein müssen. Ist das Gut total verlorengegangen, so erwirbt der Empfänger end-

gültig keine Rechte (*Piper,* Höchstrichterliche Rechtsprechung, aaO, Rz. 147). Die Ankunft eines Teils der Sendung genügt jedoch auch in Hinblick auf Ersatzansprüche wegen des Rests der Sendung, falls der Rest verlorengegangen ist (BGH v. 2.12.1982, VersR **1983,** 339, 340; **a. A.** GroßkommHGB-*Helm,* § 435 Rz. 5). Ist die teilweise noch nicht abgelieferte Sendung noch in der Verfügungsgewalt des Frachtführers, so greift § 435 HGB allerdings nur in Hinblick auf das am Ablieferungsort angekommene Gut ein (GroßkommHGB-*Helm,* § 435 Rz. 5; *Heymann/Honsell,* HGB, § 435 Rz. 10; **a. A.** *Schlegelberger/Geßler,* HGB, § 435 Rz. 4 m. N.). Voraussetzung des Anspruchs des Empfängers ist ferner, daß der Absender die dem Frachtvertrag entspringenden Rechte nicht im Rahmen des § 433 HGB wirksam an sich gezogen oder Weisungen erteilt hatte, die die Rechtsposition des Empfängers beeinträchtigen (§ 435 S. 3 HGB). Dies ist etwa der Fall, wenn der Absender vor dem in § 433 II HGB genannten Zeitpunkt die Ablieferung von Bedingungen abhängig gemacht oder Schadensersatzleistung an sich verlangt hat (GroßkommHGB-*Helm,* § 429 Rz. 35; unentschieden insoweit BGH, NJW **1974,** 1614, 1616). Der Empfänger darf nicht zu erkennen gegeben haben, daß er seine Rechte nicht geltend machen wolle (§ 433 HGB Rz. 7).

III. Rechtsfolgen

Der Empfänger, also derjenige, an den nach dem Vertrag zwischen Absender und Frachtführer oder nach wirksamen Weisungen des Absenders (§ 433 HGB) das Gut abgeliefert werden soll (OLG Düsseldorf, VersR **1973,** 848; § 426 HGB Rz. 2), erwirbt die Rechte aus dem Frachtvertrag (§ 435 HGB). Empfänger kann auch ein Empfangsspediteur oder anderer Transportunternehmer sein (§ 407 HGB Rz. 13; OLG Hamburg v. 19.8.1982, VersR **1983,** 453; v. 25.6.1981, VersR **1982,** 375; RGZ **103,** 31). Der Empfänger kann zum einen die *Übergabe des Frachtbriefs* fordern, ohne zugleich das Gut annehmen zu müssen (vgl. §§ 433 II, 435 S. 3 HGB). Der Empfänger darf vor der Übergabe Einsicht verlangen (§ 810 BGB). Er kann ferner die *Ablieferung des Guts* (§ 429 HGB Rz. 6) und vor der Ablieferung die Besichtigung des Guts beanspruchen. Er kann darüber hinaus zulässige *Weisungen* (§ 433 HGB Rz. 2) geben, z. B. das Gut an einen anderen Empfänger abzuliefern. Der Empfänger ist außerdem berechtigt, *Schadensersatzansprüche* wegen Beschädigung des Guts (BGH, NJW **1974,** 1614, 1615), wegen Verspätung und Teilverlusts (BGH v. 2.12.1982, VersR **1983,** 339, 340; OLG Frankfurt v. 7.6.1977, BB **1977,** 1020, 1021; oben Rz. 2) oder wegen sonstiger Schäden geltend zu machen. Dabei kann er, wie sich aus § 435 S. 1 HGB ergibt, auch den Schaden des Absenders oder sonstiger Dritter (z. B. Versender) im eigenen Namen geltend machen (näher Rz. 5). Diese Rechte stehen dem Empfänger nach stdg. Rechtsprechung des BGH grundsätzlich nur gegenüber dem Hauptfrachtführer zu (Art. 13 CMR Rz. 5). Sie können nur Zug um Zug gegen Erfüllung der sich aus dem Frachtvertrag ergebenden und durch das Pfandrecht gesicherten (§ 440 HGB; § 436 Rz. 4) Pflichten des Absenders durchgesetzt werden. Dazu gehört grundsätzlich die Verpflichtung zur Bezahlung der Fracht und die Ausstellung einer Quittung (§ 368 BGB) über den Empfang 3 des Gutes (*Benkelberg/Beier,* TranpR **1989,** 351, 352). § 273 III BGB ist analog anwendbar (*Heymann/Honsell,* HGB, § 435 Rz. 17; vgl. Art. 13 II 2 CMR). Auch § 334 BGB ist analog heranzuziehen (ebenso i. E. GroßkommHGB-*Helm,* § 435 Rz. 7; **a. A.** *Schlegelberger/Geßler,* HGB, § 435 Rz. 23). Außerdem kann der Auslieferungsanspruch an die vorherige Bezahlung einer Nachnahme oder die Vorlage von Urkunden geknüpft sein (§ 425 HGB Rz. 19). Die Rechte des Empfängers sind abtretbar. Sie können bereits vor Ankunft des Guts gepfändet werden. Die Rechte gehen mit ihrer Zurückweisung (§ 333 BGB) unter. Der Frachtführer kann vom Absender angewiesen werden, das Gut nur gegen Zahlung der Fracht etc. auszuliefern (dazu § 436 HGB Rz. 5; § 21 KVO). Ist dies nicht der Fall, so darf der Frachtführer das Gut auch ohne Zug um Zug Leistung des Empfängers ausliefern.

IV. Unentziehbarkeit der Empfängerrechte

4 Der Empfänger erwirbt zunächst die Rechte aus dem Frachtvertrag neben dem Absender (§ 328 BGB). Der Absender kann gemäß § 433 II HGB diese Rechte dem Empfänger vom Zeitpunkt der Ablieferung des Guts (§ 429 HGB Rz. 6) und der Übergabe des Frachtbriefs (§ 433 HGB Rz. 5) oder der Klageerhebung (§ 433 HGB Rz. 6) an nicht mehr entziehen, es sei denn, der Empfänger gibt zu erkennen, daß er die Rechte nicht (mehr) geltend machen will (§ 333 BGB; § 433 HGB Rz. 7). Daraus folgt, daß der Absender von diesem Zeitpunkt an nicht mehr die Ablieferung des Guts an den Empfänger verhindern kann (§ 433 II 1 HGB) oder Weisungen des Empfängers nicht mehr abändern kann. Die dogmatische Einordnung der Rechte des Empfängers ist ungeklärt. Am nächsten liegt es, eine Parallele zu § 328 II BGB zu ziehen, der auch den Fall regelt, daß der Versprechensempfänger (der Absender) das Recht verlieren kann, die Rechte des Dritten (des Empfängers) aufzuheben oder zu ändern. Der Versprechensempfänger (der *Absender*) ist auch dann, wenn der Dritte ein unentziehbares Recht erlangt hat, berechtigt, *Leistungen an den Dritten (Empfänger)* zu fordern (§ 335 BGB). Die Qualifikation dieses Rechts des Versprechensempfängers ist umstritten. Mit Hadding (*Soergel/Hadding,* BGB, § 335 Rz. 11; **a. A.** BGH, NJW **1974,** 502) ist davon auszugehen, daß der Absender zwar auch noch nach Erlöschen seiner Verfügungsrechte (§ 433 II HGB) die Rechte aus dem Frachtvertrag geltend machen, aber gemäß § 335 BGB nur noch Leistung an den Empfänger bzw. Leistung nach dessen Verfügungen verlangen kann (**a. A.** GroßkommHGB-*Helm,* § 429 Rz. 35; unklar BGH, NJW **1974,** 1614, 1616).

V. Aktivlegitimation in Hinblick auf Schadensersatzansprüche

5 Nach allgemeiner Ansicht steht das Recht des Empfängers, den eigenen Schaden oder im Weg der Drittschadensliquidation (vgl. § 429 HGB Rz. 12) den Schaden Dritter geltend zu machen (§ 435 S. 1 HGB) neben dem Schadensersatzanspruch des Absenders (§ 429 HGB Rz. 12), solange dem Absender noch Verfügungsrechte zustehen (§ 433 HGB). Umstritten ist die Aktivlegitimation dort, wo die Verfügungsbefugnis des Absenders erloschen ist

(§ 433 II HGB). *Helm* (GroßkommHGB, § 429 Rz. 35) vertritt die Ansicht, daß es nahe liege, aus der Koppelung des Erlöschens der Verfügungsrechte des Absenders und der Unentziehbarkeit der Rechte des Empfängers (§ 435 S. 2, 3 HGB) den Schluß zu ziehen, daß mit dem Erlöschen der Verfügungsrechte des Absenders auch dessen Aktivlegitimation in Hinblick auf Schadensersatzansprüche untergehe (ebenso *Schlegelberger/Geßler,* HGB, § 435 Rz. 17), so daß nur noch der Empfänger aktivlegitimiert ist. Die wohl h. M. nimmt hingegen an, daß der Absender auch nach Erlöschen seiner Verfügungsrechte (§ 433 II HGB) neben dem Empfänger Inhaber der Schadensersatzansprüche bleibt (*Baumbach/Duden/Hopt,* HGB, § 435 Anm. 1; *Willenberg,* KVO, § 29 Rz. 52; *Muth/Lehmann,* KVO, § 29 Anm. 6 a; i. E. auch GroßkommHGB-*Helm*, aaO, Rz. 35). Der BGH (NJW **1974,** 1614, 1616; v. 1.10.1975, VersR **1976,** 168, 169) hat sich zum HGB wohl noch nicht endgültig geäußert; er tendiert aber klar dahin, Absender und Empfänger als gleichwertige Gesamtgläubiger anzusehen (*Piper,* VersR **1988,** 200, 201; Art. 13 CMR Rz. 8). Die Doppellegitimation von Absender und Empfänger hat freilich eine Verdoppelung des Prozeßrisikos des Frachtführers zur Folge; denn das Urteil Frachtführer-Absender erlangt nicht zu Lasten des Empfängers Rechtskraft (MüKo-*Gottwald,* BGB, § 335 Rz. 1 m. Nachw.). Ein Erlöschen der Aktivlegitimation des Absenders würde jedoch häufig zum „Untergang" berechtigter Schadensersatzansprüche führen, falls die falsche Partei reklamiert oder der Frachtführer von der falschen Partei verklagt wird und nach Abweisung der Klage der Anspruch verjährt ist (*Piper,* VersR **1988,** 200, 201). Es ist deshalb von einer Doppellegitimation auszugehen. Nach ständiger Rechtsprechung des BGH (v. 23.5.1990, NJW-RR **1990,** 1314, 1316) richtet sich grundsätzlich der Anspruch aus § 435 HGB nur gegen den Hauptfrachtführer, nicht auch gegen den **Unterfrachtführer** (str.; Einzelheiten Art. 13 CMR Rz. 5).

VI. Prozeßstandschaft

S. § 429 HGB Rz. 12 a. E.

§ 436 HGB [Zahlungspflicht des Empfängers]

Durch Annahme des Gutes und des Frachtbriefs wird der Empfänger verpflichtet, dem Frachtführer nach Maßgabe des Frachtbriefs Zahlung zu leisten.

Literatur: siehe bei § 425 HGB.

I. Allgemeines

Der Frachtvertrag ist ein Vertrag zugunsten Dritter (§§ 433–435 HGB), 1
nicht ein Vertrag zu Lasten Dritter. Der Absender kann daher den Empfänger nicht durch den Frachtvertrag verpflichten. § 436 HGB begründet somit eine

eigenständige Verpflichtung des Empfängers, die auf einer gesetzlich typisierten Willenserklärung des Empfängers beruht. Beachte § 34 ADSp. Zum Erwerb von Rechten durch den Empfänger s. § 435 HGB.

II. Voraussetzungen

1. Annahme des Guts

2 Der wahre Empfänger (§ 426 HGB Rz. 2) muß das Gut in seinen Besitz (§§ 854 ff BGB) nehmen. Mittelbarer Besitz genügt (RGZ **102,** 93), nicht aber Besitzerwerb an Teilpartien des Guts (*Schlegelberger/Geßler,* HGB, § 436 Rz. 3; **a. A.** GroßkommHGB-*Helm,* § 436 Rz. 6). Der Empfänger muß bei der Inbesitznahme des Guts den Willen haben, die Ablieferung des Guts (§ 429 HGB Rz. 6) als im wesentlichen vertragsgemäße Erfüllung anzusehen, also grundsätzlich ausreichend Zeit gehabt haben, das Gut auf erkennbare Mängel (§ 438 HGB) zu untersuchen (*Lenz,* Straßengütertransportrecht, Rz. 1002). Wird das Gut aber im Einverständnis mit dem Empfänger in dessen Abwesenheit vor das Anwesen gestellt, so ist es angenommen (vgl. *Soergel/Huber,* BGB, § 446 Rz. 12; **a. A.** wohl *Willenberg,* TranspR **1983,** 61). Mit der Annahme des Guts erklärt der Empfänger, sofern die weiteren Voraussetzungen des § 436 HGB erfüllt sind, gesetzlich typisiert, daß er zur Zahlung bereit sei. Die Annahme ist somit Willenserklärung (**a. A.** *Benkelberg/Beier,* TranspR **1989,** 351, 354), die wegen ihrer gesetzlichen Typisierung und dem gesteigerten Vertrauensschutz des Frachtführers nicht mit dem Einwand angefochten werden kann, daß dem Empfänger der Wille zur Verpflichtung gefehlt habe. Die Typisierung geht jedoch nicht so weit, daß jede Annahme des Guts als Verpflichtungserklärung gilt. So entfällt die Verpflichtung, falls die Annahme zur Besichtigung, Verwiegung oder unter Vorbehalt der Rückgabe erfolgte (OLG Düsseldorf v. 24.11.1988, TranspR **1989,** 59, 60). Weist der Empfänger den Frachtführer an, das Gut an Dritte abzuliefern, so nimmt er das Gut an, wenn die Weiterversendung aufgrund eines neuen zwischen Frachtführer und Empfänger vereinbarten Frachtvertrages erfolgt (RGZ **102,** 92, 93), da dann der Empfänger, der uneingeschränkt mittelbarer Besitzer geworden ist, zu erkennen gegeben hat, daß er die Leistung des Frachtführers als im wesentlichen vertragsgemäß entgegennehme und dafür Vergütung verspreche. Nimmt ein Dritter das Gut entgegen, so wirkt das nur dann zu Lasten des Empfängers, wenn der Dritte Vertretungsmacht besitzt oder zumindest ein dem Empfänger zurechenbarer Rechtsschein für eine Vollmacht spricht (Anscheins-, Duldungsvollmacht, § 56 HGB). Der Empfänger genehmigt das Handeln des Dritten, wenn er von der Annahme erfährt und diese ersichtlich billigt (§ 177 I BGB). Die Annahme ist als typisierte Erklärung nur beschränkt anfechtbar, so in Fällen arglistiger Täuschung (§ 123 BGB) sowie dort, wo der Empfänger das Gut gar nicht endgültig in Besitz nehmen wollte, dies aber nicht hinreichend zum Ausdruck gebracht hat (GroßkommHGB-*Helm,* § 436 Rz. 9 m. N.; *Heymann/Honsell,* HGB, § 436 Rz. 10); anders dort, wo er lediglich die Rechtsfolgen der Annahme nicht kannte. § 436 HGB soll eine schnelle Abwicklung von Frachtgeschäften erlauben, damit der Frachtführer die Ablieferung nicht von der Barzahlung abhängig machen muß.

2. Annahme des Frachtbriefs

Zur Annahme des Guts muß – gleichgültig in welcher Reihenfolge – die Annahme des Frachtbriefs (§ 426 HGB) hinzutreten. Ein allein vom Frachtführer ausgestelltes Dokument steht dem Frachtbrief nicht gleich (LG Köln, TranspR **1992**, 35, 36). Keine Annahme erfolgt, wenn der Empfänger aus dem auf dem LKW befindlichen Gut erkennbar nur Proben zieht sowie dann auf dem Frachtbrief die Annahmeverweigerung vermerkt und diesen dann dem Fahrer zurückgibt (OLG Düsseldorf v. 24.11.1988, TranpR **1989,** 59, 60 zur EVO). Aus dem Frachtbrief muß die Höhe der Fracht ersichtlich sein (Rz. 4), damit der Empfänger die Höhe seiner Verpflichtungen überblicken kann. Das gilt auch in Fällen, in denen kein Frachtbrief ausgestellt worden ist (BGH v. 29.6.1959, VersR **1959,** 659, 660; v. 7.12.1959, VersR **1960,** 111; OLG Düsseldorf v. 27.11.1980, VersR **1981,** 556; GroßkommHGB-*Helm*, § 436 Rz. 3; *Lenz,* Straßengütertransportrecht, Rz. 1005 f; **a. A.** *Schlegelberger/Geßler,* HGB, § 436 Rz. 4). Wird dem Empfänger kein Frachtbrief übergeben, so wird er selbst dann nicht verpflichtet, wenn ihm Frachtrechnungen ausgehändigt werden (vgl. BGH v. 7.12.1959, VersR **1960,** 111; OLG Hamm v. 15.9.1988, NJW-RR **1989**, 742), es sei denn, daß ihm das Gut erkennbar unter der Voraussetzung der Fracht- bzw. Nachnahmezahlung etc. ausgeliefert worden war (BGH v. 29.6.1959, VersR **1959,** 659, 660; OLG Düsseldorf v. 27.11.1980, VersR **1981,** 556; *Willenberg,* KVO, § 25 Rz. 20) und das Verhalten des Empfängers als Zustimmung zu deuten war. Unter Umständen genügt es, daß dem Empfänger die Weisung des Absenders bekannt war, die Fracht bzw. Nachnahme beim Empfänger einzuziehen (OLG Frankfurt v. 17.4.1984, TranspR **1985,** 139, 141; zurückhalten LG Köln, TranspR **1992**, 35, 36: Unfrei-Vermerk). Das Wissen um offene Ansprüche des Frachtführers reicht hingegen nicht aus (OLG Düsseldorf v. 27.11.1980, VersR **1981,** 556; GroßkommHGB-*Helm*, § 436 Rz. 21); ebenso nicht frühere anstandslose Zahlungen (OLG Hamm v. 15.9.1988, NJW-RR **1989**, 742); anders bei dauernden Geschäftsbeziehungen (vgl. BGH v. 25.4.1991, VersR **1991**, 1037, 1038 f). § 436 HGB zeigt auch, daß die §§ 677 ff BGB nicht mit der Begründung herangezogen werden dürfen, daß der Frachtführer auch für den Empfänger tätig werden wollte (*Heymann/Honsell,* HGB, § 436 Rz. 12; OLG Düsseldorf v. 11.12.1980, TranspR **1992**, 13, 16; **a. A.** im Ansatz BGH v. 25.4.1991, VersR **1991**, 1037, 1038). Die Annahme des Frachtbriefs enthält ebenso wie die des Guts eine gesetzlich typisierte auf die Zahlungsverpflichtung gerichtete Willenserklärung. Eine Anfechtung ist außer in den Fällen arglistiger Täuschung nur dort möglich, wo der Empfänger den Frachtbrief überhaupt nicht annehmen wollte oder über den Inhalt des Frachtbriefs im Irrtum war (oben Rz. 2). 3

III. Rechtsfolgen

Der Empfänger hat die Fracht und Nachnahmen etc. (§ 426 II 8 HGB) so und in der Höhe (Rz. 3; **a. A.** *Benkelberg/Beyer,* TranspR **1989,** 351, 353) zu bezahlen, wie sie sich aus der Sicht eines ordentlichen Empfängers seines Berufskreises aus dem Frachtbrief ergibt (Rz. 3) oder wie er sich sonst ver- 4 pflichtet hat (oben Rz. 3). So erwartet man von einem Kaufmann, daß er die Höhe der Fracht dem Frachtbrief entnehmen kann, wenn dort Versand- und Bestimmungsort, Inhalt und Gewicht der Sendung angegeben sind, sowie auf die KVO/GFT und das GüKG verwiesen wird (BGH, NJW **1970**, 604); v. 25.4.1991, VersR **1991**, 1037, 1039), weil ein Kaufmann dann die Fracht anhand der Tarife berechnen kann (anders wohl bei Existenz von Margentarifen; dann unterste Marge). Bei Nichtkaufleuten muß dagegen im Zweifel der Frachtbrief den bezifferten Frachtbetrag enthalten. Eine Bezifferung der Fracht ist immer erforderlich, wenn keine verbindlichen Tarife existieren. Außer der Fracht hat der Empfänger die Nachnahmen sowie die aus dem Frachtbrief ersichtlichen erstattungsfähigen Aufwendungen zu ersetzen (RGZ **71**, 342, 346). Besitzt der Frachtführer gegen den Absender höhere Ansprüche, als sie im Frachtbrief ausgewiesen werden, so braucht der Empfänger die höheren Beträge nicht zu bezahlen; das heißt, daß er bei einem Frankovermerk überhaupt nichts bezahlen muß (vgl. BGHZ **25**, 300, 304). Trägt der Frachtbrief den Vermerk „Freight prepaid“, so darf der Frachtführer vom Empfänger nicht Zahlung fordern oder sich ihm gegenüber nicht auf eine irrtümliche Frachtberechnung berufen (OLG Hamburg v. 15.12.1983, TranspR **1984**, 288; v. 30.3.1990, VersR **1991,** 604; OLG Düsseldorf v. 31.7.1986, TranspR **1986**, 341, 342), wohl aber Kosten ersetzt verlangen, die erst nach Ankunft des Gutes entstanden sind und vom Absender nicht abgeschätzt werden konnten (*Rabe,* TranspR **1984**, 290). Eine Ausnahme von diesen Grundsätzen gilt dort, wo der Empfänger das Gut erkennbar unter der Voraussetzung angenommen hatte, Fracht, die nicht aus dem Frachtbrief ersichtlich ist, zu bezahlen (oben Rz. 3). Der Empfänger muß **nicht mehr** bezahlen, **als der Absender schuldet**. Abreden zwischen Absender und Frachtführer, z. B. Abreden über die **Freistellung des Empfängers**, wirken zu Gunsten des Empfängers, da der Frachtbrief nicht konstitutiv wirkt, sondern nur dem Schutz des Empfängers dient (BGH, NJW **1970**, 604; OLG Frankfurt, TranspR **1981**, 25; GroßkommHGB-*Helm,* § 436 Rz. 18). Die Rechte des Frachtführers aus dem Pfandrecht (§§ 440 ff HGB) werden hiervon nicht berührt. Da § 436 HGB nur einen gesetzlichen Schuldbeitritt schafft (unten Rz. 5), wird der Absender durch die Verpflichtung des Empfängers nicht von seiner Schuld frei, sondern erst dann, wenn und soweit der Empfänger erfüllt hat. Ist der Frachtvertrag unwirksam, so schuldet der Empfänger „Fracht“ nach Maßgabe der §§ 812 ff BGB. Zahlungen, die über die im Frachtbrief unmittelbar oder mittelbar vermerkten Beträge hinausgehen, kann er gemäß § 812 BGB zurückfordern, wenn er bei Annahme des Guts nicht auf die Schuld des Absenders (§ 435 HGB), sondern erst später auf seine eigene Verpflichtung hin gezahlt hatte (GroßkommHGB-*Helm,* § 436 Rz. 19; *Lenz,* Straßengütertransportrecht, Rz. 1022; **a. A.** *Schlegelberger/Geßler,* HGB, § 436 Rz. 12). Verjährung: § 196 I 3 BGB.

3. Keine Annahme

Nimmt der Empfänger das Gut aus irgendwelchen Gründen nicht an oder wird es bei ihm aus irgendwelchen Gründen nicht abgeliefert, so erwirbt der Frachtführer grundsätzlich keinerlei Ansprüche gegen den Empfänger als solchen. Nur in Extremfällen kann man den Vertrag zwischen Absender und Empfänger als echten Vertrag zugunsten des Frachtführers interpretieren (vgl. BGH v. 25.4.1991, WM **1991,** 1518). Ausnahmsweise kommt eine Geschäftsführung ohne Auftrag in Betracht (§ 407 Rz. 59).

IV. Verhältnis Absender – Empfänger bzw. Frachtführer

Nach h. M. statuiert § 436 HGB einen gesetzlichen Schuldbeitritt des 5
Empfängers, der zu einem Gesamtschuldverhältnis zwischen Empfänger und Absender führt (§§ 421 ff BGB; RGZ **84**, 237, 239; **122**, 221, 225; Großkomm HGB-*Helm*, § 436 Rz. 20). Der Frachtführer kann wählen, wen er in Anspruch nimmt (§ 421 BGB; *Benkelberg/Beier,* TranspR **1989,** 351, 354). Hat allerdings der Absender den Frachtführer angewiesen, die Fracht beim Empfänger einzuziehen (z. B durch Vermerk ,,unfrei"; zweifelhaft ,,ex works"; *Benkelberg/Beier,* TranspR **1989,** 351, 355), so darf der Frachtführer das Gut nur gegen Bezahlung abliefern (vgl. § 21 KVO Rz. 2). Will er anders verfahren, so hat er vorher beim Absender zurückzufragen. Der Absender kann vom Frachtführer, der pflichtwidrig das Gut ohne Bezahlung ausliefert, gemäß § 249 BGB iVm pFV verlangen, daß der Frachtführer den Empfänger in Anspruch nimmt. Der eigenen Inanspruchnahme kann er den Einwand des Rechtsmißbrauchs entgegenhalten bzw. aufrechnen (*Widmann,* VersPrax **1981**, 252; **a. A.** *Roesch,* VersPrax **1980**, 66, 67). § 12 ADSp steht dem nicht entgegen (**a. A.** *Kießling,* DVZ **1989** Nr. 41 S. 24). Siehe auch § 442 S. 2 HGB. Zu abweichenden AGB, s. OLG Bremen, VersR **1986,** 679; *Trappe,* VersR **1991,** 163. Im Innenverhältnis ergibt sich die Ausgleichspflicht primär aus dem Vertrag zwischen Absender und Empfänger (z. B. § 448 BGB). Bestand zwischen Absender und Empfänger kein Vertragsverhältnis, so ist der Frachtzahlung im Rahmen des bereicherungsrechtlichen Ausgleichs Rechnung zu tragen.

§ 437 HGB [Ablieferungshindernisse]

(1) **Ist der Empfänger des Gutes nicht zu ermitteln oder verweigert er die Annahme oder ergibt sich ein sonstiges Ablieferungshindernis, so hat der Frachtführer den Absender unverzüglich hiervon in Kenntnis zu setzen und dessen Anweisung einzuholen.**

(2) **Ist dies den Umständen nach nicht tunlich oder der Absender mit der Erteilung der Anweisung säumig oder die Anweisung nicht ausführbar, so ist der Frachtführer befugt, das Gut in einem öffentlichen Lagerhaus oder sonst in sicherer Weise zu hinterlegen. Er kann, falls das Gut dem Verderben ausgesetzt und Gefahr im Verzug ist, das Gut auch gemäß § 373 Abs. 2 bis 4 verkaufen lassen.**

(3) **Von der Hinterlegung und dem Verkaufe des Gutes hat der Frachtführer den Absender und den Empfänger unverzüglich zu benachrichtigen, es sei denn, daß dies untunlich ist; im Falle der Unterlassung ist er zum Schadensersatze verpflichtet.**

Literatur: siehe bei § 425 HGB.

A. Information des Empfängers (§ 437 I HGB)

I. Voraussetzungen

1. Nichtermittelbarkeit

1 Die Ursache für die Nichtermittelbarkeit ist gleichgültig. Der Frachtführer hat immer mit verkehrserforderlicher Sorgfalt Nachforschungen anzustellen, deren Ausmaß von dem Umfang des drohenden Schadens und dem Zeit- und Kostenaufwand abhängt (OLG Hamburg v. 25.2.1988, TranspR **1988,** 277; *Rundnagel,* Ehrenbergs Handbuch V 2, S. 166).

2. Annahmeverweigerung

2 Empfänger lehnt Annahme des Guts zu den vertragsgemäßen Bedingungen oder gegen sonstige Zug um Zug zu erbringende Leistungen (§ 435 HGB Rz. 3; § 273 BGB) endgültig ab. Auf ein Verschulden des Empfängers kommt es wie bei §§ 293, 298 BGB nicht an. Gleiches gilt bei vorübergehender Annahmeverweigerung, wenn sie nicht lediglich vorhersehbar ganz kurz ist (*Rundnagel,* Ehrenbergs Handbuch V 2, S. 166; *Heymann/Honsell,* HGB, § 437 Rz. 5; **a. A.** GroßkommHGB-*Helm,* § 437 Rz. 5; *Schlegelberger/Geßler,* HGB, § 437 Rz. 4). Es besteht kein Anlaß, den Empfänger milder als den Käufer im Rahmen des § 373 HGB zu behandeln. Zur Beendigung der Annahmeverweigerung Rz. 5. Eine Annahmeverweigerung ist auch in dem Fall zu bejahen, daß sich der Empfänger vor Ankunft des Guts am Empfangsort ernsthaft und endgültig weigert, die seinerseits bei Ablieferung Zug um Zug zu erbringenden und verlangten Leistungen anzubieten (§ 298 BGB). Das gilt allerdings nicht in Fällen, in denen der Frachtführer mehr fordert, als ihm gebührt (*Palandt/Heinrichs,* BGB, § 298 Rz. 2). Kann der Empfänger vom Absender gesetzte Bedingungen nicht erfüllen, so handelt es sich um sonstige Ablieferungshindernisse.

3. Sonstige Ablieferungshindernisse

3 Sämtliche Transporthindernisse, die der vertragsgemäßen Durchführung des Transports entgegenstehen und mit zumutbarem Aufwand nicht überwunden werden können (vgl. § 28 KVO Rz. 1). Das Gut muß nicht bereits am Empfangsort angekommen sein, damit von einem ,,sonstigen" Ablieferungshindernis gesprochen werden kann (h. M.; **a. A.** *Heymann/Honsell,* HGB, § 437 Rz. 3). Der Frachtführer muß das Gut nicht einmal übernommen haben (*Schlegelberger/Geßler,* HGB, § 437 Rz. 7; **a. A.** *Heymann/Kötter,* HGB, § 437 Anm. 1). Da das Ablieferungshindernis den Frachtführer unter Umständen zur Hinterlegung und zum Notverkauf berechtigt, muß es sich um gravierende Hindernisse handeln, mit deren Beseitigung auf absehbare Zeit oder jedenfalls innerhalb der dem Frachtführer und/oder Empfänger zumutbaren Zeiträumen des Zuwartens nicht zu rechnen ist (dauernde Hindernisse;

Rundnagel, Ehrenbergs Handbuch V 2, S. 165). Angesichts der heutigen Kommunikationsmöglichkeiten ist der Absender aber auch bei weniger gravierenden Hindernissen über eventuelle Verzögerung zu informieren (§ 242 BGB; *Lenz,* Straßengütertransportrecht, Rz. 411). Zu den zeitweiligen Hindernissen siehe § 425 HGB Rz. 35.

II. Rechtsfolgen

Der Frachtführer ist verpflichtet, ohne schuldhaftes Zögern den Absender 4
so zu informieren, daß dieser rechtzeitig sachgerechte Weisungen treffen kann (vgl. auch Art. 14 CMR Rz. 5). Im Zweifel ist der schnellere Informationsweg zu wählen. Im Fall des § 433 II 1 HGB ist an der Stelle des Absenders der Empfänger zu benachrichtigen, da nur dieser noch Weisungen geben kann. In anderen Fällen muß er den Empfänger nur informieren, wenn er mit dem Absender keinen Kontakt aufnehmen kann, da im Normalfall der Absender den Empfänger benachrichtigen wird (weitergehend GroßkommHGB-*Helm,* § 437 Rz. 10; **a. A.** *Schlegelberger/Geßler,* HGB, § 437 Rz. 10; *Heymann/Honsell,* HGB, § 437 Rz. 9). Die Informationspflicht entfällt dort, wo die Benachrichtigung untauglich ist, um den Absender zu rechtzeitigen Weisungen und sonstigen Maßnahmen zu veranlassen. Verstößt der Frachtführer gegen die Informationspflicht, so haftet er dort, wo sein Pflichtverstoß zum Verlust oder zur Beschädigung des Guts führt, in Hinblick auf den dadurch verursachten Schaden und Folgeschaden gemäß den §§ 429f HGB beschränkt (GroßkommHGB-*Helm,* § 437 Rz. 10; ganz h. M.), in anderen Fällen nach den allgemeinen Regeln uneingeschränkt (§§ 249 ff BGB). Der Frachtführer hat die Weisungen zu befolgen (z. B. Rücktransport oder vorzeitige Ablieferung des Gutes; vgl. § 425 HGB Rz. 26), soweit sie mit zumutbarem Aufwand ausführbar sind (arg. e. §§ 437 II 1, 433 HGB). Hinterlegung, Notverkauf s. Rz. 5; zu sonstigen Rechtsfolgen s. § 425 HGB Rz. 26.

B. Hinterlegung, Notverkauf

I. Voraussetzungen

Der Frachtführer mußte den Absender bzw. Empfänger (Rz. 4) nicht in- 5
formieren, weil auf diese Weise keine sachdienlichen Weisungen zu erwarten waren, oder der Frachtführer hat mit dem Absender Kontakt aufgenommen und dieser hat nicht unverzüglich (§ 121 BGB) Weisungen erteilt. Gleiches gilt, wenn der Frachtführer das Hindernis mitgeteilt hat und nicht binnen einer Frist Antwort erhält, in der er unter normalen Umständen Antwort erwarten darf (vgl. § 147 BGB). Ebenso greift § 437 II HGB ein, falls die Weisung mit zumutbaren Anstrengungen nicht befolgt werden kann (§ 433 HGB Rz. 2). Das Ablieferungshindernis muß fortbestehen (vgl. § 28 IV KVO; *Lenz,* Straßengütertransportrecht, Rz. 415 f). Hat der Empfänger die Annahme des Guts endgültig verweigert, sich später aber zur Annahme be-

reiterklärt, so darf der Frachtführer das Gut auch ohne erneute Weisung des Absenders an den Empfänger ausliefern (vgl. § 28 VIII KVO, Art. 15 II CMR; GroßkommHGB-*Helm*, § 437 Rz. 12; **a. A.** *Schlegelberger/Geßler*, HGB, § 437 Rz. 15). § 333 BGB führt nur dazu, daß der Empfänger seine eigenen Rechte verliert (§ 433 HGB Rz. 7).

II. Rechtsfolgen

6 Der Frachtführer ist zur Hinterlegung (Einlagerung) und gegebenenfalls zum Selbsthilfeverkauf berechtigt, aber nur im Fall des Notverkaufs verpflichtet. Dies gilt, außer im Fall des Notverkaufs, dann nicht, wenn der Frachtführer das Ablieferungshindernis verschuldet hat (GroßkommHGB-*Helm*, § 437 Rz. 3; *Schlegelberger/Geßler*, HGB, § 437 Rz. 8; zu weit *Lenz*, Straßengütertransportrecht, Rz. 425), weil der Frachtführer nach der Wertung des § 325 BGB den Schaden zu tragen hat (**a. A.** *Heymann/Honsell*, HGB, § 437 Rz. 13; Widmann, GüKUMT, S. 77). Zu diesem Schaden gehören die Kosten des Zuwartens. Allerdings gerät der Absender, der nicht rechtzeitig eine ausführbare Weisung erteilt, was mit dem Gut zu geschehen hat, in Annahmeverzug (§§ 293 ff BGB). Der Absender ist dann gemäß § 304 BGB zum **Ersatz der Mehraufwendungen** verpflichtet. Zur Art der Hinterlegung *Staub/Koller*, HGB, §§ 373, 374 Rz. 28 ff Der Frachtführer hat Absender und Empfänger grundsätzlich unverzüglich (§ 121 BGB) davon zu **unterrichten,** daß er das Gut bei einem bestimmten Dritten hinterlegt hat (§ 437 III HGB). Mit der Hinterlegung **endet die Transport- und Obhutspflicht** des Frachtführers (LG Köln, TranspR **1989,** 226, 227). Zu den besonderen Voraussetzungen und zur Durchführung des Selbsthilfeverkaufs vgl. HGB-Kommentare zu den §§ 373, 374. Eine Pflicht, den geplanten Selbsthilfeverkauf anzuzeigen, ist ebensowenig wie im Rahmen des § 373 II 2 HGB angebracht (*Schlegelberger/Geßler*, HGB, § 437 Rz. 19; *Heymann/Honsell*, HGB, § 437 Rz. 17; **a. A.** GroßkommHGB-*Helm*, § 437 Rz. 18 jeweils m. Nachw.). *Verwahrt der Frachtführer das Gut selbst,* so entsteht ohne besondere Absprache kein Verwahrungsvertrag (GroßkommHGB-*Helm*, § 437 Rz. 15; *Schlegelberger/Geßler*, HGB, § 437 Rz. 17; *Heymann/Honsell*, HGB, § 437 Rz. 15; **a. A.** RGZ **100,** 162, 163; RGZ **108,** 50, 57; *Baumbach/Duden/Hopt*, HGB, § 437 Anm. 2; *Bischof*, GüKUMT, § 4 Rz. 43). Vielmehr haftet der Frachtführer nach den allgemeinen frachtrechtlichen Regeln. Dabei kann ihm die Haftungsmilderung des § 300 I BGB zugute kommen (§§ 294, 295 S. 2 BGB). Der *Anspruch auf Fracht* entfällt nach den für dauernde Beförderungshindernisse geltenden Regeln (§ 425 HGB Rz. 26). Zum Anspruch auf *Standgeld* für die Zeit des Wartens auf Weisung § 425 HGB Rz. 41.

§ 438 HGB [Erlöschen der Ansprüche gegen den Frachtführer]

(1) **Ist die Fracht nebst den sonst auf dem Gute haftenden Forderungen bezahlt und das Gut angenommen, so sind alle Ansprüche gegen den Frachtführer aus dem Frachtvertrag erloschen.**

(2) **Diese Vorschrift findet keine Anwendung, soweit die Beschädigung oder Minderung des Gutes vor dessen Annahme durch amtlich bestellte Sachverständige festgestellt ist.**

(3) **Wegen einer Beschädigung oder Minderung des Gutes, die bei der Annahme äußerlich nicht erkennbar ist, kann der Frachtführer auch nach der Annahme des Gutes und der Bezahlung der Fracht in Anspruch genommen werden, wenn der Mangel in der Zeit zwischen der Übernahme des Gutes durch den Frachtführer und der Ablieferung entstanden ist und die Feststellung des Mangels durch amtlich bestellte Sachverständige unverzüglich nach der Entdeckung und spätestens binnen einer Woche nach der Annahme beantragt wird. Ist dem Frachtführer der Mangel unverzüglich nach der Entdeckung und binnen der bezeichneten Frist angezeigt, so genügt es, wenn die Feststellung unverzüglich nach dem Zeitpunkte beantragt wird, bis zu welchem der Eingang einer Antwort des Frachtführers unter regelmäßigen Umständen erwartet werden darf.**

(4) **Die Kosten einer von dem Empfangsberechtigten beantragten Feststellung sind von dem Frachtführer zu tragen, wenn ein Verlust oder eine Beschädigung ermittelt wird, für welche der Frachtführer Ersatz leisten muß.**

(5) **Der Frachtführer kann sich auf diese Vorschriften nicht berufen, wenn er den Schaden durch Vorsatz oder grobe Fahrlässigkeit herbeigeführt hat.**

Literatur: siehe bei § 425 HGB.

Übersicht

	Rz.
A. Vorbemerkung	1
B. Annahme des Guts und Zahlung der Fracht sowie sonstiger auf dem Gut haftender Forderungen	
I. Voraussetzungen	2
II. Rechtsfolge	
1. Grundsatz	3
2. Ausnahme bei vorsätzlicher oder grob fahrlässiger Schädigung	4
3. Ausnahme bei äußerlich erkennbaren Beschädigungen oder Teilverlusten	5
4. Ausnahme bei äußerlich unerkennbaren Beschädigungen oder Teilverlusten	6

A. Vorbemerkung

1 § 438 HGB dient der Sicherung der Beweismittel und der schnellen Information des Frachtführers über drohende Schadensersatzansprüche. Der in § 438 I HGB aufgestellte Grundsatz wird in den Abs. 2–5 stark eingeschränkt. *Beachte § 60 ADSp.*

B. Annahme des Guts und Zahlung der Fracht sowie sonstiger auf dem Gut haftender Forderungen

I. Voraussetzungen

2 Zur Annahme des Guts § 436 HGB Rz. 2. Es genügt die Annahme einer Sendung, die Teilverluste aufweist, da § 438 II HGB von *Minderung* spricht, auch von Teilen einer Sendung in Hinblick auf die Beschädigung dieser Teile. Voraussetzung ist immer, daß das Gut aus der Obhut des Frachtführers entlassen worden ist (h. M.; **a. A.** *Schlegelberger/Geßler,* HGB, § 438 Rz. 10). Die Annahme kann auch durch den Absender erfolgen (GroßkommHGB-*Helm,* § 438 Rz. 10; einschränkend *Schlegelberger/Geßler,* HGB, § 438 Rz. 11). Werden nur Teile des Guts angenommen und wird insoweit die Fracht bezahlt, so bleiben Ansprüche in Hinblick auf den Rest des Guts unberührt, weil § 438 HGB davon ausgeht, daß nur der uneingeschränkt Zahlende zu erkennen gibt, er habe keine Ansprüche gegen den Frachtführer mehr. Anders ist deshalb die Rechtslage, wenn die Fracht voll bezahlt worden ist. Allerdings kann sich aus den Umständen ergeben, daß die Parteien trotz voller Zahlung nur eine Teilannahme wollten und daß die volle Abnahme erst mit der Ablieferung des letzten Gegenstandes erfolgen sollte (OLG Düsseldorf v. 20.6.1985, TranspR **1985,** 254, 256). Darüber hinaus müssen sämtliche auf dem Gut haftenden Forderungen, von denen der Frachtführer die Ablieferung abhängig machen kann (§§ 435, 440 HGB), voll bezahlt sein. Wann bezahlt worden ist, ist unerheblich. Erforderlich ist Barzahlung, Erfüllungssurrogate oder endgültige Bankgutschrift, nicht aber die Begründung einer Forderung erfüllungshalber (**a. A.** GroßkommHGB-*Helm,* § 438 Rz. 11) oder der Erlaß der Forderung (*Huber,* Öst. JBl. **1986,** 227, 229) oder Sicherheitsleistungen. Zahlung und Annahme können nach den allgemeinen Regeln (§§ 119 ff, 123 BGB) angefochten werden. Der Empfänger kann auf die Möglichkeit der Untersuchung verzichten. Denkbar ist dies z. B. dort, wo er mit dem Frachtführer vereinbart, daß das Gut in seiner Abwesenheit vor seinem Grundstück abgestellt werden soll (**a. A.** *Willenberg,* TranspR **1983,** 61). Erfolgt diese Vereinbarung aus Gefälligkeit gegenüber dem Frachtführer, so ist allerdings ein Verzichtswille zu verneinen. Der Frachtführer hat Annahme und Bezahlung der Fracht etc. zu *beweisen.* Der Ersatzberechtigte hat die Anfechtung sowie Sondervereinbarungen zu beweisen.

II. Rechtsfolge

1. Grundsatz

3 Sofern die in den Abs. 2 – 5 geregelten Ausnahmen nicht eingreifen, erlöschen alle Absender- und Empfängeransprüche aus dem Beförderungsvertrag einschließlich der quasivertraglichen Ansprüche wegen Schutzpflichtverletzungen, soweit sie der Empfänger gemäß § 435 HGB geltend machen kann. (*Schlegelberger/Geßler,* HGB, § 438 Rz. 15f; einschränkend GroßkommHGB-*Helm,* § 438 Rz. 15). Ansprüche aus den §§ 812 ff, 823 ff BGB

bleiben unberührt (BGH v. 22.10.1984, VersR **1985,** 36). Das Erlöschen ist wie bei § 377 HGB von Amts wegen zu beachten (GroßkommHGB-*Helm,* § 438 Rz. 18; **a. A.** *Schlegelberger/Geßler,* HGB, § 438 Rz. 19 m. Nachw.). Der Frachtführer hat die Voraussetzungen des § 438 I HGB zu *beweisen* (vgl. *Goltermann/Konow,* EVO, § 93 Anm. 2 a aa). Der Empfänger kann sich vor dem Erlöschen der Ansprüche dadurch schützen, daß er nicht voll bezahlt, insbesondere für sofort erkennbare Schäden Abzüge macht (§§ 435 HGB, 387 BGB). Liefert ihm dann der Frachtführer das Gut nicht ab, so kommt er nicht in Annahmeverzug. Im Fall der Vorauszahlung der Fracht muß der Empfänger bei erkennbaren Schäden (Abs.3) entweder den Weg des Abs.2 einschlagen, oder mit dem Frachtführer vereinbaren, daß die Annahme seine Ansprüche unberührt läßt. Es genügt, daß der **Frachtführer den Schaden anerkennt** (*Hahn/Mugdan,* Materialien zum HGB (1897), S. 407); z. B. dadurch, daß er eine mit einem konkreten Schadensvorbehalt des Empfängers versehene Empfangsquittung ausdrücklich oder konkludent billigend entgegennimmt, nicht aber dadurch, daß er einseitige Schadensbehauptungen nicht zurückweist (OLG Frankfurt v. 16.2.1982, TranspR **1982,** 19; *Schlegelberger/Geßler,* HGB, § 438 Rz. 21; *Hahn/Mugdan,* Materialien, aaO, S. 407; **a. A.** *Huber,* Öst. JBl. **1986,** 227, 229; *de la Motte,* VersR **1982,** 1037: widerspruchslose Entgegennahme). Es genügt auch nicht, daß der Frachtführer den Schaden nachweislich kannte (**a. A.** *Huber,* Öst. JBl. **1986,** 227, 229); denn § 438 HGB zufolge bedarf es einer formalisierten Sicherung der Beweislage, die den Frachtführer vor wahrheitswidrigen Zeugenaussagen schützt.

2. Ausnahme bei vorsätzlicher oder grob fahrlässiger Schädigung

Trotz Annahme und Zahlung bleiben die Ansprüche erhalten, wenn der Frachtführer, seine Erfüllungsgehilfen oder seine Leute (§§ 431f HGB) den Schaden vorsätzlich oder grob fahrlässig (§ 430 HGB Rz. 4) herbeigeführt haben (§ 438 V HGB). Der Anspruchsinhaber hat Vorsatz oder grobe Fahrlässigkeit zu *beweisen* (s. § 430 HGB Rz. 4). **4**

3. Ausnahme bei äußerlich erkennbaren Beschädigungen oder Teilverlusten

Die Beschädigung oder der teilweise Verlust *(Minderung)* ist vor der Annahme äußerlich erkennbar, wenn der Schaden einem ordentlichen Empfänger (§§ 276 BGB, 347 HGB) nach den konkreten Verhältnissen am Empfangsort (*de la Motte,* VersR **1982,** 1037) unter den üblichen Annahmebedingungen bei der vor der Annahme möglichen und zumutbaren Untersuchung (*de la Motte,* VersR **1982,** 1037) von außen (OLG Düsseldorf v. 7.3.1985, VersR **1986,** 573) hätte auffallen müssen. Es kommt auf den Empfänger und dessen zum Empfang berechtigten Vertreter, nicht auf irgendwelche Besitzdiener an (OLG Frankfurt v. 15.11.1984, TranspR **1986,** 276). Verluste von Teilen der Sendung sind immer äußerlich erkennbar (anders beim Inhalt von Packungen). Gleiches gilt für das Fehlgewicht, sofern zumutbare Wiegemöglichkeiten bestanden. Die Verpackung (z. B. Karton, Kiste, Container, selbst wenn er unverschlossen ist; **a. A.** *Willenberg,* KVO, § 1 Rz. 192) muß nicht geöffnet werden (BGH v. 8.6.1988, VersR **1988,** 952), außer wenn konkrete, **5** äußerlich erkennbare, gravierende Anhaltspunkte für Schäden bestehen, z. B. die Verpackung ist so beschädigt, daß ein Schaden am Gut wahrscheinlich ist (OLG Hamburg, v. 7.5.1987, VersR **1987,** 1088; AG Frankfurt, TranspR **1991,** 104; LG Duisburg, TranspR **1989,** 173 [einschränkend bei Containern]; *Willenberg,* KVO, § 39 Rz. 33), oder die vom Frachtführer vorgenommene Verpackung ist evident unsachgemäß (vgl. OLG Frankfurt v. 15.11.1984, TranspR **1986,** 276; OLG Düsseldorf v. 11.6.1987, TranspR **1987,** 430), nicht dagegen, wenn die Art der Beförderung nicht mit den Anweisungen im Frachtbrief übereinstimmt; denn es kann vom Empfänger nicht erwartet werden, daß er auch den Frachtbrief genau auswertet (**a. A.** OLG Düsseldorf v. 11.6.1987, TranspR **1987,** 430). Ansprüche wegen erkennbarer Schäden bleiben trotz Annahme und Zahlung erhalten, wenn der Schaden durch einen amtlichen Sachverständigen (§§ 485 ZPO, 164 FGG) **vor** der Annahme des Guts positiv festgestellt worden ist. Der Frachtführer muß zur Schadensfeststellung das Gut bereithalten. Verweigert der Frachtführer die Besichtigung, so macht sich der Frachtführer lediglich schadensersatzpflichtig; § 438 I HGB bleibt unberührt. Eine Schadensfeststellung durch den Empfänger oder ein unbestimmter Vorbehalt (*de la Motte,* VersR **1982,** 1037) genügt selbst dann nicht, wenn der Frachtführer daran mitwirkt (RGZ **101,** 239); es sei denn, daß der Frachtführer den Schaden anerkannt hat (Rz. 3). Kosten des Sachverständigen (§ 438 IV HGB). Die Beweislast trägt der Ersatzberechtigte.

4. Ausnahme bei äußerlich unerkennbaren Beschädigungen oder Teilverlusten

6 Der Schaden in Form einer Beschädigung oder eines Teilverlustes (Minderung) muß **vor der Annahme** äußerlich unerkennbar gewesen sein (dazu oben Rz. 5). Die *Beweislast* liegt beim Anspruchsinhaber, weil § 438 III HGB die Ausnahme von § 438 I HGB ist (**a. A.** *de la Motte,* VersR **1982,** 1037). Der Schaden muß innerhalb einer Woche (§§ 187 ff BGB) nach der Annahme entdeckt worden sein. Innerhalb dieser Frist muß entweder unverzüglich (§ 121 BGB) nach Entdeckung des Schadens die Feststellung des Schadens durch einen amtlichen Sachverständigen (§§ 485 ZPO, 164 FGG) beantragt oder der Schaden dem Frachtführer konkret (vgl. Art. 30 CMR Rz. 4) angezeigt worden sein. Die Person des Antragstellers oder Anzeigenden ist gleichgültig. In Parallele zu den §§ 478 BGB, 92 I, II VVG genügt die rechtzeitige Absendung der Anzeige bzw. des Feststellungsantrags (OLG Düsseldorf v. 7.3.1985, VersR **1986,** 573; GroßkommHGB-*Helm,* § 438 Rz. 26; *Heymann/Honsell,* HGB, § 438 Rz. 16; differenzierend *Schlegelberger/Geßler,* HGB, § 438 Rz. 31, 32; für Zugang: *Willenberg,* KVO, § 39 Rz. 34). § 130 BGB ist nicht anwendbar; denn die Anzeige stellt keine Willenserklärung dar. Die Anzeige ist überflüssig, wenn dem Frachtführer der Schaden bekannt oder offensichtlich war (vgl. OLG Frankfurt v. 13.6.1978, ZLW **1979,** 67; LG Frankfurt v. 27.5.1986, TranspR **1986,** 292). Wurde dem Frachtführer der Schaden innerhalb der Wochenfrist angezeigt und reagiert der Frachtführer nicht innerhalb normaler Frist (vgl. § 147 BGB), oder findet er sich nicht zur Anerkennung des Schadens bereit, so ist unverzüglich (§ 121 BGB) die Feststellung durch amtliche Sachverständige zu beantragen. Im übrigen gelten

die Anspruchsvoraussetzungen des § 429 HGB. Dem Frachtführer muß deshalb insbesondere nachgewiesen werden, daß der Schaden in seinem Organisationsbereich (§ 429 HGB Rz. 8) entstanden ist. Kosten des Sachverständigen, s. § 438 IV HGB.

§ 439 HGB [Verjährung]

Auf die Verjährung der Ansprüche gegen den Frachtführer wegen Verlustes, Minderung, Beschädigung oder verspäteter Ablieferung des Gutes finden die Vorschriften des § 414 entsprechende Anwendung. Dies gilt nicht für die in § 432 Abs. 3 bezeichneten Ansprüche.

Literatur: siehe bei § 425 HGB.

I. Verlust, Minderung, Beschädigung, verspätete Ablieferung

§ 439 HGB regelt als lex specialis die Verjährung von Ansprüchen wegen 1
bestimmter Schadensarten aus dem Frachtvertrag, die gegen den Frachtführer geltend gemacht werden (OLG Düsseldorf v. 3.6.1982, TranspR **1985,** 173, 174). Zu den Begriffen ,,Verlust", ,,Beschädigung", ,,verspätete Ablieferung" vgl. Erläuterungen zu § 429 HGB. ,,Minderung" bedeutet Teilverlust (§ 438 HGB Rz. 5). Zu Beginn und Ende der Verjährung s. § 414 HGB Rz. 3. *Ausnahme:* Rückgriffsansprüche des Hauptfrachtführers gegen den Unterfrachtführer, falls die Beförderung aufgrund eines durchgehenden Frachtbriefs erfolgt ist (§§ 432 III, 439 S. 2 HGB; OLG München v. 31.12.1982, TranspR **1983,** 75, 76; **a. A.** *Helm,* TranspR **1983,** 77: auch im Fall des § 432 I HGB).

II. Verjährung sonstiger Ansprüche

1. Ansprüche gegen den Frachtführer

Deliktische Ansprüche verjähren gemäß § 852 BGB (BGH v. 12.12.1991, 2
BB **1992,** 390, 392); andere Ansprüche gemäß § 195 BGB (OLG Düsseldorf v. 3.6.1982, VersR **1982,** 1076).

2. Ansprüche des Frachtführers

Fracht- und Aufwendungsersatzansprüche sowie damit zusammenhängende Ersatzansprüche verjähren gemäß den §§ 196 I Ziff. 3, 198 BGB, im übrigen gemäß § 195 BGB.

§ 440 HGB [Gesetzliches Pfandrecht]

(1) **Der Frachtführer hat wegen aller durch den Frachtvertrag begründeten Forderungen, insbesondere der Fracht- und Liegegelder, der Zollgelder und anderer Auslagen, sowie wegen der auf das Gut geleisteten Vorschüsse ein Pfandrecht an dem Gute.**

(2) **Das Pfandrecht besteht, solange der Frachtführer das Gut noch im Besitze hat, insbesondere mittels Konnossements, Ladescheins oder Lagerscheins darüber verfügen kann.**

(3) **Auch nach der Ablieferung dauert das Pfandrecht fort, sofern der Frachtführer es binnen drei Tagen nach der Ablieferung gerichtlich geltend macht und das Gut noch im Besitze des Empfängers ist.**

(4) **Die in § 1234 Abs. 1 des Bürgerlichen Gesetzbuches bezeichnete Androhung des Pfandverkaufs sowie die in den §§ 1237 und 1241 des Bürgerlichen Gesetzbuchs vorgesehenen Benachrichtigungen sind an den Empfänger zu richten. Ist dieser nicht zu ermitteln oder verweigert er die Annahme des Gutes, so hat die Androhung und Benachrichtigung gegenüber dem Absender zu erfolgen.**

Literatur: siehe bei § 425 HGB.

I. Entstehung des Pfandrechts

1 **Voraussetzungen:** Wirksamer Frachtvertrag (§ 425 HGB; vgl. § 410 HGB Rz. 2). Auf Mietverträge über das Transportmittel verbunden mit einem Dienstverschaffungsvertrag (§ 425 HGB Rz. 7) ist § 440 HGB nicht analog anwendbar (BGH v. 16.9.1985, VersR **1986,** 31; **a. A.** *Abraham,* WuB IV D § 440 HGB 1.86). Der Frachtführer hat den Besitz an dem Gut erlangt und das Gut noch in Besitz (vgl. § 410 HGB Rz. 2). Der Absender war bei Übergabe des Guts Eigentümer oder verfügungsberechtigt (§ 185 BGB), oder der Frachtführer hat ihn gutgläubig für den Eigentümer bzw. für verfügungsberechtigt oder für zur Versendung berechtigt gehalten (vgl. § 410 HGB Rz. 2). *Beachte § 50 ADSp.*

II. Umfang des Pfandrechts

2 Siehe dazu § 410 HGB Rz. 3. Im Gegensatz zum Spediteur erlangt der Frachtführer ein Pfandrecht wegen aller Forderungen aus dem (einheitlichen) Frachtvertrag (OLG Düsseldorf v. 25.11.1976, VersR **1977,** 1047, 1048; OLG Hamm v. 25.9.1984, TranspR **1985,** 100, 102), gleichgültig welche Form die Ansprüche aufweisen oder ob sie im Frachtbrief erscheinen (BGH v. 25.4.1991, VersR **1991**, 1037, 1039). Ansprüche aus anderen Frachtverträgen werden nicht erfaßt (Erfordernis der Konnexität). Das Pfandrecht sichert auch die Ansprüche gegen den Empfänger (§ 436 HGB). Das Pfandrecht deckt ferner Wertnachnahmen, wenn der Empfänger den Frachtbrief entgegengenommen hatte, auf dem die Nachnahme vermerkt war (§ 436 HGB). War die Wertnachnahme nicht vermerkt, so sichert das Pfandrecht nur die auf die Wertnachnahme gegebenen Vorschüsse des Frachtführers. Gesichert sind auch Ansprüche, die anläßlich der Pfandverwertung entstehen (OLG Düsseldorf v. 25.11.1976, VersR **1977,** 1047).

III. Rechtsfolgen

Vgl. § 410 HGB Rz. 4; § 440 IV HGB. 3

IV. Erlöschen des Pfandrechts

Das Pfandrecht erlischt grundsätzlich durch Besitzverlust (vgl. § 410 HGB Rz. 5) oder gutgläubigen lastenfreien Erwerb des Eigentums durch Dritte (§ 936 BGB). **Ausnahmen: 1)** Das Gut ist noch im unmittelbaren oder mittelbaren Besitz des Empfängers und der Frachtführer macht das Pfandrecht binnen 3 Tagen nach Ablieferung (§ 429 HGB Rz. 6) gerichtlich geltend (§ 440 III HGB). Dafür genügt jeder Antrag an das Gericht (Klage, Arrest, einstweilige Verfügung) auf Herausgabe, Duldung der Zwangsvollstreckung, Feststellung des Pfandrechts, nicht der Frachtforderung. Die Frist ist gewahrt, wenn der Antrag innerhalb der 3-Tage-Frist (§§ 186 f, 193 BGB) bei Gericht eingegangen ist. Der Empfänger muß im Moment des Wirksamwerdens des Antrags noch Besitzer des Guts gewesen sein (Wortlaut des § 440 III HGB; *Lenz,* Straßengütertransportrecht, Rz. 447 f; *Heymann/Honsell,* HGB, § 440 Rz. 18; h. M.; **a. A.** *Schlegelberger/Geßler,* HGB, § 440 Rz. 20). Hat der Empfänger innerhalb der 3-Tage-Frist das Gut freiwillig dem Frachtführer ausgehändigt, so bleibt das Pfandrecht bestehen (§ 440 I HGB); bei Rückgabe nach Ablauf der Frist ist es erloschen und lebt auch dadurch nicht wieder auf, daß der Frachtführer den Besitz zurückerlangt. **2)** § 441 HGB. 4

V. Zurückbehaltungsrechte

Der Frachtführer kann außerdem nach Maßgabe der §§ 435 HGB, 273 BGB, §§ 369 ff HGB Zurückbehaltungsrechte geltend machen. 5

§ 441 HGB [Rechte und Pflichten des letzten Frachtführers]

(1) **Der letzte Frachtführer hat, falls nicht im Frachtbrief ein anderes bestimmt ist, bei der Ablieferung auch die Forderungen der Vormänner sowie die auf dem Gute haftenden Nachnahmen einzuziehen und die Rechte der Vormänner, insbesondere auch das Pfandrecht, auszuüben. Das Pfandrecht der Vormänner besteht so lange als das Pfandrecht des letzten Frachtführers.**

(2) **Wird der vorhergehende Frachtführer von dem nachfolgenden befriedigt, so gehen seine Forderung und sein Pfandrecht auf den letzteren über.**

(3) **In gleicher Art gehen die Forderung und das Pfandrecht des Spediteurs auf den nachfolgenden Spediteur und den nachfolgenden Frachtführer über.**

Literatur: siehe bei § 425 HGB.

I. Vorbemerkung

1 § 441 HGB dient der Beschleunigung des Transportablaufs. Der in einer Kette von Transportunternehmen stehende Frachtführer braucht weder auf Vorauszahlung durch den Absender zu bestehen noch seine Frachtforderung bei Übergabe an seinen Nachmann einzuziehen (§§ 435, 436 HGB), sondern kann seine Frachtforderung kreditieren, da der letzte Frachtführer entweder auch seinen Frachtlohn beim Empfänger einzieht oder ihm der Rückgriff auf sein Pfandrecht möglich bleibt (§ 441 I HGB). Außerdem wird dem Frachtführer Sicherheit für Zahlungen gewährt, die er auch im eigenen Interesse (vgl. § 436 HGB) macht.

II. Einziehung der Forderungen der Vormänner einschließlich Nachnahmen

2 Vormänner sind Frachtführer, die das Gut befördert haben, einschließlich von Spediteuren, die den Transport des Guts organisiert haben (§§ 407, 412 f HGB; h. M.). Die Vormänner müssen im Verhältnis zum letzten Frachtführer nicht mittelbare Besitzer geblieben sein (GroßkommHGB-*Helm*, § 441 Rz. 3; **a. A.** *Schlegelberger/Geßler,* HGB, § 441 Rz. 2, 9). § 441 I HGB stellt im Verhältnis zu § 440 HGB eine Sondervorschrift dar, die die Rechtsposition der Vormänner im Interesse einer zügigen Transportabwicklung erweitern soll. Vormänner können daher auch Frachtführer einschließlich der Spediteure iSd §§ 412, 413 HGB sein, die nicht von ihrem Vormann, sondern unmittelbar vom ersten Absender beauftragt worden sind (GroßkommHGB-*Helm*, § 441 Rz. 4; **a. A.** h. M., *Schlegelberger/Geßler,* HGB, § 441 Rz. 2; *Heymann/Honsell,* HGB, § 441 Rz. 6). Maßgeblich ist allein, daß aus der Sicht des letzten Frachtführers ein einheitlicher Beförderungsvorgang gegeben ist. Die Einzugspflicht trifft den „letzten Frachtführer". Auf Spediteure, die als letztes Glied in der Kette tätig werden, auch reine Empfangsspediteure (§ 407 HGB Rz. 13), ist § 441 I HGB analog anzuwenden (GroßkommHGB-*Helm*, § 441 Rz. 8); nicht dagegen auf Grenzspediteure (**a. A.** *Braun,* VersR **1988,** 878, 882). Einzuziehen sind die dem letzten Frachtführer bekannten oder erkennbaren (**a. A.** GroßkommHGB-*Helm*, § 441 Rz. 12; *Baumbach/Duden/Hopt,* HGB, § 441 Anm. 1) Forderungen seiner Vormänner gegen ihren jeweiligen Nachmann in der Kette, von deren Bezahlung sie die Ablieferung hätten abhängig machen können (§ 435 HGB Rz. 3). Der Umstand, daß der Absender im Verhältnis zum Empfänger die Kosten zu tragen hat, ist unerheblich (RGZ **122,** 221, 226). Die Forderungen müssen nicht notwendig im Frachtbrief vermerkt sein. Der Einzug erfolgt im eigenen Namen auf Rechnung des jeweiligen Vormannes (GroßkommHGB-*Helm*, § 441 HGB Rz. 11; str.). Die Pflicht zum Einzug entfällt, wenn der letzte Frachtführer die Pflicht im Vertrag mit seinem Vormann abbedungen hat; denn § 441 HGB ist dispositiv. In einem solchen Fall kann sich allerdings der Vormann gegenüber seinen Vormännern schadensersatzpflichtig machen. Die Rechtsfolgen eines Verstoßes gegen die Einzugspflicht ergeben sich aus § 442 HGB. § 441 HGB betrifft nicht die Herausgabe der eingezogenen Beträge (OLG München v. 3.11.1989, TranspR **1990,** 71).

III. Ausübung der Rechte, insbesondere Pfandrechte

Der „letzte Frachtführer" (Rz. 2) behält die aus den Ansprüchen und Nachnahmen der Vormänner (Rz. 2) entspringenden Zurückbehaltungsrechte (§§ 435 HGB; 273 BGB), die er im eigenen Namen geltend machen kann. Gleiches gilt für das Pfandrecht. Er hat die Rechte nach den für den Einzug von Forderungen entwickelten Regeln durchzusetzen. 3

IV. Fortbestand des Pfandrechts (§ 441 I 2 HGB)

Entgegen dem Wortlaut des § 441 I 2 HGB bestehen die Pfandrechte der Vormänner (Rz. 2) nach allg. M. so lange, als das Pfandrecht des Frachtführers besteht oder bestehen würde, wenn er ein eigenes erlangt hätte (§ 440 HGB Rz. 4). Wird ein Spediteur als letzter in der Kette tätig, so kann er sich freilich nicht auf das Verfolgungsrecht gemäß § 440 III HGB berufen. 4

V. Befriedigung der Vormänner (§ 441 II, III HGB)

Befriedigt ein Nachmann seinen Vormann (Rz. 2), gleichgültig, ob dieser Frachtführer oder ein Spediteur ist (§§ 441 II, III HGB), so gehen dessen Forderungen (BGH v. 17.1.1991, TranspR **1991,** 246, 248) und akzessorischen Pfandrechte kraft Gesetzes auf den Nachmann über (§ 412 BGB). 5

§ 442 HGB [Haftung des abliefernden Frachtführers]

Der Frachtführer, welcher das Gut ohne Bezahlung abliefert und das Pfandrecht nicht binnen drei Tagen nach der Ablieferung gerichtlich geltend macht, ist den Vormännern verantwortlich. Er wird, ebenso wie die vorhergehenden Frachtführer und Spediteure, des Rückgriffs gegen die Vormänner verlustig. Der Anspruch gegen den Empfänger bleibt in Kraft.

Literatur: siehe bei § 425 HGB.

A. Ablieferung ohne Bezahlung und verspätete Geltendmachung des Pfandrechts

I. Voraussetzung der Verantwortlichkeit

Der letzte Frachtführer (§ 441 HGB Rz. 2; **a. A.** GroßkommHGB-*Helm*, § 442 Rz. 2) muß das Gut ohne Bezahlung abgeliefert (§ 429 HGB Rz. 6) haben oder er darf das Pfandrecht nicht in der Frist des § 440 III HGB geltend gemacht haben (*Schlegelberger/Geßler*, HGB, § 442 Rz. 2; **a. A.** GroßkommHGB-*Helm*, § 442 Rz. 6); denn das Pfandrecht muß nicht notwendig alle Forderungen der Vormänner decken. War der letzte ein Spediteur, so kommt es ausschließlich auf die Ablieferung ohne Bezahlung an (§ 441 HGB Rz. 2). 1

II. Rechtsfolgen

1. Haftung

2 Der Frachtführer haftet auf Ersatz des seinen Vormännern entstehenden Schadens, falls er nicht nachzuweisen vermag, daß ihn kein Verschulden trifft (§§ 276 BGB, 347 HGB; ROHG **19,** 211, 217; ganz h. M.). Der Schaden der Vormänner beruht darauf, daß sie sich nicht mehr aus dem Gut befriedigen bzw. das Gut als Druckmittel benutzen können. Der erste Absender bzw. Versender wird nicht geschützt (vgl. § 441 HGB; str.).

2. Rückgriff (§ 442 S.2 HGB)

3 Der Frachtführer verliert das Recht, die Vormänner (§ 441 HGB Rz. 2) einschließlich des ersten Absenders (**a. A.** *Benkelberg/Beier,* TranspR **1989,** 351, 354) aus dem Frachtvertrag in Anspruch zu nehmen, wenn er diese Forderungen gegen den Empfänger hätte erheben können (RGZ **122,** 226; *Heymann/Honsell,* HGB, § 442 Rz. 7f) und im Verhältnis zum ersten Absender hätte erheben müssen (so in der Tendenz auch *Benkelberg/Beier,* TranspR **1989,** 351, 355). Dies gilt nicht, wenn den Frachtführer kein Verschulden trifft (*Heymann/Honsell,* HGB, § 442 Rz. 10; h. M.). Andere Ansprüche (z. B. §§ 812 ff, 823 ff BGB) bleiben bestehen. Gleiches gilt für Ansprüche gegen den Versender (§ 407 HGB).

B. Anspruch gegen den Empfänger

4 Der Anspruch gegen den Empfänger (z. B. § 436 HGB) bleibt – wie § 442 S. 3 HGB klarstellt – bestehen.

§ 443 HGB [Rang mehrerer Pfandrechte]

(1) **Bestehen an demselben Gute mehrere nach den §§ 397, 410, 421 und 440 begründete Pfandrechte, so geht unter denjenigen Pfandrechten, welche durch die Versendung oder durch die Beförderung des Gutes entstanden sind, das später entstandene dem früher entstandenen vor.**

(2) **Diese Pfandrechte haben sämtlich den Vorrang vor dem nicht aus der Versendung entstandenen Pfandrechte des Kommissionärs und des Lagerhalters sowie vor dem Pfandrechte des Spediteurs und des Frachtführers für Vorschüsse.**

Literatur: siehe bei § 425 HGB.

I. Vorbemerkung

1 Durch den Transport wird im allgemeinen der Wert des Guts erhöht. Dem trägt § 443 HGB dadurch Rechnung, daß er in Abweichung von § 1209 BGB dem Pfandrecht desjenigen Transportunternehmers, der zuletzt tätig wurde

und dadurch typischerweise den Wert des Gutes erhöht hat, den Vorrang einräumt.

II. Vorrang des später entstandenen Pfandrechts (§ 443 I HGB)

Zu den in § 443 I HGB aufgezählten Pfandrechten gehören analog § 443 HGB auch das Pfandrecht des Verfrachters (§ 623 HGB) und das Pfandrecht des Lagerhalters aus § 22 OLSchVO. Diese Pfandrechte müssen Forderungen sichern, die durch die Versendung (§ 407 HGB), die transportbedingte Lagerung oder den Transport entstanden sind. Nicht dazu gehören z. B. Wertnachnahmen, die keine Transportkosten betreffen, oder Lagerkosten, die unabhängig vom Transport entstanden sind. Das später entstandene Pfandrecht geht früheren vor; der höherrangige Pfandgläubiger ist zuerst zu befriedigen (§ 1247 BGB). 2

III. Andere Pfandrechte

Darunter fallen Pfandrechte gemäß §§ 397, 410, 421, 440, 623 HGB, 22 OLSchVO. Soweit diese Pfandrechte nicht durch die Versendung bzw. Beförderung entstandene Forderungen, im Fall der §§ 410, 440, 623 HGB insbesondere Zahlungen auf Wertnachnahmen sichern, gelten die §§ 1209, 1208 BGB. Gleiches gilt im Verhältnis zu den nicht in § 443 HGB erwähnten Pfandrechten. 3

§ 444 HGB [Ladeschein]

Über die Verpflichtung zur Auslieferung des Gutes kann von dem Frachtführer ein Ladeschein ausgestellt werden.

Literatur: siehe bei § 425 HGB.

I. Vorbemerkung

Der Ladeschein als Wertpapier hat im Landfrachtrecht jede praktische Bedeutung verloren. In der Binnenschiffahrt ist er noch gebräuchlich (§§ 72 ff BinSchG). 1

II. Der Ladeschein

Der Ladeschein verbrieft die Verpflichtung des Frachtführers, das Gut abzuliefern (§ 429 HGB Rz. 6). Der genaue Inhalt des Ablieferungsversprechens ergibt sich aus § 446 HGB. Der Ladeschein ist grundsätzlich Namenspapier; er kann auf Order ausgestellt werden (§ 363 HGB) und die Form des Inhaberpapiers (§ 793 BGB) annehmen. In allen diesen Varianten ist der Ladeschein ein Wertpapier, da der Auslieferungsanspruch von der Innehabung des 2

Ladescheins abhängt (§ 448 HGB). Es kommen daher die allgemeinen wertpapierrechtlichen Regeln der jeweiligen Wertpapierart zum Tragen. Der Ladeschein ist immer Traditionspapier (§ 450 HGB). Der Frachtführer ist im Landfrachtrecht kraft dispositiven Rechts nicht zur Ausstellung eines Ladescheins verpflichtet (anders § 72 BinSchG).

III. Durchkonnossemente, Combined Transport-Bill of Lading, Combined Transport-Dokument

3 Siehe dazu § 407 HGB Rz. 46 sowie Teil I „Multimodaler Verkehr".

§ 445 HGB [Inhalt des Ladescheins]

(1) **Der Ladeschein soll enthalten:**
1. den Ort und den Tag der Ausstellung;
2. den Namen und den Wohnort des Frachtführers;
3. den Namen des Absenders;
4. den Namen desjenigen, an welchen oder an dessen Order das Gut abgeliefert werden soll; als solcher gilt der Absender, wenn der Ladeschein nur an Order gestellt ist;
5. den Ort der Ablieferung;
6. die Bezeichnung des Gutes nach Beschaffenheit, Menge und Merkzeichen;
7. die Bestimmung über die Fracht und über die auf dem Gute haftenden Nachnahmen sowie im Falle der Vorausbezahlung der Fracht einen Vermerk über die Vorausbezahlung.
(2) **Der Ladeschein muß von dem Frachtführer unterzeichnet sein.**
(3) **Der Absender hat dem Frachtführer auf Verlangen eine von ihm unterschriebene Abschrift des Ladescheins auszuhändigen.**

Literatur: siehe bei § 425 HGB.

I. Inhalt

1 § 445 I HGB ist eine Sollvorschrift. Es können daher die in § 445 I HGB vorgesehenen Angaben fehlen. Der Schein muß jedoch das Auslieferungsversprechen hinreichend konkretisieren, insbesondere das Gut, den Frachtführer bestimmt bezeichnen und beim Orderladeschein den Berechtigten erkennen lassen. Wird der Ladeschein nur an Order gestellt, so fungiert der Absender als Empfangsberechtigter. Hat sich der Frachtführer zur Ausstellung eines Ladescheins verpflichtet, so handelt er vertragswidrig, wenn die in § 445 I HGB vorgesehenen Angaben fehlen.

II. Unterschrift (§ 445 II HGB)

Es gilt § 126 I BGB. Faksimile oder Stempel genügen nicht. Ausnahme: Inhaberladescheine (§ 793 II 2 BGB). 2

III. Abschrift

Die Abschrift soll den Frachtführer vor Fälschungen schützen. Sie braucht – anders als das Doppel – nicht die Unterschrift des Frachtführers zu tragen. 3

§ 446 HGB [Ladeschein und Frachtvertrag]

(1) **Der Ladeschein entscheidet für das Rechtsverhältnis zwischen dem Frachtführer und dem Empfänger des Gutes; die nicht in den Ladeschein aufgenommenen Bestimmungen des Frachtvertrags sind dem Empfänger gegenüber unwirksam, sofern nicht der Ladeschein ausdrücklich auf sie Bezug nimmt.**

(2) **Für das Rechtsverhältnis zwischen dem Frachtführer und dem Absender bleiben die Bestimmungen des Frachtvertrages maßgebend.**

Literatur: siehe bei § 425 HGB; GroßkommHGB-*Canaris* (3. Aufl.), Kommentierung der §§ 363f HGB.

I. Verhältnis Frachtführer – Empfänger

a) Der im Ladeschein verbriefte Ablieferungsanspruch (§ 444 HGB) entsteht aufgrund eines Begebungsvertrages, der der h. M. zufolge zwischen Frachtführer und Absender zugunsten des Empfängers geschlossen wird (BGHZ **33**, 364, 367). Richtiger ist es aber, davon auszugehen, daß der Begebungsvertrag zwischen Frachtführer und Empfänger geschlossen wird, wobei der Absender als Bote fungiert (GroßkommHGB-*Canaris*, § 363 Rz. 38). Ist der Begebungsvertrag aus einem dem Frachtführer zurechenbaren Grund unwirksam oder fehlt es ganz an einem Begebungsvertrag, so muß sich dies der Frachtführer bei Order- und Inhaberladescheinen nach Rechtsscheinsregeln zurechnen lassen (GroßkommHGB-*Canaris*, § 363 Rz. 39, 40). 1

b) Der Anspruch auf Ablieferung aus dem Ladeschein (§ 444 HGB) ist grundsätzlich von dem zugrundeliegenden Frachtvertrag unabhängig (§ 446 I HGB; GroßkommHGB-*Canaris*, § 363 Rz. 44; abw. RGZ **57**, 62, 64; *Schlegelberger/Geßler,* HGB, § 446 Rz. 2). Soweit zwischen Frachtführer und berechtigtem Inhaber des Ladescheins nicht besondere Einwendungen und Einreden bestehen, kommen daher in Hinblick auf den Anspruch aus dem Ladeschein nur die Einwendungen des dispositiven Frachtrechts zum Tragen (typusbedingte Einwendungen; GroßkommHGB-*Canaris*, § 364 Rz. 33). Der Frachtführer kann deshalb dem Empfänger entgegenhalten, daß das Gut ohne sein Verschulden beschädigt worden ist oder daß er zur Auslieferung nur gegen Zahlung der sich aus dem Ladeschein ergebenden Fracht oder der 2 üblicherweise nach Ausstellung des Ladescheins entstehenden Transportkosten (§ 354 HGB) verpflichtet sei (*Schlegelberger/Geßler*, HGB, § 446 Rz. 7). Der Empfänger braucht sich dagegen weder das Fehlen eines Frachtvertrages, noch besondere Parteiabreden entgegenhalten lassen (BGHZ **25**, 300, 303; BGH v. 29.1.1968, DB **1968**, 1809, 1810), es sei denn, daß diese unzweideutig in den Ladeschein aufgenommen worden sind oder auf sie im Ladeschein unzweideutig verwiesen worden ist. Besteht eine derartige Verweisung, so prägen die Abreden, auf die verwiesen wird, auch den Anspruch aus dem Ladeschein (GroßkommHGB-*Canaris*, § 363 Rz. 46). § 446 I 2. HS HGB gilt auch bei Namensladescheinen und unabhängig vom guten Glauben des Empfängers (GroßkommHGB-*Canaris*, § 363 Rz. 45). Einwendungen und Einreden des Frachtführers gegen den berechtigten Inhaber des Order- oder Inhaberladescheins können aus wertpapierrechtlichen Gründen ausgeschlossen sein (§§ 796 BGB, 364 HGB).

3 **c)** Hat der Frachtführer überhaupt kein Gut oder kein Gut der im Ladeschein bezeichneten Art übernommen oder sonst falsche Angaben im Ladeschein gemacht, so sind die Rechtsfolgen stark umstritten. Zum Teil wird angenommen, daß der Frachtführer nur hafte, wenn ihn ein Verschulden treffe (RGZ **5**, 81; *Baumbach/Duden/Hopt,* HGB, § 446 Anm. 1; *Heymann/Kötter,* HGB, § 446 Anm. 1; vgl. auch § 407 HGB Rz. 46). Andere bejahen eine Haftung ohne Rücksicht auf Verschulden (*Schlegelberger/Geßler,* HGB, § 446 Rz. 9 m. Nachw.). *Canaris* (Großkommentar, HGB, § 363 Rz. 5 ff) differenziert. Seiner Ansicht zufolge haftet der Frachtführer grundsätzlich nur wegen c.i.c. oder aus § 826 BGB. Daneben greife allerdings auch eine Vertrauenshaftung ein. In Analogie zu den §§ 73 BinSchG, 40 OLSchVO hafte der Frachtführer, der zurechenbar falsche Angaben im Ladeschein gemacht habe. Auch unverschuldete Irrtümer gingen zu seinen Lasten, es sei denn, daß der Frachtführer unter Zwang (§ 123 BGB) gestanden hat oder sich im Sinn der §§ 119, 123 BGB geirrt hat. Dieser Ansicht ist zu folgen. Der heutigen stärkeren Betonung des Vertrauensgedankens entspricht eine Analogie zu den §§ 73 BinSchG, 40 OLSchVO (GroßkommHGB-*Canaris*, § 363 Rz. 60). Der Frachtführer haftet jedoch nicht unbeschränkt (so auch *Schlegelberger/Geßler,* HGB, § 446 Rz. 9 m. Nachw.: § 430 HGB), sondern analog den §§ 75 ff BinSchG, 40V OLSchVO auf den objektiven Minderwert, der sich aus der mangelnden Übereinstimmung der Güter mit der Bezeichnung im Ladeschein ergibt. Bei Arglist ist die Haftung unbegrenzt (GroßkommHGB-*Canaris*, § 363 Rz. 60).

4 **d)** Der Empfänger ist kraft des Ladescheins nicht zur Zahlung der Fracht sowie der Auslagen verpflichtet. Er verpflichtet sich analog § 436 HGB durch Annahme des Guts auch ohne Annahme des Frachtbriefs, soweit sich die Höhe der Fracht aus dem Ladeschein ergibt (GroßkommHGB-*Helm*, § 446 Rz. 2).

II. Verhältnis Frachtführer – Absender (§ 446 II HGB)

5 Insoweit ist ausschließlich der Frachtvertrag und, wenn es an einem wirksamen Frachtvertrag fehlt, das Recht der ungerechtfertigten Bereicherung

maßgeblich. Der Frachtführer kann daher auch dort vom Absender Zahlung verlangen, wo ihm der Empfänger nach Maßgabe des Frachtbriefs bzw. Ladescheins nichts schuldet (BGH v. 29.1.1968, LM 1 zu § 446 HGB).

§ 447 HGB [Legitimation durch Ladeschein]

(1) **Zum Empfange des Gutes legitimiert ist derjenige, an welchen das Gut nach dem Ladeschein abgeliefert werden soll oder auf welchen der Ladeschein, wenn er an Order lautet, durch Indossament übertragen ist.**

(2) **Der zum Empfange Legitimierte hat schon vor der Ankunft des Gutes am Ablieferungsorte die Rechte, welche dem Absender in Ansehung der Verfügung über das Gut zustehen, wenn ein Ladeschein nicht ausgestellt ist.**

(3) **Der Frachtführer darf einer Anweisung des Absenders, das Gut anzuhalten, zurückzugeben oder an einen anderen als den durch den Ladeschein legitimierten Empfänger auszuliefern, nur Folge leisten, wenn ihm der Ladeschein zurückgegeben wird; verletzt er diese Verpflichtung, so ist er dem rechtmäßigen Besitzer des Ladescheins für das Gut verhaftet.**

Literatur: siehe bei § 425 HGB.

I. Empfangslegitimation (§ 447 I HGB)

§ 447 I HGB regelt die formelle Legitimation und damit die Liberationswirkung (*Schlegelberger/Geßler,* HGB, § 447 Rz. 2; **a. A.** GroßkommHGB-*Helm*, § 447 Rz. 2). § 447 I HGB trägt nicht ausreichend den verschiedenen Varianten des Ladescheins und dem Umstand Rechnung, daß der Ladeschein ein Wertpapier ist. Es ist deshalb zu differenzieren. Beim Namensladeschein leistet der Frachtführer an denjenigen namentlich aufgeführten Empfänger befreiend, der Inhaber des Auslieferungsanspruchs war. Hat der Empfänger sein Recht zediert, so kann an den Empfänger nur solange befreiend geleistet werden, als dieser noch Inhaber des Ladescheins ist (Einschränkung des § 407 BGB; zur Übertragung des Anspruchs ohne Übergabe des Namensladescheins *Canaris,* Recht der Wertpapiere, (12. Aufl.), § 8 I 1b). An einen anderen als den im Ladeschein aufgeführten Empfänger wird nur dann befreiend geleistet, wenn dieser materiell Inhaber des Auslieferungsanspruches geworden ist (RGZ **122**, 221, 224); Ausnahme: § 409 BGB. Beim Orderladeschein leistet der Frachtführer befreiend an den materiell berechtigten, im Orderladeschein aufgeführten Empfänger. Hat der Empfänger sein Recht übertragen, so kann sich der Frachtführer auf § 407 BGB nur dort berufen, wo der Empfänger Inhaber des Orderladeschein geblieben ist. Im übrigen gilt § 365 I HGB iVm Art.40 WG, falls der Ladeschein ein Indossament enthält. In anderen Fällen gelten die Regeln für Namensladescheine (RGZ **119**, 215). Bei Inhaberladescheinen kommt § 793 I2 BGB zum Tragen, es sei denn, daß der Frachtführer grob fahrlässig gehandelt hat (h. M.). 1

II. Verfügungsrecht (§ 447 II HGB)

2 Formell verfügungsberechtigt (vgl. § 433 ff HGB) ist ab der Übernahme des Guts unter Verdrängung des Absenders der iSd § 447 I HGB formell Berechtigte. Der Frachtführer kann also die Verfügungen materiell Unberechtigter mit Wirkung gegen den materiell Berechtigten befolgen. Andererseits darf er Verfügungen von Empfängern, auf die der Ladeschein lautet, nicht mehr befolgen, wenn diese den Ablieferungsanspruch übertragen und den Besitz des Ladescheins verloren haben. Der Frachtführer kann daher analog § 448 HGB verlangen, daß ihm der Ladeschein bei der Verfügung vorgelegt wird (vgl. Art. 12Va CMR). Materiell verfügungsberechtigt ist der Inhaber des Ablieferungsanspruchs.

III. Verhältnis Frachtführer – Absender (§ 447 III HGB)

3 Das Verfügungsrecht des Empfängers und seiner Rechtsnachfolger verdrängt das den §§ 433 ff HGB entspringende Verfügungsrecht des Absenders. Der Frachtführer darf daher die Anweisungen des Absenders, das Gut anzuhalten, zurückzugeben oder sonstige dem Empfänger nachteilige Maßnahmen zu treffen, nur befolgen, wenn der Absender im Besitz des Ladescheines ist und der Absender den Ladeschein zurückgibt. Der Frachtführer kann dann nämlich davon ausgehen, daß Rechte des Empfängers noch nicht begründet worden sind. Er darf sich deshalb auf § 447 III HGB nicht berufen, wenn ihm bekannt ist, daß ein Dritter Inhaber des Auslieferungsanspruchs gewesen ist (Einwand des Rechtsmißbrauchs; § 826 BGB). Befolgt der Frachtführer unter Verstoß gegen § 447 III HGB Weisungen des Absenders, so greifen die allgemeinen Regeln über Leistungsstörungen ein (vgl. § 425 HGB Rz. 23 ff).

§ 448 HGB [Rückgabe des Ladescheins]

Der Frachtführer ist zur Ablieferung des Gutes nur gegen Rückgabe des Ladescheins, auf dem die Ablieferung des Gutes bescheinigt ist, verpflichtet.

Literatur: siehe bei § 425 HGB.

I. Leistungsverweigerungsrecht

1 Gemäß § 364 III HGB kann der Inhaber des Orderladescheins nur gegen Aushändigung des quittierten Ladescheins Auslieferung verlangen. Gemäß § 797 BGB ist der Frachtführer auch dem Inhaber des Inhaberladescheins nur gegen Aushändigung des Ladescheins zur Ablieferung verpflichtet. Eine Quittung erübrigt sich, da der Aussteller mit der Rückgabe die formelle Berechtigung erlangt. § 448 HGB schließt die Lücke beim Namensladeschein. In diesem Fall ist zwar ein gutgläubiger Erwerb eines Anspruchs unmöglich. Der Frachtführer hat jedoch wie im Fall des § 371 BGB ein In-

teresse daran, das gegen ihn zeugende Beweisstück in seine Hand zu bekommen. Er kann daher analog den §§ 371 BGB, 364 III HGB die Auslieferung des Guts auch von einer Quittung abhängig machen. Teilleistungen sind im Ladeschein zu quittieren (GroßkommHGB-*Helm*, § 448 Rz. 1). Im Fall der Beschädigung oder Minderung des Guts kann der Empfänger (§ 447 HGB) darauf bestehen, daß ihm der Ladeschein verbleibt. Auf dem Ladeschein ist allerdings die Ablieferung des Guts zu quittieren; denn die Ablieferung beschädigten oder teilweise verloren gegangenen Guts steht einer Teilleistung gleich (Art.39 III WG analog).

II. Ausschluß des § 407 BGB

Die besondere Bedeutung des § 448 HGB liegt darin, daß die Auslieferung 2
von der Innehabung des Ladescheins nicht nur abhängig gemacht werden kann, sondern abhängig gemacht werden muß; denn der Erwerber eines Ladescheins soll auch beim Namensladeschein sichergehen können, daß nur an ihn befreiend geleistet werden kann.

III. Verlust des Ladescheins

Beim Inhaber- und Orderladeschein findet gemäß den §§ 799 f BGB, 365 II 3
HGB ein Aufgebot statt. Gleiches gilt analog § 808 II 2 BGB, § 365 II HGB für den Namensladeschein (*Hueck/Canaris,* Recht der Wertpapiere (12. Aufl.), § 1 I 5 m. Nachw.; **a. A.** GroßkommHGB-*Helm*, § 448 Rz. 2 m. Nachw.).

§ 449 HGB [Nachfolgender Frachtführer]

Im Falle des § 432 Abs. 1 wird der nachfolgende Frachtführer, der das Gut auf Grund des Ladescheins übernimmt, nach Maßgabe des Scheines verpflichtet.

Literatur: siehe bei § 425 HGB.

Setzt der den Ladeschein ausstellende Frachtführer einen Unterfrachtfüh- 1
rer ein, so tritt der Unterfrachtführer auch dann in das durch die Begebung des Ladescheins geschaffene Schuldverhältnis (§ 446 HGB Rz. 2) ein, wenn er nicht den ursprünglichen Frachtbrief annimmt (vgl. § 432 II HGB), aber weiß, daß ein Ladeschein existiert und in Kenntnis dieses Umstands das Gut annimmt (§ 432 HGB Rz. 2; allg. M.). Der Unterfrachtführer haftet nur nach Maßgabe des Ladescheins, selbst wenn er Zusatzabreden kannte.

§ 450 HGB [Wirkungen der Übergabe]

Die Übergabe des Ladescheins an denjenigen, welcher durch den Schein zur Empfangnahme des Gutes legitimiert wird, hat, wenn das Gut von

dem Frachtführer übernommen ist, für den Erwerb von Rechten an dem Gute dieselben Wirkungen wie die Übergabe des Gutes.

Literatur: siehe bei § 425 HGB; ferner GroßkommHGB-*Canaris* (3. Aufl) Kommentierung zu §§ 363f HGB; *Hueck/Canaris,* Recht der Wertpapiere (12. Aufl.).

I. Vorbemerkung

1 § 450 HGB betrifft sowohl den Order- und Inhaberladeschein als auch den Namensladeschein. Die Vorschrift bezieht sich im Rahmen der Übereignung und Verpfändung nicht auf die dingliche Einigung, sondern nur auf das Erfordernis der Besitzverschaffung bzw. auf die Anzeige der Verpfändung (§ 1205 II BGB). Dies hat zur Folge, daß unabhängig von der Übergabe des Ladescheins der wirksame Eigentums- bzw. Pfandrechtserwerb daran scheitern kann, daß es an der dinglichen Einigung fehlt oder diese unwirksam ist, weil der Verfügende Nichtberechtigter gewesen ist und das Gut abhandengekommen war (*Schlegelberger/Hefermehl,* HGB, § 363 Rz. 54; § 366 Rz. 56; *Canaris,* Recht der Wertpapiere (12. Aufl.), S. 201). Durch die Ausstellung des Ladescheins wird die Verfügung über das Gut im Weg der Einigung und Übergabe (§ 929 BGB) nicht eingeschränkt. Dagegen entfällt bei Order- und Inhaberladescheinen die Befugnis, den Herausgabeanspruch gegen den Frachtführer ohne Übergabe des Ladescheins abzutreten, und damit die Möglichkeit, ohne den Ladeschein das Gut gemäß § 931 BGB zu übertragen (BGHZ **49**, 162, 163; BGH v. 15.12.1976, WM **1977**, 172). Die Möglichkeit eines Erwerbs in der Form, daß der Frachtführer seinen Besitzwillen auf den Erwerber umstellt, bleibt auch ohne Übergabe des Ladescheins bestehen (*Canaris,* Recht der Wertpapiere (12. Aufl.), § 23 II 4 m. Nachw.; **a. A.** i. E. BGH, NJW **1979**, 2037, 2038). Bei Namensladescheinen bleibt die Möglichkeit zu Verfügungen im Weg des § 931 BGB unbeschränkt erhalten (*Canaris,* Recht der Wertpapiere, aaO, § 23 II4 m. Nachw.; **a. A.** BGH, NJW **1979**, 2037, 2038; *Zöllner,* Wertpapierrecht, § 25 IV 5).

II. Traditionswirkung

1. Allgemeines

2 Die Einordnung der sachenrechtlichen Wirkungen der Übergabe des Ladescheins ist stark umstritten. Es werden im wesentlichen vier Theorien vertreten: Die absolute Theorie, die Repräsentationstheorie, die relative Theorie und die modifizierte relative Theorie (vgl. *Schlegelberger/Hefermehl,* HGB, § 363 Rz. 48 ff; GroßkommHGB-*Canaris,* § 363 Rz. 75 ff, jeweils m. Nachw.). Zu folgen ist der von *Canaris* entwickelten modifizierten relativen Theorie (GroßkommHGB-*Canaris,* § 363 Rz. 82 ff; ders., Recht der Wertpapiere, aaO, § 23). Danach ist zwischen Inhaber- und Orderladescheinen einerseits und Namensladescheinen andererseits zu differenzieren.

2. Inhaber- und Orderladescheine

Das Gut muß in den Besitz des Frachtführers gelangt sein. „Übergabe" des Ladescheins bedeutet grundsätzlich, daß ein wirksamer Begebungsvertrag geschlossen und dem Erwerber der Besitz am Ladeschein verschafft wird (GroßkommHGB-*Canaris*, § 363 Rz. 83; str.). Hat der Erwerber mit dem Ladeschein den Auslieferungsanspruch gegen den Frachtführer erlangt (§ 444 HGB), so wird der Erwerber mittelbarer Besitzer und kann gemäß § 931 BGB Eigentümer werden. Eine besondere Traditionswirkung kommt nicht zum Tragen. Gleiches gilt, falls der Veräußerer des Ladescheins Nichtberechtigter und der Erwerber gutgläubig war (Inhaberladeschein: §§ 793, 929, 932, 935 II BGB; Orderladeschein: § 365 HGB; Art. 16 II WG). Auch hier wird der Erwerber mittelbarer Besitzer, weil er gutgläubig den Auslieferungsanspruch erwirbt und daher gemäß § 934 2. Alt. BGB Besitz erwerben kann. Pfandrechte können dem gutgläubigen Erwerber regelmäßig nicht entgegengesetzt werden, da der Ladeschein die Verbriefung des Pfandrechts erlaubt und der Erwerber daher davon ausgehen darf, daß etwaige Pfandrechte in der Urkunde erwähnt sind. § 936 III BGB ist entsprechend zu restringieren. Eine Ausnahme gilt für gesetzliche Pfandrechte, die Forderungen sichern, die nach Begebung des Ladescheins entstanden sind oder mit denen evident gerechnet werden muß (vgl. § 22 OLSchVO). Zu Pfandrechten Dritter, GroßkommHGB-*Canaris*, § 363 Rz. 102 a. Im Fall einer Verpfändung des Guts genügt anstatt einer Anzeige (§ 1205 II BGB) eine Begebung des Ladescheins. Besondere Bedeutung erlangt der in § 450 HGB statuierte Traditionseffekt dort, wo sich der Frachtführer zum Eigenbesitzer aufgeschwungen hat. Hier schützt § 450 HGB den Erwerber in dem Vertrauen, daß ein Besitzmittlungsverhältnis zum Frachtführer fortbesteht. Hat dagegen der Frachtführer selbst den Besitz verloren, so kann sich der Erwerber nach ganz allgemeiner Meinung nicht auf § 450 HGB berufen (*Schlegelberger/Hefermehl,* HGB, § 363 Rz. 52; *Canaris,* Recht der Wertpapiere, aaO, § 23 II 3 b). 3

3. Namensladescheine

Der Auslieferungsanspruch kann nur vom Berechtigten erworben werden. Eine Zession des verbrieften Auslieferungsanspruchs durch einen Nichtberechtigten ist unwirksam. Daraus folgt, daß der Erwerber des Namensladescheins das Gut gemäß § 931 BGB, und daß er, wenn der Veräußerer in Hinblick auf das Gut Nichtberechtigter, aber Inhaber des im Ladeschein verbrieften Auslieferungsanspruches war, das Gut gemäß § 934 1. Alt. BGB erwerben kann. Hatte sich der Frachtführer nach Übernahme des Guts zum Eigenbesitzer gemacht, so kommt § 934 1. Alt. BGB nicht zum Tragen. In einem solchen Fall greift aber zugunsten des im Ladeschein genannten Empfängers die Traditionswirkung des Ladescheins ein, sobald der Ladeschein dem Empfänger ausgehändigt wird (vgl. GroßkommHGB-*Canaris*, § 363 Rz. 115). Hingegen scheitert auf der Basis des Ladescheins ein gutgläubiger Erwerb überall dort, wo der Veräußerer nicht Inhaber des Auslieferungsanspruchs war. Ein gutgläubiger Erwerb des Guts ist dann nur in der Form des § 934 2. Alt. BGB denkbar. 4

§ 451 HGB [Gelegenheitsfrachtführer]

Die Vorschriften der §§ 426 bis 450 kommen auch zur Anwendung, wenn ein Kaufmann, der nicht Frachtführer ist, im Betriebe seines Handelsgewerbes eine Beförderung von Gütern zu Lande oder auf Flüssen oder sonstigen Binnengewässern auszuführen übernimmt.

Literatur: siehe bei § 425 HGB.

1 Zum Begriff des Kaufmanns und des Handelsgewerbes vgl. Kommentierungen zu den §§ 1-6 HGB. Zur Beförderung von Gütern zu Lande oder auf Flüssen oder sonstigen Binnengewässern § 425 HGB Rz. 10.

§ 452 HGB [Güterbeförderung durch Post]

Auf die Beförderung von Gütern durch die *Postverwaltungen des Reichs und der Bundesstaaten* finden die Vorschriften dieses Abschnitts keine Anwendung. Die *bezeichneten Postverwaltungen* gelten nicht als Kaufleute im Sinne dieses Gesetzbuchs.

Die Beförderung durch die Post erfolgt gemäß § 7 PostG auf privatrechtlicher Basis.

Teil D
Güterkraftverkehrsgesetz
(GüKG)

Vom 17.10.1952 (BGBl. I 697) idF der Bekanntmachung vom 10.3 1983 (BGBl. I S. 256), zuletzt geändert am 21.2.1992 (BGBl. I S. 287)

Literatur: *Alff,* Fracht-, Lager- und Speditionsrecht, Anh. I § 425 HGB (2. Aufl., 1991); *Baumbach/Duden/Hopt,* HGB (28. Aufl.) GüKG; *Diehl,* Die Pflichten des Spediteurs in den Fällen der §§ 412, 413 HGB (Diss. Tübingen 1987); *Hein/Eichhoff/Pukall/Krien/Joseph/Niehüsener/Trinkaus* (abgekürzt: *Hein*), Güterkraftverkehrsrecht, Loseblatt; Stand April 1992; *Helm,* Großkommentar HGB (3. Aufl.); Anh. I § 452; *Lenz,* Straßengütertransportrecht (1988); *Münz/Haselau,* Wirtschaftsrecht des Straßenverkehrs, Güterkraftverkehrsgesetz, Personenbeförderungsgesetz (Loseblatt, Stand 1.3.1991, abgekürzt: *Münz*); *Pittrohf,* Tarif für den Güternahverkehr mit Kraftfahrzeugen (1992); *Piper,* Höchstrichterliche Rechtsprechung zum Speditions- und Frachtrecht (6. Aufl.); *von Tegelen,* GüKG, Loseblatt; *Willenberg,* KVO (4. Aufl. 1991).

Vorbemerkung

Das GüKG gehört zum Kreis des Wirtschaftsrechts. In seinem Geltungsbereich ist es in weiten Bereichen die Grundlage des Transportrechts. Es enthält Normen öffentlich-rechtlicher und privatrechtlicher Natur. Im folgenden werden nur die Vorschriften kommentiert, die unmittelbar die Beziehungen zwischen den Akteuren des Beförderungsvorgangs regeln. 1

Erster Abschnitt. Allgemeine Vorschriften

§ 1 GüKG [Anwendungsbereich]

Die Beförderung von Gütern mit Kraftfahrzeugen unterliegt ausschließlich den Bestimmungen dieses Gesetzes.

Literatur: siehe vor § 1 GüKG.

1. Allgemein zum **Begriff „Güter"** siehe Erl. zu § 407 HGB Rz. 5. Keine Güter sind diejenigen Sachen, die der Unternehmer (§ 1 KVO Rz. 4) eigenverantwortlich zur Herbeiführung des Beförderungserfolges einsetzt (vgl. OLG Düsseldorf v. 23.12.1963, BB **1964**, 1026). Keine Güter sind daher das Kfz, dessen Zubehör, Container, wenn sie von dem Transportierenden im eigenen Interesse zum Zweck der einfacheren Beförderung gestellt werden (*Willenberg,* KVO, § 1 Rz. 198; *Thume,* TranspR **1990,** 41, 46; **a. A.** *Willenberg,* KVO, § 1 Rz. 167 f; vgl. ferner einerseits BGH v. 16.6.1982, LM GüKG Nr. 64; andererseits BGH v. 27.10.1983, TranspR **1984**, 6, 7). Dies gilt auch dort, wo der Absender dem Beförderer die Transportmittel vermietet hatte (BGH v. 27.10.1983, TranspR **1984**, 6, 7). Allerdings kann dies ein Schein- 1

geschäft darstellen (§ 5 GüKG). Güter sind dagegen alle Sachen, die mit Hilfe eines Kfz von einem Ort zum anderen gebracht werden sollen (BGH v. 27.10.1983, TranspR **1984**, 6, 7). Wird der Transport für einen anderen vorgenommen, so sind auch solche Sachen „Güter", die – wie die Verpackung (dies verkennt LG Düsseldorf, TranspR **1987**, 340) – die Beförderung anderer Güter ermöglichen, erleichtern oder sichern (Transport des Kfz auf eigener Achse; Verpackung; vom Absender gestellte Container [vgl. Nr. 18 b GFT II/1; vgl. auch BGH, NJW **1971**, 1363; OLG Düsseldorf v. 27.2.1987, TranspR **1987**, 183, 184 zur CMR; *Thume*, TranspR **1990**, 41, 46 auch zur CMR]; Paletten [*Willenberg,* KVO, § 1 Rz. 104], Behälter [Nr. 18 a GFT II/1]; Ladegeräte [Nr. 18 GFT II/1]; Trailer [Nr. 15 GFT II/1]). Maßgeblich ist hier allein, daß der Absender den Unternehmer verpflichtet hat, vom Absender eigenverantwortlich zusammengestellte Sachen zu transportieren (BGH v. 16.6.1982, LM GüKG Nr. 64; OLG Hamburg v. 29.6.1970, MDR **1970**, 1016; *Scheer,* BB **1970**, 1120; *Lenz,* Straßengütertransportrecht, Rz. 113; *Thume*, TranspR **1990**, 41, 46; *Willenberg,* KVO, § 1 Rz. 169 ff). Dies gilt auch dann, wenn der Absender die Sachen vom Frachtführer gemietet hatte (der Frachtführer haftet dann u. U. aus Mietvertrag). Aus dem GFT kann für die Auslegung des § 1 GüKG nichts Gegenteiliges hergeleitet werden, da § 1 GüKG die höherrangige Norm ist (*Scheer,* BB **1970**, 1120; **a. A.** BGH v. 16.6.1982, LM GüKG Nr. 64; v. 27.10.1983, TranspR **1984**, 6, 8). Dadurch wird der Verordnungsgeber nicht gehindert, im Rahmen des Tarifs vorzuschreiben, welche Verpackungs- und Beförderungsmittel vom Absender bzw. vom Unternehmer zu stellen sind (vgl. BGH, NJW **1987,** 1641, 1642) bzw. wie der Transport dieser Güter zu bezahlen ist (*Thume,* TranspR **1990,** 41, 45). Eine Differenzierung zwischen Gütern im engeren Sinn und Verpackung ist im Rahmen des GüKG ohne Bedeutung (vgl. OLG Hamburg v. 29.6.1970, MDR **1970**, 1016, 1017 zur Haftung nach KVO). Keine Güter sind Leichen, wenn sie in Spezialfahrzeugen befördert werden (§ 4 Nr. 3 GüKG), einzelne beschädigte Fahrzeuge (§ 4 Nr. 4 GüKG), lebende Tiere (§ 4 Nr. 5 GüKG) und Güter, die in der Freistellungsverordnung genannt sind (§ 4 GüKG Rz. 1).

2 2. **„Beförderung:"** vgl. Erl. zu § 425 HGB Rz. 14. Die Beförderung muß nicht auf öffentlichen Wegen stattfinden (BVerwGE **17**, 34), so daß auch auf Baustellen befördert wird (OLG Hamm v. 8.2.1990, TranspR **1991,** 375, 377). Sie muß Hauptleistung oder prägende Leistung sein. Dies ist nicht der Fall, wenn die Beförderung nach der Verkehrsanschauung eine Nebenleistung darstellt (BGH v. 29.10.1971, VersR **1972**, 101, 102), oder die Arbeitsleistung in der Form der Bearbeitung von Sachen im Vordergrund steht (Planierraupe, Schneeräumen; LG Hagen, TranspR **1992**, 21, 22). Unerheblich ist, ob die Beförderung aufgrund eines Vertrages oder aus bloßer Gefälligkeit erfolgt. Keine Beförderung iSd GüKG stellt das Vermieten eines Kfz dar (OLG Düsseldorf v. 23.12.1963, BB **1964**, 1026; zur Umgehung iSd § 5 GüKG KG v. 22.12.1978, VRS **57**, 66, wenn der Mieter keinen unmittelbaren Besitz erlangt); wohl aber der Lohnfuhrvertrag (KG v. 21.6.1990, VRS **79** (1990), 387, 388; § 425 HGB Rz. 7).

3 3. **Kraftfahrzeuge:** § 1 II StVG. Ausnahme: § 4 Nr. 2 GüKG; § 1 Nr. 28 FreistellungsVO (§ 4 GüKG Rz. 1).

4. Das GüKG ist in dem von § 1 GüKG umschriebenen Geltungsbereich entgegen seinem Wortlaut nicht ausschließlich anwendbar. Die **„Ausschließlichkeit"** bezieht sich nur auf die im GüKG geregelten Materien. Das GüKG ist **zwingender** Natur. Es gilt für das Gebiet der BRD. Zum **grenzüberschreitenden Verkehr** §§ 23 V, 97 a, 103 III, IV GüKG, Art. 1 ff CMR. 4

§ 2 GüKG [Güternahverkehr]

(1) **Güternahverkehr ist jede Beförderung von Gütern mit einem Kraftfahrzeug für andere innerhalb der Nahzone mit Ausnahme des Umzugsverkehrs. Güternahverkehr ist auch die Beförderung mit Kraftfahrzeugen des Güterkraftverkehrs, die die nach der Straßenverkehrs-Zulassungs-Ordnung höchstzulässigen Abmessungen oder Gewichte um mehr als zehn vom Hundert überschreiten, soweit Güter zur unmittelbar anschließenden Beförderung mit der Eisenbahn zu einem Bahnhof oder in unmittelbarem Anschluß an eine Beförderung mit der Eisenbahn von einem Bahnhof jeweils innerhalb der Nahzone der Gemeinde des Bahnhofs befördert werden.**

(2) **Die Nahzone ist das Gebiet innerhalb eines Umkreises von fünfundsiebzig Kilometern, gerechnet in der Luftlinie vom Mittelpunkt des Standorts des Kraftfahrzeugs (Ortsmittelpunkt) aus. Zur Nahzone gehören alle Gemeinden, deren Ortsmittelpunkt innerhalb der Nahzone liegt. Gemeinden mit mehr als einhunderttausend Einwohnern oder mit einer Fläche von mehr als einhundert Quadratkilometern können für die Bestimmung von Ortsmittelpunkten in Bezirke eingeteilt werden; für jeden Bezirk kann ein Ortsmittelpunkt bestimmt werden. Jeder dieser bezirklichen Ortsmittelpunkte gilt als Ortsmittelpunkt für das gesamte Gemeindegebiet. Der Ortsmittelpunkt muß ein verkehrswirtschaftlicher Schwerpunkt der Gemeinde oder des Bezirks sein.**

(3) **Werden Gemeinden oder Gemeindeteile in andere Gemeinden eingegliedert oder zu einer neuen Gemeinde zusammengeschlossen, so können für die in ihrem Gebietsumfang geänderte oder neugebildete Gemeinde bis zu drei bezirkliche Ortsmittelpunkte nach Absatz 2 bestimmt werden, auch wenn die Voraussetzungen des Absatzes 2 Satz 4 erster Halbsatz nicht vorliegen. Die Bestimmung ist nur zulässig, wenn es für die befriedigende Verkehrsbedienung eines bestimmten Gebietes erforderlich ist, eingerichtete Verkehrsverbindungen aufrechtzuerhalten, die unter Berücksichtigung der bisherigen Ortsmittelpunkte Güternahverkehr im Sinne dieser Vorschrift darstellen. Sind Gemeinden oder Gemeindeteile nach dem 31. Dezember 1968 in eine andere Gemeinde eingegliedert oder zu einer neuen Gemeinde zusammengeschlossen worden, so gelten die Sätze 1 und 2 entsprechend.**

(4) **Die Landesregierungen bestimmen die Ortsmittelpunkte nach Anhörung der Bundesanstalt für den Güterfernverkehr durch Rechtsverordnung. Sie können ihre Ermächtigung durch Rechtsverordnung weiter übertragen, in den Fällen des Absatzes 2 Satz 4 und des Absatzes 3 jedoch nur auf eine oberste Landesbehörde oder auf eine höhere Landesverkehrsbehörde.**

Literatur: siehe vor § 1 GüKG.

1 § 2 GüKG regelt als Aufgreiftatbestand für die §§ 80 ff, 90 ff GüKG den Begriff des Güternahverkehrs. Die **Beförderung** (§ 1 GüKG Rz. 2) muß für andere erfolgen; sonst gilt § 48 GüKG. Bei Abfällen, die dem Frachtführer zur freien Verfügung überlassen werden, liegt kein Transport für andere vor (BGH v. 30.11.1973, LM GüKG Nr. 47). *Beachte § 4 GüKG.*

2 Die Beförderung muß **innerhalb der Nahzone** iSd Abs. II – IV erfolgen, d. h. die geplanten Belade- und Entladestellen müssen innerhalb der Nahzone liegen (*Alff,* §§ 2, 3 GüKG Rz. 2; einschr. *Münz,* GüKG, § 2 Rz. 1; **a. A.** *v. Tegelen,* § 2 GüKG Anm. 1; § 3 GüKG Anm. 1). Die vorzeitige Entladung macht den Güterfernverkehr nicht zu einem Güternahverkehr (BGH, NJW **1963,** 1249). Die Nahzone ist grundsätzlich auf der Basis der Ortsmittelpunkte zu berechnen (§ 2 II-IV GüKG). Dort, wo keine Ortsmittelpunkte existieren, ist die tatsächliche Entfernung zwischen Standort (§§ 6 ff GüKG) und der Be- bzw. Entladestelle maßgeblich (vgl. BGH v. 6.6.1991, VersR **1992,** 79, 80). Es kommt nicht entscheidend auf die Entfernung zwischen Belade- und Entladeort an, sondern auf den **Standort des eingesetzten Fahrzeuges.** Das hat zur Folge, daß dieselbe Strecke, je nach Standort des Fahrzeugs im Güterfern- bzw. -nahverkehr bewältigt werden kann. Irrelevant ist, daß die Möglichkeit bestand, vorübergehend einen anderen Ort als Standort zu wählen (OLG Hamm v. 11.1. 1988, TranspR **1989,** 13, 14). Bei ausländischen Unternehmen ist deren nächste zur Grenze gelegene Niederlassung maßgeblich (Analogie zu § 6 I GüKG; **a. A.** *Willenberg,* KVO, § 1 Rz. 97: Standortbestimmung nicht möglich, daher immer Fernverkehr; insoweit ablehnend *Basedow,* maschinenschriftliches Manuskript, S. 21).

Haben die Parteien **Güternahverkehr vereinbart,** so muß der Unternehmer bzw. sein Erfüllungsgehilfe ein Fahrzeug einsetzen, das den Transport im Güternahverkehr erlaubt. Handelt er dem Vertrag zuwider, so macht er sich wegen pFV schadensersatzpflichtig (*Hein/Eichhoff/Pukall/Krien,* Güterkraftverkehrsrecht, § 23 GüKG Anm. 4 g; vgl. OLG Hamm v. 11.1.1988, TranspR **1989,** 13, 15); der Absender wird also letztlich so gestellt, als ob im Güternahverkehr befördert worden wäre (§ 1 KVO Rz. 4). Falls die Parteien z. B. im 150 km-Entfernungsbereich Güterfernverkehr vereinbart haben und der Frachtführer den Transport mit geeigneten Güternahverkehrsfahrzeugen durchführt, gelten die Bestimmungen der KVO als vereinbart; denn im Bereich des tatsächlich realisierten Güternahverkehrs besteht in Hinblick auf die Vertragsbedingungen Vertragsfreiheit, so daß die Geltung der KVO vereinbart werden kann (vgl. § 425 HGB Rz. 2). Die Vergütung ist in einem solchen Fall allerdings nicht dem GFT, sondern dem GNT zu entnehmen. Auch hier kann dem Absender ein aufrechenbarer Schadensersatzanspruch zustehen. Haben die Parteien im Entfernungsbereich über 150 km Güternahverkehr verabredet und setzt der Unternehmer rechtswidrig Güternahfahrzeuge ein, so liegt ausschließlich Güterfernverkehr vor (§ 3 GüKG Rz. 1). Der Unternehmer kann wegen c.i.c. haften (§ 22 GüKG Rz. 3). Dort, wo die Parteien *keine Vereinbarung über die Art des Verkehrs bzw. über das Kfz* getroffen haben, gestaltet letztlich der Frachtführer mit der Wahl des Fahrzeuges den Vertrag zum Güternahverkehrs- oder zum Güterfernverkehrsvertrag. Dieser Gestaltungsakt ist kein Rechtsgeschäft; denn die Einordnung als Güternah- oder

Güterfernverkehr hängt gemäß den §§ 2 f GüKG nicht davon ab, daß diese Rechtsfolge eintreten soll, weil sie der Frachtführer will. Vielmehr knüpfen die §§ 2 f GüKG an die tatsächliche Beförderung an. Daraus folgt jedoch nicht, daß der Frachtführer in der Wahl der Fahrzeuge frei wäre. Vielmehr hat er dort, wo keine besonderen Abreden getroffen worden waren, Fahrzeuge einzusetzen, deren Einsatz nach Treu und Glauben vom Absender erwartet werden, also in der Regel primär Fahrzeuge, die den billigeren Transport erlauben. Dabei ist zu beachten, daß der Frachtführer Unterfrachtführer beschäftigen kann. Handelt der Frachtführer diesen Erwartungen zuwider, so macht er sich schadensersatzpflichtig (pFV; *Hein/Eichhoff/Pukall/Krien,* Güterkraftverkehrsrecht, GüKG, § 23 Anm. 4 g). Dies hat gemäß § 249 BGB zur Folge, daß der Unternehmer den Vertragspartner so zu stellen hat, als ob er vertragsgemäß befördert hätte. Allerdings ist zu berücksichtigen, daß der Absender in Grenzen anhand der Beschriftung feststellen kann, welche Art von Fahrzeugen der Frachtführer einsetzen wird. Hierauf kann unter Umständen eine Einwilligung des Absenders oder dessen Mitverschulden gestützt werden.

Unerheblich ist es, daß die **Fahrtstrecke die Nahzone überschreitet** (*Hein/Pukall/Eichhoff/Krien,* Güterkraftverkehrsrecht, § 2 GüKG Anm. 3 c; *Münz,* § 2 GüKG Rz. 2; *Pittrohf,* GNT, S. 23; **a. A.** *v. Tegelen,* § 2 GüKG Anm. 3 m. Nachw. aus Rspr.).

Wird die Nahzone von einer Grenze durchschnitten und liegt ein Grenz- **3**
übergang in der Nahzone, so ist nach h. M. (*v. Tegelen,* § 2 GüKG Anm. 4; *Hein,* GüKG Anm. 3 b; *Münz,* § 2 GüKG Rz. 1) der Transport in das oder vom **Ausland** immer Nahverkehr. Begründet wird diese Ansicht mit dem Territorialitätsprinzip. Dem kann nicht gefolgt werden. Der Wortlaut des § 2 GüKG spricht klar dafür, daß der grenzüberschreitende Gütertransport jedenfalls dann nicht mehr Nahverkehr ist, wenn der 75 km-Radius überschritten ist. Das Territorialitätsprinzip besagt keineswegs, daß das deutsche Recht nur solche Vorgänge erfassen kann, die sich ausschließlich auf deutschem Hoheitsgebiet abspielen (vgl. zur Tragweite des Territorialitätsprinzips *E. Rehbinder* in: *Immenge/Mestmäcker,* Gesetz gegen Wettbewerbsbeschränkungen (1981), § 98 GWB Rz. 19 ff; *Koller,* TranspR **1987,** 317, 318; anders BayObLG v. 22.7.1966, IPR-Rspr. **1966/67** Nr. 39). Diesen Standpunkt nimmt auch § 103 GüKG ein. Es liegt in der Entscheidungsgewalt des deutschen Gesetzgebers, ob er einen Verkehr in das Ausland als Güternah- oder Güterfernverkehr einstuft. Die §§ 2, 3 GüKG unterscheiden nicht danach, ob staatliche Grenzen überschritten werden oder nicht. Es kommt daher allein auf die Einhaltung des 75 km-Radius an. Da für ausländische Gemeinden keine Ortsmittelpunkte festgesetzt werden, können diese Gemeinden nie zum Nahbereich gehören. Daher überschreitet an sich jeder Transport ins oder vom Ausland die Nahzone. Gleichwohl handelt es sich um Güternahverkehr, soweit sich der Transport im Inland nur in der Nahzone bewegt; denn § 3 GüKG ist teleologisch zu restringieren und § 2 GüKG im Weg der Analogie zu erweitern. Bewegt sich der grenzüberschreitende Transport im Inland nur in der Nahzone, so werden nämlich die Interessen der Bundesbahn oder der Schiffahrt allenfalls am Rande berührt. § 3 GüKG dient aber primär gerade dazu, die Interessen dieser Verkehrsträger zu schützen und den inländischen

Transportmarkt zu ordnen (vgl. § 7 GüKG). Weil § 3 GüKG seinem Sinn nach nicht zum Tragen kommt, sind auf diese Form des grenzüberschreitenden Verkehrs die Regeln des Güternahverkehrs anzuwenden. Beachte ferner vor Art. 1 CMR Rz. 12.

4 § 2 I 2 GüKG erweitert die Nahzone, indem er für bestimmte Transporte die Nahzone vom Standort des Kfz (§§ 6 ff GüKG) unabhängig macht. Siehe auch § 1 I 2 GüKG.

§ 3 GüKG [Güterfernverkehr]

(1) **Güterfernverkehr ist jede Beförderung von Gütern mit einem Kraftfahrzeug für andere über die Grenzen der Nahzone hinaus oder außerhalb dieser Grenzen mit Ausnahme des Umzugsverkehrs.**

(2) **Werden Güter für andere auf einem Teil der Strecke mit einem Kraftfahrzeug, auf einem anderen Teil der Strecke mit der Eisenbahn oder einem Binnenschiff in einem Kraftfahrzeug, einem Anhänger oder deren Aufbauten (Huckepackverkehr) oder in Behältern befördert und wird der Vertrag über die Beförderung auf der Gesamtstrecke durch einen Unternehmer geschlossen, der im Besitz einer Genehmigung für den Güterfernverkehr ist, die die Beförderung auf der Gesamtstrecke deckt, so sind die Vorschriften für den Güterfernverkehr mit folgender Maßgabe entsprechend anzuwenden:**

1. **Wird die An- oder Abfuhr innerhalb der Nahzone des eingesetzten Kraftfahrzeugs durchgeführt, so gelten hierfür die Bestimmungen des § 12 nicht.**
2. **Wird die An- oder Abfuhr über die Grenzen der Nahzone des eingesetzten Kraftfahrzeugs hinaus oder außerhalb dieser Grenzen durchgeführt, so**
   a) **kann abweichend von § 12 Abs. 1 Nr. 3 anstelle der Genehmigungsurkunde eine Bescheinigung der Deutschen Bundesbahn über deren Hinterlegung mitgeführt werden und**
   b) **gilt die Beschränkung des § 12 Abs. 1 Nr. 2 nicht.**
3. **Die Beförderung auf der Gesamtstrecke gilt mit der Genehmigung durchgeführt, die der Unternehmer bei der Deutschen Bundesbahn hinterlegt oder die er für die An- oder Abfuhr verwendet.**

Dies gilt nicht für das Verhältnis zwischen dem Unternehmer des Güterfernverkehrs und der Eisenbahn oder dem Schiffahrttreibenden sowie einem für die An- oder Abfuhr innerhalb der Nahzone eingesetzten Unternehmer des Güternahverkehrs.

Literatur: siehe vor § 1 GüKG.

1 § 3 GüKG normiert das Aufgreifkriterium für die den Güterfernverkehr regelnden Vorschriften. Zur Beförderung von Gütern § 1 GüKG Rz. 1 f; zur Nahzone § 2 GüKG. Irrelevant ist, wie weit die Nahzone überschritten wird (BGH v. 6.6.1991, VersR **1992,** 79, 80). Der Güterfernverkehr wird nicht dadurch in Frage gestellt, daß der Transport innerhalb desselben Gemeindetarifbereichs abgewickelt wurde (BGH v. 6.6.1991, VersR **1992,** 79, 80). Bei

Transporten durch ausländische Unternehmen liegt regelmäßig Fernverkehr vor (§ 2 GüKG Rz. 2). Umzugsverkehr: §§ 37 ff GüKG. *Ausnahmetatbestände* vom Güterfernverkehr: § 4 GüKG. Innerhalb der ,,Nahzone" wird auch im Fall des § 2 I 2 GüKG befördert. Ob der Frachtführer eine **Genehmigung** für den Güterfernverkehr besitzt oder Fahrzeuge iSd § 12 GüKG einsetzt, ist für das Tatbestandsmerkmal ,,Güterfernverkehr" unerheblich (BGH, NJW **1955,** 1755; NJW **1967,** 1323). Wird der Transport derart organisiert, daß das Gut von Güternahverkehrsunternehmen aufgrund mehrerer Hauptfrachtverträge über eine Fernstrecke befördert wird, so kann ein Umgehungstatbestand iSd § 5 II 2 GüKG vorliegen (§ 5 GüKG Rz. 1). Kein Güterfernverkehr ist der Verkehr mit einem üblicherweise im Fernverkehr eingesetzten Fahrzeug in der Nahzone, weil die Genehmigung nicht mehr an bestimmte Kfz gebunden ist (§ 12 I GüKG; **a. A.** *Willenberg,* KVO, § 1 Rz. 30). Hingegen liegt auf der ganzen Strecke Güterfernverkehr in den in § 12 II GüKG genannten Fällen (Staffettenverkehr) vor.

Kombinierter Verkehr (§ 3 II GüKG): Der Absender hat mit dem Frachtführer einen Transportvertrag (§ 14 KVO Rz. 1) über die gesamte Strecke geschlossen und der Frachtführer ist im Besitz einer Güterfernverkehrsgenehmigung, die die Beförderung auf der Gesamtstrecke deckt (bis zum 31.12.1992 modifizierte Regelung in den neuen Bundesländern gem. Einigungsvertrag, BGBl. 1990 II, 1223). Es kommen die Regeln über den Güterfernverkehr (insbesondere die KVO, GFT) auch dann zum Tragen, wenn die in der Nahzone (§ 2 GüKG) zur An- oder Abfuhr eingesetzten Fahrzeuge keine Fernverkehrsgenehmigung besitzen. Unerheblich ist, ob der Huckepackverkehr am Beginn, am Ende oder in der Mitte der Beförderung liegt (*Willenberg,* KVO, § 1 Rz. 31). Dies muß in Hinblick auf die Vertragskonditionen auch für Frachtführer gelten, die nicht im Besitz einer ausreichenden Genehmigung sind (BGH, NJW **1955,** 1755; NJW **1967,** 1323; *Hein/Eichhoff/Pukall/Krien,* Güterkraftverkehrsrecht, § 22 GüKG Rz. 18). **Ausnahmen:** § 4 GüKG. 2

§ 4 GüKG [Keine Anwendung dieses Gesetzes; Ermächtigung]

(1) **Die Vorschriften dieses Gesetzes finden keine Anwendung auf**

1. **die Beförderung von Gütern durch den Bund, die Länder, die Gemeinden (Gemeindeverbände) und durch andere Körperschaften des öffentlichen Rechts im Rahmen ihrer hoheitlichen Betätigung sowie auf die Beförderung von Gütern durch die Deutsche Bundespost im Rahmen der ihr übertragenen Aufgaben des Post- und Fernmeldewesens,**
2. **die Beförderung von Gütern mit Krafträdern oder mit Personenkraftwagen,**
3. **die Beförderung von Leichen in besonders hierfür eingerichteten und ausschließlich solchen Beförderungen dienenden Kraftfahrzeugen,**
4. **die Beförderung eines einzelnen beschädigten Fahrzeugs,**
5. **die Beförderung von lebenden Tieren.**

(2) **Der Bundesminister für Verkehr wird ermächtigt, durch Rechtsver-**

ordnung mit Zustimmung des Bundesrates weitere, im Rahmen des Gesamtverkehrs nicht ins Gewicht fallende Beförderungsfälle allgemein von den Bestimmungen dieses Gesetzes auszunehmen oder sie einer anderen Beförderungsart zuzuordnen.

Literatur: siehe vor § 1 GüKG.

1 Zum Begriff des Personenkraftwagens s. § 23 I StVZO. Kombinationsfahrzeuge können demnach Personenkraftfahrzeuge sein.

Die FreistellungsVO ist bei *Münz,* GüKG, § 4 Rz. 7 und bei *Hein/Eichhoff/Pukall/Krien,* Güterkraftverkehrsrecht, unter C 104 abgedruckt.

Aus der Rechtsprechung vgl. BGH, LM GüKG Nr. 54 (Waschberge); VersR **1978,** 935 (radioaktive Güter); OLG Zweibrücken, VRS **73,** 154 (Fäkalien); BVerwGE **17,** 34 (Erdmassen); OLG Koblenz v. 2.5.1984, VRS 67, 273 (Bauhütte); OLG Celle v. 9.2.1984, VRS 67, 73 (Kran). Das sog. Trucking (dazu *Willenberg/Lucas,* TranspR **1989,** 201; *Koller,* ZLW **1989,** 359) ist nicht freigestellt (*Willenberg,* KVO, § 1 Rz. 39). Abfälle sind solche Güter, die nicht wiederverwertet werden sollen oder deren geordnete Beseitigung auch gegen den Willen des Besitzers im Interesse der Allgemeinheit geboten ist. Deshalb ist Altglas, das als Rohstoff verkauft wird, kein Abfall iSd § 1 Nr. 9 FreistVO (BHG v. 1.2.1990, TranspR **1990,** 232). Gips aus Rauchgasentschwefelungsanlagen ist ein Produktionsrückstand (BGH, aaO).

§ 5 GüKG [Scheintatbestände]

(1) **Durch Schaffung von Scheintatbeständen dürfen die Vorschriften dieses Gesetzes nicht umgangen werden.**

(2) **Ein Scheintatbestand liegt auch dann vor, wenn**

1. **die Güter dem befördernden Unternehmer lediglich für die Zeit der Beförderung übereignet werden,**
2. **eine Sendung nach einem Ort innerhalb der Nahzone abgefertigt wird – außer beim Vorlauf für einen Spediteursammelgutverkehr –, sofern von vornherein eine Beförderung darüber hinaus beabsichtigt ist; dabei macht es keinen Unterschied, ob die Beförderung auf demselben Kraftfahrzeug oder mit Umladung unterwegs ausgeführt wird und ob mehrere Unternehmer an der Beförderung beteiligt sind.**

Literatur: siehe vor § 1 GüKG.

1 § 5 GüKG regelt nicht die von § 117 BGB erfaßten Fälle des Scheingeschäftes, sondern ist § 42 AO nachgebildet. Ein **Scheintatbestand** iSd § 5 GüKG liegt vor, wenn zur Erreichung des gewollten wirtschaftlichen Erfolges nicht der nach den Umständen gewöhnliche und zweckmäßige Weg eingeschlagen wird, sondern ein den wirtschaftlichen Vorgängen fernliegender und daher ungewöhnlicher Weg, der an den im GüKG geregelten Rechtsfolgen vorbeiführen soll (BGH v. 3.3.1960, NJW **1960,** 1057 = LM GüKG Nr. 9; v. 29.3.1974, LM GüKG Nr. 48). Eine Umgehungsabsicht ist nicht erforderlich; **a. A.** *Hein/Eichhoff/Pukall/Krien,* Güterkraftverkehrsrecht, § 5 GüKG

Anm. 3 c. Keine Umgehung erfolgt daher, falls vernünftige, nicht primär durch die Existenz des GüKG erklärbare Gründe für die gewählte Gestaltung sprechen (*Münz,* GüKG, § 5 Rz. 1), z. B. der sog. „Nah-Nah-Anstoßverkehr" zur Aufbringung größerer Sammelgutmengen zwischen den „Anstoßpunkten" (OLG München v. 27.7.1990, TranspR **1991,** 23, 24). Der Sammelgutverkehr ist auch dann nicht als Umgehung zu werten, wenn einzelne Güter über die Nahzone hinaus befördert werden. Maßgeblich ist beim Sammelgutverkehr allein, daß die Sendungen in der Nahzone wieder aufgelöst und erneut zusammengestellt werden, selbst wenn einzelne Güter auf dem Anhänger verbleiben (OLG München v. 27.7.1990, TranspR **1991,** 23, 24). Eine Umgehung liegt aber vor, wenn das Gut von Anfang an einen ganzen Lkw samt Hänger ausgelastet hätte.

Beispiele für Umgehung: Übereignung des Beförderungsguts im Einver- 2
nehmen mit dem wirtschaftlichen Eigentümer, um sich die Regeln des Werkverkehrs zunutze zu machen (§§ 48, 5 II Nr. 1 GüKG); atypische Vermietung eines Lkw (§ 425 HGB Rz. 7; OLG Düsseldorf v. 12.2.1987, BB **1987,** 1706; KG v. 21.6.1990, VRS **79** [1990], 387, 389); der Fuhrmannshandel (§ 48 a GüKG; BGH v. 29.3.1974, LM GüKG Nr. 48; v. 10.4.1974, LM GüKG Nr. 50; v. 13.3.1981, LM GüKG Nr. 60; v. 27.3.1981, LM GüKG Nr. 61; v. 20.10.1982, LM GüKG Nr. 68), wenn es wirtschaftlich allein um die Beförderung geht und aus dem eigentlichen Handel kein ins Gewicht fallender Gewinn gezogen werden kann (BGH v. 30.11.1973, LM GüKG Nr. 47; OLG Hamburg v. 28.9.1989, TranspR **1990,** 421, 423; v. 26.4.1990, TranspR **1991,** 337, 339); die Gewinnbeteiligung eines am Frachtführer beteiligten, stillen Gesellschafters, wenn sie unangemessen hoch ist, weil der Gesellschafter auf die Vergabe von Transportaufträgen Einfluß hat (BGH, NJW **1967,** 1322; v. 15.6.1970, LM GüKG Nr. 39); die teilweise Identität der Inhaber des Transportunternehmens und des Absenders stellt ein Indiz für einen Scheintatbestand dar. Schmiergelder an Personen, die an der Niedrighaltung der Beförderungskosten interessiert sind (BGH, NJW **1963,** 102); das Vermieten von Transportmitteln an den Frachtführer, wenn das Gesetz oder eine VO davon ausgehen, daß diese vom Absender gestellt werden (BGH v. 16.6.1982, LM GüKG Nr. 64); unangemessen niedriges Entgelt für die Auslandsstrecke, die nicht dem Tarifzwang unterliegt, falls auf der Inlandsstrecke Tarifzwang besteht und nicht für die Gesamtstrecke Tariffreiheit angeordnet ist; Verjährungsabreden von unangemessener Kürze (§ 22 GüKG Rz. 5); die Scheinvermittlung (BGH v. 30.1.1964, VRS **26,** 334). Zur Einschaltung eines Transportunternehmers als Zwischenhändler vgl. auch BGH v. 3.7.1986, TranspR **1986,** 423; v. 28.4.1988, TranspR **1988,** 366. Die Einschaltung eines konzernmäßig eng verbundenen Abfertigungsspediteurs ist anders als im BinnSchiff-Recht (BGH v. 13.11.1988, VRS **78** [1990], 435) keine Umgehung, da nach § 34 GüKG Abfertigungsspediteure besonders bestellt sein müssen. Keine Umgehung, sondern eine Kombination von Frachtvertrag mit sonstigen werkvertraglichen Elementen liegt vor, wenn die Errichtung eines Bauwerks aus Material versprochen wird, das beim Besteller abzufahren ist (ebenso i. E. OLG Hamm v. 8.2.1990, TranspR **1991,** 375).

Rechtsfolgen: Der Scheintatbestand ist als solcher unbeachtlich. Es sind 3
diejenigen Tarifvorschriften anzuwenden, die bei angemessener Gestaltung

des Geschäfts einschlägig gewesen wären (§§ 20 ff GüKG; BGH v. 3.3.1960, LM GüKG Nr. 9, v. 29.3.1974, LM GüKG Nr. 48); ansonsten ist das Geschäft gemäß § 134 BGB unwirksam.

§ 6 GüKG [Standortbestimmung]

(1) **Für jedes Kraftfahrzeug, das im Güterfernverkehr oder im Güternahverkehr verwendet werden soll, muß ein Standort bestimmt werden. Der Unternehmer muß an diesem Standort den Sitz seines Unternehmens oder eine nicht nur vorübergehende geschäftliche Niederlassung haben.**

(2) **Der Sitz eines Unternehmens kann nur anerkannt werden, wenn – bezogen auf Art und Umfang des Unternehmens – mindestens folgende Voraussetzungen gegeben sind:**

a) **ein besonderer durch den Unternehmer entsprechend eingerichteter und ständig benutzter Raum, der erforderlich, geeignet und bestimmt ist, Mittelpunkt der geschäftlichen Tätigkeit dieses Unternehmens zu bilden;**

b) **das Vorhandensein einer zu selbständigem Handeln befugten geschäftskundigen Person, soweit der Unternehmer die Geschäfte nicht selbst wahrnimmt;**

c) **eine dem Unternehmenszweck entsprechende Tätigkeit von erheblicherem Umfang.**

Diese Mindestanforderungen gelten auch für nicht nur vorübergehende geschäftliche Niederlassungen.

(3) **Über die Bestimmung des Standortes ist eine amtliche Bescheinigung zu erteilen, die bei allen Fahrten im Kraftfahrzeug mitzuführen und auf Verlangen der zuständigen Kontrollbeamten zur Prüfung auszuhändigen ist.**

(4) **Für die im Güternahverkehr verwendeten Lastkraftwagen mit einer Nutzlast von nicht mehr als 750 kg gilt der im Fahrzeugschein eingetragene regelmäßige Standort als Standort im Sinne dieses Gesetzes, soweit nicht ein Standort nach den Absätzen 1 bis 3 bestimmt ist.**

(5) **Sollen Kraftfahrzeuge über die Grenzen der Nahzone hinaus oder außerhalb dieser Grenzen vorübergehend im Nahverkehr verwendet werden, so kann die untere Verkehrsbehörde vorübergehend einen anderen Ort zum Standort erklären, wenn dies aus wirtschaftlichen Gründen geboten und mit dem öffentlichen Interesse an der Aufrechterhaltung eines geordneten Güterkraftverkehrs vereinbar ist.**

(6) **Ist ein Standort nach den Vorschriften dieses Gesetzes nicht bestimmt worden, so gilt unbeschadet von Absatz 4 als Standort der Ort des Sitzes oder der nicht nur vorübergehenden geschäftlichen Niederlassung, von dem aus das Kraftfahrzeug eingesetzt wird.**

§ 6 V GüKG greift erst ein, wenn der Verwaltungsakt der neuen Standortbestimmung ergangen ist (OLG Hamm v. 11.1.1988, TranspR **1989**, 13, 15).

§ 6 a GüKG [Angenommener Standort]

(1) **Die von der Landesregierung bestimmte Behörde hat auf Antrag des Unternehmers einen Ort als Standort zu bestimmen, an dem der Unternehmer weder den Sitz seines Unternehmens noch eine geschäftliche Niederlassung hat (angenommener Standort).**

(2) **Der angenommene Standort darf nicht weiter als fünfundsiebzig Kilometer in der Luftlinie vom Sitz oder der Niederlassung entfernt liegen. Die Entfernung wird zum Ortsmittelpunkt des angenommenen Standorts sowie vom Ortsmittelpunkt der Gemeinde aus gemessen, in der sich der Sitz oder die Niederlassung befindet.**

(3) **Der angenommene Standort ist für alle Kraftfahrzeuge des Sitzes oder der Niederlassung zu bestimmen. Ist für einen Teil der Kraftfahrzeuge des Sitzes oder der Niederlassung entgegen Satz 1 der angenomene Standort nicht bestimmt, so gilt auch für diese Kraftfahrzeuge der angenommene Standort. Die erneute Bestimmung eines angenommenen Standortes ist erst nach Ablauf eines Jahres zulässig.**

(4) **Liegt der Sitz oder eine nicht nur vorübergehende geschäftliche Niederlassung des Unternehmers**
1. **im Zonenrandgebiet oder**
2. **nördlich des Nordostseekanals nicht weiter als vierzig Kilometer in der Luftlinie von der Westküste des Landes Schleswig-Holstein entfernt, darf abweichend von Absatz 3 Satz 1 auf Antrag des Unternehmers der angenommene Standort auch für einen Teil der Kraftfahrzeuge des Sitzes oder der Niederlassung bestimmt werden.**

(5) **§ 6 Abs. 5 gilt auch für Kraftfahrzeuge, für die ein angenommener Standort bestimmt ist.**

§ 6 b GüKG [Standort im grenzüberschreitenden Güterverkehr]

(1) **Bei einer Beförderung von Gütern, die zu einem Teil innerhalb und zu einem anderen Teil außerhalb des Geltungsbereichs dieses Gesetzes durchgeführt wird (grenzüberschreitender Güterkraftverkehr), gilt für ein Kraftfahrzeug, das nicht im Geltungsbereich dieses Gesetzes zugelassen ist, die Gemeinde als Standort, in deren Gebiet das Kraftfahrzeug in diesen Geltungsbereich zuerst einfährt oder ihn zuletzt verläßt.**

(2) **Bei einer Beförderung von Gütern, bei der Be- und Entladeort innerhalb des Geltungsbereichs dieses Gesetzes liegen (Binnenverkehr), mit einem Kraftfahrzeug, das nicht im Geltungsbereich dieses Gesetzes zugelassen ist, gelten die Vorschriften über den Güternahverkehr, wenn ein Standort nach den Vorschriften dieses Gesetzes bestimmt ist und die Beförderung Güternahverkehr im Sinne des § 2 ist, in allen übrigen Fällen die Vorschriften über den Güterfernverkehr.**

Vgl. BGH v. 14.3.1991, VersR **1991,** 940.

§ 7 GüKG [Verkehrstarife]

(1) **Mit dem Ziel bester Verkehrsbedienung hat die Bundesregierung darauf hinzuwirken, daß die Wettbewerbsbedingungen der Verkehrsträger angeglichen werden und daß durch marktgerechte Entgelte und einen lauteren Wettbewerb der Verkehrsträger eine volkswirtschaftlich sinnvolle Aufgabenteilung ermöglicht wird.**

(2) **Die Leistungen und Entgelte der verschiedenen Verkehrsträger hat der Bundesminister für Verkehr insoweit aufeinander abzustimmen, als es die Verhinderung eines unbilligen Wettbewerbs erfordert.**

(3) **Der Bundesminister für Verkehr kann Richtlinien über die Genehmigung der Verkehrstarife bekanntmachen.**

Vgl. § 20 GüKG Rz. 1; BVerwG v. 7.10.1988, TranspR **1989,** 144.

Zweiter Abschnitt. Güterfernverkehr

Erster Titel. Genehmigung

§ 8 GüKG [Genehmigungspflicht]

(1) **Güterfernverkehr im Sinne des § 3 Abs. 1 ist genehmigungspflichtig.**

(2) **Entstehen Zweifel darüber, ob eine Güterbeförderung genehmigungspflichtig ist, so entscheidet die für den Sitz des Unternehmens zuständige höhere Landesverkehrsbehörde.**

Literatur: siehe vor § 1 GüKG.

1 Dies ist mit dem EG-Vertrag vereinbar (EuGH v. 7.11.1991, TranspR **1992,** 14: zumindest bis 1.1.1993; BVerwG v. 9.11.1989, TranspR **1990,** 103, 105; *Jannot,* Die Reichweite der Dienstleistungsfreiheit im Güterkraftverkehr der EG [1991]: nur bis Ende 1992). Unternehmer aus EG-Staaten, die sich nicht in der Bundesrepublik niedergelassen haben, können mit einer Kabotagegenehmigung auch rein inländische Transporte übernehmen und abwickeln (EWG-VO Nr. 4059/89 [ABl. EG **1989,** Nr. L 390 S. 3; abgedr. auch bei *Hein/Eichhoff/Pukall/Krien,* Güterkraftverkehrsrecht, J 216], Verordnung über den Güterkraftverkehr mit Kabotage-Genehmigung v. 29.3.1991 [BGBl. I S. 860]; *Basedow,* EuZW **1990,** 305). Genehmigungsfrei sind Transporte im grenzüberschreitenden kombinierten Verkehr nach Maßgabe der EG-Richtlinie 91/224, ABl. EG L 103/1; abgedr. bei *Hein/Eichhoff/Pukall/Krien,* Güterkraftverkehrsrecht, J 325 und der dazu noch zu erlassenden VO. Siehe auch EG-Richtlinie v. 23.6.1962 zuletzt geändert 19.12.1984, ABl. EG L 335/72 (abgedr. bei *Hein/Eichhoff/Pukall/Krien,* Güterkraftverkehrsrecht, J 310). Inländische Unternehmen bedürfen für Inlandstransporte einer Genehmigung iSd §§ 9 ff, 37 f, 80 f GüKG; § 5 VO v. 18.2.1988, BGBl. I S. 198; §§ 1 ff GüKGrenzVO; VO v. 19.12.1968 zuletzt geändert 7.3.1988, BGBl. I S. 214 [Grenzüberschreitender Verkehr innerhalb der EG]; VO v. 17.6.1974 zuletzt geändert am 21.3.1990, BGBl. I S. 591 [CEMT-Genehmi-

gungen]. Genehmigungsfrei sind im grenzüberschreitenden kombinierten Transport grenzüberschreitende An- und Abfuhr, An- und Abfuhr nach Huckepacktransport durch ausländische Kraftfahrzeuge nach Maßgabe der VO v. 18.2.1988, BGBl. I S. 198 (abgedr. bei *Hein/Eichhoff/Pukall/Krien,* Güterkraftverkehrsrecht, C 484). Wer den Güterfernverkehr (§ 1 GüKG) ohne die erforderliche Genehmigung betreibt, macht sich strafbar. Davon wird die Wirksamkeit der Beförderungsverträge nicht berührt; denn nicht der Abschluß der Verträge ist verboten, sondern nur der nicht genehmigte Transport (BGH, LM GFG Nr. 4; vgl. ferner § 3 GüKG Rz. 1). § 306 BGB greift auch dann nicht ein, wenn das Gut vertraglich mit einem bestimmten Kfz befördert werden soll, denn es ist nicht auszuschließen, daß es der Träger einer Genehmigung zum Ferntransport erwirbt und benutzt (§ 12 GüKG).

§ 9 GüKG [Höchstzahlen]

(1) **Mit Zustimmung des Bundesrates setzt der Bundesminister für Verkehr unter Berücksichtigung des öffentlichen Verkehrsbedürfnisses und der Verkehrssicherheit auf den Straßen die Höchstzahlen der Kraftfahrzeuge für den allgemeinen Güterfernverkehr und den Bezirksgüterfernverkehr (§ 13 a) fest und teilt sie auf die Länder auf.**

(2) **Die im Rahmen der Höchstzahlenaufteilung auf ein Land entfallenden Genehmigungen dürfen nur von einer Genehmigungsbehörde dieses Landes (§ 14 Abs. 1 und 2) erteilt werden. Ausnahmen von Satz 1 bedürfen der Zustimmung der obersten Verkehrsbehörde des Landes, zu dessen Höchstzahlenanteil die Genehmigung zählt; die Zustimmung darf nur aus struktur- oder regionalpolitischen Gründen oder zur Vermeidung des Handels mit Genehmigungen für den Güterfernverkehr versagt werden.**

BVerfG, NJW **1976,** 179; BVerwG v. 7.10.1988, TranspR **1989,** 144.

§ 10–11 GüKG

(nicht abgedruckt)

§ 12 GüKG [Inhalt der Genehmigung]

(1) **Die Genehmigung berechtigt den Unternehmer, ein Kraftfahrzeug im Güterfernverkehr unter folgenden Voraussetzungen einzusetzen (genehmigtes Kraftfahrzeug):**

1. **Das Kraftfahrzeug muß auf den Namen des Unternehmers zugelassen sein und ihm gehören oder von ihm auf Abzahlung gekauft sein.**
2. **Für das Kraftfahrzeug muß der in der Genehmigungsurkunde bezeichnete Standort bestimmt sein.**
3. **Die Genehmigungsurkunde (§ 15) und das Fahrtenbuch (§ 28 Abs. 2) sind auf der gesamten Beförderungsstrecke im Kraftfahrzeug mitzuführen.**

4. Das amtliche Kennzeichen des Kraftfahrzeugs ist in das Fahrtenbuch einzutragen.

(2) **Verwendet ein Unternehmer des Güterfernverkehrs entweder zu Beginn oder am Ende einer Beförderung im Güterfernverkehr ein Kraftfahrzeug ohne Genehmigung innerhalb der Nahzone (§ 2 Abs. 2) oder ein Kraftfahrzeug mit einer Bezirksgenehmigung innerhalb der Bezirkszone (§ 13 a Abs. 1), so gilt diese Beförderung, wenn der Unternehmer auf der übrigen Beförderungsstrecke ein anderes Kraftfahrzeug unter den Voraussetzungen des Absatzes 1 mit einer Genehmigung einsetzt, die die gesamte Beförderung deckt, als gleichfalls mit dem genehmigten Kraftfahrzeug ausgeführt.**

(3) **Der Bundesminister für Verkehr wird ermächtigt, durch Rechtsverordnung mit Zustimmung des Bundesrates Ausnahmen von den Voraussetzungen des Absatzes 1 Nr. 1 zuzulassen für den kurzfristigen Ausfall von im Güterfernverkehr verwendeten Kraftfahrzeugen und zur Umsetzung der Richtlinie 84/647 EWG des Rates vom 19. Dezember 1984 über die Verwendung von ohne Fahrern gemieteten Fahrzeugen im Güterfernverkehr.**

Literatur: siehe vor § 1 GüKG.

1 Die Genehmigung ist nicht auf ein bestimmtes Kfz bezogen (*Hein,* § 12 GüKG Anm. 4). Gehören bedeutet Eigentum. Dem Abzahlungskauf steht das Finanzierungsleasing gleich (**a. A.** *Münz,* GüKG, § 12 Rz. 1). Siehe auch ErsatzfahrzeugVO GüKG v. 2.1.1973 zuletzt geändert durch VO v. 29.3.1991 (BGBl. I 859). abgedr. bei *Hein/Eichhoff/Pukall/Krien,* Güterkraftverkehrsrecht, C 140). Die ErsatzfahrzeugVO kommt nicht zum Tragen, wenn der Vermieter für den Mieter als Lohnfuhrunternehmer (§ 325 HGB Rz. 7) tätig wird und deshalb der Vermieter den Güterfernverkehr betreibt, während der ,,Mieter" der Absender ist (KG v. 21.6.1990, VRS **79** [1990], 387), wohl aber bei Leasing.

Im Rahmen einer Fernfahrt kann in der Nahzone bzw. Bezirkszone ein Fahrzeug ohne Mitführung der Fernverkehrgenehmigung eingesetzt werden, wenn lediglich umgeladen oder der Anhänger umgehängt wird und dies zu Beginn bzw. zum Ende der geplanten einheitlichen Beförderung erfolgt (§ 12 II GüKG). Auf die gesamte Strecke sind die für den Fernverkehr geltenden Vorschriften (§§ 20 ff GüKG) anzuwenden. Die §§ 20 ff GüKG gelten auch beim Einsatz nicht genehmigter Fahrzeuge.

§§ 12 a – 15 GüKG

(nicht abgedruckt)

§ 16 GüKG

(gestrichen)

§§ 17–19 b GüKG

(nicht abgedruckt)

Zweiter Titel. Tarif

§ 20 GüKG [Tarifpflicht]

(1) **Die Tarife müssen alle zur Bestimmung des Beförderungsentgelts (Entgelte für die Beförderung und für Nebenleistungen) notwendigen Angaben und alle anderen für den Beförderungsvertrag maßgebenden Beförderungsbedingungen enthalten.**

(2) **Die Tarife gelten hinsichtlich der Beförderungsleistung auch für den Speditionsvertrag zwischen dem Spediteur und seinem Auftraggeber. Bewirkt der Spediteur die Versendung des Gutes zusammen mit dem Gut eines anderen Auftraggebers in einer Sendung, so ist jedoch das Entgelt für die Beförderung des einzelnen Gutes mindestens nach dem Frachtsatz der für die Sendung anzuwendenden Gewichtsklasse zu entrichten; unberührt bleiben besondere Regelungen nach dem Preisgesetz.**

Literatur: siehe vor § 1 GüKG.

Vorbemerkung

1 Die §§ 20 – 24 GüKG enthalten Regelungen über den Erlaß von Tarifbestimmungen, d. h. der Bestimmungen über die Vergütung einschließlich der Beförderungsbedingungen, deren zwingende Natur und deren Durchsetzung. Sie werden durch die §§ 26 f GüKG ergänzt. Sinn der Regelung ist es, sicherzustellen, daß die in § 7 GüKG normierten und durch die Tarife konkretisierten Ziele (Schutz der Bahn, Verhinderung existenzgefährdenden Wettbewerbs innerhalb des Gewerbes) nicht durch freien Wettbewerb gefährdet, sondern im Weg eines eng durch Tarife begrenzten Wettbewerbs angesteuert werden. Zur Vereinbarkeit mit Art. 12 GG BVerfGE **16,** 147, 181; BVerwG v. 7.10.1988, TranspR **1989,** 144.

§ 20 I GüKG

2 Tarife sind Rechtsverordnungen (§ 20 a VI GüKG) über die vertraglichen Entgelte für die Beförderung und Nebenleistungen, die für den Güterfernverkehr im Güterfernverkehrstarif (GFT II, III, IV) geregelt sind (abgedr. *Hein/Eichhoff/Pukall/Krien,* Güterkraftverkehrsrecht, 1. Bd., C 521-C 540). Soweit der GFT Lücken aufweist, sind diese im Weg der Analogie zu schließen (vgl. BGH v. 6.6.1991, VersR **1992,** 79, 80 bei Transporten im gleichen Gemeindetarifbereich). Deshalb hindert das Fehlen eines amtlichen Entfernungswerkes für die neuen Bundesländer nicht die Anwendung des GFT (**a. A.** *Lammich,* BB **1991,** Beilage 14, S. 15, 16), soweit es nicht um straf- oder ordnungswidrigkeitsrechtliche Sanktionen geht. Die Analogie ist anhand der

Prinzipien zu ziehen, die für die Erstellung des GFT-Entfernungswerkes maßgeblich waren (**a. A.** Bundesanstalt für den Güterfernverkehr: tatsächliche Entfernung). Der dem GüKG zugrundeliegende Schutzzweck (§ 7 GüKG) gebietet, sich primär an den Eisenbahnentfernungen, hilfsweise an Nr. 4 Satz 2, 3 GFT II/3 zu orientieren. Zur Gültigkeit der Vergütungstarife im Licht des EG-Rechts, § 20 a GüKG Rz. 2. Tarife sind außerdem die für die beiderseitigen sonstigen vertraglichen Rechte und Pflichten maßgeblichen Beförderungsbedingungen; im Fall des Güterfernverkehrs die KVO sowie beim Transport von Handelsmöbeln in Möbelwagen die GüKUMT. Das Postulat der Vollständigkeit richtet sich an den Tarifgeber (§§ 20 a f GüKG) und gilt nur soweit, wie der Gesetzgeber etwas regeln will (BGHZ **83**, 87, 92). Die Verletzung des Postulats berührt die Gültigkeit des Tarifs nicht (allg. M.); Lücken sind mit Hilfe allgemeiner Normen (insbesondere BGB, HGB) zu schließen. Die rechtliche Tragweite der Tarife ergibt sich aus den §§ 20 a IV, 22 II, III, 26 GüKG. Für die Phase vor Abschluß des Beförderungsvertrages spielen die Tarife nach dem klaren Wortlaut des § 20 I GüKG keine Rolle. Insoweit besteht kein Anlaß, die Vertragsfreiheit zum Schutz der Bahn zu begrenzen, da in dieser Phase die Vertragskonditionen erst ausgehandelt werden und die Bahn ebenfalls nach den Regeln der c.i.c. haftet.

§ 20 II GüKG

3 Zum Verhältnis zwischen Spediteur und seinem Auftraggeber siehe § 22 GüKG Rz. 11 ff

§ 20 a GüKG [Frachtsätze]

(1) **Die Frachtsätze und alle anderen zur Bestimmung des Beförderungsentgelts notwendigen Angaben des Tarifs werden von Tarifkommissionen festgesetzt.**

(2) **Die Beschlüsse der Tarifkommissionen nach Absatz 1 bedürfen der Genehmigung des Bundesministers für Verkehr. Er entscheidet im Einvernehmen mit dem Bundesminister für Wirtschaft.**

(3) **Der Bundesminister für Verkehr soll, wenn er nicht vorher entscheidet, sich innerhalb von drei Wochen nach Eingang des Beschlusses gegenüber der Tarifkommission äußern und innerhalb von zwei Monaten nach Eingang des Beschlusses über die Genehmigung entscheiden.**

(4) **Der Bundesminister für Verkehr kann im Einvernehmen mit dem Bundesminister für Wirtschaft an Stelle der Tarifkommission Frachtsätze und andere in Absatz 1 genannte Angaben festsetzen, wenn das allgemeine Wohl es erfordert.**

(5) **Alle anderen für den Beförderungsvertrag maßgebenden Beförderungsbedingungen werden vom Bundesminister für Verkehr festgesetzt.**

(6) **Die nach diesen Vorschriften festgesetzten und genehmigten Tarife erläßt der Bundesminister für Verkehr durch Rechtsverordnung ohne Zustimmung des Bundesrates. Er kann Rechtsverordnungen, die Frachtsätze und andere in Absatz 1 genannte Angaben enthalten, aufheben, wenn das**

allgemeine Wohl es erfordert; er bedarf hierzu des Einvernehmens mit dem Bundesminister für Wirtschaft.

Literatur: siehe vor § 1 GüKG.

Die Beschlüsse der Tarifkommissionen wirken nicht unmittelbar auf die 1
privatrechtlichen Beziehungen zwischen Versender/Spediteur/Frachtführer ein. Privatrechtsgestaltend sind allein die gemäß § 20 a VI GüKG erlassenen Rechtsverordnungen, die wirksam verkündet wurden (§ 106 III GüKG; BGH v. 6.4.1989, TranspR **1989,** 219 ff).

Umstritten ist, ob die Verordnungen gemäß § 20 a GüKG mit Art. 5 II, 85 2
EG-Vertrag vereinbar sind. *Bejahend:* BGH v. 27.3.1981, TranspR **1983,** 15, 17 f; OLG Nürnberg v. 16.5.1991, TranspR **1991,** 281, 282; LG Bielefeld, TranspR **1991,** 429; AG Hamburg, TranspR **1991,** 435; *Münz,* GüKG, § 22 Rz. 1; *zweifelnd* unter Vorlage an den EuGH BayObLG, RIW **1992**, 400, 401; BGH, TranspR **1992**, 266; *verneinend:* LG Koblenz, TranspR **1991,** 283, 286 f; *Basedow,* Wettbewerb auf den Verkehrsmärkten (1989), S. 193 ff; *Dolfen,* Der Verkehr im europäischen Wettbewerbsrecht (1991), S. 162 ff; EG-Kommission in einer Stellungnahme gegenüber dem EuGH (DVZ v. 17.3.1992, S. 1). Die besseren Gründe sprechen für einen Verstoß gegen EG-Recht; jedenfalls bestehen Zweifel an der Vereinbarkeit mit dem EG-Vertrag. Gerichte haben daher nach Maßgabe des Art. 177 EG-Vertrag an den EuGH vorzulegen.

§§ 21 – 21 b GüKG

(nicht abgedruckt)

§ 22 GüKG [Beförderungsentgelte]

(1) **Die Beförderungsentgelte sollen den wirtschaftlichen Verhältnissen der Unternehmer des Güterkraftverkehrsgewerbes Rechnung tragen; sie sind Mindest/Höchstentgelte, falls in dem Tarif nichts anderes bestimmt ist. Bei Festsetzung der Beförderungsentgelte sind unbillige Benachteiligungen landwirtschaftlicher und mittelständischer Wirtschaftskreise sowie wirtschaftlich schwacher und verkehrsungünstig gelegener Gebiete zu verhindern.**

(2) **Ermäßigungen des Beförderungsentgelts und andere Vergünstigungen, die nicht veröffentlicht worden sind und nicht unter gleichen Bedingungen jedermann zugute kommen, sind unzulässig. Unzulässig sind ferner Zahlungen oder andere Zuwendungen, die einer Umgehung des tarifmäßigen Beförderungsentgelts gleichkommen. Leistungen, die im Zusammenhang mit Beförderungen dem Unternehmer außerhalb des Beförderungsvertrages oder dem Spediteur außerhalb des Speditionsvertrages erbracht werden, dürfen nicht pauschal, sondern nur auf Grund einer Einzelabrechnung vergütet werden; unberührt bleiben Reglungen nach §§ 32, 35 und 84 h. Entgelte für eine Beschäftigungs- oder Umsatzgarantie oder für eine Organisation des Fahrzeugeinsatzes dürfen nur auf Grund des**

Tarifs oder einer anderen Rechtsverordnung nach diesem Gesetz gezahlt werden.

(3) **Die rechtliche Wirksamkeit des Beförderungsvertrages wird durch tarifwidrige Abreden nicht berührt. Die Höhe des Beförderungsentgelts und die Beförderungsbedingungen richten sich auch in diesen Fällen nach den Bestimmungen des Tarifs.**

Übersicht

	Rz.
A. Vorbemerkung	1
B. § 22 I GüKG	2
C. Tarifzwang (§§ 22 II, III, 20 II GüKG)	
I. Verhältnis Absender-Frachtführer (§ 22 II, III GüKG)	
1. Grundsatz der Einschränkung der Vertragsfreiheit	3
2. Unzulässige Vergünstigungen (§ 22 II 1 GüKG)	
a) Abzüge, Stundung, Vergleich, Verjährung	4
b) Leistungen des Frachtführers ohne Gegenleistung	5
c) Nebenleistungen des Frachtführers	6
d) Entgelte für Leistungen an den Frachtführer	7
3. Nicht veröffentlichte Vergünstigungen, Diskriminierungen (§ 22 II 1 GüKG)	8
4. Höchstsätze	9
5. Grenzüberschreitender Verkehr	10
II. Versender – Spediteur (§ 20 II GüKG)	
1. Zweck	11
2. Geschäftsbesorgungsspedition (§ 407 HGB)	12
3. Selbsteintritt (§ 412 HGB)	13
4. Fixkostenspedition (§ 413 I HGB)	14
5. Sammelladungsspedition (§ 413 II HGB)	15
6. Abfertigungsspediteur	16

Literatur: siehe vor § 1 GüKG.

A. Vorbemerkung

1 § 22 GüKG, insbesondere § 22 II, III GüKG, enthält eine Zentralnorm des Güterfernverkehrs. (Zum Güternahverkehr § 84 GüKG). Sie wird durch § 26 GüKG ergänzt. Es soll sichergestellt werden, daß die am Transport Beteiligten sich im Rahmen der gesetzlich normierten Bedingungen (Tarife; § 20 GüKG), die als materiell gerechte Vertragsbedingungen gelten, bewegen. Insbesondere sollen Umgehungen verhindert werden. Bei Margentarifen greift § 22 GüKG erst dann ein, wenn die Marge über- bzw. unterschritten wird (BGH v. 25.3.1987, VersR **1987**, 882, 884). Die Tarife sind auch von ausländischen Unternehmen zu beachten, unabhängig davon, ob diese im Besitz einer Kabotage-Genehmigung sind (§ 8 GüKG Rz. 1; § 22 GüKG Rz. 3). Zur Gültigkeit des § 22 GüKG im Licht des EWG-Rechts, s. § 20 a GüKG Rz. 2.

B. § 22 I GüKG

2 Die Vorschrift hat keine unmittelbare privatrechtliche Bedeutung. Das gilt auch für die Regel, daß Tarife im Zweifel Mindest-/Höchstentgelte enthal-

ten, da Tarife nur dann zum Kreis der Margentarife gehören, wenn sie konkrete Spielräume festlegen.

C. Tarifzwang (§§ 22 II, III, 20 II GüKG)

I. Verhältnis Absender-Frachtführer (§§ 22 II, III GüKG)

1. Grundsatz der Einschränkung der Vertragsfreiheit

§§ 22 II, III GüKG erheben im konzessionierten (§ 8 GüKG Rz. 1) und im unerlaubten Güterfernverkehr (§ 3 GüKG Rz. 1) die Tarife in Hinblick auf Entgelte und sonstige Beförderungsbedingungen (§ 20 I GüKG) zum zwingenden Recht (h. M. BGHZ **38**, 150, 154; **55**, 217, 219; **a. A.** *Diehl,* Pflichten des Spediteurs, aaO, S. 53 ff m. Nachw.). Vertragliche Abweichungen von den Tarifen (KVO, GFT und sonstigen Tarifen) sind demnach nur insoweit rechtlich verbindlich, als das GüKG oder die Tarife Öffnungsklauseln für vertragliche Abreden, z. B. in Form von Mindest- und Höchstpreisen (z. B. Nr. 4 GFT II/1) oder Höchstpreisen (z. B. GFT II/5; dazu unten Rz. 6), enthalten. Das neben den Beförderungsbedingungen iSd § 20 I GüKG ergänzend anwendbare dispositive Gesetzesrecht bleibt hingegen dispositiv (Ausnahme: § 26 GüKG; § 22 II 2 GüKG [BGHZ **55**, 217, 220]). 3

Die Tarife orientieren sich an der vereinbarten Abwicklung des Transports, denn § 20 I GüKG legitimiert nur die Festsetzung der für den Beförderungsvertrag maßgebenden Bedingungen. Auch in § 20 a V GüKG ist von Vertrag die Rede. Es besteht kein Anlaß, den Frachtführer, der einseitig vom Vertrag abweicht, z. B. unverlangt Leistungen erbringt, dadurch zu privilegieren, daß man ihm einen vertraglichen Anspruch zuerkennt, um dann mit Hilfe eines Anspruchs aus pFV gegenzusteuern. Eine Ausnahme mag allenfalls für die Frage gelten, ob die Regeln des Güternah- oder des Güterfernverkehrs zum Tragen kommen; denn die §§ 2 f GüKG scheinen nicht an den Vertrag, auch nicht an die Entfernung zwischen Be- und Entladestelle, sondern an den Standort des zum Transport benutzten Fahrzeugs (näher dazu § 2 GüKG Rz. 2) anzuknüpfen. Es ist allerdings kaum einzusehen, warum sich der Absender, der für einen Transport im 75-km-Radius die Geltung des HGB-Frachtrechts vereinbart hat, die KVO entgegenhalten lassen muß, wenn der Transport mit einem Fahrzeug durchgeführt wird, dessen Standort weit außerhalb dieses Radius liegt (vgl. § 2 GüKG Rz. 2).

Gehen Vertrag und das nach dem Tarif geschuldete Entgelt bzw. die nach dem Tarif maßgeblichen sonstigen Beförderungsbedingungen auseinander, so ist das Vereinbarte unabhängig von einer dolosen Absicht der Parteien (BGH, NJW **1963,** 102) **unwirksam,** soweit es dem Tarif widerspricht. Unwirksam ist auch ein nachträglicher Verzicht auf tarifliche Ansprüche (vgl. § 23 GüKG), selbst im Güternahverkehr (BGH v. 5.2.1987, TranspR **1987,** 332). Dies führt jedoch entgegen § 139 BGB nicht zur Unwirksamkeit des gesamten Vertrages. Vielmehr treten gemäß § 22 III GüKG an die Stelle der nichtigen Abreden die tarifmäßigen Entgelte und Beförderungsbedingungen, d. h. bei Tarifunterschreitungen die untere Marge des Tarifs (vgl. BGH

v. 25.3.1987, VersR **1987,** 882, 884). Anders ist es, wenn der gesamte Vertrag, z. B. wegen mangelnder Geschäftsfähigkeit (§§ 104 ff BGB) oder arglistiger Täuschung (§§ 123, 142 BGB) nichtig ist, da dann dem gesamten Vertrag die Basis entzogen ist. Im Rahmen des Ausgleichs gemäß §§ 812 ff BGB ist von den Tarifen als Wertmaßstab auszugehen. Hat sich ein Teil über den **Inhalt des Tarifs geirrt** oder die Existenz des Tarifs nicht gekannt, so ist dies ein iSd § 119 BGB unbeachtlicher Rechtsfolgenirrtum. Hat der Frachtführer dem Absender vor oder bei Abschluß des Vertrages schuldhaft unrichtige Angaben über die für die Berechnung des Entgelts maßgeblichen Faktoren (z. B. § 16 III 6 GüKUMT) oder über die Höhe des zu erwartenden Entgelts gemacht, so steht dem Absender ein Anspruch aus c.i.c. bzw. pFV zu, mit dem er gegen die Tarifforderung des Frachtführers aufrechnen kann (BGH, NJW **1968,** 1136; Großkomm-HGB *Helm,* Anh. I § 452, § 22 GüKG Rz. 9; *Hein/Eichhoff/Pukall/Krien,* Güterkraftverkehrsrecht, § 23 GüKG, Anm. 4 g m. w. Nachw.; **a. A.** AG Krefeld, TranspR **1990,** 430 f). In Betracht kommt auch ein Anspruch aus § 826 BGB. Mitverschulden ist anteilig gemäß § 254 BGB zu berücksichtigen (**a. A.** BGH v. 14.3.1991, VersR **1991,** 940, 942, der dogmatisch beim Arglisteinwand ansetzt, der bei einfachstem Mitverschulden entfallen soll). Die Rechtsprechung neigt allerdings dazu, die Sorgfaltspflichten des Absenders zu überziehen, wenn sie Mißtrauen gegen den Frachtführer zur Pflicht macht und in weitem Umfang Erkundigungspflichten statuiert (BGH, NJW **1968,** 1136; v. 14.3.1991, VersR **1991,** 940, 942). Erkundigungspflichten bestehen nur insoweit, als ein Auftraggeber im vernünftigen eigenen Interesse an der Kontrolle der Abrechnungen interessiert sein muß oder Anlaß zum Mißtrauen bestand. Dies mag bei mit dem Transportwesen vertrauten Personen regelmäßig der Fall sein. Der Absender erleidet nur dann einen Schaden, wenn er das Gut bei richtiger Aufklärung überhaupt nicht befördert oder legal billiger transportiert hätte.

Ein tarifwidriger **Rahmenvertrag** ist unter Restriktion des § 22 II, III GüKG im Zweifel insgesamt nichtig (§ 139 BGB; BGH v. 23.4.1969, LM Nr. 42 zu § 319 BGB). Soweit der Frachtführer auf der Basis des Rahmenvertrages tätig geworden ist, sind die Tarife maßgeblich, es entsteht jedoch keine Bindung für die Zukunft.

Der Tarifzwang erfaßt auch **Unternehmen, die ohne Konzession** tätig wurden (BGH, NJW **1967,** 1323).

2. Unzulässige Vergünstigungen (§ 22 II 1 GüKG)

4 **a) Abzüge, Stundung, Vergleich, Verjährung**. Rechtlich irrelevant sind sämtliche Abreden über Abzüge, die in den Tarifen nicht vorgesehen sind (§ 22 II 1 GüKG). Zeitpunkt der Abrede und Form des Abzugs sind unerheblich (BGH v. 25.3.1987, VersR **1987,** 882). Dies gilt auch für vergleichsweise (§ 779 BGB) vereinbarte Abzüge, wenn keine wirtschaftlich nicht sinnvoll zu beseitigende Ungewißheit bestand (*Hein/Eichhoff/Pukall/Krien,* Güterkraftverkehrsrecht, § 22 GüKG Anm. 12; *Piper,* Höchstrichterliche Rechtsprechung, aaO, Rz. 177). Unwirksam ist ferner eine unangemessen lange Stundung (AG Hamburg, TranspR **1991,** 435, 436), es sei denn, daß marktgerecht verzinst wird. Zur Verjährung vgl. Rz. 5 sowie § 84 GüKG Rz. 1.

b) Leistungen des Frachtführers ohne Gegenleistung. Ohne Rechtsverbindlichkeit und verboten sind Zusagen über Leistungen von Geld oder Geldeswert an den Absender, die wirtschaftlich gesehen dafür erfolgen, daß der Absender den Transportauftrag erteilt hat (§ 22 II 2 GüKG). Gleiches gilt für Zuwendungen an Dritte, die z. B. als Lieferant, Abnehmer, Vertriebsagent oder dergleichen an der Niedrighaltung der Transportkosten oder sonst an dem Geschäft wirtschaftlich interessiert sind (BGH, NJW **1960,** 1057, 1058; NJW **1963,** 102; v. 25.3.1987, VersR **1987,** 882, 884). Dies gilt auch dort, wo die Zuwendungen an Arbeitnehmer dieser Personen fließen, wenn ein innerer Zusammenhang zwischen Zuwendung und Beförderungsvertrag besteht (BGH, NJW **1963,** 102; v. 25.3.1987, VersR **1987,** 882). Unwirksam sind ferner Abreden über die Lieferfristverkürzung (§ 26 KVO; BGH v. 8.2.1960, VersR **1960,** 304; v. 1.2.1968, VersR **1968,** 291, 292) oder die Verschärfung der Haftung (BGH v. 30.4.1959, VersR **1959,** 502, 503; § 26 GüKG Rz. 2) oder Verkürzung der Verjährung (BGH v. 19.5.1988, TranspR **1988,** 335 zum Nahverkehr; OLG Hamm v. 11.1.1988, TranspR **1989**, 13, 16, das sich auf § 5 GüKG stützt). Vgl. ferner Rz. 6 und § 5 GüKG. 5

c) Nebenleistungen des Frachtführers. Die Tarife für Nebenleistungen des Frachtführers sind grundsätzlich Höchsttarife (Nr. 3 GFT II/5). Der Frachtführer kann daher diese Tarife grundsätzlich beliebig unterschreiten. Der BGH und ein Teil der Literatur steht dagegen auf dem Standpunkt, daß § 22 II 2 GüKG anzuwenden sei, wenn für Nebenleistungen kein angemessenes Entgelt gefordert werde (BGH, NJW **1987,** 1641, 1642 [Begründung einer Rückgabepflicht von Paletten ohne angemessene Vergütung; ebenso OLG Koblenz v. 23.3.1990, TranspR **1990**, 376, 377; LG Düsseldorf, TranspR **1991**, 430, 431]); *Hein/Eichhoff/Pukall/Krien,* Güterkraftverkehrsrecht, § 22 GüKG Anm. 12; *Münz,* § 22 GüKG Rz. 3; *Willenberg,* KVO, § 1 Rz. 145; **a. A.** *v. Tegelen,* § 22 GüKG Anm. 2; BB **1970,** 560, 561; vgl. auch LG Karlsruhe, TranspR **1989,** 97 [Paletten]). Dieser Ansicht ist nicht in vollem Umfang zu folgen. Soweit der Nebengebührentarif als Höchsttarif ausgestaltet worden ist, ist ersichtlich, daß der Normgeber die Entgelte nach unten dem freien Wettbewerb aussetzen wollte. Dieser Wettbewerb kann durchaus dazu führen, daß gar kein Entgelt verlangt wird, weil die Erfassung und Berechnung von Nebenleistungen zu teuer sind. Allerdings besteht immer die Gefahr, daß die Nebenleistungen aus den Vergütungen für die Hauptleistung unzulässig subventioniert werden. Diese Gefahr kann jedoch nicht ausgeschaltet werden, wenn man einen Preisbestandteil bewußt dem freien Wettbewerb überläßt, ohne feste Untergrenzen zu normieren. Unzulässige Ermäßigungen liegen daher erst dann vor, wenn bestimmte Nebenleistungen üblicherweise vergütet werden und diese Entgelte wesentlich ohne jeden durch die Art der Leistung erklärbaren Anlaß unterschritten werden oder wenn einer der Fälle vorliegt, in denen der Nebengebührentarif ausdrücklich Untergrenzen vorsieht (z. B. Nr. XXII GFT II/5). **Nicht im Nebenleistungstarif** angeführte Leistungen dürfen nicht ohne angemessenes Entgelt gewährt bzw. vereinbart werden, weil sonst die Fracht tarifwidrig herabgesetzt werden würde (BGH, NJW **1987**, 1641, 1642 [Paletten]; **a. A.** *Willenberg*, KVO, § 1 Rz. 151). Das Entgelt kann auch in Form von Sach- oder Dienstleistungen erfolgen. 6

7 **d) Entgelte für Leistungen an den Frachtführer**. Gemäß § 22 II 3 GüKG müssen diese Leistungen aufgrund von Einzelabrechnungen vergütet werden, damit die Äquivalenz der Vereinbarung überprüft werden kann. Dies gilt für jede Leistung, weil immer die Gefahr der Mischkalkulation besteht (*v. Tegelen,* § 22 GüKG Anm. 4 a). Entgelte für Beschäftigungs- oder Umsatzgarantien sowie für die Organisation des Fahrzeugeinsatzes dürfen sogar nur aufgrund einer besonderen Vorschrift gezahlt werden. Im übrigen gilt der Grundsatz, daß unangemessen hohe Vergütungen unzulässig sind. So sind Gewinnanteile eines an einem Transportunternehmen beteiligten Absenders oder sonst an der Niedrighaltung des Beförderungsentgeltes interessierten Dritten unzulässig, wenn und soweit der Gewinnanteil in keinem angemessenen Verhältnis zur Höhe der Einlage, des Risikos und Pflichten steht. Die Einlage fällt dabei nur insoweit ins Gewicht, als sie im eigenständigen Interesse des Unternehmers erbracht wurde (BGH, NJW **1960,** 1057; NJW **1967,** 1322; v. 15.6.1970, MDR **1970,** 912; vgl. auch § 5 GüKG). **Zahlungen des Frachtführers** für die Überlassung von Fahrzeugen, Paletten (BGHZ **99,** 321) oder Containern dürfen nur geleistet werden, wenn diese kein Transportgut darstellen (BGH v. 16.6.1982, LM GüKG Nr. 64; LM RKT Nr. 3; v. 27.10.1983, TranspR **1984,** 6, 7; § 1 GüKG Rz. 1). Gleiches gilt, wenn Ladeeinrichtungen zur Verfügung gestellt werden (BGH, NJW **1960,** 968). Zum Fuhrmannshandel § 5 GüKG Rz. 2; zum Abzug hypothetischer Provisionen BGH v. 16.12.1985, TranspR **1986,** 114. Zur Vermittlungsprovision § 32 GüKG; zur Provision des Abfertigungsspediteurs §§ 34 ff GüKG. Die Zahlung einer Werbe- und Abfertigungsvergütung ist rechtswidrig, wenn sie entweder an einen nicht bestellten Abfertigungsspediteur erfolgt oder ein bestellter Abfertigungsspediteur nicht tätig geworden war. Gleiches gilt, wenn der Spediteur wirtschaftlich mit dem Versender identisch ist (BGH v. 9.7.1969, MDR **1969,** 827).

3. Nicht veröffentlichte Vergünstigungen, Diskriminierungen (§ 22 II 1 GüKG)

8 § 22 II 1 GüKG wendet sich an den Gesetzgeber (*Hein/Eichhoff/Pukall/Krien,* Güterkraftverkehrsrecht, § 22 GüKG Anm. 10). Dort, wo der Tarif dem Frachtführer privatautonomen Spielraum eröffnet, ist der Frachtführer im Rahmen der §§ 826 BGB, 26 GWB sowie des RabattG zu geheimen Rabatten und Diskriminierungen befugt.

4. Höchstsätze

9 Das bei Rz. 6 Ausgeführte ist analog auf die Umgehung von tariflichen Höchstsätzen anzuwenden.

5. Grenzüberschreitender Verkehr

10 Gemäß EG-VO Nr. 4058/89 v. 21.12.1989 (ABl. L 390/1 v. 30.12.1989; abgedr. auch *Hein/Eichhoff/Pukall/Krien,* Güterkraftverkehrsrecht, J 220) gilt für Transporte zwischen EG-Mitgliedsstaaten, auch wenn die Beförderung auf einer Teilstrecke in einem Drittland oder Huckepack erfolgt, volle Preis-

freiheit. Diese Regelung trifft die VO v. 4.3.1991, BGBl. I 616, für den gesamten grenzüberschreitenden Verkehr, so daß heute hier allgemein Preisfreiheit herrscht (hierzu zu Recht kritisch *Helm*, TranspR **1992**, 95; die VO ist im Sinn einer Abänderung der Tarife zu verstehen). Besonderheiten gelten im grenzüberschreitenden kombinierten Verkehr nach Maßgabe der VO v. 18.2.1988, BGBl. I 198 (abgedr. *Hein/Eichhoff/Pukall/Krien*, Güterkraftverkehrsrecht, C 484), außer bei Transporten im EG-Bereich (EG-Richtlinie 91/224 v. 27.3.1991, ABl.EG L 103/1; abgedr. *Hein/Eichhoff/Pukall/Krien*, Güterkraftverkehrsrecht, J 325) und der dazu ergangenen VO, wo die Preise ebenfalls frei vereinbart werden können.

II. Versender – Spediteur (§ 20 II GüKG)

1. Zweck

§ 20 II GüKG soll verhindern, daß der Spediteur den Frachtführer unzulässig zur Unterschreitung der Tarife für die Beförderungsleistung verleitet, um so die den Versendern gewährten Nachlässe hereinzuholen (BGH v. 15.4.1957, VRS **13,** 103). **11**

2. Geschäftsbesorgungsspedition (§ 407 HGB)

Der Geschäftsbesorgungsspediteur (§ 407 HGB Rz. 59 ff) hat einen Anspruch auf Aufwendungsersatz, d. h. auf Ersatz der dem Frachtführer geschuldeten tarifmäßigen Vergütung. Bei Tarifunterbietungen des Frachtführers kann der Spediteur vom Versender Ersatz der tarifmäßigen Fracht verlangen, bevor er sie an den Frachtführer gezahlt hat (BGH v. 15.4.1957, VersR **1957,** 369; *v. Tegelen,* § 20 GüKG Anm. 3; **a. A.** Großkomm-HGB *Helm,* Anh. I § 452, § 22 GüKG Rz. 9). Abreden zwischen Spediteur und Versender über niedrigere Ersatzansprüche sind unwirksam (§ 22 GüKG Rz. 3). Die §§ 22 III, 23 GüKG sind in Hinblick auf die Entgelte für die Beförderungsleistung analog anzuwenden. Hat der Spediteur mit dem Versender einen über dem Mindesttarif liegenden Aufwendungsersatz vereinbart, zahlt er aber selbst nur den Mindesttarif, so verstößt dies nicht gegen § 20 II 1 GüKG, da der überschießende Teil als Provision (§ 409 HGB) betrachtet werden kann. Man könnte auch an eine Anwendung des § 413 HGB denken. Zahlt der Spediteur eine höhere, aber in der Marge liegende Fracht, als er mit dem Versender vereinbart hatte, so gilt nicht notwendig die höhere Fracht, denn innerhalb der Marge besteht Vertragsfreiheit (**a. A.** *Hein/Eichhoff/Pukall/Krien,* Güterkraftverkehrsrecht, § 20 GüKG Anm. 14). § 22 II, III GüKG ist analog heranzuziehen, falls der Spediteur unangemessen niedrige Provisionen oder Vergütungen für sonstige Auslagen vereinbart (*Hein/Eichhoff/Pukall/Krien,* Güterkraftverkehrsrecht, § 22 GüKG Anm. 8). Dabei kommen auch hier (s. oben Rz. 10) nicht die Selbstkosten als Maßstab in Betracht, sondern ein ,,als ob"-Wettbewerbspreis. Bei reinen Speditionsleistungen und anderen Aufwendungen als Beförderungsleistungen gilt nämlich das Prinzip der Wettbewerbsfreiheit. Das darf nicht dadurch ausgehöhlt werden, daß dem Spediteur die Sicherung der Selbstkosten zur Pflicht ge- **12** macht wird. Die KVO gilt nicht im Verhältnis Spediteur-Versender (*Hein/Eichhoff/Pukall/Krien,* Güterkraftverkehrsrecht, § 20 GüKG Anm. 19); denn die Tarife sind nur hinsichtlich der Beförderungsleistung zu beachten.

3. Selbsteintritt (§ 412 HGB)

13 Der Spediteur kann die gewöhnliche Fracht verlangen (§ 412 II HGB), die sich innerhalb der Margen des Tarifs bewegt. Zur Geltung der KVO § 412 HGB Rz. 10. Abweichungen sind im Rahmen der Tarife zulässig, so daß der Spediteur auch den Mindesttarif berechnen kann. Zur Provision und den sonstigen Auslagen s. oben Rz. 12.

4. Fixkostenspedition (§ 413 I HGB)

14 Der Spediteur muß einen festen Satz vereinbaren, der sich im Rahmen des Tarifs hält. Zusätzliche Provisionen braucht die Vergütung nicht vorzusehen, da der Spediteur in die Rolle des Frachtführers geschlüpft ist (§ 413 I 2; **a. A.** *Hein/Eichhoff/Pukall/Krien,* Güterkraftverkehrsrecht, § 22 GüKG Anm. 8). In Hinblick auf überwälzungsfähige Auslagen (§ 413 HGB Rz. 7) gilt das zur Geschäftsbesorgungsspedition Gesagte (Rz. 12). Zur Geltung der KVO § 413 HGB Rz. 5.

5. Sammelladungsspedition (§ 413 II HGB)

15 Der Spediteur muß mindestens eine Vergütung verlangen, die anteilig auf der Basis des Mindestfrachtsatzes für die gesamte Sendung berechnet ist. Voraussetzung ist, daß das Gut tatsächlich im Weg der Sammelladung befördert wird (*Willenberg,* KVO, § 4 Rz. 15). Schadensersatzpflichten wegen Verletzung des Speditionsvertrages bleiben unberührt. Zur Provision und zum Ersatz sonstiger Auslagen siehe oben Rz. 14; zur Geltung der KVO § 413 HGB Rz. 13.

6. Abfertigungsspediteur

16 Vgl. Erl. zu §§ 33 ff GüKG.

§ 22 a GüKG [Sonderabmachungen]

(1) **Für die Beförderung von Gütern von und nach deutschen Seehäfen, die über See eingeführt worden sind oder über See ausgeführt werden, kann ein oder können mehrere in einer Bietergemeinschaft verbundene Unternehmer ohne Bindung an die Tarife Entgelte mit dem Vertragspartner schriftlich vereinbaren (Sonderabmachungen). Solche Sonderabmachungen sind nur zulässig,**

1. **wenn Umstände vorliegen, die bei der Festsetzung der Tarife nicht berücksichtigt worden sind, insbesondere, wenn der Wettbewerb gegenüber anderen Verkehrswegen oder Verkehrsträgern eine Sonderabmachung erfordert und ihm durch einen Wettbewerbstarif nicht Rechnung getragen wird, und**
2. **wenn die Sonderabmachung eine Gütermenge von mindestens 500**

Tonnen in drei Monaten oder 1000 Tonnen in sechs Monaten, bei Ausfuhren über See 250 Tonnen in drei Monaten oder 500 Tonnen in sechs Monaten umfaßt, und

3. wenn die Sonderabmachung das finanzielle Betriebsergebnis des Unternehmers erhält oder verbessert.

(2) **Der Unternehmer hat die Sonderabmachung unverzüglich nach ihrem Abschluß der Bundesanstalt für den Güterfernverkehr (§ 53) mitzuteilen; er hat zusammen mit der Sonderabmachung alle Unterlagen vorzulegen, die den Abschluß sowie die vereinbarten Beförderungsentgelte rechtfertigen.**

(3) **Sonderabmachungen werden spätestens drei Monate nach Inkrafttreten eines Wettbewerbstarifs nach Absatz 1 Nr. 1 unwirksam.**

(4) **Ist der Markt für die Beförderung bestimmter Güter in bestimmten Verkehrsverbindungen gestört, so kann der Bundesminister für Verkehr durch Rechtsverordnung ohne Zustimmung des Bundesrates bestimmen, daß in diesen Fällen der Abschluß von Sonderabmachungen längstens für die Dauer eines Jahres der vorherigen Genehmigung des Bundesministers für Verkehr bedarf. Der Markt gilt insbesondere dann als gestört, wenn die durchschnittliche Höhe der während eines Kalenderjahres erhobenen Beförderungsentgelte nicht ausreicht, um die Rentabilität eines ordnungsgemäß geführten und normal beschäftigten Verkehrsunternehmens zu gewährleisten.**

Literatur: siehe vor § 1 GüKG.

§ 22 a GüKG soll die Wettbewerbsposition der deutschen Häfen verbessern, die von Seeschiffen angelaufen werden können (*Münz*, GüKG, § 22 a Rz. 1). Ein- und Ausfuhr umfaßt auch die Bearbeitung der Güter in den Häfen (*v. Tegelen,* § 22 a GüKG Anm. 2). Der Transport muß vom oder zum Hafen erfolgen (*Münz*, GüKG, § 22 a Rz. 1). Die in den Tarifen festgesetzten Vergütungen können über- oder unterschritten werden. Andere Beförderungsbedingungen, insbesondere die KVO, stehen, wie sich aus dem Wortlaut des § 22 a GüKG ergibt, nicht zur Disposition der Parteien (**a. A.** GroßkommHGB-*Helm,* Anh. I § 452, § 22 a GüKG Rz. 1). Die Schriftform, nicht aber die rechtzeitige Mitteilung und Begründung, ist Wirksamkeitserfordernis. Es besteht kein Nachforderungsrecht des Frachtführers, wenn die erforderliche Gütermenge aus Gründen nicht erreicht wird, die der Frachtführer zu vertreten hat (*Piper,* Höchstrichterliche Rechtsprechung, aaO, Rz. 195). **1**

§ 23 GüKG [Unter- oder übertarifliche Beförderungsentgelte]

(1) **Ist Beförderungsentgelt unter Tarif berechnet worden, so hat der Unternehmer den Unterschiedsbetrag zwischen dem tarifmäßigen und dem tatsächlich berechneten Entgelt nachzufordern und erforderlichenfalls gerichtlich geltend zu machen und im Wege der Zwangsvollstreckung beizutreiben. Kommt der Unternehmer dieser Verpflichtung innerhalb einer von der Bundesanstalt für den Güterfernverkehr (§ 53) festzusetzenden angemessenen Frist nicht nach, so geht die Forderung auf die**

Bundesanstalt über, die das zuwenig berechnete Entgelt im eigenen Namen einzuziehen hat. In diesem Falle führt sie an Stelle des Unternehmers die in dem Unterschiedsbetrag enthaltene Umsatzsteuer an das für sie zuständige Finanzamt ab; die Unterschiedsberechnung gilt für den Vorsteuerabzug nach § 15 Abs. 1 des Umsatzsteuergesetzes als Rechnung des Unternehmers, wenn in ihr der Steuerbetrag gesondert ausgewiesen ist.

(2) **Ist Beförderungsentgelt über Tarif berechnet oder sind andere tarifwidrige Zahlungen oder Zuwendungen geleistet, so muß der Leistende diese zurückfordern und erforderlichenfalls gerichtlich geltend machen und im Wege der Zwangsvollstreckung beitreiben. Kommt der Leistende dieser Verpflichtung innerhalb einer von der Bundesanstalt festzusetzenden angemessenen Frist nicht nach, so geht die Forderung auf die Bundesanstalt über, die das zuviel berechnete Entgelt im eigenen Namen einzuziehen hat. Bei Zuwendungen, die nicht in Geld bestehen, ist der dem Wert der Zuwendung entsprechende Geldbetrag einzuziehen. § 817 Satz 2 des Bürgerlichen Gesetzbuches ist nicht anzuwenden.**

(3) **Hat ein nach den Absätzen 1 oder 2 Forderungsberechtigter vorsätzlich gehandelt, so geht die Forderung in dem Zeitpunkt auf die Bundesanstalt über, in dem diese dem Schuldner den Übergang mitteilt, im Fall des Konkurses eines Forderungsberechtigten jedoch nur, soweit die Forderung nicht zur Befriedigung der Gläubiger erforderlich ist. Tritt der Konkurs erst innerhalb von drei Monaten nach dem Forderungsübergang ein, so kann der Konkursverwalter verlangen, daß die Bundesanstalt einen entsprechenden Teil der Forderung oder, falls diese bereits eingezogen ist, des Erlöses auf ihn zurücküberträgt.**

(4) **Der Bundesminister für Verkehr bestimmt durch Rechtsverordnung ohne Zustimmung des Bundesrates die Form, in der die nach Absatz 1 Satz 1 und Absatz 2 Satz 1 Berechtigten die Einziehung nach- oder zurückzufordernder Geldbeträge nachzuweisen haben.**

(5) **Die Absätze 1 bis 3 finden auf Beförderungen im grenzüberschreitenden Güterkraftverkehr keine Anwendung. Der Bundesminister für Verkehr kann jedoch durch Rechtsverordnung ohne Zustimmung des Bundesrates bestimmen, daß die Absätze 1 bis 3 auf Beförderungen im grenzüberschreitenden Güterkraftverkehr ganz oder teilweise Anwendung finden, wenn das Recht, das an dem außerhalb des Geltungsbereichs dieses Gesetzes liegenden Be- oder Entladeort gilt, entsprechende Bestimmungen enthält.**

Literatur: siehe vor § 1 GüKG.

A. Vorbemerkung

§ 23 GüKG dient dazu, jedes wirtschaftliche Interesse der Beteiligten an Tarifabweichung auszuschließen. Die Vorschrift erfaßt sowohl Tarifunter- als auch Tarifüberschreitungen einschließlich sämtlicher Umgehungstatbestände (§ 22 II GüKG). § 23 GüKG ist analog auf das Verhältnis Versender-Spediteur (§ 20 II GüKG) anzuwenden (BGH, NJW **1972**, 877; *Hein/Eichhoff/Pukall/Krien,* Güterkraftverkehrsrecht, § 23 GüKG Rz. 3; **a. A.** *v. Tegelen,* § 23 GüKG Anm. 3). Zum grenzüberschreitenden Verkehr § 23 GüKG Rz. 10. 1

B. Offene Tarifunterschreitungen

I. Unvorsätzliche Tarifunterschreitungen

Haben die Parteien bei Vertragsschluß oder später einen Betrag vereinbart, der die Tarife unterschreitet, oder sind im Rahmen eines Umgehungsgeschäfts (§ 5 GüKG) keine Frachten vereinbart worden (OLG Hamburg v. 28.9.1989, TranspR **1990**, 421, 423 f), so ist der tarifliche Mindestbetrag geschuldet (§ 22 III GüKG). § 23 I GüKG stellt klar, daß dieser Betrag nicht zur Disposition des Frachtführers steht. Vielmehr ist er öffentlich-rechtlich verpflichtet, den Betrag, den er zu wenig berechnet hat, geltend zu machen und einzutreiben. Analoges gilt für Beträge, die er zwar richtig berechnet hat, aber nicht geltend macht, oder im Fall fingierter Rechnungen (OLG Bamberg v. 30.12.1987, TranspR **1988**, 292). Unerheblich ist, daß der durch die Tarifunterschreitung Begünstigte daraus keinen Vorteil gezogen hat (OLG Hamburg v. 28.9.1989, TranspR **1990**, 421, 425). Der Nachforderungsanspruch muß mit Hilfe sämtlicher gerichtlicher Mittel geltend gemacht werden, es sei denn, daß eine Klage objektiv voraussichtlich ohne Erfolg ist oder ein Urteil nicht mit Erfolg vollstreckt werden kann. Der Anspruch verjährt gemäß § 40 II a KVO (BGH v. 1.12.1965, VersR **1966**, 134; BGH v. 27.3.1981, LM, GüKG Nr. 61; OLG Hamburg v. 28.9.1989, TranspR **1990**, 421, 425). Zur Aufrechnung mit Schadensersatzansprüchen § 40 KVO Rz. 18. Die Fristsetzung stellt einen privatrechtsgestaltenden Verwaltungsakt dar. Dagegen ist Widerspruch und Anfechtungsklage möglich. Hat der Frachtführer innerhalb der Frist die Handlung nicht vorgenommen, zu der er aufgefordert worden ist und gemäß § 23 I 1 GüKG verpflichtet war, so geht der Anspruch kraft Legalzession auf die Bundesanstalt über (§ 412 BGB). 2

II. Vorsätzliche Tarifunterschreitung (§ 23 III GüKG)

Der Frachtführer (Forderungsberechtigte) hat vorsätzlich gehandelt. Vorsatz bedeutet nach h. M., daß der Frachtführer die Tatsachen positiv kannte, die die Tarifabweichung begründen. Er muß nicht absichtlich den Tarif unterboten haben oder sich der Tarifumgehung bewußt gewesen sein. Selbst der Rechtsirrtum soll unbeachtlich sein (ständige Rechtsprechung; BGH v. 14.3.1991, VersR **1991**, 940, 941 m. Nachw.; *Hein,* § 23 GüKG Anm. 4 b; 3

zurückhaltend BGH v. 27.3.1981, LM GüKG Nr. 61; auch der BGH [VersR **1991**, 941] prüft zusätzlich, ob die Vorschriften des Tarifs bekannt waren). Dem ist nicht zu folgen, da § 23 III GüKG einen Forderungsübergang ohne fruchtlose Fristsetzung nur dort ermöglichen soll, wo mit einem Einzug durch den Forderungsberechtigten nicht zu rechnen ist. Dies kann bei Rechtsirrtümern des Forderungsberechtigten nicht angenommen werden, zumal wenn sie unvermeidbar waren. § 166 I BGB ist analog anzuwenden (BGH v. 14.3.1991, VersR **1991**, 940, 941), aber nicht schon dann, wenn der Forderungsberechtigte die Abrechnung dem Auftraggeber überlassen hat, sondern nur, wenn er die Abrechnungen ins Blaue hinein akzeptiert hat.

Die Forderung steht zunächst dem Frachtführer zu (§ 22 GüKG Rz. 3). Sie geht, ohne daß es einer fruchtlosen Fristsetzung bedarf, auf die Bundesanstalt mit Zugang (§§ 35, 43 VwVfG) der Mitteilung an den Schuldner über (§ 412 BGB). Der Übergang der Forderung erfolgt nicht, wenn es am Vorsatz gefehlt hatte, wenn keine Tarifunterschreitung vorlag oder wenn die Differenzforderung infolge Erfüllung erloschen war. Die Mitteilung stellt einen formlosen (BGHZ **38**, 171, 179) privatrechtsgestaltenden Verwaltungsakt dar, gegen den nur mit der Begründung Widerspruch eingelegt werden kann, daß eine vorsätzliche Tarifabweichung offensichtlich ausgeschlossen war und daß Verfahrensfehler vorliegen (näher dazu *Hein/Eichhoff/Pukall/Krien,* Güterkraftverkehrsrecht, § 23 GüKG Anm. 4 c, d, e). Die Aufhebung des Verwaltungsakts läßt den Forderungsübergang entfallen (**a. A.** BGHZ **38**, 171, 180). Zur Verjährung und Höhe des Rückforderungsanspruchs s. oben Rz. 2.

Der Frachtschuldner kann sich nicht mit der Begründung auf unzulässige Rechtsausübung (Arglisteinwand) berufen, daß der Frachtführer vorsätzlich gehandelt habe (BGH v. 27.9.1955, DB **1955**, 1163; v. 11.6.1959, MDR **1959**, 911, v. 7.4.1960, LM GüKG Nr. 10), weil der Schutz der Interessen Dritter, insbesondere der Bahn es gebietet, jeden Anreiz zu Tarifunterschreitungen auszuschalten. Der Auftraggeber wird dadurch geschützt, daß er mit Schadensersatzansprüchen aufrechnen (abw. BGH v. 14.3.1991, VersR **1991**, 940, 942: Arglisteinwand) kann (§ 22 GüKG Rz. 3). Hat ein Hauptfrachtführer sowohl mit seinem Absender als auch mit dem Unterfrachtführer zu niedrige Entgelte verabredet, so kann er sich nicht darauf berufen, daß er seinen Vorteil aus dem Vertrag mit dem Unterfrachtführer weitergegeben habe (**a. A.** BGHZ **64**, 159, 164 z. BSchiffG); denn der Unterfrachtführer besitzt keinen direkten Nachzahlungsanspruch gegen den Absender.

C. Unzulässige Zuwendungen des Frachtführers

I. Unvorsätzlich unzulässige Zuwendungen

4 Das Versprechen derartiger Zuwendungen erfolgt ohne Rechtsgrund, soweit die Zuwendungen zu einer Umgehung des tarifmäßigen Beförderungsentgelts führen (näher § 22 GüKG Rz. 4 ff). Die Leistung der Zuwendungen erfolgt daher ohne Rechtsgrund, so daß der Frachtführer gemäß § 812 I BGB zur Rückforderung berechtigt ist (BGH v. 19.10.1961, VersR **1961**, 1107;

NJW **1963**, 102; v. 15.12.1965, VersR **1966**, 157; v. 27.3.1981, LM GüKG Nr. 61). Das gilt erst recht, wenn die Zuwendung ohne Abrede geflossen ist (Duldung verspäteter Zahlungen; AG Hamburg, TranspR **1991**, 435, 436). Hat ein Dritter ohne Anweisung des Frachtführers gehandelt, so steht diesem der Rückforderungsanspruch zu (BGH v. 3.3.1960, LM GüKG Nr. 9). Der Rückforderungsanspruch setzt somit voraus, daß dem Leistungsempfänger ein Vorteil zugeflossen ist und daß er noch bereichert ist (§ 818 III BGB), es sei denn, daß § 819 BGB eingreift. § 817 S. 2 BGB ist nicht anwendbar (§ 23 II GüKG). Der Rückforderungsanspruch verjährt gemäß § 195 BGB (BGH v. 27.3.1981, LM GüKG Nr. 61). Der Rückforderungsverpflichtete kann u. U. mit Schadensersatzansprüchen aufrechnen (näher § 22 GüKG Rz. 3). Der Rückforderungsberechtigte ist öffentlich-rechtlich in Parallele zu § 23 I GüKG zur Rückforderung verpflichtet. Dazu und zur Überleitung des Rückforderungsanspruches auf die Bundesanstalt gelten die Erl. Rz. 2 entsprechend.

II. Vorsätzliches Handeln

Die Erl. bei Rz. 3, 4 gelten entsprechend. Der Rückforderungsanspruch **5** behält auch nach Übergang auf die Bundesanstalt seinen Charakter als Bereicherungsanspruch.

D. Tarifwidrige Frachtüberschreitungen (§ 23 II GüKG)

I. Unvorsätzliches Handeln

Nach ganz h. M. stellt der Rückforderungsanspruch gemäß § 23 II GüKG **6** einen Anspruch aus § 812 I BGB dar, da eine Frachtforderung nur bis zur Grenze des Höchsttarifs begründet worden ist (*v. Tegelen,* § 23 GüKG Anm. 2; *Münz,* § 23 GüKG Rz. 1; *Baumbach/Duden/Hopt,* HGB, § 22 GüKG Anm. 2 D; unklar *Hein/Eichhoff/Pukall/Krien,* Güterkraftverkehrsrecht, § 23 GüKG Anm. 3). Demgegenüber wird behauptet, daß der Rückforderungsanspruch dem § 23 KVO entspringe (*Bayer,* TranspR **1985**, 409, 411 m. Nachw.). Dieser Meinung ist nach der Novellierung des § 23 KVO zu folgen. § 23 KVO, der nicht bloß einen Erstattungsanspruch erwähnt, sondern in differenzierter Weise die Voraussetzungen des Rückforderungsanspruchs regelt (insbesondere § 23 II, V KVO). § 23 KVO ist mithin im Verhältnis zu § 812 BGB lex specialis. Die Verjährung erfolgt gemäß § 40 II a KVO.

Der Leistende ist öffentlich-rechtlich zur Durchsetzung seines Anspruchs verpflichtet. Dazu und zur Überleitung des Rückforderungsanspruches vgl. Erl. zu Parallelvorschrift § 23 I GüKG (Rz. 2).

II. Vorsätzliches Handeln

7 Vgl. dazu die entsprechend heranzuziehenden Erl. § 23 GüKG Rz. 3.

E. Unzulässige Zuwendungen an Frachtführer oder Dritte

8 Werden an den Frachtführer oder Dritte in Umgehung der Tarife Zuwendungen erbracht (§ 22 GüKG Rz. 7), ist das zugrundeliegende Kausalverhältnis unwirksam (§ 134 BGB) und es entsteht ebenfalls ein Anspruch aus § 812 I BGB (BGH, NJW **1963**, 102). Vgl. hierzu Erl. oben Rz. 4.

F. § 23 IV GüKG

9 S. Tarifüberwachungs-VO (GüKTV) v. 11.12.1984, BGBl. I 1984, 1518.

G. Grenzüberschreitender Verkehr

10 § 23 V GüKG soll sicherstellen, daß deutsche Frachtführer im grenzüberschreitenden Verkehr nicht schlechter gestellt werden als ausländische Unternehmer, weil im Ausland der Tarifausgleich unbekannt ist. Transporte iSd § 6 b GüKG fallen nicht unter § 23 V GüKG (BGH v. 14.3.1991, TranspR **1991**, 940, 942). Zu Transporten zwischen EG-Staaten, § 22 GüKG Rz. 10.

§§ 24 – 25 GüKG

(gestrichen)

Dritter Teil. Pflichten der am Beförderungsvertrag Beteiligten

§ 26 GüKG [Verbot des Haftungsausschlusses]

Soweit Beförderungsbedingungen (§ 20) anzuwenden sind, kann der Unternehmer die ihm nach den gesetzlichen Vorschriften oder den Beförderungsbedingungen obliegende Haftung durch Vertrag weder ausschließen noch beschränken.

Literatur: siehe vor § 1 GüKG.

1 § 26 GüKG gilt nur im Bereich des **Güterfernverkehrs** (§ 3 GüKG), sofern der Transport nicht in den Ausnahmebereich fällt (§ 4 GüKG) oder der Frachtführer von der Bundesbahn eingeschaltet wurde (§ 47 III GüKG). Im Umzugsverkehr verweist § 41 GüKG voll, im Güternahverkehr § 85 GüKG eingeschränkt auf § 26 GüKG. Im Werkverkehr gilt § 26 GüKG nicht (BGH

v. 10.11.1972, BB **1973**, 18). Auf Spediteure iSd §§ 412, 413 HGB ist § 26 GüKG nach ganz h. M. (**a. A.** *Bischof,* VersR **1984**, 419) unmittelbar, nach der hier vertretenen Ansicht analog anzuwenden (*Koller,* VersR **1987**, 1058 ff), soweit haftungsregelnde Beförderungsbedingungen (§ 20 GüKG) zum Tragen kommen. § 26 GüKG greift nicht in der Phase vor Abschluß des Beförderungsvertrages ein, ferner nicht bei gemischten Verträgen, soweit nicht Pflichten verletzt worden sind, die im Schwerpunkt zur Tätigkeit des Frachtführers zu rechnen sind.

Im **grenzüberschreitenden Verkehr** gilt primär die CMR. Zur lückenfüllenden Anwendung des § 26 GüKG, s. vor Art. 1 CMR Rz. 5 ff.

Die Haftung nach KVO, GüKUMT, BGB kann auch nicht zu Lasten des 2
Frachtführers **erweitert** werden. Dies ergibt sich nicht aus § 26 GüKG, sondern aus § 22 II 2 GüKG (ganz. h. M.; BGH, NJW **1959**, 1368), es sei denn, daß für die verschärfte Haftung rechtswirksam ein angemessenes Entgelt gezahlt wird (*Münz*, GüKG, § 26 Rz. 2; allg. M.). Deshalb ist grundsätzlich die Verpflichtung des Frachtführers unwirksam, zugunsten des Absenders eine haftungsbefreiende Transportversicherung zu schließen (offengelassen OLG München v. 23.11.1983, VersR **1985**, 1137). Gleiches gilt für **die Einschränkungen der Haftung des Absenders** nach KVO oder GüKUMT, nicht aber der Haftung nach BGB, HGB. Werden zwingende Vorschriften mißachtet, so ist § 22 III GüKG analog anzuwenden.

§ 27 GüKG [Versicherungspflicht]

(1) **Der Unternehmer hat sich gegen alle Schäden, für die er nach den Beförderungsbedingungen haftet, zu versichern. Auf diese Versicherung finden die für die Transportversicherung geltenden Vorschriften des § 187 des Gesetzes über den Versicherungsvertrag (VVG) vom 30. Mai 1908 (Reichsgesetzbl. S. 263) mit späteren Änderungen entsprechende Anwendung.**

(2) **Der Nachweis der Versicherung ist durch eine vom Versicherer oder seinem Beauftragten zu erteilende Versicherungsbestätigung nach vorgeschriebenem Muster zu erbringen. Der Versicherer oder sein Beauftragter ist verpflichtet, dem Versicherungsnehmer bei Beginn des Versicherungsschutzes die Versicherungsbestätigung kostenlos zu erteilen.**

(3) **Die Genehmigungsbehörde hat dem Versicherer oder seinem Beauftragten die Nummer und das Ausstellungsdatum der Genehmigungsurkunde mitzuteilen.**

(4) **Versicherungsunternehmen, mit denen Unternehmer des Güterfernverkehrs eine Versicherung nach Absatz 1 abgeschlossen haben, sind verpflichtet, das Erlöschen des Versicherungsverhältnisses gemäß § 158 c VVG unverzüglich der Genehmigungsbehörde anzuzeigen.**

(5) **Die Genehmigungsbehörde kann jederzeit von dem Unternehmer den Nachweis der Versicherung verlangen.**

(6) **Der Unternehmer ist verpflichtet, die Genehmigungsurkunde unverzüglich an die Genehmigungsbehörde zurückzugeben, wenn eine ausreichende Schadensversicherung nicht mehr besteht.**

(7) **Die Einzelheiten des Nachweis- und Meldeverfahrens nach den Ab-**

sätzen 1 bis 4 bestimmt der Bundesminister für Verkehr durch Rechtsverordnung.

Literatur: siehe vor § 1 GüKG.

1 Siehe § 38 KVO. § 27 GüKG gilt nur im Güterfernverkehr (§ 3 GüKG) mit Ausnahme des § 47 III GüKG; beim grenzüberschreitenden Verkehr entfällt die Versicherungspflicht, soweit die CMR (vor Art. 1 CMR Rz. 1) eingreift; ebenso wohl bei Transporten aufgrund der Kabotage-Genehmigung (§ 8 GüKG Rz. 1) durch ausländische Unternehmen (*Basedow*, EuZW **1990**, 305, 306; **a. A.** *de la Motte*, EuZW **1990**, 72). Die Versicherungspflicht hängt nicht davon ab, daß die Güter mit genehmigten Fahrzeugen transportiert werden (§ 3 GüKG Rz. 1).

§ 28 GüKG [Beförderungs- und Begleitpapiere; Fahrtenbuch]

(1) **Unternehmer und Absender haben dafür zu sorgen, daß über jede Sendung die von dem Bundesminister für Verkehr oder durch das Übereinkommen über den Beförderungsvertrag im internationalen Straßengüterverkehr (CMR; Bundesgesetzbl. 1961 II S. 1120) vorgeschriebenen Beförderungs- und Begleitpapiere ausgefertigt werden. Diese sind bei allen Beförderungen im Güterfernverkehr im Kraftfahrzeug mitzuführen.**

(2) **Der Unternehmer hat ein Fahrtenbuch zu führen. Einzelheiten über Form und Ausfüllung dieses Fahrtenbuches bestimmt der Bundesminister für Verkehr durch Rechtsverordnung ohne Zustimmung des Bundesrates.**

(3) **Die Genehmigungsurkunde, das Fahrtenbuch und die Beförderungs- und Begleitpapiere sind auf Verlangen der zuständigen Kontrollbeamten zur Prüfung auszuhändigen.**

(4) **Im Falle des § 12 Abs. 2 sind die Beförderungspapiere auch während der Beförderung auf der Teilstrecke mitzuführen, auf der ein Kraftfahrzeug ohne Genehmigung eingesetzt wird. Absatz 3 ist insoweit anzuwenden.**

Literatur: siehe vor § 1 GüKG.

Die Urkunden sollen die Überwachung der Einhaltung der Tarife und sonstiger Vorschriften ermöglichen. Die Pflichten sind öffentlich-rechtlicher Natur (BGH, NJW **1967**, 1323). Zur privatrechtlichen Verpflichtung der Mitführung von Begleitpapieren §§ 10 ff KVO.

§ 29 GüKG

(nicht abgedruckt)

§ 30 GüKG [Richtigkeit und Vollständigkeit der Beförderungspapiere]

Die an dem Beförderungsvertrag Beteiligten sind für die Richtigkeit und die Vollständigkeit ihrer Angaben und Erklärungen in den Beförderungspapieren verantwortlich.

Literatur: siehe vor § 1 GüKG.

Beteiligt sind Auftraggeber (Absender) und Frachtführer sowie der Emp- 1
fänger, der einen selbständigen Anspruch erworben hat oder sich selbständig verpflichtet hat (§§ 25 II, 27 IV KVO). § 30 GüKG regelt nicht die privatrechtliche, sondern die öffentlich-rechtliche Verantwortlichkeit. Rechtsfolge: § 99 I 4 a GüKG.

§ 31 GüKG

(gestrichen)

§ 32 GüKG [Vermittlung von Beförderungsgeschäften]

(1) **Die Vermittlung von Ladegut oder Laderaum im Güterfernverkehr ist nur solchen Personen gestattet, bei denen eine derartige Tätigkeit im Rahmen ihres Gewerbebetriebes üblich ist. Über solche Geschäfte sind Bücher zu führen, die Angaben über die Parteien, das beförderte Ladegut, das Beförderungsentgelt und die Provision enthalten müssen. Die Bücher und sonstigen Unterlagen über das Vermittlungsgeschäft sind fünf Jahre aufzubewahren.**

(2) **Die am Beförderungsvertrag Beteiligten dürfen, unbeschadet der Vorschriften der §§ 33 bis 36, bei der Beschaffung von Ladegut oder Laderaum sich anderer als der in Absatz 1 bezeichneten Personen nicht bedienen; im übrigen darf den an dem Beförderungsvertrag oder seiner Durchführung Beteiligten eine in bezug auf das Beförderungsentgelt prozentual berechnete Provision nicht gezahlt werden.**

(3) **Der Vermittler hat gegen den Unternehmer Anspruch auf Vermittlungsprovision nur, wenn der Unternehmer bei dem Vermittler nachgesucht hat, ihm die Gelegenheit zum Abschluß eines Beförderungsvertrages nachzuweisen, und wenn der Beförderungsvertrag infolge der Vermittlung zustande gekommen ist. Ist der Vermittler wegen desselben Ladegutes bereits zur Beschaffung von Laderaum im Auftrag eines Dritten tätig, so hat er gegen den Unternehmer keinen Anspruch auf Provision; das gleiche gilt, wenn der Vermittler Beteiligter an den der Beförderung zugrunde liegenden Rechtsgeschäften ist.**

(4) **Die für das Vermittlungsgeschäft gezahlte Provision darf weder ganz noch teilweise in irgendeiner Form an Dritte weitergegeben werden.**

(5) **Der Bundesminister für Verkehr bestimmt im Einvernehmen mit dem Bundesminister für Wirtschaft durch Rechtsverordnung ohne Zustimmung des Bundesrates Höchstsätze für die Bemessung der Vermittlungsprovision und der Entgelte für Nebenleistungen, soweit diese vom Unternehmer gezahlt werden.**

Literatur: siehe vor § 1 GüKG.

1 § 32 GüKG soll die Umgehungen der Tarife erschweren. Es ist daher unerheblich, ob es im Einzelfall zur Unterbietung oder Überschreitung der Tarife kommt (BGH v. 25.3.1987, VersR **1987**, 882, 883). Die Vorschrift gilt nicht für Sonderleistungen außerhalb des Frachtvertrages (BGH v. 27.3.1981, LM GüKG Nr. 61).

1. Voraussetzungen zulässiger Vermittlung

2 Vermittler ist nur, wer von Fall zu Fall (OLG Hamm v. 4.2.1971, MDR **1971**, 600) die Parteien des Beförderungsvertrages zusammenführt. Arbeiten die Parteien eines Beförderungsvertrages bereits im Rahmen einer bestehenden Geschäftsverbindung zusammen, so kann ein Dritter (z. B. der Käufer) nicht mehr als Vermittler auftreten, wenn er sich nur gegen Entgelt damit einverstanden erklärt, daß der Transport mit dem vorgesehenen Frachtführer durchgeführt wird (BGH v. 25.3.1987, VersR **1987**, 882, 883).

Der Vermittler darf nur dann Provision verlangen, wenn die Vermittlung von Ladegut oder Laderaum im Rahmen seines Gewerbebetriebes üblich ist (BGH v. 21.12.1959, BB **1960**, 155). Dies ist bei Abfertigungsspediteuren (§ 33 GüKG) regelmäßig nicht der Fall (OLG Celle v. 13.3.1991, TranspR **1991**, 291). Außerdem setzt der Anspruch gemäß § 32 III GüKG voraus, daß der Frachtführer um Vermittlung nachgesucht hat, daß der Vermittler nicht bereits im Auftrag eines Dritten tätig ist (z. B. als Spediteur). Der Provisionsanspruch scheitert ferner daran, daß der Vermittler Beteiligter an dem der Beförderung zugrundeliegenden Rechtsgeschäft ist. Das ist z. B. der Fall, wenn der Käufer des Gutes den Vertrag zwischen dem Absender (Verkäufer) und Frachtführer vermittelt oder der Abfertigungsspediteur vermittelt (*Münz*, § 32 GüKG Rz. 4). Beteiligt ist der Vermittler aber auch schon dann an dem der Beförderung zugrundeliegenden Rechtsgeschäft, wenn er wegen der Provision nicht nur am Zustandekommen des Beförderungsvertrages interessiert ist, sondern ihm im eigenen wirtschaftlichen Interesse auch an dem Niedrighalten der Transportkosten (und sei es auch mit Hilfe einer Provision) gelegen ist (BGH, NJW **1974**, 1130; *v. Tegelen,* § 32 GüKG, Anm. 3; vgl. auch OLG Celle v. 1.11.1989, TranspR **1990**, 26, 28). Deshalb erhält keine Provision, wer in Wirklichkeit, sei es auch als Arbeitnehmer, „Herr" des Transportgeschäftes ist (BGH v. 9.7.1969, MDR **1970**, 827) oder als Geschäftsbesorger für den Absender Aufträge erteilt (§ 32 III 2 GüKG) oder wirtschaftlich maßgeblich an einer der Parteien des Beförderungsverhältnisses (§ 30 GüKG) beteiligt ist (BGH v. 9.7.1969, LM GüKG Nr. 36). Die unerlaubte Vermittlung ist auch dann verboten, wenn sie im Einzelfall nicht zu einer Unterschreitung des tariflichen Entgelts führt (BGH v. 25.3.1987, VersR **1987**, 882, 883). Beachte § 22 II 3, 4 GüKG zu sonstigen Leistungen außerhalb des Vertrages.

2. Rechtsfolgen erlaubter Vermittlung

Der Vermittler ist in der Regel Handelsmakler (§ 93 HGB), wenn er die **3**
Vermittlung gewerbsmäßig betreibt, sonst Zivilmakler (§ 652 BGB). Er kann auch Abschlußvollmacht besitzen. In Abweichung von § 652 BGB entsteht der Provisionsanspruch nicht schon bei Abschluß des Beförderungsvertrages, sondern nur, wenn der Frachtführer den Vermittler eingeschaltet hat und der Vermittler nicht schon von einem Dritten beauftragt worden war (§ 32 III GüKG). Höchstsätze existieren derzeit nicht (§ 32 V GüKG). Die Regelung, daß Abreden über prozentuale Provisionen zugunsten von Absendern, Empfängern oder sonstigen an der Durchführung des Frachtvertrages Beteiligten ungültig sind (§ 32 II 2. HS GüKG), dient der Klarstellung, denn diese Personen dürfen ohnehin nicht vermitteln (Rz. 2). Deshalb ist in solchen Fällen auch ein anders berechnetes Provisionsversprechen unwirksam (Rz. 4).

3. Rechtsfolgen unerlaubter Vermittlung

Der Vermittlungsvertrag ist unwirksam (§ 134 BGB); denn § 32 III GüKG **4**
geht von der erlaubten Vermittlung aus. Der Provisionsanspruch kann auch nicht auf §§ 812, 818 II BGB gestützt werden, wenn dem Vermittler die Unzulässigkeit der Vermittlung bekannt war (§ 817 S. 2 BGB; str.). Andererseits kann der Frachtführer nicht geschuldete Provisionen zurückfordern, selbst wenn er die Unzulässigkeit der Vermittlung gekannt hat. § 23 II 4 GüKG ist analog heranzuziehen.

4. Weitergabe der Provision

§ 32 IV GüKG gilt für die erlaubte und die unerlaubte Vermittlung. Die **5**
Art der Weitergabe ist gleichgültig; zulässig ist aber die normale Gewinnausschüttung (**a. A.** *Münz*, GüKG, § 32 Rz. 5). Verträge über unerlaubte Provisionsweitergabe sind unwirksam (§ 134 BGB). Der Vermittler kann im Rahmen des § 817 S. 2 BGB die weitergegebene Provision zurückfordern.

Vierter Titel. Abfertigungsdienst

§ 33 GüKG [Abfertigungsspediteur]

Abfertigungsspediteur ist ein Spediteur, der im Güterfernverkehr Transporte abfertigt.

Literatur: siehe vor § 1 GüKG.

Die §§ 33 ff GüKG dienen der Tarifsicherung (zur Umgehung, § 5 GüKG). **1**
§ 33 GüKG enthält die Legaldefinition des Abfertigungsspediteurs. Spediteur iSd § 33 GüKG ist der Spediteur iSd § 407 HGB (*Hein/Eichhoff/Pukall/Krien*,

Güterkraftverkehrsrecht, § 33 GüKG Anm. 5 b; abw. *Münz,* § 33 GüKG Rz. 1), nicht der Gelegenheitsspediteur (§ 415 HGB). Der Umstand, daß der Spediteur die Frachtverträge nicht immer im eigenen Namen abschließt, ist unerheblich.

Der Abfertigungsspediteur muß bestimmte Leistungen erbringen. § 36 GüKG ermächtigt den Bundesminister für Verkehr, diese Aufgaben festzusetzen. Von dieser Ermächtigung ist bislang nicht Gebrauch gemacht worden. Die für den Abfertigungsspediteur kennzeichnende Tätigkeit ergibt sich daher aus der Verkehrsübung. Hierzu zählen insbesondere die in § 1 der VO über die Werbe- und Abfertigungsvergütung (BAnz. **1985**, 5641; **1988**, 1534) aufgeführten Dienste (vgl. ferner BGH v. 27.3.1981, LM GüKG Nr. 61). Sie müssen sich auf das Ladeaufkommen des Abfertigungsspediteurs beziehen (BGH v. 27.3.1981, LM GüKG Nr. 61). Diese Dienste werden nicht dem Versender, sondern dem Frachtführer geschuldet. Im Einzelfall müssen sie nicht im vollen Umfang erbracht werden (*Münz*, GüKG, § 35 Rz. 2). Der Abfertigungsspediteur ist ohne besondere Abrede nicht gehalten, den Betrag, den er vom Versender für die Transportaufwendungen erhält, an den Frachtführer weiterzuleiten. Mißlich an dieser Verordnung ist, daß der Gesetzgeber dadurch Loyalitätskonflikte zu Lasten des Versenders institutionalisiert, z. B. durch Werbeverpflichtung und die Vergütung für Tätigkeiten, die ohnehin dem Versender gegenüber geschuldet sind und von diesem vergütet werden.

§ 34 GüKG [Bestellung des Abfertigungsspediteurs]

(1) **Der Abfertigungsspediteur wird von der höheren Landesverkehrsbehörde nach Anhörung der Bundesanstalt für den Güterfernverkehr (§ 53), der Vertretungen des gewerblichen Güterfernverkehrs und der Spedition und Lagerei bestellt.**

(2) **Bestellt werden kann nur eine handelsgerichtlich eingetragene Speditionsfirma, die zuverlässig ist und nach ihren betrieblichen und wirtschaftlichen Einrichtungen die Gewähr für die Erfüllung der Aufgaben des Abfertigungsdienstes bietet.**

(3) **Auf die Zurücknahme der Bestellung findet § 102 b Abs. 1 und 2 Nr. 4, 7 und 9 entsprechende Anwendung. Die Bestellung kann außerdem zurückgenommen werden, wenn der Abfertigungsspediteur wiederholt gegen die Abfertigungsordnung (§ 36) verstoßen hat.**

(4) **Für die Abfertigungsspediteure des Kraftverkehrs der Deutschen Bundesbahn finden die Vorschriften der §§ 33 bis 36 entsprechende Anwendung mit der Maßgabe, daß die Abfertigungsspediteure durch die Deutsche Bundesbahn nach Anhörung der höheren Landesverkehrsbehörde bestellt werden. Einer Anhörung der Vertretung des gewerblichen Güterfernverkehrs bedarf es nicht.**

Literatur: siehe vor § 1 GüKG.

1 Die Bestellung ist ein privatrechtsgestaltender Verwaltungsakt, der das generelle Verbot der Vereinbarung von Abfertigungsentgelten (§ 22 GüKG) beseitigt (*Münz,* § 34 GüKG Rz. 2).

§ 35 GüKG [Entgelt des Abfertigungsspediteurs]

Der Abfertigungsspediteur erhält von dem Unternehmer des Güterfernverkehrs für seine Tätigkeit ein Entgelt, das der Bundesminister für Verkehr im Einvernehmen mit dem Bundesminister für Wirtschaft durch Rechtsverordnung ohne Zustimmung des Bundesrates festsetzt.

Literatur: siehe vor § 1 GüKG.

Der Anspruch auf Abfertigungsentgelt entspringt einer besonderen vertraglichen Abrede zwischen Spediteur und Frachtführer; sie kann daher im Fall des § 412 HGB nicht gefordert werden (*Münz*, GüKG, § 35 Rz. 2). Hat der Spediteur den Beförderungsvertrag im eigenen Namen auf eigene oder auf Rechnung des Versenders geschlossen, so ist der Abfertigungsvertrag Teil des Beförderungsvertrags. Denkbar ist aber auch, daß der Spediteur mit dem Frachtführer nur einen Abfertigungsvertrag schließt. Der Vertrag bedarf keiner Form; er kann stillschweigend zustandekommen. Der entgeltliche Abfertigungsvertrag ist gemäß § 34 GüKG nur wirksam, wenn er von einem bestellten Abfertigungsspediteur geschlossen wird. Zum Vertrag mit einem nicht konzessionierten Frachtführer BGH, NJW **1967**, 1323. Für die Höhe der Vergütung ist primär die Vereinbarung maßgeblich. Die VO v. 29.5.1985 (BAnz. **1985**, 5641) geändert durch VO v. 23.3.1988 (BAnz. **1988**, 1534) über die Werbe- und Abfertigungsvergütung setzt Höchstgrenzen fest. Es gilt § 22 II GüKG (BGH v. 27.3.1981, LM GüKG Nr. 61). Neben der Abfertigungsvergütung kann nicht zusätzlich eine Vermittlungsprovision (§ 32 GüKG) gefordert werden. Der Abfertigungsspediteur ist grundsätzlich weder verpflichtet, einen Abfertigungsvertrag zu schließen, noch die Vergütung zu verlangen, da nur Höchstvergütungen festgesetzt sind (vgl. § 22 GüKG Rz. 6; **a. A.** *v. Tegelen,* § 35 GüKG; BGH, NJW **1967**, 1323 zur alten Rechtslage). Wurde die Abfertigungsleistung von einem nicht zum Abfertigungsspediteur bestellten Unternehmen erbracht, so greift § 22 II, III GÜKG ein. Der Abfertigungsvertrag ist nichtig. An die Stelle der Vergütungsvereinbarung tritt also nicht die tarifgemäße Vergütung. 1

Ansprüche des Spediteurs aus ungerechtfertigter Bereicherung können gemäß § 817 S. 2 BGB ausgeschlossen sein. Auf Ansprüche des Frachtführers aus den §§ 812 ff BGB ist § 23 III 4 GüKG analog anzuwenden. Zu Diensten, die nicht das eigene Ladeaufkommen des Spediteurs betreffen, BGH v. 27.3.1981, LM GüKG Nr. 61.

§ 36 GüKG [Aufgaben, Rechte und Pflichten des Abfertigungsspediteurs]

Die Aufgaben des Abfertigungsspediteurs bei der Durchführung des Güterfernverkehrs, insbesondere seine Rechte und Pflichten, werden durch eine Abfertigungsordnung geregelt, die der Bundesminister für Verkehr durch Rechtsverordnung ohne Zustimmung des Bundesrates erläßt. Vor Erlaß der Abfertigungsordnung ist der Verwaltungsrat der Bundesanstalt für den Güterfernverkehr (§ 53) zu hören.

Literatur: siehe vor § 1 GüKG.

Die VO wurde bislang nicht erlassen.

Dritter Abschnitt. Vorschriften für besondere Verkehre

Erster Titel. Sondervorschriften für den Umzugsverkehr

§ 37 GüKG [Erlaubnispflicht des Umzugsverkehrs]

Die Beförderung von Umzugsgut, Erbgut und Heiratsgut mit einem Kraftfahrzeug für andere (Umzugsverkehr) ist erlaubnispflichtig. Die Erlaubnis wird dem Unternehmer für seine Person zeitlich unbeschränkt erteilt.

Literatur: siehe vor § 1 GüKG.

1 Zu den Begriffen der Beförderung, des Guts und des Kraftfahrzeugs s. § 1 GüKG Rz. 1 ff. Beachte § 4 GüKG samt FreistellungsVO. Der Gesetzgeber wollte mit den §§ 37 ff GüKG der Entscheidung des BVerfG (NJW **1976**, 179) Rechnung tragen (BT-Drucksache IX/1909 S. 13).

2 Umzugsgut ist eine Sachgesamtheit, die bereits ganz oder teilweise als Gesamtheit einem einheitlichen Zweck gedient hat und weiterhin diesem Zweck zu dienen bestimmt ist (z. B. Wohnungseinrichtung, einschließlich der in Nebenräumen aufbewahrten Sachen). Die Interpretation des Begriffs „Umzugsgut" hat sich an den Gründen zu orientieren, die zur Freistellung des Umzugsverkehrs von der Kontingentierung des Straßenfernverkehrs geführt haben. Das BVerfG (NJW **1976**, 179, 181) knüpft an den Transport mit Spezialfahrzeugen des Möbelverkehrs an. Umzugsverkehr ist daher der Transport von Sachgesamtheiten, die nach der Verkehrsanschauung typischerweise mit für die Möbelbeförderung besonders eingerichteten Fahrzeugen erfolgt. Im Licht der ratio des § 40 GüKG (Verbraucherschutz; § 40 GüKG Rz. 1) gehört zum Umzugsverkehr, jedenfalls im Sinn der GüKUMT, nicht der Transport von Sachgesamtheiten, die gewerblichen Zwecken dienen oder die Personen iSd § 24 Nr. 2 AGBG gehören (**a. A.** in Übernahme der Rechtslage vor der Neuformulierung des GüKG die h. M.). Kein Umzugsgut sind daher neu gekaufte Sachen, die zu einem Zweitwohnsitz transportiert werden sollen (OLG Hamburg, VersR **1985**, 1155). Kein Umzugsgut liegt ferner vor, falls die zu befördernden Güter keine Sachgesamtheit mehr darstellen, z. B. falls nur einzelne persönliche Gegenstände transportiert werden (*Bischof,* VersR **1981**, 708). Es ist unerheblich, ob die Güter in besonders für die Möbelbeförderung eingerichteten Fahrzeugen oder z. B. in einem Container transportiert werden (vgl. auch zur CMR OLG Düsseldorf v. 3.5.1984, TranspR **1984**, 198, 199; OLG Hamburg, VersR **1980**, 1075). Unklar ist, ob Umzugsgut zur längeren Verwendung am neuen Aufstellungsort befördert werden muß. Im Licht der Entscheidung des BVerfG (NJW **1976**, 179), die zur Neufassung der §§ 37 ff GüKG geführt hat, ist dies zu verneinen (**a. A.** *Bischof,* GüKUMT, S. 13).

Erbgut ist eine Gesamtheit von Sachen, die dem Erblasser ganz oder zum **3**
Teil als Gesamtheit gedient haben; Heiratsgut sind Sachen, die aus Anlaß der Eheschließung in die Wohnung der Eheleute transportiert werden und die der Ersteinrichtung der ehelichen Wohnung dienen. Der Transport dieser Güter ist erlaubnisbedürftig, wenn er für andere erfolgt (Umzugsverkehr; Ausnahme: § 4 GüKG). §§ 40 f GüKG gelten auch für den Umzugsverkehr, der ohne Erlaubnis vorgenommen wird (vgl. § 22 GüKG Rz. 3).

§§ 38 – 39 GüKG

(Nicht abgedruckt)

§ 40 GüKG [Tarife; Tarifkommission für den Umzugsverkehr]

(1) **Entgelte für die Beförderung und für Nebenleistungen im Umzugsverkehr sind Mindest-/Höchstentgelte, falls in dem Tarif nichts anderes bestimmt ist. Auf den Tarif sind die §§ 20 und 22 Abs. 1 Satz 1 erster Halbsatz und Abs. 3 anzuwenden. Falls der Tarif Mindest-/Höchstentgelte vorsieht, gilt außerdem § 22 Abs. 2. Für das Tarifbildungsverfahren gilt § 20 a.**

(2) **Der Bundesminister für Verkehr wird ermächtigt, durch Rechtsverordnung ohne Zustimmung des Bundesrates eine Tarifkommission für den Umzugsverkehr zu errichten. Die §§ 21, 21 a und 21 b gelten entsprechend mit der Maßgabe, daß die Mitglieder der Tarifkommission und ihre Stellvertreter auf Vorschlag von Angehörigen oder Verbänden des Umzugs- und Möbelverkehrs und die Mitglieder des beratenden Ausschusses auf Vorschlag der Verbände der Industrie, des Handels, der Spedition, des Handwerks und der Verbraucher berufen werden.**

(3) **Die Tarifkommission für den Umzugsverkehr ist auch zuständig zur Festsetzung von Tarifen für die Beförderung von Handelsmöbeln in besonders für die Möbelbeförderung eingerichteten Fahrzeugen im Güterfernverkehr und Güternahverkehr.**

Literatur: siehe vor § 1 GüKG.

§ 40 GüKG dient dem Verbraucherschutz gerade auch durch Schutz vor **1**
ruinösem Wettbewerb (BT-Drucksache IX/1909, S. 14). § 40 GüKG unterscheidet nicht zwischen Fern- und Nahverkehr. Aufgrund des § 40 GüKG ist der GüKUMT (Teil G des Kommentars) erlassen worden, der Entgelte und Beförderungsbedingungen (§§ 40 I 2, 20 I GüKG) vorsieht. Die Legitimation für den Erlaß von Beförderungsbedingungen ergibt sich aus der Verweisung des § 40 I 2 GüKG auf § 20 I GüKG. Die Beförderungsbedingungen (GüKUMT) können nur abbedungen werden (§§ 40 I 2, 22 I, III GüKG), soweit dies in dem GüKUMT vorgesehen ist (vgl. § 22 GüKG Rz. 3). Zur Bindungswirkung der Entgelte und zu unzulässigen Umgehungen s. § 22 GüKG. Ein Tarifausgleich (§ 23 GüKG) erfolgt nicht. Die §§ 32, 84 h I, 33 ff GüKG sind unanwendbar. Zur Vereinbarkeit mit dem EG-Recht, § 20 a GüKG Rz. 2.

2 Die Beförderung von Handelsmöbeln erfolgt im Güterfernverkehr (§ 3 GüKG) oder im Güternahverkehr (§ 2 GüKG). Der GüKUMT stellt aufgrund der §§ 40 III, 20 a, 84 f GüKG den Transport von Handelsmöbeln in objektiv (**a. A.** *Hein/Eichhoff/Pukall/Krien,* § 40 GüKG Anm. 6 b) besonders für die Möbelbeförderung eingerichteten Fahrzeugen dem Umzugsverkehr weitgehend gleich. Im übrigen gelten in Hinblick auf diese Transporte je nach Transportart die §§ 8 ff oder §§ 80 ff GüKG.

§ 41 GüKG [Verbot des Haftungsausschlusses; Versicherungspflicht]

§ 26 über das Verbot des Haftungsausschlusses und der Haftungsbeschränkung und § 27 über die Versicherungspflicht gelten entsprechend. § 29 über die Buchführungs- und Aufbewahrungspflicht gilt entsprechend mit der Maßgabe, daß der Unternehmer die Zweitschriften seiner Rechnungen fünf Jahre nach Rechnungsausstellung aufzubewahren hat.

Literatur: siehe vor § 1 GüKG.

Vgl. Erl. zu §§ 26, 27 GüKG. § 41 GüKG gilt sowohl im Güterfern- als auch im Güternahtransportbereich.

§ 42 – 44 GüKG

(Nicht abgedruckt)

Zweiter Titel. Sondervorschriften für den Güterfernverkehr der Deutschen Bundesbahn

§ 45 GüKG

(Nicht abgedruckt)

§ 46 GüKG [Nichtanwendbarkeit von Vorschriften]

Für den Güterfernverkehr der Deutschen Bundesbahn mit bundesbahneigenen Kraftfahrzeugen gelten nicht die §§ 8 bis 15, 17 bis 19 b, 23 mit Ausnahme des Absatzes 1 Satz 1, ferner die §§ 27, 58 und 102 b.

Literatur: siehe vor § 1 GüKG.

1 Es gelten also insbesondere die §§ 5, 6, 20 – 22, 32, 33 ff GüKG. Es besteht somit Tarifzwang (§§ 20, 22 III GüKG) und das Verbot, die Tarife zu umgehen. Ausnahme: § 47 GüKG.

§ 47 GüKG [Beschäftigung von Güterfernverkehrsunternehmen]

(1) **Die Deutsche Bundesbahn darf zur Durchführung ihres Güterfernverkehrs Unternehmer des genehmigten Güterfernverkehrs beschäftigen. Falls sie solche Unternehmer beschäftigt, hat sie ihnen ein Entgelt in Höhe der nach dem Tarif (§ 20) zu berechnenden Fracht zu zahlen. Hiervon dürfen als Ausgleich für die Leistungen der Deutschen Bundesbahn, insbesondere für die Bereitstellung des Ladegutes, die Fahrzeugdisposition, die Abwicklung des Frachtvertrages und die Abrechnung des Transports mit dem Unternehmer, Abzüge gemacht werden, die der Bundesminister für Verkehr durch Rechtsverordnung ohne Zustimmung des Bundesrates festsetzt. Der Bundesminister für Verkehr kann in Fällen besonderen öffentlichen Interesses Ausnahmen von Satz 2 zulassen.**

(2) **Bei Güterbeförderungen nach Absatz 1 ist Frachtführer die Deutsche Bundesbahn.**

(3) **Die Unternehmer des genehmigten Güterfernverkehrs unterliegen bei Güterbeförderungen nach Absatz 1 nicht den Vorschriften der §§ 20 und 23 Abs. 1 sowie der §§ 26, 27 und 58; die Vorschriften des § 23 Abs. 2 bis 4 und der §§ 28 und 29 finden entsprechende Anwendung. Die Verpflichtungen nach den §§ 20, 23 Abs. 1 Satz 1 und § 26 treffen an Stelle der Unternehmer die Deutsche Bundesbahn.**

(4) **Die von der Deutschen Bundesbahn über die Beschäftigung von Unternehmern des genehmigten Güterfernverkehrs abgeschlossenen Verträge dürfen nicht verlängert oder erneuert werden, soweit sie mit diesem Gesetz in Widerspruch stehen.**

Literatur: siehe vor § 1 GüKG.

Die Bundesbahn ist im Verhältnis zum Absender/Empfänger Frachtführer 1
(§ 47 II, III 2. HS GüKG). Die in § 47 GüKG genannten Unternehmer sind Unterfrachtführer oder Parteien von Lohnfuhrverträgen (§ 425 HGB Rz. 7). Die in § 47 III 2 GüKG getroffene Regelung ergibt sich schon aus § 46 GüKG.

Dritter Titel. Sondervorschriften für den Werkverkehr

§ 48 GüKG [Werkverkehr]

(1) **Werkverkehr ist jede Beförderung von Gütern für eigene Zwecke. Er ist nur zulässig, wenn folgende Voraussetzungen erfüllt sind:**

1. Die beförderten Güter müssen zum Verbrauch oder zur Wiederveräußerung erworben oder zum Eigengebrauch oder zur gewerbsmäßigen Vermietung oder zur Veredelung oder Bearbeitung oder Verarbeitung bestimmt oder bestimmt gewesen oder von dem Unternehmen erzeugt, gefördert oder hergestellt sein.

2. Die Beförderung muß der Heranschaffung der Güter zum Unternehmen, ihrer Fortschaffung vom Unternehmen oder ihrer Überführung entweder innerhalb des Unternehmens oder zum Zweck des Eigengebrauchs außerhalb des Unternehmens dienen.

3. Die Kraftfahrzeuge müssen bei der Beförderung von Angehörigen des Unternehmens, die nicht Angestellte anderer Unternehmen oder selbständige Unternehmer sein dürfen, bedient werden. Werden im Huckepackverkehr die Güter mit der Eisenbahn oder mit einem Binnenschiff in einem Kraftfahrzeug befördert, so darf das Unternehmen bei der An- oder Abfuhr zu oder von der Eisenbahn oder einem Binnenschiff sich auch anderer als der in Satz 1 genannten Personen bedienen.

4. Die Kraftfahrzeuge müssen auf den Namen des Unternehmers zugelassen sein und ihm gehören oder von ihm auf Abzahlung gekauft sein; dies gilt nicht bei Einsatz eines Ersatzfahrzeugs für die Dauer eines kurzfristigen Ausfalls des sonst im Werkverkehr verwendeten Kraftfahrzeugs und für Lastkraftwagen ohne Anhänger mit einer zulässigen Nutzlast von weniger als 4 t. Der Bundesminister für Verkehr bestimmt durch Rechtsverordnung mit Zustimmung des Bundesrates die höchstzulässige Dauer eines solchen Einsatzes sowie das seiner Überwachung dienende Verfahren.

5. Die Beförderung darf nur eine Hilfstätigkeit im Rahmen der gesamten Tätigkeit des Unternehmens darstellen.

(2) **Werkfernverkehr ist Werkverkehr außerhalb der in § 2 Abs. 2 bestimmten Zone, § 2 Abs. 1 Satz 2 und § 3 finden entsprechende Anwendung.**

Literatur: siehe vor § 1 GüKG.

1 Werkverkehr ist in der Regel auch der Transport von Gütern im sog. Streckengeschäft (str.; *v. Tegelen,* § 48 GüKG Anm. 3; *Münz*, GüKG, § 48 Rz. 2 m. Nachw. zur unveröffentlichten Rechtsprechung). Der Werkverkehr darf nur eine Nebenfunktion im Rahmen der von kaufmännischer Kalkulation und Gewinnerwartung geprägten Handelstätigkeit darstellen. Daher geht es nicht um Werkverkehr, wenn es den Vertragsparteien wirtschaftlich um Beförderung zu tun ist und der Händlerstellung des Transporteurs keine wirtschaftlich erhebliche Bedeutung zukommt (BGH v. 14.3.1991, VersR **1991**, 940, 941; OLG Hamburg v. 28.9.1989, TranspR **1990**, 421, 423). Die Weiterveräußerung iSd § 48 I 1 GüKG muß nicht stets entgeltlich erfolgen; die ,,gesamte Tätigkeit" in § 48 I 5 GüKG ist auf mit der konkreten Beförderung verbundene Tätigkeiten, nicht auf sämtliche Geschäftstätigkeiten bezogen (BGH v. 14.3.1991, VersR **1991**, 940, 941). Mietet ein ,,Absender" ein Kfz mit Fahrer ,,an" und gliedert er sie in den eigenen Betrieb ein, so ist dies unzulässiger Werksverkehr (§ 48 I 3, 4 GüKG; BGH, NJW **1975**, 780). Daher müssen auch Lohnfuhrunternehmen als Frachtführer des Güterfern- oder -nahverkehrs tätig werden und sich den dafür geltenden Vorschriften unterwerfen (BGH, aaO). In den neuen Bundesländern gilt bis zum 31.12.1992 eine modifizierte Fassung des § 48 I 4 GüKG (Einigungsvertrag, BGBl. II, **1990,** 1223).

§ 48 a GüKG [Zur Wiederveräußerung erworbene Güter]

(1) **Güter werden nur dann zur Wiederveräußerung im Sinne von § 48 Abs. 1 Nr. 1 erworben, wenn sie im Rahmen einer geschäftlichen Tätigkeit gekauft werden, die ein selbständiges, innerhalb üblicher Geschäftsbezie-**

hungen unabhängiges Handeln des Unternehmens darstellt und nicht von anderen wahrgenommen wird, die an Geschäften über diese Güter beteiligt sind.

(2) **Sind die beförderten Güter nicht zur Wiederveräußerung im Sinne von Absatz 1 erworben und ist auch keine der anderen Voraussetzungen des § 48 Abs. 1 Nr. 1 erfüllt, so finden die Bestimmungen über die Güterbeförderung für andere Anwendung.**

Literatur: siehe vor § 1 GüKG.

BGH, LM GüKG Nr. 68. Vgl. auch OLG Hamburg v. 26.4.1990, TranspR **1990**, 337, 338 (BSchiffG).

§ 49 GüKG [Beförderung von Gütern durch Handelsvertreter und Kommissionäre]

(1) **Den Bestimmungen über den Werkverkehr unterliegt auch die Beförderung von Gütern durch Handelsvertreter, Handelsmakler und Kommissionäre, soweit**

1. **deren geschäftliche Tätigkeit sich auf diese Güter bezieht,**
2. **die Voraussetzungen nach § 48 Abs. 1 Nr. 2 bis 5 vorliegen und**
3. **ein Lastkraftwagen von nicht mehr als 4 t Nutzlast ohne Anhänger verwendet wird.**

§§ 50 – 52 GüKG

(nicht abgedruckt; §§ 50 a – 50 f gestrichen)

Vierter Abschnitt. Bundesanstalt für den Güterfernverkehr

§§ 53 – 79 GüKG

(nicht abgedruckt; §§ 67, 77 – 79 gestrichen)

Fünfter Abschnitt. Güternahverkehr

Erster Titel. Allgemeiner Güternahverkehr

§ 80 GüKG [Erlaubnispflicht]

Wer Güternahverkehr gewerbsmäßig betreiben will (allgemeiner Güternahverkehr), bedarf der Erlaubnis. Die Erlaubnis wird dem Unternehmer für seine Person zeitlich unbeschränkt erteilt; sie kann auf Antrag auf bestimmte Beförderungsfälle beschränkt werden.

Literatur: siehe vor § 1 GüKG.

1 Begriff des Güternahverkehrs § 2 GüKG; Ausnahmen: § 4 GüKG. Das Zulassungserfordernis verstößt nach Ansicht des BVerfG nicht gegen Art. 12 GG (*Piper,* Höchstrichterliche Rechtsprechung, aaO, Rz. 169 m. Nachw.). Im grenzüberschreitenden kombinierten Verkehr gilt die Erlaubnis in beschränktem Umfang auch für den Fernverkehr (§ 5 VO v. 18.2.1988, BGBl. I, **1988,** 198 [abgedr. *Hein/Eichhoff/Pukall/Krien,* Güterkraftverkehrsrecht, C 484]).

§§ 81 – 83 a GüKG

(nicht abgedruckt; § 83 a GüKG gestrichen)

§ 84 GüKG [Beförderungsentgelte; Tarifkommissionen]

(1) **Entgelte für die Beförderung und für Nebenleistungen im Güternahverkehr sind Höchstentgelte, falls in dem Tarif nichts anderes bestimmt ist. In dem Tarif kann die Abrechnung oder die Nachprüfung der Abrechnung über eine Abrechnungsstelle angeordnet und die Entrichtung der dafür zu zahlenden Gebühren geregelt werden. Auf den Tarif sind die Vorschriften des § 20 Abs. 2 und des § 22 Abs. 1 Satz 1 erster Halbsatz, Abs. 2 und 3 unmittelbar sowie die Vorschriften des § 20 Abs. 1 entsprechend anzuwenden.**

(2) **Es werden Tarifkommissionen gebildet für**

1. den allgemeinen Güternahverkehr,

2. den Speditionsnahverkehr.

Anstelle dieser Tarifkommissionen kann eine gemeinsame Tarifkommission gebildet werden.

(3) **Für den Güterfernverkehr und den Güternahverkehr oder für ihre Zweige können gemeinsame Tarifkommissionen gebildet werden. In diesem Fall gelten die §§ 20 a, 21 a und 21 b unmittelbar sowie § 21 Abs. 2 entsprechend.**

Literatur: siehe vor § 1 GüKG.

1 Der Tarifzwang gemäß den §§ 84 ff GüKG dient insbesondere dem Interesse der Allgemeinheit an der Erhaltung eines leistungsfähigen Güternahverkehrs (BGH v. 5.2.1987, TranspR **1987**, 332).

In § 84 GüKG ist nur von den Entgelten, nicht von den sonstigen Beförderungsbedingungen (dazu § 84 f V GüKG) die Rede. Die Entgelte für den Güternahverkehr iSd § 80 GüKG sind in dem GNT, Landessondertarifen (§ 84 g GüKG) und GüKUMT geregelt, soweit nicht der GNT Einschränkungen enthält oder ein Fall des § 84 g GüKG vorliegt. Die Tarife, die auch für Lohnfuhrverträge gelten (BGH, NJW **1975**, 780), sind zwingender Natur und dürfen nicht umgangen werden (näher dazu Erl. zu § 22 GüKG). Dies ist mit Art. 12 GG vereinbar (*Liebert,* BB **1987**, 1754, 1755 m. Hinweisen auf

Entscheidungen des BVerfG vom 23.2.1984 und BGH, NJW **1974**, 1246). Hat der Frachtführer ein zu niedriges Entgelt vereinbart, so kann er die Differenz zum Tarif innerhalb der Verjährungsvorschriften (§ 196 BGB) nachfordern (§ 22 III GüKG; BGH, LM GüKG Nr. 65 = MDR **1983**, 464). Unzulässige Vergünstigungen kann er von Dritten ungeachtet der §§ 814, 817 BGB gemäß § 812 BGB zurückfordern (BGH v. 25.3.1987, VersR **1987**, 882, 885). Der Frachtführer darf über seine Tarifansprüche nicht frei verfügen, obwohl im Güternahverkehr § 23 GüKG nicht anwendbar ist. Deshalb sind nachträgliche Vergleiche, die nicht der Behebung unzumutbarer Ungewißheit dienen (z. B. die tatsächlichen Grundlagen der Berechnung des Entgelts betreffen), unzulässig (BGH v. 9.12.1982, LM GüKG Nr. 65). Verzichte sind unwirksam (BGH v. 5.2.1987, TranspR **1987**, 332), ebenso die Vereinbarung einer Verjährungsfrist, die in einer Vielzahl von Fällen den Vergütungsanspruch verjähren läßt, bevor der Nachforderungstatbestand entdeckt wird (BGH v. 19.5.1988, TranspR **1988**, 335, 338). In der Regel steht dem Absender auch nicht der *Einwand der Arglist* gegen Nachforderungen zu (BGH v. 7.12.1973, BB **1974**, 958; LM GNT Nr. 15; MDR **1979**, 909; TranspR **1984**, 199; v. 25.3.1987, VersR **1987**, 882, 885; v. 5.2.1987, TranspR **1987**, 332, 333; *Liebert,* BB **1987**, 1754). Ausnahmen kommen dort in Betracht, wo der Absender die Tarife nicht kennen mußte, weil er nur gelegentlich mit Transporten zu tun hatte (BGH, TranspR **1984**, 199) und der Absender dem Frachtführer in besonderer Weise entgegengekommen ist (BGH, MDR **1979**, 909; LM GüKG Nr. 37). Vgl. ferner BGH v. 20.11.1986, VersR **1987**, 282; v. 25.3.1987, VersR **1987**, 882, 885. Dem Absender kann ein Schadensersatzanspruch aus c.i.c. zustehen, mit dem er aufrechnen kann (§ 22 GüKG Rz. 3).

§§ 84 a – 84 e GüKG

(nicht abgedruckt)

§ 84 f GüKG [Genehmigung der Beschlüsse]

(1) **Die Beschlüsse der Tarifkommissionen und der erweiterten Tarifkommissionen bedürfen der Genehmigung des Bundesministers für Verkehr. Er entscheidet im Einvernehmen mit dem Bundesminister für Wirtschaft.**

(2) **Der Bundesminister für Verkehr soll, sofern er nicht vorher entscheidet, gegenüber der Tarifkommission innerhalb von drei Wochen und gegenüber der erweiterten Tarifkommission innerhalb von zwei Wochen nach Eingang des Beschlusses sich äußern und innerhalb von zwei Monaten nach Eingang des Beschlusses der Tarifkommission und innerhalb von einem Monat nach Eingang des Beschlusses der erweiterten Tarifkommission über die Genehmigung entscheiden.**

(3) **Der Bundesminister für Verkehr kann ohne Mitwirkung der Tarifkommissionen oder der erweiterten Tarifkommissionen Beförderungsentgelte festsetzen, wenn Gründe des allgemeinen Wohls es erfordern oder wenn eine Tarifkommission oder eine erweiterte Tarifkommission ein**

Beförderungsentgelt nicht beschließt; er bedarf hierzu des Einvernehmens mit dem Bundesminister für Wirtschaft.

(4) **§ 20 a Abs. 5 gilt entsprechend.**

(5) **Der Bundesminister für Verkehr erläßt die von ihm nach diesen Vorschriften genehmigten oder festgesetzten Tarife durch Rechtsverordnung ohne Zustimmung des Bundesrates. Er kann Rechtsverordnungen, die Beförderungsentgelte und alle anderen zur Bestimmung des Beförderungsentgelts notwendigen Angaben enthalten, aufheben, wenn das allgemeine Wohl es erfordert; er bedarf hierzu des Einvernehmens mit dem Bundesminister für Wirtschaft.**

Literatur: siehe vor § 1 GüKG.

1 § 84 f GüKG ist eine Parallelvorschrift zu § 20 a GüKG. Gemäß § 84 f IV GüKG iVm § 20 a GüKG ist der Bundesminister für Verkehr berechtigt, im Wege der Rechtsverordnung auch Beförderungsbedingungen zu erlassen. Dies ist bislang nicht geschehen, so daß auf die Beziehungen Absender/Empfänger/Frachtführer grundsätzlich die §§ 425 ff HGB anzuwenden sind, soweit diese nicht vertraglich derogiert sind (z. B. ADSp, AGNB). Zur Vereinbarkeit mit dem EG-Recht, § 20 a GüKG Rz. 2.

§ 84 g GüKG

(nicht abgedruckt)

§ 84 h GüKG [Entgelt des Abfertigungsspediteurs]

(1) **§ 32 sowie die §§ 33 und 34 finden entsprechende Anwendung.**

(2) **Der Abfertigungsspediteur im Güternahverkehr erhält von dem Unternehmer des Güternahverkehrs für seine Tätigkeit ein vom Bundesminister für Verkehr festgesetztes Entgelt. Die Einzelheiten über die Höhe des Entgelts und die Voraussetzungen seiner Erhebung bestimmt der Bundesminister für Verkehr im Einvernehmen mit dem Bundesminister für Wirtschaft durch Rechtsverordnung.**

Literatur: siehe vor § 1 GüKG.

1 Zur Vermittlung von Laderaum und Ladegut s. Erl. zu § 32 GüKG, zum Abfertigungsspediteur siehe Erl. zu §§ 33 ff GüKG; beachte VO v. 22.6.1988, BAnz. 1988, 2805.

§ 85 GüKG [Verbot des Haftungsausschlusses; Versicherungspflicht]

(1) **Die Vorschriften des § 26 über das Verbot des Haftungsausschlusses und der Haftungsbeschränkung der Unternehmer sind entsprechend an-**

zuwenden, sofern Beförderungsbedingungen für den Güternahverkehr nach § 84 f Abs. 4 festgesetzt sind.

(2) **Wird die Versicherungspflicht gegen Güterschäden nach § 103 Abs. 2 Nr. 5 eingeführt, so ist die Vorschrift des § 27 über die besonderen Pflichten der Unternehmer entsprechend anzuwenden.**

(3) **Die Vorschriften des § 29 über die Buchführungs- und Aufbewahrungspflicht gelten entsprechend mit der Maßgabe, daß der Unternehmer die Zweitschriften seiner Rechnungen fünf Jahre nach Rechnungsausstellung aufzubewahren hat.**

Literatur: siehe vor § 1 GüKG.

Die Verweisung auf § 26 GüKG und damit auf gesetzliche Haftungsnormen greift nur ein, wenn Beförderungsbedingungen erlassen sind. Das ist derzeit nicht der Fall (§ 84 f GüKG). Es besteht derzeit auch keine Versicherungspflicht. 1

§§ 86 – 89 GüKG

(nicht abgedruckt; §§ 87 a – 88 GüKG gestrichen)

Zweiter Titel. Landwirtschaftliche Sonderverkehre

§§ 89 a – 89 c GüKG

(nicht abgedruckt)

Dritter Titel. Güterliniennahverkehr

§§ 90 – 97 GüKG

(gestrichen)

Sechster Abschnitt. Durchführung bestimmter Vorschriften der Europäischen Gemeinschaften

§§ 97 a – 97 d GüKG

(nicht abgedruckt)

§ 97 e GüKG [Ermächtigung]

(1) **Der Bundesminister für Verkehr erläßt die im Einvernehmen mit dem Bundesminister für Wirtschaft gemäß Artikel 11 der Verordnung**

(EWG) Nr. 2831/77 des Rates vom 12. Dezember 1977 über die Bildung der Beförderungsentgelte im Güterkraftverkehr zwischen den Mitgliedstaaten (ABl. EG Nr. L 334 S. 22) festgesetzten oder geänderten Tarife durch Rechtsverordnung ohne Zustimmung des Bundesrates. Die §§ 20 a, 84 f finden keine Anwendung. Die Geltung der bereits nach §§ 20 a, 84 f erlassenen Tarife bleibt unberührt.

(2) **Der Bundesminister für Verkehr erläßt die durch wirksame Entscheidung der Kommission oder des Rates nach Artikel 13 der Verordnung (EWG) Nr. 2831/77 festgesetzten Tarife durch Rechtsverordnung ohne Zustimmung des Bundesrates.**

Literatur: siehe vor § 1 GüKG.

1 Vgl. § 22 GüKG Rz. 10.

Siebenter Abschnitt. Vorschriften über Geldbuße und Rücknahme der Genehmigung oder der Erlaubnis

§§ 98 – 102 b GüKG

(nicht abgedruckt; §§ 98 a, 99 b gestrichen)

Achter Abschnitt. Schlußbestimmungen

§§ 103 – 105 GüKG

(nicht abgedruckt)

§ 106 GüKG [Überleitungsvorschriften]

(1) **Eine Genehmigung für den Umzugsverkehr, die vor dem 1. Juli 1983 erteilt worden ist, gilt als Erlaubnis für den Umzugsverkehr (§ 37) fort.**

(2) **Der Reichskraftwagentarif vom 30. März 1936 (Reichsverkehrsblatt B S. 71) mit seinen bis zum 18. Oktober 1952 ergangenen Änderungen und Ergänzungen gilt als auf Grund des § 20 a erlassen.**

(3) Die ab 19. Oktober 1952 bis zum 30. Juni 1990 im Bundesanzeiger oder Verkehrsblatt veröffentlichten oder durch Nachweis der Fundstelle bekanntgemachten Änderungen und Ergänzungen des Reichskraftwagentarifs vom 30. März 1936 (Reichsverkehrsblatt B S. 71), in der am 18. Oktober 1952 geltenden Fassung, gelten als ordnungsgemäß verkündet im Sinn des Gesetzes über die Verkündung von Rechtsverordnungen vom 30. Januar 1950 (BGBl. S. 23).

(4) **Personen, die nachweislich bis zum Zeitpunkt des Inkrafttretens dieses Gesetzes das Güternahverkehrsgewerbe betrieben haben, gilt die Erlaubnis nach § 80 als erteilt; der Nachweis ist der nach § 82 zuständigen Behörde innerhalb von sechs Monaten nach Inkrafttreten dieses Gesetzes**

zu erbringen. Die Behörde stellt diesen Personen eine Bescheinigung aus, die als Urkunde im Sinne der §§ 15 und 86 gilt.

(5) **Die nach § 50 Satz 2, § 50 a in der bis zum 1. Mai 1986 geltenden Fassung erteilten Beförderungsbescheinigungen für den Werkfernverkehr, die an diesem Tag noch gültig sind, gelten als Meldebestätigung im Sinne des § 52 Abs. 4 ohne zeitliche Beschränkung.**

Zu § 106 II GüKG siehe *Jachmann/Koller,* TranspR **1988**, 177 ff; im übrigen Literatur vor § 1 GüKG.

§ 107 GüKG

(nicht abgedruckt)

Teil E
Spezialvorschriften für den innerstaatlichen Güternahverkehr

1. Abschnitt
Tarif für den Güternahverkehr mit Kraftfahrzeugen (GNT)

VO TS Nr. 11/58 vom 29.12.1958, zuletzt geändert durch VO TSN Nr. 3/91 vom 12.11.1991 (BAnz. 1991, 7801)

Literatur: *Pittrohf*, GNT (1992); *Scharl/Scheungrab*, GNT (1985).

Aufgrund des § 84 f Abs. 5 des Güterkraftverkehrsgesetzes in der Fassung der Bekanntmachung vom 22. Dezember 1969 (Bundesgesetzbl. 1970 I, S. 1), zuletzt geändert durch Artikel 268 des Einführungsgesetzes zum Strafgesetzbuch vom 2. März 1974 (Bundesgesetzbl. I, S. 469), wird verordnet:

Erster Abschnitt. Allgemeine Vorschriften

§ 1 GNT [Geltungsbereich]

(1) **Die Entgelte für Beförderungen im allgemeinen Güternahverkehr mit Kraftfahrzeugen (§ 80 Abs. 1 GüKG) bestimmen sich nach dieser Verordnung.**

(2) **Die Vorschriften des Ersten Abschnittes gelten nicht für**

1. **die Beförderung von Gütern, sofern das Gewicht der Sendung 4 t nicht übersteigt;**
2. **den Einsatz von Kraftfahrzeugen oder Zügen, deren Nutzlast 4 t nicht übersteigt;**
3. **die mit einer vorangegangenen oder einer nachfolgenden Beförderung von Gütern zusammenhängende An- und Abfuhr innerhalb des Gemeindebezirks;**
4. **die sonstige Beförderung von Gütern, soweit für sie besondere Tarife festgesetzt sind oder werden.**

Literatur: siehe vor § 1 GNT.

Zum Begriff des Güternahverkehrs s. § 2 GüKG. Ausgenommen sind die in § 4 GüKG erfaßten Verkehre. § 1 GNT enthält zusätzliche Ausnahmen. Die Ausnahmevoraussetzungen in § 1 GNT müssen nicht kumulativ erfüllt sein. Es genügt, daß ein Ausnahmetatbestand (z. B. § 1 II Nr. 2 GNT) eingreift (OLG Düsseldorf v. 26.7.1984, TranspR **1984**, 227, 230). Zur Umgehung OLG Düsseldorf, TranspR **1984**, 227, 230. 1

§ 1 GNT definiert anders als die KVO nicht den Begriff der **Sendung**. Es 2 ist aber davon auszugehen, daß sich der Verordnungsgeber an den KVO-Begriff (§ 20 I KVO) angelehnt hat. Sendung ist daher die Beförderung von Gütern, die dem Unternehmer gleichzeitig an einer Beladestelle übergeben wurden und an einer anderen Stelle an einen Empfänger abzuliefern sind (*Pittrohf*, GNT, S. 29; *Scharl/Scheungrab*, GNT, S. 8). Die Rechtsprechung ist zum Teil von dieser Definition abgewichen und hat gefordert, daß ausnahmsweise der Sendungsbegriff allein von der Empfängerseite her (die auch Auftraggeberseite ist) zu sehen sei (BGH v. 3.6.1964, VRS **27**, 177, 179; v. 1.12.1965, VRS **30**, 90; OLG Nürnberg v. 12.7.1984, TranspR **1985**, 70, 72). Begründet wird dies mit der preisordnenden Funktion des GNT. Dieser Rechtsprechung ist nicht zu folgen. Die preisordnende Funktion des GNT gibt für die Auslegung des Begriffs ,,Sendung" keine Anhaltspunkte, weil der Verordnungsgeber in § 1 GNT ja gerade auf eine allgemeine Preisordnung verzichtet und die Preisordnung außerdem keine Gerechtigkeitsfragen löst, sondern, wie § 7 iVm § 84 II GüKG zeigt, eine Frage volkswirtschaftlicher Zweckmäßigkeit ist. Da sich aus dem GNT und auch sonst nicht entnehmen läßt, warum die Tarifkommission und der Verkehrsminister es für zweckmäßig hielten, Sendungen bis zu 4 t nicht dem GNT zu unterwerfen, ist an die Begriffsbestimmung verwandter Gesetze (§ 20 I KVO; § 18 III Bundessondertarif für Getreide) anzuknüpfen, da die Gerichte nicht zu Preispolitik ermächtigt sind (siehe auch BGH v. 3.6.1964, VRS **27**, 177, 179 unter c).

Dem BGH (v. 3.6.1964, VRS **27**, 177, 179; OLG Nürnberg v. 12.7.1984, TranspR **1985**, 70, 72) zufolge ist es unerheblich, daß die Gewichtsgrenze nur auf einem Teil der Fahrt überschritten wird. Diese Ansicht ist nur folgerichtig, wenn man von einem von § 20 I KVO abweichenden Sendungsbegriff ausgeht.

Bei Lastzügen ist die zulässige **Nutzlast** von Anhängern und Motorwagen zusammenzuzählen.

3 Bei der **An-** und **Abfuhr** kommt es nicht darauf an, ob die vorhergehende Beförderung im Fernverkehr (vgl. § 5 KVO) oder Nahverkehr erfolgt ist und mit welchem Verkehrsmittel sie ausgeführt wurde (LG Duisburg, TranspR **1989**, 174). Keine An- oder Abfuhr liegt vor, wenn das Gut für längere Zeit auf Lager genommen wurde oder die An- bzw. Abfuhr in sonstiger Weise nicht transportbedingt war (vgl. § 5 GüKG). Zum Begriff des Gemeindebezirks § 2 II GüKG.

4 Besondere Tarife bestehen z. B. beim Umzugsverkehr (GüKUMT). Zu weiteren Ausnahmetarifen *Pittrohf*, GNT, S. 30.

§ 1a GNT [Umsatzsteuer]

In den Entgelten nach dieser Verordnung ist die Umsatzsteuer nicht enthalten. Den vorgeschriebenen und vereinbarten Entgelten ist die Umsatzsteuer hinzuzurechnen, die nach § 12 des Umsatzsteuergesetzes auf die ausgeführte Leistung entfällt. Das gilt nicht, wenn die Umsatzsteuer nach § 19 Abs. 1 des Umsatzsteuergesetzes unerhoben bleibt.

Literatur: siehe vor § 1 GNT.

§ 2 GNT [Richtsätze]

Die Tages- und Kilometersätze der Tafel I (Anlage 1), die Stundensätze der Tafel II (Anlage 2), die Leistungssätze der Tafel III (Anlage 3) und die Frachtsätze für schüttbare Güter der Tafel V (Anlage 6) dürfen um nicht mehr als 10 v. H. überschritten und um nicht mehr als 30 v. H. unterschritten werden.

Ab 1.1.1993 lautet der letzte Halbsatz:

... dürfen um nicht mehr als 10 v. H. überschritten werden. Sie dürfen unterschritten werden.

Literatur: siehe vor § 1 GNT.

1 Der GNT statuiert derzeit noch Margentarife. Ist kein Abschlag oder Zuschlag vereinbart, so sind die Richtsätze nach Maßgabe der Anlagen zum GNT zugrunde zu legen (so auch nach dem 1.1.1993). Wird ein bestimmter Preis vereinbart, so gilt grundsätzlich dieser (BGH v. 12.6.1964, VRS **27**, 180), es sei denn, daß er außerhalb der Marge eines zulässigen Tarifs liegt. Liegt er außerhalb der Marge und haben sich die Parteien weder auf eine bestimmte Abrechnungsart noch auf Leistungsmerkmale einer bestimmten Abrechnungsart geeinigt (BGH v. 11.12.1968 sowie v. 23.1.1970, LM Nr. 34, 38 GüKG), so ist der niedrigste bzw. höchste zulässige Preis maßgeblich (§ 22 III GüKG; BGH v. 12.6.1964, VRS **27**, 180; BB **1964**, 908 = LM Nr. 21 GüKG). Falls sich die Parteien allerdings auf eine bestimmte Abrechnungsart geeinigt haben, ist das noch zulässige Entgelt anhand dieser Abrechnungsart zu bestimmen (BGH v. 17.1.1968, VRS **34**, 261; v. 11.12.1968, VRS **36**, 252 = LM Nr. 34 GüKG; v. 23.1.1970, LM Nr. 38 GüKG). Haben die Parteien keine bestimmte Abrechnungsart vereinbart und sind nach den Angaben in den Transportleistungsberichten zwei Berechnungsmethoden nebeneinander möglich, so ist nicht von der üblichen Vergütung, sondern von dem niedrigsten Satz einer zulässigen Abrechnungsart auszugehen (OLG Düsseldorf, TranspR **1980**, 53). Bestimmt ein Vertrag über die Beförderung von Massengütern das Entgelt nach Gewicht oder Raummaßen der in mehreren Ladungen zu befördernden Menge und der Beförderungsstrecke, so ist der Frachtberechnung nicht diejenige Tafel zugrunde zu legen, die dem vereinbarten Entgelt am nächsten kommt, sondern Tafel III als der den vertraglichen Leistungsmerkmalen entsprechende Tarif (BGH v. 23.1.1970, LM Nr. 38 GüKG; BVerwG, DB **1977**, 106).

2 Tafel III ist auch dann anzuwenden, wenn Hin- und Rückfahrt als Lastfahrten durchgeführt und Leerfahrten vermieden werden (BGH v. 23.3.1966, LM Nr. 24 GüKG). Zu atypischen Transportverhältnissen BGH v. 24.3.1972, LM Nr. 45 GüKG.

§ 2a GNT [Richtsätze bei Einsatz außerhalb öffentlicher Wege oder Plätze]

Die Sätze der Tafeln I, II, III und V ermäßigen sich um 5 v. H., wenn mindestens sechs Wochen vor Einsatzbeginn durch schriftlich bestätigten Vertrag vereinbart ist, daß die Fahrzeuge arbeitstäglich für die Dauer einer Schicht mindestens drei aufeinanderfolgende Monate außerhalb öffentlicher Wege oder Plätze eingesetzt werden. Die Vorschriften der §§ 2 und 3 bleiben unberührt.
Ab 1.1.1993 lautet der letzte Satz:

Die Vorschriften des § 2 bleiben unberührt.

Literatur: siehe vor § 1 GNT.

1 Die Ermäßigung ist zwingend. Die Schriftform wird durch ein Bestätigungsschreiben erfüllt.

§ 3 GNT [Dauervertragsverhältnisse]

(1) **Für Beförderungen auf Grund eines Vertragsverhältnisses, das auf längere Zeit oder über ein größeres Transportvorhaben abgeschlossen ist, dürfen die Sätze der Tafeln III und V bis zu 40 v. H. unterschritten werden, sofern der Vertrag die Erlaubnisbehörde (§ 82 GüKG) unverzüglich nach Abschluß angezeigt wird.**

(2) **In das Vertragsverhältnis nach Absatz 1 können Beförderungen einbezogen werden, für die das Entgelt nach den §§ 16 und 18 berechnet wird. § 17 bleibt unberührt.**
Ab 1.1.1993 wird § 3 aufgehoben.

Literatur: siehe vor § 1 GNT.

1 Es muß kein Dauerschuldverhältnis iSd BGB vorliegen. Erforderlich ist allerdings, daß entweder eine rechtliche Verpflichtung zur Beschäftigung des Frachtführers besteht oder daß dem Frachtführer für den vereinbarten Zeitraum oder das Transportvorhaben das Vergütungsrisiko im Fall der Nichtbeschäftigung insoweit abgenommen wird, als die Ursachen für die Nichtbeschäftigung in der Sphäre des Auftraggebers liegen (vgl. BGH, DVZ **1976**, Nr. 33 v. 16.3.1976). Der Vertrag ist nur dann auf längere Zeit abgeschlossen, wenn er es dem Frachtführer erlaubt, langfristig wirtschaftlich zu disponieren. Dies ist bei einem Zeitraum von 12 Tagen nicht der Fall (OLG Oldenburg v. 7.12.1967, BB **1968**, 1266). Vgl. die Richtlinien, abgedr. bei *Pittrohf*, GNT, S. 34). Ein Vertragsverhältnis, das kurzfristig gekündigt werden kann, fällt nicht unter § 3 GNT (OLG Oldenburg v. 7.12.1967, BB **1968**, 1266). Die **Anzeige** ist Wirksamkeitsvoraussetzung (BGH v. 27.9.1967, LM Nr. 5 GNT; OLG Hamm v. 11.1.1988, TranspR **1989**, 13, 15). Die Anzeige muß die für die Beurteilung des Vertrages maßgeblichen Angaben enthalten. Der Frachtführer muß den Auftraggeber, soweit erforderlich, auf die Möglichkeit eines derartigen Dauervertragsverhältnisses hinweisen (OLG Düsseldorf v. 5.4.1979, VersR **1979**, 675).

§ 4 GNT [Berechnungsart]

(1) **Stundensätze nach Tafel II dürfen nicht berechnet werden, wenn bei einem Auftrag durchschnittlich mehr als 10 km in der Stunde geleistet werden.**

(2) **Bei Abrechnung nach den Tafeln I oder II können die Einsatzzeit und die Nutzlast mehrerer Fahrzeuge eines Unternehmers, bei Abrechnung nach den Tafeln III oder V können die Entfernung, die die Fahrzeuge beladen zurücklegen, und das Gewicht der Ladung pauschaliert werden. Das Entgelt für die aus der Gesamtzahl der Beförderungen sich ergebende Durchschnittsleistung muß innerhalb der Mindest- und Höchstsätze der vereinbarten Tafeln liegen. Pauschale Leistungssätze auf der Grundlage der Tafeln I und II dürfen nicht berechnet werden.**

Ab 1.1.1993 lautet der Satz 2:

Das Entgelt für die aus der Gesamtzahl der Beförderungen sich ergebenden Durchschnittsleistung darf die Höchstsätze der vereinbarten Tafel nicht überschreiten.

(3) **Für die Beförderung mehrerer Sendungen auf einer Fahrt sollen die Sätze dieses Tarifs nur einmal und für jeden Auftraggeber anteilig berechnet werden.**

Literatur: siehe vor § 1 GNT.

Der Durchschnitt (§ 4 I GNT) bezieht sich auf den gesamten Auftrag pro Fahrzeug. Es kann nach Maßgabe des § 4 II GNT für bestimmte konkrete Aufträge (BGH v. 19.1.1979, MDR **1979**, 469) pauschaliert werden. Die Pauschalierung ist nur wirksam, wenn die maßgeblichen Daten festgehalten werden (BGH v. 24.11.1972, LM Nr. 12 GNT). Eine Abrechnung auf der Basis von Zonenpreisen nach Luftlinienentfernung ist grundsätzlich unzulässig (BGH v. 19.1.1979, LM Nr. 17 GNT). § 4 III GNT zwingt den Unternehmer nicht, sondern erlaubt es ihm nur, Frachtvorteile einzuräumen. 1

§ 5 GNT [Tages- und Kilometersätze]

(1) **Die Tagessätze nach Tafel I dürfen bei Beschäftigung für denselben Auftraggeber je Kalendertag nur einmal berechnet werden. Wird das Fahrzeug für denselben Auftraggeber während eines Kalendertages mehr als 8 Stunden eingesetzt, so erhöht sich der Tagessatz für jede weitere angebrochene Stunde um 1/16; außerdem dürfen die ortsüblichen Zuschläge für Überstunden des Fahrers berechnet werden.**

(2) **Für Beschäftigungszeiten unter 6 Stunden werden Achteltagessätze je Stunde berechnet. Angebrochene Stunden dürfen auf halbe Stunden aufgerundet werden. Es dürfen mindestens 3/8 Tagessätze berechnet werden.**

(3) **Die Kilometersätze werden für Last- und Leerfahrten nach der kürzesten, für das eingesetzte Fahrzeug verkehrsüblichen Verbindung zwischen der Be- und der Entladestelle berechnet. Angefangene Kilometer dürfen voll berechnet werden, jedoch für denselben Auftraggeber je Kalendertag nur einmal.**

(4) **Die Nutzlaststufe bestimmt sich nach der in den Fahrzeugpapieren angegebenen Nutzlast, bei Lastzügen oder Zugmaschinenzügen nach der Gesamtnutzlast des Zuges. Bei Beförderungen außerhalb öffentlicher Wege oder Plätze bestimmt sich die Nutzlaststufe nach dem Gewicht der Ladung, falls dieses höher ist als die in den Fahrzeugpapieren angegebene Nutzlast und andere Vorschriften einer solchen Überschreitung nicht entgegenstehen.**

Literatur: siehe vor § 1 GNT.

§ 6 GNT [Stundensätze]

(1) **Die Sätze der Tafel II dürfen für mindestens 3 Stunden berechnet werden. Angebrochene Stunden dürfen auf halbe Stunden aufgerundet werden.**

(2) **§ 5 Abs. 4 gilt entsprechend.**

Literatur: siehe vor § 1 GNT.

§ 7 GNT [Leistungssätze]

(1) **Die Leistungssätze der Tafel III werden nach der Entfernung, die das Fahrzeug bei jeder Fahrt beladen zurücklegt, und nach dem Gewicht der Ladung, bei Lastzügen nach dem Gewicht der Gesamtladung, berechnet. Leerkilometer dürfen nach den Kilometersätzen der Tafel I berechnet werden, soweit sie die Lastkilometer übersteigen. § 5 Abs. 3 gilt entsprechend.**

(2) **Nach anderen Einheiten als nach dem Gewicht darf abgerechnet werden, wenn dies für die Beförderung bestimmter Güter üblich ist. Für die in der Anlage 4 genannten Güter gelten die dort aufgeführten Umrechnungsgewichte, sofern sich nicht nach einer Verwiegung ein anderes Gewicht ergibt.**

(3) **Wird der Einsatz eines Fahrzeugs vereinbart, dessen Nutzlast nicht voll in Anspruch genommen wird, so dürfen die Leistungssätze nach einem höheren Gewicht als dem wirklichen, höchstens nach der Nutzlast des Fahrzeugs berechnet werden.**

Literatur: siehe vor § 1 GNT.

1 Die Leistungssätze sind auch dann anzuwenden, wenn Hin- und Rückfahrt als Lastfahrten durchgeführt werden und Leerfahrten vermieden werden, weil im sog. Dreiecksverkehr nur eine Leerfahrt vom ersten Ablade- zum zweiten Aufladeort durchzuführen ist (BGH v. 23.3.1966, BB **1966**, 517).

§ 7a GNT [Frachtsätze für schüttbare Güter]

(1) **Für die Beförderung von Gütern, die mechanisch geladen und durch Abkippen entladen werden, mit Kipplastkraftwagen ohne Anhänger (Abteilung A) auf Entfernungen bis einschließlich 36 km und in allen übrigen Fällen (Abteilung B) auf Entfernungen bis einschließlich 50 km sind die Frachtsätze der Tafel V zu berechnen, wenn der Verkehr flüssig durchgeführt wird. Eine flüssige Verkehrsdurchführung liegt nicht vor, wenn das nach Tafel V ermittelte Beförderungsentgelt im Durchschnitt je Einsatzstunde geringer ist als der für das eingesetzte Fahrzeug maßgebende Stundensatz (Richtsatz) der Tafel II. Das durchschnittliche Beförderungsentgelt je Einsatzstunde ist hierbei für die Dauer des Auftrages, längstens für 4 Wochen, bei Dauervertragsverhältnissen nach § 3 längstens für 8 Wochen zu ermitteln.**

Ab 1.1.1993 werden folgende Worte gestrichen:

„bei Dauerauftragsverhältnissen nach § 3 für längstens 8 Wochen"

(2) **Liegen die Voraussetzungen des Absatzes 1 nicht vor, so sind die Beförderungsentgelte nach den Tafeln I, II oder III zu berechnen.**

(3) **Wird der Einsatz von Kipplastwagen ohne Anhänger vereinbart oder auf Grund der Verhältnisse technisch notwendig, so sind die Frachtsätze der Abteilung A zu berechnen. In allen übrigen Fällen sind die Frachtsätze der Abteilung B zu berechnen.**

(4) **Für die Beförderung von Straßenbaumaterial, das mit Bitumen oder Teer oder einem Gemisch der beiden Stoffe überzogen ist (bituminöses Mischgut), dürfen die Frachtsätze der Tafel V nicht berechnet werden.**

(5) **Im übrigen gilt § 7 entsprechend.**

Literatur: siehe vor § 1 GNT.

Die Parteien haben keine Wahl zwischen den Tafeln. Zum Einsatz von Solofahrzeugen BGH v. 7.12.1973, LM Nr. 13 GNT. **1**

§ 7b GNT [Güter in Hin- und Rückladungen]

(1) **Wird für denselben Auftraggeber eine Hinladung und eine anschließende Rückladung durchgeführt, so kann eine Ermäßigung der nach den Tafeln III oder V zu berechnenden Beförderungsentgelte vereinbart werden, wenn dem berechneten Entgelt sowohl für die Hin- als auch für die Rückladung ein Ladungsgewicht mindestens in Höhe der Nutzlast des verwendeten Kraftfahrzeuges, Sattelkraftfahrzeuges oder Lastzuges zugrunde gelegt wird. Zwischen der Hin- und der Rückladung sowie zwischen der Rück- und der Hinladung kann eine Leerfahrt durchgeführt werden.**

(2) **Das nach den Tafeln III oder V berechnete Entgelt wird um einen Betrag ermäßigt, der wie folgt zu berechnen ist:**

Die Summe der Lastkilometer für die Hin- und Rückladung wird um die Summe der umlaufbedingten Leerkilometer gekürzt. Die verbleibenden Kilometer werden mit einem Satz von bis zu

– 0,65 DM bei Einsatz von Kraftfahrzeugen ohne Anhänger oder

– **1,15 DM bei Einsatz von Sattelkraftfahrzeugen oder Lastzügen vervielfältigt.**

Literatur: siehe vor § 1 GNT.

§ 8 GNT [Geländezuschläge]

Bei schwierigen Gelände- oder Wegeverhältnissen, auch soweit sie witterungsbedingt sind, darf ein Entgelt vereinbart werden, das die Sätze der Tafeln I, II, III oder V bis zu 20 v. H. übersteigt.

Literatur: siehe vor § 1 GNT.

§ 9 GNT [An- und Abfahrten]

(1) **Bei Abrechnung nach den Tafeln I oder II kann die Berechnung von An- und Abfahrten vereinbart werden; bei Abrechnung nach den Tafeln III oder V gelten sie als Leerkilometer nach § 7 Abs. 1 Satz 2. § 5 Abs. 3 gilt entsprechend.**

(2) **Absatz 1 gilt nicht, wenn vereinbart ist, daß das Fahrzeug zwischen mehreren Einsatztagen im Einsatzraum abzustellen ist.**

(3) **Bei Beförderungen für mehrere Auftraggeber darf eine An- oder Abfahrt nur einmal und für jeden Auftraggeber anteilig berechnet werden.**

Literatur: siehe vor § 1 GNT.

§ 10 GNT [Wartezeiten]

(1) **Bei Abrechnung nach den Tafeln III oder V kann nach Vereinbarung für zusammenhängende Wartezeiten von mehr als einer halben Stunde, die der Unternehmer nicht zu vertreten hat, $^{1}/_{16}$ des Tagessatzes nach Tafel I für jede angefangene halbe Stunde, jedoch höchstens der volle Tagessatz für den Kalendertag berechnet werden. Die Abrechnung nach Satz 1 kann für den Fall vereinbart werden, daß das Fahrzeug wegen ungünstiger Witterung nicht benutzt werden kann.**

(2) **Übersteigt die Be- oder Entladezeit einschließlich von Wartezeiten eine halbe Stunde zuzüglich je fünf Minuten je angefangene Tonne des Gewichts der Ladung, so kann bei Abrechnung nach der Tafel III nach Vereinbarung die darüber hinausgehende Zeit als Wartezeit entsprechend Absatz 1 berechnet werden.**

Literatur: siehe vor § 1 GNT.

1 Zu vertreten hat der Unternehmer in Parallele zu den Grundsätzen des Gläubigerverzugs (§ 297 BGB) alles, was in seine Risikosphäre fällt. Verschulden ist nicht erforderlich.

§ 11 GNT [Abwesenheitsgelder, Zuschläge für Nacht-, Sonn- und Feiertagsarbeit]

(1) **Für Überstunden und Nachtarbeit sowie Einsatz außerhalb des Fahrzeugstandorts können nach Vereinbarung die nachweisbaren tariflichen Lohnmehrkosten berechnet werden. Die nachweisbaren tariflichen Lohnmehrkosten für Sonn- und Feiertagsarbeit sind zu berechnen, wenn Beförderungen an Sonn- oder Feiertagen vereinbart werden. Sofern der Unternehmer oder ein in seinem Betrieb tätiger, nicht in einem Arbeitsverhältnis stehender Familienangehöriger das eingesetzte Kraftfahrzeug selbst führt, können nach Vereinbarung in den Fällen des Satzes 1 entsprechende Beträge berechnet werden; in den Fällen des Satzes 2 sind sie zu berechnen.**

(2) **Werden im Rahmen eines Dauervertrags im Sinne des § 3 regelmäßig Beförderungen an Sonn- und Feiertagen vereinbart, so können die nach Absatz 1 Satz 2 zu berechnenden Lohnmehrkosten durch eine entsprechende Pauschalierung des Beförderungsentgelts abgegolten werden.**

Ab 1.1.1993 werden folgende Worte gestrichen:

„im Rahmen eines Dauerauftragsverhältnisses im Sinne des § 3"

Literatur: siehe vor § 1 GNT.

§ 12 GNT [Zusätzliches Personal, Nebenleistungen]

(1) **Wird die Beschäftigung zusätzlichen Personals neben dem Fahrer vereinbart oder ist sie wegen der Eigenart der Beförderung notwendig, so sind die gezahlten Löhne und ein angemessener Zuschlag, der 100 vom Hundert der gezahlten Löhne nicht übersteigen darf, zu berechnen.**

(2) **Für die ortsübliche Mithilfe beim Be- oder Entladen wird ein Entgelt nicht berechnet. Werden darüber hinausgehende Ladearbeiten vereinbart, so sind sie angemessen zu vergüten.**

(3) **Wird die Verwendung zusätzlicher Geräte, die nicht zu der gebräuchlichen Ausrüstung des Fahrzeugs gehören, vereinbart, so ist sie angemessen zu vergüten.**

(4) **Für das Entladen von Silofahrzeugen mittels einer vom Unternehmer gestellten Vorrichtung mit Motorantrieb wird eine Ausblasgebühr von mindestens 0,08 Deutsche Mark und höchstens 0,25 Deutsche Mark je angefangene 100 kg berechnet.**

(5) **Wird für das Entladen von Tankfahrzeugen der Einsatz einer vom Unternehmer gestellten Vorrichtung mit Motorantrieb oder einer Meßarmatur vereinbart oder auf Grund der Verhältnisse technisch notwendig, so ist ein Entgelt zu berechnen. Das Entgelt beträgt je angefangene 100 kg**

1. **bei Einsatz von Kompressoren, Pumpen oder bei Entladen von Drucktanks mit Hilfe von Motorabgasen mindestens 0,023 DM und höchstens 0,033 DM**
2. **bei Einsatz von Meßarmaturen mindestens 0,043 DM und höchstens 0,067 DM**
3. **bei Einsatz von Entladevorrichtungen nach Nummer 1 und Meßarmaturen nach Nummer 2 mindestens 0,066 DM und höchstens 0,10 DM.**

Ab 1.1.1993 werden folgende Worte gestrichen:
in Nr. 1 „mindestens 0,023 DM und"
in Nr. 2 „mindestens 0,043 DM und"
in Nr. 3 „mindestens 0,066 DM und"

(6) **Wird ein Fahrzeug durch die Eigenart der Ladung oder außergewöhnliche Einsatzverhältnisse übermäßig verschmutzt, so darf für die Reinigung eine angemessene Vergütung vereinbart werden.**

Literatur: siehe vor § 1 GNT.

1 Vgl. BGH v. 30.4.1975, LM Nr. 15 GNT (Entladen); v. 25.3.1987, VersR **1987**, 882 (Krangebühren); OLG Düsseldorf v. 14.7.1977, VersR **1977**, 970 (Allradzuschlag).

§ 13 GNT [Sonderfahrzeuge]

Wird der Einsatz von Sonderfahrzeugen vereinbart, so gilt folgendes:

1. **Für Kippfahrzeuge werden bei Abrechnung nach den Tafeln I oder II die Sätze dieser Tafeln um 10 v. H. erhöht. Für Kippfahrzeuge mit mehr als zwei Achsen ohne Anhänger werden die Sätze um mindestens 10 v. H. und höchstens 30 v. H. erhöht;**
2. **für Kraftfahrzeuge mit mehr als einer angetriebenen Achse werden bei Abrechnung nach den Tafeln I oder II die Sätze dieser Tafeln um 5 v. H. erhöht; bei Abrechnung nach den Tafeln III oder V wird das Gewicht der Ladung um 15 v. H. erhöht;**
3. **für Langholz- und Langeisenfahrzeuge oder -züge sowie für andere Sonderfahrzeuge oder -züge, die zur Beförderung von Rundholz aus dem Wald mit Kran, Rungen und Schemel ausgerüstet sind und keine weitere Ladefläche haben, wird bei Abrechnung nach den Tafeln I oder II die Nutzlast um 1 t, bei Abrechnung nach der Tafel III das Gewicht der Ladung um 15 v. H. erhöht;**
4. **für andere Sonderfahrzeuge, die in Bauart, Tragfähigkeit oder Einrichtung wesentlich von den gebräuchlichen Fahrzeugen abweichen, können der Eigenart des Fahrzeugs entsprechende Zuschläge vereinbart werden.**

Literatur: siehe vor § 1 GNT.

1 Die Zuschläge nach § 13 Nr. 1–3 GNT müssen zwingend gezahlt werden (OLG Karlsruhe v. 10.11.1977, TranspR **1978**, 47). Allerdings muß der Einsatz der Sonderfahrzeuge in irgendeiner Form vereinbart sein. Dafür genügt es nicht, daß der Frachtführer ohne Notwendigkeit Sonderfahrzeuge einsetzt und der Auftraggeber nicht widerspricht (OLG Düsseldorf v. 14.7.1977, VersR **1977**, 970; OLG Karlsruhe v. 10.11.1977, TranspR **1978**, 47; **a. A.** *Pittrohf*, GNT, S. 50; vgl. auch BGH v. 17.1.1968, VRS **34**, 261).

§ 14 GNT [Abrechnung]

(1) **Der Unternehmer hat eine Rechnung auszustellen und eine Zweitschrift fünf Jahre aufzubewahren. Der Unternehmer genügt seiner Verpflichtung zur Ausstellung einer Rechnung auch dann, wenn ein Beauftragter für ihn die Rechnung ausstellt.**

(2) **In der Rechnung sind neben der Tafel, nach der abgerechnet wird, dem Datum der Beförderungsleistung und dem beförderten Gut anzugeben**

1. **bei der Abrechnung nach den Tafeln I oder II: Einsatzzeit, An- und Abfahrten, Be- und Entladestelle, gefahrene Kilometer, Fahrzeugart, Nutzlast;**
2. **bei Abrechnung nach den Tafeln III oder V: Be- und Entladestelle, Lastentfernung, Leerkilometer, Fahrzeugart, Nutzlast, Gewicht der Ladung;**
3. **bei Pauschalabrechnung (§ 4 Abs. 2) nach den Tafeln I oder II: Zahl der Beförderungen, Gesamteinsatzzeit, Summe der An- und Abfahrten und der gefahrenen Kilometer, Fahrzeugart, Nutzlast, vereinbartes Pauschalentgelt;**
4. **bei Pauschalabrechnung (§ 4 Abs. 2) nach den Tafeln III oder V: Zahl der Beförderungen, Summe der Lastentfernungen und der Leerkilometer, Gesamtgewicht der Ladungen, Fahrzeugart, Nutzlast, vereinbartes Pauschalentgelt.**

(3) **Bei Rückladungsverkehr nach § 7b gelten Absatz 2 Nr. 2 und 4 entsprechend mit der Maßgabe, daß bei der Abrechnung gemäß Nummer 2 für jede der zwei aufeinanderfolgenden Beförderungen die Be- und Entladestelle sowie die Lastentfernung und das Gewicht der Ladung anzugeben sind.**

(4) **Zuschläge für Gelände- oder Wegerschwernisse, Wartezeiten, Überstunden, Nacht-, Sonn- und Feiertagsarbeit des Fahrers, Abwesenheitsgelder sowie Vergütungen für zusätzliches Personal, Nebenleistungen und den Einsatz von Sonderfahrzeugen sind in der Rechnung gesondert auszuweisen. Die Anwendung ermäßigter Richtsätze für den Einsatz außerhalb öffentlicher Wege oder Plätze (§ 2a) ist mit Angabe des Tages des Vertragsabschlusses in der Rechnung zu vermerken.**

(5) **Angaben in der Rechnung können verschlüsselt werden und gleichbleibende Angaben für mehrere Rechnungen eines Unternehmers können fehlen, wenn der Schlüssel und die fehlenden Angaben schriftlich festgehalten sind und der Unternehmer und der Rechnungsempfänger diese Unterlagen ebenso wie die Rechnung aufbewahren.**

Literatur: siehe vor § 1 GNT.

Zum Verstoß gegen § 14 GNT s. § 23 GNT, § 99 I 4 d GüKG.

Zweiter Abschnitt. Sondertarife und Sonderbestimmungen

Erster Titel: Sondertarife und Sonderbestimmungen der Länder

§ 15 GNT [Landessondertarife und Verfügungen der Landesbehörden]

(1) **Die Vorschriften dieser Verordnung gelten nicht, soweit die oberste Landesverkehrsbehörde im Benehmen mit den Bundesministern für Verkehr und für Wirtschaft mit Rücksicht auf örtliche Besonderheiten abweichende Tarife im Rahmen des § 84g GüKG festsetzt. Ist bei einer Beförderung über die Grenzen eines Landes das Beförderungsentgelt für einen Teil der Strecke nach einem von einer obersten Landesbehörde festgesetzten Tarif und für einen anderen Teil der Strecke nach einem Tarif nach dieser Verordnung zu berechnen, so kann vereinbart werden, daß das Beförderungsentgelt für die gesamte Strecke nach einem dieser Tarife berechnet wird. Dies gilt entsprechend, wenn das Beförderungsentgelt nach mehreren von den obersten Landesbehörden festgesetzten Tarifen zu berechnen ist.**

(2) **Die zuständige Landesbehörde kann im Benehmen mit den Bundesministern für Verkehr und für Wirtschaft im Einzelfall durch Verfügung Entgelte für zulässig erklären, die außerhalb der Mindest- und Höchstsätze dieses Tarifs liegen, soweit dies volkswirtschaftlich begründet und mit dem öffentlichen Interesse an einem geordneten Güterverkehr vereinbar ist.**

(3) **Eine Ermäßigung des Beförderungsentgelts nach § 7b kann auch vereinbart werden, wenn das Entgelt für eine der Beförderungen (Hin- und Rückladung) nach einem von einer obersten Landesverkehrsbehörde nach Absatz 1 festgesetzten Tarif unter Zugrundelegung von Leistungssätzen berechnet wird.**

Literatur: siehe vor § 1 GNT.

1 Die Anwendung des § 15 II GNT setzt voraus, daß eine vom Tarif abweichende Vergütung vereinbart worden ist (BGH v. 23.3.1966, LM Nr. 24 GüKG Bl. 2).

Zweiter Titel. Bundes-Sondertarif für die Beförderung von Getreide

§§ 16–20 GNT

(nicht abgedruckt)

Dritter Titel. Anwendung von Bestimmungen des Güterfernverkehrstarifs

§§ 21–25 GNT

(nicht abgedruckt)

2. Abschnitt
Allgemeine Beförderungsbedingungen für den gewerblichen Güternahverkehr mit Kraftfahrzeugen (AGNB)

Stand Mai 1989

Literatur: *Cantrup*, Allgemeine Beförderungsbedingungen für den gewerblichen Güternahverkehr mit Kraftfahrzeugen (4. Aufl. o.J.); GroßkommHGB-*Helm*, HGB (3. Aufl.), Anh. V nach § 452; *Lenz*, Straßengütertransportrecht (1988); *Müller*, AGNB (1989); *Piper*, Höchstrichterliche Rechtsprechung zum Speditions- und Frachtrecht (6. Aufl.); *Widmann*, AGNB (3. Aufl. 1988).

Vorbemerkung

1 Die AGNB wurden 1955 von der Arbeitsgemeinschaft Güternahverkehr, dem DIHT, dem Gesamtverband des deutschen Groß- und Einzelhandels und dem Deutschen Transportversicherungsverband aufgestellt.

Die AGNB stellen keine Rechtsnormen dar. Gemäß § 84 f V GüKG können Beförderungsbedingungen durch Rechtsverordnung erlassen werden. Dies ist bislang nicht geschehen. Es gilt daher grundsätzlich das dispositive Recht (§§ 425 ff HGB). Die AGNB sollen als **Allgemeine Geschäftsbedingungen** (AGB) das dispositive Recht verdrängen. Zur Geltung der AGNB § 1 AGNB Rz. 1 f. Dort, wo die AGNB keine Regelung treffen, greifen die §§ 425 ff HGB sowie die einschlägigen Vorschriften des BGB ein.

Die AGNB konnten das **AGBG** nicht berücksichtigen. Sie wurden auch seit Erlaß des AGBG nicht überarbeitet, obwohl sie verbreitet im Verhältnis zu Nichtkaufleuten verwandt werden. Die AGNB verstoßen daher in vielfacher Hinsicht gegen das AGBG und sind unwirksam.

§ 1 AGNB [Geltungsbereich]

1. Die AGNB gelten für alle Beförderungsleistungen im gewerblichen Güternahverkehr.

2. Welche Beförderungsleistungen als Güternahverkehr anzusehen sind, ergibt sich aus § 2 des Güterkraftverkehrsgesetzes (GüKG) vom 17.10.1952 (BGBl. I S. 697).

3. Die AGNB gelten auch bei Beförderungsleistungen des Güternahverkehrs von und nach der DDR sowie von und nach dem Ausland, soweit nicht zwingende Rechtsvorschriften entgegenstehen.

4. Die AGNB gelten nicht für

a) die Beförderung von Umzugsgut, Erbgut oder Heiratsgut in Spezialmöbelwagen, die unter die Allgemeinen Beförderungsbedingungen des deutschen Möbeltransportes fällt.

b) die Speditionsrollfuhr im Nahverkehr, die unter die ADSp fällt, und den bahnamtlichen Rollfuhrverkehr.

Literatur: siehe vor § 1 AGNB.

I. Voraussetzung der Geltung

Die AGNB können theoretisch als Handelsbrauch oder nach den allgemeinen Regeln des AGBG (§§ 2, 24 AGBG) zum Tragen kommen. 1

1. Handelsbrauch

Es ist bislang nicht festgestellt worden, daß die AGNB einen in der Bundesrepublik Deutschland herrschenden Handelsbrauch wiedergeben. Vereinzelt wurde ein örtlicher Handelsbrauch nach Maßgabe der AGNB bejaht (vgl. BGH v. 8.12.1965, VersR **1966**, 180, 181; LG Darmstadt, TranspR **1984**, 201; *Müller*, DVZ **1990** Nr. 28 S. 19 für Handelskammerbezirke Offenbach, Frankfurt, Köln, Oldenburg [in Hinblick auf Lohnfuhrverträge mit Spediteuren]), teilweise ausdrücklich verneint (BGH v. 1.3.1974, LM Nr. 14 GNT; OLG Düsseldorf v. 12.7.1979, TranspR **1980**, 53; *Ulmer/Brandner/Hensen*, AGBG, Anh. §§ 9–11 Rz. 25). Es ist daher von Fall zu Fall nach den allgemeinen Regeln für die Ermittlung von Handelsbräuchen festzustellen, ob die AGNB am Erfüllungsort als Handelsbrauch gelten. Ist dies zu bejahen, so kommen die AGNB nach den Grundsätzen des § 346 HGB zum Tragen, auch wenn der Vertragspartner die AGNB nicht kannte. Ausnahmsweise können die AGNB als Handelsbrauch dann auch unter Nichtkaufleuten Bedeutung erlangen (BGH v. 28.11.1969, LM Nr. 37 GüKG). 2

2. Allgemeine Geschäftsbedingungen

Stellen die AGNB im Einzelfall keinen Handelsbrauch dar oder gilt der Handelsbrauch nicht im Verhältnis zwischen den Parteien, so greifen die AGNB als AGB nur ein, wenn sie in den Beförderungsvertrag einbezogen worden sind. Fällt der Auftraggeber (Absender; § 2 Nr. 1 AGNB) nicht in den Kreis der in § 24 S. 1 AGBG erwähnten Personen, so müssen die Voraussetzungen des § 2 I Nr. 1 1. Alt. AGBG (ausdrücklicher Hinweis) erfüllt sein (vgl. BGH, NJW **1983**, 2026). Gehört der Auftraggeber zum Kreis der in § 24 S. 1 AGBG genannten Personen, so gelten grundsätzlich die zur Einbeziehung der ADSp herausgearbeiteten Grundsätze (vor § 1 ADSp Rz. 9 ff). Die AGNB müssen mithin nicht notwendig ausdrücklich vereinbart werden (BGH v. 28.11.1969, LM Nr. 37 GüKG). Anders als bei den ADSp erfolgt jedoch nicht schon dann eine stillschweigende Unterwerfung unter die AGNB, wenn der Auftraggeber der Geltung der AGNB nicht widerspricht. Die AGNB sind nämlich nicht so allgemein gebräuchlich wie die ADSp. Der Auftraggeber muß daher nicht damit rechnen, daß der Unternehmer (Frachtführer; § 2 AGNB) immer auf der Grundlage der AGNB arbeitet (*Cantrup*, AGNB, § 1 Anm. 2). Die AGNB gelten auch, anders als die ADSp (dazu vor § 1 ADSp Rz. 5; § 63 ADSp), nicht ohne weiteres zu Lasten des Eigentümers, der einen Transport des Gutes erwarten mußte; denn der Eigentümer mußte regelmäßig gerade nicht mit der Geltung der AGNB rechnen (OLG Düsseldorf v. 30.6.1977, VersR **1977**, 912, 913). Zur Geltung der AGNB zugunsten 3 von Arbeitnehmern des Unternehmers und zugunsten von Subunternehmern vor § 1 ADSp Rz. 5.

II. Anwendungsbereich der AGNB

4 Die AGNB definieren in § 1 ihren eigenen Anwendungsbereich. Werden die AGNB in den Vertrag einbezogen, so heißt dies deshalb noch nicht immer, daß ähnlich § 2 b, c ADSp alle Sachregeln der AGNB zu beachten sind. Es ist nämlich zu berücksichtigen, daß Individualvereinbarungen Vorrang genießen (§ 4 AGBG). Wird für einen bestimmten Vertrag, der nicht unter die §§ 1 f AGNB fällt, gezielt die Geltung der AGNB vereinbart, so kann dies nur bedeuten, daß die Geltung der Sachregeln der AGNB, soweit sie passen, gewollt ist (nicht ganz klar OLG Celle v. 13.8.1982, VersR **1983**, 724).

1. Beförderungsleistungen im gewerblichen Güternahverkehr

5 Zur Beförderungsleistung § 425 HGB Rz. 14. Beförderungsleistungen erbringt darüber hinaus, wie sich aus § 2 Nr. 2 b AGNB ergibt, auch der Lohnfuhrunternehmer, der grundsätzlich keinen Beförderungserfolg verspricht (näher § 25 AGNB). Die AGNB erfassen mithin, falls nicht eine die AGNB modifizierende Individualabrede ersichtlich ist, nicht Speditionsverträge (unklar OLG Celle v. 13.8.1982, VersR **1983**, 724), Lagerverträge oder sonstige Geschäftsbesorgungs- bzw. Werkverträge. Verträge iSd §§ 412, 413 HGB fallen nicht unter die AGNB. Dies ergibt sich einerseits aus den §§ 2, 3 AGNB, andererseits aus § 1 Nr. 4 b AGNB. Der Unternehmer muß die Beförderung gewerblich ausführen. Es muß sich um Güter- nicht um Personenbeförderung handeln. Die Güterbeförderung muß als Güternahverkehr abgewickelt werden (§ 1 II AGNB; § 2 GüKG). Dabei kommt es, um Kollisionen mit der KVO zu vermeiden, darauf an, wo die geplanten Belade- und Entladestellen liegen und wo sich der Standort des Fahrzeugs befindet. Die AGNB sind auch auf Beförderungsvorgänge anzuwenden, die unter § 4 GüKG fallen, da § 1 II AGNB nur auf § 2 GüKG und nicht auch auf § 4 GüKG verweist (*Cantrup*, AGNB, § 1 Anm. 6). Andererseits werden die AGNB beim Transport von Handelsmöbeln in Möbelwagen durch die GüKUMT (Teil G des Kommentars) verdrängt.

2. Beförderungsleistungen von und nach dem Ausland (§ 1 Nr. 3 AGNB)

6 Bei Transporten vom und ins Ausland werden die AGNB weitgehend durch die CMR verdrängt. Nur soweit die CMR keine Regelung enthält und auch sonst kein zwingendes Recht ergänzend eingreift, können die AGNB zum Tragen kommen (Vor Art. 1 CMR Rz. 5 f).

3. Umzugsgut, Erbgut, Heiratsgut

7 Siehe zu diesen Begriffen § 37 GüKG. Insoweit gelten zwingend die Vorschriften der GüKUMT, die an die Stelle der Allgemeinen Beförderungsbedingungen des deutschen Möbeltransports getreten sind.

4. Speditionsrollfuhr (§ 1 Nr. 4 b AGNB)

Die Vorschrift soll Überschneidungen mit dem Geltungsbereich der ADSp vermeiden, die ja auch ohne besondere Einbeziehung kraft stillschweigender Unterwerfung (vor § 1 ADSp Rz. 9) anwendbar sein können. § 1 Nr. 4 b AGNB greift deshalb überall dort ein, wo ein Spediteur iSd ADSp befördert (§ 2 a ADSp; LG Bremen, TranspR **1991**, 445, 446). Ein Unternehmer, der kein Spediteur iSd ADSp ist, kann daher keine Speditionsrollfuhr betreiben, auch wenn der Unternehmer für einen Spediteur tätig wird (LG Hamburg v. 1.7.1977, VersR **1977**, 1052). *Cantrup* (AGNB, § 1 Anm. 6) zufolge erfaßt die Vorschrift dagegen nur Speditionssammel- und -verteilerverkehre. Gegen diese Auslegung spricht § 5 AGBG. Der Verwender der AGNB muß sich die für ihn ungünstigste Auslegungsvariante entgegenhalten lassen. 8

5. Bahnamtlicher Rollfuhrverkehr (§ 1 Nr. 4 b AGNB)

Bahnamtliche Rollfuhr liegt dort vor, wo die Eisenbahn durch selbständige Frachtführer Güter abholen bzw. zustellen läßt. Es gelten dann die Allgemeinen Rollfuhrbedingungen. 9

§ 2 AGNB [Vertragsgegenstand]

(1) **Ein Vertrag im Sinne dieser Bedingungen wird zwischen dem Unternehmer des Güternahverkehrs – nachfolgend „Unternehmer" genannt – und dem Auftraggeber geschlossen.**

(2) **Der Vertrag kann geschlossen werden als**

a) **Beförderungsvertrag, der die Beförderung von Gütern mit einem Kraftfahrzeug zum Gegenstand hat (§ 3),**

b) **Lohnfuhrvertrag, der die Stellung eines bemannten Kraftfahrzeuges durch den Unternehmer nach Weisung des Auftraggebers zum Gegenstand hat (§ 25).**

Literatur: siehe vor § 1 AGNB.

§ 2 Nr. 1 AGNB enthält eine Legaldefinition. Anstatt von Frachtführer sprechen die AGNB neutral von Unternehmer und Beförderungsleistung, um auch dem Lohnfuhrvertrag, der eigentlich nicht zum Kreis der Frachtverträge gehört (§ 425 HGB Rz. 7), Rechnung zu tragen. Aus demselben Grund heißt der Absender Auftraggeber. 1

Die AGNB sind nur anzuwenden, wenn zwischen den Parteien ein Beförderungsvertrag iSd §§ 413 I, 425 HGB (§ 2 Nr. 2 a AGNB), der den Anforderungen des § 3 AGNB entspricht, oder ein Lohnfuhrvertrag (§ 2 Nr. 2 b AGNB) zustandegekommen ist. Beachte § 1 AGNB Rz. 8.

§ 3 AGNB [Beförderungsvertrag]

(1) **Der Beförderungsvertrag nach § 2, 2 a ist abgeschlossen, wenn sich Unternehmer und Auftraggeber darüber einig sind, daß der Unternehmer**

ein Gut mit der Sorgfalt eines ordentlichen Frachtführers gegen eine Vergütung vereinbarungsgemäß befördern soll.

(2) **Zwischen Auftraggeber und Unternehmer wird vereinbart, ob die Vergütung ganz oder teilweise vom Auftraggeber gezahlt oder vom Empfänger erhoben wird. Ist die Höhe der Vergütung nicht vereinbart, so ist bei Bestehen eines Tarifs die tarifliche Vergütung, in Ermangelung eines solchen die übliche Vergütung als vereinbart anzusehen.**

(3) **Hat der Empfänger die Vergütung zu zahlen, verweigert aber die Zahlung, so ist der Auftraggeber zur Begleichung verpflichtet. In diesem Fall darf der Unternehmer nur mit Einwilligung des Auftraggebers das Gut an den Empfänger abliefern.**

(4) **Die Vergütung wird mit der Ablieferung des Gutes fällig, soweit nichts anderes vereinbart ist. Der Unternehmer ist berechtigt, vom Zeitpunkt der Fälligkeit ab Verzugszinsen in Höhe von 2% über dem jeweiligen Diskontsatz der Bank Deutscher Länder zu verlangen.**

Literatur: siehe vor § 1 AGNB.

1. Vertragsschluß (§ 3 Nr. 1 AGNB)

1 Der Sinn der Klausel ist unklar. Soweit die Notwendigkeit des Konsenses betont wird, ist sie selbstverständlich. Auch § 1 Nr. 1 AGNB erfaßt nur entgeltliche Verträge. Fraglich ist die Behandlung der Verträge, in denen individualvertraglich eine Senkung des Haftungsmaßstabs vereinbart wurde. Denkbar ist, daß § 3 Nr. 1 AGNB nur das sagen soll, was kraft § 347 HGB auch beim Lohnfuhrunternehmer kraft dispositiven Rechts ohnehin gilt. Richtiger ist es aber, § 5 AGBG anzuwenden und davon auszugehen, daß die AGNB bei Frachtverträgen nicht gelten, wenn der Haftungsmaßstab über die AGNB hinaus gesenkt wurde. Im übrigen bedarf der Vertragsschluß keiner Form.

2. Einziehung der Vergütung (§ 3 Nr. 2 AGNB)

2 Die Klausel enthält in S. 1 nur einen Programmsatz. Haben die Parteien nichts vereinbart, so gelten die allgemeinen Regeln der §§ 425 ff HGB (§ 425 HGB Rz. 40; § 436 HGB 5). Die Höhe der Vergütung ergibt sich normalerweise aus dem Tarif (§§ 84 ff GüKG; §§ 1 ff GNT). Dort, wo der GNT nicht eingreift, ist in Parallele zu § 354 I HGB auf die übliche Vergütung abzustellen. Fehlt eine übliche Vergütung, so greift § 315 BGB ein.

3. Zahlungsverweigerung (§ 3 Nr. 3 AGNB)

3 Die Klausel geht davon aus, daß die Parteien gemäß § 3 Nr. 2 S. 1 AGNB Zahlung der Vergütung durch den Empfänger vereinbart haben. § 3 Nr. 3 S. 1 AGNB zieht daraus die selbstverständliche Konsequenz (§ 21 KVO Rz. 2). § 3 Nr. 3 S. 2 AGNB stellt im Unterschied zu § 21 KVO klar, daß der Unternehmer das Gut ohne Bezahlung der überwiesenen Fracht nicht abliefern darf. Verstößt er gegen diese Pflicht, so haftet er gemäß § 16 c AGNB.

4. Fälligkeit (§ 3 Nr. 4 AGNB)

Die Klausel entspricht weitgehend § 641 BGB. 4

§ 4 AGNB [Beförderungsart]

(1) **Der Unternehmer ist zur Stellung eines gedeckten oder mit Planen versehenen Fahrzeuges nur verpflichtet, wenn es vom Auftraggeber ausdrücklich verlangt wird oder wenn er bei Anwendung der im Verkehr erforderlichen Sorgfalt erkennen muß, daß Art oder Beschaffenheit des zu befördernden Gutes die Verwendung eines solchen Fahrzeuges erfordert.**

(2) **Soweit nichts anderes vereinbart ist, werden alle Güter von einem nur mit einem Fahrer besetzten Fahrzeug, also ohne Begleiter, befördert.**

Literatur: siehe vor § 1 AGNB.

1. Fahrzeug

§ 4 Nr. 1 AGNB weicht letztlich nicht von den allgemeinen Regeln über 1 die Stellung eines geeigneten Fahrzeugs (vgl. § 14 KVO Rz. 7 ff) ab. Der Unternehmer muß bei Zweifeln an der Eignung des Fahrzeugs zurückfragen. Soweit § 4 Nr. 1 AGNB fordert, daß geschlossene Fahrzeuge „ausdrücklich verlangt" werden müssen, verstößt die Klausel gegen § 4 AGBG (*Ulmer/Brandner/Hensen*, AGBG, § 4 Rz. 12).

2. Begleitperson

§ 4 Nr. 2 AGNB enthält letztlich eine Auslegungsregel, derzufolge im 2 Zweifel die Beförderung mit nur einem Fahrer vereinbart ist. Eine von § 4 Nr. 2 AGNB abweichende Vereinbarung kann sich gemäß § 157 BGB iVm § 3 Nr. 1 AGNB daraus ergeben, daß für den Unternehmer erkennbar Güter befördert werden sollen, die nach ihrer Art oder Beschaffenheit der Begleitung durch eine zweite Person bedürfen.

§ 5 AGNB [Übergabe des Guts]

(1) **Das Gut ist dem Unternehmer in beförderungsfähigem Zustand zu übergeben. Es muß so beschaffen sein, daß es bei ordnungsmäßiger Verladung an anderen mitgeführten Gütern keinen Schaden anrichten kann. Stückgüter sind vom Auftraggeber haltbar und deutlich in der Weise zu kennzeichnen, daß Absender und Empfänger feststellbar sind.**

(2) **Der Unternehmer hat das Gut so unterzubringen, daß es normalerweise gegen Beschädigung geschützt ist.**

(3) **Sollen ätzende, giftige, feuergefährliche oder explosive Güter oder solche, deren Transport nur mit polizeilicher Erlaubnis oder unter polizeilicher Bewachung gestattet ist, befördert werden, so ist der Auftraggeber verpflichtet, den Unternehmer bei Auftragserteilung davon zu unterrichten. Unterbleibt die Unterrichtung, so haftet der Auftraggeber dem Unternehmer für Schäden, die infolge fehlender Unterrichtung bei der Beförderung dieser Güter entstehen.**

(4) **Entspricht das Gut nicht den Vorschriften des Absatzes 1, so kann der Unternehmer die Annahme ablehnen. Die vergebliche An- und Abfahrt und die damit verbundene Zeitversäumnis ist ihm in diesem Falle zu vergüten. Lassen sich Mängel der Verpackung ohne größere Aufwendungen beseitigen, so ist der Unternehmer berechtigt, aber nicht verpflichtet, diese Mängel auf Kosten des Auftraggebers zu beheben.**

(5) **Der Unternehmer ist nur dann verpflichtet, Güter, die offensichtliche Zeichen von Beschädigung aufweisen, anzunehmen, wenn ihm der Zustand des Gutes bei dessen Übergabe schriftlich bestätigt wird.**

Literatur: siehe vor § 1 AGNB.

1. Beförderungssicherer Zustand

1 Das Gut ist in einem Zustand zu übergeben, daß es die vertragsgemäß zu erwartende Beförderung, ohne Schaden zu erleiden, übersteht (OLG Düsseldorf v. 15.11.1990, TranspR **1991**, 9, 10). Dieser Zustand wird in der Regel durch ausreichende Verpackung herbeigeführt (vgl. dazu § 18 KVO Rz. 1 f). Bloße Schutzanweisungen genügen nur, wenn sich der Unternehmer zu deren Beachtung verpflichtet hat (§ 4 AGBG, unklar OLG Düseldorf v. 27.10.1983, TranspR **1984**, 109, 111). Rechtsfolge: § 5 Nr. 4 AGNB, § 15 Nr. 1 c AGNB; für Schäden des Frachtführers haftet der Absender nach den Regeln der positiven Forderungsverletzung.

2. Gefahr von Schäden an dritten Gütern

2 Vgl. § 18 KVO Rz. 1 f. Rechtsfolge: § 5 Nr. 4 AGNB.

3. Kennzeichnungspflicht

3 Vgl. § 18 KVO Rz. 10. Rechtsfolge: § 5 Nr. 4 AGNB, § 15 Nr. 1 c AGNB.

4. Unterbringung des Guts

4 In § 6 AGNB ist die Beladung des Fahrzeugs geregelt. § 5 Nr. 2 AGNB kann nicht sinnvoll die gleiche Frage lösen (*Cantrup*, AGNB, § 5 Anm. 3). Gemäß § 5 AGBG hat man daher davon auszugehen, daß die Klausel die Obhut für das Gut außerhalb des Fahrzeugs betrifft. „Normalerweise" bedeutet gemäß § 5 AGBG nicht, daß das Gut nur bei normalen Verhältnissen geschützt sein muß.

5. Gefährliche Güter

5 Zum Kreis der gefährlichen Güter vgl. § 8 KVO. Die Verpflichtung zur Warnung stellt eine allgemeine Schutzpflicht dar (§§ 242, 254 BGB). Die in § 5 Nr. 3 AGNB statuierte Pflicht kommt nicht zum Tragen, weil sie in einem Zeitpunkt erfüllt werden muß, in dem die AGNB noch gar nicht in den Vertrag einbezogen worden sind (vgl. *Ulmer/Brandner/Hensen*, AGBG, § 2 Rz. 63). Der Auftraggeber haftet daher nur bei Verschulden aus pFV und auch nur dann, wenn eine spätere Warnung nicht geeignet war, den Schaden zu verhindern.

6. Zurückweisung (§ 5 Nr. 4 AGNB)

6 Vgl. § 5 a ADSp. § 5 Nr. 4 S. 1 AGNB scheint auf den ersten Blick gegen § 9 AGBG zu verstoßen, weil die Klausel dem Unternehmer auch dort die Annahmeverweigerung erlaubt, wo lediglich dem Gut selbst Schäden drohen. In Hinblick auf die verschuldensunabhängige Schadensersatzpflicht des Unternehmers (§§ 14, 16 KVO) besteht jedoch ein legitimes Interesse des Unternehmers daran, erst gar nicht ein Ersatzrisiko zu laufen. Folgerichtig entfällt das Zurückweisungsrecht, wenn der Auftraggeber einen Haftungsverzicht erklärt. Gemäß § 5 Nr. 4 S. 2 AGNB hat der Auftraggeber nur (§ 5 AGBG) die dort erwähnten Kosten angemessen (§ 315 BGB) zu vergüten. Zur Ausbesserung der Verpackung § 18 KVO Rz. 4).

7. Beschädigte Güter (§ 5 Nr. 5 AGNB)

7 Vgl. § 18 KVO Rz. 5. § 5 Nr. 5 AGNB dient nur der Beweissicherung durch den Frachtführer. Aus § 5 Nr. 5 AGNB kann daher nicht zu Lasten des Frachtführers, der sich den angeblich schadhaften Zustand des Gutes bei Übernahme des Gutes nicht hat bestätigen lassen, abgeleitet werden, daß der Frachtführer beweisen müsse, das Gut sei bereits bei Übernahme beschädigt gewesen (**a.A.** OLG Düsseldorf v. 27.10.1983, TranspR **1984**, 109, 110; *Piper*, Höchstrichterliche Rechtsprechung, aaO, Rz. 292).

§ 6 AGNB [Beladen, Entladen, Ladearbeiten auf dem Fahrzeug]

(1) **Soweit nicht nach Vereinbarung oder örtlicher Übung etwas anderes gilt, ist das Be- und Entladen von Gütern durch den Auftraggeber bzw. Absender oder Empfänger vorzunehmen. Hierbei ist unter Beladen die Bewegung des Gutes bis zum Wagenboden, unter Entladung die Bewegung des Gutes in umgekehrter Richtung zu verstehen.**

(2) **Wenn der Unternehmer das Be- und Entladen ganz oder teilweise vornimmt, so kann er hierfür entsprechend seiner Leistung eine angemessene Vergütung verlangen. Für den Fall, daß das Be- und Entladen vom Unternehmer ganz oder teilweise vorgenommen wird, gilt das Gut schon bei Beginn des Beladens als angenommen und erst nach Abschluß des Entladens als abgeliefert.**

(3) **Die betriebssichere Verladung des Gutes auf dem Fahrzeug obliegt dem Unternehmer; ebenso die Ladearbeit auf dem Fahrzeug, soweit hierüber nichts anderes vereinbart ist.**

(4) **Auftraggeber bzw. Absender oder Empfänger haben die erforderlichen Ladevorrichtungen zur Verfügung zu stellen. Der Unternehmer hat die ortsübliche Hilfe zu leisten.**

Literatur: siehe vor § 1 AGNB.

I. Allgemeines

1 § 6 AGNB ist nur dort von Bedeutung, wo durch Individualvereinbarung nichts Abweichendes geregelt ist (§ 4 AGBG). § 6 Nr. 1 AGNB spricht außerdem von örtlicher Übung. Darunter sind Handelsbräuche (§ 346 HGB) sowie die Verkehrssitte zu verstehen, die gemäß § 157 BGB bei der Auslegung des Beförderungsvertrages zu berücksichtigen sind. § 17 KVO zufolge umfaßt die Verladung nicht nur das Heranschaffen des Guts zum Fahrzeug, das Absetzen des Guts auf dem Fahrzeug, sondern auch das beförderungssichere Verstauen des Guts. Diese Aufgabe obliegt je nachdem, ob es sich um Stückgut oder Ladungsgut handelt, dem Unternehmer oder dem Absender. § 6 AGNB trifft in Abweichungen von der KVO für Stück- und Ladungsgut eine einheitliche Regelung, die grundsätzlich immer dem Absender die Beladung auferlegt, jedoch in Form eines Kompromisses den Kreis der Ladepflichten stark einschränkt (BGH v. 23.3.1977, VersR **1977**, 517).

II. Grundsatz: Be- und Entladung durch Auftraggeber bzw. Empfänger (§ 6 Nr. 1 AGNB)

2 Grundsätzlich ist der Auftraggeber zum Beladen und durch seinen Obliegenheitsgehilfen, den Empfänger, zum Entladen verpflichtet. Die Begriffe Be- und Entladen werden in § 6 Nr. 1 S. 2 AGNB definiert. Danach endet die Beladepflicht des Auftraggebers mit dem Absetzen des Guts auf dem Wagenboden (OLG Düsseldorf v. 15.11.1990, TranspR **1991**, 9, 11; ebenso § 6 Nr. 3, 2. Alt. AGNB) und beginnt die Entladung mit der Aufnahme des Guts vom Wagenboden. Der Unternehmer hat ortsüblich Hilfe zu leisten (§ 6 Nr. 4 S. 2 AGNB): Handelt er dabei schuldhaft, so haftet er nach den Regeln der positiven Forderungsverletzung (GroßkommHGB-*Helm*, § 452, Anh. V, § 6 AGNB Rz. 4). Der Fuhrunternehmer hat dafür zu sorgen, daß das Gut auf dem Fahrzeug beförderungssicher (§ 17 KVO Rz. 9 f) verstaut und befestigt wird (BGH v. 23.3.1977, VersR **1977**, 517; v. 22.4.1977, VersR **1977**, 662, 663; OLG Düsseldorf v. 14.5.1970, VersR **1971**, 148; v. 27.10.1983, TranspR **1984**, 109, 111). Gemäß § 6 Nr. 4 AGNB hat der Auftraggeber die für die Verstauung erforderlichen Ladevorrichtungen zur Verfügung zu stellen, nicht aber die erforderlichen Stau- und Befestigungsmittel. Der Unternehmer hat dabei den Eigenheiten des Guts Rechnung zu tragen (OLG Düsseldorf v. 27.10.1983, TranspR **1984**, 109, 111). Dies gilt grundsätzlich auch dann, wenn der Absender als Warenfachmann besser weiß, wie das Gut gestapelt und befestigt werden muß (BGH v. 23.3.1977, VersR **1977**, 517, 518; **a.A.** OLG Düsseldorf v. 15.11.1990, TranspR **1991**, 9, 11: Ausnahme, wenn die Verstauung besondere Schwierigkeiten bereitet).

3 **Ausnahme:** Abweichende vertragliche Abrede, bei deren Auslegung die Verkehrssitte zu beachten ist (§ 157 BGB) oder Handelsbrauch (§ 346 HGB). Abweichende Abreden sind gemäß § 157 BGB dann anzunehmen, wenn die beförderungssichere (§ 17 KVO Rz. 9) Verladung ersichtlich besondere Warenkenntnisse erfordert, die der Unternehmer erkennbar nicht besitzt (LG Heilbronn v. 29.4.1977, VersR **1977**, 1025; vgl. auch BGH v. 22.4.1977,

VersR **1977**, 662, 663). Jedenfalls treffen den Auftraggeber Hinweispflichten, wenn er erkennen kann, daß der Unternehmer nicht beförderungssicher verstaut hat (vgl. § 17 KVO Rz. 13).

Hat vereinbarungsgemäß der Unternehmer zu be- bzw. entladen, so hat ihm der Auftraggeber bzw. der Empfänger als sein Erfüllungsgehilfe die erforderlichen **Ladehilfsmittel** zur Verfügung zu stellen (§ 6 Nr. 4 AGNB). Darunter fallen Kräne, Gabelstapler, jedoch ohne Bedienung, soweit diese Mittel auch vom Nichtfachmann bedient werden können (**a.A.** *Cantrup*, AGNB, § 6 Anm. 8), weil sonst letztlich dem Auftraggeber ein Teil der Ladeobliegenheiten zur Last fallen würde. Außerdem ist § 6 Nr. 4 S. 1 AGNB im Zweifel eng auszulegen (§ 5 AGBG).

Zur Mitwirkung des Unternehmers bzw. Auftraggebers bei der dem jeweiligen Vertragspartner obliegenden Tätigkeit OLG Düsseldorf v. 14.5.1970, VersR **1971**, 148 sowie § 17 KVO Rz. 5, 12. Vgl. zur Haftung im Rahmen des § 6 Nr. 4 S. 2 AGNB oben Rz. 2.

III. Betriebssichere Verladung (§ 6 Nr. 3 AGNB)

Zum Begriff der betriebssicheren Verladung § 17 KVO Rz. 15. § 6 Nr. 3 **4**
AGNB trifft die gleiche Regelung wie § 17 I 3 KVO.

IV. Vergütung (§ 6 Nr. 2 S. 1 AGNB)

Die Angemessenheit ist anhand des § 315 BGB zu bestimmen. Voraussetzung ist, daß der Unternehmer im Rahmen der von ihm übernommenen Vertragspflichten mitgewirkt hat. Vgl. § 12 GNT. **5**

V. Haftungszeitraum (§ 6 Nr. 2 S. 2 AGNB)

S. dazu § 14 AGNB. **6**

VI. Deliktische Haftung

S. OLG Düsseldorf v. 30.6.1977, VersR **1977**, 912. **7**

§ 7 AGNB [Angaben über das Gut, Überlastung]

(1) **Der Unternehmer ist im Rahmen der Sorgfaltspflicht eines ordentlichen Frachtführers verpflichtet nachzuprüfen, ob das Gut nach Zahl, Art, Inhalt und Gewicht mit den Eintragungen des Absenders im Beförderungspapier übereinstimmt. Zur Prüfung von geschlossenen Behältnissen oder Verpackungen ist der Unternehmer nicht verpflichtet. Etwaige Kosten der Nachwiegung hat der Auftraggeber zu tragen, wenn er keine oder unrichtige Gewichtsangaben gemacht hat.**

(2) **a) Der Unternehmer ist dafür verantwortlich, daß das Fahrzeug nur im Rahmen des zulässigen Gesamtgewichts beladen wird.**

b) Wird eine Überlastung des Fahrzeugs festgestellt, die auf unrichtigen Gewichtsangaben oder auf anderen, vom Auftraggeber zu vertretenden Gründen beruht, die dem Unternehmer nicht erkennbar sind, so hat der Auftraggeber alle dem Unternehmer durch die Überlastung erwachsenden Schäden und Kosten zu tragen. Wird die vom Auftraggeber zu vertretende Überlastung des Fahrzeuges am Versandort festgestellt, so hat der Auftraggeber die Abladung des Übergewichts vorzunehmen. Wird dem Verlangen des Unternehmers auf Abladung des Übergewichts nicht entsprochen oder wird die Überlastung des Fahrzeuges aus Gründen, die der Auftraggeber zu vertreten hat, erst unterwegs festgestellt, so erfolgt die Abladung des Übergewichts für Rechnung und Gefahr des Auftraggebers.

c) Von einer durch den Unternehmer vorgenommenen Abladung des Übergewichts ist der Auftraggeber in jedem Falle unverzüglich zu benachrichtigen.

d) Erfolgt im Falle des Buchstaben b) die Abladung des Übergewichts, so wird für das auf dem Fahrzeug verbleibende Gewicht die Vergütung vom Versand- bis zum Bestimmungsort berechnet. Für den abgeladenen Teil wird die Vergütung für die gefahrene Strecke anteilig berechnet. Wenn auf Anweisung des Auftraggebers der abgeladene Teil weiter- oder zurückbefördert wird, so ist diese Beförderung als besondere Beförderungsleistung zu behandeln und zu vergüten.

Literatur: siehe vor § 1 AGNB.

1. Überprüfung, Beweislast

1 Der Auftraggeber ist öffentlich-rechtlich nicht verpflichtet, Beförderungspapiere auszustellen. Der Unternehmer kann jedoch gemäß § 426 HGB die Ausstellung eines Frachtbriefs verlangen. Außerdem kann der Unternehmer die Ausstellung von Beförderungspapieren nach Maßgabe des § 9 AGNB fordern. Der Unternehmer hat nicht nur die Angaben im Frachtbrief, sondern auch in sonstigen zur Beförderung übergebenen Papieren, wie Lieferschein, Ladelisten, sorgfältig (§ 347 HGB) zu überprüfen. Bei der Prüfung sind anders als nach § 16 KVO keine besonderen Formalitäten einzuhalten.

Zu den Konsequenzen der Überprüfungspflicht für die **Beweislast** § 16 KVO Rz. 5. Außerdem **haftet der Unternehmer** für die Folgen mangelnder Überprüfung gemäß § 14, 1 b, c AGNB. Er muß sich die unzulängliche Überprüfung im Rahmen des § 15 Nr. 1 c AGNB als Mitverschulden entgegenhalten lassen. Der **Auftraggeber haftet** bei Frachtbriefen gemäß § 426 III HGB, sonst nach den Regeln der positiven Forderungsverletzung. Dabei ist das Mitverschulden des Unternehmers zu berücksichtigen (§ 254 BGB). Zur Haftung gemäß § 9 AGNB s. dort.

2. Überlastung

2 Die Verpflichtung, Überlastungen zu vermeiden, ist Teil der Pflicht zur betriebssicheren Verladung (§ 6 Nr. 3 AGNB). Zur Pflicht und zum Recht zur **Abladung** vgl. § 17 KVO Rz. 17. Die Berechnung der **Vergütung** lehnt sich an § 16 III KVO an und steht mit der Wertung der §§ 323, 325 BGB im

Einklang. Die **Haftung** gemäß § 7 Nr. 2b S. 1 AGNB ist unklar geregelt. Aus dem Wortlaut der Klausel ergibt sich weder, was der Auftraggeber zu vertreten hat, noch, ob die Unrichtigkeit der Gewichtsangaben zu vertreten sein muß. Eine Parallele zu § 426 III HGB, §§ 13, 22 III 2 KVO spricht zwar für eine verschuldensunabhängige Haftung aus Gründen, die in der Sphäre des Auftraggebers liegen. Gegen diese Parallele kann jedoch der Umstand ins Feld geführt werden, daß die Haftung in der Regel vom Verschuldensgrundsatz geprägt wird. Auslegungszweifel gehen gemäß § 5 AGBG zu Lasten des AGNB-Verwenders, so daß in der Regel nur bei Verschulden gehaftet wird.

§ 8 AGNB [Wartezeit]

1. Für die Wartezeit wird die vereinbarte oder angemessene Entschädigung berechnet. Als Wartezeit gilt die Zeit von der Bereitstellung des Fahrzeuges zum Be- und Entladen bis zum Beginn des Ladegeschäftes und jede nicht vom Unternehmer verursachte Unterbrechung des Ladegeschäftes.

2. Ist eine Abholung vereinbart und dauert bei der Abholung des Gutes die Wartezeit unangemessen lange, so braucht der Unternehmer den Vertrag nicht zu erfüllen. Für die vergebliche An- und Abfahrt und die damit verbundene Zeitversäumnis steht ihm die vereinbarte oder angemessene Vergütung zu.

3. Hält der Unternehmer eine vereinbarte Abholzeit nicht ein, so braucht der Auftraggeber nach Ablauf einer angemessenen Frist den Vertrag nicht zu erfüllen. In diesem Falle kann der Unternehmer keine Ansprüche stellen.

Literatur: siehe vor § 1 AGNB.

1. Wartezeit

Die Bereitstellung des Fahrzeugs darf nicht vor dem vereinbarten Zeitpunkt erfolgen. Ist der exakte Bereitstellungszeitpunkt nicht ausdrücklich vereinbart, so ist der Zeitpunkt durch Auslegung der Vereinbarung nach Treu und Glauben sowie der Verkehrssitte zu ermitteln (§ 157 BGB). Maßgeblich ist somit nicht die faktische, sondern die vertragsgemäße Bereitstellung (§ 5 AGBG). In Parallele zu den §§ 293 ff BGB muß sich der Auftraggeber Wartezeiten auch dann zurechnen lassen, wenn er sie nicht verschuldet hat, ja selbst dann, wenn sie durch höhere Gewalt verursacht sind. Eine Ausnahme gilt für vom Unternehmer verursachte, d. h. von ihm im Sinn der Sphärentheorie zu vertretende Wartezeiten. 1

2. Vergütung (§ 8 Nr. 1, Nr. 2 S. 2 AGNB)

Soweit keine Vereinbarung existiert, ist die Entschädigung anhand des § 315 BGB zu ermitteln. Dabei ist zu berücksichtigen, ob dem Unternehmer ein exakter Bereitstellungstermin oder nur ein Rahmen vorgegeben worden war. § 8 Nr. 1 AGNB steht mit dem AGBG im Einklang (Wertung des § 642 BGB). 2

3. Kündigung des Unternehmers (§ 8 Nr. 2 AGNB)

3 Der Auftraggeber, der nicht vertragsgemäß das Fahrzeug nach dessen Bereitstellung belädt oder zumindest das Gut heranschafft, gerät gemäß den §§ 293 ff BGB in Annahmeverzug. Gemäß § 643 BGB kann daher der Unternehmer nach fruchtloser Fristsetzung den Vertrag kündigen. § 8 Nr. 2 AGNB läßt eine Kündigung ohne Fristsetzung zu. Der Vertrag endet also nicht automatisch (zum Erfüllungszeitraum § 428 HGB Rz. 1). Dies verstößt gegenüber Kunden, die nicht zu den in § 24 AGBG erfaßten Personen zählen, gegen § 11 Nr. 4 AGBG. Gegenüber Kaufleuten ist § 8 Nr. 2 AGNB wirksam, da die Kündigungsmöglichkeit der Wertung des § 643 BGB und § 14 VI KVO entspricht. Ein Verzicht auf die Nachfrist ist angesichts der Schnelligkeit der Transportabwicklung angemessen (**a.A.** tendenziell *Ulmer/Brandner/Hensen*, AGBG, § 11 Nr. 4 Rz. 9; *Wolf/Horn/Lindacher*, AGBG, § 11 Nr. 4 Rz. 19).

4. Kündigung des Auftraggebers (§ 8 Nr. 3 AGNB)

4 Der Auftraggeber kann vom Vertrag ohne Nachfristsetzung zurücktreten; der Vertrag endet mithin, sofern nicht der Erfüllungszeitraum überschritten ist (§ 428 HGB Rz. 1), nicht automatisch. Die Klausel ist, soweit sie ein Rücktrittsrecht statuiert, unbedenklich, da sie dem § 428 II 1 1. Alt. HGB entspricht. Gleiches gilt für § 8 Nr.3 S. 2 AGNB. Zwar weicht die Klausel von § 428 II 1 HGB ab, aber in aller Regel wird die Ursache für die Verzögerung in die Sphäre des Unternehmers fallen (*Koller*, Risikozurechnung, S. 77 ff). In solchen Fällen ist es angemessen, den Unternehmer mit den Aufwandsrisiken zu belasten. Diese Lösung treffen auch die §§ 636, 634 BGB.

§ 9 AGNB [Papiere]

1. Der Auftraggeber hat dem Unternehmer die Beförderungs- und Begleitpapiere mitzugeben, die zur ordnungsgemäßen Durchführung der Beförderungsleistung und der Erfüllung von Zoll-, Steuer- und Polizeivorschriften erforderlich sind, soweit nicht der Unternehmer aufgrund von öffentlich-rechtlichen Vorschriften für deren Mitführung verantwortlich ist.

2. Der Auftraggeber haftet für die Schäden, die aus dem Fehlen von Papieren oder aus unrichtigen Angaben in den von ihm ausgefüllten Papieren entstehen. Er haftet auch dann, wenn der Unternehmer nach Angaben des Auftraggebers das Papier ausfüllt und der Auftraggeber diese Angaben unterzeichnet.

3. Der Unternehmer haftet für die Schäden, die dadurch entstehen, daß er nicht die von ihm mitzuführenden und ihm vom Auftraggeber mitgegebenen Beförderungs- und Begleitpapiere bei sich führt.

Literatur: siehe vor § 1 AGNB.

1. Papiere (§ 9 Nr. 1 AGNB)

§ 9 Nr. 1 AGNB entspricht weitgehend § 427 HGB, § 12 I 1 KVO. 1

2. Haftung des Auftraggebers

Gemäß § 427 S. 2 HGB haftet der Auftraggeber ohne Rücksicht auf Verschulden. Gleiches gilt gemäß § 12 I S. 4 KVO. Diese Vorschriften sind bei der Auslegung der AGNB nicht heranzuziehen, da die Auslegung von AGB ohne Rückgriff auf die Entstehungsgeschichte aus sich selbst heraus zu erfolgen hat (*Ulmer/Brandner/Hensen*, AGBG, § 5 Rz. 22). Aus der Sicht redlicher verständiger Vertragspartner läßt sich jedoch sagen, daß die Haftung aus § 9 Nr. 2 AGNB nicht hinter dem dispositiven Recht zurückbleiben sollte und daher als verschuldensunabhängige Haftung gewollt ist. Zur Ausfüllung der Papiere durch den Unternehmer § 13 KVO Rz. 4. 2

3. Haftung des Unternehmers

§ 9 Nr. 3 AGNB statuiert einen selbständigen Haftungstatbestand. Auch hier ist unklar, ob auch bei fehlendem Verschulden gehaftet werden soll. § 5 AGBG spricht dafür, wenn der Unternehmer die Klausel verwendet. Jedenfalls steht die Haftung, die gemäß § 17 II 2 AGNB beschränkt ist, in Konkurrenz zur Haftung aus § 14 AGNB. 3

§ 10 AGNB [Zeitliche Abwicklung der Aufträge]

1. Beförderungsverträge sind innerhalb der vereinbarten Fristen, im übrigen unverzüglich auszuführen.

2. Die Abholung und Anlieferung hat in der ortsüblichen Geschäftszeit zu erfolgen, falls nichts anderes vereinbart worden ist.

Literatur: siehe vor § 1 AGNB.

§ 10 Nr. 1 AGNB begründet keine Fixschulden (vgl. § 428 HGB Rz. 1). Zu den vereinbarten Fristen § 428 HGB Rz. 1. Zum Begriff „unverzüglich" s. § 121 BGB. Zu den Geschäftszeiten vgl. § 358 HGB. Zum Lieferverzug § 16c AGNB. 1

§ 11 AGNB [Nachnahme]

Der Auftraggeber kann das Gut bis zur Höhe seines Wertes zuzüglich seiner Frachtkosten mit Nachnahme belegen. In diesem Falle darf der Unternehmer das Gut nur gegen Zahlung des Nachnahmebetrages in bar ausliefern. Der nachgenommene Betrag ist dem Auftraggeber unverzüglich zuzuleiten. Aufrechnungsansprüche des Unternehmers gegenüber dem Auftraggeber bleiben unberührt.

Literatur: siehe vor § 1 AGNB.

1 Vgl. § 24 KVO, § 407 HGB Rz. 53. Zur Haftung des Unternehmers s. § 16 b AGNB (§ 31 d KVO).

§ 12 AGNB [Beförderungshindernisse]

1. Beförderungshindernisse sind solche Umstände, welche die Beförderung des Gutes nach seiner Übergabe vor Ankunft am Bestimmungsort zeitweilig oder dauernd verhindern.

2. Bei Beförderungshindernissen hat der Unternehmer den Auftraggeber unverzüglich zu benachrichtigen und dessen Weisung einzuholen.

3. Ist nachweisbar die Benachrichtigung des Auftraggebers oder die Einholung seiner Weisung nicht möglich, so kann der Unternehmer das Gut nach seiner Wahl zum Auftraggeber zurückbefördern oder einlagern.

4. Hat der Auftraggeber das Beförderungshindernis zu vertreten, so hat er die Vergütung für die zurückgelegte Strecke und eine etwaige Rückbeförderung sowie etwa entstandene Nebenkosten zu tragen. Hat der Unternehmer das Beförderungshindernis zu vertreten, so kann der Auftraggeber nicht mit irgendwelchen Kosten belastet werden.

Literatur: siehe vor § 1 AGNB.

1. Begriff des Beförderungshindernisses

1 Vgl. § 428 II 1, § 437 HGB. § 12 Nr. 1 AGNB erfaßt in Parallele zu § 28 II KVO auch Hindernisse, die aller Wahrscheinlichkeit nach im Erfüllungszeitraum bestehen bleiben. Zu den Ablieferungshindernissen § 13 AGNB.

2. Nachricht, Weisung (§ 12 Nr. 2 AGNB)

2 Vgl. § 28 KVO Rz. 6 f. Erteilt der Auftraggeber nicht rechtzeitig eine Weisung, so gelten die allgemeinen Regeln des HGB und BGB.

3. Rückbeförderung, Einlagerung (§ 12 Nr. 3 AGNB)

3 Der Frachtführer hat die Wahl nach billigem Ermessen auszuüben. Zur Einlagerung vgl. § 437 II 1 HGB, § 28 VI KVO. § 12 Nr. 3 AGNB ist auf Fälle, in denen der Auftraggeber mit Weisungen säumig ist, nicht anzuwenden (§ 5 AGBG).

4. Vergütung (§ 12 Nr. 4 AGNB)

4 Die Klausel sagt nicht, was der Unternehmer, was der Auftraggeber zu vertreten hat. Die Klausel ist deshalb in Anlehnung an die §§ 323 ff BGB zu interpretieren. Danach hat der Auftraggeber all das zu vertreten, was er gemäß § 324 BGB vertreten müßte. Der Unternehmer hat Vorsatz und Fahrlässigkeit zu vertreten (§ 276 BGB). Soweit keine der Parteien das Hindernis zu vertreten hat, greift § 323 BGB, gegebenenfalls die Regel über den Wegfall der Geschäftsgrundlage ein.

§ 13 AGNB [Ablieferungshindernisse]

1. Ablieferungshindernisse sind solche Umstände, welche nach Ankunft des Gutes am Bestimmungsort dessen Ablieferung verhindern.

2. Beim Vorliegen eines Ablieferungshindernisses finden die Bestimmungen des § 12 Abs. 2 bis 4 entsprechende Anwendung.

3. Wenn der Unternehmer, ohne daß es vereinbart ist, außerhalb der ortsüblichen Geschäftszeit das Gut anliefert und aus diesem Grunde seinen Beförderungsvertrag nicht ausführen kann, liegt kein Ablieferungshindernis vor. In diesem Falle hat der Unternehmer die Anlieferung innerhalb der nächsten Geschäftszeit erneut vorzunehmen.

Literatur: siehe vor § 1 AGNB.

Zum Begriff des Ablieferungshindernisses § 437 HGB Rz. 1 ff sowie § 28 1
KVO Rz. 10. § 13 Nr. 3 AGNB stellt klar, daß bei Anlieferung außerhalb der üblichen Geschäftszeiten (§ 10 Nr. 2 AGNB) grundsätzlich kein Ablieferungshindernis besteht, wenn der Empfänger deshalb nicht annahmebereit ist.

§ 14 AGNB [Ersatzpflicht des Unternehmers]

Der Unternehmer haftet

a) für alle an dem Gut entstandenen unmittelbaren Schäden und Verluste durch Transportmittelunfälle oder Betriebsunfälle; Betriebsunfälle sind Ereignisse, die in unmittelbarem Zusammenhang mit einem Betriebsvorgang der Güterbeförderung mittels Kraftfahrzeug stehen;

b) für alle Schäden, die durch gänzlichen oder teilweisen Verlust oder durch Beschädigung des Gutes, auch durch beigeladene Güter, in der Zeit von der Annahme zur Beförderung bis zur Ablieferung entstehen.

Literatur: siehe vor § 1 AGNB.

Die Klausel übernimmt wörtlich den § 29 KVO. Zur Annahme und Ab- 1
lieferung des Guts s. § 6 Nr. 2 S. 2 AGNB. Es kann daher auf die Kommentierung dieser Vorschrift verwiesen werden. Die einschränkende Auslegung des OLG Hamburg (v. 4.7.1991, TranspR **1992**, 16, 17) übergeht § 15 I a AGNB. Anstatt eine Lücke in Hinblick auf ein gewolltes Ergebnis zu behaupten, hätte das OLG die Tragweite des § 15 I a AGNB prüfen müssen. In dem vom OLG entschiedenen Fall wäre an eine Anwendung des § 15 I d AGNB zu denken gewesen. § 14 AGNB erfaßt, wie sich aus der Formulierung des § 14 AGNB und mittelbar aus § 16 AGNB ergibt, ausschließlich unmittelbare Schäden an den zu transportierenden Gütern. Zur Höhe des Schadensersatzanspruchs §§ 17 f AGNB. Soweit die Haftung gemäß § 14 AGNB über die Haftung gemäß § 429 HGB hinausgeht, bestehen unter dem Aspekt des § 9 AGBG nur dann Bedenken, wenn der **Kunde Verwender der AGNB** ist. Angesichts der umfangreichen Haftungsausschlüsse (§ 15 AGNB) und der weitgehenden Haftungsbeschränkungen (§ 17 AGNB) sowie des Umstands, daß die §§ 14 ff AGNB den Unternehmer nur mit einer

Haftung konfrontieren, wie sie der Güterfernverkehrsunternehmer zu tragen hat, ist jedoch insoweit von der Gültigkeit der AGNB auszugehen. Zu Lasten des die **AGNB verwendenden Unternehmers** ist jedoch zu berücksichtigen, daß § 14 AGNB iVm § 16 AGNB jegliche Haftung für die Folgeschäden von Güterschäden ausschließt. Dies ist mit dem AGBG unvereinbar (vgl. § 18 AGNB Rz. 1).

Die Haftung aus den §§ 823 ff BGB bleibt unberührt (vgl. BGH v. 2.12.1982, VersR **1983**, 339; OLG Düsseldorf v. 15.11.1990, TranspR **1991**, 9, 11).

§ 15 AGNB [Ausschlüsse von der Ersatzpflicht]

1. Von der Ersatzpflicht gemäß § 14 a und b sind ausgeschlossen:

a) Schäden durch höhere Gewalt, jedoch nicht insoweit, als es sich bei den Schadensursachen um die der Straße und dem Kraftwagen eigentümlichen Gefahren, um Schäden und Verluste durch Regen, Schnee, Eis, Hagel oder Sturm sowie um Schäden durch Straßenraub handelt;

b) Schäden durch Kriegsereignisse, Verfügungen von hoher Hand oder Beschlagnahme;

c) Schäden in dem Umfang, in dem sie durch ein Verschulden des Auftraggebers, Absenders, Empfängers oder deren Erfüllungsgehilfen verursacht worden sind;

d) Bruchschäden am Gut infolge von Fabrikations- und Materialfehlern;

e) Schäden an ungemünzten oder gemünzten oder sonst verarbeiteten Edelmetallen, Juwelen, Edelsteinen, Papiergeld, Wertpapieren jeder Art, Dokumenten und Urkunden, an Kunstsachen, Gemälden, Skulpturen und anderen Gütern, die einen Sonderwert haben, sofern der Einzelwert den Betrag von 2500,– DM übersteigt.

2. Soweit der Unternehmer nachweist, daß er mit der Sorgfalt eines ordentlichen Frachtführers gehandelt hat, sind von der Ersatzpflicht gemäß § 14 b ausgeschlossen:

a) Schäden an Umzugsgut durch Bruch von Glas oder Porzellan sowie Schrammschäden, Politurrisse, Leimlösungen, Scheuerschäden;

b) Schäden durch Emailleabsplitterungen;

c) Fehlmengen und Gewichtsverluste, die aus der Eigenart der betreffenden Güter entstehen;

d) innerer Verderb einschließlich Bombieren;

e) Schäden an lebenden Tieren durch Tod oder Seuchen;

f) Schäden an selbstentzündlichen und explosionsgefährlichen Gütern, soweit die Schäden aus der Selbstentzündlichkeit oder Explosionsgefahr herrühren;

g) Einwirkungen von Frost und Hitze.

3. Bei Vor-, Zwischen- oder Nachlagerungen haftet der Unternehmer für solche Schäden nicht, die nach dem 15. Tag der Lagerung eintreten, es sei denn, daß die Dauer der Lagerung über den 15. Tag hinaus durch sein Verschulden notwendig wurde.

Literatur: siehe vor § 1 AGNB.

I. Vorbemerkung

§ 15 kombiniert und modifiziert die Haftungsausschlüsse der §§ 30, 33, 34 KVO. 1

II. Totale Haftungsausschlüsse (§ 15 Nr. 1 AGNB)

1. Höhere Gewalt, eigentümliche Gefahren (§ 15 Nr. 1 a AGNB)

S. zu § 34 KVO Rz. 2 ff. 2

2. Regen, Schnee etc. (§ 15 Nr. 1 a AGNB)

S. zu § 30 KVO Rz. 2 f. Im Unterschied zu § 30 b KVO ist Diebstahl und Abhandenkommen nicht erwähnt. Im Unterschied zu § 30 KVO ist § 15 Nr. 1 a AGNB auch so formuliert, daß die aufgeführten Schadensquellen nicht nur Beispiele verschuldensunabhängiger Haftung, sondern daß sie Ausnahmen vom Haftungsausschluß darstellen. Es mag sein, daß man letztlich nur eine Parallele zu den §§ 30, 34 KVO ziehen wollte. Im Text der AGNB kommt dies nicht zum Ausdruck. Der Unternehmer, der die AGNB verwendet, haftet daher zumindest gemäß § 5 AGBG für alle Schadensquellen, die in § 15 Nr. 1 a AGNB genannt sind, auch wenn das Schadensereignis einen Fall höherer Gewalt darstellt. Hat der Kunde die AGNB eingebracht, so verstößt die Erweiterung der Haftung auch für Schäden infolge höherer Gewalt gegen § 9 AGBG (*Löwe/Graf von Westphalen/Trinkner*, AGBG, (2. Aufl.) Bd. III 24.4. Rz. 1). 3

3. Krieg etc. (§ 15 Nr. 1 b AGNB)

S. Erläuterungen zu § 34 I b KVO (dort Rz. 11). Beschlagnahme iSd § 15 Nr. 1 b AGNB ist auch die Wegnahme durch eine staatlich anerkannte Macht. **AGBG-Konformität:** Die Klausel ist, wenn sie der Unternehmer verwendet, gemäß § 9 AGBG unwirksam, weil die Haftung selbst dann ausgeschlossen ist, wenn das Schadensereignis ohne grobe Fahrlässigkeit des Unternehmers oder seiner leitenden Angestellten nicht eingetreten wäre (BGH, NJW **1978**, 1918; NJW **1985**, 623, 627; *Koller*, ZIP **1986**, 1089, 1090; *Soergel/Stein*, BGB, § 9 AGBG Rz. 53; *Erman/Hefermehl*, BGB, § 9 AGBG Rz. 109 jeweils m.w.Nachw.). Bei Verwendung gegenüber Nicht-Kaufleuten greift § 11 Nr. 7 AGBG ein (*Ulmer/Brandner/Hensen*, AGBG, Anh. §§ 9–11 Rz. 26; *Wolf/Horn/Lindacher*, AGBG, § 9 Rz. F 62). 4

4. Verschulden des Auftraggebers (§ 15 Nr. 1 c AGNB)

Vgl. § 34 c KVO (dort Rz. 14). Das Verschulden (§ 276 BGB) des Empfängers spielt nur eine Rolle, soweit der Auftraggeber den Empfänger eingeschaltet hat oder soweit der Empfänger eigene Ansprüche erhebt. Ein Mitverschulden des Unternehmers ist gemäß § 254 BGB zu berücksichtigen (unklar OLG Düsseldorf v. 15.11.1990, TranspR **1991**, 9, 10), da § 15 Nr. 1 c AGNB gemäß § 5 AGBG nur für den Fall des alleinigen Verschuldens des 5

Auftraggebers etc. gilt (OLG Düsseldorf v. 27.10.1983, TranspR **1984**, 109, 111; anders *Wolf/Horn/Lindacher*, AGBG, § 9 Rz. F 62: Verstoß gegen § 9 AGBG). Beachte § 25 Nr. 2 AGNB.

5. Bruchschäden infolge von Fabrikationsfehlern (§ 15 Nr. 1 d AGNB)

6 Vgl. § 30 e KVO (dort Rz. 7 f). Zur AGBG-Konformität der Klausel s. oben Rz. 4.

6. Edelmetalle etc. (§ 15 Nr. 1 e AGNB)

7 Vgl. § 34 I d, e KVO (dort Rz. 15). Zur AGBG-Konformität s. oben Rz. 4.

7. Vor-, Zwischen-, Nachlagerung (§ 15 Nr. 3 AGNB)

8 Zum Begriff der Vor-, Zwischen- und Nachlagerung s. § 33 KVO Rz. 5 ff. Im Unterschied zur KVO soll der Haftungsausschluß erst dann zum Tragen kommen, wenn die Schadensursache erst nach dem 15. Tag der Lagerung (§§ 187 ff BGB) wirksam wird. Zur AGBG-Konformität s. oben Rz. 4.

III. Einschränkungen der Haftung dem Grunde nach (§ 15 Nr. 2 AGNB)

9 In dem § 15 Nr. 2 AGNB werden Haftungsausschlüsse für die in § 34 I g, h, i, k, m, n KVO geregelten Schadensereignisse statuiert. Die Haftungseinschränkung gilt in Parallele zu § 34 II KVO nicht bei Transportmittel- und Betriebsunfällen, weil § 15 Nr. 2 AGNB sich nur auf die Haftung aus § 14 b AGNB, nicht auf die Haftung aus § 14 a AGNB bezieht. Eingeschränkt wird nur die verschuldensunabhängige Haftung. Die Verschuldenshaftung nach dem Modell des § 429 HGB bleibt unberührt. Da die AGNB gemäß § 9 II 1 AGBG am Maßstab der §§ 425 ff HGB zu messen sind, bestehen gegen § 15 Nr. 2 AGNB keine Bedenken.

IV. Deliktische Haftung (§§ 823 ff BGB)

10 Die deliktische Haftung wird durch § 15 AGNB nicht berührt, da sich § 15 AGNB eindeutig auf § 14 AGNB bezieht (*Cantrup*, AGNB, S. 75; vgl. auch BGH v. 24.11.1976, BB **1977**, 162, 164; v. 2.12.1982, VersR **1983**, 339).

§ 16 AGNB [Ersatz für andere als Güterschäden]

Der Unternehmer ersetzt auch Vermögensschäden, die nicht im Zusammenhang mit einem Güterschaden entstehen und die dem verfügungsberechtigten Auftraggeber oder Empfänger entstanden sind
a) durch Falschauslieferung;
b) durch Fehler bei der Auftragserledigung von Nachnahmen;
c) durch sonstige Verletzungen des Beförderungsvertrages, in diesem Falle jedoch nur bei Verschulden des Unternehmers.

Literatur: siehe vor § 1 AGNB.

1. Allgemeines

§ 16 AGNB regelt primäre Vermögensschäden und Schäden, die Personen und an Sachen entstehen, die nicht zum Kreis der beförderten Güter zählen. Voraussetzung für eine Haftung ist immer, daß der Schaden nicht bloß als Folgeschaden eines Güterschadens eintritt (vgl. § 31 KVO Rz. 2). Der Unternehmer haftet zum Teil verschuldensunabhängig (§ 16 a, b AGNB) oder für jedes Verschulden. Die **Klausel** ist daher, wenn sie **vom Unternehmer verwandt** wird, und soweit sie eine Haftung begründet, mit dem AGBG vereinbar. Soweit § 16 AGNB mittelbar die Haftung für die *Folgeschäden von Güterschäden* ausschließt, steht die Klausel grundsätzlich auf dem Boden des dispositiven Rechts (§ 430 HGB). Sie schließt allerdings unter Verstoß gegen § 9 AGBG, § 430 III HGB die Haftung für Folgeschäden auch dann aus, wenn der Frachtführer oder sein leitender Angestellter grob fahrlässig gehandelt haben oder wenn Kardinalpflichten verletzt werden (BGH, NJW **1978**, 1918; **1985**, 623, 627; BB **1991**, 1522; *Koller*, ZIP **1986**, 1089, 1098 m.w.Nachw.). Wegen des Reduktionsverbotes ist die Klausel ganz unwirksam (vgl. *Wolf/Horn/Lindacher*, AGBG, § 9 Rz. F 63; *Ulmer/Brandner/Hensen*, AGBG, Anh. §§ 9–11 Rz. 26). Gegenüber Nicht-Kaufleuten verstößt die Klausel außerdem gegen § 11 Nr. 7 AGBG (*Ulmer/Brandner/Hensen*, AGBG, Anh. §§ 9–11 Rz. 26). In der Sache wird dadurch jedoch die Haftung für Folgeschäden von Güterschäden nicht erweitert, da § 430 HGB an die Stelle der Klausel tritt (§ 6 II AGBG). Anders ist die Situation jedoch im Fall grob fahrlässigen Verhaltens (§ 430 III HGB). Ist hingegen der **Kunde** der **Verwender der AGNB**, so ist zu berücksichtigen, daß der Unternehmer in den Fällen des § 16 a, b AGNB selbst in Fällen höherer Gewalt haftet. Dies verstößt gegen § 9 AGBG (s. oben § 14 AGNB Rz. 1). 1

2. Falschauslieferung

Vgl. § 31 KVO Rz. 7. Anders als nach KVO ist die Haftung nicht durch eine § 34 KVO vergleichbare Vorschrift beschränkt. Zur AGBG-Konformität und zur geltungserhaltenden Auslegung der AGNB bei Verwendung der AGNB durch den Auftraggeber s. oben Rz. 1. 2

3. Nachnahme (§ 16 b AGNB)

Vgl. § 31 KVO Rz. 9. Anders als § 31 I d KVO erfaßt § 16 b AGNB alle Fehler bei der Einziehung und Ablieferung von Nachnahmen (§ 11 AGNB). Der Unternehmer haftet grundsätzlich uneingeschränkt ohne Rücksicht auf Verschulden. Zur geltungserhaltenden Auslegung s. oben Rz. 1. 3

4. Sonstige Verletzungen (§ 16 c AGNB)

§ 16 c AGNB greift im Fall der Lieferverzögerung, der verschuldeten Unmöglichkeit sowie der positiven Forderungsverletzung ein. Der Unternehmer haftet nur für Verschulden (§ 276 BGB). Er hat sich nach den allgemeinen Regeln zu entlasten (*Palandt/Heinrichs*, BGB, § 282 Rz. 6 ff). 4

§ 17 AGNB [Haftungsbeschränkungen]

1. Haftungsbeschränkungen bei besonderen Gefahren.

I. Bei Haftung nach §§ 14a und b, 15.

a) Entstehen bei Gütern, die nur nach Gewicht und unverpackt geladen werden, Schäden durch Diebstahl und Abhandenkommen, bleiben die ersten 1 1/2% Verlust bei der Schadensersatzleistung außer Ansatz.

b) Schäden an unverpacktem Gut, die durch Scheuern oder Druck entstanden sind, werden nur bis zum Höchstbetrag von 1000,– DM je Lastzug ersetzt.

II. Bei Haftung nach §§ 14b, 15.

a) Entstehen Schäden durch Rinnverlust bei Flüssigkeiten in Fässern und anderen Behältern, werden folgende Freiteile in Abzug gebracht:
aa) bei Flüssigkeiten in hölzernen Fässern 3% je Faß,
bb) bei Flüssigkeiten in anderen Behältern 1/2% je Behälter.

b) Bruchschäden an Glas, Glasflaschen, sofern sie nicht in Kisten oder Kästen verpackt sind. Glasballons, Porzellan, Steingut, Steinzeug oder hieraus hergestellte Artikel werden nur bis zum Höchstbetrag von 150,– DM je Schadensereignis ersetzt. Im Falle des Bruchs eines Teils der betroffenen Sendung werden die erforderlichen Wiederherstellungskosten im Verhältnis des beschädigten Teils zum Gesamtwert der Ladung vergütet. Im Falle der Wiederherstellung sind Wertminderungsansprüche ausgeschlossen.

2. Allgemeine Höchstgrenzen.

a) Schäden an beförderten Sendungen werden je Schadensereignis im Höchstfall mit 100 000,– DM ersetzt.

b) Vermögensschäden gemäß § 16 werden je Schadensereignis bis zum Höchstbetrag von 10 000,– DM ersetzt.

c) Übersteigt der Schadensbetrag je Schadensereignis die Summe von 100 000,– DM bei Güterschäden oder 10 000,– DM bei Vermögensschäden, so werden die Schäden mehrerer Beteiligter anteilig ersetzt.

Literatur: siehe vor § 1 AGNB.

I. Allgemeines

1 § 17 AGNB regelt Haftungsbeschränkungen der Höhe nach. Weitere derartige Haftungsbeschränkungen ergeben sich aus § 18 AGNB.

AGBG-Konformität: Soweit der Unternehmer die Klausel *gegenüber Nicht-Kaufleuten* (§ 24 AGBG) verwendet, verstößt die Klausel gegen § 11 Nr. 7 AGBG, nicht aber gegen § 11 Nr. 8 AGBG (*Ulmer/Brandner/Hensen*, AGBG, Anh. §§ 9–11 Rz. 26; **a.A.** *Wolf/Horn/Lindacher*, AGBG, § 9 Rz. F 63), da die Haftung lediglich der Höhe nach beschränkt wird. *Gegenüber Kaufleuten* soll die Klausel nach früher h.M. mit dem AGBG vereinbar sein (GroßkommHGB-*Helm*, Anh. § 452, § 17 AGNB Rz. 3; **a.A.** *Wolf/Horn/Lindacher*, AGBG, § 9 Rz. F 63). Dafür mag der Umstand eine Rolle spielen, daß sich die AGNB stark an die KVO anlehnen. § 9 II 1 AGBG erklärt jedoch die Grundgedanken des dispositiven Rechts, von dem abgewichen wird, also die §§ 429 ff HGB, zum Prüfungsmaßstab. Gegen die Orientierung an der KVO spricht weiter, daß die KVO ein einheitliches Bedingungswerk darstellt, aus dem die AGNB nur Teile übernommen haben. Ferner sind die zwingenden Entgelte des GFT auf die Pflichten und Rechte nach der KVO abgestimmt, während dies weder bei dem GNT noch erst recht dort der Fall ist, wo die Entgelte frei vereinbart werden können. Schließlich ist zu beachten, daß die Schadensrisiken bei einem Transport über längere Strecken, zumal wenn mehrmals umgeschlagen wird, typischerweise höher sind als bei Transporten im Nahbereich, so daß bei KVO-Transporten das Risiko unkalkulierbar hoher Schäden bedeutend größer ist. Insgesamt gesehen kann die KVO nicht als Leitmaxime für das iSd § 9 AGBG Angemessene dienen. Vielmehr ist auf die allgemeinen Regeln über die Zulässigkeit von Haftungsbeschränkungen (vgl. *Koller*, ZIP **1986**, 1089) unter Berücksichtigung der Besonderheiten des Transportrechts zurückzugreifen. Dabei ist zu berücksichtigen, daß der Unternehmer gemäß Art. 29 CMR bei Vorsatz oder grober Fahrlässigkeit, sei es auch nur seiner Gehilfen, den vollen Schaden zu ersetzen hat. Die Bahn haftet gemäß § 91 EVO bei vorsätzlicher Schädigung, sei es auch durch einen Gehilfen, uneingeschränkt, und bei grober Fahrlässigkeit, auch eines Gehilfen, auf das Doppelte der Höchstbeträge, obwohl die Möglichkeit der Wertangabe besteht. Im Bereich der HGB-Haftung sieht § 430 III HGB vor, daß der Ausschluß der Haftung für Folgeschäden entfällt. Es kann daher festgestellt werden, daß das Landfrachtrecht in der Regel für vorsätzliche und grob fahrlässige Schädigung eine im Vergleich zur Normalhaftung höhere Haftung vorsieht. Man mag dem entgegenhalten, daß § 14 AGNB zum Ausgleich eine verschuldensunabhängige Haftung statuiert. Die Erweiterung der Haftung dem Grunde nach, die im Vergleich zur verschuldensabhängigen Haftung mit Beweislastumkehr (vgl. § 429 HGB) praktisch nicht viel schärfer ist, darf nicht dazu benutzt werden, die Haftung für besonders gravierende vorsätzliche oder grob fahrlässige Schädigungen zu minimieren. Deshalb ist die Haftungsbeschränkung gemäß § 17 AGNB weitgehend auch im kaufmännischen Bereich unangemessen (§ 9 AGBG), weil sie die Haftung für vorsätzliches oder grob fahrlässiges Verhalten des Unternehmers bzw. seiner leitenden Angestellten zum Teil bis auf Minimalbeträge ausschließt (vgl. BGH, NJW **1978**, 1918; NJW **1985**, 623, 627; v. 29.11.1988, NJW-RR 1989, 953, 955; *Koller*, ZIP **1986**, 1089, 1098 m. Nachw.). Dies gilt auch für die in § 17 Nr. 2 AGNB festgesetzten Höchstbeträge, zumal diese durch die Entwicklung der Werte der Güter nicht mehr eine ganz selten erreichte Schadensobergrenze darstellen. Aber auch dort, wo nur einfache Erfüllungsgehilfen vorsätzlich oder grob fahrlässig geschädigt haben, ist ein so weitgehender Haftungsausschluß, wie ihn z. B. § 17 Nr. 1 II b AGNB vorsieht, nicht angemessen (BGH, NJW **1984**, 1350; *Koller*, ZIP **1986**, 1089, 1098 m.w.Nachw.). Für eine Gültigkeit des Haftungsausschlusses bei grober Fahrlässigkeit wäre zumindest Voraussetzung, daß die Möglichkeit zur Wertangabe (vgl. § 89 EVO, Art. 24 CMR) besteht. Außerdem verstößt die Klausel gegen § 9 II 2 AGBG (vgl. BGH, BB **1991**, 1522). Als Fazit läßt sich daher festhalten, daß § 17 Nr. 1 I b, II b, Nr. 2 AGNB in der derzeitigen Fassung mit § 9 AGBG unvereinbar und somit gemäß § 6 AGBG unwirksam ist (ebenso *Ulmer/Brandner/Hensen*, AGBG, Anh. §§ 9–11 Rz. 26 m. Nachw.; *Wolf/Horn/Lindacher*, AGBG, § 9 Rz. F 63; wohl auch *Soergel/Stein*, BGB, § 9

AGBG Rz. 53; *Erman/Hefermehl*, BGB, § 9 AGBG Rz. 109). Der Umfang der Haftung ergibt sich somit aus § 430 HGB. Es kann dahingestellt bleiben, ob die Klausel auch deshalb unwirksam ist, weil auch die Haftung für leichtes Verschulden beschränkt ist (vgl. BGH v. 23.2.1984, BB **1984**, 939; v. 20.12.1984, ZIP **1985**, 623; *Koller*, ZIP **1986**, 1089, 1099 m.w.Nachw.; *Ulmer/Brandner/Hensen*, AGBG, § 11 Nr. 7 Rz. 34).

II. Haftungsbeschränkungen bei besonderen Gefahren

1. Massengüter (§ 17 Nr. 1 I a AGNB)

2 Zu den ,,Gütern, die nur nach Gewicht und unverpackt geladen werden", s. § 30 KVO Rz. 4. Die Klausel steht mit § 9 AGBG im Einklang, weil die Franchise nur typisch unverschuldete Verluste trifft.

2. Unverpacktes Gut

3 S. § 30 KVO Rz. 5. Die Klausel verstößt gegen § 9 AGBG (oben Rz. 1).

3. Rinnverluste (§ 17 Nr. 1 II a AGNB)

4 Vgl. § 30 KVO Rz. 10. Die Franchise kommt bei Transportmittel- und Betriebsunfällen nicht zum Tragen, da § 17 Nr. 1 II a AGNB nur die Haftung gemäß § 14 b AGNB ausschließt. Die Klausel ist AGBG-konform, weil sie typischerweise unverschuldete Verluste betrifft.

4. Bruchschäden (§ 17 Nr. 1 II b AGNB)

5 Vgl. § 30 KVO Rz. 9. Die Klausel spricht von ,,Kästen", worunter auch feste Kartons zu verstehen sind (§ 5 AGBG). Die Haftung für Transportmittel- und Betriebsunfälle wird nur durch § 17 Nr. 2, § 18 AGNB eingeschränkt (s. oben Rz. 4). Die Klausel ist mit § 9 AGBG nicht vereinbar (s. oben Rz. 1).

III. Allgemeine Höchstgrenzen (§ 17 Nr. 2 AGNB)

6 Die Haftungsschranke des § 17 Nr. 2 a AGNB betrifft die Haftung gemäß § 14 AGNB. § 17 Nr. 2 c AGNB lehnt sich an seerechtliche Vorschriften und an § 9 SVS/RVS an. § 17 Nr. 2 AGNB ist mit § 9 AGBG nicht zu vereinbaren (oben Rz. 1).

IV. Deliktische Haftung

7 § 17 AGNB gilt zu Lasten des AGNB-Verwenders nur für vertragliche Ansprüche (vgl. BGH v. 2.12.1982, VersR **1983**, 339).

§ 18 AGNB [Ersatzpflichtiger Wert]

1. Als Ersatzwert gilt bei den einzelnen Gütern der vom Auftraggeber nachzuweisende Fakturenwert zuzüglich aller Spesen und Kosten bis zur Ablieferungsstelle und zuzüglich des von ihm nachzuweisenden entgangenen Gewinns bis höchstens 10% des Fakturenwertes, soweit der Fakturenwert nicht schon den Gewinn einschließt. Vom Ersatzwert sind die durch den Schadensfall etwa ersparten Kosten abzusetzen.

2. Soweit für Güter, die Handelsgut sind, eine Faktura noch nicht ausgestellt ist, gilt der allgemeine Handelswert am Schadenstag als Ersatzwert. Der gemeine Handelswert basiert auf Großhandelspreisen.

3. Bei Gütern, die keinen Fakturenwert haben oder nicht Handelsgut sind, ist im Schadensfall der Zeitwert (auch „gemeiner Wert" genannt) zu ersetzen.

4. Bei teilweiser Beschädigung einer Sendung wird der Schadensersatz nur für den beschädigten Teil in Höhe des festgestellten Minderwertes geleistet. Die Errechnung des Minderwertes hat aufgrund des tatsächlichen Schadens zu erfolgen. Dem Unternehmer steht es frei, beschädigte Güter, soweit sie nicht gemäß behördlicher Weisung vernichtet werden müssen oder Markenartikel darstellen, gegen volle Ersatzleistung zu übernehmen. Bei Markenartikeln steht dem Auftraggeber auf Basis von Wiederverwendungswerten ein Vorkaufsrecht zu.

Literatur: siehe vor § 1 AGNB.

1. Fakturenwert (§ 18 Nr. 1 AGNB)

S. § 35 KVO Rz. 3. Es ist zu berücksichtigen, daß der Fakturenwert schon 1
den Gewinn des Verkäufers einschließt. Hat sich der Absender im Rahmen einer Bringschuld seinem Abnehmer gegenüber zur Lieferung von Ware verpflichtet, so darf er als formell und materiell Geschädigter in der Regel nur den Fakturenwert verlangen. Anders in Fällen der Schickschuld, wenn der Käufer den Schaden erleidet, oder in Fällen, in denen der Käufer der Absender ist (z. B. bei Ab-Werk-Lieferungen). Die Klausel ist mit § 9 AGBG vereinbar, es sei denn, daß der Unternehmer oder leitende Angestellte vorsätzlich bzw. grob fahrlässig geschädigt haben (vgl. § 17 AGNB Rz. 1). § 18 Nr. 1 AGNB schränkt die Haftung entgegen § 430 III HGB auch bei grober Fahrlässigkeit einfacher Erfüllungsgehilfen ein. Die Klausel verstößt daher auch gegen § 11 Nr. 7 AGBG.

2. Handelsgut ohne Fakturenwert (§ 18 Nr. 2 AGNB)

Zum allgemeinen Handelswert s. § 430 HGB Rz. 2. Maßgeblich sind die 2
Verkaufspreise des Großhandels (§ 5 AGBG), wenn der Unternehmer die AGNB verwendet; bei Verwendung der AGNB durch den Auftraggeber die Einkaufspreise. Zur AGBG-Konformität s. oben Rz. 1.

3. Zeitwert (§ 18 Nr. 3 AGNB)

3 Vgl. § 430 I HGB. Zur AGBG-Konformität s. oben Rz. 1.

4. Teilweise Beschädigung (§ 18 Nr. 4 AGNB)

4 Vgl. § 35 III KVO. Zu ersetzen ist auch der merkantile Minderwert (OLG Frankfurt v. 15.1.1991, BB **1991**, 503). Zur AGBG-Konformität s. oben Rz. 1.

5. Deliktische Haftung

5 Vgl. § 17 AGNB Rz. 7.

§ 19 AGNB [Haftung für Dritte]

Der Unternehmer haftet für seine Leute und für andere Personen, deren er sich bei Ausführung der von ihm übernommenen Beförderung bedient.

Literatur: siehe vor § 1 AGNB.

1 Die Klausel entspricht in der Formulierung weitgehend § 431 HGB, berücksichtigt aber, daß der Unternehmer zum Teil auch verschuldensunabhängig haftet (s. § 6 KVO Rz. 1).

§ 20 AGNB [Aufwendungen bei Schadensfällen]

Kosten der Bergung und andere Aufwendungen zur Abwendung oder Minderung eines zu ersetzenden Schadens sowie Kosten, die durch Ermittlung oder Feststellung des Schadens entstehen, gehen zu Lasten des Unternehmers.

Literatur: siehe vor § 1 AGNB.

1 Vgl. Erl. zu § 32 KVO. Diese Schäden sind neben den Schäden iSd §§ 17, 18 AGNB zu ersetzen, wie die Systematik des Klauselwerks zeigt.

§ 21 AGNB [Versicherung]

1. Der Unternehmer hat sich gegen alle Schäden, für die er nach diesen Beförderungsbedingungen haftet, zu versichern, andernfalls kann er sich nicht auf diese berufen.

2. Im Schadensfalle ist der Unternehmer auf Verlangen des Schadensersatzberechtigten verpflichtet, die ihm aus der Versicherung zustehenden Rechte an diesen abzutreten.

Literatur: siehe vor § 1 AGNB.

1 § 21 Nr. 1 AGNB entspricht § 41 c ADSp. Der Unternehmer haftet somit

bei Nichtversicherung uneingeschränkt gemäß den §§ 429 ff HGB und zugleich bei Verletzung der Versicherungspflicht uneingeschränkt wegen positiver Forderungsverletzung (**a.A.** *Cantrup*, AGNB, S. 87). Der Unternehmer hat somit den Geschädigten so zu stellen, als ob er versichert gewesen wäre.

Zu § 21 Nr. 2 AGNB vgl. § 38 KVO.

§ 22 AGNB [Erlöschen der Ansprüche aus dem Beförderungsvertrag]

1. Mit der Annahme des Gutes durch den Empfänger erlöschen alle Ansprüche gegen den Unternehmer aus dem Beförderungsvertrag.

2. Ausgenommen sind

a) Ansprüche des Auftraggebers aus § 16;

b) Ansprüche für vom Unternehmer nachweislich vorsätzlich oder grob fahrlässig herbeigeführte Schäden;

c) Ansprüche wegen Verlust oder Beschädigung des Gutes, wenn sich der Empfänger bei der Annahme den Anspruch ausdrücklich vorbehalten hat;

d) Ansprüche aus solchen Schäden, die bei der Annahme des Gutes durch den Empfänger äußerlich nicht erkennbar waren unter der Voraussetzung, daß der Empfänger unverzüglich nach der Entdeckung und spätestens innerhalb einer Woche nach Annahme des Gutes den Schaden beim Unternehmer geltend macht.

Literatur: siehe vor § 1 AGNB.

1. Vorsätzlich oder grob fahrlässig herbeigeführte Schäden (§ 22 Nr. 2 b AGNB)

Vgl. § 39 II a KVO; § 438 V HGB. § 19 AGNB ist anzuwenden. 1

2. Ausdrücklicher Vorbehalt (§ 22 Nr. 2 c AGNB)

Bei äußerlich erkennbaren Schäden (§ 39 KVO Rz. 8) ist ein mündlicher, 2
dem Fahrer gegenüber erklärter, oder ein schriftlicher, nicht notwendig unterschriebener Vorbehalt (OLG Düsseldorf v. 27.10.1983, TranspR **1984**, 109, 111) bei Annahme (vgl. § 39 KVO Rz. 3) erforderlich und ausreichend. Der Vorbehalt muß eindeutig und konkret sein (vgl. § 39 KVO Rz. 4).

3. Äußerlich unerkennbare Schäden (§ 22 Nr. 2 d AGNB)

Die Klausel entspricht weitgehend § 39 II d 1 KVO (§ 39 KVO Rz. 9). 3

4. Erlöschen der Ansprüche

Liegen die Voraussetzungen des § 22 II AGNB nicht vor, so sind die An- 4
sprüche in Parallele zu § 39 I KVO erloschen (s. § 39 KVO Rz. 1, 3).

§ 23 AGNB [Pfandrecht des Unternehmers]

1. Der Unternehmer hat wegen aller durch den Beförderungsvertrag begründeten Forderungen gegen den Auftraggeber einschließlich aller Auslagen und Vorschüsse ein Pfandrecht an dem Gut. Es besteht, solange der Unternehmer das Gut im Besitz hat.

2. Der Pfandverkauf richtet sich nach den Bestimmungen des Bürgerlichen Gesetzbuches.

3. Soweit ein Pfandrecht nicht zur Entstehung gelangt ist, steht dem Unternehmer an dem Gut ein Zurückbehaltungsrecht zu.

4. Der Auftraggeber bestellt dem Unternehmer außerdem ein Pfandrecht an dem Gut auch wegen dessen Forderungen, die sich nicht auf die betreffende Sendung beziehen, soweit diese nicht strittig sind oder für den Fall, daß die Vermögenslage des Schuldners die Erfüllung der Forderung des Unternehmers gefährdet.

Literatur: siehe vor § 1 AGNB.

1 § 23 Nr. 1 AGNB entspricht § 440 HGB. In § 23 Nr. 4 AGNB wird ein Pfandrecht für inkonnexe Forderungen gewährt. Diese Klausel verstößt, da das Pfandrecht Güter Dritter erfassen soll, gegen § 9 AGBG (BGHZ **17**, 1; **68**, 323; *Ulmer/Brandner/Hensen*, AGBG, Anh. §§ 9–11 Rz. 27 m. Nachw.; *Wolf/Horn/Lindacher*, AGBG, § 9 Rz. F 64). Aufgrund des Reduktionsverbotes ist die Klausel gänzlich ungültig.

§ 24 AGNB [Erfüllungsort und Gerichtsstand]

Erfüllungsort und Gerichtsstand für alle Ansprüche aus dem Beförderungsvertrag ist der Sitz des Unternehmens.

Literatur: siehe vor § 1 AGNB.

1 § 24 AGNB widerspricht § 38 III ZPO.

§ 25 AGNB [Lohnfuhrvertrag]

1. Der Lohnfuhrvertrag ist abgeschlossen, wenn sich Unternehmer und Auftraggeber darüber einig sind, daß der Unternehmer ein bemanntes Fahrzeug zur Verwendung nach Weisung des Auftraggebers stellt.

2. Auf den Lohnfuhrvertrag (§ 2, 2 b) finden die Beförderungsbedingungen entsprechende Anwendung mit der Maßgabe, daß der Unternehmer nicht für Schäden haftet, die durch den Auftraggeber verursacht worden sind.

Literatur: siehe vor § 1 AGNB.

1 Zur Rechtsnatur des Lohnfuhrvertrages § 425 HGB Rz. 7. Zur Pflicht des Unternehmers, Paletten rechtzeitig zurückzugeben, OLG Frankfurt v.

17.9.1981, TranspR **1984**, 248. Der Lohnfuhrunternehmer hat das GüKG und damit auch den GNT zu beachten (BGH, NJW **1975**, 780; KG v. 13.3.1970, VRS **39**, 143).

Gemäß § 25 Nr. 2 AGNB sind die §§ 1 ff AGNB analog anzuwenden. Es ist also insbesondere bei der Beladepflicht zu berücksichtigen, daß dem Auftraggeber in größerem Ausmaß Beherrschungsmöglichkeiten durch Weisung offenstehen und daß der Einfluß des Unternehmers im Vergleich zum normalen Beförderungsvertrag erheblich geringer ist (BGH v. 22.4.1977, VersR **1977**, 662). Die Haftung ist in dem dem Auftraggeber zuzurechnenden Umfang der Schadensverursachung ausgeschlossen (BGH v. 8.12.1965, VersR **1966**, 180).

§ 26 AGNB [Verjährung]

1. Alle Ansprüche aus Beförderungs- und Lohnfuhrverträgen verjähren in 6 Monaten.

2. Die Verjährung beginnt mit der Fälligkeit des Anspruchs bzw. der Kenntnis des eingetretenen Schadens seitens des Berechtigten, spätestens jedoch mit der Ablieferung des Gutes.

Literatur: siehe vor § 1 AGNB.

§ 26 Nr. 1 AGNB. Die Klausel bezieht sich zu Lasten des AGNB-Verwenders (§ 5 AGBG) ausschließlich auf vertragliche Ansprüche (BGH v. 22.4.1977, VersR **1977**, 662, 664; v. 2.12.1982, VersR **1983**, 339, 340; *Lenz*, TranspR **1989**, 396, 400). Zum Beginn der Verjährung, § 64 ADSp Rz. 2. Anders als im Rahmen der KVO wird die Verjährung nicht durch die Schadensanmeldung gehemmt. Es greifen nur die §§ 202 ff BGB ein (vgl. § 414 HGB Rz. 3). Die Klausel ist auch in der Sache unwirksam (§§ 9, 6 AGBG), weil sie die Verjährung selbst bei vorsätzlicher oder grob fahrlässiger Schädigung durch den Unternehmer oder dessen leitenden Angestellten verkürzt (BGH v. 2.12.1982, VersR **1983**, 339, 340; vgl. § 64 ADSp Rz. 1; **a.A.** *Wolf/Horn/Lindacher*, AGBG, § 9 Rz. F 65). Der BGH geht in einer späteren Entscheidung vom 20.11.1986 (VersR **1987**, 282) dagegen von der Wirksamkeit des § 26 AGNB aus, ohne die Entscheidung vom 2.12.1982 (VersR **1983**, 339, 340) zu erwähnen. Diese Divergenz ist nur verständlich, wenn man die Entscheidung von 1982 so versteht, daß der BGH § 26 AGNB nur bei grob fahrlässiger und vorsätzlicher Schädigung durch den Unternehmer bzw. dessen leitende Angestellte für unwirksam hält, also in Abweichung vom Reduktionsverbot eine geltungserhaltend restriktive Auslegung des § 26 AGNB zuläßt. Dem ist nicht zu folgen, da grobe Fahrlässigkeit des Unternehmers und seiner leitenden Angestellten und sonstige Kardinalfehler keine extremen Ausnahmefälle darstellen. Zum Arglisteinwand § 64 ADSp Rz. 3. Zur Kenntniserlangung BGH v. 20.11.1986, VersR **1987**, 282, 283; zur Abkürzung der Verjährungsfrist auf 3 Monate im Rahmen von AGB vgl. BGH v. 19.5.1988, TranspR **1988**, 335. 1

Teil F
Spezialvorschriften für den innerstaatlichen Güterfernverkehr (KVO)

Kraftverkehrsordnung (KVO) für den Güterfernverkehr mit Kraftfahrzeugen (Beförderungsbedingungen) Reichskraftwagentarif (RKT) Teil I v. 30.3.1936 in der Fassung vom 10.4.1989

Literatur: *Alff,* Fracht-, Lager- und Speditionsrecht (2. Aufl., 1991); *Debling,* Das nationale Sammelladungsgeschäft des Spediteurs im Güterkraftverkehr (1978); *Diehl,* Die Pflichten des Spediteurs in den Fällen der §§ 412, 413 HGB (Diss. Tübingen 1987); *Froeb,* Die Haftung für Beschaffenheitsschäden im Transportrecht (1991); Großkommentar HGB-*Helm* (3. Aufl. 1979; zit. GroßkommHGB-*Helm*); *Hein/Eichhoff/Pukall/Krien,* Güterkraftverkehrsrecht (Loseblatt); *Koller,* Die Risikozurechnung bei Vertragsstörungen in Austauschverträgen (1979); *Lenz,* Straßengütertransportrecht (1988); *Muth/Andresen/Pollnow,* KVO, in *Hein/Eichhoff/Pukall/Krien,* Güterkraftverkehrsrecht (Loseblatt Nr. P 110); *Pelz,* Frachtbrief und Übergabe des Frachtgutes in ihrer Bedeutung für den Frachtvertrag (1980); *Piper,* Höchstrichterliche Rechtsprechung zum Speditions- und Frachtrecht (6. Aufl.); *Thesing,* Das Recht des nationalen und internationalen Straßengüterverkehrs (1991); *Willenberg,* KVO, (4. Aufl. 1991).

I. Eingangsbestimmungen

§ 1 KVO [Geltungsbereich]

(1) **Die Kraftverkehrsordnung gilt für den gewerblichen Güterfernverkehr im Sinn von § 3 des Güterkraftverkehrsgesetzes.**

(2) **und** (3) **(weggefallen)**

(4) **Für die Beförderung von Umzugsgut, Erbgut und Heiratsgut mit einem Kraftfahrzeug für andere und für die Beförderung von Handelsmöbeln in besonders für die Möbelbeförderung eingerichteten Fahrzeugen im Güterfernverkehr und Güternahverkehr gilt der Güterkraftverkehrstarif für den Umzugsverkehr und für die Beförderung von Handelsmöbeln in besonders für die Möbelbeförderung eingerichteten Fahrzeugen im Güterfernverkehr und Güternahverkehr (GüKUMT).**

(5) **Hat ein Spediteur nach den §§ 412, 413 HGB Rechte und Pflichten eines Frachtführers, so gelten die Vorschriften dieser Verordnung über die Haftung aus dem Beförderungsvertrag nur, so weit wie der Spediteur das Gut mit eigenen Kraftfahrzeugen im Güterfernverkehr (§ 12 GüKG) befördert.**

Literatur: siehe vor § 1 KVO.

Übersicht

	Rz.
I. Geschichte	1
II. Zweck der KVO	
III. Abdingbarkeit der KVO	2
IV. Verhältnis der KVO zu BGB, HGB	3
V. Sachlicher Geltungsbereich	
1. Unternehmer, Güterfernverkehr	4
2. Unanwendbarkeit der KVO auf Spediteure (§ 1 V KVO)	
a) Gültigkeit der Vorschrift	5
b) Zweck der Vorschrift	6
c) Voraussetzungen der Unanwendbarkeit der KVO	7
aa) Speditionsvertrag	
bb) Speditionelle Leistungen	
(1) Obhut von Drittunternehmen	8
(2) Obhut des Spediteurs	9
cc) Transport auf der Fernstrecke	10
(1) Dritte Frachtführer	
(2) Transport mit eigenem Kfz	11
d) Rechtsfolgen	12
e) Beweislast	13
VI. Örtlicher Geltungsbereich	
1. Inlandstransporte	14
2. Grenzüberschreitende Transporte	15

I. Geschichte

1 Aufgrund des Gesetzes über den Güterfernverkehr mit Kfz (GFG; RGBl. I 1935, 788) wurden Frachtführer, die den Güterfernverkehr mit Kfz betrieben, zu einer öffentlich-rechtlichen Körperschaft, dem **RKB**, zusammengeschlossen. Die KVO wurde aufgrund der §§ 13 f GFG erlassen. Der RKB wurde 1945 aufgelöst. Die auf den RKB bezogenen Vorschriften wurden obsolet und im Rahmen der Novelle vom 10.4.1989 aus dem Verordnungstext eliminiert. **Die Geltung der KVO** im übrigen war umstritten (*Willenberg*, KVO, § 1 Rz. 2 f, 10 ff). Das BVerfG (VRS **23**, 321) hat zutreffend ausgeführt, daß die KVO als vorkonstitutionelle Norm wirksam erlassen worden ist und weitergilt. Gleiches gilt für Änderungen der KVO nach Inkrafttreten des GG (vgl. *Koller/Jachmann*, TranspR **1988**, 177 f). Ob der später zur Klarstellung eingefügte § 106 II GüKG dazu geführt hat, daß die KVO rückwirkend als wirksam anzusehen ist, erscheint als zweifelhaft (*Koller/Jachmann*, TranspR **1988**, 177, 178). Dies ist aber letztlich irrelevant, da die KVO selbst ohne § 106 GüKG auch heute noch wirksam ist und wirksam verkündet wurde (vgl. § 106 III GüKG; BGH, NJW **1989**, 3219). Die KVO wurde durch die VO TSF Nr. 2/89 v. 10.4.1989 (BAnz. Nr. 71 v. 14.4.1989) novelliert. Sie gilt seit dem 15.5.1989 in der hier abgedruckten Fassung.

II. Zweck der KVO

Wie sich aus der Ermächtigungsgrundlage zur KVO, dem GFG, ergibt, dient die KVO erst in zweiter Linie dem angemessenen Ausgleich der Interessen der Absender, Empfänger und Transportunternehmer. In erster Linie bezweckt die KVO eine Absicherung der Preistarife, um zu verhindern, daß der Bahn, wenn nicht auf der Ebene der Preise, so doch auf der Ebene der Vertragskonditionen unangemessen starke Konkurrenz gemacht wird (vgl. *Koller*, TranspR **1987**, 317; *Koller/Jachmann*, TranspR **1988**, 177 ff). Dies ist auch heute noch das vorrangige Ziel der KVO (vgl. § 7 GüKG für die nach 1949 ergangenen Änderungen der KVO).

III. Abdingbarkeit der KVO

Die KVO ist eine Rechtsverordnung (BGH, NJW **1959**, 1368; v. 8.2.1960, VersR **1960**, 304; Rz. 1), auf die § 22 GüKG anzuwenden ist. Demnach kann die KVO *nicht abbedungen* werden. Vereinbaren die Parteien Regelungen, die im Widerspruch zur KVO stehen, so sind sie unwirksam; an die Stelle dieser Abreden tritt grundsätzlich die KVO (§ 22 III GüKG; näher dazu die Erl. zu § 22 GüKG Rz. 3). Abreden, die eine Umgehung (§ 22 GüKG Rz. 4 ff) der KVO darstellen, sind ebenfalls unwirksam (§ 22 II 2 GüKG). Deshalb können auch vertragliche Haftungsverschärfungen zu Lasten des Frachtführers oder Haftungserleichterungen zugunsten des Absenders unwirksam sein (§ 26 GüKG Rz. 2). § 26 GüKG ordnet an – zum Teil in Parallele zu § 22 III GüKG – daß die in der KVO und in anderen gesetzlichen Vorschriften (z. B. §§ 823 ff BGB) statuierte Haftung des Frachtführers nicht beschränkt werden darf, es sei denn, daß die KVO selbst ihren Geltungsbereich einschränkt (z. B. § 1 V KVO). **2**

IV. Verhältnis der KVO zu BGB, HGB

Die KVO ist lex specialis im Verhältnis zum BGB, HGB. Sie geht daher, soweit sie Rechtsfragen regelt (BGHZ **55**, 217, 220), den §§ 425 ff HGB, 631 ff, 662 ff, 675 BGB vor. Unberührt bleibt aber insbesondere das Pfandrecht (§ 440 HGB), § 432 II HGB sowie die Haftung aus c.i.c. (BGHZ **55**, 217, 220; v. 21.5.1980, WM **1980**, 1124) und aus §§ 823 ff BGB (dazu § 29 KVO Rz. 10). Diese Haftung ist gemäß § 26 GüKG ebenfalls unabdingbar. Zum Leistungsstörungsrecht, insbesondere zum Recht auf Minderung der Fracht, § 425 HGB Rz. 23 ff. **3**

V. Sachlicher Geltungsbereich

1. Unternehmer, Güterfernverkehr

Unternehmer iSd § 1 I KVO sind **Frachtführer** (§ 425 HGB Rz. 2), auch wenn sie Lohnfuhraufträge übernehmen (§ 425 HGB Rz. 7) sowie grundsätzlich (Rz. 5) **Spediteure in den Fällen der §§ 412, 413 HGB.** Dabei ist mit Ausnahme des § 38 KVO (str.) unerheblich, ob es sich um inländische oder ausländische Unternehmen handelt (so auch, soweit die GüK Kabotage VO zum Tragen kommt; § 8 GüKG Rz. 1). Die vereinbarte und/oder ausgeführte Beförderung (§ 425 HGB Rz. 14) von Gütern (§ 1 GüKG Rz. 1) muß in den in §§ 3, 4 GüKG definierten Bereich des Güterfernverkehrs fallen (näher dazu § 2 GüKG Rz. 2, § 3 GüKG Rz. 1). Es muß somit der Transport mit Kfz vereinbart worden sein (§ 15 KVO) oder dem Unternehmer ein Wahlrecht eröffnet worden sein, das er im Sinn der Beförderung mit Kfz ausübt (zur Beförderung mit Kfz statt mit vereinbarten anderen Transportmitteln bzw. mit anderen Transportmitteln statt, wie vereinbart, mit Lkw s. § 425 HGB Rz. 2). Die Anwendbarkeit der KVO entfällt nicht deshalb, weil der Unternehmer keine Konzession (§ 8 GüKG Rz. 1) besitzt oder das Gut mit einem **4** vertragswidrigen Fahrzeug befördern läßt oder weil er den Transport unzulässig (§ 5 GüKG) in mehrere Nahverkehrsabschnitte unterteilt (BGH v. 28.5.1971, VersR **1971**, 755; v. 13.10.1983, **1984**, 680; § 3 GüKG Rz. 1; *Diehl,* Die Pflichten des Spediteurs, aaO, S. 36; vgl. ferner § 425 HGB Rz. 2). Schwierigkeiten bereitet die Lösung des Falles, daß der Frachtführer einen **Transport über eine Entfernung** versprochen hat, die **mit einem Nahverkehrsfahrzeug** durchgeführt werden kann, der Frachtführer dann aber ein Fahrzeug mit einem Standort einsetzt, das den Transport nur im Fernverkehr bewältigen kann. In diesem Fall stellt sich die Frage, ob es gemäß § 1 I KVO letztlich ausschließlich auf die tatsächliche Art der Transportabwicklung oder zumindest auch auf die vereinbarte oder zu erwartende Art der Transportabwicklung ankommt. Da § 1 KVO nunmehr auf § 3 GüKG verweist, ist die Art der tatsächlichen Transportabwicklung maßgeblich (vgl. § 2 GüKG Rz. 2; *Hein/Eichhoff/Pukall/Krien,* Güterkraftverkehrsrecht, § 23 GüKG Anm. 4 g [1]). Der Absender kann den Ausgleich seines durch den Einsatz von Fernverkehrsfahrzeugen erlittenen Schadens verlangen (näher dazu § 2 GüKG Rz. 2).

§ 1 IV KVO statuiert eine Ausnahme, die sich in Hinblick auf den **Umzugsverkehr** (näher § 37 GüKG) ohnehin aus § 3 I GüKG ergibt.

2. Unanwendbarkeit der KVO auf Spediteure (§ 1 V KVO)

5 **a) Gültigkeit der Vorschrift.** § 1 V KVO ist wirksam (BGHZ **83**, 87, 93), weil der Verordnungsgeber berechtigt war, auch Fragen im Bereich der nah verwandten gemischten Speditions-Frachtverträge (dazu *Koller,* VersR **1987**, 1058) zu regeln. Dies wurde inzwischen mittelbar vom BVerfG bestätigt (Urt. v. 25.11.1983, TranspR **1984**, 120; **a. A.** *Pöttinger,* VersR **1984**, 502). § 1 V KVO ist im Zusammenhang mit § 26 GüKG n. F. zu lesen, demzufolge Haftungsnormen nur insoweit nicht abbedungen werden können, als Beförderungsbedingungen, d. h. die KVO, zum Tragen kommen. Da § 1 V KVO die Geltung der Haftungsregeln der KVO einschränkt, gelten die an die Stelle der KVO tretenden Haftungsnormen der §§ 429 ff HGB als dispositives Recht und können insbesondere durch die ADSp verdrängt werden. Zur analogen Anwendbarkeit des § 1 V KVO auf CMR-Ansprüche s. Art. 1 CMR Rz. 3 und § 413 HGB Rz. 5.

6 **b) Zweck der Vorschrift.** § 1 V KVO korrigiert eine seit 1972 feste Rechtsprechung des BGH und eröffnet den Spediteuren iSd §§ 407, 413 HGB wieder die Möglichkeit, der zwingenden Haftung der KVO zu entgehen sowie die Geltung der ADSp zu vereinbaren (BT-Drucksache VIII/2605 S. 12). Die Haftungsnormen der KVO sollen nur soweit eingreifen, als der Spediteur selbst als Unternehmer im Güterfernverkehr tätig wird (BGH v. 13.6.1985, VersR **1985**, 1035, 1037; v. 15.5.1985, VersR **1985**, 829; v. 9.5.1985, NJW-RR **1986**, 23). Der Spediteur soll also nur dort voll wie ein KVO-Frachtführer behandelt werden, wo er selbst mit eigenen Fahrzeugen auf der Fernstrecke transportiert („... so weit . . . befördert"). Dies gilt auch dann, wenn er über keine GüKG-Genehmigung verfügte (§ 3 GüKG Rz. 1; **a. A.** *Bischof,* VersR **1984**, 419, 420). Der Spediteur-Frachtführer soll mithin nicht besser aber auch nicht schlechter als ein Nur-Frachtführer gestellt sein,

der auf der Fernstrecke befördert (OLG München v. 21.2.1992, TranspR **1992**, 185, 186; *Kirchhof,* VersR **1983**, 608, 610).

c) Voraussetzungen der Unanwendbarkeit der Haftungsregeln der KVO. aa) Speditionsvertrag. Zwischen dem Versender und seinem Vertragspartner darf kein Frachtvertrag iSd § 15 KVO, sondern muß ein Speditionsvertrag iSd §§ 407 ff HGB zustandegekommen sein (OLG München v. 21.2.1992, TranspR **1992**, 185, 186; zur Abgrenzung § 407 HGB Rz. 17 ff). Der Spediteur muß außerdem entweder den Selbsteintritt erklärt haben (§ 412 HGB) oder die Versendung des Guts im Weg des Sammeltransports bewirkt haben (§ 413 HGB Rz. 10) oder sich mit dem Versender auf einen festen Betrag der Beförderungskosten geeinigt haben (§ 413 HGB Rz. 3). 7

bb) Speditionelle Leistungen. (1) Obhut von Drittunternehmen. Die Haftungsregeln der KVO kommt nicht zum Tragen, falls der Schaden in einem Moment eintritt, in dem nicht der Spediteur iSd §§ 412, 413 HGB (oben Rz. 7) das Gut in seiner Obhut hatte, sondern ein drittes, vom Spediteur eingeschaltetes Unternehmen. Die KVO-Haftung soll nämlich nur eingreifen, wenn der Spediteur eigene Fahrzeuge benutzt, das Gut sich also in seinem unmittelbaren Gewahrsam befindet. Dabei spielt es keine Rolle, daß das **juristisch selbständige Drittunternehmen** von dem Spediteur oder maßgeblichen Gesellschaftern des Spediteurs beherrscht wird (BGH v. 6.10.1983, VersR **1984**, 34, 35; v. 10.2.1983, VersR **1983**, 482, 483; v. 15.5.1985, VersR **1985**, 829; v. 9.5.1985, NJW-RR **1986**, 23) oder eine Transportorganisation unter einer einheitlichen Bezeichnung betrieben wird (BGH v. 6.12.1990, TranspR **1991**, 114, 117). Dritter ist auch ein **Lohnfuhrunternehmer** (§ 12 GüKG; § 425 HGB Rz. 7; OLG Frankfurt v. 19.1.1984, TranspR **1985**, 420). Die KVO-Haftung kommt mithin nicht zur Anwendung, wenn und soweit der Spediteur ein drittes Unternehmen im Nahverkehr zur Abholung des Guts beim Versender (BGH v. 9.5.1985, NJW-RR **1986**, 23) oder zur Zwischenlagerung einschaltet oder einen Dritten als Empfangsspediteur (BGH v. 15.11.1984, VersR **1985**, 157) und/oder mit dem Ausrollen des Guts im Nahverkehr zum Endempfänger (BGH v. 15.11.1984, VersR **1985**, 157; v. 17.10.1985, NJW-RR **1986**, 251) beauftragt, und der Schaden in der Obhut des Dritten entsteht. Dagegen befindet sich das Gut in der Obhut des Spediteurs, wenn er es selbst in gemieteten Räumen lagert oder mit gemieteten Fahrzeugen befördert. 8

(2) Obhut des Spediteurs. Die KVO-Haftungsregeln sind im Bereich speditioneller Tätigkeiten selbst dann nicht anwendbar, wenn das Gut in dem Gewahrsam des Spediteurs Schaden erlitten hat. Zum Kreis der typisch speditionellen Tätigkeiten gehört das Abholen des Guts beim Versender im Nahverkehr und Verbringen auf das Lager sowie das Zusammenstellen und Bereitstellen der Ladung als Vorbereitung der Beförderung über die Fernstrecke (BGH v. 9.5.1985, NJW-RR **1986**, 23; v. 17.10.1985, VersR **1986**, 84; VersR **1986**, 85; *Thume,* TranspR **1990**, 401, 402); denn hier betätigt sich der Spediteur nicht transportunternehmerisch (BGH v. 15.5.1985, VersR **1985**, 829; v. 9.5.1985, NJW-RR **1986**, 23). Der spezifisch speditionelle Bereich läßt sich negativ dadurch umreißen, daß der Spediteur nicht im Fernverkehr wie ein Frachtführer tätig wird (BGH v. 9.5.1985, NJW-RR **1986**, 23; v. 17.10.1985, VersR **1986**, 84). Es gehören demnach all diejenigen Tätigkeiten nicht mehr 9 zum speditionellen Bereich, die ein dritter Frachtführer kraft KVO-Frachtvertrages hätte vornehmen müssen, wenn ihn der Spediteur ohne besondere Abreden geschäftsüblich auf Rechnung des Absenders mit dem Transport beauftragt hätte. Die Formulierung in § 1 V KVO ,,so weit" ist mithin nicht nur im Sinn von ,,wenn" sondern auch im räumlich-zeitlichen Sinn des Transportes auf der Fernstrecke zu verstehen (vgl. auch Rz. 11). Zum Be- und Entladen des Fern-Lkw Rz. 11. Zu dem aus der Haftung nach KVO ausgeklammerten Bereich gehört ferner die Lagerung des Guts beim Empfangsspediteur und das Ausrollen des Guts im Nahverkehr (*Thume*, TranspR **1990**, 401, 404) auch dann, wenn der Spediteur im Weg der Adressierung des Ferntransportes an sich selbst als Empfangsspediteur tätig wird (BGH v. 15.5.1985, VersR **1985**, 829; v. 13.6.1985, VersR **1985**, 1035; v. 17.10.1985, VersR **1986**, 84).

Eine Ausnahme hält der BGH dort für möglich, wo im Rahmen der transportunternehmerischen Betätigung eine Vor- bzw. Nachlagerung iSd § 33 d KVO ,,vereinbart" worden ist (BGH v. 15.5.1985, VersR **1985**, 829; v. 9.5.1985, NJW-RR **1986**, 23; ähnlich *Thume*, TranspR **1990**, 401, 402; *Willenberg,* KVO, § 1 Rz. 77 f für die Abholung/Zufuhr (§ 33 a KVO) bzw. für das Be- und Entladen) oder ausgeführt worden ist (*Piper,* Höchstrichterliche Rechtsprechung, aaO, Rz. 21). Im Fall des Selbsteintritts (§ 412 HGB) kann die ,,Vereinbarung" einseitig durch den Spediteur erfolgen, der durch einseitigen Gestaltungsakt (§ 412 HGB Rz. 7) seine Rolle als Frachtführer auf die Abholung ausdehnen und erst mit der Zufuhr enden lassen kann. Dies wird jedoch kaum jemals der Fall sein. Die bloße Anweisung des Versenders, das Gut auf Vor- bzw. Nachlager zu nehmen oder es abzuholen, genügt bei allen Speditionsformen nicht, weil die Tätigkeit der Lagerung ambivalent ist und im Zweifel der Speditionstätigkeit zugerechnet werden muß (ebenso i. E. *Bischof,* VersR **1984**, 419, 420f; unklar BGH v. 15.5.1985, VersR **1985**, 829, wo einerseits von Anweisung, andererseits von Abrede gesprochen wird). § 33 d KVO greift deshalb letztlich nur dann ein, wenn die Parteien die Anwendung der KVO auf die in dieser Vorschrift genannten Hilfstätigkeiten vereinbart haben. Die KVO gilt dann ohnehin kraft Vertrages. Es bedarf daher keiner Aufnahme in den Frachtbrief (**a. A.** wohl *Bischof,* VersR **1984**, 419, 421). Gleiches gilt für die Abholung bzw. Zufuhr iSd § 5 KVO.

10 **cc) Transport auf der Fernstrecke. (1) Dritte Frachtführer.** Die KVO-Haftungsregeln sind nicht anzuwenden, wenn der Spediteur Dritte mit dem Transport auf der Fernstrecke (§ 3 GüKG) beauftragt hatte und der Schaden in der Obhut der Dritten entstanden ist. (Näher oben Rz. 8).

11 **(2) Transport mit eigenen Kfz.** Eigene Kfz benutzt der Spediteur nicht nur in den in § 12 GüKG genannten Fällen, sondern auch dort, wo er unter Verstoß gegen § 12 III GüKG Lkw mietet (*Muth/Andresen/Pollnow,* § 1 KVO Anm. 6; vgl. ferner § 3 GüKG Rz. 1; **a. A.** *Bischof,* VersR **1984**, 419, 420). Der Lohnfuhrunternehmer (§ 425 HGB Rz. 7) befördert iSd § 1 V KVO mit fremden Kfz (OLG Frankfurt v. 19.1.1984, TranspR **1985**, 420). Der mit eigenen Fahrzeugen befördernde Spediteur haftet nach KVO, wenn sich der Schaden während der reinen Beförderung auf der Fernstrecke ereignet (Wortlaut des § 1 V KVO : ,,so weit .... befördert"). Für *Schäden beim Be- oder Entladen* hat der Spediteur nach KVO nur dort einzustehen, wo ein hypothe-

tischer Fremdfrachtführer zum Be- oder Entladen verpflichtet gewesen wäre, falls ihm der Spediteur die Beförderung auf der Fernstrecke übertragen hätte anstatt sie selbst auszuführen (BGH v. 13.6.1985, VersR **1985**, 1035 ff; *Bischof*, VersR **1984**, 419, 420; *Thume*, TranspR **1990**, 401, 402). Dabei kommt es nicht auf das verkehrsüblich Vereinbarte (vgl. auch oben Rz. 9), sondern auf das sich aus der KVO ergebende Pflichtenprogramm an. Voraussetzung für eine Haftung nach KVO ist somit, daß das Gut, wenn der Spediteur zugleich in der hypothetischen Rolle als Fremdfrachtführer tätig geworden wäre, im Zeitpunkt des Schadensereignisses bereits vom Fremdfrachtführer zur Beförderung angenommen und noch nicht ausgeliefert gewesen wäre (BGH v. 15.5.1985, VersR **1985**, 829). Zum Zeitpunkt der Annahme und Auslieferung s. § 29 KVO Rz. 3 f; zur Be- und Entladepflicht § 17 KVO Rz. 2 ff. Dies gilt auch dort, wo das Gut nach Ende der Fernverkehrsstrecke vom Spediteur selbst in Empfang genommen wird. Da es bei § 1 V KVO nicht um normale Fälle der Annahme bzw. der Ablieferung geht, kommt es aber auch vom Standpunkt der h. M. (§ 429 HGB Rz. 5 f) nicht auf eine Willenseinigung, sondern allein darauf an, wann Frachtführer-Empfänger unter den gegebenen Umständen normalerweise den Willen zum Besitzerwerb bilden (OLG Oldenburg v. 6.2.1989, TranspR **1989**, 359, 360). Wurde der Ferntransport unterbrochen und das Gut auf einem Zwischenlager des Spediteurs umgeschlagen, so hat man zu differenzieren. Erfolgte der *Umschlag*, um die Ladung neu zusammenzustellen, so gehört die Lagerung immer, das Be- bzw. Entladen je nach der hypothetischen Ladepflicht eines Fremdfrachtführers (§ 17 KVO Rz. 2 ff), zur speditionellen Phase (*Thume*, TranspR **1990**, 401, 404; einschr. OLG Frankfurt v. 17.5.1989, TranspR **1989**, 283, 284). Wurde die Umladung jedoch durch transportmittelbedingte oder verkehrsbedingte Gründe verursacht, die nach Beginn des Transports auftauchten, so haftet der Spediteur wie ein Fremdfrachtführer nach KVO (*Thume*, TranspR **1990**, 401, 404). Man kann dann nämlich keine Parallele zu dem von vornherein gebrochenen Transport ziehen. Gleiches gilt, wenn von vornherein ein ungebrochener Transport auf der Fernverkehrsstrecke vereinbart worden war (§ 425 HGB Rz. 2). Zur Auslieferung an den Empfangsspediteur und zum *Ausrollen* des Guts im Nahverkehr Rz. 9.

d) Rechtsfolgen. Sind die Haftungsnormen der KVO über § 1V KVO ausgeschlossen, so **haftet** der Spediteur, soweit Frachtrecht anzuwenden ist (§ 412 HGB Rz. 10 ff; § 413 HGB Rz. 4 f), dispositiv gemäß den §§ 425 ff HGB (BGHZ **83**, 87, 94; v. 16.2.1984, VersR **1984**, 378), §§ 823 ff BGB (**a. A.** *Bischof*, TranspR **1987**, 423, 424, der sich auf die Materialien zu § 26 GüKG stützt, die für die Interpretation des § 1 V KVO irrelevant sind, und der nicht berücksichtigt, daß der Gesetzgeber mit § 26 GüKG n. F. nur die Dispositivität der Haftung erreichen wollte). Die Haftung gemäß den §§ 429 HGB, 823 BGB, die lückenfüllend eingreift, ist dispositiv. In der Regel ist das HGB-Frachtrecht deshalb zugunsten der ADSp abbedungen (vor § 1 ADSp Rz. 9 ff). Es ist daher insbesondere die Freizeichnung gemäß den §§ 41, 51 ff ADSp zu beachten. Dies gilt auch in Hinblick auf die Haftung gemäß den §§ 823 ff BGB (§ 63 ADSp); denn soweit § 1 V KVO die KVO-Haftung ausschließt, greift § 26 GüKG nicht ein (näher Erl. zu § 26 GüKG). 12

§ 1 V KVO schränkt **nur** den Geltungsbereich der **Haftungsnormen der**

KVO ein, wie sich klar aus dem Wortlaut der Vorschriften ergibt (BGHZ **87**, 4, 7; OLG Stuttgart v. 9.10.1991, TranspR **1992**, 20, 21; *Staub/Helm*, HGB, §§ 412, 413 Rz. 27; *Muth/Andresen/Pollnow*, KVO, § 1 Anm. 6; *Bayer*, TranspR **1985**, 417, 418; **a. A.** *Willenberg*, KVO, § 1 Rz. 72). Zum Kreis der Haftungsnormen gehören dabei alle im VI. Abschnitt „Haftung aus dem Beförderungsvertrage" aufgeführten Vorschriften, d. h. die §§ 29–39 sowie § 40 I c, II d, e KVO (BGH v. 7.3.1985, VersR **1985**, 684, 685; anders in Hinblick auf § 40 I a, b, II a, b, g, h KVO: zutreffend OLG Düsseldorf v. 23.12.1982, VersR **1983**, 274; OLG Stuttgart v. 9.10.1991, TranspR **1992**, 20, 21 zu § 40 KVO; **a. A.** *Starosta*, TranspR **1992**, 97). Die §§ 412, 413 HGB verweisen daher auch im Fall des § 1 V KVO aus unabdingbar auf die §§ 1-28 KVO sowie auf § 40 I a, b, II a, b, g, h KVO. Soweit der Spediteur nach allgemeinen Leistungsstörungsregeln haftet (BGH v. 9.2.1979, VersR **1979**, 445, 446), greift § 1 V KVO ebenfalls nicht ein, weil insoweit die KVO-Haftung nicht mit der BGB-, HGB-Haftung konkurriert, sondern von vornherein nur gemäß BGB, HGB gehaftet wird.

13 **e) Beweislast.** Der Schadensersatzberechtigte hat grundsätzlich nachzuweisen, daß die Voraussetzungen der Haftung erfüllt sind. Die Beweislast hängt somit davon ab, ob sich der Schadensersatzberechtigte auf eine Haftung nach HGB, BGB bzw. ADSp stützt oder ob er eine KVO-Haftung geltend macht.

(1) Der Geschädigte kann sich auf den Standpunkt stellen, der **Schaden sei im speditionellen Bereich** (Rz. 8 ff) eingetreten. Er muß dann nachweisen, daß er das Gut dem Spediteur vollzählig und schadensfrei übergeben hat, daß das Gut aber beschädigt bzw. unvollständig an den Empfänger abgeliefert worden ist. Fraglich ist, ob er auch nachweisen muß, daß der Spediteur das Gut bereits beschädigt bzw. unvollständig an einen Fremdfrachtführer weitergegeben hat. Dies ist nicht der Fall. Wird für den Transport auf der Fernverkehrsstrecke ein Fremdunternehmen eingeschaltet, so hat der Spediteur nach den allgemeinen Regeln für Beweise über Vollzähligkeit und Schadensfreiheit bei Weitergabe des Guts zu sorgen (§ 407 HGB Rz. 45 f; BGH v. 24.6.1987, VersR **1987**, 1212, 1214). Im Rahmen der freien Beweiswürdigung hat man enge Verbindungen zwischen Spediteur und Frachtführer zu berücksichtigen.

(2) Der Geschädigte kann sich auch auf den Standpunkt stellen, der **Schaden sei auf der Fernstrecke** (Rz. 8 ff) eingetreten und der Spediteur hafte nach KVO, weil er mit eigenen Fahrzeugen transportiert hat. Dies ist für diejenigen Geschädigten von Bedeutung, die Verbotskunden (§ 39 ADSp) sind oder zu niedrige Wertangaben gemacht haben (Nr. 6 SVS/RVS, § 56 VVG) und daher unterversichert sind. Grundsätzlich müßte der Geschädigte beweisen, daß die Voraussetzungen für die KVO-Haftung erfüllt sind, daß der Spediteur also mit eigenen Fahrzeugen transportiert hat und daß der Schaden erst nach „Übernahme" des Gutes für den Transport auf der Fernstrecke vor „Ablieferung" (vgl. Rz. 11) entstanden ist (so OLG Hamburg v. 23.6.1983, VersR **1984**, 57; OLG Koblenz v. 14.1.1983, VersR **1983**, 1073, 1074; *Muth/Andresen/Pollnow*, KVO, § 29 Anm. 3). Demgegenüber befürwortet das OLG München (v. 13.4.1983, TranspR **1984**, 174, 176), dem Spediteur die Beweislast für die Schädigung im speditionellen Bereich aufzuerlegen (ebenso *Staub/Helm,* HGB §§ 412, 413 Rz. 26 f). Dem ist zu folgen. Das Speditions- und Transportrecht ist von dem Gedanken getragen, daß der Auftraggeber die Vollzähligkeit und Schadensfreiheit bei Wechsel des Guts in die Sphäre des Auftragnehmers nachweisen muß und der Auftragnehmer beweisen muß, daß er durch unversehrte Rückgabe des Guts seine Pflichten erfüllt hat (vgl. BGH v. 19.6.1986, WM **1986**, 1326). Solange also das Gut nicht aus der Sphäre des Spediteur-Frachtführers ausgeschieden ist, hat dieser den Beweis zu führen, daß er seinen Pflichten nachgekommen ist, d. h. auch seinen KVO-„Pflichten" im Rahmen des mit eigenen Kfz ausgeführten Ferntransports; denn die fracht- und speditionsrechtlichen Beweislastregeln setzen die Beobachtungsmöglichkeiten Außenstehender voraus. Zum gleichen Ergebnis gelangt man, wenn man die vom BGH (v. 24.6.1987, VersR **1987**, 1212, 1214) entwickelten Regeln zum multimodalen Verkehr (Teil I Rz. 7) heranzieht. Danach ist in den Fällen der §§ 412, 413 HGB bei unbekanntem Schadensort die dem Auftraggeber günstigste Haftungsordnung anzuwenden (ebenso *Thume*, TranspR **1990**, 401, 405; *Willenberg*, KVO, § 1 Rz. 86).

VI. Örtlicher Geltungsbereich

1. Inlandstransporte

14 Gemäß den §§ 105, 106 GüKG gilt die KVO für alle Transporte innerhalb der Bundesrepublik Deutschland einschließlich der neuen Bundesländer (*Herber*, TranspR **1991**, 1, 5).

2. Grenzüberschreitende Transporte

15 Es gilt die CMR. Zur ergänzenden Anwendung der KVO s. vor Art. 1 CMR Rz. 6.

§ 2 KVO

(weggefallen)

II. Allgemeine Bestimmungen

§ 3 KVO [Berechtigte und Verpflichtete aus dem Beförderungsvertrag]

Der Beförderungsvertrag wird zwischen dem Unternehmer und dem frachtbriefmäßigen Absender des Gutes geschlossen.

Literatur: siehe vor § 1 KVO.

A. Zweck der Vorschrift

1 § 3 KVO stellt in seiner Neufassung (§ 1 KVO Rz. 1) nunmehr klar, daß der Beförderungsvertrag zwischen dem Unternehmer (Frachtführer, Spediteur iSd §§ 412, 413 HGB) und dem Absender zustandekommt.

B. Abschluß des Beförderungsvertrages

1. Parteien des Beförderungsvertrages

2 Der **Beförderungsvertrag** ist Frachtvertrag iSd § 425 HGB. Dem ist grundsätzlich der Speditionsvertrag zu fixen Kosten (§ 413 I HGB) bzw. Speditionsvertrag, bei dem der Spediteur selbst eingetreten ist (§ 412 HGB) oder die Versendung im Weg der Sammelladung bewirkt hat (§ 413 II HGB), gleichgestellt (siehe die Kommentierung zu den §§ 412, 413 HGB). Der **Unternehmer** ist somit Frachtführer oder Spediteur iSd §§ 412, 413 HGB, der einen Güterferntransport iSd § 1 I KVO (§ 1 KVO Rz. 4) übernimmt. **Absender** ist derjenige, der nach den allgemeinen Auslegungsregeln (§§ 133, 157 BGB) dem Unternehmer im eigenen Namen den Auftrag zum Transport des Gutes erteilt hat. Im Fall der §§ 412, 413 HGB übernimmt der Versender (§ 407 HGB) die Rolle des Absenders. Gemäß § 3 KVO muß der Absender im Frachtbrief (§§ 10 f KVO) genannt sein. In Anwendung der heute in der KVO geltenden Theorie des formlosen Vertragsschlusses (§ 15 KVO Rz. 2) kann auch derjenige Absender sein, der nicht im Frachtbrief genannt ist. Der Frachtbrief erzeugt lediglich die widerlegliche Vermutung, daß derjenige Absender ist, der im Frachtbrief als solcher aufgeführt ist (GroßkommHGB-*Helm*, § 452 Anh. II, § 3 KVO Rz. 4; *Willenberg*, KVO, § 3 Rz. 12).

2. Vertragsschluß

Vgl. dazu § 425 HGB Rz. 12; zur Form des Vertrages § 15 KVO Rz. 2 ff.

C. Pflichten des Unternehmers

I. Pflichten vor Vertragsschluß

3 Vgl. dazu § 425 HGB Rz. 13; § 22 GüKG Rz. 3.

II. Beförderung

4 Der Unternehmer schuldet die Verbringung des Gutes (§ 1 GüKG Rz. 1) in vollständigem und unbeschädigtem Zustand an den Empfangsort (§ 425 HGB Rz. 14). Der Beförderungsvertrag ist mithin eine Variante des Werkvertrages (§ 631 BGB), so daß die §§ 425 ff HGB und sekundär die §§ 631 ff BGB lückenfüllend heranzuziehen sind. Der Unternehmer ist verpflichtet, das Gut mit geeigneten Kraftfahrzeugen zu befördern.

Zur Auswahl der Kfz § 14 KVO Rz. 7 ff; zur Transportdauer § 26 KVO; zur Modifikation der Transportpflichten durch Weisungen § 28 KVO; zur Belade- und Entladepflicht § 17 KVO.

III. Ablieferung, Obhut

Der Frachtführer hat die Obhut über das Gut (§ 425 HGB Rz. 15) zu übernehmen. Er hat es am Zielort vollzählig und unbeschädigt auszuliefern (§ 29 KVO Rz. 4). 5

IV. Pflichten als Geschäftsbesorger

Vgl. § 425 HGB Rz. 16. Zu den Zoll- und sonstigen Grenzformalitäten s. § 12 KVO; zur Einlagerung § 28 VI KVO; zur Nachnahme §§ 24, 27 KVO. 6

D. Pflichten des Absenders

I. Vergütung

Der Absender schuldet Vergütung nach den Sätzen des Güterfernverkehrstarifs (GFT; abgedr. *Hein/Eichhoff/Pukall/Krien*, Güterkraftverkehrsrecht Bd. I, C 521 ff); vgl. § 9 KVO. Die Tarife sind unabdingbar (§ 22 GüKG); soweit sie nicht selbst Spielräume für die Vertragsfreiheit eröffnen. Der Nebengebührentarif (abgedr. *Hein/Eichhoff/Pukall/Krien,* aaO, C 525) sieht zum Teil nur Höchstsätze vor. 7

II. Aufwendungsersatz

Vgl. § 425 HGB Rz. 42. Der Nebengebührentarif (oben Rz. 7) statuiert zum Teil Höchstsätze für bestimmte Aufwendungen. 8

III. Mitwirkung bei der Transportabwicklung

S. §§ 11, 12 f, 17, 18 KVO. 9

E. Rechte und Pflichten des Empfängers

Der Beförderungsvertrag regelt primär die Beziehungen zwischen Unternehmer und Absender. Er ist aber zugleich ein Vertrag zugunsten des ursprünglich oder nachträglich (§ 27 I d KVO) benannten Empfängers (§ 328 BGB). Zum Anspruch des Empfängers auf Auslieferung des Guts § 25 KVO Rz. 2, § 27 KVO Rz. 6. Zur Verpflichtung des Empfängers, Fracht und sonstige Kosten zu zahlen, s. §§ 21, 25 II 3 KVO. 10

F. Sicherungsrechte des Frachtführers

11 Der Frachtführer erwirbt ein gesetzliches Pfandrecht nach Maßgabe der §§ 440 ff HGB.

G. Beendigung des Frachtvertrages

12 S. Erl. zu § 425 HGB Rz. 46.

H. Erfüllungsort, Gerichtsstand

13 In Hinblick auf die Transportpflicht ist nach dispositivem Recht **Erfüllungsort** (§ 269 BGB) der mit dem Absender vereinbarte oder von diesem nachträglich benannte (§ 27 I KVO) Bestimmungsort des Guts. Daran ändern nachträgliche Weisungen des Empfängers iSd § 27 IV KVO nichts (*Willenberg*, KVO, § 3 Rz. 21). In Hinblick auf Fracht und Kosten ist Erfüllungsort (§§ 269, 270 IV BGB) der Wohnsitz bzw. die Niederlassung des Absenders als des Frachtschuldners (§ 21 I KVO). Der Wohnsitz bzw. die Niederlassung des Empfängers wird erst dann zu dem im Verhältnis zum Empfänger maßgeblichen Erfüllungsort, wenn die Voraussetzungen des § 25 II KVO erfüllt sind. Die eingezogenen Nachnahmebeträge sind am Ort der Niederlassung des Unternehmens herauszugeben und gemäß § 270 BGB an den Absender zu überweisen. Für den **Gerichtsstand** gelten grundsätzlich dispositiv die Vorschriften der ZPO. Die nach dispositivem Recht maßgeblichen Erfüllungsorte und Gerichtsstände können durch *§ 65 ADSp* abbedungen sein. Allerdings kann die Geltung der ADSp an § 2 c S. 2 ADSp scheitern.

§ 4 KVO [Abfertigungsarten]

Der Absender kann entweder

a) das Gut als Stückgut dem Unternehmer zur Verladung übergeben oder

b) sich ein Fahrzeug für die Verladung des Gutes bestellen (Ladungsverkehr).

Zum Ladungsverkehr gehört auch der Sammelgutverkehr der Spediteure.

Literatur: siehe vor § 1 KVO.

Übersicht

	Rz.		Rz.
I. Zweck der Vorschrift	1	3. Ladungsgut	4
II. Stückgut, Ladungsgut (§ 4 S. 1 KVO)		4. Beweislast	
1. Abgrenzungsmethode	2	III. Sammelgutverkehr	5
2. Stückgut	3		

I. Zweck der Vorschrift

1 Die KVO sieht in mehreren Vorschriften unterschiedliche Regelungen für Stückgut und Ladungsgut, d. h. Gut, das im Ladungsverkehr zu befördern ist, vor. So hat der Unternehmer nur bei Stückgut immer Anzahl und Gewicht festzustellen (§ 16 III, IV KVO), nur Stückgüter immer zu verladen (§ 17 I KVO). Nur Stückgüter sind vom Absender zu kennzeichnen (§ 18 V KVO). Die Höhe der Haftung kann von der Qualifikation als Stück- oder Ladungsgut abhängen (§ 31 II KVO). Außerdem knüpfen die Frachtberechnungsvorschriften an diese Qualifikation an (Nr. 4, 5 GFT II/1).

II. Stückgut, Ladungsgut (§ 4 S. 1 KVO)

1. Abgrenzungsmethode

2 Die Abgrenzung zwischen Stückgut und Ladungsgut ist umstritten. Zum Teil wird auf die Vereinbarung der Parteien abgehoben (BGH v. 12.4.1967, VersR **1967**, 597, 598; GroßkommHGB-*Helm*, § 452 Anh. II, § 4 KVO Rz. 4); zum Teil wird behauptet, daß Stückgut dort vorliege, wo die Fracht nach den Sätzen für Stückgut zu berechnen sei (vgl. Nr. 4 I, 8 GFT II/1; *Willenberg*, KVO, § 4 Rz. 10). *Muth/Andresen/Pollnow* (KVO, § 4 Anm. 1) zufolge soll es nicht nur auf den subjektiven Willen des Absenders, sondern auch darauf ankommen, ob es sich bei der Sendung um Stückgut im verkehrsüblichen Sinn handelt.

Auszugehen ist vom Wortlaut des § 4 S. 1 KVO. Danach hat es den Anschein, als ob ein einseitiger Gestaltungsakt des Absenders maßgeblich wäre (BGH v. 28.5.1971, VersR **1971**, 755, 756). Ein derartiges Gestaltungsrecht wäre angesichts der für den Unternehmer aus der Wahl zwischen Stück- und Ladungsgut resultierenden weitreichenden Konsequenzen nur vertretbar, wenn der Unternehmer einem Kontrahierungszwang unterliegen würde. Da ein derartiger Kontrahierungszwang nicht (mehr) besteht (§ 7 I KVO), ist dem Unternehmer ein Mitspracherecht bei der Beförderungsart einzuräumen. Dies erfolgt dadurch, daß die Wahl zwischen Stück- und Ladungsgut *im Rahmen des Beförderungsvertrages* (*v. Tegelen*, BB **1970**, 560, 561; *Willenberg*, KVO, § 4 Rz. 7) getroffen wird (BGH v. 12.4.1967, VersR **1967**, 597, 598). Die Wahl des Absenders iSd § 4 S. 1 KVO ist mithin Teil des Angebots zum Abschluß des Beförderungsvertrages iSd KVO, das spätestens durch die einverständliche Annahme des Gutes angenommen wird (§ 15 KVO Rz. 6). In diesem Sinne ist auch die Entscheidung des BGH v. 28.5.1971, VersR **1971**, 755, 756 zu verstehen. Die Frachtberechnungsvorschriften schränken das Recht des Absenders, sein Angebot nach seinem Willen zu formulieren, nicht ein; denn sie enthalten lediglich eine Meistbegünstigung zugunsten des Absenders und fingieren insoweit eine Versendung als Ladungsgut (Nr. 4 II GFT II/1) bzw. als Stückgut (Nr. 8 GFT II/1; GroßkommHGB-*Helm*, § 452 Anh. II, § 4 KVO Rz. 4; *Muth/Andresen/Pollnow*, KVO, § 4 Anm. 3; unzutreffend daher OLG Köln v. 19.6.1969, VersR **1969**, 1111, 1112; *Willenberg*, KVO, § 4 Rz. 10). Die Auslegung der Erklärung des Absenders hat nach den allgemeinen Auslegungsregeln (§§ 133, 157 BGB) zu erfolgen. Hat der Spediteur den

Selbsteintritt erklärt (§ 412 HGB), so ist im Zweifel anzunehmen, daß er den Selbsteintritt pflichtgemäß (§ 412 HGB Rz. 3) in einer Weise ausgeübt hat, die optimal den Interessen des Versenders entspricht. Es ist deshalb zu fragen, welche Beförderungsvariante im erkennbaren oder mutmaßlichen Interesse des Versenders gelegen hätte. Gleiches gilt im Rahmen des § 413 I HGB, weil der Spediteur die Wahl nach billigem Ermessen zu treffen hat (§ 315 BGB; § 413 HGB Rz. 4; § 425 HGB Rz. 14).

2. Stückgut

3 Danach kommt es für die Qualifikation als Stückgut primär auf den aus der Sicht des Unternehmers erkennbaren Willen des Absenders an, das Gut schon vor der Verladung in die Obhut des Unternehmers zu geben (kritisch *Oeynhausen*, TranspR **1981**, 139, 140). Ein dahingehender Wille ist ersichtlich, wenn das Gut als Stückgut bezeichnet wird oder der Absender das Gut zur späteren Verladung zum Unternehmer bringt. Es muß aber nicht notwendig ein Antrag auf Stückgutbeförderung gestellt werden (**a. A.** OLG Düsseldorf v. 12.1.1984, TranspR **1984**, 106, 107). Der Unternehmer, der unter diesen Voraussetzungen das Gut übernimmt, erklärt sich mit der Behandlung des Guts als Stückgut einverstanden. In der Regel wird sich die Qualifikation als Stückgut nach Treu und Glauben unter Berücksichtigung der Verkehrssitte (§ 157 BGB) aus den Umständen erschließen lassen. So wird der Absender, der *Güter geringen Gewichts und kleinen Ausmaßes* befördern lassen will, diese der Verkehrssitte zufolge im Zweifel als Stückgut befördern lassen wollen (OLG Hamburg v. 14.7.1967, VersR **1967**, 1047, 1048; OLG Köln v. 19.6.1969, VersR **1969**, 1111; OLG Düsseldorf v. 10.5.1979, VersR **1979**, 862; **a. A.** *Oeynhausen*, TranspR **1981**, 139, 140). Dabei ist zu berücksichtigen, daß der Absender erkennbar nicht über Versanderfahrungen und damit Kenntnisse über die richtige Beladung besitzt. Stückgut kann aber auch vorliegen, wenn das Gut einen ganzen Lkw ausfüllt (**a. A.** OLG Düsseldorf v. 10.5.1979, VersR **1979**, 862; v. 12.1.1984, TranspR **1984**, 106, 107). Es ist nicht notwendig, daß der Absender seiner Kennzeichnungspflicht (§ 18 KVO) nachgekommen ist (*Willenberg*, KVO, § 4 Rz. 2; **a. A.** *Muth/Andresen/Pollnow*, KVO, § 4 Anm. 2; OLG Köln v. 19.6.1969, VersR **1969**, 1111, 1112; OLG Düsseldorf v. 12.1.1984, TranspR **1984**, 106, 107). Andererseits stellt die Angabe der Zahl und der Signatur der zu befördernden Einzelstücke ein Indiz für Stückgut dar. Ohne Aussagekraft ist der Umstand, daß der Absender die Verladung durch den Unternehmer wünscht; denn dies ist auch bei Ladungsgut möglich (§ 11 II f, § 17 I 2 KVO). Hat der Absender aber nicht die Verladung durch den Unternehmer beantragt, so läßt sich zugunsten einer Stückgut-Vereinbarung der Umstand ins Feld führen, daß der Absender ersichtlich nicht über die notwendigen Ladehilfsmittel verfügt. Für die Versendung als Stückgut spricht ferner, daß sich die Parteien auf die Anwendung des Stückguttarifs geeinigt haben (OLG Köln v. 19.6.1969, VersR **1969**, 1111, 1112). Nach Treu und Glauben ist nämlich davon auszugehen, daß der Absender, der nach Stückguttarif bezahlt, auch die Vorteile der Behandlung als Stückgut für sich in Anspruch nehmen will (OLG Hamburg v. 2.12.1966, VersR **1967**, 796, 797). Allerdings ist bei großen Sendungen zu berücksichti-

gen, daß der Absender nach Treu und Glauben möglicherweise nicht die Vorteile in Hinblick auf Be- und Entladung mit Haftungsnachteilen (§ 31 II KVO) und lästigen Kennzeichnungspflichten erkaufen will und daß der Stückguttarif den Absender begünstigen soll (Nr. 8 GFT II/1). Dagegen kann man im Zweifel nicht unterstellen, daß der Absender, der gemäß Nr. 4 II GFT II/1 Fracht nur nach Ladungs-Sätzen zu zahlen hat, den Unternehmer von den besonderen Pflichten, die der Transport als Stückgut mit sich bringt, entlasten will; denn Nr. 4 II GFT II/1 gründet offensichtlich auf der Annahme, daß die niedrigeren Ladungs-Sätze auch beim Transport von Stückgut angemessen sein können.

3. Ladungsgut

Umgekehrt geht der Wille des Absenders erkennbar dahin, ein Fahrzeug 4
für die Verladung des Guts zu bestellen (Ladungsgut; § 4 S. 1 b KVO), wenn die Beladung durch den Absender vorgesehen ist (BGH v. 12.4.1967, VersR **1967**, 597, 598; OLG Hamburg v. 26.3.1962, LM Nr. 18 KVO; OLG Hamburg v. 2.12.1966, VersR **1967**, 796, 797). Hat der Absender einen „Wagenstellungsvertrag" (§ 14 KVO) geschlossen, d. h. die Stellung eines Lkws zur Beladung vereinbart, so ist ebenfalls grundsätzlich eine Beförderung im Ladungsverkehr gewollt (OLG Hamburg v. 2.12.1966, VersR **1967**, 796, 797). Der Verkehrssitte (§ 157 BGB) zufolge fallen in die Kategorie des Ladungsguts *Güter von großem Gewicht und/oder großem Ausmaß* (BGHZ **32**, 194, 196; v. 21.3.1958, VersR **1958**, 376, 377; OLG Düsseldorf v. 12.1.1984, TranspR **1984**, 106, 107), die die gesamte oder nahezu ganze Fläche des Lkw einnehmen, weil der Absender dann üblicherweise die nötigen Lademittel und das Ladepersonal zur Verfügung stellt. Ladungsgut wird im Zweifel auch vereinbart, wenn der Unternehmer ersichtlich nicht über die geeigneten Ladehilfsmittel verfügt (BGH v. 21.3.1958, VersR **1958**, 376, 377). Gleiches gilt nach der Wertung des § 4 S. 2 KVO im Zweifel ferner für größere Partien von Einzelstücken, die mit einem einheitlichen Frachtbrief versandt werden (GroßkommHGB-*Helm*, § 452 Anh. II, § 4 KVO Rz. 4). Für die Vereinbarung von Ladungsgut spricht in der Regel auch die Abrede über die Anwendung von Ladungs-Sätzen (OLG Köln v. 19.6.1969, VersR **1969**, 1111, 1112). Dies gilt nicht, wenn die Ladungs-Sätze nur auf der Basis der Meistbegünstigungsvorschrift der Nr. 4 II GFT II/1 anzuwenden sind.

4. Beweislast

Die Vereinbarung von Stückgut bzw. Ladungsgut hat derjenige zu beweisen, der sich auf die für ihn günstigere Beförderungsart beruft.

III. Sammelgutverkehr

Ein Sammelgutverkehr liegt vor, wenn die Versendung der Güter in der in 5
§ 413 II HGB beschriebenen Form bewirkt wird und der Transport im Güterfernverkehr (§ 3 GüKG) durchgeführt wird. Sammelgut in diesem Sinn ist stets Ladungsgut iSd § 4 S. 1 b KVO. Abweichende Vereinbarungen sind

unzulässig. Läßt der Spediteur Teile des Sammelguts durch den Frachtführer beim Versender abholen, so ändert das im Verhältnis Absender (Spediteur) -Frachtführer nichts an der Geltung des § 4 S. 2 KVO. Damit ist allerdings nicht gesagt, daß der Versender gehalten wäre, den Lade- und sonstigen Obliegenheiten und Pflichten des Spediteurs nachzukommen (dazu § 407 HGB Rz. 44). Es ist Sache des Spediteurs, als Absender für die Erfüllung seiner Beladeobliegenheit zu sorgen.

§ 5 KVO [Abholung und Zustellung der Güter]

(1) **Stückgüter und Ladungsgüter werden, wenn der Absender nichts anderes beantragt oder im Frachtbrief ausdrücklich vorgeschrieben hat, vom Unternehmer abgeholt und zugestellt, wenn die Gütermenge, die für einen Urversender von einer Ladestelle abzuholen oder für einen Endempfänger nach einer Ladestelle zuzuführen ist, ein Gewicht von mehr als 2,5 t hat.**

(2) **Auch Güter von einem geringeren Gewicht als in (1) genannt, können durch den Unternehmer abgeholt oder zugeführt werden,**

a) wenn die Güter den Laderaum des Kraftfahrzeuges oder Anhängers ausnutzen oder die einzige Ladung des Kraftfahrzeuges oder Anhängers bilden und bei nur einer Stelle aufgeladen oder bei nur einer Stelle abgeladen werden;

b) wenn die mehreren Stellen, an denen die Güter aufgeladen oder abgeladen werden, jeweils auf einer zusammenhängenden Grundfläche liegen, die dem Absender oder dem Empfänger gehört oder von ihm gemietet oder gepachtet ist, oder

c) wenn das Gut lose verladen und in besonderem Maße der Bruch- oder Beschädigungsgefahr ausgesetzt ist oder wenn eine besondere Rollfuhrleistung mit Zwischenumschlag mit erheblichen, den Verfrachtern nicht zumutbaren Umständlichkeiten oder Umwegen oder Kosten verbunden wäre;

d) wenn am Versandort oder am Bestimmungsort kein Spediteur oder Fuhrunternehmer oder Kraftfahrunternehmer des Güternahverkehrs ansässig ist.

(3) und (4) sowie (5) (weggefallen).

Literatur: siehe vor § 1 KVO.

Übersicht

	Rz.
I. Zweck der Vorschrift	1
II. Abholung, Zuführung	2
III. Gütermenge über 2,5 t (§ 5 I KVO)	3
IV. Gütermenge unter 2,5 t (§ 5 II KVO)	
1. Grundsatz	4
2. § 5 II KVO	5
Voraussetzungen	6
V. Vergütung (§ 5 IV KVO)	7
VI. Haftung (§ 5 V KVO)	8
VII. Beförderung durch Spediteur im Fall der §§ 412, 413 HGB	9

I. Zweck der Vorschrift

Die Neufassung des § 5 KVO läßt noch deutlicher die Absicht des Gesetzgebers erkennen, den Güterferntransport grundsätzlich nach dem Modell des Eisenbahntransports zu organisieren (GroßkommHGB-*Helm,* § 452 Anh. II, § 5 KVO Rz. 1). Bei der Eisenbahnbeförderung wird das Gut von Bahnhof zu Bahnhof transportiert. Die Beförderung des Guts vom Absender bzw. Versender zum Bahnhof ist die Abholung, die Beförderung zum Endempfänger die Zuführung. § 5 I KVO erweitert im Vergleich zur Eisenbahn die Pflichten des KVO-Frachtführers. § 5 II KVO beschränkt die freiwillige Erweiterung von Pflichten durch Vertrag, indem er derartige Verträge nur unter bestimmten Voraussetzungen zuläßt. In allen anderen Fällen muß, wie sich insbesondere aus § 5 II c 2. Alt. d KVO ergibt, der KVO-Frachtführer die Abholung und Zufuhr Spediteuren oder Nahverkehrsunternehmern überlassen. Es ist sehr zweifelhaft, ob § 5 KVO, der wesentliche Vorteile des LKW-Transports im „von Haus-zu-Haus“Transport beseitigt, voll mit Art. 12 GG vereinbar ist. Es ist unverhältnismäßig, den Absender mit erhöhten Verlust- und Beschädigungsrisiken zu belasten, nur um die Transportabwicklung möglichst an die der Eisenbahn anzunähern. Die Wettbewerbsgleichheit zwischen Lkw und Eisenbahn kann mit weniger einschneidenden Instrumenten gewährleistet werden. § 5 KVO ist daher zumindest verfassungskonform dahin auszulegen, daß der Unternehmer überall dort abholen und zuführen bzw. direkt vom Entlade- zum Bestimmungsort transportieren darf, wo das Gut in besonderem Maß Verlust- oder Beschädigungsgefahren ausgesetzt ist. 1

II. Abholung, Zuführung

Die h. M. interpretiert die Begriffe Abholung und Zuführung restriktiv. 2
Sie schränkt dadurch den Bereich des Vorlaufs und Nachlaufs stark ein. Sie geht davon aus, daß der Unternehmer verpflichtet sei, das Gut von der im Frachtbrief angegebenen Ladestelle bis zur im Frachtbrief angegebenen Entladestelle zu transportieren. In einem solchen Fall liege eine einheitliche Fernbeförderung vor; für eine Abholung oder Zufuhr sei kein Raum (GroßkommHGB-*Helm*, § 452 Anh. II, § 5 KVO Rz. 2; **a. A.** *Willenberg*, KVO, § 5 Rz. 2). Eine Abholung erfolge vielmehr nur dort, wo der Frachtbrief als Versandort einen anderen Ort als die Ladestelle ausweise und sich die Ladestelle innerhalb des Gemeindetarifbereichs des Versandorts befinde. Liege die Ladestelle außerhalb des Gemeindetarifbereichs des Versandortes, so handle es sich nicht um eine Abholung, sondern je nach Entfernung um Güternah- oder -fernverkehr (§§ 2 f, 16 I GüKG). Von Zufuhr könne man nur sprechen, wenn das Gut aufgrund einer Verfügung im Frachtbrief (§ 11 II d KVO), einer Absenderverfügung (§ 27 I i KVO) oder einer Empfängerweisung (§ 27 IV KVO) an eine andere als im Frachtbrief angegebene Entladestelle transportiert werde (GroßkommHGB-*Helm*, § 452 Anh. II, § 5 KVO Rz. 2; *Willenberg*, KVO, § 5 Rz. 3). *Dieser Deutung kann aus zwei Gründen nicht gefolgt werden.* Zum einen orientiert sie sich zu stark am Frachtbrief und berücksichtigt nicht den Umstand, daß der Transportvertrag auch ohne Frachtbrief

zustandekommen kann (§ 15 KVO Rz. 6; a. A. Willenberg, KVO, § 5 Rz. 2). Zum anderen stellt diese Deutung die Beschränkung der Privatautonomie, die in § 5 II KVO zum Ausdruck kommt (Rz. 1), zur Disposition der Parteien, die ihn dadurch ausschalten können, daß sie die genaue Lade- und Entladestelle in den Frachtbrief eintragen. Richtig ist daher nur diejenige Auslegung, die davon ausgeht, daß der Unternehmer grundsätzlich verpflichtet ist, das Gut am Versand- und Bestimmungsort (arg. e. § 5 II d KVO) umzuschlagen. **Abholung** ist demnach der Transport des Gutes von der Beladestelle bis zu dem am Versandort bzw. im Gemeindetarifbereich des Versandorts liegenden (GroßkommHGB-*Helm*, § 452, Anh. II, § 5 KVO Rz. 3) Umschlagsort; **Zufuhr** ist der Transport von dem Umschlagspunkt am Bestimmungsort (§ 11 I b KVO) bzw. im Gemeindetarifbereich des Bestimmungsortes zum Entladeort. Zur Abholung und Zufuhr durch den **Spediteur** § 1 KVO Rz. 8 ff.

III. Gütermenge über 2,5 t (§ 5 I KVO)

3 Es kommt auf die Gütermenge an, die bei einem Urversender abzuholen (Rz. 2) oder einem Endempfänger zuzuführen (Rz. 3) ist. Der **Urversender** kann, muß aber nicht mit dem Absender identisch sein. Er muß nicht Versender iSd § 407 HGB sein. Urversender bezeichnet diejenige Person, bei der das Gut abzuholen ist. **Endempfänger** ist nicht notwendig der Empfänger im Sinn des Frachtrechts, sondern die Person, bei der das Gut letztlich verbleiben soll. Die an einer bestimmten Ladestelle zu ladende Menge muß mehr als 2,5 t betragen. Dann ist der Unternehmer verpflichtet, das Gut selbst oder durch Unterfrachtführer (§ 6 KVO) abzuholen und mit oder ohne Umschlag zum Bestimmungsort zu transportieren. Dabei ist gleichgültig, ob die Gütermenge von mehr als 2,5 t unter einem Frachtbrief als einheitliche Sendung befördert wird und ob überhaupt ein Frachtbrief ausgestellt wurde. Unerheblich ist auch, daß das Gut an mehrere Endempfänger in Teilen zu weniger als 2,5 t zugeführt wird. Gleiches gilt für die Zufuhr, wenn die bei einem Endempfänger an einem Entladeort zu entladende Menge mehr als 2,5 t beträgt. § 5 I KVO ist analog anzuwenden, wenn das Gut für mehrere Personen bestimmt, aber an einer Ladestelle zu be- bzw. entladen ist. **Ausnahme:** Der Absender hat mit dem Frachtführer vereinbart, daß die Abholung bzw. Zustellung (Rz. 2) unterbleibt. Da der Transportvertrag kein Formalvertrag ist (§ 15 KVO Rz. 2) bedarf es dazu keiner Eintragung im Frachtbrief. Es genügt auch eine einseitige Weisung („Antrag"), da lediglich Pflichten des Unternehmers eingeschränkt werden (abw. *Willenberg*, KVO, § 5 Rz. 7). Letzlich wird nur die Beförderungspflicht vom Umschlagspunkt zum Umschlagspunkt begrenzt. Darin liegt keine tarifwidrige Begünstigung.

IV. Gütermenge unter 2,5 t (§ 5 II KVO)

1. Grundsatz

Liegt kein Fall des § 5 I KVO vor (Rz. 3), so ist der Unternehmer grundsätzlich verpflichtet, das Gut am Versandort bzw. Bestimmungsort umzuschlagen und durch ortsansässige Spediteure oder Frachtführer abholen (Rz. 2) bzw. zuführen (Rz. 2) zu lassen. Diese Spediteure bzw. Nahverkehrsfrachtführer müssen keine vom KVO-Frachtführer unabhängige Unternehmen darstellen. Diese Verpflichtung kann durch Vertrag zwischen Absender und Unternehmer nicht abbedungen werden (Umkehrschluß aus § 5 II d KVO). Eine Umdeutung in einen selbständigen Frachtvertrag ist unzulässig (**a. A.** OLG Karlsruhe v. 16.12.1964, VersR **1965**, 329; GroßkommHGB-*Helm*, § 452 Anh. II, § 5 KVO Rz. 7), weil damit § 5 II KVO umgangen wird. Es ist Sache des Urversenders bzw. des Endempfängers, ortsansässige Spediteure und Güternahverkehrsunternehmen zu beauftragen. Urversender bzw. Endempfänger können dazu den Fernverkehrsunternehmer einschalten, der damit einen Speditionsauftrag (§ 407 HGB) erhält. Die ortsansässigen Unternehmer sind keine Erfüllungsgehilfen des Fernverkehrsunternehmens (**a. A.** GroßkommHGB-*Helm*, § 452 Anh. II, § 5 KVO Rz. 9; denn die Transportpflicht des Fernverkehrsunternehmers beginnt und endet am jeweiligen Umschlagspunkt. Hat der Fernverkehrsunternehmer unter **Verstoß gegen § 5 II KVO** das Gut selbst abgeholt bzw. zugeführt, so handelt er tarifwidrig. Nach dem allgemeinen Grundsatz, daß auch unerlaubter Güterfernverkehr den Vorschriften der KVO unterworfen ist (§ 1 KVO Rz. 4), sind die Vorschriften der KVO auch auf solche Fälle anzuwenden. 4

2. § 5 II KVO

Ausnahmsweise darf der Fernverkehrsunternehmer Verträge schließen, in denen er sich verpflichtet, Güter unter 2,5 t selbst oder durch Erfüllungsgehilfen (§ 6 KVO) abholen oder zuführen (Rz. 2). Einer Eintragung im Frachtbrief bedarf es nicht (**a. A.** *Willenberg,* KVO, § 5 Rz. 10; vgl. § 15 Rz. 2). 5

Voraussetzungen: a) Das Gut bildet die **Ladung des Kfz oder Anhängers** und muß nicht an verschiedenen Stellen abgeholt bzw. unter dem Aspekt der Zufuhr (Rz. 2) entladen werden (§ 5 II a KVO). **b)** Das Gut wird auf einer **zusammenhängenden**, im Besitz des Absenders bzw. Empfängers stehenden **Grundstücksfläche** an mehreren Stellen aufgeladen bzw. entladen. Das Gut muß nicht die einzige Ladung des Lkw oder Anhängers sein (§ 5 II b KVO). **c)** Das Gut ist **lose verladen**, wenn es nicht verpackt ist. Ob es in besonderem Maße gefährdet ist, entscheidet die Verkehrsauffassung. Ein Umschlag ist im Licht des Art. 12 GG (Rz. 1) für die Absender mit unzumutbaren Umständlichkeiten, Umwegen und Kosten verbunden, wenn diese oder die Gefahren des Umschlags beträchtlich ins Gewicht fallen (§ 5 II c KVO). **d) Versand- bzw. Bestimmungsort** ist der Ort der Lade- bzw. Entladestelle. Fuhrunternehmer transportieren im Unterschied zum Kraftfahrunternehmer ohne Motorkraft. Spediteure und Kraftfahrunternehmer sind **ansässig**, wenn sie ihre Niederlassung oder Zweigniederlassung am Ort haben. § 5 II d KVO ist analog heranzuziehen, falls keines der ortsansässigen Unternehmen bereit ist, den Auftrag in angemessener Zeit auszuführen. 6

V. Vergütung

7 Im Fall des § 5 I KVO braucht die Abholung und Zufuhr nicht besonders vergütet zu werden. Dagegen steht dem Fernverkehrsunternehmer, der selbst zuführt oder abholt, im Fall des § 5 II KVO eine Vergütung nach dem Einheitsgebührentarif zu. Voraussetzung ist freilich, daß es sich um „Teile von Ladungen" handelt, d. h. , daß das Gut nicht die einzige Ladung des Lkw oder Anhängers bildet oder nicht nur bei einer Stelle auf- bzw. abgeladen wird. Existiert kein Tarif, so greifen die §§ 354 HGB, 315 BGB ein. Liegt kein Fall des § 5 I KVO vor oder will der KVO-Frachtführer im Fall des § 5 II KVO nicht abholen bzw. zuführen, hat er aber den Auftrag übernommen, die Abholung/Zufuhr in die Wege zu leiten, so stehen ihm die Rechte eines Spediteurs zu (§ 407 HGB Rz. 59 ff).

VI. Haftung

8 Es greift § 33 a KVO ein, demzufolge der Unternehmer gemäß den §§ 29, 32, 34 KVO haftet. Er haftet auch für Dritte (§ 6 KVO).

VII. Beförderung durch Spediteur im Fall der §§ 412, 413 HGB

9 Zur rechtlichen Einordnung des Vor- und Nachlaufs s. § 1 KVO Rz. 8 ff.

§ 6 KVO [Haftung für Dritte]

Die Unternehmer haften für die Personen, deren sie sich zur Erfüllung und bei Ausführung ihrer Aufgaben bedienen.

Literatur: siehe vor § 1 KVO.

Übersicht

	Rz.
I. Allgemeines	1
II. Verschuldensunabhängige Haftung	
1. Leute des Unternehmers	3
2. Selbständige Dritte	4
III. Verschuldenshaftung	
1. Leistungspflichten	5
2. Schutzpflichten	6
IV. Deliktische Haftung	7

I. Allgemeines

1 § 6 KVO ist eine Zurechnungsnorm im Rahmen der KVO-Haftung (BGH v. 9.2.1979, VersR **1979**, 445, 446), die sich auf den ersten Blick weitgehend an § 278 BGB anlehnt. Von § 431 HGB unterscheidet sie sich dadurch, daß sie ihrem Wortlaut zufolge das Verhalten der Leute des Unternehmers nicht schlechthin, sondern nur soweit zurechnet, als sich der Unternehmer Dritter zur Erfüllung und bei Ausführung seiner Aufgaben bedient. Die Formulie-

rung „sich bedienen" scheint in Parallele zu § 278 BGB auf die dem Unternehmer obliegenden Pflichten bezogen zu sein, zu deren Erfüllung sich der Unternehmer Dritter bedient.

Im Rahmen der KVO-Haftung spielt der § 6 KVO jedoch nur eine beschränkte Rolle (**a. A.** GroßkommHGB-*Helm*, § 452, Anh. II, § 6 KVO Rz. 3; *Willenberg,* KVO, § 6 Rz. 6). In der Regel haftet nämlich der Unternehmer gemäß den §§ 29 ff, 34 KVO *verschuldensunabhängig*. Er haftet also ohne Rücksicht auf die Vorwerfbarkeit eines Pflichtenverstoßes bis zur Grenze der höheren Gewalt (§ 34 a KVO). Er hat somit für *alle Schadensursachen einzustehen, die aus seiner Organisationssphäre stammen* (§ 34 KVO Rz. 6), insbesondere für seine Leute (zum Begriff Leute, § 431 HGB Rz. 2), die er ausgewählt hat, laufend im Detail anweisen sowie kontrollieren und nach ihren Fähigkeiten einsetzen kann (*Heim,* VersW **1958**, 142). *§ 6 KVO hat demnach eigenständige Bedeutung* nur dort, wo der Unternehmer selbständige Dritte beauftragt und damit von außen kommende Risiken schafft, ferner dort, wo er verschuldensabhängig haftet (§ 31 I c KVO) oder dort, wo sonst ein Verschulden des Unternehmers eine Rolle spielt (z. B. §§ 39 II a, 40 I c KVO).

Die **h. M.** steht demgegenüber auf dem Standpunkt, daß § 6 KVO, der 2
anders als § 431 HGB keine generelle Haftung für die Leute des Unternehmers anordne, dem Unternehmer das Verhalten seiner Leute nur dann zurechne, wenn diese *den Schaden in innerem Zusammenhang mit den* ihnen *übertragenen Verrichtungen* verursacht hätten (*Willenberg*, KVO, § 6 Rz. 6 m. Nachw.; *Muth/Andresen/Pollnow,* KVO, § 6 Anm. 3). Der Unternehmer hafte also nur dort, wo der Schaden funktionsspezifisch gewesen sei, der Unternehmer also den Dritten arbeitsteilig zur Ausführung der ihm übertragenen Verrichtung eingeschaltet habe und dabei der Schaden entstanden sei. Diese Deutung des § 6 KVO ist schon im Bereich der Verschuldenshaftung nicht voll haltbar (dazu Rz. 6). Im Bereich der verschuldensunabhängigen Haftung gemäß den §§ 29, 30, 31 I a, b, d, 33 KVO ist zu beachten, daß sich die Reichweite der Haftung primär aus § 34 KVO ergibt. Diese Vorschrift zeigt, daß der Unternehmer für Mängel seines Organisationsbereichs einzutreten hat. Unter diesem Aspekt erscheint es nicht als gerechtfertigt, den Unternehmer zwar für Mängel von Gegenständen seines Organisationsbereichs uneingeschränkt haften zu lassen, auch wenn er sich ihrer nicht gezielt zur Erledigung seiner Aufgaben bedient hat, eine Haftung für Arbeitnehmer aber nur dann anzuordnen, wenn der Schaden in innerem Zusammenhang mit deren arbeitsteiligen Einschaltung steht. Daraus ergibt sich, daß § 6 KVO nicht generell den Kreis der dem Unternehmer zurechenbaren Personalgefahren beschreibt, sondern erst dort eingreift, wo die Frage zu beantworten ist, ob dem Unternehmer im Rahmen der Gewährhaftung auch das Verhalten außenstehender selbständiger Dritter zuzurechnen ist und ob der Unternehmer im Rahmen der Verschuldenshaftung für das pflichtwidrige Verhalten Dritter einzustehen hat.

II. Verschuldensunabhängige Haftung

1. Leute des Unternehmers

3 Für das Verhalten seiner Leute (§ 431 HGB Rz. 2) hat der Unternehmer im Haftungszeitraum auch dann einzustehen, wenn deren schädigendes Verhalten nicht in innerem Zusammenhang mit der ihnen aufgetragenen Tätigkeit stand (str.; s. dazu oben Rz. 1 f). Das Verhalten der Leute des Unternehmers stellt, von extremen Ausnahmen vielleicht abgesehen, kein von außen kommendes Ereignis dar, das als höhere Gewalt qualifiziert werden könnte (§ 34 KVO Rz. 6; *Koller*, Risikozurechnung, S. 127; ebenso i. E. Groß-kommHGB-*Helm*, § 452 Anh. II, § 6 KVO Rz. 5). Zum Haftungszeitraum s. § 29 KVO („Zeit von der Annahme zur Beförderung bis zur Auslieferung") und § 31 I KVO („im Zuge der Beförderung") sowie § 33 KVO. Im Besonderen zur Mitwirkung des Fahrers beim Beladen/Entladen § 17 KVO Rz. 12, 21.

2. Selbständige Dritte

4 Für selbständige Dritte, z. B. Spediteure, Unterfrachtführer, Lagerhalter, Belade-, Entladeunternehmen (§ 33 b KVO) und deren Leute, haftet der Unternehmer nur, soweit er sich ihrer zur Erfüllung und bei Ausführung seiner Aufgaben bedient. Entscheidend ist, daß die Dritten auf Weisung des Unternehmers im Rahmen der dem Unternehmer dem Geschädigten gegenüber obliegenden Tätigkeit handelten. Der Anlaß dazu ist gleichgültig. So handelt ein Dritter im Rahmen der dem Unternehmer obliegenden Tätigkeit, wenn der Unternehmer ein Beförderungshindernis anzuzeigen hat und der Unternehmer sich dazu eines Dritten bedient, wenn das Gut im Obhutszeitraum im Sinn der §§ 29, 33 KVO bei einem Dritten eingelagert wird (OLG München, NJW **1955**, 1930, 1931), von einem Dritten umgeladen wird oder von einem Dritten be- bzw. entladen wird, falls der Unternehmer dazu verpflichtet war. Gleiches gilt für den Unterfrachtführer (OLG München, NJW **1955**, 1930; OLG Stuttgart v. 25.5.1970, VersR **1972**, 532; OLG Hamburg v. 14.7.1967, VersR **1967**, 1047; OLG Bremen v. 21.9.1967, VersR **1968**, 85) für die Beförderung mit der Eisenbahn (§ 33 c KVO). Das schädigende Verhalten dieses Personenkreises kommt zwar „von außen" und stellt somit grundsätzlich, sofern es unvorhersehbar war und bei größter Sorgfalt nicht verhindert werden konnte, höhere Gewalt iSd § 34 a KVO dar. § 6 KVO erweitert jedoch den Kreis der dem Unternehmer zurechenbaren Risiken. § 6 KVO greift auch ein, wenn der Dritte vorsätzlich gehandelt hat, sofern es gerade zu den dem Dritten arbeitsteilig übertragenen Aufgaben gehörte, den von ihm vorsätzlich verursachten Schaden zu verhindern. Der Unternehmer haftet daher für einen selbständigen Bewachungsunternehmer, der das bewachte Gut stiehlt (vgl. BGH v. 17.3.1981, VersR **1981**, 732). Für die Leute des selbständigen Dritten haftet der Unternehmer so, als ob der selbständige Dritte den Schaden selbst angerichtet hätte. § 6 KVO verdrängt § 432 II HGB, soweit es um die Haftung des Unternehmers geht (*Willenberg*, KVO, § 6 Rz. 18; anders in Hinblick auf Haftung des Unterfrachtführers, auf die § 432 HGB lückenfüllend anzuwenden ist [*Willenberg*, KVO. § 6 Rz. 20]).

Soweit es unter dem Aspekt der höheren Gewalt (§ 34 a KVO) auf die Frage ankommt, ob der Unternehmer den Schaden auch bei größter Sorgfalt nicht verhindern konnte, sind die zur Verschuldenshaftung entwickelten Kriterien (Rz. 5 ff) heranzuziehen. Zum **Regreß** gegen Unterfrachtführer s. § 431 HGB Rz. 1, § 429 HGB Rz. 12 f.

III. Verschuldenshaftung

1. Leistungspflichten

Hier haftet der Unternehmer für seine Leute und selbständige Dritte, soweit er diese zur Erfüllung seiner Leistungspflichten oder Teile dieser Pflichten eingeschaltet hat und der Schaden im Rahmen deren arbeitsteiliger Mitwirkung bei der Erfüllung entstanden ist. Das Verhalten der Dritten muß projeziert auf die Person des Unternehmers einen Sorgfaltsverstoß darstellen. 5

2. Schutzpflichten

Der Unternehmer hat mit verkehrserforderlicher Sorgfalt alles zu unterlassen, was den Leistungserfolg oder die Güter des Vertragspartners gefährdet. In welchem Umfang der Unternehmer für das sorgfaltswidrige Verhalten Dritter einzustehen hat, ist nicht ganz geklärt. Sicher ist nur, daß er dort haften muß, wo er die Dritten gerade zur Sicherung der Güter eingesetzt hatte, die sie später schädigten (vgl. BGH v. 17.3.1981, VersR **1981**, 732). Es muß aber auch genügen, daß die Dritten nach Anordnung des Unternehmers funktionsgemäß mit den Rechtsgütern des Geschädigten in Kontakt getreten sind (MüKo-*Hanau*, BGB, § 278 f Rz. 17; vgl. auch OGH Wien v. 12.12.1984, TranspR **1986**, 426, 428). Man wird aber noch einen Schritt weiter gehen und eine Haftung des Unternehmers für alle Personen bejahen müssen, denen er im Rahmen der arbeitsteiligen Einschaltung gesteigerte Einwirkungsmöglichkeiten auf die Güter des Gläubigers eröffnet hat (vgl. *Esser/Schmidt*, BGB, Schuldrecht I, § 27 I 4). Dabei kommt es nach h. M. darauf an, daß der Schaden in innerem Zusammenhang mit den den Dritten übertragenen Aufgaben steht (vgl. BGH v. 27.6.1985, VersR **1985**, 1060 zu Art. 3 CMR). Die Formel vom „inneren Zusammenhang" stellt eine ausfüllungsbedürftige Leerformel dar (*Soergel/Wolf*, BGB, § 278 Rz. 37). Zur Rechtsprechungskasuistik vgl. die Kommentierungen zu § 278 BGB (*Palandt/Heinrichs*, BGB, § 278 Rz. 19;. *Soergel/Wolf*, BGB, § 278 Rz. 37 ff; Müko-*Hanau*, BGB, § 278 Rz. 33). Der innere Zusammenhang sollte nur dort verneint werden, wo der Dritte auf für den Frachtführer unvorhersehbare Weise einen Schaden verursacht hat (ähnlich *Palandt/Heinrichs*, BGB, § 278 Rz. 19; vgl. auch BGH, NJW-RR **1990**, 484). Für Anscheinsgehilfen wird nicht gehaftet (BGH v. 14.2.1989, TranspR **1989**, 275, 277; str.). 6

IV. Deliktische Haftung

Soweit der Unternehmer deliktisch haftet (vor § 29 KVO Rz. 5) kommt § 831 BGB zum Tragen. Zum Kreis der Verrichtungsgehilfen gehören die 7

Leute (§ 431 HGB Rz. 2) des Unternehmers, auch Leiharbeitnehmer, da diese wie Arbeitnehmer des Unternehmers weisungsgebunden tätig werden (*Soergel/Zeuner*, BGB, § 831 Rz. 22), unter Umständen auch selbständige Unternehmen (BGH v. 28.2.1989, ZIP **1989,** 830, 833). Die schädigende Handlung muß in innerem Zusammenhang mit den dem Verrichtungsgehilfen übertragenen Aufgaben stehen. Dies ist anerkanntermaßen selbst dann der Fall, wenn der Verrichtungsgehilfe seine Pflichten vorsätzlich oder fahrlässig vernachlässigt (BGHZ **11**, 151, 153; NJW **1971**, 31, 32). Ein innerer Zusammenhang ist immer zu bejahen, wenn das unerlaubte Handeln des Gehilfen durch dessen Bestellung zum Gehilfen typischerweise wesentlich begünstigt worden ist und wenn der Unternehmer nach der Verkehrsanschauung als Garant für die Vermeidung des Fehlverhaltens des Verrichtungsgehilfen angesehen werden kann (RGRK-*Steffen*, BGB, § 831 Rz. 23; Müko-*Mertens*, BGB, § 831 Rz. 44). Der Unternehmer haftet somit für einen Arbeitnehmer, der trotz eines Hinweises die Ladung nicht auf die Existenz von Gütern überprüft, die zur Beschlagnahme führen (BGH v. 9.3.1956, VersR **1956**, 349), der pflichtwidrig eine risikoreichere Strecke wählt (BGH v. 7.11.1961, VersR **1962**, 37), oder der Güter stiehlt, deren Obhut ihm obliegt (BGHZ **24**, 188, 197; *Soergel/Zeuner*, BGB, § 831 Rz.29). Hilft der Fahrer beim Be- und Entladen, obwohl der Unternehmer kraft Beförderungsvertrag dazu nicht verpflichtet ist, so soll nach h. M. § 831 BGB nicht eingreifen (OLG Hamburg v. 20.7.1973, VersR **1974**, 52; OLG Düsseldorf v. 29.9.1988, TranspR **1989,** 10, 13; *Muth/Andresen/Pollnow*, KVO, § 6 Anm. 4; *Willenberg*, KVO, § 6 Rz. 29 m. w. Nachw.; krit. Palandt/Thomas, BGB, § 831 Rz. 10). Hier ist zu differenzieren. Hilft der Fahrer mit Wissen und Billigung des Unternehmers regelmäßig oder wird dies sogar als Service des Unternehmers angesehen, so haftet der Unternehmer gemäß § 831 BGB. Der Fahrer ist sein Gefälligkeitsgehilfe. Gleiches gilt, wenn die Bestellung zum Gehilfen das schädigende Verhalten des Gehilfen typischerweise begünstigt hat. Dies ist in Hinblick auf die Lade- bzw. Entladetätigkeit des Fahrers wohl in der Regel zu bejahen, jedenfalls in Hinblick auf Verladeanweisungen des Fahrers. Der Unternehmer wird dadurch nicht einem unabsehbaren Haftungsrisiko ausgesetzt, weil derartige Haftungsrisiken typisch sind und er nur haftet, wenn er nicht nachweisen kann, daß er den Gehilfen sorgfältig ausgewählt, angewiesen und kontrolliert hat (BGH, NJW **1957**, 1150, 1152), insbesondere auch angewiesen hat, die Mitwirkung bei der Be- und Entladung zu unterlassen. Zum Entlastungsbeweis in Hinblick auf die Einstellung BGH v. 9.3.1956, VersR **1956**, 349; auf die Anleitung BGH v. 28.5.1971, VersR **1971**, 755; v. 7.11.1961, VersR **1962**, 37; auf die Kontrolle BGH v. 27.1.1970, VersR **1970**, 318. OLG Celle v. 3.7.1991, TranspR 1991, 425 mit zum Teil überzogenen Anforderungen. Zum dezentralisierten Entlastungsbeweis BGH, NJW **1968**, 247, 248; *Soergel/Zeuner*, BGB, § 831 Rz. 40; MüKo-*Mertens*, BGB, § 831 Rz. 62 f m. Nachw.. Zur Haftung wegen Schutzpflichtverletzungen bei Gefälligkeitshandlungen § 17 KVO Rz. 12. Zur **Eigenhaftung** von Arbeitnehmern (z. B. Fahrer) aus § 823 BGB, § 29 KVO Rz. 10.

§ 7 KVO [Übernahme von Beförderungsaufträgen]

(1) **Eine Pflicht zur Übernahme von Beförderungsaufträgen besteht nicht.**

(2) und (3) (weggefallen)

Literatur: siehe vor § 1 KVO.

§ 7 KVO stellt fest, daß im Bereich des ,,Ob" eines Beförderungsvertrages 1
Vertragsfreiheit besteht. Allerdings bedeutet das nicht, daß der Unternehmer keinerlei Kontrahierungszwang unterworfen sein könnte. § 7 KVO will nur sicherstellen, daß keine Parallele zu den §§ 453 HGB, 2 EVO gezogen wird. Allgemeine Vorschriften, die einen Kontrahierungszwang begründen, wie die §§ 826 BGB, 26 II GWB, bleiben daher unberührt. Diese Vorschriften können z. B. bei Spezialtransporten eingreifen, für die der Unternehmer eine marktbeherrschende Stellung besitzt.

§ 8 KVO [Transport gefährlicher Güter]

(weggefallen)

Literatur: siehe vor § 1 KVO.

Die Streichung des § 8 KVO hat nichts Wesentliches an der Rechtslage 1
verändert. Der Transport gefährlicher Güter (insbes. explosiver, selbstentzündlicher, brennbarer, giftiger, ätzender Stoffe) wird heute mit Hilfe des Gesetzes über die Beförderung gefährlicher Güter v. 6.8.1975 (BGBl. I **1975**, 2121; **1980**, 1729; zuletzt geändert durch Gesetz vom 18.6.1990, BGBl. I 1221; abgedr. *Hein/Eichhoff/Pukall/Krien,* Güterkraftverkehrsrecht, Nr. G 272), der Gefahrengutverordnung Straße (GGVS) vom 13.11.1990 (BGBl. I 2453, abgedr. *Hein/Eichhoff/Pukall/Krien,* aaO, Nr. G 275) samt Anlagen, der Straßen-Gefahrengutausnahmeverordnung vom 25.9.1985 (BGBl. I 1925, zuletzt geändert durch VO vom 1.5.1990 (BGBl. I 849, 1323), abgedr. *Hein/Eichhoff/Pukall/Krien,* aaO, Nr. G 276), des Europäischen Übereinkommens über die internationale Beförderung gefährlicher Güter auf der Straße (ADR) vom 30.9.1957 (BGBl. II **1969**, 1491; zuletzt BGBl. II **1987**, 502 f); abgedr. *Hein/Eichhoff/Pukall/Krien,* aaO, J 116, sowie Richtlinie Straße TRS 005 geregelt (vgl. *Hole/Busch*, TranspR **1986**, 401 ff). Ein Verstoß gegen die GGVS führt nach h. M. nicht zur Nichtigkeit des Vertrages. Dieser Ansicht ist auch dort zu folgen, wo Güter nicht zur Beförderung zugelassen sind (z. B. §§ 3, 4 VI GGVS). Der Unternehmer hat aber ein *Leistungsverweigerungsrecht.* Der Absender, der den Beförderer nicht ausreichend (§ 4 II 1 GGVS) über die Gefährlichkeit des Guts informiert, **haftet** *gemäß § 13 KVO;* denn § 4 II GGVS konkretisiert auch die zivilrechtlichen Informationspflichten. Gleiches gilt für die *Haftung aus c.i.c.*, falls kein Frachtbrief ausgestellt worden ist. § 4 II GGVS ist außerdem *Schutzgesetz* zugunsten des Unternehmers (§ 823 II BGB). *Andererseits kann der Unternehmer aus c.i.c. haften,* wenn er

später von seinem Leistungsverweigerungsrecht Gebrauch macht, obwohl ihm die Möglichkeit dazu schon bei Vertragsschluß erkennbar war.

§ 9 KVO [Beförderungspreise, Nebengebühren]

(1) **Die Beförderungsentgelte (Entgelte für die Beförderung und für Nebenleistungen) werden nach den vom Bundesminister für Verkehr durch Rechtsverordnung in Kraft gesetzten Tarifen berechnet.**

(2) **Ermäßigungen und Erhöhungen der Frachten und der Nebengebühren sowie andere Abweichungen von den Tarifen, die nicht in diesen selbst vorgesehen sind und nicht unter gleichen Bedingungen jedermann zugute kommen, sind unzulässig, es sei denn, daß es sich um solche Nebengebühren handelt, für die im Tarif ausdrücklich vorgesehen ist, daß sie in der angegebenen Höhe zwar erhoben werden können, aber nicht erhoben zu werden brauchen.**

Unzulässig sind ferner Zahlungen oder andere Zuwendungen – auch in der Form von Leistungen –, die einer Umgehung des tarifmäßigen Beförderungsentgelts gleichkommen. Das gleiche gilt von Aufwendungen irgendwelcher Art an Angestellte oder Familienangehörige der Verfrachter.

Die rechtliche Wirksamkeit des Beförderungsvertrages wird jedoch durch tarifwidrige Abreden und Handlungen nicht berührt. Die Höhe des Beförderungsentgeltes richtet sich auch in diesen Fällen nach der KVO und den Tarifen.

(3) **und** (4) **(weggefallen)**

(5) **Die Bestimmungen dieses Paragraphen beziehen sich nicht auf die Gebühren, die Unternehmer, die nicht zum Güterfernverkehr zugelassen sind, oder Spediteure für ihre Mitwirkung bei der Beförderung, insbesondere für speditionelle Verrichtungen im Sammelgut- und sonstigen Ladungsverkehr und für Rollfuhrleistungen erheben.**

Literatur: siehe vor § 1 KVO.

1 Die Neufassung des § 9 KVO entspricht in seinen Abs. 1 und 2 den §§ 20, 20 a, 22 GüKG (s. Erl. dort). § 9 V KVO ist mißverständlich formuliert. Anerkanntermaßen sind Frachtführer, die Fernverkehr betreiben, ohne Rücksicht auf ihre Zulassung den Tarifen unterworfen (§ 3 GüKG Rz. 1). Im übrigen stellt § 9 V KVO nur klar, daß besondere speditionelle Leistungen unabhängig vom GFT vergütet werden können und zur Vermeidung von Tarifumgehungen vergütet werden müssen (vgl. § 20 GüKG Rz. 11 ff).

III. Bestimmungen über die Beförderungspapiere

§ 10 KVO [Form des Frachtbriefs]

(1) **Jede Sendung muß von einem Frachtbrief begleitet sein.**

(2) **Der Frachtbrief ist mit mindestens drei Durchschriften auszufertigen. Die Erstschrift begleitet das Gut, eine Durchschrift erhält der Absender.**

Literatur: siehe vor § 1 KVO.

I. Pflicht zur Ausstellung

1 § 10 KVO richtet sich sowohl an den Absender als auch an den Unternehmer. Der Unternehmer ist gemäß § 10 I 1, II 2 KVO verpflichtet, dem Gut den zugehörigen Frachtbrief beizugeben. In die gleiche Richtung zielt § 28 GüKG. § 10 KVO *verpflichtet* in Parallele zu § 426 HGB *den Absender, einen Frachtbrief auszustellen* (**a. A.** *Willenberg*, KVO, § 10 Rz. 1; *Muth/Andresen/Pollnow*, KVO, § 10 Anm. 1). Zwar besagt § 10 KVO nur, daß der Frachtbrief das Gut begleiten muß. Da es aber gemäß § 11 I KVO Sache des Absenders ist, den Frachtbrief auszustellen sowie zu unterschreiben und der Unternehmer nur als Gehilfe des Absenders tätig wird (§ 13 II KVO), ergibt sich aus den §§ 10, 11 KVO mittelbar, daß der Absender unabdingbar verpflichtet ist, einen Frachtbrief auszustellen oder ausstellen zu lassen. Nur so kann der Unternehmer gewiß sein, daß er seiner öffentlich-rechtlichen Pflicht aus § 28 GüKG nachzukommen vermag; denn er kann Annahme und Transport des Gutes bis zur Aushändigung eines Frachtbriefes verweigern (*Schmeißer*, VersR **1972**, 324, 325; **a. A.** GroßkommHGB-*Helm*, § 452 Anh. II, § 11 KVO Rz. 5). Allerdings hat er die Absender, bei denen er nicht ausreichende Transportrechtskenntnisse erwarten kann oder die sich im Fall des § 413 I HGB als bloße Versender fühlen, über diese Folge *aufzuklären*. Der Unternehmer kann aus dem Fehlen eines Frachtbriefs keinen Schadensersatzanspruch herleiten; denn er muß sich entgegenhalten lassen, daß er das Gut ohne Frachtbrief nicht hätte entgegennehmen müssen. Im Fall des § 412 HGB entsteht die Pflicht zur Ausstellung des Frachtbriefs erst nach dem Selbsteintritt.

II. Frachtbriefzwang

2 Für jede Sendung (zum Begriff § 20 I 2 KVO) ist ein Frachtbrief auszustellen. Es ist denkbar, daß mehrere Frachtbriefe auf einem Stück Papier geschrieben sind (z. B. im Fall des Selbsteintritts bei Selbstadressierung). Der Frachtbrief ist auszustellen und hat das Gut zu begleiten, unabhängig davon, ob der Transport entgeltlich oder unentgeltlich erfolgt, oder ob das Gut nur geplantermaßen zurückbefördert wird (weitergehend *Muth/Andresen/Pollnow*, KVO, § 10 Anm. 1). Wird eine Sendung im Nachlauf mehreren Empfängern zugeführt, so sind mehrere Frachtbriefe erforderlich. Gleiches gilt im Vorlauf, wenn Güter bei mehreren Absendern abgeholt werden.

III. Form des Frachtbriefs

3 § 10 KVO regelt nur die äußere Form des Frachtbriefs. Der notwendige Inhalt des Frachtbriefs ergibt sich aus § 11 KVO. Der Frachtbrief braucht nicht im Durchschreibeverfahren hergestellt zu werden; es genügt die Ausfertigung von 4 übereinstimmenden Exemplaren. Der Unternehmer bestimmt, welches die Erstschrift ist.

IV. Rechtswirkungen

4 Der Verstoß gegen die Pflicht, einen Frachtbrief auszustellen und ihn das Gut begleiten zu lassen, führt lediglich zu öffentlich-rechtlichen Sanktionen (§§ 99 I 5, 28 GüKG). Der Vertrag ist im Einklang mit der ständigen Rechtsprechung (näher dazu § 15 KVO Rz. 2) auch **ohne** Ausstellung eines **Frachtbriefes** gültig. Der Frachtbrief ist kein Wertpapier (§ 426 HGB Rz. 1). Er ist *Beweisurkunde.* Zur Beweiskraft des vom Unternehmer unterschriebenen Frachtbriefs § 15 KVO Rz. 9, § 16 KVO Rz. 5.

§ 11 KVO [Inhalt des Frachtbriefes]

(1) **Der Absender hat in den Frachtbrief einzutragen:**

a) Ort und Tag der Ausstellung,

b) den Versand- und Bestimmungsort unter näherer Angabe der Ein- und Ausladestellen,

c) die die Tarifentfernung bestimmenden Gemeindebereiche (Gemeindetarifbereiche), in denen die Ein- und Ausladestellen liegen,

d) Name, Wohnort und, wenn kein Ausladeplatz angegeben ist, auch Wohnung oder Geschäftsstelle des Empfängers, an den das Gut ausgeliefert werden soll sowie nach Möglichkeit seine Drahtanschrift und Fernsprechnummer,

e) Bezeichnung der Sendung nach ihrem Inhalt, ferner die Angabe des Bruttogewichtes in Kilogramm oder den Antrag auf Feststellung des Gewichtes durch den Unternehmer, außerdem, wenn die Sendung vom Unternehmer als Stückgut übernommen werden soll, die Anzahl der Stücke unter Angabe von Zeichen und Nummer oder Adresse,

f) Name und Anschrift des Absenders sowie seine Unterschrift; die Unterschrift kann auch gedruckt oder gestempelt werden,

g) Angabe der durch die Zoll-, Steuer-, Polizei- oder sonstigen Verwaltungsbehörden vorgeschriebenen Begleitpapiere, die dem Frachtbrief beigefügt sind,

h) Angabe der Kosten, die der Absender übernehmen will (Freivermerk),

i) Höhe der Nachnahme, mit der das Gut belastet wird.

(2) **Außerdem können mit dem Unternehmer folgende Vereinbarungen getroffen werden, die ebenfalls in den Frachtbrief eingetragen werden müssen:**

a) Bezeichnung einer bestimmten Zoll- oder Steuerstelle, bei der eine Zoll- oder Steuerbehandlung vorgenommen werden soll,

b) Angabe, daß zur Zoll- oder Steuerbehandlung ein bestimmter Bevollmächtigter hinzugezogen werden soll,

c) Vereinbarung über eine gegenüber den Vorschriften des § 26 a abgekürzte Lieferfrist,

d) Weisungen über die Zuführung der Sendung,

e) Erklärung gemäß § 18 (2) (mangelhafte Verpackung),

f) Vereinbarung über Ver- und Entladung des Gutes,

g) Weisungen wegen der Benachrichtigung bei Ablieferungshindernissen,

h) Weisungen wegen der Weiterbeförderung des Gutes auch mit anderen Verkehrsmitteln,

i) Anträge über die im Nebengebührentarif vorgesehenen Leistungen.

(3) **Andere als die vorbezeichneten Angaben und Erklärungen darf der Absender in den Frachtbrief nicht eintragen.**

Alle Eintragungen im Frachtbrief müssen in deutscher Sprache deutlich geschrieben sein.

Frachtbriefe mit abgeänderten oder radierten Eintragungen brauchen nicht angenommen zu weden. Durchstreichungen sind nur zulässig, wenn sie der Absender mit seiner Unterschrift anerkennt. Handelt es sich um die Zahl der Stücke oder das Gewicht der Sendungen, so sind außerdem die berichtigten Angaben in Buchstaben zu wiederholen.

Literatur: siehe vor § 1 KVO.

Übersicht

	Rz.
I. Allgemeines	1
II. Fehlen des Frachtbriefs, fehlende, unvollständige Eintragungen	2
III. Angaben gemäß § 11 I KVO	
1. Ort und Tag der Ausstellung (§ 11 I a KVO)	4
2. Versand- und Bestimmungsort (§ 11 I b KVO)	4a
3. Gemeindetarifbereiche (§ 11 I c KVO)	4b
4. Empfänger (§ 11 I d KVO)	5
5. Bezeichnung der Sendung (§ 11 I e KVO)	5a
6. Unterschrift des Absenders (§ 11 I f KVO)	6
7. Begleitpapiere (§ 11 I g KVO)	7
8. Freivermerk (§ 11 I h KVO)	8
9. Nachnahme (§ 11 I i KVO)	9
IV. Angaben gemäß § 11 II KVO	
1. Zoll-, Steuerbehandlung (§ 11 II a, b KVO)	10
2. Lieferfrist (§ 11 II c KVO)	11
3. Zuführung der Sendung (§ 11 II d KVO)	12
4. Verpackung (§ 11 II e KVO)	13
5. Be- und Entladung (§ 11 II f KVO)	14
6. Hindernisse (§ 11 II g KVO)	15
7. Weiterbeförderung (§ 11 II h KVO)	16
8. Nebengebührentarif (§ 11 II i KVO)	
V. § 11 III KVO	17

I. Allgemeines

1 § 11 KVO bezieht sich auf Angaben des Absenders, die nicht höchstpersönlich erfolgen müssen (vgl. § 13 II KVO). Jeder Absender hat einen Frachtbrief auszustellen oder ausstellen zu lassen (§ 10 KVO Rz. 1). Zu den vom Unternehmer vorzunehmenden Eintragungen § 15 KVO. § 11 III 1 KVO zufolge dürfen nur die in der Vorschrift genannten Angaben eingetragen werden. Daraus läßt sich jedoch nicht ableiten, daß der Unternehmer keine **weiteren Nebenvereinbarungen** treffen könnte (*Traumann,* DB **1982**, 1445, 1446 m. Nachw.; **a. A.** *Willenberg,* KVO, § 11 Rz. 9, 10). Dem steht § 28 V KVO entgegen, der von den Nebenvereinbarungen ausgeht, die nicht in § 11 KVO erwähnt sind. Zwar spricht die Rechtssicherheit dafür, nur die in der KVO erwähnten Nebenleistungen als vereinbarungsfähig anzusehen. Dies würde jedoch zu einer Erstarrung der Transportverhältnisse führen. Dem § 11 III 1 KVO zugrundeliegenden Tarifzwang kann dadurch ausreichend Rechnung getragen werden, daß man § 22 II GüKG heranzieht, demzufolge jede tarifwidrige Vergünstigung unwirksam ist (GroßkommHGB-*Helm,*

§ 452 Anh. II, § 11 Rz. 6). Auf diese Weise kann der dem Übergang vom Formal- zum Konsensualvertrag (§ 15 KVO Rz. 2) zugrundeliegenden Wertung Rechnung getragen werden, ohne daß man mit dem Tarifzwang in Konflikt gerät (ähnlich i. E. *Willenberg,* aaO; *Muth/Andresen/Pollnow*, KVO, § 11 Rz. 4, die die Gültigkeit der Vereinbarungen nach BGB annehmen). Die Angaben sind, soweit sie den Inhalt des Beförderungsvertrages konkretisieren oder Nebenabreden beurkunden, gemäß den §§ 119 I, 123 BGB *anfechtbar.* Für die Verletzung von in der KVO nicht geregelten Nebenpflichten haftet der Unternehmer gemäß § 31 I c KVO (*Traumann,* DB **1982**, 1445, 1447).

II. Fehlen des Frachtbriefs, fehlende, unvollständige Eintragungen

2 Der Frachtbrief ist auf der Grundlage der hier mit der ständigen Rechtsprechung des BGH vertretenen Auffassung (§ 15 KVO Rz. 2) für die **Wirksamkeit** des Vertrages **ohne Bedeutung** (GroßkommHGB-*Helm*, § 452 Anh. II, § 11 KVO Rz. 1, 5; *Muth/Lehmann,* KVO, § 11 Anm. 1; **a. A.** *Willenberg,* KVO, § 15 Rz. 6).

Fehlt ein Frachtbrief, so kann er in Hinblick auf Angaben nur nicht die ihm eigene Funktion als widerlegbare Beweisurkunde (§ 15 III KVO; BGH, NJW **1960**, 39, 40; einschränkend in Hinblick auf Gewicht, s. Rz. 5a) entfalten (*Schmeißer,* VersR **1972**, 324, 325). Ferner kommen all die Normen nicht zum Tragen, die an die Existenz eines Frachtbriefs anknüpfen (z. B. § 12 IX KVO), es sei denn, daß das Fehlen des Frachtbriefs nicht kausal geworden ist (BGH v. 4.7.1957, VersR **1957**, 570). Geht man, wie hier, von der reinen Konsensualvertragstheorie (dazu § 14 KVO Rz. 1 ff) aus, so kann der Unternehmer, der den Vertrag ohne Übergabe eines Frachtbriefs geschlossen hatte, allerdings den Transport bzw. die Entgegennahme des Guts ohne Frachtbrief verweigern (§ 273 BGB; § 10 KVO Rz. 1), weil der Absender zur Ausstellung eines Frachtbriefs verpflichtet ist. Dagegen kann sich der Unternehmer nicht darauf berufen, daß er seine Leistung nicht sachgerecht erbringen konnte, weil ihm die im Frachtbrief vorgeschriebenen Angaben fehlten, falls ihm diese Angaben anderweitig zugänglich gemacht worden sind (anders beim unvollständigen Frachtbrief; vgl. § 13 KVO).

Ist der **Frachtbrief** lediglich **lückenhaft**, so berührt dies, wie sich aus § 13 I KVO ergibt, ebensowenig wie das Fehlen des Frachtbriefs die Gültigkeit des Vertrages (GroßkommHGB-*Helm*, § 452 Anh. II, § 11 KVO Rz. 5; *Muth/Andresen/Pollnow,* KVO, § 11 Anm. 1; *Schmeißer,* VersR **1972**, 324, 325; *Pelz,* S. 81 ff; vgl. auch BGH v. 23.5.1990, NJW-RR **1990**, 1314; *differenzierend Willenberg,* KVO, § 11 Rz. 3 f). Absender und Empfänger müssen die aus der Lückenhaftigkeit des Frachtbriefs resultierenden Beweisnachteile (§ 16 KVO) hinnehmen. Der Absender kann sich unter Umständen nicht auf eine Haftung des Unternehmers berufen (§ 12 IX, § 34 I c KVO). Außerdem kann sich der Absender gemäß § 13 I KVO haftbar machen; es können Ansprüche auf Zuschläge (§ 22 KVO) entstehen.

3 Unklar ist, inwieweit die **Wirksamkeit** der in **§ 11 II KVO genannten Vereinbarungen** von deren Aufnahme in einen gültigen Frachtbrief abhängt.

Der BGH geht in der Entscheidung (NJW **1960**, 39, 40) davon aus, daß § 11 II KVO kein Wirksamkeitserfordernis begründet. Dies hat der BGH mit Urteil v. 23.5.1990 (NJW-RR **1990**, 1314, 1315 f) bestätigt. Die Literatur ist gespalten. *Helm* (GroßkommHGB-*Helm*, § 452 Anh. II, § 11 KVO Rz. 6; ebenso *Traumann*, DB **1982**, 1445, 1446 m. Nachw.) plädiert für volle Vertragsfreiheit, während *Willenberg* (KVO, § 11 Rz. 6, 7 m. Nachw.) außerhalb des Frachtbriefs getroffene Nebenvereinbarungen für unverbindlich erklärt. Richtig ist, wie der BGH überzeugend begründet hat, die Ansicht, daß Nebenvereinbarungen auch ohne Aufnahme in den Frachtbrief gültig sein können. Deshalb sind auch Rahmenverträge außerhalb von Frachtbriefen voll wirksam (*Traumann*, DB **1982**, 1445, 1446).

III. Angaben gemäß § 11 I KVO

1. Ort und Tag der Ausstellung (§ 11 I a KVO)

Diese Angabe ist nach allg. M. nicht zwingend erforderlich (*Willenberg*, KVO, § 11 Rz. 13). Tag und Ort der Ausstellung muß nicht mit dem der Beladung identisch sein (§ 15 II KVO). **4**

2. Versand- und Bestimmungsort (§ 11 I b KVO)

Versandort ist die politische Gemeinde der Einladestelle; Bestimmungsort ist die Gemeinde der Ausladestelle (vgl. § 5 KVO). Fehlen diese Angaben, so ergibt sich der Ausladeort aus § 11 I d KVO und der Einladeort im Zweifel aus der Adresse des Absenders (§ 11 I f KVO). Die Gültigkeit des Frachtbriefs wird durch das Fehlen dieser Angaben nicht berührt (s. Rz. 2; **a. A.** *Willenberg*, KVO, Rz. 4). **4a**

3. Gemeindetarifbereiche (§ 11 I c KVO)

Vgl. GFT II/3, abgedr. *Hein/Eichhoff/Pukall/Krien*, Güterkraftverkehrsrecht, C 524. Das Fehlen der Angabe ist ohne Einfluß auf die Wirksamkeit des Frachtbriefs (allg. M.). **4b**

4. Empfänger (§ 11 I d KVO)

Empfänger und Ausladestelle müssen so präzise angegeben werden, daß der Unternehmer am Bestimmungsort den genauen Übergabeort ohne Schwierigkeiten ermitteln kann. Diese Angaben müssen aber nicht notwendig im Frachtbrief gemacht werden (str.; s. Rz. 2). Die Angabe von Telephon- und Telexnummer soll nach Möglichkeit erfolgen, d. h., sofern sie für den Absender mit zumutbarer Mühe, z. B. aus Geschäftspapieren, in Erfahrung zu bringen ist. **5**

5. Bezeichnung der Sendung (§ 11 I e KVO)

Der Absender hat den Inhalt des Gutes gebräuchlich, auch in Form von Abkürzungen, zu bezeichnen. Die Bezeichnung der Verpackung genügt nicht. Soweit tariflich erforderlich, ist auch der Verwendungszweck anzuge- **5a** ben. Im Speditionssammelverkehr reicht die Bezeichnung als Sammelgut nur aus, wenn von dem Gut keine besonderen Gefahren ausgehen oder es nicht besonders gefährdet ist (vgl. §§ 13, 34 I c KVO; **a. A.** *Willenberg,* KVO, § 11 Rz. 20). Bei Ladungsgütern (§ 4 b KVO) ist das Bruttogewicht anzugeben. Fehlt es, so greift § 16 IV 2 KVO ein. Die Angabe des Gewichts durch den Absender entfaltet keine Beweiswirkung zu seinen Gunsten, es sei denn, daß der Unternehmer zur Überprüfung verpflichtet war. Zur Verpflichtung, Zahl und Gewicht des Guts festzustellen, § 16 KVO. Die Signaturen iSv § 18 V KVO oder die auf den Gütern angebrachte Adresse müssen im Frachtbrief angegeben werden. Zur Falschauslieferung wegen unzulänglicher Bezeichnung der Güter, § 18 KVO Rz. 10. Zum gänzlichen Fehlen der Angaben s. oben Rz. 2.

6. Unterschrift des Absenders (§ 11 I f KVO)

6 Die Unterschrift muß nicht handschriftlich erfolgen. Es genügt Druck oder Faksimilestempel, nicht aber der bloße Geschäftsstempel *Muth/Andresen/Pollnow*, KVO, § 11 Anm. 2). Die nicht formgerechte Unterschrift macht den Frachtbrief ungültig (**a. A.** *Willenberg,* KVO, § 11 Rz. 27; wie hier BGH zu Art. 5 ff CMR). Absender ist derjenige, der den Beförderungsvertrag mit dem Unternehmer im eigenen Namen geschlossen hat (BGH v. 15.10.1959, LM Nr. 5 GüKG).

7. Begleitpapiere (§ 11 I g KVO)

7 Vgl. § 12 I KVO; diese Papiere sind im Frachtbrief detailliert (§ 12 I 1 KVO) aufzuführen. Kommt der Absender dieser Pflicht nicht nach, so haftet er gemäß § 13 KVO (BGH v. 4.7.1957, LM Nr. 9 KVO). Er verliert grundsätzlich den Anspruch aus § 12 IX KVO; (§ 12 KVO Rz. 7); außerdem greift § 34 I c KVO ein. Zur Gültigkeit des Frachtbriefs s. Rz. 2, 6.

8. Freivermerk (§ 11 I h KVO)

8 Vgl. § 21 I KVO. Mangels abweichender Vereinbarungen, die nicht notwendig im Frachtbrief enthalten sein müssen (BGH v. 23.1.1970, BB **1970**, 323; s. Rz. 2; **a. A.** *Willenberg,* KVO, § 11 Rz. 31), hat der Unternehmer die Fracht gemäß § 21 V KVO beim Empfänger einzuziehen und darf die Auslieferung von der Bezahlung abhängig machen.

9. Nachnahme (§ 11 I i KVO)

9 Vgl. § 24 KVO. Auch Nachnahmevereinbarungen, die nicht im Frachtbrief aufgeführt sind, sind gültig, zumal die Nachnahmeweisung auch noch nachträglich formlos erteilt werden kann (§ 27 I f KVO; § 11 KVO Rz. 2; **a. A.** *Willenberg,* KVO, § 11 Rz. 33 m. Nachw.; *Muth/Andresen/Pollnow,* KVO, § 11 Anm. 2; unklar GroßkommHGB-*Helm*, § 452 Anh. II, § 11 KVO Rz. 5).

IV. Angaben gemäß § 11 II KVO

1. Zoll-, Steuerbehandlung (§ 11 II a, b KVO)

Vgl. § 12 V KVO. Der Absender kann vereinbaren, daß bestimmte Stellen eingeschaltet oder daß er bzw. sein Bevollmächtigter zugezogen werden sollen. Diese Vereinbarung ist auch ohne Aufnahme in den Frachtbrief gültig (s. Rz. 3; **a. A.** *Willenberg,* KVO, § 11 Rz. 35. 10

2. Lieferfrist (§ 11 II c KVO)

Vgl. § 26 I KVO. Die Vereinbarung einer Abkürzung der Lieferfrist ist auch ohne Vermerk im Frachtbrief gültig (s. Rz. 3; OLG Celle v. 8.12.1952, VersR **1953**, 114, 115; GroßkommHGB-*Helm,* § 452 Anh. II, § 26 KVO Rz. 7; *Traumann,* DB **1982**, 1445, 1446; **a. A.** *Willenberg,* KVO, § 11 Rz. 36, § 26 Rz. 11 m. Nachw.). Dies gilt auch bei Rahmenverträgen. 11

3. Zuführung der Sendung (§ 11 II d KVO)

Vgl. § 5 KVO. § 11 II d KVO soll nur eingreifen, wenn die Entladestelle nicht gemäß § 11 I b, d KVO im Frachtbrief angegeben ist (*Willenberg,* KVO, § 11 Rz. 37). Dann enthält aber der Frachtbrief, in dem unter der Rubrik „Zuführung" der Entladeort angegeben ist, die Entladestelle in der Form der Weisung. Soll die Weisung etwas gegenüber § 11 I b, d KVO Selbständiges sein, so muß § 11 II d KVO Art und Weise der Zuführung betreffen. Die Weisung ist, wenn ihre Befolgung vereinbart wurde, ohne Eintragung in den Frachtbrief verbindlich (s. Rz. 3; **a. A.** *Willenberg,* KVO, § 11 Rz. 37). Zu nachträglichen Weisungen § 27 I i KVO. 12

4. Verpackung (§ 11 II e KVO)

Es geht um das Anerkenntnis iSd § 18 II KVO. Gibt der Absender das Anerkenntnis außerhalb des Frachtbriefs ab, so tritt ebenfalls Beweislastumkehr ein (§ 18 KVO Rz. 5). 13

5. Be- und Entladung (§ 11 II f KVO)

Es geht um die Vereinbarung der Be- bzw. Entladung gemäß § 17 I KVO. Die Eintragung ist kein Gültigkeitserfordernis (s. Rz. 3; BGH v. 23.5.1990, NJW-RR **1990**, 1314, 1315 f; h. M.; **a. A.** OLG Nürnberg v.1.12.1988, VersR **1990**, 69, 70; *Willenberg,* KVO, § 11 Rz. 41, 42 m. Nachw.). 14

6. Hindernisse (§ 11 II g KVO)

Vgl. § 28 KVO. Der Absender kann mit dem Unternehmer vereinbaren, wie er benachrichtigt werden soll. Er kann dem Unternehmer, wie sich aus § 28 V KVO ergibt, auch weitere Maßnahmen vorschreiben. Die Vereinbarungen sind auch ohne Aufnahme in den Frachtbrief gültig (s. Rz. 3; GroßkommHGB-*Helm,* § 452, Anh. II, § 28 KVO Rz. 8; **a. A.** *Willenberg,* KVO, § 11 Rz. 45, 46 m. Nachw.). 15

7. Weiterbeförderung (§ 11 II h KVO)

16 Zur Verbindlichkeit der Weisung s. Rz. 3.

8. Nebengebührentarif (§ 11 II i KVO)

Vgl. GFT II/5 abgedr. *Hein/Eichhoff/Pukall/Krien,* Güterkraftverkehrsrecht, C 525; zur Gültigkeit von Vereinbarungen, die nicht im Frachtbrief vermerkt sind, s. Rz. 3.

V. § 11 III KVO

17 Zu § 11 III 1 KVO s. oben Rz. 1. Ein Frachtbrief mit vom Absender radierten oder gestrichenen Passagen, die nicht iSd § 11 III 3 KVO verbessert worden sind, entfaltet insoweit keine Beweiskraft zugunsten des Absenders.

§ 12 KVO [Zoll-, Steuer-, Polizei- und sonstige verwaltungsbehördliche Vorschriften]

(1) **Der Absender ist verpflichtet, dem Frachtbrief alle Begleitpapiere beizugeben, die zur Erfüllung der Zoll- und sonstigen verwaltungsbehördlichen Vorschriften bis zur Ablieferung an den Empfänger erforderlich sind; sie sind im Frachtbrief einzeln und genau zu bezeichnen. Diese Papiere dürfen nur Güter umfassen, die Gegenstand des Beförderungsvertrages sind, es sei denn, daß Verwaltungsvorschriften oder die Anwendungsbedingungen des Tarifs etwas anderes bestimmen.**

Der Unternehmer ist berechtigt, aber nicht verpflichtet, die beigegebenen Papiere auf ihre Richtigkeit und Vollständigkeit zu prüfen. Der Absender haftet dem Unternehmer, sofern diesen kein Verschulden trifft, für alle Folgen, die aus dem Fehlen, der Unzulänglichkeit oder der Unrichtigkeit der Papiere entstehen. Auch ist für die Dauer eines durch solche Mängel verursachten Aufenthaltes von mehr als 12 Stunden das tarifmäßige Lager- oder Standgeld zu zahlen.

(2) **Der Absender hat für alle Güter, die zur Einfuhr nach dem deutschen Zollgebiet oder zur Durchfuhr durch das deutsche Zollgebiet bestimmt sind, eine deutlich geschriebene Warenerklärung in doppelter Ausfertigung dem Frachtbrief offen beizulegen. Die Beigabe ist auf dem Frachtbrief zu vermerken.**

(3) **Güter mit Begleitscheinen des deutschen Zollgebiets, zu denen Frachtbriefe auf einen außerhalb des deutschen Zollgebiets gelegenen Bestimmungsort lauten, werden nur angenommen, wenn die Begleitscheine auf das Ausgangszollamt gestellt sind.**

(4) **Der Absender ist verpflichtet, für die Verpackung und Bedeckung der Güter entsprechend den Zoll- und Steuervorschriften zu sorgen. Sendungen, deren zoll- oder steueramtlicher Verschluß verletzt oder mangelhaft ist, kann der Unternehmer zurückweisen. Hat der Absender die Güter nicht vorschriftsmäßig verpackt oder nicht mit Decke versehen, so kann der Unternehmer dies gegen Berechnung der Kosten besorgen.**

(5) **Solange das Gut unterwegs ist, hat der Unternehmer die Zoll- und**

sonstigen verwaltungsbehördlichen Vorschriften für den Absender zu erfüllen. Hat der Absender im Frachtbrief erklärt, daß er selbst oder ein Bevollmächtigter zu dieser Behandlung zugezogen werden soll, so ist dem hiernach Bevollmächtigten die Ankunft des Gutes an dem Ort, wo die Zoll- usw. Behandlung stattfinden soll, mitzuteilen. Der Absender oder sein Bevollmächtigter soll alle nötigen Aufklärungen über das Gut geben; er ist jedoch nicht befugt, das Gut in Besitz zu nehmen oder die Behandlung selbst zu betreiben. Erscheint er nicht binnen angemessener Frist, so ist die Behandlung ohne ihn zu veranlassen.

(6) **Hat der Absender für die Behandlung durch die Zoll- oder sonstige Verwaltungsbehörde eine unzulässige oder undurchführbare Vorschrift gegeben, so handelt der Unternehmer nach dem mutmaßlichen Willen des Absenders und teilt ihm die getroffenen Maßnahmen mit.**

(7) **Am Bestimmungsort kann der Empfänger die Zoll- usw. Behandlung betreiben, wenn die auf der Sendung ruhenden Fracht- usw. Beträge bezahlt sind und der Absender im Frachtbrief nichts anderes bestimmt hat. Andernfalls hat der Unternehmer entweder die Behandlung selbst zu veranlassen oder aber nach § 28 (Ablieferungshindernisse) zu verfahren. Die Güter dürfen dem Empfänger nur ausgeliefert werden, wenn nachgewiesen wird, daß der Zoll- oder Steuerbetrag bezahlt oder gestundet ist. Der Unternehmer hat bei der ihm nach den Absätzen (5), (6) und (7) obliegenden Tätigkeit die Pflichten des Spediteurs. Er kann für diese Tätigkeit die tarifmäßigen Gebühren erheben.**

(8) **Bei den über die Grenze des deutschen Wirtschaftsgebietes ein- und ausgehenden Gütern hat der inländische Empfänger oder Absender die nach den Bestimmungen über die Statistik des Warenverkehrs vorgeschriebenen Anmeldescheine zu beschaffen. Werden die Anmeldepapiere nicht rechtzeitig beigebracht, so kann der Unternehmer diese Papiere gegen Erstattung der tarifmäßigen Gebühren selbst ausstellen, soweit er nach den genannten Bestimmungen zur Ausfüllung befugt ist.**

(9) **Der Unternehmer haftet für die Folgen des Verlustes oder der unrichtigen Verwendung der im Frachtbrief bezeichneten und ihm beigegebenen Papiere wie ein Spediteur. Er hat aber in keinem Fall einen höheren Schadensersatz zu leisten als bei Verlust des Gutes.**

Literatur: siehe vor § 1 KVO.

Übersicht

	Rz.
I. Pflicht zur Mitgabe der Begleitpapiere (§ 12 I KVO)	1
II. Haftung des Absender (§ 12 I 4, 5 KVO)	2
III. § 12 II, III KVO	3
IV. § 12 IV KVO	4
V. § 12 V KVO	5
VI. Ankunft am Bestimmungsort (§ 12 VII KVO)	6
VII. Verlust, unrichtige Verwendung der Begleitpapiere	7

I. Pflicht zur Mitgabe der Begleitpapiere (§ 12 I KVO)

1 Vgl. § 427 HGB; § 11 I g KVO. Der Unternehmer hat die Begleitpapiere ständig das Gut begleiten zu lassen. Der Unternehmer ist gemäß der KVO *nicht verpflichtet*, die notwendigen Begleitpapiere zu besorgen. Er kann sich allerdings in einem neben dem Beförderungsvertrag entgeltlichen (§ 354 HGB; § 22 II GüKG) Geschäftsbesorgungsvertrag verpflichten, die Begleitpapiere zu beschaffen (vgl. BGH v. 29.9.1953, VersR **1953**, 427, 428). Der Unternehmer muß auch nicht die vom Absender beigegebenen Papiere auf ihre Vollständigkeit (nicht Vollzähligkeit) und Richtigkeit hin überprüfen (BGH, NJW **1987**, 1144). Er muß nur feststellen, ob er die im Frachtbrief genannten Papiere erhalten hat. Soweit der BGH die mangelnde Überprüfung der Papiere als *Mitverschulden* gewertet hat (BGH v. 29.9.1953, VersR **1953**, 427; anders BGH v. 20.12.1956, VersR **1957**, 192; v. 28.3.1957, VersR **1957**, 388), steht dies nicht im offenen Widerspruch zu § 12 I KVO, da Mitverschulden auch dort denkbar ist, wo nicht gegen eine echte Pflicht verstoßen wurde (näher Rz. 2). Hat der Unternehmer den *Mangel der Begleitpapiere* erkannt oder mußten sich ihm insoweit Zweifel aufdrängen und machte er den Absender vorsätzlich sittenwidrig nicht darauf aufmerksam, so haftet er gemäß § 826 BGB und für seine Leute gemäß § 831 BGB. Seine Leute haften aus § 826 BGB (abw. im Ansatz *Willenberg*, KVO, § 12 Rz. 10: Rechtsmißbrauch). Darüber hinaus kommt eine *Haftung aus § 823 I BGB* in Betracht. Bei der Ermittlung der im Rahmen des § 823 I BGB geltenden Sorgfaltsanforderungen dürfen jedoch die Wertungen des § 12 I KVO nicht außer acht gelassen werden; denn es geht nicht an, den Unternehmer im Rahmen des Vertrages von der Prüfungspflicht zu entlasten, um ihn im Rahmen des Deliktsrechts doch zur Prüfung zu zwingen. Öffentlich-rechtliche Vorschriften, die dem Unternehmer Prüfungspflichten auferlegen, gelten nicht im Verhältnis Absender-Unternehmer; sie sind keine Schutzgesetze (§ 823 II BGB). Die vorvertragliche Pflicht, ersichtlich mangelhaft informierte Absender nicht über die Notwendigkeit bestimmter Begleitpapiere fehlzuinformieren (c.i.c.) bleibt unberührt (**a. A.** zur EVO AG Karlsruhe, TranspR **1989**, 436, 437; *Finger*, EVO, § 65 Anm. 3 b), da die KVO die vorvertragliche Haftung des Unternehmers nicht regelt. Werden die Fehlinformationen nach Abschluß des Vertrages gegeben, so greift § 31 I c KVO ein. Die Befreiung von der Pflicht, die Papiere zu überprüfen, gibt keinen Freibrief für Fehlinformationen (**a. A.** *Finger*, EVO, § 65 Anm. 3 b zur EVO).

II. Haftung des Absenders (§ 12 I 4, 5 KVO)

2 Der Absender haftet *ohne Rücksicht auf Verschulden* (BGH v. 20.3.1956, VersR **1956**, 346, 348; allg. M.). Dies gilt auch dann, wenn nach Übergabe der Papiere neue Papiere erforderlich geworden sind; denn der Absender hat das Risiko veranlaßt und kann es als Warenfachmann auch eher kalkulieren als der Frachtführer, bzw. er kann es als Spediteur auf den Versender, der die Warenkenntnisse besitzt, abwälzen (§ 407 HGB Rz. 49; §§ 5, 7, 31 ADSp). Anderes mag dort gelten, wo es um transportwegspezifische Papiere geht.

Die Haftung umfaßt alle unmittelbaren und mittelbaren durch die Unzulänglichkeit der Papiere verursachten Schäden (BGHZ **15**, 224, 227). Zum Nachweis der Kausalität vgl. § 13 KVO Rz. 2. *Schäden Dritter* können u. U. im Weg der Drittschadensliquidation geltend gemacht werden (BGHZ **15**, 225). Für den entgangenen Gewinn infolge eines planwidrigen Aufenthaltes enthält § 12 I 5 KVO eine Sonderregelung (BGHZ **15**, 224, 227). Der Unternehmer muß sich sein *Mitverschulden* gemäß § 254 BGB zurechnen lassen (BGH v. 29.9.1953, VersR **1953**, 427). Trifft den Absender keine Schuld, so führt ein Verschulden des Unternehmers zur Haftungsentlastung, ein Mitverschulden des Absenders zur Haftungsminderung. Fraglich ist, ob das Mitverschulden des Unternehmers auch darauf gestützt werden kann, daß der Unternehmer die Begleitpapiere nicht geprüft hat (bejahend BGH v. 29.9.1953, VersR **1953**, 427, 429; *Muth/Andresen/Pollnow*, KVO, § 12 Anm. 2; *Baumbach/Duden/Hopt*, HGB, § 12 KVO Anm. 1; zweifelnd GroßkommHGB-*Helm*, § 452 Anh. II, § 12 KVO Rz. 4; **a. A.** *Willenberg*, KVO, § 12 Rz. 16). Die Frage ist grundsätzlich zu verneinen. § 254 BGB ist eine Ausprägung des Verbots des venire contra factum proprium. Dem Unternehmer kann daher eine Vernachlässigung der Prüfung der Papiere, zu der er gemäß § 12 II 1 KVO nicht verpflichtet ist, nur vorgeworfen werden, wenn sich die Prüfung trotz der Haftung des Absenders im eigenen Interesse des Unternehmers aufdrängte. Der Unternehmer mußte also konkreten Anlaß gehabt haben, sich nicht voll auf den Absender zu verlassen. Das Mitverschulden des Unternehmers liegt auf der Hand, falls der Unternehmer die Mangelhaftigkeit der Papiere kannte (ähnlich *Muth/Andresen/Pollnow*, KVO, § 12 Anm. 2; *Willenberg*, KVO, § 12 Rz. 17). Die *Beweislast* trifft den Absender. – Der Absender kann außerdem gemäß den *§§ 823ff BGB* haften (BGH v. 15.6.1955, VersR **1955**, 523; v. 14.2.1958, VersR **1958**, 267).

III. § 12 II, III KVO

Im grenzüberschreitenden Verkehr gilt die CMR. 3

IV. § 12 IV KVO

Führt der Unternehmer den Transport aus, ohne für ordnungsgemäße Verpackung bzw. Bedeckung zu sorgen (§ 12 IV KVO), so kann er nach §§ 29, 31 I c KVO haften. Er kann sich nicht mehr auf die Mangelhaftigkeit der Verpackung oder Bedeckung berufen, weil er schuldhaft handelt, wenn er nicht die Durchführung des Transportes ablehnt, obwohl ihm die Mangelhaftigkeit der Verpackung bekannt ist oder ohne weiteres erkennbar war (§ 18 KVO Rz. 3). 4

V. § 12 V KVO

Solange das Gut unterwegs, d. h. angenommen, aber noch nicht abgeliefert (§ 29 KVO Rz. 4) ist, hat der Frachtführer den öffentlich-rechtlichen 5

Vorschriften für den Absender Genüge zu tun (Ausnahme: § 12 VII KVO). Er hat insoweit ein Monopol. Der Absender kann nur verlangen, daß er zugezogen wird (zur Form § 11 KVO Rz. 10); der Unternehmer bleibt verantwortlich. Der Unternehmer hat nach den für Spediteure (§ 407 HGB) geltenden Regeln tätig zu werden (§ 12 VII 4 KVO). Der Unternehmer haftet gemäß § 408 HGB, ohne daß er sich auf die ADSp berufen kann (BGH v. 1.12.1955, LM Nr. 7 KVO). Die Haftung ist analog § 12 IX 2 KVO begrenzt. Die Haftung für Lieferfristüberschreitung (§ 31 KVO) und Verlust (§ 29 KVO) bleibt unberührt; beachte § 36 KVO. Zu Weisungen des Absenders § 11 KVO Rz. 1. Zur Vergütung vgl. GFT II/5 abgedr. *Hein/Eichhoff/Pukall/Krien*, Güterkraftverkehrsrecht, C 525.

VI. Ankunft am Bestimmungsort (§ 12 VII KVO)

6 Hat der Absender nicht die Weisung „frei Zoll" erteilt, so ist der Empfänger berechtigt, aber nicht verpflichtet, die behördlichen Formalitäten selbst zu erledigen. Ist der Empfänger berechtigt, aber nicht willens, die Formalitäten zu betreiben, so steht dem Unternehmer ein Wahlrecht gemäß § 12 VII 2 KVO zu. Keinesfalls darf er das Gut einfach dem Empfänger ausliefern und den Zoll übergehen (§ 12 VII 3 KVO); der Unternehmer haftet gemäß § 31 I c KVO. Ging noch nicht verzolltes *Gut verloren*, so ist der Unternehmer nur gegen Nachweis der Bezahlung bzw. Stundung der Abgabenschuld zur Schadensersatzleistung verpflichtet.

VII. Verlust, unrichtige Verwendung der Begleitpapiere

7 Der Unternehmer haftet unabdingbar gemäß § 12 IX KVO in Verbindung mit den §§ 407, 390 HGB. **Voraussetzung** ist, daß der Absender oder ein Dritter dem Unternehmer die Begleitpapiere übergeben hat. Die **Übergabe** muß gleichzeitig mit dem Frachtbrief erfolgt sein; die Papiere müssen mit dem Frachtbrief nicht notwendig fest verbunden gewesen sein. Der Absender hat die Übergabe zu beweisen. Er kann sich dazu auf den unterzeichneten (§ 15 III KVO) Frachtbrief berufen. Der Unternehmer hat die ihm übergebenen Papiere aber auch dann sorgfältig zu verwahren und vertragsgemäß zu verwenden, wenn sie ihm nicht zusammen mit dem Frachtbrief übergeben oder in ihm vermerkt worden sind (BGH v. 4.7.1957, LM Nr. 9 KVO). Wurden die Begleitpapiere getrennt vom Frachtbrief übergeben, so haftet der Unternehmer, wenn der Absender beweist, daß dies für den eingetretenen Schaden nicht kausal geworden ist (vgl. BGH v. 4.7.1957, VersR **1957**, 570). Die Haftungsvoraussetzung, die Papiere beizugeben und im Frachtbrief aufzuführen, begründet nämlich nicht lediglich eine Beweisvermutung (unklar BGH v. 4.7.1957, VersR **1957**, 570), sondern sanktioniert eine Art Mitverschulden des Absenders. Dieses Mitverschulden bleibt außer Acht, wenn es für den Schadensverlauf nicht kausal geworden ist. Der Absender muß außerdem die Begleitpapiere im Frachtbrief so **genau bezeichnet** haben, daß ein ordentlicher Unternehmer anhand dieser Angaben die Vollzähligkeit der Papiere und die Art der Papiere feststellen kann. Der Unternehmer darf sich

auf mangelhafte Angaben nicht berufen, wenn der Absender beweist, daß die Unzulänglichkeit der Angaben für den Schaden nicht kausal geworden ist (BGH v. 4.7.1957, VersR **1957**, 570; *Willenberg*, KVO, § 12 Rz. 46; GroßkommHGB-*Helm*, § 452 Anh. II, § 12 KVO Rz. 7: Beweisvermutung). Dabei ist zu berücksichtigen, daß der Unternehmer, wenn bei ihm Zweifel über die Art der beigegebenen Papiere auftauchen, diese zu sichten und notfalls zurückzufragen hat (**a. A.** wohl *Muth/Lehmann*, KVO, § 12 Anm. 7; vgl. aber oben Rz. 2). Der Unternehmer hat zu beweisen, daß der **Verlust**, die **unrichtige Verwendung** – oder dem gleichgestellt – die **Nicht-Verwendung** der Papiere von ihm oder seinen Erfüllungsgehilfen iSd § 278 BGB **nicht verschuldet** worden ist (§§ 407, 390, 347 HGB). Die Beweislastumkehr ergibt sich aus § 390 HGB. Die Haftung des Unternehmers wird nur durch § 254 BGB, nicht aber durch § 34 KVO, insbesondere nicht durch § 34 I b KVO oder AGB (z. B. die ADSp) eingeschränkt; denn die Haftung aus § 12 IX KVO steht selbständig neben der aus den §§ 29 ff KVO (BGH v. 1.12.1955, BB **1956**, 20; v. 4.7.1957, VersR **1957**, 570; OLG Hamm v. 3.10.1955, VersR **1955**, 689). Der Unternehmer haftet z. B., wenn er oder sein Erfüllungsgehilfe die Papiere vergißt (OLG Hamm v. 3.10.1955, VersR **1955**, 689) oder wenn er die Papiere nicht vorlegt. Er haftet auch analog § 12 IX KVO, wenn er die Begleitpapiere benutzt, um ordnungswidriges Handeln (z. B. den Schmuggel anderer Waren) zu verdecken (so i. E. auch BGH v. 1.12.1955, BB **1956**, 20). Der Unternehmer haftet für **alle unmittelbaren und mittelbaren Schäden** bis zur Grenze des Betrags, der bei Verlust des Guts zu zahlen ist (§§ 12 IX 2 KVO, 35 KVO). § 36 KVO ist nicht anwendbar. Der Absender kann seinen Schadensersatzanspruch auch auf die **§§ 29 ff KVO** stützen, sofern deren Voraussetzungen erfüllt sind.

§ 13 KVO [Haftung für Angaben im Frachtbrief]

(1) **Sind die Angaben oder Erklärungen des Absenders im Frachtbrief unrichtig, ungenau, unvollständig oder unzulässig, so trägt er alle daraus entstehenden Folgen und haftet insbesondere für jeden etwa entstehenden Schaden.**

(2) **Die Haftung des frachtbriefmäßigen Absenders ändert sich nicht, wenn der Unternehmer auf seinen Antrag den Frachtbrief ausfüllt.**

Literatur: siehe vor § 1 KVO.

I. Unrichtige, ungenaue, unvollständige, unzulässige Angaben oder Erklärungen

Angaben bzw. Erklärungen sind alle Eintragungen im Frachtbrief. Diese 1
Angaben sind **unrichtig**, wenn sie mit der Realität nicht übereinstimmen (z. B. falsche Anschrift des Empfängers, falsche Bezeichnung der Sendung). Sie sind **ungenau**, wenn sie aus der Sicht eines ordentlichen Frachtführers nicht eindeutig sind oder nicht in deutscher Sprache abgefaßt sind; sie sind **unvollständig**, wenn einzelne der gemäß § 11 I, II KVO vorgeschriebenen

Eintragungen fehlen (z. B. Begleitpapiere werden nicht angeführt (BGH v. 4.7.1957, LM Nr. 9 KVO)); sie sind **unzulässig**, wenn andere als in § 11 I, II KVO zugelassene Eintragungen erfolgt sind (§ 11 III 1 KVO; vgl. dazu aber § 11 KVO Rz. 1, 3). Wurde dem Frachtführer **überhaupt kein Frachtbrief** übergeben, so greift § 13 KVO nicht ein; denn der Unternehmer braucht sich auf einen Vertragsschluß oder die Übergabe bzw. den Transport der Ware ohne Frachtbrief nicht einzulassen (§ 11 KVO Rz. 2). Er ist auch nicht so schutzbedürftig wie im Fall mangelhafter Frachtbriefe, weil das Fehlen eines Frachtbriefes evident ist. Es kommt dann nur eine Haftung des Absenders aus c.i.c. bzw. pFV in Betracht.

II. Rechtsfolgen

1. Schadensersatz

2 Der Absender, der mit dem Unternehmer einen wirksamen Vertrag geschlossen hat, haftet *ohne Rücksicht auf Verschulden* (OLG München v. 30.7.1986, VersR **1988**, 289; *Willenberg*, KVO, § 13 Rz. 10 m. Nachw.; **a. A.** *Konow*, DB **1972**, 1613, 1615), wenn die Unrichtigkeit, Ungenauigkeit, Unvollständigkeit oder Unzulässigkeit ihm zugerechnet werden kann, d. h., aus seinem Organisationsbereich stammt oder von einer außerhalb dieses Bereichs stehenden Person verursacht worden ist, die er mit der Ausfüllung des Frachtbriefs zurechenbar beauftragt hat (zur Ausfüllung durch den Unternehmer unten Rz. 4 f). Handelt ein nicht zum Betrieb des Absenders gehöriger Dritter eigenmächtig, so braucht sich dies der Absender nicht zurechnen zu lassen. Der Absender hat sämtliche unmittelbaren und mittelbaren Schäden (BGHZ **15**, 224, 227), die durch die Mangelhaftigkeit des Frachtbriefs verursacht worden sind (*Willenberg*, KVO, § 13 Rz. 11), zu ersetzen. Nach den allgemeinen Regeln der Beweislastverteilung hat der Geschädigte die Kausalität nachzuweisen. Dies gilt auch, wenn man die Haftung aus § 13 KVO als besondere Form der positiven Forderungsverletzung einordnet (dazu *Palandt/Heinrichs*, BGB, § 282 Rz. 14); denn die schädigende Ursache wirkt sich im Organisationsbereich des Unternehmers aus, in den der Absender keinen Einblick hat (**a. A.** *Willenberg*, KVO, § 13 Rz. 10). **Schäden Dritter** hat der Absender nur nach den Regeln der Drittschadensliquidation zu ersetzen, also soweit der Unternehmer deren mittelbarer Stellvertreter war oder die Obhut übernommen hatte. Dagegen haftet der Absender nicht für sonstige Schäden anderer Absender oder sonstiger Dritter; auch nicht nach den Regeln des Vertrags zugunsten Dritter, da der Kreis dieser Risiken unübersehbar ist. Die Haftung des Absenders kann gemäß § 254 BGB ganz oder teilweise ausgeschlossen sein (BGHZ **12**, 136, 140). Zu den Voraussetzungen des **Mitverschuldens** § 12 KVO Rz. 2. Das Mitverschulden kann auch darauf beruhen, daß der Schaden eingetreten ist, weil der Unternehmer die Beförderung nicht sorgfältig abgewickelt hat oder bei Erfüllung seiner öffentlichrechtlichen Pflichten die Unrichtigkeit oder Lückenhaftigkeit der Angaben bemerkt hätte und zu deren Richtigstellung in der Lage gewesen wäre. Den Unternehmer trifft ein weit überwiegendes Mitverschulden, wenn er im Fall von Ablieferungshindernissen nicht nach § 28 KVO verfährt (ebenso i. E.

OLG Hamburg v. 13.3.1953, VersR **1953**, 277 f). Der Absender hat nach allgemeinen Regeln das Mitverschulden des Unternehmes zu *beweisen*. Ist der **Beförderungsvertrag unwirksam**, so kommt nur eine Haftung nach den allgemeinen Regeln der c.i.c. in Betracht.

2. Sonstige Folgen

Den Absender können ferner **Frachtzuschläge** (§ 22 KVO) treffen. Außerdem können die mangelhaften Angaben zu einem **Haftungsausschluß** gemäß § 34 I c KVO führen, der hier, weil die Haftung des Unternehmers einen mittelbaren Schaden darstellt, den der Absender zu tragen hat, entgegen dem Wortlaut des § 34 I c KVO kein Verschulden voraussetzt (OLG München v. 30.7.1986, VersR **1988**, 289). 3

III. Ausfüllen des Frachtbriefs durch den Unternehmer (§ 13 II KVO)

1. Zurechnung der mangelhaften Angaben zu Lasten des Absenders

§ 13 II KVO rechnet dem Absender das Handeln des Unternehmers als eigenes zu. Voraussetzung dafür ist nur, daß der Absender den Unternehmer zur Ausfüllung des Frachtbriefs willentlich eingeschaltet und dessen Handeln übernommen hat, sei es durch Unterschreiben des ausgefüllten Frachtbriefs, sei es durch Hingabe eines Frachtbriefblanketts. Der Grund, warum der Frachtführer den Frachtbrief mangelhaft ausgefüllt hat, ist, wenn man die Frage des Mitverschuldens (Rz. 2) ausklammert, unerheblich. Der Absender haftet daher im Prinzip auch dann, wenn der Unternehmer schuldhaft Daten falsch übernimmt (**a. A.** *Willenberg*, KVO, § 13 Rz. 20 für das Blankett), oder vorsätzlich falsche Angaben aufnimmt (**a. A.** *Willenberg*, KVO, § 13 Rz. 22). Der Absender hat auch für mangelhafte Angaben einzustehen, die auf unzulänglichen Tatsachenermittlungen des Unternehmers beruhen; eine Ausnahme gilt nur im Bereich des § 16 KVO (**a. A.** GroßkommHGB-*Helm*, § 452 Anh. II, § 13 KVO Rz. 7). 4

§ 13 II KVO entlastet den Unternehmer nicht von der Pflicht, den Frachtbrief sorgfältig auszufüllen und, soweit er damit beauftragt ist, sorgfältig die notwendigen Angaben zu ermitteln. Er hat den Absender auf Zweifel an den ihm übermittelten Angaben aufmerksam zu machen, wenn er erkennen konnte, daß diese mit erheblicher Wahrscheinlichkeit mangelhaft sind. **Handelt der Unternehmer pflichtwidrig**, so greift § 254 BGB ein. Trifft den Absender kein Verschulden, so schließt in der Regel das schuldhafte Verhalten des Unternehmers die Haftung aus (GroßkommHGB-*Helm*, § 452 Anh. II, § 13 KVO Rz. 7; *Willenberg*, KVO, § 13 Rz. 21 f). Das Verschulden des Absenders führt normalerweise zur Schadensteilung. Es kann insbesondere darin liegen, daß der Absender den Frachtbrief vor seiner Unterschrift nicht durchgelesen hat. Vorsätzliches, vorwerfbares Handeln des Unternehmers führt gemäß § 254 BGB immer zum Haftungsausschluß.

2. Haftung des Frachtführers

5 Dem BGH (BGHZ **55**, 217, 221) zufolge wird der Unternehmer, der im Auftrag des Absenders den Frachtbrief ausfüllt, im Rahmen eines Vorvertrages tätig. Für eine schuldhafte Verletzung der aus dem Vorvertrag entspringenden Sorgfaltspflichten soll der Unternehmer nach den Regeln der positiven Forderungsverletzung haften müssen (*Willenberg*, KVO, § 13 Rz. 16 f; *Muth/Andresen/Pollnow*, KVO, § 13 Rz. 3). Geht man wie hier davon aus, daß der Beförderungsvertrag auch ohne Übergabe eines Frachtbriefs zustandekommen kann (§ 15 KVO Rz. 2 ff), so erfüllt der Unternehmer, der den Frachtbrief ausfüllt, in der Regel eine Nebenpflicht des Beförderungsvertrages (GroßkommHGB-*Helm*, aaO). Er haftet jedoch nicht gemäß § 31 I c KVO, sondern analog §§ 12 IX KVO, 408 I HGB, da das falsche Ausfüllen des Frachtbriefs dem Verlust der Papiere nahesteht. Der Unternehmer haftet somit in vollem Umfang, es sei denn, daß den Absender ein Mitverschulden trifft (§ 254 BGB; oben Rz. 4). Wurde der Frachtbrief **ausgefüllt, bevor der Beförderungsvertrag zustandegekommen** war, so ist zu berücksichtigen, daß die Ausfüllung des Frachtbriefs der Vorbereitung des Abschlusses und der Erfüllung eines Beförderungsvertrages diente. Der Unternehmer haftet daher, auch wenn er nicht die einklagbare Pflicht zur Ausfüllung des Frachtbriefs eingehen wollte, wegen Schutzpflichtverletzung nach den Regeln der c.i.c.. Normalerweise wird der Unternehmer dann aber die Ausfüllung gegen Entgelt (§ 354 HGB, Nr. I GFT II/5), also im Rahmen einer entgeltlichen Geschäftsbesorgung (§ 675 BGB), übernommen haben. Er haftet dann wegen positiver Forderungsverletzung.

IV. Abschluß des Beförderungsvertrages. Berechnung und Zahlung des Beförderungsentgelts. Nachnahmen.

§ 14 KVO [Bestellung von Fahrzeugen, Wagenstellungsvertrag]

(1) **Der Absender bestellt beim Unternehmer des gewerblichen Güterfernverkehrs Fahrzeuge nach Maßgabe der folgenden Bestimmungen.**

(2) **Bei der Bestellung sind anzugeben:**

a) Name, Wohnort und Wohnung des Absenders, möglichst mit Drahtanschrift und Fernsprechnummer,

b) Name, Wohnort und Wohnung des Bestellers, möglichst mit Drahtanschrift und Fernsprechnummer, wenn der Besteller ein anderer als der Absender ist,

c) Einladeplatz sowie Tag und Stunde, wann das Fahrzeug gestellt werden soll,

d) Name und Wohnort des Empfängers, der Bestimmungsort,

e) Art und ungefähres Gewicht des Gutes.

(3) **Ist die Bestellung nach (1) angenommen, so hat der Unternehmer die Verpflichtung, ein geeignetes Fahrzeug antragsgemäß zu stellen. Kann das Fahrzeug erst zu einem späteren Zeitpunkt gestellt werden, so ist der Besteller zu befragen, ob er mit der späteren Stellung einverstanden ist.**

(4) **Die Fahrzeuge sollen grundsätzlich, soweit sie für die Beförderung**

geeignet und fahrbereit sind, in der Reihenfolge gestellt werden, in der sie angefordert werden.

(5) **Werden zugesagte Fahrzeuge nicht rechtzeitig gestellt, so werden dem Besteller die von ihm nachgewiesenen Kosten des vergeblichen Versuches der Auflieferung, höchstens aber der Betrag des Wagenstandgeldes für einen Tag, erstattet.**

(6) **Wird ein Fahrzeug vor der Bereitstellung wieder abbestellt, so hat der Besteller die tarifmäßige Abbestellgebühr zu entrichten.**

Wird ein Fahrzeug nach der Bereitstellung unbeladen zurückgegeben oder nach Ablauf der Beladefrist wegen Nichtbeladung dem Besteller wieder entzogen, so ist vom Zeitpunkt der Bereitstellung an das tarifmäßige Wagenstandgeld zu zahlen.

(7) **(weggefallen)**

(8) **Bei Bestellung eines Wagens kann der Unternehmer Sicherheit in Höhe des tarifmäßigen Wagenstandgeldes für einen Tag verlangen.**

Literatur: siehe vor § 1 KVO.

Übersicht

	Rz.
A. Wagenstellungsvertrag im Verhältnis zum Beförderungsvertrag	1
B. Rechtsnatur und Abschluß des Vertrages	
I. Isolierter Vertrag über die Wagenstellung	5
II. Vereinbarung der Beförderung	6
C. Pflichten des Unternehmers	
I. Isolierter Wagenstellungsvertrag	
1. Stellung eines geeigneten Fahrzeugs	7
2. Leistungsstörungen	
a) Zurückweisung	8
b) Schäden infolge Beladung und Transport	
aa) Vor Annahme des Guts	9
bb) Nach Annahme des Guts	11
c) Verzögerung	12
d) Unmöglichkeit der Bereitstellung, Leistungsverweigerung	13
e) Abbestellung	
aa) Vor Bereitstellung (§ 14 VI 1 KVO)	14
bb) Nach Bereitstellung (§ 14 VI 2 KVO)	15
II. Beförderungsvertrag	16
1. Stellung eines geeigneten Fahrzeugs	17
2. Leistungsstörungen	
a) Zurückweisung	18
b) Schäden infolge Beladung und Transport	19
c) Verzögerung	20
d) Unmöglichkeit des Transports vor Annahme des Guts, Leistungsverweigerung	21
e) Abbestellung	22
D. Sicherheitsleistung	23

A. Wagenstellungsvertrag im Verhältnis zum Beförderungsvertrag

Das Frachtrecht des HGB geht davon aus, daß Absender und Frachtführer vor der Annahme des Guts den Transport vereinbaren und daß der Frachtführer in Erfüllung der der Vereinbarung entspringenden Pflichten ein geeignetes Transportmittel bereitstellt, das Gut in seine Obhut nimmt (es annimmt) und es befördert. Die §§ 14, 15 KVO zerlegen hingegen in Parallele zu den §§ 61 I, 63 IV EVO den nach dem typischen Willen des Absenders einheitlichen Transportvorgang in zwei Phasen. In der ersten Phase kann der Absender bei Ladungsgut (§ 4 b KVO) nur einen Vertrag über die Gestellung eines Fahrzeugs schließen (§ 14 KVO; h. M.). Der Vertrag, aufgrund dessen 1 der Unternehmer zur Obhut und Beförderung verpflichtet ist, kommt in der zweiten Phase mit der Annahme des Guts zustande (§ 15 I 1 KVO; h. M.). Diese Zerlegung eines einheitlichen Beförderungsvorganges in zwei nacheinander geschaltete Verträge hatte den Sinn klarzustellen, daß für jede Phase andere Regeln gelten. Außerdem sollte der Unternehmer in die Lage versetzt werden zu prüfen, ob die auf das Fahrzeug geladenen Güter von der Beförderung ausgeschlossen sind (§ 8 KVO a. F.; vgl. § 54 EVO). Schließlich sollte die Frachtenprüfung durch den RKB erleichtert werden (*Heimes*, TranspR **1979**, 40, 41). Der Nachteil dieser Konstruktion liegt darin, daß sie äußerst schwerfällig ist und dem typischen Willen des Absenders widerspricht, der nicht daran denkt, bei Übergabe des beladenen Fahrzeuges einen neuen Vertrag zu schließen. Das Ziel, je nach Transportphase besondere Regeln anzuwenden und dem Unternehmer die Möglichkeit zu geben, Gut iSd § 8 KVO a. F. zurückzuweisen, hätte man auch auf der Basis eines einheitlichen Konsensualvertrages ohne weiteres dadurch erreichen können, daß man die Anwendung bestimmter Vorschriften, z. B. der §§ 29 ff KVO, von der Annahme des Guts abhängig macht und dem zur Beförderung verpflichteten Unternehmer in Hinblick auf Güter iSd § 8 KVO a. F. ein Leistungsverweigerungsrecht zubilligt. Daraus folgt allerdings nicht, daß man sich einfach über die gesetzliche Konstruktion hinwegsetzen dürfte. Dies ist jedoch möglich, wenn die gesetzliche Konstruktion auf Voraussetzungen beruht, die inzwischen entfallen sind, und deshalb **unangemessene Ergebnisse** zu befürchten sind. Dies ist hier der Fall. Die Aufspaltung in einen Fahrzeuggestellungsvertrag und einen Beförderungsvertrag erlaubt es dem Unternehmer, der die Gestellung eines Fahrzeugs zugesagt hat, nach freiem Belieben die Beförderung des aufgeladenen Guts abzulehnen (§ 7 KVO) und den Absender zur Abladung zu zwingen; denn zum Transport ist er vom Standpunkt der Realvertragskonstruktion aus erst mit der Annahme des Guts verpflichtet (§ 15 I 1 KVO). Im Eisenbahnrecht, dem Vorbild der KVO, ist diese untragbare Konsequenz nicht zu befürchten, weil dort ein Kontrahierungszwang besteht (§ 453 HGB). Die Eisenbahn, die Wagen gestellt hat (§ 63 IV EVO), muß nämlich nicht nur den Wagenstellungsvertrag, sondern anschließend auch den Beförderungsvertrag abschließen und damit das Gut befördern, wenn die gesetzlichen Voraussetzungen erfüllt sind (§ 453 HGB). Bei Inkrafttreten der KVO bestand zu Lasten des Unternehmers ebenfalls ein, wenn auch stark eingeschränkter, Kontrahierungszwang (§ 7 II, III KVO a. F.), der jedoch mit der Auflösung des RKB gänzlich weggefallen ist (unzutr. *Runge*, TranspR **1978**, 6, 7). Heute gilt im Bereich des Straßenferntransports volle Vertragsfreiheit, so daß der Unternehmer auch nach der Wagenstellung den Transport willkürlich ablehnen kann. Nimmt man die gesetzliche Konstruktion des Realvertrages ernst und will man nicht einen Kontrahierungszwang auf Umwegen einführen, so darf der Unternehmer, der den Transport ablehnt, nicht einmal wegen c.i.c. zur Rechenschaft gezogen werden, es sei denn, daß der Unternehmer über die Stellung des Wagens und die gemäß § 15 I 1 KVO unwirksame Zusage des Transports hinaus das Vertrauen in die Beförderung geweckt und genährt hatte (vgl. *Soergel/Wiedemann*, BGB, vor § 275 Rz. 133, 135 f). Diese Auswirkung der Realvertragskonzeption entspricht nicht der ursprünglichen Konzeption der KVO und ist nach gänzlicher Eliminierung des Kontrahierungszwanges untragbar.

Angesichts der ungesicherten Position des Absenders, der weitgehend der Willkür des Unternehmers ausgesetzt ist, ist eine **Rechtsfortbildung** unumgänglich. Dies hat, wenn auch nur im Ergebnis, auch der BGH so gesehen (ebenso i. E. *Basedow*, Der Transportvertrag (1987), S. 235). Durch eine Rechtsfortbildung wird angesichts der BGH-Rechtsprechung die Rechtslage eher kalkulierbar (**a. A.** *Ebenroth/Sorek*, TranspR **1990**, 180, 182).

Im 55. Band (BGHZ **55**, 217, 221 ff) vertritt der BGH nämlich die Ansicht, 2
daß auch vor der Annahme des Guts vertragliche Beförderungspflichten begründet werden könnten (ebenso OLG Düsseldorf v. 15.3.1984, TranspR **1984**, 197; ablehnend *Runge*, TranspR **1978**, 6; **1979**, 48; GroßkommHGB-*Helm*, § 452 Anh. II, § 14 KVO Rz. 4; *Willenberg*, KVO, § 15 Rz. 18 f m. Nachw.). Derartige Pflichten entstünden, wenn sich der Unternehmer vor der Annahme des Guts nicht nur zur Wagenstellung, sondern auch zur Beförderung verpflichte. Dann werde nicht nur ein Wagenstellungsvertrag, sondern auch ein Frachtvertrag iSd § 425 HGB geschlossen. § 14 KVO stehe dem nicht entgegen, weil der Vertrag über die Beförderung neben dem Vertrag über die Wagenstellung stehe; § 15 KVO bleibe unberührt, weil bis zur Annahme des Guts offen bleibe – ob zusätzlich oder durch Umwandlung des Frachtvertrages iSd HGB – ein Beförderungsvertrag iSd KVO zustandekomme (BGHZ **55**, 217, 223). Auf dieser Grundlage gelangte der BGH somit zu dem Ergebnis, daß ein Unternehmer, der vor Annahme des Gutes die Beförderung versprochen hat, aber nicht rechtzeitig mit dem Transport beginnt, gemäß den §§ 428, 429 HGB haftet. Die Haftung ist unabdingbar (§ 26 GüKG; BGH v. 9.2.1979, VersR **1979**, 445, 446).

Dem Urteil ist in seinem sachlichen Ansatz zuzustimmen. Die Verpflich- 3
tung des Unternehmers, das Gut zu befördern, darf nicht deshalb als irrelevant abgetan werden, weil der Unternehmer das Gut noch nicht angenommen hat. Es ist dem BGH auch darin zuzustimmen, daß der Unternehmer, der den Transport zugesagt hat, verpflichtet sein muß, den Transport auszuführen. Der BGH ist allerdings in seiner Rechtsfortbildung über das Ziel hinausgeschossen, da er nicht nur eine Pflicht zur Beförderung begründet hat, sondern dem Unternehmer auch die sich aus § 14 V KVO ergebenden Haftungsbeschränkungen genommen hat. Die Zulassung eines Konsensualfrachtvertrages im Bereich des Fernverkehrs darf nicht die Haftungsbeschränkungen des § 14 KVO aushebeln, auch dann nicht, wenn sich der Unternehmer zu geringfügigen Zusatzleistungen verpflichtet hat (GroßkommHGB-*Helm*, § 452 Anh. II, § 14 KVO Rz. 4 unter Hinweis auf § 22 II GüKG; kritisch auch *Pelz*, S. 183).

Man kann die sich aus § 14 KVO ergebenden Rechtsfolgen respektieren 4
und gleichwohl den Unternehmer, der die Beförderung zugesagt hat, an seinem Wort festhalten. Dazu muß man nur von der Realvertragskonstruktion des § 15 I 1 KVO abrücken und die Position einnehmen, daß der Beförderungsvertrag auch vor Annahme des Guts geschlossen werden kann (ebenso i. E. *Pelz*, S. 165). Geht man davon aus, daß der Beförderungsvertrag wie der Frachtvertrag nach HGB und CMR ein Konsensualvertrag ist, so ist auf die Verzögerung der Wagenstellung, auf die Abbestellung, auf den Entzug des Fahrzeugs vor Annahme des Guts und auf die Abholung des Stückguts vor Beginn der Fernbeförderung § 14 KVO anzuwenden. Ande-

rerseits kommen diejenigen Vorschriften der KVO, die die Annahme des Guts (§ 15 KVO Rz. 6 f) voraussetzen, erst dann zum Tragen, wenn der Unternehmer das Gut übernommen hat. Ein besonderer Vertragsschluß ist dann hierfür nicht mehr erforderlich. Nimmt man somit rechtsfortbildend an, daß die Beförderungspflicht schon vor Annahme des Guts begründet werden kann und regelmäßig begründet wird, so ist der Unternehmer auch zur Annahme des Gutes verpflichtet, es sei denn, daß ihm ein Zurückbehaltungsrecht zusteht, weil ihm z. B. kein Frachtbrief übergeben wird oder weil die Güter nicht den bei der Bestellung angegebenen Gütern entsprechen oder für den Unternehmer unerkennbar besonders gefährlich sind. Auf Verletzungen der Annahmepflicht sind, soweit nicht ein Fall des § 14 V KVO vorliegt, lückenfüllend die Regeln der Nichterfüllung des Vertrages und nicht § 31 I c KVO (dazu § 31 KVO Rz. 4) anzuwenden.

Diese Rechtsfortbildung ist durch Neufassung des § 14 KVO nicht obsolet geworden (**a. A.** *Ebenroth/Sorek*, TranspR **1990**, 180, 182; *Willenberg*, KVO, § 15 Rz. 10; *Muth/Andresen/Pollnow*, KVO, § 15 Anm. 1). Zum einen scheint der Verordnungsgeber die § 14 KVO aushöhlende BGH-Rechtsprechung nicht gesehen zu haben, zum anderen wurde § 14 KVO ersichtlich nur daraufhin überarbeitet, daß der RKB nicht mehr existiert (*Muth/Andresen/Pollnow*, KVO, § 14 Anm. 1). Die den §§ 14 f KVO immanenten Wertungswidersprüchen hat mithin der Verordnungsgeber, soweit ersichtlich, weder erkannt, noch hat er ihnen bei der Neufassung des § 14 KVO Rechnung getragen. Deshalb bleibt es notwendig, die vom BGH vorgenommene Rechtsfortbildung mit dem Regelungsgehalt der §§ 14, 15 KVO zu harmonisieren.

B. Rechtsnatur und Abschluß des Vertrages

I. Isolierter Vertrag über die Wagenstellung

5 **Einigen** sich die Parteien ausnahmsweise **nur** über die **Gestellung eines Fahrzeuges** und nicht zugleich über den anschließenden Transport, so liegt ein Werkvertrag iSd §§ 631 ff BGB vor. Der Absender des Guts muß nicht notwendig Partei des Wagenstellungsvertrages sein. Denkbar ist auch der Abschluß eines Vertrages zugunsten Dritter. Für den Abschluß des Vertrages gelten die *allgemeinen Regeln der §§ 145 ff BGB*. Der Vertrag kann daher auch konkludent geschlossen werden (OLG Hamburg v. 2.12.1966, VersR **1967**, 796, 797). Die in § 14 II KVO angeführten Angaben sind keine Wirksamkeitsvoraussetzungen (allg. M.). Allerdings ist grundsätzlich die Bestellung so weit zu konkretisieren, daß der Unternehmer unter Berücksichtigung der Verkehrsüblichkeit, Geschäftsüblichkeit und der Kenntnisse eines ordentlichen Unternehmers erkennen kann, welche *Art von Fahrzeug* er bereitzustellen hat. Denkbar ist aber auch, daß die Parteien dem Besteller das Recht einräumen, nachträglich die Art des Fahrzeugs zu bestimmen (§ 315 BGB; **a. A.** *Runge*, TranspR **1978**, 6).

II. Vereinbarung der Beförderung

Einigen sich die Parteien sofort über die **Beförderung des Gutes**, so kommt ebenfalls eine besondere Form des Werkvertrages zustande, auf den die Regeln der KVO anzuwenden sind. Der Vertragsschluß ist **entgegen der ganz h. M.** (BGH v. 23.5.1990, NJW-RR **1990**, 1314, 1316; *Willenberg*, KVO, § 15 Rz. 1 ff, 20 ff m. Nachw.; *Muth/Andresen/Pollnow*, KVO, § 14 Rz. 1; *Roesch*, VersPraxis **1980**, 19) **nicht formbedürftig** und bedarf **nicht der Annahme des Gutes** (dazu oben Rz. 2 f; § 15 KVO Rz. 3, 5 f). Der Beförderungsvertrag kommt daher schon dann zustande, wenn der Absender dem Unternehmer die Beförderung bestimmter Güter zu einem bestimmten Ort anbietet und der Unternehmer sich mit der Beförderung einverstanden erklärt (vgl. auch BGHZ **55**, 217, 221). Der Vertragsschluß kann konkludent erfolgen. Das Angebot des Absenders muß nicht die Angaben des § 14 II KVO enthalten; es muß aber soweit konkretisiert sein, daß sich unter Zuhilfenahme der allgemeinen Auslegungsregeln (§§ 133, 157 BGB) die geschuldete Leistung bestimmen läßt. Aus § 14 KVO darf dabei nicht abgeleitet werden, daß *im Zweifel* nur ein Wagenstellungsvertrag zustande kommt; denn die Trennung in Wagenstellungs- und eigentlichen Beförderungsvertrag entspricht nicht mehr dem geltenden Recht (s. oben Rz. 1 ff). Deshalb muß ein Unternehmer annehmen, daß der Absender im Zweifel nicht nur Gestellung eines Fahrzeuges, sondern Beförderung wünscht. Denkbar ist auch hier, daß dem Absender ein Bestimmungsrecht eingeräumt wird. 6

C. Pflichten des Unternehmers

I. Isolierter Wagenstellungsvertrag

1. Stellung eines geeigneten Fahrzeuges

Der Unternehmer hat ein vertragsgemäßes Fahrzeug zur Verfügung zu stellen (BGH v. 13.12.1968, VersR **1969**, 228). Das Fahrzeug muß uneingeschränkt fahrtauglich sein. Es muß ferner die Ladeeigenschaften aufweisen, die die Parteien vereinbart haben. Sie können in der Art vereinbart werden, daß der Besteller bei seiner Bestellung die Art des Fahrzeugs nach Tragfähigkeit, Länge der Ladefläche (vgl. OLG Düsseldorf v. 15.3.1984, TranspR **1984**, 197), Aufbau, Sondereinrichtungen (z. B. Kühleinrichtung) näher bestimmt hat. Denkbar ist aber auch, daß der Besteller Art, Gewicht und Eigenschaften des zu befördernden Guts angegeben hat. Der Unternehmer hat dann ein Fahrzeug bereitzustellen, das nach den Kenntnissen eines ordentlichen Unternehmers, der kein Warenfachmann ist, für die Beförderung dieses Guts geeignet ist. Insbesondere muß es zur beförderungssicheren Verladung (§ 17 KVO Rz. 9 ff) geeignet sein, z. B. mit Befestigungsmöglichkeiten für Klemmbalken und Zurrgurte ausgestattet sein. Hat der Unternehmer in Hinblick auf die Eignung Zweifel, so muß er rückfragen (*Willenberg*, KVO, § 14 Rz. 10; **a. A.** *Runge*, TranspR **1978**, 6: geschuldet ist im Zweifel ein übliches Fahrzeug). Das gilt vor allem, wenn das Fahrzeug noch mit Rückständen aus 7

Vorladungen behaftet ist und nicht ersichtlich Güter befördert werden sollen, denen die Rückstände nichts anhaben können. Kennt der Unternehmer die Eigenschaften der Rückstände nicht, so hat er sich bei den früheren Absendern zu erkundigen (OLG Hamburg v. 19.12.1985, VersR **1986**, 261). Soll er ein Fahrzeug zur Verfügung stellen, das zugleich als Verpackung des Guts dienen soll (Tank-, Silofahrzeuge), so wird der Unternehmer aus der Mitteilung über die Art des Guts vielfach mangels besonderer Anhaltspunkte nicht entnehmen können, welchen Grad an Sauberkeit das Fahrzeug aufweisen muß. Der Unternehmer hat sich daher bei Vertragsschluß danach zu erkundigen (übliche Abstufung „besenrein", „chemischrein", „absolut rückstandsfrei"; vgl. OLG Hamburg v. 19.12.1985, TranspR **1986**, 146, 147 f; *Willenberg*, KVO, § 14 Rz. 32 ff). Dies gilt auch, wenn der Besteller erkennen konnte, daß der Unternehmer nicht über die notwendigen Kenntnisse verfügt oder wenn unklare Weisungen erteilt worden sind. Im Zweifel ist wegen der Gefahr erheblicher Schäden der höhere Grad an Sauberkeit geschuldet (BGH v. 13.12.1968, VersR **1969**, 228; **a. A.** wohl *Muth/Andresen/Pollnow*, KVO, § 14 Anm. 4: besenrein). Hingegen braucht sich der Besteller nicht schon bei der Bestellung nach den Vortransporten zu erkundigen, weil sich diese bis zur Gestellung des Fahrzeuges ändern können (vgl. BGH v. 13.12.1968, VersR **1969**, 228; **a. A.** *Willenberg*, KVO, § 14 Rz. 13 m. Nachw.). Die Erkundigung spielt nur im Rahmen der Schadensersatzpflicht eine Rolle. Die Kosten einer eventuell notwendigen Reinigung fallen dem Unternehmer zur Last, weil dieser ein vertragsgemäßes Fahrzeug zu stellen hat. Allerdings kann der Unternehmer vereinbaren, daß lediglich ein Fahrzeug geringeren Sauberkeitsgrades zu stellen ist, und die Reinigung dem Besteller überlassen oder im Rahmen einer Sonderabrede nach BGB übernehmen.

2. Leistungsstörungen

8 **a) Zurückweisung**. Stellt der Unternehmer ein vertragswidriges Fahrzeug zur Verfügung, so kann der Besteller es als nicht-erfüllungsgeeignet zurückweisen. Kommt der Unternehmer deshalb seiner Pflicht, rechtzeitig ein vertragsgemäßes Fahrzeug zu stellen, nicht nach, so haftet er gemäß § 14 V KVO (*Willenberg*, KVO, § 14 Rz. 16, 20). Weist der Besteller das Fahrzeug nicht zurück, kann er aber mit dem gestellten Fahrzeug nicht die gesamte Ladung befördern, so nimmt der Besteller das Fahrzeug im Zweifel nicht an Erfüllungs Statt an. Vielmehr ist § 640 II BGB analog anzuwenden (**a. A.** *Runge*, TranspR **1978**, 6, 7). Der Unternehmer haftet allerdings nur nach Maßgabe des § 14 V KVO. Zum Fall der Unmöglichkeit Rz. 13. War das **Fahrzeug vertragsgemäß**, hatte der Besteller jedoch vor Beladung erkannt, daß es zum Transport ungeeignet ist, so liegt ein Fall des § 14 VI 2 KVO vor (*Willenberg*, KVO, § 14 Rz. 19).

9 **b) Schäden infolge Beladung und Transport. aa) Vor Annahme des Guts**. Wird das Gut infolge der Beladung noch vor Annahme des Guts (§ 15 KVO Rz. 7) beschädigt (z. B. verunreinigt), so ist die Rechtsfolge unklar. Die verschuldensunabhängige Haftung aus den §§ 29 ff KVO greift erst nach Annahme ein (§ 15 I 1 KVO; § 29 KVO Rz. 3). In § 14 KVO ist dieser Fall nicht geregelt. Einer Analogie zu den §§ 29 ff KVO steht das Argument entgegen,

daß eine verschuldensunabhängige Haftung nur dort als vertretbar erscheint, wo sich das Gut nach der Annahme in dem Organisationsbereich des Unternehmers befindet. Die Lücke muß daher durch Rückgriff auf das allgemeine Werkvertragsrecht geschlossen werden. Dies hat an sich zur Konsequenz, daß der Unternehmer bei Verschulden unabdingbar (§ 26 GüKG) den vollen Schaden zu ersetzen hat. Dem Fehlen von Haftungsbeschränkungen kann man durch eine Verschärfung der Mitverschuldensmaßstäbe Rechnung tragen.

Den Unternehmer trifft ein **Verschulden**, wenn er aus den Angaben des Bestellers die Ungeeignetheit des Fahrzeugs erkennen mußte (vgl. BGH v. 9.4.1990, TranspR **1990**, 333). Bei Silo- und Tankfahrzeugen hat er den Vertragspartner bei Stellung des Fahrzeugs unaufgefordert über die Art der Güter auf den Vortransporten zu informieren, wenn jetzt eine andere Art von Gütern transportiert werden soll (BGH v. 13.12.1968, VersR **1969**, 228; h. M.). Er hat unaufgefordert den Reinheitsgrad der Fahrzeuge anzugeben (**a. A.** *Willenberg*, KVO, § 14 Rz. 28).

Den Besteller trifft ein **Mitverschulden** (§ 254 BGB), wenn er es übernommen hat, das Fahrzeug zu reinigen und es schlecht gereinigt hat (vgl. OLG Hamburg v. 30.11.1973, VersR **1975**, 708; v. 28.6.1984, TranspR **1985**, 114, 115); ferner dann, wenn er die mangelnde Tauglichkeit erkennen konnte. Bei besonderer Gefahr von Verunreinigungen hat sich der Besteller jeweils nach den Gütern der Vortransporte und nach dem Reinheitsgrad der Fahrzeuge zu erkundigen (*Willenberg*, KVO, § 14 Rz. 28). Der Besteller hat das Fahrzeug auf ausreichende Sauberkeit hin zu überprüfen (vgl. OLG Hamburg v. 30.11.1973, VersR **1975**, 708, 709; *Willenberg*, KVO, § 14 Rz. 36 m. Nachw.), es sei denn, daß der Unternehmer von Anfang an über den erforderlichen Reinheitsgrad informiert war (BGH v. 13.12.1968, VersR **1969**, 228, 229). Das Mitverschulden des Bestellers kann so schwer wiegen, daß die Haftung des Unternehmers ganz entfällt. **10**

bb) Nach Annahme des Guts. Nach Annahme des Guts (§ 15 KVO Rz. 7) haftet der Unternehmer gemäß den §§ 29 ff KVO für Schäden des Guts verschuldensunabhängig. Die Haftung kann freilich gemäß § 34 I c KVO ausgeschlossen sein, wenn den Besteller am Schaden ein Verschulden trifft (dazu oben Rz. 10; ferner OLG Hamburg v. 30.11.1973, VersR **1975**, 708). Hat auch der Unternehmer schuldhaft gehandelt, so wird der Schadensersatzanspruch des Absenders nach Maßgabe des beiderseitigen Verschuldens lediglich gekürzt (dazu § 34 KVO Rz. 14; OLG Hamburg v. 28.6.1984, TranspR **1985**, 114, 115). **11**

c) Verzögerung. Die Wagenstellung wird verzögert, wenn das Fahrzeug nicht zum vereinbarten Termin (§ 14 II c KVO) ladebereit an der vereinbarten Ladestelle, oder mangels eines bestimmten Termins, wenn das Fahrzeug nicht binnen angemessener Frist bereitgestellt ist. Auf die Möglichkeit einer rechtzeitigen Beladung oder Einhaltung der Beförderungsplanung des Bestellers kommt es nicht an (**a. A.** *Willenberg*, KVO, § 14 Rz. 35). Die Verzögerung schlägt in *Unmöglichkeit* der Wagenstellung um, wenn der vereinbarte Erfüllungszeitraum verstrichen ist oder eine spätere Stellung des Fahrzeugs den Leistungsinhalt gänzlich verändern würde oder wenn der Zeitpunkt der Erfüllung so unabsehbar geworden ist, daß dem Besteller weiteres Zuwarten nicht zugemutet werden kann (vgl. § 428 HGB Rz. 1). **12**

Hat sich die Wagenstellung verzögert, so ist der Unternehmer gemäß § 14 V KVO verpflichtet, ohne Rücksicht auf sein Verschulden die nachgewiesenen **Kosten** der Heranschaffung und Bereithaltung der Güter sowie der vergeblichen **Vorhaltung von Ladepersonal zu ersetzen**. Es sind nach den Regeln des Vertrags mit Schutzwirkung für Dritte auch die Kosten des Versenders zu ersetzen. Die zu ersetzende Summe ist auf den Betrag des Wagenstandgeldes für einen Tag (GFT II/5 Nr. VII; abgedr. *Hein/Eichhoff/Pukall/Krien*, Güterkraftverkehrsrecht, C 525) begrenzt. Der Unternehmer kann analog *§ 254 BGB* einwenden, daß das Verhalten des Bestellers oder aus dessen Sphäre stammende Störungen die Verzögerung mitverursacht oder den Schaden vergrößert haben. Sonstige vergebliche Aufwendungen und Schäden werden nicht ersetzt. § 14 V KVO ist im Verhältnis zu anderen Verzugsvorschriften (§§ 428, 376 I HGB, §§ 284 ff, 326 BGB) *lex specialis*. Die Vereinbarung einer *Vertragsstrafe* ist unwirksam (§ 22 II GüKG). Die *Haftung aus § 826 BGB* bleibt unberührt. Der **Besteller** kann nach den allgemeinen Vorschriften **vom Vertrag zurücktreten**. In der Regel müssen die Voraussetzungen des § 326 BGB erfüllt sein. Nur ausnahmsweise wird die Wagenstellung als Fixgeschäft (§ 361 BGB, § 376 HGB) zu qualifizieren sein; denn normalerweise wird der Transport nicht mit der Einhaltung des Gestellungstermins stehen oder fallen (§ 428 HGB Rz. 1; **a. A.** *Willenberg*, KVO, § 14 Rz. 5). Tritt der Besteller gemäß § 326 BGB oder u. U. gemäß § 376 I HGB vom Vertrag zurück, so braucht er keine Abstellgebühr (s. Rz. 14) zu entrichten, da die Störung nicht seiner Sphäre entspringt. Er kann das Fahrzeug auch einfach abbestellen (Rz. 14).

13 **d) Unmöglichkeit der Bereitstellung, Leistungsverweigerung**. Zum Unmöglichwerden s. oben Rz. 12. Die KVO enthält ebensowenig wie § 63 IV EVO eine umfassende Regelung des Falls der Unmöglichkeit. Es liegt nahe, § 14 V KVO analog anzuwenden. Gegen diese Lösung spricht, daß § 14 V KVO lediglich das wegen der Verkehrsverhältnisse schlecht kalkulierbare Risiko, das gewünschte Fahrzeug nicht exakt zum vereinbarten Termin bereitstellen zu können, überschaubar machen soll. Dabei hat der Gesetzgeber in Form einer Generalisierung den Unternehmer vom Risiko grob fahrlässigen, ja sogar vom Risiko vorsätzlichen Handelns weitgehend entlastet. Diese Generalisierung ist akzeptabel, weil im Einzelfall nicht die vielfältigen Verzögerungsgründe untersucht werden müssen und weil man davon ausgehen kann, daß das Fahrzeug, wenn auch mit einer gewissen Verspätung, noch gestellt wird (vgl. auch GroßkommHGB-*Helm*, § 452 Anh. II, § 14 KVO Rz. 12). Das Transportinteresse des Bestellers bleibt daher nicht gänzlich unbefriedigt. Diese Erwägungen verbieten es, § 14 V KVO analog auf den Fall der Unmöglichkeit der Wagenstellung anzuwenden; denn hier erleidet der Besteller in der Regel nicht nur einen Verzögerungsschaden. Außerdem ist das Risiko des objektiven oder subjektiven Unmöglichwerdens der Leistung nicht besonders groß, da Unterfrachtführer eingeschaltet werden können. Unklar ist, wie die dadurch entstehende Lücke geschlossen werden kann. Es liegt nahe, auf die allgemeinen Leistungsstörungsregeln des BGB und HGB zu rekurrieren (so im Ansatz BGH v. 9.2.1979, VersR **1979**, 445, 446). Gleiches gilt für den Fall, daß der Unternehmer die Stellung eines Wagens ernsthaft und endgültig verweigert (BGH v. 9.2.1979, VersR **1979**, 445, 446).

e) Abbestellung. aa) Vor Bereitstellung (§ 14 VI 1 KVO). Das Recht des Bestellers, das Fahrzeug jederzeit wieder abzubestellen, ergibt sich nicht daraus, daß der Besteller keinen Beförderungsvertrag abschließen muß (dazu oben Rz. 1 f); denn dann dürfte die Abbestellung für den Besteller nicht mit Kosten verbunden sein (anders aber *Willenberg*, KVO, § 14 Rz. 40). Vielmehr geht die KVO davon aus, daß regelmäßig die Leistungen des Unternehmers in Form der Wagenstellung durch die im Rahmen des Beförderungsvertrages anfallende Fracht vergütet werden, daß also Wagenstellungs- und Beförderungsvertrag innerlich miteinander verbunden sind. § 14 VI KVO stellt daher eine Modifikation des § 649 BGB dar, mit dem Inhalt, daß der Besteller nicht die Fracht, sondern nur die bedeutend geringere Abbestellgebühr (GFT II/5 Nr. VIII, abgedr. *Hein/Eichhoff/Pukall/Krien*, Güterkraftverkehrsrecht, C 525) zu bezahlen hat. Darüber hinausgehende Verpflichtungen dürfen auch dann nicht vereinbart werden, wenn der Unternehmer infolge der Bestellung andere Aufträge abgelehnt hat (§ 22 II GüKG). Der Anspruch auf die Abbestellungsgebühr entfällt, wenn der Besteller vom Vertrag wegen Verzögerung der Bereitstellung rechtswirksam (Rz. 12) zurückgetreten ist. 14

bb) Nach Bereitstellung (§ 14 VI 2 KVO). Auch § 14 VI 2 KVO stellt eine Parallele zu § 649 BGB dar (Rz. 14). Voraussetzung für den Anspruch auf Wagenstandgeld (GFT II/5 Nr. VII, abgedr. *Hein/Eichhoff/Pukall/Krien*, Güterkraftverkehrsrecht, C 525) ist, daß das Fahrzeug vertragsgemäß bereitgestellt worden ist (Rz. 7), der Besteller nicht bereits wegen Verzögerung der Bereitstellung wirksam vom Vertrag zurückgetreten war (Rz. 12) oder vor der Bereitstellung dem Unternehmer die Abbestellung zugegangen war (§ 14 VI 1 KVO, § 130 BGB) und daß der Besteller das Fahrzeug entweder unbeladen zurückgibt oder daß es ihm wegen Ablaufs der Beladefrist entzogen wird. Ein Verschulden des Bestellers ist nicht erforderlich. Für das „Zurückgeben" genügt es, daß der Besteller erklärt, er benötige das Fahrzeug nicht mehr, und daß diese Erklärung dem Unternehmer zugeht (*Runge*, TranspR **1978**, 34, 35). Zum Ablauf der Beladefrist § 19 KVO Rz. 2 f. Toleriert der Unternehmer die Überschreitung der Ladefrist und nimmt er das Gut an, so entsteht kein Anspruch auf Standgeld, da anzunehmen ist, daß dem Unternehmer kein anderweitiges Geschäft entgangen ist. Das Wagenstandgeld ist vom Augenblick der vertragsgemäßen Bereitstellung zu zahlen. Die Verpflichtung endet in dem Moment, in dem der Unternehmer zumutbar in der Lage ist, das Fahrzeug zurückzunehmen oder im Fall der Überschreitung der Ladefrist in dem Moment, in dem er das Fahrzeug zurückerhält. Eine Abbestellgebühr wird ebenfalls geschuldet (**a. A.** *Runge*, TranspR **1978**, 34, 35). Ist das Fahrzeug teilweise beladen, so ist der Besteller verpflichtet, das Gut wieder abzuladen, wenn kein Beförderungsvertrag zustandekommt (§ 15 KVO). Nach Annahme des Guts greift § 27 KVO ein. Neben den in § 14 VI KVO aufgezählten Ansprüchen stehen dem Unternehmer keine weiteren vertraglichen Forderungen wegen der Abbestellung zu. Weitergehende Ansprüche können auch nicht vereinbart werden (§ 22 GüKG). Es darf auch keine Vergütung für Leerkilometer vereinbart werden (*Runge*, TranspR **1978**, 34, 35; *Muth/Andresen/Pollnow*, KVO, § 14 Anm. 4 b; **a. A.** *Willenberg*, KVO, § 14 Rz. 44; zweifelnd GroßkommHGB-*Helm*, § 452 Anh. II, § 14 KVO Rz. 13). Die relativ niedrige Ersatzpflicht belastet auch nicht den Unternehmer unan- 15 gemessen, da er seinerseits im Fall des Verzugs nur geringe Ersatzpflichten befürchten muß (§ 14 V KVO). **Ansprüche aus § 826 BGB** bleiben unberührt. Mit Hilfe des § 826 BGB dürfen aber nicht nichtige Abreden geschützt werden (*Runge*, TranspR **1978**, 34, 36; vgl. § 23 GüKG Rz. 3).

II. Beförderungsvertrag

16 Der Unternehmer hat nicht nur die Stellung eines Fahrzeugs vereinbart, sondern sofort den *Transport zu einem bestimmten oder noch näher zu bestimmenden Ort verabredet*. In diesem Fall kommt der hier entgegen der h. M. vertretenen Ansicht zufolge schon vor der Annahme des Guts ein Beförderungsvertrag zustande (s. oben Rz. 1 ff), auf den allerdings vor Annahme des Guts weitgehend § 14 KVO analog anzuwenden ist.

1. Stellung eines geeigneten Fahrzeugs

17 Der Unternehmer hat auch im Rahmen eines übergreifenden Beförderungsvertrags die Pflicht, dem Absender ein geeignetes Fahrzeug zur Verfügung zu stellen (s. oben Rz. 7).

2. Leistungsstörungen

18 **a) Zurückweisung**. Zur Zurückweisung gilt das zum Wagenstellungsvertrag Ausgeführte entsprechend.

19 **b) Schäden infolge Beladung und Transport**. Auch bei Abschluß eines übergreifenden Beförderungsvertrages kommt es wesentlich darauf an, ob der Schaden vor der Annahme des Gutes oder danach entstanden ist. Vor Annahme des Guts haftet der Unternehmer gemäß den werkvertraglichen Regeln (s. oben Rz. 9), nach der Annahme gemäß den §§ 29 ff KVO.

20 **c) Verzögerung**. Vor der Annahme des Guts haftet der Unternehmer analog § 14 V KVO (s. oben Rz. 12). Eine weitergehende Haftung aus einem anderen Grund besteht nicht (**a. A.** BGHZ **55**, 217, 221; dazu oben Rz. 2) und kann auch nicht vereinbart werden (s. oben bei Rz. 12). Zum Rücktritt des Absenders wegen Verzögerung Rz. 12. Nach Annahme des Guts haftet der Unternehmer gemäß § 31 I a KVO.

21 **d) Unmöglichkeit des Transports vor Annahme des Guts, Leistungsverweigerung**. Die bei Rz. 13 entwickelten Regeln gelten auch hier.

22 **e) Abbestellung**. Vor Annahme des Guts ist § 14 VI KVO analog heranzuziehen (Rz. 14).

D. Sicherheitsleistung

23 Die Sicherheit ist keine Draufgabe iSd § 336 BGB, sondern eine atypische Leistung, auf die § 337 BGB, nicht aber § 338 BGB analog anzuwenden ist. Die Sicherheit ist bei Beförderungsverträgen (oben Rz. 16) mit der Fracht zu verrechnen.

§ 15 KVO [Abschluß des Beförderungsvertrages]

(1) **Der Beförderungsvertrag ist abgeschlossen, sobald der Unternehmer Gut und Frachtbrief übernommen hat. Als Zeichen der Annahme ist der Frachtbrief nebst Durchschrift nach vollständiger Auflieferung des Gutes vom Unternehmer zu unterschreiben. Die Unterschrift kann auch gedruckt oder gestempelt werden.**

(2) **Der Unternehmer hat in den Frachtbrief und in die Durchschriften folgendes einzutragen:**

a) Tag und Uhrzeit der Be- und Entladung,

b) den Namen des Fahrers und Begleiters,

c) das amtliche Kennzeichen des Lastkraftwagens,

d) die Nutzlast des Motorwagens und des Anhängers bzw. der Anhänger nach dem Kraftfahrzeugbrief,

e) die genaue Anschrift des Fahrzeughalters.

(3) **Der vom Unternehmer unterschriebene Frachtbrief dient als Beweis für den Beförderungsvertrag.**

Literatur: siehe vor § 1 KVO.

Übersicht

	Rz.		Rz.
I. Allgemeines	1	II. Abschluß des Beförderungsvertrages	6
1. Der Beförderungsvertrag als Formalvertrag		III. Annahme des Guts	7
a) Diskussionsstand	2	IV. Eintragungen und Unterschrift des Unternehmers	8
b) Stellungnahme	3	V. Die Beweiskraft des Frachtbriefes	9
c) Konsequenzen	4	VI. Beförderungspflicht	10
2. Der Beförderungsvertrag als Realvertrag	5	VII. Verletzung der Beförderungspflicht	11

I. Allgemeines

§ 15 I 1 KVO deutet darauf hin, daß der Beförderungsvertrag erst wirksam wird, wenn der Unternehmer das Gut (Realvertrag) und den Frachtbrief (Formalvertrag) übernommen hat. Ob der KVO-Beförderungsvertrag in Parallele zur EVO heute einen Real- und Formalvertrag darstellt, ist jedoch äußerst zweifelhaft. 1

1. Der Beförderungsvertrag als Formalvertrag

Der BGH vertritt in ständiger Rechtsprechung die Ansicht, daß der Beförderungsvertrag auch ohne Übergabe eines Frachtbriefs zustandekommen kann. Anfangs stützte sich der BGH darauf, daß die KVO keine Rechtsverordnung darstelle (BGHZ **6**, 145). Später berief er sich darauf, § 22 III GüKG böte keinen Anhalt dafür, daß der KVO-Beförderungsvertrag als Formalvertrag zu qualifizieren sei (BGH, NJW **1960**, 39, 40). Vielmehr ergebe sich aus § 15 III KVO klar, daß der Frachtbrief nur Beweiszwecken diene (BGHZ **55**, 217, 223; v. 27.1.1982, VersR **1982**, 669, 670). Außerdem zeige § 22 III GüKG, daß der Frachtvertrag auch dann als abgeschlossen gelte, wenn die 2

Ausstellung eines Frachtbriefs unterblieben sei (BGHZ **55**, 217, 223; ebenso OLG München v. 22.4.1966, VersR **1966**, 841). Dies hat der BGH 1990 nochmals bestätigt (BGH v. 23.5.1990, NJW-RR **1990,** 1314, 1315).

3 Dem hat sich die Literatur nahezu vollständig angeschlossen. Dort wird weiter darauf hingewiesen, daß der Verordnungsgeber nur den Inhalt des Vertrages, nicht aber dessen Voraussetzungen regeln könne (GroßkommHGB-*Helm*, § 452 Anh. II, § 15 KVO Rz. 6). Außerdem könne die Wirksamkeit des KVO-Beförderungsvertrages nicht von der Formalie des Frachtbriefs abhängig sein, weil sich sonst die Parteien beliebig der Anwendbarkeit der KVO entziehen könnten, indem sie gezielt die Ausstellung eines Frachtbriefs unterlassen (*Schmeißer*, VersR **1972**, 326; GroßkommHGB-*Helm*, § 452 Anh. II, § 15 KVO Rz. 6; *Ebenroth/Sorek,* TranspR **1990,** 180,181 m. w. Nachw.) wird. Ein Verzicht auf die Formalie des Frachtbriefs verhindere auch, daß die Parteien mit den ungelösten Problemen des Transports ohne Frachtbrief konfrontiert würden; denn es sei völlig unklar, ob auf derartige Transporte die §§ 425 ff HGB, die §§ 812 ff BGB oder partiell die KVO anzuwenden seien (vgl. GroßkommHGB-*Helm*, aaO). Anders als im Eisenbahnverkehr werde recht häufig ohne Frachtbrief transportiert, weil die maßgeblichen Abreden oft telephonisch oder per Telex getroffen würden und zur Ausstellung eines Frachtbriefs keine Zeit bleibe (vgl. OLG Oldenburg v. 20.12.1983, TranspR **1984**, 154; *Ebenroth/Sorek,* TranspR **1990,** 180, 181). Es liege daher im Interesse der Rechtssicherheit, daß kein KVO-Beförderungsvertrag am Fehlen eines Frachtbriefs scheitere. Außerdem könne auf das Fehlen eines Frachtbriefs nicht § 125 BGB angewandt werden (*Pelz*, S. 160 ff). Dem ist zuzustimmen (zur Begründung vgl. Vorauflage, § 15 KVO Rz. 3; **a. A.** *Willenberg,* KVO, § 15 Rz. 6).

4 Der Beförderungsvertrag kommt mithin ohne Rücksicht auf die Übergabe eines Frachtbriefs zustande. Die Haftung gemäß den §§ 29 ff KVO setzt die Aushändigung eines Frachtbriefs nicht voraus (GroßkommHGB-*Helm*, § 452 Anh. II, § 15 KVO Rz. 6; h. M.; **a. A.** *Willenberg*, KVO, § 15 Rz. 6). Die §§ 412, 413 HGB verweisen auf das Frachtrecht, auch wenn kein Frachtbrief existiert (BGH, NJW **1980,** 833).

2. Der Beförderungsvertrag als Realvertrag

5 Nach h. M. ist der KVO-Beförderungsvertrag ein Realvertrag (BGHZ **55**, 217; *Piper*, Höchstrichterliche Rechtsprechung, aaO, S. 107; GroßkommHGB-*Helm*, § 452 Anh. II, § 15 KVO Rz. 10; *Willenberg*, KVO, § 15 Rz. 11 ff). Danach kommt der Beförderungsvertrag auch dann, wenn sich die Parteien über den Transport und die Vergütung einig geworden sind, erst in dem Moment zustande, in dem der Unternehmer, sein Besitzdiener oder ein von ihm Beauftragter (§ 6 KVO) das in der Sendung zusammengefaßte Gut übernommen hat.

Der BGH (BGHZ **55**, 217, 223) hat die Realvertragskonstruktion des § 15 I KVO dadurch überspielt, daß er in Fällen einer vertraglichen Einigung über die Beförderung vor Übergabe des Guts vom Abschluß eines HGB-Frachtvertrages ausgeht, auf den wohl nach der Übergabe des Guts die Spezialregeln der KVO anzuwenden sind.

Richtig ist an dieser Ansicht, daß der Beförderungsvertrag auch im Güterfernverkehr **heute nicht mehr zur Kategorie der Realverträge** gehört. Dies ist oben bei § 14 KVO Rz. 1 ff eingehend dargestellt worden. Daraus folgt freilich nicht, daß die Annahme des Guts nicht einen wichtigen Einschnitt darstellt. Die Übernahme des Guts bezeichnet den Zeitpunkt, von dem ab auf den Beförderungsvertrag besondere Regeln, insbesondere § 29 KVO, anzuwenden ist.

II. Abschluß des Beförderungsvertrages

Der Beförderungsvertrag kommt nach der hier vertretenen Auffassung **in** 6
dem Moment zustande, in dem sich die Parteien über die Beförderung mit Kfz im Fernverkehr und über die Vergütung geeinigt haben (s. oben Rz. 5). Das Gut braucht in diesem Augenblick noch nicht übernommen worden zu sein; gleiches gilt für den Frachtbrief, der lediglich eine Beweisurkunde (Rz. 2; Rz. 9) darstellt. Das heißt nicht, daß die Annahme des Guts für die Beziehungen der Parteien ohne Bedeutung wäre. Die Annahme des Guts (Rz. 7) intensiviert die Pflichten des Frachtführers; insbesondere ist sie Voraussetzung für die Haftung gemäß den §§ 29 ff KVO. Er darf die Annahme mit der Begründung verweigern, daß ihm kein Frachtbrief übergeben worden sei (§ 11 KVO Rz. 2).

III. Annahme des Guts

Zum Begriff des Guts § 1 GüKG Rz. 1. Zum Begriff der Annahme s. § 29 7
KVO Rz. 3; der Begriff der Annahme ist im Transportrecht einheitlich zu interpretieren. Die Annahme muß in Erfüllung der Beförderungspflicht erfolgen (*Willenberg,* KVO, § 15 Rz. 15). Dem steht nicht der Umstand entgegen, daß das Gut transportbedingt kurzfristig vorgelagert werden soll (*Willenberg,* KVO, § 15 Rz. 17; **a. A.** *Runge*, TranspR **1978**, 1; *Muth/Andresen/Pollnow,* KVO, § 15 Anm. 3). § 33 d KVO hat lediglich den Zeitraum der „kurzfristigen Vorlagerung" exakt bestimmt. Die Vorlagerung erfolgt nur, soweit sie 15 Tage überschreitet, aufgrund eines Verwahrungsvertrages bzw. Lagervertrages (§ 416 HGB, § 688 BGB), im übrigen aber aufgrund des Beförderungsvertrages (§ 33 KVO Rz. 5 f). § 33 d KVO schafft daher in Hinblick auf § 29 KVO keinen neuen Haftungsgrund (**a. A.** *Willenberg*, KVO, § 33 Rz. 24). Gleiches gilt für die Abholung im Rahmen eines Beförderungsvertrages (§ 5 KVO; **a. A.** *Willenberg*, KVO, § 15 Rz. 20; *Runge*, TranspR **1978**, 1). Übernimmt der Unternehmer die Herrschaftsgewalt über das Gut (§ 429 HGB Rz. 4), so hat er es auch iSd §§ 15 I, 29 KVO angenommen. § 33 a KVO hat nach Aufgabe der Formalvertragskonstruktion (Rz. 2) nur die Funktion klarzustellen, daß die Annahme nicht von der Übergabe eines Frachtbriefes abhängt.

IV. Eintragungen und Unterschrift des Unternehmers

8 Die Unterschrift (§ 11 KVO Rz. 6) ist auch nach Ansicht der Vertreter des Formalvertrages (oben Rz. 2) nicht Wirksamkeitsvoraussetzung des Vertrages, sondern nur Beweismittel und Voraussetzung der Beweiskraft (*Willenberg*, KVO, § 15 Rz. 34). § 15 II KVO stellt lediglich eine Ordnungsvorschrift dar (*Willenberg,* KVO, § 15 Rz. 27).

V. Die Beweiskraft des Frachtbriefs

9 Der Frachtbrief (§ 11 KVO), den Unternehmer und Absender unterschrieben haben (§ 11 I f KVO), beweist widerleglich Abschluß und Inhalt des Beförderungsvertrages (§ 15 III KVO; BGH, NJW **1960**, 39; BGHZ **55**, 217, 223). Gemäß den §§ 416, 440 ZPO beweist der unterschriebene Frachtbrief ferner, daß Absender bzw. Unternehmer bestimmte Angaben gemacht haben und zu Lasten des Erklärenden, daß diese Angaben vollständig und richtig sind (BGH v. 23.5.1990, NJW-RR **1990,** 1314, 1416). Die Unterschrift des Unternehmers beweist nicht ohne weiteres, daß die Angaben des Absenders richtig sind; insbesondere nicht, daß der Unternehmer die Güter wie im Frachtbrief angegeben übernommen hat. Der Frachtbrief beweist zu Lasten des Unternehmers die Übernahme des Guts nur dann, wenn er zur Nachprüfung von Zahl und Gewicht der Sendung verpflichtet war (§ 16 KVO). Vgl. im übrigen § 426 HGB Rz. 3 f.

VI. Beförderungspflicht

10 Zur Beförderungspflicht aufgrund des Vertrages s. § 425 HGB Rz. 14. Der Unternehmer ist mangels besonderer Abrede nicht verpflichtet, **Verpackungsmaterial** zurückzubefördern. Zur Verpflichtung, **Paletten** gleicher Zahl und Beschaffenheit zurückzubefördern bzw. zurückzugeben s. § 425 HGB Rz. 14. Auch im Rahmen der KVO sind derartige Verträge zulässig. Die Parteien, die an Tarife gebunden sind, müssen allerdings gesondert eine angemessene Vergütung für diese Zusatzleistungen vereinbaren. Ohne angemessene Vergütung ist deshalb z. B. eine Vereinbarung, derzufolge der Frachtführer im Fall nicht fristgerechter Rückgabe von Austauschpaletten bestimmte Beträge zu zahlen hat, wegen Verstoßes gegen den Tarifzwang des GüKG unwirksam (BGH, NJW **1987**, 1641).

VII. Verletzung der Beförderungspflicht

11 Der Unternehmer kann seine Beförderungspflicht dadurch verletzen, daß er den Transport verzögert, daß ihm objektiv oder subjektiv der Transport unmöglich wird oder daß er die Erfüllung seiner Transportpflicht ernsthaft und endgültig verweigert. Der BGH (v. 9.2.1979, VersR **1979**, 445, 446) vertritt die Ansicht, daß in der KVO nur die Haftung des Unternehmers für **Verzögerungen** der Beförderung (§ 31 I a KVO; vgl. auch § 14 KVO Rz. 12,

20) geregelt ist. Die Haftung des Frachtführers für die **Nichterbringung** oder **Verweigerung** der Beförderung ergibt sich daher zwingend (§ 26 GüKG) aus den allgemeinen Leistungsstörungsregeln des HGB und BGB (*Muth*, ZfVers-Wesen **1965**, 831, 832; vgl. § 425 HGB Rz. 23 ff). Die verschärfte Haftung läßt sich damit rechtfertigen, daß sich vor Annahme des Gutes kein spezifisches Transportrisiko realisiert. Dies gilt insbesondere für die Fälle der Erfüllungsverweigerung.

§ 16 KVO [Prüfung des Inhalts der Sendung; Feststellung von Anzahl und Gewicht]

(1) **Der Unternehmer ist jederzeit berechtigt zu prüfen, ob die Sendung mit den Eintragungen des Absenders im Frachtbrief übereinstimmt. Gebühren werden hierfür nicht erhoben.**

Zur Prüfung des Inhalts ist am Versandort der Absender, am Bestimmungsort der Empfänger tunlichst einzuladen. Erscheint der Berechtigte nicht oder wird die Prüfung auf einem Unterwegsort vorgenommen, so sind Zeugen zuzuziehen. Weicht das Ergebnis der Nachprüfung von den Eintragungen im Frachtbrief ab, so ist es auf diesem zu vermerken. Geschieht die Nachprüfung am Versandort vor Aushändigung der Durchschrift des Frachtbriefes an den Absender, so ist der Vermerk auch auf diese zu setzen. Wenn die Sendung den Eintragungen im Frachtbrief nicht entspricht und dadurch eine Frachtverkürzung herbeigeführt werden könnte, haften die durch die Nachprüfung verursachten Kosten auf dem Gute.

(2) **(weggefallen)**

(3) **Bei Stückgütern ist der Unternehmer verpflichtet, Anzahl und Gewicht gebührenfrei festzustellen. Geschieht die Gewichtsfeststellung am Versandort, so ist dem Absender oder dessen Beauftragten freizustellen, ihr beizuwohnen.**

(4) **Bei Ladungsgütern ist der Unternehmer auf Antrag des Absenders, der im Frachtbrief gestellt werden muß, verpflichtet, das Gewicht und gegebenenfalls auch die Stückzahl festzustellen, es sei denn, daß die vorhandenen Wiegevorrichtungen nicht ausreichen oder die Beschaffenheit des Gutes oder die Betriebsverhältnisse die Feststellung nicht gestatten. Das Gewicht hat der Unternehmer auch ohne Antrag festzustellen, wenn es im Frachtbrief nicht angegeben ist. Für diese Feststellungen wird die tarifmäßige Gebühr erhoben. Kann das Gewicht am Versandort nicht festgestellt werden, so geschieht es an einem anderen Ort.**

(5) **Der Absender kann bei der Aufgabe verlangen, daß ihm Gelegenheit geboten wird, der Feststellung der Stückzahl und des Gewichts beizuwohnen, wenn dies am Versandort geschieht. Stellt er ein solches Verlangen nicht oder versäumt er die ihm gebotene Gelegenheit, so hat er, wenn die Feststellung auf seinen Antrag wiederholt wird, die tarifmäßige Gebühr nochmals zu zahlen.**

(6) **Ergibt die ohne Antrag des Verfügungsberechtigten vorgenommene Nachwiegung der Wagenladungsgüter keine größere Abweichung von dem im Frachtbrief angegebenen Gewicht des verladenen Gutes als zwei**

vom Hundert, so wird das im Frachtbrief angegebene Gewicht als richtig angenommen.

(7) **Die Feststellung des Gewichts und der Stückzahl hat der Unternehmer auf dem Frachtbrief zu bescheinigen. Geschieht die Feststellung am Versandort, so ist die Bescheinigung auch auf die Durchschrift zu setzen, und zwar auch auf die auf den Absender bestimmte Durchschrift, wenn sie diesem noch nicht ausgehändigt ist.**

Literatur: siehe vor § 1 KVO.

Übersicht

	Rz.		Rz.
I. Prüfung des Inhalts der Sendung (§ 16 I, II KVO)		II. Feststellung von Stückzahl und Gewicht	3
1. Berechtigung zur Prüfung	1	1. Stückgüter (§ 16 III KVO)	4
2. Verpflichtung zur Nachprüfung	2	2. Ladungsgüter	8

I. Prüfung des Inhalts der Sendung (§ 16 I, II KVO)

1. Berechtigung zur Prüfung

1 Das Prüfungsrecht des Unternehmers erstreckt sich auf sämtliche Angaben im Frachtbrief, die sich auf die Sendung beziehen; insbesondere in Hinblick auf Art und Beschaffenheit der Sendung (§ 11 I e KVO). Fehlen im Frachtbrief Angaben, so muß der Frachtführer erst beim Absender Informationen einholen, bevor er nachprüft. Die Berechtigung aus § 16 I KVO begründet nicht nur eine Pflicht des Absenders, die Nachprüfung zu dulden, sondern rechtfertigt auch den mit der Nachprüfung unabdingbar verbundenen Eingriff in das Eigentum des Absenders und Dritter. Der Unternehmer hat den *Verhältnismäßigkeitsgrundsatz* zu beachten. Zwar spricht ein Vergleich zwischen § 16 I und § 16 II KVO gegen diese Lösung, weil das Handeln des Unternehmers nicht an pflichtgemäßes Ermessen gebunden ist. Es ist aber nicht anzunehmen, daß die KVO den Unternehmer von der Beachtung grundlegender Rechtsprinzipien befreien wollte. Ist die Nachprüfung mit Eingriffen in die Substanz der Sendung verbunden, so bedarf es daher je nach der Schwere des Eingriffs mehr oder minder dringender Verdachtsmomente. Darüber hinaus erscheinen bei Substanzeingriffen nur Stichproben als verhältnismäßig. Die Nachprüfung hat gemäß dem Prinzip des schonendsten Eingriffs nach Möglichkeit am Versandort zu erfolgen. Werden **Absender** bzw. **Empfänger** (§ 16 I 3 KVO) oder die gemäß § 16 I 4 KVO vorgeschriebenen **Zeugen** (insoweit **a. A.** *Willenberg,* KVO, § 16 Rz. 11) **nicht zugezogen,** so ist die Nachprüfung rechtswidrig. Die dabei erlangten Informationen dürfen nicht verwertet werden. Mit der **Ablieferung** des Guts erlischt das Nachprüfungsrecht. Der Unternehmer hat grundsätzlich die **Kosten der Überprüfung** zu tragen (§ 16 I 2 KVO). Stellt er aber relevante falsche Angaben fest, so fallen die Kosten dem Absender zur Last (§ 16 I 7 KVO), soweit die Nachprüfung ordnungsgemäß vorgenommen wurde.

2. Verpflichtung zur Nachprüfung

Aus § 16 I KVO ergibt sich, wie der Vergleich zu § 16 III, IV KVO zeigt, keine Pflicht des Unternehmers zur Nachprüfung (allg. M.). Eine **beschränkte Pflicht** zur Feststellung von Angaben begründet § 16 III, IV KVO. Darüber hinaus ist der Unternehmer zur Nachprüfung nur gehalten, wenn die Unrichtigkeit der Angaben auf der Hand liegt und ihm daraus ein Schaden droht. Prüft er nicht nach, so muß er sich das als Mitverschulden zurechnen lassen (§ 254 BGB; vgl. BGHZ **12,** 136, 140; § 13 KVO Rz. 2). Hingegen kann der Absender aus dem Unterlassen der Prüfung iSd § 16 I KVO grundsätzlich keine Schadensersatzansprüche aus § 29 KVO oder § 31 I c KVO ableiten. Der Unternehmer handelt jedoch rechtsmißbräuchlich, wenn er den Absender nicht auf offensichtliche Unstimmigkeiten hinweist (ähnlich *Willenberg,* KVO, § 16 Rz. 6). § 16 I KVO ist kein Schutzgesetz (§ 823 II BGB). 2

II. Feststellung von Stückzahl und Gewicht

Die Nachprüfungspflichten (richtiger Obliegenheiten) sind unterschiedlich geregelt, je nachdem, ob es sich um Stückgut (§ 4 KVO Rz. 3) oder um Ladungsgut (§ 4 KVO Rz. 4) handelt. 3

1. Stückgüter (§ 16 III KVO)

Zum **Begriff des Stückguts** § 4 KVO Rz. 3. Bei Stückgütern ist der Unternehmer ohne besonderen Antrag des Absenders **immer verpflichtet**, Zahl und Gewicht festzustellen. **Voraussetzung** dieser Pflicht ist, daß der Absender im Frachtbrief Angaben zu Gewicht und/oder Stückzahl gemacht hat (so OLG Köln v. 19.6.1969, VersR **1969,** 1111, 1112; *Willenberg,* KVO, § 16 Rz. 17; wohl auch OLG Frankfurt v. 16.11.1982, VersR **1983,** 1055, 1056). Zwar ist in § 16 III KVO anders als in § 16 I KVO nicht von Nachprüfung, sondern lediglich von Feststellung die Rede. Auch spricht § 16 VII 1 KVO schlicht von der Bescheinigung der Feststellung. Ferner besteht von der ratio des § 16 III KVO her, die Berechnung der Fracht zu sichern, ebenfalls kein Anlaß, die Unternehmer nur dort zu Feststellungen zu verpflichten, wo ein Frachtbrief mit entsprechenden Angaben des Empfängers existiert. Man muß jedoch bedenken, daß der Frachtführer seine Feststellungen auf einer Urkunde muß machen können, bei der man ihm nicht vorwerfen kann, er habe sie erst im Streitfall hergestellt. Diese Urkunde ist der Frachtbrief, der typischerweise samt Gut dem Empfänger präsentiert und übergeben wird (§ 25 KVO). Der Frachtführer kann daher normalerweise nach Ablieferung nicht mehr Feststellungen vortäuschen, die er nicht gemacht hatte. Beachte auch § 16 VII KVO. Die **Pflicht** zur Feststellung kann **entfallen,** wenn sie aufgrund besonderer Umstände des Einzelfalls, die der Unternehmer nicht zu vertreten hat, unzumutbare Belastungen mit sich bringt. 4

Die Feststellungen sind nach Möglichkeit **bei Übernahme der Güter** am Versandort zu treffen. § 16 III KVO schreibt zwar keinen bestimmten **Ort** vor. Aus der Beweisfunktion des § 16 III KVO und dem Interesse des Absenders, an den Feststellungen teilzunehmen (§ 16 III KVO), ergibt sich jedoch, daß die Feststellungen nur dann an einem anderen Ort als dem Versandort vorgenommen werden dürfen, wenn dies zwingend erforderlich ist. Zur Feststellung am Bestimmungsort § 25 V KVO. Zu den Feststellungen am Versandort ist der **Absender** oder sein Beauftragter **einzuladen**. Geschieht dies nicht, so sind die Feststellungen zugunsten des Unternehmers ohne Beweiswert (*Willenberg,* KVO, § 16 Rz. 21). Die Feststellungen sind im Frachtbrief und den Durchschriften zu **vermerken** (§ 16 VII KVO). Die Vermerke haben nach allgemeiner Ansicht bloß die Wirkung einer Quittung (§ 368 BGB).

5 **Konsequenzen für die Beweislast**: Hat der Unternehmer im Frachtbrief die Richtigkeit der **Angaben bescheinigt** oder anderweitig eine Bescheinigung ausgestellt, so ist dies ein Beweismittel iSd §§ 416, 286 ZPO, das für die Richtigkeit der Angaben des Absenders spricht (OLG Düsseldorf v. 30.10.1980, VersR **1981,** 526 m. Nachw.; vgl. auch näher § 425 HGB Rz. 21; § 429 HGB Rz. 8). Dies gilt nicht nur für Stückzahl und Gewicht, sondern auch für alle anderen Angaben, wie die Temperatur des Guts. Der Unternehmer kann diese *Vermutung* jedenfalls dadurch *entkräften,* daß er den vollen Beweis für die Unrichtigkeit der Angaben führt. Nach h. M. genügt jedoch auch, daß der Unternehmer die Überzeugung des Gerichts in die Richtigkeit des Quittungsvermerks (Bescheinigung der Feststellungen) erschüttert (BGH v. 14.4.1978, WM **1978,** 849; v. 7.11.1985, VersR **1986**, 287, 289; OLG Hamburg v. 21.1.1982, VersR **1982,** 1009; MüKo-*Heinrichs,* BGB, § 368 Rz. 5; *Staudinger/Kaduk,* BGB, § 368 Rz. 11; **a. A.** OLG Köln v. 17.1.1984, TranspR **1985,** 192). Der Beweiswert der Bescheinigung gemäß § 16 VII KVO oder einer sonstigen Bescheinigung soll deshalb auch dann entfallen, wenn der Unternehmer nachweist, daß die Bescheinigung „blind" erteilt wurde (BGH v. 7.11.1985, VersR **1986**, 287, 289; OLG Hamburg v. 21.1.1982, VersR **1982,** 1009; abw. OLG Düsseldorf v. 30.10.1980, VersR **1981,** 526, v. 12.1.1984; TranspR **1984,** 106, 107, das die Anforderungen an den Gegenbeweis herabschraubt; ebenso OLG Köln v. 17.1.1984, TranspR **1985,** 192), weil z. B. gleichzeitig Motorwagen und Anhänger beladen wurden und der Fahrer nicht bei beiden mitzählen konnte (*Willenberg,* KVO, § 16 Rz. 55; *Muth/Andresen/Pollnow,* KVO, § 16 Anm. 4), oder weil der Fahrer bei der Verladung mithalf und daher nicht kontrollieren konnte (OLG Köln v. 19.6.1969, VersR **1969,** 1111; *Willenberg,* KVO, § 16 Rz. 56; **a. A.** GroßkommHGB-*Helm*, § 452 Anh. II, § 16 KVO Rz. 17; *Heuer,* VersR **1988,** 312, 314), oder weil der Absender versichert hatte, die Verladung sei vollständig, und der Fahrer sich damit zufriedengegeben hatte (*Willenberg,* KVO, § 16 Rz. 58), oder weil der Fahrer eine Vorausquittung erteilt hatte (*Palandt/Heinrichs,* BGB, § 368 Anm. 1 d) oder zeitweise abwesend war (BGH v. 7.11.1985, VersR **1986**, 287, 289). Eine Ausnahme soll dort gelten, wo bewußt Beweisvereitelung betrieben wird (zur Haftung gegenüber Dritten aus falschen Bescheinigungen vgl. BGH v. 25.9.1986, ZIP **1986,** 1458; *Koller,* EWiR **1986,** 1219; OLG Düsseldorf v. 6.9.1973, VersR **1975,** 232). Dagegen soll die Beweiswirkung der Bescheinigung nicht dadurch erschüttert werden, daß dem **Unternehmer keine Ladepapiere ausgehändigt** worden sind, da er nur die von ihm selbständig festgestellte Zahl bzw. das Gewicht bescheinigt

hat (AG Andernach v. 15.3.1983, TranspR **1984,** 168; **a. A.** OLG Köln v. 19.6.1969, VersR **1969,** 1111; *Willenberg,* KVO, § 16 Rz. 57), oder daß später bewiesen wird, daß in Hinblick auf andere Posten Zählfehler unterlaufen sind (**a. A.** *Willenberg,* KVO, § 16 Rz. 59) oder daß die Fahrt „normal" verlaufen ist (§ 18 KVO Rz. 8). **Stellungnahme:** Der h. M. ist im Ansatz zu folgen. Es ist jedoch zu beachten, daß das spätere Vorbringen, man habe die Bescheinigung „blind" erteilt, ein venire contra factum proprium darstellen kann. Dies liegt vor allem dann nahe, wenn der Unternehmer zur Erteilung der Bescheinigung verpflichtet war. Der Absender, dem eine Bescheinigung erteilt worden ist, wird nämlich in der Regel darauf vertraut haben, daß sie nicht ins Blaue hinein gemacht worden ist und daher auf die Sicherung eigener Beweise verzichtet haben. In diesem Vertrauen darf der Absender nicht willkürlich enttäuscht werden (so im Ansatz auch OLG Köln v. 17.1.1984, TranspR **1985,** 192, 193; *Lenz,* Straßengütertransportrecht, Rz. 227; siehe ferner unten bei Rz. 7). Daraus ergibt sich jedoch zugleich, daß der Absender, dem positiv bekannt ist, daß die Bescheinigung ohne genügende Feststellungen ausgestellt worden ist (z. B. Vorausquittung), nicht auf eine ausreichende Überprüfung vertraut und daher nicht schutzbedürftig ist (**a. A.** OLG Köln v. 17.1.1984, TranspR **1985,** 192, 193; LG Krefeld, TranspR **1990**, 18). Gleiches gilt, wenn es für den Absender offensichtlich sein mußte, daß die Bescheinigung ohne ausreichende Feststellungen erteilt worden ist (z. B. es werden gleichzeitig Motorwagen und Anhänger beladen). Es ist in derartigen Fällen Sache des Absenders, Beweise zu sichern. Dort, wo der Frachtführer zu Feststellungen verpflichtet war, sie aber nicht macht, sondern wertlose Bescheinigungen ausstellt, kann der Absender vom Unternehmer Ersatz der Kosten für die Sicherung des Beweises verlangen (§ 31 I c KVO bzw. pFV; vgl. § 31 KVO Rz. 5; vgl. ferner unten Rz. 7). Im Zweifel sind **Bescheinigungen dahin auszulegen,** daß der Unternehmer nur das bescheinigen will, wozu er verpflichtet ist. Der Unternehmer bescheinigt daher im Zweifel nicht den Inhalt der Sendung. Daher erstreckt sich eine Bescheinigung über auf Paletten gestaute Güter im Zweifel nur auf Zahl und Gewicht der Paletten, nicht auf die der Güter, die mit Verpackungsmitteln fest mit der Palette verbunden sind; denn Palette samt Gut stellen dann Verpackungseinheiten dar. Geht die Bescheinigung klar über das hinaus, wozu der Unternehmer verpflichtet war, so wirkt sie im Rahmen der §§ 416, 440, 286 ZPO zu Lasten des Unternehmers.

Wurde **dem Unternehmer kein Frachtbrief übergeben** und bescheinigt er 6 die Feststellungen von Zahl und Gewicht auf einer anderen Urkunde, so hat diese Bescheinigung ebenfalls Quittungscharakter (OLG Düsseldorf v. 12.1.1984, TranspR **1984,** 106, 107). Gleiches gilt für mündliche Anerkenntnisse.

Kommt der Unternehmer bei seinen **Feststellungen zu Ergebnissen,** die von den Angaben des Absenders **abweichen**, so muß sich der Absender das entgegenhalten lassen, wenn der Absender selbst bzw. sein Beauftragter bei den Feststellungen anwesend waren und von ihnen Kenntnis nehmen konnte, oder wenn der Absender gemäß § 16 III 2 KVO eingeladen worden war. Der Absender hatte dann Gelegenheit, gegen die seiner Ansicht nach falschen Feststellungen zu protestieren und seinerseits unter Zeugen Feststellungen zu treffen. Die Kosten hat der Unternehmer zu ersetzen, wenn ihn ein Verschulden trifft (§ 31 KVO Rz. 5).

7 Hat der **Unternehmer pflichtwidrig** seine Feststellungen entweder **nicht bescheinigt** oder überhaupt **keine Feststellungen getroffen**, so soll eine widerlegliche Vermutung für die Richtigkeit der Angaben des Absenders im Frachtbrief sprechen (OLG Frankfurt v. 16.11.1982, VersR **1983,** 1055, 1056; *Willenberg,* KVO, § 16 Rz. 27; ebenso i. E. zutreffend OLG Köln v. 17.1.1984, TranspR **1985,** 192). Die Beweislage des Unternehmers soll nicht dadurch verbessert werden, daß dieser seinen Pflichten aus § 16 III KVO nicht nachkommt. *Richtigerweise ist zu differenzieren.* Der Absender ist nur soweit schutzwürdig, als er nicht wußte oder ohne weiteres bemerken konnte, daß die Feststellungen unterblieben sind bzw. die Bescheinigungen falsch waren (s. oben Rz. 6 zur falschen Bescheinigung). Der Umstand, daß die Feststellungen nicht bei Übergabe des Gutes getroffen worden sind, muß dabei aus der Perspektive des Absenders nicht bedeuten, daß sie ganz unterblieben sind; denn er kann unter Umständen erwarten, daß sie nachträglich vorgenommen werden (vgl. § 16 III 2, VII 2 KVO). Diese Erwartung darf der Absender nicht hegen, wenn ihm der Frachtbrief mit dem Vermerk ausgehändigt wurde mit dem Vermerk ,,ungezählt und/oder ungewogen übernommen" (vgl. OLG Hamburg v. 29.10.1981, VersR **1983,** 187; *Lenz,* Straßengütertransportrecht, Rz. 229). Er kann dann nur Schadensersatzansprüche geltend machen, weil der Unternehmer nicht seinen Feststellungspflichten nachgekommen ist (§ 31 KVO Rz. 5; ferner oben Rz. 5; anders h. M. zu § 58 EVO, die zu Unrecht lediglich eine Obliegenheitsverletzung annimmt). Etwaige Verzichte des Absenders sind irrelevant (§ 22 II GüKG). Ist der Absender hingegen schutzwürdig, so ist er so zu behandeln, als ob der Unternehmer seine Angaben pflichtgemäß (Rz. 4) bescheinigt hätte. Der Unternehmer kann daher den Beweiswert dieser Angaben nur dadurch erschüttern, daß er deren Unrichtigkeit nachweist; denn es genügt natürlich nicht z. B. der Nachweis, daß er sich auch bei ordnungsgemäßen Feststellungen hätte verzählen können.

Daraus folgt allerdings nicht, daß auch eine Vermutung für die Richtigkeit von **Behauptungen des Absenders** bestehen würde, der entweder **keinen Frachtbrief** ausgestellt hatte oder in dem Frachtbrief **keine Angaben** zu Stückzahl und Gewicht gemacht hatte; denn es existiert nur eine Vermutung für die Richtigkeit von Angaben, die dem Unternehmer formalisiert bei der Übernahme der Ware zugänglich gemacht worden sind und von ihm nicht bestritten worden sind, obwohl er dazu bei pflichtgemäßer Kontrolle in der Lage gewesen wäre. Ist kein Frachtbrief übergeben worden, so bestand keine Pflicht zu Feststellungen. Ist der Frachtbrief erst später übergeben worden, so entsteht die Vermutung erst in dem Zeitpunkt, in dem eine Kontrolle möglich war.

2. Ladungsgüter

8 Zum **Begriff des Ladungsguts** (§ 4 KVO Rz. 4). Bei Ladungsgütern ist der Unternehmer zu Feststellungen grundsätzlich **nur auf Antrag verpflichtet** (OLG Hamburg v. 14.7.1967, VersR **1967,** 1047). Der Antrag muß, auch

wenn man den Frachtvertrag als formlosen Konsensualvertrag (§ 15 KVO Rz. 2 ff) qualifiziert, **im Frachtbrief** gestellt werden (Wortlaut des § 16 IV 1 KVO; OLG Köln v. 19.6.1969, VersR **1969,** 1111; *Willenberg,* KVO, § 16 Rz. 29; **a. A.** OLG Düsseldorf v. 12.1.1984, TranspR **1984,** 106, 107). Der Antrag muß zu erkennen geben, ob nur das Gewicht oder auch die Stückzahl kontrolliert werden soll. Das **Gewicht** ist auch dann ohne Antrag festzustellen, wenn es im Frachtbrief nicht angegeben ist (§ 11 I e KVO). Die Pflicht zu wiegen entfällt, wenn die Wiegevorrichtungen am Versandort oder an einem anderen Ort (§ 16 IV 4 KVO) nicht ausreichen oder wenn die Verwiegung wegen der Beschaffenheit des Guts oder der Betriebsverhältnisse mit unzumutbaren Belastungen verbunden (z. B. größere Umwege) ist. Dabei ist von den Betriebsverhältnissen eines ordentlichen Unternehmers auszugehen. Der Unternehmer hat dafür zu sorgen, daß das Leergewicht seines Fahrzeugs bekannt ist (**a. A.** *Willenberg,* KVO, § 16 Rz. 36). Er hat zu beweisen, daß er ausnahmsweise nicht zur Gewichtskontrolle verpflichtet war.

Die Feststellung der Stückzahl hat nach Treu und Glauben immer **am Versandort** zu erfolgen. Das Gewicht darf nur dann außerhalb des Versandortes festgestellt werden, wenn dies am Versandort unmöglich ist oder mit unzumutbaren Belastungen verbunden ist. Der Unternehmer hat dies zu beweisen. Der **Absender** oder sein Beauftragter sind nur **zuzuziehen**, wenn sie dies im Frachtbrief verlangen und die Kontrolle am Versandort erfolgt. Der Antrag kann auch später gestellt werden (§ 16 V KVO). Zu den von den Angaben des Absenders abweichenden Feststellungen des Unternehmers s. oben Rz. 6. Der Absender, der Antrag auf Feststellungen gestellt hat oder das Gewicht nicht angegeben hat, hat die **tarifmäßige Gebühr** zu entrichten (§ 16 IV 3 KVO; GFT II/5 Nr. II, III (abgedr. *Hein/Eichhoff/Pukall/Krien,* Güterkraftverkehrsrecht, C 525)). Kontrolliert der Unternehmer **ohne Antrag** das angegebene **Gewicht**, so greift § 16 VI KVO ein. Zur Feststellung von Stückzahl und/oder Gewicht **am Bestimmungsort** s. § 25 V KVO. Zur **Bescheinigung der Feststellungen** im Frachtbrief s. oben Rz. 7.

Beweislast: Zur Beweislastverteilung in Hinblick auf die vom Unterneh- 9
mer **erteilten echten Bescheinigungen** s. oben Rz. 5. Die dort aufgestellten Regeln greifen ohne Rücksicht darauf ein, ob der Unternehmer zu Feststellungen verpflichtet war oder nicht (OLG Hamburg v. 14.7.1967, VersR **1967,** 1047; OLG Köln v. 19.6.1969, VersR **1969,** 1111; OLG Düsseldorf v. 12.1.1984, VersR **1984,** 580). Deshalb spielt es auch keine Rolle, ob die Bescheinigung im Frachtbrief oder anderweitig erteilt worden ist (OLG Düsseldorf v. 12.1.1984, TranspR **1984,** 106, 107). Hat der Unternehmer **keine Bescheinigung erteilt,** sondern nur den Frachtbrief übernommen, war er aber gemäß § 16 IV KVO verpflichtet, Gewicht und Stückzahl festzustellen, weil der Absender einen Antrag iSd § 16 IV 1 KVO gestellt hatte (Rz. 8), so gilt das oben Rz. 7 zum Stückgut Ausgeführte (*Willenberg,* KVO, § 16 Rz. 47 m. Nachw.). Bestand keine Pflicht des Unternehmers, Feststellungen zu treffen, so wirken die Angaben des Absenders nicht zu dessen Gunsten (ganz h. M.). Die Beweislast für Fehlbestände verbleibt beim Absender (§ 29 KVO Rz. 9). Ebenso ist die Situation dort, wo Angaben zum Gewicht im Frachtbrief fehlen (§ 16 IV 2 KVO). Zwar dient diese Pflicht zur Gewichtsfeststellung auch dem Interesse des Absenders an der Sicherung der Beweislage

(GroßkommHGB-*Helm*, § 452 Anh. II, § 16 KVO Rz. 10). Voraussetzung ist aber auch hier ein Antrag iSd § 16 IV 1 KVO; denn § 16 IV 2 KVO läßt lediglich die Gewichtsangabe, nicht aber den Antrag auf Feststellungen als entbehrlich erscheinen. Die **Wiegepflicht gemäß § 7 GüKTV** (abgedr. *Hein/Eichhoff/Pukall/Krien,* Güterkraftverkehrsrecht, C 175) dient ausschließlich dem öffentlichen Interesse an der Tarifüberwachung und läßt die Beweissituation unberührt. Zur Beweislast bei **Palettenladungen** *Willenberg,* TranspR **1985,** 163.

§ 17 KVO [Beladung der Wagen, Überlastung]

(1) **Die Güter – ausgenommen Stückgüter – sind vom Absender zu verladen. Übernimmt auf Antrag des Absenders der Unternehmer die Verladung, so kann er dafür die im Tarif vorgesehene Gebühr berechnen. Für die betriebssichere Verladung ist der Unternehmer verantwortlich.**

(2) (**weggefallen**)

(3) **Wird am Versandort bei einer vom Absender verladenen Sendung eine Wagenüberlastung festgestellt, so kann der Unternehmer vom Absender die Abladung des Übergewichts verlangen. Geschieht dies nicht alsbald oder wird die Überlastung unterwegs festgestellt, so hat der Unternehmer das Übergewicht auf Gefahr des Absenders abzuladen. Der abgeladene Teil wird dem Absender zur Verfügung gestellt. Trifft dieser binnen angemessener Frist keine Anweisung, so gilt § 28.**

Für das auf dem Fahrzeug verbleibende Gewicht wird die Fracht vom Versand- bis zum Bestimmungsort berechnet. Für den abgeladenen Teil wird die Fracht für die durchlaufene Strecke nach dem Frachtsatz berechnet, der vom Versand- bis zum Unterwegsort für die Hauptsendung gilt. Wenn auf Anweisung des Absenders der abgeladene Teil weiter- oder zurückbefördert wird, so ist er als besondere Sendung zu behandeln und für ihn die tarifmäßige Fracht zu berechnen.

Für Ab- und Aufladen, Einlagerung und Wagenaufenthalt können die tarifmäßigen Gebühren erhoben werden.

Literatur: siehe vor § 1 KVO.

Übersicht

	Rz.
A. Allgemeines	1
B. Die Beladung	
I. Stückgut	
1. Pflicht zur Beladung	2
2. Haftung des Unternehmers	4
3. Verantwortung des Absenders für die Mitwirkung bei der Beladung	5
II. Ladungsgut (§ 4 b KVO)	
1. Pflicht zur Beladung mangels besonderer Vereinbarung	
a) Beförderungssicherheit	9
b) Schäden vor Beendigung der Beladung	
c) Schäden während des Transports	
d) Schädigung des Frachtführers	
e) Einzelheiten	10
2. Hinweispflichten	13
3. Vereinbarung über die Beladepflicht	14
III. Betriebssicherheit (§ 17 I 3 KVO)	
1. Pflicht zur betriebssicheren Verladung	15
2. Rechtsfolgen betriebsunsicherer Verladung	16

	Rz.		Rz.
C. Überladung (§ 17 III KVO)	17	1. Entladeobliegenheit des Empfängers	21
D. Entladung		2. Entladepflicht des Unternehmers	22
I. Allgemeines, Diskussionsstand	18		
II. Vereinbarung über die Entladung	19	**E. Vergütung**	23
III. Fehlen einer Vereinbarung	20		
IV. Modalitäten der Entladung		**F. Beweislast**	24

A. Allgemeines

§ 17 KVO regelt nur die Beladung. Die Pflicht zur Entladung wird in der KVO nicht ausdrücklich normiert, so daß die maßgeblichen Grundsätze aus allgemeinen transportrechtlichen Prinzipien entwickelt werden müssen. 1

B. Die Beladung

I. Stückgut

1. Pflicht zur Beladung

Ein Umkehrschluß aus § 17 I 1 KVO ergibt, daß der Unternehmer Stückgut (zum Begriff § 4 Rz. 3) immer **beförderungssicher** (unten Rz. 9) zu verladen hat (**a. A.** *Oeynhausen,* TranspR **1981,** 139, 140). Das heißt, daß der Unternehmer das Gut, das zum Fahrzeug geschafft worden war, auf das Fahrzeug verbringen, es dort so ordnungsgemäß stapeln, verstauen und sichern muß, daß es normale Transportabläufe auf geeigneten beförderungssicheren und betriebssicheren Fahrzeugen ohne Schaden übersteht. **Entgegen** der ganz h. M. (*Willenberg,* KVO, § 17 Rz. 28; *Muth/Andresen/Pollnow,* KVO, § 17 Anm. 1; *v. Tegelen,* BB **1970,** 560, 561; GroßkommHGB-*Helm,* § 452 HGB, Anh. II, § 17 KVO Rz. 4 jeweils m. Nachw.; obiter dictum auch BGH v. 28.5.1971, VersR **1971,** 755, 756) steht die **Verladepflicht** nicht zur Disposition der Parteien, da die Entlastung von der Ladepflicht wirtschaftlich eine tarifwidrige Preiserhöhung darstellt (§ 22 II 2 GüKG), wenn tarifmäßige Höchstsätze bestehen (so Nr. 4 I GFT II/1; abgedr. *Hein/Eichhoff/Pukall/Krien,* Güterkraftverkehrsrecht, C 521). Die Beladung ist in die Stückguttarife einkalkuliert (*Muth/Andresen/Pollnow,* KVO, § 17 Anm. 2). § 11 II f KVO steht dem nicht entgegen, da die Vorschrift auf den Fall zugeschnitten ist, daß die Regelung der Ladepflicht ausdrücklich zur Disposition der Parteien steht (§ 17 I 2 KVO) oder daß keine bestimmte Partei zur Ladetätigkeit verpflichtet ist (z. B. Entladung § 17 KVO Rz. 18). Gleiches gilt für § 33 b KVO. Die Ladepflicht kann daher im Rahmen des Beförderungsvertrages nur dadurch modifiziert werden, daß sich die Parteien über den Transport als Stückgut oder Ladungsgut einigen (§ 4 KVO Rz. 3 f). Haben die Parteien den Transport als Stückgut verabredet, so darf sich der Unternehmer seiner Verladepflicht nicht nachträglich entziehen, indem er mit dem Absender, der das Gut verlädt, einen Erlaßvertrag (§ 397 BGB) schließt (so aber *Willenberg,* KVO, § 17 Rz. 29; *Roesch,* BB **1982,** 20). Dieser Vertrag verstößt ebenfalls, abgesehen von der Willensfiktion, gegen § 22 II 2 GüKG (vgl. *v. Tegelen,* BB **1970,** 560, 561; so i. E. auch GroßkommHGB-*Helm,* § 452 Anh. II, § 17 2

KVO Rz. 4). Es kann auch entgegen der ganz h. M. nicht angenommen werden, daß kraft Natur der Sache die Beladeverpflichtung des Unternehmers endet, wenn er die Beladung wegen des Gewichts oder der Sperrigkeit der Güter nicht mit Hilfe seines Fahrers und bordeigener Hilfsmittel vornehmen kann (so aber OLG Frankfurt v. 15.5.1979, DB **1979,** 2031; *Willenberg,* KVO, § 17 Rz. 30 sowie *Muth/Andresen/Pollnow,* KVO, § 17 Anm. 2 mit nicht voll einschlägigen Hinweisen auf BGH, VersR **1958,** 376; ablehnend zu Recht GroßkommHGB-*Helm,* § 452 Anh. II, § 17 KVO Rz. 4; OLG Köln v. 13.5.1955, NJW **1955,** 1320). Der Unternehmer, der nicht selbst beladen will oder kann und gleichwohl einen Vertrag über die Beförderung von Stückgut geschlossen hat, ist nämlich in keiner Weise daran gehindert, sich der Hilfe Dritter, die ausreichend gerüstet sind, zu bedienen. Er kann sie als Subunternehmer einschalten.

3 Der Unternehmer darf jedoch unter Beachtung des § 22 II GüKG mit dem Absender eine **außerhalb des eigentlichen Beförderungsvertrages stehende Abrede** über die Beladung treffen. Denkbar ist, wenn die Beladung unter der Regie des Unternehmers stehen soll, einen entgeltlichen (§ 354 HGB) Werkvertrag, sonst einen Dienstverschaffungsvertrag zu schließen. In der Praxis werden freilich derartige Abreden kaum jemals anzutreffen sein. Eher ist daran zu denken, daß sich die Parteien, die eine Beladung durch den Absender vereinbaren, dahin **einigen,** daß das **Gut als Ladungsgut** befördert wird (§ 4 KVO Rz. 4). Diese Einigung kann auch noch nach Vertragsschluß erfolgen und ändert den ursprünglichen Beförderungsvertrag ab. Auf diese Weise lassen sich auch die Fälle lösen, in denen die Parteien davon ausgehen, daß dem Unternehmer die Beladung des Fahrzeugs mit dem Fahrer und bordeigenen Mitteln nicht, dem Absender mit seinen Hilfsmitteln aber ohne weiteres möglich ist. In derartigen Fällen wird im Zweifel die Beförderung des Guts als Ladungsgut vereinbart, auch wenn im Frachtbrief von Stückgut die Rede ist. Die Abrede über die Beförderung als Stückgut wird jedoch nicht schon dadurch geändert, daß der Absender oder sein Personal bei der Beladung mitwirkt (BGH v. 28.5.1971, VersR **1971,** 755, 756). Auch dort, wo der Absender die Beladung selbstverantwortlich erledigt, denken die Parteien im Zweifel nicht an eine Vertragsänderung (anders aber GroßkommHGB-*Helm,* § 452 Anh. II, § 17 KVO Rz. 4; *Willenberg,* KVO, § 17 Rz. 28 f).

2. Haftung des Unternehmers

4 Der Unternehmer haftet gemäß den §§ 29, 33 b KVO für Schäden, die entstanden sind, nachdem das Gut zum Fahrzeug geschafft worden ist und der Unternehmer Verfügungsgewalt erlangt hat (§ 15 KVO Rz. 6). § 33 b KVO stellt klar, daß die verschuldensunabhängige Haftung schon mit der Beladung beginnt (str.; vgl. *Willenberg,* KVO, § 17 Rz. 25).

3. Verantwortung des Absenders für die Mitwirkung bei der Beladung

5 Unter dem Aspekt der Verantwortlichkeit für Ladeschäden, die der Absender oder seine Leute bzw. vom Absender eingesetzte Dritte (z. B. Versender) beim Beladen herbeigeführt haben, ist zu **differenzieren.**

a) Haben die Parteien (nachträglich) die Beförderung **als Ladungsgut** vereinbart, so gelten die bei Rz. 9 f dargestellten Regeln.

b) Ist die Beförderung von **Stückgut** vereinbart, so ist **zu unterscheiden**, ob der Absender bei der Beladung auf eigene Regie nach eigenen Vorstellungen oder ob seine Leute bzw. seine Beauftragten unter der Leitung des Unternehmers tätig werden sollten.

aa) Sollte der **Absender nach eigenen Vorstellungen** laden, so kann dem 6
Verhältnis der Parteien ein Werkvertrag oder ein gemäß § 22 II GüKG unwirksamer Auftrag oder ein Gefälligkeitsverhältnis zugrundegelegen haben. In allen diesen Fällen ist das Gut zwar iSd §§ 15, 29 KVO „angenommen", weil der Absender in dem dem Unternehmer zugewiesenen Tätigkeitsbereich agiert. Der Absender muß sich jedoch sein schuldhaftes Verhalten und das seiner Leute gemäß § 34 I c KVO, § 278 BGB zurechnen lassen; denn er steuert das Verhalten seiner Leute und vermag das Risiko etwaiger Pflichtwidrigkeiten der unter seiner Leitung stehenden Arbeitnehmer besser zu kalkulieren. Zum gleichen Ergebnis kommt man, wenn man berücksichtigt, daß der Absender den Unternehmer im Fall des Werkvertrages aus § 635 BGB bzw. positiver Forderungsverletzung, im Fall des (nichtigen) Auftrages aus Schutzpflichtverletzung (pFV bzw. c.i.c.) von Schadensersatzansprüchen freizustellen hat. Auch im Rahmen eines Gefälligkeitsverhältnisses sollten jedenfalls Kaufleute wegen Schutzpflichtverletzung haften müssen (*Flume,* Das Rechtsgeschäft, 2. Aufl. § 7.7; *Hübner,* Allgemeiner Teil des BGB (1985) Rz. 380; str.). Diese Wertung rechtfertigt es, dem Absender im Rahmen von Gefälligkeitsverhältnissen nicht nur sein eigenes schädigendes Verhalten, sondern gemäß § 278 BGB auch das schädigende Verhalten seiner unter seiner Leitung stehenden Leute zuzurechnen. Dieses Mitverschulden wird dem Absender voll angelastet, da die Mitwirkung des Absenders nicht notwendig unentgeltlich geschieht. Gemäß § 23 II 3 GüKG kann er nämlich für seine Hilfstätigkeit unter Umständen Wertausgleich verlangen (*v. Tegelen,* BB **1970,** 560, 561; § 22 GüKG Rz. 9). Nimmt man allerdings an, daß der Absender keinen Wertausgleich erhält, so mindert dies nach allgemeinen Rechtsgrundsätzen die Zurechnung des Mitverschuldens (*Flume,* aaO, § 7.6; zurückhaltend MüKo-*Seiler,* BGB, § 662 Rz. 58 m. Nachw. zum Streitstand).

bb) Häufig wird es auch so sein, daß der **Absender** dem Unternehmer 7
lediglich **seine Leute zur Verfügung stellt,** damit diese unter dessen Leitung die Beladung vornehmen. Auch in dieser Variante ist das Gut iSd §§ 15, 29 KVO mit Beginn der Beladung angenommen. Erfolgt die Beladung auf der Basis einer vertraglichen Abrede, so stellt der Absender seine Leute im Rahmen eines Dienstverschaffungsvertrages zur Verfügung. Die Leute des Absenders sind dann nicht Erfüllungsgehilfen des Absenders (BGH, NJW **1971,** 1129; v. 14.7.1970, VersR **1970,** 934, 935; v. 15.2.1978, **1978,** 522; MüKo-*Hanau,* BGB, § 278 Rz. 20 m. Nachw.), sondern Gehilfen des Unternehmers. Daran ändert auch der Umstand nichts, daß die Leute des Absenders grundsätzlich dessen Obhutsgehilfen sind, für die er im Rahmen des § 254 BGB und des § 34 I c KVO einzustehen hat (vgl. § 6 KVO Rz. 6); denn eine Zurechnung gemäß § 278 BGB setzt jedenfalls in Hinblick auf Arbeitnehmer voraus, daß der Zurechnungsadressat (der Absender) das Risiko konkret steuern und kalkulieren kann (vgl. *Koller,* RdA **1982,** 46, 48 m. Nachw.).

Dem Absender kann Mitverschulden daher nur dann vorgeworfen werden, wenn ihn ein Auswahlverschulden trifft. Gleiches gilt erst recht, wenn der Absender seine Leute freiwillig aus Gefälligkeit zur Verfügung stellt (vgl. OLG München v. 23.11.1983, VersR **1985,** 1137).

8 cc) Sind **Arbeitnehmer** bzw. sonstige Beauftragte **des Absenders aus freien Stücken** bei der Beladung tätig geworden, so kann deren Verhalten dem Absender ebenfalls nicht zugerechnet werden, falls die Beladetätigkeit unter der Leitung des Unternehmers stand. Allenfalls kann dem Absender vorgeworfen werden, daß er nicht Weisung gegeben hatte, sich von gefahrenträchtigen Ladeaufgaben fern zu halten. Haben die Leute des Absenders das Gut **auf eigene Faust** geladen und ist ihnen dabei ein Fehler unterlaufen, so sind hier die gleichen Grundsätze anzuwenden, die für die Zurechnung von Schutzpflichtverletzungen gelten (s. § 6 KVO Rz. 6). Der Absender muß sich daher im Rahmen der §§ 34 c KVO, 254 BGB das Verhalten seiner Leute und sonstigen Beauftragten (§ 278 BGB) zurechnen lassen, denen er gesteigerte Einwirkungsmöglichkeiten auf seine Güter eröffnet hatte, auch wenn diese nicht gerade zur Sicherung der Güter bestellt worden waren (enger wohl *Soergel/Mertens,* BGB, § 254 Rz. 95). Die Tatsache, daß Leute des Absenders aus freien Stücken beim Laden mitgewirkt haben, schiebt die Annahme iSd §§ 15, 29 KVO nicht hinaus, wenn dies im Einverständnis mit dem Unternehmer erfolgte.

II. Ladungsgut (§ 4 b KVO)

1. Pflicht zur Beladung mangels besonderer Vereinbarung

9 **a) Beförderungssicherheit**. Gemäß § 17 I 1 KVO ist der Absender mangels besonderer Vereinbarung (Rz. 14) verpflichtet (richtiger: Obliegenheit), das Fahrzeug zu beladen; der Unternehmer hat für *Betriebssicherheit* (Rz. 15) zu sorgen. Dabei hat der Absender das Gut so auf der Ladefläche zu verstauen, daß es durch normale, beförderungsbedingte Einflüsse nicht beschädigt wird (Beförderungssicherheit). Die Obliegenheit des Absenders, das Gut durch sachgerechte Beladung und Befestigung zu schützen, kann weniger auf § 26 IV f KVO zurückgeführt werden (**a. A.** BGHZ **32,** 194, 197), da § 26 IV f KVO das Ruhen der Lieferfrist auch dann anordnet, wenn der Unternehmer nicht ausreichend für Betriebssicherheit gesorgt hatte, ihn dabei aber kein Verschulden getroffen hatte. Vielmehr geht es um eine *Aufteilung der Verantwortungssphären nach Berufsrollen*. Der Absender bzw. Versender als Warenfachmann oder als Beauftragter eines Warenfachmanns und Kenner der Verpackung weiß besser, wie empfindlich das Gut gegenüber Beförderungseinflüssen ist, wie es am besten gesichert und am besten gestapelt werden kann (BGHZ **32,** 194, 198; OLG Hamburg v. 29.11.1984, TranspR **1985,** 130, 131; *Roesch,* BB **1982,** 21). Der Unternehmer ist hingegen mit seinen Spezialkenntnissen in Hinblick auf die individuellen Eigenschaften des Fahrzeugs (z. B. Stabilität) verpflichtet, dafür zu sorgen, daß die normalen, zulässigen Beförderungsbedingungen in allen Verkehrslagen erhalten bleiben (BGH v. 20.3.1970, VersR **1970,** 459; OLG Düsseldorf v. 14.7.1987, VersR **1987,** 1132; zutr. GroßkommHGB-*Helm,* § 452 Anh. II, § 17 KVO Rz. 11).

Die Trennung der Verantwortungssphären darf nicht verabsolutiert werden. Zwar widerspricht es einer effizienten Aufgabenteilung, die Parteien zur Doppelarbeit anzuhalten. Es widerspricht jedoch auch der Effizienz, Schadensverhütungsmöglichkeiten, die auf der Hand liegen, die also keiner besonderen Anstrengungen bedürfen, nicht wahrzunehmen.

b) Schäden vor Beendigung der Beladung. Hat der Absender zu verladen und hat er oder ein von ihm Beauftragter verladen, so gehen Schäden vor Beendigung der Beladung grundsätzlich zu seinen Lasten, da der Schaden vor Annahme des Guts durch den Unternehmer entsteht (§ 29 KVO Rz. 3). Zur Mitwirkung des Unternehmers bei der Beladung unten Rz. 12.

c) Schäden während des Transports. Ist der Schaden infolge beförderungsunsicherer Verladung durch den Absender oder einen von ihm Beauftragten erst während des Transports (§ 29 KVO) eingetreten, so ist eine Haftung des Unternehmers gemäß § 34 I c KVO ausgeschlossen, wenn der Absender *schuldhaft schlecht verladen* hat (BGHZ **32,** 194, 198; OLG Frankfurt v. 15.5.1979, VersR **1980,** 144; str., s. § 34 KVO Rz. 14). Weil sich der Unternehmer nur bei einem Verschulden des Absenders entlasten kann, bleibt das Risiko der beförderungsunsicheren Beladung zum Teil beim Frachtführer hängen. Dies widerspricht einer klaren Trennung der Risikosphären, wie sie Art. 17 IV c CMR, § 83 lit. c EVO vornimmt. Es ist jedoch die eindeutige Entscheidung der KVO zu respektieren (OLG Hamburg v. 15.2.1990, TranspR **1990**, 242 f). Zum *Mitverschulden* des Unternehmers s. unten Rz. 13, 16.

d) Schädigung des Frachtführers. Erleidet der Frachtführer durch mangelhafte Verladung Schäden, so ist § 18 III KVO nicht analog anzuwenden (**a. A.** *Konow,* TranspR **1988,** 229, 230), da der Absender bei der Verpackung im Vergleich zur Verladung über erheblich größere Beherrschbarkeitsvorsprünge verfügt, die eine verschuldensunabhängige Haftung rechtfertigen. Soweit der Absender ein Spediteur ist, der sich auf den Versender verlassen muß, ist die verschuldensunabhängige Haftung gemäß § 18 III KVO dadurch gerechtfertigt, daß der Spediteur beim sachkundigen Versender voll Rückgriff nehmen kann (§§ 407 II, 396 II HGB). Es muß daher nicht der Frage nachgegangen werden, ob der Versender, der schlecht verpacktes Gut beim Spediteur anliefert, Erfüllungsgehilfe des Spediteurs ist, was wohl zu verneinen ist. Verlädt der Spediteur als Absender oder ein sonstiger Absender schlecht, so kann demnach nur nach den Regeln der positiven Forderungsverletzung Schadensersatz gefordert werden.

e) Einzelheiten. Der Absender oder sein Beauftragter (z. B. der Versender; **10** § 278 BGB) haben das Gut auf die Ladefläche des Fahrzeugs **abzusetzen,** dort zu **stapeln,** zu **verstauen** und **beförderungssicher zu befestigen.** Das Gut muß gegen die Erschütterungen und Schwankungen, gegen Umfallen, Verschieben, Herabfallen im Rahmen eines *normal verlaufenden Transports* gesichert werden (BGHZ **32,** 194, 197; OLG Hamburg v. 15.2.1990, TranspR **1990**, 242; OLG Hamm v. 31.3.1980, VersR **1980,** 966). Dazu gehört auch die Sicherung gegen Notbremsungen (OLG Hamm v. 31.3.1980, VersR **1980,** 966; OLG Düsseldorf v. 2.4.1984, MDR **1984,** 945), gegen plötzliche Ausweichmanöver, gegen schlechte Straßenverhältnisse (vgl. OGH Wien v. 18.12.1984, TranspR **1986,** 372, 374; OLG Hamm, VersR **1973,** 911, 912;

OLG Hamburg, TranspR **1987,** 436; Namur, ETR 1965, 133 [CMR]), gegen die Fliehkräfte in Kurven (OLG Hamburg v. 15.2.1990, TranspR **1990**, 242), nicht aber gegen Unfälle. Der Absender darf nicht davon ausgehen, daß der Unternehmer besonders *vorsichtig und langsam fährt (Willenberg,* KVO, § 17 Rz. 5; einschr. OLG Hamburg v. 15.2.1990, TranspR **1990**, 242: normalerweise). Dahingehende Abreden sind tarifwidrig (*Roesch,* BB **1982,** 20, 21; einschränkend *Oeynhausen,* TranspR **1981,** 139, 142; **a. A.** OLG Düsseldorf v. 29.11.1979, VersR **1980,** 276). Der Unternehmer, der derartige Zusagen gibt, kann aber aus c.i.c. haften (§ 22 GüKG Rz. 3). Den Absender trifft ein Mitverschulden, wenn er mit der Unverbindlichkeit der Zusage rechnen mußte (§ 22 GüKG Rz. 3). Der Absender kann mangels besonderer Hinweise bei seinen Verlademaßnahmen davon ausgehen, daß das Fahrzeug die üblichen Eigenschaften aufweist (z. B. die Bordwände im üblichen Maß stabil sind). Befindet sich auf dem Fahrzeug *bereits Gut anderer Absender,* so darf der Absender unterstellen, daß dieses Gut ausreichend gegen Verschieben oder Umfallen gesichert ist; denn die Obliegenheiten und Risiken des Absenders dürfen nicht dadurch erhöht werden, daß der Unternehmer ein teilweise beladenes Fahrzeug einsetzt. Der Absender darf jedoch nicht ohne weiteres annehmen, daß das bereits geladene Gut als Befestigungsmittel oder Stütze eingesetzt werden kann. Der Absender hat auch dafür zu sorgen, daß die Restpartie nach Entladung von Teilpartien stabil bleibt (*Roesch,* BB **1982,** 20, 22). Der Unternehmer muß andererseits darauf achten, daß die Ladung durch spätere Absender nicht verändert oder deren Stabilität beeinträchtigt wird (OLG Düsseldorf v. 13.1.1972, VersR **1973,** 178). Zwischen nacheinander ladenden Absendern besteht keine Gemeinschaft. Vielmehr ist der Unternehmer, der sein Fahrzeug voll auslasten will, gehalten, sein Fahrzeug jedem Absender in beförderungsgeeignetem Zustand zu stellen und es nach beförderungssicherer Beladung in diesem Zustand zu erhalten.

11 Der Unternehmer hat nur ein **beförderungssicheres, geeignetes** (OLG Frankfurt v. 15.5.1979, VersR **1980,** 144; OLG Hamburg v. 29.11.1984, TranspR **1985,** 130, 131; § 14 KVO Rz. 7) **Fahrzeug** zu stellen. Von der Betriebssicherheit (Rz. 15) abgesehen, hat er mithin grundsätzlich bei der Beladung nicht mitzuwirken. Er ist auch **nicht verpflichtet,** die Beladung auf ihre **Beförderungssicherheit hin zu kontrollieren.** Eine *Ausnahme* gilt aber dort, wo die Beladung die Bedienung technischer Anlagen des Fahrzeugs erfordert. Dem Grundsatz zufolge, daß der Unternehmer den Beladevorgang insoweit zu steuern hat, als er typischerweise über den größeren Sachverstand verfügt, hat der Unternehmer die besonderen technischen Bord- und Kontrolleinrichtungen des Fahrzeugs zu betätigen (*Piper,* Höchstrichterliche Rechtsprechung, aaO, Rz. 231; vgl. auch § 17 KVO Rz. 14). So muß der Unternehmer bei Tank- und Silofahrzeugen dafür sorgen, daß das Fahrzeug leer ist, daß kein Gut auslaufen kann, daß die Pumpe arbeitet (§ 17 I 3 KVO analog; ebenso i. E. GroßkommHGB-*Helm,* § 452 Anh. II, § 17 KVO Rz. 4; *Willenberg,* KVO, § 17 Rz. 21). Ebenso für Pkw-Transportfahrzeuge *Roesch,* BB **1982,** 22; **a. A.** OLG Düsseldorf v. 10.5.1979, VersR **1979,** 862. Für die vertragsgemäße (§ 14 KVO Rz. 7) *Reinheit von Tank- und Silofahrzeugen* ist der Unternehmer schon deshalb verantwortlich, weil er ein beförderungssicheres Fahrzeug zu stellen hat (OLG Hamburg v. 19.12.1985, TranspR **1986,**

146; **a. A.** *Roesch,* VersPrax **1976,** 240). Hat der Frachtführer ein ungeeignetes Fahrzeug eingesetzt, so trifft ihn eine gesteigerte Kontrollpflicht; ebenso bei Kenntnis von Verladefehlern (OLG Hamburg v. 29.11.1984, TranspR **1985,** 130, 131). Zur Prüfungspflicht des Absenders § 14 KVO Rz. 10). Zur Frage, ob sich der **Unternehmer** zurechnen lassen muß, daß er **die mangelnde Beförderungssicherheit erkannt** hat oder daß sie **evident** war, s. § 17 KVO Rz. 12, 13.

Wird der **Unternehmer** oder einer **seiner Leute bei der Beladung tätig**, **12** ohne daß besondere technische Anlagen zu betätigen sind, so soll nach h. M. eine reine Gefälligkeit, insbesondere der Fahrer, vorliegen (BGH v. 28.5.1971, VersR **1971,** 755; *Willenberg,* KVO, § 6 Rz. 27 f; § 17 Rz. 6; **abw.** OLG Düsseldorf v. 14.7.1987, VersR **1987,** 1132). Die Fahrer des Unternehmers werden als Erfüllungsgehilfen des Absenders qualifiziert (OLG Hamm v. 19.2.1973, NJW **1973,** 2163; *Willenberg,* KVO, § 6 Rz. 27). Es ist jedoch in erster Linie zu prüfen, ob nicht die Beladung durch den Unternehmer oder seine Leute aufgrund einer auch stillschweigenden Abrede zwischen den Parteien geschieht, die eine **Ladepflicht des Unternehmers** begründet hat. Diese Abrede ist formlos möglich (§ 11 KVO Rz. 1, 3; str.) und kann in Abänderung des ursprünglichen Beförderungsvertrages auch noch während des Beladevorgangs getroffen werden. Aus der bloßen Mitwirkung des Fahrers kann nicht auf eine derartige Abrede geschlossen werden (OLG Düsseldorf v. 10.5.1979, VersR **1979,** 862; v. 29.9.1988, TranspR **1989**, 10,12). Hingegen ist eine derartige Abrede im Zweifel zu bejahen, wenn der Absender um Hilfe bittet und sie vom Unternehmer (zum Fahrer s. unten) gewährt wird; sie ist zu verneinen, wenn der Absender ersichtlich davon ausgeht, daß die Hilfe kostenlos erfolgt. In der zweiten Fallvariante wird es sich nämlich in aller Regel um eine in Hinblick auf § 22 II GüKG bedenkliche **Gefälligkeit** handeln. Dies bedeutet nicht, daß sich der Unternehmer sein fehlerhaftes Verhalten nicht zurechnen lassen müßte.

Ist ein Güterschaden *vor Beendigung der Beladung* eingetreten und war der Unternehmer nicht zur Beladung verpflichtet, so haftet der Unternehmer mangels Annahme nicht aus § 29 KVO. Er haftet auch für sonstige Schäden nicht aus § 31 I c KVO, weil er außerhalb des Beförderungsvertrages tätig wurde. Er haftet jedoch gemäß den §§ 823 ff BGB und nach den oben (Rz. 6, 7) entwickelten Grundsätzen nach den allgemeinen Regeln der Haftung für Schutzpflichtverletzungen (**a. A.** OLG Düsseldorf v. 10.5.1979, VersR **1979,** 862, das zu wenig differenziert; der BGH [NJW **1982,** 1284] erwägt eine Haftung aus pFV). Ist der *Schaden* infolge schuldhaften Verhaltens des Unternehmers im Rahmen der Gefälligkeitsbeziehungen *erst auf dem Transport* eingetreten, so kann der Unternehmer grundsätzlich dem Absender § 34 I c KVO entgegenhalten. Zwar trifft den Absender selbst kein Verschulden. Der Absender hat sich jedoch das Verhalten des Unternehmers als seines Erfüllungsgehilfen zurechnen zu lassen (§ 278 BGB). Im Rahmen des § 34 I c KVO ist jedoch zu berücksichtigen, daß den Unternehmer zumindest dann ein Mitverschulden trifft (§ 254 BGB), wenn ihm aus seiner Beladetätigkeit Fehler bekannt waren oder sich ihm seine Fehler aufdrängen mußten (s. unten Rz. 13). Außerdem haftet der Unternehmer aus §§ 823 ff BGB und nach den Regeln der Schutzpflichtverletzung (s. oben Rz. 6).

Überläßt der Unternehmer dem Absender (gefälligkeitshalber) lediglich einen oder mehrere seiner **Leute,** z. B. den Fahrer, die nach Weisung des Absenders bei der Beladung mitwirken sollen, so sind diese allerdings nicht Erfüllungsgehilfen des Unternehmers (oben Rz. 7); er hat daher für sie nicht gemäß § 6 KVO oder § 278 BGB einzustehen (ebenso i. E. BGH v. 27.10.1978, VersR **1979,** 83; OLG Düsseldorf v. 27.4.1955, NJW **1955,** 1322, 1323; *Willenberg,* KVO, § 6 Rz. 27; nur insoweit zutreffend *Roesch,* VersR **1952,** 339, 340). Anders ist die Situation, wenn der Fahrer die Beladung verantwortlich übernehmen soll, also im Rahmen der vom Unternehmer geleisteten Gefälligkeit Gehilfe des Unternehmers sein soll.

Hat der **Fahrer auf eigene Faust** bei der Beladung mitgewirkt, so hat der Unternehmer nach vertragsrechtlichen Grundsätzen oder c.i.c. iVm § 278 BGB nicht zu haften (vgl. OLG Düsseldorf v. 29.9.1988, TranspR **1989**, 10, 12), es sei denn, daß ihn ein für den Schaden ursächliches Auswahl- oder Anleitungsverschulden trifft (z. B. keine Weisung an Fahrer, der schon Schäden verursacht hat, die Mitwirkung bei der Beladung zu unterlassen). Zur Haftung aus § 831 BGB s. § 6 KVO Rz. 7. Zur Haftung des Fahrers, *Schmid,* TranspR **1986,** 49. Soweit der Fahrer Weisungen zur betriebssicheren Verladung des Gutes gibt, läßt dies die Verantwortung des Absenders für eine beförderungssichere Verladung unberührt (BGH v. 24.9.1987, VersR **1988,** 244).

2. Hinweispflichten

13 Der **Unternehmer** ist zwar nicht verpflichtet, die **Beförderungssicherheit** zu **kontrollieren** (Rz. 11); er hat aber den Absender auf die unzulängliche Beförderungssicherheit hinzuweisen, wenn er z. B. anläßlich der Kontrolle der Betriebssicherheit (Rz. 15) oder später den Mangel erkennt (GroßkommHGB-*Helm,* § 452 Anh. II, § 17 KVO Rz. 10; *Muth/Andresen/Pollnow,* KVO, § 17 S. 160; vgl. auch BGH v. 20.3.1970, VersR **1970,** 459, 460; Art. 17 CMR Rz. 43). Konnte der Unternehmer den Mangel bei der Routinekontrolle der Betriebssicherheit oder bei sonstiger Gelegenheit ohne weiteres entdecken, war der Mangel also *evident,* so muß er sich das ebenfalls zurechnen lassen, da derartig reduzierte Kontrollpflichten nicht mit ins Gewicht fallenden Kosten verbunden sind und diese Kosten durch das Interesse des Absenders und der Allgemeinheit an der Schadensvermeidung offensichtlich aufgewogen werden (vgl. auch Art. 17 CMR Rz. 43). Der Unternehmer darf seine Fahrt nicht antreten oder fortsetzen, bevor er Weisungen erhalten hat (*Oeynhausen,* TranspR **1981,** 139, 143). § 28 III KVO ist analog anzuwenden. Der Unternehmer, der seine Hinweispflicht verletzt, haftet für Schäden gemäß den §§ 29 ff KVO. Er kann sich auf die mangelhafte Beladung nur im Rahmen des § 254 BGB berufen.

3. Vereinbarung über die Beladepflicht

14 Der Unternehmer kann sich im Beförderungsvertrag oder in Abänderung des Beförderungsvertrages *formlos* (§ 11 KVO Rz. 1, 3, 14) verpflichten, die beförderungssichere Beladung des Guts zu übernehmen. Eine derartige Vereinbarung liegt z. B. vor, sofern nicht bereits die Beförderung als Stückgut verabredet wurde (oben Rz. 2), wenn die Parteien die Beförderung durch ein

Fahrzeug vereinbart haben, das über technische Ladeeinrichtungen verfügt, zu deren Bedienung der Absender zumutbar nicht in der Lage ist (vgl. auch § 17 KVO Rz. 11). Dies ist bei Pkw-Transportfahrzeugen nicht der Fall (OLG Düsseldorf v. 10.5.1979, VersR **1979,** 862). Der Unternehmer hat das Gut so zu verladen, als ob er die Beförderung des Ladungsguts als Stückgut vereinbart hätte (s. oben Rz. 2 f). Zur Mitwirkung des Absenders und seiner Leute gilt das zum Stückgut (Rz. 5) Gesagte. Da bei Ladungsgütern die Beladepflicht zur Disposition der Parteien steht, kann unter Umständen aus der Übernahme der Beladung durch den Absender auf eine zulässige (BGH v. 23.5.1990, NJW-RR **1990**, 1314, 1315) Vertragsänderung mit dem Ziel geschlossen werden, daß die Beladepflicht des Unternehmers und die Vergütungspflicht des Absenders aufgehoben wird. Gleiches gilt bei Verladung durch den Unternehmer (vgl. BGH v. 23.5.1990, NJW-RR **1990**, 1314, 1315).

III. Betriebssicherheit (§ 17 I 3 KVO)

1. Pflicht zur betriebssicheren Verladung

Der Unternehmer ist sowohl bei der Beförderung von Stückgut als auch **15**
bei der Beförderung von Ladungsgut dafür verantwortlich, daß das Gut betriebssicher verladen wird (§ 17 KVO Rz. 9). Es muß so verladen werden, daß das **Fahrzeug mit der Ladung jeder Verkehrslage gewachsen ist,** mit der auf dem in Aussicht genommenen Weg zu rechnen ist (BGH v. 20.3.1970, VersR **1970,** 459). Die auf das Fahrzeug geladenen Güter dürfen also weder die Stabilität des Fahrzeugs (dazu BGH v. 20.3.1970, VersR **1970,** 459), noch dessen Bremsfähigkeit unzulässig beeinträchtigen. Es muß auch gesichert sein, daß das Fahrzeug ordnungsgemäß bedient werden kann und auch ansonsten die straßenverkehrsrechtlichen Sicherheitsvorschriften (insbesondere zulässiges Höchstgewicht, Ausmaß der Beladung, Sicherung hinausragender Güter) gewahrt sind (BGHZ **32,** 194). Der Unternehmer hat sich daher nach dem Gewicht des Guts zu erkundigen (BayObLG v. 24.6.1969, BB **1969**, 1197) sowie dort, wo das Gut die Stabilität des Fahrzeugs gefährden kann, den genauen Stellplatz zu bestimmen (BGH, NJW **1962,** 1059; v. 20.3.1970, VersR **1970,** 459; OLG Düsseldorf, 14.7.1987, VersR **1987,** 1132). Er hat auch die Befestigungen zu kontrollieren, sofern die Gefahr besteht, daß das Fahrzeug durch Gewichtsschwankungen oder Verrutschen des Gutes in seiner Betriebssicherheit beeinträchtigt wird (BGH v. 20.3.1970, VersR **1970,** 459; v. 9.4.1981, VersR **1981,** 748, 749; OLG Hamm v. 31.3.1980, VersR **1980,** 966; vgl. auch BGH, NJW **1985,** 2092). Zusätzliche Befestigung muß der Unternehmer nicht selbst vornehmen, wenn er nicht zur Beladung verpflichtet ist. Er darf aber nicht mit einem mit bloßem Auge oder aufgrund des Fahrverhaltens erkennbar wahrscheinlich (vgl. BayObLG v. 24.6.1969, BB **1969**, 1197) betriebsunsicheren Fahrzeug die Fahrt antreten oder fortsetzen (BGH v. 9.4.1981, VersR **1981,** 748, 749). § 28 III KVO ist analog heranzuziehen. Der Unternehmer muß bei der gesamten Verladung anwesend sein, wenn erkennbar nur so die Betriebssicherheit gewährleistet werden kann. Die Betriebssicherheit muß während des gesamten Transports garantiert sein.

2. Rechtsfolgen betriebsunsicherer Verladung

16 Die Pflicht zur betriebssicheren Verladung dient nicht nur den Interessen der Allgemeinheit an der Verkehrssicherheit (*Roesch,* BB **1982,** 20, 23), sondern ist Ausfluß des besonderen Sachverstandes des Unternehmers (BGH v. 20.3.1970, VersR **1970,** 459), der dem Absender sowie Empfänger im Rahmen des Beförderungsvertrages arbeitsteilig zugutekommen soll (GroßkommHGB-*Helm,* § 452 Anh. II, § 17 KVO Rz. 7). Hatte der Unternehmer das Gut zu verladen (oben Rz. 2, 11, 14) und wird das Gut infolge eines Mangels der Betriebssicherheit beschädigt, so **haftet der Unternehmer** gemäß den §§ 29, 33 b KVO. Auf höhere Gewalt (§ 34 a KVO) darf er sich nicht berufen. Die Haftung kann gemäß den §§ 34 c KVO, 254 BGB ausgeschlossen oder gemindert sein, wenn der Absender oder sein Beauftragter den Unternehmer nicht auf die Gefahr mangelnder Betriebssicherheit aufmerksam gemacht hat, obwohl ihm diese bekannt war (GroßkommHGB-*Helm,* § 452 Anh. II, § 17 KVO Rz. 10; vgl. auch OLG Düsseldorf v. 14.7.1987, VersR **1987,** 1132, 1133), oder obwohl für sie der Mangel evident war (vgl. Rz. 13) oder die Eintragungen im Frachtbrief falsch bzw. unzulänglich waren (§ 13 KVO). Der Unternehmer haftet ferner voll, falls der Absender zu verladen hatte (Rz. 9) und der Schaden ausschließlich infolge der vom Unternehmer zu verantwortenden Betriebsunsicherheit eingetreten ist (z. B. stabilitätswidrige Verladung BGH, NJW **1962,** 1059; *Willenberg,* KVO, § 17 Rz. 43).

War das Gut vom Absender schuldhaft (Art. 17 KVO Rz. 9) **nicht beförderungssicher** verladen worden und verstieß die Verladung **außerdem gegen die Gebote der Betriebssicherheit** (z. B das Gut war nicht ausreichend gegen Verrutschen gesichert, durch Verrutschen wurde die Stabilität des Fahrzeugs aufgehoben und das Gut kippte vom Fahrzeug), so ist der Unternehmer gemäß § 254 BGB teilweise zum Schadensersatz verpflichtet (BGHZ **32,** 194, 199; BGH, NJW **1962,** 1059; VersR **1970,** 459; dies berücksichtigt BGH v. 9.4.1981, VersR **1981,** 748, 749, nicht). Voraussetzung ist allerdings immer, daß der Schaden dadurch verursacht worden war, daß das Fahrzeug die Betriebssicherheit verloren hatte, also z. B. nicht mehr ausreichend stabil war (BGH, VersR **1970,** 459). Zu einem Unfall muß es nicht gekommen sein. Wurde das Gut geschädigt, ohne daß der betriebsunsichere Zustand des Fahrzeugs dafür kausal war, so hat der Unternehmer nur einzustehen, wenn ihn die Ladepflicht traf oder er seine Hinweispflicht verletzt hat (§ 17 KVO Rz. 4, 11, 13, 14; zur Mitwirkung des Unternehmers, in Fällen, in denen der Absender zu verladen hatte, Rz. 12).

Der Unternehmer, der die Betriebssicherheit vernachlässigt, **haftet ferner unabdingbar (§ 29 KVO Rz. 10) gemäß §§ 823 I, 831 BGB** (BGH v. 7.11.1961, VersR **1962,** 37; VersR **1970,** 459). Dies ergibt sich schon aus den allgemeinen Grundsätzen der Verkehrssicherungspflicht.

C. Überladung (§ 17 III KVO)

17 Die Verhinderung der Überladung ist Teil der Sorge für die Betriebssicherheit (Rz. 15). Darüber hinaus hat der zur Beladung verpflichtete Absender die Höchstgrenze der Beladung einzuhalten. Der Unternehmer hat ihn ausreichend zu informieren. Hat er dies nicht getan, so haftet er aus positiver Forderungsverletzung. Der Absender haftet bei falschen oder unzureichenden Frachtbriefangaben aus § 13 KVO und § 823 I BGB; dort, wo ein Frachtbrief fehlt, aus positiver Forderungsverletzung und § 823 I BGB.

D. Entladung

I. Allgemeines, Diskussionsstand

18 Die KVO sagt nicht ausdrücklich, wer die Entladung des Guts vorzunehmen hat. Vereinzelt wird eine Analogie zu § 17 I KVO gezogen (OLG Celle v. 6.4.1955, VersR **1956,** 93; *v. Tegelen,* BB **1970,** 560, 562). Gegen diese Lösung spricht, daß mit der Entladung in ihrer Eigenart von der Beladung gänzlich verschiedene Arbeitsvorgänge verbunden sein können, so daß es als wenig sinnvoll erscheint, davon auszugehen, daß immer derjenige, der zur Beladung verpflichtet ist, auch die Entladung durchzuführen hat (zutreffend GroßkommHGB-*Helm,* § 452 HGB Anh. II, § 17 KVO Rz. 13). So ist es wenig zweckmäßig, den Empfänger von Schüttgut analog § 17 I 1 KVO für entladepflichtig zu halten, wenn das Gut leicht vom Wagen abgekippt werden kann. Die Verteilung der Entladepflicht bzw. Obliegenheit kann auch nicht aus § 17 III letzter Satz KVO (so *Roesch,* VersR **1952,** 339, 340), aus § 11 II f KVO (*Willenberg,* KVO, § 17 Rz. 60; *Muth/Andresen/Pollnow,* KVO, § 17 Anm. 1), oder aus den §§ 29, 33 b KVO (*Willenberg,* KVO, § 17 Rz. 60 m. Nachw.) abgeleitet werden. Aus § 17 III letzter Satz KVO ergibt sich nur, daß der Unternehmer zum Abladen verpflichtet sein kann, nicht aber, wann er dazu verpflichtet ist. Aus § 11 II f KVO läßt sich nur entnehmen, daß Vereinbarungen möglich sind, nicht aber, daß die Vereinbarung erst die Entladepflicht begründet, da auch lediglich befreiende Vereinbarungen denkbar sind. Schließlich läßt der Begriff der Auslieferung in § 29 KVO keinen Schluß auf die Entladepflicht zu (*v. Tegelen,* BB **1970,** 560, 562). Es wird argumentiert, die Auslieferung iSd § 29 KVO sei schon dann erfolgt, wenn der Unternehmer dem zur Entgegennahme des Guts bereiten Empfänger die Einwirkungsmöglichkeiten auf das Gut eingeräumt hat, ohne daß der Empfänger das Gut schon körperlich ergriffen haben muß. Deshalb gehöre das Abladen nicht mehr zur Auslieferung. § 33 b KVO greife nur ein, wenn die Entladepflicht besonders vereinbart worden sei. Diese Argumentation ist begriffsjuristisch und basiert auf einem Zirkelschluß; denn sie setzt einen bestimmten Begriff der Auslieferung voraus, der erst noch nachzuweisen wäre. Vielmehr liegt es in Hinblick auf § 33 b KVO, der als Konkretisierung des Auslieferungsbegriffs für den Fall der Entladung angesehen werden kann (BGH v. 18.11.1977, VersR **1978,** 148; § 33 KVO Rz. 1, 3), näher, anzuneh-

men, daß die Auslieferung nicht erfolgt ist, solange der Unternehmer noch im Rahmen der Entladung Hand anzulegen hat (**a. A.** *Willenberg,* KVO, § 17 Rz. 60; *Roesch,* VersPrax **1979,** 76, 77 f; i. E. richtig OLG Düsseldorf, NJW **1955,** 1322, 1323). Die Auslieferung erfolgt mithin nicht notwendig in dem Moment, in dem der Lkw beim Empfänger vorgefahren ist und das Fahrzeug dem Zugriff des Empfängers offen steht (so aber *Roesch,* VersR **1952,** 339, 340). *Helm* (GroßkommHGB, § 452 Anh. II, § 17 KVO Rz. 13) weist auch zutreffend darauf hin, daß die Auslieferung iSd § 29 KVO voraussetzt, daß der Empfänger den Willen hat, das Gut in diesem Moment in Empfang zu nehmen (vgl. auch § 429 HGB Rz. 6). Wenn der Empfänger davon ausgeht, daß der Unternehmer zu entladen hat, so ist es selbstverständlich, daß er das Gut erst in Besitz nehmen will, nachdem es abgeladen worden ist. Vor der Entladung kann es daher gar nicht zur Auslieferung kommen. Geht man davon aus, daß die KVO die Entladepflicht bzw. -obliegenheit weder unmittelbar noch mittelbar regelt, so kommen die **allgemeinen Rechtsgrundsätze** zum Tragen: Primär sind die Vereinbarungen zwischen den Parteien entscheidend. Dort, wo Vereinbarungen fehlen, ist die Lücke im Wege der ergänzenden Auslegung des Beförderungsvertrages nach Treu und Glauben unter Berücksichtigung der Verkehrssitte (§ 157 BGB) zu schließen.

II. Vereinbarung über die Entladung

19 Die Vereinbarung kann **mit dem Absender** formlos (§ 11 KVO Rz. 1, 3, 14) getroffen werden. Sie kann ausdrücklich aber auch konkludent erfolgen. Die Abrede ,,frei Haus" bedeutet nicht, daß der Unternehmer zu entladen hat (OLG Düsseldorf v. 29.9.1988, TranspR **1989**, 10,12). Vereinbarungen, die mit dem nicht mit dem Absender identischen Empfänger bei Eintreffen des Guts getroffen werden, stehen außerhalb des Beförderungsvertrages (BGH v. 18.11.1977, VersR **1978,** 148) und lassen die Haftung aus § 29 KVO unberührt (OLG Düsseldorf v. 29.9.1988, TranspR **1989**, 10, 12). Derartige Abreden sind werkvertraglicher Natur (§§ 631 ff BGB). Der Vertrag Absender – Unternehmer verpflichtet nicht den Empfänger. Der Frachtführer kann sich auch nicht auf den **Vertrag Absender – Empfänger** berufen, der nicht zu seinen Gunsten geschlossen wird (**a. A.** *v. Tegelen,* BB **1970,** 560, 563); denn dies widerspräche der Wertung des § 25 II KVO, wonach der Empfänger erst durch die Annahme des Frachtbriefs und Guts dem Unternehmer gegenüber verpflichtet wird.

III. Fehlen einer Vereinbarung

20 Fehlt eine Vereinbarung, so sind alle Umstände des Einzelfalls zu berücksichtigen. **Für eine Entladeobliegenheit des Empfängers** als Gehilfe des Absenders (s. unten Rz. 21; auch bei Stückgut) **spricht,** daß der Unternehmer, bzw. sein Fahrer ohne fremde Hilfe nicht zur Entladung in der Lage sind, oder daß der Fahrer Ruhezeiten einzuhalten hat und daher nicht mit der Entladung belastet werden darf, oder daß der Fahrer kein Warenfachmann ist

und daher etwa bei Maschinen nicht weiß, wie sie richtig entladen werden. Dem Unternehmer ist auch nicht zuzumuten, am entfernten Entladeplatz qualifiziertes Entladepersonal vorzuhalten. Daher wird man mit der allg. M. in der Regel davon auszugehen haben, daß das Entladen dem Empfänger obliegt (weitergehend BGH v. 30.4.1975, MDR **1975,** 732; OLG Düsseldorf v. 29.9.1988, TranspR **1989**, 10, 12: immer mangels besonderer Vereinbarung; ebenso *Piper,* Höchstrichterliche Rechtsprechung, aaO, S. 16; *Willenberg,* KVO, § 17 Rz. 61). Dagegen **spricht für eine Entladepflicht des Unternehmers,** daß die Entladung nur mit Hilfe der bordeigenen Vorrichtungen des Fahrzeugs wirtschaftlich möglich ist (z. B. Kippvorrichtung, Pumpe des Tank- bzw. Silofahrzeugs; BGH v. 13.6.1985, VersR **1985,** 1035, 1036; *Piper,* Höchstrichterliche Rechtsprechung, aaO, Rz. 20) und der Einsatz eines derartigen Fahrzeugs vereinbart oder verkehrsüblich ist. Es ist aber auch zu berücksichtigen, daß der Empfänger erkennbar über keine Entlademöglichkeiten verfügt (Versand einer großen Kiste an eine erkennbare Privatadresse; vgl. BGH v. 13.6.1985, VersR **1985,** 1035, 1036). Zur Haftung der Kfz-Versicherung bei Einsatz eines in das Fahrzeug eingebauten Kompressors, BGH v. 19.9.1989, TranspR **1990**, 37.

IV. Modalitäten der Entladung

1. Entladeobliegenheit des Empfängers

Hat der Empfänger als Obliegenheitsgehilfe des Absenders zu entladen, so hat der Unternehmer das Gut auf dem Lkw bereitzustellen. Der Empfänger kann dem Unternehmer auf seinem Grundstück einen Platz, der mit dem Fahrzeug zumutbar erreichbar ist, anweisen. Es genügt also nicht immer, daß das Gut „vors Haus" gebracht wird, daß also der Unternehmer das Gut vor dem Zugang zum Grundstück des Empfängers bereithält (**a. A.** *Roesch,* VersR **1952,** 339, 340). Der Unternehmer erfüllt auf diese Weise seine Pflichten nur dann, wenn das Grundstück des Empfängers nicht befahrbar ist. Ist das Gut so bereitgestellt, daß der Empfänger oder seine Besitzdiener (§ 429 HGB Rz. 6) jederzeit die tatsächliche Gewalt ausüben können (Fahrzeug gegen Abrollen gesichert [BGH, NJW **1973,** 511], Ladepritsche geöffnet, Plane offen, Absperrschieber geöffnet; anders beim Container, wenn der Container als Verpackungsmittel selbst Transportgut [§ 1 GüKG Rz. 1] ist [OLG Hamburg v. 13.12.1979, VersR **1981,** 1072]), so obliegt es dem Empfänger, das Gut vom Lkw abzusetzen bzw. bei Tank- oder Silofahrzeugen das Gut herausrinnen zu lassen oder mit empfängereigenen Pumpen (OLG Düsseldorf v. 29.9.1988, TranspR **1989**, 10, 12) und Schläuchen herauszupumpen. Werden bei der Entladung **der Unternehmer oder seine Leute** tätig, so soll nach h. M. der Unternehmer, der selbst tätig wird, nur aus Gefälligkeit handeln und daher, abgesehen von einer Haftung aus § 823 BGB, nicht haften müssen (*Willenberg,* KVO, § 17 Rz. 63). Die Leute des Unternehmers, die bei der Entladung helfen, sind nach h. M. Erfüllungsgehilfen des Empfängers (OLG Hamburg v. 13.12.1979, VersR **1981,** 1072; OLG Düsseldorf v. 29.9.1988, TranspR **1989**, 10, 12; *Willenberg,* KVO, § 6 Rz. 28; **abw.** GroßkommHGB-*Helm,* § 452 HGB Anh. II, § 6 KVO Rz. 5). Diese Ansicht ist jedoch zu 21 undifferenziert. Es gilt vielmehr das zur Mitwirkung des Unternehmers bei der Beladung von Ladungsgut Gesagte (§ 17 KVO Rz. 11 f).

2. Entladepflicht des Unternehmers

22 Zur Begründung der Entladungspflicht oben Rz. 19 f. Der entladepflichtige Unternehmer hat den Lkw, soweit zumutbar, auf dem Grundstück des Empfängers an einem von diesem angewiesenen Platz, sonst vor dem Grundstück des Empfängers bereitzustellen. Er hat das Gut vom Lkw abzusetzen und grundsätzlich mangels besonderer Umstände auf das Grundstück des Empfängers zu bringen. Auf das Lager des Empfängers braucht er es nicht zu schaffen. Unter Umständen beschänkt sich auch seine Pflicht darauf, das Gut auf den Boden vor dem Grundstück abzusetzen oder das Gut mit der Hebebühne des Fahrzeugs auf das Niveau des Erdbodens zu bringen. Wie weit die Verpflichtung im Einzelfall geht, hängt davon ab, mit welcher technischen Ausrüstung des Wagens der Absender rechnen durfte, ferner von der Verkehrssitte und davon, inwieweit der Unternehmer annehmen durfte, daß der Empfänger das Gut allein zu seinem Grundstück schaffen kann oder daß ihm dazu Hilfskräfte zur Verfügung stehen. Bestehen insoweit Zweifel (z. B. Empfänger ist Privatmann), so hat der Unternehmer den Absender um Aufklärung zu bitten. Haben die Parteien dies vereinbart, so muß der Frachtführer das Gut an einem vom Empfänger bestimmten Platz auch in einem Gebäude absetzen (BGH, NJW **1980,** 833). Wird das Gut mit Tank- oder Silofahrzeugen angeliefert, die mit technischen Einrichtungen zum Auspumpen ausgestattet sind, so hat der Unternehmer diese Schläuche an den empfängereigenen Übergabepunkt anzuschließen und die Einrichtungen in Betrieb zu setzen (OLG München v. 2.12.1981, TranspR **1983,** 150). Er hat den Betrieb der Entladeeinrichtungen fortlaufend zu überwachen (OLG München v. 2.12.1981, TranspR **1983,** 149). Die Haftung des Unternehmers aus §§ 29, 33 b KVO endet erst dann, wenn die Entladung beendet ist. Dies ist bei Tank- oder Silofahrzeugen erst dann der Fall, wenn das Gut in die vom Empfänger gestellten oder beherrschten Einrichtungen (z. B. empfängereigenen Leitungen) gelangt ist. Zur Beschädigung von Ladefahrzeugen des Vertragspartners s. § 31 KVO Rz. 4. Zur Mitwirkung des Absenders bzw. seiner Leute gilt das zur Mitwirkung des Absenders bei der Beladung von Stückgut Gesagte (§ 17 KVO Rz. 5).

E. Vergütung

23 Entgegen dem Wortlaut des § 17 III letzter Satz KVO steht die Berechnung von Gebühren nicht im Belieben des Unternehmers (BGH v. 30.4.1975, MDR **1975,** 732). Vielmehr gilt hier zwingend der Nebengebührentarif GFT II/5, abgedr. *Hein/Eichhoff/Pukall/Krien,* Güterkraftverkehrsrecht, C 525. Allerdings statuiert der Nebengebührentarif zum Teil nur Höchstsätze (dazu § 22 GüKG Rz. 6).

F. Beweislast

Ist die Fahrt normal, d. h. ohne besondere Vorkommnisse verlaufen, so spricht im Falle einer Beschädigung nicht der erste Anschein dafür, daß das Gut schlecht verladen war (s. § 18 KVO Rz. 8). Vgl. im übrigen § 29 KVO Rz. 9. 24

§ 18 KVO [Verpackung, Zustand und Bezeichnung des Gutes]

(1) **Der Absender hat das Gut, soweit dessen Natur eine Verpackung erfordert, zum Schutze gegen gänzlichen oder teilweisen Verlust oder gegen Beschädigung sowie zur Verhütung einer Beschädigung von Personen, Betriebsmitteln oder anderen Gütern sicher zu verpacken.**

(2) **Ist der Absender dieser Vorschrift nicht nachgekommen, so kann der Unternehmer die Annahme des Gutes ablehnen oder auf Kosten des Absenders die Verpackung vervollständigen oder verlangen, daß der Absender im Frachtbrief das Fehlen oder die Mängel der Verpackung anerkennt.**

(3) **Der Absender haftet für alle Folgen des Fehlens oder des mangelhaften Zustandes der Verpackung. Er hat insbesondere dem Unternehmer den Schaden zu ersetzen, der ihm aus solchen Mängeln entsteht. Sofern das Fehlen oder der mangelhafte Zustand der Verpackung im Frachtbrief nicht anerkannt ist, hat der Unternehmer die Mängel nachzuweisen.**

(4) **Nimmt der Unternehmer ein Gut zur Beförderung an, das offensichtlich Spuren von Beschädigungen aufweist, so kann er verlangen, daß der Absender den Zustand des Gutes im Frachtbrief besonders bescheinigt.**

(5) **Stückgüter hat der Absender haltbar, deutlich und in einer Verwechslungen ausschließenden Weise zu zeichnen. Die Zeichen müssen mit den Angaben im Frachtbrief übereinstimmen. Alte Anschriften und Zettel müssen entfernt oder deutlich durchstrichen sein.**

Literatur: siehe vor § 1 KVO.

Übersicht

	Rz.
A. Verpackung	
I. Allgemeines	1
II. Ausmaß der Pflicht zur Verpackung	2
III. Rechtsfolgen mangelnder Verpackung	
1. Prüfung der Verpackung, Zurückweisung des Gutes	3
2. Ausbesserung der Verpackung	4
3. Anerkenntnis der Verpackungsmängel	5
4. Haftung des Absenders (§ 18 III KVO)	6
5. Haftung des Unternehmers	7
6. Beweislast	8
B. Beschädigtes Gut (§ 18 IV KVO)	9
C. Kennzeichnung der Güter (§ 18 V KVO)	10

A. Verpackung

I. Allgemeines

1 Der **Unternehmer ist kein Warenfachmann.** Er ist daher in der Regel mangels Kenntnis der Eigenschaften des Gutes nicht in der Lage, den Transportvorgang exakt auf die Eigenschaften des Gutes abzustimmen. Eine derartige Abstimmung wäre typischerweise auch unwirtschaftlich, weil sich der Transport z. B. bei Sammelladungen am empfindlichsten Gut ausrichten müßte und Verpackungsmaßnahmen häufig billiger als die besonders vorsichtige Transportabwicklung sind, zumal wenn man die Gefahr von Verkehrsstörungen berücksichtigt. § 18 I, III KVO hat daher in Parallele zu § 17 I KVO (beförderungssichere Verladung) das Ziel, die zu befördernden Güter den vertraglich geschuldeten, vorhersehbaren Transportbedingungen so anzupassen, daß sie die Beförderung unbeschädigt und ohne Beschädigung anderer Güter oder Personen überstehen. Zu den **normalen Transportbedingungen,** mit denen beim Transport durch einen sorgfältigen Frachtführer zu rechnen ist, zählen die gerade bei schlechten Wegstrecken zu erwartenden (*Muth/Andresen/Pollnow,* KVO, § 18 Anm. 2; *Bischof,* VersR **1981,** 539) typischen Erschütterungen, die Fliehkräfte in engen Kurven (OLG Celle v. 18.4.1977, VersR **1977,** 911), die Bremswirkungen, auch bei Notbremsungen (vgl. § 17 KVO Rz. 10), die Einwirkungen von Hitze, Kälte (BGHZ **31,** 183, 187; BGHZ **32,** 297), von Gerüchen, die Belastungen infolge mehrfacher Umladungen (OLG Düsseldorf v. 27.10.1983, TranspR **1984,** 109, 111), falls das Gut per Sammeltransport befördert wird, nicht aber, wie sich aus § 30 KVO ergibt, Regen, Schnee, Hagel, Sturm (BGHZ **31,** 183; OLG Köln v. 30.8.1990, TranspR **1990**, 425, 426 zur CMR; außer bei Vereinbarung eines Transports mit offenem Lkw), grundsätzlich auch nicht Diebstahl und Raub (vgl. OLG Frankfurt v. 7.11.1985, VersR **1986,** 886; OLG München v. 19.11.1985, VersR **1986,** 678), ferner nicht Betriebsmittel- und Betriebsunfälle (§ 34 a KVO). Der Absender kann nicht erwarten, daß der Unternehmer bei empfindlichem Gut besonders vorsichtig und langsam fährt (§ 17 KVO Rz. 10; vgl. auch unten Rz. 2, 3 zu Zusagen des Unternehmers). Dagegen hängt die erforderliche Qualität der Verpackung nicht vom Wert des Guts, sondern allein vom Risiko des Schadenseintritts ab (**a. A.** OLG Düsseldorf v. 27.10.1983, TranspR **1984,** 109, 111). Haben die Parteien die Stellung eines Spezialfahrzeuges vereinbart, so ist eine Verpackung nur insoweit erforderlich, als der Schutz nicht schon durch das Spezialfahrzeug geleistet werden soll (BGH, NJW **1965,** 1593, 1595; NJW **1955,** 625, 627 f). Die Parteien können eine Pflicht des Unternehmers zur Verpackung im Rahmen eines zusätzlichen Werkvertrages vereinbaren. Die Tätigkeit ist angemessen zu vergüten (§ 22 II GüKG).

II. Ausmaß der Pflicht zur Verpackung

2 Der Absender hat Güter zu verpacken, soweit sie mit dem vertragsgemäß gestellten Fahrzeug (§ 14 KVO Rz. 7) nur in verpacktem Zustand befördert werden können (z. B. Flüssigkeiten; BGHZ **31,** 183, 186; zum Tankwagen

vgl. BGH, NJW **1955,** 625, 627 f). Das Gut ist ferner dann verpackungsbedürftig, wenn ihm seiner Natur nach durch die üblicherweise zu erwartenden Einflüsse (dazu oben Rz. 1) beim Transport mit vertragsgemäßen Fahrzeugen (§ 14 KVO Rz. 7) Beschädigungen drohen. Als Verpackungen können auch Container dienen (§ 1 GüKG Rz. 1), selbst wenn diese ihrerseits zu beförderndes Gut darstellen (*Thume*, TranspR **1990**, 41, 46). Das Gut ist so zu verpacken, daß sich die vorhersehbaren (Rz. 1) *Transporteinflüsse nicht schädigend* auswirken können. Der Absender muß die Unzulänglichkeit der Verpackung **nicht verschuldet** haben (*Willenberg*, KVO, § 34 Rz. 21; **a. A.** unklar BGH, NJW **1960,** 337, 338, der § 34 c KVO und § 347 HGB heranzieht). Die Verpackung ist deshalb auch dann mangelhaft, wenn sie zwar nach vernünftigem Ermessen als ausreichend erschien (BGH, NJW **1960,** 337, 338), sich objektiv aber als unzulänglich erwies; denn § 18 KVO ist das Pendant zu § 29 KVO. So wie sich der Unternehmer verschuldensunabhängig Transportrisiken zurechnen lassen muß, so muß sich auch der Absender Verpackungsrisiken anlasten lassen. Vgl. auch § 18 KVO Rz. 6. Auf die Handelsüblichkeit der Verpackung kommt es deshalb nicht an (BGHZ **31,** 183, 185; *Willenberg*, KVO, § 18 Rz. 10; einschränkend GroßkommHGB-*Helm,* § 452 Anh. II, § 18 KVO Rz. 4). Eine Verpackung kann bereits dann unzureichend sein, wenn sie gebraucht war (OLG Frankfurt v. 15.11.1984, TranspR **1986,** 276). Unerheblich ist es, ob der Wert des Guts die erforderliche Verpackung lohnt (*Willenberg,* KVO, § 18 Rz. 8). Gegen die Einflüsse von Regen, Schnee, Hagel, Sturm braucht das Gut nicht geschützt zu werden, da die KVO von einem Transport in vor diesen Witterungseinflüssen geschützten Fahrzeugen ausgeht (§ 30 a KVO; BGHZ **31,** 183; so auch zur CMR OLG Frankfurt, VersR **1978,** 535, 536; OLG Köln v. 30.8.1990, TranspR **1990**, 425, 416; vgl. ferner Art. 17 CMR Rz. 36). Anders ist die Situation, wenn ein Transport in offenem Lkw vereinbart ist. Das Transportfahrzeug muß auch ausreichend sauber sein (§ 14 KVO Rz. 7). Die Verpackung des Gutes muß daher nicht Schutz gegen unsaubere Transportfahrzeuge bieten (OLG Hamburg v. 19.12.1985, VersR **1986,** 261). Sollen Spezialfahrzeuge Schutz gegen Einflüsse bieten, die üblicherweise transportbedingt sind, so kann die Verpackung auf die besonderen Transportbedingungen mit Spezialfahrzeugen abgestimmt werden (z. B. Kühlfahrzeuge; BGH, NJW **1965,** 1593). Dagegen können die Parteien in Hinblick auf § 22 GüKG nicht vereinbaren, daß der Unternehmer besondere Vorsorge durch die Art der Beförderung (z. B. langsames Fahren) zu treffen hat (**a. A.** OLG Düsseldorf v. 29.11.1979, VersR **1980,** 276). Gegen die Gefahr von Diebstahl braucht der Absender das Gut nicht dadurch zu schützen, daß er Aufschriften wählt, die den Wert des Guts nicht erkennen lassen (vgl. OLG Frankfurt v. 7.11.1985, TranspR **1986,** 231; OLG München v. 19.11.1985, VersR **1986,** 678; OLG Hamburg v. 28.6.1962, MDR **1962,** 907; **a. A.** *Heuer,* Die Haftung des Frachtführers nach CMR (1975), S. 95), es sei denn, daß die Kosten der Neutralisierung der Verpackung einschließlich der Folgekosten im Bereich der Lagerung evident niedriger sind als die Kosten eines Schutzes vor Diebstählen bzw. der Schaden infolge von Diebstählen (*Willenberg*, KVO, § 18 Rz. 16: nie Schutz). Zur Verpackung von auf Paletten gestapeltem Gut *Willenberg,* TranspR **1985,** 162; LG Frankfurt, TranspR **1991**, 29, 31. Zu Einzelfällen siehe auch Art. 17 CMR Rz. 37.

Das Gut ist schließlich so zu verpacken, daß es unter den Bedingungen eines normalen vertragsgemäßen Transports (oben Rz. 1) **andere Personen, Betriebsmittel** des Unternehmers oder **andere Güter** nicht schädigt. Andere Güter sind nur solche Güter Dritter, die in die Obhut des Unternehmers gegeben wurden und für die dieser haftet. Zur Verpackung gefährlicher Güter *Willinger,* TranspR **1981,** 81.

III. Rechtsfolgen mangelnder Verpackung

1. Prüfung der Verpackung, Zurückweisung des Gutes

3 Der Unternehmer ist berechtigt, das Gut zurückzuweisen. Vom Standpunkt der Realvertragstheorie (§ 15 KVO Rz. 5) liegt eine Weigerung zum Vertragsschluß vor, die mangels eines Kontrahierungszwanges (§ 7 KVO) keiner zusätzlichen Legitimation bedarf. Vom hier vertretenen Standpunkt eröffnet § 18 II KVO dem Unternehmer ein Leistungsverweigerungsrecht. § 28 III KVO ist analog anzuwenden. Der Unternehmer ist nicht verpflichtet, das Gut zurückzuweisen, wie sich aus § 18 II 2., 3. Alt. KVO ergibt. In einem obiter dictum führt der BGH (NJW **1960,** 337, 339) aus, daß die Abgrenzung der Gefahrenkreise nicht dadurch berührt werde, daß der Unternehmer die Verpackungsmängel erkenne. Daraus darf jedoch nicht der Schluß gezogen werden, daß aus der positiven Kenntnis der Verpackungsmängel überhaupt keine Rechte gegen den Frachtführer hergeleitet werden dürften. Zwar schadet dem Unternehmer, wie § 18 II KVO zeigt, nicht allein der Umstand, daß er den Mangel kennt. Ihm ist es aber als zu berücksichtigendes Mitverschulden (unten Rz. 6) anzulasten, wenn er den Absender nicht auf positiv erkannte oder evidente Verpackungsmängel hinweist (vgl. OLG Hamburg v. 14.3.1969, VersR **1970,** 51; OLG München v. 21.2.1992, TranspR **1992**, 185, 186; GroßkommHGB-*Helm,* § 452 Anh. II, § 18 KVO Rz. 8; weitergehend *Willenberg,* KVO, § 18 Rz. 18: erkennbare; **a. A.** OLG Hamm v. 13.2.1989, TranspR **1989**, 432, 433; LG Kassel, TranspR **1990**, 195, 196 zur CIM). Es gilt hier das zur beförderungssicheren Verladung Gesagte (§ 17 KVO Rz. 13; vgl. auch Kommentierung zu Art. 17 IV c CMR). Zur Prüfung der Verpackung ist er ebensowenig wie zur Prüfung der Beförderungssicherheit der Beladung (§ 17 KVO Rz. 11) verpflichtet, da die Verpackung in den Gefahrenkreis des Absenders fällt und Doppelprüfungen vermieden werden sollen (*Muth/Andresen/Pollnow,* KVO, § 18 Anm. 3; *Willenberg,* KVO, § 18 Rz. 17 m. Nachw.). Der Unternehmer haftet wegen c.i.c., wenn er ohne rechtliche Bindungswirkung (oben Rz. 2) eine **besonders vorsichtige Fahrweise** zusagt und sich später daran nicht hält, weil der Unternehmer dann schuldhaft falsche Erwartungen geweckt hatte (§ 22 GüKG Rz. 3; weitergehend OLG Düsseldorf v. 29.11.1979, VersR **1980,** 276).

2. Ausbesserung der Verpackung

4 Der Unternehmer darf die Verpackung *ausbessern, verbessern* und in Analogie zu § 18 II KVO auch *erstmals herstellen.* Dies kann noch im Laufe des Transports erfolgen. Die Kosten kann er im Rahmen des § 670 BGB ersetzt

verlangen (§ 18 II KVO). Der Unternehmer ist dazu nicht verpflichtet; es kann jedoch durch formlos gültige Abrede (§ 11 KVO Rz. 1, 3; str.) eine Verpflichtung begründet werden. Zur Hinweispflicht des Frachtführers s. oben Rz. 3. Erkennt der Frachtführer im Laufe des Transportes einen Verpackungsmangel, so ist er aufgrund seiner Obhutspflicht gehalten, dafür zu sorgen, daß kein Schaden eintritt. Dazu muß er nicht notwendig die Verpackung ausbessern. Er kann auch, sofern dadurch Schäden vermieden werden, lediglich den Transport abbrechen (vgl. *Konow,* TranspR **1988,** 229, 230); denn der Verpackungsmangel ist ein Leistungshindernis, das in der Sphäre des Absenders liegt und das der Frachtführer nicht ohne weiteres überwinden muß. Zur Lieferfrist § 26 IV f KVO.

3. Anerkenntnis der Verpackungsmängel

Der Absender ist auf Verlangen des Unternehmers zum Anerkenntnis von 5
Verpackungsmängeln im Frachtbrief verpflichtet. Solange der Absender dieser Pflicht nicht nachgekommen ist, steht dem Unternehmer ein Leistungsverweigerungsrecht zu. Gibt der Absender ein Anerkenntnis ab, das den Mangel nicht konkretisieren muß, so begründet dies die widerlegliche Vermutung eines Verpackungsmangels. Dies gilt auch für Anerkenntnisse, die außerhalb des Frachtbriefs mündlich erfolgen (vgl. *Palandt/Thomas,* BGB, § 781 Anm. 2 b; **a. A.** *Willenberg,* KVO, § 11 Rz. 39, § 18 Rz. 25: schriftlich, wenn auch nicht notwendig im Frachtbrief). Die Vermutung geht nicht weiter als die der Empfangsbescheinigung gemäß § 16 VII KVO. Solange der Absender den Mangel nicht bestätigt hat, liegt die Beweislast beim Unternehmer (§ 18 III 3 KVO).

4. Haftung des Absenders (§ 18 III KVO)

Der Absender haftet ohne Rücksicht auf Verschulden (*Willenberg,* KVO, 6
§ 18 Rz. 27; so i. E. auch BGH, NJW **1960,** 337, 338, der sich auf § 34 c KVO und § 347 HGB stützt), für Schäden, die durch Verpackungsmängel verursacht werden (§ 18 III KVO; ebenso zur Parallelvorschrift § 62 EVO: GroßkommHGB-*Helm*, Anh. I, § 62 EVO Rz. 6; *Goltermann/Konow*, EVO, § 62 Anm. 3 a aa). Der Wortlaut des § 18 III 1, 2 KVO deutet an sich darauf hin, daß der Absender unbegrenzt auch für die **Schäden Dritter** haftet. Damit würde man dem Absender jedoch eine unübersehbare Haftung aufbürden. § 18 III KVO ist daher im Einklang mit der Auslegung des § 62 III EVO (*Finger,* EVO, § 62 Anm. 6 b) dahin zu interpretieren, daß der Absender lediglich **Schäden** zu ersetzen hat, **die der Unternehmer,** sei es an seiner Person, seinen Sachen oder seinem Vermögen, **erleidet.** Dritte, deren Gut im gleichen Fahrzeug transportiert wird, können daher den Absender nur gemäß den §§ 823 ff BGB in Anspruch nehmen. Da der Unternehmer den Dritten verschuldensunabhängig haftet (§§ 29, 31 I KVO), kann der Unternehmer, soweit er selbst haftet (§§ 31 II, 35 KVO), vom Absender Freistellung von der Schadensersatzpflicht verlangen. Der Absender haftet somit wirtschaftlich gesehen für Drittschäden nur begrenzt, wenn auch verschuldensunabhängig. Dies rechtfertigt auch, den Absender für unerkennbare Verpackungsmängel einstehen zu lassen. Der Unternehmer muß sich als **Mitverschulden** entge-

genhalten lassen, daß er sich nicht angemessen gegen Schäden infolge solcher Verpackungsmängel geschützt hat, die auch ohne besondere Prüfung evident waren (Rz. 3). Dem Unternehmer, der sich zur Verpackung verpflichtet und diese fehlerhaft ausgeführt hat, ohne daß das evident wird, können Gegenansprüche nur im Rahmen der §§ 631 ff BGB unter Beachtung der einschlägigen AGB entgegengehalten werden (**a. A.** *Thume*, TranspR **1990**, 41, 46). Hat der *Absender* die *Verpackungsmängel anerkannt* und nichts zu deren Beseitigung getan, so ist der Rechtsgedanke des § 640 II BGB heranzuziehen, weil der Absender zu erkennen gibt, daß er einen risikoträchtigen Transport akzeptiert. Der Absender darf sich daher nicht auf die Kenntnis des Frachtführers berufen.

5. Haftung des Unternehmers

7 Da der Absender den Unternehmer verschuldensunabhängig von allen Vermögensschäden freizustellen hat (§ 18 III KVO), handelt er rechtsmißbräuchlich, wenn er vom Unternehmer gemäß § 29 KVO Schadensersatz verlangt, obwohl der Schaden durch Verpackungsmängel verursacht worden ist (OLG Hamburg v. 27.9.1973, VersR **1974,** 581, 582; *Willenberg,* KVO, § 18 Rz. 28; *Muth/Andresen/Pollnow,* KVO, § 18 Anm. 4; GroßkommHGB-*Helm,* § 452 Anh. II, § 18 KVO Rz. 7 m. Nachw.). Zum gleichen Ergebnis gelangt wohl auch der BGH (NJW **1960,** 337, 338), der § 34 c KVO heranzieht und zugleich betont, auf ein Verschulden des Absenders komme es nicht an (ebenso OLG Düsseldorf v. 9.11.1979, VersR **1980,** 276; OLG Celle v. 18.4.1977, VersR **1977,** 911). Die Haftung ist freilich nur partiell ausgeschlossen, wenn dem Unternehmer ein **Verstoß gegen seine Hinweispflicht** zur Last fällt, u. U. bleibt sie sogar im vollem Umfang bestehen (OLG München v. 21.2.1992, TranspR **1992**, 185, 186) (Rechtsgedanke des § 254 BGB; s. oben Rz. 6 zur Hinweispflicht). Wird die Haftung auf **§ 823** BGB gestützt, so ist der Verpackungsmangel im Rahmen des § 254 BGB zu berücksichtigen. Ein Mitverschulden in Form eines Organisationsmangels kann darin liegen, daß der Eigentümer nicht für Verpackung gesorgt hat (OLG Düsseldorf v. 27.10.1983, TranspR **1984,** 109, 112).

6. Beweislast

8 Grundsätzlich hat der Unternehmer zu beweisen, daß das Gut mangelhaft verpackt war (§ 18 III 2 KVO; OLG Hamburg v. 27.9.1973, VersR **1974,** 581; ebenso i. E. OLG Düsseldorf v. 9.11.1979, VersR **1980,** 276). Er hat auch zu beweisen, daß ein Verpackungsmangel für den konkreten Schaden ursächlich geworden ist. Der Beweis wird ihm nach den Grundsätzen des an sich zulässigen (OLG Hamburg v. 15.2.1990, TranspR **1990**, 242 f) **Anscheins-Beweises** nicht dadurch erleichtert, daß er nachweist, daß die Fahrt unfallfrei „normal" verlaufen ist. Es fehlen hinreichende Erfahrungssätze (BGH v. 4.10.1984, VersR **1985,** 133; *Willenberg,* KVO, § 34 Rz. 70 f; **a. A.** OLG Köln v. 7.4.1977, VersR **1977,** 860, 861; OLG Düsseldorf v. 29.11.1979, VersR **1980,** 276; v. 30.10.1980, VersR **1981,** 526; GroßkommHGB-*Helm,* § 452 Anh. II, § 34 KVO Rz. 12). Hat der Absender hingegen – auch mündlich (str.; Rz. 5) – anerkannt, daß die Verpackung mangelhaft ist, so besteht eine widerlegliche Vermutung für die Unzulänglichkeit der Verpackung, nicht aber auch dafür, daß dieser Mangel den konkreten Schaden verursacht hat (so auch *Willenberg,* KVO, § 18 Rz. 33). Die Vermutung ist widerlegt, wenn die Richtigkeit des Anerkenntnisses erschüttert ist (§ 16 KVO Rz. 5). Hat der Fahrer bestätigt, daß die Verpackung mangelfrei war, so erzeugt dies ebenfalls nur ein widerlegliches Beweisindiz (OLG Düsseldorf v. 30.10.1980, VersR **1981,** 526; *Willenberg,* KVO, § 18 Rz. 35).

B. Beschädigtes Gut (§ 18 IV KVO)

§ 18 IV KVO stellt eine Parallele zu § 18 II 3. Alt. KVO dar. Im Unter- **9**
schied zu § 18 II 3. Alt. KVO muß das Gut selbst offensichtlich, d. h. bei oberflächlicher Prüfung ohne weiteres erkennbar, beschädigt sein. Zur Verpflichtung des Absenders, den Schaden anzuerkennen, zum Leistungsverweigerungsrecht des Unternehmers, zur Wirkung des Anerkenntnisses sowie zur Pflicht des Unternehmers zu Hinweisen s. oben Rz. 3 ff.

C. Kennzeichnung der Güter (§ 18 V KVO)

Gemäß § 18 V 1 KVO sind nur **Stückgüter** (§ 4 a KVO) zu signieren. Es **10**
liegt nahe, § 18 V 1 KVO analog auf **Ladungsgüter** anzuwenden, wenn die Güter keine geschlossene Wagenladung ausmachen oder an verschiedene Empfänger abzuliefern sind (so *Willenberg,* KVO, § 18 Rz. 44; GroßkommHGB-*Helm,* § 452 Anh. II, § 18 KVO Rz. 10). Dem ist für den Fall, daß das Gut an verschiedene Empfänger ausgeliefert werden soll, zu folgen. Hingegen bedarf die Kennzeichnungspflicht dort, wo nur eine Teilladung vorliegt, der besonderen Vereinbarung, weil der Absender nicht von vornherein weiß, ob seine Ladung als Beiladung befördert wird. Es ist deshalb grundsätzlich Sache des Unternehmers, in solchen Fällen für ausreichende Kennzeichnung zu sorgen.

Die Kennzeichnung muß so erfolgen, daß sie für den **ordentlichen Fahrer Verwechslungen ausschließt.** Die Signaturen sind in den Frachtbrief aufzunehmen (§ 18 V 2 KVO). **Fehlen Signaturen** oder sind sie bzw. die Angaben **nicht im Frachtbrief enthalten,** so kann der Unternehmer die Kennzeichnung analog § 18 II 2. Alt. KVO vornehmen (s. Nr. V GFT II/5, abgedr. *Hein/Eichhoff/Pukall/Krien,* Güterkraftverkehrsrecht, C 525). Er kann sich auch auf § 34 I c KVO berufen, wenn durch die unzulängliche Signierung bzw. Dokumentierung ein Schaden entstanden ist und den Absender ein Verschulden trifft. Allerdings muß sich der Unternehmer sein Mitverschulden zurechnen lassen (OLG Hamburg v. 13.3.1953, VersR **1953,** 277, 278), so z. B. wenn er nach Art oder Beschaffenheit klar unterscheidbare Güter falsch ausliefert, oder wenn die Signaturen zwar nicht im Frachtbrief, aber in einem Lieferschein oder einer Ladeliste aufgeführt waren, oder wenn für einen ordentlichen Fahrer bei oberflächlicher Prüfung Widersprüche erkennbar waren und er ohne Rückfrage ausgeliefert hat. Entsteht dem Unternehmer ein Schaden, so haftet der Absender gemäß §§ 13, 11 I e KVO.

§ 19 KVO [Annahme]

Wird die Frist, innerhalb der die Beladung regelmäßig beendet sein muß (Ladefrist), überschritten oder der wegen Unrichtigkeit oder Unvollständigkeit beanstandete Frachtbrief nicht innerhalb der Ladefrist berichtigt übergeben, so hat der Absender das tarifmäßige Wagenstandgeld zu zahlen. Der Unternehmer kann, wenn die Ladefrist um mehr als 12 Stunden überschritten wird, das Gut auf Gefahr und Kosten des Absenders ausladen und auf Lager geben.

Literatur: siehe vor § 1 KVO.

I. Dauer der Ladefrist

1 Die Ladefristen wurden 1940 durch den Reichsverkehrsminister festgesetzt (RVK Bl. 1940 B, S. 321). Die Festsetzung ist heute noch gültig (h. M.; AG Hamburg, TranspR **1991**, 432, 433 f mit ablehnender Anmerkung *Herber*). Die Festsetzung lautet:

1. Die Be- bzw. Entladefrist im Güterfernverkehr beträgt für je angefangene 1000 kg 20 Minuten. Sie beginnt mit der Bereitstellung des Fahrzeugs, bei der Beladung frühestens mit dem Zeitpunkt der beantragten Bereitstellung.

2. Wird an mehreren Stellen für den gleichen Urversender oder Endempfänger be- bzw. entladen, so beginnt die Be- bzw. Entladefrist mit der Bereitstellung an der ersten Be- bzw. Entladestelle.

3. Im Sammelgutverkehr steht dem Absender bzw. Empfänger für jeden Urversender bzw. Endempfänger eine Frist von 20 Minuten für je angefangene 1000 kg zu, beginnend mit der Bereitstellung des Fahrzeugs.

4. Die Be- bzw. Entladefrist ruht an Sonn- und Feiertagen und von 20.00 bis 7.00 Uhr an Werktagen, sofern die Bereitstellung nicht für eine in diesen Zeitraum fallende Stunde beantragt worden ist. Die Be- bzw. Entladefrist ruht ferner während der Zeit, in der die Be- oder Entladung durch irgendwelche vom Verlader oder Empfänger nicht zu vertretende Umstände unterbrochen wird. Die Be- bzw. Entladefrist ruht nicht, wenn dem Absender bzw. Empfänger beim Vorliegen besonderer Umstände zugemutet werden kann, das Be- bzw. Entladen auch innerhalb der Ruhezeiten vorzunehmen. Ist die Be- bzw. Entladefrist vor Beginn der vorstehend bezeichneten Ruhezeit abgelaufen, so ist Wagen- oder Ladestandgeld auch für die Ruhezeiten zu bezahlen.

5. Abweichend von den allgemeinen Regelungen können für Güter, die aufgrund ihrer Eigenart längere Ladezeiten beanspruchen (z. B. Zigaretten, Keks, Markenartikel, Konserven und dgl.), oder Güter, die unverpackt in kleinen Einzelstücken verstaut werden (z. B. Porzellanwaren usw.), längere Ladefristen vereinbart werden.

II. Rechtsfolgen

Wird die Ladefrist, innerhalb der auch der Frachtbrief zu übergeben ist, überschritten, so steht dem Unternehmer ein Anspruch auf Standgeld zu (§ 19 KVO, Nr. VII GFT II/5; abgedr. *Hein/Eichhoff/Pukall/Krien*, Güterkraftverkehrsrecht, C 525). Wird die Ladefrist um mehr als 12 Stunden überschritten, so darf der Unternehmer das bereits verladene Gut einlagern (§ 19 KVO). Der Anspruch auf Standgeld bleibt unberührt. 2

§ 20 KVO [Frachtberechnung]

(1) **Die Fracht wird für die dem Unternehmer mit einem Frachtbrief übergebene Sendung berechnet. Als eine Sendung dürfen nur Güter aufgeliefert werden, die dem Unternehmer von einem Absender und zur Auslieferung an einen Empfänger übergeben werden.**

(2) **Güter, die an mehreren Stellen verladen oder an mehreren Stellen entladen werden, dürfen als eine Sendung nur dann behandelt werden, wenn sämtliche Einladestellen und sämtliche Ausladestellen jeweils innerhalb desselben die Tarifentfernung bestimmenden Gemeindebereichs (Gemeindetarifbereich) liegen. Wird eine Sendung zwischen Gemeindetarifbereichen derselben Gemeinde befördert, so kann vereinbart werden, daß die Fracht nur zum Teil oder nicht erhoben wird, wenn die Güter dieser Sendung anschließend mit anderen Gütern als neue Sendung weiterbefördert werden; das gleiche gilt, wenn die Güter dieser Sendung in einer vorausgegangenen Sendung befördert worden sind. Die Vereinbarung ist in den Frachtbrief oder eine Anlage zu diesem einzutragen; sie ist nach Vorlage der für die Tarifüberwachung erforderlichen Unterlagen (§ 58 des Güterkraftverkehrsgesetzes) nicht mehr zulässig.**

(3) **Mit einem Frachtbrief darf höchstens die Gütermenge aufgeliefert werden, die auf dem für die Beförderung gestellten Fahrzeug oder Lastzug verladen wird. Es kann jedoch vereinbart werden, daß binnen eines Tages angebotene und verladebereite Güter bis zu 26 Tonnen als eine Sendung auf mehrere Fahrzeuge oder Lastzüge verteilt werden können. Bei der Verteilung einer Sendung auf mehrere Fahrzeuge ist auf jedem Fahrzeug oder Lastzug eine Ausfertigung des Frachtbriefs mitzuführen. Auf jeder Ausfertigung ist zu vermerken, daß die Sendung auf mehrere Fahrzeuge verteilt ist; § 10 Abs. 2 ist entsprechend anzuwenden.**

(4) **Der Tarif enthält die näheren Bestimmungen über die Frachtberechnung.**

Literatur: siehe vor § 1 KVO.

I. Allgemeines

§ 20KVO ist Teil des Tarifrechts (§ 20 ff GüKG; GFT II/1, abgedr. *Hein/Eichhoff/Pukall/Krien*, Güterkraftverkehrsrecht, Teil C). Das Fehlen eines Frachtbriefs läßt die Gültigkeit des Beförderungsvertrages unberührt (§ 15 KVO Rz. 2 ff). 1

II. Sendung (§ 20 I KVO)

2 Sendung sind Güter, die von einem Absender stammen und aufgrund eines Frachtvertrages an einen Empfänger befördert werden und, sofern ein Frachtbrief ausgestellt ist, in einem Frachtbrief zusammengefaßt werden (BGHZ **79**, 302, 305; *Heuer*, VersR **1988**, 312, 314). Die Zahl der Absender bzw. Empfänger ist juristisch und nicht wirtschaftlich zu bestimmen (**a. A.** *Willenberg*, KVO, § 20 Rz. 2). Grundsätzlich liegt eine Sendung nur vor, wenn sie an einem Ort eingeladen und an einem anderen Ort ausgeladen wird. Ausnahme § 20 II KVO. Zu den Gemeindetarifbereichen s. GFT II/3 abgedr. *Hein/Eichhoff/Pukall/Krien*, Güterkraftverkehrsrecht, C 523, 524.

III. Teilsendung

3 S. dazu § 20 III KVO; ferner OLG Hamm v. 17.9.1987, TranspR **1988**, 65.

§ 21 KVO [Zahlung der Fracht]

(1) **Der Absender hat die Wahl, ob er die Fracht bei Aufgabe des Gutes bezahlen oder auf den Empfänger überweisen will.**

(2) **Der Unternehmer kann jedoch bei Gütern, die schnell verderben oder die wegen ihres geringen Wertes oder ihrer Natur nach die Fracht nicht sicher decken, Vorausbezahlungen der Fracht verlangen.**

(3) **Der Absender kann als Freibetrag auch gewisse auf dem Beförderungsweg entstehende Kosten oder von diesen oder der Fracht einen bestimmten Betrag übernehmen.**

(4) **Die Beträge, die der Absender übernehmen will, hat er in der dafür bezeichneten Spalte des Frachtbriefes anzugeben (Freivermerk). Durch Ausfüllung des Freivermerks ohne Beifügung einer Beschränkung verpflichtet sich der Absender zur Bezahlung der ganzen Fracht und aller übrigen Kosten, die bei der Beförderung entstehen.**

(5) **Frachtbeträge und sonstige Kosten, deren Bezahlung der Absender nicht laut Frachtbriefvorschrift übernommen hat, gelten als auf den Empfänger überwiesen.**

(6) **Kann der vom Absender zu bezahlende Freibetrag bei der Aufgabe des Gutes nicht berechnet werden, so kann der Unternehmer ebenso wie für die vom Absender übernommenen Zoll- und ähnlichen Kosten die Hinterlegung einer Sicherheit verlangen.**

Literatur: siehe vor § 1 KVO.

I. Wahlrecht (§ 21 I KVO)

1 § 21 I KVO gewährt dem Absender unabdingbar ein Wahlrecht. Vereinbarungen über die Zahlungsmodalitäten sind unwirksam.

II. Die Überweisung der Fracht

Absender und Unternehmer können vereinbaren, daß die **Fracht** ganz oder zum Teil (§ 21 III KVO) **auf den Empfänger überwiesen** (§ 25 I KVO) werden soll. Diese Vereinbarung kann ausdrücklich oder stillschweigend, auch außerhalb des Frachtbriefs (BGH, NJW **1970**, 604; **a. A.** *Willenberg*, KVO, § 21 Rz. 13) erfolgen. Treffen die Parteien keine Regelung der Frachtzahlung, so gilt die Überweisung der Fracht auf den Empfänger als vereinbart (§ 21 V KVO). Die Überweisung der Fracht auf den Empfänger hat nicht zur Folge, daß der Empfänger automatisch Schuldner der Fracht wird. Die KVO kennt keine Verträge zu Lasten Dritter. Der Unternehmer ist nur berechtigt, die Übergabe des Guts von der Zahlung des Empfängers abhängig zu machen (§ 25 I 2 KVO). Der Empfänger verpflichtet sich unabhängig von der Überweisung der Fracht auf ihn durch Annahme des Guts und des Frachtbriefs (§ 25 II 3 KVO; zur Rechtsnatur der Verpflichtung § 436 HGB Rz. 2). Der Absender bleibt weiterhin zur Zahlung verpflichtet, solange die Frachtforderung nicht erloschen ist, es sei denn, daß § 23 IV 2 KVO eingreift. Der Unternehmer wird durch eine Frachtüberweisung nach h. M. **nicht verpflichtet,** das Gut dem Empfänger **nur gegen Frachtzahlung auszuhändigen.** Will der Absender sicher gehen, daß das Gut nicht ohne Bezahlung dem Empfänger ausgehändigt wird, so soll er es nach h. M. mit einer Frachtnachnahme (§ 24 KVO) belasten und den Nachnahmebetrag zur Bezahlung seiner Frachtschuld verwenden. Es bestehen jedoch keine Bedenken dagegen, daß der Unternehmer bei Vertragsschluß angewiesen wird, das Gut nur gegen Einziehung der Fracht dem Empfänger auszuliefern. Verstößt der Unternehmer gegen diese Weisung, so haftet er gemäß § 31 I c KVO bei Verschulden (vgl. § 436 HGB Rz. 5; *Willenberg*, KVO, § 21 Rz. 3). Wählt der Absender die Frachtnachnahme, so haftet der Unternehmer ohne Rücksicht auf Verschulden (§ 31 I d KVO). Es ist deshalb nicht so, daß die Möglichkeit der Weisungen im Rahmen der Frachtüberweisung die Nachnahme überflüssig macht, weil die Nachnahme die Sicherheit einer verschuldensunabhängigen Haftung eröffnet. Man wird in Parallele zu den §§ 69, 70 III 2 EVO sogar annehmen müssen, daß der Unternehmer bei bloßer Frachtüberweisung ohne zusätzliche Weisungen verpflichtet ist, das Gut nur gegen Zahlung auszuliefern (**a. A.** *Willenberg*, KVO, § 21 Rz. 6). Der Verstoß gegen die Vereinbarung der Frachtüberweisung, auf die der Absender vertraut, darf nicht völlig sanktionslos bleiben (vgl. auch § 3 Nr. 3 AGNB). Der Unternehmer haftet daher zumindest gemäß § 31 I c KVO. Hat der Empfänger Gut und Frachtbrief angenommen, so wird man dem Unternehmer darüber hinaus gemäß § 23 IV 2 KVO den Rückgriff auf den Absender verwehren müssen. 2

III. Verpflichtung des Absenders

Die Parteien können im Beförderungsvertrag vereinbaren, daß die Fracht nicht beim Empfänger eingezogen, sondern vom Absender ganz oder teilweise (§ 21 III KVO) bezahlt wird. Die Vereinbarung ist formlos möglich (BGH v. 23.1.1970, NJW **1970**, 604; **a. A.** *Willenberg*, KVO, § 21 Rz. 13). Ein 3

Freivermerk im Frachtbrief bedeutet kraft gesetzlicher Auslegungsregel des § 21 IV KVO, daß die dort genannten Beträge nicht beim Empfänger eingezogen werden dürfen. Hat der Absender die Zahlung übernommen, so kann der Unternehmer gleichwohl die Auslieferung des Guts von der Bezahlung abhängig machen, weil er sonst sein Pfandrecht (§ 440 HGB) verliert. Er handelt deshalb nicht pflichtwidrig, wenn er sich weigert, das Gut auszuliefern, bevor Absender oder Empfänger die Fracht bezahlt haben. Aus § 25 II 3 KVO kann kein Gegenargument hergeleitet werden, da es dort um die Begründung einer Verpflichtung des Empfängers geht, während es hier um die Reichweite des Rechts des Empfängers geht, die Übergabe des Guts zu verlangen (§ 25 II 1 KVO; **a. A.** *Willenberg*, KVO, § 21 Rz. 9).

Haben die Parteien vereinbart, daß die Fracht nicht beim Empfänger eingezogen, sondern vom Absender bezahlt werden soll, so ist der Absender **grundsätzlich nicht zur Vorauszahlung** oder zur Zahlung bei Annahme des Guts durch den Unternehmer verpflichtet (OLG Düsseldorf v. 1.4.1982, VersR **1983**, 632, 633; *Willenberg*, KVO, § 21 Rz. 3, 10). Vielmehr gilt mangels besonderer Abreden § 641 BGB. Unangemessen lange Stundungsabreden verstoßen gegen § 22 II GüKG. Der Unternehmer kann nach Maßgabe des § 21 II KVO Vorauszahlung fordern (ähnlich *Willenberg*, KVO, § 21 Rz. 9) und mangels Vorauszahlung ein Leistungsverweigerungsrecht geltend machen (§ 320 BGB). Gleiches gilt für die Vereinbarung einer Sicherheitsleistung (vgl. § 21 VI KVO).

IV. Frachtzahlung bei Güterschäden

Es gelten die allgemeinen Regeln der Leistungsstörung bei Frachtverträgen (§ 425 HGB Rz. 23 ff).

§ 22 KVO [Frachtzuschläge]

(weggefallen)

§ 23 KVO [Frachtnachzahlung und Frachterstattung]

(1) **Sind Fracht, Frachtzuschläge, Nebengebühren oder sonstige Kosten unrichtig oder gar nicht erhoben worden, so ist der Unterschiedsbetrag nachzuzahlen oder zu erstatten. Der Unternehmer hat unverzüglich nach Feststellung des Fehlers den Verpflichteten zur Zahlung aufzufordern oder dem Berechtigten den zuviel erhobenen Betrag zu erstatten. Gegen die Feststellung kann der Zahlungspflichtige binnen einer Frist von 6 Wochen Einspruch erheben.**

(2) **Weist der Absender nach, daß seine Angaben im Frachtbrief über den Inhalt oder das Gewicht der Sendung den Tatsachen nicht entsprechen, so kann er die Erstattung der infolge der Unrichtigkeit seiner Angaben etwa erhobenen Mehrfracht verlangen. Hat der Absender im Frachtbrief eine im Tarif als Bedingung für eine günstigere Frachtberechnung vorge-**

schriebene Erklärung nicht oder unrichtig oder ungenau abgegeben, so kann der Unternehmer beim Vorliegen von Billigkeitsgründen die dadurch erwachsene Mehrfracht erstatten.

(3) **(weggefallen)**

(4) **Zu wenig gezahlte Beträge hat der Absender nachzuzahlen, wenn der Frachtbrief nicht eingelöst wird. Hat der Empfänger den Frachtbrief eingelöst, so haftet der Absender nur für die Nachzahlung derjenigen Kosten, zu deren Vorauszahlung er durch den Freivermerk verpflichtet ist. Im übrigen ist der Empfänger zur Nachzahlung verpflichtet.**

(5) **Zur Geltendmachung von Ansprüchen auf Erstattung von Fracht, Frachtzuschlägen, Nebengebühren oder sonstigen Kosten sowie zur Empfangnahme zuviel erhobener Beträge ist derjenige berechtigt, der die Mehrzahlung geleistet hat.**

(6) **Bei Geltendmachung dieser Ansprüche ist der Frachtbrief oder eine Durchschrift vorzulegen.**

Literatur: siehe vor § 1 KVO.

I. Frachtnachzahlung

1. Anspruchsgrundlage

Der Unternehmer hat im Rahmen der Tarife unabdingbar Anspruch auf 1
Zahlung der im Wege der Rechtsverordnung vorgegebenen vertraglichen Fracht (§§ 20 ff GüKG). Solange diese Fracht in zu geringem Umfang oder gar nicht erhoben ist und nicht gemäß § 23 GüKG übergeleitet worden ist, steht dem Unternehmer der Anspruch auf die Differenz zwischen geschuldeter und bezahlter Fracht zu. Dabei ist es unerheblich, warum die Fracht nicht vollständig erhoben worden ist (zur Haftung des Unternehmers aus c.i.c. und positiver Forderungsverletzung wegen höherer Fracht als vom Absender erwartet, § 22 GüKG Rz. 3). Verjährung, § 40 II a KVO.

2. Passivlegitimation

Schuldner der Nachzahlung ist primär der Absender (§ 23 IV 1 KVO). Hat 2
der Empfänger das Gut angenommen und die geforderte Fracht bezahlt, so schuldet grundsätzlich nur noch der Empfänger, soweit sich nicht der Absender zur Übernahme der Fracht verpflichtet hat (§ 23 IV 2, 3, § 21 KVO). § 23 IV KVO weicht in der Formulierung von dem eng verwandten § 70 III EVO ab, weil § 23 IV KVO statt des Begriffs „angenommen“ den Begriff „eingelöst“ verwendet. Es liegt gleichwohl nahe, den § 23 IV KVO in Parallele zu § 70 III EVO zu interpretieren. Dabei würde man jedoch übersehen, daß der Empfänger von Bahngut sich schon allein mit der Annahme des Frachtbriefs verpflichtet (§ 75 II EVO), während im Fall des Güterfernverkehrs der Empfänger nur zum Schuldner wird, wenn er Gut und Frachtbrief angenommen hat (§ 25 II 3 KVO). § 23 IV 1 KVO trägt somit dem Umstand Rechnung, daß der Empfänger, der zwar den Frachtbrief, aber nicht das Gut entgegengenommen hat (vgl. § 28 V KVO), nicht zur Zahlung verpflichtet ist. Hat dagegen der Empfänger die bei Übergabe des Frachtbriefs geforderte

Fracht gezahlt, so hat er auch ohne Annahme des Guts signalisiert, daß er sich als Schuldner fühle. Es ist deshalb sachgerecht, daß sich der Empfänger dann auch verpflichtet, selbst ohne Annahme des Guts Restzahlungen zu entrichten (§ 23 IV 3 KVO). Man sollte jedoch nach der ratio des § 23 IV KVO in Parallele zu § 70 III EVO als Fälle der ,,Einlösung" auch die Annahme von Gut und Frachtbrief behandeln. Ist der Empfänger Schuldner geworden (§ 25 II 3 KVO) und ist die Fracht auf den Empfänger überwiesen (§ 21 KVO), so ist nicht einzusehen, warum der Unternehmer nur dann verpflichtet ist, auf den Empfänger zurückzugreifen, wenn dieser einen Teil bezahlt hat (§ 23 IV 2 KVO), nicht aber, wenn dieser gar nichts bezahlt hat. Es besteht kein Anlaß, im Vergleich zur EVO das Risiko des Unternehmers, das Gut ohne Bezahlung der Fracht bei einem möglicherweise insolventen Empfänger abzuliefern, zu mindern; denn der Unternehmer kann im eigenen Interesse die Auslieferung ohne Zahlung verweigern (§ 25 I 2 KVO) und, wenn nicht bezahlt wird, nach Maßgabe des § 28 V KVO vorgehen. Auf diese Weise wird sichergestellt, daß der Absender in seinem Vertrauen auf die Frachtüberweisung so wie beim Bahntransport geschützt wird, ohne daß der Absender gezwungen wird, auf die Frachtnachnahme auszuweichen. Das Institut der Frachtnachnahme wird dadurch nicht obsolet; denn in den in § 21 II KVO genannten Fällen besteht ein Zwang zur Vorauszahlung. Wenn der Absender hier sicher gehen will, daß der Empfänger die Fracht zahlt, muß er zur Frachtnachnahme greifen. Der Empfänger muß derartige Nachzahlungen aber nur dann erbringen, wenn sich die Faktoren, anhand derer die richtige Fracht zu berechnen ist, aus dem Frachtbrief ergeben (**a. A.** *Muth/Andresen/Pollnow*, KVO, § 23 Anm. 4). Der Rechtsgedanke des § 25 II 3 KVO ,,nach Maßgabe des Frachtbriefs" genießt Vorrang, weil sonst das Risiko des Empfängers unübersehbar wird (zurückhaltend GroßkommHGB-*Helm*, § 452 Anh. II, § 23 KVO Rz. 3). Soweit sich die Frachtnachzahlung nicht aus dem Frachtbrief ergibt, bleibt der Absender verpflichtet.

II. Frachterstattung

1. Anspruchsgrundlage

3 Der Anspruch auf Frachterstattung entspringt, soweit über die gesetzlich vorgeschriebenen Höchsttarife hinaus geleistet worden ist, nach der Novellierung der KVO nicht mehr dem § 812 BGB, sondern nunmehr dem § 23 KVO (*Willenberg*, KVO, § 23 Rz. 7: besondere Ausprägung des Anspruchs aus ungerechtfertigter Bereicherung; näher § 23 GüKG Rz. 6). Der Anspruch setzt voraus, daß der Absender unrichtige Inhalts- bzw. Gewichtsangaben gemacht hat (§ 23 II 1 KVO). Auf mangelndes Verschulden kommt es nicht an.

2. Aktivlegitimation

4 Die Aktivlegitimation ergibt sich aus § 23 V KVO. Der Begriff des ,,Leistenden" ist im Einklang mit den bereicherungsrechtlichen Wertungen (Müko-*Lieb*, BGB, § 812 Rz. 23) zu konkretisieren.

§ 24 KVO [Nachnahme]

(1) **Der Absender kann das Gut bis zur Höhe seines Wertes mit Nachnahme belasten.**

(2) **Für die Belastung einer Sendung mit Nachnahme wird die tarifmäßige Gebühr erhoben.**

Literatur: siehe vor § 1 KVO.

I. Vereinbarung

1 Der Nachnahmeauftrag (s. § 21 CMR Rz. 1) kann vom Absender in der Form der Waren- und/oder Frachtnachnahme erteilt werden. Der Auftrag muß auf die Einziehung von Geld gerichtet sein. Andersartige Aufträge werden von der KVO nicht erfaßt (§ 11 KVO Rz. 1). Sowohl bei der Waren- als auch bei der Frachtnachnahme liegt der Nachnahme eine vertragliche Vereinbarung zwischen den Parteien zugrunde, die Teil des Beförderungsvertrages ist. Die Vereinbarung kann formlos (h. M.; § 11 KVO Rz. 1, 3) bei Abschluß des Beförderungsvertrages oder später getroffen werden. Dem Absender steht auch das Recht zu, den Vertrag später einseitig durch Nachnahmeweisung (§ 27 I f KVO) zu ändern. Zu ungültigen Nachnahmevereinbarungen vgl. § 21 CMR Rz. 3. Soweit die Einziehung des Geldes zwischen dem Unternehmer und einem Dritten verabredet wird, greift nicht die KVO sondern die §§ 662, 675 BGB ein (vgl. BGH v. 17.1.1991, TranspR **1991**, 246).

II. Pflichten des Unternehmers

2 Der Unternehmer ist aufgrund der Nachnahmevereinbarung verpflichtet, das Gut dem Empfänger nur Zug um Zug gegen Zahlung des Nachnahmebetrags (§ 21 CMR Rz. 3) zu übergeben. Dies gilt auch, wenn das Gut ohne vorherige Vereinbarung einseitig als Nachnahmesendung gekennzeichnet ist (OLG Düsseldorf v. 19.12.1985, TranspR **1986**, 59 zum HGB: **a. A.** *Willenberg*, KVO, § 24 Rz. 3), da dies eine nachträgliche Weisung darstellt. Jedenfalls muß der Unternehmer bei Zweifeln zurückfragen. Zur Form der Zahlung § 407 HGB Rz. 53. Der Unternehmer wird im Rahmen des Beförderungsvertrages geschäftsbesorgerisch tätig (zur Figur des gemischten Vertrages *Larenz*, Lehrbuch des Schuldrechts, 13. Aufl., § 62). Er hat daher gemäß den insoweit anwendbaren §§ 675, 667 BGB dem Absender den eingezogenen Betrag herauszugeben (§ 407 HGB Rz. 54). Dies gilt auch im Fall der *Frachtnachnahme;* denn anders als im Fall der Überweisung der Fracht an den Empfänger (§ 21 V KVO) zahlt der Empfänger hier nicht auf die Frachtforderung des Unternehmers, sondern auf eine Forderung des Absenders, die der Unternehmer als Ermächtigter geltend macht (§ 185 BGB). Der Unternehmer kann die Herausgabe des Nachnahmebetrages verweigern, bis der Absender seine Frachtschuld beglichen hat (§ 273 BGB). Der *Empfänger muß die Nachnahme nicht einlösen,* es sei denn, es liegt ein Fall des § 25 II 2 KVO vor.

III. Grenzen der Nachnahme (§ 24 I KVO)

3 Nachnahmen sind nur bis zur Höhe des Werts zulässig. Der Begriff des Werts ist anhand des § 35 I, II KVO zu konkretisieren (**abw.** *Willenberg*, KVO, § 24 Rz. 5).

IV. Haftung

4 S. § 31 KVO Rz. 9; § 36 KVO Rz. 2. Höhe des Schadens vgl. auch Art. 21 CMR Rz. 4.

§ 25 KVO [Einlösung des Frachtbriefs und Abnahme des Guts]

(1) **Am Bestimmungsort werden Frachtbrief und Gut dem Empfänger gegen Empfangsbescheinigung übergeben. Die Übergabe kann von der Zahlung der durch den Beförderungsvertrag begründeten Forderung abhängig gemacht werden.**

(2) **Nach Ankunft des Gutes am Bestimmungsort ist der Empfänger berechtigt, die Übergabe des Frachtbriefes und des Gutes zu verlangen. Dieses Recht erlischt, wenn der Absender eine nach § 27 noch zulässige entgegenstehende Verfügung erteilt.**

Durch die Annahme des Frachtbriefes und des Gutes wird der Empfänger verpflichtet, dem Unternehmer nach Maßgabe des Frachtbriefes Zahlung zu leisten.

(3) **(weggefallen)**

(4) **Wird das Gut vom Unternehmer dem Empfänger zugeführt, so ist dieser zu seiner Abnahme innerhalb der im Tarif festgesetzten Entladefrist verpflichtet. Wird das Gut nicht innerhalb dieser Frist abgenommen, so kann das tarifmäßige Wagenstandgeld erhoben werden. Stellt der Empfänger den Antrag auf Feststellung eines behaupteten teilweisen Verlustes oder einer Beschädigung des Gutes, so ist, soweit die Feststellung nicht unverzüglich vorgenommen werden kann, der Unternehmer berechtigt, entweder das Gut gleichwohl dem Empfänger zu übergeben, wenn dieser dazu bereit ist, oder es auf Lager zu nehmen. In letzterem Falle geht die Lagerung auf Kosten des Unternehmers, wenn die Feststellung des Tatbestandes gegen ihn ausschlägt, umgekehrt auf Kosten des Empfängers.**

(5) **Hat der Absender im Frachtbrief Nachzählung oder Verwiegung des Gutes am Bestimmungsort beantragt oder verlangt der Empfänger bei der Ablieferung, daß die Güter in seiner Gegenwart nachgezählt oder nachgewogen werden, so hat der Unternehmer diesem Verlangen zu entsprechen, falls geeignete Wiegevorrichtungen vorhanden sind und die Beschaffenheit des Gutes es gestattet. Für die Nachzählung oder Nachwiegung kann die tarifmäßige Gebühr erhoben werden.**

Literatur: siehe vor § 1 KVO.

I. Übergabe des Guts

1 Der Unternehmer hat das Gut dem Empfänger (§ 435 HGB Rz. 3) zu übergeben. Der **Empfänger** muß auch dann, wenn nachträglich keine Verfügung erfolgt ist (§ 27 I d KVO), nicht im Frachtbrief genannt sein (GroßkommHGB-*Helm,* § 452 Anh. II, § 25 KVO Rz. 2; **a. A.** *Willenberg,* KVO, § 25 Rz. 2). Maßgeblich ist allein die Vereinbarung zwischen den Parteien, die auch formlos möglich ist (h. M.; § 11 KVO Rz. 1, 3; § 15 KVO Rz. 2 ff). Gleiches gilt für den Bestimmungsort (§ 11 I b, § 27 I h KVO). Zur Zuführung s. § 5 KVO. **„Übergabe"** bedeutet das gleiche wie der Begriff der Auslieferung in den §§ 29, 33 d KVO. Die **Empfangsbescheinigung** des Empfängers ist eine Quittung iSd § 368 BGB. Zu den Rechtswirkungen derartiger Bescheinigungen s. § 16 KVO Rz. 5. Eine Bescheinigung ohne konkrete Vorbehalte kann zum Verlust von Rechten führen (§ 39 KVO). Der Unternehmer muß diese Bescheinigung nicht an den Absender herausgeben, da er sie zum Beweis der Erfüllung seiner Pflichten benötigt. Zulässig ist die Vereinbarung der Übermittlung des Auslieferungsnachweises an den Absender.

II. Anspruch des Empfängers auf Übergabe (§ 25 II KVO)

1. Anspruch

2 Der Beförderungsvertrag ist ein Vertrag zugunsten Dritter. Der Anspruch entsteht, sobald das Gut am Bestimmungsort (oben Rz. 1) angekommen ist (§ 435 HGB Rz. 2). Anders als im Fall des § 435 HGB steht der Anspruch unter dem Vorbehalt abweichender Verfügungen des Absenders, die bis zur Bezahlung der sich aus dem Frachtbrief ergebenden Forderungen möglich sind (arg. e. § 27 IV KVO; *Willenberg,* KVO, § 25 Rz. 17; unklar *Roesch,* BB **1984**, 699, 700). Der Empfänger kann Übergabe des Guts und des Frachtbriefs oder auch nur des Frachtbriefs (§ 435 HGB Rz. 3) verlangen. Er kann auch unter der Voraussetzung des § 27 IV KVO *Weisungen* erteilen. Zur *Zuführung des Guts* §§ 5, 33 KVO. Zu *Schadensersatzansprüchen* s. § 29 KVO Rz. 7.

2. Einwendungen und Einreden des Frachtführers

3 Der Frachtführer muß im Verhältnis zum Empfänger Gut und/oder Frachtbrief nur Zug um Zug gegen Zahlung der Fracht sowie aller sonstigen dem Beförderungsvertrag entspringenden, noch offenen, richtig berechneten Forderungen übergeben. Dies gilt auch dann, wenn der Frachtbrief einen Freivermerk trägt (§ 21 KVO Rz. 3; **a. A.** *Willenberg,* KVO, § 25 Rz. 10) oder im Frachtbrief die Forderungen nicht vollständig ausgewiesen sind; denn vor Annahme des Frachtbriefs darf der Empfänger nicht auf den Frachtbrief vertrauen, wenn ihn der Unternehmer mit (höheren) Forderungen konfrontiert. Hat der Unternehmer ein Pfandrecht erworben (§§ 440 ff HGB), so braucht er das Gut nur gegen Bezahlung der gesicherten Forderungen herauszugeben (arg. e. § 1223 II BGB). Zur *Nachnahme* § 24 KVO. Zur *Weigerung des Empfängers,* zu zahlen, s. § 28 V KVO, § 25 KVO Rz. 4.

III. Annahmeobliegenheit des Empfängers (§ 25 IV KVO)

4 § 25 IV KVO spricht fälschlich von Pflicht, da der Beförderungsvertrag kein Vertrag zu Lasten Dritter ist und der Empfänger nur unter den Voraussetzungen des § 25 II 3 KVO selbständig verpflichtet wird. Vor der Begründung einer selbständigen Pflicht des Empfängers ist der Empfänger lediglich Obliegenheitsgehilfe des Absenders. Der Empfänger kann daher nicht zur Annahme gezwungen werden. Verweigert er die Annahme, so liegt vielmehr ein Ablieferungshindernis (§ 28 V KVO) vor. Verzögert er die Annahme (zur maßgeblichen Frist § 19 KVO Rz. 2), so entstehen ohne Rücksicht auf Verschulden oder entgangenen Gewinn Ansprüche auf Standgeld. Passivlegitimiert ist primär der Absender; nur unter den Voraussetzungen des § 25 II 3 KVO auch der Empfänger (OLG Düsseldorf v. 30.12.1982, VersR **1983**, 951).

IV. Zahlungspflicht des Empfängers (§ 25 II 3 KVO)

5 § 25 II 3 KVO entspricht § 436 HGB. Siehe Erläuterungen zu § 436 HGB. Die Fracht muß auf den Empfänger überwiesen sein (§ 21 KVO Rz. 2).

V. Antrag auf Schadensfeststellung bzw. Nachzählung, Verwiegung (§ 25 IV, V KVO)

6 Die Behauptung eines Verlusts oder einer Beschädigung kann durch einen Vorbehalt (§ 39 KVO Rz. 4) erfolgen. Behauptet der Empfänger einen Verlust oder eine Beschädigung, so hat der Unternehmer nach § 37 KVO vorzugehen. Können die Feststellungen nicht unverzüglich (§ 121 BGB) vorgenommen werden, so kann der Unternehmer entweder das Gut dem Empfänger übergeben oder es auf Lager nehmen. Der Empfänger darf die Annahme verweigern, solange die Schadensfeststellung nicht erfolgt ist. Nimmt der Empfänger das Gut an, so trifft ihn gleichwohl nicht die **Beweislast** für den Schaden, weil er das Gut nicht billigend entgegengenommen hatte (Umkehrschluß aus § 363 BGB bzw. den werkvertraglichen Beweislastvorschriften; **a. A.** *Willenberg*, KVO, § 25 Rz. 34). § 25 IV 4 KVO begründet eine **Forderung gegen den Empfänger** nur unter den in § 25 II 3 KVO genannten Voraussetzungen (s. oben Rz. 5). Gleiches gilt für Anträge des Absenders auf Nachzählung oder Verwiegung am Bestimmungsort, die nicht im Frachtbrief gestellt werden müssen (§ 11 KVO Rz. 1, 3; str.), sondern formlos vereinbart werden können. Hingegen verpflichtet der Antrag des Empfängers nur den Empfänger. Zur Gebühr GFT II/5 abgedr. *Hein/Eichhoff/Pukall/Krien*, Güterkraftverkehrsrecht, Teil C 525.

VI. Pfandrecht

7 S. §§ 440 ff HGB.

§ 26 KVO [Lieferfrist]

(1) Die Lieferfrist beginnt für die vom Unternehmer bis um 12 Uhr übernommenen Güter um 18 Uhr, für die nachmittags übernommenen Güter um Mitternacht.

Die Lieferfrist beträgt für je angefangene 300 km 24 Stunden.

Ist der auf die Auflieferung des Gutes folgende Tag ein Sonn- oder Feiertag, so beginnt die Lieferfrist einen Tag später. Ist der letzte Tag der Lieferfrist ein Sonn- oder Feiertag, so läuft die Lieferfrist erst mit der entsprechenden Stunde des nächsten Werktages ab.

Der Absender kann mit dem Unternehmer eine verkürzte Lieferfrist vereinbaren. Die verkürzte Lieferfrist ist im Frachtbrief zu vermerken.

(2) **(weggefallen)**

(3) **Die Lieferfrist ist gewahrt, wenn vor ihrem Ablauf das Gut dem Empfänger zugeführt worden ist oder aus Gründen, die in seiner Person liegen, nicht zugeführt werden konnte. Insbesondere ist sie auch gewahrt, wenn vor ihrem Ablauf der Empfänger von der Ankunft benachrichtigt oder das Gut ihm am Bestimmungsorte zur Abnahme angeboten worden ist.**

(4) **Der Lauf der Lieferfrist ruht auf die Dauer**

a) des Aufenthaltes, der durch Zoll- oder sonstige verwaltungsbehördliche Maßnahmen,

b) einer durch nachträgliche Verfügung des Absenders hervorgerufenen Verzögerung der Beförderung,

c) der durch Abladen eines Übergewichtes erforderlichen Zeit,

d) einer ohne Verschulden des Unternehmers eingetretenen Betriebsstörung, durch die der Beginn oder die Fortsetzung der Beförderung zeitweilig verhindert wird,

e) einer behördlich angeordneten Straßensperre, durch die der Beginn oder die Fortsetzung der Beförderung zeitweilig verhindert wird,

f) des Aufenthaltes, der ohne Verschulden des Unternehmers dadurch entstanden ist, daß am Gut oder an der Verpackung Ausbesserungsarbeiten vorgenommen oder vom Absender verladene Sendungen um- oder zurechtgeladen werden mußten.

Literatur: siehe vor § 1 KVO.

Übersicht

	Rz.
I. Allgemeines	1
II. Gesetzliche Lieferfrist	2
III. Vereinbarte Lieferfrist	3
IV. Ruhen der Lieferfrist (§ 26 IV KVO)	4
V. Einhaltung der Lieferfrist (§ 26 III KVO)	5
VI. Nichteinhaltung der Lieferfrist und Verletzung von Hinweispflichten	6

I. Allgemeines

1 Die zwingenden Regelungen des § 26 KVO sowie des GFT II/1 (unten Rz. 3) über die Lieferfristen entsprechen heute evident nicht mehr den Möglichkeiten des Straßentransports. Entgegen *Willenberg* (KVO, § 26 Rz. 1) bietet § 26 KVO auch nicht den Vorteil, daß der Absender zuverlässigere Dispositionen treffen kann, als wenn er auf angemessene Transportdurchführung (z. B. Art. 19 CMR) vertrauen müßte; denn dazu eröffnen die Fristen des § 26 KVO zu viel Spielraum (zutr. GroßkommHGB-*Helm*, § 452 Anh. II, § 26 KVO Rz. 5). § 26 KVO läßt sich daher im Einklang mit der § 26 KVO zugrundeliegenden Ermächtigung (§§ 13, 14 GFG; *Koller/Jachmann*, TranspR **1988**, 177) nur durch das Interesse rechtfertigen, den Konkurrenzvorsprung des Lkw vor der Eisenbahn nicht allzu weit auszudehnen und nicht die Raserei auf den Straßen zu begünstigen. Ob dafür Lieferfristen iSd § 26 KVO als taugliches Instrument angesehen werden können, ist allerdings angesichts des Interesses der Unternehmen an der Pflege ihrer Kundenbeziehungen sehr fraglich.

§ 26 KVO gilt auch im **Fall des § 1 V KVO** unabdingbar; denn § 26 KVO fällt nicht in den Kreis der Haftungsvorschriften. Zwar ist die Haftung für die Überschreitung von Lieferfristen gemäß § 1 V KVO, § 429 HGB abdingbar. Dies betrifft jedoch nur die Sanktion der Haftung, nicht aber sonstige Sanktionen. Der Absender kann daher auch im Rahmen des § 1 V KVO unabdingbar seine Rechte aus § 28 II KVO (insbesondere Rücktritt) geltend machen. Der Spediteur darf grundsätzlich auch nicht kürzere als gemäß Nr. 21 GFT II/1 (§ 26 KVO Rz. 3) zulässige Lieferfristen vereinbaren (§ 22 GüKG). Kürzere Lieferfristen widersprechen den mit Hilfe der KVO verfolgten Zielen eines geregelten Wettbewerbs zwischen Schiene und Straße und den Zielen der Verkehrssicherheit. Würde man akzeptieren, daß der Spediteur die nach Tarif zulässigen Lieferfristen unterschreiten darf, so bestünde die Gefahr, daß der Spediteur auf den Frachtführer unangemessenen Druck ausübt, damit der Spediteur sein Versprechen gegenüber seinem Kunden einhalten kann (vgl. § 20 II GüKG). S. Erl. Rz. 3.

II. Gesetzliche Lieferfrist

2 Die Lieferfrist **beginnt** frühestens mit der Annahme des Guts, im übrigen gemäß § 26 I 1 KVO. Die Lieferfrist beginnt nur dann einen Tag später, wenn der folgende Tag ein Sonn- oder Feiertag ist (§ 26 I 3 KVO). Unter den gleichen Voraussetzungen **endet** die Lieferfrist auch einen Tag später (§ 26 I 4 KVO). § 193 BGB ist nicht anzuwenden, da diese Vorschrift nur für Fristen gilt, soweit nicht Sonderregelungen bestehen, wie die §§ 222 II ZPO, 17 II FGG, Art. 72 WG zeigen. § 26 I 3, 4 KVO ist in Bezug auf § 193 BGB lex specialis (**a. A.** *Willenberg*, KVO, § 26 Rz. 6; GroßkommHGB-*Helm*, § 452 Anh. II, § 26 KVO Rz. 4; *Muth/Andresen/Pollnow*, KVO, § 26 Anm. 2). Zur **Dauer** der Frist § 26 I 2 KVO. Maßgeblich sind die Tarifkilometer.

III. Vereinbarte Lieferfrist

3 Gemäß § 26 I 5 KVO können Unternehmer und Absender die Lieferfristen vertraglich verkürzen, nicht aber verlängern. Die Vereinbarung bedarf keiner Form (§ 11 KVO Rz. 11). § 26 I 6 KVO stellt lediglich eine Ordnungsvorschrift dar. Für die Vereinbarung gelten die allgemeinen Auslegungsregeln (§ 157 BGB). Die **Verkürzung der Lieferfrist** ist nur im Rahmen der Nr. 21 GFT II/1 (abgedr. *Hein/Eichhoff/Pukall/Krien*, Güterkraftverkehrsrecht, Teil C 521) möglich. Weitergehende Verkürzungsabreden, z. B. die Vereinbarung einer bestimmten Stunde (*Piper*, Höchstrichterliche Rechtsprechung, aaO, Rz. 234), verstoßen grundsätzlich gegen § 22 GüKG und sind nur im Rahmen des gesetzlich Zulässigen wirksam (§ 22 GüKG Rz. 3; OLG Düsseldorf, NJW **1958**, 305; *Willenberg*, KVO, § 26 Rz. 13; **a. A.** BGH v. 8.2.1960, VersR **1960**, 304, 305, der sich trotz des § 23 III GüKG auf § 140 BGB stützt; unklar BGH v. 10.1.1968, VersR **1968**, 291, 292). Unwirksam sind auch tarifwidrige Garantiezusagen und Vertragsstrafeversprechen (§ 22 II GüKG). Der Unternehmer, der tarifwidrige Lieferfristen vereinbart, **haftet aus c.i.c.**, wenn er den Absender nicht über die Tarifwidrigkeit aufklärt, es sei denn, daß der Absender zu dem Personenkreis gehört, bei dem ausreichende Tarifkenntnisse zu erwarten sind (BGH v. 3.10.1963, VersR **1963**, 1120, 1121 (§ 307 BGB); § 22 GüKG Rz. 3). Der Frachtführer muß den Absender verderblicher Ware, die erkennbar bei Nichteinhaltung der Lieferfrist zu **verderben droht**, auch rechtzeitig darüber **informieren**, daß er die tarifwidrig vereinbarte Lieferfrist nicht einhalten kann, damit der Absender die nötigen Maßnahmen treffen kann (BGH v. 3.10.1963, VersR **1963**, 1120, 1121; v. 10.1.1968, VersR **1968**, 291, 292 f; BGHZ **55**, 217, 220; OLG Düsseldorf v. 15.10.1981, VersR **1982**, 800). Hier ist auch daran zu denken, daß die Beschränkung der Abkürzung der Lieferfrist bei verderblichen Gütern die berufliche Entfaltung unverhältnismäßig einschränken kann (Art. 12, 14 GG).

IV. Ruhen der Lieferfrist (§ 26 IV KVO)

4 Das Ruhen der Lieferfrist bedeutet, daß der Lauf der Lieferfrist zum Stillstand kommt und nach dem Ende des Ruhens weiterläuft. In Parallele zu § 26 IV d, f KVO darf der Aufenthalt durch **verwaltungsbehördliche Maßnahmen** nicht vom Unternehmer verschuldet worden sein; denn auch der § 26 IV b, c, e KVO erfaßt nur Störungen, deren Ursachen typischerweise außerhalb der Sphäre des Unternehmers liegen. Zur **nachträglichen Verfügung** des Absenders § 27 I KVO. Hat der Empfänger Verfügungen getroffen, so greift § 26 III 1 KVO (in seiner Person liegende Gründe) ein. Im Fall des § 27 I e, h KVO wird eine neue Lieferfrist in Lauf gesetzt. Auch die **Fahrzeugüberlastung** darf, wie der Aufenthalt gemäß § 26 IV a KVO, nicht vom Unternehmer zu vertreten sein (*Willenberg*, KVO, § 26 Rz. 24). Als **Betriebsstörungen** sind Störungen des Kfz, Erkrankung von Mitarbeitern sowie Unfälle anzusehen, auch Beförderungshindernisse iSd § 28 KVO. Ablieferungshindernisse (§ 28 V KVO) führen hingegen zur Einhaltung der Lieferfrist (§ 26 III KVO). Die Betriebsstörung ist verschuldet, wenn ihr Entstehen verschul-

det ist oder ihre Auswirkungen nicht mit zumutbaren Anstrengungen minimiert worden sind (z. B. durch Ersatzfahrzeuge). Eine Straßensperre verhindert nur dann die Beförderung, wenn keine Umleitungen existieren (vgl. § 28 I KVO). Zum Verschulden beim Beladen vgl. § 17 KVO Rz. 11 ff Der Unternehmer hat zu **beweisen**, daß die Voraussetzungen für das Ruhen der Lieferfrist vorliegen, insbesondere, daß ihn kein Verschulden trifft (Ausnahmecharakter der Vorschrift; Störung wirkt sich in der Sphäre des Unternehmers aus; ebenso *Willenberg*, KVO, § 26 Rz. 19, 26). Der Unternehmer hat den Absender zu **benachrichtigen**, wenn die Einhaltung der Lieferfrist gefährdet oder der Verderb des Guts durch die Verzögerung zu befürchten ist (§ 28 II 1 KVO; bei behebbaren Beförderungshindernissen § 28 II 1 KVO analog). Der Frachtführer hat über reine Obhutsmaßnahmen hinaus das **Gut** vor Verderb oder anderen Schäden zu **schützen**, wenn der Absender nicht rechtzeitig benachrichtigt werden kann (z. B. durch Verbringung in ein Kühlhaus; **a. A.** OLG Düsseldorf v. 15.10.1981, VersR **1982**, 800). § 28 III, IV KVO ist analog anzuwenden. Der Unternehmer braucht nur solche Maßnahmen zu treffen, die ein ordentlicher Frachtführer, der kein Warenfachmann ist, mit zumutbarem Aufwand treffen kann. Auf diese Weise kann sichergestellt werden, daß der Unternehmer nicht mit unzumutbaren Risiken belastet wird, daß aber auch nicht volkswirtschaftliche Werte dem Untergang preisgegeben werden, obwohl dies mit Kosten verhindert werden kann, die weit unter dem ersichtlichen Wert der Güter liegen. Die Lieferfrist ruht im Fall der Betriebsstörung oder sonstiger Verzögerungen nur solange, als sie nicht mit zumutbaren Maßnahmen behoben werden kann. So hat der Unternehmer im Fall der Betriebsstörung die in § 28 I KVO vorgesehenen Maßnahmen zu ergreifen (unklar *Roesch*, ZfV **1983**, 223, 224).

V. Einhaltung der Lieferfrist (§ 26 III KVO)

5 Der Unternehmer kann die Lieferfrist voll ausnutzen, auch wenn ihm ohne weiteres eine schnellere Beförderung möglich gewesen wäre oder die Verzögerung hätte verhindert werden können (BGH v. 8.2.1960, VersR **1960**, 304; v. 10.1.1968, VersR **1968**, 291). Zu Aufklärungspflichten Rz. 3 f, 6. Die Frist ist gewahrt, wenn der Unternehmer das Gut vor Ende der Frist dem Empfänger ausgeliefert (§ 29 KVO Rz. 4) hat oder der Unternehmer die Auslieferung versucht hat, dies aber infolge eines in der Person des Empfängers liegenden Grundes unmöglich war. Die Information über die Ankunft des Guts am Bestimmungsort oder das Angebot zur Abnahme wahrt nur dann die Lieferfrist, wenn die Zuführung des Gutes nicht zu den Pflichten des Unternehmers gehörte (vgl. § 5 KVO).

VI. Nichteinhaltung der Lieferfrist und Verletzung von Hinweispflichten

6 Hält der Unternehmer die Lieferfrist nicht ein und erleidet das Gut dadurch einen Schaden, so haftet der Unternehmer gemäß den §§ 29, 30, 34 KVO und den §§ 823 ff BGB. Der Unternehmer haftet ferner aus § 31 I a

KVO, soweit die Überschreitung der Lieferfrist einen allgemeinen primären Vermögensschaden verursacht hat (zur Abgrenzung der Ansprüche aus § 29 KVO und § 31 I a KVO s. § 31 KVO Rz. 6). Der Anspruch wird durch die §§ 31 II, 36 KVO begrenzt. Daneben kommt eine Haftung aus § 826 BGB in Betracht. Weitergehende Schadensersatzansprüche aus BGB und HGB sind ausgeschlossen (vor § 1 KVO Rz. 3). Zum Rücktritt s. § 28 KVO Rz. 9. Verletzt der Unternehmer eine Hinweispflicht (Rz. 3 f) und entsteht daraus ein Schaden, so haftet er bei Güterschäden gemäß §§ 29, 30, 34 KVO und bei primären Vermögensschäden gemäß § 31 I c KVO.

V. Abänderung des Beförderungsvertrages

§ 27 KVO [Nachträgliche Verfügungen des Absenders und Anweisungen des Empfängers]

(1) **Der Absender kann bis zur Zahlung der Fracht oder der anderen auf der Sendung lastenden Kosten durch den Empfänger oder bis zur Auslieferung der Sendung an den Empfänger nachträglich verfügen:**

a) daß das Gut am Versandort zurückgegeben werden soll,

b) daß das Gut unterwegs angehalten werden soll,

c) daß die Ablieferung des Gutes an den Empfänger ausgesetzt werden soll,

d) daß das Gut an einen anderen Empfänger abgeliefert werden soll,

e) daß das Gut nach dem Versandort zurückgesandt werden soll,

f) daß eine Nachnahme nachträglich auferlegt, erhöht, herabgesetzt oder aufgehoben werden soll,

g) daß überwiesene Beträge von ihm selbst anstatt vom Empfänger eingezogen werden sollen,

h) daß ein Gut nach einem anderen Bestimmungsort weitergeleitet werden soll,

i) daß Teile einer Ladung an verschiedenen oder an anderen Ausladestellen, als im Frachtbrief vorgeschrieben war, abgeliefert werden sollen. Eine solche Verfügung ist jedoch nur statthaft, wenn auch die neubezeichneten Ausladestellen für die Frachtberechnung zum selben Gemeindetarifbereich gehören.

In den vorstehend unter d), e), h) und i) vorgesehenen Fällen kann der Absender für die Weiter- oder Rückbeförderung auch eine andere Beförderungsart oder die Benutzung eines anderen Verkehrsmittels vorschreiben.

Verfügungen anderer Art sind unzulässig. Das gleiche gilt für Verfügungen über einzelne Teile der Sendung, ausgenommen den in i) genannten Fall.

(2) **Der Unternehmer darf die Ausführung einer ihm ordnungsgemäß zugegangenen nachträglichen Verfügung nur ablehnen, hinausschieben oder in veränderter Weise vornehmen, wenn**

a) die Verfügung in dem Zeitpunkt, in dem sie ihm zugeht, nicht mehr durchführbar ist,

b) durch ihre Befolgung der regelmäßige Beförderungsdienst gestört wird,

c) ihrer Ausführung gesetzliche oder sonstige Bestimmungen, insbesondere Zoll- oder sonstige verwaltungsbehördliche Vorschriften entgegenstehen, oder

d) der Wert des Gutes die entstehenden Mehrkosten voraussichtlich nicht deckt und diese Mehrkosten nicht sofort entrichtet oder sichergestellt werden.

In diesen Fällen ist der Absender unverzüglich von der Sachlage zu unterrichten.

(3) **Verfügt der Absender, daß die Sendung am Bestimmungsort zurückgehalten werden soll, so ist der Unternehmer berechtigt, für jede Verzögerung das tarifmäßige Wagenstand- oder Lagergeld zu erheben. Beträgt die Verzögerung mehr als 12 Stunden, so kann der Unternehmer das Gut auf Gefahr und Kosten des Absenders abladen und einlagern; der Absender ist hiervon zu benachrichtigen.**

(4) **Nach Ankunft des Gutes am Bestimmungsort und nach Erfüllung der aus dem Frachtbrief sich ergebenden Verpflichtungen kann der im Frachtbrief bezeichnete Empfänger Anweisungen erteilen,**

a) daß ihm das Gut am Bestimmungsort nach einer anderen als der im Frachtbrief bezeichneten Bestimmungsstelle zugeleitet wird,

b) daß das Gut mit dem Frachtbrief gegen Zahlung der Fracht und der sonst auf dem Gute haftenden Beträge am Bestimmungsort einem Dritten ausgeliefert wird,

c) daß ihm der Frachtbrief gegen Zahlung der Fracht und der sonst auf dem Gut haftenden Beträge, das Gut aber am Bestimmungsort einem Dritten ausgeliefert wird,

d) daß ihm der Frachtbrief, das Gut aber gegen Zahlung der Fracht und der sonst auf dem Gut haftenden Beträge am Bestimmungsort einem Dritten ausgeliefert wird,

e) daß das Gut nach Zahlung oder gegen Nachnahme der Fracht und der sonst auf dem Gut haftenden Beträge mit neuem Frachtbrief vom Bestimmungsort nach einem anderen Ort gesandt wird,

f) daß Teile einer Ladung an verschiedenen oder anderen Ausladestellen, als im Frachtbrief vorgeschrieben war, abgeliefert werden sollen.

(5) **Für die Frachtberechnung findet § 20 entsprechende Anwendung.**

(6) **Wird auf Grund einer nachträglichen Verfügung das Gut unterwegs angehalten, so wird neben etwa erwachsenden sonstigen Kosten die Fracht bis zum Unterwegsort erhoben.**

(7) **Für die Entgegennahme einer nachträglichen Verfügung des Absenders oder einer Anweisung des Empfängers wird die im Tarif vorgesehene Gebühr nur erhoben, wenn eine Neuabfertigung notwendig ist.**

Literatur: siehe vor § 1 KVO.

Übersicht

	Rz.		Rz.
I. Allgemeines	1	2. Arten zulässiger Verfügungen	3
II. Verfügungen des Absenders		3. Rechtsfolgen	
1. Allgemeine Voraussetzungen	2	a) Beachtung der Verfügung	4

	Rz.		Rz.
b) Nichtbeachtung der Verfügung	5	2. Beispiele zulässiger Weisungen	7
III. Verfügungen des Empfängers		3. Rechtsfolgen	8
1. Allgemeines	6		

I. Allgemeines

1 § 27 KVO eröffnet sowohl dem Absender als Partei des Beförderungsvertrages als auch dem Empfänger (§ 435 HGB Rz. 3) zwingend ein nachträgliches Gestaltungsrecht, durch das die Rechte und Pflichten der Parteien aus dem Beförderungsvertrag geändert werden. Das Recht wird durch einseitige, empfangsbedürftige (§ 130 BGB) Willenserklärungen ausgeübt. Vertretung (§ 164 BGB) ist möglich. Die Rechte des Absenders und des Empfängers überschneiden sich nicht; vielmehr sind sie nacheinander geschaltet. Die Verfügungen sind formlos wirksam. Es gelten die allgemeinen Auslegungsregeln. Verfügungen sind mehrfach hintereinander möglich. Dritte können auch mit Einverständnis des Unternehmers keine Weisungen erteilen (vgl. BGH, NJW **1960**, 39, 40). Das Weisungsrecht vom Absender kann allerdings zusammen mit den sonstigen Ansprüchen aus dem Frachtvertrag an Dritte abgetreten werden (§ 413 BGB; vgl. *Goltermann/Konow*, EVO, § 72 Anm. 1 a).

II. Verfügungen des Absenders

1. Allgemeine Voraussetzungen

2 Zu Verfügungen ist nur der Absender als Vertragspartei, nicht ein Dritter (z. B. Versender (§ 407 HGB)) berechtigt. Der Ansicht des BGH (NJW **1960**, 39, 40) zufolge verstößt es gegen § 27 II KVO, die Ausführung der Weisung an die Bedingung zu knüpfen, daß ein Dritter zustimmt; denn § 27 II KVO normiert abschließend die Ablehnungsgründe. Eine andere Frage ist es, ob sich der Frachtführer Dritten gegenüber verpflichten kann, deren Weisungen zu beachten (BGH, NJW **1960**, 39). Der Absender kann uneingeschränkt Vollmacht erteilen (vgl. § 28 V 4 KVO). Das Verfügungsrecht des Absenders erlischt, wenn die Sendung dem Empfänger ausgehändigt worden war (§ 27 I 1 KVO). Ist dem Empfänger nur ein Teil der Sendung ausgeliefert worden, so geht das Verfügungsrecht des Absenders in Hinblick auf diesen Teil unter. Ferner erlischt das Verfügungsrecht, wenn der Empfänger Fracht sowie sämtliche anderen Kosten bezahlt hat (§ 27 I 1 KVO). Unerheblich ist es dagegen, daß das Gut bereits am Bestimmungsort angekommen ist.

2. Arten zulässiger Verfügungen

3 Der Absender darf **nur** die in § 27 I KVO abschließend aufgezählten Verfügungen treffen (§ 27 I 3 KVO). Die Verfügungen müssen sich grundsätzlich auf die gesamte Sendung (§ 20 I 2 KVO) erstrecken (§ 27 I 4 KVO). Zulässig sind: **a) Rückgabe des Guts am Versandort** (§ 27 I a KVO), wenn das Gut den Versandort noch nicht verlassen hat (§ 27 II a KVO). In der Sache enthält diese Verfügung eine Kündigung des Transportvertrages. **b)** Der Absender kann auch Weisung geben, das **Gut am Versandort anzuhalten.** Die Verfü-

gung, das Gut anzuhalten (§ 27 I b KVO) löst für den Absender die Obliegenheit aus, nach angemessener Frist eine weitere Verfügung zu treffen (vgl. § 27 II b KVO), z. B. weiterzutransportieren oder bei einem Lagerhalter abzuliefern. Hingegen ist der Unternehmer nicht kraft einseitiger Weisung des Absenders verpflichtet, das Gut einzulagern, da der Unternehmer damit erhebliche zusätzliche Risiken (vgl. § 33 d, e KVO) übernehmen müßte. Andererseits darf der Unternehmer dort, wo der Absender weitere Weisungen verzögert, auch nicht analog § 27 III KVO vorgehen. Der Unternehmer kann sich nämlich darauf berufen, daß ein weiteres Zuwarten den regelmäßigen Beförderungsdienst stört und deshalb das Gut entsprechend der ursprünglichen Weisung weiterbefördern. Die Parteien können jedoch vereinbaren, daß das Gut vom Unternehmer am Versandort oder unterwegs auf bestimmte Zeit oder bis zur Erteilung einer weiteren Weisung selbst oder durch Dritte gelagert wird. Diese Vereinbarung erweitert den Beförderungsvertrag um verwahrungsrechtliche Elemente (§§ 688 ff BGB) und kann eine Vor- bzw. Zwischenlagerung iSd § 33 d, e KVO begründen (näher dazu § 33 KVO Rz. 7). **c)** Auch beim Verlangen auf **Aussetzung der Auslieferung des Gutes** an den Empfänger (§ 27 I c KVO) handelt es sich um eine Interimsweisung. Verzögert der Absender abschließende Anweisungen, so greift § 27 III KVO ein. Die Weisung führt zum Untergang des Auslieferungsanspruchs des Empfängers gemäß § 25 II 1 KVO (§ 25 II 2 KVO). Zum Anspruch auf Standgeld § 27 KVO Rz. 4. **d)** Soll der Unternehmer das Gut an einen **anderen Empfänger ausliefern** (§ 27 I d KVO), der sich an einem anderen Bestimmungsort befindet, so liegt zugleich eine Weisung iSd § 27 I h KVO vor. Der Absender kann eine andere Beförderungsart vorschreiben (§ 27 I 2 KVO). Befindet sich das Gut bereits am Bestimmungsort, so erwirbt der neue Empfänger einen Auslieferungsanspruch (§ 25 II KVO); die Ansprüche des zuerst benannten Empfängers erlöschen (§ 25 II 2 KVO). **e)** Die **Rücksendung des Gutes** (§ 27 I e KVO) erfolgt im Rahmen des ursprünglichen Beförderungsvertrages, der durch die Weisung abgeändert wurde. Es muß daher kein neuer Frachtbrief ausgestellt werden. Der Absender kann eine andere Beförderungsart vorschreiben (§ 27 I 2 KVO). Zum Anspruch auf Fracht unten Rz. 4. **f) Änderung von Nachnahmeweisungen** (§ 27 I f KVO); s. § 24 KVO. § 27 I f KVO kann, wie der Umkehrschluß aus § 27 I g KVO zeigt, nicht analog auf die Frachtüberweisung gemäß § 21 I KVO angewandt werden. **g) § 27 I g KVO;** vgl. § 21 KVO. Zulässig ist nur die Weisung, daß die Fracht samt sonstiger Kosten ganz oder teilweise beim Absender selbst und nicht beim Empfänger eingezogen werden soll. Will der Absender erreichen, daß der Empfänger das Gut bezahlt, so muß er zum Instrument der Frachtnachnahme (§ 24 KVO Rz. 1) greifen. Weisungen, die Fracht beim Empfänger einzuziehen, sind im Zweifel in diesem Sinn auszulegen. **h)** Die Weisung, das Gut an einen **anderen Bestimmungsort** zu befördern, ist bei Stückgut immer, bei Ladungsgut nur in Hinblick auf die gesamte Ladung zulässig (arg. e. § 27 I i 2 KVO). Der Absender kann auch eine andere Beförderungsart vorschreiben (§ 27 I 2 KVO). **i)** Der Absender kann auch Weisung geben, das Gut dem gleichen Empfänger, aber an von der ursprünglichen Vereinbarung abweichenden oder an mehreren **Entladestellen** auszuliefern (§ 27 I i KVO), sofern die neu gewiesenen Entladestellen im Gemeindetarifbereich der ursprünglich vereinbarten Entladestellen liegen. Liegen die Entladestellen in anderen Tarifbereichen, so greift § 27 I h KVO ein.

3. Rechtsfolgen

a) Beachtung der Verfügung. Wird das Gut **am Versandort zurückgegeben**, so kann der Unternehmer nur Ansprüche aus § 14 VI KVO geltend machen. Dem Unternehmer steht ein Anspruch auf Fracht nur zu, wenn das Gut **unterwegs angehalten** wird (§ 27 VI KVO). Der Absender hat die Fracht bis zum Unterwegsort und im Fall der Rücksendung außerdem die Fracht vom Unterwegsort bis zum Absendeort zu zahlen. Hingegen fällt keine zusätzliche Fracht an, wenn lediglich **neue Entladestellen** im ursprünglich vereinbarten Gemeindetarifbereich genannt werden. Im Fall der Weiterbeförderung ist eine neue Frachtberechnung auf der Basis des neuen Bestimmungsortes erforderlich. Außerdem kann der Unternehmer Gebühren nach GFT II/5 (abgedr. *Hein/Eichhoff/Pukall/Krien*, Güterkraftverkehrsrecht, Teil C 525) verlangen. Dort, wo der Unternehmer das Gut **am Bestimmungsort zurückhalten soll**, kann er Standgeld fordern. 4

b) Nichtbeachtung der Verfügung. Die Nichtbeachtung der an sich zulässigen Verfügung kann rechtmäßig sein, wenn die Voraussetzungen des § 27 II KVO erfüllt sind. Beweislast: Unternehmer. § 27 II a KVO ist auf den Fall der objektiven Unmöglichkeit bezogen. Im Fall des Unvermögens muß der Unternehmer, soweit dies zumutbar ist, ein Subunternehmen beauftragen. Der Beförderungsdienst ist gestört, wenn die Befolgung der Weisung die pünktliche Erfüllung anderer bereits begründeter Beförderungspflichten gefährdet (GroßkommHGB-*Helm*, § 452 Anh. II, § 27 KVO Rz. 14). Auch hier ist die Möglichkeit der Einschaltung von Subunternehmen zu berücksichtigen. Die Kosten der Durchführung der Weisung fallen nur unter den Voraussetzungen des § 27 II d KVO ins Gewicht (GroßkommHGB-*Helm*, § 452 Anh. II, § 27 KVO Rz. 12). § 27 II c KVO nimmt den Rechtsgedanken der §§ 134, 306 BGB auf. § 27 II d KVO kann im Fall des Rücktransports eingreifen. In den Fällen des § 27 II b, d KVO kann der Unternehmer nach freiem Ermessen entscheiden, ob er das Risiko einer Insolvenz oder von Ersatzforderungen anderer Kunden in Kauf nimmt. Er kann nicht nach freiem Ermessen zwischen Ablehnung und Verschiebung wählen, wenn bei einer Verschiebung die Gründe des § 27 II KVO keine Rolle mehr spielen (ratio des § 27 II KVO). § 27 II KVO regelt die Gründe, aus denen Weisungen abgelehnt werden können, abschließend. Die Parteien können daher z. B. nicht vereinbaren, daß Weisungen nur gültig sein sollen, wenn Dritte zustimmen (§ 22 II GüKG; BGH, LM Nr. 5 GüKG). Entschließt sich der Unternehmer, der Weisung nicht (sofort) zu folgen, so hat er den Absender ohne schuldhaftes Zögern so zu **benachrichtigen**, daß sich dieser nach Möglichkeit noch auf die neue Situation einrichten kann (§ 27 II 2 KVO). Der Unternehmer, der zulässige Weisungen nicht beachtet, obwohl kein Ablehnungsgrund iSd § 27 II KVO vorliegt, oder der den Absender nicht rechtzeitig informiert, **haftet** aus § 31 I c KVO. Kommt es infolge einer Mißachtung einer Weisung zu einer Falschauslieferung, so greift § 31 I b KVO, und wenn das Gut nicht binnen eines Monats vom falschen Empfänger herausgegeben 5 wird, so greifen die §§ 29, 37 IV KVO, ein. Verlangt der Absender lediglich, daß der weisungsgemäße Zustand hergestellt wird, so macht er keinen Schadensersatz-, sondern einen Erfüllungsanspruch geltend. Dazu gehört u. U., daß das Gut an den Absendeort zurückgebracht wird (unzutr. OLG Düsseldorf v. 31.7.1986, TranspR **1986**, 341, 343).

III. Verfügungen des Empfängers

1. Allgemeines

6 Anders als nach § 435 HGB entsteht das Weisungsrecht des Empfängers erst, nachdem das Gut am Bestimmungsort angekommen ist und der Empfänger die darauf ruhende Fracht und die Kosten, soweit sie sich aus dem Frachtbrief ergeben (§ 436 HGB Rz. 4), bezahlt hat. Hat der Absender bereits vorher abweichende Verfügungen erteilt, so sind Weisungen des ursprünglichen Empfängers irrelevant, soweit er infolge früherer, noch wirksam gewordener (oben Rz. 2 f) Weisungen des Absenders bereits die Rolle des Empfängers verloren hatte. Weisungen, die vor Ankunft des Gutes bzw. vor der Zahlung ergehen, werden mit Ankunft des Gutes und mit Zahlung wirksam (Wertung des § 185 II 2. Alt. BGB). Ist das Gut bereits abgeliefert worden, so ist sowohl das Weisungsrecht des Absenders (§ 27 I 1 KVO) als auch das Weisungsrecht des Empfängers erloschen, weil der Beförderungsvertrag erfüllt ist (GroßkommHGB-*Helm*, § 452 Anh. II, § 27 KVO Rz. 18). Das Verfügungsrecht fällt wieder auf den Absender zurück, wenn der Empfänger das Gut zurückgewiesen hat (BGH, NJW **1974**, 1614, 1616; v. 1.10.1975, VersR **1976**, 168, 169). Gleiches gilt für sonstige Rechte, wenn der Empfänger zu erkennen gibt, daß er sie nicht geltend machen will (Wertung des § 334 BGB). Der Kreis der zulässigen Empfängerweisungen ist in § 27 IV KVO nicht abschließend aufgeführt; es sind also darüber hinausgehend Weisungen möglich. Die Grenzen des Weisungsrechts ergeben sich aus dem analog anwendbaren § 27 II KVO (oben Rz. 5; **a. A.** *Willenberg*, KVO, § 27 Rz. 38).

2. Beispiele zulässiger Weisungen

7 Im Fall des § 27 IV a, b, c, d, f KVO müssen die neuen Entladestellen am ursprünglichen Bestimmungsort im gleichen Gemeindetarifbereich liegen. Soll das Gut an einen anderen Bestimmungsort geliefert werden (§ 27 IV e KVO), so ist es sehr zweifelhaft, ob es sich hier um eine einseitige vertragsändernde Weisung handelt. Gegen die Annahme einer einseitigen Weisung spricht weniger das Erfordernis eines neuen Frachtbriefs (s. § 15 KVO Rz. 2 ff) als vielmehr der Umstand, daß der Empfänger nicht berechtigt sein kann, den Absender durch Weisungen in unkalkulierbarem Umfang zu verpflichten. Wenn die Kosten des Transports an einen anderen Ort dem Empfänger und nur dem Empfänger zur Last fallen sollen, so ist die Weisung als Annahme des Angebots zum Abschluß eines neuen Beförderungsvertrages zu deuten. § 27 IV e KVO geht jedoch ersichtlich davon aus, daß der Unternehmer die Weisung zu befolgen hat. Man muß daher annehmen, daß im Abschluß des Beförderungsvertrages mit dem Absender schon das gesetzlich

zwingend vorgegebene Angebot an den Empfänger zum Abschluß von Beförderungsverträgen nach Vorstellung des Empfängers liegt (ähnlich GroßkommHGB-*Helm*, § 452 Anh. II, § 27 KVO, Rz. 19; **a. A.** *Willenberg*, KVO, § 27 Rz. 43).

3. Rechtsfolgen

Verstößt der Unternehmer gegen zulässige Weisungen des Empfängers, ohne daß ihm ein Ablehnungsgrund analog § 27 II KVO zustand, so haftet er gemäß § 31 I c KVO, bei Falschauslieferung gemäß § 31 I b KVO unter Umständen auch wegen Verlusts des Guts (§§ 37 IV, 29 KVO). Dem Unternehmer steht eine Vergütung gemäß GFT II/5 (abgedr. *Hein/Eichhoff/Pukall/Krien*, Güterkraftverkehrsrecht, Teil C 525) zu. **8**

§ 28 KVO [Beförderungs- und Ablieferungshindernisse]

(1) **Stellen sich der Beförderung eines Gutes Hindernisse entgegen, die durch Umleitung oder durch eine Ersatzbeförderung behoben werden können, so ist das Gut dem Empfänger über die Umgehungsstraßen oder mit der möglichen Ersatzbeförderung zuzuführen. Die Lieferfrist wird über den ursprünglichen Beförderungsweg errechnet. Eine Mehrfracht nach der wirklich ausgeführten Beförderung kann nur erhoben werden, wenn das Gut über eine Umgehungsstraße zugeführt wird und der Absender vor Annahme des Frachtbriefes und des Gutes von dem Unternehmer auf die Notwendigkeit einer Umleitung hingewiesen war.**

(2) **In allen anderen Fällen, in denen der Beginn oder die Fortsetzung einer Beförderung zeitweilig oder dauernd verhindert wird, hat der Unternehmer den Absender um Anweisung zu ersuchen. Der Absender kann daraufhin auch vom Vertrage zurücktreten. Trifft den Unternehmer kein Verschulden, so kann er in diesen Fällen Zahlung der Fracht für die zurückgelegte Strecke und der Gebühren für die ausgeführten Neben- und Sonderleistungen verlangen. Trifft der Absender die Anweisung, daß das Gut zum Versandort zurückbefördert werden soll, so hat der Unternehmer keinen Anspruch auf Fracht und Gebühren.**

(3) **Erteilt der Absender innerhalb angemessener Frist keine ausführbare Anweisung, so ist nach (5) ff zu verfahren. Vom Zeitpunkt der Säumigkeit des Absenders an ist das tarifmäßige Lager- oder Wagenstandgeld verwirkt.**

(4) **Fällt das Beförderungshindernis vor dem Eintreffen einer Anweisung des Absenders weg, so ist das Gut dem Bestimmungsort zuzuleiten, ohne daß Anweisungen abgewartet werden; der Absender ist hiervon unverzüglich zu benachrichtigen.**

(5) **Ist nach Eintreffen der Sendung am Bestimmungsort der Empfänger nicht zu ermitteln oder verweigert er die Annahme oder löst er den Frachtbrief nicht ein oder ergibt sich vor Einlösung des Frachtbriefes ein sonstiges Ablieferungshindernis, so hat der Unternehmer den Absender von der Ursache des Hindernisses unverzüglich zu benachrichtigen und seine Anweisung einzuholen.**

Der Absender kann im Frachtbrief vorschreiben, daß er auf seine Kosten telegraphisch benachrichtigt werden soll. Er kann ferner im Fracht-

brief vorschreiben, daß ihm das Gut bei Eintritt eines Ablieferungshindernisses ohne vorherige Benachrichtigung zurückgeschickt werden soll oder daß das Gut am Bestimmungsort an einen zu bezeichnenden anderen als den im Frachtbrief genannten Empfänger abgeliefert werden soll.

Der Absender kann im Frachtbrief auch einen Dritten zur Erteilung von Anweisungen über das Gut bevollmächtigen und vorschreiben, daß der Unternehmer diesen Dritten unmittelbar zu benachrichtigen und seine Anweisung einzuholen hat.

(6) **Ist die Benachrichtigung des Absenders oder des im Frachtbrief bezeichneten Bevollmächtigten nach den Umständen nicht möglich oder ist der Absender oder sein Bevollmächtigter mit der Erteilung der Anweisung säumig oder ist die Erteilung nicht ausführbar, so kann das Gut unter Einziehung der etwa noch nicht bezahlten Kosten bei einem Spediteur oder in einem öffentlichen Lagerhaus auf Gefahr und Kosten des Absenders hinterlegt werden.**

(7) **(weggefallen)**

(8) **Ist der Frachtbrief vom Empfänger eingelöst, so gilt, wenn der Empfänger das Gut nicht abnimmt oder sich ein sonstiges Ablieferungshindernis ergibt, für die Hinterlegung des Gutes bei einem Spediteur oder in einem öffentlichen Lagerhaus Absatz 6 entsprechend mit der Maßgabe, daß überall an die Stelle des Absenders der Empfänger tritt.**

Zoll- oder steuerpflichtige Güter dürfen erst nach Vornahme der Zoll- oder Steuerbehandlung bei einem Spediteur oder öffentlichen Lagerhaus hinterlegt oder verkauft werden.

Fällt das Ablieferungshindernis weg, ohne daß eine anderweitige Anweisung des Absenders oder seines Bevollmächtigten bei der Empfangsabfertigung eingetroffen ist und ist der Empfänger zur Annahme bereit, so wird ihm das Gut abgeliefert. Von einer nachträglichen Ablieferung ist der Absender oder sein Bevollmächtigter, soweit diesem das Hindernis schon mitgeteilt war, unmittelbar zu benachrichtigen.

Literatur: siehe vor § 1 KVO.

Übersicht

	Rz.
I. Allgemeines	1
II. Beförderungshindernis	
1. Pflicht zur Behebung von Beförderungshindernissen	2
2. Unbehebbare Hindernisse	4
a) Pflichten des Unternehmers	5
aa) Ersuchen um Anweisung	6
bb) Ausführung von Anweisungen	7
cc) Pflichten bei fehlender oder verspäteter Anweisung	8
b) Rücktritt des Absenders (§ 28 II 2 KVO)	9
III. Ablieferungshindernis (§ 28 V KVO)	
1. Begriff des Ablieferungshindernisses	10
2. Pflichten des Unternehmers	11
IV. Beweislast	12

I. Allgemeines

1 § 28 KVO regelt zwei Formen von Leistungsstörungen: die Beförderungs- und die Ablieferungshindernisse. Die **Beförderungshindernisse** sind da-

durch gekennzeichnet, daß objektive, nicht ausschließlich vom Willen des Unternehmers abhängige Umstände die Beförderung ganz unmöglich machen oder erschweren oder die Beförderung so lange unmöglich machen bzw. erschweren, daß mit Verzögerungen zu rechnen ist (OLG München v. 28.6.1983, TranspR **1984**, 186, 187; GroßkommHGB-*Helm,* § 452 Anh. II, § 28 KVO Rz. 2; *Willenberg*, KVO, § 28 Rz. 3: pünktliche Erfüllung). Gleichgültig ist, ob es sich um anfängliche oder um nachträgliche Hindernisse handelt (GroßkommHGB-*Helm,* § 452 Anh. II, § 28 KVO Rz. 3; **a. A.** *Willenberg*, KVO, § 28 Rz. 1). Beispiele: Straßensperren, Naturkatastrophen, Beschädigung des Guts, Fehlen von Mitarbeitern, Betriebsstörungen des Kfz (BGH v. 12.5.1960, VersR **1960**, 627, 629). Auf ein Verschulden des Unternehmers kommt es nicht an (arg. e § 28 II 3 KVO). Es ist auch grundsätzlich unerheblich, ob der Unternehmer das Beförderungshindernis beheben kann, es sei denn, daß er das Hindernis nicht beheben will oder er nicht willens ist, den Transport zu beginnen bzw. fortzusetzen, weil dann das Hindernis primär im Willen des Unternehmers liegt. **Ablieferungshindernisse** entstehen dadurch, daß der Empfänger am Bestimmungsort mit verkehrserforderlicher Sorgfalt (§ 347 HGB) nicht zu ermitteln ist (§ 28 V 1 KVO; der Unternehmer hat Nachforschungen anzustellen [§ 437 HGB Rz. 1; vgl. auch OLG Hamburg v. 25.2.1988, TranspR **1988**, 277; enger Widmann, GüKUMT, S. 60]) oder der Empfänger die Annahme vor oder nach Einlösung des Frachtbriefs (§ 28 VIII KVO) uneingeschränkt verweigert (§ 28 V 1 KVO) oder nur unter vertragswidrigen Voraussetzungen zur Entgegennahme des Guts bereit ist (z. B. ohne Zahlung der Fracht; anders im Fall des § 25 IV 2 KVO bzw. wenn der Unternehmer außerhalb branchenüblicher Geschäftsstunden anliefern will) oder die Auslieferung aus sonstigen Gründen für erhebliche Zeit (§ 437 HGB Rz. 3) unmöglich oder unzumutbar erschwert ist (OLG Stuttgart v. 14.4.1954, VersR **1954**, 399). Zur vorübergehenden Annahmeverweigerung § 437 HGB Rz. 2.

II. Beförderungshindernis

1. Pflicht zur Behebung von Beförderungshindernissen

Läßt sich das Beförderungshindernis (oben Rz. 1) beheben, so liegt ein Fall 2
der Leistungserschwerung vor. Ob das Hindernis behebbar ist, ist nach den allgemeinen Regeln der wirtschaftlichen Unmöglichkeit, der Opfergrenze, des Wegfalls der Geschäftsgrundlage sowie der Unzumutbarkeit (MüKo-*Emmerich*, BGB, vor § 275 BGB Rz. 17; *Soergel/Wiedemann*, BGB, § 275 Rz. 38 ff; GroßkommHGB-*Helm,* § 452 Anh. II, § 28 KVO Rz. 6) zu beurteilen (vgl. auch § 428 HGB Rz. 2 f). Demnach muß der Unternehmer mit eigenen Kräften oder durch Einschaltung von Subunternehmern, zu denen auch andere Verkehrsträger gehören (*Willenberg*, KVO, § 28 Rz. 12), alles Zumutbare unternehmen, um die Beförderung anders als geplant durchzuführen. Dabei sind ihm erhöhte Anstrengungen immer dann zuzumuten, wenn die Störung aus seiner Organisationssphäre stammte, oder, falls die Störung von außen kam, wenn ordentlichen Kaufleuten die Möglichkeit einer derartigen Störung bewußt gewesen wäre, wenn sie also im Rahmen

des Kalkulierbaren lag, oder wenn gänzlich unwahrscheinliche Hindernisse mit nicht besonders ins Gewicht fallenden Aufwendungen zu überwinden sind (*Palandt/Heinrichs*, BGB, § 242 Anm. 6 B c, C a bb; *Koller*, Risikozurechnung, S. 244). Das Beförderungshindernis wird dadurch zu einem unbehebbaren Hindernis iSd § 28 II KVO, daß der Transport mit den geschuldeten Anstrengungen nicht mehr innerhalb der Lieferfrist (§ 26 KVO) beendet werden kann (*Willenberg*, KVO, § 28 Rz. 6). Dies geht zwar aus § 28 KVO nicht klar hervor. Für die Deutung, daß ein Hindernis unbehebbar ist, wenn der Transport trotz aller geschuldeten Anstrengungen nicht mehr vor Ablauf der Lieferfrist beendet werden kann, spricht jedoch, daß sich der Absender auf diese Weise bei verschuldeten Betriebsstörungen, die den Lauf der Lieferfrist nicht verlängern (arg. e § 26 IV d KVO), schneller von einem Unternehmer trennen kann. Diese Lösung hat allerdings den Nachteil, daß sich der Unternehmer bei verschuldeten Beförderungshindernissen, die wegen Ablaufs der Lieferfrist früher zu unbehebbaren Hindernissen werden, ebenfalls früher durch Einlagerung (etc. Rz. 8) vom Vertrag lösen kann, als dies bei unverschuldeten Hindernissen möglich ist. Dieser Nachteil wird jedoch durch die Schadensersatzpflicht des Unternehmers (§ 31 I KVO) ausgeglichen.

3 Der Unternehmer hat bei behebbaren Beförderungshindernissen alle Anstrengungen in Form von Umleitungen des Transports oder der Einschaltung Dritter (§ 6 KVO) zu unternehmen, um das **Gut innerhalb der Lieferfrist** (§ 26 KVO) zum Empfänger **zu befördern** (§ 28 I 1 KVO). Auf sonstige behebbare Betriebsstörungen, wie die Erhebung unvorhergesehener Straßenzölle, ist § 28 I KVO analog anzuwenden. Die Lieferfrist ist nach dem ursprünglich geplanten Beförderungsweg zu berechnen. Allerdings ruht der Lauf der Lieferfrist, solange das Gut ohne ein Verschulden des Unternehmers nicht befördert werden kann (§ 26 IV d KVO), weil der Unternehmer z. B. noch mit zumutbaren Anstrengungen auf der Suche nach einem Subunternehmer ist oder die Reparatur des Kfz nicht beendet ist. In Analogie zu § 28 II 1 KVO hat der Unternehmer den Absender über etwaige unvorhergesehene wesentliche Verzögerungen **zu benachrichtigen**, zumal, wenn ihm ein Interesse des Absenders an Beförderung innerhalb eines bestimmten Zeitraums erkennbar war (vgl. auch BGH v. 3.10.1963, VersR **1963**, 1120, 1121; v. 10.1.1968, VersR **1968**, 291, 292 f; OLG Düsseldorf v. 15.10.1981, VersR **1982**, 800).

Erfüllt der Unternehmer nicht seine Pflicht zur Überwindung der behebbaren Beförderungshindernisse und wird der Transport dadurch so verzögert, daß er nicht innerhalb der Lieferfrist (§ 26 KVO; zum Ruhen der Lieferfrist beachte § 26 IV d KVO) beim Empfänger ankommt (§ 26 III KVO), so ist der Unternehmer zum **Schadensersatz** verpflichtet (§ 31 I a KVO). Ein Anspruch auf Ersatz seiner erhöhten **Aufwendungen** steht dem Unternehmer unter keinen Umständen zu. Standgeldvereinbarungen sind unwirksam. Er hat allenfalls einen Anspruch auf **Mehrfracht** nach Maßgabe des benutzten Transportwegs, wenn er den Absender vor Annahme des Guts auf die Notwendigkeit der Umleitung hingewiesen hatte (§ 28 I 3 KVO). Im Frachtverkehr ersichtlich unerfahrene Absender muß er nach der ratio der Vorschrift auch auf die Mehrfracht hinweisen. Vom Standpunkt der ursprünglichen Konzeption des KVO-

Beförderungsvertrages (§ 14 KVO Rz. 1 ff) liegt in dem Hinweis ein Angebot zur Beförderung zu erhöhten Preisen, das der Absender ablehnen kann. Geht man – wie hier (§ 14 KVO Rz. 4) – davon aus, daß der Beförderungsvertrag schon vor Annahme des Guts zustandekommen kann, so stellt der Hinweis gemäß § 28 I 3 KVO ein gesetzliches Gestaltungsrecht dar. Dieses Gestaltungsrecht führt nicht dazu, daß der Absender unerträglich mit Mehrkosten belastet wird; denn er kann den Vertrag mit sofortiger Wirkung kündigen (§ 27 I a KVO). § 27 I a KVO ist erst recht dann anwendbar, wenn das Gut noch gar nicht übergeben worden war. § 28 I 3 KVO ist analog auf den Transport mit anderen Beförderungsmitteln anzuwenden.

Der Absender kann bei behebbaren Hindernissen grundsätzlich nicht vom Vertrag **zurücktreten** (Umkehrschluß aus § 28 II 2 KVO), es sei denn, daß ein Fall der Erfüllungsverweigerung vorliegt (§ 326 BGB). Die Vereinbarung eines Fixgeschäftes iSd § 361 BGB widerspricht §§ 22 GüKG, 26 KVO.

2. Unbehebbare Hindernisse

Ein unbehebbares Hindernis (§ 28 KVO Rz. 1) liegt vor, wenn das Hindernis mit an Sicherheit grenzender Wahrscheinlichkeit trotz aller zumutbaren Anstrengungen (oben Rz. 2) dauernd (vgl. §§ 275, 306 BGB) nicht behebbar ist oder zwar nur zeitweilig besteht, aber erst so spät behoben sein wird, daß die Lieferfrist nicht mehr eingehalten werden kann (oben Rz. 2). Dabei ist zu berücksichtigen, daß sich die Lieferfrist bei unverschuldeten Betriebsstörungen verlängert (§ 26 IV d KVO). Stellt sich nachträglich heraus, daß das Beförderungshindernis weggefallen ist, so daß die Beförderung noch rechtzeitig innerhalb der Lieferfrist erbracht werden kann, so hat der Unternehmer grundsätzlich so zu verfahren, als ob kein Beförderungshindernis existiert hätte. Vgl. auch § 28 IV KVO. 4

a) Pflichten des Unternehmers. Unbehebbare Beförderungshindernisse lassen grundsätzlich die ursprüngliche Beförderungspflicht des Unternehmers vorzeitig endgültig oder vorübergehend **erlöschen**. Sie erlischt endgültig im Fall des Rücktritts (§ 28 II 2 KVO) und der Hinterlegung (§ 28 III, VI KVO). Ist nicht zu erwarten, daß das Beförderungshindernis vor Ablauf des Erfüllungszeitraums ausgeräumt ist, so liegt ein Fall der Unmöglichkeit vor. Die Rechtsfolgen der §§ 275, 306 BGB werden durch § 28 KVO modifiziert. Die ursprünglichen Beförderungspflichten **leben** uneingeschränkt **wieder auf**, wenn ein Fall des § 28 IV KVO vorliegt. Im übrigen werden die Pflichten des Unternehmers durch die §§ 28, 27 KVO modifiziert. Der Unternehmer, der das Beförderungshindernis schuldhaft verursacht hat, **haftet** gemäß § 31 I a, c KVO. 5

aa) Ersuchen um Anweisung. Der Unternehmer hat den Absender ohne schuldhaftes Zögern über das Hindernis und dessen voraussichtliche Dauer zu informieren sowie um Verfügungen iSd § 27 I KVO (alle Arten von Anweisungen: *Muth/Andresen/Pollnow*, KVO, § 28 Anm. 3) zu bitten. Ist dem Unternehmer keine bestimmte Form der Benachrichtigung vorgeschrieben (z. B. § 11 II g KVO), so muß er den Absender mit zumutbarem Aufwand so rechtzeitig zu informieren suchen, daß dieser noch disponieren kann. Eine derartige Informationspflicht wird man analog § 28 II 1 KVO auch dort 6 bejahen müssen, wo die Nichteinhaltung der Lieferfrist zwar nicht sicher, aber doch wahrscheinlich ist (oben Rz. 4; *Willenberg*, KVO, § 28 Rz. 18). Verstößt der Unternehmer gegen die Benachrichtigungspflicht, so haftet er, wenn dies zu einem Güterschaden führt, gemäß § 29 KVO und sonst gemäß § 31 I KVO. Kann der Absender ersichtlich nicht rechtzeitig benachrichtigt werden, so hat der Unternehmer notfalls in zumutbarem Umfang Sicherungsmaßnahmen zu treffen (§ 26 KVO Rz. 4).

7 **bb) Ausführung von Anweisungen**. Der Unternehmer ist im Rahmen des § 27 KVO (weitergehend *Muth/Andresen/Pollnow*, KVO, § 28 Anm. 3) verpflichtet, Anweisungen auszuführen. Dies gilt nicht, wenn § 27 II KVO eingreift, insbesondere dann, wenn die Anweisung undurchführbar ist (arg. e § 28 III KVO) oder wenn das Beförderungshindernis so rechtzeitig weggefallen ist, daß das Gut noch innerhalb der Lieferfrist (§ 26 KVO) dem Empfänger zugeleitet werden kann (**a. A.** GroßkommHGB-*Helm*, § 452 Anh. II, § 28 KVO Rz. 9). Würde das Gut erst nach dem Ablauf der Lieferfrist beim Empfänger eintreffen, so kann man nach der ratio der Differenzierung zwischen behebbaren und unbehebbaren Hindernissen nicht mehr sagen, daß das Hindernis „weggefallen" ist; denn es hat sich als unbehebbares Hindernis voll ausgewirkt. Dem Absender darf daher die Möglichkeit des Rücktritts durch eine voreilige Weiterbeförderung nicht beschnitten werden. Verstößt der Unternehmer gegen bindende Weisungen, so **haftet** er gemäß den §§ 29, 31 I KVO. Befolgt er die Weisungen, so kann er **Gebühren** und gegebenenfalls **Fracht** nach Maßgabe des § 27 KVO und des GFT II/5 (abgedr. *Hein/Eichhoff/Pukall/Krien*, Teil C 525) fordern. Dies gilt nicht, wenn ihm die Weisung zum Rücktransport erteilt wird, auch wenn den Unternehmer kein Verschulden am Beförderungshindernis traf. Der Unternehmer hat, falls er das Hindernis verschuldet hatte, die erhöhten Kosten des Absenders gemäß § 31 I a, c KVO zu ersetzen.

8 **cc) Pflichten bei fehlender oder verspäteter Anweisung**. Der Unternehmer hat angemessen lange (vgl. § 147 II BGB) auf Verfügungen des Absenders (§ 27 KVO) zu warten. Trifft binnen dieser Frist keine mit zumutbaren Anstrengungen ausführbare (§ 27 II a KVO) Weisung ein und besteht das Beförderungshindernis fort (§ 28 IV KVO), so kann er das Gut einlagern (§ 28 III, VI KVO). Er ist verpflichtet, das Gut **einzulagern**, wenn es nur auf diese Weise vor Verderb bewahrt werden kann (§ 26 KVO Rz. 4). Zum **Verkauf** des Guts ist der Unternehmer nur berechtigt, wenn die Voraussetzungen des § 437 II 2 HGB vorliegen. Der Unternehmer ist nicht berechtigt, das Gut auf Kosten des Absenders **zurückzutransportieren**, zumal es keinen Erfahrungssatz gibt, daß dem Absender am Rücktransport gelegen ist (**a. A.** *Willenberg*, KVO, § 28 Rz. 28). Auch die §§ 428, 437 HGB kennen kein Recht zum Rücktransport. Die Einlagerung erfolgt auf **Gefahr und Kosten des Absenders** (vgl. § 373 I HGB). Die Einlagerung läßt die Transportpflicht erlöschen. Der Unternehmer kann Lager- und Standgeld fordern (§ 28 III 2 KVO). Die Höhe des Lager- und Standgelds ergibt sich aus Nr. VI, VII des GFT II/5 (abgedr. *Hein/Eichhoff/Pukall/Krien*, Teil C 525). Die Tarife sind nach unten dispositiv. Weitergehende Vereinbarungen sind unwirksam (§ 22 III GüKG). Lagert der Frachtführer ein, so ist in Hinblick auf die Vergütung § 28 II 3 KVO analog anzuwenden, der insoweit § 643 S. 2 BGB entspricht.

b) Rücktritt des Absenders (§ 28 II 2 KVO). Die Pflichten des Unternehmers zur Beförderung des Guts erlöschen, wenn der Absender gemäß § 28 II 2 KVO vom Vertrag zurücktritt. Der Rücktritt kann bis zur Hinterlegung des Guts (§ 28 VI KVO) erfolgen (abw. *Willenberg*, KVO, § 28 Rz. 21), weil bis zu diesem Zeitpunkt der Unternehmer keine irreversiblen Investitionen gemacht hat. Eine *Ausnahme* gilt dort, wo das Beförderungshindernis inzwischen weggefallen ist, das Gut noch innerhalb der verlängerten (§ 26 IV KVO) Lieferfrist abgeliefert werden kann und der Unternehmer bereits mit der Weiterbeförderung begonnen hatte (§ 28 IV KVO analog). Der Rücktritt kann analog § 28 II 2 KVO bei unbehebbaren Hindernissen auch erfolgen, bevor der Unternehmer den Absender benachrichtigt hatte. Ist der Absender wirksam zurückgetreten, so hat der Unternehmer das Gut nach Weisung des Absenders auszuliefern, mangels Weisung analog § 28 VI KVO einzulagern. Der Rücktritt kombiniert mit der Weisung, das Gut zurückzutransportieren, bedeutet eine Verfügung iSd § 27 I e KVO. Der Unternehmer kann Distanzfracht nur verlangen, wenn ihn kein Verschulden traf (§ 28 II 3 KVO). Der Rücktritt wirkt ex nunc. Der Unternehmer hat im Unterschied zum Rücktritt gemäß den §§ 325, 326 BGB (dazu BGHZ **88**, 46; *Huber,* JZ **1984**, 409) trotz des Rücktritts des Absenders das Erfüllungsinteresse des Absenders im Rahmen des § 31 I KVO zu ersetzen, weil § 28 II KVO dem Absender nicht die Wahl zwischen Rücktritt und Schadensersatz eröffnet. Die Wahl des Rücktritts ist daher keine Entscheidung gegen Schadensersatzansprüche. 9

III. Ablieferungshindernis (§ 28 V KVO)

1. Begriff des Ablieferungshindernisses

S. oben Rz. 1. 10

2. Pflichten des Unternehmers

Der Unternehmer hat den Absender ohne schuldhaftes Zögern zu **benachrichtigen** (§ 28 V 1 KVO) und um Anweisungen (§ 27 I KVO) zu bitten. Wenn der Absender nichts Besonderes vorgeschrieben hat (§§ 11 II g, 28 V 3 KVO), darf der Unternehmer die Art der Nachricht wählen, die es dem Absender, soweit erkennbar, noch erlaubt, rechtzeitig Weisungen zu erteilen. Der Unternehmer ist verpflichtet, **Vorwegweisungen** iSd § 28 V 4, 5 KVO, die keiner Eintragung im Frachtbrief bedürfen (§ 11 KVO Rz. 1 ff; str.), und **Verfügungen** iSd § 27 I KVO im Rahmen des § 27 II KVO zu befolgen, es sei denn, daß der Empfänger den Frachtbrief bereits eingelöst hatte (§§ 28 VIII, 27 IV KVO). Erteilt der Absender innerhalb angemessener Frist (oben Rz. 8) keine ausführbare (§ 27 II KVO) Weisung oder ist eine Benachrichtigung nicht möglich, so kann (muß aber nicht) der Unternehmer das Gut bei einem sorgfältig ausgewählten Spediteur (§ 407 HGB) oder Lagerhalter (§ 416 HGB) hinterlegen (§ 28 VI KVO; dazu oben Rz. 8). Der Absender ist zu informieren. Mit der Hinterlegung ist das Gut iSd § 29 KVO ausgeliefert und die Pflicht zur Beförderung erloschen (Rz. 8). Dies gilt nicht, wenn das Ablieferungshindernis vorher erkennbar weggefallen ist (§ 28 VIII KVO). Zum 11

Verkauf des Guts oben Rz. 8. Der Unternehmer, der gegen diese Pflichten verstößt, **haftet** aus § 31 I KVO. Ist das **Verfügungsrecht des Absenders erloschen** (§ 27 IV KVO), so gilt § 28 VI KVO für den Empfänger (§ 28 VIII KVO).

IV. Beweislast

12 Der Unternehmer hat zu beweisen, daß ein Betriebshindernis oder Ablieferungshindernis entstanden war, daß er den Absender informiert hat, daß er das Beförderungshindernis nicht verschuldet hat, daß Weisungen des Absenders bzw. Empfängers nicht ausführbar waren.

VI. Haftung aus dem Beförderungsvertrage

Vorbemerkung zu § 29 KVO

1 Die Haftung gemäß den §§ 29 ff KVO greift überall dort ein, wo die Parteien einen der KVO unterliegenden (§ 1 KVO Rz. 4 ff) wirksamen Beförderungsvertrag (§ 15 KVO) geschlossen haben. Sie kann bei multimodalen Verträgen mit Beförderungsanteilen im Güterfernverkehr iSd § 3 GüKG zum Tragen kommen (s. Teil I des Kommentars). Zum Transport mit vereinbarungswidrigen Transportmitteln, § 425 HGB Rz. 2. Die §§ 29 ff KVO regeln nicht nur abschließend die vertraglichen Ansprüche zwischen Unternehmer und demjenigen Absender, der nicht zum Kreis der Frachtführer zählt, sondern auch (Rückgriffs-)Ansprüche des Hauptfrachtführers gegen den Unterfrachtführer, selbst wenn der Unterfrachtführer nicht gemäß § 432 II HGB in den Frachtvertrag zwischen dem ursprünglichen Absender und dem Hauptfrachtführer eingetreten ist (BGH v. 23.5.1985, VersR **1985**, 831).

2 Die KVO hat ein verwirrendes Haftungssystem geschaffen. Es kennt je nach Standpunkt 5 oder 6 selbständige, z. T. enumerativ formulierte Haftungstatbestände:

a) Verschuldensunabhängige Haftung für alle direkten **Schäden und Verluste an** den beförderten **Gütern** von der Annahme bis zur Auslieferung unter weitgehendem Ausschluß naher und entfernter Folgeschäden (§ 29 KVO).

b) Verschuldensunabhängige Haftung für **Schäden** an den beförderten Gütern **bei der Ladetätigkeit oder Lagerung** (§ 33 KVO). Streitig ist, ob § 33 KVO nur eine Konkretisierung des § 29 KVO darstellt.

c) Verschuldensunabhängige Haftung wegen **Nichteinhaltung der Lieferfrist** (§ 31 I a KVO).

d) Verschuldensunabhängige Haftung wegen **Falschauslieferung** (§ 31 I b KVO).

e) Verschuldensunabhängige Haftung wegen Fehlern bei der **Einziehung von Nachnahmen** (§ 31 I d KVO).

f) Verschuldensabhängige Haftung wegen **nicht ordnungsgemäßer Aus-**

führung des Beförderungsvertrages (§ 31 I c KVO). Die Reichweite dieses als Generalklausel formulierten Tatbestandes ist unklar.

Aus dem Kreis der von den haftungsbegründenden Tatbeständen erfaßten Schäden werden bestimmte **Schadensereignisse** je nach Art des haftungsbegründenden Tatbestandes ganz oder teilweise **ausgeschlossen** (§§ 30, 34 KVO). Eine *Ausnahme* gilt in der Regel dort, wo der Unternehmer schuldhaft gehandelt hat. Die *Höhe der Schadensersatzpflicht* wird auch im Fall grob schuldhaften Verhaltens des Unternehmers begrenzt (§§ 30, 31 II, 32, 35, 36 KVO). 3

Die Lösung von Haftungsfragen hat daher bei der Zuordnung des konkreten Schadensereignisses zu einem oder mehreren der genannten Haftungstatbestände zu beginnen. Danach ist zu prüfen, ob ausnahmsweise die Haftung ausgeschlossen und inwieweit sie begrenzt ist.

Die vertragliche **Haftung ist unabdingbar** (§§ 22 III, 26 GüKG); sie darf grundsätzlich auch nicht vertraglich erweitert werden (§ 26 GüKG Rz. 3). Sie ist lex specialis im Verhältnis zur Haftung aus den §§ 425 ff HGB oder aus Werkvertrag (§§ 631 ff BGB; *Roesch*, BB **1980**, 812, 813). Zum Verhältnis zur Haftung aus positiver Forderungsverletzung § 31 KVO Rz. 5.

Die **Abtretbarkeit** der Ersatzforderungen darf nicht durch Vertrag beschränkt werden, da die Ersatzforderungen kraft zwingenden Rechts abtretbar ausgestaltet sind (§ 26 GüKG). Die Forderungen können daher uneingeschränkt auf den Transportversicherer übergehen (vgl. BGH v. 9.11.1981, VRS **62**, 428). 4

Neben der Haftung aus den §§ 29 ff KVO kommt eine Haftung des Unternehmers aus **§§ 823 ff BGB** in Betracht (BGHZ **32**, 194; **32**, 297; BGH v. 7.11.1961, VersR **1962**, 37; v. 7.5.1969, VersR **1969**, 703; v. 28.2.1975, VersR **1975**, 658; **a. A.** GroßkommHGB-*Helm,* § 429 Rz. 89 ff; vgl. ferner § 425 HGB Rz. 39; § 29 KVO Rz. 10; *Bullinger,* VersR **1981**, 1098). Diese Haftung ist wie die Haftung aus den §§ 29 ff KVO unabdingbar (§ 26 GüKG). Einzelheiten § 29 KVO Rz. 10; § 425 HGB Rz. 39. **Vor Abschluß des Beförderungsvertrages** haftet der Unternehmer aus §§ 823 ff BGB sowie nach den Regeln der c.i.c. (vgl. BGH v. 21.5.1980, WM **1980**, 1124; § 1 KVO Rz. 3). § 26 GüKG ist in der Phase vor Vertragsschluß nicht anwendbar. 5

§ 29 KVO [Ersatzpflicht des Unternehmers]

Die Unternehmer ersetzen alle an den beförderten Gütern aller Art einschließlich lebenden Tieren entstandenen direkten Schäden und Verluste durch Transportmittelunfälle und Betriebsunfälle (das sind schadenverursachende Ereignisse, die in unmittelbarem Zusammenhang mit einem Betriebsvorgang der Güterbeförderung mittels Kraftfahrzeug stehen) sowie Schäden, die durch gänzlichen oder teilweisen Verlust oder durch Beschädigung des Gutes in der Zeit von der Annahme zur Beförderung bis zur Auslieferung entstehen.

Literatur: siehe vor § 1 KVO.

Übersicht

	Rz.
I. Allgemeines	1
II. Voraussetzung der Haftung	
1. Beförderungsvertrag	2
2. Gut	
3. Annahme zur Beförderung	3
4. Auslieferung	4
5. Verluste, Beschädigungen	5
6. Haftungsausschlüsse, -einschränkungen	
III. Rechtsfolge	6
IV. Aktivlegitimation (Ersatzberechtigung), Passivlegitimation	7
V. Beweislast	9
VI. Haftung gemäß §§ 823 ff BGB	10

I. Allgemeines

1 Siehe vor § 29 KVO. § 29 KVO statuiert eine verschuldensunabhängige Haftung, die auf den ersten Blick zwei divergierende Tatbestände umfaßt. Bei näherer Betrachtung zeigt sich, daß § 29 KVO **nur einen Haftungstatbestand** kennt, nämlich die Haftung für direkte Schäden und Verluste an den beförderten Gütern in der Zeit von der Annahme des Guts bis zur Auslieferung (§ 29 2. Alt. KVO) einschließlich der in § 33 KVO genannten Zeiträume (dazu § 33 KVO Rz. 1). Die Haftung für **Transportmittel- und Betriebsmittelunfälle** (§ 29 1. Alt. KVO; zum Begriff § 34 KVO Rz. 27) stellt lediglich einen Unterfall der Haftung zwischen Annahme und Auslieferung dar. Selbständige Bedeutung hat das Kriterium des Transportmittel- und/oder Betriebsmittelunfalls nur dort, wo es gilt, die Reichweite von Haftungsausschlüssen zu bestimmen (§§ 30 e, 34 g-n KVO). Da im Fall von Transportmittel- oder Betriebsmittelunfällen die Haftungsausschlüsse der §§ 30, 34 KVO nur begrenzt zum Tragen kommen, haftet der Unternehmer in diesen Fällen für Schäden des Guts zwischen Annahme und Auslieferung intensiver.

§ 29 KVO statuiert eine **verschuldensunabhängige Haftung**. Die Schadensersatzpflicht knüpft daher nicht an irgendein Fehlverhalten des Unternehmers an. Die Haftung wird im Haftungsbegründungstatbestand des § 29 2. Alt. KVO auch nicht nur für Schäden infolge besonderer Gefahren (z. B. des Kfz) begründet. Vielmehr werden dem Unternehmer zunächst sämtliche Risiken zugerechnet, die sich in der Zeit zwischen Annahme und Auslieferung realisieren. Dazu gehört auch der Transport mit einem nicht vereinbarten Transportmittel (**a. A.** OLG Hamm, NJW **1960**, 203), wenn hieraus Schäden entstehen (§ 425 HGB Rz. 2; § 1 KVO Rz. 4). Dahinter steht der Gedanke, daß der Unternehmer Gefahren, die aus seinem Organisationsbereich stammen oder sich auf seinen Organisationsbereich auswirken, typischerweise im abstrakten Sinne (dazu *Koller*, Risikozurechnung, S. 78 ff) beherrschen kann (BGH, NJW **1960**, 1617, 1618; **1965**, 1594; *Koller*, Risikozurechnung, S. 120 ff). Sicherlich ist dies auch nicht immer in gleicher Intensität der Fall. Dem tragen die Haftungsausschlüsse und Haftungseinschränkungen der §§ 30 ff KVO Rechnung, die das Prinzip der abstrakten Beherrschbarkeit kalkulierbarer Risiken konkretisieren. Im Rahmen des § 29 KVO geht es zunächst ausschließlich darum, daß das Gut zur Beförderung in den Einwirkungs- bzw. Gefahrenbereich (BGH, NJW **1960**, 1617, 1618; **1965**, 1594; **1983**, 1674, 1675) bzw. Organisationsbereich des Unternehmers gelangt ist.

Der Schaden muß in der Zeit, in der sich das Gut im Organisationsbereich des Unternehmers befand, nicht bereits in vollem Umfang entstanden sein; es genügt, daß die Schadensursache gesetzt worden ist, weil der für das Gut der beförderten Art zu erwartende gewöhnliche Ablauf des Transports (BGH, NJW **1965**, 1595) nicht gewährleistet war, und daß der Schaden erst nach Auslieferung entsteht (BGH, NJW **1983**, 1674, 1675).

II. Voraussetzung der Haftung

1. Beförderungsvertrag

S. vor § 29 KVO Rz. 1. 2

2. Gut

Siehe dazu § 1 GüKG Rz. 1, außer lebende Tiere (§ 4 I 5 GüKG). Der Schaden muß an dem zur Beförderung übergebenen Gut, nicht an anderen Gütern entstanden sein (BGH v. 18.11.1977, BB **1978**, 128).

3. Annahme zur Beförderung

Zum Begriff der Annahme § 429 HGB Rz. 4 f. Die Annahme muß in 3
Erfüllung eines Beförderungsvertrages erfolgen (§ 15 KVO Rz. 7). Dies ist auch dann der Fall, wenn das Gut abgeholt oder vorgelagert werden soll (§ 33 d KVO Rz. 2, 5; str.). Zum Beladen § 33 KVO Rz. 3, § 17 KVO Rz. 2, 11, 14. Zur Lagerung und Abholung im Fall der §§ 412, 413 HGB s. § 1KVO Rz. 8 ff. Zur Haftung *vor Annahme des Gutes* § 14 KVO Rz. 9. Ist zwischen den Parteien *kein Beförderungsvertrag* zustandegekommen, so haftet der Unternehmer abdingbar gemäß den Regeln der c.i.c. bzw. des einschlägigen Vertrages sowie den §§ 823 ff BGB (vor § 29 KVO Rz. 5).

4. Auslieferung

Der Begriff der Auslieferung entspricht dem Begriff der Ablieferung in 4
§ 429 HGB (BGH, NJW **1980**, 833). Es kann daher auf die Erläuterung zu § 429 HGB Rz. 6 verwiesen werden. Zur Nachlagerung und Zuführung des Guts s. § 33 KVO Rz. 2, 5; im Fall der §§ 412, 413 HGB vgl. auch § 1 KVO Rz. 8 ff. Die dem Unternehmer obliegende Entladung (§ 17 KVO Rz. 22, 19) fällt grundsätzlich in den Zeitraum vor der Auslieferung iSd § 29 KVO (BGH, NJW **1980**, 833; vgl. auch BGH, NJW-RR **1990**, 1314, 1315; § 17 KVO Rz. 18; § 33 KVO Rz. 3). Für Güterverluste die nach der Auslieferung verursacht werden, haftet der Unternehmer nicht mehr gemäß § 29 KVO (z. B. für Paletten, die er nach der Auslieferung nicht mehr abholt).

5. Verluste, Beschädigungen

Auf § 29 KVO kann nur eine Haftung für ganzen oder teilweisen Verlust 5
oder für Beschädigung des Guts gestützt werden (zu sonstigen Schadensformen s. vor § 29 KVO). Zum Begriff des **Verlusts** § 429 HGB Rz. 3. Zur Fiktion des Verlustes, wenn das Gut nicht innerhalb eines Monats nach Ab-

lauf der Lieferfrist (§ 26 KVO) abgeliefert oder zur Abholung bereitgestellt ist, § 37 IV KVO. Ist das Gut falsch ausgeliefert worden und kann es rechtzeitig wieder herbeigeschafft werden, so haftet der Unternehmer gemäß § 31 I b KVO. Zum Begriff der **Beschädigung** des Guts § 429 HGB Rz. 3.

6. Haftungsausschlüsse, -einschränkungen

Siehe §§ 30 b, c, e, f, 34, 39 KVO.

III. Rechtsfolge

6 Gemäß § 29 KVO hat der Unternehmer auch dort, wo der Anspruch auf § 29 2. Alt. KVO gestützt wird, alle an den Gütern entstandenen **direkten Schäden** zu ersetzen. Entgegen einer älteren Rechtsprechung (Nachw. bei *Willenberg*, KVO, (3. Aufl.), § 29 Rz. 30) bedeutet ,,direkt" nicht, daß das Gut unmittelbar durch den Transport beschädigt worden sein muß. Der Schaden kann auch mittelbar verursacht worden sein, z. B. dadurch, daß der Schaden infolge einer unfallbedingten Verzögerung des Transports in vollem Umfang erst nach der Auslieferung entstanden ist (BGH, NJW **1983**, 1674, 1675; ganz h. M.). § 29 KVO begrenzt mit den Begriffen ,,direkte Schäden" nicht den Kreis der Schadensursachen, sondern den Kreis der ersetzbaren Schäden. Es werden mit diesen Begriffen alle Folgeschäden für ersatzunfähig erklärt (Ausnahmen: §§ 32, 35 I 1 KVO). Ersetzt werden grundsätzlich nur die an den Gütern selbst eingetretenen unmittelbaren Sachschäden (Güterschäden, Substanzschäden; BGHZ **32**, 194, 201; *Willenberg*, KVO, § 29 Rz. 44f). Die Verschlechterung der Substanz muß zu einer Minderung des Verkehrswertes geführt haben (Wertminderung von Röstkaffee durch Frischeverlust: BGH, NJW **1983**, 1674; kritisch *Lenz*, Straßengütertransportrecht, Rz. 535). Die Tatsache, daß dies auch ein Vermögensschaden (§ 251 BGB) ist, ist unerheblich. Ausgeschlossen sind demnach nur solche Vermögensschäden, die an anderen Gütern oder an Personen entstehen oder die auf der Möglichkeit besonderer, im Rahmen des Verkehrswertes nicht berücksichtigter Dispositionen (§ 252 BGB) beruhen (Ausnahme: § 35 I 1 KVO). Der Verkehrswert ist anhand des § 35 KVO zu bestimmen. Nicht ersetzt werden auch die Kosten für Deckungskäufe, soweit sie über dem Verkehrswert liegen, und Zinsverluste (*Willenberg*, KVO, § 29 KVO Rz. 47). Zu ersetzen sind jedoch die Kosten von *Schadensminderungsmaßnahmen* sowie der *Schadensfeststellung* im Rahmen des § 32 KVO. Zur Frage, inwieweit durch § 29 KVO ausgeschlossene Schäden im Rahmen des § 31 I KVO liquidiert werden können, s. dort Rz. 2.

IV. Aktivlegitimation (Ersatzberechtigung)

7 Die KVO hat nicht ausdrücklich geregelt, bis zu welchem Zeitpunkt der Schadensersatzanspruch dem Absender und von welchem Zeitpunkt an er dem Empfänger zusteht. *Helm* (GroßkommHGB, § 429 Rz. 35) möchte aus § 37 I, III KVO ableiten, daß die Aktivlegitimation mit der Verfügungsbe-

rechtigung iSd § 27 KVO gekoppelt sei; denn in § 37 KVO sei von Verfügungsberechtigtem als Anspruchsteller die Rede. Der Absender sei deshalb nur so lange aktivlegitimiert, wie er gemäß § 27 I 1 KVO Weisungen geben dürfe. Der BGH (NJW **1974**, 1614, 1615; v. 1.10.1975, VersR **1976**, 168, 169) ist dem entgegengetreten. § 37 KVO läßt nach seiner Ansicht nur den Schluß zu, daß grundsätzlich auch der Empfänger berechtigt sei, Schadensersatzansprüche geltend zu machen. Darüber hinaus sei in der KVO nichts geregelt. Es seien deshalb ergänzend die §§ 425 ff HGB heranzuziehen. Die KVO-Literatur stimmt dem im Ansatz überwiegend zu (*Willenberg*, KVO, § 29 Rz. 50 ff; *Lenz*, Straßengütertransportrecht, Rz. 722 ff; **a. A.** *Roesch*, BB **1984**, 699, 700). *Helm* ist zuzugestehen, daß § 37 KVO eine Koppelung von schadensersatzrechtlicher Aktivlegitimation und Verfügungsberechtigung nahelegt. Zwingend ist das aus § 37 KVO abgeleitete Argument allerdings nicht, weil § 37 KVO Randfragen betrifft. Die Lücke kann daher nur unter Heranziehung allgemeiner Rechtsgedanken geschlossen werden. Für eine Koppelung von Aktivlegitimation und Verfügungsbefugnis läßt sich die Verhinderung von Doppelprozessen ins Feld führen. Dagegen spricht jedoch, daß der BGB-Gesetzgeber diesem Ziel ersichtlich wenig Gewicht beigemessen hat (§ 435 HGB Rz. 5) und in der KVO auch nicht klar zum Ausdruck gebracht hat, eine Doppellegitimation vermeiden zu wollen. Es ist daher sinnvoll, die schadensersatzrechtliche Aktivlegitimation zu harmonisieren und im Sinn der HGB-Regeln (§ 429 HGB Rz. 12, § 435 HGB Rz. 5) auszugestalten (**a. A.** *Roesch*, BB **1984**, 699, 700; *Willenberg*, KVO, § 29 Rz. 50, der nicht an § 435 HGB, sondern an § 27 IV KVO anknüpft).

Daraus folgt, daß der **Empfänger** grundsätzlich analog § 435 HGB (dort Rz. 2 f) nur vom Hauptfrachtführer (vgl. § 13 CMR Rz. 5) Zahlung von Schadensersatz an sich verlangen kann, wenn das **Gut am Bestimmungsort angekommen ist** (unzutreffend *Willenberg*, KVO, § 29 Rz. 50; *Muth/Andresen/Pollnow*, KVO, § 29 Anm. 6 a, die in Anlehnung an das Verfügungsrecht des Empfängers nach KVO (§ 27 KVO Rz. 6) als Voraussetzungen die Annahme von Gut und Frachtbrief, die Ablieferung des Guts, Weisung gemäß § 27 IV KVO und Annahme des Frachtbriefs nennen, auch wenn das Gut noch nicht angekommen ist). Wurde dem Empfänger der Frachtbrief übergeben, bevor das Gut am Bestimmungsort angekommen ist, so ist eine Aktivlegitimation des Empfängers nur zu bejahen, wenn in der Übergabe des Frachtbriefs eine konkludente Vereinbarung der Aktivlegitimation liegt (**a. A.** *Willenberg*, KVO, § 29 Rz. 50). Die **Aktivlegitimation** des Empfängers **geht verloren**, wenn der Absender Zahlung an sich verlangt, bevor dem Empfänger das Gut und/oder der Frachtbrief übergeben worden ist oder der Empfänger Klage erhoben hat, oder wenn der Empfänger den Schadensersatzanspruch zurückgewiesen hat (§ 333 BGB; z. B. dadurch, daß er den Schaden dem Absender zurückbelastet hat, vgl. BGH, NJW **1974**, 1614, 1616; v. 1.10.1975. VersR **1976**, 168, 169). Der **Absender** ist von Anfang an aktivlegitimiert; (§ 429 HGB Rz. 12). Seine Aktivlegitimation erlischt nicht dadurch, daß der Empfänger aktivlegitimiert wird. **8**

Zur **Prozeßstandschaft** Dritter (z. B. des Versenders) s. § 429 HGB Rz. 12 a. E. **Abtretbarkeit** der Ersatzforderung, § 429 HGB Rz. 12.

Schuldner des Ersatzanspruchs ist der Vertragspartner des Absenders sowie im Fall des § 432 II HGB auch der Unterfrachtführer. Der Empfänger kann dem BGH zufolge nach Maßgabe des § 435 HGB nur gegen den Hauptfrachtführer vorgehen, es sei denn, daß ein Fall des § 432 II HGB vorliegt (str.; Art. 13 CMR Rz. 5).

V. Beweislast

9 Es gelten die allgemeinen Beweislastregeln (vgl. auch §§ 37 II, 39 II d KVO). Der Geschädigte hat grundsätzlich zu beweisen, daß er im Rahmen eines Beförderungsvertrages (§ 15 KVO) dem Unternehmer das Gut vollzählig und unbeschädigt übergeben hat (vgl. § 429 HGB Rz. 8; BGH v. 8.6.1988, VersR **1988**, 952). Zur Beweislast, falls der Unternehmer Bescheinigungen erteilt hat und/oder Gewicht und Stückzahl festzustellen hatte, § 16 KVO Rz. 5 f, 9. Zum Beweis, daß der Unternehmer im Besitz beschädigten Guts ist oder daß der Empfänger das Gut unvollständig bzw. beschädigt erhalten hat, § 429 HGB Rz. 8 (zu sehr generalisierend *Willenberg*, KVO, § 29KVO Rz. 60). Hat ein im Obhutszeitraum verursachter Schaden später zu weiteren direkten Schäden geführt, so hat der Schadensersatzberechtigte die Kausalität zu beweisen. Der Absender hat ferner zu beweisen, daß die geltend gemachten Schäden ,,direkte Schäden" iSd § 29 KVO darstellen. Zur Beweislast in Hinblick auf die Haftungsausschluß- und -begrenzungstatbestände siehe Erläuterungen bei §§ 30, 34 KVO; zur Beweislast in Hinblick auf die Höhe des Schadens siehe Kommentierung zu §§ 32, 35 KVO.

VI. Haftung gemäß §§ 823 ff BGB

10 Der Unternehmer haftet nach ständiger Rechtsprechung zusätzlich unabdingbar gemäß den §§ 823 ff BGB (BGHZ **32**, 194; **32**, 297; v. 7.11.1961, VersR **1962**, 37; v. 7.5.1969, VersR **1969**, 703; v. 27.1.1970, VersR **1970**, 318; v. 28.5.1971, VersR **1971**, 755; v. 28.2.1975, VersR **1975**, 658; *Willenberg*, KVO, § 29 KVO Rz. 4; **a. A.** GroßkommHGB-*Helm,* § 429 Rz. 89 ff m. Nachw.; *Bullinger*, VersR **1981**, 1098), auch wenn der aus Vertrag Schadensersatzberechtigte mit dem Eigentümer identisch ist. Die Ansprüche aus Deliktsrecht unterliegen in vollem Umfang den spezifisch deliktsrechtlichen Regeln (z. B. § 852 BGB; *Lenz*, TranspR **1989**, 396, 399). Die Haftungsschranken der KVO kommen nicht zum Tragen. Für die Beweislast gelten die allgemeinen deliktsrechtlichen Regeln. Zu § 831 BGB s. § 6 KVO Rz. 7. Wird ein **Arbeitnehmer** des Unternehmers aus §§ 823 ff BGB in Anspruch genommen, so kann sich der Arbeitnehmer auf die Haftungsschranken der §§ 30 ff KVO berufen, soweit der Arbeitnehmer einen arbeitsrechtlichen Freistellungsanspruch gegen den Unternehmer besitzt (Wertung des § 15 III GüKUMT; ebenso i. E. OLG Düsseldorf v. 6.2.1984, TranspR **1985**, 195, 196; *Willenberg*, KVO, § 6 Rz. 37 ff; *Schmid*, TranspR **1986**, 49, 53; vgl. ferner vor § 1 ADSp Rz. 5). Der BGH ist in der Entscheidung vom 16.6.1987 (NJW **1987**, 2150, 2151) sogar einen Schritt weiter gegangen und hat angenommen, daß ein Arbeitnehmer bei mangelhafter Erfüllung seiner Dienstpflichten nicht unter dem Gesichtspunkt, er habe seinen Beruf schlecht ausgeübt, vom

hierdurch geschädigten Eigentümer in Anspruch genommen werden könne. Weitergehend auch mit wichtigen Argumenten *Brüggemeier*, AcP **191** (1991), 33, 61 f. Hingegen darf sich der **selbständige Subunternehmer** nicht darauf berufen, daß der Hauptfrachtführer milder haftet (vor § 1 ADSp Rz. 5). Denn es besteht hier nicht die Gefahr, daß der Unternehmer mittelbar über Regreßansprüche seines Subunternehmers schärfer haften muß. Dies gilt auch, wenn der Hauptfrachtführer nach CMR und der Unterfrachtführer nach KVO haften. Art. 28 III CMR ist auf den Unterfrachtführer nicht analog anwendbar (**a. A.** OLG Frankfurt, TranspR **1982**, 150, 151 f).

§ 30 KVO [Ersatzpflicht für Güterschäden aus besonderen Gefahren]

Im Rahmen des § 29 werden insbesondere ersetzt:

a) Schäden und Verluste durch Regen, Schnee und Hagel sowie Sturmschäden,

b) Schäden und Verluste durch Diebstahl, Abhandenkommen und Straßenraub sowohl ganzer Kolli als auch deren teilweisen Inhalts, Schäden durch Diebstahl und Abhandenkommen bei solchen Massengütern, die nur nach Gewicht und unverpackt geladen werden, unter Zugrundelegung der Bedingung „Frei von den ersten 1½ v. H. Verlust", die bei jedem derartigen Verlust unvergütet bleiben,

c) Schäden, die durch beigeladenes Gut (z. B. durch Auslaufen von Flüssigkeiten) hervorgerufen sind. Schäden an unverpackten Gütern, die durch Scheuern und Druck entstanden sind, werden im Höchstfalle mit 1000 DM je Lastzug ersetzt,

d) Schäden durch Unterschlagung, Betrug, Untreue,

e) Schäden durch Bruch, Bruchschäden infolge Fabrikations- und Materialfehlern werden nicht ersetzt. Bruchschäden an Glasballons (gleich, ob gefüllt oder leer), Glas, Glasflaschen, auch gefüllten, sofern sie nicht in Kisten verpackt sind, Porzellan, Steingut, Steinzeug oder hieraus hergestellten Artikeln werden nur bis zum Betrage von 150 DM je Reise eines Lastzuges ersetzt, es sei denn, daß es sich um Schäden durch Transportmittelunfälle oder Betriebsunfälle handelt. In diesen Fällen greift die vorgenannte Ersatzbeschränkung nicht Platz. Das gleiche gilt für Schäden aus höherer Gewalt, soweit für diese nach § 34 a) eine Ersatzpflicht besteht. Im Falle des Bruches eines Teiles des betroffenen Gegenstandes werden die erforderlichen Wiederherstellungskosten im Verhältnis des beschädigten Teiles zum Gesamtwert des Gegenstandes vergütet.

Im Falle der Wiederherstellung sind Wertminderungsansprüche ausgeschlossen.

f) Schäden durch gewöhnlichen Rinnverlust bei Flüssigkeiten in Fässern, Kannen und Kanistern sowie Verluste an Flüssigkeiten in Flaschen, die in Kisten verpackt sind.

Im Schadensfall werden folgende Freiteile in Abzug gebracht:

bei Flüssigkeiten in eisernen Fässern ½ v. H. je Faß,

bei Flüssigkeiten in hölzernen Fässern 3 v. H. je Faß,

bei Flüssigkeiten in Kannen, Kanistern, Dosen und Büchsen und bei den in Kisten verpackten Flaschen wird ein Freiteil nicht abgezogen.

Literatur: siehe vor § 1 KVO.

Übersicht

	Rz.
I. Allgemeines	1
II. Regen, Schnee, Hagel, Sturm (§ 30 a KVO)	2
III. Diebstahl, Straßenraub, Abhandenkommen (§ 30 b KVO)	3
IV. Beigeladenes Gut, unverpacktes Gut (§ 30 c KVO)	5
V. Unterschlagung, Betrug, Untreue (§ 30 d KVO)	6
VI. Bruchschäden	
1. Allgemeines	7
2. Fabrikations- und Materialfehler (§ 30 e S. 2 KVO)	8
3. Glasballons, Glas, Glasflaschen, Porzellan, Steingut, Steinzeug (§ 30 e S. 3 KVO)	9
VII. Rinnverluste (§ 30 f KVO)	10

I. Allgemeines

1 Die Überschrift zu § 30 KVO gibt den Regelungsgehalt dieser Vorschrift nicht ganz präzise wieder. § 30 KVO stellt zum Teil nur klar, daß der Unternehmer für alle Schäden, die zwischen Annahme und Auslieferung entstehen, verschuldensunabhängig haftet (§ 30 a, b, c S. 1, d, e S. 1 KVO). Zum Teil enthält § 30 KVO jedoch Haftungsbeschränkungen (§ 30 b S. 2, c S. 2, e S. 2, 3, f KVO). Es kommen daher im gesamten Bereich des § 30 KVO auch die sonstigen Haftungsbeschränkungen (§§ 32, 34 ff KVO) zum Tragen. Die Beweislast für die Haftungsausschlüsse und -beschränkungen trägt der Unternehmer.

II. Regen, Schnee, Hagel, Sturm (§ 30 a KVO)

2 § 30 a KVO geht davon aus, daß der Unternehmer typischerweise die Gefahren von Regen, Schnee, Hagel, Sturm im abstrakten Sinn (*Koller*, Risikozurechnung, S. 78 ff) beherrschen kann. Ob die Beherrschung dieser Naturgewalten im konkreten Einzelfall mit zumutbarem Aufwand möglich war, ist irrelevant; denn der Unternehmer haftet, wie die §§ 29, 30 a KVO einerseits und § 34 I a KVO andererseits zeigen, verschuldensunabhängig bis zur Grenze der höheren Gewalt (§ 34 KVO Rz. 2 ff). Der Unternehmer haftet demnach für alle Schäden infolge Regen, Schnee, Hagel, Sturm, es sei denn, daß die Stärke dieser Witterungseinflüsse ganz außergewöhnlich war, daß es sich also um elementare Naturereignisse handelte, die nur äußerst selten auftreten und deren Möglichkeit überhaupt nicht ins Bewußtsein dringt (vgl. RGZ **101**, 94; GroßkommHGB-*Helm*, § 452 Anh. II, § 30 KVO Rz. 4; *Koller*, Risikozurechnung, S. 128 f). Der Unternehmer kann sich also nicht darauf berufen, daß der Regen durch eine bei sorgfältiger Prüfung der Plane nicht erkennbare Undichtigkeit in das Fahrzeug eingedrungen sei oder daß die Plane durch herabhängende Äste zerrissen worden sei. Es genügt auch nicht

immer, daß die Folgen von Regen, Schnee, Hagel, Sturm selbst durch Fahrtunterbrechung oder durch äußerste Sorgfalt nicht hätten vermieden werden können. Die Haftung ist nur dann ausgeschlossen, wenn die Witterungseinflüsse den Charakter höherer Gewalt (§ 34 KVO Rz. 6 ff) angenommen haben (ebenso *Willenberg*, KVO, § 30 Rz. 4; unklar *Muth/Andresen/Pollnow*, KVO, § 30 Anm. 2).

§ 30 a KVO macht deutlich, daß der Schutz gegen die Auswirkungen von Regen, Schnee, Hagel, Sturm zu den normalen Transportbedingungen zählt. Der Absender braucht daher das Gut nicht durch *Verpackung* gegen diese Gefahren zu sichern (BGHZ **31**, 183; allg. M.). Anders ist die Situation dort, wo Transport in einem offenen Fahrzeug vereinbart ist. Kann der Absender erkennen, daß das Fahrzeug unzureichend gegen Regen geschützt ist und übergibt er gleichwohl das Gut, so ist sein Ersatzanspruch gemäß § 34 I c KVO ausgeschlossen, bei Mitverschulden des Unternehmers eingeschränkt (§ 254 BGB).

III. Diebstahl, Straßenraub, Abhandenkommen (§ 30 b KVO)

Zum Begriff des Diebstahls s. §§ 242 f StGB, des Straßenraubs s. §§ 249 f StGB. § 30 b KVO zeigt, daß der Unternehmer auch für besonders schwer beherrschbare Transportrisiken haftet. Für Raubüberfälle beim Laden oder auf das Lager ist deshalb die Haftung nicht ausgeschlossen. Vielmehr wird gemäß § 29 2. Alt. KVO gehaftet, zumal der Unternehmer ohnehin für jedes „Abhandenkommen“, also für alle Formen unfreiwilligen Besitzverlustes, unabhängig von der Person des Verursachers, haftet. Die **Haftung** kann aufgrund des § 34 KVO, insbesondere des § 34 I a KVO **ausgeschlossen** sein. Zur Verpackung, die zum Diebstahl motiviert, s. § 18 KVO Rz. 2. Ist der Schaden durch ein Verhalten des Absenders oder seiner Leute bei der Bewachung begünstigt worden, so gelten die für die Mitwirkung des Absenders beim Laden entwickelten Grundsätze (§ 17 KVO Rz. 5). 3

Massengüter: § 30 b 2. Alt. KVO geht von der unwiderleglichen Vermutung aus, daß beim Transport unverpackter Massengüter mit Rieselverlusten und Wiegefehlern in Höhe von 1,5% zu rechnen ist (*Roesch*, VP **1978**, 34, 35), die nicht in die Verantwortung des Unternehmers fallen. Massengüter sind Güter, die keiner Verpackung bedürfen (§ 18 KVO) und ohne Verpackung lose auf die Fahrzeugpritsche gelegt, geschüttet werden (z. B. Baustoffe, Erze, Stahl, Holz). Das gleiche Gut stellt dagegen kein Massengut dar, wenn es verpackt (z. B. in Säcken) transportiert wird (unklar *Heimes*, Handlexikon des Güterkraftverkehrs [1989], S. 135). Eine Verpackung stellen auch Silo- und Tankfahrzeuge oder Container dar, weil sie das Gut umfassend umhüllen (*Willenberg*, KVO, § 30 Rz. 11; **a. A.** GroßkommHGB-*Helm*, § 452 Anh. II, § 30 KVO Rz. 5). Die Franchise („Frei von ...“) von 1,5% greift nur ein, wenn das Gut irgendwie unfreiwillig verlorengegangen ist (Abhandenkommen; oben Rz. 3), also auch bei Raub. Der Umstand, daß das Gut in der Folge eines Transportmittel- oder Betriebsunfalles (§ 34 KVO Rz. 27) abhanden kam, ist irrelevant, weil § 30 b 2. Alt. KVO dem Umstand Rechnung trägt, daß ex post nicht mehr festgestellt werden kann, welche exakten Mengen 4 verlorengegangen sind (ebenso *Willenberg*, KVO, § 30 Rz. 14). Deshalb ist § 30 b 2. Alt. KVO auch bei **schuldhaftem Verhalten** des Unternehmers oder eines seiner Leute anwendbar. Haftet der Unternehmer allerdings aus den §§ 823 ff BGB, so kann er keine Franchise abziehen. Abzuziehen sind, auch bei **Teilverlusten**, 1,5% vom Gewicht der Sendung (§ 20 I KVO), nicht vom festgestellten Fehlgewicht, da Wiegefehler etc. sich auf die ganze Sendung auswirken. Zum **Beweis** des vom Unternehmer übernommenen Gewichts § 16 KVO Rz. 9 und des ausgelieferten Gewichts § 25 KVO Rz. 6.

IV. Beigeladenes Gut, unverpacktes Gut (§ 30 c KVO)

5 In § 30 c S. 1 KVO wird § 29 2. Alt. KVO konkretisiert. Da Schäden durch beigeladenes Gut im Einwirkungs- und Beherrschungsbereich des Unternehmers erfolgen, hat der Unternehmer grundsätzlich dafür zu haften. Dabei ist es gleichgültig, ob das beigeladene, schädigende Gut zur Sendung eines anderen Absenders, zur Sendung des geschädigten Absenders oder dem Unternehmer selbst gehört. Die Haftung des Unternehmers kann gemäß § 34 I c KVO (z. B., der Absender hat sein Gut nicht beförderungssicher verladen; § 17 KVO Rz. 5) oder gemäß § 18 III KVO (der geschädigte Absender hat sein schädigendes Gut nicht ordnungsgemäß verpackt) ausgeschlossen sein. Ist der Schaden durch Scheuern und/oder Druck entstanden, so ist die Haftung iSd §§ 32, 35 KVO auf DM 1 000,– pro Lastzug begrenzt, auch wenn auf dem Lastzug mehrere Sendungen (§ 20 I KVO), die beschädigt wurden, befördert worden sind. Die Vorschrift ist äußerst unklar formuliert. Zum einen ist von Scheuern „und" Druck die Rede. Es ist davon auszugehen, daß es sich hier nicht um eine Kombination von Faktoren, sondern um eine bloße Aufzählung von Schadensursachen handelt (*Willenberg*, KVO, § 30 Rz. 23). Der Kontext zeigt, daß die Schäden durch beigeladenes Gut entstanden sein müssen (*Muth/Andresen/Pollnow*, KVO, § 30 Anm. 4; **a. A.** *Willenberg*, KVO, § 30 Rz. 26). Für diese Auslegung spricht, daß die beförderungssichere (§ 17 KVO Rz. 9) Stapelung und Befestigung von beigeladenem Gut mit erheblichen Risiken verbunden ist. Dies gilt dort nicht gleichermaßen, wo die Druck- oder Scheuerschäden ausschließlich vom Fahrzeug ausgehen (z. B., weil der verladepflichtige Unternehmer das Gut nicht beförderungssicher auf dem Fahrzeug befestigt hat). Erst recht sind Schäden voll zu erstatten, die daraus resultieren, daß infolge eines Unfalls das Gut gegen das Fahrzeug prallt oder das Fahrzeug auf das Gut fällt, sowie in restringierender Auslegung des § 30 c S. 2 KVO, daß das beigeladene Gut infolge eines Unfalls Druckschäden verursacht. Der Unternehmer haftet auch uneingeschränkt, wenn ihn (§ 6 KVO) an den Schäden ein **Verschulden** trifft (*Willenberg*, KVO, § 30 Rz. 28; **a. A.** *Roesch,* VP **1978**, 34, 35; vgl. aber BGHZ **32**, 194; OLG Düsseldorf v. 29.11.1979, VersR **1980**, 276, 277); denn § 30 c KVO will ersichtlich das erhöhte Risiko einer verschuldensunabhängigen Haftung mindern. Andererseits ist die Haftung ganz ausgeschlossen, wenn das Gut seiner Natur nach der Verpackung bedurfte und die Schäden auf das Fehlen der **Verpackung** zurückzuführen sind (§ 18 III KVO).

V. Unterschlagung, Betrug, Untreue (§ 30 d KVO)

§ 30 d KVO stellt ebenfalls eine Konkretisierung des § 29 2. Alt. KVO dar, soweit der Unternehmer betrogen wurde. Im übrigen wären Unterschlagungs- und Veruntreuungsschäden von Obhutsgehilfen (§ 6 KVO) auch im Rahmen einer Verschuldenshaftung zu ersetzen. Obwohl alle diese Delikte Vorsatz voraussetzen, greift die Haftungsbeschränkung des § 35 KVO selbst dann ein, wenn der Unternehmer in eigener Person das Delikt begangen hat (**a. A.** *Muth/Andresen/Pollnow*, KVO, § 30 Anm. 5). § 276 II BGB betrifft nur privatautonome Abreden; außerdem ist § 35 KVO lex specialis (**a. A.** *Willenberg*, KVO, § 30 Rz. 30). Deshalb scheidet auch eine analoge Anwendung von § 430 III HGB aus (**a. A.** GroßkommHGB-*Helm*, § 452 HGB Anh. II, § 30 KVO Rz. 8). Der Unternehmer haftet jedoch unbeschränkt gemäß § 826 BGB. 6

VI. Bruchschäden

1. Allgemeines

Schäden durch Bruch (Auseinanderfallen, Sprünge, Risse, Absplitterungen; *Froeb*, Beschaffenheitsschäden, S. 93) stellen typische Transportschäden dar. Soweit sie nicht auf Verlade- oder Verpackungsfehler zurückzuführen sind (§§ 18, 34 I c KVO), hat der Unternehmer grundsätzlich, wie § 30 e S. 1 KVO klarstellt, derartige Schäden verschuldensunabhängig zu ersetzen. Die Haftung kann durch § 34 KVO **ausgeschlossen** sein. Weitere Ausschluß- und Beschränkungsgründe statuiert § 30 e S. 2, 3, 6, 7 KVO. 7

2. Fabrikations- und Materialfehler (§ 30 e S. 2 KVO)

§ 30 e S. 2 KVO stellt eine Parallele zu § 34 I k KVO dar, weil Fabrikations- und Materialfehler eine erhöhte Schadensneigung des Guts verursachen. Der Unternehmer kann sich auf den Haftungsausschluß nur berufen, wenn der Schaden trotz vertragskonformer Transportverhältnisse (*Froeb*, aaO, S. 96) eingetreten ist und bei einwandfreiem Gut nicht eingetreten wäre. War dem Unternehmer der Materialfehler bekannt, so wird man einen Fehler iSd § 30 e 2 KVO verneinen müssen, weil dann eben Gut der dem Unternehmer bekannten Qualität zu befördern ist. Es kann dann aber § 18 III KVO eingreifen (ebenso i. E. *Froeb*, aaO, S. 96). In Parallele zu § 34 KVO greift der Haftungsausschluß nicht ein, wenn der **Unternehmer schuldhaft** gehandelt hat (BGHZ **32**, 194; OLG Düsseldorf v. 29.11.1979, VersR **1980**, 276, 277) oder wenn ohne Verschulden des Frachtführers der Transport nicht den vereinbarten oder zu erwartenden Transportbedingungen entsprach (*Froeb*, aaO, S. 96). Anders als in Fällen des § 34 S. 2 KVO muß der Schaden nicht durch einen Transportmittel- oder Betriebsunfall verursacht worden sein. 8

3. Glasballons, Glas, Glasflaschen, Porzellan, Steingut, Steinzeug (§ 30 e S. 3 KVO)

9 § 30 e S. 3 KVO enthält eine Aufzählung trotz Verpackung (§ 18 KVO) besonders bruchgefährdeten Guts. Nach allgemeinen methodologischen Grundsätzen ist bei Enumerationen zwar keine Gesamtanalogie, wohl aber eine Analogie zu den im Gesetz aufgeführten Beispielen zulässig (*Canaris*, Die Feststellung von Lücken im Gesetz (1983), S. 184 ff; **a. A.** *Willenberg*, KVO, § 30 Rz. 34 a; *Roesch*, VP **1978**, 34, 36 f). Angesichts des wenig überzeugenden Normzwecks des § 30 e 3 KVO (*Froeb*, aaO, S. 98) erscheint die Vorschrift jedoch nur punktuelle Regelungen treffen zu wollen. § 30 e S. 3 KVO nennt ausdrücklich **Glas** (z. B. Fensterglas, Glaswaren aller Art; LG Nürnberg-Fürth, TranspR **1990**, 287), **Glasballons** (auch in Körben), **Glasflaschen** (sofern sie nicht in Kisten verpackt sind), **Porzellan, Steingut, Steinzeug** (Gegenstände aus Ton, z. B. Tonrohre, Ziegel, sanitärkeramische Erzeugnisse). Sind Flaschen ordnungsgemäß in **Kisten** verpackt, so sind sie typischerweise nicht mehr besonders bruchgefährdet. Es ist gleichgültig, aus welchem Material die Kisten bestehen, da es in § 30 e S. 3 KVO nicht ,,Holzkisten“ heißt und die technische Fortentwicklung nicht außer acht gelassen werden darf (*Willenberg*, KVO, § 30 Rz. 35). Deshalb sind auch feste Kartons Kisten iSd § 30 e 2 KVO (*Froeb*, aaO, S. 99; **a. A.** OLG Hamburg v. 24.1.1983, TranspR **1983**, 80; *Roesch*, VP **1978**, 34, 36), auch Container. Die Kisten müssen nicht geschlossen sein (*Froeb*, aaO, S. 99; **a. A.** *Roesch*, VP **1978**, 34, 36). Dagegen greift die Haftungsbeschränkung auch dort ein, wo andere bruchgefährdete Güter als Flaschen in Kisten verpackt sind, da hier typischerweise das Transportrisiko nicht gemindert ist. Ist die Haftung gemäß § 30 e KVO beschränkt, so haftet der Unternehmer unabhängig von der **Zahl der beschädigten Sendungen** nur bis zu DM150,– pro Reise. Der Unternehmer **haftet** für Bruchschäden an den genannten Gütern immer **in vollem Umfang**, wenn er den Schaden verschuldet hat (OLG Düsseldorf v. 29.11.1979, VersR **1980**, 276; *Willenberg*, KVO, § 30 Rz. 43) oder der Schaden aus einem **Transportmittel- bzw. Betriebsunfall** (dazu § 34 KVO Rz. 27 ff) resultiert. Andererseits ist die Haftung in den in § 34 KVO genannten Fällen oder bei mangelhafter Verpackung (§ 18 III KVO) in vollem Umfang ausgeschlossen. **Beweislast:** Der Unternehmer hat die Bruchschäden an Glas etc. zu beweisen. Er hat ferner nach den allgemeinen für positive Forderungsverletzungen entwickelten Regeln (*Palandt/Heinrichs*, BGB, § 282 Rz. 6 ff), die allgemeine Rechtsgedanken wiedergeben, darzutun, daß ihn kein Verschulden traf; der Absender hat zu beweisen, daß der Schaden durch einen Unfall (§ 34 KVO Rz. 27) verursacht worden ist.

VII. Rinnverluste (§ 30 f KVO)

10 § 30 f KVO enthält in Hinblick auf Flüssigkeiten in **Kannen, Kanistern**, in Kisten (oben Rz. 9) verpackten **Flaschen** eine Konkretisierung des § 29 KVO; der Unternehmer haftet unbeschränkt (Ausnahme z. B. § 34 KVO). In Hinblick auf **Fässer** trägt die KVO dem unwiderleglichen Erfahrungssatz Rechnung, daß auch mangelfreie (§ 18 KVO) Fässer häufig nicht ganz dicht sind

und daher auch ohne Transport Leckverluste bzw. Verdunstungen auftreten. Der Unternehmer kann daher die in § 30 f KVO genannten Franchisen nur abziehen, falls der Transport normal verlaufen ist (*Froeb*, Beschaffenheitsschäden, S. 123, 131). Sind Verluste darauf zurückzuführen, daß die Fässer über das übliche Maß hinaus undicht waren, so greift § 18 III KVO ein. Auf **Tankwagen** läßt sich § 30 f KVO nur dann analog anwenden, wenn der Absender den Tank gestellt hatte, der Tank also Beförderungsgut war (§ 1 GüKG Rz. 1; **a. A.** *Muth/Andresen/Pollnow*, KVO, Anm. 7). Plastikfässer können den in § 30 f KVO genannten Faßarten nicht gleichgestellt werden (*Froeb*, aaO, S. 132; **a. A.** *Willenberg*, KVO, § 30 Rz. 47).

§ 31 KVO [Ersatz für andere als Güterschäden]

(1) **Der Unternehmer ersetzt Schäden, die dem verfügungsberechtigten Absender oder Empfänger im Zuge der Beförderung des Gutes entstanden sind:**

a) durch Überschreitung der Lieferfrist (§ 26),

b) durch Falschauslieferung,

c) durch schuldhafte, nicht ordnungsgemäße Ausführung des Beförderungsvertrages,

d) durch Fehler bei der Einziehung von Nachnahmen.

(2) **Schäden der in (1) a) bis c) bezeichneten Art werden bei Ladungsgütern bis zu 30 000 DM je Lastzug und bei Stückgütern bis 5 000 DM je Absender und Lastzug ersetzt. Schäden nach (1) d) werden bis zur Höhe der Nachnahme, höchstens jedoch mit 5 000 DM je Sendung ersetzt.**

Literatur: siehe vor § 1 KVO.

Übersicht

	Rz.		Rz.
I. Allgemeines		II. Lieferfrist (§ 31 I a KVO)	6
1. Aktivlegitimation	1	III. Falschauslieferung (§ 31 I b KVO)	7
2. Kreis der ersatzfähigen Schäden	2	IV. Nicht ordnungsgemäße Ausführung des Beförderungsvertrages (§ 31 I c KVO)	8
3. Schäden im Zuge der Beförderung	4	V. Nachnahme	9
4. Abgrenzung zur Haftung aus positiver Forderungsverletzung	5		

I. Allgemeines

1. Aktivlegitimation

Gemäß § 31 I KVO sind Schäden, die Absender oder Empfänger entstehen, zu ersetzen. Aus der Vorschrift ist nicht klar zu entnehmen, ob damit den Geschädigten unabhängig von den allgemeinen Voraussetzungen der Aktivlegitimation (§ 29 KVO Rz. 7) ein unmittelbarer Anspruch gegen den Unternehmer eröffnet werden soll oder ob § 31 I KVO nur klarstellen soll, daß auch Schäden des Empfängers zu ersetzen sind. Die Frage ist im Sinn der 2. 1

Alternative zu beantworten, weil auf diese Weise die Einheit der Aktivlegitimation im Bereich der KVO und des HGB erhalten bleiben kann (ebenso i. E. *Willenberg*, KVO, § 31 Rz. 5; **a. A.** GroßkommHGB-*Helm*, § 429 Rz. 35). Der Absender ist mithin neben dem Empfänger aktivlegitimiert.

2. Kreis der ersatzfähigen Schäden

2 Gemäß § 29 KVO sind unmittelbare Werteinbußen an den beschädigten bzw. verlorengegangenen Gütern sowie in stark begrenztem Umfang (§§ 32, 35 I 1 KVO) mittelbare Folgeschäden zu ersetzen. § 31 KVO regelt die Voraussetzungen für den Ersatz „anderer als Güterschäden". Die KVO sagt nicht ausdrücklich, was unter **„anderen als Güterschäden"** zu verstehen ist. Die *h. M.* nimmt an, daß darunter nur Schäden fallen, die unabhängig von einem Substanzschaden an den Gütern oder von einem Verlust an Gütern eingetreten sind, also keine Folgeschäden von Güterschäden darstellen. Es gehe mithin in der Regel um primäre Vermögensschäden, aber auch Schäden an nicht zum Transport bestimmten Sachen (z. B. Beschädigung der Rampe) oder Personenschäden (siehe aber § 34 f KVO; BGHZ **32**, 194, 202; v. 9.11.1961, VersR **1961**, 1110, 1111; VersR **1975**, 658; v. 18.11.1977, VersR **1978**, 148; *Willenberg*, KVO, § 31 Rz. 3 m. Nachw.; GroßkommHGB-*Helm*, Anh. II § 452 HGB, § 31 KVO Rz. 3). Diese Ansicht wird damit begründet, daß eine Auslegung, die unter Schäden iSd § 31 I KVO mit Ausnahme der unmittelbaren Sachschäden alle Formen von Vermögensschäden einschließlich der Folgeschäden von Güterschäden subsumiert, der Systematik der KVO zuwiderliefe, die Gleichstellung von Schiene und Straße außer acht lasse und die Beschränkung des ersatzfähigen Gewinns gemäß § 35 I 1 KVO aushöhle. Dagegen läßt sich jedoch einwenden, daß § 35 KVO auf die verschuldensunabhängige Haftung gemäß § 29 KVO zugeschnitten ist und daß nur bei einer Gewährhaftung eine besonders rigide Haftungsbegrenzung am Platz ist. Handelt der Unternehmer schuldhaft (§ 31 I c KVO), so kann durchaus der erhöhten Zurechenbarkeit des Unternehmerverhaltens ein erhöhter Haftungsumfang entsprechen (vgl. Wertung des § 430 III HGB). Die Systematik der KVO ist wenig aussagekräftig, da eine Kumulierung von verschieden weit reichenden Anspruchsgrundlagen nicht außergewöhnlich ist (z. B. Ansprüche aus KVO und §§ 823 ff BGB). Schließlich sieht auch die EVO in den §§ 85, 90 f bei qualifiziertem Verschulden eine Erhöhung der Schadensersatzsumme und eine Erweiterung der Haftung auf Folgeschäden vor (GroßkommHGB-*Helm,* Anh. I § 460 HGB, § 91 EVO Rz. 2). Gleichwohl ist der **h. M. zuzustimmen,** weil die erweiterte Haftung nach EVO und HGB anders als § 33 I c KVO erst bei grober Fahrlässigkeit eingreifen würde und weil eine Interpretation des § 31 I KVO im Sinn der h. M. bei einfacher Fahrlässigkeit besser den Gleichklang mit der HGB- und EVO-Regelung wahrt. Die Schutzlücke, die dadurch bei grob fahrlässiger Schädigung entsteht, kann allerdings nicht mit einer **Analogie zu § 430 III HGB** (GroßkommHGB-*Helm,* § 430 Rz. 22) oder einer Analogie zu § 91 EVO geschlossen werden, weil die KVO keine totale Übereinstimmung mit EVO herstellen sollte und ersichtlich eine abschließende Regelung treffen wollte. Allzu große Nachteile für den Absender können nur durch scharfe Anforderungen

an die Organisationspflichten des Unternehmers im Rahmen der §§ 823 ff BGB vermieden werden.

Der hier vertretenen Ansicht zufolge ist der Beförderungsvertrag ein Konsensualvertrag, der auch schon vor der Annahme des Guts zustandekommen kann (§ 15 KVO Rz. 2 f). § 29 KVO greift in Hinblick auf **Güterschäden erst nach der Annahme** ein. Vor der Annahme ist § 29 KVO auch nicht analog anwendbar, da die verschuldensunabhängige Haftung auf dem Gedanken beruht, daß das Gut in den Organisationsbereich des Unternehmers gelangt ist. Zur Frage, ob § 31 I c KVO analog anzuwenden ist, siehe Rz. 4. **3**

3. Schäden im Zuge der Beförderung

Die Tragweite der Begriffe „im Zuge der Beförderung" ist aus dem Gesetz nicht klar ersichtlich. Sicher ist, daß Schäden zu ersetzen sind, die während der eigentlichen Beförderungsphase in der **Zeit zwischen Annahme und Ablieferung** des Guts (§ 29 KVO Rz. 3, 4) entstanden sind. Zum Teil wird angenommen, daß die Begriffe „im Zuge der Beförderung" auch **Vorbereitungshandlungen und Handlungen nach Ablieferung des Gutes** erfassen (BGH v. 18.11.1977, VersR **1978**, 148; OLG München, TranspR **1983**, 149, 150; GroßkommHGB-*Helm,* Anh. II § 452 HGB, § 31 KVO Rz. 9; **a. A.** *Willenberg*, KVO, § 31 Rz. 21). Man begründet dies damit, daß die Nachnahme (§ 31 I d KVO) regelmäßig nach Abschluß des Beförderungsvorganges erhoben werde. Dieses Argument vermag jedoch nicht zu überzeugen; denn der pflichtgemäß handelnde Unternehmer muß die Nachnahme vor der Ablieferung des Gutes einziehen. Man kann für eine weite Interpretation des § 31 KVO auch nicht auf § 33 KVO verweisen; denn § 33 KVO regelt nur Ersatzansprüche wegen Güterschäden. Deshalb kann der Umstand, daß § 33 KVO nicht auf § 31 KVO verweist, weder für noch gegen eine extensive Anwendung des § 31 I KVO ins Feld geführt werden (**a. A.** *Roesch,* VP **1979**, 76, 78). Eine extensive Auslegung des § 31 I KVO kann nur auf das Argument gestützt werden, daß die Risiken einer Schädigung zwischen Annahme und Ablieferung im Vergleich zu den Fehlverhaltensrisiken vor der Annahme und nach der Ablieferung nicht bedeutend höher seien. Es bestehe daher kein Anlaß, den Unternehmer nur in der ersten Fallvariante beschränkt (§ 31 II KVO), in der zweiten Fallvariante aber nach den Regeln der pFV zwingend unbeschränkt (§ 26 GüKG) haften zu lassen. Der Wortlaut des § 31 I KVO spricht jedoch eher für eine enge Auslegung; denn bei einer weiten Auslegung der Begriffe „im Zuge der Beförderung" ist diese Einschränkung des Geltungsbereichs des § 31 I KVO funktionslos, weil dann alle Fälle einer fehlerhaften Ausführung des Beförderungsvertrages unter § 31 I KVO zu subsumieren sind. Es ist auch nicht gänzlich unplausibel, daß der Verordnungsgeber gerade in der eigentlichen Transportphase von einem erhöhten Risiko und daher von der Notwendigkeit einer Haftungsbeschränkung (§ 31 II KVO) ausgegangen ist. Die Haftung gemäß § 31 I KVO erstreckt sich daher ausschließlich auf Schäden, deren Ursache in der Zeit zwischen Annahme und Ablieferung gesetzt worden ist (*Muth/Andresen/Pollnow*, KVO, § 31 Anm. 4). Dazu gehören Schäden bei der Verzollung (OLG Oldenburg v. 20.12.1983, TranspR **1984**, 154, 155), bei der Umladung, der Messung der **4**

Temperatur (**a. A.** *Traumann*, DB **1982**, 1445, 1447). **Schäden,** die nicht im Zuge der Beförderung, also **vor Annahme oder nach der Ablieferung** verursacht worden sind, sind dagegen zwingend (§ 26 GüKG) nach den Regeln der **positiven Forderungsverletzung** zu ersetzen.

Stellt der Beförderungsvertrag einen **gemischten Vertrag** (*Larenz,* Lehrbuch des Schuldrechts Bd. II, § 62) dar, so sind auf die spezifisch außertransportrechtlichen Pflichten die Normen dieses Pflichtentypes anzuwenden (*Larenz,* aaO, § 62 I). So wären in dem vom BGH entschiedenen ,,Ameisen"-Fall (BGH v. 18.11.1977, VersR **1978**, 148), in dem sich der Unternehmer vom Absender dessen Ladegeräte zur Verfügung stellen ließ, in dem also in den Vertrag Abreden *leih- oder mietrechtlicher Natur* aufgenommen wurden, die leih- oder mietrechtlichen Vorschriften anzuwenden gewesen (*Roesch,* VP **1979**, 76, 78; **a. A.** GroßkommHGB-*Helm,* Anh. II § 452 HGB, § 31 KVO Rz. 9, 12; *Traumann,* DB **1982**, 1445, 1447). Gleiches gilt für die Pflicht zum Abschluß einer *Transportversicherung* (vgl. BGH, VersR **1975**, 610, 611). Auch die Haftung gegenüber Dritten bei Ausstellung falscher *Empfangsbescheinigungen* fällt nicht unter § 31 I c KVO (§ 16 KVO Rz. 4 ff). Beachte die Sonderregelung des *§ 12 IX KVO.*

4. Abgrenzung zur Haftung aus positiver Forderungsverletzung

5 Der BGH hat bislang noch nicht geklärt, inwieweit § 31 I c KVO statt oder neben den Regeln der pFV anzuwenden ist. Im 32. Band hat er ausgeführt, daß Ansprüche aus pFV durch § 31 I c KVO verdrängt werden (BGHZ **32**, 194, 203). Im 55. Band betonte er hingegen, daß die Haftungsregelungen der §§ 29 ff KVO nicht abschließend seien (BGHZ **55**, 217, 220). Zum Teil wird die Ansicht vertreten, daß die Haftung aus pFV zwingend (§ 26 GüKG) eingreife, wenn der Unternehmer den Absender körperlich verletze (*Roesch,* VersR **1980**, 314, 319, der § 34 f KVO übersieht), wenn Pflichten verletzt werden, die vor der Annahme oder nach der eng verstandenen Auslieferung (§ 29 KVO Rz. 3 f) zum Tragen kommen (*Willenberg*, KVO, § 31 Rz. 21) und über den in § 11 II KVO genannten Katalog von Nebenpflichten hinausgehen (diff. *Willenberg*, KVO, § 31 Rz. 20) oder soweit es sich um die Verletzung allgemeiner vertraglicher Sorgfaltspflichten handle (GroßkommHGB-*Helm,* Anh. II § 452 HGB, § 31 KVO Rz. 12). **Stellungnahme:** § 31 I c KVO stellt in seinem Geltungsbereich eine abschließende Regelung dar und verdrängt Ansprüche wegen positiver Forderungsverletzung. Der Frachtführer haftet demnach für eine pFV, die ihm ,,im Zuge der Beförderung" (Rz. 4) unterlaufen ist, nur im Rahmen des § 31 I c KVO. Dabei darf nicht zwischen atypischen und typischen Nebenpflichten differenziert werden (*Traumann,* DB **1982**, 1445, 1447). Es ist nämlich nicht einzusehen, daß der Frachtführer für atypische Nebenpflichten, die möglicherweise risikoträchtiger sind, nach den Regeln der pFV unbegrenzt haften soll, während er sich bei typischen Nebenpflichten, deren Verletzungsrisiko gut kalkulierbar ist, auf die Haftungsschranke des § 31 II KVO berufen darf. § 31 I c KVO stellt jedoch keine abschließende Regelung in dem Sinne dar, daß alle Schäden infolge fehlerhafter Ausführung des Beförderungsvertrages, die nicht ,,im Zuge der Beförderung" (Rz. 4) entstehen, mangels Anspruchsgrundlage nicht ersetzt

werden. Für einen derartigen totalen Haftungsausschluß ist kein Grund ersichtlich. Es ist daher davon auszugehen, daß die §§ 29 ff KVO in Hinblick auf Schäden, die weder Güter-, Verspätungs-, Falschauslieferungsschäden noch Schäden infolge fehlerhaften Einzugs von Nachnahmen oder Schäden wegen fehlerhafter Ausführung des Beförderungsvertrages ,,im Zuge der Beförderung" (Rz. 4) darstellen, eine Lücke enthalten. Diese Lücke ist durch Rückgriff auf die Regeln der pFV zu schließen. Die Haftung nach den Regeln der pFV ist *zwingend* (§ 26 GüKG), soweit Nebenpflichten verletzt wurden, die dem Beförderungsvertrag entspringen oder ihn begleiten (Rz. 4). Zum *gemischten Vertrag* s. oben Rz. 4.

II. Lieferfrist (§ 31 I a KVO)

§ 31 I a KVO ist lex specialis zu den allgemeinen Verzugsvorschriften 6
(§§ 284 ff BGB). Der Unternehmer haftet für die Überschreitung der Lieferfrist (§ 26 KVO) ohne Rücksicht auf Verschulden (Ausnahme: § 34 KVO). War die Beförderung zwar schneller als geschehen durchführbar, hat der Unternehmer aber die Lieferfrist eingehalten, so greift § 31 I a KVO nicht ein (BGH v. 8.2.1960, VersR **1960**, 304; v. 3.10.1963, VersR **1963**, 1120, 1121; v. 10.1.1968, VersR **1968**, 291, 292). Dies gilt auch dann, wenn der Unternehmer Gut geladen hat, das bei voller Ausnutzung der Lieferfrist verderben würde. Den Unternehmer trifft allerdings die Pflicht, den Absender zu informieren, wenn dieser ersichtlich mit einer schnelleren Beförderung des Gutes rechnete (§ 26 KVO Rz. 3, 4). Kommt er dieser Pflicht nicht nach, so haftet er aus § 31 I c KVO. Beachte § 39 II b KVO, der einen Haftungsausschluß statuiert. Der Unternehmer haftet aus § 31 I a KVO **nur für Vermögensschäden,** die **nicht** die weitere **Folge einer Beschädigung oder eines Verlustes** des zu transportierenden Guts darstellen (oben Rz. 2). Er haftet demnach für Produktionsausfälle, den Preisverfall des unbeschädigt transportierten Gutes. Nicht gemäß § 31 I a KVO, sondern gemäß § 29 KVO haftet der Unternehmer, soweit das Gut infolge der Lieferfristüberschreitung verdorben ist (**a. A.** *Willenberg*, KVO, § 31 Rz. 10), es sei denn, daß die Haftungsausschlußtatbestände des § 34 i, k, l, m, n KVO eingreifen. Der Unternehmer haftet sowohl aus § 29 KVO als auch aus § 31 I a KVO, falls neben den Güterschäden Schäden dadurch entstehen, daß der Geschädigte wegen der Verspätung zusätzlichen Schaden erleidet (str.; vgl. § 429 HGB Rz. 13; Art. 23 CMR Rz. 17). Die Höhe des Schadens ist anhand des § 251 BGB zu berechnen. Die Haftung ist gemäß § 31 II 1 KVO begrenzt. Daneben sind Schäden iSd § 32 KVO zu ersetzen. Beachte §§ 36, 39 II b KVO. Bei Ladungsgütern (§ 4 KVO) ist die Schadensersatzleistung unter Umständen auf mehrere geschädigte Absender zu verteilen. Eine höhere Haftung kann der Absender nur auf die §§ 823 ff BGB stützen. Zur Haftung aus pFV s. oben Rz. 4 f. Zum Begriff des Stückgutes § 4 KVO.

III. Falschauslieferung (§ 31 I b KVO)

7 Der Unternehmer haftet ohne Rücksicht auf Verschulden (Umkehrschluß aus § 31 I c KVO) für die Auslieferung des Guts an einen anderen als den Empfänger (§ 25 KVO Rz. 1), es sei denn, daß ein Haftungsausschlußgrund iSd § 34 KVO, insbesondere § 34 I c KVO (z. B. falsche Kennzeichnung; § 18 V KVO), zum Tragen kommt. Der Unternehmer haftet aus § 31 I b KVO nur für Schäden, die nicht aus der Beschädigung oder dem Verlust des zu transportierenden Guts resultieren (s. oben Rz. 2). Der Unternehmer hat somit aus § 31 b KVO z. B. die Kosten der Wiederbeschaffung des Guts oder den Schaden infolge des Bekanntwerdens von Geschäftsgeheimnissen zu ersetzen. Soweit der Schaden daraus resultiert, daß das Gut infolge der Falschauslieferung **verspätet abgeliefert** wird, ist der Schaden nur im Rahmen des § 31 I a KVO zu ersetzen (abw. wohl GroßkommHGB-*Helm,* Anh. II § 452 HGB, § 31 KVO Rz. 8; *Willenberg,* KVO, § 31 Rz. 13: auch § 31 I a KVO). Wird das Gut infolge der Falschauslieferung oder sonst im Zeitraum bis zur Wiederbeschaffung **beschädigt,** so haftet der Unternehmer für den Güterschaden und daraus resultierende Vermögensschäden nur im Rahmen der §§ 29, 30, 32, 34, 35 KVO. Gleiches gilt, wenn das Gut in absehbarer Zeit nicht wieder herbeigeschafft werden kann oder der Verfügungsberechtigte das Gut gemäß § 37 IV KVO für **verloren** erklärt. Zwar könnte theoretisch neben dem Ersatz für den Verlust des Gutes noch Ersatz der primären Vermögensschäden verlangt werden (vgl. § 31 KVO Rz. 6 zur Konkurrenz von Güterschäden und Verspätungsschäden; abw. *Willenberg,* KVO, § 31 Rz. 11: wenn Verlust, so keine Falschauslieferung; ebenso *Lenz,* Straßengütertransportrecht, Rz. 547; *Muth/Andresen/Pollnow,* KVO, § 31 Anm. 3). Dieser Anspruch wird aber regelmäßig durch § 36 KVO abgeschnitten sein. Bisher angefallene Wiederbeschaffungskosten können im Rahmen der §§ 29, 32 KVO ersatzfähig sein. Zur Haftungsbegrenzung oben Rz. 6.

IV. Nicht ordnungsgemäße Ausführung des Beförderungsvertrages (§ 31 I c KVO)

8 § 31 I c KVO umfaßt die Tatbestände des § 31 I a, b, d, KVO und geht darüber weit hinaus, weil er auf sämtliche Formen der Schlechterfüllung von Pflichten im Zuge der Beförderung (näher dazu Rz. 4, 5) anzuwenden ist. Der Unternehmer haftet im Rahmen des § 31 I c KVO allerdings nur, wenn er seine Pflichten schuldhaft (§ 347 HGB) verletzt hat. Er hat im Rahmen der aufgrund allgemeiner Rechtsgedanken für die Haftung wegen Schlechterfüllung entwickelten Regeln (*Palandt/Heinrichs,* § 282 Rz. 6 ff) zu **beweisen,** daß ihn kein Verschulden traf (ebenso GroßkommHGB-*Helm,* Anh. II § 452 HGB, § 31 KVO, Rz. 10). Die Haftung kann gemäß § 254 BGB gemindert oder ganz **ausgeschlossen** sein. Zur Haftungsbegrenzung oben Rz. 6. § 34 KVO kommt nicht zum Tragen (vgl. BGHZ **32**, 297, 301; § 34 KVO Rz. 1). Zum Kreis der im Rahmen des § 31 I c KVO **ersatzfähigen Schäden** oben Rz. 4 f. **Sonderregeln:** § 12 IX KVO.

V. Nachnahme

Zur Nachnahme § 24 KVO. Der Unternehmer haftet verschuldensunabhängig bis zur Grenze des § 31 II 2 KVO. Zum Schadensumfang s. § 408 HGB Rz. 9; zum Rückgriff gegen den Empfänger § 436 HGB Rz. 3. Trifft den Unternehmer ein Verschulden, so kann die Haftung auch auf § 31 I c KVO gestützt werden. Hat der Unternehmer beim Einzug der Nachnahme fehlerhaft gehandelt, also z. B. den Einzug versäumt, so sind weitergehende Ansprüche nach den allgemeinen bürgerlich-rechtlichen Regeln ausgeschlossen. Anders ist die Situation, wenn die **Nachnahme richtig eingezogen** wurde, der Betrag, den der Frachtführer herauszugeben hat (§§ 675, 667 BGB), aber verlorengegangen ist (§ 280 BGB). Der Unternehmer haftet dann, weil es sich bei der Ablieferung des eingezogenen Betrages um eine transportspezifische Nebenpflicht handelt, die nach Abschluß der Beförderung (Rz. 4) zu erfüllen ist, zwingend (§ 26 GüKG) gemäß § 280 BGB (ebenso *Willenberg*, KVO, § 31 Rz. 35; GroßkommHGB-*Helm*, Anh. II § 452 HGB, § 31 KVO Rz. 33; vgl. auch *Bischof*, GüKUMT, § 8 Rz. 110). Hat der Frachtführer das eingezogene Geld mit eigenem Geld vermischt, so ist § 948 BGB heranzuziehen. Der Frachtführer hat ein einseitiges Sonderungsrecht (MüKo-Quack, BGB, § 948 Rz. 8). Der ausgesonderte Betrag ist an den Absender abzuführen. Eine Überweisung erfolgt erfüllungshalber. Diese Art der Erfüllung wird in der Regel vereinbart sein (z. B. durch Angabe des Kontos). 9

§ 32 KVO [Aufwendungen bei Schadensfällen]

Die Kosten für Aufwendungen und Bergungen zur Abwendung oder Minderung eines zu ersetzenden Schadens, soweit sie den Umständen nach geboten waren, gehen zu Lasten des Unternehmers. Das gleiche gilt von den Kosten, die durch die Ermittlung und Feststellung des Schadens entstehen.

Literatur: siehe vor § 1 KVO.

I. Allgemeines

Macht der Geschädigte Aufwendungen zur Abwendung oder Minderung 1
eines Schadens, so sind das in der Regel Folgeschäden (*Palandt/Heinrichs*, § 254 Anm. 3 b aa). In der Person des Schädigers stellen dieselben Aufwendungen nicht schon eine Schadensersatzleistung in der Form der Naturalrestitution dar, sondern sind Ausfluß seiner Pflicht zur Schadensverhütung, die auch die Pflicht umfaßt, nicht vermeidbare Schäden möglichst klein zu halten (*Konow*, TranspR **1988**, 229, 232). Im Licht dieser Differenzierung ist die Tragweite des § 32 S. 1 KVO unklar. Einerseits spricht die Vorschrift ganz allgemein von „Aufwendungen", die auch der Unternehmer getätigt haben kann, zumal dort, wo es um die Abwendung eines zu ersetzenden Schadens geht (so *Willenberg*, KVO, § 32 Rz. 2; GroßkommHGB-*Helm*, Anh. II § 452

HGB, § 32 KVO Rz. 3). Andererseits steht § 32 KVO jedoch im VI. Abschnitt „Haftung aus dem Beförderungsvertrag". Daraus ist abzuleiten, daß § 32 KVO primär die Kosten der **Schadensabwendung und -minderung iSd § 254 II 1 BGB** regelt. Hieraus folgt, daß § 32 KVO dort *nicht* eingreift, wo der Unternehmer kraft der ihm obliegenden Obhutspflicht und sonstigen Pflichten zur Vertragserfüllung dafür sorgt, daß erst gar kein Schaden entsteht oder daß bestimmte Formen von Schäden nicht entstehen. In diesen Fällen erfüllt der Unternehmer lediglich seine primären Vertragspflichten (*Konow*, TranspR **1988**, 229, 232). § 32 KVO erfaßt demnach ausschließlich Aufwendungen des Geschädigten. Das gilt auch dann, wenn der Unternehmer völlig zerstörtes Gut birgt; denn an der Bergung dieses Gutes hat der Geschädigte kein Interesse; der Unternehmer wird deshalb im Rahmen der ihm obliegenden Verkehrspflichten als Handlungsstörer tätig (*Muth/Andresen/Pollnow*, KVO, § 32 Anm. 2). Anders ist die Situation bei Schadensminderungs- sowie -feststellungskosten. Dort handelt es sich um schadensnahe Umstände, die wirtschaftlich betrachtet den Umfang der Schadensersatzleistung betreffen; denn aus der Sicht des Unternehmers ist es gleichgültig, ob er Vermögensaufwendungen zum Ausgleich eines Schadens oder zur Minderung bzw. Feststellung eines Schadens macht. In beiden Varianten ist er angesichts des für ihn unerkennbaren bzw. nicht einkalkulierten Wertes des Gutes vor unkalkulierten Haftungsrisiken zu schützen (vgl. Basedow, Transportvertrag, S. 409).

II. Kosten der Schadensabwendung oder -minderung (§ 32 S. 1 KVO)

1. Aufwendungen des Unternehmers

2 Diese Aufwendungen hat der Unternehmer immer in vollem Umfang zu tragen. § 36 KVO findet in Hinblick auf Schadensabwendungskosten keine Anwendung, da es nicht um eine Frage der Schadensersatzpflicht gegenüber dem Absender bzw. Empfänger geht (s. oben Rz. 1; **a. A.** *Willenberg*, KVO, § 32 Rz. 4; GroßkommHGB-*Helm*, Anh. II § 452 HGB, § 32 KVO Rz. 2; h. M.).

2. Aufwendungen des Absenders bzw. Empfängers

3 Gemäß § 254 BGB trifft den Geschädigten eine Schadensabwendungs- und -minderungspflicht. Die dabei entstehenden Kosten können z. B. im Fall der Lieferverzögerung oder Falschauslieferung ersetzbare primäre Vermögensschäden darstellen (§ 31 I KVO); sie stellen aber im Fall eines Güterschadens grundsätzlich nicht ersatzfähige Folgeschäden (§ 29 KVO) dar (vgl. aber auch Art. 23 CMR Rz. 13). § 32 S. 1 KVO statuiert eine Ausnahme von diesem Grundsatz. Voraussetzung für die Ersatzpflicht des Unternehmers ist, daß ein iSd §§ 29, 31 I KVO ersatzfähiger Schaden droht oder entstanden ist (OLG Düsseldorf v. 15.11.1990, TranspR **1991**, 9, 12). Die Aufwendungen müssen zur Abwendung bzw. Minderung dieses Schadens nach pflichtgemäßem Ermessen geboten gewesen sein (z. B. Aussortierungskosten; BGH, NJW **1965**, 1593, 1595). In Parallele zu § 249 S. 2 BGB geht das Prognoserisiko (BGH,

NJW **1972**, 1800; NJW **1978**, 2592) zu Lasten des Unternehmers. Diese Aufwendungen sind zusätzlich zu den gemäß in §§ 29, 35 KVO bzw. § 31 II KVO geschuldeten Beträgen zu erstatten. § 36 KVO ist anzuwenden.

III. Bergung

Die Bergung kann Teil der Schadensminderung sein. Ist das Gut total zerstört und läßt es der Unternehmer bergen, so kommt er allgemeinen Verkehrspflichten (u. U. als Handlungsstörer, § 1004 BGB) nach (dazu oben Rz. 1). Läßt der Absender bzw. Empfänger das total zerstörte Gut bergen, um seinen Pflichten als Zustandsstörer nachzukommen, so kann er gemäß § 32 S. 1 KVO über die Grenzen der §§ 29, 35 KVO bzw. des § 31 II KVO hinaus Ersatz verlangen. Fraglich ist, inwieweit § 36 KVO anwendbar ist. Das hängt davon ab, worauf sich die Formulierung „Verlust" bezieht. Da in § 36 KVO von „für" gänzlichen Verlust und nicht „bei" gänzlichem Verlust die Rede ist, hat man davon auszugehen, daß § 36 KVO bei totalem Verlust des Gutes sämtliche Ansprüche auf Ersatz der Bergungskosten abschneidet. 4

IV. Kosten der Schadensermittlung und -feststellung

1. Kosten des Unternehmers

Siehe dazu oben Rz. 1. Zu unnötigen Kosten Nr. XIX GFT II/5, abgedr. *Hein/Eichhoff/Pukall/Krien*, Teil C 525. § 36 KVO greift ein. 5

2. Kosten des Geschädigten

Die Kosten der Schadensermittlung und -feststellung sind Folgekosten von Güterschäden (§ 29 KVO) und primären Vermögensschäden (§ 31 I KVO). Es gilt grundsätzlich das zur Schadensabwendung Gesagte (Rz. 1 ff). § 36 KVO stellt hier die Schadensobergrenze dar. Der Unternehmer hat aber auch dann die Kosten zu ersetzen, wenn sich herausstellt, daß nur die Verpackung einen Schaden erlitten hat. Nicht zu ersetzen sind die Schadensanmeldekosten. 6

§ 33 KVO [Ersatzpflicht für Schäden aus Hilfsverrichtungen]

Der Unternehmer ersetzt im Rahmen der §§ 29, 32 und 34 auch Güterschäden, die eintreten

a) bei der Abholung oder Zuführung der Güter, wenn die Abholung oder Zuführung vom Unternehmer oder durch von ihm Beauftragte besorgt wird,

b) beim Ver-, Aus- oder Umladen der Güter, wenn der Unternehmer oder von ihm Beauftragte dabei mitgewirkt haben,

c) bei einer Beförderung mit der Eisenbahn, die vom Unternehmer innerhalb des von ihm geschlossenen Beförderungsvertrages bewirkt wird,

d) bei einer Vor- und Nachlagerung im Gewahrsam des Unternehmers nach Übernahme des Gutes vom Absender und vor Auslieferung an den

Empfänger, soweit die Lagerung nicht die Dauer von jeweils 15 Tagen – Sonn- und Feiertage nicht mitgerechnet – überschreitet,

e) bei Zwischenlagerungen bis zur Dauer von acht Tagen, die während der Beförderung des Gutes erforderlich werden.

Literatur: siehe vor § 1 KVO.

Übersicht

	Rz.		Rz.
I. Allgemeines	1	V. Vor-, Nachlagerung (§ 33 d KVO)	
II. Abholung, Zuführung (§ 33 a KVO)	2	1. Vorlagerung	5
III. Ver-, Aus-, Umladen (§ 33 b KVO)	3	2. Nachlagerung	6
IV. Beförderung mit der Eisenbahn (§ 33 c KVO)	4	VI. Zwischenlagerung (§ 33 e KVO)	7

I. Allgemeines

1 § 33 KVO greift nur ein, soweit der Unternehmer als KVO-Frachtführer und **nicht** etwa nur in seiner Rolle **als Spediteur** tätig wird (näher dazu § 1 KVO Rz. 5 ff).

§ 33 KVO regelt zum Teil eindeutig Fälle, die ohnehin in den Haftungszeitraum des § 29 2. Alt. KVO fallen (z. B. Umladen, Nachlagerung, Zwischenlagerung). Zum Teil soll § 33 KVO nach einer vielfach vertretenen Ansicht aber auch neue, selbständige Haftungsgründe schaffen, weil Schäden erfaßt würden, die zum Teil vor der Annahme des Guts und zum Teil nach Auslieferung lägen (z. B. Abholung, Entladen, Vorlagerung; *Willenberg*, KVO, § 33 Rz. 1, 6; *Roesch*, ZfVersWesen **1956**, 262; *Muth/Andresen/Pollnow,* KVO, § 33 Anm. 1). Diese Ansicht ist allenfalls richtig, wenn man den KVO-Beförderungsvertrag als Realvertrag qualifiziert, der nur bei Übergabe eines Frachtbriefs zustandekommen kann (§ 14 KVO Rz. 1 ff) und wenn man den Begriff der Auslieferung (§ 29 KVO Rz. 4) eng faßt. Nimmt man – wie hier – den Standpunkt ein, daß der Beförderungsvertrag zur Kategorie der normalen Konsensualverträge gehört (§ 15 KVO Rz. 2 f), so stellt § 33 KVO lediglich eine Konkretisierung des in § 29 2. Alt. KVO niedergelegten Gedankens dar, daß der Unternehmer so lange für das Gut zu haften hat, wie es sich in seinem Einwirkungs- und Gefahrenbereich befindet. § 33 KVO konkretisiert somit die Begriffe ,,Annahme" und ,,Auslieferung" (so auch BGH, NJW **1980**, 833; v. 23.5.1990, NJW-RR **1990,** 1314, 1315; differenzierend *Muth/Andresen/Pollnow,* KVO, § 33 Anm. 2). Auch nach § 82 I EVO kann das Ausladen vor der Auslieferung liegen, wie sich aus § 83 I c EVO ergibt. Weil der Unternehmer für Güterschäden verschuldensunabhängig nur im Rahmen spezifischer Transportleistungen haften soll, begrenzt § 33 d, e KVO den Haftungszeitraum, löst also die Haftung von dem Zeitpunkt ab, in dem das Gut in die Sphäre des Unternehmers gelangt ist. Andererseits sind auf den Schadensersatzanspruch des Geschädigten nicht nur die §§ 32, 34 KVO, sondern auch die §§ 30 b, c, e, f, 35, 36 KVO anzuwenden (GroßkommHGB-*Helm*, Anh. II § 452 HGB, § 33 KVO Rz. 2; *Muth/Andresen/Pollnow*, KVO,

§ 33 Anm. 1). Es besteht kein Anlaß, den Unternehmer bei Hilfsverrichtungen schärfer haften zu lassen, indem man ihm die **Haftungsbeschränkung** der §§ 30, 35, 36 KVO nicht zugute kommen läßt (so aber *Willenberg*, KVO, § 33 Rz. 4, 6 in Hinblick auf § 30 KVO). Die Risiken der eigentlichen Beförderung und der Hilfsverrichtungen sind nicht so unterschiedlich, daß Schäden aus Anlaß von Hilfsverrichtungen im Unterschied zu Schäden während der Beförderung mit dem vollen Wert ersetzt werden müßten, weil die §§ 30 e S. 2, 35 IV KVO nicht zum Tragen kommen können. Die §§ 30, 35, 36 KVO sind somit auf Ansprüche aus §§ 29, 33 KVO zumindest analog anzuwenden. § 33 KVO **gilt nur für Güterschäden** iSd § 29 KVO sowie deren Folgeschäden. Selbständige Vermögensschäden, die anläßlich der Hilfsverrichtungen iSd § 33 KVO entstehen, werden ausschließlich nach Maßgabe des § 31 I KVO ersetzt.

II. Abholung, Zuführung (§ 33 a KVO)

Vgl. die Erläuterungen zu § 5 KVO. 2

III. Ver-, Aus-, Umladen (§ 33 b KVO)

Das **Umladen** fällt eindeutig in den Haftungszeitraum des § 29 KVO. Der 3
Unternehmer hat daher für Schäden beim Umladen auch dann einzustehen, wenn nicht er oder seine Leute, sondern von ihm eingeschaltete Dritte umgeladen haben (§ 6 KVO). Anders ist die Situation dort, wo die Umladung von „hoher Hand" erfolgte (§ 34 b KVO). Gleiches gilt für das **Beladen**, wenn der Unternehmer zum Beladen verpflichtet war (BGH v. 23.5.1990, NJW-RR **1990,** 1314, 1315; näher § 17 KVO Rz. 2, 11, 14). War der Unternehmer nicht zum Beladen verpflichtet, haben aber er oder seine Leute bei der Beladung mitgewirkt, so kommt § 33 b KVO nicht zum Tragen, da dieser voraussetzt, daß die Beladung in Erfüllung des Beförderungsvertrages erfolgt (**a. A.** GroßkommHGB-*Helm,* Anh. II § 452 HGB, § 33 KVO Rz. 4). Zur Haftung des Unternehmers in diesem Fall s. § 17 KVO Rz. 12f Das **Entladen** liegt, wenn der Unternehmer zur Entladung verpflichtet war (§ 17 KVO Rz. 19ff), im Haftungszeitraum des § 29 KVO (oben Rz. 1). Der Unternehmer haftet dann verschuldensunabhängig für Schäden, die vor Beendigung der Entladung entstanden (BGH, NJW **1980**, 833; OLG München v. 23.11.1983, VersR **1985**, 1137). Für seine Leute und von ihm beauftragte Dritte hat der Unternehmer gemäß § 6 KVO einzustehen. Zum Mitverschulden des Absenders bzw. Empfängers § 17 Rz. 5. Hat der Unternehmer oder hat einer seiner Leute, ohne kraft Beförderungsvertrags dazu verpflichtet zu sein, bei der Entladung mitgewirkt, so sind die bei § 17 KVO Rz. 12 f entwickelten Regeln anzuwenden. Zur Haftung aus § 831 BGB s. § 6 KVO Rz. 7.

IV. Beförderung mit der Eisenbahn (§ 33 c KVO)

4 § 33 c KVO stellt lediglich klar, daß die allgemeine Haftungsnorm des § 29 KVO auch dann gilt, wenn das Gut mit der Eisenbahn statt mit dem Lkw transportiert wird. Dabei ist es gleichgültig, ob die Güter umgeladen oder samt Lkw im Weg des Huckepackverkehrs transportiert werden (*Roesch*, VP **1982**, 101 f); denn der Unternehmer hat grundsätzlich für alle Schäden unabhängig von der Art ihres Entstehens einzutreten. Anders ist die Situation dort, wo der Unternehmer nur Teilfrachtführer ist und den Transport nur bis zur Auslieferung an die Eisenbahn, die weiterbefördern soll, schuldet (*Roesch*, VP **1982**, 101, 102). Weil § 33 c KVO nur als Ausfluß des § 29 KVO anzusehen ist, ist § 33 c KVO analog auf die Beförderung durch andere Transportmittel anzuwenden (ganz h. M.). Die Eisenbahn, die der Unternehmer einschaltet, ist sein Erfüllungsgehilfe (§ 6 KVO). Er hat sich daher im Rahmen der §§ 30, 34 KVO deren Verschulden zurechnen zu lassen. Die Eisenbahn kann auch Unterfrachtführer iSd § 432 HGB sein (str.; § 432 HGB Rz. 1). Aus § 33 c KVO läßt sich **nicht** ableiten, daß der Unternehmer im Zweifel **berechtigt** ist, statt per Lkw **mit der Bahn** zu befördern (GroßkommHGB-*Helm,* Anh. II § 452 HGB, § 33 KVO, Rz. 5; **a. A.** *Willenberg*, KVO, § 33 Rz. 19; *Muth/Andresen/Pollnow,* KVO, § 33 Anm. 4). Der Umstand, daß das Gut für den Eisenbahntransport häufig anders als für den Lkw-Transport verpackt sein muß, spricht gegen eine derartige Vermutung. Vielmehr kann der Absender, der einen KVO-Frachtführer beauftragt, im Zweifel davon ausgehen, daß das Gut mit Lkw transportiert wird. Es bedarf daher besonderer Anhaltspunkte im Einzelfall (Verkehrssitte, erkennbare Absicht, einen anderen Verkehrsträger einzusetzen, Unempfindlichkeit des Gutes), um den Vertrag dahin auszulegen, daß der Unternehmer das Verkehrsmittel auswählen darf (§ 425 HGB Rz. 14). Sind das Gut und seine Verpakkung dazu geeignet, so wird der Unternehmer im Zweifel berechtigt sein, eine Ersatzbeförderung iSd § 28 I KVO, die mit Lkw nicht durchführbar ist, mit anderen Verkehrsmitteln vorzunehmen. Zur Haftung, wenn der Unternehmer pflichtwidrig mit Eisenbahn transportiert hat, § 425 Rz. 2.

V. Vor-, Nachlagerung (§ 33 d KVO)

1. Vorlagerung

5 **Keine Vorlagerungen** iSd § 33 d KVO sind solche Lagerungen, die der Unternehmer nach Annahme des Gutes zur Beförderung unter Ausnutzung der normalen Lieferfrist vornimmt (GroßkommHGB-*Helm,* Anh. II § 452 HGB, § 33 KVO Rz. 6; *Roesch*, ZfVersWesen **1956**, 262; *Willenberg*, KVO, § 33 Rz. 25), weil hier die Lagerung keine für den Frachtvertrag atypische Hilfsverrichtung ist (zu Beförderungshindernissen s. unten). Erst recht liegt dann keine Vorlagerung vor, wenn der Unternehmer den Beginn des Transports vorwerfbar verzögert (GroßkommHGB-*Helm,* Anh. II § 452 HGB, § 33 KVO Rz. 6; *Willenberg*, KVO, § 33 Rz. 25). Für derartige Vorlagerungen haftet der Unternehmer unbeschränkt lange. Um **eine Vorlagerung** iSd § 33 KVO handelt es sich vielmehr, wenn die Parteien bei Übergabe des Gutes zur

Beförderung vereinbaren, daß das Gut zunächst noch gelagert und erst später mit dem Transport begonnen werden soll. Diese Vereinbarung ist Teil des Beförderungsvertrages, der nach der hier vertretenen Auffassung als normaler Konsensualvertrag zu qualifizieren ist (§ 15 KVO Rz. 2; **a. A.** *Willenberg*, KVO, § 33 Rz. 23). Der Beförderungsvertrag wird dadurch zum gemischten Vertrag (*Larenz*, Schuldrecht II, 13. Aufl., § 62). In Parallele zur Nachlagerung muß man von einer Vorlagerung iSd § 33 d KVO auch dort sprechen, wo vor Beginn des Transports, aber nach Annahme des Gutes Beförderungshindernisse entstehen (§ 28 KVO) und der Unternehmer das Gut in eigenem Gewahrsam behält, statt nach § 28 III, VI KVO zu verfahren. Gleiches gilt bei der Weisung, das Gut am Versandort anzuhalten (§ 27 I KVO). Auf die Pflichten des Unternehmers zur Lagerung sind grundsätzlich die Vorschriften der §§ 688 ff BGB, 416 ff HGB anzuwenden, es sei denn, daß die Lagerung die Dauer von 15 Tagen (Sonn- und Feiertage ausgeschlossen) nicht übersteigt. Dabei kommt es auf die tatsächliche Dauer, nicht auf die vereinbarte Dauer der Lagerung an. Ist eine Dauer von unter 15 Tagen vereinbart und lagert der Unternehmer länger, so hat er den Absender hierüber aufzuklären. Für Informationsfehler haftet er gemäß § 31 I c KVO. Liegt die Dauer der Vorlagerung unter 15 Tagen, so geht die KVO davon aus, daß die Lagerung in so enger Verbindung mit der geplanten Beförderung steht, daß Lagerung und Beförderung als Einheit zu begreifen sind. Die Annahme des Gutes zur Lagerung stellt dann gemäß § 33 I d KVO eine Annahme zur Beförderung iSd § 29 2. Alt. KVO dar, sofern die Lagerung im Gewahrsam des Unternehmers erfolgen soll. Schaltet der Unternehmer Dritte ein, so hat er für sie gemäß § 6 KVO einzustehen. Dauert die Lagerung länger als 15 Tage, so haftet der Unternehmer nur gemäß § 417 HGB bzw. §§ 695, 280 BGB, pFV. Dritte sind seine Erfüllungsgehilfen.

2. Nachlagerung

Nachlagerungen sind Lagerungen, die der Unternehmer aufgrund einer **6**
nachträglichen Verfügung (§ 27 I c KVO) oder eines Ablieferungshindernisses (§ 28 KVO) tätigt. Von einer Nachlagerung kann auch dann gesprochen werden, wenn sie die Parteien bereits bei Abschluß des Beförderungsvertrages im Interesse des Absenders vereinbart haben (OLG Frankfurt v. 14.12.1982, TranspR **1985**, 174, 175). Keine Nachlagerung iSd § 33 d KVO erfolgt, falls die Lagerung im Interesse des Unternehmers durchgeführt wird (*Willenberg*, KVO, § 33 Rz. 29). In einem solchen Fall haftet der Unternehmer gemäß § 29 KVO ohne zeitliche Begrenzung. Keine Nachlagerung erfolgt ferner dann, wenn das Gut abgeliefert worden ist (z. B. an einen Empfangsspediteur, der mit dem Frachtführer personengleich sein kann; *Bischof*, VersR **1984**, 419, 420). Zur Nachlagerung gilt im übrigen das zur Vorlagerung Gesagte (oben Rz. 5). Zur Nachlagerung bei Einschaltung eines **Spediteurs** § 1 KVO Rz. 8 ff.

VI. Zwischenlagerung (§ 33 e KVO)

7 Von einer Zwischenlagerung iSd § 33 e KVO kann nur dort gesprochen werden, wo der Unternehmer das Gut aufgrund einer Weisung anhält (§ 27 b KVO) oder aufgrund eines Beförderungshindernisses einlagert. Die Einlagerung muß nicht beim Unternehmer selbst, sie kann auch bei Dritten erfolgen (§ 6 KVO). **Keine Zwischenlagerung** iSd § 33 KVO liegt vor, wenn der Absender Weisung gab, das Gut bei Dritten einzulagern (dann endet mit der Einlagerung die Beförderung) oder wenn der Unternehmer das Gut in Ausnutzung der Lieferfrist einlagert oder wenn er es eingelagert hat, weil dies in seinem Interesse liegt oder er die Verzögerung des Transportes zu vertreten hat (dann Teil des Transportes iSd § 29 KVO; vgl. oben Rz. 5; *Roesch,* ZfVers-Wesen **1956**, 262, 263; *Willenberg*, KVO, § 33 Rz. 32).
Da die Zwischenlagerung immer im Haftungszeitraum des § 29 2. Alt. KVO liegt, enthält § 33 e KVO für Lagerungen, die 8 Tage überschreiten, eine Haftungsmilderung. Der Unternehmer haftet nur noch nach Verwahrungsrecht (vgl. oben Rz. 5). Zur Zwischenlagerung bei Einschaltung eines **Spediteurs** § 1 KVO Rz. 8 ff.

§ 34 KVO [Ausschluß von der Ersatzpflicht]

Ausgeschlossen von der Ersatzpflicht sind:

a) Schäden durch höhere Gewalt, jedoch nicht insoweit, als es sich bei den Schadensursachen um die der Straße und dem Kraftwagen eigentümlichen Gefahren handelt,

b) Schäden jeglicher Art, hervorgerufen durch Kriegsereignisse, Verfügung von hoher Hand, Wegnahme oder Beschlagnahme seitens einer staatlich anerkannten Macht,

c) Schäden, die durch Verschulden des Verfügungsberechtigten entstehen,

d) Schäden an ungemünzten und gemünzten oder sonst verarbeiteten Edelmetallen, Juwelen, Edelsteinen, Papiergeld, Wertpapieren jeder Art, Dokumenten und Urkunden,

e) Schäden an Kunstsachen, Gemälden, Skulpturen und anderen Gütern, die einen Sonderwert haben, sofern der Einzelwert den Betrag von 2 500 DM übersteigt,

f) körperliche Schäden jeglicher Art, die Personen zugefügt werden,

g) Schäden an Umzugsgut durch Bruch von Glas und Porzellan, auch Schrammschäden, Politurrisse, Leimlösungen, Scheuerschäden,

h) Schäden durch Emaille-Absplitterungen,

i) Fehlmengen und Gewichtsverluste, die aus der Eigenart der betreffenden Güter entstehen,

k) innerer Verderb einschließlich Bombieren,

l) Einwirkungen von Frost und Hitze,

m) (weggefallen),

n) Schäden an selbstentzündlichen und explosionsgefährlichen Gütern, soweit die Schäden aus der Selbstentzündlichkeit oder Explosionsgefahr herrühren.

Die unter g) bis n) genannten Schäden werden jedoch ersetzt, sofern sie durch Transportmittelunfälle oder Betriebsunfälle verursacht sind.

Literatur: siehe vor § 1 KVO.

Übersicht

	Rz.
I. Allgemeines	1
II. Höhere Gewalt; der Straße und dem Kfz eigentümliche Gefahren (§ 34 I a KVO)	
1. Begriff der höheren Gewalt	2
2. Einzelheiten	6
3. Der Straße und dem Kraftwagen eigentümliche Gefahren	9
4. Beweislast	10
III. Krieg, Verfügungen von hoher Hand, Wegnahme oder Beschlagnahme (§ 34 I b KVO)	
1. Krieg	11
2. Verfügungen von hoher Hand	12
3. Beschlagnahme, Wegnahme	13
IV. Verschulden des Verfügungsberechtigten (§ 34 I c KVO)	14
V. Edelmetalle etc. (§ 34 I d KVO)	15
VI. Kunstsachen etc. (§ 34 I e KVO)	16
VII. Körperschäden (§ 34 I f KVO)	17
VIII. Umzugsgut (§ 34 I g KVO)	18
IX. Emaille-Absplitterungen (§ 34 I h KVO)	19
X. Fehlmengen und Gewichtsverluste (§ 34 I i KVO)	20
XI. Innerer Verderb, Bombieren (§ 34 I k KVO)	
1. Allgemeines	21
2. Verschulden des Unternehmers	22
3. Einzelheiten	23
XII. Frost, Hitze (§ 34 I l KVO)	24
XIII. Selbstentzündliche, explosionsgefährliche Güter (§ 34 I n KVO)	26
XIV. Transportmittel-, Betriebsunfälle (§ 34 II KVO)	27

I. Allgemeines

Die §§ 29, 30, 33 sowie der § 31 I a, b, d KVO statuieren eine verschul- 1
densunabhängige Haftung für alle Risiken, die sich innerhalb eines in diesen Vorschriften bestimmten Zeitraums realisieren. Diese zunächst nur nach ihrem äußeren Rahmen bestimmte Haftung wird u. a. durch die in § 34 KVO geregelten Haftungsausschlüsse konkretisiert. Die Trennung in Haftungstatbestand und Haftungsausschlußtatbestand hat nicht nur rechtstechnische Relevanz. Sie macht auch deutlich, daß der Unternehmer als Einwendung die **Voraussetzungen des Haftungsausschlusses zu beweisen** hat. Zugleich macht sie deutlich, daß es sich bei der Haftung gemäß den §§ 29 ff KVO um eine Haftung für den eigenen Gefahren- und Einwirkungsbereich handelt. Zur Bedeutung des **Verschuldens des Unternehmers** s. bei den jeweiligen Ausschlußtatbeständen.

II. Höhere Gewalt; der Straße und dem Kfz eigentümliche Gefahren (§ 34 I a KVO)

1. Begriff der höheren Gewalt

Die Tragweite des Begriffs der höheren Gewalt, der sowohl im Bereich der 2
Gefährdungshaftung als auch im Bereich der Vertragshaftung (z. B. § 701 III BGB, § 82 EVO, § 34 I a KVO sowie in zahlreichen Allgemeinen Geschäftsbedingungen (dazu *Staub/Koller*, vor § 373 Rz. 236)) verwandt wird, ist bis heute nicht voll geklärt (vgl. *Will,* Quellen erhöhter Gefahr (1980), S. 285 ff). Es sind im Grundsatz zwei Linien erkennbar:

3 Die eine Linie, die von den **objektiven Lehren** zum Begriff der höheren Gewalt vertreten wird, legt das Schwergewicht darauf, daß es sich bei der verschuldensunabhängigen Haftung um eine Haftung für abstrakt beherrschbare Gefahren handle. Danach werden dem Haftenden Risiken unabhängig davon zugerechnet, ob im Einzelfall Anstrengungen zur Schadensabwehr zumutbar und wirtschaftlich sinnvoll waren, weil es billiger war, den potentiellen Schaden im Licht der Schadenswahrscheinlichkeit zu vermeiden, als ihn hinzunehmen (dazu *Kötz,* Karlsruher Forum, Beiheft VersR **1983**, 145, 147; *Adams,* Ökonomische Analyse der Gefährdungs- und Verschuldenshaftung (1985), S. 52 ff). Vielmehr werden dem Haftenden grundsätzlich sämtliche Risiken zugerechnet. Es ist dann seine Sache, eine Rentabilitätsanalyse vorzunehmen, um festzustellen, ob es für ihn billiger ist, den Schadenseintritt zu verhindern oder Schäden eintreten zu lassen und die Schäden als Betriebskosten zu behandeln. Dieser Ansatz hat den Vorzug, daß er einen starken Anreiz erzeugt, Schäden zu vermeiden, insbesondere Anstrengungen zu unternehmen, die Methoden der Schadensvermeidung fortzuentwickeln, da der potentielle Schädiger überall dort, wo die Schadensvermeidung billiger als die Haftung ist, Kosten sparen kann (eingehend *Koller,* Risikozurechnung, S. 78 ff). Die Zurechnung des Risikos kraft abstrakter Beherrschbarkeit stößt dort an ihre Grenze, wo der Schaden auch beim größten denkbaren Verhütungsaufwand nicht mehr vermeidbar gewesen wäre, oder dort, wo die Schadensursache nicht mehr kalkulierbar war; denn die Zurechnung unvorhersehbarer Risiken führt zu untragbaren Belastungen der Unternehmer und beeinträchtigt deren Handlungsfreiheit. Der Begriff der höheren Gewalt wird verbreitet in diesem Sinne objektiv als äußerste Grenze der Zurechnung kraft abstrakter Beherrschbarkeit verwandt. So definiert die h. M. die höhere Gewalt als ,,von außen her auf den Betrieb des Haftenden einwirkendes, nicht vorhersehbares, auch durch äußerste wirtschaftlich zumutbare Sorgfalt nicht abwendbares Ereignis, das auch nicht wegen seiner Häufigkeit von dem Haftenden in Kauf genommen werden muß" (RGZ **101**, 94, 95; **104**, 150 ff; **112**, 284, 285; **109**, 172, 173; **110**, 209, 211; v. 4.3.1920, JW **1920**, 710; v. 30.1.1920, LZ **1920**, 647; WW **40**, 54; BGH v. 22.12.1955, VersR **1956**, 84, 85; DB **1962**, 111; LM Nr. 1 zu § 454 HGB; NJW **1975**, 1597; v. 15.3.1988, TranspR **1988**, 278 zum HaftpflG; *Willenberg,* KVO, § 34 Rz. 5 ff; *Finger,* EVO, § 82 Anm. 7 a; *Baumbach/Duden/Hopt,* § 454 Anm. 2 B; *Schlegelberger/Geßler,* § 454 Rz. 23; MüKo-*Hüffer,* BGB, § 701 Rz. 34; *Soergel/Mühl,* § 701 Rz. 16; *Staudinger/Werner,* § 701 Rz. 72; *Koller,* Risikozurechnung, S. 127 jeweils m. w. Nachw.).

4 Demgegenüber betonen die **subjektiven Lehren** stärker die Zumutbarkeit der Schadensverhinderung. Danach liegt höhere Gewalt schon dann vor, wenn es außerhalb der konkreten Möglichkeit lag, von außen kommende schadensbringende Einflüsse auszuschalten. Dabei wird zum Teil die Anwendung ,,auch außerordentlicher, durch die Umstände irgend indizierter Vorsichtsmaßregeln" (*Goldschmidt,* ZHR 3 (1860), 58 ff, 331 ff, 369, 384 ff; ähnlich *Dernburg,* GrünhZ **11**, 342; *Baron,* AcP **78**, 230 ff) verlangt. Dies gelte auch, wenn das Schadensereignis durchaus vorhersehbar gewesen sei (GroßkommHGB-*Helm,* Anh. II § 452 HGB, § 34 KVO Rz. 6; *Muth/Andresen/Pollnow,* KVO, § 34 Anm. 2; *Goltermann/Konow,* EVO, § 82 S. 14 a).

Stellungnahme: Die subjektiven Lehren leiden an der Schwäche, daß sie nicht exakt sagen können, anhand welcher Maßstäbe die außerordentliche Sorgfalt zu bestimmen ist. Man weiß nämlich nur, daß die außerordentliche Sorgfalt größeren Verhütungsaufwand erfordert, als die angemessene, verkehrserforderliche Sorgfalt; man weiß aber nicht, in welchem Ausmaß über die angemessene Sorgfalt hinauszugehen ist (*Exner,* GrünhZ **10**, 517 ff; *Gelpcke*, Verhandlungen des 22. DJT, Bd. I, S. 363 ff; *Koller,* Risikozurechnung, S. 124). Die subjektiven Lehren haben weiter den Nachteil, daß sie in Hinblick auf vorhersehbare Gefahren den Anreiz zur Entwicklung neuer Sorgfaltsmaßnahmen schwächen und daß sie den Anreiz zur Manipulation der Beweislage erhöhen (*Exner,* GrünhZ **10**, 536, 544 ff). Schließlich darf man auch nicht erwarten, daß die Haftenden bei Anwendung der subjektiven Lehre tatsächlich äußerste Sorgfalt walten lassen; denn der haftende Unternehmer wird immer eine Rentabilitätsanalyse anstellen und sich fragen, in welchem Umfang angesichts der vorhersehbaren Schäden Verhütungsmaßnahmen rentabel sind. Sind „außerordentliche Sorgfaltsmaßnahmen“ unrentabel, so werden sie unterbleiben und der Schaden wird als Teil der Betriebskosten einkalkuliert. Es ist daher der von der h. M. vertretenen objektiven Lehre (Rz. 3) zu folgen. 5

2. Einzelheiten

Höhere Gewalt liegt demnach vor, wenn das schädigende Ereignis **a) von außen kommt:** Keine Ereignisse höherer Gewalt sind demnach, gleichgültig, ob verschuldet oder nicht, Ereignisse, die dem Organisationsbereich des Unternehmers entspringen, wie Versagen der Bremsen, Explosion des Motors, Versagen des Fahrers, auch wenn eine nicht erkennbare Krankheit die Ursache ist (RG v. 7.4.1927, EE **45**, 427; RGZ **110**, 209, 212 ff), es sei denn, daß das Fehlverhalten durch unmittelbare äußere Einflüsse verursacht wurde. Von außen kommen Handlungen betriebsfremder Personen und Naturereignisse. 6

b) Von außen kommende Ereignisse erfüllen nur dann die Voraussetzungen der höheren Gewalt, wenn sie **außergewöhnlich sind, nicht vorhersehbar** sind, insbesondere keine typische Betriebsgefahr darstellen, die vom Unternehmer in Rechnung zu ziehen ist (BGH v. 15.3.1988, TranspR **1988**, 278, 279 zum HaftpflG). In diesem Sinn liegt höhere Gewalt vor, wenn der Schaden durch einen Schneesturm verursacht wird, der nur äußerst selten auftritt (RGZ **101**, 94; weitergehend OLG Hamm v. 9.6.1988, TranspR **1988,** 429), durch Wolkenbruch von einer Stärke, mit der alle 20 Jahre zu rechnen ist (OLG Koblenz v. 14.6.1978, DB **1978**, 1492), durch verbrecherischen Wurf von Steinen auf Fahrzeuge (vgl. RGZ **70**, 98) oder durch Brandstiftung. Dagegen ist keine höhere Gewalt zu bejahen, wenn sich andere Verkehrsteilnehmer verkehrswidrig verhalten, da dies nichts Außergewöhnliches darstellt, wenn die Straße durch einen Felsrutsch verschüttet wird (RGZ **93**, 305), auch wenn dies kurz vor dem Passieren des Fahrzeugs erfolgt ist und das Kfz wegen seiner Geschwindigkeit nicht mehr bremsen konnte (*Koller,* Risikozurechnung, S. 128), wenn dicker Nebel oder Glatteis auftritt. Keine höhere Gewalt stellen ferner grundsätzlich Streiks, zumal von Leuten des Un- 7 ternehmers, dar (RGZ **110**, 209; *Staub/Koller*, vor § 373 Rz. 236; **a. A.** *Muth/Andresen/Pollnow,* KVO, § 34 Anm. 2). Trotz der Vorhersehbarkeit der Schädigung kann von höherer Gewalt auch gesprochen werden, wenn der Unternehmer der Störung auch bei Einsatz aller denkbaren Mittel ohnmächtig gegenübersteht, z. B. bei Plünderung, wenn die Polizei nicht eingreift und angesichts der Macht der Plünderer private Schutzmaßnahmen nutzlos sind (BGH, LM Nr. 1 zu § 454 HGB; *Koller,* Risikozurechnung, S. 125).

8 **c)** Auch außergewöhnliche Ereignisse, die keine typische Betriebsgefahr darstellen und unvorhersehbar waren, fallen nur dann in die Kategorie, wenn sie im Einzelfall mit **äußerster Sorgfalt** nicht abwendbar waren. Dabei ist der Begriff der äußersten Sorgfalt im Sinn des § 347 HGB zu interpretieren. Es geht zu weit, vom Unternehmer alles technisch Mögliche und wirtschaftlich Zumutbare (so *Willenberg*, KVO, § 34 Rz. 10; *Finger,* EVO, § 82 Anm. 7 ff) zu fordern, denn dies ist jedenfalls bei finanziell potenten Unternehmern nahezu unbeschränkt. Vielmehr ist es Funktion des Kriteriums ,,äußerste Sorgfalt", zu gewährleisten, daß sich der Unternehmer bei unvorhersehbaren, atypischen Risiken zumindest sorgfältig verhält. So liegt auch bei ganz außergewöhnlichen Schneestürmen kein Fall höherer Gewalt vor, wenn der Fahrer, statt das Fahrzeug anzuhalten, schuldhaft weiterfährt (abw. OLG Hamm v. 9.6.1988, TranspR **1988,** 429). **Fahrlässiges** Verhalten schließt daher immer die Annahme höherer Gewalt aus.

3. Der Straße und dem Kraftwagen eigentümliche Gefahren

9 Die Formulierung des § 34 a KVO scheint davon auszugehen, daß die der Straße und dem Kraftwagen eigentümlichen Gefahren in die Kategorie der höheren Gewalt fallen können. Setzt man bei dem objektiv verstandenen Begriff der höheren Gewalt an (Rz. 3), so sind derartige Fälle kaum denkbar; denn vorhersehbare Risiken, vor allem aber typische Risiken der unternehmerischen Tätigkeit, können nicht als Fälle höherer Gewalt qualifiziert werden. Deshalb können Bremsschäden, Reifenpannen, Schnee, Glatteis nicht als höhere Gewalt bezeichnet werden. Für § 34 I a 2. Alt. KVO bleibt somit nur ein eigenständiger Anwendungsbereich bei den unvorhersehbaren Störungen, die von außen kommen und bei denen es sich um Störungen handelt, die der Straße und dem Kfz eigentümlich sind. Zu denken ist z. B. an die besondere Gefährdung, die Kfz wegen ihrer Bauart und Geschwindigkeit durch Steinwürfe Dritter von Brücken ausgesetzt sind (**a. A.** *Muth/Andresen/Pollnow*, KVO, § 34 Anm. 2); ferner Schäden infolge Aquaplaning (vgl. § 30 a KVO), feuchtes Laub, Steinschlag, Überschwemmungen, Notwendigkeit plötzlicher Brems- oder Ausweichmanöver. In diesen Fällen haftet der Unternehmer trotz des Eingreifens höherer Gewalt (*Willenberg,* KVO, § 34 Rz. 11).

4. Beweislast

10 Der Unternehmer hat zu beweisen, daß die Voraussetzungen des § 34 a KVO erfüllt sind. Er hat entsprechend der Trennung in Haftungs- und Haftungsausschlußtatbestand (Rz. 1; *Froeb,* Beschaffenheitsschäden, S. 14) auch zu beweisen, daß keine der Straße oder dem Kfz eigentümliche Gefahr vorlag

(**a. A.** *Willenberg,* KVO, § 34 Rz. 66). Der Anscheinsbeweis genügt (vgl. OLG Köln v. 7.4.1977, VersR **1977**, 860). Der Geschädigte hat nach h. M. dagegen, falls die Voraussetzungen eines Haftungsausschlußtatbestandes erfüllt sind, zu beweisen, daß der Unternehmer oder sein Gehilfe (§ 6 KVO) *schuldhaft* gehandelt haben (BGHZ **32**, 297, 301; v. 9.11.1961, VersR **1961**, 1110, 1111; v. 3.10.1963, VersR **1963**, 1120, 1121; v. 10.1.1968, VersR **1968**, 291, 292; *Willenberg,* KVO, § 34 Rz. 75; GroßkommHGB-*Helm,* Anh. II § 452 HGB, § 34 KVO Rz. 34). Der Unternehmer hat jedoch detailliert den Schadenshergang zu schildern (vgl. Art. 29 CMR Rz. 7).

III. Krieg, Verfügungen von hoher Hand, Wegnahme oder Beschlagnahme (§ 34 I b KVO)

1. Krieg

Krieg ist ein tatsächlicher Zustand (RGZ **90**, 378). Der Schaden muß adäquat kausal durch den Krieg hervorgerufen worden sein. **11**

2. Verfügungen von hoher Hand (§ 34 I b KVO)

Alle Verwaltungsakte, Normsetzungsakte (*Willenberg,* KVO, § 34 Rz. 13; **a. A.** *Bischof,* GüKUMT, § 9 Rz. 17) staatlicher Organe, denen Folge zu leisten ist (z. B. Beförderungsverbote, Straßensperren, Durchsuchungen). Der Haftungsausschluß erfaßt sämtliche adäquat kausal verursachten Schäden. Nicht adäquat kausal verursacht ist z. B. regelmäßig ein Unfallschaden nach einer hoheitlich verordneten Verzögerung. Ausnahme von § 34 I b KVO: Dem Unternehmer ist **Verschulden** vorzuwerfen (vgl. BGHZ **32**, 194, 198 ff; **32**, 297, 301; BGH v. 9.11.1961, VersR **1961**, 1110, 1111; v. 10.1.1968, VersR **1968**, 291, 292; *Willenberg,* KVO, § 34 Rz. 3; GroßkommHGB-*Helm,* Anh. II § 452 HGB, § 34 KVO Rz. 4; *Lenz,* Straßengütertransportrecht, Rz. 608 ff). Beweislast s. Rz. 10. **12**

3. Beschlagnahme, Wegnahme (§ 34 I b KVO)

Beschlagnahme ist die vorübergehende oder endgültige Wegnahme des Guts gegen Quittung durch ein dazu berechtigtes Organ einer staatlich anerkannten Macht. Wegnahmen sind willkürliche Einziehungen. Andere widerrechtliche Maßnahmen von hoher Hand sind analog zu behandeln. Zum *Verschulden* des Unternehmers oben Rz. 12; BGH v. 4.7.1957, VersR **1957**, 570. **13**

IV. Verschulden des Verfügungsberechtigten (§ 34 I c KVO)

Zum Begriff des Verfügungsberechtigten § 27 KVO. Verschulden iSd § 34 I c KVO erfordert, daß der Absender bzw. Empfänger oder seine Erfüllungsgehilfen (z. B. der Versender) vorsätzlich oder fahrlässig (§§ 276, 278 BGB, 347 HGB) gehandelt haben. Zollbeamte oder sonstige hoheitliche Personen, die im öffentlichen Interesse liegende Maßnahmen zu treffen haben, sind keine Erfüllungsgehilfen des Verfügungsberechtigten (**a. A.** *Willenberg,* **14**

KVO, § 34 Rz. 27). Vielmehr kann in solchen Fällen § 34 I a KVO (höhere Gewalt) oder § 34 I b KVO eingreifen. Es genügt nicht, daß die Schadensursache aus der Sphäre des Verfügungsberechtigten stammt (unklar *Willenberg*, KVO, § 34 Rz. 18, 21), weil dem Verfügungsberechtigten grundsätzlich ein Betriebsrisiko nur in den gesetzlich genannten Fällen zugerechnet werden kann (z. B. § 18 III KVO). Art. 17 IV c CMR, § 83 c EVO rechnen zwar dem Absender das Risiko einer beförderungsunsicheren Verladung ohne Rücksicht auf ein Verschulden zu. Der KVO-Verordnungsgeber hat sich bei der Konzeption der KVO stark auch an der EVO orientiert. Gerade daraus, daß er die Lösung des § 83 c EVO nicht übernommen hat, muß man aber im Umkehrschluß folgern, daß er die Haftung bis zur Grenze des Verschuldens bestehen lassen wollte. Es ist nicht anzunehmen, daß dem Verordnungsgeber der Sinn des Begriffs ,,Verschulden" nicht geläufig war. Der Absender handelt z. B. schuldhaft, wenn er fahrlässig nicht beförderungssicher verlädt (§ 17 KVO Rz. 9; BGHZ **32**, 194; OLG Frankfurt v. 15.5.1979, DB **1979**, 2031) oder Stückgüter fahrlässig unzureichend kennzeichnet (§ 18 KVO Rz. 2; OLG Stuttgart v. 14.4.1954, VersR **1954**, 399) oder den Lkw unzureichend auf Sauberkeit kontrolliert (§ 14 KVO Rz. 10 f). Vom Vorwurf der Fahrlässigkeit entschuldigt der Hinweis auf Branchenüblichkeit nicht ohne weiteres; denn vielfach sind die modernen Erkenntnisse der Ladungssicherung nur unzulänglich bekannt. Der Verschuldensvorwurf kann nicht darauf gestützt werden, daß der Absender Weisungen nicht in den Frachtbrief eingetragen hatte, wenn man, wie hier, von der Gültigkeit mündlicher Vereinbarungen ausgeht (§ 11 KVO Rz. 3; **a. A.** *Bischof*, GüKUMT, § 9 Rz. 41). Zur Mitwirkung beim Be- und Entladen § 17 KVO Rz. 5, 9, 22. Vgl. ferner Art. 17 CMR Rz. 31. Trifft auch den **Unternehmer** oder dessen Gehilfen (§ 6 KVO) ein **Verschulden**, so ist § 254 BGB anzuwenden (BGHZ **32**, 297, 301; BGH v. 26.3.1962, NJW **1962**, 1059). Auch **ohne Fahrlässigkeitsvorwurf** muß sich der Geschädigte unzureichende **Verpackung** (§ 18 KVO Rz. 7) und falsche bzw. unzureichende **Frachtbriefangaben** (§ 13 KVO Rz. 2) entgegenhalten lassen (*Willenberg*, KVO, § 34 Rz. 18, 21), da der Unternehmer gemäß §§ 13, 18 III KVO von jedem Schaden freizustellen ist. § 34 I c KVO braucht daher nicht analog angewandt zu werden. Die **Beweislast** für ein Fehlverhalten und Verschulden des Verfügungsberechtigten trägt in Parallele zu § 254 BGB der Unternehmer (OLG Hamburg v. 15.2.1990, TranspR **1990,** 242). Dies ergibt sich auch daraus, daß es sich bei § 34 I c KVO um einen Haftungsausschlußtatbestand, also um eine Einwendung handelt (Rz. 1). Zu den aus einem normalen Fahrtverlauf ableitbaren Erfahrungssätzen s. § 18 KVO Rz. 8. Zum Mitverschulden des Unternehmers s. oben Rz. 10.

V. Edelmetalle etc. (§ 34 I d KVO)

15 § 34 I d KVO ist in Parallele zu § 8 II g KVO a. F. zu interpretieren, der dem Unternehmer ein Leistungsverweigerungsrecht eröffnet. Edelmetalle sind demnach Gold, Silber, Platin, Juwelen, insbesondere gefaßte oder ungefaßte Edelsteine, Perlen, Korallen; Papiergeld, auch ausländische Währung; Münzen sind analog § 34 I d KVO zu behandeln (zur Frage der Zulässigkeit einer Analogie § 30 KVO Rz. 9), zum Begriff des Wertpapiers § 429 HGB Rz. 9; Dokumente und Urkunden sind für den Einzelfall angefertigte Schriften, z. B. nicht Bücher, auch nicht der Frachtbrief und Begleitpapiere. Haben der **Unternehmer** oder seine Gehilfen (§ 6 KVO) **schuldhaft** gehandelt, so kommt der Haftungsausschluß des § 34 d KVO nicht zum Tragen (vgl. BGHZ **32**, 194, 198; **32**, 297, 301; BGH v. 9.11.1961, VersR **1961**, 1110, 1111; v. 10.1.1968, VersR **1968**, 291, 292; *Willenberg*, KVO, § 34 Rz. 36; *Lenz*, Straßengütertransportrecht, Rz. 614; **a. A.** GroßkommHGB-*Helm*, Anh. II § 452 HGB, § 34 KVO Rz. 15; *Muth/Andresen/Pollnow*, KVO, § 34 Anm. 4; *Züchner*, VersR **1964**, 696, 698). Ein Haftungsausschluß kommt nur dort gemäß § 254 II 1 BGB unter Berücksichtigung der Wertung des § 429 II HGB in Betracht, wo der Absender den Unternehmer nicht auf die besondere Art des Gutes aufmerksam gemacht hat. Zur **Beweislast** oben Rz. 10.

VI. Kunstsachen etc. (§ 34 I e KVO)

Auch § 34 I e KVO ist in Parallele zu § 8 II g KVO a. F. auszulegen. **16**
Kunstsachen sind Kunstgegenstände iSd § 429 II HGB. Güter mit Sonderwert sind Kostbarkeiten iSd § 429 II HGB, nicht aber alle besonders wertvollen Güter (**a. A.** *Willenberg*, KVO, § 34 Rz. 38; unklar *Muth/Andresen/Pollnow*, KVO, § 34 Anm. 4: Wert über DM 2500.–). Bei Kostbarkeiten ist die Haftung total ausgeschlossen, wenn der Wert des einzelnen Gegenstandes den Betrag von DM 2500,– übersteigt. **Zum Verschulden des Unternehmers** oben Rz. 15. **Beweislast** s. oben Rz. 10.

VII. Körperschäden (§ 34 I f KVO)

§ 34 I f KVO schließt die vertragliche Haftung für Körperschäden aus. In **17**
Betracht kommt dabei eine verschuldensunabhängige Haftung gemäß § 31 I a, b KVO, wenn Körperschäden als Folgeschäden eintreten, und eine Haftung gemäß § 31 I c KVO (z. B. beim Beladen). Legt man das allgemeine Prinzip zugrunde, daß die Haftungsausschlüsse des § 34 KVO bei **Verschulden des Unternehmers** oder dessen Gehilfen (§ 6 KVO) nicht zum Tragen kommen (s. oben Rz. 12, 15), so schließt § 34 I f KVO nur die Haftung für Folgeschäden in den Fällen des § 31 I a, b KVO aus (**a. A.** GroßkommHGB-*Helm,* Anh. II § 452 HGB, § 34 KVO Rz. 16; Lenz, Straßengütertransportrecht, Rz. 621). Der Unternehmer kann außerdem gemäß §§ 7 StVG, 823 ff BGB haften. **Beweislast** s. oben Rz. 10.

VIII. Umzugsgut (§ 34 I g KVO)

§ 34 I g KVO ist durch die GüKUMT obsolet geworden. Transportiert der **18**
Unternehmer einzelne gebrauchte Möbel, so greift § 34 I g KVO ebenfalls nicht ein, da dann kein Umzugsgut vorliegt (§ 37 GüKG). Eine analoge Anwendung ist ausgeschlossen, da § 34 I g KVO auf die besonderen Verhältnisse des Umzugsverkehrs zugeschnitten ist (GroßkommHGB-Helm, Anh. II

§ 452 HGB, § 34 KVO Rz. 17; **a. A.** *Willenberg,* KVO, § 34 Rz. 44). Zum Bruch von Glas und Porzellan vgl. § 30 e KVO; zu Scheuer- und Schrammschäden § 30 c S. 2 KVO, sowie zu Verpackungsmängeln § 18 KVO.

IX. Emaille-Absplitterungen (§ 34 I h KVO)

19 § 34 I h KVO schließt die Haftung für Emaille-Absplitterungen auch bei ordnungsgemäß verpackten Gütern (§ 18 KVO) aus, weil der Gesetzgeber offensichtlich davon ausging, daß Emaille besonders leicht Schäden erleiden kann und diese Schäden besonders schlecht reparabel sind (*Froeb,* Beschaffenheitsschäden, S. 102). **Ausnahme**: Transportmittel- und Betriebsunfälle (Rz. 27). Eine Analogie zu Emaille-Absplitterungen ist daher nur dort zulässig, wo ähnliche Absplitterungsgefahren bestehen (zum Problem der Analogiefähigkeit § 30 KVO Rz. 9).

Zum **Verschulden des Unternehmers** oder seiner Gehilfen (§ 6 KVO) s. oben Rz. 12; zur **Beweislast** Rz. 10.

X. Fehlmengen und Gewichtsverluste (§ 34 I i KVO)

20 § 34 I i KVO geht über § 30 b 2. Alt., f KVO, die lediglich Franchisen gewähren, hinaus. § 34 I i KVO spricht ganz allgemein von Fehlmengen und Gewichtsverlusten. *Willenberg* (KVO, § 34 Rz. 46) will hingegen in Parallele zu § 84 EVO den Haftungsausschluß nur auf gewöhnliche Gewichtsverluste beziehen. Dabei wird nicht berücksichtigt, daß § 34 I i KVO im Fall des Transportmittel- oder Betriebsunfalls (Rz. 27) nicht zum Tragen kommt. Die KVO trennt somit in Parallele zu § 34 I k, l KVO die dem Absender und die dem Unternehmer zurechenbaren Verluste mit Hilfe des Kriteriums des Transportmittel- oder Betriebsunfalls. Der Unternehmer haftet somit nicht für Fehlmengen oder Gewichtsverluste, wenn und soweit das Gut aufgrund seiner natürlichen Beschaffenheit trotz ordentlicher Verpackung (§ 18 KVO) bei einem ohne Unfall durchgeführten Transport zu Fehlmengen oder Gewichtsverlusten neigt (z. B. infolge Austrocknens, Verstreuens; Rinnverluste). Eine Ausnahme gilt gemäß § 30 b 2. Alt., f KVO für Schäden durch gewöhnliche Rinnverluste beim Transport in Kannen, Kanistern, Fässern und Flaschen in Kisten sowie durch Verlust von Massengütern, da § 30 b 2. Alt., f KVO ausdrücklich eine Haftung anordnet (*Froeb,* Beschaffenheitsschäden, S. 132). § 30 f KVO ist auf Tankwagen analog anzuwenden (§ 30 KVO Rz. 9). Zum **Verschulden des Unternehmers** und seiner Gehilfen (§ 6 KVO) Rz. 12, 15; zur **Beweislast** Rz. 10.

XI. Innerer Verderb, Bombieren (§ 34 I k KVO)

1. Allgemeines

21 Innerer Verderb ist eine Substanzverschlechterung, die aus den besonderen natürlichen Eigenschaften des Gutes resultiert, die die nächste Ursache für das Verderben des Gutes sind (BGH, NJW **1965,** 1594). Die natürliche Beschaffenheit des Gutes muß zwar nicht die einzige Schadensursache sein. Es muß aber die natürliche Eigenschaft des Gutes Ursache des Verderbs gewesen sein. Dies ist auch dann der Fall, wenn eine von außen gesetzte Ursache die in der Beschaffenheit des Gutes liegende Ursache wirksam werden läßt oder verstärkt (BGH, NJW **1965,** 1594, 1595; v. 10.1.1968, VersR **1968,** 291). Dabei kommt es nicht darauf an, ob die Beschaffenheit die „nächste", „letzte", „primäre" bzw „überwiegende" Ursache war (*Froeb,* Beschaffenheitsschäden, S. 90), jedoch darauf, ob im Gut liegende Eigenschaften „aktiv" geworden sind (*Froeb,* aaO, S. 91). Der innere Verderb muß nicht zur Genußuntauglichkeit geführt haben (*Froeb,* aaO, S. 88).

Nach ständiger Rechtsprechung des BGH setzt die Annahme inneren Verderbs darüber hinaus voraus, daß der innere Verderb unter Verhältnissen eintritt, denen ein Gut unter den für ein Gut dieser Art normalen Transportverhältnissen gewöhnlich ausgesetzt ist (BGH, NJW **1965,** 1594, 1595; v. 10.1.1968, VersR **1968,** 291; v. 14.6.1976, DB **1976,** 2013, 2014). Der BGH leitet diese Voraussetzung aus der Annahme ab, daß der Unternehmer für die in seinem Einwirkungs- und Gefahrenbereich liegenden Störungen einzustehen habe (BGH, NJW **1960,** 1617, 1618; **1965,** 1594; v. 12.5.1960, VersR **1960,** 627, 628; Lenz, Straßengütertransportrecht, Rz. 639). Da der Unternehmer besser als der Absender dafür sorgen kann, daß die normalerweise nach der Vereinbarung zu erwartenden Transportverhältnisse gewahrt sind und andererseits der Absender besser dafür sorgen kann, daß sein schadensgeneigtes Gut den normalen Transportbedingungen angepaßt wird, entspricht diese Abgrenzung den allgemeinen Prinzipien der Zurechnung von Risiken kraft abstrakter Beherrschbarkeit (*Koller,* Risikozurechnung, S. 130ff; *Froeb,* Beschaffenheitsschäden, S. 60, 93).

Der BGH hat jedoch bei seiner Trennung der Verantwortungssphären zu wenig berücksichtigt, daß § 34 II KVO den Unternehmer im Fall von *Transportmittelunfällen und Betriebsunfällen* der vollen Haftung des § 29 KVO unterwirft. Derartige Unfälle gehören nun sicher nicht zum normalen Transportablauf. Daraus, daß der Gesetzgeber anders als bei § 83 EVO (vgl. BGH v. 14.6.1976, DB **1976,** 2013) eine volle Haftung gerade für diese Unfälle statuiert hat, muß man im Umkehrschluß folgern, daß bei reinen Betriebsstörungen (unten Rz. 29) der Haftungsausschluß des § 34 I k KVO grundsätzlich zum Tragen kommen soll. Betriebsstörungen gehören mit anderen Worten zum normalen Transportverlauf. Betriebsstörungen sind dadurch gekennzeichnet, daß die Störung nicht unmittelbar, sondern mittelbar den Schaden verursacht (Rz. 29). Mittelbare Folgen einer Störung sind bedeutend schlechter zu übersehen als unmittelbare Folgen, zumal dort, wo das Gut kraft seiner natürlichen Eigenschaften eine Anlage zur Reaktion auf die es umgebenden Einflüsse aufweist. Wenn der Gesetzgeber den Unternehmer von derartigen mittelbaren Schäden freigestellt hat, so geschah dies wohl deshalb, weil er das Schadensrisiko angesichts der Vielfältigkeit der denkbaren mittelbaren Schadensquellen für typischerweise unübersehbar und unkalkulierbar hielt. Dem ist bei der Auslegung des § 34 I k KVO und des § 34 II KVO Rechnung zu tragen.

2. Verschulden des Unternehmers

22 Der Unternehmer darf sich auf § 34 I k KVO nicht berufen, wenn er den Schaden schuldhaft verursacht hat (BGHZ **32,** 297, 301; BGH v. 10.1.1968, VersR **1968,** 291, 292). Das Verschulden kann darauf beruhen, daß vorsätzlich oder fahrlässig die Obhut über das Gut vernachlässigt wurde, eine Betriebsstörung (Rz. 29) verschuldet oder verzögert behoben wurde oder der Unternehmer dem Absender bzw. Empfänger (§ 27 KVO) nicht rechtzeitig die zur Schadensverhütung notwendigen Informationen zukommen ließ (BGH v. 10.1.1968, VersR **1968,** 291, 292; *Roesch,* ZfVersWesen **1983,** 223). Im Fall des Mitverschuldens des Verfügungsberechtigten (§ 27 KVO) oder seiner Erfüllungsgehilfen greift § 254 BGB ein (vgl. § 34 KVO Rz. 14). Zur **Beweislast** Rz. 10.

3. Einzelheiten

23 **a)** Bombieren, d. h. Hervorwölben von Blechdosendeckeln wegen Zersetzung des Inhalts, stellt in der Regel einen klaren Fall inneren Verderbs dar. Ferner kann innerer Verderb vorliegen beim Verderb von Gemüse (BGHZ **32,** 297), von Fleisch (BGH v. 10.1.1968, VersR **1968,** 291), von Fisch (OLG Stuttgart v. 28.11.1951, VersR **1952,** 147), bei Ungezieferbefall, wenn Ungeziefer Teil des Guts war (*Froeb,* aaO, S. 106), beim Feuchtwerden von Salz (hygroskopische Eigenschaften), beim Auftauen von Tiefkühlware (auch § 34 KVO Rz. 24), beim Oxydieren (Rosten) von Metallen (BGHZ **31,** 183; *Froeb,* aaO, S. 100 ff), nicht aber bei Annahme von Gerüchen, bei denen nur ein Haftungsausschluß gemäß §§ 18 III, 34 I c KVO in Betracht kommt (*Froeb,* aaO, S. 92, 103 ff).

b) Dieser Verderb fällt in den Risikobereich des Unternehmers, wenn er Folge eines **Transportmittelunfalls** oder unmittelbare Folge einer **Abweichung vom normalen Betriebsverlauf** ist (unten Rz. 27, 29). Dies ist z. B. dort zu bejahen, wo die Wärme des Motors zum Verderb des Gutes führt oder wo die vertragsgemäße Kühlung ausfällt und das Gut auftaut (BGH, NJW **1965,** 1594).

c) Der Verderb fällt dagegen in den Risikobereich des Absenders bzw. Empfängers, falls das Gut **vertragsgemäß mit geeigneten Fahrzeugen** (§ 14 KVO Rz. 7) befördert wird. Dies gilt auch dann, wenn der Unternehmer die Lieferfristen (§ 26 KVO) voll ausnutzt (BGH v. 12.5.1960, VersR **1960,** 627, 629; v. 10.1.1968, VersR **1968,** 291, 292), obwohl er die Beförderung hätte schneller durchführen können. Dabei ist zu beachten, daß eine unverschuldete Betriebsstörung zu einer Verlängerung der Lieferfrist führt (§ 26 IV d KVO). Der Unternehmer haftet auch nicht bei Schäden infolge sonstiger unverschuldeter Betriebsstörungen (Rz. 29).

d) Beweislast s. Rz. 10.

XII. Frost, Hitze (§ 34 I l KVO)

24 § 34 I l KVO stellt einen Unterfall des § 34 I k KVO dar (**a. A.** *Willenberg,* KVO, § 34 Rz. 54); denn Kälte oder Wärme wird sich nur dann auf das Gut

schädigend auswirken, wenn die natürlichen Eigenschaften des Gutes bei Zufuhr von Wärme bzw. Kälte zum Verderb des Gutes führen. Fraglich ist allenfalls, ob § 34 I l KVO auch dann anzuwenden ist, wenn Frost oder Hitze auf das Beförderungsmittel oder auf den Beförderungsweg eingewirkt haben und es deshalb zu Güterschäden bzw. Lieferverzögerungen gekommen ist. Diese Frage ist zu verneinen. Unverschuldete Frost- oder Hitzeeinwirkungen können nicht zu Lieferverzögerungen führen, da immer § 26 IV d KVO eingreifen wird. Wird durch Hitze oder Frost das Beförderungsmittel oder der Beförderungsweg beeinträchtigt und dadurch das Gut geschädigt, so werden in der Regel Transportmittel- oder Betriebsunfälle (§ 34 II KVO) vorliegen (Rz. 27 ff). Dort, wo die Hitze bzw. Kälte mittelbar zu Güterschäden führt, müssen auch die Voraussetzungen inneren Verderbs vorliegen. Eine Anwendung des § 34 I l KVO ist nämlich nur dann sachgerecht, wenn der Schaden hitze- oder kältespezifisch ist. § 34 I l KVO kann daher z. B. nicht herangezogen werden, wenn das Kfz im Schnee steckenbleibt, der Fahrer Hilfe holen geht und inzwischen Güter gestohlen werden. Es sind daher auf

den § 34 I l KVO die **Grundsätze des § 34 I k KVO** (oben Rz. 21 ff) **anzuwenden.** Der Haftungsausschluß des § 34 I l KVO kommt somit nicht zum Tragen, wenn die Beförderung mit einem Isothermfahrzeug mit Kühlung vereinbart ist und das Gut verdirbt, weil die Kühlung ausfällt (BGH, NJW **1965,** 1594). Anders ist die Situation, wenn die vertragsgemäße Kühlleistung geliefert wird, das Gut aber nicht ausreichend vorgekühlt ist. Dagegen kann es nicht Obliegenheit des Absenders sein, zu prüfen, ob das Kühlaggregat in der Lage ist, die gewünschten Temperaturen zu halten oder zu erreichen (**a. A.** *Willenberg,* KVO, § 34 Rz. 57). Zum Verschulden des Unternehmers oben Rz. 12, 15; zur Beweislast Rz. 10. 25

XIII. Selbstentzündliche, explosionsgefährliche Güter (§ 34 I n KVO)

§ 34 I n KVO knüpft ähnlich dem § 34 I k (innerer Verderb), l (Frost, Hitze) KVO an die besondere Empfindlichkeit bestimmter Güter an. Es gelten daher die dort dargelegten Regeln (Rz. 21 ff). *Beispiele* explosionsgefährlicher Güter waren in dem nicht mehr geltenden § 8 II a KVO genannt, nämlich Sprengstoffe, Munition, Zündwaren, Feuerwerkskörper, verdichtete, verflüssigte Gase, Stoffe, die in Berührung mit Wasser entzündliche oder die Verbrennung fördernde Stoffe entwickeln. Die bloße leichte Entzündbarkeit genügt nicht (*Froeb,* Beschaffenheitsschäden, S. 107). Der Wegfall des § 8 KVO hat an der Rechtslage nichts geändert. Diese Beispiele sind nicht erschöpfend. Güter, die in ähnlicher Weise wie die aufgeführten Güter zur Explosion neigen, werden ebenfalls von § 34 I n KVO erfaßt. Der Haftungsausschluß greift nur ein, soweit der Schaden an den gefährlichen Gütern selbst entstanden ist. Für Schäden an anderen Gütern wird unbeschränkt gehaftet. Der Unternehmer haftet voll, wenn ihn ein **Verschulden** trifft (oben Rz. 10), oder ein Fall des § 34 II KVO vorliegt. Zur **Beweislast** Rz. 10. Vgl. auch *§ 13 KVO.* 26

XIV. Transportmittel-, Betriebsunfälle (§ 34 II KVO)

27 Die Haftungsausschlüsse und -einschränkungen bei Emaille-Absplitterungen (§ 34 I h KVO), bei Fehlmengen und Gewichtsverlusten (§ 34 I i KVO), bei innerem Verderb (§ 34 I k KVO), bei Hitze- und Frostschäden (§ 34 I l KVO), bei Schäden an Tieren (§ 34 I m KVO) und an selbstentzündlichen bzw. explosionsgefährlichen Gütern, außerdem bei Bruchschäden (§ 30 KVO) kommen nicht zum Tragen, wenn der Schaden zwar ohne Verschulden des Unternehmers (dazu oben Rz. 10), aber aufgrund eines Transportmittel- bzw. Betriebsunfalls entstanden ist. Die Begriffe „Transportmittel- und Betriebsunfälle" werden in § 29 KVO zum Teil legaldefiniert.

28 Der Begriff **Transportmittelunfall** dürfte der Transportversicherung entnommen sein. Danach liegt ein Transportmittelunfall vor, wenn von außen plötzlich auf das Transportmittel eingewirkt worden ist (*Prölss/Martin,* VVG (23. Aufl.), § 180 a Anm. 1 a; OGH Wien v. 20.6.1984, VersR **1986,** 274, 275). Die gleiche Ansicht wird zum Begriff des Transportmittelunfalls im Bereich der KVO vertreten (BGH, NJW **1962,** 1059; GroßkommHGB-*Helm,* Anh. II § 452 HGB, § 29 KVO Rz. 10; *Willenberg,* KVO, § 29 KVO Rz. 23; *Muth/Andresen/Pollnow,* KVO, § 29 Anm. 1). Ein derartiger Unfall liegt immer dann vor, wenn das Transportmittel gegen einen anderen Gegenstand prallt, auch wenn der Schaden zeitlich zuerst an dem Gut und erst dann an dem Fahrzeug entstanden ist. Deshalb stellt das Umkippen eines Fahrzeugs wegen falscher Beladung einen Transportmittelunfall dar, ebenso wegen Achsbruch (das verkennt *Muth/Andresen/Pollnow,* KVO, § 29 Anm. 1), nicht aber ein Ausweichmanöver, bei dem das Fahrzeug unbeschädigt geblieben ist (OGH Wien v. 20.6.1984, VersR **1986,** 274, 275), weil hier Schäden vorgetäuscht werden können. Es sind auch die durch Transportmittelunfälle mittelbar verursachten Schäden zu ersetzen (BGH v. 10.2.1983, VersR **1983,** 629).

29 Der Begriff **Betriebsunfall** wird trotz der Legaldefinition in § 29 KVO verbreitet in Parallele zum Begriff des Transportmittelunfalls interpretiert. So fordert der BGH (v. 12.5.1960, VersR **1960,** 627, 628; ebenso i. E. BGH, NJW **1965,** 1593, 1594) in einem obiter dictum, daß der Betriebsunfall plötzlich mit mechanischer Gewalt wirksam geworden sein muß (ebenso GroßkommHGB-*Helm,* Anh. II § 452 HGB, § 29 KVO Rz. 10; *Willenberg,* KVO, § 29 Rz. 26; *Muth/Andresen/Pollnow,* KVO, § 29 Anm. 1). Der BGH leitet seine Ansicht aus dem allgemeinen Unfallbegriff her. Einen derartigen allgemeinen Unfallbegriff gibt es jedoch nicht. So liegen Unfälle im Sinn des Versicherungsrechts zum Teil nur vor, wenn die Schadensursache von außen kommt; zum Teil ist dies nicht erforderlich (*Prölss/Martin* , VVG (23. Aufl.), nach § 158 k, § 12 AKB Anm. 6; § 180 a VVG Anm. 1 a). Gleiches gilt für die mechanische Gewalt (z. B. Sinken eines Schiffes ist Unfall: *Prölss/Martin,* aaO, § 180a Anm. 1 a). Das Kriterium der „Plötzlichkeit" ist weitgehend sinnentleert, wenn der Schaden nicht plötzlich entstanden sein muß und auch allmähliches Geschehen genügt, sofern die Folgen unerwartet waren (*Prölss/Martin,* aaO, nach § 158 k, § 12 AKB Anm. 6). Es kommt daher nicht von ungefähr, daß § 29 KVO den vagen Begriff des Betriebsunfalls selbst definiert. Diese Legaldefinition, nicht der Begriff des Unfalls muß Ansatzpunkt für die Interpretation des Begriffs sein. *Betriebsunfall* ist demnach ein

nicht vertragskonformer Betriebsvorgang, der unmittelbar einen Schaden am Gut verursacht (ebenso *Lenz,* Straßengütertransportrecht, Rz. 531 f). Der Schaden braucht weder plötzlich entstanden zu sein, noch braucht er auf mechanischer Gewalt zu beruhen. Nun gehört sicherlich die Abgrenzung von „unmittelbar" und „mittelbar" ganz allgemein zu den schwierigsten Rechtsfragen. Man ist in der Regel zu Recht der Auffassung, daß es nicht auf die Länge der Kausalkette, sondern auf eine wertende Entscheidung ankommt (vgl. BGH, NJW **1986,** 2307). Im Rahmen des § 30 e KVO und § 34 II KVO ist zu berücksichtigen, daß offensichtlich die Haftung für entfernte Folgen von Betriebsstörungen aller Art ausgeschlossen bzw. eingeschränkt werden soll, weil der Unternehmer entfernte Folgen von Betriebsstörungen auf Güter, deren Eigenschaften er typischerweise nicht oder nur unzureichend kennt und die typischerweise besonders empfindlich sind, nicht hinreichend vorhersehen und kalkulieren kann. Von diesem Standpunkt aus liegt ein Betriebsunfall vor, wenn der Schaden eng mit der Betriebsstörung im Sinn einer Abweichung vom vertragsgemäßen Transportablauf verbunden ist, d. h., angesichts des konkreten Typs der Betriebsstörung äußerst naheliegt bzw. als „nächste" Ursache anzusehen ist. Eine bloße einfache Betriebsstörung ist hingegen dann gegeben, wenn der Schaden erst infolge des Hinzutretens weiterer wesentlicher Schadensursachen entsteht. Nicht erforderlich ist für die Annahme eines Betriebsunfalls, daß der Schaden mit der Fortbewegung des Kfz in Zusammenhang steht (**a. A.** *Willenberg,* KVO, § 29 Rz. 26). Es genügt daher, daß der Schaden beim Be- oder Entladen (§ 17 KVO) entsteht, z. B. wenn der ladepflichtige Unternehmer das Gut beim Laden fallen läßt, wenn der Wagen mit dem Gut bei der Reparatur umkippt. Dagegen liegt nie ein Betriebsunfall vor, wenn der Schaden bei der Lagerung entsteht (§ 33 KVO).

Einzelfälle: Betriebsunfall: Das Fallenlassen von Gütern beim Be- und 30
Entladen, die unmittelbare Einwirkung der atypisch hohen Motorwärme auf das Gut, Brand des Fahrzeugs.

Kein Betriebsunfall, d. h. einfache Betriebsstörung: Kfz bleibt wegen Motorstörung liegen und wegen der Verzögerung des Weitertransports können sich andere Schadensursachen auf das Gut auswirken (z. B. Wärme, BGH, NJW **1965,** 1593, 1594; v. 12.5.1960, VersR **1960,** 627). Zwar liegt hier ex post die Schädigung des Gutes nahe. Ex ante kann der Unternehmer jedoch nicht übersehen, wie lange die Behebung der Betriebsstörung dauern wird und mit welcher Intensität die anderen Schadensursachen je nach Dauer der Betriebsstörung auf das Gut einwirken. Gleiches gilt für die Erschütterung beim Transport, sofern dies die Folge des normalen Transportvorganges ist.

Beweislast: Der Unternehmer hat nach den für die positive Forderungs- 31
verletzung geltenden Regeln (*Palandt/Heinrichs,* § 282 Anm. 2) zu beweisen, daß der Schaden nicht durch einen Transportmittel- bzw. Betriebsunfall hervorgerufen worden ist; denn diese Unfälle entstehen in der Sphäre des Unternehmers. Aus der Formulierung des § 34 II KVO kann nicht zwingend eine Beweislastumkehr abgeleitet werden, da § 34 II KVO lediglich redaktionstechnisch die Einschränkung des § 34 I g–n KVO vor die Klammer zieht (**a. A.** *Willenberg,* KVO, § 34 Rz. 76). Jedenfalls trifft den Unternehmer eine Darlegungslast (vgl. Art. 29 CMR Rz. 7).

§ 35 KVO [Ersatzpflichtiger Wert]

(1) **Als Ersatzwert gilt bei den einzelnen Gütern der vom Verfügungsberechtigten nachzuweisende Fakturenwert zuzüglich aller Spesen und Kosten bis zum Bestimmungsort und zuzüglich des nachzuweisenden entgangenen Gewinnes bis höchstens 10 v. H. des Fakturenwertes. Vom Ersatzwert sind die durch den Schadensfall etwa ersparten Kosten abzusetzen.**

(2) **Bei Gütern, die keinen Fakturenwert haben oder nicht Handelsgut sind, soll im Schadensfall bei Meinungsverschiedenheiten über den Ersatzwert der Zeitwert (auch „gemeiner Wert") durch Sachverständigenverfahren ermittelt werden.**

(3) **Bei teilweiser Beschädigung einer Sendung wird der Schadensersatz nur für den beschädigten Teil in Höhe des festgestellten Minderwertes geleistet, der im Nichteinigungsfalle durch Sachverständigenverfahren zu ermitteln ist. Die Errechnung des Minderwertes hat auf Grund des tatsächlichen Schadens zu erfolgen. Dem Unternehmer steht es frei, beschädigte Güter, sofern sie nicht gemäß behördlicher Weisung vernichtet werden müssen, gegen volle Ersatzleistung zu übernehmen. Eine Verpflichtung zur Übernahme besteht jedoch nicht.**

(4) **Insgesamt werden je Kilogramm des in Verlust geratenen oder beschädigten Rohgewichts nicht mehr als 80 DM erstattet.**

Literatur: siehe vor § 1 KVO.

I. Allgemeines

1 § 35 KVO enthält in Abweichung von den §§ 249 ff BGB Regeln, anhand derer die Höhe der Entschädigung im Fall eines Anspruchs aus §§ 29, 33 KVO zu berechnen ist (zur ratio BGH v. 4.11.1955, VersR **1955,** 756). Neben den Ansprüchen aus § 35 KVO kann der Geschädigte innerhalb der Grenzen des § 36 KVO gemäß § 32 KVO zusätzliche Ersatzforderungen wegen Aufwendungen bei der **Schadensabwehr** bzw. **-minderung** geltend machen. § 35 KVO eröffnet nur Ansprüche auf **Geldersatz.** § 249 S. 1 BGB ist nicht (analog) anwendbar (BGH v. 27.4.1967, VersR **1967,** 897, 898). § 35 KVO gilt auch im Fall der **vorsätzlichen oder grob fahrlässigen Schädigung.** § 276 II BGB steht dem nicht entgegen (OLG Düsseldorf v. 29.11.1990, TranspR **1991,** 75, 76), da § 35 KVO lex specialis ist (zutreffend GroßkommHGB-*Helm,* Anh. II § 452 HGB, § 35 KVO Rz. 2; **a. A.** *Willenberg,* KVO, § 35 Rz. 2). Da keine Lücke vorliegt, ist auch § 430 III HGB nicht analog heranzuziehen (**a. A.** GroßkommHGB-*Helm,* aaO, Rz. 2; *Lenz,* Straßengütertransportrecht, Rz. 713). Der Unternehmer haftet allerdings bei vorsätzlicher Schädigung zwingend (§ 26 GüKG) unbeschränkt aus §§ 823, 826 BGB. Auch bei bloß fahrlässigen Schädigungen gelten die Haftungsschranken des § 35 KVO nicht, soweit der Anspruch auf die §§ 823 ff BGB gestützt wird (§ 29 KVO Rz. 10).

II. Totalverlust bzw. Totalbeschädigung des Guts

2 Zu *Verlust* und § 429 HGB Rz. 3; zur *Beschädigung* § 429 HGB Rz. 3. Das Gut ist total in Verlust geraten, wenn sämtliche Gegenstände der Sendung (§ 20 I KVO) verlorengegangen sind oder technisch bzw. wirtschaftlich völlig unbrauchbar geworden sind, so daß nach objektiven fachmännischen Maßstäben eine Reparatur oder Aufarbeitung unmöglich ist oder die Reparaturkosten im Zeitpunkt des Schadensausgleichs höher als der Ersatzwert sind (BGH v. 27.4.1967, VersR **1967,** 897; OLG Hamburg v. 17.11.1983, TranspR **1984,** 9). Die Entschädigung stößt auf *zwei Schranken,* den Ersatzwert und den absoluten Höchstbetrag (§ 35 IV KVO); die niedrigste Schranke ist maßgeblich.

1. Ersatzwert

3 **a) Fakturenwert**. Fakturenwert ist der Rechnungsbetrag für Handelsgut (arg. e § 35 II KVO (unten Rz. 5); BGH v. 4.11.1955, VersR **1955,** 756; v. 28.2.1975, VersR **1975,** 658, 659), den die vom Lieferanten an den Endempfänger ausgestellte Rechnung ausweist (Einkaufspreis; BGH v. 4.11.1955, VersR **1955,** 756). Maßgebend ist das konkrete, der Beförderung zugrunde liegende Umsatzgeschäft (BGH v. 6.7.1989, TranspR **1990**, 58, 60). Ist der Absender der Verkäufer und der Empfänger der Käufer des Guts, so kommt es auf die Rechnung des Absenders an. Dies gilt auch dann, wenn der Empfänger das Gut bereits weiterverkauft hatte. Gleiches gilt in Fällen, in denen der Empfänger des Guts auch Absender ist (Fall des „*ab-Werk"-Kaufvertrages*). Ist das Gut im *Streckengeschäft* an einen Dritten weiterverkauft worden und hat der Erstverkäufer oder Zweitverkäufer den Unternehmer beauftragt, das Gut zu dem Dritten zu transportieren, so ist die dem Dritten ausgestellte Rechnung maßgeblich; denn der Dritte ist Endempfänger, und dem Transport liegt das Austauschgeschäft mit dem Dritten zugrunde (BGH v. 6.7.1989, TranspR **1990**, 58, 60; OLG Hamburg v. 7.1.1988, TranspR **1988,** 193, 195; einschränkend *Willenberg,* KVO, § 35 Rz. 8; **a. A.** GroßkommHGB-*Helm,* Anh. II § 452 HGB, § 35 Rz. 5). Auf die Person des Geschädigten kommt es nicht an, da § 35 I KVO in Parallele zu § 430 I HGB formalisiert den Wert am Versandort im Auge hat. Dies ergibt sich aus der Spesen- und Kostenregelung (näher dazu Art. 23 CMR Rz. 10; Koller, VersR **1989,** 2, 6 ff; die zu Art. 23 IV CMR entwickelten Regeln gelten auch hier, da sich § 35 KVO – wie die ganze KVO – am Vorbild des Eisenbahnrechts orientiert). Der in der Rechnung enthaltene *Gewinn* des Lieferanten ist daher immer zu ersetzen. Dies gilt auch dann, wenn der Dritte erst durch nachträgliche Weisung (§ 27 KVO) als Empfänger bestimmt worden ist (**a. A.** *Willenberg,* KVO, § 35 Rz. 9). Allerdings muß die Weisung vor der Nachricht über den Schadensfall ergangen sein.

Liegt **dem Transport kein Kaufvertrag zugrunde** (Versendung zwischen Filialen zum Auslieferungslager des Absenders, Versendung anläßlich einer Miete, Versendung zur Reparatur, Versendung aufgrund einer (gemischten) Schenkung), so besteht *kein Fakturenwert* (BGH v. 4.11.1955, VersR **1955,** 756, 757; GroßkommHGB-*Helm,* Anh. II § 452 HGB, § 35 KVO Rz. 5; **a. A.**

Willenberg, KVO, § 35 Rz. 9). Kein Fakturenwert existiert auch dort, wo Güter im Auftrag des Herstellers zu einem *Handelsvertreter* oder *Kommissionär* befördert werden sollen, auch wenn der Hersteller die Verkaufspreise festgelegt hat, weil es darauf ankommt, zu welchem Preis der Empfänger das Gut erworben hat. Kommissionär und Handelsvertreter sind nicht Erwerber des Guts (BGH v. 4.11.1955, VersR **1955**, 756).

4 Ist ein **Fakturenwert feststellbar,** so kann der Geschädigte – vorbehaltlich des § 35 IV KVO – **nur Ersatz dieses Werts zuzüglich der Spesen und Kosten** bis zum Bestimmungsort sowie des nachgewiesenen **entgangenen Gewinns** bis zu 10% des Fakturenwerts fordern (vgl. § 18 AGNB Rz. 1). **Darüber hinausgehende Forderungen** stehen ihm auch dann nicht zu, wenn die Herstellungskosten oder der Wiederbeschaffungswert (BGH v. 28.2.1975, VersR **1975**, 658, 659) oder der Marktwert höher sind (OLG Düsseldorf v. 12.1.1984, TranspR **1984**, 106).

Fakturenwert ist der **tatsächlich zu zahlende Preis.** Die Mehrwertsteuer ist nur abzuziehen, wenn der Empfänger vorsteuerabzugsberechtigt ist (so jetzt die h. M.; *Willenberg,* KVO, § 35 Rz. 10). Skonti sind dagegen nicht zu berücksichtigen. Zu den **Spesen und Kosten** (§ 35 I 1 KVO) sind Fracht, Lagerkosten, Versicherungsprämien, Steuern (OLG Hamburg v. 13.7.1950, VersR **1950**, 165) zu zählen, außer solchen, die durch den Verlust des Gutes fällig werden (OLG Düsseldorf v. 12.1.1984, TranspR **1984**, 106; GroßkommHGB-*Helm,* Anh. II § 452 HGB, § 35 KVO Rz. 8; *Willenberg,* KVO, § 35 Rz. 23). Die Kosten des Schadensnachweises iSd § 37 II KVO sind in Parallele zur Interpretation des Art. 23 IV CMR (dort Rz. 10) nicht im Rahmen des § 35 KVO, sondern des § 32 KVO zu berücksichtigen (**a. A.** BGH v. 13.12.1968, VersR **1969**, 228, 230). Bei subventionierten Exportgeschäften setzt sich der Fakturenwert aus dem Exportpreis und der Ausfuhrsubvention zusammen (BGH v. 6.7.1989, TranspR **1990**, 58, 60). Nicht ersatzfähig sind solche Kosten, denen, wie im Fall der Frankolieferung, bereits im Fakturenwert Rechnung getragen ist (OLG Hamburg v. 13.7.1950, VersR **1950**, 165). Andererseits ist der **entgangene Gewinn** (§ 252 BGB) des materiell Geschädigten bis zu 10% des Fakturenwerts zu ersetzen. Der Gewinnentgang ist nachzuweisen (vgl. § 252 BGB). Eine abstrakte Schadensberechnung scheidet insoweit aus. Abzuziehen sind nach den allgemeinen Grundsätzen der Vorteilsausgleichung **ersparte Kosten** (§ 35 I 2 KVO). Ersparte Kosten sind nur variable Kosten, nicht anteilige Fixkosten, da bei ihnen eine willkürfreie Zuordnung nicht möglich ist. Keine Kostenersparnis resultiert aus dem Umstand, daß der Vertragspartner (Hauptfrachtführer) selbst nur niedriger haftet (z. B. nach CMR); denn der Hauptfrachtführer kann den Schaden im Weg der Drittschadensliquidation geltend machen (OLG Frankfurt, TranspR **1982**, 150).

5 **b) Handelsgüter ohne Fakturenwert (§ 35 II KVO).** Zum Fakturenwert Rz. 3. Handelsgüter sind Güter, die üblicherweise an Dritte veräußert werden und daher einen Marktpreis (gemeinen Handelswert iSd § 430 I HGB) besitzen. Die Behandlung der Fallgruppe „Handelsgüter ohne Fakturenwert" ist *streitig.* Zum Teil wird der vom Wortlaut her naheliegende Schluß gezogen, daß § 35 II KVO sowohl Güter ohne Fakturenwert als auch Güter ohne Handelsgut-Eigenschaft erfasse (GroßkommHGB-*Helm,* Anh. II § 452

HGB, § 35 KVO Rz. 10). Die h. M. legt dagegen § 35 II KVO dahin aus, daß die Vorschrift nur Güter betreffe, die nicht zum Kreis des Handelsguts gehören (BGH v. 4.11.1955, VersR **1955**, 756; *Willenberg*, KVO, § 35 Rz. 35; *Muth/Andresen/Pollnow*, KVO, § 35 Anm.2). Die dadurch entstehende Lücke wird durch Rückgriff auf § 430 I HGB geschlossen. Der h. M. ist darin zuzustimmen, daß § 35 II KVO mit der Verweisung auf das Sachverständigenverfahren für Handelsgüter ohne Fakturenwert nicht paßt (BGH v. 4.11.1955, VersR **1955**, 756, 757). Daraus darf man jedoch nicht ableiten, daß man die Wertfeststellung gänzlich vom Modell des § 35 I KVO lösen dürfe. Vielmehr ist die Lücke, die durch die Restriktion des § 35 II KVO entsteht, anhand der Wertung des § 35 I KVO zu schließen. Danach hat der Unternehmer an der Stelle des Fakturenwerts in Parallele zu Art. 23 I, II CMR, § 85 I EVO den Handelswert (gemeinen Wert) am Versandort zu ersetzen. Außerdem hat der Unternehmer Kosten und Spesen (Rz. 4) und darüber hinaus den nachgewiesenen entgangenen Gewinn (Rz. 4) bis zu 10% des Handelswerts am Versandort zu ersetzen. Es gilt die Obergrenze des § 35 IV KVO.

c) Nicht fakturierte Güter, die keine Handelsgüter darstellen (§ 35 II 6 **KVO).** Die ganz h. M. liest hier aus § 35 II KVO eine Verweisung auf § 430 I HGB heraus (*Muth/Andresen/Pollnow*, KVO, § 35 Anm. 3; *Willenberg*, KVO, § 35 Rz. 36; GroßkommHGB-*Helm*, Anh. II § 452 HGB, § 35 KVO Rz. 11). Der BGH (v. 28.2.1975, VersR **1975**, 658, 659) spricht nur vom Verkäuflichkeitswert. Entgegen der h. M. regelt § 35 II KVO nur das Sachverständigenverfahren. Er sagt nichts über die Bemessung des Zeitwerts. Der Zeitwert ist daher in Parallele zu § 35 I KVO nach den für nicht fakturierte Handelsgüter entwickelten Regeln (oben Rz. 5) zu ermitteln. Daneben kann der Geschädigte Spesen und Kosten (Rz. 4) und den nachgewiesenen entgangenen Gewinn bis zu 10% des Werts am Versandort verlangen (Rz. 4). Es gilt die Obergrenze des § 35 IV KVO. Das Sachverständigenverfahren ist dem Richter nicht zwingend vorgegeben (allg. M.).

III. Teilverlust, teilweise Beschädigung des Guts (§ 35 III KVO)

Eine **teilweise Beschädigung** des Guts liegt vor, wenn einzelne oder alle 7 Güter beschädigt worden sind, ohne daß sie völlig wertlos geworden sind (vgl. Rz. 2). Ein **Teilverlust** ist gegeben, wenn einzelne Stücke der Sendung (§ 20 KVO) verlorengegangen (§ 29 KVO Rz. 5) sind. Der Teilverlust ist wie die teilweise Beschädigung zu behandeln (BGH v. 7.5.1969, VersR **1969**, 703; GroßkommHGB-*Helm*, Anh. II § 452 HGB, § 35 KVO Rz. 14). Der **Minderwert** ist nach h. M. die Differenz zwischen dem Wert der einzelnen Sache (Rz. 8) im beschädigten Zustand am Ort, an dem das beschädigte Gut abgeliefert worden ist, und dem Wert im unbeschädigten Zustand (ebenso *Willenberg*, KVO, § 35 Rz. 55; *Roesch*, ZfVersWesen **1981**, 470; vgl. auch BGH v. 7.5.1969, VersR **1969**, 703; v. 13.2.1980, VersR **1980**, 522, 523). In Parallele zu § 35 I, II KVO ist jedoch auf den Wert am Versandort zum Versandzeitpunkt abzustellen. Die Wertminderung von Sachgesamtheiten wird nicht berücksichtigt. Kann die Sache vollständig repariert werden, so wird die Wertminderung in der Regel mit den Reparaturkosten identisch sein. Die *Reparatur-*

kosten dürfen allerdings den Minderwert nicht übersteigen. § 251 II BGB ist nicht anwendbar. Der merkantile Minderwert ist anzusetzen (OLG Hamburg v. 17.11.1983, TranspR **1984**, 9; OLG Frankfurt v. 15.1.1991, BB **1991,** 503; *Willenberg*, KVO, § 29 Rz. 46). Ist die Reparatur nicht vollständig möglich, so schuldet der Unternehmer nicht Ersatz der Reparaturkosten (BGH v. 13.2.1980, VersR **1980**, 522, 523), sondern nur Wertausgleich bis zur Grenze des § 35 IV KVO (Ausnahme: § 30 e KVO). Im Fall des Teilverlusts ist der isolierte Wert der verlorengegangenen Sachen zu ersetzen. Zur **Übernahme des Guts** OLG Schleswig v. 18.3.1983, TranspR **1983**, 148; LG Frankfurt v. 25.11.1983, TranspR **1984**, 135.

IV. Höchstentschädigung von DM 80,– (§ 35 IVKVO)

8 Unter **Rohgewicht** ist das Nettogewicht des Gutes (d. h. ohne Verpackung) zuzüglich des Gewichts der Verpackung (Taragewicht; § 18 KVO Rz. 2) zu verstehen (BGH v. 7.5.1969, VersR **1969**, 703, 704). Unklar ist, worauf der Begriff „Rohgewicht" zu beziehen ist, ob auf das Rohgewicht der Sendung (§ 20 I KVO) oder auf das Rohgewicht einer Verpackungseinheit oder auf das Rohgewicht der verlorengegangenen Sache. Der Wortlaut des § 35 IV KVO weist im Licht der anderen Vorschriften der KVO darauf hin, daß das **Rohgewicht der in Verlust geratenen oder beschädigten Sache** gemeint ist. Dies ergibt sich auch aus § 35 III 1 KVO (BGH v. 7.5.1969, VersR **1969**, 703, 704 f; GroßkommHGB-*Helm,* Anh. II § 452 HGB, § 35 KVO Rz. 19; *Willenberg*, KVO, § 35 Rz. 67; jetzt auch *Goltermann*, EVO, § 85 Anm. 3 (3) b bb; **a. A.** *Roesch*, VersR **1978**, 300, 303; *Züchner*, DB **1967**, 763). Demnach ist dort, wo mehrere Sachen zu einer Verpackungseinheit verpackt sind (z. B. Flaschen in einer Kiste) auf das Gewicht der beschädigten oder in Verlust geratenen Sachen zuzüglich des anteiligen Gewichts der Gesamtverpackung (z. B. Kiste, Container) abzuheben. Probleme tauchen dort auf, wo nach der Verkehrsanschauung einheitliche Sachen aus mehreren Sachen zusammengesetzt sind **(Sacheinheiten;** z. B. Maschine, bei der ein austauschbares Teil beschädigt wird). Zum Teil wird darauf abgestellt, ob der Gegenstand nach wirtschaftlicher Betrachtungsweise selbständige Funktion und Bedeutung hat, insbesondere ob er durch Ersatzstücke und Ersatzteile ausgewechselt werden kann (*Goltermann*, EVO, aaO). Zum Teil wird allein die Verkehrsanschauung als Entscheidungskriterium herangezogen (GroßkommHGB-*Helm,* aaO). Der zweiten Ansicht ist zuzustimmen, weil der Wert von Teilen einer Sachgesamtheit nur als Teil der Gesamtheit aussagekräftig ist (*Willenberg,* KVO, § 35 Rz. 68). Eine andere Betrachtungsweise würde die Montagekosten eines Ersatzteils voll dem Geschädigten zuweisen. Demnach kommt es darauf an, ob die beschädigte Sache einen Bestandteil einer nach der Verkehrsanschauung selbständigen Einheit darstellt, die nicht nur zum Zweck des Transports zum Händler hergestellt worden ist. In diesem Sinne ist auf das Gewicht der gesamten Maschine abzustellen, wenn ein auswechselbares Teil beschädigt ist, auf die einzelne Zigarettenpackung, wenn einzelne Zigaretten geschädigt worden sind. Verpackungen sind somit Teil einer Sachgesamtheit, wenn sie der Verkaufsförderung im Verhältnis zum Letztverbraucher dienen.

Der Betrag von DM 80,– pro Kilo Rohgewicht stellt die absolute Obergrenze der Haftung dar. Die Haftung kann anders als nach § 85 EVO, Art. 24 CMR nicht durch Wertangaben erweitert werden. Die Haftungssumme ist nach den allgemeinen Regeln der §§ 284 ff BGB, 353 HGB zu verzinsen. § 35 IV KVO kommt auch bei Vermögensschäden iSd § 31 I a–c KVO zum Tragen (§ 36 KVO).

Beweislast: Der Geschädigte hat den Schaden und die Höhe des Schadens iSd § 35 I, II, III KVO zu beweisen (§ 37 II KVO; näher dort Rz. 6). Der Unternehmer hat zu beweisen, daß die Grenze des § 35 IV KVO überschritten wird. 9

§ 36 KVO [Begrenzung der Ersatzpflicht]

Ist auf Grund der §§ 29–34 Ersatz zu leisten, so wird in keinem Falle, und zwar auch nicht beim Zusammentreffen verschiedener Schadensursachen, mehr als für gänzlichen Verlust des Gutes ersetzt. Das gilt jedoch nicht für Schäden der in § 31 (1) d) bezeichneten Art, für die in jedem Fall Ersatz beansprucht werden kann.

Literatur: siehe vor § 1 KVO.

I. Allgemeines

§ 36 gilt für alle Ansprüche aus den §§ 29, 31 I a–c, 32, 33 KVO, auch wenn 1
der Unternehmer vorsätzlich gehandelt hat (**a. A.** *Muth/Andresen/Pollnow*, KVO, § 36 Anm. 1). § 276 II BGB ist nicht anwendbar, da die KVO lex specialis ist (§ 35 KVO Rz. 1; **a. A.** *Willenberg*, KVO, § 36 Rz. 1). Der Unternehmer haftet bei Vorsatz regelmäßig gemäß § 826 BGB auf Ersatz des vollen Schadens. Die Haftung aus den §§ 823 ff BGB wird durch § 36 KVO nicht beschränkt.

II. Obergrenze

§ 36 S. 1 KVO sagt nicht klar, worauf der Verlust des Guts bezogen ist, ob 2
auf die Sendung oder auf den beeinträchtigten Gegenstand. Im Einklang mit der ganz h. M. ist davon auszugehen, daß die Obergrenze der Ersatzleistung am ersatzfähigen Schaden im Fall des fiktiven völligen Verlusts der Sendung zu orientieren ist (*Willenberg*, KVO, § 36 Rz. 2, 4, 5). Der Geschädigte soll nicht besser gestellt werden, als wenn der Unternehmer das Gut gleich nach der Annahme verloren hätte. Hat z. B. der Unternehmer das Gut beschädigt und verspätet abgeliefert, so werden dem Geschädigten Ansprüche aus § 31 I a KVO bzw. § 29 KVO nicht nur dann abgeschnitten, wenn die Grenze des § 31 II 1 KVO und/oder des § 35 KVO erreicht ist, sondern auch dann, wenn ausschließlich der Betrag überschritten ist, der bei einem fiktiven Totalverlust der gesamten Sendung zu zahlen gewesen wäre. Die Summe der Ansprüche aus den §§ 29 ff KVO darf nicht den ersatzfähigen Schaden im Fall des To-

talverlusts der Sendung übersteigen. Gleiches gilt beim Zusammentreffen von Ansprüchen aus §§ 29, 35 KVO mit § 32 KVO. § 36 KVO greift nicht nur im Fall der Anspruchskonkurrenz, sondern auch dort ein, wo zwei voneinander unabhängige Ereignisse im Haftungszeitraum der §§ 29, 33 bzw. 31 KVO zu selbständigen Schäden geführt haben. *Ausnahme:* Nachnahme (§ 31 I d KVO). **Beweislast:** Der Unternehmer hat zu beweisen, daß die Grenze des § 36 KVO erreicht ist.

§ 37 KVO [Verfahren in Schadensfällen]

(1) **Wird ein gänzlicher oder teilweiser Verlust oder eine Beschädigung des Gutes von dem Unternehmer entdeckt oder von dem Verfügungsberechtigten behauptet, so ist die Ursache und nach Möglichkeit der Zeitpunkt des Schadens ohne Verzug durch den Unternehmer schriftlich festzustellen.**

(2) **Bei Schadensersatzansprüchen sind die erforderlichen Nachweise über die Ursache und Höhe des Schadens von den Anspruchsstellern zu liefern. Insbesondere ist der Frachtbrief vorzulegen. Zwecks Festellung der Höhe des Schadens sind vorhandene Fakturen sowie Schadensrechnung und sonstige den Ersatzanspruch erweisende Belege durch den Anspruchsteller vorzulegen.**

(3) **Die Ersatzleistung wird nach Beibringung der vorgenannten Belege, sofern sie die Ersatzpflicht des Unternehmers erweisen, spätestens innerhalb 14 Tagen vorgenommen.**

(4) **Der Verfügungsberechtigte kann das Gut ohne weiteren Nachweis als verloren betrachten, wenn es nicht innerhalb eines Monats nach Ablauf der Lieferfrist abgeliefert oder zur Abholung bereitgestellt worden ist.**

(5) **Der Ersatzpflichtige leistet Schadensersatz in Geld, sofern in den vorstehenden Bestimmungen nichts anderes gesagt ist.**

Literatur: siehe vor § 1 KVO.

I. Allgemeines

1 § 37 I KVO ist **nur** auf **Güterschäden** bezogen und steht in enger Verbindung mit § 39 KVO. § 37 II-V KVO erstreckt sich auf alle Arten von Schäden.

II. Schadensfeststellung (§ 37 I KVO)

1. Voraussetzungen

2 Der Unternehmer oder sein Beauftragter (§ 6 KVO) erkennt positiv einen Schaden iSd § 29 KVO, oder der Verfügungsberechtigte (§ 27 KVO) bzw. dessen Rechtsnachfolger behauptet schriftlich, mündlich oder konkludent – auch zu Unrecht – einen konkreten Schaden am Gut. Die Behauptung eines Schadens an der Verpackung muß nicht zugleich die Behauptung eines Schadens am Gut darstellen (OLG Hamburg v. 7.5.1987, VersR **1987**, 1087, 1088;

AG Düsseldorf, VersR **1989**, 414; *Muth/Andresen/Pollnow*, KVO, § 39 Anm. 2 c). Allerdings nötigt eine Beschädigung der Verpackung nur dann zur Rüge eines Güterschadens, wenn dieser wahrscheinlich ist (LG Frankfurt, VersR **1990**, 877; LG Duisburg, VersR **1989**, 531, 532). Ist dies der Fall, so obliegt es dem Empfänger, das Gut auszupacken und es äußerlich (weitergehend LG Frankfurt, VersR **1990**, 877) auf Schäden zu kontrollieren (OLG Hamburg v. 7.5.1987, VersR **1987**, 1087, 1088; § 438 HGB Rz. 5; einschränkend LG Duisburg, VersR **1989**, 531, 532 bei Containern). Die Beanstandung ins Blaue hinein ist irrelevant, da Schäden konkret behauptet werden müssen. Auch sonst sind nur konkrete Vorbehalte von Bedeutung (vgl. Art. 39 KVO Rz. 4; OLG Hamburg v. 7.5.1987, VersR **1987**, 1087, 1088). Nach dem Sinn des § 37 KVO muß eine mündliche Behauptung gegenüber dem Fahrer genügen; denn auf diese Weise wird sichergestellt, daß schon in der Ablieferungsphase das Ausmaß des Schadens festgestellt und späteren Streitigkeiten über den Zeitpunkt der Schädigung vorgebeugt werden kann. Auf die Vollmacht des Fahrers kann es nicht ankommen (**a. A.** OLG Oldenburg v. 28.5.1990, TranspR **1990**, 378), weil die Schadensbehauptung keine Willenserklärung darstellt. Dies zeigt auch ein Vergleich mit § 81 EVO, wo es ebenfalls keiner Willenserklärung gegenüber Bevollmächtigten der Bahn bedarf.

2. Schadensfeststellung

Die Schadensfeststellung gemäß § 37 I KVO erfolgt in einem im wesentlichen formlosen Verfahren (anders § 81 I EVO). Zeugen und Sachverständige müssen nicht notwendig herbeigezogen werden, so z. B. dann nicht, wenn die Schadensursache auf der Hand liegt und das Schadensausmaß übersehbar ist. Der Unternehmer hat im Interesse geringer Kosten in derartigen Fällen sogar die Pflicht, den Schaden auf möglichst einfache Art festzustellen. Das Ergebnis der Schadensfeststellung ist vom Unternehmer schriftlich festzuhalten. Es genügt in einfachen Fällen eine bloße Bestätigung des Unternehmers über den Schadenseintritt und -umfang im Frachtbrief oder auf einer sonstigen Urkunde. Der Unternehmer hat dem Verfügungsberechtigten ein Exemplar der Feststellungen zu überlassen. Die Feststellung läßt den Schadensersatzanspruch trotz Annahme fortbestehen (§ 39 II c Nr. 1 KVO). 3

3. Unterlassen der Schadensfeststellung

Unterläßt der Unternehmer pflichtwidrig und schuldhaft die Feststellung (Rz. 2, 3), so wird der Schadensersatzanspruch durch die Annahme des Gutes ebenfalls **nicht präkludiert** (§ 39 II 2 KVO). Der Unternehmer handelt immer schon dann schuldhaft, wenn er oder sein Beauftragter (§ 6 KVO) keine Feststellungen vorgenommen hat, obwohl er oder sein Beauftragter (§ 6 KVO) den Schaden entdeckt hat oder obwohl der Verfügungsberechtigte einen Schaden konkret (*de la Motte*, VersR **1982**, 1037) behauptet hat (z. B. durch einen konkreten Vorbehalt in der Empfangsquittung), der Unternehmer bzw. sein Beauftragter von der Behauptung Kenntnis erlangt hat, und eine Feststellung mit zumutbarem Aufwand möglich gewesen wäre. Hingegen handelt der Unternehmer nicht schon deshalb schuldhaft, weil er den Schaden hätte entdecken können, da § 37 I KVO nur bei positiver Kenntnis 4 des Schadens am Gut nicht bloß an der Verpackung (*Willenberg*, KVO, § 37 Rz. 10) eine Pflicht zu Feststellungen begründet. Das Unterlassen der Feststellung zieht auch **Beweisnachteile** nach sich (GroßkommHGB-*Helm*, Anh. II § 452 HGB, § 37 KVO Rz. 3). Dies ist eindeutig dort der Fall, wo der Unternehmer für Haftungsausschlüsse und -einschränkungen die Beweislast trägt. Nach den allgemeinen Grundsätzen der Beweisvereitelung (*Zöller/Stephan*, ZPO (17. Aufl.), § 286 Rz. 14) muß sich der Unternehmer aber auch zurechnen lassen, daß er nicht angemessene Feststellungen zur Ursache und Höhe des Schadens getroffen hat (OLG Hamburg v. 15.9.1988, TranspR **1989**, 98, 100 zur CIM; enger die h. M. zu § 81 EVO; vgl. *Goltermann/Konow*, EVO, § 81 S. 6).

4. Kosten

5 Siehe § 32 S. 2 KVO.

III. Nachweise über Ursache und Höhe des Schadens (§ 37 II KVO)

6 Der Geschädigte hat bei Güterschäden grundsätzlich nachzuweisen, daß das Gut im Haftungszeitraum der §§ 29, 33 KVO beschädigt worden ist (§ 29 KVO Rz. 1). Die **Ursache des Schadens** braucht der Geschädigte nicht nachzuweisen; denn der Unternehmer haftet grundsätzlich für alle Ursachen. Es ist Sache des Unternehmers, Haftungsausschlußtatbestände (§§ 30, 34 KVO) darzutun und zu beweisen. Bei anderen als Güterschäden hat der Geschädigte auch die Ursache des Schadens zu beweisen. Es kommen ihm allerdings die für die positive Forderungsverletzung entwickelten Beweiserleichterungen (*Palandt/Heinrichs*, § 282 Anm. 2) zugute. Die **Höhe des Schadens** muß der Geschädigte umfassend beweisen. Er hat Frachtbrief, Fakturen, Schadensrechnung und sonstige Belege vorzulegen. Dies muß, wenn es der Unternehmer verlangt, im Original erfolgen. Ist der Geschädigte mit zumutbaren Mitteln zur Vorlage dieser Urkunden nicht in der Lage, so kann er seinen Schaden mit anderen Mitteln beweisen (GroßkommHGB-*Helm,* Anh. II § 452 HGB, § 37 KVO Rz. 6). Die Kosten der Beschaffung der Beweismittel sind nicht Teil des Ersatzwerts iSd § 35 KVO, sondern unterfallen dem § 32 KVO (s. § 35 KVO Rz. 4). Legt der Geschädigte die Urkunden iSd § 37 II KVO schuldhaft nicht vor, so bleibt er beweisfällig.

IV. Fälligkeit (§ 37 III KVO)

7 Die Frist beginnt im Fall der unverschuldeten Unfähigkeit zur Vorlage der Belege mit der Vorlage der anderen Beweismittel zu laufen (ebenso GroßkommHGB-*Helm*, Anh. II § 452 HGB, § 37 KVO Rz. 7).

V. Verlust (§ 37 IV KVO)

8 Die Vorschrift eröffnet dem Geschädigten in Hinblick auf die Höhe der Schadensersatzleistung ein Wahlrecht. Das *Wahlrecht* ist nicht schon dann

unwiderruflich ausgeübt, wenn der Ersatzberechtigte (§ 29 KVO Rz. 7) nach Ablauf eines Monats seit Ende der Lieferfrist (§ 26 KVO) dem Unternehmer mitgeteilt hat, daß er das Gut als verloren betrachte. Vielmehr ist der Entschluß, Schadensersatz wegen Verlust zu verlangen, erst dann unwiderruflich, wenn der Unternehmer Schadensersatz gezahlt hat. Erst dann geht das Eigentum an dem Gut auf den Unternehmer über.

§ 38 KVO [Versicherung]

(1) **Der Unternehmer ist verpflichtet, sich gegen alle Schäden, für die er nach den vorstehend genannten Bedingungen haftet, zu versichern.**

(2) **Den Versicherern steht das Recht zu, bei der Schadensaufstellung durch ihre Abwicklungsstelle mitzuwirken.**

(3) **Der Unternehmer ist berechtigt und auf Verlangen des Verfügungsberechtigten verpflichtet, die ihm aus der Versicherung zustehenden Rechte an den Verfügungsberechtigten abzutreten.**

(4) **Die Absätze 1 bis 3 gelten nicht für die Beförderung der Deutschen Bundesbahn nach den §§ 45 und 47 des Güterkraftverkehrsgesetzes.**

Literatur: siehe vor § 1 KVO.

I. Pflicht zur Versicherung

§ 38 I wiederholt die in § 27 GüKG statuierte Versicherungspflicht. Die Pflicht zur Versicherung besteht nur in Hinblick auf Ansprüche aus der KVO. Eine Ausnahme gilt für die Bahn wegen ihrer wirtschaftlichen Potenz und wohl für ausländische Unternehmen, die auf der Basis der Kabotage-VO (§ 8 GüKG Rz. 1) transportieren (*Basedow*, EuZW **1990**, 305, 306; **a. A.** *de la Motte*, EuZW **1990**, 72; *Willenberg*, KVO, § 1 Rz. 97; § 5 IV 1 GüK KabotageVO. Wegen § 1 V KVO trifft die Pflicht zur Versicherung Spediteure nur insoweit, als diese das Gut mit eigenen Fahrzeugen transportieren. **1**

II. Art der Versicherung

Die KVO-Versicherung ist eine reine Haftpflichtversicherung (BGH v. 7.12.1961, VersR **1962**, 129; NJW **1975**, 1276; BGHZ **68**, 18; v. 23.11.1988, VersR **1989**, 250, 251). Der BGH (v. 23.11.1988, VersR **1989**, 250, 251) qualifiziert sie neuerdings zu Unrecht (*Jenssen*, TranspR **1989**, 157 f; *Willenberg*, KVO, § 38 Rz. 4) zugleich als Transportversicherung. Sie ist Pflichtversicherung iSd § 158 b VVG (BGH v. 9.11.1961, VersR **1961**, 1110; NJW **1968**, 836; NJW **1975**, 1276; *Prölss/Martin*, VVG (23. Aufl.), § 158 b Anm. 1), allerdings nur in Hinblick auf Ansprüche aus der KVO, nicht in Hinblick auf sonstige Ansprüche, auch soweit sie gemäß § 26 GüKG nicht abdingbar sind. Zu einer Doppelversicherung mit der Transportversicherung kann es nur kommen, wenn der Unternehmer die Transportversicherung in fremdem Interesse nimmt (BGH v. 7.12.1961, LM Nr. 1 zu § 59 VVG; OLG Karlsruhe v. **2**

4.10.1984, TranspR **1984**, 273). Zur Doppelversicherung mit der Kfz-Pflichtversicherung, BGH v. 23.11.1988, VersR **1989**, 250 f).

III. Aktivlegitimation

3 Da die KVO-Versicherung eine Haftpflichtversicherung ist, gilt grundsätzlich das *Trennungsprinzip;* d. h., der Geschädigte kann Ansprüche nur gegen den Unternehmer geltend machen, und der Unternehmer kann als Versicherungsnehmer von seiner Versicherung Versicherungsschutz verlangen.

Anders ist die Situation, wenn der Unternehmer seine Ansprüche gegen den Versicherer *an den Geschädigten abgetreten* hat (*Roltsch*, VersR **1985**, 317). Zur Abtretung an den Verfügungsberechtigten (§ 27 KVO), der regelmäßig mit dem (zumindest im Rahmen der Drittschadensliquidation formell) Geschädigten identisch sein wird, ist der Unternehmer gemäß § 38 III KVO verpflichtet. Nach Abtretung kann der Geschädigte unmittelbar gegen den Versicherer auf Schadensersatz aus den §§ 29 ff KVO klagen (BGH, NJW **1975**, 1276; NJW **1980**, 2021; heute ganz h. M.); denn nunmehr sind Haftpflicht- und Deckungsanspruch in einer Person vereint. War der Geschädigte transportversichert und hat die Transportversicherung gezahlt, so ist der Anspruch des Geschädigten auf Zahlung von Schadensersatz gemäß den §§ 29 ff KVO samt dem Anspruch aus § 38 III KVO auf die Transportversicherung übergegangen (§ 67 VVG). Der Transportversicherer kann nach dem Übergang der Ansprüche und (erst) nach der Abtretung des Anspruchs des Unternehmers gegen die KVO-Versicherung auf Schadensdeckung unmittelbar gegen den KVO-Versicherer vorgehen (BGH v. 7.12.1961, MDR **1962**, 283; *Piper*, VersR **1988**, 200, 204; *Helm,* Karlsruher Forum, Beil. VersR **1983**, S. 116, 121). Vgl. zum Fall, daß der KVO-Versicherer zahlt und der Unternehmer Freistellungsansprüche gegen einen anderen Versicherer besitzt, BGH v. 23.11.1988, VersR **1989,** 250 f.

IV. Umfang des Versicherungsschutzes

4 Grundsätzlich kann Versicherungsschutz nur nach Maßgabe des Versicherungsvertrages verlangt werden. Es kommt daher darauf an, welche Risikoausschlüsse vereinbart waren, welche Obliegenheiten verletzt worden waren. Dabei ist zu berücksichtigen, daß gemäß § 152 VVG vorsätzliche widerrechtliche Schädigungen nicht versichert sind.

Da die KVO-Versicherung eine gesetzliche Pflichtversicherung darstellt (Rz. 2), kommt § 158 c VVG zum Tragen. Die Versicherung kann sich daher nicht auf Obliegenheitsverletzungen des Unternehmers und mangelnde Zahlung der Prämie berufen. Gemäß § 158 c III VVG bleiben allerdings Risikoausschlüsse unberührt. Ganz allgemein gilt der Grundsatz, daß die Versicherung nur in den örtlichen, zeitlichen und sachlichen Grenzen der von ihr übernommenen Gefahr haftet (*Prölss/Martin*, VVG, § 158 c Anm. 6 b). Der Versicherer kann sich daher unbeschränkt darauf berufen, daß er bei Vorsatz des Unternehmers (§ 152 VVG) nicht hafte (BGH, NJW **1971**, 459). Problematisch ist die Situation dort, wo im KVO-Versicherungsvertrag bereits die

Deckung grob fahrlässig verursachter Schäden ausgeschlossen ist (vgl. GroßkommHGB-*Helm,* Anh. II § 452 HGB, § 38 KVO Rz. 5). *Helm,* aaO, plädiert für eine Auslegung der Versicherungsverträge dahin, daß die Risikoausschlüsse nur gelten sollen, wenn sich der Unternehmer auf die Versicherungsdeckung beruft, nicht aber dann, wenn der Geschädigte Zahlung verlangt. Vielmehr sei § 158 c VVG dahin zu interpretieren, daß der Versicherer Dritten iSd § 158 c VVG zur Versicherungsdeckung verpflichtet ist, die im Einklang mit den Haftungsnormen steht, die die Pflicht zur Versicherung begründen; denn nur auf diese Weise könne der Schutz außenstehender Dritter vor einer ihnen unerkennbaren und unbeeinflußbaren Befreiung von der Deckungspflicht gewährleistet werden (ebenso *Lenz,* Straßengütertransportrecht, Rz. 886; anders BGH v. 24.3.1976, VersR **1976**, 480, 481; *Roesch*, VersPraxis **1979**, 157, 158; *Bischof*, GüKUMT, § 8 Rz. 125 ff). In § 27 GüKG ist zwar nicht näher gesagt, welche Risikoausschlüsse zulässig sind und welche nicht. Da § 27 GüKG den Versicherungsschutz nicht dem Belieben des Unternehmers überantworten will, folgt daraus nur, daß der Unternehmer zur Eindeckung einer alle denkbaren KVO-Ersatzansprüche umfassenden Versicherung verpflichtet ist (*Willenberg*, KVO, § 38 Rz. 8 ff). Im Verhältnis zum Geschädigten ändert dies jedoch nichts an der Geltung des § 158 c III VVG. Die KVO-Versicherung kann daher Dritten gegenüber z. B. einwenden, sie habe das Risiko grober Fahrlässigkeit nicht versichert. Sie kann sich ferner darauf berufen, daß sie leistungsfrei sei und daß das Gut transportversichert war (§ 158 c IV VVG). Zum Schadensersatzanerkenntnis des Unternehmers BGH v. 15.12.1976, VersR **1977**, 174.

V. Konkurs des Unternehmers

Beachte § 157 VVG. 5

§ 39 KVO [Erlöschen der Ansprüche aus dem Beförderungsvertrag]

(1) **Mit der Annahme des Gutes durch den Empfänger sind alle Ansprüche aus dem Beförderungsvertrag erloschen.**

(2) **Hiervon sind ausgenommen:**

a) Entschädigungsansprüche für Schäden, die durch Vorsatz oder grobe Fahrlässigkeit des Unternehmers herbeigeführt sind;

b) Entschädigungsansprüche wegen Lieferfristüberschreitung, wenn sie innerhalb eines Monats, den Tag der Annahme durch den Empfänger nicht mitgerechnet, beim Unternehmer schriftlich angebracht werden;

c) Entschädigungsansprüche wegen teilweisen Verlustes oder wegen Beschädigung:

1. wenn der teilweise Verlust oder die Beschädigung vor der Auslieferung des Gutes nach § 37 festgestellt worden ist,

2. wenn die Feststellung, soweit sie nach § 37 hätte erfolgen müssen, schuldhaft unterblieben ist,

3. wenn eine Ladung nach § 27 neu aufgegeben und der teilweise Verlust

oder die Beschädigung erst bei der Ablieferung an den letzten Empfänger festgestellt worden ist;

d) Entschädigungsansprüche aus solchen Schäden, die bei der Annahme des Gutes durch den Empfänger äußerlich nicht erkennbar waren, jedoch nur unter folgenden Voraussetzungen:

1. daß der Empfänger unverzüglich nach der Entdeckung des Schadens, spätestens aber binnen einer Woche nach der Annahme des Gutes schriftlich durch ihn die Feststellung des Schadens beantragt und

2. daß er beweist, daß der Schaden in der Zeit, in der sich das Gut im Gewahrsam des Unternehmers oder eines von ihm Beauftragten befand, entstanden ist.

Ist dem Unternehmer der Schaden binnen der bezeichneten Frist angezeigt worden, so genügt es, wenn die Feststellung unverzüglich nach der Anzeige beantragt wird;

e) Ansprüche auf Rückerstattung geleisteter Zahlungen an den Unternehmer.

Literatur: siehe vor § 1 KVO.

I. Allgemeines

1 § 39 KVO erfaßt nach allgemeiner Meinung **nur** die **vertraglichen Ansprüche** des Absenders bzw. Empfängers gegen den Unternehmer, wie die Parallele zu § 93 EVO und § 438 HGB zeigt. Deshalb präkludiert die Annahme des Guts nicht Ansprüche des Unternehmers und auch **nicht deliktische** Ansprüche der Geschädigten (§§ 823 ff BGB; OLG Oldenburg, NJW **1972,** 691; GroßkommHGB-*Helm,* Anh. II § 452 HGB, § 39 KVO Rz. 3; *Muth/Andresen/Pollnow*, KVO, § 39 Anm. 1; **a. A.** *Willenberg,* KVO, § 39 Rz. 3), weil für deliktische Ansprüche sowohl in Hinblick auf Verjährung als auch auf andere Regeln jeweils eigene Voraussetzungen bestehen (s. § 29 KVO Rz. 10 m. Nachw. zur Rechtsprechung des BGH). Ferner werden mit der Auslieferung des Gutes nicht Ansprüche auf **Zahlung der Fracht** ausgeschlossen (vgl. § 25 II 3 KVO).

§ 39 KVO geht von dem *Grundsatz* aus, daß mit der Annahme des Guts sämtliche Ansprüche aus dem Beförderungsvertrag unabhängig von der Erkennbarkeit des Schadens im Einzelfall erlöschen (§ 39 I KVO). Von diesem Grundsatz werden ausdrücklich für zwei Schadensarten Ausnahmen gemacht: Lieferfristüberschreitungen (§ 39 II b KVO) und Verluste bzw. Beschädigungen (§ 39 II c, d KVO). Außerdem wird eine *Ausnahme* für Rückerstattung von Zahlungen (§ 39 II e KVO) statuiert. Diese Ausnahmen werden zum Teil von § 39 II a KVO überlagert, wonach die Präklusion bei vorsätzlicher oder grob fahrlässiger Schädigung entfällt. Darüber hinaus erfaßt § 39 KVO nicht Ansprüche aus § 31 I c, d KVO (unten Rz. 2, 11).

II. Grundsatz: Präklusion aller Ansprüche mit Annahme des Guts

1. Alle Ansprüche

Gemäß § 39 I KVO erlöschen alle Ansprüche. Darunter sind nur Ansprüche des Absenders bzw. Empfängers gegen den Unternehmer aus KVO zu verstehen (s. oben Rz. 1). § 39 I KVO ist nicht auf Ansprüche aus § 31 I c KVO anzuwenden (OLG Oldenburg v. 20.12.1983, TranspR **1984,** 154; *Willenberg*, KVO, § 39 Rz. 2; *Muth/Andresen/Pollnow*, KVO, § 39 Anm. 1; zweifelnd GroßkommHGB-*Helm,* Anh. II § 452 HGB, § 39 KVO Rz. 3); denn die unter § 31 I c KVO fallenden Schäden sind nicht typischerweise im Zeitpunkt der Annahme des Guts erkennbar. Da nicht anzunehmen ist, daß die KVO mit der einen Hand einen Anspruch eröffnen (§ 31 I c KVO) und ihn im Regelfall mit der anderen Hand wieder nehmen wollte, weist § 39 KVO eine Lücke auf, die entweder durch eine Analogie zu § 39 II e 2. Alt. KVO oder richtiger durch Restriktion des § 39 I KVO zu schließen ist. Wer § 39 KVO nicht restringieren will, muß zumindest den von seinem Wortlaut her ohne weiteres anwendbaren § 39 II d KVO heranziehen. Allerdings wird § 39 II d KVO auch im Rahmen der Parallelvorschrift § 93 II d EVO ausschließlich auf Schäden wegen Verlusts oder Beschädigung bezogen. 2

2. Annahme des Guts

Zur Annahme des Guts § 438 HGB Rz. 2. Eine Ersatzablieferung (§ 28 VI KVO) stellt keine Annahme durch Absender oder Empfänger dar (vgl. auch BGHZ **44,** 303, 307). Geht die gesamte Sendung (§ 20 I KVO) verloren, so scheidet die Möglichkeit einer Annahme des Guts und damit einer Präklusion aus. Anders ist die Situation, wenn nur einzelne Teile einer Sendung verlorengehen (arg. e § 39 II c KVO). Eine Annahme liegt selbst dann vor, wenn der Empfänger das Gut nicht endgültig im Rahmen der Beendigung des Transports in Besitz nimmt (z. B. lediglich zur Verwahrung oder zur Sicherung; **a. A.** *Willenberg*, KVO, § 39 Rz. 12). Die bloße Annahme des Frachtbriefs genügt nicht, weil sie nicht die Möglichkeit eröffnet, Schäden festzustellen. Deshalb ist auch eine vor Annahme des Guts erteilte Quittung widerleglich (vgl. § 16 KVO Rz. 5). 3

3. Vorbehalt, Quittung

Ein genereller, nicht näher in Hinblick auf bestimmte Schäden am Gut (nicht bloß Verpackung [§ 37 KVO Rz. 2]) konkretisierter Vorbehalt (vgl. § 30 CMR Rz. 4) bei der Annahme ist unerheblich (allg. M.; OLG Oldenburg, NJW **1972,** 691; OLG Hamburg v. 7.5.1987, VersR **1987**, 1087, 1088; *de la Motte,* VersR **1982,** 1037). Macht der Empfänger einen konkreten Vorbehalt, so stellt dies die Behauptung eines Schadens iSd § 37 I KVO dar (§ 37 KVO Rz. 2). Der Unternehmer, der daraufhin Feststellungen unterläßt, muß sich dies im Rahmen des § 39 II c Nr. 2 KVO zurechnen lassen. Hat der Unternehmer oder sein Bevollmächtigter den Schaden bestätigt, so ist der Schaden iSd §§ 37 I, 39 II c Nr. 1 KVO festgestellt. Der Empfänger, der bei Annahme des Guts eine vorbehaltlose Quittung erteilt, ist grundsätzlich mit 4

Schadensersatzansprüchen ausgeschlossen, nicht weil er eine widerlegliche Quittung erteilt hat, sondern weil keine der in § 39 II KVO normierten Ausnahmen eingreift. Der Ersatzberechtigte kann daher bei erkennbaren Schäden Ansprüche nur geltend machen, wenn er die Vermutung der Richtigkeit der Quittung erschüttert (§ 429 HGB Rz. 8; § 16 KVO Rz. 5) und nachweist, daß er anderweitig ausreichend konkret einen Schaden behauptet hat oder daß der Unternehmer den Schaden positiv gekannt hat (§ 39 II c Nr. 2 iVm § 37 I KVO; zu allgemein *Willenberg*, KVO, § 39 Rz. 6).

4. Rechtsfolge vorbehaltloser Annahme

5 Zum Vorbehalt Rz. 4. Die Ansprüche (oben Rz. 1, 2) des Absenders und Empfängers erlöschen, wenn nicht eine Ausnahme iSd § 39 II KVO vorliegt. Das Erlöschen ist *von Amts wegen* zu berücksichtigen.

III. Ausnahmen von der Präklusion (§ 39 II KVO)

1. Vorsätzlich oder grob fahrlässig herbeigeführte Schäden (§ 39 II a KVO)

6 Es genügt Vorsatz oder grobe Fahrlässigkeit eines Gehilfen iSd § 6 KVO (OLG München v. 2.12.1981, TranspR **1983**, 149). Zum Vorsatz und der groben Fahrlässigkeit § 430 HGB Rz. 4 sowie Art. 29 CMR Rz. 4. Die Beweislast trägt der Ersatzberechtigte, da er sich auf einen Ausnahmetatbestand beruft (vgl. Art. 29 CMR Rz. 7).

2. Lieferfristüberschreitung (§ 39 II b KVO)

7 Zur Lieferfristüberschreitung § 26 KVO. Die Monatsfrist (§§ 187 ff BGB) ist vom Zeitpunkt der Annahme iSd § 39 I KVO zu berechnen. Die Schriftform ist nach der ratio der Vorschrift auch im Fall telegraphischer, fernschriftlicher oder gefaxter Schadensmeldungen eingehalten. Die Beweislast trägt der Ersatzberechtigte. Vgl. im übrigen Art. 39 CMR Rz. 18.

3. Teilverlust, äußerlich erkennbare Beschädigung (§ 39 II c KVO)

8 Beschädigung § 429 HGB Rz. 3. Ein Teilverlust liegt vor, wenn nur ein Teil der Sendung (§ 20 I KVO) verlorengegangen ist. Zum Totalverlust s. oben Rz. 3. Äußerliche Erkennbarkeit des Schadens, § 438 HGB Rz. 8.

Ansprüche wegen äußerlich erkennbarer (§ 438 HGB Rz. 5) Beschädigung oder Teilverlusts aus §§ 29, 33 KVO erlöschen trotz Annahme des Guts nicht, wenn **a)** vor der Annahme eine Feststellung iSd § 37 KVO erfolgte (näher § 37 KVO Rz. 3) oder **b)** wenn der Unternehmer entgegen seiner § 37 I KVO entspringenden Pflicht den Schaden schuldhaft nicht festgestellt hatte (§ 37 KVO Rz. 4) oder **c)** wenn ein Fall des § 27 IV KVO vorliegt. § 39 II c Nr. 3 KVO stellt eigentlich keine Ausnahme von § 39 I KVO dar, da in diesem Fall der Empfänger das Gut noch nicht angenommen hat (*Willenberg*, KVO, § 39 Rz. 31). Gleiches gilt bei der Nachlagerung. Soll der Unternehmer das Gut einem anderen Frachtführer übergeben, der das Gut weiterbefördern soll, so ist dieser Empfänger iSd § 39 I KVO. § 39 II c Nr. 3 KVO greift nicht ein, selbst wenn ein Fall des multimodalen Transports vorliegt (**a. A.** GroßkommHGB-*Helm,* Anh. II § 452 HGB, § 39 KVO Rz. 10). Pflicht zur Beweissicherung § 425 HGB Rz. 20.

4. Äußerlich nicht erkennbare Schäden (§ 39 II d KVO)

Zu äußerlich nicht erkennbaren Schäden § 438 HGB Rz. 5. Der Antrag auf Schadensfeststellung (§ 37 KVO Rz. 3) muß schriftlich (auch Telegramm, Telex, Telefax) erfolgen. In der bloßen Mitteilung eines Schadens liegt kein derartiger Antrag, wie sich aus § 39 II d S. 2 KVO ergibt. Der Unternehmer muß daher aufgefordert werden, die notwendigen Feststellungen vorzunehmen (vgl. § 438 III 1 HGB). Der Antrag auf Feststellung muß unverzüglich (§ 121 BGB), spätestens eine Woche nach Annahme des Guts (§§ 187 ff BGB) gestellt werden. Es genügt, daß der Empfänger den Antrag innerhalb der Wochenfrist an den Unternehmer (nicht bloß an den Spediteur) *abgesandt* hat (vgl. OLG Düsseldorf v. 7.3.1985, VersR **1986**, 573; **a. A.** *Willenberg,* KVO, § 39 Rz. 31); denn in § 39 II d Nr. 1 KVO heißt es nur „daß . . . . . beantragt" (vgl. § 438 HGB Rz. 6). Die Wochenfrist gilt auch dann, wenn es unmöglich war, den Schaden vorher zu entdecken. Andererseits braucht sich der Ersatzberechtigte nicht entgegenhalten zu lassen, daß er den Schaden schon früher entdecken konnte. § 39 II d Nr. 1 KVO fixiert im Interesse der Rechtssicherheit die angemessene Untersuchungsfrist. Hat der Empfänger den Unternehmer innerhalb der Frist des § 39 II d Nr. 1 KVO lediglich in irgendeiner Form über den Schaden informiert, ohne den Unternehmer zu Feststellungen aufzufordern, so genügt es, wenn er die Feststellung des Schadens unverzüglich nach der Anzeige beantragt. In Parallele zu § 438 III HGB handelt der Empfänger ohne schuldhaftes Zögern (§ 121 BGB), wenn er den Zeitpunkt abwartet, bis zu dem mit einer Antwort des Unternehmers zu rechnen war (§ 39 II d S. 2 KVO; § 438 HGB Rz. 6). Der Ersatzberechtigte hat zu **beweisen**, daß die Voraussetzungen des § 39 II d Nr. 1 bzw. S. 2 KVO erfüllt sind (oben Rz. 6). Er hat im Einklang mit § 363 BGB außerdem zu beweisen, daß der Schaden im Obhutszeitraum der §§ 29, 33 KVO entstanden ist (vgl. § 29 KVO Rz. 1). **9**

5. Rückerstattung (§ 39 II e KVO)

Siehe §§ 21, 23, 27 KVO. Eine Präklusion würde nämlich die Gefahr von Tarifumgehungen eröffnen. **10**

6. Nachnahmen

In § 39 II e KVO n. F. ist die Formulierung „oder gezahlter Nachnahmen" nicht mehr enthalten. Die Natur der Sache verbietet hier aber eine Präklusion; denn diese würde dem Absender immer das Recht abschneiden, die Herausgabe der eingezogenen Beträge zu verlangen (§ 24 KVO). Die Formulierung „Rückerstattung geleisteter Zahlungen" in § 39 II e KVO ist daher auch im Sinn einer von Dritten an den Unternehmer geleisteten Zahlung zu verstehen. In Hinblick auf Ansprüche aus § 31 I d KVO ist § 39 II e KVO **11** analog anzuwenden; denn auch hier hat der Absender nie die Möglichkeit, den Fehler vor der Annahme des Guts durch den Empfänger zu bemerken.

§ 40 KVO [Verjährung der Ansprüche aus dem Beförderungsvertrag]

(1) **Die Ansprüche aus dem Beförderungsvertrage verjähren in einem Jahre.**

Die Verjährungsfrist beträgt indessen drei Jahre:

a) bei Ansprüchen des Absenders auf Auszahlung einer Nachnahme, die der Unternehmer vom Empfänger eingezogen hat;

b) bei Ansprüchen auf Auszahlung des Erlöses eines vom Unternehmer vorgenommenen Verkaufs;

c) bei Ansprüchen wegen eines durch Vorsatz verursachten Schadens.

(2) **Die Verjährungsfrist beginnt:**

a) bei Ansprüchen auf Zahlung oder Erstattung von Fracht, Frachtzuschlägen, Nebengebühren und sonstigen Kosten mit Ablauf des Tages der Zahlung oder, wenn keine Zahlung stattgefunden hat, mit Ablauf des Tages, an dem das Gut zur Beförderung angenommen worden ist;

b) bei Ansprüchen auf Zahlung oder Rückerstattung von Beträgen, die unter einen auf einen Höchstbetrag beschränkten Freivermerk fallen, mit Ablauf des Tages der Abrechnung über den Freibetrag mit dem Absender;

c) (weggefallen)

d) bei Ansprüchen auf Entschädigung wegen gänzlichen Verlustes des Gutes mit Ablauf des 30. Tages nach Beendigung der Lieferfrist;

e) bei Ansprüchen auf Entschädigung wegen teilweisen Verlustes, Beschädigung oder Lieferfristüberschreitung mit Ablauf des Tages der Ablieferung;

f) bei Ansprüchen wegen Nachnahmen mit dem Ablauf des 14. Tages nach Beendigung der Lieferfrist;

g) bei Ansprüchen auf Auszahlung eines Verkaufserlöses mit Ablauf des Verkaufstages;

h) bei Ansprüchen auf Zahlung eines vom Unternehmer an die Zollbehörde entrichteten Betrags mit Ablauf des Tages, an dem die Zollbehörde den Betrag angefordert hat.

(3) **Die Verjährung des Anspruchs gegen den Unternehmer wird, abgesehen von den allgemeinen gesetzlichen Hemmungsgründen, auch durch seine schriftliche Anmeldung gehemmt. Ergeht auf die Anmeldung ein abschlägiger Bescheid, so läuft die Verjährungsfrist von dem Tage an weiter, an dem der Unternehmer oder in den Fällen des § 38 (2) und (3) der Versicherer seine Entscheidung dem Anmeldenden schriftlich bekanntmacht und ihm die der Anmeldung etwa beigefügten Belege zurückgibt. Den Eingang der Anmeldung oder des Bescheides und der Rückgabe der Belege hat derjenige zu beweisen, der sich auf diese Tatsachen beruft. Weitere Gesuche, die denselben Anspruch zum Gegenstand haben, hemmen die Verjährung nicht.**

(4) **Die Unterbrechung der Verjährung regelt sich nach den allgemeinen gesetzlichen Vorschriften.**

(5) **Die Ansprüche gegen den Unternehmer wegen gänzlichen oder teil-**

weisen Verlustes oder wegen Beschädigung des Gutes oder wegen Überschreitung der Lieferfrist können nach der Vollendung der Verjährung nur aufgerechnet werden, wenn vorher der gänzliche oder teilweise Verlust, die Beschädigung oder die Überschreitung der Lieferfrist dem Unternehmer angezeigt oder die Anzeige an ihn abgesandt worden ist. Der Anzeige an den Unternehmer steht es gleich, wenn gerichtliche Beweisaufnahme zur Sicherung des Beweises beantragt oder wenn in einem zwischen dem Absender und Empfänger oder einem späteren Erwerber des Guts wegen des gänzlichen oder teilweisen Verlustes, der Beschädigung oder der Lieferfristüberschreitung anhängigen Rechtsstreit dem Unternehmer der Streit verkündet wird.

Literatur: siehe vor § 1 KVO.

I. Allgemeines

1 § 40 KVO statuiert eine **Einrede** der Verjährung, auf die – soweit nicht in § 40 KVO Abweichendes geregelt ist – die allgemeinen Vorschriften über die Verjährung (§§ 202 ff BGB) anzuwenden sind (vgl. § 40 III 1, IV KVO). Die Verjährung ist daher nicht von Amts wegen zu berücksichtigen, sondern nur dort, wo sich der Schuldner auf sie beruft. Der Schuldner kann daher trotz der §§ 22, 26 GüKG uneingeschränkt ganz oder zeitweise auf die bereits entstandene Einrede der Verjährung verzichten, da kein Zwang besteht, die Einrede zu erheben (*Willenberg*, KVO, § 40 Rz. 2). Bei Verzicht vor Verjährungseintritt kommt der Arglisteinwand (§ 40 KVO Rz. 15) in Betracht. Die Verjährungsfrist darf nicht verkürzt (§ 26 GüKG) und nicht verlängert werden (§§ 22, 23 GüKG). Zum Verzicht des Haftpflichtversicherers auf die Einrede der Verjährung OLG Düsseldorf v. 14.7.1983, TranspR **1984,** 16.

2 § 40 KVO gilt für *alle vertraglichen Ansprüche,* gleichgültig, ob sie dem Frachtführer oder dem Absender zustehen oder ob sie auf die KVO, das BGB, HGB bzw. auf Vereinbarung gestützt werden (OLG Köln v. 19.6.1985, TranspR **1985**, 429). Nebenabreden, die nicht beförderungsvertraglicher Natur sind (z. B. Palettendarlehen [§ 425 HGB Rz. 14]) unterfallen § 40 KVO nach den Regeln des gemischten Vertrages *(Palandt/Heinrichs*, BGB, vor § 305 Rz. 16 ff). § 40 KVO erfaßt auch vertragliche Ansprüche des Empfängers und Ansprüche gegen den Empfänger, da der Empfänger aufgrund Vertrages zugunsten Dritter berechtigt ist und sich kraft Schuldbeitritts (§ 25 II 3 KVO) verpflichtet (BGH v. 5.7.1962, BB **1962,** 861). Unerheblich ist, ob die KVO unmittelbar oder über die §§ 412 f HGB zum Tragen kommt. Im Fall der §§ 412 f HGB muß allerdings grundsätzlich der Spediteur mit eigenen Fahrzeugen transportiert haben; denn beim Transport mit fremden Fahrzeugen greift § 1 V KVO ein, demzufolge die Haftungsregeln der KVO nicht zum Tragen kommen. § 40 KVO zählt laut Überschrift vor § 29 KVO zu den Haftungsregeln. Auch der Sachzusammenhang zwischen §§ 40 I c, 40 II d, e KVO und der Haftung spricht für eine Anwendbarkeit des § 1 V KVO (*Muth/Andresen/Pollnow*, KVO, § 40 Anm. 2; s. ferner § 1 KVO Rz. 12). Die §§ 40 I a, b, II a, b, f, g, h KVO gelten dagegen im Verhältnis zu allen Spediteuren zwingend, weil insoweit nicht Haftungsfragen geregelt

werden (§ 1 Rz. 12; **a. A.** *Willenberg*, KVO, § 1 Rz. 74; *Starosta*, TranspR **1992**, 97, 98). § 40 KVO erfaßt ferner Regreßansprüchen des KVO-Hauptfrachtführers gegen den Unterfrachtführer, der nicht durch Übernahme des Guts und des ursprünglichen Frachtbriefs in den Frachtvertrag zwischen dem Absender und dem Hauptfrachtführer eingetreten ist (BGH v. 23.5.1985, VersR **1985,** 831), außer wenn ein Fall des § 432 II HGB vorliegt (OLG München v. 31.12.1982, TranspR **1983,** 75). Auf *außervertragliche Ansprüche* (§§ 812 ff, 823 ff BGB) ist § 40 KVO nicht anzuwenden (BGHZ **38,** 171, 183; BGH v. 7.7.1964, VersR **1964,** 1045, 1046; v. 15.12.1965, VersR **1966,** 157, 158; *Lenz*, TranspR **1989**, 396, 398 m. Nachw. zum Streitstand). Dagegen ist § 40 KVO analog auf Ansprüche aus c.i.c. anzuwenden, die in engem Zusammenhang mit dem Transportvorgang stehen.

II. Grundsatz: Einjährige Verjährung (§ 40 I 1 KVO)

3 § 40 I KVO gilt sowohl für Ansprüche des Frachtführers als auch für Ansprüche gegen den Frachtführer (oben Rz. 2). Zum Beginn der Verjährung und dem Lauf der Verjährung Rz. 5. Zur Berechnung der Frist §§ 186 ff BGB.

III. Ausnahme: Dreijährige Verjährung (§ 40 I 2 KVO)

4 1. Ansprüche auf Herausgabe der Beträge, die aufgrund einer **Nachnahme** beim Empfänger eingezogen worden sind (§ 24 KVO Rz. 2), nicht aber Ansprüche aus § 31 I d KVO wegen schuldhaften Verhaltens beim Einzug. Beginn der Frist § 40 II f KVO.

2. Ansprüche auf Auszahlung von **Verkaufserlösen** (§ 28 KVO), soweit der Verkauf im Rahmen des Beförderungsvertrages erfolgt ist. Beginn der Frist § 40 II g KVO.

3. Ansprüche aus (bedingt) **vorsätzlicher Schädigung** durch den Frachtführer (z. B. §§ 12, 29, 31, 33 KVO) oder durch den Absender (z. B. §§ 13, 18 KVO). Der Frachtführer hat für seine Gehilfen im Rahmen des § 6 KVO (OLG München, NJW **1955,** 1930), der Absender im Rahmen des § 278 BGB einzustehen. Der Geschädigte hat den Vorsatz zu beweisen. Beginn der Frist § 40 II KVO.

IV. Beginn der Verjährungsfrist (§ 40 II KVO)

1. Grundsatz

5 Grundsätzlich beginnt die Verjährung gemäß den §§ 198 ff BGB zu laufen. § 40 II KVO trägt zum Teil dem Umstand Rechnung, daß dem Gläubiger das Entstehen eines bestimmten Anspruchs eine gewisse Zeit verborgen bleibt; zum Teil versucht § 40 II KVO Rechtssicherheit zu schaffen. Die in § 40 II KVO angeführten Beispiele sind *analogiefähig,* soweit sie nicht nur dem Ziel der Rechtssicherheit dienen (vgl. *Canaris*, Die Feststellung von Lücken im Gesetz (1983), S. 184 ff; **a. A.** GroßkommHGB-*Helm,* Anh. II § 452 HGB, § 40 KVO Rz. 9). Eine Gesamtanalogie ist unzulässig. Deshalb beginnt die

Verjährung im Fall des § 31 I c KVO von der Entstehung des Schadens an zu laufen. Dem steht ebensowenig wie im Rahmen des § 198 BGB der Umstand entgegen, daß der Geschädigte das Entstehen des Anspruchs nicht kennen kann (BGHZ **73**, 363, 365; **a. A.** OLG Oldenburg v. 20.12.1983, TranspR **1984**, 154). Dagegen ist im Fall des § 31 I b KVO eine Analogie zu § 40 II e KVO zu ziehen, da die Schäden infolge Falschauslieferung mit den Schäden infolge Lieferfristüberschreitung zu vergleichen sind. Zur Fristberechnung §§ 186 ff BGB. Zum Arglisteinwand Rz. 15 a. E.

2. Zahlung, Erstattung von Fracht (§ 40 II a KVO)

Vgl. §§ 21, 23 KVO (§ 23 GüKG Rz. 2, 3). Zur Annahme zur Beförderung **6**
§ 15 KVO Rz. 7. Auf die Annahme kommt es nur an, wenn überhaupt nichts gezahlt worden ist (OLG Hamm v. 11.1.1988, TranspR **1989**, 13, 16).

3. Freivermerk (§ 40 II b KVO)

§ 40 II b KVO erlangt dort praktische Bedeutung, wo der Freibetrag bei **7**
Aufgabe des Guts nicht berechnet werden kann (§ 21 VI KVO).

4. Zahlung durch Nichtschuldner (§ 40 II c KVO)

§ 40 II c KVO ist analog auf den Fall anzuwenden, daß der Unternehmer **8**
Zahlung vom Nichtschuldner erhalten hat, diese gemäß §§ 23 KVO, 812 BGB erstatten muß und nun Zahlung vom wahren Schuldner verlangt.

5. Gänzlicher Verlust (§ 40 II d KVO)

Zum Verlust § 429 HGB Rz. 3; zur Fiktion des Verlusts § 37 IV KVO. Der **9**
Verlust muß die gesamte Sendung (§ 20 I KVO) betreffen. Zur Dauer der Lieferfrist § 26 KVO.

6. Teilweiser Verlust, Beschädigung, Lieferfristüberschreitung (§ 40 II e KVO)

Zum **Verlust** § 429 HGB Rz. 3. Ist die gesamte Sendung (§ 20 I KVO) **10**
verlorengegangen, so greift § 40 II d KVO ein. Zur **Beschädigung** § 429 HGB Rz. 3; zur **Lieferfristüberschreitung** § 31 KVO Rz. 6. Zum Begriff der Auslieferung § 29 KVO Rz. 4.

7. Nachnahme (§ 40 II f KVO)

Siehe § 24 KVO. § 40 II f KVO gilt sowohl für Ansprüche auf Herausgabe **11**
eingezogener Beträge als auch für Ansprüche aus § 31 I d KVO. Zur Lieferfrist § 26 KVO. Beachte § 40 I 2 a KVO.

8. Verkaufserlös (§ 40 II g KVO)

12 Siehe oben Rz. 4.

9. Zahlungen an Zollbehörde (§ 40 II h KVO)

13 Siehe § 12 V, VII KVO.

V. Hemmung der Verjährung (§ 40 III KVO)

14 § 40 III KVO verweist auf die §§ 202ff BGB. Darüber hinaus wird die Verjährung von **Ansprüchen gegen den Unternehmer** auch durch schriftliche Anmeldung des Anspruchs gehemmt. Die Anmeldung durch Telegramm, Telefax oder Telex, auch schon vor Ankunft des Gutes, genügt nach dem Sinn der Vorschrift (BGH v. 7.11.1985, VersR **1986,** 287, 289). Die Anmeldung muß dem Unternehmer oder dessen Vertreter *zugehen.* Dem BGH (v. 20.2.1970, VersR **1970,** 416) zufolge genügt Anmeldung beim KVO-Versicherer, weil der Versicherer gemäß § 38 II KVO ein Mitwirkungsrecht hat. Aus der Anmeldung muß sich (nicht ausdrücklich, aber unzweideutig) ergeben, daß Ansprüche geltend gemacht oder angekündigt werden (BGH v. 7.11.1985, VersR **1986,** 287; vgl. auch Art. 32 CMR Rz. 9). Daher wird regelmäßig auch dann ein Anspruch angemeldet, wenn ein Schriftstück mit einer Ersatzforderung weitergeleitet wird (BGH v. 7.11.1985, VersR **1986**, 286, 289), weil sich der Weiterleitende damit die Forderung zu eigen macht. Der *bloße Antrag auf Schadensfeststellung* genügt nicht (§ 37 KVO); doch wird der Antrag in der Regel auch die Anmeldung des Ersatzanspruches umfassen. Die Anmeldung muß sich auf bestimmte oder zumindest aus der Sicht des Unternehmers bestimmbare Umstände, aus denen der Anspruch hergeleitet wird, beziehen. Im Zweifel sind alle aus einer vom Anmeldenden genannten Leistungsstörung entspringenden Schäden gemeint und diese Schäden angemeldet (vgl. auch Art. 32 CMR Rz. 9; **a. A.** OLG Frankfurt v. 8.6.1982, VersR **1983,** 141). Dies gilt besonders dort, wo der Ersatzberechtigte die genaue Schadensursache bei Anmeldung des Schadens nicht erkennen kann, weil sie in der Sphäre des Unternehmers liegt. Der Ersatzanspruch braucht nicht in Hinblick auf Schadensentstehung und -umfang im einzelnen dargelegt oder gar *beziffert* zu werden (BGH v. 7.11.1985, VersR **1986,** 287, 289; OLG Frankfurt, TranspR **1982,** 150, 151; vgl. ferner Art. 32 CMR Rz. 9). Es muß nur vermieden werden, daß später neue Schäden nachgeschoben werden. Deshalb hindert die Bezifferung eines bestimmten Schadens den Geschädigten nicht, die Schadenssumme später zu erhöhen (**a. A.** *Willenberg,* KVO, § 40 Rz. 23; *Bischof,* GüKUMT, § 14 Rz. 24). Andererseits erfaßt die Hemmung nur die Schäden (z. B. Beschädigungen), die hinreichend konkret angemeldet worden sind, nicht sämtliche Schäden im Laufe des Transports.

15 Eine die Hemmung der Verjährung auslösende Schadensanmeldung muß grundsätzlich von demjenigen, der im Moment der Anmeldung Gläubiger ist (BGH, NJW **1981,** 2750), im Fall des Schadensersatzes **vom Ersatzberechtigten** (vgl. § 29 KVO Rz. 7 f) **ausgehen,** gleichgültig, ob der Ersatzberech-

tigte materiell oder im Fall der Drittschadensliquidation nur formell geschädigt ist (BGH, NJW **1981,** 2750; zur Frage, ob man sich auf die Reklamation eines anderen berufen darf, vgl. auch Art. 32 CMR Rz. 14). Die Schadensanmeldung durch einen Vertreter mit Vertretungsmacht ist zulässig. Die §§ 164ff BGB sind analog heranzuziehen, so daß die Schadensanmeldung analog § 174 BGB zurückgewiesen werden kann, falls keine Vollmachtsurkunde vorgelegt wird (AG Köln, TranspR **1991**, 105 zur EVO). Zur Anmeldung ist auch der Zessionar eines Anspruchs befugt (BGH, NJW **1981,** 2750; vgl. ferner Art. 32 CMR Rz. 13). Der Gläubiger oder Zessionar kann Dritte zur Anmeldung im eigenen Namen ermächtigen (BGH v. 6.2.1981, NJW **1981,** 2750; Prozeßstandschaft; § 429 HGB Rz. 12; *Piper,* VersR **1988,** 200, 203). Die Ermächtigung kann konkludent erteilt werden. Sie wird regelmäßig dem Versicherer des Absenders oder Empfängers erteilt. Dagegen führt die bloße kaufrechtliche Beziehung zwischen Versender und Empfänger nicht dazu, daß der Empfänger den Versicherer des Versenders ermächtigt. Liegt keine Ermächtigung vor, so kann die Anmeldung eines Dritten auch nicht nachträglich genehmigt werden, da sich der Unternehmer nicht auf Ansprüche beliebiger Dritter einzustellen braucht (*Willenberg,* KVO, § 40 Rz. 28; **a. A.** GroßkommHGB-*Helm,* Anh. II § 452, § 40 KVO Rz. 19). § 185 II BGB läßt sich weder unmittelbar noch analog anwenden (vgl. Art. 32 CMR Rz. 13; *Willenberg,* KVO, § 40 Rz. 28; **a. A.** OLG Hamburg v. 17.11.1983, VersR **1984,** 236). Erfolgt die Genehmigung gegenüber dem Frachtführer innerhalb der Frist, so ist das eine eigene Schadensanmeldung. Der Anmeldende muß seine Berechtigung nicht schon bei der Anmeldung darlegen (OLG Düsseldorf v. 27.5.1982, VersR **1983,** 62; vgl. ferner Art. 32 CMR Rz. 9). Die §§ 174, 180 I 2, 410 I 2 BGB sind jedoch analog anwendbar. Eine **Ausnahme** von diesen Grundsätzen wird von der h. M. dort gemacht, wo der durch den Frachtführer materiell geschädigte Versender (§ 407 HGB) den Schaden anmeldet, obwohl der Spediteur als Absender Gläubiger des Anspruchs ist (BGH, NJW **1970,** 995; NJW **1981,** 2750; *Piper,* VersR **1988,** 200, 203; *Willenberg,* KVO, § 40 Rz. 30). Diese Ansicht wird auf § 392 II HGB gestützt. Eine Anmeldung ist aber, wie § 392 I BGB zeigt, nicht schon deshalb von Bedeutung, weil sie auf bloßes wirtschaftliches Interesse am Anspruch gestützt wird (**a. A.** OLG Düsseldorf v. 16.12.1982, VersR **1983,** 1028), so daß Anmeldungen des Versenders grundsätzlich unbeachtlich sind (*Koller,* VersR **1989**, 308, 311). Auch nach Ansicht des BGH (v. 6.2.1981, VersR **1981,** 571) sind Anmeldungen durch den Versender unbeachtlich, wenn der Versender seine Ansprüche vom Empfänger und nicht vom Spediteur ableitet. Eine Anmeldung bleibt trotz späterer Zession der Forderung wirksam.

Die **Hemmung beginnt** mit dem Zugang einer wirksamen Anmeldung (s. auch Art. 32 CMR Rz. 15). Während der Dauer der Hemmung läuft die Verjährungsfrist nicht weiter (§ 205 BGB). Es beginnt jedoch keine neue Verjährungsfrist zu laufen. Die Hemmung begünstigt immer nur denjenigen Gläubiger, der den Schaden angemeldet hat. Hat also der Empfänger angemeldet, so kann der Absender, der ebenfalls aktivlegitimiert ist (§ 29 KVO Rz. 7 f) eigenständig nochmals anmelden (§§ 428, 425 II BGB analog; OLG München v. 21.7.1989, TranspR **1989**, 324). Die **Hemmung endet** gemäß § 40 III 2

KVO an dem Tag, an dem der Unternehmer oder dessen Versicherer den Anspruch endgültig (OLG Schleswig v. 23.4.1965, SchlHAnz **1965,** 281; OLG Frankfurt, TranspR **1982,** 76; s. auch Art. 32 CMR Rz. 15) schriftlich ablehnt und die der Anmeldung beigefügten oder später eingesandten (§ 40 III 2 KVO analog) Originalbelege zurücksendet. Die Kopien brauchen nicht zurückgegeben zu werden (OLG Celle, NJW **1975,** 1603; OLG Düsseldorf v. 2.10.1980, VersR **1981,** 737; *Oeynhausen,* VersR **1983,** 312; ferner Art. 32 CMR Rz. 15). In den Fällen des § 38 II, III KVO kommt es auf die Entscheidung der Versicherung an (BGH, NJW **1975,** 1276). Maßgeblich ist der Zugang (§ 130 BGB), den der Unternehmer zu beweisen hat (s. auch Art. 32 CMR Rz. 15). Die Ablehnung muß dem Anmeldenden oder dessen Vertreter zugehen (vgl. OLG Düsseldorf v. 16.12.1982, VersR **1983,** 1132). Dies gilt auch, wenn der Anspruch später abgetreten worden ist, es sei denn, daß der Ablehnende die Zession kannte (§ 407 BGB analog). Haben sowohl der Empfänger als auch der Absender angemeldet, so wirkt die Zurückweisung nur im Verhältnis zu der Person, der gegenüber der Anspruch zurückgewiesen worden ist (OLG München v. 21.7.1989, TranspR **1989**, 324; Art. 32 CMR Rz. 14, 15). Bei teilweise abgelehnten Ansprüchen endet die Hemmung in Hinblick auf diese Ansprüche. Soweit der Unternehmer die Ansprüche nur der Höhe nach ablehnt, endet die Hemmung in Hinblick auf den gesamten Anspruch. Unter Umständen greift der § 208 BGB (Anerkenntnis dem Grunde nach) ein. Wurde der Anspruch abgelehnt und macht ihn derselbe Gläubiger erneut geltend, so zieht dies auch dann keine weitere Hemmung der Verjährung nach sich, wenn sich der Unternehmer bzw. sein Versicherer wieder auf Verhandlungen einlassen (*Willenberg,* KVO, § 40 Rz. 39; vgl. auch Art. 32 CMR Rz. 17). Allerdings können der Unternehmer bzw. die Versicherung, die sich auf weitere Verhandlungen einlassen, **arglistig** handeln, wenn sie den Geschädigten in eine Situation bringen, in der er davon ausgehen muß, daß ihm kein KVO-Anspruch zusteht oder wenn sie sich später auf Verjährung berufen (vgl. BGH v. 10.5.1984, VersR **1984,** 932; BGH v. 13.4.1989, NJW-RR **1989**, 1270, 1271; näher § 64 ADSp Rz. 3). Die Verjährung kann in einem derartigen Fall auch gemäß § 202 BGB gehemmt worden sein (vgl. § 414 HGB Rz. 3). Die Wertung der §§ 22 III, 26 KVO steht dem nicht entgegen, da § 40 KVO nur eine Einrede statuiert, deren Erhebung im Belieben des Unternehmers steht. Der Unternehmer kann daher auch durch Realakte die Verjährung verzögern. Zum **Verzicht auf die Verjährungseinrede** oben Rz. 1 sowie § 414 HGB Rz. 3. Wurde der Anspruch anerkannt, so greift § 40 IV KVO iVm § 208 BGB ein. Das gilt auch, wenn der Anspruch nur dem Grund nach anerkannt wird.

VI. Unterbrechung der Verjährung (§ 40 IV KVO)

16 Vgl. §§ 208 ff BGB. § 639 I iVm § 477 II BGB kann entgegen einem obiter dictum des OLG München (v. 31.12.1982, TranspR **1983,** 75, 76; zust. *Helm,* TranspR **1983,** 77, 78) nicht analog angewandt werden (*Willenberg,* KVO, § 40 Rz. 48). Dies zeigt die Wertung des § 40 V 2 KVO und der §§ 439, 414 III HGB, denen zufolge Beweissicherungsverfahren nur zur Sicherung der Auf-

rechnungsmöglichkeit führen. Zur Unterbrechung durch Klage eines Assekuradeurs OLG Hamburg v. 15.10.1981, VersR **1982**, 872; s. ferner § 429 HGB Rz. 12.

VII. Aufrechnung (§ 40 V KVO)

§ 40 V KVO geht davon aus, daß die Aufrechnung unbeschränkt möglich ist, soweit die Voraussetzungen der §§ 387 ff BGB, insbesondere auch des § 390 S. 2 BGB erfüllt sind. **Ausnahme:** § 40 V KVO schränkt für die dort genannten Ansprüche (§§ 29, 33, 31 I a KVO) die Aufrechnungsmöglichkeit zusätzlich ein (vgl. dazu den nahezu wortgleichen § 414 HGB Rz. 4). **17**

VIII. Vertragliches Aufrechnungsverbot

Die KVO trifft keine Regelung, aus der sich unmittelbar ein Aufrechnungsverbot ergibt. Die KVO geht lediglich davon aus, daß die Möglichkeit zur Aufrechnung unter nicht näher bestimmten Umständen bestehen könne und schränkt diese Möglichkeit in § 40 V KVO ein (vgl. BGH v. 7.3.1985, VersR **1985**, 684, 685 zu Art. 32 CMR). Der BGH nimmt gleichwohl in ständiger Rechtsprechung an, daß sich aus § 40 V KVO ein Aufrechnungsverbot entnehmen lasse; denn § 40 V KVO gestatte schlechthin die Aufrechnung mit unverjährten Forderungen (BGHZ **38,** 150, 154; **65,** 340, 344; BGH, NJW **1983,** 1266, 1267; *Muth/Andresen/Pollnow,* KVO, § 40 Anm. 6 auch für die Widerklage). Dieser Umkehrschluß aus § 40 V KVO ist nicht haltbar (*Bayer,* TranspR **1985,** 417; *Staub/Helm,* Anh. I § 415 HGB, § 32 ADSp Rz. 12), weil § 40 V KVO allenfalls einen Schluß auf die grundsätzliche Möglichkeit der Aufrechnung, nicht aber auf die konkreten Grenzen der Aufrechnung zuläßt (*Koller,* VersR **1988,** 556, 559). Auch aus der Unabdingbarkeit der Haftungsnormen kann nicht unmittelbar auf die Unwirksamkeit von Aufrechnungsverboten geschlossen werden (vgl. BGH, NJW **1985,** 2091 zur CMR). Gleichwohl bedeutet dies nicht, daß Aufrechnungsverbote im Rahmen des § 138 BGB und des AGBG wirksam wären (so aber *Bayer,* TranspR **1985,** 417). Es ist nämlich zu berücksichtigen, daß gemäß §§ 22 III, 26 GüKG nicht nur die Vorschriften der KVO unabdingbar sind, sondern daß gemäß § 22 II 2 GüKG anders als nach Art. 41 I CMR jede Zuwendung unzulässig ist, die einer Umgehung des tarifgemäßen Entgelts gleichkommt. Soweit die KVO Lücken aufweist und durch Vorschriften des HGB und BGB zu ergänzen ist (§ 1 KVO Rz. 3), wird das dispositive Recht des BGB und HGB zwar nicht zu zwingendem Recht. Die Dispositivität des BGB und HGB darf aber nur so weit ausgenutzt werden, daß daraus kein Verstoß gegen § 22 II GüKG entspringt. Ein weites Aufrechnungsverbot (z. B. § 32 ADSp) enthält eine derartige unzulässige Zuwendung, weil sie anders als ein Widerklageverbot den wirtschaftlichen Wert von Ansprüchen wesentlich erhöhen kann (ebenso i. E. *Diehl,* Pflichten des Spediteurs, aaO, S. 59 f). Dagegen läßt sich auch nicht in Parallele zur CMR einwenden, daß der Unternehmer Vorauszahlung vereinbaren könne (vgl. BGH v. 7.3.1985, VersR **1985,** 684, 686); denn die Vorauszahlung steht zwingend zur freien Wahl des Absenders (§ 21 I KVO). **18**

Teil G
Sondervorschriften für bestimmte Beförderungs-modalitäten

1. Abschnitt
Verordnung TSU Nr. 3/83 über den Güterkraftverkehrstarif für den Umzugsverkehr und für die Beförderung von Handelsmöbeln in besonders für die Möbelbeförderung eingerichteten Fahrzeugen im Güterfernverkehr und Güternahverkehr (GüKUMT) v. 3. August 1983

(BAnz. Nr. 151 v. 16.8.1983), zuletzt geändert durch die Verordnung TSU Nr. 2/91 vom 21.8.1991 (BAnz. 1991, S. 6117)

§ 1 GüKUMT VO TSU Nr. 3/83

Für die Beförderung von Umzugsgut, Erbgut und Heiratsgut mit einem Kraftfahrzeug für andere und für die Beförderung von Handelsmöbeln in besonders für die Möbelbeförderung eingerichteten Fahrzeugen im Güterfernverkehr und Güternahverkehr gelten die Beförderungsbedingungen, Entgelte und Berechnungsvorschriften, die sich aus der Anlage zu dieser Verordnung ergeben.

§ 2 GüKUMT VO TSU Nr. 3/83

Die Kraftverkehrsordnung für den Güterfernverkehr mit Kraftfahrzeugen und die Kraftverkehrsordnung in der für den Güterfernverkehr mit Kraftfahrzeugen der Deutschen Bundesbahn geltenden Fassung – Teil I des Reichskraftwagentarifs (Zusammenfassung der Tarife für den Güterfernverkehr mit Kraftfahrzeugen durch Verordnung TS Nr. 12/58 vom 23. Dezember 1958 – BAnz. Nr. 249 vom 31. Dezember 1958) –, jeweils zuletzt geändert durch die Verordnung TSF Nr. 7/82 zur Änderung der Kraftverkehrsordnung für den Güterfernverkehr mit Kraftfahrzeugen und der Kraftverkehrsordnung für den Güterfernverkehr mit Kraftfahrzeugen der Deutschen Bundesbahn vom 10. Dezember 1982 (BAnz. Nr. 238 vom 22. Dezember 1982) werden jeweils wie folgt geändert:
§ 1 Abs. 4 wird wie folgt gefaßt:
„(4) Für die Beförderung von Umzugsgut, Erbgut und Heiratsgut mit einem Kraftfahrzeug für andere und für die Beförderung von Handelsmöbeln in besonders für die Möbelbeförderung eingerichteten Fahrzeugen im Güterfernverkehr und Güternahverkehr gilt der Güterkraftverkehrstarif für den Umzugsverkehr und für die Beförderung von Handelsmöbeln in besonders für die Möbelbeförderung eingerichteten Fahrzeugen im Güterfernverkehr und Güternahverkehr (GüKUMT).“

§ 3 GüKUMT VO TSU Nr. 3/83

Diese Verordnung gilt nach § 14 des Dritten Überleitungsgesetzes in Verbindung mit § 105 des Güterkraftverkehrsgesetzes auch im Land Berlin.

§ 4 GüKUMT VO TSU Nr. 3/83

(nicht abgedruckt)

Güterkraftverkehrstarif für den Umzugsverkehr und die Beförderung von Handelsmöbeln in besonders für die Möbellieferung eingerichteten Fahrzeugen im Güterfernverkehr und Güternahverkehr (GüKUMT)

Literatur: *Bischof*, Güterkraftverkehrstarif für den Umzugsverkehr und für die Beförderung von Handelsmöbeln (1986); *Beier/Hebel/Kraus/Müller*, Großes Handbuch für den Möbeltransport (Loseblatt); *Widmann*, GüKUMT (1988); *Willenberg*, Kraftverkehrsordnung (4. Aufl. 1991)

Vorbemerkung

Übersicht

	Rz.		Rz.
I. Rechtsnatur	1	c) Persönlicher Geltungsbereich	5
II. Zweck der Verordnung	2	2. Transport von Handelsmöbeln	
III. Geltungsbereich		a) Sachlicher Geltungsbereich	6
1. Umzugsverkehr		b) Örtlicher Geltungsbereich	7
a) Sachlicher Geltungsbereich	3	c) Persönlicher Geltungsbereich	8
b) Örtlicher Geltungsbereich	4	IV. Abschließende Regelung	9

I. Rechtsnatur

1 Der GüKUMT ist auf der Grundlage des § 40 GüKG erlassen worden. § 40 GüKG scheint zwar nur die Frage der Vergütung zu regeln. Da § 40 I 2 GüKG jedoch auf § 20 I GüKG verweist, ist der Bundesminister für den Verkehr auch ermächtigt, die Beförderungsbedingungen im Weg von Rechtsverordnungen zu regeln (§ 40 I 4, § 20 a V GüKG). Der GüKUMT stellt mithin eine Rechtsverordnung dar, die zugunsten und zu Lasten (LG Düsseldorf, TranspR **1988**, 114; AG Krefeld, TranspR **1990,** 430; LG Bonn, TranspR **1991,** 25, 27) des Frachtführers **nicht abbedungen** werden kann (§ 40 I 2, § 22 III GüKG). Soweit die Vergütungen in der Form von Margentarifen ausgestaltet sind, gilt das Vergünstigungsverbot nicht nur für die Vergütungen (§ 40 I 3 GüKG), sondern auch für die Beförderungsbedingungen (§ 22 II GüKG); denn nur so lassen sich Umgehungen des Tarifs verhindern (näher § 22 GüKG Rz. 4 ff). Gemäß § 41 GüKG greift außerdem § 26 GüKG ein, der Haftungsausschlüsse und -beschränkungen, die über das in dem GüKUMT vorgesehene Maß hinausgehen, für unzulässig erklärt. Zur Frage, inwieweit

der Absender, dem der Frachtführer tarifwidrige Vergünstigungen gewährt oder dem der Frachtführer falsche Angaben über die Vergütung gemacht hat, die Unwirksamkeit der Abrede mit dem *Arglisteinwand* bekämpfen oder *Ansprüche aus c.i.c.* geltend machen kann, § 22 GüKG Rz. 3; § 84 GüKG Rz. 1.

II. Zweck der Verordnung

Im Bereich des Transports von *Handelsmöbeln* soll der GüKUMT den Wettbewerb zwischen Schiene und Straße steuern und die Vergütungstarife vor Aushöhlungen auf der Ebene der sonstigen Vertragsbedingungen sichern (§ 7 I GüKG). Der GüKUMT ist daher insoweit aufgrund der §§ 20 a, 84 f GüKG und nicht aufgrund des § 40 GüKG erlassen worden. Im Bereich des *Umzugsverkehrs* hat das BVerfG (NJW **1976**, 179) jedoch festgestellt, daß die Wettbewerbsposition der Bahn durch Umzugstransporte auf der Straße nicht bedroht wird und daher Kontingentierungen unzulässig seien. Die ratio des GüKUMT liegt auch nicht in der Verhinderung eines unbilligen Wettbewerbs zwischen verschiedenen Verkehrsträgern (§ 7 II GüKG). Die ratio des GüKUMT ergibt sich vielmehr aus dem Zweck des § 40 GüKG, aufgrund dessen der GüKUMT erlassen worden ist. In der Begründung der Bundesregierung zur Neufassung des § 40 GüKG heißt es: „Die Entgelte für die Beförderung von Umzugsgut sollen wie bisher der Tarifbindung unterliegen. Ausschlaggebend hierfür ist der **Verbraucherschutz**..." (BT-Drucksache IX/1909, S. 14). Auch § 41 GüKG, der das Verbot des Haftungsausschlusses und der Haftungsbeschränkung statuiert, wurde mit den Interessen der Verbraucher legitimiert (BT-Drucksache IX/1909, S. 14). Der Ausschuß für Verkehr sah im Einklang damit die Einbeziehung der Verbraucherverbände in die Tarifbildungskommission und zum Schutz der Verbraucher die Einführung einer allgemeinen Versicherungspflicht vor (BT-Drucksache IX/2173, S. 11). Der Verbraucherschutzgedanke legitimiert nicht eine analoge Anwendung des AGBG (**a. A.** *Busche,* DB **1988,** 2395, 2396). 2

III. Geltungsbereich

1. Umzugsverkehr

a) Sachlicher Geltungsbereich. Siehe § 37 GüKG. Dem Umzugsverkehr gleichgestellt sind der Transport von Erb- und Heiratsgut (arg. e. § 37 GüKG, VO TSU Nr. 1/83, § 1 IV KVO). 3

b) Örtlicher Geltungsbereich. Der GüKUMT gilt zweifellos für **innerdeutsche** Transporte. Unklar ist, ob der GüKUMT auch bei **grenzüberschreitenden** Transporten zum Tragen kommt. *Bischof* (GüKUMT, S. 17 f) verneint dies mit dem Argument, daß eine Erstreckung des Geltungsbereichs auf grenzüberschreitende Transporte dem Territorialitätsprinzip widerspreche. Außerdem enthalte der GüKUMT keine Bestimmungen zum örtlichen Geltungsbereich. Diese Argumentation verkennt das Wesen des Territorialitätsprinzips (*Koller*, TranspR **1987**, 317 ff). Der GüKUMT enthält auch in den §§ 6, § 16 III Nr. 13, § 17 eine Reihe von Vorschriften, die nur dann sinnvoll 4 sind, wenn der GüKUMT auch auf den grenzüberschreitenden Umzugsverkehr anzuwenden ist. Allenfalls kommt im Licht der ratio des GüKUMT eine Restriktion auf den nationalen Streckenanteil in Betracht. Gegen eine derartige Restriktion spricht, daß der GüKUMT dem Verbraucherschutz dient (oben Rz. 2) und der Verbraucherschutz auf der ausländischen Strecke nicht überflüssig ist. Nachdem durch VO v. 4.9.1991 (abgedr. *Hein/Eichhoff/Pukall/Krien,* Güterkraftverkehrsrecht, Nr. C 483; vgl. auch § 22 GüKG Rz. 10) die Preise im grenzüberschreitenden Verkehr freigegeben worden sind, ist das Argument, der GüKUMT müsse auch zur Verhinderung ruinösen Wettbewerbs im grenzüberschreitenden Verkehr herangezogen werden (Vorauflage, Rz. 5), obsolet geworden. Der Verbraucherschutzgedanke rechtfertigt es jedoch für sich allein, den GüKUMT grundsätzlich auch auf außerdeutsche Transportleistungen anzuwenden (OLG Düsseldorf v. 3.5.1984, TranspR **1984**, 198; LG Bonn, TranspR **1991,** 25, 26). Er wird dabei nicht von der CMR verdrängt, die gemäß Art. 1 IV lit. c CMR nicht für den Umzugsverkehr gilt. Eine andere Frage ist es, ob der GüKUMT im grenzüberschreitenden Verkehr nach den allgemeinen kollisionsrechtlichen Regeln eingreift, weil der GüKUMT keine Spezialkollisionsvorschrift enthält. Da der GüKUMT dem Verbraucherschutz dient, ist primär Art. 29 EGBGB heranzuziehen. Gemäß Art. 29 IV 1 EGBGB greifen jedoch die Regeln des Art. 29 EGBGB bei Transportverträgen nicht ein. Somit kommt der GüKUMT nur nach Maßgabe der Art. 27 f EGBGB zum Tragen (LG Bonn, TranspR **1991,** 25, 26).

5 **c) Persönlicher Geltungsbereich.** Alle Frachtführer (§ 425 HGB), die sich zum Transport von Umzugs-, Heirats- oder Erbgut verpflichten. Spediteure (§ 407 HGB) sind unter den Voraussetzungen der §§ 412, 413 HGB wie Frachtführer zu behandeln (näher dazu die Erläuterungen zu den §§ 412, 413 HGB).

2. Transport von Handelsmöbeln

6 **a) Sachlicher Geltungsbereich.** Der Begriff Handelsmöbel kann typisierend oder individualisierend interpretiert werden. Geht man typisierend vor, so sind Handelsmöbel Möbel, mit denen typischerweise gehandelt wird. Vom individualisierenden Ansatz her sind Handelsmöbel Möbel, deren Transport ein konkretes gewerbliches Austauschgeschäft zugrunde liegt. Da der Frachtführer aber nicht immer die Motive des Absenders kennen kann, aber wissen muß, wann der GüKUMT eingreift, ist der Begriff ,,Handelsmöbel" typisierend auszulegen. Die Möbel müssen, wie z. B. Antiquitäten, nicht neu sein. Es muß ferner vertraglich vereinbart sein, daß die Möbel in Spezialfahrzeugen des Möbelverkehrs befördert werden. Maßgeblich ist die Verkehrsanschauung und nicht die Verwaltungspraxis (vgl. BGH v. 20.6.1990, TranspR **1990,** 343, 344; **a. A.** *Bischof,* GüKUMT, S. 15 f). Verwendet der Frachtführer ohne besondere Vereinbarung Spezialfahrzeuge, so kommt der GüKUMT nicht zum Tragen (vgl. BT-Drucksache IX/1909, S. 14).

7 **b) Örtlicher Geltungsbereich.** Der GüKUMT gilt im Güterfern- und Güternahverkehr. Im grenzüberschreitenden Verkehr wird der GüKUMT durch

die CMR verdrängt. Der GüKUMT kann ergänzend nach Maßgabe des Art. 27 ff EGBGB Bedeutung erlangen. Beachte, daß die Preise freigegeben worden sind (Rz. 4).

c) Persönlicher Geltungsbereich. Siehe oben Rz. 5. 8

IV. Abschließende Regelung

Der GüKUMT stellt keine abschließende Regelung dar. Soweit er Lücken 9
enthält, sind diese Lücken im Bereich des Umzugsverkehrs anhand des BGB, HGB zu schließen. Aus § 1 IV KVO ergibt sich, daß die KVO beim Umzugsverkehr und bei Handelsmöbeltransporten keine Rolle spielen soll *(Bischof*, GüKUMT, S. 20; *Willenberg,* KVO, § 1 Rz. 46; einschränkend Voraufl.). Soweit der Frachtführer sich verpflichtet, über die in dem GüKUMT genannten transport- und verkehrsbedingten Lagerleistungen hinaus weitere Leistungen zu erbringen, ist nach den für gemischte Verträge geltenden Regeln (*Palandt/Heinrichs*, BGB, vor § 305 Rz. 16 ff) zu verfahren (vgl. auch Teil I des Kommentars).

Beförderungsbedingungen

Allgemeine Bedingungen

Der GüKUMT regelt in den §§ 1–15 allgemeine Fragen, die die Bedingungen für den Umzugsverkehr (§§ 16–18 GüKUMT) bzw. die Bedingungen für Handelsmöbel (§§ 19–21 GüKUMT) ergänzen.

§ 1 GüKUMT [Vertrag]

Der Vertrag wird zwischen dem Unternehmer und dem Auftraggeber geschlossen.

Literatur: siehe vor § 1 GüKUMT.

§ 1 GüKUMT sagt Selbstverständliches. Zur Art und Form des Vertrages §§ 16, 19 GüKUMT. Der GüKUMT erfaßt nur Frachtverträge (vgl. § 425 HGB) samt den mit dem Transport eng verbundenen Nebenleistungen. Dies ergibt sich aus den §§ 8 Nr. 1, 20 a, 40, 84 f GüKG. Unter den GüKUMT fällt daher wohl auch die Verpflichtung zum Abschluß einer Transportversicherung, zum Anbringen von Regalen, Lampen (AG Krefeld, TranspR **1990,** 430; *Bischof*, GüKUMT, § 1 Rz. 3, 39). Insoweit gelten die Regeln über gemischte Verträge (vor § 1 GüKUMT Rz. 9).

§ 2 GüKUMT [Beladen und Entladen]

(1) **Der Unternehmer ist zum Be- und Entladen verpflichtet.**

(2) **Hat der Auftraggeber vertraglich das Be- und Entladen übernommen, so haftet er dem Unternehmer für alle durch seine Tätigkeit schuldhaft verursachten Schäden. Für die betriebssichere Beladung der Fahrzeuge bleibt der Unternehmer verantwortlich.**

Literatur: siehe vor § 1 GüKUMT.

I. Be- und Entladen

1 Zum Begriff des Be- und Entladens § 20 GüKUMT. Darüber hinausgehend gehört im Bereich des Umzugsverkehrs nach der Verkehrserwartung und aufgrund eines Umkehrschlusses aus § 20 GüKUMT zum Be- und Entladen auch die Pflicht, das Gut an seinem Lagerplatz aufzunehmen und zum Fahrzeug bzw. vom Fahrzeug zu seinem (vorläufigen) Lagerplatz (*Bischof*, GüKUMT, § 2 Rz. 4; *Widmann*, GüKUMT, S. 27 f) zu schaffen. Die Pflicht zum Be- und/oder Entladen ist abdingbar. Zur Haftung § 8 ff GüKUMT.

II. Haftung des Auftraggebers

2 Die Haftung betrifft sowohl Sach- als auch primäre Vermögensschäden. § 2 II 2 GüKUMT stellt klar, daß die Haftung nicht entsteht, falls der Auftraggeber oder seine Erfüllungsgehilfen betriebsunsicher (§ 17 KVO Rz. 15) geladen bzw. verstaut haben. Auf ein Verschulden des Unternehmers kommt es nicht an. Die Haftung des Absenders bleibt jedoch im Rahmen des § 254 BGB bestehen, wenn der Auftraggeber schuldhaft nicht über Mängel an der Betriebssicherheit aufgeklärt hat (vgl. § 17 KVO Rz. 16).

§ 3 GüKUMT [Nachträgliche Weisungen des Auftraggebers und des Empfängers]

(1) **Der Auftraggeber darf nachträglich Weisungen erteilen. Er kann insbesondere den Unternehmer anweisen, die Sendung an einem anderen als dem vorgesehenen Ort oder an einen anderen als den im Vertrag angegebenen Empfänger abzuliefern oder die Sendung unterwegs anzuhalten.**

(2) **Dieses Recht erlischt, wenn der Empfänger die Sendung angenommen hat. Von diesem Zeitpunkt an hat der Unternehmer die Weisungen des Empfängers zu befolgen. Der Empfänger kann nur verlangen, daß die Sendung am Bestimmungsort ganz oder zum Teil an einer anderen als der vereinbarten Stelle oder an einen Dritten abgeliefert wird.**

(3) **Hat der Empfänger in Ausübung seines Weisungsrechts die Ablieferung der Sendung an einen Dritten verlangt, so ist dieser nicht berechtigt, seinerseits Weisungen zu erteilen.**

(4) **Wer nach Absatz 1 oder 2 eine Weisung erteilt (Weisungsgeber), hat dem Unternehmer für die Ausführung der Weisung das tarifmäßige Ent-**

gelt zu entrichten. Soweit der Tarif hierfür ein Entgelt nicht vorsieht, hat der Weisungsgeber dem Unternehmer alle durch zweckentsprechende Ausführung der Weisung entstandenen Aufwendungen zu ersetzen.

(5) **Der Unternehmer kann die Ausführung einer nachträglichen Weisung ablehnen, wenn der gewöhnliche Betrieb seines Unternehmens gehemmt oder andere Auftraggeber geschädigt werden. In diesem Fall hat er unverzüglich den Weisungsgeber zu benachrichtigen.**

Literatur: siehe vor § 1 GüKUMT.

I. Rechtsnatur der Weisung

1 Die Weisung ist wie in § 433 HGB, § 27 KVO, Art. 12 CMR ein einseitiges Gestaltungsrecht. Die Ausübung des Weisungsrechts ist an keine Form gebunden.

II. Weisung

1. Weisungsberechtigte

2 Der Auftraggeber; nach Annahme des Guts am Empfangsort der Empfänger (§ 3 II GüKUMT; vgl. § 27 KVO Rz. 1). Der Begriff der Annahme ist nicht iSd §§ 429, 436 HGB zu interpretieren, weil sonst § 3 II 3 GüKUMT weitgehend leerliefe (**a. A.** *Bischof*, GüKUMT, § 3 Rz. 23; anders Rz. 28). Annahme iSd § 3 II GüKUMT bedeutet daher, daß das Gut am Ablieferungsort angekommen ist und daß sich der Empfänger bereit erklärt hat, das Gut entgegenzunehmen oder anderweitig darüber zu verfügen. Zum Weisungsrecht des Drittempfängers vgl. Art. 12 IV CMR.

2. Inhalt der Weisung

3 In § 3 I 2 GüKUMT sind Beispiele für zulässige Weisungen angegeben (vgl. § 27 KVO). Auch diese Weisungen stehen unter dem Vorbehalt des § 3 V GüKUMT und des § 242 BGB (vgl. dazu Art. 12 CMR Rz. 4). Dieser Vorbehalt gilt auch für sonstige Weisungen. Andere Einschränkungen existieren nicht (**a. A.** *Bischof*, GüKUMT, § 3 Rz. 13 ff; *Widmann*, GüKUMT, S. 44 f). Die Ablehnung ist nicht zugangsbedürftig, weil sonst § 3 V 2 GüKUMT sinnlos wäre. Vielmehr ist der Frachtführer unter den in § 3 V 1 GüKUMT genannten Voraussetzungen nicht verpflichtet, aber berechtigt, die Weisung durchzuführen; denn die Weisung enthält zugleich ein Angebot zur Vertragsänderung, das stillschweigend angenommen werden kann (§ 151 BGB). Ist das Weisungsrecht auf den Empfänger übergegangen (§ 3 II 1, 2 GüKUMT), so setzt § 3 II 3 GüKUMT eine weitere Schranke. Der Frachtführer, der entgegen § 3 V 2 GüKUMT nicht rechtzeitig (§ 121 BGB) Nachricht gibt, haftet gemäß § 8 GüKUMT, insbesondere gemäß § 8 Nr. 2 c GüKUMT.

III. Ansprüche des Unternehmers

4 § 3 IV GüKG. Es ist zusätzliches Entgelt nach Tarif zu entrichten. Bei Margentarifen gilt mangels besonderer Vereinbarung der Mittelsatz (**a. A.** *Bischof*, GüKUMT, § 3 Rz. 44). Die zu ersetzenden Aufwendungen müssen sich im Rahmen des § 670 BGB halten. Darüber hinaus sind Selbstkosten zu vergüten, es sei denn, daß sich aus dem Tarif ergibt, daß eine abschließende Regelung getroffen worden ist (vgl. Art. 12 CMR Rz. 3; Art. 16 CMR Rz. 6; *Bischof*, GüKUMT, § 3 Rz. 47). Vermindert die Weisung den Aufwand des Frachtführers, so ist § 649 BGB analog heranzuziehen. In Analogie zu § 72 IX EVO entfällt der Anspruch auf Zusatzvergütung, wenn die Weisung durch ein Verschulden des Frachtführers veranlaßt worden ist. Der Weisungsgeber braucht nicht für das erhöhte Risiko aufzukommen, das mit der Ausführung der Weisung verbunden ist. Dieses Risiko ist durch die tarifgemäße Vergütung abgegolten.

§ 4 GüKUMT [Beförderungs- und Ablieferungshindernisse]

(1) **Bei Beförderungshindernissen, die sich nicht alsbald beheben lassen, sowie bei Ablieferungshindernissen hat der Unternehmer die Weisungen des Berechtigten (§ 3) unverzüglich einzuholen.**

(2) **Erhält der Unternehmer in angemessener Frist keine Weisungen oder sind diese nicht ausführbar, so ist § 437 Abs. 2 und 3 des Handelsgesetzbuches anzuwenden.**

(3) **Der Unternehmer hat Anspruch auf Erstattung der Aufwendungen, die ihm dadurch entstehen, daß er Weisungen zweckentsprechend ausführt oder ohne Weisung Maßnahmen nach Absatz 2 trifft. Dies gilt nicht, wenn er das Beförderungs- oder Ablieferungshindernis zu vertreten hat.**

Literatur: siehe vor § 1 GüKUMT.

I. Beförderungs-, Ablieferungshindernisse

1. Beförderungshindernisse

1 Das Straßentransportrecht definiert den Begriff des Beförderungshindernisses unterschiedlich von Sonderfrachtrecht zu Sonderfrachtrecht (§ 437 HGB Rz. 3; § 28 KVO Rz. 1 ff; Art. 14 CMR Rz. 2). § 4 I GüKUMT scheint an den weiten, § 28 I KVO zugrundeliegenden Begriff des Beförderungshindernisses anzuknüpfen (§ 28 KVO Rz. 1 f). Derartige Beförderungshindernisse sind jedoch nur dann relevant, wenn sie nicht alsbald behebbar sind. Es entspricht allgemeinen schuldrechtlichen und transportrechtlichen Regeln, daß der Frachtführer Hindernisse mit zumutbaren Kräften beheben muß (*Widmann*, GüKUMT, S. 59). Es kann also im Rahmen des § 4 GüKUMT nur um Hindernisse gehen, die mit zumutbaren Kräften nicht alsbald zu beseitigen sind. Alsbald bedeutet dabei, daß das Hindernis voraussichtlich nicht innerhalb der vertraglichen Lieferfrist (§ 8 GüKUMT Rz. 5) behoben werden

kann (ebenso Art. 14 CMR Rz. 3; § 28 KVO Rz. 4; ebenso wohl *Bischof,* GüKUMT, § 4 Rz. 5).

2. Ablieferungshindernisse

Vgl. § 28 KVO Rz. 1. 2

II. Rechtsfolgen

Der Frachtführer hat ohne schuldhaftes Zögern (§ 121 BGB) den zu Weisungen Berechtigten (§ 3 I, II GüKUMT) zu informieren und um Weisungen zu ersuchen (vgl. § 437 HGB Rz. 4). Gleiches gilt bei Wegfall des Hindernisses (*Widmann*, GüKUMT, S. 65). Kommt er dieser Pflicht nicht nach, so haftet er gemäß § 8 GüKUMT (vgl. § 437 HGB Rz. 4). Ausführbare Weisungen sind über den Rahmen des § 3 V GüKUMT hinaus zu befolgen. *Bischof* (GüKUMT, § 4 Rz. 23 f) zufolge soll der Absender berechtigt sein, anstatt Weisungen zu geben, gemäß § 428 II HGB vom Vertrag zurückzutreten. Gegen diese Lösung spricht, daß § 428 II HGB nur vorübergehende Hindernisse betrifft und daß der Weisungsberechtigte auch die Weisung geben kann, den Transport zu beenden oder gar das Gut zurückzutransportieren. Wird die Weisung zur Beendigung des Transports gegeben, so sagt die GüKUMT nicht, welchen Einfluß diese Weisung auf die Frage der Vergütung besitzt. Diese Lücke ist durch Rückgriff auf die allgemeinen bürgerlich-rechtlichen Vorschriften zu schließen (vgl. § 425 HGB Rz. 26). 3

§ 4 II GüKUMT eröffnet dem Frachtführer die Möglichkeiten der Hinterlegung (Einlagerung) und des Notverkaufs (§ 437 HGB Rz. 6). Die Voraussetzungen entsprechen den in § 437 II 2. und 3. Alt. HGB („säumig“, „nicht ausführbar“) genannten Voraussetzungen (dazu § 437 HGB Rz. 5). Die bloße Untunlichkeit der Benachrichtigung genügt nicht (*Widmann*, GüKUMT, S. 67), wohl aber, daß der Frachtführer innerhalb objektiv angemessener Frist ohne Weisung bleibt. Die Weisungen sind nicht schon deshalb unausführbar, weil sie der Unternehmer nicht gemäß § 3 V GüKUMT ausführen will. Der Verordnungsgeber verwendet in § 4 II GüKUMT eine Formulierung („nicht ausführbar“), die in Richtung auf eine Unmöglichkeit der Ausführung weist (schwankend *Bischof,* GüKUMT, § 4 Rz. 35). Dies hat zur Konsequenz, daß der Frachtführer bei Beförderungs- und Ablieferungshindernissen allen zumutbaren Weisungen nachkommen muß (**a. A.** *Bischof,* GüKUMT, § 4 Rz. 21); denn Weisungen, die mit zumutbaren Kräften befolgt werden können, sind ausführbar (vgl. LG Köln, TranspR **1989**, 226, 227). Der Frachtführer hat Anspruch auf Erstattung von Aufwendungen (§ 3 GüKUMT Rz. 4), die bei der Ausführung von Weisungen des Weisungsberechtigten angefallen sind. Dies gilt nicht, falls der Frachtführer das Hindernis zu vertreten hatte (§ 4 III GüKUMT). Der Begriff „Vertreten-Müssen“ verweist dabei nicht auf § 276 BGB (*Widmann*, GüKUMT, S. 77); denn der Verordnungsgeber verwendet in diesen Fällen die Formulierung „schuldhaft“ (z. B. § 8 Nr. 2 c GüKUMT). Der Frachtführer hat daher alle Hindernisse zu vertreten, deren Ursachen seinem Organisationsbereich entspringen oder deren Folgen bei Vertragsschluß vorhersehbar und einkalkulierbar waren (vgl. *Koller,* Risikozurechnung, S. 209 ff, bes. S. 244 ff). 4

§ 5 GüKUMT [Empfangsbescheinigung]

Die Sendung ist dem Empfänger gegen Empfangsbescheinigung zu übergeben.

Literatur: siehe vor § 1 GüKUMT.

I. Allgemeines

1 § 5 GüKUMT regelt nur die vom Empfänger auszustellende Empfangsbescheinigung. Die GüKUMT sagt dagegen nicht, daß auch der Frachtführer eine Empfangsbescheinigung zu erteilen hat. Daraus kann jedoch nicht geschlossen werden, daß der Frachtführer keinerlei Bescheinigung zu erteilen braucht. Vielmehr liegt eine Lücke vor, die durch Rückgriff auf das allgemeine Frachtrecht (§ 425 HGB Rz. 21 bzw. § 16 KVO) geschlossen werden kann.

II. Empfangsbescheinigung

2 Die Empfangsbescheinigung ist schriftlich auszustellen (§ 126 BGB; *Widmann*, GüKUMT, S. 90). Sie führt nicht zu einer Beweislastumkehr, sondern hat nur die normale Wirkung einer Quittung (vgl. § 429 HGB Rz. 8). § 5 GüKUMT sagt nicht, wie detailliert die Empfangsbescheinigung zu erteilen ist. Es genügt daher die Bescheinigung der Ablieferung von Sachgesamtheiten. Der Beweiswert einer derartigen Bescheinigung tendiert allerdings gegen Null (vgl. BGH v. 19.6.1986, VersR **1986,** 1019). Man wird daher den Empfänger für verpflichtet halten müssen, eine zumutbar detaillierte Empfangsbescheinigung zu erteilen. Da die Erteilung einer derartigen Bestätigung für den Frachtführer mit Zeitaufwand verbunden ist, braucht der Empfänger eine derartige Quittung nur zu erteilen, wenn er dazu aufgefordert wird.

Aus dem Wortlaut des § 5 GüKUMT ergibt sich, daß der Empfänger nicht von sich aus verpflichtet ist, eine Empfangsbescheinigung zu erteilen (ebenso *Bischof,* GüKUMT, § 5 Rz. 7). Vielmehr richtet sich § 5 GüKUMT primär an den Unternehmer, der verpflichtet wird, die Sendung Zug um Zug gegen Empfangsbescheinigung auszuhändigen. Der Unternehmer hat daher seinen Wunsch, eine Empfangsbestätigung zu erhalten, zu offenbaren (ebenso § 368 BGB). Kommt der Empfänger dem Wunsch nicht nach und hat der Empfänger bereits den Besitz am Gut erlangt, so darf der Frachtführer nicht mehr den Besitz ergreifen (*Bischof,* GüKUMT, § 5 Rz. 5). Verweigert der Empfänger die Quittung vor Besitzerlangung, so liegt ein Ablieferungshindernis (§ 4 GüKUMT) vor; der Empfänger gerät in Annahmeverzug. Ferner führt die unbegründete Weigerung zur Beweislastumkehr (vgl. § 407 HGB Rz. 45).

§ 6 GüKUMT [Zoll- und sonstige Verwaltungsvorschriften]

Der Unternehmer hat den Auftraggeber über die zu beachtenden Zoll- und sonstigen Verwaltungsvorschriften zu unterrichten. Der Auftraggeber hat dem Unternehmer die Urkunden zur Verfügung zu stellen, die für die Zoll- und sonstige amtliche Behandlung notwendig sind, und ihm alle erforderlichen Angaben zu machen. Der Unternehmer ist nicht verpflichtet zu prüfen, ob die vom Auftraggeber gelieferten Urkunden und Angaben richtig und vollständig sind.

Literatur: siehe vor § 1 GüKUMT.

I. Allgemeines

§ 6 GüKUMT gilt nicht im Bereich der CMR-Transporte, da Art. 11 CMR 1
eine abschließende Regelung enthält. § 6 GüKUMT greift auch nicht im Fall der reinen Geschäftsbesorgungsspedition (§ 407 HGB) oder der Ausführung der Spedition durch Selbsteintritt ein, weil es in diesen Fällen zu den Aufgaben des Spediteurs gehört, die Transportdokumente zu beschaffen (§ 407 HGB Rz. 49; **a. A.** *Bischof,* GüKUMT, § 6 Rz. 2). Die VO TS Nr. 1/83 samt GüKUMT erfaßt unmittelbar nur Frachtgeschäfte. Im Bereich des Selbsteintritts, der Fixkosten- und Sammelladungsspedition kommt die GüKUMT nur mehr oder minder eingeschränkt über die §§ 412, 413 HGB bzw. nach den Regeln des gemischten Vertrages (*Koller,* VersR **1987,** 1058, 1062) zum Tragen. Auch dort kann aber § 6 GüKUMT durch spezifisch speditionsrechtliche Vorschriften überlagert werden (§ 412 HGB Rz. 9; § 413 HGB Rz. 6).

II. Informationspflicht des Frachtführers

Die Informationspflicht umfaßt auch Ein- und Ausfuhrverbote. Der 2
Frachtführer hat, soweit für ihn nach den Umständen und der Erfahrung eines ordentlichen Spediteurs die Art der zu transportierenden Güter erkennbar ist oder er jedenfalls mit dem Transport problematischer Güter rechnen muß, objektiv umfassend zu informieren. Der Frachtführer kann die zusätzliche Pflicht übernehmen, die erforderlichen Papiere auszustellen bzw. zu besorgen. Es liegt dann ein gemischter Vertrag vor, der Elemente des GüKUMT-Vertrages und des Speditionsvertrages (§ 407 HGB Rz. 49) aufweist (vgl. § 12 KVO Rz. 1). Kommt der Frachtführer seiner Belehrungspflicht nicht ordnungsgemäß nach, so haftet er je nach Art des daraus entstehenden Schadens gemäß den §§ 8 ff GüKUMT. Wird das Gut wegen fehlerhafter Unterrichtung beschlagnahmt, so greift nicht § 9 I Nr. 2 GüKUMT ein (§ 34 KVO Rz. 13; **a. A.** *Bischof,* GüKUMT, § 6 Rz. 27). Außerdem entfällt in der Regel eine Haftung des Auftraggebers gemäß § 427 HGB (§ 427 HGB Rz. 2).

III. Verpflichtungen des Auftraggebers

3 Vgl. § 12 KVO Rz. 1, § 427 HGB Rz. 1. Zur Erteilung der erforderlichen Auskünfte Art. 11 CMR Rz. 1. Die Angaben sind auch dort zu machen, wo zu ihrer Beschaffung unzumutbarer Aufwand erforderlich ist (vgl. Art. 11 CMR Rz. 2). Zur Kontrolle der Richtigkeit und Vollständigkeit § 12 KVO Rz. 1 f, Art. 11 CMR Rz. 2. Der Auftraggeber haftet gemäß § 427 HGB. Zum Mitverschulden des Unternehmers Art. 11 CMR Rz. 2; § 427 HGB Rz. 2. Das Mitverschulden kann auch darauf beruhen, daß der Frachtführer den Absender nicht ausreichend informiert hatte (§ 6 S. 1 GüKUMT).

§ 7 GüKUMT [Aufrechnung]

Gegen Ansprüche des Unternehmers ist eine Aufrechnung nur mit fälligen Gegenansprüchen zulässig, denen ein Einwand nicht entgegensteht.

Literatur: siehe vor § 1 GüKUMT.

1 Die Vorschrift entspricht weitgehend § 32 ADSp. Sie erfaßt nicht nur rein frachtrechtliche Ansprüche (§ 1 GüKUMT Rz. 1). Anders als § 32 ADSp wirkt § 7 GüKUMT nur zu Lasten des Auftraggebers. Die Widerklage bleibt zulässig; das Zurückbehaltungsrecht kann ausgeübt werden, soweit dies nicht dem Aufrechnungsverbot widerspricht. Ist die zur Aufrechnung gestellte Forderung einwendungsfrei (§ 32 ADSp Rz. 2), so gelten die allgemeinen Regeln über die Aufrechenbarkeit (§§ 387 ff BGB, 439, 414 HGB). Gegenforderungen des Auftraggebers werden im Zweifel sofort fällig (§ 271 BGB). § 37 III KVO ist nicht analog anzuwenden, da der Rückgriff auf die lex generalis möglich ist und es daher an einer Lücke fehlt (**a. A.** *Bischof,* GüKUMT, § 7 Rz. 20).

§ 8 GüKUMT [Haftung]

Der Unternehmer haftet

1. für Verlust oder Beschädigung des Gutes, sofern der Verlust oder die Beschädigung während der dem Unternehmer obliegenden Behandlung oder Beförderung des Gutes eintritt. Dies gilt auch für verkehrsbedingte Vor-, Zwischen- und Nachlagerungen. Wer berechtigt ist, Schadensersatz wegen Verlustes zu fordern, kann das Gut als verlorengegangen behandeln, wenn es nicht binnen 30 Tagen nach Ablauf der vereinbarten Lieferfrist oder, falls keine Frist vereinbart worden ist, nicht binnen sechzig Tagen nach der Übernahme des Gutes durch den Unternehmer abgeliefert worden ist;

2. für sonstige Schäden

a) aus der Überschreitung einer im Vertrag enthaltenen Lieferfrist;

b) durch Falschauslieferung;

c) aus schuldhafter, nicht ordnungsgemäßer Ausführung des Vertrages;

d) durch Fehler bei der Einziehung von Nachnahmen.

Literatur: siehe vor § 1 GüKUMT.

I. Allgemeines

1 § 8 GüKUMT statuiert die allgemeinen Haftungsgrundsätze, indem es bei Güterschäden, bei Verspätungsschäden, bei Falschauslieferung und der fehlerhaften Einziehung von Nachnahmen eine verschuldensunabhängige Kausalhaftung, im Fall der sonstigen nicht ordnungsgemäßen Ausführung des Vertrages eine Verschuldenshaftung statuiert. Die Haftung wird in den §§ 9, 10, 13 GüKUMT eingeschränkt. Diese Einschränkungen gelten gemäß § 15 GüKUMT auch für außervertragliche Ansprüche. Weitere vertragliche Einschränkungen sind unwirksam (§§ 41, 26 GüKG). Die Haftungsbeschränkungen entfallen bei Vorsatz oder grober Fahrlässigkeit (§ 15 II, III GüKUMT). Unerheblich ist, ob der Frachtführer bzw. Spediteur mit eigenen oder mit fremden Fahrzeugen transportiert hat bzw. transportieren ließ. § 1 V KVO ist wegen der verbraucherschützenden Funktion des GüKUMT nicht analog anzuwenden (**a. A.** *Brautlacht*, TranspR **1992**, 171, 172 aufgrund einer falschen Annahme zur CMR). Der Frachtführer hat sein Haftungsrisiko nach GüKUMT und § 41 GüKG zu versichern (vgl. § 27 GüKG, vgl. § 38 KVO Rz. 1 ff).

II. Güterschäden

1. Verlust, Beschädigung, Gut

2 Vgl. § 429 HGB Rz. 3. § 8 Nr. 1 S. 3 GüKUMT enthält in Parallele zu Art. 20 I CMR eine Fiktion des Verlustes.

2. Behandlung, Beförderung, Vor-, Zwischen-, Nachlagerung

3 Der Frachtführer haftet für Schäden, die entstanden bzw. verursacht worden sind, während er das Gut in seiner Obhut hatte, also es behandelte, beförderte oder verkehrsbedingt lagerte. Dieser **Obhutszeitraum** entspricht im wesentlichen dem in § 429 HGB mit den Begriffen ,,Annahme" (§ 429 HGB Rz. 4) und ,,Ablieferung" (§ 429 HGB Rz. 6) umrissenen Zeitraum (vgl. auch § 29 KVO Rz. 3, 4). § 8 Nr. 1 S. 1 GüKUMT stellt klar, daß der Haftungszeitraum auch ohne Annahme des Gutes mit der vertragsgemäßen Behandlung des Gutes beginnt und trotz Ablieferung erst mit der Behandlung endet bzw. daß, wenn zwischen Ablieferung und Behandlung ein zeitlicher Abstand besteht, auch während der Behandlung gehaftet wird. **Behandlung** ist die Erfüllung der eng mit dem Beförderungsvertrag zusammenhängenden Nebenpflichten, wie Ein- und Auspacken, Auseinandernehmen und Zusammensetzen von Möbeln, Aufstellen des Mobiliars, Aufhängen von Wandschränken, Be- und Entladung. Die Haftung beginnt mit der Aufnahme dieser Arbeiten. Der Frachtführer muß dazu nicht den Besitz des Guts erlangen (**a. A.** *Widmann*, GüKUMT, S. 101; *Bischof*, GüKUMT, § 8 Rz. 15 anders i. E. Rz. 17), so z. B., wenn der Packer bei Beginn der Einpackarbeiten eine Vase umstößt. Sie endet mit dem Abschluß der Behandlungsarbeiten, so daß die Güter aufgrund der Aktivitäten des Frachtführers nicht

mehr gefährdet sind (*Bischof,* GüKUMT, § 8 Rz. 18). Zu den Schäden, die während der Behandlung entstehen, gehören alle Schäden, deren Wurzel im Behandlungszeitraum gelegt wurde (z. B. Wandschrank wurde schlecht befestigt und fällt nach einiger Zeit herunter [vgl. § 29 KVO Rz. 6; **a. A.** *Bischof,* GüKUMT, § 8 Rz. 20]). Werden Sachen beschädigt, die nicht transportiert werden sollten, so haftet der Frachtführer nur nach § 8 Nr. 2 c GüKUMT. Gehören die Sachen dem Auftraggeber, so gilt dies auch für Ansprüche aus § 823 BGB (§ 15 I GüKUMT). Sind Dritte Eigentümer der nicht zu befördernden Sachen, so haftet der Frachtführer im Rahmen der §§ 823 ff BGB unbeschränkt. Läßt sich der Auftraggeber diesen Ersatzanspruch abtreten, so kommen allerdings die Haftungsbeschränkungsregeln der §§ 9 ff GüKUMT zum Tragen, es sei denn, daß er den Dritten voll entschädigt hat. Der GüKUMT findet auf die nicht-verkehrsbedingte Lagerung keine Anwendung (LG Duisburg, TranspR **1991**, 345, 346). Insoweit greift § 416 HGB ein. Zur Abgrenzung von verkehrsbedingter und nicht verkehrsbedingter **Lagerung** vgl. § 33 KVO Rz. 5, 6, 7. Entscheidend ist die enge Verbindung von Transport und Lagerung durch Faktoren, die mit der Art und Weise des Transportes zusammenhängen. Eine Lagerung ist nicht nur dann verkehrsbedingt, wenn sie der Frachtführer für notwendig hält, sondern auch dann, wenn sie aufgrund von Beförderungs- oder Ablieferungshindernissen notwendig wird (Ausnahme: § 4 GüKUMT iVm § 437 II HGB). Im Fall von Beförderungshindernissen ist allerdings nur eine kurzfristige Lagerung, die der Vornahme neuer Dispositionen dient, verkehrsbedingt. Auch Ablieferungshindernisse können unter den genannten Voraussetzungen verkehrsbedingte Lagerungen auslösen; denn es entsteht infolge des Transports der Bedarf an Lagerung. Der Frachtführer kann allerdings dem Schadensersatzanspruch aus § 8 GüKUMT den § 4 III GüKUMT entgegenhalten, wonach er von allen Aufwendungen zu entlasten ist. Aufwendungen sind auch ohne Verschulden verursachte Schäden. **Beweislast:** § 429 HGB Rz. 8.

3. Haftungsausschlüsse, -beschränkungen

4 Vgl. §§ 9 ff GüKUMT.

III. Verspätungsschäden (§ 8 Nr. 2 a GüKUMT)

1. Lieferfrist

5 Die Lieferfrist kann formlos vereinbart werden. Fehlt es an einer besonderen Lieferfristvereinbarung, so greift § 428 I HGB ein. Der Wortlaut des § 8 Nr. 2 a GüKUMT (im Vertrag enthaltene Lieferfrist) steht dem nicht entgegen; denn das dispositive Recht ergänzt den Vertrag. Zum gleichen Ergebnis käme man auf dem Weg der ergänzenden Vertragsauslegung (§ 157 BGB; ebenso i. E. *Bischof,* GüKUMT, § 8 Rz. 76; **a. A.** *Widmann*, GüKUMT, S. 105).

2. Verspätungsschäden

6 Vgl. § 429 HGB Rz. 13; § 31 KVO Rz. 6; Art. 23 CMR Rz. 17. Es können auch im Rahmen des GüKUMT spezifische Güterschäden und Verspätungs-

schäden nebeneinander liquidiert werden. § 10 V GüKUMT steht dem entgegen der Ansicht *Bischofs* (GüKUMT, § 8 Rz. 81 ff) nicht entgegen. § 10 V GüKUMT soll nämlich nur in Hinblick auf die Güterschäden klarstellen, daß lediglich Wertersatz (§ 10 III, IV GüKUMT) und nicht Ersatz mittelbarer Schäden geschuldet wird. Da der GüKUMT eine Anspruchsgrundlage für spezifische Verspätungsschäden kennt und für diese Art von Schäden besondere Haftungsschranken vorsieht (§ 10 VI GüKUMT), ist es gerechtfertigt, auch im Rahmen der GüKUMT zum Güterschaden hinzutretende Verspätungsschäden zu ersetzen.

3. Haftungsprinzip, Haftungsbeschränkungen

Der Frachtführer haftet verschuldensunabhängig. Zu den Haftungsausschlüssen und -beschränkungen vgl. § 9 ff GüKUMT. Die Beweislast für Haftungsausschlüsse und -beschränkungen trifft den Frachtführer. 7

IV. Falschauslieferung (§ 8 Nr. 2 b GüKUMT)

Vgl. § 31 KVO Rz. 7. Im übrigen gilt das zur Haftung für Verspätungsschäden Gesagte. 8

V. Nicht ordnungsgemäße Ausführung des Vertrages (§ 8 Nr. 2 c GüKUMT)

§ 8 Nr. 2 c GüKUMT entspricht weitgehend § 31 I c KVO. Zur Abgrenzung von der Haftung für pFV s. § 31 KVO Rz. 5 (**a. A.** *Bischof,* GüKUMT, § 8 Rz. 96), wobei zu beachten ist, daß § 8 Nr. 2 c GüKUMT die Einschränkung „im Zuge der Beförderung" (dazu § 31 KVO Rz. 4) nicht kennt. Die Kosten der Feststellung von Güterschäden fallen nicht unter § 8 Nr. 2 c GüKUMT (vgl. Art. 23 CMR Rz. 10; **a. A.** *Bischof,* GüKUMT, § 8 Rz. 152). Der Frachtführer haftet nur, wenn ihm ein Verschulden iSd § 276 BGB vorgeworfen werden kann. Die Beweislast ist nach den für pFV geltenden Regeln zu verteilen (**a. A.** *Bischof,* GüKUMT, § 8 Rz. 102; *Widmann*, GüKUMT, S. 109). Zu den Haftungsbeschränkungen s. §§ 9 ff GüKUMT. 9

VI. Nachnahme (§ 8 Nr. 2 d GüKUMT)

Vgl. § 31 KVO Rz. 9; Art. 21 CMR. Nachnahmevereinbarungen sind formlos gültig (§ 19 VI GüKUMT). Der Frachtführer haftet verschuldensunabhängig. Haftungsbeschränkungen: §§ 9 ff GüKUMT. 10

§ 9 GüKUMT [Haftungsausschlüsse]

(1) **Der Unternehmer haftet nicht für Schäden, entstanden**

1. durch Verschulden des Auftraggebers oder des Weisungsberechtigten. § 254 BGB bleibt unberührt;

2. durch Krieg oder kriegsähnliche Ereignisse sowie Verfügungen von hoher Hand, insbesondere durch Beschlagnahme;

3. durch Kernenergie und

4. an radioaktiven Stoffen.

(2) **Hat der Unternehmer die erforderliche Sorgfalt beachtet, so haftet er nicht für**

1. Verluste oder Beschädigungen des in Behältern aller Art zu befördernden Gutes, sofern es der Unternehmer nicht verpackt hat. Entsprechendes gilt für Güter in Fahrzeugen und anderen Ladeeinheiten, wenn der Unternehmer das Be- oder Entladen nicht übernommen hat;

2. Schäden, die infolge der natürlichen oder der mangelhaften Beschaffenheit des Gutes entstehen, wie z. B. Lösen von Verleimungen, Rissig- oder Blindwerden der Politur, Oxydation, innerer Verderb, Lecken oder Auslaufen;

3. Beschädigung der Güter während des Be- oder Entladens, wenn ihre Größe oder Schwere den Raumverhältnissen an der Be- oder Entladestelle nicht entspricht, der Unternehmer den Auftraggeber oder Empfänger vorher darauf hingewiesen und der Auftraggeber auf der Durchführung der Leistung bestanden hat.

Der Unternehmer kann sich nicht auf diese Haftungsausschlüsse berufen, wenn Verluste oder Beschädigungen auf Fahrzeugmängeln oder auf den den Straßen eigentümlichen Gefahren beruhen.

Literatur: siehe vor § 1 GüKUMT.

I. Allgemeines

1 § 9 GüKUMT enthält Haftungsausschlüsse unterschiedlicher Art: Zum Teil wird die verschuldensunabhängige und verschuldensabhängige Haftung ganz ausgeschlossen (§ 9 I GüKUMT). Dabei fällt auf, daß die Haftung anders als nach § 34 lit. a KVO selbst bei Schäden infolge höherer Gewalt bestehen bleibt. Dahinter steht der Gedanke, daß der Absender mit einer weitestgehenden Haftung des Frachtführers sollte rechnen können. Es sollte für ihn deshalb die Notwendigkeit entfallen, eine Transportversicherung abzuschließen. In § 9 II GüKUMT wird grundsätzlich (Ausnahme § 9 II S. 2 GüKUMT) die Haftung auf eine Verschuldenshaftung abgesenkt. Weitere Haftungsausschlüsse enthalten die §§ 10, 13, 14, 15, 18 GüKUMT. Der Frachtführer hat die Voraussetzungen der Haftungsausschlüsse zu **beweisen.**

II. Verschulden des Auftraggebers oder des Weisungsberechtigten (§ 9 I 1 GüKUMT)

2 Vgl. § 34 KVO Rz. 14, Art. 17 CMR Rz. 31. Trifft den Frachtführer oder seine Erfüllungsgehilfen ein Verschulden (§ 11 GüKUMT), so ist der Schaden nach Maßgabe des § 254 BGB zu ersetzen. Im Fall des § 15 II GüKUMT greift zwar nicht § 9 I 1 GüKUMT, aber § 254 BGB ein. Die *Beweislast* für das Verschulden des Absenders bzw. Weisungsberechtigten trägt der Frachtführer, da § 9 GüKUMT eine Ausnahmeregelung trifft.

III. Krieg, kriegsähnliche Ereignisse sowie Verfügungen von hoher Hand, insbesondere Beschlagnahme (§ 9 I 2 GüKUMT)

3 Vgl. § 34 KVO Rz. 11 ff. Der Haftungsausschluß scheint seltsamerweise auch dann zu gelten, wenn der Schaden durch einfache Fahrlässigkeit des Frachtführers verursacht worden ist; denn § 254 BGB wird nur im Fall des § 9 I 2 GüKUMT erwähnt. Man wird dies jedoch als Versehen des Gesetzgebers zu werten haben; denn es ist kein Grund ersichtlich, in Fällen des Krieges etc. eine der Höhe nach stark beschränkte (§ 10 GüKUMT) Haftung im Falle eines Verschuldens des Frachtführers total auszuschließen. Man hat daher § 9 I 1 GüKUMT im Rahmen des § 9 I 2 GüKUMT analog anzuwenden. Gemäß § 254 BGB überwiegt das dem Frachtführer vorwerfbare Verschulden bei weitem die vom Absender veranlaßten Risiken des Krieges etc., so daß der Frachtführer dem Grunde nach voll haftet (**a. A.** *Bischof,* GüKUMT, § 9 Rz. 10). Der Frachtführer haftet jedenfalls uneingeschränkt, wenn ihm oder seinen Erfüllungsgehilfen oder Leuten eine grob fahrlässige oder gar vorsätzliche Schädigung vorgeworfen werden kann (§ 15 II, § 11 GüKUMT). Zur Beweislast oben Rz. 1, 2.

IV. Kernenergie, radioaktive Stoffe (§ 9 I 3, 4 GüKUMT)

4 Der Schaden muß durch Kernenergie verursacht worden oder an radioaktiven Stoffen eingetreten sein. Zum Begriff der Kernenergie und des radioaktiven Stoffes s. AtomG. Zum Verschulden des Unternehmers siehe oben Rz. 3; zur Beweislast oben Rz. 1, 2.

V. In Behältern verpacktes Gut (§ 9 II 1 GüKUMT)

5 § 9 II 1 GüKUMT gilt nur im Fall des § 8 Nr. 1 GüKUMT. Der Frachtführer, der nachweislich *sorgfältig* (§§ 276 BGB, 347 HGB, 11 GüKUMT) gearbeitet hat (vgl. § 429 HGB Rz. 7), wird für Schäden an solchen Gütern frei, die er nicht in Behälter gepackt hat. Eine Ausnahme gilt im Fall des § 9 II S. 2 GüKUMT (vgl. zu den *Fahrzeugmängeln* Art. 17 CMR Rz. 34, zu den der *Straße eigentümlichen Gefahren* vgl. § 34 KVO Rz. 9). Zum Anscheinsbeweis fehlerhafter Verpackung vgl. § 18 KVO Rz. 4. Weist der Absender nach, daß das Gut sorgfältig verpackt war und so dem Frachtführer übergeben worden ist, so ist dies ein Indiz für ein Verschulden des Frachtführers. Der Frachtführer hat zu beweisen, daß ihn kein Verschulden traf (Rz. 1).

VI. Be-, Entladen (§ 9 II 1 GüKUMT)

6 Zur Frage der Sorgfalt sowie der Fahrzeugmängel und der Straße eigentümlichen Gefahren s. oben Rz. 5. Schuldet der Unternehmer nicht das Be- bzw. Entladen (§ 2 II GüKUMT), so greift § 8 Nr. 1 GüKUMT überhaupt nicht ein, falls sich der Schaden außerhalb des Obhutszeitraums des § 8 Nr. 1 GüKUMT, also vor Übernahme bzw. nach Ablieferung des Guts durch den

Frachtführer, ereignet hat. § 9 II 1 2. Alt. GüKUMT erlangt daher nur dort eigenständige Bedeutung, wo infolge fehlerhafter, beförderungsunsicherer (§ 17 KVO Rz. 10) Beladung durch den Frachtführer oder durch den Absender das Gut auf dem Transport Schaden erleidet. Der Frachtführer haftet freilich gemäß § 9 II S. 2 GüKUMT uneingeschränkt, wenn der Schaden auf einer der Straße eigentümlichen Gefahr, z. B. Schlaglöcher oder Notwendigkeit scharfen Bremsens, beruht. Das Risiko eines Verladefehlers des Absenders wird auf diese Weise zum großen Teil wieder dem Frachtführer aufgebürdet. Dies ist nicht ganz inkonsequent; denn der Frachtführer besitzt Spezialkenntnisse über das Verstauen von Umzugsgut. Immerhin kann sich der Frachtführer wie im Rahmen der KVO (§ 17 KVO Rz. 9) darauf berufen, daß der Absender die Verladung schuldhaft beförderungsunsicher vorgenommen hatte (§ 9 I 1 GüKUMT). Der Frachtführer haftet auch verschuldensunabhängig für betriebsunsichere Verladung (§ 2 II 2 GüKUMT). Zur Mitverantwortung des Absenders § 17 KVO Rz. 16. Zur Mitwirkung des Frachtführers oder seiner Leute bei der Ladetätigkeit § 17 KVO Rz. 12, 21. Zur Beweislast § 34 KVO Rz. 14.

VII. Beschaffenheitsschäden (§ 9 II 2 GüKUMT)

7 Zu den Voraussetzungen der Wahrung ausreichender Sorgfalt und dem Fehlen von Fahrzeugmängeln sowie der Straße eigentümlichen Gefahren s. oben Rz. 5.

Zu Schäden infolge mangelhafter Beschaffenheit des Gutes Art. 17 CMR Rz. 33. Aus § 9 II 2 GüKUMT ergibt sich nicht klar, was unter der „natürlichen Beschaffenheit" zu verstehen ist; denn es ist selbstverständlich, daß nahezu jeder Transportschaden etwas mit der natürlichen Beschaffenheit des Gutes zu tun hat; denn wäre ein Gut von Natur aus absolut widerstandsfähig und wertlos, so würde es nicht beschädigt werden können und nur selten in Verlust geraten. Es ist nicht anzunehmen, daß der Verordnungsgeber die verschuldensunabhängige, sogar die Fälle höherer Gewalt einschließende Haftung in § 9 II 2 GüKUMT fast gänzlich rückgängig machen wollte. In diese Richtung weisen auch die in § 9 II 2 GüKUMT genannten Beispiele, denen allen ein erhöhtes Transportrisiko gemeinsam ist. Der Begriff der „natürlichen Beschaffenheit" ist daher in Parallele zu § 34 KVO, Art. 17 IV d CMR auszulegen. Zur Beweislast oben Rz. 1.

VIII. Raumverhältnisse (§ 9 II 3 GüKUMT)

8 In Hinblick auf das erhöhte Risiko wird die Haftung auf eine Verschuldenshaftung abgesenkt. Die Raumverhältnisse entsprechen dann nicht dem Gut, wenn auch bei sorgfältiger Arbeit (§ 347 HGB) der Eintritt eines Schadens wahrscheinlich ist. Es ist jedoch festzuhalten, daß der Frachtführer nur dann sorgfältig handelt, wenn er nicht nur das Übliche tut, sondern alle zumutbaren Spezialvorkehrungen trifft, um Schäden zu verhindern. Der Hinweis kann auch noch nach Beginn des Transportes gegeben werden. Der verspätete Hinweis kann aber eine Haftung aus c.i.c. begründen. Der Haf-

tungsausschluß gemäß § 9 II 3 GüKUMT betrifft nur die Haftung aus § 8 Nr. 1 GüKUMT. Für Schäden an anderen Gegenständen haftet der Frachtführer ohnehin nur bei Verschulden (§ 8 Nr. 2 c GüKUMT). Die Beweislast trifft den Frachtführer.

§ 10 GüKUMT [Haftungsbeschränkungen]

(1) **Die Haftung des Unternehmers für Verlust oder Beschädigung von Gütern ist beschränkt**

1. auf den Betrag von DM 4 000,– je Möbelwagenmeter, der zur Erfüllung des Vertrages benötigt wird,

2. auf den vom Auftraggeber im Vertrag angegebenen Wert der Sendung, wenn dieser höher ist als der nach Nummer 1 errechnete Betrag.

(2) **Der Unternehmer hat den Auftraggeber über die Haftungsbestimmungen und über die mit der Angabe des Wertes der Sendung verbundenen Rechtsfolgen schriftlich zu unterrichten.**

(3) **Hat der Unternehmer auf Grund des Vertrages für Verlust des Gutes Ersatz zu leisten, so ist der gemeine Handelswert und in dessen Ermangelung der gemeine Wert zu ersetzen, welchen Gut derselben Art und Beschaffenheit am Orte der Ablieferung zu dem Zeitpunkt hatte, in welchem die Ablieferung zu bewirken war; hiervon kommt in Abzug, was infolge des Verlustes an Zöllen und sonstigen Kosten sowie an Fracht erspart ist.**

(4) **Im Falle der Beschädigung richtet sich die Entschädigung nach dem Unterschied zwischen dem Verkaufswert des Gutes in beschädigtem Zustand und dem gemeinen Handelswert oder dem gemeinen Wert, welchen das Gut ohne die Beschädigung am Ort und zur Zeit der Ablieferung gehabt haben würde; hiervon kommt in Abzug, was infolge der Beschädigung an Zöllen und sonstigen Kosten erspart ist.**

(5) **Der Unternehmer haftet nicht für Schäden, die als Folge des Verlustes oder der Beschädigung des Gutes eintreten.**

(6) **Die Haftung des Unternehmers für andere als Güterschäden ist beschränkt**

1. in den Fällen des § 8 Nr. 2 Buchstabe a bis c auf die Höhe des nach dem Vertrag geschuldeten Entgelts, höchstens auf den Betrag von DM 5 000,–;

2. im Falle des Nachnahmeversehens auf den Betrag der Nachnahme, höchstens auf den Betrag von DM 5 000,–.

(7) **Der Unternehmer ist berechtigt, die Entschädigung in Geld zu leisten.**

(8) **Als ein Möbelwagenmeter gilt der Laderaum von 5 Kubikmeter Rauminhalt.**

Literatur: siehe vor § 1 GüKUMT.

I. Allgemeines

§ 10 GüKUMT regelt getrennt für Ansprüche aus § 8 Nr. 1 GüKUMT 1
(§ 10 I-V, XIII GüKUMT) und Ansprüche aus § 8 Nr. 2 GüKUMT (§ 10 VI

GüKUMT) die Höhe des zu ersetzenden Schadens. *Die Haftungsgrenze entfällt* bei vorsätzlicher oder grob fahrlässiger Schädigung (§ 15 II GüKUMT).

II. Güterschäden (§ 8 Nr. 1 GüKUMT)

1. Art der zu ersetzenden Schäden (§ 10 III-V GüKUMT)

2 Der Unternehmer schuldet in Parallele zu § 430 HGB (dort Rz. 2, 3) nur **Wertersatz**. Die Haftung für Folgeschäden, insbesondere Gewinnchancen, die der Wert des Gutes am Ablieferungsort nicht reflektiert, sind ausgeschlossen. Dies stellt § 10 V GüKUMT klar. Gemäß § 10 VII GüKUMT ist der Frachtführer berechtigt, Entschädigung in Geld zu leisten. Der Geschädigte kann also nicht **Naturalrestitution** verlangen. Der Frachtführer ist jedoch ohne Verstoß gegen § 22 II GüKG berechtigt, mit eigenen Kräften Naturalrestitution vorzunehmen. Der Geschädigte braucht sich jedoch darauf nicht einzulassen (§ 249 S. 2 BGB; **a. A.** *Bischof*, GüKUMT, § 10 Rz. 45). AGB, in denen ein Recht des Frachtführers zur Reparatur verankert ist, verstoßen gegen die §§ 3, 9 AGBG. Dem Geschädigten ist nicht zuzumuten, seine unter Umständen wertvollen Sachen Personen zweifelhafter Befähigung auszuhändigen.

Der Frachtführer hat den Auftraggeber gemäß § 10 II GüKUMT über die Haftungsbestimmungen und die mit der Angabe des Wertes verbundenen Rechtsfolgen **schriftlich zu unterrichten**. Die Information muß zusammenhängend, übersichtlich an einer vom Leser nicht zu übersehenden Stelle (OLG Düsseldorf v. 16.2.1989, TranspR **1989**, 265, 266) und verständlich erfolgen (vgl. BGHZ **62**, 42; *Herzog*, TranspR **1988**, 8, 9). Die Information muß so transparent sein (BGH, NJW **1990**, 582), daß die Information in den betroffenen Verkehrskreisen nahezu immer auch in ihrer wesentlichen Tragweite zur Kenntnis genommen wird. Es genügt nicht, daß nur der durchschnittliche Kunde informiert wird (so aber *Demuth*, TranspR **1990**, 101, 102), weil sonst alle unterdurchschnittlich qualifizierten Auftraggeber ungeschützt blieben. § 2 S. 2 HausTWG ist wegen der verbraucherschützenden Funktion des GüKUMT (vor § 1 GüKUMT Rz. 2) analog anzuwenden (**a. A.** *Demuth*, TranspR **1990**, 101, 102). Der Umfang der Information darf auch nicht überladen sein, so daß ihn nahezu alle Mitglieder der beteiligten Verkehrskreise in der typischen Vertragsschlußsituation noch verarbeiten können. Verstößt der Frachtführer gegen seine Informationspflicht, so will *Bischof* (GüKUMT, § 10 Rz. 60, 80) den Frachtführer lediglich gemäß § 8 Nr. 2 c GüKUMT haften lassen. Da die Haftung auf DM 5000,– begrenzt ist (§ 10 VI Nr. 1 GüKUMT), wären Verstöße gegen die Informationspflicht nahezu folgenlos. Dem Verbraucherschutzzweck des § 10 II GüKG entspricht nur eine Lösung, die dem Frachtführer die Berufung auf die Haftungsbeschränkung abschneidet (vgl. § 13 III 2 GüKUMT; § 1 a III AbzG [nunmehr § 6 II VerbrKrG]; § 2 I 4 HausTWG; *Widmann*, GüKUMT, S. 131). Jedenfalls kann in einem solchen Fall die Wertangabe noch einseitig nachgeschoben werden (vgl. § 556 a VI 2 BGB). Beachte § 15 II GüKUMT.

2. Absolute Schadensobergrenze (§ 10 I, II GüKUMT)

Der Begriff des **Möbelwagenmeters** wird in § 10 VIII GüKUMT definiert. Begonnene Möbelwagenmeter werden anteilsmäßig zugrundegelegt. Maßgeblich ist, wie viel Raum die gesamten aufgrund eines Vertrages zu befördernden Güter tatsächlich in Anspruch genommen haben (*Bischof*, GüKUMT, § 10 Rz. 51 f). Die sich aus § 10 I Nr. 1 GüKUMT ergebende Obergrenze ist bedeutungslos, wenn **§ 15 II GüKUMT** eingreift oder wenn der **Auftraggeber** gemäß § 10 I Nr. 2 GüKUMT **einen höheren Wert angegeben** hat (abw. *Widmann*, GüKUMT, S. 129). Die Wertangabe muß Teil des Vertrages geworden sein. Dies ist ohne weiteres der Fall, wenn die Wertangabe im Rahmen des Vertragsangebotes erfolgte, da spätestens die Durchführung des Transportes als konkludente Annahme anzusehen ist. Angaben nach Vertragsschluß werden nicht ohne weiteres Vertragsbestandteil; vielmehr bedarf es des Nachweises eines Abänderungsvertrages. Die Angabe kann formlos erfolgen (§§ 16 IV, 19 IV GüKUMT). Eine besondere Vergütungsvereinbarung braucht nicht getroffen zu werden. Es ist dann nach Tarif zu zahlen. Haben die Parteien tarifwidrige Abreden getroffen, so greift § 22 III GüKG ein. Bis zur Grenze des angegebenen Wertes sind nur Schäden iSd § 10 III-V GüKUMT zu ersetzen, da § 10 I Nr. 2 GüKUMT nur von „Wert" spricht. 3

3. Schäden iSd § 8 Nr. 2 GüKUMT

Bei derartigen Schäden greift zwingend die Haftungsbegrenzung des § 10 VI GüKUMT ein. Der Frachtführer haftet somit, von den Fällen vorsätzlicher oder grob fahrlässiger Schädigung abgesehen (§ 15 II GüKUMT), auf maximal DM 5 000,–. Wenn man bedenkt, daß der Frachtführer auf diesen Betrag auch dann nur haftet, wenn er den Auftraggeber körperlich schwer verletzt oder dessen Haus schwer beschädigt und daß konkurrierende deliktische Ansprüche ebenfalls begrenzt sind (§ 15 I GüKUMT), so zeigt sich, daß diese Regelung völlig undurchdacht ist. 4

§ 11 GüKUMT [Haftung für Dritte]

Der Unternehmer haftet für seine Bediensteten und für andere Personen, deren er sich bei Ausführung der von ihm übernommenen Leistungen bedient.

Literatur: siehe vor § 1 GüKUMT.

Die Vorschrift entspricht Art. 3 CMR und § 456 HGB sowie im wesentlichen § 431 HGB (s. Erl. zu Art. 3 CMR und § 431 HGB). Im Rahmen der verschuldensunabhängigen Haftung gemäß § 8 Nr. 1, Nr. 2 a, b, d GüKUMT ist § 11 GüKUMT weitgehend funktionslos (vgl. § 6 KVO Rz. 4), da der Frachtführer selbst im Fall höherer Gewalt haftet. Eigenständige Bedeutung erlangt § 11 GüKUMT nur dort, wo es um ein Verschulden des Frachtführers geht (**a. A.** *Bischof*, GüKUMT, § 11 Rz. 22, der den Sinn einer verschuldensunabhängigen Haftung verkennt). 1

§ 12 GüKUMT [Abtretung]

Der Unternehmer ist auf Verlangen des Ersatzberechtigten verpflichtet, die ihm aus dem von ihm abzuschließenden Versicherungsvertrag zustehenden Rechte an den Ersatzberechtigten abzutreten.

Literatur: siehe vor § 1 GüKUMT.

1 Vgl. § 38 KVO.

§ 13 GüKUMT [Erlöschen der Ansprüche]

(1) **Mit der Annahme des Gutes durch den Empfänger erlöschen alle Ansprüche gegen den Unternehmer.**

(2) **Ausgenommen sind Ansprüche aus**

1. offensichtlichen Verlusten, Teilverlusten oder Beschädigungen des Gutes, wenn diese spätestens bei der Ablieferung schriftlich gerügt werden;

2. äußerlich nicht erkennbaren Schäden, wenn sie binnen zehn Tagen nach Annahme des Gutes schriftlich angezeigt werden und der Ersatzberechtigte beweist, daß sie während der dem Unternehmer obliegenden Behandlung des Gutes entstanden sind;

3. anderen als Güterschäden, sofern sie innerhalb eines Monats, gerechnet vom Tage der Ablieferung, schriftlich geltend gemacht werden.

(3) **Der Unternehmer ist verpflichtet, den Empfänger spätestens bei der Ablieferung des Gutes auf die Rechtsfolgen der Annahme des Gutes, auf die Rügepflicht sowie die Schriftform und Frist der Rüge hinzuweisen. Unterläßt er diesen Hinweis, so kann er sich nicht auf Absatz 1 berufen.**

Literatur: siehe vor § 1 GüKUMT.

I. § 13 I GüKUMT

1 Vgl. § 39 KVO Rz. 1-5. Im Unterschied zur KVO erfaßt § 13 I GüKUMT auch deliktische Ansprüche (§ 15 I GüKUMT). § 13 I GüKUMT gilt ferner für Ansprüche aus § 8 Nr. 2 c, d KVO, da § 13 GüKUMT in Abs. 2 Nr. 3 eine Sonderregelung enthält. Die Ansprüche bleiben bestehen, wenn entweder die Voraussetzungen des § 13 II GüKUMT oder die des § 13 III 2 GüKUMT oder die des § 15 II GüKUMT vorliegen. Weitergehende Abreden sind wegen Verstoßes gegen die §§ 40 I, 84 I, 22 II GüKG unwirksam, weil sie unzulässige Vergünstigungen enthalten (LG Düsseldorf v. 4.11.1987, TranspR **1988**, 114; LG Bonn, TranspR **1989**, 16, 17; *Demuth*, TranspR **1990**, 101, 102). Anders kann es sein, wenn die Abreden nach Ende des Transportes getroffen werden (§ 22 GüKG Rz. 4). Der Frachtführer kann sich haftbar machen (§ 22 GüKG Rz. 3). Der Arglisteinwand bleibt möglich. Die Beweislast für die Rechtzeitigkeit der Rüge trägt der Ersatzberechtigte (OLG Düsseldorf v. 16.2.1989, TranspR **1989**, 265).

II. § 13 II GüKUMT

1. Offensichtliche Güterschäden

§ 13 II Nr. 1 GüKUMT sagt nicht, was unter „offensichtlich" zu verstehen ist. § 13 II Nr. 2 GüKUMT legt den Schluß nahe, daß all das offensichtlich ist, was bei der Ablieferung äußerlich erkennbar ist. Man darf aber die Begriffe „äußerlich nicht erkennbar" (§ 13 II 2 GüKUMT) nicht in dem Sinn verstehen, wie sie z. B. in § 438 HGB, § 39 II d KVO oder in Art. 30 I CMR verwandt werden (so aber OLG Düsseldorf v. 11.5.1988, TranspR **1988**, 340, 341). Vielmehr können die in § 13 II 2 GüKUMT verwandten Begriffe „äußerlich nicht erkennbar" im Licht des Begriffs „offensichtlich" ausgelegt werden. Da die Formulierung „offensichtlich" die präzisere ist, ist von diesem Begriff auszugehen. Offensichtlich bedeutet mehr als äußerliche Erkennbarkeit bei einer vor der Annahme möglichen und zumutbaren Untersuchung (vgl. § 438 HGB Rz. 5). Offensichtlich bedeutet, daß der Verlust oder die Beschädigung bei einer gänzlich oberflächlichen Kontrolle ins Auge fallen mußte. Ist die Verpackung beschädigt, so muß sich eine Beschädigung des Guts aufdrängen (weitergehend *Widmann*, GüKUMT, S. 163). Im Licht der üblichen Verhältnisse bei Beendigung des Ausladens nach einem Umzug entspricht allein diese Interpretation den Verbraucherschutzintentionen des GüKUMT (vor § 1 GüKUMT Rz. 2); denn in dieser Situation ist nur eine ganz oberflächliche Kontrolle zumutbar. Diese Kontrolle kann noch durch mangelnde Sichtverhältnisse und auf Eile drängende Möbelpacker erschwert sein (OLG Düsseldorf v. 11.5.1988, TranspR **1988**, 340, 341; **a. A.** AG Hamburg v. 24.11.1987, VersR **1988**, 693). Für diese Interpretation spricht auch das Interesse des Frachtführers. Würde man nämlich die Kontrollobliegenheit des Empfängers verschärfen, so müßte der Frachtführer auf eigene Kosten (der Tarif sieht keine Vergütung vor) warten, bis der Empfänger jeden ausgeladenen Gegenstand von allen Seiten betrachtet hat. Das dürfte bei größeren Umzügen Stunden in Anspruch nehmen. Die Schäden müssen unter den konkreten Umständen der Ablieferung offensichtlich gewesen sein (OLG Düsseldorf v. 11.5.1988, TranspR **1988**, 340, 341). Der GüKUMT formuliert „bei" der Ablieferung und meint im zeitlichen engen Zusammenhang mit der Ablieferung (§ 429 HGB Rz. 6). Hatte der Frachtführer bestimmte Güter weiterzubehandeln, z. B. Möbel aufzustellen oder auszupacken, so kommt es auf das Ende der Behandlung dieser Güter an. Hat der Frachtführer durch irgendwelche Machenschaften die Kontrolle behindert, so konnten Schäden nicht „offensichtlich" werden. Auf Arglist des Frachtführers kommt es anders als bei Art. 26 Ziff. 4 WA nicht an; denn der GüKUMT verfolgt anders als das WA Verbraucherschutzintentionen (s. vor § 1 GüKUMT Rz. 2; **a. A.** *Demuth*, TranspR **1990**, 101, 102). Liefert der Frachtführer überhaupt nichts ab, so greift § 13 II 1 GüKUMT nicht ein. Es besteht nicht die Gefahr eines Beweisnotstandes. Die Rüge muß schriftlich erfolgen und ausreichend konkret (§ 39 KVO Rz. 4, Art. 30 CMR Rz. 4) sein. Eine Unterschrift ist nicht notwendig (vgl. § 39 KVO Rz. 9; Art. 30 CMR), weil dies vom Zweck der Vorschrift her, Beweisschwierigkeiten zu verhindern, nicht erforderlich ist. Der Unternehmer braucht die Rüge nicht zu bestätigen (**a. A.** *Bischof*, GüKUMT, § 13 2

Rz. 22); hierfür fehlt eine Rechtsgrundlage. Es ist Sache des Empfängers, den Zugang der Rüge zu beweisen (Rz. 1). Zeigt sich der Unternehmer nicht kooperativ, so wird ihm das häufig nicht möglich sein. Man wird es daher genügen lassen müssen, daß der Empfänger die Rüge unmittelbar im Zusammenhang mit der Ablieferung an den Frachtführer per Einschreiben/Rückschein absendet (vgl. Art. 30 CMR Rz. 6). Kannten der Frachtführer oder seine Leute den Schaden bei Ablieferung, so wird man § 377 V HGB analog anzuwenden haben. Anders als § 438 HGB sieht § 13 GüKUMT kein formalisiertes Beweisverfahren vor.

2. Äußerlich nicht erkennbare Schäden (§ 13 II Nr. 2 GüKUMT)

3 Äußerlich nicht erkennbar sind alle Schäden, die nicht offensichtlich sind (oben Rz. 2). Dazu gehören zweifellos alle Schäden an verpackten Sachen (LG Bonn, TranspR **1991**, 25, 26), es sei denn, daß die Verpackung so beschädigt ist, daß sich eine Beschädigung des Guts aufdrängt. Die Rüge hat konkret und schriftlich (oben Rz. 2) zu erfolgen. Adressat der Rüge ist immer der Frachtführer. Die Rüge kann sowohl der Absender als auch der Empfänger erheben (§ 39 KVO Rz. 6). Die Frist von 10 Tagen kann voll ausgeschöpft werden (OLG Düsseldorf v. 11.5.1988, TranspR **1988**, 340, 341). Die Absendung der Anzeige ist aus den zu § 39 KVO (Rz. 6) genannten Gründen maßgeblich. Jedenfalls trägt der Empfänger nicht das Risiko einer verzögerten Postbeförderung (Analogie zu § 377 IV HGB). Die verspätete Rüge (Beweislast: Rz. 1) führt ohne Rücksicht auf die Erkennbarkeit des Schadens im Einzelfall zum Anspruchsverlust (LG Bonn, TranspR **1989**, 16, 17). Zur positiven Kenntnis des Frachtführers s. Rz. 2. Die Beweislastverteilung in § 13 II Nr. 2 GüKUMT entspricht allgemeinen Grundsätzen (vgl. § 8 GüKUMT Rz. 3; § 429 HGB Rz. 8). Behandlung bedeutet in diesem Zusammenhang auch Beförderung (vgl. § 8 Nr. 1 GüKUMT).

3. Sonstige Ansprüche (§ 13 II 3 GüKUMT)

4 § 13 II 3 GüKUMT erfaßt sowohl Ansprüche aus § 8 Nr. 2 GüKUMT als auch Ansprüche aus c.i.c. oder § 812 BGB (§ 15 I GüKUMT). Zur Schriftform und zum Zugang der Leistungsaufforderung gilt das oben (Rz. 2) Gesagte.

III. Aufklärungspflicht des Unternehmers (§ 13 III GüKUMT)

5 Zur Form der Belehrung § 10 GüKUMT Rz. 2. Die bloße Mitteilung des Verordnungstextes genügt nicht den Verbraucherschutzintentionen der GüKUMT (vor § 1 GüKUMT Rz. 2; **a. A.** wohl LG Bonn, TranspR **1989**, 16, 17). Die Beweislast für die Belehrung trägt der Frachtführer (OLG Düsseldorf v. 16.2.1989, TranspR **1989**, 265). Hat der Frachtführer nicht ausreichend oder falsch belehrt, so bleiben nach dem klaren Wortlaut des § 13 III 2 GüKUMT alle Ansprüche trotz Annahme bestehen. Falsch wird auch dann belehrt, wenn Leute des Frachtführers (stillschweigend) eine Verlängerung der Rügefrist für zulässig erklären.

§ 14 GüKUMT [Verjährung der Ansprüche]

(1) **Schadensersatzansprüche aus dem Vertrag verjähren in einem Jahr.**

(2) **Die Verjährungsfrist beginnt mit dem Tage der Ablieferung der Sendung, bei gänzlichem Verlust drei Monate nach der Annahme der Sendung zur Beförderung.**

(3) **Die Verjährung des Anspruches gegen den Unternehmer wird, abgesehen von den allgemeinen gesetzlichen Hemmungsgründen, auch dadurch gegenüber dem Unternehmer gehemmt, daß der Anspruch schriftlich geltend gemacht wird. Lehnt der Unternehmer den Anspruch ab, so läuft die Verjährungsfrist von dem Tag an weiter, an dem der Unternehmer dies demjenigen, der den Anspruch geltend gemacht hat, schriftlich mitteilt, spätestens jedoch, wenn seit Geltendmachung des Anspruchs 12 Monate vergangen sind.**

(4) **Die Verjährung anderer Ansprüche aus dem Vertrag regelt sich nach den allgemeinen gesetzlichen Vorschriften.**

Literatur: siehe vor § 1 GüKUMT.

I. Allgemeines

1 § 14 GüKUMT betrifft nur Schadensersatzansprüche, sowohl des Auftraggebers bzw. Empfängers als auch des Frachtführers aus dem Vertrag. Da die Verjährung gemäß § 14 GüKUMT ebenfalls eine Art Haftungsausschluß darstellt, erfaßt sie auch deliktische Ansprüche (§ 15 GüKUMT Rz. 1) und steht unter dem Vorbehalt des § 15 II GüKUMT. Dies entspricht in der Tendenz allgemeinen transportrechtlichen Grundsätzen (vgl. Art. 32 I 2, § 40 I S. 2 c KVO, §§ 439, 414 HGB, § 94 I c EVO), denen zufolge sich jedenfalls bei Vorsatz die Verjährungsfrist verlängert (*Lenz*, TranspR **1989**, 396, 397 f). Hat der Frachtführer vorsätzlich oder grob fahrlässig geschädigt, so richtet sich die Verjährung nach den in den §§ 439, 414 HGB niedergelegten Regeln (**a. A.** *Bischof*, GüKUMT, § 14 Rz. 7: § 195 BGB). Gegen die extensive Auslegung des § 15 GüKUMT sprechen die Überschriften der §§ 9, 10 GüKUMT. Falls man in Hinblick auf diese Formulierung § 15 GüKUMT restriktiv interpretiert, kann der Geschädigte im Rahmen des § 852 BGB auf deliktische Ansprüche zurückgreifen.

II. Beginn der Verjährungsfrist (§ 14 II GüKUMT)

2 Gänzlicher Verlust ist mehr als Verlust. Er liegt nur vor, wenn alle Güter nicht am Ablieferungsort angekommen sind. Wurden die Güter total zerstört abgeliefert, so sind sie zwar verlorengegangen, nach der ratio des § 14 II GüKUMT aber nicht gänzlich verlorengegangen, weil der Empfänger spätestens mit der Ablieferung vom Schadensereignis Kenntnis erlangt hat. Zum Begriff der Ablieferung § 429 HGB Rz. 6; zur Fristberechnung §§ 186 ff BGB.

III. Hemmung der Verjährung

3 Vgl. §§ 202 ff BGB. Die Verjährung wird ferner durch eine schriftliche Reklamation gehemmt (dazu § 40 KVO Rz. 14, Art. 32 CMR Rz. 8 ff). In diesem Fall endet die Hemmung mit der schriftlichen Ablehnung der Ansprüche (dazu § 40 KVO Rz. 14; Art. 32 CMR Rz. 15), spätestens 12 Monate nach dem Zugang der Reklamation. Anders als nach § 40 III KVO, Art. 32 II CMR wird das Ende der Hemmung nicht ausdrücklich von der Rückgabe der Belege abhängig gemacht, die zur Klageerhebung notwendig sind. Diese Lücke ist in Analogie zu § 40 III 2 KVO, Art. 32 II 1 CMR zu schließen, da die Interessenlage in allen Fällen die gleiche ist. Zum Arglisteinwand § 40 KVO Rz. 14.

IV. Unterbrechung der Verjährung

4 Es gelten die allgemeinen Regeln (§§ 208 ff BGB).

§ 15 GüKUMT [Außervertragliche Ansprüche, Haftungsausschlüsse und -beschränkungen]

(1) **Die Haftungsausschlüsse und -beschränkungen finden Anwendung auf alle Ersatzansprüche ungeachtet des Rechtsgrundes der Haftung.**

(2) **Der Unternehmer kann sich nicht auf die in diesen Bedingungen stehenden Haftungsausschlüsse und -beschränkungen berufen, wenn der Schaden durch Vorsatz oder grobe Fahrlässigkeit verursacht worden ist.**

(3) **Auf die in diesen Bedingungen stehenden Haftungsausschlüsse und -beschränkungen können sich auch die Bediensteten sowie die Personen berufen, für die der Unternehmer gemäß § 11 haftet, es sei denn, sie haben den Schaden durch Vorsatz oder grobe Fahrlässigkeit verursacht.**

Literatur: siehe vor § 1 GüKUMT.

I. Erstreckung des Haftungsausschlusses (§ 15 I GüKUMT)

1 Vgl. Art. 28 CMR Rz. 1–4. Die Begriffe des Haftungsausschlusses und der Haftungsbeschränkung sind weit zu interpretieren (§ 14 GüKUMT Rz. 1). Die deliktischen Ansprüche Dritter werden erfaßt, sofern der Dritte mit dem Transport gerechnet haben muß (vgl. Art. 28 CMR Rz. 3; weitergehend LG München, TranspR **1990**, 19). Ob allerdings § 15 GüKG durch die Ermächtigung in den §§ 20, 40, 84 a GüKG gedeckt ist, erscheint als fraglich (vgl. BGHZ **32**, 194, 204). § 15 I GüKUMT greift im Fall des § 15 II GüKUMT nicht ein.

II. Ausdehnung der Haftung (§ 15 II GüKUMT)

Vgl. Erl. zu Art. 29 I CMR, § 14 GüKUMT Rz. 1. Es schadet auch Vorsatz oder grobe Fahrlässigkeit von Personen iSd § 11 GüKUMT (*Widmann*, GüKUMT, S. 180). 2

III. Einschränkung der Haftung Dritter (§ 15 III GüKUMT)

Vgl. Art. 28 II, Art. 29 II CMR. Diese Vorschrift ist eine klare gesetzgeberische Fehlleistung. Ein Haftungsausschluß ist nur in Hinblick auf Bedienstete iSd § 11 GüKUMT und in Hinblick auf solche Personen angemessen, die gegen den Frachtführer Rückgriffsansprüche besitzen. Die Erstreckung des Haftungsausschlusses über diese Grenze hinaus führt zu Zufallsgewinnen Dritter, z. B. eines selbständigen Elektroinstallateurs, der Lampen anbringt und an sich selbst weitergehend haftet. Es ist daher eine teleologische Restriktion am Platz. 3

IV. Bedingungen für den Umzugsverkehr

Diese Regeln ergänzen bei Umzugsverträgen die §§ 1-15 GüKUMT. 4

Bedingungen für den Umzugsverkehr

§ 16 GüKUMT [Umzugsvertrag, Rechnung]

(1) **Der Umzugsvertrag ist für jede Sendung abzuschließen. Als eine Sendung gelten die Güter, die für einen Auftraggeber von einem Versandort an einen Empfänger nach einem Bestimmungsort bei einer Fahrt befördert und an dem Bestimmungsort entladen werden.**

(2) **Der Umzugsvertrag ist in schriftlicher Form festzuhalten. Das Dokument ist von dem Auftraggeber und dem Unternehmer zu unterzeichnen. Je eine Durchschrift erhalten der Unternehmer, der Auftraggeber und der Empfänger; die Erstschrift ist für die Tarifüberwachung bestimmt. Der Unternehmer hat eine nach dem Tarif aufgegliederte Rechnung zu erteilen, die in dem Dokument oder einer Anlage zu diesem auszustellen ist.**

(3) **Das in Absatz 2 genannte Dokument muß folgende Angaben enthalten:**

1. Ort und Tag des Vertragsabschlusses,

2. Name und Anschrift des Unternehmers,

3. Tag der Übernahme des Gutes zur Beförderung,

4. die für die Berechnung des Beförderungsentgeltes notwendigen Angaben,

5. Art des Gutes,

6. den voraussichtlich benötigten Laderaum in Möbelwagenmetern (ggf. Umzugsgutliste),

7. Vereinbarungen über die zu erbringenden Leistungen (Leistungsbeschreibung),

8. die mit der Beförderung verbundenen Kosten (Beförderungsentgelt, Entgelte für Nebenleistungen, Zölle und andere Kosten), die vom Vertragsabschluß bis zur Ablieferung anfallen,

9. gegebenenfalls den Sendungswert,

10. Name und Anschrift der Versicherungsgesellschaft, bei der sich der Unternehmer nach § 27 Abs. 1 in Verbindung mit § 41 des Güterkraftverkehrsgesetzes versichert hat,

11. den Betrag einer bei der Ablieferung des Gutes einzuziehenden Nachnahme,

12. die Kosten, die der Auftraggeber zu übernehmen hat,

13. im grenzüberschreitenden Verkehr die Grenzübergangsstellen und das Bruttogewicht der Sendung,

14. amtliches Kennzeichen, Art des Aufbaus und Laderaums in Möbelwagenmetern für das Kraftfahrzeug und den Anhänger,

15. Name und Anschrift des Auftraggebers,

16. Name und Anschrift des Empfängers,

17. Versandort mit Postleitzahl und Beladestelle(n), Bestimmungsort mit Postleitzahl und Entladestelle(n).

(4) **Das Fehlen der Mängel des in Absatz 2 genannten Dokuments berühren weder die Gültigkeit noch den Inhalt des Vertrages.**

(5) **Der Unternehmer kann einem anderen Unternehmer (Zweitunternehmer) die Durchführung des Vertrages ganz oder teilweise übertragen, wenn der Auftraggeber sich damit einverstanden erklärt. Beauftragt der Unternehmer einen Zweitunternehmer mit der Beförderung, so hat er diesem vor Beginn der Beförderung eine Ausfertigung des Umzugsvertrages auszuhändigen. Name und Anschrift des Zweitunternehmers sind in den Umzugsvertrag einzutragen. Der Zweitunternehmer hat den ihm ausgehändigten Umzugsvertrag ebenfalls zu unterzeichnen.**

(6) **Der Auftraggeber haftet für die Richtigkeit und Vollständigkeit seiner zum Vertrag zu machenden Angaben.**

Literatur: siehe vor § 1 GüKUMT.

1 Der Vertrag ist **formlos** gültig (§ 16 IV GüKUMT). Entgelt, §§ 22 ff GüKUMT, vor § 1 GüKUMT Rz. 4, 7. Der Begriff der **Sendung** ist in § 16 I 2 GüKUMT abweichend von § 20 I KVO geregelt. Zu den **Angaben im Umzugsvertrag** vgl. § 426 HGB, § 11 KVO. Hat der Unternehmer im Vertrag schuldhaft weniger Laderaum als erkennbar benötigt angegeben (§ 16 III 6 GüKUMT), so haftet er aus c.i.c. bzw. pFV (§ 22 GüKUMT Rz. 3). Zur **Haftung des Absenders** § 426 III HGB, § 13 KVO. § 16 VI GüKUMT bedarf jedoch der restriktiven Auslegung. Die Haftung betrifft nur Angaben, die der Frachtführer nicht aus eigener Wahrnehmung machen kann. Deswegen heißt es auch in § 16 VI GüKUMT „zu machenden Angaben". § 16 V GüKUMT weicht von allgemeinen werkvertraglichen Grundsätzen ab und übernimmt im Ansatz die Regelung der §§ 613, 664 BGB. Das Einverständnis kann konkludent erklärt werden. Dies ist jedoch nur ausnahmsweise der Fall. Der Frachtführer, der ohne Einverständnis **Dritte** einschaltet, kann gemäß § 15 II GüKUMT haften. Der Umzugsvertrag wird durch § 16 V 1 GüKUMT nicht zum aufschiebend bedingten Vertrag. Vielmehr ist eine Parallele zu den

§§ 613, 664 BGB zu ziehen. Der Zweitunternehmer wird durch Übernahme des Umzugsvertrages zum nachfolgenden Frachtführer iSd § 432 HGB; denn der Umzugsvertrag steht dem Frachtbrief gleich (**a. A.** *Bischof,* GüKUMT, § 16 Rz. 25 ff). Die Haftung des nachfolgenden Frachtführers bei Übernahme von Gut und Transportdokument entspricht allgemeinen transportrechtlichen Prinzipien (vgl. Art. 34 ff CMR, 30 WA, 35 CIM). Es bestehen keine konkreten Anhaltspunkte dafür, daß die GüKUMT das Möbeltransportrecht kodifizieren wollte (vor § 1 GüKUMT Rz. 9). Dies zeigt sich schon an der Existenz des § 15 I GüKUMT, der außervertragliche Ansprüche nicht gänzlich ausschließt. Vgl. auch *Bischof,* GüKUMT Rz. 33, der auf § 427 HGB zurückgreift.

§ 17 GüKUMT [Fälligkeit]

Der Rechnungsbetrag ist, sofern keine abweichende Vereinbarung getroffen wurde, bei Inlandstransporten vor Beendigung der Ausladung, bei Auslandstransporten vor Beginn der Beladung fällig.

Literatur: siehe vor § 1 GüKUMT.

Höhe der Vergütung, §§ 22 ff GüKUMT. § 17 GüKUMT ist dispositiver 1
Natur. Zahlt der Auftraggeber nicht den gemäß § 17 GüKUMT fälligen Betrag, so kommt er unter den Voraussetzungen der §§ 284 ff BGB in Schuldnerverzug. Der Frachtführer kann ein Zurückbehaltungsrecht gemäß § 273 BGB und außerdem ein Pfandrecht gemäß § 440 HGB sowie unter Umständen gemäß ADSp etc. geltend machen. Aus § 21 GüKUMT darf kein Umkehrschluß gezogen werden, da § 21 GüKUMT über § 440 HGB hinausgeht.

§ 18 GüKUMT [Haftungsausschlüsse]

(1) **Der Unternehmer haftet nicht für Schäden an Edelmetallen, Juwelen, Edelsteinen, Geld, Briefmarken, Münzen, Wertpapieren jeder Art, Dokumenten und Urkunden.**

(2) **Hat der Unternehmer die erforderliche Sorgfalt beachtet, so haftet er nicht für**

1. Funktionsschäden an Rundfunk-, Fernseh- oder ähnlich empfindlichen Geräten;

2. Schäden an Pflanzen oder Tieren;

3. Schäden, die durch explosive, feuergefährliche, strahlende, selbstentzündliche, giftige, ätzende Stoffe, durch Öle, Fette sowie Tiere entstehen, sofern diese Güter dem Unternehmer vom Auftraggeber übergeben worden sind.

Literatur: siehe vor § 1 GüKUMT.

I. § 18 I GüKUMT

1 Vgl. § 34 KVO Rz. 15, § 429 HGB Rz. 9. Die Aufzählung ist abschließend. § 15 II GüKUMT kann zur Haftung führen. Der Frachtführer hat den Auftraggeber zu informieren. § 10 II 1. Alt. GüKUMT greift nach der ratio der Norm (Verbraucherschutz; vor § 1 GüKUMT Rz. 2) auch hier ein, da in § 10 II GüKUMT allgemein von „die Haftungsbestimmungen" die Rede ist.

II. § 18 II GüKUMT

2 § 18 II GüKUMT reduziert die verschuldensunabhängige Haftung des § 8 GüKUMT auf eine Verschuldenshaftung (§ 347 HGB). Der Frachtführer hat mangelndes Verschulden zu beweisen.

Bedingungen für Handelsmöbel

Die §§ 19 ff GüKUMT ergänzen die §§ 1–15 GüKUMT

§ 19 GüKUMT [Frachtbrief]

(1) **Bei Beförderung im Fernverkehr im Sinne des § 3 GüKG ist für jede Sendung vor Beginn der Beförderung ein Frachtbrief auszustellen. Der Frachtbrief ist vom Auftraggeber und vom Unternehmer zu unterzeichnen. Die Unterschriften können gedruckt oder gestempelt werden. Als eine Sendung gelten die Güter, die für einen Auftraggeber von einem Versandort an einen Empfänger nach einem Bestimmungsort bei einer Fahrt befördert und an dem Bestimmungsort entladen werden. Der Unternehmer darf die Sendung zwecks Umladung zwischenlagern.**

(2) **Der Frachtbrief muß folgende Angaben enthalten:**

1. Ort und Tag der Ausstellung;

2. Name und Anschrift des Auftraggebers;

3. Name und Anschrift des Unternehmers;

4. Tag der Übernahme des Gutes zur Beförderung;

5. Versandort mit Postleitzahl und Beladestelle(n), Bestimmungsort mit Postleitzahl und Entladestelle(n) sowie die für die Berechnung des Beförderungsentgelts zugrunde zu legenden Eisenbahntarifbahnhöfe und die Tarifentfernung;

6. Name und Anschrift des Empfängers;

7. tarifmäßige Bezeichnung der Art des Gutes;

8. den Rauminhalt der beförderten Frachtstücke in Kubikmetern;

9. die mit der Beförderung verbundenen Kosten (Beförderungsentgelt, Entgelte für Nebenleistungen, Zölle und andere Kosten, die vom Vertragsabschluß bis zur Ablieferung anfallen);

10. gegebenenfalls den Sendungswert;

11. Name und Anschrift der Versicherungsgesellschaft, bei der sich der

Unternehmer nach § 27 Abs. 1 des Güterkraftverkehrsgesetzes versichert hat;

12. den Betrag einer bei der Ablieferung des Gutes einzuziehenden Nachnahme;

13. die Kosten, die der Auftraggeber übernimmt;

14. im grenzüberschreitenden Verkehr die Grenzübergangsstellen und das Bruttogewicht der Sendung;

15. Vereinbarungen über tarifliche Nebenleistungen;

16. amtliches Kennzeichen, Standort, Bezeichnung und Nummer der Genehmigung sowie Laderaum in Möbelwagenmetern für das Kraftfahrzeug und den Anhänger.

(3) **Der Frachtbrief ist mit drei Durchschriften auszufertigen. Die Erstschrift ist für die Tarifüberwachung bestimmt; je eine Durchschrift erhalten der Empfänger, der Unternehmer und der Auftraggeber. Die Erstschrift und eine Durchschrift sind bei der Beförderung mitzuführen.**

(4) **Die Eintragungen im Frachtbrief müssen in deutscher Sprache deutlich und unauslöschbar geschrieben sein. Im Frachtbrief darf nicht radiert werden. Durchstreichungen und Änderungen sind nur zulässig, wenn sie durch Unterschrift anerkannt sind.**

(5) **Beauftragt der Unternehmer einen Zweitunternehmer mit der Beförderung, so hat er diesem vor Beginn der Beförderung drei Ausfertigungen des Frachtbriefes auszuhändigen. Name und Anschrift des Zweitunternehmers sind im Frachtbrief einzutragen. Der Zweitunternehmer hat den ihm ausgehändigten Frachtbrief ebenfalls zu unterzeichnen.**

(6) **Das Fehlen oder Mängel des Frachtbriefes berühren weder die Gültigkeit noch den Inhalt des Vertrages.**

(7) **Der Auftraggeber haftet für die Richtigkeit und Vollständigkeit seiner Angaben.**

Literatur: siehe vor § 1 GüKUMT.

Vgl. § 16 GüKUMT. Die Pflicht zur Ausstellung des Frachtbriefs ergibt 1
sich aus dem ergänzend anwendbaren § 11 KVO (vgl. vor § 1 GüKUMT Rz. 9; **a. A.** *Bischof,* GüKUMT, § 19 Rz. 5: § 426 HGB). Der Frachtführer bedarf zur Einschaltung von Zweitunternehmern nicht des Einverständnisses des Auftraggebers. Auf den Zweitunternehmer, der gemäß § 19 V GüKUMT Gut und Frachtbrief übernimmt, ist § 432 HGB anzuwenden.

§ 20 GüKUMT [Beladen und Entladen]

Das Be- und Entladen umfaßt nicht das Heranbringen zum Fahrzeug und das Fortschaffen vom Fahrzeug.

Literatur: siehe vor § 1 GüKUMT.

§ 20 GüKUMT konkretisiert in Hinblick auf die Be- und Entladepflichten 1
den § 2 GüKUMT. Die Vorschrift steht weitgehend im Einklang mit den allgemeinen Regeln über Be- und Entladung (§ 17 KVO Rz. 2, 22). Sie kann

abbedungen werden, da § 20 GüKUMT nur eine Legaldefinition des § 2 I GüKUMT enthält, aber nichts an dem dispositiven Charakter des § 2 GüKUMT ändert.

§ 21 GüKUMT [Pfandrecht]

(1) **Der Unternehmer hat wegen aller fälligen Ansprüche, die ihm aus dem Vertrag zustehen, ein Pfandrecht und ein Zurückbehaltungsrecht an den in seiner Verfügungsgewalt befindlichen Gütern. Das Pfandrecht kann auch wegen unbestrittener Forderungen aus früheren Beförderungsverträgen geltend gemacht werden.**

(2) **Macht der Unternehmer von seinem Recht zum Pfandverkauf der in seinen Besitz gelangten Gegenstände Gebrauch, so genügt für die Pfandverkaufsandrohung mit Einhaltung einer sechswöchigen Frist die Absendung einer schriftlichen Benachrichtigung an die letzte dem Unternehmer bekannte Anschrift des Auftraggebers.**

Literatur: siehe vor § 1 GüKUMT.

1 § 21 GüKUMT erweitert das Pfandrecht aus § 440 HGB. Ein gutgläubiger Erwerb ist im Rahmen des § 366 III HGB nur in Hinblick auf konnexe Forderungen möglich. Es ist nicht anzunehmen, daß der GüKUMT entgegen BGHZ **17,** 1 einen gutgläubigen Erwerb des Pfandrechts auch für inkonnexe Forderungen eröffnen wollte.

Entgelte und Berechnungsvorschriften

§ 22 GüKUMT [Allgemeine Vorschriften für Beförderungen im Fernbereich und Güterfernverkehr]

(1) **Das Entgelt**

– für Beförderungen im Umzugsverkehr auf Tarifentfernungen über 125 Kilometer (Fernbereich),

– für Beförderungen von Handelsmöbeln in besonders für die Möbelbeförderung eingerichteten Fahrzeugen im Güterfernverkehr nach § 3 GüKG

ist für jede Sendung nach dem benötigten Laderaum und der Tarifentfernung aufgrund der diesem Tarif beigefügten Tabellen zu berechnen.

(2) **Wird bei einer Beförderung der gestellte Laderaum nicht voll benötigt, kann vereinbart werden, daß abweichend von Absatz 1 für die Berechnung des Entgelts ein größerer als der benötigte Laderaum, höchstens der gestellte Laderaum, zugrunde gelegt wird.**

(3) **Als Tarifentfernung gilt die nach dem Stand vom 31. Dezember 1983 im Deutschen Eisenbahn-Güter- und Tiertarif (DEGT) Teil II Heft B veröffentlichte Eisenbahntarifentfernung zwischen den Eisenbahntarifbahnhöfen, die nach Anlage 1 zum Tarif (Bahnhofsverzeichnis) der Postleitzahl des Versandortes und der Postleitzahl des Bestimmungsortes zugeordnet sind.**

(4) **Im Verkehr zwischen Berlin (West) und dem Bundesgebiet ist die Tarifentfernung über den Grenzübergang zu ermitteln, über den sich die kürzeste Gesamtentfernung ergibt. Dabei sind zu berechnen für die Entfernung:**

zwischen

Berlin und Gudow (Eisenbahntarifbahnhof Büchen, maßgebliche Postleitzahl 2059) 233 km,

Berlin und Helmstedt (Eisenbahntarifbahnhof Helmstedt, maßgebliche Postleitzahl 3330) 184 km,

Berlin und Herleshausen (Eisenbahntarifbahnhof Bebra, maßgebliche Postleitzahl 3443) 376 km,

Berlin und Rudolphstein (Eisenbahntarifbahnhof Hof Hbf, maßgebliche Postleitzahl 8671) 324 km.

Hat der Auftraggeber einen dieser Wege vorgeschrieben, so ist dieser der Entfernungsermittlung zugrunde zu legen.

(5) **Im grenzüberschreitenden Verkehr ist für die Ermittlung der Tarifentfernung im Bundesgebiet der der Postleitzahl des benutzten Grenzübergangs nach Anlage 1 zum Tarif (Bahnhofsverzeichnis) zugeordnete Eisenbahntarifbahnhof zugrunde zu legen, soweit nicht ein anderer Grenzübergang vereinbart worden ist.**

(6) **Im Verkehr von und nach Inseln sind Auslagen zu berechnen; für zusätzlich anfallende Leistungen kann ein Entgelt vereinbart werden.**

(7) **Je angefangene 1000,– DM des vom Auftraggeber nach § 10 Abs. 1 Nr. 2 angegebenen Wertes, abzüglich eines Betrages von 4000,– DM je Möbelwagenmeter, der der Entgeltberechnung zugrunde gelegt ist, kann ein Entgelt bis zu 5 vom Tausend vereinbart werden.**

Vgl. § 40 GüKG.

§ 23 GüKUMT [Vorschriften für Beförderungen im Umzugsverkehr auf Tarifentfernungen über 125 Kilometer (Fernbereich)]

(1) **Für die Berechnung des Entgelts findet die Tabelle I Anwendung.**

Das Entgelt kann durch Vereinbarungen im Umzugsvertrag oder in einer Anlage zu diesem um bis zu 10 Prozent ermäßigt oder um bis zu 13 Prozent erhöht werden; die Vereinbarung ist nach Vorlage der für die Tarifüberwachung erforderlichen Unterlagen (§ 43 GüKG) nicht mehr zulässig.

Das Entgelt kann auf volle Deutsche Mark aufgerundet werden.

Bei der Berechnung des Entgelts sind Ermäßigungen oder Erhöhungen nach den Absätzen 5 und 6 vor einer Vereinbarung nach Satz 2 zu berücksichtigen.

(2) **Als benötigter Laderaum gilt entweder**

– der nach Beladung festgestellte Laderaum oder

– der sich durch Zusammenzählung der Raumeinheiten der zu befördernden Güter aus der Umzugsgutliste nach Anlage 2 zum Tarif ergebende, vereinbarte Laderaum.

Die Umzugsgutliste ist Anlage zum Umzugsvertrag und vom Auftraggeber und Unternehmer gesondert zu unterzeichnen.

(3) **Beträgt der benötigte Laderaum mehr als 16 Möbelwagenmeter, so ist für die darüber hinausgehenden Möbelwagenmeter die Tabelle, beginnend mit einem Möbelwagenmeter, anzuwenden.**

(4) **Das Entgelt ist gestaffelt von einem halben zu einem halben Möbelwagenmeter zu berechnen. Angefangene halbe Möbelwagenmeter sind aufzurunden. Das Entgelt für einen halben Möbelwagenmeter beträgt die Hälfte des Unterschieds zwischen dem Entgelt für den nächst niedrigeren und dem Entgelt für den nächst höheren vollen Möbelwagenmeter.**

(5) **Übernimmt der Auftraggeber das Beladen, so ermäßigt sich das Entgelt um 16,90 DM je Möbelwagenmeter; das gleiche gilt für das Entladen.**

(6) **Wird die Sendung am Versandort an mehr als einer Beladestelle geladen, so sind für die zweite und jede weitere im Umzugsvertrag einzutragende Beladestelle 98,70 DM zu berechnen; entsprechendes gilt für mehrere Entladestellen am Bestimmungsort.**

(7) **Überträgt ein Unternehmer des Umzugsverkehrs einem anderen Unternehmer des Umzugsverkehrs (Zweitunternehmer) die Durchführung des Vertrages, so darf zwischen diesen ein Abzug von dem Entgelt bis zu 25 Prozent vereinbart werden.**

Führt der Zweitunternehmer den Vertrag nur teilweise durch, so wird das Entgelt hierfür anteilig nach dem Entgelt für die Gesamtdurchführung berechnet; Satz 1 gilt entsprechend.

S. Erl. zu § 40 GüKG.

§ 24 GüKUMT [Vorschriften für Beförderungen von Handelsmöbeln in besonders für die Möbelbeförderung eingerichteten Fahrzeugen im Güterfernverkehr]

(1) **Für die Berechnung des Entgelts findet die Tabelle II Anwendung. Es sind mindestens 0,3 Kubikmeter, mindestens jedoch 40,40 DM zu berechnen.**

Das Entgelt für Sendungen bis 8 Kubikmeter kann durch Vereinbarung im Frachtbrief oder in einer Anlage zu diesem um bis zu 6 Prozent ermäßigt oder um bis zu 6 Prozent erhöht werden.

Das Entgelt für Sendungen über 8 Kubikmeter kann durch Vereinbarung im Frachtbrief oder einer Anlage zu diesem um bis zu 10 Prozent ermäßigt oder um bis zu 13 Prozent erhöht werden.

Die Vereinbarung ist nach Vorlage der für die Tarifüberwachung erforderlichen Unterlagen (§ 58 GüKG) nicht mehr zulässig. Das Entgelt kann auf volle 10 Pfennig aufgerundet werden.

Bei der Berechnung des Beförderungsentgelts sind Erhöhungen oder Ermäßigungen nach den Absätzen 3 bis 5 vor einer Vereinbarung nach Satz 3 oder 4 zu berücksichtigen.

(2) **Als benötigter Laderaum gilt die Summe der über die größte Länge, Höhe und Breite berechnete Rauminhalt der einzelnen Frachtstücke ein-**

schließlich Verpackung, wie sie dem Unternehmer zur Beförderung übergeben werden. Paletten und rollbare Behälter gelten nicht als Verpakkung. Der Rauminhalt ist für Sendungen bis 8 Kubikmeter auf zehntel Kubikmeter, für Sendungen über 8 bis 30 Kubikmeter auf halbe Kubikmeter, für Sendungen über 30 bis 70 Kubikmeter auf volle Kubikmeter und für Sendungen über 70 Kubikmeter auf volle durch 2 teilbare Kubikmeter aufzurunden.

(3) **Liegt das Gewicht der Sendung unter 70 Kilogramm je Kubikmeter, so ermäßigt sich das Entgelt nach der Tabelle um 1,50 DM je Kubikmeter des berechneten Sendungsumfangs.**

Liegt das Gewicht der Sendung über 240 Kilogramm je Kubikmeter, so erhöht sich das Entgelt nach der Tabelle um 1,50 DM je Kubikmeter des berechneten Sendungsumfangs, wenn eine Vereinbarung nach § 22 Abs. 2 nicht getroffen wird. Das Gewicht einer Sendung muß nur angegeben werden, wenn Satz 1 oder 2 Anwendung findet.

(4) **Übernimmt der Auftraggeber das Beladen und wird ein Entgelt für die Sendung von mehr als 8 Kubikmetern berechnet, so kann vereinbart werden, daß das Entgelt nach der Tabelle um bis zu 3,46 DM je Kubikmeter des berechneten Sendungsumfangs ermäßigt wird; entsprechendes gilt für das Entladen.**

Werden für einen Auftraggeber bei einer Fahrt mehrere Sendungen mit insgesamt mindestens 52 berechneten Kubikmetern von einem Versandort aus befördert und übernimmt der Auftraggeber das Beladen, so kann abweichend von Satz 1 vereinbart werden, daß das Entgelt nach der Tabelle für jede Sendung um bis zu 3,46 DM je Kubikmeter des berechneten Sendungsumfangs ermäßigt wird.

(5) **Werden für einen Auftraggeber bei einer Fahrt eine oder mehrere Sendungen mit insgesamt mindestens 52 berechneten Kubikmetern von einem Versandort aus befördert, liegen die Bestimmungsorte in derselben Verkehrsrichtung und beträgt die Differenz zwischen der niedrigsten und der höchsten Tarifentfernung nicht mehr als 150 km, so kann vereinbart werden, daß das Entgelt nach der Tabelle ermäßigt wird,**
bei 1 bis 2 Sendungen um bis zu 8,61 DM.
bei 3 bis 5 Sendungen um bis zu 5,83 DM,
bei 6 bis 10 Sendungen um bis zu 4,57 DM,
bei 11 bis 15 Sendungen um bis zu 2,89 DM
je Kubikmeter des berechneten Sendungsumfangs. Als Versandort im Sinne des Satzes 1 gilt auch der Ort, dessen Ladestellen auch in angrenzenden Orten liegen, sofern die Versandorte jeweils nicht mehr als 70 km² Fläche aufweisen; für die zweite und jede weitere Ladestelle ist ein Entgelt zu vergüten.

Bei Sendungen, für die Frachthilfe nach den Richtlinien über die Gewährung von Umwegfrachthilfe im Zonenrandgebiet und in den übrigen Frachthilfegebieten für Beförderungen im gewerblichen Güterfernverkehr vom 15. September 1988 (BAnz. S. 4437) anfällt, ist bei der Entfernung für die Festlegung der Entfernungsdifferenz von der der Frachthilfe zugrunde zu legenden kürzeren Entfernung auszugehen.

(6) **Zur Abgeltung einer Beschäftigungs- und Umsatzgarantie sowie für**

eine Organisation des Fahrzeugeinsatzes kann in den Fällen des Absatzes 5 vereinbart werden, das Entgelt nach Abzug der dort genannten Entgelte um bis zu 2 vom Hundert zu ermäßigen, wenn in 12 aufeinanderfolgenden Monaten, gerechnet ab Beginn der Vereinbarung, jeweils ein Gesamtentgelt (ohne die Umsatzsteuer nach § 27) von mindestens 320000 DM erreicht wird. Die Vereinbarung ist der Bundesanstalt für den Güterfernverkehr oder der von dem Unternehmer nach § 58 des Güterkraftverkehrsgesetzes beauftragten Frachtenprüfstelle unverzüglich anzuzeigen; das Gesamtentgelt ist ihnen unter Benennung der eingesetzten Unternehmer für jeden Kalendermonat nachzuweisen.

(7) **Das Entgelt ist statt nach dem wirklichen nach einem höheren Rauminhalt zu berechnen, wenn sich dadurch ein niedrigeres Entgelt ergibt.**

(8) **Für die Rückbeförderung transportgeschädigter Möbel kann vereinbart werden, daß die Berechnung eines Entgelts entfällt.**

(9) **Bei Beförderungen innerhalb eines Ortes und bei Beförderungen zwischen Orten, für die derselbe Eisenbahntarifbahnhof maßgebend ist oder bei denen der Bestimmungsort in der Nahzone des Versandortes liegt, gilt abweichend von § 22 Absätzen 2 bis 5 die Straßenentfernung als Tarifentfernung, ermittelt über die kürzeste, für das eingesetzte Fahrzeug verkehrsübliche Straßenverbindung.**

(10) **Bei einer Tarifentfernung bis zu 50 km finden Abs. 1 und § 26 Abs. 2 mit der Maßgabe Anwendung, daß die Entgelte Höchstentgelte sind.**

(11) **Bei Beförderung von Handelsmöbeln mit technischen Einrichtungen kann abweichend von § 24 Abs. 1 Satz 1 die Berechnung des Entgelts nach Tabelle I und nach den übrigen Bestimmungen für den Umzugsverkehr vereinbart werden.**

(12) **Überträgt ein Unternehmer, der über ein besonders für die Möbelbeförderung eingerichtetes Kraftfahrzeug verfügt und dem eine Genehmigung für den Güterfernverkehr erteilt ist, die ihn zur Durchführung der Beförderung auf der Gesamtstrecke berechtigt, einem anderen Unternehmer (Zweitunternehmer) die Durchführung des Vertrages, so darf zwischen diesen ein Abzug von dem Entgelt bis zu 10 vom Hundert vereinbart werden. Führt der Zweitunternehmer den Vertrag nur teilweise durch, so wird das Entgelt hierfür anteilig nach dem Entgelt für die Gesamtdurchführung berechnet. Bei Vorliegen einer Vereinbarung über eine Beschäftigungs- und Umsatzgarantie sowie über eine Organisation des Fahrzeugeinsatzes geht der Abzug, sofern nichts anderes vereinbart ist, zu Lasten des Erstunternehmers.**

S. Erl. zu § 40 GüKG.

§ 25 GüKUMT [Beförderungen im Nahbereich und Güternahverkehr]

Das Entgelt

– für Beförderungen im Umzugsverkehr, die nicht unter die Vorschriften des § 23 fallen (Nahbereich),

– für Beförderungen von Handelsmöbeln in besonders für die Möbelbe-

förderung eingerichteten Fahrzeugen im Güternahverkehr nach § 2 GüKG bestimmt sich nach den folgenden Vorschriften:

1. Es dürfen berechnet werden:

a) für die Gestellung der motorischen Zugkraft je angefangene Stunde der Einsatzzeit bis zu 15,22 DM,

b) für den nach Beladung festgestellten benötigten Laderaum je angefangenen Möbelwagenmeter und je angefangene Stunde der Einsatzzeit bis zu 3,94 DM. Wird bei einer Beförderung der gestellte Laderaum nicht voll benötigt, kann vereinbart werden, daß abweichend von Satz 1 für die Berechnung des Entgelts ein größerer als der benötigte Laderaum, höchstens der gestellte Laderaum, zugrunde gelegt wird.

2. Die Einsatzzeit berechnet sich nach der Zeit, die zur Ausführung der vertraglichen Leistungen von der Be- bis zur Entladestelle erforderlich ist. Leerfahrten zur Beladestelle und von der Entladestelle gelten als Einsatzzeit, wenn dies besonders vereinbart worden ist.

3. Für den Fahrer der Zugkraft und für die eingesetzten Arbeitskräfte darf neben dem Tariflohn ein Zuschlag bis zum 2,2fachen des Tariflohns je Person und je angefangene Stunde der Arbeitszeit berechnet werden. Gilt am Ort der Leistung ein höherer Tariflohn, so kann von diesem ausgegangen werden. Durch Tarifvertrag geregelte Spesen dürfen daneben berechnet werden. Das Ergebnis kann auf volle 10 Pfennige aufgerundet werden. Als Arbeitszeit gilt auch die Fahrzeit von der Be- zur Entladestelle. Zugangs- und Abgangszeiten gelten als Arbeitszeit, wenn dies besonders vereinbart worden ist.

4. Bei einer Beförderungsstrecke von mehr als 15 km zwischen Be- und Entladestelle dürfen für jeden über 15 km hinausgehenden Kilometer als Entfernungszuschläge erhoben werden:

a) für die motorische Zugkraft je Kilometer bis zu 1,44 DM,

b) für den benötigten Laderaum je angefangenen Möbelwagenmeter und je Kilometer bis zu 0,42 DM. Wird bei einer Beförderung der gestellte Laderaum nicht voll benötigt, kann vereinbart werden, daß abweichend von Satz 1 für die Berechnung des Entgelts ein größerer als der benötigte Laderaum, höchstens der gestellte Laderaum, zugrunde gelegt wird.

Beförderungsstrecke ist die kürzeste für das eingesetzte Fahrzeug verkehrsübliche Straßenverbindung zwischen der Be- und Entladestelle.

5. Je angefangene 1000,– DM des vom Auftraggeber nach § 10 Abs. 1 Nr. 2 angegebenen Wertes, abzüglich eines Betrages von 4000,– DM je Möbelwagenmeter, der der Entgeltberechnung zugrunde gelegt ist, kann ein Entgelt bis zu 5 vom Tausend vereinbart werden.

6. Für die Gestellung maschineller Hebezeuge kann ein Entgelt vereinbart werden.

7. Im übrigen finden die Vorschriften des § 26 Abs. 1 Nr. 1 bis 3, 5, 7 und 8 und Abs. 2 Anwendung, und zwar mit der Maßgabe, daß die Entgelte Höchstentgelte sind.

8. Bei der Beförderung von Handelsmöbeln kann abweichend von den Vorschriften der Nummern 1 bis 4 die Berechnung des Entgelts nach den Vorschriften der §§ 22 und 24 vereinbart werden; das nach den Tabellen errechnete Entgelt ist abweichend von § 24 Abs. 1 Höchstentgelt.

S. Erl. zu § 40 GüKG.

§ 26 GüKUMT [Nebenleistungen]

(1) Im Umzugsverkehr gelten folgende Vorschriften:

1. Für das Ein- und Auspacken ist neben dem Tariflohn ein Zuschlag in Höhe des 2,2fachen des Tariflohns je eingesetzte Arbeitskraft und je angefangene Stunde der Arbeitszeit zu berechnen. Gilt am Ort der Leistung ein anderer Tariflohn, so kann von diesem Tariflohn ausgegangen werden. Das Ergebnis kann auf volle 10 Pfennige aufgerundet werden. Durch Tarifvertrag geregelte Spesen und notwendige Fahrgelder sind daneben zu berechnen. Als Arbeitszeit gilt auch die Fahrzeit von der Be- zur Entladestelle, soweit diese Arbeitszeit nicht bereits für die Tätigkeit als Träger abgegolten ist. Zugangs- und Abgangszeiten gelten als Arbeitszeit, wenn dies besonders vereinbart worden ist.

Entsprechendes gilt für Auseinandernehmen und Montieren, wenn
– die technische Gestaltung größeren Zeitaufwand und handwerkliche Tätigkeiten erforderlich macht und
– die Leistungen vereinbart und
– einzeln im Umzugsvertrag ausgewiesen sind.

2. Für das Bereitstellen von Packmaterial sind für jede Sendung zu berechnen:
je Kleiderbehältnis 9,87 DM
je sonstiges Packbehältnis 6,93 DM
für außergewöhnliches Packmaterial je sonstiges Packbehältnis, wenn dies vereinbart ist 5,04 DM.

3. Für die Beförderung der folgenden Güter sind besonders zu berechnen:
je Klavier 59,85 DM
je Flügel 81,30 DM
je Konzertflügel 133,90 DM
je Geldschrank, eiserner Schrank oder anderer unteilbarer Gegenstand im Gewicht ab 200 kg je angefangene 100 kg 30,55 DM

4. Die Entgelte nach Nummer 1 Satz 1, Nr. 2 und 3 können durch Vereinbarung im Umzugsvertrag oder in einer Anlage zu diesem um bis zu 10 Prozent ermäßigt oder um bis zu 13 Prozent erhöht werden; die Vereinbarung ist nach Vorlage der für die Tarifüberwachung erforderlichen Unterlagen (§ 43 GüKG) nicht mehr zulässig.

5. Metergeld bei Beförderungen im Nahbereich und Packerzulage sind nach dem Tarifvertrag zu berechnen. Soweit dieser hierfür nichts vorsieht und im Tariflohn keine Abgeltung des Metergeldes und der Packerzulage vorgenommen ist, können Metergeld und Packerzulage in ortsüblicher Höhe vereinbart werden.

6. Wird bei Beförderungen im Fernbereich die Be- und Entladung über mehr als 5 Geschosse durchgeführt, so kann für jedes weitere Geschoß und je Möbelwagenmeter ein Zuschlag bis zu 6,50 DM vereinbart werden.

7. Bei Beförderung aus dem oder in das Zollausland kann für die Gestellung beim Zoll ein Zuschlag bis zu 19,20 DM je Möbelwagenmeter vereinbart werden.

8. Für weitere Nebenleistungen, die über die vorstehend beschriebenen hinausgehen, kann ein angemessenes Entgelt vereinbart werden.

(2) Bei Beförderung von Handelsmöbeln in besonders für die Möbelbeförderung eingerichteten Fahrzeugen gelten folgende Vorschriften:

1. Es kann vereinbart werden, das Montieren nach Arbeitsaufwand oder pauschaliert zu berechnen.

2. Bei Beförderung aus dem oder in das Zollausland kann unter entsprechender Anwendung von § 24 Abs. 2 Satz 3 für die Gestellung beim Zoll ein Zuschlag bis zu 3,83 DM je Kubikmeter vereinbart werden.

3. Für das Verauslagen von Zoll- oder Steuerbeträgen, für Anträge auf Erbringung des Ablieferungsnachweises sowie für das Erheben von Nachnahmen kann ein Entgelt vereinbart werden.

4. Für weitere Nebenleistungen, die über die vorstehend beschriebenen Leistungen hinausgehen, kann ein angemessenes Entgelt vereinbart werden.

S. Erl. zu § 40 GüKG.

§ 27 GüKUMT

In den Entgelten ist die Umsatzsteuer nicht enthalten. Den vorgeschriebenen und vereinbarten Entgelten ist die Umsatzsteuer hinzuzurechnen, die nach § 12 des Umsatzsteuergesetzes auf die ausgeführte Leistung entfällt. Das gilt nicht, wenn die Umsatzsteuer unerhoben bleibt.

S. Erl. zu § 40 GüKG

Art. 28 GüKUMT

(nicht abgedruckt).

2. Abschnitt
Allgemeine Geschäftsbedingungen der Bundesfachgruppe Schwertransporte und Kranarbeiten [BSK]

v. 27. März 1980, BAnz. v. 11.4.1980

1. Geschäftsbedingungen, besondere Abreden

1.1. Allen unseren Geschäften liegen die nachstehenden Bedingungen zugrunde, soweit nicht zwingende Vorschriften entgegenstehen (z. B. KVO = Kraftverkehrsordnung, CMR = Übereinkommen über den Beförderungsvertrag im internationalen Güterverkehr).

1.2. Abweichende Abreden oder Geschäftsbedingungen gelten nur, wenn sie im Einzelfall ausdrücklich vereinbart werden.

1.3. Wir sind berechtigt, andere Unternehmer zur Erfüllung der übernommenen vertraglichen Verpflichtung einzuschalten, es sei denn, daß bei Übernahme des Auftrages etwas anderes vereinbart wurde.

2. Behördliche Genehmigungen

2.1. Verträge, deren Durchführung der Erlaubnis oder Genehmigung der zuständigen Behörde bedürfen, insb. gem. §§ 18 Abs. 1, Satz 2, 22 Abs. 2 Abs. 4, 29 Abs. 3, 46 StVO und 70 StVZO, werden unter der aufschiebenden Bedingung der Erlaubnis oder Genehmigung geschlossen.

2.2. Gebühren und Kosten behördlicher Aufwendungen oder entstanden durch behördliche Auflagen sowie Polizeibegleitgebühren oder sonstige behördlich angeordnete Sicherheitsvorkehrungen trägt der Auftraggeber, soweit nichts anderes ausdrücklich vereinbart wurde.

3. Rücktritt vom Vertrag

3.1. Wir sind, vorbehaltlich der Vorschriften der KVO, berechtigt – unter Ausschluß von Schadensersatzansprüchen – vom Vertrag zurückzutreten,

3.1.1. wenn nach sorgfältiger Prüfung vor oder während des Einsatzes von Fahrzeugen, Geräten oder Arbeitsvorrichtungen aller Art wesentliche Schäden an fremden und/oder eigenen Sachen und/oder Vermögenswerten zu besorgen sind.

3.1.2. Das Rücktrittsrecht entfällt, wenn der Unternehmer die Sorgfalt eines ordentlichen Kaufmannes (Frachtführers) nicht beachtet hat.

3.2. Im Falle des 3.1.1. wird bei Kranarbeiten das Entgelt anteilig berechnet. Im Güternahverkehr findet § 28 KVO entsprechende Anwendung.

4. Verpflichtungen des Auftraggebers

4.1. Der Auftraggeber

4.1.1. ist verpflichtet, das zu behandelnde Gut in einem für die Durchführung des Auftrages bereiten und geeigneten Zustand zur Verfügung zu halten,

4.1.2. hat die richtigen Maße, Gewichte und besonderen Eigenschaften des Gutes (z. B. Schwerpunkt, Art des Materials usw.) sowie die Anschlagpunkte im Falle von Kranarbeiten rechtzeitig anzugeben,

4.1.3. darf nach Auftragserteilung ohne unsere Zustimmung dem von uns eingesetzten Personal keine Weisungen erteilen, die von den vertraglichen Vereinbarungen in Art und Umfang abweichen.

4.2. Verletzt der Auftraggeber die vorgenannten Verpflichtungen (4.1.1.- 4.1.3.), so hat er alle daraus entstandenen Schäden zu übernehmen.

5. Haftungsbestimmungen

5.1. Von uns übernommene Aufträge über die Beförderung von Gütern, Kranarbeiten sowie Flurtransporten sind Frachtverträge im Sinne des HGB.

5.2. Für Verluste oder Beschädigungen am übernommenen Gut haftet der Unternehmer nach den gesetzlichen Bestimmungen (§ 430 Abs. 1–2 HGB). Für sich daraus ergebende Folgeschäden ist die Haftung des Unternehmers je Schadenereignis auf DM 250 000,– begrenzt, soweit nicht infolge Vorsatzes oder grober Fahrlässigkeit des Unternehmers, seiner Leitenden Angestellten oder deren Erfüllungsgehilfen darüber hinaus zwingend gehaftet wird.

Für Verluste oder Beschädigungen des übernommenen Gutes oder sonstige Sachschäden, die bei der Durchführung des Auftrages entstehen, haftet der Unternehmer bis max. 1 Mio. je Schadenereignis.

Diese Regelung gilt nur insoweit, als nicht nach zwingendem Recht eine andere Haftung gegeben ist (KVO, CMR etc.).

5.3. Ausgeschlossen von der Haftung sind, soweit gesetzlich zulässig,

5.3.1. Schäden, soweit sie durch eine Schadenversicherung dem Grunde und der Höhe nach gedeckt sind,

5.3.2. Unvorhersehbare Schäden durch Verzögerungen und Nichteinhaltung von Terminen, Ausfall von Fahrzeugen, Geräten oder Arbeitsvorrichtungen oder durch ähnliche Sachverhalte sowie durch Streik und Straßensperren. Verletzt der Unternehmer die Sorgfalt eines ordentlichen Kaufmannes, haftet er bis zur Höhe des vereinbarten Auftragsentgeltes.

5.3.3. Ebenfalls von der Haftung ausgeschlossen sind nicht vom Unternehmer schuldhaft verursachte Schäden, entstanden durch die Bodenverhältnisse der Einsatzstellen sowie der Zufahrtswege, ausgenommen öffentliche Straßen oder Plätze.

6. Diese Geschäftsbedingungen beziehen sich auf alle Ansprüche, gleichviel aus welchem Rechtsgrund. Auf sie können sich auch die beauftragten Zweitunternehmer und alle mit der Ausführung beschäftigten Arbeitskräfte berufen.

7. Rechnungen

7.1. Unsere Rechungen sind nach Erfüllung des Auftrages sofort fällig und netto Kasse zu begleichen.

7.2. Eine Aufrechnung oder Zurückbehaltung ist nur mit unbestrittenen oder rechtskräftig festgestellten Forderungen zulässig.

Literatur: *Bartels,* VersR **1990,** 355; *Willenberg* in Transportrecht und Gesetz über Allgemeine Geschäftsbedingungen (1988).

1. Allgemeines

Die BSK stellen Allgemeine Geschäftsbedingungen dar, die, soweit er- 1
sichtlich, nicht zum Handelsbrauch geworden sind. Sie müssen, um Geltung zu erlangen, in den **Vertrag einbezogen werden.** Da in aller Regel der Auftraggeber ebenfalls Kaufmann sein wird, ist die Einbeziehung unter den erleichterten Voraussetzungen des § 24 AGBG möglich (vgl. vor § 1 ADSp

Rz. 11–13; § 1 AGNB Rz. 3). Eine stillschweigende Unterwerfung ist nicht anzunehmen, da hierzu die BSK zu wenig bekannt sind. Nach Nr. 1.2 BSK gehen die BSK anderen AGB vor (z. B. den AGNB). Mit den ADSp droht grundsätzlich keine Kollision, da diese in § 2 b Kranarbeiten sowie Schwer- und Großraumtransporte aus ihrem Geltungsbereich ausklammern. Soweit die Nr. 1.2 BSK den BSK auch Vorrang vor **Individualabreden** verschaffen will, die nicht ausdrücklich getroffen worden sind, verstößt die Klausel gegen § 4 AGBG.

Die BSK werden durch **zwingendes Gesetzesrecht** verdrängt. Nr. 1.1 BSK bestätigt dies deklaratorisch. Bevor die BSK heranzuziehen sind, ist mithin jeweils zu prüfen, ob zwingendes Frachtrecht eingreift. Es kann sein, daß das zwingende Frachtrecht nur Teile der BSK zurücktreten läßt und andere Teile unberührt läßt (z. B. Nr. 1.3, Nr. 2, Nr. 7 im Fallder CMR).

Die BSK sagen nicht ausdrücklich, daß diese Bedingungen nur zum Tragen kommen, wenn im **Einzelfall** ein **Schwertransport** vorliegt oder **Kranarbeiten** vorzunehmen sind. Sie sind so formuliert, daß sie auf alle möglichen Beförderungsleistungen anzuwenden sind. Es besteht auch kein Anlaß, den Anwendungsbereich zu restringieren, da die Verwender der BSK deren Tragweite durch ihre Entscheidung, die BSK in den Vertrag einzubeziehen oder nicht einzubeziehen, beeinflussen können.

2. Frachtvertrag (Nr. 5.1 BSK)

2 Nr. 5.1 BSK erklärt auch Kranarbeiten zu Transportleistungen iSd § 425 HGB. Für die in Nr. 5.1 BSK außerdem genannten Beförderungen und Flurtransporte versteht sich, soweit nicht Sonderfrachtrecht eingreift, diese Einordnung von selbst. Auch Kranarbeiten wird man aber als Beförderung iSd § 425 HGB anzusehen haben. Folgt man dieser Einordnung nicht, so ist zu beachten, daß Nr. 5.1 BSK unter der Überschrift „Haftungsbestimmungen" steht und somit nur für Haftungsfragen Geltung beansprucht.

3. Einschaltung anderer Unternehmer (Nr. 1.3 BSK)

3 Die Klausel steht mit dem dispositiven Recht in Einklang, soweit es sich bei den vertraglichen Arbeiten um Leistungen iSd §§ 425 HGB, 631 BGB handelt. Qualifiziert man das Leistungsversprechen als Dienstleistung iSd § 611 BGB, so dingt Nr. 1.3 BSK den § 613 BGB ab. Da aber Nr. 5.1 BSK ohnehin Beförderungsaufträge und Kranarbeiten zu Frachtverträge iSd § 425 HGB erhebt, gewinnt Nr. 1.3 BSK nur in sehr seltenen Fällen Bedeutung, in denen zwar ein Dienstleistungsversprechen abgegeben wurde, aber keine Beförderung oder Kranleistung zugesagt wurde.

4. Vertragsschluß (Nr. 2.1 BSK)

4 Nr. 2.1 BSK stellt den Vertragsschluß unter eine aufschiebende Bedingung. Die Klausel ist AGBG-konform.

5. Kosten, Gebühren (Nr. 2.2 BSK)

Soweit die Klausel nur hinter ausdrückliche abweichende Vereinbarungen zurücktreten soll, verstößt sie gegen § 4 AGBG. 5

6. Rücktritt (Nr. 3 BSK)

a) Das Recht, vom Vertrag zurückzutreten, setzt voraus, daß den Unternehmer in Hinblick auf Planung und Durchführung des Transports kein Verschulden trifft (§ 347 HGB). Schuldhaft handelt auch derjenige Frachtführer, der vorhersehbare Störungen in seinen Planungen und/oder Kalkulationen nicht berücksichtigt. Der Unternehmer, den kein Verschuldensvorwurf trifft, muß weiter nachweisen, daß Schäden zu besorgen sind und daß diese Schäden so wesentlich sind, daß ihre Hinnahme unzumutbar ist. Die Schäden müssen an Vermögenswerten entstehen. Unklar ist, ob es sich bei den Vermögenswerten um Rechte und sonstige vermögenswerte Güter handeln muß oder ob es genügt, daß der Unternehmer Dritten schadensersatzpflichtig wird. Da Nr. 3.1.1 BSK nur ausgewählte Schadensarten nennt und z. B. Personenschäden nicht erwähnt, ist davon auszugehen, daß die Klausel nur bei bestimmten Schadensformen ein Rücktrittsrecht eröffnen sollte. Gemäß § 5 AGBG genügt somit das Entstehen einer Forderung nicht. Unklar ist ferner, in welcher Intensität ein Schaden zu besorgen sein muß. Auch hier hat man die dem AGB-Verwender ungünstige Auslegungsvariante zu wählen (§ 5 AGBG) und daher die Existenz einer konkreten Gefahr zu fordern. **AGBG-Konformität:** Die Klausel ist wirksam, wenn man sie wie hier restriktiv interpretiert (*Ulmer/Brandner/Hensen*, AGBG, § 10 Nr. 3 Rz. 12). Beachte, daß die Art. 14 ff CMR, § 28 KVO vorgehen. 6

b) Die Vergütungsregelung bei Kranarbeiten ist AGBG-konform. Gleiches gilt für den Güternahverkehr.

c) § 28 KVO ist beim Güternahverkehr nur in Hinblick auf Fragen des Entgelts analog anzuwenden, da nicht anzunehmen ist, daß hier die Nr. 3.1 BSK nicht gelten soll, die ohnehin weitgehend nur beim Güternahverkehr eingreifen kann.

7. Pflichten des Auftraggebers (Nr. 4 BSK)

Nr. 4.1 BSK scheint eine verschuldensunabhängige Haftung zu statuieren. Im Licht des Grundsatzes des deutschen Rechts, daß im Zweifel nur bei Verschulden gehaftet wird, ist jedoch davon auszugehen, daß der Auftraggeber fahrlässig gehandelt haben muß (§§ 276 BGB, 347 HGB). Würde man eine verschuldensunabhängige Haftung annehmen, so wäre die AGBG-Konformität zweifelhaft (vgl. § 5 ADSp Rz. 6), zumal es sich bei den Gütern nicht notwendig um gefährliche Güter handelt. 7
Die Berufung auf ein Mitverschulden des Unternehmers ist nicht ausgeschlossen (§ 254 BGB).

8. Haftung (Nr. 5 BSK)

a) Haftung für Güterschäden

aa) Haftungsgrund. Die BSK sagen nicht ausdrücklich, ob der Unterneh- 8 mer nur bei Verschulden oder auch verschuldensunabhängig haftet. Nr. 5.3.3 BSK spricht für die zweite Alternative, weil der Haftungsausschluß bei einer Verschuldenshaftung nach Maßgabe der §§ 429 HGB, 823 BGB sinnlos ist. In die gleiche Richtung deutet Nr. 5.2 BSK, die nur auf § 430 HGB nicht aber auf § 429 HGB verweist. Gleichwohl sollte man der Nr. 5.1 BSK mit der pauschalen Verweisung auf das HGB-Frachtrecht entnehmen, daß die Haftung verschuldensabhängig ausgestaltet sein soll, zumal ein Anlaß zu einer Haftungsverschärfung nicht ersichtlich ist (ebenso i. E. *Bartels*, VersR **1990**, 355, 356).

bb) Haftungsbeschränkung. Nr. 5.2 BSK erklärt zunächst (nur) die unmittelbaren Güterschäden (§ 430 HGB Rz. 2, 3) für ersatzpflichtig. Diese Ersatzpflicht beläuft sich unabhängig von der Anspruchsgrundlage (Nr. 6 BSK) auf höchstens DM 1 Mio. je Schadensereignis, nicht notwendig je Schadensfall (vgl. § 54 ADSp Rz. 4). Sie entfällt, sofern gesetzlich zulässig, ganz, soweit der Schaden durch eine Schadensversicherung gedeckt ist oder der Schaden ohne ein Verschulden des Unternehmers aufgrund der Bodenverhältnisse auf Privatgrund entstanden ist oder auf unvorhersehbare Verzögerungen, Ausfall von Fahrzeugen, Arbeitsvorrichtungen, Streik oder Straßensperren zurückzuführen ist.

cc) AGBG-Konformität: Nr. 5.2 S. 3 BSK ist im Licht des § 9 AGBG wirksam (**a. A.** *Bartels*, VersR **1990**, 355, 356). Zwar beschränkt die Klausel in Abweichung von § 430 III HGB die Haftung auch dort auf DM 1 Mio., wo der Schaden durch den Unternehmer oder dessen leitenden Angestellten grob fahrlässig verursacht worden ist. Da jedoch alle vorhersehbaren Schäden im Bereich von DM 1 Mio. liegen dürften, ist die Haftungsbegrenzung nicht unangemessen (*Soergel/Stein*, BGB, § 11 Nr. 7 AGBG Rz. 75; **a. A.** *Willenberg*, in: Transportrecht und Gesetz über Allgemeine Geschäftsbedingungen, S. 184; *Wolf/Horn/Lindacher*, AGBG, § 11 Nr. 7 Rz. 56). Gleiches gilt dort, wo Kardinalpflichten verletzt werden (enger BGH, BB **1991**, 1522). Die Klausel könnte allerdings unwirksam sein, wenn der Betrag von DM 1 Mio. im Einzelfall nur einen Bruchteil des Schadensrisikos abdeckt (BGH v. 29.11.1988, NJW-RR **1989**, 953, 955). Wirksam ist auch Nr. 5.3.2 Satz 1 BSK, wenn man „unvorhersehbar" dahin interpretiert, daß zumutbare Reaktionen nicht mehr möglich waren. Unwirksam ist dagegen Nr. 5.3.1 BSK (BGH v. 29.11.1988, NJW-RR **1989**, 953, 955 f; LG Hamburg, VersR **1990**, 1294; TranspR **1989**, 115; *Bartels*, aaO). Unwirksam ist auch Nr. 5.3.2 Satz 2 BSK; denn die Klausel greift auch in Fällen grob fahrlässigen Verhaltens des Unternehmers und seiner leitenden Angestellten ein. Da die in Nr. 5.3.2 Satz 2 BSK getroffene Haftungsbeschränkung in keinem Verhältnis zum Schadensrisiko steht, ist die Klausel unwirksam (BGH, NJW **1984**, 1350, 1351). Die salvatorischen Klauseln in Nr. 5.2 Satz 4 und Nr. 5.3 BSK können den unwirksamen Klauseln nicht zu einer Teilgültigkeit verhelfen (BGH, NJW **1991**, 2630, 2632; LG Hamburg, VersR **1990**, 1294; *Bartels*, VersR **1990**, 355, 357).

9 **b) Folgeschäden von Güterschäden (Nr. 5.2 BSK).** Der Unternehmer haftet über § 430 I, II HGB hinausgehend auch für Folgeschäden je Schadensereignis (Rz. 8) bis zum Betrag von DM 250 000,–.

Die Haftung soll gemäß Nr. 5.2 Satz 2 HS 2 BSK bei grob fahrlässigen

Schädigungen den Betrag von DM 250000,– übersteigen, wenn „zwingend" gehaftet wird. Da die BSK im Fall zwingenden Frachtrechts ohnehin nicht zum Tragen kommen (Nr. 1.1 BSK) und da § 430 III HGB, der eine weitergehende Haftung vorsieht, kein zwingendes Recht darstellt, scheint die Haftungserweiterung ins Leere zu gehen. Denkbar wäre allenfalls, die Klausel dahin auszulegen, daß der Unternehmer über den Betrag von DM 250000,– hinaus schadensersatzpflichtig wird, wenn und soweit das AGBG einer Haftungsfreizeichnung im Wege steht. Eine derartige salvatorische Klausel ist jedoch unwirksam (BGH, NJW **1991**, 2630, 2632). Die Haftungshöchstsumme von DM 1 Mio. pro Schadensereignis begrenzt auch die Haftung für Folgeschäden als absolute Obergrenze (**a. A.** *Willenberg*, in: Transportrecht und Gesetz über Allgemeine Geschäftsbedingungen, S. 184). Ferner sind in Hinblick auf Folgeschäden die Haftungsausschlüsse der Nr. 5.3.1, 5.3.2 Satz 2 und 5.3.3 BSK zu beachten. **AGBG-Konformität:** Nr. 5.3.3 BSK ist wirksam, da nur die Haftung für schuldloses Verhalten ausgeschlossen wird. Unwirksam ist Nr. 5.3.1 BSK (Rz. 8). Zweifelhaft ist die Gültigkeit der Nr. 5.2 BSK, soweit die Haftung auf DM 250000,– bzw. DM 1 Mio. begrenzt wird, da die Haftungsbegrenzung auch bei Verletzungen von Kardinalpflichten und im Fall grob fahrlässigen Verhaltens des Unternehmers und seiner leitenden Angestellten eingreift. Maßgeblich ist, ob diese Haftungsbegrenzung auf die typischen vorhersehbaren Folgeschäden zugeschnitten ist oder darüber hinaus wesentliche Folgeschäden für nicht ersatzfähig erklärt. Für eine Stellungnahme fehlt ausreichendes Tatsachenmaterial. Jedenfalls ist die Klausel im Einzelfall unwirksam, wenn die vorhersehbaren Folgeschäden den Betrag von DM 250000,– bzw. den Gesamtbetrag von DM 1 Mio. um ein Mehrfaches übersteigen (BGH, NJW-RR **1989**, 953, 955). Nr. 5.3.2 Satz 2 BSK ist unwirksam, weil die Klausel auch bei grob fahrlässigem Verhalten des Unternehmers oder seiner leitenden Angestellten die Haftung auf einen Betrag begrenzt, der in keinem Verhältnis zum Schadensrisiko steht (BGH, NJW **1984**, 1350, 1351).

c) Verspätungsschäden. Nr. 5.3.2 BSK schließt die Haftung bei unvorher- **10**
sehbaren Schäden ganz aus. Schäden können aber auch vorhersehbar, aber zumutbar nicht zu verhindern gewesen sein. Aus Satz 2 der Nr. 5.3.2 BSK ergibt sich jedoch, daß selbst in einem solchen Fall nicht gehaftet werden soll. Nur wenn der Unternehmer schuldhaft gehandelt (§ 347 HGB) hat, soll er haften. Die Haftung ist auf das vereinbarte Entgelt begrenzt. Außerdem greift der Haftungsausschluß der Nr. 5.3.1 BSK ein.

AGBG-Konformität: Die Klausel ist unwirksam, weil sie die Haftung auch bei grob fahrlässigem Verhalten des Unternehmers oder seiner leitenden Angestellten auf einen Betrag reduziert, der in keinem Verhältnis zum Schadensrisiko steht (BGH, NJW **1984**, 1350, 1351; krit. auch *Willenberg*, in: Transportrecht und Gesetz über Allgemeine Geschäftsbedinungen, S. 185). Für die Angemessenheit der Klausel spricht auch nicht Art. 23 V CMR, da diese Haftungsbeschränkung bei grob fahrlässigem Verhalten nicht zum Tragen kommt (Art. 29 CMR).

d) Sonstige Sachschäden (Nr. 5.2 BSK). Sonstige Sachschäden sind Schä- **11**
den an Sachen (§ 90 BGB) des Auftraggebers, die nicht in die Obhut des Unternehmers gelangt sind. Gleiches gilt für Sachen Dritter, die in den

Schutz des Vertrages einbezogen sind oder mit deren Gefährdung die Dritten rechnen mußten (vgl. § 63 ADSp Rz. 5). Aus Nr. 5.2 BSK läßt sich der Haftungsgrund nicht klar entnehmen, da in Nr. 5.2 S. 3 BSK lediglich die Haftung ihrer Höhe nach begrenzt wird. Ein Umkehrschluß aus Nr. 5.3.3 BSK liegt zwar auch hier nahe, aber es ist aus den bei Rz. 8 dargelegten Gründen anzunehmen, daß die BSK von einer verschuldensabhängigen Haftung ausgehen. Es gelten die Haftungsbeschränkungen der Nr. 5.3.1, 5.3.2 und 5.3.3 sowie der Nr. 5.2 S. 3 BSK (s. Rz. 8).
AGBG-Konformität: Siehe Rz. 8.

12 **e) Haftung von Subunternehmen, Arbeitnehmern (Nr. 6 BSK).** Nr. 6 Satz 2 BSK schließt die Haftung zugunsten von Subunternehmen und Arbeitnehmern aus, soweit der Unternehmer nicht haftet. Die Klausel ist angesichts der weitgehenden Ungültigkeit der Nr. 5 BSK AGBG-konform (vgl. vor § 1 ADSp Rz. 4).

9. Rechnungen (Nr. 7.1 BSK)

13 Die Vergütung wird erst nach Zugang der Rechnung fällig. Die Klausel ist AGBG-konform, weil die Fälligkeit außerdem die Erfüllung des Auftrags voraussetzt (vgl. § 641 BGB; § 29 ADSp Rz. 1).

10. Aufrechnungs-, Zurückbehaltungsverbot (Nr. 7.2 BSK)

14 Vgl. Erl. zu § 32 ADSp. Die Klausel gilt zugunsten und zu Lasten des Unternehmers.

Teil H
Übereinkommen über den Beförderungsvertrag im internationalen Straßengüterverkehr (CMR)

(BGBl. 1961 II, S. 1119 mit späteren Änderungen)

Convention on the Contract for the International Carriage of Goods by Road (CMR); Convention relative au Contrat de transport international de marchandises par route (CMR)

Vorbemerkung vor Art. 1 CMR

Literatur: *Alff,* Fracht-, Lager- und Speditionsrecht (2. Aufl. 1991); *Baumgärtel/Giemulla,* Handbuch der Beweislast im Privatrecht, Bd. 4 (1988); *Clarke,* International Carriage of Goods by Road: CMR (London 1982); *Csoklich,* Einführung in das Transportrecht (Wien 1990); *Decker,* Das Übereinkommen über den Beförderungsvertrag im internationalen Straßengüterverkehr (1985); *Donald,* The CMR (London 1981); *Froeb,* Die Haftung für Beschaffenheitsschäden (1991); *Glöckner,* Leitfaden zur CMR (7. Aufl. 1991); Großkommentar HGB-*Helm* (3. Aufl.), Anh. III zu § 452 (zit. Großkomm-*Helm*); *Heuer,* Die Haftung des Frachtführers nach der CMR (1975); *Hill/Messent,* Contracts for the international carriage of Goods by Road (London 1984; zit. CMR); *Jesser,* Frachtführerhaftung nach der CMR (Wien 1992); *Lamy,* Transport ,,Route", Tome 1 (Paris 1990 m. Nachträgen); *Lenz,* Straßengütertransportrecht, (1988); *Lieser,* Ergänzung der CMR durch unvereinheitlichtes deutsches Recht (1991; zit.: Ergänzung); *Precht/Endrigkeit,* CMR Handbuch (3. Aufl. 1972); *Putzeys,* Le Contrat de Transport Routier de Marchandises (zit. CMR; Bruxelles 1981); *Schmitthoff/Goode* (Hrsg), International carriage of goods: Some legal problems and possible solutions (Centre for Commercial Studies 1988); *Seltmann,* Die CMR in der österreichischen Praxis (Wien 1988); *Straube*/Bearbeiter, Kommentar zum österr. HGB (Wien 1987); *Thesing,* Das Recht des nationalen und internationalen Straßengüterverkehrs (1991); *Theunis*/Referent, International Carriage of Goods by Road (CMR) 1987; *Willenberg,* KVO (4. Aufl. 1991).

Übersicht

	Rz.
I. Geschichte der CMR	1
II. Rechtsnatur der CMR	2
III. Verhältnis der CMR zum Internationalen Privatrecht	3
IV. Auslegung der CMR	4
V. Ergänzende Anwendung unvereinheitlichten Rechts	
1. Die CMR als Kodifikation	5
2. Lückenfüllung aus der Sicht deutscher Gerichte	6
3. Einzelheiten	
a) Vertragsschluß	7
b) Be- und Entladen, Verstauen	8
c) Schutzpflichten	9
d) Haftpflichtversicherung des Frachtführers	10
e) Vergütung	11
aa) Höhe der Vergütung	12
bb) Fälligkeit der Vergütung	13
cc) Standgeld	14
dd) Verjährung	16
f) Aufrechnung	17
g) Zession	18
h) Pfand-Zurückbehaltungsrecht	19

	Rz.
i) Kündigung, Rücktritt	20
j) Erfüllungsort	21
k) Leistungsstörungen	22
aa) Anfängliche Störungen	
(1) culpa in contrahendo	23
(2) Objektive Unmöglichkeit	23a
(3) Anfängliches Unvermögen	24
bb) Nachträgliche Störungen	
(1) Vor Übernahme des Guts	
(a) Unmöglichkeit der Beförderung	25
(b) Verzögerung der Stellung eines Fahrzeugs durch den Frachtführer	26
(c) Verzögerung der Beladung durch den Absender	27
(2) Nach Übernahme des Guts	
(a) Unmöglichkeit der Weiterbeförderung	28
(b) Verzögerung der Beförderung	29
(c) Schlechterfüllung, positive Forderungsverletzung	30
(d) Ablieferungshindernisse	31
(e) Erschwerung des Transports	32
(f) Transport mit vertragswidrigen Transportmitteln	33
l) Verzollung	34
m) Übernahme von in der CMR nicht erwähnten Pflichten	35

I. Geschichte der CMR

1 Die CMR steht in der Reihe der internationalen Abkommen, die das Recht des grenzüberschreitenden Güterverkehrs vereinheitlichen sollen (z. B. WA, COTIF, Londoner Übereinkommen (1976) über die Beschränkung der Haftung für Seeforderungen). Sie wurde im Rahmen der Wirtschaftskommission für Europa ausgearbeitet (Denkschrift zur CMR, BT-Drucksache III/1144 S. 33). Die Verhandlungen zwischen den Vertragsstaaten, die sich auf Arbeiten des UNIDROIT-Instituts stützten (*Loewe,* ETR **1976**, 503, 504) und sich eng an das Internationale Übereinkommen über den Eisenbahnfrachtverkehr in der Fassung vom 25.10.1952 anlehnten (CIM a. F.; Denkschrift, aaO, S. 33), wurden 1956 abgeschlossen (eingehend *Heuer,* Haftung, aaO, S. 11 ff). Die CMR sollte eine gewisse Einheitlichkeit der Beförderungsbedingungen im europäischen Eisenbahn- und Straßengüterverkehr erreichen, die in Hinblick auf den Wettbewerb zwischen Schiene und Straße von Bedeutung war (Denkschrift, aaO, S. 33). Außerdem wollte man wirtschaftlich schwächere Verkehrsteilnehmer schützen und einen zu starken Konkurrenzkampf zwischen den Beförderungsunternehmen vermeiden (*Loewe,* ETR **1976**, 503, 593).

II. Rechtsnatur der CMR

2 Die CMR ist ein völkerrechtlicher Vertrag zwischen den Vertragsstaaten und den gemäß Art. 42 CMR beitretenden Staaten (Art. 1 CMR Rz. 6), wie sich auch aus den Art. 42 ff CMR klar ergibt. Die CMR ist, weil sie vom deutschen Gesetzgeber ratifiziert worden ist (BGBl. II 1961 S. 1119), außerdem innerstaatliches Gesetz (*Heuer,* Haftung, aaO, S. 22). Die CMR enthält mithin **innerstaatliches materielles Recht** und zugleich, wie die Art. 1 I, 5 I 2, 16 V, 29, 32 I, IV CMR zeigen, **Kollisionsrecht.**

Die CMR-Vorschriften sind, von den in der CMR geregelten Ausnahmen abgesehen, **nicht** abdingbar (Art. 41 CMR; anders die überwiegende Zahl der italienischen Gerichte, *Caposti,* VersR **1985**, 524 ff). Die CMR gilt einheitlich für die gesamte, auch die innerdeutsche, Strecke (BGH v. 27.1.1982, NJW **1982**, 1944).

III. Verhältnis der CMR zum Internationalen Privatrecht

Die CMR enthält selbst Kollisionsrecht, das im Verhältnis zu den Art. 27 ff EGBGB lex specialis ist (Rz. 2; *Lieser,* Ergänzung, S. 5 ff). Die wichtigste Kollisionsnorm stellt Art. 1 I CMR dar. Art. 1 I CMR behandelt die Gesamtheit der Vertragsstaaten (Art. 1 CMR Rz. 6), in denen dasselbe Recht (loi uniform, uniform law, internationales Einheitsrecht) gilt, als Einheit. Da eines der wesentlichen Ziele des Einheitsrechts die Eliminierung der kollisionsrechtlichen Ungewißheit bei grenzüberschreitenden Sachverhalten ist, kann zur Abgrenzung des Anwendungsbereichs der CMR nicht auf die Regeln des nationalen internationalen Privatrechts zurückgegriffen werden (**a. A.** OLG Düsseldorf v. 18.11.1971, VersR **1973**, 177, 178). Vielmehr ist der Anwendungsbereich des Einheitsrechts den einheitsrechtlichen Regeln selbst zu entnehmen (ganz allg. M.). Die Kollisionsnormen der CMR sind zwingend. Die Vereinbarung des Rechts eines Nichtvertragsstaates ist daher nichtig (Art. 41 I CMR). 3

Die Art. 27 ff EGBGB und andere kollisionsrechtliche Normen kommen demnach nur soweit zum Tragen, als die CMR konkrete Fragen nicht regelt (BGH v. 21.12.1973, LM Nr. 3 CMR; v. 9.2.1979, LM Nr. 14 CMR; v. 10.2.1982, LM Nr. 22 CMR; näher unten Rz. 5 ff).

Sind Fragen grenzüberschreitender Transporte durch **Gerichte von Nichtvertragsstaaten** zu entscheiden (vgl. Art. 31 I CMR), so sind diese Gerichte an die CMR nicht gebunden. Vielmehr befinden diese Gerichte nach ihrem nationalen IPR, welches Sachrecht anzuwenden ist. Um auch in solchen Situationen die Anwendung der CMR sicherzustellen, muß der Frachtbrief gemäß Art. 6 k CMR die Angabe enthalten, daß die Beförderung trotz gegenteiliger Abmachung den Bestimmungen der CMR unterliegt. Ob sich die Gerichte von Nichtvertragsstaaten an diese Angabe halten müssen oder nicht, hängt von dem anzuwendenden Sachrecht ab (vgl. *Heuer,* Haftung, S. 28; *Jesser,* Frachtführerhaftung, S. 16 f).

IV. Auslegung der CMR

Die CMR ist internationales Einheitsrecht. Es gelten daher, wie bei der Auslegung des Wechselgesetzes oder des UN-Kaufrechtes, besondere Auslegungs- und Lückenfüllungsmaximen (vgl. *Kropholler,* Internationales Einheitsrecht, S. 293 ff, 358 ff; *Canaris,* JZ **1987**, 543 m. Nachw.). Dadurch soll sichergestellt werden, daß die CMR nicht im Licht nationaler Rechtsvorstellungen angewandt wird, weil dies in kurzer Zeit zum Verlust der intendierten Rechtseinheit führt (vgl. BGHZ **72**, 389, 393; BGH, NJW **1975**, 1597; WM **1976**, 566, 567; v. 14.12. 1988, VersR **1989**, 309, 310; einschränkend *Huber,* IPRax **1988**, 147, 149). Bei der Anwendung der CMR sind der *Wortlaut* und die *Systematik* der CMR besonders zu beachten (BGH, NJW **1975**, 1597; BGHZ **75**, 92, 94; *Piper,* TranspR **1990,** 357; OGH Wien, TranspR **1987**, 372, 4

373; *Lieser,* Ergänzung, S. 16). Dabei ist nicht der deutsche Wortlaut, sondern allein der englische und französische Wortlaut der CMR (abgedr. BT-Drucksache III/1144, S. 4 ff) verbindlich (BGH v. 10.10.1991, TranspR **1992,** 100, 101; Art. 51 III CMR; Denkschrift, BT-Drucksache III/1144, S. 34). Besagen der englische und der französische Wortlaut nicht dasselbe, so geht der BGH (v. 10.10.1991, TranspR **1992,** 100, 101) zutreffend davon aus, daß die verschiedenen Texte nur eine Bedeutung besitzen. Diese eine Bedeutung ist unter Rückgriff auf die Materialien und die Systematik zu ermitteln. Gemäß Art. 32 des Wiener Übereinkommens v. 23.5.1969 über das Recht der Verträge (BGBl. 1985 II, 926), das die völkerrechtlichen Auslegungsgrundsätze kodifiziert hat (vgl. Oberster Gerichtshof der Niederlande, TranspR **1991,** 132, 134), dürfen die Materialien nur subsidiär herangezogen werden. In letzter Instanz ist gemäß Art. 33 IV des Wiener Übereinkommens diejenige Bedeutung zugrundezulegen, die unter Berücksichtigung des Zwecks der CMR die verschiedenen Texte am besten miteinander in Einklang bringt (*Verdross/Simma,* Universales Völkerrecht [3. Aufl. 1984], S. 500). Bei einem übereinstimmenden Wortlaut ist ebenfalls erst in zweiter Linie auf die *Materialien* zurückzugreifen (BGHZ **75**, 92, 94). In diesem Zusammenhang spielt der Umstand eine große Rolle, daß sich die CMR eng an die CIM a. F. anlehnt (oben Rz. 1) und daß sowohl die CMR als auch die CIM a. F. in vielen Punkten den innerdeutschen frachtrechtlichen Vorschriften entsprechen (BGH, NJW **1974**, 412). Eine an *Sinn und Zweck der Vorschrift* orientierte Auslegung ist, soweit sich aus der CMR und den Materialien Anhaltspunkte ableiten lassen, durchaus zulässig und notwendig (BGH v. 19.3.1976, WM **1976**, 566, 567; v. 14.12.1988, VersR **1989**, 309, 310; *Lieser,* Ergänzung, S. 16 ff; *Theunis/Haak,* S. 227 ff). Dies wird sogar vom Court of Appeal London (v. 2.12.1976, ETR **1977**, 751) anerkannt.

Die Nähe der CMR zu Normen des innerdeutschen Verkehrs und deren Auslegung darf jedoch nicht überbetont werden (zutr. BGH v. 10.10.1991, TranspR **1992,** 100, 101; *Piper,* TranspR **1990,** 357). Vielmehr ist bei der Auslegung der CMR soweit als möglich der Stand der Rechtsprechung und Wissenschaft in den *anderen Vertragsstaaten* im Auge zu behalten und zu berücksichtigen. Daraus folgt freilich nicht, daß jeweils der h. M. in den anderen Vertragsstaaten zu folgen ist; denn die ausländische Praxis kann durchaus auf Fehlvorstellungen beruhen und die deutsche abweichende Praxis kann zu deren Berichtigung führen (vgl. *Canaris,* JZ **1987**, 543 ff). In nicht auflösbaren Zweifelsfällen sollte jedoch das Ziel einer möglichst einheitlichen Rechtsanwendung den Ausschlag geben. Die CMR stellt **keine Kodifikation** dar. Sie enthält bewußt Lücken, die mit Hilfe nationalen unvereinheitlichten Rechts aufzufüllen sind (Denkschrift, aaO, S. 34; näher Rz. 5 ff). Die CMR weist aber, wie jede Rechtsvorschrift auch, vom Gesetzgeber nicht gewollte Lükken auf. Derartige Lücken sind nicht unter Rückgriff auf unvereinheitlichtes, nationales Recht, sondern im Weg der Analogie und aus den Prinzipien der CMR heraus zu schließen (BGHZ **75**, 92, 94). Gleiches gilt für die Konkretisierung unbestimmter Rechtsbegriffe (OLG Düsseldorf v. 27.3.1980, VersR **1980**, 826).

V. Ergänzende Anwendung unvereinheitlichten Rechts

1. Die CMR als Kodifikation

Die CMR stellt keine abschließende Kodifikation des grenzüberschreiten- **5** den Straßengüterverkehrs dar (Denkschrift, BT-Drucksache III/1144 S. 34; Rz. 4 a. E.). Sie regelt nur einige, allerdings die wichtigsten frachtrechtlichen Fragen. Zum Teil enthält die CMR in Hinblick auf bestimmte Fragen Kollisionsnormen, denen zufolge das unvereinheitlichte Recht bestimmter Staaten maßgeblich sein soll (z. B. Art. 5, 15, 29, 32 CMR). Soweit die CMR in Hinblick auf konkrete Probleme überhaupt keine oder jedenfalls keine abschließende (dazu oben Rz. 4) Regelung enthält, ist das nach den Grundsätzen des internationalen Privatrechts des angerufenen Gerichts maßgebende nationale Recht ergänzend heranzuziehen (Denkschrift, aaO, S. 34; BGH v. 21.12.1973, LM Nr. 3 CMR; v. 9.2.1979, LM Nr. 14 CMR; v. 10.2.1982, LM Nr. 22 CMR).

2. Lückenfüllung aus der Sicht deutscher Gerichte

Der BGH wendete in ständiger Rechtsprechung, die aus der Zeit vor der **6** Novellierung der KVO (§ 1 KVO Rz. 1) stammt, in erster Linie die KVO lückenfüllend an, wenn der Transport in Deutschland über eine Fernstrecke iSd § 3 GüKG erfolgte (BGHZ **65,** 340, 344; BGH, NJW **1974,** 1614; **1979,** 2470; **1983,** 1266; BGH v. 24.9.1987, VersR **1988,** 244; kritisch *Helm,* TranspR **1989,** 389 f). Die Rechtslage hat sich nach der Streichung des § 1 II KVO grundlegend gewandelt (*Helm,* TranspR **1989,** 389, 390 f: *Koller,* TranspR **1989,** 260, 261; *Willenberg,* KVO, § 1 Rz. 98; **a. A.** *Lieser,* Ergänzung, S. 34 ff; *Glöckner,* CMR, S. 21 f); denn der Gesetzgeber hat mit der Aufhebung des § 1 II KVO signalisiert, daß die KVO nicht mehr auf grenzüberschreitende Sachverhalte angewendet werden soll (**a. A.** *Lieser,* Ergänzung, S. 42 ff). Die Aufhebung der Frachttarife im gesamten grenzüberschreitenden Verkehr (§ 22 GüKG Rz. 10) hat auch die Notwendigkeit entfallen lassen, die hoheitlich vorgegebenen Preise durch eine zwingende Regelung der sonstigen Vertragsbedingungen abzusichern. Mithin ist, soweit die CMR keine Verweisungsnorm (z. B. Art. 5 CMR) enthält, anhand der Art. 27 ff EGBGB das maßgebliche lückenfüllende Recht zu ermitteln (*Helm,* TranspR **1989,** 389, 390). Verweisen die Art. 27 ff EGBGB auf deutsches Recht, so sind die Lücken primär mit Hilfe der allgemeinen frachtrechtlichen Regeln des HGB und sekundär mit Hilfe des BGB zu schließen (*Koller,* TranspR **1989,** 260, 261; *Helm,* TranspR **1989,** 389, 390). Die KVO stellt keine lückenfüllende Norm dar, da sie nach ihrem Zweck nur dort zum Tragen kommen soll, wo es gilt, die hoheitliche Preisgestaltung auf dem Transportmarkt durchzusetzen (vgl. Vorauflage, vor Art. 1 CMR Rz. 6; **a. A.** *Lieser,* Ergänzung, S. 53 ff). Umstritten ist, ob dort, wo in Deutschland über eine Güterfernverkehrsstrecke transportiert wird (§ 3 GüKG), die Haftung nach BGB und HGB unabdingbar ist (bejahend *Koller,* TranspR **1989,** 260, 261 f; **a. A.** *Helm,* TranspR **1990,** 14 f). Nachdem nun im gesamten grenzüberschreitenden Verkehr die Preise freigegeben worden sind, besteht kein Anlaß mehr, über § 26 GüKG die an sich dispositive Haftung nach HGB und BGB zum zwingenden Recht zu erheben.

3. Einzelheiten

7 **a) Vertragsschluß**. Die CMR regelt den Vertragsschluß nur bruchstückhaft (Denkschrift, BT-Drucksache III/1144 S. 34). Aus der CMR ergibt sich nicht, wie der Beförderungsvertrag zustande kommt und unter welchen Voraussetzungen er gültig oder nichtig oder anfechtbar ist. Art. 4 CMR kann man nur entnehmen, daß der Abschluß des Beförderungsvertrages von der Ausstellung und Übergabe eines Frachtbriefs unabhängig ist. Ferner kann man aus Art. 9 I CMR ableiten, daß der Abschluß des Beförderungsvertrages nicht von der Übernahme des Guts abhängt, weil in Art. 9 I CMR beide Faktoren nebeneinander aufgezählt sind. Der CMR-Vertrag ist mithin nach allg. Meinung weder ein Formal- noch ein Realvertrag, sondern ein Konsensualvertrag (BGH v. 27.1.1982, VersR **1982,** 669, 670; *Lieser,* Ergänzung, S. 62 ff m. w. Nachw.). Die Frage, ob ein wirksamer Konsens zustandegekommen ist, ist nach dem gemäß Art. 31 EGBGB einschlägigen nationalen Recht zu beurteilen (*Heuer,* Haftung, aaO, S. 39). Danach richtet sich auch die Frage, wie der Vertrag auszulegen ist und inwieweit Willensmängel zu beachten sind (Art. 32 EGBGB; Denkschrift, aaO, S. 34). Zum deutschen Recht, § 425 HGB Rz. 12. Zu den Folgen der Nichtigkeit des Vertrages Art. 32 I 5 EGBGB.

8 **b) Be- und Entladen, Verstauen**. Das Be- und Entladen sowie das Verstauen wird in der CMR ausschließlich in Art. 17 IV c CMR erwähnt. Diese Vorschrift regelt zusammen mit Art. 17 II CMR (Verschulden des Verfügungsberechtigten) nur, wer das Risiko einer fehlerhaften Be- oder Entladung bzw. Verstauung zu tragen hat (BGH v. 27.10.1978, VersR **1979,** 417, 418; v. 28.3.1985, TranspR **1985,** 261, 264), nicht aber, wen die Pflicht zur Verladung und Verstauung trifft. Vielmehr ist die Frage, wer zu be- und entladen sowie zu verstauen hat, in der CMR offengelassen worden (ganz h. M.; OGH Wien, TranspR **1986,** 372; TranspR **1987,** 374, 377; v. 21.2.1985, VersR **1986,** 559, 560; Brüssel v. 17.12.1984, ETR **1985,** 354; OLG Saarbrükken v. 23.8.1985, TranspR **1985,** 392, 394; Großkomm-*Helm,* Anh. § 452 HGB, Art. 17 CMR Rz. 16; *Roesch,* BB **1982,** 20, 23; *Heuer,* Haftung, aaO, S. 61; *Lamy* Transport I, Nr. 820). Deshalb ergibt sich die Ladepflicht aus dem ergänzend anwendbaren Recht (vor Art. 1 CMR Rz. 6; **a. A.** *Lamy* Transport I, Nr. 820: Recht des Ladeorts). Bei deutschem ergänzend heranzuziehenden Recht, s. § 425 HGB Rz. 14. Zur analogen Anwendung des § 17 KVO siehe Rz. 6 sowie Vorauflage, vor Art. 1 CMR Rz. 8. Das **Entladen** ist in der CMR ebenfalls nicht geregelt. Es sind daher die Entladepflichten durch Auslegung des Frachtvertrages nach den gemäß Art. 32 I 1 EGBGB einschlägigen Normen zu ermitteln (aus franz. Sicht: Recht des Entladeorts; *Lamy* Transport I, Nr. 820). Zu den Entladepflichten bei Anwendung deutschen Rechts § 425 HGB Rz. 14. Zur **Verzögerung** der Be- und Entladung Rz. 26 ff.

9 **c) Schutzpflichten**. Der Frachtführer ist nach CMR nicht nur zur Obhut über das Gut und zur rechtzeitigen Beförderung des Guts verpflichtet (vgl. Art. 17 CMR). Ihn können, ebenso wie den Absender, weitere Schutzpflichten zur Sicherung der Rechtsgüter und der Vermögensinteressen des anderen Teils treffen. Derartige Schutzpflichten sind nur sporadisch in der CMR geregelt (z. B. in Art. 7 I, 11 II, III, 12 VII). Lücken sind daher nach Maßgabe

der einschlägigen Kollisionsnormen (Rz. 6) zu schließen (*Schulze,* ZfVerkWiss **1959,** 50, 53). Näher dazu Rz. 30.

d) Haftpflichtversicherung des Frachtführers. Die CMR kennt keine Versicherungspflicht (OLG Köln v. 26.9.1985, TranspR **1986,** 285; *Roltsch,* VersR **1985,** 317, 321). Eine Versicherungspflicht kann daher nur besonderen Vereinbarungen der Parteien oder lückenfüllend heranzuziehendem nationalen Recht entspringen (Rz. 6). Wenn nach IPR deutsches Recht anzuwenden ist, so existiert keine automatische Versicherungspflicht (§ 425 HGB Rz. 19; OLG Köln, TranspR **1986,** 285; GroßkommHGB-*Helm,* § 429 Rz. 106). Deutsche Güterfernverkehrsunternehmen zeichnen allerdings in der Regel eine kombinierte KVO/CMR-Versicherung (dazu *Heuer,* Haftung, aaO, S. 191 ff). Zur CMR-Versicherung *de la Motte,* VersR **1988,** 317, 322 f; zur **Versicherung für Fremdunternehmen** OLG München v. 29.1.1986, VersR **1986,** 881, 882; *de la Motte,* VersR **1988,** 317, 323; zur Kontrolle **allgemeiner Versicherungsbedingungen** und Abdingbarkeit von VVG-Vorschriften OLG München v. 17.9.1980, VersR **1982,** 257; BGH v. 9.5.1984, VersR **1984,** 830; IPRax **1986,** 30; m. Anm. *Roth,* IPRax **1986,** 16; *Heuer,* Haftung, aaO, S. 194. Zur Abtretung von Ansprüchen aus der Haftpflichtversicherung vgl. *Piper,* VersR **1988,** 200, 204, *Roltsch*; VersR **1985,** 317, 321 sowie Erläuterungen zu § 38 KVO. Der Frachtführer ist mangels besonderer Abreden nicht verpflichtet, seine Haftpflichtversicherungsansprüche abzutreten (**a. A.** *Helm,* VersR **1983,** Beilage S. 116, 117). Durch eine unter Beteiligung des Frachtführers abgeschlossene **Transportversicherung** darf die Haftung des Frachtführers nicht beschränkt werden (Art. 41 II CMR Rz. 2). **10**

e) Vergütung. Die CMR hat, von Art. 13 II CMR abgesehen, Vergütungsfragen nicht geregelt (*Glöckner,* CMR, Einl. Rz. 10). Die Lösung dieser Fragen richtet sich nach dem nach IPR anwendbaren nationalen Recht (Rz. 5 ff). **11**

aa) Höhe der Vergütung. Nach deutschem Recht können die Preise frei vereinbart werden (§ 22 GüKG Rz. 10). Wurden dem Frachtführer ohne sein Wissen mehr Güter als vereinbart übergeben, so kann der Frachtführer Ausgleich nach den Regeln der ungerechtfertigten Bereicherung verlangen. Entdeckt er auf dem Transport das Mehrgewicht, so kommen außerdem Ansprüche aus Geschäftsführung ohne Auftrag in Betracht. Daneben sind Ansprüche aus Art. 7, 11 CMR denkbar. **12**

Zu Abreden über den **Ersatz von Geldstrafen** OLG Hamm, TranspR **1986,** 102; von **Bestechungsgeldern** BGH, NJW **1985**, 2405, 2406; v. 8.5.1985, IPRax **1987,** 110; *Fikentscher/Waibl,* IPRax **1987,** 86; *Knapp,* RIW **1986,** 999.

bb) Fälligkeit der Vergütung. In der CMR ist, von Art. 13 II CMR abgesehen, weder geregelt, wann der Anspruch auf Vergütung entsteht, noch wann er fällig wird. Diese Fragen sind daher anhand des einschlägigen (Rz. 5 ff) nationalen Rechts zu entscheiden. Zum deutschen Recht s. § 425 HGB Rz. 40. Die Vorlage eines quittierten Frachtbriefs ist keine Fälligkeitsvoraussetzung (OLG Düsseldorf v. 1.4.1982, VersR **1983,** 632). Zahlt der Absender nicht rechtzeitig, so kommt er nach Maßgabe des gemäß den Art. 27 ff EGBGB einschlägigen Rechts in Verzug. Verjährung: Art. 32 CMR. **13**

cc) Standgeld. Verbreitet wird davon ausgegangen, daß die CMR die Frage des Standgeldes nicht regelt und daß daher Vertragsfreiheit herrsche **14**

(OLG Hamburg v. 3.5.1984, TranspR **1985**, 37; OLG Karlsruhe, TranspR **1978**, 44; OLG München v. 4.6.1987, NJW-RR **1987**, 1388; *Glöckner*, CMR, Einl. Rz. 4). Bei der Lösung der Standgeldfrage muß indessen stärker berücksichtigt werden, daß die CMR durchaus Ansprüche auf Standgeld eröffnet.

15 Es ist zu unterscheiden:

Sind die Standzeiten Auswirkungen eines Ereignisses iSd Art. 11, 14, 15 CMR, so treffen die Art. 11 II 2, 16 I CMR eine abschließende Regelung darüber, wie Standzeiten zu entschädigen sind (**a. A.** OGH Wien v. 1.2.1983, TranspR **1983**, 160). Abweichende vertragliche Vereinbarungen sind unwirksam (*Koller*, TranspR **1988**, 129, 130 ff).

Liegen die Voraussetzungen der Art. 11, 14, 15 CMR nicht vor, so herrscht Vertragsfreiheit (*Glöckner*, CMR, Einl. Rz. 4). Standgeldabreden sind im Einklang mit dem nach IPR maßgeblichen Recht (vor Art. 1 CMR Rz. 5 ff) auszulegen. Nach deutschem Recht ist im Zweifel davon auszugehen, daß Standgeldabreden nur die Höhe des Standgelds betreffen, daß sich die Voraussetzungen aber aus dem dispositiven Recht (§ 642 BGB) ergeben (*Koller*, TranspR **1988**, 129, 136 ff); dort, wo keine Vereinbarungen existieren, greift § 642 BGB ein (LG Stuttgart, TranspR **1991**, 142 f).

16 **dd) Verjährung**. Siehe Art. 32 CMR; BGH, NJW **1972**, 1003.

17 **f) Aufrechnung**. Die Aufrechnung wird in der CMR nur unter dem Sammelbegriff der Einrede (Art. 32 IV) erwähnt. Dort wird die Aufrechnungsmöglichkeit partiell eingeschränkt (Art. 32 CMR Rz. 22). Im übrigen unterliegt die Tragweite der Aufrechnung den gemäß Art. 32 I 4 EGBGB maßgeblichen Normen (OLG München v. 5.7.1989, TranspR **1991**, 16, 17). Nach deutschem Recht sind Aufrechnungsverbote grundsätzlich zulässig. Bei Fremdwährungsschulden kann die Aufrechenbarkeit am Erfordernis der Gleichartigkeit scheitern, wenn § 244 I BGB nicht eingreift. Vgl. § 32 ADSp Rz. 1; Art. 32 CMR Rz. 22.

18 **g) Zession**. Die CMR befaßt sich nur in Art. 41 II CMR mit der Zession. Andere Zessionen sind daher nach dem gemäß Art. 33 EGBGB maßgeblichen Recht zulässig (*Piper*, VersR **1988**, 200, 204).

19 **h) Pfand-Zurückbehaltungsrecht**. Die CMR enthält keine Bestimmungen über das Pfand- sowie Zurückbehaltungsrecht. Insbesondere stehen die Art. 13, 16 II CMR der Begründung eines Pfandrechts nicht entgegen (OLG Hamburg v. 3.11.1983, VersR **1984**, 235, 236; *Theunis/Claringbould*, S. 212 f). Es kann daher ein Frachtführer- bzw. Spediteurpfandrecht nach dem gemäß IPR (*Palandt/Heldrich*, BGB, Anh. II zu Art. 38 EGBGB Rz. 10; *Lieser*, Ergänzung, S. 181 ff) einschlägigen nationalen Recht entstehen (OLG Düsseldorf v. 25.11.1976, VersR **1977**, 1047; OLG Hamburg v. 3.11.1983, VersR **1984**, 235, 236; OLG Hamm v. 25.9.1984, TranspR **1985**, 100, 101; *Braun*, VersR **1988**, 878, 881). Das Pfandrecht sowie Zurückbehaltungsrecht kann, soweit die ADSp Vertragsbestandteil geworden sind (vor § 1 ADSp, § 2 c ADSp), auch aus § 50 ADSp hergeleitet werden (s. oben Rz. 6; unzutreffend OLG Düsseldorf v. 25.11.1976, VersR **1977**, 1047, 1048). Ein Zurückbehaltungsrecht kann schließlich, sofern deutsches Recht ergänzend anwendbar ist (Rz. 5; *Lieser*, Ergänzung, S. 184 ff), den §§ 273 BGB, 369 HGB entspringen. *Verjährung*, s. Art. 32 CMR Rz. 21. S. auch *Theunis/Claringbould*, S. 213 ff mit einem Überblick zur Rechtslage nach nationalem Recht in mehreren Vertragsstaaten.

i) Kündigung, Rücktritt. Die CMR sieht in Art. 16 II bei Beförderungs- und Ausladehindernissen ein „Auslade"-Recht vor, d. h. das Recht des Frachtführers, die Transportpflichten zu beenden. In Art. 12 CMR wird dem Absender bzw. Empfänger ein umfassendes Verfügungsrecht eröffnet, das grundsätzlich auch in der Form ausgeübt werden kann, daß der Frachtführer den Transport sofort zu beenden hat (vgl. Art. 12 V b CMR). Insoweit ist das Kündigungs- bzw. Rücktrittsrecht in der CMR abschließend geregelt (ebenso *Lenz,* Straßengütertransportrecht, Rz. 208 m. Nachw.). 20

Nicht geregelt sind Kündigungen bzw. Rücktritte, die **vor Übernahme** des Gutes erfolgen. Auf derartige Kündigungen findet das gemäß Art. 32 I 4 EGBGB einschlägige Recht (oben Rz. 5 ff) Anwendung (vgl. *Heuer,* Haftung, aaO, S. 46). Bei Geltung deutschen Rechts, s. § 425 HGB Rz. 46, § 428 II HGB; zur Anwendung der KVO s. Rz. 6 sowie Vorauflage.

Nach Übernahme des Guts ergibt sich die Berechtigung zur Kündigung aus den Art. 12, 16 CMR. Die Rechtsfolgen derartiger Kündigungen sind in Art. 16 I CMR nur in Hinblick auf besondere Aufwendungen, nicht aber in Hinblick auf die Fracht geregelt (GroßkommHGB-*Helm,* Anh. § 452, Art. 16 CMR Rz. 2). Die Lücke ist durch Rückgriff auf das gemäß Art. 32 I 4, 34 EGBGB anwendbare Recht zu schließen. Zum deutschen Recht vgl. § 425 HGB Rz. 25 ff, 46.

j) Erfüllungsort. Soweit die an den Erfüllungsort geknüpften Rechtsfolgen in der CMR nicht in der KVO geregelt sind, kann der Erfüllungsort frei vereinbart werden. Mangels einer Vereinbarung ist der Erfüllungsort anhand des gemäß den Art. 27 ff EGBGB einschlägigen Rechts zu bestimmen (vgl. *Heuer,* Haftung, aaO, S. 46). Aus den Art. 31, 39 CMR darf nicht auf den Erfüllungsort geschlossen werden (*Koller,* VersR **1988**, 556, 580). 21

k) Leistungsstörungen. Die CMR regelt aus dem Kreis der denkbaren Leistungsstörungen im weitesten Sinn den Verlust und die Beschädigung des in die Obhut des Frachtführers gelangten Guts (Art. 17 CMR), die verspätete Ablieferung (Art. 17 iVm Art. 19 CMR) und die daraus resultierenden unmittelbaren sowie mittelbaren Schäden, ferner die Haftung für unzulängliche Frachtbriefangaben (Art. 7 CMR), für unzulängliche Begleitpapiere bzw. den unzulänglichen Umgang mit diesen Papieren (Art. 11 CMR), die Nichtbeachtung bzw. die unzulässige Beachtung von Weisungen (Art. 12 VII CMR) und Nachnahmen (Art. 21 CMR), die Übergabe gefährlicher Güter ohne Information über die Gefahr (Art. 22 II CMR) sowie partiell die Folgen von Beförderungs- und Ablieferungshindernissen (Art. 14, 15, 16 I CMR). Die CMR enthält mithin ein geschlossenes Regelungssystem nur in Hinblick auf die Beeinträchtigung des Guts, auf Lieferfristüberschreitungen und auf Ansprüche des Frachtführers wegen Beförderungs- und Ablieferungshindernissen. Ansonsten werden die Folgen von Leistungsstörungen nur punktuell behandelt. Die CMR weist mithin **kein abschließendes System** des Leistungsstörungsrechts auf. Die **Lücken** der CMR sind nach den allgemeinen Regeln (oben Rz. 5 ff) zu schließen. 22

Einzelheiten, wenn gemäß den Art. 27 ff EGBGB deutsches Recht anzuwenden ist:

aa) Anfängliche Störungen. (1) culpa in contrahendo. Die Haftung aus c.i.c. ist für den Frachtführer abdingbar (**a. A.** BGH v. 9.2.1979, VersR **1979**, 23

445, 446 zur Rechtslage vor Novellierung der KVO; s. Rz. 6). Art. 7 CMR regelt keinen Fall der c.i.c., weil er nur Verstöße gegen die Informationspflicht nach Vertragsschluß erfaßt.

23a **(2) Objektive Unmöglichkeit**. Vgl. § 425 HGB Rz. 25. Zur Unmöglichkeit iSd Art. 14 I CMR *Koller,* TranspR **1988**, 129, 130 ff

24 **(3) Anfängliches Unvermögen**. Der Frachtführer haftet ohne Rücksicht auf Verschulden (§ 425 HGB Rz. 25; vgl. BGH v. 9.2.1979, VersR **1979**, 445, 446 zur Rechtslage vor Novellierung der KVO s. Rz. 6).

25 **bb) Nachträgliche Störungen, (1) Vor Übernahme des Guts, (a) Unmöglichkeit der Beförderung**. Vgl. § 425 HGB Rz. 26. Zur Unmöglichkeit iSd Art. 14 I CMR *Koller,* TranspR **1988**, 129, 130 ff Hat der Frachtführer die Unmöglichkeit zu vertreten, so kann er gemäß § 325 BGB haften (zur Anwendbarkeit des § 26 GüKG s. BGH v. 9.2.1979, VersR **1979**, 445, 446; es ist zu beachten, daß die Entscheidung vor Novellierung der KVO ergangen ist; s. Rz. 6). Zum Verlust des Gutes s. Art. 17 CMR.

26 **(b) Verzögerung der Stellung eines Fahrzeugs durch den Frachtführer**. Art. 17 CMR regelt in Verbindung mit Art. 19 CMR nur den Fall, daß das Gut nicht rechtzeitig beim Empfänger ankommt. Schäden, die daraus resultieren, daß der Absender nicht wie vertraglich vereinbart laden kann, werden von den Art. 17, 19 CMR nicht erfaßt (Art. 17 CMR Rz. 56; Art. 19 CMR Rz. 3). Diese Vorschriften sind entgegen OLG Hamm (v. 14.11.1985, TranspR **1986**, 77, 79) auch nicht analog anwendbar (*Lieser,* Ergänzung, S. 127), da sie auf das erhöhte Risiko zugeschnitten sind, daß der Transporterfolg nicht innerhalb einer bestimmten Frist erbracht werden kann und der Absender nicht ausweichen kann. Zum Schadensersatz s. Art. 19 CMR Rz. 3.

27 **(c) Verzögerung der Beladung durch den Absender**. Der Absender, der die Verzögerung der Beladung zu vertreten hat, hat gemäß § 642 BGB eine angemessene Entschädigung zu zahlen (LG Stuttgart, TranspR **1991,** 142 f). Es kommt weder § 649 BGB zum Tragen, noch stellt die verzögerte Beladung in der Regel eine Pflichtverletzung des Absenders dar (**a. A.** AG Köln v. 6.2.1985, TranspR **1985**, 179, 181). Nur dort, wo die Verzögerung der Beladung den Vertragszweck gefährdet oder der Absender die Beladung endgültig verweigert, liegt auch ein Fall der positiven Forderungsverletzung vor (BGHZ **11**, 80, 83; **50**, 175, 178f). Zur Anwendbarkeit der KVO s. Rz. 6 sowie Vorauflage.

28 (2) **Nach Übernahme des Guts, (a) Unmöglichkeit der Weiterbeförderung**. Der Frachtführer hat primär gemäß Art. 14 CMR Weisungen einzuholen. Er kann auch das Gut ausladen und so die Beförderung beenden (Art. 16 II CMR). Die CMR läßt offen, wann der Frachtführer Schadensersatz zu zahlen hat und wann er Fracht verlangen kann. In Art. 16 I CMR ist nur gesagt, daß der Frachtführer unter den dort genannten Voraussetzungen einen Entschädigungsanspruch erwirbt und daß ein Aufwendungsersatzanspruch des schuldhaft handelnden Frachtführers entfällt.

Hat der Frachtführer die Unmöglichkeit verschuldet, so haftet er grundsätzlich wie in den Fällen, in denen die Beförderung vor Übernahme des Guts unmöglich geworden ist (oben Rz. 25; LG Nürnberg, TranspR **1985**, 113). Eine Ausnahme ist dort zu machen, wo der Frachtführer Weisungen einholt, die er gemäß Art. 16 I CMR auf eigene Kosten auszuführen hat. Eine Ausnahme gilt ferner dort, wo der Transport infolge Verlustes des Guts unmöglich geworden ist, in Hinblick auf Schäden, die dadurch entstehen, daß das Gut nicht rechtzeitig beim Empfänger ankommt (Vorrang des Art. 17 CMR). Hingegen steht Art. 16 II, III CMR der Anwendung der Haftungsregeln des nationalen Rechts wegen schuldhafter Verursachung der Unmöglichkeit des Transports nicht entgegen (*Koller,* TranspR **1988**, 129, 132; *Lieser,* Ergänzung, S. 120 f). Zum Absender, der die Unmöglichkeit zu vertreten hat, sowie zu Fällen, in denen keine Partei die Unmöglichkeit zu vertreten hat, s. Art. 11 CMR, § 425 HGB Rz. 26.

(b) Verzögerung der Beförderung. Ansprüche des Ersatzberechtigten wegen der Nichteinhaltung der Lieferfrist sind abschließend in den Art. 14 ff, 17 iVm Art. 19 CMR geregelt (OLG Düsseldorf v. 9.10.1986, TranspR **1986**, 429, 430). Verliert der Absender im Lauf des Transportes infolge einer schleppenden Beförderung das Interesse an dem Transport, so kann er gemäß Art. 12 CMR Weisungen erteilen, die in seinem Interesse liegen (dies übersieht *Jesser,* Frachtführerhaftung, S. 39). Unter Umständen führt die Verzögerung zu einem Beförderungshindernis iSd Art. 14 CMR (Art. 14 CMR Rz. 3). Hat der Frachtführer die Verzögerung verschuldet, so kann er keinen Kostenersatz gemäß Art. 16 I CMR fordern. Die Art. 12, 17, 23 V CMR stehen grundsätzlich einer Anwendung des § 326 BGB entgegen. Eine Ausnahme sollte man in Fällen der Erfüllungsverweigerung machen (BGH v. 9.2.1979, VersR **1979**, 445, 446). 29

(c) Schlechterfüllung, positive Forderungsverletzung. Nach allgemeiner Meinung regelt die CMR die Fälle der positiven Forderungsverletzung (pFV) nicht abschließend, sondern in den Art. 17, 7 III, 11 III, 12 VII, 16 II, 21, 22 II CMR nur bestimmte Formen der pFV. Soweit im Streitfall Schäden nicht aus den in der CMR geregelten Schlechterfüllungs-Varianten resultieren (OLG Köln v. 26.9.1985, TranspR **1986**, 285), erlangt bei Geltung deutschen Rechts (oben Rz. 5 f) das Institut der pFV maßgebliche Bedeutung. *Einzelfälle:* BGH, NJW **1979**, 2473 (Falschauslieferung); OLG Hamm v. 28.4.1983, TranspR **1983**, 151 (falsche Beratung); v. 16.8.1984, TranspR **1985**, 97, 99 (Verstoß gegen Nebenpflicht zur Wahrung von Vermögensinteressen); LG Frankfurt v. 9.7.1984, TranspR **1985**, 110, 112 (falsche Beratung); OLG Hamburg v. 24.1.1985, TranspR **1985**, 185, 186 (Kosten der Feuerwehr); v. 30.8.1984, VersR **1985**, 832 (vertragswidriger Transport und überhöhte Abrechnung); OGH Wien, TranspR **1986**, 426 (Schmuggel mit der Folge des Abbruchs von Geschäftsverbindungen); vgl. auch Antwerpen, ETR **1977**, 420; *Piper,* VersR **1988**, 200, 208; *Heuer,* Haftung, aaO, S. 183 ff. Bei Anwendung der Regeln der pFV ist allerdings zu beachten, daß aus der Sicht derjenigen, die auch nach der Novellierung der KVO die KVO ergänzend heranziehen wollen (näher Rz. 6), § 31 I c KVO vorgeht (*Lieser,* Ergänzung, S. 133 ff), es sei denn, daß § 1 V KVO eingreift. Hält man die KVO für ergänzend anwendbar (Rz. 6), so ist die Haftung, auch eine aus pFV, unter den Voraussetzungen des § 26 GüKG nicht abdingbar (BGH v. 9.2.1979, VersR **1979**, 445). 30

Schwierigkeiten bereitet die **Abgrenzung der mittelbaren Schäden** infolge Beschädigung oder Verlusts der Güter, die von den Art. 17 ff CMR erfaßt werden, und sonstiger Integritätsschäden. Sicher ist, daß alle Folgeschäden eines Verlusts bzw. einer Substanzbeeinträchtigung des Guts unter die Art. 17 ff CMR fallen. Andererseits stellt es zweifellos eine von den Art. 17 ff CMR nicht geregelte Form der Schlechterfüllung dar, wenn der Schaden nicht durch eine Lieferfristüberschreitung verursacht wurde und der Schaden ausschließlich an einem anderen Rechtsgut als dem beförderten Gut einschließlich des Vermögens des Absenders bzw. Empfängers entstanden ist, oder wenn der Schaden an dem Gut erst die Folge eines Schadens an anderen Rechtsgütern ist (BGH, NJW **1979**, 2473; OGH Wien, TranspR **1986**, 426). In Fällen, in denen die Beeinträchtigung des Guts über die Interessen des Absenders an dem vollen Wert des Guts und an den aus dem Gut abgeleiteten Erwerbschancen hinaus sonstige Rechtsgüter schädigt (z. B. Beschädigung von Fässern mit giftigen Substanzen macht Feuerwehreinsatz erforderlich), greifen die Regeln der pFV dagegen nicht ein (**a. A.** OLG Hamburg v. 24.1.1985, TranspR **1985**, 185, 186; *Konow,* TranspR **1987**, 14, 17); denn derartige Schäden sind Folgen von Güterschäden. Art. 23 CMR soll gerade derartige Schäden, die unübersehbare *Folgeschäden* nach sich ziehen können, kalkulierbar machen (*Konow,* TranspR **1987**, 14, 15; vgl. auch Art. 23 Rz. 5). Aus demselben Grunde ist es zweifelhaft, ob der Absender nach den Regeln der Schlechterfüllung Regreß nehmen kann, wenn der Frachtführer das Gut in Gefahr gebracht hat und der Absender zur Gefahrenabwehr Aufwendungen tätigt oder wenn ein Dritter nach den Regeln der §§ 677 ff BGB *Schadensverhütungsmaßnahmen* trifft und vom Absender Ersatz verlangt. Dienen die Aufwendungen dazu, die Entstehung eines weiteren Schadens zu verhindern (z. B. die beschädigten Fässer drohen ganz auszulaufen), so sind diese Aufwendungen Teil des Schadens iSd Art. 17 ff CMR (s. Erl. zu Art. 23, 25 CMR). Dienen die Aufwendungen dazu, es erst gar nicht zu einem Verlust, einer Beschädigung oder Lieferfristüberschreitung kommen zu lassen, so sind die Art. 17 ff CMR analog anzuwenden; denn es ist nicht einzusehen, daß der Frachtführer für Gefahrensituationen schärfer haftet als für Schäden, die aufgrund dieser Gefahren eingetreten sind (abw. z. T. *Konow,* TranspR **1988**, 229, 230f). Verjährung: Art. 32 CMR.

Fällt dem **Absender** eine **Schlechterfüllung zur Last** und liegt kein Fall der in der CMR geregelten Absender-Haftung vor (z. B. Art. 7 CMR), so haftet der Absender bei Anwendbarkeit deutschen Rechts (Rz. 5 f) nach den Regeln der pFV (Beschädigung des Lkw durch Gut: OLG Düsseldorf, VersR **1982**, 1202).

31 **(d) Ablieferungshindernisse**. Siehe dazu Art. 15, 16 CMR. Zur Frage der Standzeiten s. oben Rz. 15.

32 **(e) Erschwerung des Transports**. Siehe Art. 14 CMR Rz. 3; *Koller,* TranspR **1988**, 129, 130.

33 **(f) Transport mit vertragswidrigen Transportmitteln**. Vgl. § 425 HGB Rz. 2.

34 **l) Verzollung**. Vgl. Art. 6 I i, j, 11. Daraus ergibt sich, daß mangels abweichender Anweisungen die Verzollung und sonstige amtliche Behandlung Sache des Frachtführers ist (s. auch § 425 HGB Rz. 18; Art. 13 CMR Rz. 12).

35 **m) Übernahme von in der CMR nicht erwähnten Pflichten**. Die CMR hindert den Frachtführer nicht, nach Maßgabe des ergänzend anwendbaren

nationalen Rechts (Rz. 6) zusätzliche Pflichten zu übernehmen. Voraussetzung ist nur, daß diese Pflichten nicht in der CMR geregelt sind; denn nur soweit die CMR Regelungen trifft, blockiert Art. 41 CMR vertragliche Vereinbarungen. Der Frachtführer kann deshalb ohne weiteres gemischte Verträge schließen, in denen er neben den frachtvertraglichen Pflichten weitere Pflichten dienst-werkvertraglicher oder mietrechtlicher Natur übernimmt. So kann sich der Frachtführer etwa verpflichten, die Rolle eines Warensachverständigen zu übernehmen, der dafür sorgt, daß nur Ware bestimmter Qualität in Empfang genommen wird und/oder daß rechtzeitig gegenüber dem Lieferanten die Mängelrüge ausgesprochen wird. Der Vereinbarung von **Überprüfungspflichten** steht Art. 8 CMR nicht entgegen (OLG München v. 3.5.1989, TranspR **1991,** 61, 62; **a. A.** *Zapp,* TranspR **1991,** 371); denn Art. 8 CMR begründet nur eine Überprüfungsobliegenheit in Hinblick auf die Beweissituation im Rahmen des Art. 17 CMR. Art. 8 CMR verbietet mithin nur, die Beweislage des Geschädigten im Wege einer Verschärfung der Überprüfungsobliegenheiten zu verbessern. Dort, wo die Überprüfungspflicht jedoch die Funktion hat, eine Beladung mit mangelhafter Ware zu verhindern oder eine rechtzeitige Rüge iSd § 377 HGB zu ermöglichen, geht es nicht um eine Verbesserung der Beweislage im Rahmen des Art. 17 CMR, sondern um das Vorfeld der CMR-Haftung. Vernachlässigt der Frachtführer die vertragliche Überprüfungspflicht, so darf dies mithin im Rahmen der Haftung aus Art. 17 CMR nicht berücksichtigt werden. Dem Frachtführer ist vielmehr im Rahmen des Art. 9 CMR nachzuweisen, welche Qualität von Ware er übernommen hat. Er haftet gemäß Art. 17 CMR auch nur für eine Verschlechterung des in seine Obhut gelangten Guts und kann sich wie ein Frachtführer, der keine Überprüfungspflicht übernommen hat, wegen des Obhutsschadens (vor Art. 17 CMR Rz. 2) auf Art. 17 IV d CMR berufen. Dies hindert den Absender indessen nicht, falls deutsches Recht ergänzend heranzuziehen ist, den Frachtführer wegen Verletzung der Überprüfungspflicht für denjenigen Schaden verantwortlich zu machen, der durch die Entgegennahme des mangelhaften Guts entstanden ist (z. B. Verlust des Rügerechts gegenüber dem Lieferanten; Bezahlung mangelhafter Ware; unnütze Vergabe von Beförderungsverträgen; Beweislast nach den Regeln der pFV). Soweit der Schaden daraus resultiert, daß sich das Gut wegen seiner Mangelhaftigkeit in der Obhut des Frachtführers weiter verschlechtert hat, stehen auch die Art. 8, 17 ff CMR einer Haftung nicht entgegen; denn dieser Schaden ist ebenfalls Folge der Verletzung der Wareninspektionspflichten. Ein Unternehmer, der die Pflichten eines Wareninspekteurs übernimmt, wird nicht dadurch schutzwürdiger, daß er sich auch zum Transport des Guts verpflichtet hatte. Art. 41 CMR ist kein Typenzwang des Inhalts zu entnehmen, daß der Frachtführer zu seinem Schutz nur die in der CMR erwähnten Aufgaben übernehmen darf, weil sonst eine Erstarrung des Transportgewerbes zu befürchten wäre.

Präambel

Die Vertragsparteien haben in der Erkenntnis, daß es sich empfiehlt, die Bedingungen für den Beförderungsvertrag im internationalen Straßengüterverkehr, insbesondere hinsichtlich der in diesem Verkehr verwendeten Urkunden und der Haftung des Frachtführers, einheitlich zu regeln, folgendes vereinbart:

Kapitel I. Geltungsbereich

Art. 1 CMR [Geltungsbereich; völkerrechtliche Verbindlichkeit]

1. Dieses Übereinkommen gilt für jeden Vertrag über die entgeltliche Beförderung von Gütern auf der Straße mittels Fahrzeugen, wenn der Ort der Übernahme des Gutes und der für die Ablieferung vorgesehene Ort, wie sie im Vertrage angegeben sind, in zwei verschiedenen Staaten liegen, von denen mindestens einer ein Vertragsstaat ist. Dies gilt ohne Rücksicht auf den Wohnsitz und die Staatsangehörigkeit der Parteien.

2. Im Sinne dieses Übereinkommens bedeuten „Fahrzeuge" Kraftfahrzeuge, Sattelkraftfahrzeuge, Anhänger und Sattelanhänger, wie sie in Artikel 4 des Abkommens über den Straßenverkehr vom 19. September 1949 umschrieben sind.

3. Dieses Übereinkommen gilt auch dann, wenn in seinen Geltungsbereich fallende Beförderungen von Staaten oder von staatlichen Einrichtungen oder Organisationen durchgeführt werden.

4. Dieses Übereinkommen gilt nicht

a) für Beförderungen, die nach den Bestimmungen internationaler Postübereinkommen durchgeführt werden;

b) für die Beförderung von Leichen;

c) für die Beförderung von Umzugsgut.

5. Die Vertragsparteien werden untereinander keine zwei- oder mehrseitigen Sondervereinbarungen schließen, die Abweichungen von den Bestimmungen dieses Übereinkommens enthalten; ausgenommen sind Sondervereinbarungen unter Vertragsparteien, nach denen dieses Übereinkommen nicht für ihren kleinen Grenzverkehr gilt oder durch die für Beförderungen, die ausschließlich auf ihrem Staatsgebiet durchgeführt werden, die Verwendung eines das Gut vertretenden Frachtbriefes zugelassen wird.

Literatur: siehe vor Art. 1 CMR.

Übersicht

	Rz.
A. Vorbemerkung	1
B. Anwendungsvoraussetzungen	
I. Vertrag über entgeltliche Beförderung	2
II. Beförderung von Gütern	4
III. Beförderung mit Kraftfahrzeugen	5
IV. Grenzüberschreitender Transport	6
V. Wohnsitz, Staatsangehörigkeit	7

	Rz.		Rz.
VI. Ausnahmen	8	VII. Sondervereinbarungen (Art. 1 V CMR)	11
1. Postverkehr		VIII. Beweislast	12
2. Leichen	9		
3. Umzugsgut	10		

A. Vorbemerkung

Art. 1 CMR umreißt in Verbindung mit den Art. 2, 42 ff CMR den persönlichen, sachlichen und räumlichen Anwendungsbereich der CMR. Ist die CMR anwendbar, so ist sie es vom Vertragsschluß an und während der gesamten Dauer des Transports. Ihre Geltung erstreckt sich auf den gesamten innerdeutschen Beförderungsabschnitt auch dann, wenn der ausländische Transportabschnitt kaum ins Gewicht fällt (BGH, NJW **1982**, 1944). 1

B. Anwendungsvoraussetzungen

I. Vertrag über entgeltliche Beförderung

Art. 1 CMR spricht ganz allgemein von Beförderungsvertrag (in dem für 2 die Auslegung maßgeblichen englischen bzw. französischen Text (vor Art. 1 CMR Rz. 4) heißt es contract for the carriage bzw. contrat de transport). In den Art. 3 ff CMR ist vielfach von ,,Frachtführer" (carrier, transporteur) die Rede, ohne daß damit gesagt ist, daß es sich bei dem Beförderungsvertrag iSd CMR um einen Frachtvertrag iSd §§ 425, 451 HGB handelt. Sicher ist nur, daß Frachtverträge iSd §§ 425 ff HGB immer und daß Speditionsverträge iSd § 407 HGB nie unter Art. 1 CMR fallen. Dabei ist die wahre Vertragsgestaltung im Innenverhältnis und nicht das Auftreten nach außen maßgeblich (OGH Wien, TranspR **1986**, 225). Gewerbsmäßiges Handeln oder Kaufmannseigenschaft ist nicht erforderlich (*Piper,* VersR **1988**, 200, 205). Zweifelhaft ist, ob die Beförderungsverträge iSd CMR überall dort vorliegen, wo der Auftragnehmer die Beförderung auf eigene Rechnung organisiert. In der Rechtspraxis verschiedener Vertragsstaaten, die auch für die deutsche Praxis von Bedeutung ist (vor Art. 1 CMR Rz. 4), wird dies bejaht. So wird in England die Auffassung vertreten, daß es von den Umständen des Einzelfalls abhänge, ob die CMR eingreife. Dort, wo der ,,Spediteur" Angebote zu festen Sätzen mache, der Kunde nur an Pauschalpreisen interessiert sei und der ,,Spediteur" nicht zur Rechenschaftslegung verpflichtet sei, sei der ,,Spediteur" im Zweifel ein carrier (Tetroc Ltd. v. Cross-Con (International) Ltd., (1981) 1 Lloyd's Rep. 192; *Hill/Messent,* CMR, S. 6 ff; *Clarke,* CMR, S. 16 f; *Theunis/Pesce,* S. 11 f). Auch im belgischen Recht wird der auf eigene Rechnung handelnde commissionaire de transport der CMR unterworfen (Brüssel, ETR **1969**, 141; **1969**, 937; **1969**, 943; **1973**, 503; **1974**, 608; *Libouton,* ETR **1973**, 2, 6 ff; *Putzeys,* CMR, Rz. 69, 74 ff, 80 m. Nachw.); ebenso *Piper* (TranspR **1990,** 357, 358) für das deutsche Recht. In Frankreich wird diese Ansicht abgelehnt (Cour de Cassation, ETR **1983**, 207; *Lamy,* Transport I, Nr. 803 m. w. Nachw.), in Holland ist die Ansicht geteilt (Rotterdam, ETR **1971**, 273; **a. A.** Amsterdam, ETR **1969**, 151; Rotterdam, ETR **1970**, 79). Beachte beim multimodalen Transport Art. 2 CMR.

3 Für **deutsche und österreichische Gerichte** spielt diese Frage keine wesentliche Rolle, da in den Grenzfällen regelmäßig ein Fall des **Selbsteintritts**, der **Fixkosten- oder Sammelladungsspedition** vorliegt und bei Anwendbarkeit des deutschen Rechts (vor Art. 1 CMR Rz. 5 ff) die §§ 412, 413 HGB nach ständiger Rechtsprechung zwingend auf die CMR verweisen (§ 412 HGB Rz. 10 ff; § 413 HGB Rz. 4 f; OGH Wien, TranspR **1982**, 80; **1985**, 133; **1985**, 265; **1986**, 377). *Piper* (TranspR **1990,** 357, 358) steht auf dem Standpunkt, daß der Fixkosten- und Sammelladungsspediteur unabhängig vom Eingreifen des § 413 HGB carrier iSd Art. 1 CMR ist. § 1 V KVO ist nicht analog anwendbar (OLG Düsseldorf v. 26.7.1984, TranspR **1985**, 128; OLG München, VersR **1981**, 562; OLG Hamburg, VersR **1980**, 290 f; *Herber,* VersR **1981**, 995; *Staub/Helm,* HGB §§ 412, 413 Rz. 24 m. w. Nachw.; *Piper,* Höchstrichterliche Rechtsprechung, aaO, Rz. 16; *Koller,* VersR **1988**, 556, 557; **a. A.** OLG München, VersR **1979**, 713f; w. Nachw. bei *Staub/Helm,* aaO. Vgl. auch Erläuterungen zu § 413 HGB Rz. 5). Selbst, wenn man von der Abdingbarkeit der §§ 412 f HGB ausgeht, so sind doch nahezu sämtliche CMR-Vorschriften nach den Grundsätzen über die Behandlung gemischter Verträge auf den auf **eigene Rechnung handelnden Spediteur anwendbar** (§ 413 HGB Rz. 5). Auch dort, wo man nicht auf die §§ 412, 413 HGB oder nationale Grundsätze über die Behandlung gemischter Verträge zurückgreifen kann, sprechen die besseren Argumente dafür, auch den auf eigene Rechnung handelnden Spediteur als carrier zu behandeln; denn das Ziel der Rechtsvereinheitlichung auf dem Transportsektor wäre nur sehr unvollkommen erreicht, wenn der Umstand, daß ein Vertrag in geringem Umfang auch Elemente eines Speditionsvertrages enthält, zur Verneinung der carrier-Eigenschaft führen würde.

Kein Beförderungsvertrag ist der Vertrag über die **Vermietung (Vercharterung) eines Fahrzeugs** mit Fahrer (OGH Wien, TranspR **1984**, 281; **1986**, 225; *Basedow,* Der Transportvertrag (1987), S. 107; *Putzeys,* CMR, S. 30; unhaltbar OLG Düsseldorf (v. 12.2.1987, BB **1987**, 1706), das die CMR im Licht des § 5 GüKG interpretiert; vgl. auch § 425 HGB Rz. 7).

Der **Vertrag** muß **gültig** sein. In Fällen nichtiger Verträge sind die Haftungsbegrenzungsregeln der CMR auch nicht analog auf Ansprüche aus c.i.c. bzw. pFV anzuwenden; denn bei nichtigen Verträgen hat der Absender nicht wirksam das Risiko der Haftungsbeschränkung auf sich genommen.

Sind sich die Parteien einig, daß der beladene Container zum Ablieferungsort und der entladene Container zurück transportiert werden soll, so ist der Rücktransport nicht unentgeltlich, auch wenn dafür kein besonderes **Entgelt** vereinbart ist (OLG Düsseldorf v. 27.2.1987, TranspR **1987**, 183).

II. Beförderung von Gütern

4 Die Güter müssen keine Waren darstellen (*Loewe,* ETR **1976**, 503, 511 f). Unter den Begriff „Güter" fallen sämtliche beweglichen Sachen mit Ausnahme des Reisegepäcks (*Loewe,* aaO; *Putzeys,* CMR, Rz. 169). Vgl. auch § 1 GüKG Rz. 1.

III. Beförderung mit Kraftfahrzeugen

Gemäß Art. 1 I CMR in Verbindung mit Art. 1 II CMR muß eine Beförderung mit Kraftfahrzeugen vereinbart sein. Der Begriff der Kraftfahrzeuge ist in Art. 1 II CMR näher definiert. Das Abkommen vom 19.9.1949 ist nach wie vor maßgeblich, obwohl es durch das Übereinkommen über den Straßenverkehr vom 8.11.1968 ersetzt worden ist (*Jesser,* Frachtführerhaftung, S. 25; **a. A.** LG Regensburg, TranspR **1990,** 194); denn Art. 1 II CMR enthält keine dynamische Verweisung. ,,Mit Kraftfahrzeugen" wird auch dann befördert, wenn der Frachtführer bei der Überführung von eigenen Fahrzeugen des Absenders zugleich gegen zusätzliches Entgelt Gut des Absenders befördert (OLG Düsseldorf v. 14.7.1986, VersR **1986**, 1070). Kein Transport mit Kraftfahrzeugen erfolgt bei der grenzüberschreitenden Beförderung von Wechselbrücken (LG Regensburg, TranspR **1990,** 194) oder Containern mit der Bahn, dem Schiff, dem Luftfahrzeug (anders beim Transport von Kraftfahrzeugen; Art. 2 CMR), weil sie kein eigenes Fahrwerk besitzen. Die *isolierte Überführung von Kfz* fällt ebenfalls nicht unter Art. 1 CMR (*Lieser,* Ergänzung, S. 60). Maßgeblich ist, wie sich aus Art. 1 I CMR ergibt, die *vereinbarte* Art der Beförderung (OLG Frankfurt v. 11.11.1981, VersR **1982**, 697; *Heuer,* Haftung, aaO, S. 29; *Helm,* VersR **1988**, 548). Deshalb haftet der carrier auch dann nach CMR, wenn er das Gut vertragswidrig nicht mit Kraftfahrzeugen befördert (beachte Art. 29 CMR; ebenso GroßkommHGB-*Helm,* Anh. § 452, Art. 1 CMR Rz. 6; *Groth,* VersR **1983**, 1104; **a. A.** *Loewe,* ETR **1976**, 503, 512; *Lenz,* Straßengütertransportrecht, Rz. 66); denn der Absender kann bei Vertragsschluß davon ausgehen, daß der Frachtführer nach CMR-Regeln haften wird. Der Frachtführer kann dieser Haftung nicht dadurch entgehen, daß er eigenmächtig einen anderen Beförderungsmodus wählt (vgl. auch *Runge,* TranspR **1980**, 70, 71; OLG Düsseldorf, MDR **1979**, 405; § 425 HGB Rz. 2). Zur vertragswidrigen Beförderung mit Kraftfahrzeugen statt mit anderen Transportmitteln s. außerdem § 425 HGB Rz. 2. Die CMR ist bei einem Transport mit Kraftfahrzeugen ferner dort heranzuziehen, wo bei Vertragsschluß das Transportmittel in das Ermessen des Auftragnehmers gestellt war und der Auftragnehmer dann per Kfz befördert. In einem solchen Fall konkretisiert der Auftragnehmer den Vertrag zum Beförderungsvertrag mit Kfz (§ 425 HGB Rz. 14; **a. A.** OLG Köln v. 4.4.1986, TranspR **1986**, 432, 433; *Jesser,* Frachtführerhaftung, S. 19). Etwas anderes kann dort gelten, wo von vornherein vereinbart ist, daß das Gut nur auf Teilstrecken mit Kfz transportiert werden soll (vgl. Art. 2 CMR). Zum **Huckepackverkehr** Art. 2 CMR. **5**

IV. Grenzüberschreitender Transport

Der vertraglich geschuldete Ort der Übernahme des Gutes (§ 429 HGB Rz. 4) zur Beförderung mit Kraftfahrzeugen und der im Frachtvertrag iSd CMR (Rz. 2 f) vereinbarte Ort der Ablieferung nach dem Kfz-Transport (§ 429 HGB Rz. 6) müssen in zwei verschiedenen Staaten liegen. Be- bzw. Entladeort müssen nicht mit dem Ort des Beginns bzw. des Endes des Trans- **6** ports identisch sein (z. B. beim multimodalen Transport; BGH v. 24.6.1987, VersR **1987**, 1212, 1213; OGH Wien, TranspR **1985**, 344; OLG Karlsruhe v. 5.12.1986, TranspR **1987**, 184). Liegt der Be- und Entladeort auf dem Gebiet des gleichen Staates, so greift die CMR auch dann nicht ein, wenn der Transport über das Gebiet eines anderen Staates geführt wird (*Schlenkerverkehr*). Kein grenzüberschreitender Verkehr liegt ferner in den Fällen vor, in denen das Gut, wie von vornherein vertraglich vereinbart, *an der Grenze abgeladen* und aufgrund eines zweiten Vertrages neu versandt wird oder die Fixkostenvereinbarung (§ 413 HGB) nur bis zur Grenze reicht (OLG Hamburg v. 18.5.1989, TranspR **1990,** 188, 189). **Maßgeblich** ist die **vertragliche Vereinbarung**, nicht die tatsächliche Handhabung (Paris, BullT **1990**, 378, 379; *Loewe,* ETR **1976**, 503, 520; *Lamy* Transport I, Nr. 802). Konnte der Frachtführer z. B. im Fall des **multimodalen Transports** (siehe Teil I des Kommentars) Be- bzw. Entladeort frei bestimmen, so konkretisiert seine Entscheidung den Vertrag, so daß es auf den vom Frachtführer bestimmten Ort ankommt. Gibt der Absender **nach Vertragsschluß** die Weisung, den Transport vor Überschreiten der Grenze anzuhalten, so bleibt die CMR anwendbar; denn gemäß Art. 1 I CMR entscheidet der Inhalt der vertraglichen Vereinbarung, die auf einen grenzüberschreitenden Transport gerichtet war. Gibt im Fall eines innerdeutschen Transports der Absender die gültige Weisung, das Gut ins Ausland zu verbringen, dann wird vom Zeitpunkt der Weisung an die CMR anwendbar, weil die Weisung zu einer Abänderung des Vertrages mit der Folge geführt hat, daß nun ein grenzüberschreitender Transport geschuldet wird (**a. A.** GroßkommHGB-*Helm,* Anh. § 452, Art. 1 CMR Rz. 7; *Müller/Hök,* RIW **1988**, 773). Die Frage, ob der Absender berechtigt war, diese Weisung zu geben, ist allerdings nicht anhand des Art. 12 CMR, sondern nach dem ursprünglich geltenden Recht zu entscheiden. Die Parteien können auch dort, wo die CMR nicht kraft Gesetzes eingreift, im Rahmen ihrer **Vertragsfreiheit** die **Anwendbarkeit** der CMR vereinbaren (OLG Düsseldorf, ETR **1973,** 510; OGH der Niederlande, ETR **1990,** 717).

Übernahmeort und/oder **Ablieferungsort** müssen **außerdem** in einem der **Vertragsstaaten** liegen. Vertragsstaaten sind alle Staaten, die die CMR nicht nur gezeichnet, sondern auch ratifiziert haben oder beigetreten sind (Art. 42 CMR). *Zu den Vertragsstaaten gehören* Belgien (1962), Bulgarien (1977), Bundesrepublik Deutschland (1961) einschließlich des Gebietes der neuen Bundesländer (*Herber,* TranspR **1991,** 1, 5), Dänemark (1965), DDR (1973), Finnland (1973), Frankreich (1959), Gibraltar, Griechenland (1977), Großbritannien mit Ausnahme von Nordirland, Insel Guernsey, Insel Man (1967), Guernsey (1972), Italien (1961) (dazu vor Art. 1 CMR Rz. 2), Irland (1991), Jugoslawien (1958), Luxemburg (1964), Niederlande (1960), Norwegen (1969), Österreich (1960), Polen (1962), Portugal (1969), Rumänien (1973), Schweden (1969), Schweiz (1970), Spanien (1974), Tschechoslowakei (1974), UdSSR (1974), Ungarn (1970). In diesem Zusammenhang ist es unerheblich, daß nicht alle Vertragsstaaten die Änderung des Art. 23 CMR ratifiziert haben (Art. 23 CMR Rz. 8). Sondervereinbarungen für den kleinen Grenzverkehr bestehen nicht (vgl. Art. 1 V CMR).

V. Wohnsitz, Staatsangehörigkeit

Gemäß Art. 1 I 2 CMR hängt die Anwendbarkeit weder vom Wohnsitz noch von der Staatsangehörigkeit der Parteien ab. Der Wohnsitz und eventuell die Staatsangehörigkeit können nur bei der Füllung von Lücken der CMR (vor Art. 1 CMR Rz. 5 ff) Bedeutung erlangen. 7

VI. Ausnahmen

1. Postverkehr

Vgl. § 4 Nr. 1 GüKG. 8

2. Leichen

Vgl. § 4 Nr. 3 GüKG. Die Ausnahme des Art. 1 IV b CMR kommt auch dort zum Tragen, wo keine besonders eingerichteten Fahrzeuge eingesetzt werden. Die Ausnahme gilt auch für die Beförderung von Kränzen etc., die den Sarg begleiten. 9

3. Umzugsgut

Vgl. §§ 37 ff GüKG. Die CMR klammert Umzugstransporte aus, weil sie Spezialregelungen notwendig gemacht hätten und die Beratung über diese Spezialregelungen späteren Verhandlungen vorbehalten bleiben sollten (*Loewe,* ETR **1976**, 503, 517; *Schulze,* ZfVerkWiss **1956**, 273, 275). Die CMR definiert nicht die Begriffe „furniture removal", „transports de déménagement". Bei der Beratung der CMR war es nicht gelungen, eine zufriedenstellende Definition zu finden (*Loewe,* aaO). Die Begriffe sind daher unter besonderer Betonung des Wortlauts und unter Berücksichtigung der Besonderheiten des Transports von Möbeln, die Teil einer Wohnungseinrichtung sind, zu konkretisieren. Es kommt daher nicht darauf an, ob der Transport durch Möbelfahrzeuge erfolgt (OLG Hamburg v. 3.7.1980, VersR **1980**, 1075). Ein Umzug ist daher auch dort anzunehmen, wo das Umzugsgut in einem Container befördert wird (OLG Düsseldorf v. 3.5.1984, TranspR **1984**, 198, 199; **a. A.** *Bischof,* VersR **1981**, 708 ff). Der französische Text weist auch darauf hin, daß die Ausnahme des Art. 1 IV c CMR nicht nur für Möbel, sondern auch für sonstige im Haushalt benutzte Gegenstände gilt (*Hill/Messent,* CMR, S. 12). Dagegen können im Licht des englischen und französischen Textes der Transport von Bibliotheken und Theaterausstattungen nicht zur Beförderung von Umzugsgut gezählt werden (so auch heute gemäß § 37 GüKG; **a. A.** *Bischof,* VersR **1981**, 708), wohl aber der Transport von Büroausstattungen. Auch der isolierte Transport von Kleidern und/oder persönlichen Wertgegenständen fällt nicht unter den Begriff der Beförderung von Umzugsgut. Voraussetzung ist immer, daß die transportierten Gegenstände Bestandteile einer einheitlichen Einrichtung von Räumen einschließlich des Kellerguts waren und dem gleichen Zweck nach Beendigung des Transports dienen sollen (OLG Hamburg v. 28.2.1985, TranspR **1985**, 188, 189). Daher kommt die CMR zum Tragen, wenn neue Möbelstücke, die nicht Bestandteil 10 einer Wohnung waren, oder Möbelstücke transportiert werden, die aus einer Wohnungseinrichtung herausgelöst worden sind (OLG Hamburg v. 28.2.1985, TranspR **1985**, 188; *Lenz,* Straßengütertransportrecht, Rz. 76). Andererseits wird der Ausnahmetatbestand des Art. 1 IV c CMR nicht dadurch in Frage gestellt, daß der Beförderungsvertrag Teil eines gemischten Vertrages ist (*Putzeys,* CMR, Rz. 102) oder daß das Gut im Rahmen einer Sammelladung transportiert wird (OLG Hamburg v. 3.7.1980, VersR **1980**, 1075). Zu den auf den grenzüberschreitenden Umzugsverkehr anwendbaren Vorschriften s. vor § 1 GüKUMT Rz. 4. Soweit der Umzugsbegriff in dem GüKUMT enger ist als der des Art. 1 IV c CMR, gelten die allgemeinen Regeln (vor Art. 1 CMR Rz. 5 ff).

VII. Sondervereinbarungen (Art. 1 V CMR)

11 Mit ,,Vertragsparteien" sind die Vertragsstaaten gemeint.

VIII. Beweislast

12 Die Beweislast trägt diejenige Partei, die sich auf die CMR stützt (**a. A.** für Umstände iSd Art. 1 IV CMR *Baumgärtel/Giemulla,* Beweislast, Art. 1 CMR Rz. 5, die übersehen, daß die Formulierung einer ,,Ausnahme" nur redaktionstechnischer Natur ist).

Art. 1 a CMR [Örtliche Zuständigkeit]

Für Rechtsstreitigkeiten aus einer dem Übereinkommen unterliegenden Beförderung ist auch das Gericht zuständig, in dessen Bezirk der Ort der Übernahme des Gutes oder der für die Ablieferung des Gutes vorgesehene Ort liegt.

1 Die aufgrund des Gesetzes vom 5.7.89 (BGBl. 1989 II 586) eingefügte Vorschrift begründet einen Gerichtsstand auch in Hinblick auf Rechte, die dem unvereinheitlichten nationalen Recht entspringen, sofern Art. 1 CMR anwendbar ist. Die Reichweite des Art. 1 a CMR deckt sich mithin mit der des Art. 32 CMR (Art. 32 CMR Rz. 1). Art. 1 a CMR begründet einen Gerichtsstand nur vor deutschen Gerichten; denn Art. 1 a CMR hat seine Grundlage nicht im CMR-Übereinkommen (vor Art. 1 CMR Rz. 2), sondern in einer einseitigen Entscheidung des deutschen Gesetzgebers. Der Gerichtsstand ist nicht ausschließlicher Natur. Zu weiteren Gerichtsständen und zur Prorogation s. Art. 31 CMR Rz. 6. Zum Begriff der Übernahme und der Ablieferung Art. 1 CMR Rz. 6. Maßgeblich ist der Übernahme- bzw. Ablieferungsort, der bei Entstehen des Anspruchs vereinbart war.

Art. 2 CMR [Geltung für kombinierte Transporte]

1. Wird das mit dem Gut beladene Fahrzeug auf einem Teil der Strecke zur See, mit der Eisenbahn, auf Binnenwasserstraßen oder auf dem Luftwege befördert und wird das Gut – abgesehen von Fällen des Artikels 14 – nicht umgeladen, so gilt dieses Übereinkommen trotzdem für die gesamte Beförderung. Soweit jedoch bewiesen wird, daß während der Beförderung durch das andere Verkehrsmittel eingetretene Verluste, Beschädigungen oder Überschreitungen der Lieferfrist nicht durch eine Handlung oder Unterlassung des Straßenfrachtführers, sondern durch ein Ereignis verursacht worden sind, das nur während und wegen der Beförderung durch das andere Beförderungsmittel eingetreten sein kann, bestimmt sich die Haftung des Straßenfrachtführers nicht nach diesem Übereinkommen, sondern danach, wie der Frachtführer des anderen Verkehrsmittels gehaftet hätte, wenn ein lediglich das Gut betreffender Beförderungsvertrag zwischen dem Absender und dem Frachtführer des anderen Verkehrsmittels nach den zwingenden Vorschriften des für die Beförderung durch das andere Verkehrsmittel geltenden Rechts geschlossen worden wäre. Bestehen jedoch keine solchen Vorschriften, so bestimmt sich die Haftung des Straßenfrachtführers nach diesem Übereinkommen.

2. Ist der Straßenfrachtführer zugleich der Frachtführer des anderen Verkehrsmittels, so haftet er ebenfalls nach Absatz 1, jedoch so, als ob seine Tätigkeit als Straßenfrachtführer und seine Tätigkeit als Frachtführer des anderen Verkehrsmittels von zwei verschiedenen Personen ausgeübt würden.

Literatur: siehe vor Art. 1 CMR.

Übersicht

	Rz.
I. Vorbemerkung	1
II. Anwendungsvoraussetzungen	
1. Einheitlicher Beförderungsvertrag	2
2. Huckepackverkehr	3
3. Umladung im Fall von Beförderungshindernissen (Art. 14 CMR)	5
4. Beginn, Ende des Huckepacktransports	6
III. Rechtsfolge	
1. Anwendbarkeit der CMR	7
2. Anwendbarkeit des Seerechts etc.	8
IV. Regreß des Straßenfrachtführers	9

I. Vorbemerkung

Art. 2 CMR soll insbesondere der geographischen Lage Großbritanniens Rechnung tragen, die reine grenzüberschreitende Kfz-Transporte unmöglich macht. Gäbe es Art. 2 CMR nicht, so müßte man entweder die Unternehmen, die das Gut samt Kfz zur See, auf Binnengewässern, mit der Eisenbahn oder auf dem Luftweg befördern, als Gehilfen iSd Art. 3 CMR qualifizieren oder die CMR-Regeln dort für unanwendbar erklären, wo das Gut nicht mehr unmittelbar durch das Kfz transportiert wird (s. Teil I ,,Multimodaler Verkehr"). Art. 2 CMR sieht daher Sonderregelungen vor, die weitgehend die Geltung der CMR auf der ganzen Strecke sicherstellen und so das Problem des unbekannten Schadensortes eliminieren (*Theunis/Ramberg,* S. 22). 1

II. Anwendungsvoraussetzungen

1. Einheitlicher Beförderungsvertrag

2 Der Transport des Guts samt dem Kfz muß im Rahmen eines *einheitlichen* Transportvertrages (**a. A.** *Theunis,* TranspR **1990,** 263, 269) geschehen, der auf eine grenzüberschreitende Beförderung mit Kfz (Art. 1 CMR) gerichtet ist (*Heuer,* Haftung, S. 173; *Theunis,* International Carriage of Goods [1987], S. 246) oder vom Frachtführer dahin konkretisiert wird (§ 425 HGB Rz. 14). Der Transport auf See etc. darf somit nur eine Teilstrecke des geschuldeten Gesamttransportes umfassen. Dabei ist es gleichgültig, ob diese Teilstrecke am Anfang, in der Mitte oder am Ende der Gesamtstrecke steht und wie groß sie ist (*Theunis,* TranspR **1990,** 269). Die Grenze kann auch im Huckepack-Zustand überschritten werden. Beim multimodalen Transport (s. Teil I des Kommentars) liegt ein Vertrag iSd Art. 2 CMR vor, wenn die Parteien von vornherein den Huckepacktransport auf der Seestrecke vereinbart haben oder wenn der Frachtführer das Gut grenzüberschreitend mit Kfz und auf der Seestrecke Huckepack befördert (vgl. *Theunis,* TranspR **1990,** 263, 268). Die Beweislast liegt bei der Partei, die sich auf Art. 2 CMR beruft.

2. Huckepackverkehr

3 Art. 2 CMR greift nur ein, wenn das Gut samt dem Kfz ohne vorherige oder spätere Entladung auf das Schiff, den Eisenbahnwaggon oder das Flugzeug gebracht wird und das Gut das Schiff etc. auf dem gleichen Kfz wieder verläßt (vgl. auch Art. 2 CMR Rz. 4; zur vertragswidrigen Entladung s. § 425 HGB Rz. 2 sowie unten Rz. 4). Dabei sind Kfz iSd Art. 2 CMR auch Trailer ohne Zugmaschine (BGH v. 14.12.1988, VersR **1989,** 309, 310; OLG Celle v. 4.7.1986, TranspR **1987,** 275, 276; OLG Hamburg v. 18.10.1990, TranspR **1991,** 70; Antwerpen, ETR **1990,** 210) sowie Wechselaufbauten (*Lenz,* Straßengütertransportrecht, Rz. 71; *Theunis/Ramberg,* S. 25), nicht aber Container, die von Art. 1 II CMR nicht erfaßt werden und die nicht Teil eines Kfz sein können (GroßkommHGB-*Helm,* Anh. § 452, Art. 2 CMR Rz. 2; *Glöckner,* CMR, Art. 2 Rz. 2; *Herber,* VersR **1988,** 645; *Hill/Messent,* CMR, S. 15). Anders ist die Situation, wenn der Container zusammen mit dem Beförderungsfahrzeug huckepack transportiert wird (*Putzeys,* CMR, S. 95). Art. 2 I 1 CMR nennt als Voraussetzungen den Huckepacktransport und kumulativ – von den Fällen des Art. 14 CMR abgesehen – die Nicht-Umladung. Die Vorschrift sagt nicht genau, ob das Gut auf der gesamten Strecke oder nur auf der Huckepack-Strecke nicht **umgeladen** werden darf. Für die erste Auslegung spricht der Umstand, daß nur dann die für Art. 14 CMR vorgesehene Ausnahme größere Bedeutung erlangen kann. Dagegen ist jedoch zu berücksichtigen, daß grundsätzlich die Umladung auf andere Kraftfahrzeuge die Anwendung der CMR nicht in Frage stellt. Dies ergibt sich aus Art. 6 II a CMR, demzufolge der Frachtführer im Zweifel befugt ist, umzuladen, sofern das Gut dadurch nicht unzumutbar gefährdet wird. Es ist nicht einzusehen, warum der Frachtführer, der das Gut weit vor oder nach dem Huckepacktransport auf ein anderes Kfz verladen hat, sich nicht auf Art. 2 CMR berufen können sollte. Art. 2 CMR kann daher nur die Fälle im Auge haben,

in denen der Huckepackverkehr mit besonderen auf diesen Verkehr zugeschnittenen Fahrzeugen durchgeführt wird und dazu umgeladen wird. Eine Umladung iSd Art. 2 I 1 CMR ist deshalb nur dort zu bejahen, wo unmittelbar vor Beginn oder im Laufe des Huckepacktransports zum Zweck des Huckepack-Transports umgeladen wird (ebenso *Hill/Messent,* CMR, S. 17).

Wird Gut mit dem Kfz transportiert, dann vertragsgemäß abgeladen und z. B. in einem Container (BGH v. 24.6.1987, VersR **1987,** 1212) auf ein Schiff verbracht und im Empfangshafen wieder auf einen Lkw verladen, so greift Art. 2 CMR nicht ein, da kein Huckepackverkehr vorliegt. In Hinblick auf den Schiffstransport kann auch nicht von einer Kraftfahrzeugbeförderung gesprochen werden (Art. 1 CMR). Unter Umständen kommt für den ganzen Transport die CMR nicht zum Tragen, weil kein grenzüberschreitender Kfz-Transport erfolgt; z. B. wenn das Gut die (einzige) Grenze in abgeladenem Zustand per Schiff überquert (*Thume,* TranspR **1990,** 41, 45; *Hill/Messent,* CMR, S. 16). 4

Dort, wo das Gut vor der Beförderung mit einem anderen Transportmittel abgeladen wird, obwohl die Parteien ausdrücklich oder konkludent (Verkehrssitte) **Huckepackverkehr vereinbart** haben, ist es unklar, ob Art. 2 CMR anzuwenden ist. Anders als Art. 1 CMR stellt Art. 2 I 1 CMR nicht auf den Vertrag, sondern auf die Art der Beförderung ab. Gleichwohl ist mit der h. M. davon auszugehen, daß sich der Frachtführer der Anwendbarkeit der CMR nicht dadurch entziehen kann, daß er das Gut vertragswidrig umlädt (GroßkommHGB-*Helm,* Anh. § 452, Art. 2 CMR Rz. 1; *Hill/Messent,* CMR, S. 17 ff; *Loewe,* ETR **1976,** 503, 524; *Theunis/Ramberg,* S. 25). Zu Art. 14 CMR s. unten Rz. 5.

Wurde zwischen den Parteien in der Frage des Huckepackverkehrs keine Vereinbarung getroffen, haben die Parteien aber vereinbart, daß das Gut mittels Kfz befördert werden soll, so ist der Frachtführer mit Ausnahme der in Art. 14 CMR genannten Fälle nicht berechtigt, das Gut im Huckepackverkehr zu befördern. Art. 2 CMR enthält keine **Erlaubnis für den Huckepackverkehr,** sondern lediglich eine Regelung für den vertragsgemäß durchgeführten Huckepackverkehr (*Theunis,* TranspR **1990,** 263, 275; so wohl auch GroßkommHGB-*Helm,* Anh. § 452, Art. 2 CMR Rz. 1; *Hill/Messent,* CMR, S. 19; Antwerpen, ETR **1990,** 204), weil mit dem Huckepackverkehr erhöhte Transportrisiken und niedrigere Haftungssätze verbunden und die Transportversicherung gefährdet sein können. Der Frachtführer haftet daher nach den für den vertragswidrigen Transport entwickelten Regeln (§ 425 HGB Rz. 2), wenn er vertragswidrig Huckepack befördert. Auf Art. 2 CMR darf er sich dann nicht berufen. **Beweislast:** Bei der Vertragspartei, die sich auf Art. 2 CMR beruft.

3. Umladung im Fall von Beförderungshindernissen (Art. 14 CMR)

Helm (GroßkommHGB, Anh. § 452, Art. 2 CMR Rz. 4) will Art. 2 CMR nur dort anwenden, wo trotz der Umladung ein Huckepackverkehr erfolgt ist (ebenso *Hill/Messent,* CMR, S. 18; *Theunis/Ramberg,* S. 25). Diese Ansicht entspricht dem Wortlaut der Vorschrift. Da der Sinn der Ausnahme vom generellen Umladeverbot unklar ist, muß die Auslegung beim Wortlaut der Norm stehen bleiben (vor Art. 1 CMR Rz. 4). 5

4. Beginn, Ende des Huckepacktransports

6 Art. 2 I CMR regelt nicht präzise, von welchem Zeitpunkt ab Art. 2 CMR eingreift. Aus der Sicht der potentiellen Rechtsfolge, der Haftung nach dem Recht des anderen Verkehrsmittels, liegt es nahe, Art. 2 CMR nur in dem Zeitraum heranzuziehen, in dem eine Haftung nach dem Recht des Huckepack-Verkehrsträgers möglich ist (*Hill/Messent,* CMR, S. 20).

III. Rechtsfolge

1. Anwendbarkeit der CMR

7 Grundsätzlich gilt die CMR für den gesamten Transport, also auch für den Transport im Huckepackverkehr. Dieser Grundsatz erfährt jedoch in Hinblick auf die Haftungsnormen (nicht Verjährung: Aix-en-Provence, BullT **1992,** 281 m. zust. Anm. *Chao*) eine **Ausnahme** unter den in Art. 2 I 2 CMR genannten Voraussetzungen.

2. Anwendbarkeit des Seerechts, der CIM, etc.

8 Art. 2 I 2 CMR nennt für die Anwendbarkeit des Haftungsrechtsrechts (s. oben) des Huckepack-Transporteurs (z. B. Seerecht) drei *Voraussetzungen*, die *kumulativ* erfüllt sein müssen.

a) Das schädigende Ereignis darf nicht durch den Straßenfrachtführer iSd CMR (Art. 1 CMR Rz. 2 f) verursacht worden sein. Dabei ist der Huckepack-Transporteur nicht Gehilfe iSd Art. 3 CMR. Art. 2 CMR wäre sonst weitgehend ohne Bedeutung (*Herber,* VersR **1988**, 645, 646; *Hill/Messent,* CMR, S. 21; *Boombeeck/Hamer/Verhaegen,* ETR **1990,** 110, 122; *Theunis/Ramberg,* S. 26). Die Verladung auf Deck eines Schiffes ist der Cour Aix-en-Provence (BullT **1991**, 65) zufolge dem Frachtführer vorzuwerfen.

b) Das schädigende Ereignis muß ausschließlich wegen und während der Huckepackbeförderung eingetreten sein (Beweislast: Frachtführer; OLG Hamburg v. 18.10.1990, TranspR **1991**, 70, 71). Das bedeutet nicht, daß sich eine Gefahr verwirklicht haben muß, die ausschließlich der Beförderung zur See etc. eigen ist (so *Herber,* VersR **1988**, 645, 646), sondern daß der Umstand, der den konkreten Schaden verursacht hat, nur während und durch die Hukkepack-Beförderung in Erscheinung getreten sein kann und deshalb eine Haftung des Huckepack-Beförderers in Betracht kommt (so Queens Bench Division, Journal of Business Law **1981**, 309; ETR **1990**, 194; *Hill/Messent,* CMR, S. 23; Clarke, CMR, S. 24).

c) Die Art der Haftungsnormen ist unklar geregelt. Während der französische Text zwingende Normen fordert, läßt der englische Text Haftungsnormen schlechthin genügen. *Czapski* (Die Vertragshaftung beim Transport von Fahrzeugen durch Autofähren, Heft Nr. 24 der Internationalen Straßentransportunion [Genf 1988], S. 5 ff; ders. ETR **1990**, 172) orientiert sich an der englischen Formulierung, weil diese klarer sei und die französische Formulierung mit umfasse. Für die englische Formulierung sprächen auch die Entstehungsgeschichte und der Umstand, daß diese die Hoheitsgewalt der Vertragsstaaten weniger beeinträchtige. Auf dieser Basis gelangt *Czapski* (aaO) zu dem Ergebnis, daß der Straßenfrachtführer nur wie der Beförderer des Fahrzeugs haftet, wenn dieser Beförderer einen (fiktiven) Transportvertrag über die auf dem Lkw geladenen Güter mit dem Absender dieser Güter ohne besondere Abreden geschlossen hätte. Auf den Inhalt der konkreten Vereinbarung zwischen Straßenfrachtführer und Huckepack-Beförderer komme es nicht an.

Demgegenüber orientiert sich die h. M. an der französischen Textfassung (vgl. vor Art. 1 CMR Rz. 4; eingehend *Boombeeck/Hamer/Verhaegen*, ETR **1990**, 110, 129 ff). Sind die Haftungsnormen des jeweiligen Huckepack-Verkehrsträgers dispositiv, so kommt auf der Grundlage des französischen Textes nur Art. 2 I 3 CMR zum Tragen. Umstritten ist, wie zu ermitteln ist, ob die Voraussetzungen der „zwingenden Vorschriften" erfüllt sind. Teilweise wird darauf abgestellt, welchen konkreten Vertrag der Huckepack-Beförderer mit dem Straßenfrachtführer abgeschlossen hat (*Herber*, VersR **1988**, 645, 648; **a. A.** OLG Hamburg v. 18.10.1990, VersR **1991**, 446, 447) und ob im Rahmen dieses Vertrages zwingende Haftungsnormen zum Tragen kommen (OLG Hamburg v. 15.9.1983, TranspR **1983**, 157; Antwerpen, ETR **1989**, 574; Paris, ETR **1990**, 215; Cour Cass., ETR **1989**, 49; **1990**, 220; Amsterdam, ETR **1990**, 251; *Herber*, VersR **1988**, 645, 647; krit. *Czapski*, ETR **1990**, 172, 176; *Putzeys*, BullT **1992**, 87, 88; abl. Oberste Gerichtshof der Niederlande, TranspR **1991**, 134 f). Andere halten für maßgeblich, welchen Vertrag der CMR-Absender angesichts der Wirtschaftskraft der Parteien und der Marktlage mit dem Huckepack-Beförderer hätte abschließen können (Queens Bench Division, Journal of Business Law **1981**, 309; *Czapski*, ETR **1990**, 172, 176). Von diesem Standpunkt aus können faktisch zwingende Regeln bestehen, auch wenn sich z. B. der Straßenfrachtführer im Einzelfall kein Konnossement ausstellen ließ (immer: *Glöckner*, CMR, Art. 2 Rz. 6; GroßkommHGB-*Helm*, Anh. § 452, Art. 2 CMR Rz. 5; **a. A.** OLG Hamburg v. 15.9.1983, TranspR **1983**, 157; *Herber*, VersR **1988**, 645, 647).

Wieder andere prüfen isoliert, ob der fiktive Vertrag zwischen Huckepack-Beförderer und Auftraggeber des Straßenfrachtführers einer internationalen Konvention unterworfen wäre, die als solche nicht abdingbar ist (*Theunis/Ramberg*, S. 19, 28 f; *Theunis*, TranspR **1990**, 263, 270 ff; Oberste Gerichtshof der Niederlande, TranspR **1991**, 132, 134; *Achard*, Droit maritime francais **1989**, 219, 224 f; *Hill/Messent*, CMR, S. 25; *Putzeys*, BullT **1992**, 87, 88; **a. A.** Gent, ETR **1991**, 377). Ist dies zu bejahen, so kommen im Rahmen des Art. 2 I 2 CMR die Regeln dieser Konvention ohne Rücksicht darauf zum Tragen, wie der reale Vertrag HuckepackbefördererStraßenfrachtführer ausgeformt ist. *Boombeeck/Hamer/Verhaegen* (aaO, S. 147) trennen zwischen Anwendungsbereich und zwingender Wirkung der Haftungsnormen. Sie fordern ähnlich, daß das Gesetz, das auf seine zwingende Wirkung hin zu prüfen ist, auf den fiktiven Vertrag zwischen Huckepack-Beförderer und Auftraggeber des Straßenbeförderers über den Transport des auf dem Lkw verladenen Guts auf dem Seeweg etc. anwendbar sein müsse und daß die Haftungsnormen dieses Gesetzes nicht zu Lasten des Auftraggebers abdingbar sein dürfen. Sei dies wie bei den Haager Regeln der Fall, so greife Art. 2 I 2 CMR ein. Im Gegensatz zur Cour Cass. (BullT **1989**, 449) brauche dabei nicht berücksichtigt werden, ob ein Konnossement ausgestellt worden sei oder ob das Gut in dem Lkw auf Deck befördert worden sei (ebenso *Theunis/Ramberg, Theunis, Hill/Messent, Putzeys,* Oberste Gerichtshof der Niederlande, jeweils aaO).

Loewe (ETR **1976**, 503, 524f) sieht den Sinn des Art. 2 I 3 CMR darin, zu verhindern, daß der CMR-Frachtführer mit dem Huckepack-Beförderer Haftungsausschlüsse vereinbart und sich auf sie gegenüber seinem CMR-Vertragspartner beruft. Der CMR-Frachtführer solle daher dort nach CMR haften, wo derartige Haftungsausschlüsse zulässig seien und nur beschränkt, wo zwingendes Recht dem Huckepack-Beförderer die Vereinbarung von Haftungsausschlüssen verbietet. Von diesem Ansatz her ist jedoch nicht einzusehen, warum man nicht angeordnet hat, daß der CMR-Frachtführer im Fall des dispositiven Rechts bis zur Grenze des dispositiven Huckepackbeförderer-Rechts, maximal bis zur Grenze der Art. 17 ff CMR haftet, statt den CMR-Frachtführer von vornherein voll nach CMR-Recht haften zu lassen. Letztlich kann man daher den Sinn der zwingenden Haftungsnormen nur darin erblicken, daß zwingende Haftungsnormen für die Transportarten, auf die sie bezogen sind, einen besonders hohen Gerechtigkeitsgehalt aufweisen, hinter den die ebenfalls zwingende CMR zurücktreten kann (*Putzeys,* BullT **1991**, 87). Es ist mithin zu prüfen, ob die Haftungsnormen des Gesetzes, das auf den fiktiven Vertrag zwischen Huckepack-Beförderer und Auftraggeber des Straßenfrachtführers anzuwenden ist (OLG Hamburg, v. 18.10.1990, TranspR **1991**, 70, 71), zur Disposition dieser Parteien gestanden hätten und sei es auch nur deshalb, weil kein Konnossement ausgestellt wird (vgl. § 662 HGB; **a. A.** *Theunis,* TranspR 1990, 274; Oberste Gerichtshof der Niederlande, TranspR **1991**, 132, 134). Die Tatsache, daß der Huckepack-Beförderer seine Haftung hätte abbedingen können, zeigt nämlich, daß der Gerechtigkeitswert der unabdingbaren CMR-Haftung höher zu gewichten ist. Andererseits steht der Anwendung des Art. 2 I 2 CMR nicht der Umstand im Wege (**a. A.** Queens Bench Division, ETR **1990**, 194, 203), daß der Huckepack-Beförderer von den Haftungsnormen zugunsten seines Auftraggebers hätte abweichen können; denn faktisch ist die CMR insoweit ebenfalls nur einseitig zwingend (vgl. Art. 26 CMR). Für den See-Fähr-Verkehr folgt daraus, daß der CMR-Frachtführer nicht nur dann nach CMR haftet, wenn bei Anwendbarkeit des § 662 HGB kein Konnossement ausgestellt wurde (so *Herber,* VersR **1988**, 645, 648), sondern auch dann, wenn es im Einzelfall ausgestellt worden ist, aber nicht ausgestellt werden mußte. **Beweislast:** Der Frachtführer hat die Voraussetzungen des Art. 2 I 2 CMR zu beweisen, wenn die Haftung für ihn dann günstiger ist. Ist das andere Haftungsrecht für den Geschädigten günstiger, so trägt dieser die Beweislast.

IV. Regreß des Straßenfrachtführers

9 Die CMR regelt nicht den Regreß des Straßenfrachtführers. Insoweit ist der Frachtvertrag zwischen dem Straßenfrachtführer und dem Huckepack-Beförderer maßgeblich. Der Absender hat einen unmittelbaren vertraglichen Anspruch gegen den Huckepack-Beförderer nur, wenn man die Drittschadensliquidation durch die Konstruktion des Vertrages mit Schutzwirkung für Dritte ersetzt (§ 429 HGB Rz. 12). Daneben können deliktische Ansprüche in Betracht kommen.

Kapitel II. Haftung des Frachtführers für andere Personen

Art. 3 CMR [Haftung für Gehilfen]

Der Frachtführer haftet, soweit dieses Übereinkommen anzuwenden ist, für Handlungen und Unterlassungen seiner Bediensteten und aller anderen Personen, deren er sich bei Ausführung der Beförderung bedient, wie für eigene Handlungen und Unterlassungen, wenn diese Bediensteten oder anderen Personen in Ausübung ihrer Verrichtungen handeln.

Literatur: siehe vor Art. 1 CMR.

I. Allgemeines

Art. 3 CMR enthält keine selbständige Haftungsnorm, sondern eine § 278 BGB, § 431 HGB vergleichbare Zurechnungsnorm, die ausschließlich für die Haftung des Frachtführers aus CMR gilt (BGH v. 9.2.1979, NJW **1979**, 2470; *Schulze,* DGV **1957**, 250). Mittelbar ergibt sich aus Art. 3 CMR, daß der Frachtführer Gehilfen und Subunternehmen einschalten darf, sofern dadurch nicht die Transportgefahr im Widerspruch zur ,,äußersten Sorgfalt" (Art. 17 II CMR) erkennbar wesentlich erhöht wird (vgl. auch *Koller,* VersR **1988**, 548, 561). Zum **Regreß** gegen Unterfrachtführer § 431 HGB Rz. 1. 1

II. Anwendungsvoraussetzungen

1. Frachtführer

Es muß ein Frachtführer (Art. 1 CMR Rz. 2 f) passiv legitimiert sein. Findet die CMR über die §§ 412, 413 HGB Anwendung, so ist der Spediteur dem Frachtführer gleichzustellen (Art. 1 CMR Rz. 3). 2

2. Bedienstete und alle anderen Personen

Der maßgebliche englische und der französische Text (vor Art. 1 CMR Rz. 4) decken sich nicht ganz (*Loewe,* ETR **1976**, 503, 525). Im englischen Text heißt es ,,agents and servants and of any other persons", während der französische Text nur von ,,préposés et de toutes autres personnes" spricht. Da der Begriff ,,préposés" nicht notwendig ein soziales Abhängigkeitsverhältnis voraussetzt (BGH v. 14.2.1989, TranspR **1989**, 275, 276), kann man davon ausgehen, daß der Begriff der **,,Bediensteten"** sowohl die Arbeitnehmer als auch andere Dritte umfaßt, die regelmäßig im Rahmen des Beförderungsunternehmens tätig werden (*Loewe,* ETR **1976**, 503, 525). Zumal im englischen Text von ,,agents and servants" die Rede ist, ist der Begriff ,,préposé" weit dahin auszulegen, daß er auch Personen umfaßt, die nicht im Betrieb des Frachtführers tätig sind, sofern sie von ihm iSd § 278 BGB eingeschaltet worden und weisungsabhängig sind (BGH v. 14.2.1989, TranspR **1989**, 275, 277 zum Luftrecht). **,,Andere Personen"** sind solche Personen, die der Frachtführer zur Ausführung der Beförderung eingeschaltet hat, ohne 3 daß sie in die Kategorie der ,,Bediensteten" fallen. Art. 3 CMR erfaßt demnach Fahrer des Transportunternehmens, Unterfrachtführer (OGH Wien v. 25.4.1984, TranspR **1985**, 265; OLG Hamburg v. 14.2.1978, VersR **1980**, 584; OLG Düsseldorf v. 23.11.1989, TranspR **1990**, 63, 65; im Fall der Fixkostenspedition auch den vom Spediteur beauftragten Frachtführer; § 413 HGB), Spediteure, die die dem Frachtführer obliegende Verzollung erledigen (OLG München v. 27.3.1981, VersR **1982**, 264), nicht aber Vermieter des Kraftfahrzeuges (*Loewe,* ETR **1976**, 503, 526; offengelassen *Hill/Messent,* CMR, S. 31) oder Zollbeamte, die die Ladung beschädigen (LG Hamburg v. 19.1.1983, TranspR **1983**, 47). Setzt der Unterfrachtführer seinerseits Unterfrachtführer ein, so hat der Frachtführer auch für diese einzutreten, weil er sich ihrer mittelbar bedient (OLG Hamm v. 14.11.1985, VersR **1987**, 609; **a. A.** wohl *Hill/Messent,* CMR, S. 31). Art. 3 CMR ist unabdingbar und verdrängt § 52 ADSp (OLG Hamm v. 14.11.1985, VersR **1987**, 609). Zu Reinigungsarbeiten s. § 431 HGB Rz. 3. Auf *Be- und Entladearbeiten* findet Art. 3 CMR jedenfalls in dem Umfang Anwendung, in dem der Frachtführer zu diesen Tätigkeiten verpflichtet ist (vor Art. 1 CMR Rz. 8). Be- oder entladen Leute des Frachtführers gefälligkeitshalber, so hat der Frachtführer für diese Leute dort nicht gemäß Art. 17 CMR einzustehen, wo der Schaden nicht im Haftungszeitraum des Art. 17 I CMR entstanden ist (s. Art. 17 CMR Rz. 40). Der Frachtführer muß für seine Leute nicht stärker haften, als wenn er selbst gefälligkeitshalber geladen hätte. Entsteht der Schaden dagegen nach der Annahme oder vor der Ablieferung, so kommt eine Haftung in Betracht (Art. 17 CMR Rz. 40ff). Dann ist auch grundsätzlich Art. 3 CMR anwendbar (OLG Koblenz v. 6.10.1989, TranspR **1991**, 93, 95). Die Leute des Frachtführers bewegen sich sicherlich im Rahmen ihrer Verrichtungen, wenn sie der Frachtführer aufgefordert hat oder er gefälligkeitshalber erbrachte Ladearbeiten geduldet hat oder mit ihnen rechnen mußte (enger OLG Hamm, NJW **1973**, 2163 m. Nachw., das jedoch zu Unrecht eine Parallele zu dem ganz anders strukturierten § 6 KVO zieht; **a. A.** auch *Glöckner,* CMR, Art. 3 Rz. 4; *Heuer,* VersR **1988**, 312, 315). Es kommt dann entscheidend darauf an, ob die Leute des Frachtführers die Oberaufsicht gehabt haben (s. Art. 17 CMR Rz. 41). Der Frachtführer kann außerdem nach nationalem Recht aus dem Gefälligkeitsverhältnis haften (vgl. § 6 KVO Rz. 7).

3. Bei Ausführung der Beförderung

4 Nach dem englischen Wortlaut bezieht sich die Formulierung ,,bei Ausführung der Beförderung" grammatikalisch ausschließlich auf die *,,anderen Personen"* (*Hill/Messent,* CMR, S. 29). Auch der französische Text mit der Formulierung ,,desquelles" (weiblich!) kann sich nur auf ,,personnes" und nicht auf ,,préposés" beziehen. In Anbetracht der Bedeutung des Wortlauts für die Auslegung der CMR (vor Art. 1 CMR Rz. 4) und des Umstandes, daß die gesonderte Erwähnung der Bediensteten sonst sinnlos wäre, ist davon auszugehen, daß die Bediensteten nicht bei Ausführung der Beförderung geschädigt haben müssen (so war auch nach h. M. das Vorbild des Art. 3 CMR, der Art. 40 CIM a. F., auszulegen; *Schulze,* DGV **1957**, 250). Der durch *Bedienstete* verursachte Schaden, der dem Frachtführer zuzurechnen ist,

kann daher durchaus bei Erledigung anderer Aufträge des Frachtführers entstanden sein (*Heuer,* Haftung, S. 163; *Jesser,* Frachtführerhaftung, S. 141; *Lamy,* Transport I, Nr. 894). Auf diese Weise wird den Schutzpflichten des Frachtführers in differenzierter Form Rechnung getragen. Die Schutzpflichten sind in Hinblick auf Arbeitnehmer und sonstige regelmäßig Beschäftigte besonders intensiv, weil der Frachtführer diesem Personenkreis typischerweise gesteigerte Einwirkungsmöglichkeiten eröffnet und das Schadensrisiko besser als bei ,,anderen Personen" überblickbar ist (**a. A.** i. E. *Hill/Messent,* CMR, S. 29 f).

Bei *Ausführung der Beförderung bedeutet,* daß die ,,andere Person" zur Erfüllung der dem Frachtführer gegenüber dem Absender obliegenden Pflichten eingeschaltet gewesen sein muß (*Putzeys,* CMR, S. 51). Es genügt eine Einschaltung in Hinblick auf die allgemeine Obhutspflicht (vgl. BGH v. 27.6.1985, VersR **1985**, 1060; dies übersieht *Heuer,* Haftung, S. 164); nicht notwendig ist, daß die andere Person gerade Beförderungspflichten erfüllt.

4. In Ausübung ihrer Verrichtungen

Der Frachtführer haftet sowohl für das Fehlverhalten der Bediensteten als **5**
auch für das der ,,anderen Personen" nur, wenn diese ,,in Ausübung ihrer Verrichtungen" gehandelt haben. *Loewe* (ETR **1976**, 503, 526) scheint davon auszugehen, daß sich Bedienstete immer im Rahmen ihrer Verrichtungen bewegen, wenn sie im Rahmen der ihnen allgemein übertragenen Aufgaben tätig werden, auch wenn das Fehlverhalten nicht unmittelbar auf den Auftrag des Absenders bezogen ist (z. B. Fehlsteuerung eines anderen Lkw). ,,Andere Personen" müßten dagegen gerade in Hinblick auf die Ausführung der vom Frachtführer geschuldeten Beförderung tätig geworden sein. *Glöckner* (Art. 3 CMR Rz. 1) differenziert in Anlehnung an die §§ 278, 831 BGB zwischen ,,in Ausübung der Verrichtung" und ,,gelegentlich der Verrichtung". *Hill/Messent* (CMR, S. 32) wollen zur Ausfüllung der Begriffe lückenfüllend (vor Art. 1 CMR Rz. 5 ff) auf das allgemeine bürgerliche Recht zurückgreifen. *Heuer* (Haftung, S. 165) läßt es ebenfalls wie *Loewe* genügen, daß Bedienstete den Schaden durch eine Handlung oder Unterlassung verursacht haben, zu der sie allgemein berufen waren; denn Bedienstete müßten nicht bei Ausführung der Beförderung ,,tätig werden" (oben Rz. 4). Handle der Bedienstete jedoch lediglich gelegentlich der ihm allgemein übertragenen Verrichtungen, so brauche der Frachtführer nicht einzustehen. Der BGH (v. 27.6.1985, VersR **1985**, 1060) fordert sowohl in Hinblick auf Bedienstete als auch auf ,,andere Personen" einen inneren sachlichen Zusammenhang zwischen der schädigenden Handlung und der übertragenen Verrichtung. Die Handlung muß noch allgemein zum Umkreis des zugewiesenen Aufgabenbereichs gehören. Dem ist zuzustimmen. Der innere Zusammenhang liegt vor, wenn die Zuweisung des Aufgabenbereichs das Risiko der schädigenden Handlung erheblich gesteigert hat und der Frachtführer mit dem Fehlverhalten im Zusammenhang mit der Ausübung der Verrichtung rechnen konnte (ebenso *Jesser,* Frachtführerhaftung, S. 143). *Zusammenhang bejaht:* Alkoholschmuggel bei Ausführung eines Transports (BGH v. 27.6.1985, TranspR **1985**, 338, 339; OGH Wien v. 12.12.1984, VersR **1986**, 798; **a. A.** *Glöckner,* TranspR

1988, 327); Schmuggel von Flüchtlingen (OGH Wien, TranspR **1980**, 31); Umweg, um Bekannte zu besuchen (BGH 16.2.1984, VersR **1984**, 551); Spritztour mit transportiertem Pkw (*Groth,* VersR **1983**, 1104); Beladung durch den Fahrer, wenn Absender die Verladepflicht trifft (*Liège,* ETR **1970**, 718).

III. Rechtsfolgen

6 Der Frachtführer muß sich ohne Rücksicht auf eigenes Verschulden so behandeln lassen, als ob er die schädigende Handlung bzw. Unterlassung begangen hätte. Die **Beweislast** trägt der Geschädigte.

Kapitel III. Abschluß und Ausführung des Beförderungsvertrages

Art. 4 CMR [CMR-Frachtbrief]

Der Beförderungsvertrag wird in einem Frachtbrief festgehalten. Das Fehlen, die Mangelhaftigkeit oder der Verlust des Frachtbriefes berührt weder den Bestand noch die Gültigkeit des Beförderungsvertrages, der den Bestimmungen dieses Übereinkommens unterworfen bleibt.

Literatur: siehe vor Art. 1 CMR.

I. Beförderungsvertrag

1 Die CMR sagt nicht ausdrücklich, wie der Beförderungsvertrag zustandekommt. Aus Art. 4 S. 2 CMR ergibt sich jedoch klar, daß der CMR-Beförderungsvertrag kein Formalvertrag (vgl. § 15 KVO Rz. 2) ist. Aus Art. 9 I CMR läßt sich ferner ableiten, daß der CMR-Frachtvertrag kein Realvertrag (vgl. § 15 KVO Rz. 5) ist, da der Frachtbrief sowohl den Abschluß des Beförderungsvertrages als auch die Übernahme des Guts beweist. Art. 9 I CMR geht demnach davon aus, daß Abschluß des Beförderungsvertrages und Übernahme des Guts voneinander unabhängig sind. Der CMR-Vertrag ist somit im Einklang mit der allg. Meinung ein reiner Konsensualvertrag (BGH, NJW **1982**, 1944). Für das Zustandekommen des Beförderungsvertrages gelten die gemäß Art. 31 EGBGB oder sonst einschlägigen IPR-Normen anwendbaren Regeln (vor Art. 1 CMR Rz. 5 ff). Ein gesonderter **Wagenstellungsvertrag** (vgl. Art. 14 KVO) wird zwischen den Parteien in aller Regel nicht geschlossen, da der Beförderungsvertrag auch ohne Übernahme des Guts zustandekommt. Die Parteien sind jedoch kraft Privatautonomie berechtigt, einen isolierten Wagenstellungsvertrag zu schließen. Zur Haftung des Frachtführers, wenn das Fahrzeug verspätet zur Beladung gestellt wird s. vor Art. 1 CMR Rz. 26. Die **Beweislast** liegt bei demjenigen, der sich auf den Vertragsschluß beruft. Ihm kann die Vermutung des Art. 9 I CMR zugutekommen.

II. Frachtbrief

2 Die Bedeutung des CMR-Frachtbriefs liegt weniger in seiner konstitutiven Wirkung als in seiner widerlegbaren Beweiswirkung (BGHZ **83**, 96, 100; BGH, NJW **1982**, 1944). Dies ergibt sich eindeutig aus Art. 4 S. 2 CMR, demzufolge der Frachtbrief für den Vertragsschluß ohne jede Relevanz ist (s. oben Rz. 1). Damit korrespondiert Art. 9 CMR, der die Beweiswirkung des Frachtbriefs regelt. Fehlt ein Frachtbrief oder ist er mangelhaft, so haben die Gerichte anhand sonstiger Beweismittel die materielle Rechtslage zu ermitteln. Der Frachtbrief kann allerdings Voraussetzung für Ansprüche aus den Art. 24, 26 CMR sein und damit konstitutive Wirkungen entfalten; siehe Art. 24 CMR Rz. 3, Art. 26 CMR Rz. 3. Für die gesamtschuldnerische Haftung gemäß Art. 34 CMR ist der Frachtbrief ebenfalls konstitutiv (Art. 34 CMR Rz. 3; str.). Gleiches gilt für das Verfügungsrecht gemäß Art. 12 V CMR. Von der Ausstellung eines Frachtbriefs hängen auch Prüfungsobliegenheiten des Frachtführers (Art. 8 CMR) und die Haftung des Absenders (Art. 7 CMR) ab. Zur äußeren Form des Frachtbriefs Art. 5 CMR Rz. 2 f; zum Inhalt des Frachtbriefs Art. 6 CMR. Maßgeblich ist immer der Frachtbrief, den der Absender seinem Vertragspartner ausgestellt hat (Ausnahme Art. 34 CMR).

Die Art. 4 ff CMR machen die **Ausstellung** eines Frachtbriefs **nicht** zur **Pflicht**. Es wird nämlich nicht ausdrücklich gesagt, wer verpflichtet ist, den Frachtbrief auszustellen. Aus Art. 7 II CMR läßt sich kaum ableiten, daß primär (vgl. Art. 5 CMR Rz. 5) der Absender den Frachtbrief auszustellen und unterzeichnet dem Frachtführer zu übergeben hat (*Luik,* ETR **1969**, 965; **a. A.** *Lamy,* Transport I, Nr. 831; Grenoble, BullT **1981,** 306). Die CMR sieht auch keine Sanktionen vor (*Hill/Messent,* CMR, S. 37), wenn man von dem Umstand absieht, daß dem Absender bzw. Frachtführer ohne Frachtbrief keine Vermutungen der Schadensfreiheit etc. (Art. 9, 30 CMR) zugutekommen. Die Sanktion des Art. 7 CMR bezieht sich nicht auf Fälle, in denen gar kein Frachtbrief ausgestellt worden ist. Die Verfasser der CMR waren nämlich der Ansicht, daß die Verpflichtung zur Ausstellung des Frachtbriefes in öffentlich-rechtlichen Bestimmungen statuiert werden müsse (*Schulze,* DGV **1956**, 272; vgl. auch *Loewe,* ETR **1976**, 503, 558). *Loewe* (ETR **1976**, 503, 527) sieht darin allerdings eine Lücke der CMR. Verweigere eine der Parteien ihre Mitwirkung bei der Ausstellung des Frachtbriefes, so sei ein solches Verhalten ein Grund, vom Vertrag zurückzutreten. In Hinblick auf Schadensersatzansprüche verweist *Loewe* (aaO) auf das nationale Recht. Diese Ansicht ist jedoch inkonsequent, wenn man die Ansicht vertritt, daß keine Pflicht zur Ausstellung des Frachtbriefes bestehe.

3 Bei objektiver Auslegung der CMR ist von einer Lücke der CMR auszugehen. So, wie bei einer uneingeschränkten Nichterfüllung auf das **nationale Recht** zurückgegriffen werden muß (vor Art. 1 CMR Rz. 5 ff), so muß auch hier das nationale Recht herangezogen werden. Kommt deutsches Recht zum Tragen, so steht dem Frachtführer gemäß § 426 I HGB ein Anspruch auf Ausstellung eines Frachtbriefes und bei Nichtausstellung ein Zurückbehaltungsrecht zu (§ 273 BGB). Außerdem ist die Nichtausstellung des Frachtbriefs als Fall der Schlechterfüllung zu werten (vor Art. 1 CMR Rz. 30; of-

fengelassen BGH, NJW **1979**, 2471, 2472). Gleiches gilt für den Frachtführer, der dem Absender nicht den von ihm unterzeichneten (Art. 5, 6 CMR) Frachtbrief aushändigt. Die Parteien können im Rahmen des nationalen Rechts vereinbaren, daß die nationalen Sanktionen nicht zur Geltung kommen (weitergehend *Loewe,* ETR **1976**, 503, 528).

Art. 5 CMR [Ausfertigungen; Form des Frachtbriefs]

1. Der Frachtbrief wird in drei Originalausfertigungen ausgestellt, die vom Absender und vom Frachtführer unterzeichnet werden. Die Unterschriften können gedruckt oder durch den Stempel des Absenders oder des Frachtführers ersetzt werden, wenn dies nach dem Recht des Staates, in dem der Frachtbrief ausgestellt wird, zulässig ist. Die erste Ausfertigung erhält der Absender, die zweite begleitet das Gut, die dritte behält der Frachtführer.

2. Ist das zu befördernde Gut auf mehrere Fahrzeuge zu verladen oder handelt es sich um verschiedenartige oder um in verschiedene Posten aufgeteilte Güter, können sowohl der Absender als auch der Frachtführer verlangen, daß so viele Frachtbriefe ausgestellt werden, als Fahrzeuge zu verwenden oder Güterarten oder -posten vorhanden sind.

Literatur: siehe vor Art. 1 CMR.

I. Allgemeines

1 Art. 5 CMR regelt die Zahl der Frachtbriefausfertigungen, die Unterschrift sowie in Verbindung mit Art. 6 CMR die Form. Die an den Frachtbrief geknüpften Rechtsfolgen ergeben sich aus den Art. 4, 7 ff CMR.

II. Originalausfertigungen

2 Die CMR regelt nicht, wer den Frachtbrief ausfüllen darf. Theoretisch kann jede der Parteien den Frachtbrief ausfüllen, da der Frachtbrief die Unterschrift beider Parteien tragen muß. Zur Pflicht, den Frachtbrief auszustellen, s. Art. 4 CMR Rz. 2 f. Auszustellen sind drei Ausfertigungen, die gleiche rechtliche Bedeutung haben, auch wenn sie im Durchschreibeverfahren hergestellt werden. Dies ergibt sich aus der Formulierung „Originalausfertigungen". Es ist daher letztlich auch gleichgültig, in welcher Reihenfolge die Ausfertigungen an den Absender, Empfänger oder Frachtführer begeben werden. Art. 5 I 3 CMR regelt in der Sache keine notwendige Reihenfolge, sondern ordnet nur an, daß die dort genannten Personen – praktisch in der dort aufgeführten Reihenfolge – eine Ausfertigung erhalten sollen. Dies gilt auch dort, wo Frachtbriefsätze verwandt werden, die unterschiedlich gefärbte Blätter aufweisen oder Vermerke darüber enthalten, wer die einzelnen Ausfertigungen erhalten soll (**a. A.** GroßkommHGB-*Helm,* Anh. § 452, Art. 5 CMR Rz. 3). Absenderausfertigung ist die Ausfertigung, die der Absender tatsächlich erhalten hat. Zur Erhöhung der Zahl der Ausfertigungen Art. 5 II CMR.

III. Unterschrift

Alle drei Ausfertigungen sind sowohl vom Frachtführer als auch vom Absender zu unterzeichnen. Die Unterzeichnung kann im Durchschreibeverfahren erfolgen. Die Unterschriften können ausnahmsweise gedruckt sein oder durch einen Stempel ersetzt werden. Wird der Frachtbrief in Deutschland ausgestellt, so genügt nur eine vervielfältigte Unterschrift (§ 426 II 9 HGB, §§ 11 I f, 15 I 3 KVO; OLG Düsseldorf v. 12.2.1981, VersR **1982**, 302). Vertretung ist zulässig. Ob eine Vertretung vorliegt, ist nach dem für den Vertragsschluß maßgeblichen Recht zu beurteilen (unklar OLG Hamburg v. 6.11.1980, VersR **1982**, 556). Zum Blankett s. Art. 24 CMR Rz. 2. Zur Existenz der Vollmacht § 425 HGB Rz. 12. Fehlt die Unterschrift auf allen drei Ausfertigungen, so wird der Frachtbrief dadurch nicht gänzlich bedeutungslos (vgl. § 11 KVO Rz. 6). Der Absender kann daher auch aus einem nicht unterschriebenen, aber nachweislich von ihm ausgefüllten Frachtbrief haften (Art. 7 CMR). Die Beweiswirkungen des Frachtbriefs iSd Art. 9 CMR und die Anwendbarkeit der Art. 34 ff CMR hängen jedoch von der Unterschrift des Frachtführers und des Absenders ab (BGH v. 16.10.1986, VersR **1987**, 304, 305; OLG Innsbruck, TranspR **1991**, 12, 18; *Lamy,* Transport I, Nr. 835 m. Nachw. zur franz. Rspr.). Für die Beweiswirkung des Art. 9 CMR genügt es, daß die Absender- oder Empfängerausfertigung ordnungsgemäß unterschrieben ist. Hat nur der Frachtführer oder nur der Absender unterschrieben, so hat der Frachtbrief den Beweiswert einer normalen Urkunde nach Maßgabe des Prozeßrechts des Gerichtsortes (ebenso *Helm,* VersR **1988**, 548, 550; weitergehend *Lamy,* Transport I, Nr. 835 f in Hinblick auf vom Absender ausgefüllte aber nicht unterschriebene Frachtbriefe). Diese berechtigt nicht, aus fehlenden Vorbehalten auf eine bestimmte Qualität des Guts bzw. der Verpackung zu schließen, da mangels ordnungsgemäßen Frachtbriefs keine Überprüfungsobliegenheit besteht (§ 8 CMR Rz. 1). 3

Art. 6 CMR [Angaben im Frachtbrief]

1. Der Frachtbrief muß folgende Angaben enthalten:

a) Ort und Tag der Ausstellung;

b) Name und Anschrift des Absenders;

c) Name und Anschrift des Frachtführers;

d) Stelle und Tag der Übernahme des Gutes sowie die für die Ablieferung vorgesehene Stelle;

e) Name und Anschrift des Empfängers;

f) die übliche Bezeichnung der Art des Gutes und die Art der Verpackung, bei gefährlichen Gütern ihre allgemein anerkannte Bezeichnung;

g) Anzahl, Zeichen und Nummern der Frachtstücke;

h) Rohgewicht oder die anders angegebene Menge des Gutes;

i) die mit der Beförderung verbundenen Kosten (Fracht, Nebengebühren, Zölle und andere Kosten, die vom Vertragsabschluß bis zur Ablieferung anfallen);

j) Weisungen für die Zoll- und sonstige amtliche Behandlung;

k) die Angabe, daß die Beförderung trotz einer gegenteiligen Abmachung den Bestimmungen dieses Übereinkommens unterliegt.

2. Zutreffendenfalls muß der Frachtbrief ferner folgende Angaben enthalten:

a) das Verbot umzuladen;

b) die Kosten, die der Absender übernimmt;

c) den Betrag einer bei der Ablieferung des Gutes einzuziehenden Nachnahme;

d) die Angabe des Wertes des Gutes und des Betrages des besonderen Interesses an der Lieferung;

e) Weisungen des Absenders an den Frachtführer über die Versicherung des Gutes;

f) die vereinbarte Frist, in der die Beförderung beendet sein muß;

g) ein Verzeichnis der dem Frachtführer übergebenen Urkunden.

3. Die Parteien dürfen in den Frachtbrief noch andere Angaben eintragen, die sie für zweckmäßig halten.

Literatur: siehe vor Art. 1 CMR.

I. Allgemeines

1 Art. 6 CMR regelt den Inhalt des Frachtbriefs. Dem deutschen Gesetzestext zufolge sind die Angaben zwingend vorgeschrieben (so auch *Schulze,* DGV **1956**, 272 aus der Sicht der deutschen CMR-Delegation). Der gemäß Art. 51 III CMR für die Auslegung maßgebliche englische Text verwendet die Formulierung ,,shall", während es im französischen Text ,,doit contenir" heißt. Die Frage, ob eine Soll- oder Mußvorschrift vorliegt, kann jedoch nicht allein vom Wortlaut des Art. 6 CMR aus entschieden werden. Vielmehr ergeben sich die an die Nichtbeachtung des Art. 6 CMR geknüpften Sanktionen primär aus den Art. 4, 7, 9, 11 II, III, 24, 26 CMR (**abw.** *Heuer,* Haftung, S. 134). Soweit diese Vorschriften Lücken offen lassen, sind sie unter Rückgriff auf das nationale Recht zu schließen. So hat man nach deutschem Recht dem Frachtführer bei Nichtaushändigung des Frachtbriefs ein Leistungsverweigerungsrecht zuzubilligen (Art. 4 CMR Rz. 3); denn der Anspruch auf einen Frachtbrief, der dem Frachtführer wesentliche Informationen verschaffen und die Beweislage sichern soll, darf nicht durch lückenhafte Angaben ausgehöhlt werden. Zum Reformvorschlag der FIATA s. TranspR **1984**, 113.

II. Angaben nach Art. 6 I CMR

1. Ort, Tag der Ausstellung (Art. 6 I a CMR)

2 **a)** Der Ort der Ausstellung spielt im Rahmen des Art. 5 CMR eine Rolle. **b)** Fehlt die Angabe ganz, so läßt dies die Gültigkeit des Frachtvertrages unberührt (Art. 4 CMR). Allerdings kommt dann die Beweiswirkung des Art. 9 I CMR nicht zum Tragen. Gleiches gilt für unvollständige und unrichtige Angaben. Zum Zurückbehaltungsrecht oben Rz. 3.

2. Name und Anschrift des Absenders (Art. 6 I b CMR)

a) Absender ist immer der Vertragspartner des Frachtführers. Absender ist also u. U. ein Spediteur oder ein anderer Frachtführer. Die Angabe ist für die Ermittlung der Identität und den Beweis der Aktiv- und Passivlegitimation des Absenders von Bedeutung (Art. 9 I CMR). **b)** Das Fehlen der Angabe läßt die Gültigkeit des Frachtvertrages unberührt (Art. 4 CMR; OLG Düsseldorf v. 12.2.1981, VersR **1982**, 302); es entfällt die Beweiswirkung (Art. 9 CMR). Der Absender kann gemäß Art. 7, 11 CMR haften. Zum nationalen Recht s. oben Rz. 1. 3

3. Name und Anschrift des Frachtführers (Art. 6 I c CMR)

a) Frachtführer ist derjenige, mit dem der Absender den Beförderungsvertrag geschlossen hat. Die Angabe ist für die Ermittlung der Identität und für Beweiszwecke von Bedeutung (Art. 9 I CMR). Der Frachtführer verliert seine gemäß Art. 9 I CMR zu vermutende Position als Vertragspartner des Absenders nicht dadurch, daß der CMR-Frachtbrief das polizeiliche Kennzeichen des Fahrzeugs eines Dritten nennt (OLG Hamburg v. 6.11.1980, VersR **1982**, 556). **b)** Das Fehlen der Angabe läßt die Gültigkeit des Frachtvertrages unberührt (Art. 4 CMR); es entfällt lediglich die Beweiswirkung (Art. 9 CMR; einschr. Cour Cass., BullT **1991**, 83: Frachtbrief ist gültig). Gleiches gilt bei Ungenauigkeiten der Angabe. Zum nationalen Recht s. oben Rz. 1. 4

4. Übernahme und Ablieferung des Gutes (Art. 6 I d CMR)

a) Diese Angaben sind für den Nachweis der Übergabe des Gutes und für den Nachweis der Anwendbarkeit der CMR von Bedeutung (Art. 9 I CMR). Der BGH (v. 15.1.1987, VersR **1987**, 980) versteht zutreffend unter „Stelle“ nicht nur die Gemeinde, sondern den exakten geographischen Ort, also z. B. auch Straße, Hausnummer. **b)** Ihr Fehlen läßt die Gültigkeit des Vertrages unberührt (Art. 4 CMR). Zur Haftung des Absenders Art. 7, 11 CMR; zum nationalen Recht oben Rz. 1; zu Art. 9 unten Rz. 6. 5

5. Empfänger (Art. 6 I e CMR)

a) Name und Anschrift des Empfängers (Art. 13 CMR Rz. 4) sind für den Beweis der richtigen Vertragsausführung sowie im Fall der Art. 12–15 CMR bedeutsam (Art. 9 I CMR). Der Wortlaut des Art. 6 I e CMR spricht dafür, daß nur ein Empfänger genannt werden kann. Da die Parteien frei Zusatzabreden treffen können, ist es ohne weiteres möglich, zusätzliche Empfänger zu nennen. Das Verhältnis zwischen den Empfängern bestimmt sich nach ergänzend anwendbarem nationalem Recht (vor Art. 1 CMR Rz. 5 ff). **b)** Die Gültigkeit des Vertrages wird durch das Fehlen der Angabe nicht in Frage gestellt, zumal die Empfängerangabe bei Vertragsschluß auch bewußt offen gelassen werden kann (Art. 12 CMR Rz. 2). Das Fehlen der Angabe beseitigt in Hinblick auf die Person des Empfängers die Vermutung des Art. 9 I CMR. Man würde jedoch über das Ziel hinausschießen, wenn man die Vermutungswirkung des Art. 9 CMR ganz entfallen ließe (vgl. *Koller,* EWiR **1988**, 993, 6

994; Cour Cass., BullT **1991**; 83; **a. A.** *Baumgärtel/Giemulla,* Beweislast, Art. 6 CMR Rz. 1; anders Art. 9 CMR Rz. 1). Zur Haftung des Absenders Art. 7, 11 CMR. Zum nationalen Recht oben Rz. 1.

6. Bezeichnung des Guts, der Verpackung (Art. 6 I f CMR)

7 **a)** Vgl. § 11 KVO Rz. 5a. Bei gefährlichen Gütern ist ihre allgemein anerkannte Bezeichnung (dazu *Loewe,* ETR **1976**, 503, 529) notwendig. Bei gefährlichen Gütern hat der Absender außerdem Art. 22 CMR zu beachten. Die Angaben erleichtern dem Absender den Beweis (Art. 9 I CMR) und spielen für die Prüfungsobliegenheit des Frachtführers eine wesentliche Rolle (Art. 8 CMR).

b) Das Fehlen der Angaben läßt die Wirksamkeit des Vertrages unberührt (Art. 4 CMR). Es entfällt aber die Beweisfunktion des Frachtbriefs (Art. 9 CMR). Zur Haftung des Absenders wegen fehlender oder unzulänglicher Angaben s. Art. 7, 11, 22 CMR. Zum nationalen Recht s. oben Rz. 1.

7. Anzahl, Zeichen, Nummern (Art. 6 I g CMR)

8 Vgl. § 11 KVO Rz. 5a. Es gilt das zu Rz. 7 Gesagte.

8. Rohgewicht, Menge des Guts (Art. 6 I h CMR)

9 **a)** Die Angabe des Rohgewichts bzw. der Menge ist von Bedeutung, wenn der Absender die Überprüfung gemäß Art. 8 III CMR verlangt. Außerdem schützt eine exakte Angabe des Gewichts vor Überladung des Fahrzeugs und stellt die Gewichtsangabe die Grundlage für die Preisvereinbarung dar. Zum Begriff des Rohgewichts § 35 KVO Rz. 8.

b) Es gilt grundsätzlich das zu Art. 6 I f CMR (Rz. 7) Gesagte. Zur Vergütung für Mehrfracht s. vor Art. 1 CMR Rz. 12. Das Fehlen der Gewichtsangabe läßt nicht die Beweiswirkung des gesamten Frachtbriefs (Art. 9, 30 CMR) entfallen (*Koller,* EWiR **1988**, 993, 994; vgl. auch Cour Cass., BullT **1991**, 83; **a. A.** *Baumgärtel/Giemulla,* Beweislast, Art. 6 CMR Rz. 1). Der Frachtführer ist nur im Fall des Art. 8 III CMR verpflichtet, das Gewicht bzw. die Menge zu überprüfen.

9. Kosten (Art. 6 I i CMR)

10 **a)** Diese Eintragung entfaltet ebenfalls im Rahmen des Art. 9 I CMR Beweiswirkungen. Außerdem ist sie im Rahmen des Art. 13 II CMR von Bedeutung.

b) Fehlt die Eintragung, so berührt dies die Gültigkeit des Vertrages nicht. Der Absender haftet auch nicht aus Art. 7 CMR. Zum Einfluß auf die Beweisfunktion des Frachtbriefs vgl. oben Rz. 6. Zum nationalen Recht s. oben Rz. 1.

10. Weisungen (Art. 6 I j CMR)

11 **a)** Der Absender bzw. der Empfänger kann nachträglich Weisungen erteilen (Art. 12 CMR). Anfängliche, bei Vertragsschluß erteilte Weisungen sind von vornherein Teil des Beförderungsvertrages. Ihre Aufnahme in den

Frachtbrief erzeugt die Vermutung, daß die Weisungen Vertragsinhalt geworden sind (Art. 9 I CMR). Hat der Frachtführer die Weisung akzeptiert, das Gut zu verzollen, so hat er auch den Zoll auszulegen (**a. A.** *Runge,* TranspR **1982**, 17, 18). Er kann nach nationalem Recht u. U. Vorschuß verlangen (vgl. § 425 HGB Rz. 42).

b) Die Weisungen sind gültig, auch wenn sie nicht in den Frachtbrief eingetragen sind (Art. 4 CMR). Zur Frage der Schadensersatzpflicht des Absenders bei fehlenden oder unzulänglichen Eintragungen s. Art. 7, 11 CMR. Zum Einfluß auf die Beweisfunktion des Frachtbriefs vgl. oben Rz. 6. Zum nationalen Recht oben Rz. 1.

11. CMR-Vermerk (Art. 6 I k CMR)

a) Art. 6 I k CMR soll dort Bedeutung erlangen, wo die CMR nicht schon aufgrund des Art. 1 CMR zwingend anzuwenden ist (GroßkommHGB-*Helm,* Anh. § 452, Art. 6 CMR Rz. 4; *Glöckner,* CMR, Art. 6 Rz. 12; *Hill/Messent,* CMR, S. 40; zweifelnd *Heuer,* Haftung, S. 28; *Loewe,* ETR **1976**, 503, 531). 12

b) Fehlt die Klausel, so greift Art. 4 I 2 CMR ein. Zum Einfluß auf die Beweisfunktion des Frachtbriefs BGH v. 8.6.1988, VersR **1988**, 952; *Koller,* EWiR **1988**, 993, 994.

III. Angaben nach Art. 6 II CMR

1. Umladeverbot (Art. 6 II a CMR)

a) Art. 6 II a CMR betrifft nur das Verbot, von einem Lkw auf einen anderen zu laden oder vom Lkw auf Lager zu nehmen (*Hill/Messent,* CMR, S. 41). Zur Umladung auf eine andere Art von Transportmittel Art. 2 CMR Rz. 3. Aus Art. 6 II 1 CMR kann man ableiten, daß die Umladung, wenn durch sie nicht unzumutbare Risiken entstehen, gestattet ist, aber verboten werden kann. Die Eintragung erfüllt Beweisfunktion (Art. 9 I CMR), aber auch Warnfunktion (Art. 7 I b CMR). 13

b) Die Wirksamkeit des Verbots hängt nicht von der Eintragung in den Frachtbrief ab. Dies ergibt sich aus den Art. 4 S. 2, 9 I CMR sowie Art. 7 I b CMR, die nur eine Erstattungspflicht des Frachtführers vorsehen (ebenso die heute ganz h. M. BGHZ **83**, 96, 100; OLG Hamm v. 16.8.1984, TranspR **1985**, 98 zu Art. 6 II c CMR; OLG Saarbrücken v. 10.2.1971, VersR **1972**, 757; OLG Köln v. 27.11.1974, AWD **1975**, 162; OLG Düsseldorf v. 18.1.1979, VersR **1979**, 356; v. 30.12.1982, VersR **1983**, 1029; TranspR **1986**, 57; OLG Hamburg v. 6.12.1979, VersR **1980**, 290 zu Art. 6 II c CMR; **a. A.** die ältere Literatur und Rechtsprechung Nachw. bei GroßkommHGB-*Helm,* aaO). Zur Unzulänglichkeit der Eintragung s. Art. 7 CMR.

2. Kosten (Art. 6 II b CMR)

Die nicht eingetragenen Kosten hat der Frachtführer beim Empfänger einzuziehen (*Hill/Messent,* CMR, S. 41). Zur Gültigkeit der Vereinbarung trotz fehlender Eintragung oben Rz. 13. 14

3. Nachnahme (Art. 6 II c CMR)

15 S. Art. 21 CMR; die Vereinbarung ist trotz Nichteintragung gültig (BGHZ **83**, 96).

4. Wert, besonderes Interesse (Art. 6 II d CMR)

16 S. Art. 24 CMR Rz. 3, Art. 26 CMR Rz. 3 zur Gültigkeit der Vereinbarung trotz Nichteintragung.

5. Versicherung (Art. 6 II e CMR)

17 Zur Gültigkeit der Verpflichtung trotz Nichteintragung s. oben Rz. 13. Verletzt der Frachtführer seine Pflicht, so haftet er nach nationalem Recht (vor Art. 1 CMR Rz. 30; *Hill/Messent,* CMR, S. 42).

6. Lieferfrist (Art. 6 II f CMR)

18 Vgl. Art. 19 CMR. Zur Gültigkeit der Abrede trotz Nichteintragung s. Art. 19 CMR Rz. 4.

7. Urkunden (Art. 6 II g CMR)

19 Vgl. Art. 11 CMR. Bei Unzulänglichkeit der Eintragung s. Art. 7 I b CMR.

8. Beweislast

20 Es gilt Art. 9 I CMR. Soweit Eintragungen nicht konstitutiver Natur sind, können fehlende Eintragungen von demjenigen bewiesen werden, der sich auf sie beruft.

IV. Andere Abreden (Art. 6 III CMR)

21 Im Bereich der CMR herrscht kein numerus clausus der Abreden. Die Parteien können daher über die in Art. 6 II CMR genannten Abreden hinaus weitere Abreden treffen. Die Eintragung dient dem Beweis (Art. 9 I CMR), aber auch Warnzwecken. Soweit die Rechtsfolgen eines Verstoßes gegen die Abreden nicht in der CMR geregelt sind, greift das nationale Recht ein (vor Art. 1 CMR Rz. 30). Die Abreden sind auch ohne Eintragung gültig (s. oben Rz. 13). Zum Regreßanspruch des Frachtführers s. Art. 7 I c CMR.

Art. 7 CMR [Haftung für unrichtige und fehlende Angaben]

1. Der Absender haftet für alle Kosten und Schäden, die dem Frachtführer dadurch entstehen, daß folgende Angaben unrichtig oder unvollständig sind:

a) die in Artikel 6 Absatz 1, Buchstabe b, d, e, f, g, h, und j bezeichneten Angaben;

b) die in Artikel 6 Absatz 2 bezeichneten Angaben;

c) alle anderen Angaben oder Weisungen des Absenders für die Ausstellung des Frachtbriefes oder zum Zwecke der Eintragung in diesen.

2. Trägt der Frachtführer auf Verlangen des Absenders die in Absatz 1 bezeichneten Angaben in den Frachtbrief ein, wird bis zum Beweise des Gegenteils vermutet, daß der Frachtführer hierbei im Namen des Absenders gehandelt hat.

3. Enthält der Frachtbrief die in Artikel 6 Absatz 1 Buchstabe k bezeichneten Angaben nicht, so haftet der Frachtführer für alle Kosten und Schäden, die dem über das Gut Verfügungsberechtigten infolge dieser Unterlassung entstehen.

Literatur: siehe vor Art. 1 CMR.

I. Haftung für unrichtige oder unvollständige Angaben (Art. 7 I CMR)

1. Angaben nach Art. 6 I CMR

Eine Haftung kommt nicht in Betracht, wenn **gar kein Frachtbrief** ausgestellt worden ist, weil der Frachtführer dann weiß, daß er nicht hinreichend exakt informiert ist und die Aufnahme des Transports verweigern kann (OLG Düsseldorf v. 13.12.1990, TranspR **1991,** 91, 93; § 4 CMR Rz. 3). Diese Auslegung entspricht am besten dem Wortlaut des Art. 7 I CMR; denn es ist von ,,inaccuracy" bzw. ,,l'inexactitude ou de l'insuffisance" die Rede, während in Art. 7 III CMR das Fehlen der Angabe klar mit ,,does not contain the statement" bzw. ,,ne contient pas la mention" erwähnt ist. Aus dem gleichen Grund erfaßt Art. 7 I CMR auch nicht das **völlige Fehlen einzelner Angaben** in einem Frachtbrief, weil auch hier der Frachtführer die Lücke in den Angaben unschwer erfassen kann (OLG Düsseldorf v. 13.12.1990, TranspR **1991,** 91, 93). Die Haftung greift vielmehr nur ein, wenn der Absender (Art. 7 II CMR) in der fraglichen Rubrik Angaben gemacht hat, diese aber **unzulänglich** sind. Zum Fehlen der Unterschriften Art. 5 CMR Rz. 3. Der Absender hat lediglich bei Unzulänglichkeiten der in Art. 7 I a CMR genannten Angaben einzustehen. Art. 7 I a CMR ist nicht analogiefähig (Enumerationsprinzip). Der Absender haftet ohne Rücksicht auf eigenes Verschulden. Zum Begriff des Schadens s. Art. 10 CMR Rz. 3, der Kosten s. Art. 16 CMR Rz. 2. Im englischen Originaltext (Art. 51 CMR) ist außerdem von ,,loss" die Rede. Daraus läßt sich ableiten, daß auch entgangene Gewinne und sonstige Vermögensschäden des Frachtführers zu ersetzen sind. Zur Mehrfracht s. vor Art. 1 CMR Rz. 12. Seine Haftung ist unbegrenzt (*Loewe,* ETR **1976**, 535; *Hill/Messent,* CMR, S. 42). **Beweislast:** der Frachtführer. Bei **Mitverschulden** des Frachtführers ist Art. 11 II S. 2 2. HS CMR analog heranzuziehen. Den Frachtführer treffen Kontrollobliegenheiten aber nur im Rahmen des Art. 8 CMR und bei evident falschen Angaben (Art. 8 CMR Rz. 1). 1

2. Angaben nach Art. 6 II CMR

Es gelten die Erläuterungen zu Art. 6 I CMR (oben Rz. 1) (**a. A.** *Loewe,* ETR **1976**, 503, 532, der Art. 7 I b CMR auch bei völlig fehlenden Angaben anwenden will, aber andererseits den Schadensbegriff einengt). Der Schaden des Frachtführers kann auch darin bestehen, daß er sich dem Absender oder 2

Dritten gegenüber schadensersatzpflichtig macht. **Beweislast:** der Frachtführer.

3. Andere Angaben (Art. 6 III CMR)

3 Art. 7 I c CMR erfaßt nur solche Weisungen, die vor Übergabe des Frachtbriefs an den Frachtführer erteilt wurden. Gleiches gilt für sonstige Angaben. **Beweislast:** der Frachtführer.

II. Eintragung durch Frachtführer

4 Art. 7 II CMR begründet, wie der englische und französische Text zeigt, lediglich die Vermutung, daß der Frachtführer als Geschäftsbesorger des Absenders gehandelt hat, wenn er auf Aufforderung des Absenders tätig geworden ist. Die Konsequenz ist, daß der Absender ohne Rücksicht auf Verschulden im Zweifel für Unzulänglichkeiten der Eintragungen gemäß Art. 7 I CMR haftet. Der Frachtführer hat dann zu beweisen, daß der Absender die Eintragungen verlangt hat (GroßkommHGB-*Helm,* Anh. § 452, Art. 7 CMR Rz. 3). Der Absender kann seine Haftung durch den Nachweis ausschließen, daß der Frachtführer eigenmächtig gehandelt hat. Fahrlässigkeit genügt nicht (**a. A.** OLG Düsseldorf v. 12.2.1981, VersR **1982**, 302, 303; *Helm,* VersR **1988**, 548, 552). Der Frachtführer kann sich allerdings nach nationalem Recht (vor Art. 1 CMR Rz. 30) wegen schuldhafter schlechter Geschäftsbesorgung schadensersatzpflichtig machen. Art. 7 II CMR trifft keine abschließende Regelung.

III. Hinweis auf Geltung der CMR

5 S. dazu Art. 6 CMR Rz. 12. Art. 7 III CMR ermöglicht eine Korrektur ausländischer Urteile durch ein Gericht eines Vertragsstaates, falls die CMR nicht berücksichtigt worden ist.

Art. 8 CMR [Überprüfungspflichten]

1. Der Frachtführer ist verpflichtet, bei der Übernahme des Gutes zu überprüfen

a) die Richtigkeit der Angaben im Frachtbrief über die Anzahl der Frachtstücke und über ihre Zeichen und Nummern;

b) den äußeren Zustand des Gutes und seiner Verpackung.

2. Stehen dem Frachtführer keine angemessenen Mittel zur Verfügung, um die Richtigkeit der in Absatz 1 Buchstabe a bezeichneten Angaben zu überprüfen, so trägt er im Frachtbrief Vorbehalte ein, die zu begründen sind. Desgleichen hat er Vorbehalte zu begründen, die er hinsichtlich des äußeren Zustandes des Gutes und seiner Verpackung macht. Die Vorbehalte sind für den Absender nicht verbindlich, es sei denn, daß er sie im Frachtbrief ausdrücklich anerkannt hat.

3. Der Absender kann vom Frachtführer verlangen, daß dieser das Roh-

gewicht oder die anders angegebene Menge des Gutes überprüft. Er kann auch verlangen, daß der Frachtführer den Inhalt der Frachtstücke überprüft. Der Frachtführer hat Anspruch auf Ersatz der Kosten der Überprüfung. Das Ergebnis der Überprüfung ist in den Frachtbrief einzutragen.

Literatur: siehe vor Art. 1 CMR.

Übersicht

	Rz.
I. Allgemeines	1
II. Überprüfung der Angaben in Hinblick auf Zahl, Zeichen, Nummern, Zustand, Verpackung	
1. Gut, Frachtstücke	
2. Zahl, Zeichen, Nummern (Art. 8 I a CMR)	2
3. Zustand, Verpackung (Art. 8 I b CMR)	3
4. Einschränkung der Obliegenheit	4
5. Rechtsfolgen der Nichtüberprüfung	5
III. Vorbehalte	
1. Form der Vorbehalte	6
2. Rechtsfolgen wirksamer Vorbehalte	7
a) Anerkannte Vorbehalte (Art. 8 II 3 CMR)	
b) Nicht anerkannte Vorbehalte	8
IV. Überprüfung von Gewicht und Menge	9
1. Anspruch auf Überprüfung	
2. Rechtsfolgen	10

I. Allgemeines

Art. 8 CMR statuiert verschiedene Überprüfungspflichten. Im englischen Text ist allerdings nur von ,,shall", im französischen Text von ,,est tenu" die Rede. Man nimmt daher an, daß Art. 8 CMR keine echten Pflichten begründet (OLG Düsseldorf v. 7.2.1974, VersR **1975**, 638, 639; *Zapp,* TranspR **1991,** 371, 372; *Glöckner,* CMR, Art. 8 Rz. 2, 6; **a. A.** *Schulze,* DGV **1956**, 272, 273). Die Bedeutung der Überprüfungspflichten ergibt sich jedoch weniger aus dem Wortlaut als aus den an die Verletzung der Überprüfungspflicht geknüpften Sanktionen. Danach führt die Verletzung der Überprüfungspflicht und die typischerweise daraus resultierende Versäumung eines Vorbehalts dazu, daß die Beweiskraft des Frachtbriefs nicht entkräftet wird, sowie dazu, daß Ansprüche aus Art. 10 CMR abgeschnitten werden (*Loewe,* ETR **1976**, 503, 537; GroßkommHGB-*Helm,* Anh. § 452, Art. 8 CMR Rz. 3 m. Nachw.; **a. A.** OLG Karlsruhe v. 18.10.1967, DB **1967**, 2022). Die Überprüfungspflicht stellt daher in der deutschen Terminologie lediglich eine *Obliegenheit* dar (BGH, NJW **1979**, 2471, 2472; OLG Frankfurt v. 17.11.1981, RIW **1982**, 204, 205; offengelassen OLG Hamm v. 8.2.1982, TranspR **1985**, 187), auch wenn der Begriff ,,shall" im Sinn von ,,muß" zu verstehen ist (so *Hill/Messent,* CMR, S. 43). Die Überprüfungspflicht spielt ferner im Rahmen des Mitverschuldens als Obliegenheitsverletzung eine Rolle, falls der Frachtführer den Absender aus Art. 7 CMR in Anspruch nehmen will (unklar *Glöckner,* CMR, Art. 8 Rz. 6). Dagegen kann die *Haftung des Frachtführers* nicht auf Art. 8 CMR oder auf Art. 8 CMR in Verbindung mit nationalem Recht (vor Art. 1 CMR Rz. 5 ff) gestützt werden; denn die Haftung des Frachtführers für Verluste, Beschädigungen und Lieferverzögerungen ist abschließend in den Art. 17 ff CMR geregelt (zutr. *Konow,* TranspR **1987**, 14, 16). Die Funktion der Überprüfung iSd Art. 8 CMR liegt auch nicht darin, dem Absender den 1

Regreß gegen Dritte zu sichern (BGH, NJW **1979**, 2471, 2472). Die Überprüfung iSd Art. 8 CMR soll nur die Chancen einer ordnungsgemäßen und konfliktfreien Transportabwicklung erhöhen. Im Verhältnis zu Dritten und zum Risiko erfolgloser Prozesse ist der Absender näher dran, festzustellen und festzuhalten, in welchem Zustand sich die Ladung bei Übergabe befindet (vgl. OLG Hamm v. 8.2.1982, TranspR **1985**, 187). Es darf auch nicht auf nationales Recht zurückgegriffen werden, da in Hinblick auf die Überprüfung gemäß Art. 8 I CMR keine Lücke besteht. Anders bei Art. 8 III CMR (Rz. 9). Die Parteien sind durch Art. 8 CMR jedoch nicht daran gehindert, dem Frachtführer z. B. auch die Aufgaben eines Wareninspekteurs zuzuweisen (Einzelheiten: vor Art. 1 CMR Rz. 35).

Die Überprüfungsobliegenheit *entsteht nur,* falls ein Frachtbrief ausgestellt und dem Frachtführer ausgehändigt worden ist (BGH, NJW **1979**, 2471; **a. A.** OLG Hamburg v. 30.3.1989, TranspR **1989,** 321, 323). Zur Verletzung der Pflicht zur Frachtbriefausstellung Art. 4 CMR Rz. 3.

II. Überprüfung der Angaben in Hinblick auf Zahl, Zeichen, Nummern, Zustand, Verpackung

1. Gut, Frachtstücke

2 Zum Begriff des Guts, Art. 1 CMR Rz. 4. Frachtstücke (packages, colis) sind die im Frachtbrief angegebenen Einzelstücke (vgl. *Prüßmann/Rabe,* Seehandelsrecht, § 660 Anm. B). Ist im Frachtbrief ein Container mit einer gewissen Zahl von Waren aufgeführt, so ist im Zweifel davon auszugehen, daß der Container das Frachtstück sein soll (*Piper,* TranspR **1990,** 357, 360).

2. Zahl, Zeichen, Nummern (Art. 8 I a CMR)

Zu überprüfen sind nur die Angaben im Frachtbrief (Art. 6 I g CMR), nicht aber die Menge oder das Gewicht (dazu Art. 8 III CMR). Der Frachtführer hat auch zu prüfen, ob nicht eine größere Anzahl von Stücken als im Frachtbrief angegeben, aufgeladen wurde.

3. Zustand, Verpackung (Art. 8 I b CMR)

3 Nur der äußere (apparent) Zustand ist zu überprüfen, d. h. der Zustand, der sich ohne Öffnung der Verpackung (Antwerpen, ETR **1973**, 330; *Zapp,* TranspR **1991,** 372; *Hill/Messent,* S. 44; **a. A.** die franz. Rechtsprechung; dazu *Piper,* TranspR **1990,** 357, 361) mit den Mitteln und der verkehrserforderlichen Sorgfalt eines CMR-Frachtführers feststellen läßt (*Piper,* TranspR **1990,** 357, 361; OLG Düsseldorf v. 4.3.1982, VersR **1982**, 1202; Arnheim, ULR **1977,** 207). Die Sorgfalt wird nicht gewahrt, wenn der Frachtführer solche Mängel nicht entdeckt, die bei einer kurzen Besichtigung des Guts ins Auge fallen müssen. In Zweifelsfällen ist ein Betasten zu erwarten (*Loewe,* ETR **1976**, 503, 537). Die Verpackung oder den Container braucht er nicht zu öffnen, wenn sie äußerlich in Ordnung sind (*Schmitthoff/Goode/Clarke,* S. 69 ff) und der Container das Gut ist (Rz. 2). Grundsätzlich kann man vom Frachtführer keine speziellen Warenkenntnisse oder Prüfungsinstrumente er-

warten, wohl aber Grundkenntnisse der Verpackungstechnik und der Waren, die er üblicherweise transportiert (*Schmitthoff/Goode/Clarke,* S. 67 f; enger *Lamy,* Transport I, Nr. 818: nicht Tauglichkeit der Verpackung). Anders kann es bei Spezialtransporten sein, z. B. Kühltransporten, wo es durchaus vernünftig ist, dem Frachtführer die Obliegenheit aufzuerlegen, in zumutbarem Umfang die äußere Temperatur des Guts zu messen (OLG Karlsruhe v. 18.10.1967, DB **1967**, 2022; OLG Hamburg v. 30.3.1989, TranspR **1989,** 321, 323; Cour Cass., BullT **1990**, 697; Nancy, BullT **1981**, 330; Riom, BullT **1982**, 11; GroßkommHGB-*Helm,* Anh. § 452, Art. 8 CMR Rz. 5; *Lamy,* Transport I, Nr. 817; *Hill/Messent,* CMR, S. 44; diff. *Glöckner,* CMR, Art. 8 Rz. 8; vgl. aber auch Art. 17 Rz. 49; **a. A.** *Loewe,* ETR **1976**, 503, 537; *Voigt,* VP **1970**, 173; *Zapp,* TranspR **1991,** 371, 372; kritisch auch *Theunis/A Chao,* S. 117). In solchen Fällen, in denen sich immer wieder dasselbe Beweisproblem stellt, ist es dem Frachtführer zuzumuten, ein Meßgerät vorzuhalten und oberflächliche Messungen vorzunehmen (ebenso in der Tendenz *Theunis/Ruitinga,* S. 48). Die Ordnungsmäßigkeit der Verladung braucht der Frachtführer nicht zu überprüfen (**a. A.** die franz. Rechtsauffassung; vgl. *Theunis/Ruitinga,* S. 49; *Lamy,* Transport I, Nr. 887; siehe auch Art. 17 CMR Rz. 42 ff).

4. Einschränkung der Obliegenheit

Art. 8 II 1 CMR schränkt die Überprüfungsobliegenheit ein, wenn dem Frachtführer keine angemessenen Mittel für die Überprüfung von **Zahl, Nummern, Zeichen** zur Verfügung stehen. Dies ist auch dann der Fall, wenn der erforderliche Personalaufwand unangemessen hoch ist. Unangemessenheit ist zu bejahen, wenn das Verlustrisiko im Verhältnis zum Prüfungsaufwand unangemessen hoch ist, z. B. bei Prüfung der Zahl der auf einer Palette aufgebauten Stücke (*Willenberg,* TranspR **1985**, 161, 163). Ist die Palette mit einer Verpackung versehen, so ist die Palette samt dem Gut ein Frachtstück. Gleiches gilt für einen Container. Wird das Fahrzeug plombiert, bevor der Frachtführer Gelegenheit zur Überprüfung hatte, so greift in Hinblick auf „Zahl, Zeichen, Nummern" Art. 8 II 1 CMR ein. Die Unangemessenheit kann analog Art. 8 III CMR wegfallen, wenn der Absender die Kosten der Überprüfung erstattet. Der Frachtführer darf sich auf die Unangemessenheit der Überprüfung nur berufen, wenn er einen Vorbehalt iSd Art. 8 II 1 CMR macht. Gleiches gilt in Hinblick auf die Überprüfung des **äußeren Zustandes** des Gutes und der **Verpackung**. Art. 8 II 1 CMR ist insoweit analog anzuwenden; denn die Obliegenheit, Vorbehalte in Hinblick auf Zustand und Verpackung des Guts zu begründen, impliziert die Verpflichtung zu sagen, warum Vorbehalte nur pauschal geäußert worden sind (*Theunis/Ruitinga,* S. 57; **a. A.** Vorauflage). Die **Beweislast** für die Unangemessenheit der Überprüfung trägt nach allgemeinen Regeln derjenige, der sich auf die Unwirksamkeit des Vorbehalts beruft (*Baumgärtel/Giemulla,* Beweislast, Art. 8 CMR Rz. 1; *Ruitinga,* ETR **1982**, 235, 239). **4**

5. Rechtsfolgen der Nichtüberprüfung

Die Rechtsfolgen der Art. 9 II, 10 CMR hängen grundsätzlich davon ab, ob der Frachtführer **Vorbehalte** iSd Art. 8 II CMR gemacht hat. Sind die **5**

Vorbehalte in der nötigen Form (Rz. 6) **eingetragen**, so ist die Nichterfüllung der Überprüfungspflicht in Hinblick auf Art. 9 und 10 CMR sowie den Vorwurf des Mitverschuldens unerheblich, da der Absender dann hinreichend gewarnt war. Allerdings wird typischerweise die mangelnde Überprüfung zur Versäumung der nötigen Vorbehalte führen. Hat der Frachtführer, unabhängig davon, ob er dazu verpflichtet war oder nicht (Rz. 3), **weder überprüft noch Vorbehalte eingetragen,** so wird die Beweiswirkung des Frachtbriefs nicht entkräftet (Art. 8 CMR Rz. 1). Der Frachtführer erwirbt außerdem keine Ansprüche aus Art. 10 CMR (Art. 8 CMR Rz. 1), und er muß sich ferner Mitverschulden vorwerfen lassen (OLG Düsseldorf v. 23.11.1989, TranspR **1990**, 63, 66). Eine Haftung des Frachtführers kann aus Art. 8 CMR nicht abgeleitet werden (Art. 8 CMR Rz. 1).

III. Vorbehalte

1. Form der Vorbehalte

6 Der Frachtführer hat die Gründe für die Unangemessenheit der Überprüfung (oben Rz. 4) sowie die Mängel des Guts und seiner Verpackung (oben Rz. 3, 4) im Frachtbrief (Art. 4 ff CMR) einzutragen und sie für Außenstehende nachvollziehbar zu konkretisieren (*Theunis/Ruitinga,* S. 47). Der französischen Rechtsprechung zufolge genügt daher bei Containern nicht die Fomulierung ,,said to contain", sondern es muß konkret angegeben werden, daß der Container versiegelt war (Paris, BullT **1991**, 223; *A Chao,* BullT **1992,** 67; s. auch Rz. 2 f). Fehlt die Konkretisierung, so ist der Vorbehalt unwirksam (Denkschrift, BT-Drucksache III/1144 S. 37; einschränkend *Ruitinga,* ETR **1982**, 235, 238 m.Hinweis auf englische Praxis, wenn sich die Parteien im Rahmen längerer Geschäftsverbindung mit allgemein gefaßten Vorbehalten zufriedengeben; ähnlich *Theunis/Ruitinga,* S. 49, 57 unter Hinweis auf ein holländisches Urteil) und die Situation so, als ob der Frachtführer nicht überprüft hätte (Rz. 5). Eine Konkretisierung erscheint als überflüssig, wenn der Absender den Vorbehalt nachweislich anerkannt hat. Der Vorbehalt muß zumindest in dem dem Absender ausgehändigten Exemplar erscheinen, um wirksam zu sein. Zu wahrheitswidrigen Vorbehalten, Rz. 8.

2. Rechtsfolgen wirksamer Vorbehalte

7 **a) Anerkannte Vorbehalte (Art. 8 II 3 CMR).** Art. 8 II 3 CMR ist nicht dahin auszulegen, daß nicht anerkannte Vorbehalte gänzlich unwirksam sind. Vielmehr ist die Vorschrift dahin zu verstehen, daß der Absender einseitige Vorbehalte ohne weiteres widerlegen kann. Hat er aber einen Vorbehalt anerkannt, so soll dieser Vorbehalt nicht nur die Wirkungen des § 416 ZPO erzeugen (vgl. § 407 HGB Rz. 46), auch nicht nur wie ein widerrufliches Anerkenntnis wirken, sondern, wie sich aus dem Wortlaut der Vorschrift ergibt, absolut bindend sein (*Theunis/Ruitinga,* S. 52; **a. A.**: nur widerlegbarer Beweis zugunsten Frachtführer: *Loewe,* ETR **1976**, 503, 539; GroßkommHGB-*Helm,* Anh. § 452, Art. 8 CMR Rz. 6; *Hill/Messent,* CMR, S. 46). Das Anerkenntnis setzt allerdings voraus, daß der Absender dem Vor-

behalt bewußt zugestimmt hat und nicht bloß den Frachtbrief mit dem Vorbehalt in Hinblick auf die anderen Angaben unterzeichnet hat (*Hill/Messent,* CMR, S. 46; *Lamy,* Transport I, Nr. 821; **a. A.** *Theunis/Rutinga,* S. 52).

b) Nicht anerkannte Vorbehalte. Nicht anerkannte formal ordnungsgemäße (Rz. 6) Vorbehalte zerstören lediglich die **Beweiswirkung** des Frachtbriefs gemäß Art. 9 CMR (Denkschrift, BT-Drucksache III/1144, S. 37; OLG Hamm v. 8.2.1982, TranspR **1985**, 187; *Loewe,* ETR **1976**, 503, 539; *Piper,* TranspR **1990,** 357, 361; *Theunis/Ruitinga,* S. 52 f; *Hill/Messent,* CMR, S. 46). Es besteht dann weder eine Vermutung für die Richtigkeit der Angaben im Frachtbrief noch für den äußerlich guten Zustand von Gut und Verpackung (**a. A.** *Lamy,* Transport I, Nr. 822), noch eine Vermutung für die Richtigkeit des Vorbehalts. Derjenige, der Ansprüche geltend macht, hat daher die normale Beweislast für seine Behauptungen (OLG Hamm v. 8.2.1982, TranspR **1985**, 187; näher Art. 17 CMR Rz. 12). Ist der Absender der Ansicht, daß der **Vorbehalt zu Unrecht erfolgt** ist und will er eine Beweislastverschlechterung nicht hinnehmen, so kann der Absender die Weisung zum Ausladen geben (Art. 12 CMR; *Loewe,* ETR **1976**, 503, 539). War der Vorbehalt ohne hinreichenden Anlaß eingetragen worden, so macht sich der Frachtführer nach nationalem Recht wegen Nichterfüllung seiner Vertragspflichten schadensersatzpflichtig bzw. es sind die nach nationalem Recht maßgeblichen Grundsätze der Beweisvereitelung heranzuziehen (vor Art. 1 CMR Rz. 5 ff, 30; **a. A.** den Haag, zit. bei *Theunis/Ruitinga,* S. 56 f: Beweisvereitelung gemäß Art. 9 CMR bleibt unberührt). 8

Der Frachtführer erhält sich mit dem Vorbehalt seine **Ansprüche aus Art. 10 CMR.** Auch hier genügen einseitige Vorbehalte, da sie dem Absender signalisieren, daß der Frachtführer ihm bekannte Mängel nicht zu akzeptieren bereit ist.

IV. Überprüfung von Gewicht, Menge, Inhalt

1. Anspruch auf Überprüfung

Da die Prüfung von Gewicht und/oder Menge mit erheblichen Kosten und Zeitverlusten verbunden sein kann, ist der Frachtführer nur auf Antrag des Absenders zur Überprüfung verpflichtet. Gleiches gilt für den Inhalt der Verpackung. Der Frachtführer darf sich nicht darauf berufen, daß er die Verpackung beschädigen müßte (**a. A.** *Zapp,* TranspR **1991,** 371, 372) oder daß er über keine angemessenen Prüfungsmittel verfügte, soweit er sich gegen Kostenersatz ausreichend Hilfskräfte besorgen kann. Im übrigen ist Art. 8 II 1 CMR analog anzuwenden. Zu weitergehenden Überprüfungspflichten s. vor Art. 1 CMR Rz. 35. 9

2. Rechtsfolgen

Der Absender hat die Kosten zu tragen, d. h. einen angemessenen Preis zu zahlen. Die Vergütung wird nach Maßgabe des nationalen Rechts fällig. Das Ergebnis der Überprüfung ist durch den Frachtführer in den Frachtbrief einzutragen. Die Eintragung beweist nicht nur wie eine Quittung (§ 407 HGB 10

Rz. 46) widerlegbar (*Loewe,* ETR **1976**, 503, 537) die Richtigkeit des Ergebnisses der Überprüfung. Vielmehr ist Art. 9 CMR analog anzuwenden, wenn die Eintragung mit dem Gewicht iSd Art. 6 I h CMR übereinstimmt. Der Absender darf bei überprüften Mengenangaben nicht schlechter als bei der Überprüfung der Zahl etc. gestellt werden (*Theunis/Ruitinga,* S. 51; **a. A.** *Helm,* VersR **1988**, 548, 551: allgemeiner Urkundenbeweis; *Baumgärtel/Giemulla,* Beweislast, Art. 8 CMR Rz. 2). **Versäumt** der Frachtführer, der mit der Überprüfung beauftragt worden war, das Ergebnis oder das richtige Ergebnis der Überprüfung **einzutragen**, so lassen sich die Rechtsfolgen nicht der CMR entnehmen (*Hill/Messent,* CMR, S. 46; **a. A.** Rodiere, ETR **1970,** 627 f). Man kann auch nicht immer behaupten, daß sich der Frachtführer nach CMR so behandeln lassen muß, als ob die Absenderangaben richtig wären (so aber GroßkommHGB-*Helm,* Anh. § 452, Art. 8 CMR Rz. 10; *Lamy,* Transport I, Nr. 819). Vielmehr sind die nationalen Regeln (vor Art. 1 CMR Rz. 5 ff) über Beweisvereitelung (vgl. § 407 HGB Rz. 45) und Schadensersatzansprüche heranzuziehen. Gleiches gilt, falls sich der Frachtführer weigert, die Überprüfung vorzunehmen. Zur Verletzung weitergehender Prüfungspflichten vor Art. 1 CMR Rz. 35. Hatte der Absender keinen Prüfungsantrag gestellt, so entfalten Vermerke auf dem Frachtbrief keine Beweiswirkung (*Theunis/Ruitinga,* S. 51).

Art. 9 CMR [Beweiskraft des Frachtbriefs]

1. Der Frachtbrief dient bis zum Beweise des Gegenteils als Nachweis für den Abschluß und Inhalt des Beförderungsvertrages sowie für die Übernahme des Gutes durch den Frachtführer.

2. Sofern der Frachtbrief keine mit Gründen versehene Vorbehalte des Frachtführers aufweist, wird bis zum Beweise des Gegenteils vermutet, daß das Gut und seine Verpackung bei der Übernahme durch den Frachtführer äußerlich in gutem Zustande waren und daß die Anzahl der Frachtstücke und ihre Zeichen und Nummern mit den Angaben im Frachtbrief übereinstimmten.

Literatur: siehe vor Art. 1 CMR.

I. Allgemeines

1 Art. 9 CMR erhebt den ordnungsgemäß unterzeichneten (BGH v. 16.10.1986, VersR **1987**, 304; v. 8.6.1988, VersR **1988**, 952; *Koller,* EWiR **1988**, 993) Frachtbrief (Art. 4 ff CMR) zur widerlegbaren Beweisurkunde, die zur Umkehrung der Beweislast führt (BGH, NJW **1979**, 2471; NJW **1982**, 1944, 1945; OGH Wien v. 3.7.1985, TranspR **1987**, 374, 377; zurückhaltender die englische Rechtsprechung; vgl. Queen's Bench Division, ETR **1991,** 677). Wurde kein Frachtbrief ausgestellt oder der Frachtbrief nicht ordnungsgemäß unterzeichnet (Art. 5 CMR Rz. 3), so greift die Vermutung des Art. 9 CMR nicht ein (BGH, NJW **1979**, 2471, 2472; v. 16.10.1986, VersR **1987**, 304; v. 8.6.1988, VersR **1988**, 952; *Theunis/Ruitinga,* S. 45 f). Allenfalls läßt sich den

Umständen nach sagen, daß der Frachtführer, der nicht die Ausstellung eines Frachtbriefs verlangt habe, auch keinen Anlaß gehabt habe, einen Vorbehalt (Art. 8 II CMR) zu machen (BGH, NJW **1979**, 2471, 2472). Eine TIR-Karte steht dem Frachtbrief nicht gleich (*Hill/Messent,* CMR, S. 34). Zur Schadensersatzpflicht wegen Nichtausstellung eines Frachtbriefs Art. 4 CMR Rz. 3. Zur Beweiswirkung eines nur vom Absender oder Frachtführer unterzeichneten Frachtbriefs Art. 5 CMR Rz. 3. Zur Beweiswirkung eines unvollständigen Frachtbriefs siehe die Erläuterungen zu Art. 6 CMR. Zur Beweiswirkung einer sonstigen Empfangsbescheinigung s. § 425 HGB Rz. 21.

II. Abschluß, Inhalt des Beförderungsvertrages, Übernahme des Gutes, Vorbehalt

2 Der ordnungsgemäße (Rz. 1) Frachtbrief beweist den formalen Konsens (nicht das Fehlen von Willensmängeln), die Person des Absenders (OLG München v. 27.3.1981, VersR **1982**, 264; Queen's Bench Division, ETR **1991,** 676) und Frachtführers (OLG München v. 30.10.1974, VersR **1975**, 129, 130;OLG Hamburg v. 6.11.1980, VersR **1982**, 556) sowie die Vertragskonditionen, die sich aus dem Frachtbrief ergeben (z. B. Lieferfrist, Person des Empfängers; Queen's Bench Division, ETR **1991,** 676). Es muß sich um einen Frachtbrief zwischen den Parteien oder um einen durchlaufenden Frachtbrief (Art. 34 CMR) handeln. Es besteht die Vermutung der Vollständigkeit, da Sonderabreden im Frachtbrief einzutragen sind (Art. 6 III CMR). Die Beweiswirkung des Frachtbriefs erstreckt sich ferner darauf, daß der Frachtführer Gut (schlechthin) übernommen hat. Zur Art sowie Zahl des Guts s. Rz. 3. Gleiches gilt für die im Frachtbrief aufgeführten Dokumente (OLG Schleswig v. 30.8.1978, VersR **1979**, 141, 142; *Heuer,* Haftung, S. 134) und erteilten Weisungen und Informationen. Art. 9 I CMR enthält keine Regelungen über *Vorbehalte.* Auch hier ist jedoch in Analogie zu Art. 9 II CMR davon auszugehen, daß Vorbehalte im Frachtbrief die Beweiswirkung aufheben (Art. 8 CMR Rz. 7 f). Hat der Frachtführer im Frachtbrief falsche Angaben gemacht, so kann er Dritten aus culpa in contrahendo sowie § 826 BGB haften (vgl. BGH, NJW **1987**, 588 = EWiR **1986**, 1219 [*Koller*]).

III. Äußerlicher Zustand, Zahl, Zeichen, Nummern

3 Art. 9 II CMR ist auf Art. 8 CMR bezogen. Sofern der Frachtführer keine formal ordnungsgemäßen Vorbehalte (Art. 8 II CMR) machte, entsteht im Rahmen der allgemeinen Überprüfungsobliegenheiten (Art. 8 CMR Rz. 2 f; *Piper,* TranspR **1990,** 357, 360) die widerlegliche Vermutung des Art. 9 II CMR. Dabei braucht der Frachtbrief keine Angaben über den äußerlichen Zustand des Gutes (Art. 8 CMR Rz. 3) enthalten (weitergehend die französische Rechtsprechung, die mangels konkreten Vorbehalts die Vermutung auf den Inhalt der Frachtstücke erstreckt [Cour Cass., BullT **1982,** 152; Reims, BullT **1980**, 237; dazu *Piper,* TranspR **1990,** 357, 361; *Lutz,* TranspR **1991,** 6, 7]). Die Vermutung erstreckt sich auch darauf, daß nicht mehr als die im Frachtbrief angegebene Zahl von Stücken geladen ist. Es ist unerheblich, daß

der Frachtführer, der keine Vorbehalte gemacht oder sie nicht ausreichend begründet hatte, die Frachtbriefangaben in Hinblick auf Zahl, Zeichen, Nummern, äußeren Zustand, Verpackung nachweislich nicht überprüfen konnte (*Piper,* TranspR **1990,** 357, 360; *Heuer,* VersR **1988**, 312, 314; **a. A.** OLG Hamm v. 18.10.1984, TranspR **1985**, 107, 110; ferner Art. 8 CMR Rz. 6; zweifelnd *Helm,* VersR **1988**, 548, 551). Dies ist die Konsequenz aus Art. 8 II CMR, der formalisierte Vorbehalte vorschreibt. Die CMR als Einheitsrecht (vor Art. 1 CMR Rz. 2 ff) verbietet es, dieses Ergebnis mit Hilfe des § 242 BGB zu korrigieren. Andererseits darf der Frachtführer immer, selbst bei vorsätzlich unterlassener Kontrolle, den vollen Gegenbeweis führen (OGH Wien v. 3.7.1985, TranspR **1987,** 374, 377. Zum Gegenbeweis der Plombierung OLG Hamburg v. 27.8.1981, TranspR **1985**, 184; OGH Wien v. 3.7.1985, TranspR **1987**, 374, 377. Zu formell richtigen, aber unbegründeten Vorbehalten, Art. 8 CMR Rz. 8.

Der vorbehaltlose Frachtbrief beweist nicht iSd Art. 9 CMR die **ordentliche Verstauung** des Guts. Art. 9 CMR ist auch nicht analog anwendbar, weil es an einer umfassenden Überprüfungspflicht fehlt (**a. A.** *Hill/Messent,* CMR, S. 47 m. Nachw.). Insoweit gilt allein Art. 18 II CMR.

IV. Gewicht, Menge

4 Art. 9 CMR bezieht sich nicht auf Gewicht und Menge (Art. 8 CMR Rz. 10; **a. A.** Paris, BullT **1979,** 535; *Lamy,* Transport I, Nr. 819). Hat der Frachtführer jedoch auf Verlangen des Absenders das im Frachtbrief eingetragene Gewicht bzw. die Menge überprüft und dies im Frachtbrief bestätigt, so ist Art. 9 CMR analog anzuwenden (näher Art. 8 CMR Rz. 10).

Art. 10 CMR [Haftung für mangelhafte Verpackung]

Der Absender haftet dem Frachtführer für alle durch mangelhafte Verpackung des Gutes verursachten Schäden an Personen, am Betriebsmaterial und an anderen Gütern sowie für alle durch mangelhafte Verpackung verursachten Kosten, es sei denn, daß der Mangel offensichtlich oder dem Frachtführer bei der Übernahme des Gutes bekannt war und er diesbezüglich keine Vorbehalte gemacht hat.

Literatur: siehe vor Art. 1 CMR.

I. Allgemeines

1 Art. 10 CMR regelt den Ersatz von Schäden, die durch objektiv schlecht verpacktes Gut verursacht worden sind. Die Vorschrift erfaßt nur Schäden durch die Verpackung; denn die *Verpackung* stellt einen besonders großen und vom Absender besonders leicht beherrschbaren Risikofaktor dar. Auf Schäden infolge mangelhafter *Verladung* oder *Verstauung* läßt sich Art. 10 CMR auch dort nicht analog anwenden, wo der Ladefehler zur Zerstörung der

Verpackung führt (OGH Wien v. 2.4.1982, TranspR **1984,** 151; **1986,** 372; Paris, BullT **1974,** 104; anders ein belgisches und holländisches Gericht, zit. bei *Theunis/Ruitinga,* S. 59; wohl auch *Lamy,* Transport I, Nr. 823; vgl. auch § 17 KVO Rz. 9). Gleiches gilt für Schäden allein durch *Mängel des Gutes* (OLG Düsseldorf v. 4.3.1982, RIW **1984,** 234, 235). Insoweit greift lückenfüllend das nationale Recht ein (vor Art. 1 CMR Rz. 5 ff). Art. 10 CMR läßt sich auch nicht analog auf sonstige Aufwendungen erstrecken, die der Frachtführer ohne sein Verschulden machen muß. Zu gefährlichem Gut s. Art. 22 CMR.

II. Mangelhafte Verpackung

Es kann hier auf die Erläuterung zu § 18 KVO (Rz. 2f) verwiesen werden (vgl. Denkschrift, BT-Drucksache III/1144 S. 37). 2

III. Schäden, Aufwendungen

Zu ersetzen sind Schäden, die der Frachtführer oder Dritte erleiden. Der Absender haftet für Schäden Dritter dem Wortlaut (vor Art. 1 CMR Rz. 4) des Art. 10 CMR zufolge auch dort, wo der Dritte den Frachtführer nicht in Anspruch nehmen kann, der Frachtführer also keinen eigenen Schaden erleidet (GroßkommHGB-*Helm,* Anh. § 452, Art. 10 CMR Rz. 1; **a. A.** *Loewe,* ETR **1976,** 503, 541). Es ist gleichgültig, ob es sich um Personenschäden oder Sachschäden handelt. Art. 10 CMR sagt nicht, ob nur Vermögensschäden oder auch immaterielle Schäden erfaßt werden. Art. 10 CMR spricht von „damage" bzw. „dommages" schlechthin. Die Lücke der Bestimmung der ersatzfähigen Schäden ist daher durch Rückgriff auf das nationale Recht (vor Art. 1 CMR Rz. 5 ff) zu schließen. Kosten fallen in der Regel unter den Begriff „Schäden" (s. auch Art. 16 CMR Rz. 2). Kosten sind aber auch Aufwendungen, die im Zusammenhang mit Verpackungsmängeln getätigt werden. 3

IV. Haftpflicht

Der Absender als Vertragspartner des Frachtführers (OLG Hamburg v. 15.3.1984, TranspR **1984,** 191) haftet ohne Rücksicht auf eigenes oder fremdes Verschulden auf Ersatz des vollen Schadens. Die **Haftung** ist **ausgeschlossen,** wenn der Mangel bei oberflächlicher Besichtigung des Guts ins Auge fallen mußte (weitergehend *Baumgärtel/Giemulla,* Beweislast, Art. 10 CMR Rz. 1) oder zwar nicht offensichtlich war, aber dem Frachtführer oder den ihm zuzurechnenden Personen iSd Art. 3 CMR positiv bekannt war. Dabei kommt es, wie sich aus der Möglichkeit des Vorbehalts ergibt, auf die Evidenz bzw. Kenntnis bei Übernahme des Gutes an. Der Absender haftet trotz Offensichtlichkeit bzw. Kenntnis, wenn der Frachtführer einen ordnungsgemäßen Vorbehalt iSd Art. 8 II CMR gemacht hat (*Loewe,* ETR **1976,** 503, 542; *Baumgärtel/Giemulla,* Beweislast, Art. 10 CMR Rz. 3; Lyon, BullT 4

1977, 80; unklar GroßkommHGB-*Helm,* Anh. § 452 Art. 10 CMR Rz. 3; **a. A.** *Putzeys,* CMR, S. 350: keine formellen Vorbehalte). Die allgemeinen Regeln über das **Mitverschulden** des Frachtführers sind anzuwenden (s. Art. 17 CMR Rz. 54; ebenso i. E. wohl Lyon, BullT **1992,** 166). In Art. 10 CMR ist die **Aktivlegitimation** nicht geregelt. Dem Wortlaut des Art. 10 CMR zufolge darf der Frachtführer den Schaden Dritter im Weg der Drittschadensliquidation ersetzt verlangen.

Verjährung: Art. 32 CMR. Art. 28 CMR greift nicht ein, so daß nationale außervertragliche Ansprüche konkurrieren können (*Loewe,* ETR **1976,** 503, 542).

V. Beweis

5 Der Frachtführer hat den Vorbehalt zu beweisen. Hat der Frachtführer im Frachtbrief keinen Vorbehalt gemacht, so besteht auch zu Lasten Dritter gemäß Art. 9 II CMR die Vermutung, daß die Verpackung äußerlich in gutem Zustand war. Wurde kein Frachtbrief ausgestellt oder hat der Frachtführer einen nicht anerkannten Vorbehalt gemacht oder ist der Schaden auf verdeckte Mängel der Verpackung zurückzuführen, so haben die Geschädigten zu beweisen, daß die Verpackung mangelhaft war (Lyon, BullT **1992,** 166; *Lamy,* Transport I, Nr. 823). Der Absender hat die Offensichtlichkeit bzw. Kenntnis des Mangels nachzuweisen.

Art. 11 CMR [Begleitpapiere]

1. Der Absender hat dem Frachtbrief die Urkunden beizugeben, die für die vor der Ablieferung des Gutes zu erledigende Zoll- oder sonstige amtliche Behandlung notwendig sind, oder diese Urkunden dem Frachtführer zur Verfügung zu stellen und diesem alle erforderlichen Auskünfte zu erteilen.

2. Der Frachtführer ist nicht verpflichtet zu prüfen, ob diese Urkunden und Auskünfte richtig und ausreichend sind. Der Absender haftet dem Frachtführer für alle aus dem Fehlen, der Unvollständigkeit oder Unrichtigkeit der Urkunden und Angaben entstehenden Schäden, es sei denn, daß den Frachtführer ein Verschulden trifft.

3. Der Frachtführer haftet wie ein Kommissionär für die Folgen des Verlustes oder der unrichtigen Verwendung der im Frachtbrief bezeichneten und diesem beigegebenen oder dem Frachtführer ausgehändigten Urkunden; er hat jedoch keinen höheren Schadenersatz zu leisten als bei Verlust des Gutes.

Literatur: siehe vor Art. 1 CMR.

I. Allgemeines

1 Der Frachtführer ist kein Warenfachmann (vgl. § 12 KVO Rz. 1 f). Er ist typischerweise auch kein Fachmann für Fragen der Verzollung, des Ein- und

Ausfuhrwesens, der Devisenkontrollen, des Gesundheitswesens. Dabei ist es gleichgültig, ob die Verwaltungsverfahren an der Grenze oder unterwegs stattfinden. Die Verantwortung für die Stellung der erforderlichen Dokumente und für die notwendigen Auskünfte liegen daher voll beim Absender, der als Produzent oder Händler über die nötige Warenkenntnis verfügt und sich die Dienste eines Spediteurs beschaffen kann, sofern nicht ohnehin ein Spediteur als Absender fungiert. Aufgabe des Frachtführers ist nur, mit Hilfe der ihm übergebenen Dokumente und anhand der ihm erteilten Weisungen und Informationen die Verzollung und andere Verwaltungsverfahren abzuwickeln (§ 425 HGB Rz. 18; Art. 13 CMR Rz. 12).

II. Aushändigung der Begleitpapiere, Auskünfte (Art. 11 I CMR)

1. Umfang der Pflichten

Der Absender hat dem Frachtführer alle Dokumente vollständig und rich- 2
tig zur Verfügung zu stellen, deren Vorlage Behörden verlangen dürfen oder die die Abwicklung von Verwaltungsverfahren begünstigen. Dabei hat der Absender auch für solche Dokumente zu sorgen, die gänzlich unüblich sind oder erst vor kurzem eingeführt worden sind; denn aus Art. 11 II CMR resultiert eine verschuldensunabhängige Haftung des Absenders. Dem entspricht eine von der Höhe des zumutbaren Beschaffungsaufwands unabhängige Pflicht, die nötigen Dokumente zu besorgen. Der Absender hat rechtsgültige Dokumente beizubringen. Können Dokumente rechtmäßig widerrufen werden, so geht dies zu Lasten des Absenders. Dabei wird sich der Absender auch etwaige objektive ernsthafte Zweifel an der Rechtmäßigkeit entgegenhalten lassen müssen, wenn die zuständigen Behörden das Papier für nicht ausreichend erklärt haben. Der Absender hat ferner ohne Aufforderung diejenigen Dokumente zur Verfügung zu stellen, die nach Übernahme des Gutes erforderlich werden. Der Absender muß nämlich die Dokumente nicht notwendig dem Frachtbrief beigeben; es genügt, daß er sie rechtzeitig zur Verfügung stellt. Rechtzeitig bedeutet, daß ein ordentlicher Frachtführer sie fristgerecht im Verwaltungsverfahren vorzulegen vermag. Teilt der Absender dem Frachtführer mit, daß er mit der Verzollung etc. einen Spediteur oder sonstigen Dritten beauftragt habe, so hat er dafür einzustehen, daß diese das Verwaltungsverfahren ordnungsgemäß abzuwickeln imstande sind und ihnen keine Fehler unterlaufen; denn der Absender muß sich vorwerfen lassen, daß er den Frachtführer nicht mit den erforderlichen Papieren ausgestattet hat, damit dieser die Verwaltungsverfahren durchführen kann. Die gleichen Regeln gelten für Auskünfte, die in jeder Form erteilt werden können. Erforderlich sind alle Informationen, deren Kenntnis von einem ordentlichen Frachtführer (oben Rz. 1) nicht erwartet werden kann, sowie diejenigen Informationen, die ein Frachtführer erbittet oder über die er ersichtlich nicht verfügt.

2. Pflichtenverstoß (Art. 11 II 2 CMR)

3 Der Absender, der seine Pflichten gemäß Art. 11 I CMR nicht erfüllt, haftet ohne Rücksicht auf sein Verschulden in unbegrenzter Höhe. **Beweislast:** Frachtführer; **a. A.** *Delft,* Jurisprudence de droit uniforme **1966,** 104; vgl. Art. 9 CMR Rz. 2. Zur **Art der Schäden** Art. 10 CMR Rz. 3. Schäden Dritter werden nicht erfaßt, weil anders als in Art. 10 CMR die Schäden an anderen Gütern nicht erwähnt sind. Der Schaden des Frachtführers kann auch in der Form entstehen, daß das Gut des Absenders beschädigt wird (Art. 17 CMR). Dies führt allerdings nicht notwendig zum Haftungsausschluß des Frachtführers (so aber Paris, Jurisprudence de droit uniforme **1971,** 151; *Loewe,* ETR **1976,** 503, 542; Großkomm*HGB-Helm,* Anh. § 452, Art. 11 CMR Rz. 4), sondern zur Aufrechenbarkeit der Schadensersatzforderungen aus Art. 17 und Art. 11 CMR. Gemäß Art. 17 II CMR ist die Haftung des Frachtführers nämlich nur bei einem Verschulden des Absenders ausgeschlossen.

Die **Haftung** des Absenders ist in Abweichung zu § 254 BGB **ausgeschlossen,** wenn den Frachtführer oder seine Gehilfen (Art. 3 CMR) ein Verschulden trifft. Dieses Verschulden hat der Absender zu beweisen. Der englische Text formuliert ,,some wrongful act or neglect", der französische Text ,,en cas de faute". Ein Verschulden setzt nach deutschem Rechtsverständnis voraus, daß der Frachtführer pflichtwidrig handelt. Gemäß Art. 11 II 1 CMR trifft den Frachtführer nicht die Pflicht, Auskünfte und Dokumente auf ihre Vollständigkeit und Richtigkeit hin zu überprüfen. Auf ein Unterlassen der Prüfung kann daher auch kein Verschuldensvorwurf gestützt werden (*Lamy,* Transport I, Nr. 846). Den Frachtführer trifft jedoch ein Verschulden, wenn ihm der Mangel der Dokumente bzw. Auskünfte positiv bekannt war (wrongful act) oder der Mangel evident war, da er dann nichts zur Prüfung aufwenden muß und er den Absender nicht mit offenen Augen in sein Verderben laufen lassen darf (vgl. OLG Düsseldorf v. 12.2.1981, VersR **1982,** 302: kein Carnet TIR). Der Frachtführer handelt ferner schuldhaft, wenn er die Transportroute ohne vorherige Ankündigung ändert oder unvorhersehbare Wege einschlägt und daher nicht über die erforderlichen Dokumente verfügt oder die erforderlichen Dokumente schuldhaft selbst fehlerhaft ausstellt (OLG Düsseldorf v. 12.2.1981, VersR **1982,** 302) oder nicht nutzt oder dem Absender schuldhaft Fehlinformationen erteilt (**a. A.** AG Karlsruhe, TranspR **1989**, 436, 437; *Finger*, EVO, § 65 Anm. 3 b zur EVO) oder, nachdem der Mangel entdeckt worden ist, keine zumutbaren Schadensverhütungsmaßnahmen trifft (§ 427 HGB Rz. 2). Hat sich der *Frachtführer* dem Absender gegenüber *bereit erklärt, die Dokumente* und Auskünfte *zu prüfen* oder gar *zu besorgen,* so verstößt dies nicht gegen Art. 41 I CMR (ebenso im Ergebnis *Loewe,* ETR **1976,** 503, 543; *Clarke,* CMR, Rz. 75; **a. A.** Paris, ULC **1971,** 151); denn der Frachtführer übernimmt dann zulässigerweise (Art. 41 CMR) zusätzlich zu seinen Frachtführerpflichten Spediteurpflichten (einschr. *Zapp*, TranspR **1991**, 371, 373). Eine schuldhafte Verletzung dieser Pflichten kann ihm nicht im Rahmen der Art. 11 II 2, 17 CMR zugerechnet werden, sondern nur im Rahmen der nationalen speditionsrechtlichen Regeln (**a. A.** *Loewe, Clarke,* aaO).

Trifft sowohl den Absender als auch den Frachtführer ein Verschulden, so sind die Regeln des **Mitverschuldens** in dem Sinn heranzuziehen, daß der Schaden je nach Höhe des Verschuldens den Parteien quotiert zuzuweisen ist. § 254 BGB ist nicht anwendbar, da die Lücke durch eine Analogie zu Art. 17 V CMR geschlossen werden kann. Ein Mitverschulden kann in unzulänglichen Unterstützungsmaßnahmen des Frachtführers liegen (**a. A.** OLG Koblenz v. 21.5.1982, TranspR **1985,** 127, 128).

III. Haftung des Frachtführers (Art. 11 III CMR)

Art. 11 III CMR verweist auf das nach IPR (vor Art. 1 CMR Rz. 5 ff) maßgebliche Speditionsrecht (Transportkommission), aus dem sich die gemäß Art. 41 CMR unabdingbaren **Haftungsvoraussetzungen** ergeben. Es ist streitig, ob der Frachtführer auch dort haftet, wo die **Dokumente** entgegen Art. 6 II g CMR nicht **im Frachtbrief** aufgeführt waren. Nach dem Wortlaut des Art. 11 III CMR ist grundsätzlich nur erforderlich, daß dem Frachtführer Urkunden ausgehändigt worden waren. Anders ist es beim nachfolgenden Samtfrachtführer (Art. 34 CMR), wo es genügt, daß die Urkunden im Frachtbrief bezeichnet und dem ersten Frachtführer übergeben worden sind, auch wenn sie der nachfolgende Frachtführer nicht erhalten hat. Dagegen darf aus der Formulierung des Art. 11 III CMR nicht abgeleitet werden, daß die Bezeichnung der Dokumente immer Haftungsvoraussetzung ist (GroßkommHGB-*Helm,* Anh. § 452, Art. 11 CMR Rz. 6; inkonsequent *Heuer,* Haftung, S. 150). Allerdings muß sich der Absender im Rahmen des **Mitverschuldens** entgegenhalten lassen, daß er seiner Pflicht zur ordentlichen Frachtbriefausstellung (Art. 6 II g CMR) nicht nachgekommen ist; denn die Bezeichnung der Dokumente im Frachtbrief soll dem Frachtführer die Kontrolle der Vollständigkeit der Dokumente erleichtern. Der **Haftungsumfang** ist gemäß Art. 11 III 2. HS, 23 CMR beschränkt. 4

Die Regel des Art. 11 III CMR läßt sich auf die **unrichtige Verwendung von Auskünften** nicht analog anwenden, weil mit der Verwendung nichtverkörperter Erklärungen erheblich größere Risiken verbunden sind. Denkbar ist allerdings, daß der Frachtführer im Einzelfall vertraglich speditionsrechtliche Pflichten übernommen hat (gemischter Vertrag).

Art. 12 CMR [Verfügungsrecht über das Gut]

1. Der Absender ist berechtigt, über das Gut zu verfügen. Er kann insbesondere verlangen, daß der Frachtführer das Gut nicht weiterbefördert, den für die Ablieferung vorgesehenen Ort ändert oder das Gut einem anderen als dem im Frachtbrief angegebenen Empfänger abliefert.

2. Dieses Recht erlischt, sobald die zweite Ausfertigung des Frachtbriefes dem Empfänger übergeben ist oder dieser sein Recht nach Artikel 13 Absatz 1 geltend macht. Von diesem Zeitpunkt an hat der Frachtführer den Weisungen des Empfängers nachzukommen.

3. Das Verfügungsrecht steht jedoch dem Empfänger bereits von der Ausstellung des Frachtbriefes an zu, wenn der Absender einen entsprechenden Vermerk in den Frachtbrief eingetragen hat.

4. Hat der Empfänger in Ausübung seines Verfügungsrechtes die Ablieferung des Gutes an einen Dritten angeordnet, so ist dieser nicht berechtigt, seinerseits andere Empfänger zu bestimmen.

5. Die Ausübung des Verfügungsrechtes unterliegt folgenden Bestimmungen:

a) der Absender oder in dem in Absatz 3 bezeichneten Falle der Empfänger hat, wenn er sein Verfügungsrecht ausüben will, die erste Ausfertigung des Frachtbriefes vorzuweisen, worin die dem Frachtführer erteilten neuen Weisungen eingetragen sein müssen, und dem Frachtführer alle Kosten und Schäden zu ersetzen, die durch die Ausführung der Weisungen entstehen;

b) die Ausführung der Weisungen muß zu dem Zeitpunkt, in dem sie die Person erreichen, die sie ausführen soll, möglich sein und darf weder den gewöhnlichen Betrieb des Unternehmens des Frachtführers hemmen noch die Absender oder Empfänger anderer Sendungen schädigen;

c) die Weisungen dürfen nicht zu einer Teilung der Sendung führen.

6.Kann der Frachtführer auf Grund der Bestimmungen des Absatzes 5 Buchstabe b die erhaltenen Weisungen nicht durchführen, so hat er unverzüglich denjenigen zu benachrichtigen, der die Weisungen erteilt hat.

7. Ein Frachtführer, der Weisungen nicht ausführt, die ihm unter Beachtung der Bestimmungen dieses Artikels erteilt worden sind, oder der solche Weisungen ausführt, ohne die Vorlage der ersten Ausfertigung des Frachtbriefes verlangt zu haben, haftet dem Berechtigten für den daraus entstehenden Schaden.

Literatur: siehe vor Art. 1 CMR.

Übersicht

	Rz.
I. Allgemeines	1
II. Verfügungsrecht des Absenders	
1. Umfang des Verfügungsrechts	2
a) Ersatz der Kosten und Schäden	3
b) Ausführbarkeit und Zumutbarkeit	4
c) Teilung der Sendung	5
2. Der Absender als Inhaber des Verfügungsrechts	6
III. Verfügungsberechtigung des Empfängers	7
IV. Benachrichtigung (Art. 12 VI CMR)	8
V. Nichtausführung von Weisungen (Art. 12 VII CMR)	9
VI. Ausführung von Weisungen ohne Vorlage der Absenderausfertigung (Art. 12 VII CMR)	10
VII. Ausführung von Weisungen eines Nicht-Weisungsberechtigten unter Vorlage der Absenderausfertigung	11

I. Allgemeines

1 Art. 12 CMR gibt dem Absender bzw. Empfänger das Recht, die vertraglichen Pflichten des Frachtführers nachträglich durch einseitige Verfügungen, d. h. empfangsbedürftige (unten Rz. 2) Willenserklärungen, abzuändern. Die CMR ist auch dann anwendbar, wenn das Gut infolge der Verfügung die Grenzen nicht überschreitet (Art. 1 CMR Rz. 6). Die Verfügungsbefugnis steht entweder dem Absender oder dem Empfänger zu. Dritte können nur bevollmächtigt werden. Der Frachtführer kann sich allerdings verpflichten,

Weisungen Dritter zu beachten (vgl. BGH, NJW **1960**, 39, 40). Da die Ausübung der Verfügungsbefugnis – vom Fall des Art. 15 I 2 CMR abgesehen – dort, wo ein Frachtbrief ausgestellt worden ist (BGH, NJW **1982**, 1944), von der Vorlage der Absenderausfertigung abhängig ist (Art. 12 V a CMR), stellt der Frachtbrief nicht nur ein Beweispapier, sondern auch ein *Sperrpapier* dar. Der Absender nimmt sich nämlich mit der Übergabe seiner Frachtbriefausfertigung an den Empfänger, dessen Bank oder eine andere Person die Möglichkeit, das Gut anzuhalten oder umzuleiten oder sonst in den Transportablauf einzugreifen (siehe aber Rz. 2). Der Empfänger kann sich daher grundsätzlich darauf verlassen, daß die Auslieferung des auf den Weg gebrachten Guts an ihn nicht durch Maßnahmen des Absenders verhindert werden kann. Hat der Frachtführer das Gut überhaupt nicht erhalten aber gleichwohl den Frachtbrief unterzeichnet, so haftet der Frachtführer dem Empfänger nach dem ergänzend anzuwendenden nationalen Recht (vor Art. 1 CMR Rz. 5 ff; vgl. BGH, NJW **1987**, 588; *Koller,* EWiR **1986**, 1219; § 444 HGB Rz. 3; vgl. auch BGH v. 19.3.1976, WM **1976**, 566, 567).

II. Verfügungsrecht des Absenders

1. Umfang des Verfügungsrechts

Das Verfügungsrecht erstreckt sich **nur** auf nachträgliche **Weisungen**, die die **Beförderung** oder **Ablieferung** des vertraglich vereinbarten Guts mit Kraftfahrzeugen (vgl. OLG Köln v. 17.1.1989, VersR **1989**, 1282) und die damit **verbundenen Maßnahmen** wie Verzollung, Nachnahme (*Glöckner,* CMR, Art. 12 Rz. 3; *Jesser,* Frachtführerhaftung, S. 85; **a. A.** *Heuer,* Haftung, S. 153) betreffen (OLG Hamburg v. 9.2.1984, TranspR **1985**, 38). Der Absender kann daher nicht einseitig die Weisung erteilen, zusätzliches Gut zu befördern oder das Gut zu verkaufen, auch nicht, es zu vernichten oder längerfristig zu lagern (*Jesser,* aaO; **a. A.** *Heuer,* Haftung, S. 153). Davon abgesehen ist die Verfügungsbefugnis des Absenders grundsätzlich unbeschränkt. Die in Art. 12 I 2 CMR genannten Verfügungen stellen *nur Beispiele* dar. Entgegen dem OLG Hamburg (v. 7.5.1987, VersR **1987**, 1111) kann daher auch die Weisung gegeben werden, mit einer bestimmten Art von Lkw zu befördern, da dies die Sicherheit des Transportes betrifft (*Glöckner,* CMR, Art. 12 Rz. 3; vgl. auch *Helm,* VersR **1988**, 548, 554) und deshalb ein Zusammenhang mit dem Gut besteht. Möglich ist auch, Weisungen an Bedingungen zu knüpfen, z. B. das Gut nur einem Empfänger auszuliefern, der ein bestimmtes Dokument vorlegt. Die Verfügungen sind **widerruflich**, da die Widerrufe neue Verfügungen darstellen. Die **Zahl der Verfügungen** ist grundsätzlich nicht begrenzt (*Hill/Messent,* CMR, S. 55). Die Verfügung muß im Licht der scharfen Haftung des Art. 12 VII CMR dem Frachtführer derart **zugehen**, daß er sie bei pflichtgemäßer Sorgfalt zur Kenntnis nehmen konnte. 2

Die einseitige Verfügungsbefugnis wird durch das Erfordernis der **Verfügungsberechtigung** (unten Rz. 6 f) und Art. 12 V a, b, c CMR **begrenzt**. Der Frachtführer kann aber *unbeschränkt* bei Vertragsschluß vereinbaren, daß bestimmte Modalitäten des Transportes (z. B. der Empfangsort) offen bleiben und erst später von einer der Parteien festgelegt werden. Dies ist kein Fall des Art. 12 CMR, weil die Vorschrift nur Fälle erfaßt, in denen Vertragspflichten des Frachtführers durch eine Weisung einseitig abgeändert und nicht bloß konkretisiert werden. Aus diesem Grunde kann der Frachtführer ohne Rücksicht auf die Schranken des Art. 12 CMR auch nachträglich jederzeit konkreten weitergehenden Verfügungen zustimmen und damit eine Vertragsänderung vereinbaren bzw. einen weiteren Vertrag schließen. Dies gilt auch dort, wo dem Verfügenden gemäß Art. 12 I-III CMR nicht mehr das Verfügungsrecht zusteht; denn im Rahmen des Art. 13 CMR konkurrieren Schadensersatzansprüche des Absenders und Empfängers (str.; Art. 13 CMR Rz. 8 f). Daraus ergibt sich, daß die Erwartung des Empfängers, das Gut bzw. dessen Wert zu erhalten, grundsätzlich nicht geschützt ist, da ja auch der Absender den Wert des Gutes einziehen kann. Eine Ausnahme gilt dort, wo der Geschädigte im Besitz der Absenderausfertigung des Frachtbriefs war (Art. 12 VII CMR).

3 **a) Ersatz der Kosten und Schäden**. Zum Teil wird die Ansicht vertreten, daß der Frachtführer die Ausführung der Weisung von der Zahlung eines **Vorschusses** abhängig machen kann (GroßkommHGB-*Helm,* Anh. § 452, Art. 12 CMR Rz. 10; **a. A.** *Loewe,* ETR **1976,** 503, 544: nur bei mangelnder Solvenz; vgl. auch *Runge,* TranspR **1982,** 17, 18). Die Frage der **Fälligkeit** ist in Art. 12 V a CMR nicht geregelt. Es ist daher das einschlägige (vor Art. 1 CMR Rz. 5 ff) nationale Recht heranzuziehen. Dabei ist zu beachten, daß gemäß Art. 12 V a CMR „alle Kosten und Schäden" zu ersetzen sind, also nicht nur Aufwendungen iSd § 670 BGB, sondern auch erhöhte **Selbstkosten** (Art. 16 CMR Rz. 2) und unfreiwillige Schäden (zum Schadensbegriff Art. 10 CMR Rz. 3). Es bedarf daher dort, wo der Verfügungsberechtigte eine Zwischenlagerung anordnet, keiner Analogie zu Art. 16 II CMR (**a. A.** *Heuer,* Haftung, S. 64). Gemäß BGB kann nur für Aufwendungen Vorschuß verlangt werden (§ 669 BGB). Zu den Schäden gehören auch „Verluste", die daraus resultieren, daß die Vergütung des Frachtführers gekürzt wird oder der Frachtführer zusätzliche Leistungen erbringt (*Theunis/Maccarone*, S. 73 f). Die Weisung darf daher nicht zu einer Beeinträchtigung des Verdienstes des Frachtführers führen (Parallele zu § 649 BGB). Ersparnisse sind anzurechnen. Für Schäden, die der Frachtführer bewußt verursacht, aber nicht verursachen muß (z. B. infolge Lieferverzögerung bei anderen Gütern), braucht der Absender nicht einzustehen, da der Frachtführer derartige Weisungen nicht auszuführen braucht (Art. 12 V b CMR). Hat der Frachtführer schuldhaft gehandelt, so entfällt der Wertung des Art. 16 I CMR zufolge ein Ersatzanspruch.

4 **b) Ausführbarkeit und Zumutbarkeit**. Die Ausführung der Weisung ist iSd Art. 12 V b CMR nicht möglich, wenn sie objektiv tatsächlich oder rechtlich unmöglich ist. Im Fall des Unvermögens des Frachtführers kommt es darauf an, ob der Frachtführer Dritte einschalten kann und ob dies zumutbar ist. Die Ausführung der Weisung ist unzumutbar, wenn der übliche Betrieb des konkreten Frachtführers gehemmt wird. Die Hemmung muß ernstlich sein (*Loewe,* ETR **1976,** 503, 545; *Hill/Messent,* CMR, S. 53) und darf vom Frachtführer nicht verschuldet sein, weil das nicht dem normalen Betrieb entspricht. Es ist zu berücksichtigen, daß der Frachtführer auf Kosten des Weisunggebenden (Art. 12 V a CMR) Subunternehmen einschalten kann.

Die Weisung ist außerdem nicht auszuführen, falls den Absendern oder Empfängern anderer Sendungen konkret Schäden drohen (z. B. durch Verzögerungen). Maßgeblich ist der Zeitpunkt des Zugangs der Weisung. In Hinblick auf spätere Hindernisse gelten die Art. 14 ff CMR. Der Frachtführer ist berechtigt, die Verfügung auszuführen, obwohl ihr Art. 12 V b, c CMR entgegensteht; denn er braucht sich auf die ausschließlich seinem Schutz dienenden Vorschriften nicht berufen. Zur *Benachrichtigung* Rz. 8.

c) Teilung der Sendung. Der Frachtführer braucht auch solche Weisungen nicht hinzunehmen, die dazu führen, daß Teile der Sendung (zum Begriff der Sendung § 20 KVO Rz. 2; BGHZ **79,** 302, 305; **a. A.** *Hill/Messent,* CMR, S. 53 f) verschiedene Wege gehen. 5

2. Der Absender als Inhaber des Verfügungsrechts

Gemäß Art. 12 I 1 CMR ist zunächst der Absender der Inhaber des Verfügungsrechts. Ist ein Frachtbrief ausgestellt worden, so hat sich der Absender gemäß Art. 12 V a CMR durch **Vorweisung des Frachtbriefs** zu legitimieren. Dies kann überall dort geschehen, wo sich eine Person befindet, die zur Entgegennahme von Weisungen bevollmächtigt ist. Einseitige Weisungen, die ohne Legitimation erfolgen und nicht im Frachtbrief eingetragen sind, sind unbeachtlich. Eine Ausnahme gilt im Fall des Art. 15 I 2 CMR sowie angesichts der hier vertretenen weiten Auslegung des Begriffs Weisung in den Fällen, in denen die Weisung, wie z. B. Verzollungsanweisungen, den Transport des Gutes zum im Frachtbrief angegebenen Empfänger begünstigt (teleologische Reduktion des Art. 12 V lit. a CMR). Die Beweislast für die Einhaltung des Art. 12 V a CMR trägt der Absender. Der Frachtführer, der Weisungen nachkommt, obwohl ihm die Absenderausfertigung nicht vorgelegen hat, nimmt das Risiko eines Schadensersatzanspruchs gemäß Art. 12 VII CMR (Rz. 10) auf sich. Der Absender braucht dem Frachtführer die Absenderausfertigung des Frachtbriefs (Art. 5 I 3 CMR) nicht auszuhändigen (BGH, NJW **1982,** 1944, 1945). Der Frachtführer kann nur ihre Vorlage im Prozeß erzwingen (§ 422 ZPO, § 810 BGB; BGH, NJW **1982,** 1944, 1945). War **kein Frachtbrief ausgestellt** worden, so entfällt der für den Frachtführer aus dem Frachtbrief entspringende Schutz (Identifikation des Weisungsberechtigten, eindeutige Festlegung des Inhalts der Weisung). Da ein Übergang der Verfügungsbefugnis auf den Empfänger durch Übergabe der Frachtbriefausfertigung nicht zu befürchten ist, kann in diesen Fällen die Weisung formlos erteilt und mit jedem zulässigen Beweismittel bewiesen werden (BGH, NJW **1982,** 1944, 1945). 6

Das **Verfügungsrecht** des Absenders **erlischt,** sobald es auf den Empfänger übergegangen ist (Rz. 7) oder das Gut abgeliefert worden ist (Ausnahme: Art. 15 I 2 CMR). Geht das Verfügungsrecht auf den Empfänger über, so behält der Absender das Recht, Ablieferung an den Empfänger bzw. nach dessen Weisung zu verlangen (*Hill/Messent,* CMR, S. 57). Verzichtet der Empfänger auf sein Weisungsrecht, so ist Art. 15 I 2 CMR analog anzuwenden. Die *Beweislast* für das Erlöschen des Weisungsrechts trägt derjenige, der sich darauf beruft (abw. *Baumgärtel/Giemulla,* Beweislast, Art. 12 CMR Rz. 4: nur substantiierte Behauptung).

III. Verfügungsberechtigung des Empfängers

7 Der Empfänger wird verfügungsberechtigt, wenn der Absender die Verfügungsberechtigung des Empfängers in den wirksamen Frachtbrief (Art. 4 ff CMR) eingetragen hat (Art. 12 III CMR). Ferner erwirbt der Empfänger das Verfügungsrecht, sobald ihm die zweite Ausfertigung des Frachtbriefs (Art. 5 I 3 CMR) übergeben worden ist (Art. 12 II 1 CMR). Ob er darauf ein Recht besaß (Art. 13 I CMR), ist unerheblich (LG Augsburg, TranspR **1991**, 183, 185). Der Empfänger wird schließlich vor der Übergabe der zweiten Frachtbriefausfertigung verfügungsberechtigt, wenn er nach Ankunft des Guts gemäß Art. 13 I CMR die Übergabe der zweiten Ausfertigung des Frachtbriefs und Ablieferung des Guts oder Schadensersatz verlangt. Eine vorherige Bezahlung der Fracht ist nicht nötig. Wie der Wortlaut der Art. 13 I 1 und Art. 12 II 1 CMR zeigt, kommt es nicht auf den Moment der Ankunft des Gutes an, sondern auf den Zeitpunkt, in dem die Willenserklärung „Verlangen der Auslieferung" dem Frachtführer zugeht (ebenso *van Ryn,* ETR **1966,** 639, 653). Ist *kein Frachtbrief* ausgestellt worden, so genügt es, daß der Empfänger Auslieferung des Guts fordert (**a. A.** *Heuer,* Haftung, S. 152 f).

Der Empfänger kann in den **Grenzen,** die dem Absender gesetzt sind (Rz. 2 ff), über das Gut verfügen. Eine Ausnahme gilt im Fall des Art. 12 IV CMR.

Art. 12 V a CMR unterwirft Verfügungen des Empfängers den gleichen **Legitimations- und Beurkundungsanforderungen** wie Verfügungen des Absenders (Rz. 6). Daraus folgt, daß auch der Empfänger grundsätzlich die Absenderausfertigung samt den dort eingetragenen Weisungen vorzulegen hat. Dies erscheint freilich dort nicht als sehr sinnvoll, wo der Frachtführer die zweite Ausfertigung des Frachtbriefs übergeben hat oder der Empfänger seine Rechte aus Art. 13 I CMR geltend macht und der Frachtführer deshalb das Weisungsrecht des Empfängers (Art. 12 II 2 CMR) kennt. Art. 12 V a CMR will aber den Frachtführer auch vor Streitigkeiten über den Inhalt von Weisungen schützen (Denkschrift, BT-Drucksache III/1144 S. 38). Dies ist auch im Verhältnis zum Empfänger zu respektieren. Der Empfänger muß daher – sofern eine Absenderausfertigung existiert (Rz. 6) – diese ebenfalls vorlegen (*Lenz,* Straßengütertransportrecht, Rz. 986).

Soweit der **Empfänger** wirksam Weisungen erteilt, **haftet** er, nicht der Absender, aus Art. 12 V b CMR (vgl. Rz. 3).

IV. Benachrichtigung (Art. 12 VI CMR)

8 Der Frachtführer hat gemäß Art. 12 VI CMR mitzuteilen, daß er die Verfügung nicht ausführt, weil sie unmöglich oder unzumutbar ist. Kommt er dieser Pflicht nicht nach, so haftet er analog Art. 12 VII 1. Alt. CMR, da die Nicht-Benachrichtigung ein minus zur Nichtausführung der Weisung darstellt (*Hill/Messent,* CMR, S. 54; ebenso im Ergebnis *Baumgärtel/Giemulla,* Beweislast, Art. 12 CMR Rz. 8; **a. A.** GroßkommHGB-*Helm,* Anh. § 452, Art. 12 CMR Rz. 11 und *Jesser,* Frachtführerhaftung: positive Forderungsverletzung; **a. A.** auch *Heuer,* Haftung, S. 157: Beweislastumkehr). Die *Be-*

weislast für die rechtzeitige Benachrichtigung trägt der Frachtführer. Auf die Fälle des *Art. 12 V a, c CMR* ist Art. 12 VI CMR nicht analog anzuwenden, weil dort der Verfügende selbst erkennen kann, daß die Verfügungsvoraussetzungen nicht vorliegen.

V. Nichtausführung von Weisungen (Art. 12 VII CMR)

Der **Frachtführer haftet** für die Nichtausführung gültiger, formgerechter (oben Rz. 2), vom Verfügungsberechtigten stammender (oben Rz. 6 f) ausführbarer und zumutbarer (oben Rz. 4) Weisungen ohne Rücksicht auf Rechts- oder Tatsachenirrtümer. Dort, wo der Frachtführer von dem Zugang der Weisung keine Kenntnis erlangt hat, kommt es darauf an, ob ihn daran ein Vorwurf trifft; denn die Weisung wird nur wirksam, wenn sie ein sorgfältig handelnder Frachtführer zur Kenntnis nehmen konnte (oben Rz. 2). Die Haftung ist in der Höhe unbegrenzt. Zum Schadensbegriff Art. 10 CMR Rz. 3. Dort, wo die Mißachtung der Weisung zu Güterverlusten führt, soll der Frachtführer dem BGH (NJW **1982,** 1944, 1945) zufolge ausschließlich nach den Art. 17 ff CMR haften. Der Frachtführer haftet vielmehr auch dort unbegrenzt, wo die Mißachtung der Weisungen Güterschäden oder Lieferverzögerungen zur Folge hat (OGH Wien v. 13.6.1985, TranspR **1988,** 13, 15; *Helm,* VersR **1988,** 548, 554; **a. A.** *Heuer,* Haftung, S. 159). Diese Lösung entspricht dem klaren Wortlaut des Art. 12 VII CMR (vgl. auch BGH v. 19.3.1976, WM **1976,** 566, 568). Allerdings wird dadurch die Mißachtung von Weisungen im Vergleich zu anderem Fehlverhalten, das zu Güterschaden oder Lieferverzögerungen führt, besonders scharf sanktioniert. Darin liegt jedoch kein Wertungswiderspruch (**a. A.** *Konow,* TranspR **1987,** 14, 16); denn die Haftung aus Art. 12 VII CMR greift nur dort ein, wo die Weisung in der besonderen Form des Art. 12 V a CMR erteilt worden ist und der Pflichtenverstoß daher besonders gravierend ist (**a. A.** wohl OLG Hamburg v. 30.8.1984, VersR **1984,** 832). Wurde *kein Frachtbrief ausgestellt* und die Weisung formlos erteilt, so ist nicht Art. 12 VII CMR anzuwenden, sondern nur Art. 17 CMR (insoweit zutreffend BGH, NJW **1982,** 1944) bzw. in Hinblick auf sonstige Schäden das nationale Recht (vor Art. 1 CMR Rz. 5 ff). Gleiches gilt, wenn bei Vertragsschluß erteilte „Weisungen" oder Abreden über die Abänderung des Vertrages (Rz. 2) mißachtet werden. **Beweislast:** Der Verfügungsberechtigte hat die Voraussetzungen gemäß Art. 12 I bzw. II 2, III sowie V a CMR, die Kausalität und den Schaden, der Frachtführer die Einwendungen gemäß Art. 12 V b, c CMR zu beweisen. **9**

VI. Ausführung von Weisungen ohne Vorlage der Absenderausfertigung (Art. 12 VII CMR)

Art. 12 VII CMR eröffnet den durch das Sperrpapier (Rz. 1) geschützten Personen einen Schadensersatzanspruch (vgl. auch BGH v. 19.3.1976, WM **1976,** 566, 567). Der Anspruch entsteht nicht nur in Fällen, in denen das Papier gar nicht vorgelegt wurde, sondern nach dem Sinn des Art. 12 VII CMR auch dann, wenn frühere Weisungen, auch Weisungen bei Vertrags- **10** schluß, nicht eingetragen waren. Geschützt ist in der Regel der Empfänger oder sein Rechtsnachfolger, denen die Absenderausfertigung ausgehändigt worden ist. Auch Kreditgeber können geschützt sein (vgl. BGH v. 19.3.1976, WM **1976,** 566, 567). Theoretisch kann auch der Absender geschützt sein, wenn der Frachtführer Weisungen des Empfängers gemäß Art. 12 II oder III CMR ausführt, obwohl der Absender noch im Besitz der Absenderausfertigung ist. In einem solchen Fall kann der Absender allerdings keinen Schaden erleiden, da das Verfügungsrecht des Absenders erloschen war und das Gut ohnehin programmgemäß endgültig durch Auslieferung in die Verfügungsgewalt des Empfängers gelangt wäre. Anders ist die Situation in den Fällen, in denen der Absender Besitzer der Absenderausfertigung und materiell weisungsberechtigt geblieben ist. Ist die Absenderausfertigung nicht vorgelegt worden, war der Verfügende aber im Besitz der Ausfertigung, in der die Weisung eingetragen war, so entfällt nach der ratio des Art. 12 V a CMR ebenfalls ein Schadensersatzanspruch (*Hill/Messent,* CMR, S. 54). **Beweislast:** Der Frachtführer hat zu beweisen, daß er sich die Absenderausfertigung hat vorlegen lassen.

VII. Ausführung von Weisungen eines Nicht-Weisungsberechtigten unter Vorlage der Absenderausfertigung

11 *Heuer* (Haftung, S. 158), vertritt die Ansicht, daß der Frachtführer nicht hafte, weil er sich allein auf die Vorlage der Absenderausfertigung verlassen könne. Auch in der Denkschrift (BT-Drucksache III/1144, S. 38) wird im Zusammenhang des Art. 12 III CMR die Funktion der Absenderausfertigung als Legitimationsurkunde hervorgehoben. Allerdings benötigt der Frachtführer im Fall des Art. 12 III CMR keine besondere Legitimation in Hinblick auf die materielle Verfügungsbefugnis, da sie sich aus den in seinem Besitz befindlichen Ausfertigungen ergibt (dies berücksichtigt BGH, NJW **1982,** 1944, 1945 nicht). Der Frachtführer kann dann selbständig beurteilen, ob der Empfänger materiell verfügungsberechtigt geworden ist. Die Übergabe der Absenderausfertigung erzeugt auch sonst nicht die Vermutung, daß der Absender den Empfänger zu Weisungen ermächtigt hat (**a. A.** wohl *Hill/Messent,* CMR, S. 52). Gleichwohl haftet der Frachtführer dem Absender, wenn er Verfügungen des noch nicht verfügungsberechtigt gewordenen Empfängers befolgt, schon deshalb nicht, weil der Absender keinen Schaden erleidet; denn er hätte nach Begebung der Absenderausfertigung die Auslieferung des Guts an den Empfänger ohnehin nicht verhindern können. Erteilt der Absender unter Vorlage der Erstausfertigung eine Weisung, obwohl die Verfügungsberechtigung auf den Empfänger übergegangen war (Rz. 7), so trifft den Frachtführer ebenfalls keine Haftung; denn der Übergang der Verfügungsberechtigung dient nicht gerade dem Schutz des Verfügungsberechtigten. Die Auslieferungserwartungen können ausschließlich durch die Absenderausfertigung gesichert werden.

Art. 13 CMR [Rechte des Empfängers nach Ankunft; Zahlungspflicht]

1. Nach Ankunft des Gutes an dem für die Ablieferung vorgesehenen Ort ist der Empfänger berechtigt, vom Frachtführer zu verlangen, daß ihm gegen Empfangsbestätigung die zweite Ausfertigung des Frachtbriefes übergeben und das Gut abgeliefert wird. Ist der Verlust des Gutes festgestellt oder ist das Gut innerhalb der in Artikel 19 vorgesehenen Frist nicht angekommen, so kann der Empfänger die Rechte aus dem Beförderungsvertrage im eigenen Namen gegen den Frachtführer geltend machen.

2. Der Empfänger, der die ihm nach Absatz 1 zustehenden Rechte geltend macht, hat den Gesamtbetrag der aus dem Frachtbrief hervorgehenden Kosten zu zahlen. Bei Streitigkeiten hierüber ist der Frachtführer zur Ablieferung des Gutes nur verpflichtet, wenn ihm der Empfänger Sicherheit leistet.

Literatur: siehe vor Art. 1 CMR.

Übersicht

	Rz.
I. Allgemeines	1
II. Ablieferung von Gut und Frachtbrief (Art. 13 I 1 CMR)	
1. Voraussetzungen	2
2. Rechtsfolgen	3
III. Schadensersatzansprüche des Empfängers	
1. Empfänger	4
2. Haftung des Frachtführers, Regreß	5
3. Schadensersatz wegen Verlustes (Art. 13 I 2, 1. Alt. CMR)	
4. Schadensersatz wegen Verspätung (Art. 13 I 2, 2. Alt. CMR)	6
5. Schadensersatz wegen Beschädigung des Guts	7
IV. Schadensersatzansprüche des Absenders	8
V. Prozeßführungsbefugnis Dritter	9
VI. Regreß unter Frachtführern	9
VII. Abtretung	10
VIII. Zahlungspflicht des Empfängers	11
IX. Verzollung	12

I. Allgemeines

Art. 13 CMR zeigt, daß auch der CMR-Transportvertrag als Vertrag zu- 1
gunsten Dritter ausgeformt ist. Daraus darf allerdings nicht abgeleitet werden, daß dem Empfänger von Anfang an Forderungsrechte zustehen. Die Aktivlegitimation des Empfängers ist in differenzierter Weise in Art. 13 I CMR geregelt. In beschränktem Umfang kann Art. 13 I CMR analog angewandt werden (unten Rz. 7). Der CMR-Frachtvertrag ist kein Vertrag zu Lasten Dritter. Die Zahlungspflicht des Empfängers setzt vielmehr eine Erklärung des Empfängers voraus. Das Recht des Absenders, Ablieferung an den Empfänger zu verlangen, bleibt ihm als Vertragspartner des Frachtführers auch erhalten, nachdem er die frachtrechtliche Verfügungsbefugnis verloren hat (vgl. *Hill/Messent,* CMR, S. 57 f).

II. Ablieferung von Gut und Frachtbrief (Art. 13 I 1 CMR)

1. Voraussetzungen

2 Das Gut muß am Ort der Ablieferung, d. h. an der exakten Stelle der Ablieferung (BGH v. 15.1.1987, VersR **1987,** 980; **a. A.** wohl *Schulze,* DGV **1956,** 272, 278; vgl. auch Art. 6 I d, 9 I, 12 CMR) angekommen sein. Hat der Absender wirksam einen neuen Empfänger und/oder Empfangsort bestimmt (Art. 12 CMR), so ist dieser Ort maßgebend. Dem Frachtführer steht ein Leistungsverweigerungsrecht zu, wenn der Empfänger nicht Zug um Zug eine **Empfangsbestätigung** erteilt. Die Form der Empfangsbestätigung ist in der CMR nicht geregelt. Es genügt daher eine schriftliche Quittung. Über die Beweiskraft der Quittung ist in der CMR ebenfalls nichts näheres gesagt. Es ist bloß von „receipt" bzw. „décharge" die Rede. Man wird davon ausgehen können, daß die Beweiskraft der Empfangsbestätigung der Beweiskraft des Frachtbriefs für die Übernahme des Guts durch den Frachtführer entspricht (Gent, ETR **1981,** 708).

2. Rechtsfolgen

3 **Aktivlegitimiert** ist die im Frachtvertrag oder durch wirksame Verfügung (Art. 12 CMR) vom Absender als Adressat bestimmte Person (Empfänger), es sei denn, daß der Empfänger gemäß Art. 12 IV CMR eine andere Person als Adressaten bestimmt hat. Eine Absenderausfertigung (Art. 12 V a CMR) braucht der Empfänger nicht vorzuweisen. Der Adressat kann die **Übergabe der zweiten Ausfertigung** des Frachtbriefs (Art. 5 I 3 CMR) verlangen. Mit dem „Verlangen" geht die Verfügungsbefugnis auf ihn über (Art. 12 CMR Rz. 7). Er kann später oder zugleich die Auslieferung des Guts fordern. Dem BGH (BGHZ **75,** 92, 95) zufolge bedeutet **Ablieferung** die frachtbriefmäßig vorgesehene vollständige und unbeschädigte Übergabe des Guts. Diese Definition ist nicht haltbar; denn sonst stünde dem Empfänger dort, wo das Gut nicht vollständig oder beschädigt am Ablieferungsort angekommen ist, gar kein Ablieferungsrecht zu, da die Ablieferung unmöglich wäre. Es käme auch nicht zur Ablieferung iSd Art. 17 I CMR und damit zum Ende der Haftungsperiode. Ablieferung kann daher nur die Übergabe des Gutes in dem Zustand sein, in dem es sich im Moment der Ablieferung befindet. Die Frage des Verlusts bzw. der Beschädigung ist in Art. 13 I 2, 17 ff CMR geregelt. Der Empfänger hat die Voraussetzungen seines Rechts zu *beweisen.* Der Frachtführer kann sich auf sein Zurückbehaltungsrecht gemäß Art. 13 II CMR (Rz. 11) und sein Pfandrecht (vor Art. 1 CMR Rz. 19) berufen.

III. Schadensersatzansprüche des Empfängers

1. Empfänger

4 Empfänger ist der wirksam (Art. 12 CMR) vom Absender (OLG Düsseldorf v. 13.11.1980, VersR **1982,** 89) oder vom ursprünglichen Empfänger (Art. 12 IV CMR; OLG Hamburg v. 17.11.1983, VersR **1984,** 236) bestimmte Adressat des Gutes, nicht aber z. B. der Käufer der Ware, der nur als

,,notify address" aufgeführt ist (OLG Düsseldorf v. 2.3.1989, TranspR **1989**, 423; Paris, BullT **1991**, 779) oder diejenige Person, bei der das Gut mit Einverständnis des Empfängers abgeliefert wird oder der Empfänger aus wirtschaftlicher Sicht (OLG Düsseldorf v. 2.3.1989, TranspR **1989**, 423; unklar OLG Hamm v. 15.9.1988, TranspR **1989**, 55, 56) bzw. der sog. Endempfänger. Der Name des Empfängers kann bei Vertragsschluß offengelassen werden (Art. 12 CMR Rz. 2).

2. Haftung des Frachtführers, Regreß

Die Haftung des Frachtführers ergibt sich aus Art. 17 CMR. Die Forderung richtet sich gegen den Hauptfrachtführer. Streitig ist, ob der Empfänger auch in Fällen, in denen die Voraussetzungen der Art. 34 ff CMR nicht erfüllt sind, den **Unterfrachtführer** direkt in Anspruch nehmen darf. Der BGH (eingehend v. 24.10.1991, VersR **1992,** 640 f) verneint dies in ständiger Rechtsprechung. Er begründet dies damit, daß sowohl Art. 13 CMR als auch § 435 HGB dem Empfänger nur Ersatzansprüche gegen den Hauptfrachtführer eröffneten. Dieser Grundsatz werde ausschließlich dort durchbrochen, wo die Art. 34 ff CMR (bzw. beim HGB der § 432 II) eingreifen. Der BGH (v. 24.10.1991, VersR **1992**, 640, 641) argumentiert außerdem damit, daß der normale Unterfrachtführer nur Hilfsperson des Hauptfrachtführers und in dieser Funktion mit einem Arbeitnehmer des Hauptfrachtführers zu vergleichen sei (ebenso i. E. OLG Düsseldorf v. 7.7.1988, TranspR **1988**, 425, 427; belgische Kassationsgerichtshof, ETR **1988**, 201; Antwerpen, ETR **1987**, 436). Die Literatur steht demgegenüber auf dem Standpunkt, daß der Unterfrachtführer, der kein aufeinanderfolgender Frachtführer iSd Art. 34 ff CMR ist, einen normalen Frachtvertrag abschließe, aus dem er seinem Auftraggeber und nach Maßgabe des Art. 13 CMR bzw. § 435 HGB auch dem in diesem Unterfrachtvertrag benannten Empfänger hafte (*Thume*, TranspR **1991**, 85 ff; *Koller*, VersR **1988**, 673). Diese Position erscheint vorzugswürdig. Die vom BGH zum Fahrer des Hauptfrachtführers gezogene Parallele berücksichtigt nicht, daß ein Fahrer eben ein Arbeitnehmer und kein Unternehmer, schon gar kein Frachtführer ist. Die These, daß arbeitsteilig tätige Unternehmer nicht in Form von Verträgen zugunsten Dritter eingeschaltet werden könnten oder daß es unsinnig wäre, sie in dieser Form einzuschalten, findet weder im deutschen Recht noch in der CMR eine Stütze. Ein Umkehrschluß aus den Art. 34 ff CMR berücksichtigt nicht, daß die Rechte des Empfängers aus Art. 36 CMR bedeutend weiter gehen als die aus Art. 13 CMR und daß die CMR keinerlei Anhaltspunkte dafür bietet, daß nur die weitergehenden Rechte aus Art. 36 CMR oder gar keine Rechte existieren sollen. Den Art. 34 ff CMR läßt sich lediglich entnehmen, daß sie die dort geregelte besondere Form des Unterfrachtvertrags abschließend normieren. Für eine allgemeine Sonderbehandlung von Unterfrachtverträgen existieren mithin keine Anhaltspunkte, solange nicht dargetan ist, daß die Qualifikation des Unterfrachtvertrages wie des Hauptfrachtvertrages als Vertrag zugunsten Dritter zu praktisch wenig tragbaren Folgen führt. Wenn man an der Rechtsprechung des BGH festhält, müßte man in Parallele zur französischen Rechtsprechung die Anwendungsvoraussetzungen der Art. 34 ff CMR absenken. 5

3. Schadensersatz wegen Verlustes (Art. 13 I 2, 1. Alt. CMR)

Voraussetzung ist, daß der Verlust (Art. 17 CMR Rz. 1) in der Form des Art. 20 I CMR oder durch ein Zugeständnis des Frachtführers festgestellt wird. Es ist gleichgültig, ob es sich um einen vollen Verlust oder um einen **Teilverlust** handelt. Die Feststellung kann nicht durch bloße Zeugenaussagen erfolgen, weil diese widerleglich sind. Sinn des Art. 13 I 2 CMR ist es, dem Empfänger (oben Rz. 4) erst dann eigene Schadensersatzansprüche zu eröffnen, wenn sicher ist, daß der Absender oder sonst Verfügungsberechtigte wegen Art. 12 V b CMR nicht mehr verfügen können (näher *Koller,* RIW **1988,** 254, 257). Der Empfänger selbst muß nicht verfügungsberechtigt (Art. 12 CMR) geworden sein (BGH, NJW **1974,** 412, 413; v. 28.4.1988, VersR **1988,** 825). Er muß auch nicht die Absenderausfertigung des Frachtbriefs (Art. 12 V a CMR) vorlegen (*Helm,* TranspR **1983,** 29, 32). Der Anspruch ist ohne Rücksicht darauf, daß ihn der Empfänger geltend gemacht hat, abtretbar (BGH v. 28.4.1988, VersR **1988,** 825). Der Empfänger kann Schadensersatzansprüche nach den Regeln der Drittschadensliquidation (§ 435 HGB Rz. 3) erheben.

4. Schadensersatz wegen Verspätung (Art. 13 I 2, 2. Alt. CMR)

6 Voraussetzung der Aktivlegitimation ist lediglich, daß die Frist des Art. 19 CMR, die zugleich Voraussetzung des Anspruchs aus Art. 17 CMR ist, verstrichen ist. Der Empfänger muß weder verfügungsberechtigt (Art. 12 CMR) noch in den Besitz der Absenderausfertigung des Frachtbriefs (Art. 12 V a CMR) gelangt sein (oben Rz. 5). Der Empfänger braucht bloß darzulegen, nicht aber zu beweisen, daß das Gut nicht fristgerecht angekommen ist; es ist Sache des Frachtführers, sich gemäß Art. 17 II CMR zu entlasten (*Baumgärtel/Giemulla,* Beweislast, Art. 13 CMR Rz. 2). Drittschadensliquidation, s. Rz. 5.

5. Schadensersatz wegen Beschädigung des Guts

7 Die Aktivlegitimation bei Schadensersatzansprüchen wegen Beschädigung ist in der CMR nicht ausdrücklich geregelt. Der BGH entnimmt den Art. 13 I, 18 II 2, 20 I, 27 CMR, daß der Empfänger auch in Hinblick auf Beschädigungen des Gutes ersatzberechtigt werde, sobald er die Verfügungsberechtigung erlangt habe (BGHZ **75,** 92; BGH v. 6.5.1981, VersR **1981,** 929, 930; OGH Wien v. 9.9.1982, TranspR **1989,** 222, 225; *Helm,* TranspR **1983,** 29, 30; VersR **1988,** 548, 553; abw. *Lieser,* Ergänzung, S. 77 ff: nach Maßgabe des Art. 13 I 1 CMR). Dem BGH ist im wesentlichen im Ergebnis, nicht aber in der Begründung zuzustimmen (eingehend *Koller,* RIW **1988,** 254, 257; vgl. auch *Lutz,* TranspR **1991,** 6). Dem Empfänger ist vielmehr analog Art. 13 I 2 CMR die Aktivlegitimation von dem Zeitpunkt an zuzusprechen, von dem an der Absender keine wirksamen frachtrechtlichen Verfügungen (Art. 12 CMR) mehr oder sie nicht wieder (Art. 15 I 2 CMR) erteilen kann, auch wenn der Empfänger noch nicht selbst verfügen konnte (*Koller,* RIW **1988,** 254, 257; nach franz. Auffassung ist unvereinheitlichtes franz. Recht maßgebend [*Lutz,* TranspR **1991,** 6]; zur österr. Rechtsauffassung OLG Linz,

TranspR **1990**, 154). Zur Bedeutung der Absenderausfertigung des Frachtbriefs, oben Rz. 3.

IV. Schadensersatzansprüche des Absenders, Regreß

Die CMR sagt an keiner Stelle, daß der Absender gegenüber dem Frachtführer aktivlegitimiert ist. Gleichwohl ist es einhellige Meinung, daß der Absender jedenfalls zunächst in Hinblick auf alle Schadensarten ersatzberechtigt ist, weil der Absender Vertragspartner ist (*Helm,* TranspR **1983,** 29, 31 m. Nachw.; *Lamy*, Transport I, Nr. 1001; *Hill/Messent,* CMR, S. 57 f; *Piper,* TranspR **1990**, 357; *Lieser*, Ergänzung, S. 76). Dem BGH (NJW **1974,** 1614; v. 24.10.1991, TranspR **1992**, 177, 178; ebenso OGH Wien v. 28.6.1988, TranspR **1989**, 222, 225; v. 30.11.1989, VersR **1990**, 1259; *Lieser*, Ergänzung, S. 85 ff) zufolge bleibt der Absender auch dann aktivlegitimiert, wenn der Empfänger ersatzberechtigt wird (so auch zum französischen Recht *Lamy*, Transport I, Nr. 1001 m. Nachw.; **a. A.** *Helm,* TranspR **1983,** 29, 31 m. Nachw.). Die CMR enthält jedoch in Hinblick auf die Aktivlegitimation des Absenders eine Lücke (OLG Koblenz v. 6.10.1989, TranspR **1991**, 93, 94; eingehend *Koller,* RIW **1988,** 254, 257; so auch aus franz. Sicht *Lutz*, TranspR **1991**, 6; **a. A.** *Piper,* VersR **1988,** 200, 201). Es ist daher anhand des gemäß IPR eingreifenden nationalen Rechts (vor Art. 1 CMR Rz. 5 ff) festzustellen, ob der Absender in seiner Rolle als Vertragspartner überhaupt ersatzberechtigt wird und wie lange die Ersatzberechtigung neben der Aktivlegitimation des Empfängers fortbesteht (BGH v. 24.10.1991, TranspR 177, 178; OGH Wien v. 12.4.1984, TranspR **1985,** 344, 345; *Koller,* RIW **1988,** 254, 257 f). Ist deutsches Recht anzuwenden, so sind sowohl der Absender als auch der Empfänger aktivlegitimiert (§ 435 HGB Rz. 5). Der BGH kommt dagegen von seinem Standpunkt aus immer zur Doppellegitimation von Absender und Empfänger (BGH, NJW **1974,** 1614). Einschränkungen bestehen auf der Ebene der zulässigen Drittschadensliquidation (§ 407 HGB Rz. 70; § 429 HGB Rz. 12; zur franz. Rechtsauffassung *Lutz*, TranspR **1991**, 6). Der Absender kann als Vertragspartner des Unterfrachtführers über die Drittschadensliquidation hinaus eigene Schäden geltend machen (§ 429 HGB Rz. 12). Vgl. im übrigen zum **Regreß** unter Frachtführern, Rz. 9. **8**

V. Prozeßführungsbefugnis Dritter

Vgl. § 429 HGB Rz. 12 a. E.. **9**

VI. Regreß unter Frachtführern

Der Frachtführer kann (nur) gegen seinen Vertragspartner, der oder dessen Hilfspersonen (Art. 3 CMR) den Schaden verursacht haben, gemäß den Art. 12, 17 ff, 32 CMR (**a. A.** Antwerpen, ETR **1990**, 83, das nationales Recht ergänzend anwenden will) **Regreß nehmen** (Ausnahme: aufeinanderfolgende Frachtführer iSd Art. 34 ff, 37 CMR; BGH v. 10.5.1990, VersR **1991**, 238,

239); denn der Vertrag zwischen Frachtführer und Unterfrachtführer, etc. ist ein Vertrag iSd Art. 1 CMR. Deshalb kann § 432 III HGB nicht herangezogen werden (**a. A.** OGH Wien v. 28.11.1990, TranspR **1991**, 135, 137), da auch in Hinblick auf den Regreß unter den Frachtführern die CMR eine abschließende Regelung trifft. Die CMR will ersichtlich nur im Fall des Art. 37 CMR einen von der allgemeinen CMR-Haftung gemäß den Art. 17 ff CMR abweichenden Ersatzanspruch eröffnen. Denkbar ist aber, den Regreßanspruch auf Delikt in Verbindung mit den Regeln der Drittschadensliquidation zu stützen (vgl. OLG Innsbruck v. 26.1.1990, TranspR **1991**, 12, 18 f), auf den dann die Art. 28, 32 CMR anzuwenden sind. Zur Berechnung des Regreßanspruchs Art. 23 CMR Rz. 3. Der vom Absender verklagte Frachtführer kann dem Unterfrachtführer, der den Unterfrachtführer verklagende Frachtführer auch dem Absender den Streit verkünden (BGH v. 14.11.1991, TranspR **1992**, 135, 137; *Koller*, EWiR **1992**, S. 405 f). Zur Verjährung des Regreßanspruchs nach österr. Recht, OGH Wien v. 13.4.1989, TranspR **1990**, 152, 153.

VII. Abtretung

10 Die Schadensersatzansprüche sind abtretbar. Dazu BGH v. 14.3.1985, VersR **1985,** 753; BGH v. 28.4.1988, VersR **1988,** 825. Die Abtretbarkeit an den Transportversicherer kann nicht im Rahmen von AGB ausgeschlossen werden (BGH v. 9.11.1981, VersR **1982,** 287).

VIII. Zahlungspflicht des Empfängers

11 Dem Wortlaut des Art. 13 II CMR zufolge wird der Empfänger (Rz. 4) zum Schuldner des Frachtführers, sobald er die Aushändigung des Frachtbriefs und des Gutes fordert (**a. A.** *Benkelberg/Beier*, TranspR **1989**, 351, 354). Vor diesem Zeitpunkt ist der Frachtführer nicht berechtigt, vom Empfänger Zahlung zu verlangen (OLG Düsseldorf v. 27.11.1980, VersR **1981,** 556). Ansprüche von Vormännern können im Rahmen des ergänzend anwendbaren (vor Art. 1 CMR Rz. 5) geltend gemacht werden (vgl. §§ 441 ff HGB). Der Frachtvertrag ist kein Vertrag zu Lasten Dritter (vgl. aber zum englischen Rechtsverständnis *Clarke,* CMR, Rz. 44). Zweifelhaft ist, ob die Zahlungspflicht des Empfängers in Parallele zu § 436 HGB auch die Ablieferung des Guts voraussetzt (bejahend GroßkommHGB-*Helm,* Anh. § 452, Art. 13 CMR Rz. 4; *Lenz,* Straßengütertransportrecht, Rz. 990). Dem eindeutigen Wortlaut der CMR zufolge, dem bei der Auslegung der CMR besonderes Gewicht zukommt (vor Art. 1 CMR Rz. 4), **entsteht der Anspruch** des Frachtführers **mit dem „Verlangen"** gemäß Art. 13 I CMR (OLG Düsseldorf v. 11.12.1980, TranspR **1982**, 13, 15). Das Verlangen ist bei ergänzender Anwendbarkeit deutschen Rechts als anfechtbare rechtsgeschäftsähnliche Handlung zu qualifizieren. Der Anspruch ist mithin nicht an die Ablieferung gekoppelt, sondern Art. 13 II 2 CMR eröffnet dem Frachtführer, der kein Kreditrisiko eingehen will, vor Ablieferung auch ein Leistungsverweigerungsrecht (Venezia, ETR **1975**, 242; **a. A.** *Csoklich*, S. 287), soweit sich eine Zahlungspflicht aus dem Frachtbrief ergibt. Allerdings ist zu beachten, daß

der Empfänger nicht mehr als der Absender schuldet. Der Empfänger kann sich daher darauf berufen, daß die Fracht erst bei Ablieferung fällig sei (vor Art. 1 CMR Rz. 13). Die Konsequenz ist, daß der Frachtführer nur Zahlung Zug um Zug gegen Auslieferung fordern darf.

Der Empfänger schuldet dem abliefernden Frachtführer (OGH Wien, TranspR **1978,** 78) nur die aus dem Frachtbrief ersichtlichen (charges ... shown to be due; montant des creances resultant) Beträge (OLG Düsseldorf, NJW **1981,** 1910; OLG Hamm, NJW-RR **1989**, 742; vgl. § 436 HGB Rz. 4). Dies setzt nicht notwendige Bezifferung voraus (BGH v. 25.4.1991, VersR **1991**, 1037, 1038; vgl. § 436 HGB Rz. 4). Es genügt nicht, daß gleichzeitig mit den Frachtbriefen Frachtrechnungen übergeben wurden (OLG Hamm v. 15.9.1988, TranspR **1989**, 55, 56; Csoklich, Transportrecht, S. 126). Weitergehende Ansprüche können sich aus nationalem Recht (z. B. GoA) ergeben (vgl. § 407 HGB Rz. 59; § 436 HGB Rz. 3, 4). Im Hinblick auf Ansprüche aus GoA erblickt das OLG Düsseldorf (v. 11.12.1980, TranspR **1982**, 13, 16) in Art. 13 II CMR zu Recht eine abschließende Regelung (ebenso *Baumbach/Duden/Hopt*, Art. 13 CMR Anm. 1; offen BGH, VersR **1991**, 1037, 1039). Die Frachtansprüche sind bei Teilverlusten und Beschädigungen gemindert (Art. 25 CMR Rz. 9). Die Art der Sicherheiten ergibt sich aus dem ergänzend anwendbaren nationalen Recht (vor Art. 1 CMR Rz. 5 ff; OLG Hamburg v. 3.11.1983, VersR **1984,** 235 f). Die **Verpflichtungen des Absenders** (vor Art. 1 CMR Rz. 11) bleiben unberührt.

IX. Verzollung

Die Zollbehandlung ist Sache des Frachtführers (vor Art. 1 CMR Rz. 34). **12**
Anders als nach § 12 VII KVO kann der Empfänger nicht Weisungen zur Zollbehandlung geben oder die Verzollung in eigener Regie durchführen (BGH v. 15.1.1987, VersR **1987,** 980, 981).

Art. 14 CMR [Unbehebbare, behebbare Beförderungshindernisse]

1. Wenn aus irgendeinem Grunde vor Ankunft des Gutes an dem für die Ablieferung vorgesehenen Ort die Erfüllung des Vertrages zu den im Frachtbrief festgelegten Bedingungen unmöglich ist oder unmöglich wird, hat der Frachtführer Weisungen des nach Artikel 12 über das Gut Verfügungsberechtigten einzuholen.

2. Gestatten die Umstände jedoch eine von den im Frachtbrief festgelegten Bedingungen abweichende Ausführung der Beförderung und konnte der Frachtführer Weisungen des nach Artikel 12 über das Gut Verfügungsberechtigten innerhalb angemessener Zeit nicht erhalten, so hat er die Maßnahmen zu ergreifen, die ihm im Interesse des über das Gut Verfügungsberechtigten die besten zu sein scheinen.

Literatur: siehe vor Art. 1 CMR.

Übersicht

	Rz.		Rz.
I. Allgemeines	1	2. Weisung	5
II. Beförderungshindernisse		3. Fehlende Weisung des Verfügungsberechtigten (Art. 14 II CMR)	6
1. Ursprung der Hindernisse	2	4. Entladen, Lagerung, Verkauf	7
2. Intensität der Hindernisse	3	5. Vergütung	8
3. Beweislast	3a	6. Ersatz von Kosten, Schäden, Standgeld	9
III. Rechtsfolgen			
1. Vorbemerkung	4		

I. Allgemeines

1 Art. 14 CMR behandelt ausschließlich Beförderungshindernisse, die **vor Ankunft des Gutes** am Ablieferungsort entstehen oder zu erwarten sind. Die Rechtsfolgen, die sich aus solchen Beförderungshindernissen ergeben können, sind in Art. 14 CMR nicht abschließend geregelt, sondern werden durch die in Art. 16 CMR vorgesehenen Rechtsfolgen ergänzt. Art. 15 CMR ist das Pendant zu Art. 14 CMR für den Fall von Ablieferungshindernissen. Ungeklärt ist, ob die Art. 14ff CMR durch die **bilateralen Tarife** verdrängt worden sind (*Koller,* TranspR **1988,** 129ff). Daran ändert auch der Umstand nichts, daß diese bilateralen Tarife inzwischen nicht mehr gelten.

II. Beförderungshindernisse

1. Ursprung der Hindernisse

2 Der Ursprung der Hindernisse ist gleichgültig. Die Hindernisse können daher auch von außen stammen und vom Frachtführer unbeeinflußbar sein. Denkbar ist auch, daß die Hindernisse vom Frachtführer verschuldet worden sind. Der Ursprung der Hindernisse hat nur für die Kostentragungspflicht (Art. 16 I CMR) und für eventuelle Schadensersatzpflichten Bedeutung (*Putzeys,* CMR, Rz. 475).

2. Intensität der Hindernisse

3 In den maßgeblichen englischen und französischen Texten (Art. 51 III CMR) ist von ,,is or becomes impossible" bzw. ,,est ou devient impossible" die Rede. Es ist unklar, ob diese Begriffe mit der Unmöglichkeit im Sinn des common law bzw. des französischen Rechts gleichzusetzen sind. *Clarke* (CMR, Rz. 33) verneint dies. Dem ist zuzustimmen. Gleichwohl wird man die englische und französische Verwendung des Begriffs ,,impossible" in der Rechtssprache als Leitlinie heranziehen müssen. Danach sind solche Beförderungen **unmöglich**, die im Sinn des BGB aus tatsächlichen oder rechtlichen Gründen objektiv unmöglich sind (*Jesser,* Frachtführerhaftung, S. 88). Das Hindernis muß gegenwärtig sein oder es muß in naher Zukunft (OLG München v. 12.4.1990, TranspR **1990,** 280, 285; LG Duisburg, TranspR **1989,** 268, 270) den Transport innerhalb der vertragsgemäßen Transportzeit unmöglich machen. Das Gut darf noch nicht am Ablieferungsort (vgl. Art. 6 I d, 9 I, 12 CMR) angekommen sein. Dagegen löst die **bloße Erschwerung** des Trans-

ports grundsätzlich kein Betriebshindernis aus (OLG München v. 28.6.1983, TranspR **1984**, 186, 187; *Glöckner,* CMR, Art. 14 Rz. 1; GroßkommHGB-*Helm*, Anh. § 452, Art. 14 CMR Rz. 2; *Hill/Messent*, CMR, S. 59; *Clarke*, CMR, Rz. 33; *Putzeys*, CMR, Rz. 478). Es ist jedoch zu beachten, daß vom Frachtführer, wie sich aus Art. 16 I, 19 CMR ableiten läßt (*Koller*, TranspR **1988**, 129, 131), nur zumutbare Anstrengungen zu erwarten sind. Ein Beförderungshindernis liegt daher auch dann vor, wenn Transportstörungen dazu geführt haben, daß die (Weiter-)Beförderung durch den Frachtführer oder die Einschaltung eines Unterfrachtführers unzumutbar geworden ist, so daß der Transport zu einem „gänzlich anderem" wurde (*Koller*, TranspR **1988**, 129, 130; *Clarke*, CMR, Rz. 33; *Putzeys*, CMR, Rz. 476; zu weitgehend *Liège*, ETR **1969**, 965; wie hier zum Ablieferungshindernis OLG Hamburg v. 25.2.1988, TranspR **1988**, 277, 278). Die Frage, ob der Frachtführer wegen einer Leistungserschwerung, die kein Beförderungshindernis darstellt, eine Erhöhung der *Vergütung* verlangen darf, ist in der CMR nicht behandelt. Sie ist anhand des nationalen Rechts (vor Art. 1 CMR Rz. 5 ff) zu lösen.

Beförderungshindernisse müssen den (Weiter-)Transport nicht notwendig dauernd unmöglich machen. Es genügt, daß sie eine **zeitweilige Unmöglichkeit** verursachen. Voraussetzung ist nur, daß das zeitweilige Hindernis die Ausführung des Transportes innerhalb der im Frachtbrief festgelegten Lieferfrist unmöglich macht (OLG München v. 12.4.1990, TranspR **1990,** 280, 285). Dort, wo die vereinbarte Lieferfrist nicht in den Frachtbrief eingetragen worden ist oder sich die Lieferfrist aus Art. 19 CMR ergibt, ist Art. 14 CMR analog anzuwenden (*Koller*, TranspR **1988**, 129, 131; ebenso i. E. GroßkommHGB-*Helm*, Anh. § 452, Art. 14 CMR Rz. 2; *Lamy,* Transport I, Nr. 851; **a. A.** *Clarke*, CMR, Rz. 33). Gleiches gilt in Fällen, in denen die Unmöglichkeit des vertragsgerechten Transportes daraus resultiert, daß das Gut dem Frachtvertrag zufolge **nicht umgeladen** werden darf oder **bestimmte Wege** nehmen muß. Gemäß Art. 14 CMR ist es unerheblich, wer den Eintritt des Beförderungshindernisses **zu vertreten** hat. Dem Art. 16 I CMR zufolge führt ein Verschulden des Frachtführers nämlich nur dazu, daß der Kostenersatzanspruch aus Art. 16 I CMR entfällt (*Koller*, TranspR **1988**, 129, 132). Zum Vertreten-Müssen des Absenders vgl. auch Art. 11 II CMR.

3. Beweislast

Die Beweislast trägt der Frachtführer (*Baumgärtel/Giemulla*, Beweislast, Art. 14 CMR Rz. 2). 3a

III. Rechtsfolgen

1. Vorbemerkung

Art. 14 CMR beschreibt nicht abschließend die Rechtsfolgen, die an das Auftreten von Beförderungshindernissen geknüpft sind. Es ist daher zusätzlich Art. 16 CMR zu beachten, in dessen Licht auch Art. 14 CMR zu interpretieren ist. 4

2. Weisung

5 Der Frachtführer hat primär Weisungen iSd Art. 12 CMR einzuholen, sofern dies innerhalb angemessener Frist möglich ist (arg. e. Art. 14 II CMR) und sofern der Frachtführer nicht eine Maßregel iSd Art. 16 II, III CMR getroffen hat. Die **Anfrage** ist an diejenige Person zu richten, die dem Frachtbrief zufolge verfügungsberechtigt ist. Auf die Innehabung der Erstausfertigung des Frachtbriefs (Art. 12 V a CMR) kommt es hierbei nicht an (*Loewe*, ETR **1976**, 503, 547). Werden dann auf Anfrage Weisungen erteilt, so müssen allerdings die Voraussetzungen des Art. 12 V a CMR eingehalten werden. Dies verhindert vielfach rasches Handeln des Absenders. Die CMR gibt aber, wie Art. 15 I 2 CMR zeigt, zu erkennen, daß nur im Fall der Annahmeverweigerung die Absenderausfertigung nicht vorgelegt zu werden braucht (*Hill/Messent*, CMR, S. 61; GroßkommHGB-*Helm*, Anh. § 452, Art. 15 CMR, Rz. 2; *Loewe*, ETR **1976**, 503, 548). Auf nationales Recht darf daher nicht zurückgegriffen werden (**a. A.** *Clarke*, CMR, Rz. 33). Der Frachtführer kann sich angesichts des Art. 16 I CMR nicht darauf berufen, daß die Einholung der Weisung zu teuer ist. Die **Pflicht**, um **Weisung zu ersuchen, entsteht** mit dem Eintritt der Unmöglichkeit oder dem nahen Bevorstehen des Unmöglichwerdens des (Weiter-)Transportes. Sie **entfällt**, wenn der Frachtführer zu Recht eine Maßnahme iSd Art. 16 II, III CMR trifft. Hat der Frachtführer **pflichtwidrig** und schuldhaft nicht rechtzeitig um Weisung ersucht oder falsch informiert, so hat er gemäß Art. 16 I CMR die daraus resultierenden erhöhten Kosten der Weisungsausführung zu tragen, da er ja keinen Kostenersatz verlangen darf. Er haftet ferner gemäß Art. 17 CMR (OLG Düsseldorf v. 12.12.1985, VersR **1986,** 1069; *Thume,* TranspR **1992,** 1, 6; **a. A.** *Liège*, ETR **1969**, 965; kritisch *Clarke*, CMR, Rz. 33). Darüber hinaus enthält die CMR keine Sanktion. Art. 12 VII CMR kann nicht analog herangezogen werden, weil sich aus Art. 16 I CMR ergibt, daß der Frachtführer nur bei Verschulden ohne die Obergrenze der Art. 23 ff CMR Rechtsnachteile hinnehmen soll. Es liegt nahe, soweit keine der in Art. 17 CMR geregelten Schadensarten vorliegt, auf das nationale Recht (vor Art. 1 CMR Rz. 5 ff) zurückzugreifen (OLG Hamm, NJW **1976**, 2077, 2078; *Glöckner,* CMR, Rz. 6; vgl. auch *Konow*, TranspR **1988**, 229, 230). Zu den Fällen, in denen die Weisungseinholung unmöglich war, s. Rz. 6. Die auf Ersuchen **erteilten Weisungen** hat der Frachtführer im Rahmen des Art. 12 V CMR auszuführen. Deshalb stellt die Weisung, das Gut zu einem anderen Empfänger zu befördern, kein Angebot zum Abschluß eines neuen Frachtvertrages dar (OLG München v. 12.4.1991, TranspR **1991,** 298, 299). Nach Zugang der Weisung kann er sich nicht mehr auf Art. 16 II CMR berufen; denn er darf nicht besser gestellt werden, als wenn er ohne ein Beförderungshindernis eine Weisung erhalten hätte (**a. A.** GroßkommHGB-*Helm*, Anh. § 452, Art. 14 CMR, Rz. 3, anders wohl Art. 15 Rz. 2). Zur **Haftung** des Frachtführers **wegen verschuldeter Unmöglichkeit** des Transportes vor Art. 1 CMR Rz. 24 ff

Die **Beweislast** für das Beförderungshindernis, die Einholung von Weisungen und deren pflichtgemäße Beachtung trägt der Frachtführer.

3. Fehlende Weisung des Verfügungsberechtigten (Art. 14 II CMR)

Der **Frachtführer** kann, wenn innerhalb eines Zeitraums, in dem ein ordentlicher Verfügungsberechtigter antworten konnte, keine Weisung eingegangen ist, wie ein Geschäftsbesorger (vgl. § 675 BGB) Maßnahmen ergreifen. Voraussetzung ist, daß eine Ausführung der Beförderung, wenn auch nicht auf die im Frachtbrief festgelegte Art bzw. auf dem im Frachtbrief fixierten Weg noch möglich ist. Der Frachtführer darf dann, sofern dies aus seiner Sicht im mutmaßlichen Interesse des Verfügungsberechtigten liegt, andere Wege einschlagen, aber auch andere Transportmittel benutzen. Dort, wo kein Frachtbrief existiert oder der Frachtbrief nachweislich (Art. 9 I CMR) falsch ausgestellt wurde, kommt es auf den Vertrag an. Der Frachtführer haftet dann bis zur Ausladung (Art. 16 CMR Rz. 6) weiter nach der CMR (so wohl auch *Putzeys*, CMR, Rz. 480; zweifelnd *Hill/Messent*, CMR, S. 59 f; **a. A.** *Rodière*, BullT **1974**, 1645). Die Frage, wer die Kosten des abweichenden Transports zu tragen hat, ist in der CMR nicht ausdrücklich geklärt. *Helm* (GroßkommHGB, Anh. § 452, Art. 14 CMR Rz. 4) plädiert für einen Rückgriff auf das nationale Recht. Richtiger erscheint es, Art. 16 I CMR analog anzuwenden. **6**

Der Absender macht sich nicht deshalb schadensersatzpflichtig, weil er nicht rechtzeitig Weisungen erteilt. Der Absender ist nämlich angesichts des Art. 16 II, III CMR nicht zu Weisungen verpflichtet (**a. A.** OLG Düsseldorf v. 15.12.1983, TranspR **1984**, 38, 40). Die **Beweislast** für die in Art. 14 II CMR enthaltenen Tatbestandsmerkmale trägt der Frachtführer.

Der Frachtführer, der keine Weisung eingeholt hat, weil dazu die Zeit fehlte, darf nicht analog Art. 14 II CMR, sondern nur gemäß Art. 16 II, III CMR vorgehen. Art. 14 II CMR gibt zu erkennen, daß der Verfügungsberechtigte zumindest Gelegenheit gehabt haben muß, Weisungen zu erteilen, bevor er mit erhöhten Kosten und Risiken konfrontiert wird. Eigenmächtiges Handeln des Frachtführers kann aber nach den nationalen (vor Art. 1 CMR Rz. 5 ff) Vorschriften über die Geschäftsführung ohne Auftrag gerechtfertigt sein. Der Umstand, daß der Frachtführer keine Weisung eingeholt hat, ändert nichts an der Tatsache, daß die Maßnahme im Interesse des Verfügungsberechtigten und in seinem wirklichen oder mutmaßlichen Willen gelegen haben kann. Außerdem kann der Verfügungsberechtigte genehmigt haben.

Solange der **angemessene Zeitraum für** die Erteilung von **Weisungen nicht erschöpft** ist, darf der Frachtführer, der um Weisungen ersucht hat, nicht nach Art. 16 II CMR vorgehen. Der Verfügungsberechtigte muß darauf vertrauen können, daß seine Weisungen nicht ins Leere stoßen. Ist der angemessene Zeitraum für Weisungen **verstrichen**, so darf der Frachtführer auch das Gut analog Art. 16 II CMR ausladen und verwahren (*Clarke*, CMR, Rz. 33; OLG Düsseldorf v. 12.12.1985, TranspR **1986**, 56, 58; einschränkend *Hill/Messent*, CMR, S. 60; **a. A.** *Loewe*, ETR **1976**, 503, 547, weil Art. 14 II CMR in Art. 16 II CMR absichtlich nicht zitiert werde).

4. Entladen, Lagerung, Verkauf

S. Art. 16 II, III CMR. **7**

5. Vergütung

8 Der Einfluß der Transporthindernisse auf die Vergütung für den gesamten Transport ist in der CMR nicht geregelt. Insoweit ist das nationale Recht (vor Art. 1 CMR Rz. 5 ff) einschlägig.

6. Ersatz von Kosten, Schäden, Standgeld

9 S. Art. 16 CMR Rz. 2 ff.

Art. 15 CMR [Ablieferungshindernisse]

1. Treten nach Ankunft des Gutes am Bestimmungsort Ablieferungshindernisse ein, so hat der Frachtführer Weisungen des Absenders einzuholen. Wenn der Empfänger die Annahme des Gutes verweigert, ist der Absender berechtigt, über das Gut zu verfügen, ohne die erste Ausfertigung des Frachtbriefes vorweisen zu müssen.

2. Der Empfänger kann, auch wenn er die Annahme des Gutes verweigert hat, dessen Ablieferung noch so lange verlangen, als der Frachtführer keine dem widersprechenden Weisungen des Absenders erhalten hat.

3. Tritt das Ablieferungshindernis ein, nachdem der Empfänger auf Grund seiner Befugnisse nach Artikel 12 Absatz 3 Anweisungen erteilt hat, das Gut an einen Dritten abzuliefern, so nimmt bei der Anwendung der Absätze 1 und 2 dieses Artikels der Empfänger die Stelle des Absenders und der Dritte die des Empfängers ein.

Literatur: siehe vor Art. 1 CMR.

I. Allgemeines

1 Art. 15 CMR, der im Gegensatz zu Art. 14 CMR die Hindernisse *nach* Ankunft des Gutes erfaßt, wird wie Art. 14 CMR durch Art. 16 CMR ergänzt. Art. 15 CMR ist in Fällen, in denen der Empfänger die Annahme des Guts *vor* Ankunft ernsthaft und endgültig verweigert (Rz. 2), analog heranzuziehen, weil es dann sinnlos ist, das Gut noch zum Empfänger zu transportieren und es sachgerecht ist, den Absender vereinfacht verfügen zu lassen.

II. Ablieferungshindernis

2 Ablieferungshindernisse können dadurch entstehen, daß die Ablieferung aus einem in der Person des Frachtführers liegenden Grund oder aus einem von außen kommenden Grund zum vertragsgemäßen Zeitpunkt **unmöglich** ist. Dabei gelten die zu Art. 14 CMR für den Begriff der Unmöglichkeit entwickelten Maßstäbe (Art. 14 CMR Rz. 3 ff; vgl. auch Erl. zu § 437 HGB). Die Ablieferung kann auch aus einem **in der Person des Empfängers** liegenden Grund unmöglich sein, z. B., weil dieser nicht die gesetzten Bedingungen erfüllen kann. Die CMR hebt als besondere Variante dieser Fallgruppe die Annahmeverweigerung, also die bewußte Ablehnung der Mitwirkung

bei der Ablieferung des Guts hervor. Dabei kommt es maßgeblich darauf an, daß sich der Empfänger aus der Sicht des Frachtführers erkennbar weigert. Der Frachtführer hat nur dann Sicherheit, ob er gemäß Art. 15 I 2 CMR verfahren darf. Dem ist die Weigerung zur Bezahlung der Fracht (Art. 13 II CMR) oder sonstiger Zug um Zug bei Ablieferung zu erbringender Leistungen (s. auch § 437 HGB Rz. 2) gleichzustellen (*Loewe*, ETR **1976**, 503, 548; vgl. OLG Hamburg v. 3.11.1983, VersR **1984**, 235 f). Die Annahmeverweigerung löst mit ihrem Zugang das Ablieferungshindernis aus. Eine gravierende Verzögerung der Ablieferung oder die vorherige Einholung von Weisungen ist nicht erforderlich (BGH v. 5.2.1987, VersR **1987**, 678, 679). Unerheblich ist es auch, ob der Empfänger das Gut verschuldet oder unverschuldet, berechtigt (weil es z. B. beschädigt ist; OLG Düsseldorf v. 15.2.1983, TranspR **1984**, 38, 40) oder unberechtigt zurückweist. Ablieferungshindernisse setzen voraus, daß das Gut am Bestimmungsort (Art. 6 I d, 9 I CMR) **angekommen** ist. Zur analogen Anwendbarkeit des Art. 15 CMR in Fällen, in denen Empfänger die Annahme vor der Ankunft des Guts ernsthaft und endgültig ablehnen, s. Rz. 1. Der ursprünglich vorgesehene Ablieferungsort verliert seine Bedeutung, falls er mit Hilfe einer wirksamen Weisung durch einen neuen Bestimmungsort ersetzt wurde (Art. 12 CMR). **Beweislast:** der Frachtführer.

III. Rechtsfolgen

1. Obhut

Der Frachtführer behält bis zur Ablieferung (Art. 17 CMR Rz. 6) oder zum Abladen (Art. 16 II CMR) die volle Verantwortung über das Gut (OLG Düsseldorf v. 12.12.1985, VersR **1986**, 1069). S. auch Rz. 6. 3

2. Weisungen

Der Frachtführer hat in Parallele zu Art. 14 I CMR um **Weisungen des Absenders zu ersuchen.** Es gilt das zu Art. 14 CMR (Rz. 5 f) Gesagte. Dabei ist zu beachten, daß der Empfänger iSd Art. 12 III CMR gemäß Art. 15 III CMR in die Rolle des Absenders geschlüpft sein kann. Auf die Fälle der Art. 12 II, 13 I 1 CMR ist Art. 15 III CMR nicht analog anzuwenden. 4

Unter dem Aspekt der **Pflicht zur Ausführung** von Weisungen ist ebenfalls auf die Erläuterungen zu Art. 14 CMR (Rz. 5) zu verweisen. Eine Ausnahme gilt für die Vorlage der Absenderausfertigung, die bei Ablieferungshindernissen ausnahmsweise nicht präsentiert werden muß, wenn der Empfänger die Annahme verweigert hat (Art. 15 II 1 CMR; *Jesser,* Frachtführerhaftung, S. 59; oben Rz. 2). Der Frachtführer darf Weisungen des Empfängers erst dann unbeachtet lassen, wenn der Absender sein Recht, wirksame Weisungen zu erteilen, ausübt (Art. 15 II CMR). Das dem Empfänger gemäß Art. 12 II, 13 I 1 CMR zugewiesene Verfügungsrecht erlischt mithin spätestens in dem Moment, in dem dem Frachtführer eine wirksame Weisung des Absenders zugeht (kritisch *Lenz*, Straßengütertransportrecht, Rz. 438).

3. Ausladung, Verkauf

5 Siehe dazu Art. 16 II, III CMR.

4. Vergütung

6 Siehe Art. 16 CMR Rz. 2, Art. 14 CMR Rz. 8.

5. Kosten

7 Siehe Art. 16 CMR Rz. 2 sowie zur Geschäftsführung ohne Auftrag Art. 14 CMR Rz. 6.

6. Haftung für das Gut

8 Die Haftung für das Gut gemäß Art. 17 ff CMR bleibt bis zum Ausladen (Art. 16 II CMR) bzw. zum Verkauf (Art. 16 III CMR) bestehen (OLG Düsseldorf v. 12.1.1984, TranspR **1984**, 102).

Art. 16 CMR [Kostenerstattung; Ausladung und Verwahrung; Notverkauf]

1. Der Frachtführer hat Anspruch auf Erstattung der Kosten, die ihm dadurch entstehen, daß er Weisungen einholt oder ausführt, es sei denn, daß er diese Kosten verschuldet hat.

2. In den in Artikel 14 Absatz 1 und in Artikel 15 bezeichneten Fällen kann der Frachtführer das Gut sofort auf Kosten des Verfügungsberechtigten ausladen; nach dem Ausladen gilt die Beförderung als beendet. Der Frachtführer hat sodann das Gut für den Verfügungsberechtigten zu verwahren. Er kann es jedoch auch einem Dritten anvertrauen und haftet dann nur für die sorgfältige Auswahl des Dritten. Das Gut bleibt mit den aus dem Frachtbrief hervorgehenden Ansprüchen sowie mit allen anderen Kosten belastet.

3. Der Frachtführer kann, ohne Weisungen des Verfügungsberechtigten abzuwarten, den Verkauf des Gutes veranlassen, wenn es sich um verderbliche Waren handelt oder der Zustand des Gutes eine solche Maßnahme rechtfertigt oder wenn die Kosten der Verwahrung in keinem Verhältnis zum Wert des Gutes stehen. Er kann auch in anderen Fällen den Verkauf des Gutes veranlassen, wenn er innerhalb einer angemessenen Frist gegenteilige Weisungen des Verfügungsberechtigten, deren Ausführung ihm billigerweise zugemutet werden kann, nicht erhält.

4. Wird das Gut auf Grund der Bestimmung dieses Artikels verkauft, so ist der Erlös nach Abzug der auf dem Gut lastenden Kosten dem Verfügungsberechtigten zur Verfügung zu stellen. Wenn diese Kosten höher sind als der Erlös, kann der Frachtführer den Unterschied beanspruchen.

5. Art und Weise des Verkaufs bestimmen sich nach den Gesetzen oder Gebräuchen des Ortes, an dem sich das Gut befindet.

Literatur: siehe vor Art. 1 CMR.

Übersicht

	Rz.
I. Allgemeines	1
II. Erstattung von Kosten, Auslagen, Schäden (Art. 16 I CMR)	2
III. Ausladung, Verwahrung (Art. 16 II CMR)	
1. Voraussetzungen	5
2. Rechte des Frachtführers	6
3. Pflichten des Frachtführers	7
IV. Verkauf des Guts (Art. 16 III – V CMR)	
1. Voraussetzungen des Verkaufs ohne vorheriges Ersuchen um Weisung	8
2. Verkauf mangels zumutbarer Weisungen (Art. 16 III 2 CMR)	9
3. Art des Verkaufs, Erlös (Art. 16 IV, V CMR)	10

I. Allgemeines

Art. 16 CMR ergänzt die Art. 14, 15 CMR. 1

II. Erstattung von Kosten, Auslagen, Schäden (Art. 16 I CMR)

Art. 16 I CMR spricht von „costs", „expenses" bzw. von „frais" (Art. 51 III CMR). Es geht mithin um Aufwendungen im Sinn von **freiwilligen Vermögensopfern** (vgl. § 670 BGB), die der Frachtführer zur Einholung von Weisungen und deren Durchführung macht. Unklar ist, ob der Frachtführer auch Vergütung für den **Einsatz seiner Hilfsmittel und Arbeitskraft** geltend machen kann, selbst wenn sich diese Aufwendungen nicht im Sinn variabler Kosten exakt auf das Hindernis zurückführen lassen. Dies ist nach dem Wortlaut des Art. 16 I CMR nicht ohne weiteres zu verneinen. Entscheidend ist, daß der Ersatzpflichtige nicht deswegen Gewinne ziehen soll, weil der Frachtführer auf eigene Hilfsmittel zurückgreift, deren Gemeinkosten sich nicht exakt zurechnen lassen (*Koller*, TranspR **1988**, 129, 132). Der Frachtführer kann in solchen Fällen die üblichen Vergütungen für seine Leistungen abzüglich eines angemessenen Gewinnabschlags verlangen (OLG München v. 12.4.1991, TranspR **1991**, 298, 299; *Jesser*, Frachtführerhaftung, S. 177; vgl. § 642 BGB). Der Gewinnabschlag bei der Ausführung von Weisungen ist tragbar, weil der Frachtführer unzumutbare Weisungen nicht auszuführen braucht (Art. 12 CMR Rz. 4) und außerdem auch seine Rechte aus Art. 16 II CMR geltend machen kann. Die Regelung des Art. 16 I CMR ist im Verhältnis zum nationalen Recht sowohl dem Grunde als auch der Höhe nach zwingend und abschließend (*Koller*, TranspR **1988**, 129, 133; vgl. auch vor Art. 1 CMR Rz. 14). Zu den Kosten, die durch die Einholung von Weisungen entstehen, gehören daher auch die **Standkosten** bis zum Eintreffen der Weisung (*Koller*, TranspR **1988**, 129, 132; *Glöckner*, CMR, Art. 14 Rz. 8; *Lenz*, Straßengütertransportrecht, Rz. 422, der sich nur auf den Wortlaut des Art. 16 CMR stützt, aber nicht beachtet, daß der Frachtführer wegen der Einholung von Weisungen nicht gemäß Art. 16 II CMR ausladen darf). Ansprüche auf Kostenersatz können auch den Art. 7, 10, 11 CMR entspringen. 2

Art. 16 I CMR regelt nicht die Zurechnung von **Schäden**, die anläßlich der Ausführung von Weisungen entstehen. Deshalb ist hier Art. 12 V a CMR analog anzuwenden, der ausdrücklich bei Verlusten und Schäden eingreift. Es ist nämlich nicht einzusehen, warum der Verfügungsberechtigte besser ge- 3 stellt sein soll, wenn er die Verfügung im Zusammenhang mit einem Transporthindernis erteilt.

Die Ersatzpflicht besteht nicht, falls die Aufwendungen oder der Schaden auf Verstöße des Frachtführers gegen die verkehrserforderliche Sorgfalt zurückzuführen sind. Dies gilt auch dann, wenn der Frachtführer die Transporthindernisse **verschuldet** hat (*Hill/Messent*, CMR S. 62; GroßkommHGB-*Helm*, Anh. § 452, Art. 16 CMR Rz. 1). Art. 3 CMR ist anwendbar. Der Frachtführer kann daher die Kosten des Rücktransportes nicht ersetzt verlangen, wenn er das Transporthindernis verschuldet hat. Er vermag allerdings diese Kosten durch Ausladen (Art. 16 II CMR) zu vermeiden. *Putzeys* (CMR, Rz. 627) möchte den Ersatzanspruch auch dann entfallen lassen, wenn das Transporthindernis dem **Risikobereich des Frachtführers** (Panne des Fahrzeugs) zuzurechnen ist. Für diese Interpretation enthält der Wortlaut der CMR keinerlei Anhaltspunkte. Im übrigen handelt der Frachtführer schuldhaft, wenn er nicht unverzüglich zur Behebung der Störung Subunternehmen beauftragt hat, um das Gut vertragsgemäß zu befördern.

Die **Beweislast** für die Beförderungs- bzw. Ablieferungshindernisse, die pflichtgemäße Einholung und Ausführung von Weisungen sowie die daraus resultierenden Kosten und Schäden trifft den Frachtführer (OLG Hamburg v. 25.2.1988, TranspR **1988**, 277, 278). Der Verfügungsberechtigte hat das Verschulden des Frachtführers zu beweisen (vgl. Art. 29 CMR Rz. 7).

4 Art. 16 I CMR regelt nicht, wer **passivlegitimiert** ist. *Putzeys* (CMR, Rz. 626) plädiert dafür, denjenigen für verpflichtet zu erachten, der die Auslieferung des Guts verlangt (Analogie zu Art. 16 II 4 CMR). Richtiger erscheint es, in Hinblick auf die Kosten der Anfrage den Absender für verpflichtet zu halten, in Hinblick auf die Ausführung der Weisung Art. 12 V a CMR analog anzuwenden, da die Kosten die Folge von Erklärungen des Verfügungsberechtigten darstellen. Auch wenn der Absender haftet, kann sich der Frachtführer auf Art. 13 II CMR berufen.

Art. 16 I CMR trifft, soweit es um Erstattungsansprüche im Fall von Transporthindernissen geht, eine **abschließende Regelung**. In den Frachtverträgen kann jedoch im Rahmen der Vergütungsabreden vereinbart werden, daß bloße **Transporterschwernisse** (Art. 14 CMR Rz. 3) gesondert zu vergüten sind, soweit dies mit dem nationalen Recht (vor Art. 1 CMR Rz. 5 ff) im Einklang steht (vgl. Art. 14 CMR Rz. 8).

III. Ausladung, Verwahrung (Art. 16 II CMR)

1. Voraussetzungen

5 Es muß ein Beförderungs- oder Ablieferungshindernis iSd Art. 14 I, 15 CMR eingetreten sein. Das Transporthindernis darf nicht wieder entfallen sein. Es darf dem Frachtführer auch keine wirksame Weisung (Art. 12, 14, 15 CMR) zugegangen sein, die das Transporthindernis unerheblich werden ließ. Hat der Frachtführer bereits um Weisungen ersucht, so muß er zuwarten, bis der angemessene Zeitraum für eine Antwort verstrichen ist (Art. 14 CMR Rz. 5 f).

2. Rechte des Frachtführers

6 Der Frachtführer ist berechtigt, aber nicht verpflichtet, ohne vorher Weisungen einzuholen, **auszuladen** (Rotterdam, ETR **1966**, 730; *Koller*, TranspR **1988**, 129, 132; kritisch *Lamy*, Transport I, Nr. 855). Mit dem Abschluß des Entladens ist der Frachtvertrag beendet (OLG München v. 12.4.1991, VersR **1992**, 724) und endet der Haftungszeitraum iSd Art. 17 CMR (BGH v. 5.2.1987, VersR **1987**, 678; Rotterdam, ETR **1966**, 730; *Loewe*, ETR **1976**, 503, 550). Wie der französische Text der CMR (Art. 51 III CMR) besonders deutlich zeigt, hat der Frachtführer **Fehler beim Ausladen** auch dann zu vertreten, wenn das Ausladen am Empfangsort nicht zu seinen Pflichten gehört (einschränkend OLG Köln v. 23.2.1972, BB **1973**, 405, das zu Recht auf Art. 17 II CMR hinweist). Eine weitere Einschränkung kann sich aus dem Recht auf Kostenersatz ergeben. Der Einfluß der Beendigung des Frachtvertrages auf die **Vergütung** ist in der CMR nicht geregelt. Es gilt insoweit nationales Recht (vor Art. 1 CMR Rz. 5 ff). Der Frachtführer hat keinen isoliert einklagbaren Anspruch aus der CMR auf den **Ersatz der Ablade- und Verwahrungskosten**, da er insoweit keine Weisung erhalten hat. Zum Umfang der Kosten vgl. oben Rz. 2, 3; zu eng im Ansatz OLG Düsseldorf v. 4.3.1982, RIW **1984**, 234, 235, das nur reine Ausladekosten berücksichtigen will. Richtig ist, daß Reinigungskosten nur dann ins Gewicht fallen, wenn sie durch das vorzeitige Ausladen verursacht worden sind. Art. 16 II 4 CMR gibt dem Frachtführer in Bezug auf die Ablade- und Verwahrungskosten lediglich ein Leistungsverweigerungsrecht. Drohen die Kosten, die sich nicht aus dem Frachtbrief ergeben müssen (BGH v. 5.2.1987, VersR **1987**, 678, 680), zu hoch zu werden, so muß der Frachtführer das Gut verkaufen (Art. 16 III CMR). Das Leistungsverweigerungsrecht gilt entgegen dem Wortlaut des Art. 16 II 4 CMR auch für Kosten, die nach dem Entladen entstehen, wie sich mittelbar aus dem Verkaufsrecht ergibt (BGH v. 5.2.1987, VersR **1987**, 678, 680; **a. A.** *Loewe*, ETR **1976**, 503, 551). In Hinblick auf die Ablade- und Verwahrungskosten ist Art. 16 I CMR analog heranzuziehen, so daß verschuldete Kosten nicht berechnet werden dürfen. Verjährung, s. Art. 32 CMR Rz. 21.

3. Pflichten des Frachtführers

7 Der Frachtführer darf Gut, das von einem Hindernis iSd Art. 14, 15 CMR betroffen ist, nicht sich selbst überlassen (OLG Düsseldorf v. 12.12.1985, VersR **1986**, 1069, 1070). Er muß es entweder selbst verwahren oder verwahren lassen (Art. 16 II 2, 3 CMR). Die Pflichten aus der Verwahrung, die kraft Gesetzes gegenüber dem Verfügungsberechtigten entstehen (BGH v. 5.2.1987, VersR **1987**, 678, 679), sind anhand des nationalen Rechts (vor Art. 1 CMR Rz. 5 ff) zu konkretisieren. Hat der Frachtführer das Gut Dritten in Verwahrung gegeben und hat er den Dritten mit der erforderlichen Sorgfalt ausgesucht, so hat er etwaige Schäden nicht zu vertreten. Trifft ihn bei der Auswahl ein Verschulden, so haftet er nach nationalem Recht (vor Art. 1 CMR Rz. 5 ff). Die Art. 23 ff CMR sind nicht analog anwendbar, da sie auf die verschärfte Haftung des Art. 17 CMR bezogen sind (*Loewe*, ETR **1976**, 503, 550). Der Ersatzberechtigte hat das Verschulden des Frachtführers zu

beweisen (vgl. Art. 29 CMR Rz. 7). Art. 16 II CMR ist nicht analog auf Fälle anzuwenden, in denen sich der Frachtführer nur zu einer *Zwischenlagerung* entschließt (**a. A.** *Heuer*, Haftung, S. 64), weil der Frachtführer das Gut dann auch in seinem Interesse verwahrt. Zur Haftung des Frachtführers wegen *schuldhafter Herbeiführung der Unmöglichkeit des Weitertransports* s. vor Art. 1 CMR Rz. 24 ff

IV. Verkauf des Guts (Art. 16 III–V CMR)

1. Voraussetzungen des Verkaufs ohne vorheriges Ersuchen um Weisung

8 Art. 16 CMR eröffnet dem Frachtführer zunächst das Recht zum Selbsthilfeverkauf, wenn das Gut infolge seiner chemisch/physikalischen **Beschaffenheit** stark zu seiner Zerstörung (nicht bloß zum Wertverfall) neigt (perishable). Eine konkrete Gefahr des Verderbs muß, wie sich aus dem Wortlaut des Art. 16 III 1 CMR klar ergibt, nicht bestehen. Ferner besteht grundsätzlich das Recht zum Verkauf, falls das Gut seiner Natur nach zwar nicht stark zur Zerstörung neigt, unter den konkreten Umwelteinflüssen jedoch **sicher damit zu rechnen** ist, daß es in **Bälde zum Verderb** kommen wird. Der bloße Wertverlust spielt auch hier keine Rolle, weil es in Art. 16 III 1 2. Alt. CMR bezogen auf das Gut „their condition" heißt bzw. im französischen Text „l'état de la marchandise". Weiterhin darf der Frachtführer verkaufen, wenn die **Lagerungskosten**, seien es seine eigenen oder die Vergütung Dritter, die weitere Lagerung als wirtschaftlich unangemessen erscheinen lassen.

In allen diesen Fällen braucht der Frachtführer weder vorher **Weisungen** einzuholen, noch, wenn er um Weisungen ersucht hat, das Eintreffen der Weisungen des Verfügungsberechtigten abzuwarten (Art. 12 CMR; der französische Text spricht undeutlich vom „l'ayant droit"; dazu *Helm*, VersR **1988**, 548, 553; *Putzeys*, CMR, Rz. 486). Das Recht kann auch ausgeübt werden, wenn das Gut noch nicht abgeladen worden ist (**a. A.** *Loewe*, ETR **1976**, 503, 551). Das Recht zum Verkauf erlischt, sobald wirksame Weisungen eintreffen, weil damit das Transporthindernis entfällt. Dies gilt nicht, falls das **Gut bereits abgeladen** und auf diese Weise der Transportvertrag beendet worden war (Art. 16 II 1 CMR; **a. A.** *Hill/Messent*, CMR, S. 64). Der Frachtführer hat die Voraussetzungen des Art. 16 III CMR zu beweisen.

2. Verkauf mangels zumutbarer Weisungen (Art. 16 III 2 CMR)

9 Der Frachtführer kann über die Fälle des Art. 16 III 1 CMR hinaus verkaufen, wenn er um Weisungen gemäß Art. 14 I, 15 I CMR ersucht hat, aber innerhalb angemessener Frist keine Weisungen (Art. 14 CMR Rz. 6) erhalten hatte. Dem steht der Fall gleich, daß er zwar Weisungen erhalten hat, diese ihn aber unbillig belasten. Eine unbillige Belastung liegt nicht schon dann vor, wenn das Gut abgeladen ist oder wenn die Ausführung der Weisung den Betrieb des Frachtführers hemmt (vgl. Art. 12 V b CMR; so wohl auch *Hill/Messent*, CMR, S. 65; **a. A.** *Loewe*, ETR **1976**, 503, 551).

3. Art des Verkaufs, Erlös (Art. 16 IV, V CMR)

In Deutschland sind für die Art des Verkaufs die §§ 437 II 2, 373 HGB maßgeblich. Dies gilt auch in Hinblick auf etwaige Benachrichtigungen. Der Erlös ist nach Abzug der Kosten iSd Art. 16 I, II 4 CMR und der Kosten des Verkaufs dem Verfügungsberechtigten (Art. 12 CMR) auszuzahlen. Sind die Kosten höher als der Erlös, so kann der Frachtführer die Differenz verlangen. Daraus ergibt sich, daß der Frachtführer jedenfalls für die Lagerkosten keinen Vorschuß beanspruchen darf. Der Frachtführer kann sich durch rechtzeitigen Verkauf sichern. Der Frachtführer hat Kosten und Erlös zu beweisen, da beide Faktoren voll in seiner Sphäre liegen. Zumindest trifft ihn eine Darlegungslast (vgl. Art. 29 CMR Rz. 7; abw. *Baumgärtel/Giemulla*, Beweislast, Art. 16 CMR Rz. 10). **10**

Kapitel IV. Haftung des Frachtführers

Vorbemerkung vor Art. 17 CMR

1. Die in Betracht kommenden Anspruchsgrundlagen

Die Art. 17 – 29 CMR regeln die Haftung des Frachtführers (carrier; Art. 1 CMR Rz. 2; zur Haftung des Spediteurs s. §§ 412 f HGB; Art. 1 CMR Rz. 3). Die Art. 17 ff CMR verwenden hierbei keine Generalklausel, sondern zählen die Haftungstatbestände einzeln auf. Gemäß Art. 17 CMR haftet der Frachtführer für Verluste und Beschädigung des Gutes sowie für verspätete Ablieferung des Gutes. Art. 21 CMR statuiert eine Haftung für Fehler beim Einzug von Nachnahmen. Außerhalb des IV. Kapitels begründet Art. 11 III CMR eine Haftung für den Verlust bzw. die unrichtige Verwendung von Begleitpapieren, sowie Art. 12 VII CMR für die fehlerhafte Ausführung von Weisungen. Diese haftungsbegründenden Vorschriften sind nicht analogiefähig. Dies ergibt sich zum einen daraus, daß die CMR exakt einzelne Haftungstatbestände aufzählt und damit deutlich macht, daß sie erhebliches Gewicht auf Rechtssicherheit legt (Enumerationsprinzip). Zum anderen sind den Haftungsnormen auf die jeweilige Schadensart zugeschnittene Haftungsbegrenzungsnormen zugeordnet. Das Zusammenspiel von Haftungs- und Begrenzungsnorm darf nicht ignoriert werden. Schließlich wurde mit der CMR bewußt keine Kodifikation des grenzüberschreitenden Straßengütertransportes geschaffen. Der CMR-Gesetzgeber war sich vielmehr bewußt, daß er mit der CMR eine lückenhafte Regelung geschaffen hatte, die der Ergänzung durch das nationale Recht bedarf. Soweit die CMR keine Haftungsgrundlage enthält, ist mithin auf die nach nationalem Recht einschlägigen Haftungsregeln zurückzugreifen (vor Art. 1 CMR Rz. 5 ff). **1**

2. Haftung für Verlust oder Beschädigung

Der Frachtführer haftet von der Übernahme bis zur Ablieferung dafür, daß er das Gut vollzählig und unbeschädigt abliefern kann. Art. 20 CMR enthält die Vermutung eines Verlustes. Art. 9 CMR stattet den Frachtbrief mit einer Vermutung für die vollzählige und äußerlich unbeschädigte Übernahme des **2**

Gutes aus. Die Intensität der Haftung des Frachtführers ist umstritten. Art. 17 II, III CMR statuiert eine Reihe von Entlastungsgründen, deren Tragweite bislang nicht ganz geklärt ist. Zum Teil nimmt man an, daß der Beweis mangelnder Fahrlässigkeit genügt, zum Teil wird der Nachweis eines unabwendbaren Ereignisses oder sogar höherer Gewalt gefordert. Im Rahmen der Art. 3, 34 ff CMR kann der Frachtführer nicht vorbringen, daß nicht er, sondern ein Dritter geschädigt habe. Gemäß Art. 17 IV CMR kann sich der Frachtführer durch den Nachweis von seiner Haftung befreien, daß der Schaden entstanden ist, weil sich bestimmte Gefahren verwirklicht haben. Zu diesen Gefahren zählen etwa Verpackungsmängel, Verladefehler oder innerer Verderb. Der Frachtführer braucht grundsätzlich nur zu beweisen, daß der Schaden auf einer dieser Gefahren beruhen konnte (Art. 18 II, IV CMR). Der Haftungsausschluß entfällt bei vorsätzlicher oder grob fahrlässiger Schädigung (Art. 29 CMR). Steht die Haftung des Frachtführers dem Grunde nach fest, so kann sich der Frachtführer in der Regel auf die Haftungsschranken der Art. 23, 25 CMR berufen (Ausnahmen: Art. 24, 26 CMR). Konkurrierende deliktische Ansprüche unterliegen den Haftungsausschlüssen und -begrenzungen der CMR (Art. 28 CMR; zur Haftung des Arbeitnehmers vgl. § 408 HGB Rz. 15). Dies gilt nicht, falls der Frachtführer zumindest grob fahrlässig gehandelt hat (Art. 29 CMR). Das Handeln Dritter muß er sich im Rahmen des Art. 3 CMR zurechnen lassen. Der Ersatzanspruch kann mangels ausreichenden Vorbehalts bei der Ablieferung präkludiert sein (Art. 30 CMR) oder gemäß Art. 32 CMR verjährt sein. Zur Aktivlegitimation s. Art. 13 CMR Rz. 5 ff. Für Schäden, die sich vor der Übernahme des Gutes oder nach dessen Ablieferung ereignen, haftet der Frachtführer nach ergänzend anwendbarem nationalen Recht (vor Art. 1 CMR Rz. 5 ff).

3. Haftung für Verspätung

3 Der Frachtführer haftet ähnlich wie für unzulängliche Obhut über das Gut, wenn das Gut nicht innerhalb der Lieferfrist (Art. 19 CMR) beim Empfänger abgeliefert wird. Der Schadensersatzanspruch wird durch Art. 23 V CMR begrenzt. Ausnahme: Art. 29 CMR. Der Ersatzanspruch kann gemäß Art. 30 III CMR präkludiert sein und gemäß Art. 32 CMR verjähren. Zur Aktivlegitimation s. Art. 13 I 2 CMR.

4. Haftung wegen Nichtbeachtung von Weisungen

4 S. Art. 12 VII CMR.

5. Haftung wegen Verlust oder unrichtiger Verwendung von Fracht-, Zollpapieren

S. Art. 11 III CMR.

6. Haftung wegen Nachnahmen

S. Art. 21 CMR.

7. Haftung für sonstige Schäden

Siehe dazu oben Rz. 1.

8. Versicherung

S. vor Art. 1 CMR Rz. 10.

Art. 17 CMR [Haftung des Frachtführers; Haftungsausschlüsse]

1. Der Frachtführer haftet für gänzlichen oder teilweisen Verlust und für Beschädigung des Gutes, sofern der Verlust oder die Beschädigung zwischen dem Zeitpunkt der Übernahme des Gutes und dem seiner Ablieferung eintritt sowie für Überschreitung der Lieferfrist.

2. Der Frachtführer ist von dieser Haftung befreit, wenn der Verlust, die Beschädigung oder die Überschreitung der Lieferfrist durch ein Verschulden des Verfügungsberechtigten, durch eine nicht vom Frachtführer verschuldete Weisung des Verfügungsberechtigten, durch besondere Mängel des Gutes oder durch Umstände verursacht worden ist, die der Frachtführer nicht vermeiden und deren Folgen er nicht abwenden konnte.

3. Um sich von seiner Haftung zu befreien, kann sich der Frachtführer weder auf Mängel des für die Beförderung verwendeten Fahrzeuges noch gegebenenfalls auf ein Verschulden des Vermieters des Fahrzeuges oder der Bediensteten des Vermieters berufen.

4. Der Frachtführer ist vorbehaltlich des Artikels 18 Absatz 2 bis 5 von seiner Haftung befreit, wenn der Verlust oder die Beschädigung aus den mit einzelnen oder mehreren Umständen der folgenden Art verbundenen besonderen Gefahren entstanden ist:

a) Verwendung von offenen, nicht mit Planen gedeckten Fahrzeugen, wenn diese Verwendung ausdrücklich vereinbart und im Frachtbrief vermerkt worden ist;

b) Fehlen oder Mängel der Verpackung, wenn die Güter ihrer Natur nach bei fehlender oder mangelhafter Verpackung Verlusten oder Beschädigungen ausgesetzt sind;

c) Behandlung, Verladen, Verstauen oder Ausladen des Gutes durch den Absender, den Empfänger oder Dritte, die für den Absender oder Empfänger handeln;

d) natürliche Beschaffenheit gewisser Güter, der zufolge sie gänzlichem oder teilweisem Verlust oder Beschädigung, insbesondere durch Bruch, Rost, inneren Verderb, Austrocknen, Auslaufen, normalen Schwund oder Einwirkung von Ungeziefer oder Nagetieren, ausgesetzt sind;

e) ungenügende oder unzulängliche Bezeichnung oder Numerierung der Frachtstücke;

f) Beförderung von lebenden Tieren.

5. Haftet der Frachtführer auf Grund dieses Artikels für einzelne Umstände, die einen Schaden verursacht haben, nicht, so haftet er nur in dem Umfange, in dem die Umstände, für die er auf Grund dieses Artikels haftet, zu dem Schaden beigetragen haben.

Literatur: siehe vor Art. 1 CMR.

Übersicht

Rz.

A. Haftung für Verlust, Beschädigung
I. Verlust 1
II. Beschädigung 2
III. Haftungszeitraum (Art. 17 I CMR) . 3
1. Übernahme 4
2. Ablieferung 6
3. Schadensursache 11
4. Beweislast 12
IV. Zurechnung des Schadens
1. Haftungsgrundsatz – Allgemeines 13
2. Der Haftungsausschluß bei unvermeidbaren Schäden 15
a) Höhere Gewalt
b) Äußerste Sorgfalt 16
c) Verschärfte Sorgfalt 17
d) Auffassung in anderen Vertragsstaaten 18
e) Stellungnahme 19
f) Entscheidungen nach Fallgruppen
aa) Straßenverkehr 24
bb) Wetterbedingungen . . . 25
cc) Brand des Fahrzeugs . . . 26
dd) Mängel des Fahrzeugs . . 27
ee) Verlade-, Verstauungsfehler
ff) Roll on-, Roll off-Verkehr 28
gg) Diebstahl, Raub 29
hh) Nässeschäden 30
ii) Kühltransporte
g) Beweislast 30
3. Verschulden des Absenders oder Empfängers (Art. 17 II CMR) . 31
4. Haftungsausschluß bei Weisungen (Art. 17 II CMR) 32
5. Haftungsausschluß bei Mängeln des Gutes 33
6. Haftungsausschluß bei Fahrzeugmängeln (Art. 17 III CMR) . . . 34
V. Bevorrechtigte Haftungsausschlüsse (Art. 17 IV CMR) 35
1. Haftungsausschluß bei offenen Fahrzeugen (Art. 17 IV a CMR) 36
2. Haftungsausschluß bei Verpackungsmängeln (Art. 17 IV b CMR) 37
3. Haftungsausschluß bei Verlade-, Entlade- und Verstauungsfehlern (Art. 17 IV c CMR)
a) Allgemeines 39
b) Schäden vor Beginn oder nach Ende des Transports
aa) Der Absender ist zum Be-, Entladen verpflichtet . . . 40
bb) Der Frachtführer ist zum Be-, Entladen verpflichtet 41
c) Schäden während des Transports infolge mangelhafter Beladung, Verstauung
aa) Der Absender ist zum Beladen verpflichtet 42
bb) Der Frachtführer ist zum Beladen verpflichtet . . . 46
d) Umladung während des Transportes 47
e) Beweislast
f) Haftung des Absenders wegen mangelhafter Verladung . . . 48
4. Natürliche Beschaffenheit (Art. 17 IV d CMR)
a) Allgemeines 49
b) Transport mit Spezialfahrzeugen (Art. 18 IV CMR) 51
5. Bezeichnung, Numerierung von Frachtstücken (Art. 17 IV e CMR) 52
6. Lebende Tiere (Art. 17 IV f CMR) 53
7. Mitwirkende Verursachung (Art. 17 V CMR) 54
VI. Höhe des Schadensersatzes 55
VII. Fälligkeit, Reklamation, Verjährung
VIII. Aktivlegitimation, Passivlegitimation
IX. Konkurrierende Ansprüche

B. Haftung für Verspätung
I. Überschreitung der Lieferfrist . . . 56
II. Haftungsausschlüsse 57
1. Verschulden des Absenders bzw. Empfängers (Art. 17 II 1. Alt. CMR)
2. Weisungen (Art. 17 II 2. Alt. CMR) 58
3. Mängel des Gutes (Art. 17 II 3. Alt. CMR) 59
4. Unvermeidbare Umstände . . . 60
5. Verspätung in den Fällen des Art. 17 IV CMR 61
6. Unzulängliche Dokumente . . . 62
III. Beweislast 63
IV. Schaden 64
V. Reklamation, Verjährung 65
VI. Aktivlegitimation 66
VII. Konkurrierende Ansprüche 67

A. Haftung für Verlust, Beschädigung

I. Verlust

1 Der Begriff des Verlustes (loss, perte) ist nach allgemeiner Ansicht identisch mit dem Verlust-Begriff in § 429 HGB (BGH, NJW **1979**, 2473; LM Nr. 3 CMR; OLG Frankfurt v. 30.3.1977, VersR **1978**, 169; § 429 HGB

Rz. 3). Die *Beweislast* für den Verlust trägt der Ersatzberechtigte (s. auch Rz. 12). Die CMR enthält in Art. 20 I CMR eine selbständige *Vermutung* dafür, daß das Gut verlorengegangen ist.

II. Beschädigung

Der Begriff der Beschädigung (damage, l'avarie) deckt sich nach allgemeiner Ansicht ebenfalls mit dem Begriff der Beschädigung in § 429 HGB (§ 429 HGB Rz. 3). 2

III. Haftungszeitraum (Art. 17 I CMR)

Gemäß Art. 17 I CMR haftet der Frachtführer für Verluste oder Beschädigungen nur dann, wenn sich diese im Zeitraum zwischen der Übernahme (Rz. 4) und der Ablieferung (Rz. 6) ereignen bzw. in diesem Zeitraum verursacht werden. 3

1. Übernahme

Nach ganz allgemeiner Ansicht setzt die Übernahme wie die Annahme gemäß § 429 HGB voraus, daß der Frachtführer willentlich (§ 429 HGB Rz. 5) selbst oder durch seine Gehilfen (Art. 3 CMR) den unmittelbaren oder mittelbaren Besitz erwirbt (vgl. § 429 HGB Rz. 4; *Hill/Messent*, CMR, S. 69). Hat der Absender zu **verladen** und verlädt er das Gut, so übernimmt der Frachtführer das Gut in dem Moment, in dem die Ladearbeiten beendet sind und das Fahrzeug geschlossen wird oder der Fahrer sonst zu erkennen gibt, daß er die Herrschaftsgewalt über das Gut an sich zieht. Umgekehrt haftet der Frachtführer nicht gemäß Art. 17 CMR für Gut, dessen Übernahme er zwar bestätigt hatte (vgl. Art. 9 CMR), das er jedoch nachweislich nicht übernommen hatte (vgl. Art. 9 CMR Rz. 2). 4

Aus Art. 17 CMR läßt sich keine klare Aussage darüber entnehmen, ob der **Anlaß des Besitzerwerbes** gleichgültig ist, z. B., ob er auch im Rahmen einer Lagerung erfolgen kann oder ob der Besitz zum Zweck der Beförderung erlangt sein muß. Unklar ist ferner, ob der Frachtführer den Besitz in Erfüllung seiner vertraglichen Pflichten aus dem Beförderungsvertrag erlangt haben muß. Dies spielt insbesondere in den Fällen eine Rolle, in denen der Frachtführer das Gut verlädt, ohne dazu verpflichtet zu sein. Die Lösung dieser Fragen darf nicht ohne weiteres in Anlehnung an das nationale Recht gesucht werden (vor Art. 1 CMR Rz. 4). Es entspricht allgemeiner Ansicht, daß von einer Übernahme des Guts nur dort die Rede sein kann, wo der Frachtführer den Besitz des Gutes gerade *in Erfüllung seiner Verpflichtung aus dem Vertrag* mit dem Absender ergreift (BGH v. 29.11.1984, VersR **1985**, 258; OLG Hamburg v. 15.12.1983, TranspR **1985**, 38; *Heuer*, Haftung, S. 60ff; vgl. auch § 429 HGB Rz. 5); denn Art. 17 CMR regelt eine Haftung aus dem Beförderungsvertrag (Art. 1 I CMR). Deshalb haftet der Frachtführer für einen bei der Beladung entstandenen Schaden nicht gemäß Art. 17 CMR, falls er lediglich gefälligkeitshalber (vgl. § 17 KVO Rz. 12) bei der Beladung 5 mitwirkte. Es kommt dann jedoch eine Haftung nach dem ergänzend anwendbaren (vor Art. 1 CMR Rz. 5 ff) nationalen Recht in Betracht (§ 6 KVO Rz. 7; § 17 KVO Rz. 12). Man wird auch annehmen müssen, daß der Besitzerwerb *in Erfüllung des Beförderungsvertrages* und nicht eines sonstigen Vertrages erfolgen muß. Damit scheidet eine Übernahme aus, wenn das Gut zunächst auf Lager genommen wird und erst später auf Abruf des Absenders transportiert werden soll (*Heuer*, Haftung, S. 63). Anders ist die Situation dort, wo die Lagerung dem Transportzweck dient, weil der Frachtführer zur vollständigen Beladung des Lkw noch auf andere Güter wartet (vgl. Art. 19 CMR) oder wo sich der Frachtführer verpflichtet hat, die Güter transportgerecht zu verpacken. In diesen Fällen liegen zwar keine reinen Beförderungshandlungen vor. Die Übernahme erfolgt jedoch im Rahmen eines Hilfsgeschäftes zur Durchführung des Transports (*Hill/Messent*, CMR, S. 69). Der Schwerpunkt der vertraglichen Pflichten liegt bei diesen Hilfsgeschäften klar bei der Beförderung, so daß eine einheitliche Behandlung des Schadensrisikos bei der Erfüllung des Hilfsgeschäfts und bei der eigentlichen Beförderung angebracht ist (*Putzeys*, CMR, Rz. 378). Dies ist in Hinblick auf die Haftung für *Schäden bei der Beladung*, zu der sich der Frachtführer verpflichtet hat, unbestritten. Nach OLG Düsseldorf (v. 2.12.1982, VersR **1983**, 749, 750) haftet der Frachtführer schon von dem Zeitpunkt an, in dem er entsprechend seiner vertraglichen Verpflichtung eine Maschine aus einer Halle herausrollt, um sie auf einen Lkw zu laden. Beginnt der Frachtführer, der eine Vorlagerung übernommen hatte, mit dem Transport, ohne die Weisung des Auftraggebers abzuwarten, so erfolgt auch bei Transportbeginn keine „Übernahme", weil eine Pflicht zum Transport mangels entsprechender Weisung noch nicht entstanden ist (vgl. OLG Düsseldorf v. 26.10.1978, MDR **1979**, 405).

2. Ablieferung

6 Der Begriff der Ablieferung (delivery, livraison) wird nach ganz herrschender Meinung wie der Begriff der Ablieferung in § 429 HGB interpretiert (OLG Düsseldorf v. 27.11.1986, TranspR **1987**, 23; v. 12.12.1985, VersR **1986**, 1069; v. 12.1.1984, TranspR **1984**, 102, 103; OLG Hamburg v. 16.1.1986, VersR **1987**, 813; GroßkommHGB-*Helm*, Anh. § 452, Art. 17 CMR Rz. 2; *Heuer*, Haftung, S. 65 jeweils m. Nachw.). Der herrschenden Meinung ist im Ergebnis zuzustimmen. Es ist jedoch zu betonen, daß die CMR als Einheitsrecht in Hinblick auf die internationale Rechtseinheitlichkeit nicht vom nationalen Recht her interpretiert werden darf (vor Art. 1 CMR Rz. 4). Es ist allgemein anerkannt, daß die **bloße Ankunft** des Gutes am Bestimmungsort nicht zur Ablieferung führt (Paris, BullT **1984**, 545). Vielmehr ist es grundsätzlich notwendig, daß der Empfänger den unmittelbaren Besitz erlangt (*Hill/Messent*, CMR, S. 70). Man wird im Einklang mit § 429 HGB einen Schritt weitergehen können und den Ablieferungszeitpunkt auf den Moment vorverlegen können, in dem der Frachtführer den **Gewahrsam** über das beförderte Gut **aufgibt** und den Empfänger mit dessen Willen und Einverständnis in Stand setzt, die tatsächliche Gewalt über das Gut auszuüben (OLG Hamburg v. 16.1.1986, VersR **1987**, 813; OGH Wien v.

6.7.1989, VersR **1990,** 1180; *Putzeys*, CMR, Rz. 509; str. in der franz. Rspr. [§ 429 HGB Rz. 6]). Diese Ablieferung steht unter der auflösenden Bedingung, daß der Frachtführer später eigenmächtig wieder den Besitz ergreift (vgl. *Hill/Messent*, CMR, S. 71).

Das Gut muß an denjenigen abgeliefert werden, der nach dem Frachtvertrag **Empfänger des Guts** ist. Es genügt nicht, daß das Gut an den wirtschaftlichen Endempfänger abgeliefert wird (BGH v. 13.7.1979, VersR **1979**, 1154; OLG Frankfurt v. 30.3.1977, VersR **1978**, 169). Wird einem Dritten Besitz verschafft, so stellt dies grundsätzlich keine Ablieferung dar. Dies gilt auch dann, wenn das Gut in einem Zollager hinterlegt wird (OLG Hamburg v. 24.5.1984, TranspR **1984**, 274; v. 16.1.1986, VersR **1987**, 813; v. 25.2.1988, TranspR **1988**, 277), es sei denn, daß es zu einer Entladung iSd Art. 16 II CMR gekommen ist. Aus demselben Grunde führt auch die Annahmeverweigerung durch den Empfänger nicht zur Ablieferung. Der Frachtführer kann lediglich nach den Art. 15 f CMR vorgehen (OLG Düsseldorf v. 12.1.1984, TranspR **1984**, 102; v. 12.12.1985, VersR **1986**, 1069; *Groth*, VersR **1983**, 1104, 1105). Beim Rücktransport an den Absender tritt dieser in die Rolle des Empfängers ein. Keine Ablieferung sondern ein Verlust liegt vor, wenn das Gut in die Hände eines nicht vom Frachtführer beauftragten Dritten gelangt, der es dem Absender oder Empfänger übergibt (vgl. § 429 HGB Rz. 3; OGH Wien v. 6.7.1989, VersR **1990,** 1180). *Ausnahmsweise* kann das Gut auch an Dritte wirksam abgeliefert werden. Die Dritten müssen dazu vom Empfänger wirksam bevollmächtigt oder ermächtigt sein. Anscheins- oder Duldungsvollmacht genügt. Die Parteien können auch vereinbart haben, daß der Dritte die Empfängerrolle ausüben soll (vgl. auch Art. 12 CMR). Zur Übergabe des Guts an den Zoll vgl. *Müller-Rostin*, TranspR **1989**, 121, 124. 7

Da Voraussetzung für die Ablieferung das *Einverständnis* mit der Übernahme der Sachherrschaft ist, kann die Ablieferung nur an dem **Platz** erfolgen, den der **Empfänger** oder sein Vertreter **bestimmt** (*Hill/Messent*, CMR, S. 71). Dabei ist es unerheblich, ob der Wille des Empfängers mit dem Frachtvertrag in Einklang steht (Art. 15 CMR; unklar *Hill/Messent*, CMR, S. 71). Im Zweifel kann man davon ausgehen, daß der Empfänger mit der Ablieferung an dem Ort einverstanden ist, wo das Gut dem Frachtvertrag zufolge abzuliefern ist (vgl. BGH v. 9.11.1979, VersR **1980**, 181, 182).

Soll das Gut nach Ankunft am Bestimmungsort zunächst auf **Lager** genommen werden, so nimmt *Heuer* (Haftung, S. 66) Ablieferung in dem Moment an, in dem der Frachtführer das Gut in Verwahrung nimmt. *Hill/Messent* (CMR, S. 70) vertreten dagegen den Standpunkt, daß der Frachtführer nach CMR forthaftet, daß die Parteien aber vereinbaren können, daß der Frachtführer vom Moment des Abladens an nach Lagerrecht hafte. Man kann davon ausgehen, daß der Verfügungsberechtigte den Frachtführer auch bevollmächtigen kann, an sich selbst in der Rolle als Lagerhalter auszuliefern. Voraussetzung für eine derartige Annahme ist jedoch im Einzelfall, daß die Nachlagerung nicht lediglich transportbedingt ist oder daß die Parteien von vornherein einen frühesten Ablieferungstermin vereinbart haben. 8

Hill/Messent (CMR, S. 70) leiten im Wege eines Umkehrschlusses aus Art. 17 IV c CMR ab, daß die **Entladung** grundsätzlich in die Risikosphäre 9 des Frachtführers fällt. Richtig ist dagegen, die Obhutspflichten des Frachtführers auf den Zeitraum zu begrenzen, in dem den Frachtführer aktive Schutzpflichten treffen. Derartige Schutzpflichten hat der Frachtführer zu erfüllen, wenn er nach dem Frachtvertrag verpflichtet ist, das Gut abzuladen (*Heuer*, Haftung, S. 66; *Putzeys*, CMR, Rz. 509 f; zur Entladepflicht vor Art. 1 CMR Rz. 8). Hat der Frachtführer zu entladen, so ist das Gut erst nach der Entladung abgeliefert (*Mons*, ETR **1978**, 568). Das gilt auch dort, wo der Empfänger auf Veranlassung des Absenders abgeladen hat (zu Art. 17 IV c CMR s. Rz. 39 ff). Hat der Empfänger zu entladen, so ist das Gut in dem Moment abgeliefert, in dem dem Empfänger die Ladefläche des Lkw zugänglich gemacht ist und dieser seine Bereitschaft signalisiert hat, den Besitz des Gutes zu ergreifen (vgl. Rotterdam, ETR **1971**, 417). Sind einzelne Teile einer Sendung an verschiedene Empfänger abzuliefern, so erfolgt die Ablieferung sukzessive für die einzelnen Empfänger je nach deren Einverständnis mit der Besitzübernahme. Für die Mitwirkung des Frachtführers aus Gefälligkeit gilt das zum Laden Gesagte (oben Rz. 5).

10 **Schäden**, die **nach der Ablieferung** entstehen, sind nicht nach Art. 17 CMR zu ersetzen. Insoweit ist ergänzend (vor Art. 1 CMR Rz. 5 ff) nationales Recht heranzuziehen. Nach deutschem Recht kommt eine Haftung aus den §§ 823 ff BGB sowie aus (nachvertraglicher) positiver Forderungsverletzung in Betracht. Beispiel: Der Fahrer fährt den abladebereit an der Rampe stehenden Lkw von der Rampe weg. Dort, wo der Frachtführer aus Gefälligkeit tätig wird, kann er auch aus culpa in contrahendo haften (vgl. § 17 KVO Rz. 21).

3. Schadensursache

11 Die Schadensursache muß nach der Übernahme (Rz. 4) aber vor der Ablieferung (Rz. 6) gesetzt worden sein. Dies gilt auch, wenn das Gut auf dem Zollager beschädigt worden ist (OLG Hamburg v. 30.1.1986, VersR **1987**, 813). Es ist nicht erforderlich, daß sich der Schaden bereits vor der Ablieferung gezeigt hat.

4. Beweislast

12 Der Geschädigte hat nach allgemeinen deutschen (*Piper,* TranspR **1990,** 357, 360) Beweisregeln vorzutragen, daß das Gut in der Obhut des Frachtführers Schaden genommen hat und wie hoch der Schaden ist (BGH v. 12.12.1985, VersR **1986**, 381, 383; v. 8.6.1988, VersR **1988**, 952; *Schmitthoff/Goode/Clarke,* S. 64 f; **a. A.** Cour de Cassation, BullT **1982**, 152; *Nossovitch,* BullT **1982,** 544 f; *Lutz,* TranspR **1991,** 1, 6 aus franz. Sicht: der Geschädigte hat nur den Schaden bei Ankunft zu beweisen; vgl. auch Art. 9 CMR Rz. 3). Noch nicht geklärt ist, ob für die Wahl der deutschen Beweisregeln die lex fori oder die lex causae maßgeblich ist (vgl. *Koller,* VersR **1990,** 553, 559 f). Maßgeblich ist die Übernahme des Gutes gerade als CMR-Frachtführer (BGH v. 24.6.1987, VersR **1987**, 1212, 1214; oben Rz. 5). In Hinblick auf die Übernahme kann dem Ersatzberechtigten die Vermutung des Art. 9 CMR zugutekommen. Die Ablieferung hat grundsätzlich der Frachtführer zu beweisen (OLG Hamm v. 2.12.1991, TranspR **1992**, 179).

Dies kann mit allen Beweismitteln (Gent, ETR **1981**, 708), insbesondere mit Empfangsquittungen (§ 407 HGB Rz. 46; § 429 HGB Rz. 8), geschehen. Ist die Ablieferung bewiesen, so sind die Beweiswirkungen des Art. 30 CMR zu beachten. War kein Frachtbrief ausgestellt worden und war keine gemeinsame Überprüfung erfolgt, so gilt die Erläuterung § 429 HGB Rz. 8 (Art. 30 CMR Rz. 8). Wenn nach Maßgabe dieser Regeln der Schadensort unbekannt ist, so kann die Haftung und Beweislast nach h. M. abweichend von der CMR geregelt werden (BGH v. 24.6.1987, VersR **1987**, 1212, 1214). Das kann dazu führen, daß der Frachtführer bei multimodalem Verkehr doch nach CMR haftet (s. multimodaler Verkehr Rz. 7 ff). Zur Frage der Beweismittel, Beweiserhebung und -würdigung, Art. 18 CMR Rz. 2.

IV. Zurechnung des Schadens

1. Haftungsgrundsatz – Allgemeines

Art. 17 I CMR scheint eine uneingeschränkte Kausalhaftung zu statuieren. **13**
Die Tragweite der Haftung für Beschädigung und Verluste erschließt sich jedoch erst, wenn man Art. 17 I CMR zusammen mit den Abs. II-IV des Art. 17 CMR betrachtet. Danach kann sich der Frachtführer auf zwei Arten von Haftungsausschlüssen berufen. Zum einen kann er einen Ausschlußgrund iSd Art. 17 II CMR ins Spiel bringen. Dieser Ausschlußgrund ist dadurch gekennzeichnet, daß der Frachtführer den vollen Beweis für die Voraussetzungen des Haftungsausschlusses zu führen hat (Art. 18 I CMR). Beruft sich der Frachtführer auf einen bevorrechtigten Ausschlußgrund iSd Art. 17 IV CMR, so hat grundsätzlich der Ersatzberechtigte den Gegenbeweis zu führen (Art. 18 II-V CMR). Die Haftungsausschlüsse der Art. 17 II, IV CMR erfassen zum Teil Umstände, die allein der Sphäre des Ersatzberechtigten zuzurechnen sind (Verschulden, Weisung des „Verfügungsberechtigten", Mängel des Gutes, der Verpackung, des Verladens und Verstauens, der Bezeichnung des Gutes) sowie Umstände, die atypische, erhöhte Risiken signalisieren (offene Fahrzeuge, innerer Verderb, lebende Tiere).

Für die **Einordnung der Haftung** gemäß Art. 17 CMR ist entscheidend **14**
der Art. 17 II letzte Alt. CMR, demzufolge die Haftung ausgeschlossen ist, falls der Schaden durch Umstände verursacht worden ist, die der Frachtführer nicht vermeiden und deren Folgen er nicht abwenden konnte. Der Gesetzeswortlaut läßt nicht erkennen, ob es auf angemessene Anstrengungen, den Schaden zu vermeiden, ankommt oder ob die Entlastung erst eintritt, wenn die Schadensverhütung nur mit ganz außergewöhnlichen Mitteln oder gar nur mit absurdem Aufwand möglich war. Gleiches gilt für die Abwendung der Folgen der Schadensursache. Im einzelnen werden folgende **Varianten** vertreten:

2. Der Haftungsausschluß bei unvermeidbaren Schäden

a) Höhere Gewalt. Der deutsche historische Gesetzgeber ging davon aus, **15**
daß Art. 17 II letzte Alt. CMR eine Definition des Begriffs der höheren Gewalt enthält (Denkschrift, BT-Drucksache III/1144, S. 40). Der Frachtführer

werde daher nur entlastet, wenn der Schaden nicht Mängeln der Betriebseinrichtung entspringe, sondern durch Umstände verursacht werde, die von außen kommen und die völlig unvorhersehbar sind.

16 **b) Äußerste Sorgfalt**. *Loewe* (ETR **1976**, 503, 554 f) zufolge umschreibt Art. 17 II letzte Alt. CMR den dem Begriff der höheren Gewalt sehr nahestehenden Begriff des unabwendbaren Ereignisses. Dieser Begriff sei losgelöst von nationalen Definitionen aus der CMR heraus zu konkretisieren. Danach könnten grundsätzlich auch innerbetriebliche Schadensursachen unvermeidbar sein. In Hinblick auf die Vermeidbarkeit von Diebstählen spricht *Loewe* (aaO) davon, daß der Frachtführer entlastet werde, wenn der Diebstahl selbst mit Aufwendung äußerster Sorgfalt nicht zu vermeiden gewesen wäre. Der BGH (NJW **1975**, 1597, 1598 f) setzt sich ebenfalls über die Intentionen des historischen Gesetzgebers mit dem Hinweis hinweg, daß der Gesetzgeber sich in der Auslegung der CMR geirrt habe. Der Ansicht des BGH zufolge genügt für die Entlastung des Frachtführers, daß der Schaden auch bei Anwendung der äußersten nach den Umständen möglichen Sorgfalt unabwendbar war. Der BGH stellt klar, daß die äußerste Sorgfalt an den Frachtführer höhere Anforderungen als die verkehrserforderliche Sorgfalt stellt (kritisch *Heuer*, VersR **1988**, 312).

17 **c) Verschärfte Sorgfalt**. *Helm* (GroßkommHGB, Anh. § 452, Art. 17 CMR Rz. 5; ebenso BGH, NJW **1975**, 1597; *Lenz*, Straßengütertransportrecht, Rz. 491; OGH Wien v. 10.7.1991, TranspR **1991**, 422, 423; *Jesser*, Frachtführerhaftung, S. 50 f) steht auf dem Standpunkt, daß es sich bei der Haftung aus Art. 17 CMR um eine Haftung für vermutetes Verschulden mit verschärftem Sorgfaltsmaßstab handle. Die wirtschaftliche Zumutbarkeit der Sorgfaltsanforderungen sei zu berücksichtigen.

18 **d) Rechtslage in anderen Vertragsstaaten**. In England ist man der Auffassung, daß die Haftung aus Art. 17 CMR jedenfalls keine Verschuldenshaftung normiere (*Clarke*, CMR, Rz. 78, 85). Für entlastend hält man nur die Notwendigkeit absurder Schadensverhütungsmaßnahmen (*Hill/Messent*, CMR, S. 80 f mit Hinweis auf die Rechtsprechung). Eine Entscheidung der Queens Bench Division (Journal of Business Law **1981**, 309) zufolge entlastet nur höhere Gewalt. Die französische Rechtsprechung trennt dagegen zwischen Art. 17 II CMR und force majeure (Cour Cass., BullT **1986**, 591), indem sie betont, daß die Unvorhersehbarkeit keine Rolle spielt (*Lamy*, Transport I, Nr. 880; enger wohl Cour Cass., BullT **1992**, 177). Der österreichische OGH spricht in ständiger Rechtsprechung von der äußersten, vernünftigerweise zumutbaren Sorgfalt (OGH Wien v. 8.3.1983, TranspR **1983**, 138; v. 6.9.1983, TranspR **1984**, 11, 12; v. 8.10.1984, TranspR **1985**, 103, 104). In die gleiche Richtung scheint man in Belgien zu tendieren (*Putzeys*, CMR, Rz. 742; *Theunis/Libouton*, S. 82 ff).

19 **e) Stellungnahme**. Art. 17 CMR statuiert zunächst keine Verschuldenshaftung (zutr. BGH v. 28.2.1975, VersR **1975**, 610, 611). Wenn der Gesetzgeber in Art. 17 II letzte Alt. CMR einen Sorgfaltsbeweis hätte zulassen wollen, so hätte er wie in den ersten beiden Alternativen des Art. 17 II CMR von Verschulden (wrongful act, neglect, faute) sprechen können. Andererseits ist aus Art. 17 III CMR der Umkehrschluß dahin zu ziehen, daß sich der Frachtführer grundsätzlich auch bei innerbetrieblichen Schadensursachen entlasten

kann. Dies wäre nicht möglich, wenn man von einem Begriff der höheren Gewalt im Sinn des deutschen Rechts ausgeht. Weitere Anhaltspunkte für eine Auslegung enthält Art. 17 CMR nicht. Der Vereinheitlichungszweck der CMR (vor Art. 1 CMR Rz. 4) verbietet es, zur Lückenfüllung auf unvereinheitlichtes nationales Recht zurückzugreifen oder aus ihm heraus zu argumentieren (*Csoklich,* S. 185; *Jesser,* Frachtführerhaftung, S. 50; anders aber BGH, NJW **1975**, 1597 ff; GroßkommHGB-*Helm*, Anh. § 452, Art. 17 CMR Rz. 5). Anhaltspunkt bietet vielmehr der Wille des historischen Gesetzgebers. In der Denkschrift zur CMR (BT-Drucksache III/1144 S. 40) wird Art. 17 II letzte Alt. CMR im Sinn der höheren Gewalt interpretiert. Dem wird verbreitet entgegengehalten, daß der historische Gesetzgeber die CIM fehlinterpretiert habe (BGH, NJW **1975**, 1597, 1598; GroßkommHGB-*Helm*, Anh. § 452, Art. 17 CMR Rz. 4; *Putzeys*, CMR, Rz. 742). Der Gesetzgeber mag von einem unrichtigen Standpunkt ausgegangen sein. Dies rechtfertigt es jedoch nicht, den wenn auch fehlerhaft gebildeten Willen des Gesetzgebers, der für das innerdeutsche Ratifikations- und Transformationsgesetz maßgeblich ist, zu ignorieren. Man kann vom historischen Ausgangspunkt des Gesetzgebers nur mit dem Argument abweichen, daß der deutsche Gesetzgeber vorrangig Rechtsvereinheitlichung gewollt habe und daß deshalb seiner Deutung der CMR nicht so großes Gewicht beigelegt werden dürfe. Jedenfalls ist zu berücksichtigen, daß man bei der Ausarbeitung der CMR den Art. 17 CMR weitgehend dem Art. 27 CIM a. F. anpassen wollte, der das Prinzip der Gefährdungshaftung nur in gewissem Grade abgeschwächt hatte (*Schulze*, DGV **1957**, 250, 251).

Der BGH hält sich mit seiner Deutung des Art. 17 II letzte Alt. CMR iSd **20**
„äußersten Sorgfalt" auf einer Linie, die international verbreitet ist. Das Problem dieser Interpretation liegt darin, daß die Figur der „äußersten Sorgfalt" eine Leerformel darstellt.

Versucht man die Standards der Schadensverhütung zu normieren, so sind im Grund zwei Ansätze denkbar (*Koller,* Die Risikozurechnung bei Vertragsstörungen in Austauschverträgen (1979), S. 78 ff; *Adams,* Ökonomische Analyse der Gefährdungs- und Verschuldenshaftung (1985), S. 47 ff): Zum einen der Standard der verkehrserforderlichen Sorgfalt, der im Einzelfall die angemessene, zumutbare und zugleich ökonomisch effiziente Sorgfalt umschreibt; zum anderen die verschuldensunabhängige Zurechnung in den verschiedenen Varianten. Bei der verschuldensunabhängigen Zurechnung hat der Schädiger Schadensersatz auch für solche Schäden zu leisten, die er in Einzelfällen sinnvollerweise gar nicht verhüten soll, weil dies zu aufwendig ist. Da Verschulden und die Nichtbeachtung der zumutbaren Sorgfalt identisch sind, muß die verschuldensunabhängige Haftung notwendig auch dann eingreifen, wenn zumutbare Vorkehrungen den Schaden nicht verhindert hätten (**a. A.** OLG Düsseldorf v. 12.1.1984, TranspR **1984,** 102, 104; dies übersieht auch *Heuer,* VersR **1988,** 312, 316). Die Belastung des Schädigers mit Schäden, die er im Einzelfall nur mit unwirtschaftlichen und unzumutbaren Aufwendungen hätte verhindern können, ist durchaus sinnvoll. Diese Belastung führt nämlich im marktwirtschaftlichen Prozeß dazu, daß ein starker Anreiz zur Verbesserung und zur kostengünstigeren Ausgestaltung der Schadensverhütungsmaßnahmen entsteht; denn derjenige Konkurrent erzielt erhöhte Gewinne, der Schäden am billigsten verhüten kann (*Koller,* aaO, S. 80 ff; *Adams,* aaO, S. 77 ff). Von daher ist es nicht ein Mangel der verschuldensunabhängigen Haftung, sondern gerade ihre Funktion, daß sie eine Haftung auch dort bejaht, wo auf der Basis eines relativ statischen Sorgfaltsmaßstabs eine zumutbare Schadensverhütungsmöglichkeit verneint wird.

21 Der BGH (NJW **1975,** 1597) betont zutreffend, daß es sich bei der CMR-Haftung um eine verschuldensunabhängige Haftung handelt (so auch aus der Perspektive der Entstehungsgeschichte; *Schulze,* DGV **1957,** 250, 251). Der Frachtführer haftet somit notwendig auch dort, wo eine Schadensverhütung unwirtschaftlich und unzumutbar ist, d. h. , wo der Frachtführer sinnvollerweise nicht versuchen wird, Schäden zu verhüten, sondern lediglich das Schadensersatzrisiko einkalkulieren wird. Die Tatsache, daß Schäden iSd Art. 17 II CMR ,,vermeidbar" sind, bedeutet daher nicht, daß der Frachtführer gegen seine Pflichten verstoßen hat. Es stellt sich dann die Frage, bis *zu welchem Grad* der Unwirtschaftlichkeit und Unzumutbarkeit der Schadensverhütung der Frachtführer haftet, mit anderen Worten, wann die ,,äußerste Sorgfalt" erreicht ist. Diese Frage hat berühmte Juristen des 19. Jahrhunderts eingehend beschäftigt (vgl. Nachw. bei *Koller,* aaO, S. 124). Zur Konkretisierung des Begriffs der höheren Gewalt wurde vielfach auf die Figur der außerordentlichen, äußersten Sorgfalt zurückgegriffen. Gegen diese Ansätze hatte schon *Exner* (GrünhutsZ 10, 517 ff; ebenso *Gelpcke,* Verhandlungen des 22. Deutschen Juristentages (1983), S. 363 ff) eingewandt, sie seien gänzlich unpraktikabel. Man könne zwar sagen, wo die verkehrserforderliche Sorgfalt aufhöre und wo Sorgfaltsanforderungen unzumutbar werden. Man könne jedoch nicht sagen, wo die äußerste Sorgfalt aufhöre, da Verhütungsmaßnahmen nahezu beliebig steigerungsfähig seien.

22 Im Lichte dieser Problemstruktur existieren zwei Lösungsansätze. Entweder legt man das Schwergewicht auf die Rechtssicherheit und bessere Motivation zur Verbesserung der Schadensverhütung (Innovation). Dann sind Schäden auch mit ,,äußerster Sorgfalt" erst dort nicht vermeidbar und deren Folgen nicht mehr abwendbar, wo alle denkbaren Maßnahmen den Schaden nicht verhütet hätten. Stellt man darauf ab, ob nur absurde Verhütungsmaßnahmen den Schaden verhindert hätten, so ist die Rechtssicherheit zwar nicht in dem Maß wie bei der absoluten Unvermeidbarkeit des Schadens gewährleistet. Es ist jedoch anzunehmen, daß die Meinungen darüber, von welchem Punkt an Schadensverhütungsmaßnahmen evident absurd sind und daher von vornherein auf den ersten Blick nicht in Betracht zu ziehen sind, nicht allzuweit auseinandergehen werden. Die Entscheidungen werden also berechenbar bleiben. Setzt man die Schwelle der ,,äußersten Sorgfalt" dagegen noch niedriger an, so fehlt jeder intersubjektive Maßstab für die Ermittlung der ,,äußersten Sorgfalt". Es ist dann Sache eines jeden Richters, je nach seiner höchstpersönlichen Risikofreude oder Ängstlichkeit diejenigen Vorsichtsmaßnahmen zu verlangen, die er treffen würde, wenn er ,,besonders vorsichtig und gewissenhaft" wäre. Eine Fallgruppenbildung bietet dagegen nur beschränkt Abhilfe, da es immer auf alle Umstände des Einzelfalles ankommt und weil sich die Transportverhältnisse auf der Straße relativ schnell ändern.

23 Die Auswahl zwischen beiden Lösungsansätzen ist durch die CMR nicht exakt vorgegeben. In den anderen Vertragsstaaten werden, woweit ersichtlich, beide Ansätze vertreten. Die Gerichte haben daher die Freiheit, die optimale Lösung auszuwählen. Vorzuziehen ist eine vermittelnde Lösung, die alle, aber auch nur solche Schäden für **unvermeidbar** erklärt, die ohne Eingriffsmöglichkeit des Frachtführers durch staatliche Organe verursacht worden sind oder die auf den ersten Blick **nur mit absurden Maßnahmen hätten verhütet** werden können.

f) Entscheidungen nach Fallgruppen. aa) Straßenverkehr. Vermeidbar: 24
Schäden infolge von Ausweichmanöver (Brüssel, ETR **1977**, 881; Antwerpen, ETR **1987,** 443); in der Regel infolge von Notbremsung (Antwerpen, Jurisprudence du Port d'Anvers **1970**, 123; Paris, BullT **1970**, 100, 111); infolge Einschlafens des Fahrers (Dordrecht, ETR **1968**, 416); infolge einer Kollision mit einem ordnungsgemäß parkenden Fahrzeug (s'Gravenhage, Schip en Schade 1977, Nr. 3); infolge schlechter Straßen in der Sowjet-Union (OLG Hamburg v. 29.5.1980, VersR **1980**, 950, 951); infolge einer Geschwindigkeit von 65 km/h an einer Baustelle bei einspuriger Verkehrsführung (OLG Düsseldorf v. 24.3.1983, TranspR **1984**, 14, 15); Durchbrechung der Leitplanke mit ungeklärter Entstehung des Unfalls (OLG Bremen v. 12.2.1976, VersR **1976**, 584f); voraussehbare Vereisung der Straße (OLG Saarbrücken v. 10.2.1971, VersR **1972**, 757, 758); Nichteinhalten eines Abstands, der es ermöglicht, beim Unfall eines vorausfahrenden Fahrzeugs rechtzeitig stehenzubleiben (Rouen, BullT **1991,** 11 f).

Unvermeidbar: Schaden, weil ein entgegenkommendes Fahrzeug ins Schleudern gerät und mit dem Lkw des Frachtführers zusammenstößt, der mit einer den Wetter- und Straßenverhältnissen angepaßten Geschwindigkeit fährt (BGH, NJW **1975**, 1597; OLG München v. 16.1.1974, ETR **1974**, 615, 620 f); infolge Auffahrens Dritter auf das ordnungsgemäß geparkte Fahrzeug des Frachtführers (Paris, BullT **1977**, 37); Verspätung infolge der Sperre eines Tunnels trotz vorheriger Information (Amsterdam, 6 European Law Digest 585); plötzliches Bremsen und Spurwechsel eines Pkw (Antwerpen, ETR **1987**, 443). Vgl. weiter *Putzeys*, CMR, S. 247.

bb) Wetterbedingungen. Vermeidbar: Schäden infolge heftiger Stürme 25
oder Wolkenbrüche (Bruxelles, ETR **1972**, 576; Courtrai, Jurisprudence du Port d'Anvers 1972, 192). Vgl. weiter die bei *Putzeys*, CMR, S. 249 und *Lamy*, Transport I, Nr. 880 angeführte Rechtsprechung.

cc) Brand des Fahrzeugs. Vermeidbar: infolge Brandanschlags, als Fahrer 26
den Lkw in der Nähe seiner Wohnung abgestellt hatte (BGH v. 5.6.1981, VersR **1981**, 1030; ähnlich Brüssel, BullT **1978,** 39); infolge Brandanschlags, als Fahrer auf einem Parkplatz in Spanien inmitten von zwei anderen Lkws in seinem Lkw schlief (OLG Düsseldorf v. 12.1.1984, TranspR **1984**, 102). **Unvermeidbar:** Brand von transportierten Pkw (OLG München v. 27.2.1987, TranspR **1987**, 185). Vgl. weiter *Putzeys*, CMR, S. 248.

dd) Mängel des Fahrzeugs, Reifen. Geplatzter Reifen; OGH Wien v. 27
26.6.1986, TranspR **1988,** 147, 150: unvermeidbar nur bei durch von außen verursachten unvorhersehbaren und unabwendbaren Fremdeinwirkungen auf den Reifen (ähnlich Brüssel, ETR **1971,** 827). Die Reifen müssen vorher in gutem Zustand gewesen und vor sowie während der Fahrt laufend kontrolliert worden sein (Rotterdam, ETR **1966,** 740). Dabei ist der Reifendruck mit

einem Meßgerät zu messen (Amsterdam, Schip & Schade **1970** Nr. 47: nur bei Fahrtantritt, während der Fahrt visuell; ebenso Rotterdam, ETR **1969,** 998). Der Frachtführer hat auch zu beweisen, daß der Reifenplatzer nicht auf eine „innere" Ursache (z. B. Fabrikationsfehler, falsche Montage, zu geringer Luftdruck) zurückzuführen ist (OGH Wien v. 10.7.1991, TranspR **1991,** 422, 423: Art. 17 II CMR). Entgegen dem OGH (aaO) hat der Frachtführer aber auch die von außen kommende Ursache zu beweisen, es sei denn, er kann nachweisen, daß alle denkbaren äußeren Ursachen unabwendbar waren (Amsterdam, ETR **1966,** 718; w. Nachw. bei *Theunis/Libouton,* S. 83 f). Siehe ferner unten Rz. 34.

ee) Verlade-, Verstauungsfehler. Siehe unten Rz. 39 ff

28 **ff) Roll on-, Roll off-Verkehr**. **Vermeidbar:** Beschädigung bei Beladung des Schiffes mit dem das Gut befördernden Fahrzeug (Queens Bench Division, Journal of Business Law **1981**, 309).

29 **gg) Diebstahl, Raub**. **Vermeidbar:** *Diebstahl* eines während des Wochenendes auf dem Gelände einer Tankstelle abgesperrt abgestellten Lkws (BGH, NJW **1967**, 499); Diebstahl eines eine Stunde unbeaufsichtigt vor dem Zollhof Turin abgestellten Lkws (OLG München v. 27.3.1981, VersR **1982**, 264); Diebstahl eines Fahrzeugs in Mailand, das beide Fahrer gleichzeitig zum Kauf von Proviant verlassen hatten (OLG Celle v. 13.6.1977, VersR **1977**, 860); Diebstahl eines unbewachten Fahrzeugs in Italien trotz Absperrens und des Einschaltens einer technischen Diebstahlssicherung (OGH Wien v. 6.9.1983, TranspR **1984**, 11); Diebstahl eines Fahrzeugs, das unbewacht in Mailand abgestellt worden ist (OGH Wien, TranspR **1981**, 29); Diebstahl eines Lkws auf einem Gelände, das mit einem 2,50 m hohen Gitter und einem Vorhängeschloß gesichert war (Liège, Jurisprudence du Port d'Anvers **1977/78**, 268); Diebstahl bei Abstellen eines Planen-Lkw am Hafen in Marseille für 3 1/2 Stunden (Aix-en-Provence, BullT **1969**, 389); Diebstahl, während die Fahrer in einem nahegelegenen Restaurant aßen (Michael Galley Footwear Ltd. v. Dominic Laboni, **1982** 2 All Englands Reports 200); Diebstahl aus einem unbeaufsichtigt am Straßenrand in Österreich abgestellten Auflieger (OGH Wien v. 15.12.1981, TranspR **1984**, 282); Diebstahl auf der Bahn (OLG Hamburg v. 18.10.1990, TranspR **1991,** 70, 71); Abstellen eines Lkw im Zollbereich (OLG Düsseldorf v. 27.3.1980, VersR **1980**, 826, 827); Abstellen eines Lkw vor einem Zollhof mit Abschalten der Dieselpumpe, Unterbrechung der Stromzufuhr sowie durch Kette um Lenkrad und Pedale gesichert (OLG Düsseldorf v. 25.6.1981, VersR **1982**, 606); Lkw durch Lenkradschloß gesichert mit relativ geringwertigem Gut (OLG Düsseldorf v. 11.5.1989, TranspR **1990**, 60, 63). Diebstahl eines mit Zigaretten auf dem Zollparkplatz abgestellten Lkw (Antwerpen, ETR **1977**, 437); Diebstahl, wenn das unbewachte Fahrzeug über Nacht auf einem Industriegelände mit den Türen gegen die Wand geparkt wird (OLG Düsseldorf v. 30.6.1983, VersR **1984**, 980); Einbruchdiebstahl in ein Kfz (Brüssel, ETR **1974**, 330); in ein auf einem öffentlichen Parkplatz abgestellten Kleintransporter (OLG München v. 17.7.1991, TranspR **1991,** 427, 428; Abstellen auf dem Bahnhofsvorplatz (Cour de Cassation, ETR **1983**, 51); Diebstahl eines auf einem verschlossenen Parkplatz abgestellten Lkw (Grenoble, BullT **1982,** 298); auch Diebstahl auf bewachtem, verschlossenem Platz (*Lamy,* Transport I, Nr. 880 m. Nachw.);

Diebstahl eines 5 Minuten unbeachtet abgestellten Lkw (OLG Koblenz v. 16.10.1987, VersR **1989**, 279). **Vermeidbar** ist auch der *Raub* eines Lastzugs mit wertvoller Ladung in Norditalien, wenn der Fahrer allein auf einem unbewachten Parkplatz an der Autobahn übernachtet (OLG Hamburg v. 1.4.1982, VersR **1982**, 1171; v. 24.6.1982, VersR **1982**, 1172; OGH Wien v. 8.3.1983, TranspR **1983**, 138; Cour de Cassation de France, BullT **1986**, 251; **1991,** 11; ETR **1992**, 124); anders, wenn Überfall während der Fahrt oder an Autobahntankstelle in Italien (Cour de Cassation, BullT **1988**, 437; **1992,** 177; weitere Nachw. *Lamy,* Transport I, Nr. 880).

hh) Nässeschäden. Vermeidbar: Länge der Rohre übersteigt das im Frachtvertrag vorgesehene Maß und die Rohre wurden daher nicht mit einer Plane überdeckt (OLG Düsseldorf v. 18.10.1984, TranspR **1985**, 105). Vgl. im übrigen Rz. 36. 30

ii) Kühltransporte. Siehe unten Rz. 49 ff

g) Beweislast. Siehe Art. 18 CMR Rz. 2.

3. Verschulden des Absenders oder Empfängers (Art. 17 II CMR)

Der deutsche Text des Art. 17 II CMR ist fehlerhaft übersetzt. In den gemäß Art. 51 III CMR maßgeblichen englischen und französischen Texten ist von „claimant" bzw. „l'ayant droit", also von Anspruchsteller bzw. Gläubiger die Rede. Es kommt mithin nicht auf das Verschulden des iSd Art. 12 CMR Verfügungsberechtigten an (**a. A.** OLG Düsseldorf v. 12.1.1984, TranspR **1984**, 102, 104, das den Übersetzungsfehler nicht erkennt). 31

In der englischen Literatur wird unter Bezugnahme auf den englischen Text die Auffassung vertreten, daß der Frachtführer nur das Verschulden des konkreten Anspruchstellers einwenden darf (*Hill/Messent*, CMR, S. 72; **a. A.** *Clarke*, CMR, Rz. 71). Der englische und französische Text haben jedoch gleiches Gewicht. Dem französischen Text genügt es, daß ein Gläubiger des Ersatzanspruchs schuldhaft gehandelt hat. Da sowohl **der Absender als auch der Empfänger** aktivlegitimiert sind (Art. 13 CMR Rz. 5 ff), oder die Aktivlegitimation erlangen können, darf sich der Frachtführer auf das Verschulden beider Personen berufen (*Loewe*, ETR **1976**, 503, 554; i. E. auch *Rodière*, BullT **1970**, 131; *Putzeys*, CMR, Rz. 753; GroßkommHGB-*Helm*, Anh. § 452, Art. 17 CMR, Rz. 9; Clarke, CMR, Rz. 71). Es ist gleichgültig, wann der Absender bzw. Empfänger schuldhaft gehandelt haben. Notwendig ist jedoch, daß verkehrswidrig gehandelt wurde, d. h. daß die **verkehrserforderliche Sorgfalt** nicht beachtet wurde. Das Mitverschulden kann sowohl den Eintritt als auch die Höhe des Schadens betreffen (einschränkend OLG Hamburg v. 6.12.1979, VersR **1980**, 290). Der Empfänger, der das Gut nicht annimmt, handelt nicht verkehrswidrig, da er aus dem Frachtvertrag nicht zur Annahme des Gutes verpflichtet ist und von ihm auch nicht immer die Annahme des Guts erwartet wird (so i. E. auch OLG Düsseldorf v. 12.1.1984, TranspR **1984**, 102, 104; v. 12.12.1985, VersR **1986**, 1069). Es gehört auch nicht zu den Aufgaben des Absenders, die Ablieferungsmöglichkeit zu gewährleisten, da die Art. 15, 16 CMR eine abschließende Regelung treffen (*Hill/Messent,* CMR, S. 72). Ein Verschulden des Absenders liegt grundsätzlich auch dann nicht vor, wenn der Absender die Fahrzeuge nicht auf ihre Tauglichkeit hin untersucht (OLG Frankfurt v. 25.10.1977, VersR **1978**, 535, 536; OLG Hamburg v. 19.12.1985, VersR **1986**, 261; OLG München v. 16.1.1991, TranspR **1992**, 181, 183) oder nicht gegen den Einsatz offener Fahrzeuge protestiert (OLG Düsseldorf v. 15.12.1983, TranspR **1984**, 38, 39). Schuldhaftes Verhalten ist ferner zu verneinen, wenn der Lkw leicht überladen ist und Reifen Feuer fangen (Brüssel, Jurisprudence du Port d'Anvers **1970**, 487; *Hill/Messent*, CMR, S. 73; *Putzeys*, CMR, Rz. 754), wenn der Absender im Laufe von Aufräumungsarbeiten nach einem Unfall die Güter zwangsläufig weiter beschädigte (*Hill/Messent*, CMR, S. 72 m. Nachw.). Kausales Verschulden ist dagegen zu bejahen, wenn der Absender die Ladetanks unzulänglich gereinigt hatte oder auf bloße Zusicherung des Frachtführers, die schlechten Gerüche des Tanks würden das Gut nicht schädigen, das Gut geladen hatte (**a. A.** *Hill/Messent*, CMR, S. 73 m. Nachw. aus der belgischen und französischen Rspr.). Der Absender muß nur auf aus der Sicht des Frachtführers unerkennbaren Risiken hinweisen, es sei denn, daß der Absender erkennen kann, daß Frachtführern typischerweise Fehler unterlaufen (vgl. OLG Köln v. 30.8.1990, TranspR **1990,** 425, 426, das zu Unrecht fordert, der Absender müsse immer mit dem Einsatz unqualifizierten Personals rechnen). Das auf das Unterlassen eines Hinweises auf die Schadenshöhe gestützte Mitverschulden spielt jedoch allenfalls (vgl. Art. 29 CMR Rz. 8) dort eine Rolle, wo der Frachtführer gemäß Art. 29 CMR unbeschränkt haftet (ebenso i. E. OLG Hamburg v. 8.7.1980, VersR **1980**, 290), weil dort, wo der Frachtführer ohnehin nur begrenzt haftet, ein Hinweis auf hohe Schäden sinnlos ist. Zum Verschulden beim Transport gefährlicher Güter s. Art. 22 CMR. Vgl. ferner § 34 KVO Rz. 14. Art. 3 CMR ist auf den Versender und Empfänger nicht unmittelbar, aber analog anwendbar. Der Empfänger ist jedoch in Hinblick auf die Annahmeverweigerung nicht **Gehilfe** des Absenders (OLG Düsseldorf v. 12.12.1985, TranspR **1986,** 56, 59).

Das schuldhafte Verhalten muß für den Schaden **kausal** geworden sein. Eine unmittelbare und ausschließliche (arg. e. Art. 17 V CRM) Kausalität braucht nicht nachgewiesen zu werden. Dies ergibt sich aus dem Wortlaut der CMR (**a. A.** *Lamy,* Transport I, Nr. 878).

Weist der Frachtführer ein kausales Verschulden nach (Art. 18 I CMR), so entfällt seine Haftung. Der Schadensersatzberechtigte kann seinerseits nachweisen, daß auch der Frachtführer oder seine Gehilfen (Art. 3 CMR) vorwerfbar gehandelt haben (Art. 17 CMR Rz. 54).

4. Haftungsausschluß bei Weisungen (Art. 17 II CMR)

32 Entgegen dem deutschen Wortlaut geht es hier dem maßgeblichen englischen und französischen Text zufolge (s. oben Rz. 31), um Weisungen des Absenders und Empfängers (**a. A.** *Heuer,* Haftung, S. 84; *Putzeys*, CMR, Rz. 756). Auf Weisungen des Empfängers kommt es nur an, soweit der Empfänger iSd Art. 12 CMR verfügungsberechtigt geworden ist oder soweit er selbst die Schadensersatzansprüche geltend macht (*Hill/Messent*, CMR, S. 74, Fn. 44). Der Schaden muß durch die Weisung verursacht sein (beachte Art. 17 V CMR; abw. *Lamy,* Transport I, Nr. 878). Die Weisungen müssen dem

Wortlaut des Art. 17 II CMR zufolge nicht bindend gewesen sein (**a. A.** BGH v. 27.10.1978, VersR **1979**, 417; h. M.). Der Frachtführer muß sich allenfalls entgegenhalten lassen, daß er selbst schuldhaft gehandelt hat, weil er gesetzeswidrige Weisungen befolgte (i. E. daher zutreffend BGH v. 27.10.1978, VersR **1979**, 417, der sich allerdings nicht auf Art. 17 V CMR stützt). Der Absender darf sich mithin z. B. nicht darauf berufen, daß der Frachtführer unabdingbar (Art. 41 CMR) nicht verpflichtet war, die Weisung zu befolgen, weil sie den Betrieb des Frachtführers hemmte oder zu einer Teilung der Sendung führte (Art. 12 V CMR; **a. A.** *Heuer*, Haftung, S. 84; *Jesser*, Frachtführerhaftung, S. 100). Es muß sich auch nicht notwendig um Weisungen iSd Art. 12 CMR handeln (*Heuer*, Haftung, S. 84; *Lamy*, Transport I, Nr. 878). Keine Weisung iSd Art. 17 II CMR liegt vor, wenn der Absender dem Frachtführer sein Verhalten nicht vorschreibt, sondern ihm eine optimale Lösung zu suchen überläßt (Cour Cass., BullT **1977**, 377; *Hill/Messent*, CMR, S. 74). Dagegen ist eine Weisung zu bejahen, wenn der Fahrer aufgefordert wird, den Lkw an einer Ladebrücke vorzuziehen (*Hill/Messent*, CMR, S. 74; Paris, BullT **1978**, 66). Die Weisung muß nicht schuldhaft gewesen sein (allg. M.). Sie muß jedoch den Schaden verursacht haben (*Putzeys*, CMR, Rz. 758). Die Haftung des Frachtführers wird bei schuldloser schadensverursachender Weisung des Absenders bzw. Empfängers dann nicht (völlig) ausgeschlossen, wenn die Weisung die Folge eines schuldhaften Verhaltens des Frachtführers ist (Cour Cass., ETR **1983**, 13). Ein kausales Verschulden des Frachtführers ist auch dort anzunehmen, wo schuldhaftes Verhalten des Frachtführers Weisungen notwendig gemacht hat (*Putzeys*, CMR, Rz. 757), oder in Fällen, in denen sowohl den Frachtführer als auch den Absender bzw. Empfänger ein Verschulden trifft (s. Rz. 54). **Beweislast:** Art. 18 I CMR. Der Ersatzberechtigte hat zu beweisen, daß der Frachtführer die Weisung verschuldet hat.

5. Haftungsausschluß bei Mängeln des Gutes

„Besondere Mängel" sind solche Eigenschaften des Gutes, die, bezogen **33**
auf die vom Frachtführer zu erwartenden Eigenschaften des Gutes, atypisch sind und wegen ihrer Atypizität die Gefahr eines Schadens erhöhen, wenn das Gut entsprechend den Soll-Eigenschaften des Guts befördert wird (*Loewe*, ETR, **1976**, 511, 554; *Heuer*, Haftung, S. 85 f; GroßkommHGB-*Helm*, Anh. § 452, Art. 17 CMR Rz. 11; *Hill/Messent*, CMR, S. 74 ff; *Putzeys*, CMR, Rz. 761; *Theunis/Libouton*, S. 81; enger wohl *Lamy*, Transport I, Nr. 476). Beispiel: Ungenügend vorgekühltes Gut (OLG Schleswig v. 30.8.1978, VersR **1979**, 141; Queen's Bench Division, ETR **1976**, 246; *Lamy*, Transport I, Nr. 879, 476 m. Nachw. zur franz. Rspr.; **a. A.** Arnheim, UCL **1977**, 212; *Hill/Messent*, CMR, S. 75 unter Hinweis auf englische Rechtsprechung in Fällen, in denen der Lkw nur die Temperatur halten sollte; OLG Hamm v. 11.6.1990, TranspR **1991,** 375, 376; *Thume,* TranspR **1992,** 1, 3); defekte Elektrik der transportierten Autos (OLG München v. 27.2.1987, TranspR **1987**, 185). Somit kommt es für die Frage, ob besondere Mängel des Gutes vorliegen, maßgeblich auf die Informationen des Frachtführers an. Wurde dem Frachtführer mitgeteilt, daß das Gut, weil es fehlerhaft produziert wurde, besonders transportgefährdet ist, so bildet es eine besondere Gattung von Gut

und ist daher nicht iSd Art. 17 II CMR mangelhaft (ebenso *Jesser,* Frachtführerhaftung, S. 102). Unerheblich ist demnach unter Umständen sowohl die Verkehrsauffassung als auch der Umstand, daß das Gut wegen seiner normalen Eigenschaften besonders transportgefährdet ist (vgl. insoweit Art. 17 IV d CMR). Unter Art. 17 II CMR fallen auch Schäden an mangelfreiem Gut, die durch mangelhaftes Gut verursacht wurden (OLG München v. 27.2.1987, TranspR **1987**, 185). Zum Verschulden des Frachtführers Art. 17 CMR Rz. 54. Zum Transport gefährlicher Güter Art. 22 CMR. **Beweislast:** Art. 18 I CMR.

6. Haftungsausschluß bei Fahrzeugmängeln (Art. 17 III CMR)

34 Wurde der Schaden unmittelbar (*Clarke*, CMR, Rz. 79) durch einen Fahrzeugmangel verursacht, so kann sich der Frachtführer nicht darauf berufen, daß er den Fahrzeugmangel weder verhüten noch dessen Folgen abwenden konnte (Art. 17 III CMR). Fahrzeugmängel liegen überall dort vor, wo das Fahrzeug nicht vertragsgemäß ist (*Clarke*, CMR, Rz. 79), d. h. nicht die vereinbarten oder aus der Sicht des Frachtführers erkennbar (vgl. § 14 KVO Rz. 7) zum sicheren Transport des Gutes erforderlichen Eigenschaften aufweist (z. B. Reifenmängel, Getriebeschaden, durchlöcherte Plane; OLG Zweibrücken v. 23.9.1966, VersR **1967**, 1145, 1146; GroßkommHGB-*Helm*, Anh. § 452, Art. 17 CMR Rz. 6; *Putzeys*, CMR, Rz. 770 bis; *Clarke*, CMR, Rz. 79 f; offengelassen *Hill/Messent*, CMR, S. 77 f; *Glöckner*, CMR, Rz. 36 f; vgl. ferner Rz. 27). Fahrzeugmängel sind auch das Fehlen solcher technischer Einrichtungen des Fahrzeugs, die das Fahrzeug nach der Art des Transportes oder der Vereinbarung der Parteien aufweisen mußte, oder Mängel an technischen Einrichtungen (z. B. Verladeanlagen), die das Fahrzeug tatsächlich aufwies, ferner Containern, soweit sie Beförderungsmittel darstellen (§ 1 GüKG Rz. 1). Beachte, daß vertragsgemäße Fahrzeuge nicht schon deshalb mangelhaft sind, weil sie für den Transport ungeeignet sind (*Lamy*, Transport I, Nr. 893). Eine Sonderregelung gilt für Mängel *an Einrichtungen iSd Art. 18 IV CMR* (Kühl-, Heiz- und Trockenvorrichtungen (Rz. 51); *Clarke*, CMR, Rz. 80; zu weit *Decker*, CMR, Anm. 112). Insoweit wird nur für Verschulden gehaftet (OLG Hamburg v. 27.10.1988, TranspR **1989**, 318, 320; *Thume*, TranspR **1992**, 1, 4; GroßkommHGB-*Helm,* Anh. § 452, Art. 17 CMR Rz. 18; **a. A.** Brüssel, ETR **1987**, 582; *Lamy*, Transport I, Nr. 889 m. Nachw. zur franz. Rspr.). Das Fahrzeug ist nicht schon deshalb mangelhaft, weil es – wie andere üblicherweise eingesetzte Fahrzeuge – außergewöhnliche, *von außen kommende Gefahren* (z. B. Nägel auf der Straße) nicht bestehen kann (*Loewe*, ETR **1976**, 511, 556).

Der Schaden wird nicht durch Fahrzeugmängel verursacht, wenn ein Defekt zur *bloßen Unterbrechung des Transports* führt und der Frachtführer dann nicht ordentlich für das Gut sorgt (vgl. OLG Frankfurt, TranspR **1980**, 127). Hat der *Absender erkannt,* daß das Fahrzeug ungeeignet ist, so ist Art. 17 II CMR in Verbindung mit Art. 17 V CMR heranzuziehen (vgl. *Putzeys*, CMR, Rz. 770ter; **a. A.** OLG Frankfurt v. 25.10.1977, VersR **1978**, 535, 536). **Beweislast:** Art. 18 I CMR ist analog anzuwenden; denn Art. 17 III CMR hat die Funktion, den Haftungsausschluß des Art. 17 II CMR einzuschränken und die Regel des Art. 17 I CMR zum Tragen zu bringen, falls der Schaden durch einen Fahrzeugmangel verursacht worden sein kann. Grundsätzlich wäre es Aufgabe des Frachtführers, nachzuweisen, daß er iSd Art. 17 II letzte Alt. CMR für die Mangelfreiheit des Fahrzeugs gesorgt hat oder daß ein eventueller Mangel keine Rolle gespielt hat. Art. 17 III CMR schneidet dem Frachtführer aber den Beweis ab, daß die Mängelfreiheit des Fahrzeuges nicht zu vermeiden war. Mit dem Beweis, daß Mängel des Fahrzeugs den Schaden nicht verursacht haben können, bleibt der Frachtführer schon nach Art. 17 I CMR weiterhin belastet. Dafür spricht auch, daß der Ersatzberechtigte in einen Beweisnotstand geraten würde, wenn er Umstände beweisen müßte, die zum Organisationsbereich des Frachtführers gehören. Der Frachtführer kann sich daher nur entlasten, wenn er beweist, daß sich das Fahrzeug im Moment der Schadensentstehung in einem ordnungsgemäßen Zustand befand (OLG Düsseldorf v. 18.11.1971, ETR **1973**, 510 zum Reifenbrand; Antwerpen, ETR **1969**, 1028: Reifen; Amsterdam, Schip & Schade **1970**, Nr. 47; OGH Wien v. 10.7.1991, TranspR **1991**, 422, 423: Reifen). Der Anscheinsbeweis genügt (Rotterdam, ETR **1966**, 137; Amsterdam, ETR **1966**, 305). Der Nachweis ausreichender Kontrolle reicht nicht aus (OLG Düsseldorf v. 18.11.1971, ETR **1973**, 510; Amsterdam, ETR **1966**, 718; Alkmaar, ETR **1967**, 1013; Antwerpen, ETR **1969**, 1028; Brüssel, JPA **1970**, 487; *Glöckner*, CMR, Art. 17 Rz. 40; **a. A.** Rotterdam, ETR **1966,** 137; **1969**, 998, 1002 f), da z. B. die Möglichkeit von Reifenschäden durch Materialfehler oder Fehlbehandlung besteht. Gelingt der Nachweis, so hat sich der Frachtführer noch nicht gemäß Art. 17 II CMR entlastet, weil der Schaden auch aus Fahrfehlern resultieren kann (Brüssel, ETR **1971**, 827; Rz. 27).

V. Bevorrechtigte Haftungsausschlüsse (Art. 17 IV CMR)

Art. 17 IV CMR betrifft *nur* Schäden infolge von Verlusten (Rz. 1) und Beschädigungen (Rz. 2), nicht aber von Lieferfristüberschreitungen. Die Vorschrift ist in Verbindung mit Art. 18 II-V CMR zu lesen. **35**

Art. 17 IV CMR statuiert einen **totalen Haftungsausschluß**, wenn der Schaden ausschließlich (Art. 18 II 2 CMR) auf einem der in Art. 17 IV CMR genannten Umstände beruht. Liegen die Voraussetzungen des Art. 17 IV CMR vor, hat der Frachtführer aber schuldhaft gehandelt oder ist der Schaden auch auf in Art. 17 IV CMR nicht genannte Umstände zurückzuführen, die der Frachtführer gemäß Art. 17 I, II CMR zu vertreten hat, so greift Art. 17 V CMR ein (unten Rz. 54). Es kommt in der Regel zur **Schadensteilung**. Der besondere Vorzug der Haftungsausschlüsse gemäß Art. 17 IV CMR liegt aus der Sicht des Frachtführers in der **Beweiserleichterung** des Art. 18 II-V CMR. Der Frachtführer braucht danach grundsätzlich nur zu beweisen, daß die Voraussetzungen des Art. 17 IV CMR erfüllt sind. Inwieweit er darüber hinaus die Kausalität zwischen den in Art. 17 IV CMR aufgezählten Umständen und dem Schaden darlegen sowie beweisen muß, ist streitig (näher Art. 18 CMR Rz. 3 ff). In den Fällen des Art. 17 IV d, f CMR muß der Frachtführer außerdem die Wahrung verkehrserforderlicher Sorgfalt in Hinblick auf bestimmte Tätigkeiten und die Einhaltung der Weisungen beweisen (Art. 18 IV, V CMR). Bei Verwendung offener Wagen gilt unter Umständen die allgemeine Regel, daß sich der Frachtführer zu entlasten hat (Art. 18 III iVm Art. 18 I CMR).

1. Haftungsausschluß bei offenen Fahrzeugen (Art. 17 IV a CMR)

36 Der Frachtführer hat grundsätzlich immer für Nässeschäden einzustehen, wenn er das Gut mit offenen Wagen (OLG Frankfurt v. 25.10.1977, VersR **1978**, 535, 536) oder mit Wagen befördert, die schlecht geflickte Planen aufweisen (Art. 17 III CMR; Queens Bench Division v. 10.12.1979, Lloyd's Law Report 80 II 279). Auf die Vorhersehbarkeit des Schadens kommt es dabei nicht an (OLG Frankfurt v. 25.10.1977, VersR **1978**, 535, 536). Der Frachtführer kann sich nicht darauf berufen, daß das Gut nicht durch Verpackung gegen Nässe geschützt worden ist (OLG Düsseldorf v. 30.5.1988, TranspR **1988**, 423, 425; OLG Köln v. 30.8.1990, TranspR **1990**, 425, 426). Gleiches gilt für andere Schäden, deren Entstehung durch die Verwendung offener Wagen begünstigt worden ist, wie Diebstahl, Brand, Verschmutzung, Verlust (*Heuer*, Haftung, S. 92; *Lamy*, Transport I, Nr. 883). Eine Ausnahme gilt dort, wo die Parteien die Verwendung offener Wagen im **Frachtvertrag** ausdrücklich (**a. A.** *Tilche,* BullT **1992,** 66) **vereinbart** haben und dies im **Frachtbrief** (Art. 6 III CMR) eingetragen worden ist. Die Eintragung ist abweichend von Art. 4 CMR konstitutiv (OLG Hamburg v. 22.9.1983, VersR **1984**, 235; OLG Düsseldorf v. 30.5..1988, TranspR **1988**, 423, 425; *Loewe*, ETR **1976**, 503, 557; GroßkommHGB-*Helm,* Anh. § 452, Art. 17 CMR Rz. 14; *Glöckner*, CMR, Rz. 46; *Heuer*, Haftung, S. 93; *Lamy*, Transport I, Nr. 883; **a. A.** *Theunis/Libouton,* S. 86; *Hill/Messent*, CMR, S. 84; *Putzeys*, CMR, Rz. 774 f; *Tilche,* BullT **1992**, 66). Unerheblich ist, daß das Gut auf einem offenen Lkw befördert werden muß (vgl. OLG Celle v. 15.2.1989, TranspR **1989**, 273). Ein **offener Wagen iSd Art. 17 IV a CMR** wird verwandt, wenn die Ladefläche im Moment des Transports nicht von allen Seiten völlig umschlossen ist, wie sich deutlich aus dem französischen Text „ouvert et non baché" ergibt (*Putzeys*, CMR, Rz. 777, 778). Das ist nicht bei der Beförderung allseitig geschlossener Container der Fall (vgl. BGH, NJW **1976**, 708). Der Haftungsausschluß gilt auch dort, wo ganze Frachtstücke verloren gegangen sind oder ein außergewöhnlich großer Rieselverlust zu verzeichnen ist (arg. e. Art. 18 III CMR). **Beweislast:** Art. 18 II, III CMR.

2. Haftungsausschluß bei Verpackungsmängeln (Art. 17 IV b CMR)

37 Die Haftung des Frachtführers ist ausgeschlossen, wenn der Schaden dadurch entstanden ist, daß das Gut nicht so verpackt war, daß es den bei einem vertragsgerecht durchgeführten Transport üblicherweise zu erwartenden äußeren Einwirkungen standzuhalten vermochte (GroßkommHGB-*Helm*, Anh. § 452, Art. 17 CMR Rz. 15; *Heuer*, Haftung, S. 94; Dordrecht, ETR **1968**, 416). Es gelten daher die für § 18 KVO (Rz. 1, 2) entwickelten Regeln. Es ist jedoch zu beachten, daß die CMR keine allgemeine Verpackungspflicht kennt. Dem Ersatzberechtigten kann deshalb die mangelnde Verpackung nicht vorgeworfen werden, wenn ein Transport mit *Spezialfahrzeugen* vereinbart worden ist, die eine Verpackung ganz oder teilweise überflüssig machen (vgl. BGH, NJW **1955**, 625, 627 f); anders wenn die Parteien zulässigerweise (*Jesser*, Frachtführerhaftung, S. 66) eine Verpackung durch den Frachtführer vereinbart haben, da wegen eines Verstoßes gegen eine solche Pflicht nach ergänzend anwendbarem (vor Art. 1 CMR Rz. 6) Recht gehaftet wird (vgl. vor Art. 1 CMR Rz. 35; § 407 HGB Rz. 48; **a. A.** *Jesser*, Frachtführerhaftung, S. 108: Art. 17 IV b ist nicht anwendbar). Die Parteien können auch vereinbaren, daß der Frachtführer den Transport so abwickelt, z. B. so vorsichtig fährt, daß eine Verpackung nicht erforderlich ist (*Putzeys*, CMR, Rz. 786 unter Hinweis auf ein Urteil des Cour de Commerce Bruxelles). Ist damit zu rechnen, daß das Gut auf dem Transport *umgeladen* werden muß, so muß die Verpackung auch den dabei üblicherweise zu erwartenden Einflüssen standhalten (so wohl auch *Hill/Messent*, CMR, S. 87). Dort, wo der Frachtführer aufgrund von Beförderungs- oder Ablieferungshindernissen (Art. 14, 15 CMR) das Gut umpackt, ohne Weisungen einzuholen, gehen ,,Verpackungsmängel" zu Lasten des Frachtführers (Liège v. 18.12.1967, ETR **1969**, 965; OLG Frankfurt v. 8.7.1980, MDR **1981**, 53f; *Glöckner*, CMR, Art. 17 Rz. 57). **Einzelfälle:** BGH v. 28.10.1983, VersR **1984**, 262 (Verkeilen einer Maschine in einer Kiste); OLG Frankfurt v. 25.10.1977, VersR **1978**, 535, 536 (Eisenblech); OLG Düsseldorf v. 8.5.1969, ETR **1970**, 446, 448 (Transport von Kfz); OLG Köln v. 30.8.1990, TranspR **1990**, 425, 426 (Aluminium); Tribunale di Milano, ETR **1974**, 490 (Zündhölzer); Roermond, ETR **1974**, 201 (Stahlblechrolle auf einer Palette); OLG Saarbrücken, NJW **1975**, 500 (Blechrolle); OLG Hamburg v. 19.12.1985, VersR **1986**, 261 (Haselnüsse); OLG Saarbrücken v. 23.8.1985, TranspR **1985**, 392, 393 (Fliesen); OLG Köln v. 2.2.1972, VersR **1972**, 778 (Marmorplatten). Weitere Nachw. bei *Putzeys*, CMR, Rz. 785. Zur Frage, wann Container Verpackungen darstellen s. § 1 GüKG Rz. 1.

Umstritten ist die Frage, ob sich der Frachtführer vorwerfen lassen muß, **38**
daß er den **Verpackungsmangel** habe **erkennen können.** Dies wird zum Teil unter Hinweis auf Art. 8 I b CMR bejaht (OLG Karlsruhe v. 18.10.1967, DB **1967**, 2022; Brüssel, ETR **1969**, 948; Liège, ETR **1970**, 718; Antwerpen, ETR **1982**, 64; Aix-en-Provence, BullT **1981**, 143; **1991**, 767). Die in Deutschland h. M. nimmt jedoch zu Recht an, daß Art. 8 I b CMR lediglich eine Obliegenheit statuiert (Art. 8 CMR Rz. 1). Der Frachtführer, der die Verpackung nicht kontrolliert, erleidet lediglich den Nachteil, daß er in vollem Umfang beweisen muß, daß die Verpackung äußerlich nicht ordnungsgemäß war (Art. 9 II CMR). Art. 8 I b CMR ist demnach nur für die Beweislastverteilung von Bedeutung (*Heuer*, Haftung, S. 98 f; *Putzeys*, CMR, Rz. 787). Außerdem hat der Frachtführer gemäß Art. 8 CMR nur die äußere Schadhaftigkeit der Verpackung, nicht deren Qualität zu beurteilen. Eine umfassende Überprüfungspflicht ergibt sich auch nicht aus Art. 17 V CMR. Zwar hat der Frachtführer gemäß Art. 17 V CMR in Verbindung mit Art. 17 I, II CMR für ,,äußerste Sorgfalt" (Rz. 54) einzustehen. Diese Sorgfalt bezieht sich jedoch nicht auf die Beförderungssicherheit der Verpackung, da der Frachtführer kein Warenfachmann und kein Verpackungsfachmann ist und deshalb typischerweise nicht wissen kann, wie bestimmte Güter verpackt sein sollten. Dies ergibt sich auch aus der Art. 10 CMR zugrunde liegenden Wertung, wonach sich der Frachtführer nur zurechnen lassen muß, daß Verpackungs-

mängel offensichtlich oder positiv bekannt waren. Der Frachtführer darf auch keine Überprüfungspflicht vereinbaren (*Zapp*, TranspR **1991**, 371, 373). Stellt der Frachtführer oder seine Hilfsperson (Art. 3 CMR) aber bei Übernahme des Gutes fest, daß das Gut mangelhaft verpackt ist oder ist dies offensichtlich, so muß er den Absender bzw. dessen zuständige Hilfspersonen darüber informieren. Unterläßt er dies, so hat er den Schaden mitzuverantworten (Art. 17 V CMR), wie sich auch aus der Wertung des Art. 10 CMR ergibt (*Hill/Messent*, CMR, S. 88; *Groth*, VersR **1983**, 1104, 1106; *Glöckner*, CMR, Art. 17 Rz. 90; ebenso Cour Cass., BullT **1981**, 576; *Lamy*, Transport I, Nr. 818; **a. A.** OLG Hamm v. 13.2.1989, TranspR **1989**, 432; LG Kassel, TranspR **1990**, 195, 196 zur CIM). Gleiches gilt, falls der Frachtführer während des Transports bemerkt, daß das Gut schlecht verpackt ist. Er muß dann im Rahmen des Art. 17 II letzte Alt. CMR versuchen, Schäden zu vermeiden (vgl. OLG Saarbrücken, NJW **1975**, 500; OLG Stuttgart v. 16.1.1980, VersR **1980**, 979, 980). Diese Pflicht entspringt den vertraglichen Obhutspflichten. Setzt sich der Absender über einen Hinweis auf die Mangelhaftigkeit der Verpackung hinweg, so ist der Frachtführer nicht verpflichtet, den Antritt der Fahrt abzulehnen (*Groth*, VersR **1983**, 1104, 1106; OLG Frankfurt, TranspR **1982**, 106; Art. 17 CMR Rz. 44; **a. A.** *Glöckner*, CMR, Art. 17 Rz. 90) oder das Gut selbst zu verpacken. Vielmehr erfolgt dann der Transport voll auf Risiko des Absenders (OLG Stuttgart v. 16.1.1980, VersR **1980**, 979, 980 geht von fehlendem bzw. geringem Verschulden des Frachtführers aus; **a. A.** Antwerpen, ETR **1981**, 466). – Zum Mitverschulden des Absenders bei der Auswahl des Transportfahrzeuges unten Rz. 54. Auf Rieselverluste mangels Verpackung läßt sich Art. 18 III CMR nicht analog anwenden (*Heuer*, Haftung, S. 95). Zur **Beweislast** Art. 18 CMR Rz. 4. Zur **Haftung des Absenders** s. Art. 10 CMR.

3. Haftungsausschluß bei Verlade-, Entlade- und Verstauungsfehlern (Art. 17 IV c CMR)

39 **a) Allgemeines**. In Art. 17 IV c CMR werden die Begriffe ,,handling" und ,,manutention" unklar mit ,,Behandlung" übersetzt. Allein maßgeblich ist jedoch der englische und französische Text (Art. 51 III CMR), demzufolge es um die Bewegung des Guts vor oder nach der eigentlichen Ladetätigkeit geht (*Hill/Messent*, CMR, S. 88). Der Haftungsausschluß des Art. 17 IV c CMR unterscheidet sich von Art. 17 II 1. Alt. CMR dadurch, daß Verschulden unerheblich ist. Die Reichweite des Haftungsausschlusses wird in den verschiedenen Vertragsstaaten äußerst unterschiedlich bestimmt. Dies ist wesentlich darauf zurückzuführen, daß in der CMR nicht geregelt ist, wer für die Ladetätigkeit verantwortlich ist (*Loewe*, ETR **1976**, 503, 557 f; *Hill/Messent*, CMR, S. 88 f; aus neuerer Zeit Brüssel, ETR **1985**, 354; Antwerpen, ETR **1981**, 466). Einigkeit herrscht dagegen darin, daß es für die Anwendung des Art. 17 IV c CMR nicht darauf ankommt, ob der Schaden schon bei der vom Frachtführer geschuldeten Ladetätigkeit oder erst später während der Fahrt entstanden ist (BGH v. 27.10.1978, VersR **1979**, 417, 418; OGH Wien v. 8.10.1984, TranspR **1985**, 103, 104; v. 21.2.1985, VersR **1986**, 559 f; v. 17.11.1986, TranspR **1987**, 427, 429). Art. 17 IV c CMR greift nicht schon

dann ein, wenn die Verladung in irgendeiner Weise für den Schaden kausal geworden ist. Die Verladung etc. muß vielmehr eine konkrete Gefahr geschaffen haben, d. h., sie muß objektiv derart mangelhaft gewesen sein, daß sie normalen Beförderungsbedingungen nicht entspricht. Eine spätere Abänderung der Verladung geht nicht zu Lasten des Absenders. Eine Beladung mit hohen Gütern ist solange nicht mangelhaft, solange die zulässige Gesamthöhe des Fahrzeugs nicht überschritten ist (OGH Wien v. 17.11.1986, TranspR **1987**, 427, 429; vgl. auch *Hill/Messent*, CMR, S. 91). Dagegen ist die Verladung mangelhaft, wenn das Gut nicht ausreichend gegen Versetzen zur Seite und gegen Fahrbahnstöße gesichert ist (OLG Hamburg v. 18.12.1986, TranspR **1987**, 434). Einzelheiten zu Verlade- und Verstauungsfehlern s. § 17 KVO Rz. 10 ff

b) Schäden vor Beginn oder nach Ende des Transports. 40

aa) Der Absender war zum Be-, Entladen verpflichtet. Zur **Be- und Entladepflicht** vor Art. 1 CMR Rz. 8. Die im deutschsprachigen Rechtskreis h. M. nimmt ganz allgemein an, daß Art. 17 IV c CMR nur dort eine Rolle spielen kann, wo der Frachtführer zur Ladetätigkeit verpflichtet war (BGH v. 27.10.1978, VersR **1979**, 417, 418; OLG Saarbrücken v. 23.8.1985, TranspR **1985**, 392, 394; OGH Wien v. 3.7.1985, TranspR **1987**, 374, 377; GroßkommHGB-*Helm*, Anh. § 452, Art. 17 CMR Rz. 16; *Heuer*, VersR **1988**, 312, 315). Dem ist dort zuzustimmen, wo *der Schaden vor Beginn* oder *nach dem Ende* des eigentlichen Transportes verursacht worden **und** entstanden ist, wo z. B. das Gut durch den zum Laden verpflichteten Frachtführer fallen gelassen worden ist. War der Frachtführer nicht zum Be- bzw. Entladen verpflichtet und hat er das Gut fallen gelassen, so ist der Schaden vor der Übernahme (Rz. 4) bzw. nach der Ablieferung (Rz. 6) entstanden. Der Frachtführer haftet in einer solchen Situation nicht nach Art. 17 I CMR (OLG Düsseldorf v. 27.11.1986, TranspR **1987**, 23, 24; OGH Wien v. 3.7.1985, TranspR **1987**, 374, 377; *Lieser*, Ergänzung, S. 108 f). Auf Art. 17 IV c CMR kommt es daher in diesen Fällen überhaupt nicht an (das berücksichtigt das OLG Hamburg v. 19.12.1985, VersR **1986**, 261, nicht: Vergrößerung des Schadens beim Ausladen). Hat der Frachtführer vor Übernahme oder nach Ablieferung einen Schaden verursacht, so haftet er nach deutschem Recht (vor Art. 1 CMR Rz. 5 ff) ausschließlich gemäß den §§ 823 ff BGB sowie wegen Schutzpflichtverletzung (pFV; OLG Düsseldorf v. 27.11.1986, TranspR **1987**, 23, 24; vgl. auch § 17 KVO Rz. 12). Gleiches gilt für Fehler seiner Leute, z. B. infolge fehlerhafter Weisungen, die sich der Frachtführer zurechnen lassen muß (§ 831 BGB, § 278 BGB; dies übersieht OGH Wien v. 3.7.1985, TranspR **1987**, 374, 377). Aus denselben Gründen kann Art. 17 CMR nicht eingreifen, wenn ein Fehlverhalten des Absenders vor der Übernahme bzw. nach Ablieferung den Schaden auslöst.

Anders ist die Situation bei solchen Ladefehlern, die erst *nach der Übernahme,* aber noch *vor der Ablieferung zu Schäden* führen (z. B. infolge von Verstauungsfehlern). Dazu unten Rz. 41 ff unter cc).

bb) Der Frachtführer war zum Be-, Entladen verpflichtet. Zur **Ladepflicht** vor Art. 1 CMR Rz. 8. Die Be- und Entladung sowie die dabei verursachten und entstandenen Schäden fallen dann in den Obhutszeitraum des Art. 17 CMR (*Lieser*, Ergänzung, S. 111; vgl. auch BGH v. 23.5.1990, 41

TranspR **1990**, 328). Hat der Frachtführer be- oder entladen, so haftet er im Rahmen der Art. 17 I, II, Art. 3 CMR (Antwerpen, ETR **1977**, 293). Der Haftungsausschluß des Art. 17 IV c CMR greift dagegen ein, wenn der Absender bzw. Empfänger bzw. Dritte für den Absender oder den Empfänger (BGH v. 24.9.1987, VersR **1988**, 244, 245) in eigener Verantwortung (*Loewe*, ETR **1976**, 503, 559; OGH Wien v. 21.2.1985, VersR **1986**, 559, 560) die Ladetätigkeit ganz oder teilweise übernommen und dabei den Ladefehler verursacht haben. Es kommt nach dem Wortlaut des Art. 17 IV c CMR ausschließlich darauf an, daß der Absender bzw. Empfänger oder Leute des Frachtführers unter Oberaufsicht und Verantwortung des Absenders bzw. Empfängers (OLG Hamm, NJW **1973**, 2163; OGH Wien v. 6.3.1991, TranspR **1991**, 424) *tatsächlich* verladen haben (BGH v. 27.10.1978, VersR **1979**, 417, 418; v. 28.3.1985, VersR **1985**, 754; v. 24.9.1987, VersR **1988**, 244, 245; OGH Wien v. 6.3.1991, TranspR **1991**, 424). Ob der Frachtführer öffentlich-rechtlich oder vertraglich zum Verladen verpflichtet war, spielt dagegen keine Rolle (Paris, BullT **1970**, 102; *Lamy*, Transport I, Nr. 887). Anders ist die Situation, wenn Leute des Absenders unter der Oberaufsicht des Frachtführers verladen haben (*Loewe*, ETR **1976**, 503, 559), weil dann der Absender nicht eigenverantwortlich tätig geworden ist (*Theunis/Libouton*, S. 89 mit Hinweis auf überwiegend belgische Rspr.). Gleiches gilt, wenn Leute des Absenders eigenmächtig bei der Beladung mitwirkten.

Ungeklärt sind die Fälle, in denen sich der *Absender* dem Frachtführer gegenüber *bereiterklärt* hat, die Beladung vorzunehmen. Hier wird in der Regel nicht vereinbart sein, daß die Ladepflicht aus dem Frachtvertrag auf den Absender übergehen soll. Vielmehr wird sich der Absender nur bereitgefunden haben, den Frachtführer von der Ladetätigkeit zu entlasten. Möglicherweise geschah dies nur gefälligkeitshalber. Es stellt sich dann die Frage, ob der Absender als Gehilfe des Frachtführers gemäß Art. 3 CMR tätig wird und ob deshalb eine Anwendbarkeit von Art. 17 IV c CMR ausscheidet. Für diese Lösung spricht, daß der Absender in solchen Fällen nur als Gehilfe des Frachtführers tätig werden will (*Heuer*, VersR **1988**, 312, 315; *Baumgärtel/Giemulla*, Beweislast, Art. 17–20 CMR Rz. 30). Der Frachtführer wird durch die Anwendung des Art. 3 CMR nicht unangemessen belastet; denn bei Verschulden des Absenders kann er sich auf Art. 17 II 1. Alt. CMR berufen. Der Frachtführer haftet demnach nur in den Fällen, in denen der Absender den Schaden nicht verschuldet hat, der Schaden aber iSd Art. 17 II letzte Alt. CMR vermeidbar war. Dieses Risiko ist durch die Vergütung des Frachtführers für die Übernahme der Ladetätigkeit abgegolten.

42 **c) Schäden während des Transports infolge mangelhafter Beladung, Verstauung.**

aa) Der Absender war zum Beladen verpflichtet. Zur **Ordnungsmäßigkeit** der Verladung und Verstauung s. oben Rz. 39; zur **Pflicht zur Verladung** s. vor Art. 1 CMR Rz. 8. Die h. M. lehnt hier schon von vornherein eine Anwendbarkeit des Art. 17 I CMR ab, so daß es nicht darauf ankomme, ob der Absender oder der Frachtführer verladen habe (OGH Wien v. 3.7.1985, TranspR **1987**, 374, 377; *Heuer*, Haftung, S. 99 f; oben Rz. 41). Art. 17 I CMR spricht jedoch nur davon, daß der Schaden zwischen Übernahme und Ablieferung entstanden ist. Da Art. 17 CMR eine verschuldensunabhängige Haftung normiert (oben Rz. 21), geht es nicht um Pflichtenverstöße. Es stellt sich lediglich die Frage, ob der Frachtführer den Schaden iSd Art. 17 II CMR vermeiden konnte oder ob Art. 17 IV c CMR eingreift (so jetzt auch *Heuer*, VersR **1988**, 312, 315; *Lieser*, Ergänzung, S. 109; wohl auch Antwerpen, ETR **1977**, 293).

(1) Hatte der **Absender eigenverantwortlich beladen** (s. oben Rz. 41) und dabei allein (Rz. 44) den Ladefehler verursacht, so kann sich der Frachtführer auf den Haftungsausschluß des Art. 17 IV c CMR berufen. Maßgeblich ist die *tatsächliche* Verladung (s. oben Rz. 41), gleichgültig, ob es sich um Normal- oder Spezialtransporte handelt. Falls der Absender verladen hat, so steht der Anwendbarkeit des Art. 17 IV c CMR auch nicht der Umstand entgegen, daß das Fahrzeug durch die fehlerhafte Beladung betriebsunsicher (vgl. § 17 KVO Rz. 15) geworden ist (BGH v. 27.10.1978, VersR **1979**, 417, 418; v. 28.3.1985, VersR **1985**, 754; OLG Saarbrücken v. 23.8.1985, TranspR **1985**, 392, 394). Fraglich ist nur, ob man den Haftungsausschluß des Art. 17 IV c CMR mit dem Argument ausschalten kann, daß der **Frachtführer** verpflichtet gewesen ist, **die Beladung und Verstauung nachzuprüfen**. Dies ist mit dem BGH (v. 27.10.1978, VersR **1979**, 417, 418; v. 28.3.1985, VersR **1985**, 754) und der in Deutschland und Österreich ganz h. M. (*Loewe*, ETR **1976**, 503, 558 f; GroßkommHGB-*Helm*, Anh. § 452, Art. 17 CMR Rz. 16; *Heuer*, Haftung, S. 101) zu verneinen (zur Gegenansicht Nachw. bei *Koller*, DB **1988**, 589, 590; *Lamy*, Transport I, Nr. 887; anders jetzt Cour Cass., BullT **1990,** 18: Art. 17 V CMR). Damit ist jedoch nicht gesagt, daß sich der Frachtführer die mangelnde Überprüfung der Verladung und Verstauung bzw. das Unterlassen einer Warnung nicht im Rahmen des Art. 17 V CMR entgegenhalten lassen muß. Die im deutschsprachigen Rechtskreis wohl h. M. steht auf dem Standpunkt, daß der Frachtführer grundsätzlich nicht verpflichtet sei, die Beladung und Verstauung zu überprüfen. Eine Überprüfungspflicht verstoße gegen die Wertung des Art. 17 IV c CMR (OLG Stuttgart v. 16.1.1980, VersR **1980**, 979, 980; ebenso OLG Saarbrücken, NJW **1975**, 499, 500; OLG Düsseldorf v. 13.12.1978, VersR **1980**, 286; v. 18.12.1984, TranspR **1986**, 372; **a. A.** *Heuer*, VersR **1988**, 312, 316). Der OGH Wien (v. 8.10.1984, TranspR **1985**, 103, 104; v. 18.12.1984, TranspR **1986**, 372) hält eine Überprüfungspflicht für möglich, wenn diese vertraglich vereinbart ist (**a. A.** *Zapp*, TranspR **1991**, 371, 373). Das OLG München (v. 27.6.1979, VersR **1980**, 241) bejaht eine Überprüfungspflicht, wenn es darum geht, ob die Verladung bzw. Verstauung das Kühlsystem gefährdet (zustimmend *Glöckner*, CMR, Art. 17 Rz. 60; *Baumgärtel/Giemulla*, Beweislast, Art. 17–20 CMR Rz. 32; ebenso Cour Cass., BullT **1982**, 285; Paris, BullT **1978**, 320; Toulouse, BullT **1981**, 151; Agen, BullT **1981**, 433; *Theunis/A Chao*, S. 119 [arg. e. Art. 18 IV CMR]; ablehnend OGH Wien v. 8.10.1984, TranspR **1985**, 103, 104; OLG Düsseldorf v. 13.12.1979, VersR **1980**, 286; OLG Hamburg v. 21.2.1985, TranspR **1985**, 400). Das OLG Düsseldorf (v. 13.12.1979, VersR **1980**, 286) hält eine Kontrollpflicht in Hinblick auf die Betriebssicherheit für denkbar (ähnlich OLG Hamm v. 18.10.1984, TranspR **1985**, 107, 109). Allerdings differenziert die Entscheidung nicht zwischen Art. 17 IV c und Art. 17 V CMR. In der Entscheidung vom 24.3.1983 nimmt das OLG Düsseldorf (TranspR **1984**, 14, 15; ebenso Cour Cass., BullT **1976**, 377) an, daß eine Überladung allein vom Frachtführer zu vertreten sei, der, anders als der Absender, die Kapazität des Fahrzeuges kenne (zutr. anders bei falschen Gewichtsangaben durch den Absender; LG Köln, TranspR **1989**, 271). Der BGH (v. 24.9.1987, VersR **1988**, 244, 246) ist der Ansicht, daß eine Pflicht, die Beförderungssicherheit zu kontrollieren, dem ergänzend anwendbaren nationalen Recht entspringen könne (ebenso Leuven, ETR **1988**, 493; Cour Cass., BullT **1976**, 317; *Lutz*, TranspR **1991**, 6, 7; *Lamy*, Transport I, Nr. 886). Sei deutsches Recht ergänzend anwendbar, so könne durch Rückgriff auf § 17 KVO nur eine Pflicht zur Kontrolle der Betriebssicherheit begründet werden. Bei positiv erkannten oder evidenten Verlademängeln, die nur das Gut gefährden, treffe den Frachtführer jedoch aus der allgemeinen Rechtspflicht, nicht fremdes Eigentum zu schädigen, die Pflicht, die Fahrt nicht anzutreten. Der BGH greift hier ohne Not auf nationale Rechtsgedanken zurück (*Koller*, DB **1988**, 589, 592); denn die maßgeblichen Kontrollpflichten lassen sich aus Art. 17 V iVm Art. 17 II CMR ableiten.

43 Wie der BGH (v. 28.3.1985, VersR **1985**, 754) zutreffend bemerkt hat, hat der Frachtführer im Rahmen des Art. 17 V CMR zwar nicht die reine Transportgefahr zu vertreten. Er hat aber, mit Ausnahme der in Art. 17 II, IV CMR genannten Umstände, alle Umstände zu vertreten, die mit dem Transportgeschehen in Zusammenhang stehen und erfahrungsgemäß geeignet sind, sich schädigend auszuwirken. Dabei kann es gemäß Art. 17 II CMR nicht darauf ankommen, ob den Frachtführer ein Verschulden trifft, sondern nur darauf, ob er die Mitursache für den Schaden mit äußerster Sorgfalt (s. oben Rz. 20 ff) vermeiden konnte (OLG Saarbrücken v. 23.8.1985, TranspR **1985**, 392, 394). Auch ein Unterlassen kann ein Umstand iSd Art. 17 V CMR sein (BGH v. 24.9.1987, VersR **1988**, 244, 245). Aus Art. 17 IV c CMR kann nun nicht abgeleitet werden, daß keine Überprüfungspflicht besteht; denn Art. 17 IV c CMR wird durch die Bejahung einer Überprüfungspflicht nicht funktionslos. Es gibt zahlreiche Ladefehler, die auch bei äußerst sorgfältiger (Rz. 20 ff) Überprüfung der Beladung nicht entdeckt werden können. Die fehlerhafte Kontrolle der Beladung ist außerdem iSd Art. 17 V CMR ein anderer Umstand als die Fehlerhaftigkeit der Beladung selbst, für die der Frachtführer gemäß Art. 17 IV c CMR nicht einzustehen hat.

Die entscheidende Frage geht daher dahin, welche Kontrollpflichten der äußersten Sorgfalt iSd Art. 17 II CMR (Rz. 20 ff) entsprechen. Sachgerecht erscheint hier in Parallele zu Art. 18 IV CMR eine Differenzierung der Risikosphären nach Informationsvorsprüngen (*Koller*, DB **1988**, 589, 591 f). Da der Absender grundsätzlich der Warenfachmann ist und die Transporttauglichkeit des Gutes besser kennt, braucht der Frachtführer die Ladung nicht auf Beförderungssicherheit (§ 17 KVO Rz. 9 f) hin zu überprüfen. Eine Überprüfungspflicht kann auch vertraglich nicht begründet werden (str.; Rz. 42), da Art. 17 I, IV CMR eine abschließende typisierende Risikoverteilung vornimmt (vgl. auch Art. 41 CMR Rz. 1). Der Frachtführer hat dagegen wegen seiner Spezialkenntnisse der Eigenschaften des Fahrzeugs zu kontrollieren, ob die Verladung und Verstauung die **Betriebssicherheit des Fahrzeuges** (§ 17 KVO Rz. 9 f, 15) und mittelbar das Gut gefährdet (OGH Wien v. 17.11.1986, TranspR **1987**, 427, 429 (i. E.); Antwerpen, ETR **1981**, 466; **1982**, 64; **1990**, 319; Leuven, ETR **1988**, 493; Cour Cass., ETR **1983**, 19; vgl. auch BGH v.

24.9.1987, VersR **1988**, 244, 245; *Koller*, DB **1988**, 589, 592; *Csoklich*, S. 193; *Jesser*, Frachtführerhaftung, S. 62; **a. A.** *Roesch*, BB **1982**, 20, 24; *Zapp*, TranspR **1991**, 371, 372; *Glöckner*, CMR, Art. 17 Rz. 66). Gleiches gilt in Hinblick auf **Eigenschaften des Fahrzeugs**, die eine besondere Art der Verladung notwendig machen (z. B. Kühlfahrzeuge; OLG München v. 27.6.1979, VersR **1980**, 241; OLG Hamburg v. 29.11.1984, TranspR **1985**, 130, 131; OLG Köln v. 13.1.1972, VersR **1973**, 178, 179; OLG Hamm v. 19.2.1973, VersR **1974**, 28, 29; Cour Cass., BullT **1982**, 285; Toulouse, BullT **1981**, 151; Agen, BullT **1981**, 433; einschr. *Thume*, TranspR **1992**, 1, 4; ablehnend OGH Wien v. 8.10.1984, TranspR **1985**, 103, 104; OLG Hamburg v. 21.2.1985, TranspR **1985**, 400, 401; *Theunis/A Chao*, S. 139) oder wenn der Frachtführer vertragswidrig ein Fahrzeug stellt, das eine besondere Art der Beladung notwendig macht (OLG Hamm v. 15.3.1990, VersR **1991**, 360, 361).

Hat der **Frachtführer zu erkennen gegeben,** daß er die Beladung für **ordnungsgemäß** hält, so muß er sich gemäß Art. 17 V CMR die Mitverursachung nur entgegenhalten lassen, wenn er dadurch gegen die äußerste Sorgfalt (Rz. 43, 20 ff) verstoßen hatte (OLG Hamburg v. 14.12.1978, VersR **1980,** 584: von einem Lkw-Fahrer könnten keine Kenntnisse verlangt werden, wie ein bestimmtes Gut völlig bruchsicher zu verladen ist). Der Frachtführer, der **Verladeanweisungen** gegeben hat, muß sich diese Anordnungen im Rahmen des Art. 17 V CMR zurechnen lassen (OLG Saarbrücken v. 23.8.1985, TranspR **1985,** 392, 394; weitergehend wohl OGH Wien v. 21.2.1985, VersR **1986,** 559, 560; einschränkend zu Recht BGH v. 24.9.1987, VersR **1988,** 244, 245, falls sich Weisung nur auf die Betriebssicherheit bezog und unter dem Aspekt der Betriebssicherheit richtig war); ebenso, wenn er eigenverantwortlich bei der **Verladung mitgewirkt** und den Ladefehler verursacht hat (OLG Koblenz v. 6.10.1989, TranspR **1991**, 93, 95: die Verpflichtung dazu ist irrelevant). Gleiches gilt, wenn der Frachtführer oder sein Fahrer (Art. 3 CMR) **positiv erkennt** oder es **evident** ist, daß die Verladung mangelhaft ist. Dann muß er sich das Unterlassen einer Warnung gemäß Art. 17 V CMR zurechnen lassen (vgl. BGH v. 24.9.1987, VersR **1988,** 244, 245; OLG Stuttgart v. 16.1.1980, VersR **1980,** 979; OLG München v. 27.11.1968, ETR **1971,** 115, 125; KG, NJW-RR **1986,** 907; Liège, ETR **1970,** 716; Charleroi, ETR **1977,** 776; Cour Cass., BullT **1976**, 317; **1984**, 430; **1989**, 673; *Theunis/A Chao*, S. 118, weitergehend S. 139: Analogie zu Art. 18 IV CMR; *Glöckner,* CMR, Art. 17 Rz. 61, 66; *Heuer,* VersR **1988,** 312, 316; eingehend *Koller,* DB **1988,** 589, 592; kritisch *Oeynhausen,* TranspR **1984,** 63). Es genügt dann ein Hinweis des Fahrers an den für die Beladung Verantwortlichen (OLG Stuttgart v. 16.1.1980, VersR **1980,** 979, 980; OLG Frankfurt, TranspR **1982,** 106; OGH Wien v. 8.11.1990, TranspR **1991**, 100, 103), nicht aber an einen Ladearbeiter (OLG München v. 27.11.1968, ETR **1971,** 115, 123); der BGH (v. 24.9.1987, VersR **1988,** 244, 246) scheint einen Nichtantritt der Fahrt für sachgerecht zu halten (ebenso OLG München v. 27.11.1968, ETR **1971,** 115, 125; *Glöckner,* CMR, Art. 17 Rz. 61). Erst recht haftet der Frachtführer, wenn er die Mangelhaftigkeit der Verladung auf der Fahrt entdeckt und daraufhin nicht die äußerste Sorgfalt (Rz. 20 ff) walten läßt (vgl. BGH v. 24.9.1987, VersR **1988,** 244; OLG Saarbrücken, NJW **1975,** 500; Metz, BullT **1988**, 669). **44**

(2) Hatte der **Frachtführer selbst eigenverantwortlich verladen,** so steht **45**

Art. 17 I CMR einer Haftung nicht entgegen, sofern der Schaden erst nach Übernahme entsteht (s. oben Rz. 42). Der Frachtführer kann sich nicht auf Art. 17 IV c CMR berufen, da es nur auf die tatsächliche Verladung ankommt (s. oben Rz. 41). Die Haftung ist auch dort sachgerecht, wo der Frachtführer lediglich gefälligkeitshalber tätig wurde, weil der Frachtführer aus vorangegangenem Tun um die Gefährdung des Guts wissen muß (vgl. OLG Saarbrücken v. 23.8.1985, TranspR **1985,** 392, 394; so jetzt auch *Heuer,* VersR **1988,** 312, 315). Die Belastung mit dem Risko der Schadensverhütung entspringt somit durchaus dem Frachtvertrag. Zur Einstandspflicht für Gehilfen Art. 3 CMR.

46 **bb) Der Frachtführer ist zum Beladen verpflichtet**. Zur **Pflicht zur Verladung** s. vor Art. 1 CMR Rz. 8; zur **Ordnungsmäßigkeit** der Verladung und Verstauung s. § 17 KVO Rz. 9 f.

(1) Der **Frachtführer**, der eigenverantwortlich die schadensverursachende Beladung durchführt (Rz. 41), haftet im Rahmen des Art. 17 I, II CMR.

(2) Hatte der **Absender** die Beladung durchgeführt, so kommt es im Rahmen des Art. 17 IV c CMR ebenfalls nur darauf an, daß der Absender tatsächlich eigenverantwortlich tätig geworden ist (oben Rz. 41). An der nötigen Eigenverantwortlichkeit fehlt es, falls der Frachtführer Weisungen gegeben hat, die zum Verladefehler führten (OGH Wien v. 6.3.1991, TranspR **1991**, 424). Art. 17 IV c CMR greift ferner dort nicht ein, wo der Absender als Gehilfe des Frachtführers (Art. 3 CMR) tätig geworden ist (oben Rz. 41). Unberührt bleibt eine Schadensteilung gemäß Art. 17 V CMR, wenn der **Frachtführer** die eigenverantwortliche Ladetätigkeit des Absenders nicht auf ihre Betriebssicherheit hin **kontrolliert** hat (oben Rz. 43) oder den **Ladefehler** positiv **kannte** bzw. der Ladefehler evident war, er ihm aber nicht Rechnung getragen hat (oben Rz. 43 f).

47 **d) Umladung während des Transportes**. Der Frachtführer wird von der Haftung nicht befreit, wenn er selbst umlädt (OLG Köln v. 2.2.1972, VersR **1972,** 778) oder nach Teilentladung nicht für richtige Stauung sorgt (Paris, BullT **1989**, 408; *Lamy*, Transport I, Nr. 886) oder nach Überprüfung des Guts durch die Zollbehörde nicht mit äußerster Sorgfalt (Rz. 20 ff) dafür Sorge trägt, daß das Gut wieder richtig verladen wird (OGH Wien v. 18.3.1986, TranspR **1986,** 379; ebenso OLG Frankfurt, TranspR **1980,** 127, wenn Frachtführer selbst umlädt; *Loewe,* ETR **1976,** 503, 559; *Glöckner,* CMR, Art. 17 Rz. 75; **a. A.** LG Bremen, TranspR **1989**, 267, 268). Dabei ist allerdings zu berücksichtigen, daß der Frachtführer kein Warenfachmann ist. Dem Frachtführer ist deshalb nur zuzumuten, daß er die ursprüngliche Verladeanordnung wieder herstellt. Das Risiko des Abladens durch die Zollbehörde trägt der Absender, falls der Frachtführer äußerste Sorgfalt (oben Rz. 20 ff) hat walten lassen (LG Hamburg v. 19.1.1983, TranspR **1983,** 47, 48).

e) Beweislast. Siehe Art. 18 CMR Rz. 5.

48 **f) Haftung des Absenders wegen mangelhafter Verladung**. S. Art. 10 CMR Rz. 1. Eine analoge Anwendung des Art. 17 CMR kommt nicht in Betracht (OGH Wien v. 6.3.1991, TranspR **1991**, 424). Es muß daher auf nationales Recht (vor Art. 1 CMR Rz. 5 ff) zurückgegriffen werden (OGH Wien v. 2.4.1982, TranspR **1984,** 151; v. 18.12.1984, TranspR **1986,** 372; unklar v. 6.3.1991, TranspR **1991**, 424; *Glöckner,* CMR, Art. 17 Rz. 68).

4. Natürliche Beschaffenheit (Art. 17 IV d CMR)

a) Allgemeines. Der gemäß Art. 51 III CMR nicht verbindliche deutsche Wortlaut des Art. 17 IV d CMR lehnt sich stark an den französischen Text an und berücksichtigt nicht, daß es im gleichermaßen verbindlichen englischen Text heißt ,,.....particularly exposes them to total or partial loss....". Es kommt dem englischen Text zufolge also darauf an, daß die Güter in besonderem Maß dem Verlust oder der Beschädigung ausgesetzt sind. Etwas anderes scheint sich allerdings aus der Denkschrift zur CMR (BT-Drucksache III/1144 S. 40) zu ergeben, wonach sich Art. 17 IV CMR eng an Art. 27 § 3 CIM (a. F.) anlehnt. In Art. 27 § 3 e CIM (a. F.) ist ebenfalls nicht davon die Rede, daß die Güter in besonderem Maß gefährdet sein müssen. Es war jedoch immer einhellige Meinung, daß Art. 27 § 3 e CIM (a. F.) dem § 83 I d EVO entspricht (GroßkommHGB-*Helm*, § 460 Anh. II, Art. 27 CIM Rz. 17), in dem von einer ,,besonderen Gefahr" die Rede ist. Es ist somit davon auszugehen, daß auch Art. 17 IV d CMR nur solche Fälle erfaßt, in denen Güter **wegen** ihrer **Beschaffenheit besonders gefährdet** sind (vgl. *Froeb*, Beschaffenheitsschäden, S. 65 ff). 49

Art. 17 IV d CMR sagt nicht deutlich, woran man die Besonderheit zu messen hat. *Loewe* (ETR **1976,** 503, 559f) führt zutreffend aus, daß fast jedes Gut bis zu einem gewissen Grad den in Art. 17 IV d CMR angeführten Gefahren ausgesetzt sei. Obwohl in der CMR der Begriff des ,,sorgfältigen" Frachtführers nirgends vorkomme, sei die Anknüpfung an den Begriff unvermeidlich. Es sei überhaupt die Frage, wie weit Art. 17 IV d CMR einen Haftungsausschluß enthalte und nicht nur in Verbindung mit Art. 18 II CMR eine Umkehr der Beweislast. Beide Lösungen seien denkbar. Man könnte in den Kategorien des einem Gut innewohnenden Mangels argumentieren. Dagegen spricht jedoch, daß diese Fallgruppe in Art. 17 II CMR erwähnt ist (*Hill/Messent,* CMR, S. 101; *Clarke,* CMR, Rz. 95). Sachgerechter ist es, die Besonderheit der natürlichen Eigenschaften des Guts an einem normalen Transportablauf mit einem normalen, mit Planen gedeckten Lkw (OLG Frankfurt v. 25.10.1977, VersR **1978,** 535, 536; OLG Köln v. 30.8.1990, TranspR **1990**, 425; *Csoklich,* S. 195; *Froeb*, Beschaffenheitsschäden, S. 93; *Lamy*, Transport I, Nr. 888; wohl auch *Hill/Messent,* CMR, S. 100) zu messen (OLG Frankfurt v. 8.7.1980, TranspR **1980,** 127; *Baumgärtel/Giemulla,* Beweislast, Art. 17–20 CMR Rz. 35; vgl. auch zur CIM *Goltermann,* EVO, Art. 36 COTIF-ER/CIM Anm. 4 b (2) ff, § 83 EVO Anm. 2 dd (1) (b) (aa); unklar *Heuer,* Haftung, S. 102 f). Damit ist noch nicht gesagt, ob nur solche Schäden unter Art. 17 IV d CMR fallen, mit denen gerade nach der Art ihrer Entstehung auch bei normalem Transportablauf zu rechnen ist, oder auch solche Schäden, die lediglich nach ihrer Art, wenn auch nicht nach der Art der Entstehung selbst, bei normalem Transport vorkommen können. Der Unterschied wird am Beispiel des Rosts deutlich. Rost kann auch bei einem Transport unter normalen Transportbedingungen durch Schwitzwasser entstehen, während bei gedeckten Lkw Rost durch Regenwasser nicht entstehen kann. Stellt man schlechthin darauf ab, daß Rost im Laufe des Transports entstehen kann, so ist der Umstand, daß im Einzelfall der Rost durch Regen infolge einer während des Transports schadhaft gewordenen Plane entstanden ist, nur im Rahmen des Art. 17 V CMR zu berücksichtigen (so wohl Delft, Jurisprudence de droit uniforme **1966,** 104; Venezia, ETR **1975**, 242 f). Hält man es dagegen für entscheidend, daß bei normalem Transportablauf kein Rost durch Regenwasser gebildet wird, so kann sich der Frachtführer erst gar nicht auf Art. 17 IV d CMR berufen (so wohl OLG Frankfurt v. 8.7.1980, TranspR **1980,** 127; *Froeb*, Beschaffenheitsschäden, S. 101). Es ist indessen zu berücksichtigen, daß gerade bei den besonders gefährdeten Gütern bei Ablieferung häufig nicht mehr festgestellt werden kann, wie es zum Schaden kam. Vor dieser Beweisnot soll der Frachtführer geschützt werden.

50 **Stellungnahme:** Bei der Interpretation des Art. 17 IV d CMR hat man dabei anzusetzen, daß bei der Ablieferung häufig nicht zu ermitteln ist, ob der Schaden trotz eines normalen Transportablaufs durch die selbstzerstörerischen Eigenschaften des Gutes entstanden ist oder dadurch verursacht worden ist, daß diese Eigenschaften infolge eines anormalen Transportablaufs wirksam werden konnten. Gemäß Art. 17 IV d CMR ist zu vermuten, daß der Transport wie üblich abgewickelt worden ist; denn anders als nach Art. 18 IV CMR braucht der Frachtführer im Rahmen des Art. 17 IV d CMR die sorgfältige Transportausführung nicht nachzuweisen. Das hat zur Konsequenz, daß grundsätzlich anzunehmen ist, daß der Schaden ausschließlich auf den besonderen Eigenschaften iSd Art. 17 IV d CMR beruht. Dies darf jedoch nicht dazu führen, daß der Frachtführer auch dort entlastet wird, wo ihm ein atypischer Transportverlauf und sogar die schuldhafte Verursachung des Schadens durch diesen Transportverlauf nachgewiesen wird (LG Duisburg, TranspR **1989**, 268, 270). Art. 17 IV d CMR darf nicht zum Freibrief für die Schädigung besonders gefährdeter Güter werden. Die Berufung auf Art. 17 V CMR schützt den Geschädigten zu wenig; denn Art. 17 V CMR führt grundsätzlich nur zur Quotierung. Sinnvoller ist es daher, dem Frachtführer die Berufung auf den Haftungsausschluß gemäß Art. 17 IV d CMR abzuschneiden, falls der Geschädigte den atypischen Transportverlauf und die Entstehung des Schadens gerade durch den atypischen Transportverlauf nachgewiesen hat (*Theunis/A Chao*, S. 135 f; *Jesser*, Frachtführerhaftung, S. 116). Der Frachtführer kann seinerseits dann dartun und beweisen, daß er trotz äußerster Sorgfalt (Art. 17 II CMR; dazu oben Rz. 20 ff) außerstande war, einen normalen Transportverlauf zu gewährleisten (Ausnahme: Art. 17 III CMR). Der Frachtführer braucht also nicht darzulegen, daß er den Schaden als solchen auch bei Anwendung äußerster Sorgfalt nicht hätte verhindern können. Gemäß Art. 17 IV d CMR hat er nämlich in Hinblick auf die besonders schadensträchtigen Eigenschaften des Gutes nur für die normale Transportabwicklung einzustehen. (Ausnahme: Rz. 51).

Deshalb greift Art. 17 IV d CMR nicht ein, wenn Paprika nur deshalb verdirbt, weil die Paprika wegen eines nachgewiesenen Motordefektes **überdurchschnittlich lange transportiert** wurden (OLG Frankfurt v. 8.7.1980, MDR **1981,** 53, 54), falls frisch geschlachtetes Lammfleisch wegen Lieferfristüberschreitung verdirbt (BGH v. 14.4.1976, DB **1976,** 2013, 2014 zur CIM; Paris, BullT **1985**, 396 zur CMR; **a. A.** Delft, ULC **1966,** 104 zur CMR), wenn Frühkartoffeln infolge einer Transportverzögerung wegen Fahrzeugdefektes verderben (OGH Wien v. 21.3.1982, TranspR **1984,** 196; ähnlich Amsterdam, zit. bei *Theunis/A Chao*, S. 131). Vgl. weiter zum Transport von

Aluminium-Folien: Colmar, ULC **1971,** 137, 139; *Clarke,* CMR, Rz. 95; zum Transport von Haselnüssen in durch Vorladung verschmutztem Lkw: OLG Hamburg v. 19.12.1985, TranspR **1986,** 146. Motordefekte verursachen anormale Transportbedingungen, wenn sie zu einem anormalen oder vertragswidrigen Transportablauf führen, ohne daß es auf Art. 17 III CMR ankommt (so i. E. auch OGH Wien v. 31.3.1982, TranspR **1984,** 196; OLG Frankfurt v. 8.7.1980, MDR **1981,** 53, 54; Rotterdam, ETR **1971,** 830, 837); anders in Hinblick auf Versagen der Klimatechnik (Art. 17 CMR Rz. 34); denn insoweit greift Art. 18 IV CMR ein. Das OLG Zweibrücken (NJW **1967,** 1717, 1718) nimmt dagegen an, daß sich der Frachtführer auch dann auf Art. 17 IV d CMR berufen darf, wenn der Verderb auf eine Transportverzögerung wegen Getriebeschadens zurückzuführen ist, weil Pfirsiche die Anlage in sich bergen, nach einer gewissen Zeit in Fäulnis überzugehen (so wohl auch Delft, Jurisprudence de droit uniforme **1966,** 104; *Putzeys,* CMR, Rz. 813 ff). *A Chao* (in *Theunis,* S. 120) sieht in Transportverzögerungen oder sonstigen anormalen Transportabwicklungen Abweichungen von Weisungen, die dem Frachtführer unter den in Art. 18 IV CMR genannten Voraussetzungen (insbes. Verschulden) zugerechnet werden können (Art. 18 CMR Rz. 6). Zu Rieselverlusten LG Offenburg v. 21.1.1969, VersR **1969,** 560; *Heuer,* Haftung, S. 104; *Voigt,* VersPraxis **1970,** 70. Jedenfalls darf sich der Geschädigte darauf berufen, daß der Frachtführer nicht rechtzeitig Weisungen gemäß Art. 14 CMR eingeholt hat (LG Duisburg, TranspR **1989**, 268, 270). Der Geschädigte darf sich auch darauf stützen, daß für den Frachtführer die Unmöglichkeit eines schadensfreien Transportes mit den vereinbarten Normalfahrzeugen evident war oder daß ihn ein sonstiges Mitverschulden trifft. Es gelten die zur Verladung entwickelten Grundsätze (Rz. 44) auch hier. **Beweislast:** Art. 18 CMR Rz. 6.

b) Transport mit Spezialfahrzeugen (Art. 18 IV CMR). Viele zum Verderb führende Eigenschaften können durch entsprechende Verpackung neutralisiert werden. Dasselbe Ergebnis kann durch den Einsatz von Spezialfahrzeugen (*Theunis/A Chao,* S. 115) erreicht werden, die im Vergleich zu Normalfahrzeugen Schutz gegen die Einwirkungen von **Hitze, Kälte, Temperaturschwankungen** oder **Luftfeuchtigkeit** bieten. Auf andere **Spezialvorrichtungen,** wie besondere Federung, geschlossene Behälter ist Art. 18 IV CMR analog anzuwenden (**a. A.** *Putzeys,* CMR, Rz. 821 m. Nachw.). Gemäß Art. 18 IV CMR greift der Haftungsausschluß des Art. 17 IV d CMR nur dann ein, wenn die Voraussetzungen des Art. 17 IV d CMR vorliegen (Rz. 50) und der Frachtführer in Hinblick auf die Spezialeinrichtungen des Fahrzeuges und Weisungen des Verfügungsberechtigten nicht schuldhaft (*Putzeys,* CMR, Rz. 820) gehandelt hat. Art. 17 III CMR ist in Hinblick auf die „besonderen Einrichtungen" nicht anzuwenden (Art. 17 CMR Rz. 34). Demnach kann sich der Frachtführer nicht auf Art. 17 IV d CMR berufen, wenn er ein **Kühlfahrzeug** einsetzt, das nicht vorgekühlt war (OLG München v. 16.1.1991, TranspR **1992**, 181, 183) oder dessen Kühlanlage nicht ausreichend dimensioniert ist (OLG Hamburg v. 27.10.1988, TranspR **1989**, 318, 320) oder nicht mit einem Außenthermometer oder anderen Vorrichtungen ausgestattet ist, die eine laufende Temperaturkontrolle ermöglichen (OLG Koblenz v. 2.7.1976, VersR **1976,** 1151; OLG München, TranspR **1980,** 95, 96; OLG 51

Hamburg v. 27.10.1988, TranspR **1989**, 318, 320; ebenso Paris, BullT **1980**, 615; Toulouse, BullT **1981**, 158 mit einer Tendenz zu einer schärferen Haftung; s. *Theunis/Chao*, S. 128). Ein Termograph oder eine Warnanlage ist nicht erforderlich (OLG Hamburg v. 27.10.1988, TranspR **1989**, 318, 320). Es genügt jedoch nicht, daß der Frachtführer die geforderte Temperatur einstellt und die Kühlaggregate einschaltet (OLG Hamburg v. 22.7.1982, VersR **1983**, 63; OLG Hamm v. 18.10.1984, TranspR **1985**, 107, 108). Er muß die Temperatur auch während der Fahrt in Abständen kontrollieren, sei es durch Überprüfung des Außenthermometers oder von Kühlkontrollblättern (OLG Hamburg v. 27.10.1988, TranspR **1989**, 318, 320; OLG Schleswig v. 30.8.1978, VersR **1979**, 141, 142; OLG Hamm v. 18.10.1984, TranspR **1985**, 107, 108; OLG München v. 16.1.1991, TranspR **1992**, 181, 183). Er muß ferner mit verkehrserforderlicher Sorgfalt dafür sorgen, daß die richtige Temperatur laufend eingehalten wird (Brüssel, ETR **1985**, 354; Lyon, BullT **1979**, 561; *Theunis/Chao*, S. 136 f). Der Frachtführer entspricht nicht den Anforderungen der Sorgfaltsstandards, wenn er die Kühlung zwei Stunden nicht in Betrieb hält und binnen 48 Stunden nur dreimal kontrolliert (OLG Hamm v. 18.10.1984, TranspR **1985**, 107, 108) oder das Transportfahrzeug mit angestellter Kühlung 48 Stunden ohne Kontrolle auf einem Parkplatz abstellt (OLG Hamburg v. 2.5.1985, VersR **1986**, 865; s. auch Art. 29 CMR Rz. 4). Zu den dem Frachtführer obliegenden Maßnahmen gehört es auch, daß für umgehende Reparatur der Kühlanlage oder für anderweitige Kühlung, auch an Wochenenden, gesorgt wird oder daß das Gut vor dem Wochenende abgeliefert wird (OLG Hamburg v. 2.5.1985, VersR **1986**, 865). Der Frachtführer hat Weisungen sorgsam zu beachten (OLG Nürnberg v. 14.6.1965, ETR **1971**, 247, 259); evident schadensträchtige Weisungen muß er beanstanden (vgl. Rz. 44; weitergehend Cour Cass., BullT **1982**, 182: jede erkennbar fehlerhafte Weisung). Zum Transport in *Kühlfahrzeugen ohne Abstandshaltern* s. einerseits OLG Hamburg v. 29.11.1984, TranspR **1985**, 130, 131; Leuven, ETR **1988**, 493; *Koller,* DB **1988**, 589, 592; *Hill/Messent,* CMR, S. 100 m. Nachw.; andererseits OLG Hamburg v. 21.2.1985, TranspR **1985**, 400, 401; OGH Wien v. 8.10.1984, TranspR **1985**, 103, 104. Im Zweifel muß das Fahrzeug mit gerillten Boden und Wänden, die die Kälte/Hitze zirkulieren lassen, ausgestattet sein (*Theunis/Chao*, S. 120; *Thume*, TranspR **1992**, 1, 2). Zur Frage der Vorkühlung Art. 18 CMR Rz. 6; s. ferner oben Rz. 33. Zur Verladung und Verstauung Rz. 42. Trifft den Frachtführer der Vorwurf der schlechten Verladung oder Verstauung, so darf er sich nicht auf Art. 17 IV d CMR berufen, weil dann keine normalen Transportverhältnisse gegeben waren (s'Gravenhage, ETR **1980**, 871). Der Frachtführer braucht nicht damit zu rechnen, daß sich der Transport infolge Fehlverhaltens des Absenders ganz ungewöhnlich verzögert (Delft, ETR **1966**, 122). **Beweislast:** Art. 18 CMR Rz. 6.

5. Bezeichnung, Numerierung von Frachtstücken (Art. 17 IV e CMR)

52 Siehe Art. 6 CMR Rz. 7, 8. Auf ein Verschulden des Absenders kommt es nicht an. Die Bezeichnung etc. des Guts ist ausreichend, wenn es ausschließlich wegen eines Verschuldens des Frachtführers zu Verwechslungen gekommen ist (BGH, NJW **1979,** 2473, 2474); denn dann ist die Bezeichnung des Guts entweder in Ordnung gewesen oder jedenfalls für den Schaden nicht kausal geworden. Deshalb spielt es keine Rolle, daß eine Fehlbehandlung vermieden worden wäre, wenn das Gut noch deutlicher gekennzeichnet worden wäre. Gemäß Art. 9 II CMR wird vermutet, daß die Bezeichnung und die Nummern der Frachtstücke den Angaben im Frachtbrief entsprochen haben, wenn der Frachtbrief keinen Vorbehalt enthält (*Loewe,* ETR **1976,** 503, 560; *Hill/Messent,* CMR, S. 101). *Mitverschulden:* Art. 17 V CMR; Art. 8 CMR Rz. 5. **Beweislast:** Art. 18 CMR Rz. 7.

6. Lebende Tiere (Art. 17 IV f CMR)

Art. 17 IV f CMR statuiert in Hinblick auf die spezifischen Tiergefahren **53**
eine Verschuldenshaftung mit Beweislastumkehr. Der Haftungsausschluß kommt nämlich nur zum Tragen, wenn der Frachtführer seine Sorgfalt und die Beachtung aller Weisungen nachweist (Art. 18 V CMR). Gelingt ihm dies, so kann er trotzdem noch haften, falls der Ersatzberechtigte nachweisen kann (Art. 18 II CMR), daß der Schaden in Parallele zu Art. 17 IV d CMR nicht mit den besonderen Risiken einer Tierbeförderung zusammenhängt, weil das Transportfahrzeug z. B. in einen Verkehrsunfall verwickelt worden ist oder weil der Transport zu lange gedauert hat (*Loewe*, ETR **1976**, 503, 561; *Hill/Messent*, CMR, S. 102; vgl. auch oben Rz. 50). **Beweislast:** Art. 18 CMR Rz. 8.

7. Mitwirkende Verursachung (Art. 17 V CMR)

Gemäß Art. 17 V CMR haftet der Frachtführer, der sich auf Haftungsaus- **54**
schlüsse iSd Art. 17 II, IV CMR berufen kann, anteilig, wenn Umstände, für die er gemäß Art. 17 I CMR einzustehen hat, zu dem Schaden beigetragen haben. Dabei geht es nicht nur darum, daß dem Frachtführer zurechenbare Umstände den Schaden herbeigeführt haben, sondern auch darum, daß diese Umstände den Schaden vergrößert haben oder daß der Frachtführer nichts zur Schadensminimierung getan hat (*Clarke*, CMR, Rz. 85). Es ist allgemein anerkannt, daß sich der Frachtführer eigenes **Verschulden** oder Verschulden seiner Gehilfen (Art. 3 CMR) zurechnen lassen muß. Da Art. 17 I CMR eine verschuldensunabhängige Haftung bis zur Grenze der unvermeidbaren Schäden (Art. 17 II letzte Alt. CMR) statuiert, muß sich der Frachtführer alle bei **äußerster Sorgfalt** vermeidbaren schadensträchtigen Umstände (Rz. 20 ff) sowie Umstände iSd Art. 17 III CMR zurechnen lassen (*Koller*, DB **1988**, 589, 590 ff). Der BGH (NJW **1985**, 2092, 2093) hat zu Recht hervorgehoben, daß sich der Frachtführer Umstände zurechnen lassen muß, die mit dem Transportgeschehen in Zusammenhang stehen und die erfahrungsgemäß geeignet sind, sich schädigend auszuwirken, und die der Frachtführer vermeiden oder deren Folgen er abwenden kann. Die bloße Inobhutnahme des Guts und die Inbetriebnahme des Kfz stellen jedoch keine Umstände dar, die im Rahmen des Art. 17 V CMR zuzurechnen sind (BGH, NJW **1985**, 2092, 2093). **Aus der Rechtsprechung:** Abkommen auf das Bankett bei fehlerhaft gestauter Ware (BGH, NJW **1985**, 2092, 2093); erkannte Überladung des Fahrzeugs

(BGH v. 27.10.1978, VersR **1979**, 417; vgl. auch oben Rz. 43 f); Anweisungen des Frachtführers zur Art der Verladung (BGH v. 24.9.1987, VersR **1988**, 244, 245; OLG Saarbrücken v. 23.8.1985, TranspR **1985**, 392, 394; vgl. auch oben Rz. 44); Fortsetzung der Fahrt trotz erkannter Gefahr (OLG Saarbrücken v. 21.11.1974, VersR **1976**, 267; vgl. auch oben Rz. 44); verzögerte Beförderung verderblichen Gutes (OLG Zweibrücken v. 23.9.1966, VersR **1967**, 1145, 1146; vgl. auch oben Rz. 50); zu hohe Geschwindigkeit (OLG Düsseldorf v. 27.2.1987, TranspR **1987**, 223, 226, auch zum Anscheinsbeweis; Paris, BullT **1970**, 228; Hertogenbosch, ETR **1966**, 698)); Transport von Gemüse im August (Roermond, ETR **1969**, 1005, 1012), mangelnder Schutz vor Nässe (Paris, BullT **1978**, 14); Stellung eines vertragswidrigen Fahrzeugs (OLG Hamm v. 15.3.1990, VersR **1991**, 360, 361).

Rechtsfolge: Art. 17 V CMR gibt nicht vor, wie die Abwägung zu erfolgen hat. Verbreitet wird auf nationales Recht zurückgegriffen (OGH Wien v. 21.3.1977, TranspR **1982**, 111; v. 17.2.1982, öSZ 55/20; GroßkommHGB-*Helm*, Anh. § 452, Art. 17 CMR Rz. 21; *Hill/Messent*, CMR, S. 103; **a. A.** *Heuer*, Haftung, S. 108). Einleuchtender erscheint es, daß die CMR hier den Gerichten einen großen Abwägungsspielraum eröffnen wollte (*Loewe*, ETR **1976**, 503, 561). Beachte Art. 29 CMR. Die **Beweislast** trägt der Ersatzberechtigte.

VI. Höhe des Schadensersatzes

55 Ersatzfähig sind nur Vermögensschäden. Die Drittschadensliquidation ist möglich (Art. 13 CMR Rz. 5, 7, 8). In der Regel ist der Schaden nur nach Art und Höhe beschränkt zu ersetzen (Art. 23 ff CMR). **Ausnahmen:** Art. 24, 26, 29 CMR.

VII. Fälligkeit, Reklamation, Verjährung

S. Art. 30 ff CMR. Der Ersatzanspruch wird nach einschlägigem nationalem Recht (vor Art. 1 CMR Rz. 6 ff) fällig. Verjährung, Art. 32 CMR.

VIII. Aktivlegitimation, Passivlegitimation

S. Art. 13 CMR Rz. 5 ff.

IX. Konkurrierende Ansprüche

S. vor Art. 17 CMR Rz. 1 ff; Art. 28 CMR.

B. Haftung für Verspätung

I. Überschreitung der Lieferfrist

Die Überschreitung der **Lieferfrist** ist in Art. 19 CMR definiert. Die Haftung begründet jede Überschreitung der Lieferfrist, nicht nur erhebliche Überschreitungen. Liegt eine Verzögerung vor, ohne daß von einer Überschreitung der Lieferfrist iSd Art. 19 CMR gesprochen werden kann, so ist lückenfüllend (vor Art. 1 CMR Rz. 5 ff) auf das nationale Recht zurückzugreifen. Dies ist z. B. dort notwendig, wo der Frachtführer das Gut überhaupt nicht übernimmt (Milano, ULR **1977**, 336; *Lamy*, Transport I, Nr. 970; zur **Nichterfüllung** vor Art. 1 CMR Rz. 23 ff) oder wo der Auftrag wegen Verzögerung entzogen wird (OLG Hamburg v. 9.2.1989, VersR **1990**, 876) oder der Frachtführer das Gut verspätet übernimmt, es aber noch innerhalb der Lieferfrist abliefert (*Clarke*, CMR, Rz. 61; *Glöckner*, CMR, Art. 19 Rz. 2, 4; *Heuer*, Haftung, S. 133). Auf die **Überschreitung der Ladungsfrist** ist Art. 17 I CMR mithin entgegen dem OLG Hamm (v. 14.11.1985, TranspR **1986**, 77, 79) weder unmittelbar noch mittelbar anwendbar, weil Art. 17 I CMR bewußt nur bestimmte Schadensformen regeln will (Art. 19 CMR Rz. 3). Deshalb erfaßt Art. 17 I CMR die Verspätung bei der Rückgabe des noch nicht transportierten Gutes nur dann, wenn diese nicht innerhalb der Lieferfrist des Art. 19 I CMR erfolgt, die durch die Rückgabeverfügung (Art. 12 CMR) modifiziert worden sein kann (zu weit OLG Düsseldorf v. 31.7.1986, TranspR **1986**, 341, 344). Zum **Zusammentreffen von Substanz- und Verspätungsschäden** § 429 HGB Rz. 13; Art. 23 CMR Rz. 17. 56

II. Haftungsausschlüsse

1. Verschulden des Absenders bzw. Empfängers (Art. 17 II 1. Alt. CMR)

Siehe hierzu oben Rz. 31. Im Rahmen der Verspätungshaftung kann dieser Umstand z. B. eine Rolle spielen, falls der Absender falsch verstaut hat und dadurch eine Umladung erforderlich geworden ist oder im Fall einer Überladung (LG Köln, TranspR **1989**, 271). Unhaltbar ist es, ein Verschulden darauf zu stützen, daß eine so knappe Lieferfrist vereinbart worden ist, daß eine nur unerhebliche Überschreitung der vereinbarten Lieferfrist zu einem erheblichen Schaden führt (so aber OLG Zweibrücken v. 14.11.1984, TranspR **1985**, 397); denn gemäß Art. 17 II CMR befreit nur Verschulden, das zur Verspätung geführt hat, nicht aber sonstiges Verschulden. Sonstiges Verschulden ist unerheblich, da Art. 17 CMR eine abschließende Regelung darstellt. Die Wertung des § 254 II 1. Alt. BGB kann nicht ins Spiel gebracht werden, weil dies der Vereinheitlichungsfunktion der CMR (vor Art. 1 CMR Rz. 4) zuwiderläuft (vgl. auch Art. 19 CMR Rz. 4). Der Empfänger handelt nicht allein schon deshalb schuldhaft, weil er sich weigert, das Gut anzunehmen (oben Rz. 31). Das Verhalten des Empfängers kann dem Absender nicht analog Art. 3 CMR zugerechnet werden. Zur Mitverursachung des Schadens durch den Frachtführer Art. 17 V CMR (oben Rz. 54). Ist die Verspätung auf mangelhafte Transportpapiere zurückzuführen, so greift Art. 11 II 2 CMR ein. 57

2. Weisungen (Art. 17 II 2. Alt. CMR)

58 Zur Person des Anweisenden, zur Art der Weisung s. oben Rz. 32. Dem Ersatzberechtigten sind zuzurechnen z. B. die Angabe einer falschen Empfängeradresse (*Clarke*, CMR, Rz. 75), die Weisung, das Gut bei einem Empfänger abzuliefern, der vorhersehbar zur Entgegennahme des Guts nicht bereit ist, die Änderung der Empfangsadresse. Die schadensträchtige Weisung braucht nicht verschuldet zu sein (s. oben Rz. 32). Zur Mitverursachung des Schadens durch den Frachtführer Art. 17 V CMR (oben Rz. 54).

3. Mängel des Gutes (Art. 17 II 3. Alt. CMR)

59 Siehe oben Rz. 33. In Betracht kommt z. B. ein langsamer Transport wegen der erkennbar gewordenen Mängel des Gutes. Zur Mitverursachung durch den Frachtführer Art. 17 V CMR (oben Rz. 54).

4. Unvermeidbare Umstände

60 Siehe oben Rz. 15 ff Zu denken ist hier vor allem an Straßensperren, Fahrverbote, Verzögerung der Beladung (OLG Köln, TranspR **1989**, 271; *Glöckner*, CMR, Art. 19 Rz. 5). Ist die Verzögerung durch einen Defekt des Fahrzeugs verursacht worden, so greift Art. 17 III CMR ein (*Clarke*, CMR, Rz. 79). Zu Art. 17 III CMR oben Rz. 34.

5. Verspätung in den Fällen des Art. 17 IV CMR

61 Art. 17 IV CMR spricht nur von Verlust oder Beschädigung, obwohl die dort genannten Risiken sich auch in der Form von Verspätungsschäden realisieren können. Da Art. 17 IV CMR im Unterschied zu Art. 17 II und V die Überschreitung der Lieferfrist nicht erwähnt, ist anzunehmen, daß die Ausschlußgründe des Art. 17 IV CMR im Rahmen der Haftung für Verspätungsschäden, die *keine Güterschäden* darstellen, ohne Bedeutung sind (*Tilche*, BullT **1992**, 223, 226; *Lamy*, Transport I, Nr. 968). Dies hat für den Frachtführer insbesondere zur Folge, daß er sich nicht auf die Beweiserleichterung des Art. 18 II CMR berufen kann (*Hill/Messent*, CMR, S. 110; GroßkommHGB-*Helm*, Anh. § 452, Art. 17 CMR Rz. 24). Der Frachtführer kann aber – im Unterschied zu Art. 17 IV c CMR – auch nicht mangelhaftes Stauen durch den Absender einwenden, wenn der Verstauungsfehler nicht verschuldet war (*Heuer*, Haftung, S. 131). Diese Schlechterstellung des Frachtführers kann damit erklärt werden, daß der Frachtführer nur extrem beschränkt haftet (Art. 23 V CMR; *Hill/Messent*, CMR, S. 110). Zu durch Verspätung verursachten Güterschäden s. Art. 18 Rz. 1, Art. 23 CMR Rz. 17.

6. Unzulängliche Dokumente

62 Der Frachtführer kann hier seine Haftung mit der Haftung des Absenders aus Art. 11 II 2 CMR bekämpfen. Der Schaden iSd Art. 11 II 2 CMR umfaßt die Haftung aus Art. 17 CMR. Macht der Empfänger den Anspruch aus Art. 17 CMR geltend (Art. 13 I 2 CMR), so muß er sich eine Aufrechnung mit dem Anspruch des Frachtführers gemäß Art. 11 II 2 CMR im Rahmen des ergänzend anwendbaren nationalen Rechts (vor Art. 1 c CMR Rz. 5 ff) entgegenhalten lassen. Im Bereich des deutschen Rechts ist dies § 334 BGB.

III. Beweislast

Art. 18 CMR. 63

IV. Schaden

Zu ersetzen sind alle Arten von Schäden, also auch primäre Vermögensschäden (*Konow*, TranspR **1987**, 14, 17; Einzelheiten Art. 23 CMR Rz. 19). Der Schadenersatz wird durch Art. 23 V CMR begrenzt. *Ausnahme:* Art. 29 CMR. In den in Art. 20 CMR genannten Fällen kann der Ersatzberechtigte die Verspätung als Verlust behandeln. 64

V. Reklamation, Verjährung

S. Rz. 55. 65

VI. Aktivlegitimation

Art. 13 I 2 CMR; zur Aktivlegitimation des Absenders s. Art. 13 CMR Rz. 6. 66

VII. Konkurrierende Ansprüche

Konkurrierende vertragliche und vertragsähnliche Ansprüche werden durch Art. 17 CMR ausgeschlossen. Hat der Frachtführer im Laufe des Prozesses dem Absender bzw. Empfänger schuldhaft die Auskunft gegeben, daß der Transport rechtzeitig eintreffen werde, obwohl zu diesem Zeitpunkt schon feststand, daß dies nicht mehr möglich ist, so haftet der Frachtführer nach ergänzend anwendbarem (vor Art. 1 CMR Rz. 6) Recht (**a. A.** OLG Düsseldorf v. 29.5.1991, TranspR **1991**, 291, 294: CMR), da Art. 17 CMR nur das Risiko der Verzögerung des Transportablaufs im Auge hat (vgl. auch Art. 14 CMR Rz. 3). Deliktische Ansprüche aus den §§ 823 II BGB, 826 BGB können im Rahmen des Art. 28 CMR geltend gemacht werden. Beachte Art. 29 CMR. 67

Art. 18 CMR [Beweislast; Vermutungen]

1. Der Beweis, daß der Verlust, die Beschädigung oder die Überschreitung der Lieferfrist durch einen der in Artikel 17 Absatz 2 bezeichneten Umstände verursacht worden ist, obliegt dem Frachtführer.

2. Wenn der Frachtführer darlegt, daß nach den Umständen des Falles der Verlust oder die Beschädigung aus einer oder mehreren der in Artikel 17 Absatz 4 bezeichneten besonderen Gefahren entstehen konnte, wird vermutet, daß der Schaden hieraus entstanden ist. Der Verfügungsberechtigte kann jedoch beweisen, daß der Schaden nicht oder nicht ausschließlich aus einer dieser Gefahren entstanden ist.

3. Diese Vermutung gilt im Falle des Artikels 17 Absatz 4 Buchstabe a nicht bei außergewöhnlich großem Abgang oder bei Verlust von ganzen Frachtstücken.

4. Bei Beförderung mit einem Fahrzeug, das mit besonderen Einrichtungen zum Schutze des Gutes gegen die Einwirkung von Hitze, Kälte, Temperaturschwankungen oder Luftfeuchtigkeit versehen ist, kann sich der Frachtführer auf Artikel 17 Absatz 4 Buchstabe d nur berufen, wenn er beweist, daß er alle ihm nach den Umständen obliegenden Maßnahmen hinsichtlich der Auswahl, Instandhaltung und Verwendung der besonderen Einrichtungen getroffen und ihm erteilte besondere Weisungen beachtet hat.

5. Der Frachtführer kann sich auf Artikel 17 Absatz 4 Buchstabe f nur berufen, wenn er beweist, daß er alle ihm nach den Umständen üblicherweise obliegenden Maßnahmen getroffen und ihm erteilte besondere Weisungen beachtet hat.

Literatur: siehe vor Art. 1 CMR.

Übersicht

	Rz.
I. Allgemeines	1
II. Beweislast für die in Art. 17 II, III CMR genannten Entlastungsgründe	2
III. Der Transport mit offenen Fahrzeugen (Art. 17 IV a CMR)	3
IV. Verpackung (Art. 17 IV b CMR)	4
V. Behandlung, Verladen, Verstauen, Ausladen (Art. 17 IV c CMR)	5
VI. Beschaffenheit der Güter (Art. 17 IV d CMR)	6
VII. Bezeichnung und Numerierung (Art. 17 IV e CMR)	7
VIII. Lebende Tiere (Art. 17 IV f CMR)	8

I. Allgemeines

1 Art. 18 CMR behandelt die Beweislast bei Ansprüchen aus Art. 17 CMR. Die Beweislast wird in Art. 18 CMR nicht abschließend geregelt, da Art. 18 CMR nicht bestimmt, wer zu beweisen hat, daß der Schaden während der Obhut des Frachtführers entstanden ist bzw. daß die Lieferfrist nicht eingehalten worden ist. Dazu näher Art. 17 CMR Rz. 12 . Ist die *Entstehung eines Schadens am Gut nach der Übernahme* (Art. 17 CMR Rz. 4) *und vor der Ablieferung* (Art. 17 CMR Rz. 6) bewiesen, so geht Art. 18 I CMR davon aus, daß der Frachtführer den vollen Entlastungsbeweis zu führen hat. Davon macht Art. 18 II 1 für die Fälle der bevorrechtigten Haftungsausschlüsse des Art. 17 IV CMR eine Ausnahme. Diese Ausnahme wird in den Fällen des Transports mit offenen Wagen, des Einsatzes von Spezialfahrzeugen und des Transports von lebenden Tieren wieder eingeschränkt (Art. 18 III-V CMR). Bei *Verspätungsschäden* hat der Ersatzberechtigte zu beweisen, daß der Schaden durch die Verspätung erfolgt ist; denn hier entsteht der Schaden außerhalb der Sphäre des Frachtführers. In Fällen, in denen die Verspätung zu einem Güterschaden geführt hat, gelten die allgemeinen Regeln für Güterschäden einschließlich der Art. 17 IV, 18 II, IV CMR. Die Beweissituation ändert sich nicht dadurch, daß Güterschäden durch Verspätung verursacht werden. Zur Art der

Beweiserhebung und -würdigung und zur Frage, wann der Beweis als geführt zu betrachten ist, Rz. 2.

II. Beweislast für die in Art. 17 II, III CMR genannten Entlastungsgründe

2 Der Frachtführer hat zu beweisen, daß der Schaden durch ein Verschulden des Absenders oder Empfängers, durch eine Weisung iSd Art. 17 II CMR, durch einen Mangel des Guts (*Lamy*, Transport I, Nr. 879; **a. A.** *Froeb*, Beschaffenheitsschäden, S. 75: Art. 18 II CMR) oder durch Umstände verursacht worden ist, die er weder vermeiden noch deren Folgen er abwenden konnte. Dazu muß er sich entweder in Hinblick auf die nachgewiesene oder auf alle denkbaren Schadensursachen entlasten (OLG Hamburg v. 18.10.1990, TranspR **1991,** 70, 71; s. auch § 429 HGB Rz. 7; ebenso Amsterdam, ETR **1965,** 305; Alkmaar, ETR **1967,** 1013). Er muß auch den Negativbeweis führen, daß keine Fahrzeugmängel ursächlich sein konnten, da Art. 17 III CMR die Entlastungsmöglichkeiten des Art. 17 II letzte Alt. CMR einschränkt (s. Art. 17 CMR Rz. 34). Die CMR sagt nichts über die Intensität des Beweises und die Art der Beweiserhebung und -würdigung (BGH v. 4.10.1984, VersR **1985**, 133; *Hill/Messent*, CMR, S. 104). Es ist daher auf das Recht des angerufenen Gerichts zurückzugreifen (*Koller*, VersR **1990**, 553, 560; str.). Nach deutschem Prozeßrecht kann der Beweis auch nach den Regeln des Anscheinsbeweises geführt werden (BGH v. 4.10.1984, VersR **1985**, 133). Zur Beweisführung vor englischen Gerichten, Royal Court of Justice, Court of Appeal, ETR **1977,** 138, 152.

III. Der Transport mit offenen Fahrzeugen (Art. 17 IV a CMR)

3 Gemäß Art. 18 II 1 CMR hat der Frachtführer zu beweisen, daß das Gut aufgrund einer ausdrücklichen, im Frachtbrief vermerkten Vereinbarung in offenen Fahrzeugen transportiert worden ist. Er hat weiterhin zu beweisen, daß es sich nicht um einen außergewöhnlich großen Abgang oder um den Verlust ganzer Frachtstücke handelt (Art. 18 III CMR) und daß die Entstehung des Schadens als Folge des Transports mit offenem Lkw nicht unplausibel ist (*Piper,* TranspR **1990,** 357, 359; *Lamy,* Transport I, Nr. 883). Hat der Frachtführer diese Beweise geführt, so wird vermutet, daß der Schaden auf das besondere Risiko des Transportes mit offenen Fahrzeugen zurückzuführen ist und daher der Haftungsausschluß des Art. 17 IV a CMR eingreift (vgl. BGH, NJW **1985**, 2092, 2093). Der Ersatzberechtigte (in der deutschen Übersetzung des Art. 18 II 2 CMR heißt es fälschlich: Verfügungsberechtigte) kann die Anwendung des Art. 17 IV a CMR dadurch verhindern, daß er beweist, daß der Schaden **nicht** durch die **besonderen Risiken** des Transports mit offenen Fahrzeugen verursacht worden ist. Um sich gegenüber dem Art. 17 IV a CMR auf Art. 17 V CMR (**Mitverursachung**) zu berufen, muß der Ersatzberechtigte konkrete Umstände beweisen, die mit dem Transportgeschehen in Zusammenhang stehen und die sich mitursächlich schädigend ausgewirkt haben (BGH, NJW **1985**, 2092, 2093; eingehend *Koller*, DB **1988**,

589, 592). **Beispiele:** Schuldhaftes Verhalten des Frachtführers, Fahrfehler, gefährliche Fahrmanöver, nicht aber der bloße Transport. Kann der Ersatzberechtigte diesen Beweis führen, so ist es Sache des Frachtführers, nachzuweisen, daß er gemäß Art. 17 II CMR diese Umstände nicht zu vertreten hat.

IV. Verpackung (Art. 17 IV b CMR)

4 Der Frachtführer, der sich auf den Haftungsausschluß gemäß Art. 17 IV b CMR berufen will, hat zu beweisen, daß die Güter verpackungsbedürftig waren (BGH v. 8.6.1988, VersR **1988**, 952; **a. A.** *Baumgärtel/Giemulla*, Beweislast, Art. 17–20 CMR Rz. 28) und daß eine ausreichende Verpackung gefehlt hat (BGH v. 20.10.1983, VersR **1984**, 262; v. 4.10.1984, VersR **1985**, 133; *Csoklich,* S. 187 f; *Jesser,* Frachtführerhaftung m. Nachw.; *Lamy,* Transport I, Nr. 882; h. M.). Dieser Beweis ist nicht, auch nicht auf der Ebene des Anscheinsbeweises, damit geführt, daß die Fahrt normal, unfallfrei ohne besonders harte Bremsvorgänge verlaufen ist (BGH v. 4.10.1984, VersR **1985**, 133; **a. A.** KG v. 13.3.1980, VersR **1980**, 948). Beachte Art. 9 II CMR. Hat der Frachtführer den Verpackungsmangel bewiesen, so hat der Frachtführer gemäß Art. 18 II 1 CMR nur noch darzulegen aber nicht zu beweisen, daß der Verpackungsmangel als Schadensursache nicht außerhalb aller Wahrscheinlichkeit liegt (BGH v. 20.10.1983, VersR **1984**, 262; NJW **1985**, 2092; *Jesser,* Frachtführerhaftung m. Nachw.; h. M.; nach franz. Auffassung muß bewiesen werden, daß der Verpackungsmangel eine plausible Ursache ist [*Lamy,* Transport I, Nr. 882 m. Nachw.]). Der Ersatzberechtigte kann die Anwendung des Art. 17 IV b CMR dadurch verhindern, daß er die mangelnde Kausalität des Verpackungsfehlers für den Schaden beweist (Art. 18 II 2 CMR). Der Frachtführer hat sich dann gemäß Art. 17 II CMR zu entlasten. Zur Berufung auf Art. 17 V CMR s. oben Rz. 3; zur Beweiserhebung, Rz. 2.

V. Behandlung, Verladen, Verstauen, Ausladen (Art. 17 IV c CMR)

5 Die folgenden Beweislastregeln spielen nur eine Rolle, wenn der Geschädigte beweist, daß sich der Schaden in der Obhut des Frachtführers (Art. 17 CMR Rz. 40) ereignet hatte. Ist dies der Fall, so hat der Frachtführer zunächst zu beweisen, daß der Absender oder der Empfänger oder diesen zuzurechnende Dritte iSd Art. 17 IV c CMR tätig geworden sind (*Piper,* TranspR **1990,** 357, 359; Charleroi, ETR **1977**, 776). Unklar ist, ob er darüber hinaus auch zu beweisen hat, daß die Verladung etc. mangelhaft vorgenommen worden ist. Der Wortlaut des Art. 17 IV c CMR spricht, weil er anders als Art. 17 IV b CMR nicht auf Mängel abstellt, eher dafür, daß die Mangelhaftigkeit der Verladung nicht nachgewiesen werden muß. Danach genügt es, daß der Frachtführer darlegt und nachweist, daß die Verursachung des konkreten Schadens durch einen denkbaren Verladefehler etc. nicht außerhalb aller Wahrscheinlichkeit liegt (Brüssel, ETR **1969**, 925; Cour Cass., BullT **1990**, 99; *Roesch*, BB **1982**, 20, 24; *Bischof*, VersR **1982**, 539; *Hill/Messent*, CMR, S. 106; *Putzeys*, CMR, S. 262; *Clarke*, CMR, Rz. 83 m. Nachw. aus der französischen, belgischen und niederländischen Rechtsprechung; vgl. aber auch

Theunis/Libouton, S. 92). Demgegenüber steht die überwiegende deutsche Rechtsprechung zutreffend auf dem Standpunkt, daß sich der Frachtführer nur dann auf Art. 17 IV c CMR stützen darf, wenn er auch einen Verladefehler etc. nachgewiesen hat (BGH v. 28.3.1985, VersR **1985,** 754, 756; v. 8.6.1988, VersR **1988,** 952). Art. 18 II1 CMR habe nur den Sinn, die Beweislast für die Kausalität (s. oben Rz. 4) dem Ersatzberechtigten zuzuschieben (so auch OLG Hamburg v. 29.5.1980, VersR **1980**, 950; OLG Hamm v. 18.10.1984, TranspR **1985**, 107, 108; OLG Düsseldorf v. 13.1.1972, VersR **1973**, 178; *Glöckner*, CMR, Art. 18 Rz. 5, 6; *Baumgärtel/Giemulla*, Beweislast, Art. 17–20 CMR Rz. 30; *Lieser,* Ergänzung, S. 113; *Csoklich,* S. 187 f; *Jesser,* Frachtführerhaftung, S. 122; *Lamy,* Transport I, Nr. 885; unklar *Heuer*, Haftung, S. 111 ff). Zu weit geht die Rechtsbank van Koophandel te Antwerpen (ETR **1982**, 64), wenn sie die Anwendbarkeit des Art. 18 II CMR davon abhängig macht, daß der Frachtführer bei Übernahme des Guts dessen Beladung untersucht hatte. Der Frachtführer muß außerdem darlegen, daß aus der mangelhaften Verladung, etc., ein Schaden entstehen konnte (BGH v. 28.3.1985, VersR **1985,** 754, 756; näher Rz. 4; **a. A.** plausible Erklärung für den Schaden: die franz. Rspr. zit. nach *Lamy,* Transport I, Nr. 885 und belg. Rspr. [*Theunis/Libouton,* S. 92]). Es ist dem BGH zu folgen, weil die besondere Gefahr, die zum Haftungsausschluß führt, nicht in der Verladung durch den Absender als solchen, sondern in der mangelhaften Verladung liegt. Der Ersatzberechtigte kann gemäß Art. 18 II 2 CMR den Beweis führen, daß nicht der Ladefehler, sondern andere Ursachen den Schaden verursacht haben (ebenso *Piper,* TranspR **1990,** 357, 359; abschwächend wohl BGH v. 28.3.1985, VersR **1985,** 754, 756: Nachweis konkreter Umstände, die erfahrungsgemäß geeignet sind, sich schädigend auszuwirken). Dann hat sich der Frachtführer zu entlasten (Art. 18 I CMR). Zur Berufung auf Art. 17 V CMR s. oben Rz. 3 sowie *Koller*, DB **1988**, 589, 592. Zur Beweiserhebung s. Rz. 2.

VI. Beschaffenheit der Güter (Art. 17 IV d CMR)

Auch hier hat der Frachtführer nachzuweisen, daß es sich um iSd Art. 17 **6**
IV d CMR besonders gefährdete Güter handelt und daß die Verursachung des Schadens durch die besondere Anfälligkeit des Guts nicht außerhalb aller Wahrscheinlichkeit liegt (ebenso *Piper,* TranspR **1990,** 357, 359; Cour Cass., BullT **1986**, 197). Es müssen die tatsächlichen Umstände bewiesen werden, aus denen sich die besondere Gefahr ergibt (OLG Frankfurt v. 8.7.1980, VersR **1981**, 85). Haben die Parteien vereinbart, daß Fahrzeuge iSd Art. 18 IV CMR (Art. 17 CMR Rz. 51) eingesetzt werden sollen, so hat der Frachtführer außerdem nachzuweisen, daß er in Hinblick auf die besonderen Einrichtungen sorgfältig gehandelt hat (näher Art. 17 CMR Rz. 51) und die besonderen Weisungen des Absenders bzw. Versenders in Hinblick auf die gewünschte Temperatur und Trockenheit (weitergehend wohl *Theunis/Chao*, S. 122) beachtet hat. Der Nachweis der üblichen Maßnahmen genügt nicht (Umkehrschluß aus Art. 18 V CMR; High Court of Justice, ETR **1976**, 246, 257 f; **a. A.** *Loewe*, ETR **1976**, 503, 563). Der Frachtführer muß daher Art der Kühleinrichtung, ihre Wartung und Bedienung, Methoden sowie Umfang der Kon-

trollen, Kühlung während der Fahrtpausen vortragen und beweisen (OLG Hamm v. 14.11.1985, VersR **1987**, 609; OLG Hamburg v. 27.10.1988, VersR **1989**, 719, 721; Brüssel, ETR **1985**, 354). Die Vorlage von Kühlkontrollblättern ist nur dann beweiskräftig, wenn sichergestellt ist, daß diese nicht nachträglich angefertigt oder zugeordnet wurden. Der Frachtführer muß dagegen nicht beweisen, wie es zum Schaden gekommen ist (**a. A.** High Court of Justice, ETR **1976**, 246, 247 f) oder daß die Kühlanlage bei Fahrtantritt und später fehlerfrei funktioniert hat (OLG Hamburg v. 27.10.1988, VersR **1989**, 719, 721). Dies ergibt sich aus dem Wortlaut des Art. 18 IV CMR und der Tatsache, daß das Risiko einer unbekannten Schadensursache bei empfindlichem Gut erheblich höher ist. Der Frachtführer muß jedoch auch beweisen, daß das Gut ungenügend vorgekühlt war, da ungenügende Vorkühlung einen Mangel des Guts iSd Art. 17 II, 18 I CMR darstellt (Art. 17 CMR Rz. 33; OLG Schleswig v. 30.8.1978, VersR **1979**, 141, 142; **a. A.** OLG Hamm v. 11.6.1990, TranspR **1990,** 375, 376; *Thume,* TranspR **1992,** 1, 3, der nicht beachtet, daß der Frachtführer auch den Verpackungsmangel nachweisen muß; s. auch Art. 8 CMR Rz. 3). Eines Beweises mangelnder Verkühlung bedarf es aber nur, wenn der Frachtführer den Schaden positiv auf diese Ursache zurückführen will, weil er den Beweis des Art. 18 IV CMR nicht führen kann. Wird in den Frachtbrief ein Vorbehalt eingetragen oder existiert kein wirksamer Frachtbrief, so hat der Ersatzberechtigte in vollem Umfang zu beweisen, daß der Frachtführer mangelfreies Gut übernommen hat (Art. 9 CMR; vgl. ferner Art. 17 Rz. 12; OLG Frankfurt v. 17.11.1981, RIW **1982**, 204). Wenn der Frachtführer die ihm obliegenden Beweise geführt hat, so kann der Ersatzberechtigte nachweisen, daß der Schaden infolge eines atypischen Transportverlaufs entstanden (Art. 17 CMR Rz. 50) oder nicht durch die besonderen Eigenschaften des Guts verursacht worden ist. Dann hat sich der Frachtführer zu entlasten (Art. 18 I CMR). Zur Berufung auf Art. 17 V s. oben Rz. 3; zur Beweiserhebung s. Rz. 2.

VII. Bezeichnung und Numerierung (Art. 17 IV e CMR)

7 Der Haftungsausschluß gemäß Art. 17 IV e CMR stellt eine Parallele zum Haftungsausschluß wegen mangelhafter Verpackung dar. Es kann daher auf die Erläuterungen oben Rz. 4 verwiesen werden. Beachte Art. 9 II CMR.

VIII. Lebende Tiere (Art. 17 IV f CMR)

8 Der Frachtführer hat zu beweisen, daß der Schaden an den Tieren trotz der im Einklang mit der Verkehrsübung getroffenen Schutzmaßnahmen und trotz Einhaltung der Weisungen (Art. 18 V CMR) aufgrund der dem Transport von Tieren immanenten Risiken eingetreten sein kann. Im Unterschied zu Art. 18 IV CMR braucht der Frachtführer nur zu beweisen, daß er die üblichen Sorgfaltsmaßnahmen eingehalten hat. Zum Gegenbeweis des Ersatzberechtigten siehe die Erläuterungen zur besonderen Beschaffenheit von Gütern (oben Rz. 6).

Art. 19 CMR [Überschreitung der Lieferfrist]

Eine Überschreitung der Lieferfrist liegt vor, wenn das Gut nicht innerhalb der vereinbarten Frist abgeliefert worden ist oder, falls keine Frist vereinbart worden ist, die tatsächliche Beförderungsdauer unter Berücksichtigung der Umstände, bei teilweiser Beladung insbesondere unter Berücksichtigung der unter gewöhnlichen Umständen für die Zusammenstellung von Gütern zwecks vollständiger Beladung benötigten Zeit, die Frist überschreitet, die vernünftigerweise einem sorgfältigen Frachtführer zuzubilligen ist.

Literatur: siehe vor Art. 1 CMR.

I. Allgemeines

Art. 19 CMR enthält eine Legaldefinition der Lieferfrist und eine Definition des Zeitpunkts, von dem an die Lieferfrist überschritten ist. Sämtliche Rechtsfolgen der Überschreitung der Lieferfrist sind abschließend in den Art. 17, 23 ff CMR geregelt. In den Fällen der Lieferfristüberschreitung ist daher ein Rückgriff auf unvereinheitlichtes Recht (vor Art. 1 CMR Rz. 5 ff) unzulässig. Schäden infolge einer Lieferfristüberschreitung können auch daraus resultieren, daß sich der Absender wegen der Verspätung anderen Frachtführern gegenüber ersatzpflichtig macht (unzutreff. OGH Wien v. 13.6.1986, ETR **1988**, 198). 1

II. Begriff der Lieferfrist, Beginn, Ende

Die Lieferfrist ist der Zeitraum bis zur pflichtgemäßen Ablieferung (zum Begriff der Ablieferung Art. 17 CMR Rz. 6). Ablieferung kann auf Weisung des Verfügungsberechtigten (Art. 12 CMR) auch die Rückgabe sein (vgl. OLG Düsseldorf v. 31.7.1986, TranspR **1986**, 341, 344). Haben die Parteien vereinbart, daß sich der Frachtführer bei einer Firma einzufinden hat, die die Verzollung vornimmt und das Fahrzeug zum Empfänger überweist, so kommt es auf diesen Zeitpunkt an (OLG Düsseldorf v. 9.10.1986, TranspR **1986**, 429). Die **Lieferfrist beginnt**, wenn sie kalendarisch festgelegt wurde, mit dem vereinbarten Tag. Dabei ist für die Fristberechnung auf das nach IPR maßgebliche nationale Recht (vor Art. 1 CMR Rz. 5 ff) zurückzugreifen (zum deutschen Recht s. § 187 ff BGB). Gleiches gilt, falls die Frist mit dem Datum des Vertragsschlusses beginnen soll. Wurde der Beginn der Frist nicht im Wege der Vereinbarung kalendermäßig festgelegt, so beginnt die Lieferfrist erst mit der tatsächlichen Übernahme des Guts; denn in Art. 19 2. Alt. CMR ist von „tatsächlicher Beförderungsdauer" die Rede (*Heuer*, Haftung, S. 41; *Jesser*, Frachtführerhaftung, S. 74; *Hill/Messent*, CMR, S. 109; GroßkommHGB-*Helm*, Anh. § 452, Art. 4 CMR Rz. 2; unklar Art. 17 CMR Rz. 26; **a. A.** *de la Motte*, VersR **1988**, 317, 320; wohl auch *Glöckner*, CMR, Art. 19 Rz. 1). 2

Das OLG Hamm (v. 14.11.1985, VersR **1987**, 609) hat die Ansicht vertre- 3 ten, daß Art. 17, 19 CMR jedenfalls analog auf die Überschreitung der **Ladungsfrist** (vor Übernahme des Guts) anzuwenden seien, weil es keinen Unterschied machen könne, ob ein Schaden eintritt, weil die Lieferfrist versäumt oder weil die Ladungsfrist versäumt worden ist. Das OLG Hamm nimmt zutreffend an, daß die Lieferfrist nicht die Ladungsfrist umfaßt. Einer Analogie zu Art. 17, 19 CMR steht jedoch der Umstand entgegen, daß die CMR bewußt lückenhaft konzipiert ist (vor Art. 1 CMR Rz. 5) und die extreme Haftungsbeschränkung des Art. 23 V CMR nur durch die besonderen, schlecht übersehbaren Risiken der grenzüberschreitenden Beförderung zu erklären ist (*Koller*, VersR **1988**, 556, 559). Im Fall von Beladungsverzögerungen haftet der Frachtführer daher nach ergänzend anwendbarem nationalen Recht (vgl. *Piper*, VersR **1988**, 200, 209; *Lieser,* Ergänzung, S. 127; *Glöckner,* CMR, Art. 19 Rz. 4; OLG Hamburg v. 25.6.1987, TranspR **1987**, 458, 459).

Die **Lieferfrist** ist **überschritten**, wenn nicht spätestens zum vereinbarten oder gemäß Art. 19 2. Alt. CMR geltenden Termin abgeliefert (Art. 17 CMR Rz. 6) worden ist. Dabei kann nicht ohne weiteres auf § 358 HGB zurückgegriffen werden (**a. A.** OLG Düsseldorf v. 12.12.1985, TranspR **1986**, 56, 57). Vielmehr ist im Rahmen der Auslegung nach dem gemäß Art. 32 EGBGB maßgeblichen Recht zu ermitteln, ob es auf die gewöhnlichen Geschäftszeiten ankommt. Fehlt es an einer Vereinbarung, so endet gemäß Art. 19 2. Alt. CMR die Lieferfrist in dem Zeitpunkt, in dem die Abladung innerhalb der gewöhnlichen Geschäftszeit der Empfängerbranche noch möglich ist. Die Ablieferungstermine werden nicht dadurch hinausgeschoben, daß ein Beförderungs- oder Ablieferungshindernis iSd Art. 14, 15 CMR entsteht. Es kann nur die Haftung gemäß Art. 17 II CMR ausgeschlossen sein. Lädt der Frachtführer gemäß Art. 16 II CMR ab, so ist diese Abladung iSd Lieferfrist als ,,Ablieferung" anzusehen.

III. Dauer der Frist

1. Vereinbarte Fristen

4 Die Vereinbarung der Frist bedarf zu ihrer Wirksamkeit nach ganz h. M. **nicht** der **Eintragung im Frachtbrief** (OLG Düsseldorf v. 18.1.1979, VersR **1979**, 356; v. 12.12.1985, VersR **1986**, 1069; v. 30.12.1982, VersR **1983**, 1029; OLG Hamm v. 14.11.1985, VersR **1987**, 609; *Clarke*, CMR, Rz. 61; *Hill/Messent*, CMR, S. 109; *Lamy,* Transport I, Nr. 967 mit Hinweis auf die französische Rechtsprechung; **a. A.** OLG Stuttgart, NJW **1968**, 1054). Die Lieferfrist kann durch die Vereinbarung des Ablieferungsendtermins fixiert werden; es kann auch eine bestimmte Anzahl von Tagen etc. verabredet werden. Durch Auslegung des Vertrages ist zu ermittteln, von welchem Zeitpunkt an die Tage zu laufen beginnen. Die Gültigkeit des Vertrages ist an dem gemäß den §§ 27 ff EGBGB einschlägigen Recht zu messen. Gleiches gilt für die Auslegung des Vertrages. Vereinbaren die Parteien **unzumutbar kurze Fristen**, so soll dies gegen § 138 BGB verstoßen (*Glöckner*, CMR, Art. 19 Rz. 9; *Jesser,* Frachtführerhaftung, S. 76). Dabei wird übersehen, daß es primär Sache des Frachtführers ist, abzuschätzen, wie lange er für den Transport brauchen wird. Sittenwidrigkeit ist daher in der Regel nur bei bewußter Ausnutzung

der Notlage oder Unerfahrenheit zu bejahen (OLG Düsseldorf v. 7.7.1988, TranspR **1988**, 425, 428). Darüber hinaus kann aus der Sicht des deutschen Rechts der Vertrag an § 306 BGB scheitern. Art. 14 CMR ist mangels eines gültigen Beförderungsvertrages nicht lex specialis. Der Umstand, daß eine geringe Überschreitung der Lieferfrist zu **erheblichen Schäden** führt, ist aus der Sicht der abschließend anwendbaren Art. 17, 19 CMR irrelevant (OLG Düsseldorf v. 7.7.1988, TranspR **1988**, 425, 428; OLG Hamburg v. 6.12.1979, VersR **1980**, 290; **a. A.** OLG Zweibrücken v. 14.11.1984, TranspR **1985**, 397). Das Risiko des Frachtführers wird durch Art. 23 V CMR begrenzt. Wegen dieser Schadensbegrenzung liegt auch kein Verschulden des Absenders iSd Art. 17 II CMR (Unterlassen einer Warnung) darin, daß er nicht vor der Gefahr erheblicher Schäden gewarnt hat (ebenso wohl *Piper*, Höchstrichterliche Rechtsprechung, aaO, Rz. 363). Es besteht keine Pflicht des Absenders, die Lieferfrist so zu vereinbaren, daß sie der Frachtführer leicht einzuhalten vermag.

2. Frist wurde nicht vereinbart

Maßgeblich ist die Transportdauer, die ein vernünftiger, sorgfältiger Frachtführer, der mit angemessenem Aufwand arbeitet, benötigt. Die Lieferfrist endet mit Ablauf dieser angemessenen Transportdauer; sie beginnt mit der Übernahme des Gutes (oben Rz. 2). Aus Art. 19 2. Alt. CMR ergibt sich nicht klar, ob man die Angemessenheit der Transportdauer ex ante anhand der bei Vertragsschluß für einen ordentlichen Frachtführer verfügbaren Informationen oder ex post anhand der beim Transport aufgetretenen Schwierigkeiten beurteilen soll. Da Art. 19 CMR die Länge der Lieferfrist regelt und Art. 17 II, IV CMR sagt, welche tatsächlich aufgetretenen Umstände den Frachtführer von der Haftung für die Nichteinhaltung der Lieferfrist entlasten, legt Art. 19 2. Alt. CMR es nahe, die Lieferfrist im Weg einer Prognose zu bestimmen (LG Frankfurt v. 9.7.1984, TranspR **1985,** 110, 111; *Koller,* TranspR **1988,** 129, 131; wohl auch *Lamy,* Transport I, Nr. 966; **a. A.** *Hill/Messent,* CMR, S. 109; wohl auch *Putzeys,* CMR, Rz. 706). Danach kommt es auf den **ex-ante-Standpunkt** eines ordentlichen Frachtführers an, der mit der Sorgfalt seiner Branche und dem vertraglich vereinbarten Fahrzeug die Beförderung ausführen würde und der in einem vernünftigen, durch Erfahrung oder konkrete Informationen bestimmten Rahmen auch Wartezeiten und Transporthemmnisse einkalkulieren würde (ebenso *Jesser,* Frachtführerhaftung, S. 77). Entgegen dem LG Stuttgart (TranspR **1992,** 22, 24; zust. *Starosta,* TranspR **1992,** 24) kommt es indessen nicht darauf an, daß es nicht völlig unüblich ist, daß Transporte länger dauern, weil auch Fehlverhalten nicht unüblich ist. Maßgeblich ist allein die Prognose, die sich auf Erfahrungswerte stützt. Für einen Sicherheitszuschlag besteht kein Anlaß, da sich der Frachtführer gemäß Art. 17 II CMR im Einzelfall entlasten kann. Der Frachtführer hat zu berücksichtigen, daß das Gut verderblich ist (LG Duisburg, TranspR **1989,** 268, 270). Er muß gegebenenfalls für Fahrerwechsel sorgen (LG Kleve v. 30.10.1974, VersR **1975,** 466; *Putzeys,* CMR, Rz. 706). Die Rechtsprechung zu § 428 I HGB darf nicht herangezogen werden, da Art. 19 CMR weder auf den Ortsgebrauch noch auf die schlechthin angemes- 5 sene Frist abstellt (**a. A.** *Glöckner,* CMR, Art. 19 Rz. 7). Das Ziel der Rechtsvereinheitlichung ist zu beachten. Gleiches gilt für § 26 KVO.

IV. Beweislast

6 Die Beweislast trägt der Anspruchsteller (**a. A.** zum Teil *Baumgärtel/Giemulla,* Beweislast, Art. 17–20 CMR Rz. 16, der die Länge der vertraglich nicht fixierten Lieferfrist offensichtlich im Wege der ex-post-Betrachtung nach Verschuldensgrundsätzen ermitteln will).

Art. 20 CMR [Verlustvermutung]

1. Der Verfügungsberechtigte kann das Gut, ohne weitere Beweise erbringen zu müssen, als verloren betrachten, wenn es nicht binnen dreißig Tagen nach Ablauf der vereinbarten Lieferfrist, oder, falls keine Frist vereinbart worden ist, nicht binnen sechzig Tagen nach der Übernahme des Gutes durch den Frachtführer abgeliefert worden ist.

2. Der Verfügungsberechtigte kann bei Empfang der Entschädigung für das verlorene Gut schriftlich verlangen, daß er sofort benachrichtigt wird, wenn das Gut binnen einem Jahr nach Zahlung der Entschädigung wieder aufgefunden wird. Dieses Verlangen ist ihm schriftlich zu bestätigen.

3. Der Verfügungsberechtigte kann binnen dreißig Tagen nach Empfang einer solchen Benachrichtigung fordern, daß ihm das Gut gegen Befriedigung der aus dem Frachtbrief hervorgehenden Ansprüche und gegen Rückzahlung der erhaltenen Entschädigung, gegebenenfalls abzüglich der in der Entschädigung enthaltenen Kosten, abgeliefert wird; seine Ansprüche auf Schadenersatz wegen Überschreitung der Lieferfrist nach Artikel 23 und gegebenenfalls nach Artikel 26 bleiben vorbehalten.

4. Wird das in Absatz 2 bezeichnete Verlangen nicht gestellt oder ist keine Anweisung in der in Absatz 3 bestimmten Frist von dreißig Tagen erteilt worden oder wird das Gut später als ein Jahr nach Zahlung der Entschädigung wieder aufgefunden, so kann der Frachtführer über das Gut nach dem Recht des Ortes verfügen, an dem es sich befindet.

Literatur: siehe vor Art. 1 CMR.

I. Vermutung des Verlustes (Art. 20 I CMR)

1 Zum Begriff der *Ablieferung* s. Art. 17 CMR Rz. 6. Das Gut ist auch dann abgeliefert, wenn es im Einklang mit Art. 16 II CMR abgeladen worden ist. Zum Begriff der *Lieferfrist* Art. 19 CMR, zur *Übernahme* Art. 17 CMR Rz. 4. Gemäß Art. 20 CMR iVm Art. 17, 23 CMR stehen dem Ersatzberechtigten (Art. 13 CMR Rz. 5) Schadensersatzansprüche nach Ablauf der in Art. 20 CMR genannten Fristen zu. Die Berechnung der Fristen hat analog Art. 30 I, IV CMR zu erfolgen. Streitig ist, ob Art. 20 I CMR auch dann anwendbar ist, wenn nach Ablauf der Fristen der Ort bekannt ist, an dem sich das Gut befindet und/oder der Ersatzberechtigte noch nicht Klage erhoben hat. Zum

Teil wird in derartigen Fällen Art. 20 I CMR für unanwendbar erklärt, weil Art. 20 CMR lediglich eine Beweiserleichterung schaffen solle (OLG Hamburg v. 17.11.1983, VersR **1984,** 258; OLG Frankfurt v. 20.1.1981, VersR **1981,** 1131; *Loewe,* ETR **1976,** 503, 564 f). Nach herrschender Ansicht stellt Art. 20 I CMR jedoch eine zugunsten des Verfügungsberechtigten im Sinn des Ersatzberechtigten (Art. 13 CMR Rz. 5) unwiderlegliche Vermutung des Verlustes auf (BGH v. 27.10.1978, VersR **1979,** 276, 277; v. 13.7.1979, VersR **1979,** 1154; OLG Frankfurt v. 5.11.1985, TranspR **1986,** 282, 284; OLG Düsseldorf v. 23.11.1989, TranspR **1990,** 63, 66; *Hill/Messent,* CMR, S. 112, 115). Für die herrschende Ansicht spricht nicht nur der verbindliche englische und französische Wortlaut der CMR (**a. A.** *Groth,* VersR **1983,** 1104, 1106), sondern auch, daß Art. 20 CMR nach Ablauf der Fristen des Art. 20 I CMR Klarheit schafft. Außerdem ist zu berücksichtigen, daß Art. 20 II-IV CMR keine Abnahmepflicht statuiert sowie, daß dem Ersatzberechtigten angesichts der regelmäßig niedrigen Haftung gemäß Art. 23 V CMR nur ein begrenztes Zuwarten zugemutet werden kann (*Groth,* VersR **1983,** 1104, 1106). Die Pflicht zur Schadensminderung (Art. 17 II CMR) bleibt jedoch bestehen (*Hill/Messent,* CMR, S. 115). Der Ersatzberechtigte muß sich, wie sich aus der ratio des Art. 20 II CMR ergibt, nicht auf die Fiktion des Art. 20 I CMR berufen (OLG Düsseldorf v. 23.11.1989, TranspR **1990,** 63, 66). Der Frachtführer kann gegen seine Haftung wegen fiktiven Verlustes die Einwendungen des Art. 17 II, IV, V CMR ins Feld führen (*Hill/Messent,* CMR, S. 113; *Lamy,* Transport I, Nr. 895).

II. Anspruch auf Ablieferung des Guts

Gemäß Art. 20 II CMR kann sich der Ersatzberechtigte bei Empfang der Entschädigung ein Wahlrecht sichern, das es ihm erlaubt, innerhalb bestimmter Fristen die Ablieferung des Gutes zu verlangen. Dahinter steht der Gedanke, daß die Entschädigung vielfach den wahren Wert des Gutes nicht erreicht und daß die Verlustfiktion des Art. 20 CMR nicht zu einer Bereicherung des Frachtführers führen soll. Erst nach Ablauf der in Art. 20 IV CMR genannten Fristen soll der Schadenfall als endgültig abgewickelt gelten. Daraus folgt, daß der Ersatzberechtigte, solange die Entschädigung noch nicht gezahlt ist, ohne weiteres vom Ersatzanspruch zum Auslieferungsanspruch übergehen darf (ebenso GroßkommHGB-*Helm,* Anh. § 452, Art. 20 CMR Rz. 4; *de la Motte,* VersR **1988,** 317, 320). Die Klage auf Entschädigung steht der Zahlung nicht gleich. Schriftform iSd Art. 20 II CMR bedeutet nicht, daß die Erklärung unterschrieben sein muß. Telex genügt. Der Ersatzberechtigte kann mit Ansprüchen wegen verzögerter Ablieferung aufrechnen. Gleiches gilt in Hinblick auf Ersatzansprüche wegen Beschädigung des Guts. Aus Art. 20 III HS 2 CMR darf kein Umkehrschluß gezogen werden, weil die Vorschrift davon ausgeht, daß das Gut unbeschädigt abgeliefert wird. 2

Art. 21 CMR [Ablieferung ohne Einziehung der Nachnahme]

Wird das Gut dem Empfänger ohne Einziehung der nach dem Beförderungsvertrag vom Frachtführer einzuziehenden Nachnahme abgeliefert, so hat der Frachtführer, vorbehaltlich seines Rückgriffsrechtes gegen den Empfänger, dem Absender bis zur Höhe des Nachnahmebetrages Schadenersatz zu leisten.

Literatur: siehe vor Art. 1 CMR.

I. Allgemeines

1 Art. 21 CMR betrifft nur die Nachnahme im Sinn des Einzugs von Geld gegen Auslieferung der Ware. Dies ergibt sich klar aus dem verbindlichen (Art. 51 III CMR) englischen und französischen Wortlaut (cash, remboursement). Dem Geld können nur Zahlungspapiere gleichgestellt werden, die nach der Verkehrsauffassung wie Geld zu behandeln sind (*Hill/Messent*, CMR, S. 118; *Loewe,* ETR **1976,** 503, 566; wohl auch BGHZ **83**, 97, 101; zu pauschal OLG Hamburg v. 18.4.1991, TranspR **1991,** 297). Dagegen kann nicht Gegenstand einer Nachnahmevereinbarung iSd Art. 21 CMR sein: die Vereinbarung „Auslieferung gegen Bankakzept und Bankaval" (OLG Düsseldorf v. 19.6.1986, VersR **1988**, 77), „Auslieferung gegen Zahlungsnachweis" (LG Nürnberg, TranspR **1991,** 300; Hertogenbosch, ETR **1971**, 817; *Lamy,* Transport I, Nr. 856), „Auslieferung gegen Eröffnung eines Akkreditivs" (*Lamy*, Transport I, Nr. 856), wohl aber „gegen Bankscheck" (OLG Hamburg v. 18.4.1991, TranspR **1991,** 297).

Der Umstand, daß bestimmte Vereinbarungen von Art. 21 CMR nicht erfaßt werden, bedeutet nicht, daß sie ungültig wären. Vielmehr sind sie wirksam, soweit ihnen nach dem ergänzend anwendbaren Recht des Beförderungsvertrages (vor Art. 1 CMR Rz. 5 ff) keine Hindernisse entgegenstehen. Der Frachtführer haftet bei Verletzung dieser Pflicht nach dem ergänzend anwendbaren nationalen Recht (nach deutschem Recht: positive Forderungsverletzung; OLG Düsseldorf v. 19.6.1986, VersR **1988**, 77). Art. 12 VII CMR ist nicht anwendbar, da Art. 21 CMR den Art. 12 VII CMR verdrängt. Angesichts der Tatsache, daß Art. 21 CMR eine verschuldensunabhängige begrenzte Haftung nur im Fall eines vom Frachtführer relativ leicht beherrschbaren Geld-Nachnahmeauftrags vorsieht, wäre es verfehlt, Frachtführer für schwieriger beherrschbare Nachnahmeaufträge (z. B. Auslieferung gegen bankverbürgten Wechsel) verschuldensunabhängig unbegrenzt einstehen zu lassen. Dort, wo die Mißachtung des Auftrags zum Verlust des Gutes führt, gehen allerdings die Art. 17 ff CMR dem nationalen Recht vor. Sind bestimmte nachnahmeähnliche Vereinbarungen unwirksam oder uneinklagbar, weil sie gegen Devisenrecht verstoßen oder sonst unmöglich erfüllt werden können, so trifft den Frachtführer im Rahmen des ergänzend eingreifenden nationalen Rechts eine Aufklärungspflicht (OLG Hamm v. 28.4.1983, TranspR **1983**, 151 ff).

II. Vereinbarung der Nachnahme

Art. 21 CMR erfaßt alle Nachnahmen, die auf den Einzug von Geld oder ihm gleichgestellten Zahlungspapieren gerichtet sind (Rz. 1). Es ist dabei gleichgültig, ob es sich um Warennachnahmen und/oder Frachtnachnahmen handelt, oder ob die Geldleistung auf sonstige Verbindlichkeiten des Empfängers hin erfolgen soll (*Loewe*, ETR **1976**, 503, 566; *Glöckner*, CMR, Art. 21 Rz. 3; *Hill/Messent*, CMR, S. 118). Durch die Nachnahme muß nicht unbedingt der Absender begünstigt sein (OGH Wien v. 5.5.1983, TranspR **1984**, 42). Voraussetzung ist nur, daß die Pflicht zur Erledigung der Nachnahme Teil des Beförderungsvertrages geworden ist (so auch OGH Wien v. 5.5.1983, TranspR **1984**, 42). Für Auslegung und Wirksamkeit des Beförderungsvertrages gilt auch in Hinblick auf die Nachnahmevereinbarung das vor Art. 1 CMR Rz. 5 ff Gesagte. Bei Geltung deutschen Rechts ist die Handelsklausel „COD" im Sinn der Nachnahme auszulegen (OLG Düsseldorf v. 13.12.1990, TranspR **1991,** 91, 92). Die Nachnahmevereinbarung ist trotz der Eintragungspflicht gemäß Art. 6 II c CMR selbst dann gültig, wenn sie nicht in den Frachtbrief eingetragen worden ist (Art. 4 CMR; BGHZ **83**, 96, 100; OLG Hamm v. 16.8.1984, TranspR **1985**, 97, 98; OLG Düsseldorf v. 13.12.1990, TranspR **1991,** 91, 92; OGH Wien, 1 Ob 621/90; *Hill/Messent*, CMR, S. 118). Eine nachträgliche Weisung (Art. 12 CMR) ist zulässig. Denkbar sind auch neben dem Beförderungsvertrag stehende Geschäftsbesorgungsverträge zwischen dem Frachtführer und dem Versender (vgl. BGH v. 17.1.1991, TranspR **1991,** 246 f). 2

III. Pflicht des Frachtführers

Der Frachtführer ist kraft des Beförderungsvertrages verpflichtet, das Gut nur gegen Bezahlung des Nachnahmebetrages auszuliefern. Ob er statt des Geldbetrages erfüllungshalber auch Schecks oder sonstige Gegenstände entgegennehmen darf, richtet sich nach dem ergänzend anwendbaren (vor Art. 1 CMR Rz. 5 ff) nationalen Recht (BGHZ **83**, 97, 101; *Schulze*, DGV **1957**, 250, 257). Ist die Nachnahmevereinbarung aus irgendeinem Grunde unwirksam, so soll der Frachtführer gleichwohl nicht berechtigt sein, das Gut ohne Entgegennahme der vom Absender geforderten Gegenstände auszuliefern (OLG Hamm v. 28.4.1983, TranspR **1983**, 151 ff). Gleiches könnte man annehmen, falls der Absender nach Abschluß des Beförderungsvertrages das Gut einseitig als „Nachnahmesendung" ausgewiesen hat (vgl. OLG Düsseldorf v. 19.12.1985, TranspR **1986**, 59). Die einseitige Bezeichnung eines Gutes als Nachnahmesendung stellt eine Weisung dar, die nur unter den Voraussetzungen des Art. 12 CMR beachtet werden muß. Ist die Nachnahmevereinbarung von Anfang an ungültig, so ist, falls deutsches Recht ergänzend anwendbar ist, der gesamte Frachtvertrag ungültig (§ 139 BGB). Kann die Nachnahmevereinbarung nicht erfüllt werden, weil sie z. B. gegen Devisenvorschriften verstößt, so soll dem OLG Hamm (v. 28.4.1983, TranspR **1983**, 151) zufolge der Vertrag ergänzend dahin ausgelegt werden, daß das Gut nur gegen Zahlungsmittel ausgeliefert werden darf, die im Einklang mit den Devisenvor- 3 schriften stehen. Diese ergänzende Auslegung trägt den Interessen des Frachtführers zu wenig Rechnung, der das, was devisenrechtlich zulässig ist, nicht sicher kennen muß. Nach ergänzend anwendbarem deutschen Recht kommt daher allenfalls eine Haftung aus c.i.c. bzw. positiver Forderungsverletzung, richtiger gemäß § 307 II BGB, in Betracht, falls der Frachtführer nicht aufgeklärt bzw. zurückgefragt hat (OLG Hamm v. 16.8.1984, TranspR **1985**, 97, 98: Pflicht, nicht abzuliefern). Die Haftung ist gemäß § 307 I 1 BGB auf den Betrag beschränkt, den der Absender bei Ausführung des Nachnahmeauftrags erhalten hätte, maximal auf den Wert des Gutes (so i. E. auch OLG Hamm, aaO). Näher liegt es, in diesem Fall Art. 15 iVm Art. 21 CMR als lex specialis anzuwenden (OLG Hamm v. 16.8.1984, TranspR **1985**, 97, 99: Art. 15 CMR). Für die Ablieferung der eingezogenen Werte gilt das ergänzende nationale Recht (vor Art. 1 CMR Rz. 5). Zum deutschen Recht s. § 407 HGB Rz. 54.

IV. Pflichtverletzung

4 Wird das Gut an den Empfänger (Art. 6 I e CMR) abgeliefert (Art. 17 CMR Rz. 6), ohne daß die vereinbarten Geldbeträge entgegengenommen werden, so haftet der Frachtführer abschließend nach Art. 21 CMR (OLG Düsseldorf v. 13.12.1990, TranspR **1991**, 91, 92). Die Haftung setzt **kein Verschulden** voraus (*Lieser*, Ergänzung, S. 149; **a. A.** *Loewe*, ETR **1976**, 503, 566, wenn die Nachnahme nicht im Frachtbrief vermerkt ist). Art. 17 II, V CMR ist analog anwendbar (ähnlich OLG Köln v. 27.11.1974, AWD **1975**, 162; **a. A.** wohl GroßkommHGB-*Helm*, Anh. § 452, Art. 21 CMR Rz. 4). § 254 BGB ist unanwendbar (**a. A.** OLG Hamm v. 16.8.1984, TranspR **1985**, 97, 99). Die Haftung des Frachtführers ist nach oben durch den Nachnahmebetrag begrenzt. Nach Ansicht des BGH (v. 10.10.1991, VersR **1992**, 383, 384 f) hat der Frachtführer in diesem Rahmen nur den konkret nachgewiesenen Schaden zu ersetzen, der daraus resultiert, daß das Gut ohne die Erhebung der Nachnahme ausgeliefert worden ist. Der Nachnahmebetrag ist nur dann zu zahlen, wenn der Warenwert nachgewiesenermaßen den Nachnahmebetrag erreichte oder wenn der Geschädigte beweist, daß der Empfänger den Nachnahmebetrag gezahlt hätte, wenn der Frachtführer darauf bestanden hätte. Demgegenüber deutet der ebenfalls verbindliche französische Text in die Richtung, daß dem Ersatzberechtigten ohne besonderen Nachweis der Nachnahmebetrag zusteht (*Lamy*, Transport I, Nr. 856; *Hill/Messent*, CMR, S. 119 f; OLG Hamburg v. 18.4.1991, TranspR **1991**, 297, 298; krit. *Putzeys*, CMR, S. 239), eine Lösung, die auch gute sachliche Gründe für sich hat (*Koller*, Anmerkung, LM, CMR, Nr. 50). Geht man vom Ansatz des BGH aus, so ist nach Maßgabe des ergänzend anwendbaren Rechts (vor Art. 1 CMR Rz. 6) der Schaden zu berechnen und die Beweislast zu verteilen (*Koller*, Anmerkung, LM, CMR, Nr. 50). Auf der Basis deutschen Rechts hat, falls der Empfänger die Nachnahme nachweislich gezahlt hätte, der Frachtführer den Minderwert der Ware und die Rechtzeitigkeit einer Rüge iSd § 377 HGB zu beweisen (*Koller*, Anmerkung, LM, CMR, Nr. 50). Die *Beweislast* für die Pflichtverletzung trägt der Ersatzberechtigte. Es genügt in der Regel der

Beweis, daß der Frachtführer das Gut abgeliefert, aber den Nachnahmebetrag nicht herausgegeben hat. Der Frachtführer hat die Zahlung zu beweisen. Beachte Art. 9 I CMR. Für den **Verlust des Geldes** haftet der Frachtführer nach dem Recht des Beförderungsvertrages (vor Art. 1 CMR Rz. 5 ff; *Heuer*, Haftung, S. 161; nach deutschem Recht: §§ 280, 667, 675 BGB).

Hat der Frachtführer gezahlt, so bleiben ihm, wie der englische Text deutlich zeigt, seine **Ansprüche aus Art. 13 II CMR** erhalten. Wies der Frachtbrief den Nachnahmebetrag aus, so kann der Frachtführer daher aus eigenem Recht gegen den Empfänger vorgehen, ohne daß ihm der Empfänger etwaige Einwendungen aus dem Verhältnis zum Absender entgegenhalten kann (GroßkommHGB-*Helm*, Anh. § 452, Art. 21 CMR Rz. 6; *Glöckner,* CMR, Rz. 10; **a. A.** wohl BGH v. 10.10.1991, VersR **1992,** 383). War der Nachnahmebetrag im Frachtbrief nicht vermerkt worden, so hängt es vom ergänzend anwendbaren nationalen Recht (vor Art. 1 CMR Rz. 6) ab, wie die der Nachnahme zugrundeliegenden Forderungen auf den Frachtführer übergehen (Vorteilsausgleichung).

Art. 22 CMR [Gefährliche Güter]

1. Der Absender hat den Frachtführer, wenn er ihm gefährliche Güter übergibt, auf die genaue Art der Gefahr aufmerksam zu machen und ihm gegebenenfalls die zu ergreifenden Vorsichtsmaßnahmen anzugeben. Ist diese Mitteilung im Frachtbrief nicht eingetragen worden, so obliegt es dem Absender oder dem Empfänger, mit anderen Mitteln zu beweisen, daß der Frachtführer die genaue Art der mit der Beförderung der Güter verbundenen Gefahren gekannt hat.

2. Gefährliche Güter, deren Gefährlichkeit der Frachtführer nicht im Sinne des Absatzes 1 gekannt hat, kann der Frachtführer jederzeit und überall ohne Schadenersatzpflicht ausladen, vernichten oder unschädlich machen; der Absender haftet darüber hinaus für alle durch die Übergabe dieser Güter zur Beförderung oder durch ihre Beförderung entstehenden Kosten und Schäden.

Literatur: siehe vor Art. 1 CMR.

I. Allgemeines

Art. 22 CMR regelt die Pflichten des Absenders gegenüber dem Frachtführer. Die wichtigsten Anordnungen stehen in Abs. 2. Danach kann sich der Frachtführer des gefährlichen Guts entledigen und Kosten- sowie Schadensersatz verlangen. Voraussetzung ist, daß der Frachtführer die Gefährlichkeit des Gutes nicht hinreichend kannte. Art. 22 I CMR definiert, wann dies der Fall ist. Die Beweislast ist in Art. 22 I 2 CMR geregelt. Im Zusammenhang mit dem Transport gefährlicher Güter können auch die Art. 6 I f, 7 I a, 10, 17 II, IV d CMR eine Rolle spielen. Die Haftung aus Delikt bleibt unberührt (*Schulze*, DGV **1957**, 250, 258). Die Haftung des Frachtführers gegenüber dem Absender ergibt sich auch bei gefährlichen Gütern aus den Art. 17 ff CMR. Gegen- 1 über Dritten haftet der Frachtführer nach Maßgabe des einschlägigen Delikts- und Gefährdungshaftungsrechts. Das ECE-Abkommen vom 10.10.1989 (abgedr. TranspR **1990**, 82 ff) ist bislang noch nicht in Kraft (zum Abkommen *Herber*, TranspR **1990**, 51; ETR **1991**, 173; *Ridder*, ETR **1991**, 26; *Visser*, ETR **1991**, 92; *Watson*, ETR **1991**, 266; *Putzeys/Rosseels*, ETR **1991**, 173; *Coco*, ETR **1991**, 83; *de Bouver*, ETR **1991**, 40; *Mutz*, ZIntEisenb **1990**, 32).

II. Gefährliche Güter

2 Gefährliche Güter sind Güter, die im Rahmen einer normalen Straßenbeförderung eine generelle unmittelbare Gefahr für Transportfahrzeug, Personen oder andere Rechtsgüter darstellen (*Loewe*, ETR **1976**, 503, 567; *Hill/Messent*, CMR, S. 121; *de Gottrau*, TranspR **1988**, 320). Die Gefährdung durch die konkrete Beschaffenheit eines sonst ungefährlichen Gutes, z. B. wegen Ungezieferbefalls, reicht nicht aus (vgl. *Prüssmann/Rabe*, Seehandelsrecht, § 564 b HGB Anm. B 1 c). Soweit ein Gut im Europäischen Übereinkommen über die internationale Beförderung gefährlicher Güter auf der Straße (§ 8 KVO Rz. 1) genannt ist, ist es immer als gefährlich iSd Art. 22 CMR anzusehen. Die Aufzählung in der ADR ist nicht abschließend (*Hill/Messent*, CMR, S. 122).

III. Kenntnis der Gefährlichkeit

3 Art. 22 CMR geht von der Vermutung aus, daß dem Frachtführer, der kein Warenfachmann ist, die Gefährlichkeit des Gutes unbekannt ist. Im Sinn des Art. 22 CMR ist dem Frachtführer die Gefährlichkeit des Gutes dann hinreichend bekannt, wenn das Gut im ordnungsgemäßen (BGH v. 16.10.1986, VersR **1987**, 304, 305) Frachtbrief mit seiner allgemein verständlichen und anerkannten Bezeichnung aufgeführt wird (Art. 6 I f CMR; *de Gottrau*, TranspR **1988**, 320, 321). Dort, wo die Mitteilung nicht im Frachtbrief eingetragen ist, ist es gemäß Art. 22 I CMR erforderlich, daß dem Frachtführer bzw. dessen Fahrer die genaue Art der Gefahr genannt worden ist und daß diese die Art der Gefahr auch erkannt haben. Der BGH (16.10.1986, VersR **1987**, 304, 306) tendiert dahin, ,,Kennen-Müssen" genügen zu lassen (ähnlich Paris, BullT **1992**, 331: Frachtführer war über Gefahr bei früheren Transporten informiert worden; Cour Cass., BullT **1990**, 797: Hinweise in Rechnungen und früherer Transport gleicher Güter; unklar *de Gottrau*, TranspR **1988**, 320, 321). Dies ist mit dem Wortlaut des Art. 22 I CMR unvereinbar. Das ,,Kennen-Müssen" kann daher nur im Rahmen der Beweiswürdigung eine Rolle spielen. Soweit die Vorsichtsmaßnahmen nicht auf der Hand liegen, darf ein Frachtführer die Gefahr als unbekannt behandeln, solange ihm die einschlägigen Vorsichtsmaßregeln nicht mitgeteilt worden sind. Die **Beweislast** für die Kenntnis liegt beim Absender (*Lamy*, Transport I, Nr. 837). Waren im Frachtbrief die Art der Gefahren und die erforderlichen Vorsichtsmaßregeln eingetragen, so greift nicht nur Art. 9 I CMR ein. Vielmehr ist in einem derartigen Fall unwiderleglich davon auszugehen, daß der Frachtführer ausreichend informiert war. Die Rechte des informierten Frachtführers

zum Ausladen etc. ergeben sich aus nationalem Recht (*Schulze*, DGV **1957**, 250, 258; vor Art. 1 CMR Rz. 5 ff).

IV. Recht zum Ausladen, Vernichten, etc. (Art. 22 II 1 CMR)

Dem Wortlaut des Art. 22 II 1 CMR zufolge kann der nicht ausreichend informierte Frachtführer zwischen dem Ausladen, Vernichten, Unschädlichmachen frei wählen. In der Literatur wird zutreffend betont, daß auch hier der Grundsatz des ,,schonendsten Mittels" gilt (*Loewe*, ETR **1976**, 503, 567). Wählt der Frachtführer nicht das mildeste Mittel, so heißt das nicht, daß er dem Absender immer haftet; denn gemäß Art. 22 II 2 CMR hat der Absender den Frachtführer von allen Kosten zu entlasten. Das Risiko der Wahl eines falschen Mittels geht daher voll zu Lasten des Absenders, es sei denn, daß der Frachtführer gegen die Standards der äußersten Sorgfalt verstoßen hat (Art. 17 CMR Rz. 20 ff; *de Gottrau*, TranspR **1988**, 320, 322). Ist dies zu bejahen, so ist auf die Kostentragungspflicht des Absenders Art. 17 V CMR analog anzuwenden. **4**

V. Haftung des Absenders

Der Absender haftet ohne Rücksicht auf Verschulden in unbeschränkter Höhe. Aus Art. 22 CMR ist nur der Frachtführer (*Hill/Messent*, CMR, S. 123) ersatzberechtigt, soweit er Schäden erleidet oder ihm Kosten entstehen. Kommen nach dem ergänzend anwendbaren Recht (vor Art. 1 CMR Rz. 5 ff) die Regeln der Drittschadensliquidation zum Tragen, so kann der Frachtführer auch die Schäden anderer Absender geltend machen (§ 13 KVO Rz. 2). Das Mitverschulden des Frachtführers ist nach ergänzend anwendbarem nationalen Recht (vor Art. 1 CMR) zu berücksichtigen (BGH v. 16.10.1986, VersR **1987**, 304; OLG Hamburg v. 19.12.1985, VersR **1986**, 261, 262). Beachte auch Art. 7 CMR. **5**

Art. 23 CMR [Haftungsumfang; Höchstbeträge]

1. Hat der Frachtführer auf Grund der Bestimmungen dieses Übereinkommens für gänzlichen oder teilweisen Verlust des Gutes Schadenersatz zu leisten, so wird die Entschädigung nach dem Wert des Gutes am Ort und zur Zeit der Übernahme zur Beförderung berechnet.

2. Der Wert des Gutes bestimmt sich nach dem Börsenpreis, mangels eines solchen nach dem Marktpreis oder mangels beider nach dem gemeinen Wert von Gütern gleicher Art und Beschaffenheit.

3. Die Entschädigung darf jedoch 8,33 Rechnungseinheiten für jedes fehlende Kilogramm des Rohgewichts nicht übersteigen.

4. Außerdem sind – ohne weiteren Schadenersatz – Fracht, Zölle und sonstige aus Anlaß der Beförderung des Gutes entstandene Kosten zurückzuerstatten, und zwar im Falle des gänzlichen Verlustes in voller Höhe, im Falle des teilweisen Verlustes anteilig.

5. Wenn die Lieferfrist überschritten ist und der Verfügungsberechtigte beweist, daß daraus ein Schaden entstanden ist, hat der Frachtführer dafür eine Entschädigung nur bis zur Höhe der Fracht zu leisten.

6. Höhere Entschädigungen können nur dann beansprucht werden, wenn der Wert des Gutes oder ein besonderes Interesse an der Lieferung nach den Artikeln 24 und 26 angegeben worden ist.

7. Die in diesem Übereinkommen genannte Rechnungseinheit ist das Sonderziehungsrecht des Internationalen Währungsfonds. Der in Absatz 3 genannte Betrag wird in die Landeswährung des Staates des angerufenen Gerichts umgerechnet; die Umrechnung erfolgt entsprechend dem Wert der betreffenden Währung am Tag des Urteils oder an dem von den Parteien vereinbarten Tag. Der in Sonderziehungsrechten ausgedrückte Wert der Landeswährung eines Staates, der Mitglied des Internationalen Währungsfonds ist, wird nach der vom Internationalen Währungsfonds angewendeten Bewertungsmethode errechnet, die an dem betreffenden Tag für seine Operationen und Transaktionen gilt. Der in Sonderziehungsrechten ausgedrückte Wert der Landeswährung eines Staates, der nicht Mitglied des Internationalen Währungsfonds ist, wird auf eine von diesem Staat bestimmte Weise errechnet.

8. Dessenungeachtet kann ein Staat, der nicht Mitglied des Internationalen Währungsfonds ist und dessen Recht die Anwendung des Absatzes 7 nicht zuläßt, bei der Ratifikation des Protokolls zum CMR oder dem Beitritt zu jenem Protokoll oder jederzeit danach erklären, daß sich der in seinem Hoheitsgebiet geltende Haftungshöchstbetrag des Absatzes 3 auf 25 Werteinheiten beläuft. Die in diesem Absatz genannte Werteinheit entspricht 10/31 Gramm Gold von 900/1000 Feingehalt. Die Umrechnung des Betrags nach diesem Absatz in die Landeswährung erfolgt nach dem Recht des betreffenden Staates.

9. Die in Absatz 7 letzter Satz genannte Berechnung und die in Absatz 8 genannte Umrechnung erfolgen in der Weise, daß der Betrag nach Absatz 3, in der Landeswährung des Staates ausgedrückt, soweit wie möglich dem dort in Rechnungseinheiten ausgedrückten tatsächlichen Wert entspricht. Die Staaten teilen dem Generalsekretär der Vereinten Nationen die Art der Berechnung nach Absatz 7 oder das Ergebnis der Umrechnung nach Absatz 8 bei der Hinterlegung einer der in Artikel 3 des Protokolls zum CMR genannten Urkunden sowie immer dann mit, wenn sich die Berechnungsart oder das Umrechnungsergebnis ändert.

Literatur: siehe vor Art. 1 CMR.

Übersicht

	Rz.
I. Allgemeines	1
II. Totalverlust	
1. Verlust	2
2. Wert des Gutes	3
3. Haftungshöchstsumme: 8,33 Rechnungseinheiten	8
4. Frachten, Zölle, sonstige Kosten (Art. 23 IV CMR)	10
5. Sonstigen Schadensersatz, Garantievereinbarungen	11
III. Teilverlust	
1. Begriff des Teilverlustes	12
2. Wertersatz	13
3. Summenmäßige Haftungsbeschränkung (Art. 23 III CMR)	14

	Rz.		Rz.
4. Frachten, Zölle, Kosten (Art. 23 IV CMR)	15	1. Verspätungsschäden	17
5. Weiterer Schadensersatz, Garantieverträge	16	2. Haftungsbegrenzung	19
IV. Lieferfristüberschreitung (Art. 23 V CMR)		3. Garantieverträge, Vertragsstrafe	20
		V. Mitverschulden	21

I. Allgemeines

1 Art. 23 CMR regelt die Haftungsbeschränkung im Fall des Totalverlustes, des Teilverlustes und der Lieferfristüberschreitung. Auf Kosten, die vom potentiell Geschädigten aufgewandt werden, um es erst gar nicht zum Güterschaden bzw. Verspätungsschaden kommen zu lassen, sind die Art. 23ff CMR analog anzuwenden. Die Haftung wegen Beschädigung des Guts wird durch Art. 25 CMR begrenzt. Die Haftungshöchstgrenzen können nach Maßgabe der Art. 24, 26, 27 CMR erhöht werden. Der Frachtführer haftet uneingeschränkt, wenn er oder seine Gehilfen (Art. 3 CMR) den Schaden vorsätzlich oder grob fahrlässig herbeigeführt haben (Art. 29 CMR). Gleiches gilt bei Mißachtung nachträglicher Weisungen (str.; Art. 12 CMR Rz. 9). Zur Aktivlegitimation s. Erl. zu Art. 13 CMR.

II. Totalverlust

1. Verlust

2 Zum Begriff des Verlustes Art. 17 CMR Rz. 1.

2. Wert des Gutes

3 Es gilt im Rahmen des Art. 23 I CMR wie im Rahmen des § 430 I HGB das Wertersatzprinzip. Daraus folgt, daß der Geschädigte **nur Geldersatz**, nicht Naturalrestitution fordern darf (BGH, NJW **1980**, 2021). Das gilt auch im Fall des **Regresses** unter Frachtführern unabhängig davon, ob der Regreßnehmende im Weg der Drittschadensliquidation vorgeht (vgl. aber BGH v. 14.11.1991, TranspR **1992**, 135, 138), sofern der Regreßnehmende bereits Schadensersatz geleistet hatte oder der Schädiger die Freistellung ablehnt (OLG München v. 5.7.1989, TranspR **1990**, 16, 17). Auch sonst braucht der Regreßnehmende nicht auf Freistellung zu klagen, da nur Geldersatz geschuldet wird (vgl. § 429 HGB Rz. 12). Der Begriff des **Wertes** wird in Art. 23 II CMR definiert. Entgegen *Bischof* (VersR **1982**, 1132) darf zur Konkretisierung dieser Begriffe nicht einfach auf das nationale Recht zurückgegriffen werden. Vielmehr sind die in Art. 23 II CMR verwandten Begriffe (maßgeblich ist der englische und französische Text; Art. 51 III CMR) aus sich heraus zu interpretieren. Dabei ist zu berücksichtigen, daß sich die Vertragsstaaten eng an Art. 31 § 1 CIM a. F. anlehnen wollten (Denkschrift BT-Drucksache III/1144 S. 42). Die Wert-Definitionen in der CIM stimmen mit denjenigen der EVO und des § 430 HGB überein (GroßkommHGB-*Helm*, § 460, Anh. II Art. 31 CIM Rz. 1; *Goltermann/Konow*, Art. 40 COTIF-ER/CIM Anm. 1). Auch im englischen und französischen Recht wird, soweit ersichtlich, der Wertbegriff nicht anhand des nationalen Rechts konkretisiert (*Hill/Messent*,

CMR, S. 128; *Lamy*, Transport I, Nr. 939). Da der Begriff des Werts in der CIM und in § 430 I HGB übereinstimmte, kann mit der ganz h. M. davon ausgegangen werden, daß der Marktpreis mit dem „gemeinen Handelswert" iSd § 430 I HGB identisch ist (siehe dazu § 430 HGB Rz. 2). Ist ein Marktpreis nicht zu ermitteln, so ist der gemeine Wert (vgl. § 430 HGB Rz. 2) maßgeblich. Bei subventionierten Exportgeschäften ist der Wert unter Berücksichtigung der Ausfuhrsubvention zu bestimmen (Paris, BullT **1982**, 564; **1988**, 59; vgl. auch BGH v. 6.7.1989, TranspR **1990**, 58, 60).

4 Es kommt auf den Verkaufspreis in der **Person des materiell Geschädigten** (§ 430 HGB Rz. 2), nicht auf den Wiederbeschaffungspreis an (OGH Wien v. 28.6.1988, TranspR **1989**, 222, 225; *Lamy*, Transport I, Nr. 939, 559). Dabei ist auf den **Markt** abzustellen, auf dem das **Gut voraussichtlich verkauft** worden wäre, wenn es der Geschädigte (z. B. der Käufer) am Ort der Übernahme zur Zeit der Übernahme verkauft hätte. Deshalb ist bei Exportgut der Exportpreis ohne Steuer zugrunde zu legen (Court of Appeal (1977) 1Lloyd's Rep. 234; House of Lords (1978) 1 Lloyd's Rep. 203; *Hill/Messent*, CMR, S. 128 f; *Decker*, TranspR **1985**, 311, 313; zweifelnd *Helm*, IPRax **1981**, 46), weil sonst der materiell geschädigte Verkäufer Zufallsgewinne machen würde. Anders ist die Situation, wenn der materiell geschädigte Verkäufer wegen des Schadens keine Exportsubvention erhält (vgl. BGH v. 6.7.1989, VersR **1990**, 181, 182; s. Rz. 3) oder wenn der Käufer materiell geschädigt ist und bei Lieferung am Ort der Übernahme üblicherweise auf den Kaufpreis Steuern aufgeschlagen werden. Der Einzelhandelspreis gibt nur dort den Ausschlag, wo der Geschädigte auf der Stufe des Einzelhandels tätig ist (unklar OLG München v. 27.2.1981, VersR **1982**, 334; dazu *Bischof*, VersR **1982**, 1132). Sind die **Preise hoheitlich festgesetzt**, so sind diese Preise maßgeblich (*Loewe*, ETR **1976**, 503, 567; *Bischof*, VersR **1982**, 1132).

5 Der Wertverlust ist, soweit er im Rahmen des Art. 23 III CMR ersetzt wird, der abstrakte **Mindest- und** zugleich der **Höchstschaden**. Der Geschädigte kann daher, von den Ausnahmen der Art. 23 IV, 26 CMR abgesehen, nicht geltend machen, daß er aufgrund seiner besonderen Verhältnisse infolge des Verlustes einen weitergehenden Schaden erlitten hat. Der Ersatz mittelbarer Schäden ist mithin grundsätzlich ausgeschlossen (OLG Düsseldorf v. 2.12.1982, VersR **1983**, 749; Art. 23 VI CMR). Dies gilt nicht nur für entgangenen Gewinn oder nutzlos gewordene Aufwendungen, sondern auch für Folgeschäden an anderen Vermögenswerten (OLG Frankfurt v. 30.3.1977, VersR **1978**, 169) oder für Schadensbeseitigungskosten (*de la Motte*, VersR **1988**, 317, 318; **a. A.** OLG Hamburg v. 24.1.1985, VersR **1986**, 357 zur Beschädigung von Fässern mit giftigem Inhalt und dadurch erforderlichen Schadensverhütungsmaßnahmen, weil die Vergiftungsgefahr nicht Folge einer besonderen pflichtwidrigen Handlung, sondern Folge der Obhutspflichtverletzung, also ein typischer mittelbarer Schaden ist; vgl. auch vor Art. 1 CMR Rz. 30). Zu Aufwendungen zur Verhütung des Verlusts, Rz. 1; zu Aufwendungen zur Minderung des Verlustschadens, Art. 25 CMR Rz. 3.

Vorteilsausgleichung: Geht das Gut verloren (Art. 17 CMR Rz. 1, Art. 20 CMR) und gelangt es später wieder in die Hände des Berechtigten, so hat sich der Geschädigte den dadurch erlangten Vorteil abziehen zu lassen (§ 430 HGB Rz. 2). Der durch die Wiedererlangung zugeflossene Vorteil wird durch die

Wiederbeschaffungskosten gemindert (BGH, NJW **1979**, 2473; **a. A.** OLG Hamburg v. 17.11.1983, VersR **1984**, 258).

Der **Fakturenwert** darf im Rahmen der Schadensberechnung nur als Indiz herangezogen werden. Im Zweifel kann davon ausgegangen werden, daß Rechnungen den Wert iSd Art. 23 I CMR wiedergeben, wenn sie „ab-Werks"-Preise ausweisen (OLG Nürnberg, ETR **1971**, 247, 262; OGH Wien v. 28.6.1988, TranspR **1989**, 222, 225; OLG München v. 21.12.1990, TranspR **1991**, 96, 98; *Lamy*, Transport I, Nr. 939; **a. A.** *Glöckner*, TranspR **1988**, 327, 328) und der Verkäufer geschädigt ist. Bei fob-Preisen sind zumindest die Transportkosten bis zum Hafen herauszurechnen (*Loewe*, ETR **1976**, 503, 568).

Die Wertberechnung hat abweichend von § 430 I HGB in Parallele zum 6
Eisenbahnrecht nach den Verhältnissen am **Ort der Übernahme** (Art. 17 CMR Rz. 4) und am **Tag der Übernahme** zu erfolgen. Werterhöhungen nach der Übernahme gehen deshalb nicht mehr zu Lasten des Frachtführers. Der Geschädigte darf sich daher wegen Zollzahlungen und Frachtkosten auf Art. 23 IV CMR berufen. Zur Berechnung des Wertes in **Fremdwährungen** s. Art. 27 II CMR.

Die **Darlegungs- und Beweislast** liegt beim Ersatzberechtigten (BGH v. 7
12.12.1985, VersR **1986**, 381; **a. A.** wohl OGH Wien v. 4.6.1987, TranspR **1988**, 273, 275).

3. Haftungshöchstumme: 8,33 Rechnungseinheiten

Die Ersatzpflicht des Frachtführers wird nicht nur durch die Begrenzung 8
des ersatzfähigen Schadens auf Wertersatz (Art. 23 I, II CMR), sondern auch dadurch beschränkt, daß Art. 23 III, VII-IX CMR eine Haftungshöchstsumme statuiert (Ausnahmen: Art. 23 IV, 24, 26, 29 CMR). Der Frachtführer soll dadurch vor wirtschaftlich unzumutbarer Inanspruchnahme geschützt werden (BGHZ **79**, 302). Die Haftungshöchstsumme betrug vor dem 28.12.1980 25 Goldfranken pro kg. Aufgrund des Protokolls zur CMR vom 5.7.1978 ist heute in der Bundesrepublik Deutschland einschließlich der neuen Bundesländer (*Herber*, TranspR **1991**, 1, 5) die Haftungshöchstsumme anhand von 8,33 Sonderziehungsrechten (Art. 23 III, VII CMR) pro kg zu errechnen (BGBl. II 1980, 1443 v. 28.12.1980; vgl. auch *Theunis/Evans*, S. 192 f). Die gleiche Rechtslage gilt in: Dänemark (28.12.1980), Finnland (28.12.1980), Luxemburg (28.12.1980), im Vereinigten Königreich Großbritannien (28.12.1980), Österreich (20.5.1981), Rumänien (2.8.1981), Frankreich (13.7.1982), auf der Ile of Man (18.7.1982), Italien (16.12.1982), Spanien (9.1.1983), Belgien (4.9.1983), der Schweiz (8.1.1984), Norwegen (29.11.1984), Schweden (29.7.1985), Griechenland (14.8.1985), den Niederlanden (28.4.1986), Guernsey (7.1.1987), Portugal (20.11.1989), Ungarn (16.9.1990), Irland (1.5.1991).

Der Wert der Sonderziehungsrechte in DM wird laufend im Bundesanzei- 9
ger und der DVZ bekanntgegeben. Nach dem klaren Wortlaut des Art. 27 VII 2 CMR kommt es dabei auf den **Wert am Tag des Urteils** an, wenn die Parteien nicht einen anderen Tag vereinbart haben (*Hill/Messent*, CMR, S. 130; *Lamy*, Transport I, Nr. 940). Über den klaren Wortlaut der CMR darf

man sich gerade im Einheitsrecht (vor Art. 1 CMR Rz. 4) nicht mit Praktikabilitätsüberlegungen hinwegsetzen (*Glöckner*, CMR, Art. 23 Rz. 11; **a. A.** OLG Düsseldorf v. 12.1.1984, TranspR **1984**, 102, 104; *Decker*, CMR, S. 82: Tag der letzten mündlichen Verhandlung). Zu ersetzen sind 8,33 Sonderziehungsrechte **pro kg** des Gesamtrohgewichts der als Einheit zu betrachtenden **Sendung** (BGHZ **79**, 302, OGH Wien v. 18.3.1986, TranspR **1986**, 379; Paris, BullT **1984**, 545; *Putzeys*, CMR, Rz. 891; schwankend *Hill/Messent*, CMR, S. 132; **a. A.** *Lamy*, Transport I, Nr. 941; *Pesce*, TranspR **1987**, 11; *Jesser*, Frachtführerhaftung, S. 129). Es kommt demnach nicht darauf an, ob und inwieweit der einzelne Gegenstand oder die einzelne Verpackungseinheit den Wert von 8,33 Sonderziehungsrechten pro kg überschreitet. Andererseits sind mehrere Sendungen selbst dann nicht als Einheit zu behandeln, wenn sie Gegenstand eines Vertrages sind (*Putzeys*, CMR, Rz. 891). Zum Begriff des Rohgewichts § 35 KVO Rz. 8; BGHZ **79**, 302, 304; zum Begriff der Sendung § 20 KVO Rz. 2. Hat der Frachtführer mehrere Sendungen verschiedener Absender als eine Sendung durch einen Unterfrachtführer befördern lassen **(Sammelsendung)** und daher höhere Ersatzansprüche gegen den Unterfrachtführer erlangt (vgl. *de la Motte*, VersR **1988**, 317, 319), so ist Art. 23 III CMR zu restringieren. Der Frachtführer haftet in der Höhe, in der sein Unterfrachtführer haftet. Allerdings hat er nur den Betrag, um den die Haftung des Unterfrachtführers seine eigene Haftung übersteigt, an die Absender pro rata abzutreten. Die **Beweislast** für die Höhe der summenmäßigen Haftungsbegrenzung trägt der Frachtführer, weil sie für diesen günstig ist (OGH Wien v. 4.6.1987, TranspR **1988**, 273, 275; *Baumgärtel/Giemulla*, Beweislast, Art. 23 CMR Rz. 3).

4. Frachten, Zölle, sonstige Kosten (Art. 23 IV CMR)

10 Die anhand der Art. 23 I-III CMR zu berechnende Ersatzsumme wird um die in Art. 23 IV CMR genannten Kosten aufgestockt (allgem. M.). Eine Besonderheit gilt nach Ansicht des BGH (v. 14.12.1988, VersR **1989**, 309, 310) im Hinblick auf Frachtansprüche, die noch nicht erfüllt sind. Sie erlöschen beim Totalverlust unter der Voraussetzung einer Haftung gemäß Art. 17 CMR gänzlich. Die in Art. 23 IV CMR aufgezählten Kosten werden *in vollem Umfang* ersetzt. Auf den Schadensersatzanspruch iSd Art. 23 I-III CMR werden sie nicht angerechnet. Welche Kosten, Zölle, Frachten zu ersetzen sind, ist umstritten. Weitgehend einig ist man sich darin, daß Kosten, die nur in Hinblick auf eine bevorstehende Beförderung aufgewandt wurden, nicht zu ersetzen sind, weil sie sich bereits im Wert des Guts am Versandort (Art. 23 I CMR) niedergeschlagen haben (*Koller*, VersR **1989**, 2, 7 m. Nachw.). Soweit Zölle vorausentrichtet worden sind, werden sie in der Regel unter Art. 23 IV CMR fallen (*Heuer*, TranspR **1987**, 357; differenzierend *Koller*, VersR **1989**, 2, 7). Soweit Frachten, Zölle und Kosten aus Anlaß des konkreten Transportes aufgewandt worden sind, ist es streitig, ob es für die Anwendbarkeit des Art. 23 IV CMR genügt, daß die Kosten durch den Transport verursacht worden sind. *Bejahend* BGH v. 3.7.1974, VersR **1974**, 1013, 1015 (Kosten des Rücktransportes; ebenso *Lamy*, Transport I, Nr. 943); incident BGH v. 6.7.1979, VersR **1979**, 1105 (Kosten eines Sachverständi-

gen); OLG Düsseldorf v. 14.7.1983, TranspR **1984,** 16, 17 (Besichtigungskosten); OLG Hamburg v. 7.11.1985, TranspR **1986,** 15, 16 (Zölle wegen Diebstahls des Guts); im Ergebnis auch OLG Frankfurt v. 5.11.1985, TranspR **1986,** 282, 286 (Lagerkosten wegen falscher Ablieferung); Venezia, ETR **1975,** 242 (Kosten der Vernichtung verdorbener Ware); *verneinend* BGH, NJW **1980,** 2021 (in einem obiter dictum für alle schadensbedingten Kosten); OLG Düsseldorf v. 30.6.1983, VersR **1984,** 980; OLG München v. 5.7.1989, NJW-RR **1990**, 1434, 1435 (Kosten des Rücktransports wegen Schadens); OLG Düsseldorf v. 27.11.1986, TranspR **1987,** 23, 27 (Bergungskosten); OLG Hamburg v. 3.6.1982, TranspR **1985,** 266, 268 (Prozeßkosten; vgl. aber Art. 27 CMR Rz. 6); v. 2.5.1985, TranspR **1985,** 398, 399 (Kosten der Besichtigung nach Schaden); v. 11.9.1986, VersR **1987,** 375, 376 (Rücktransport, Lagerkosten); v. 16.1.1986, TranspR 1986, 229 (Vertragsstrafe); v. 7.1.1988, TranspR **1988,** 193, 196 (Ausfuhrkautionen [-KVO]); OLG Innsbruck v. 26.1.1990, TranspR **1991**, 12, 21 (Verarbeitungskautionen); OLG Hamburg v. 29.11.1984, TranspR **1985,** 130, 131; OLG Wien v. 23.2.1989, TranspR **1990**, 156, 157 (Sachverständigenkosten); LG Köln, TranspR **1987,** 98 (Abgaben wegen Verlustes des Transportguts). Art. 23 IV CMR ist der Entstehungsgeschichte der CMR zufolge in Parallele zu Art. 31 § 3 CIM (a. F.) zu interpretieren (*Koller,* VersR **1989,** 2 ff). Es sind daher nur solche Kosten zu berücksichtigen, deren Aufwendung typischerweise ihrer Art nach den Versandwert in Richtung auf den Wert am Ablieferungsort erhöht hätte (*Koller,* VersR **1989,** 2 ff m. Nachw.; ähnlich *de la Motte,* VersR **1988,** 317, 320; *Glöckner,* TranspR **1988,** 327, 329). Danach sind keine schadensbedingten Kosten zu ersetzen (BGH, NJW **1980,** 2021), weil diese Kosten ihrer Art nach nicht typisch sind. Ausnahme: Kosten, die auch bei einem schadensfreien Transport angefallen wären (OGH Wien v. 25.1.1990, TranspR **1990**, 235, 239). Dazu zählen nicht Zölle wegen Diebstahls im Transitland (LG Köln, TranspR **1987,** 98; *Donai,* BullT **1981,** 512; *Koller,* aaO, S. 2 ff; *de la Motte,* VersR **1988,** 317, 320; *Konow,* TranspR **1988,** 229; *Heuer,* TranspR **1987,** 357, 359 jeweils m. w. Nachw.). Ferner sind nicht zu ersetzen Schadensfeststellungs-, Rückfracht-, Wiederbeschaffungskosten (so i. E. auch OLG Hamburg v. 17.11.1983, TranspR **1984,** 188; v. 29.11.1984, TranspR **1985,** 130, 131; OLG Wien v. 23.2.1989, TranspR **1990**, 156, 157), Anwaltskosten (*de la Motte,* VersR **1988,** 317, 322; s. aber Art. 27 CMR Rz. 6); Bergungskosten (OLG Düsseldorf v. 14.7.1986, VersR **1986,** 1070), Kosten des Transportes zur Reparatur (OLG München v. 5.7.1989, TranspR **1990**, 16, 17), Kosten, die infolge eines vom Absender zu vertretenden Handelns angefallen sind (OLG Hamburg v. 16.1.1986, VersR **1987,** 813: Zollstrafe), der Verfall von Verarbeitungskautionen wegen Diebstahls im Empfangsland (OLG Innsbruck v. 26.1.1990, TranspR **1991**, 12, 21). Insoweit kommt nur eine Erstattung unter dem Aspekt der Schadensminderung (Art. 25 CMR Rz. 3) in Betracht (OLG Wien v. 23.2.1989, TranspR **1990**, 156, 157). Voll zu erstatten sind hingegen Frachten, Wiegegelder, Kosten der Begleitung des Guts, der Beseitigung von Beförderungshindernissen, Zölle, gleichgültig ob sie dem Empfänger oder dem Absender zur Last fallen, ob sie vorausbezahlt sind oder nicht; Einfuhrumsatzsteuer, wenn sie auch bei ordnungsgemäßem Transport angefallen wäre (OGH Wien v. 25.1.1990, TranspR **1990**, 235, 239; OLG München v.

17.7.1991, TranspR **1991**, 427, 428). Zur Bedeutung der Schadensminderung Art. 25 CMR Rz. 3. Weitere Einzelheiten m. Nachw. zur Rechtslage in anderen Vertragsstaaten *Koller,* VersR **1989** S. 2ff; *Heuer,* TranspR **1987,** 357; *Decker,* TranspR **1985,** 311. Soweit Aufwendungen infolge von Güterschäden nicht im Rahmen des Art. 23 IV CMR zu ersetzen sind, sind sie auch nicht nach den Regeln der pFV erstattungsfähig, da die Art. 17ff CMR eine abschließende Sonderregelung treffen (**a. A.** *Piper,* Höchstrichterliche Rechtsprechung, aaO, Rz. 360). Denkbar sind Ersatzansprüche wegen Verzugs (Art. 27 CMR Rz. 6).

5. Sonstiger Schadensersatz, Garantievereinbarungen

11 Soweit gemäß Art. 23 I-IV CMR kein Schadensersatz zu zahlen ist, können weitergehende Schäden nur unter der Voraussetzung der Art. 24, 26 (Art. 23 VI) und Art. 29 CMR liquidiert werden. Höhere Ersatzansprüche können auch nicht aus Garantieverträgen hergeleitet werden (Art. 41 I CMR; OLG Frankfurt v. 21.2.1984, TranspR **1984,** 97, 98). Vertragsstrafenabreden sind unwirksam (vgl. OLG München v. 26.7.1985, TranspR **1985,** 395). Die Parteien können auch nicht vereinbaren, daß der Versandwert des Guts eine bestimmte Höhe besitzt oder nicht überschreitet (**a. A.** *Putzeys,* CMR, Rz. 902). Diese Abreden lassen sich unter Umständen in Angaben iSd Art. 24, 26 CMR umdeuten.

III. Teilverlust

1. Begriff des Teilverlusts

12 Teilverlust liegt vor, wenn einzelne Güter einer Sendung (zum Begriff der Sendung § 20 KVO Rz. 2) verlorengegangen oder völlig wertlos geworden sind (zum Begriff des Verlusts näher Art. 17 CMR Rz. 1) und die übriggebliebenen Güter einen eigenständigen Wert behalten (vgl. *de la Motte,* VersR **1988,** 317, 318).

2. Wertersatz

13 Zu ersetzen ist primär der Wert der verlorengegangenen Gegenstände. Maßgeblich ist der Versandwert (Art. 23 I CMR, dazu oben Rz. 6). Zum Wertersatzprinzip und zur Berechnung des Werts oben Rz. 3ff. Zum Teilverlust, der eine Minderung des Werts des Restgutes zur Folge hat, BGH, NJW **1974,** 1616; ebenso GroßkommHGB-*Helm,* Anh. § 452, Art. 23 CMR Rz. 6; *Knorre,* TranspR **1985,** 241, 243; *Clarke,* CMR, Rz. 103; unklar *Heuer,* Haftung, S. 120; s. ferner § 430 HGB Rz. 2. Führt ein Teilverlust sogar zur Entwertung der gesamten Sendung, so liegt ein Totalverlust vor (*Knorre,* TranspR **1985,** 241, 242f; *de la Motte,* VersR **1988,** 317, 318). Aussortierkosten etc. sind bei der Berechnung des Wertverlustes nur soweit zu berücksichtigen, als die Notwendigkeit von Sortierarbeiten etc. den Wert des Guts am Übernahmeort gemindert hätte (OLG München v. 27.6.1979, VersR **1980,** 241, 242; **a. A.** OLG Hamburg v. 11.9.1986, VersR **1987,** 375, 376). Ganz allgemein ist bei der Berechnung des Schadens nach den am Versandort re-

levanten Maßstäben zu berücksichtigen, daß sich der vom Frachtführer zu vertretende Schaden durch Untätigkeit ausdehnen kann und daß der Wertverlust daher in der Regel die Kosten widerspiegelt, die zur ökonomisch sinnvollen Schadensminderung aufgewandt werden (dies übersieht OLG Hamburg v. 24.10.1991, TranspR **1992,** 66, 67; unklar *Piper,* Speditions- und Frachtrecht, Rz. 360, der in den Kategorien der Naturalrestitution [Rz. 3] argumentiert; vgl. auch Art. 25 CMR Rz. 3). Zu Maßnahmen, die den Eintritt eines Schadens verhüten, s. vor Art. 1 CMR Rz. 30.

3. Summenmäßige Haftungsbeschränkung (Art. 23 III CMR)

Wie sich klar aus dem allein verbindlichen englischen und französischen Text (Art. 51 III CMR) ergibt, kommt es nicht auf das Gewicht der gesamten Sendung (§ 20 KVO Rz. 2) an. Die Haftungshöchstgrenze ist anhand der Summe des Gewichts der verlorengegangenen Stücke zu ermitteln. Es spielt daher keine Rolle, daß der Wert einzelner Stücke über bzw. anderer Stücke unter dem in Art. 23 III CMR genannten Betrag liegt. Die Obergrenze des Art. 23 III CMR ist erst erreicht, wenn der Wert der in Verlust geratenen Stücke deren Gesamtgewicht x 8,33 Rechnungseinheiten übersteigt (BGHZ **79,** 302; OGH Wien v. 18.3.1986, TranspR **1986,** 379; *Glöckner,* TranspR **1988,** 327, 328; *de la Motte,* VersR **1988,** 317, 319; wohl auch Paris, BullT **1991**, 783; vgl. ferner oben Rz. 9). Zur Berechnung der Haftungshöchstsumme s. im übrigen oben Rz. 8 f. Zum Zusammentreffen von Teilverlust und Teilbeschädigung Art. 25 CMR Rz. 5. **14**

4. Frachten, Zölle, Kosten (Art. 23 IV CMR)

Die erstattungsfähigen (Art. 23 CMR Rz. 10) Frachten, Zölle, Kosten sind im Verhältnis „Gesamtgewicht der Sendung zum verlorengegangenen Teil der Sendung“ zu ersetzen, soweit die Kosten gewichtsorientiert sind (Aix-en-Provence, BullT **1991**, 783 f). Zur noch nicht bezahlten Fracht, s. Art. 25 CMR Rz. 9. Soweit sie wie Zölle wertorientiert sind, ist auf das Verhältnis der Werte abzuheben (*Loewe,* ETR **1976,** 503, 569). Zur Schadensminderung Art. 23 CMR Rz. 13. **15**

5. Weiterer Schadensersatz, Garantieverträge

S. oben Rz. 11. **16**

IV. Lieferfristüberschreitung (Art. 23 V CMR)

1. Verspätungsschäden

Art. 23 V CMR erfaßt eindeutig reine Verspätungsschäden, d. h. Schäden, die aus einer verzögerten Ankunft des vollzähligen und unbeschädigten Guts resultieren. *Beispiele:* Entgangener Gewinn durch verkürzte Vermarktungsdauer (vgl. OLG Düsseldorf v. 26.7.1984, TranspR **1985,** 128, 129), erhöhte Aufwendungen, Stillstandsverluste. Zu Verspätungsschäden infolge der Mißachtung nachträglicher Weisungen Art. 12 CMR Rz. 9. **17**

Unklar ist die Behandlung von Fällen, in denen **Güterschäden durch Verspätung** oder **Verspätungen durch Güterschäden** verursacht werden. Verbreitet wird in diesen Fällen dafür plädiert, Ersatz nur nach den Regeln für Güterschäden zu gewähren (OGH Wien v. 15.2.1979, Entscheidungen des OGH in Zivilsachen, Bd. **52** S. 74; *Heuer,* Haftung, S. 137 ff; *Glöckner,* TranspR **1988,** 327, 330; GroßkommHGB-*Helm,* Anh. § 452, Art. 23 CMR Rz. 9 m. Nachw.; *Jesser,* Frachtführerhaftung, S. 134 f; **a. A.** OLG Hamm v. 14.11.1985, VersR **1987,** 609; LG Kleve v. 30.10.1974, VersR **1975,** 465, 466). Nach richtiger Ansicht kann der Ersatz von Güterschäden und Verspätungsschäden kumuliert werden (vgl. auch § 429 HGB Rz. 13). Der Wortlaut des Art. 23 I und V CMR legten eher diese Interpretation nahe; denn es werden für bestimmte Schadensarten gesondert bestimmte Berechnungsmethoden vorgegeben (Cour Cass., BullT **1980**, 284; **1990**, 310; *Lamy*, Transport I, Nr. 971; *Clarke,* CMR, Rz. 105; zurückhaltend *Hill/Messent,* CMR, S. 141 f; **a. A.** GroßkommHGB-*Helm,* Anh. § 452, Art. 23 CMR Rz. 9). Dem Wortlaut der CMR kommt bei der Interpretation der Norm besonderes Gewicht zu (vor Art. 1 CMR Rz. 4). Eine Analogie zum nationalen Eisenbahnrecht widerspricht den Auslegungsmaximen des Einheitsrechts (vor Art. 1 CMR Rz. 4). Eine Analogie zu Art. 34 § 3 CIM a. F. (jetzt klarstellend Art. 43 § 4 ER/CIM), demzufolge der Höchstbetrag des Ersatzes bei Verspätungen auch bei Sachschäden des Gutes infolge der Verspätung gilt, steht der Umstand entgegen, daß man die CIM-Regelung bewußt nicht übernehmen wollte (*Schulze,* DGV **1958,** 36, 37), weil man die CMR-Regelung nicht komplizieren wollte. In Anbetracht der engen sonstigen Anlehnung der CMR an die CIM (a. F.) (Denkschrift, BT-Drucksache III/1144 S. 33) verbietet der Respekt vor dem historischen Gesetzgeber, die Regelung des Art. 34 § 3 CIM (a. F.) doch für maßgeblich zu erklären. Es lassen sich entgegen *Heuer* (Haftung, S. 138) gute Gründe nennen, warum Verspätungsschäden neben Güterschäden ersatzfähig sein sollten. Dies gilt auch bei Totalverlusten des Guts. Zwar führt jeder Verlust dazu, daß das Gut nicht innerhalb der Lieferfrist abgeliefert wird. Teilt der Frachtführer aber unverzüglich innerhalb der Lieferfrist den Verlust mit, so werden sich die ohnehin nur sehr beschränkt zu ersetzenden Verspätungsschäden vielfach ganz vermeiden oder jedenfalls in Grenzen halten lassen. Soweit der Geschädigte aber dadurch einen Schaden erleidet, daß er nicht nur nicht das Gut selbst und damit den in ihm steckenden Veräußerungswert erhält, sondern darüber hinaus auch über das Gut nicht rechtzeitig verfügen kann, erleidet er einen zusätzlichen Schaden, der in Art. 17 CMR für ersatzwürdig erklärt worden ist. Dies gilt auch in Fällen, in denen der Verfügungsberechtigte von seinen Rechten gemäß Art. 20 CMR Gebrauch macht. Erst recht können sich Wertverluste infolge Beschädigung des Guts dadurch kumulieren, daß der Empfänger das Gut nicht einmal im beschädigten Zustand rechtzeitig in die Hände bekommt. Dies rechtfertigt auch einen erhöhten Schadensersatz.

18 Zu ersetzen ist im Rahmen des Art. 23 V CMR nur der **konkrete Schaden,** den der Geschädigte spezifisch dadurch erleidet, daß er das Gut nicht nach Ende der Lieferfrist in Händen gehalten hat (OLG Düsseldorf v. 9.10.1986, TranspR **1986**, 429; v. 17.5.1990, TranspR **1990**, 280; OLG München v. 26.7.1985, TranspR **1985**, 395; *Loewe*, ETR **1976**, 503, 569; *Putzeys*, CMR,

Rz. 901bis). Drittschadensliquidation, s. Art. 13 CMR, Rz. 6, 8. Der Begriff des Schadens ist, wie auch sonst, nach den Regeln des ergänzend anwendbaren nationalen Rechts (vor Art. 1 CMR Rz. 6) auszufüllen (vgl. Art. 29 CMR Rz. 10; *Koller*, Anmerkung, LM, CMR Nr. 50; OGH Wien v. 30.11.1989, VersR **1990**, 1259). Aus der Sicht des englischen und französischen Textes werden nur unmittelbare Schäden erfaßt (*Clarke*, CMR, Rz. 105; vgl. auch OGH Wien, VersR **1990**, 1259). Kann sich z. B. der Geschädigte sofort neu eindecken, so erleidet er zwar einen Wertverlust, nicht jedoch einen Verspätungsschaden. Der Ersatzberechtigte hat die Höhe des Schadens, der Frachtführer die Höhe der Fracht zu beweisen.

2. Haftungsbegrenzung

Die Haftung ist auf die Höhe der Fracht begrenzt. Maßgeblich ist die für die ganze Sendung für die gesamte Strecke vereinbarte Fracht ohne Zölle und Aufwendungen (*Hill/Messent*, CMR, S. 141; *Loewe*, ETR **1976**, 503, 569; *Putzeys*, CMR, Rz. 901ter; *Clarke*, CMR, Rz. 105; *Lamy*, Transport I, Nr. 970). *Ausnahme:* Art. 26, 29 CMR. Liegt der nachgewiesene Schaden unter dieser Grenze, so ist nur dieser Schaden zu ersetzen. **19**

3. Garantieverträge, Vertragsstrafe

Garantieverträge und Vertragsstrafeversprechen sind gemäß Art. 23 VI, 41 I CMR unwirksam (OLG München v. 26.7.1985, TranspR **1985**, 395; *Lamy*, Transport I, Nr. 970). Sie können unter Umständen in Angaben gemäß Art. 26 CMR umgedeutet werden. **20**

V. Mitverschulden

Der Ersatzanspruch darf im Fall des Art. 23 I CMR nicht wegen Mitverschuldens gekürzt werden, soweit das Mitverschulden nicht bereits im Rahmen des Art. 17 II CMR eine Rolle spielt; denn ein Mitverschulden, das lediglich darin liegt, daß der eingetretene Schaden nach Ablieferung vergrößert oder nicht gemindert worden ist, spielt im Licht der Schadensbemessung anhand des Versandwertes keine Rolle (OLG Düsseldorf v. 26.7.1984, TranspR **1985**, 128, 129 betrifft Art. 29 CMR). **21**

Anders ist die Situation bei **Verspätungsschäden**. Insoweit ist die CMR-Regelung lückenhaft, so daß auf das einschlägige (vor Art. 1 CMR Rz. 5 ff) nationale Recht zurückzugreifen ist (**a. A.** wohl OLG Hamburg v. 6.12.1979, VersR **1980**, 290). Zum Mitverschulden, das darauf gestützt ist, daß der Absender nicht vor besonders gravierenden Folgen einer Verspätung gewarnt hat, Art. 17 CMR Rz. 31, Art. 19 CMR Rz. 4.

Art. 24 CMR [Einvernehmliche Erhöhung der Höchstbeträge]

Der Absender kann gegen Zahlung eines zu vereinbarenden Zuschlages zur Fracht einen Wert des Gutes im Frachtbrief angeben, der den in Artikel 23 Absatz 3 bestimmten Höchstbetrag übersteigt; in diesem Fall tritt der angegebene Betrag an die Stelle des Höchstbetrages.

Literatur: siehe vor Art. 1 CMR.

I. Allgemeines

1 Art. 24 CMR stellt ein Instrument dar, um die Haftungsbegrenzung des Art. 23 III CMR zu überwinden. Ist rechtswirksam eine Wertvereinbarung getroffen, so ist in Fällen des Totalverlustes, Teilverlustes sowie der Beschädigung Art. 23 CMR so anzuwenden, als ob in Art. 23 III CMR der im Frachtbrief angegebene Betrag aufgeführt wäre.

II. Voraussetzungen

1. Vereinbarung eines Zuschlags und einer Wertangabe

2 Der Wortlaut des Art. 24 CMR deutet darauf hin, daß die Werterhöhung nur gilt, falls die Parteien einen Zuschlag vereinbart haben und der Absender diesen Zuschlag bezahlt hat. Die ganz h. M. hält dagegen weder die Vereinbarung eines Zuschlages noch die Bezahlung eines Zuschlages für erforderlich. Art. 24 CMR stelle lediglich klar, daß der Frachtführer den erhöhten Wert nicht zu akzeptieren brauche, wenn kein entsprechender Zuschlag vereinbart werde bzw. daß er Anspruch auf einen Zuschlag besitze, wenn er sich auf eine Werterhöhung einlasse (OLG Hamburg v. 29.5.1980, VersR **1980**, 39; OLG Düsseldorf v. 28.10.1982, VersR **1983**, 749; AG Hamburg, TranspR **1982**, 122; GroßkommHGB-*Helm*, Anh. § 452, Art. 24 Rz. 2; *Loewe*, ETR **1976**, 503, 570; *Hill/Messent*, CMR, S. 145; *Clarke*, CMR, Rz. 106; *Putzeys*, CMR, S. 307; *Theunis/Glöckner*, S. 104; *Baumgärtel/Giemulla*, Beweislast, Art. 24 CMR Rz. 1; so auch zu Art. 26 OLG Düsseldorf v. 28.10.1982, VersR **1983**, 749; v. 7.7.1988, TranspR **1988**, 425, 429; **a. A.** *Heuer*, Haftung, aaO, S. 124; *Glöckner*, CMR, Art. 24 Rz. 2; *Eltermann*, VersR **1982**, 1107; *Oeynhausen*, TranspR **1982**, 113; *Lenz*, Straßengütertransportrecht, Rz. 709; *Bischof*, VersR **1981**, 539, 540 m. Nachw.; *Lamy*, Transport I, Nr. 945 m. Nachw. zur franz. Rspr.). Der h. M. ist zu folgen. Die Wertangabe darf vom Absender nicht einseitig dem Frachtführer auferlegt werden. Vielmehr bedarf es einer vertraglichen Einigung darüber, daß der Vertrag auf der Basis einer bestimmten Wertangabe abgewickelt werden soll. Wurde der Frachtvertrag ohne Wertangabe geschlossen, so stellen spätere Wertangaben ein Angebot zur Vertragsänderung dar, die erst nach Annahme des Angebots zustandekommt. Der Frachtführer nimmt nicht schon deshalb ein nach Abschluß des Frachtvertrages abgegebenes Angebot, eine Wertangabe zu vereinbaren, an, weil er nicht gegen einseitige Wertangaben protestiert (**a. A.** in der Tendenz OLG Hamburg v. 29.5.1980, VersR **1980**, 950, 951; zu Recht kritisch *Bischof*, VersR **1981**, 539). Macht der Absender von vornherein Wertangaben, so kann der Frachtführer diese Wertangaben mit der Folge des § 150 II BGB zurückweisen. Will sich der Frachtführer auf Wertangaben einlassen, so ist er berechtigt, dies bei der Kalkulation seiner Vergütung zu berücksichtigen. Da er nach CMR in der Kalkulation völlig frei ist (vor Art. 1 CMR Rz. 11), kann er sich theoretisch mit einem Zuschlag von 0,01 DM begnügen, er kann sich

aber auch mit einem niedrigeren Frachtpreis begnügen, um einen höheren Zuschlag durchzusetzen. Dem Wortlaut des Art. 24 CMR zufolge ist dann die Werterhöhung zweifellos wirksam vereinbart. Berücksichtigt man, daß der Frachtführer in der Kalkulation der Fracht und des Zuschlags völlig frei ist, so ist es nur folgerichtig, anzunehmen, daß er auf den Zuschlag auch ganz verzichten oder ihn in die Fracht einkalkulieren kann. Wesentlich ist allein, daß sich die Parteien über die Wertangabe einigen. Haben sich die Parteien ohne besondere Absprache über eine Wertangabe geeinigt, so steht dem Frachtführer kraft Art. 24 CMR ein angemessener Zuschlag zu (*Clarke*, CMR, Rz. 106). Die Transportversicherungsprämie gibt für die Höhe des Zuschlags, da sie höhere Risiken und Verwaltungskosten abdeckt, nur einen vagen Anhaltspunkt (**a. A.** *Bischof*, VersR **1981**, 539, 540). § 670 BGB ist, weil es nicht um fremdnützige Aufwendungen geht, nicht anwendbar. Die Einigung darf nicht schon dann bejaht werden, wenn der Absender dem Frachtführer Lieferrechnungen übergibt (*Bischof*, VersR **1981**, 539), wenn sich der Wert aus Zollformularen ergibt (*Lamy*, Transport I, Nr. 945) oder wenn der Warenwert im Spediteurübergabeschein für den SVS/RVS angegeben wird (AG Hamburg, TranspR **1982**, 122). Ob der **Fahrer** berechtigt ist, eine Wertangabe zu vereinbaren, ist eine Frage des Einzelfalles. Voraussetzung ist immer eine Vollmacht, Anscheins- oder Duldungsvollmacht, die sich auf Vereinbarungen über Wertangaben erstreckt. Art. 3 CMR ist nicht anwendbar (vgl. *Oeynhausen*, TranspR **1982**, 113, aber auch *Putzeys*, CMR, Rz. 906). *De la Motte* (VersR **1988**, 317, 320) zufolge besitzt der den Frachtbrief unterschreibende Fahrer im allgemeinen zumindest Anscheinsvollmacht. Hat der Frachtführer dem Fahrer Frachtbriefblankette übergeben, so kann sich der Frachtführer nach deutschem Recht nicht darauf berufen, daß das Blankett weisungswidrig ausgefüllt worden ist (OLG Düsseldorf v. 28.10.1982, VersR **1983**, 749; *Palandt/Heinrichs*, BGB, § 173 Rz. 8 m. Nachw.). Die Eintragung einer Wertangabe im Frachtbrief erzeugt die Vermutung einer wirksamen Vereinbarung (Art. 9 I CMR).

2. Angabe im Frachtbrief

Die Angabe des vereinbarten Wertes im Frachtbrief, sei es auch im Weg 3
einer Verweisung auf Rechnungen etc. (offengelassen OLG Düsseldorf v. 29.5.1991, TranspR **1991**, 291, 293), ist Wirksamkeitsvoraussetzung, da sie Warnfunktionen erfüllt (vgl. BGH, NJW **1982**, 1944; OGH Wien 8 Ob 561/90; *Loewe*, ETR **1976**, 503, 569; *Hill/Messent*, CMR, S. 144; *Putzeys*, CMR, S. 307; *Oeynhausen*, TranspR **1982**, 113; *Eltermann*, VersR **1982**, 1107; *Bischof*, VersR **1981**, 539; *Glöckner*, CMR, Art. 24 Rz. 1; **a. A.** *Heuer*, Haftung, S. 125; OLG Hamburg v. 29.5.1980, VersR **1980**, 950, 951). Vermittelnd *Lamy*, Transport I, Nr. 945: es genügt, daß die Vereinbarung über die Wertangabe in einer Vertragsurkunde niedergelegt ist (z. B. Telex); dagegen spricht der Wortlaut des Art. 24 CMR (vgl. vor Art. 1 CMR Rz. 4).

III. Rechtsfolge

4 Der zu ersetzende Wert ist anhand des Art. 23 I, II CMR zu berechnen. Die Wertangabe erzeugt nicht die Vermutung, daß das Gut den angegebenen Wert gehabt hat (*Heuer*, Haftung, S. 124; *Hill/Messent*, CMR, S. 145). Übersteigt der angegebene Wert den Wert des Guts iSd Art. 23 I, II CMR, so ist lediglich letzterer zu ersetzen (*Schulze*, DGV **1958**, 36, 37; *Hill/Messent*, CMR, S. 144). Liegt der Wert des Guts iSd Art. 23 I, II CMR über dem angegebenen Wert, so stellt der angegebene Wert die Obergrenze dar; die in Art. 23 III CMR statuierte Obergrenze wird durch die Obergrenze des angegebenen Werts ersetzt. Darüber hinaus sind die Kosten etc. iSd Art. 23 IV CMR zu ersetzen. Der Geschädigte kann weitergehenden Ersatz, insbesondere den Ersatz von Folgeschäden, nur unter den Voraussetzungen des Art. 26 CMR verlangen.

Art. 25 CMR [Obergrenze bei Beschädigung]

1. Bei Beschädigung hat der Frachtführer den Betrag der Wertminderung zu zahlen, die unter Zugrundelegung des nach Artikel 23 Absatz 1, 2 und 4 festgestellten Wertes des Gutes berechnet wird.

2. Die Entschädigung darf jedoch nicht übersteigen,

a) wenn die ganze Sendung durch die Beschädigung entwertet ist, den Betrag, der bei gänzlichem Verlust zu zahlen wäre;

b) wenn nur ein Teil der Sendung durch die Beschädigung entwertet ist, den Betrag, der bei Verlust des entwerteten Teiles zu zahlen wäre.

Literatur: siehe vor Art. 1 CMR.

I. Allgemeines

1 Art. 25 CMR ist eine Variante des Art. 23 CMR. Art. 25 I CMR übernimmt von Art. 23 I, II, IV CMR die Regeln der Wertberechnung und die Begrenzung des Schadensersatzes auf den Wertverlust. Die absolute Schadensobergrenze des Art. 23 III CMR erlangt über Art. 25 II CMR Bedeutung. Weitergehender Schadensersatz wird nur unter den Voraussetzungen der Art. 24, 26, 27, 29 CMR geschuldet.

II. Beschädigung

2 Siehe Art. 17 CMR Rz. 2.

III. Wertminderung (Art. 25 I CMR)

3 Wertminderung ist die Differenz zwischen dem Wert iSd Art. 23 II CMR im unbeschädigten und im beschädigten Zustand (allgem. M.). Gemäß Art. 23 I CMR ist dabei der Wert am Ort und zur Zeit der Übernahme maßgeblich. Dies gilt auch für den Wert der beschädigten Ware. Gemäß § 287 ZPO kann davon ausgegangen werden, daß der Wert des Guts bei Über-

nahme um den gleichen Prozentsatz geschädigt worden ist, um den das Gut auf der Basis der Werte am Ablieferungsort geschädigt worden ist (OLG Düsseldorf v. 14.7.1983, TranspR **1984**, 16, 17; v. 28.5.1986, TranspR **1986**, 381). Trägt der Geschädigte nur die Werte am Empfangsort in schadensfreiem und im beschädigten Zustand vor, so kann er im Zweifel auf diese Weise seinen Mindestschaden darlegen und beweisen (vgl. auch *Knorre*, TranspR **1985**, 241). Da das objektive Wertersatzprinzip zum Tragen kommt, ist die Höhe der Reparaturkosten unerheblich (BGH, NJW **1980**, 2021). Die Reparaturkosten sind aber ein Indiz für den Umfang der Wertminderung (OLG München v. 5.7.1989, TranspR **1990**, 16, 17; vgl. § 35 KVO Rz. 7; *Lamy*, Transport I, Nr. 937); ebenso die hypothetischen Transportkosten vom Übernahmeort zum nächstgelegenen Reparaturort. Aus diesem Grund darf dem Geschädigten auch nicht entgegengehalten werden, daß er am Übernahmeort das beschädigte Gut habe besser verkaufen können (§ 430 HGB Rz. 2). Ganz allgemein kann dem Geschädigten nicht vorgeworfen werden, er habe Maßnahmen der *Schadensminderung* unterlassen; denn der Wert des beschädigten Guts am Übernahmeort ist im Licht der üblichen bzw. typischerweise zumutbaren Schadensminderungsmaßnahmen und -kosten zu ermitteln, soweit diese Maßnahmen unmittelbar der Substanz des Gutes zugutekommen (dies übersehen OLG Düsseldorf v. 28.5.1986, TranspR **1986**, 381; OLG Hamburg v. 11.9.1986, VersR **1987**, 375, 376; LG Köln v. 11.11.1982, TranspR **1983**, 54; *de la Motte*, VersR **1988**, 317, 321). Denn je höher der Schadensminderungsaufwand ist, desto geringer ist der Wert des Guts. Umgekehrt braucht der Frachtführer nicht gesondert Aufwendungen für die Schadensminderung zu ersetzen (*Knorre*, TranspR **1985**, 241, 245; *Jesser*, Frachtführerhaftung, S. 132 f; OLG München v. 5.7.1989, NJW-RR **1989**, 1434, 1435; **a. A.** OLG Hamburg v. 24.10.1991, TranspR **1992**, 66, 67; OLG Wien v. 23.2.1989, TranspR **1990**, 156, 157; OGH Wien v. 21.2.1985, VersR **1986**, 559); denn allein maßgeblich ist der Wert am Übernahmeort nach Eintritt der Schädigung, der die Möglichkeit von Schadensminderungsmaßnahmen und deren Kosten widerspiegelt (Art. 23 CMR Rz. 13). Der Geschädigte führt die Schadensminderungsmaßnahmen auf eigenes wirtschaftliches Risiko – aber auch zu eigenem Nutzen – durch (**a. A.** OGH Wien v. 21.2.1985, VersR **1986**, 559, 560; OLG Wien v. 23.2.1989, TranspR **1990**, 156, 157; *Piper*, Höchstrichterliche Rechtsprechung, aaO, Rz. 360; *Goltermann/Konow*, EVO, § 85 Anm. 3 a aa(3)). Art. 25 II a CMR steht dem nicht entgegen, weil eine Teilbeschädigung nach den objektiven Verhältnissen am Übernahmeort die gesamte Sendung entwerten kann (BGH, NJW **1974**, 1616). Zu Schadensverhütungskosten s. § 430 HGB Rz. 1; zu den Kosten, Frachten etc. siehe unten Rz. 9.

Ist nur ein **Teil der Güter beschädigt**, so ist der Wertverlust auf der Basis des Wertes der gesamten Sendung zu errechnen. In der Regel genügt es, daß die Werte der tatsächlich beeinträchtigten Güter im unbeschädigten und im beschädigten Zustand gegenübergestellt werden. Es kann aber auch sein, daß die ganze Sendung durch die Beschädigung eines Teils entwertet wird (BGH, NJW **1974**, 1616). Wird der Gesamtwert der Sendung höher als der Wert der einzelnen beschädigten Stücke gemindert, so ist die Minderung des Gesamtwertes maßgeblich (*Knorre*, TranspR **1985**, 241, 243). 4

5 Ist ein **Teil der Güter beschädigt** worden, ein **Teil in Verlust** geraten und ein Teil abgeliefert worden, so soll dem OLG München v. 27.2.1981 (VersR **1982**, 334) zufolge die Entschädigung zunächst für den verlorenen Teil nach den Regeln des Teilverlustes und dann für die beschädigten Stücke nach den Regeln der Teilbeschädigung berechnet werden (zustimmend *Knorre*, TranspR **1985**, 241, 242). Dem ist nicht zu folgen, weil die vom OLG München zugrundegelegte Berechnungsart dazu führt, daß die Schadensobergrenze des Art. 23 III CMR bzw. des Art. 25 II CMR getrennt für die verlorengegangenen und beschädigten Teile ermittelt werden muß. Der BGH hat jedoch in seiner Entscheidung vom 30.1.1981 (BGHZ **79**, 302) zutreffend dargelegt, daß nicht der Wert und das Gewicht der Einzelstücke maßgeblich sind. Dem Schutz des Frachtführers vor unübersehbarer Haftung ist damit ausreichend gedient, daß er anhand des Gesamtgewichts der Sendung den Haftungshöchstbetrag kennt. Außerdem ist zu berücksichtigen, daß der Teilverlust einer 100%-Beschädigung gleichgesetzt werden kann. Treffen Teilverluste und Teilbeschädigungen zusammen, so sollte man daher die Teilverluste als Totalbeschädigungen im Rahmen des Art. 25 CMR zusammen mit den Teilbeschädigungen abwickeln. Beispiel: 1/3 des Guts ist in Verlust geraten, 1/3 zu 50% beschädigt und 1/3 des Guts ist einwandfrei angekommen. Die Wertminderung beträgt dann den Wert des Gutes bei Übernahme abzüglich des Werts des unbeschädigt angekommenen Gutes sowie abzüglich des Restwertes des beschädigten Gutes. Der Wert des verlorengegangenen Gutes wird nicht angesetzt, da sein Restwert bei einer 100%igen Beschädigung Null beträgt. Diese Wertminderung ist bis zur Grenze des Art. 25 II b CMR zu ersetzen. Der Haftungshöchstbetrag ist dabei anhand der Summe des Gewichts der in Verlust geratenen und beschädigten Stücke zu errechnen. Es ist unerheblich, ob der Wert einzelner Stücke unter dem Betrag von 8,33 Rechnungseinheiten/kg oder darüber liegt. Maßgeblich ist allein die Summe des Gewichts der Stücke, für deren Verlust bzw. Beschädigung der Frachtführer haftet. Der Geschädigte mag auf diese Weise bei der Berechnung der Schadensobergrenze einen Vorteil erlangen, wenn relativ viele geringwertige Stücke relativ gering beschädigt worden sind und Stücke verlorengegangen sind, deren Wert über dem in Art. 23 III CMR genannten Betrag liegt. Dieser Vorteil ist jedoch in Art. 25 II b CMR angelegt, demzufolge es nicht auf den Grad der Beschädigung ankommt, sondern eine 100%ige Beschädigung (Verlust des entwerteten Teils) zu unterstellen ist.

IV. Absolute Schadensobergrenze (Art. 25 II CMR)

6 Art. 25 II CMR statuiert in Anlehnung an Art. 23 III CMR eine Schadensobergrenze. Dabei geht die CMR davon aus, daß der Frachtführer niemals mehr zu bezahlen hat, als wenn das Gut gänzlich verlorengegangen wäre. Die Schadensobergrenze ist nicht anhand eines fiktiven Totalverlustes zu berechnen. Vielmehr unterscheidet Art. 25 II CMR zwischen dem Fall, in dem die Beschädigung zu einem Totalverlust in wirtschaftlichem Sinn führt (Rz. 7), und Fällen, in denen das Gut noch einen Restwert besitzt (Rz. 8).

1. Entwertung der ganzen Sendung (Art. 25 II a CMR)

Die gesamte Sendung ist entwertet, wenn der Wert der Sendung nach der **7** Beschädigung auf Null gesunken ist. Eine völlige Entwertung der Sendung setzt nicht voraus, daß alle Stücke der Sendung beschädigt worden sind (BGH, NJW **1974**, 1616). Die Haftungshöchstgrenze beträgt 8,33 Rechnungseinheiten mal Gewicht der gesamten Sendung in kg (Art. 23 III CMR).

2. Entwertung eines Teils der Sendung (Art. 25 II b CMR)

Der BGH (BGHZ **79**, 302) hat im Rahmen des Art. 23 III CMR entschieden, daß es nicht auf das Gewicht der einzelnen Stücke ankommt. **8** Art. 25 II b CMR läßt nicht klar erkennen, ob auf die einzelnen beschädigten Stücke oder den beschädigten Anteil der Sendung abzustellen ist. In Art. 25 II b CMR ist von „part only of the consignment" bzw. von „une partie seulement de l'expédition" die Rede. In Parallele zu Art. 23 III CMR wird man anzunehmen haben, daß damit der beschädigte Anteil der Sendung, d. h. die Summe des Gewichts der beschädigten Stücke gemeint ist. Die gesamte Sendung ist als Einheit anzusehen. Dann ist es auch nur folgerichtig, die Summe der beschädigten Stücke als „part" bzw. „partie" zu bezeichnen. Demgemäß sind die Wertminderungen sämtlicher beschädigter Stücke zu addieren und dieser Betrag insoweit zu ersetzen, als der sich aus der Summe des Gewichts der beschädigten Stücke mal 8,33 Rechnungseinheiten (Art. 23 III CMR) ergebende Betrag nicht überschritten wird (*Loewe*, ETR **1976**, 503, 571; *Tilche*, BullT **1991**, 628). Beschädigtes Stück ist in diesem Sinne nicht die Verpackungseinheit, sondern der Gegenstand, der am Übernahmeort als wirtschaftliche Einheit übernommen worden ist. Ist z. B. eine Maschine aus mehreren Teilen zusammengesetzt, so ist allein das Gewicht der Maschine zugrunde zu legen, auch wenn die Teile leicht ausgewechselt werden können (**a. A.** *Goltermann/Konow*, EVO, § 85 Anm. 3 b bb zum Eisenbahnfrachtrecht). Zum Zusammentreffen von Teilbeschädigung und Teilverlust s. oben Rz. 5.

3. Frachten, Zölle, sonstige Kosten

Art. 25 I CMR verweist auf Art. 23 IV CMR. Demnach sind die in Art. 23 **9** IV CMR genannten Beträge einschließlich der Entladekosten (Delft, ETR **1965**, 723) zusätzlich zur Wertminderung zu erstatten (näher Art. 23 CMR Rz. 10). Dies stellt einen Ausgleich dafür dar, daß der Betrag der Wertminderung anhand des Wertes am Ort der Übergabe zu errechnen ist (*Koller*, VersR **1989**, 2, 6). Die Kosten sind nicht voll zu ersetzen, sondern anteilig zu reduzieren (GroßkommHGB-*Helm*, Anh. § 452, Art. 25 CMR Rz. 2). Ist die Fracht noch nicht bezahlt, so mindert sich automatisch der Frachtlohn (BGH v. 14.12.1988, VersR **1989**, 309, 310). Art. 25 CMR regelt nicht klar, anhand welchen Maßstabs die Kosten zu reduzieren sind. Da Art. 25 I CMR den Art. 23 IV CMR im Rahmen der Wertminderung heranzieht, liegt es nahe, die Kosten iSd Art. 23 IV CMR entsprechend dem Grad der Wertminderung zu ersetzen (OLG Düsseldorf v. 28.5.1986, TranspR **1986**, 381, 382; v. 30.6.1983, TranspR **1984**, 130, 132). Eine Parallele zum Teilverlust (Art. 23

CMR Rz. 15) scheidet aus, weil die Beschädigung nur ganz geringfügig mit dem Gewicht des beschädigten Guts zusammenhängen kann. Es ist deshalb bei minimaler Beschädigung eines schweren Stückes nicht angemessen, dem Geschädigten die auf das gesamte Stück entfallende Fracht zu ersetzen.

V. Zusammentreffen von Verspätung und Beschädigung

10 Siehe Art. 23 CMR Rz. 17.

Art. 26 CMR [Besonderes Lieferungsinteresse]

1. Der Absender kann gegen Zahlung eines zu vereinbarenden Zuschlages zur Fracht für den Fall des Verlustes oder der Beschädigung und für den Fall der Überschreitung der vereinbarten Lieferfrist durch Eintragung in den Frachtbrief den Betrag eines besonderen Interesses an der Lieferung festlegen.

2. Ist ein besonderes Interesse an der Lieferung angegeben worden, so kann unabhängig von der Entschädigung nach den Artikeln 23, 24 und 25 der Ersatz des weiteren bewiesenen Schadens bis zur Höhe des als Interesse angegebenen Betrages beansprucht werden.

Literatur: siehe vor Art. 1 CMR.

I. Allgemeines

1 Gemäß Art. 23, 25 CMR wird bei Verlusten und Beschädigungen ausschließlich Wertersatz und nur bis zu einem bestimmten Höchstbetrag geschuldet. Dieser Höchstbetrag kann unter den Voraussetzungen des Art. 24 CMR angehoben werden. Art. 26 CMR erlaubt nicht nur den Höchstbetrag anzuheben, sondern auch andere Schäden als Wertverlust zu liquidieren. Die Parteien müssen einen bestimmten Betrag ausdrücklich oder konkludent festlegen (*Lamy*, Transport I, Nr. 946 m. Nachw.). Es genügt daher nicht die Abrede, daß alle Schäden ersatzfähig sein sollen. Im Fall der Verspätung erhöht Art. 26 CMR die Obergrenze des ersatzfähigen Schadens.

II. Anspruchsvoraussetzungen

1. Vereinbarter Zuschlag

2 In Parallele zu Art. 24 CMR (dort Rz. 2) genügt eine Vereinbarung über die Angabe eines Interesses (OLG Düsseldorf v. 7.7.1988, TranspR **1988**, 425, 429; GroßkommHGB-*Helm*, Anh. § 452, Art. 26 CMR Rz. 1; *Hill/Messent*, CMR, S. 145; **a. A.** *Glöckner*, CMR, Art. 26 Rz. 1, wohl auch *Lamy*, Transport, Tome1, Nr. 946).

2. Eintragung im Frachtbrief

Die Eintragung im Frachtbrief ist konstitutiv (BGH, NJW **1982**, 1944; OLG Düsseldorf v. 29.5.1991, TranspR **1991,** 291, 293; grundsätzlich auch *Lamy*, Transport I, Nr. 946 m. Nachw.; ferner Art. 24 CMR Rz. 3). 3

3. Vereinbarung des Interesses

Vgl. Art. 24 CMR Rz. 2.

III. Rechtsfolge

1. Schadensarten

Art. 26 II CMR spricht mit Blick auf die Art. 23, 24, 25 CMR vom Ersatz 4 des weiteren Schadens. Daraus könnte man ableiten, daß in Fällen des Verlustes oder der Beschädigung über Art. 26 CMR nur andere Schäden als Wertverluste liquidiert werden könnten, da Wertverluste bereits von den Art. 23, 24, 25 CMR erfaßt werden (*Putzeys*, CMR, Rz. 909). Hat der Absender nur sein besonderes Interesse angegeben, nicht aber den Wert des Gutes, so wäre es wenig sinnvoll, den Wertersatz mit Hilfe des Art. 23 III CMR zu begrenzen. Vielmehr hat man davon auszugehen, daß Art. 26 CMR Schäden im Auge hat, die nach der CMR ohne die besondere Abrede nicht ersatzfähig wären. Der Frachtführer ist dadurch geschützt, daß er den Betrag des besonderen Interesses kennt.

Art. 26 II CMR sagt nicht exakt, was unter „loss or damage" und „indemnité égale au dommage supplémentaire" zu verstehen ist. Die CMR klärt nicht, ob sämtliche, auch unvorhersehbare mittelbare Schäden und/oder ob auch ideelle Schäden zu ersetzen sind (*Loewe*, ETR **1976**, 503, 501). Es besteht eine Lücke. Der maßgebliche Schadensbegriff ist daher dem ergänzend anwendbaren nationalen Recht (vor Art. 1 CMR Rz. 5 ff) zu entnehmen (*Clarke*, CMR, Rz. 106; so wohl auch *Loewe*, aaO; **a. A.** wohl *Hill/Messent*, CMR, S. 146 f). Nach allen Rechten sind vorhersehbare mittelbare Vermögensschäden zu ersetzen (z. B. entgangene Gewinne, nutzloser Aufwand).

2. Höhe des Schadens

Ersatzfähig ist nur der nachgewiesene Schaden bis zur Grenze des besonderen Interesses. Dabei ist davon auszugehen, daß im Rahmen des Art. 26 CMR nur solche Schäden liquidiert werden, die nicht bereits gemäß den Art. 23, 25 bzw. 24 CMR ersetzt werden. Der Betrag des besonderen Interesses begrenzt somit nur den gemäß Art. 23, 24, 25 CMR nicht ersatzfähigen Schaden. 5

3. Vertragsstrafe

Die Art. 23 ff CMR stellen eine abschließende Regelung dar. Über diese Vorschriften hinaus kann daher weder der Ersatz weiterer Schäden noch die Zahlung einer Vertragsstrafe vereinbart werden (OLG Frankfurt v. 21.2.1984, MDR **1984**, 670, 671). Vertragsstrafeabreden können allerdings in 6

Angabe des besonderen Interesses umgedeutet werden. Vgl. auch Art. 41 CMR Rz. 1.

Art. 27 CMR [Zinsen; Währungsumrechnung]

1. Der Verfügungsberechtigte kann auf die ihm gewährte Entschädigung Zinsen in Höhe von 5. v. H. jährlich verlangen. Die Zinsen laufen von dem Tage der schriftlichen Reklamation gegenüber dem Frachtführer oder, wenn keine Reklamation vorausging, vom Tage der Klageerhebung an.

2. Wird die Entscheidung auf Grund von Rechnungsgrößen ermittelt, die nicht in der Währung des Landes ausgedrückt sind, in dem die Zahlung beansprucht wird, so ist die Umrechnung nach dem Tageskurs am Zahlungsort der Entschädigung vorzunehmen.

Literatur: siehe vor Art. 1 CMR.

I. Verzinsung

1. Allgemeines

1 Art. 27 I CMR lehnt sich an Art. 38 CIM a. F. an (Denkschrift, BT-Drucksache III/1144 S. 43). Der Anspruch aus Art. 27 I CMR bezieht sich ausschließlich auf Entschädigungsforderungen aus den Art. 12, 17, 19, 21, 23 ff CMR (BGH v. 10.10.1991, VersR **1992,** 383, 385; enger *Fischer,* TranspR **1991,** 321, 323 f), nicht auf Forderungen aus ergänzend anwendbarem nationalen Recht (so auch zu Art. 38 CIM a. F., § 92 EVO; GroßkommHGB-*Helm*, Anh. I zu § 460, § 92 EVO Rz. 1 m. Nachw.). Deshalb erfaßt er auch nicht die Gerichtskosten. Der Anspruch setzt weder Verzug noch Kaufmannseigenschaft des Anspruchsinhabers voraus.

2. Verfügungsberechtigter

2 Anspruchsinhaber ist nicht der Verfügungsberechtigte iSd Art. 12 CMR (so aber OLG Saarbrücken v. 21.11.1974, VersR **1976**, 267, 269), sondern der „claimant" bzw. der „l'ayant droit", also der Aktivlegitimierte (vgl. Art. 13 CMR Rz. 5 ff; *Koller*, RIW **1988**, 254 ff; *de la Motte*, TranspR **1986**, 369). Zum Übergang des Anspruchs auf den Transportversicherer *de la Motte*, TranspR **1986**, 369.

3. Beginn des Zinslaufes

3 Die Verzinsung beginnt mit der schriftlichen Reklamation iSd Art. 30, 32 II CMR (*de la Motte*, TranspR **1986**, 369, 370). Maßgeblich ist das Absendungsdatum. Eine mündliche Reklamation genügt nicht (*Loewe*, ETR **1976**, 503, 572; *Hill/Messent*, CMR, S. 148). Ist keine -schriftliche – Reklamation erfolgt, so beginnt die Verzinsung mit der Klageerhebung zu laufen. Der Zeitpunkt der Klageerhebung ergibt sich aus dem nationalen Recht des angerufenen Gerichts (*Loewe*, aaO, S. 572; *Clarke*, CMR, Rz. 104).

4. Höhe der Zinsen

Der Zinssatz von 5% ist unabdingbar (BGH v. 10.10.1991, VersR **1992,** 383; Cour Cass., BullT **1992,** 253; *Loewe,* aaO, S. 572; *Hill/Messent,* CMR, S. 148). Dies gilt auch für die Zeit nach Klageerhebung (*Groth,* VersR **1983,** 1107). Soweit das nationale Recht einen Zinseszins vorsieht, ist auch dieser geschuldet (Cour Cass., BullT **1992,** 253), da die CMR nur in Hinblick auf den normalen Zinssatz eine abschließende Regelung trifft. 4

5. Ende der Verzinsung

Die Verzinsung endet jedenfalls mit der Leistung der Entschädigung. *Hill/Messent* (CMR, S. 149) plädieren dafür, daß außerdem mit Erlaß des Urteils die Verzinsung gemäß Art. 27 CMR endet und nach nationalem Recht beginnt. Das ist besonders dann von Bedeutung, wenn man in Art. 27 I CMR mit dem BGH (Rz. 6) eine umfassende Regelung sieht. Art. 27 I CMR regelt diese Frage nicht ausdrücklich. Sie ist von der ratio des Art. 27 I CMR her zu beantworten. Die zwingende Fixierung des Zinssatzes bei 5% soll den Frachtführer nicht nur zur Zahlung anhalten, sondern ihn auch vor allzu hohen Zinsbelastungen schützen, die ohne Bezug auf den konkreten Schaden zu berechnen sind. Dieser Schutz ist nur bis zum Zeitpunkt angemessen, in dem das Urteil rechtskräftig wird (*Jesser,* Frachtführerhaftung, S. 140). Nach diesem Zeitpunkt schuldet der Frachtführer Verzugszinsen nach Maßgabe des einschlägigen nationalen (vor Art. 1 CMR Rz. 5 ff) Rechts (**a. A.** in der Tendenz BGH v. 10.10.1991, VersR **1992,** 383). 5

6. Abschließende Regelung

Nach Ansicht des BGH (v. 10.10.1991, VersR **1992,** 383, 385; ebenso Cour Cass., BullT **1992,** 253 beschränkt auf den gesetzlichen Zinssatz) enthält Art. 27 CMR eine abschließende Regelung, die es verbietet, einen konkreten Verzugsschaden nach Maßgabe des ergänzend anwendbaren nationalen Rechts (vor Art. 1 CMR Rz. 6) zu liquidieren (Anvers, BullT **1992,** 133; **a. A.** OLG München v. 21.12.1990, VersR **1991,** 1311, 1312). Demgegenüber ist an der in der Literatur h. M. (*de la Motte,* VersR **1988,** 317, 321; *Baumann,* TranspR **1985,** 269; *Koller,* VersR **1992,** 773; o. Verf. BullT **1992,** 133, 134; **a. A.** *Fischer,* TranspR **1991,** 321, 332) festzuhalten, wonach über den Zins von 5% hinaus individuell berechnete Verzugsschäden ersetzt verlangt werden können, da es keine Anhaltspunkte dafür gibt, daß Art. 27 CMR auch konkrete Verzugsschäden erfassen will, und eine Beschränkung der Haftung für konkrete, nachgewiesene Verzugsschäden in Zeiten der Inflation äußerst mißliche Folgen nach sich zieht (eingehend *Koller,* VersR **1992,** 773). Zum Umfang des Verzugsschadens des Hauptfrachtführers, OLG München v. 21.12.1990, TranspR **1991,** 96, 98; zum Zinseszins, Rz. 4. Im Fall des Art. 29 CMR kann uneingeschränkt auf das nationale Recht zurückgegriffen werden (**a. A.** o. Verf. BullT **1992,** 363, 364). Zulässig sind auch Stundungsvereinbarungen zu höheren Zinssätzen nach Entstehung des Schadens, da dann der Frachtführer nicht mehr unter dem Druck steht, einen Auftrag zu erlangen. 6

II. Währung (Art. 27 II CMR)

7 Art. 27 II CMR entspricht Art. 31 § 2 CIM a. F. (Denkschrift, BT-Drucksache III/1144, S. 43), heute Art. 40 § 4 COTIF-ER/CIM, der wiederum in der Sache mit § 85 IV EVO und § 244 II BGB übereinstimmt. Maßgeblich ist Zeit und Ort der tatsächlichen Bezahlung. Sind die Kurse nach Klageerhebung zum Nachteil des Geschädigten gefallen, so kann er diesen Schaden nur beschränkt als Verzugsschaden (dazu oben Rz. 6) liquidieren (weitergehend *Loewe*, ETR **1976**, 503, 573 ohne jeden Anhalt in der CMR).

Art. 28 CMR [Außervertragliche Ansprüche]

1. Können Verlust, Beschädigung oder Überschreitung der Lieferfrist, die bei einer diesem Übereinkommen unterliegenden Beförderung eingetreten sind, nach dem anzuwendenden Recht zur Erhebung außervertraglicher Ansprüche führen, so kann sich der Frachtführer demgegenüber auf die Bestimmungen dieses Übereinkommens berufen, die seine Haftung ausschließen oder den Umfang der zu leistenden Entschädigung bestimmen oder begrenzen.

2. Werden Ansprüche aus außervertraglicher Haftung für Verlust, Beschädigung oder Überschreitung der Lieferfrist gegen eine der Personen erhoben, für die der Frachtführer nach Artikel 3 haftet, so kann sich auch diese Person auf die Bestimmungen dieses Übereinkommens berufen, die die Haftung des Frachtführers ausschließen oder den Umfang der zu leistenden Entschädigung bestimmen oder begrenzen.

Literatur: siehe vor Art. 1 CMR.

I. Allgemeines

1 Art. 28 CMR hat die Funktion, das Haftungssystem der CMR in Fällen des Verlustes, der Beschädigung des Gutes sowie der Überschreitung der Lieferfrist (Art. 17, 19 CMR) gegen konkurrierende außervertragliche Ansprüche abzusichern. Der Frachtführer soll sichergehen können, daß seine Haftung aus Art. 17 CMR nicht aufgrund nationalen Rechts verschärft wird. Dies gilt auch zugunsten von Personen, für die der Frachtführer gemäß Art. 3 CMR haftet. Auf diese Weise wird die Gefahr ausgeschlossen, daß diese Personen beim Frachtführer Regreß nehmen. Zu den Ansprüchen Dritter s. Rz. 3.

II. Ansprüche gegen den Frachtführer (Art. 28 I CMR)

1. Außervertragliche Ansprüche

2 Darunter fallen alle Ansprüche, die nicht auf Vertrag gestützt werden, z. B. nach deutschem Recht Ansprüche aus den §§ 677 ff, 812 ff, 823 ff, 989 ff, 904 BGB. Voraussetzung ist immer, daß ein CMR-Vertrag zustande gekommen ist und daß der Anspruch auf den Ausgleich eines Schadens iSd Art. 17 CMR

(Verlust, Beschädigung, Verspätung) gerichtet ist. Soweit mit Hilfe außervertraglicher Ansprüche andere Arten von Schäden liquidiert werden sollen, greift Art. 28 CMR nicht ein (*Hill/Messent*, CMR, S. 151). Art. 28 CMR ist auch dort nicht heranzuziehen, wo die Haftung auf besondere vertragliche Abreden gestützt wird. Allerdings können diese Abreden gegen Art. 41 CMR verstoßen.

2. Keine Notwendigkeit der Anspruchskonkurrenz

Art. 28 I CMR erfaßt nach allgemeiner Meinung diejenigen außervertraglichen Ansprüche nationalen Rechts, die mit Ansprüchen aus Art. 17 CMR konkurrieren bzw. konkurrieren können. Umstritten ist, ob Art. 28 I CMR auch dann eingreift, wenn der Inhaber des außervertraglichen Anspruchs nach CMR nicht legitimiert sein kann, z. B. der Eigentümer des beschädigten Gutes ist weder Absender noch Empfänger (*bejahend:* OLG Frankfurt v. 8.6.1982, VersR **1983**, 141; *Loewe*, ETR **1976**, 503, 574; einschränkend OGH Wien v. 27.9.1983, TranspR **1984**, 191, 192; *Jesser*, Frachtführerhaftung, S. 139; *Csoklich*, S. 204, falls der Absender das Gut mit Einverständnis des Eigentümers der Gefahr ausgesetzt hatte; *verneinend: Piper*, VersR **1988**, 200, 209; *Heuer*, Haftung, S. 188; GroßkommHGB-*Helm*, Anh. § 452, Art. 28 CMR Rz. 6; *Glöckner*, TranspR **1988**, 327, 331; *Roesch*, BB **1984**, 699, 702; *Tuma*, VersR **1983**, 408; Paris, BullT **1974,** 319; *Lamy*, Transport I, Nr. 951; wohl auch BGH v. 12.12.1991, BB **1992,** 390, 392). Der Wortlaut des Art. 28 I CMR, dem besonderes Gewicht zukommt (vor Art. 1 CMR Rz. 4), deckt eindeutig auch diese Fallvariante. Auch von der ratio des Art. 28 I CMR her ist es angebracht, daß der Frachtführer den Art. 28 I CMR Eigentümern entgegenhalten darf, die nach der CMR nicht aktivlegitimiert sein können. Der Hinweis, daß Art. 28 CMR Bestandteil des Vertragsrechts der CMR sei (*Heuer*, Haftung, S. 188; *Tuma*, VersR **1983**, 408), vermag demgegenüber nicht zu überzeugen, da Art. 28 CMR ja gerade die außervertragliche Haftung nationalen Rechts einschränken soll. Allerdings muß der Dritte mit dem Transport gerechnet haben (vor § 1 ADSp Rz. 4; *Jesser,* Frachtführerhaftung, S. 139). Soweit dies nicht der Fall ist, besteht kein Anlaß, den Frachtführer besser zu stellen, als wenn er einen sonstigen außenstehenden Dritten (z. B. bei einem Unfall) schädigt. 3

3. Rechtsfolge

Die außervertraglichen Ansprüche bleiben grundsätzlich bestehen. Sie sind nur in gleicher Weise wie die Ansprüche aus Art. 17 CMR eingeschränkt. Dies gilt insbesondere für die Schranken der Art. 17 II-V, 23, 25 CMR, aber auch im Licht des Zwecks des Art. 28 I CMR für die Beweislastregeln, Rügeobliegenheiten sowie Verjährungsbestimmungen (GroßkommHGB-*Helm*, Anh. § 425, Art. 28 CMR Rz. 7; zweifelnd *Hill/Messent*, CMR, S. 151). Der Eigentümer, der nicht Inhaber von Ansprüchen gemäß Art. 17 CMR ist, kann daher in den Schranken der Art. 17 ff CMR Ansprüche außervertraglicher Art geltend machen. 4

III. Hilfspersonen (Art. 28 II CMR)

5 Art. 28 II CMR gilt zugunsten selbständiger und unselbständiger Hilfspersonen. Voraussetzung ist nur, daß der Frachtführer für sie tatsächlich gemäß Art. 3 CMR haftet. Dies gilt auch, wenn der Unterfrachtführer keinen grenzüberschreitenden Transport übernommen hatte (OLG Frankfurt v. 8.6.1982, VersR **1983**, 141, 142; **a. A.** *Reiß*, VersR **1983**, 142). Art. 28 II CMR hindert jedoch nicht die **Abtretung von Ansprüchen**, die der Frachtführer gegen seine Hilfspersonen (z. B. §§ 29 ff KVO, Drittschadensliquidation) erheben kann; denn der Frachtführer soll nur vor Regressen geschützt werden, die seine Hilfspersonen gegen ihn anstrengen können (OLG Frankfurt v. 8.6.1982, VersR **1983**, 141). Soweit der Unterfrachtführer aufgrund seiner Beziehungen zum Hauptfrachtführer gegen sich gerichtete deliktische Ansprüche nicht abbedingen kann (z. B. § 26 GüKG), besteht ebenfalls kein Anlaß, den Unterfrachtführer zu schützen. Der Eigentümer kann deshalb diese Ansprüche unmittelbar gegen den Unterfrachtführer geltend machen (*Reiß*, VersR **1983**, 142; **a. A.** OLG Frankfurt v. 8.6.1982, VersR **1983**, 141).

Art. 29 CMR [Vorsatz; gleichgestellte Fahrlässigkeit; Gehilfenhaftung]

1. Der Frachtführer kann sich auf die Bestimmungen dieses Kapitels, die seine Haftung ausschließen oder begrenzen oder die Beweislast umkehren, nicht berufen, wenn er den Schaden vorsätzlich oder durch ein ihm zur Last fallendes Verschulden verursacht hat, das nach dem Recht des angerufenen Gerichtes dem Vorsatz gleichsteht.

2. Das gleiche gilt, wenn Bediensteten des Frachtführers oder sonstigen Personen, deren er sich bei Ausführung der Beförderung bedient, Vorsatz oder ein dem Vorsatz gleichstehendes Verschulden zur Last fällt, wenn diese Bediensteten oder sonstigen Personen in Ausübung ihrer Verrichtungen handeln. In solchen Fällen können sich auch die Bediensteten oder sonstigen Personen hinsichtlich ihrer persönlichen Haftung nicht auf die in Absatz 1 bezeichneten Bestimmungen dieses Kapitels berufen.

Literatur: siehe vor Art. 1 CMR.

Übersicht

	Rz.
I. Allgemeines	1
II. Haftung des Frachtführers (Art. 29 I CMR)	2
1. Voraussetzungen des Wegfalls der Haftungsausschlüsse und -beschränkungen	
a) Vorsatz	
b) Dem Vorsatz gleichstehendes Verschulden	3
Einzelfälle	4
c) Kausalität	5
d) Haftung für Dritte	6
e) Beweislast	7
2. Rechtsfolgen	8
a) Haftungsausschlüsse und -beschränkungen	
b) Beweislast	9
c) Schaden	10
III. Haftung Dritter (Art. 29 II 2 CMR)	11

I. Allgemeines

Art. 29 CMR betrifft nur die Haftung nach CMR und nicht nach eventuell ergänzend anwendbarem nationalen Recht (vor Art. 1 CMR Rz. 5 ff). Nach Art. 29 CMR sind der Frachtführer und seine Bediensteten nicht schutzwürdig, wenn sie den Schaden vorsätzlich oder durch ein dem Vorsatz gleichstehendes Verschulden herbeigeführt haben. Diese Regelung bringt für den Frachtführer erhebliche Risiken mit sich, da er auch für das Verhalten seiner Arbeitnehmer und Subunternehmer einzustehen hat (Art. 3, 29 II CMR). Auf der anderen Seite schafft sie aber einen erheblichen Anreiz, zuverlässige und im Schadensfall solvente Subunternehmer einzuschalten oder das Risiko zumindest zu versichern. Auch im Fall einer Versicherung läßt Art. 29 CMR das Interesse des Frachtführers an einem Minimum an Schadensabwehr nicht erlahmen, da die Versicherungsprämien regelmäßig stark durch das Schadensaufkommen beim Versicherungsnehmer beeinflußt werden (vgl. *Koller,* ZIP **1986,** 1089, 1095; **a. A.** *v. Oeynhausen,* TranspR **1984,** 57, 64 ff). Existenzbedrohende Risiken können dadurch vermieden werden, daß der Frachtführer in Form einer Kapitalgesellschaft tätig wird (**a. A.** *v. Oeynhausen,* TranspR **1984,** 57, 60 f). 1

II. Haftung des Frachtführers (Art. 29 I CMR)

1. Voraussetzungen des Wegfalls der Haftungsausschlüsse und -beschränkungen

a) Vorsatz. Der verbindliche englisch-französische Originaltext (Art. 51 III CMR) verwendet die Begriffe „wilful misconduct" bzw. „dol". Im englischen Recht liegt ein wilful misconduct dann vor, wenn der Eintritt des Schadens beabsichtigt war oder wenn bewußt leichtfertig in dem Bewußtsein gehandelt worden war, daß mit großer Wahrscheinlichkeit ein Schaden entstehen wird (*Clarke,* CMR, Rz. 108; *Hill/Messent,* CMR, S. 155 f). „Dol" impliziert dagegen den Vorsatz der Schadenszufügung (*Lamy*, Transport I, Nr. 947). Die deutsche Übersetzung dieser Begriffe mit „vorsätzlich" ist gemäß Art. 51 III CMR unverbindlich. Für die Praxis kann dahinstehen, ob man mehr in Richtung auf den englischen oder mehr in Richtung auf den französischen Begriff tendiert; denn es ist allgemein anerkannt, daß bedingter Vorsatz zur Anwendbarkeit des Art. 29 I CMR führt, weil dies ein Verschulden darstellt, das nach dem Recht des angerufenen Gerichts dem Vorsatz gleichsteht. 2

b) Dem Vorsatz gleichstehendes Verschulden. Der BGH nimmt in ständiger Rechtsprechung (BGHZ **88,** 157; BGH v. 16.2.1984, VersR **1984,** 551; v. 27.6.1985, VersR **1985,** 1060) an, daß dem Vorsatz die grobe Fahrlässigkeit gleichsteht (ebenso OGH Wien, OGHZ **47,** 472; OLG Innsbruck v. 26.1.1990, TranspR **1991,** 12, 22; ähnlich i. E. die franz. Rspr. [Rz. 4]; **abw.** OGH Athen TranspR **1992**, 175: nur wilful misconduct [Rz. 2]; ebenso die engl. [Rz. 3], belg. [*Putzeys,* CMR, Nr. 928] Rspr.). Er begründet dies im wesentlichen damit, daß der Wortlaut des Art. 29 CMR wegen der unterschiedlichen Bedeutung der Begriffe „wilful misconduct" bzw. „dol" unklar 3 sei. Es sei jedoch gesichert, daß Art. 29 CMR dem Art. 25 WA (1925) nachgebildet sei, dessen gleichlautende Formulierung in Deutschland im Sinn von grober Fahrlässigkeit verstanden worden sei. Davon sei man auch in der Denkschrift zum Ratifikationsgesetz der CMR (BT-Drucksache III/1144 S. 43) ausgegangen. Im übrigen bestünden zwar zwischen grober Fahrlässigkeit und Vorsatz strukturelle Unterschiede. Es sei jedoch entscheidend, daß das deutsche Transportrecht unter dem Aspekt der Aufhebung von Haftungsbeschränkungen vielfach Vorsatz und grobe Fahrlässigkeit für gleichwertig erachtet (zustimmend *Helm,* IPRax **1985,** 10; *Pöttinger,* VersR **1986,** 518; *Lieser,* Ergänzung, S. 159 ff).

Der Kritik von *Heuer* (TranspR **1984,** 71; ferner *v. Oeynhausen,* TranspR **1984,** 61 ff; *Glöckner,* CMR, Art. 29 Rz. 2) ist zuzugestehen, daß die Lösung der Frage nicht aus Art. 29 CMR und auch nicht aus Art. 25 WA (1929) abzuleiten ist, da ja Art. 29 CMR auf nationale Rechtsvorstellungen verweist. Daraus folgt indessen nicht, daß nach deutschem Recht nur das Verschulden gemeint sein kann, das dem Vorsatz strukturell gleichartig ist. Der englisch-französische Wortlaut des Art. 29 I CMR ist vielmehr mehrdeutig (*Clarke,* CMR, Rz. 108), weil lediglich von „considered as equivalent" bzw. von „considérée comme équivalent" die Rede ist. Diese Begriffe können durchaus im Sinn der nach nationalem Verständnis funktionalen Gleichwertigkeit interpretiert werden. Der BGH hat zutreffend darauf hingewiesen, daß nach deutschem transportrechtlichen Verständnis die grobe Fahrlässigkeit dem Vorsatz gleichsteht (*Piper,* VersR **1988,** 200, 207). Diese Wertung hat für das deutsche Recht auch der historische Gesetzgeber anläßlich des Ratifikationsgesetzes vertreten. Da Art. 29 CMR auf das nationale Recht verweist, kommt dieser Wertung des historischen Gesetzgebers ausschlaggebende Bedeutung bei. Nicht überzeugend erscheint auch die Ansicht *Herbers* (TranspR **1992,** 175), der in Art. 29 I CMR zu Unrecht eine gleitende Verweisung auf das nationale Recht in der jeweils neuesten Fassung erblickt und sich außerdem zum großen Teil auf Abkommen beruft, die in Deutschland noch nicht in Kraft sind, um zu begründen, daß Art. 29 I CMR auf Verschulden iSv "wilful misconduct" [Rz. 2] verweist. Zur groben Fahrlässigkeit § 430 HGB Rz. 4.

Einzelfälle:

4 aa) *Grobe Fahrlässigkeit wird bejaht:* Transport Neapel-Niederrhein mit nur einem Fahrer, wenn eine Transportdauer von unter 50 Stunden zugesagt ist (OLG Düsseldorf v. 12.12.1985, TranspR **1986,** 56); Abstellen eines beladenen Lastzugs nachts ohne besondere Vorsichtsmaßnahmen (Cour Cass., ETR **1985,** 338; **1981,** 686); unbewachtes Abstellen ohne Diebstahlssicherung für 15 Minuten, wenn ein besonders gesichertes Fahrzeug versprochen war (Cour Cass., ETR **1987,** 158); Transport einer evident unzureichend verpackten Maschine (KG, NJW-RR **1986,** 907); Nachtruhe auf der Autobahn in Italien (BGHZ **88,** 157); unbewachtes Abstellen des Lkw in Mailänder Vorort (BGH v. 16.2.1984, VersR **1984,** 551; OGH Wien v. 25.1.1990, TranspR **1990,** 235; OLG Celle v. 12.6.1981, VersR **1981,** 1183); unbewachtes Abstellen für eine Stunde auf Auffahrt zur Autobahn in Italien (OLG Düsseldorf v. 11.5.1989, TranspR **1990,** 60, 63); unbewachtes Abstellen an einem bekannt besonders

diebstahlsgefährdeten Ort (OLG München v. 12.5.1989, VersR **1991,** 834); Abstellen an diebstahlsgefährdetem Ort ohne Einrasten des Lenkradschlosses (OLG München v. 12.5.1989, TranspR **1990,** 427, 429); Abstellen in einer Halle, zu der auch andere Nutzungsberechtigte Zutritt haben, wenn trotz eines Diebstahls nur offensichtlich unzureichende Sicherungsmaßnahmen getroffen wurden (OLG Düsseldorf v. 22.11.1990, VersR **1991,** 1198); unbewachtes Abstellen auf nicht eingezäuntem, unbewachtem Grundstück für ein Wochenende eines mit einer Plane abgedeckten Trailers (OLG Hamm v. 10.12.1987, TranspR **1989,** 155); Abstellen für eine Woche auf einem unversperrten Firmenparkplatz in Oberitalien, der nur in zeitlichen Abständen kontrolliert wird (OLG Innsbruck v. 26.1.1990, TranspR **1991**, 12, 22); Abstellen über das Wochenende auf relativ einsamer Straße (Brüssel, ETR **1991**, 362); Abstellen auf Parkplatz, ohne sich zu erkundigen, ob der Platz vor Dieben sicher ist (Queen's Bench Division, ETR **1991**, 671: wilful misconduct); fehlendes Geld zur Beschaffung von Treibstoff (OLG Düsseldorf v. 26.7.1984, TranspR **1985,** 128, 129 f); Abstellen verderblicher Güter in einem Kühlwagen (OLG Düsseldorf v. 12.12.1985, VersR **1986,** 1069, 1070) über $1^1/_2$ Tage sowie Transport über 20 Stunden ohne Temperaturkontrolle (OLG München v. 16.1.1991, TranspR **1992**, 181, 183); Alkoholschmuggel (BGH v. 27.6.1985, VersR **1985,** 1060); Einlagerung von Silber in unbewachte Lagerräume, die keinen besonderen Schutz gegen Einbruch aufwiesen und für die mehrere Mitarbeiter Schlüssel besaßen (OLG Frankfurt v. 21.9.1983, TranspR **1984,** 73); Fahrtantritt trotz evidenten Ladefehlers, falls Warnungen von Ladepersonal nicht beachtet wurden (OLG München, ETR **1971,** 115, 125); Transport mit vertragswidrigen Transportmitteln (OLG Hamburg v. 30.8.1984, VersR **1985,** 832; vgl. dazu auch vor Art. 1 CMR Rz. 33); höhere Beladung als gesetzlich zulässig (Brüssel, ETR **1988,** 209); Fälschungen, Schwarzmarktgeschäfte (OLG München v. 12.4.1990, TranspR **1990**, 280, 285). Zur Frage, inwieweit das Wissen um den Schadensverlauf eine Rolle spielt, Art. 29 CMR Rz. 5. Zur französischen Rechtsauffassung s. *Lutz,* TranspR **1989,** 139; *Lamy,* Transport I, Nr. 947.

bb) *Grobe Fahrlässigkeit wird verneint:* OLG Düsseldorf v. 23.11.1989, TranspR **1990**, 63, 65, das zu wenig Art. 29 II CMR berücksichtigt. Zur Notwendigkeit einer Ein- und Ausgangskontrolle BGH v. 13.4.1989, NJW-RR **1989**, 1270, 1271.

c) Kausalität. Die vorsätzliche oder grob fahrlässige Pflichtverletzung 5
muß für den Schaden kausal geworden sein (OLG München, ETR **1971,** 115, 125; Paris, BullT **1989**, 46). Art. 29 CMR sagt nicht, welches in den verschiedenen Rechtsverordnungen divergierende Kausalitätsverständnis zugrundezulegen ist (vgl. *Clarke,* CMR, Rz. 109; *Hill/Messent,* CMR, S. 157). Es scheint daher angebracht, hier eine Lücke der CMR anzunehmen und zur Schließung auf nationales Recht (vor Art. 1 CMR Rz. 5 ff) zurückzugreifen (BGH v. 27.6.1985, VersR **1985,** 1060). Die grobe Fahrlässigkeit muß sich daher nach deutschem Recht nicht auf den konkret eingetretenen Schaden erstrecken. Es genügt die allgemeine Vorhersehbarkeit eines schädigenden Erfolges (BGH v. 27.6.1985, VersR **1985,** 1060, 1061; *Piper,* VersR **1988,** 200, 207); die konkrete Schadensentstehung braucht in ihren Einzelheiten nicht vorhersehbar gewesen zu sein. Das qualifizierte Verschulden iSd Art. 29

CMR braucht sich mithin nur auf den die Haftung begründenden Tatbestand (Verlust, Beschädigung, Verspätung) beziehen (BGH v. 27.6.1985, VersR **1985,** 1060, 1061).

6 **d) Haftung für Dritte**. Art. 3 CMR ist anwendbar (Art. 29 II 1 CMR; BGH v. 16.2.1984, VersR **1984,** 551, 552). Der in Art. 3 CMR genannte Personenkreis handelt grundsätzlich noch in Ausübung seiner Verrichtungen, wenn er während und unter Ausnutzung des Transportes das Transportfahrzeug zu Zwecken verwendet, die die Obhut über das Gut gefährden (BGH v. 27.6.1985, VersR **1985,** 1060; vgl. auch OGH Wien, TranspR **1980,** 31).

7 **e) Beweislast**. Der Geschädigte trägt die Beweislast für das vorsätzliche bzw. grob fahrlässige Fehlverhalten (OLG Düsseldorf v. 14.7.1987, VersR **1987,** 932; Cour Cass., ETR **1982,** 288; *Piper,* TranspR **1990**, 357, 362; *Koller,* VersR **1990**, 553). Da das Fehlverhalten in der Regel voll im Organisationsbereich des Frachtführers oder dessen Leuten bzw. Subunternehmer liegen wird, hat der Frachtführer jedoch, wenn der Ersatzberechtigte plausible Anhaltspunkte für grob fahrlässiges Verhalten vorbringt, substantiiert mit Namen und Anschrift der beteiligten Personen vorzutragen, welche Sorgfalt er bzw. die Subunternehmer als Frachtführer aufgewendet haben (OLG Hamburg v. 7.2.1991, TranspR **1991**, 294, 295; vgl. ferner OLG München v. 12.4.1990, TranspR **1990**, 280, 286; v. 10.10.1990, TranspR **1991**, 138, 140; BGH v. 19.6.1986, VersR **1986,** 1019; *Piper,* VersR **1988**, 200, 208; **a. A.** OLG Düsseldorf v. 29.5.1991, TranspR **1991**, 293; zurückhaltend BGH, WM **1990**, 1846). Kommt der Frachtführer seiner Darlegungsobliegenheit nicht nach, so entsteht jedenfalls dann eine widerlegliche Vermutung für grob fahrlässiges Verhalten, wenn sich der Frachtführer ersichtlich nicht ausreichend bemüht, Informationen, die den Unterfrachtführern bzw. den Arbeitnehmern zur Verfügung standen, zu besorgen und weiterzugeben (OLG München v. 12.4.1990, TranspR **1990**, 280, 286; weitergehend OLG München v. 10.10.1990, TranspR **1991**, 138, 140). M. E. sollte den Frachtführer immer eine Darlegungsobliegenheit treffen, außer in Fällen, in denen der Frachtführer gegenüber dem Unterfrachtführer, in dessen Sphäre der Schaden entstanden ist, kraft zwingenden Rechts keinen Regreßanspruch besitzt oder der beklagte Frachtführer nicht dafür sorgen kann, daß das gegen ihn ergangene Urteil auch unmittelbar oder mittelbar gegen den Unterfrachtführer wirkt (Einzelheiten *Koller,* VersR **1990**, 553). Ist von einem grob fahrlässigen Verhalten auszugehen, so ist es Sache des Frachtführers, die gegen die Kausalität des Fehlverhaltens sprechenden Umstände darzulegen und zu beweisen (BGH v. 13.4.1989, NJW-RR **1989**, 1270; enger *Thume,* TranspR **1991**, 209, 215: Anscheinsbeweis). Der Anscheinsbeweis ist in Hinblick auf die grobe Fahrlässigkeit nur beschränkt zulässig (BGH, NJW **1974,** 1377). § 287 ZPO ist anwendbar (BGH v. 27.6.1985, VersR **1985,** 1060), da das Verfahrensrecht des angerufenen Gerichts maßgeblich ist (*Koller,* VersR **1990**, 553, 560).

2. Rechtsfolgen

8 **a) Haftungsausschlüsse und -beschränkungen, Mitverschulden.** Liegen die Voraussetzungen des Art. 29 CMR vor, so entfallen alle Haftungsausschlüsse und -beschränkungen der Art. 17–28 CMR, nicht aber z. B. des

Art. 30 CMR, weil dieser im Kapitel V steht (Art. 30 CMR Rz. 1). Als Haftungsbeschränkungen sind auch die Art. 23 I, II CMR anzusehen, weil sie mittelbar sonstige Vermögensschäden für unersetzbar erklären (*Piper,* VersR **1988,** 200, 207; *Hill/Messent,* CMR, S. 153; **a. A.** Paris, BullT **1992**, 362). Schwierigkeiten bereitet die Behandlung des Art. 17 II 1. Alt. CMR (Verschulden des Verfügungsberechtigten). Dem Wortlaut des Art. 29 CMR zufolge ist ein Mitverschulden des Absenders bzw. Empfängers gänzlich unerheblich (so in einem obiter dictum BGH v. 27.6.1985, VersR **1985,** 1060; OLG München v. 16.1.1991, TranspR **1992**, 181, 183; GroßkommHGB-*Helm,* Anh. § 452, Art. 29 CMR Rz. 3; *Jesser*, Frachtführerhaftung, S. 120; OGH Wien v. 21.3.1977, TranspR **1982**, 80; *Baumgärtel/Giemulla,* Beweislast, Art. 17–20 CMR Rz. 39). Man kann auch nicht ohne weiteres Art. 17 V CMR analog heranziehen, da dem Wortlaut (vor Art. 1 CMR Rz. 4) des Art. 29 CMR zufolge alle Haftungsbegrenzungsnormen, auch die des Art. 17 II 1. Alt. CMR, unanwendbar sein sollen (*Lamy*, Transport I, Nr. 947), noch kann man Art. 29 CMR mit Hilfe des nationalen Rechts entspringenden § 242 BGB restringieren (so aber *Piper*, VersR **1988**, 200, 207). Soweit ein Mitverschulden darauf beruht, daß der Ersatzberechtigte nicht vor Vertragsschluß auf einen außergewöhnlich hohen Schaden hingewiesen hat, ist lückenfüllend nationales Recht heranzuziehen (vor Art. 1 CMR Rz. 6). Greift danach deutsches Recht ein, so kommt eine Haftung des Ersatzberechtigten aus c.i.c. in Betracht (OLG München v. 12.4.1990, TranspR **1990**, 280, 287).

b) Beweislast. Vgl. § 430 HGB Rz. 4 sowie oben Rz. 7. 9

c) Schaden. Art. 29 CMR sagt nicht, was unter ,,damage" bzw. ,,dommage" zu verstehen ist. Es ist daher der Schadensbegriff des einschlägigen nationalen Rechts (vor Art. 1 CMR Rz. 5 ff) zugrunde zu legen (ebenso Großkomm-*Helm,* Anh. § 452 HGB, Art. 29 CMR Rz. 1; OLG Innsbruck v. 26.1.1990, TranspR **1991**, 12, 21). 10

III. Haftung Dritter (Art. 29 II 2 CMR)

Der Geschädigte kann insbesondere ohne die Beschränkungen des Art. 28 II CMR gegen die vorsätzlich oder grob fahrlässig handelnden Dritten vorgehen. 11

Kapitel V. Reklamationen und Klagen

Art. 30 CMR [Notwendige Vorbehalte]

1. Nimmt der Empfänger das Gut an, ohne dessen Zustand gemeinsam mit dem Frachtführer zu überprüfen und ohne unter Angaben allgemeiner Art über den Verlust oder die Beschädigung an den Frachtführer Vorbehalte zu richten, so wird bis zum Beweise des Gegenteils vermutet, daß der Empfänger das Gut in dem im Frachtbrief beschriebenen Zustand erhalten hat; die Vorbehalte müssen, wenn es sich um äußerlich erkennbare Verluste oder Beschädigungen handelt, spätestens bei der Ablieferung des Gutes oder, wenn es sich um äußerlich nicht erkennbare Verluste

oder Beschädigungen handelt, spätestens binnen sieben Tagen, Sonntage und gesetzliche Feiertage nicht mitgerechnet, nach der Ablieferung gemacht werden. Die Vorbehalte müssen schriftlich gemacht werden, wenn es sich um äußerlich nicht erkennbare Verluste oder Beschädigungen handelt.

2. Haben Empfänger und Frachtführer den Zustand des Gutes gemeinsam überprüft, so ist der Gegenbeweis gegen das Ergebnis der Überprüfung nur zulässig, wenn es sich um äußerlich nicht erkennbare Verluste oder Beschädigungen handelt und der Empfänger binnen sieben Tagen, Sonntage und gesetzliche Feiertage nicht mitgerechnet, nach der Überprüfung an den Frachtführer schriftliche Vorbehalte gerichtet hat.

3. Schadenersatz wegen Überschreitung der Lieferfrist kann nur gefordert werden, wenn binnen einundzwanzig Tagen nach dem Zeitpunkt, an dem das Gut dem Empfänger zur Verfügung gestellt worden ist, an den Frachtführer ein schriftlicher Vorbehalt gerichtet wird.

4. Bei der Berechnung der in diesem Artikel bestimmten Fristen wird jeweils der Tag der Ablieferung, der Tag der Überprüfung oder der Tag, an dem das Gut dem Empfänger zur Verfügung gestellt worden ist, nicht mitgerechnet.

5. Frachtführer und Empfänger haben sich gegenseitig jede angemessene Erleichterung für alle erforderlichen Feststellungen und Überprüfungen zu gewähren.

Literatur: siehe vor Art. 1 CMR.

Übersicht

	Rz.
I. Allgemeines	1
II. Äußerlich erkennbare Verluste oder Beschädigungen	2
1. Vorbehalt	
a) Form	3
b) Inhalt	4
c) Absender und Adressaten	5
d) Zeitpunkt	6
e) Rechtsfolge	7
2. Fehlender Vorbehalt	8
3. Gemeinsame Überprüfung bzw. Feststellung	9
a) Die gemeinsamen Feststellungen sind erfolgt	10
b) Eine gemeinsame Überprüfung ist nicht erfolgt	11
c) Eine gemeinsame Überprüfung, aber keine gemeinsamen Feststellungen	12
III. Äußerlich nicht erkennbare Verluste und Beschädigungen	13
1. Keine gemeinsame Überprüfung	
a) Vorbehalt	14
b) Rechtsfolge des Vorbehalts	15
c) Fehlender Vorbehalt	16
2. Gemeinsame Feststellungen	17
IV. Lieferfristüberschreitungen	18
V. Kosten der Schadensfeststellung	19

I. Allgemeines

1 Art. 30 CMR stellt ein nicht zu Ende gedachtes Stück Gesetzgebung dar (*Hill/Messent,* CMR, S. 158). Er hat die Funktion, den Frachtführer innerhalb angemessener Zeit darüber zu informieren, daß gegen ihn Ansprüche erhoben werden können, insbesondere, um ihn zu veranlassen, sich Beweise zu sichern. Allerdings ist es nicht erforderlich, daß der Frachtführer bereits im Stadium des Vorbehalts bzw. der Rügen mit Ansprüchen konfrontiert wird

(BGH v. 9.2.1984, VersR **1984,** 578). Da man sich bei der Beratung zu Art. 30 CMR nicht einigen konnte, ob an das Unterlassen eines Vorbehalts ein Rechtsverlust geknüpft werden sollte, entschloß man sich zu einem Kompromiß, der bei unterbliebenen Vorbehalten eine widerlegliche Vermutung zugunsten des Frachtführers (Art. 30 I CMR) und bei gemeinsamen Feststellungen (Art. 30 II CMR) sowie der Haftung wegen Verspätungen (Art. 30 III CMR) unter Umständen einen Rechtsverlust vorsieht. Art. 30 CMR findet nur dort Anwendung, wo eine Ablieferung (Art. 17 CMR Rz. 6) erfolgt ist. Deshalb spielt Art. 30 CMR keine Rolle, wenn der Geschädigte seine Ansprüche auf **Totalverlust** oder **Nichtantritt der Reise** stützt (BGH v. 12.12.1985, VersR **1986,** 381, 382 ff; vgl. auch BGHZ **84,** 101, 106 zum WA). Art. 30 CMR greift auch im Fall des **Art. 29 CMR** ein, weil Art. 30 CMR nicht im IV. Kapitel steht (BGH v. 14.11.1991, TranspR **1992**, 135, 138; *Clarke*, CMR, Rz. 64; *Tilche*, BullT **1992**, 223, 226; *Lamy*, Transport I, Nr. 969). Art. 30 CMR verdrängt die §§ 438 HGB, 39 KVO (*Piper*, VersR **1988,** 200, 205).

II. Äußerlich erkennbare Verluste oder Beschädigungen

Die Teilverluste oder Beschädigungen müssen bei der Ablieferung äußerlich erkennbar gewesen sein. Dazu § 438 HGB Rz. 5 (die franz. Rspr. scheint auch Schäden als äußerlich erkennbar zu qualifizieren, die sich erst nach Öffnung der Verpackung zeigen [*Lamy*, Transport I, Nr. 916 m. Nachw.]). In dieser Situation hat der Empfänger bzw. Absender drei Möglichkeiten: Er kann erstens einen Vorbehalt iSd Art. 30 I CMR machen; er kann zweitens das Gut mit dem Frachtführer gemeinsam überprüfen und gemeinsame Feststellungen vornehmen (Art. 30 II CMR); er kann drittens untätig bleiben. Aus der deutschen Übersetzung des Art. 30 I CMR ergeben sich diese Alternativen nicht ganz deutlich. In Art. 30 I 1 1. HS CMR heißt es nämlich „und ohne unter Angaben", wo in den alleinverbindlichen englischen und französichen Texten von „or" bzw. „ou" die Rede ist. Außerdem ergibt sich aus dem französichen Text, daß es weniger auf die gemeinsame Überprüfung als vielmehr auf die gemeinsame Schadensfeststellung (constaté l'état contradictoirement) ankommt (unten Rz. 9). 2

1. Vorbehalt

a) Form. Der Vorbehalt kann nach allgemeiner Ansicht mündlich, aber auch in anderer Form erfolgen (*Verviers,* ETR **1968,** 1240; GroßkommHGB-*Helm,* Anh. § 452, Art. 30 CMR Rz. 3; *Loewe,* TranspR **1988,** 309, 310; *Hill/Messent,* CMR, S. 161; *Clarke,* CMR, Rz. 62; *Lamy*, Transport I, Nr. 918 m. Nachw.). Dies gilt auch für Schäden, die an sich äußerlich nicht erkennbar waren, die der Empfänger aber ausnahmsweise bei Ablieferung erkannt und sofort gerügt hatte. Der Anspruchsteller hat allerdings die Äußerung des Vorbehalts zu beweisen. 3

b) Inhalt. Es müssen *bestimmte Mängel* unter hinreichend deutlicher Angabe des Schadenssachverhaltes (*Piper,* VersR **1988,** 200, 206; *Lamy*, Transport I, Nr. 918) gerügt werden (*Loewe,* ETR **1976,** 503, 577; TranspR **1988,** 4

309, 310). Die Beschreibung der Mängel muß nicht ins Detail gehen. Es genügt jedoch nicht, daß lediglich ,,Verlust" oder ,,Beschädigung" gerügt wird oder lediglich ein ,,Vorbehalt" erklärt wird (OLG Wien v. 22.6.1989, TranspR **1990**, 158, 159). Für ungenügend werden auch Vorbehalte erklärt, in denen nur die Wahrscheinlichkeit eines Schadens mitgeteilt wird oder sich der Vorbehalt nur auf die Beschädigung der Verpackung bezieht (vgl. OLG Hamburg v. 7.5.1987, VersR **1987**, 1087, 1088; § 438 HGB Rz. 5; § 39 KVO Rz. 4; *Lamy*, Transport I, Nr. 918). Andererseits braucht der Vorbehalt nicht auf ein Gutachten gestützt zu werden. Verschiedentlich wird gefordert, daß nicht nur die Existenz von Mängeln behauptet, sondern auch *Ersatz verlangt* wird (*Hill/Messent*, CMR, S. 160 m. Nachw.). Angesichts der Bedeutung des Wortlauts für die Anwendung der CMR (vor Art. 1 CMR Rz. 4) hat der BGH (v. 9.2.1984, VersR **1984,** 578) zu Recht entschieden, daß der Frachtführer nur auf das Vorhandensein bestimmter Schäden hinzuweisen ist. Der Vorbehalt ist überflüssig, wenn der *Frachtführer* selbst auf der Empfangsbestätigung den *Schaden vermerkt hat* (*Lamy*, Transport I, Nr. 918). Die Beweislast trifft den Ersatzberechtigten.

5 **c) Absender und Adressaten**. Der Vorbehalt muß *vom Empfänger* oder dessen Rechtsnachfolger gemacht werden (*Lamy*, Transport I, Nr. 969). Er muß dies nicht persönlich tun. Es genügt, daß ein von einem Dritten für den Empfänger gefertigtes Schadensprotokoll an den Frachtführer weitergeleitet wird (BGH v. 14.3.1985, VersR **1985,** 686 zum WA). Der Vorbehalt ist *an den (Haupt-)Frachtführer* zu richten (*Loewe,* TranspR **1988,** 309, 310). Dies kann durch Vorbehalt auf dem Frachtbrief (Art. 5 I 3 CMR) oder auf der Empfangsquittung erfolgen (*Lamy*, Transport I, Nr. 918; Cour Cass., ULR **1977,** 334), auch wenn diese einem Unterfrachtführer ausgestellt wird. Der Vorbehalt kann auch gegenüber den *Leuten des Frachtführers* erfolgen, die das Gut abliefern. Beide haben insoweit kraft Verkehrssitte die Funktion von Empfangsboten (*Loewe,* ETR **1976,** 503, 577; vgl. auch BGH v. 12.12.1985, VersR **1986**, 381, 383). Der Frachtführer muß sich eine Schadensmeldung gegenüber einer gleichnamigen Schwesterfirma zurechnen lassen, wenn er den Empfänger nicht ausreichend über den Adressaten aufklärt (LG Offenburg, TranspR **1986,** 151). Soweit ein *Unterfrachtführer* selbst haftet (Art. 13 CMR Rz. 5) bedarf es eines an ihn gerichteten Vorbehalts (*Loewe,* TranspR **1988,** 309, 310), der gleichzeitig mit dem an den Hauptfrachtführer gerichteten Vorbehalt erfolgen kann.

6 **d) Zeitpunkt**. Der Vorbehalt muß spätestens bei Ablieferung (Art. 17 CMR Rz. 6) erklärt werden. Art. 30 IV CMR greift nicht ein (*Loewe,* ETR **1976,** 503, 577). Art. 30 I CMR verwendet ebenso wie Art. 17 I CMR die Begriffe ,,delivery" bzw. ,,livraison" im Sinn der Ablieferung (§ 429 HGB Rz. 6). Die Frist für die Erklärung des Vorbehalts endet somit in der Regel erst, nachdem der Empfänger ausreichend in der Lage war, das Gut zu untersuchen und Stellung zu nehmen (ebenso in der Tendenz *Clarke,* CMR, Rz. 62 Fn. 32). Der Vorbehalt kann auch schon vor der Ablieferung erfolgen (*Hill/Messent,* CMR, S. 162; vgl. auch LG Berlin v. 4.5.1983, TranspR **1985,** 134, 135). Dort, wo der Vorbehalt schriftlich erfolgt, genügt es, daß er *rechtzeitig abgesandt* wird (*Hill/Messent,* CMR, S. 162; vgl. auch *Lamy*, Transport I, Nr. 921); denn in Art. 30 I CMR ist von ,,without sending" bzw. ,,adressé"

die Rede (weitergehend *Lamy*, Transport I, Nr. 918: Einschreibebrief am nächsten Tag, wenn die Post bei Ablieferung bereits geschlossen war). Der Frachtführer hat den Zeitpunkt der Ablieferung, der Ersatzberechtigte den Zeitpunkt der Reklamation zu *beweisen*.

e) Rechtsfolge. Wurde an den Frachtführer rechtzeitig ein ausreichender Vorbehalt abgesandt (Rz. 6), so tritt die Rechtsfolge des Art. 30 I CMR (Vermutung der Vollzähligkeit und Schadensfreiheit) nicht ein. Die Frage, ob die Güter bei Ablieferung beschädigt waren, ist beweisrechtlich offen (GroßkommHGB-*Helm*, Anh. § 452, Art. 30 CMR Rz. 5; **a. A.** *Verviers*, ETR **1968**, 1240; Delft, Jurisprudence de droit uniforme **1966**, 104: Vermutung vertragsgerechter Ablieferung). Es kommen dann die Beweislastregeln des Rechts des angerufenen Gerichts zum Tragen. Nach deutschem Recht sind § 363 BGB bzw. die Regeln über die werkvertragliche Beweislastverteilung bei Entgegennahme des Gutes ohne Billigung heranzuziehen, denen zufolge der Frachtführer die ordnungsgemäße Erfüllung zu beweisen hat (vgl. § 408 HGB Rz. 7; *Baumgärtel/Giemulla*, Beweislast, Art. 30 CMR Rz. 3; ebenso *Loewe*, TranspR **1988**, 309, 310; so auch nach französischem Recht: *Lamy*, Transport I, Nr. 918; anders nach englischem Recht: *Clarke*, CMR, Rz. 62; *Hill/Messent*, CMR, S. 159). Würde man anders entscheiden, so würde man den Frachtführer begünstigen, der anstatt gemeinsame Feststellungen zu treffen, einen Vorbehalt hinnimmt und seine Richtigkeit später abstreitet. Durch den Vorbehalt ist der Frachtführer hinreichend gewarnt und veranlaßt, ausreichende Beweise zu sichern. Eine Ausnahme gilt dort, wo der Empfänger dem Frachtführer entgegen Art. 30 V CMR keine Gelegenheit zu Feststellungen und Überprüfungen gegeben hat (s. unten Rz. 11). 7

2. Fehlender Vorbehalt

Zu den *Voraussetzungen* eines ausreichenden Vorbehalts s. oben Rz. 3 ff. Die *Beweislast* für einen ausreichenden Vorbehalt trifft den Ersatzberechtigten; denn in Art. 30 I CMR werden die ,,gemeinsame Überprüfung" und die ,,Vorbehalte" als Ausnahme formuliert (,,ohne"). 8

Rechtsfolge: Es wird vermutet, daß der Empfänger das Gut in dem im **Frachtbrief** beschriebenen Zustand (Art. 8 f CMR) und in der dort genannten Zahl erhalten hat. Dies gilt nicht für das Gewicht (vgl. OLG Düsseldorf v. 29.3.1979, TranspR **1979**, 651); denn Art. 30 I CMR spricht lediglich von Zustand und es ist nicht einzusehen, warum dem Frachtführer eine über Art. 9 II CMR hinausgehende Vermutung zugute kommen soll. Diese Vermutung ist, wie sich klar aus dem englisch-französischen Text ergibt, widerleglich (so ganz allg. M.; vgl. für England *Hill/Messent*, CMR, S. 159; für Frankreich *Lamy*, Transport I, Nr. 922 m. Nachw.). War *kein ordnungsgemäßer Frachtbrief* ausgestellt worden (vgl. § 9 CMR Rz. 1) oder ergibt sich der Zustand der Güter weder aus dem Frachtbrief noch aus den im Frachtbrief erwähnten Begleitpapieren, so tritt die Beweislastumkehr nicht ein (BGH v. 8.6.1988, VersR **1988**, 952; OLG Düsseldorf v. 29.3.1979, VersR **1979**, 651; **a. A.** *Loewe*, TranspR **1988**, 309, 310; wohl auch *Clarke*, CMR, Rz. 62). Es ist aber nach deutschem Recht zu beachten, daß § 363 BGB bzw. die werkvertraglichen Beweislastregeln nach Annahme des Gutes zum Tragen kommen (vgl. § 408 HGB Rz. 7; so wohl auch GroßkommHGB-*Helm*, Anh. § 452, Art. 30 CMR Rz. 5). Der Beweis des Schadens kann z. B. damit geführt werden, daß der Unterfrachtführer Mängel gerügt hatte. Der fehlende Vorbehalt ist irrelevant, wenn der Frachtführer entgegen Art. 30 V CMR die Feststellungen behindert hatte (s. unten Rz. 11).

3. Gemeinsame Überprüfung bzw. Feststellung

9 In der deutschen Übersetzung des Art. 30 I, II CMR ist ausschließlich von „gemeinsam ... zu überprüfen" bzw. „gemeinsam überprüft" die Rede. Diese Übersetzung unterschlägt, daß es im englischen Text präziser heißt „duly checked by the consignee and the carrier", und daß der französiche Text das Schwergewicht mit den Worten „a été constaté contradictoirement" auf das Ergebnis der Überprüfung legt. Da die Rechtsfolge des Art. 30 II CMR in dem Ausschluß von Ansprüchen besteht, die mit dem Ergebnis der Überprüfung nicht in Einklang stehen, ist Art. 30 I, II CMR dahin zu interpretieren, daß es entscheidend auf die Feststellung der Schadensfreiheit oder der Beschädigung des Guts bzw. von Verlusten ankommt. Sowohl Empfänger als auch Frachtführer müssen zum selben Ergebnis gelangt sein, wenn auch auf dem Weg wechselseitiger Kontrolle (contradictoirement). Die CMR schreibt keine besondere Form dieser gemeinsamen Feststellungen vor. Sie können auf dem Frachtbrief oder auf anderen Dokumenten getroffen werden, sofern sie nur gemeinsam erfolgen. Zu weit geht es, wenn man eine gemeinsame Feststellung schon dort bejaht, wo ein Versicherungssachverständiger im Beisein des Fahrers ein Schadensprotokoll aufsetzt (vgl. *Lamy*, Transport I, Nr. 919 mit Hinweisen zur weitergehenden franz. Rspr.). Die gemeinsamen Feststellungen sind unwirksam, wenn nachgewiesen wird, daß nicht ordentlich kontrolliert worden ist („duly checked"; *Clarke*, CMR, Rz. 62); z. B. wegen Verwendung defekter Meßgeräte.

10 **a) Die gemeinsamen Feststellungen sind erfolgt**. Es steht fest, daß das Gut entsprechend den Feststellungen äußerlich erkennbare bzw. keine erkennbaren Schäden aufweist. Der Gegenbeweis ist unzulässig (Art. 30 II CMR; ganz h. M.; OLG Wien v. 22.6.1989, TranspR **1990**, 158, 159; GroßkommHGB-*Helm*, Anh. § 452, Art. 30 CMR Rz. 6; *Clarke*, CMR, Rz. 62; *Lamy*, Transport I, Nr. 919). Art. 30 V CMR spielt keine Rolle (Brüssel, ETR **1971**, 824).

11 **b) Eine gemeinsame Überprüfung ist nicht erfolgt**. Es wird die Schadensfreiheit nach Maßgabe des Frachtbriefes vermutet, es sei denn, daß der Absender oder der Empfänger einen ordnungsgemäßen Vorbehalt erklärt hat (Art. 30 I CMR; oben Rz. 8). Ist der Zustand des Guts im Frachtbrief nicht näher beschrieben, so ist Art. 9 II CMR analog anzuwenden (**a. A.** OLG Wien v. 22.6.1989, TranspR **1990**, 158, 159). Schwierigkeiten bereitet die Lösung des Falles, in dem der Empfänger den Frachtführer oder dessen Leute zur gemeinsamen Überprüfung auffordert, diese aber entgegen Art. 30 V CMR nicht mitwirken. Die CMR sieht für die **unterlassene Mitwirkung** keinerlei Sanktionen vor (*Loewe*, ETR **1976**, 503, 579). Es ist nicht anzunehmen, daß die CMR einen Verstoß gegen Art. 30 V CMR folgenlos lassen wollte. Es ist daher ergänzend das einschlägige nationale Recht (vor Art. 1 CMR Rz. 5 ff)

heranzuziehen. Nach deutschem Recht sind die Regeln der Beweisvereitelung einschlägig, d. h. der Frachtführer kann sich nicht darauf berufen, daß der Vorbehalt unrichtig war (ähnlich GroßkommHGB-*Helm*, Anh. § 452, Art. 30 Rz. 9; *Hill/Messent*, CMR, S. 162; *Loewe*, TranspR **1988,** 309, 311; *Theunis/Buyl*, S. 284). Gleiches gilt auch zugunsten des Frachtführers.

c) Eine gemeinsame Überprüfung, aber keine gemeinsamen Feststellungen. Diese Fallvariante wird weder in Art. 30 I CMR noch in Art. 30 II CMR ausdrücklich angesprochen. Wie oben (Rz. 9) dargelegt, liegt der Akzent bei den gemeinsamen Feststellungen. Dies hat zur Folge, daß mangels gemeinsamer Feststellungen rechtzeitig ein ausreichender Vorbehalt erklärt werden muß, damit die Rechtsfolgen des Art. 30 I CMR (Rz. 8) nicht eintreten. Allerdings wird in aller Regel ein ausreichender Vorbehalt darin zu sehen sein, daß der Empfänger bei der gemeinsamen Überprüfung dem Fahrer mitteilt, welche Schäden er festgestellt zu haben meint. 12

III. Äußerlich nicht erkennbare Verluste und Beschädigungen

Zur Frage, wann Schäden äußerlich erkennbar sind, vgl. oben Rz. 2. Sind Schäden äußerlich nicht erkennbar, muß der Absender bzw. Empfänger rechtzeitig einen ordnungsgemäßen Vorbehalt erklären, wenn er verhindern will, daß die Vermutung der Schadensfreiheit gemäß Art. 30 I CMR entsteht oder daß ihm im Fall gemeinsamer Feststellungen (Art. 30 II CMR; oben Rz. 8, 10) der Gegenbeweis abgeschnitten wird. 13

1. Keine gemeinsame Überprüfung

a) Vorbehalt. Es gilt das oben (Rz. 3ff) zum Inhalt, Absender und Adressaten Gesagte. Der Vorbehalt muß schriftlich erfolgen. § 126 BGB ist als nationale Vorschrift nicht anzuwenden. Es genügt daher z. B. Telex, Photographie oder EDV (*Clarke*, CMR, Rz. 63; *Loewe*, ETR **1976,** 503, 577; Cour Cass., BullT **1988**, 42; *Lamy*, Transport I, Nr. 921; vgl. auch OLG Hamburg v. 6.12.1979, VersR **1980,** 290). Der Vorbehalt muß spätestens innerhalb von 7 Tagen (Sonn- und gesetzliche Feiertage am Ankunftsort (*Hill/Messent*, CMR, S. 162) nicht mitgerechnet) abgesandt werden (**a. A.** BGH v. 14.11.1991, TranspR **1992**, 135, 138: Zugang; dazu Rz. 18). Die Frist beginnt gemäß Art. 30 IV CMR am Tag nach der Ablieferung (s. oben Rz. 6) des Gutes oder am Tag nach der Überprüfung iSd Art. 30 II CMR. In den Fällen des Art. 16 II 1, 22 II CMR fängt die Frist erst mit Ablieferung bzw. Überprüfung zu laufen an. Der Frachtführer hat den Tag der Ablieferung, der Ersatzberechtigte im übrigen die Ordnungsmäßigkeit und Rechtzeitigkeit des Vorbehalts zu beweisen. 14

b) Rechtsfolge des Vorbehaltes. Ist rechtzeitig ein ausreichender Vorbehalt erklärt worden, so greift die Vermutung des Art. 30 I CMR (oben Rz. 8) nicht ein. Nach französischer Rechtsauffassung muß dann der Frachtführer beweisen, daß das Gut bei Ablieferung nicht die gerügten Mängel aufwies (Cour Cass., BullT **1982,** 152; w. Nachw. *Lamy*, Transport I, Nr. 921; ebenso *Loewe*, TranspR **1988,** 309, 310 mit Hinweis auf die Entstehungsgeschichte). Demgegenüber wird für das englische Recht behauptet, daß trotz eines Vor- 15 behalts die Beweislast den Geschädigten trifft (*Clarke,* CMR, Rz. 63, 62; *Hill/Messent,* CMR, S. 159). Nach deutschem nationalen Recht kommen § 363 BGB bzw. die werkvertraglichen Beweislastregeln zum Tragen, so daß nach der Ablieferung trotz späteren Vorbehalts die Beweislast auf den Geschädigten übergeht (ebenso *Baumgärtel/Giemulla,* Beweislast, Art. 30 CMR Rz. 5; vgl. ferner oben Rz. 7). Diese Regelung fand sich auch in Art. 56 § 2 d 2 CIM a. F. (Art. 57 § 2 b 2 COTIF-ER/CIM).

16 **c) Fehlender Vorbehalt.** S. oben Rz. 8.

2. Gemeinsame Feststellungen

17 Zu den gemeinsamen Feststellungen s. oben Rz. 9. Ist rechtzeitig ein ordnungsgemäßer Vorbehalt (oben Rz. 14) abgesandt worden, so entfällt in Hinblick auf äußerlich nicht erkennbare Schäden die Bindungswirkung der gemeinsamen Feststellungen. Der Geschädigte muß beweisen, daß das Gut bei der Ablieferung verdeckte Mängel aufwies. Verspätete Vorbehalte sind irrelevant; Schadensersatzansprüche entfallen, soweit sie nicht auf die gemeinsamen Feststellungen gestützt werden können.

IV. Lieferfristüberschreitungen

18 Art. 30 III CMR schneidet dem Geschädigten immer sämtliche Schadensersatzansprüche aus Art. 17 I 3. Alt. iVm Art. 19 CMR wegen anderer als Güterschäden ab (Rechtsverlust; BGH v. 14.11.1991, TranspR **1992**, 135, 138; *Tilche,* BullT **1992**, 223, 226), wenn er nicht einen schriftlichen (OLG Hamburg v. 6.12.1979, VersR **1980,** 290; ferner oben Rz. 3) Vorbehalt binnen 21 Tagen an den Frachtführer absendet. Dies ist von Amts wegen zu berücksichtigen (BGH v. 14.11.1991, TranspR **1992**, 135, 138). Die Frist beginnt am Tag, nach dem das im Besitz des Unternehmers befindliche Gut dem Empfänger vollständig (BGH v. 14.11.1991, TranspR **1992**, 135, 138) zur Verfügung gestellt worden ist (Art. 30 IV CMR). Art. 30 III CMR spricht hier nicht von Ablieferung (*Lamy,* Transport I, Nr. 969), so daß es genügt, daß der Frachtführer sich dem Empfänger gegenüber zur Ablieferung bereiterklärt hat (s. Art. 15 CMR). Sonn- und Feiertage werden mitgezählt, wie ein Umkehrschluß aus Art. 30 I 1 2. HS CMR ergibt (*Clarke,* CMR, Rz. 64; *Lamy,* Transport I, Nr. 920, 969). Nach Ansicht des BGH (v. 14.11.1991, TranspR **1992**, 135, 138) muß der Vorbehalt innerhalb der Frist zugehen, obwohl in Art. 30 III CMR wie in Art. 30 I 1. Alt. CMR von „sent" bzw. „adressée" die Rede ist und diese Formulierung in Art. 30 I 1. Alt. CMR nur den Sinn von abgesandt haben kann (vgl. Rz. 6). Der Vorbehalt muß die Schäden nicht im einzelnen aufzählen. Er muß nur Verspätungsschäden (nicht bloß Schäden infolge Verlusts des Guts) erwähnen (ähnlich OLG Düsseldorf v. 18.1.1979, VersR **1979,** 356, 357; GroßkommHGB-*Helm,* Anh. § 452, Art. 30 CMR Rz. 7). Weitere Schäden können nachgeschoben werden. Der Vorbehalt kann nach Überschreitung der Lieferfrist schon vor dem Zeitpunkt der Zurverfügungstellung des Gutes abgesandt werden (LG Berlin v. 4.5.1983, TranspR **1985,** 134, 135; *Hill/Messent,* CMR, S. 162; *Loewe,* TranspR **1988,** 309, 310; **a. A.** wohl Orleans, BullT **1982**, 233; *Lamy,* Trans-

port I, Nr. 969). Gleiches gilt, wenn die Überschreitung der Lieferfrist mit Sicherheit zu erwarten ist. Dem OLG Düsseldorf (v. 18.1.1979, VersR **1979,** 356, 357) kann jedoch nicht gefolgt werden, wenn es immer einen Hinweis auf potentielle Schäden vor Lieferfristüberschreitung genügen läßt, weil dann auch Hinweise bei der Absendung ausreichend sein müßten (einschränkend *Loewe,* TranspR **1988,** 309, 310). Zum Adressaten des Vorbehalts Art. 30 CMR Rz. 5. Der Vorbehalt kann von jedem an dem Gut Berechtigten, also auch dem Absender (OLG München v. 12.4.1990, TranspR **1990**, 280, 287; *Tilche*, BullT **1992**, 223, 226; *Lamy*, Transport I, Nr. 969), erklärt werden. *Loewe* (TranspR **1988,** 309, 310) zufolge entspricht dies den Absichten des historischen Gesetzgebers, weil man im Fall des Art. 30 III CMR jedem am Gut Berechtigten die Möglichkeit des Vorbehalts eröffnen wollte. Soweit die Verspätung zu Verlusten oder Beschädigungen des Gutes geführt hat, gilt in Hinblick auf die Güterschäden Art. 30 I, II CMR (GroßkommHGB-*Helm,* Anh. § 452, Art. 30 CMR Rz. 8). Trotz eines rechtzeitigen Vorbehalts hat der Geschädigte die Verspätung zu beweisen (OLG Hamburg v. 6.12.1979, VersR **1980,** 290, 291). Er hat auch die Richtigkeit des Vorbehalts nachzuweisen. Grob fahrlässig verursachte Verspätung, s. Rz. 1.

V. Kosten der Schadensfeststellung

Jede Partei hat die von ihr aufgewandten Kosten der Schadensfeststellung **19**
selbst zu tragen (Art. 23 CMR Rz. 10; *de la Motte,* VersR **1988,** 317, 319). Anders ist es, wenn sich die Parteien auf einen Sachverständigen einigen; dies impliziert im Zweifel nach nationalem Recht eine Abrede über Kostenteilung.

Art. 31 CMR [Internationale Zuständigkeit; Rechtshängigkeit; Rechtskraft; Vollstreckbarkeit; Sicherheitsleistung]

1. Wegen aller Streitigkeiten aus einer diesem Übereinkommen unterliegenden Beförderung kann der Kläger, außer durch Vereinbarung der Parteien bestimmte Gerichte von Vertragsstaaten, die Gerichte eines Staates anrufen, auf dessen Gebiet

a) der Beklagte seinen gewöhnlichen Aufenthalt, seine Hauptniederlassung oder die Zweigniederlassung oder Geschäftsstelle hat, durch deren Vermittlung der Beförderungsvertrag geschlossen worden ist, oder

b) der Ort der Übernahme des Gutes oder der für die Ablieferung vorgesehene Ort liegt.

Andere Gerichte können nicht angerufen werden.

2. Ist ein Verfahren bei einem nach Absatz 1 zuständigen Gericht wegen einer Streitigkeit im Sinne des genannten Absatzes anhängig oder ist durch ein solches Gericht in einer solchen Streitsache ein Urteil erlassen worden, so kann eine neue Klage wegen derselben Sache zwischen denselben Parteien nicht erhoben werden, es sei denn, daß die Entscheidung des Gerichtes, bei dem die erste Klage erhoben worden ist, in dem Staat nicht vollstreckt werden kann, in dem die neue Klage erhoben wird.

3. Ist in einer Streitsache im Sinne des Absatzes 1 ein Urteil eines Gerichtes eines Vertragsstaates in diesem Staat vollstreckbar geworden, so wird es auch in allen anderen Vertragsstaaten vollstreckbar, sobald die in dem jeweils in Betracht kommenden Staat hierfür vorgeschriebenen Formerfordernisse erfüllt sind. Diese Formerfordernisse dürfen zu keiner sachlichen Nachprüfung führen.

4. Die Bestimmungen des Absatzes 3 gelten für Urteile im kontradiktorischen Verfahren, für Versäumnisurteile und für gerichtliche Vergleiche, jedoch nicht für nur vorläufig vollstreckbare Urteile sowie nicht für Verurteilungen, durch die dem Kläger bei vollständiger oder teilweiser Abweisung der Klage neben den Verfahrenskosten Schadenersatz und Zinsen auferlegt werden.

5. Angehörige der Vertragsstaaten, die ihren Wohnsitz oder eine Niederlassung in einem dieser Staaten haben, sind nicht verpflichtet, Sicherheit für die Kosten eines gerichtlichen Verfahrens zu leisten, das wegen einer diesem Übereinkommen unterliegenden Beförderung eingeleitet wird.

Literatur: siehe vor Art. 1 CMR.

Übersicht

	Rz.
I. Allgemeines	1
II. Internationale Zuständigkeit (Art. 31 I CMR)	2
1. Kraft Gesetzes	
a) Gewöhnlicher Aufenthalt, Hauptzweigniederlassung, Geschäftsstelle	3
b) Ort der Übernahme, Ablieferung	4
2. Prorogation	5
III. Örtliche, sachliche Zuständigkeit	6
IV. Eilverfahren	7
V. Einrede der Rechtshängigkeit bzw. Rechtskraft (Art. 31 II CMR)	8
VI. Vollstreckbarkeit (Art. 31 III CMR)	9
VII. Begriff des Urteils (Art. 31 IV CMR)	10
VIII. Sicherheitsleistung (Art. 31 V CMR)	11
IX. Arrest	12

I. Allgemeines

1 Art. 31 CMR, der sich an Art. 28 WA anlehnt (*Schulze*, DGV **1959**, 14, 16), regelt Fragen des internationalen Prozeßrechts, nämlich die internationale Zuständigkeit (Art. 31 I CMR), die Einrede der Rechtshängigkeit und Rechtskraft (Art. 31 II CMR), die Vollstreckbarkeit (Art. 31 III CMR) und die Sicherheit für Prozeßkosten (Art. 31 IV CMR). Besondere Gerichtsstände bestehen im Prozeß zwischen aufeinanderfolgenden Frachtführern (Art. 39 CMR). In Art. 33 CMR werden Schiedsgerichtsvereinbarungen zugelassen.

Art. 31 CMR ist unabdingbar (Art. 41 I CMR) und geht dem EWG-Übereinkommen über die gerichtliche Zuständigkeit und die Vollstreckung gerichtlicher Entscheidungen in Zivil- und Handelssachen v. 27.9.1968 (BGBl. II 1972, 773) vor (Art. 57 EuGÜbK; *Fremuth,* TranspR **1983**, 35, 37). Art. 31 CMR erfaßt alle Streitigkeiten aus einer der CMR unterliegenden Beförderung. Die Verfasser der CMR wollten damit nicht nur den Gerichtsstand und die Vollstreckung für Streitigkeiten, die auf CMR-Ansprüche gestützt werden, sondern auch Streitigkeiten um Rechte regeln, die aus nationalem Recht (vor Art. 1 CMR Rz. 5 ff) hergeleitet werden (Denkschrift, BT-Drucksache III/1144 S. 44; *Schulze,* DGV **1959**, 14, 15; *Loewe,* ETR **1976**, 503, 579; *Hill/Messent,* CMR, S. 165; *Putzeys,* CMR, Rz. 1088). Dabei ist es gleichgültig, ob es sich um Ansprüche aus nationalem Vertragsrecht (z. B. Entgeltforderung; Erstattung von Auslagen [OLG Düsseldorf v. 29.9.1988, TranspR **1989**, 10, 11; *Putzeys,* CMR, Rz. 1088; *Müller/Hök,* RIW **1988**, 773, 775; **a. A.** *Loewe,* aaO, S. 580]) oder um außervertragliche Ansprüche handelt (OLG Düsseldorf v. 29.9.1988, TranspR **1989**, 10, 11; so auch *Clarke,* CMR, Rz. 48; *Loewe,* aaO, S. 579; die Denkschrift [aaO] spricht nur von vertraglichen Ansprüchen); denn die CMR regelt in Art. 28 auch außervertragliche Forderungen. Umstritten ist, ob es Voraussetzung für die Anwendbarkeit des Art. 31 CMR ist, daß eine reale Beförderung stattgefunden hat (bejahend *Loewe,* TranspR **1988**, 309, 311; *Hill/Messent,* CMR, S. 165 mit Hinweis auf eine italienische Entscheidung; verneinend GroßkommHGB-*Helm,* Anh. § 452, Art. 31 CMR Rz. 3; *Putzeys,* CMR, Rz. 1088). Wenn man bedenkt, daß es für den Geltungsbereich der CMR gemäß Art. 1 I CMR auf den Inhalt des Beförderungsvertrages ankommt, so sollte man es auch in Hinblick auf Art. 31 CMR genügen lassen, daß ein CMR-Vertrag geschlossen worden war und um Ansprüche aus diesem Vertrag bzw. um konkurrierende außervertragliche Ansprüche gestritten wird. Art. 31 CMR gilt auch, soweit Gehilfen des CMR-Frachtführers verklagt werden, da auch hier CMR-Fragen berührt werden (Art. 28 II CMR; so auch GroßkommHGB-*Helm,* Anh. § 452, Art. 31 CMR Rz. 3; **a. A.** wohl *Hill/Messent,* CMR, S. 165). Der Wortlaut läßt die hier vertretene Interpretation zu.

II. Internationale Zuständigkeit (Art. 31 I CMR)

1. Kraft Gesetzes

Art. 31 I CMR regelt nach derzeitigem Stand (Rz. 6) ausschließlich die 2
Frage, ob Gerichte eines Vertragsstaates (Art. 1 CMR Rz. 6) oder eines anderen Staates **international zuständig** werden. Ergibt sich aus Art. 31 I CMR, daß die Gerichte eines bestimmten Staates international zuständig sind, so heißt dies noch nicht, daß einzelne dieser Gerichte auch örtlich bzw. sachlich zuständig sind. Vielmehr müssen zusätzlich die Voraussetzungen für die örtliche, sachliche und funktionelle Zuständigkeit nach dem nationalen Recht der angerufenen Gerichte erfüllt sein (BGHZ **79**, 332; v. 9.12.1982; VersR **1983**, 282). Die durch Art. 31 I CMR eröffnete internationale Zuständigkeit kann nicht durch Parteivereinbarung derogiert werden (Art. 41 CMR; OLG Hamburg v. 26.4.1984, TranspR **1984**, 194; *Loewe,* ETR **1976**, 503, 580; *Hill/Messent,* CMR, S. 167; *Putzeys,* CMR, Rz. 1091; zweifelnd *Clarke,* CMR, Rz. 48). Dies ergibt sich klar aus der verbindlichen (Art. 51 III CMR) englischen Fassung des Art. 31 I CMR (GroßkommHGB-*Helm,* Anh. § 452, Art. 31 CMR Rz. 4).

Gemäß Art. 31 I CMR können **ausschließlich Gerichte von Vertragsstaaten** (Art. 1 CMR Rz. 6) zuständig werden. Erklären sich Gerichte von Nichtvertragsstaaten für zuständig, so ist dies nach dem Recht dieser Staaten wirksam, kann jedoch einer Vollstreckung des Urteils in den Vertragsstaaten entgegenstehen, soweit es darauf ankommt, daß das Urteil vor einem zuständigen Gericht erstritten worden ist.

Gerichte von Vertragsstaaten sind unter den in Art. 31 I a, b CMR alternativ genannten Voraussetzungen **zuständig:**

3 **a) Gewöhnlicher Aufenthalt, Haupt-, Zweigniederlassung, Geschäftsstelle**. Der gewöhnliche Aufenthaltsort ist nicht mit dem Wohnsitz identisch (*Loewe,* TranspR **1988**, 309, 312). Aus der CMR ergibt sich nicht klar, ob es auf den satzungsmäßigen oder faktischen Ort der Geschäftsleitung ankommt. Es liegt im Interesse der Rechtsvereinheitlichung, beide Orte genügen zu lassen (*Hill/Messent,* CMR, S. 168; **a. A.** *Loewe,* TranspR **1988**, 309, 312). Der Halbsatz „durch deren Vermittlung der Beförderungsvertrag abgeschlossen worden ist", bezieht sich nur auf die Zweigniederlassung oder Geschäftsstelle (*Loewe,* ETR **1976**, 503, 580 f); denn es ist selbstverständlich, daß der Frachtführer immer am Ort seiner Hauptniederlassung verklagt werden kann. Der Begriff der Geschäftsstelle („agency", „l'agence") ist weit auszulegen. Geschäftsstelle ist auch eine selbständige Agentur, wenn sich der Frachtführer, der im Inland keine selbständige Niederlassung besitzt, regelmäßig dieser Agentur zum Abschluß von Frachtverträgen bedient (vgl. BGHZ **84**, 339, 344 f). Auf die Größe der Geschäftsstelle kommt es nicht an (*Hill/Messent,* CMR, S. 168).

4 **b) Ort der Übernahme, Ablieferung**. Der Wortlaut des Art. 31 I b CMR zeigt, daß, im Gegensatz zur Ablieferung, der Ort der tatsächlichen Übernahme maßgeblich ist. Auf den vertraglichen Ort der Übernahme kommt es somit nicht an (Handelsgericht Wien v. 3.4.1984, TranspR **1984**, 152; *Loewe,* TranspR **1988**, 309, 312; *Hill/Messent,* CMR, S. 168). Hingegen ist auf den vertraglich vereinbarten Ort der Ablieferung (Art. 6 I d CMR) abzustellen (Paris, BullT **1991**, 779). Eine entsprechende Eintragung im Frachtbrief ist nicht Voraussetzung, wirkt aber beweiserleichternd (Art. 4, 9 CMR). Wurden dem Frachtführer wirksame Weisungen erteilt (Art. 12 CMR), so ist der letzte für die Ablieferung vorgesehene Ort maßgeblich. Dem Kläger steht es frei, ob er sich auf Art. 31 I a CMR oder Art. 31 I b CMR stützen will.

2. Prorogation

5 Die Parteien können zusätzlich die internationale Zuständigkeit eines Vertragsstaates vertraglich vereinbaren. In der unverbindlichen deutschen Übersetzung der verbindlichen (Art. 51 III CMR) englischen-französichen Texte ist von „bestimmte Gerichte" die Rede. Der englische Text kann auch so gelesen werden, daß sich die Vereinbarung ausschließlich auf den Vertragsstaat bezieht. Im französischen Text tritt diese Lesart noch deutlicher hervor. Da Art. 31 I CMR nur die internationale Zuständigkeit regelt, steht allein diese Lesart mit der ratio des Art. 31 I CMR in Einklang. Das hat zur Folge, daß Art. 31 I CMR nicht die Prorogierbarkeit des örtlich und sachlich zuständigen Gerichts regelt. Insoweit ist das nationale Recht einschlägig (unten Rz. 6). Wie sich aus den verbindlichen englischen und französischen Texten ergibt, kann ausschließlich die Zuständigkeit der Gerichte von Vertragsstaaten (Art. 1 CMR Rz. 6) vereinbart werden (oben Rz. 2). Die Vereinbarung kann auch nach Klageerhebung erfolgen, z. B. stillschweigend dadurch, daß

sich der Beklagte zur Sache einläßt. Nach der Klageerhebung kann auch die Zuständigkeit der Gerichte von Nichtvertragsstaaten vereinbart werden, da dann die Schutzfunktion des Art. 41 CMR keine Rolle mehr spielt (*Putzeys*, CMR, Rz. 1095). Art. 31 I CMR regelt nicht, in welcher Form die Prorogation zu erfolgen hat. Die Lücke ist durch Rückgriff auf das nationale Recht zu schließen (*Csoklich*, S. 297). Unklar ist, ob die lex causae (so LG München, RIW **1991**, 150) oder die lex fori einschlägig ist. Näher liegt es, das Recht des Gerichtsortes heranzuziehen (OLG Bamberg v. 22.9.1988, IPRax **1990**, 105, 106; *Loewe*, TranspR **1988**, 309, 311). Jedenfalls bedarf die Prorogation nicht der Eintragung im Frachtbrief (*Loewe*, TranspR **1988**, 309, 311); denn der Frachtbrief erfüllt im Zweifel nur Beweisfunktion (Art. 4 CMR). Das gilt auch, soweit sich der Empfänger auf die Prorogation beruft (*Hill/Messent*, CMR, S. 166; *Putzeys*, CMR, Rz. 1094; **a. A.** *Lamy*, Transport I, Nr. 1002); denn die Rechte des Empfängers sind nie von der Eintragung im Frachtbrief abhängig. Anders ist die Situation, falls dem Empfänger, von dem eine Leistung gefordert wird, eine Prorogation entgegengehalten wird, da dann die ratio des Art. 13 II 1 CMR zum Tragen kommt (Paris, BullT **1991**, 779; *Putzeys*, CMR, Rz. 1094). Die Prorogation gemäß Art. 31 I CMR braucht unter dem Aspekt der internationalen Zuständigkeit die Form des Art. 17 EuGÜb nicht zu beachten, weil Art. 17 EuGÜb auf die Vereinbarung eines ausschließlichen Gerichtsstandes bezogen ist und gemäß Art. 31 I CMR die Prorogation nur einen zusätzlichen internationalen Gerichtsstand begründen kann (*Fremuth*, TranspR **1983,** 35, 37; AG Köln v. 6.2.1985, TranspR **1985,** 179; LG Aachen v. 16.1.1976, RIW **1976,** 588; OLG Wien, TranspR **1987,** 223; *Baumbach/Duden/Hopt*, HGB, Art. 31 CMR Rz. 1; GroßkommHGB-*Helm*, Anh. § 452, Art. 31 Rz. 4; i. E. ebenso *Lamy*, Transport I, Nr. 1002: Hinweis auf Art. 57 EuGÜb; **a. A.** *Kropholler*, EuGÜb, Art. 57 Rz. 4). § 38 II ZPO ist gegenüber Kaufleuten nicht anwendbar (vgl. *Zöller/Vollkommer*, ZPO (17. Aufl.) § 38 Rz. 25 m. Nachw.). Eine andere Frage ist es, ob **§ 65 ADSp** mit Art. 31 I CMR im Einklang steht, falls die Klausel durch Unterwerfung in den Vertrag einbezogen wird. Die Anwendbarkeit der Gerichtsstandsklausel des § 65 ADSp scheitert nicht an den Formerfordernissen des Art. 17 EuGÜb, sondern daran, daß der in § 65 b ADSp genannte Gerichtsstand als ausschließlicher Gerichtsstand gewollt ist. Dies verstößt gegen Art. 31 I CMR (das übersieht OLG Schleswig v. 25.5.1987, NJW-RR **1988**, 283, 284). Nach den Regeln der Teilnichtigkeit kann § 65 b ADSp jedoch mit dem Inhalt aufrechterhalten werden, daß § 65 b ADSp lediglich einen zusätzlichen internationalen Gerichtsstand eröffnen soll. Soweit in § 65 ADSp wirksam der Erfüllungsort vereinbart wird, hat dies für die internationale Zuständigkeit keine Bedeutung; denn Art. 31 I CMR kennt keine Zuständigkeit des Erfüllungsortes. Die Vereinbarung des Erfüllungsortes hat jedoch für den örtlichen Gerichtsstand Bedeutung (unten Rz. 6).

III. Örtliche, sachliche Zuständigkeit

Aus Art. 31 I CMR ergibt sich weder die örtliche noch die sachliche Zu- 6
ständigkeit des angerufenen Gerichts (BGHZ **79**, 332; BGH v. 9.12.1982,

VersR **1983**, 282; NJW **1985**, 561). Fehlt es trotz internationaler Zuständigkeit eines bestimmten Vertragsstaates an der örtlichen oder sachlichen Zuständigkeit eines seiner Gerichte, so kann in diesem Staat keine Klage erhoben werden (kritisch dazu *Herber*, TranspR **1987**, 55, 56; *Müller/Hök*, RIW **1988**, 773, 774; *Loewe*, TranspR **1988**, 309, 312 jew. m. Nachw.). Die örtliche und sachliche Zuständigkeit muß nach dem innerstaatlichen Prozeßrecht des angerufenen Gerichts begründet sein (zum österr. Recht OGH Wien v. 17.4.1989, VersR **1991**, 796). Nach deutschem Recht ist Art. 1 a CMR maßgeblich, der nicht Teil des Abkommens, sondern unvereinheitlichtes nationales Recht darstellt (Art. 1 a CMR Rz. 1). Daneben kommt insbesondere der Gerichtsstand des Erfüllungsortes in Betracht (§ 29 ZPO; Art. 5 EuGÜb). Der Erfüllungsort ist anhand des gemäß Art. 27, 28 IV, 32 EGBGB maßgeblichen nationalen Rechts zu bestimmen (OLG Hamm v. 17.4.1986, TranspR **1986**, 431). Nach deutschem Recht ist Erfüllungsort in der Regel der Ablieferungsort (OLG Düsseldorf v. 1.3.1979, VersR **1979**, 381). Sind auf den Vertrag die **ADSp** anzuwenden (§ 2 ADSp Rz. 11), so kann sich der Erfüllungsort aus § 65 a ADSp ergeben (AG Köln v. 6.2.1985, TranspR **1985**, 179; OLG Hamburg v. 30.4.1981, TranspR **1984**, 133; *Fremuth*, TranspR **1983**, 35, 38; § 65 ADSp Rz. 3). § 65 b ADSp begründet einen ausschließlichen Gerichtsstand. Falls damit die Gerichtsstände in anderen Vertragsstaaten verdrängt werden, ist die Ausschließlichkeitsabrede iSd § 65 b ADSp nichtig (Rz. 5). § 65 b ADSp kann daher, da die Nichtigkeit der Ausschließlichkeits-Bestimmung nicht teilbar ist (dies übersehen OLG Hamburg v. 30.4.1981, TranspR **1984**, 132; LG Hamburg v. 16.9.1980, VersR **1981**, 475), nur dort einen ausschließlichen örtlichen Gerichtsstand begründen, wo alle internationalen Zuständigkeiten gemäß Art. 31 I CMR in Deutschland liegen. Demnach begründet § 65 ADSp in der Regel nur eine einfache örtliche Zuständigkeit, sei es gemäß § 29 ZPO iVm § 65 a ADSp, sei es kraft Prorogation. Zur Prorogation vgl. auch *Müller/Hök*, RIW **1988**, 773, 774.

IV. Eilverfahren

7 Vgl. *Fremuth*, TranspR **1983**, 35, 39ff.

V. Einrede der Rechtshängigkeit bzw. Rechtskraft (Art. 31 II CMR)

8 Der Rechtsstreit muß zwischen denselben Parteien anhängig sein oder gewesen sein, auch wenn die Parteirolle vertauscht sein kann (vgl. auch Art. 31 IV CMR). Dies ist nicht der Fall, wenn der Frachtführer in dem einen Staat vom Absender und in dem anderen vom Empfänger verklagt wird (*Hill/Messent*, CMR, S. 170). Erforderlich ist die Anhängigkeit bei einem Gericht, das gemäß Art. 31 I CMR international zuständig ist (*Hill/Messent*, CMR, S. 170; **a. A.** GroßkommHGB-*Helm*, Anh. § 452, Art. 31 CMR Rz. 6; wohl auch *Loewe*, ETR **1976**, 503, 582). Wegen „derselben Sache" wird eine Klage nicht nur dann erhoben, wenn sie auf dieselben Rechtsgründe, sondern, wie sich aus dem französischen Text ergibt, auch dann, wenn sie auf denselben Sachverhalt gestützt wird (*Hill/Messent*, CMR, S. 170; *Loewe*, TranspR **1988**, 309,

313), selbst wenn die erste Klage abgewiesen wurde (*Loewe,* ETR **1976**, 503, 581). *Ausnahme:* Das auf die zuerst rechtshängig gewordene Klage ergangene Urteil kann in dem Staat, in dem erneut geklagt wird, nicht gemäß Art. 31 III CMR vollstreckt werden.

VI. Vollstreckbarkeit (Art. 31 III CMR)

Voraussetzung ist ein endgültig (Art. 31 IV CMR) vollstreckbares Urteil eines Vertragsstaates in einem Streit iSd Art. 31 I CMR (Rz. 1). Urteile sind auch Entscheidungen im Versäumnis- und Mahnverfahren (Art. 31 IV CMR) und gerichtliche Vergleiche (Art. 31 IV CMR), sofern sie in dem Staat, in dem sie geschlossen worden sind, Vollstreckungstitel darstellen (zu nicht vollstreckbaren Entscheidungen vgl. OGH Wien, TranspR **1990**, 152, 153). Außerdem müssen die Formalitäten nach dem Recht des vollstreckenden Vertragsstaates erfüllt sein (*Müller/Hök,* RIW **1988**, 773, 775 f). Der vollstreckende Vertragsstaat darf jedoch nicht mehr nachprüfen, ob das Urteil sachlich zu Recht ergangen ist, wohl aber, ob die Voraussetzungen des Art. 31 I CMR erfüllt sind. Urteile von Nichtvertragsstaaten sind nach den allgemeinen Regeln zu vollstrecken. **9**

VII. Begriff des Urteils (Art. 31 IV CMR)

Art. 31 IV CMR enthält eine Legaldefinition des Urteils. Den Versäumnisurteilen stehen Entscheidungen im Mahnverfahren oder gerichtliche Vergleiche gleich, sofern sie vollstreckbar sind (*Loewe,* ETR **1976**, 503, 583 f). *Ausnahme:* Vorläufig vollstreckbare Entscheidungen sowie Prozeßstrafen oder der Ersatz von Schäden über den Ersatz von Prozeßkosten hinaus (*Loewe,* ETR **1976**, 503, 584; *Hill/Messent,* CMR, S. 172). **10**

VIII. Sicherheitsleistung (Art. 31 V CMR)

Vgl. § 110 ZPO. Die Befreiung von Sicherheitsleistungen gilt auch vor Gerichten des Heimatstaates (GroßkommHGB-*Helm,* Anh. § 452, Art. 31 Rz. 8; *Hill/Messent,* CMR, S. 173; **a. A.** *Loewe,* ETR **1976**, 503, 584). **11**

IX. Arrest

Vgl. *Braun,* VersR **1988**, 878. **12**

Art. 32 CMR [Verjährung]

1. Ansprüche aus einer diesem Übereinkommen unterliegenden Beförderung verjähren in einem Jahr. Bei Vorsatz oder bei einem Verschulden, das nach dem Recht des angerufenen Gerichtes dem Vorsatz gleichsteht, beträgt die Verjährungsfrist jedoch drei Jahre. Die Verjährungsfrist beginnt

a) bei teilweisem Verlust, Beschädigung oder Überschreitung der Lieferfrist mit dem Tage der Ablieferung des Gutes;

b) bei gänzlichem Verlust mit dem dreißigsten Tage nach Ablauf der vereinbarten Lieferfrist oder, wenn eine Lieferfrist nicht vereinbart worden ist, mit dem sechzigsten Tage nach der Übernahme des Gutes durch den Frachtführer;

c) in allen anderen Fällen mit dem Ablauf einer Frist von drei Monaten nach dem Abschluß des Beförderungsvertrages.

Der Tag, an dem die Verjährung beginnt, wird bei der Berechnung der Frist nicht mitgerechnet.

2. Die Verjährung wird durch eine schriftliche Reklamation bis zu dem Tage gehemmt, an dem der Frachtführer die Reklamation schriftlich zurückweist und die beigefügten Belege zurücksendet. Wird die Reklamation teilweise anerkannt, so läuft die Verjährung nur für den noch streitigen Teil der Reklamation weiter. Der Beweis für den Empfang der Reklamation oder der Antwort sowie für die Rückgabe der Belege obliegt demjenigen, der sich darauf beruft. Weitere Reklamationen, die denselben Anspruch zum Gegenstand haben, hemmen die Verjährung nicht.

3. Unbeschadet der Bestimmungen des Absatzes 2 gilt für die Hemmung der Verjährung das Recht des angerufenen Gerichtes. Dieses Recht gilt auch für die Unterbrechung der Verjährung.

4. Verjährte Ansprüche können auch nicht im Wege der Widerklage oder der Einrede geltend gemacht werden.

Literatur: siehe vor Art. 1 CMR.

Übersicht

	Rz.
I. Allgemeines, Anwendungsbereich	1
II. Beginn der Verjährung (Art. 32 I 3 CMR)	2
1. Teilverlust, Beschädigung, Verspätung (Art. 32 I 3 a CMR)	3
2. Totalverlust (Art. 32 I 3 b CMR)	5
3. Andere Ansprüche (Art. 32 I 3 c CMR)	6
III. Dauer der Verjährungsfrist (Art. 32 I 1, 2 CMR)	7
IV. Hemmung der Verjährung	8
1. Inhalt der Reklamation	9
2. Zeitpunkt der Reklamation	10
3. Form der Reklamation	11
4. Adressat der Reklamation	12
5. Person des Reklamierenden	13
6. Beginn und Ende der Hemmung	15
7. Wirkung der Hemmung	16
8. Wiederholte Reklamation	17
V. Unterbrechung der Verjährung	18
VI. Einwand der Arglist	19
VII. Parteivereinbarungen	20
VIII. Aufrechnung, Pfand-, Zurückbehaltungsrecht, Widerklage (Art. 32 IV CMR)	21
IX. Vertragliches Aufrechnungsverbot	22
X. Beweislast	23

I. Allgemeines, Anwendungsbereich

1 Art. 32 CMR regelt die Frage, welche Ansprüche der CMR-spezifischen Verjährung unterliegen, wann die Verjährung beginnt, wie lange sie dauert und wie lange die Verjährung unter welchen Voraussetzungen gehemmt wird. Die Wirkungen der *Hemmung* sowie *Unterbrechung* der Verjährung sind in Art. 32 CMR nicht geregelt. Art. 32 III CMR verweist insoweit auf das

Recht des angerufenen Gerichts. Art. 32 CMR sagt auch nicht, welche *Wirkungen von der Verjährung* ausgehen. Diese Lücke ist durch Rückgriff auf das gemäß Art. 27, 28 IV, 32 I 4 EGBGB einschlägige nationale Recht zu schließen (GroßkommHGB-*Helm,* Anh. § 452, Art. 31 CMR Rz. 2; ebenso *Putzeys,* CMR, Rz. 1116; *Loewe,* TranspR **1988**, 309, 315). Das OLG Düsseldorf (v. 14.7.1983, TranspR **1984**, 16) behandelt die Verjährung ohne weiteres als *verzichtbare Einrede.* Es ist mit den Art. 32, 41 CMR vereinbar, daß der Frachtführer dem Anspruchsinhaber bis zu einem bestimmten Zeitpunkt nicht die Einrede der Verjährung entgegensetzt; denn der Frachtführer ist nach Eintritt des Schadens nicht mehr schutzbedürftig und der Frachtführer kann über das Ausmaß, in dem er Beweisschwierigkeiten hinnimmt, frei bestimmen (vgl. BGHZ **84**, 101); vgl. auch Art. 32 CMR Rz. 20. Konsequenterweise hätte das OLG Düsseldorf auch annehmen müssen, daß nach deutschem Recht eine in unverjährter Zeit erklärte Aufrechnung zum Erlöschen der Forderung gemäß § 389 BGB führt, so daß es auf die Frage der Verjährung gar nicht mehr ankommen kann (so zutr. *Demuth,* VersR **1980**, 774; **a. A.** OLG Düsseldorf v. 8.11.1979, VersR **1980**, 389).

Art. 32 CMR erfaßt **alle Ansprüche,** gleichgültig, ob es sich um Ansprüche des Absenders bzw. Empfängers oder um Ansprüche des Frachtführers handelt (BGH, NJW **1975**, 1075; Amsterdam v. 4.6.1974, ETR **1975**, 531; GroßkommHGB-*Helm,* Anh. § 452, Art. 31 Rz. 1; *Clarke,* CMR, Rz. 45; *Hill/Messent,* CMR, S. 174). Es muß sich jedoch um Ansprüche der direkt an dem CMR-Transportvertrag beteiligten Personen handeln. Die Ansprüche Dritter sind der Verjährung gemäß Art. 32 CMR nur im Rahmen des Art. 28 CMR (Rz. 3) unterworfen (OGH Wien v. 18.9.1985, TranspR **1987**, 219, 222).

Es ist auch gleichgültig, ob die Ansprüche auf die CMR oder auf nationales Recht (OGH Wien v. 10.7.1985, öst. JBl. **1986**, 317; anders OGH Wien, TranspR **1990**, 152, 153 beim Ausgleichsanspruch), ob sie auf Vertrag oder außervertragliche Rechtsgrundlagen gestützt werden: Die Ansprüche müssen nur nach ständiger Rechtsprechung des BGH (v. 10.5.1990, VersR **1991,** 238, 239) irgendwie mit der CMR-Beförderung sachlich zusammenhängen. *Einzelfälle*: Frachtansprüche (BGH, NJW **1975**, 1075; OGH Wien v. 22.5.1978, TranspR **1980**, 143; v. 19.5.1982, TranspR **1984**, 193, 194; *Putzeys,* CMR, Rz. 1117; *Hill/Messent,* CMR, S. 175 m. Nachw. zu belgischen, holländischen und englischen Entscheidungen); Auskunfts- und Abtretungsansprüche (OLG München v. 10.10.1990, TranspR **1991,** 138, 142; Zollauslagen (OLG Nürnberg, NJW **1975**, 501; OLG Frankfurt v. 14.7.1980, MDR **1981**, 147; *Lamy,* Transport I, Nr. 983 m. Nachw. zur franz. Rechtsprechung); Standgelder (BGH v. 11.12.1981, VersR **1982**, 649; OLG Hamm v. 23.9.1985, TranspR **1986**, 18; OLG Hamburg v. 15.8.1985, TranspR **1985**, 341); Nachnahme (Paris, BullT **1991**, 428); positive Forderungsverletzung (BGH, NJW **1979**, 2473); Abbruch der Lieferbeziehungen (OLG Hamburg v. 24.1.1985, TranspR **1985**, 185); Kosten der Feuerwehr (OLG Düsseldorf v. 18.10.1984, TranspR **1984**, 276); Rückzahlung von Fracht (BGH, NJW **1972,** 1003; OGH Wien v. 2.4.1982, TranspR **1984**, 43); Nichterfüllung eines Frachtvertrages (OGH Wien v. 12.2.1985, TranspR **1986**, 374); deliktische Ansprüche gegen den Gehilfen des Frachtführers (OGH Wien v. 27.9.1983, VersR **1984**, 548), auch deliktische Ansprüche von Eigentümern, die keine

CMR-Ansprüche erworben haben (OGH Wien v. 27.9.1983, TranspR **1984**, 191, 192; v. 25.1.1990, TranspR **1990,** 235, 238, sofern das Gut mit Einverständnis der Eigentümer der Transportgefahr ausgesetzt worden ist; *Lenz,* TranspR **1989,** 396, 398; vgl. ferner Art. 28 CMR Rz. 3 zum Streitstand); bei Nebenabreden nicht-beförderungsvertraglicher Natur (z. B. Palettendarlehen [§ 425 HGB Rz. 14]). Art. 32 CMR greift nur dann ein, wenn ein Transportvertrag geschlossen worden ist. Eine Beförderung muß nicht begonnen haben (vgl. Art. 31 CMR Rz. 1; **a. A.** *Loewe,* TranspR **1988**, 309, 313). Daher ist Art. 32 CMR auf Ansprüche aus c.i.c. nicht anwendbar, ebenfalls nicht auf Ansprüche aus ungerechtfertigter Bereicherung wegen des Transports von Mehrfracht (vor Art. 1 CMR Rz. 12), ferner nicht auf Ansprüche des Versenders gegen den Geschäftsbesorgungsspediteur (§ 407 HGB), Grenzspediteur oder den Lagerhalter (BGH, ETR **1978**, 402) oder dort, wo der Absender die Verschaffung von Rückfracht versprochen hatte (*Hill/Messent,* CMR, S. 175), wohl aber grundsätzlich im Fall des multimodalen Transports (Teil I des Kommentars).

Die Verjährungsregeln gelten auch, wenn der Frachtführer haftpflichtversichert ist (**a. A.** unter Umständen Lyon, BullT **1989**, 564 zur action directe gegen den Versicherer).

II. Beginn der Verjährung (Art. 32 I 3 CMR)

2 Die Verjährungsfrist beginnt unterschiedlich je nach Art des Schadens und der Anspruchsgrundlage zu laufen. Auf Ansprüche aus Art. 17 CMR findet Art. 32 I 3 a, b CMR, auf sonstige Ansprüche Art. 32 I 3 c CMR Anwendung; denn Art. 32 I 3 CMR knüpft ersichtlich zunächst an die von Art. 17 CMR erfaßten Fälle an, macht dann für den Totalverlust in Anlehnung an Art. 20 I CMR eine Ausnahme, weil dort eine Ablieferung nicht denkbar ist, und statuiert unter lit. c einen Auffangtatbestand für die Schäden, die nicht im Rahmen des Art. 17 CMR oder konkurrierender außervertraglicher Vorschriften ersetzt werden (Moto Vespa v. MAT (Brittania Express) (1979) 1Lloyd's Report 175; **a. A.** *Clarke,* CMR, Rz. 46).

1. Teilverlust, Beschädigung, Verspätung (Art. 32 I 3 a CMR)

3 Zum **Begriff des Verlustes** Art. 17 CMR Rz. 1. Teilverlust liegt vor, wenn ein Teil der Sendung (§ 20 KVO Rz. 2) obgleich beschädigt, noch abgeliefert werden kann oder abgeliefert wurde (vgl. auch Rz. 5) und der übrige Teil im Sinn des Verlusts (§ 429 HGB Rz. 3) nicht mehr abgeliefert werden kann. Zum Begriff der **Beschädigung** Art. 17 CMR Rz. 2; zur Überschreitung der **Lieferfrist** Art. 19 CMR; Art. 17 CMR Rz. 56. Die Lieferfrist wird dort nicht überschritten, wo der Frachtführer das Gut überhaupt nicht übernommen hat oder ihm der Auftrag vor Ablieferung wegen Verzögerung des Transports entzogen wird (OLG Hamburg v. 9.2.1989, VersR **1990,** 876) oder er es verspätet übernimmt, aber innerhalb der Lieferfrist abliefert (näher Art. 17 CMR Rz. 56). Unter Art. 32 I 3 a CMR fallen auch **Regreßforderungen des Hauptfrachtführers** gegen den Unterfrachtführer wegen vom Unterfrachtführer verursachter Schäden iSd Art. 17 CMR (*Loewe,* TranspR **1988**, 309,

314 f; *Huber,* öst. JBl. **1986**, 319; *Jesser,* Frachtführerhaftung, S. 183). Es kommt nicht auf die Zahlung der Schadensersatzforderung durch den Hauptfrachtführer an; denn der Regreßanspruch entsteht in Form eines Freistellungsanspruchs bzw. Zahlungsanspruchs (Art. 13 CMR Rz. 9) schon im Moment der Schadenszufügung (anders für das österreichische Recht OGH Wien, v. 10.7.1985, öst. JBl. **1986**, 317; v. 13.4.1989, TranspR **1990**, 152, 153) und kann jedenfalls dem Grunde nach gerichtlich festgestellt werden. Nach deutschem Recht ist auch eine Streitverkündung möglich (§ 72 ZPO).

Die Verjährungsfrist beginnt im Zeitpunkt der **Ablieferung** (Art. 17 CMR 4
Rz. 6; bei Teilverlust: des Restguts) zu laufen, weil der Empfänger in diesem Moment den Schaden in Erfahrung bringen konnte. Wird im Fall eines Teilverlustes Gut wieder aufgefunden und dann vor oder nach Empfang einer Entschädigung (vgl. Art. 20 II CMR) im beschädigten Zustand abgeliefert, so beginnt die Verjährung der Ersatzansprüche wegen Beschädigung des Guts mit dessen Ablieferung (OLG Düsseldorf v. 23.11.1989, TranspR **1990,** 63, 66), da im Fall des Wiederauffindens und der Ablieferung die Entschädigung wegen Verlusts herauszugeben ist (Art. 23 III CMR), der Ersatzberechtigte also so gestellt wird, als sei das Gut nicht verlorengegangen. Konsequenterweise ist dann der Ersatzberechtigte wie in normalen Fällen der Beschädigung zu stellen, wo die Verjährung auch erst mit der Ablieferung des beschädigten Guts beginnt. Bei der sukzessiven Ablieferung kommt es auf den letzten Ablieferungsakt an (§ 414 HGB Rz. 3). Zum Begriff der Ablieferung Art. 17 CMR Rz. 6; zur Teillieferung vgl. § 414 HGB Rz. 3. Das Gut wird nicht abgeliefert, wenn es dem Empfänger lediglich zur Abholung zur Verfügung gestellt wird (s'Hertogenbosch, ETR **1966**, 698; Brüssel, ETR **1969**, 925; Gravenhage, ETR **1978**, 607; *Hill/Messent,* CMR, S. 176), wenn der Empfänger die Annahme verweigert (*Braun,* VersR **1988**, 648, 651 m. Nachw.; *Loewe,* TranspR **1988**, 309, 314). In einem solchen Fall wird das konkrete, beschädigte Gut erst in dem Moment abgeliefert, in dem es auf Weisung des Verfügungsberechtigten (Art. 12 CMR) bei einem anderen Empfänger oder beim Absender abgeliefert wird (*Lamy,* Transport I, Nr. 985 m. Nachw. zur franz. Rechtsprechung; **a. A.** English High Court (1979) 1Lloyd's Rep. 175; *Hill/Messent,* CMR, S. 176 f). Der Absender kann sich nämlich unter den Voraussetzungen des Art. 12 CMR auch selbst in die Rolle des Empfängers begeben. Dies geschieht bei einer Weisung zum Rücktransport. Fehlt es daran, so liegt keine Ablieferung vor (z. B. bei unaufgefordertem Rücktransport zum Spediteur; Amsterdam, ETR **1969**, 925). Wird das Gut aber unaufgefordert zum Absender zurückbefördert und nimmt dieser das Gut entgegen, so kann man nach der ratio des Art. 32 I 3 a CMR ebenfalls von Ablieferung sprechen (**a. A.** OGH Wien v. 13.6.1985, TranspR **1987**, 217, 219; tendenziell auch OLG München v. 5.7.1989, TranspR **1990**, 16, 17). Keine Ablieferung soll dem BGH (v. 29.11.1984, VersR **1985**, 258) zufolge dort erfolgen, wo der verfügungsberechtigte Absender das Gut wegen dessen Beschädigung an einen Dritten weiterleitet, um es von einem Sachverständigen begutachten zu lassen (zust. *Braun,* VersR **1988**, 648, 651). Der Dritte erlangt jedoch die tatsächliche Gewalt mit der Folge, daß der Absender das Gut auf eigenes Risiko untersuchen lassen kann (vgl. BGHZ **86**, 172, 174). Der Frachtführer darf nicht die Beweisrisiken laufen, die mit der Beschädi-

gung des Gutes außerhalb seiner Sphäre verbunden sind. Der Dritte ist deshalb zwar nicht Empfänger, aber zur Sphäre des Absenders zu zählen. Die Situation ist auch dort nicht anders, wo sich Absender und Frachtführer darin einig waren, daß der Frachtführer das Gut nach Beendigung des Transportes weitertransportieren soll. Wird das beschädigte Gut nicht abgeliefert, so fängt die Verjährungsfrist nicht zu laufen an, auch wenn die Lieferfrist um mehr als die in Art. 20 I, 32 I 3 b CMR genannten Zeiten überschritten ist (vgl. BGHZ **86**, 172, 174). Es greift dann auch nicht Art. 32 I 3 c CMR ein (**a. A.** *Clarke*, CMR, Rz. 46).

2. Totalverlust (Art. 32 I 3 b CMR)

5 Zum Verlust Art. 17 CMR Rz. 1. Maßgeblich ist der Verlust der gesamten Sendung (*Lamy*, Transport I, Nr. 985; Art. 12 CMR Rz. 5). Ein gänzlicher Verlust ist auch dann anzunehmen, wenn ein Teil der Sendung beschlagnahmt wird und der andere Teil durch Falschauslieferung verlorengeht (vgl. BGHZ **86**, 172, 174 zu § 612 HGB). Kein Totalverlust iSd Art. 32 I 3 b CMR liegt vor, falls das Gut ganz oder teilweise beschädigt abgeliefert wird, wirtschaftlich aber ein Totalverlust vorliegt (einschränkend bejahend *Lamy*, Transport I, Nr. 985; offengelassen BGH v. 29.11.1984, VersR **1985**, 258); denn die Abkoppelung des Beginns der Verjährungsfrist von der Ablieferung (oben Rz. 4) ist nur dort sinnvoll, wo der Empfänger anders als beim faktischen Totalverlust nicht bei Ablieferung auf Art und Umfang des Schadens aufmerksam werden kann, sondern mangels Ablieferung im Ungewissen schwebt (*Jesser*, Frachtführerhaftung, S. 73; **a. A.** OGH Wien v. 28.6.1988, VersR **1989**, 980). Hat der Verfügungsberechtigte das Gut gemäß Art. 20 CMR für verloren erklärt, so greift Art. 32 I b CMR ein, auch wenn das Gut später aufgefunden wird. Falls sich der Verfügungsberechtigte später mit der Ablieferung einverstanden erklärt oder Ablieferung verlangt hat (Art. 20 CMR Rz. 2), ändert dies in Hinblick auf Ersatzansprüche nichts mehr am Lauf der Verjährungsfrist, weil sonst der Verfügungsberechtigte eine bereits eingetretene Verjährung beseitigen könnte. So ist auch in Fällen zu entscheiden, in denen sich der Geschädigte entschließt, das Wiederauffinden abzuwarten. Der Geschädigte, der (angeblich) auf das Wiederauffinden warten will, wird dadurch nicht schutzlos. Er kann nach Art. 20 II CMR vorgehen oder Feststellungsklage erheben. Die Verjährung der Ersatzansprüche wegen Verlusts hindern den Geschädigten allerdings nicht, nach Wiederauffinden des Guts und Ablieferung Ersatzansprüche wegen Beschädigung geltend zu machen, deren Verjährung erst mit der Ablieferung beginnt (OLG Düsseldorf v. 23.11.1989, TranspR **1990**, 63, 66, das allerdings nicht berücksichtigt, daß die bloße Verstapelung nicht zum Verlust führt [§ 429 HGB Rz. 3]). Etwas anderes gilt für den Anspruch auf Ablieferung. Insoweit greift Art. 32 I 3 c CMR ein, wobei in Fällen der vorsätzlichen Nichtablieferung die Verjährungsfrist drei Jahre beträgt (Art. 32 I 2 CMR). Zur Fristberechnung s. Art. 32 I 4 CMR und Art. 20 CMR Rz. 1; zum Regreßanspruch gegen den Unterfrachtführer s. Rz. 3.

3. Andere Ansprüche (Art. 32 I 3 c CMR)

Art. 32 I 3 c CMR erfaßt alle Ansprüche, die nicht dem Art. 17 CMR oder den mit Art. 17 CMR konkurrierenden außervertraglichen Ansprüchen entspringen (English High Court (1979) 1 Lloyd's Rep. 175), z. B. Anspruch aus pFV und Schadensersatz wegen Nichterfüllung wegen Verzögerung bei anschließendem Entzug des Auftrags (OLG Hamburg v. 9.2.1989, VersR **1990,** 876), Ansprüche auf Frachtzahlung (Queen's Bench Division, ETR **1978**, 617; Antwerpen, ETR **1981**, 466, 467), Standgeld, aus Nachnahmen (GroßkommHGB-*Helm,* Anh. § 452, Art. 31 CMR Rz. 7; *Loewe,* ETR **1976**, 503, 585; *Lamy,* Transport I, Nr. 985; **a. A.** *Hill/Messent*: alle Ansprüche, die nicht unter Art. 32 I 3 a, b CMR fallen). Streitig ist, ob Art. 32 I 3 c CMR auch dort heranzuziehen ist, wo der Anspruch (z. B. auf Standgeld) erst geraume Zeit nach Abschluß des Beförderungsvertrages entsteht. Der BGH (v. 11.12.1981, VersR **1982**, 649) hat zu Recht entschieden, daß auch in diesem Fall die Verjährungsfrist drei Monate nach Abschluß des Beförderungsvertrages zu laufen beginnt (ebenso OLG Hamburg v. 15.8.1985, TranspR **1985**, 341; OLG Hamm v. 23.9.1985, TranspR **1986**, 18). Dies gilt selbst dort, wo der Anspruch erst nach Ablauf der Verjährungsfrist fällig wird; denn der Gläubiger kann rechtzeitig Klage auf künftige Leistung bzw. Feststellung erheben. Anders ist freilich die Situation, wenn Ansprüche auch dem Grunde nach erst nach oder kurz vor Ablauf der in Art. 32 I 3 c CMR genannten Frist entstehen (z. B. wegen Verletzung nachvertraglicher Treuepflichten), so daß eine rechtzeitige Klageerhebung nicht mehr möglich ist. In diesen Fällen ist Art. 32 I 3 c CMR zu restringieren und die Lücke durch Rückgriff auf das nationale Recht (vor Art. 1 CMR Rz. 5 ff) zu schließen (vgl. OGH Wien v. 19.5.1982, TranspR **1984**, 193, 194; *Jesser,* Frachtführerhaftung, S. 183; weitergehend wohl *Braun,* VersR **1988**, 648, 650; vgl. auch *Piper,* Höchstrichterliche Rechtsprechung zum Speditions- und Frachtrecht, Rz. 393; OLG Hamburg v. 9.2.1989, TranspR **1990,** 191, 193). 6

Die **Frist** zur Klage **beginnt** drei Monate nach Abschluß des Frachtvertrages zu laufen. Entspringen die Ansprüche einem gemeinsam abgeänderten Vertrag, so kommt es auf den Zeitpunkt der Änderung an (**a. A.** OLG Düsseldorf v. 18.10.1973, VersR **1974**, 1095), weil erst in diesem Moment der für den Rechtsstreit maßgebliche Vertrag geschlossen ist. Der Frachtbrief beweist nur den Abschluß und Inhalt des Frachtvertrages, nicht aber den Tag des Vertragsschlusses (Art. 9 I CMR). Da der Frachtvertrag Konsensualvertrag ist, kann der Vertragsschluß erheblich vor dem Tag der Ausstellung des Frachtbriefes (Art. 6 I a CMR) erfolgt sein. Der Tag des Vertragsschlusses ist einzuberechnen (OLG Düsseldorf v. 18.10.1973, VersR **1974**, 1095, 1097; **a. A.** GroßkommHGB-*Helm,* Anh. § 452, Art. 32 CMR Rz. 7).

III. Dauer der Verjährungsfrist (Art. 32 I 1, 2 CMR)

Die Verjährungsfrist beträgt grundsätzlich ein Jahr. Eine Ausnahme gilt bei Schadensersatzansprüchen (OLG München v. 12.4.1991, TranspR **1991,** 298, 299), falls dem Frachtführer oder Absender Vorsatz oder gleichgestelltes Verschulden zur Last fällt. In der Literatur werden diese Begriffe regelmäßig 7 wie die in Art. 29 CMR verwandten Begriffe ausgelegt (GroßkommHGB-*Helm,* Anh. § 452, Art. 32 CMR Rz. 3; *Loewe,* ETR, **1976**, 503, 585; *Hill/Messent,* CMR, S. 178). *Heuer* (TranspR **1984**, 71, 72) hat darauf hingewiesen, daß unter dem Aspekt funktionaler Gleichheit (Art. 29 CMR Rz. 3) das dem Vorsatz gleichstehende Verschulden im Sinn des Vorsatzes interpretiert werden müßte, da die §§ 414 IV HGB, 40 I KVO, 94 I EVO die Verjährungsfrist nur bei Vorsatz verlängerten (ebenso LG Verden, VersR **1992**, 473 f). Es ist jedoch anzunehmen, daß die CMR die Begriffe in Art. 29 und Art. 32 I 2 CMR identisch verwenden will. In diesem Sinne äußerten sich jedenfalls die Denkschrift (BT-Drucksache III/1144 S. 45) sowie Teilnehmer der Delegationen bei den Verhandlungen über die CMR (*Schulze,* DGV **1959**, 14, 16; *Loewe,* ETR **1976**, 503, 585). Angesichts der Bedeutung der Entstehungsgeschichte für die Auslegung der CMR (vor Art. 1 CMR Rz. 4) beträgt daher die Verjährungsfrist in Fällen grober Fahrlässigkeit bei der Schadensverursachung (*Lamy,* Transport I, Nr. 947) 3 Jahre (OLG Hamburg v. 9.2.1989, VersR **1990,** 876; OGH Wien v. 25.1.1990, TranspR **1990,** 235, 239 [bei Anspruch aus Delikt]; Cour Cass., ETR **1991,** 359 [Falschauslieferung]; **a. A.** *Putzeys,* CMR, Nr. 932 aus belg. Sicht).

IV. Hemmung der Verjährung

8 Die Verjährung kann gemäß den §§ **202–207 BGB** (Art. 32 CMR Rz. 16) aber auch aufgrund rechtzeitiger Reklamation gehemmt sein. So kann nach deutschem Recht (§ 202 BGB) eine Hemmung daraus resultieren, daß die Parteien, auch stillschweigend, vereinbaren, den Anfang von Ermittlungen abzuwarten (OLG München v. 5.7.1989, TranspR **1990,** 16, 17). Haben die Parteien vereinbart, noch weiter *Verhandlungen* zu führen, so kann eine Hemmung auf § 852 II analog sowie § 242 BGB gestützt werden (*Palandt/Heinrichs,* BGB, vor § 194 Rz. 10 ff, § 202 Rz. 8 m. Nachw.). Eine Hemmung kann ferner daraus resultieren, daß die Forderung *kontokorrentgebunden* ist. Zu *Pfand-* und *Zurückbehaltungsrechten* s. Rz. 21. Zur Hemmung nach österr. Recht OGH Wien v. 28.6.1988, TranspR **1989,** 222, 225.

Die **Reklamation gemäß Art. 32 II CMR** spielt nur bei *Ansprüchen gegen den* passivlegitimierten *Frachtführer* eine Rolle (BGH, NJW **1975,** 1075; OLG München v. 12.4.1991, TranspR **1991,** 298, 299; *Hill/Messent,* CMR, S. 180; *Loewe,* TranspR **1988**, 309, 315 f; *Lamy,* Transport I, Nr. 988 m. Nachw.). Dabei ist es gleichgültig, auf welche Rechtsgrundlagen der Anspruch gestützt wird. Dem Kontext des Art. 32 II CMR zufolge muß es sich allerdings um Fälle des Ersatzes von Schäden oder dergleichen handeln (Queen's Bench Division, ETR **1978**, 617; *Loewe,* TranspR **1988**, 309, 316). Macht der Frachtführer einen Gegenanspruch geltend, so wird sein Anspruch von der Hemmung nicht erfaßt (**a. A.** *Hill/Messent,* CMR, S. 181). Die Berufung auf die Verjährung kann allerdings unter besonderen Umständen arglistig sein.

1. Inhalt der Reklamation

9 Unter Reklamation (claim, réclamation) ist die unmißverständliche Erhebung von Ersatzansprüchen gegen den Frachtführer zu verstehen (BGH v.

9.2.1984, VersR **1984,** 578 f). Bloße Vorbehalte, zumal im Frachtbrief, genügen nicht (vgl. § 40 KVO Rz. 14). Eine nähere Spezifikation des Ersatzanspruches nach Art und Umfang des Schadens ist nicht erforderlich (OLG Düsseldorf v. 8.3.1976, VersR **1976,** 1161, 1162; v. 27.5.1982, VersR **1983,** 62; *Loewe,* TranspR **1988,** 309, 316; *Hill/Messent,* CMR, S. 182; **a. A.** Delft, ETR **1987,** 421; *Clarke,* CMR, Rz. 47; Toulouse, BullT **1990**, 437; Aix en Provence, BullT **1990**, 699; *Lamy,* Transport I, Nr. 989 m. w. Nachw. zur franz. Rechtsprechung [Angabe der Größenordnung, innerhalb derer sich die Ersatzforderung bewegt]; *de Wit,* ETR **1991,** 550; vgl. ferner § 40 KVO Rz. 14). Allerdings muß der Frachtführer der Reklamation entnehmen können, daß er wegen eines bestimmten Schadens in Anspruch genommen werden soll. Dies kann durch Bezugnahme auf einen früheren Briefwechsel oder durch beigefügte Unterlagen (OLG Düsseldorf v. 8.3.1976, VersR **1976,** 1161, 1162; Antwerpen v. 7.12.1973, ETR **1976,** 295, 300; *Hill/Messent,* CMR, S. 182) oder durch Weiterleitung eines Briefes (§ 40 KVO Rz. 14), nicht aber durch Information darüber geschehen, daß eine Forderung gegenüber der Versicherung geltend gemacht wurde (Creteil, BullT **1992,** 151), es sei denn, daß die Versicherung Vertretungsmacht besaß. Aus der Reklamation muß sich nicht notwendig der Name des Anspruchstellers ergeben (OLG Düsseldorf v. 27.5.1982, VersR **1983,** 62; zweifelnd *Clarke,* CMR, Rz. 47); denn Art. 32 II CMR macht dies nicht zur Voraussetzung einer gültigen Reklamation. Der Funktion der Reklamation, der Vermeidung unnötiger Klagen, ist dann Genüge getan, wenn sich der Frachtführer nach der Aktivlegitimation des Anspruchstellers erkundigen und bei ungenügenden Antworten die Ansprüche sofort zurückweisen kann (**a. A.** wohl BGH v. 24.10.1991, TranspR **1992**, 177, 179). Die Reklamation ist auch dann gültig, wenn ihr keine Unterlagen beigefügt worden sind (*Hill/Messent,* CMR, S. 182 m. Nachw. zur holländischen und belgischen Rechtsprechung; *Lamy,* Transport I, Nr. 987; **a. A.** *Clarke,* CMR, Rz. 47; Creteil, BullT **1992,** 151; *Jesser,* Frachtführerhaftung, S. 185). Auf diese Weise wird im Interesse der Praktikabilität der Norm das Problem vermieden, daß zwischen ausreichenden und nicht ausreichenden Unterlagen unterschieden werden muß. Es ist Sache des Frachtführers, die für seine Entscheidung wesentlichen Unterlagen anzufordern oder den Anspruch sofort abzulehnen (einschränkend *Loewe,* TranspR **1988,** 309, 316).

2. Zeitpunkt der Reklamation

Die Reklamation kann frühestens dann erfolgen, wenn der Schaden zu- **10**
mindest dem Grunde nach entstanden ist. Es kann daher auch vor Ankunft des Gutes reklamiert werden.

3. Form der Reklamation

„Schriftlich" (written, écrite) bedeutet nicht Schriftform iSd § 126 BGB, **11**
da die CMR insoweit nicht auf das nationale Recht verweist. Es genügt daher jede Form der Verkörperung, z. B. Telex (Antwerpen v. 3.3.1976, ETR **1977,** 437; GroßkommHGB-*Helm,* Anh. § 452, Art. 32 CMR Rz. 8; *Hill/Messent,* CMR, S. 181; *Lamy,* Transport I, Nr. 987) oder Telefax.

4. Adressat der Reklamation

12 Die Reklamation muß an den haftenden Frachtführer oder dessen Vertreter (Fahrer; BGH v. 12.12.1985, VersR **1986,** 381, 383) gerichtet werden. Reklamationen gegenüber dem Spediteur, der nicht die Rolle des Frachtführers übernommen hat (§§ 412, 413 HGB), sind irrelevant (Paris, BullT **1975,** 515; Metz, BullT **1982**, 38; *Lamy,* Transport I, Nr. 989). Eine Reklamation an den Haftpflichtversicherer genügt nur, wenn der Haftpflichtversicherer Vollmacht des Frachtführers besitzt (so auch Paris, BullT **1970**, 228; *Lamy,* Transport I, Nr. 989). Die Regeln der Duldungs- und Anscheinsvollmacht kommen zum Tragen (vgl. auch OLG Düsseldorf v. 27.2.1987, TranspR **1987,** 223, 227). Durch Abtretung der Forderung des Frachtführers gegen den Haftpflichtversicherer an den Geschädigten wird der Versicherer zur Entgegennahme von Reklamationen bevollmächtigt (**a. A.** *Bischof,* GüKUMT, § 14 Rz. 29). Der Fahrer ist im Zweifel nicht zur Entgegennahme von Reklamationen bevollmächtigt. Er kann aber als Bote fungieren (vgl. BGH v. 12.12.1985, VersR **1986**, 381, 383).

5. Person des Reklamierenden

13 Aus Art. 32 II CMR ergibt sich nicht, wer die Rolle des Reklamierenden übernehmen kann. Es ist daher notwendig, aufgrund der ratio des Art. 32 II CMR die Person des Reklamierenden zu ermitteln. Art. 32 II CMR hat die Funktion, daß Anspruchsinhaber und Frachtführer ohne den Druck einer drohenden Verjährung und ohne Klage die Existenz von Ersatzansprüchen prüfen und sich über Ersatzansprüche gütlich einigen können. Daraus ergibt sich, daß jeder reklamieren kann, der einen Anspruch erheben kann. Dies sind in den Fällen der aus der CMR abgeleiteten Ansprüche grundsätzlich der Absender und der Empfänger (näher dazu Art. 13 CMR Rz. 5 ff; so auch BGH v. 12.12.1985, VersR **1986,** 381, 383; *Piper,* VersR **1988,** 200, 201), ferner z. B. der Eigentümer in Hinblick auf Ansprüche aus § 823 BGB (OLG Düsseldorf v. 27.5.1982, VersR **1983,** 62); zum Versender, wenn ein Spediteur als Absender fungierte, vgl. § 40 KVO Rz. 15; OLG Düsseldorf v. 27.2.1987, TranspR **1987,** 223, 227; *Braun,* VersR **1988,** 648, 651; vgl. ferner OLG Düsseldorf v. 16.12.1986, VersR **1983,** 1028 zur spediteurähnlichen Geschäftsverbindung. Soweit jemand nach einschlägigem nationalen Recht (vor Art. 1 CMR Rz. 5 ff) zum Einzug *ermächtigt* ist (Prozeßstandschaft; § 429 HGB Rz. 12; BGH v. 24.10.1991, TranspR **1992**, 177, 178), kann auch er reklamieren. Gleiches gilt, wenn der Reklamierende im Zeitpunkt der Reklamation nach ergänzend anwendbarem nationalen Recht *bevollmächtigt* war, da die Reklamation nicht höchstpersönlich erfolgen muß (OLG Düsseldorf v. 27.5.1982, VersR **1983,** 62; *Hill/Messent,* CMR, S. 183). Der Frachtführer kann bei ergänzend anwendbarem deutschen Recht die Reklamation analog § 174 BGB zurückweisen, wenn ihr keine Vollmachtsurkunde beigefügt war (AG Köln, TranspR **1991,** 105 zur EVO). Der *Zessionar* kann ebenfalls reklamieren, falls er im Moment der Reklamation bereits die Forderung erworben hatte (OGH Wien v. 27.4.1987, TranspR **1987,** 372; Antwerpen v. 17.2.1974, ETR **1974,** 504, 511; *Loewe,* TranspR **1988,** 309, 316; vgl. auch § 40 KVO Rz. 15). Der Zessionar kann sich auf die Reklamation des Zedenten berufen.

Es genügt nicht ohne weiteres, daß der reklamierende Zessionar die Forderung später erwirbt (Aix-en-Provence, BullT **1989**, 18, 369). War der Zessionar im Moment der Reklamation noch nicht Forderungsinhaber, so ist nach Ansicht des BGH (v. 24.10.1991, TranspR **1992,** 177, 179; wohl auch *Lamy,* Transport I, Nr. 989) die Reklamation auch dann wirkungslos, wenn der Zessionar noch vor Ablauf der Verjährung und vor Zurückweisung Inhaber der Ansprüche wird (**a. A.** OLG Hamburg v. 17.11.1983, VersR **1984,** 236; OLG München v. 21.7.1989, TranspR **1989,** 324, 326; *Koller,* TranspR **1989,** 308, 310; *Csoklich,* S. 255; belg. Cour Cass., zit. nach *Lamy,* Transport I, Nr. 989). Gleiches muß in Fällen gelten, in denen ein *Vertreter ohne Vertretungsmacht* reklamiert hat.

Die Frage, ob sich der **Absender auf die Reklamation des Empfängers** bzw. des Eigentümers, Prozeßstandschafters **und umgekehrt berufen** darf, ist in der CMR nicht geregelt. Insoweit ist auf nationales Recht zurückzugreifen (BGH v. 24.10.1991, TranspR **1992,** 177, 178; OLG Düsseldorf v. 16.12.1982, VersR **1983,** 1132; OLG München v. 21.7.1989, TranspR **1989,** 324, 326; wohl auch *Lamy,* Transport I, Nr. 989; *Loewe,* TranspR **1988,** 309, 316). Ist deutsches Recht ergänzend (vor Art. 1 CMR Rz. 6) heranzuziehen, so sind Absender, Empfänger und Eigentümer als Gesamtgläubiger anzusehen (§ 428 BGB; *Piper,* VersR **1988,** 200, 201). Gemäß §§ 429 III, 425 II BGB kann daher jeder der Gesamtgläubiger (nur) mit Wirkung für sich die Verjährung hemmen (BGH v. 24.10.1991, TranspR **1992,** 177, 178; so i. E. auch *Lamy,* Transport I, Nr. 989 mit Hinweis auf eine französische Entscheidung). *Hill/Messent* (CMR, S. 183) empfehlen, im Namen aller Ladungsbeteiligten zu reklamieren und zu klagen. 14

6. Beginn und Ende der Hemmung

Die Hemmung **beginnt** mit dem Zugang der Reklamation, wie sich mittelbar aus Art. 32 II 3 CMR ergibt (BGH v. 24.10.1991, TranspR **1992,** 177, 179; OGH Wien v. 27.4.1987, TranspR **1987,** 372, 374; *Hill/Messent,* CMR, S. 185; *Lamy,* Transport I, Nr. 987; *Loewe,* TranspR **1988,** 309, 316 m. Nachw. zu abw. M.; **a. A.** Cour Cass., BullT **1984,** 236). Dies gilt grundsätzlich auch bei Reklamationen, die vor Beginn der Verjährungsfrist erfolgen (ebenso *Loewe,* TranspR **1988,** 309, 316 [str.]). Die Hemmung beginnt dann allerdings erst mit dem Anfang der Verjährungsfrist (*Clarke,* CMR, Rz. 47; **a. A.** Brüssel, ETR **1969,** 925). Die Beweislast trifft den Ersatzberechtigten (Art. 32 II 3 CMR). Die Hemmung **endet** mit dem Zugang (arg. e. Art. 32 II 3 CMR) des Schreibens bzw. Telex (vgl. oben Rz. 11) des Adressaten der Reklamation oder dessen Bevollmächtigten (z. B. Haftpflichtversicherung; **a. A.** GroßkommHGB-*Helm,* Anh. § 452, Art. 32 CMR Rz. 8), mit dem der Anspruch erstmals (Rz. 17) zurückgewiesen wird und die beigefügten Belege zurückgesandt werden. Dies gilt nach der ratio des Art. 32 II CMR auch dann, wenn die Reklamation erfolgte und zurückgewiesen wurde, bevor die Verjährungsfrist zu laufen begann, da dann kein Bedürfnis für die Verlängerung der Verjährungsfrist besteht (**a. A.** *Loewe,* ETR **1976,** 503, 586; *Hill/Messent,* CMR, S. 185; Brüssel, ETR **1969,** 925: Verlängerung der Verjährungsfrist). Die Ablehnung der Ansprüche muß vom Empfängerhorizont 15 aus (Queen's Bench Division, ETR **1991,** 530, 535) unmißverständlich (Queens Bench Division, ETR **1992**, 118; ausdrücklich: Brüssel, ETR **1991,** 541; *de Wit,* ETR **1991,** 550) und endgültig erfolgen. Es genügt nicht, daß der Frachtführer den Anspruchsteller ersucht, zunächst einen Dritten in Anspruch zu nehmen (OLG Frankfurt v. 3.7.1979, TranspR **1982,** 76) oder wenn er sich noch verhandlungsbereit zeigt oder wenn der Frachtführer mitteilt, daß er nach derzeitigem Sachstand nicht leiste, aber weitere Informationen erwarte (Queen's Bench Division, ETR **1991,** 530, 533), oder wenn das Ablehnungsschreiben in sich widersprüchlich ist (OLG Nürnberg v. 12.4.1991, TranspR **1992,** 63, 65), wohl aber, wenn lediglich eine Adresse für weitere Korrespondenz angegeben wird (OLG München v. 10.10.1990, TranspR **1991,** 138, 141). Zur Ablehnung ist nur der Frachtführer oder dessen Vertreter berechtigt (*Loewe,* TranspR **1988,** 309, 317 m. Nachw.). Handelte ein Vertreter ohne Vertretungsmacht, so wirkt eine Genehmigung nicht rückwirkend. Die Hemmung endet nur, wenn dem Anspruchsteller alle beigefügten *Belege* zurückgesandt worden sind, damit der Anspruchsteller wieder über sämtliche Beweismittel verfügt. Streitig ist, ob darunter auch Kopien von Belegen zu verstehen sind (verneinend OLG Hamburg v. 27.5.1982, VersR **1983,** 90; OLG Düsseldorf v. 2.10.1980, VersR **1981,** 737; OLG München v. 10.10.1990, TranspR **1991,** 138, 141; OGH Wien v. 27.4.1987, TranspR **1987,** 372; *Loewe,* TranspR **1988,** 309, 317; *Hill/Messent,* CMR, S. 186; **a. A.** die französische und belgische Rechtsprechung [Nachw. bei *Lamy*, Transport I, Nr. 987 und *de Beule*, ETR **1988**, 654, 655 f, 659]). Es ist der h. M. darin zu folgen, daß es auf die Rücksendung von Photokopien, die für den Anspruchsteller ohne Wert sind, nicht ankommt. Nach der ratio des Art. 32 II 1 CMR genügt es, daß die Belege gesondert zurückgegeben werden; in der Rückgabe der Belege kann auch eine erneute Zurückweisung des Anspruchs liegen. Hat der Frachtführer einen Teil des Schadens anerkannt und im übrigen einen Ersatz abgelehnt, so endet die Hemmung in Hinblick auf den streitigen Teil (vgl. Art. 32 II 2 CMR) nur, falls die Dokumente zurückgegeben werden, die zur Geltendmachung des streitigen Teils benötigt werden (OLG Celle v. 13.1.1975, WM **1975,** 189, 191; *Clarke,* CMR, Rz. 47). Vgl. im übrigen zur Teilablehnung § 40 KVO Rz. 14. Die Hemmung endet nur *zu Lasten derjenigen Person,* der das Ablehnungsschreiben samt Belegen zugeht (s. oben Rz. 14). Zur **Beweislast** Rz. 23.

7. Wirkung der Hemmung

16 Die Wirkung der Hemmung ergibt sich aus dem Recht des angerufenen Gerichts (Art. 32 III 1 CMR), nach deutschem Recht aus § 205 BGB (im Ansatz einschränkend, im Ergebnis ebenso OGH Wien v. 27.4.1988, TranspR **1988,** 421, 423). Dies gilt auch in Hinblick auf zur Aufrechnung gestellte Gegenforderungen (OLG Düsseldorf v. 27.2.1986, TranspR **1986,** 226). Zusätzlich zur Hemmung gemäß Art. 32 II CMR kommen vor deutschen Gerichten die §§ 202 ff BGB zum Tragen. Zur Hemmung nach österreichischem Recht OGH Wien v. 13.6.1986, TranspR **1987,** 217.

8. Wiederholte Reklamation

Weitere Reklamationen hemmen nicht (Art. 32 II 4 CMR). Die Reklamation muß denselben Anspruch betreffen und, soweit deutsches Recht ergänzend anzuwenden ist, angesichts der §§ 428, 429 III, 425 II BGB (s. oben Rz. 14) auch von demjenigen ausgehen, der bereits wirksam reklamiert hatte. Zum Arglisteinwand § 40 KVO Rz. 15 a. E. **17**

V. Unterbrechung der Verjährung

Gemäß Art. 32 III 2 CMR gilt für die Unterbrechung das Recht des angerufenen Gerichts. Zum deutschen Recht vgl. § 40 KVO Rz. 16. Die Jahres- bzw. 3-Jahresfrist beginnt nach Ende der Unterbrechung zu laufen (OLG Karlsruhe v. 9.11.1989, NJW-RR **1990**, 1012, 1013). Zur Unterbrechung durch eine im Ausland erhobene Klage OLG Düsseldorf v. 27.2.1986, TranspR **1986,** 226; LG Deggendorf v. 24.11.1981, TranspR **1983,** 46. **18**

VI. Einwand der Arglist, Verjährungsverzicht

Ein Verzicht auf die Einrede der Verjährung *vor* Eintritt der Verjährung ist unwirksam (Art. 41 I CMR). Auch im Rahmen der CMR darf sich der Gläubiger aber auf arglistiges Verhalten des Schuldners berufen (OLG Düsseldorf v. 27.2.1986, TranspR **1986,** 226; OLG Hamburg v. 9.2.1989, TranspR **1990,** 191, 193); denn aus Art. 32 III CMR ergibt sich, daß die CMR die Frage der Verjährung nicht abschließend regeln wollte. Art. 32 III 1 CMR spricht statt von Hemmung ganz allgemein von „extension of the period of limitation" bzw. von „suspension de la prescription", so daß unter diese Vorschrift auch der Arglisteinwand subsumiert werden kann (vgl. *Loewe,* ETR **1976,** 503, 586; *Hill/Messent,* CMR, S. 188 f). Es gilt also das Recht des angerufenen Gerichts. Zum Arglisteinwand nach deutschem Recht, insbesondere im Fall eines unzulässigen Verzichts auf die Verjährungseinrede, § 40 KVO Rz. 15; *Palandt/Heinrichs,* BGB, § 225 Rz. 2; OLG München v. 17.7.1991, TranspR **1991,** 427, 428 f. Dem steht auch Art. 41 CMR nicht entgegen, da der Arglisteinwand der Hemmung und Unterbrechung nahesteht, für die auch nationales Recht maßgeblich ist. **19**

VII. Parteivereinbarungen

Die Verjährungsregeln der CMR können vor Entstehung des Anspruchs nicht durch Vertrag abbedungen werden (Art. 41 CMR). Ist der Anspruch einmal entstanden und besteht zwischen den Parteien Streit über Grund oder Höhe des Anspruchs, so sind die Parteien nicht mehr schutzbedürftig (Art. 41 CMR Rz. 1), so daß in Hinblick auf Art. 41 CMR von diesem Zeitpunkt an gültige Abreden über die Verjährung getroffen werden können (OLG Düsseldorf v. 27.2.1987, TranspR **1987,** 223, 227; ebenso *Hill/Messent,* CMR, S. 188; *Csoklich,* S. 56). Allerdings müssen die Abreden auch nach einschlägigem nationalen Recht (Art. 32 CMR Rz. 1) zulässig sein. Zum deutschen **20**

Recht vgl. §§ 439, 414 HGB (§ 414 HGB Rz. 3), *Palandt/Heinrichs,* BGB, § 225 Rz. 2; zum österr. Recht OGH Wien v. 22.2.1990, VersR **1991,** 127, 128. Zur Anscheins- und Duldungsvollmacht OLG Düsseldorf v. 27.2.1987, TranspR **1987,** 223, 227. Der Verjährungsverzicht kann auch zugunsten des wirtschaftlich Berechtigten erklärt werden (ebenso i. E. OLG Düsseldorf v. 27.2.1987, TranspR **1987,** 223, 227). Vgl. auch Art. 32 CMR Rz. 1.

VIII. Aufrechnung, Pfand-, Zurückbehaltungsrecht, Widerklage (Art. 32 IV CMR)

21 Entgegen § 390 S. 2 BGB darf mit verjährten Ansprüchen nicht aufgerechnet werden (Art. 32 IV CMR; BGH, NJW **1985,** 2091; OLG Hamburg v. 10.5.1984, TranspR **1984,** 196). Nach Eintritt der Verjährung kann sich der Anspruchsinhaber auch nicht auf Zurückbehaltungsrechte (vor Art. 1 CMR Rz. 19) berufen (GroßkommHGB-*Helm,* Anh. § 452, Art. 32 CMR Rz. 11; *Goltermann/Konow,* EVO, Art. 58 ER/CIM Anm. 5 zur CIM, die Vorbild des Art. 32 IV CMR ist; *Schulze,* DGV **1959,** 14, 16). Dies gilt nicht in Hinblick auf die Ablade- und Verwahrungskosten iSd Art. 16 II CMR, weil diese Kosten nicht selbständig eingeklagt werden können. Insoweit tritt keine Verjährung ein. Ist eine Aufrechnung schon vor Eintritt der Verjährung wirksam erklärt worden, so greift Art. 32 IV CMR ebenfalls nicht ein (*Demuth,* VersR **1980,** 774; **a. A.** OLG Düsseldorf v. 8.11.1979, VersR **1980,** 389); denn der Anspruch erlischt mit der Aufrechnung und Art. 32 IV CMR hat nur die Funktion, nationale Regelungen, die eine einredeweise Berufung auf die Aufrechnung auch noch nach Eintritt der Verjährung erlauben, auszuschalten (BGH, NJW **1985,** 2091). In Hinblick auf ein Frachtführerpfandrecht (vor Art. 1 CMR Rz. 19) kann sich der Frachtführer auf § 223 BGB berufen, sofern deutsches Recht ergänzend anwendbar ist (vor Art. 1 CMR Rz. 5).

IX. Vertragliches Aufrechnungsverbot

22 Aus Art. 32 IV CMR läßt sich nicht ableiten, daß Vereinbarungen über das Recht zur Aufrechnung ausgeschlossen seien oder gesetzliche Aufrechnungsverbote nicht zum Tragen kommen; denn Art. 32 IV CMR hat nur die beschränkte Funktion, den Aufrechnungseinwand nach Eintritt der Verjährung abzuschneiden (BGH, NJW **1985,** 2091; OGH Wien, v. 31.1.1991, VersR **1992**, 476; *Koller,* VersR **1988,** 556, 559; **a. A.** Court of Appeal London v. 2.12.1976, ETR **1977,** 751; *Csoklich,* VersR **1985,** 909). Da die CMR die Frage des Aufrechnungsverbotes nicht regelt, ist die Frage nach der Zulässigkeit von Aufrechnungsverboten anhand des einschlägigen nationalen Rechts (vor Art. 1 CMR Rz. 17) zu lösen (*Bayer,* TranspR **1985,** 417, 418 f).

X. Beweislast

23 Der Schuldner hat Beginn und Ablauf der einjährigen Verjährungsfrist zu beweisen, der Gläubiger hat zu beweisen, daß die Frist ausnahmsweise drei

Jahre beträgt. Der Gläubiger hat auch die Voraussetzungen der Hemmung bzw. Unterbrechung zu beweisen (Art. 32 II 3 CMR). Der Frachtführer hat seinerseits darzutun, wann die Hemmung beendet worden ist (Art. 32 II 3 CMR; OLG München v. 14.1.1981, VersR **1981**, 562; ebenso die französische Rechtsprechung; dazu *de Beule*, ETR **1988**, 654, 656). Zur Beweiserhebung, Beweiswürdigung und Intensität des Beweises s. Art. 18 CMR Rz. 2; Queen's Bench Division, ETR **1991**, 530, 532 zum Verfahren von englischen Gerichten.

Art. 33 CMR [Schiedsgerichtsklausel]

Der Beförderungsvertrag kann eine Bestimmung enthalten, durch die die Zuständigkeit eines Schiedsgerichts begründet wird, jedoch nur, wenn die Bestimmung vorsieht, daß das Schiedsgericht dieses Übereinkommen anzuwenden hat.

Literatur: siehe vor Art. 1 CMR.

Eine Schiedsgerichtsvereinbarung, die nicht die Anwendung der CMR vorschreibt, ist gemäß Art. 41 CMR nichtig (*Loewe*, TranspR **1988**, 309, 319). Schriftform ist nicht erforderlich (**a. A.** *Hill/Messent*, CMR, S. 190 unter Berufung auf den englischen Wortlaut). Verschiedentlich werden nur ausdrückliche Verweisungen auf eine Schiedsklausel für ausreichend erklärt (vgl. *Hill/Messent*, CMR, S. 190 f m. Nachw.). Zur Frage von Vereinbarungen nach Entstehen des Streitfalls, *Loewe*, aaO. **1**

Kapitel VI. Bestimmungen über die Beförderung durch aufeinanderfolgende Frachtführer

Vorbemerkung vor Art. 34 CMR

1. Regelungsgehalt

Die nachfolgenden Frachtführer werden neben dem Hauptfrachtführer bzw. Fixkostenspediteur (Art. 34 CMR Rz. 5) gegenüber dem ersten Absender und gegebenenfalls gegenüber dem Empfänger (Art. 13 CMR) Gesamtschuldner und Gesamtgläubiger. Gemäß Art. 36 CMR haftet nach außen aber nur der Hauptfrachtführer, der letzte nachfolgende Frachtführer sowie der Frachtführer, der nachweisbar den Schaden verursacht hat; im Innenverhältnis zwischen dem Hauptfrachtführer und den nachfolgenden Frachtführern kann sich der Schadensausgleich auch auf andere Frachtführer erstrecken. Der Transport des Gutes durch nachfolgende Frachtführer hat den Vorteil, daß aus der Perspektive des Absenders und Empfängers die Zahl der Schuldner vermehrt und dadurch das Risiko der Insolvenz gemindert wird. Außerdem ist eher zu erwarten, daß einer der haftenden Frachtführer im Inland ansässig und damit leichter greifbar ist. Dem Hauptfrachtführer bringt die **1**

Haftung der Unterfrachtführer als nachfolgende Frachtführer insbesondere den Vorteil, daß er zumindest partiell Regreß selbst dann nehmen kann, wenn er nicht nachzuweisen vermag, daß sich der Schaden in der Obhut der Unterfrachtführer ereignet hat. Andererseits erhöhen sich aus diesem Grunde für die nachfolgenden Frachtführer die Haftungsrisiken. Nachfolgende Unterfrachtführer müssen ferner eine Beschränkung ihrer Regreßmöglichkeiten hinnehmen. Allerdings sind diese Regelungen dispositiver Natur (Art. 40 CMR).

2. Ratio der Art. 34 ff CMR

2 Die Art. 34 ff CMR lehnen sich an § 432 HGB (Denkschrift, BT-Drucksache III/1144 S. 46) und wohl auch an die Art. 26 § 2, Art. 43 § 3, Art. 49 CIM a. F. an (*Koller,* VersR **1988,** 556, 561). Man muß annehmen, daß Absender und Empfänger im grenzüberschreitenden Verkehr bei Gütern, die mit einem durchlaufenden Frachtbrief (Art. 34 CMR Rz. 3) befördert werden, verbreitet von einer vollen Haftung des Schädigers und insbesondere des letzten Frachtführers ausgehen. Dieser Verkehrserwartung wollten wohl die Art. 34 ff CMR Rechnung tragen (näher dazu *Koller,* VersR **1988,** 556, 561 f).

3. Wirtschaftliche Bedeutung

3 Die praktische Relevanz der Art. 34 ff CMR ist nach deutscher Rechtsauffassung gering, weil sich Unterfrachtführer wegen der erhöhten Haftung im allgemeinen scheuen, durchgehende Frachtbriefe anzunehmen und weil Hauptfrachtführer in den durchgehenden Frachtbriefen nicht die Konditionen ihrer Verträge mit den Absendern, insbesondere nicht die Höhe der Fracht (Art. 37 lit. b CMR) offenlegen wollen. Allerdings ließen sich diese Hindernisse zum Teil durch Sondervereinbarungen beseitigen (Art. 40 CMR). Die FIATA hat die ersatzlose Streichung der Art. 34 ff CMR vorgeschlagen (*Glöckner,* TranspR **1984,** 114 f).

4. Rechtslage bei Unanwendbarkeit des Art. 34 CMR

4 Der jeweilige Absender im Rahmen eines Frachtvertrages bzw. Speditionsvertrages iSd §§ 412 f HGB kann von seinem Vertragspartner Ersatz fordern (Art. 13 CMR Rz. 8). Dem BGH zufolge darf daneben nur der Empfänger aus dem Hauptfrachtvertrag bzw. Speditionsvertrag iSd §§ 412, 413 HGB den Hauptfrachtführer bzw. Spediteur, nicht aber eine von diesen eingeschaltete oder später in der Transportkette mit dem Transport befaßte Person, in Anspruch nehmen (näher Art. 13 CMR Rz. 5). Der Regreß erfolgt jeweils gegenüber dem unmittelbaren Vertragspartner (BGH v. 14.11.1991, TranspR **1992,** 135 ff; abw. OGH Wien v. 28.11.1990, TranspR **1991,** 135, 138, der § 432 III HGB anwendet). Dabei kann jeder Spediteur bzw. Frachtführer seinem Vertragspartner, den er eingeschaltet hat, den Streit verkünden (§ 72 ZPO). Denkbar ist auch, daß der Frachtführer, der gegen den Unter-

frachtführer vorgeht, seinem Auftraggeber den Streit verkündet (BGH v. 14.11.1991, TranspR **1992,** 135, 137 f; *Koller,* EWiR **1992,** 405).

Art. 34 CMR [Mehrere aufeinanderfolgende Straßenfrachtführer]

Wird eine Beförderung, die Gegenstand eines einzigen Vertrages ist, von aufeinanderfolgenden Straßenfrachtführern ausgeführt, so haftet jeder von ihnen für die Ausführung der gesamten Beförderung; der zweite und jeder folgende Frachtführer wird durch die Annahme des Gutes und des Frachtbriefes nach Maßgabe der Bedingungen des Frachtbriefes Vertragspartei.

Literatur: siehe vor Art. 1 CMR.

I. Allgemeines

Siehe Vorbemerkung vor Art. 34 CMR. 1

II. Anwendungsvoraussetzungen

1. Die Beförderung ist Gegenstand eines einzigen Vertrages

Art. 34 CMR greift nicht in den Fällen des sog. **gebrochenen Verkehrs** 2
ein, in denen mit dem ersten Frachtführer kein Vertrag über die gesamte Strecke, sondern von vornherein nur ein Vertrag über einen Teil der Strecke geschlossen wird. Ein gebrochener Verkehr liegt auch dann vor, wenn sich der erste Frachtführer zusätzlich in der Rolle des Spediteurs verpflichtet, für die Reststrecke einen weiteren Frachtführer zu beauftragen. Ist die Beförderung dagegen Gegenstand eines **einzigen Vertrages** über die ganze Strecke, so werden die nachfolgenden Frachtführer als Unterfrachtführer iSd Art. 3 CMR tätig und erfüllen Verpflichtungen des Hauptfrachtführers. Bei einer Beförderung, die Gegenstand eines einzigen Vertrages ist, spielt es daher zumindest aus der Perspektive des Absenders und Empfängers keine Rolle, daß ein oder mehrere Unterfrachtführer ausschließlich binnenstaatliche Transporte vorgenommen haben (**a. A.** Rotterdam, ULR **1977,** 338; anders unter Umständen im Innenverhältnis der Frachtführer und auf der Ebene der Drittschadensliquidation). Die Unterfrachtführer müssen als Straßenfrachtführer tätig werden (Antwerpen, ETR **1989**, 574). Der Huckepackverkehr fällt daher nicht unter Art. 34 CMR.

2. Annahme des Gutes und eines durchgehenden Frachtbriefes

Der Art. 34 CMR ist unklar gefaßt; denn die beiden Halbsätze können eine 3
Einheit bilden (so BGH, NJW **1985,** 555, 556); der erste Halbsatz könnte aber auch abschließend die Voraussetzungen der Haftung normieren.

Nach h. M. setzt die Anwendung des Art. 34 CMR außer der Existenz eines einzigen Vertrages (oben Rz. 2) die Annahme des Guts durch die Unterfrachtführer voraus. Das Gut muß also in die Obhut der Unterfrachtführer gelangt sein (BGH, NJW **1985,** 555, 556; v. 10.5.1990, VersR **1991,** 238, 239; *Hill/Messent,* CMR, S. 199; *Heuer,* TranspR **1984,** 169, 171; *Helm,* VersR **1988,** 548, 555 m. w. Nachw.; **a. A.** OLG Stuttgart v. 22.7.1982, VersR **1983,** 978, 979; OLG Hamburg v. 3.6.1982, TranspR **1985,** 266, 267; *Wankel,* VersR **1984,** 712). Es ist ferner h. M., daß der Absender einen wirksamen (Art. 5 CMR Rz. 3) Frachtbrief ausgestellt haben muß, der auf die gesamte Strecke lautet (Queens Bench Division, ETR **1992**, 788) und daß dieser Frachtbrief dem nachfolgenden Frachtführer vom Hauptfrachtführer oder dessen Vertreter ausgehändigt und von jenem angenommen worden sein muß (BGH, NJW **1985,** 555, 556; v. 9.2.1984, VersR **1984,** 578, 580; OGH Wien v. 28.11.1990, TranspR **1991,** 135, 137; *Piper,* VersR **1988,** 200, 205; *Helm,* VersR **1988,** 548, 555 m. w. Nachw.; *Theunis/Messent,* S. 168 f; **a. A.** OLG Stuttgart v. 22.7.1982, VersR **1983,** 978; Antwerpen, ETR **1975,** 548; vgl. auch *Lamy,* Transport I, Nr. 1011, *Tilche,* BullT **1991**, 598, die eine Tendenz in der französischen Rechtsprechung zur Aufweichung dieses Erfordernisses konstatieren; vgl. Cour Cass., BullT **1991**, 83).

Umstritten ist, ob die Anwendbarkeit der Art. 34 ff CMR voraussetzt, daß der **Hauptfrachtführer das Gut selbst in seine Obhut** übernommen und eine gewisse Strecke transportiert hatte. *Bejahend:* OLG Hamburg v. 3.6.1982, TranspR **1985,** 267; *Loewe,* ETR **1976,** 503, 589; GroßkommHGB-*Helm,* Anh. § 452, Art. 34 CMR Rz. 2; *Lamy,* Transport I, Nr. 1011; wohl auch Cour Cass., BullT **1991,** 782, falls kein anderer Frachtführer im Frachtbrief aufgeführt ist; *verneinend* OLG Hamm v. 2.12.1991, TranspR **1992**, 179, 180; OLG Stuttgart v. 22.7.1982, VersR **1983,** 978; OLG Hamburg v. 29.5.1980, VersR **1980,** 950; OLG Karlsruhe v. 7.12.1979, VersR **1980,** 877; OGH Wien, TranspR **1988,** 273, 276; v. 28.6.1988, TranspR **1989,** 222, 225; Royal Court of Justice, ETR **1977,** 138; *Piper,* VersR **1988,** 200, 204; *Heuer,* TranspR **1984,** 169, 170; *Wankel,* VersR **1984,** 712, 713; *Lenz,* Straßengütertransportrecht, Rz. 1035; *Hill/Messent,* CMR, S. 199; *Theunis/Ramberg,* S. 22.

4 **Stellungnahme:** Bei der Auslegung des Art. 34 CMR kann nicht davon ausgegangen werden, daß die Vorschrift Schutz vor den besonderen Gefahren durch Einschaltung von Unterfrachtführern bieten soll; denn kein Unterfrachtführer kann gezwungen werden, einen durchgehenden Frachtbrief zu übernehmen. Auch ist das Transportrisiko im Fall des gebrochenen Verkehrs nicht niedriger als bei Einschaltung von Unterfrachtführern. Das Risiko der Ladungsbeteiligten, keine Haftungsansprüche zu erwerben, ist in Anbetracht der Häufigkeit unbekannter Schadensorte sogar noch größer. Im Innenverhältnis ist zu beachten, daß die Art. 37, 38 CMR dispositiv sind. Von der ratio der Art. 34 ff CMR (vor Art. 34 CMR Rz. 2) her wird grundsätzlich nur dem Schädiger und dem letzten Frachtführer (Art. 36 CMR) eine Haftung zugemutet. Der Hauptfrachtführer haftet ohnehin immer gemäß Art. 17 iVm Art. 3 CMR (*Tilche,* BullT **1992**, 279). Da der Schädiger und der das Gut abliefernde Frachtführer typischerweise das Gut in ihrer Obhut gehabt haben werden, ist davon auszugehen, daß nachfolgender Frachtführer nur sein kann, wer das Gut angenommen hat (*Koller,* VersR **1988,** 556, 563). Dabei ist es gleichgültig, von wem der nachfolgende Frachtführer das Gut erhalten

hatte. Der Frachtbrief muß den nachfolgenden Frachtführer darüber informieren, wie die Vertragskonditionen lauten. Demnach muß der über die gesamte Strecke ausgestellte Frachtbrief vom Auftraggeber des Hauptfrachtführers und von diesem selbst (Art. 5 I CMR) unterzeichnet sein. Der nachfolgende Frachtführer muß diesen Frachtbrief nicht notwendig vom Hauptfrachtführer oder seinem Vormann, der seinerseits nachfolgender Frachtführer war, erhalten haben. Der Frachtbrief muß ihm auch nicht zusammen mit dem Gut übergeben worden sein. Dem Schutzzweck der Frachtbriefübergabe zufolge ist es nur erforderlich, daß der Unterfrachtführer bei Annahme des Gutes einen durchgehenden, vom ersten Absender und Hauptfrachtführer unterzeichneten Frachtbrief in Händen hält. Ein Vermerk iSd Art. 35 CMR ist nicht zwingend vorgeschrieben. Dies hat zur Folge, daß der Unterfrachtführer den Frachtbrief samt Gut auch vom ersten Absender bzw. Versender erhalten kann. Da der Hauptfrachtführer ohnehin gemäß Art. 17 iVm Art. 3 CMR haftet, setzt die Anwendung des Art. 34 CMR nicht voraus, daß er das Gut selbst übernommen und eine gewisse Strecke transportiert hatte (*Koller,* VersR **1988,** 556, 563; *Piper,* VersR **1988,** 200, 205; ebenso i. E. *Helm,* VersR **1988,** 548, 556 m. Nachw.; Court of Appeal London, ETR **1977,** 138). Der Wortlaut des Art. 34 CMR sowie die Überschrift zum VI.Kapitel besagt auch im französischen und englischen Text nicht, daß der Hauptfrachtführer den Transport teilweise faktisch selbst und nicht durch Unterfrachtführer bewirkt haben muß. Der Hauptfrachtführer, der das Gut nicht in seine Obhut übernommen hatte, kann im Innenverhältnis vollen Regreß fordern (Art. 37 CMR Rz. 5; **a.A.** *Helm,* VersR **1988,** 548, 556, der auch Art. 40 CMR übersieht).

3. Fixkosten-, Sammelladungsspedition

Die Art. 34 ff CMR kommen auch dann zum Tragen, wenn der erste Auftragnehmer ein Fixkostenspediteur (§ 413 I HGB) war (BGH, NJW **1985,** 555, 556; *Koller,* VersR **1988,** 556, 563; *Helm,* VersR **1988,** 548, 555 m. w. Nachw.). Dagegen greifen die Art. 34 ff CMR nicht im Fall des § 413 II HGB ein, weil hier der Sammelladungsspediteur dem Frachtführer eine andere Sendung übergibt, als er vom Versender empfangen hatte (*Heuer,* TranspR **1984,** 169, 170 f). 5

III. Rechtsfolgen

Die Unterfrachtführer werden Vertragspartner des Absenders und werden unter den Voraussetzungen des Art. 13 CMR Schuldner und Gläubiger des Empfängers. Die Unterfrachtführer werden jedoch anders als der Hauptfrachtführer nur nach Maßgabe des Frachtbriefs Vertragspartner. Der Frachtbrief besitzt zugunsten der Unterfrachtführer absolute Schutzfunktion. Er kann daher anders als nach Art. 9 I CMR nicht widerlegt werden, selbst wenn die Unterfrachtführer den wahren Inhalt der Vereinbarung kannten. Dem Wortlaut des Art. 34 CMR zufolge können sich die Unterfrachtführer auch nicht darauf berufen, daß in Wirklichkeit mit ihnen günstigere Konditionen vereinbart worden seien. Angesichts der Bedeutung des Wortlauts der CMR 6 für deren Interpretation (vor Art. 1 CMR Rz. 4) kommt eine Restriktion nicht in Betracht, zumal sich die Unterfrachtführer auf das ihnen aus dem Frachtbrief bekannte Risiko eingelassen haben.

Der Hauptfrachtführer und die nachfolgenden Frachtführer werden demnach nach Maßgabe des ergänzend anwendbaren nationalen Rechts (vor Art. 1 CMR Rz. 5 ff) Gesamtgläubiger, z. B. in Hinblick auf die Frachtforderung, auf Schadensersatzansprüche aus Art. 7 I, 10 CMR. Falls deutsches Recht ergänzend anwendbar ist, so ist § 428 BGB heranzuziehen. Die Frachtführer werden ferner in Hinblick auf sämtliche, dem Vertrag entspringenden Ansprüche Gesamtschuldner nach Maßgabe des ergänzend anwendbaren nationalen Rechts (vor Art. 1 CMR Rz. 5 ff). Eine Ausnahme gilt für die Haftung aus Art. 17 CMR. Insoweit existieren sowohl im Außenverhältnis Absender bzw. Empfänger – Frachtführer als auch im Innenverhältnis unter den Frachtführern Sonderregelungen (Art. 36–40 CMR). Zur Anwendbarkeit der Art. 30, 32 CMR s. Art. 36 Rz. 1.

Art. 35 CMR [Überprüfungspflichten; Beweiskraft des Frachtbriefs]

1. Ein Frachtführer, der das Gut von dem vorhergehenden Frachtführer übernimmt, hat diesem eine datierte und unterzeichnete Empfangsbestätigung auszuhändigen. Er hat seinen Namen und seine Anschrift auf der zweiten Ausfertigung des Frachtbriefes einzutragen. Gegebenenfalls trägt er Vorbehalte nach Artikel 8 Absatz 2 auf der zweiten Ausfertigung des Frachtbriefes sowie auf der Empfangsbestätigung ein.

2. Für die Beziehungen zwischen den aufeinanderfolgenden Frachtführern gilt Artikel 9.

Literatur: siehe vor Art. 1 CMR.

1 Die in Art. 35 I CMR vorgesehenen Formalitäten sind nicht konstitutiver Natur (Loewe, ETR **1976,** 503, 589 f; *Hill/Messent,* CMR, S. 208). Der Frachtführer, dem keine Empfangsbestätigung ausgehändigt wird, kann nach ergänzend anwendbarem nationalen Recht (vor Art. 1 CMR Rz. 5 ff) Zurückbehaltungsrechte und unter Umständen Schadensersatzansprüche geltend machen (vgl. *Loewe,* ETR **1976,** 503, 590; Art. 4 CMR Rz. 3). Hat der nachfolgende Frachtführer eine vorbehaltslose Empfangsbestätigung ausgestellt, so entsteht die Vermutung des Art. 9 I, II CMR (Art. 35 II CMR; *Hill/Messent,* CMR, S. 210). Vorbehalte, die der nachfolgende Frachtführer gemäß Art. 35 I 3 CMR auf dem Frachtbrief und der Empfangsbestätigung eingetragen hat, lassen die Vermutung des Art. 9 CMR entfallen. Dies gilt nicht, wenn der Vorbehalt nur auf dem Frachtbrief vermerkt ist, da dem vorhergehenden Frachtführer zur leichteren Beweisführung ein Dokument mit den Vorbehalten an die Hand gegeben werden muß. Sind die Vorbehalte nur auf der Empfangsbestätigung eingetragen, so wird man dies genügen lassen müssen, um die Vermutung des Art. 9 CMR zu beseitigen (**a. A.** *Hill/Messent,* CMR, S. 210: nur Beweismittel); denn der vorhergehende

Frachtführer ist in Hinblick auf Regreßprozesse so zu stellen wie ein normaler Absender, dem ein mit Vorbehalten versehener Frachtbrief ausgehändigt wird (Art. 8 CMR Rz. 8). Die zusätzliche Eintragung in den Frachtbrief ist nur für spätere nachfolgende Frachtführer von Interesse, die in Hinblick auf bereits eingetragene Vorbehalte keine erneuten Vorbehalte machen müssen. Hat der vorhergehende Frachtführer die Vorbehalte anerkannt, so ist Art. 8 II 3 CMR heranzuziehen; denn Art. 35 I 3 CMR verweist umfassend auf Art. 8 II CMR und der vorhergehende Frachtführer ist im Verhältnis zum Unterfrachtführer der Absender des Gutes (zweifelnd *Hill/Messent,* CMR, S. 209 f). Art. 8 III CMR greift nicht ein (*Loewe,* ETR **1976,** 503, 590).

Art. 36 CMR [Passivlegitimation]

Ersatzansprüche wegen eines Verlustes, einer Beschädigung oder einer Überschreitung der Lieferfrist können, außer im Wege der Widerklage oder der Einrede in einem Verfahren wegen eines auf Grund desselben Beförderungsvertrages erhobenen Anspruches, nur gegen den ersten, den letzten oder denjenigen Frachtführer geltend gemacht werden, der den Teil der Beförderung ausgeführt hat, in dessen Verlauf das Ereignis eingetreten ist, das den Verlust, die Beschädigung oder die Überschreitung der Lieferfrist verursacht hat; ein und dieselbe Klage kann gegen mehrere Frachtführer gerichtet sein.

Literatur: siehe vor Art. 1 CMR.

I. Allgemeines

Art. 36 CMR betrifft nur die Haftung gemäß Art. 17 CMR im Fall des Art. 1
34 CMR. Der Hauptfrachtführer haftet nach dem Vertrag, die nachfolgenden Frachtführer nach Maßgabe des Frachtbriefes (Art. 34 CMR Rz. 6). Da die Frachtführer als Gesamtschuldner haften, genügt es für die Haftung, daß einer der Frachtführer den Schaden iSd Art. 17 CMR zurechenbar oder gar vorsätzlich bzw. grob fahrlässig (Art. 29 CMR) herbeigeführt hat (*Hill/Messent,* CMR, S. 207). Diese Haftung kann gegenüber jedem der Frachtführer im Weg der Widerklage, der Aufrechnung oder des Zurückbehaltungsrechts (Einrede) wegen eines aufgrund desselben Beförderungsvertrages erhobenen Anspruchs geltend gemacht werden. In den Art. 30, 32, 34, 36 CMR ist nicht gesagt, ob die *Beweislastregelung* des Art. 30 I CMR, der *Haftungsausschluß* gemäß Art. 30 III CMR und die Hemmung der *Verjährung* gemäß Art. 32 II CMR gegenüber allen Frachtführern nur dann zum Tragen kommen, wenn die Vorbehalte bzw. Reklamationen an alle Frachtführer gerichtet worden sind. *Hill/Messent* (CMR, S. 207; ebenso *Lamy,* Transport I, Nr. 989) nehmen an, daß die Reklamation nur zugunsten und zu Lasten desjenigen Frachtführers wirkt, an den sie gerichtet worden sei und der sie abgelehnt habe. Sie begründen dies damit, daß nur derjenige Frachtführer Reklamationen zurückweisen kann, der sie erhalten hat. Damit ist aber noch nicht gesagt, daß sich die anderen Frachtführer wegen ihrer Verbundenheit die Reklamation

nicht zurechnen lassen müssen. Da die Art. 34, 36 CMR zu dieser Frage schweigen, liegt es nahe, auf das einschlägige (vor Art. 1 CMR Rz. 5 ff) nationale Recht, nach deutschem Recht auf § 425 BGB, zurückzugreifen (vgl. Art. 32 CMR Rz. 14; unklar *Glöckner,* Art. 36 CMR Rz. 2). Für diese Lösung spricht, daß der Geschädigte anders als nach der CIM gleichzeitig oder nacheinander mehrere Frachtführer verklagen kann und daß daher alle Frachtführer ein besonderes Interesse daran haben, daß sie rechtzeitig über den Schaden und das Schadensersatzbegehren informiert werden. Die zur CIM vertretene Ansicht, daß die Reklamation bei einer zuständigen Eisenbahn zu Lasten aller anderen wirke (RG, EE **24,** 291; *Loening,* Internationales Übereinkommen über den Eisenbahnfrachtverkehr (1927), S. 899 m. w. Nachw.), läßt sich daher nicht ohne weiteres auf die CMR übertragen. Die Reklamation bei anderen Frachtführern wirkt jedoch auch zu Lasten derjenigen Frachtführer, die entgegen Art. 35 I 2 CMR ihren Namen und ihre Anschrift nicht auf der Empfängerausfertigung des Frachtbriefes eingetragen haben.

II. Beschränkung der Passivlegitimation

2 Soweit Absender oder Empfänger Ansprüche aus Art. 17 CMR geltend machen (*Hill/Messent,* CMR, S. 214), sind nur der Hauptfrachtführer, der Schädiger und der letzte Frachtführer, der das Gut in seinem Besitz gehabt hatte (*Loewe,* ETR **1976,** 503, 590; *Hill/Messent,* CMR, S. 211), passivlegitimiert (Paris, BullT **1992**, 278; kritisch *Tilche*, BullT **1992**, 278, 279). Dies gilt auch dann, wenn der Hauptfrachtführer nicht selbst transportiert hat (Art. 34 CMR Rz. 3; **a. A.** OGH Wien v. 22.10.1982, TranspR **1984,** 180). Art. 36 CMR greift im Fall des Art. 21 CMR nicht ein (**a. A.** *Hill/Messent,* CMR, S. 215). Die anderen Frachtführer sind nicht eigentlich passivlegitimiert. Sie treten freilich in den Haftungsverband ein, falls sie ihrerseits aktiv gegen Absender bzw. Empfänger Ansprüche (Art. 34 CMR Rz. 6) geltend machen und diese zu ihrer Verteidigung Schadensersatzansprüche im Weg der Widerklage bzw. der Einrede (z. B. Aufrechnung) ins Feld führen. Zur Frage der Vorbehalte und Reklamationen oben Rz. 1. Die Passivlegitimation im Prozeß zwischen den Frachtführern ist nicht in Art. 36 CMR, sondern in Art. 37 CMR geregelt (OGH Wien v. 12.4.1984, TranspR **1985,** 344, 346).

III. Klagehäufung

3 Anders als gemäß Art. 55 § 4 CIM kann der Geschädigte mehrere Frachtführer gleichzeitig oder nacheinander verklagen, weil die Solvenz der einzelnen Frachtführer nicht so gesichert ist wie die Solvenz der Bahnen. Es besteht keine notwendige Streitgenossenschaft. Klageabweisende Urteile wirken daher auch nicht zugunsten der übrigen Frachtführer.

IV. Gerichtsstand

Art. 31 CMR gilt auch im Fall des Art. 36 CMR (*Hill/Messent,* CMR, S. 213). Dies kann zur Folge haben, daß für die Frachtführer kein gemeinsamer Gerichtsstand existiert. Dem steht der Wortlaut des Art. 36 HS. 2 CMR nicht entgegen; wie der englische und der französische Text (Art. 51 S. 3 CMR) zeigen. Vielmehr wird deutlich, daß Art. 36 HS. 2 CMR lediglich eine gegenüber Art. 55 § 4 CIM abweichende Regelung klarstellen soll. Gerichtsstandsvereinbarungen gelten zu Lasten der nachfolgenden Frachtführer nur, wenn sie im Frachtbrief eingetragen sind (Art. 34 CMR; *Hill/Messent,* CMR, S. 213; **a. A.** *Loewe,* ETR **1976,** 503, 591). 4

Art. 37 CMR [Rückgriff]

Einem Frachtführer, der auf Grund der Bestimmungen dieses Übereinkommens eine Entschädigung gezahlt hat, steht der Rückgriff hinsichtlich der Entschädigung, der Zinsen und der Kosten gegen die an der Beförderung beteiligten Frachtführer nach folgenden Bestimmungen zu:

a) der Frachtführer, der den Verlust oder die Beschädigung verursacht hat, hat die von ihm oder von einem anderen Frachtführer geleistete Entschädigung allein zu tragen;

b) ist der Verlust oder die Beschädigung durch zwei oder mehrere Frachtführer verursacht worden, so hat jeder einen seinem Haftungsanteil entsprechenden Betrag zu zahlen; ist die Feststellung der einzelnen Haftungsanteile nicht möglich, so haftet jeder nach dem Verhältnis des ihm zustehenden Anteiles am Beförderungsentgelt;

c) kann nicht festgestellt werden, welche der Frachtführer den Schaden zu tragen haben, so ist die zu leistende Entschädigung in dem unter Buchstabe b bestimmten Verhältnis zu Lasten aller Frachtführer aufzuteilen.

Literatur: siehe vor Art. 1 CMR.

I. Allgemeines

Der gemäß Art. 40 CMR abdingbare Art. 37 CMR betrifft ausschließlich den Regreß unter solchen Frachtführern, die als nachfolgende Frachtführer iSd Art. 34 CMR im Verbund stehen (BGH, NJW **1985,** 555, 556; v. 10.5.1990, VersR **1991**, 238; OLG München v. 21.12.1990, TranspR **1991**, 96, 97; vgl. auch OGH Wien, TranspR **1986,** 20, 21 f; **1988,** 273, 277; zur Anwendbarkeit des Art. 37 CMR, wenn im Außenverhältnis ein Anspruch rechtskräftig auf Art. 36 CMR gestützt worden ist, BGH v. 10.5.1990, VersR **1991**, 238, 239). Auf Fälle, in denen der Hauptfrachtführer Unterfrachtführer eingeschaltet hat, ohne daß die Voraussetzungen des Art. 34 CMR vorliegen, ist Art. 37 CMR daher nicht, auch nicht analog, anwendbar (OLG München v. 21.12.1990, VersR **1991**, 1311, 1312; **a. A.** OLG Hamburg v. 3.6.1982, TranspR 1985, 266, 268; *Helm,* VersR **1988,** 548, 556). Die Vergemeinschaftung des Risikos durch Art. 37 lit. c CMR setzt voraus, daß sich der betrof- 1 fene Frachtführer freiwillig in die Position eines nachfolgenden Frachtführers begeben hat (vgl. § 432 HGB Rz. 5). Auch ist es dem normalen Hauptfrachtführer nicht zuzumuten, daß ihm ohne seinen Willen Ansprüche gegen den von ihm ausgewählten und für solvent befundenen Unterfrachtführer abgeschnitten werden und er sich an den Schädiger halten muß. Eine Kanalisierung der Haftung in Richtung auf den wahren Schädiger unter Überspringung anderer Frachtführer ist nur angemessen, wenn der regreßnehmende Frachtführer im Insolvenzfall hilfsweise auf die anderen Frachtführer zurückgreifen kann. Dies ist jedoch nur unter nachfolgenden Frachtführern iSd Art. 34 CMR zulässig (Art. 38 CMR). Frachtführer, die keinen durchgehenden Frachtbrief übernommen haben, brauchen sich nicht mit zusätzlichen Haftungsrisiken belasten zu lassen. Eine Analogie zu Art. 38 CMR scheidet mithin für unverbundene Frachtführer aus. Deshalb darf der regreßnehmende Frachtführer durch eine Analogie zu Art. 37 lit. a CMR nicht mit dem Risiko der Insolvenz eines schädigenden Unter-Unterfrachtführers belastet werden, das er nicht steuern und nicht gemäß Art. 38 CMR streuen kann. Art. 37 lit. a CMR schränkt mithin weder unmittelbar noch mittelbar die Regreßforderungen normaler Frachtführer ein (*Hill/Messent,* CMR, S. 216). Vgl. Art. 27 CMR Rz. 6.

2 Art. 37 CMR betrifft nur Zahlungen aufgrund von Ersatzansprüchen, die in der CMR wurzeln (*Hill/Messent,* CMR, S. 216). Außervertragliche Ansprüche werden über Art. 28 CMR erfaßt. Es ist allerdings Art. 40 CMR zu beachten (*v. Dannenberg,* VersR **1983,** 979, 980). Soweit Ansprüche weder der CMR entspringen noch dem Art. 28 CMR unterfallen, ist das einschlägige nationale Recht (vor Art. 1 CMR Rz. 5 ff) heranzuziehen.

II. Regreß gegen den Schädiger (Art. 37 lit. a CMR)

3 Der Frachtführer muß den Verlust oder die Beschädigung nicht nur im Sinn der Kausalität verursacht, sondern iSd Art. 17 CMR zu verantworten haben (der englische Text spricht von „responsible"; *Loewe,* ETR **1976,** 503, 591). Es gelten neben Art. 35 CMR die allgemeinen Grundsätze der Art. 17 f CMR zur Beweislast (**a. A.** *Hill/Messent,* CMR, S. 218: Vermutung der Verantwortung des Frachtführers, bei dem der Schaden entdeckt wurde). Auf Verspätungsschäden und sonstige der CMR entspringende Ersatzforderungen ist Art. 37 lit. a CMR analog anzuwenden (*Hill/Messent,* CMR, S. 219, kommen zum gleichen Ergebnis, indem sie den Begriff „loss" weit interpretieren; vgl. auch Art. 50 § 1 CIM a. F., der der CMR als Vorbild diente). Nach dem Wortlaut des Art. 37 CMR darf ein Frachtführer erst Regreß verlangen, nachdem er tatsächlich eine Entschädigung gezahlt hat (OLG Innsbruck v. 26.1.1990, TranspR **1991**, 12, 20; Queen's Bench Division, ETR **1974,** 167; *Hill/Messent,* CMR, S. 217). Solange der Frachtführer noch einen Prozeß um die Ersatzberechtigung führt oder lediglich befürchtet, kann er daher nicht nach Art. 37 lit. a–c Freistellung verlangen. Dies ergibt sich auch aus Art. 39 I CMR. Regreßprozesse sollen erst dann begonnen werden, wenn der regreßnehmende Frachtführer tatsächlich einen Verlust erlitten hat und ein Regreß unausweichlich ist. Eine Analogie zu Art. 37 CMR ist freilich dort

gerechtfertigt, wo der Regreßnehmende bereits verurteilt worden ist, aber noch nicht gezahlt hat (vgl. Art. 39 IV 2 CMR).

Der Regreßnehmende kann in **Höhe** der der CMR und dem Frachtbrief (Art. 34 CMR) entsprechenden Entschädigungsleistungen Ersatz verlangen; außerdem für Zinsen, auch soweit sie dem nationalen Recht entspringen, und für Kosten infolge des Schadensfalles. Zu den Kosten gehören die Gerichtskosten (LG Hamburg v. 5.1.1981, VersR **1981,** 969); denn Art. 39 I CMR zwingt den Frachtführer, sich unter Umständen auf einen Prozeß einzulassen, den er glaubt, nicht gewinnen zu können (*Suhr,* VersR **1981,** 969). Ist der Schädiger insolvent, greift Art. 38 CMR ein. Falls nicht von vornherein klar ist, wer Schädiger ist, wollen *Hill/Messent,* CMR, S. 219, eine Klage gegen alle potentiellen Schädiger zulassen.

III. Regreß gegen mehrere Schädiger (Art. 37 lit. b CMR)

Siehe oben Rz. 3. Art. 37 lit. b CMR bezieht sich sowohl auf die Fälle, in denen ein Gut mehrfach geschädigt worden ist, als auch auf Fälle, in denen Frachtführer, die Unterfrachtführer eingesetzt haben, eine Mitverantwortung, z. B. iSd Art. 17 V CMR, trifft. 4

IV. Unbekannter Schadensort (Art. 37 lit. c CMR)

Art. 37 lit. c CMR greift ein, wenn ein Schaden, für den die Frachtführer gemäß Art. 34 CMR haften, nicht einem oder mehreren Schädigern zugeordnet werden kann. Dabei sind im Verhältnis unter den Frachtführern die Beweisregeln der Art. 9, 17 ff CMR heranzuziehen (*Hill/Messent,* CMR, S. 221). Art. 37 lit. c CMR ist nicht einschlägig, wenn ein Frachtführer nachweisen kann, daß der Schaden nicht in seiner Sphäre entstanden ist (*Clarke,* CMR, Rz. 53; *Rodière,* ETR **1971,** 574, 586). Es ist hier der Rechtsgedanke des Art. 49 § 1 c CIM a. F., der der CMR als Vorbild diente, fruchtbar zu machen (vgl. auch *Theunis/Messent,* S. 173). Zur Frage, ob. Art. 37 lit. c CMR auch bei Verspätungsschäden u. a. eingreift, oben Rz. 3. 5

Art. 38 CMR [Ausgleichspflicht bei Zahlungsunfähigkeit]

Ist ein Frachtführer zahlungsunfähig, so ist der auf ihn entfallende, aber von ihm nicht gezahlte Anteil zu Lasten aller anderen Frachtführer nach dem Verhältnis ihrer Anteile an dem Beförderungsentgelt aufzuteilen.

Literatur: siehe vor Art. 1 CMR.

Ein Frachtführer ist als zahlungsunfähig anzusehen, wenn und soweit ein Zwangsvollstreckungsversuch erfolglos war oder aussichtslos ist (*Loewe,* ETR **1976,** 503, 591 f). Der regreßnehmende Frachtführer hat selbst den auf ihn entfallenden Anteil zu tragen. Art. 38 CMR ist dispositiver Natur (Art. 40 CMR). 1

Art. 39 CMR [Rückgriffsverfahren]

1. Ein Frachtführer, gegen den nach den Artikeln 37 und 38 Rückgriff genommen wird, kann nicht einwenden, daß der Rückgriff nehmende Frachtführer zu Unrecht gezahlt hat, wenn die Entschädigung durch eine gerichtliche Entscheidung festgesetzt worden war, sofern der im Wege des Rückgriffs in Anspruch genommene Frachtführer von dem gerichtlichen Verfahren ordnungsgemäß in Kenntnis gesetzt worden war und in der Lage war, sich daran zu beteiligen.

2. Ein Frachtführer, der sein Rückgriffsrecht gerichtlich geltend machen will, kann seinen Anspruch vor dem zuständigen Gericht des Staates erheben, in dem einer der beteiligten Frachtführer seinen gewöhnlichen Aufenthalt, seine Hauptniederlassung oder die Zweigniederlassung oder Geschäftsstelle hat, durch deren Vermittlung der Beförderungsvertrag abgeschlossen worden ist. Ein und dieselbe Rückgriffsklage kann gegen alle beteiligten Frachtführer gerichtet sein.

3. Die Bestimmungen des Artikels 31 Absatz 3 und 4 gelten auch für Urteile über die Rückgriffsansprüche nach den Artikeln 37 und 38.

4. Die Bestimmungen des Artikels 32 gelten auch für die Rückgriffsansprüche zwischen Frachtführern. Die Verjährung beginnt jedoch entweder mit dem Tage des Eintrittes der Rechtskraft eines Urteils über die nach den Bestimmungen dieses Übereinkommens zu zahlende Entschädigung oder, wenn ein solches rechtskräftiges Urteil nicht vorliegt, mit dem Tage der tatsächlichen Zahlung.

Literatur: siehe vor Art. 1 CMR.

I. Allgemeines

1 Art. 39 CMR ist nur auf die Beziehungen zwischen Hauptfrachtführer und nachfolgenden Frachtführern iSd Art. 34 ff CMR anzuwenden (OLG Frankfurt v. 31.5.1983, TranspR **1983,** 155, 156 f; OLG Düsseldorf v. 18.10.1984, TranspR **1984,** 276, 277; OGH Wien v. 10.7.1985, TranspR **1986,** 377; v. 28.6.1988, TranspR **1989**, 222, 225; **a. A.** Royal Court of Justice, Court of Appeal, ETR **1977**, 138, 139); denn Art. 37 CMR befindet sich im Kapitel VI, das Sondervorschriften für aufeinanderfolgende Frachtführer enthält.

II. Voraussetzungen des Rückgriffs (Art. 39 I CMR)

2 Der Rückgriffsberechtigte muß immer nachweisen, daß der in Rückgriff genommene Frachtführer als nachfolgender Frachtführer iSd Art. 34 ff CMR passivlegitimiert ist und haftet. Art. 39 I CMR schneidet dem in Regreß genommenen Frachtführer lediglich den Einwand ab, daß der regreßnehmende Frachtführer selbst gar nicht gehaftet habe (*Theunis/Messent*, S. 176 f). Voraussetzung ist, daß der regreßpflichtige Frachtführer über das gerichtliche Verfahren derart informiert worden ist, daß er sich daran beteiligen konnte. Die CMR sagt nicht, was darunter zu verstehen ist. Es ist daher auf das Prozeßrecht des Gerichts des Vorprozesses zurückzugreifen (*Theunis/Messent*,

S. 176). Nach deutschem Prozeßrecht braucht der Regreßberechtigte dem Regreßpflichtigen nicht den Streit zu verkünden (§§ 72 f ZPO); denn der Regreßpflichtige kann auch von sich aus dem Prozeß beitreten (§ 66 ZPO). Die Rechtsfolge des Art. 39 I CMR tritt auch dann ein, wenn der Prozeß beim Gericht eines Nichtvertragsstaates anhängig ist (*Loewe,* ETR **1976,** 503, 592; **a. A.** *Hill/Messent,* CMR, S. 227), nicht aber, wenn sich dieses Gericht nicht an die CMR gehalten hatte (*Hill/Messent,* CMR, S. 227; **a. A.** *Loewe,* aaO, S. 592). Art. 39 I CMR verweist nämlich auf Art. 37 CMR, der nur Entschädigungen nach CMR-Regeln im Auge hat. Im Fall von Schiedssprüchen ist Art. 33 CMR zu beachten.

III. Zuständigkeit (Art. 39 II CMR)

Art. 39 II CMR stellt von Art. 31 I CMR abweichende Zuständigkeitsregeln auf, die unabdingbar gelten (*Hill/Messent,* CMR, S. 228; **a. A.** *Loewe,* aaO, S. 592, der übersieht, daß Art. 40 CMR nur Vereinbarungen zuläßt, die von den Art. 37 und 38 CMR abweichen). Die Zuständigkeit ergibt sich aus dem gewöhnlichen Aufenthaltsort der beteiligten Frachtführer. Der verbindliche französische Text (Art. 51 III CMR) lautet ,,l'un des transporteurs intéressés", der englische Text ,,one of the carriers concerned". Der englische Court of Appeals (TranspR **1982,** 100) stellte sich auf den Standpunkt, daß die Formulierung ,,carriers concerned" ausschließlich die passivlegitimierten Frachtführer meint (ebenso OGH Wien 6 Ob 662/90; *Schoner,* TranspR **1982,** 120 f; *Theunis/Messent,* S. 177). Das Gericht beruft sich überzeugend darauf, daß die Begriffe ,,carriers concerned" auch in Art. 39 II 2 CMR verwandt werden und dort eindeutig nur die passivlegitimierten Frachtführer erfassen. Die Klagen gegen die Passivlegitimierten können gebündelt werden, um unnötige Doppelprozesse zu vermeiden (**a. A.** *Fremuth,* TranspR **1983,** 35, 38). 3

IV. Vollstreckbarkeit (Art. 39 III CMR)

Art. 39 III CMR verweist auf Art. 31 III, IV CMR. Dabei ist die Bezugnahme des Art. 31 III CMR auf Art. 31 I CMR im Sinn einer Bezugnahme auf Art. 39 II CMR zu lesen (*Hill/Messent,* CMR, S. 229). 4

V. Verjährung (Art. 39 IV CMR)

Art. 39 IV CMR bezieht sich ausschließlich auf Regreßansprüche unter Frachtführern iSd Art. 34 CMR (oben Rz. 1). Art. 39 IV CMR kann auf sonstige Regreßforderungen auch nicht analog angewandt werden; denn nur ein Frachtführer, der bewußt einen durchgehenden Frachtbrief übernommen hat und sich in die gesamtschuldnerische Haftung begeben hat, ist weniger schutzwürdig und muß sich daher mit längeren Verjährungsfristen konfrontieren lassen. Außerdem entstehen Regreßansprüche iSd Art. 37 CMR erst später als Ersatzansprüche gemäß Art. 17 CMR (OLG Düsseldorf v. 10.10.1984, TranspR **1984,** 276, 277). Soweit es in Art. 39 IV 2 CMR auf die 5

Zahlung ankommt (BGH v. 10.5.1990, VersR **1991**, 238, 239), ist die Zahlung des Regreßberechtigten maßgeblich (OGH Wien v. 1.7.1982, TranspR **1984,** 193). Der Regreßberechtigte hat den Zeitpunkt im Rahmen des Art. 37 CMR zu beweisen (vgl. Gent v. 20.6.1986, ETR **1986,** 371).

Art. 40 CMR [Abweichende Vereinbarungen]

Den Frachtführern steht es frei, untereinander Vereinbarungen zu treffen, die von den Artikeln 37 und 38 abweichen.

Literatur: siehe vor Art. 1 CMR.

1 Art. 40 CMR hat zur Folge, daß im Verhältnis zwischen nachfolgenden Frachtführern unter Umständen die ADSp zum Tragen kommen können; denn Art. 40 CMR ist auch auf den Fixkostenspediteur anzuwenden (OLG Stuttgart v. 22.7.1982, VersR **1983,** 978; ablehnend *Dannenberg,* VersR **1983,** 980).

Kapitel VII. Nichtigkeit von dem Übereinkommen widersprechenden Vereinbarungen

Art. 41 CMR [Zwingendes Recht]

1. Unbeschadet der Bestimmungen des Artikels 40 ist jede Vereinbarung, die unmittelbar oder mittelbar von den Bestimmungen dieses Übereinkommens abweicht, nichtig und ohne Rechtswirkung. Die Nichtigkeit solcher Vereinbarungen hat nicht die Nichtigkeit der übrigen Vertragsbestimmungen zur Folge.

2. Nichtig ist insbesondere jede Abmachung, durch die sich der Frachtführer die Ansprüche aus der Versicherung des Gutes abtreten läßt, und jede andere ähnliche Abmachung sowie jede Abmachung, durch die die Beweislast verschoben wird.

Literatur: siehe vor Art. 1 CMR.

I. Zwingende Geltung der CMR

1 Die Funktion des Art. 41 I CMR liegt zum einen darin, zu verhindern, daß der mühsame gesetzgeberische Kompromiß der Vertragsstaaten durch privatautonome Vereinbarungen außer Kraft gesetzt wird (*Kropholler,* Internationales Einheitsrecht (1975), S. 218). Art. 41 CMR dient zum anderen dem Schutz des wirtschaftlich Schwächeren und der Dämpfung der Konkurrenz. Dabei wird davon ausgegangen, daß sowohl der Absender als auch der Frachtführer der schutzwürdig Schwächere sein kann (*Loewe,* ETR **1976,** 503, 593; *Putzeys,* CMR, Rz. 247; Denkschrift, BT-Drucksache III/1144 S. 46; *Jesser*, Frachtführerhaftung, S. 13).

Die CMR gilt zwingend auch dort, wo die Parteien nicht die Geltung der CMR vereinbart oder den CMR-Vermerk in den Frachtbrief aufgenommen haben (allg. M., außer in Italien, dazu *Caposti,* VersR **1985,** 524 ff).

Gemäß Art. 41 I CMR ist jede Vereinbarung nichtig, die unmittelbar gegen Regelungen der CMR verstößt: z. B. niedrigere oder höhere Haftungsgrenzen festsetzt, eine Verpflichtung zur Prüfung der Zollpapiere begründet (*Putzeys,* CMR, Rz. 252), die Verjährungsfristen verlängert (*Putzeys,* CMR, Rz. 251) oder die Haftung des Frachtführers für fehlerhafte Verladung durch den Absender verschärft (*Hill/Messent,* CMR, S. 234). Nichtig sind auch Vereinbarungen, die mittelbar gegen die CMR verstoßen, also die Funktion der CMR aushebeln. Deshalb sind z. B. Garantiezusagen unwirksam, soweit sie zu einer Haftung führen, die zur CMR im Widerspruch steht (BGH v. 27.10.1978, VersR **1979,** 417, 418), ferner Vertragsstrafen (OLG München v. 26.7.1985, TranspR **1985,** 395; *Piper,* TranspR **1990**, 357, 359), auch wenn die Vertragsstrafe nicht an den Nichteintritt des geschuldeten Erfolges, sondern an Gefährdungshandlungen geknüpft wird. In diesen Fällen ist an eine Umdeutung in Abreden gemäß Art. 24, 26 CMR zu denken. Sind Vereinbarungen gänzlich nichtig, so tritt an deren Stelle die CMR-Regelung (Art. 41 I 2 CMR). Der BGH (v. 27.10.1978, VersR **1979,** 417, 418) hat offengelassen, ob dem Nichtigkeitseinwand der Einwand des Rechtsmißbrauchs entgegengehalten werden kann. Diese Frage ist zu verneinen; denn die Berufung auf § 242 BGB würde dazu führen, daß das Einheitsrecht mit Hilfe nationaler Rechtsgedanken modifiziert wird. Außerdem verbietet die stark typisierende Schutzfunktion des Art. 41 CMR eine Berufung auf den Einwand des Rechtsmißbrauchs.

Zulässig sind aber Vereinbarungen in Bereichen, die in der CMR nicht geregelt sind (z. B. Verladepflicht). Auch sonst ist der Frachtführer nicht gehindert, zusätzlich zu seinen Frachtführerpflichten weitere Pflichten zu übernehmen, die nicht spezifisch frachtvertraglicher Natur sind, wie die Besorgung von Papieren, die Qualitätsprüfung von Waren (**a. A.** *Zapp*, TranspR **1991**, 371 f). Die CMR soll den Frachtführer nicht auf seine Rolle als Frachtführer beschränken, sondern ihn nur in seiner Rolle als Frachtführer schützen. Soweit er zusätzlich nicht-frachtführerspezifische Pflichten übernimmt, haftet der Frachtführer nach den Regeln des gemischten Vertrages (*Palandt/Heinrichs*, BGB, vor § 305 Rz. 24 f). Eine Ausnahme gilt für die **Beweislast** (*Loewe,* ETR **1976,** 503, 594; **a. A.** *Hill/Messent,* CMR, S. 237); denn Art. 41 II CMR wäre insoweit funktionslos, wenn er nur die Geltung der in der CMR enthaltenen Beweislastregeln absichern sollte, von denen gemäß Art. 41 I CMR ohnehin nicht abgewichen werden darf. Zu Vereinbarungen nach Entstehung des Schadens, Art. 32 CMR Rz. 20.

II. Versicherung (Art. 41 II CMR)

2 Art. 41 II CMR betrifft nur Transportversicherungen des Absenders bzw. Empfängers, nicht aber Haftpflichtversicherungen des Frachtführers (OGH Wien v. 15.12.1977, VersR **1978,** 980; v. 26.4.1984, TranspR **1985,** 348); denn Art. 41 II CMR soll lediglich verhindern, daß sich der Frachtführer wirt-

schaftlich gesehen dadurch freizeichnet, daß er sich die Versicherungsansprüche abtreten läßt, die der Geschädigte auf eigene Rechnung erworben hat (*Piper,* VersR **1988,** 201, 204). Aus dem gleichen Grund darf sich der Frachtführer auch nicht auf eine unter seiner Beteiligung oder auf seine Anregung geschlossene Vereinbarung zwischen Transportversicherer und Absender bzw. Empfänger berufen, die einen Regreß des Transportversicherers gegen den Frachtführer (§ 67 VVG) ausschließt (*Piper,* aaO; *Loewe,* ETR **1976,** 503, 594). Dies gilt auch dann, wenn sich der Absender im Transportvertrag nicht zur Vereinbarung eines Regreßverzichts mit dem Versicherer verpflichtet hat (*Putzeys,* CMR, Rz. 980 f; **a. A.** *Hill/Messent,* CMR, S. 236), sondern der Frachtführer eine Transportversicherung auf Rechnung des Absenders gezeichnet hat. Dagegen sind Regreßverzichte wirksam, falls der Frachtführer auf eigene Rechnung eine Transportversicherung zugunsten des Geschädigten abgeschlossen hat (*Putzeys,* CMR, Rz. 981) oder falls der Absender gänzlich von sich aus den Regreßverzicht vereinbart hat; denn der Geschädigte wird durch die CMR nicht gezwungen, den Schadensersatzanspruch zu realisieren. Da der Geschädigte völlig freiwillig ohne Beteiligung des Frachtführers gehandelt haben muß, besteht kein Anlaß, den Absender vor der Übermacht des Frachtführers zu schützen. Beispiel: Im Rahmen einer Haftpflichtversicherung wird vereinbart, daß der Regreß gegen Trucker, d. h. gegen Frachtführer, die nicht selber ihre Ladung aquirieren, sondern sie aufgrund eines Rahmenvertrages zugewiesen erhalten (vgl. auch OLG München v. 12.5.1989, TranspR **1990**, 427, 428 f), ausgeschlossen ist.

Kapitel VIII. Schlußbestimmungen

Art. 42 CMR [Unterzeichnung, Beitritt]

1. Dieses Übereinkommen steht den Mitgliedstaaten der Wirtschaftskommission für Europa sowie den nach Absatz 8 des der Kommission erteilten Auftrages in beratender Eigenschaft zu der Kommission zugelassenen Staaten zur Unterzeichnung oder zum Beitritt offen.

2. Die Staaten, die nach Absatz 11 des der Wirtschaftskommission für Europa erteilten Auftrages berechtigt sind, an gewissen Arbeiten der Kommission teilzunehmen, können durch Beitritt Vertragsparteien des Übereinkommens nach seinem Inkrafttreten werden.

3. Das Übereinkommen liegt bis einschließlich 31. August 1956 zur Unterzeichnung auf. Nach diesem Tage steht es zum Beitritt offen.

4. Dieses Übereinkommen ist zu ratifizieren.

5. Die Ratifikation oder der Beitritt erfolgt durch Hinterlegung einer Urkunde beim Generalsekretär der Vereinten Nationen.

Art. 43 CMR [Inkrafttreten]

1. Dieses Übereinkommen tritt am neunzigsten Tage nach Hinterlegung der Ratifikations- oder Beitrittsurkunden durch fünf der in Artikel 42 Absatz 1 bezeichneten Staaten in Kraft.

2. Dieses Übereinkommen tritt für jeden Staat, der nach Hinterlegung der Ratifikations- oder Beitrittsurkunden durch fünf Staaten ratifiziert oder beitritt, am neunzigsten Tage nach Hinterlegung seiner Ratifikations- oder Beitrittsurkunde in Kraft.

Art. 44 CMR [Kündigung des Abkommens]

1. Jede Vertragspartei kann dieses Übereinkommen durch Notifizierung an den Generalsekretär der Vereinten Nationen kündigen.

2. Die Kündigung wird zwölf Monate nach dem Eingang der Notifizierung beim Generalsekretär wirksam.

Art. 45 CMR [Außerkrafttreten]

Sinkt durch Kündigungen die Zahl der Vertragsparteien nach Inkrafttreten dieses Übereinkommens auf weniger als fünf, so tritt das Übereinkommen mit dem Tage außer Kraft, an dem die letzte dieser Kündigungen wirksam wird.

Art. 46 CMR [Beschränkung, Ausdehnung des Geltungsbereiches]

1. Jeder Staat kann bei Hinterlegung seiner Ratifikations- oder Beitrittsurkunde oder zu jedem späteren Zeitpunkt durch Notifizierung dem Generalsekretär der Vereinten Nationen gegenüber erklären, daß dieses Übereinkommen für alle oder für einen Teil der Hoheitsgebiete gelten soll, deren internationale Beziehungen er wahrnimmt. Das Übereinkommen wird für das Hoheitsgebiet oder die Hoheitsgebiete, die in der Notifizierung genannt sind, am neunzigsten Tage nach Eingang der Notifizierung beim Generalsekretär der Vereinten Nationen oder, falls das Übereinkommen noch nicht in Kraft getreten ist, mit seinem Inkrafttreten wirksam.

2. Jeder Staat, der nach Absatz 1 erklärt hat, daß dieses Übereinkommen auf ein Hoheitsgebiet Anwendung findet, dessen internationale Beziehungen er wahrnimmt, kann das Übereinkommen in bezug auf dieses Hoheitsgebiet gemäß Artikel 44 kündigen.

Art. 47 CMR [Verhandlungs- und Schiedsabrede]

Jede Meinungsverschiedenheit zwischen zwei oder mehreren Vertragsparteien über die Auslegung oder Anwendung dieses Übereinkommens, die von den Parteien durch Verhandlung oder auf anderem Wege nicht geregelt werden kann, wird auf Antrag einer der beteiligten Vertragsparteien dem Internationalen Gerichtshof zur Entscheidung vorgelegt.

Art. 48 CMR [Abbedingung der Verhandlungs- und Schiedsabrede]

1. Jede Vertragspartei kann bei der Unterzeichnung, bei der Ratifikation oder bei dem Beitritt zu diesem Übereinkommen erklären, daß sie sich durch den Artikel 47 des Übereinkommens nicht als gebunden betrachtet. Die anderen Vertragsparteien sind gegenüber jeder Vertragspartei, die einen solchen Vorbehalt gemacht hat, durch den Artikel 47 nicht gebunden.

2. Jede Vertragspartei, die einen Vorbehalt nach Absatz 1 gemacht hat, kann diesen Vorbehalt jederzeit durch Notifizierung an den Generalsekretär der Vereinten Nationen zurückziehen.

3. Andere Vorbehalte zu diesem Übereinkommen sind nicht zulässig.

Art. 49 CMR [Revisionskonferenz]

1. Sobald dieses Übereinkommen drei Jahre lang in Kraft ist, kann jede Vertragspartei durch Notifizierung an den Generalsekretär der Vereinten Nationen die Einberufung einer Konferenz zur Revision des Übereinkommens verlangen. Der Generalsekretär wird dieses Verlangen allen Vertragsparteien mitteilen und eine Revisionskonferenz einberufen, wenn binnen vier Monaten nach seiner Mitteilung mindestens ein Viertel der Vertragsparteien ihm die Zustimmung zu dem Verlangen notifiziert.

2. Wenn eine Konferenz nach Absatz 1 einberufen wird, teilt der Generalsekretär dies allen Vertragsparteien mit und fordert sie auf, binnen drei Monaten die Vorschläge einzureichen, die sie durch die Konferenz geprüft haben wollen. Der Generalsekretär teilt allen Vertragsparteien die vorläufige Tagesordnung der Konferenz sowie den Wortlaut dieser Vorschläge mindestens drei Monate vor der Eröffnung der Konferenz mit.

3. Der Generalsekretär lädt zu jeder nach diesem Artikel einberufenen Konferenz alle in Artikel 42 Absatz 1 bezeichneten Staaten sowie die Staaten ein, die auf Grund des Artikels 42 Absatz 2 Vertragsparteien geworden sind

Vgl. *Theunis/Evans*, S. 183.

Art. 50 CMR [Notifikation]

Außer den in Artikel 49 vorgesehenen Mitteilungen notifiziert der Generalsekretär der Vereinten Nationen den in Artikel 42 Absatz 1 bezeichneten Staaten sowie den Staaten, die auf Grund des Artikels 42 Absatz 2 Vertragsparteien geworden sind,

a) die Ratifikationen und Beitritte nach Artikel 42;

b) die Zeitpunkte, zu denen dieses Übereinkommen nach Artikel 43 in Kraft tritt;

c) die Kündigung nach Artikel 44;

d) das Außerkrafttreten dieses Übereinkommens nach Artikel 45;

e) den Eingang der Notifizierungen nach Artikel 46;

f) den Eingang der Erklärungen und Notifizierungen nach Artikel 48 Absatz 1 und 2.

Art. 51 CMR [Verbindliche Gesetzessprachen]

Nach dem 31. August 1956 wird die Urschrift dieses Übereinkommens beim Generalsekretär der Vereinten Nationen hinterlegt, der allen in Artikel 42 Absatz 1 und 2 bezeichneten Staaten beglaubigte Abschriften übersendet.

ZU URKUND DESSEN haben die hierzu gehörig bevollmächtigten Unterzeichneten dieses Übereinkommen unterschrieben.

GESCHEHEN zu Genf am neunzehnten Mai neunzehnhundertsechsundfünfzig in einer einzigen Urschrift in englischer und französischer Sprache, wobei jeder Wortlaut gleichermaßen verbindlich ist.

Teil I
Multimodaler Verkehr

Literatur: *Basedow,* Der Transportvertrag (1987); *Csoklich,* Einführung in das Transportrecht (Wien 1990); *Dubischar,* Grundriß des gesamten Gütertransportrechts (1987), § 10; *Franken,* Dingliche Sicherheiten und Dokumente des kombinierten Transportes (1982); *Ganten,* Die Rechtsstellung des Unternehmers des kombinierten Transportes (CTO) (1978); Großkommentar z. HGB-*Helm* (3. Aufl.); *Helm* u. a. in: Haftung beim kombinierten Verkehr, Schriftenreihe der Deutschen Verkehrswissenschaftlichen Gesellschaft e. V., Reihe B 89; *Norf,* Das Konnossement im gemischten Warenverkehr (1976); *Prüßmann/Rabe,* Seehandelsrecht (3. Aufl.), Anh. § 656 HGB; *Richter-Hannes,* Die UN-Konvention über die internationale multimodale Güterbeförderung (1982); *Ronald,* Die Verantwortlichkeit des Beförderers/Operators im internationalen kombinierten Transport für Schäden durch verspätete Auslieferung (1980); *Scheer,* Die Haftung des Beförderers im gemischten Überseeverkehr (1969); Karsten *Schmidt,* Handelsrecht (3. Aufl.), § 31 VI.

A. Begriffsbildung

Der Begriff **„multimodal“** bezieht sich darauf, daß der Transport nicht nur auf eine Art, d. h. mit einer bestimmten Art von Transportmitteln (unimodal), sondern mit verschiedenen Arten von Transportmitteln abgewickelt wird. Von einem Vertrag über einen multimodalen Transport kann demgemäß dann gesprochen werden, wenn das Gut aufgrund eines einheitlichen Vertrages mit verschiedenen Arten von Transportmitteln befördert werden darf und befördert wird. Dabei ist es unerheblich, ob der Absender bei Vertragsschluß weiß, welche Arten von Transportmitteln benutzt werden, oder ob die Auswahl der Transportmittel im Ermessen des Frachtführers liegt. Entscheidend ist, daß nicht von vornherein der Transport nur mit einer Art von Transportmittel versprochen wird oder daß der Frachtführer in den Fällen, in denen ihm ein Wahlrecht zusteht, dies durch Einschaltung verschiedener Beförderungsmittel ausübt. Im gleichen Sinn wie der Begriff des multimodalen Transportes wird der Begriff des **kombinierten** Transportes verwendet (BGH, NJW **1988,** 640, 642; *Dubischar,* Grundriß, S. 156; GroßkommHGB-*Helm,* § 425 Rz. 17). Im Bahnfrachtrecht soll der Begriff des kombinierten Transports jedoch ausschließlich verkehrstechnische Bedeutung besitzen und signalisieren, daß die Beförderung ohne Wechsel des Transportgefäßes erfolgt. Der Begriff des einfachen bzw. unechten **Durchfrachtvertrages** bezeichnet ebenfalls einen Vertrag, der die Beförderung eines Gutes mit mehreren Beförderungsmitteln zum Gegenstand hat. Diese Beförderungsmittel müssen aber nicht notwendig unterschiedlicher Art sein (*Herber,* VersR **1981,** 993; **abw.** *Dubischar,* Grundriß, S. 157). 1

Der multimodale Transportvertrag wird regelmäßig von einem Frachtführer abgeschlossen. Es kann aber auch ein Spediteur iSd §§ 412, 413 HGB

Vertragspartner sein (BGH, NJW **1988,** 640). Der Gegensatz zum multimodalen Transport ist die **gebrochene** bzw. **segmentierte Beförderung** bzw. der **unechte Durchfrachtvertrag.** Hier wird nicht ein einheitlicher Vertrag über die Gesamtstrecke geschlossen. Vielmehr vereinbart der Absender nur den Transport des Gutes mit einem bestimmten Transportmittel über eine Teilstrecke (unimodaler Verkehr). Den Frachtführer für die einzelnen Teilstrecken bestellt er entweder selbst oder sein Spediteur. Er kann auch die für eine Teilstrecke eingeschaltete Transportperson beauftragen, zugleich als Spediteur für den Weitertransport durch ein anderes Transportunternehmen zu sorgen (§ 407 HGB). Beim **gemeinschaftlichen Durchfrachtvertrag** verpflichten sich mehrere Transporteure von vornherein gemeinschaftlich, allerdings nur in dem Sinn, daß jeder nur für seine Teilstrecke verantwortlich zeichnet. Der gemeinschaftliche Durchfrachtvertrag fällt daher ebenfalls nicht in die Kategorie des multimodalen Transportes.

B. Wirtschaftliche Bedeutung

2 Der multimodale Verkehr ist keine Erfindung der neuesten Zeit. Die Entwicklung der Verkehrstechnik, insbesondere der Container, hat jedoch dazu geführt, daß Transporte in immer stärkerem Maß als Leistungspakete angeboten werden. Der Container beschleunigt nämlich einerseits den Verkehrsfluß durch Erleichterung des Umladens. Andererseits hatte dies zur Folge, daß die Überprüfung des Gutes auf Vollständigkeit und Schadensfreiheit beim Wechsel des Transportmittels nahezu unmöglich oder jedenfalls unrentabel wurde. Damit sank das Interesse, Frachtverträge abzuschließen, die auf das jeweils eingesetzte Transportmittel zugeschnitten waren (*Herber,* VersR **1981,** 993; *Koller,* VersR **1982,** 1).

C. Einschlägiges Recht

I. Spezialregeln des multimodalen Verkehrs

3 Das Transportrecht kennt verstreut Regelungen, die auf den multimodalen Verkehr zugeschnitten sind. Im Straßentransportrecht sind Art. 2 CMR, § 33 c KVO, § 3 II GüKG sowie die Verordnung v. 18.2.1988 über den grenzüberschreitenden kombinierten Verkehr (BGBl. 1988 I 198), im Eisenbahnrecht Art. 2 § 2, Art. 3 § 3 COTIF, Art. 1, 28, 48 ER/CIM, §§ 2, 5, 77 EVO (*Freise,* TranspR **1986,** 317), im Luftfrachtrecht Art. 18, 31 WA (OLG Düsseldorf v. 8.3.1984, TranspR **1985,** 351) zu nennen. 1980 wurde eine UN-Konvention über den internationalen multimodalen Gütertransport gezeichnet, die bislang aber von der Bundesrepublik Deutschland nicht ratifiziert worden ist (zu den Ratifikationsaussichten vgl. die Beiträge in „Haftung beim kombinierten Verkehr" [1986]).

II. Lückenfüllende gesetzliche Regelungen

1. Streitstand

Soweit die Spezialregeln des multimodalen Transports Fragen offenlassen, 4
ist die Rechtslage nicht gesichert. Der BGH (NJW **1988,** 640, 641 f = VersR **1987**, 1212 = TranspR **1987**, 447) hat sich in Hinblick auf die Haftung bei multimodalen Transporten auf den Standpunkt gestellt, daß dort, wo von Anfang an Klarheit bestehe, daß in verschiedenen Etappen und mit verschiedenen Transportmitteln befördert werde oder wo der Beförderer berechtigt ist, verschiedene Transportmittel einzusetzen, grundsätzlich nach dem Regime gehaftet werde, das für das Beförderungsmittel gelte, bei dessen Einsatz der Schaden nachweislich entstanden sei (ebenso OLG Hamburg v. 12.1.1984, VersR **1984,** 1090 f; v. 24.10.1991, TranspR **1992**, 66). Der BGH qualifiziert also den multimodalen Vertrag insoweit als Summe von hintereinandergeschalteten Verträgen (network). Eine Gesamtbetrachtung, die darauf abhebt, welche Transportphase das Übergewicht hat (vgl. § 412 HGB Rz. 12), wird jedenfalls in Hinblick auf die Haftung abgelehnt.

Dieser Ansatz wird für die beim multimodalen Transport besonders häufigen Fälle des *unbekannten Schadensortes* modifiziert: Im Regelfall entspreche es allen transportrechtlichen Normen, daß der Frachtführer im Rahmen der vom Gesetz gezogenen Grenzen in voller Höhe für Schäden am Frachtgut Ersatz zu leisten habe. Haftungsausschlüsse und -beschränkungen bildeten dagegen die Ausnahme. Auf solche Ausnahmevorschriften berufe sich aber der Frachtführer, wenn er geltend mache, daß die Haftung aus bestimmten Gründen ausgeschlossen oder auf einen bestimmten Betrag begrenzt sei. Es sei daher ein aus den allgemeinen Regeln des Beweisrechts abzuleitendes Gebot, den Frachtführer im multimodalen Verkehr die Folgen der Beweislosigkeit tragen zu lassen und ihn damit den dem Auftraggeber günstigsten Haftungsausschluß- und/oder -beschränkungsnormen zu unterstellen (ebenso *Herber,* TranspR **1990,** 4, 11 ff; *Prüßmann/Rabe,* Seehandelsrecht, Anh. § 656 Anm. C 4 b; anders aber Anm. C 6, C 7, wo dieser Ansatz mit Angemessenheitsüberlegungen beseite geschoben wird; *Scheer,* Die Haftung des Beförderers im gemischten Überseeverkehr (1969), S. 71 ff). Die Konsequenz ist, daß der Frachtführer den Schaden nach der dem Absender günstigsten Haftungsordnung zu ersetzen hat. Kann er nachweisen, daß der Schaden auf der von der günstigsten Haftungsordnung beherrschten Strecke nicht eingetreten sein kann, so greifen die für den Absender zweitbesten Haftungsregeln ein; usw.. Unklar ist noch, ob die Frage der Günstigkeit für jede Haftungsausschluß- bzw. -beschränkungsnorm gesondert zu beantworten ist, oder ob die Haftungsordnung zu ermitteln ist, die in ihrer Gesamtheit den Geschädigten am meisten begünstigt. Der BGH müßte von seinem Ansatz her der ersten Variante zuneigen (vgl. *Ebenroth/Fischer/Sorek*, DB **1990**, 1073, 1074).

Die einschlägigen Haftungsregeln sollen, soweit das unimodale Frachtrecht nicht abbedungen werden kann, zwingend gelten, nicht aber die Regel über die *Beweislastverteilung*. Sie ist abdingbar. Allerdings haben Multimodalbeförderer, die die Beweislastverteilung im Rahmen ihrer AGB modifizieren, die Schranken des § 9 AGBG zu beachten. Der BGH arbeitet in diesem Zusammenhang mit dem Grundsatz, daß im Wege von AGB die Beweislast für Umstände, die in der Sphäre des AGB-Verwenders liegen, nicht auf den Kunden verlagert werden dürfe.

Das OLG Karlsruhe (OLGZ **1984**, 492) erlegt dagegen dem Geschädigten die Beweislast für das ihm günstigste Teilfrachtrecht auf. Es wird auch für eine Gesamtbetrachtung plädiert (OLG Bremen, VersR **1986**, 1120), wonach dasjenige unimodale Frachtrecht eingreifen solle, das den Transport präge, weil z. B. die größte Strecke mit einem diesem Sonderfrachtrecht unterworfenen Transportmittel zurückgelegt worden ist. *Ebenroth/Fischer/Sorek* (VersR **1988**, 757, 759; DB **1990**, 1073; abl. *Koller*, VersR **1989**, 769, 772; *Herber*, TranspR **1990**, 4, 9 f; *Prüßmann/Rabe*, aaO; Anm. 4 c) haben vorgeschlagen, die Haftung bis zu einer Höchstgrenze zu gewähren, die sich an den Anteilen des jeweils mit einem Transportmittel zurückgelegten Streckenabschnitts orientiert. Danach soll der Gesamtschaden entsprechend der mit den jeweiligen Transportmitteln zurückgelegten Wegstrecken gequotelt werden und nach den Haftungsprinzipien der dann anwendbaren unimodalen Sonderfrachtrechte abgerechnet werden. *Herber* (TranspR **1990**, 4, 13) folgt dem BGH im Ansatz, möchte aber den Spielraum für AGB erheblich erweitern. So hält er es in Fällen, in denen ein ansehnlicher Teil der Gesamtbeförderung per Seeschiff erfolgt ist, für zulässig, im Wege von AGB die Beweislast dafür, daß der Schaden nicht auf der Seestrecke entstanden ist, dem Geschädigten aufzubürden. Bei Schiene/Straßentransporten sollen trotz zwingender COTIF/CIM und KVO-Haftung AGB-Klauseln zulässig sein, die die Einstandspflicht des Beförderers auf CMR-Standards begrenzen.

2. Der multimodale Transportvertrag als gemischter Vertrag

5 Dem BGH (NJW **1988**, 640, 641) ist weitgehend im Ergebnis, jedoch nicht ganz in der Begründung zu folgen. Der multimodale Transportvertrag ist im Licht der gesetzlich geregelten unimodalen Vertragstypen ein typengemischter Vertrag (*Koller,* VersR **1989,** 769, 770; *Ebenroth/Fischer/Sorek,* DB **1990**, 1073, 1074; kritisch *Prüßmann/Rabe*, aaO, Anm. C 8). Dieser Vertrag ist, falls nach IPR deutsches Recht anwendbar ist (vgl. OLG Karlsruhe v. 5.12.1986, TranspR **1987,** 184; *Herber*, TranspR **1990**, 4, 11) und keine Sondervorschriften eingreifen (Rz. 3), nach den für gemischte Verträge geltenden Regeln zu behandeln (einschränkend *Herber*, aaO). Wie diese Regeln zu lauten haben, ist im einzelnen noch nicht geklärt. Immerhin läßt sich die Aussage machen, daß von Fall zu Fall wertend zu prüfen ist, wie weit die Anwendung der Normen des einen oder des anderen gesetzlich geregelten Vertragstyps oder deren Nichtanwendung dem Sinn des Vertrages, den Zwecken und den legitimen Erwartungen der Parteien gerecht wird (*Larenz,* Schuldrecht, Bd. II (12. Aufl.), § 62 c; *Koller*, VersR **1989**, 769, 770 m. w. Nachw.). Dabei wird man wegen des Gebots der kongruenten, d. h. widerspruchsfreien, Bewertung (*Leenen,* Typus und Rechtsfindung [1971], S. 187) die Vorschriften eines Vertragstyps umso eher für die Lösung eines konkreten Problems heranziehen müssen, je mehr der Vertrag oder das Regelungsproblem diesem Vertragstyp zuneigt (*Larenz,* aaO, § 62 II a, c; MüKo-*Söllner,* BGB, § 305 Rz. 45;

Esser/Schmidt, Schuldrecht I 1 (7. Aufl.), § 12 II). In Hinblick auf die zwingende Geltung der Normen eines Vertragstyps kommt es maßgeblich auf den Schutzzweck der zwingenden Norm an (*Medicus,* Schuldrecht II (2. Aufl.), § 121; *Larenz,* aaO, § 62 II c; vgl. auch BGHZ **47**, 202).

Dem Ansatz bei der Figur des gemischten Vertrags kann nicht der Vorwurf gemacht werden, er löse sich vom Gesetz (so aber *Herber*, TranspR **1990**, 4, 10 ff). Vielmehr verhindert er, daß in dogmatisch unkontrollierter Weise aus der den unimodalen Teilfrachtrechten zugrunde liegenden ausgewogenen Einheit von Haftungstatbestand, Haftungsbeschränkung, Haftungsausschlüssen, Verjährung und Beweislast einzelne Elemente entnommen werden, ohne zu sehen, daß einzelne Elemente ihren vom Gesetzgeber gewollten Gerechtigkeitsgehalt voll nur im Zusammenspiel mit den anderen Elementen entfalten (*Koller*, VersR **1989**, 769, 772; *Ebenroth/Fischer/Sorek*, DB **1990**, 1073, 1074; dies verkennt *Prüßmann/Rabe*, aaO, Anm. C 4 c, C 8). Ohne die Figur des gemischten Vertrages kann man auch nicht begründen, warum die Haftung beim Multimodalvertrag auch dann weitgehend dispositiv ist, wenn das dem Geschädigten günstigste Recht unabdingbar ist und unabdingbare Beweislastregeln (auch zum Schadensort) enthält (z. B. Art. 41 II CMR).

a) Bekannter Schadensort. Von diesem Ausgangspunkt aus hat der BGH **6**
(NJW **1988,** 640) bei bekanntem Schadensort zutreffend das ,,network"-System (Rz. 4) zugrunde gelegt; denn es ist evident, daß das Problem eines Ersatzes von Schäden beim Transport mit einem bestimmten Beförderungsmittel am stärksten dem Vertragstyp zuneigt, der auf dieses Beförderungsmittel zugeschnitten ist. Das gilt gerade auch in Hinblick auf die Regreßmöglichkeiten des multimodal tätigen Frachtführers gegen den schädigenden unimodal arbeitenden Unterfrachtführer. Ist die unimodale Haftungsordnung nicht abdingbar, so ist es fraglich, ob sich der multimodal tätige Frachtführer gegenüber dem Absender auf privatautonome Abreden berufen darf (verneinend *Basedow*, Transportvertrag, S. 60). Es ist freilich grundsätzlich nur dann möglich, auf die Unabdingbarkeit der Haftung nach unimodalem Transportrecht zu verweisen, wenn die mit der Unabdingbarkeit verfolgten gesetzgeberischen Zwecke auch für den multimodalen Vertrag gelten. Dies mag vielfach zweifelhaft sein (vgl. *Koller*, VersR **1989**, 769, 774). Gleichwohl sollte man beim bekannten Schadensort an der Unabdingbarkeit des entsprechend anwendbaren unimodalen Rechts festhalten und den Geschädigten nicht auf Ansprüche gegen den den Transport unimodal durchführenden Frachtführer verweisen, weil sonst die große Gefahr der Umgehung zwingenden unimodalen Rechts bestünde (*Herber*, TranspR **1990**, 4, 8). Es bestünde auch – eine § 413 HGB tragende Erwägung (§ 413 HGB Rz. 1) – die Gefahr, daß multimodale Beförderer sich freizeichnen und im Interesse eines hohen Gewinnes billige, aber wenig solvente, zwingend unimodal haftende Unterfrachtführer einsetzen. Jedenfalls hat der multimodale Beförderer den Transport mit zumutbaren Mitteln so zu organisieren, daß Schäden möglichst lokalisiert werden können (vgl. BGH v. 13.4.1989, TranspR **1989**, 327, 328). *Reklamation, Verjährung,* Rz. 8; anders wohl BGH von seinem Ansatz aus (Rz. 4).

b) Unbekannter Schadensort. Anders ist die Situation bei unbekanntem **7**
Schadensort. Dort kann man nicht einfach unimodale Haftungsgrundsätze addieren und behaupten, daß der Frachtführer nach allen unimodalen Haf-

tungsordnungen zumindest für vermutetes Verschulden gehaftet hätte und daß es Sache des Frachtführers sei, zu beweisen, daß sich der Schaden nicht unter einem bestimmten Haftungsregime ereignet habe (so aber BGH, NJW **1988,** 640, 642 f; ähnlich *Herber*, TranspR **1990**, 769, 774). Es ist nämlich zu beachten, daß der Ersatzberechtigte die Erfüllung der Voraussetzungen der §§ 429, 454, 595, 606 HGB, 29 KVO, 82 EVO, 44 LuftVG, 58 BSchiffG, Art. 17 CMR, 18 WA, Art. 36 § 1 CIM zu beweisen hat. Dazu gehört z. B. dort, wo die unimodalen Transportverträge als Formalverträge ausgestaltet sind (z. B. Art. 11 § 1 CIM), die Übergabe eines Frachtbriefes. Daran wird es beim multimodalen Beförderungsvertrag häufig fehlen. Auch die übrigen Haftungsnormen setzen nicht einfach voraus, daß das Gut übergeben worden ist, sondern daß es gerade im Rahmen eines bestimmten unimodalen Vertrages übergeben worden ist oder jedenfalls im Rahmen der für die Haftungsnorm spezifischen unimodalen Transporttätigkeit beschädigt worden ist. Dies hat zur Konsequenz, daß der Geschädigte an sich beweisen muß, daß der Schädiger im Zeitpunkt der Schadensentstehung das Gut im Rahmen einer bestimmten unimodalen Transporttätigkeit in Händen hielt. Dazu ist er jedoch bei unbekanntem Schadensort nicht in der Lage. Schließlich ist zu berücksichtigen, daß der Schaden auch in Phasen der typischerweise besonders schadensanfälligen Umladung entstanden sein kann und daß für Schäden bei der Umladung unbegrenzt, aber abdingbar gehaftet wird (*Herber*, TranspR **1990**, 4, 11 bringt hier in Durchbrechung seines Ansatzes die Gesamtbetrachtung ins Spiel).

Gleichwohl ist dem BGH im Ergebnis weitgehend zuzustimmen. Geht man davon aus, daß der unimodale Transportvertrag ein typengemischter Vertrag ist, so ist es nach den Regeln für die Behandlung typengemischter Verträge selbstverständlich, daß der Frachtführer zumindest nach dem geringsten gemeinsamen Nenner der involvierten unimodalen Fracht- und Umladerechte haftet. Dies ist in der Regel die Haftung für vermutetes Verschulden. Dort, wo der Beförderer nach allen in Betracht kommenden unimodalen Frachtrechten verschuldensunabhängig einzustehen hat, greift bei derartigen Multimodal-Verträgen auch eine Haftung ohne Verschulden ein. Bei der Behandlung der **Haftungsausschlüsse und -beschränkungen** ist zu beachten, daß praktisch die Frage im Mittelpunkt steht, inwieweit zwingendes unimodales Frachtrecht die AGB des Multimodalbeförderers verdrängt bzw. die AGB der Beförderer im Licht des dispositiven Multimodaltransportrechts angemessen sind (§§ 9, 24 AGBG; Rz. 10 f; *Herber*, TranspR **1990**, 4, 13).

Von dem hier vertretenen Ansatz aus gelten die Haftungsausschluß- und -beschränkungsnormen des Multimodaltransportrechts nur dispositiv, es sei denn, daß neben einem zwingend geregelten Transportabschnitt andere Transport- und/oder Umschlagsleistungen evident nicht ins Gewicht fallen (näher *Koller*, VersR **1989**, 769, 774). Es sind also nicht nur die Beweislastregeln dispositiv, anhand derer festzustellen ist, welches unimodale Transport- oder Umschlagsrecht zum Tragen kommt.

Aus Gründen der Rechtssicherheit und Praktikabilität sind die abdingbaren Haftungsausschluß- und -beschränkungsnormen demjenigen Recht der beteiligten Transportmittel bzw. Umschlagsverträge zu entnehmen, das dem

Geschädigten am günstigsten ist (der von mir in VersR **1989**, 774 vertretenen Ansicht, daß die Haftung keinesfalls die durchschnittlichen Ladungswerte übersteigt, wird mit guten Gründen unzureichende Praktikabilität entgegengehalten). Fallen neben einem zwingend geregelten Transportabschnitt andere Transport- und/oder Umschlagsleistungen evident nicht ins Gewicht, so ergibt sich aus diesen zwingenden Normen die Untergrenze der Haftung, wenn das dem Geschädigten günstigere dispositive Recht der anderen Transport- bzw. Umschlagsleistungen abbedungen worden ist.

Reklamationen haben nach dem Recht des letzten Transportabschnitts zu erfolgen. Anhand dieses Rechts sind auch die Folgen unterbliebener Reklamationen zu beurteilen (*Koller*, VersR **1989**, 769, 774; *Herber*, TranspR **1990**, 4, 12; *Ebenroth/Fischer/Sorek*, DB **1990**, 1073, 1077). Demgegenüber wollen *Prüßmann/Rabe*, aaO, Anm. C 6 jedenfalls bei Ausstellung eines Konnossements für die Gesamtstrecke die seerechtlichen Reklamationsnorm anwenden. Sie begründen die Durchbrechung des von ihnen bejahten Grundsatzes, daß der Frachtführer nach dem dem Geschädigten günstigsten Frachtrecht zu haften habe (aaO, Anm. C 4 a) lediglich damit, daß die anderen Frachtrechte gegen § 611 HGB verstießen und sich die Empfänger am Konnossement orientieren würden. Dieser Lösung ist entgegenzuhalten, daß es eher unwahrscheinlich ist, daß das Seerecht die dem Geschädigten günstigsten Haftungsregeln aufweist, daß der Schaden auch nachweislich auf der Landstrecke entstanden sein kann und daß schließlich die Empfänger im Binnenland seerechtliche Normen im allgemeinen nicht kennen, weil sie mit dem Transportmittel Seeschiff nichts zu tun haben.

Verjährung. Nach h. M. ist die dem Geschädigten günstigste Frist maß- 8
geblich (*Herber*, TranspR **1990**, 4, 12; *Prüßmann/Rabe*, aaO, C 7; **a. A.** *Ebenroth/Fischer/Sorek*, DB **1990**, 1073, 1077: letzte Teilstrecke), ohne daß klar wäre, ob die Verjährungsfrist dem selben Recht wie die Haftungshöchstgrenze zu entnehmen ist. Dieser Lösungsansatz paßt nur in Fällen der Güterschäden mit unbekanntem Schadensort, nicht aber z. B. bei Verspätungsschäden oder bei der Frage der Verjährung von Frachtzahlungsansprüchen. In Anlehnung an im Bereich des BGB vorgeschlagene Konzepte (*Palandt/Heinrichs*, BGB, vor § 305 Rz. 25) empfiehlt es sich, aus den deutschen unimodalen Frachtrechten und den die Umschlagstätigkeiten betreffenden Gesetzen eine „mittlere Lösung" abzuleiten (**a. A.** *Herber*, TranspR **1990**, 4, 12; *Prüßmann/Rabe*, aaO, Anm. C 7, die zu einseitig nur das Schadensproblem im Auge haben). Dieser Ansatz mindert zwar die Rechtssicherheit; er erlaubt es jedoch, einheitliche Verjährungsregeln zu entwickeln, bei denen der Absender nicht feststellen muß, welche Transportmittel in welcher Intensität eingesetzt worden sind, ferner nicht mit dem Problem des Schwerpunkts (*Koller*, VersR **1989**, 769, 771) konfrontiert wird oder eruieren muß, mit welchem Transportmittel der Empfänger das Gut ausgeliefert erhalten hat. Daraus folgt, daß man die Verjährungsfristen grundsätzlich wie folgt bemessen sollte: *Teilverlust, Beschädigung:* 1 Jahr nach Ablieferung; *Verlust:* 1 Jahr nach dem Zeitpunkt, an dem das Gut hätte vertragsgemäß abgeliefert werden müssen; *Verspätung:* 1 Jahr nach Ablieferung; *Frachtzahlung:* 1 Jahr und 6 Monate nach Vertragsschluß, da die Transportrechte zwischen der Frist des § 196 BGB und der §§ 40 KVO, 198 BGB schwanken; *Auszahlung von Nach-*

nahmen: 3 Jahre in Parallele zur KVO, EVO, CIM, da Fristen zwischen der des § 195 BGB und der des Art. 32 CMR schwanken; *Nichteinzug von Nachnahmen:* 1 Jahr, nach dem Tag, an dem bei vertragsgemäßem Verhalten die Herausgabe der Nachnahmebeträge erfolgt wäre; *sonstige Ansprüche:* 1 Jahr nach Fälligkeit.

In Fällen, in denen bei Vertragsschluß festgelegt worden ist, welche Transportmittel zum Einsatz kommen werden, ist die ,,mittlere Lösung" auf der Basis der Rechte dieser Transportmittel und des Rechts der Umschlagsleistungen zu entwickeln.

Weisungsrechte: Auch hier kommt man nicht umhin, ähnlich wie bei der Verjährung, eine Einheitslösung zu entwickeln.

Begleitpapiere: Die Begleitpapiere hat der Beförderer zu besorgen, soweit die Art der Papiere von den Dispositionen des Beförderers abhängt.

Eine **Gesamtbetrachtung** kann dort Bedeutung erlangen, wo es um die Frage geht, ob unimodales Transportrecht **zwingend** anzuwenden ist. Der BGH geht in seinem Urteil vom 24.6.1987 (NJW **1988,** 640) davon aus, daß bei unbekanntem Schadensort nach dem dem Geschädigten günstigsten Recht faktisch nur dispositiv gehaftet werde. Umfassenden privatautonomen Haftungsausschlüssen schiebt der BGH (NJW **1988,** 640, 643) mit Hilfe des § 9 AGBG einen Riegel vor. Dem ist im Grundsatz auch dann zuzustimmen, wenn die unimodalen Rechte der eingesetzten Transportmittel durchwegs zwingender Natur sind; denn die zwingende Geltung der einzelnen unimodalen Haftungsordnung ist auf eine Einheit von Haftungs- und Haftungsausschlußtatbeständen zugeschnitten. Andererseits sollte man jedoch dort, wo bei einer Gesamtbetrachtung ein bestimmter zwingend geregelter Transport der Beförderung **ganz eindeutig das Gepräge** gibt und dieses Recht auch die den Geschädigten am wenigsten belastenden Haftungsausschlüsse bzw. -beschränkungen enthält, dieses Recht zwingend auf Schäden mit unbekanntem Schadensort anwenden. Auf diese Weise läßt sich verhindern, daß sich Frachtführer dem zwingenden Recht weitgehend dadurch entziehen können, daß sie, anstatt unimodale Verträge zu schließen, Vereinbarungen treffen, die geringfügig multimodal ausgestaltet sind (vgl. *Herber,* TranspR **1987,** 452, 453).

III. FIATA – Bill of Lading (FBL)

1. Wertpapiereigenschaft

9 Die FIATA-Bill of Lading (FBL) (abgedr. TranspR **1988,** 87) ist kein Konnossement iSd §§ 642 ff HGB. Sie ist vielmehr eine eigenständige Schöpfung des internationalen Spediteurverbandes. In der FBL verspricht der ,,Spediteur" als Frachtführer die Herausgabe des Gutes an den Empfänger gegen Vorlage der FBL. Trägt die FBL nicht die Aufschrift ,,unübertragbar", so soll der Indossatar berechtigt sein, sich das Gut ausliefern zu lassen. Die FBL ist jedenfalls dann analog den Vorschriften für echte Orderpapiere zu behandeln (§§ 363 f HGB), wenn auf sämtlichen Stationen des multimodalen Transportes echte Orderpapiere ausgestellt werden konnten (*Basedow,* Transportvertrag, S. 367; *Prüßmann/Rabe,* Seehandelsrecht, Anh. § 656 Anm. C 2 a bb).

Da der Gesetzgeber die Erscheinung des multimodalen Verkehrs nicht vorhersehen konnte, ist es gerechtfertigt, auch auf den anderen Strecken, die §§ 363 f HGB analog heranzuziehen (GroßkommHGB-*Canaris*, § 363 Rz. 66; *Prüßmann/Rabe*, Seehandelsrecht, Anh. § 656 Anm. C 9 m. w. Nachw.; ablehnend *Helm*, Festschrift *Hefermehl* [1976], S. 57 ff, der aber mit Hilfe bürgerlich-rechtlicher Figuren zu weitgehend gleichen Ergebnissen gelangt). Vgl. auch § 407 HGB Rz. 46.

2. Haftung

Der Frachtführer haftet für vermutetes Verschulden. Nach der FBL ist die 10
Haftung auf 2 Sonderziehungsrechte pro kg beschränkt. Es besteht die Möglichkeit der Wertdeklaration. Ist der Schadensort bekannt, so wird für Sachschäden darüber hinaus nach dem zwingenden Recht der Teilstrecke gehaftet (network-System; oben Rz. 6). Diese Haftungsregeln sind grundsätzlich mit dem AGB-Gesetz vereinbar, da sie die Haftung nicht ganz ausschließen und die Möglichkeit der Wertdeklaration besteht (*Koller*, VersR **1989**, 769, 774; ebenso für Multimodalverträge mit einem ansehnlichen Teil an Seebeförderung, nicht aber für Multimodalverträge ohne ansehnliche Seestrecke *Herber*, TranspR **1990**, 4, 13; ganz ablehnend *Ebenroth/Fischer/Sorek*, VersR **1988**, 757, 763). Dort, wo nach den unimodalen Frachtrechten für alle Teilstrecken zwingend gehaftet wird und diese Haftung über den Sätzen der FBL liegt, haftet der Frachtführer vom hier vertretenen Standpunkt aus (Rz. 7) auch bei unbekanntem Schadensort nicht nach den niedrigsten zwingenden Haftungsregeln. Das zwingende Frachtrecht geht den AGB der FBL nicht vor (unklar *Herber*, TranspR **1990**, 4, 13, der bei einem Straße/Schiene-Transport mit KVO Streckenanteil die Begrenzung der Haftung auf 8,33 Sonderziehungsrechte für angemessen erklärt); denn die ratio für die zwingende Geltung der unimodalen Frachtverträge läßt sich zumindest bei unbekanntem Schadensort, wo dem multimodal arbeitenden Transportunternehmer kein Regreß offensteht, nicht auf multimodale Transportverträge übertragen. Dies gilt sowohl unter dem Aspekt der Markt- und Finanzstärke als auch unter dem Aspekt des Konkurrenzschutzes. Fraglich ist allerdings, ob die Wirksamkeit der FBL-Haftungsregeln daran scheitert, daß das FBL keine Haftung bei grobem Verschulden des Multimodalbeförderers oder seiner leitenden Angestellten vorsieht (vgl. BGH v. 29.11.1988, NJW-RR **1989**, 953, 955). Dies ist nicht deshalb zu verneinen, weil gemäß Nr. 10.2 FBL-Konditionen die Haftungsschranken entfallen, wenn der Beförderer vorsätzlich oder mit einer dem Vorsatz gleichkommenden Rücksichtslosigkeit (vgl. Art. 25 WA) schädigte; denn diese Ausnahme erfaßt nicht das Verhalten der leitenden Angestellten. Letztlich wird die Stellungnahme zur Gültigkeit der FBL-Konditionen deshalb davon abhängen, welchen Wert man dem Umstand beilegt, daß das FBL im internationalen Handel weit verbreitet ist (vgl. *Wolf*, ZHR **153** (1989), 300, 310 ff; *Herber*, TranspR **1990**, 4, 13) oder ob man meint, daß es geboten sei, dem durch Verbände der Anbieter von Transportleistungen gesteuerten Flucht aus der Haftung entgegenzuwirken.

Zur Bedeutung der FBL für die Haftung gemäß § 662 HGB *Koller*, VersR **1982**, 1 ff; *Schmidt*, TranspR **1988**, 105, 106 f.

IV. Uniform Rules for a Combined Transport-Dokument (CT-Dokument)

11 Die Internationale Handelskammer Paris hat einheitliche Regeln für ein Dokument des multimodalen Transportes aufgestellt (ICC-Publikation Nr. 298 vom Oktober 1975), die stark den FBL-Regeln gleichen. Es kann daher auf die Erläuterungen zur FBL (Rz. 9) verwiesen werden. Die Regeln sind 1992 überarbeitet worden (ICC-Publikation Nr. 481; *Schimmelpfeng*, DVZ **1992**, Nr. 49 S. 31). Neu ist, daß in Anlehnung an die UN-Multimodal-Konvention (Rz. 3) danach differenziert wird, ob ein Teil des Transports per Schiff erfolgt ist.

V. FIATA Multimodal Transport Bill of Lading

12 Dieses Dokument des multimodalen Transports soll ab Mitte 1992 nach und nach das FBL ersetzen (DVZ **1992**, Nr. 49 S. 23).

Sachregister

Die fetten Zahlen betreffen die §§ bzw. Art. der im Kommentar erläuterten Gesetze und AGB. Die mageren Zahlen bezeichnen die Randziffern. Einl. bedeutet Einleitung vor der Kommentierung des § 407 HGB.

Abänderung, Beförderungsvertrag siehe Weisung
ABB-Fracht Einl. 6
Abbestellung 14 KVO 14, 22; siehe auch Widerruf
Abdingbarkeit 1 KVO 2, **1** GüKUMT 1, **41** CMR 1
Abfall 8 KVO 5
Abfertigung des Gutes, ADSp **17** ADSp 3
Abfertigungsarten 4 KVO
Abfertigungsspediteur 407 HGB 9, **33** GüKG 1, **84 h** GüKG 1
Abhandenkommen 30 KVO 3
Abholung 407 HGB 44, **1** KVO 9, **4** KVO 5, **5** KVO 1 ff, **14** KVO 23, **33** KVO 2, **3** SVS/RVS 15
Abladen 17 KVO 18, **7** AGNB 2
Ablieferung 407 HGB 54, **425** HGB 15, **429** HGB 6, **6** CMR 5, **13** CMR 3, **17** CMR 6, **32** CMR 4, **3** GüKUMT, **33** ADSp, **51** ADSp 3, **53** ADSp 2, siehe auch Auslieferung
Ablieferungshindernis 425 HGB 25 f, 35, **437** HGB 1, **14** CMR 3, **15** CMR 2, **17** CMR 37, **13** KVO 2, **28** KVO 10, **4** GüKUMT 2, **22** ADSp, **13** AGNB 1, siehe auch Annahmeverweigerung
Ablieferungsort 1 CMR 6, **14** CMR 1, **25** CMR 3
Abnahme 438 HGB 1, **25** KVO, **53** ADSp 2
Abnahme, Grundstück **53** ADSp 2
Absender 425 HGB 12, **6** CMR 3, **3** KVO 2, vor **1** ADSp 1, **2** AGNB 1
Absetzen des Gutes ADSp **53** ADSp 6
Absolut rückstandsfrei 14 KVO 7
Abtragen, ADSp **53** ADSp 5
Abtretung 407 HGB 54, vor **1** CMR 18, **13** CMR 10, **38** KVO 3, **12** GüKUMT 1, **3** ADSp 1, **52** ADSp 6, **12.1** SVS/RVS, siehe auch ADSp, Abtretungsverbot der Forderung **52** ADSp 6
Abtretungsverbot 3 ADSp 1, **12** SVS/RVS 1
Abweichung von Weisungen **13** ADSp 1
Abwicklung von Versicherungsfällen **38** ADSp
ADR 22 CMR 2
Adressat 6 ADSp 8
Adresse, ADSp **9** ADSp 1
Adreßspediteur 407 HGB 10, siehe auch Empfangsspediteur
ADSp, Abgrenzung zu AGNB **1** AGNB 8
– Abtretungsverbot **3** ADSp 1, **32** ADSp 1
– Allgemeine Geschäftsbedingungen vor **1** ADSp 1
– Angebotsannahme **4** ADSp 1
– Annahme des Gutes **5** ADSp 2
– Anwendungsbereich vor **1** ADSp 2; **2** ADSp
– Arbeitnehmer vor **1** ADSp 4
– Auftragsentziehung **21** ADSp 1 ff
– Auslegung vor **1** ADSp 1
– Ausschluß vor **1** ADSp 16
– Begriff des Spediteurs **2** ADSp 2
– Bestätigungsschreiben vor **1** ADSp 12
– CMR **2** ADSp 11
– Dritte zugunsten vor **1** ADSp 4
– Dritte zu Lasten vor **1** ADSp 4
– Eigentümer vor **1** ADSp 4, **63** ADSp
– Einbeziehung in Vertrag vor **1** ADSp 9 ff
– Einzugsermächtigung **3** ADSp 1
– Empfänger vor **1** ADSp 4
– Erfüllungsort **65** ADSp 1
– Erklärungen Parteien **6** ADSp 1 ff
– Fälligkeit siehe Fälligkeit
– Fäulnis **5** ADSp 1
– Fixkostenspedition **2** ADSp 11
– gefährliches Gut **5** ADSp 1
– Gelegenheitsspediteur **2** ADSp 2
– Geltungsbereich vor **1** ADSp 1
– Gerichtsstand **65** ADSp 2
– Haftung siehe Haftung
– Handelsbrauch vor **1** ADSp 1, 8, **2** ADSp 9
– Individualvereinbarung vor **1** ADSp 6, **2** ADSp 10
– Interessenwahrung **2** ADSp 12

– kollidierende AGB vor **1** ADSp 14
– Kumulation von AGB vor **1** ADSp 15
– KVO **2** ADSp 11
– laufende Geschäftsverbindungen vor **1** ADSp 13
– Pfandrecht **50** ADSp 1
– Rechtsnatur vor **1** ADSp 1
– Rechtswahl **65** ADSp 2
– Sonderabreden siehe Individualvereinbarung
– Schwertransporte **2** ADSp 8
– Selbsteintritt **2** ADSp 11
– Spediteurpfandrecht siehe Pfandrecht
– unerlaubte Handlungen siehe unerlaubte Handlungen
– Unterwerfung vor **1** ADSp 9
– Verderb **5** ADSp 1
– Verjährung siehe Verjährung
– wertvolle Güter **5** ADSp 1, **56** ADSp
– Widerruf Auftrag siehe Widerruf
– zeitlicher Anwendungsbereich vor **1** ADSp 5
– Zinsen siehe Zinsen
– Zurückbehaltungsrecht **50** ADSp 7
– Zwischenspediteur **2** ADSp 13
AGBG-Konformität 15 AGNB 4
AGNB vor **1** AGNB 1 ff
Akkreditiv 29 CMR 1, **1** SVS/RVS 6
Aktivlegitimation 429 HGB 12, **10** CMR 4, **13** CMR 1 ff, **29** KVO 7 ff, **31** KVO 1
Allgemeine Deutsche Spediteurbedingungen siehe ADSp
Allgemeine Geschäftsbedingungen vor **1** ADSp 1, **1** AGNB 1
Allgemeine Güternahverkehrsbedingungen siehe AGNB
Anerkenntnis eines Verpackungsmangels **18** KVO 5, **16** ADSp 4
Anfrage 14 CMR 5, **28** KVO 6, siehe auch Beförderungs-, Ablieferungshindernis
Angaben, Güter **7** CMR, **11** CMR 1 ff, KVO 1 ff, **7** ADSp 1
Angebote, Spediteur **4** ADSp 1
Angestellte 51 ADSp 7
Anhalten, Gut **27** KVO 3
Ankunft des Gutes **433** HGB 5, **434 f** HGB, **17** CMR 6, **28** KVO 1
Anlieferungszeit 19 KVO; siehe auch Lieferzeit
Annahme des Frachtbriefs **436** HGB 3, **13** CMR 11, **25** KVO 5
– des Gutes **429** HGB 4, **436** HGB 2, **438** HGB 2, **17** CMR 4, **15** KVO 7, **29** KVO 3, **39** KVO 2 f, **5** ADSp 2, **26** ADSp, **33** ADSp 1, siehe auch Ablieferung, Rügeobliegenheit
Annahmeverweigerung 437 HGB 1, **15** CMR 2, **22** ADSp 1, **5** AGNB 6, siehe auch Ablieferungshindernis
Annahmeverzug 8 AGNB 3, siehe auch Annahmeverweigerung
Anschein 6 ADSp 8
Anscheinsbevollmächtigter 6 ADSp 1
Anscheinsvollmacht 6 ADSp 8
Anspruch auf Sicherheitsleistung 63 ADSp 7
Ansprüche Dritter 63 ADSp 5
Anwaltskosten siehe Prozeßkosten
Anweisung siehe Weisung
Anwendungsbereich
– AGNB **1** AGNB 4
– CMR **1** CMR 1
– sachlicher vor **1** ADSp 2, 2 ADSp 2 ff
Anzahl 6 CMR 8, **7** ADSp 1
Äquivalenzstörung, ADSp **18** ADSp 1, **20** ADSp 2
Arbeitnehmer 3 CMR 3, **28** CMR 5, **29** CMR 1, vor **1** ADSp 4, **41** ADSp 1, **52** ADSp 2, siehe auch Erfüllungsgehilfen
Arbeitskampf, ADSp **18** ADSp 1
Arglisteneinwand 32 CMR 19, **23** GüKG 3, **84** GüKG 1, **1** GüKUMT 1, **64** ADSp 3, **40** KVO 15, **414** HGB 3
Arrest 31 CMR 12
Art des Gutes, ADSp 7 ADSp 1, 10
Atypische Geschäfte vor **1** ADSp 9
Ätzende Eigenschaft 5 ADSp 1
Aufbewahrung im Freien 57 ADSp 4, 14
Aufeinanderfolgen der Frachtführer 432 HGB 3, **34** CMR 1 ff
Auffahren 17 CMR 24
Aufklärung 407 HGB 39, 42, **6** GüKUMT 2, **13** GüKUMT 5, **6** ADSp 10, **7** ADSp 1, **19** ADSp 1, **30** ADSp 6, **51** ADSp 5, **54** ADSp 7, **56** ADSp 5, siehe auch culpa in contrahendo, Rechnungslegung
Aufopferung 28 CMR 2
Aufrechnung 11 AGNB, **414** HGB 4, vor **1** CMR 17, **32** CMR 21, **36** CMR 1 ff, **40** KVO 17, **7** GüKUMT 1
Aufrechnungsverbot 32 CMR 22, **40** KVO 18, **32** ADSp 1
Aufruhr 5 SVS/RVS 14
Auftrag 6 ADSp 1
Auftrag für Rechnung Dritter 12 ADSp 1
Auftraggeber 2 AGNB 1, siehe auch Absender, Versender

Aufwendungen 407 HGB 60, **408** HGB 8, **12** CMR 3, **16** CMR 2, **23** CMR 5, **18** ADSp 6 f, **21** ADSp 3, **26** ADSp 1, **28** ADSp 1, **30** ADSp 1, **31** ADSp 2, **20** AGNB 1
Ausdrückliche Vereinbarung vor **1** ADSp 11
Ausfertigung, Frachtbrief **5** CMR 2
Ausfuhr, ADSp **19** ADSp 1, **24** ADSp 1, **25** ADSp 1, **31** ADSp 2
Ausfuhrbeschränkung 19 ADSp
Ausführungsgeschäft 407 HGB 5, 43, 69, **52** ADSp 2
Ausfuhrverbot 31 ADSp 2
Ausfüllen, Frachtbrief durch den Unternehmer **13** KVO 4
Auskehranspruch siehe Herausgabeanspruch
Auskünfte 11 CMR 4, **54** ADSp 7
Ausladung 16 CMR 5, **18** CMR 5, **22** CMR 4; siehe auch Hinterlegung
Auslagen, ADSp **26** ADSp 1, siehe ferner Aufwendungen
Ausland 407 HGB 75, **24** ADSp 1, **25** ADSp 1, **5** SVS/RVS 4, 10, siehe ferner Internationales Privatrecht, Währung, grenzüberschreitende Transporte
Ausland, Transport Einl. 14, **1** AGNB 6
Ausländer vor **1** ADSp 10, **27** ADSp 1, **5** SVS/RVS 10
Auslegung, CMR vor **1** CMR 4
Auslieferung 407 HGB 52, 54, **20** KVO, **27** KVO 3, **33** ADSp 2, siehe auch Ablieferung
Ausrollen 1 KVO 9, siehe auch Auslieferung
Ausschluß der ADSp vor **1** ADSp 16, **2** ADSp 11
Ausschlußfrist 11 SVS/RVS 2, 6
Aussetzen, Auslieferung **27** KVO 3
Aussperrung 18 ADSp 1
Auswahlverschulden 407 HGB 43, **408** HGB 2, **52** ADSp 3
Ausweichmanöver 17 CMR 24, **17** KVO 10
Ausweis 10 ADSp 1
Außergewöhnliches Risiko 54 ADSp 5
Äußerlich erkennbare Beschädigung siehe Rügeobliegenheit
Äußerlich erkennbarer Schaden 51 ADSp 4
Äußerlich nicht erkennbarer Schaden 51 ADSp 4; siehe Rügeobliegenheit
Äußerste Sorgfalt 17 CMR 16, 54
Außervertragliche Ansprüche 425 HGB 39, **28** CMR 1 ff, **29** KVO 10
Avis 10 ADSp; siehe Benachrichtigung
Bahnamtlicher Rollfuhrverkehr 1 AGNB 9
Bahnsammelgutverkehr 3 SVS/RVS 14
Bahnspediteur 407 HGB 11
Bankakzept 21 CMR 1
Baustelle 17 CMR 24
Bedeckung 12 KVO 4
Bedienstete 3 CMR 1, 3, 4, **11** GüKUMT 1
Beendigung des Frachtvertrages 425 HGB 46, vor **1** CMR 20, **3** KVO 13, siehe auch Kündigung, Widerruf, Rücktritt
Beendigung des Speditionsvertrages 407 HGB 74; siehe auch Widerruf
Beförderung 407 HGB 17 ff, **425** HGB 14, **1** CMR 4, **3** KVO 4, **1** GüKG 2
Beförderungsart 4 KVO 2; siehe vertragswidrige Beförderung
Beförderungsbedingungen 20 GüKG 2
Beförderungsdauer 428 HGB 1, **19** CMR 2, **26** KVO 1 ff, siehe auch Lieferfrist
Beförderungshindernis 425 HGB 13, 25, 35, **428** HGB 2, vor **1** CMR 14, 29, **14** CMR 2 ff, **17** CMR 37, **11** KVO 15, **28** KVO 1 ff, **4** GüKUMT 1, **18** ADSp, **20** ADSp 2, **31** ADSp 2, **12** AGNB 1 ff
Beförderungshindernis durch hoheitliche Akte **31** ADSp 2
Beförderungspapier 7 AGNB 1; siehe Begleitpapiere
Beförderungspflicht 15 KVO 10, **90** GüKG
Beförderungssicherer Zustand 5 AGNB 1
Beförderungssicherheit 17 CMR 42 ff, **17** KVO 9, **5** AGNB 1
Beförderungsverhältnis 20 ADSp 2
Beförderungsvertrag 407 HGB 17 ff, **425** HGB 1, vor **1** CMR 7, **1** CMR 2, **2** CMR 2, **4** CMR 1, **17** CMR 5, **3** KVO 2, **14** KVO 1, 16 ff, **15** KVO 2 ff, **16** GüKUMT 1, **1** AGNB 3, **3** AGNB 1 ff, **1** SVS/RVS 3, siehe auch Frachtführer
Befreiungsanspruch, ADSp **30** ADSp 2, siehe auch Aufwendungen
Befriedigungsrecht siehe Pfandrecht, Zurückbehaltungsrecht
Begleitpapiere 407 HGB 49, **427** HGB, **6** CMR 19, **11** CMR 2 ff, **17** CMR 62,

6 GüKG 2, **28** GüKG 1, **11** KVO 7, **12** KVO 1 ff, **34** KVO 15, **6** GüKUMT 1 ff, **10** ADSp 2, **7** AGNB 1, **9** AGNB 1 ff, siehe auch Frachtbrief
Begleitperson 4 AGNB 2
Begriff des Spediteurs 2 ADSp 2
Behälter 9 GüKUMT 5
Behandlung, Gut **17** CMR 39 ff, **8** GüKUMT 3
Beifahrer 53 ADSp 6
Beigeladenes Gut 30 KVO 5
Beladen 407 HGB 52, **425** HGB 14, **429** HGB 4, vor **1** CMR 8, **3** CMR 3, **17** CMR 5, 39 ff, **1** KVO 9, 11, **6** KVO 7, **11** KVO 14, **14** KVO 9 ff, **17** KVO 1 ff, **33** KVO 3, **2** GüKUMT 1, 9 GüKUMT 6, **20** GüKUMT 1, **17** ADSp 1, **6** AGNB 1 ff
Benachrichtigung 407 HGB 57, **408** HGB 4, **12** CMR 8, **17** CMR 31, **27** KVO 5, **28** KVO 6, **10** ADSp 7, siehe auch Aufklärung
Berechtigung zur Versicherung 35 ADSp 5
Bereitstellung beim Empfänger 53 ADSp 1 f
Bereitstellung des Fahrzeugs 8 AGNB 1
Bergung 23 CMR 10, **32** KVO 4
Berufsspediteur 2 ADSp 2
Beschädigung 408 HGB 6, **429** HGB 3, **430** HGB 2, **13** CMR 7, vor **17** CMR 2, **17** CMR 2, **24** CMR 2 ff, **25** CMR 1 ff, **30** CMR 2 ff, **32** CMR 3, **29** KVO 5, **35** KVO 7, **8** GüKUMT 1 ff, **54** ADSp 3, **14** AGNB 1, **18** AGNB 14, siehe auch Haftung
Beschaffenheit 17 CMR 49, **34** KVO 21, **9** GüKUMT 7, **57** ADSp 1
Bescheinigung 16 KVO 5 ff, 9
Beschlagnahme 34 KVO 13, **9** GüKUMT 3, **31** ADSp 2, **15** AGNB 4
Besenrein 14 KVO 7
Besichtigungskosten 23 CMR 10, **32** KVO 1 f
Besitz 429 HGB 4, **17** CMR 4 f, 6, **33** ADSp 1 f
Besitzdiener 6 ADSp 1, 8
Besitzverschaffung 5 ADSp 4
Besondere Eigenschaften, Gut **17** CMR 49 ff, **34** KVO 21 ff, siehe auch gefährliche Güter
Besonderes Interesse 26 CMR
Besorgung siehe Speditions-, Frachtvertrag
Besserung 16 ADSp 1
Bestätigungsschreiben vor **1** ADSp 12, **6** ADSp 5
Bestechung vor **1** CMR 12
Bestimmungsort 3 KVO 13, **11** KVO 4, **27** KVO 3, siehe auch Empfangsort
Betriebssichere Verladung 6 AGNB **4**
Betriebssicherheit 17 CMR 42, **17** KVO 9, 15, **6** AGNB 4
Betriebsstörung 26 KVO 4, **34** KVO 29, siehe auch Beförderungshindernis
Betriebsunfall 34 KVO 29, **14** AGNB, siehe auch Beförderungshindernis
Betrug 30 KVO 6
Bevollmächtigung siehe Vollmacht
Bewachungsunternehmer 6 KVO 4
Beweisfunktion, Frachtbrief 426 HGB 1, **15** KVO 9, **69** CMR
Beweislast 429 HGB 8, **8** CMR 1 ff, **9** CMR 1, **17** CMR 1, **18** CMR 1 ff, **36** CMR 1, **51** ADSp 3 ff, **57** ADSp 1
Beweismittel, Sicherung, ADSp **51** ADSp 5
Beweissicherung 5 AGNB 7
Beweisvereitelung 8 CMR 10, **30** CMR 11
Beweisverfahren 18 CMR 2
Beweiswürdigung 18 CMR 2
Bezeichnung, Gut **407** HGB 49, **6** CMR 7, **17** CMR 52, **18** KVO 10, **7** ADSp 1, **5** AGNB 3, siehe auch gefährliche Güter, Aufklärung
Bilateraler Tarif vor **1** CMR 20, **14** CMR 1
Binnenschiff Einl. 7
Binnenschiffahrt 57 ADSp 21, **5** SVS/RVS 5 f
Binnenschiffahrtsgesetz Einl. 7
Binnenschiffahrtsspedition 57 ADSp 21
Bord- und Kontrolleinrichtung 17 KVO 11
Bordero 407 HGB 17, 21
Börsenpreis 430 HGB 2
Bote 6 ADSp 1 ff
Brand 17 CMR 26, 36
– des Fahrzeugs **17** CMR 26
Bremsen 17 CMR 24
Bremsfähigkeit 17 KVO 15
Bringschuld 18 AGNB 1
Bruch 30 KVO 7
Bruchschaden 17 AGNB 5

Carrier 1 CMR 2
Chemischrein 14 KVO 7
CIM Einl. 16
CIM Abkürzungsverzeichnis

CMR Abschnitt „CMR" Teil H
– Ablieferungshindernisse **15** CMR 1 ff
– Anwendungsbereich vor **1** CMR 3
– aufeinanderfolgende Frachtführer **34** CMR ff
– Auslegung vor **1** CMR 4
– außervertragliche Ansprüche **28** CMR 1 ff
– Beförderungshindernisse **14** CMR 1 ff
– Begleitpapiere **11** CMR 1 ff
– Frachtbrief **4** CMR ff
– gefährliche Güter **22** CMR 1 ff
– Gehilfenhaftung **3** CMR 1 ff, **29** CMR 1 ff
– Geltungsbereich **1** CMR 1 ff
– Geschichte vor **1** CMR 1
– Haftung, Frachtführer **17** CMR 1 ff, **18** CMR 1 ff
– Haftungsausschlüsse **17** CMR 15 ff
– Haftungsumfang **23** CMR 1 ff
– Kombinierter Transport **2** CMR 1 ff
– Lieferfrist **19** CMR 1 ff
– Rechtsnatur vor **1** CMR 2, **41** CMR 1 f
– Verfügungsrecht über das Gut **12** CMR 1 ff
– Verjährung **32** CMR 1 ff
– Verpackung, mangelhafte **10** CMR 1 ff
– Zahlungspflicht **13** CMR 11
Combined Transport Dokument MV Rz. 12
Computerdiskette **55** ADSp 2, **56** ADSp 2
Container **407** HGB 50, **1** GüKG 1, **17** KVO 21, **18** KVO 2, **54** ADSp 3
COTIF siehe Abkürzungsverzeichnis
CT-Dokument siehe Combined Transport Dokument
Culpa in contrahendo **408** HGB 14, **425** HGB 13, **438** HGB 3, vor **1** CMR 23, **1** CMR 3, **9** CMR 2, **22** GüKG 3, **1** KVO 3, **13** KVO 1, 2, **63** ADSp 2, **3** SVS/RVS 12

Deckung des Schadens, ADSp **41** ADSp 3
Deckungsumfang **39** ADSp 3
Deklaration, Güter siehe Bezeichnung
Deliktische Ansprüche **407** HGB 73, **408** HGB 15, **425** HGB 39, vor **29** KVO 5, **63** ADSp 1, siehe unerlaubte Handlungen
Deliktische Haftung **6** KVO 7, **6** AGNB 7, **15** AGNB 10, **17** AGNB 7, **18** AGNB 5
Devisen, ADSp **27** ADSp 1
Devisenrecht **21** CMR 1
Diebstahl **17** CMR 16, 29, 36, **23** CMR 10, **29** CMR 4, **30** KVO 3, **54** ADSp 6, **57** ADSp 5, 15
Dienstverschaffungsvertrag **425** HGB 7
Direkter Schaden **29** KVO 6
Diskriminierung **22** GüKG 8
Disposition **11** ADSp 2
Distanzfracht **428** HGB, **28** KVO
Distribution **407** HGB 12
Dokumente siehe Begleitpapiere
Dokumente des kombinierten Transports siehe CT-Dokument
Doppelbeauftragung, Spediteur **407** HGB 40
Dritte vor **1** ADSp 4
Drittschadensliquidation **407** HGB 70, **408** HGB 5, **429** HGB 12, **435** HGB 3, **13** CMR 5, 8, **34** CMR 2, **12** KVO 2, **13** KVO 2, **29** KVO 7 f, **64** ADSp 2
Durchfrachtvertrag **407** HGB 20, MV Rz. 1, Einl. 10
Durchfuhr **25** ADSp 1
Durchgehender Frachtbrief **34** CMR 4, **37** CMR 1, **15** ADSp 1
Durchkonnossement siehe Durchfrachtvertrag

Echtheit **10** ADSp
Edelmetalle **34** KVO 15, **15** AGNB 7; siehe auch Kostbarkeiten
Edelsteine **34** KVO 15; siehe auch Kostbarkeiten
Eigene Rechnung, ADSp **52** ADSp 2
Eigenes Kfz **1** KVO 11, **2** ADSp 11
Eigentümer **41** ADSp 1; siehe unerlaubte Handlungen
Eigentümer des Fahrzeugs **2** ADSp 11
Eigentümer-Besitzer-Verhältnis **28** CMR 2, **63** ADSp 2, **3** SVS/RVS 12, siehe auch unerlaubte Handlungen
Eigentümliche Gefahren **34** KVO 9
Eilverfahren **31** CMR 7
Einbeziehung in den Vertrag vor **1** ADSp 9
Einbruchdiebstahlsversicherung **35** ADSp 1
Einfuhrgeschäfte, ADSp **19** ADSp 1, **25** ADSp 3, siehe auch Ausland
Einheitliche Sachen, ADSp **55** ADSp 1
Einlagerer vor **1** ADSp 3
Einlagerung **425** HGB 17, **12** AGNB 3
Einlassungspflicht **430** HGB 4, **51** ADSp 7, **29** CMR 7
Einlieferungsschein siehe Empfangsbestätigung
Einschlafen des Fahrers **17** CMR 24

Einstweilige Verfügung 31 CMR 7
Einwirken anderer Güter **57** ADSp 19
Einziehung 38 ADSp
Einziehungsauftrag siehe Nachnahme
Einzugsermächtigung 3 ADSp 1
Eisenbahn 412 HGB 4, **33** KVO 4, **16** ADSp 4, 3 SVS/RVS 14, **5** SVS/RVS 5, Einl. 5; siehe auch Bahn
Eisenbahntransport Einl. 15
Elektrische Leitungen, ADSp **57** ADSp 7
Emaille 34 KVO 19
Empfänger 426 HGB 1 f, **433** HGB 1, 7, **435** HGB 1 f, **436** HGB 1, **446 f** HGB, **6** CMR 6, **13** CMR 4, **17** CMR 6 f, **3** KVO 10, **11** KVO 5, **25** KVO 1 ff, vor **1** ADSp 1, **6** ADSp 8, **12** ADSp, **33** ADSp 1 f, **34** ADSp 2, **53** ADSp 2, 5; siehe auch Ablieferungshindernis
Empfangsbekenntnis 7 ADSp 9
Empfangsbescheinigung 407 HGB 45, **425** HGB 21, **429** HGB 8, **13** CMR 2, **16** KVO 5 ff, **5** GüKUMT 1 ff, **7** ADSp 9, 10, **34** ADSp 2
Empfangsbote 6 ADSp 8
Empfangsort 25 CMR 3, siehe auch Empfänger
Empfangsperson 33 ADSp 2
Empfangsscheine vor **1** ADSp 11
Empfangsspediteur 407 HGB 13, **1** KVO 8, 9, **16** ADSp 4, **26** ADSp 1, **3** SVS/RVS 13
Empfangszuständigkeit 33 ADSp 1
Endempfänger 407 HGB 13, **5** KVO 3, siehe auch Empfänger
Enteignung, ADSp **31** ADSp 5, 6
Entgangener Gewinn 430 HGB 2, **23** CMR 5, **35** KVO 3
Entladeeinrichtung 17 KVO 22
Entladefehler 17 CMR 39
Entladen 407 HGB 52, **425** HGB 14, **429** HGB 6, vor **1** CMR 8, **3** CMR 3, **17** CMR 9, 39 ff, **1** KVO 9, 11, **6** KVO 7, **11** KVO 14, **17** KVO 1, 18 ff, **25** KVO, **33** KVO 3, **2** GüKUMT 1, **9** GüKUMT 6, **20** GüKUMT 1, **6** AGNB 1 ff
Entladepflicht 17 KVO 18
Entwertung 25 CMR 7 f
Entzug des Auftrags 21 ADSp 1; siehe Widerruf, Kündigung
Entzündliches Gut siehe gefährliche Güter
Erbgut 37 GüKG 3
Erfüllungsgehilfen 431 HGB 2, **3** CMR 1 ff, **28** CMR 5, **31** CMR 1, **32** CMR 1, **6** KVO 1 ff, **17** KVO 7, **11** GüKUMT 1, vor **1** ADSp 4, **18** ADSp 1, **52** ADSp 1, **19** AGNB 1
Erfüllungsort 425 HGB 48, vor **1** CMR 21, **31** CMR 6, **3** KVO 13, 14; **65** ADSp 1, **24** AGNB 1
Erfüllungsverweigerung 425 HGB 37
Erfüllungszeitraum 428 HGB 1, siehe auch Lieferfrist
Ergänzung von Angaben 7 ADSp 5
Erhaltung des Gutes, ADSp **16** ADSp 1
Erkennbare Schäden siehe Rügeobliegenheit
Erklärung, ADSp **6** ADSp 1, 7
Erlöschen, Weisungsrecht siehe Weisung
Ermächtigung 429 HGB 12
Ermessen, Spediteur **407** HGB, **13** ADSp
Ersatz von Fracht 23 CMR 10, 15
Ersatz von Kosten 23 CMR 10, 15
Ersatz von Zoll 23 CMR 10, 15
Ersatzberechtigung siehe Aktivlegitimation
Ersatzfahrzeug 12 GüKG 1
Ersatzpflicht, Unternehmer **14** AGNB
Erschütterung 17 KVO 10
Erschwerung, Transport vor **1** CMR 32
Erstattungsanspruch 18 ADSp 6
Erstversender siehe Urversender
EuGÜb 31 CMR 1, **65** ADSp 3
EuGVÜ s. EuGÜb
Europäische Gemeinschaften 97 a ff GüKG
EVO Einl. 16
Explosionsgefährliches Gut siehe gefährliches Gut
Exportgut 23 CMR 4
Expreßgut Einl. 21

Fabrikationsfehler 30 KVO 8, **15** AGNB 6
Fahrer 3 CMR 3
Fahrverbot 17 CMR 60
Fahrzeug 1 KVO 11 ff, **14** KVO 7, **4** AGNB 1
– geeignetes **4** AGNB 1
– geschlossenes **4** AGNB 1
Fahrzeugdefekt 17 CMR 50
Fahrzeugmängel 17 CMR 27, 34
Fahrzeugmiete 407 HGB 14, **425** HGB 7, **1** CMR 3
Faksimilestempel 11 KVO 6
Fakturenwert 23 CMR 5, **35** KVO 3, **24** ADSp 1, **18** AGNB 1
Fakturierung 407 HGB 15
Fälligkeit 425 HGB 12, 40, vor **1** CMR 13, **29** ADSp 1

Falschadressierung 9 ADSp 2
Falschauslieferung vor **1** CMR 30, **32** CMR 5, **8** GüKUMT 8, **16** AGNB 1 f
Fäulnis 5 ADSp 1
FBL 407 HGB 46, MV Rz. 10
FCR 407 HGB 46
Fehladressierung 9 ADSp 2
Fehlen der Wertangaben 55 ADSp 6
Fehler bei der Einziehung 16 AGNB 3, **31** KVO 9, **21** CMR 4
Fehlmengen 34 KVO 20
Fehlverladung 4 SVS/RVS 2
Fernstrecke 1 KVO 10
Feste Kosten, Spedition **413** HGB 1
Feststellung, Stückzahl, Gewicht **8** CMR 2, 9, **16** KVO 3 ff
Feststellungen, gemeinsame **30** CMR 2 ff
Feuer 17 CMR 31, 8 SVS/RVS
Feuergefährlichkeit 5 ADSp 1, s. auch gefährliche Güter
Feuerversicherung 35 ADSp 1, **5** SVS/RVS 2, siehe auch Sachversicherung
Feuerwehr vor **1** CMR 30
FIATA-Bill of Lading siehe FBL
Fixgeschäft 428 HGB 1, **17** ADSp 1
Fixkostenspediteur Einl. 22, 24, 37, **413** HGB 1, **34** CMR 5, **1** KVO 5 ff, **3** KVO 2, **52** ADSp 7, **3** SVS/RVS 1
Fixschuld 10 AGNB 1
Folgeschäden vor **1** CMR 30, **23** CMR 5, **54** ADSp 4, **14** AGNB 1, **16** AGNB 1; siehe auch entgangener Gewinn
Folgevertrag vor **1** ADSp 16
Formalvertrag 15 KVO 2, 3
Formbedürftigkeit 15 KVO 2
Formulierungsfehler 6 ADSp 10
Forwarders Bill of Lading siehe FBL
Forwarders Certificate of Receipt siehe FCR
Forwarders Certificate of Transport 407 HGB 46
Fracht, Entgelt **425** HGB 40, **436** HGB 4, **438** HGB 2, **23** CMR 10, **25** CMR 9, **32** CMR 1, **9** KVO 1, **21** KVO 1 ff, **26** ADSp 1
Frachtbrief 407 HGB 21, **426** HGB 1, **428** HGB 1, **432** HGB 3, **4** CMR 2, **5** CMR 1, **6** CMR 1 ff, **7** CMR 4, **8** CMR 1 ff, **9** CMR 1 ff, **24** CMR 3, **26** CMR 3, **34** CMR 3 ff, **28** GüKG, **10** KVO 1 ff, **11** KVO 1 ff, **12** KVO, **13** KVO 1 ff, 4 f, **15** KVO 2, 9, **22** KVO 3, **25** KVO, **19** GüKUMT, **15** ADSp 1, **7** AGNB 1
Frachtbriefblankett 24 CMR 2, **13** KVO 4
Frachterstattung 23 GüKG, **84** GüKG, **23** KVO 3
Frachtführer 425 HGB 3 ff, **1** CMR 2, **6** CMR 4, **1** KVO 4, siehe auch Frachtvertrag
Frachtführerpfandrecht siehe Pfandrecht
Frachtnachnahme 21 CMR 2, **21** KVO 2; siehe auch Nachnahme
Frachtnachzahlung 23, 84 GüKG, **23** KVO 1
Frachtrabatte 407 HGB 54, **22** GüKG 4, **9** KVO
Frachtschuld, Empfänger **436** HGB 4, **13** CMR 11, **25** KVO 5, **34** ADSp 1 ff
Frachtüberschreitung 23 GüKG 6 ff
Frachtvertrag 1 CMR 2, **2** ADSp 11; siehe Beförderungsvertrag
Frachtzuschlag 13 KVO 3, **22** KVO 1 ff
Frei Haus 17 KVO 19
Freight prepaid 436 HGB 4
Freistellungsanspruch vor **1** ADSp 4
Freistellungsverordnung 4 GüKG 1
Freivermerk 436 HGB 4, **11** KVO 8, **21** KVO 3, **25** KVO 3
Freizeichnung siehe Haftung
Fremdsprache vor **1** ADSp 11
Fristen siehe Lieferfristen
Frost 34 KVO 24, **57** ADSp 6
Fuhrmannhandel 5 GüKG 2, **22** GüKG 7

Garantie 23 CMR 11, 20, **41** CMR 1, **17** ADSp 1, **7** ADSp 9, **1** SVS/RVS 8
Gasleitungen, ADSp **57** ADSp 7
Gebrochener Verkehr 34 CMR 2, MV Rz. 1 ff
Gebühr siehe Vergütung, Kosten, Standgeld sowie unter dem Stichwort der jeweiligen Dienstleistung
Gefahr des Transports **57** ADSp 3
Gefahrengutverordnung 8 KVO 6
Gefahrgut siehe gefährliche Güter
Gefährliche Güter 407 HGB 49, **6** CMR 7, **22** CMR 1 ff, **8** KVO 1, **34** KVO 26, **5** ADSp 1, 4, **7** ADSp 1, **5** AGNB 5
Gefälligkeit 17 CMR 5, **6** KVO 7, **17** KVO 7, **53** ADSp 7
Gefälligkeitsgehilfe 6 KVO 7
Gehilfen siehe Erfüllungsgehilfen
Geld 429 HGB 8, **34** KVO 15, **56** ADSp 2, siehe auch Währung
Geldbuße 30 ADSp 1

Geldersatz 23 CMR 3
Geldstrafe vor **1** CMR 12, **30** ADSp 1
Gelegenheitsspedition 415 HGB 1
Gemeindetarifbereich 5 KVO 2, **11** KVO 4, **2** GüKG
Gemeiner Wert 430 HGB 2, **35** KVO 5
Gemeinsame Überprüfung 30 CMR 9
Gemischter Verkehr siehe multimodaler Verkehr (MV)
Gemischter Vertrag 31 KVO 4
Generalpolice 35 ADSp 1 ff, **39** ADSp 1 ff, **10** SVS/RVS 1
Geplatzter Reifen 17 CMR 27
Gerät 57 ADSp 18
Gerichtskosten 27 CMR 1, **37** CMR 3
Gerichtsstand 407 HGB 75, **425** HGB 48, **31** CMR 1 ff, **36** CMR 4, **3** KVO 13, 14, **65** ADSp 2, **24** AGNB 1
Gesamtbetrachtung 412 HGB 12, **413** HGB 4
Gesamtschuld 432 HGB 4, **34** CMR 6
Geschäftsbesorger 14 CMR 6
Geschäftsbesorgungsspedition Einl. 22, 23, 27
Geschäftsführung ohne Auftrag 407 HGB 59, **14** CMR 6, **28** CMR 2
Geschäftsgrundlage, ADSp **20** ADSp 2
Geschäftsstempel 11 KVO 6
Geschäftsüblichkeit 7 ADSp 1 f, **16** ADSp 1
Gewahrsam 17 CMR 6
Gewerbsmäßigkeit 407 HGB 8
Gewicht, Gut **8** CMR 9, **9** CMR 4, **16** KVO 8, **22** KVO, **7** ADSp, siehe auch Verwiegen
Gewichtsbezeichnung, ADSp **7** ADSp 7
Gewichtsverluste 34 KVO 20
Gewinn, entgangener siehe entgangener Gewinn
Gewinnanteil 22 GüKG 7
Glas 30 KVO 9
Gleichwertigkeit 39 ADSp 4
Grenzformalitäten, ADSp **25** ADSp 1
Grenzspediteur 407 HGB 23, 59
Grenzüberschreitende Transporte 1 ff CMR, **1** CMR 6, **2** GüKG 3, **22** GüKG 10, **1** KVO 15, vor **1** GüKUMT 4, **5** SVS/RVS 4
Grenzüberschreitender Straßengüterverkehr Einl. 58
Grenzüberschreitender Transport 1 CMR 6, **1** KVO 15
Grenzüberschreitender Verkehr Einl. 16, 18
Grenzübertritt 25 ADSp 1
Grobe Fahrlässigkeit 430 HGB 4, **29** CMR 1 ff, **32** CMR 7, **51** ADSp 6
Großraumarbeiten 2 ADSp 8
GüKG Abschnitt ,,GüKG" Teil D
– Abfertigungsspediteur **33** GüKG ff
– Anwendungsbereich **4** GüKG 1 ff
– Beförderungsentgelte, Güterfernverkehr **22** GüKG 1 ff
– Beförderungspapiere **28** GüKG ff
– Deutsche Bundesbahn, Sondervorschriften **45** GüKG ff
– Genehmigung **8** GüKG ff
– Güterfernverkehr **3** GüKG 1 ff, **20** GüKG ff
– Güternahverkehr **2** GüKG 1 f, **80** GüKG ff
– Haftungsausschluß, Verbot **26** GüKG 1 f
– Standort **6** GüKG ff
– Tarifpflicht, Güterfernverkehr **20** GüKG 1 ff
– Tarifpflicht, Güternahverkehr **84** GüKG ff
– Umzugsverkehr **37** GüKG ff
– Vermittlung, Beförderungsgeschäfte **32** GüKG 1 ff
– Versicherungspflicht **27** GüKG 1
– Werkverkehr **48** GüKG ff
GüKUMT Abschnitt ,,GüKUMT" Teil G
– Ablieferungshindernisse **4** GüKUMT 1 ff
– Beförderungshindernisse **4** GüKUMT 1 ff
– Beladen **2** GüKUMT 1 f
– Entladen **2** GüKUMT 1 f
– Erlöschen, Ansprüche **13** GüKUMT 1 ff
– Geltungsbereich vor **1** GüKUMT 3 ff
– Haftung **8** GüKUMT 1 ff
– Haftungsausschlüsse **9** GüKUMT 1 ff
– Haftungsbeschränkungen **10** GüKUMT 1 ff
– Handelsmöbel **19** GüKUMT ff
– Rechtsnatur vor **1** GüKUMT 1
– Umzugsverkehr **16** GüKUMT ff
– Verjährung **14** GüKUMT 1 ff
– Weisungen, nachträgliche **3** GüKUMT 1 ff
Gültigkeit, Frachtvertrag **6** CMR 2
Gut 407 HGB 5, **429** HGB 3, **1** CMR 4, **6** CMR 7, **1** GüKG 1
Gut geringen Gewichts 4 KVO 3
Güterfernverkehr 3 GüKG 1, **1** KVO 4, **19** GüKUMT 1
Güterfernverkehrstarif 20 GüKG 2

Güternahverkehr **2** GüKG 1 ff, **80** GüKG 1, **84** GüKG 1, vor **1** AGNB 1 ff, **1** GNT 1 ff, **3** SVS/RVS 15
Güterschaden vor **1** CMR 30; siehe Haftung
Güterversicherung siehe Sachversicherung
Gutgläubiger Erwerb siehe Pfandrecht

Haager Regel Einl. 8
Haftpflichtversicherung vor **1** CMR 10, **41** CMR 2, **38** KVO 2, **39** ADSp 2, **54** ADSp 7, vor **1** SVS/RVS
Haftung des Auftraggebers **5** AGNB 5, **9** AGNB 2
Haftung des Unternehmers **9** AGNB 3
Haftung für Dritte **19** AGNB
Haftung, Absender, Versender **407** HGB 62 f, **425** HGB 43, **7** CMR 1, **10** CMR 1 ff, **11** CMR 2, **17** CMR 48, **22** CMR 5, **12** KVO 2, **13** KVO 1 ff, **2** GüKUMT 2, **31** ADSp 5, **7** AGNB 2, **9** AGNB 2, siehe auch Bezeichnung Gut, gefährliche Güter
– Angabe **13** KVO
– Auswahlverschulden **52** ADSp 5
– Empfänger siehe Empfänger
– Falschauslieferung vor **29** KVO 2, **31** KVO 7
– fehlerhafte Ausführung des Vertrages siehe positive Forderungsverletzung
– Frachtführer **429** HGB, **2** CMR, **8** CMR 1, **11** CMR 4, **12** CMR 9 ff, **13** CMR 5, **17** CMR 1 ff, **28** CMR 1 ff, **26** GüKG 1 ff, vor **29** KVO 2, **29** KVO 5, **8** GüKUMT 1 ff, **41** ADSp 1 ff, **51** ADSp 1 ff, **7** AGNB 1, **9** AGNB 3, **14** AGNB 1
– Insolvenzrisiko **52** ADSp 4
– Lieferfrist siehe Lieferfrist
– Nachnahme siehe Nachnahme
– nicht ordnungsgemäße Ausführung des Vertrages siehe positive Forderungsverletzung
– Rechtsdurchsetzungsrisiko **52** ADSp 4
– selbständige Dritte **52** ADSp 2
– Spediteur **408** HGB 5 ff, **412** HGB 9 ff, **413** HGB 4 f, 13, **37** ADSp 3, **41** ADSp 1 ff, **51** ADSp 1 ff
Haftungsausschluß **6** ADSp 10, **37** ADSp 3, **41** ADSp 2, 7, **51** ADSp 1, **15** AGNB 2
Haftungsbeschränkung **39** ADSp 1, **41, 51** ff ADSp, **17** AGNB 1, **429** HGB 9, **430** HGB 2, **30** ff KVO, **23, 25** CMR
Haftungserleichterungen siehe Haftung
Haftungsersetzung **39** ADSp 1, **41** ADSp 1, **3** SVS/RVS 1
Haftungshöchstgrenze **54** ADSp 4
Haftungsumfang **11** CMR 4
Haftungsvereinbarungen, ADSp **1** KVO 2, **51** ADSp 9
Haftungsverzicht **5** AGNB 6
Haftungszeitraum **429** HGB 4, 6, **29** KVO 1, **33** KVO 1, **17** CMR 3, **6** AGNB 6
Hagel **30** KVO 2, **57** ADSp 6
Hamburger Regel Einl. 8
Handeln auf fremde Rechnung **407** HGB 3
Handeln im eigenen Namen **407** HGB 4
Handelsbrauch vor **1** ADSp 1 ff, **2** ADSp 9, **1** AGNB 1 f
Handelsmöbel Einl. 20, **40** GüKG 2, **1** KVO 4, vor **1** GüKUMT 1 ff
Handelswert **54** ADSp 8, **18** AGNB 2; siehe Wert
Hauptfrachtführer **432** HGB 1, vor **34** CMR 1
Hauptspediteur **407** HGB 47, **2** ADSp 13
Hausspediteure **407** HGB 24
Havarie **38** ADSp
Heiratsgut **37** GüKG 3
Hemmung **32** CMR 1, 8, **36** CMR 1
Hemmung, Verjährung **414** HGB 3, **439** HGB 1, **32** CMR 1 ff, **40** KVO 14, **14** GüKUMT 3
Herausgabeanspruch **407** HGB 54, **52** ADSp 1, 2, siehe auch Ablieferung
Hersteller **8** ADSp 2
HGB-Frachtrecht Einl. 42
Hilfsperson **28** CMR 5; siehe Erfüllungsgehilfen
Hindernis **12** AGNB 1; siehe Beförderungs-, Ablieferungshindernisse
Hinterlegung **437** HGB, **28** KVO; siehe auch Ausladung
Hinweis **5** ADSp 1
Hinweispflicht **55** ADSp 5; siehe Aufklärung
– des Auftraggebers **6** AGNB 3
Hitze **17** CMR 51, **34** KVO 24, **57** ADSp 6
Höchstschaden **23** CMR 5
Höchsttarife **22** GüKG 6
Hoheitliche Gewalt **31** ADSp 2
Höhere Gewalt **17** CMR 15, 60, **6** KVO 3, **34** KVO 2 ff, **57** ADSp 5, 16, **15** AGNB 2

Hubladewand 53 ADSp 6
Huckepack-Verkehr 2 CMR 3, **34** CMR 2

Ideeller Schaden 26 CMR 4
Immaterielle Interessen 61 ADSp 1
Immaterieller Schaden 10 CMR 3
Import, ADSp **25** ADSp 3
Individualvereinbarung, ADSp vor **1** ADSp 6, **2** ADSp 10, **41** ADSp 5, **1** AGNB 4
Information 39 ADSp 10
– Versicherer **39** ADSp 10
Informationsmöglichkeit über Güter 7 ADSp 2
Informationspflicht siehe Aufklärung, Benachrichtigung
Inhalt der Packung 7 ADSp 10
Inhalt des Gutes, ADSp **7** ADSp 1, 10, **8** ADSp 1, siehe auch gefährliche Güter, Aufklärung
Inkonnexe Forderungen siehe Pfandrecht
Inlandstransport 1 KVO 14; siehe auch grenzüberschreitende Transporte
Innerer Verderb 57 ADSp 20; siehe Beschaffenheit
Insolvenz des Versicherers, ADSp **39** ADSp 9
Insolvenzfall 32 ADSp 1
Installationen, ADSp **57** ADSp 7
Interesse 6 CMR 16, **26** CMR 1 ff, **11** ADSp 2, **2** SVS/RVS 2, siehe auch Wertangabe
Interessenwahrung 407 HGB 38, **1** ADSp 1, **2** ADSp 12
Internationale Zuständigkeit 31 CMR 2
Internationaler Straßengüterverkehr Abschnitt CMR
Internationales Privatrecht 407 HGB 75, **425** HGB 49, vor **1** CMR 3, **65** ADSp 5

Juristische Person 2 ADSp 4
Juwelen 34 KVO 15; siehe auch Kostbarkeiten

Kabotage 8 GüKG 1
Kälte 17 CMR 51, **34** KVO 24, **57** ADSp 6
Kardinalpflicht 41 ADSp 11, **54** ADSp 2
Kaufleute 2 ADSp 3
Kausalhaftung 17 CMR 13 ff, **29** KVO 1
Kausalität 29 CMR 5, **57** ADSp 1
Kautionen 23 CMR 10
Kennzeichnung 18 KVO 10; siehe Bezeichnung
Kennzeichnungspflicht 4 KVO 3, **5** AGNB 3
Kernenergie 4 GüKG 1, **8** KVO 1, **9** GüKUMT 4, **5** SVS/RVS 14
Klagefrist 40 ADSp 1, **11** SVS/RVS 6
Klagehäufung 36 CMR 3
Kleiner Grenzverkehr 1 CMR 6
Kodifikation vor **1** CMR 4 f, vor **17** CMR 1
Kollidierende AGB vor **1** ADSp 14
Kollision 17 CMR 24
Kollisionsrecht siehe internationales Privatrecht
Kollo, ADSp **7** ADSp 10, **54** ADSp 3
Kombinierter Verkehr siehe multimodaler Verkehr
Kommissionär 5 ADSp 9
Kommissionsgeschäft 2 ADSp 2
Kommissionsvertrag 407 HGB 25
Kommunikationsfehler 6 ADSp 10
Konnexe Forderungen, ADSp siehe Pfandrecht
Konnossement 2 CMR 8, **5** SVS/RVS 7, siehe auch Durchkonnossement
Konnossementsbedingung Einl. 7, 8
Konsensualvertrag 4 CMR 1, **14** KVO 4, **15** KVO 3, **16** GüKUMT 1
Kontokorrent 64 ADSp 1
Kontrahierungszwang 425 HGB 12, **4** KVO 2, **7** KVO 1, **8** KVO 1, **14** KVO 1
Kontrollpflicht 17 CMR 42, **17** KVO 11
Körperschäden 34 KVO 17, **5** SVS/RVS 15
Kostbarkeiten 429 HGB 8, **34** KVO 15, **55** ADSp 2, **56** ADSp 2, siehe auch Juwelen, Edelsteine, Wertpapiere etc.
Kosten 6 CMR 14, **12** CMR 3, **16** CMR 2, **23** CMR 10, **25** CMR 9, **32** CMR 1, **35** KVO 4, siehe auch Aufwendungen
– der Bergung **20** AGNB
– feste, Spedition **413** HGB 1
– Schadensfeststellung **30** CMR 19, **32** KVO 4
– Überprüfung **16** KVO 1
Kraftfahrzeug 1 GüKG 3, **1** CMR 5
Kraftverkehrsordnung siehe Abschnitt KVO
Kraftverkehrsordnung, Bedeutung für SVS/RVS **3** SVS/RVS 15, **5** SVS/RVS 3
Kranarbeiten 2 ADSp 8, **53** ADSp 6, Abschnitt BSK
Kreditgewährung 408 HGB 9
Krieg 34 KVO, **9** GüKUMT 3, **15** AGNB 4, **5** SVS/RVS 14

Kühlkontrollblätter 17 CMR 51
Kühltransport 8 CMR 3, **17** CMR 30, 33 f, 42 f, 49 ff, 51, **29** CMR 4, **34** KVO 24
Kumulation von AGB vor **1** ADSp 15
Kündigung vor **1** CMR 20; siehe Widerruf, Rücktritt
Kündigung des Auftraggebers 8 AGNB 4
Kündigung des Unternehmers 8 AGNB 3
Kunstgegenstände 429 HGB 8, **8** KVO 5, **34** KVO 16, **56** ADSp 2
Kunstwerk 8 KVO 5, **55** ADSp 2
Kursvereinbarung 28 ADSp 1
KVO, Abschnitt KVO; Verhältnis zur CMR vor **1** CMR 6

Ladearbeiten siehe Beladen, Entladen
Ladeauftrag 407 HGB 22
Ladeeigenschaft 14 KVO 7
Ladeeinrichtung 17 KVO 14
Ladefrist 17 CMR 56, **19** CMR 3, **19** KVO 1 ff, **17** ADSp 1
Ladehilfsmittel 4 KVO 3, **6** AGNB 3; siehe auch Gut
Laden siehe Beladen, Entladen
Ladepersonal 14 KVO 12
Ladeschein 444 HGB 1 ff
Ladetemperatur 17 CMR 51
Ladevorrichtung 6 AGNB 2
Ladungsgut 4 KVO 1, 2, **16** KVO 8, **17** KVO 3
Lagerhalter 32 CMR 1
Lagerraum 29 CMR 4
Lagerung 407 HGB 26, 44, **17** CMR 5, 8, **23** CMR 10, **29** CMR 4, **32** CMR 1, **33** KVO 5 ff, **8** GüKUMT 3, **2** ADSp 7, **22** ADSp 1, **43** ADSp, **1** SVS/RVS 3, **5** SVS/RVS 11
Lagerungskosten 16 CMR 8, **23** CMR 10
Lagerversicherung 37 ADSp 1, **5** SVS/RVS 11, siehe auch Sachversicherung
Lagervertrag vor **1** ADSp 9, **18** ADSp 4
Laufende Geschäftsverbindung vor **1** ADSp 13, **7** ADSp 1
Laufende Versicherung 39 ADSp 5
Lebende Tiere 17 CMR 53, **18** CMR 8
Lebensrisiko 30 ADSp 1
Leergewicht 16 KVO 8
Leerkilometer 14 KVO 15
Legitimation 447 HGB 1 ff, **12** CMR 6 ff, **10** ADSp 1, 5
Legitimationsanforderung 12 CMR 7
Legitimationspapier 10 ADSp 7
Leichen 1 CMR 9, **8** KVO 4
Leiharbeitnehmer 6 KVO 7
Leistungserschwerung 425 HGB 35, **14** CMR 3, **16** CMR 4, **18** ADSp 1, **20** ADSp 1, siehe auch Beförderungshindernisse
Leistungsstörung 425 HGB 23 ff, vor **1** CMR 22 ff, 30, **14** KVO 8 ff, **31** KVO 1 ff, siehe auch positive Forderungsverletzung, Beförderungs-, Ablieferungshindernis, Unmöglichkeit, Haftung
Leistungsumfang, ADSp **20** ADSp 1
Leistungsverweigerung 14 KVO 13
Leistungsverweigerungsrecht 6 CMR 1, **13** CMR 11, **16** CMR 6, **8** KVO 5, **5** ADSp 2
Leitung 57 ADSp 18
Leitungswasserversicherung 35 ADSp 1
Leute siehe Erfüllungsgehilfen
Lieferfrist 425 HGB 37, **428** HGB 1, **429** HGB 13, vor **1** CMR 29 f, **6** CMR 18, **12** CMR 9, **17** CMR 56, **19** CMR 1 ff, **23** CMR 1, 17 ff, **30** CMR 18, **32** CMR 3, **11** KVO 11, **26** KVO 1 ff, **8** GüKUMT 5, **17** ADSp 1, **10** AGNB 1, **16** AGNB 4
Lieferfristverkürzung, Tarif **22** GüKG 5, **26** KVO 3
Lieferwert 35 ADSp 3
Linienverkehr 407 HGB 20, **90** GüKG
Lohnfuhrvertrag 407 HGB 28, **425** HGB 7, **1** GüKG 2, **1** KVO 8, **25** AGNB 1
Lose Verladung 5 KVO 6
Lückenfüllung vor **1** CMR 6
Luftfeuchtigkeit 17 CMR 51
Luftfracht Einl. 6, 17

Mahnverfahren 31 CMR 9, 10
Mängel des Fahrzeugs **17** CMR 34, **26** KVO 4
– Gut **10** CMR 1, **17** CMR 33, 59, **30** KVO 8, siehe auch gefährliche Güter
Mangelfolgeschaden 54 ADSp 4
Mangelhafte Transportpapiere 17 CMR 57
Mangelhafte Verpackung 16 ADSp 4
Mangelhaftes Gut 17 CMR 33
Mängelrüge siehe Rügeobliegenheit
Margentarif 22 GüKG 1 f
Marktgut, ADSp **17** ADSp 4
Marktpreis 430 HGB 2, **23** CMR 3, 4
Massengüter 30 KVO 4, **17** AGNB 2

Materialfehler 30 KVO 8, siehe auch Mängel des Guts
Mehrgewicht vor **1** CMR 12, **6** CMR 10, **7** CMR 1
Merkzeichen 7 ADSp 5
Messegut, ADSp **17** ADSp 4
Miete von Fahrzeugen siehe Fahrzeugmiete
Minderwert siehe Wertminderung
Mindestschaden 23 CMR 5, **25** CMR 3
Mitteilungen 6 ADSp 1, **10** ADSp, **30** ADSp 6, **34** ADSp
Mittelbarer Schaden 23 CMR 5, **26** CMR 4
Mitverschulden 8 CMR 1, **10** CMR 4; siehe Haftung
Mitwirkende Verursachung 17 CMR 54
Möbellagerung 2 ADSp 7
Möbelspediteur, -transport 407 HGB 29, **1 ff** GüKUMT, **2** ADSp 6
Möbelwagenmeter 10 GüKUMT 3
Monntage 407 HGB 27, **1** GüKUMT 1, **2** ADSp 2, 8
Multimodaler Transport 412 HGB 12, **413** HGB 4, **1** CMR 6, **2** CMR 2, **32** CMR 1, **3** GüKG 2, MV Rz. 1 ff
Mündliche Erklärungen, ADSp **6** ADSp 5, 8
Mündlichkeit 6 ADSp 4
Münzen, ADSp **55** ADSp 2, **56** ADSp 2, siehe auch Geld, Kostbarkeiten

Nachlagerung 429 HGB 6, **1** KVO 9, 11, **33** KVO 6, **8** GüKUMT 3, **15** AGNB 8, **1** SVS/RVS 4, **3** SVS/RVS 10
Nachlauf 413 HGB 4
Nachnahme 407 HGB 53, **408** HGB 9, **425** HGB 19, **6** CMR 15, **21** CMR 1 ff, **32** CMR 6, **11** KVO 9, **24** KVO 1 ff, **27** KVO 3, **39** KVO 11, **40** KVO 4, **8** GüKUMT 10, **23** ADSp 1, **34** ADSp 1, **64** ADSp 1, **11** AGNB 1, **16** AGNB 3, **1** SVS/RVS 7
Nachnahmebetrag 3 KVO 13
Nachprüfung von Angaben 7 ADSp 5
Nachprüfungspflicht, Stückgut **16** KVO 3, 4
Nachrichten 10 ADSp 2
Nachwiegen 25 KVO
Nachzählung 25 KVO 6
Nahverkehrsfahrzeug 1 KVO 4
Nahverkehrsunternehmer siehe Güternahverkehr
Nahzone siehe Güternahverkehr
Nässe 17 CMR 30, 54
Nässeschaden 17 CMR 36, **30** KVO 2
Naturalrestitution 430 HGB 3, **23** CMR 3
Natürliche Eigenschaften, ADSp siehe Beschaffenheit
Natürliche Veränderung des Guts **57** ADSp 10, 20
Nebenaufträge 1 SVS/RVS 5
Nebenleistungen 1 GüKUMT 1, **11** KVO 17, **20** ADSp 5
Nebenvereinbarung 11 KVO 1
Negotiable FIATA Combined Transport Bill of Lading siehe FBL
Nichterfüllung siehe Leistungsstörungen
Nichtermittelbarkeit, Empfänger siehe Ablieferungshindernis
Normalität 20 ADSp 2
Notbremsung 17 CMR 24, **17** KVO 10
Notify 13 CMR 4
Numerierung 6 CMR 8, **8** CMR 1, **17** CMR 52, **7** ADSp 1, siehe auch Bezeichnung

Obhut 425 HGB 15, **429** HGB 8, **17** CMR 4, siehe auch Haftung
Obhut, außerhalb des Fahrzeugs **5** AGNB 4
Obhutspflicht 17 CMR 37
Obhutszeitraum 53 ADSp 2
Offene Fahrzeuge 17 CMR 31, 36, **18** CMR 3
Öffentlich-rechtliche Akte 31 ADSp
Ort, Ausstellung **6** CMR 2

Paketbeförderung 407 HGB 29 a
Palette 407 HGB 5, 50, **425** HGB 14, **1** GüKG 1, **15** KVO 10, **16** KVO 9, **54** ADSp 3, **64** ADSp 1, **25** AGNB 1
Passivlegitimation 13 CMR 11, **36** CMR 2
Pauschale 413 HGB 3
Personenschaden 54 ADSp 5; siehe Körperschäden
Pfandrecht 410 HGB 1, **440** HGB 1, **441** HGB 1 ff, vor **1** CMR 19, **3** KVO 11, **21** KVO 3, **21** GüKUMT 1, **31** ADSp 3, **50** ADSp 1, **23** AGNB 1
Pfändung, ADSp **31** ADSp 2
Plombierung 8 CMR 4, **9** CMR 3
Police 35 ADSp 7
Porzellan 30 KVO 9
Positive Forderungsverletzung vor **1** CMR 30, **32** CMR 1, vor **29** KVO 2, **31** KVO 4, 8, **8** GüKUMT 9, **16** AGNB 4

Positives Interesse 26 CMR 1 ff, siehe auch Haftung
Post 452 HGB, **1** CMR 8, **8** KVO 2, **10** ADSp 2
Prämie 39 ADSp 8
Preise, ADSp **20** ADSp 1
Preistarif 1 KVO 1, *siehe auch Tarif*
Prepaid siehe Freight prepaid
Privatadresse 53 ADSp 9
Prokurist 6 ADSp 1
Prorogation 31 CMR 5; siehe Gerichtsstand
Provision 409 HGB 1, **20** ADSp 1, **21** ADSp 1 ff, **23** ADSp 1, **31** ADSp 3, **38** ADSp 1
Prozeßführungsbefugnis 13 CMR 9
Prozeßkosten 23 CMR 10, **31** CMR 1 ff, **37** CMR 3
Prozeßstandschaft 407 HGB 72, **408** HGB 5, **429** HGB 12, **29** KVO 8, **40** KVO 14
Prüfung, Inhalt, Sendung **16** KVO 1 ff, siehe auch Rügeobliegenheit
Prüfung, Verpackung **8** CMR 3, **18** KVO 3
Prüfungsrecht, Unternehmer **16** KVO 1

Quittung 407 HGB 45, **429** HGB 8, **8** CMR 10, **17** CMR 12, **16** KVO 5 ff, **39** KVO **4, 10** ADSp 7, siehe auch Empfangsbescheinigung

Rabatte siehe Frachtrabatte
Radioaktive Güter siehe Kernenergie
Raub 17 CMR 29, **57** ADSp 5
Realakt 6 ADSp 1
Realisierung der Versicherungsansprüche **41** ADSp 6
Realvertrag 14 KVO 4, **15** KVO 5
Rechnung 407 HGB 15, **35** KVO 3, **16** GüKUMT, **29** ADSp 1
Rechnung eines Dritten **12** ADSp 1
Rechnungslegung, Spediteur **407** HGB 54
Rechtsabhängigkeit 31 CMR 8
Rechtskraft 31 CMR 1 ff, 8
Rechtsmißbrauch, ADSp **41** ADSp 6, **56** ADSp 4
Rechtsnatur, CMR-Recht vor **1** CMR 2
Rechtsordnung siehe Internationales Privatrecht
Rechtsquelle Einl. 1
Rechtswahl, ADSp siehe Internationales Privatrecht
Regen 30 KVO 2, **57** ADSp 6, **15** AGNB 3; siehe auch Nässe
Regreß 425 HGB 12, **432** HGB 5, **2** CMR 8, **35** CMR 1, **13** CMR 9, **37** CMR 1 ff, **37** ADSp 3, **16** SVS/RVS 1, MV Rz. 6
Regreßverzicht 41 CMR 2, **16** SVS/RVS 1
Reifen 17 CMR 27
Reihenfolge 17 ADSp 3
Reinheitsgrad 14 KVO 9
Reinigung 17 CMR 31, **2** ADSp 2
Reinigungskosten 16 CMR 6
Reinigungsunternehmen 52 ADSp 2
Reisegepäck Einl. 21
Reklamation 407 HGB 45, **438** HGB 3, 5, **27** CMR 3, **32** CMR 8 ff, **36** CMR 1, **39** KVO 1 ff, **40** KVO 14, **13** GüKUMT 1 ff, **60** ADSp 1
Reparatur 2 ADSp 2
Repräsentant 51 ADSp 6
Rinnverlust 30 KVO 10, **17** AGNB 4
Rohgewicht 6 CMR 9, **35** KVO 8
Roll on-, Roll off-Verkehr 2 CMR 3, **17** CMR 28, MV Rz. 3
Rollfuhr 22 ADSp 1, **33** ADSp 2, **3** SVS/RVS 15, **1** AGNB 9
Rost 17 CMR 49, siehe auch Beschaffenheit
Rückbeförderung 23 CMR 10, **27** KVO 3, **22** ADSp 1, **12** AGNB 3, siehe auch Weisung, Rücktritt
Rückerstattung 39 KVO 10
Rückfrage 13 ADSp 1; siehe Aufklärung, Benachrichtigung
Rückgabe, Gut **27** KVO 3, **34** ADSp 6, siehe auch Weisung, Rücktritt
Rückgabepflicht seitens des Empfängers, ADSp **34** ADSp 5
Rückgriff siehe Regreß
Rücknahme, ADSp **21** ADSp 1
Rücknahmerecht, ADSp **34** ADSp 4
Rücktransport 16 CMR 3, **23** CMR 10, **22** ADSp 1
Rücktritt 428 HGB 3, 6, vor **1** CMR 20, **14** KVO 12, 14, **28** KVO 9, **18** ADSp 4, **21** ADSp 1, **22** ADSp 1, **8** AGNB 3 f, siehe auch Widerruf
Rücktrittsrecht 8 AGNB 4
Rügeobliegenheit des Geschädigten **425** HGB 20, **438** HGB 3, **30** CMR 1 ff, **39** KVO 1, **13** GüKUMT 1 ff, **60** ADSp 1, siehe auch Vorbehalt, Reklamation
Rügepflicht des Spediteurs **407** HGB 45

Sachgesamtheit 35 KVO 8, **55** ADSp 1
Sachteil 55 ADSp 1

Sachversicherung 35 ADSp 1, siehe auch Transportversicherung
Sachverständiger 438 HGB 5, 6, **23** CMR 10
Sammelgut 4 KVO 5, **11** KVO 5a
Sammelladung 413 HGB 1, **1** CMR 10, **3** KVO 2, **14** ADSp 1, siehe auch Sammelladungsspediteur
Sammelladungsspediteur Einl. 22, 25, **413** HGB 1, **1** CMR 3, **34** CMR 5, **1** SVS/RVS 3, siehe auch Sammelladung
Sammelsendung 23 CMR 9
Sammeltransport 1 KVO 7
Sammelversendung 407 HGB 21, **52** ADSp 7
Sauberkeit 14 KVO 7
Schaden 407 HGB 62, **12** CMR 3, **23** CMR 1 ff, **26** CMR 1 ff, **58** ADSp 2, **62** ADSp 1
Schaden, am Beförderungsgut **5** AGNB 6
– an dritten Gütern **5** AGNB 2
– äußerlich unerkennbar **22** AGNB 3
– Begriff **62** ADSp 1
– des Frachtführers **5** AGNB 1
Schadensabwendung 32 KVO 1 ff, siehe auch Schadensminderung
Schadensanmeldung 40 KVO 14, **37** ADSp 2, siehe auch Reklamation
Schadensanzeige, rechtzeitig siehe Rügeobliegenheit
Schadensbegünstigter Faktor **57** ADSp 2
Schadensberechnung 54 ADSp 8
Schadensbeseitigungskosten 23 CMR 5
Schadensereignis, ADSp **54** ADSp 4, 6
Schadensersatz siehe Haftung
Schadensfeststellung 438 HGB 1 ff, **25** KVO 6, **32** KVO 1, **37** KVO 1 ff, **40** ADSp 1
Schadensmeldung 40 ADSp 1
Schadensminderung 23 CMR 13, **25** CMR 3, **32** KVO 1 ff, **20** AGNB 1, **4** SVS/RVS 1
Schadensort 51 ADSp 3
Schadensort, unbekannter siehe unbekannter Schadensort
Schadensprotokoll 30 CMR 9, siehe auch Schadensfeststellung, Reklamation
Schadensrisiko 39 ADSp 3
Schadensumfang 51 ADSp 5
Schadensursache 51 ADSp 4
Schadensverhütungsmaßnahme vor **1** CMR 30
Schadensversicherung 39 ADSp 2
Scheintatbestand 5 GüKG 1
Schickschuld 18 AGNB 1
Schiedsgerichtsvereinbarung 33 CMR 1
Schlechte Straße 17 CMR 24
Schlechterfüllung vor **1** CMR 30; siehe Leistungsstörungen, positive Forderungsverletzung
Schlenkerverkehr 1 CMR 6
Schleudern 17 CMR 24
Schmiergelder 5 GüKG 2, siehe auch Bestechung
Schmuggel vor **1** CMR 30, **3** CMR 5, **29** CMR 4
Schnee 30 KVO 2, **57** ADSp 6, **15** AGNB 3
Schriftform 5 ADSp 1
Schriftstück 6 ADSp 8
Schriftwechsel vor **1** ADSp 11
Schuldanerkenntnis 7 ADSp 9
Schüttgut 17 KVO 18
Schutzanweisung 5 AGNB 1
Schwankung 17 KVO 10
Schwerpunktbetrachtung 413 HGB 4
Schwertransporte 2 ADSp 8, Teil G des Kommentars
Seefrachtvertrag 1 SVS/RVS 3, **5** SVS/RVS 7
Seerecht 2 CMR 8
Seeschiff Einl. 8
Segmentierte Beförderung MV Rz. 1
Selbstadressierung 1 KVO 9, **10** KVO 2
Selbständige Dritte 6 KVO 4
Selbsteintritt Einl. 22, 26, **412** HGB 1, **1** CMR 3, **1** KVO 5 ff, **3** KVO 2, **2** ADSp 11, **14** ADSp 2, **52** ADSp 7, **1** SVS/RVS 3
Selbsthilfe 34 ADSp 4
Selbsthilfeverkauf 407 HGB 66, **437** HGB 5, **16** CMR 8 ff, **28** KVO 8, **5** ADSp 8
Selbstzerstörung 17 CMR 50
Sendung 12 CMR 5, **11** KVO 5 a, **20** KVO 2
Sicherheitsleistung 13 CMR, **14** KVO 24, **21** KVO
Sicherheitsvorschrift 17 KVO 15
Sicherung 30 ADSp 4
Sicherung von Beweismitteln **51** ADSp 5
Signieren 18 KVO 10, siehe auch Bezeichnung
Silofahrzeug 17 KVO 11
Sittenwidrigkeit 9 CMR 2, **19** CMR 4
Sondervereinbarung vor **1** ADSp 6

Sondervermögen des öffentlichen Rechts **2** ADSp 4
Sonderziehungsrecht 23 CMR 9
Sonnenlicht, ADSp **57** ADSp 6
Sorgfalt 6 KVO 6
– äußerste **17** CMR 16f, 60
Sortierarbeiten 23 CMR 13
Spediteur
– Abholung des Guts **407** HGB 44
– Begriff **407** HGB 1, vor **1** ADSp 3
– als Erfüllungsgehilfe **2** ADSp 5
– KVO **1** KVO 5ff
– Lagerung **407** HGB 44
– Tarifbindung **22** GüKG 11ff
Spediteur-Frachtführer **1** KVO 6
Spediteurgeschäft 407 HGB 1, **2** ADSp 2
Spediteurgewerbe, zusammenhängendes Geschäft vor **1** ADSp 3, **2** ADSp 2, **1** SVS/RVS 5
Spediteurübergabeschein 5 SVS/RVS 12
Spediteurübernahmebescheinigung siehe auch Empfangsbestätigung, FCR
Speditionelle Leistungen **407** HGB 43ff, **1** KVO 8ff
Speditionspolice 39 ADSp 4, Teil B, 3. Abschnitt des Kommentars
Speditionsrollfuhr 1 AGNB 8, siehe auch Rollfuhr
Speditionsversicherer, dubioser **41** ADSp 6
Speditionsversicherung 39 ADSp 2, **41** ADSp 2, vor **1** SVS/RVS a. F. 1
Speditionsversicherung, unterlassen **41** ADSp 10
Speditionsvertrag 1 CMR 2
– Abgrenzung zum Frachtvertrag **407** HGB 17ff
– Abschluß **407** HGB 37
Sperrpapier 12 CMR 1ff, 10, siehe auch FBL
Spesen 20 ADSp 5; siehe Aufwendungen
Spezialfahrzeug 17 CMR 37, 51, **18** KVO 1
Spezialtransport 8 CMR 3, **7** KVO 1
Spezialvorrichtung 17 CMR 51
Sphäre 6 KVO 1ff
Spritztour 3 CMR 5
Stabilität 17 KVO 10, 15
Standgeld 425 HGB 41, vor **1** CMR 14, **16** CMR 2, **32** CMR 1, 6, **14** KVO 15, **17** KVO, **8** AGNB 1f
Stapeln 17 KVO 10; siehe Beladen
Steingut, -zeug **30** KVO 9
Steuerbehandlung 11 KVO 10
Stille Gesellschaft 5 GüKG 2
Straßengüterfernverkehr Einl. 46
Straßenraub 30 KVO 3
Straßensperre 17 CMR 60; siehe Beförderungshindernis
Streik, ADSp **18** ADSp 1
Stückgut 4 KVO 1, 2ff, **17** KVO 3
Stundung 22 GüKG 4, **21** KVO 3
Sturm 17 CMR 25, **30** KVO 2, **57** ADSp 6
Substanzschäden 17 CMR 56
Subunternehmen 407 HGB 47, **425** HGB 14, **3** CMR 1, **12** CMR 4, **52** ADSp 2
Subunternehmer 29 CMR 1, vor **1** ADSp 4, **2** ADSp 11, **41** ADSp 1
SVS/RVS Abschnitt SVS/RVS

Tankfahrzeug 17 KVO 11
Tarif 20 GüKG 1ff, **1** GNT, **20** ADSp 2
Tarifkommission 20a GüKG 1
Tarifunterschreitung 23 GüKG 1ff
Tarifzwang 22 GüKG 3
Technische Einrichtungen, Fahrzeug **17** CMR 34
Teilannahme 438 HGB 2
Teilbeschädigung 23 CMR 14, **25** CMR 3
Teilfrachtführer 432 HGB 1
Teilfrachtvertrag 425 HGB 17
Teilsendung 20 KVO 3
Teilverbot 39 ADSp 6, **41** ADSp 8, **9** SVS/RVS 3
Teilverlust 430 HGB 2, **23** CMR 1ff, 12, **35** KVO 7, **39** KVO 8
Temperatur 17 CMR 51
Territorialitätsprinzip vor **1** CMR 10, 12, **2** GüKG 3, vor **1** GüKUMT 4
Through Bill of Lading siehe Durchkonnossement
Tiefkühlgut siehe Kühltransporte
Tiere Einl. 20, **17** CMR 53, **1, 4** GüKG, **8** KVO 5, **34** KVO 25, **57** ADSp 7, 9, 19
TIR-Karte 9 CMR 1, **11** CMR 3
Ton 30 KVO 9
Totalverlust 23 CMR 13, 17, **32** CMR 5
Traditionspapier 450 HGB 2
Trailer 1 GüKG 1
Transit, ADSp **25** ADSp 1
Transport, vertragswidriger **425** HGB 2, **1** KVO 4
Transportdauer 19 CMR 5, **29** CMR 4
Transporterschwernis 16 CMR 4; siehe Leistungserschwerung, Beförderungshindernisse
Transportgut Einl. 20, siehe auch Gut

Transporthindernis siehe Beförderungshindernis
Transportmittel 1 GüKG 1
– Vermieten **5** GüKG 2, siehe ferner Fahrzeugmiete
– vertragswidrige Auswahl Einl. 11, **425** HGB 2
Transportmittelunfall 29 KVO, **34** KVO 28, **14** AGNB
Transportpapiere siehe Begleitpapiere
Transportversicherung 407 HGB 32, vor **1** CMR 10, **41** CMR 2, **1** GüKUMT 1, **35** ADSp 1, **36** ADSp 1, **37** ADSp 1, **57** ADSp 21, vor **1** SVS/RVS, **5** SVS/RVS 2
Transportversicherungsprämie 24 CMR 2
Trucker 41 CMR 2

Übergabe siehe Übernahme, ferner **25** KVO, **53** ADSp 6
Überladung 7 CMR 1, **17** CMR 42, 54, **17** KVO 17, **22** KVO 4, **7** AGNB 2
Überlastung 7 AGNB 2
Übermittlungsfehler siehe Mitteilung
Übernahme vor **1** CMR 20
Übernahme, Gut **407** HGB 6, **425** HGB 15, **428** HGB 1, **429** HGB 4, **6** CMR 5, **17** CMR 4, 12, **29** KVO 2, siehe auch Annahme
Übernahmeort 1 CMR 6
Überprüfung, Angabe **8** CMR 2
– Gewicht, Menge **8** CMR 9
– Gut **8** CMR 1 ff, **16** KVO 1 ff, **7** AGNB 1
Überprüfungspflicht vor **1** CMR 35, **8** CMR 1
Überweisung, Fracht **436** HGB 5, **21** KVO 2, **3** AGNB 3, siehe auch Nachnahme
Übung 7 ADSp 5
Umfallen 17 KVO 10
Umgehung 41 CMR, **5**, **23** GüKG, **9** KVO
Umladen 2 CMR 3, 5, **6** CMR 13, **17** CMR 37, 47, **1** KVO 11, **33** KVO 3
Umladeverbot 6 CMR 13
Umleitung siehe Beförderungshindernis, Weisung
Umpacken 17 CMR 37
Umschlag 1 KVO 11
Umschlaghilfsmittel 53 ADSp 6
Umzug Einl. 20, **1** CMR 10, **37** GüKG 2, **1** KVO 4, **34** KVO 18, vor **1** GüKUMT 1 ff, **16** GüKUMT 1 ff
Unabdingbarkeit 41 CMR, **20** ff GüKG
Unabwendbares Ereignis **17** CMR 16, siehe auch Höhere Gewalt
Unbekannter Schadensort **412** HGB 13, **37** CMR 5, **52** ADSp 2, MV Rz. 7
Unechter Selbsteintritt **412** HGB 3
Unerkennbare Schäden siehe Rügeobliegenheit
Unerlaubte Handlung **407** HGB 73, **408** HGB 15, **414** HGB 1, **425** HGB 39, **17** CMR 67, **28** CMR 1 ff, **1** KVO 3, vor **29** KVO 5, **29** KVO 10, **15** GüKUMT 1 ff, **63** ADSp 1, 2, **3** SVS/RVS 12
Unfall 17 KVO 10; siehe Betriebs-, Transportmittelunfall, Haftung
Ungeklärter Schadensort siehe unbekannnter Schadensort
Ungerechtfertigte Bereicherung **28** CMR 2, **3** SVS/RVS 12
Ungewogen 16 KVO 7, **8** CMR
Ungezählt 16 KVO 7, **8** CMR
Unmöglichkeit 408 HGB 10, 11, **425** HGB 23 ff, **428** HGB 1, vor **1** CMR 23 ff, **14** CMR 3 ff, **19** CMR 4, **14** KVO 13, **18** ADSp 1, 4, **31** ADSp 2, siehe auch Leistungsstörungen
Unmöglichkeit, verschuldete **16** AGNB 4
Unmöglichkeit, Weisung **12** CMR 4
Unmöglichkeit, Weiterbeförderung vor **1** CMR 28
Unrichtigkeit 7 ADSp 2, **7** CMR 1
Unterbrechung 32 CMR 1
Unterbrechung, Verjährung siehe Verjährung
Unterfrachtführer 425 HGB 17, **432** HGB 2, **3** CMR 1, 3, **13** CMR 5, **28** CMR 5, **30** CMR 5, **32** CMR 3, vor **34** CMR 1, **34** CMR 3, **37** CMR 1, 4, **6** KVO 1 ff, **52** ADSp 1 ff, siehe auch Erfüllungsgehilfen
Unternehmer 1 KVO 4, **3** KVO 2
Untersagung der Versicherung **39** ADSp 6
Unterschlagung 30 KVO 6, **54** ADSp 6
Unterschrift 5 CMR 3, **11** KVO 6, **10** ADSp 5
Unterspediteur 407 HGB 34, 47
Untersuchung des Gutes **407** HGB 45, **16** ADSp 1, siehe auch Rügeobliegenheit
Unterversicherung, ADSp **41** ADSp 7
Unterwerfung vor **1** ADSp 9
Unterzeichnung 5 CMR 3
Untreue 30 KVO 6
Unvermeidbarkeit 17 CMR 60, siehe auch Höhere Gewalt

Unvermögen 408 HGB 10, **425** HGB 23 ff
Unverpacktes Gut **17** AGNB 3
Unvollständige Angaben **7** CMR 1
Urkunden siehe Begleitpapiere, Kostbarkeiten, Wertpapiere
Urversender 5 KVO 3
USA, Flüge von und nach Einl. 18

Verantwortungssphäre 17 KVO 9
Verbandsempfehlung vor **1** ADSp 1
Verbotene Güter 8 KVO 3, siehe auch gefährliche Güter
Verbotkunde, ADSp **1** KVO 13, **41** ADSp 1, 2, **39** ADSp 6, **9** SVS/RVS 2
Verbraucherschutz 40 GüKG 1, vor **1** GüKUMT 1 ff
Verderb 16 CMR 8, **17** CMR 49 f, **34** KVO 21 ff, **5** ADSp 1
Verderbliches Gut 17 CMR 54, **5** ADSp 1, **17** ADSp 1
Vereinbarte Frist 10 AGNB 1, **19** CMR, **428** HGB
Vereinbarung, Transportmittel Einl. 9
Vereisung 17 CMR 24
Vereisung der Straße **17** CMR 24
Verfrachter 407 HGB 3
Verfügung des Dritten **11** ADSp 4
Verfügungen 433 HGB 2, **12** CMR 1, **27** KVO 1, **11** ADSp 1 f, siehe auch Weisungen
Verfügungsberechtigte 447 HGB 2, **12** CMR 6 f, **17** CMR 31, **34** KVO 14
Verfügungsgewalt, ADSp **50** ADSp 2
Verfügungsverbote, ADSp **31** ADSp 2
Vergleich 31 CMR 10, **22** GüKG 4
Vergünstigungen 22 GüKG 4
Vergütung 409 HGB 1, **425** HGB 40, **436** HGB 4, vor **1** CMR 11 f, **1** CMR 3, **13** CMR 11, **14** CMR 3, 8, **16** CMR 2, 6, **5** GüKG 2, **20** GüKG 2, **17** GüKUMT, **3** KVO 7, **5** KVO 7, **9** KVO 1, **17** KVO 23, **21** KVO 1 ff, **18** ADSp 6, **20** ADSp 1, **31** ADSp 2, **38** ADSp, **3** AGNB 2, **6** AGNB 5, **7** AGNB 2, **8** AGNB 2, **12** AGNB 4
Verjährung 407 HGB 64, **414** HGB 1, **439** HGB 2 ff, vor **1** CMR 16, **32** CMR 1 ff, **36** CMR 1, **40** KVO 1, **14** GüKUMT 1 ff, **64** ADSp 1, 2, **26** AGNB 1
Verkauf 5 ADSp 8
Verkehrssicherheit 17 KVO 16
Verkehrsvertrag 32 ADSp 1, **1** SVS/RVS 2
Verladeanweisung 17 CMR 44, siehe auch Be-, Entladen
Verladefehler 17 CMR 39, **18** CMR 5, siehe auch Be-, Entladen
Verladung siehe Be- und Entladen
Verlust 408 HGB 6, **425** HGB 27, **429** HGB 3, **430** HGB 2, vor **17** CMR 2, **17** CMR 1, **20** CMR 1 ff, **23** CMR 1 ff, **24** CMR 2 ff, **30** CMR 2 ff, **32** CMR 3, **29** KVO, **35** KVO 2, **8** GüKUMT 1 ff, **54** ADSp 3, **14** AGNB 1, siehe auch Haftung
Verlustfiktion 20 CMR 2
Vermietung 1 CMR 3, **3** CMR 3
Vermittlung 32 GüKG 1 ff, **84 h** GüKG 1, siehe auch Spedition
Vermögensschaden 16 AGNB 1, **54** ADSp 5
Vermutung der Vollständigkeit **9** CMR 2
Vernichten, Recht zum **22** CMR 4, **5** ADSp 10, **30** ADSp 4
Verpackung 407 HGB 48, **8** CMR 1, 3, 4, **10** CMR 1 ff, **17** CMR 37, **8** CMR 4, 7, **11** KVO 13, **12** KVO 4, **17** KVO 9, **18** KVO 1 ff, **30** KVO 5, **9** GüKUMT 5, **2** ADSp 8, **7** ADSp 10, **15** ADSp, **57** ADSp 3, 13
Verpackungsmaterial 15 KVO 10
Verrichtungsgehilfe siehe Erfüllungsgehilfen
Versandort 11 KVO 4
Versäumnisverfahren 31 CMR 9
Verschärfte Sorgfalt 17 CMR 17
Verschmutzung 17 CMR 36
Verschulden 429 HGB 7, **57** ADSp 1 f
Verschulden, Absender, Empfänger **429** HGB, **17** CMR 31, 57, **15** AGNB 5, **51** ADSp
Versender 407 HGB 3, vor **1** ADSp 3
– Begriff **407** HGB 3
– Beladung **407** HGB 44
Versendungshindernisse siehe Leistungsstörungen, Beförderungshindernisse
Versicherung 407 HGB 51, **425** HGB 19, **6** CMR 17, **41** CMR 2, **38** KVO 1 ff, **12** GüKUMT 1, **10** ADSp 1, **35** ADSp 1, **36** ADSp 1, **37** ADSp 1, **39** ADSp 1, 7, **41** ADSp 1, **21** AGNB 1, vor **1** SVS/RVS, SpP, siehe auch Transportversicherung
– Höchstsumme **41** ADSp 3
– Rechnungsumfang **39** ADSp 3
– unklare Auskünfte **41** ADSp 6
Versicherungsbedingungen 36 ADSp 1, **40** ADSp 1
Versicherungsbesorgung 38 ADSp
Versicherungsdeckung 41 ADSp 3

Versicherungsleistung 37 ADSp 2, SVS/RVS, SpP
Versicherungspflicht vor **1** CMR 10, **27** GüKG 1, **39** ADSp, **21** AGNB 1
Versicherungsschein 37 ADSp 2
Versicherungswert 35 ADSp 2, **41** ADSp 7
Verspätete Wertangabe **55** ADSp 7
Verspätung 13 CMR 6, vor **17** CMR 3, **30** CMR 18, **32** CMR 3 ff, **7** ADSp 2, siehe auch Lieferfrist, Verzug, Leistungsstörungen
Verspätungsschaden 23 CMR 17, 21, **37** CMR 3
Verstauung vor **1** CMR 8, **9** CMR 3, **10** CMR 1, **17** CMR 39 ff, **18** CMR 5, **17** KVO 2, 9, 10, 15, siehe auch Be-, Entladen
Vertrag mit Schutzwirkung für Dritte **407** HGB 72, **408** HGB 5, **432** HGB 2
Vertragsbeendigung vor **1** CMR 20, siehe auch Kündigung
Vertragsschluß 425 HGB 12, vor **1** CMR 7, **9** CMR 2, **15** KVO 6, **4** ADSp 1
Vertragsstaat vor **1** CMR 2, **1** CMR 6
Vertragsstrafe 23 CMR 10, 11, 20, **26** CMR 6, **41** CMR 1, **22** KVO 1 ff
Vertragswidrige Beförderung **425** HGB 2, **1** CMR 5, 33, **29** CMR 4 **1** KVO 4
Vertretungsmacht siehe Vollmacht
Veruntreuung, ADSp **54** ADSp 6
Verwahrung 16 CMR 5
Verwaltungsakte, ADSp **31** ADSp 2
Verwaltungsvorschriften 12 KVO 5
Verwiegen 407 HGB 49, **16** KVO 8, 9, **25** KVO 6, **7** ADSp 8, 10
Verzinsung 27 CMR 1 ff
Verzögerung 14 KVO 12, 20; siehe auch Lieferfrist
Verzögerung, Beförderung vor **1** CMR 29, **15** KVO 11
Verzögerung, Beladung vor **1** CMR 27
Verzollung 407 HGB 55, **425** HGB 18, vor **1** CMR 34, **13** CMR 12, **23** CMR 10, **25** CMR 9, **32** CMR 1, **11** KVO 10, **12** KVO 1 ff, **6** GüKUMT 1, **7** ADSp 1, **25** ADSp 1, **26** ADSp 1
Verzollungsprovision 25 ADSp 2
Verzug 408 HGB 12, vor **1** CMR 26, **27** CMR 1 ff, **29** ADSp 3, siehe auch Lieferfrist
Verzugsschaden des Spediteurs **29** ADSp 5
Visby Rules Einl. 8
Vollmacht 407 HGB 4, **425** HGB 12, **6** ADSp
Vollmachtsspediteur 407 HGB 33
Vollstreckbarkeit 31 CMR 1 ff, **39** CMR 4
Vorauszahlung 21 KVO 3
Vorbehalt 8 CMR 5, 7 ff, **9** CMR 2, **18** CMR 6, **30** CMR 1 ff, 8, **32** CMR 8 ff, **35** CMR 1, **39** KVO 4, **13** GüKUMT 1 ff, **22** AGNB 1 f, siehe auch Rügeobliegenheit
Vorformulierte Bedingung vor **1** ADSp 1
Vorhersehbarkeit 20 ADSp 2
Vorkühlung 18 CMR 6
Vorlage von Kosten **26** ADSp 1
Vorlagerung 429 HGB 5, **1** KVO 9, 11, **33** KVO 5, **8** GüKUMT 3, **15** AGNB 8, **1** SVS/RVS 4, **3** SVS/RVS 10
Vorlauf 413 HGB 4
Vormann 441 HGB 1 ff
Vorsatz 430 HGB 4, **29** CMR 1 ff, 3
Vorschuß 407 HGB 65, **12** CMR 3, siehe auch Aufwendungen
Vorteilsausgleichung 430 HGB 2, **23** CMR 5, **61** ADSp 1

Wagenstandgeld 14 KVO 15, siehe auch Standgeld
Wagenstellungsvertrag 4 CMR 1, **14** KVO 1 ff
Währung 27 ADSp 1, **28** ADSp 1, **27** CMR
Währungsverhältnisse, ADSp **20** ADSp 2
Warendistribution vor **1** ADSp 9
Warennachnahme siehe Nachnahme
Warenwert 24 CMR 2; siehe Wert
Warnfunktion 5 ADSp 4
Warnpflicht 5 AGNB 5
Warnung 16 ADSp 1
Warschauer Abkommen Einl. 6
Wartezeit 8 AGNB 1; siehe Standgeld
Wasserleitungen, ADSp **57** ADSp 7
Wegfall der Geschäftsgrundlage **18, 20** ADSp, **12** AGNB 4
Wegnahme 34 KVO 4, 13
Weisung 407 HGB 38, 56, **408** HGB 3, 8, **428** HGB 2, **433** HGB 1, 2, **434** HGB 1, **6** CMR 11, **12** CMR 1 ff, **14** CMR 5, **15** CMR 4, **16** CMR 8, **17** CMR 32, 44, 58, **22** GüKG, **32 ff** GüKG, **3** KVO 13, **27** KVO 1 ff, **28** KVO 6 ff, **1** GüKUMT 1, **3** GüKUMT, **22** GüKUMT, **6** ADSp 1, **11** ADSp 1, 4, **13** ADSp 1, **26** ADSp 1, **12** AGNB

Weiterbeförderung 11 KVO 16
Weiterversendung 425 HGB 17, **27** KVO
Werbung vor **1** ADSp 11, **30** ADSp 6
Werkverkehr 48 GüKG 1
Wert 430 HGB 2, **6** CMR 16, **23** CMR 3, **35** KVO 1 ff, **7** ADSp 10, **54** ADSp 1 ff, **18** AGNB 1
Wertangabe 407 HGB 49, **429** HGB 9, **24** CMR 2, **1** KVO 13, **41** ADSp 7, **54** ADSp 9, **55** ADSp 3
Wertersatz siehe Wert
Wertminderung 25 CMR 3, **35** KVO 7
Wertnachnahme 26 ADSp 1, siehe auch Nachnahme
Wertpapiere 429 HGB 8, **34** KVO 15, **55** ADSp 2, **56** ADSp 2
Wertvolles Gut 5 ADSp 1, **56** ADSp 1; siehe Kostbarkeiten
Wertzeichen, ADSp **56** ADSp 2
Wetterbedingungen 17 CMR 25, **34** KVO, **57** ADSp
Widerklage 32 CMR 21, **36** CMR 1 ff, **32** ADSp 3, **7** GüKUMT 1
Widerruf 12 CMR 2, **21** ADSp 1, **23** ADSp 1, siehe auch Rücktritt
Widersprechende AGB vor **1** ADSp 15
Wiederbeschaffungspreis 23 CMR 4
Wiegegeld 23 CMR 10
Wiegevorrichtung 16 KVO 8
Willenserklärungen, ADSp **6** ADSp 1
Willensmängel 9 CMR 2
Wissensvertreter 6 ADSp 1, **7** ADSp 2
Witterungseinfluß 57 ADSp 6, 17, siehe auch Wetterbedingungen
Wolkenbruch 17 CMR 25

Zahl 8 CMR 1, **7** ADSp 5
Zahlung siehe Fälligkeit, Währung, Vergütung, Empfänger
Zahlungspflicht, Empfänger **13** CMR 11, **435** HGB, **34** ADSp
Zahlungsunfähigkeit 38 CMR 1, **18** ADSp 1
Zahlungsverweigerung 3 AGNB 2
Zahlungsverzug siehe Verzug
Zeichen 6 CMR 8, **8** CMR 1, **7** ADSp 1
Zeitlicher Anwendungsbereich vor **1** ADSp 5
Zeitungsspediteur 407 HGB 35
Zeitwert 18 AGNB 3
Zession vor **1** CMR 18; siehe Abtretung
Zeuge 16 KVO 1
Zinsen 27 CMR 1 ff, 4, **37** CMR 3, **29** ADSp 5
Zoll 12 KVO 6; siehe Verzollung
Zollspediteur siehe Grenzspediteur
Zufuhr 429 HGB 6, **1** KVO 9, 11, **5** KVO 2 ff, **11** KVO 12, **33** KVO 2
Zugang zum Grundstück **53** ADSp 2
Zugangsfiktion 9 ADSp 2
Zurechtrücken 53 ADSp 8
Zurückbehaltungsrecht 440 HGB 5, **441** HGB 3, vor **1** CMR 19, **4** CMR 3, **32** CMR 21, **36** CMR 1 ff, **32** ADSp 1, 5, **50** ADSp 7
Zurückweisung 408 HGB 8
Zurückweisungsrecht 5 AGNB 6
Zurückziehung, Auftrag siehe Kündigung, Widerruf, Rücktritt
Zusammengesetzte Beförderung siehe multimodaler Verkehr
Zuschlag 24 CMR 2
Zustand des Guts **8** CMR 1
Zuständigkeit, gerichtliche siehe Gerichtsstand
Zustellung siehe Zufuhr
Zuwendungen 22 GüKG 5, **23** GüKG 4 ff
Zwingende Geltung **41** CMR 1, **22** GüKG
Zwingendes Recht **2** ADSp 11
Zwischenfrachtführer 425 HGB 17, **432** HGB 1
Zwischenlagerung 16 CMR 7, **33** KVO 7, **8** GüKUMT 3, **15** AGNB 8, **1** SVS/RVS 4, **3** SVS/RVS 10
Zwischenspediteur 407 HGB 36, 47, **411** HGB 1, **2** ADSp 13, **41** ADSp 2, **3** SVS/RVS 13